Heuser · Theile
IFRS-Handbuch

IFRS Handbuch

Einzel- und Konzernabschluss

begründet von

Dr. Paul J. Heuser
Wirtschaftsprüfer und Steuerberater
Düsseldorf

Prof. Dr. Carsten Theile
Professor für Unternehmensrechnung
Bochum

herausgegeben von

Prof. Dr. Carsten Theile
Professor für Unternehmensrechnung
Bochum

bearbeitet von

Dr. Kai Behling
Wirtschaftsprüfer und Steuerberater
Düsseldorf

Prof. Dr. Karin Breidenbach
Professorin für Rechnungswesen
und Finanzwirtschaft, Dortmund

Andreas Dörschell
Wirtschaftsprüfer und Steuerberater
Mannheim

Dr. Lars Franken
Wirtschaftsprüfer
Essen

Prof. Dr. Matthias Hendler
Professor für Unternehmensrechnung
Steuerberater, Bochum

Dr. Britta Leippe
Essen

Prof. Dr. Stefan Müller
Professor für Rechnungslegung und
Wirtschaftsprüfungswesen, Hamburg

Dr. Henrik Pferdehirt
Wirtschaftsprüfer und Steuerberater
Düsseldorf

Dr. Michael Reuter
Düsseldorf

Dr. Jörn Schulte
Wirtschaftsprüfer und Steuerberater
Essen

Prof. Dr. Carsten Theile
Professor für Unternehmensrechnung
Bochum

Prof. Dr. Michael Währisch
Professor für Rechnungswesen
und Controlling, Osnabrück

6., neu bearbeitete Auflage
2019

ottoschmidt

Zitierempfehlung:
Pawelzik in Heuser/Theile, IFRS-Handbuch, 6. Aufl. 2019, Rz. …

*Bibliografische Information
der Deutschen Nationalbibliothek*

Die Deutsche Nationalbibliothek verzeichnet diese Publikation in der Deutschen Nationalbibliografie; detaillierte bibliografische Daten sind im Internet über http://dnb.d-nb.de abrufbar.

Verlag Dr. Otto Schmidt KG
Gustav-Heinemann-Ufer 58, 50968 Köln
Tel. 02 21/9 37 38-01, Fax 02 21/9 37 38-943
info@otto-schmidt.de
www.otto-schmidt.de

ISBN 978-3-504-35015-4

©2019 by Verlag Dr. Otto Schmidt KG, Köln

Das Werk einschließlich aller seiner Teile ist urheberrechtlich geschützt. Jede Verwertung, die nicht ausdrücklich vom Urheberrechtsgesetz zugelassen ist, bedarf der vorherigen Zustimmung des Verlages. Das gilt insbesondere für Vervielfältigungen, Bearbeitungen, Übersetzungen, Mikroverfilmungen und die Einspeicherung und Verarbeitung in elektronischen Systemen.

Das verwendete Papier ist aus chlorfrei gebleichten Rohstoffen hergestellt, holz- und säurefrei, alterungsbeständig und umweltfreundlich.

Einbandgestaltung: Lichtenford, Mettmann
Satz: WMTP, Birkenau
Druck und Verarbeitung: Kösel, Krugzell
Printed in Germany

Vorwort

Nach fachlich ereignisreichen sieben Jahren legen wir Ihnen die inhaltlich vollständig überarbeitete und erweiterte Neuauflage unseres Handbuchs vor. Ziel des IFRS Handbuchs ist es, für seine Leser die Standards systematisch zu erschließen und insbesondere deren komplexe Regelungen verständlich zu erläutern. Autoren und Herausgeber wollen damit den Erstellern und Prüfern von Abschlüssen auf ihrem Weg zur qualitativ weiter verbesserten Finanzberichterstattung nützen und gleichfalls den Empfängern der Abschlussinformationen assistieren, diese besser zu verstehen und in ihrer Wirkung einordnen zu können.

Im Fokus der Neuauflage stehen nicht nur die großen Neuerungen durch IFRS 9 Finanzinstrumente, IFRS 15 Erlöse aus Verträgen mit Kunden und IFRS 16 Leasingverhältnisse. Wir haben in diesem Zusammenhang und auch bei den übrigen Themen neue Schwerpunkte gesetzt, von denen einige hier genannt seien:

- Bei den **finanziellen Vermögenswerten und Schulden** zeigen wir nicht nur die Möglichkeiten der Klassifizierung auf, sondern vor allem anhand zahlreicher Beispiele deren Folgewirkungen einschließlich verständlicher Erläuterungen der Wertminderungsvorschriften nach dem *expected loss model*.

- Das Kapitel zur bilanziellen Abbildung von **Derivaten und Sicherungsbeziehungen** *(Hedge Accounting)* wurde vollständig auf Basis erster Erfahrungen mit IFRS 9 überarbeitet. Ein besonderer Schwerpunkt liegt in der Darstellung der Kosten der Absicherung und des Umgangs mit dem *Rebalancing*.

- Die **Fair Value Ermittlung** (IFRS 13) ist eines der zentralen Themen der internationalen Rechnungslegung. Wir haben die Ausführungen auch in ihrem Anwendungsbereich auf die Kaufpreisallokation (z.B. Methode der Lizenzpreisanalogie) erheblich erweitert.

- In diesem Zusammenhang – aber auch etwa für den Impairment-Test (IAS 36) – hat die zutreffende **Ableitung des Kapitalisierungszinssatzes** überragende Bedeutung. Praxisorientierte Beispiele zeigen auf, wie es geht und was zu beachten ist.

- Bei der Erstkommentierung der **Leasingverhältnisse** (IFRS 16) widmen wir uns ausführlich den Prämissenänderungen; wir erörtern zudem, ob und inwieweit die Bilanzwirksamkeit von Leasingverträgen Auswirkungen haben kann auf den Impairment-Test.

- Erste Erfahrungen der Praxis konnten bei der Erstkommentierung von **Erlösen aus Verträgen mit Kunden** berücksichtigt werden. Dabei haben wir besonderen Wert auf die Verzahnung von IFRS 15, IFRS 9 und IAS 37 unter Einschluss von Verlustverträgen gelegt.

- IAS 12 **Ertragsteuern** hat in letzter Zeit erhebliche Änderungen erfahren; auch das DRSC hat einen Anwendungshinweis veröffentlicht. Wir erläutern die neuen Regelungen genauso wie die Konsequenzen von Steuersatzänderungen und zeigen die Fallstricke bei der Aufstellung und Interpretation der **steuerlichen Überleitungsrechnung** auf.

- Der Umgang mit Fragen der **Wesentlichkeit** wird nicht zuletzt vor dem Hintergrund der Angabeninitiative des IASB immer bedeutender. Wir haben das Thema umfangreich erweitert und stellen in diesem Zusammenhang auch die Bedeutung des neuen **Conceptual Frameworks 2018** für Abschlussaufsteller heraus.
- Bei der **Kapitalkonsolidierung im mehrstufigen Konzern** schwelt seit Jahren ein Streit um die additive oder multiplikative Methode. Wir erläutern das Problem und entwickeln die modifizierte multiplikative Methode als Grundlage der Simultankonsolidierung.
- Nach Auffassung des IASB in IFRIC 16 soll die **Reklassifizierung von Umrechnungsdifferenzen** im mehrstufigen Konzern abhängig sein von der Technik der Kapitalkonsolidierung. Wir begründen diese Auffassung als nicht haltbar.
- Weil nicht nur assoziierte Unternehmen, sondern auch Gemeinschaftsunternehmen ausschließlich nach der **Equity-Methode** zu konsolidieren sind, haben die Fragen der Konsolidierungsmaßnahmen bei Transaktionen zwischen nach der Equity-Methode bewerteten Unternehmen und dem Konzern erheblich zugenommen. Wir greifen das Thema mit vielen praxisorientierten Beispielen auf, einschließlich des bilanziellen Umgangs mit Sacheinlagen.
- **Komplexe Konzernstrukturen, Übergangskonsolidierungen, Auf- und Abstockungen:** Die schon in den Vorauflagen ausführlichen Erläuterungen haben wir grundlegend überarbeitet und mit neuen Beispielen bedeutend erweitert.
- Bei der **Konzernkapitalflussrechnung** zeigen wir die Fallstricke bei der derivativen Ermittlung der Zahlungsströme auf und erläutern ihre Bedeutung sowohl für die direkte als auch indirekte Darstellung der Zahlungsströme. Mit praxisorientierten Beispielen gehen wir auf die Konzernbesonderheiten der Währungsumrechnung sowie des Erwerbs und der Veräußerung von Tochterunternehmen ein.

Die jetzt vorliegende Auflage befindet sich auf dem Rechtsstand **1.4.2019**. Sämtliche bis zu diesem Datum veröffentlichten EU-Verordnungen zur Übernahme der IFRS sind eingearbeitet, zuletzt

- die Verordnung (EG) Nr. 2019/412 vom 14.3.2019 zur Übernahme der Änderung aus dem Annual Improvements Project 2015-2017 betreffend IFRS 3 Unternehmenszusammenschlüsse, IFRS 11 Gemeinsame Vereinbarungen, IAS 12 Ertragsteuern und IAS 23 Fremdkapitalkosten sowie
- die Verordnung (EG) Nr. 2019/402 vom 13.3.2019 zur Übernahme der Änderungen am IAS 19 Leistungen an Arbeitnehmer betreffend Planänderung, -kürzung oder -abgeltung.

Doch wir schauen auch auf die künftigen Entwicklungen und gehen klar abgegrenzt auf noch nicht von der EU übernommene Standards und auf Exposure Drafts des IASB ein. So erläutern wir ausführlich u.a. sowohl die aktuell gültigen als auch die ab

2020 voraussichtlich einschlägigen Regelungen zur *business*-**Abgrenzung** als Grundlage der Kapitalkonsolidierung, nicht zuletzt, weil die *business*-Abgrenzung regelmäßig Gegenstand der Prüfungen durch die DPR ist.

Begründet und konzipiert wurde das Handbuch Anfang der 2000er-Jahre gemeinsam von WP/StB Dr. Paul J. Heuser und mir. Dieses Team hat lange Jahre auch die herausgeberischen Aufgaben gemeinsam wahrgenommen. Ab der 5. Auflage hat sich Dr. Heuser weitgehend aus dem Werk zurückgezogen, sodass die herausgeberischen Tätigkeiten auf mich übergegangen sind. Es ist auch im Sinne von Dr. Heuser, das vorliegende Buch als praxisorientierte, systematische und wissenschaftlich fundierte Kommentierung der IFRS weiterzuführen. Für seine Expertise, seine Anregungen sowie sein langjähriges großes Engagement und die vertrauensvolle Zusammenarbeit danken ihm der Verlag und ich an dieser Stelle sehr herzlich.

Die Kommentierungslust und -last ruht für die 6. Aufl. auf den Schultern von zehn Autoren aus unmittelbarer Praxis und praxisorientierter Wissenschaft, allesamt Experten ihres Fachs. Am längsten dabei ist WP/StB Dr. Kai Behling, mit dem ich wieder viele Beiträge gemeinsam verfasst habe. Auch Dr. Britta Leippe und WP/StB Andreas Dörschell haben erneut ihre Expertise eingebracht und ihre erfolgreiche Arbeit fortgesetzt. Neu im Autorenteam darf ich Prof. Dr. Karin Breidenbach, WP Dr. Lars Franken, StB Prof. Dr. Matthias Hendler, Prof. Dr. Stefan Müller, WP/StB Dr. Henrik Pferdehirt, Dr. Michael Reuter, WP/StB Dr. Jörn Schulte und Prof. Dr. Michael Währisch ganz herzlich begrüßen. Ihnen gebührt mein großer Dank nicht nur für die hervorragende Arbeit, sondern vor allem für die von Anfang an weit mehr als nur angenehme Zusammenarbeit. Schließlich bedanke ich mich bei meiner Mitarbeiterin Frau Laura Hegenberg (BA), die das Projekt ein Jahr lang in organisatorischen und redaktionellen Belangen kompetent und stets zuverlässig begleitet hat.

Meine Hoffnung ist, dass mit dem IFRS-Handbuch die Bilanzierungswelt wieder ein Stück weit besser wird. Ob das gelungen ist, mögen seine Leser beurteilen.

Bochum, im Mai 2019   Carsten Theile

Geleitwort zur 1. Auflage

Als die Autoren mich baten, ein kurzes Geleitwort zu dem vorliegenden Handbuch zu schreiben, habe ich gern zugestimmt. Carsten Theile kenne ich seit 16 Jahren, als er seine Diplom-Arbeit an meinem Lehrstuhl für Betriebswirtschaftslehre an der Ruhr-Universität schrieb. Seitdem sind wir vor allem über Fragen der Konzernrechnungslegung in Kontakt geblieben. Die Verbindung von Dr. Heuser zu mir und zu meinem Lehrstuhl entstand über meinen akademischen Lehrer WP Prof. Dr. Karl Schwantag. Die Zusammenarbeit der beiden Autoren schließlich geht auf meine Empfehlung zurück.

Das IAS-Handbuch erscheint zu einem Zeitpunkt, zu dem auf Grund der EU-Verordnung von 2002 der Konzernabschluss nach IAS für kapitalmarktorientierte Mutterunternehmen ab 2005 zur Pflicht wird. Diejenigen kapitalmarktorientierten Mutterunternehmen, die bislang nicht bereits durch Ausnutzung des Wahlrechtes nach § 292a HGB einen Konzernabschluss nach IAS aufgestellt haben, werden sich nunmehr auf die IAS-Umstellung vorbereiten müssen. Vermutlich werden Muttergesellschaften auch anderer Konzerne das Recht erhalten, mit befreiender Wirkung nach IAS Rechnung zu legen, und dieses Recht auch wahrnehmen.

In welchem Umfang und ab wann darüber hinaus Einzelabschlüsse nach IAS den Jahresabschluss nach bisherigem HGB als Option oder Pflicht ersetzen werden, ist zurzeit nicht zu übersehen. Zunächst muss entschieden werden, ob die Maßgeblichkeit der handelsrechtlichen für die steuerrechtliche Bilanz trotz ihrer inzwischen eingetretenen Durchlöcherung im Prinzip aufrechterhalten oder aufgegeben werden soll, sowie ob oder wie die gesellschaftsrechtlichen Implikationen des Jahresabschlusses insbesondere nach dem Aktiengesetz mit der IAS-Bilanzierung vereinbar sind.

Ziemlich sicher erscheint aber, dass die IAS bzw. IFRS nach Verabschiedung der seit Juli 2002 im Entwurf vorliegenden Richtlinie zur Anpassung der 4. und 7. EG-Richtlinie an die IAS und nach ihrer Umsetzung in deutsches Recht die deutschen Rechnungslegungsgrundsätze nachhaltig beeinflussen werden. Das IAS-Handbuch wird zu diesem Anpassungs- und Lernprozess in der Praxis deutscher Unternehmen einen nützlichen Beitrag leisten.

Die Umstellung der Rechnungslegung auf die IAS, sei es für den Konzern oder für die einzelne Gesellschaft, erfordert ein Umdenken in mancherlei Hinsicht. In Deutschland waren wir es bisher gewohnt, dass der Gesetzgeber die Rechnungslegungsvorschriften vor allem im HGB festlegt und diese Vorschriften dann für ein oder zwei Jahrzehnte im Wesentlichen unverändert blieben. Die in anglo-amerikanischen Ländern üblichen Standards für die Rechnungslegung befinden sich dagegen in einem ständigen Entwicklungsprozess. Das gilt auch für die IAS. Sobald sich in der Praxis neue Bilanzierungsfragen stellen, wird vom sog. standard setting body, hier also vom IASB, versucht, sie in einem neuen Standard zu regeln. Zu Einzelheiten veröffentlicht das Interpretation Committee (IFRIC) mitunter verbindliche Auslegungen von Zweifelsfragen. Im Vergleich zum deutschen Rechnungslegungsrecht enthalten die Standards und Interpretationen weniger Grundsätze, unter die dann die einzelnen in der Praxis auftretenden Sachverhalte zu subsumieren sind, als Einzelregelungen. Trotz eines vorgeschalteten Frameworks, das zahlreiche Grundregeln postuliert, harmonieren die Einzelregelungen auch nicht immer miteinander. In jüngster Zeit will das IASB den damit verbundenen Nachteilen mit einem principal based accounting entgegenwirken. Das könnte zu einer Annäherung an die uns vertraute Denkweise führen, bleibt aber abzuwarten.

Ich habe die fertige Druckvorlage mit Interesse gelesen. Dabei haben mich der sachlogische Aufbau des Buches nach Problembereichen, nicht nach der Abfolge der Standards, die klare Sprache und didaktisch geschickte Graphiken erfreut. Die den Hauptabschnitten der zentralen Kapitel C. bis E. vorangestellten Einführungen mit dem Titel „Überblick und Wegweiser" erleichtern die Orientierung.

Aufbauend auf einer fundierten wissenschaftlichen Auswertung nicht nur des IAS-Normenwerks, sondern auch der einschlägigen Fachliteratur, bietet das Buch eine Handreichung für die Praxis zur Erstellung von sog. Handelsbilanzen II und schließlich des Konzernabschlusses nach IAS. Für offene Fragen der Rechnungslegung nach IAS werden begründete und praxisorientierte Lösungsvorschläge entwickelt; überdies enthält das Buch viele nützliche Hinweise auf weiterführende Literatur. Das IAS-Handbuch stellt aus meiner Sicht ein Arbeitsmittel im besten Sinne dar.

Bochum, im Dezember 2002   Walther Busse von Colbe

Inhaltsübersicht

	Seite
Vorwort	V
Geleitwort zur 1. Auflage	IX
Abkürzungsverzeichnis	XXVII
Verzeichnis der abgekürzt zitierten Literatur	XXXV

Teil 1
Internationale Normen statt HGB-Rechnungslegung

	Rz	Seite
Kapitel 1 Aspekte einer weltweit einheitlichen Sprache für Rechnungslegung und Berichterstattung		1
(Theile)		
A. Vielfalt der Rechtsvorschriften und Verbreitung der IFRS	1.1	1
B. Vorteile weltweit einheitlicher Vorschriften zur Rechnungslegung und Berichterstattung	1.5	3
C. Digitale Finanzberichterstattung	1.11	6
D. Für wen lohnt die IFRS-Einführung?	1.15	8
Kapitel 2 Organisation und Verlautbarungen der IFRS Foundation/des IASB		11
(Theile)		
A. Überblick und Wegweiser	2.1	11
B. Organisationsstruktur und Aufgaben	2.5	13
C. Verlautbarungen des IASB	2.15	16
D. Zustandekommen von Standards und Interpretationen (due process)	2.29	21
Kapitel 3 IFRS als EU-Recht		25
(Theile)		
A. Management Zusammenfassung	3.1	25
B. IFRS-Anwendung innerhalb der EU	3.2	26
C. Übernahme der IFRS in das EU-Recht	3.5	27
D. Verhältnis von Original-IFRS zu EU-IFRS	3.10	31
E. Auslegung und richterliche Überprüfung der EU-IFRS	3.19	34

	Rz.	Seite
Kapitel 4 Anwendung und Rechtswirkung der EU-IFRS in Deutschland		37
(Theile)		
A. Management Zusammenfassung	4.1	38
B. Aufstellungspflicht des Konzernabschlusses	4.2	39
C. Anwendung der IFRS	4.15	45
D. Rechtswirkungen der IFRS-Abschlüsse	4.32	52
Kapitel 5 Zur Rückwirkung der IFRS auf das HGB		59
(Theile)		
A. Funktionen der HGB-Rechnungslegung	5.1	59
B. EU-rechtliche Grundlage der HGB-Rechnungslegung	5.4	60
C. Zur (richtlinienkonformen) Auslegung des HGB nach IFRS	5.6	60

Teil 2
Rahmenkonzept und Rechnungslegungsmethoden für den IFRS-Abschluss

	Rz.	Seite
Kapitel 6 Abschlussgrundsätze (Conceptual Framework, IAS 1)		67
(Theile)		
A. Überblick und Wegweiser	6.1	68
B. Ziel der Finanzberichterstattung: Vermittlung entscheidungsnützlicher Informationen	6.20	72
C. Qualitative Merkmale nützlicher Finanzinformationen	6.27	76
D. Basisannahmen im IFRS-Abschluss	6.50	86
E. Berichterstattendes Unternehmen, Einzel- und Konzernabschluss	6.60	89
F. Berichtsinstrumente im IFRS-Abschluss	6.62	89
G. Vollständige Anwendung der IFRS	6.64	90
H. Exkurs: Lagebericht	6.75	95
Kapitel 7 Bilanzansatz (Conceptual Framework)		97
(Theile)		
A. Übersicht und Wegweiser	7.1	98
B. Vollständigkeitsgebot	7.20	100
C. Aktivierung	7.21	100
D. Passivierung	7.40	107

	Rz.	Seite
Kapitel 8 Bewertung (IFRS 13, diverse Standards) .... *(Franken/Schulte/Theile)*		111
A. Überblick und Wegweiser	8.1	112
B. Einzelbewertung vs. Gruppenbewertung und Bewertungseinheiten.......................................	8.8	115
C. Zugangs- und Folgebewertung	8.10	116
D. Anschaffungs- und Herstellungskosten	8.18	119
E. Fair Value (beizulegender Zeitwert)	8.26	124
Kapitel 9 Währungsumrechnung im Einzelabschluss und in der Handelsbilanz II (IAS 21) .... *(Theile)*		141
A. Überblick und Wegweiser	9.1	141
B. Ersterfassung.....................................	9.20	143
C. Folgebewertung....................................	9.22	144
D. Ausweis...	9.29	146
E. Anhangangaben	9.30	146
Kapitel 10 Erträge (IFRS 15) .... *(Breidenbach)*		147
A. Überblick und Wegweiser	10.1	149
B. Ertragserfassung nach IFRS 15	10.21	153
C. Aktivierung von Vertragskosten	10.181	191
D. Ausweis...	10.191	194
E. Anhangangaben	10.211	196
F. Übergangsvorschriften...............................	10.231	202
Kapitel 11 Stichtagsprinzip, Wertaufhellung und Ereignisse nach dem Bilanzstichtag (IAS 10)..................... *(Theile)*		203
A. Überblick und Wegweiser	11.1	203
B. Definition wertaufhellender und wertbegründender Ereignisse ..	11.20	205
C. Wertaufhellungszeitraum	11.23	205
D. Abgrenzung von wertaufhellenden und wertbegründenden Ereignissen	11.27	207
E. ABC der Abgrenzung wertaufhellender Ereignisse	11.33	210
F. Anhangangaben	11.34	213

	Rz.	Seite
Kapitel 12 Anwendung und Änderung von Rechnungslegungsmethoden, Schätzungen und Fehler (IAS 8) .... *(Theile)*		215
A. Überblick und Wegweiser	12.1	216
B. Stetigkeitsprinzip...................................	12.20	218
C. Rechnungslegungsmethoden und Schätzungen	12.22	219
D. Änderung von Rechnungslegungsmethoden	12.34	225
E. Darstellungsstetigkeit und ihre Durchbrechung	12.50	231
F. Änderung von Schätzungen	12.53	233
G. Abbildung entdeckter Fehler	12.58	234
H. Anhangangaben	12.63	236

Teil 3
Bilanzierung

	Rz.	Seite
Kapitel 13 Immaterielle Vermögenswerte des Anlagevermögens (IAS 38) .... *(Theile)*		237
A. Überblick und Wegweiser	13.1	239
B. Bilanzansatz	13.20	243
C. Zugangsbewertung	13.80	268
D. Folgebewertung	13.100	273
E. Stilllegung, Ausbuchung und Umbuchung	13.113	277
F. Ergebniskennzahlen und selbsterstellte immaterielle Vermögenswerte	13.116	278
G. Ausweis	13.120	279
H. Anhangangaben	13.121	279
Kapitel 14 Sachanlagen (IAS 16) .... *(Theile)*		283
A. Überblick und Wegweiser	14.1	284
B. Ansatz	14.20	288
C. Zugangsbewertung	14.40	295
D. Folgebewertung	14.70	301
E. Stilllegungen, Abgänge, Ausbuchung, Umbuchung	14.90	309
F. Ausweis	14.92	310
G. Anhangangaben	14.93	310

	Rz.	Seite
Kapitel 15 Aktivierung von Fremdkapitalkosten (IAS 23) . . . . *(Theile)*		313
A. Überblick und Wegweiser	15.1	313
B. Qualifizierte Vermögenswerte	15.20	316
C. Abgrenzung der Fremdkapitalkosten	15.30	318
D. Umfang der Aktivierung	15.36	320
E. Anhangangaben	15.46	323
Kapitel 16 Zuwendungen der öffentlichen Hand (IAS 20) . . . . *(Theile)*		325
A. Übersicht und Wegweiser	16.1	325
B. Erfassung der Zuwendungen	16.20	328
C. Art der Erfassung, Bewertung und Ausweis	16.23	329
D. Latente Steuern	16.33	331
E. Anhangangaben	16.35	332
Kapitel 17 Leasing (IFRS 16) . . . . *(Müller)*		333
A. Überblick und Wegweiser	17.1	335
B. Klassifikation eines Leasingverhältnisses	17.20	339
C. Vereinfachungen durch Ausnahme von der Leasingdefinition . . .	17.32	343
D. Abgrenzung von Leasingkomponenten	17.34	344
E. Zusammenfassung von Verträgen	17.38	346
F. Grundsachverhalte für die Bilanzierung von Leasingverträgen . . .	17.40	347
G. Bilanzierung von Leasingverhältnissen beim Leasingnehmer	17.53	352
H. Bilanzierung von Leasingverhältnissen beim Leasinggeber	17.72	360
I. Anhangangaben	17.82	362
J. Übergangsvorschriften	17.93	365
Kapitel 18 Anlageimmobilien (IAS 40) . . . . *(Theile)*		373
A. Überblick und Wegweiser	18.1	374
B. Ansatz	18.20	378
C. Zugangsbewertung	18.40	383
D. Folgebewertung	18.50	385

	Rz.	Seite
E. Ausbuchung und Nutzungsänderung	18.63	392
F. Ausweis	18.68	394
G. Anhangangaben	18.69	394

Kapitel 19 Wertminderungen im Anlagevermögen (IAS 36) 395
(Franken/Schulte/Dörschell)

	Rz.	Seite
A. Überblick und Wegweiser	19.1	397
B. Grundkonzeption des IAS 36 i.V.m. IFRS 13	19.9	401
C. Abgrenzung von zahlungsmittelgenerierenden Einheiten (CGU)	19.16	405
D. Zuordnung von Goodwill zu zahlungsmittelgenerierenden Einheiten (CGU)	19.26	409
E. Buchwerte von CGUs: Zuordnung von Vermögenswerten und Schulden	19.39	416
F. Wertminderungsindikatoren: Wann ist eine Wertminderungsprüfung durchzuführen?	19.42	418
G. Ermittlung des erzielbaren Betrags: Nettoveräußerungspreis vs. Nutzungswert	19.47	420
H. Berücksichtigung von Wertminderungsaufwendungen im Abschluss	19.113	448
I. Wertaufholung	19.125	454
J. Exkurs – Wechselwirkungen IFRS 16/IAS 36	19.128	455
K. Anhangangaben	19.134	458

Kapitel 20 Vorräte (IAS 2) 461
(Theile)

	Rz.	Seite
A. Überblick und Wegweiser	20.1	462
B. Ansatz- und Bewertungsregel	20.20	466
C. Zugangsbewertung (Anschaffungs- und Herstellungskosten)	20.30	466
D. Folgebewertung (Niederstwertprinzip, Zuschreibung)	20.50	475
E. Ausbuchung	20.60	478
F. Ausweis	20.61	478
G. Anhangangaben	20.62	478

	Rz.	Seite
Kapitel 21 Biologische Vermögenswerte und landwirtschaftliche Erzeugnisse (IAS 41)		481
(Währisch)		
A. Überblick und Wegweiser	21.1	481
B. Landwirtschaftliche Tätigkeit	21.20	484
C. Landwirtschaftliche Vermögenswerte und Erzeugnisse	21.22	486
D. Bilanzansatz und Ausweis	21.26	487
E. Bewertung	21.31	489
F. Subventionen	21.61	501
G. Anhangangaben	21.64	502
Kapitel 22 Finanzielle Vermögenswerte (IFRS 7, IFRS 9, IAS 32)		507
(Hendler)		
A. Überblick und Wegweiser	22.1	509
B. Definition finanzieller Vermögenswerte	22.22	520
C. Ansatz, Kategorisierung und Zugangsbewertung finanzieller Vermögenswerte	22.26	524
D. Folgebewertung	22.80	543
E. Ausbuchung	22.167	579
F. Einzelfälle zu Ansatz, Bewertung und Ausbuchung finanzieller Vermögenswerte	22.200	585
G. Ausweis	22.235	605
H. Anhangangaben	22.240	606
Kapitel 23 Eigenkapital (IAS 32)		615
(Reuter)		
A. Überblick und Wegweiser	23.1	616
B. Eigenkapitaldefinition	23.21	621
C. Eigenkapital bei Personengesellschaften	23.31	622
D. ABC des Eigenkapitals	23.80	632
E. Ausweis	23.86	636
F. Anhangangaben	23.110	641

	Rz.	Seite
Kapitel 24 Finanzielle Verbindlichkeiten (IFRS 9, IAS 32 und IFRS 7) .... *(Hendler)*		643
A. Überblick und Wegweiser	24.1	643
B. Ansatz	24.15	645
C. Kategorien	24.20	646
D. Zugangsbewertung	24.30	647
E. Folgebewertung	24.40	648
F. Ausbuchung	24.50	650
G. Einzelfälle	24.60	650
H. Ausweis	24.90	658
I. Anhangangaben	24.100	658
Kapitel 25 Sicherungsgeschäfte und Risikoberichterstattung (IFRS 9, IFRS 7) .... *(Pferdehirt)*		663
A. Überblick und Wegweiser	25.1	664
B. Risiken und Sicherungsstrategien	25.20	671
C. Fair Value-Option	25.25	673
D. Hedge Accounting	25.31	674
E. Anhangangaben zum Hedge-Accounting	25.78	708
F. Risikoberichterstattung	25.79	709
Kapitel 26 Rückstellungen (IAS 37) .... *(Theile)*		717
A. Überblick und Wegweiser	26.1	718
B. Ansatz von Rückstellungen	26.20	723
C. Bewertung	26.60	734
D. ABC der Rückstellungen	26.80	738
E. Ausweis	26.81	743
F. Anhangangaben	26.83	744
Kapitel 27 Pensionsverpflichtungen und andere Leistungen an Arbeitnehmer (IAS 19) .... *(Theile/Behling)*		747
A. Überblick und Wegweiser	27.1	749
B. Pensionspläne und Durchführungswege	27.20	754

	Rz.	Seite
C. Bilanzierung von beitragsorientierten Pensionsplänen	27.27	759
D. Bilanzierung von leistungsorientierten Pensionsplänen	27.28	760
E. Sonstige Leistungen an Arbeitnehmer	27.70	780

Kapitel 28 Anteilsbasierte Vergütungen (IFRS 2) 783
(Franken/Schulte/Dörschell)

	Rz.	Seite
A. Überblick und Wegweiser	28.1	784
B. Begriffe	28.12	788
C. Anteilsbasierte Barvergütungen (Cash settled)	28.22	795
D. Aktienoptionsprogramme (Equity settled)	28.26	798
E. Kombinationsmodelle	28.47	808
F. Belegschaftsaktien	28.52	811
G. Konzernverbund	28.53	812
H. Latente Steuern	28.55	813
I. Ausweis und Anhangangaben	28.57	813

Kapitel 29 Tatsächliche und latente Ertragsteuern (IAS 12) 817
(Theile/Behling)

	Rz.	Seite
A. Übersicht und Wegweiser	29.1	819
B. Ansatz latenter Steuern	29.20	825
C. Bewertung	29.60	844
D. Sonderfälle	29.75	848
E. Abstimmung latenter Steuern	29.84	852
F. Ausweis	29.88	856
G. Anhangangaben	29.93	858

Kapitel 30 Zur Veräußerung gehaltene langfristige Vermögenswerte und aufgegebene Geschäftsbereiche (IFRS 5) 865
(Leippe)

	Rz.	Seite
A. Überblick und Wegweiser	30.1	866
B. Veräußerung langfristiger Vermögenswerte	30.16	868
C. Anteile an anderen Unternehmen	30.61	880
D. Stilllegungen	30.76	883

Teil 4
Konsolidierung

	Rz	Seite
Kapitel 31 Tochterunternehmen (IFRS 10) .... *(Theile/Behling)*		885
A. Überblick und Wegweiser	31.1	887
B. Merkmale der Beherrschung	31.20	893
C. Prototypen der Beherrschung	31.25	895
D. Beherrschungskriterien im Einzelnen	31.40	900
E. Sonderfall: Investmentgesellschaften als Mutterunternehmen ...	31.100	920
F. Einbeziehungsverbote und Einbeziehungswahlrechte	31.110	922
Kapitel 32 Joint Arrangements (Gemeinsame Vereinbarungen) (IFRS 11) .... *(Theile/Behling)*		925
A. Überblick und Wegweiser	32.1	926
B. Definition von Joint Arrangements	32.20	929
C. Unterscheidung von Joint Ventures und Joint Operations	32.30	931
D. Rechtsfolgen der Bilanzierung für Joint Arrangements	32.40	933
Kapitel 33 Assoziierte Unternehmen (IAS 28) .... *(Theile/Behling)*		935
A. Überblick und Wegweiser	33.1	935
B. Abgrenzung assoziierter Unternehmen	33.20	937
C. Beendigung des Assoziierungsverhältnisses	33.29	939
Kapitel 34 Konzernabschlussstichtag, Ansatz und Bewertung im Konzernabschluss (IFRS 10) .... *(Theile/Behling)*		941
A. Überblick und Wegweiser	34.1	941
B. Konzernabschlussstichtag	34.20	942
C. Konzerneinheitliche Bilanzierung und Bewertung	34.23	943
Kapitel 35 Währungsumrechnung (IAS 21, IAS 29) .... *(Theile/Behling)*		945
A. Überblick und Wegweiser	35.1	946
B. Konzept der funktionalen Währung	35.20	948
C. Modifizierte Stichtagskursmethode	35.30	952

	Rz.	Seite
D. Zeitbezugsmethode	35.50	964
E. Stetigkeit und Methodenwechsel	35.59	968
F. Hyperinflation (IAS 29)	35.60	969

Kapitel 36 Unternehmenserwerb und Kapitalkonsolidierung (IFRS 3) 975
(Theile/Behling)

	Rz.	Seite
A. Überblick und Wegweiser	36.1	979
B. Abgrenzung des Unternehmenserwerbs	36.20	987
C. Grundlagen der Kapitalkonsolidierung nach der Erwerbsmethode	36.30	990
D. Erwerber und Erwerbszeitpunkt	36.40	993
E. Gegenleistung des Unternehmenserwerbs	36.60	995
F. Vermögenswerte und Schulden des Erwerbsobjekts (Ansatz in der Handelsbilanz III)	36.100	1005
G. Bewertung in der Handelsbilanz III	36.150	1018
H. Bilanzierung eines Goodwill bzw. bargain purchase/Ansatz nicht beherrschender Anteile (nbA)	36.200	1040
I. Konsolidierung von vorläufigem Nettovermögen	36.240	1050
J. Erst-, Folge- und Entkonsolidierung: Zusammenfassende Fallstudie	36.250	1051
K. Sonderfälle	36.300	1064

Kapitel 37 Equity-Methode (IAS 28) 1101
(Theile/Behling)

	Rz.	Seite
A. Überblick und Wegweiser	37.1	1101
B. Vorbereitung der Equity-Methode	37.20	1105
C. Durchführung der Equity-Methode	37.25	1106
D. Einbeziehungsverbote und Wahlrechte	37.50	1118
E. Ausweis	37.55	1119

Kapitel 38 Anteilige Konsolidierung (IFRS 11) 1121
(Theile/Behling)

	Rz.	Seite
A. Überblick und Wegweiser	38.1	1121
B. Durchführung der anteiligen Konsolidierung	38.20	1122
C. Ausweis	38.30	1123

	Rz.	Seite
Kapitel 39 Übergangskonsolidierungen (IFRS 3, IFRS 10) ...... *(Theile/Behling)*		1125
A. Überblick und Wegweiser	39.1	1126
B. Sukzessive Beteiligungserwerbe	39.20	1130
C. Statusverlust von Tochterunternehmen, assoziierten und Gemeinschaftsunternehmen	39.40	1141
D. Auf- und Abstockungen ohne Statuswechsel	39.50	1151
E. Gestaltungsmöglichkeiten/Missbrauchsvorschriften (Gesamtplan) nach IFRS 10	39.80	1164
Kapitel 40 Weitere Konsolidierungsmaßnahmen (IFRS 10, IAS 28) *(Theile/Behling)*		1167
A. Überblick und Wegweiser	40.1	1167
B. Vollkonsolidierung	40.20	1169
C. Transaktionen zwischen Assoziierten Unternehmen/Gemeinschaftsunternehmen und dem Konzern	40.50	1175
Kapitel 41 Anhangangaben zum Konzernabschluss (IFRS 12, IFRS 3) .... *(Theile/Behling)*		1183
A. Überblick und Wegweiser	41.1	1183
B. Formale Anforderungen an die Anhangangaben	41.20	1185
C. Einzelangaben	41.30	1189
D. Anhangangaben bei Unternehmenserwerben (Unternehmenszusammenschlüsse)	41.60	1195
E. Besonderheiten bei Investment-Muttergesellschaften	41.70	1196

Teil 5
Berichtsinstrumente und Angabepflichten

	Rz.	Seite
Kapitel 42 Gliederungsgrundsätze des Abschlusses (IAS 1) ...... *(Theile)*		1199
A. Überblick und Wegweiser	42.1	1199
B. Gliederungsgrundsätze	42.20	1202

		Rz.	Seite
Kapitel 43 Bilanz (IAS 1)			1207
(Theile)			
A.	Überblick und Wegweiser	43.1	1207
B.	Aktiv- und Passivseite nach Fristigkeit	43.20	1209
C.	Gliederungsschema für die IFRS-Bilanz	43.40	1214
D.	Einzelne Bilanzposten	43.42	1216
E.	Anhangangaben	43.62	1221
Kapitel 44 Gewinn- und Verlustrechnung (IAS 1)			1223
(Theile)			
A.	Überblick und Wegweiser	44.1	1223
B.	Gliederungsschemata für die GuV: Gesamtkostenverfahren und Umsatzkostenverfahren	44.20	1225
C.	Einzelne GuV-Posten	44.22	1228
D.	Anhangangaben	44.43	1234
Kapitel 45 Gesamtergebnisrechnung (IAS 1)			1235
(Theile)			
A.	Überblick und Wegweiser	45.1	1235
B.	Erfolgsneutral zu erfassende Aufwendungen und Erträge	45.20	1237
C.	Darstellungsalternativen für die Gesamtergebnisrechnung	45.25	1240
Kapitel 46 Eigenkapitalspiegel (IAS 1)			1247
(Theile)			
A.	Überblick und Wegweiser	46.1	1247
B.	Inhalt und Struktur	46.20	1248
C.	Beispiel für einen Eigenkapitalspiegel	46.23	1249
Kapitel 47 Kapitalflussrechnung (IAS 7)			1253
(Behling/Theile)			
A.	Überblick und Wegweiser	47.1	1254
B.	Gliederung und Inhalt der Kapitalflussrechnung	47.20	1256
C.	Ermittlung der Zahlungsströme	47.50	1266
D.	Besonderheiten im Konzernabschluss	47.70	1277
E.	Wesentliche Anhangangaben	47.90	1287

Inhaltsübersicht

	Rz.	Seite
Kapitel 48 Anhang (IAS 1)		1289
(Theile)		
A. Übersicht und Wegweiser	48.1	1289
B. Aufbau/Gliederung des Anhangs	48.20	1291
C. Übereinstimmungserklärung und neue Standards	48.22	1292
D. Wesentliche Rechnungslegungsmethoden	48.30	1295
E. Einzelerläuterungen	48.36	1299
F. Andere Angaben	48.37	1299
G. HGB-Angaben im IFRS-Konzernabschluss	48.40	1299
Kapitel 49 Segmentberichterstattung (IFRS 8)		1301
(Leippe)		
A. Überblick und Wegweiser	49.1	1302
B. Segmentabgrenzung	49.21	1304
C. Segmentangaben	49.41	1309
Kapitel 50 Ergebnis je Aktie (IAS 33)		1317
(Dörschell/Franken/Schulte)		
A. Überblick und Wegweiser	50.1	1317
B. Definition des Ergebnisses je Aktie	50.8	1319
C. Ausweis und Anhangangaben	50.26	1326
Kapitel 51 Angaben über Beziehungen zu nahe stehenden Unternehmen und Personen (IAS 24)		1327
(Leippe)		
A. Überblick und Wegweiser	51.1	1327
B. Abgrenzung nahe stehender Unternehmen und Personen zum Konzern	51.20	1332
C. Anhangangaben	51.36	1336
D. Praxishinweise	51.51	1339

Teil 6
Zwischenberichterstattung (IAS 34)

	Rz	Seite
Kapitel 52 Pflicht zur Zwischenberichterstattung *(Leippe)*		1341
A. Management Zusammenfassung	52.1	1341
B. Standards und Anwendungsbereich	52.4	1342
C. Wesentliche Abweichungen zum HGB	52.9	1344
D. Neuere Entwicklungen	52.10	1344
Kapitel 53 Berichtsinstrumente im Zwischenbericht *(Leippe)*		1345
A. Überblick	53.1	1345
B. Verkürzte Bilanz	53.3	1346
C. Verkürzte Gesamtergebnisrechnung	53.5	1347
D. Ergebnis je Aktie	53.7	1348
E. Verkürzter Eigenkapitalspiegel	53.8	1349
F. Verkürzte Kapitalflussrechnung	53.10	1349
Kapitel 54 Angabepflichten *(Leippe)*		1351
A. Wesentliche Ereignisse und Transaktionen	54.1	1351
B. Sonstige Angaben	54.3	1352
Kapitel 55 Bilanzierung und Bewertung im Zwischenbericht *(Leippe)*		1357
A. Theoretische Ansätze	55.1	1357
B. Der eigenständige Ansatz nach IAS 34	55.2	1357

Teil 7
Erstmalige Anwendung von IFRS (IFRS 1)

	Rz	Seite
Kapitel 56 Identifikation des IFRS-Erstanwenders *(Theile)*		1361
A. Überblick und Wegweiser	56.1	1361
B. Persönlicher Anwendungsbereich des IFRS 1	56.20	1364

	Rz.	Seite
Kapitel 57 Aufstellung der IFRS-Eröffnungsbilanz .... *(Theile)*		1367
A. Grundsatz der rückwirkenden Normanwendung	57.1	1367
B. Verbot der Berücksichtigung später zugegangener Informationen	57.9	1370
C. Unternehmenszusammenschlüsse	57.11	1370
D. Beurteilung..	57.39	1379
E. Anhangangaben	57.40	1380
Stichwortverzeichnis......................................		1383

Abkürzungsverzeichnis

a.A.	anderer Ansicht
Abb.	Abbildung
ABl.	Amtsblatt
ABS	Asset Backed Securities
Abs.	Absatz
Abschn.	Abschnitt
Abt.	Abteilung
ADHGB	Allgemeines Deutsches Handelsgesetzbuch
ADS	Adler/Düring/Schmaltz, Rechnungslegung und Prüfung der Unternehmen, Stuttgart 1995-2001
ADS International	Adler/Düring/Schmaltz, Rechnungslegung nach Internationalen Standards, Stuttgart (Loseblattwerk)
AEUV-Vertrag	Vertrag über die Arbeitsweise der Europäischen Union
a.F.	alte Fassung
AfA	Absetzung für Abnutzung
AG	Aktiengesellschaft
AHK	Anschaffungs- und Herstellungskosten
AktG	Aktiengesetz
Anm.	Anmerkung(en)
AO	Abgabenordnung
APB	Accounting Principles Board
APV	Adjusted Present Value
AR	Der Aufsichtsrat (Zeitschrift)
ARC	Accounting Regulatory Committee
Art.	Artikel
Aufl.	Auflage
Baetge-IFRS	Baetge/Wollmert/Kirsch/Oser/Bischof, Rechnungslegung nach IFRS: Kommentar auf der Grundlage des deutschen Bilanzrechts, Stuttgart (Loseblattwerk)
BB	Betriebs-Berater (Zeitschrift)
BBK	Buchführung, Bilanzierung, Kostenrechnung (Zeitschrift)
Bd.	Band
BDI	Bundesverband der Deutschen Industrie e.V.
Beck Bil-Komm[8]	Beck'scher Bilanz-Kommentar, 8. Aufl., München 2012
Beck IFRS-HB[3]	Beck'sches IFRS-Handbuch, 3. Aufl., München, Wien, Bern 2009
BetrAV	Betriebliche Altersversorgung (Zeitschrift)
BetrAVG	Gesetz zur Verbesserung der betrieblichen Altersversorgung
BewP	BewertungsPraktiker (Zeitschrift)
BFH	Bundesfinanzhof
BFuP	Betriebswirtschaftliche Forschung und Praxis (Zeitschrift)

Abkürzungsverzeichnis

BGB	Bürgerliches Gesetzbuch
BGBl.	Bundesgesetzblatt
BGH	Bundesgerichtshof
BilKoG	Bilanzkontrollgesetz
BilMoG	Bilanzrechtsmodernisierungsgesetz
BilReG	Bilanzrechtsreformgesetz
BMF	Bundesministerium der Finanzen
BörsG	Börsengesetz
BörsZulV	Börsenzulassungs-Verordnung
BR-Drs.	Bundesrats-Drucksache
BStBl.	Bundessteuerblatt
BT-Drs.	Bundestags-Drucksache
Buchst.	Buchstabe
BürgerEntlG	Bürgerentlastungsgesetz
BVG	Berufliches Vorsorgegesetz (Schweiz)
BW	Buchwert
CAPM	Capital Asset Pricing Model
CEO	Chief Executive Officer
CF	Conceptual Framework
CF biz	Corporate Finance (Zeitschrift)
CGU	cash generating unit(s)
CoDM	Chief Operating Decision Maker
COO	Chief Operating Officer
c.p.	ceteris paribus
CPA	Certified Public Accountant
CTA	contractual trust arrangement
DB	Der Betrieb (Zeitschrift)
DBO	Defined Benefit Obligation
DBW	Die Betriebswirtschaft (Zeitschrift)
DCF	Discounted Cashflow
DCGK	Deutscher Corporate Governance-Kodex
D/J/P/W	Dötsch/Jost/Pung/Witt, Die Körperschaftsteuer, Stuttgart (Loseblattwerk)
DM	Deutsche Mark
DPR	Deutsche Prüfstelle für Rechnungslegung
DRS	Deutscher Rechnungslegungsstandard (des DRSC)
DRSC	Deutsches Rechnungslegungs Standards Committee e.V.
DStR	Deutsches Steuerrecht (Zeitschrift)
DVFA	Deutsche Vereinigung für Finanzanalyse
EA	Einzelabschluss
EAR	European Accounting Review (Zeitschrift)
E-Bilanz	elektronische Bilanz
EBIT	Earnings Before Interest and Tax

EBITDA	Earnings Before Interest, Taxes, Depreciation and Amortization
E-Book	electronic book
ED	Exposure Draft
E-DRS	Entwurf Deutscher Rechnungslegungsstandard
EFRAG	European Financial Reporting Advisory Group
e.G.	eingetragene Genossenschaft
EGHGB	Einführungsgesetz zum Handelsgesetzbuch
EG-Richtlinie	Richtlinie der Europäischen Gemeinschaften
EGV	EG-Vertrag
EITF	Emerging Issues Task Force
EK	Eigenkapital
EL	Ergänzungslieferung
EStG	Einkommensteuergesetz
EStH	Einkommensteuer-Hinweise
EStR	Einkommensteuer-Richtlinien
et. al.	et alii
EU	Europäische Union
EuGH	Europäischer Gerichtshof
EY-iGAAP	Ernst & Young International GAAP 2011, Weinheim u.a. Orte, 2010
F.	Framework
f./ff.	folgende(r, s)
F + E-Kosten	Forschungs- und Entwicklungskosten
fAHK	fortgeführte Anschaffungs- und Herstellungskosten
FAS	Financial Accounting Standard
FASB	Financial Accounting Standards Board
FAZ	Frankfurter Allgemeine Zeitung
FB	Finanz-Betrieb (Zeitschrift)
FG	Finanzgericht
FGK	Fertigungsgemeinkosten
FiFo	First in – first out
FK	Fremdkapital
Fn.	Fußnote
FN-IDW	IDW-Fachnachrichten
FR	Finanz-Rundschau (Zeitschrift)
FS	Festschrift
GAAP	Generally Accepted Accounting Principles
GB	Geschäftsbericht
GBP	Great Britain Pound
GE	Geldeinheiten
GewSt.	Gewerbesteuer
GK	Gemeinkosten; Gesamtkapital
GKV	Gesamtkostenverfahren

gl.A.	gleicher Ansicht
GmbH	Gesellschaft mit beschränkter Haftung
GmbHG	Gesetz betreffend die Gesellschaften mit beschränkter Haftung
GmbHR	GmbH-Rundschau (Zeitschrift)
GoB	Grundsätze ordnungsmäßiger Buchführung
GrS	Großer Senat
GuV	Gewinn- und Verlustrechnung
Halbs.	Halbsatz
Haufe IFRS-Komm[9]	Haufe IFRS-Kommentar, 9. Aufl., Freiburg u.a. Orte 2011
HB	Handelsbilanz
HdJ	v. Wysocki/Schulze-Osterloh/Hennrichs/Kuhner, Handbuch des Jahresabschlusses, Köln (Loseblattwerk)
HGB	Handelsgesetzbuch
HHR	Herrmann/Heuer/Raupach, Einkommensteuer- und Körperschaftsteuergesetz – Kommentar, Köln (Loseblattwerk)
HiFo	Highest in – first out
h.M.	herrschende Meinung
Hrsg.	Herausgeber
IAS	International Accounting Standard(s)
IASB	International Accounting Standards Board
IASC	International Accounting Standards Committee
i.d.F.	in der Fassung
i.d.R.	in der Regel
IDW	Institut der Wirtschaftsprüfer in Deutschland e.V.
IDW EPS	IDW Entwurf Prüfungsstandard
IDW-FN	IDW Fachnachrichten (Zeitschrift)
IDW HFA	IDW Hauptfachausschuss
IDW RH HFA	IDW Rechnungslegungshinweise des Hauptfachausschusses
IDW RS HFA	IDW Stellungnahme zur Rechnungslegung
i.E.	im Ergebnis; im Einzelnen
IFRIC	International Financial Reporting Standards Interpretations Committee
IFRS	International Financial Reporting Standard(s)
IG	Guidance on Implementing
IGC	Implementation Guidance Committee
i.H.v.	in Höhe von
ImmoWertV	Verordnung über die Grundsätze für die Ermittlung der Verkehrswerte von Grundstücken – Immobilienwertermittlungsverordnung
IOSCO	International Organization of Securities Commissions
IRZ	Zeitschrift für Internationale Rechnungslegung
i.S.d.	im Sinne des/der
IStR	Internationales Steuerrecht (Zeitschrift)

i.V.m.	in Verbindung mit
IVSC	International Valuation Standards Committee
i.W.	im Wesentlichen
i.Z.m.	im Zusammenhang mit
JoPE	Journal of Political Economy (Zeitschrift)
KA	Konzernabschluss
Kap.	Kapitel
KapCoRiLiG	Kapitalgesellschaften- und Co.-Richtlinie-Gesetz
Kfz	Kraftfahrzeug
KG	Kommanditgesellschaft
KiFo	Konzern in – first out
KMU	kleine und mittelgroße Unternehmen
KMU-IFRS	Spezial-IFRS für kleine und mittelgroße Unternehmen
KOM	Kommission
KonBefrV	Verordnung über befreiende Konzernabschlüsse und Konzernlageberichte von Mutterunternehmen mit Sitz in einem Drittstaat
KonTraG	Gesetz zur Kontrolle und Transparenz im Unternehmensbereich
KoR	Zeitschrift für internationale und kapitalmarktorientierte Rechungslegung
KSt.	Körperschaftsteuer
KStG	Körperschaftsteuergesetz
KStR	Körperschaftsteuer-Richtlinien
KSzW	Kölner Schrift zum Wirtschaftsrecht (Zeitschrift)
LiFo	Last in – first out
MarkenG	Gesetz über den Schutz von Marken und sonstigen Kennzeichen
MEP	multi employer plans
MGK	Materialgemeinkosten
Mio.	Million(en)
Mrd.	Milliarde(n)
MRP	Marktrisikoprämie
MU	Mutterunternehmen
m.w.	mit weiteren (-r)
m.w.N	mit weiteren Nachweisen
nbA	nicht beherrschender Anteil
n.F.	neue Fassung
NJW	Neue Juristische Wochenschrift (Zeitschrift)
Nr.	Nummer(n)
NYSE	New York Stock Exchange

OCI	other comprehensive income
OLG	Oberlandesgericht
o.O.	ohne Ortsangabe
p.a.	pro anno
PHG	Personenhandelsgesellschaft
PiR	Praxis der internationalen Rechnungslegung
PoC	Percentage of Completion
Pos.	Position, Posten
PSVaG	Pensionssicherungsverein auf Gegenseitigkeit
PublG	Gesetz über die Rechnungslegung von bestimmten Unternehmen und Konzernen (Publizitätsgesetz)
PUCM	projected unit credit method
RAP	Rechnungsabgrenzungsposten
RdF	Recht der Finanzinstrumente (Zeitschrift)
REIT	Real Estate Investment Trust
REIT-AG	Börsennotierte Aktiengesellschaft, deren Unternehmensgegenstand auf die Vermietung, Verpachtung und Veräußerung von unbeweglichem Vermögen beschränkt ist (§ 1 REITG)
REITG	Gesetz über deutsche Immobilien-Aktiengesellschaften mit börsennotierten Anteilen
resp.	respektive
RHB	Roh-, Hilfs- und Betriebsstoffe
RIC	Rechnungslegungs Interpretation; Rechnungslegungs Interpretations Committee
RIW	Recht der Internationalen Wirtschaft (Zeitschrift)
Rz.	Randzahl
S.	Seite
SAC	Standards Advisory Council
SAR	Stock Appreciation Rights (aktienkursorientierte Vergütungen)
SARG	Standards Advisory Review Group
sbr	Schmalenbach Business Review (Zeitschrift)
SBV	Sonderbetriebsvermögen
Schr.	Schreiben
SD	Staff Draft (Vorstufe zu Standardentwürfen)
SEC	Securities and Exchange Commission
SFAS	Statement of Financial Accounting Standards
SIC	Standing Interpretations Committee
SME	small and medium sized entities
SoFFin	Sonderfonds Finanzmarktstabilisierung
SolZ	Solidaritätszuschlag

SORIE	Statement of recognised income and expense
SPE	Special Purpose Entities
StB	Steuerberater
StuB	Steuern und Bilanzen (Zeitschrift)
Tab.	Tabelle
TDM	tausend Deutsche Mark
TEuro	tausend Euro
T/K	Tipke/Kruse, Abgabenordnung – Finanzgerichtsordnung; Köln (Loseblattwerk)
TransPuG	Gesetz zur weiteren Reform des Aktien- und Bilanzrechts, zu Transparenz und Publizität (Tranzparenz- und Publizitätsgesetz)
TU	Tochterunternehmen
TUG	Transparenzrichtlinie-Umsetzungsgesetz
T/vK/B	Thiele/von Keitz/Brücks, Internationales Bilanzrecht, Bonn (Loseblattwerk)
Tz.	Textzahl
Ubg	Die Unternehmensbesteuerung (Zeitschrift)
u.E.	unseres Erachtens
UKV	Umsatzkostenverfahren
UntStRefG	Unternehmensteuerreformgesetz
USA	United States of America
US-GAAP	United States Generally Accepted Accounting Principles
UStG	Umsatzsteuergesetz
UStR	Umsatzsteuer-Richtlinien
u.U.	unter Umständen
VBL	Versorgungsanstalt des Bundes und der Länder
VerlG	Gesetz über das Verlagsrecht
VerwGK	Verwaltungsgemeinkosten
vgl.	vergleiche
v.H.	vom Hundert
VMEBF	Vereinigung zur Mitwirkung an der Entwicklung des Bilanzrechts für Familiengesellschaften
VO	Verordnung
WACC	Weighted Average Cost of Capital
WachstBeschlG	Wachstums-Beschleunigungsgesetz
WertV	Wertermittlungsverordnung (abgelöst durch ImmoWertV)
WP	Wirtschaftsprüfer
WPg	Die Wirtschaftsprüfung (Zeitschrift)
WP-Handbuch	Wirtschaftsprüfer-Handbuch
WpHG	Gesetz über den Wertpapierhandel

Abkürzungsverzeichnis

ZBB	Zeitschrift für Bankrecht und Bankwirtschaft
ZfB	Zeitschrift für Betriebswirtschaft
ZfbF	Schmalenbachs Zeitschrift für betriebswirtschaftliche Forschung
ZfCM	Zeitschrift für Controlling und Management
ZGR	Zeitschrift für Unternehmens- und Gesellschaftsrecht
Ziff.	Ziffer
ZVersWiss	Zeitschrift für die gesamte Versicherungswissenschaft

Verzeichnis der abgekürzt zitierten Literatur

ADS	Adler/Düring/Schmaltz, Rechnungslegung und Prüfung der Unternehmen, 6. Aufl., Stuttgart 2001
ADS International	Adler/Düring/Schmaltz, Rechnungslegung nach Internationalen Standards, Stuttgart 2011
Baetge, Bilanzen	Baetge/Kirsch/Thiele, Bilanzen, 14. Aufl., Düsseldorf 2017
Baetge-IFRS	Baetge u.a. (Hrsg.), Rechnungslegung nach IFRS, Stuttgart (Losebl.)
Baetge/Kirsch/Thiele, Konzernbilanzen	Baetge/Kirsch/Thiele, Konzernbilanzen, 12. Aufl., Düsseldorf 2017
Beck Bil-Komm.	Grottel u.a. (Hrsg.), Beck'scher Bilanz-Kommentar, 11. Aufl., München 2018
Beck IFRS-HB	Driesch u.a. (Hrsg.), Beck'sches IFRS-Handbuch, 5. Aufl., München 2016
Busse von Colbe u.a.	Busse von Colbe u.a., Konzernabschlüsse, 9. Aufl., Wiesbaden 2010
Deloitte iGAAP	Deloitte iGAAP 2018
EY-iGAAP	Ernst & Young International GAAP 2018
Grünberger	Grünberger, IFRS 2018, 15. Aufl, Herne 2018
Hachmeister, Bilanzrecht	Hachmeister u.a. (Hrsg.), Bilanzrecht – Kommentar, Köln 2018
Haufe IFRS-Komm.	Lüdenbach/Hoffmann/Freiberg, Haufe IFRS-Kommentar, 16. Aufl., Freiburg 2018
HdJ	Schulze-Osterloh/Hennrichs/Wüstemann (Hrsg.), Handbuch des Jahresabschlusses, Köln (Losebl.)
HHR	Herrmann/Heuer/Raupach, Einkommensteuer- und Körperschaftsteuergesetz, Köln (Losebl.)
Hüffer/Koch, AktG	Hüffer/Koch, Aktiengesetz, 13. Aufl., München 2018
Kirsch eKomm	Kirsch (Hrsg.), 360° BilR eKommentar, Bonn (elektronisch)
Pellens	Pellens u.a., Internationale Rechnungslegung, 10. Aufl., Stuttgart 2017
Schiffers/Theile	Schiffers/Theile, Bilanzrecht der GmbH, Köln 2016
Schmidt/Lutter, AktG	Schmidt/Lutter (Hrsg.), Aktiengesetz, 3. Aufl., Köln 2015
Theile, BilRUG	Theile, Bilanzrichtlinie-Umsetzungsgesetz (BilRUG), Herne 2015
T/vK/B	Thiele/von Keitz/Brücks (Hrsg.), Internationales Bilanzrecht, Bonn (Losebl.)

Verzeichnis der abgekürzt zitierten Literatur

WP Handbuch	IDW (Hrsg.), WPH Edition, Wirtschaftsprüfung und Rechnungslegung, 15. Aufl., Düsseldorf 2017
Zülch/Hendler	Zülch/Hendler, Bilanzierung nach IFRS, 2. Aufl., Weinheim 2017

Teil 1
Internationale Normen statt HGB-Rechnungslegung

Kapitel 1
Aspekte einer weltweit einheitlichen Sprache für Rechnungslegung und Berichterstattung

A. Vielfalt der Rechtsvorschriften und Verbreitung der IFRS 1.1
B. Vorteile weltweit einheitlicher Vorschriften zur Rechnungslegung und Berichterstattung 1.5
C. Digitale Finanzberichterstattung ... 1.11
D. Für wen lohnt die IFRS-Einführung? 1.15

Literatur: *Berger/Lieck*, Corporate Reporting mit iXBRL, KoR 2018, 109; *Brüggemann/Hitz/Sellhorn*, Ökonomische Konsequenzen der verpflichtenden IFRS-Einführung in der EU, DB 2015, 1789 (Teil 1), 1849 (Teil 2); *IDW (Hrsg.)*, Internationalisierung der Rechnungslegung im Mittelstand, Wirtschaftsprüfer begleiten mittelständische Unternehmen bei der Umstellung auf IFRS, August 2005; *Jödicke, D./Jödicke, R.*, Finaler Standardentwurf der ESMA zum einheitlichen elektronischen Berichtsformat (ESEF), DB 2018, 713; *Komarek*, ESEF – Europa digitalisiert Jahresfinanzberichte, WPg 2018, 693; *Seebeck*, iXBRL: das einheitliche digitale Berichtsformat für Europa ab 2020, WPg 2018, 612; *Sellhorn/Hahn/Müller*, Der Fall Lehman Bros., DB 2010, 2117.

A. Vielfalt der Rechtsvorschriften und Verbreitung der IFRS

Für Unternehmen („Kaufleute") mit Sitz in Deutschland stellt sich die Bilanzierungswelt wie folgt dar: 1.1

– Es ist ein handelsrechtlicher Jahresabschluss (Handelsbilanz I, HB I) aufzustellen.[1] Die Gewinnermittlung unter Gläubigerschutzgesichtspunkten ist Grundlage für Ausschüttungsentscheidungen der Gesellschafter. Außerdem dient der Jahresabschluss der Information nach außen.

– Handelsrechtliche GoB und damit der aufgestellte Jahresabschluss bilden die Basis zur Ermittlung der ertragsteuerlichen Bemessungsgrundlage (§ 5 Abs. 1 EStG).

– Wird ein Unternehmen als Mutter- oder Tochterunternehmen in einen Konzernabschluss einbezogen, hat es zusätzlich einen statistischen Einzelabschluss, üblicherweise als **Handelsbilanz II** (HB II) bezeichnet, nach dem Recht aufzustellen, das für den Konzernabschluss zur Anwendung gelangt. Die HB II („**reporting package**") wird für Konsolidierungszwecke an die Konsolidierungsstelle übermittelt.

---
[1] Befreit von der Aufstellungspflicht sind Einzelkaufleute i.S.v. § 241a HGB.

1.2 Während von der HB I und der Steuerbilanz praktisch alle Unternehmen betroffen sind, ist die HB II nur von konzernverbundenen Unternehmen aufzustellen. Die meisten Unternehmen aus dieser Gruppe mit Sitz in Deutschland erstellen eine HB II nach HGB, weil der Konzernabschluss nach HGB aufgestellt wird. Unternehmen aber, die in einen IFRS-Konzernabschluss einbezogen werden, müssen eine HB II nach IFRS aufstellen und solche, die in einen US-GAAP-Abschluss einbezogen werden, bilanzieren in der HB II nach US-GAAP. Das ließe sich beliebig fortführen: Maßgeblich für die HB II ist immer das Bilanzrecht, nach dem der Konzernabschluss aufgestellt wird.

1.3 Wir konzentrieren uns hier auf IFRS. Betroffen von der IFRS-Anwendung in ihrer HB II sind nicht nur jene Unternehmen mit Sitz in Deutschland, deren Konzernmutter ebenfalls in Deutschland sitzt und die im Konzern nach IFRS bilanziert: Unabhängig vom Sitz des Mutterunternehmens hat die jeweilige deutsche Tochter dann die HB II nach IFRS aufzustellen, soweit das Mutterunternehmen einen IFRS-Konzernabschluss aufstellt.

Auf wen trifft das zu? Seit 2005[2] müssen alle kapitalmarktorientierten Mutterunternehmen mit Sitz in der EU ihren Konzernabschluss nach europarechtlich übernommenen IFRS aufstellen (ausführlich hierzu Kap. 3). Manche EU-Staaten haben diesen Kreis ausgeweitet und verpflichten branchenabhängig (insb. bei Kreditinstituten) ebenfalls zur IFRS-Anwendung. Für übrige Konzernmutterunternehmen mit Sitz in der EU besteht regelmäßig ein Wahlrecht zur IFRS-Anwendung, so auch in Deutschland (§ 315e Abs. 3 HGB).

Die Zahl der in der EU von IFRS qua Kapitalmarktorientierung pflichtmäßig betroffenen Konzernmutterunternehmen liegt bei etwa 5300. Sämtliche der in diesen Konzernabschlüssen einbezogenen Tochterunternehmen liefern ihre HB II nach IFRS, so dass bezogen auf Deutschland vermutlich von mehreren zehntausend und durchaus mehr Unternehmen gesprochen werden kann, die auch nach IFRS bilanzieren.

1.4 Doch die IFRS-Anwendung hört ja in der EU nicht auf. Der private Standardsetter IASB (zu einem Überblick über Herkunft der Organisation s. Kap. 2) hat sich von Anfang an das Ziel gesetzt, eine **Weltsprache der Finanzberichterstattung** zu entwickeln. Er ist dabei sehr erfolgreich: In immerhin 166 Ländern gelangen IFRS zur Anwendung, meist bei und oft beschränkt auf kapitalmarktorientierte Konzerne. Es handelt sich dabei um rund 50.000 berichterstattende Unternehmen (Konzernmutterunternehmen),[3] und erneut kommen deren konzernintern mit ihrer jeweiligen HB II berichtenden Tochterunternehmen hinzu.

Damit haben sich die privat entwickelten Standards des IASB und seiner Vorgängerorganisation IASC in nicht einmal 50 Jahren weltweit etabliert.

---

[2] Bei Inanspruchnahme des Kapitalmarktes nur mit Fremdkapitaltiteln seit 2007.
[3] Siehe im Einzelnen www.ifrs.org/use-around-the-world/use-of-ifrs-standards-by-jurisdiction/#profiles (abgerufen am 7.2.2019).

B. Vorteile weltweit einheitlicher Vorschriften zur Rechnungslegung und Berichterstattung

Die zu erwartenden Vorteile einer einheitlichen Sprache der Finanzberichterstattung insbesondere auf dem Kapitalmarkt liegen auf der Hand: Einheitliche Vorschriften zur Rechnungslegung und Berichterstattung sollen „einen hohen Grad an Transparenz und Vergleichbarkeit der Abschlüsse und damit eine effiziente Funktionsweise des Kapitalmarkts in der Gemeinschaft und im Binnenmarkt" sicherstellen, so auch das klare politische Ziel der IFRS-Einführung in der EU in 2005, formuliert in Art. 1 der IAS-Verordnung 1606/2002. Politisch geht es um die volkswirtschaftlich effiziente Allokation knapper Ressourcen am Kapitalmarkt.[4] Einzelwirtschaftlich kann u.a. eine Senkung der Kapitalkosten erhofft werden.

1.5

Diese vergleichsweise abstrakte Kapitalmarktfunktion einer einheitlichen Rechnungslegungs- und Berichterstattungssprache lässt sich für unterschiedliche Akteure konkretisieren: Was sind die einzelnen, erwartbaren Vorteile einer solchen einheitlichen Sprache?

1.6

- Die Herstellung von Vergleichbarkeit zwischen verschiedenen Unternehmen erleichtert die **standardisierte Datenauswertung** der Informationsempfänger (potentielle Investoren, Analysten, Banken usw.) Die Auswertungen können dann herangezogen werden, um Entscheidungen über Engagements oder Desinvestitionen zu treffen. Das schließt auch **grenzüberschreitende Unternehmenskäufe** und **-verkäufe** mit ein. Der Vorteil berichterstattender Konzerne kann in der schon genannten Senkung der Kapitalkosten liegen.

- Bilanzierung und Finanzberichterstattung ist, aller Vorteile der Digitalisierung zum Trotz, nach wie vor eine personalintensive Angelegenheit. Das **Recruiting** von Mitarbeitern im Rechnungswesen und deren **Aus- und Weiterbildung** ist schneller und billiger bei Konzentration auf nur ein einziges Rechnungslegungssystem im nationalen und internationalen Bereich.

- Die **Kommunikation** der Unternehmen innerhalb eines Konzerns wird erheblich erleichtert, wenn auf Basis einheitlicher Regeln Entscheidungen getroffen werden. Oft wird nach Einführung der IFRS als Rechnungslegungssystem das **interne Rechnungswesen** für Planungs-, Steuerungs- und Kontrollzwecke neu strukturiert. Hierdurch können sich Synergien durch die Anwendung der IFRS sowohl für die unternehmensinterne als auch externe Kommunikation ergeben. Durch die Harmonisierung der Datenbasis im internen und externen Rechnungswesen verbessert sich die Konsistenz des Zahlenmaterials durch die einheitliche Verwendung von Ist- und Plan-Zahlen auf IFRS-Basis[5].

- Wird ein Rechnungslegungssystem für interne Steuerungszwecke verwendet ist es naheliegend, auf dessen Basis anreizkompatible **Vergütungssysteme** auszugestalten.

---

4 Vgl. *Brüggemann/Hitz/Sellhorn*, DB 2015, 1789.
5 Vgl. bereits *IDW* 2005, 26.

1.7 Voraussetzung zur Realisation der o.g. möglichen Vorteile ist nicht die Vereinheitlichung an sich, sondern vor allem die Güte des Rechnungslegungssystems. Es lassen sich im Wesentlichen fünf Aspekte nennen:

- Das Rechnungslegungssystem muss akzeptiert sein, und zwar einerseits von den Mitarbeitern berichtender Unternehmen, andererseits aber auch von den Informationsempfängern. Die Schaffung und Durchsetzung weltweit anerkannter und akzeptierter Standards ist denn auch eines der Ziele des IASB und der IFRS Foundation.[6] Eine nicht schlechte Voraussetzungen zur **Akzeptanz** sind einfache und verständliche Regelungen. Das mindert auch die Fehleranfälligkeit im Umgang mit den Regelungen.

- Akzeptanz hat aber auch eine formal-inhaltliche Komponente: Je eher (potentielle) Anwender eines Rechnungslegungssystems davon überzeugt sind, dass es die in Rz. 1.6 genannten Ziele wird erreichen können, desto eher werden sie es anwenden, soweit die Wahlfreiheit dazu überhaupt besteht.[7] So setzt der angesprochene Vorteil der Vergleichbarkeit der Abschlüsse zwischen verschiedenen Unternehmen ein möglichst **wahlrechtsfreies Rechnungslegungssystem** voraus. Damit ist noch nichts über seine materiell-inhaltliche Ausgestaltung gesagt, ob also etwa eine Fair Value-Bewertung einer Bewertung zu fortgeführten Anschaffungskosten vorzuziehen ist oder nicht. Entscheidend ist vielmehr, dass es kein Wahlrecht gibt. Bei einem doch vorhandenen Wahlrecht kann mit der Pflicht, die jeweils andere Methode im Anhang entsprechend aufzubereiten, versucht werden, dem Nachteil des Wahlrechts entgegenzuwirken. Doch das Verfahren ist sowohl in der Erstellung als auch Aufbereitung (Analyse) teurer als ein wahlrechtsfreies System.

- Ein weiterer, eher formal-inhaltlicher Aspekt kommt hinzu: Die Regeln zur Informationsbereitstellung in einem Abschluss sollten ebenso standardisiert sein. Einheitliche **Gliederungsvorgaben** für die Abschlusselemente, für Überleitungsrechnungen im Anhang (z.B. vom Buchwert zum Fair Value) oder Spiegeldarstellungen (Rückstellungsspiegel, Anlagespiegel usw.) erleichtern die Analyse und Weiterverarbeitung. Technisch können und müssen die Daten so aufbereitet sein, dass sie digital automatisiert weiterverarbeitet werden können. Dieser Aspekt wird ab 2020 in der EU verpflichtend (s. Rz. 1.11).

- Materiell-inhaltlich sollte es sich um Regelungen handeln, die geeignet sind, genau die für Entscheidungen der Abschlussadressaten benötigten Informationen bereitzustellen. Vermutlich ist das der umstrittenste und schwierigste Punkt: Ist etwa eine Bewertung zum Fair Value besser geeignet zur Performancemessung oder zur Abschätzung von Risiken als eine Bewertung zu fortgeführten Kosten? Nicht zuletzt bewegt man sich hier auf dem Gebiet der bilanztheoretischen Forschung, von dem gehofft werden kann, belastbare Aussagen in die eine oder andere Richtung zu erhalten.

---

6 Vgl. *IFRS Foundation constitution* 2018, Rz. 2a.
7 In Deutschland bei nichtkapitalmarktorientierten Konzernen durch § 315e Abs. 3 HGB.

– Schließlich wäre es überaus nützlich dafür Sorge zu tragen, dass entsprechende Regelungen auch eingehalten und angewendet werden. Das **Enforcement der Rechnungslegung** ist eine wichtige Säule, um die angedachten Vorteile zu erreichen. Das schließt auch den Umgang mit den Regelungen ein: Ist beispielsweise wirklich für alle Anwender der IFRS klar, was der IASB unter *direct cost* verstanden wissen will? Je stärker die Dialekte in einem im Übrigen gleichen Sprachraum voneinander abweichen, desto schwieriger wird wieder die Kommunikation.

Einige der in Rz. 1.6 genannten möglichen Vorteile weltweit einheitlicher Rechnungslegungsregeln können nicht nur unter dem Aspekt der Informationsfunktion *dieser* Regeln gewürdigt werden. Solange nämlich 1.8

– Rechnungslegung auch andere Funktionen erfüllen soll (Steuer- und Ausschüttungsbemessung) und
– die weltweit einheitlichen Regeln hierzu als ungeeignet angesehen werden, so dass
– es parallel noch andere Normen gibt,

werden die (möglichen) Vorteile der weltweit einheitlichen Regeln per se nicht vollumfänglich ausgeschöpft. In Deutschland ist das der Fall: Neben die IFRS tritt das HGB und die Steuerbilanz (Rz. 1.1). Damit reicht die „Sprache" IFRS für die Abschlussaufsteller nicht aus; tatsächlich müssen sie auch im Steuerrecht und im HGB versiert sein, trotz aller in den vergangenen Jahren tatsächlich erreichter Entschlackung des HGB und Annäherung an IFRS. Andererseits kommt ein mittelständischer, nicht kapitalmarktorientierter Konzern zumindest für seine inländischen Gesellschaften mit dem HGB und dem Steuerrecht aus. Hier wird IFRS gelegentlich (nur) als zusätzliche Bürde empfunden, auf die man dann auch gerne verzichtet. Zu gleichwohl möglichen Entscheidungskriterien einer IFRS-Umstellung s. Rz. 1.15.

Darüber hinaus ist fraglich, ob sich die in Rz. 1.6 genannten möglichen IFRS-Vorteile angesichts der hierfür notwendigen, in Rz. 1.7 gelisteten Voraussetzungen tatsächlich einstellen. Immerhin werden die IFRS oft als sehr komplex bezeichnet; sie gelten nicht unbedingt als einfach. Allein der Umfang der Standards ist mit – je nach Druckbild – 800 bis 1.400 Seiten respekteinflößend, die Sprache – auch und gerade in deutscher Übersetzung – ist nicht vergnügungssteuerpflichtig zu lesen, und die ergänzenden Materialien (Begründungserwägungen, Einführungsbeispiele) gibt es ohnehin nur im englischen Original auf über 3.000 Seiten. Hinzu kommt die große Änderungsgeschwindigkeit. Auch wenn im Einzelfall die Unternehmen beileibe nicht von jeder Änderung betroffen sind, so müssen sie sich doch mit ihnen beschäftigen, um eine Fehlanzeige im Anhang anzugeben (Rz. 48.25 f.). Das alles ist mitunter nicht geeignet, Akzeptanz zu schaffen. 1.9

Hinzu kommt, dass die IFRS beileibe kein wahlrechtsfreies Rechnungslegungssystem sind, die Grenzen zu (notwendigen) Ermessensentscheidungen oft fließend (Rz. 12.22 ff.) und klare Vorgaben zur Datenpräsentation (Gliederung der Berichtsinstrumente) eher selten sind. Das darf als ungewöhnlich bezeichnet werden für ein Regelungssystem mit dem selbstgesteckten und einzigen Ziel der Vermittlung entscheidungsnützlicher Informationen. Immerhin aber bietet die IFRS Foundation seit einigen Jahren eine nach jeder Standardänderung aktualisierte IFRS-Taxonomy als Vorlage zur Datenverarbeitung über XBRL.[8]

1.10 Ob und inwieweit die IFRS die von ihnen erwarteten positiven Effekte zeitigen ist auch Gegenstand umfangreicher empirischer Forschung. Das Bild ist uneinheitlich. In groben Zügen lässt sich für wesentliche Ergebnisse vorsichtig formulieren:[9]

Die **Qualität der Rechnungslegung** (z.B. Vollständigkeit wesentlicher Anhangangaben) nimmt in Ländern mit starken Enforcement-Institutionen zu. Der Befund spricht allerdings weder für noch gegen IFRS. Zugleich legen andere empirische Studien nahe, dass die Qualität der Rechnungslegung in Ländern mit zuvor hohem Standard an Rechtsdurchsetzung durch die IFRS-Einführung insgesamt gemindert wurde, was auf die schwierige Durchsetzbarkeit der „prinzipienbasierten" IFRS zurückgeführt werden könne. Nicht ausgeschlossen ist m.E., dass dies auch nur der temporäre Effekt des ungewohnten „Neuen" gewesen sein mag und im Zeitablauf, nach einigen Jahren der Anwendung, die Qualität wieder gestiegen ist.

Wahlrechte in den IFRS werden oft vor dem Hintergrund nationaler Traditionen ausgeübt. Das hindert die internationale Vergleichbarkeit von Abschlüssen und spricht für die Bedeutung wahlrechtsfreier Rechnungslegungssysteme. Andere Studien legen demgegenüber nahe, dass zumindest in Ländern mit einem strengen Enforcement die Vergleichbarkeit von Abschlüssen durch die IFRS-Einführung angestiegen ist.

Was die **Kapitalmarkteffekte** der IFRS-Einführung anbelangt, kommen hingegen mehrere voneinander unabhängige Studien zu offensichtlich positiven Ergebnissen. Das betrifft sowohl den Rückgang von Eigen- und Fremdkapitalkosten als auch den Anstieg grenzüberschreitender Wertpapiertransaktionen.

C. Digitale Finanzberichterstattung

1.11 Ab 2020 müssen nach Art. 4 Abs. 7 der Transparenzrichtlinie[10] die am regulierten Markt notierten Emittenten ihre Jahresfinanzberichte (= IFRS-Konzernabschlüsse) in einem einheitlichen elektronischen Berichtsformat (European Single Electronic Format, ESEF) veröffentlichen. Die EU hat ferner die Europäische Wertpapier- und Marktaufsichtsbehörde ESMA mit der Erarbeitung der technischen Regulierungsstandards (Regulatory Technical Standards, RTS) zur Festlegung des einheitlichen elektronischen Berichtsformats ESEF beauftragt und die grundlegend zu erreichen-

---

[8] Siehe https://www.ifrs.org/issued-standards/ifrs-taxonomy/ (abgerufen am 13.2.2019).
[9] Zu den Einzelheiten der Auswertung empirischer Studien s. *Brüggemann/Hitz/Sellhorn*, DB 2015, 1789 (Teil 1).
[10] Richtlinie 2004/109/EG i.d.F. der Richtlinie 2013/50/EU, ABl. Nr. L 294 v. 6.11.2013, S. 13.

den Spezifikationen in einer Verordnung festgelegt. ESMA hat außerdem das Europäische elektronische Zugangsportal (EEZP) als Webportal für den Zugang zu vorgeschriebenen Informationen einzurichten, um den Endnutzern die Suche nach vorgeschriebenen Informationen, die bei den amtlich bestellten Systemen gespeichert sind, zu ermöglichen. Das Webportal soll über die Website der ESMA zugänglich gemacht werden.[11]

Am 18.12.2017 hat ESMA seinen Abschlussbericht zum RTS zu den Einzelheiten des einheitlichen elektronischen Berichtsformats veröffentlicht.[12] Vorgesehen ist Folgendes:

– Für die Inhalte der zu berichtenden Daten wird die IFRS-Taxonomy verwendet (Rz. 1.9).
– Das Übermittlungsformat wird iXBRL sein (inline Extensible Business Reporting Language). Es ist wie XBRL zu verarbeiten, kann aber zusätzlich von Menschen in Klarschrift gelesen werden.

Es ist damit zu rechnen, dass die Verabschiedung der Vorschläge von den EU-Institutionen im 1. Halbjahr 2019 erfolgt.

Ab 2020 sollen dann zunächst Bilanz, GuV bzw. Gesamtergebnisrechnung, EK-Spiegel und Kapitalflussrechnung sowie einige grundlegende Unternehmensinformationen (Name, Sitz usw.) in iXBRL übermittelt werden. Ab 2022 folgt der Anhang.

Die digitale Finanzberichterstattung wird zu einem **erheblichen Effizienzgewinn** in der Weiterverarbeitung der Daten zu **Analysezwecken** führen. Durch die pflichtgemäße Verwendung der IFRS-Taxonomy und deren eindeutige Zuordnung in iXBRL („tagging") sollte sichergestellt sein, dass einander entsprechende Daten unterschiedlicher Unternehmen fehlerlos und maschinell identifiziert werden können. Das ist die Grundvoraussetzung für jede sich anschließende ebenfalls maschinelle Weiterverarbeitung. Es ist damit zu rechnen, dass dies insgesamt zu einer Vereinheitlichung der Abschlussdarstellung führt. Ein wichtiger, bislang identifizierter Nachteil (Rz. 1.9) der bisherigen Finanzberichterstattung könnte so überwunden werden.

Vermutlich wird auch die Arbeit von Abschlussprüfern und DPR davon profitieren und letztlich auch der Mandant, wenn sich durch verbesserte Prüfroutinen auch die Qualität der Abschlüsse verbessert.[13] Zunächst aber kommt auf die betroffenen Unternehmen Einführungs- bzw. Umstellungsaufwand zu.

---

11 Vgl. Art. 1 der delegierten VO (EU) 2016/1437 v. 19.5.2016, ABl L 234 v. 31.8.2016, S. 1.
12 ESMA, Final Report on the RTS on the European Single Electronic Format (ESMA32-60-204). Zu technischen Einzelheiten s. z.B. *Komarek*, WPg 2018, 693; *Berger/Lieck*, KoR 2018, 109.
13 Vgl. etwa *Seebeck*, WPg 2018, 612.

D. Für wen lohnt die IFRS-Einführung?

1.15 Für jene Unternehmen, die als kapitalmarktorientierte Mutterunternehmen für den Konzernabschluss von der IFRS-Pflichtanwendung betroffen sind (§ 315e Abs. 1 HGB, Rz. 4.15 ff.), stellt sich die Frage nicht. Für alle übrigen, zur Konzernrechnungslegung verpflichteten Unternehmen ist eine IFRS-Einführung immer eine Entscheidung des Einzelfalls und im Übrigen von großer Tragweite. Die wesentlichen, hierbei zu beachtenden Faktoren und die sich zum Teil überschneidenden Erwägungen sind folgende:

– Ist für das Mutterunternehmen die Emission von Eigenkapital- oder Schuldtiteln am geregelten Markt innerhalb der EU geplant, empfiehlt sich die frühzeitige Umstellung auf IFRS: Bereits bei nur am Bilanzstichtag beantragtem Wertpapierhandel muss IFRS angewandt werden (§ 315e Abs. 2 HGB).

– Der Konzern betreibt bewußt eine positive Offenlegungspolitik gegenüber Stakeholdern (z.B. Kunden und Lieferanten), die möglicherweise IFRS-Abschlüsse erwarten. Auch ist denkbar, dass der Konzern sich mit anderen Unternehmen der Branche vergleichen lassen will und diese bereits IFRS anwenden.

– Wollen die Gesellschafter des Mutterunternehmens ihre Anteile ggf. an institutionelle, international tätige Investoren abgeben, ist eine IFRS-Umstellung ernsthaft in Erwägung zu ziehen. I.d.R. erwarten solche Investoren IFRS-Abschlüsse.

– Auf möglicherweise bessere **Finanzierungskonditionen** ist im Fall der IFRS-Anwendung unter Rz. 1.10 bereits hingewiesen worden. Gelegentlich ist in diesem Zusammenhang das Argument zu hören, eine IFRS-Umstellung könne auch zu einer Rating-Verbesserung führen. Das Argument ist differenziert zu sehen: Allein durch die Anwendung der IFRS verbessert sich schließlich nicht die grundlegende ökonomische Situation eines Unternehmens. Auf der anderen Seite ist nicht auszuschließen, dass durch die erweiterte Informationsbereitstellung und Transparenz eine Rating-Agentur Aspekte würdigt, die sonst nicht gesehen worden wären.

– Die **konzerninterne Steuerung** kann bei Verwendung von IFRS erleichtert werden. Die Verwendung kalkulatorischer Kosten ist wegen der stärkeren Marktorientierung der IFRS oft entbehrlich, und manche Auslandstochtergesellschaften tun sich mit IFRS (für die HB II) leichter als mit dem HGB.

– Rechnungslegungsregeln sind **nicht entscheidungsneutral**, wirken also auf reale Unternehmensentscheidungen. Das gilt auch für das HGB, aber wohl mehr noch für die IFRS.[14] So ist im HGB-Konzernabschluss der Geschäfts- oder Firmenwert planmäßig abzuschreiben – die künftige Aufwandsbelastung also sicher –, während der Goodwill im IFRS-Konzernabschluss nur einem jährlichen Test auf Werthaltigkeit unterliegt und allenfalls außerplanmäßig abzuschreiben ist. Je nach Unternehmensstrategie kann das gewählte Rechnungslegungssystem die (positiven

---

14 Je regelbasierter ein Rechnungslegungssystem ist, desto eher provoziert es Ausweichhandlungen. S. zum Fall Lehman-Bros. *Sellhorn/Hahn/Müller*, DB 2010, 2117.

oder negativen) Ergebnisse der Strategie verstärken oder abschwächen. Wir haben zur Abschätzung dieser Effekte in den materiell-rechtlichen Kapiteln dieses Handbuchs immer auch Hinweise auf die wesentlichen Unterschiede und Gemeinsamkeiten des HGB zu den IFRS aufgenommen.

Als Entscheidungskriterium einer möglichen Umstellung auf IFRS sind die Umstellungskosten und die höheren Kosten der laufenden IFRS-Berichterstattung zu berücksichtigen. Zu den technischen Vorkehrungen der Umstellung s. Kap. 56 und 57.

Kapitel 2
Organisation und Verlautbarungen der IFRS Foundation/des IASB

A. Überblick und Wegweiser 2.1
   I. Management Zusammenfassung .. 2.1
   II. Wesentliche Abweichungen zum deutschen Recht 2.2
   III. Historischer Hintergrund 2.3
B. Organisationsstruktur und Aufgaben 2.5
   I. Aufsichts- und Leitungsorgane: IFRS Foundation und Monitoring Board 2.5
   II. Fachliche Arbeit: IASB, IFRS IC und Beratungsgremien 2.9

C. Verlautbarungen des IASB 2.15
   I. Überblick 2.15
   II. Standards (IFRS/IAS) 2.18
   III. Interpretationen (IFRIC/SIC) 2.21
   IV. Begründungen, Anwendungsleitlinien und erläuternde Beispiele ... 2.23
   V. Rahmenkonzept (Conceptual Framework) 2.25
   VI. Practice Statements 2.28
D. Zustandekommen von Standards und Interpretationen (due process) 2.29

Literatur: *Beyersdorff*, Wesentlichkeit (Materiality) in IFRS-Abschlüssen – Anwendungsfragen zum neuen IFRS Practice Statement zu Wesentlichkeitsbeurteilungen, WPg 2018, 755; *Boecker/Froschhammer*, IFRS Practice Statement „Management Commentary" – Wesentliche Inhalte und Vergleich mit DRS 20, IRZ 2013, 319; *Bouley/Prott*, Lobbyismus im IASB-Standardsetzungsverfahren – Eine empirische Analyse der Diversität in Stellungnahmen (Comment Letters) –, KoR 2016, 341; *Dittmar/Klönne*, IFRS Practice Statement Management Commentary – Eine Erfolgsgeschichte des IASB?, IRZ 2015, 464; *Fischer*, Neufassung des Wesentlichkeitsbegriffs und Anwendungshinweise, PiR 2017, 323; *Jekel/Kirsch*, Managementberichterstattung nach dem Practice Statement Management Commentary – Konvergenz von externer und interner (Finanz-)Berichterstattung aus strategischer Perspektive?, IRZ 2011, 289; *Kajüter/Fink*, Management Commentary – Kritische Punkte und offene Fragen zum IFRS Practice Statement des IASB, KoR 2012, 247; *Link*, Anwendung von Wesentlichkeit in der Finanzberichterstattung – Möglichkeiten und Fallstricke vor dem Hintergrund des IFRS Practice Statement 2, BB 2018, 171; *Zülch/Güth*, Die neue Satzung der IASCF (IASCF-Constitution Review) – Implikationen für den Standardsetzungsprozess und die künftige Ausrichtung der IFRS, KoR 2010, 177.

A. Überblick und Wegweiser

I. Management Zusammenfassung

Die IFRS Foundation ist die privatrechtliche Trägerorganisation des International Accounting Standards Board (IASB). Dem IASB obliegt die Facharbeit zur Schaffung von Rechnungslegungsstandards mit dem selbstgesteckten Ziel, eine weltweit einheitliche Rechnungslegungssprache zu entwickeln. Die Standards enthalten die Regelungen zur Bilanzierung und Abbildung in den Abschlüssen der Unternehmen. 2.1

Die an Rechnungslegungsfragen interessierte Öffentlichkeit ist eingeladen, an der Entstehung dieser Standards – den International Financial Reporting Standards (IFRS) – mitzuwirken. Ob und inwieweit die IFRS allerdings tatsächlich angewendet werden, steht nicht mehr im Ermessen der IFRS Foundation bzw. des IASB, sondern obliegt der Rechtsetzungskompetenz der jeweiligen Staaten: Zur Anwendung der IFRS in der EU siehe Rz. 3.1 ff. und zur Anwendung in Deutschland Rz. 4.1 ff.

II. Wesentliche Abweichungen zum deutschen Recht

2.2 Deutsches Bilanzrecht entsteht auf parlamentarischem Wege über die Gesetzgebung. Die Entstehung ist insoweit – anders als bei den IFRS – demokratisch legitimiert. Am Gesetzgebungsverfahren in Deutschland wird die Öffentlichkeit üblicherweise kanalisiert über „Expertenanhörungen" von Verbands- und anderen Interessenvertretern beteiligt. Allerdings ist das Verfahren insgesamt öffentlich, d.h. Jedermann kann Einsicht nehmen in die Gesetzentwürfe und Parlamentsdrucksachen.

Verabschiedete Gesetze entfalten im Unterschied zu den vom IASB herausgegebenen IFRS unmittelbare Rechtswirkung. Allerdings ist der nationale Gesetzgeber im Bilanzrecht für Kapitalgesellschaften, haftungsbeschränkte Personenhandelsgesellschaften sowie bei Banken und Versicherungen nicht frei: Das hier anzuwendende HGB (und ggf. weitere Rechtsetzungen) basiert im Wesentlichen auf EU-Recht. Darüber hinaus obliegt das Konzernbilanzrecht kapitalmarktorientierter Muttergesellschaften der EU, die hier die Pflichtanwendung der IFRS vorgesehen hat (Rz. 3.2).

III. Historischer Hintergrund

2.3 Von nationalen Verbänden von Rechnungslegern und Wirtschaftsprüfern wurde 1973 in London ein privatrechtlicher Verein mit dem Namen *International Accounting Standards Committee (IASC)* gegründet. Gründungsmitglieder waren u.a. das IDW und die WPK. Das IASC hatte zunächst nur das Ziel der **Harmonisierung von Rechnungslegungsnormen.**

2.4 Das IASC war die Vorläuferorganisation der heutigen IFRS Foundation und des IASB. In 2001 erfolgte eine Umstrukturierung und Umbenennung:[1]

– Die Organisation in der Rechtsform der Stiftung hieß seitdem *International Accounting Standards Committee Foundation (IASC Foundation)*. 2010 erfolgte eine erneute Umbenennung der IASC Foundation in die jetzige *International Financial Reporting Standards Foundation (IFRS Foundation)*.[2]

---

1 Vgl. IFRS Preface, Rz. 4 f.; zur historischen Entwicklung s. ausführlich *Kleekämper/Kuhlewind/Alvarex* in Baetge-IFRS, Teil A, I, Rz. 20 ff. sowie zum rechtlichen Status der Foundation ebenda Rz. 78.
2 Vgl. IFRS Foundation Constitution, 2016, Rz. 1.

– Der für die Facharbeit zuständige und verantwortliche *standard-setting body* ist seit 2001 unverändert das *International Accounting Standards Board (IASB)*.

Die Zielsetzung ist nicht mehr nur eine Harmonisierung von Rechnungslegungsregeln, sondern die Schaffung von **weltweit anwendbaren Rechnungslegungsstandards**.

B. Organisationsstruktur und Aufgaben

I. Aufsichts- und Leitungsorgane: IFRS Foundation und Monitoring Board

Die **IFRS Foundation** ist das Aufsichts- und Leitungsorgan der Organisation. Ihre Kompetenzen, die Struktur und die Zusammenhänge in der Organisation sind in der – bislang häufig geänderten – selbst gesetzten Satzung ersichtlich. Die aktuelle Fassung der Satzung, die **IFRS Foundation Constitution**, ist am 1.12.2016 in Kraft getreten.

2.5

Die IFRS Foundation besteht aus 22 **Trustees (Treuhändern)** unterschiedlicher geographischer und beruflicher Herkunft. Die Trustees werden vom Monitoring Board für eine Amtszeit von drei Jahren bestellt, die einmal verlängerbar ist.[3]

2.6

Deutsches Mitglied der IFRS Foundation ist derzeit Dr. Heiner Brandt, vormals Finanzvorstand der SAP SE und bis 2015 Vorstandsvorsitzender der Deutschen Prüfstelle für Rechnungslegung e.V.

Die **Aufgaben der Trustees** sind u.a.:

2.7

– Wahl und Berufung der Mitglieder des IASB (Rz. 2.9), des IFRS Interpretations Committee (Rz. 2.12) und des IFRS Advisory Council (IFRS AC, Rz. 2.13);

– Überwachung deren Aktivitäten;

– Verantwortung über die Finanzierung der Organisation.

Die Treuhänder sind jedoch nicht mit inhaltlichen Fragen der Rechnungslegung betraut.[4]

Das in 2009 eingerichtete **Monitoring Board** wählt in Betracht kommende Trustees aus, ernennt und kontrolliert sie. Das Monitoring Board stellt das Bindeglied zwischen den Trustees und den öffentlichen Börsen- und Rechnungslegungsbehörden dar.[5] Daher kommen seine zurzeit acht Mitglieder[6] unter anderem aus der Europäischen Kommission, aus der IOSCO *(International Organization of Securities Com-*

2.8

---

3 Vgl. IFRS Foundation Constitution 2016, Rz. 8.
4 Zu den Aufgaben der Trustees im Einzelnen s. IFRS Foundation Constitution 2016, Rz. 13 ff.
5 Vgl. IFRS Foundation Constitution 2016, Rz. 18 ff.
6 Stand: 7.10.2018.

mission) und der *US Securities and Exchange Commission*. Ein ständiger Vertreter des **Baseler Ausschusses für Bankenaufsicht** genießt Beobachterstatus. Ohnehin besteht eine längere Zusammenarbeit der IFRS Foundation mit dem Baseler Ausschuss, die in einem im September 2017 verabschiedeten gemeinsamen Arbeitsabkommen (Memorandum of Understanding) eine neue formale Grundlage erhalten hat. Die Zusammenarbeit beider Organisationen soll u.a. durch die Transparenz, die aus der Einhaltung der Rechnungslegungsstandards resultiert, dem Ziel der Finanzstabilität dienen.[7]

Die Abb. 2.1 bietet einen Überblick zur derzeitigen Organisationsstruktur.

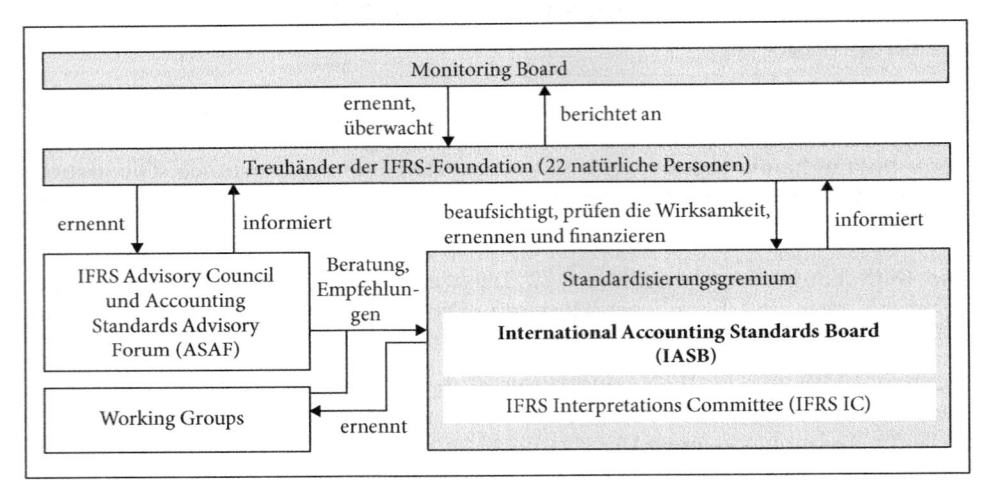

Abb. 2.1: Organisationsstruktur der IFRS Foundation

II. Fachliche Arbeit: IASB, IFRS IC und Beratungsgremien

2.9 Dem **International Accounting Standards Board** (IASB) obliegt die fachliche Arbeit. Er ist das oberste Gremium zur Veröffentlichung von **Standards** (IAS bzw. IFRS) und **Interpretationen** (SIC bzw. IFRIC) nebst ihren entsprechenden Vorläufern (Diskussionspapiere und Standardentwürfe) sowie anderer Verlautbarungen. Das Board besteht mit Wirkung vom 1.12.2016 aus 14 Mitgliedern (davon mindestens 11 hauptamtlich tätig), die sämtlich von den Trustees für eine Amtszeit von fünf Jahren gewählt werden. Eine einmalige Verlängerung der Amtszeit um weitere drei (ggf. fünf) Jahre ist möglich. Bei der Bestimmung der IASB-Mitglieder ist auf festgelegte geographische und eine ausgewogene Mischung beruflicher Herkunft zu achten.[8]

---

7 Vgl. http://www.ifrs.org/-/media/feature/around-the-world/memoranda/bcbs-memorandum.pdf?la=en&hash=32437975FBDFDA51862A9BFE58C6A96A970A2D1B (abgerufen 7.10.2018).
8 Vgl. IFRS Foundation Constitution 2016, Rz. 26 f.

Die Trustees benennen aus den hauptamtlichen Mitgliedern des IASB den Vorsitzenden.[9] Seit Juli 2011 ist Hans Hoogervorst Chairman; seine Amtszeit wurde in 2016 um weitere fünf Jahre verlängert.

2.10

Deutsches Mitglied des IASB ist seit Juli 2012 Martin Edelmann (vormals u.a. Mitglied des DRSC und Leiter Konzernrechnungslegung bei der Deutschen Bank). Seine Amtszeit wurde zunächst in 2017 um weitere drei Jahre und in 2019 um ein weiteres Jahr bis 30.6.2021 verlängert.[10]

Standards und ihre Entwürfe sowie die Interpretationen müssen mit einer qualifizierten Mehrheit von neun der 14 Mitglieder des Boards verabschiedet werden. Für übrige Verlautbarungen (z.B. Vorentwürfe) ist die einfache Mehrheit der Board-Mitglieder ausreichend, wobei mindestens 60 % der Mitglieder (persönlich oder über Konferenzschaltung) anwesend sein müssen.[11]

2.11

Board-Sitzungen sind, soweit Fragen der Rechnungslegung diskutiert werden, immer öffentlich und finden i.d.R. monatlich an drei bis fünf Tagen[12] üblicherweise in London statt (gelegentlich auch an anderen Orten, z.B. Berlin, Tokio, New York). Verfahrensfragen im Hinblick auf die Arbeit des IASB (und die des IFRS IC) sind in einer von der IFRS Foundation verabschiedeten und zuletzt im Mai 2016 überarbeiteten Geschäftsordnung („*Due Process Handbook*") niedergelegt.

Zur Unterstützung der Facharbeit besteht eine technische und für organisatorische/administrative Aufgaben eine kommerzielle Abteilung. Geschäftsführer der Verwaltung ist der Chairman des Boards.[13]

Dem **IFRS Interpretations Committee (IFRS IC)** kommt die Aufgabe zu, **Interpretationen** zu **Anwendungs- und Auslegungsfragen** existierender Standards zu entwickeln. Mehrheitlich vom IFRS IC verabschiedete Interpretationen müssen dem Board zur endgültigen Genehmigung vorgelegt werden. Das IFRS IC besteht aus 14 nicht hauptamtlichen Mitgliedern, die von den Trustees für drei Jahre gewählt werden; eine einmalige Verlängerung der Amtszeit ist möglich.[14] Vorsitzende des IFRS IC ist seit Februar 2017 Sue Lloyd. Deutsches Mitglied des IFRS IC ist seit Mai 2013 Dr. Martin Schloemer, dessen Amtszeit am 30. Juni 2019 ausläuft.[15]

2.12

Das **IFRS Advisory Council** (IFRS AC seit 2010, vorher: **Standards Advisory Council** (SAC)) ist ein aus Repräsentanten verschiedener Interessengruppen und Organisationen bestehendes **Beratungsgremium** des Boards und der Trustees (Beirat). Insbesondere kann so die Sichtweise weiterer Personen in die Projekte des IASBs mit

2.13

---

9 Vgl. IFRS Foundation Constitution 2016, Rz. 24, 30.
10 Vgl.   http://www.ifrs.org/groups/international-accounting-standards-board/#members (abgerufen am 9.10.2018).
11 Vgl. IFRS Foundation Constitution 2016, Rz. 36.
12 Vgl. IFRS Foundation, Due Process Handbook 2016, Rz. 3.2.
13 Vgl. IFRS Foundation Constitution 2016, Rz. 47 f.
14 Vgl. IFRS Foundation Constitution 2016, Rz. 38 ff.
15 Vgl. http://www.ifrs.org/groups/ifrs-interpretations-committee/#members (abgerufen 9.10.2018).

einbezogen werden. Das IFRS Advisory Council soll sich aus mindestens 30 Mitgliedern zusammensetzen. Die Mitglieder sind nicht nur Accounting Professionals. Die Ernennung der Mitglieder erfolgt durch die Trustees für eine Zeit von drei Jahren, die einmalig um weitere drei Jahre verlängert werden kann.[16]

Als weiteres Beratungsgremium ist in 2013 das **Accounting Standards Advisory Forum (ASAF)** installiert worden. Es besteht nur aus 12 Mitgliedern zuzüglich Vorsitzender, sämtlich nationale Standardsetter (seit der Gründung 2013 bis 2018 war das DRSC ununterbrochen vertreten), und tagt 4mal im Jahr für zwei Tage in London und damit doppelt so häufig wie das IFRS AC. Auch hier erfolgt die Ernennung der Mitglieder durch die Trustees für eine Zeit von drei Jahren, die einmalig um weitere drei Jahre verlängert werden kann.[17] Der kleinere Kreis, die stärkere Fokussierung der Mitglieder auf Accounting Professionals und die häufigere Sitzungsdichte sprechen dafür, dass die (politische) Einflussnahme des ASAF auf das IASB höher sein dürfte als die des IFRS AC.

2.14 Neben den vorgenannten, fest installierten Gremien richtet das Board zur fachlichen Unterstützung bei wichtigen Projekten zeitlich begrenzte Arbeitsgruppen (**Working Groups**) ein. Sie sollen frühzeitig Schwierigkeiten aufdecken und Vorgehensweisen vorschlagen, um so die Umsetzung der Projekte zu unterstützen.[18]

C. Verlautbarungen des IASB

I. Überblick

2.15 Das **Regelwerk des IASB** besteht aus folgenden Elementen (siehe IAS 1.7):

a) International Financial Reporting Standards (IFRS)

b) International Accounting Standards (IAS)

c) IFRIC Interpretationen und

d) SIC Interpretationen

Die Standards und Interpretationen enthalten ggf. erläuternde Anhänge. Es ist jeweils vermerkt, ob ein Anhang integraler Bestandteil des Standards/der Interpretation ist; meist ist das der Fall.

Für die Abschlussaufstellung sind alle am Abschlussstichtag gültigen IAS/IFRS und SIC/IFRIC heranzuziehen. Standards und Interpretationen, die sich erst im Entwurfsstadium befinden (*Exposure Draft*), dürfen grundsätzlich nicht berücksichtigt werden.[19]

---

16 Zu Einzelheiten vgl. IFRS Foundation Constitution 2016, Rz. 43 ff.
17 Vgl. https://www.ifrs.org/-/media/feature/groups/asaf/terms-of-reference.pdf (abgerufen am 2.11.2018).
18 Vgl. IFRS Foundation Constitution 2016, Rz. 36g.
19 Vgl. *Baetge u.a.* in Baetge-IFRS, Teil A II Rz. 32.

Die Standards und Interpretationen werden mit einer **Begründung** (*Basis for Conclusions*) und ggf. mit **Anwendungsleitlinien** (*Guidance on Implementing, IG*) und **erläuternden Beispielen** (*Illustrative Examples, IE*) veröffentlicht (Rz. 2.23 ff.). Diese Elemente sind allerdings keine integralen Bestandteile der Standards/Interpretationen (und sind deshalb auch nicht Gegenstand der EU-Übernahme, siehe Rz. 3.6). Sie sind allerdings sehr nützlich für das Verständnis der Regelungen. 2.16

Vor jedem Standard findet sich ein **Auslegungshinweis**: Jeder Standard ist vor dem Hintergrund seiner Zielsetzung, dem Vorwort zu den International Financial Reporting Standards (*IFRS preface*) sowie dem **Conceptual Framework** (vormals Framework) zu würdigen. Das IFRS preface ist letztlich nur eine Zusammenfassung der Foundation Constitution und des Due Process Handbook. Insoweit hat es für Auslegungsfragen keine praktische Relevanz. Das kann beim Conceptual Framework ggf. anders sein; siehe hierzu Rz. 2.27. 2.17

II. Standards (IFRS/IAS)

Seit der Umstrukturierung in 2001 (s. Rz. 2.4) neu verabschiedete Standards tragen den Namen *International Financial Reporting Standards* (IFRS, zitierweise in diesem Buch „IFRS *Nr.Paragraph*"). Die bis dahin verabschiedeten älteren Standards heißen *International Accounting Standards* (IAS, zitierweise in diesem Buch „IAS *Nr.Paragraph*") und haben diese Bezeichnung beibehalten. Es kommt durchaus auch heute vor, dass ältere Standards überarbeitet werden und dabei nach wie vor ihren Namen beibehalten. Gelegentlich werden aber auch ältere Standards aufgehoben und durch IFRS ersetzt. Eine Systematik ist hier nicht ersichtlich. Darüber hinaus steht der Name IFRS für die Summe der von den Unternehmen verpflichtend anzuwendenden Verlautbarungen des IASB, bestehend aus IFRS (den Standards), IAS, IFRIC und SIC. Das mag bei erster Beschäftigung mit dem Regelwerk ein Stück weit verwirrend sein. 2.18

Die einzelnen Standards behandeln jeweils eine oder mehrere **Rechnungslegungs-** und/oder **Darstellungsfragen**. Die Standards werden vom IASB der zeitlichen Reihenfolge ihrer Verabschiedung nach durchnummeriert. Das Normenwerk der IAS reicht bis IAS 41, wobei wegen des zwischenzeitlichen Außerkraftsetzens einige Nummern nicht belegt sind. Die IFRS sind derzeit nummeriert von 1 bis 17, wobei IFRS 16 erst ab dem 1.1.2019 und IFRS 17 *Insurance Contracts*[20] sogar erst ab dem 1.1.2021 anzuwenden sind. 2.19

Die eigentlichen, aus Sicht des IASB unverzichtbar im jeweiligen Jahr anzuwendenden Standards und Interpretationen erscheinen jedes Frühjahr in einem gebundenen blauen Band (Part A). Ein weiterer blauer Band (Part B) enthält die *Basis for Conclusions* und weitere Materialien zu den Standards und Interpretationen.

---

20 IFRS 17 ist praktisch nur einschlägig für Versicherungsunternehmen und wird in diesem Buch nicht behandelt.

Ebenfalls im Frühjahr jeden Jahres erscheint auch eine rote Ausgabe in zwei oder drei Bänden. Diese enthält alle bis zum 1.1. des Jahres verabschiedeten Standards und Interpretationen, ungeachtet dessen, wann sie anzuwenden sind.

2.20 Häufig wird den Standards eine knappe Einführung mit Hintergrundinformationen zur historischen Entwicklung sowie Hinweisen zu den letzten Änderungen vorangestellt. Sodann ist der **typische Standardaufbau** wie folgt:

Zielsetzung (*objective*): Was ist Gegenstand dessen, was mit den Regelungen erreicht werden soll? Die Zielsetzung ist zusammen mit dem *IFRS preface* und dem *Conceptual Framework* für die Auslegung des Standards heranzuziehen.

Anwendungsbereich (*scope*): Auf welche Unternehmen und/oder Sachverhalte ist der Standard anzuwenden? Es werden der persönliche und/oder sachliche Anwendungsbereich geklärt.

Beispiel: IFRS 8 zur Segmentberichterstattung ist nur von Unternehmen anzuwenden, die den Kapitalmarkt mit Eigenkapital- oder Schuldtiteln in Anspruch nehmen. Umkehrschluss: Im Abschluss eines nicht kapitalmarktorientierten Unternehmens ist eine Segmentberichterstattung entbehrlich.

Definitionen (*definitions*): Die in den einzelnen Standards wiedergegebenen Definitionen gelten prinzipiell nur für den jeweiligen Standard. Dadurch wird das Regelungswerk schon optisch umfangreicher, als es etwa das geschriebene deutsche Rechnungslegungsrecht ist. In den neueren IFRS finden sich die einschlägigen Definitionen häufig in einem separaten Anhang, der dann integraler Bestandteil des Standards ist.

Regelungsbereich (gegliedert nach inhaltsbezogenen Überschriften, z.B. *„measurement"*, *„recognition"* oder auch *„method of accounting"*): Der eigentliche Regelungsbereich nimmt den größten Raum in Anspruch. Je nach Gegenstand des Standards werden hier beispielsweise Bilanzierungs- oder Zuordnungsfragen geklärt. Die Regelungen sind erheblich detaillierter als die Vorschriften im dritten Buch des HGB, wenngleich ihnen noch kein „Kochbuch"-Charakter zukommt. In manchen, zumal jüngeren Standards wird ein Teil des Regelungsbereichs in den Anhang ausgelagert. So finden sich dann gewissermaßen die Kernregelungen im Standard und die weiteren Erläuterungen zu ihrem Umgang im Anhang, der folglich integraler Standardbestandteil ist.

Angaben (*disclosure*): Da die Zielsetzung des gesamten Regelungswerks darin besteht, in Abschlüssen entscheidungsrelevante Informationen zu transportieren, nehmen die Vorschriften zu den Angaben in den einzelnen Berichtsinstrumenten (Bilanz, GuV, Kapitalflussrechnung usw.), vor allem aber im Anhang des Abschlusses (*notes*), einen breiten Raum ein. Es gibt jedoch mit IFRS 7 und IFRS 12 nur zwei Standards, die sich ausschließlich mit dem Anhang des Abschlusses beschäftigen.

Beispiel: Angabepflichten zu den Anschaffungs- und Herstellungskosten von Sachanlagen finden sich in IAS 16, dem Standard zur Bilanzierung von Sachanlagen. Sollten in diesem Zusammenhang jedoch Zinskosten zu aktivieren sein, ist das wiederum Gegenstand der Angabepflichten in IAS 23 über den Umgang mit Zinskosten. Die Standards IFRS 7 (zu Finanzinstrumenten) und IFRS 12 (zum Beteiligungsbesitz) haben allerdings ausschließlich Anhangangaben zum Gegenstand.

Übergangsvorschriften und Inkrafttreten (*transitional provisions and effective date*): Die erstmalige Anwendung eines (ggf. überarbeiteten) Standards wird regelmäßig in der Form formuliert, dass er auf Berichtsperioden anzuwenden sei, die am oder nach einem bestimmten angegebenen Datum beginnen. Häufig wird auch die frühere Anwendung empfohlen. Oft enthalten die Standards auch Übergangsvorschriften. Fehlen diese, ist in der Periode der erstmaligen Anwendung neuer Regelungen gemäß IAS 8 zu verfahren (Rz. 12.36).

Anhänge (*Appendices*): Manche Standards enthalten einen oder mehrere Anhänge, die mit fortlaufenden Großbuchstaben gekennzeichnet werden. In der Regel enthalten diese Anhänge erläuternde Angaben und Definitionen. Ob der Anhang integraler Bestandteil eines Standards ist (das ist regelmäßig der Fall), ist jeweils zu Beginn des Anhangs vermerkt.

Die **fett- und normalgedruckten Absätze** in den Standards haben denselben Verpflichtungsgrad. Üblicherweise enthalten die fettgedruckten Absätze die grundlegenden Prinzipien.[21]

III. Interpretationen (IFRIC/SIC)

In der Vergangenheit war zu beobachten, dass die Regelungen in den Standards von den Unternehmen zum Teil unterschiedlich ausgelegt wurden. Um dem entgegenzutreten, hatte das IASC ein „Standing Interpretation Committee" eingerichtet, das sich in seinen Interpretationen (SIC, zitiert als „SIC-*Nr.Paragraph*") solchen Auslegungsfragen und auch offen gebliebenen Problemen widmet. Die ersten Interpretationen traten zum 1.1.1998 in Kraft. Auf Grund der organisatorischen Umbenennung werden neue Interpretationen unter dem Namen IFRIC vom IFRS IC formuliert und vom IASB genehmigt. Ihre **Anwendung** ist, wie die der Standards selbst, **verpflichtend**.

Wenn aus der Praxis an das IFRS IC Auslegungsfragen herangetragen werden, analysiert das IC, ob es sich wirklich um eine Auslegungsfrage von allgemeinem Interesse handelt, weil eine Regelung eines Standards missverständlich sein könnte oder nicht alle denkbaren Sachverhalte abdeckt. Soweit das IFRS IC zu dem Ergebnis kommt, sich der Frage nicht annehmen zu müssen – das ist relativ häufig der Fall – erlässt es zu dieser Frage eine begründete Stellungnahme. Diese Stellungnahmen haben in der Praxis eine sehr hohe Bedeutung, da aufgrund der Begründung die Auslegungsfrage häufig bereits geklärt ist. Sie werden in der Fachwelt als **NON-IFRIC** bezeichnet und in den Sitzungsprotokollen des IFRS IC (*IFRIC update*) veröffentlicht.

---

21 Vgl. IASB, Preface to IFRS Standards, Rz. 13.

IV. Begründungen, Anwendungsleitlinien und erläuternde Beispiele

2.23 Gelegentlich schon bei den IAS, pflichtgemäß seit 2001 bei den IFRS und den IFRIC sind die **Begründungserwägungen des Boards** (*Basis for conclusions*, abgekürzt als BC) einschließlich ggf. abweichender Stellungnahmen einzelner Board-Mitglieder (*dissenting opinions*) für die Regelungen des Standards bzw. der Interpretation zu veröffentlichen. Sie sind für die Auslegung des Standards bzw. der Interpretation heranzuziehen; tatsächlich ist ihre Wahrnehmung für das Verständnis der Regelungen oft von großer Bedeutung. Auf der anderen Seite gehören sie nicht mehr zum eigentlichen Standardumfang und sind damit auch **nicht Bestandteil des EU-IFRS-Rechts** (Rz. 3.6).

2.24 Um die Regelungen der Standards und Interpretationen besser verstehen zu können, werden gelegentlich **Anwendungsleitlinien** (*Guidance on Implementing*, abgekürzt als IG) veröffentlicht. Diese Anwendungsleitlinien haben **keinen Standardrang und sind deshalb nicht Bestandteil des EU-IFRS-Rechts**. Das gleiche gilt für die manchmal veröffentlichten **erläuternden Beispiele** zu den Standards und Interpretationen (*Illustrative Examples*, abgekürzt als IE), die sehr helfen, die Standardregelungen und Interpretationen zu verstehen.

V. Rahmenkonzept (Conceptual Framework)

2.25 Im März 2018 hat das IASB ein neues *Conceptual Framework for Financial Reporting* (in diesem Buch zitiert als CF 2018) veröffentlicht. Es handelt sich dabei um eine vollständige Überarbeitung bzw. Neufassung des alten Rahmenkonzepts aus 1989, das vom damaligen IASC formuliert und vom IASB 2001 unverändert übernommen worden ist (Rahmenkonzept 1989). Zuvor gab es mit einem Conceptual Framework 2010 (CF 2010) einen Zwischenschritt, in dem bereits die Kapitel „Zielsetzung der Rechnungslegung" und „Qualitative Merkmale nützlicher Finanzberichterstattung" neu gefasst und die übrigen Elemente des Rahmenkonzepts 1989 übernommen worden sind.

2.26 Ziel und Gegenstand des CF 2018 sind (CF.SP1.1):[22]

„Das Rahmenkonzept für die Rechnungslegung *(Conceptual Framework)* beschreibt das Ziel und die Konzepte für die allgemeine Finanzberichterstattung. Der Zweck des Rahmenkonzepts ist:

(a) Unterstützung des IASB bei der Entwicklung von Standards, die auf konsistenten Konzepten beruhen;

(b) Unterstützung der Abschlussaufsteller bei der Entwicklung und Auswahl konsistenter Rechnungslegungsmethoden, wenn Regelungslücken in Standards bestehen oder wenn ein Standard Wahlrechte ermöglicht; und

(c) allen Beteiligten zu helfen, die Standards zu verstehen und zu interpretieren."

---

22 Eigene Übersetzung.

Das CF 2018 ist, genauso wie seine Vorgänger, kein Standard. Es geht auch keinem Standard oder keiner Standardregelung vor (CF.SP1.2). In seiner Bedeutung für den Anwender mag man es insoweit als ggf. konzeptionelle, aber eben auch nachrangige Grundlage vor allem zur **Ausfüllung von Regelungslücken** und zur Auswahl von Rechnungslegungsmethoden bei bestehenden Wahlrechten charakterisieren. 2.27

Andererseits wird in vielen Standards unmittelbar auf das CF 2018, aber auch auf seine Vorgängerversionen verwiesen. In gewisser Weise enthält es insoweit **mittelbaren Standardrang**.

Die wesentlichen Inhalte des CF 2018 und die Frage ihrer Bedeutung für Abschlussaufsteller sind Gegenstand des Kapitel 6.

VI. Practice Statements

Das IASB erlaubt sich, zu ausgewählten Themen der (Finanz-)Berichterstattung umfangreich, aber unverbindlich Stellung zu nehmen. Zwei solcher Stellungnahmen – Practice Statements – hat das IASB bislang veröffentlicht: 2.28

- **Management Commentary**: A framework for presentation (IFRS Practice Statement 1, Dezember 2010): Soll dem Management Hilfestellung bieten, eigenständig die IFRS-Finanzberichterstattung zu kommentieren.[23] Es ist am ehesten mit der bekannten Lageberichterstattung vergleichbar.
- **Making Materiality Judgements** (IFRS Practice Statement 2, September 2017): Diskutiert die Frage der Wesentlichkeit in der Finanzberichterstattung; siehe hierzu ausführlich Rz. 6.29 ff.[24]

Diese Practice Statements sind keine IFRS; sie sind für Abschlussaufsteller nicht bindend. Das IASB weist explizit darauf hin, dass die Beachtung der Practice Statements für die Übereinstimmungserklärung nicht erforderlich ist (Rz. 48.22 ff.).

D. Zustandekommen von Standards und Interpretationen (due process)

Da es sich bei dem IASB um ein privates Gremium handelt, ist die **Herstellung der Öffentlichkeit** und die Berücksichtigung kritischer Hinweise beim Zustandekommen von Standards und Interpretationen (*due process*) unerlässlich, um allgemein akzeptiert zu werden. Die einzelnen Schritte des Prozesses über das Zustandekommen von Standards und Interpretationen sind im **Due Process Handbook** dargelegt. Die wesentlichen Schritte werden im Folgenden skizziert. 2.29

---

23 Ausführlich hierzu *Boecker/Froschhammer*, IRZ 2013, 319; *Jekel/Kirsch*, IRZ 2011, 289; *Kajüter/Fink*, KoR 2012, 247 sowie *Dittmar/Klönne*, IRZ 2015, 464.
24 Ausführlich hierzu *Link*, BB 2018, 171; *Beyersdorff*, WPg 2018, 755 sowie *Fischer*, PiR 2017, 323.

2.30 Die Anregung, sich mit bestimmten Bilanzierungsfragen auseinander zu setzen, kann von nationalen Interessengruppen und Standardsettern sowie dem IFRS Advisory Council an das Board herangetragen werden. Mit dem IFRS Advisory Council wird dann beraten, ob das Problem auf die Agenda gesetzt werden soll. Auch diese Agenda, also das Arbeitsprogramm, durchläuft einen öffentlichen Konsultationsprozess *(Agenda Consultation)*. Das jeweils aktuelle **Arbeitsprogramm mit beabsichtigten Umsetzungsterminen** ist auf der Homepage des IASB abrufbar.[25] Eine Zusammenfassung der wesentlichen Inhalte in deutscher Sprache stellt das DRSC zur Verfügung.[26]

2.31 Bei wesentlichen Projekten wird üblicherweise eine Projektgruppe (*„Working Group"*, Rz. 2.14) eingesetzt, deren Ergebnisse in einem Diskussionspapier zusammengefasst werden. Solche **Diskussionspapiere** werden mit dem Zweck, Stellungnahmen aus interessierten Kreisen zu erhalten, veröffentlicht. In diesem frühen Stadium kann die interessierte Öffentlichkeit noch am besten Einfluss auf mögliche künftige Regelungen nehmen.

Allerdings ist insgesamt die Diversität der Stellungnahmen der Öffentlichkeit kritisch zu sehen: Es dominieren eindeutig Bilanzaufsteller, Wirtschaftsprüfer und andere Standardsetter. Fast die Hälfte der Stellungnahmen kommt aus nur fünf Ländern, darunter Deutschland. Auffällig ist, dass kaum Adressaten der Finanzberichterstattung Stellungnahmen abgeben.[27]

2.32 Nach **Auswertung der Stellungnahmen** wird ggf. ein **Standardentwurf** (*exposure draft*, *„ED"*) mit 9/14-Mehrheit im Board verabschiedet und inklusive der Begründungen (*basis for conclusions*) und ggf. abweichender Stellungnahmen von Board-Mitgliedern (*dissenting opinions*) ebenfalls der Öffentlichkeit zur **Kommentierung** zur Verfügung gestellt. Die Kommentierungsfrist beträgt i.d.R. vier Monate, bei kleineren Standardänderungen ist sie auch kürzer.[28] Im Zuge der Auswertung der Stellungnahmen kann auch über die Notwendigkeit **öffentlicher Anhörungen** oder Durchführung von **Feldstudien** beraten werden; ggf. werden solche Maßnahmen durchgeführt.

2.33 Die **Verabschiedung eines endgültigen Standards** erfordert ebenfalls eine 9/14-Mehrheit beim IASB. Die Veröffentlichung ggf. abweichender Meinungen von Board-Mitgliedern sowohl beim *exposure draft* als auch beim endgültigen Standard ist verpflichtend vorgesehen. Zwischen der Verabschiedung eines Standards und dessen **erstmaliger Anwendungspflicht** soll ein Zeitraum von mindestens einem Jahr liegen.

2.34 Das Zustandekommen der **Interpretationen** unterliegt einem kürzeren Verfahren. Nach Beratungen im Committee wird ein Interpretationsentwurf (*draft interpretation*) veröffentlicht, wenn nicht mehr als drei IFRS IC-Mitglieder gegen den Ent-

---

25 https://www.ifrs.org/projects/work-plan/.
26 https://www.drsc.de/projekte/.
27 Ausführlich *Bouley/Prott*, KoR 2016, 341.
28 Vgl. IFRS Foundation, Due Process Handbook for the IASB 2016, Rz. 6.7.

D. Zustandekommen von Standards und Interpretationen | Rz. 2.35 Kap. 2

wurf stimmen. Eingegangene Kommentierungen zum Entwurf werden beraten. Eine endgültige Interpretation wird vom IFRS IC beschlossen, wenn nicht mehr als drei Mitglieder dagegen stimmen. Sodann ist die Interpretation dem Board vorzulegen, der die Interpretation mit 9/14-Mehrheit verabschieden kann, andernfalls wird sie nicht in Kraft gesetzt.

Diskussionspapiere, Standard- und Interpretationsentwürfe sind kostenlos auf der **Homepage des Boards** (www.ifrs.org) abrufbar. Endgültige, also verabschiedete Standards, sind kostenpflichtig. Die amtlichen EU-Übersetzungen im Amtsblatt sind wiederum kostenlos im Internet abrufbar.[29] Allerdings enthalten sie nicht die *Basis for Conclusions, Guidance on Implementing* und *Illustrative Examples* (zu deren praktischer Bedeutung siehe Rz. 2.23 f.), weil diese nicht Bestandteil des EU-IFRS-Rechts sind.

2.35

---

[29] Eine Übersicht bietet z.B. https://ec.europa.eu/info/law/international-accounting-standards-regulation-ec-no-1606-2002/amending-and-supplementary-acts/acts-adopted-basis-regulatory-procedure-scrutiny-rps_de. (zuletzt abgerufen am 15.10.2018).

Kapitel 3
IFRS als EU-Recht

A. Management Zusammenfassung	3.2	III. Übernahmeverfahren	3.9
B. IFRS-Anwendung innerhalb der EU	3.2	D. Verhältnis von Original-IFRS zu EU-IFRS	3.10
I. Pflichtanwendung: Kapitalmarktkonzerne	3.2	I. Anwendung der EU-IFRS	3.10
II. Mitgliedstaatenwahlrechte	3.3	II. Zeitliche Divergenzen	3.12
C. Übernahme der IFRS in das EU-Recht	3.5	1. Rückwirkende Anwendung („Wertaufhellungszeitraum")	3.12
I. Vorbehalt der EU-Freischaltung von IFRS („endorsement") und Übernahmekriterien	3.5	2. Vorzeitige IFRS-Anwendung bei noch ausstehender EU-Freischaltung	3.13
		III. Verweigerte EU-Freischaltung	3.16
II. Gegenstand der Übernahme	3.6	E. Auslegung und richterliche Überprüfung der EU-IFRS	3.19

Literatur: *Barckow*, Politisch motivierte Anpassung des Übernahmeverfahrens für die IFRS – wollen Sie das wirklich?, BB 2018, Heft 43 „Seite I"; *Biebel*, Rechnungslegung aus europäischer Sicht, IRZ 2008, 79; *Bleckmann*, Zu den Auslegungsmethoden des Europäischen Gerichtshofs, NJW 1982, 1177; *Buchheim/Gröner/Kühne*, Übernahme von IAS/IFRS in Europa: Ablauf und Wirkung des Komitologieverfahrens auf die Rechnungslegung, BB 2004, 1783; *Buchheim/Knorr/Schmidt*, Anwendung der IFRS in Europa: Das neue Endorsement-Verfahren, KoR 2008, 334; *Küting/Ranker*, Tendenzen zur Auslegung der endorsed IFRS als sekundäres Gemeinschaftsrecht, BB 2004, 2510; *Lanfermann/Röhricht*, Auswirkungen des geänderten IFRS-Endorsement-Prozesses auf die Unternehmen, BB 2008, 826; *Pellens/Jödicke/Jödicke*, Anwendbarkeit nicht freigegebener IFRS innerhalb der EU, BB 2007, 2503; *Schön*, Die Auslegung europäischen Steuerrechts – Das harmonisierte Steuerrecht zwischen nationalem Zivilrecht und europäischem Gemeinschaftsrecht, Köln 1993; *Schön*, Steuerliche Einkünfteermittlung, Maßgeblichkeitsprinzip und Europäisches Bilanzrecht, in Klein u.a. (Hrsg.), „Unternehmen Steuern", Festschrift für Hans Flick; Köln 1997; *Schön*, Kompetenzen der Gerichte zur Auslegung von IAS/IFRS, BB 2004, 763; *Wojcik*, Die internationalen Rechnungslegungsstandards IAS/IFRS als europäisches Recht, Berlin 2008; *Wüstemann/Kierzek*, Transnational legalization of accounting, in Brütsch, Christian und Lehmkuhl, Dirk (Hrsg.), Law and Legalization in Transnational Relations, London 2007.

A. Management Zusammenfassung

Es ist ein Gebot des Rechtsstaates, dass Rechtsnormen von der Legislative oder, falls eine entsprechende Ermächtigung[1] vorliegt, von der Exekutive verabschiedet werden und erst dann Rechtswirkung entfalten. Das Europäische Parlament und der 3.1

---

1 Die rechtliche Zulässigkeit zum Erlass der IAS-Verordnung auf Basis von Art. 95 Abs. 1 EGV im Ergebnis bejahend *Wojcik*, Die internationalen Rechnungslegungsstandards IAS/IFRS als europäisches Recht, 2008, 72–96.

Rat der Europäischen Union (die Legislative) haben in ihrer sog. **IAS-Verordnung (EG) Nr. 1606/2002**[2]

(1) den Kreis der IFRS-Anwender in der EU bestimmt (Rz. 3.2 ff.) und

(2) das Verfahren zur Übernahme der IFRS in das EU-Recht festgelegt; dabei haben sie im Ergebnis die EU-Kommission (die Exekutive) ermächtigt, die Übernahme zu prüfen und für die entsprechende Freischaltung der Standards zu sorgen, wobei die Einflussnahme des Europäischen Parlaments und des Rates zwischenzeitlich erweitert worden ist: Parlament und Rat können im Ergebnis die Übernahme von Standards in EU-Recht verhindern (Rz. 3.5 ff.).

Die Standards sind zwar schon vom IASB verabschiedet worden, aber vor ihrer Freischaltung durch die EU-Kommission sind sie für EU-Unternehmen rechtlich grundsätzlich noch nicht relevant.[3] Daraus folgende Probleme werden in Rz. 3.10 ff. erörtert.

B. IFRS-Anwendung innerhalb der EU

I. Pflichtanwendung: Kapitalmarktkonzerne

3.2 Die IAS-Verordnung **verpflichtet kapitalmarktorientierte Muttergesellschaften mit Sitz in der EU,** die IFRS als Bilanzierungsvorschriften für ihren Konzernabschluss anzuwenden. Damit soll im Interesse des Kapitalmarktes „die Vergleichbarkeit der Abschlüsse kapitalmarktorientierter Unternehmen"[4] verbessert werden.

Kapitalmarktorientierung eines Mutterunternehmens liegt vor, wenn von ihm am Bilanzstichtag **Wertpapiere** (Eigenkapital- oder Fremdkapitaltitel) zum Handel in einem geregelten Markt eines Mitgliedstaates zugelassen sind. Der Begriff des geregelten Marktes richtete sich nach Art. 1 Abs. 13 der EU-Wertpapierdienstleistungsrichtlinie 93/22/EWG[5], in der Zwischenzeit ersetzt durch Art. 4 Abs. 1 Nr. 21 der aktuell gültigen Finanzmarktrichtlinie.[6]

Ob überhaupt Konzernrechnungslegungspflicht besteht wird nicht durch die IAS-Verordnung bestimmt, sondern richtet sich nach ohnehin schon EU-harmonisiertem jeweiligem nationalem Recht (Rz. 4.3).

---

2 Verordnung (EG) Nr. 1606/2002 des europäischen Parlaments und des Rates vom 19.7.2002 betreffend die Anwendung internationaler Rechnungslegungsstandards, in ABl. L 243/1 v. 11.9.2002 (IAS-Verordnung).
3 Zum Umfang der von der EU-Kommission freigeschalteten Standards und Interpretationen (Kommissionsverordnung) Rz. 56. Die Verordnungen lassen sich abrufen unter http://ec.europa.eu/internal_market/accounting/ias/index_de.htm.
4 IAS-Verordnung 2002, Erwägungsgrund (1).
5 Richtlinie 93/22/EWG des europäischen Rates vom 10.5.1993 betreffend die Wertpapierdienstleistungen, ABl. L 141 v. 11.6.1993.
6 RICHTLINIE 2014/65/EU DES EUROPÄISCHEN PARLAMENTS UND DES RATES vom 15.5.2014 über Märkte für Finanzinstrumente sowie zur Änderung der Richtlinien 2002/92/EG und 2011/61/EU (Neufassung), ABl. L 173/349 v. 12.6.2014.

II. Mitgliedstaatenwahlrechte

Die IAS-Verordnung bestimmt einerseits die unmittelbare Pflicht der IFRS-Anwendung für Kapitalmarktkonzerne. Sie räumt andererseits darüber hinaus den **Mitgliedstaaten das Wahlrecht** ein, die verpflichtende oder wahlweise Anwendung der IFRS auch für den Konzernabschluss von Gesellschaften, die den Kapitalmarkt nicht in Anspruch nehmen, sowie für den Einzelabschluss vorzusehen; siehe Abb. 2.

3.3

	Einzelabschluss	Konzernabschluss
MU nimmt geregelten EU-Kapitalmarkt in Anspruch	Mitgliedstaatenwahlrecht: Mitgliedstaaten können – IFRS zwingend oder – IFRS wahlweise vorsehen	IFRS-Abschluss zwingend
MU nimmt geregelten EU-Kapitalmarkt nicht in Anspruch		Mitgliedstaatenwahlrecht: Mitgliedstaaten können – IFRS zwingend oder – IFRS wahlweise vorsehen
Tochterunternehmen Einzelunternehmen		*Entfällt*

Abb. 3.1: Rechnungslegung in der EU

Wie die Mitgliedstaatenwahlrechte umgesetzt werden, steht im Befinden der einzelnen Mitgliedstaaten; es handelt sich *nicht* um ein Unternehmenswahlrecht. Zur Umsetzung in Deutschland siehe Rz. 4.26 f. Im Hinblick auf die Umsetzung in anderen Mitgliedstaaten der EU hält die EU-Kommission zusammenfassende Informationen bereit.[7] Danach ergibt sich:

3.4

– Alle EU-Staaten verpflichten oder erlauben auch nichtkapitalmarktorientierte Mutterunternehmen, IFRS auf ihren Konzernabschluss anzuwenden.

– Ein heterogenes Bild ergibt sich für den Einzelabschluss. Insbesondere für kapitalmarktorientierte Unternehmen sind in machen Staaten die IFRS als Wahlrecht für den Einzelabschluss zulässig, in einigen auch verpflichtend.

C. Übernahme der IFRS in das EU-Recht

I. Vorbehalt der EU-Freischaltung von IFRS („*endorsement*") und Übernahmekriterien

Die vom IASB herausgegebenen Regelungen – also die Standards (IAS und IFRS) und Interpretationen (SIC und IFRIC) – sind nur dann von Kapitalmarktkonzernen (Rz. 3.2, für Deutschland ausführlich Rz. 4.15 ff.) und gegebenenfalls anderen

3.5

---

[7] Die diesbezüglichen Vorschriften in den Mitgliedstaaten divergieren sehr stark voneinander, s. die Zusammenstellung unter https://ec.europa.eu/info/system/files/ias-use-of-options-18072014_en.pdf (Stand: Dezember 2013, abgerufen am 11.10.2018).

Unternehmen (Rz. 3.3 f., für Deutschland Rz. 4.26 f.) pflichtgemäß oder zumindest als Wahlrecht anzuwenden, wenn sie von der EU-Kommission **freigeschaltet** (*„endorsed"*) und als **Kommissionsverordnung in allen Amtssprachen im Amtsblatt der Europäischen Gemeinschaften** veröffentlicht worden sind.[8] Man kann insoweit von **EU-IFRS** sprechen („*endorsed* IFRS", siehe auch Abb. 3.2, Rz. 3.6). Dieses Verfahren dient dazu, den von einem privaten Standardsetter verfassten Rechnungslegungsnormen die notwendige **verfassungsrechtliche Legitimation** zu verschaffen.[9] Dabei können die IFRS nur übernommen werden (**Prüfmaßstab!**), wenn sie

– dem *true and fair view* sowie dem europäischen öffentlichen Interesse entsprechen

– und den Kriterien der Verständlichkeit, Erheblichkeit, Verlässlichkeit und Vergleichbarkeit genügen (Art. 3 Abs. 2 der IAS-Verordnung).

Mit Ausnahme des europäischen öffentlichen Interesses, das recht schwer zu operationalisieren ist, sind die übrigen genannten Kriterien die Basisprinzipien der Bilanzrichtlinie 2013/34/EU. Übernommene IFRS haben dann innerhalb der EU Gesetzeskraft; es handelt sich um **Rechnungslegungsnormen**, sie haben den Status von Gemeinschaftsrecht.[10]

II. Gegenstand der Übernahme

3.6 Im Fall der Freischaltung gehören zu diesem Gemeinschaftsrecht alle **Standards (IAS, IFRS) und Interpretationen (SIC, IFRIC)** einschließlich ggf. ihrer jeweiligen integralen Bestandteile, z.B. Anhänge. Die Standards und Interpretationen sind vor dem Hintergrund des Prüfmaßstabs (Rz. 3.5) entweder insgesamt, teilweise oder gar nicht zu übernehmen. Eine inhaltliche Änderung der Standards seitens der EU-Kommission oder anderer Institutionen außerhalb des IASB ist europarechtlich unzulässig. Allerdings bestehen auf EU-Ebene derzeit politische Erwägungen, im Zuge der Übernahme der Standards auch inhaltlich in die Standards einzugreifen, ggf. also materiell zu verändern.[11]

Ausgenommen von der Übernahme sind folgende Bestandteile der Original-IFRS:[12]

– das Conceptual Framework, (Rz. 2.25)

– die jeweiligen Begründungserwägungen zu Standards und Interpretationen (*Basis for Conclusions*) sowie

---

8 Art. 3 Abs. 4 der IAS-Verordnung.
9 Vgl. *Wojcik*, Die internationalen Rechnungslegungsstandards IAS/IFRS als europäisches Recht, 2008, 111–121 sowie mit zahlreichen kritischen Hinweisen 121–220.
10 Vgl. *Schön*, BB 2004, 763 (766) und *Wüstemann/Kierzek*, Transnational legalization of accounting, in Law and Legalization in Transnational Relations, hrsg. von Christian Brütsch und Dirk Lehmkuhl, London: Routledge 2007, 33–57.
11 Vgl. *Barckow*, BB 2018, 1.
12 Das ist auch der Grund, warum die im Handel erhältlichen Textsammlungen der EU-IFRS diese Elemente nicht enthalten; gelegentlich enthalten sie aber das (alte) Rahmenkonzept, s. Rz. 3.8.

– ggf. die nicht integralen Anwendungsleitlinien (*Guidance on Implementing*) und erläuternden Beispiele (*Illustrative Examples*, Rz. 2.23 f.*).

Diese Elemente gehören daher nicht zu den übernommenen IASB-Verlautbarungen (Rz. 2.16) und damit **nicht zum europäischen Bilanzrecht** (siehe auch Abb. 3.2).

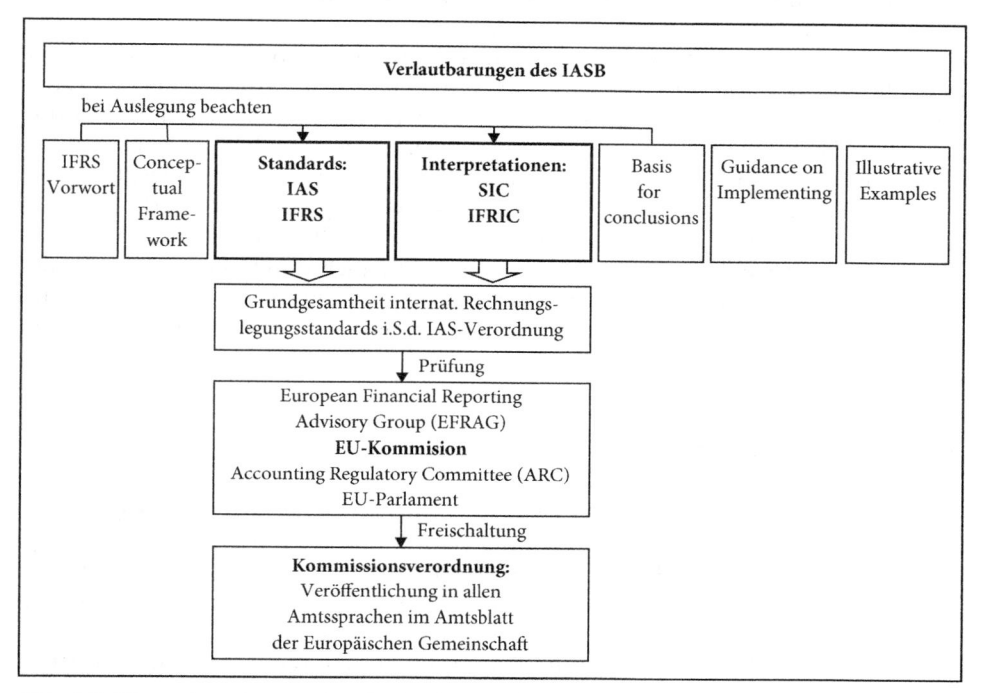

```
                    Verlautbarungen des IASB
     bei Auslegung beachten
   ┌──────┬──────────┬──────────┬──────────┬──────────┬──────────┬──────────┐
   │IFRS  │Concep-   │Standards:│Interpret.:│Basis    │Guidance  │Illustrat.│
   │Vorwort│tual     │IAS       │SIC        │for      │on Impl.  │Examples  │
   │      │Framework │IFRS      │IFRIC      │conclus. │          │          │
   └──────┴──────────┴──────────┴──────────┴──────────┴──────────┴──────────┘
                         ↓            ↓
                Grundgesamtheit internat. Rechnungs-
                legungsstandards i.S.d. IAS-Verordnung
                              ↓ Prüfung
                European Financial Reporting
                  Advisory Group (EFRAG)
                      EU-Kommision
             Accounting Regulatory Committee (ARC)
                      EU-Parlament
                         ↓ Freischaltung
                   Kommissionsverordnung:
                   Veröffentlichung in allen
                   Amtssprachen im Amtsblatt
                  der Europäischen Gemeinschaft
```

Abb. 3.2: Übernahme internationaler Rechnungslegungsstandards in europäisches Recht

Rechtlich bedeutsam ist die per se **unvollständige Übernahme** der IASB-Verlautbarungen vor allem im Hinblick auf das Conceptual Framework. Im **Conceptual Framework** finden sich die Definitionsmerkmale für Vermögenswerte, Schulden, Aufwendungen und Erträge sowie die wichtigsten qualitativen Anforderungen, die an einen der Informationsvermittlung verpflichteten Abschluss zu stellen sind. An zahlreichen Stellen in den Standards wird insbesondere auf die Definitionsmerkmale des Conceptual Frameworks Bezug genommen. Darüber hinaus wird in der (EU-rechtlich allerdings mittlerweile nicht mehr übernommenen) Präambel vor jedem Standard ausgeführt, dass die Aussagen jedes Standards vor dem Hintergrund des **Conceptual Frameworks** sowie der **Begründungserwägungen** zu würdigen sind.[13]

3.7

---

13 Für die Auslegung eines Standards sind außerdem zu berücksichtigen das – allerdings für die Praxis wegen seiner unspezifischen Aussagen kaum relevante – *IFRS preface* sowie die in das EU-Recht übernommene und deshalb aus rechtlicher Perspektive unproblematische *Zielsetzung* des jeweiligen Standards.

3.8 Der EU-Kommission ist das Problem bewusst. Im Anhang zu einem Arbeitspapier von November 2003[14] hat sie daher das ursprüngliche Rahmenkonzept aus dem Jahr 1989 in den damals 20 Amtssprachen der EU veröffentlicht. Zugleich wies sie darauf hin, dass die Anwender die Standards in ihrer vom IASB herausgegebenen Originalfassung einsehen sollten, „um sicherzustellen, dass etwaige Anhänge und Umsetzungsleitlinien bei der Bestimmung der angemessenen Anwendung der IAS entsprechend berücksichtigt werden."[15] Um Anwendungsprobleme zu vermeiden, muss die **Bilanzierungspraxis** letztlich doch die nicht als EU-IFRS geltenden IFRS-Bestandteile zur Lückenfüllung oder Auslegung heranziehen.[16] Materielle Bedeutung kann diese Frage bei einem gerichtlich ausgetragenen Dissens über Auslegungsfragen gewinnen (vgl. Rz. 3.19 f. und zur Prüfstelle Rz. 4.45). Das Rahmenkonzept 1989 ist bekanntlich (Rz. 2.25) ersetzt worden durch das Conceptual Framework 2018, das bislang nicht von der EU in den Amtssprachen veröffentlicht worden ist. Das rechtliche Problem besteht somit weiterhin und hat sich auch durch die Einführung des Conceptual Frameworks nicht verändert: Auch das Conceptual Framework kann und muss zur Klärung von Auslegungsfragen herangezogen werden, ohne dass es in das EU-Recht übernommen worden ist.

III. Übernahmeverfahren

3.9 Das Verfahren zur Übernahme der IFRS in europäisches Recht ist vom sog. „Regelungsverfahren" durch Änderung der IAS-Verordnung im März 2008 auf das sog. „**Regelungsverfahren mit Kontrolle**" umgestellt worden. Durch das neue Verfahren werden die Rechte des **europäischen Parlaments** und des Rats erheblich gestärkt: Das Parlament und der Rat haben die Möglichkeit, die IFRS vor der Umsetzung in europäisches Recht auf Übereinstimmung mit den Interessen der EU zu überprüfen und ggf. die Übernahme zu verhindern.

Neben dem **Parlament**, dem Rat und der **EU-Kommission** sind weitere Verfahrensbeteiligte die privatwirtschaftliche *European Financial Reporting Advisory Group* **(EFRAG)**, **SARG (***Standard Advice Review Group***)** sowie das aus Vertretern der Mitgliedstaaten bestehende *Accounting Regulatory Committee* **(ARC)**. Für die Einzelheiten des Verfahrens verweisen wir auf einschlägige Literatur.[17]

---

14 Kommission der Europäischen Gemeinschaften, Kommentare zu bestimmten Artikeln der Verordnung (EG) Nr. 1606/2002 des Europäischen Parlaments und des Rates v. 19.7.2002 betreffend die Anwendung internationaler Rechnungslegungsstandards und zur 4. Richtlinie 78/660/EWG des Rates v. 25.7.1978 sowie zur 7. Richtlinie 83/349/EWG des Rates v. 13.6.1983 über die Rechnungslegung, Brüssel 2003.
15 Ebenda., 6.
16 Vgl. *Buchheim/Gröner/Kühne*, BB 2004, 1783 (1785).
17 Vgl. *Wollmert/Oser/Bellert* in Baetge-IFRS, Kap. III, Rz. 50 ff.; *Buchheim/Knorr/Schmidt*, KoR 2008, 334; *Lanfermann/Röhricht*, BB 2008, 826; *Biebel*, IRZ 2008, 79 (80 f.), *Pellens/Fülbier/Gassen/Sellhorn*, Internationale Rechnungslegung[10], 2017, 79–84. Derzeit bestehen Überlegungen seitens der EU-Kommission, sich im Rahmen des Übernahmeverfahrens Eingriffsrechte in die materiellen Standardregelungen einräumen zu lassen. Kritisch hierzu *Barckow*, BB 43/2018, S. 1.

D. Verhältnis von Original-IFRS zu EU-IFRS

I. Anwendung der EU-IFRS

Auf Abschlüsse, die nach Maßgabe der IAS-Verordnung zwingend oder infolge der Ausübung von Mitgliedstaatenwahlrechten nach IFRS aufzustellen sind (Rz. 3.2 f.), müssen nach Art. 4 der IAS-Verordnung die in europäisches Recht übernommenen EU-IFRS (Rz. 3.5 ff.) angewendet werden. Abschlussaufsteller müssen in einer Erklärung nach IAS 1.16 – falls zutreffend – bestätigen, dass der Abschluss mit allen anzuwendenden IFRS übereinstimmt (sog. **Übereinstimmungserklärung**, Rz. 48.22 ff.). Nur dann handelt es sich um einen IFRS-Abschluss. Aus EU-Sicht kann sich die Erklärung nur auf die EU-rechtlich übernommenen IFRS beziehen; andernfalls wäre das Übernahmeverfahren obsolet.[18]

3.10

Insbesondere aufgrund der zeitlichen Verzögerung zwischen der Veröffentlichung eines IFRS seitens des IASB und der positiven oder negativen Entscheidung über seine Übernahme in europäisches Recht können für den Rechtsanwender eine Reihe von Fragen entstehen. Aber auch bei verweigerter EU-Freischaltung eines Standards ergeben sich Probleme. Diese Fälle werden im Folgenden erörtert.

3.11

II. Zeitliche Divergenzen

1. Rückwirkende Anwendung („Wertaufhellungszeitraum")

Sachverhalt: Ein neuer oder geänderter Standard wird nach dem Bilanzstichtag, aber vor dem Bilanzaufstellungstag eines Unternehmens für das Geschäftsjahr x1 von der EU freigeschaltet, z.B. im Januar x2. Der Standard selbst sieht die Pflichtanwendung der neuen Regelungen für das Geschäftsjahr x2 vor. Dann gilt nach einer Mitteilung der EU-Kommission an die Mitgliedstaaten[19] Folgendes:

3.12

a) Für das Geschäftsjahr x2 *müssen* die neuen Regelungen angewendet werden.

b) Für das Geschäftsjahr x1 *dürfen* die neuen Regelungen dann angewendet werden, *wenn* der Standard selbst in seinen Übergangsvorschriften die frühere Anwendung erlaubt; das ist der Regelfall.

2. Vorzeitige IFRS-Anwendung bei noch ausstehender EU-Freischaltung

Sachverhalt: Ein neuer oder geänderter Standard ist bis zum Bilanzaufstellungstag eines Unternehmens für das Geschäftsjahr x1 noch nicht von der EU freigeschaltet, darf aber ausweislich seiner Übergangsvorschriften seitens des IASB für x1 ange-

3.13

---

[18] So zutreffend *Buchheim/Gröner/Kühne*, BB 2004, 1783 (1787); *Wojcik*, Die internationalen Rechnungslegungsstandards IAS/IFRS als europäisches Recht, 2008, 127.

[19] Vgl. https://ec.europa.eu/info/system/files/2005-11-30-summary-record-chapter7_en.pdf, S. 3 (abgerufen am 14.10.2018).

wendet werden. Nach Auffassung der EU-Kommission kommt es nun auf die **inhaltliche Güte** des neuen Standards im Verhältnis zu den bisherigen EU-IFRS an:[20]

a) Ist der neue Standard inhaltlich kohärent mit den EU-IFRS und genügt er den Bedingungen des IAS 8.10 f., darf er als „Anhaltspunkt" verwendet werden. Das trifft im Ergebnis auf bisherige EU-IFRS-Regelungslücken zu; hier kann der neue, noch nicht übernommene Standard zur Lückenfüllung herangezogen werden.

b) Widerspricht der neue Standard allerdings den bisherigen EU-IFRS, darf er vor einer Entscheidung über die Übernahme oder ihrer Versagung grundsätzlich nicht angewendet werden.

Die Prüfung auf inhaltliche Kohärenz des neuen Standards obliegt dem Abschlussaufsteller (und -prüfer). Hier besteht das Problem unterschiedlicher Auffassungen verschiedener Abschlussaufsteller. Das kann die Vergleichbarkeit veröffentlichter Abschlüsse stören.

3.14 Darüber hinaus weisen *Buchheim/Knorr/Schmidt* selbst bei einem festgestellten Widerspruch darauf hin, dass es ggf. auch auf die Güte des Widerspruchs ankomme. Ggf. kann mit zusätzlichen Angaben oder Überleitungsrechnungen der Widerspruch behoben werden, und ohnehin erlaube auch der EU-rechtlich übernommene IAS 8.8 die Nicht-Anwendung von Bilanzierungs- und Bewertungsmethoden, wenn die Auswirkung ihrer Anwendung unwesentlich ist.[21]

U.E. wäre auch eine Argumentation auf Basis des IAS 1.19 in Betracht zu ziehen. Hiernach kann von (EU-)IFRS abgewichen werden, wenn ansonsten eine **irreführende Darstellung** erfolgen würde. Das wäre vor allem dann eine Argumentationsbasis, wenn der IASB selbst seine Altregelung nunmehr als irreführend klassifizieren würde, so dass der Abschlussaufsteller die (noch nicht von der EU übernommene Neuregelung) ggf. anwenden kann.

3.15 Letztlich obliegt die Einschätzung der Zulässigkeit einer vorzeitigen Anwendung eines noch nicht freigeschalteten Standards dem **Abschlussaufsteller**, und diese Einschätzung ist vom Abschlussprüfer zu prüfen. Der Hauptfachausschuss des IDW hatte sich beispielsweise gegen die vorzeitige Anwendung des IFRS 8 in Halbjahresberichten ausgesprochen mit der Folge, dass ggf. die Bescheinigung der prüferischen Durchsicht einzuschränken sei.[22]

Übertragen auf Jahresberichte besteht bei vorzeitiger Anwendung noch nicht freigeschalteter IFRS jedenfalls die Gefahr der **Testatseinschränkung**. Falls diese erfolgt

---

20 Vgl. Kommission der Europäischen Gemeinschaften, Kommentare zu bestimmten Artikeln der Verordnung (EG) Nr. 1606/2002 des Europäischen Parlaments und des Rates v. 19.7.2002 betreffend die Anwendung internationaler Rechnungslegungsstandards und zur 4. Richtlinie 78/660/EWG des Rates v. 25.7.1978 sowie zur 7. Richtlinie 83/349/EWG des Rates v. 13.6.1983 über die Rechnungslegung, Brüssel 2003, 4 f.
21 Vgl. *Buchheim/Knorr/Schmidt*, KoR 2008, 373 (376 f.).
22 Vgl. IDW-FN 2007, 442.

ist, kann sie bei späterer Freischaltung ggf. durch eine Nachtragsprüfung geheilt werden.[23] Bei diesem Befund ist – auch aus Kostengründen – regelmäßig die Nichtanwendung noch nicht freigeschalteter IFRS empfehlenswert.

III. Verweigerte EU-Freischaltung

Gelegentlich werden Teile eines Standards nicht übernommen oder ganzen Standards wird die Übernahme verweigert, wie z.B. IFRS 14 *Regulatory Deferral Accounts* oder die IFRS für KMU. Auch hierzu hat die EU-Kommission Stellung bezogen:[24] 3.16

(a) Sollte ein vom IASB herausgegebener und von der EU-Kommission abgelehnter neuer oder veränderter Standard mit seiner Vorgängerversion, die von der EU-Kommission genehmigt worden ist, inhaltlich kollidieren, so darf der neue Standard von den Unternehmen *nicht* beachtet werden. Maßgeblich ist allein die Vorgängerversion bzw. alternative Altregelung.

(b) Ist ein vom IASB herausgegebener und von der EU-Kommission abgelehnter Standard gleichwohl mit den übrigen von der EU-Kommission genehmigten Standards inhaltlich kohärent *und* genügt auch den Bedingungen des IAS 1.22 (alte Fassung, jetzt IAS 8.10), so können die Unternehmen den abgelehnten Standard gleichwohl als Anhaltspunkt für die Beurteilung der in seinem Anwendungsbereich liegenden Sachverhalte verwenden.

Auf den ersten Blick fällt die *Würdigung der Meinung der EU-Kommission* unter Rz. 3.16 Buchst. (b) zwiespältig aus: Wieso sollte überhaupt ein IFRS von der Kommission abgelehnt werden, wenn er mit den übrigen genehmigten Standards kohärent ist und den Anforderungen des IAS 8.10 entspricht? Ist nicht die Ablehnung eines Standards eher ein Zeichen dafür, dass diese Bedingungen *nicht* erfüllt sind? 3.17

Freilich gilt diese berechtigte Kritik nicht uneingeschränkt: Der von der EU abgelehnte neue Original-IFRS mag in seinen Anforderungen *strenger* sein als der Teil, der in EU-Recht übernommen worden ist. Man wird einem Abschlussersteller aber kaum verweigern können, sich freiwillig strengeren Regelungen zu unterwerfen.

Wirtschaftspolitisch führt Fall (a) in Rz. 3.16 zu einer Divergenz zwischen Original-IFRS und EU-IFRS. Die Folgen, die sich daraus ergeben können, sind derzeit relevant für jene EU-Kapitalmarktkonzerne, die auch den amerikanischen Kapitalmarkt in Anspruch nehmen; hier sind die Original-IFRS gefordert. 3.18

---

23 Vgl. *Pellens/Jödicke/Jödicke*, BB 2007, 2503 (2505 f.).
24 Vgl. Kommission der Europäischen Gemeinschaften, Kommentare zu bestimmten Artikeln der Verordnung (EG) Nr. 1606/2002 des Europäischen Parlaments und des Rates v. 19.7.2002 betreffend die Anwendung internationaler Rechnungslegungsstandards und zur 4. Richtlinie 78/660/EWG des Rates v. 25.7.1978 sowie zur 7. Richtlinie 83/349/EWG des Rates v. 13.6.1983 über die Rechnungslegung, Brüssel 2003, 4 f.

E. Auslegung und richterliche Überprüfung der EU-IFRS

3.19 Im Rahmen unterschiedlicher **Enforcement-Systeme** in den Mitgliedstaaten unterliegen vom Abschlussprüfer geprüfte und sodann veröffentlichte IFRS-Abschlüsse einer nochmaligen Überprüfung durch öffentliche oder halböffentliche Stellen, in Deutschland durch die Deutsche Prüfstelle für Rechnungslegung (Rz. 4.45). Kommt es hierbei am Ende oder auch durch andere Auseinandersetzungen des Unternehmens mit z.B. seinen Stakeholdern zum Streit um die zutreffende IFRS-Anwendung, kann der Rechtsweg beschritten werden. Da es sich bei den EU-IFRS um Handelsrecht handelt, spielt die Finanzgerichtsbarkeit zunächst (siehe aber Rz. 3.21) keine Rolle, sondern ausschließlich die ordentliche Gerichtsbarkeit. Ferner handelt es sich um Gemeinschaftsrecht, und somit ist letztinstanzliches Gericht faktisch der **Europäische Gerichtshof**. Gem. Art. 267 AEUV ist ein nationales unterinstanzliches Gericht berechtigt und ein nationales letztinstanzliches verpflichtet, den EuGH mit einem Vorabentscheidungsersuchen anzurufen, wenn eine Vorschrift des Gemeinschaftsrechts ein Interpretationsproblem aufwirft.[25] Der EuGH befindet daher letztlich über die Interpretation der europäischen internationalen Rechnungslegungsnormen. Im Bereich der Bilanzrichtlinien war dies in der Vergangenheit schon häufiger zu beobachten.[26]

3.20 Unter Rückgriff auf die gesicherten Erkenntnisse, die mit der Auslegung europäischen Richtlinienrechts gewonnen worden sind (hier kann auf umfangreiche Erfahrungen auf steuerlichem Gebiet, nämlich der 6. Umsatzsteuer-Richtlinie, zurückgegriffen werden), stehen im Vordergrund der Auslegung der EU-IFRS die Ziele der IAS-Verordnung bis hin zu den Zielen des EU-Vertrages selbst. Da die EU-IFRS qua Freischaltung durch die Kommission auch mit den Zielen der EU-Bilanzrichtlinien kompatibel sind, wird der EuGH auch diese Ziele würdigen. Im Zweifel sind alle Amtssprachen heranzuziehen, um eine einheitliche Auslegung in allen Mitgliedstaaten zu gewährleisten.[27] Dabei ist jedoch das Prinzip der autonomen Auslegung zu beachten, wonach nicht ein möglicherweise vorhandenes nationales Vorverständnis in der Terminologie zum Maßstab einer europarechtlichen Auslegung gemacht werden darf. Insoweit sind der klassischen Wortauslegung Grenzen gesetzt, sodass tatsächlich der teleologischen Methode eine überragende Bedeutung zukommt.[28] Die Frage der Auslegungsmethoden beschäftigt auch das Bilanzierungsschrifttum.[29]

---

[25] Zu weiteren Einzelheiten des Verfahrens s. z.B. *Schön*, BB 2004, 763 (764); *Wüstemann/Kierzek*, Transnational legalization of accounting in Brütsch/Lehmkuhl (Hrsg.), Law and Legalization in Transnational Relations, London: Routledge 2007, 33–57 (47 ff.).

[26] Erstmals im Verfahren Tomberger (EuGH v. 27.6.1996 – Rs. C-234/96) und später z.B. zur Publizitätspflicht der GmbH & Co. KG (EuGH v. 23.9.2004 – verb. Rs. C-435/02 und C-103/03, DB 2004, 2413, BB 2004, 2456 mit Anm. *Schulze-Osterloh*).

[27] So schon *Bleckmann*, NJW 1982, 1177 (1180).

[28] Vgl. grundlegend *Schön*, Die Auslegung europäischen Steuerrechts, 1993, 49 (52 f.).

[29] S. *Küting/Ranker*, BB 2004, 2510.

3.21 Durch die Einführung der **Zinsschrankenregelung** kann ein IFRS-Abschluss Bedeutung erlangen für die Frage der Abzugsfähigkeit von Zinsaufwendungen bei der Ermittlung der ertragsteuerlichen Bemessungsgrundlage. Im Fall von Auseinandersetzungen zwischen Steuerpflichtigen und Finanzverwaltung wäre hier die Finanzgerichtsbarkeit maßgeblich. Entsteht ein Interpretationsproblem, so ist das zuständige Finanzgericht berechtigt und der BFH verpflichtet, den EUGH mit einem Vorabentscheidungsersuchen anzurufen.[30] Vergleichbare Vorlagefragen von Finanzgerichten gab es bereits in der Vergangenheit. Hierbei ging es jedoch um Fragen, die über § 5 Abs. 1 Satz 1 EStG bei der Auslegung der §§ 238 ff. HGB auf die zugrundeliegende Bilanzrichtlinien rekurrierten.[31] Im Fall der Zinsschranke würde sich die Auslegungskompetenz des EUGH auf die unmittelbare IFRS-Anwendung erstrecken.[32]

---

30 Vgl. *Schön*, BB 2004, 763 (764).
31 Vgl. *Schön* in Klein u.a. (Hrsg.), FS Flick, 1997, 573 ff.
32 Vgl. *Schön*, BB 2004, 763 (764).

Kapitel 4
Anwendung und Rechtswirkung der EU-IFRS in Deutschland

A. Management Zusammenfassung . 4.1
B. **Aufstellungspflicht des Konzernabschlusses** 4.2
   I. Mutter-Tochter-Verhältnis nach § 290 HGB als konstituierendes Merkmal 4.2
   II. Befreiungen von der Aufstellungspflicht 4.4
      1. Nur Tochterunternehmen mit Einbeziehungswahlrechten 4.4
      2. Teilkonzernabschlussbefreiung 4.6
      3. Größenabhängige Befreiung 4.9
   III. Exkurs: Konzernrechnungslegungspflicht nach PublG 4.11
   IV. Prüfschema 4.13
C. **Anwendung der IFRS** 4.15
   I. Pflichtanwendung der IFRS auf den Konzernabschluss kapitalmarktorientierter Mutterunternehmen gem. IAS-Verordnung ... 4.15
      1. Tatbestandsmerkmale kapitalmarktorientierter Mutterunternehmen 4.15
      2. Gesellschaft und Mutterunternehmen 4.17
      3. Wertpapierhandel auf einem geregelten Markt in der EU 4.19

   II. Pflichtanwendung der IFRS auf den Konzernabschluss bei beantragtem Wertpapierhandel im Inland 4.23
   III. Anwendungswahlrecht der IFRS auf den Konzernabschluss nichtkapitalmarktorientierter Mutterunternehmen 4.26
   IV. Wahlrecht zur Offenlegung eines IFRS-Einzelabschlusses im Bundesanzeiger 4.28
D. **Rechtswirkungen der IFRS-Abschlüsse** 4.32
   I. Erhalt der Befreiungswirkungen für Jahresabschlüsse nach § 264 Abs. 3 und § 264b HGB 4.32
   II. Abschlussprüfung 4.39
   III. Offenlegung 4.40
   IV. Sonstiges Handels- und Gesellschaftsrecht, Strafrecht 4.41
   V. Steuerrecht 4.44
   VI. Prüfstelle für Rechnungslegung („enforcement") 4.45

Literatur: *Hachmeister* u.a. (Hrsg.), Bilanzrecht, Köln 2018; *Haller/Löffelmann/Schlechter*, Befreiung von der Offenlegung des Jahresabschlusses nach den §§ 264 Abs. 3 und 264b HGB, DB 2013, 1917; *Küting/Weber/Reuter*, Steuerbemessungsgrundlage als neuer Bilanzzweck des IFRS-Konzernabschlusses durch die Zinsschrankenregelung?, BGH v. 17.1.2008 – IX ZR 172/06, DStR 2008, 1602; *Mandler*, Der deutsche Mittelstand vor der IAS-Umstellung 2005, Herne 2004; *Marsch-Barner/Schäfer* (Hrsg.), Handbuch börsennotierte AG, 4. Aufl., Köln 2018; *Oser*, Vom Schatten ins Licht – Erweiterung der Befreiungsmöglichkeiten für Tochterunternehmen durch das MicroBilG, DB 2012, 2647; *Oser*, OLG Köln zur Verlustübernahmepflicht nach § 264 Abs. 3 Nr. 2 HGB a.F, DB 2019, 322; *Petersen*, Befreiungsmöglichkeiten nach § 264 Abs. 3 HGB: Zustimmungsbeschluss und Einstandsverpflichtung, WPg 2018, 1216; *Pfitzer/Oser/Orth*, Offene Fragen und Systemwidrigkeiten des Bilanzrechtsreformgesetzes (BilReG), DB 2004, 2593; *Reitmeier/Deubert*, Befreiungsmöglichkeiten für Tochterunternehmen nach §§ 264 Abs. 3, 264b HGB i. d. F. des BilRUG-RefE, BB 2014, 2795; *Renner/Theile*, Verpflichtungsübernahme nach § 264 Abs. 3 Nr. 2 HGB-E zur Befreiung der KapGes. von bilanzrechtlichen Pflichten, KoR 2015, 213; *Schiffers/Theile*, Bilanzrecht der GmbH, Köln 2016; *Theile*, Der neue Jahresabschluss nach BilMoG, DStR 2009, Beil. zu Heft 18; *Theile*, Wo Licht ist, ist auch Schatten – zur (verunglückten?) Erweiterung der Befreiungsmöglichkeiten für Tochterunternehmen durch MicroBilG, DB 2013, 469; *Theile*, Befreiung der Kapitalgesellschaften von kapitalgesellschaftlichen Jahresabschlusspflichten – Rechtliche und betriebswirtschaftliche Aspekte richtlinienkonformer Umsetzung, in: VMEBF e.V. (Hrsg.), Herausforderungen und Lösungsansätze in der Rechnungslegung für Familienunternehmen, Gelnhausen 2016, 59–95.

A. Management Zusammenfassung

4.1 Für Unternehmen in Deutschland bestehen folgende Pflichten bzw. Wahlrechte der IFRS-Anwendung:

– Zwingende Anwendung der IFRS im Konzernabschluss kapitalmarktorientierter Mutterunternehmen (*kein* Umsetzungsspielraum wegen der IAS-Verordnung, § 315e Abs. 1 HGB, Rz. 4.15 ff.).

– Zwingende Anwendung der IFRS im Konzernabschluss von Mutterunternehmen, die ihren Wertpapierhandel an einem *inländischen* organisierten Markt beantragt haben (§ 315e Abs. 2 HGB, Rz. 4.23).

– Wahlrecht zwischen der Anwendung von HGB oder IFRS auf den Konzernabschluss der übrigen Mutterunternehmen (§ 315e Abs. 3 HGB, Rz. 4.26).

– Kapitalgesellschaften und haftungsbeschränkte Personenhandelsgesellschaften (§ 264a-HGB-Gesellschaften, z.B. GmbH & Co. KG) können statt eines HGB-Jahresabschlusses einen IFRS-Einzelabschluss im Bundesanzeiger bekannt machen (§ 325 Abs. 2a HGB, Rz. 4.28 ff.).

Ob überhaupt ein Konzernabschluss aufzustellen ist, richtet sich ausschließlich nach HGB bzw. PublG.

Für alle bilanzierenden[1] Kaufleute bleibt es ferner dabei, dass ein HGB-Jahresabschluss aufgestellt werden muss. Der **HGB-Jahresabschluss** ist weiterhin auf Grund des Maßgeblichkeitsprinzips Ausgangspunkt der Ermittlung der **ertragsteuerlichen Bemessungsgrundlage** und dient als Grundlage für die **Entscheidung über die Ausschüttung**.

---

[1] Kleine Einzelkaufleute sind nach § 241a HGB von der Bilanzierungspflicht befreit, zu Details vgl. *Theile*, DStR 2009, Beihefter zu Heft 18.

Die nachfolgende Abbildung fasst die Rechtslage bei **offenlegungspflichtigen Gesellschaften** zusammen:

Unternehmen im Anwendungsbereich der EG-Bilanzrichtlinien (Kapitalgesellschaften, haftungsbeschränkte Personenhandelsgesellschaften, Banken, Versicherungen) und Unternehmen nach PublG:	Jahres-abschluss	Jahres- bzw. Einzel-abschluss	Konzern-abschluss
	Unternehmensregisterpublizität	Offenlegung im Bundesanzeiger	Offenlegung im Bundesanzeiger
Mutterunternehmen nimmt EU-Kapitalmarkt in Anspruch oder hat Inanspruchnahme beantragt	HGB	HGB oder IFRS	IFRS
Mutterunternehmen nimmt EU-Kapitalmarkt nicht in Anspruch	HGB	HGB oder IFRS	HGB oder IFRS
Tochterunternehmen Einzelunternehmen	HGB	HGB oder IFRS	*Entfällt*

Abb. 4.1: Übersicht zur Anwendung der IFRS in Deutschland

Zur Umstellung von der HGB- auf die IFRS-Rechnungslegung siehe Rz. 56.1 ff. und zur Aufstellung der IFRS-Eröffnungsbilanz Rz. 57.1 ff.

B. Aufstellungspflicht des Konzernabschlusses

I. Mutter-Tochter-Verhältnis nach § 290 HGB als konstituierendes Merkmal

Die Pflichtanwendung der IFRS gem. Art. 4 IAS-Verordnung bezieht sich grundsätzlich auf alle kapitalmarktorientierten Gesellschaften mit konsolidierten Abschlüssen (dazu Rz. 4.15 ff.), regelt aber nicht die Aufstellung eines Konzernabschlusses. Ob überhaupt ein **Konzernabschluss aufzustellen** ist, bestimmt sich daher nach den Vorschriften der Bilanzrichtlinie[2] in ihrer jeweiligen nationalen Umsetzung, also in Deutschland nach den **§§ 290–293 HGB**, sowie nach dem Publizitätsgesetz.

4.2

Ausgangspunkt der Konzernrechnungslegungspflicht ist für Kapitalgesellschaften[3] das Vorliegen einer **Mutter-Tochter-Beziehung nach § 290 HGB**. Die Vorgaben des

4.3

---

2 RICHTLINIE 2013/34/EU DES EUROPÄISCHEN PARLAMENTS UND DES RATES vom 26.6.2013 über den Jahresabschluss, den konsolidierten Abschluss und damit verbundene Berichte von Unternehmen bestimmter Rechtsformen und zur Änderung der Richtlinie 2006/43/EG des Europäischen Parlaments und des Rates und zur Aufhebung der Richtlinien 78/660/EWG und 83/349/EWG des Rates in ABl. L 182/19 v. 29.6.2013, in Kraft getreten am 19.7.2013.
3 Auch: Haftungsbeschränkte Personenhandelsgesellschaften i.S.v. § 264 a HGB, Kreditinstitute (§ 340i HGB), Versicherungsunternehmen (§ 341i HGB).

IFRS 10.4 zur Konzernrechnungslegungspflicht sind hier völlig irrelevant. Besteht keine Mutter-Tochter-Beziehung nach § 290 HGB, dann liegt auch kein Konzern vor, der zu einem Rechtswirkung entfaltenden Konzernabschluss führen könnte.

Die Frage der Mutter-Tochter-Beziehung nach § 290 HGB ist indes nicht Gegenstand dieses Buches. Wir verweisen hier auf die einschlägige Literatur.[4]

II. Befreiungen von der Aufstellungspflicht

1. Nur Tochterunternehmen mit Einbeziehungswahlrechten

4.4 Ein Mutterunternehmen ist von der Pflicht zur Aufstellung eines Konzernabschlusses und Konzernlageberichts befreit, wenn es nur Tochterunternehmen hat, die gem. § 296 HGB nicht einbezogen zu werden brauchen (§ 290 Abs. 5 HGB). Die Befreiung[5] kann von jedem Mutterunternehmen nach § 290 HGB in Anspruch genommen werden, unabhängig davon, ob es kapitalmarktorientiert ist oder nicht.

Allerdings hat die Befreiung nur für **kapitalmarktorientierte Mutterunternehmen** Bedeutung, da Mutterunternehmen, die einen HGB-Konzernabschluss hätten aufstellen müssen, auch ohne § 290 Abs. 5 HGB auf die Aufstellung eines Konzernabschlusses verzichten könnten, da sie ja bei der Abgrenzung des Konsolidierungskreises wegen § 296 HGB kein Tochterunternehmen konsolidieren müssten.

Demgegenüber hätte ein kapitalmarktorientiertes Mutterunternehmen ohne § 290 Abs. 5 HGB einen IFRS-Konzernabschluss aufstellen müssen, sobald *ein* Mutter-Tochter-Verhältnis vorliegt, und zwar auch dann, wenn sämtliche Tochterunternehmen nach § 296 HGB in einen *handelsrechtlichen Konzernabschluss* nicht hätten einbezogen werden müssen. Die IFRS enthalten nämlich zur Abgrenzung des Konsolidierungskreises – mit Ausnahme des Wesentlichkeitsgrundsatzes, ggf. auch Kosten-Nutzen-Gesichtspunkten (hierzu Rz. 6.29 ff.) – keine dem § 296 HGB vergleichbare Norm. Wegen § 290 Abs. 5 HGB gilt aber: Ein IFRS-Konzernabschluss muss nicht aufgestellt werden, wenn das Mutterunternehmen nur Töchter hat, die unter § 296 HGB fallen.[6]

4.5 Von den Tatbeständen des § 296 HGB dürfte neben dem Verzicht auf Einbeziehung wegen der Unwesentlichkeit der Tochterunternehmen (§ 296 Abs. 2 HGB) vor allem der Erwerb mit Weiterveräußerungsabsicht (§ 296 Abs. 1 Nr. 3 HGB) eine gewisse Bedeutung zukommen: Mutterunternehmen, die (nur) Tochterunternehmen

---

4 Siehe zB in Hachmeister u.a. (Hrsg.), Bilanzrecht, Köln 2018; *Theile* in Schiffers/Theile, Bilanzrecht der GmbH, Köln 2016, Rz. 5050 ff.
5 Die Befreiung basiert auf Art. 23 Abs. 9 und 10 der Bilanzrichtlinie 2013/34/EU.
6 Vgl. *Theile* in Schiffers/Theile, Bilanzrecht der GmbH, Köln 2016, Rz. 5089.

mit relativ kurzfristiger[7] Exit-Strategie erwerben, sind demnach von der Konzernrechnungslegungspflicht auch dann befreit, wenn sie kapitalmarktorientiert sind.[8]

2. Teilkonzernabschlussbefreiung

Die Pflicht zur Aufstellung eines Konzernabschlusses besteht grundsätzlich auch dann, wenn das abschlusspflichtige Mutterunternehmen seinerseits ein Tochterunternehmen ist. In einem solchen **mehrstufigen Konzern** (ab drei Stufen, also ab Mutter-Tochter-Enkel) stellt sich indes die Frage, ob die Aufstellung eines Teilkonzernabschlusses auf der Zwischenstufe sinnvoll ist. Möglicherweise gibt es keine Informationsempfänger für einen solchen Teilkonzernabschluss. Darüber hinaus läge eine erhebliche Kostenbelastung für tief gegliederte Konzerne mit zahlreichen Zwischenstufen vor.

4.6

Daher kann die Aufstellung eines Teilkonzernabschlusses unterbleiben, wenn auf der nächsthöheren Stufe oder auf der obersten Stufe ein sog. **befreiender Konzernabschluss** aufgestellt wird. Befreiende Konzernabschlüsse können

4.7

– von Unternehmen mit Sitz in einem Mitgliedsstaat der Europäischen Union oder in einem anderen Vertragsstaat des Abkommens über den europäischen Wirtschaftsraum („EWR") unter den Voraussetzungen des § 291 HGB oder

– von Unternehmen mit Sitz in Nicht-EU/EWR-Staaten („Drittstaaten") unter den Voraussetzungen des § 292 HGB

aufgestellt werden.

Allerdings besteht hiervon eine Rückausnahme: Die **Befreiung** eines Mutterunternehmens von der Aufstellung eines Teilkonzernabschlusses ist immer dann **ausgeschlossen**, wenn dieses am Abschlussstichtag einen organisierten Markt i.S.d. § 2 Abs. 11 WpHG durch von ihr ausgegebene Wertpapiere i.S.d. des § 2 Abs. 1 WpHG in Anspruch nimmt (§§ 291 Abs. 3 Nr. 1, 292 Abs. 2 Satz 2 HGB).[9] Damit ist jedes kapitalmarktorientierte Mutterunternehmen (vorbehaltlich § 290 Abs. 5 HGB, s. Rz. 4.4) ungeachtet seiner Konzernstufe konzernrechnungslegungspflichtig. Wichtig ist hierbei, dass die Wertpapiere tatsächlich am organisierten Markt zugelassen und ausgegeben sind. Eine am Abschlussstichtag nur beantragte Zulassung zum Wertpapierhandel im Inland (§ 315e Abs. 2 HGB) ermöglicht weiterhin noch die Inanspruchnahme der Befreiung.

4.8

---

7 In der Literatur wird ein Maximalzeitraum von einem bis drei Jahren diskutiert, vgl. *Götz/Hachmeister* in Hachmeister u.a. (Hrsg.), Bilanzrecht, Köln 2018, § 296 Rz. 55 m.w.N.

8 In diesem Fall kommt es auch nicht mehr darauf an, ob es sich bei der Muttergesellschaft um eine Investmentgesellschaft nach IFRS 10.27 handelt, die dann die Anteile an ihren Tochterunternehmen – statt diese zu konsolidieren – zum Fair Value ansetzen muss. Diese Frage ist nachgelagert und stellt sich erst, soweit überhaupt Aufstellungspflicht besteht, siehe auch Rz. 31.100 ff.

9 Ein weiterer, im vorliegenden Kontext aber irrelevanter Ausschlussgrund liegt im sog. Minderheitenschutz nach §§ 291 Abs. 3 Nr. 2, 292 Abs. 2 Satz 2 HGB.

Beispiel: Auch nach Übernahme der Aktienmehrheit der Schering AG durch die Bayer AG im Sommer 2006 musste die Schering AG weiterhin einen Konzernabschluss nach IFRS aufstellen, solange ihre Aktien und/oder Schuldtitel an einem organisierten Markt notiert waren. Ein kapitalmarktorientierter Teilkonzern kann nicht von der Aufstellung des Konzernabschlusses befreit werden.

3. Größenabhängige Befreiung

4.9 Kleine Konzerne sind gänzlich von der Konzernrechnungslegungspflicht befreit. Die Größe des Konzerns wird dabei anhand der Merkmale (Konzern-)Bilanzsumme, (Konzern-)Umsatzerlöse und durchschnittliche Zahl der Arbeitnehmer des Konzerns gemessen. Die maßgeblichen **Schwellenwerte** für eine Befreiung betragen:

Bis einschließlich:	Bruttomethode	Nettomethode
Bilanzsumme (in T€)	24.000	20.000
Umsatzerlöse (in T€)	48.000	40.000
Arbeitnehmer	250	250

Erst wenn mindestens zwei der drei Merkmale an zwei aufeinanderfolgenden Stichtagen überschritten sind, besteht Konzernrechnungslegungspflicht. Bezüglich der Größenmerkmale Bilanzsumme und Umsatzerlöse gelten unterschiedliche Schwellenwerte, je nachdem, ob die sog. Brutto- oder Nettomethode verwendet wird; es besteht ein Wahlrecht zwischen beiden Methoden, wobei innerhalb des zwei-Jahres-Zeitraums dieselbe Methode anzuwenden ist.

Bei der **Bruttomethode** (§ 293 Abs. 1 Nr. 1 HGB) erfolgt nur die additive Zusammenfassung der Bilanzsummen und der Umsatzerlöse des Mutterunternehmens und der Tochterunternehmen, die in den Konzernabschluss einzubeziehen wären. Damit ist unter Beachtung der Einbeziehungswahlrechte lediglich der Vollkonsolidierungskreis festzulegen.

Bei der **Nettomethode** (§ 293 Abs. 1 Nr. 2 HGB) wird auf die Bilanzsumme und die Umsatzerlöse des **Konzernabschlusses** abgestellt, also auf bereits konsolidierte Werte. Damit ist der gesamte Konsolidierungskreis festzulegen (einschließlich Gemeinschaftsunternehmen und assoziierter Unternehmen), und es sind alle Konsolidierungsmaßnahmen durchzuführen.

Die monetären Größenmerkmale Bilanzsumme und Umsatzerlöse übersteigen bei der Bruttomethode die entsprechenden Werte der Nettomethode um 20 %. Damit soll der Kürzungseffekt aus der Konsolidierung bei der Nettomethode pauschal abgegolten werden.

4.10 Die Inanspruchnahme der Größenbefreiung ist allerdings von vornherein ausgeschlossen (**Rückausnahme**), wenn

– das Mutterunternehmen oder

– ein in deren Konzernabschluss *einbezogenes* Tochterunternehmen

am Abschlussstichtag kapitalmarktorientiert i.S.d. § 264d HGB ist (§ 293 Abs. 5 HGB). Das wiederum ist dann der Fall, soweit das Unternehmen einen organisierten Markt i.S.d. § 2 Abs. 11 WpHG durch von ihm ausgegebene Wertpapiere i.S.d. § 2 Abs. 1 WpHG

– in Anspruch nimmt oder
– die Zulassung zum Handel an einem organisierten Markt beantragt hat.

Kurz gefasst: Für den organisierten Kapitalmarkt in Anspruch nehmende Konzerne spielen die Größenkriterien keine Rolle; sie können die Befreiung nicht in Anspruch nehmen.

Hat das Mutterunternehmen (oder eines seiner einzubeziehenden Tochterunternehmen) den Handel von Wertpapieren an einem organisierten Markt erst beantragt, dann kann es die Größenbefreiung ebenfalls nicht mehr in Anspruch nehmen, wohl aber noch ggf. die Teilkonzernbefreiung (Rz. 4.8). Im persönlichen Anwendungsbereich der beiden Rückausnahmen besteht also kein vollkommener Gleichklang.

Im Übrigen können die Befreiungen nur von nichtkapitalmarktorientierten Mutterunternehmen in Anspruch genommen werden.

III. Exkurs: Konzernrechnungslegungspflicht nach PublG

Für andere Unternehmen,[10] insbesondere   4.11

– Einzelkaufleute und
– Personenhandelsgesellschaften mit natürlicher Person als persönlich haftendem Gesellschafter (und damit außerhalb der den Kapitalgesellschaften für Rechnungslegungszwecke gleichgestellten Personenhandelsgesellschaften i.S.d. § 264a HGB),

kann sich die Konzernrechnungslegungspflicht aus § 11 PublG ergeben. Dazu müssen zwei der drei Größenmerkmale

– Konzernbilanzsumme 65 Mio. €
– Konzernumsatzerlöse 130 Mio. €
– im Jahresdurchschnitt 5.000 Mitarbeiter in inländischen Konzernunternehmen

an drei aufeinanderfolgenden Geschäftsjahren überschritten worden sein. Dann beginnt die Konzernrechnungslegungspflicht im dritten dieser Geschäftsjahre (§ 12 Abs. 1 PublG).

Diese drei-Jahres-Frist gilt auch dann, wenn das unter das Publizitätsgesetz fallende Unternehmen kapitalmarktorientiert sein sollte, was als Anleiheemittent immerhin möglich wäre. Es hat dann über § 11 Abs. 6 Nr. 2 PublG den § 315e HGB und damit die IFRS auf seinen Konzernabschluss anzuwenden.[11]   4.12

---

10 Zum persönlichen Anwendungsbereich s. § 2 PublG iVm § 11 Abs. 5 PublG.
11 Sollte es sich um einen Einzelkaufmann handeln, der die Anleiheemission im Inland erst beantragt hat, ist § 315 Abs. 2 HGB allerdings nicht anzuwenden, da ein Einzelkaufmann

Beispiel: Das Einzelunternehmen Sonnen KG ist Anleiheemittent am geregelten Markt. Per 1.7.x1 erwirbt die KG die Stimmrechtsmehrheit an der Wind GmbH, für die annahmegemäß ein Einbeziehungswahlrecht (§ 11 Abs. 6 Nr. 1 PublG i.V.m. § 290 Abs. 5 HGB) nicht in Anspruch genommen werden kann. Werden zwei der drei Größenmerkmale des § 11 Abs. 1 PublG an drei aufeinanderfolgenden Geschäftsjahren überschritten, entsteht die Konzernrechnungslegungspflicht erstmals für das Geschäftsjahr x3. Dann ist ein IFRS-Konzernabschluss aufzustellen.

IV. Prüfschema

4.13 Das nachfolgende Prüfschema verdeutlicht die Aufstellungspflicht des Konzernabschlusses und das Zusammenspiel von HGB und IFRS. Das „zu prüfende Unternehmen" versteht sich dabei als ein Unternehmen in der Rechtsform der Kapitalgesellschaft oder haftungsbeschränkten Personenhandelsgesellschaft i.S.d. § 264a HGB. Sodann sind für das zu prüfende Unternehmen unter Einschluss der gesetzlichen Rückausnahmen bei den gesetzlichen Befreiungen die notwendigen Fragen angegeben, um zu dem Ergebnis zu kommen, dass entweder

– kein Konzernabschluss aufgestellt werden muss oder
– die Konzernrechnungslegungspflicht besteht.

Dabei wird zwischen der Anwendung von IFRS und HGB/DRS auf den Konzernabschluss differenziert. Für die Einzelkommentierung der im Prüfschema angegebenen §§ 290 bis 296 HGB verweisen wir im Übrigen auf die einschlägige Literatur.[12]

4.14 Bei der Anwendung des Prüfschemas im Hinblick auf eine IFRS-Pflichtanwendung lässt sich kurz formulieren:

– Sobald eine Mutter-Tochter-Beziehung nach § 290 HGB besteht,
– nicht für alle Tochterunternehmen das Einbeziehungswahlrecht des § 296 HGB in Anspruch genommen werden kann und
– das Mutterunternehmen am Bilanzstichtag kapitalmarktorientiert ist (dazu Rz. 4.15 ff.),

ist der Konzernabschluss nach IFRS aufzustellen. Der HGB-Bereich wird verlassen.

Beispiel: Die Sonnen AG ist ein am organisierten Markt börsennotiertes Einzelunternehmen. Per 1.7.01 erwirbt sie die Stimmrechtsmehrheit an der Wind GmbH, für die annahmegemäß ein Einbeziehungswahlrecht (§ 296 HGB) *nicht* in Anspruch genommen werden kann. Es besteht unmittelbar die Pflicht zur Aufstellung eines IFRS-Konzernabschlusses zum 31.12.01.

---

keine „Gesellschaft" ist und damit nicht in den Anwendungsbereich der IAS-Verordnung fällt, siehe § 11 Abs. 6 Nr. 2 PublG.
12 Z.B. *Theile* in Schiffers/Theile, Bilanzrecht der GmbH, Köln 2016, Rz. 5050–5170 oder die entsprechende Kommentierung der angegebenen HGB-Normen in Hachmeister u.a. (Hrsg.), Bilanzrecht, Köln 2018.

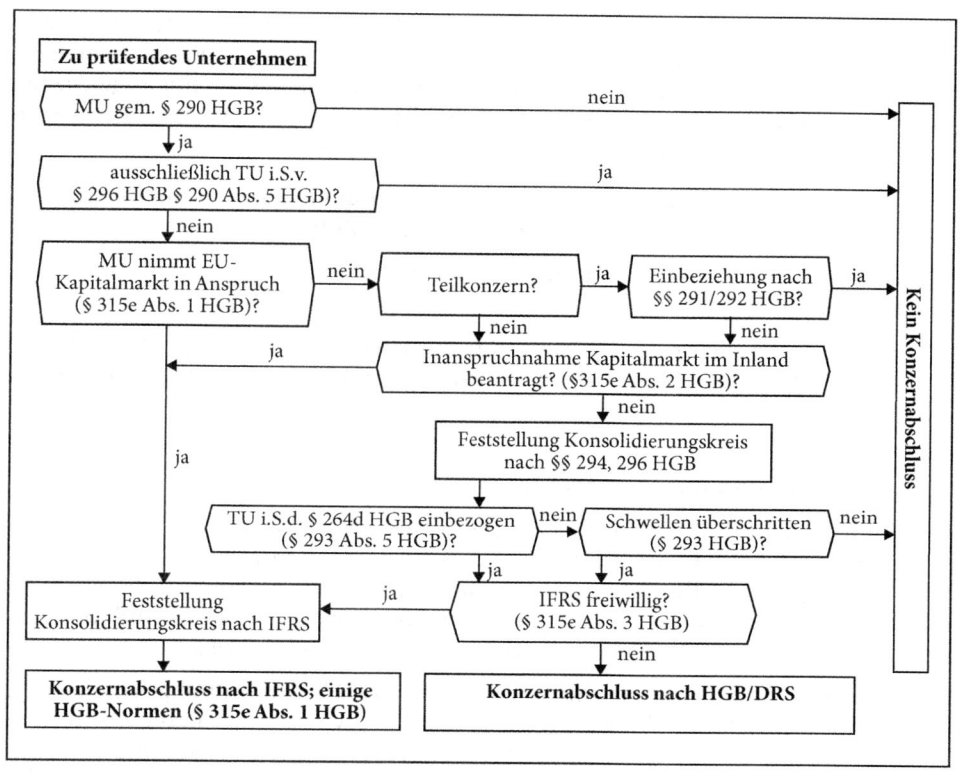

```
┌─────────────────────────────────────────────────────────────────────────┐
│  ┌─ Zu prüfendes Unternehmen ─┐                                         │
│  │   MU gem. § 290 HGB?       ├──── nein ──────────────────────────┐    │
│  └────────┬───────────────────┘                                    │    │
│           ja                                                       │    │
│  ┌────────▼──────────────────┐                                     │    │
│  │   ausschließlich TU i.S.v.│──── ja ────────────────────────────▶│    │
│  │ § 296 HGB § 290 Abs. 5 HGB)?│                                   │    │
│  └────────┬──────────────────┘                                     │    │
│           nein                                                     │ K  │
│  ┌────────▼──────┐     ┌──────────────┐   ┌─────────────────┐      │ e  │
│  │  MU nimmt EU- │nein │              │ja │ Einbeziehung    │  ja  │ i  │
│  │Kapitalmarkt in├────▶│ Teilkonzern? ├──▶│ nach §§ 291/292 ├─────▶│ n  │
│  │Anspruch       │     │              │   │ HGB?            │      │    │
│  │(§ 315e Abs. 1 │     └──────┬───────┘   └────────┬────────┘      │ K  │
│  │HGB)?          │            nein                 nein            │ o  │
│  └──┬────────────┘            │                    │               │ n  │
│     │ja           ┌────────────▼────────────────┐  │               │ z  │
│     │             │ Inanspruchnahme Kapitalmarkt│◀─┘               │ e  │
│     │             │ im Inland beantragt?        │                  │ r  │
│     │             │ (§315e Abs. 2 HGB)?         │                  │ n  │
│     │             └────────────┬────────────────┘                  │ a  │
│     │                          nein                                │ b  │
│     │             ┌────────────▼────────────┐                      │ s  │
│     │             │ Feststellung            │                      │ c  │
│     │             │ Konsolidierungskreis    │                      │ h  │
│     │             │ nach §§ 294, 296 HGB    │                      │ l  │
│     │             └────────────┬────────────┘                      │ u  │
│     │                          │                                   │ s  │
│     │   ┌────────────────┐     │      ┌─────────────────┐          │ s  │
│     │   │TU i.S.d. § 264d│nein │      │ Schwellen       │  nein    │    │
│     │   │HGB einbezogen  │◀────┤      │ überschritten   ├─────────▶│    │
│     │   │(§ 293 Abs. 5   │     │      │ (§ 293 HGB)?    │          │    │
│     │   │HGB)?           │     │      └────────┬────────┘          │    │
│     │   └───────┬────────┘     │               ja                  │    │
│     │           ja             │               │                   │    │
│     ▼           │         ja   │      ┌────────▼─────────┐         │    │
│ ┌───────────┐   │◀─────────────┤      │ IFRS freiwillig? │         │    │
│ │Feststellung│◀──┘             │      │ (§ 315e Abs. 3   │         │    │
│ │Konsolidie-│                  │      │ HGB)             │         │    │
│ │rungskreis │                  │      └────────┬─────────┘         │    │
│ │nach IFRS  │                  │               nein                │    │
│ └─────┬─────┘                  │               │                   │    │
│       │                        │               ▼                   │    │
│ ┌─────▼──────────────────┐     │     ┌─────────────────────┐       │    │
│ │Konzernabschluss nach   │     │     │ Konzernabschluss    │       │    │
│ │IFRS; einige HGB-Normen │     │     │ nach HGB/DRS        │       │    │
│ │(§ 315e Abs. 1 HGB)     │     │     └─────────────────────┘       │    │
│ └────────────────────────┘     │                                   │    │
└─────────────────────────────────────────────────────────────────────────┘
```

Abb. 4.2: Aufstellung des Konzernabschlusses nach HGB oder IFRS

Im Übrigen empfiehlt es sich, das Prüfschema auch für die folgenden Aussagen präsent zu haben.

C. Anwendung der IFRS

I. Pflichtanwendung der IFRS auf den Konzernabschluss kapitalmarktorientierter Mutterunternehmen gem. IAS-Verordnung

1. Tatbestandsmerkmale kapitalmarktorientierter Mutterunternehmen

Ein Mutterunternehmen (siehe Rz. 4.2 ff.), das kapitalmarktorientiert i.S.d. Art. 4 der IAS-Verordnung ist, hat die von der EU-Kommission freigeschalteten internationalen Rechnungslegungsstandards (Rz. 3.10) auf seinen Konzernabschluss anzuwenden (§ 315e Abs. 1 HGB). Art. 4 der IAS-Verordnung lautet: 4.15

„Konsolidierte Abschlüsse von kapitalmarktorientierten Gesellschaften

Für Geschäftsjahre, die am oder nach dem 1.1.2005 beginnen, stellen Gesellschaften, die dem Recht eines Mitgliedstaates unterliegen, ihre konsolidierten Abschlüsse nach den internationalen Rechnungslegungsstandards auf, die nach dem Verfahren des Artikels 6 Absatz 2 übernommen wurden, wenn am jeweiligen Bilanzstichtag ihre Wertpapiere in einem beliebigen Mitgliedstaat zum Handel in einem geregelten Markt im Sinne des Artikels 1 Absatz 13 der Richtlinie 93/22/EWG des Rates vom 10.5.1993 über Wertpapierdienstleistungen zugelassen sind."

4.16 Art. 4 der IAS-Verordnung nennt damit **zwei Voraussetzungen** für die Pflichtanwendung der IFRS auf den Konzernabschluss des Mutterunternehmens:

– Die Gesellschaft (= das Mutterunternehmen) unterliegt dem Recht eines Mitgliedstaates und

– am jeweiligen Bilanzstichtag sind ihre Wertpapiere (Eigenkapital- und/oder Schuldtitel) in einem beliebigen Mitgliedstaat zum Handel in einem **geregelten Markt**[13] zugelassen.

2. Gesellschaft und Mutterunternehmen

4.17 **Gesellschaften** i.S.d. IAS-Verordnung sind jene nach der Definition europäischen Primärrechts.[14] Art. 54 AEUV definiert: „Als Gesellschaften gelten die Gesellschaften des bürgerlichen Rechts und des Handelsrechts einschließlich der Genossenschaften und die sonstigen juristischen Personen des öffentlichen und privaten Rechts mit Ausnahme derjenigen, die keinen Erwerbszweck verfolgen."

Die Definition ist sehr umfassend. Da sich aber die IAS-Verordnung lediglich auf ‚konsolidierte Abschlüsse' bezieht, wird sie nur dann wirksam, wenn die Aufstellung eines Konzernabschlusses „von anderer Seite gefordert" wird.[15] Die „andere Seite" ist hier das jeweilige nationale Recht zur Aufstellung von Konzernabschlüssen, das freilich europarechtlich durch die Bilanzrichtlinie[16] harmonisiert ist.

4.18 Wird der Begriff der Gesellschaft verknüpft mit der Konzernabschlussaufstellungspflicht, ergibt sich folgendes Bild: **Gesellschaften**, für die sich nach nationalem Recht die Aufstellung eines **Konzernabschlusses** ergeben kann, sind

---

13 „Geregelter Markt" mittlerweile (aber unverändert) i.S.v. Art. 4 Abs. 1 Nr. 21 der RICHTLINIE 2014/65/EU, siehe Rz. 3.2, entspricht für Deutschland dem *organisierten Markt* gem. § 2 Abs. 11 WpHG. Der *regulierte Markt* (i.S.d. BörsG) ist ein organisierter Markt.

14 Vgl. EU-Kommission, Kommentare zu bestimmten Artikeln der Verordnung (EG) Nr. 1606/2002, 2003, 6 f.

15 EU-Kommission, Kommentare zu bestimmten Artikeln der Verordnung (EG) Nr. 1606/2002, 2003, 7.

16 RICHTLINIE 2013/34/EU DES EUROPÄISCHEN PARLAMENTS UND DES RATES vom 26.6.2013 über den Jahresabschluss, den konsolidierten Abschluss und damit verbundene Berichte von Unternehmen bestimmter Rechtsformen und zur Änderung der Richtlinie 2006/43/EG des Europäischen Parlaments und des Rates und zur Aufhebung der Richtlinien 78/660/EWG und 83/349/EWG des Rates in ABl. L 182/19 v. 29.6.2013, in Kraft getreten am 19.7.2013.

– Mutterunternehmen im Anwendungsbereich der Bilanzrichtlinie (Kapitalgesellschaften[17] und Personenhandelsgesellschaften ohne natürliche Person als persönlich haftenden Gesellschafter, § 264a HGB),

– Banken und andere Finanzinstitutionen als Mutterunternehmen im Anwendungsbereich der Bankbilanzrichtlinie und

– Versicherungsunternehmen als Mutterunternehmen im Anwendungsbereich der Versicherungsbilanzrichtlinie.

Hinzu kommen Unternehmen und Einzelkaufleute, die nach Publizitätsgesetz zur Konzernrechnungslegung verpflichtet sind (Rz. 4.11).

3. Wertpapierhandel auf einem geregelten Markt in der EU

Die in Art. 4 der IAS-Verordnung zitierte Richtlinie zur Definition des geregelten Markts (s. Rz. 4.15) ist in der Zwischenzeit aufgehoben und für die Definition inhaltsgleich durch Art. 4 Abs. 1 Nr. 21 der Richtlinie 2014/65/EU ersetzt worden. Danach ist ein **geregelter Markt** „ein von einem Marktbetreiber betriebenes und/oder verwaltetes multilaterales System, das die Interessen einer Vielzahl Dritter am Kauf und Verkauf von Finanzinstrumenten innerhalb des Systems und nach seinen nichtdiskretionären Regeln in einer Weise zusammenführt oder das Zusammenführen fördert, die zu einem Vertrag in Bezug auf Finanzinstrumente führt, die gemäß den Regeln und/oder den Systemen des Marktes zum Handel zugelassen wurden, sowie eine Zulassung erhalten hat und ordnungsgemäß und gemäß Titel III dieser Richtlinie funktioniert."[18]

4.19

Die Richtlinienbestimmung ist in Deutschland durch § 2 Abs. 11 WpHG umgesetzt. Das deutsche Recht verwendet aber nicht den Begriff geregelter Markt, sondern **organisierter Markt**: „Organisierter Markt im Sinne dieses Gesetzes ist ein im Inland, in einem anderen Mitgliedstaat der Europäischen Union oder einem anderen Vertragsstaat des Abkommens über den Europäischen Wirtschaftsraum betriebenes oder verwaltetes, durch staatliche Stellen genehmigtes, geregeltes und überwachtes multilaterales System, das die Interessen einer Vielzahl von Personen am Kauf und Verkauf von dort zum Handel zugelassenen Finanzinstrumenten innerhalb des Systems und nach nichtdiskretionären Bestimmungen in einer Weise zusammenbringt oder das Zusammenbringen fördert, die zu einem Vertrag über den Kauf dieser Finanzinstrumente führt."

Damit sind aus dem Kreis der unter Rz. 4.18 genannten Gesellschaften jene **Wertpapieremittenten** betroffen, deren Wertpapiere mindestens an einem organisierten Markt der Börsenplätze Berlin, Düsseldorf, Frankfurt, Hamburg, Hannover, Mün-

4.20

---

17 Einschließlich der Europäischen Gesellschaft (SE), s. Art. 61 f. SE-VO.
18 RICHTLINIE 2014/65/EU DES EUROPÄISCHEN PARLAMENTS UND DES RATES vom 15.5.2014 über Märkte für Finanzinstrumente sowie zur Änderung der Richtlinien 2002/92/EG und 2011/61/EU (Neufassung), Abl. L 173/349 v. 12.6.2014 (MiFID II).

chen oder Stuttgart zugelassen sind. Der Handel im Freiverkehr (§ 48 BörsG)[19] hingegen verpflichtet nicht zur IFRS-Anwendung (Rz. 4.22).

Von der IFRS-Anwendung sind aber auch deutsche Gesellschaften betroffen, deren Wertpapiere an den entsprechenden **Finanzplätzen in anderen Mitgliedstaaten sowie im EWR** gehandelt werden. Eine Übersicht über alle geregelten Märkte in der europäischen Union ist nach Art. 56 der Richtlinie 2014/65/EU[20] von der Europäischen Wertpapier- und Marktaufsichtsbehörde (ESMA) auf deren Homepage bereitzustellen. ESMA hat diese und weitere Informationen in einer Datenbank zusammengeführt.[21]

4.21 Ein *nicht* kapitalmarktorientiertes Mutterunternehmen, das in seinem Konzernkreis ein Tochterunternehmen hat, welches den Kapitalmarkt i.S.v. Art. 4 der IAS-Verordnung in Anspruch nimmt, muss **keinen IFRS-Konzernabschluss** aufstellen. Das Mutterunternehmen hat das Wahlrecht, einen IFRS oder HGB Konzernabschluss aufzustellen (§ 315e Abs. 3 HGB).

Ist das kapitalmarktorientierte Tochterunternehmen seinerseits Mutterunternehmen, so muss *dessen* Konzernabschluss[22] allerdings **nach IFRS** aufgestellt werden; eine Befreiungsmöglichkeit für diesen (Teil-)Konzernabschluss besteht auch bei Einbeziehung in den Konzernabschluss des obersten Mutterunternehmens *nicht* (Rz. 4.8).

4.22 Der **Freiverkehr** ist nicht durch staatliche Stellen geregelt und überwacht und deshalb **kein geregelter bzw. organisierter Markt**. Eine ausschließliche Emission von Wertpapieren im Freiverkehr verpflichtet ein Mutterunternehmen daher *nicht* zur IFRS-Anwendung.

Dessen ungeachtet kann der Betreiber einer Börse besondere Segmente schaffen und mit den Emittenten, die Mitglied eines solchen Segments sein wollen, besondere Teilnahmeregeln oder Vereinbarungen treffen. Als eine dieser Teilnahmevoraussetzungen könnte auch die Anwendung von IFRS vorgesehen werden.

II. Pflichtanwendung der IFRS auf den Konzernabschluss bei beantragtem Wertpapierhandel im Inland

4.23 § 315e Abs. 2 HGB schreibt die Anwendung der in das EU-Recht übernommenen IFRS für die Fälle vor, in denen für das Mutterunternehmen bis zum Bilanzstichtag die **Zulassung eines Wertpapiers zum Handel** am *inländischen* organisierten

---

19 Beispielsweise gehört das Marktsegment M:access der Börse München zum Freiverkehr, siehe https://www.boerse-muenchen.de/MediaLibrary/4af8d61d-05eb-4d42-b2ae-bdbcc65c5a36/180103_Gesch%c3%a4ftsbedingungen%20Freiverkehr.pdf (abgerufen am 18.10.2018).
20 MiFID II.
21 Vgl. https://registers.esma.europa.eu/publication/searchRegister?core=esma_registers_upreg (zuletzt abgerufen am 25.11.2018).
22 Aus Sicht des obersten Mutterunternehmens handelt es sich um einen Teilkonzernabschluss.

Markt beantragt worden ist. Damit hat Deutschland das Mitgliedstaatenwahlrecht der IAS-Verordnung (Rz. 3.3) zur Erweiterung des IFRS-Pflichtanwendungsbereichs in Anspruch genommen, wenn auch nur für einen vergleichsweise engen Anwenderkreis.

Tatbestandsvoraussetzung ist der Zeitpunkt der Antragstellung des Emittenten gegenüber der Geschäftsführung der jeweiligen Börse vor dem Bilanzstichtag.[23] Rechtsfolge ist die IFRS-Anwendung auf den Konzernabschluss zum nächsten Bilanzstichtag (mit den Vergleichszahlen der Vorperiode), soweit entweder positiv oder noch nicht entschieden worden ist. Im Fall der Ablehnung besteht u.E. jedoch keine Pflicht der IFRS-Anwendung. Da angesichts des Zeitaufwandes für die Umstellung von HGB auf IFRS (Rz. 56.1 ff.) schon weit vor Antragstellung mit der Umstellung begonnen werden muss, hat diese Frage für antragstellende Unternehmen nur theoretische Bedeutung. 4.24

Stellt ein Tochterunternehmen, das *nicht* zugleich Mutterunternehmen ist, einen entsprechenden Zulassungsantrag, verpflichtet dieser weder zur IFRS-Anwendung beim Antragsteller noch bei dessen Mutterunternehmen.[24] Das antragstellende Tochterunternehmen hat dann jedoch den HGB-Jahresabschluss um eine **Kapitalflussrechnung** und einen **Eigenkapitalspiegel** zu erweitern (§ 264 Abs. 1 Satz 2 HGB i.V.m. § 264d HGB). Außerdem kann dessen Mutterunternehmen nicht mehr die größenabhängige Befreiung des § 293 Abs. 5 HGB für seinen Konzernabschluss und -lagebericht in Anspruch nehmen. Allerdings bleibt es beim Wahlrecht der Anwendung von HGB oder IFRS auf den Konzernabschluss. 4.25

III. Anwendungswahlrecht der IFRS auf den Konzernabschluss nichtkapitalmarktorientierter Mutterunternehmen

Nicht kapitalmarktorientierte Mutterunternehmen haben gem. § 315e Abs. 3 HGB die Möglichkeit, den **Konzernabschluss** statt nach den Vorschriften des HGB **nach IFRS** aufzustellen. Damit gibt der Gesetzgeber ein Wahlrecht der IAS-Verordnung an die mittelständische Wirtschaft weiter, einen IFRS-Konzernabschluss mit befreiender Wirkung für Aufstellung und Offenlegung zu publizieren, wie es von betroffenen Kreisen auch gefordert worden ist.[25] 4.26

Im Gegensatz zu den kapitalmarktorientierten Mutterunternehmen bleiben die Möglichkeiten der **Teilkonzernabschlussbefreiung** (§ 291 HGB, Rz. 4.6) als auch die der **größenabhängigen Befreiung** (§ 293 HGB, Rz. 4.9) weiterhin bestehen (siehe auch das Prüfschema, Rz. 4.13 f.). Im Hinblick auf die Größenbefreiung sind Bi- 4.27

---

23 Zum Zulassungsverfahren vgl. *Groß* in Marsch-Barner/Schäfer (Hrsg.), Handbuch börsennotierte AG[4], § 9 Rz. 9.53 ff.
24 Vgl. auch *Pfitzer/Oser/Orth*, DB 2004, 2593 (2598).
25 Vgl. Stellungnahme der Centrale für GmbH Dr. Otto Schmidt v. 23.1.2003 zur Verordnung (EG) Nr. 1606/2002 v. 19.7.2002 betreffend die Anwendung internationaler Rechnungslegungsstandards, GmbHR 2003, 350.

lanzsumme und Umsatzerlöse dabei nach HGB-Werten zu beurteilen.[26] Erst wenn nach Überschreiten der Größenmerkmale die Aufstellung des Konzernabschlusses verpflichtend wird, kann *zur Erfüllung der Konzernrechnungslegungspflicht* auf die Rechnungslegung nach IFRS gewechselt werden.[27] Unbeachtlich ist dann, ob – gemessen an IFRS-Werten – die Grenzen wieder unterschritten würden.

IV. Wahlrecht zur Offenlegung eines IFRS-Einzelabschlusses im Bundesanzeiger

4.28 Die Mitglieder des vertretungsberechtigten Organs von Kapitalgesellschaften (und diesen gleichgestellten Rechtsformen nach § 264a HGB) haben den HGB-Jahresabschluss

– beim Betreiber des Bundesanzeigers[28] elektronisch **einzureichen** (§ 325 Abs. 1 Satz 2 HGB) und

– unverzüglich nach der Einreichung im Bundesanzeiger bekannt machen zu lassen (§ 325 Abs. 2 HGB).

Die **Frist** zur Einreichung beträgt längstens zwölf Monate (§ 325 Abs. 1a HGB) und verkürzt sich für kapitalmarktorientierte Unternehmen i.S.d. § 264d, die keine Kapitalgesellschaft i.S.d. § 327a HGB ist, auf vier Monate (§ 325 Abs. 4 HGB).

Der Betreiber des Bundesanzeigers übermittelt den Jahresabschluss zur Einstellung in das Unternehmensregister an dieses weiter (§ 8b Abs. 3 HGB). Damit bestehen **zwei Offenlegungsorte**: Der Bundesanzeiger und das ebenfalls elektronisch geführte Unternehmensregister.

4.29 Für **Offenlegungszwecke im Bundesanzeiger** kann aber an die Stelle eines HGB-Jahresabschlusses ein **IFRS-Einzelabschluss** unter Anwendung der in das EU-Recht übernommenen IFRS treten (§ 325 Abs. 2a Satz 1 HGB). Das Unternehmenswahlrecht steht jedem offenlegungspflichtigen Mutterunternehmen, ob kapitalmarktorientiert oder nicht, jedem Tochterunternehmen sowie auch nicht konzernverbundenen Unternehmen zu.

---

26 Explizit ist auf die Ermittlung der Bilanzsumme § 267 Abs. 4a HGB entsprechend anzuwenden (§ 293 Abs. 2 HGB). *Senger/Rulfs*, Beck IFRS-HB[5], § 31 Rz. 6, halten demgegenüber auch eine Überprüfung der Schwellenwerte auf Basis von IFRS-Zahlen für möglich.

27 Selbstverständlich steht es jedem nicht zur Konzernrechnungslegung verpflichteten Konzern frei, einen freiwilligen Konzernabschluss nach HGB oder IFRS (oder jedem anderen beliebigen Rechnungslegungssystem) aufzustellen. Soll dieser allerdings Rechtswirkungen entfalten – z.B. im Hinblick auf das Unterlassen der Offenlegung des Jahresabschlusses einbezogener Tochtergesellschaften gem. § 264 Abs. 3 HGB oder § 264b HGB –, so sind entweder HGB oder IFRS (gem. § 315e Abs. 1 HGB) vollumfänglich anzuwenden.

28 Der Bundesanzeiger wird vom BMJV herausgegeben und von der Bundesanzeiger Verlagsges. mbH betrieben.

Dasselbe Wahlrecht gilt für Unternehmen, die nach dem PublG offen legen müssen (§ 9 Abs. 1 Satz 1 PublG).

Insbesondere mittelständische Unternehmen haben so die Möglichkeit, einen IFRS-Abschluss zum Gegenstand ihrer Pflichtveröffentlichung im Bundesanzeiger zu machen und sich dem Publikum so besonders nachdrücklich als Unternehmen mit internationaler Rechnungslegung zu präsentieren. Dies kann vor allem für solche Gesellschaften von Interesse sein, die sich ausländischen Geschäftspartnern gegenüber mit einem international verständlichen Abschluss darstellen wollen.[29] Aber auch Gesellschaften, die in einen IFRS-Konzernabschluss einbezogen werden und zur Offenlegung verpflichtet sind, können von diesem Wahlrecht Gebrauch machen: Sie müssen ohnehin eine sog. HB II nach IFRS für Konzernzwecke aufstellen und intern zahlreiche ergänzende Angaben an die Konzernspitze melden; aus diesen Daten kann leicht und ohne größeren Mehraufwand ein zu veröffentlichender IFRS-Einzelabschluss abgeleitet werden.

4.30

Die **Befreiung** der Gesellschaft **von der Pflicht zur Offenlegung** ihres Jahresabschlusses im Bundesanzeiger ist von folgenden **Voraussetzungen** abhängig (§ 325 Abs. 2b HGB):

4.31

– Statt des **Bestätigungsvermerks/Versagungsvermerks** des Abschlussprüfers zum HGB-Jahresabschluss ist der Bestätigungsvermerk/Versagungsvermerk zum IFRS-Einzelabschluss in die Pflichtveröffentlichung einzubeziehen.

– In die Offenlegung im Bundesanzeiger sind der Vorschlag für die **Verwendung des HGB-Jahresergebnisses** und ggf. der Beschluss über seine Verwendung unter Angabe des Jahresüberschusses oder Jahresfehlbetrages einzubeziehen. Da der Verwendungsvorschlag oder -beschluss auf dem HGB-Jahresabschluss basiert, ist mit der Angabe des Jahresüberschusses oder -fehlbetrages das HGB-Ergebnis gemeint.

– Der HGB-Jahresabschluss und der zugehörige Bestätigungsvermerk sind nach § 325 Abs. 1 HGB beim Betreiber des Bundesanzeigers einzureichen und über die Internetseite des Unternehmensregisters jedermann zugänglich zu machen (§ 8b Abs. 2 Nr. 4 HGB).

Bei diesem Verfahren werden daher der IFRS-Einzelabschluss im Bundesanzeiger und der HGB-Jahresabschluss im Unternehmensregister offen gelegt. Dabei ist im Bundesanzeiger *nicht* auf die Offenlegung des Jahresabschlusses im Unternehmensregister hinzuweisen.

---

29 Eine Diskussion der Argumente für und wider IFRS im Einzelabschluss findet sich in *Mandler*, Der deutsche Mittelstand vor der IAS-Umstellung 2005, 2004, 77–104.

D. Rechtswirkungen der IFRS-Abschlüsse

I. Erhalt der Befreiungswirkungen für Jahresabschlüsse nach § 264 Abs. 3 und § 264b HGB

4.32 Das HGB hält umfangreiche Möglichkeiten zur Befreiung von Kapitalgesellschaften und haftungsbeschränkten Personenhandelsgesellschaften von ihren kapitalgesellschaftlichen Jahresabschlusspflichten bereit, die mit weiter steigender Tendenz genutzt werden.[30] Dabei besteht die Befreiungsmöglichkeit für

– Kapitalgesellschaften nach § 264 Abs. 3 HGB und für

– haftungsbeschränkte Personenhandelsgesellschaften nach § 264b HGB

unter den jeweils dort genannten Tatbestandsvoraussetzungen. Die Befreiungsmöglichkeit ist ein Mitgliedstaatenwahlrecht der Bilanzrichtlinie,[31] das in Deutschland erst 1998 übernommen worden ist.[32] Die nationalen Vorschriften sind in den letzten Jahren mehrfach geändert worden, zuletzt mit dem hierbei Fragen aufwerfenden MicroBilG 2012[33] und schließlich bereinigend mit dem BilRUG 2015[34]. Im Wesentlichen drehte sich die Diskussion um Inhalt und (zeitliche) Reichweite der Einstandspflicht des Mutterunternehmens für Verpflichtungen des Tochterunternehmens;[35] diese Diskussion ist nach wie vor im Fluss.[36]

4.33 Im Hinblick auf die Tatbestandsvoraussetzungen und Rechtsfolgen gilt für Kapitalgesellschaften: Eine Kapitalgesellschaft, die

– als Tochterunternehmen

– in den Konzernabschluss eines Mutterunternehmens mit Sitz in der EU/EWR

---

30 Vgl. *Haller/Löffelmann/Schlechter*, DB 2013, 1917 sowie *Theile* in VMEBF (Hrsg.) 2016, 65 ff.
31 Art. 37, 38 der Bilanzrichtlinie (2013/34/EU); zuvor schon Art. 57 der 4. EG-Richtlinie (78/660/EWG).
32 Durch Gesetz zur Verbesserung der Wettbewerbsfähigkeit deutscher Konzerne an Kapitalmärkten und zur Erleichterung der Aufnahme von Gesellschafterdarlehen (Kapitalaufnahmeerleichterungsgesetz – KapAEG) vom 20.4.1998, BGBl. I Nr. 22 v. 23.4.1998, S. 707.
33 Gesetz zur Umsetzung der Richtlinie 2012/6/EU des Europäischen Parlaments und des Rates vom 14.3.2012 zur Änderung der Richtlinie 78/660/EWG des Rates über den Jahresabschluss von Gesellschaften bestimmter Rechtsformen hinsichtlich Kleinstbetrieben (Kleinstkapitalgesellschaften-Bilanzrechtsänderungsgesetz – MicroBilG) v. 20.12.2012, BGBl I S. 2751. Siehe hierzu nur *Oser*, DB 2012, 2647 und *Theile*, DB 2013, 469.
34 Gesetz zur Umsetzung der Richtlinie 2013/34/EU des Europäischen Parlaments und des Rates vom 26.6.2013 über den Jahresabschluss, den konsolidierten Abschluss und damit verbundene Berichte von Unternehmen bestimmter Rechtsformen und zur Änderung der Richtlinie 2006/43/EG des Europäischen Parlaments und des Rates und zur Aufhebung der Richtlinien 78/660/EWG und 83/349/EWG des Rates (Bilanzrichtlinie-Umsetzungsgesetz – BilRUG) v. 17.7.2015, BGBl I, S. 1245.
35 Hierzu ausführlich *Renner/Theile*, KoR 2015, 213 ff. m.w.N. Eine historische und europarechtliche Einordnung enthält *Theile* in VMEBF (Hrsg.) 2016, 59.
36 Vgl. *Petersen*, WPg 2018, 1216; *Oser*, DB 2019, 322; OLG Köln v. 13.7.2018 – 28 Wx 2/18.

- **einbezogen** ist und
- insoweit **sämtliche Voraussetzungen** des § 264 Abs. 3 HGB erfüllt sind (u.a. Zustimmung der Gesellschafter zur Befreiung und Einstandspflicht des Mutterunternehmens für die Verpflichtungen der Kapitalgesellschaft)

braucht folgende Vorschriften **nicht anzuwenden**:
- §§ 264–289 HGB über den Jahresabschluss und Lagebericht,
- §§ 316–324a HGB über die Prüfung und
- §§ 325–329 HGB über die Offenlegung (§ 264 Abs. 3 HGB).

Nach wie vor muss die Kapitalgesellschaft einen Jahresabschluss aufstellen, aber nur noch nach den Vorschriften für alle Kaufleute (§§ 242–256a HGB). Sie ist also nicht an strenge Gliederungsvorgaben gebunden und braucht weder Anhang noch Lagebericht aufzustellen. Wegen der notwendigen Einbeziehung in den Konzernabschluss ihres Mutterunternehmens hat sie allerdings bei einer Vollkonsolidierung eine HB II nach den Vorschriften für den Konzernabschluss aufzustellen und diese Unterlagen prüfen zu lassen. Insoweit bleibt als wesentliche Befreiungswirkung der mögliche **Verzicht auf die Offenlegung ihres Jahresabschlusses.**

Als eine der Tatbestandsvoraussetzungen ist in § 264 Abs. 3 Satz 1 Nr. 3 HGB genannt, dass der Konzernabschluss des Mutterunternehmens nach den Rechtsvorschriften des Staates, in dem das Mutterunternehmen seinen Sitz hat, und im Einklang mit der Bilanzrichtlinie 2013/34/EU aufgestellt worden ist. Das muss nicht notwendigerweise das nationale, unmittelbar auf der Bilanzrichtlinie beruhende Bilanzrecht sein. In der Begründung zum BilRUG wird klargestellt, dass auch ein **Konzernabschluss unter Anwendung der europarechtlich übernommenen IFRS** diese Anforderung erfüllt.[37] Das hat sich gegenüber dem alten Recht demnach nicht geändert.

4.34

Voraussetzung ist demnach die **Einbeziehung** der zu befreienden Kapitalgesellschaft **als Tochterunternehmen** in den IFRS-Konzernabschluss des Mutterunternehmens. Wenn insoweit eine Kapitalgesellschaft nach § 290 HGB als Tochterunternehmen zu qualifizieren ist, nicht aber nach IFRS 10 und sie deshalb in den IFRS-Konzernabschluss auch nicht einbezogen wird, kann § 264 Abs. 3 HGB keine Befreiung von den kapitalgesellschaftlichen Pflichten vermitteln.

4.35

Im umgekehrten Fall ist das aber m.E. möglich: Eine Kapitalgesellschaft, die nach § 290 HGB nicht als Tochterunternehmen qualifiziert wird, wohl aber nach IFRS 10, kann bei Einbeziehung in einen IFRS-Konzernabschluss und Erfüllung der sonstigen Voraussetzungen die Befreiungsmöglichkeiten des § 264 Abs. 3 HGB in Anspruch nehmen: Sie wird *als Tochterunternehmen* in einen IFRS-Konzernabschluss einbezogen.

---

37 Vgl. Beschlussempfehlung und Bericht des Ausschusses für Recht und Verbraucherschutz (6. Ausschuss), BT-Drucksache 18/5256 v. 17.6.2015, 80f.

Die Einbeziehung eines Tochterunternehmens im Wege der anteilsmäßigen Konsolidierung oder der Equity-Methode reicht hingegen nicht als Befreiungsvoraussetzung. Diese Einbeziehung kommt aber auch – anders als (in Ausnahmefällen) im HGB-Konzernabschluss[38] – für den IFRS-Konzernabschluss ohnehin nicht in Betracht.

4.36 Fraglich ist jedoch, ob § 264 Abs. 3 HGB für eine Kapitalgesellschaft Befreiung vermitteln kann, die Tochterunternehmen einer **Investment-Muttergesellschaft** i.S.d. IFRS 10.27 ist. Tochterunternehmen einer Investment-Muttergesellschaft dürfen in deren IFRS-Abschluss nicht vollkonsolidiert werden. Stattdessen sind die Anteile erfolgswirksam zum Fair Value zu bewerten (IFRS 10.31, hierzu Rz. 31.100 ff.).

Als Befreiungsvoraussetzung benennt § 264 Abs. 3 HGB in Übereinstimmung mit Art. 37 Abs. 5 der Bilanzrichtlinie die „Einbeziehung" des Tochterunternehmens in den Konzernabschluss des Mutterunternehmens. Unter „Einbeziehung" ist, auch und insoweit dieses Wort alleine steht, im deutschen Sprachraum ausschließlich die Vollkonsolidierung zu verstehen.[39] In strenger Auslegung nach dem Wortlaut könnte das dafür sprechen, dass eine Investment-Muttergesellschaft in ihrem IFRS-Abschluss für ihre Tochterunternehmen keine Befreiung nach § 264 Abs. 3 HGB vermitteln kann.

Zweifel sind jedoch bereits bei der Wortlautauslegung angebracht: Im englischen Originaltext der Bilanzrichtlinie heißt die Voraussetzung, das Tochterunternehmen „*is included in the consolidated financial statements*". Es könnte fraglich sein, „*included*" zwingend mit „Einbeziehung" i.S.d. Vollkonsolidierung zu übersetzen. Im Zusammenhang mit der Vollkonsolidierung von Tochterunternehmen ist in der Bilanzrichtlinie nämlich von „*consolidation*" die Rede, wohingegen es gegenüber der Abbildung von assoziierten Unternehmen heißt, sie sollten „*be included in consolidated financial statements by means of the equity method*".[40] Auch IFRS 10.31 spricht beim Vollkonsolidierungsverbot nicht von „*not included*", sondern von „*not consolidate*".

Erst recht kommen Zweifel auf, wenn zur Auslegung des § 264 Abs. 3 HGB und der zugrundeliegenden Bilanzrichtlinie der Sinn und Zweck der Vorschrift bemüht wird. Es geht um die Schaffung insbesondere einer Offenlegungserleichterung für die Tochter-Kapitalgesellschaft unter der Maßgabe, dass andere Wirtschaftssubjekte bei diesem Informationsverlust keine Nachteile erleiden. Daher ist die Befreiung verknüpft mit dem

– Zustimmungserfordernis aller Gesellschafter und
– der Einstandspflicht des Mutterunternehmens für die Schulden seines Tochterunternehmens, die z.B. durch eine Verlustübernahmeverpflichtung erfüllt werden kann.

---

38 Vgl. *Theile* in Schiffers/Theile, Bilanzrecht der GmbH, Köln 2016, Rz. 5150.
39 So auch in IDW RS HFA 7, Rz. 7a f.: Die anteilsmäßige Konsolidierung heißt dort „quotale Einbeziehung".
40 Vgl. Richtlinie 2913/34/EU, Erwägungsgrund 34.

Insbesondere die Einstandspflicht ist eine durchaus strenge Voraussetzung. Sie soll ermöglichen, den Informationsverlust über den Jahresabschluss des Tochterunternehmens mit dem Konzernabschluss des Mutterunternehmens unter „Einbeziehung" des Tochterunternehmens zu heilen. Der Abschlussadressat soll sich über die wirtschaftliche Leistungsfähigkeit des Konzerns informieren können. Dazu wäre eine Anschaffungskostenbilanzierung der Anteile an Tochterunternehmen sicherlich ungeeignet. Die im IFRS-Abschluss von Investment-Muttergesellschaften zwingende Fair Value Bilanzierung ihrer Tochterunternehmen ist vor dem Hintergrund des Geschäftsmodells von Investmentgesellschaften jedoch nachvollziehbar und kann im Vergleich zur Vollkonsolidierung insoweit als eine andere Art der Einbeziehung bezeichnet werden.

Darüber hinaus sind die Regelungen des IFRS 10 qua Übernahme in das EU-Recht als gleichwertig zu den Zielen der Bilanzrichtlinie anerkannt (siehe Rz. 3.5). Folglich können die Ziele der Bilanzrichtlinie sowohl mit ihrem materiellen Inhalt als auch mit den IFRS erreicht werden. Das gilt auch für das Konsolidierungsverbot für Investmentgesellschaften in IFRS 10. Andernfalls hätte die Regelung nicht in EU-Recht übernommen werden dürfen.

Daher vertreten wir hier die Auffassung, dass § 264 Abs. 3 HGB für eine Kapitalgesellschaft Befreiung vermitteln kann, die Tochterunternehmen einer Investment-Muttergesellschaft i.S.d. IFRS 10.27 ist.

Für die Möglichkeit der Befreiung **haftungsbeschränkter Personenhandelsgesellschaften** von ihren kapitalgesellschaftlichen Rechtspflichten gelten nach § 264b HGB im Detail andere und vor allem weniger strenge Voraussetzungen (insbesondere kein Zustimmungserfordernis aller Gesellschafter des Tochterunternehmens und keine Einstandspflicht des Mutterunternehmens, was mit der gegenüber Kapitalgesellschaften andersartigen rechtlichen Konstruktion begründet wird). Im Hinblick auf die hier in Rede stehende Anwendung der IFRS auf den Konzernabschluss gelten die Ausführungen in Rz. 4.33 ff. analog.

4.37

Muss nach **PublG** ein Konzernabschluss aufgestellt werden oder geschieht dies freiwillig, greift für die Befreiung von Tochter-Kapitalgesellschaften von ihren kapitalgesellschaftlichen Pflichten ebenfalls § 264 Abs. 3 HGB. Das gilt nur dann nicht, wenn in dem Konzernabschluss die Organbezüge nach § 314 Abs. 1 Nr. 6 HGB wegen des Wahlrechts des § 13 Abs. 3 Satz 1 PublG nicht angegeben worden sind; dann vermittelt der Konzernabschluss nach PublG keine befreiende Wirkung. Unschädlich ist dagegen die Inanspruchnahme des § 314 Abs. 3 HGB über die Nichtangabe von Bezügen.

4.38

Das nach **PublG konzernrechnungslegungspflichtige Unternehmen** kann auch einen **IFRS-Konzernabschluss** aufstellen. In diesem Fall hat es die in § 315e HGB genannten IFRS sowie handelsrechtlichen Vorschriften zu beachten. Dazu gehört u.a. auch § 314 Abs. 1 Nr. 6 HGB. Im Übrigen gelten die Ausführungen in Rz. 4.33 ff. analog.

II. Abschlussprüfung

4.39 Der Konzernabschluss und der Konzernlagebericht sind durch einen Abschlussprüfer zu prüfen (§ 316 Abs. 2 HGB). Hat keine Prüfung stattgefunden, so ist eine Billigung des Konzernabschlusses nicht möglich (§ 316 Abs. 2 Satz 2 HGB, siehe auch Rz. 4.41). Konzernabschlussprüfer können nur **Wirtschaftsprüfer** und **Wirtschaftsprüfungsgesellschaften** sein, nicht aber vereidigte Buchprüfer und Buchprüfungsgesellschaften (§ 319 Abs. 1 Satz 2 HGB).

Als **Abschlussprüfer des Konzernabschlusses** gilt, wenn kein anderer Prüfer bestellt wird, der Prüfer als bestellt, der für die Prüfung des Jahresabschlusses des Mutterunternehmens bestellt worden ist (§ 318 Abs. 2 Satz 1 HGB). Den Abschlussprüfer des Konzernabschlusses wählen grundsätzlich die Gesellschafter des Mutterunternehmens (§ 318 Abs. 1 Satz 1 Halbsatz 2 HGB).

Als **Abschlussprüfer eines IFRS-Einzelabschlusses** gilt der für die Prüfung des Jahresabschlusses – dessen Aufstellungs- und Prüfungspflicht ja nicht entfällt – bestellte Prüfer als bestellt. Die Prüfungsberichte von IFRS-Einzel- und HGB-Jahresabschluss können zusammengefasst werden (§ 324a Abs. 2 HGB).

III. Offenlegung

4.40 Die nationalen Vorschriften zur Offenlegung (§§ 325 ff. HGB) sind unabhängig davon zu beachten, ob Gegenstand der Offenlegung ein HGB oder IFRS-Konzernabschluss und -lagebericht ist.

Die Offenlegung eines IFRS-Einzelabschlusses im Bundesanzeiger befreit von der Pflicht, einen HGB-Jahresabschluss dort offen zu legen, nicht aber von der Pflicht, einen HGB-Jahresabschluss in das Unternehmensregister einzustellen (Rz. 4.28 ff.).

IV. Sonstiges Handels- und Gesellschaftsrecht, Strafrecht

4.41 Aus der Anwendung der internationalen Rechnungslegungsnormen ergeben sich ferner folgende Rechtswirkungen:

– Der Abschlussprüfer prüft die Einhaltung der „maßgeblichen Rechnungslegungsgrundsätze" (§ 322 Abs. 3 Satz 1 HGB). Meinungsverschiedenheiten zwischen Abschlussprüfer und der zu prüfenden Gesellschaft werden regelmäßig durch berufsständische Gremien entschieden; im Übrigen steht der Zivilrechtsweg offen.[41]

– Der Vorstand einer Aktiengesellschaft hat den IFRS-Abschluss (Einzel- und/oder Konzernabschluss) dem Aufsichtsrat vorzulegen (§ 170 Abs. 1 Satz 2 AktG). Der Aufsichtsrat einer Aktiengesellschaft hat am Schluss seines Berichtes an die Hauptversammlung zu erklären, ob er den vom Vorstand aufgestellten IFRS-Ab-

---

[41] Vgl. Begr. BilMoG, BT-Drs. 16/10067, 91.

schluss billigt (§ 171 Abs. 2 Satz 4 und 5 i.V.m. Abs. 4 AktG). Ein nicht gebilligter IFRS-Abschluss darf nicht offen gelegt werden (§ 171 Abs. 4 Satz 2 AktG).[42] Hat der Aufsichtsrat den Konzernabschluss nicht gebilligt, entscheidet die Hauptversammlung über die **Billigung** (§ 173 Abs. 1 Satz 2 AktG).

– Wer (als Vorstand/Geschäftsführer) einen IFRS-Einzelabschluss, in dem die Verhältnisse der Kapitalgesellschaft unrichtig wiedergegeben oder verschleiert worden sind, vorsätzlich oder leichtfertig offen legt, wird mit Freiheitsstrafe bis zu drei Jahren oder mit Geldstrafe bestraft (§ 331 Nr. 1a HGB). Dasselbe gilt analog für den Konzernabschluss (§ 331 Nr. 2 HGB).

– Grundsätzlich zu beachten sind auch die Bußgeldvorschriften des § 334 HGB, insbesondere § 334 Abs. 2 HGB und im Hinblick auf den IFRS-Konzernabschluss auch § 334 Abs. 1 Nr. 2, soweit § 315e Abs. 1 HGB auf die dort genannten Vorschriften verweist.

Kommt es zu Rechtstreitigkeiten bei der Anwendung und Auslegung materiellen IFRS-Rechts, ist die ordentliche Gerichtsbarkeit zuständig, letztlich der EuGH (Rz. 3.19 ff.). — 4.42

IFRS-Abschlüsse sind nicht maßgeblich für **Ausschüttungsentscheidungen** der Gesellschafter. Diese Funktion erfüllt nur der HGB-Jahresabschluss. — 4.43

V. Steuerrecht

Durch Zinsschrankenregelung im EStG (§ 4h EStG) nimmt ein IFRS-Abschluss Einfluss auf die Frage der Abzugsfähigkeit von Zinsaufwendungen. Damit wirken Steuergestaltungsüberlegungen auf die IFRS-Bilanzierung. Hierdurch bekommen auch IFRS-Abschlüsse eine (zumindest partielle) Steuerbemessungsfunktion.[43] — 4.44

VI. Prüfstelle für Rechnungslegung (*„enforcement"*)

Die Deutsche Prüfstelle für Rechnungslegung hat seit 2005 die Aufgabe[44], über Stichproben und anlassbezogene Prüfungen die Rechnungslegung kapitalmarktorientierter Unternehmen zu prüfen (§ 342b HGB). Die Einrichtung der Prüfstelle ist eine der politischen Maßnahmen, das Vertrauen in Unternehmensinformationen und damit generell die Funktionsfähigkeit von Kapitalmärkten zu verbessern. — 4.45

In der Praxis der Arbeit der Prüfstelle dominieren Stichprobenprüfungen von IFRS-Konzernabschlüssen. Die Prüfstelle hat 2017 insgesamt 99 Prüfungen abgeschlossen

---

42 Dies führt bei einem nicht gebilligten IFRS-*Einzel*abschluss dann *nicht* zu einer Verletzung der Offenlegungspflichten, sofern ein HGB-Jahresabschluss offen gelegt wird.
43 Vgl. ausführlich *Küting/Weber/Reuter*, BGH v. 17.1.2008 – IX ZR 172/06, DStR 2008, 1602.
44 Gründung am 14.5.2004; die zur Aufnahme der Prüftätigkeit notwendige Anerkennung durch das Justizministerium erfolgte am 30.3.2005.

und dabei eine Fehlerquote von 15 % festgestellt. Das ist im Rahmen dessen, was auch in den vergangenen Jahren nicht unüblich war. Fehler wurden allerdings nur bei Unternehmen ohne Indexzugehörigkeit und bei einem ausländischen Unternehmen festgestellt. Als Gründe für Fehler werden Umfang und Anwendungsschwierigkeiten bei der Abbildung komplexer Geschäftsvorfälle sowie unzureichende Berichterstattung im Anhang und Lagebericht genannt.[45]

Die Prüfstelle berichtet der Bundesanstalt für Finanzdienstleistungsaufsicht (§ 342b Abs. 6 HGB). Festgestellte Fehler sind nach dem Verfahren des § 109 Abs. 2 WpHG unverzüglich im Bundesanzeiger vom Unternehmen selbst bekannt zu machen.

---

45 Vgl. Deutsche Prüfstelle für Rechnungslegung, Tätigkeitsbericht 2017 v. 25.1.2018 (www.frep.info, abgerufen am 19.10.2018).

Kapitel 5
Zur Rückwirkung der IFRS auf das HGB

A. Funktionen der HGB-Rechnungslegung	5.1	II. Unmittelbare Wirkung der IFRS auf das HGB	5.9
B. EU-rechtliche Grundlage der HGB-Rechnungslegung	5.4	III. Mittelbare Wirkung der IFRS auf das HGB	5.10
C. Zur (richtlinienkonformen) Auslegung des HGB nach IFRS	5.6	IV. IFRS als richtlinienkonforme Auslegungshilfe des HGB	5.11
I. Eigene handelsrechtliche Wertungen?	5.6	V. Zusammenfassung	5.15

Literatur: *Hennrichs*, Immaterielle Vermögensgegenstände nach dem Entwurf des Bilanzrechtsmodernisierungs-gesetzes (BilMoG), DB 2008, 537; *Hennrichs*, GoB im Spannungsfeld von BilMoG und IFRS, WPg 2011, 861; *Moxter*, IFRS als Auslegungshilfe für handelsrechtliche GoB?, WPg 2009, 7; *Theile*, Bilanzrechtsmodernisierungsgesetz, 3. Aufl., Herne 2011.

A. Funktionen der HGB-Rechnungslegung

Das HGB hat sich in den letzten Jahren ein großes Stück weit auf die IFRS zubewegt. Den Abstand „kleiner" zu machen liegt in vielfältigem Interesse der Rechnungsleger, aber auch der Informationsadressaten. Betroffen davon ist nicht nur die Rechtsetzung, sondern auch die Auslegung der Normen. Diesen Themen gehen wir in diesem Kapitel systematisch nach. 5.1

Dem Jahresabschluss kommt steuerlich die Funktion zu, Ausgangsgröße zur Ermittlung der ertragsteuerlichen Bemessungsgrundlage zu sein („**Steuerbemessung**"). Gesellschaftsrechtlich ist der Jahresabschluss das Instrument zur Gewinn- und Verlustzurechnung an die Gesellschafter („**Ausschüttungsbemessung**"). In inhaltlicher Ausfüllung sollen dabei die schutzwürdigen Interessen der Gläubiger gewahrt werden (Gläubigerschutz bzw. **Kapitalerhaltung** durch Realisations- und Imparitätsprinzip, vorsichtige Bewertung). Schließlich soll ein HGB-Abschluss der **Information** dienen, wobei die Gruppe der Informationsempfänger unspezifisch ist (anders bei der kapitalmarktorientierten Rechnungslegung nach IFRS, Rz. 6.20). 5.2

Die Funktion des HGB-Konzernabschlusses schließlich ist auf die Informationsweitergabe beschränkt.

Bei der letzten großen Bilanzrechtsreform, dem BilMoG 2009[1], wurden diese traditionellen Funktionen deutscher Rechnungslegung bestätigt. Darüber hinaus sollte die **Informationsfunktion** verstärkt werden. Ziel der Bundesregierung war es insgesamt, „das bewährte HGB-Bilanzrecht zu einer dauerhaften und im Verhältnis zu 5.3

---
1 Gesetz zur Modernisierung des Bilanzrechts (Bilanzrechtsmodernisierungsgesetz – BilMoG) v. 25.5.2009 BGBl. 2009 I, 1102.

den internationalen Rechnungslegungsstandards vollwertigen, aber kostengünstigeren und einfacheren Alternative weiterzuentwickeln".[2]

B. EU-rechtliche Grundlage der HGB-Rechnungslegung

5.4 Allerdings ist es verfehlt, vom HGB als „deutscher" Rechnungslegung zu sprechen. Seit dem Bilanzrichtliniengesetz 1985 ist Bilanzrecht keine nationale Veranstaltung mehr. In den Rechnungslegungsvorschriften für Kapitalgesellschaften, haftungsbeschränkten Personenhandelsgesellschaften, Banken und Versicherungen ist der Gesetzgeber an die Vorgaben der **EU-Richtlinien** gebunden. Eine Bilanzrechtsreform kann für die genannten Rechtsformen und Branchen nur im Rahmen dessen, was die EU-Richtlinien zulassen, vollzogen werden.

5.5 Der Einfluss der EU-Richtlinien gilt freilich nicht nur für die Rechtssetzung selbst. Auch die Interpretation (**Auslegung**) des auf EU-Recht basierenden nationalen Rechts erfolgt auf allen harmonisierten Rechtsgebieten vor dem Hintergrund des EU-Rechts. Andernfalls würden auch die Harmonisierungsziele der EU verfehlt werden können.

C. Zur (richtlinienkonformen) Auslegung des HGB nach IFRS

I. Eigene handelsrechtliche Wertungen?

5.6 Im ursprünglichen Referentenentwurf zum BilMoG vom 8.11.2007 wurde in den Begründungen zu den gesetzlichen Neuerungen regelmäßig auf IFRS verwiesen. Zum Teil wurden in der Begründung seitenlang IFRS-Standards als Textbausteine verwendet. Das hat die Befürchtung geweckt, durch die Hintertür würde IFRS in das HGB eingeführt.

Von einer unmittelbaren Bezugnahme auf IFRS war dann im Regierungsentwurf BilMoG vom 21.5.2008 kaum mehr etwas zu lesen. Die expliziten Verweise auf die IFRS wurden fast vollständig gestrichen, obwohl weiterhin viele Elemente des neuen Bilanzrechts aus den IFRS bekannt waren. Das hat auch der Gesetzgeber eingeräumt: „Gegenwärtig wird insbesondere den Interessen des Mittelstandes weit besser Rechnung getragen, wenn wichtige Komponenten der IFRS – das gilt für Ansatz, Bewertung, Ausweis und Anhangangaben – nur teilweise, soweit notwendig, in die handelsrechtliche Rechnungslegung integriert werden und so deren **Informationswert** erhöht wird, als wenn die IFRS unterschiedslos und vollumfänglich zur Anwendung kommen. Mit diesem Vorgehen wird gleichzeitig verhindert, dass der Mittelstand der den IFRS immanenten Änderungsgeschwindigkeit unterworfen wird."[3]

---

2 Gesetzentwurf BilMoG, BT-Drucks. 16/10067, 1.
3 BT-Drucks. 16/10067 v. 30.7.2008, 33 f.

Mit der Tilgung expliziter Verweise auf IFRS sollte, so die Begründung[4], Eigenständigkeit ausgedrückt werden: „Die bisher bestehenden handelsrechtlichen Grundsätze ordnungsmäßiger Buchführung bleiben weiterhin gültig. Vor allem behalten das Vorsichtsprinzip, das Realisationsprinzip und das Stichtagsprinzip ihre bisherige Bedeutung." Und schließlich: „Vor dem Hintergrund der vorstehenden Ausführungen hat auch die Auslegung der handelsrechtlichen Vorschriften weiterhin im Lichte der handelsrechtlichen Grundsätze ordnungsmäßiger Buchführung zu erfolgen, letztlich also aus den eigenen handelsrechtlichen Wertungen heraus."

Die zuletzt zitierte Auffassung des Gesetzgebers ist indes zu pauschal und greift deshalb zu kurz. Sie verschweigt vor allem die Notwendigkeit der **richtlinienkonformen Auslegung** des HGB (Rz. 5.5). Es ist daher mehr als fraglich, ob das HGB ausschließlich aus „handelsrechtlichen Wertungen" heraus ausgelegt werden kann.

5.7

Die richtlinienkonforme Auslegung des HGB soll hier nicht grundsätzlich erörtert werden, sondern nur in ihrer Verbindung zu den IFRS. Tatsächlich kommt den IFRS Bedeutung zu in der Entwicklung der EU-Richtlinien, in Entscheidungen des EuGH und damit auch in der Auslegung des HGB. Es ist hier in drei Stufen zu differenzieren:[5]

5.8

II. Unmittelbare Wirkung der IFRS auf das HGB

Die Angabepflichten über Geschäfte mit **nahe stehenden Unternehmen und Personen** (§§ 285 Nr. 21, 314 Abs. 1 Nr. 13 HGB) waren bereits durch die EU-Abänderungsrichtlinie 2006[6] veranlasst. Im HGB wird der Begriff der nahe stehenden Unternehmen und Personen jedoch nicht definiert. In der Richtlinie heißt es demgegenüber wörtlich: „Der Begriff „nahe stehende Unternehmen und Personen" ist i.S.d. gemäß Verordnung (EG) Nr. 1606/2002 übernommenen internationalen Rechnungslegungsstandards zu verstehen." Dieser Passus ist in Art. 2 Nr. 3 der Bilanzrichtlinie[7], die nun die Grundlage des HGB darstellt, übernommen worden. Er fehlt leider von Anfang an im HGB; der Fehler ist auch durch das BilRUG[8] 2015 nicht geheilt worden. Insoweit handelt es sich hier um einen Fall nicht richtlinienkonformer Umsetzung. Eine Auslegung aus eigenen handelsrechtlichen Wertungen heraus ist hier schlicht nicht möglich; Abschlussaufsteller und -prüfer haben sich

5.9

---

[4] BT-Drucks. 16/10067 v. 30.7.2008, 35, alle nachfolgenden Zitate.
[5] Vgl. Theile, Bilanzrechtsmodernisierungsgesetz[3], 2011, 9 ff.
[6] Richtlinie 2006/46/EG des Europäischen Parlaments und des Rates v. 14.6.2006, ABl. Nr. L 224 v. 16.8.2006, 1.
[7] Richtlinie 2013/34/EU des Europäischen Parlaments und des Rates v. 26.6.2013, ABl. Nr. L 182 v. 29.6.2013, 19.
[8] Gesetz zur Umsetzung der Richtlinie 2013/34/EU des Europäischen Parlaments und des Rates vom 26.6.2013 über den Jahresabschluss, den konsolidierten Abschluss und damit verbundene Berichte von Unternehmen bestimmter Rechtsformen und zur Änderung der Richtlinie 2006/43/EG des Europäischen Parlaments und des Rates und zur Aufhebung der Richtlinien 78/660/EWG und 83/349/EWG des Rates (Bilanzrichtlinie-Umsetzungsgesetz – BilRUG) v. 17.7.2015, BGBl. 2015 I, 1245.

für die Abgrenzung nahe stehender Unternehmen und Personen an die IFRS zu halten, hier den IAS 24 in seiner aktuell in europäisches Recht übernommenen Fassung (Rz. 51.1).

III. Mittelbare Wirkung der IFRS auf das HGB

5.10 Ausweislich der Begründung des Rechtsausschusses[9] ist mit dem BilMoG durch Schaffung des § 290 Abs. 2 Nr. 4 zur TU-Eigenschaft von Zweckgesellschaften „eine Angleichung des § 290 HGB an den Regelungsinhalt von IAS 27 und SIC-12" vorgenommen worden, „um im weitest möglichen Umfang auch Zweckgesellschaften in den Konsolidierungskreis einzubeziehen." Eine Seite weiter werden die wesentlichen Inhalte des SIC-12 wiedergegeben. Hier liegt ein zwingender und vom Gesetzgeber gewollter mittelbarer Rückgriff auf IFRS vor, um Zweifelsfälle bei der Auslegung des § 290 Abs. 2 Nr. 4 HGB zu beseitigen. Ob das gelingt und Zweifel wirklich beseitigt werden können, steht auf einem anderen Blatt, da SIC-12 selbst auslegungsbedürftig ist. Immerhin kann und muss die Praxis auf den bisherigen Diskussionsstand um die Auslegung des SIC-12 auch für HGB-Zwecke zurückgreifen.[10] Dem steht nicht entgegen, dass SIC-12 selbst nun abgeschafft ist. Vielmehr ist zu hinterfragen, ob durch die Neuerungen des IFRS 10 nicht sogar eine bessere, eine klarere Abgrenzung und Identifikation von Zweckgesellschaften gelingt (Rz. 31.1) und sich das HGB diese Erkenntnisse zu eigen machen kann.

IV. IFRS als richtlinienkonforme Auslegungshilfe des HGB

5.11 Soweit handelsrechtliche Normen auf EU-Recht basieren, sind sie *immer* vor dem Hintergrund des EU-Rechts auszulegen. Genau dieses zwingt aber bereits zur Beachtung der IFRS, wie folgende Auszüge aus der **Fair Value-Richtlinie** vom 27.9.2001 belegen:[11]

„(8) In der Kommissionsmitteilung „Harmonisierung auf dem Gebiet der Rechnungslegung: Eine neue Strategie im Hinblick auf die internationale Harmonisierung" wurde die Europäische Union aufgefordert, dafür Sorge zu tragen, dass die Kohärenz zwischen den Richtlinien der Gemeinschaft im Bereich der Rechnungslegung einerseits und den Entwicklungen bei der Festlegung internationaler Rechnungslegungsstandards, insbesondere im Rahmen des „International Accounting Standards Committee" (IASC), gewahrt bleibt.

„(9) Um diese Kohärenz zwischen international anerkannten Rechnungslegungsstandards und den Richtlinien 78/660/EWG, 83/349/EWG und 86/635/EWG zu wahren, müssen diese Richtlinien dahingehend geändert werden, dass sie die Bewertung bestimmter Finanzaktiva und -passiva auf der Grundlage des beizulegenden Zeitwerts zulassen. Dadurch werden europäische Gesellschaften ihre Abschlüsse in Übereinstimmung mit derzeitigen Entwicklungen auf internationaler Ebene aufstellen können."

---

9 BT-Drucks. 16/12407, 178.
10 So auch *Hennrichs*, WPg 2011, 861 (868).
11 Richtlinie 2001/65/EG, Erwägungsgründe (8) und (9).

Dieser Diktion folgt auch die **Modernisierungsrichtlinie** v. 18.6.2003,[12] Erwägungsgrund 8:

„(8) Sowohl für die Übernahme der IAS als auch für die Anwendung der Richtlinien 78/660/EWG und 83/349/EWG ist es wünschenswert, dass diese Richtlinien die Entwicklung der internationalen Rechnungslegung widerspiegeln. In dieser Hinsicht wurde die Europäische Union in der Mitteilung der Kommission „Harmonisierung auf dem Gebiet der Rechnungslegung: Eine neue Strategie im Hinblick auf die internationale Harmonisierung" aufgefordert, darauf hinzuwirken, dass die Rechnungslegungs-Richtlinien der Gemeinschaft mit den Entwicklungen bei der Festlegung von internationalen Rechnungslegungsstandards, insbesondere im Rahmen des „International Accounting Standards Committee" (IASC), vereinbar bleiben."

Schließlich hat der EuGH im **BIAO-Urteil** vom 7.1.2003[13] explizit die Auslegung nationalen Rechts vor dem Hintergrund der 4. EG-Richtlinie bestätigt (dort Rz. 98, 122). Darüber hinaus hat der EuGH die Berücksichtigung der IFRS in ihrer damals gültigen Fassung bei der Auslegung der nationalen Normen für das Streitjahr 1989 (!) als zulässig und damit als in Übereinstimmung mit der *damals gültigen Fassung* der 4. EG-Richtlinie stehend angesehen (dort Rz. 80 f., 107, 122). In der Zwischenzeit ist die 4. EG-Richtlinie durch die Fair Value-Richtlinie und die Modernisierungsrichtlinie geändert und schließlich in der Bilanzrichtlinie aufgegangen, ohne eine Abkehr von dem eingeschlagenen Weg zu vollziehen. Damit ist nun die Beachtung der IFRS für handelsrechtliche Auslegungszwecke, wie die beiden Zitate aus den Richtlinien zeigen (Rz. 5.11), nicht mehr nur zulässig, sondern genau dann zwingend, wenn daraus kein Konflikt mit handelsrechtlichen Zielen entstehen kann. 5.12

Den handelsrechtlichen Zielen **Kapitalerhaltung** (Steuer- und Ausschüttungsbemessung) und Information steht für den IFRS-Abschluss nur das Ziel der **Information** gegenüber. Die Verwendung der IFRS als richtlinienkonforme Auslegungshilfe für eine HGB-Norm ist u.E. nur insoweit zulässig und dann geboten, als das Ziel der Kapitalerhaltung nicht beeinträchtigt wird. Hier gibt es problematische, vielfach aber auch sehr unproblematische Fälle: 5.13

Beispiel:
- Das HGB enthält keine Aussagen über die **Ertragserfassung bei Mehrkomponentengeschäften**, mithin für die zentrale Frage der Auslegung des Realisationsprinzips: Handelt es sich bei dem Erwerb eines Kfz zusammen mit einer ggf. marktüblichen zusätzlichen Garantie um *einen* Vorgang (= Ertragserfassung zum Zeitpunkt der Auslieferung des Kfz, herkömmliche HGB-Sichtweise) oder nicht eher um *zwei Gegenstände* (Kfz und Garantieleistung), deren Ertragserfassung daher zu trennen ist? Ein Rückgriff auf IFRS-Normen (= grundsätzlich zwei Gegenstände) ist u.E. dann zulässig – evtl. geboten –, soweit die Ertragserfassung dadurch später erfolgt: Das Ziel der Kapitalerhaltung wird sogar besser erfüllt als in herkömmlicher Sichtweise.
- Ein eher unproblematischer Fall ist die Auslegung unbestimmter Rechtsbegriffe, etwa den des **aktiven Marktes** (§ 255 Abs. 4 Satz 2 HGB). Der Begriff wird in den IFRS häufig ver-

---

12 Richtlinie 2003/51/EG.
13 Rs. C-306/99, FR 2003, 561 = DStR 2003, 67.

wendet und hat nun Eingang in das HGB gefunden. Auffällig ist allerdings, dass die der HGB-Norm zugrunde liegende Fair Value-Richtlinie[14] selbst nicht vom aktiven Markt spricht, sondern vom „verlässlichen Markt".

Nach Auffassung der Bundesregierung[15] kann der Marktpreis „als an einem aktiven Markt ermittelt angesehen werden, wenn er an einer Börse, von einem Händler, von einem Broker, von einer Branchengruppe, von einem Preisberechnungsservice oder von einer Aufsichtsbehörde leicht und regelmäßig erhältlich ist und auf aktuellen und regelmäßig auftretenden Markttransaktionen zwischen unabhängigen Dritten beruht. Das Vorhandensein öffentlich notierter Marktpreise ist der bestmögliche objektive Hinweis für den beizulegenden Zeitwert. Maßgebend ist der notierte Marktpreis, so dass Paketzu- oder -abschläge nicht vorgenommen werden dürfen."

Indes: Es fällt schwer, hier eine „eigenständige" handelsrechtliche Wertung zu erkennen. Die Bundesregierung hat sich nämlich beinahe wörtlich aus IAS 39.A71 (in der Zwischenzeit ersetzt durch IFRS 9 bzw. IFRS 13) bedient, leider ohne dies kenntlich zu machen. Wegen dieser Bezugnahme ist es u.E. geboten, für Auslegungszwecke des Begriffs „aktiver Markt" die IFRS heranzuziehen, hier den einschlägigen IFRS 13 mit vielen wertvollen Hinweisen (Rz. 8.26 ff.).

5.14 Gegen die Verwendung der IFRS als Auslegungshilfe des HGB hat *Moxter* kritisch eingewandt: „Ein in seinen Normen unbestimmt bleibendes Regelungswerk kann schwerlich einem ähnlich unbestimmt bleibenden anderen Regelungswerk zur Bestimmtheit verhelfen."[16] Zutreffend ist: Trotz ihrer rund 1.200 Seiten Standardtext und weiteren rund 3.000 Seiten Begründung und Anwendungshilfen sind die IFRS oft unbestimmt. Eine gewisse Unbestimmtheit ist unabhängig vom Seitenumfang einem **prinzipienorientierten Regelwerk** jedoch immanent, wie wir auch am HGB erkennen. Und dennoch:

– Insoweit der nationale oder europäische Gesetzgeber unmittelbar auf IFRS verweist (Rz. 5.9), wirken die IFRS auch für den HGB-Abschluss. Dann stellen sie – soweit europarechtlich übernommen (Rz. 3.5) – für den HGB-Abschluss auch eine **Rechtsquelle** dar.[17]

– Auch eine **mittelbare Wirkung** können IFRS entfalten (Rz. 5.10): Hier verweist der nationale Gesetzgeber in seinen Gesetzesbegründungen auf die IFRS. Die Bezugnahme ist daher ausdrücklich gesetzgeberisch gewollt.

– Für die Auslegung gilt (Rz. 5.11 f.): Soweit bei einer auslegungsbedürftigen nationalen Norm erkennbar Anleihen an IFRS in Übereinstimmung mit den EU-Richtlinien genommen worden sind, gebietet die richtlinienkonforme Auslegung auch die Verwendung der IFRS als **Auslegungshilfe**, soweit hierdurch die Ziele der HGB-Rechnungslegung nicht verletzt werden. Mit anderen Worten: IFRS sind dann kraft ihrer Argumente heranzuziehen, wenn und soweit die von ihnen angebotenen Lösungen auch im nationalen Kontext überzeugen,[18] mithin vor dem Hintergrund der Ziele der HGB-Rechnungslegung.

---

14 Richtlinie 2001/65/EG v. 27.9.2001.
15 BT-Drucks. 16/10067 v. 30.7.2008, 61.
16 *Moxter*, WPg 2009, 7 (9).
17 A.A. *Hennrichs*, WPg 2011, 861 (867).
18 So *Hennrichs*, DB 2008, 537 (538) m.w.N.

V. Zusammenfassung

Damit muss für die Auslegung des HGB das Rad nicht neu erfunden werden. Bei Begriffen wie den des aktiven Marktes, bei der Abgrenzung von Forschung und Entwicklung, bei der Beurteilung der Werthaltigkeit bisheriger Entwicklungsausgaben und vielem mehr wird man sich die mittlerweile einigermaßen gesicherten Erkenntnisse der IFRS zunutze machen (müssen). Wir sehen in einem solchen Aufeinanderzubewegen der Rechnungslegungssysteme eher Vor- als Nachteile. Aus rechtlicher und praktischer Sicht kommt das dann auch in der Verwendung der Begriffe und Begriffsinhalte zum Ausdruck. Das vereinfacht Kommunikation und Verständnis, führt zu mehr Effizienz in der Rechnungslegung.

Teil 2
Rahmenkonzept und Rechnungslegungsmethoden für den IFRS-Abschluss

Kapitel 6
Abschlussgrundsätze (Conceptual Framework, IAS 1)

A. Überblick und Wegweiser 6.1	2. Nachprüfbarkeit 6.43
I. Management Zusammenfassung .. 6.1	3. Zeitnähe 6.44
II. Standards und Anwendungsbereich 6.3	4. Verständlichkeit 6.45
1. Conceptual Framework.......... 6.3	V. Einschränkungen der qualitativen Anforderungen 6.46
2. IAS 1 .... 6.7	D. Basisannahmen im IFRS-Abschluss 6.50
III. Wesentliche Abweichungen zum HGB 6.8	I. Unternehmensfortführung 6.50
IV. Neuere Entwicklungen 6.10	II. Periodengerechte Aufwands- und Ertragszuordnung 6.52
B. Ziel der Finanzberichterstattung: Vermittlung entscheidungsnützlicher Informationen 6.20	E. Berichterstattendes Unternehmen, Einzel- und Konzernabschluss 6.60
I. Entscheidungsnützliche Informationen für primäre Adressaten 6.20	F. Berichtsinstrumente im IFRS-Abschluss 6.62
II. Informationsmittel 6.23	G. Vollständige Anwendung der IFRS 6.64
III. Würdigung 6.24	I. Vollständige Anwendung der Standards und Interpretationen 6.64
C. Qualitative Merkmale nützlicher Finanzinformationen 6.27	II. Branchenspezifische Besonderheiten 6.65
I. Bedeutung 6.27	III. IFRS für kleine und mittlere Unternehmen 6.70
II. Relevanz und Wesentlichkeit 6.28	IV. Interaktion von Standards und Conceptual Framework 6.73
1. Relevanz 6.28	H. Exkurs: Lagebericht 6.75
2. Wesentlichkeit 6.29	
III. Glaubwürdige Darstellung 6.35	
IV. Sonstige qualitative Anforderungen 6.41	
1. Vergleichbarkeit und Stetigkeit ... 6.41	

Literatur: *Beiersdorf/Davis,* IASB-Standard for Small and Medium-sized Entities: keine unmittelbare Rechtswirkung in Europa, BB 2006, 987; *Beyersdorff,* Wesentlichkeit (Materiality) in IFRS-Abschlüssen, WPg 2018, 755; *Bogajewskaja/Jehle,* Vergleichbarkeit der Finanzberichterstattung kapitalmarktorientierter Konzerne in der EU, PiR 2018, 353; *Bruns u.a. (Hrsg.),* IFRS for SMEs – Kommentar zur Rechnungslegung nach IFRS für nicht kapitalmarktorientierte Unternehmen, Stuttgart 2010; *Busch/Boecker,* ED/2015/3: Conceptual Framework for Financial Reporting – ein erster Überblick zur vorgeschlagenen Neufassung,

IRZ 2015, 270; *Erb/Pelger*, Potenzielle Praxisimplikationen des Entwurfs zum künftigen IFRS-Rahmenkonzept, IRZ 2015, 337; *Erb/Pelger*, Welche Vorstellungen hat der IASB vom neuen Rahmenkonzept?, WPg 2015, 1058; *Erb/Pelger*, Das neue Rahmenkonzept des IASB, WPg 2018, 872; *Fink/Kajüter*, Das IFRS Practice Statement „Management Commentary", KoR 2011, 177; *Fischer*, Neufassung des Wesentlichkeitsbegriffs und Anwendungshinweise, PiR 2017, 323; *Fischer*, Neufassung des IASB- Rahmenkonzepts, PiR 2018, 155; *Hennrichs*, GoB im Spannungsfeld von BilMoG und IFRS, WPg 2011, 861; *Höbener/Dust/Gimpel-Henning*, Die Bilanzierung sukzessiver Unternehmenserwerbe im Lichte des Conceptual Framework-Projekts – Erfolgswirkungen aus der Neubewertung der Altanteile, PiR 2016, 337; *Kajüter/Bachert/Blaesing*, Ergänzung des IFRS-Abschlusses um einen Managementbericht, KoR 2010, 183; *Kieso/Weygandt/Warfield*, Intermediate Accounting, 10. Aufl., New York 2001; *Kirsch/School/Kraft*, Das Discussion Paper zum Conceptual Framework des IASB – Ein Überblick über Inhalte und Neuerungen, WPg 2014, 301; *Kirsch*, Der Exposure Draft zum Conceptual Framework (ED/2015/3) – Mögliche Implikationen für die künftige IFRS-Rechnungslegung, PiR 2015, 233; *Kirsch*, IFRS-Rechnungslegung für kleine und mittlere Unternehmen, 3. Aufl., Herne 2015; *Kirsch*, Die Zukunft der Zeitwertbewertungsmodelle zur Vermögensbewertung in der IFRS-Rechnungslegung vor dem Hintergrund der Vorschläge zum Conceptual Framework – Teil 1: Aktuelle Zeitwertbewertungsmodelle und Vorschläge des ED/2015/3, IRZ 2016, 125; *Kirsch*, Die Zukunft der Zeitwertbewertungsmodelle zur Vermögensbewertung in der IFRS-Rechnungslegung vor dem Hintergrund der Vorschläge zum Conceptual Framework – Teil 2: Bewertung ausgewählter Vermögenswerte, IRZ 2016, 183; *Leffson*, Die Grundsätze ordnungsmäßiger Buchführung, 7. Aufl., Düsseldorf 1987; *Link*, Anwendung von Wesentlichkeit in der Finanzberichterstattung – Möglichkeiten und Fallstricke vor dem Hintergrund des IFRS Practice Statement 2, BB 2018, 174; *Melcher/Murer*, Das IFRS Practice Statement „Management Commentary" im Vergleich zu den DRS Verlautbarungen zur Lageberichterstattung, DB 2011, 430; *Moxter*, Grundsätze ordnungsmäßiger Rechungslegung, Düsseldorf 2003; *Moxter*, Bilanzrechtsprechung, 6. Aufl., Tübingen 2007; *Pelger*, Rechnungslegungszweck und qualitative Anforderungen im Conceptual Framework for Financial Reporting, WPg 2011, 908; *Pellens u.a.*, Die Zukunft der Unternehmensberichterstattung in Börsig/Wagenhofer (Hrsg.), IFRS in Rechnungswesen und Controlling, Stuttgart 2006, 23; *Schmidt/Blecher*, Das Diskussionspapier des IASB zur Überarbeitung des Conceptual Framework – eine systematische Auswertung der Comment Letters, KoR 2015, 252; *Strobl*, Matching Principle und deutsches Bilanzrecht, in Ballwieser u.a. (Hrsg.), Bilanzrecht und Kapitalmarkt, Festschrift Moxter, Düsseldorf 1994, S. 407; *Theile*, Immaterielle Vermögensgegenstände nach RegE BilMoG – Akzentverschiebung beim Begriff des Vermögensgegenstands?, WPg 2008, 1064; *Theile*, Das neue Conceptual Framework – was für IFRS-Anwender wichtig ist, BBK 2018, 589; *Theile*, Zur neuen Wesentlichkeit im IFRS-Abschluss, BBK 2019, 41; *Theile/Goy*, Entwurf ED/2015/3: Conceptual Framework for Financial Reporting, BBK 2015, 617; *Theile/Salewski*, Das neue Diskussionspapier (DP/2013/1) zur Überarbeitung des IFRS-Rahmenkonzepts, BBK 2013, 1033. Zülch/Güth/Stamm, Einzelabschluss nach dem IFRS for SMEs und bilanzielle Ausschüttungsbemessung in Deutschland, WPg 2011, 709.

A. Überblick und Wegweiser

I. Management Zusammenfassung

6.1 In den IFRS finden sich sowohl prinzipienbasierte Elemente als auch deutliche Detailregelungen. Die IFRS Foundation und der IASB streben allerdings ein eher prinzipienbasiertes Rechnungslegungssystem an.[1] Ob das erreicht ist oder erreicht werden kann, sei dahingestellt. Jedenfalls sind einige wichtige Grundprinzipien der IFRS-Rechnungslegung und Berichterstattung im Conceptual Framework und im Standard IAS 1, manche auch in IAS 8 und IAS 10 genannt.

Im Interesse des IFRS-Anwenders, der sich schnell mit den **Prinzipien** und den **Grundelementen des IFRS-Abschlusses** vertraut machen muss, erläutern wir diese zunächst in diesem Teil des Buches. Die Aussagen sind sowohl für die Aufstellung des Einzelabschlusses einschließlich der sog. Handelsbilanz II als auch für den eigentlichen Konzernabschluss einschlägig.

Ziel der IFRS-Finanzberichterstattung ist die Vermittlung **entscheidungsnützlicher Informationen** für tatsächliche und potenzielle Investoren, Kreditgeber und sonstige Gläubiger. Sie sollen in die Lage versetzt werden, anhand der Informationen selbst insbesondere eine Einschätzung über die künftigen Zahlungsflüsse des Unternehmens gewinnen zu können. Nach der vor allem im Conceptual Framework und zum Teil in IAS 1 verschriftlichen Auffassung des IASB dienen dazu die Beachtung der qualitativen Anforderungen der Relevanz und der glaubwürdigen Darstellung, ergänzt um die Grundsätze der Vergleichbarkeit, Nachvollziehbarkeit, Zeitnähe und Verständlichkeit. 6.2

Darüber hinaus benennt IAS 1 zahlreiche Grundsätze als unverzichtbar für die IFRS-Rechnungslegung, die als GoB aus dem HGB bekannt sind. Dazu gehören etwa die Unternehmensfortführungsannahme, das Periodisierungsprinzip und das Saldierungsverbot. Besondere Bedeutung kommt als Bestandteil der Relevanz auch dem **Wesentlichkeitsgrundsatz** zu.

IAS 1 enthält auch die Gliederungsvorgaben für Bilanz, GuV, Gesamtergebnisrechnung, Eigenkapitalspiegel und Anhang. Diese Elemente erläutern wir ab Kapitel 42.

II. Standards und Anwendungsbereich

1. Conceptual Framework

Im März 2018 hat das IASB ein neues „**Conceptual Framework for Financial Reporting**" veröffentlicht (hier abgekürzt als CF). In diesem Zusammenhang sind auch einige Verweise in manchen Standards auf das CF angepasst worden, die von Abschlussaufstellern ab 2020 beachtet werden sollen (Rz. 6.73). Das CF beschreibt die wesentlichen Rechnungslegungsgrundsätze und dient dem IASB selbst als **Referenzrahmen zur Entwicklung neuer Standards**. Es stellt allerdings keinen Standard dar und geht auch in seinen Aussagen keinem Standard vor. 6.3

Schon seit 1989 gab es das ursprüngliche „Rahmenkonzept für die Aufstellung und Darstellung von Abschlüssen" (kurz: Rahmenkonzept oder Framework) des IASC, das bei der Reorganisation in 2001 vom IASB unverändert übernommen worden ist. Bereits seit 2004 arbeitete das IASB in enger Abstimmung mit dem FASB an ei-

---

[1] Vgl. IFRS Foundation Constitution, 2016, Rz. 2a.

ner Neufassung des Rahmenkonzepts[2] und hat im September 2010 mit einem CF 2010 ein Zwischenergebnis vorgelegt. Es enthielt als neue Themen

- „The objective of general purpose financial reporting", Kapitel 1
- „Qualitative characteristics of useful financial information", Kapitel 3.

Bisherige Teile des alten Rahmenkonzepts 1989, die von den beiden Kapiteln nicht berührt wurden, sind als Kapitel 4 in das CF 2010 vorläufig übernommen worden.

Nunmehr ist auch das Geschichte. Nach einem *Discussion Paper* aus 2013[3] und dem *Exposure Draft* aus 2015[4] ersetzt das neue CF, das nicht mehr gemeinsam mit dem FASB entwickelt worden ist, den Zwischenschritt aus dem Jahr 2010.

6.4 Für den **Abschlussaufsteller** hat das CF zwei Funktionen:

- **Auslegungsfunktion:** Die Standards sind vor dem Hintergrund des CF auszulegen. Dies ergibt sich aus der Präambel vor jedem Standard.
- **Lückenfüllungsfunktion:** Gibt es im Regelungswerk Lücken im Hinblick auf die Abbildung von bestimmten Sachverhalten, ist der Abschlussaufsteller gehalten, diese unter Beachtung vergleichbarer Standards und Interpretationen und auch des CF zu schließen (IAS 8.11 f.). Auch Wahlrechte in den Standards sollen unter Würdigung des CF bestimmt werden (CF.SP1.1).

Darüber hinaus soll das CF den IASB selbst bei der Entwicklung von Standards auf der Basis konsistenter Konzepte unterstützen. Schließlich soll es jedermann dienen, die Standards besser zu verstehen.

6.5 Wie schon das alte Rahmenkonzept stellt auch das neue CF **keinen Standard** dar und geht auch keinem Standard vor (CF.SP1.2). Es unterliegt damit nicht dem Übernahmeprozess in das EU-Recht; das CF ist nicht Bestandteil der (EU-)IFRS (Rz. 3.6). Doch das ist zweischneidig: Das CF enthält auch die Definitionsmerkmale von Abschlussposten (Vermögen, Schulden, Eigenkapital, Aufwand, Ertrag). In vielen Standards wird auf die zum Teil abweichenden Merkmale des CF 2018 und des CF 2010 und selbst immer noch auf das alte Rahmenkonzept aus 1989 verwiesen (Rz. 6.73). Insoweit erhält das CF damit quasi Standardrang.

Nicht zuletzt deshalb hatte die EU-Kommission das alte Rahmenkonzept aus 1989 in alle Amtssprachen übersetzt und forderte vom Anwender seine Beachtung.[5] Es

---

2 Vertiefend *Wiedmann/Schwedler*, Die Rahmenkonzepte von IASB und FASB: Konzeption, Vergleich und Entwicklungstendenzen, in FS Baetge, 2007, 679–716.
3 Vgl. *Theile/Salewski*, BBK 2013, 1033.
4 Vgl. *Theile/Goy*, BBK 2015, 617.
5 Vgl. Kommission der Europäischen Gemeinschaften, Kommentare zu bestimmten Artikeln der Verordnung (EG) Nr. 1606/2002 des Europäischen Parlaments und des Rates v. 19.7.2002 betreffend die Anwendung internationaler Rechnungslegungsstandards und zur Vierten Richtlinie 78/660/EWG des Rates v. 25.7.1978 sowie zur Siebenten Richtlinie 83/349/EWG des Rates v. 13.6.1983 über die Rechnungslegung, Brüssel 2003, Nr. 2.1.5 sowie das dort im Anhang wiedergegebene Rahmenkonzept.

wird sich zeigen, ob die EU-Kommission auch für das neue CF entsprechend initiativ wird.

Das CF beginnt mit einer kurzen Einleitung und endet mit einem kurzen Anhang der Begriffsdefinitionen. Der Hauptteil ist in acht Kapitel gegliedert (hier mit Angabe auf die Rz. in diesem Buch): 6.6

Allgemeine Finanzberichterstattung	Rz.
1. Zielsetzung der Finanzberichterstattung	6.20
2. Qualitative Merkmale nützlicher Finanzinformationen	6.27
Speziell: Jahres- und Konzernabschlüsse	
3. Der Abschluss und das berichtende Unternehmen	6.60 ff.
4. Die Elemente (Inhalte) des Abschlusses	7.20
5. Ansatz und Ausbuchung	7.21 ff.
6. Bewertung	8.1 ff.
7. Darstellung und Ausweis	42.1 ff.
8. Konzepte der Kapitalerhaltung	–

Kapitel 1 und 2 waren (als Kapitel 1 und 3) schon im Zwischenschritt des CF 2010 enthalten und sind nun überarbeitet und erweitert worden. Kapitel 8 stammt unverändert aus dem ursprünglichen Rahmenkonzept aus 1989. Kapitel 3 bis 7 sind zum Teil neu, zum Teil auch überarbeitet entnommen aus dem Rahmenkonzept 1989.

Die ersten beiden Kapitel des CF widmen sich der **allgemeinen Finanzberichterstattung**. Es ist gewissermaßen die Klammer über sämtliche Arten der Finanzberichterstattung. Davon sind Jahres- und Konzernabschlüsse ein bestimmter Teilbereich, dem sich die Kapitel drei bis acht des CF widmen. Ein anderer Teil der Finanzberichterstattung könnte der Lagebericht oder auch ad-hoc-Mitteilungen sein. Das IASB hat zur Lageberichterstattung bislang nur einen Management Commentary veröffentlicht (siehe hierzu Rz. 6.76).

2. IAS 1

IAS 1 „Darstellung des Abschlusses" enthält Bilanzierungsgrundsätze und Gliederungsvorgaben für Bilanz, GuV, Gesamtergebnisrechnung, Eigenkapitalspiegel und Anhang (siehe hierzu Kap. 42 ff.). Der Standard wurde mit Wirkung ab 1.1.2009 grundlegend überarbeitet und ist seither punktuell geändert worden, zuletzt im Hinblick auf die Definition der Wesentlichkeit im Oktober 2018 (siehe Rz. 6.31) 6.7

IAS 1 ist auf alle Einzel- und Konzernabschlüsse nach IFRS anzuwenden.

III. Wesentliche Abweichungen zum HGB

6.8 Bemüht man einen Vergleich des Conceptual Frameworks zum HGB, so könnte man es nach deutscher Diktion als schriftlich niedergelegte **Grundsätze ordnungsmäßiger Bilanzierung** bezeichnen. Im HGB finden sich manche Grundsätze kodifiziert (insbesondere in § 252 HGB), andere jedoch, wie etwa die Grundsätze der Wesentlichkeit oder Willkürfreiheit, sind hingegen Bestandteile nationalen bzw. EU-rechtlichen GoB-Verständnisses.

6.9 Das gilt vor allem für die Definitionen der Abschlussposten. Zwar enthält § 246 Abs. 1 HGB den Vollständigkeitsgrundsatz, aber nirgendwo im Gesetz ist definiert, was Vermögensgegenstände, Schulden, Aufwendungen und Erträge sind. Ein nationaler Gesetzgeber kann sich das erlauben und auf Rechtsfortbildung via Rechtsprechung vertrauen. Ein Standardsetter wie der IASB mit „internationalem Sendungsbewusstsein" kann aber auf entsprechende Definitionen nicht verzichten.

IV. Neuere Entwicklungen

6.10 Nach der Veröffentlichung des CF 2018 sind unmittelbare Änderungen hieran nicht geplant. Allerdings bestehen Abweichungen in den Definitionsmerkmalen und Ansatzkriterien von Vermögenswerten und Schulden zwischen dem Rahmenkonzept 1989 und CF 2018, die im weiteren Zeitablauf vom IASB analysiert werden. Manche Standards – z.B. IFRS 3 – referenzieren noch auf das Rahmenkonzept 1989. Auf Basis der Ergebnisse der Analysen sollen dann ggf. Anpassungen an IFRS 3 erfolgen (IFRS 3.BC114A, B), wobei m.E. auch Anpassungen am CF nicht auszuschließen sind (Rz. 6.74).

Ohnehin hat sich das IASB selbst eine Art Generalvollmacht erteilt zur künftigen Änderung des CF auf Basis seiner mit ihm gemachten Arbeitserfahrungen (CF.SP1.4): Für das IASB soll das CF die Basis darstellen zur Neu- und Weiterentwicklung der Standards. Gibt es dabei Inkonsistenzen zum CF, kann letzteres geändert werden. Die Grundsätze im CF sind insoweit nicht in Stein gemeißelt.

6.11 Änderungen an IAS 1 werden auf Basis der „Disclosure Initiative" erwartet, siehe hierzu Rz. 42.7.

6.12–6.19 frei

B. Ziel der Finanzberichterstattung: Vermittlung entscheidungsnützlicher Informationen

I. Entscheidungsnützliche Informationen für primäre Adressaten

6.20 Nach Auffassung des IASB liegt das Ziel jedweder Finanzberichterstattung in der Vermittlung entscheidungsnützlicher Informationen für potenzielle und tatsächliche Investoren (Kapitalgeber):

„The objective of general purpose financial reporting is to provide financial information about the reporting entity that is useful to existing and potential investors, lenders and other creditors in making decisions relating to providing resources to the entity. Those decisions involve decisions about:

(a) buying, selling or holding equity and debt instruments;

(b) providing or settling loans and other forms of credit; or

(c) exercising rights to vote on, or otherwise influence, management's actions that affect the use of the entity's economic resources." (CF 1.2).

Der IASB fokussiert damit auf die Informationsbedürfnisse der potenziellen und tatsächlichen Kapital- und Kreditgeber, die es als „primary user" der Finanzberichterstattung bezeichnet. Diese **primären Adressaten** benötigen die Informationen zur Vorbereitung von Kauf-, Verkaufs- oder Halteentscheidungen und Kreditvergabeentscheidungen; mit dem CF 2018 neu hinzugetreten sind nun Entscheidungen über die Ausübung von Stimmrechten oder zur anderweitigen Beeinflussung von Handlungen der Unternehmensleitung.

Beispiele:
— Eine Fondsgesellschaft (potenzieller Investor) prüft Alternativanlagen in börsennotierten Aktiengesellschaften.
— Eine Bank (potenzieller Kreditgeber) prüft die Bonität einer kreditanfragenden Gesellschaft.
— Ein Lieferant (bestehender Gläubiger) beobachtet schleppende Zahlungseingänge eines Kunden und erwägt deshalb die Beendigung der Geschäftsbeziehung.

Die gemeinsame Klammer über die vom IASB identifizierte primäre Adressatengruppe sind die tatsächlichen oder potenziellen **Renditeerwartungen** oder **Vermögensansprüche** gegenüber den rechnungslegenden Unternehmen.[6]

— Gesellschafter (Investoren in Eigenkapitaltiteln) erhoffen sich Dividenden oder durch Steigerung des Unternehmenswertes ausgelöste Kurssteigerungen ihrer Anteile,[7]

6.21

---

[6] Es reicht für die gemeinsame Klammer aus, dass der Vermögensanspruch abstrakt besteht (z.B. Liquidationserlös des Gesellschafters); ein Gesellschafter hat hingegen keinen Anspruch gegenüber der Gesellschaft auf Rückzahlung seiner Einlage.

[7] Der IASB benennt hier nur Dividenden und Kurssteigerungen (CF.1.3), stellt aber keine Verbindung her zur Steigerung des Unternehmenswertes. Sollen die Kurssteigerungen mit der Tätigkeit des Unternehmens verbunden werden, ist als Grund für eine Kurssteigerung die Erwartung von Unternehmenswertsteigerungen plausibel. Abschlussinformationen können dann für die Einschätzung helfen, ob Unternehmenswertsteigerungen eingetreten oder zu erwarten sind. Demgegenüber ist die vom IASB benannte Motivation der Investoren auf Kurssteigerungen *ohne* eine Verknüpfung mit dem Unternehmen für den Zweck der Informationsvermittlung zu kurz gegriffen, da Kurssteigerungen auch andere, nicht mit dem Unternehmen in Verbindung zu bringende Ursachen haben können.

– Investoren in Fremdkapitaltiteln (Anleihen), Kreditgeber und andere Gläubiger erwarten feste oder variable Zahlungs- oder andere Rückflüsse aus ihrem Engagement. Für Investoren in Anleihen kommt auch die Erwartung von Kurssteigerungen in Betracht, etwa ausgelöst durch eine verbesserte Bonität des Anleiheemittenten.

Im Ergebnis geht es also um die (finanziellen) Rückflüsse, die primäre Adressaten im Falle eines Engagements zu erwarten haben. Diese hängen wiederum von **Höhe, Zeitpunkt und Sicherheit der Nettozahlungsströme** des Unternehmens mit seiner Umwelt und von den Handlungen des Managements ab. Simpel formuliert benötigt ein (potentieller) Kreditgeber eine Antwort auf die Frage: Verfügt das Unternehmen zu einem künftigen Zeitpunkt x über genügend Zahlungsmittel, um den Kredit zurückzuzahlen? Die Finanzberichterstattung soll nach Auffassung des IASB den primären Adressaten helfen, eine Antwort auf diese Frage zu erhalten, das Ergebnis gleichsam abzuschätzen.

6.22 In negativer Abgrenzung ist es allerdings nicht das Ziel der Finanzberichterstattung, den Unternehmenswert dazustellen, wenngleich die Informationen helfen können, einen solchen zu ermitteln (CF.1.7). Darüber hinaus mag es auch andere Nutzer der Finanzberichterstattung geben. Für diese ist die Finanzberichterstattung aber nicht konzipiert (CF.1.10).

II. Informationsmittel

6.23 Als Mittel der Informationsversorgung dienen die herkömmlichen und bekannten Abschlussbestandteile (Rz. 6.62). Berichtet werden soll über die wirtschaftliche **Lage** (CF.1.13 f.) und deren **Veränderung** (CF.1.15 f.) vor dem Hintergrund der **Rechenschaftslegung** des Managements. Trotz allen Zukunftsbezugs – Ziel ist schließlich, Abschlussadressaten in die Lage zu versetzen, künftige Cashflows zu schätzen – ist nach wie vor die Veröffentlichung von Plan-Berichtsinstrumenten nicht vorgesehen.

In IAS 1.9 ist bei der Zielsetzung des Abschlusses allerdings noch von einem breiten Adressatenspektrum die Rede und noch nicht von dem Fokus auf die primären Adressaten: „Die Zielsetzung eines Abschlusses ist es, Informationen über die **Vermögens-, Finanz- und Ertragslage** und die **Cashflows** eines Unternehmens bereitzustellen, die für ein breites Spektrum von Adressaten nützlich sind, um wirtschaftliche Entscheidungen zu treffen. Ein Abschluss legt ebenfalls **Rechenschaft** über die Ergebnisse der Verwaltung des dem Management anvertrauten Vermögens ab." Diese Informationen sollen den Adressaten helfen, „die künftigen Cashflows des Unternehmens sowie insbesondere deren Zeitpunkt und Sicherheit des Entstehens vorauszusagen" (IAS 1.9).

III. Würdigung

Der IASB fasst in seinem Conceptual Framework das **Prinzipal-Agent-Problem** in Worte: Die Unternehmenslandschaft sei heute gekennzeichnet von einer Trennung von Management und Eigentum/Haftung (CF.BC1.8). Daher soll das Management eines Unternehmens **Rechenschaft** ablegen (CF.1.4b), zumal die primäre Adressatengruppe nicht die Möglichkeit hat, individuell auf sie zugeschnittene Informationen unmittelbar zu erhalten (CF.1.5). Es mag sein, dass innerhalb der primären Adressatengruppe die Informationsbedürfnisse divergieren; die Finanzberichterstattung soll hier die größte Schnittmenge zur Verfügung stellen (CF.1.8). Sämtlichen anderen Stakeholdern steht es frei, sich diese Informationen ebenfalls zunutze zu machen (CF.1.10).

6.24

Daher ist es zutreffend, im Seinsollen von einer **kapitalmarktorientierten Rechnungslegung** zu sprechen. Umgekehrt gilt dann aber vermutlich auch: Wenden eigentümergeführte Unternehmen die IASB-Rechnungslegung an, vermitteln sie ein Übermaß an Informationen.

Es ist keine neue Erkenntnis, dass (potentielle) Investoren und vor allem Kreditgeber Informationen über die künftige Zahlungsfähigkeit eines Unternehmens nachfragen: „Ihr Interesse richtet sich also ausschließlich auf die Liquidität der Unternehmen zu den in der Zukunft liegenden Schuldtilgungsterminen. Die Liquidität der Unternehmen zu diesen zukünftigen Zeitpunkten ist aber eine Unbekannte."[8] Salopp lässt sich formulieren: Nichts ist so ungewiss wie die Zukunft.

6.25

Es ist daher fraglich, ob Abschlüsse im herkömmlichen Design die vom IASB identifizierte Informationsaufgabe tatsächlich erfüllen können. Möglicherweise wäre die Veröffentlichung von **Finanzplänen** besser geeignet: „Sofern Rechnungslegung gar nicht der Ermittlung von Gewinnansprüchen dient, sondern allein der Adressateninformation über deren Zielstromerwartungen, sind Bilanzen und GVR als selbständige Informationsinstrumente entbehrlich. Zwar wird man Finanzpläne auch an den sich in Vergangenheitsgrößen niederschlagenden Erfahrungen orientieren (...), aber des herkömmlichen Jahresabschlusses in Form von Bilanzen und GVR bedarf es hierzu nicht; die zur Bilanzerstellung notwendigen Periodisierungen i.S.d. Umrechnung von Einzahlungen in Erträge und Auszahlungen in Aufwand sind entbehrlich, weil man zur Basierung der Finanzpläne allein die in der Vergangenheit gegebenen Einzahlungen und Auszahlungen benötigt."[9]

6.26

Allerdings fordert der IASB nach wie vor *nicht* die Veröffentlichung von Cashflow-Prognosen des Managements. Ein Finanzplan mag zwar vielen Bilanzposten zugrunde liegen (z.B. beim Impairment-Test oder bei der Prüfung der Werthaltigkeit von Entwicklungskosten), er ist aber nicht zu veröffentlichen. Die Schätzung künftiger Cashflows auf Basis der vom IASB für notwendig erachteten Informationen bleibt Sache der Abschlussadressaten.

---

8 *Leffson*, Die Grundsätze ordnungsmäßiger Buchführung[7], 1987, 73.
9 *Moxter*, Grundsätze ordnungsmäßiger Rechnungslegung, 2003, 251 f.

C. Qualitative Merkmale nützlicher Finanzinformationen

I. Bedeutung

6.27 Die im Conceptual Framework – dort im 2. Kapitel – genannten qualitativen Merkmale nützlicher Finanzberichterstattung sind, historisch gewachsen, in Deutschland nicht unbekannt. Sie lesen sich wie in Blei gegossene GoB, gehen aber über die Anforderungen für die Bilanzierung hinaus: Sie gelten für jedwede Finanzberichterstattung.

Die Grundsätze sind insgesamt zu würdigen; nur aus ihrem Zusammenspiel kann gehofft werden, entscheidungsnützliche Informationen vermitteln zu können. Die Basisannahmen diskutieren wir in Rz. 6.50 ff., die qualitativen Grundsätze nachfolgend in Rz. 6.28 ff. Sie teilen sich auf in fundamentale Grundsätze (Relevanz und glaubwürdige Darstellung) sowie in ergänzende Grundsätze.

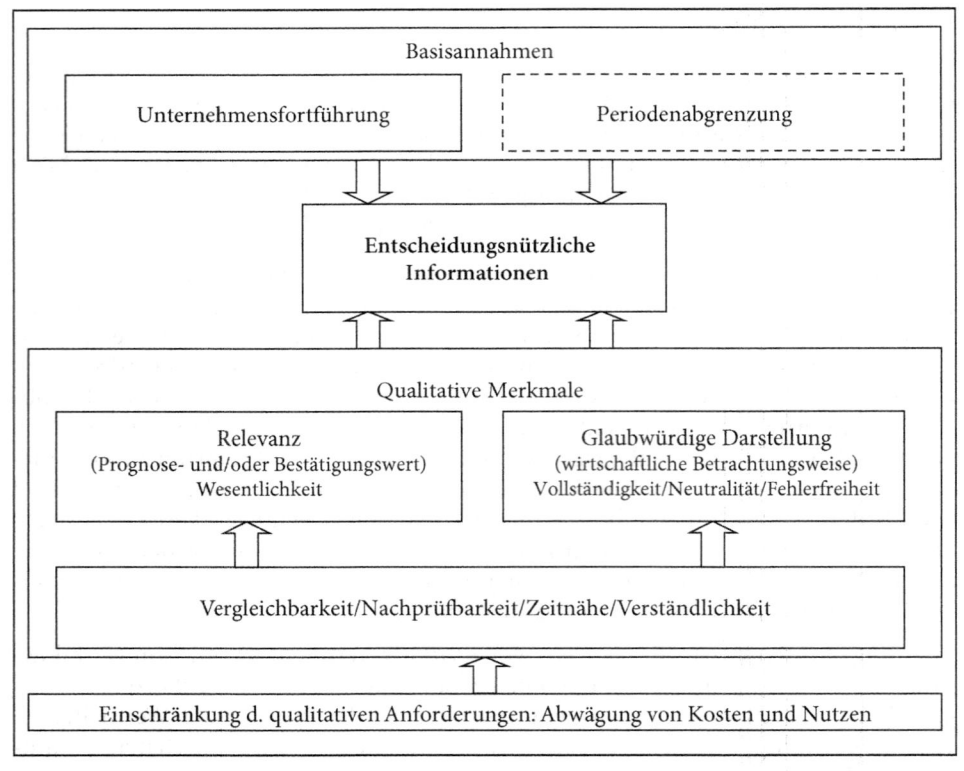

Abb. 6.1: Qualitative Merkmale nützlicher Finanzberichterstattung und Basisannahmen

II. Relevanz und Wesentlichkeit

1. Relevanz

Nach dem Grundsatz der Relevanz (*relevance*) hat ein Abschluss (nur) **entscheidungsrelevante Informationen** zu enthalten. Eine Information ist entscheidungsrelevant, wenn sie wirtschaftliche Entscheidungen des Adressaten ermöglicht. Daher sind Informationen zur Beurteilung der vergangenen, derzeitigen und vor allem künftigen Lage des Unternehmens als **Prognose- und/oder Bestätigungswert** (*predictive and/or confirmatory value*) zu vermitteln (CF.2.6 ff.). Prognose- und Bestätigungswerte, die miteinander verknüpft sind, sollen den primären Adressaten helfen, die künftige Entwicklung des Unternehmens abzuschätzen, um darauf aufbauend ihre Investitionsentscheidungen zu treffen.

6.28

Beispiel: Die Angabe der Umsatzerlöse (Ergebnisse) für das laufende Jahr kann ein Investor sowohl zur Validierung seiner früheren Prognose als auch für künftige Prognosen nutzen (CF.2.10).

2. Wesentlichkeit

Wesentlichkeit ist nach dem Conceptual Framework als ein Bestandteil der Relevanz anzusehen, da unwesentliche Informationen nicht entscheidungsrelevant sind (CF.BC2.19). Der Wesentlichkeitsgrundsatz hat sowohl für die **Art der Darstellung** als auch zur **Anwendung von Rechnungslegungsmethoden** große Bedeutung. Daher findet sich der Wesentlichkeitsgrundsatz nicht nur im Conceptual Framework (CF.2.11), sondern auch in IAS 8.8 sowie in IAS 1.29 ff.[10] Außerdem hat das IASB im Jahr 2017 ein Practice Statement 2 „*Making Materiality Judgements*" (kurz: PS 2) veröffentlicht.[11]

6.29

Mit der Betonung der Wesentlichkeit versucht das IASB dem vielfach beklagten *information overload* zu begegnen. In den Abschluss sollen insbesondere aus dem Kanon der Anhang-Pflichtangaben nur noch jene Informationen aufgenommen werden, die vom Abschlussaufsteller als wesentlich für den Informationsempfänger eingestuft werden. Einen ersten Schritt in diese Richtung ist das IASB mit seiner „Disclosure Initiative" im Dezember 2014 gegangen und hat diesbezüglich Änderungen an IAS 1 veranlasst:

6.30

- Wesentliche Informationen dürfen nicht durch die Aufnahme unwesentlicher Informationen verschleiert werden (IAS 1.30A).
- Auch die ggf. in den Standards als Minimumangaben geforderten Informationen können im Fall ihrer Unwesentlichkeit weggelassen werden (IAS 1.31).

Vom Abschlussaufsteller wird hier ein hohes Maß an Beurteilungsfähigkeit gefordert. Es soll nicht mehr einem falsch verstandenen Vollständigkeitsgebot gefolgt (al-

---

10 Der IASB spricht von zwei Dimensionen der Wesentlichkeit: In der Darstellung und bei den Rechnungslegungsmethoden (IAS 8.BC22).
11 Zur Bindungswirkung eines Practice Statements siehe Rz. 2.28.

le Anhang-Pflichtangaben werden mit einer Checkliste abgearbeitet), sondern eine Auswahl getroffen werden. Das betrifft ausdrücklich auch die Minimumangaben, die m.E. genau dann wegzulassen sind (Gebot!), wenn die Angabe zur Verschleierung führt oder führen könnte (Beachtung des IAS 1.30A).

6.31 Im Oktober 2018 hat das IASB mit dem Amendment „Definition of Material" mit Wirkung ab 2020 eine neue Definition für den Begriff der Wesentlichkeit eingeführt.[12] Die Änderungen erfolgen nicht nur in IAS 1 und IAS 8, sondern sie werden im CF 2010, CF 2018 sowie im PS 2 nachgezogen, um eine möglichst einheitliche Sichtweise und Anwendung zu erreichen.

Nach der neuen Definition sind *„Informationen wesentlich, wenn deren Auslassung, Falschdarstellung oder Verschleierung die Entscheidungen der primären Adressaten auf Basis vernünftiger Erwartungen beeinflussen könnten."*[13]

Die Definition ist an drei Stellen geändert:

1. [Ergänzung um die] Verschleierung [von Informationen]
2. [Beurteilung möglicher Beeinflussung] auf Basis vernünftiger Erwartungen
3. [Einschränkung auf die] primäre[n] Adressaten

Zu 1:

Durch die Ergänzung der Definition um die **„Verschleierung"** von Informationen soll der Einbezug unwesentlicher Informationen in den Abschluss künftig stark eingeschränkt werden. Bei einer Wiedergabe zu vieler unwesentlicher Informationen könnten wesentliche Aussagen verdeckt werden (IAS 1.BC13Hc). Das IASB reagiert damit auf Kritik, dass dieser Effekt durch den alleinigen Fokus auf die Auslassung oder Falschdarstellung von Informationen nicht unterbunden wird (IAS 1.BC13Db). Zwar hat bereits IAS 1.30A den Aspekt der Verschleierung von Informationen aufgegriffen (s. Rz. 6.30); mit der Aufnahme in die Definition dürfte dem Thema jedoch noch mehr Bedeutung zukommen. Das Element der Verschleierung stellt vor allem die Abschlussaufstellung mithilfe des sog. „Checklisten-Ansatzes" in Frage,[14] mit dem sämtliche Angabevorschriften listenartig abgearbeitet werden, um keine fehlenden Informationen zu riskieren. Freilich: Die Checklisten wird es auch in Zukunft geben, aber es muss qualitativ mit ihnen umgegangen werden. Es bedarf durchaus mehr Sachverstand (und Mut), unwesentliche Aussagen zu identifizieren und sie dann wegzulassen, um eine unbeabsichtigte Verschleierung zu vermeiden.

---

12 Das Folgende auszugsweise und überarbeitet entnommen aus *Theile*, BBK 2019, 42 ff.
13 Definition aus IAS 1.7 und IAS 8.5 in eigener Übersetzung, gekürzt.
14 Vgl. auch Link, Anwendung von Wesentlichkeit in der Finanzberichterstattung – Möglichkeiten und Fallstricke vor dem Hintergrund des IFRS Practice Statement 2, BB 4/2018 S. 174; Fischer, Neufassung des Wesentlichkeitsbegriffs und Anwendungshinweise, PiR 10/2017 S. 323.

Zu 2:

Die Frage, ob die Entscheidungen eines Adressaten beeinflusst werden könnten, muss in Zukunft „**auf Basis vernünftiger Erwartungen**" beantwortet werden. Was auf den ersten Blick wie ein unnötiger Zusatz wirkt, könnte geeignet sein, die Informationsflut einzuschränken und nur Wesentliches zu berichten. Würde man dem Wortlaut der alten Definition genau folgen, müsste subjektiv betrachtet jedes mögliche Entscheidungsszenario bei der Wesentlichkeitsbeurteilung in Betracht gezogen werden. Immerhin könnte nämlich jede Information – auch wenn es unwahrscheinlich wäre – einen Einfluss auf die Entscheidungen eines Adressaten haben (IAS 1.BC13Da). Folglich wäre eine Fülle an Vor-Informationen notwendig, nur um beurteilen zu können, ob manche Informationen wesentlich wären. Eine Bereitstellung von solchen Vor-Informationen in diesem Umfang ist aber kaum möglich und könnte auch kaum verarbeitet werden. Die Einschränkung auf eine Beeinflussung auf Basis vernünftiger Erwartungen, gewissermaßen also *unter normalen Umständen*, ermöglicht nun eine fokussierte Beurteilung, die enger ausgelegt werden kann als zuvor.

Zu 3:

Der zu berücksichtigende Adressatenkreis bei der Wesentlichkeitsbeurteilung beschränkt sich künftig auf die „**primären" Adressaten**. Gemäß der alten Definition hätte das berichtende Unternehmen sämtliche mögliche Adressaten berücksichtigen müssen (IAS 1.BC13Dc). Die neue Definition ermöglicht nun eine komprimiertere und auch sinnvollere Beurteilung, die sich im Wesentlichen auf bestehende und potenzielle Investoren (Kapitalgeber) beschränkt (IAS 1.7) und insoweit z.B. Arbeitnehmervertreter oder andere Stakeholder ausblendet. Hinsichtlich der Kompetenz der Investoren ist davon auszugehen, dass diese über ein angemessenes Wissen wirtschaftlicher und geschäftlicher Tätigkeiten verfügen und die Informationen des Abschlusses sorgfältig beurteilen können (IAS 1.7). Man könnte auch das Bild eines in Rechnungslegungsfragen durchschnittlich versierten, verständigen und „ehrbaren" Kaufmanns bemühen, der im deutschen Rechtskreis nicht unbekannt sein sollte.

Eine neue Definition muss gelebt werden, um die hieraus erhofften Wirkungen zu erzielen. Wie lässt sich konkret beurteilen, ob eine Information wesentlich ist? Die Verwendung ausschließlich quantitativer (relativer) Grenzwerte wird häufig nicht zielführend sein angesichts der theoretisch anspruchsvollen Wesentlichkeitsdefinition. Sie wäre auch fehl am Platze, wie folgendes Beispiel zeigt:

Beispiel: V ist Vorstandsvorsitzender des Garten- und Landschaftsbauunternehmens G und besitzt insgesamt 0,4 % aller Aktien der G. Aus unbekannten Gründen verkauft V seine Aktien zum Börsenwert an G (aus Sicht der G erfolgsneutraler Erwerb eigener Aktien).[15] Darüber hinaus besitzen V und seine Familie viele Immobilien mit Gärten, die sie von G zu deren normalen Konditionen pflegen lassen. Insgesamt generiert G 0,6 % ihres Umsatzes mit V.

G hat eine quantitative Wesentlichkeitsschwelle (Nichtaufgriffsgrenze) von 0,5 % der entsprechenden Bezugsgröße festgesetzt, um über die Aufnahme eines Sachverhalts in den Ab-

---

15 In Anlehnung an Haufe IFRS-Komm[16], § 1 Rz. 64.

schluss zu entscheiden. Da der Aktienverkauf mit 0,4 % der Aktien unter dieser Schwelle liegt, verzichtet G auf eine entsprechende Angabe über Beziehungen zu nahe stehenden Personen gem. IAS 24.[16] Die Pflege der Gärten des V durch G liegt mit 0,6 % des Umsatzes jedoch über der Schwelle, sodass in diesem Fall eine Angabe erfolgt.

Die reine Anwendung quantitativer Wesentlichkeitsschwellen ergibt hier jedoch wenig Sinn. Obwohl es sich bei dem Aktienverkauf lediglich um 0,4 % aller Anteile handelt, noch dazu zum Börsenkurs, ist der Sachverhalt qualitativ von hoher Bedeutung. Verkauft nämlich ein im Übrigen sogar offensichtlich vermögender Insider seine Anteile, könnte dies für andere Investoren ein wichtiger ökonomischer Hinweis für eine möglicherweise unterdurchschnittliche künftige Entwicklung der Gesellschaft sein. Entsprechend dürfte der Aktienverkauf Signalwirkung für die anderen Anleger entfalten. Aufgrund dieser Tragweite kann eine Angabe in diesem Fall nicht unterlassen werden.

Ob die Beteiligung des Vorstandsvorsitzenden am Umsatz in Höhe von 0,6 % für die Abschlussadressaten eine qualitativ wesentliche Information darstellt, sei vorerst dahingestellt. Fakt ist jedoch, dass der Aktienverkauf für die Abschlussadressaten weitaus mehr von Interesse ist als die Pflege der Gärten des Vorstandsvorsitzenden. Durch den Vergleich der beiden Sachverhalte wird deutlich, dass die Festlegung rein quantitativer Grenzwerte bei der Wesentlichkeitsbeurteilung nicht notwendigerweise zu sinnvollen Ergebnissen verhilft, da qualitative Aspekte von Informationen die Entscheidungen primärer Adressaten stark beeinflussen können.

6.33 Es wäre vermutlich hilfreich, den Entscheidungsprozess über Wesentlichkeitsfragen zu systematisieren. Mit einem Vier-Schritte-Wesentlichkeitsprozess versucht PS 2 genau das.[17] Es sei noch einmal darauf hingewiesen, dass es sich bei dem Practice Statement zur Wesentlichkeit nur um einen unverbindlichen Vorschlag des IASB handelt. Die vier Schritte werden im Folgenden vorgestellt.

Schritt 1: Identifizierung

Alle potenziell wesentlichen Informationen werden identifiziert. Ausgangspunkt dafür bilden die Anforderungen der IFRS (also z.B. die grundsätzlichen Anhangangabepflichten), da der IASB bei seiner Standardentwicklung ja davon ausgeht, dass sämtliche geforderten Berichterstattungspflichten auch wesentlich sein könnten. Insoweit muss geprüft werden, ob die Sachverhalte überhaupt vorliegen (Checkliste). Darüber hinaus ist hier schon zu beurteilen, ob es für die Investoren (primären Adressaten) Einengungen oder ggf. auch Erweiterungen der Informationsbedürfnisse geben könnte.

Im Beispiel in Rz. 6.32 wären in diesem Schritt die Informationen über den Aktienverkauf und den Umsatzanteil des Vorstandsvorsitzenden bei der Prüfung der Anforderungen des IAS 24 als potenziell wesentlich identifiziert worden.

Schritt 2: Analyse

Die potenziell wesentlichen Informationen müssen nun weiter analysiert werden, um sie als tatsächlich wesentlich oder unwesentlich einzustufen. In der Regel werden die Informationen als erstes mithilfe quantitativer Faktoren geprüft, z.B. indem

---

16 Ungeachtet etwaiger Angabevorschriften des WpHG.
17 Vgl. PS 2.33 ff.

Verhältniszahlen, Umsatz- oder Profitabilitätsgrößen betrachtet werden. Im Beispiel wäre dies in Form der 0,5 % – Wesentlichkeitsgrenze geschehen. Nach der quantitativen Prüfung werden sämtliche Informationen – egal ob sie quantitativ als wesentlich oder unwesentlich eingestuft wurden – mit qualitativen Faktoren geprüft. Dies können sowohl unternehmensinterne als auch externe Faktoren sein, z.B. unerwartete Trendänderungen oder die gesamtwirtschaftliche Lage.

Das Beispiel hat gezeigt, dass durch die qualitative Prüfung vermeintlich als quantitativ unwesentlich beurteilte Sachverhalte (Aktienrückkauf) doch wesentlich sein können.

Auch einzeln für sich betrachtet als unwesentlich beurteilte Sachverhalte können insgesamt wesentlich sein. Wäre beispielsweise der Umsatzanteil des Vorstandsvorsitzenden als qualitativ unwesentlich eingestuft und eine entsprechende Angabe demnach unterlassen worden, so könnte sie wesentlich werden, wenn auch andere Führungskräfte entsprechende Dienstleistungen der G in Anspruch nehmen.

Schritt 3: Organisation

Die wesentlichen Informationen werden nun adressatenfreundlich aufbereitet und strukturiert, so dass z.B. besonders wichtige Informationen hervorgehoben werden und keine Wiederholungen entstehen. Es entsteht so ein vorläufiger Abschluss.

Schritt 4: Überprüfung

Als letztes muss beurteilt werden, ob in der Gesamtaussage des Abschlusses alle wesentlichen Informationen enthalten sind. Auch kann es darum gehen, Querbezüge zu unterschiedlichen Informationen herzustellen, um zu einer zutreffenden Gesamtaussage zu kommen. Allerdings sollte der (zutreffende) Hinweis in PS 2.62b, dass mehrere individuell unwesentliche Informationen zusammen eine wesentliche Information ergeben könnten, nicht erst hier, sondern bereits im Schritt 2 gewürdigt werden, da in Schritt 4 keine unwesentlichen Informationen im Abschluss mehr enthalten sein sollten.

Darüber hinaus könnte die abschließende Betrachtung auch zu einer Kürzung von Informationen führen, um die Verschleierung wesentlicher Informationen zu verhindern.

Dass es auf quantitative Größen bei der Beurteilung der Wesentlichkeit nicht unbedingt ankommt, sondern auch auf die Art der Information, zeigt folgendes Beispiel:

Beispiel: Ein bisher reiner Handelskonzern baut im Rahmen einer strategischen Neuausrichtung eine Logistiksparte auf. Die Sparte ist zunächst so klein, dass sie nach den formalen Kriterien des IFRS 8 (Rz. 49.1 ff.) nicht gesondert in der Segmentberichterstattung gezeigt werden muss. Zur Beurteilung der strategischen Neuausrichtung des Konzerns sind belastbare Segmentinformationen über die neue Sparte gleichwohl nützlich, um Chancen und Risiken des Unternehmens beurteilen zu können.

Als quantitative Größen für die Beurteilung der Wesentlichkeit können bestimmte Prozentsätze von Jahresüberschuss, Bilanzsumme oder Umsatzerlöse herangezogen werden.[18] Gleichwohl sollte Richtschnur für Wesentlichkeitsaspekte die (mutmaßliche) Entscheidungswirkung bei den Abschlussadressaten sein.

Beispiele:

– Das IFRS-Regelwerk enthält keine expliziten Hinweise zur Übernahme einer Sofortabschreibung geringwertiger Wirtschaftsgüter oder zur Vornahme einer Poolabschreibung. Werden solche Vermögenswerte in durchaus erheblichem Umfang *jedes Jahr* angeschafft, dürften sich im Vergleich zur Aktivierung und planmäßigen Abschreibungen keine nennenswerten Unterschiede auf Abschreibungshöhe und Jahresergebnis ergeben. Prognoseergebnisse der Abschlussadressaten werden sich insoweit nicht unterscheiden, so dass Sofort- oder Poolabschreibung als zulässig anzusehen sind (Rz. 14.24).

– Eine vergleichbare Überlegung kann beim sog. Komponentenansatz angestellt werden: Er dient der periodengerechten Aufwandsbelastung und ist deshalb nur auf wesentliche Komponenten anzuwenden (Rz. 14.25 ff.).

III. Glaubwürdige Darstellung

6.35 Abschlüsse, deren einziger Zweck die Informationsvermittlung über Geschäftsvorfälle in Form von Wörtern und Zahlen ist, können diesen Zweck gegenüber den Abschlussadressaten nur dann erreichen, wenn die relevanten Informationen bei wirtschaftlicher Betrachtungsweise und unter Berücksichtigung der Bewertungsunsicherheit glaubwürdig – also verlässlich – dargestellt werden:[19] „Denn unverlässliche, einer Objektivierung nicht zugängliche Posten in einem Abschluss sind für die Information der Adressaten wenig relevant."[20] Nach dem Conceptual Framework hat eine glaubwürdige Darstellung drei Eigenschaften:

– Vollständigkeit,

– Neutralität,

– Fehlerfreiheit (CF.2.13).

6.36 **Vollständigkeit** ist nicht nur i.S.d. lückenlosen Erfassung aller Geschäftsvorfälle zu verstehen. Vielmehr erfordert der Vollständigkeitsgrundsatz die Vermittlung aller notwendigen Informationen inklusive Beschreibungen und Erklärungen zu einem Sachverhalt, damit die Abschlussadressaten ein Ereignis verstehen können. Das umfasst etwa die Beschreibung einer Gruppe von Vermögenswerten, ihre zahlenmäßige Darstellung und die Erläuterung dieser Zahlen bezüglich der Anschaffungskosten oder Fair Values, sowie die Faktoren, die diese Werte beeinflussen (CF.2.14).

6.37 Sämtliche Informationen sind **neutral**, also nicht verzerrt, über- oder untertrieben darzustellen. Das Management soll durch Auswahl und Darstellung der Informationen nicht bestimmte, möglicherweise gewünschte Handlungsweisen der Abschluss-

---

18 Siehe hierzu Haufe IFRS-Komm[16], § 1 Rz. 63.
19 Vgl. *Erb/Pelger*, WPg 2018, 874.
20 *Hennrichs*, GoB im Spannungsfeld von BilMoG und IFRS, WPg 2011, 861 (864).

adressaten zu beeinflussen trachten (CF.2.15). Ermessensspielräume und Wahlrechte sollen also nicht nach Belieben ausgeführt werden, um dem Adressaten ein vorher festgelegtes Ergebnis zu präsentieren. Der Anspruch der Neutralität ist insoweit mit der **Willkürfreiheit** der handelsrechtlichen GoB gleichzusetzen.[21]

Beispiele:
- Bei der Bewertung von Pensionsverpflichtungen sind die Inputfaktoren (z.B. Lohn- und Gehalttrends, Zinssatz) realistisch zu schätzen.
- Für die Aktivierung von Entwicklungskosten sieht IAS 38 einige Prüfschritte vor, u.a. die Prüfung auf Werthaltigkeit des zu aktivierenden Betrages. Die hier erforderlichen Prognosen müssen neutral und plausibel sein.
- Werden auf der Sachverhaltsebene nicht neutrale Geschäfte getätigt – etwa gegenüber nahe stehenden Unternehmen und Personen, die gegenüber fremden Dritten nur mit anderen Konditionen zustande gekommen wären – ist in der Regel darüber zu berichten, damit Abschlussadressaten die Verzerrung erkennen können.

Wieder aufgenommen wurde das aus dem alten Rahmenkonzept 1989 bekannte und zwischenzeitlich gestrichene **Vorsichtsprinzip** (*prudence*). Vorsicht bedeutet vor allem die **Sorgfalt der Ermessensausübung** im Falle erforderlicher Schätzungen, so dass Vermögenswerte, Erträge, Schulden oder Aufwendungen weder zu hoch noch zu niedrig angesetzt werden (CF.2.16 f.). Eine generelle und einseitig imparitätische Betrachtung ist unzulässig. Manche Standards sehen allerdings eine spezielle imparitätische Bilanzierungsweise vor (z.B. strengere Erfordernisse für die Aktivierung von vormaligen Eventualvermögenswerten im Vergleich zu den Passivierungsvoraussetzungen vormaliger Eventualschulden).

6.38

Für eine glaubwürdige Darstellung wird unter **Fehlerfreiheit** *nicht* verstanden, dass alle Informationen ohne jeglichen Fehler dargestellt werden müssen. Es meint viel mehr, dass Beschreibungen von Sachverhalten richtig sind und dass Prozesse, die zur Ermittlung der Berichtszahlen genutzt werden, fehlerfrei funktionieren. Bei Schätzungen zum Beispiel kann in der Regel nicht sichergestellt werden, dass diese vollständig fehlerfrei sind. Im Nachhinein kann sich herausstellen, dass es Ungenauigkeiten der Schätzwerte gab. Daher ist es bedeutender, den Prozess der Ermittlung des Schätzwertes, die Einflussfaktoren und dessen Grenzen glaubwürdig darzustellen (CF.2.18 f.).

6.39

Der Grundsatz **substance over form**, also die wirtschaftliche Betrachtungsweise von Sachverhalten, hat wieder expliziten Eingang in das Conceptual Framework gefunden (CF.2.12). Er bleibt wie zuvor auch eine nichttrennbare Komponente der glaubwürdigen Darstellung: Es kommt wie bisher auf die ökonomische Substanz eines Geschäftsvorfalls und nicht auf seine rechtliche Form an (CF.BC2.32 f.).

6.40

---

[21] Zur Willkürfreiheit *Leffson*, Die Grundsätze ordnungsgemäßer Buchführung[7], 1987, 202 f.

IV. Sonstige qualitative Anforderungen

1. Vergleichbarkeit und Stetigkeit

6.41 Kapitalmarktinformationen sind für Investoren nur dann nützlich, wenn sie hinsichtlich *eines* Unternehmens einen Zeitvergleich und darüber hinaus einen Vergleich der wirtschaftlichen Lage zwischen *verschiedenen* Unternehmen ermöglichen. Die Schaffung von Vergleichbarkeit in diesen beiden Dimensionen (CF.2.24 ff.) hat daher in einem IFRS-Abschluss einen hohen Stellenwert. Zeitvergleiche und der Vergleich zwischen Unternehmen werden erleichtert, wenn es keine Wahlrechte gibt

– in der Art der Darstellung (Gliederung) der Berichtsinstrumente (z.B. Bilanz, Gewinn- und Verlustrechnung, Kapitalflussrechnung) und

– bei der Verwendung von Rechnungslegungsmethoden zur Erstellung dieser Berichtsinstrumente.

Allerdings ist das IFRS-Rechnungslegungssystem *nicht wahlrechtsfrei*. Daher ist es konsequent, dass in den Standards ein umfangreiches **Stetigkeitsgebot** sowohl für die **Art der Darstellung** (IAS 1.45) als auch für die Verwendung von **Rechnungslegungsmethoden** (IAS 8.13) festgeschrieben ist.[22]

6.42 Abschlussadressaten müssen über die Verwendung der **Rechnungslegungsmethoden** (IAS 1.117), über **Schätzungen** (IAS 1.122) **und Unsicherheitsfaktoren** (IAS 1.125) informiert werden. Stetigkeitsdurchbrechungen in der Art der Darstellung und bei der Verwendung von Rechnungslegungsmethoden sind berichtspflichtig (IAS 1.41 und IAS 8.28c).

2. Nachprüfbarkeit

6.43 Die **Nachprüfbarkeit** wird als ergänzende qualitative Anforderung gesehen, um dem Adressaten zu vermitteln, dass die Informationen frei von Fehlern und verlässlich sind. Sie ist trotz der Diskussion im Entstehungsprozess des Conceptual Frameworks kein Bestandteil der glaubwürdigen Darstellung geworden, da sich das Board durchaus darüber im Klaren ist, dass nicht sämtliche Informationen von den Adressaten nachprüfbar sind und ein Weglassen nicht nachprüfbarer Informationen den Informationsgehalt von Finanzberichten mindern würde (CF.BC2.62).

3. Zeitnähe

6.44 Nach dem Grundsatz der Zeitnähe (*timeliness*) müssen die Informationen so rechtzeitig zum Adressaten gelangen, dass dieser sie bei seinen Entscheidungen berücksichtigen kann. Hierbei gilt grundsätzlich: je neuer die Informationen, desto besser. Aber auch ältere Informationen können für die Ermittlung von Trends oder Entwicklungstendenzen hilfreich sein (CF.2.33).

---

22 Zu weiteren Aspekten der Vergleichbarkeit siehe *Bogajewskaja/Jehle*, PiR 2018, 353.

Beispiel: VW berichtet seit Jahren über die Dieselaffäre im Anhang. Den Abschlussadressaten wird es so ermöglicht, die Einschätzung des Managements im Zeitablauf nachzuvollziehen.

Zu entstehenden Zielkonflikten in Hinblick auf die Zeitnähe siehe Rz. 6.46.

4. Verständlichkeit

Dem Informationszweck des Abschlusses würde es zuwiderlaufen, wenn die Informationen nicht verständlich (*understandable*) wären. Daher müssen Abschlussinformationen für einen **fachkundigen Adressaten** leicht verständlich dargebracht werden (CF.2.36). Zur Unterstützung der Verständlichkeit der Informationen ist es sinnvoll, diese zu gliedern sowie sich kurz und klar zu fassen. Wichtige Informationen dürfen aber nicht deswegen weggelassen werden, weil vermutet wird, dass sie für bestimmte Adressaten zu schwer verständlich sein könnten (CF.2.35).

6.45

V. Einschränkungen der qualitativen Anforderungen

Bei Erfüllung der Grundsätze der Relevanz und glaubwürdigen Darstellung können **Zielkonflikte** auftreten. Einer dieser Zielkonflikte besteht in zeitlicher Hinsicht: Je schneller ein Abschluss mit entscheidungsrelevanten Daten aufgestellt wird, desto unzuverlässiger können die enthaltenen Daten insbesondere im Hinblick auf notwendige Schätzungen sein. Das Management ist aufgefordert, im Interesse der Abschlussadressaten diesen Zielkonflikt zu lösen. Hieraus ist aber gerade nicht abzuleiten, sich bei der Abschlussaufstellung unangemessen lange Zeit zu lassen; gefordert wird eine gewisse, ausreichende **Zeitnähe** der Bereitstellung der Informationen (Rz. 6.44). Aus Sicht des Abschlussadressaten dürfte eine schnelle, aber womöglich nicht vollständig „richtige" Information besser sein als jene, die hundertprozentig stimmt, doch für wirtschaftliche Entscheidungen zu spät kommt.

6.46

Ein weiterer Zielkonflikt ergibt sich aus der Überlegung, dass eine sorgfältige Abschlusserstellung Aufwand verursacht, der zu Lasten des finanziellen Interesses der Investoren zu erfassen ist. Daher ist aus theoretischer Perspektive die Forderung vernünftig, dass die Kosten der Informationsbereitstellung den Nutzen bei den Informationsempfängern nicht überschreiten sollen (CF.2.39 ff.). Allerdings wird auch eingeräumt, dass eine solche **Abwägung von Nutzen und Kosten** schwierig sei; Bilanzaufsteller und -adressaten sollten sich immerhin dieses Problems bewusst sein. U.E. wird eine solche Abwägung implizit dann vorgenommen, wenn der – allerdings auslegungsbedürftige – Wesentlichkeitsgrundsatz beachtet wird (Rz. 6.29 ff.).

6.47

Schließlich wird für die Praxis generell ein **Abwägen aller qualitativen Anforderungen** angemahnt (CF.2.37 f.). Offensichtlich kann nicht ausgeschlossen werden, dass weitere, nicht genannte Zielkonflikte zur Erfüllung der qualitativen Anforderung bestehen können, die unter fachkundiger Beurteilung (*professional judge-*

6.48

ment, im deutschen Sprachgebrauch eher „**vernünftige kaufmännische Beurteilung**") zu lösen sind.[23]

6.49 frei

D. Basisannahmen im IFRS-Abschluss

I. Unternehmensfortführung

6.50 Ein Abschluss ist so lange auf der Grundlage der Annahme der Unternehmensfortführung (**Going Concern**) aufzustellen, bis die Unternehmensleitung entweder beabsichtigt, das Unternehmen aufzulösen, das Geschäft einzustellen oder eine realistische Fortführungsmöglichkeit nicht mehr besteht (CF.3.9 und IAS 1.25). Bei der Einschätzung der Annahme hierüber ist ein Zeitraum von mindestens **zwölf Monaten** nach dem Bilanzstichtag zugrunde zu legen (IAS 1.26). Auch sachverhalts*begründende* Ereignisse während der Bilanzaufstellungsphase (z.B. eine dramatische Verschlechterung der Vermögens-, Finanz- und Ertragslage) können gegen die Annahme der Unternehmensfortführung beim gerade aufzustellenden Abschluss sprechen (IAS 10.15).

6.51 Wird ein Abschluss *nicht* auf der Grundlage der Annahme der Unternehmensfortführung aufgestellt, ist diese Tatsache gemeinsam mit den Grundlagen anzugeben, auf denen der Abschluss basiert und der Grund, warum von einer Fortführung des Unternehmens nicht ausgegangen wird (IAS 1.25).

Auch über Unsicherheiten bei einer positiven Unternehmensfortführungsprognose soll berichtet werden. Da über bestandsgefährdende Risiken auch im (**Konzern-**) **Lagebericht** zu berichten ist (DRS 20.148), dürfte eine zusätzliche Anhangangabe entbehrlich sein.[24]

II. Periodengerechte Aufwands- und Ertragszuordnung

6.52 Formal stellt die Periodenabgrenzung keine Basisannahme des Conceptual Frameworks dar. Sie wird stattdessen weitergehend als Ziel zur Messung der finanziellen

---

[23] Vgl. hierzu ausführlich *Baetge/Zülch*, in HdJ, I/2 Rz. 250 ff.
[24] Der (Konzern-)Lagebericht und der IFRS-Abschluss haben EU-rechtlich den gleichen Rang. Im Hinblick auf die Information über bestandsgefährdende Risiken kann u.E. jedoch nicht gefordert werden, dass dieselbe Information in den zu veröffentlichenden Unterlagen an zwei unterschiedlichen Stellen dargelegt werden muss. Unsere Empfehlung für den Lagebericht resultiert aus unserer Vermutung, dass Abschlussadressaten an dieser Stelle die Information über bestandsgefährdende Risiken auch tatsächlich erwarten. Im Übrigen wird von professionellen Analysten der Lagebericht stärker wahrgenommen als der Anhang, vgl. *Pellens* u.a. in Börsig/Wagenhofer (Hrsg.), IFRS in Rechnungswesen und Controlling, Stuttgart 2006, 23.

Performance eines Unternehmens verstanden (CF.1.17 ff.). Folglich ist der Abschluss unter Periodisierung von Zahlungsströmen – naturgemäß mit Ausnahme der Kapitalflussrechnung – aufzustellen. Die Aufwands- und Ertragsperiodisierung (*accrual basis*, IAS 1.27) bleibt die methodische Grundlage jeder bilanziellen Gewinnermittlung.

Aufwendungen werden auf der Grundlage eines direkten Zusammenhangs mit den entsprechenden Erträgen in der Periode erfasst, der sie wirtschaftlich zuzurechnen sind, selbst wenn damit im Zusammenhang stehende Ein- oder Auszahlungen in eine andere Periode fallen (*Matching Principle*)[25]. Dies gilt allerdings vorbehaltlich dessen, dass keine Posten in der *Bilanz* angesetzt werden, die den Ansatzkriterien nicht genügen (CF.5.5). Konkret fordert IAS 1.28, dass unter Berücksichtigung der *accrual basis* keine Posten als Vermögenswerte, Schulden, Eigenkapital, Erträge und Aufwendungen angesetzt werden dürfen, die den Ansatzkriterien des Conceptual Frameworks nicht entsprechen. Bei Lichte besehen ist diese Forderung jedoch leerformelhaft, da sich ein Sachverhalt, sofern er dem Unternehmen überhaupt zuzuordnen ist, *immer* in der Erhöhung oder Minderung eines oder mehrerer der genannten Posten niederschlägt. Folglich nützt IAS 1.28 eher zur Begründung des Vollständigkeitsgebots, nicht aber zur zeitlichen und sachlichen Abgrenzung von Aufwendungen und Erträgen.

6.53

Entscheidend für die Aufwandserfassung ist jene Periode, in der die zuzuordnenden Erträge realisiert werden.[26] Vorschriften zum **Zeitpunkt der Ertragsrealisation** finden sich jedoch nicht als Grundsatz, sondern in den Einzelstandards, insbesondere bei Kundenverträgen in IFRS 15 (Rz. 10.1 ff.) und bezüglich Finanzinstrumente in IFRS 9 (Rz. 22.1 ff.). Im Gegensatz zum HGB wird allerdings die den Gewinnausweis bestimmende Wirkung des (übergeordneten) Realisationsprinzips im IFRS-Regelwerk begrenzt bzw. gänzlich aufgehoben bei der bilanziellen Behandlung der Auftragsfertigung und der Finanzinstrumente. Hier werden nach IFRS in der Terminologie des HGB **unrealisierte Gewinne** ausgewiesen. Die Perioden des Gewinnausweises sind dann mit dem zugehörigen Aufwand zu belasten, um zu einer aus IFRS-Perspektive zutreffenden Periodisierung gem. *Matching Principle* zu gelangen.

6.54

Das *Matching Principle* führt zu einer Aktivierung von Ausgaben, sofern die Ansatzkriterien eines Vermögenswertes erfüllt werden, insbesondere der künftige Nutzenzufluss – also künftige Erträge – als hinreichend wahrscheinlich angesehen werden kann. Diese Sichtweise wird beispielsweise deutlich in der **Aktivierung von Entwicklungskosten**, die im Wege der späteren Abschreibung zu einer periodengerechten Zuordnung der Aufwendungen zu den dann erst erzielten Erträgen führt, wie

6.55

---

25 Zur internationalen Bedeutung des Matching Principle vgl. *Strobl*, Matching Principle und deutsches Bilanzrecht, in Ballwieser u.a. (Hrsg.), FS für Moxter, 1994, 407–432.
26 *Kieso/Weygandt/Warfield*, Intermediate Accounting[10], 2001, 46, nennen das griffig „let the expense follow the revenues"; demgegenüber dominiert im geltenden Bilanzsteuerrecht stärker der Gedanke der Vermögensorientierung, und die angesprochene Periodisierungsfunktion des matching principle wird enger durch Objektivierungsgrundsätze begrenzt, vgl. hierzu *Herzig*, IAS/IFRS und steuerliche Gewinnermittlung, 2004, 47 f.

die Abb. 6.2 veranschaulicht. Nach HGB vor BilMoG 2009 bestand ein Aktivierungsverbot für Entwicklungskosten, worin ein aus dem Grundsatz vorsichtiger Vermögensdarstellung abgeleitetes Objektivierungserfordernis zu sehen war[27], welches den Periodisierungsgrundsatz überlagert.

Auch die IFRS erkennen das Objektivierungsproblem im Bereich der Entwicklungskosten an und versuchen, dieses durch spezielle Ansatzvoraussetzungen zu lösen (Rz. 13.46 ff.). Durch Einführung des Aktivierungswahlrechts für selbsterstellte immaterielle Vermögensgegenstände in § 248 HGB durch das BilMoG 2009 haben Fragen der Objektivierung im Falle des gewollten Bilanzansatzes auch im HGB an Bedeutung gewonnen.[28]

Sollten die allgemeinen und ggf. auch speziellen Ansatzkriterien für Vermögenswerte (und Schulden) nicht erfüllt sein, kommt ein Bilanzansatz nicht in Betracht (CF.5.5). Dementsprechend ist ein Aufwand erfolgswirksam zu erfassen, wenn eine Ausgabe keinen künftigen Nutzen bewirkt.

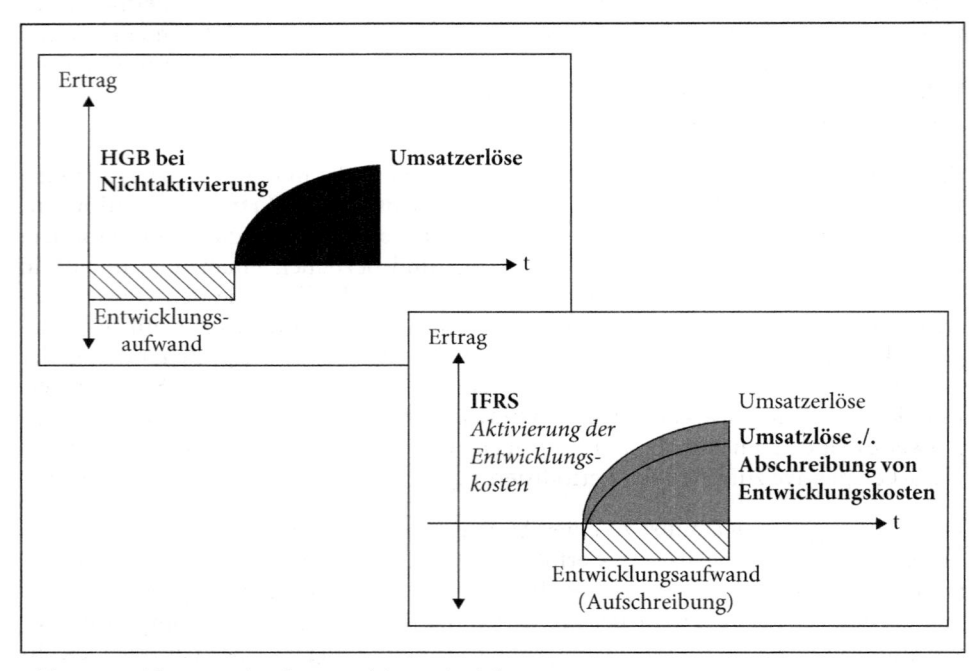

Abb. 6.2: Wirkungsweise des Matching Principle

6.56–6.59   frei

---

27 Vgl. *Moxter*, Bilanzrechtsprechung[6], 2007, 26 f. m.w.N.
28 Vgl. *Theile*, WPg 2008, 1064 (1068 f.).

E. Berichterstattendes Unternehmen, Einzel- und Konzernabschluss

6.60 Die IFRS sollen möglichst weltweit und damit in unterschiedlichen Rechtskreisen Geltung erlangen. Daher setzen die Standards hinsichtlich der Frage, *wer* zu bilanzieren hat, nicht auf nationales Gesellschaftsrecht auf. Weder wird nach unterschiedlichen Rechtsformen noch nach der Haftungsbegrenzung unterschieden (CF.3.10). Aufgrund der Zielsetzung der IFRS stehen profit-Organisationen im Fokus, aber es ist formal irrelevant, ob es sich bei der rechnungslegenden Einheit um eine profit- oder non-profit-Organisation handelt.

6.61 Bis auf wenige sachlogisch notwendige Ausnahmen macht das IFRS-System in der Anwendung der Normen keinen Unterschied, ob ein Einzel- oder Konzernabschluss aufgestellt wird. Im Conceptual Framework werden nun erstmals die Unterschiede zwischen Einzel- und Konzernabschlüssen mit ihren Vor- und Nachteilen diskutiert (CF.3.15).

Insgesamt richten sich die Standards unspezifisch an ein **„Unternehmen"** (*entity*), das einen Einzel- und/oder Konzernabschluss aufstellt oder aufstellen muss. Die Pflicht zur Aufstellung richtet sich für deutsche Unternehmen nicht nach den IFRS, sondern nach nationalem Recht (s. Kap. 4)

F. Berichtsinstrumente im IFRS-Abschluss

6.62 Ein **vollständiger IFRS-Abschluss (Einzel- und/oder Konzernabschluss)** besteht gemäß IAS 1.10 aus:

(a) Bilanz,

(b) Gesamtergebnisrechnung (Gewinn- und Verlustrechnung zuzüglich erfolgsneutral im Eigenkapital erfasster Aufwendungen und Erträge),

(c) Eigenkapitalspiegel (Eigenkapitalveränderungsrechnung),

(d) Kapitalflussrechnung und

(e) Anhang.

Die Abschlussbestandteile müssen auch jeweils die **Daten der Vorperiode** enthalten, sofern nicht eine Ausnahme in einem Standard vorliegt. Bei der Änderung der Darstellung in der Bilanz und/oder bei der Änderung einer Rechnungslegungsmethode sowie bei der IFRS-Erstanwendung ist außerdem eine Bilanz auf den Beginn der Vorperiode zu veröffentlichen („dritte Bilanz").

6.63 Gesellschaften, deren Aktien oder schuldrechtliche Wertpapiere öffentlich gehandelt werden oder die einen Handel in die Wege geleitet haben, müssen den Anhang um eine **Segmentberichterstattung** nach IFRS 8 erweitern. Aktiengesellschaften, deren Stammaktienhandel öffentlich erfolgt oder in die Wege geleitet worden ist, müssen zusätzlich das **Ergebnis je Aktie** nach IAS 33 angeben.

Auf die **Gliederung** und Erläuterung der vorstehend genannten Berichtsinstrumente gehen wir ab Kapitel 42 ausführlich ein.

G. Vollständige Anwendung der IFRS

I. Vollständige Anwendung der Standards und Interpretationen

6.64 Bei der Abschlussaufstellung sind sämtliche Standards (IAS und IFRS) und Interpretationen (SIC und IFRIC) zu beachten. Ein Abschluss darf nur dann als IFRS-Abschluss bezeichnet werden, wenn alle Standards und Interpretationen beachtet worden sind. Für EU-Unternehmen bezieht sich diese Anforderung auf EU-IFRS (zu Abgrenzungsfragen zwischen Original IFRS und EU-IFRS siehe Rz. 3.10 ff.). Zu Beginn des Anhangs hat der für die Abschlussaufstellung Verantwortliche in einer **Übereinstimmungserklärung** die Vollständigkeit der IFRS-Anwendung zu bestätigen (Rz. 48.23 f.).

Die vollständige IFRS-Anwendung schließt natürlich nicht aus, dass manche Standards sachlogisch nicht zu verwenden sind.

Deutsche IFRS-Anwender haben außerdem einige HGB-Normen aus § 315e Abs. 1 HGB zu beachten (siehe Rz. 48.40 f.)

II. Branchenspezifische Besonderheiten

6.65 Kein Standard ist in seinem Anwendungsbereich auf eine **abgegrenzte Branche** beschränkt. Wird in einem bestimmten Standard ein bestimmter Tatbestand adressiert, so *ist* der Standard von *allen* Unternehmen anzuwenden, die sich Sachverhalten gegenüber sehen, welche unter den Tatbestand zu subsumieren sind.

6.66 Gleichwohl gibt es Standards, deren Regelungsgegenstand so spezifisch ist, dass sie (nur) für bestimmte Branchen überragende Bedeutung haben. Hierzu gehören vor allem

– IFRS 6 Exploration und Evaluierung von **Bodenschätzen**

– IFRS 4 **Versicherungsverträge** bzw. ab 2022 der Nachfolgestandard IFRS 17

Auch andere Standards sind im Hinblick auf ihren persönlichen Anwendungsbereich sehr speziell. Dazu gehört IAS 41 Landwirtschaft, wie folgende Beispiele zeigen:

Beispiel: Geschäftszweck der börsennotierten Asian Bamboo AG, Hamburg, „ist der Betrieb von Bambusplantagen einschließlich der Kultivierung, der Ernte und der Verarbeitung des aus Bambussprossen und Bambusstämmen bestehenden Plantagenertrags."[29] Auf die Bilanzierung der biologischen Vermögenswerte (Feldinventar der Bambusplantagen) und die der landwirtschaftlichen Erzeugnisse (Fruchtziehung, Ernte) als wichtigste Werttreiber des Un-

---

29 GB 2010, 66. Die Asian Bamboo AG hat im Mai 2015 einen Insolvenzantrag gestellt.

ternehmens ist IAS 41 anzuwenden. Davon unberührt richtet sich die Bilanzierung anderer Sachverhalte nach anderen Standards, beispielsweise für Sachanlagen (IAS 16) oder Rückstellungen (IAS 37).

Dennoch kann es auch bei Industrieunternehmen zur Anwendung von IAS 41 kommen.

Beispiel: Ein börsennotiertes Ölunternehmen sucht nach neuen Ölvorkommen in der Nordsee; auf die hierbei anfallenden Ausgaben ist im Grundsatz IFRS 6 anzuwenden. Daneben wird auf eigenen Feldern Raps angebaut, um schlussendlich Biodiesel produzieren zu können. Auf die Bilanzierung der Rapspflanzen (Feldinventar) als auch auf die landwirtschaftlichen Erzeugnisse nach der Ernte ist IAS 41 anzuwenden.

Wir haben uns daher entschlossen, IAS 41 erstmals in diesem Buch zu kommentieren. Die Ausführungen finden sich in Kapitel 21.

Systematisch vergleichbar verhält es sich mit IAS 40 „Als Finanzinvestition gehaltene Immobilien". Der Standard ist anzuwenden auf die Bilanzierung von sog. Anlageimmobilien (zur Vermietung, Verpachtung oder zur Wertsteigerung gehaltener Immobilien) und damit für **Immobiliengesellschaften** von großer Bedeutung. Da aber auch andere Gesellschaften häufig über Anlageimmobilien verfügen und die Abgrenzung zu „normalen" Sachanlagen nicht immer einfach ist, kommentieren wir IAS 40 mit dem erforderlichen Tiefgang (Kapitel 18). 6.67

Für **Banken** besteht kein besonderer Standard, wenngleich sachlogisch die Standards zu Finanzinstrumenten (IAS 32, IFRS 9 sowie IFRS 7) für diese Branche besondere Bedeutung erlangen. Richtig ist aber auch, dass Finanzinstrumente bei jedem anderen Unternehmen vorkommen. Wir erläutern Ansatz, Bewertung, Ausweis und Angaben zu Finanzinstrumenten einschließlich der Bilanzierung von Sicherungsbeziehungen mit besonderem Fokus auf Unternehmen *außerhalb* der Bankenbranche (Kapitel 22, 24 und 25). 6.68

Für die Bilanzierung von **Versicherungsverträgen** ist aktuell der IFRS 4 einschlägig. Anzuwenden ist der Standard auf gehaltene (ausgegebene) Versicherungsverträge und angenommene Rückversicherungen sowie auf gehaltene (ausgegebene) Finanzinstrumente mit ermessensbehafteter Überschussbeteiligung. Er hat damit letztlich große Bedeutung für **Versicherungsunternehmen**, nicht aber für Versicherte. Im Ergebnis enthält der Standard allerdings nur rudimentäre Rechnungslegungsvorschriften und war von vornherein nur als Übergangslösung geplant. Seit Mai 2017 liegt der Nachfolgestandard IFRS 17 vor, der ab 2022 anzuwenden ist. 6.69

Auf IFRS 4 bzw. IFRS 17 sowie auf IFRS 6 (Exploration und Evaluierung von Bodenschätzen) gehen wir nur insoweit ein, als es für Abgrenzungsfragen bedeutsam ist.

III. IFRS für kleine und mittlere Unternehmen

Am 9.7.2009 veröffentlichte das IASB den *International Financial Reporting Standard for Small- and Medium-sized Entities (IFRS for SMEs)* als eigenständiges Regel- 6.70

werk für Unternehmen, die keiner öffentlichen Rechenschaftspflicht *(public accountability)* unterliegen. Unter **öffentlicher Rechenschaftspflicht** versteht der IASB nicht etwa eine Pflichtpublizität wie nach HGB, sondern kapitalmarktorientierte Unternehmen sowie Unternehmen, die für einen großen Kreis von Dritten Vermögenswerte verwalten (z.B. Versicherungen, Investmentfonds). Diese sind demnach von der Anwendung der IFRS for SMEs ausgeschlossen.

Beispiel: Aus Sicht des IASB könnte eine große Industrie-GmbH, die keine Schuldtitel emittiert hat, genauso in den Anwendungsbereich der IFRS for SMEs fallen wie der Handwerksbetrieb eines Einzelkaufmanns.

6.71 In Deutschland ist der IFRS for SMEs mit befreiender Wirkung für andere Bilanzrechtsvorschriften (also regelmäßig das HGB) derzeit nicht anwendbar. Voraussetzung für die Anwendung des IFRS for SMEs wäre seine Übernahme in das EU-Recht (*Endorsement*, Rz. 3.5 ff.). Im Zuge der Entwicklung der Bilanzrichtlinie 2013 hat sich die EU-Kommission jedoch gegen die Übernahme des IFRS for SMEs ausgesprochen:

Ob eine Übernahme des IFRS for SMEs in europäisches Recht auf Basis der IAS-Verordnung rechtlich überhaupt zulässig und zielführend im Hinblick auf eine Harmonisierung der Rechnungslegung ist, wurde kontrovers diskutiert.[30] Hinzu kommen inhaltliche Vorbehalte: So hat EFRAG in einer Analyse zahlreiche Abweichungen zwischen der 4. und 7. EG-Richtlinie und den IFRS for SMEs festgestellt.[31] Wichtige weitere Fragen, etwa die Einbindung eines Abschlusses nach dem IFRS for SMEs für gesellschaftsrechtliche Ausschüttungsentscheidungen, wurden analysiert.[32] Klar ist: Der IFRS for SMEs hat auf europäischer politischer Ebene den Anstoß geliefert für die Entwicklung der Bilanzrichtlinie 2013 und Ablösung der 4. und 7. EG-Richtlinien.

6.72 Deutschen Unternehmen bleibt es unbenommen, den IFRS for SMEs freiwillig auf ein Einzelunternehmen oder einen Konzern anzuwenden, aber eben **ohne Rechtswirkung:** Die Anwendung würde nicht befreien von der HGB- oder full-EU-IFRS-Anwendung. Für eine inhaltliche Auseinandersetzung mit dem IFRS for SMEs verweisen wir daher auf schon vorliegende einschlägige Kommentierung.[33]

---

30 Vgl. z.B. *Beiersdorf/Davis*, BB 2006, 987 (989 f.) und die Zusammenfassung der Stellungnahmen zum Konsultationsverfahren der EU-Kommission, Mai 2010 http://ec.europa.eu/internal_market/accounting/docs/ifrs/2010-05-31_ifrs_sme_consultation_summary_en.pdf, abgerufen am 8.9.2011), so z.B. Stellungnahme vom IDW, 26.2.2010 (www.idw.de; abgerufen am 8.9.2011).
31 Vgl. Brief EFRAG an die EU-Kommission vom 28.5.2010 (www.efrag.org/files/EFRAG public letters/IFRS for SMEs compatibility analysis/The Letter.pdf), abgerufen am 7.9.2011.
32 Vgl. etwa *Homeier*, KoR 2011, 187 (190 ff.); *Zülch/Güth/Stamm*, WPg 2011, 709.
33 *Kirsch*, IFRS-Rechnungslegung für kleine und mittlere Unternehmen[3], 2015; *Bruns u.a.* (Hrsg.), IFRS for SMEs, 2010.

IV. Interaktion von Standards und Conceptual Framework

Das Conceptual Framework stellt keinen Standard dar und geht auch keinem Standard vor (Rz. 6.5). Das CF aber insoweit nur als Blaupause für das IASB zur Entwicklung neuer Standards und für Anwender als nachrangige Hilfe bei der Ausfüllung von Standardwahlrechten sowie bei der Ausfüllung von Regelungslücken zu verstehen greift zu kurz. Schon bisher haben zahlreiche Standards auf das alte Rahmenkonzept 1989 und auf den Zwischenschritt, das CF 2010, verwiesen. Es enthält damit quasi „Standardrang". 6.73

Einige – aber nicht alle – dieser Verweise wurden nun umgestellt auf das CF 2018. Um hier den Überblick zu wahren, listet die nachfolgende Tabelle die Verweise in den Standards auf das jeweilige Framework (Spalte 1), benennt den Regelungsgegenstand und Anwendungszeitpunkt:[34]

Standard	Gegenstand	Anwendungszeitpunkt
IFRS 2, Anhang A, IFRS 2.63E	Definition Schuld aus CF 2018	Ab 2020, grundsätzlich retrospektiv
IFRS 3.11	Verweis auf die Definitionsmerkmale Vermögenswert und Schuld im Rahmenkonzept 1989	Sofort, unverändert
IFRS 6.10, 26A	Anwendung der Leitlinien aus CF 2018 (und IAS 38) für den Ansatz von Vermögenswerten aus Erschließung	Ab 2020, grundsätzlich retrospektiv
IAS 1.7, 15, 19–20, 23–24, 28, 89, 139S	Zentral ist IAS 1.15: Eine glaubwürdige Darstellung erfordert Rückgriff auf die Definitionen und Erfassungskriterien für Vermögenswerte, Schulden, Erträge und Aufwendungen aus dem CF 2018.	Ab 2020, grundsätzlich retrospektiv
IAS 8.6, 11b, 54F–54G	Zur Ausfüllung von Regelungslücken sind zunächst jene IFRS heranzuziehen, die ähnliche/verwandte Fragen behandeln; sodann die Definitionen, Erfassungskriterien und Bewertungskonzepte für Vermögenswerte, Schulden, Erträge und Aufwendungen aus dem CF 2018.	Ab 2020, grundsätzlich retrospektiv
	Ausnahme: Wer IFRS 14 nicht anwendet (was auf IFRS-Anwender in der EU zutrifft, da IFRS 14 nicht von der EU übernommen worden ist), soll sich zur Ausfüllung dieser Regelungslücke entsprechend auf das Rahmenkonzept aus 1989 stützen.	Sofort, unverändert

---

[34] Nachfolgende Tabelle und Ausführungen entnommen aus *Theile*, BBK 2018, 591–593.

Standard	Gegenstand	Anwendungszeitpunkt
IAS 34.31, 33, 58	Verwendung der Definitionen und Erfassungskriterien für Vermögenswerte, Schulden, Erträge und Aufwendungen aus dem CF 2018 sowohl in Jahres-, als auch in Zwischenberichten	Ab 2020, grundsätzlich retrospektiv
IAS 37.10	Hinweis eingefügt: Die Definition der Schuld in IAS 37 wurde nicht an die des CF 2018 angepasst.	
IAS 38.8	Hinweis eingefügt: Die Definition des Vermögenswerts in IAS 38 wurde nicht an die des CF 2018 angepasst.	
IFRIC 12	Referenziert auf das Rahmenkonzept 1989	Sofort, unverändert
IFRIC 19	Referenziert auf das Rahmenkonzept 1989	Sofort, unverändert
IFRIC 20	Referenziert auf CF 2010	Sofort, unverändert
IFRIC 22	Referenziert auf CF 2010	Sofort, unverändert
SIC-32.5	Aufwandserfassung gemäß CF 2018	Ab 2020, grundsätzlich retrospektiv

Die Tabelle zeigt: Die IFRS-Anwender haben es nicht nur mit einem, sondern ggf. gleich mit drei Rahmenkonzepten zu tun: Rahmenkonzept 1989, CF 2010 und CF 2018. Letzteres ist erstmals in Geschäftsjahren beginnend am oder nach dem 1.1.2020 anzuwenden.

6.74 Der Frage der Anwendung des „richtigen" Rahmenkonzepts kommt indes nur dann materielle Bedeutung zu, wenn sich die Aussagen der Rahmenkonzepte belastbar unterscheiden. Hier scheint jedoch selbst beim IASB Unsicherheit zu bestehen.

So sind, wie die Tabelle in Rz. 6.73 zeigt, für den Erstansatz von Vermögenswerten und Schulden aus einem Unternehmenszusammenschluss die Definitionsmerkmale aus dem Rahmenkonzept 1989 zu verwenden, das gültig war, als der Standard IFRS 3 entwickelt worden ist. Ein Verweis auf das CF 2018 hätte möglicherweise Änderungen an IFRS 3 nach sich gezogen, was das IASB derzeit und vor einer eingehenden Analyse vermeiden wollte (IFRS 3.BC114B).

Konsequenz: In einem Unternehmenszusammenschluss auf Basis des Rahmenkonzepts 1989 i.V.m. IFRS 3 angesetzte Vermögenswerte und Schulden müssen ggf. in der Folgebilanzierung unter Anwendung anderer Standards unter Gültigkeit des CF 2018 wieder erfolgswirksam ausgebucht werden (sog. *Day 2 gains and losses*). Das IASB will nun die möglichen Abweichungen in den Definitionsmerkmalen und Ansatzkriterien von Vermögenswerten und Schulden zwischen dem Rahmenkonzept 1989 und CF 2018 analysieren. Auf dieser Basis sollen dann ggf. Anpassungen an IFRS 3 erfolgen, um künftig solche *Day 2 gains and losses* zu vermeiden (IFRS 3.BC114A, B).

Größere Änderungen sind indes vermutlich nicht zu erwarten. Die Definitionsmerkmale und Ansatzkriterien des Rahmenkonzepts 1989 sind hoch abstrakt, genauso übrigens wie die tatsächlich geänderten Merkmale und Kriterien des CF 2018 (siehe Kapitel 7.21 ff.). Der besseren Nachvollziehbarkeit halber ein Beispiel:

– Die Erwartung künftiger Nutzenzuflüsse ist als Ansatzkriterium eines Vermögenswerts im CF 2018 gestrichen, was den Umfang dessen, welche Sachverhalte als Vermögenswerte anzusetzen sein können, erhöhen kann.
– Der künftige Nutzenzufluss wird aber nun als „wirtschaftliches Potenzial" bei den Definitionsmerkmalen des Vermögenswerts besonders betont.

Beides zusammengenommen, so die Einschätzung des IASB, wird nicht zu einem veränderten Aktivierungsumfang gegenüber dem Rahmenkonzept 1989 führen (CF Feedback Statement, S. 13). Darüber hinaus ist hinsichtlich der Anwendung der Definitionsmerkmale und Ansatzkriterien des Rahmenkonzepts 1989 auf Unternehmenszusammenschlüsse nach IFRS 3 (Teil-)Entwarnung angesagt. Bei Unternehmenszusammenschlüssen spielen immaterielle Vermögenswerte regelmäßig die größte Rolle. Für deren Folgebilanzierung ist IAS 38 einschlägig. Dieser Standard basiert ebenfalls auf dem Rahmenkonzept 1989 und ist nicht angepasst worden. Zumindest für immaterielle Vermögenswerte sind *Day 2 gains and losses* insoweit nicht zu erwarten.

H. Exkurs: Lagebericht

Stellt eine deutsche Kapitalgesellschaft oder haftungsbeschränkte Personenhandelsgesellschaft ihren Einzel- bzw. Konzernabschluss nach IFRS auf, so ist auch der Lagebericht gem. § 289 HGB bzw. **Konzernlagebericht** gem. § 315 HGB mit Bezug auf den IFRS-Abschluss aufzustellen (§ 315e Abs. 1 HGB, § 325 Abs. 2a Satz 4 HGB). 6.75

Die IFRS selbst enthalten keine Verpflichtung zur Aufstellung eines Lageberichts. Am 8.12.2010 allerdings hat der IASB den Anwendungshinweis „**Management Commentary**" herausgegeben.[35] Es handelt sich dabei nicht um einen Standard, sondern um eine unverbindliche Empfehlung zur Aufstellung eines IFRS-konformen Managementberichts. Er soll als zusätzliches Berichtsinstrument einen Raum für weitere Erläuterungen der Vermögens-, Finanz- und Ertragslage sowie der Cashflows bieten. Der Anwendungshinweis ist den Anforderungen des Lageberichts vergleichbar und sieht unter anderem ebenfalls Ausführungen zu Strategien, Chancen und Risiken vor.[36] 6.76

---

[35] Zur Entwicklung und zum Hintergrund des Management Commentarys s. *Kajüter/Bachert/Blaesing*, KoR 2010, 183-190. Zum Vergleich des Managementberichts zum Lagebericht nach HGB *Melcher/Murer*, DB 2011, 430-434 und zur Erstellung eines Managementberichts weiterführend *Fink/Kajüter*, KoR 2011, 177–181.
[36] Vgl. IFRS Management Commentary, IN 1 ff.

6.77 Eine Pflichtanwendung des Anwendungshinweises „**Management Commentary**" ergäbe sich nur, wenn das nationale Recht oder beispielsweise Börsenaufsichtsbehörden seine Anwendung verlangten. Das ist zumindest innerhalb der EU nicht zu erwarten: Da es sich bei dem Anwendungshinweis nicht um einen Standard handelt, kann er auch nicht auf Basis der geltenden IAS-Verordnung Gegenstand des Übernahmeverfahrens in EU-Recht werden. Außerdem basieren die bereits existierenden Vorschriften zum Lagebericht auf der Bilanzrichtlinie. Damit bleibt es vorläufig bei einer Lageberichtsaufstellung gem. §§ 289, 315 HGB.

Kapitel 7
Bilanzansatz (Conceptual Framework)

A. Übersicht und Wegweiser 7.1	V. Sonderfragen 7.31
I. Management Zusammenfassung .. 7.1	1. Einzelverwertbarkeit 7.31
II. Standards und Anwendungsbereich 7.3	2. Rechnungsabgrenzungsposten 7.34
	3. Aktivierungswahlrechte nach HGB und ihre Abbildung in IFRS 7.35
III. Wesentliche Abweichungen zum HGB 7.4	**D. Passivierung** 7.40
IV. Neuere Entwicklungen 7.7	I. Schuldendefinition 7.40
B. Vollständigkeitsgebot 7.20	II. Definitionsmerkmale im Einzelnen 7.43
C. Aktivierung 7.21	1. Gegenwärtige Verpflichtung aus vergangenen Ereignissen 7.43
I. Vermögenswertdefinition 7.21	2. Wahrscheinlichkeit künftigen Nutzenabflusses („transfer an economic resource") 7.46
II. Definitionsmerkmale im Einzelnen 7.24	
1. Verfügungsmacht des Unternehmens 7.24	III. Ansatzkriterien 7.47
2. Ereignis der Vergangenheit 7.25	IV. Spezielle Passivierungsvoraussetzungen und Passivierungsverbote . 7.48
3. Zukünftiger wirtschaftlicher Nutzen (CF 2010) 7.26	V. Sonderfragen 7.49
4. Ökonomische Ressource (CF 2018) 7.27	1. Rechnungsabgrenzungsposten 7.49
	2. Aufwandsrückstellungen 7.50
III. Ansatzkriterien 7.28	3. Passivierungswahlrechte nach HGB und ihre Abbildung nach IFRS 7.51
IV. Spezielle Aktivierungsvoraussetzungen und Aktivierungsverbote .. 7.30	

Literatur: *Baetge/Kirsch/Thiele*, Bilanzen, 14. Aufl., Düsseldorf 2017; *Erb/Pelger*, Welche Vorstellungen hat der IASB vom neuen Rahmenkonzept?, WPg 2015, 1058; *Erb/Pelger*, Potenzielle Praxisimplikationen des Entwurfs zum künftigen IFRS-Rahmenkonzept, IRZ 2015, 337; *Fischer*, Neufassung des IASB-Rahmenkonzepts, PiR 2018, 155; *Herzig*, IAS/IFRS und steuerliche Gewinnermittlung, Düsseldorf 2004; *von Keitz*, Praxis der IASB-Rechnungslegung: Derzeit (noch) uneinheitlich und HGB-orientiert, DB 2003, 1801; *Kirsch/School/Kraft*, Das Discussion Paper zum Conceptual Framework des IASB – Ein Überblick über Inhalte und Neuerungen, WPg 2014, 301; *Kirsch*, Der Exposure Draft zum Conceptual Framework (ED/2015/3) – Mögliche Implikationen für die künftige IFRS-Rechnungslegung, PiR 2015, 233; *Matena*, Bilanzielle Vermögenszurechnung nach IFRS, Düsseldorf 2004; *Pellens* u.a., Internationale Rechnungslegung, 10. Aufl., Stuttgart 2017; *Schmidt/Blecher*, Das Diskussionspapier des IASB zur Überarbeitung des Conceptual Framework – eine systematische Auswertung der Comment Letters, KoR 2015, 252; *Schneider*, Betriebswirtschaftslehre Bd. 2: Rechnungswesen, 2. Aufl., München/Wien 1997; *Theile*, Bilanzrechtsmodernisierungsgesetz, 3. Aufl., Herne 2011; *Theile*, Das neue Conceptual Framework – was für IFRS-Anwender wichtig ist, BBK 2018, 589; *Theile/Goy*, Entwurf ED/2015/3: Conceptual Framework for Financial Reporting, BBK 2015, 617; *Theile/Salewski*, Das neue Diskussionspapier (DP/2013/1) zur Überarbeitung des IFRS-Rahmenkonzepts, BBK 2013, 1033; *Wagenhofer*, Internationale Rechnungslegungsstandards – IAS/IFRS, 4. Aufl., Wien/Frankfurt 2003.

A. Übersicht und Wegweiser

I. Management Zusammenfassung

7.1 Die IFRS verfolgen für die Aktivierung und Passivierung eine eher dynamische, zukunftsgerichtete Sichtweise: Das wesentliche Merkmal für den Ansatz von Vermögenswerten sind **künftige Nutzenzuflüsse** und für Schulden entsprechend **künftige Nutzenabflüsse**. Bilanzansatzwahlrechte für Vermögenswerte und Schulden kennen die IFRS formal nicht. Beim Ansatz von Entwicklungskosten allerdings bestehen hohe Ermessensspielräume, so dass die Praxis von einem faktischen Aktivierungswahlrecht spricht. Außerdem können Posten anzusetzen sein, obwohl sie nicht die Kriterien für Vermögen, Schulden oder Eigenkapital aufweisen. Für Investitionszuschüsse, die ja keine Schulden darstellen, besteht das Wahlrecht, sie zu passivieren oder vom Vermögenswert abzusetzen – so wird auch nach HGB vorgegangen.

7.2 Trotz unterschiedlicher Definitionsmerkmale von Vermögen und Schulden in der IFRS-Welt und nach HGB ergibt sich im Wesentlichen der gleiche Bilanzinhalt, weil Unterschiede in den Merkmalen durch Sondervorschriften entweder in den IFRS (Separierbarkeit bei immateriellen Vermögenswerten) oder im HGB (Ansatzpflicht für Geschäfts- oder Firmenwert) aufgefangen werden. Wahrnehmbare Unterschiede im Bilanzinhalt bestehen bei **Leasingverträgen** (grundsätzlich wird nach IFRS 16 beim Leasingnehmer jeder Leasingvertrag bilanzwirksam, siehe Rz. 17.1 ff.) und sind im Übrigen veranlasst durch Ansatzwahlrechte im HGB (z.B. beim Aktivüberhang latenter Steuern oder bei Entwicklungskosten).

II. Standards und Anwendungsbereich

7.3 Vermögenswerte *(assets)* und Schulden *(liabilities)* sind im **Conceptual Framework** definiert. Im Gegensatz zum CF 2010 verzichtet allerdings das CF 2018 auf explizite Ansatzkriterien. Stattdessen wird nur diskutiert, welche Überlegungen für den Ansatz von Vermögenswerten und Schulden einschlägig sind. Im Übrigen geben die Einzelstandards regelmäßig vor, unter welchen Bedingungen ein Sachverhalt bilanziert werden muss. Es gilt das Vollständigkeitsgebot.

Zur Bedeutung, Rechtsentwicklung und aktuellem Stand des Conceptual Framework siehe bereits Rz. 6.3 ff.

III. Wesentliche Abweichungen zum HGB

7.4 Im HGB sind die Begriffe Vermögensgegenstand und Schuld nicht definiert. Der deutsche Gesetzgeber kann sich das leisten, weil er auf ein nationales Verständnis und dessen Weiterentwicklung über diese Begriffe vertrauen kann. Das IASB dagegen ist gezwungen, die entsprechenden Pendants in seinem Regelwerk zu definieren, weil die Anwendung der Regelungen weltweit zu vergleichbaren Abschlüssen führen soll.

Abgeleitet aus den GoB liegt ein **Vermögensgegenstand** dann vor, „wenn das durch eine Ausgabe Erlangte als **Einzelstück**, ggf. in Funktionszusammenhängen, geeignet ist, zur Schuldendeckung beizutragen (**individuelle Schuldendeckungsfähigkeit**)."[1] Das Gut muss daher außerhalb des Unternehmens in Geld umgewandelt werden können. Es muss **selbständig verwertbar** sein, durch Veräußerung, entgeltliche Nutzungsüberlassung, bedingten Verzicht oder Zwangsvollstreckung.[2] Eine Einzelverwertung – ohne zugleich das Unternehmen zu veräußern – ist etwa beim derivativen Geschäfts- oder Firmenwert sowie bei aktiven latenten Steuern nicht möglich, so dass es sich hierbei nicht um Vermögensgegenstände handelt.[3] Das erkennt auch der Gesetzgeber an: Um für den Geschäfts- oder Firmenwert und aktive latente Steuern dennoch zur Aktivierung zu gelangen, sind Sonderregelungen erforderlich.

7.5

– Der Geschäfts- oder Firmenwert „gilt" als zeitlich begrenzt nutzbarer Vermögensgegenstand, § 246 Abs. 1 Satz 4 HGB; er wird qua Fiktion in den Rang eines Vermögensgegenstands erhoben.[4]

– Der Aktivüberhang latenter Steuern ist über § 274 Abs. 1 HGB als „Sonderposten eigener Art"[5] aktivierungsfähig.

Auch **Schulden** sind im HGB nicht definiert, lassen sich aber aus den GoB entwickeln als

7.6

– gegenüber Dritten bestehende rechtliche, faktische oder wirtschaftlich verursachte **Außenverpflichtungen**,

– die eine **wirtschaftliche Belastung** des Unternehmensvermögens darstellen und

– die **hinreichend konkretisiert** (wahrscheinlich)[6] und insoweit quantifizierbar sind.

Schulden werden unterteilt in „sichere" Verbindlichkeiten und „unsichere" Rückstellungen („ungewisse Verbindlichkeiten", § 249 Abs. 1 Satz 1 HGB).

Soll „mehr" passiviert werden müssen oder können, sind gesetzliche Sonderregelungen erforderlich. Diese sind auch vorgesehen für bestimmte sog. **Aufwandsrückstellungen** (§ 249 Abs. 2 HGB), die keine Außenverpflichtungen und damit keine Schulden darstellen. Umgekehrt kann auch „weniger" passiviert werden: Für Pensionsaltverpflichtungen (Art. 28 EGHGB) besteht nach wie vor nur ein Passivierungswahlrecht.

---

1 *Lutz/Schlag* in HdJ, II/1 Rz. 3 m.w.N.
2 Vgl. statt vieler *Baetge/Kirsch/Thiele*, Bilanzen[14], 2017, 163; *Lutz/Schlag* in HdJ, II/1 Rz. 26.
3 Vgl. *Baetge/Kirsch/Thiele*, Bilanzen[14], 2017, 165 f.
4 Vgl. *Theile*, Bilanzrechtsmodernisierungsgesetz[3], 2011, § 246 HGB Rz. 5.
5 BT-Drs. 16/10067, 68.
6 Vgl. *Lutz/Schlag* in HdJ, III/3 Rz. 6.

IV. Neuere Entwicklungen

7.7 Die aus dem „alten" Rahmenkonzept (von 1989) vorläufig in das zwischenzeitlich neue Conceptual Framework von 2010 übernommenen Definitions- und Ansatzkriterien für Vermögenswerte und Schulden sind mit dem ganz neuen Conceptual Framework aus 2018 überarbeitet worden. Wir stellen die Gemeinsamkeiten und Unterschiede sowie mögliche Konsequenzen dar. Zur Rechtsentwicklung des Conceptual Frameworks siehe bereits Rz. 6.3 ff.

7.8–7.19 frei

B. Vollständigkeitsgebot

7.20 Das Vollständigkeitsgebot besteht sowohl nach HGB als auch nach IFRS:

– Der **Jahresabschluss** hat sämtliche Vermögensgegenstände, Schulden, Rechnungsabgrenzungsposten sowie Aufwendungen und Erträge zu enthalten, *soweit gesetzlich nichts anderes bestimmt ist* (§ 246 Abs. 1 Satz 1 HGB).

– Vermögenswerte, Schulden, Eigenkapital, Erträge und Aufwendungen sind im **IFRS-Abschluss** genau dann zu erfassen, wenn sie die im Conceptual Framework enthaltenen Definitionen und Erfassungskriterien erfüllen (IAS 1.28).[7]

Das Conceptual Framework erhält über diesen Verweis im Hinblick auf die Ansatzkriterien **quasi Standardrang**. Die Systematik über die Durchbrechung des Vollständigkeitsgebots nach HGB – *soweit gesetzlich nichts anderes bestimmt ist* – gilt aber auch in den IFRS: Da die Standards dem Conceptual Framework vorgehen (Rz. 6.5), können selbst dann Bilanzposten anzusetzen sein, wenn die Ansatzkriterien des Rahmenkonzepts nicht erfüllt sind. Voraussetzung ist, dass ein Standard den Bilanzansatz (trotz der Inkonsistenz mit dem Rahmenkonzept) vorschreibt oder erlaubt. Auch ein Ansatzverbot lässt sich über eine Standardvorschrift so erreichen.

C. Aktivierung

I. Vermögenswertdefinition

7.21 Die Definitionsmerkmale von Vermögenswerten und Schulden sind aus dem ursprünglichen Rahmenkonzept 1989 in das CF 2010 unverändert übernommen worden. In dem nun vorliegenden CF 2018 wurden sie hingegen geändert. Es ist allerdings erkennbar nicht die Absicht des IASB, am Aktivierungs- und Passivierungsumfang Veränderungen herbeizuführen (CF.BC4.3).[8]

---

7 Zur Kritik an der Stellung dieser Vorschrift im Zusammenhang mit der Periodenabgrenzung Rz. 6.53.
8 Vgl. auch *Erb/Pelger*, IRZ 2015, 338.

Im **Conceptual Framework 2010** lautet die Definition eines Vermögenswerts (CF 2010.4.4a): 7.22

„An asset is a resource
(1) controlled by the entity
(2) as a result of past events and
(3) from which future economic benefits are expected to flow to the entity."

Demgegenüber heißt es im **Conceptual Framework 2018** (hier mit inhaltlicher Zuordnung nach den obigen Nummern) (CF.4.3): 7.23

„An asset is
(3) a present economic resource
(1) controlled by the entity
(2) as a result of past events."

Um die Gegenüberstellung zu erleichtern, sind die Ordnungsnummern der neuen Definition den sachlogischen Entsprechungen der alten Definition zugeordnet. Erkennbar ist: „Getan" hat sich möglicherweise etwas bei der Nummer (3) durch Neueinfügung des Begriffs der „ökonomischen Ressource". Diese wird wiederum wie folgt definiert (CF.4.4):

„An economic resource is a right that has the potential to produce economic benefits."

Im Folgenden werden die einzelnen Elemente erläutert.

II. Definitionsmerkmale im Einzelnen

1. Verfügungsmacht des Unternehmens

Der Begriff der **Verfügungsmacht** (*control*, CF.4.19 ff.) entspricht dem des wirtschaftlichen Eigentums im deutschen Bilanzrechtsverständnis: Verfügungsmacht ist gegeben, wenn sich das Unternehmen den künftigen wirtschaftlichen Nutzen aus der zu Grunde liegenden Ressource verschaffen und den Zugriff Dritter auf diesen Nutzen verhindern[9] kann (IAS 38.13). Juristische Kriterien wie etwa **Verfügungsrechte** und **zivilrechtliches Eigentum** können hier zwar wertvolle Hinweise geben (insbesondere bei immateriellen Vermögenswerten, Rz. 13.28), allein ausschlaggebend ist aber die **wirtschaftliche Betrachtungsweise**: Auch über eine geheim gehaltene Erfindung wird Kontrolle ausgeübt eben wegen ihrer Geheimhaltung (CF.4.22). Dementsprechend sind unter **Eigentumsvorbehalt** gelieferte Gegenstände – wenn die sonstigen Voraussetzungen vorliegen – beim Empfänger zu bilanzieren.[10] Anders als nach deutschem Bilanzrechtsverständnis gibt es in den IFRS aber kein Primat der Zivilrechtsstruktur. 7.24

---

[9] In der EU-Übersetzung des IAS 38.13 wird *restrict* mit „beschränken" übersetzt. U.E. ist *restrict* als „verhindern" zu interpretieren.
[10] Zur Diskussion des Begriffs der Verfügungsmacht s. *Matena*, Bilanzielle Vermögenszurechnung nach IFRS, 2004, 60 ff.

2. Ereignis der Vergangenheit

7.25 Das Abstellen auf Ergebnisse von **Ereignissen der Vergangenheit** soll verdeutlichen, dass die bloße Absicht, Gegenstände zu erwerben, noch keinen Vermögenswert erzeugt (CF 2010.4.13). Insoweit werden **schwebende Geschäfte**, solange die Ausgeglichenheitsvermutung greift, grundsätzlich nicht bilanziert (z.B. Arbeitsverträge, Rz. 13.30).

Ausnahmen vom Grundsatz der Nichtbilanzierung schwebender Verträge bedürfen besonderer Regelungen. Diese bestehen für **derivative Finanzinstrumente**, die bereits bei **Vertragsunterzeichnung** zu erfassen sind (Rz. 22.26).

3. Zukünftiger wirtschaftlicher Nutzen (CF 2010)

7.26 Der künftige wirtschaftliche Nutzen ist das **zentrale Element** der Vermögenswertdefinition aus dem CF 2010. Mit dem künftigen wirtschaftlichen Nutzenzufluss kommt das Potenzial einer Ressource zum

- direkten und/oder
- indirekten
- Zufluss von Zahlungsmitteln und Zahlungsmitteläquivalenten

zum Ausdruck (CF 2010.4.8).

Hierdurch wird die anglo-amerikanische Betrachtungsweise deutlich, wonach es beim Bilanzinhalt auf der Aktivseite eher nicht auf die derzeitigen Eigenschaften eines Sachverhalts, sondern auf dessen *künftige* Auswirkungen ankommt.[11]

Indirekte Zahlungsmittelzuflüsse aus einem Vermögenswert ergeben sich beispielsweise durch

- seine Weiterverarbeitung (mit anschließender Nutzung der Endprodukte),
- Einsatz von Geld und anderen Vermögenswerten für Schuldentilgungen,
- Auszahlungsersparnisse durch Produktionsprozessverbesserungen oder Hilfsinvestitionen (Werksfeuerwehr) (CF 2010.4.10 passim).

Die Tätigung einer Ausgabe ist nicht notwendiger Bestandteil eines Vermögenswertes, so dass auch **Schenkungen** die Begriffsmerkmale erfüllen (CF 2010.4.14).

4. Ökonomische Ressource (CF 2018)

7.27 Der durch das Conceptual Framework 2018 neu eingefügte Begriff der ökonomischen Ressource ist definiert als **Recht, welches das Potenzial besitzt, wirtschaftlichen Nutzen zu generieren** (CF.4.4). Damit sollen die bisherigen Überlegungen zum künftigen Nutzenzufluss (Rz. 7.26) präzisiert werden:

---

[11] Demgegenüber ist der Begriff des steuerlichen Wirtschaftsgutes durch die Rechtsprechung stark gegenständlich und objektivierend ausgerichtet, vgl. *Herzig*, IAS/IFRS und steuerliche Gewinnermittlung, 2004, 65.

– Gestrichen worden ist der Begriff des „erwartet" *(expected)*, um von vornherein keine Wahrscheinlichkeitsüberlegungen zu provozieren. Ausreichend für einen wirtschaftlichen Nutzenfluss ist *ein* denkbares Szenario, selbst wenn dessen Wahrscheinlichkeit sehr gering ist (CF.4.14 f.).

– Mit dem Potenzial zur Nutzengenerierung soll verdeutlicht werden, dass nicht erst der Nutzenfluss, sondern bereits das Potenzial hierzu einen Vermögenswert ausmacht (CF.BC4.25).

– Schließlich ist der Begriff „Recht" nicht im juristischen Sinn zu verstehen, sondern als Verfügungsmacht, die auch vorliegen kann, wenn sie rechtlich nicht abgesichert ist (CF.4.6 f.; Rz. 7.24).

Mit diesen Überlegungen lässt sich zwanglos der *right-of-use*-Ansatz des IFRS 16 rechtfertigen, wonach grundsätzlich alle Leasinggüter als Nutzungsrechte beim Leasingnehmer bilanzwirksam werden (Rz. 17.1 ff.).

Das IASB diskutiert derzeit, ob es insbesondere bei Unternehmenszusammenschlüssen Konsequenzen im Aktivierungsumfang aufgrund der Neudefinition des Vermögenswertbegriffs geben kann (siehe Rz. 6.74).

III. Ansatzkriterien

Das Conceptual Framework 20[...] [...] zu aktivieren, wenn (CF 2010.4.[...]

– es **wahrscheinlich** ist, dass ei[...] **licher Nutzen** dem Unterneh[...]

– die **Anschaffungs- oder Herst**[...] ermittelt werden können.

Für den wahrscheinlichen Nutze[...] Wahrscheinlichkeitsgrenzen ang[...] sätzliche Erfordernis einer mehr[...]

Nach dem Conceptual Framewo[...] eines Prozentsatzes eher zum A[...] Unsicherheiten geprägt ist, glei[...] lanzaufstellungstag zur Verfügu[...] gen muss (CF 2010.4.40). Es müssen im Rahmen einer **Ermessensentscheidung** mehr Gründe für als gegen einen künftigen Nutzenzufluss sprechen. Wichtig: Beurteilt werden muss (mit hinreichender Gewissheit), *ob überhaupt* Zahlungszuflüsse zu erwarten sind. *Wie hoch* diese dann ausfallen, ist keine Ansatz-, sondern (nur noch) eine Bewertungsfrage.

[Handschriftliche Notiz: Recht eng mit Kontrolle bzw. Verfügungsmacht verbinden!]

---

12 Vgl. *Wagenhofer*, Internationale Rechnungslegungsstandards⁴, 2003, 140 sowie *Pellens* u.a., Internationale Rechnungslegung¹⁰, 2017, 116.

Beispiel: Das Management tätigt eine Sachinvestition in der Erwartung, neue Produkte zu fertigen. Überraschend wird vor dem Abschlussstichtag die strategische Entscheidung getroffen, die neue Produktlinie doch nicht zu fertigen. Die Sachinvestition wird nicht gebraucht. Dennoch ist sie zu aktivieren, und zwar bewertet zum Nettoveräußerungspreis.

Das Ansatzkriterium der **verlässlichen Ermittlung der Anschaffungs- oder Herstellungskosten bzw. des Werts des Postens** weist keine Besonderheiten gegenüber einer Bilanzierung nach HGB auf. Der Umfang der Anschaffungs- und Herstellungskosten wird in den einzelnen Standards geklärt.

7.29 Mit dem Conceptual Framework 2018 sind die **Ansatzkriterien gestrichen** worden. Das IASB weist darauf hin, dass nicht alle Standards auf die Ansatzkriterien Bezug genommen haben und wenn ja, oft unterschiedliche Wahrscheinlichkeitsbegriffe verwendet worden sind (CF.BC5.2). Tatsächlich wird in vielen Standards der Bilanzansatz eigenständig geregelt.

Dennoch enthält das CF einen Abschnitt 5 „Ansatz und Ausbuchung", in dem die Würdigung künftiger Ereignisse und ihre Wahrscheinlichkeiten diskutiert werden. Sie sind aus unserer Sicht eher als Leitlinie für das IASB zur Standardentwicklung zu verstehen; das ist ja auch der vordringliche Sinn des CF (siehe Rz. 6.3). Aussagen wie *„judgement is required when deciding whether to recognise an item, and thus recognition requirements may need to vary between and within Standards"* (CF.5.9) dürften für Abschlussaufsteller jedenfalls keine wirkliche Hilfe darstellen.

Folglich sind, wenn in den Standards nichts Gegenteiliges oder konkretisierendes verlautbart ist, wegen des Vollständigkeitsgebots Vermögenswerte generell dann anzusetzen, wenn sie die Definitionsmerkmale in Rz. 7.23 erfüllen.

IV. Spezielle Aktivierungsvoraussetzungen und Aktivierungsverbote

7.30 Oft wird kritisiert, die Kontur des Vermögenswertbegriffs und der Ansatzkriterien, insbesondere das Abstellen auf künftige Nutzenzuflüsse, bleibe vage. Wir teilen diese Auffassung, zumal auch in Kontinentaleuropa in der Vergangenheit einschlägige Erfahrungen gemacht worden sind: „Die Bilanzgeschichte belegt, dass Vorstände von Aktiengesellschaften das Blaue vom Himmel herunter als ‚künftigen Nutzen stiftend' aktiviert haben, um die trostlose Lage ihrer Gesellschaft wenigstens zeitweilig noch zu verschleiern."[13] Es mangelt diesem Konzept in der Tat an **Objektivierbarkeit**.[14]

---

13 *Schneider*, Betriebswirtschaftslehre Bd. 2, 2. Aufl. 1997, 123 – Tatsächlich haben auch in jüngerer Zeit Unternehmen mit einer vergleichsweise schlechten Umsatzrendite die Beurteilungsspielräume bei selbsterstellten immateriellen Vermögenswerten zu Gunsten einer Aktivierung ausgeübt, vgl. *von Keitz*, DB 2003, 1801 (1803).
14 Daher ist u.E. eine solche Aktivierungskonzeption mit dem Ziel der Gewinnermittlung zum Zwecke der Gewinnzurechnung an Gesellschafter (Ausschüttungsbemessung) und Steuerbemessung unvereinbar.

An verschiedenen Stellen tritt dieser Mangel besonders deutlich hervor, insbesondere bei immateriellen Vermögenswerten. Das scheint auch dem IASB bewusst zu sein; er formuliert **zusätzliche Prüfschritte**,

– um Forschungsausgaben von Entwicklungsausgaben abzugrenzen (Rz. 13.40 ff.) und

– den Ansatz von Entwicklungsausgaben zu objektivieren (Rz. 13.46 ff.).

Außerdem bestehen im Bereich der Investitionen in immaterielle Werte zahlreiche **Bilanzierungsverbote** (z.B. für Kosten der Werbung, selbst geschaffene Markennamen und Kundenstammlisten, Rz. 13.53 ff.). Erkennbar sollen auf diese Weise Diskussionen um einen möglichen Nutzenzufluss solcher Sachverhalte von vornherein vermieden werden.

V. Sonderfragen

1. Einzelverwertbarkeit

In den meisten praxisrelevanten Fällen führen der handelsrechtliche Begriff des Vermögens*gegenstands* und der des Vermögens*werts* zum selben Ergebnis im Hinblick auf den Bilanzansatz. 7.31

Beispiel: Bei üblicherweise erworbenen oder ggf. selbst hergestellten Grundstücken, Maschinen, Beteiligungen, Rohstoffen, Waren, Forderungen, Ausleihungen usw. bestehen praktisch keine Unterschiede: Sowohl nach IFRS als auch nach HGB fallen Bilanzansatzentscheidungen regelmäßig gleich aus.

Der Begriff des Vermögens*wertes* geht aber über den des Vermögens*gegenstandes* hinaus, weil die **Einzelverwertbarkeit** – abweichend vom deutschen Verständnis – kein Definitionsmerkmal des Vermögenswertes darstellt. Daher kann 7.32

– beim derivativen Goodwill und

– bei aktiven latenten Steuern

aus der IFRS-Perspektive von einem Vermögenswert gesprochen werden (zum HGB siehe Rz. 7.5).

Auf der anderen Seite können die Standards nicht gänzlich auf den Begriff der **Einzelverwertbarkeit** (Verkehrsfähigkeit) verzichten. Deutlich wird dies bei immateriellen Vermögenswerten: Hier ist die Verkehrsfähigkeit (Separierbarkeit, *separability*) ein Kriterium zur Abgrenzung von immateriellen Vermögenswerten und Goodwill (Rz. 13.22). 7.33

Beispiel: Ein Unternehmen führt einen Werbefeldzug durch. Die Ausgaben werden in Erwartung hoher künftiger Nutzenzuflüsse getätigt, zumal der Erfolg vergangener Aktionen auch nachgewiesen werden konnte. Die Kosten für den Werbefeldzug sind gegeben. Damit läge nach dem Conceptual Framework 2010 und auch 2018 „eigentlich" Ansatzfähigkeit vor.[15] Die Aktivierung scheitert aber an dem *zusätzlichen* Kriterium der Separierbarkeit, das in den IFRS speziell für immaterielle Sachverhalte gilt (und nicht, wie nach HGB, generell auf alle Aktiva anzuwenden ist).[16]

2. Rechnungsabgrenzungsposten

7.34 Allerdings schließt der Begriff des Vermögenswerts die aktiven **Rechnungsabgrenzungsposten** mit ein. Nach IFRS wird bei Ausgaben vor dem Bilanzstichtag *nicht* zwischen zeitraumbestimmtem Aufwand (= aktive Rechnungsabgrenzung nach HGB) und zeitraumunbestimmtem Aufwand (= ggf. geleistete Anzahlung, Forderung nach HGB) nach dem Bilanzstichtag unterschieden. So ist die vom Unternehmen für das nächste Geschäftsjahr vorausbezahlte Miete

— ein Ereignis der Vergangenheit,

— mit dem *wirtschaftliche* Verfügungsmacht erworben worden ist,

— die einen künftigen Nutzenzufluss (= die Möglichkeit, das Mietobjekt künftig zu nutzen) bzw. wirtschaftliches Potenzial verspricht.

3. Aktivierungswahlrechte nach HGB und ihre Abbildung in IFRS

7.35 Nach HGB bestehen eine Reihe von Aktivierungswahlrechten, die Möglichkeiten zur Bilanzpolitik bieten. Die nachfolgende Tabelle zeigt deren Abbildung in IFRS.

Nr.	Aktivierungswahlrecht HGB	Abbildung IFRS	Rz.
1	Entwicklungskosten, § 248 II	Ansatzpflicht (hohe Ermessensspielräume)	13.46
2	Disagio, § 250 III	Aktivierungsverbot. Verbindlichkeit wird i.H.d. Erhaltenen passiviert, Differenz zum Rückzahlungsbetrag wird über Effektivzinsmethode verteilt	24.30, 24.40 ff.
3	Latente Steuern, § 274 I	Aktivierungspflicht	29.9

7.36–7.39 frei

---

15 A.A. *Lüdenbach/Hoffmann* in Haufe IFRS-Komm[16], § 1 Rz. 95, die die Aktivierung u.E. unzutreffend an nicht verlässlicher Bewertung scheitern lassen.

16 Um darüber hinaus letzte Zweifel gar nicht erst aufkommen zu lassen, ist in IAS 38.69c ein spezielles Aktivierungsverbot für Werbeausgaben formuliert.

D. Passivierung

I. Schuldendefinition

Sowohl das bisherige Conceptual Framework 2010 als auch das neue aus 2018 verwendet für die Passivseite (neben dem Eigenkapital) den Oberbegriff der Schuld. Bei der Bewertung und beim Bilanzausweis ist dann zwischen Verbindlichkeiten und Rückstellungen zu differenzieren. Das entspricht systematisch dem HGB.

7.40

Spiegelbildlich zum Vermögenswert (Rz. 7.22) ist eine **Schuld** im Conceptual Framework 2010 definiert als (CF 2010.4.4b):

7.41

– **gegenwärtige Verpflichtung** des Unternehmens,
– die aus **vergangenen Ereignissen stammt** und
– deren Erfüllung für das Unternehmen erwartungsgemäß mit einem **Abfluss von Ressourcen** mit wirtschaftlichem Nutzen verbunden ist.

Ebenso spiegelbildlich ist die Definition durch das CF 2018 wie folgt geändert worden (CF.4.26):

7.42

„A liability is a present obligation of the entity to transfer an economic resource as a result of past events."

Im Folgenden werden die einzelnen Elemente unter Rückgriff auf die Ausführungen zum Vermögenswert erläutert.

II. Definitionsmerkmale im Einzelnen

1. Gegenwärtige Verpflichtung aus vergangenen Ereignissen

Eine Verpflichtung kann sich ergeben aus Vertrag oder Gesetz, es kann sich aber auch um faktische Verpflichtungen handeln. Damit umfasst – wie nach HGB-Verständnis – der Schuldbegriff ausschließlich **Außenverpflichtungen** des Unternehmens, die rechtlich begründet sein oder in einem faktischen Leistungszwang bestehen müssen.[17]

7.43

Verbindlichkeiten aus schwebenden Geschäften sind grundsätzlich nicht zu passivieren, soweit die Ausgeglichenheitsvermutung greift (CF.4.47). Erneut gibt es Durchbrechungen des Nichtansatzes schwebender Geschäfte:

7.44

– Im Fall drohender Verluste ist eine Rückstellung zu bilden (Rz. 26.45 ff.)
– Finanzderivate sind bei Vertragsabschluss anzusetzen (Rz. 22.26).

Mit dem Abstellen auf vergangene Ereignisse wird das **Stichtagsprinzip** zum Ausdruck gebracht. Wann genau allerdings ein vergangenes Ereignis vorliegt, ist in allen

7.45

---

17 Vgl. ausführlich zum handelsrechtlichen Schuldbegriff *Schubert* in Beck Bil-Komm[11], § 247 HGB Rz. 201 ff.

Rechnungslegungssystemen im Einzelfall umstritten, z.B. bei der Frage, ob bei einem Schadensfall die Verursachung oder die Geltendmachung durch den Geschädigten ausreichend und notwendig ist. Wir gehen darauf in Rz. 26.20 ff. ein.

2. Wahrscheinlichkeit künftigen Nutzenabflusses („transfer an economic resource")

7.46 Spiegelbildlich zu der Aktivierungsvoraussetzung setzt eine Schuld einen künftigen Ressourcenabfluss (Geld oder Sachleistungen) voraus. Das Wahrscheinlichkeitskriterium ist insbesondere bei Rückstellungen relevant (Rz. 26.28 ff.).

III. Ansatzkriterien

7.47 Nach dem Conceptual Framework 2010 bestanden für Schulden zwei Ansatzkriterien (CF 2010.4.38): Eine Schuld ist zu passivieren, wenn

– der wirtschaftliche **Nutzenabfluss** wahrscheinlich ist und

– dessen Wert **verlässlich ermittelt** werden kann.

Mit dem Conceptual Framework 2018 sind die **Ansatzkriterien gestrichen** worden. Der Nutzenabfluss ist spiegelbildlich zu Rz. 7.28 f. zu würdigen. Die bisherige „verlässliche Ermittlung" hat die Verwendung von **Schätzungen** nicht ausgeschlossen (CF 2010.4.41), die auch nach wie vor erforderlich sind (Rz. 7.29). Sie führen aber nicht auf der Ebene des Conceptual Frameworks zu belastbaren Aussagen: Gerade im Rückstellungsbereich enthalten IAS 19 zu Pensionsverpflichtungen und IAS 37 zu sonstigen Rückstellungen objektivierende Hinweise zur Verwendung von Schätzungen.

IV. Spezielle Passivierungsvoraussetzungen und Passivierungsverbote

7.48 Ebenso wie bei der Aktivierung ist auch bei der Passivierung zu prüfen, ob die Standards besondere Ansatzvoraussetzungen enthalten. Objektivierende Voraussetzungen bestehen bei **Restrukturierungsrückstellungen** (Rz. 26.47 ff.).

V. Sonderfragen

1. Rechnungsabgrenzungsposten

7.49 Sachverhalte, die nach HGB als **passive Rechnungsabgrenzungsposten** qualifiziert werden, sind nach IFRS unter den Schuldbegriff zu subsumieren (analog Rz. 7.34).

2. Aufwandsrückstellungen

Die HGB-Sonderregelungen zu Aufwandsrückstellungen (Rz. 7.6) finden sich nicht in den IFRS. Der Ansatz von Aufwandsrückstellungen kommt nicht in Betracht.   7.50

3. Passivierungswahlrechte nach HGB und ihre Abbildung nach IFRS

Die nachfolgende Tabelle listet die Passivierungswahlrechte des HGB und zeigt die entsprechende Abbildung in IFRS: 7.51

Nr.	Passivierungswahlrecht HGB	Abbildung IFRS	Rz.
1	Pensionsaltzusagen, Art. 28 Abs. 1 Satz 1 EGHGB	Passivierungspflicht	27.10
2	Mittelbare und ähnliche Pensionsverpflichtungen, Art. 28 Abs. 1 Satz 2 EGHGB	Passivierungspflicht	27.10

Kapitel 8
Bewertung (IFRS 13, diverse Standards)

A. Überblick und Wegweiser 8.1	3. Liquidester vs. vorteilhaftester Markt, Transaktionskosten und Transportkosten 8.32
I. Management Zusammenfassung 8.1	
II. Standards und Anwendungsbereich 8.4	4. Hypothetisch beste Verwendung . 8.36
III. Wesentliche Abweichungen zum HGB 8.7	IV. Bewertungshierarchie 8.42
	1. Referenzmodell: Der Aktive Markt (zugleich „Level 1") 8.42
B. Einzelbewertung vs. Gruppenbewertung und Bewertungseinheiten 8.8	2. Inputfaktoren: Level 1, 2 und 3 .. 8.45
	V. Bewertungsverfahren 8.49
C. Zugangs- und Folgebewertung . 8.10	1. Marktpreisorientierte Verfahren . 8.50
I. Systematik 8.10	2. Kostenorientiertes Verfahren 8.53
II. Vermögenswerte 8.11	3. Kapitalwertorientierte Verfahren . 8.54
III. Schulden 8.14	4. Verfahrenswahl, Stetigkeit 8.55
	VI. Sinkende Marktaktivität 8.58
D. Anschaffungs- und Herstellungskosten................. 8.18	VII. Zusammenfassung: Welches Fair Value-Ermittlungsverfahren für welchen Anwendungsbereich? ... 8.59
I. Anschaffungskosten 8.19	
II. Herstellungskosten 8.22	
III. Gemeinkosten bei Anschaffung und Herstellung 8.25	VIII. Praktische Relevanz der Fair Value-Bewertung 8.60
E. Fair Value (beizulegender Zeitwert) 8.26	1. Neubewertung von Sachanlagen bei Erstanwendung von IFRS 8.61
I. Anwendungsbereich 8.26	2. Neubewertung von Sachanlagen bei laufender IFRS-Bilanzierung . 8.62
II. Definition 8.27	3. Anlageimmobilien............. 8.63
1. Wortlaut.................... 8.27	4. Beteiligungen und Aktien....... 8.64
2. Übertragung einer Verbindlichkeit 8.28	5. Unternehmenserwerb (Kapitalkonsolidierung) 8.65
III. Ermittlungsgrundsätze 8.29	6. Impairmenttest nach IAS 36 .... 8.67
1. Annahme der Unternehmensfortführung und Stichtagsprinzip 8.29	7. Derivate und Sicherungsgeschäfte................... 8.68
	8. Aktienorientierte Vergütungen .. 8.69
2. Bewertungsobjekt: Einzelne Vermögenswerte/Verbindlichkeiten vs. Bewertungsgruppen 8.31	9. Insbesondere: Fair Value-Bilanzierung im Mittelstand 8.70
	IX. Zusammenhang von Fair Value, Anschaffungskosten, Nettoveräußerungswert und Nutzungswert..................... 8.71

Literatur: *Baumunk*, Anlageimmobilien (IAS 40), in Weber/Baumunk/Pelz (Hrsg.), IFRS Immobilien, 2. Aufl., München 2009, 71; *Große*, IFRS 13 „Fair Value Measurement" – Was sich (nicht) ändert, KoR 2011, 286; *Heintges/Boggel/Wulbrand*, Immobilienvermögen nach dem Fair Value-Modell des IAS 40 – Aspekte aus der Praxis, DB 2008, 2037; *Hitz*, Fair value in der IFRS-Rechnungslegung – Konzeption, Inhalt und Zweckmäßigkeit, WPg 2005, 1013;

Hitz/Zachow, Führt ein Verbot von „Prüfung und Beratung aus einer Hand" zu einem Anstieg der Anbieterkonzentration?, WPg 2001, 964; *Institut der Wirtschaftsprüfer (Hrsg.)*, IDW Stellungnahmen zur Rechnungslegung (IDW RS), Düsseldorf (Loseblatt); *Kuhn/Scharpf*, Rechnungslegung von Financial Instruments nach IFRS: IAS 32, IAS 39 und IFRS 7, Stuttgart 2006; *Küting/Trappmann/Keßler*, Die Eignung von Bodenrichtwerten zur Ausfüllung der bilanziellen Bewertungsmaßstäbe bei Grundstücken nach HGB und IFRS, DB 2006, 1853; *Löw*, Fair Value Measurement nach IFRS 13 unter besonderer Berücksichtigung von Finanzinstrumenten, RdF 2011, 345; *Lüdenbach/Freiberg*, Zweifelhafter Objektivierungsbeitrag des Fair Value Measurements-Projekts, KoR 2006, 437; *Lüdenbach/Hoffmann*, IFRS für den Mittelstand?, BFUP 2004, 596; *Pawelzik*, IFRS-Abschlüsse im Mittelstand – Warum eigentlich nicht?, DB 2006, 793; *Schmidt*, Die organische Bilanz im Rahmen der Wirtschaft, Leipzig 1921 (Nachdruck Wiesbaden 1979); *Spindler*, Zeitwertbilanzierung nach dem ADHGB von 1861 und nach den IAS/IFRS: eine empirische Analyse aus Kapitalgebersicht, Diss., Sternenfels, 2005; *Tanski*, Sachanlagen nach IFRS: Bewertung, Bilanzierung und Berichterstattung, München 2005.

A. Überblick und Wegweiser

I. Management Zusammenfassung

8.1 ¹Die IFRS zeichnen sich durch eine gewisse **Bewertungsvielfalt** aus. In Abhängigkeit vom Sachverhalt (Bilanzposten) lassen sich grob

– fortgeführte Anschaffungs- und Herstellungskosten,

– erfolgsneutrale und

– erfolgswirksame Marktbewertung (Fair Value-Bewertung)

unterscheiden. Häufig bestehen zwischen diesen drei „Bewertungslinien" auch Wahlrechte. Rz. 8.8 ff. enthält einen kurzen Überblick zu dieser Bewertungsvielfalt, die dem IFRS-Einsteiger als Einführung und dem IFRS-Erfahrenen als Zusammenfassung dient.

8.2 Der Begriffsinhalt für die zentralen Wertmaßstäbe „Anschaffungskosten" und „Herstellungskosten" findet sich über mehrere Standards verteilt. Wir erläutern Anwendungsbereich, Inhalt und Abweichungen zum HGB ab Rz. 8.18.

8.3 Eine große Bedeutung kommt dem **Fair Value** zu. Der Fair Value – ein „objektivierter" Marktwert, der von subjektiven Vorstellungen des bewertenden Unternehmens abstrahieren will – spielt für manche Sachverhalte in der Erst- und Folgebewertung, immer bei Unternehmenszusammenschlüssen, oft bei den Niederstwertbestimmungen und schließlich für zahlreiche Anhangangaben eine Rolle. Erläuterungen zur Fair Value-Ermittlung finden sich im IFRS 13, den wir ab Rz. 8.27 kommentieren.

---

1 Die Verfasser danken Herrn Tim *Piekarski* für seine Mitarbeit an diesem Kapitel.

II. Standards und Anwendungsbereich

Die IFRS enthalten keinen übergreifenden „Bewertungsstandard", der für sämtliche Bilanzposten einheitlich anzuwenden ist. Vielmehr finden sich die Bewertungsvorschriften über mehrere Standards verteilt. Der „Einstieg" in die Bewertung erfolgt somit nicht über Grundsätze und Prinzipien, die dann für alle Bilanzposten gelten, sondern unmittelbar über die Sachverhalte (Bilanzposten). Als wichtige Standards sind hier zu nennen: 8.4

IAS 38:   Immaterielle Vermögenswerte,

IAS 16:   Sachanlagen,

IAS 2:   Vorräte,

IFRS 15: Erlöse aus Verträgen mit Kunden,

IAS 19:   Pensionsverpflichtungen (Leistungen an Arbeitnehmer) sowie

IAS 37:   (Sonstige) Rückstellungen.

Eine Sonderstellung nimmt IFRS 9 (Rz. 22.1 ff.) ein: Der Standard hat die Bewertung finanzieller Aktiva (Beteiligungen, Wertpapiere, Forderungen, Ausleihungen usw.) und finanzieller Passiva (Bankverbindlichkeiten, Verbindlichkeiten aus Lieferungen und Leistungen, Anleihen usw.) zum Gegenstand; außerdem regelt er die Abbildung von Sicherungsbeziehungen (Hedge Accounting).

Diese Systematik ist gewöhnungsbedürftig. Es kommt hinzu, dass viele Bewertungsaspekte eines Sachverhalts in unterschiedlichen Standards enthalten sind, andere wiederum in übergreifend anzuwendenden Standards: 8.5

— So hat etwa IAS 17 (Ab 2019: IFRS 16) die Zurechnung wirtschaftlichen Eigentums infolge von Leasingverträgen zum Gegenstand und regelt zugleich auch die Erstbewertung beim Leasingnehmer; die Folgebewertung richtet sich dann nach anderen Standards.

— Der Umfang der Anschaffungs- und Herstellungskosten von Sachanlagen ergibt sich im Grundsatz aus IAS 16. Ob aber Finanzierungskosten Bestandteil der Anschaffungs- und Herstellungskosten von bestimmten Sachanlagen sein können, ist Gegenstand des IAS 23. Die Kürzung erhaltener Investitionszuschüsse von den AHK wiederum richtet sich nach IAS 20.

— Niederstwertbestimmungen für das sächliche und immaterielle langfristige Vermögen (Anlagevermögen) finden sich nicht etwa in den einschlägigen Standards IAS 38, IAS 16 und IAS 40, sondern übergreifend in IAS 36.

— Anders verhält es sich dagegen bei Vorräten, Erlösen aus Verträgen mit Kunden und finanziellen Aktiva: Hier sind die Niederstwertbestimmungen in den einschlägigen Standards IAS 2, IFRS 15 und IFRS 9 enthalten.

Für die Bewertung der Bilanzposten sind die drei zentralen Wertbegriffe **Anschaffungskosten, Herstellungskosten** und **Fair Value (beizulegender Zeitwert)** mate- 8.6

riell bedeutsam. Zum Teil redundant, zum Teil mit feinen (gewollten oder ungewollten) Unterschieden finden sich die genauen Inhalte dieser drei Wertbegriffe verstreut über mehrere Standards. Wir zeigen in diesem Kapitel zusammengefasst die Gemeinsamkeiten und Unterschiede auf. Die sachverhaltsbezogenen Details finden sich in den Einzelerläuterungen der Bilanzposten im 3. Teil des vorliegenden Buches.

III. Wesentliche Abweichungen zum HGB

8.7 Sachverhaltsabhängig bestehen zahlreiche Detailunterschiede zwischen HGB und IFRS, die wir im 3. Teil des Buches aufgreifen. Die eher prinzipienorientierten Bewertungsunterschiede lassen sich nachfolgender Tabelle entnehmen:

	HGB	IFRS
Zugangsprinzip	Anschaffungs- und Herstellungskosten	Sachverhaltsabhängig Anschaffungs- und Herstellungskosten, Fair Value
Bewertungsobergrenze, Grundsatz	fortgeführte Anschaffungs- und Herstellungskosten	Sachverhaltsabhängig fortgeführte AHK, Fair Value
Wertzuwachs am ruhenden Vermögen a) erfolgsneutral	– Währungsumrechnung im Konzernabschluss (modifizierte Stichtagskursmethode, § 308a)	– Währungsumrechnung im Konzernabschluss (modifizierte Stichtagskursmethode) – Finanzinstrumente der Kategorie *fair value through OCI (FVOCI)* – Sachanlagen, immaterielle Vermögenswerte (Wahlrecht)
Wertzuwachs am ruhenden Vermögen b) erfolgswirksam	– Equity-Methode im Konzernabschluss – Planvermögen im Zusammenhang mit Altersversorgungsverpflichtungen – Währungsumrechnung kurzfristiger Posten – *Nur für Kreditinstitute*: Zeitwertbilanzierung für Wertpapiere des Handelsbestands (§ 340e III)	– Equity-Methode im Konzernabschluss – Planvermögen im Zusammenhang mit Altersversorgungsverpflichtungen – Währungsumrechnung kurz- und langfristiger Posten – Währungsumrechnung im Konzernabschluss (Zeitbezugsmethode) – Finanzinstrumente der Kategorie at Fair Value through profit or loss (FVPL) – Anlageimmobilien (Wahlrecht)

	HGB	**IFRS**
Niederstwertprinzip	z.T. abhängig von Anlage-/Umlaufvermögen häufig beschaffungsmarktorientiert	regelmäßig absatzmarktorientiert, zur Ermittlung des Abwertungsbedarfs im immateriellen und sächlichen langfristigen Vermögen Bildung von Bewertungseinheiten
Verbindlichkeiten	Erfüllungsbetrag	fortgeführter erhaltener Betrag (Effektivzinsmethode)
Bewertungseinheiten (Hedging)	Explizit (§ 254)	Explizit (IFRS 9)

B. Einzelbewertung vs. Gruppenbewertung und Bewertungseinheiten

Einen ausdrücklichen **Einzelbewertungsgrundsatz** entsprechend § 252 Abs. 1 Nr. 3 HGB enthalten die IFRS nicht. Allerdings lässt er sich aus dem Conceptual Framework sowie verschiedenen Formulierungen in einer Vielzahl einzelner Standards ableiten.[2] Die Konsequenz ist: Sofern in den Standards und Interpretationen keine Ausnahmen explizit vorgesehen sind, ist von einer Einzelbewertung auszugehen.

Insgesamt wirkt der Umgang mit Ausnahmen zur Einzelbewertung in den Standards wenig systematisch. Dass zur Ermittlung der Anschaffungskosten gleichartiger Vorräte die **Durchschnittsmethode** oder die **FiFo-Fiktion** (allerdings *keine weiteren* Verbrauchsfolgefiktionen, Rz. 20.44) zulässig ist, ist schlichte Notwendigkeit. Bei Sachanlagen aber sollen Teile eines Ganzen für die Folgebewertung zerlegt und über ggf. unterschiedliche Nutzungsdauern abgeschrieben werden (Komponentenansatz, Rz. 14.25 ff.). Auf der anderen Seite werden zur Ermittlung der Höhe außerplanmäßiger Abschreibungen regelmäßig **Bewertungseinheiten** (*Cash Generating Units*) gebildet, innerhalb derer es nicht selten zur „Saldierung" kommt. Sollte dennoch eine Wertminderung festgestellt worden sein, ist diese wieder herunterzubrechen auf die einzelnen Vermögenswerte der Bewertungseinheit (s. ausführliches Beispiel in Rz. 19.116 ff.). Der Effekt aus einer unterschiedlichen Abschreibung von Teilen einer Sachanlage dürfte aber, verglichen mit dem aus einer Wertminderung, vergleichsweise unwesentlich sein.

Bewertungseinheiten, die zur Durchbrechung der Einzelbewertung führen, werden notwendigerweise auch beim **Hedge Accounting** (Rz. 25.1 ff.) gebildet.

---

2 Vgl. *Baetge u.a.* in Baetge-IFRS, Grundlagen Rz. 140.

C. Zugangs- und Folgebewertung

I. Systematik

8.10 Wenn die Frage des Bilanzansatzes (*recognition*) geklärt ist, folgen die einzelnen, sich mit Bewertungsfragen bei Vermögenswerten und Schulden beschäftigenden Standards durchgängig dem Schema, zuerst die erstmalige Bewertung (Erst- oder Zugangsbewertung, *initial measurement*) und alsdann die Folgebewertung (*measurement subsequent to initial recognition*) zu erläutern. Die erstmalige Bewertung erfolgt zum Zeitpunkt der Aufnahme eines Postens in der Buchhaltung (Bilanz), die Folgebewertung am darauf folgenden Stichtag eines Jahres- oder Zwischenabschlusses. Dieser Systematik folgt im Übrigen – seit BilMoG – auch das HGB.

II. Vermögenswerte

8.11 Vermögenswerte sind beim Zugang (**erstmalige Bewertung**) i.d.R. zu **Anschaffungs- und Herstellungskosten** anzusetzen (Rz. 8.18). Zumindest bei Anschaffungsvorgängen unter fairen Marktbedingungen und zeitgleichem Leistungsaustausch gilt normalerweise: Das für die Anschaffung Hingegebene (= der Anschaffungspreis) ist zugleich der Fair Value (Marktwert) des Erhaltenen. Bei einem Ansatz zu Anschaffungskosten sind regelmäßig zusätzlich Anschaffungsnebenkosten zu berücksichtigen, was bei einem Ansatz zum Fair Value differenziert zu sehen ist (Rz. 8.71 ff.). Die *Schätzung* von Fair Values (Rz. 8.29) für den Erstansatz ist im Übrigen erforderlich vor allem bei

– Objekten, die im Rahmen von **Leasingverträgen** dem Leasingnehmer zuzurechnen sind[3],

– Sachanlagen sowie immateriellen Vermögenswerten, die durch **Tausch** erworben wurden,

– aktivierungsfähigen erhaltenen Gegenleistungen für **aktienbasierte Vergütungen**[4],

– **Sacheinlagen** und

– Vermögenswerten und Schulden, die im Rahmen von **Unternehmenserwerben** zugegangen sind.

---

[3] Leasingverhältnisse fallen allerdings trotz Fair Value-Bewertung nicht in den Anwendungsbereich des IFRS 13 (IFRS 13.6).

[4] Auch die Fair Value Ermittlung von aktienbasierten Vergütungen erfolgt nicht nach IFRS 13, sondern unverändert nach IFRS 2 (IFRS 13.6).

Die (nur leicht eingeschränkte) Einheitlichkeit der Zugangsbewertung endet spätestens bei der **Folgebewertung**. Das im HGB fest verankerte **Anschaffungskostenprinzip** (als Folge des strengen Realisationsprinzips), wonach die Anschaffungs- oder Herstellungskosten nicht überschritten werden dürfen, **existiert nicht**.[5] Stattdessen eröffnen die Standards für unterschiedliche Sachverhalte (Vermögenswerte) insgesamt drei voneinander zu unterscheidende Bewertungsverfahren bzw. Wertmaßstäbe:

8.12

– **Fortgeführte Anschaffungs- und Herstellungskosten** unter Berücksichtigung von Niederstwertbestimmungen (grundsätzlich kein Unterschied zum HGB),

– **Erfolgsneutrale Bewertung zum Fair Value** (Neubewertungsmethode), wonach Wertsteigerungen zum vormaligen Stichtag erfolgsneutral im Eigenkapital in einer Neubewertungsrücklage zu erfassen sind und

– **Erfolgswirksame Bewertung zum Fair Value**, wonach die Wertänderungen zum vormaligen Stichtag in voller Höhe erfolgswirksam in der Gewinn- und Verlustrechnung zu erfassen sind; daher erübrigen sich Niederstwertbestimmungen mit besonderen Regelungen zu außerplanmäßigen Abschreibungen. Aus der Perspektive der HGB-Rechnungslegung ist hier jedoch der Ausweis **unrealisierter Gewinne** möglich und zwingend.

Die Abb. 8.1 verdeutlicht die drei Bewertungsverfahren und zeigt, welche Posten nach welchen Verfahren bewertet werden können oder müssen. Auffällig ist: Das Niederstwertprinzip, also die Prüfung auf Vornahme einer außerplanmäßigen Abschreibung, entfällt bei Vermögenswerten, die erfolgswirksam zum Fair Value angesetzt werden.

8.13

---

5 In der Bilanztheorie werden Wertveränderungen am ruhenden Vermögen (Ansatz der Vermögenswerte zum „Ersatzwert [= Marktwert] des Bilanztages", 124) erstmals von Fritz Schmidt beschrieben, vgl. *Schmidt*, Die organische Bilanz im Rahmen der Wirtschaft, 1921. Das Allgemeine Deutsche Handelsgesetzbuch sah ab 1861 die Zeitwertbilanzierung zum beizulegenden Wert vor, die ebenfalls zu (unrealisiertem) Gewinnausweis führen konnte. Für Aktiengesellschaften wurde die Zeitwertbilanzierung 1884 wieder abgeschafft. Zu Einzelheiten s. *Spindler*, Zeitwertbilanzierung nach dem ADHGB von 1861 und nach den IAS/IFRS, insb. 108–152.

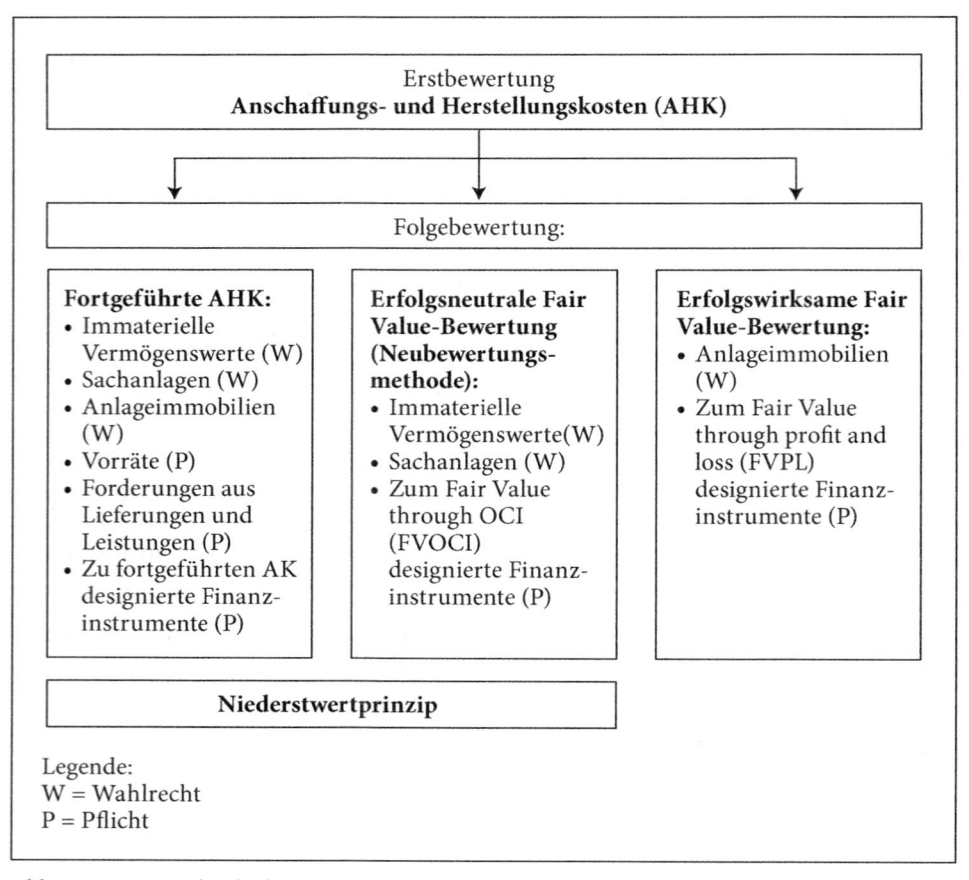

```
┌─────────────────────────────────────────────────────────────────┐
│                        Erstbewertung                            │
│           Anschaffungs- und Herstellungskosten (AHK)            │
│                    │        │        │                          │
│                    ▼        ▼        ▼                          │
│                     Folgebewertung:                             │
│                                                                 │
│  Fortgeführte AHK:    Erfolgsneutrale Fair   Erfolgswirksame    │
│  • Immaterielle       Value-Bewertung         Fair Value-       │
│    Vermögenswerte (W) (Neubewertungs-         Bewertung:        │
│  • Sachanlagen (W)    methode):               • Anlage-         │
│  • Anlageimmobilien   • Immaterielle            immobilien (W)  │
│    (W)                  Vermögenswerte(W)     • Zum Fair Value  │
│  • Vorräte (P)        • Sachanlagen (W)         through profit  │
│  • Forderungen aus    • Zum Fair Value          and loss (FVPL) │
│    Lieferungen und      through OCI             designierte     │
│    Leistungen (P)       (FVOCI)                 Finanz-         │
│  • Zu fortgeführten AK  designierte Finanz-     instrumente (P) │
│    designierte Finanz-  instrumente (P)                         │
│    instrumente (P)                                              │
│                                                                 │
│              Niederstwertprinzip                                │
│                                                                 │
│  Legende:                                                       │
│  W = Wahlrecht                                                  │
│  P = Pflicht                                                    │
└─────────────────────────────────────────────────────────────────┘
```

Abb. 8.1: Erst- und Folgebewertung von Vermögenswerten

III. Schulden

8.14 Die Erstbewertung erfolgt grundsätzlich zu Anschaffungskosten, die im Erstbewertungszeitpunkt dem Betrag des Erhaltenen oder Marktwert (Fair Value) entsprechen. Dies ist bei kurzfristigen **Verbindlichkeiten** der Rückzahlungsbetrag und bei langfristigen Verbindlichkeiten der Barwert.

8.15 **Sonstige Rückstellungen** sind im Rahmen bestmöglicher Schätzung zum Betrag anzusetzen, der zur Erfüllung der Verpflichtung *oder zur Übertragung der Verpflichtung auf einen Dritten* zum Bilanzstichtag notwendig ist (IAS 37.37); letzteres ist der Fair Value der Verpflichtung.

In der Ausfüllung des unbestimmten Begriffs **Erfüllungsbetrag** hat sich das HGB den IFRS angenähert: Hier wie dort ist auf die voraussichtlichen Verhältnisse zum Erfüllungszeitpunkt (z.B. das künftige Kostenniveau) abzustellen, und langfristige Rückstellungen sind abzuzinsen.

Pensionsrückstellungen dürfen nicht nach dem Teilwertverfahren (z.B. § 6a EStG), sondern müssen nach der *projected unit credit* Methode (**Anwartschaftsbarwertverfahren**) bewertet werden. Hiernach sind die gesamten künftigen Pensionsleistungen, welche den zurückliegenden Dienstjahren zuzurechnen sind, mit dem versicherungsmathematischen Barwert zu bewerten (Rz. 27.28). Erwartete künftige Gehaltssteigerungen und andere Leistungsanpassungen sind, wie auch nach HGB, zu berücksichtigen.

8.16

Bei der **Folgebewertung** kann unterschieden werden zwischen fortgeführten Anschaffungskosten und einer Fair Value-Bewertung.

8.17

- **Fortgeführte Anschaffungskosten** kommen bei Verbindlichkeiten (z.B. Darlehen) zur Anwendung. Diese werden nach der **Effektivzinsmethode**, d.h. unter Berücksichtigung des bei Aufnahme geltenden Marktzinssatzes (nicht: Nominalzins) fortgeführt. Bei Auszahlung zu pari stimmen unter Vernachlässigung von Anschaffungsnebenkosten Markt- und Nominalzins überein, so dass kein Unterschied zum HGB besteht. Bei Auszahlung mit Disagio jedoch wird der Schuldbetrag unter Berücksichtigung des ursprünglichen Marktzinses aufgezinst.

- Im Übrigen wird der **Fair Value** der Schuld angesetzt, indem Rückstellungen an die aktuellen Erwartungen angepasst und langfristige Rückstellungen mit dem aktuellen Marktzins diskontiert werden.

D. Anschaffungs- und Herstellungskosten

Für Anschaffungs- und Herstellungskosten wird in den Standards der Oberbegriff *cost* verwendet. **Anschaffungskosten** sind *cost of purchase*, **Herstellungskosten** *cost of conversion*. Geht es um die Folgebewertung nach dem Anschaffungskostenprinzip, wird häufig der Begriff *cost model* verwendet.

8.18

I. Anschaffungskosten

Einen Vermögenswert anzuschaffen setzt die Existenz eines Vermögenswertes voraus. Das Ergebnis eines **Anschaffungsvorgangs** ist insoweit die Erlangung der Verfügungsmacht über einen Vermögenswert von einer anderen Partei.

8.19

Manchmal liegen keine unmittelbar einzeln zurechenbaren Anschaffungskosten vor. Wichtigster Anwendungsfall ist der Erwerb von Vermögenswerten im Rahmen eines Unternehmenszusammenschlusses. Hier müssen Anschaffungskosten geschätzt werden, und die Standards verlangen eine Schätzung des Fair Value. Nach der Systematik der Sprachregelung in den Standards entsprechen die Anschaffungskosten (von Nebenkosten abstrahiert, Rz. 8.76 ff.) eines im Rahmen eines Unternehmenszusammenschlusses zugegangen immateriellen Vermögenswerts seinem beizulegenden Zeitwert (Fair Value) zum Erwerbszeitpunkt (IAS 38.33). Es bleibt insoweit bei den „Anschaffungskosten"; dahinter verbirgt sich aber ein (notwendigerweise) geschätzter Wert, und hier der Fair Value.

Auch für Finanzinstrumente ist bei der Erstbewertung der Fair Value einschlägig (IFRS 9.5.1.1).

8.20 Einer (unmittelbaren, dem HGB-Verständnis analogen) Anschaffungskostenbewertung unterliegt daher u.a. die Anschaffung folgender Vermögenswerte:

- Einzelerwerb immaterieller Vermögenswerte des Anlagevermögens (IAS 38.24), z.B. Marken, Lizenzen, Emissionsrechte, Filmrechte, Copyrights usw.
- Einzelerwerb von Sachanlagen (IAS 16.15), z.B. Grundstücke, Gebäude, Maschinen, Fahrzeuge usw.
- Vorräte (IAS 2.9), also Roh-, Hilfs- und Betriebsstoffe sowie bezogene Waren.
- Anlageimmobilien (IAS 40.20).

8.21 Zu den Anschaffungskosten gehören die direkt zurechenbaren Kosten, die

- zum Erwerb des Vermögenswertes (Erwerbskosten) und
- zur Versetzung in den betriebsbereiten Zustand

aufgebracht wurden.

Die nachfolgende Tabelle enthält die einzelnen Bestandteile, zugeordnet den wichtigen Vermögenswerten:

Immaterielle Vermögenswerte des Anlagevermögens	Sachanlagen	Vorräte
Anschaffungspreis (vertragliches Hauptentgelt) einschließlich Einfuhrzölle und nicht erstattungsfähiger Vorsteuer. Wenn bei der Zahlung übliche Zahlungsfristen überschritten werden, ist das Barpreisäquivalent anzusetzen. Bei einem Anschaffungspreis in fremder Währung ist mit dem Devisenkassamittelkurs zum Transaktionszeitpunkt umzurechnen.		
abzgl. **Anschaffungspreisminderungen** (Rabatte, Skonti, Boni)		
zzgl. **Anschaffungsnebenkosten**. Das sind alle direkt zurechenbaren Aufwendungen, um den Vermögenswert in den betriebsbereiten Zustand für seine vorgesehene Verwendung zu bringen		
zzgl. **Fremdkapitalkosten**, soweit es sich um qualifizierte Vermögenswerte handelt (= es ist für einen Vermögenswert ein beträchtlicher Zeitraum erforderlich, um ihn in einen gebrauchs- oder verkaufsfähigen Zustand zu versetzen). Bei Anschaffungsvorgängen i.d.R. bei Anzahlungen einschlägig: Fremdkapitalkosten, die auf den (beträchtlichen) Zeitraum von geleisteter Anzahlung bis zum betriebsfertigen Zustand des Vermögenswertes entfallen.		Zur Aktivierung von Fremdkapitalkosten in der Regel kein Anwendungsbereich (Rz. 15.24).
abzgl. **Investitionszuschüsse** und -zulagen, falls für diese kein Passivposten angesetzt worden ist (IAS 20.24).		
	zzgl. **Entsorgungs- oder Beseitigungsverpflichtung**, für die eine Rückstellung angesetzt worden ist.	

II. Herstellungskosten

Bei der **Herstellung** eines Vermögenswertes wird etwas Neues geschaffen. Die hierfür angefallenen Kosten – gemeint sind Aufwendungen – müssen aktiviert werden. 8.22

Einer Bewertung zu Herstellungskosten unterliegt die Schaffung folgender Vermögenswerte:

– Herstellung immaterieller Vermögenswerte des Anlagevermögens (IAS 38.24). Es geht regelmäßig um die Aktivierung von Entwicklungskosten (IAS 38.57) für Produkte oder Verfahren (IAS 38.59), z.B. die Entwicklung eines neuen Auto- oder Flugzeugmodells oder die Entwicklung eines effizienteren Produktionsverfahrens.
– Herstellung von Sachanlagen (IAS 16.15), z.B. Gebäude und Maschinen.
– Vorräte (IAS 2.9), also unfertige und fertige Erzeugnisse.
– Als Finanzinvestition gehaltene Immobilien (IAS 40.20).

Eine Sonderstellung nehmen einige **Fertigungsaufträge** und **unfertige Leistungen** (Dienstleistungen im Erstellungsprozess) ein: Sie sind nicht zu Herstellungskosten zu bewerten. Es erfolgen stattdessen der Ansatz einer Forderung und die Erfassung eines Umsatzes schon *vor* der zivilrechtlichen Abrechnung nach der *Percentage of Completion-Method* (Rz. 10.151), also eine Teilgewinnrealisierung während der Herstellungsphase.

Die IFRS folgen bei der Ermittlung der Herstellungskosten grundsätzlich dem Vollkostenansatz:

Immaterielle Vermögenswerte des Anlagevermögens („Entwicklungskosten")	Sachanlagen	Vorräte
Alle Einzelkosten: Material- und Fertigungseinzelkosten (einschließlich der direkten Personalkosten und der direkten fertigungsbezogenen Verwaltungskosten), Sondereinzelkosten der Fertigung		
Planmäßige Abschreibungen von immateriellem und sächlichem Anlagevermögen, das bei der Produktion verwendet wird, sofern auf den Zeitraum der Herstellung entfallend. Hierzu gehören auch Abschreibungen auf bei der Erstkonsolidierung eines Tochterunternehmens aufgedeckte stille Reserven (Abschreibung in der HB III).		
Fremdkapitalkosten wie oben bei Anschaffungskosten (Rz. 8.23), hier aber auf den Herstellungszeitraum entfallend		In der Regel kein Anwendungsbereich (Rz. 15.24).
abzgl. **Investitionszuschüsse** und **-zulagen**, falls für diese kein Passivposten angesetzt worden ist (IAS 20.24, Rz. 16.24 ff.)		

Immaterielle Vermögenswerte des Anlagevermögens („Entwicklungskosten")	Sachanlagen	Vorräte
Sonstige **fixe und variable Produktionsgemeinkosten**, worunter sonstige Materialgemeinkosten (z.B. Kosten der Einkaufsabteilung, Warenannahme oder Lagerhaltung) und Fertigungsgemeinkosten (Energiekosten, ggf. Kosten für Hilfs- und Betriebsstoffe, Werkstattverwaltung oder Fertigungskontrolle) zu verstehen sind.		
	zzgl. **Entsorgungs- oder Beseitigungsverpflichtung**, für die eine Rückstellung angesetzt worden ist.	

8.23 Nicht zu den Herstellungskosten gehören:
- Überhöhte Kosten für Material und Fertigung („Angemessenheitsprinzip"),
- Leerkosten (Kosten der Unterauslastung),
- Lagerkosten, es sei denn, die Lagerung ist Bestandteil des Produktionsprozesses (Wein, Whisky),
- Allgemeine, nicht produktionsbezogene Verwaltungskosten,
- Vertriebskosten,
- Forschungskosten,
- Kalkulatorische Kosten.

8.24 Bei der erstmaligen Bewertung von **Anlageimmobilien** (IAS 40) kann die Ermittlung der Anschaffungs- bzw. Herstellungskosten analog zu den Sachanlagen nach IAS 16 erfolgen, auch wenn Anschaffungspreisminderungen und Abbruchverpflichtungen nicht explizit in IAS 40 aufgeführt werden (Rz. 18.44). Abbruchverpflichtungen können z.B. dann entstehen, wenn auf gepachteten Grundstücken Anlageimmobilien nach IAS 40 errichtet werden, welche nach Ablauf des Pachtvertrages wieder beseitigt werden müssen.[6]

III. Gemeinkosten bei Anschaffung und Herstellung

8.25 Die Standards verwenden bei der Kennzeichnung von Anschaffungs- und Herstellungskosten regelmäßig die Formulierung der „**direkt zurechenbaren Kosten**". In Deutschland ist das Begriffspaar der Einzel- und Gemeinkosten üblich, wobei letztere ggf. noch in fixe oder variable Kosten aufgeteilt werden. Das wirft folgende Frage auf: Gehören zu den direkt zurechenbaren Kosten nach IFRS nur Einzel- oder auch Gemeinkosten?

---

6 Vgl. Haufe IFRS-Komm.[16], § 16 Rz. 39.

Das Problem lässt sich plastisch aufgreifen anhand der Kosten der Beschaffungsabteilung. Gehören sie zu den Anschaffungskosten dazu?

Bei Sachanlagen sind Bestandteil der Anschaffungs- und Herstellungskosten alle „direkt zurechenbaren Kosten, die anfallen, um den Vermögenswert zu dem Standort ... zu bringen" (IAS 16.16b). Auf der anderen Seite gehören Verwaltungs- und andere *allgemeine* Gemeinkosten explizit nicht zu den Anschaffungs- und Herstellungskosten (IAS 16.19d).

Indes werden direkt zurechenbare Kosten im IFRS-Regelwerk nicht definiert. Versteht man unter direkt zurechenbaren Kosten ausschließlich Einzelkosten nach herkömmlichem Verständnis (Kosten werden zu Einzelkosten, wenn Sie einem Kostenträger über die Maßeinheit Zeit oder Menge unmittelbar zugeordnet werden können), käme eine Aktivierung von Beschaffungskosten wohl nicht in Betracht. Auf der anderen Seite behandelt IAS 16 die Anschaffungs- und Herstellungsvorgänge gemeinsam. Bei Herstellungsvorgängen wird explizit auf die Grundsätze des IAS 2 (für Vorräte) verwiesen (IAS 16.22 S. 2), und zwar auch dann, wenn Einzelanlagen nicht zugleich für den externen Verkauf vorgesehen sind.[7] IAS 2 erlaubt aber die Aktivierung von nicht produktionsbezogenen Gemeinkosten (IAS 2.15: „kann es sachgerecht sein"). Demzufolge könnte es sachgerecht sein, Beschaffungskosten zu aktivieren.

Erkennbar soll in der Frage der Kostenzuordnung nach den IFRS kein Unterschied zwischen Anschaffungs- und Herstellungsvorgängen gemacht werden (so explizit IAS 16.22, Satz 1). Dann ist es auch nicht sinnvoll, zwischen Einzel- und Gemeinkosten zu differenzieren. Entsprechend verhält sich die herrschende Meinung und lässt die Aktivierung von Gemeinkosten auch bei Anschaffungsvorgängen u.E. zutreffend zu.[8] *Wohlgemuth* weist einschränkend darauf hin, dass zwar die Aktivierung von variablen Gemeinkosten möglich sei, nicht aber die Aktivierung von fixen. Die Aktivierung fixer Kosten bei Anschaffungsvorgängen verletze das Prinzip der Maßgeblichkeit der Gegenleistung und würde zu einer Verbesserung des Periodenergebnisses führen.[9]

Es spricht viel für einen **pragmatischen Umgang** in der Frage der Kostenzuordnung: Die Aufschlüsselung herkömmlicher Gemeinkosten setzt ein entsprechend eingerichtetes internes Rechnungswesen voraus. Wer etwa eine Prozesskostenrechnung für Beschaffungsvorgänge einrichtet, ist in der Lage, den beschafften Gütern die Beschaffungskosten zuzurechnen. Auf der anderen Seite werden so (auch) Fixkosten zugerechnet. Ob überhaupt eine entsprechende Kostenrechnung für Zwecke der externen Berichterstattung eingerichtet wird, sollte generell nach dem Kosten-Nutzen-Prinzip (Rz. 6.47), also nach kaufmännischer Beurteilungsfähigkeit beantwortet werden.

---

7 Vgl. *Tanski*, Sachanlagen nach IFRS, 17; a.A. Haufe IFRS-Komm.[16], § 14 Rz. 13.
8 Vgl. z.B. *Thiele/Kühle* in T/vK/B, IAS 38, Rz. 196; *Scharfenberg* in Beck IFRS-HB[5], § 5 Rz. 24; a.A. wohl in Haufe IFRS-Komm.[16], § 14 Rz. 13.
9 Vgl. *Wohlgemuth* in HdJ, I/9 Rz. 111.

E. Fair Value (beizulegender Zeitwert)

I. Anwendungsbereich

8.26 IFRS 13 definiert nur den Begriff des Fair Value und legt die **Ermittlungsgrundsätze** sowie **Anhangangaben** fest. Für *welche* Bewertungsobjekte der Fair Value einschlägig ist, wird nicht von IFRS 13, sondern von den jeweils sachverhaltsbezogenen Standards geregelt.

Allerdings ist IFRS 13 nicht auf die Fair Value Ermittlungen in

– IFRS 2 „Anteilsbasierte Vergütung" und

– IAS 16 „Leasingverhältnisse"

anzuwenden (IFRS 13.6). Der IASB hat sich für diese Ausnahmen entschieden, um die Anwender vor größeren, nicht beabsichtigten Änderungen bei der Bewertung zu bewahren (IFRS 13.BC21 f.).

Sollte der Nettoveräußerungspreis *(Fair Value less cost of disposal)* im Rahmen eines Niederstwerttests nach IAS 36 zu ermitteln sein, ist für die Ermittlung IFRS 13 einschlägig, nicht aber für die Anhangangaben (IFRS 13.7c). Hier hat IFRS 13 im Übrigen unmittelbar materielle Bedeutung, weil jetzt auch die kostenorientierten Verfahren zur Bestimmung des Nettoveräußerungspreises zulässig sind (Rz. 19.57 ff.).

Klarstellenden Charakter hat die Abgrenzung in IFRS 13.6c: IFRS 13 ist nicht einschlägig sowohl für den Nettoveräußerungswert nach IAS 2 (Vorräte) zur Durchführung des Niederstwerttests als auch für den Nutzungswert nach IAS 36 (insbesondere Anlagevermögen inkl. Goodwill).

II. Definition

1. Wortlaut

8.27 Der Fair Value ist durch IFRS 13 definiert als der Preis, der im Rahmen einer gewöhnlichen Transaktion zwischen Marktteilnehmern am Bewertungsstichtag bei dem Verkauf eines Vermögenswertes zu erzielen oder der bei der Übertragung einer Schuld zu zahlen wäre (IFRS 13.9). Der Fair Value ist damit als Marktwert oder Verkehrswert zu begreifen. Dabei wird eine **hypothetische Transaktion** unterstellt („... zu erzielen oder ... zu zahlen *wäre*").[10] Die Definition stimmt wortgleich mit der aus SFAS 157.5 (US-GAAP) überein.

Diese Definition zielt auf eine am Absatzmarkt orientierte Perspektive ab, es handelt sich bei dem Fair Value nach IFRS 13 somit um einen *exit price*. Eine Heranziehung eines *entry price*, ein am Beschaffungsmarkt orientierter Preis, scheidet somit

---

10 So auch SFAS 157.A2.

aus. Allerdings ergeben sich nach Auffassung des IASB regelmäßig keine Unterschiede zwischen exit price und entry price (IFRS 13.BC33, IFRS 13.BC44).

2. Übertragung einer Verbindlichkeit

Bei Verbindlichkeiten wird nach IFRS 13 auf ihre Übertragung (the price to *transfer a liability*) auf einen Marktteilnehmer abgestellt. Der Übertragungsfall ist dabei der Tauschpreis mit einem Dritten.

8.28

Der IASB hat bereits im Diskussionspapier 2006 darauf hingewiesen, dass entgegen dem Wortlaut der vorherigen Definition des Fair Value in den IFRS der **Übertragungsfall** gemeint ist. Auch im Rückstellungsbereich wird der Übertragungsfall zur Bewertung angesprochen (IAS 37.37).

III. Ermittlungsgrundsätze

1. Annahme der Unternehmensfortführung und Stichtagsprinzip

Für die Ermittlung des Fair Value gilt die Annahme der **Unternehmensfortführung**. Das ergibt sich unmittelbar aus der Definition („orderly transaction") und wird daher nicht problematisiert. Ebenfalls stellt der Fair Value keinesfalls einen Liquidationswert unter einer gezwungenen Transaktion dar (IFRS 13.BC30). Auch ein Fair Value, der für die beabsichtigte Veräußerung von Vermögenswerten ermittelt werden muss (z.B. bei assets held for sale gem. IFRS 5) ist kein Liquidationswert, da es sich nicht um eine erzwungene Veräußerung handelt.

8.29

Der Fair Value ist ferner ein **Stichtagswert**. Explizit enthält die Definition diesen Hinweis, der wegen des bilanziellen Stichtagsprinzips freilich entbehrlich erscheint.

8.30

2. Bewertungsobjekt: Einzelne Vermögenswerte/Verbindlichkeiten vs. Bewertungsgruppen

Die Fair Value-Ermittlung ist für *einzelne* Vermögenswerte und Schulden vorzunehmen. Dabei sind am Bewertungsstichtag alle Eigenschaften des jeweiligen Vermögenswertes oder der Schuld zu berücksichtigen, die auch ein **Marktteilnehmer** einbeziehen würde. Darunter fallen z.B. der Zustand und der Ort eines Vermögenswertes oder bestehende vertragliche Beschränkungen in Bezug auf den Verkauf oder die Nutzung eines Vermögenswertes, wenn sie nicht nur für das bilanzierende Unternehmen gelten, sondern auch von anderen Marktteilnehmern zu berücksichtigen wären (IFRS 13.11 ff.).

8.31

Für **Gruppen von Vermögenswerten** und/oder Schulden ist die Fair Value-Bewertung vorzunehmen, wenn sie *zusammen* eine **Rechnungseinheit** (*unit of account*) i.S.d. IFRS darstellen, so z.B. CGUs oder Geschäftsbetriebe (IFRS 13.13).

3. Liquidester vs. vorteilhaftester Markt, Transaktionskosten und Transportkosten

8.32 Zur Ermittlung des Fair Values ist der Markt zu bestimmen, von dem angenommen wird, dass auf ihm der Verkauf des Vermögenswertes oder die Übertragung der Verbindlichkeit stattfinden würde. Das Unternehmen muss zu diesem Markt Zugang haben können (IFRS 13.19). Dabei kommen theoretisch zwei Märkte in Frage:

– der liquideste Markt, der das größte Volumen oder Aktivitätslevel vorweist, oder

– der vorteilhafteste Markt (IFRS 13.16).

Die beiden Märkte können freilich auch zusammenfallen.

Besteht die Möglichkeit, Preisstellungen von mehreren Märkten zu erhalten, hat gem. IFRS 13.16 der liquideste Markt Vorrang (**Hauptmarkt:** *principal market = market with the greatest volume and level of activity*).

Beispiel: Ein Unternehmen hat einen Bestand an Daimler-Aktien zum Fair Value zu bewerten. Der Xetra-Handel in Frankfurt ist hierfür der liquideste Markt.

Der Vorrang des liquidesten Marktes gilt selbst dann, wenn es außerdem einen Markt gibt, der vorteilhafter für das Unternehmen wäre (IFRS 13.18).

8.33 Zur Bestimmung des Fair Values ist zwischen Transaktions- und Transportkosten zu differenzieren:

– Der am Markt beobachtbare oder über Bewertungsmodelle ermittelte Preis ist *nicht* um **Transaktionskosten** zu korrigieren, weil diese nicht charakteristisch für das Bewertungsobjekt seien, sondern lediglich für die spezifische Transaktion (IFRS 13.25).[11]

– Anders dagegen bei **Transportkosten**: Wenn der Standort ein Charakteristikum für ein Bewertungsobjekt darstellt (z.B. eine Anlage oder ein bestimmter Rohstoff), dann ist der am Markt beobachtbare oder über Bewertungsmodelle ermittelte Preis um die Transportkosten zu korrigieren (IFRS 13.26), um den Fair Value zu bestimmen.

Beispiel: Die MaschBau GmbH produziert Maschinen in Deutschland. Eine produzierte Maschine soll in der USA veräußert werden. In Deutschland könnte durch den Verkauf ein Preis von 100 erzielt werden, in der USA dagegen 120. Es fallen zusätzliche Transportkosten von 5 an, um die Maschine auf den amerikanischen Markt zu bringen. Der Fair Value der Maschine beträgt 115[12], soweit der US-Markt der Hauptmarkt ist.

8.34 Sollte ein Hauptmarkt (der liquideste Markt) nicht bestimmbar sein, ist der aus Unternehmenssicht **vorteilhafteste Markt** heranzuziehen. Für dessen Bestimmung kommt es auf den Nettovorteil für das Unternehmen an.

---

11 Eine andere Frage ist, ob für den Bilanzansatz zum Fair Value Transaktionskosten (Anschaffungsnebenkosten) mit zu aktivieren sind. Das wird in den Standards unterschiedlich gehandhabt, s. Rz. 8.76 ff.
12 Vgl. *Löw*, RdF 2011, 345 (352).

Beispiel:[13] Beim Verkauf eines Vermögenswertes gelten folgende Werte auf zwei unterschiedlichen Märkten:

	Markt A	Markt B
Beobachtbarer oder über Bewertungsmodelle ermittelter Preis	25	26
- Transportkosten	- 1	- 3
= „Fair Value" (auf dem jeweiligen Markt)	24	23
- Transaktionskosten	- 3	- 1
Nettobetrag	21	22

Kann einer der beiden Märkte als Hauptmarkt (liquidester Markt) bestimmt werden, ergibt sich der Fair Value auf diesem Markt, ungeachtet der (Netto-)Vorteilhaftigkeit für das bewertende Unternehmen. Liegt kein Hauptmarkt vor, ist Markt B vorteilhaft. Der Fair Value beträgt dann 23.

Nach IFRS 13 kommt es auf den liquidesten Markt an. Für Abschlussaufsteller und -prüfer ist daher die (widerlegbare) Vermutung hilfreich: Jener Markt, den das Unternehmen normalerweise in Anspruch nimmt, gilt als Hauptmarkt oder, falls dieser nicht bestimmbar ist, als vorteilhaftester Markt. Daher ist eine umfassende Analyse potentieller Marktplätze nicht erforderlich (IFRS 13.17).[14]   8.35

4. Hypothetisch beste Verwendung

Bei der Fair Value-Ermittlung für ein Bewertungsobjekt ist von seiner **bestmöglichen Verwendung** durch die Marktteilnehmer auszugehen. Es sind die Annahmen festzulegen, die auch (alle anderen) Marktteilnehmer treffen würden, wenn sie nach ihren wirtschaftlich besten Interessen handeln (IFRS 13.22). So braucht zwar nicht ein spezifischer Marktteilnehmer ermittelt werden, aber es müssen die jeweiligen Besonderheiten des Vermögenswertes oder der Schuld, des Marktes und der Marktteilnehmer in die Bewertung mit einbezogen werden (IFRS 13.23). Klar und wenig problematisch ist die Prämisse, dass die Marktteilnehmer unabhängig voneinander agieren; es darf sich *nicht* um nahe stehende Unternehmen und Personen handeln (IFRS 10.BC57).   8.36

Dem IASB liegt hier offensichtlich das theoretische Weltbild eines „**homo oeconomicus**" zugrunde, eines Nutzenmaximierers, der überdies auf einem vollkommenen Markt ohne Informationsasymmetrien handelt. Gerade letzteren Einwand – es können **Informationsasymmetrien** vorliegen – wischt der IASB jedoch lapidar weg: Wer auf einem Markt handelt, der wird selber zusehen, Informationsdefizite abzubauen (IFRS 13.BC59).   8.37

Die im Standard allgemein gültige wirtschaftliche Betrachtungsweise des Nutzenmaximierens (IFRS 13.22: *„economic best interest"*) wird für **nicht finanzielle Ver-**   8.38

---

13 In Anlehnung an FAS 157.A23, IFRS 13.IE19 ff.
14 Vgl. auch *Große*, KoR 2011, 286.

mögenswerte in IFRS 13.27 ff. besonders betont. Hier kommt es explizit auf den höchsten Nutzen an (*the highest and best use*), den ein beliebiger Marktteilnehmer aus der Verwendung oder Veräußerung eines Vermögenswertes erzielen würde. Als Nebenbedingungen gelten:

– Die Nutzung muss physisch möglich sein (= mögliche Marktteilnehmer, die den Vermögenswert physisch gar nicht nutzen können, spielen keine Rolle),

– rechtlich zulässig und

– finanziell machbar sein (IFRS 13.28).

Nicht maßgeblich sind die **Erwartungen des bilanzierenden Unternehmens** bei der Selbstnutzung von Vermögenswerten, soweit diese Erwartungen nur für das Unternehmen zutreffen.

Beispiele:
– Unternehmen U muss den Fair Value seiner vermieteten Immobilie bestimmen. Die vertraglich festgelegten Mieteinnahmen belaufen sich auf 12 €/qm. Vergleichbare Objekte ohne Preisbindung erzielen 14 €/qm. Bei einer Veräußerung der Immobilie fiele die Preisbindung weg. Der Fair Value der Immobilie ist auf Basis von 14 €/qm zu ermitteln.[15]
– Außerdem erwirbt U im Rahmen eines Unternehmenszusammenschlusses eine Marke, die aber nicht genutzt, sondern zugunsten eigener Marken eingestellt werden soll. Um auch dem Wettbewerb keinen Zugang zu der Marke zu verschaffen, wird sie nicht veräußert. Der Fair Value nach dem höchsten Nutzen ist aus Sicht beliebiger Marktteilnehmer zu bestimmen.[16] Dabei ist die Überlegung anzustellen: Würden andere Marktteilnehmer die Marke in diesem Fall ebenfalls einstellen, oder würden sie sie aktiv nutzen?[17]
– Schließlich erwirbt U das Entwicklungsprojekt zum Bau eines mit Wasserstoff betriebenen Kfz, führt es aber nicht weiter, um die eigene Technologie – elektrisch betriebene Fahrzeuge – nicht zu gefährden. Hier greifen dieselben Überlegungen wie zur Marke.[18]

8.39 Damit sind **Synergieeffekte** bei der Fair Value-Ermittlung (nur) dann zu berücksichtigen, wenn sie allen Marktteilnehmern zur Verfügung stehen würden (IFRS 13.31ai, sog. allgemeine **Käufersynergien**). Auf die *tatsächliche* Nutzung im bilanzierenden Unternehmen kommt es nicht an.

Beispiel:[19] Im Rahmen eines Unternehmenszusammenschlusses ist eine Immobilie erworben worden, die bisher und auch weiterhin als Gewerbeobjekt genutzt werden soll. Der Flächennutzungsplan der Gemeinde würde auch eine Nutzung als Wohnbebauung zulassen. Als Fair Value ist der Betrag anzusetzen, der den höchsten Wert der beiden Alternativen ergibt. Bei der Bewertung der Alternative „Wohnbebauung" sind jedoch selbstverständlich die Abrisskosten der Gewerbeimmobilie und die Herstellungskosten der Wohngebäude abzuziehen.

8.40 In diesem Zusammenhang wird der Unterschied zwischen dem (z.B. über DCF-Methode ermittelten) Fair Value und dem (ebenso über DCF-Methode ermittelten)

---

15 Siehe zum Wegfall von Restriktionen auch IFRS 13.IE29.
16 In Anlehnung an IFRS 13.30.
17 Zur Folgebewertung s. Rz. 36.100.
18 In Anlehnung an IFRS 13.IE9.
19 In Anlehnung an FAS 157.A10 f., IFRS 13.IE7 f.

value in use (Nutzungswert) gem. IAS 36 besonders deutlich: Der *Value in use* ist ein unternehmensspezifischer, subjektiver Wert, der nur von dem berichtenden Unternehmen erzielt werden kann, weil er zu Ein- und Auszahlungen führende Elemente enthält, die anderen Marktpartnern nicht zur Verfügung stehen (Rz. 8.71).[20] Demgegenüber soll der Fair Value einen allgemeinen, objektiven Marktwert darstellen.

Damit lässt sich zusammenfassen: 8.41

— Eine Fair Value-Ermittlung stellt ab auf einen **hypothetischen Marktteilnehmer**.
— Die speziellen Verhältnisse des Bilanzierenden sind unbeachtlich.
— Es wird die Verwendung des Bewertungsgegenstands unterstellt, die den **höchsten Nutzenzufluss** für den hypothetischen Marktteilnehmer erbringt. Das kann ein stand-alone-Wert sein, aber auch ein Wert unter Einschluss von **Synergieeffekten**, soweit sie allen Marktteilnehmern zur Verfügung stünden.

IV. Bewertungshierarchie

1. Referenzmodell: Der Aktive Markt (zugleich „Level 1")

Für alle Anwendungsfälle der Fair Value-Ermittlung besitzt der **Marktpreis auf einem aktiven Markt** die höchste Priorität. Hier ermittelte Preise für „identische" Vermögenswerte oder Schulden werden als „Level 1 Input" bezeichnet (IFRS 13.76) und sind unangepasst zu verwenden. Jede Anpassung eines solchen Preises an das Bewertungsobjekt führt zu einem geringeren „Glaubwürdigkeitslevel", also zu Level 2 oder 3. 8.42

Der Begriff des aktiven Marktes wird durch IFRS 13 wie folgt definiert: „A market in which transactions for the asset or liability take place with sufficient frequency and volume to provide pricing information on an ongoing basis" (IFRS 13, Anhang A).

In IFRS 13 finden sich kaum weitere Erläuterungen zum aktiven Markt selbst. Lediglich zu der Verwendung der dort festgestellten Marktpreise lassen sich folgende Anmerkungen zusammenfassend darstellen.

Existieren mehrere aktive Märkte für einen identischen Vermögenswert oder einer identischen Schuld, so muss der Hauptmarkt oder nachrangig der vorteilhafteste Markt ausfindig gemacht werden. Zudem muss gewährleistet sein, dass das Unternehmen auf dem entsprechenden Markt am Bemessungsstichtag eine Transaktion zu dem identifizierten Preis durchführen kann. (IFRS 13.78, Rz. 8.32 ff.). Für die Verwendung eines Preises auf einem aktiven Markt ist es nicht erforderlich, dass

---

20 Dessen ungeachtet ist auch der value in use ein fiktiver Wert, weil er die Nutzung von Vermögenswerten in ihrem derzeitigen Zustand vorsieht, was vom Management durch geplante Investitionen möglicherweise gerade nicht beabsichtigt ist, s. Rz. 19.54 ff.

das gesamte zu bewertende **Mengenvolumen** an einem Handelstag tatsächlich vom Markt absorbiert werden könnte (IFRS 13.80).

Beispiel: A besitzt 30 % der Aktien der im S-DAX notierten Technik AG. Das tägliche Handelsvolumen beträgt selten mehr als 0,4 % sämtlicher Aktien der Technik AG. Dennoch handelt es sich bei der Börsennotierung um den Fair Value.

Daraus folgt: Paketzu- oder -abschläge sind im „Level 1", also bei Marktpreisen auf einem aktiven Markt, nicht zu berücksichtigen: Solche Zu- oder Abschläge sind keine Eigenschaften des Bewertungsobjekts. Sie haben eher den Charakter von Transaktionskosten (IFRS 13.BC157, anders jedoch unterhalb von Level 1, sofern alle anderen Marktteilnehmer ebenfalls die Zu- und Abschläge berücksichtigen würden, IFRS 13.BC158).

Auch die Verwendung von **Geld/Brief-Spannen** auf aktiven Märkten wird innerhalb der IFRS diskutiert. Der IASB macht hier keine expliziten Vorgaben; es solle der repräsentativste Wert innerhalb der Geld/Brief-Spanne für den Fair Value bestimmt werden (IFRS 13.70). Dabei wird u.E. der Level-1 nicht verlassen, gerade weil diese Frage in IFRS 13.79 nicht genannt wird: In dem Paragraphen werden genau die Tatbestände gelistet, die zu einem geringeren Level führen, aber Geld/Brief-Spannen sind dort nicht genannt.[21]

8.43 Außerhalb des IRFS 13 lassen sich folgende Hinweise zur Identifikation aktiver Märkte geben: Der beste Beweis für das Vorhandensein ausreichender Frequenz und Handelsvolumen liegt selbstverständlich dann vor, wenn das identische Produkt tatsächlich gehandelt wird, der Markt also *liquide* ist. Das wird, um ein Beispiel aus dem Aktienhandel heranzuziehen, bei DAX- und MDAX-Unternehmen regelmäßig der Fall sein, kann aber bei SDAX oder im regulierten Markt notierten Nebenwerten schon in Frage zu stellen sein.

Allerdings ist ein tatsächlich zu beobachtender Handel keine notwendige Voraussetzung für den aktiven Markt.[22] Es kommt lediglich darauf an, dass ein Vertragspartner zum angegebenen Preis gefunden werden *könnte*. So sind von *market maker* für bestimmte Finanzinstrumente gestellte Preise Fair Values, da sich ein *market maker* verpflichtet, zu dem notierten Preis tatsächlich einen Geschäftsabschluss zu tätigen.[23]

8.44 Bei dem Kriterium, dass der Preis fortwährend zur Verfügung steht, muss es sich nicht notwendigerweise um einen „amtlichen" Preis handeln. Für Finanzinstrumente könne der Preis von einem Händler, Broker, einer Branchengruppe, einem Preisberechnungs-Service oder einer Aufsichtsbehörde stammen.[24] Die Preise müssen leicht und regelmäßig erhältlich sein. Ein Zeithorizont zur Beurteilung der Re-

---

21 A.A. *Große*, KoR 2011, 286 (295).
22 Vgl. EY-iGAAP, 2264.
23 Vgl. IDW RS HFA 9, Rz. 80.
24 Vgl. IAS 39.AG71, ersetzt durch IFRS 9.B5.4.3, aufgehoben durch IFRS 13. Die vergleichbare Aussage findet sich jetzt in IFRS 13.B34.

gelmäßigkeit wird nicht vorgegeben; er ist markt- und produktabhängig festzulegen.[25] So wird man für Finanzinstrumente höhere Anforderungen an die Zeitnähe stellen müssen als z.B. für Immobilien, für die ein Zeitfenster von maximal 36 Monaten zugrunde gelegt werden kann.[26]

2. Inputfaktoren: Level 1, 2 und 3

In der Regel ist die unmittelbare Ableitung eines Marktpreises auf einem aktiven Markt für ein bestimmtes Bewertungsobjekt – lässt man einmal Finanzinstrumente wie Aktien oder Anleihen außen vor – reine Fiktion. Der Fair Value ist dann durch ein **Bewertungsverfahren** zu ermitteln (Rz. 8.54). Es ist das Bewertungsverfahren heranzuziehen, was die höchste Güte an Martkdaten-Inputs aufweist. Der Standard unterscheidet die drei Gütestufen Level 1, Level 2 und Level 3.

8.45

Level 1 Inputs sind auf einem aktiven Markt (Rz. 8.42) festgestellte unkorrigierte Preise für gegenüber dem Bewertungsobjekt identische Vermögenswerte und Schulden (IFRS 13.76). Tatsächlich handelt es sich dabei – entgegen der formalen Stellung im Standard[27] – nicht mehr um Inputs für ein Bewertungsmodell, da der Preis für das Bewertungsobjekt unmittelbar abzulesen ist.[28] Der Fair Value liegt insoweit bereits vor.

8.46

Sollte allerdings ein solcher Preis korrigiert werden, wird automatisch nur noch das Level 2 erreicht. Gründe für solche Korrekturen finden sich in IFRS 13.79.

Zu den **Level 2 Inputs** gehören (IFRS 13.82):

8.47

(a) Beobachtbare Preise *ähnlicher* Vermögenswerte/Schulden auf aktiven Märkten,

(b) beobachtbare Preise *gleicher oder ähnlicher* Bewertungsobjekte auf *inaktiven* Märkten,

(c) andere für die Preisbildung wichtige Faktoren wie Zinssätze, ß-Faktoren usw. sowie

(d) durch statistische Methoden (z.B. Korrelationen, Interpolation) von Marktdaten abgeleitete Werte.

Werden an einem solchen Input wesentliche Anpassungen auf Basis nicht beobachtbarer Werte durchgeführt (= eigene Schätzungen), rückt die *gesamte* Bewertung in das Level 3.

Level 3 Inputs sollen nur dann in die Fair Value-Bewertung einfließen, wenn wesentliche Bewertungsfaktoren anders nicht verfügbar sind. Hierzu gehören etwa

8.48

---

25 Vgl. *Kuhn/Scharpf*, Rechnungslegung von Financial Instruments nach IAS 39[3], Rz. 1902.
26 So *Baumunk*, Anlageimmobilien (IAS 40), in Weber/Baumunk/Pelz (Hrsg.), IFRS Immobilien[2], 71 (87).
27 Vgl. *Hitz/Zachow*, WPg 2011, 964 (971: „etwas künstlich anmutende Trennung von Bewertungsmethoden und deren Inputs").
28 So auch *Große*, KoR 2011, 286 (290).

- die Annahmen des Unternehmens selbst, z.B über künftige Cashflows oder
- historische Volatilitäten, die nicht die Markterwartungen der Akteure über die künftigen Volatilitäten widerspiegeln (IFRS 13.B36).

Gerade für Level-3-Inputs sind die Ermittlungsgrundsätze (Rz. 8.29 ff.) von großer Bedeutung: Zwar liegen eigene, nicht beobachtbare Annahmen des bewertenden Unternehmens vor. Für die Ausprägung der Annahmen ist aber die Perspektive unabhängiger Marktteilnehmer mit der hypothetisch besten Verwendung einzunehmen (IFRS 13.87).

Die Verwendung von Level 3 Inputs löst umfangreiche **Angabepflichten** aus (IFRS 13.93e, u.a. Überleitungsrechnung für Wertänderungen).

V. Bewertungsverfahren

8.49 IFRS 13 unterscheidet die Bewertungsverfahren in drei Kategorien, nach denen der Fair Value aufgrund einer hypothetischen Transaktion (IFRS 13.61) in Abhängigkeit von den Inputfaktoren (Rz. 8.45) ermittelt werden kann:

- Market Approach (IFRS 13.B5 ff.),
- Cost Approach (IFRS 13.B8 f.) sowie
- Income Approach (IFRS 13.B10 ff.).

1. Marktpreisorientierte Verfahren

8.50 Beim **Market Approach** werden für „identische" oder vergleichbare Vermögenswerte oder Schulden beobachtbare Marktinformationen verwendet. Hierzu gehören beispielsweise

- Multiplikatorverfahren oder
- das sog. Matrix Pricing, ein Vergleichsverfahren insbesondere zur Bewertung finanzieller Verbindlichkeiten.

8.51 Weist das Bewertungsobjekt andere Eigenschaften auf als jene Vergleichsobjekte, für die ein aktiver Markt besteht, sind die Unterschiede zu analysieren. Da es sich nur noch um Vergleichsobjekte handelt, liegt u.E. der Level 2 vor.

Beispiel: Der Fair Value einer Industrieanleihe (Vergleichsobjekt auf einem aktiven Markt) kann als Anhaltspunkt für die Fair Value-Bestimmung eines Darlehens herangezogen werden, wenn beide Finanzinstrumente im Übrigen gleich ausgestattet sind (Währung, Zinssatz, Laufzeit, Vertragsbedingungen zur Rückzahlung) und eine Rating-Agentur beide Schuldner mit dem gleichen Rating versehen hat.

8.52 Liegen letzte Transaktionen eines „identischen" Vergleichsobjekts schon länger zurück, sind die wirtschaftlichen Verhältnisse zu den jeweils unterschiedlichen Zeitpunkten zu analysieren: Haben sich **wertrelevante Marktdaten** (Zinssätze, Wechselkurse, Bonitäten usw.) verändert? Wenn ja, wären Anpassungen vorzunehmen, was das Marktmodell auf den Level 3 bringen kann. Für einen Vergleich zu nur sehr ähnlichen Objekten sind zusätzlich die Abweichungen in den Produkteigenschaften zu berücksichtigen.

Beispiel: Im Immobilienbereich lassen sich z.B. **Richtwertsammlungen**[29] grundsätzlich als Vergleichsmaßstab heranziehen. Allerdings sind diese oft nicht vollständig und enthalten nicht die aktuellsten Transaktionen. Insbesondere ist zu prüfen, ob Lage, zulässige Bebauung etc. dem Vergleichsobjekt entsprechen. Zwischenzeitliche Markttrends (insb. Preisniveau) sind zu würdigen.

2. Kostenorientiertes Verfahren

Die Fair Value Bewertung basiert hier auf Wiederbeschaffungskosten. Es ist der Wiederbeschaffungsneuwert zu ermitteln und durch fiktive Altersabschreibung auf den Wiederbeschaffungszeitwert überzuleiten (IFRS 13.B9). 8.53

Weil dabei die Beschaffungsmerkmale und die Leistungsfähigkeit des Vermögenswertes ebenso wie (fiktiver) Verschleiß und Alterung zu berücksichtigen sind (IFRS 13.B8 f.), dürfte bei Sachanlagen regelmäßig Level 3 vorliegen, bei immateriellen Vermögenswerten u.U. auch Level 2.

3. Kapitalwertorientierte Verfahren

Der **Income Approach** basiert auf am Bewertungsstichtag geschätzten Markterwartungen zukünftiger Zahlungsströme des Bewertungsobjekts. Der IASB nennt 8.54

– Barwertverfahren (z.B. Ertragswertverfahren, DCF-Verfahren),

– Optionspreismodelle (z.B. Binomialmodell, Black & Scholes-Modell),

– Mehrgewinnmethode (IFRS 13.B11).

Da die zentralen Inputfaktoren die prognostizierten künftiger Zahlungsströme sowie der Kapitalisierungszinssatz darstellen, dürfte häufig ein Level-3-Wert vorliegen.

Die kapitalwertorientierten Verfahren haben große Bedeutung bei der Fair Value-Ermittlung von immateriellen Vermögenswerten im Zusammenhang mit der Erstkonsolidierung. Wir gehen darauf ausführlich in Rz. 36.150 ff. ein.

4. Verfahrenswahl, Stetigkeit

Das jeweils höchste Level der Inputfaktoren bestimmt das zu verwendende Bewertungsverfahren (IFRS 13.67). Die scheinbar klare Regel wird in der Praxis jedoch oft keine Hilfestellung sein:[30] 8.55

---

[29] Vgl. zur Eignung von Richtwertsammlungen für die Fair Value-Ermittlung *Küting/Trappmann/Keßler*, DB 2006, 1853.
[30] Vgl. *Lüdenbach/Freiberg*, KoR 2005, 437 (441 f.).

Beispiel: Bei der Fair Value-Ermittlung einer britischen Tochtergesellschaft (dies sei eine CGU i.S.v. IAS 36) stehen der Muttergesellschaft T AG zwei Verfahren zur Verfügung:
- Multiplikatorverfahren oder
- DCF-Verfahren.

Der Multiplikator steht aus einer gerade durchgeführten Transaktion eines Wettbewerbers zur Verfügung (Rz. 19.101), was auf Level 2 hindeutet. Tatsächlich weist das Vergleichsobjekt aber große Abweichungen zum Bewertungsobjekt auf, so dass (subjektive) Anpassungen nötig sind (= Level 3).

Beim DCF-Verfahren sind künftige Zahlungsströme zu schätzen (= Level 3).

Ergebnis: Es besteht Wahlfreiheit zwischen beiden Bewertungsverfahren. Zu entscheiden ist nach kaufmännischer Beurteilungsfähigkeit über den „zutreffendsten" Wert.

8.56 Werden innerhalb eines Bewertungsverfahrens **mehrere wesentliche Inputfaktoren** aus unterschiedlichen Levels benötigt, bestimmt jener Faktor aus dem geringsten Level auch die Einordnung des Bewertungsverfahrens insgesamt (IFRS 13.73).

Beispiel: Bei der Anwendung von DCF-Verfahren werden im Wesentlichen Einzahlungsüberschüsse und Zinssätze benötigt. Zinssätze lassen sich noch dem Level 2 zuordnen, die Schätzung von Einzahlungsüberschüssen aber regelmäßig nur dem Level 3. Dann ist das gesamte Bewertungsverfahren ebenfalls als Level 3 zu klassifizieren.

8.57 Für die Verwendung eines einmal bestimmten Bewertungsverfahrens gilt der **Stetigkeitsgrundsatz** (IFRS 13.65). Sollten jedoch in künftigen Perioden neue (bessere) Informationen zugehen oder bisher verwendete wegfallen, kann auch die Verwendung eines anderen Bewertungsverfahrens erforderlich sein. U. E. ist die Verwendung eines anderen Bewertungsverfahrens dann zwingend, wenn damit ein höherer Level erreicht wird. Der Übergang ist als Schätzungsänderung prospektiv abzubilden (IFRS 13.66).

VI. Sinkende Marktaktivität

8.58 Im Zuge der Finanzkrise ist das Problem rückläufiger Marktaktivität virulent geworden: Vormals liquide Märkte trocknen aus, es finden nur mehr geringe oder keine Aktivitäten statt.

Indikatoren für eine sinkende Marktaktivität sind (IFRS 13.B37):
- Es sind in jüngster Zeit nur wenige Transaktionen beobachtbar.
- Preisnotierungen basieren nicht auf aktuellen Informationen.
- Preisnotierungen unterliegen im Zeitablauf oder zwischen Marktteilnehmern großen Schwankungen.
- Indizes, die vormals mit den Fair Values des Vermögenswerts oder der Schuld korreliert waren, haben keinen Bezug zu neuesten Anhaltspunkten für den Fair Value des entsprechenden Vermögenswerts oder der Schuld.

- Beobachtbare Transaktionen weisen signifikant gestiegene implizite Liquiditätsrisikoaufschläge, Renditen oder Leistungsindikatoren auf.
- Es besteht erstmals eine weite Geld-Brief-Spanne für den betreffenden Vermögenswert oder die Schuld oder eine bestehende Geld-Brief-Spanne hat erheblich zugenommen.
- Die Marktaktivitäten für Neuemissionen des betreffenden Vermögenswertes oder der Schuld bzw. für ähnliche Vermögenswerte oder Schulden haben erheblich abgenommen oder ein solcher Markt ist gar nicht existent.
- Es sind nur wenige öffentliche Informationen verfügbar.

Eine rückläufige Marktaktivität führt nicht zum Aussetzen der Fair Value Ermittlung. Stattdessen sind in der Regel Anpassungen vorzunehmen, um die veränderte Situation zutreffend abzubilden (IFRS 13.B38).

VII. Zusammenfassung: Welches Fair Value-Ermittlungsverfahren für welchen Anwendungsbereich?

Die folgende Tabelle stellt Fair Value-Ermittlungsverfahren und typische Anwendungsbereiche praxisorientiert zusammen. Klar ist: In den Bewertungsverfahren sollen Inputfaktoren mit der höchsten Gütestufe verwendet werden.

8.59

Verfahren	Vorgehensweise	Anwendungsbeispiele
Marktwerte auf aktiven Märkten	Ablesen vom Kurszettel	Börsennotierte Wertpapiere („Finanzinstrumente")
Marktpreisorientierte Vergleichsverfahren	Überleitung beobachteter Marktpreise ähnlicher Vermögenswerte unter Berücksichtigung zwischenzeitlicher Entwicklungen oder abweichender Eigenschaften	Finanzielle Vermögenswerte (Beteiligungen, Wertpapiere) Immobilien
Discounted Cashflow Verfahren	Bestimmung des Barwerts zukünftiger Zahlungsströme	Immaterielle Vermögenswerte (Marken, Know-how, Lizenzen, Kundenstamm, Kundenbeziehungen) Immobilien (Gebäudeertragswerte)
Optionspreismodelle	Softwareprogramm	Aktienoptionen, Finanzderivate
(fortgeschriebene) Wiederbeschaffungskosten	Neupreise vergleichbarer Vermögenswerte abzgl. fiktive Abnutzung	Sachanlagen

VIII. Praktische Relevanz der Fair Value-Bewertung

8.60 Zwar besteht nach IFRS ein Nebeneinander („*Mixed Accounting Model*") aus Anschaffungskostenprinzip und wahlweiser oder obligatorischer Fair Value-Bewertung, die erfolgsneutral, z.T. aber auch erfolgswirksam behandelt wird. In der Praxis ist jedoch nicht die Variantenvielfalt, sondern die konkrete Konsequenz relevant. Die folgende Übersicht zeigt die wesentlichen Bereiche der Fair Value-Bilanzierung:

1. Neubewertung von Sachanlagen bei Erstanwendung von IFRS

8.61 Bei Umstellung des gesamten HGB-Abschlusses auf IFRS (IFRS-Erstanwendung) besteht ein Wahlrecht zur Neubewertung des Sachanlagevermögens zum Fair Value. Dieses Wahlrecht kann auf *einzelne Anlagegegenstände* beschränkt werden, z.B. auf die zeitnähere Bewertung eines schon in der DM-Eröffnungsbilanz 1949 ausgewiesenen Grundstücks. Das Wahlrecht kann somit flexibel zwecks höheren Eigenkapitalausweises eingesetzt werden. Soll dies nicht mit zukünftigen Ergebnisbelastungen durch höhere Abschreibungen erkauft werden[31], kommt für die Neubewertung insbesondere Grund und Boden in Betracht (zu Einzelheiten s. Rz. 57.25 ff.).

2. Neubewertung von Sachanlagen bei laufender IFRS-Bilanzierung

8.62 Im Gegensatz dazu wird das Wahlrecht zur Neubewertung von Gruppen des Sachanlagevermögens bei der Folgebilanzierung, wenn schon immer nach IFRS bilanziert wird, in der Praxis nur äußerst selten angewendet (Rz. 14.70 ff.). Die Ursache liegt darin, dass die Eigenkapitalerhöhung erfolgsneutral gebucht wird und anschließend erfolgswirksam von der höheren Basis abgeschrieben werden muss, was bilanzpolitisch unerwünscht sein kann. Außerdem muss regelmäßig an künftigen Bilanzstichtagen überprüft werden, ob der Buchwert nach wie vor dem Fair Value entspricht. Das macht aufwendige Fair Value-Ermittlungen erforderlich, was die Methode zusätzlich unattraktiv erscheinen lässt.

3. Anlageimmobilien

8.63 Für Anlageimmobilien – das sind z.B. vermietete Gewerbeobjekte – besteht das Bewertungswahlrecht, sie zu fortgeführten Anschaffungs- und Herstellungskosten oder erfolgswirksam zum Fair Value zu bewerten. Selbst bei einer Entscheidung zur Bewertung zu fortgeführten Kosten lässt sich jedoch eine Fair Value-Ermittlung nicht vermeiden, da der Fair Value in diesem Fall im Anhang anzugeben ist. Allerdings ist zunächst zu prüfen, ob das Unternehmen überhaupt über (wesentliche) Anlageimmobilien verfügt (Rz. 18.1 ff.).

---

31 Hiervon unberührt bleibt die Prüfung eines außerordentlichen Abwertungsbedarfs.

4. Beteiligungen und Aktien

Bei Beteiligungen besteht grundsätzlich eine Pflicht zur Fair Value-Bilanzierung. Da IFRS in der Regel nur für den Konzernabschluss relevant sind, können nur Beteiligungen betroffen sein, die *nicht* bereits vollkonsolidiert oder at equity angesetzt sind. Entsprechend eng ist der Anwendungsbereich. Zudem ist die Bewertung selbst kein Problem: Liegen Börsennotierungen vor, sind diese zu verwenden. Andernfalls handelt es sich um nicht notierte Beteiligungen an GmbHs oder KGs: Dann kann mangels Kenntnis des Marktpreises auch eine Bilanzierung dieser Beteiligungen zu (fortgeführten) Anschaffungskosten vertreten werden (IFRS 9 B5.2.3, Rz. 22.81).

8.64

5. Unternehmenserwerb (Kapitalkonsolidierung)

Bei einem Unternehmenserwerb werden an Stelle des Beteiligungsbuchwerts (Gegenleistung, Kaufpreis) die einzelnen erworbenen Vermögenswerte und übernommenen Schulden angesetzt, und zwar i.d.R. zum Fair Value. Eine verbleibende positive Differenz zum Kaufpreis ist als Goodwill zu bilanzieren. Weil nur die außerplanmäßige Goodwillabschreibung im Fall der Wertminderung geboten ist, kommt der Abgrenzung des Goodwill von anderen planmäßig abzuschreibenden immateriellen Vermögenswerten eine besondere Bedeutung zu (Rz. 36.110 ff.): Während nach HGB in der Vergangenheit oft nur stille Reserven im materiellen Anlagevermögen aufgedeckt und der Rest dem Goodwill zugeordnet wurde, müssen nach IFRS auch Kundenbeziehungen, vorteilhafte Verträge, Know-how etc. separat neben dem Goodwill aktiviert und im Regelfall planmäßig abgeschrieben werden.

8.65

Die Vorgehensweise bei der Fair Value-Ermittlung ähnelt jener bei den **Teilwertvermutungen** im deutschen Recht.[32] Sie ist somit jeder Steuerabteilung aus der Erstellung von Ergänzungsbilanzen bei Personengesellschaften geläufig. Zudem sind die Probleme, den Goodwill von anderen immateriellen Vermögenswerten abzugrenzen, aus der bis 1986 geltenden steuerlichen Rechtslage beim asset deal bekannt, denn bis 1986 waren steuerlich nur außerplanmäßige Goodwillabschreibungen zulässig, woraus das Bestreben resultierte, möglichst viele abnutzbare immaterielle Wirtschaftsgüter separat neben dem Goodwill anzusetzen.[33]

8.66

6. Impairmenttest nach IAS 36

Insbesondere beim Impairment-Test des Goodwill nach IAS 36 kommt man um die Berechnung des Nettoveräußerungswertes (Fair Value less cost of disposal) oder des Nutzungswertes nicht herum. Der Nettoveräußerungswert – nicht aber der Nutzungswert – basiert auf Prinzipien der Fair Value-Ermittlung. Wir stellen ab Rz. 19.57 ff. dar, wie die Berechnungen durchzuführen sind und welche abschlusspolitischen Spielräume bestehen.

8.67

---

32 Zum Vergleich Teilwert – Fair Value s. 2. Aufl., Rz. 313 ff.
33 Vgl. *Lüdenbach/Hoffmann*, BFuP 2004, 596 (603).

7. Derivate und Sicherungsgeschäfte

8.68 Derivate (Optionen, Swaps, Termingeschäfte usw.) sind zum Fair Value anzusetzen. Regelmäßig werden Derivate allerdings nur zu Sicherungszwecken eingesetzt (Hedge Accounting, Rz. 25.1). Somit hängt das Ausmaß der Fair Value-Bilanzierung auch hier vom Sachverhalt ab. Die entsprechenden Marktwerte werden häufig von den beteiligten Kreditinstituten „auf Basis quotierter Marktpreise" zusammen mit den Saldenbestätigungen übermittelt. Alternativ kann sich der Bilanzierende externer Dienstleistungen bedienen.

8. Aktienorientierte Vergütungen

8.69 Erhalten Manager Optionen auf Aktien des Unternehmens, wird die geleistete Arbeit an dem Marktwert der in Aussicht gestellten Optionen gemessen und als Aufwand verrechnet. Hier besteht das Problem der Ermittlung des Wertes der Optionen, insbesondere bei fehlender Handelbarkeit (Rz. 28.15 ff.). Bei Marktwertschätzungen mittels Optionspreis- und Binomialmodellen bestehen hier erhebliche Bewertungsspielräume und -unsicherheiten. In der Regel bedient man sich zur Wertermittlung jedoch externer Dienstleister.

9. Insbesondere: Fair Value-Bilanzierung im Mittelstand

8.70 Zutreffend ist, dass der IASB die Fair Value-Bilanzierung grundsätzlich forciert. Allerdings gibt es Vorbehalte der Praxis, und auch aus Objektivierungsgründen bleiben die IFRS bislang um Längen hinter einer umfassenden Fair Value-Bilanzierung zurück: Originärer Goodwill (IAS 38.48) und eine Reihe anderer immaterieller Vermögenswerte, z.B. Werbemaßnahmen, Mitarbeiterausbildung usw. dürfen explizit nicht aktiviert werden.[34]

Im Mittelstand wird es kaum aktienorientierte Vergütungen geben, und im *Konzern*abschluss stellt die Bewertung von Beteiligungen kein Problem dar.[35] Für die Fair Value-Bilanzierung kommen im Mittelstand insbesondere folgende Fragestellungen in Betracht:

– Bei **IFRS-Erstanwendung** soll ein vor langer Zeit gekauftes Grundstück höher bewertet werden: Wie wird der Fair Value dieses Grundstücks ermittelt?

– Bei **Erwerb einer zu konsolidierenden Mehrheitsbeteiligung** stellt sich die Frage, wie der Fair Value (a) eines Grundstücks, (b) des Maschinenparks, (c) einer vorhandenen Marke oder eines Patents, (d) von Fertigungs-Know-how, (e) des Auftragsbestands, (f) von Kundenbeziehungen etc. zu ermitteln ist (Rz. 36.155 ff.). Das Problem, den Gesamtkaufpreis auf einzelne Vermögenswerte und Schulden herunterzubrechen, besteht allerdings auch bei der Konzernabschlussaufstellung nach HGB.

---

34 Es ist somit auch nach IFRS eine Wertlücke zwischen ausgewiesenem IFRS-Eigenkapital und Unternehmenswert in beide Richtungen möglich.
35 Vgl. *Pawelzik*, DB 2006, 793 (795).

IX. Zusammenhang von Fair Value, Anschaffungskosten, Nettoveräußerungswert und Nutzungswert

Die in der Überschrift genannten IFRS-Bewertungskategorien haben **z.T. die gleiche Ausgangsbasis**, sie werden in bestimmter Weise korrigiert und führen so zu **unterschiedlichen Wertansätzen**. 8.71

(a) Der **Fair Value** soll ein objektiver Marktpreis sein. Nur selten wird es sich – plastisch und vereinfacht formuliert – um den Betrag handeln, der „im Kaufvertrag steht". Nur Transportkosten fließen in die Fair Value Bewertung ein, ansonsten *ohne weitere Korrekturen* (Rz. 8.35).

(b) Ob bei der sog. Fair Value-Bewertung nur der Betrag (a) in der **Bilanz** angesetzt wird oder ob zum Zwecke des Bilanzansatzes noch Korrekturen um Transaktionskosten erfolgen, wird in den Standards unterschiedlich geregelt.

(c) **Anschaffungskosten** umfassen immer den Anschaffungspreis (a) zusätzlich Nebenkosten (und ggf. abzgl. Anschaffungspreisminderungen), bei einem Grundstückskauf z.B. Notarkosten und Grunderwerbsteuer.

(d) Beim Niederstwerttest (**Impairment-Test nach IAS 36**), der bei der Bilanzierung zu fortgeführten Anschaffungs- und Herstellungskosten relevant ist, existieren zwei Bewertungskategorien (Rz. 19.9):

(1) der **Nettoveräußerungswert**: bei diesem werden Veräußerungskosten vom Fair Value gemäß (a) abgezogen und

(2) der **Nutzungswert** (*value in use*) als Barwert unternehmensindividueller Cashflows. Dieser Wert kann vom Fair Value gemäß (a) und auch vom Nettoveräußerungswert (d1) nach oben wie nach unten abweichen:

Sachverhalt		Preis	Neben-kosten	Veräußerungs-kosten	Bilanz-ansatz
a)	Ermittelter Fair Value wird angesetzt (Ansatz *ohne* Transaktionskosten, z.B. FVPL)	1.000	50*		1.000
b)	Ermittelter Fair Value wird bereinigt (z.B. Ansatz *mit* Transaktionskosten, z.B. Finanzinstrumente AC))	1.000	50		1.050
c)	Anschaffungs- und Herstellungskosten (z.B. Sachanlagen)	1.000	50		1.050
d1)	Nettoveräußerungswert (Fair Value less cost to sell)	1.000		- 100	900
d2)	Nutzungswert (value in use)	–	–	–	1.300/700

* Aufwandserfassung

8.72 Diese Unterscheidung kann eine erhebliche praktische Bedeutung bei **erstmaliger Folgebilanzierung zum Fair Value** haben:

Beispiel: Unternehmen A erwirbt am 30.12.01 zum Zwecke der Vermietung ein Bürohaus (Anlageimmobilie i.S.v. IAS 40) zum Preis von 1.000. Es fallen Notarkosten und Grunderwerbsteuer von 5 % (50) an.

– Die **Erstbilanzierung** am 30.12.01 erfolgt zwingend zu Anschaffungskosten, d.h. *inkl. Nebenkosten* (Rz. 18.40), also zu 1.050.

– Bei der **Folgebilanzierung** wird das Wahlrecht zum Fair Value-Modell ausgeübt. Sofern am 31.12.01 kein gestiegener Fair Value begründbar ist, wäre das Bürogebäude zu 1.000 anzusetzen mit der Folge, dass die Nebenkosten (50) aufwandswirksam abzuschreiben sind[36] (*one-day-loss*).

Somit kommt es im Beispiel zu dem **paradoxen Phänomen**, dass der Fair Value Ansatz im Gegensatz zur Anschaffungskostenbilanzierung zumindest temporär auch zu geringeren Ergebnissen führen kann.

8.73 Ein weiterer Anwendungsfall ist die **Nichtaktivierung von Nebenkosten beim Unternehmenserwerb nach IFRS 3.** Diese beruht schlicht darauf, dass das erworbene Vermögen inkl. Goodwill nach IFRS 3.32 i.V.m. 3.37 zum „Fair Value der Gegenleistung" anzusetzen ist und nicht mehr wie nach IFRS 3.24 (2004) zu Anschaffungskosten. Die Aufwandsverrechnung von Nebenkosten (Rz. 36.61) nach aktuell gültigem IFRS 3 ist insofern konsequent und zwingend; eine andere Frage ist, warum der Board bei der Erstbilanzierung (!) des Unternehmenserwerbs nicht mehr die Anschaffungskosten zugrunde legen wollte.

---

36 Vgl. *Heintges/Boggel/Wulbrand*, DB 2008, 2037 (2040); Haufe IFRS-Komm.[16], § 16 Rz. 54f.

Kapitel 9
Währungsumrechnung im Einzelabschluss und in der Handelsbilanz II (IAS 21)

A. Überblick und Wegweiser	9.1	C. Folgebewertung	9.22
I. Management Zusammenfassung	9.1	I. Monetäre versus nichtmonetäre Posten	9.22
II. Standards und Anwendungsbereich	9.2	II. Umrechnung monetärer Posten	9.23
III. Wesentliche Abweichungen zum HGB	9.5	III. Umrechnung nichtmonetärer Posten	9.25
IV. Neuere Entwicklungen	9.8	D. Ausweis	9.29
B. Ersterfassung	9.20	E. Anhangangaben	9.30

Literatur: Siehe zu Kap. 35.

A. Überblick und Wegweiser

I. Management Zusammenfassung

IFRS-Einzelabschlüsse von Unternehmen mit Sitz in Deutschland sind in Euro aufzustellen. Der Euro ist auch typischerweise die Währung, in der deutsche Unternehmen leben, denken und handeln; in der Diktion der Standards ist das die „funktionale Währung". 9.1

Der Geldbestand, Forderungen und Verbindlichkeiten und andere sog. monetäre Posten, die auf **fremde Währung** lauten, sind unabhängig von ihrem vorgesehenen Tauschzeitpunkt in den Euro regelmäßig **erfolgswirksam zum Stichtagskurs** umzurechnen. Diese Grundregel einschließlich einiger Ausnahmen von ihr wird im vorliegenden Kapitel erläutert.

II. Standards und Anwendungsbereich

Für die Währungsumrechnung sowohl im **Einzelabschluss** (Handelsbilanz II) als auch im **Konzernabschluss** ist IAS 21 einschlägig. IAS 21 ist mit Wirkung zum 1.1.2005 formal neu gefasst (aber nicht inhaltlich geändert) und seitdem punktuell ergänzt worden. 9.2

Die Währungsumrechnung im Einzelabschluss und in der HB II sind Gegenstand dieses Kapitels. Zur Umrechnung von in fremder Währung aufgestellter Abschlüsse (Währungsumrechnung im Konzernabschluss) siehe Kapitel 35.

9.3 Im Einzelabschluss/in der HB II ist IAS 21 anzuwenden auf Geschäftsvorfälle und Bilanzposten in fremder Währung, also etwa auf den Bezug von in US-$ fakturiertem Rohöl (Geschäftsvorfall), das am Abschlussstichtag noch nicht bezahlt ist (Fremdwährungsverbindlichkeit).

Auf nachfolgende Sachverhalte ist IAS 21 *nicht* anzuwenden:

– **Fremdwährungsderivate**, die in den Anwendungsbereich des IFRS 9 fallen (IAS 21.3a), z.B. ein Devisentermingeschäft, und zwar unabhängig davon, ob das Derivat zu Sicherungszwecken eingesetzt wird. Das bedeutet im Umkehrschluss: Fremdwährungsderivate außerhalb des Anwendungsbereichs des IFRS 9 unterliegen im Hinblick auf die Währungsumrechnung dem IAS 21. Das kann zutreffen auf ein Warentermingeschäft in fremder Währung (*own-use-exemption*, siehe Rz. 22.15).

– **Absicherungen von Fremdwährungsrisiken**, auf die die Bilanzierung von Sicherungszusammenhängen (*hedge accounting*) angewendet wird (IAS 21.5; Rz. 25.20).

– Umrechnungen von **Cashflows** zum Zweck der Darstellung in der Kapitalflussrechnung (IAS 21.7) Andererseits lässt IAS 7.27 für die Kapitalflussrechnung die Verwendung des IAS 21 zu, erlaubt aber auch Vereinfachungen. Siehe hierzu Rz. 47.54).

9.4 IAS 21 wird mit Wirkung seit 2018 ergänzt durch IFRIC 22 zur Umrechnung von erhaltenen oder geleisteten Anzahlungen auf nichtmonetäre Vermögenswerte oder Schulden (Rz. 9.21).

III. Wesentliche Abweichungen zum HGB

9.5 Durch das BilMoG 2009 ist mit § 256a HGB erstmals[1] eine Vorschrift zur Währungsumrechnung im Jahresabschluss eingefügt worden. Der Norm unterliegen nur auf fremde Währung lautende Vermögensgegenstände (Forderungen, in nicht-Euro-Ländern belegene Immobilien usw.) und Verbindlichkeiten in der Folgebewertung. Nicht erfasst sind Rückstellungen und latente Steuern. Für diese Posten soll sich bereits aus ihren Bewertungsnormen (Erfüllungsbetrag für Rückstellungen, erwartete Steuerbe- bzw. -entlastung für latente Steuern) die Umrechnung zum Stichtagskurs ergeben.[2]

9.6 § 256a HGB ist formal nur für die Folgebewertung einschlägig und verlangt die Verwendung des Devisenkassamittelkurses. Es ist sinnvoll, dem auch für die Erstbewertung zu folgen. Daher ist die Umrechnung zum Zeitpunkt des Zugangs des entsprechenden Postens mit dem zu diesem Zeitpunkt gültigen **Devisenkassamittelkurs** vorzunehmen. Die vor BilMoG oft vorgenommene Unterscheidung von Geld- und Briefkurs fällt insoweit weg.

---

[1] Vorher schon für Banken, § 340h HGB.
[2] Vgl. BT-Drs. 16/10067, 62.

Bei der **Folgebewertung** ist nach Restlaufzeiten zu differenzieren: 9.7

a) Restlaufzeit </= 1 Jahr. Für diese Vermögensgegenstände und Verbindlichkeiten sind das Anschaffungskosten- und Realisationsprinzip aufgehoben (§ 256a Satz 2 HGB). Damit ist der Devisenkassamittelkurs zum Bilanzstichtag maßgeblich, ungeachtet dessen, ob die Umrechnung zu (unrealisierten) Gewinnen und Verlusten führt.

b) Restlaufzeit > 1 Jahr. Hier sind sämtliche Bewertungs-GoB wieder anzuwenden. Der Ausweis unrealisierter Gewinne kommt nicht in Betracht; eine Forderung kann nicht höher und eine Verbindlichkeit nicht niedriger als zu ihrer Einbuchung ausgewiesen werden.

IAS 21 sieht diesen Unterschied nach Restlaufzeiten nicht vor.

IV. Neuere Entwicklungen

Es sind keine Veränderungen an IAS 21 geplant. 9.8

frei 9.9–9.19

B. Ersterfassung

Fremdwährungspositionen sind bei **erstmaliger Erfassung** mit dem **Kassakurs** (Devisenkassamittelkurs) zum Zeitpunkt des Geschäftsvorfalls umzurechnen (IAS 21.21). Bei nicht stark schwankenden Kursen kann zur Vereinfachung auch ein Näherungskurs festgelegt werden, der dann für alle Geschäftsvorfälle der laufenden Woche oder des laufenden Monats heranzuziehen ist (IAS 21.22). 9.20

Werden Anzahlungen auf nichtmonetäre Posten geleistet oder empfangen, so determiniert der Kurs zum Zeitpunkt der Anzahlung den späteren nichtmonetären Posten (IFRIC 22.8), da ein Wechselkursrisiko insoweit nicht mehr besteht (IFRIC 22.BC22). Im Fall nicht vollständiger Anzahlung oder bei mehreren Teil-Anzahlungen ergeben sich unterschiedliche Transaktionskurse bzw. -beträge (IFRIC 22.9). 9.21

Beispiel: Unternehmen U bestellt am 5. Mai x1 Ware für 1.000 $, Lieferdatum 15. Juli x1, und leistet bei Bestellung eine Anzahlung über 300 $. Bei Erhalt der Ware (nichtmonetärer Posten) ist diese für einen Teilbetrag von 300 $ mit dem Kurs vom 5. Mai x1 (= Kurs zur Einbuchung der geleisteten Anzahlung) und für einen Teilbetrag von 700 $ mit dem Kurs vom 15. Juli x1 umzurechnen. Im Übrigen sind die bei Lieferung entstandenen 700 $ Verbindlichkeit ein monetärer Posten, der künftig zum Stichtagskurs erfolgswirksam umzurechnen ist (Rz. 9.23).

C. Folgebewertung

I. Monetäre versus nichtmonetäre Posten

9.22 Für die Folgebewertung ist zwischen monetären und nichtmonetären Posten zu unterscheiden:

Monetäre Posten (IAS 21.16) sind Zahlungsmittel und Zahlungsmitteläquivalente sowie alle Vermögenswerte und Schulden, die zu einem festen oder bestimmbaren Geldzu- oder -abfluss führen. Alle anderen Posten sind nichtmonetär.

Die folgende Tabelle listet relevante monetäre und nichtmonetäre Posten:

Monetäre Posten	Nichtmonetäre Posten
Zahlungsmittel: Kassenbestände, Schecks, täglich fällige Guthaben bei Banken	Geschäfts- oder Firmenwert
Zahlungsmitteläquivalente: kurzfristige (< drei Monate Restlaufzeit seit Erwerb) Finanzinvestitionen, die nur unwesentlichen Wertschwankungen unterliegen und die jederzeit in Geld umgewandelt werden können.	Immaterielle Vermögenswerte, Sachanlagen, Vorräte
Geldleistungsforderungen (z.B. Forderungen aus Lieferungen und Leistungen) und -verbindlichkeiten (z.B. Bank- und Anleiheverbindlichkeiten)	Erhaltene oder geleistete Anzahlungen, die auf Sachleistungen gerichtet sind
Pensionsverpflichtungen	Gehaltene Eigenkapitaltitel (z.B. Aktien, GmbH-Anteile)
Sonstige Rückstellungen, die i.d.R. zu Geldabflüssen führen, z.B. Schadenersatzrückstellungen	Sachleistungsverpflichtungen
Steuerverbindlichkeiten und -forderungen	Abgrenzungsposten für Miete, Versicherungen usw.
Latente Steuern (strittig)	

II. Umrechnung monetärer Posten

9.23 Monetäre Posten in fremder Währung sind jeweils zum Stichtagskurs umzurechnen (IAS 21.23a) mit erfolgswirksamer Erfassung der Umrechnungsdifferenz (IAS 21.28). Auf die Frist zur Umwandlung des Postens in Geld kommt es nicht an.

Beispiel: Eine kurzfristige US-$-Forderung ist genauso zum Stichtagskurs umzurechnen wie die aufgenommene, 10-jährige US-$-Verbindlichkeit.

9.24 Von der erfolgswirksamen Erfassung einer Umrechnungsdifferenz besteht eine Ausnahme, vor allem relevant für den Konzernabschluss: Der monetäre Posten ist Teil einer Nettoinvestition in einen ausländischen Geschäftsbetrieb (IAS 21.32). Es handelt sich um Umrechnungsdifferenzen aus Forderungen und Verbindlichkeiten gegenüber im Konzernabschluss zum Stichtagskurs umgerechneter konsolidierter Tochterunternehmen, wenn diese Forderungen oder Verbindlichkeiten ihrem wirtschaftlichen Gehalt nach eine Erhöhung oder Minderung der Kapitaleinlage darstellen (Rz. 35.36).

III. Umrechnung nichtmonetärer Posten

Nichtmonetäre Posten, die zu fortgeführten Anschaffungs- und Herstellungskosten *in einer Fremdwährung bewertet* werden, sind zum ursprünglichen Einbuchungskurs (**historischer Kurs**) umzurechnen (IAS 21.23b). 9.25

Beispiel:
- Ein Konzern mit Sitz in Frankfurt habe eine Maschine, fakturiert in US-$, erhalten und nach Frankfurt verbracht. Bei Erhalt der Maschine wird diese zum Devisenkassamittelkurs umgerechnet; danach findet keine Umrechnung mehr statt. Es liegt *kein* Anwendungsfall des IAS 21.23b vor, da die Maschine nicht zu fortgeführten Kosten in fremder Währung bewertet wird.
- Der Konzern übernimmt einen Anteil von 10 % an einer englischen *private limited company*, für den der Fair Value nicht feststellbar ist. Der Anteil wird daher zu fortgeführten Anschaffungskosten *in fremder Währung* bewertet. Der Kurs bleibt aber „eingefroren".

Sollte für in fremder Währung bewertete nichtmonetäre Posten eine **Niederstwertvorschrift** greifen – Vorräte oder Sachanlagen auf Basis der Fremdwährung also mit dem niedrigeren Nettoveräußerungspreis oder erzielbaren Betrag anzusetzen sein –, ist ein **Niederstwerttest** wie folgt vorzunehmen: Der niedrigere umgerechnete Betrag aus einem Vergleich von 9.26

- fortgeführten Anschaffungs- und Herstellungskosten multipliziert mit dem historischen Kurs und
- Nettoveräußerungspreis bzw. erzielbarer Betrag multipliziert mit dem Tageskurs

ist anzusetzen. Dies entspricht einer Umrechnung nach dem **Zeitbezug** (IAS 21.25).

Beispiel: In einem Auslieferungslager außerhalb des Euro-Raumes lagern Vorräte mit AK von 100 LW (LW = Landeswährung); zum Zeitpunkt der Einbuchung betrug der Kurs[3] 1 Euro = 0,5 LW. Am Bilanzstichtag beträgt der Nettoveräußerungspreis der Vorräte nur noch 90 LW, aber der Kurs hat sich auf 1 Euro = 0,3 LW verändert. Die Vorräte sind anzusetzen mit min {100 LW × 1/0,5 Euro/LW = 200 Euro; 90 LW × 1/0,3 Euro/LW = 300 Euro} = 200 Euro.

Ein Ansatz zu 300 Euro würde zu unrealisierten Gewinnen führen, die außerhalb monetärer Posten nicht zulässig sind. Insoweit bleibt es bei einem Ansatz von 200 Euro, stille Reserven werden gelegt.

Das Beispiel zeigt auch anschaulich den begrenzten Anwendungsbereich der Norm: Solche Sachverhalte sind vergleichsweise selten.

---

3 Kurs hier angegeben in Preisnotierung.

9.27 **Nichtmonetäre Posten**, die zum **Fair Value** bewertet werden, sind demgegenüber mit dem Kurs zum Bewertungszeitpunkt umzurechnen (IAS 21.23c).

Beispiele: Ein Konzern hält eine Anlageimmobilie in den USA und bewertet diese erfolgswirksam zum Fair Value. Ferner hält er einen Anteil von 5 % an einer englischen public limited company, deren Fair Value ermittelbar ist; der Anteil wird der Kategorie FVOCI zugeordnet. In beiden Fällen ist zum Bilanzstichtag eine Fair Value Bewertung erforderlich. Die Umrechnung erfolgt zum Stichtagskurs (Devisenkassamittelkurs).

9.28 Die **Umrechnungsdifferenzen** teilen bei diesen Posten das „Schicksal" des betroffenen Bilanzpostens:

– Wenn die Fair Value-Änderung erfolgswirksam erfasst wird, muss auch die Umrechnungsdifferenz erfolgswirksam erfasst werden.

– Bei erfolgsneutraler Erfassung der Fair Value-Änderung wird auch die Umrechnungsdifferenz erfolgsneutral erfasst (IAS 21.30).

Beispiele (Fortsetzung aus Rz. 9.27): Eine Umrechnungsdifferenz bei der Anlageimmobilie ist in der GuV, jene im Anteil an der englischen Gesellschaft im *other comprehensive income* zu erfassen.

Eine gesonderte Ermittlung der Differenz ist für bilanzielle Zwecke entbehrlich. Sie ist aber für Veränderungsrechnungen und kumulierte Anhangangaben erforderlich (Rz. 9.30).

D. Ausweis

9.29 IAS 21 enthält keine Vorschriften über den Ort des Ausweises der Umrechnungsdifferenzen in der GuV. In der Praxis finden sich drei Vorgehensweisen:

– vollständige Erfassung im Betriebsergebnis,

– vollständige Erfassung im Finanzergebnis und

– differenzierte Erfassung; Währungsdifferenzen auf operative Sachverhalte im Betriebsergebnis, im Übrigen im Finanzergebnis.

Aus sachlogischer Perspektive ist die letzte Variante zu empfehlen.

E. Anhangangaben

9.30 Im Anhang ist anzugeben (IAS 21.52):

– Der Betrag der in der Gewinn- und Verlustrechnung erfassten Umrechnungsdifferenzen, der nicht auf erfolgswirksam bewertete Finanzinstrumente entfällt.

– Die im *other comprehensive income* erfasste Veränderung der Umrechnungsdifferenzen und deren kumulierte Werte. Die Angabe der Veränderungen erfolgt in der Gesamtergebnisrechnung (Kapitel 45) und die der kumulierten Werte (einschließlich der Veränderungen) im **Eigenkapitalspiegel** (Kapitel 46).

Kapitel 10
Erträge (IFRS 15)

A. Überblick und Wegweiser 10.1

  I. Management Zusammenfassung 10.1

  II. Standards und Anwendungsbereich 10.4

  III. Wesentliche Abweichungen zum HGB 10.8

  IV. Neuere Entwicklungen 10.11

B. Ertragserfassung nach IFRS 15 10.21

  I. Grundprinzip der Ertragserfassung nach IFRS 15 .... 10.21

  II. Identifizierung der Verträge mit Kunden 10.31

  1. Sachliche Abgrenzung von Verträgen mit Kunden 10.31
  2. Zeitliche Abgrenzung von Verträgen mit Kunden 10.38
  3. Zusammenfassung von Verträgen 10.42
  4. Vertragsänderungen 10.44
  5. Bedeutung des Vertragsmanagements 10.48

  III. Identifizierung separater Leistungsverpflichtungen in Verträgen mit Kunden 10.61

  1. Definition einer Leistungsverpflichtung 10.61
  2. Abgrenzbarkeit einer Leistungsverpflichtung 10.67

  IV. Ermittlung des Transaktionspreises 10.81

  1. Begriffsdefinition 10.81
  2. Variable Bestandteile des Transaktionspreises 10.83
  3. Wesentliche Finanzierungkomponenten 10.92
  4. Nicht-zahlungswirksame Gegenleistungen (Tauschgeschäfte) ... 10.101
  5. Rückflüsse an Kunden 10.105
  6. Änderungen des Transaktionspreises 10.108

  V. Aufteilung des Transaktionspreises auf die separaten Leistungsverpflichtungen eines Vertrags 10.121

  1. Ziel und grundlegende Vorgehensweise 10.121
  2. Zuordnung von Bündelrabatten . 10.126
  3. Zuordnung variabler Transaktionspreisbestandteile 10.129
  4. Zuordnung von Transaktionspreisänderungen............. 10.130
  5. Aspekte der praktischen Umsetzung und der Unternehmenssteuerung 10.134

  VI. Umsatzerfassung bei Leistungserfüllung 10.141

  1. Das Grundprinzip: Leistungserfüllung durch Übertragung eines Vermögenswerts auf den Kunden 10.141
  2. Leistungserfüllung während eines Zeitraums 10.146
    a) Voraussetzungen 10.146
    b) Ermittlung des Leistungsfortschritts 10.152
  3. Leistungserfüllung zu einem Zeitpunkt 10.159
  4. Umsatzerfassung bei einem Verlustvertrag 10.161

C. Aktivierung von Vertragskosten 10.181

D. Ausweis 10.191

E. Anhangangaben 10.211

  I. Grundlegende Bedeutung der Angaben zu den Umsatzerlösen . 10.211

  II. Angaben zu Verträgen mit Kunden 10.214

  III. Angaben zu wesentlichen Ermessensentscheidungen...... 10.220

  IV. Angaben zu aktivierten Vertragskosten 10.221

F. Übergangsvorschriften 10.231

Literatur: *Baur/Eisele/Hold*, Klassifizierung von Leistungsverpflichtungen nach IFRS 15.35, KoR 2016, 394; *Beiersdorf/Schmidt*, Umsatzerfassung – Bestimmung von Auftraggeber (Prinzipal) und Vermittler (Agent), IRZ 2014, 457; *Berger/Geisel/Schmidt*, Wechselwirkungen zwischen den neuen Vorschriften zu Leasingvereinbarungen, Erlösrealisierung und Wertminderung nach IFRS, BB 2017, 1899; *Beyersdorff*, Mehr Mut zur Relevanz in IFRS-Abschlüssen?, WPg 2017, 1383; *Bohnefeld/Ebeling/Vitinius*, Die Bilanzierung von Verlustfertigungsaufträgen nach IFRS 15, KoR 2018, 8; *Breidenbach/Währisch*, Umsatzerlöse, Herne 2016; *Brücks/Ehrcke/Grote/Pilhofer*, Anwendungs- und Auslegungsfragen zu IFRS 15 am Beispiel der Telekommunikationsbranche, KoR 2017, 179, 233; *Dietrich/Malsch*, Das Prinzipal-Agenten-Konzept des IFRS 15, IRZ 2016, 335; *Dietrich/Malsch*, IFRS 15 – Eine unbekannte Größe in der Finanzbranche, IRZ 2015, 387, 435, 483; *Dietrich/Stoek*, Bilanzierung von Immobilien-Mietverträgen beim Leasinggeber, IRZ 2018, 177; *Ernst & Young* (Hrsg.), EY Scout International Accounting – Im Fokus: der neue Standard zur Umsatzrealisierung, Hamburg 2017; *Fink/Ketterle/Scheffel*, Revenue Recognition: Bilanzpolitische, -analytische und prozessuale Auswirkungen des Re-Exposure Draft auf die Bilanzierungspraxis, DB 2012, 1997; *Fink/Pilhofer/Ketterle*, Die Angabe- und Erläuterungspflichten gem. IFRS 15 zur Erlösrealisierung, KoR 2015, 333; *Fischer*, Neufassung des Wesentlichkeitsbegriffs und Anwendungshinweise, PiR 2017, 323; *Fischer*, TRG-Meetings 2016: Ausgewählte Bilanzierungsfragen, PiR 2016, 355; *Freiberg*, Aufteilung von Dauerschuldverhältnissen – Vorrang von IFRS 16 vor IFRS 15, PiR 2016, 325; *Ganssauge/Tamm/Weller*, Künftige Bilanzierung von Forderungen und „contract assets" nach IFRS, WPg 2016, 670; *Grote/Hold/Pilhofer*, IFRS 15: Die neuen Vorschriften zur Umsatz- und Gewinnrealisierung, KoR 2014, 405, 474; *Heintges/Erber*, Hypothese: IAS 11 (Auftragsfertigung) = IFRS 15 (Umsatz über die Zeit), WPg 2016, 1015, 1067; *Heintges/Hoffmann*, Umsatzerlöse verstehen – Angaben im Anhang nach IFRS 15, DB 2015, 1973; *Heintges/Hoffmann/Usinger*, IFRS 15: Spagat zwischen rechtlicher und wirtschaftlicher Sicht der Umsatzrealisierung – Erfahrungen aus der Anwendung, WPg 2015, 570; *Heintges/Hoffmann/Usinger*, Umsatz nach IFRS 15: nur, in welcher Höhe?, BB 2016, 619; *Hold/Harms*, Praktische Herausforderungen bei der Erstanwendung von IFRS 15, IRZ 2017, 113; *Hütten/Pilhofer/Herr*, Bilanzierung von Drohverlustrückstellungen für belastende Verträge mit Kunden nach IFRS, WPg 2018, 1290; *Lüdenbach/Freiberg*, Erlösrealisierung nach IFRS 15 – Einräumung eines Rückgabe- oder Rücknahmerechts, PiR 2015, 99; *Morich*, IFRS 15: Neue Regeln zur Erlöserfassung nach IFRS, DB 2014, 1997; *Müller*, Gewinnrealisierung bei Abschlagszahlungen, WPg 2016, 474; *Schild*, IFRS 15 und die Zweifelsfrage der Kombinierung von Einzelverträgen; KoR 2019, 9 *Schurbohm-Ebneth/Ohmen*, Implikationen von IFRS 15 für den Anlagenbau, KoR 2015, 7; *Schurbohm-Ebneth/Ohmen*, Wesentliche Finanzierungskomponente nach IFRS 15 – Praxisfälle und Lösungsansätze, IRZ 2016, 69; *Schurbohm-Ebneth/Wagner*, Bilanzierung von Kundenbindungsprogrammen unter IFRS 15 unter Berücksichtigung eines externen Programmbetreibers, IRZ 2017, 489; *Währisch*, Gemeinerlöse – ein unterschätztes Phänomen?, BBK 2018, 179; *Upmeier*, Mehrkomponentengeschäfte: Transportdienstleistungen als separate Leistungsverpflichtungen unter IFRS 15?, KoR 2018, 365; *Waldbusch/Lam*, Anhangangaben zur Umsatzrealisierung in der IFRS-Bilanzierungspraxis, KoR 2017, 193; *Winterling/Bartsch/König*, Zeitraumbezogene Umsatzrealisierung bei Massenfertigung?, PiR 2017, 255; *Wüstemann, J./Wüstemann, S./Jendreck/Schober*, Grundsätze der Identifizierung von Kundenverträgen und Leistungsverpflichtungen nach IFRS 15 – Anwendung auf Rahmenvereinbarungen und Werklieferungsverträge, BB 2017, 1195; *Zülch/Fischer/Willms*, Die Neugestaltung der Ertragsrealisation nach IFRS im Lichte der „Asset-Liability-Theory", KoR, Beilage 3/2006.

A. Überblick und Wegweiser

I. Management Zusammenfassung

Für die Beurteilung des Erfolgs eines Unternehmens am Markt sind die Umsatzerlöse eine, wenn nicht die entscheidende Kenngröße. Um zu gewährleisten, dass in einem Abschluss nach IFRS die in einer Berichtsperiode ausgewiesenen Erträge aus Verträgen mit Kunden auch den **Markterfolg** des Unternehmens in dieser Periode widerspiegeln, hat der IASB in zwölf Jahren – in weitgehender Zusammenarbeit mit dem FASB – mit IFRS 15 ein neues Modell zur Ertragserfassung aus Kundenverträgen entwickelt. 10.1

Dieses **Modell** beinhaltet die Ermittlung der Umsatzerlöse in fünf aufeinander aufbauenden Schritten (Rz. 10.24). Zu Beginn sind die Verträge und die jeweils darin enthaltenen Leistungsversprechen des Unternehmens als Basis der Erträge zu identifizieren. Im Folgenden ist der Gegenwert des Geschäfts mit dem Kunden, der Transaktionspreis, zu bestimmen. Falls das Geschäft mehrere Leistungsversprechen beinhaltet, ist der Transaktionspreis auf die einzelnen Leistungen aufzuteilen. Im letzten Schritt ist zu ermitteln, wann eine Leistung erfüllt wird, da dies dem Zeitpunkt entspricht, zu dem der Ertrag zu erfassen ist. 10.2

Wesentliche Aspekte der Ertragsbilanzierung werden in IFRS 15 wie folgt geregelt: 10.3

- **Erfassungszeitpunkt** von Erträgen aus Kundenverträgen ist grundsätzlich der **Zeitpunkt**, zu dem die Kontrolle über die dem Ertrag zugrunde liegende Leistung auf den Kunden übergeht (*control*-Prinzip). Für eine Leistung, die während eines Zeitraums erbracht wird (z.B. bei **Langfristfertigung**), sieht IFRS 15 die Erfassung des aus dieser Leistung resultierenden Ertrags während des entsprechenden **Zeitraums** vor.

- Resultiert ein Ertrag aus mehreren Leistungen (**Mehrkomponentengeschäft**), die zu unterschiedlichen Zeitpunkten oder in unterschiedlichen Zeiträumen erfüllt werden, ist der Ertrag auf die einzelnen Zeitpunkte bzw. Zeiträume aufzuteilen.

- Werden **Lizenzen** vergeben, ist festzustellen, ob der Lizenzgeber seine Leistung bereits vollständig im Zeitpunkt der Lizenzvergabe erbringt, oder während der gesamten Laufzeit der Lizenz.

- Bei einigen Geschäftsmodellen ist zu klären, worin die Leistung tatsächlich besteht. Sind z.B. mehrere Unternehmen an einer Leistung beteiligt, muss bestimmt werden, welches Unternehmen materiell welche Leistung erbringt und ob ein Unternehmen gegebenenfalls die Leistung eines anderen Unternehmens lediglich vermittelt (*principal-agent*-Beziehung).

II. Standards und Anwendungsbereich

10.4 Erträge gehören zu den grundlegenden Bestandteilen von Jahresabschlüssen, die im **Conceptual Framework** definiert sind. Unter den Begriff des **income** fallen sämtliche Zuflüsse wirtschaftlichen Nutzens in Form von

- Erhöhungen von Vermögenswerten oder
- Verringerungen von Schulden,

die zu einer Erhöhung des Eigenkapitals in der Berichtsperiode führen. Eigenkapitalzuwächse aus Einlagen der Eigentümer stellen keine Erträge dar (CF.4.68 (2018)). Eine Unterscheidung in *revenues* (Erlöse) und *gains* (sonstige Erträge) nimmt das im März 2018 verabschiedete überarbeitete *Conceptual Framework* nicht mehr vor.

10.5 Zentraler Standard zur Erfassung von Erträgen ist spätestens für Geschäftsjahre, die nach dem 31.12.2017 beginnen, **IFRS 15, Erlöse aus Verträgen mit Kunden**. Ziel des Standards ist eine **prinzipienorientierte Erlöserfassung**, die unterschiedliche Geschäftsmodelle abdeckt. IFRS 15 löst sowohl den bislang gültigen, allgemeinen Standard zur Erlöserfassung, IAS 18 (Erlöse), als auch Regelungen zu Spezialproblemen ab: IAS 11 (Fertigungsaufträge), IFRIC 13 (Kundenbindungsprogramme), IFRIC 15 (Verträge über die Errichtung von Immobilien), IFRIC 18 (Übertragung von Vermögenswerten durch einen Kunden) und SIC 31 (Umsatzerlöse – Tausch von Werbedienstleistungen).

10.6 Erträge aus bestimmten Verträgen sind nicht auf Basis von IFRS 15, sondern auf der Grundlage anderer Standards zu erfassen (IFRS 15.5):

- **Leasingverträge**: Erträge aus der Nutzungsüberlassung von Vermögensgegenständen werden auf Basis von IFRS 16 ermittelt. Lediglich die Nutzungsüberlassung von geistigem Eigentum (Lizenzen) fällt unter IFRS 15.

- **Versicherungsverträge**: Erträge aus Versicherungsverträgen im Bestand von Versicherern (einschließlich Rückversicherern) fallen in den Anwendungsbereich von IFRS 4, künftig (ab 2022) IFRS 17.

- **Finanzinstrumente**: Erträge aus Finanzinstrumenten und anderen vertraglichen Rechten oder Verpflichtungen, die in den Anwendungsbereich von IFRS 9 Finanzinstrumente, IFRS 10 Konzernabschlüsse, IFRS 11 Gemeinsame Vereinbarungen, IAS 27 Einzelabschlüsse oder IAS 28 Anteile an assoziierten Unternehmen und Gemeinschaftsunternehmen fallen, sind in diesen Standards geregelt. Hierzu zählen sowohl Zins- und Dividendenerträge als auch Erträge aus Wertsteigerungen von Finanzinstrumenten.

- **nicht-monetäre Tauschgeschäfte zwischen Unternehmen derselben Sparte**, die *commodity*-Verkäufe an Kunden oder potenzielle Kunden erleichtern sollen. Hierzu zählt z.B. ein Vertrag zwischen zwei Ölgesellschaften, die einen Tausch von Rohöl vereinbaren, um die Nachfrage ihrer Kunden an verschiedenen Standorten zeitnah decken zu können.[1]

---

[1] Zur Behandlung regulärer Tauschgeschäfte nach IFRS 15 s. Rz. 10.101.

Die unterschiedlichen Standards beziehen sich auf **Vertragsarten** und nicht auf bestimmte Branchen. IFRS 9 ist beispielsweise nicht nur von Finanzinstituten anzuwenden, sondern auch von allen Unternehmen anderer Branchen, die Finanzinstrumente halten. Auf der anderen Seite müssen Finanzinstitute IFRS 4 bzw. künftig IFRS 17 anwenden, wenn sie als Versicherer Versicherungsverträge abschließen, und IFRS 15 z.B. auf Entgelte im Asset Management[2]. 10.7

Bei einigen Verträgen können Abgrenzungsprobleme bestehen, unter welchen Standard ein Vertrag fällt. Für Versicherungsunternehmen stellt sich diese Problematik z.B. im Falle von Finanzgarantien. IFRS 15 gibt vor, dass ein Vertrag, der nicht nur unter IFRS 15, sondern auch unter einen anderen Standard oder sogar mehrere Standards fällt, für die Bilanzierung aufzuteilen ist (IFRS 15.7).[3]

Beispiel:[4] Immobilienunternehmen I schließt mit dem Mieter M einen Mietvertrag über eine bestimmte Wohnung. Die Miete enthält nicht nur den reinen Mietzins, sondern auch einen Anteil für die Nebenkosten. Dementsprechend ist sie auf Basis von IFRS 16 und IFRS 15 in eine Leasing- und in eine Servicekomponente aufzuteilen (Rz. 17.34 ff.).

III. Wesentliche Abweichungen zum HGB

Die **Grundsätze ordnungsmäßiger Buchführung** bilden die Grundlage der Ertragserfassung in einem Abschluss nach HGB, allen voran das Periodisierungsprinzip, der Grundsatz der zeitlichen Abgrenzung und das Realisationsprinzip.[5] Die Anwendung dieser Prinzipien in der Praxis beruht auf der laufenden Auslegung durch die Unternehmen, Abschlussprüfer und Gerichte sowie auf der Diskussion in der Fachliteratur. Im Gegensatz dazu geben die IFRS detaillierte Anwendungsregeln vor, in der Frage der Ertragsbilanzierung allen voran IFRS 15 mit einem konkreten Ablaufschema für die Vorgehensweise zur Erlöserfassung, das auch Detailprobleme berücksichtigt. 10.8

Abweichungen der Ertragsbilanzierung nach IFRS von der Vorgehensweise nach HGB resultieren u.a. aus der Auslegung des **Realisationsprinzips**. 10.9

Die Vorschrift des § 252 Abs. 1 Nr. 4 Halbs. 2 HGB, wonach Gewinne nur zu berücksichtigen sind, wenn sie realisiert sind, wird auf die Erträge als positiven Bestandteil des Gewinns übertragen. Wie in der Rechnungslegung nach IFRS ist auch nach HGB Ausgangspunkt für die Ertragsrealisierung der Zeitpunkt, in dem die zugrunde liegende Leistung erbracht wurde und der Anspruch auf die Gegenleistung entstanden ist. Der wesentliche Unterschied besteht in der Berücksichtigung der Risiken, die bis zur endgültigen Erfüllung der vertraglichen Verpflichtung bestehen. Während sog. gängige Risiken[6], wie das Forderungsausfallrisiko und die gesetzliche Gewährleistung, nach HGB und nach IFRS gleich oder zumindest ähnlich behan-

---
2 Vgl. *Dietrich/Malsch*, IRZ 2015, 435 ff.
3 Vgl. z.B. zu einer Überschneidung von IFRS 15 und IFRS 16 *Freiberg*, PiR 2016, 325 ff.
4 Vgl. *Dietrich/Stoek*, IRZ 2018, 177 ff.
5 Vgl. *Breidenbach/Währisch*, Umsatzerlöse, Rz. 464 ff.
6 Vgl. grundsätzlich zu den Auftragsrisiken z.B. *Währisch*, BBK 2018, 184 f.

delt werden, führt das Risiko, dass viele Faktoren die Leistungserbringung insbesondere bei mehrjährigen Vertragslaufzeiten beeinträchtigen können, in einem Abschluss nach HGB dazu, dass ein Ertrag erst dann erfasst wird, wenn die vollständige Leistung aus einem Geschäft im Wesentlichen erfüllt worden ist.

10.10 Daraus folgt, dass bei **langfristigen Fertigungsaufträgen**, wie sie z.B. in der Bauindustrie und im Schiffbau gängig sind, die Erfassung des gesamten Ertrags erst nach Abnahme des Gesamtwerks bzw. nach Abschluss der gesamten Dienstleistung möglich ist. Die lebhafte Diskussion über ein BFH-Urteil zur Behandlung von Abschlagszahlungen und die Aufhebung eines BMF-Schreibens, das eine Teilgewinnrealisierung für zulässig erachtet hat, hat diese langjährige Rechtsauffassung erneut bestätigt.[7]

Besteht ein Geschäft aus mehreren Leistungen (**Mehrkomponentengeschäft**, z.B. Verkauf einer Computersoftware mit Installation, unentgeltlichem Zugriff auf Anwenderhotline in den ersten sechs Monaten nach der Installation und unentgeltlichem jährlichen Update in den folgenden drei Jahren), wird nach IFRS 15 eine Aufteilung der Gegenleistung des Kunden auf die einzelnen Teilleistungen vorgeschrieben. Nach HGB ist eine Teilgewinnrealisierung nur unter bestimmten, sehr engen Voraussetzungen möglich.[8] Ein Ertrag für eine Teilleistung kann auch nur in Höhe des sicheren Anspruchs auf die Gegenleistung des Kunden erfasst werden. Zum Zwecke der periodengerechten Gewinnermittlung wird dann der Aufwand angepasst.[9]

IV. Neuere Entwicklungen

10.11 Sämtliche Standards, die Regelungen zur Ertragserfassung beinhalten (Rz. 10.6), wurden nach langjährigen Diskussionen in den letzten Jahren verabschiedet und sind größtenteils für Geschäftsjahre, die nach dem 31.12.2017 beginnen, verpflichtend anzuwenden. Änderungen sind daher erst auf Basis von Erfahrungen in der Umsetzung der Standards in den nächsten Jahren zu erwarten.

10.12 Der IASB hat IFRS 15 in enger Zusammenarbeit mit dem FASB entwickelt, um eine weitgehende Übereinstimmung der IFRS mit den US-GAAP in der Frage der Erlösbilanzierung zu erreichen. Bereits kurz nach Verabschiedung von IFRS 15 und ASC Topic 606 haben die beiden Standardsetter die *Joint Transition Resource Group* (TRG) eingerichtet. Es handelt sich hierbei um ein Expertengremium aus Vertretern der Abschlussersteller, -adressaten und Wirtschaftsprüfer verschiedener Länder und Branchen, das die Boards über Probleme bei der Anwendung der Standards und mögliche Vorgehensweisen informieren soll. Einige Anregungen der TRG hat der IASB in den *Clarifications to IFRS 15* am 12.4.2016 umgesetzt. In einer Presse-

---

[7] Vgl. *Müller*, WPg 2016, 476.
[8] Vgl. *Breidenbach/Währisch*, Umsatzerlöse, Rz. 624.
[9] Vgl. *Breidenbach/Währisch*, Umsatzerlöse, Rz. 629 ff.

mitteilung vom 21.1.2016[10] hat der IASB bekannt gegeben, dass in absehbarer Zeit nicht mit weiteren Änderungen des IFRS 15 zu rechnen ist.

Die TRG wird vom FASB weitergeführt. Die bislang letzte Sitzung fand am 7.11.2016 statt.[11] In 2016 hat das FASB mehrere Änderungen von ASC Topic 606 verabschiedet.[12] In seiner Pressemitteilung vom 21.1.2016 hat der IASB ausdrücklich darauf hingewiesen, dass IFRS-Rechnungsleger Veröffentlichungen oder öffentliche Diskussionen des FASB bei der Anwendung von IFRS nicht berücksichtigen müssen.

frei   10.13–10.20

B. Ertragserfassung nach IFRS 15

I. Grundprinzip der Ertragserfassung nach IFRS 15

IFRS 15 regelt die Bilanzierung von Erträgen, die ein Unternehmen auf Basis einer Vertragsbeziehung zu einem Kunden erzielt. Ein **Kunde** ist gemäß IFRS 15.A eine Vertragspartei, die mit dem bilanzierenden Unternehmen einen Vertrag zur Abnahme von Sachgütern oder Dienstleistungen abgeschlossen hat. Es muss sich um Sachgüter oder Dienstleistungen handeln, die das Unternehmen im Rahmen seiner **gewöhnlichen Geschäftätigkeit** erstellt und der Kunde muss für den Erhalt der Leistung eine **Gegenleistung** erbringen. Keine Kunde-Lieferant-Beziehung liegt beispielsweise vor, wenn die Geschäftspartner die Chancen und Risiken teilen, wie im Falle von gemeinsamen Forschungsaktivitäten (IFRS 15.6). 10.21

Ziel des Standards ist gemäß IFRS 15.1 die **Festlegung von Grundsätzen,** auf deren Basis ein Unternehmen den Abschlussadressaten nützliche Informationen über Art, Höhe, Zeitpunkt und Unsicherheit von Erlösen und Zahlungsströmen aus einem Vertrag mit einem Kunden zur Verfügung stellt. Der IASB legt somit Wert auf eine prinzipienorientierte Vorgehensweise bei der Bilanzierung von Erträgen. 10.22

Das **Grundprinzip** der Ertragserfassung gemäß IFRS 15.2 besagt, dass ein Unternehmen die Erträge für die Übertragung von vertraglich zugesicherten Sachgütern und Dienstleistungen in Höhe der Gegenleistung zu erfassen hat, die es voraussichtlich hierfür erhalten wird. 10.23

---

10 Abrufbar unter http://www.ifrs.org/news-and-events/ 2016/01/iasb-decides-clarifications-ifrs-15-revenue-from-contracts-with-customers/ (zuletzt abgerufen am 14.1.2019).
11 Vgl. zu ausgewählten Punkten, die die TRG in 2016 diskutiert hat *Fischer*, PiR 2016, 355 ff.
12 Abrufbar unter http://www.fasb.org/cs/ContentServer?c=FASBContent_C&cid=1176169 274515&d=&pagename=FASB%2FFASBContent_C%2FCompletedProjectPage (zuletzt abgerufen am 14.1.2019).

10.24 Zur Erfüllung dieses Grundprinzips gibt IFRS 15 ein **Ablaufschema** zur Ertragserfassung mit folgenden Schritten vor:

1. **Vertragsidentifizierung**: Bilanzierungsobjekt ist ein Vertrag. Folglich muss ein Unternehmen zunächst einmal die Gesamtheit seiner Verträge mit Kunden und deren Inhalte feststellen.
2. **Leistungsidentifizierung**: Erträge entstehen aus der Erbringung von Leistungen. Das bilanzierende Unternehmen muss feststellen, welche Leistungen einem Kunden in einem Vertrag explizit oder implizit zugesichert wurden.
3. **Transaktionspreisermittlung**: Der Transaktionspreis stellt die Gegenleistung des Kunden für die Leistungen des Unternehmens dar. Es handelt sich um den Gesamtertrag aus einem Vertrag.
4. **Transaktionspreisaufteilung**: Beinhaltet ein Vertrag mehrere Leistungen, stellt der Transaktionspreis einen Gemeinerlös für das gesamte Leistungsbündel dar, der auf die einzelnen Leistungen zu schlüsseln ist. Für die Ermittlung des Periodenergebnisses ist dies dann relevant, wenn Leistungen zu unterschiedlichen Zeitpunkten erbracht werden.
5. **Umsatzerfassung bei Leistungserbringung**: Hat das Unternehmen eine (Teil-) Leistung erfüllt, wird der hierauf entfallende (Teil-) Ertrag erfasst.

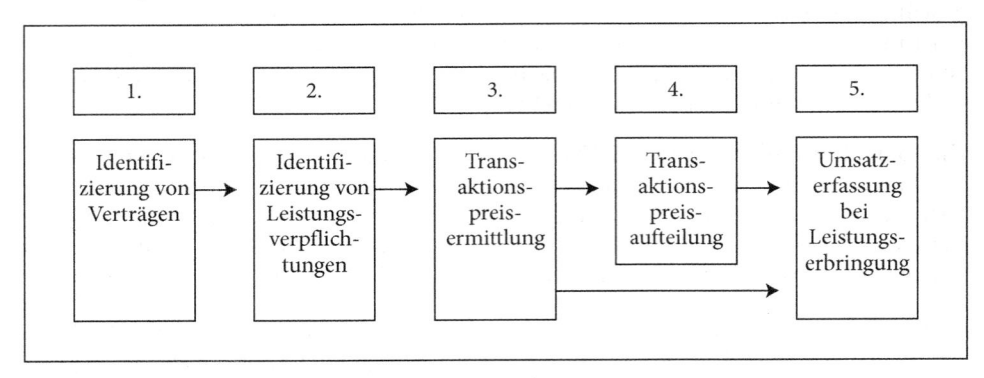

Abb. 10.1: Ablaufschema zur Ertragserfassung nach IFRS 15

10.25 Der IASB stellt explizit klar, dass Erträge aus Verträgen mit ähnlichen Eigenschaften unter ähnlichen Bedingungen auf die gleiche Art und Weise zu bilanzieren sind. Dies gilt sowohl für die Anwendung der Regelungen des IFRS 15 als auch für Vorgehensweisen, die sich in der Praxis entwickelt haben (IFRS 15.3).

10.26 Eine Erleichterung stellt die Möglichkeit gemäß IFRS 15.4 dar, aus Verträgen mit ähnlichen Eigenschaften ein **Portfolio** zu bilden, so dass für die Bilanzierung nicht jeder einzelne Vertrag betrachtet werden muss. Eine Portfoliobilanzierung ist nur möglich, wenn nach Einschätzung des Unternehmens die Ergebnisse nicht wesentlich von den Ergebnissen abweichen, die bei einer Bilanzierung der einzelnen Verträge erfasst würden.[13]

frei 10.27–10.30

II. Identifizierung der Verträge mit Kunden

1. Sachliche Abgrenzung von Verträgen mit Kunden

Gemäß IFRS 15.10 ist ein **Vertrag** als Vereinbarung zwischen mindestens zwei Parteien definiert, die durchsetzbare Rechte und Pflichten begründet.

10.31

Da die Durchsetzbarkeit von Vertragsrechten weltweit unterschiedlichen Rechtssystemen unterliegt, muss ein Unternehmen seine im Ausland abgeschlossenen Verträge diesbezüglich prüfen. Kann das Unternehmen seine Rechte in einem Land im Zweifelsfall nicht durchsetzen, liegt kein Vertrag im Sinne des IFRS 15.10 vor. In diesem Fall sollte IFRS 15.15 analog angewandt werden (Rz. 10.37).

Zur systematischen Erfassung von Erträgen aus Verträgen mit Kunden muss ein Unternehmen zunächst die Verträge identifizieren, die unter die Vorschriften des IFRS 15 fallen. Hierfür hat ein Vertrag folgende **Voraussetzungen** gemäß IFRS 15.9 **vollständig** zu erfüllen:

10.32

– es ist ein **rechtlich gültiger Vertrag** entstanden, indem die Vertragsparteien dem Vertrag zugestimmt haben – wobei die Form (schriftlich, mündlich oder gemäß anderer Geschäftsgepflogenheiten) unerheblich ist – und zugesagt haben, ihre vertraglichen Pflichten zu erfüllen;

– das bilanzierende Unternehmen kann für jede Vertragspartei feststellen, welche **Rechte** diese hinsichtlich der zu übertragenden Sachgüter oder Dienstleistungen besitzt;

– das bilanzierende Unternehmen kann die **Zahlungsbedingungen** für die zu übertragenden Sachgüter oder Dienstleistungen feststellen;

– der Vertrag hat **wirtschaftliche Substanz**, d.h. die künftigen Zahlungsströme des Unternehmens werden sich infolge des Vertrags voraussichtlich ändern; **und**

– das Unternehmen wird die **Gegenleistung**, auf die es im Gegenzug für seine erbrachte Leistung einen Anspruch hat, **wahrscheinlich** erhalten. Diese Voraussetzung ist erfüllt, wenn der Kunde voraussichtlich die Fähigkeit und die Absicht hat, bei Fälligkeit zu zahlen. Es ist unerheblich, ob die Höhe der Gegenleistung bei Vertragsabschluss bereits vollständig sicher ist.

Beispiel: Bauunternehmen B schließt mit einem Kunden K einen Vertrag über den Bau eines Einfamilienhauses. In dem Vertrag werden die Mitwirkungsrechte und -pflichten von K an der Konzeption und der Ausstattung des Gebäudes genau festgelegt. Die Vertragsbedingun-

---

13 Vgl. zur Anwendung des Portfolioansatzes in einem Telekommunikationsunternehmen *Brücks/Ehrcke/Grote/Pilhofer*, KoR 2017, 180 ff.

gen enthalten das Datum für die Fertigstellung und Übergabe des Gebäudes sowie Vertragsstrafen für die Nichteinhaltung des Termins. Nach der Fertigstellung von Teilabschnitten werden Abschlagszahlungen sowie eine Zahlungsfrist für den Restbetrag nach Gebäudeabnahme vereinbart. Sofern B davon ausgeht, dass K die Absicht hat und in der Lage sein wird, zu zahlen, erfüllt der Vertrag sämtliche Voraussetzungen gemäß IFRS 15 und B hat die Erträge aus dem Geschäft auf Basis von IFRS 15 zu erfassen.

10.33 Insbesondere die zuletzt genannte Voraussetzung ist grundsätzlich sinnvoll, da ohne eine Gegenleistung des Kunden kein Ertrag bei dem liefernden Unternehmen entsteht. Es ist jedoch fraglich, ob Unternehmen, die wissentlich Verträge mit Kunden eingehen, deren **Bonität** sie anzweifeln, diese Verträge entsprechend deklarieren und damit eine Umsatzerfassung (die vermutlich das Ziel des Vertragsabschlusses ist) ausschließen. Normalerweise wird ein Unternehmen keinen Vertrag unter der Annahme abschließen, die Gegenleistung nicht zu erhalten. Der Fall, dass ein Vertrag nicht unter IFRS 15 fällt, weil ein Kunde voraussichtlich seine Gegenleistung nicht erbringen wird, wird in der Praxis – zumindest im Zeitpunkt des Vertragsabschlusses – verhältnismäßig selten sein.[14]

10.34 Die Zahlungsfähigkeit oder -willigkeit eines Kunden kann während der Vertragslaufzeit unwahrscheinlich werden. Falls das liefernde Unternehmen nicht mehr davon ausgeht, die Gegenleistung zu erhalten, ist eine (weitere) Erfassung von Erlösen gemäß IFRS 15 nicht mehr zulässig. Hat der Lieferant seine Leistung bereits ganz oder teilweise erbracht und entsprechende Erlöse erfasst, ist ein hieraus resultierendes *contract asset* oder eine Kundenforderung (Rz. 10.193) auf Basis der Regelungen des IFRS 9 auf Werthaltigkeit zu prüfen.[15]

10.35 **Rahmenverträge** in dem Sinne, dass grundsätzlich ein Recht oder die Pflicht zur Lieferung eines Gutes besteht, können z.B. auch zu den Kundenverträgen zählen, wenn keine Mindestabnahmemenge bestimmt ist, sofern die anderen Merkmale, wie z.B. die wirtschaftliche Substanz, erfüllt sind. Rahmenverträge zählen nicht zu den Kundenverträgen, wenn sie lediglich Rahmenbedingungen setzen und damit die Basis für Verträge bilden, aus denen bestimmte Leistungen und daraus Änderungen der künftigen Zahlungsströme resultieren.[16]

10.36 Verträge, die die Voraussetzungen gemäß IFRS 15.9 einmal erfüllt haben, müssen nicht laufend diesbezüglich kontrolliert werden. Eine Überprüfung ist lediglich erforderlich, wenn es Hinweise (z.B. der Konkurs eines Kunden) darauf gibt, dass mindestens eine Voraussetzung gemäß IFRS 15.9 nicht mehr erfüllt ist (IFRS 15.13). Auf der anderen Seite sollten jedoch Verträge, die mindestens eine Voraussetzung bislang nicht erfüllt haben, weiterhin auf eine spätere Erfüllung überprüft werden (IFRS 15.14).

---

[14] Vgl. IFRS 15.BC44.
[15] Vgl. IFRS 15.IE14 ff.
[16] Vgl. *Heintges/Hoffmann/Usinger*, WPg 2015, 571–575; *Wüstemann/Wüstemann/Jendreck/Schober*, BB 2017, 1195 f.

Sind die Voraussetzungen gemäß IFRS 15.9 nicht erfüllt, können Gegenleistungen von Kunden gemäß IFRS 15.15 nur als Erträge erfasst werden, wenn das Unternehmen die Gegenleistung nicht zurückerstatten muss und 10.37

– das Unternehmen bereits vollständig geliefert bzw. geleistet hat und die Gegenleistung (fast) vollständig erhalten hat und der Vertrag somit vollständig erfüllt ist oder
– die Vertragsbeziehung beendet ist.

Anderenfalls muss das Unternehmen die erhaltene Gegenleistung als Verbindlichkeit bilanzieren (IFRS 15.16).

2. Zeitliche Abgrenzung von Verträgen mit Kunden

Enthält ein Vertrag mehrere Leistungen, auf die sich ein Transaktionspreis bezieht, ist die Bestimmung der **Laufzeit des Vertrags** für die Zuordnung des Transaktionspreises auf die Leistungen wichtig. Für Verträge mit einer unbestimmten Laufzeit sind daher die Zeitabschnitte festzulegen, auf die IFRS 15 anzuwenden ist. Es handelt sich hierbei sowohl um 10.38

– unbefristete Verträge als auch um
– revolvierende Verträge.

Gemäß IFRS 15.11 ist grundsätzlich der Zeitraum relevant, für den bereits Rechte und Pflichten existieren.

Besteht im Falle von **unbefristeten Verträgen** eine kündigungsfreie Grundmietzeit, werden die Regelungen des IFRS 15 nur auf diese Zeitspanne angewandt.[17] Danach gilt im Falle einer Kündigungsfrist der Zeitraum, der nicht mehr kündbar ist. Bei einem beidseitigen, jederzeitigen Kündigungsrecht wird IFRS 15 lediglich der Bilanzierung bereits erbrachter Leistungen zugrunde gelegt.[18] 10.39

Liegt ein **revolvierender Vertrag** vor, gilt der Zeitraum, auf den sich die Vertragsparteien für die Fortführung des Vertrags geeinigt haben bzw. der Zeitraum, der nach einer nicht in Anspruch genommenen Kündigungsmöglichkeit nicht mehr kündbar ist. 10.40

Kann ein Vertrag von allen Vertragsparteien **jederzeit ohne Nachteil gekündigt** werden und hat noch keine Partei eine Leistung erbracht, fällt dieser Vertrag (noch) nicht unter IFRS 15 (IFRS 15.12). 10.41

---

[17] Vgl. *TRG*, Agenda Paper Nr. 10, 31.10.2014, Rz. 11 (b).
[18] Vgl. *TRG*, Agenda Paper Nr. 10, 31.10.2014, Rz. 11 (a).

3. Zusammenfassung von Verträgen

10.42 Grundsätzlich geht IFRS 15 davon aus, dass die Übertragung einer Leistung oder eines Leistungsbündels in einem Vertragswerk geregelt wird. Um zu verhindern, dass die Umsatzerfassung dadurch gestaltet werden kann, dass für den Absatz einzelner Leistungen, die wirtschaftlich gesehen zusammengehören (Mehrkomponentengeschäfte), verschiedene Verträge abgeschlossen werden, schreibt IFRS 15.17 vor, dass Verträge zusammengefasst werden und der Umsatz so erfasst wird, als läge nur ein Vertrag vor, wenn bestimmte Merkmale kumulativ erfüllt sind. Tabelle 10.2 zeigt die Merkmale im Überblick.

Zeitliche Einheit	Wirtschaftlich identischer Vertragspartner	Besondere Beziehung zwischen den Verträgen
Abschluss der Verträge gleichzeitig oder in engem zeitlichen Zusammenhang (at or near the same time)	Abschluss der Verträge mit demselben Kunden oder mit wirtschaftlich verbundenen Unternehmen (z.B. Tochterunternehmen desselben Konzerns)	Mindestens eine der folgenden Beziehungen ist gegeben: – die Verträge wurden als Paket mit einem einzigen wirtschaftlichen Ziel verhandelt – die in einem Vertrag vereinbarte Gegenleistung steht in Zusammenhang mit der Gegenleistung in einem anderen Vertrag oder mit der Erfüllung eines anderen Vertrags – in verschiedenen Verträgen enthaltene Leistungen bilden gemeinsam eine separate Leistungsverpflichtung i.S.d. IFRS 15

Tabelle 10.2: Merkmale für die Zusammenfassung von Verträgen

Beispiel: Autohändler A bietet Fahrzeuge zu einem geringeren Preis an, wenn die Kunden gleichzeitig einen Vertrag über die Durchführung einer jährlichen Inspektion in den kommenden zehn Jahren bei A abschließen. Die Verträge werden zeitgleich abgeschlossen, es handelt sich um dieselben Vertragspartner und die Gegenleistung für das Fahrzeug steht in direktem Zusammenhang mit dem Abschluss des Vertrags über die Inspektionen. Für die Ermittlung der Umsatzerlöse aus dem Geschäft sind die beiden Verträge zusammengefasst wie ein Vertrag über ein Mehrkomponentengeschäft zu betrachten.

10.43 Im Vergleich zu den (Alt-)Regelungen aus IAS 11 und IAS 18 sind nach IFRS 15 in höherem Maße Verträge zum Zwecke der Bilanzierung zusammen zu fassen.[19] Mehr-

---

19 Vgl. *Fink/Ketterle/Scheffel*, DB 2012, 1999.

komponentengeschäfte, deren Teilgeschäfte aufgrund der Vertragsgestaltung vor der Anwendung von IFRS 15 getrennt betrachtet wurden, sind künftig als ein wirtschaftlich zusammenhängendes Geschäft zu betrachten und entsprechend zu bilanzieren. In Verbindung mit den Regelungen zur Aufteilung des Transaktionspreises eines Geschäfts (Rz. 10.121 ff.) wird ein Teil der Umsätze zu einem anderen Zeitpunkt als nach den durch IFRS 15 abgelösten Vorschriften (Rz. 10.5) realisiert. Das Vertragsmanagement (Rz. 10.48 ff.) eines Unternehmens muss gewährleisten, dass dem Rechnungswesen die notwendigen Informationen zu den Merkmalen von Verträgen zur Verfügung stehen, um die mit IFRS 15.17 übereinstimmende Bilanzierung sicherstellen zu können.

Verträge, die z. B. zur Erfüllung eines gemeinsamen wirtschaftlichen Ziels, aber mit unterschiedlichen Vertragsparteien geschlossen werden, dürfen nicht zusammengefasst werden.[20] Das IASB hat sich explizit gegen diese Möglichkeit entschieden (IFRS 15.BC75), damit hieraus keine Freiräume zur Gestaltung der Umsatzerlöse entstehen können.

4. Vertragsänderungen

Änderungen eines bestehenden Vertrages betreffen die Erfassung der Umsatzerlöse erst, wenn eine Änderung bereits bestehender durchsetzbarer Rechte und Pflichten oder neue durchsetzbare Rechte und Pflichten durch alle Vertragsparteien bestätigt worden sind. Die **Form** der Bestätigung ist – wie bei Abschluss eines Vertrags (Rz. 10.32) – irrelevant (IFRS 15.18). 10.44

IFRS 15 unterscheidet **drei Fälle** von Vertragsänderungen: 10.45

1. Die Vertragsänderung enthält die Lieferung zusätzlicher, einzeln abgrenzbarer Güter zum Einzelveräußerungspreis.
2. Aus der Vertragsänderung resultiert keine Lieferung zusätzlicher, einzeln abgrenzbarer Güter zum Einzelveräußerungspreis, aber die ab dem Zeitpunkt der Vertragsänderung noch zu erbringenden Leistungen – unabhängig davon, ob die Leistungsverpflichtungen bereits vor der Änderung bestanden oder erst durch die Vertragsänderung entstanden sind – können von den bereits erbrachten Leistungen abgegrenzt werden.
3. Gleiche Situation wie unter 2., aber eine Abgrenzung ist nicht möglich.

---

20 Vgl. hierzu auf Basis einer Entscheidung des IFRS IC ausführlich *Schild*, KoR 2019, 9 ff.

Die **Auswirkungen** von Vertragsänderungen auf die Umsatzerfassung sind in Tabelle 10.3 dargestellt:

Fall 1: Lieferung zusätzlicher, einzeln abgrenzbarer Güter zum Einzelveräußerungspreis	Fall 2: Keine Lieferung zusätzlicher, einzeln abgrenzbarer Güter zum Einzelveräußerungspreis, aber künftige Leistungen von bereits erbrachten Leistungen abgrenzbar	Fall 3: Keine Lieferung zusätzlicher, einzeln abgrenzbarer Güter zum Einzelveräußerungspreis und künftige Leistungen von bereits erbrachten Leistungen nicht abgrenzbar
Behandlung wie neuer, eigenständiger Vertrag; Erfassung der Erlöse unabhängig von Leistungsverpflichtungen und Erlösen aus Ursprungsvertrag	Fiktion eines neuen eigenständigen Vertrags: Erfassung der Erlöse auf Basis der noch nicht erfüllten Leistungen aus dem Ursprungsvertrag und der zusätzlichen Leistungsverpflichtungen aus der Vertragsänderung sowie der noch nicht erfassten Erlöse aus dem Ursprungsvertrag und der vereinbarten Gegenleistung des Kunden aus der Vertragsänderung; keine Änderung bereits erfasster Erlöse	Vertragsänderung stellt eine reine Änderung der Vertragsbedingungen des Ursprungsvertrags dar; Anpassung bereits realisierter Erlöse aufgrund einer Änderung der Gegenleistung und des Leistungsfortschritts im Zeitpunkt der Vertragsänderung on a cumulative catch-up basis

Tabelle 10.3: Änderungen der Umsatzerfassung aufgrund von Vertragsänderungen

10.46 Die Fälle 1 und 2 betreffen Verträge über die Lieferung abgrenzbarer Güter.

Beispiel: Unternehmen U schließt mit seinem Kunden K einen Vertrag über die Lieferung von 10 t eines Rohstoffes für 1.000 €/t in den Geschäftsjahren 00 und 01. In 00 liefert U 7 t des Rohstoffes an K und erfasst Umsatzerlöse i.H.v. 7.000 €. Anfang 01 vereinbaren U und K die Lieferung von zusätzlichen 5 t des Rohstoffs

a) für 900 €/t. Dies ist Anfang 01 der Einzelveräußerungspreis einer t dieses Rohstoffes. Es liegt ein neuer Vertrag vor, der unabhängig von dem ursprünglichen Vertrag zu bilanzieren ist. Bei der nächsten Lieferung des Rohstoffes muss U darstellen, auf welchem Vertrag die Lieferung beruht und dementsprechend den Rechnungsbetrag und die Umsatzerlöse ermitteln. (Fall 1)

b) für 800 €/t. U gewährt K einen Rabatt von 200 €/t als Mengenrabatt aufgrund der erhöhten Bestellmenge. Die zusätzlich bestellten Rohstoffmengen werden nicht zum Einzelveräußerungspreis verkauft, aber die noch nicht erbrachten Leistungen sind von den bereits gelieferten Rohstoffen abgrenzbar. Für die Erfassung der Umsatzerlöse wird der Abschluss eines neuen Vertrags fingiert (Fall 2): Die Lieferung von insgesamt 8 t Rohstoff (3 t aus dem Ursprungsvertrag und 5 t aus der Vertragsänderung) für insgesamt 7.000 € (3.000 € aus dem Ursprungsvertrag und 4.000 € aus der Vertragsänderung). Bei der nächsten Lieferung des Rohstoffs erfasst U 7.000 €/8.000 t = 875 € Umsatzerlöse für jede gelieferte t des Rohstoffs.

Fall 3 betrifft Verträge über die Lieferung eines einzigen, separaten Gutes (Rz. 10.68) und die Änderung dieser Leistungsverpflichtung bzw. der Gegenleistung.

10.47

Beispiel: Die Werft W schließt mit ihrem Kunden K in 00 einen Vertrag über den Bau eines Schiffes zu einem Festpreis von 15 Mio. € ab. Ende 00 sind 20 % des Schiffes fertiggestellt und B erfasst gemäß IFRS 15 (Rz. 10.146 ff.) einen Umsatz von 3 Mio. €. Ende 01 vereinbaren W und K auf Wunsch von K einige Änderungen am Innenausbau des Schiffes und infolge dessen einen geänderten Gesamtpreis von 18 Mio. €. Bis zur Vertragsänderung waren insgesamt 40 % des Schiffes fertiggestellt, durch die Änderungen sind es nur noch 35 %. Für das Geschäftsjahr 01 erfasst W einen Umsatz von 18 Mio. € * 0,35 – 3 Mio. € = 3,3 Mio. €.

5. Bedeutung des Vertragsmanagements

Die Umsetzung der Vorschriften des IFRS 15 im DV-gestützten Vertragsmanagement[21] stellt eine wesentliche Voraussetzung für die effiziente Erfassung von Umsatzerlösen in einem Unternehmen dar. Es gilt, bei einer Vielzahl von Kunden (z.B. eines Mobilfunkanbieters) die Quantität der Verträge zu bewältigen. Im Falle kundenindividueller Einzelfertigung ist hingegen die Komplexität des Vertragsgegenstandes und der einzelnen Vertragsklauseln adäquat abzubilden. Eine enge Zusammenarbeit von Vertrieb, Vertragsmanagement und Rechnungswesen sind dabei unerlässlich.

10.48

Aus den Regelungen des IFRS 15 zur Identifizierung von Verträgen ergeben sich insbesondere folgende Punkte:

10.49

– Bildung von Portfolien aus Verträgen mit ähnlichen Eigenschaften

– Gemeinsame Erfassung und Verwaltung von wirtschaftlich miteinander verbundenen Verträgen

– Beurteilung von Vertragsänderungen und entsprechende Pflege der Datensätze.

In allen Bereichen der Vertragsidentifizierung bestehen Ermessensspielräume, die von den Unternehmen zur Bilanzierung der Umsatzerlöse genutzt werden können. Hierzu tragen nicht nur interpretationsbedürftige Begriffe wie „ähnliche Eigenschaften" (similar characteristics) bei. Die mit der Beurteilung von Vertragsänderungen und deren Umsetzung im Unternehmensalltag einhergehenden zusätzlichen Kosten sind ins Verhältnis zu den hierdurch entstehenden (Informations-)Erträgen zu setzen, so dass sich unter Berufung auf den Wesentlichkeitsgrundsatz ein nicht unerheblicher Ermessensspielraum für die Unternehmen eröffnet.[22]

10.50

frei

10.51–10.60

---

21 Vgl. z.B. zu *Customer Relationship Management* Systemen *Breidenbach/Währisch*, Umsatzerlöse, Rz. 26.
22 Vgl. *Fink/Ketterle/Scheffel*, DB 2012, 1999 f.

III. Identifizierung separater Leistungsverpflichtungen in Verträgen mit Kunden

1. Definition einer Leistungsverpflichtung

10.61 Im zweiten Schritt der Umsatzerfassung ist zu überprüfen, ob ein Vertrag oder die Einheit mehrerer zusammengefasster Verträge (Rz. 10.42) eine Leistungsverpflichtung oder mehrere Leistungsverpflichtungen enthält.

10.62 Bei Vertragsbeginn muss das Unternehmen feststellen, welche Leistungsversprechen der Vertrag beinhaltet. Als **Leistungsverpflichtung** (performance obligation) gilt gemäß IFRS 15.22

- ein abgrenzbares (Rz. 10.67 ff.) Gut (Sachgut oder Dienstleistung) bzw. ein abgrenzbares Güterbündel oder
- eine Reihe im Wesentlichen gleicher Güter, die auf dieselbe Art und Weise auf den Kunden übertragen werden. Dieselbe Übertragungsweise liegt gemäß IFRS 15.23 vor, wenn die Güter die Voraussetzungen für eine Übertragung während eines Zeitraums erfüllten (Rz. 10.146) und wenn dieselbe Methode für die Messung des Leistungsfortschritts (Rz. 10.153) angewandt würde. Hierzu zählt z.B. eine Dienstleistung, die täglich erbracht wird (bspw. die Reinigung der Büroräume).

10.63 Für die Erfassung der Umsatzerlöse sind nicht nur explizit im Vertrag genannte Güter relevant, sondern auch Leistungen, die der Kunde ohne konkrete Vereinbarung erwartet und für die er aus seiner Sicht einen Teil der Gegenleistung erbringt. Erwirbt ein Kunde z.B. ein hochpreisiges Fernsehgerät, erwartet er eine vollständige Installation des Gerätes einschließlich einer Einweisung in die Funktionen sowie Hilfestellung bei Problemen, die in den Wochen nach dem Kauf auftreten. Insbesondere Unternehmen, die mit ihren Kunden individuelle Verträge abschließen, müssen in ihrem Vertragsmanagement ein besonderes Augenmerk auf die Berücksichtigung **impliziter Leistungsversprechen** für die Umsatzerfassung legen.

Von den impliziten Leistungsversprechen sind Tätigkeiten des Unternehmens zu unterscheiden, die für die Erfüllung der Leistungsverpflichtung notwendig sind, jedoch keine Übertragung eines Gutes beinhalten („Erfüllungstätigkeiten"). Eine entsprechende Charakterisierung ist einzelfallbezogen vorzunehmen, da sie nicht notwendigerweise von der Art der Tätigkeit abhängt. So stellt gemäß IFRS 15.BC116S der Transport eines Gutes zum Kunden i. d. R. eine Erfüllungstätigkeit dar, wenn die Kontrolle (Rz. 10.142) über das Gut erst nach dem Transport auf den Kunden übergeht. Erhält der Kunde jedoch vorher die Kontrolle über das Gut, so dass der Lieferant das Gut des Kunden transportiert, weist dies darauf hin, dass die Transportleistung eine separate Leistungsverpflichtung darstellt.[23]

---

[23] Vgl. ausführlich *Upmeier*, KoR 2018, 365 ff.

IFRS 15.26 enthält eine – nicht abschließende – Aufzählung von Leistungsversprechen, die ein Vertrag enthalten kann: 10.64

Leistung	Beispiel
Verkauf von eigenen Erzeugnissen eines Unternehmens	Der Hersteller von Mobiltelefonen und Telefonanlagen H verkauft Mobiltelefone an das Telekommunikationsunternehmen T.
Handel mit Gütern anderer Erzeuger	Telekommunikationsunternehmen T handelt mit Mobiltelefonen verschiedener Hersteller und entsprechendem Zubehör.
Handel mit Rechten auf Sachgüter oder Dienstleistungen	Telekommunikationsunternehmen T erwirbt 100 Karten für ein großes Sportereignis. Die Karten verkauft T im eigenen Namen auf eigene Rechnung. Wenn T die Karten nicht verkaufen kann, liegt der wirtschaftliche Schaden bei T. T kann die Karten auch als Incentive an seine Mitarbeiter weitergeben.
Durchführung einer Tätigkeit oder mehrerer Tätigkeiten für den Kunden	Telekommunikationsunternehmen T installiert eine Telefonanlage bei dem Kunden K.
Bereithalteverpflichtung für Güter	Telekommunikationsunternehmen T stellt seinem Kunden K in den zehn Jahren nach Installation einer Telefonanlage Software Updates für die Telefonanlage unmittelbar nach deren Lieferung durch den Hersteller der Anlage zur Verfügung.
Vermittlung der Lieferung von Gütern an den Kunden durch ein anderes Unternehmen	Telekommunikationsunternehmen T vermittelt die Lieferung einer Telefonanlage des Herstellers H an den Kunden K und erhält hierfür von H eine Provision.
Gewährung eines Rechts auf Güter, das ein anderes Unternehmen seinen Kunden verkaufen oder auch unentgeltlich auf seine Kunden übertragen kann	Hersteller H gibt an das Telekommunikationsunternehmen T 100 Gutscheine für eine Handyhülle, die T an Käufer eines bestimmten Mobiltelefons von H weitergeben soll.
Konstruktion, Herstellung oder **Entwicklung** eines Gutes im Auftrag des Kunden	Softwareentwickler S entwickelt für den Hersteller von Telefonanlagen H eine neue Software für Telefonanlagen.
Gewährung von **Lizenzen**	Der Entwickler der Telefonanlage „Easy Call" hat dem Hersteller das Recht zur Produktion der Anlage für den europäischen Markt (nur EU) für 5 Jahre gegen einen festen jährlichen Betrag übertragen.
Gewährung einer **Option**, künftige Güter zu beziehen, wenn die Option ein materielles Recht darstellt	Die Kunden des Telekommunikationsunternehmens T erhalten je 10 € Umsatz einen Bonuspunkt im Wert von 0,5 €/Bonuspunkt. Die Kunden können die Bonuspunkte jederzeit für den Erwerb von Leistungen von T einsetzen.[24]

Tabelle 10.4: Beispiele für Leistungsversprechen gemäß IFRS 15.26

---

[24] Vgl. zur Bilanzierung sog. Kundenbindungsprogramme das Beispiel bei *Schurbohm-Ebneth/Wagner*, IRZ 2017, 489 ff.

Auch für Leistungen, die zur Absatzförderung erbracht werden, (z.B. die Abgabe einer Handyhülle bei Verkauf eines hochwertigen Mobiltelefons) werden nach IFRS 15 Umsatzerlöse erfasst.[25] Der Aufwand hierfür stellt keinen Vertriebsaufwand, sondern Umsatzaufwand dar.

10.65 Gemäß IFRS 15.B34 muss ein Unternehmen jede seiner Leistungsverpflichtungen darauf überprüfen, ob die Verpflichtung in der Lieferung eines Sachgutes bzw. der Erbringung einer Dienstleistung besteht oder ob das Unternehmen eine Güterlieferung lediglich vermittelt. Das liefernde Unternehmen wird als **principal** bezeichnet, das vermittelnde Unternehmen als **agent**.

Während der principal die Gegenleistung des Kunden für eine Leistung als Umsatzerlös erfasst, stellt für den agent nur die Vermittlungsprovision einen Umsatzerlös dar.

Beispiel:

a) Autohändler A verkauft ein Fahrzeug, das er selbst für 20.000 € erworben hat, für 25.000 € an seinen Kunden K. A ist *principal* im Sinne von IFRS 15.B34. Er erfasst einen Umsatzerlös i.H.v. 25.000 € und Aufwand i.H.v. 20.000 € (Bruttobuchung).

b) Autohändler A verkauft für den Autoproduzenten P ein Fahrzeug für 25.000 € an seinen Kunden K. A und P haben vereinbart, dass A 10 % des Verkaufspreises als Provision einbehält. A ist *agent* im Sinne von IFRS 15.B34. Er erhält von K 25.000 €, leitet 22.500 € an P weiter und erfasst die Differenz von 2.500 € als Umsatzerlös (Nettobuchung).

10.66 Ein Unternehmen handelt als principal, wenn es das Gut vor Übertragung auf den Kunden kontrolliert. Hierfür ist nicht zwingend das rechtliche Eigentum erforderlich. Die **Kontrolle** (Rz. 10.142) wird z.B. über eine Dienstleistung auch ausgeübt, wenn ein anderes Unternehmen die Dienstleistung im Auftrag des principal nach dessen Vorgaben ausführt.

Folgende **Indikatoren** können gemäß IFRS 15.37 darauf hinweisen, dass ein Unternehmen ein Gut vor der Übertragung auf den Kunden kontrolliert:

– Das Unternehmen trägt die Hauptverantwortung für die vertragsgemäße Güterlieferung.

– Das Unternehmen trägt das Bestandsrisiko vor der Übertragung von Gütern auf den Kunden und auch nach einer Rückgabe durch den Kunden, z.B. im Falle eines Rückgaberechts. Das Bestands- oder Vorratsrisiko (inventory risk) beinhaltet Risiken wie Qualitätsminderung eines Vermögenswertes im Bestand, Verluste z.B. durch Schwund oder Diebstahl und auch das Risiko einer Rückgabe durch den Kunden.[26]

– Das Unternehmen bestimmt den Absatzpreis für das Gut. Allerdings kann auch ein agent in einem gewissen Rahmen die Möglichkeit haben, den Absatzpreis zu beeinflussen und seine Provision zu erhöhen oder durch Verzicht auf einen Teil seiner Provision den Absatz zu steigern.

---

25 Vgl. *Grote/Hold/Pilhofer*, KoR 2014, 409.
26 Vgl. *Beiersdorf/Schmidt*, IRZ 2014, 459.

Die Indikatoren stellen keine Kriterien für die Kontrolle über ein Gut dar, sondern sollen lediglich eine **Hilfestellung** bei der Entscheidung geben, ob das Unternehmen die Leistung für den Kunden selbst erbringt oder lediglich vermittelt.[27]

2. Abgrenzbarkeit einer Leistungsverpflichtung

Nach der Identifikation der Leistungsverpflichtungen eines Vertrags muss das Unternehmen feststellen, welche Leistungsverpflichtungen voneinander abgrenzbar (distinct) sind. Für jede abgrenzbare bzw. **separate Leistungsverpflichtung** ist der Umsatzerlös gesondert zu erfassen. 10.67

Für die Abgrenzbarkeit einer Leistungsverpflichtung nennt IFRS 15.27 zwei **Voraussetzungen**, die beide erfüllt sein müssen: 10.68

1. Der Kunde kann das Gut, das das Unternehmen im Vertrag versprochen hat, vollkommen eigenständig oder zusammen mit Ressourcen nutzen, über die er bereits verfügen kann (**eigenständige Nutzbarkeit des Gutes**) und
2. das Unternehmen kann das Leistungsversprechen für dieses Gut von ggf. anderen in demselben Vertrag enthaltenen Leistungsversprechen eindeutig trennen (**Unabhängigkeit von anderen Leistungen im Vertragskontext**).

Einen Nutzen kann der Kunde auf vielfältige Weise aus einem Gut ziehen, z.B. durch Nutzung, Verbrauch oder Verkauf zu einem Wert, der über dem Schrottwert liegt. Normalerweise ist ein Gut eigenständig nutzbar, wenn es nicht nur mit einem ganz bestimmten anderen Gut genutzt werden kann. Ein Anzeichen für die **eigenständige Nutzbarkeit** ist, wenn ein Unternehmen das Gut regelmäßig einzeln verkauft (IFRS 15.28). 10.69

Den entscheidenden Punkt für die Feststellung, ob eine Leistung im Vertragskontext von anderen Leistungen unabhängig ist, stellt das **Ziel des Vertrags** dar: sollen einzelne Güter auf den Kunden übertragen werden oder ein Güterbündel? IFRS 15.29 enthält folgende **Indikatoren** dafür, dass Güter nicht voneinander abgrenzbar sind: 10.70

- Durch eine **Integrationsleistung** verbindet das liefernde Unternehmen mehrere im Vertrag versprochene Leistungen zu einer Gesamtleistung (z.B. verbindet ein Bauträger viele Gewerke zu einer Gesamtleistung „Gebäude"[28]).
- Mindestens eine im Vertrag versprochene Leistung verändert mindestens eine andere im Vertrag versprochene Leistung wesentlich (z.B. wird im Rahmen der Installation einer Software die Software an die besonderen Anforderungen des Unternehmens angepasst[29]).
- Die Güter sind in hohem Maße voneinander abhängig bzw. mit einander verbunden (z.B. beeinflusst bei der Entwicklung eines neuen Produktes für ein an-

---

27 Vgl. *Dietrich/Malsch*, IRZ 2016, 337 f.
28 Vgl. IFRS 15.IE45 ff. zum Bau eines Krankenhauses.
29 Vgl. IFRS 15.IE55.

deres Unternehmen die Entwicklung des Designs auch die Entwicklung der Funktionen des Produktes und umgekehrt[30]).

10.71 Da die eigenständige Nutzbarkeit eines Gutes in der Regel gegeben sein wird, stellt die Unabhängigkeit von Leistungen im Vertragskontext die kritische Voraussetzung für die Feststellung dar, wie viele separate Leistungsverpflichtungen ein Vertrag enthält.

10.72 Für jede separate Leistungsverpflichtung ist grundsätzlich der Anteil am Transaktionspreis zu bestimmen und der Umsatz nach Erfüllung der Verpflichtung zu erfassen je nach Umfang der in einem Vertrag enthaltenen Leistungsverpflichtungen kann im Hinblick auf den Grundsatz der Wesentlichkeit (Rz. 6.29) geprüft werden, ob die separate Bilanzierung unwesentlicher Leistungsverpflichtungen unterbleiben kann (IFRS 15.BC116A-E).

10.73–10.80 frei

IV. Ermittlung des Transaktionspreises

1. Begriffsdefinition

10.81 Der Transaktionspreis entspricht gemäß IFRS 15.47 dem **Betrag, den das Unternehmen als Gegenleistung für die Erfüllung seiner Leistungsverpflichtung von dem Kunden zu erhalten erwartet**. Beträge, die das Unternehmen lediglich im Auftrag Dritter einzieht (z.B. die Umsatzsteuer), sind kein Bestandteil des Transaktionspreises. Enthält ein Vertrag mehrere separate Leistungsverpflichtungen, ist der vereinbarte Transaktionspreis auf die einzelnen Leistungsverpflichtungen aufzuteilen (Rz. 10.121 ff.). Hat das Unternehmen eine Leistungsverpflichtung erfüllt, ist der Umsatzerlös in Höhe des ggf. anteiligen Transaktionspreises zu erfassen.

10.82 Gemäß IFRS 15.49 ist der Transaktionspreis auf Basis der vertraglichen Vereinbarungen zu ermitteln, die zum Zeitpunkt der Ermittlung bestehen. Die Möglichkeit einer Beendigung, Verlängerung oder Veränderung des Vertrags ist unabhängig von deren Wahrscheinlichkeit nicht zu berücksichtigen.[31]

Folgende Aspekte sind bei der Ermittlung des Transaktionspreises zu beachten:

– Variable Bestandteile

– Wesentliche Finanzierungskomponenten

– Nicht zahlungswirksame Bestandteile

– Gegenleistungen, die an den Kunden gezahlt werden

---

30 Vgl. IFRS 15.BC112.
31 Vgl. *Heintges/Hoffmann/Usinger*, WPg 2015, 577.

2. Variable Bestandteile des Transaktionspreises

Variable Bestandteile des Transaktionspreises können sowohl positiver als auch negativer Natur sein:

10.83

Beispiele für variable Bestandteile des Transaktionspreises	
positiv	negativ
– Terminprämien – Leistungsprämien – Mindermengenzuschläge – Preisgleitklauseln – …	– Konventionalstrafen – Rabatte – Skonti – Boni – Preisnachlässe – Rückerstattungen – Gutschriften bei Rückgaben – Preisgleitklauseln – …

Tabelle 10.5: Beispiele für variable Bestandteile des Transaktionspreises gemäß IFRS 15.51[32]

Der Transaktionspreis ist der Betrag, den das Unternehmen für seine Leistung zu erhalten erwartet (Rz. 10.81). Folglich müssen bei der Ermittlung des Transaktionspreises auch alle variablen Bestandteile berücksichtigt werden, die nicht explizit im Vertrag genannt werden. IFRS 15.52 führt diesbezüglich zwei Fälle an:

10.84

– Der Kunde hat aufgrund der bisherigen Geschäftspraxis oder von Äußerungen des Unternehmens die berechtigte Erwartung, dass das Unternehmen einen Preisnachlass gewähren wird.

– Bereits bei Vertragsabschluss beabsichtigt das Unternehmen, dem Kunden einen Preisnachlass zu gewähren.

Ein Transaktionspreis mit variablen Bestandteilen muss vom Unternehmen hinsichtlich der unsicheren Parameter geschätzt werden. Für die **Schätzung** gibt IFRS 15.53 zwei mögliche **Methoden** an:

10.85

– Enthält der Vertrag mehrere mögliche Beträge für die variable Gegenleistung oder kann das Unternehmen auf die Datenbasis einer großen Anzahl von Verträgen mit ähnlichen Vertragsbedingungen zurückgreifen, kann der **Erwartungswert** eine gute Schätzung der variablen Gegenleistung darstellen.

– Ist bei Vorliegen mehrerer möglicher Beträge die Realisierung eines dieser Werte besonders wahrscheinlich, sollte die variable Gegenleistung mit diesem **wahrscheinlichsten Wert** bewertet werden. Diese Methode bietet sich an, wenn nur zwei Werte in Betracht kommen.

Beispiel[33]: Unternehmen U schließt mit seinem Kunden K einen Vertrag über die Lieferung eines kundenspezifischen Produkts zu einem bestimmten Zeitpunkt. Liefert U das Produkt

---

32 Vgl. IFRS 15.51.
33 Vgl. IFRS 15.IE105 ff.

früher, erhält U für jeden Tag der früheren Lieferung 10.000 € zusätzlich zu dem vertraglich vereinbarten Preis. Für jeden Tag, um den sich die Lieferung verzögert, wird der vertraglich vereinbarte Preis um 10.000 € verringert. Der Betrag dieses variablen Bestandteils des Transaktionspreises lässt sich durch die Summe der mit ihren jeweiligen Wahrscheinlichkeiten gewichteten Möglichkeiten – also dem Erwartungswert – schätzen.

Darüber hinaus wird das Produkt nach der Lieferung durch einen unabhängigen Sachverständigen geprüft. Wird ein bestimmtes Qualitätsniveau erreicht, erhält das Unternehmen einen zusätzlichen Bonus i.H.v. 50.000 €. In diesem Falle bestehen nur zwei Möglichkeiten, so dass der wahrscheinlichste Wert bei der Ermittlung des Transaktionspreises berücksichtigt werden sollte.

Im Rahmen der Ermittlung variabler Transaktionspreisbestandteile ergeben sich sowohl durch die Wahl der Methode als auch durch die Schätzung der möglichen Beträge und deren Eintrittswahrscheinlichkeiten Ermessensspielräume.[34]

10.86 Das **Wahlrecht** zwischen den beiden Schätzmethoden wird dadurch eingeschränkt, dass das Unternehmen die Methode zu wählen hat, die nach seiner Auffassung die Gegenleistung, die das Unternehmen von dem Kunden erwartet, am besten prognostiziert (IFRS 15.53). Die gewählte Methode ist innerhalb eines Vertrags **stetig** anzuwenden. Das Unternehmen sollte auf Basis der ihm zur Verfügung stehenden Informationen eine angemessene Anzahl möglicher Beträge für die variable Gegenleistung ermitteln. Typischerweise handelt es sich um ähnliche Informationen wie die, die ein Unternehmen seiner Preisermittlung zugrunde legt (IFRS 15.54).

10.87 Erhält ein Unternehmen von Kunden Beträge, auf die es nach seiner Erwartung keinen Anspruch hat und die es deshalb auch nicht in die Berechnung des Transaktionspreises einbezogen hat, muss das Unternehmen für diese Beträge eine **Rückerstattungsverbindlichkeit** bilden (IFRS 15.55).

10.88 Rückerstattungsverpflichtungen entstehen in der Praxis häufig, wenn der Kunde ein (explizites oder implizites) **Rückgaberecht** besitzt. Gemäß IFRS 15.B22 stellt das Rückgaberecht keine separate Leistungsverpflichtung (Rz. 10.62, 10.68) dar, die zusätzlich zu der Pflicht zur Rückzahlung zu viel gezahlter Beträge besteht.

Gewährt ein Unternehmen seinen Kunden standardmäßig ein Rückgaberecht, kann das Unternehmen Verträge gemäß IFRS 15.4 (Rz. 10.26) zu einem Portfolio zusammenfassen und auf dieser Basis den Wert des variablen Bestandteils des Transaktionspreises schätzen.

Beispiel[35]: Versandhandelsunternehmen U verkauft an 100 Kunden ein Produkt für 100 €/Stück (Anschaffungskosten: 60 €/Stück). Unbenutzte Produkte können innerhalb von 30 Tagen zurückgegeben werden. U geht davon aus, dass 97 Produkte nicht zurückgegeben werden, und schätzt den Transaktionspreis für das Portfolio auf 97 Stück * 100 €/Stück = 9.700 €. Folglich verbucht U einen Zugang in den Forderungen von 10.000 €, Umsatzerlöse i.H.v. 9.700 € und eine Rückerstattungsverpflichtung von 300 €. Darüber hinaus erfasst U den Abgang der 97 Produkte in Höhe von 97 Stück * 60 €/Stück = 5.820 € als Aufwand.

---

34 Vgl. *Breidenbach/Währisch*, Umsatzerlöse, Rz. 187 ff.; *Fink/Ketterle/Scheffel*, DB 2012, 2001.
35 Vgl. IFRS 15.IE110 ff.

Die drei Produkte, mit deren Rückgabe U rechnet, werden aus den Vorräten in eine Vermögensposition umgebucht, die das Rückerhaltrecht verkörpert und die außerhalb der Vorräte ausgewiesen wird.[36] Grundsätzlich wird dieser Vermögenswert mit dem Buchwert der verkauften Produkte bewertet. Künftige Aufwendungen, die voraussichtlich für die Herstellung der Wiederverkaufsfähigkeit des Produktes nach Rückgabe durch den Kunden anfallen werden, mindern gemäß IFRS 15.B25 den Wert des Vermögenswertes ebenso wie eine voraussichtliche Wertverringerung für U z.B. dadurch, dass das Produkt nach der Rückgabe nur noch zu einem geringeren Preis verkauft werden kann. Durch die aufwandswirksame Minderung des Buchwerts des Vermögenswertes werden die künftigen Aufwendungen bereits in der Periode der Lieferung erfasst. Weicht die Anzahl der zurückgegebenen Produkte von der Schätzung ab (werden also z.B. zwei oder vier Produkte zurückgegeben), liegt eine Änderung des Transaktionspreises vor, die eine abgeschlossene Leistung betrifft (Rz. 10.133). Die Änderung ist den Umsatzerlösen der Periode, in der sie festgestellt wird, zu berücksichtigen und die Aufwendungen sind entsprechend anzupassen.

Kann ein Unternehmen – z.B. bei einem Verkauf auf Probe – nicht abschätzen, ob der Kunde das Gut zurückgeben wird, darf es den Umsatzerlös erst nach Ablauf der Rückgabefrist erfassen.

10.89

Gemäß IFRS 15.56 sind variable Bestandteile bei der Ermittlung des Transaktionspreises nur zu berücksichtigen, wenn ihre **Realisierung sehr wahrscheinlich** ist, so dass Umsatzerlöse nicht nachträglich korrigiert werden müssen, wenn die Unsicherheit, die im Zusammenhang mit variablen Transaktionspreiskomponenten besteht, entfällt. Die Wahrscheinlichkeit der nachträglichen Umsatzkorrektur wird gemäß IFRS 15.57 z.B. erhöht, wenn

10.90

– der variable Bestandteil vom Unternehmen nicht beeinflusst werden kann, sondern vom Handeln anderer Marktteilnehmer oder beispielsweise vom Wetter abhängt,

– die Unsicherheit voraussichtlich noch lange bestehen wird,

– das Unternehmen wenig Erfahrung mit entsprechenden Vertragstypen hat,

– das Unternehmen seinen Kunden eine große Bandbreite von Ermäßigungen gewährt und wechselnde Zahlungsmodalitäten anbietet oder

– für die Gegenleistung des Vertrags viele verschiedene Beträge möglich sind.

Als besonderes Beispiel für unsichere variable Umsatzerlöse hebt der IASB in IFRS 15.58 absatz- bzw. nutzungsabhängige **Lizenzerträge** hervor. Entsprechende Erträge dürfen gemäß IFRS 15.B63 erst erfasst werden, wenn der Absatz der auf Basis der Lizenz erstellten Güter bzw. die relevante Nutzung der Lizenz stattgefunden hat und das Unternehmen seine Leistungsverpflichtung, der die Lizenzerträge zugeordnet werden (i.d.R. die Übertragung der Lizenz), zumindest teilweise erfüllt hat.[37]

10.91

---

36 Vgl. *Lüdenbach/Freiberg*, PiR 2015, 100.
37 Vgl. zur Erfassung von Lizenzerträgen ausführlich *Breidenbach/Währisch*, Umsatzerlöse, Rz. 641–663.

3. Wesentliche Finanzierungkomponenten

10.92 Verträge mit Kunden können durch die Gestaltung der Zahlungsbedingungen Elemente einer Auftragsfinanzierung enthalten: **Anzahlungen** stellen einen Kredit des Kunden für den Lieferanten dar, die **Gewährung eines Zahlungsziels** einen Kredit des Lieferanten für den Kunden. Davon abzugrenzen ist das regelmäßig gewährte Skonto bei kurzfristiger Zahlung, das zu den variablen Transaktionspreisbestandteilen gezählt wird (Rz. 10.83).

10.93 Für die systematische Berücksichtigung wesentlicher Finanzierungskomponenten bietet sich ein **Vorgehen in drei Schritten** (Abbildung 10.6) an:

1. Prüfung, ob eine Finanzierungskomponente im Transaktionspreis enthalten ist.
2. Prüfung, ob eine vorhandene Finanzierungskomponente wesentlich ist.
3. Berechnung der wesentlichen Finanzierungskomponente und Erfassung unabhängig von den Umsatzerlösen.

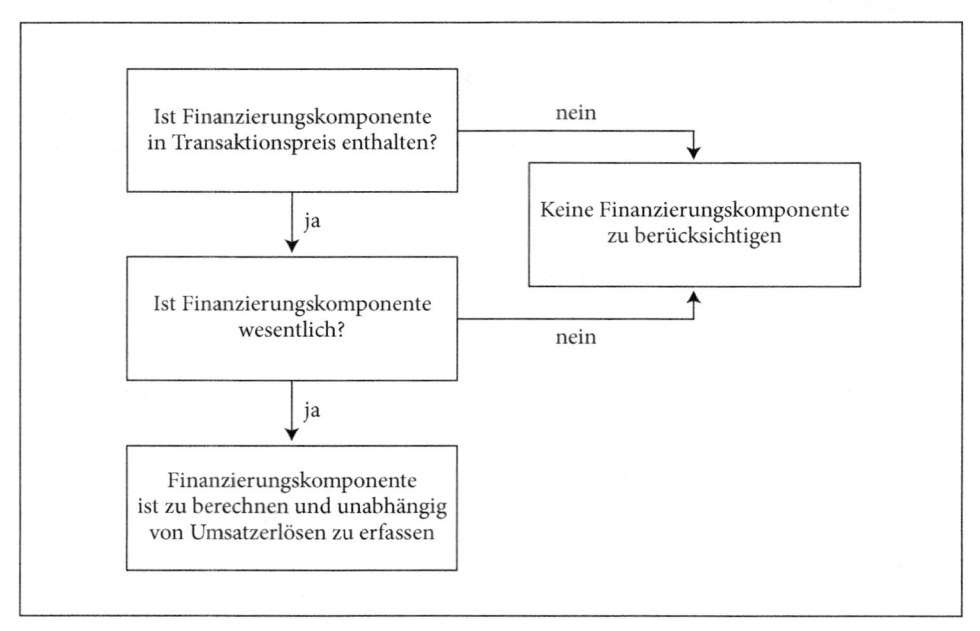

Abb. 10.6: Prüfschema zur Berücksichtigung einer Finanzierungskomponente nach IFRS 15

10.94 Zur Feststellung der Existenz und der Wesentlichkeit einer Finanzierungskomponente sollen Unternehmen **alle relevanten Tatsachen und Umstände** berücksichtigen, von denen in IFRS 15.61 zwei explizit genannt werden:

– eine ggf. vorhandene Differenz zwischen dem Transaktionspreis und dem Preis, den der Kunde bei sofortiger Zahlung bezahlen würde (cash selling price; Barverkaufspreis). Die Wesentlichkeit hängt von der Höhe der Differenz ab.

– der kombinierte Effekt aus dem erwarteten Zeitraum zwischen Zahlungs- und Lieferungszeitpunkt sowie den gültigen Zinssätzen auf dem relevanten Markt. Ein ungewöhnlich langer Zeitraum zwischen der Güterlieferung und der Zahlung kann auf eine Finanzierungskomponente hindeuten, selbst wenn kein Unterschied zwischen dem Barverkaufspreis und dem Transaktionspreis besteht, wie beispielsweise 0 %-Finanzierungen für 24 Monate, die manchmal im Zusammenhang mit dem Kauf langlebiger Konsumgüter (z.B. Autos, Waschmaschinen, Möbel) angeboten werden.[38] Die Wesentlichkeit resultiert aus der Höhe des Zinseffekts, der sich aus dem Marktzins für Finanzierungen mit entsprechender Laufzeit und der Länge des Zahlungsziels ergibt.

Keine Finanzierungskomponente liegt gemäß IFRS 15.62 hingegen in folgenden Fällen vor: 10.95

– Der Kunde hat die Güter bereits bezahlt und kann sie jederzeit abrufen. Der Lieferzeitpunkt steht in seinem Ermessen.
– Ein wesentlicher Teil der Gegenleistung ist variabel und der Betrag oder der Fälligkeitszeitpunkt hängt von einem Ereignis ab, dessen Eintreffen weder vom Kunden noch vom Lieferanten im Wesentlichen beeinflusst werden kann (z.B. umsatzabhängige Lizenzerträge).
– Die Differenz zwischen der zugesagten Gegenleistung und dem Barverkaufspreis beruht nicht auf einer Finanzierungsleistung, sondern auf einem anderen Grund und steht in einem angemessenen Verhältnis zu diesem Grund. Ein Unternehmen kann z.B. einem Kunden einen günstigeren Gesamtpreis gewähren, wenn der Kunde eine Anzahlung leistet, um sich vor einem Zahlungsausfall zu schützen.

Eine **Erleichterung** für die Praxis bietet IFRS 15.63, wonach ein Unternehmen eine wesentliche Finanzierungskomponente nicht berücksichtigen muss, wenn es bei Vertragsbeginn davon ausgeht, dass der **Zeitraum** zwischen Leistung und Gegenleistung **nicht mehr als ein Jahr** betragen wird. 10.96

Die Prüfung der **Wesentlichkeit** bezieht sich auf den einzelnen Vertrag, nicht z.B. auf ein Vertragsportfolio oder sämtliche Umsätze einer Periode. IFRS 15 enthält keinen Hinweis für eine Bezugsgröße zur quantitativen Überprüfung der Wesentlichkeit. In der Literatur wird bspw. die EBIT-Marge als Vergleichsbasis genannt.[39] 10.97

Ziel der Berücksichtigung einer Finanzierungskomponente ist gemäß IFRS 15.61 die Erfassung der Umsatzerlöse in Höhe des Barverkaufspreises. Die Differenz zwischen dem Preis, den ein Unternehmen von seinen Kunden normalerweise bei sofortiger Zahlung verlangt, und dem vereinbarten Preis im Falle einer Anzahlung oder eines Zahlungsziels, kann neben der Finanzierungskomponente weitere Aspekte beinhalten. Die Finanzierungskomponente wird von den anderen Bestandteilen 10.98

---

38 Vgl. *Schurbohm-Ebneth/Ohmen*, IRZ 2016, 70 f.
39 Vgl. *Schurbohm-Ebneth/Ohmen*, IRZ 2016, 71.

dadurch separiert, dass zur Ermittlung des Barverkaufspreises Anzahlungen auf- und Zahlungen nach der Güterlieferung bei Einräumung eines Zahlungsziels abgezinst werden und das Unternehmen die Finanzierungskomponente entsprechend als Zinsaufwand oder -ertrag erfasst.

10.99 Der **Zinssatz** sollte den Zinssatz widerspiegeln, der einem vergleichbaren, separaten Kreditgeschäft zwischen den Vertragsparteien zugrunde gelegt würde. Folglich soll kein risikofreier Marktzins verwendet werden,[40] sondern sämtliche subjektive Faktoren, wie z.B. die Bonität des Unternehmens bzw. des Kunden oder gewährte Sicherheiten, sollen durch Risikozu- oder -abschläge berücksichtigt werden. Für die Aufzinsung von erhaltenen Anzahlungen könnte das Unternehmen seinen Grenzfremdkapitalzinssatz ermitteln.[41] Sollte das Unternehmen – entgegen der Annahme des IASB[42] – nicht bereits im Rahmen der Vertragsverhandlungen auf Basis z.B. der Inflationsrate und der Bonität des Kunden einen kundenspezifischen Zinssatz bestimmt haben, kann der Abzinsung der Gegenleistung nach Lieferung an einen Privatkunden bspw. der Zinssatz für entsprechende Verbraucherkredite zugrunde gelegt werden. Für Geschäftskunden lässt sich ein Zinssatz möglicherweise auf Basis einer öffentlichen Kapitalaufnahme durch den Kunden (z.B. Emission einer Anleihe[43]) bestimmen.

Beispiel: Unternehmen U verkauft an einen Geschäftskunden G eine Maschine zu einem Preis von 500.000 €. Normalerweise ist dies der Preis, den ein Käufer der Maschine bei Gewährung eines Zahlungsziels von 30 Tagen zahlt. Da G jedoch ein junges, expandierendes Unternehmen mit zurzeit etwas angespannter Liquidität ist, zu dem U jedoch eine langfristige Geschäftsbeziehung aufbauen möchte, vereinbaren U und G, dass G 250.000 € innerhalb von 30 Tagen und 250.000 € in zwei Jahren nach Lieferung der Maschine zahlt. U liefert die Maschine im Juni 01. Am 30.6.01 ist die Maschine fertig installiert und wird an G übergeben.

U ermittelt den Transaktionspreis wie folgt: aufgrund des verhältnismäßig langen Zahlungsziels geht U davon aus, dass der Vertrag eine Finanzierungskomponente enthält. IFRS 15.62 f. (Rz. 10.95 f.) sind für den vorliegenden Vertrag nicht einschlägig. U ermittelt unter Berücksichtigung des gegenwärtigen Zinsniveaus, der Laufzeit und des Risikos aufgrund des erst verhältnismäßig kurzen Bestehens von G einen Zinssatz von 12 %. Der Transaktionspreis für die Maschine beträgt dann 250.000 € + 250.000 €/$1,12^2$ = 449.298 €. Nach Erfüllung seiner Leistungsverpflichtung erfasst U am 30.6.01 einen Umsatz und eine Forderung von 449.298 €. Nach der Zahlung von 250.000 € bleibt eine Forderung von 199.298 €, die zum Bilanzstichtag am 31.12.01 mit 12 % aufzuzinsen ist. Am 31.12.01 beträgt der Wert der Forderung 210.917 €; U erfasst einen Zinsertrag von 11.619 €.

Der Zinssatz wird in den folgenden Berichtsperioden nicht angepasst, auch wenn sich die Prämissen (z.B. Bonität des Kunden, Zinsniveau) ändern.

---

40 Vgl. IFRS 15.BC239.
41 Vgl. IFRS 15.IE150.
42 Vgl. IFRS 15.BC241.
43 Vgl. *Schurbohm-Ebneth/Ohmen*, IRZ 2016, 71 f.

Die wesentliche Finanzierungskomponente als Korrektur zum Transaktionspreis eröffnet **Ermessensspielräume** bei der Festlegung, ob eine Finanzierungskomponente vorliegt bzw. ob sie wesentlich ist, und bei der Schätzung des Zinssatzes (z.B. Risikozu- oder -abschläge). Bei einem Finanzierungszeitraum von nicht mehr als einem Jahr liegt faktisch ein Wahlrecht vor, das Unternehmen auch im Hinblick auf die Tatsache ausüben können, dass die Aufzinsung einer Anzahlung zu einer Erhöhung der Umsatzerlöse und des Zinsaufwands, die Abzinsung einer Forderung hingegen zu einer Verringerung der Umsatzerlöse und einer Erhöhung des Zinsertrags mit entsprechender Auswirkung auf das EBIT führt.

10.100

4. Nicht-zahlungswirksame Gegenleistungen (Tauschgeschäfte)

Erhält ein Unternehmen als Gegenleistung für seine Leistung kein Geld, sondern ein anderes Gut, liegt ein Tauschgeschäft vor. Der Umsatz wird in diesem Fall gemäß IFRS 15.66 grundsätzlich mit dem **beizulegenden Zeitwert der Gegenleistung** bewertet. Ist dieser nicht ermittelbar, wird der Bestimmung der Umsatzhöhe der **Einzelveräußerungspreis der Leistung** zugrunde gelegt (IFRS 15.67).

10.101

Für die **Festlegung des beizulegenden Zeitwerts** der Gegenleistung – und damit der Höhe der Umsatzerlöse – kommen grundsätzlich drei **Zeitpunkte** in Frage:[44]

10.102

– der Zeitpunkt des Vertragsabschlusses,

– der Zeitpunkt, an dem das Unternehmen die Gegenleistung erhält, oder

– der frühere Zeitpunkt von dem Erhalt der Gegenleistung oder der Erbringung der Leistung.

Da in IFRS 15 kein Zeitpunkt festgelegt ist, besteht ein faktisches **Wahlrecht**. Hier wird der Auffassung[45] gefolgt, dass die zuletzt genannte Möglichkeit zu dem sinnvollsten Ergebnis führt: Wird entweder die Leistung oder die Gegenleistung erbracht, muss der Wert der entstehenden Bilanzposition festgelegt und damit der beizulegende Zeitwert der Gegenleistung erstmals zwingend bestimmt werden. Dies entspricht auch der Vorgehensweise gemäß IFRIC 22 Foreign Currency Transactions and Advance Consideration für die Festlegung des Wechselkurses zur Umrechnung der Zahlungen im Zusammenhang mit der Lieferung von Gütern. Spätere Änderungen des beizulegenden Zeitwerts der Gegenleistung ändern die Höhe der Umsatzerlöse nicht.

Die Unsicherheit, dass der Wert einer nicht-zahlungswirksamen Gegenleistung (z.B. von Aktien) aufgrund seiner Form zwischen dem Vertragsschluss und dem Zeitpunkt der Erfassung der Gegenleistung (Rz. 10.141 ff.) schwanken kann, führt gemäß IFRS 15.68 nicht dazu, dass die Gegenleistung wie ein variabler Transaktionspreisbestandteil behandelt und nur in dem Maße erfasst wird, dass Umsatzerlöse nicht storniert werden müssen (Rz. 10.90).

10.103

---

44 Vgl. IFRS 15.BC254B.
45 Vgl. *Heintges/Hoffmann/Usinger*, BB 2016, 622.

10.104 Zu den nicht-zahlungswirksamen Gegenleistungen zählen auch Vermögenswerte, die der Kunde auf den Lieferanten überträgt, damit dieser die versprochene Leistung überhaupt erst erbringen kann, sofern der Lieferant die Verfügungsmacht an dem Vermögenswert erhält (IFRS 15.69).

5. Rückflüsse an Kunden

10.105 IFRS 15.70 f. enthält Regelungen für den Fall, dass ein Unternehmen seinerseits für einen Kunden eine Gegenleistung in irgendeiner Form (z.B. eine Zahlung oder Gutschrift) erbringt. Die Behandlung dieser Gegenleistung hängt davon ab, ob es sich tatsächlich um eine Gegenleistung des Unternehmens für eine Leistung seines Kunden handelt und der Wert der Gegenleistung dem Wert der Leistung des Kunden entspricht. In diesem Fall liegt ein reguläres Beschaffungsgeschäft vor, in dem das Unternehmen selbst als Kunde agiert.

Zahlt das Unternehmen seinem Kunden für dessen Leistung mehr als diese wert ist oder erhält das Unternehmen für seine Gegenleistung keine Leistung, ist davon auszugehen, dass die Gegenleistung der Förderung eines eigenen Absatzgeschäfts dient und damit einen Rückfluss an den Kunden darstellt. In diesen Fällen ist der Erlös aus dem Absatzgeschäft zu kürzen. Liegen beiderseitige Liefergeschäfte vor, ist folglich immer zu prüfen, ob die Transaktionen unverbunden sind oder ob eine Verbundbeziehung zwischen den Transaktionen besteht.

10.106 Folgende Tabelle zeigt die drei Möglichkeiten und die jeweilige Vorgehensweise im Überblick:

	Fall 1	**Fall 2**	**Fall 3**
Sachverhalt	**Gegenleistung** für Kundenleistung ≤ **beizulegender** Zeitwert der Leistung	**Gegenleistung** für Kundenleistung > **beizulegender Zeitwert** der Leistung (verbundene Transaktionen)	**Gegenleistung ohne Leistung** des Kunden oder beizulegender Zeitwert der Kundenleistung nicht verlässlich ermittelbar (verbundene Transaktionen)
Vorgehensweise	Die beiden Verträge (Absatzgeschäft und Beschaffungsgeschäft) sind unabhängig voneinander zu bilanzieren.	Transaktionspreis aus dem Absatzgeschäft mit dem Kunden ist um Differenz zwischen Gegenleistung und beizulegendem Zeitwert der Kundenleistung zu kürzen.	Transaktionspreis aus dem Absatzgeschäft mit dem Kunden ist um den Betrag der Gegenleistung zu kürzen.

	Fall 1	Fall 2	Fall 3
Beispiel	Unternehmen U erwirbt von K eine Maschine, auf der U Produkte für K produzieren wird, für 400.000 €, was auch dem Marktpreis einer solchen Maschine entspricht. U aktiviert die Maschine mit 400.000.	Unternehmen U erwirbt von K eine Maschine, auf der U Produkte für K produzieren wird, für 500.000 €. Der Marktpreis einer solchen Maschine beträgt 400.000 €. U hat mit K einen Vertrag über die Abnahme von 1.000 Produkten für 1 Mio. € vereinbart. U aktiviert die Maschine mit 400.000 € und kürzt den Transaktionspreis um 100.000 €.	Unternehmen U zahlt seinem Kunden K 100.000 € für die Einrichtung eines neuen Regalsystems, das K für die Produkte von U anschaffen muss. U kürzt den Transaktionspreis für den Vertrag mit K um 100.000 €.[46]

Tabelle 10.7: Behandlung von Gegenleistungen an Kunden

Eine Minderung des Transaktionspreises wird zu dem späteren der beiden Zeitpunkte der Leistung durch das Unternehmen oder Erbringung bzw. (expliziter oder impliziter) Zusage der Gegenleistung an den Kunden erfasst. 10.107

Beispiel: Unternehmen U erwirbt von seinem Kunden K eine Maschine, auf der U Produkte für K produzieren wird, für 500.000 €. Der Marktpreis einer solchen Maschine beträgt 400.000 €. Nach der Lieferung der Maschine aktiviert U die Maschine mit 400.000 € sowie einen Aktivposten „Gegenleistungen an Kunden" mit 100.000 €. U hat mit K einen Vertrag über die Abnahme von 1.000 Produkten für 1.000.000 € vereinbart. Der Transaktionspreis von 1.000.000 € verringert sich um den Betrag, um den die Gegenleistung von U den Wert der Leistung von K übersteigt (1.000.000 € – 100.000 € = 900.000 €). Bei Lieferung der ersten 200 Produkte erfasst U eine Forderung i.H.v. 200.000 €, Umsatzerlöse von 180.000 € und kürzt die „Gegenleistungen an Kunden" um 20.000 €.

6. Änderungen des Transaktionspreises

Ein Unternehmen muss gemäß IFRS 15.59 am Ende jeder Berichtsperiode einen geschätzten Transaktionspreis überprüfen. Hierzu gehört auch die Einschätzung, ob bislang zu unsichere **variable Bestandteile** (z.B. Vertragsstrafen oder -prämien) nun einbezogen werden müssen. Ändert sich der Transaktionspreis aufgrund einer **Vertragsänderung**, sind die Regelungen zu Vertragsmodifikationen zu beachten (Rz. 10.44 ff.). Für die Behandlung von Transaktionspreisänderungen ist relevant, ob die Änderung bestimmten Leistungsverpflichtungen zugerechnet werden kann 10.108

---

46 Vgl. IFRS 15.IE160 f.

(Rz. 10.131) und ob bereits eine Leistungsverpflichtung ganz oder teilweise erfüllt worden ist (Rz. 10.133).

10.109–10.120 frei

V. Aufteilung des Transaktionspreises auf die separaten Leistungsverpflichtungen eines Vertrags

1. Ziel und grundlegende Vorgehensweise

10.121 Enthält ein Vertrag mehrere separate Leistungsverpflichtungen (Rz. 10.62, 10.68), muss der Transaktionspreis auf diese Leistungsverpflichtungen aufgeteilt werden. Dabei ist darauf zu achten, ob einzelne Bestandteile des Transaktionspreises bestimmten Leistungsverpflichtungen zugeordnet werden können. **Ziel** ist gemäß IFRS 15.73, jeder Leistungsverpflichtung den Betrag zuzuordnen, auf den das Unternehmen erwartet einen Anspruch zu haben, wenn es diese Leistungsverpflichtung erfüllt.

10.122 Der Transaktionspreis ist den einzelnen Leistungsverpflichtungen im Verhältnis von deren **Einzelveräußerungspreisen** zuzuordnen. Grundsätzlich ist der Einzelveräußerungspreis der Preis, zu dem ein Unternehmen eine Leistung unter ähnlichen Umständen an ähnliche Kunden verkauft (IFRS 15.77).

Beispiel: Telekommunikationsunternehmen T bietet ein Handy für 400 € und einen all-in Mobilfunkvertrag für monatlich 50 € an. Schließt ein Kunde einen Mobilfunkvertrag mit einer unkündbaren Mindestlaufzeit von einem Jahr ab, beträgt der Preis für das Handy nur 200 €.

Unabhängig davon, ob im Falle des Angebots ein Vertrag abgeschlossen wird oder ob der Kaufvertrag für das Handy und der Mobilfunkvertrag formal zwei Verträge darstellen, wird das Geschäft nach IFRS 15.17 wie ein Vertrag behandelt (Rz. 10.42). Der Transaktionspreis ermittelt sich wie folgt: 200 € + 12 Monate * 50 €/Monat = 800 €. Die Einzelveräußerungspreise für das Handy und die Mobilfunkleistung betragen 400 € bzw. 600 €. Nach der Abgabe des Handys erfasst T einen Umsatz von [800 €/(400 € + 600 €)] * 400 € = 320 €. Der Umsatz für die Mobilfunkleistung in den folgenden Monaten entspricht [800 €/(400 € + 600 €)] * 50 €/Monat = 40 €/Monat. Zum Ausweis korrespondierender Positionen in der Bilanz vgl. Rz. 10.193.

10.123 Ist ein Einzelveräußerungspreis nicht direkt feststellbar, muss er geschätzt werden.[47] IFRS 15.79 nennt folgende **Schätzmethoden** als Beispiel:

– **angepasste Marktpreise**: das Unternehmen schätzt, welchen Preis ein Kunde für die Leistung, deren Einzelveräußerungspreis zu bestimmen ist, auf einem Markt, in dem das Unternehmen bereits Leistungen absetzt, bezahlen würde. Als Referenzwert können auch Preise von Wettbewerbern für ähnliche Güter dienen. Dieser Wert ist ggf. im Hinblick auf das zu bewertende Gut und unter Berück-

---

[47] Zu dem besonderen Fall der Schätzung des Einzelveräußerungspreises von Optionen vgl. z.B. *Breidenbach/Währisch*, 2016, Rz. 264 ff.; *Heintges/Hoffmann/Usinger*, WPg 2015, 579 ff.

sichtigung der Kostenstruktur und der Gewinnmargen des Unternehmens anzupassen.

– **Erwartete Kosten plus Gewinnmarge**: Grundlage für die Schätzung sind die erwarteten Kosten für die Leistung und ein geeigneter Gewinnaufschlag.

– **Residualwert**: der Einzelveräußerungspreis einer Leistung wird als Differenz zwischen dem Transaktionspreis und der Summe der Einzelveräußerungspreise der übrigen separaten Leistungsverpflichtungen, auf die der Transaktionspreis zu verteilen ist, ermittelt. IFRS 15.79c beschränkt die Anwendbarkeit dieser Methode auf folgende Fälle:

– Ein Einzelveräußerungspreis ist nicht erkennbar, weil das Unternehmen die Leistung an verschiedene Kunden in enger zeitlicher Nähe zu sehr unterschiedlichen Preisen verkauft.

– Das Unternehmen hat die Leistung noch nicht einzeln veräußert und noch keinen Preis festgesetzt.

Beispiel: IT-Berater B verkauft eine Standardsoftware, deren Installation sowie eine Betreuung bei Anwendungsproblemen innerhalb eines Jahres nach Abschluss der Installation im Paket für 500.000 €. Die Software bietet B auch allein für 350.000 € an, die Installation für 100.000 €. Die Betreuung können Kunden nur im Rahmen des Gesamtpakets erwerben.

Da B die Betreuungsleistung nicht einzeln veräußert, wäre eine Anwendung der Residualwertmethode zur Ermittlung des Einzelveräußerungspreises möglich. Falls andere Unternehmen die Leistung einzeln anbieten, könnte B auf Basis von deren Preisen den Einzelveräußerungspreis schätzen. B könnte auch – ggf. auf der Grundlage von Erfahrungswerten – veranschlagen, wie viele Stunden die Betreuung durchschnittlich für einen Kunden umfasst, daraus die Kosten für die Betreuungsleistung berechnen und einschließlich eines Gewinnaufschlags den Einzelveräußerungspreis bestimmen.

Die Wahl der Schätzmethode hat sich an dem Ziel der Transaktionspreiszuordnung gemäß IFRS 15.73 (Rz. 10.121) zu orientieren. In die Schätzung sollen sämtliche, dem Unternehmen zur Verfügung stehende Informationen, insbesondere beobachtbare Daten, einfließen. Die Schätzmethoden sind für ähnliche Sachverhalte einheitlich anzuwenden (IFRS 15.78). 10.124

Die Möglichkeit zur Wahl der Schätzmethode kann im Einzelfall einen nicht unerheblichen **Ermessensspielraum** für die Periodisierung der Umsatzerlöse beinhalten. Im obigen Beispiel könnte B die Schätzmethode z.B. so wählen, dass ein möglichst geringer Betrag auf die Betreuungsleistung entfällt, deren Umsatz zeitlich zuletzt erfasst wird. Die Einschränkung durch IFRS 15.73 ist dabei jedoch zu beachten. Insbesondere bei Anwendung der Residualwertmethode sollte überprüft werden, ob der ermittelte Wert im Intervall verschiedener Einzelveräußerungspreise der Leistung (Rz. 10.123) liegt oder sehr von dem Wert abweicht, der sich auf Basis einer anderen Schätzmethode ergeben würde.

Enthält ein Vertrag mehr als eine Leistung, deren Einzelveräußerungspreis nicht beobachtbar ist, können gemäß IFRS 15.80 auch verschiedene Schätzmethoden angewandt und ggf. kombiniert werden. 10.125

2. Zuordnung von Bündelrabatten

10.126 Beinhaltet ein Vertrag mehr als eine separate Leistung und ist der Transaktionspreis für die Leistungen niedriger als die Summe der Einzelveräußerungspreise der Leistungen, liegt ein Bündelrabatt vor. Wird der Transaktionspreis im Verhältnis der Einzelveräußerungspreise (Rz. 10.122) den Leistungen zugeordnet, wird auch der Bündelrabatt wie ein Gemeinerlös in diesem Verhältnis aufgeteilt.

10.127 Ist jedoch offensichtlich, dass sich der Rabatt auf ein bestimmtes Gut oder ein bestimmtes (Teil-)Güterbündel in dem Vertrag bezieht, ist der Rabatt wie ein Einzelerlös auch nur diesem Gut bzw. Güterbündel zuzurechnen. Voraussetzung hierfür ist gemäß IFRS 15.82, dass

— das Unternehmen jedes separate Gut bzw. Güterbündel in dem Vertrag regelmäßig auch einzeln veräußert,

— das Unternehmen mindestens ein in dem Vertrag enthaltenes Teilgüterbündel regelmäßig mit einem Rabatt verkauft und

— der Rabatt auf das bzw. auf die Teilgüterbündel im Wesentlichen dem in dem Vertrag enthaltenen Gesamtrabatt entspricht und es offensichtlich ist, auf welche Leistungsverpflichtung(en) sich der Rabatt bezieht.

10.128 Ist ein Rabatt einem Teilgüterbündel zurechenbar und wird gleichzeitig die Residualwertmethode angewandt, ist vor Anwendung der Residualwertmethode der Rabatt zuzuordnen (IFRS 15.83).

Beispiel: PC-Händler H verkauft einen PC mit installierter Standardsoftware einschließlich der Beratung bei Anwendungsproblemen innerhalb eines Jahres nach Kauf des PCs zu einem Preis von 1.100 €. Erwirbt der Kunde das Paket ohne die Beratung, beträgt der Preis 950 €, für die Software einschl. Installation auf einem bereits vorhandenen PC 250 €. Den PC, die Software sowie die Installation einer entsprechenden Software bietet H auch einzeln für 700 €, 230 € bzw. 90 € an. Für den Service, ein Jahr lang Hilfe bei Anwendungsproblemen erhalten zu können, berechnet H in Abhängigkeit von der Dauer und dem Umfang der Kundenbeziehung zwischen 100 € und 300 €.

Betrachtet man den Unterschied zwischen dem Preis für die Software mit Installation (250 €) und dem Preis für das Paket einschließlich PC (950 €) ist erkennbar, dass der Rabatt für das größere Paket [(700 € + 230 € + 90 €) – 950 € = 70 €] aus dem Rabatt für die Software mit Installation [(230 € + 90 €) – 250 € = 70 €] resultiert. Da die Beratung zu unterschiedlichen Preisen verkauft wird, kann H für die Ermittlung des Einzelveräußerungspreises die Residualwertmethode anwenden. Hierbei ist der Rabatt, der einem der Güterbündel zugeordnet werden kann, bereits zu berücksichtigen. Der Transaktionspreis von 1.100 € ist wie folgt aufzuteilen: 1.100 € – 700 € (PC) – 250 € (Software + Installation) = 150 € (Beratung). Der für die Beratung ermittelte Wert liegt innerhalb des Intervalls der Einzelveräußerungspreise für diese Leistung und entspricht damit den Anforderungen des IFRS 15.73 (Rz. 10.124). Würde der Rabatt nicht von vornherein zugeordnet, ergäbe sich ein Betrag von 1.100 € – 700 € (PC) – 230 € (Software) – 90 € (Installation) = 80 € (Beratung), was die Preisgestaltung von H nicht korrekt widerspiegeln würde.

3. Zuordnung variabler Transaktionspreisbestandteile

Variable Transaktionspreisbestandteile (Rz. 10.83) können sich auf das gesamte Güterbündel in einem Vertrag, aber auch nur auf eine separate Leistungsverpflichtung, ein Teilgüterbündel oder nur auf einen Teil einer Reihe im Wesentlichen gleicher Güter, die auf dieselbe Art und Weise auf den Kunden übertragen werden (Rz. 10.62), beziehen. Sie sind gemäß IFRS 15.85 im Rahmen der Aufteilung des Transaktionspreises diesen Leistungen nur **direkt zuzurechnen**, wenn folgende Bedingungen erfüllt sind:

10.129

– der variable Transaktionspreisbestandteil bezieht sich speziell auf diese Leistung(en) und deren Erfüllung und

– die direkte Zuordnung entspricht – unter Würdigung aller Vertragsbestandteile – dem Ziel der Aufteilung des Transaktionspreises (Rz. 10.121).

Beispiel: Unternehmen U schließt mit seinem Kunden K einen Kaufvertrag über die Lieferung einer Maschine sowie einen Wartungsvertrag für die Maschine für die ersten fünf Jahre nach Lieferung. Der Preis für die Maschine ist besonders günstig, weil K gleichzeitig den Wartungsvertrag abgeschlossen hat. Über die Preisgestaltung besteht ein Zusammenhang (Verbund) zwischen den beiden Verträgen, so dass sie für die Umsatzerfassung zusammengefasst werden müssen. Der Preis für die Maschine und das Entgelt für die Wartung bilden den Transaktionspreis für das abgeschlossene Geschäft. Wird darüber hinaus z.B. ein Bonus für den Fall vereinbart, dass die Maschine besonders schnell geliefert wird und betriebsbereit ist, ist der Bonus der Maschine direkt zurechenbar.

4. Zuordnung von Transaktionspreisänderungen

Änderungen des Transaktionspreises, die nicht auf Vertragsänderungen beruhen,[48] sind gemäß IFRS 15.88 **auf derselben Basis** zuzuordnen wie der Transaktionspreis bei Vertragsbeginn. Schwankungen von Basisgrößen, also insbesondere der Einzelveräußerungspreise, sind nicht zu berücksichtigen.

10.130

Für die Zuordnung von Transaktionspreisänderungen auf nur einen Teil der Leistungsverpflichtungen eines Vertrags gelten gemäß IFRS 15.89 dieselben Voraussetzungen wie bei der Zurechnung variabler Transaktionspreisbestandteile (Rz. 10.129).

10.131

Für den Fall, dass sich der Transaktionspreis **nach einer Vertragsmodifikation** ändert, ist gemäß IFRS 15.90 die zutreffende der folgenden beiden Möglichkeiten zu wählen:

10.132

– Für den Fall, dass

– die Vertragsänderung die Lieferung zusätzlicher, einzeln abgrenzbarer Güter nicht zu deren Einzelveräußerungspreis beinhaltet und die noch nicht erbrachten Leistungen von den bereits erbrachten Leistungen abgegrenzt werden können, (Rz. 10.45, Fall 2),

---

48 Vgl. *Breidenbach/Währisch*, 2016, Rz. 269 f.

- die Änderung des Transaktionspreises Leistungsverpflichtungen betrifft, die bereits vor der Vertragsänderung bestanden und
- die Änderung des Transaktionspreises aus der Änderung eines variablen Bestandteils resultiert,

ist die **Änderung den betroffenen Leistungsverpflichtungen** zuzuordnen.

- In allen anderen Fällen, in denen die Vertragsmodifikation nicht wie der Abschluss eines vollständig neuen Vertrags anzusehen ist (Rz. 10.45, Fall 1), ist die Änderung des Transaktionspreises auf die Leistungsverpflichtungen aufzuteilen, die direkt nach der Vertragsänderung noch nicht oder nur zum Teil erfüllt waren.

10.133 Transaktionspreisänderungen, die **bereits abgeschlossene Leistungen** betreffen, sind gemäß IFRS 15.88 in den Umsatzerlösen der Periode, in der die Änderung stattfindet, zu berücksichtigen.

5. Aspekte der praktischen Umsetzung und der Unternehmenssteuerung

10.134 Unternehmen, die mit Kunden Verträge abschließen, die – explizit oder implizit – mehr als eine separate Leistungsverpflichtung enthalten, müssen zum Zwecke der Transaktionspreiszuordnung für jede separate Leistungsverpflichtung den Einzelveräußerungspreis ermitteln. Ist ein Einzelveräußerungspreis nicht beobachtbar, muss die Methode für dessen Schätzung bestimmt, die notwendigen Inputparameter ermittelt und regelmäßig überprüft werden. Standardisierte Geschäftsprozesse können diesbezüglich eine einheitliche Vorgehensweise gewährleisten. Eine **Standardisierung** und eine daraus folgende Vereinfachung der Ermittlung der Einzelveräußerungspreise sind jedoch nur möglich, wenn die Leistung selbst normiert ist und ihr Einzelveräußerungspreis nicht z.B. von der jeweiligen Geschäftsbeziehung oder der aktuellen Nachfrage abhängt. Eine Unterstützung der Aufteilung des Transaktionspreises durch die DV ist umso schwieriger umzusetzen, je differenzierter das Leistungsspektrum des Unternehmens ist und je individueller Vertragsbeziehungen mit den Kunden sind.[49]

10.135 Die Vorgehensweise nach IFRS 15 bei der Zuordnung des Transaktionspreises auf die einzelnen Produkte innerhalb eines Güterbündels entspricht einer Erlösträgerrechnung. Die konkreten Vorschriften für die Zuordnung eines Bündelrabatts (Rz. 10.127 f.) bieten eine gute Grundlage, „Quersubventionierungen"[50] zwischen Gütern vorzubeugen. Werden die nach IFRS 15 ermittelten Umsatzdaten für die Unternehmenssteuerung genutzt, sollte jedoch die Problematik der Gemeinerlöse beachtet werden. Enthält ein Vertrag mehr als eine Leistungsverpflichtung, stellt der Transaktionspreis einen **Gemeinerlös** für die in dem Vertrag enthaltenen Leistungsverpflichtungen dar.[51] Eine Zuordnung kann – analog zu der Zuordnung von Ge-

---

49 Vgl. *Fink/Ketterle/Scheffel*, DB 2012, 2002; *Grote/Hold/Pilhofer*, KoR 2014, 412.
50 Vgl. *Morich*, DB 2014, 2001.
51 Vgl. *Breidenbach/Währisch*, 2016, Rz. 49 für die Telekommunikationsbranche.

meinkosten – nur willkürlich sein und die Vorgehensweise nach IFRS 15 stellt lediglich eine Möglichkeit hierfür dar.[52]

frei 10.136–10.140

VI. Umsatzerfassung bei Leistungserfüllung

1. Das Grundprinzip: Leistungserfüllung durch Übertragung eines Vermögenswerts auf den Kunden

Schritt 5 des Erfassungsschemas nach IFRS 15 legt den **Zeitpunkt** fest, an dem der Umsatz für die identifizierte (Schritt 2) und bewertete Leistung (Schritt 3 und 4) erfasst wird. Das Grundprinzip hierfür nach IFRS 15.31 entspricht grundsätzlich dem Realisationsprinzip nach HGB: der Umsatz ist zu erfassen, wenn die Leistung erbracht wurde. 10.141

Gemäß IFRS 15.31 erfüllt ein Unternehmen eine Leistungsverpflichtung, indem es einen Vermögenswert in Form eines Sachgutes oder einer Dienstleistung auf den Kunden überträgt. Dies geschieht dadurch, dass der Kunde die **Kontrolle** über den Vermögenswert erhält. Kontrolle über ein Gut bedeutet gemäß IFRS 15.33 die Möglichkeit, die Nutzung des Gutes zu bestimmen, im Wesentlichen den vollständigen verbliebenen Nutzen aus dem Gut zu ziehen und Dritte von beidem auszuschließen. 10.142

Der **Nutzen** eines Gutes besteht gemäß IFRS 15.33 für ein Unternehmen aus dem Erhalt von Einzahlungen oder der Vermeidung von Auszahlungen. Wege, auf denen man aus einem Gut den Nutzen ziehen kann, sind beispielsweise die Nutzung des Vermögenswertes zur Produktion von Sachgütern und Dienstleistungen, zur Erhöhung des Wertes anderer Vermögenswerte, zur Begleichung von Verbindlichkeiten oder zur Reduzierung von Aufwand, der Verkauf oder Tausch des Vermögenswertes, die Nutzung des Vermögenswertes für die Gewährung einer Sicherheit oder das Halten des Vermögenswertes als Wertspeicher. 10.143

Der Übergang der Kontrolle über den Nutzen aus einem Vermögenswert ist entscheidend dafür, ob ein Unternehmen, nachdem es eine Leistung erbracht hat, einen Umsatzerlös erfasst. Der IASB betont daher, dass bei der Überprüfung, ob die Kontrolle tatsächlich auf den Kunden übergegangen ist, sämtliche **Rückkaufvereinbarungen**[53], z.B. durch einen Forward, eine Call Option oder eine Put Option, zu berücksichtigen sind (IFRS 15.34). 10.144

Bereits bei **Vertragsbeginn** muss ein Unternehmen gemäß IFRS 15.34 für jede im Vertrag enthaltene Leistungsverpflichtung feststellen, ob sie während eines Zeitraums (Rz. 10.146 ff.) oder zu einem Zeitpunkt (Rz. 10.159 f.) erfüllt wird. 10.145

---

52 Vgl. zu der Problematik der Zuordnung von Gemeinerlösen ausführlich *Währisch*, BBK 2018, 179 ff.
53 Vgl. IFRS 15.B64–76; *Breidenbach/Währisch*, 2016, Rz. 282 ff.

2. Leistungserfüllung während eines Zeitraums

a) Voraussetzungen

10.146 Damit die Umsatzerlöse bereits während des Zeitraums der Leistungserstellung erfasst werden können, muss der Kunde zu jeder Zeit innerhalb dieses Zeitraums die Kontrolle i.S.d. IFRS 15.33 (Rz. 10.142) über die vertraglich zugesagte Leistung besitzen. IFRS 15.35 beschreibt drei entsprechende Szenarien. Liegt **einer** der drei Fälle vor, ist der Umsatz während des Zeitraums der Leistungserstellung zu erfassen. Tabelle 10.8 zeigt die Voraussetzungen im Überblick:

Voraussetzung für eine zeitraumbezogene Leistungserfüllung	Beispiel
a) Der Kunde erhält und verbraucht den Nutzen aus der Leistung des Lieferanten zeitgleich mit der Leistungserstellung	Viele Dienstleistungen, z.B. Wartung, Reinigungsarbeiten
b) Durch die Leistung wird ein Vermögenswert erstellt oder verbessert, der sich bereits unter der Kontrolle des Kunden befindet	Bau eines Gebäudes auf einem Grundstück des Kunden
c) Der Lieferant kann den Vermögenswert, den er für den Kunden erstellt, nicht anderweitig nutzen und er hat ein durchsetzbares Recht auf die Gegenleistung für die bereits fertiggestellte Leistung	Langfristige kundenspezifische Einzelfertigung, z.B. Schiffbau, Bauindustrie, Großanlagenbau

Tabelle 10.8: Voraussetzungen für eine Leistungserfüllung während eines Zeitraums gemäß IFRS 15.35

10.147 Besteht Unsicherheit, ob eine Leistung im Zeitpunkt der Erstellung bereits verbraucht wird (**Fall a** aus Tabelle 10.8), kann gemäß IFRS 15.B4 als weiteres Merkmal hinzugezogen werden, dass ein anderes Unternehmen, das die verbliebene Leistungsverpflichtung aus einem Vertrag übernehmen würde, bereits durchgeführte Leistungen nicht noch einmal erbringen müsste, damit die gesamte im Vertrag enthaltene Leistungsverpflichtung erfüllt wird.

Beispiel: Die Alarmanlagen der Kunden des Sicherheitsdienstes S sind bei S aufgeschaltet. Der Vertrag wird für ein Jahr abgeschlossen und verlängert sich automatisch für ein weiteres Jahr, wenn er nicht innerhalb der Kündigungsfrist von einer der beiden Vertragsseiten gekündigt wird. Für die Aufschaltung erhält S einen Fixbetrag pro Jahr, der Einsatz im Falle eines Alarms wird gesondert vergütet. Der Service der Aufschaltung wird sekündlich erbracht und der Nutzen hieraus zeitgleich verbraucht. Würde ein anderer Sicherheitsdienst in den Vertrag einsteigen, müssten bereits erbrachte Leistungen nicht noch einmal durchgeführt werden, um die gesamte Leistungsverpflichtung aus dem Vertrag zu erfüllen. Die Überwachungsleistung wird während eines Zeitraums erbracht.

10.148 **Fall b** aus Tabelle 10.8 wird in der Praxis verhältnismäßig selten unmittelbar bei Leistungsbeginn erfüllt sein: entsprechende Projekte basieren häufig auf Vorleistungen des Lieferanten, die nicht sofort unter der Kontrolle des Kunden stehen, wie z.B. Konstruktions- oder Baupläne, die in den Büros des Lieferanten angefertigt werden. Sofern es sich hierbei nicht um separate Leistungsverpflichtungen (Rz. 10.68) handelt, für die unabhängig von der anschließenden Leistung ein Umsatz erfasst wird, und der Kunde keinen Anspruch auf die Herausgabe der Vorleistung hat, so dass ein anderes Unternehmen die Leistungserbringung fortsetzen kann, liegt eine einzige separate Leistungsverpflichtung vor, die nicht vollständig unter der Kontrolle des Kunden erbracht wird.[54]

Fall c aus Tabelle 10.8 beinhaltet zwei Voraussetzungen für die Umsatzerfassung während eines Zeitraums: 10.149

– **Keine alternative Nutzungsmöglichkeit** (IFRS 15.36): Eine alternative Nutzung der Leistung durch den Lieferanten ist entweder vertraglich ausgeschlossen oder praktisch nicht möglich. Eine **vertragliche Beschränkung** der alternativen Nutzung ist gemäß IFRS 15.B7 wesentlich – und damit relevant –, wenn der Kunde sein Recht auf ein bestimmtes Gut durchsetzen könnte. Nicht wesentlich ist die Beschränkung, wenn das vertraglich versprochene Gut austauschbar ist und das Unternehmen seine Leistungsverpflichtung durch die Lieferung eines anderen Gutes erfüllen könnte, ohne dass erhebliche zusätzliche Kosten entstünden. Eine **faktische Beschränkung** liegt vor, wenn eine alternative Nutzung des Gutes für den Lieferanten einen erheblichen wirtschaftlichen Schaden nach sich ziehen würde. Erheblicher wirtschaftlicher Schaden würde entstehen, wenn der Lieferant das Gut nur mit einem Verlust oder nach einem kostenintensiven Umbau an einen anderen Kunden verkaufen könnte. In der Regel ist dies der Fall, wenn das Produkt kundenindividuell gefertigt wird.

Bei einem in Serie gefertigten Gut hängt die Einschränkung der Nutzungsfähigkeit davon ab, inwieweit das Gut an kundenspezifische Wünsche angepasst wird.[55]

Beispiel: Automobilunternehmen A fertigt unterschiedliche Modelle in Serie. Ein Kunde kann bei seiner Bestellung für viele Komponenten (Farbe, Sitzbezüge, etc.) unter mehreren Möglichkeiten wählen. Dennoch wird es für A normalerweise kein Problem darstellen, ein bestelltes Fahrzeug, das der Kunde nicht abnimmt, an einen anderen Kunden mit einem geringen Abschlag zu verkaufen. Anders wird es sein, wenn ein Kunde sehr spezielle Wünsche (Panzerung, längere oder breitere Karosserie, die von der gängigen Produktionsplattform abweicht, Verarbeitung von besonders kostbaren Materialien) hat.

Die alternative Nutzungsmöglichkeit muss bereits bei Vertragsbeginn untersucht werden. Eine Änderung der Einschätzung ist nur möglich, wenn eine Vertragsmodifikation (Rz. 10.44 ff.) zu einer wesentlichen Änderung der Leistungsverpflichtung führt (IFRS 15.36).

In der Praxis gibt es Grenzfälle, in denen ein Ermessensspielraum besteht.[56] Für eine zeitraumbezogene – und damit in der Regel vorgezogene – Umsatzerfassung

---

54 Vgl. *Baur/Eisele/Hold*, KoR 2016, 396 f.
55 Vgl. Haufe IFRS-Komm.[16], § 25 Rz. 143.
56 Vgl. *Fink/Ketterle/Scheffel*, DB 2012, 2003.

sollte die Leistung im Vertrag möglichst kundenspezifisch und nachvollziehbar festgelegt werden.[57]

– **Anspruch auf Zahlung für bereits erfüllte (Teil-)Leistungen** (IFRS 15.37): Der Lieferant hat für den Fall, dass der Kunde den Vertrag kündigt, obwohl der Lieferant seine vertraglichen Pflichten erfüllt, Anspruch auf eine Gegenleistung für die bis zur Kündigung fertiggestellte Leistung. Dieser Anspruch muss während der gesamten Vertragslaufzeit bestehen. Der **Betrag**, auf den zum jeweiligen Zeitpunkt der Anspruch besteht, muss eine Kompensation für die bis dahin fertiggestellte Leistung darstellen. Gemäß IFRS 15.B9 entspricht dies weniger dem Ausgleich des Verlusts, der durch die Vertragskündigung entsteht, als vielmehr einem Näherungswert für einen Verkaufspreis für die bislang erbrachte Leistung. Ein solcher Näherungswert kann auf Basis der bislang entstandenen Kosten und einer Gewinnmarge ermittelt werden. Dabei muss die Gewinnmarge nicht der im Vertrag enthaltenen Marge entsprechen, sondern kann sich z.B. auch an der Marge orientieren, die der Lieferant normalerweise für ähnliche Verträge erzielt, falls die Marge im betrachteten Vertrag höher als für den Lieferanten üblich ist. Der Anspruch auf Zahlung für bereits erfüllte Leistungen ist unabhängig von durch den Kunden zu leistende Anzahlungen zu prüfen (IFRS 15.B13).

Sollten keine gesetzlichen Regelungen für einen Zahlungsanspruch im Falle einer grundlosen Kündigung bestehen, sollten Unternehmen entsprechende Vereinbarungen in den Vertrag aufnehmen, falls sie eine zeitraumbezogene Umsatzsatzerfassung aus dem Vertrag auf Basis von IFRS 15.35c anstreben. Umgekehrt ist bei Vorliegen eines gesetzlichen Kündigungsrechts, wie z.B. § 649 BGB für Werkverträge, darauf zu achten, dass ein solches Recht nicht vertraglich ausgeschlossen wird. Die wenig konkreten Regelungen zur Gewinnmarge eröffnen auch hier einen Ermessensspielraum.[58]

10.150 In IFRS 15 findet sich keine Regelung für Leistungen, die erst in einer späteren Phase eine der Voraussetzungen des IFRS 15.35 erfüllen.[59]

Beispiel: Die Werft W fertigt für den Kunden K eine Segelyacht nach den individuellen Wünschen von K. Es ist von einer faktischen Beschränkung der alternativen Nutzungsfähigkeit gemäß IFRS 15.36 auszugehen. W und K vereinbaren mehrere Anzahlungen. Sollte K den Vertrag ohne Vorliegen eines Verschuldens von W kündigen, hat W bis zur Fertigstellung des Schiffsrumpfs lediglich einen Anspruch auf die bereits erhaltenen Anzahlungen. Danach ist K verpflichtet, den vollen vereinbarten Preis zu zahlen. Da W den Schiffsrumpf für den Fall, dass K den Vertrag kündigt, auch für andere Aufträge verwenden könnte, decken die Anzahlungen, die W bis zur Fertigstellung des Schiffsrumpfes erhält, nur die Herstellungskosten des Rumpfes. Bis zu dessen Fertigstellung ist somit kein Zahlungsanspruch gemäß IFRS 15.37 gegeben und keine der Voraussetzungen des IFRS 15.35 erfüllt. Es stellt sich jedoch die Frage, ob nach Fertigstellung des Rumpfes nach IFRS 15.35c eine zeitraumbezogene Leistungserstellung vorliegt. Dagegen spricht, dass der Zahlungsanspruch nicht während der gesamten Vertragslaufzeit, sondern erst ab einem bestimmten Grad der Leistungserfül-

---

57 Vgl. *Breidenbach/Währisch*, 2016, Rz. 303.
58 Vgl. *Baur/Eisele/Hold*, KoR 2016, 400 ff.
59 Vgl. hierzu ausführlich *Heintges/Erber*, WPg 2016, 1018 ff.

lung besteht. Auf der anderen Seite geht die Kontrolle des Vermögenswertes i.S.d. IFRS 15.31 i.V.m. IFRS 15.35 nach Vollendung des Rumpfes während des Zeitraums der weiteren Fertigstellung auf K über.

Hier wird der Auffassung von *Heintges* und *Erber*[60] gefolgt, dass ab dem Zeitpunkt, ab dem die Voraussetzungen für eine zeitraumbezogene Leistungserfüllung bis zum Ende der Vertragslaufzeit gegeben sind, die Umsatzerlöse über den verbliebenen Zeitraum zu erfassen sind, da eine Realisierung der gesamten Umsatzerlöse erst nach vollständigem Abschluss der Leistung in diesen Fällen nicht dem Ziel entspricht, das in den Vorschriften des IFRS 15 zum Ausdruck kommt.

Die Bedingungen für eine zeitraumbezogene Umsatzerfassung wurden erst im Laufe der Entwicklung des IFRS 15 aufgenommen, um Unternehmen z.B. der Bauwirtschaft oder des Anlagenbaus weiterhin eine Anwendung der Percentage-of-Completion-Methode nach IAS 11 und IAS 18 zu ermöglichen.[61] Die Voraussetzungen aus IFRS 15.35c zielen auf die vor der Anwendung des IFRS 15 in **IAS 11** geregelten **Fertigungsaufträge** ab.[62] Da eine alternative Nutzung durch den Lieferanten jedoch durch vertragliche Regelungen ausgeschlossen werden kann, wird die Möglichkeit zur zeitraumbezogenen Umsatzerfassung künftig auch für Leistungen eröffnet, die nicht die Definition des IAS 11.3[63] erfüllen. Gleiches gilt für Güter, die auf Basis von Standardprodukten nach kundenindividuellen Anforderungen fertiggestellt werden (Rz. 10.149).[64] Auf der anderen Seite sieht IAS 11 keine dem jederzeitigen Zahlungsanspruch entsprechende Restriktion vor (Rz. 10.149).

10.151

Unternehmen, die vor der Anwendung des IFRS 15 IAS 11 angewandt haben, müssen ihre Verträge überprüfen und ggf. entsprechend ihrer Zielsetzung anpassen. Darüber hinaus sind Fertigungsaufträge dahingehend zu untersuchen, ob sie sich aus mehreren separaten Leistungsverpflichtungen zusammensetzen, deren Anteile am Transaktionspreis getrennt voneinander gemäß der Erfüllung der jeweiligen Leistung als Umsatzerlöse zu erfassen sind.[65]

b) Ermittlung des Leistungsfortschritts

Da gemäß IFRS 15.31 ein Umsatz zu erfassen ist, wenn eine Leistungsverpflichtung erfüllt ist, muss bei einer Leistungserfüllung während eines Zeitraums der Umsatz auf diesen Zeitraum verteilt und entsprechend dem Fortschritt der Leistungserfüllung ausgewiesen werden. Zu diesem Zweck muss gemäß IFRS 15.40 für jede Berichtsperiode die Fortentwicklung einer zeitraumbezogenen Leistungserbringung quantifiziert werden. **Ziel** ist hierbei darzustellen, in welchem Umfang das Unternehmen die Kontrolle über versprochene Güter übertragen und damit seine Leistungsverpflichtung erfüllt hat (IFRS 15.39).

10.152

---

60 Vgl. *Heintges/Erber*, WPg 2016, 1021.
61 Vgl. hierzu kritisch *Baur/Eisele/Hold*, KoR 2016, 394 f. m.w.N.
62 Vgl. *Winterling/Bartsch/König*, PiR 2017, 256.
63 Vgl. z.B. *Theile* in Heuser/Theile, IFRS-Handbuch[5], Rz. 2306.
64 Vgl. *Winterling/Bartsch/König*, PiR 2017, 255 ff.
65 Vgl. *Heintges/Erber*, WPg 2016, 1017.

10.153 Für die Messung des Leistungsfortschritts sind grundsätzlich verschiedene **Methoden** zulässig, deren Basis entweder die bereits erfüllte Leistung (output) oder die Menge der bereits verbrauchten Produktionsfaktoren (input) ist. Folgende Tabelle zeigt mögliche Methoden im Überblick:

	Methode	Basis	Leistungsfortschritt
Outputorientiert	Units-of-delivery	Fertig gestellte Leistungseinheiten	Quotient aus bereits fertig gestellten und vertraglich zugesagten Leistungseinheiten
	Value-added	Wert der bereits fertig gestellten Teilleistung	Quotient aus dem Wert der bereits fertig gestellten Teilleistung zum Gesamtwert der vertraglich vereinbarten Leistung
	Contract milestones	Vereinbarte Zwischenziele	Erreichte Zwischenziele
Inputorientiert	Cost-to-cost	Angefallene Kosten	Quotient aus den bis zum Bilanzstichtag angefallenen Kosten und den voraussichtlichen Gesamtkosten für die Erbringung der vereinbarten Leistung
	Effort-expended	Verbrauchte Produktionsfaktoren	Quotient aus den bis zum Bilanzstichtag verbrauchten Produktionsfaktoren (z.B. Arbeitsstunden) zum voraussichtlichen gesamten Faktoreinsatz

Tabelle 10.9: Methoden zur Messung des Leistungsfortschritts[66]

10.154 Grundsätzlich sind **outputorientierte** eher als inputorientierte Methoden geeignet, dem Anspruch des IASB zu entsprechen, die Umsatzerlöse in Abhängigkeit von der übertragenen Leistung, also dem Output, zu erfassen. Allerdings ist der Output nicht immer eindeutig messbar oder die Messung ist verhältnismäßig aufwendig.[67]

10.155 **Inputorientierte** Methoden sind in der Regel einfacher in der Handhabung, Voraussetzung für die Anwendung ist jedoch ein Zusammenhang zwischen dem Input und der übertragenen Leistung. Bei Anwendung einer kostenbasierten Methode wie der cost-to-cost-Methode sind daher Kosten, die nicht in Zusammenhang mit der Leistungserstellung stehen, sondern z.B. auf Ineffizienzen wie Ausschuss beruhen, nicht in die Berechnung des Leistungsfortschritts einzubeziehen (IFRS 15.B19a). Gemäß IFRS 15.B19b kann es zielführend sein, einen **Umsatz in Höhe angefallener Kosten** zu erfassen, wenn die Kosten nicht den anteiligen Leistungsfortschritt widerspiegeln. Ein solcher Fall liegt z.B. vor, wenn zur Erfüllung einer Leistungsverpflichtung Kosten durch den Verbrauch eines Gutes entstehen, für das bereits bei Vertragsbeginn folgende Voraussetzungen erfüllt sind:

---

66 In Anlehnung an *Brune* in Beck IFRS-Handbuch[5], § 9 Rz. 62.
67 Vgl. Haufe IFRS-Komm.[16], § 25 Rz. 152.

- es handelt sich nicht um ein separates Gut;
- es wird erwartet, dass der Kunde die Kontrolle über das Gut wesentlich früher als damit zusammenhängende Serviceleistungen erhält;
- die Kosten für das Gut sind im Verhältnis zu den erwarteten Gesamtkosten für die Leistungserfüllung wesentlich und
- das bilanzierende Unternehmen beschafft das Gut von einer dritten Partei und ist weder am Design noch an der Herstellung des Gutes beteiligt.

Beispiel[68]: Das Bauunternehmen B renoviert ein mehrstöckiges Gebäude des Kunden K. B und K haben für die Renovierung einen Fixpreis von 5 Mio. € vereinbart. Die Renovierung stellt eine einzige separate Leistungsverpflichtung i.S.d. IFRS 15.22 (Rz. 10.68 ff.) dar. B rechnet mit Kosten i.H.v. insgesamt 4 Mio. €, von denen 1,5 Mio. € allein auf neue Aufzüge entfallen. Am Ende des abgelaufenen Geschäftsjahres werden die Aufzüge auf die Baustelle geliefert, der Einbau ist erst für den kommenden Juni geplant. Dadurch, dass die Aufzüge auf die Baustelle geliefert werden, erhält K die Kontrolle hierüber wesentlich früher als die damit zusammenhängende Serviceleistung, die Montage. 1,5 Mio. € sind im Verhältnis zu 4 Mio. € wesentlich, B beschafft die Aufzüge von einer dritten Partei und ist weder an deren Design noch an deren Herstellung beteiligt. Die Kosten für die Beschaffung der Aufzüge spiegeln nicht den Fortschritt der Renovierung wider. B bezieht sie daher nicht in die Ermittlung des Leistungsfortschritts ein. Sind im abgelaufenen Geschäftsjahr abgesehen von den Beschaffungskosten für die Aufzüge z.B. weitere Kosten i.H.v. 0,5 Mio. € angefallen, ergibt sich ein Leistungsfortschritt von 0,5 Mio. €/2,5 Mio. € = 20 %. B erfasst Umsatzerlöse i.H.v. 1,5 Mio. € (als Gegenposition für die Kosten der Aufzüge) + (5 Mio. € – 1,5 Mio. €) * 20 % = 2,2 Mio. € und weist ein Ergebnis i.H.v. 2,2 Mio. € – 0,5 Mio. € – 1,5 Mio. € = 0,2 Mio. € aus.

Gleiches gilt für den Fall, dass die angefallenen Kosten nicht den Leistungsfortschritt widerspiegeln, weil beispielsweise punktuell besonders wertvolle Materialien verbraucht werden.[69]

Der **Wahl der Methode** hat das Unternehmen die Art seiner Leistungsverpflichtung (z.B. Dienstleistung oder Lieferung eines Sachgutes) zugrunde zu legen (IFRS 15.41). Da eine Leistungsverpflichtung dadurch erfüllt wird, dass der Kunde die Kontrolle über ein Gut erlangt, müssen und dürfen nur diejenigen Güter in die Messung des Leistungsfortschritts einbezogen werden, auf die sich die Leistungsverpflichtung bezieht (IFRS 15.42). Im Hinblick darauf, dass die Methode zur Messung des Leistungsfortschritts den Kontrollübergang bestmöglich abbilden soll, kann folgende Verbindung zwischen den Voraussetzungen zur zeitraumbezogenen Umsatzerfassung gemäß IFRS 15.35 (Rz. 10.146 ff.) und output- bzw. inputorientierten Methoden hergestellt werden:[70]

10.156

- Fallen Erstellung, Lieferung und Verbrauch der Leistung zeitlich zusammen (IFRS 15.35a) oder wird durch die Leistung ein Vermögenswert erstellt oder verbessert, der sich bereits unter der Kontrolle des Kunden befindet (IFRS 15.35b),

---

68 Vgl. IFRS 15.IE95 ff.
69 Vgl. *Breidenbach/Währisch*, 2016, Rz. 329 ff.
70 Vgl. *Schurbohm-Ebneth/Ohmen*, KoR 2015, 10.

ist der **Übergang der Kontrolle beobachtbar.** Dies spricht für die Anwendung einer outputorientierten Methode.

– Fehlt eine alternative Nutzungsmöglichkeit für die Leistung und besteht jederzeit ein adäquater Zahlungsanspruch, kann der **Kontrollübergang** durch den Leistungsersteller **nicht beobachtet** werden, weshalb in diesen Fällen voraussichtlich eine inputorientierte Methode geeignet ist.

10.157 Erstreckt sich die Leistungserstellung über mehrere Perioden, ist eine **Veränderung der Grundlagen** für die Messung des Leistungsfortschritts nicht ungewöhnlich. Eine hieraus resultierende Änderung des Leistungsfortschritts ist gemäß IFRS 15.43 auf Basis von IAS 8 prospektiv zu bilanzieren. Korrekturen der in Vorperioden erfassten Ergebnisse sind sofort erfolgswirksam zu berücksichtigen.[71]

10.158 Umsatzerlöse dürfen für eine zeitraumbezogene Leistungserfüllung gemäß IFRS 15.44 nur erfasst werden, wenn die Ermittlung des Leistungsfortschritts auf eine vernünftige Art und Weise möglich ist, also die notwendigen Informationen für die Anwendung einer Ermittlungsmethode vorliegen. Kann das Unternehmen das Ergebnis aus dem Vertrag nicht vernünftig messen, geht aber zumindest davon aus, dass die Kosten durch die Erlöse gedeckt sein werden, ist ein Umsatz in Höhe der für die Erfüllung der Leistungsverpflichtung bereits angefallenen Kosten zu erfassen (**zero-profit-method** gem. IFRS 15.45). Sobald das Ergebnis messbar ist, ist auf die Ergebniserfassung nach dem Leistungsfortschritt überzugehen.

3. Leistungserfüllung zu einem Zeitpunkt

10.159 Wird eine Leistung nicht während eines Zeitraums erfüllt, ist gemäß IFRS 15.38 von einer zeitpunktbezogenen Leistungserfüllung auszugehen. Für die Festlegung des Zeitpunkts, zu dem der Umsatz zu erfassen ist, verweist IFRS 15.38 auf die allgemeinen Ausführungen, wann ein Unternehmen ein Gut kontrolliert (Rz. 10.142) und nennt folgende **Indikatoren** dafür, dass die Kontrolle über ein Gut auf den Kunden übertragen wurde:

a) Das Unternehmen hat gegenüber dem Kunden einen **Zahlungsanspruch.**

b) Der Kunde ist rechtlicher Eigentümer des Gutes. Allerdings ist bereits an dieser Stelle zu betonen, dass es sich hierbei lediglich um einen Indikator handelt. Auch nach IFRS ist für die Bilanzierung das wirtschaftliche, nicht das rechtliche **Eigentum** entscheidend.

c) Der Kunde ist im **physischen Besitz** des Gutes. In vielen Fällen fallen jedoch physischer Besitz und Kontrolle auseinander, z.B. bei Vorliegen von Rückkauf- (Rz. 10.144), Kommissions-[72] oder bill-and-hold-Vereinbarungen[73] und einem Kauf zur Ansicht[74].

---

71 Vgl. Haufe IFRS-Komm.[16], § 25 Rz. 161 sowie ausführlich *Breidenbach/Währisch*, 2016, Rz. 565 ff.
72 Vgl. IFRS 15.B77 f.
73 Vgl. IFRS 15.B79 ff.
74 Vgl. IFRS 15.B86.

d) Die wesentlichen **Chancen und Risiken** aus dem Gut sind dem Kunden zuzurechnen.

e) Der Kunde hat das **Gut abgenommen**.

Es handelt sich hierbei lediglich um Indikatoren, nicht um zwingende Voraussetzungen dafür, dass ein Umsatz erfasst werden kann. Da die Indikatoren z.T. zu unterschiedlichen Zeitpunkten für die Umsatzerfassung führen, sind immer sämtliche Aspekte der Leistungserfüllung zu würdigen.[75]

10.160

4. Umsatzerfassung bei einem Verlustvertrag

Ein Verlustvertrag (onerous contract) liegt vor, wenn die unvermeidbaren Kosten der Leistungserbringung die Gegenleistung des Kunden übersteigen. Die Behandlung der Verluste fällt unter **IAS 37** (Rückstellungen, Rz. 26.14), da IFRS 15 – anders als IAS 11 – für diesen Fall keine Vorschriften enthält (IAS 37.5).

10.161

Die **Umsatzerfassung** selbst ist dadurch, dass aus dem Geschäft voraussichtlich ein Verlust resultiert, **nicht betroffen**.[76]

10.162

Existiert im Zusammenhang mit einem Auftrag ein Vermögenswert (z.B. ein fertiges Erzeugnis, das im Rahmen eines Absatzgeschäfts in der nächsten Berichtsperiode an den Kunden ausgeliefert werden soll, oder ein Anlagegut, auf dem größtenteils das Erzeugnis hergestellt wird, das mit Verlust verkauft wird, Rz. 26.46), ist der Verlust durch eine **Wertminderung** dieses Vermögenswertes gemäß IAS 37.69 auf Basis von IAS 36 zu erfassen. Anderenfalls ist gemäß IAS 37.66 eine **Drohverlustrückstellung** (Rz. 26.45 f.) zu bilden.

10.163

Eine Reihe von Vermögenswerten sind explizit von der Anwendung des IAS 36 ausgeschlossen (IAS 36.2). Hierzu gehören sowohl die Vorräte mit Verweis auf IAS 2 als auch vertragliche Vermögenswerte gemäß IFRS 15 und die Forderungen, die als Finanzinstrumente in den Anwendungsbereich des IFRS 9 fallen. Sowohl IAS 2 als auch IFRS 9 enthalten Vorschriften zur Wertminderung. Entsprechende Regelungen im IFRS 15 beziehen sich auf aktivierte Vertragskosten (IFRS 15.101; Rz. 10.185), während für die Wertminderung vertraglicher Vermögenswerte auf IFRS 9 verwiesen wird (IFRS 15.107).

Für die Erfassung von Drohverlusten durch eine Wertminderung von Vorräten wird in der Literatur die Anwendung von IAS 2.28 und IAS 2.31 auf Basis des IAS 37.69 als allgemeinem Rechtsgedanken befürwortet.[77] Dieser Auffassung wird hier gefolgt, da in diesem Fall die Wertminderungsregelungen des relevanten Standards zugrunde gelegt werden. Im gleichen Sinne sollten auch auf die Forderungen und die vertraglichen Vermögenswerte die für diese Vermögenswerte vorgesehenen Vorschriften des IFRS 9 angewandt werden. Eine Wertminderung gemäß IFRS 9 resultiert regelmäßig aus einem (erwarteten) Zahlungsausfall (Rz. 22.89, 22.108 ff.). Ein dro-

---

75 Vgl. zu den Indikatoren kritisch *Breidenbach/Währisch*, 2016, Rz. 342 ff.
76 Gl. A. *Bohnefeld/Ebeling/Vitinius*, KoR 2018, 11.
77 Vgl. *Schrimpf-Dörges* in Beck IFRS-Handbuch[5], § 13 Rz. 121.

hender Verlust i.S.d. IAS 37 (Rz. 10.161) beruht jedoch nicht auf einem Zahlungsausfall, sondern auf Kosten, die die Erträge aus einem Geschäft übersteigen, und kann daher nicht durch Wertminderung eines vertraglichen Vermögenswertes oder einer Forderung berücksichtigt werden.[78] Dies stellt eine Änderung gegenüber der bisherigen Vorgehensweise gemäß IAS 11.36 i.V.m. IAS 11.44 dar.

Beispiel: Das Maschinenbauunternehmen M schließt mit seinem Kunden K einen Vertrag über die Lieferung einer Spezial-Maschine zu einem Festpreis von 1,2 Mio. €. M rechnet mit Aufwendungen für die Maschine i.H.v. 1 Mio. €. Die Lieferung ist für März 02 vereinbart, M beginnt mit der Fertigung im November 00. Die komplette Zahlung ist vertraglich für Mai 02, zwei Monate nach der Lieferung, terminiert. Eine Finanzierungskomponente wird im Folgenden vernachlässigt. Es wird davon ausgegangen, dass die Voraussetzungen gemäß IFRS 15.35c zur zeitraumbezogenen Leistungserbringung (Rz. 10.146) erfüllt sind. M ermittelt den Leistungsfortschritt nach der cost-to-cost-Methode.

Bis zum Bilanzstichtag am 31.12.00 sind Aufwendungen i.H.v. 100.000 € angefallen. M erfasst einen Umsatzerlös und einen vertraglichen Vermögenswert i.H.v. 120.000 € (1,2 Mio. € * 100.000 €/1 Mio. €).

Wertminderungen des vertraglichen Vermögenswertes erfasst M gemäß IFRS 9.5.5.15a auf Basis des lifetime expected loss-Modells (Rz. 22.89). M schätzt – annahmegemäß – die Ausfallwahrscheinlichkeit auf 3 % sowie eine Insolvenzquote von 0 %, ermittelt auf dieser Basis einen erwarteten Verlust von 3.600 € und bildet aufwandswirksam eine entsprechende Risikovorsorge (Buchung: Wertminderungsaufwand an Risikovorsorge Vertragliche Vermögenswerte)[79].

In 01 fallen für die Herstellung der Maschine weitere Aufwendungen i.H.v. 1.000.000 € an und für 02 wird mit weiteren 400.000 € gerechnet. Damit droht aus diesem Geschäft ein Verlust i.H.v. 1,2 Mio. € – 100.000 € – 1.000.000 € – 400.000 € = – 300.000 €. M erfasst einen Umsatzerlös i.H.v. 760.000 € (1,2 Mio. € * 1,1 Mio. €/1,5 Mio. € – 120.000 €). Der Buchwert des vertraglichen Vermögenswertes beträgt nun 880.000 €. M erhöht auf Basis von IFRS 9 bei unveränderten Annahmen die Risikovorsorge Vertragliche Vermögenswerte auf 26.400 €. Darüber hinaus bildet M eine Drohverlustrückstellung von 80.000 € [300.000 € * (1 – 1,1 Mio. €/1,5 Mio. €)].

In 02 fallen – wie prognostiziert – Aufwendungen von 400.000 € an. M liefert im März vereinbarungsgemäß die Maschine, erfasst einen weiteren Umsatzerlös i.H.v. 320.000 € (1,2 Mio. € – 120.000 € – 760.000 €) und löst die Drohverlustrückstellung aufwandsmindernd auf, so dass sich ein Ergebnis von 0 € aus diesem Auftrag in 02 ergibt. Ferner bucht M die Forderung aus Lieferung und Leistung i.H.v. 1,2 Mio. € gegen den vertraglichen Vermögenswert (880.000 €) und die in 02 realisierten Umsatzerlöse (320.000 €) ein. Die Risikovorsorge auf den vertraglichen Vermögenswert (26.400 €) wird nunmehr auf die Risikovorsorge Forderung aus Lieferung und Leistung übertragen und auf Basis von IFRS 9 angepasst.

10.164 Bei der Feststellung, ob aus einem Vertrag ein Verlust droht, kann das Ergebnis aus dem Vertrag für die Gesamtlaufzeit oder für die Restlaufzeit im Betrachtungszeitpunkt zugrunde gelegt werden. Beide Möglichkeiten werden in der Fachliteratur vertreten, so dass zurzeit aufgrund einer fehlenden Regelung von einem faktischen Wahlrecht ausgegangen werden kann.[80]

---

78 A.A. *Bohnefeld/Ebeling/Vitinius*, KoR 2018, 11–13.
79 S. auch das Beispiel von *Berger/Geisel/Schmidt*, BB 2017, 1900.
80 Vgl. *Hütten/Pilhofer/Herr*, WPg 2018, 1295 ff.

Die Regelungen des IAS 37 beziehen sich auf **ganze Verträge**, nicht auf einzelne Leistungsverpflichtungen. In der Praxis werden regelmäßig Verluste aus Aufträgen in Kauf genommen, wenn hieraus weitere Aufträge folgen, aus denen Gewinne resultieren. Nach IFRS 15 werden entsprechende Verträge für die Umsatzerfassung **zusammengefasst** (Rz. 10.42). Für die Beurteilung, ob ein Verlustvertrag vorliegt, sollte analog vorgegangen werden.[81] 10.165

frei 10.166–10.180

C. Aktivierung von Vertragskosten

IFRS 15 sieht für Kosten zur **Erlangung** und zur **Erfüllung von Verträgen mit Kunden** unter bestimmten Voraussetzungen eine Aktivierung und Abschreibung entsprechend der Erlöserfassung vor. Hierdurch wird ein periodengerechter Gewinnausweis gefördert: die Aufwendungen werden dann ergebniswirksam, wenn die Erträge, für die die Aufwendungen angefallen sind, erfasst werden. Der IASB stellt jedoch klar, dass Kosten der Vertragserfüllung nur aktiviert werden dürfen, wenn sie die Merkmale eines asset (Rz. 7.21) erfüllen.[82] 10.181

Die folgende Tabelle zeigt die **wesentlichen Aspekte** der **Aktivierung** von Vertragskosten im Überblick.[83] 10.182

	Kosten der Vertragsanbahnung	Kosten der Vertragserfüllung
Zeitpunkt der Entstehung	Vor Vertragsabschluss	Vor oder nach Vertragsabschluss
Voraussetzungen für die Aktivierung	Die Kosten – sind durch die Erlöse aus dem Vertrag gedeckt (IFRS 15.91) und – wären ohne den Abschluss des Vertrags nicht entstanden (IFRS 15.92).	Die Kosten – fallen nicht in den Anwendungsbereich eines anderen Standards (z.B. IAS 2, IAS 16, IAS 38), – hängen direkt mit einem bestimmten bestehenden oder erwarteten Vertrag zusammen, – schaffen oder vermehren Ressourcen des Unternehmens, die künftig zur (weiteren) Leistungserfüllung genutzt werden und – sind voraussichtlich durch die Erlöse aus dem Vertrag gedeckt (IFRS 15.95).

---

81 Vgl. *Schrimpf-Dörges* in Beck IFRS-Handbuch[5], § 13 Rz. 119; Haufe IFRS-Komm.[16], § 21 Rz. 55.
82 Vgl. IFRS 15.BC308.
83 Vgl. zu diesem Punkt ausführlich *Ernst & Young* 2017, 313 ff.

	Kosten der Vertragsanbahnung	**Kosten der Vertragserfüllung**
Beispiel	Verkaufsprovisionen	Kosten für Einstellung und Schulung von Personal für die Erfüllung eines Dienstleistungsauftrags[84]

Weitere Aspekte	– Vertriebskosten, die auch ohne Vertragsabschluss vom Kunden erstattet werden, sind ebenfalls zu aktivieren (IFRS 15.93)
	– Keine Aktivierung erforderlich, wenn Position innerhalb eines Jahres aufgelöst würde (IFRS 15.94)
		– Direkt einem Vertrag zurechenbar sind (IFRS 15.97):
		  – Personaleinzelkosten
		  – Materialeinzelkosten
		  – Anteilige, dem Vertrag zurechenbare Gemeinkosten
		  – Kosten, die vertragsgemäß vom Kunden erstattet werden
		  – Weitere Kosten, die nur aufgrund des Vertrags entstehen, z.B. Zahlungen an Subunternehmer
		– Nicht aktivierungsfähig sind (IFRS 15.98):
		  – Allgemeine Verwaltungskosten
		  – Kosten durch die Verschwendung von Material, Arbeitskraft und anderen Ressourcen, die bei der Festlegung des Transaktionspreises nicht berücksichtigt wurden
		  – Kosten für bereits erfüllte Leistungsverpflichtungen
		  – Kosten, die nicht eindeutig einer noch nicht erfüllten oder einer bereits erfüllten Leistungsverpflichtung zurechenbar sind.

Tabelle 10.10: Wesentliche Aspekte der Aktivierung von Kosten zur Erlangung und zur Erfüllung von Verträgen mit Kunden i.S.d. IFRS 15

10.183 Aktivierte Vertragskosten sind gemäß IFRS 15.99 systematisch entsprechend der Erfüllung der Leistungsverpflichtungen, mit denen die Kosten zusammenhängen, abzuschreiben bzw. ergebniswirksam aufzulösen. Die **Abschreibung** ist dementsprechend zu einem Zeitpunkt oder über einen Zeitraum zu erfassen, je nachdem ob eine zeitpunkt- oder eine zeitraumbezogene Leistungserfüllung (Rz. 10.159 f. bzw. 10.146 ff.) vorliegt. Beziehen sich die Vertragskosten im Falle von Mehrkomponentengeschäften ggf. auf mehrere Leistungsverpflichtungen, sind sie auf die unterschiedlichen Leistungsverpflichtungen aufzuteilen und entsprechend deren Erfüllung abzuschreiben.[85] Insgesamt sind die Ausgestaltungsmöglichkeiten z.B. von Vertragsanbahnungskosten in Form von Provisionen in der Praxis so vielfältig, dass keine allgemeingültige Vorgehensweise empfohlen werden kann. Grundsätzlich sollten ak-

---

84 Vgl. Haufe IFRS-Komm.[16], § 25 Rz. 232.
85 Vgl. *Brücks/Ehrcke/Grote/Pilhofer*, KoR 2017, 234.

tivierte Vertragskosten dann durch ihre Abschreibung ergebniswirksam werden, wenn die Umsätze für die Leistungen, für die sie entstanden sind, erfasst werden.

Ändert sich die Leistungserfüllung in zeitlicher Hinsicht wesentlich, ist der Abschreibungsplan anzupassen und die **Anpassungen** sind in Übereinstimmung mit IAS 8 (Rz. 12.43 ff.) prospektiv zu berücksichtigen. 10.184

Außerplanmäßige Abschreibungen sind gemäß IFRS 15.101 zu erfassen, wenn der Buchwert aktivierter Vertragskosten die Differenz zwischen der Gegenleistung für noch nicht erfüllte Leistungsverpflichtungen, die in Zusammenhang mit den aktivierten Vertragskosten stehen, und den für die Erfüllung dieser Leistungsverpflichtungen noch nicht ergebniswirksam berücksichtigten Kosten übersteigt. Zunächst ist gemäß IFRS 15.103 jedoch der Wert anderer mit dem Vertrag zusammenhängender Vermögenswerte (z.B. eine Kehrmaschine für die Durchführung von Reinigungsarbeiten für einen Kunden) zu mindern. Der Bestimmung der noch ausstehenden Gegenleistung sind die Grundsätze für die Ermittlung des Transaktionspreises (Rz. 10.81 ff.) mit Ausnahme der Einschränkungen zur Berücksichtigung variabler Bestandteile (Rz. 10.90) zugrunde zu legen. Darüber hinaus ist die Zahlungsfähigkeit des Kunden zu berücksichtigen (IFRS 15.102). Entfällt der Grund für die Wertminderung, besteht gemäß IFRS 15.104 ein **Wertaufholungsgebot** bis zu den fortgeführten Anschaffungskosten, die sich ohne außerplanmäßige Abschreibung zum Zeitpunkt der Wertaufholung ergeben hätten. 10.185

Die Pflicht zur Aktivierung von Vertragsanbahnungskosten führt zu einer unterschiedlichen Behandlung von Vertriebskosten in Abhängigkeit des Vertriebsweges: die im Falle eines indirekten Vertriebs an Vermittler geleisteten Provisionen werden aktiviert und entsprechend der Leistungserfüllung ergebniswirksam aufgelöst, während die Aufwendungen für die eigenen Vertriebsmitarbeiter unabhängig von der Leistungserbringung für den Kunden erfasst werden.[86] Eine Ausnahme bilden lediglich Beträge, die Mitarbeiter nur im Zusammenhang mit der konkreten Vertragsanbahnung erhalten und die ohne den Vertragsabschluss nicht angefallen wären (z.B. Provisionen für Vertragsabschlüsse). Sowohl im Hinblick auf die Aktivierung als auch auf die Abschreibung der Vertragskosten werden in der Praxis eine Vielzahl von Detailfragen entstehen, denen die Vorschriften des IFRS 15 nicht gerecht werden, woraus sich wiederum Ermessensspielräume für die bilanzierenden Unternehmen ergeben.[87] Daraus resultierende Unterschiede in den Jahresabschlusspositionen verschiedener Unternehmen sind künftig auf Basis von Anhangangaben (Rz. 10.222) im Rahmen der Jahresabschlussanalyse zu beachten. 10.186

frei 10.187–10.190

---

[86] Vgl. zu einer darüber hinaus gehenden Abhängigkeit der Umsatzerfassung vom Vertriebsweg *Brücks/Ehrcke/Grote/Pilhofer*, KoR 2017, 235 ff.
[87] Vgl. *Breidenbach/Währisch*, 2016, Rz. 350 ff.; *Brücks/Ehrcke/Grote/Pilhofer*, KoR 2017, 233 ff.; *Ernst & Young*, 2017, 313 ff.; *Grote/Hold/Pilhofer*, KoR 2014, 474.

D. Ausweis

10.191 IFRS 15 beruht auf dem sog. *asset-liability*-Ansatz[88]: überträgt ein Unternehmen auf einen Kunden ein Gut, entsteht ein Vermögenswert, erhält das Unternehmen von einem Kunden eine Gegenleistung, resultiert hieraus eine Verpflichtung. In der Regel werden die Positionen saldiert,[89] so dass eine **Bilanzposition** normalerweise nur ausgewiesen wird, wenn Leistungserbringung und Erhalt der Gegenleistung zeitlich auseinander fallen. IFRS 15.105 ff. unterscheidet vertragliche Vermögenswerte (*contract assets*), vertragliche Schulden (*contract liabilities*) und Forderungen (*receivables*). Darüber hinaus entstehen ggf. weitere Bilanzpositionen: Rückerstattungsverpflichtungen und damit zusammenhängende Rückerhaltrechte, abgegrenzte Gegenleistungen an Kunden oder aktivierte Vertragskosten.

10.192 Ein Unternehmen hat eine **vertragliche Schuld** auszuweisen, wenn es bereits von dem Kunden eine Gegenleistung erhalten oder zumindest einen unbedingten Anspruch darauf hat und die Gegenleistung fällig ist (Rz. 10.194). Für das Unternehmen resultiert hieraus eine Verpflichtung zur Leistungserbringung (IFRS 15.106).

10.193 Ein **vertraglicher Vermögenswert entsteht**, wenn das Unternehmen eine Leistungsverpflichtung erfüllt, aber noch keinen unbedingten Anspruch auf die Gegenleistung hat. Erst wenn ein unbedingter Anspruch auf die Gegenleistung besteht, die Fälligkeit also nur noch vom Zeitablauf abhängt, besteht eine **Forderung**.

Beispiel: Telekommunikationsunternehmen T bietet ein Handy für 400 € und einen all-in Mobilfunkvertrag für monatlich 50 € an. Schließt ein Kunde einen Mobilfunkvertrag mit einer unkündbaren Mindestlaufzeit von einem Jahr ab, beträgt der Preis für das Handy nur 200 €.

Nach der Abgabe des Handys erfasst T einen Umsatz von [800 €/(400 € + 600 €)] * 400 € = 320 € (Rz. 122). Der Kunde zahlt jedoch nur 200 €. In Höhe der Differenz von 120 € bilanziert T einen vertraglichen Vermögenswert.

Der Umsatz für die Mobilfunkleistung in den folgenden Monaten entspricht [800 €/(400 € + 600 €)] * 50 €/Monat = 40 €/Monat. Am Ende jedes Monats erfasst T die Gegenleistung i.H.v. 50 (falls der Kunde gezahlt hat als Zahlungseingang, ansonsten als Forderung), Umsatzerlöse i.H.v. 40 € und eine Verringerung des vertraglichen Vermögenswertes um 10 €. Am Ende der einjährigen Mindestvertragslaufzeit ist der vertragliche Vermögenswert aufgelöst.

Die Werthaltigkeit **vertraglicher Vermögenswerte** ist auf Basis von IFRS 9 zu überprüfen (IFRS 15.107). Wertminderungen sind gemäß IFRS 9 (Rz. 22.108 ff.) zu bewerten, auszuweisen und im Anhang darzustellen. **Forderungen** werden insgesamt gemäß IFRS 9 (Rz. 22.26 ff.) bilanziert.[90]

---

[88] Vgl. Haufe IFRS-Komm.[16], § 1 Rz. 114; *Wawrzinek/Lübbig* in Beck IFRS-Handbuch[5], § 2 Rz. 120 sowie ausführlich *Zülch/Fischer/Willms*, KoR, Beilage 3/2006, die jedoch zu dem Schluss kommen, dass IASB und FASB „das System der „*Asset-Liability-Theory*" durchbrochen" haben; ebenda S. 22.
[89] Vgl. *Morich*, DB 2014, 1998.
[90] Vgl. *Ganssauge/Tamm/Weller*, WPg 2016, 670 ff.

In seltenen Fällen ist ein unsaldierter Ausweis sinnvoll. Ein solcher Fall kann z.B. vorliegen, wenn ein Unternehmen bereits Anspruch auf eine Anzahlung hat, der Kunde jedoch nicht zum vereinbarten Zeitpunkt gezahlt hat.

10.194

Beispiel[91]: Kunde K bestellt bei Unternehmen U Produkte für einen fixen Preis von 4.000 €. Vertraglich wird vereinbart, dass K am 15.12.01 eine Anzahlung i.H.v. 1.000 € leistet und U die Produkte im Januar 02 liefern wird. Bis zum Bilanzstichtag am 31.12.01 hat K noch nicht bezahlt. Da U auf die Anzahlung bereits einen unbedingten Anspruch hat, muss U eine Forderung i.H.v. 1.000 € und eine vertragliche Schuld in gleicher Höhe bilanzieren.

Die Bilanzpositionen können gemäß IFRS 15.109 abweichend vom Standard bezeichnet werden, jedoch muss ein Bilanzleser die Möglichkeit haben, zwischen vertraglichen Vermögenswerten und Forderungen zu unterscheiden.

10.195

Rückerstattungsverbindlichkeiten (Rz. 10.87) entstehen, wenn ein Unternehmen von seinem Kunden eine Gegenleistung erhält, auf die es voraussichtlich keinen Anspruch hat (z.B. Überzahlung). Das Unternehmen geht davon aus, dass es den Betrag dem Kunden erstatten muss und – im Gegensatz zur vertraglichen Schuld – nicht, dass daraus eine Leistungsverpflichtung entsteht. Dementsprechend sind Rückerstattungsverbindlichkeiten getrennt von der vertraglichen Schuldposition auszuweisen.[92] Entsteht die Rückerstattungsverbindlichkeit im Zusammenhang mit einem Rückgaberecht, ist im Gegenzug ein **Rückerhaltrecht** (Rz. 10.88) für die Güter auszuweisen, die voraussichtlich von Kunden zurückgegeben werden. Dieses Recht ist nicht Bestandteil der Vorräte,[93] sondern sollte gesondert ausgewiesen werden.

10.196

Leistet ein Unternehmen eine **Gegenleistung an einen Kunden**, die materiell einem Rückfluss an den Kunden und damit einer Minderung des Transaktionspreises für eine Leistung des Unternehmens für den Kunden entspricht (Rz. 10.107), ist der Betrag abzugrenzen, bis die Leistung erbracht und der Umsatz erfasst worden ist. IFRS 15 enthält keinen Hinweis zum Ausweis dieser Beträge. Es handelt sich um eine Zahlung, die zwar keinen künftigen Aufwand, jedoch eine künftige Ertragsverringerung bedeutet. Die Position sollte entweder gesondert oder unter den sonstigen Vermögenswerten ausgewiesen werden.

10.197

Für den Ausweis **aktivierter Vertragskosten** (Rz. 10.181 ff.) enthält IFRS 15 keine explizite Regelung. Da dieser Posten nicht unter die Vorschriften für andere Vermögenswerte fällt – insbesondere nicht unter IAS 2, IAS 16 oder IAS 38 –, erscheint ein Ausweis in einer gesonderten Position geboten. Für Vertragsanbahnungs- bzw. Kundengewinnungskosten kommt auch ein Ausweis unter den immateriellen Vermögenswerten (Rz. 13.70) in Frage.[94]

10.198

---

91 Vgl. Haufe IFRS-Komm.[16], § 25 Rz. 240 Beispiel 2.
92 Vgl. *Ernst & Young*, 2017, 336.
93 Vgl. *Lüdenbach/Freiberg*, PiR 2015, 100.
94 Vgl. *Brücks/Ehrcke/Grote/Pilhofer*, KoR 2017, 234; *Ernst & Young*, 2017, 326.

10.199 In der **Gewinn- und Verlustrechnung** sind folgende Größen auszuweisen:
- Umsatzerlöse
- Zinsaufwand bzw. Zinserträge bei Vorliegen einer Zinskomponente
- Auflösung der aktivierten Vertragskosten.

10.200 IFRS 15 enthält keinen Hinweis, in welcher Position die **Auflösungsbeträge der aktivierten Vertragskosten** auszuweisen sind. Werden die Vertragsanbahnungskosten unter den immateriellen Vermögenswerten aktiviert, würden die Auflösungsbeträge den Abschreibungen auf immaterielle Vermögenswerte zugeordnet, woraus ein höheres EBITDA resultiert.[95] Wird die GuV nach dem Umsatzkostenverfahren (Rz. 44.21) gegliedert, erscheint ein Ausweis der Beträge aus der Auflösung aktivierter Vertragsanbahnungskosten in den Vertriebskosten und aktivierter Vertragserfüllungskosten in den Umsatzkosten sachgerecht, bei Anwendung des Gesamtkostenverfahrens in beiden Fällen ein Ausweis in den sonstigen betrieblichen Aufwendungen.

10.201 **Wertminderungen** von Forderungen und von vertraglichen Vermögenswerten auf Basis von IFRS 9 (Rz. 22.89) sind gemäß IFRS 15.113b entweder in der Ergebnisrechnung getrennt von anderen Wertminderungsaufwendungen oder im Anhang gesondert anzugeben.[96]

10.202–10.210 frei

E. Anhangangaben

I. Grundlegende Bedeutung der Angaben zu den Umsatzerlösen

10.211 Gegenüber den Regelungen der Vorgängerstandards wurden die Vorschriften über Angaben zu Umsatzerlösen im Anhang durch IFRS 15 **stark erweitert** (IFRS 15.BC329). Gemäß IFRS 15.110 soll ein Unternehmen ausreichend Informationen veröffentlichen, die Jahresabschlussadressaten dazu befähigen, die **Art**, den **Betrag**, den **zeitlichen Anfall** und die **Unsicherheit** sowohl **der Erträge** als auch **der Zahlungen**, die aus Kundenverträgen resultieren, zu verstehen. Die Angaben sollen die Möglichkeit verbessern, sowohl die Ertragslage als auch die Finanzlage des Unternehmens zu beurteilen. Zu diesem Zweck sind Informationen sowohl zur **Struktur der Umsatzerlöse** als auch zu den **üblichen Zahlungsbedingungen** des Unternehmens notwendig.

10.211a IFRS 15.110 nennt **drei Bereiche**, zu denen ein Unternehmen sowohl qualitative als auch quantitative Informationen angeben soll:

---

95 Vgl. *Brücks/Ehrcke/Grote/Pilhofer*, KoR 2017, 234.
96 Vgl. IFRS 15.BC264.

- die Verträge mit Kunden
- wesentliche Ermessensentscheidungen sowie deren Änderungen und
- aktivierte Vertragskosten.

Die **Verbindlichkeit der Regelungen** wird durch IAS 1.31 (Rz. 6.30) eingeschränkt: selbst durch einen Standard vorgegebene Mindestanforderungen zu Angaben müssen nicht erfüllt werden, wenn die Information nicht wesentlich[97] ist. Auf der anderen Seite muss ein Unternehmen über Pflichtangaben hinausgehende Informationen angeben, wenn dies zur Beurteilung seiner wirtschaftlichen Lage notwendig ist. IFRS 15.111 betont, dass das bilanzierende Unternehmen selbst beurteilen muss, wie detailliert die Angaben sein müssen, damit die Jahresabschlussadressaten die Umsatzerlöse und damit zusammenhängende Zahlungen verstehen, ohne dass die wesentlichen Informationen von zu vielen Details verdeckt werden oder auf der anderen Seite Informationen durch eine zu hohe Aggregation verloren gehen. Damit enthalten auch die Anhangangaben einen Ermessensspielraum.

10.212

Erfüllen Angaben die Anforderungen mehrerer Standards, genügt es, wenn das Unternehmen sie einmal in seinem Abschluss veröffentlicht. Die Aufgliederung der Umsatzerlöse (Rz. 10.214) kann z.B. im Rahmen der Segmentberichterstattung dargestellt werden, wenn sie den Anforderungen sowohl des IFRS 8 als auch des IFRS 15 entspricht.

10.213

II. Angaben zu Verträgen mit Kunden

Folgende Angaben zu Verträgen mit Kunden sollte ein Abschluss grundsätzlich enthalten:

10.214

Betroffene Position	Angaben	Vorschrift: IFRS 15.
Umsatzerlöse	Von anderen Erträgen (z.B. Leasingerträgen) **getrennte Angabe** in Gesamtergebnisrechnung oder im Anhang	113
	Aufgliederung nach Merkmalen, die den Einfluss ökonomischer Größen auf die Art, die Höhe, den zeitlichen Anfall und die Unsicherheit der Umsatzerlöse und der Zahlungsströme verdeutlichen (z.B. Produkt-/Dienstleistungsarten des Unternehmens, geographische Regionen, Märkte/Kundengruppen, Vertragsarten/-dauern, Art und Weise der Übertragung der Kontrolle über die Güter auf die Kunden, Vertriebswege); Anzahl der anzuwendenden Merkmale abhängig von Größe und Diversifizierungsgrad des Unternehmens; Orientierung bei Auswahl der Merkmale an für andere Zwecke (z.B. als	114 f., B87–89

---

97 Vgl. zu der geplanten Neufassung des Wesentlichkeitsbegriffs *Beyersdorff*, WPg 2017, 1383–1390; *Fischer*, PiR 2017, 323–325.

Betroffene Position	Angaben	Vorschrift: IFRS 15.
	Entscheidungsgrundlage) bereitgestellte Informationen; bei abweichender Aufgliederung nach IFRS 15 und in Segmentberichterstattung gemäß IFRS 8[98]: Überleitungsrechnung	
	In der Berichtsperiode erfasste Umsatzerlöse, für die **zu Beginn der Periode eine vertragliche Schuld** (z.B. erhaltene Anzahlung) bestand	116
	Periodenfremde Umsatzerlöse, die auf in Vorperioden bereits erfüllten Leistungsverpflichtungen beruhen (Ursache z.B. Änderung des Transaktionspreises aufgrund einer anderen Beurteilung variabler Bestandteile (Rz. 10.108) oder Auflösung zu hoch gebildeter Rückerstattungsverpflichtungen[99] (Rz. 10.88)	116
Wertminderungsaufwand aus Forderungen und vertraglichen Vermögenswerten	Von anderen Wertminderungsaufwendungen gem. IFRS 9 **getrennte Angabe** in Gesamtergebnisrechnung oder im Anhang	113
Bilanzpositionen: vertragliche Vermögenswerte und vertragliche Schulden, Forderungen	Anfangs- und Endbestand, sofern nicht an anderer Stelle im Abschluss (z.B. in der Bilanz) angegeben	116
	Erläuterung des **Verhältnisses von Zeitpunkt der Leistungserfüllung und typischem Zahlungszeitpunkt** der Gegenleistung sowie Angabe von daraus resultierenden Auswirkungen auf vertragliche Vermögenswerte und Schulden; qualitative Aussagen (z.B. zu regelmäßig gewährten Zahlungszielen, Geschäftspolitik bezüglich Anzahlungen)	117
	Qualitative und quantitative Informationen zur **Erläuterung wesentlicher Veränderungen der vertraglichen Vermögenswerte und Schulden**, z.B. Konsolidierungskreisänderungen, zusammengefasste Umsatzanpassungen, die vertragliche Vermögenswerte oder vertragliche Schulden betreffen (beispielsweise durch Änderungen von Transaktionspreisen [Rz. 10.108] oder Vertragsänderungen [Rz. 10.45 ff.]), Wertminderungen vertraglicher Vermögenswerte, vertragliche Vermögenswerte werden zu Forderungen, Erfüllung einer Leistungsverpflichtung, für die eine vertragliche Schuld besteht	118

Tabelle 10.11: Angaben zu Verträgen mit Kunden

---

98 Vgl. ausführlich zu einer Umsatzsegmentierung nach IFRS 15 und nach IFRS 8 *Fink/Pilhofer/Ketterle*, KoR 2015, 339 f.
99 Vgl. *Heintges/Hoffmann*, DB 2015, 1975.

Abbildung 10.12 stellt ein Beispiel für eine Aufgliederung der Umsatzerlöse dar.[100]   10.215

Segmente	Konsumgüter T€	Transport T€	Energie T€	Summe T€
Regionen				
Nordamerika	990	2.250	5.250	8.490
Europa	300	750	1.000	2.050
Asien	700	260	–	960
	1.990	**3.260**	**6.250**	**11.500**
Produktlinien				
Bürobedarf	600	–	–	600
Haushaltsgeräte	990	–	–	990
Kleidung	400	–	–	400
Motorräder	–	500	–	500
Automobile	–	2.760	–	2.760
Solar Panels	–	–	1.000	1.000
Kraftwerke	–	–	5.250	5.250
	1.990	**3.260**	**6.250**	**11.500**
zeitliche Erfassung der Umsatzerlöse				
Erfassung zu einem Zeitpunkt	1.990	3.260	1.000	6.250
Erfassung über einen Zeitraum	–	–	5.250	5.250
	1.990	**3.260**	**6.250**	**11.500**

Abb. 10.12: Beispielhafte Aufgliederung von Umsatzerlösen gemäß IFRS 15.114 f. (Quelle: *Breidenbach/Währisch*, 2016, Rz. 395)

Zur Erläuterung der Veränderungen vertraglicher Vermögenswerte und Schulden kann eine Übersicht – wie in Abbildung 10.13 dargestellt – analog zu einem Anlagen- oder einem Rückstellungsspiegel beitragen.[101]   10.216

	1.1.01	Zugänge	Abgänge	Änderung des Konsolidierungskreises	Wertminderungen	31.12.01
Vertragliche Vermögenswerte	…	…	…	…	…	…
Vertragliche Schulden	…	…	…1)	…	…	…

1) Davon in dieser Periode als Umsatzerlös erfasst: …

Abb. 10.13: Beispiel für eine Überleitungsrechnung der Buchwerte vertraglicher Vermögenswerte und Schulden (Quelle: *Breidenbach/Währisch*, 2016, Rz. 400)

---

100 Vgl. IFRS 15.IE 210 f.
101 Vgl. zu einer anderen Darstellungsform *Fink/Pilhofer/Ketterle*, KoR 2015, 340; *Waldbusch/Lam*, KoR 2017, 198.

10.217 Weitere Angabepflichten zu Verträgen mit Kunden betreffen die vertraglichen Leistungsverpflichtungen des Unternehmens allgemein und den Auftragsbestand. Zu folgenden Punkten muss ein Unternehmen gemäß IFRS 15.119 informieren:[102]

- **Typischer Zeitpunkt der Leistungserbringung** (z.B. Versand, Übergabe an den Kunden durch Lieferung, Bereitstellung zur Abholung bei bill-and-hold-Vereinbarungen)
- **Wesentliche Zahlungsbedingungen** (z.B. übliche Zahlungsziele, Finanzierungskomponenten, variable Gegenleistungen und deren übliche Berücksichtigung im Transaktionspreis)
- **Art der** Kunden zugesagten **Güter** mit separater Angabe von Gütern, die das Unternehmen lediglich vermittelt
- **Rücknahme- und Rückerstattungsverpflichtungen**
- Arten von **Garantien** und ähnlichen Verpflichtungen.

10.218 Gemäß IFRS 15.120 muss ein Unternehmen seinen **Auftragsbestand** (bewertet mit den jeweiligen Transaktionspreisen, also z.B. ohne unsichere variable Beträge)[103] angeben und erläutern, wann aus den Verträgen voraussichtlich Umsätze resultieren werden. Für letzteres besteht ein Wahlrecht zwischen qualitativen Angaben oder quantitativen Daten für geeignete Zeitintervalle. Unterbleiben können die Angaben für kurzfristige Verträge mit einer Gesamtlaufzeit von nicht mehr als einem Jahr. Betroffen von der Informationspflicht sind folglich z.B. langfristige Fertigungsaufträge, Dauerschuldverhältnisse aus Dienstleistungsverpflichtungen oder Lizenzverträge.[104] Die Angaben zum Auftragsbestand können auch für zeitraumbezogene Leistungen unterbleiben, deren Umsätze das Unternehmen in Übereinstimmung mit IFRS 15.B16 immer im Wert der bereits erbrachten Teilleistung erfasst, weil das Unternehmen auch bereits einen Anspruch auf die Gegenleistung in dieser Höhe hat (z.B. die Gegenleistung für die Fahrstunden einer Fahrschule). Bei Inanspruchnahme von Wahlrechten zur Information über den Auftragsbestand ist hierüber gemäß IFRS 15.122 eine Angabe erforderlich. Darüber hinaus ist qualitativ über Transaktionspreisbestandteile zu berichten, die in der Bewertung des Auftragsbestands nicht berücksichtigt wurden (z.B. unsichere variable Beträge).

10.219 Während die geforderten Angaben zu Kundenverträgen für Jahresabschlussadressaten wichtige Informationen zur Beurteilung der wirtschaftlichen Lage des Unternehmens darstellen, können **Schutzinteressen** insbesondere von Unternehmen (und deren Kunden), die nur eine geringe Anzahl an Großaufträgen für wenige Kunden bearbeiten, betroffen sein. Eine Schutzklausel, wie z.B. § 286 Abs. 2 und 3 HGB, sieht IFRS 15 nicht vor. Fraglich ist, ob der durch IAS 1.31 und IFRS 15.111 eröffnete Ermessensspielraum für Unternehmen ausreichen wird, ihre Interessen zu

---

102 Vgl. *Fink/Pilhofer/Ketterle*, KoR 2015, 335 f.
103 Vgl. *Heintges/Hoffmann*, DB 2015, 1976.
104 Vgl. *Waldbusch/Lam*, KoR 2017, 199.

wahren und gleichzeitig dem berechtigten Informationsinteresse der Jahresabschlussadressaten zu genügen.[105]

III. Angaben zu wesentlichen Ermessensentscheidungen

Die im Rahmen der Umsatzbilanzierung erforderlichen Ermessensentscheidungen sind zu erläutern. Zu Entscheidungen bezüglich der **zeitlichen Komponente der Umsatzerfassung** und der **Schätzung und Zuordnung des Transaktionspreises** enthält IFRS 15.123 ff. explizite Anforderungen, die in Tabelle 10.14 im Überblick dargestellt sind.

10.220

Bereich	Angaben	Vorschrift in IFRS 15.
Zeitraumbezogene Leistungserfassung	Angewandte Methoden zur Bestimmung des Leistungsfortschritts und Erläuterung zur Eignung der Methode für die Messung des Kontrollübergangs	124
Zeitpunktbezogene Leistungserfassung	Grundlagen für die Bestimmung des Zeitpunkts des Kontrollübergangs	125
Ermittlung des Transaktionspreises	Methoden, Eingangsgrößen und Annahmen z.B. im Hinblick auf die Ermittlung variabler Bestandteile, Berücksichtigung von Finanzierungskomponenten und der Bewertung nicht-monetärer Gegenleistungen	126(a)
	Methoden, Eingangsgrößen und Annahmen zur Einschätzung, ob variable Bestandteile des Transaktionspreises nur eingeschränkt berücksichtigt werden	126(b)
	Methoden, Eingangsgrößen und Annahmen zur Bewertung von Rücknahme-, Rückerstattungs- und ähnlichen Verpflichtungen	126(d)
Aufteilung des Transaktionspreises	Methoden, Eingangsgrößen und Annahmen z.B. zur Schätzung der Einzelveräußerungspreise zugesagter Leistungen und ggf. Zuordnung von Abzügen oder variablen Bestandteilen zu bestimmten Vertragsteilen	126(c)

Tabelle 10.14: Angaben zu wesentlichen Ermessensentscheidungen

IV. Angaben zu aktivierten Vertragskosten

Gemäß IFRS 15.127 sind **Ermessensentscheidungen**, die ein Unternehmen im Zusammenhang mit der Aktivierung von Vertragskosten getroffen hat (z.B., ob Vertragserfüllungskosten direkt zurechenbar sind), sowie die angewandte **Abschreibungsmethode** zu beschreiben. Ferner sind die **Schlussbestände** der aktivierten

10.221

---
105 Vgl. Breidenbach/Währisch, 2016, 145 f.

Vertragskosten nach wesentlichen Kategorien (z.B. Vertragsanbahnungskosten, Vorvertragskosten, Setup-Kosten) **aufzugliedern** und die Gesamtbeträge der **planmäßigen** sowie der **außerplanmäßigen Abschreibungen** anzugeben (IFRS 15.128).

10.222 In der Literatur wird den aktivierten Auftragskosten eine „Indikatorfunktion"[106] zugewiesen bzw. eine Möglichkeit gesehen, auf dieser Basis „allgemeine Schlussfolgerungen auf künftige Umsatzerlöse"[107] zu ziehen. Die Bedeutung dieser Position sollte folglich nicht unterschätzt und Folgen der Bilanzierung bei der Ausübung von Ermessensspielräumen berücksichtigt werden. Außerplanmäßige Abschreibungen verdeutlichen einen negativen Verlauf abgeschlossener Geschäfte. Im Zuge einer aktiven Unternehmenskommunikation empfiehlt sich, die Ursachen hierfür anzugeben, auch wenn IFRS 15 hierfür keine Pflicht enthält.[108]

10.223–10.230 frei

F. Übergangsvorschriften

10.231 Die Regelungen für die Erstanwendung des IFRS 15 finden sich in IFRS 15.C2 ff. Die Unternehmen haben die Wahl zwischen zwei Methoden:

– **Vollständig retrospektive Anwendung**: Sowohl die Berichts- als auch die Vorperiode werden so dargestellt, als wäre IFRS 15 bereits immer angewendet worden. Daraus folgt, dass bei erstmaliger Anwendung für Berichtsjahre, die nach dem 31.12.2017 beginnen, drei Bilanzen unter Anwendung von IFRS 15 aufzustellen sind: die Eröffnungsbilanz für das Vorjahr sowie die Schlussbilanzen für das Vorjahr und für das Berichtsjahr.[109]

– **Vereinfachte retrospektive Anwendung**: IFRS 15 wird nur für das Berichtsjahr angewendet. Die kumulierten Anpassungseffekte sind in der Eröffnungsbilanz für das Berichtsjahr im Eigenkapital z.B. in den Gewinnrücklagen zu erfassen.

Erleichterungen bestehen für abgeschlossene Transaktionen und Vertragsmodifikationen (IFRS 15.C5).

10.232 Die vollständig retrospektive Anwendung ist insgesamt aufwendiger, jedoch sind auch für die vereinfachte retrospektive Anwendung **umfangreiche Umstellungsarbeiten** erforderlich, da der kumulierte Anpassungsbetrag für den Beginn der Umstellungsperiode zu ermitteln ist. Aufgrund der mangelnden Vergleichbarkeit des Berichtsjahres mit dem Vorjahr im Falle der vereinfachten retrospektiven Anwendung von IFRS 15 werden weitergehende Erläuterungen für die Kommunikation mit den Jahresabschlussadressaten notwendig sein.[110]

---

106 *Waldbusch/Lam*, KoR 2017, 199.
107 *Heintges/Hoffmann*, DB 2015, 1977.
108 Gl. A. *Waldbusch/Lam*, KoR 2017, 199.
109 Vgl. *Hold/Harms*, IRZ 2017, 114.
110 Vgl. ausführlich mit einem Beispiel zur Umstellung *Hold/Harms*, IRZ 2017, 113 ff.

Kapitel 11
Stichtagsprinzip, Wertaufhellung und Ereignisse nach dem Bilanzstichtag (IAS 10)

A. Überblick und Wegweiser	11.1	C. Wertaufhellungszeitraum	11.23
I. Management Zusammenfassung	11.1	D. Abgrenzung von wertaufhellenden und wertbegründenden Ereignissen	11.27
II. Standards und Anwendungsbereich	11.3	E. ABC der Abgrenzung wertaufhellender Ereignisse	11.33
III. Wesentliche Abweichungen zum HGB	11.4	F. Anhangangaben	11.34
IV. Neuere Entwicklungen	11.5	I. Zu wertbegründenden Ereignissen	11.34
B. Definition wertaufhellender und wertbegründender Ereignisse	11.20	II. Sonstige Anhangangaben	11.35

Literatur: *Busse von Colbe*, Kleine Reform der Konzernrechnungslegung durch das TransPuG – Ein weiterer Schritt zur Internationalisierung der Rechnungslegung, BB 2002, 1583; *Ciric*, Grundsätze ordnungsmäßiger Wertaufhellung, Düsseldorf 1995; *Herzig*, IAS/IFRS und steuerliche Gewinnermittlung, Düsseldorf 2004; *Hoffmann*, Ereignisse nach dem Bilanzstichtag, PiR 2012, 33; *Lüdenbach*, Im Aufhellungszeitraum ergehendes Urteil im Aktivprozess, PiR 2007, 143; *Lüdenbach*, Wertberichtigung bei Fertigungsaufträgen, PiR 2007, 364; *Lüdenbach*, Insolvenzauslösendes Ereignis nach dem Stichtag, PiR 2011, 146; *Moxter*, Unterschiede im Wertaufhellungsverständnis zwischen den handelsrechtlichen GoB und den IAS/IFRS, BB 2003, 2559; *Schaber/Isert*, Bilanzierung von Hybridanleihen und Genussrechten nach IFRS, BB 2006, 2401; *Theile*, Neuerungen bei der GmbH durch das Transparenz- und Publizitätsgesetz – TransPuG, GmbHR 2002, 231.

A. Überblick und Wegweiser

I. Management Zusammenfassung

Bei der Bilanzierung nach IFRS gilt wie nach HGB das **Stichtagsprinzip**: Vermögenswerte und Schulden sind mit ihren Wertverhältnissen auf einen Stichtag zu ermitteln. Wenn dem Bilanzierenden während der Abschlussaufstellung (also nach dem Bilanzstichtag) Informationen zugehen, stellt sich insoweit die Frage, ob und wie diese Informationen berücksichtigt werden müssen. Dieser Frage geht IAS 10 nach; geregelt werden: 11.1

– der Zeitraum, bis zu dem wertaufhellende und wertbegründende Ereignisse zu berücksichtigen sind (Wertaufhellungszeitraum),

– die Abgrenzung von wertaufhellenden und wertbegründenden Ereignissen und

– die Darstellung wesentlicher wertbegründender Ereignisse im Anhang

11.2 Wichtig: Der Beschluss über die **Dividendenausschüttung** ist immer ein wertbegründendes Ereignis, so dass der Ertrag nur im Jahr des Beschlusses erfasst werden kann (und nicht zeitkongruent!).

II. Standards und Anwendungsbereich

11.3 IAS 10 ist auf die Bilanzierung und Angabe von Ereignissen nach dem Abschlussstichtag von allen IFRS-Anwendern anzuwenden (IAS 10.2). Einschränkungen im persönlichen oder sachlichen Anwendungsbereich bestehen nicht.

III. Wesentliche Abweichungen zum HGB

11.4 Zwischen HGB und IFRS bestehen in der Frage des Stichtagsprinzips und der Wertaufhellung keine wesentlichen Unterschiede:

	HGB	IFRS
Stichtagsprinzip	§ 252 Abs. 1 Nr. 3 HGB	IAS 10
Abweichungen vom Prinzip	auf Grund unterschiedlicher Ansatz- und Bewertungsprinzipen	
Wertaufhellungskonzept	Im Ergebnis keine *konzeptionellen* Unterschiede	
Anhangangabe wertbegründender Ereignisse nach dem Stichtag	Ja, § 314 Abs. 1 Nr. 25 HGB	Ja, IAS 10.21 f.
Nennenswerte punktuelle Unterschiede bei der Abgrenzung wertaufhellender von wertbegründenden Ereignissen	1. Dividendenforderungen, phasengleiche Vereinnahmung: Nach IFRS/Steuerrecht nicht zulässig, nach HGB unter bestimmten Voraussetzungen möglich (Rz. 11.33) 2. Konkretisierung von Eventualforderungen (z.B. Anerkennung Schadenersatzforderung nach Stichtag): nach HGB wertbegründend, nach IFRS u.E. wertaufhellend (Rz. 11.33)	

IV. Neuere Entwicklungen

11.5 Die derzeitige Fassung des IAS 10 stammt aus 1999. Der Standard ist in 2003 umbenannt worden in „Ereignisse nach der Berichtsperiode" und einige Male geringfügig geändert worden, zuletzt durch IFRS 9 in 2014.

11.6 Es bestehen derzeit keine Pläne zur Änderung des IAS 10.

11.7–11.19 frei

B. Definition wertaufhellender und wertbegründender Ereignisse

Als **wertaufhellend** werden Ereignisse und Informationen bezeichnet, die erst nach dem Abschlussstichtag bekannt werden, aber die Verhältnisse zum Abschlussstichtag betreffen. Sie sind in den Abschlusselementen der abgelaufenen Berichtsperiode zu berücksichtigen. 11.20

Auch **wertbegründende** Ereignisse und Informationen werden erst nach dem Abschlussstichtag bekannt. Sie betreffen aber die Verhältnisse des neuen Geschäftsjahres und dürfen wegen des Stichtagsprinzips nicht in den Berichtsinstrumenten des abgelaufenen Geschäftsjahres verarbeitet werden. Allerdings können sie im Anhang des Abschlusses des abgelaufenen Geschäftsjahres angabepflichtig sein (Rz. 11.34). 11.21

Im Ausnahmefall kann ein wertbegründendes Ereignis die **Going-Concern-Prämisse** in Frage stellen. In diesem Fall hätte eine Bilanzierung unter Aufrechterhaltung der Prämisse keinen Informationsnutzen mehr, so dass auch für das vergangene Geschäftsjahr unter Abkehr der Prämisse zu bilanzieren ist; insoweit werden wertbegründende und wertaufhellende Ereignisse gleich behandelt (IAS 10.15). 11.22

C. Wertaufhellungszeitraum

Der Wertaufhellungszeitraum reicht bis zum **Tag der Freigabe des Abschlusses zur Veröffentlichung** (IAS 10.3). Im Abschluss ist anzugeben: 11.23

– Datum der Freigabe des Abschlusses und
– wer für die Freigabe **autorisiert** ist (IAS 10.17).[1]

Der Sinn der Datumsangabe liegt für den Abschlussadressaten darin, zu erfahren, *dass der Abschluss Ereignisse nach diesem Datum nicht mehr enthalten kann* (IAS 10.18). Es wird informiert über den Wertaufhellungszeitraum und über den Zeitraum der möglichen Anhangangaben zu wertbegründenden Tatsachen. Dieser Sinn ist für die Datumsbestimmung u.E. maßgeblich und verhindert das mögliche Missverständnis, es ginge bei der Datumsangabe um den Zeitpunkt der Genehmigung des Abschlusses zum Zweck seiner Veröffentlichung im Bundesanzeiger.

---

1 Falls die Möglichkeit besteht, den Abschluss „nach der Veröffentlichung" (gemeint ist: Tag der Freigabe des Abschlusses zur Veröffentlichung, vgl. *ADS International*, Abschnitt 2, Rz. 198) noch zu ändern, soll nach IAS 10.17 auch diese Tatsache angegeben werden. Die Vorschrift läuft indes zumindest für deutsche Unternehmen ins Leere und ist insoweit gegenstandslos, weil jede spätere Änderung durch den Aufsichtsrat oder die Gesellschafterversammlung (bei der GmbH) zu einer erneuten Festsetzung des Tages der Freigabe des Abschlusses zur Veröffentlichung führen würde, vgl. *ADS International*, Abschnitt 2, Rz. 200.

11.24 In zeitlicher Abfolge sind folgende Schritte diskussionswürdig:

Schritt	Gegenstand	Rechtsquelle
1	Beendigung Aufstellung; Unterzeichnung durch Geschäftsführung/Vorstand mit Datum und Unterschrift	Auch einschlägig für den IFRS-Abschluss, §§ 245 i.V.m. 315e Abs. 1 HGB
2	Beendigung der Prüfung durch den Abschlussprüfer	§ 322 Abs. 7 HGB
3	Billigung des Konzernabschlusses durch den Aufsichtsrat	§ 171 Abs. 2 AktG

Da der Abschluss *nach* Erteilung des Bestätigungsvermerks grundsätzlich nicht mehr geändert werden kann – eine nachfolgende Änderung würde eine Nachtragsprüfung auslösen, die auch zur entsprechenden Änderung des Bestätigungsvermerks führt[2] –, markiert *spätestens* das Datum der Erteilung des Bestätigungsvermerks gem. § 322 Abs. 7 HGB das Ende des Wertaufhellungszeitraums.[3] Gelegentlich wird wenige Tage vor der Erteilung des Bestätigungsvermerks von der Geschäftsführung **durch Datum und Unterschrift dokumentiert, dass der Aufstellungsvorgang** beendet ist. Insoweit nachfolgend (bis zur Erteilung des Bestätigungsvermerks) keine Änderungen mehr vorgenommen worden sind – das ist sicherzustellen –, ist diese Angabe maßgebend.[4] In der Praxis fallen aber das Datum und die Unterschrift der Geschäftsführung mit dem Datum der Erteilung des Bestätigungsvermerks regelmäßig zusammen.

11.25 Unstrittig können nachfolgende **Genehmigungen** der Abschlüsse (z.B. Billigung beim Konzernabschluss) durch den Aufsichtsrat oder die Gesellschafterversammlung den Wertaufhellungszeitraum *nicht* verlängern (IAS 10.5 f.).

11.26 Unter praktischen Gesichtspunkten ist der o.g. Datumsvorschlag weiter einzuschränken: Es können nicht kurz vor dem Datum der Erteilung des Bestätigungsvermerks bzw. der Beendigung des Aufstellungsvorgangs nochmals alle Sachverhalte darauf überprüft werden, ob sämtliche wertaufhellenden Ereignisse berücksichtigt worden sind. Vielmehr wird regelmäßig auf den Tag abzustellen sein, an dem die Bilanzierung und Bewertung des betreffenden Postens abgeschlossen ist.[5] Daran anschließend sind nur noch **wesentliche Ereignisse** zu berücksichtigen.

---

2 Vgl. *ADS*, § 316 HGB Rz. 64.
3 So auch *Wawrzinek/Lübbig* in Beck IFRS-HB[5], § 2 Rz. 107. Das Datum der (in Anlehnung an die Feststellung des Einzelabschlusses durch das TransPuG eingeführten) Billigung des Konzernabschlusses ist vor dem Hintergrund der Beispiele in IAS 10.5 f. nicht in Betracht zu ziehen; zum TransPuG und zur Billigung des Konzernabschlusses s. *Theile*, GmbHR 2002, 231 (234 f.) sowie *Busse von Colbe*, BB 2002, 1583.
4 Vgl. *ADS*, § 245 HGB Rz. 8 und *ADS International*, IAS 10 Rz. 34 f.
5 H.M., s. statt vieler *Fink* in T/vK/B, IAS 10 Rz. 120 m.w.N. sowie Haufe IFRS-Komm[16], § 4 Rz. 14. Diese Interpretation deckt sich im Ergebnis mit der steuer- und handelsrechtlichen Betrachtung (§ 252 Abs. 1 Nr. 4 HGB); anders *Herzig*, IAS/IFRS und steuerliche Gewinnermittlung, 2004, 58.

Beispiel: Deutlich wird dies im internationalen Konzern: Die Bewertung der Forderungen wird bei einer Tochtergesellschaft am 8. Januar abgeschlossen. Am 15. Januar meldet die Tochtergesellschaft die Handelsbilanz II an die Konzernmutter. Aufstellung und Prüfung des Konzernabschlusses seien am **20. Februar** abgeschlossen.

Wertaufhellende Ereignisse zur Bewertung der Forderungen können unter praktischen Gesichtspunkten bei der Tochtergesellschaft bis zum 8. Januar berücksichtigt werden. Nach diesem Tag zugehende Informationen lösen unter Beachtung der Wesentlichkeit (Rz. 6.29) und des Kosten-Nutzen-Grundsatzes (Rz. 6.47) i.d.R. keine neue Bewertung der Forderungen aus.

Werden dagegen die Produktionsanlagen des Tochterunternehmens am 3. Februar durch eine Naturkatastrophe zerstört, so kann dies ein im Konzernabschluss der abgelaufenen Periode angabepflichtiges *wertbegründendes* Ereignis sein, welches also das neue Geschäftsjahr betrifft (Rz. 11.33) und erst in diesem zu außerplanmäßigen Abschreibungen führt.

D. Abgrenzung von wertaufhellenden und wertbegründenden Ereignissen

Ereignisse oder Informationen, die nach dem Bilanzstichtag beobachtet werden bzw. zugehen und die weitere substantielle Hinweise zu Gegebenheiten liefern, *die bereits am Bilanzstichtag vorgelegen haben*, sind bei der Abschlussaufstellung zu berücksichtigen. Dabei kommt es nicht darauf an, ob sich diese Ereignisse/Informationen vorteilhaft oder nachteilig auswirken. Es handelt sich um **wertaufhellende Ereignisse**, die jedoch – entgegen dem Namen – nicht nur Einfluss haben können auf die **Bewertung**, sondern auch auf den **Ansatz** von Bilanzposten und auch auf die entsprechenden **Anhangangaben** (IAS 10.19 f.). 11.27

Hiervon sind jene Ereignisse abzugrenzen, die Gegebenheiten anzeigen, die nach dem Bilanzstichtag eingetreten sind, also **wertbegründende Ereignisse**. Diese spielen für die Bilanzierung und die weiteren Berichtsinstrumente im abgelaufenen Berichtsjahr keine Rolle (es sei denn, die Going-Concern-Prämisse würde widerlegt werden, Rz. 11.22), können aber (ausschließlich) zu **Angabepflichten** im Anhang („Ereignisse nach dem Bilanzstichtag") führen. 11.28

In der Formulierung des Grundsatzes der bilanziellen Berücksichtigung wertaufhellender und der bilanziellen Nichtberücksichtigung wertbegründender Ereignisse besteht insoweit zum HGB kein Unterschied. Im Detail jedoch bereitet die Abgrenzung sowohl nach HGB als auch nach IFRS Schwierigkeiten, wie folgendes Beispiel zeigt: 11.29

Beispiel: Ein Mobiltelefonhersteller hat 10.000 Mobiltelefone einer auslaufenden Modellreihe auf Lager. Die Herstellungskosten betrugen 50 €/Stück. Am Bilanzstichtag werden folgende Umsätze erwartet:
– 1/3 Anfang Januar zu 40 €/Stück

– 1/3 Ende Januar (Bilanzaufstellung) zu 30 €/Stück; tatsächlich wird die Menge bis dahin aber nur zu 20 €/Stück verkauft
– 1/3 wird nach den Erfahrungen der Vergangenheit gar nicht verkauft und daher nach Bilanzaufstellung verschrottet.

Wie muss am 31.12. bewertet werden?[6] Folgende Möglichkeiten kommen in Betracht:

(a) Zu 40 €/Stück, weil der Marktpreis am Stichtag entsprechend hoch ist und es sich bei den nachfolgenden Preisrückgängen um Ereignisse des neuen Jahres handelt?

(b) Entsprechend der erwarteten Preiskurve, wobei hinsichtlich der Veräußerung des zweiten Drittels der bis zur Bilanzaufstellung realisierte Preis

– von 20 €/Stück entweder berücksichtigt oder
– nicht berücksichtigt und mit dem ursprünglich erwarteten Preis (30 €/Stück) bewertet wird.

(c) Wie (b), nur ohne Berücksichtigung der Verschrottungen, weil die Verschrottung erst im neuen Jahr erfolgt ist (= neues Ereignis)?

Die Antwort kann nicht von allgemeinen Bilanzierungsprinzipien getrennt werden: Gemäß IAS 2.28 ff. dürfen die Vorräte maximal zum **künftigen Nettoveräußerungserlös** angesetzt werden. Da die Vorräte während einer gewissen Zeitspanne nach dem Stichtag veräußert werden, müssen bereits aus logischen Gründen auch nach dem Stichtag eintretende Entwicklungen berücksichtigt werden, andernfalls würde nicht zum *künftig* höchstens realisierbaren Wert bewertet.

Unter erzielbarem Nettoveräußerungserlös *am Bilanzstichtag* ist daher die per Bilanzstichtag erwartete **künftige Preistendenz** zu verstehen. Dies gilt im Beispiel auch für die Verschrottungen. Diese sind nicht etwa ein erst im neuen Jahr zu berücksichtigendes neues Ereignis, sondern der Extremfall des erwarteten Nettoveräußerungswertes, und zwar ein Erlös von 0 €/Stück. Etwas anderes gilt, wenn der Verschrottungsgrund nicht in einer Überproduktion vor dem Bilanzstichtag begründet ist, sondern eindeutig auf einem späteren Ereignis beruht, z.B. Brand oder Flutschaden[7]. Somit kommt nur Alternative (b) in Betracht. Die Frage, ob nach dem Stichtag eingetretene Erwartungsanpassungen (hier die nach dem Stichtag eingetretene Preisreduzierung von 30 €/Stück auf 20 €/Stück) zu berücksichtigen sind, wird durch IAS 10.9bii aus pragmatischen Gründen bejaht.

11.30 Das Abgrenzungsproblem zwischen wertaufhellenden und wertbegründenden Ereignissen ist in der IFRS-Welt wegen der *allgemeinen Zukunftsbezogenheit* der Definitionsmerkmale von Vermögenswerten („zukünftige Cashzuflüsse", s. Rz. 7.26) bzw. Schulden („zukünftige Cashabflüsse", s. Rz. 7.46) besonders komplex: Erfolgt die Abschätzung des zukünftigen Wertes im Rahmen des Wertaufhellungszeitraumes, ist er also zum Bilanzstichtag zu berücksichtigen? Oder liegt ein wertbegrün-

---

6 Von ggf. noch anfallenden Veräußerungskosten werde abstrahiert.
7 Vgl. EY-iGAAP, 2925.

dendes Ereignis nach dem Bilanzstichtag vor, das am Bilanzstichtag bei der Wertfindung nicht zu berücksichtigen ist?[8] Mangels dogmatischer Fundierung des IAS 10 ist eine trennscharfe Abgrenzung zwischen wertaufhellenden und wertbegründenden Ereignissen nicht immer möglich;[9] letztlich ist eine gewisse Kasuistik und eine gehörige Portion Pragmatismus zu beobachten.

Die IFRS greifen bei zahlreichen Fragestellungen auf Gedankengut aus der **Unternehmensbewertung** zurück, z.B. beim Wertminderungstest nach IAS 36 (Rz. 19.10). Im Bereich der Unternehmensbewertung besteht aber ein vergleichbares Problem der Abgrenzung von wertbegründenden und wertaufhellenden Sachverhalten, so dass es sich anbietet, dort Anleihen zu nehmen: Bspw. ist dort nur die am Bilanzstichtag „angelegte" Ertragskraft zu bewerten (**Wurzeltheorie**[10]). In Bezug auf die erwarteten Zukunftserträge muss (a) die Ertragskraft aber nicht nur am Stichtag angelegt sein, sondern es sind (nur) diejenigen Erwartungen (positiv wie negativ) maßgebend, die (b) im Durchschnitt „realistischerweise" von den Marktteilnehmern (c) am Bewertungsstichtag gehegt wurden. Plakativ formuliert: Der einsame Rufer in der Wüste zählt nicht, auch wenn sich seine Erwartungen innerhalb der Wertaufhellungsperiode erfüllen. Die Gedanken der Wurzeltheorie werden in der Rechnungslegung wie folgt verwirklicht:

Beispiel: Am 31.12. (Bilanzstichtag) werden z.B. bei Fremdwährungsumrechnungen immer die Stichtagskurse verwendet (IAS 10.11), auch wenn (eingegangene) Forderungen am 31.1. (vor Bilanzaufstellung) zu einem anderen Kurs umgerechnet werden.

Ebenso mussten bei einem Abschlussstichtag 31.8.2008 die Wertpapierkurse am 31.8.2008 verwendet werden, auch wenn sich (a) die Verhältnisse mit der Lehman-Pleite am 15.9.2008 dramatisch geändert haben und selbst wenn (b) nachher Finanzmarktexperten auf den Plan traten, die das Platzen der Finanzmarktblase „schon seit vielen Jahren haben vorherkommen sehen".

Die Anwendung von Stichtagskursen ist zudem bereits aus Gründen der Vergleichbarkeit zu befürworten. Es wäre nicht sinnvoll, wenn jeder Bilanzierende am 31.12. einen anderen Fremdwährungskurs zugrunde legen würde.

Zu einer von der Wurzeltheorie abweichenden Bilanzierung kommt es jedoch, wenn die **Going concern-Prämisse** durch eine erst im neuen Jahr, aber noch vor Bilanzaufstellung eingetretene Lageverschlechterung aufgehoben wird.[11] Dann darf im alten Jahr *nicht* mehr unter der Annahme der Unternehmensfortführung bilanziert werden (IAS 10.15, Rz. 11.22). Nach der Wurzeltheorie würde dies jedoch nur

11.31

---

8 *Herzig* weist zutreffend darauf hin, dass nach IFRS bei der Abbildung zukünftiger Zahlungsverpflichtungen auch wertbegründende Tatsachen zu berücksichtigen sind. Der Erfüllungsbetrag künftiger Verpflichtungen ist nach den Preisverhältnissen des Erfüllungstages zu bestimmen (IAS 37.38), steuerlich sind dagegen die Verhältnisse am Bilanzstichtag und nicht am Erfüllungsstichtag maßgebend, *Herzig*, IAS/IFRS und steuerliche Gewinnermittlung, 2004, 59; s. auch Rz. 26.63.
9 Vgl. auch *Moxter*, BB 2003, 2559 (2564).
10 Vgl. IDW S 1, Rz. 23.
11 Dies wird aus Gläubigerschutzgründen zumindest bei bestandsgefährdenden „neuen" Verlusten auch für das HGB befürwortet, vgl. *Ciric*, Grundsätze ordnungsgemäßer Wertaufhellung, 1995, 138 ff.

dann gelten, wenn die Lageverschlechterung am Bewertungsstichtag bereits angelegt war und nicht erst durch (vom Marktdurchschnitt nicht erwartete exogene Schocks, z.B. Eintreten einer Finanzkrise) ausgelöst wurde.

11.32 Im Normalfall (Rz. 11.30) ist somit das „im Durchschnitt" am Stichtag Erwartbare maßgebend. Nur im Ausnahmefall (Rz. 11.31) wird diese Sichtweise zugunsten einer für die Abschlussadressaten als relevanter empfundenen Bilanzierung durchbrochen.

Das folgende ABC nennt Beispiele zu **wertaufhellenden Ereignissen**, die so auch auf ähnliche andere Sachverhalte übertragen werden können.

E. ABC der Abgrenzung wertaufhellender Ereignisse

11.33 **Außerplanmäßige Abschreibungen:** Ein Autohersteller aktiviert 10 Mrd. Euro Entwicklungskosten für nicht fertig gestellte Projekte. Vor Bilanzaufstellung, aber nach Bilanzstichtag ereigne sich eine neue Ölkrise, die absehbar zu einer dauerhaften Verschlechterung der Autokonjunktur führe. Der erzielbare Betrag der Entwicklungskosten halbiere sich dadurch auf 5 Mrd. Euro. Hier ist zu unterscheiden:

— Ist die Auswirkung so gravierend, dass die **Going concern**-Prämisse nicht mehr aufrechterhalten werden kann, muss im alten Jahr abgeschrieben werden (IAS 10.15, s. Rz. 11.31). Außerdem sind im Zweifel sämtliche Bilanzposten zu Liquidationswerten anzusetzen.

— In anderen Fällen ist im alten Jahr keine Abschreibung vorzunehmen (gleiches beispielsweise bei Vernichtung einer Maschine durch Brand im neuen Geschäftsjahr), da ein wertbegründendes Ereignis vorliegt.[12] *Gegen* die scheinbar exakte zeitliche Zuordnung zur neuen Periode könnte zwar sprechen, dass sich die Stichtagsbetrachtung zunächst auf die aufgewendeten Entwicklungsleistungen oder die vorhandene Maschine bezieht, deren Wert jedoch *insgesamt* von zukünftigen Zahlungsflüssen abhängt, so dass sich durch die genannten Ereignisse lediglich *eine* mögliche, aber zunächst nicht in Erwägung gezogene Zukunftslage realisiert. Allerdings ist zu beachten, dass für am Stichtag relevante Erwartungsbildung lediglich auf die **durchschnittliche Sicht der Gesamtheit aller Marktbeobachter** ankommt (Rz. 11.30), so dass im wörtlichen Sinne unerwartete, nach dem Stichtag eingetretene Ereignisse nicht als wertaufhellend zählen. Entsprechend nennt IAS 10.22d die Vernichtung einer Maschine durch Brand explizit als wertbegründendes Ereignis, so dass in vergleichbaren Fällen nur eine Anhangangabe in Betracht kommt.

Dividenden: Nach IFRS 9.5.7.1A ist (in Übereinstimmung mit dem Steuerrecht[13]) **keine phasengleiche Dividendenvereinnahmung** beim Empfänger zulässig, da vor Ausschüttungsbeschluss keine Dividendenforderung besteht. Anders nach HGB un-

---

12 Vgl. *Fink* in T/vK/B, IAS 10, Rz. 130.
13 Vgl. BFH v. 7.8.2000 – GrS 2/99, BStBl. II 2000, 632 = FR 2000, 1126 m. Anm. *Kempermann* = GmbHR 2000, 1106 m. Anm. *Hoffmann*.

ter bestimmten Voraussetzungen[14] (100 % Konzerntochter, Feststellung JA der Tochter und Ausschüttungsbeschluss vor Beendigung der Prüfung der Mutter, übereinstimmende Geschäftsjahre). Umgekehrt darf das ausschüttende Unternehmen vor Dividendenbeschluss keine **Verbindlichkeit** passivieren (IAS 10.12f. bzw. IFRIC 17.10). Ist das Entstehen **anderer Zahlungsverpflichtungen**, z.B. bei Vergütungen auf sog. ewige Anleihen **an Dividendenzahlungen gebunden**, entsteht eine Verbindlichkeit auch erst mit dem Ausschüttungsbeschluss.[15] Anders aber, wenn nur die Fälligkeit bereits entstandener Vergütungen von Dividendenzahlungen abhängt.

Eventualforderungen: Nach überwiegender Ansicht ist die Bestätigung von Eventualforderungen, sei es durch rechtskräftiges Urteil, Klagerücknahme, außergerichtlichen Vergleich oder bloße Einigung ein wertaufhellendes Ereignis. Hat ein Unternehmen z.B. eine Forderung gegen einen Lieferanten aus der Lieferung fehlerhafter Teile und wird der zunächst bestehende Schadenersatzanspruch nach dem Bilanzstichtag anerkannt, bestätigt die nach dem Stichtag erfolgte Einigung lediglich die bereits am Stichtag bestehende Forderung, so dass diese auch anzusetzen ist[16] (s. auch *Rückstellungen*). Das Handelsrecht sieht hierin in Anlehnung an die BFH Rechtsprechung jedoch ein wertbegründendes Ereignis.[17] Ohne Einigung, rechtskräftiges Urteil etc. bleibt es allerdings auch nach IFRS beim Aktivierungsverbot (IAS 37.31, Rz. 26.9).

Fälligkeitsänderungen nach dem Bilanzstichtag sind immer wertbegründend. Bspw. sind Kreditverbindlichkeiten, die am Stichtag wegen Nichterfüllung von Covenants seitens des Kreditgebers sofort kündbar sind, auch dann als kurzfristig einzustufen, wenn nach dem Stichtag eine Verlängerung erfolgt (IAS 1.74, Rz. 43.27). Die Prolongation ist lediglich im Anhang als wertbegründendes Ereignis zu nennen (Rz. 11.34). Eine Klassifizierung als langfristig kommt nur in Betracht, wenn der Kreditgeber *vor* dem Stichtag eine Gnadenfrist länger als zwölf Monate gewährt (IAS 1.75).

Finanzielle Vermögenswerte, bewertet zum Fair Value: Sofern Marktwerte auf liquiden Märkten existieren, reflektiert der Marktpreis am Bilanzstichtag sämtliche wertaufhellenden Erkenntnisse zu diesem Tag. Kursveränderungen nach dem Bilanzstichtag gelten gem. IAS 10.11 als ein wertbegründendes Ereignis, das nicht zu berücksichtigen ist. Nichts anderes kann gelten, wenn Bewertungsmodelle zur Fair Value-Ermittlung herangezogen werden müssen. In die Modelle sollen als Parameter Marktpreise einfließen; es muss sich dann um Marktpreise am Bilanzstichtag handeln (Rz. 11.30).

Forderungen: Ein Kunde stellt vor dem Bilanzstichtag einen Insolvenzantrag, von dem der Abschlussersteller nach dem Bilanzstichtag erfährt. Es liegt ein wertaufhellendes Ereignis vor.

---

14 Vgl. BGH v. 12.1.1998 – II ZR 82/93, GmbHR 1998, 324 = DStR 1998, 383.
15 Vgl. *Schaber/Isert*, BB 2006, 2401 (2402); *Fink* in T/vK/B, IAS 10 Rz. 147.
16 Vgl. *Lüdenbach*, PiR 2007, 144; *Fink* in T/vK/B, IAS 10 Rz. 128; unklar *ADS International*, IAS 10 Rz. 78 vs. 79; a.A. *Bischof et.al.* in Baetge-IFRS, IAS 10 Rz. 18.
17 Vgl. BFH v. 26.4.1989, BStBl. II 1991, 213.

Das Gleiche gilt üblicherweise, wenn der Kunde nach dem Bilanzstichtag den Insolvenzantrag gestellt hat, denn der Antrag bestätigt lediglich die schon vor dem Bilanzstichtag vorliegende (unerkannte) Zahlungsunfähigkeit des Kunden (IAS 10.9bi). Unerheblich ist, ob der Insolvenzantrag des Kunden ggf. erst durch ein Ereignis nach dem Bilanzstichtag verursacht wurde. Entscheidend ist, dass die am Stichtag bestehende Forderung nicht realisiert werden wird.

Umgekehrt lässt sich aus Zahlungseingängen auf am Bilanzstichtag bestehende Forderungen bis zur Bilanzaufstellung ableiten, dass die Forderungen nicht risikobehaftet waren. Insoweit sind für diese Forderungen keine Wertberichtigungen vorzunehmen. Etwas anderes soll dagegen gelten, wenn ein Schuldner am Bilanzstichtag objektiv zahlungsunfähig gewesen ist (Insolvenzantrag), aber durch ein unvorhergesehenes Ereignis, z.B. einen Lottogewinn oder eine Erbschaft, nach dem Bilanzstichtag gleichwohl wieder zahlungsfähig geworden ist.[18] Aus pragmatischen Gründen wird man jedoch den Zahlungseingang als wertaufhellendes Ereignis bewerten müssen. Ansonsten ergäben sich trotz Zahlungseingangs unpraktikable Nachforschungsketten, etwa bei Kunden von Kunden usw.

Genehmigungen: Zivilrechtlich zurückwirkende Genehmigungen (z.B. von Verträgen) stellen wertaufhellende Ereignisse dar.

Handelt es sich bei **behördlichen Genehmigungen**: (a) um eine sog. **gebundene Entscheidung**, bei der am Stichtag sämtliche Voraussetzungen vorliegen und die Behörde somit kein Ermessen hat, stellt die Erteilung ein wertaufhellendes Ereignis dar. (b) Besteht jedoch ein **Ermessen**, wie bei einer **Ministererlaubnis**, liegt ein wertbegründendes Ereignis vor.

Genehmigungen im Rahmen der **Fusionskontrolle** sind aber zu relativieren: Der Wertaufhellungscharakter bei der Fusionskontrolle führt nur dazu, dass eine unter dem Vorbehalt der Kartellamtsgenehmigung erworbene Beteiligung im **Einzelabschluss** angesetzt werden darf; für den Konzernabschluss fehlt es dagegen vor Erteilung im Regelfall an der Kontrolle i.S.v. IFRS 10, so dass eine **Konsolidierung** nicht erfolgen darf.[19] Aber auch hiervon gibt es eine Ausnahme: Ist die Genehmigung nach menschlichem Ermessen **reine Formsache**, wie z.B. bei Bagatellfällen *und* wird die Kontrolle daher bereits ausgeübt, ist die Beteiligung zu konsolidieren.

Liegen die Voraussetzungen für **öffentliche Zuwendungen** am Stichtag vor, ist eine nachträgliche Genehmigung ein wertaufhellendes Ereignis. Darüber hinaus ist bei Zuwendungen mit Rechtsanspruch ((a) gebundene Entscheidung) eine Aktivierung auch vor Erteilung der Genehmigung zulässig (Rz. 16.20 ff.).

Rückstellungen: Wenn für Führungskräfte erfolgsabhängige **Prämien** auf Basis bestimmter Abschlusskennzahlen vereinbart worden sind, wird bei der Abschlussaufstellung somit auch die Höhe der Prämien festgestellt. Diese sind entsprechend wertaufhellend zu passivieren (IAS 10.9d). Aus IFRS-Perspektive handelt es sich hierbei freilich um sog. „accruals", die als Verbindlichkeiten auszuweisen sind und nicht, wie nach HGB, als Rückstellungen.

---

18 Vgl. Haufe IFRS-Komm[16], § 4 Rz. 20, 27.
19 Vgl. *ADS International*, IAS 10 Rz. 87, ebenso zum Folgenden.

Ein Unternehmen ist auf **Schadenersatz** verklagt worden und hat vorläufig eine Rückstellung i.H.v. 2 Mio. Euro gebildet. Der Prozess findet noch während der Phase der Bilanzaufstellung statt und endet rechtskräftig mit 2,5 Mio. Euro zu Ungunsten des Unternehmens. Das **Urteil** ist ein **wertaufhellendes Ereignis**, weil es lediglich feststellt, was rechtens ist, aber nicht selbst Recht schafft, so dass die Rückstellung mit 2,5 Mio. Euro anzusetzen ist. Dasselbe gilt im Übrigen, wenn der Abschlussaufsteller vor dem Urteil der Meinung gewesen wäre, überhaupt keine Rückstellung ansetzen zu müssen (IAS 10.9a).

Sanierungsmaßnahmen nach dem Stichtag: Forderungsverzichte u.Ä. der Muttergesellschaft oder von Drittgläubigern, die innerhalb des Wertaufhellungszeitraums vereinbart sind, sind grundsätzlich nicht bereits am Stichtag zu berücksichtigen (sie müssen aber bei der Beurteilung der Going concern-Prämisse nach IAS 10.14 berücksichtigt werden). Etwas anderes gilt, wenn vor dem Stichtag bereits Sanierungsbedürftigkeit und Sanierungsabsicht bestand und Sanierungsverhandlungen bereits vor dem Stichtag abgeschlossen wurden. Sollte die schriftliche Fixierung erst nach dem Stichtag erfolgen, handelt es sich um ein wertaufhellendes Ereignis.[20] In der Praxis besteht hier oft ein Beurteilungsspielraum.

Vertragsaufhebungen oder -änderungen: Soweit diese nach dem Stichtag erfolgen, z.B. bei Verzicht auf eine bestehende Schadenersatzforderung oder nach dem Stichtag von Dritten gewährte Bürgschaften[21], liegen wertbegründende Ereignisse vor.

Vorräte Nach dem Stichtag eintretende Preisänderungen sind zu berücksichtigen (Rz. 11.29). Eine Abgrenzung von im neuen Jahr eintretenden wertbeeinflussenden Entwicklungen ist praktisch nicht möglich.

F. Anhangangaben

I. Zu wertbegründenden Ereignissen

Wertbegründende Ereignisse *haben ihre Ursache nach dem Bilanzstichtag* und sind insoweit zum Bilanzstichtag bilanziell *nicht* zu berücksichtigen. Wenn es sich aber um Ereignisse handelt, die aus Sicht des Abschlussadressaten wichtig sind für die Beurteilung des Unternehmens, sind sie **im Anhang als Ereignis nach dem Bilanzstichtag anzugeben** (IAS 10.21). In diesem Fall muss

– die Art des Ereignisses benannt und

– dessen finanzielle Auswirkung abgeschätzt oder angegeben werden, dass eine solche Schätzung nicht vorgenommen werden kann.

---

20 Vgl. *ADS International*, IAS 10 Rz. 110, 112; Haufe IFRS-Komm[16], § 4 Rz. 45; einschränkend *Bischof et.al.* in Baetge-IFRS, IAS 10 Rz. 21: nur, wenn am Stichtag die Voraussetzungen für eine Ausbuchung nach IFRS 9 vorliegen.
21 Vgl. Haufe IFRS-Komm[16], § 4 Rz. 36 ff.; *Lüdenbach*, PiR 2007, 364.

IAS 10.22 enthält folgende Auflistung von Beispielen für solche angabepflichtigen Ereignisse:

- Bedeutende Unternehmenserwerbe, Aufgabe von Geschäftsbereichen (Rz. 30.28), Umstrukturierung, Kauf und Verkauf wesentlicher Vermögenswerte,
- Zerstörung von Produktionsanlagen,
- Eigenkapitaltransaktionen mit Auswirkungen auf das Ergebnis je Aktie,
- ungewöhnlich große Wechselkursänderungen,
- Steuersatzänderungen (s. aber i.E. Rz. 29.64),
- Eingehen wesentlicher ungewisser Verbindlichkeiten inkl. Prozessbeginn (soweit nicht auf vergangenen Ereignissen resultierend und damit wertaufhellend, Rz. 11.33).

II. Sonstige Anhangangaben

11.35 Für die Bilanz ist der **Abschlussstichtag** bzw. für den Abschluss die Berichtsperiode (IAS 1.51c) und das Datum der Freigabe des Abschlusses (= Ende des Wertaufhellungszeitraums und Ende des Zeitraums über die Angabe ggf. wesentlicher wertbegründender Ereignisse) zu nennen (IAS 10.17).

Siehe auch Rz. 48.38 zur Angabe von nach dem Stichtag vorgeschlagenen oder beschlossenen, aber am Stichtag noch nicht passivierten Dividenden inkl. Dividende je Aktie (IAS 1.137a) sowie zu kumulierten rückständigen Dividenden auf Vorzugsaktien (IAS 1.137b).

Kapitel 12
Anwendung und Änderung von Rechnungslegungsmethoden, Schätzungen und Fehler (IAS 8)

A. Überblick und Wegweiser 12.1	I. Zulässigkeit der Stetigkeitsdurchbrechung 12.34
I. Management Zusammenfassung . 12.1	1. Grundregel 12.34
II. Standards und Anwendungsbereich 12.2	2. Anwendung neuer Standards und Interpretationen 12.35
III. Wesentliche Abweichungen zum HGB 12.4	3. Ausübung offener IFRS-Wahlrechte 12.37
IV. Neuere Entwicklungen 12.6	II. Kein Stetigkeitsgebot bei neuen Geschäftsvorfällen und verdeckten Wahlrechten 12.38
B. Stetigkeitsprinzip 12.20	
C. Rechnungslegungsmethoden und Schätzungen 12.22	III. Durchführung der Methodenänderung 12.40
I. Abgrenzung 12.22	1. Retrospektive Methode 12.40
1. Begriff der Rechnungslegungsmethode und Schätzungen 12.22	2. Prospektive Methode 12.43
2. Verfahrenswahlrechte 12.26	**E. Darstellungsstetigkeit und ihre Durchbrechung** 12.50
3. Im Zweifel Schätzungsänderung . 12.27	
II. Auswahl von Rechnungslegungsmethoden 12.28	**F. Änderung von Schätzungen** 12.53
III. Lückenfüllung 12.33	**G. Abbildung entdeckter Fehler** ... 12.58
D. Änderung von Rechnungslegungsmethoden 12.34	**H. Anhangangaben** 12.63

Literatur: *Berger/Fischer,* Abbildung von Kryptowährungen in den IFRS, BB 2018, 1195; *Busse von Colbe,* Gefährdung des Kongruenz-Prinzips durch erfolgsneutrale Verrechnung von Aufwendungen im Konzernabschluss, in Moxter u.a. (Hrsg.), Festschrift Forster, 1992, S. 125; *Erchinger/Melcher,* Fehler in der Internationalen Rechnungslegung, KoR 2008, 616 (Teil 1); 679 (Teil 2); *Fink/Zeyer,* Änderung von Rechnungslegungsmethoden und Schätzungen nach IFRS, PiR 2011, 181; *Huthmann/Nguyen/Heidt,* Änderung der Bilanzstruktur im Zuge der Erstanwendung von IFRS 9 – Befreiung von Vorjahreszahlen oder Anwendung von IAS 8, PiR 2017, 164; *Leffson,* Die Grundsätze ordnungsmäßiger Buchführung, 7. Aufl., Düsseldorf 1987; *Lüdenbach,* Bitcoins – Lost in rules – Die IFRS-Bilanzierung von Bitcoin-Aktiva und -Passiva zwischen Kasuistik und Pathologie, PiR 2018, 103; *Mujkanovic,* Durchbrechung der Methodenstetigkeit aufgrund von Agenda-Entscheidungen des IFRS IC – Reform des IAS 8 durch ED/2018/1, PiR 2018, 177; *Rockel* u.a., Versicherungsbilanzen, 2. Aufl., Stuttgart 2007; *Roos,* Korrektur von fehlerhaften Abschlüssen nach IAS 8 – Theoretische Grundlagen und Fallbeispiele zur bilanziellen Behandlung von Fehlern, PiR 2017, 297; *Ruhnke/Nerlich,* Behandlung von Regelungslücken innerhalb der IFRS, DB 2004, 389; *Sopp/Grünberger,* Bilanzierung von virtuellen Währungen nach IFRS und aufsichtsrechtliche Behandlung bei Banken, IRZ 2018, 219; *Theile/Pawelzik,* Fair Value-Beteiligungsbuchwerte als Grundlage der

Erstkonsolidierung nach IAS/IFRS?, KoR 2004, 94; *Thurow*, Bitcoin in der IFRS-Bilanzierung, IRZ 2014, 197; *Zabel/Benjamin*, Reviewing Materiality in Accounting Fraud, New York Law Journal, January 2002, 15.

A. Überblick und Wegweiser

I. Management Zusammenfassung

12.1 Abschlussaufstellung besteht – hier sei es juristisch formuliert – im Wesentlichen darin, beobachtbare finanzielle Lebenssachverhalte unter einen Tatbestand (das IFRS-Regelwerk) zu subsumieren; als Rechtsfolge (Ergebnis) ergibt sich dann der Abschluss. Die Auswahl von Rechnungslegungsmethoden (Tatbestände) ist Gegenstand des IAS 8. Im Einzelnen geht es um folgende Fragen:

Was sind Rechnungslegungsmethoden (*accounting policies*, Bilanzierungs- und Bewertungsmethoden) im Unterschied zu Schätzungen (*accounting estimates*)?	Rz. 12.22 ff.
Wie sind Rechnungslegungsmethoden und Schätzungen auszuwählen?	Rz. 12.28 ff.
Wie sind Regelungslücken in den Standards zu schließen?	Rz. 12.33
Unter welchen Bedingungen dürfen Rechnungslegungsmethoden geändert werden?	Rz. 12.34 ff.
Wie ist bei der Änderung von Rechnungslegungsmethoden und Schätzungen vorzugehen?	Rz. 12.40 ff., Rz. 12.53 ff.
Was sind Fehler im Abschluss und wie sind diese zu korrigieren?	Rz. 12.58 ff.

IAS 8 lässt sich auch begreifen als *lex specialis* für den Grundsatz der Schaffung von **Vergleichbarkeit** und dem damit verbundenen **Stetigkeitsgebot** (Rz. 6.41).

II. Standards und Anwendungsbereich

12.2 IAS 8 in seiner vorliegenden Form stammt aus 2003 und ist seitdem geringfügig geändert worden, zuletzt durch IFRS 9 und im Oktober 2018 durch eine Neuformulierung der Definition der Wesentlichkeit mit Wirkung ab 2020 (siehe hierzu ausführlich Rz. 6.29 ff.).

Der Standard ist von allen Unternehmen auf alle einschlägigen Sachverhalte anzuwenden. Die Steuerwirkungen von nach IAS 8 veranlassten rückwirkenden Anpassungen aus Methodenänderungen oder Fehlerkorrekturen sind nach IAS 12 zu beurteilen.

12.3 Sofern neue oder geänderte Standards bei ihrer Erstanwendung die rückwirkende Änderung von Bilanzierungs- und Bewertungsprinzipien vorsehen, geschieht dies (vorbehaltlich eventueller Erleichterungsregelungen, Rz. 12.36) regelmäßig unter Verweis auf den IAS 8. Oftmals finden sich in neuen oder geänderten Standards allerdings auch erleichternde Erstanwendungsregelungen.

III. Wesentliche Abweichungen zum HGB

Die nachfolgende Tabelle listet Gemeinsamkeiten und Unterschiede beim Stetigkeitsgebot und seiner Durchbrechungen zwischen HGB und IFRS: 12.4

	HGB	IFRS
Ansatz- und Bewertungsstetigkeit	Gebot § 246 Abs. 3, § 252 Abs. 1 Nr. 6 HGB	Gebot IAS 8.13
Ausweisstetigkeit	Gebot § 265 Abs. 1 HGB (Nur Bilanz/GuV); über DRS auch für Kapitalflussrechnung, Eigenkapitalspiegel	Gebot für alle Statements (IAS 1.45) (inkl. Kapitalflussrechnung, Eigenkapitalspiegel, Anhang)
Änderung von Bilanzierungs- und Bewertungsmethoden - Inhalt	Begründete Änderungen von Bilanzierungs- und Bewertungsmethoden sind zulässig und im Anhang zu erläutern (§ 284 Abs. 2 Nr. 3 HGB)	Wie HGB und insbesondere bei neuen Standards (Rz. 12.36)
- Durchführung	Regelfall: Erfolgswirksam in laufender Periode *Ausnahme: retrospektive Änderung, z.B. Erstanwendung des TransPuG (Art. 54 Abs. 2 EGHGB), manche Sachverhalte bei Erstanwendung BilMoG (Art. 67 EGHGB).*	Regelfall: Retrospektiv: Erfolgswirksam für Periodeneffekte der laufenden und Vorperiode; im Abschluss nicht mehr dargestellte Perioden erfolgsneutral *Ausnahme: Erfolgswirksam in laufender Periode*
Schätzungsänderungen	Erfolgswirksam prospektiv	Explizit: erfolgswirksam prospektiv
Korrektur *wesentlicher* Fehler	Rückwirkend[1]	Rückwirkend

Die Vorschriften zum Umgang mit rechtlichen Änderungen finden sich regelmäßig im EGHGB. Sie haben eine geringere Bedeutung als nach IFRS. Dies beruht schlicht auf der geringeren Änderungsgeschwindigkeit des HGB. 12.5

---

[1] Zu Einzelheiten s. insbesondere IDW RS HFA 6.

IV. Neuere Entwicklungen

12.6 Im Rahmen der Angabeninitiative (hierzu Rz. 42.7) verfolgt der IASB seit Mai 2015 das Projekt „Accounting Policies and Accounting Estimates (Amendments to IAS 8)". Mit diesem Projekt soll die Unterscheidung zwischen Änderungen von Bilanzierungs- und Bewertungsmethoden und Änderungen von Schätzungen besser herausgearbeitet werden. Die richtige Unterscheidung ist wichtig in Hinblick auf die unterschiedlichen bilanziellen Vorgehensweisen, die daraus folgen. Im September 2017 wurde dazu der Exposure Draft ED/2017/5 veröffentlicht, in dem u.a. die Definition von Bilanzierungs- und Bewertungsmethoden präzisiert sowie erstmals eine Definition von Schätzungen aufgenommen werden. EFRAG hat sich am 8.1.2018 in einem Schreiben an das IASB positiv zum Exposure Draft geäußert.[2] Verhaltener hat sich das DRSC positioniert.[3] Im zweiten Quartal 2019 will das IASB über die weitere Richtung des Projektes entscheiden.

Die Regelungen des Exposure Draft ED/2017/5 führen nicht zu materiellen Änderungen unserer Kommentierung. Auf einige wesentliche Punkte haben wir gleichwohl in Fußnoten hingewiesen.

12.7 Seit Juni 2017 wird zudem das Projekt „Accounting policy changes (Amendments to IAS 8)" verfolgt. Es bezieht sich auf die freiwillige Änderung von Bilanzierungs- und Bewertungsmethoden, soweit diese von den (unverbindlichen) Erläuterungen in den *Agenda Decisions* des IFRS IC (sog. NON-IFRICs) veranlasst sind. Um die Durchführung solcher freiwilligen Methodenänderungen zu erleichtern, sollte IAS 8 dementsprechend angepasst werden. Im März 2018 wurde dazu der Exposure Draft ED/2018/1 veröffentlicht.[4] Er hat auf breiter Front Ablehnung erfahren.[5] Im Dezember 2018 hat das IASB entschieden, ED/2018/1 nicht weiter zu verfolgen. Eine Entscheidung über die Weiterführung des Projekts insgesamt steht allerdings noch aus. Unabhängig davon ist damit zu rechnen, dass die Diskussion um den Verbindlichkeitscharakter von Agenda Decisions (NON-IFRICs) weiter geführt wird (s. auch Rz. 12.31).

12.8–12.19   frei

B. Stetigkeitsprinzip

12.20 Soll die Berichterstattung eines Unternehmens in Rechnungslegungssystemen, die Wahlrechte zulassen, im Zeitablauf vergleichbar sein, ist das Stetigkeitsgebot erforderlich. Das Stetigkeitsgebot gilt für die

---

2 Abrufbar unter https://www.efrag.org.
3 Schreiben an das IASB vom 3.1.2018, abrufbar unter https://www.drsc.de/eingaben-und-stellungnahmen/.
4 Zu einer Gesamtdarstellung siehe *Mujkanovic*, PiR 2018, 177.
5 Siehe nur EFRAG-Schreiben an das IASB vom 23.8.2018, abrufbar unter https://www.efrag.org.

- Art der Darstellung (**Darstellungsstetigkeit**, IAS 1.45) und
- für die Verwendung der Rechnungslegungsmethoden (**Methodenstetigkeit**, IAS 8.13):⁶
  - im Zeitablauf (**zeitliche** oder **horizontale** Stetigkeit) bzw.
  - auf gleiche Sachverhalte (**sachliche** oder **vertikale** Stetigkeit).

Das Stetigkeitsgebot gilt aber **nicht für Schätzungen** (und erst recht nicht für **Fehler**). Zu den Möglichkeiten der Durchbrechung der Darstellungsstetigkeit siehe Rz. 12.51 und denen der Methodenstetigkeit siehe Rz. 12.34.

Zwischen Rechnungslegungsmethoden und Schätzungen bzw. Fehlerkorrekturen ist sorgfältig zu trennen, weil sich bei Änderungen höchst unterschiedliche Bilanzierungsfolgen ergeben: 12.21

- Bei Anwendung von geänderten Rechnungslegungsmethoden (und wesentlichen Fehlern) führt eine Durchbrechung der Stetigkeit grundsätzlich zur **rückwirkenden Anpassung**.
- Demgegenüber führt die Änderung der Ausfüllung notwendiger Ermessens- und Beurteilungsspielräume (Schätzungen) zur **prospektiven und erfolgswirksamen Anpassung**.

C. Rechnungslegungsmethoden und Schätzungen

I. Abgrenzung

1. Begriff der Rechnungslegungsmethode und Schätzungen

Eine Trennung zwischen Rechnungslegungsmethoden und Schätzungen ist sachlogisch nicht einfach und wird auch dadurch noch erschwert, dass die Standards bislang keine Definition der Schätzung enthalten.⁷ Immerhin findet sich der Begriff der Rechnungslegungsmethoden (*accounting policies*) vor allem in IAS 8 und IAS 1. Nach der umschreibenden Definition in IAS 8.5 sind Rechnungslegungsmethoden sämtliche spezifischen Grundsätze, Grundlagen, Konventionen, Regeln und Verfahren, die das Unternehmen anwendet, um seinen IFRS-Abschluss auf- und darzustellen. Nach IAS 1.117 bestehen *accounting policies* aus 12.22

(a) Bewertungsgrundlagen (*measurement bases*), z.B. (fortgeführte) Anschaffungs- und Herstellungskosten, Wiederbeschaffungskosten, erzielbarem Betrag, Fair Value usw. sowie

---

6 Vgl. zur folgenden Begrifflichkeit *Blaum/Holzwarth/Wendlandt* in Baetge-IFRS, IAS 8 Rz. 74 und *Fink/Schwarz* in T/vK/B, IAS 8 Rz. 132.
7 Durch ED/2017/5 soll in IAS 8.5 folgende Definition eingefügt werden: „Accounting estimates are judgements or assumptions used in applying an accounting policy when, because of estimation uncertainty, an item in financial statements cannot be measured with precision." Zur möglichen Änderung des IAS 8 siehe Rz. 12.6.

(b) anderen Rechnungslegungsmethoden (*other accounting policies*), die für das Verständnis des Abschlusses relevant sind. Hierzu dürfte etwa zählen, ob für die Vorratsbewertung die Fifo-Fiktion oder die Durchschnittsmethode angewendet wird.[8]

Grob gesprochen handelt es sich bei Rechnungslegungsmethoden um die übergeordnete Berechnungslogik und bei Schätzungen um die einzusetzenden Parameter[9].

12.23 Klärungsbedürftig ist insbesondere, ob und inwieweit beispielsweise die Wahl von Abschreibungsmethoden, die Verfahren zur Bemessung von Rückstellungen u.ä., also **Schätzungen und Beurteilungsspielräume** noch zu den anderen Rechnungslegungsmethoden gem. (b) zählen. Dann wäre für diese Maßnahmen das Stetigkeitsgebot einschlägig[10] und Änderungen rückwirkend vorzunehmen (Rz. 12.21).

12.24 Dabei ist aber zu differenzieren, wie folgende Beispiele zeigen:

Beispiel 1: Ein Konzern hat bisher alle Maschinen linear abgeschrieben. Eine neue Anlage mit Nutzungsdauer von acht Jahren ist eigens für einen Großauftrag angeschafft worden, der in den ersten drei Jahren einen 3-Schicht-Betrieb erfordert, anschließend nur noch 1-Schicht. Die Maschine soll daher degressiv abgeschrieben werden.

Eine Frage der Stetigkeit stellt sich hier nicht, denn nach IAS 16.60 soll die zu bestimmende Abschreibungsmethode von Sachanlagen der *erwarteten zeitlichen Verteilung des Nutzenabflusses* entsprechen. Sie *ist* daher – von Wesentlichkeitsüberlegungen einmal abgesehen – degressiv abzuschreiben, wohingegen nach § 253 Abs. 3 Satz 2 HGB bei der Forderung „nur" nach planmäßiger Abschreibung auch eine lineare Abschreibung möglich wäre. Nach IAS 16 wie an vielen Stellen, an denen z.B. das HGB bewusst echte Wahlfreiheit lässt, ist also eine Einschätzung des Managements über tatsächliche Umstände vonnöten, die nach HGB in dieser Detaillierung nicht erforderlich ist.

12.25 U.E. ist folgende Abgrenzung zwischen Rechnungslegungsmethoden und Schätzungen nützlich und erforderlich: Schätzungen (Nutzungsdauer, Abschreibungsverlauf) zur Ausfüllung von in den Standards vorgegebenen Regelungen (Festlegung von Abschreibungen nach dem Nutzungsverlauf) gehören nicht mehr zu den Rechnungslegungsmethoden.[11] Zu den vorgegebenen Regelungen gehören auch solche, bei denen eine Beurteilung (*judgement*) erforderlich ist; die Beurteilung selbst ist aber eine Schätzung.

Beispiel 2: Die Nutzungsdauer einer Maschine, die sich in einer Bandbreite zwischen 8–12 Jahre bewegt, wird bei Anschaffung auf 10 Jahre festgelegt. Ein Jahr später will das Unternehmen die Nutzungsdauer (ohne neue Erkenntnisse) auf 12 Jahre erhöhen mit dem Argument, dass die Nutzungsdauer ja von Anfang an auch auf 12 Jahre hätte fixiert werden können.

---

8 Explizit bestätigt durch IAS 8.32B i.d.F. des ED/2017/5; zum Stand der Übernahme siehe Rz. 12.6.
9 Vgl. *Fink/Zeyer*, PiR 2011, 181, 184; *Fink/Schwarz* in T/vK/B, IAS 8 Rz. 163.
10 Vgl. *Blaum/Holzwarth/Wendlandt* in Baetge-IFRS, IAS 8 Rz. 73.
11 Gl.A. *Driesch* in Beck IFRS-HB[5], § 45 Rz. 13.

Variante: Alle Maschinen wurden bisher bei entsprechendem Nutzungsverlauf linear abgeschrieben. Eine neue Maschine soll nunmehr degressiv abgeschrieben werden, obwohl sich der Nutzungsverlauf nicht von dem der bisherigen Maschinen unterscheidet.

Es handelt sich zwar nicht um eine Änderung der Rechnungslegungsmethode, so dass *insofern* das Stetigkeitsprinzip nicht zu gelten scheint. Es ist aber zu beachten, dass die Änderung des Abschreibungsverfahrens ohne neue Erkenntnisse (Beispiel) und ohne neuen Sachverhalt (Variante) jedoch unzulässig ist, da **Schätzungen** bzw. **Schätzungsänderungen willkürfrei** vorzunehmen sind.[12] Es gilt Stetigkeit im wörtlichen Sinn, d.h. Unabänderbarkeit.

Beispiel 3: Ein Konzern hat bisher dem Komponentenansatz (Rz. 14.24) keine ausreichende Beachtung geschenkt. Bei einer neuen Großanlage werden erstmals wesentliche Komponenten mit unterschiedlichen Abschreibungsdauern identifiziert (IAS 8.IG 3.1). Es stellt sich die Frage, ob (a) der Komponentenansatz bei der neuen Maschine angewendet werden darf, obwohl dies bei bisherigen Maschinen nicht erfolgte und, falls dies bejaht wird, wie (b) die alten Maschinen zu behandeln sind.

Variante: Die Wesentlichkeitsschwelle für den Nichtansatz geringwertiger Wirtschaftsgüter wurde entsprechend der steuerlichen Regelungen von bisher 410 € auf 800 € erhöht. Ist die Änderung zulässig, und wenn ja, nur für neue Gegenstände oder auch für bisher bereits bilanzierte?

In der Literatur werden Rechnungslegungsmethoden und damit das **Stetigkeitsgebot** auch auf die **Auslegung sog. unechter Wahlrechte** (Beispiel) oder die **Auslegung unbestimmter Rechtsbegriffe** (Variante) ausgedehnt. Daran ist zutreffend, dass die Begriffe nicht jedes Jahr neu ausgelegt werden dürfen.[13] Im Übrigen ist der Hinweis auf das Stetigkeitsgebot nicht etwa als Änderungssperre zu verstehen, denn: **Für Fehler** (Beispiel) **gibt es keine Stetigkeit**, und bei begründetem **Auslegungswechsel** (Variante) ein Änderungszwang (Rz. 12.34). Sowohl bei entdeckten Bilanzierungsfehlern (Beispiel) als auch bei sonstigem Methodenwechsel (Variante) müssen alle bisher davon betroffenen Abschlussposten (unter dem Wesentlichkeitsvorbehalt[14]) bereits zur Sicherstellung der einheitlichen Bilanzierung und Bewertung geändert werden, und zwar rückwirkend.

2. Verfahrenswahlrechte

Streiten mag man darüber, wie mit **Verfahrens-Wahlrechten** umzugehen ist; einige Beispiele erläutern das Problem:

Beispiele:
- **Derivate Finanzinstrumente**, die nicht dem Hedge Accounting unterliegen, sind erfolgswirksam zum Fair Value zu bewerten (= Rechnungslegungsmethode). Für nicht marktnotierte Derivate sind Schätzverfahren notwendig, beispielsweise das **Black & Scholes**

---

12 Vgl. *Fink/Schwarz* in T/vK/B, IAS 8 Rz. 166.
13 Vgl. *Fink/Schwarz* in T/vK/B, IAS 8 Rz. 164 f. sowie i.E. *Lüdenbach* in Haufe IFRS-Komm[16], § 24 Rz. 16.
14 In IAS 8.IG3 wird das Problem der Altanlagen beim Komponentenansatz unter Hinweis auf „nicht verfügbare Daten" beiseite geschoben.

oder das **Binomialmodell** (= Bewertungsverfahren). Es ist jenes Verfahren mit dem höchsten Level an Inputfaktoren auszuwählen (Rz. 8.66). Ändern sich die Umstände (ein anderes Verfahren führt zu höherem Level), ist eine Verfahrensänderung vorzunehmen. Es handelt sich um eine Schätzungsänderung, da sich die Umstände ja nicht rückwirkend geändert haben.

- Manche **Fertigungsaufträge** sind nach der **Percentage of completion**-Methode zu bewerten (= Rechnungslegungsmethode, siehe Rz. 10.151). Innerhalb dieser Methode ist der Fertigstellungsgrad zu bestimmen; hierfür stehen verschiedene Verfahren zur Verfügung, deren Anwendung in unterschiedlichem Ausmaß von Schätzungen des Unternehmens abhängig ist. Bestimmt ein Unternehmen als zuverlässiges und damit entscheidungsnützliches Verfahren beispielsweise die **Cost-to-cost**-Methode, so kommt ein Methodenwechsel beispielsweise zur **Labour-hours**-Methode nur dann in Betracht, insoweit diese Methode als zuverlässiger und entscheidungsnützlicher angesehen wird. Das könnte in Betracht kommen bei Veränderung der unternehmensinternen Informationslage für die notwendigen Schätzungen. IFRS 15.43 bestätigt explizit, dass es sich um eine Schätzungsänderung handelt (siehe auch Rz. 10.157).

- Davon zu unterscheiden sind die **Bewertungsverfahren für solche Vorräte**, die von ähnlicher Beschaffenheit und Verwendung für das Unternehmen sind. Zulässig sind hier die gewogene Durchschnittsmethode oder die Fifo-Fiktion (Rz. 20.44). Ein Wechsel zwischen diesen Methoden bedarf allerdings keiner Schätzungen und ist daher die Änderung einer Rechnungslegungsmethode.[15]

- Bei drohenden Zahlungsausfällen sind **Forderungen aus Lieferungen und Leistungen** nach dem *expected loss model* auf den erzielbaren Betrag abzuschreiben (= Rechnungslegungsmethode). Eine Änderung des Zuschnitts der Risikoklassen und eine Veränderung der Zuordnung der Forderungen auf unterschiedliche Portfolien sind dann erforderlich, insoweit es den tatsächlichen Verhältnissen besser entspricht. Es liegt eine Schätzungsänderung vor.

3. Im Zweifel Schätzungsänderung

12.27 In einer Art **Auffangklausel** löst der IASB das Problem der Abgrenzung zwischen Rechnungslegungsmethoden und Schätzungen pragmatisch: Sollten bei einer Durchbrechung der Stetigkeit Zweifel darüber bestehen, ob es sich um die Änderung einer Rechnungslegungsmethode oder um die Änderung einer Schätzung handelt, so ist die Änderung als **Schätzungsänderung** zu behandeln (IAS 8.35).

Bei unserer Einordnung der Wahl der Abschreibungsmethode und der Bestimmung der Nutzungsdauer (Rz. 12.24 f.) wird der Sinn dieser Auffangklausel offensichtlich: Systematisch wäre es wenig überzeugend, (bestimmte) Schätzungen zu den Rechnungslegungsmethoden zu zählen, deren Änderungen dann aber als Schätzungsänderungen zu behandeln, wie es in IAS 16.51 und 16.61 ausdrücklich vorgesehen ist.

II. Auswahl von Rechnungslegungsmethoden

12.28 Wir verwenden hier den Begriff der Rechnungslegungsmethoden (*accounting policies*) zur Bezeichnung von **Ansatz- und Bewertungsregelungen** in der Bilanz. Da-

---

15 So auch IAS 8.32B i.d.F. des ED/2017/5; zum Stand der Übernahme siehe Rz. 12.6.

rin eingeschlossen sind die Regelungen zur **Klassifikation** von Sachverhalten (z.B. Zuordnung von finanziellen Vermögenswerten zu den drei möglichen Klassen finanzieller Vermögenswerte, siehe Rz. 22.29 ff. oder auch die Abgrenzung der Segmente in der Segmentberichterstattung, siehe Rz. 49.21 ff.).

Auf die unterschiedlichen Sachverhalte sind die in den jeweils einschlägigen **Standards** (IAS/IFRS) und **Interpretationen** (IFRIC/SIC) genannten **Rechnungslegungsmethoden** anzuwenden. Ähneln sich die Sachverhalte, sind jeweils die gleichen Methoden anzuwenden (vertikale Stetigkeit, Rz. 12.20), es sei denn, ein Standard erlaubt oder schreibt etwas anderes vor (IAS 8.13).

12.29

Die Standards und Interpretationen sind einschließlich ihrer integralen Bestandteile zu beachten; was jeweils integraler Bestandteil ist, wird im jeweiligen Standard oder der jeweiligen Interpretation genannt. Regelmäßig gehören dazu die Anhänge (Rz. 2.20).

12.30

Die Frage, ob die IFRIC als Spezialregelung vorrangig oder den Standards gleichgestellt sind[16], stellt sich u.E. bei sachgerechter Auslegung nicht: Vorrangig ist, auch im Verhältnis von Standards untereinander, immer die **Spezialregel** (IAS 8.7).[17]

Die jeweiligen **Anwendungsleitlinien** mancher Standards (*Implementation Guidance*) – z.B. zu IFRS 1, 2 – sind explizit nur dann zu beachten, wenn sie integraler Standardbestandteil sind, was regelmäßig nicht der Fall ist. Anwendungsleitlinien, die kein integraler Standardbestandteil sind, enthalten ausdrücklich keine Vorschriften zu den Abschlüssen (IAS 8.9); sie haben keinen Verbindlichkeitscharakter. Dasselbe gilt für die illustrierende Beispiele, die manchen Standards angefügt sind, z.B. IFRS 3.

Bei der **Auslegung** der Standards müssen allerdings die Begründungen (*basis of conclusions*) beachtet werden.[18] Hilfreich zur Klärung von Zweifelsfragen sind ferner die *Agenda Decisions* des IFRS IC, sich eines Problems *nicht* anzunehmen (sog. **NON-IFRICs**). Es handelt sich hierbei um Fragestellungen, die die Praxis an das IFRS IC adressiert und dieses entscheidet, sich der Frage *nicht* anzunehmen, weil sie aus Sicht des IFRS IC aus dem Regelwerk heraus geklärt werden kann. Da die Entscheidung begründet wird, enthalten NON-IFRICs indirekt über diese Negativerklärung[19] eine Klarstellung zu strittigen Fragen. Formal kommt ihnen allerdings kein Verbindlichkeitscharakter zu.

12.31

Keinen Verbindlichkeitscharakter haben ferner die übrigen Äußerungen in **IASB/IFRIC updates**, da sie keinen due Prozess durchlaufen haben.[20]

---

16 Vgl. *Lüdenbach/Hoffmann* in Haufe IFRS-Komm[16], § 1 Rz. 51.
17 Gl.A. *Fink/Schwarz* in T/vK/B, IAS 8 Rz. 114.
18 In einem kurzen Vorspann vor jedem Standard im Original ist das vermerkt; in jüngeren EU-IFRS fehlt dieser Passus allerdings.
19 NON-IFRIC's finden sich als „IFRIC agenda decisions" in den IFRIC update.
20 Als Folge kommt es in den updates bisweilen zu widersprüchlichen Äußerungen: Bspw. sind von der Muttergesellschaft geleistete anteilsorientierte Barzahlungen (*cash settled*) an Arbeitnehmer von Tochtergesellschaften erst mit der ab 1.1.2010 erfolgten Änderung des IFRS 2 bei der Tochter als Aufwand zu buchen. In den IASB *updates* November und

12.32 Auf **unwesentliche Sachverhalte** müssen die in den Standards genannten Rechnungslegungsmethoden nicht angewendet werden (IAS 8.7 ff.; zur Wesentlichkeit siehe ausführlich Rz. 6.29 ff.). Ein Lehrbuchbeispiel, das in der Praxis allerdings häufig vorkommt, ist die Behandlung unwesentlicher Pensionspläne als beitragsorientiert, obwohl es sich eigentlich um leistungsorientierte Pläne handelt (Rz. 27.22 ff.).

III. Lückenfüllung

12.33 Bestehen bei den Rechnungslegungsmethoden **Regelungslücken**[21], fehlt also eine eindeutige Regelung, wie bestimmte Sachverhalte abzubilden sind[22], hat das Management selbst entscheidungsrelevante (Rz. 6.28) und zuverlässige (Rz. 6.35) Methoden zu bestimmen (IAS 8.10). Dabei ist – in dieser Reihenfolge – wie folgt vorzugehen (IAS 8.11):

(a) Heranziehung von Standards und Interpretationen des IASB bzw. IFRIC, die **ähnliche Sachverhalte** regeln

und

(b) Berücksichtigung der Definitionen sowie der Ansatz- und Bewertungskriterien des Conceptual Frameworks.

Darüber hinaus können Entscheidungen in NON-IFRIC's und insbesondere Regelungen anderer Standard-Setter (z.B. FASB, DRSC), die über ein ähnliches Rahmenkonzept (gemeint ist: ähnliche Zielsetzung) verfügen, in Betracht kommen. Auch die Heranziehung der **Literatur** oder allgemein akzeptierter Branchenpraktiken ist möglich, sofern diese Lösungen nicht in Konflikt zu den Standards, Interpretationen und dem Rahmenkonzept stehen (IAS 8.12).

Beispiele: Zu Ansatz und Bewertung **versicherungstechnischer Rückstellungen** bei Versicherungsunternehmen fehlte bislang (vor IFRS 17, der ab 2022 anzuwenden ist) ein entsprechender IFRS. Die Branche konnte sich daher an den Regelungen der US-GAAP orientieren.[23] Wenn sie das flächendeckend tut, ist sogar die Vergleichbarkeit von IFRS-Abschlüssen mit dieser Regelungslücke gewahrt.

Dezember 2005 wurde demgegenüber die Ansicht vertreten, dass sich dies bereits aus IFRIC 8 (anwendbar ab 1.5.2006) ergebe. Diese unzutreffende Ansicht korrigierte der IASB dann in den *updates* Juli 2007, 3. Eine gut begründete eigene Ansicht kann den *updates* somit entgegengehalten werden.

21 *Ruhnke/Nerlich*, DB 2004, 389 (391), definieren Regelungslücke als „planwidrige Unvollständigkeit im internationalen Normensystem; Referenzpunkt für die Beurteilung bildet die Entscheidungsnützlichkeit der im Jahresabschluss geforderten Informationen. Eine Lücke kann sich erst nach Ausschöpfung der Möglichkeiten der Auslegung ergeben."

22 Sollte der IASB die Absicht verfolgen, für alle denkbaren Sachverhalte Bilanzierungsregelungen bereit zu stellen, so deutet dies eher auf ein regelbasiertes Rechnungslegungssystem hin. In einem prinzipienorientierten Rechnungslegungssystem ist die Regelungslücke hingegen systemimmanent.

23 Vgl. *Rockel* u.a., Versicherungsbilanzen[2], 170.

Problematisch ist es, wenn sich bei Regelungslücken weder eine klare Lösung durch Analogieschluss zu anderen Standards noch durch Heranziehung des Conceptual Framework ergibt, wie es derzeit bei der Diskussion um die IFRS-konforme Abbildung von Bitcoins und ähnlichen **Kryptowährungen** zu beobachten ist.[24] Hier kann durch die Vielfalt möglicher Lösungen die Vergleichbarkeit von IFRS-Abschlüsse gefährdet sein.

D. Änderung von Rechnungslegungsmethoden

I. Zulässigkeit der Stetigkeitsdurchbrechung

1. Grundregel

Eine **Änderung der angewandten Rechnungslegungsmethoden** kann die Vergleichbarkeit der Jahresabschlussinformationen im Zeitablauf beeinträchtigen. Daher *ist* (Zwang!) eine Durchbrechung der Stetigkeit *nur* vorzunehmen (Bedingung!), wenn dies

a) von einem Standard (IAS/IFRS) oder einer Interpretation (IFRIC/SIC) verlangt wird oder

b) wenn diese Änderung zu nach wie vor zuverlässigen, aber *entscheidungsnützlicheren* Informationen im Abschluss führt (IAS 8.14).

12.34

Die Vorschrift entspricht dem § 252 Abs. 1 Nr. 6 HGB (**materielle Bilanzkontinuität**); der Zusammenhang von Vergleichbarkeit und Stetigkeit ist Bestandteil deutschen GoB-Verständnisses.[25] Formal ist nicht nur nach (a), sondern auch gemäß (b) die Durchbrechung der Stetigkeit zwingend. Die Einschätzung darüber, was entscheidungsnützlichere Informationen im Einzelfall sind, stellt jedoch eine leicht überwindbare Hürde dar; es besteht ein hoher **Beurteilungsspielraum**.

Beispiel: Häufig findet sich als Begründung für Stetigkeitsdurchbrechungen in veröffentlichten Abschlüssen der Hinweis auf höhere Transparenz, Branchenpraxis etc. Besonders einfach fällt die Begründung dann aus, wenn das IASB Bilanzierende mit der Einführung von Wahlrechten „in die richtige Richtung lenken will". So wurde die Einführung des Wahlrechts zur erfolgsneutralen Erfassung versicherungsmathematischer Gewinne und Verluste im Zusammenhang mit Pensionsverpflichtungen in 2005 mit dem Ziel eingeführt, in der Bilanz die volle Verbindlichkeit zu zeigen (im Ergebnis IAS 19.BC49B [2005]). In der Praxis wurde das Einschwenken auf diese Regelung auch regelmäßig so begründet. Für Abschlüsse ab 2013 handelt es sich bei dieser Methode übrigens nicht mehr um ein Wahlrecht, sondern um eine Pflicht (Rz. 27.41).

2. Anwendung neuer Standards und Interpretationen

Eine Durchbrechung der Stetigkeit (Fall (a) in Rz. 12.34) kommt in Betracht bei Abschaffung von Wahlrechten oder wenn in Abwesenheit einer Regelung das Manage-

12.35

---

24 Vgl. *Berger/Fischer*, BB 2018, 1195; *Lüdenbach*, PiR 2018, 103; *Sopp/Grünberger*, IRZ 2018, 219; *Thurow*, IRZ 2014, 197.
25 Vgl. *Leffson*, Die Grundsätze ordnungsmäßiger Buchführung[7], 186.

ment bisher nach vernünftiger kaufmännischer Beurteilung unter Beachtung der Anforderungen in Rz. 12.33 bilanziert, der IASB aber nunmehr eine spezielle Regelung veröffentlicht hat.

12.36 Werden **neue oder überarbeitete Standards und Interpretationen** erstmals angewendet, ergibt sich aus dem jeweiligen Abschnitt **„Übergangsvorschriften"**, wie zu verfahren ist. Fehlen solche Übergangsvorschriften, ist die erstmalige Anwendung entsprechend einer Änderung der Rechnungslegungsmethoden nach IAS 8 darzustellen (IAS 8.19). Wird das IFRS-**Normenwerk überhaupt zum ersten Mal angewendet**, greift IFRS 1; siehe hierzu ausführlich Kapitel 56 f.

3. Ausübung offener IFRS-Wahlrechte

12.37 Fall (b) in Rz. 12.34 schließlich setzt die Existenz expliziter oder impliziter Methodenwahlrechte in den Standards und Interpretationen voraus, die nunmehr anders ausgeübt werden. Die nachfolgende Abbildung listet einige **Bewertungswahlrechte**[26] auf:

Wahlrecht	IFRS	Verweis Rz.
Anlageimmobilien: Wechsel von der Anschaffungskosten- zur Fair Value-Methode (bei einem umgekehrten Wechsel wird es als unwahrscheinlich angesehen, dass eine sachgerechtere Darstellung erreicht wird); stetig für alle *investment properties*	IAS 40.30	18.61
Vorratsvermögen: Fifo oder Durchschnittsmethode; stetig anzuwenden für voneinander sachlich unterscheidbare Vorräte	IAS 2.25	20.44
Finanzielle Vermögenswerte: Bestimmung des Zu- bzw. Abgangszeitpunktes: Handels- oder Erfüllungstag; stetig anzuwenden für jede Kategorie finanzieller Vermögenswerte	IFRS 9.3.1.2	22.67

Abb. 12.1: Offene Rechnungslegungswahlrechte nach IFRS (Auswahl)

Es bestehen allerdings auch explizite Wahlrechte, bei denen die sachliche Stetigkeit nicht gefordert wird: Die Wahlrechte können bei jedem einzelnen Sachverhalt neu und eigenständig ausgeübt werden, freilich dann bei zeitlicher Stetigkeit. Ein wichtiger Anwendungsfall ist die Wahl zwischen der Neubewertungsmethode und der Full Goodwill-Methode, die für jeden **Unternehmenszusammenschluss** freihändig bestimmt werden kann (Rz. 36.200).

---

[26] Das Wahlrecht zur Anwendung der Neubewertungsmethode im Sachanlagevermögen oder bei immateriellen langfristigen Vermögenswerten findet sich in der Liste nicht, da bei dieser Methodenänderung (ausnahmsweise) die rückwirkende Anpassung verboten ist (IAS 8.17 f.).

II. Kein Stetigkeitsgebot bei neuen Geschäftsvorfällen und verdeckten Wahlrechten

Eine Durchbrechung des Stetigkeitsgrundsatzes liegt *nicht* vor, wenn eine (andere) Rechnungslegungsmethode gewählt wird, die sich auf veränderte Ereignisse oder Geschäftsvorfälle bezieht (IAS 8.16a).

12.38

Beispiele:

– Die Veränderung des Abschreibungsplans einer Maschine, die auf Grund erheblicher Beanspruchung bislang degressiv abgeschrieben wurde und nunmehr wegen geringerer Beanspruchung künftig linear abgeschrieben werden soll, ist keine Änderung der Bewertungsmethode, sondern als „Änderung einer Schätzung" zu behandeln (IAS 16.61).

– Gleiches gilt bei **verdeckten Wahlrechten**, etwa bei der Aktivierung von Entwicklungskosten, wenn die Einschätzung, ob ein Projekt voraussichtlich erfolgreich zum Abschluss gebracht werden wird (siehe Rz. 13.46), aufgrund neuerer Erkenntnisse anders lautet und Entwicklungskosten nun erstmalig aktiviert werden.

Ferner sind die Vorschriften über die Abbildung von Änderungen der Rechnungslegungsmethoden *nicht* anzuwenden,

12.39

– wenn auf neue oder **bislang unwesentliche Sachverhalte** erstmals IFRS-konforme Rechnungslegungsmethoden angewendet werden (IAS 8.16b) und

– bei erstmaliger Wahl der **Neubewertungsmethode** für immaterielle Vermögenswerte oder Sachanlagen (IAS 8.17 f.).

III. Durchführung der Methodenänderung

1. Retrospektive Methode

Für den oben abgegrenzten Anwendungsbereich sieht IAS 8.22 zur Darstellung der Änderung von Rechnungslegungsmethoden die **retrospektive Methode** vor. Die Änderung ist so vorzunehmen, als sei die nunmehr neu angewandte Methode schon immer angewendet worden. Die kumulierten Effekte aus im aktuellen Abschluss nicht mehr dargestellten Perioden sind mit dem Eröffnungsbilanzwert des Eigenkapitals (wir empfehlen: Gewinnrücklagen) der frühesten, im aktuellen Abschluss dargestellten Berichtsperiode zu verrechnen; das ist, da Vergleichszahlen des Vorjahres anzugeben sind, der Vorjahres-Eröffnungsbilanzwert. Ergebniswirksam werden damit nur solche Änderungen, die die aktuelle und die Vorjahres-Periode betreffen. Zur Feststellung des Mengengerüsts der Sachverhalte, die ggf. den Vorjahres-Eröffnungsbilanzwert der Gewinnrücklagen verändern können, ist das Inventar zu diesem Zeitpunkt heranzuziehen.

12.40

Beispiel: Ein Unternehmen habe zur Bewertung der Vorräte bislang die Durchschnittsmethode angewandt. Man will nun aber – Mitte 03 – auf die Fifo-Methode übergehen. Dann ist die Fifo-Methode rückwirkend auf die Vorräte anzuwenden. Hätte die Fifo-Methode bei ihrer Anwendung auf den 31.12.01/1.1.02 zu anderen Werten geführt? Bejahendenfalls ist per 1.1.02 der Vorratsbestand umzubewerten, mit Gegenbuchung bei den Gewinnrücklagen und Prüfung auf den Ansatz latenter Steuern. Auch das Geschäftsjahr 02, wie es im Abschluss 03 als Vergleichsvorjahr erscheint, wird geändert und ist nicht mehr identisch zum ursprünglich aufgestellten Abschluss 02. Bei der retrospektiven Änderung geht damit die **formelle Bilanzkontinuität** (Anfangsbilanz des Geschäftsjahres = Schlussbilanz des vorangegangenen Geschäftsjahres) verloren. Die folgende Tabelle enthält ein Zahlenbeispiel und wird anschließend erläutert.

	1.1.02			31.12.02			31.12.03
	vor Änderung	Änderung	nach Änderung	vor Änderung	Änderung	nach Änderung	
Vorräte	3.500	- 100	3.400	3.300	- 300	3.000	3.600
Latente Steuerforderungen	0	30	30	0	90	90	90
Andere Vermögenswerte	6.500		6.500	7.400		7.400	8.200
Vermögenswerte	**10.000**	**- 70**	**9.930**	**10.700**	**- 210**	**10.490**	**11.890**
Eigenkapital	1.000	- 70	930	1.700	- 210	1.490	2.890
Schulden	9.000	0	9.000	9.000	0	9.000	9.000
Eigenkapital und Schulden	**10.000**	**- 70**	**9.930**	**10.700**	**- 210**	**10.490**	**11.890**
Umsatzerlöse				10.000		10.000	15.000
Materialaufwand				- 9.000	- 200	- 9.200	- 13.000
Laufende/Latente Steuern				- 300	60	- 240	- 600
Jahresüberschuss	0	0	0	700	- 140	560	1.400
EK 1.1.				*1.000*		*930*	*1.490*
EK 31.12.				*1.700*		*1.490*	*2.890*

Das Beispiel zeigt:

– Die „**erfolgsneutrale Änderung**" bezieht sich nur auf den *Beginn* der **Vorjahres-Vergleichsperiode** (hier: 1.1.02 = -70).

– Hinzu kommt die **Ergebnisauswirkung 02** (-140): Diese ist aus der geänderten GuV zu erkennen und ergibt sich aus dem Vergleich der geänderten Bilanz 31.12.02 mit der Vorjahresanfangsbilanz (1.1.02) unter Erfassung latenter Steuern. Für den Abschluss 02 ist diese Änderung also erfolgswirksam; aus der Perspektive des Abschlusses 03 dagegen erfolgsneutral, so dass sie (zusammen mit den – 70 per 1.1.02) erst zu Beginn des laufenden Geschäftsjahres (1.1.03) gegen Gewinnrücklagen gebucht wird:

Buchungen per 1.1.03:	Soll	Haben
Gewinnrücklagen (-70 -140)	210	
latente Steuerforderungen	90	
Vorräte		300

- Die Anwendung der Fifo-Methode **in der laufenden Berichtsperiode** (03) wirkt sich auf das **Ergebnis** in dieser Periode aus.

Schon durch diese Vorgehensweise beim Umgang mit der Änderung von Rechnungslegungsmethoden wird deutlich, dass es in der IFRS-Rechnungslegung ein strenges **Kongruenzprinzip**[27], wonach die Summe der Periodengewinne gleich dem Totalgewinn während der gesamten Existenz des Unternehmens ist, nicht gibt: Das Kongruenzprinzip erfordert die Einhaltung der formalen Bilanzidentität. Im Beispiel weicht der Totalgewinn um die Anpassung der Bilanz zum 1.1.02 (70) von der Summe der Periodengewinne ab.[28] Verstöße gegen das Kongruenzprinzip gibt es insbesondere auch durch die optionale Anwendung der Neubewertungsmethode bei Sachanlagen und immateriellen Vermögenswerten des Anlagevermögens sowie bei der Bilanzierung von Auf- und Abstockungen bei Mehrheitsbeteiligungen, Rz. 39.50 ff.[29]

12.41

Die **retrospektive Anpassung** betrifft nicht nur die Bilanz und die Gewinn- und Verlustrechnung des **Vorjahres**, sondern hat Folgewirkungen auch auf andere Berichtsinstrumente, für die Vorjahreszahlen anzugeben sind:

12.42

- Der **Eigenkapitalspiegel** ist regelmäßig betroffen: Hier wird die Verrechnung des Anpassungsbetrages der Vorperioden mit den Rücklagen deutlich.
- Da der **Anlagenspiegel** nach IAS 16, IAS 38 und nach IAS 40 nicht nur das Berichtsjahr, sondern auch das Vergleichsvorjahr umfasst, sind entsprechende Korrekturen ggf. auch hier erforderlich.
- Das **Ergebnis je Aktie** kann zu korrigieren sein (IAS 33.64a), sofern das Jahresergebnis des Vorjahres geändert worden ist.
- Die **Segmentberichterstattung** kann betroffen sein.
- Bei der **Kapitalflussrechnung** kann sich auf Grund einer Bilanzierungsänderung am Finanzmittelfonds keine Änderung ergeben. Sofern sich jedoch in der Gewinn- und Verlustrechnung des Vergleichsvorjahres Beträge geändert haben, können sich diese auch in der Aufgliederung der Mittelverwendung aus laufender Geschäftstätigkeit bei indirekter Darstellung niederschlagen.

---

27 Vgl. *Busse von Colbe* in Moxter u.a. (Hrsg.), FS Forster, 1992, 125.
28 Unter Einbeziehung von „Fehlerkorrekturen und Bilanzierungs- und Bewertungsänderungen" herrscht jedoch wiederum Identität.
29 Vgl. *Theile/Pawelzik*, KoR 2004, 94 (98): „… die IAS (tragen) die Nichtbeachtung des Kongruenzprinzips wie einen Bauchladen vor sich her."

Wichtig: Bei einer rückwirkenden Änderung der Rechnungslegungsmethoden, in der auch Werte aus nicht mehr dargestellten Perioden betroffen sind, muss eine Bilanz zum Beginn der Vorperiode aufgenommen werden („**dritte Bilanz**"), IAS 1.10 f. Im Beispiel in Rz. 12.40 ist daher im Abschluss 03 nicht nur für das Vergleichsvorjahr 02, sondern zusätzlich auch zum 1.1.02 eine Bilanz zu zeigen.

Ein weiteres Beispiel zur Vorgehensweise bei der Änderung von Rechnungslegungsmethoden, und zwar beim Übergang von einer Bewertung zu fortgeführten Anschaffungskosten zum Fair Value bei Anlageimmobilien, findet sich in Rz. 18.62.

2. Prospektive Methode

12.43 In der Praxis ist es nicht immer möglich, neue Rechnungslegungsmethoden auf Grund veränderter Ausübung von Bilanzierungswahlrechten oder auf Grund der zwingenden Anwendung neuer Regelungen rückwirkend anzuwenden. Immerhin müsste, je nach Art der Änderung, mitunter in den originären Buchungsunterlagen der Konzerngesellschaften „nachgeforscht" werden. Daher limitieren bereits die **Aufbewahrungsfristen** für Geschäftsunterlagen, die obendrein in einem international operierenden Konzern ganz unterschiedlich sein können, von vornherein die Möglichkeit, rückwirkend anzupassen.

Dies erkennt auch der IASB an und lässt die **prospektive Änderung von Rechnungslegungsmethoden** ab einem bestimmten Zeitpunkt zu (Rz. 12.44), wenn die *retrospektive Änderung undurchführbar* wäre. Undurchführbarkeit liegt vor, wenn (IAS 8.5)

(a) der Anpassungseffekt nicht bestimmbar wäre,

(b) Annahmen über die Intentionen des Managements früherer Perioden zur Bestimmung des Anpassungsbetrags nötig wären (s. hierzu IAS 8.53) oder

(c) zur retrospektiven Anpassung in erheblichem Umfang Schätzungen notwendig wären, wobei deren Informationsgrundlagen bis zur Veröffentlichung der damaligen Abschlüsse entweder nicht bekannt waren oder von anderen Informationsgrundlagen nicht klar zu trennen sind. Anders gewendet: Bei retrospektiver Anpassung sollen für die früheren Perioden auch nur solche Schätzungen verwendet werden, die damals bekannt waren.

Beispiele: Das Nichtvorhandensein von Aufzeichnungen ist etwa ein Anwendungsfall von (a). Dasselbe gilt, wenn die Daten zwar vorhanden, aber nicht entsprechend aufbereitet sind (IAS 8.50). Ein Anwendungsfall von (c) liegt explizit vor, wenn die rückwirkende Anpassung die Bestimmung vergangener Fair Values erforderte, die schon damals wegen fehlender Marktpreise und Schätzgrundlagen nicht bestimmt werden konnten (IAS 8.52).

12.44 Demzufolge ist bei den Änderungen von Rechnungslegungsmethoden oder bei zwingender Anwendung neuer Regelungen wie folgt vorzugehen: Es ist jene Periode zu bestimmen, bis zu der die rückwirkende Anwendung durchführbar ist. Das ist die Periode, in der eine der in Rz. 12.43 genannten Ausnahmen greift. Dabei kann es sich auch um die **Berichtsperiode** handeln (IAS 8.24).

Beispiel: Das Management stellt fest, dass bei einer Änderung der Rechnungslegungsmethoden in 04 die Rückverfolgung der Sachverhalte, die per 1.1.03 inventarisiert sind, nicht bis zu ihrer Einbuchung, sondern nur bis zum 1.1.01 möglich ist. Damit sind (nur) die Auswirkungen der Änderungen der Rechnungslegungsmethoden der Jahre 01 und 02 per 1.1.03 mit den Gewinnrücklagen zu verrechnen.

Variante: Die Rückverfolgung sei generell nicht möglich. Dann wirkt sich die Änderung der Rechnungslegungsmethode erst ab dem Zeitpunkt der Änderung (04) auf neue Sachverhalte aus.

frei   12.45–12.49

E. Darstellungsstetigkeit und ihre Durchbrechung

Auch für die **Art der Darstellung** gilt das Stetigkeitsgebot (siehe Rz. 12.20), damit Zeitvergleiche der Abschlussinformationen möglich sind. Gerade aber im Hinblick auf die Darstellung des Abschlusses bestehen zahlreiche Wahlrechte. Die nachfolgende Abbildung listet einige wesentliche Darstellungswahlrechte auf: 12.50

Wahlrecht	IAS	Verweis Rz.
Bilanz: Zusammenfassung oder Auflösung von Posten, tiefere Untergliederung im Anhang oder in der Bilanz	1.77	43.62
Gesamtergebnisrechnung: Single-Statement oder zwei Statements	1.81A, 1.10A	45.25
Gewinn- und Verlustrechnung: Gesamtkosten- oder Umsatzkostenverfahren	1.99	44.20
Gewinn- und Verlustrechnung: Zuordnung von Posten zum Betriebs- oder Finanzergebnis, z.B. Zinsen oder Beteiligungen, die nach der Equity-Methode bewertet werden	1.BC55 f.	44.40
Other comprehensive income und latente Steuern: Brutto- oder Nettodarstellung der einzelnen Komponenten	1.91	45.28
Kapitalflussrechnung: indirekte oder direkte Darstellung des Mittelflusses aus operativer Tätigkeit	7.18	47.50
Kapitalflussrechnung, Startpunkt bei indirekter Darstellung: Jahresergebnis oder EBIT	Implizit	47.52
Kapitalflussrechnung: Zuordnung von Zinsen, Dividenden und Steuern	7.31, 7.35	47.32
Zwischenberichterstattung: Verkürzung der Berichtsinstrumente	34.8	53.1

Abb. 12.2: Wichtige Darstellungswahlrechte im IFRS-Abschluss

Schon die bloße Auflistung vermittelt einen Eindruck, wie schwierig nach wie vor der Vergleich unterschiedlicher Unternehmen sein kann, wenn die Darstellungsmethoden unterschiedlich angewendet werden.

12.51 Die **Darstellung** und der **Ausweis/die Klassifikation von Posten** im Abschluss sind von einer Periode zur nächsten **beizubehalten**, solange nicht

(a) eine wesentliche **Änderung des Tätigkeitsfeldes** des Unternehmens oder eine Überprüfung der Darstellung seines Abschlusses zeigt, dass eine Änderung zu einer **angemesseneren Darstellungsweise** unter Berücksichtigung der Auswahl von Rechnungslegungsmethoden führt (IAS 1.45a), oder

(b) eine Änderung der Darstellungsweise von einem IAS/IFRS oder einer Interpretation des SIC/IFRIC **verlangt** wird (IAS 1.45b).

Eine wesentliche Änderung des Tätigkeitsfeldes von Konzernen kann sich z.B. durch bedeutende Erwerbe oder Veräußerungen von Unternehmens-(Konzern-)teilen ergeben.

12.52 Wird die Darstellungsstetigkeit durchbrochen, müssen Art, Betrag und Grund für die Änderung angegeben und die **Vorjahreszahlen** im Abschluss angepasst werden. Sollte die Anpassung ausnahmsweise nicht praktikabel sein, müssen die Gründe für die unterlassene Anpassung und die Art der Änderung angegeben werden, die im Falle einer Umgliederung vorgenommen worden wären (IAS 1.41 f.). Dies entspricht § 265 Abs. 1 und Abs. 2 HGB, bezieht sich jedoch nicht nur auf Bilanz und Gewinn- und Verlustrechnung, sondern auf **alle Berichtsinstrumente**.

Beispiele:

(a) Im Abschluss 01 sind vermietete Immobilien (= Anlageimmobilien, *investment properties*) wegen Unwesentlichkeit nicht gesondert angegeben, sondern unter den Sachanlagen ausgewiesen worden. Durch den Zukauf weiterer Immobilien, die vermietet werden, werden Anlageimmobilien nunmehr als wesentlich angesehen und im Abschluss 02 gesondert ausgewiesen. Dann ist, sofern praktikabel, auch für das Vergleichsvorjahr 01 der Buchwert der Anlageimmobilien anzugeben. Entsprechende Änderungen sind auch im Anlagenspiegel vorzunehmen.

(b) Im Abschluss 02 ist wegen der Veränderung des Tätigkeitsfeldes die Segmentzuordnung geändert worden. Durch zugleich durchgeführte EDV-Systemänderungen wird eine rückwirkende Anpassung aber als unpraktikabel angesehen (IAS 1.41). Hierüber wird berichtet. Ebenso wird berichtet, welche Segmente und welche wesentlichen Posten betroffen gewesen wären, hätte man rückwirkend angepasst.

(c) **Deutsche Post World Net, Geschäftsbericht 2003, 101:** „Der Zinsaufwand aus abgezinsten Pensionsverpflichtungen und denjenigen sonstigen verzinslichen Rückstellungen, die nach IAS 19 zu bewerten sind, wird im Geschäftsjahr 2003 erstmals im Finanzergebnis ausgewiesen. Für das Geschäftsjahr 2003 ergab sich daraus eine Belastung des Finanzergebnisses i.H.v. 578 Mio. Euro. Dies betrifft in erster Linie den Zinsaufwand aus abgezinsten Pensionsrückstellungen. Die Vorjahreszahl wurde i.H.v. 548 Mio. Euro angepasst. (…)

Ausweisänderung in Mio. Euro	2002	2002 geändert	Veränderung
Personalaufwand	- 13.772	- 13.313	+ 459
Sonstiger betrieblicher Aufwand	- 6.946	- 6.857	+ 89
Sonstiges Finanzergebnis	- 115	- 663	- 548

Mit den Ausweisänderungen geht eine verbesserte Darstellung der Vermögens- und Ertragslage einher."

F. Änderung von Schätzungen

Für viele Bilanzposten sind Schätzungen (Ausfüllung von Beurteilungs- und Ermessensspielräumen) erforderlich; im Bereich der Nutzungsdauern von Anlagevermögen, bei der Einschätzung von Forderungsausfällen, der Verwertbarkeit von Vorräten oder bei Rückstellungen (IAS 8.32) liegt das auf der Hand. Schätzungen sind aber auch vorzunehmen, wenn es um die Aktivierung selbst erstellter immaterieller Vermögenswerte des Anlagevermögens (Rz. 13.46) oder die Feststellung erzielbarer Beträge im Rahmen eines Wertminderungstests (siehe Rz. 19.52) geht. Zahlreiche Einzelstandards sehen Angabepflichten über die Ausfüllung von Beurteilungsspielräumen vor (s. im Einzelnen jeweils ab Kapitel 13).

12.53

Schätzungsänderungen werden meist mit der Bewertung assoziiert. Gleichwohl sind sie auch bei dem Bilanzansatz relevant, etwa bei der Abschätzung der Wahrscheinlichkeit für eine Inanspruchnahme bei der Rückstellungsbildung nach IAS 37[30] (Rz. 26.28).

Für zu schätzende Sachverhalte – IAS 8 enthält keine Definition von Schätzungen, sondern in IAS 8.32 die o.g. Beispiele (zur Abgrenzung von Rechnungslegungsmethoden siehe ausführlich Rz. 12.22 ff.) – sind jeweils die letzten zur Verfügung stehenden, zuverlässigen Informationen zu beachten. Dem Management *neu zugegangene Informationen* können zu veränderten Schätzungen führen.

Die Auswirkungen von Schätzungsänderungen sind periodengerecht in der Berichtsperiode oder, soweit die Schätzung auch künftige Perioden betrifft (Nutzungsdauern, Rückstellungen), in eben diesen künftigen Perioden zu erfassen (IAS 8.36). Dabei gilt:

12.54

(a) Die **Anpassung** folgt in der Frage der Erfolgswirksamkeit der Bilanzierung des entsprechenden Bilanzpostens: Die Änderung eines Forderungsbestands durch erhöhte Abschreibung wegen gestiegener Ausfallwahrscheinlichkeit wird erfolgswirksam erfasst (IAS 8.36), wohingegen ein veränderter Fair Value eines Wertpapiers der FVOCI zu einer erfolgsneutralen Anpassung führt (IAS 8.37 i.V.m. IAS 8.BC33), es sei denn, es läge eine Wertminderung vor.

---

[30] Vgl. *Fink/Zeyer*, PiR 2011, 181 (182).

(b) Es ist **prospektiv** anzupassen. Dies bedeutet z.B. bei einer Änderung der Abschreibungsdauer: Der bisherige Buchwert wird auf die Restnutzungsdauer verteilt[31] (*unzulässig* ist die Erfassung der bisher unterlassenen oder zu viel verrechneten Abschreibung in der Periode der Periodenänderung, sog. *cumulative catch up*, es sei denn, IFRS sieht eine solche Methode explizit vor).

12.55 Der **Ergebniseffekt der Schätzungsänderung** ist bei der Korrektur von Forderungen/Rückstellungen u.ä. zweckmäßigerweise in sonstigen betrieblichen Aufwendungen bzw. Erträgen zu erfassen. Eine Korrektur gegen die ursprünglichen GuV-Posten ist wegen der Periodenverschiebung u.U. nicht sachgerecht.

12.56 Für die Veränderung von Schätzungen im Zusammenhang mit **Entsorgungsverpflichtungen** von Sachanlagen besteht mit IFRIC 1 eine Sonderregelung, die mit IAS 8 kompatibel ist (Beispiel in Rz. 14.83).

12.57 Bei der Änderung einer Schätzung handelt es sich regelmäßig *nicht* um eine **Fehlerkorrektur** (IAS 8.34). Von einem Fehler kann nur dann gesprochen werden, wenn wesentliche bewertungsrelevante Informationen eigentlich hätten bekannt gewesen sein müssen, jedoch nicht in der ursprünglichen Schätzung verarbeitet worden sind, so dass die Schätzung von Anfang an falsch und irreführend für den Abschlussadressaten gewesen ist.

G. Abbildung entdeckter Fehler

12.58 Unter den Begriff des Fehlers fasst IAS 8.5 Rechenfehler, Fehlanwendung der Rechnungslegungsmethoden, das Übersehen oder fehlerhafte Interpretieren von Informationen und Betrug.

Beispiele für Fehler:
- Beim Erwerb eines Grundstückes sind Notargebühren nicht aktiviert worden.
- Bei der Umrechnung einer Fremdwährungsverbindlichkeit ist statt des Stichtagskurses der Jahresdurchschnittskurs verwandt worden.
- Bei Beurteilung der Einbeziehungspflicht einer anderen Gesellschaft wurde nur gewürdigt, dass Stimmrechtsmehrheit nicht vorliegt; der Vertrag, der es ermöglicht, die Mehrheit der Stimmen bei Sitzungen des Board of Directors beim Unternehmen zu bestimmen, wurde übersehen.
- Betrügerisches Vorgehen (das nach nationalem Verständnis zur Nichtigkeit des Jahresabschlusses nach § 256 Abs. 5 AktG führt, ungeachtet dessen, dass die Vorschrift weder unmittelbar noch analog auf den Konzernabschluss anzuwenden ist).

12.59 Die Existenz von Fehlern kann die Güte eines IFRS-Abschlusses negativ beeinflussen. So steht nach IAS 8.41 ein Abschluss nicht in Übereinstimmung mit den IFRS, wenn er entweder

---

31 Vgl. *Driesch* in Beck IFRS-HB[5], § 45 Rz. 35.

(a) wesentliche Fehler oder

(b) unwesentliche Fehler, die absichtlich herbeigeführt worden sind, um ein bestimmtes Bild des Unternehmens zu zeichnen (u.a. Betrug),

enthält. Bei der Beurteilung der Wesentlichkeit sind Größe und/oder Art des Postens in seiner Wirkung auf (mögliche) ökonomische Entscheidungen der Abschlussadressaten zu würdigen. (IAS 8.5; siehe Rz. 6.29 ff.).[32] Soll in der obigen Aufzählung der Buchstabe (b) logisch nicht ins Leere laufen[33], können damit nur **qualitativ wesentliche Fehler** gemeint sein, selbst wenn diese **betragsmäßig nicht ins Gewicht** fallen, bspw. wenn ein geringer Anteil von Umsätzen verschoben wird, um einen stetig steigenden Umsatztrend zu zeigen.[34]

Diese Überlegungen führen somit zu folgendem Umgang mit im Abschluss entdeckten Fehlern: 12.60

— Werden während der Aufstellung des Abschlusses *unwesentliche* Fehler entdeckt, sind sie in der aktuellen Berichtsperiode zu korrigieren, unabhängig davon, wann sie sich ereignet haben.

— Wird ein *wesentlicher* Fehler entdeckt, der in der laufenden Periode verursacht worden ist, so ist er auch in der laufenden Periode zu korrigieren.

— Wurde hingegen ein *wesentlicher* Fehler in einer *früheren* Periode verursacht, so ist er in dieser früheren Periode retrospektiv zu korrigieren, so, als wäre der Fehler nicht gemacht worden. Sollte eine rückwirkende Korrektur undurchführbar sein, ist ab dem Zeitpunkt der Durchführbarkeit, hilfsweise also erst in der laufenden Berichtsperiode zu korrigieren. Die Erwägungen hierzu und das Verfahren entsprechen dem der Änderung von Rechnungslegungsmethoden (siehe oben Rz. 12.40 ff.).

Änderungen der Steuerbilanzwerte auf Grund **steuerlicher Betriebsprüfungen** schlagen nicht auf einen IFRS-Abschluss durch, sofern in diesem nach IFRS-Kriterien „richtig" bilanziert worden ist. Die Änderungen der Steuerbilanzwerte können aber Konsequenzen haben für die Berechnung latenter Steuern im IFRS-Abschluss. Zu diesen Sonderproblemen siehe Rz. 29.82 ff. 12.61

Zu einer Fehlerkorrektur kann es auch auf Grund des sog. **Enforcement** durch die Deutsche Prüfstelle für Rechnungslegung kommen (Rz. 4.45).[35] 12.62

---

32 Zur Beurteilung der Wesentlichkeit im Zusammenhang mit Fehlern vgl. *Erchinger/Melcher*, KoR 2008, 616 (619 ff.).
33 Da eine Information immer dann als wesentlich gilt, wenn ihr Weglassen oder ihre fehlerhafte Darstellung die Entscheidungen der Abschlussadressaten beeinflussen können, IAS 1.7 und nunmehr auch IAS 8.5.
34 Vgl. *Zabel/Benjamin*, New York Law Journal, January 2002, 15 zur amerikanischen Gerichtspraxis, zit. nach *Lüdenbach/Hoffmann* in Haufe IFRS-Komm[16], § 1 Rz. 63 Fn. 43.
35 Vgl. die jährlichen Tätigkeitsberichte des DPR.

H. Anhangangaben

12.63 Die Anhangangabepflichten zu Rechnungslegungsmethoden sowie zur Erstanwendung eines neuen oder überarbeiteten Standards oder einer Interpretation finden sich in IAS 8.28. Zu einem Formulierungsvorschlag bei der retrospektiven Anpassung von Vorjahresabschlüssen vgl. Rz. 12.52(c).

12.64 Bei einer anderen Ausübung eines **Rechnungslegungsmethodenwahlrechts** sind Angaben nach IAS 8.29 erforderlich. Hervorzuheben ist hier das Erfordernis einer Begründung, warum die neue Methode zuverlässige und relevantere Informationen vermittelt.

12.65 In Bezug auf Schätzungsänderungen sind unter dem Vorbehalt der *Wesentlichkeit* **Art und Betrag der Schätzungsänderung** anzugeben, sofern sie sich auf die Berichtsperiode beziehen. Sind auch künftige Perioden betroffen, ist ebenfalls die Art der Schätzungsänderung anzugeben und, soweit möglich, der Betrag. Falls eine Schätzung des Betrags für künftige Perioden nicht durchführbar ist, ist dies anzugeben (IAS 8.39 f.).

12.66 Bei einer Korrektur **wesentlicher Fehler** sind die Angaben nach IAS 8.49 erforderlich. Sie entsprechen weitgehend jenen aus IAS 8.29, die bei Änderungen einer Rechnungslegungsmethode zu machen sind (Rz. 12.64).

Teil 3
Bilanzierung

Kapitel 13
Immaterielle Vermögenswerte des Anlagevermögens (IAS 38)

A. Überblick und Wegweiser ... 13.1	
I. Management Zusammenfassung ... 13.1	
II. Standards und Anwendungsbereich ... 13.5	
III. Wesentliche Abweichungen zum HGB ... 13.10	
IV. Neuere Entwicklungen ... 13.12	
B. Bilanzansatz ... 13.20	
I. Ansatzkriterien ... 13.20	
II. Begriff des immateriellen Vermögenswerts ... 13.21	
1. Übersicht ... 13.21	
2. Identifizierbarkeit: Abgrenzung vom Goodwill ... 13.22	
3. Keine physische Substanz ... 13.25	
4. Vermögenswert, insbesondere Verfügungsmacht ... 13.28	
III. Werthaltigkeit, Nutzenzufluss ... 13.32	
IV. Abgrenzung von Anschaffung und Herstellung ... 13.34	
V. Einzelerwerb und Erwerb im Rahmen von Unternehmenszusammenschlüssen, erworbene Forschungsprojekte ... 13.35	
VI. Goodwill ... 13.37	
VII. Spezielle Ansatzkriterien für selbstgeschaffene immaterielle Vermögenswerte ... 13.40	
1. Trennung von Forschung und Entwicklung ... 13.40	
2. Voraussetzungen für die Aktivierung von Entwicklungsausgaben ... 13.46	

  3. Praxis der Aktivierung von Entwicklungskosten ... 13.51
VIII. Aktivierungsverbote ... 13.53
IX. ABC der Aktivierung immaterieller Sachverhalte ... 13.70
C. Zugangsbewertung ... 13.80
I. Zugangsarten ... 13.80
II. Anschaffungskosten ... 13.81
III. Fair Value beim Unternehmenszusammenschluss ... 13.90
IV. Zuwendungen der öffentlichen Hand ... 13.91
V. Tausch ... 13.92
VI. Herstellungskosten (Entwicklungskosten) ... 13.93
VII. Nachträgliche Anschaffungs- oder Herstellungskosten, Weiterentwicklungskosten ... 13.95
D. Folgebewertung ... 13.100
I. Bedingtes Wahlrecht: Fortgeführte Kosten oder Neubewertungsmethode ... 13.100
II. Fortgeführte Kosten ... 13.101
  1. Begrenzte oder unbestimmte Nutzungsdauer ... 13.101
  2. Planmäßige Abschreibungen ... 13.106
  3. Wertminderungstest, außerplanmäßige Abschreibungen und Zuschreibungen ... 13.111
III. Besonderheit bei erworbenen Forschungs- und Entwicklungsprojekten ... 13.112

E. Stilllegung, Ausbuchung und Umbuchung 13.113
F. Ergebniskennzahlen und selbsterstellte immaterielle Vermögenswerte 13.116
G. Ausweis 13.120

H. Anhangangaben 13.121
I. Anlagespiegel 13.121
II. Sonstige Erläuterungen und Einzelangaben 13.125

Literatur: *Anders*, Bilanzierung und Berichterstattung von Humankapital, PiR 2017, 303; *Bader/Pickl*, Bilanzielle Würdigung von Internetauftritten nach IFRS, PiR 2006, 141; *Ballwieser (Hrsg.)*, US-amerikanische Rechnungslegung, 4. Aufl., Stuttgart 2000; *Baumüller*, CO2-Emissionen in der IFRS-Rechnungslegung: „Trouble-entry Accounting"?, PiR 2019, 68; *Behrendt-Geisler/Weißenberger*, Branchentypische Aktivierung von Entwicklungskosten nach IAS 38 – Eine empirische Analyse von Aktivierungsmodellen, KoR 2012, 56; *Berger/Fischer*, Abbildung von Kryptowährungen in den IFRS, BB 2018, 1195; *Bonk/Janke*, Goodwill-Bilanzierung gemäß IFRS – Eine empirische Analyse der DAX 30 – und CAC 40-Unternehmen in den Geschäftsjahren 2012-2015, PiR 2018, 13; *Busch/Zwirner*, Planmäßige Abschreibung materieller und immaterieller Vermögenswerte – Änderungen von IAS 16 und IAS 38, IRZ 2014, 415; *Christian/Kern*, Aktivierung von Entwicklungskosten und Phasentrennung nach IAS 38 – Bilanzpolitische Fragestellungen und Auslegung der Vorschriften, PiR 2014, 168; *Eppinger/Hägele/Orterer*, Praxisprobleme bei der Bilanzierung von selbsterstellten immateriellen Vermögenswerten nach IAS 38 – Abgrenzungsproblematik Forschungs- oder Entwicklungsphase?, IRZ 2013, 421; *Esser/Hackenberger*, Bilanzierung immaterieller Vermögenswerte des Anlagevermögens nach IFRS und US-GAAP, KoR 2004, 402; *Fischer/Vielmeyer*, Bilanzierung der Aufwendungen für die Erstellung von Internetauftritten nach US-GAAP, IAS und HGB, BB 2001, 1294; *Froschhammer/Haller*, Internationalisierung des HGB am Beispiel der Aktivierung selbst geschaffener immaterieller Vermögensgegenstände – Von der Gesetzesentstehung zur Regelungsanwendung, StuB 2013, 615; *Garvens/Lubitz*, Rückstellungen als Anschaffungskosten immaterieller Vermögenswerte, StuB 2005, 248–253; *Günther*, Rechnungslegung von Emissionsrechten, KoR 2003, 432; *Hager/Hitz*, Immaterielle Vermögenswerte in der Bilanzierung und Berichterstattung – Eine empirische Bestandsaufnahme für die Geschäftsberichte deutscher IFRS-Bilanzierer 2005, KoR 2007, 205; *Haller/Froschhammer/Groß*, Die Bilanzierung von Entwicklungskosten nach IFRS bei deutschen börsennotierten Unternehmen – eine empirische Analyse, DB 2010, 681; *Herzig*, IAS/IFRS und steuerliche Gewinnermittlung, Düsseldorf 2004; *Hoffmann*, Kundengewinnungskosten, PiR 2012, 232; *Homberg/Elter/Rothenburger*, Bilanzierung von Humankapital nach IFRS am Beispiel des Spielervermögens im Profisport, KoR 2004, 249; *Keiling/Romeike*, Die Bilanzierung von Kryptowährungen – Wie Coins und Tokens im IFRS-Abschluss zu erfassen sind, KoR 2018, 268; *von Keitz*, Immaterielle Güter in der internationalen Rechnungslegung, Düsseldorf 1997; *Kirsch/von Wieding*, Bestandsbilanzierung von Bitcoin im IFRS-Kontext, IRZ 2018, 115; *Lüdenbach*, Rückerwerb eines lizensierten Rechts, PiR 2012, 198; *Lüdenbach*, Bitcoins – Lost in Rules: Die IFRS-Bilanzierung von Bitcoin-Aktiva und -Passiva zwischen Kasuistik und Pathologie, PiR 2018, 103; *Moxter*, Grundsätze ordnungsmäßiger Rechnungslegung, Düsseldorf 2003; *Moxter*, Bilanzrechtsprechung, 6. Aufl., Tübingen 2007; *Mujkanovic*, Softwarebilanzierung nach HGB und IFRS – Anschaffung dauerhaft genutzter Software beim Anwender, PiR 2013, 301; *Nebe/Elprana*, Bilanzierung von Subscriber Acquisition Costs im IFRS-Abschluss von Internetunternehmen, KoR 2006, 477; *Oldewurtel/Kümpel*, Die Bilanzierung der Entwicklungskosten nach IAS 38 – Vermittlung entscheidungsnützlicher Informationen i.S.d. IFRS-Framework?, KoR 2014, 233; *Quitmann/Jaenecke*, Bilanzierung von E-Books in der Verlagsbranche nach IFRS, KoR 2010, 88; *Rade/Stobbe*, Auswirkungen des BilMoG auf die Bilanzierung von Fußballspielerwerten in der Handelsbilanz, DStR 2009,

1109; *Rogler/Lange/Straub*, Bilanzierung von Emissionsrechten, KoR 2009, 371; *Rogler/Schmidt/Tettenborn*, Ansatz immaterieller Vermögenswerte bei Unternehmenszusammenschlüssen – Diskussion bestehender Probleme anhand eines Fallbeispieles, KoR 2014, 577; *Ruhnke/Schmiele/Sanyang*, Bedeutung selbst erstellter immaterieller Vermögensgegenstände des Anlagevermögens für Kreditvergabeentscheidungen, DB 2009, 2725; *Schmittmann*, Rechtsfragen bei der Bilanzierung und Bewertung einer Domain nach HGB, IAS und US-GAAP, StuB 2002, 105; *Sopp/Grünberger*, Bilanzierung von virtuellen Währungen nach IFRS und aufsichtsrechtliche Behandlung bei Banken, IRZ 2018, 219; *Streim/Bieker/Leippe*, Anmerkungen zur theoretischen Fundierung der Rechnungslegung nach International Accounting Standards, in Schmidt/Ketzel/Prigge (Hrsg.), Moderne Konzepte für Finanzmärkte, Beschäftigung und Wirtschaftsverfassung – Gedenkschrift für Stützel, 2000, 177; *Theile*, Immaterielle Vermögensgegenstände nach RegE BilMoG – Akzentverschiebung beim Begriff des Vermögensgegenstands?, WPg 2008, 1064; *Theile*, Bilanzrechtsmodernisierungsgesetz, 3. Aufl., Herne 2011; *Theile*, Das neue Conceptual Framework – was für IFRS-Anwender wichtig ist, BBK 2018, 589; *Thurow*, Bitcoin in der IFRS-Bilanzierung, IRZ 2014, 197; *Wulf/Lange/Niemöller*, E-DRS 32 – Bilanzierung von immateriellen Vermögensgegenständen im Konzernabschluss im Lichte von IAS 38, BB 2015, 1835; *Wulf/Udun*, Bedeutung immaterieller Vermögenswerte in IFRS-Abschlüssen und Konsequenzen für die Weiterentwicklung der Rechnungslegung, KoR 2018, 173; *Zülch/Teuteberg*, Änderungen an IAS 16 und IAS 38 zur Angemessenheit von Abschreibungsmethoden – Kein striktes Verbot der Umsatzbasierung, Zeitschrift für Wirtschaftsrecht 2014, 1629; *Zwirner/Froschhammer*, Ermittlung der Herstellungskosten unter Berücksichtigung von Entwicklungskosten – Unterschiede und Gemeinsamkeiten nach IFRS und HGB – Eine Fallstudie unter Berücksichtigung steuerlicher Auswirkungen, KoR 2012, 93.

A. Überblick und Wegweiser

I. Management Zusammenfassung

Erfolgreiche Innovationsfähigkeit ist für Unternehmen im weltweiten Wettbewerb essentiell. Innovationen drücken sich durch Investitionen in neue oder verbesserte Produkte, Produktionsverfahren und Prozessabläufe aus, die dann in den späteren Perioden ihrer Nutzung den Unternehmenserfolg steigern sollen. Grundsätzlich – aber nicht durchgängig – verfolgen die IFRS die Idee, erst die Perioden der Nutzung immaterieller Sachverhalte mit den entsprechenden Investitionsaufwendungen zu belasten und nicht schon jene Perioden, in denen die Investition erfolgt. Daher sind Investitionen in immaterielle Sachverhalte zunächst zu aktivieren, bis sie in den Perioden ihrer Nutzung abgeschrieben werden.

13.1

Im Einzelnen sehen die IFRS für die Aktivierung langfristiger immaterieller Sachverhalte folgende Regelungen vor:

13.2

– **Erworbene immaterielle Vermögenswerte** sind zu aktivieren, unabhängig davon, ob es sich um einen Einzelerwerb oder einen Erwerb im Rahmen eines Unternehmenszusammenschlusses (Unternehmenserwerb) handelt.

– Auch für den **erworbenen (derivativen) Goodwill** besteht Aktivierungspflicht.

- Ausgaben für Produkt- und Verfahrensneuentwicklungen sowie deren wesentliche Weiterentwicklungen („**Entwicklungskosten**") sind nach besonderer und positiver Prüfung ihrer Werthaltigkeit zu aktivieren. Für vorgelagerte **Forschungskosten** besteht ein Aktivierungsverbot. Die deshalb notwendige Trennung von Forschung und Entwicklung bedarf kaufmännischer Beurteilungsfähigkeit und ist ermessensbehaftet.
- Ein **selbstgeschaffener Goodwill** darf nicht aktiviert werden.
- Ein Aktivierungsverbot gilt auch für spezielle, selbstgeschaffene Goodwill-ähnliche Sachverhalte wie **Markennamen, Kundenlisten, Drucktitel, Verlagsrechte** usw. Sind diese hingegen erworben (z.B. im Rahmen eines Unternehmenserwerbs), müssen sie aktiviert werden.

13.3 Für die **Folgebewertung** immaterieller Vermögenswerte ist zwischen ihrer bestimmbaren und unbestimmbaren Nutzungsdauer zu unterscheiden. Nur bei bestimmbarer Nutzungsdauer, bei der der Nutzenzufluss an das Unternehmen zeitlich begrenzt ist, muss planmäßig abgeschrieben werden. Immaterielle Vermögenswerte ohne bestimmbare Nutzungsdauer sowie erworbene Goodwills werden hingegen nicht planmäßig abgeschrieben, sondern unterliegen einem jährlichen Test auf Werthaltigkeit („**Impairment-Test**"). Sollte das Ergebnis negativ sein, kommt es zu einer außerplanmäßigen Abschreibung; das kann zu unvorhergesehenen Aufwandsspitzen führen.

13.4 Durch die Aktivierungspflicht von werthaltigen Entwicklungskosten werden die Perioden der Entwicklung nicht mit Aufwand belastet. Der Aufwand verlagert sich auf die Folgeperioden, wenn das Entwicklungsprojekt genutzt wird.

Beispiel: Das Automobilunternehmen A entwickelt in den Jahren 01 und 02 ein neues Modell für 600 Mio. Euro. Die aktivierten Entwicklungskosten von 600 Mio. Euro werden ab 03, dem Produktions- und Verkaufsstart des neuen Modells, abgeschrieben. Es ist vorgesehen, das neue Modell 6 Jahre lang zu produzieren, so dass für die Nutzungsdauer des selbst erstellten immateriellen Vermögenswertes 6 Jahre als Abschreibungsdauer veranschlagt werden.

Bei einer Gliederung der GuV nach dem **Gesamtkostenverfahren** wird in den Perioden der Entwicklungstätigkeit durch die Aktivierung von Entwicklungskosten das operative Ergebnis **EBITDA** *entlastet*, während es in den Perioden der Abschreibung der Entwicklungskosten *nicht belastet* wird, da sich der Aufwand in der Zeile „Abschreibung" findet.

II. Standards und Anwendungsbereich

13.5 IAS 38 enthält Regelungen zum Ansatz und zur planmäßigen Erst- und Folgebewertung **immaterieller Vermögenswerte des langfristigen Vermögens (Anlagevermögen)** sowie über Anhangangabepflichten. Außerplanmäßige Abschreibungen (Wertminderungen, *Impairment*) sind dagegen in IAS 36 geregelt; diese erläutern wir in Kapitel 19 (Rz. 19.1 ff.).

Ergänzt wird IAS 38 durch SIC-32, der Spezialregelungen zur Aktivierung der Aufwendungen für die **Erstellung von Internetseiten** enthält, s. ABC, Rz. 13.70. 13.6

Das RIC des DRSC hat bereits 2009 einen Anwendungshinweis zur Bilanzierung von Ausgaben zur Registrierung nach der EU-Chemikalienverordnung REACH veröffentlicht, der zuletzt 2013 überarbeitet und in DRSC AH 2 (IFRS) umbenannt wurde. Siehe hierzu ABC, Rz. 13.70. 13.7

Grundsätzlich soll IAS 38 auf die Bilanzierung *aller* immateriellen Vermögenswerte angewendet werden, also nicht nur auf solche des langfristigen Vermögens. Tatsächlich aber ist IAS 38 auf Grund umfangreicher Ausnahmen im **Anwendungsbereich** nur ein nachrangiger Standard, denn jeder andere Standard, der (auch) immaterielle Vermögenswerte zum Gegenstand hat, geht im Anwendungsbereich vor (IAS 38.3). In der Praxis bedeutsam sind vor allem folgende Sachverhalte, die nicht unter IAS 38 fallen: 13.8

– Immaterielle Vermögenswerte, die für den **Verkauf im normalen Geschäftsgang** vorgesehen sind. Hier sind IAS 2 (Vorräte, z.B. die Massenherstellung von Software) und im Falle von bereits bestehenden Auftragsverhältnissen IFRS 15 (Erlöse aus Verträgen mit Kunden, z.B. die Ausführung einer kundenspezifischen Entwicklungsleistung) einschlägig.

– Die Bilanzierung eines im Rahmen eines Unternehmenszusammenschlusses entstandenen **Goodwills** richtet sich nach IFRS 3.

– Werden **Geschäftsbereiche aufgegeben**, die immaterielle Vermögenswerte nach IAS 38 enthalten oder ist deren Veräußerung vorgesehen, kommt die Anwendung von IFRS 5 in Betracht.

– Es bestehen **branchenspezifische Ausnahmen**: Immaterielle Vermögenswerte aus Versicherungsverträgen eines Versicherers unterliegen dem IFRS 4, wohingegen sich die Angabepflichten wiederum nach IAS 38 richten (IAS 38.3g). Ab 2022 wird IFRS 4 durch IFRS 17 ersetzt mit derselben Ausnahme, allerdings ohne Rückgriff auf die Angabepflichten des IAS 38. Ferner ist die Bilanzierung von Abbau- und Schürfrechten sowie die Behandlung von Ausgaben zur Erschließung, Förderung oder Abbau nicht regenerativer Urprodukte (Öl, Gas, Mineralien usw.) aus dem Anwendungsbereich des IAS 38 ausgenommen; zu diesem Problemfeld ist Ende 2004 IFRS 6 veröffentlicht worden. Bei diesen branchenspezifischen Ausnahmen ist jedoch zu beachten, dass *andere* (= nicht branchenspezifische) immaterielle Vermögenswerte nach wie vor in den Anwendungsbereich des IAS 38 fallen, also etwa die Software eines Versicherungsunternehmens oder eines Gasförderunternehmens (IAS 38.7).

– Die weiteren, in IAS 38.2 f. genannten Ausnahmen vom Anwendungsbereich haben klarstellenden Charakter: Finanzielle Vermögenswerte i.S.v. IAS 32, latente Steueransprüche i.S.v. IAS 12 und Vermögenswerte, die aus Leistungen an Arbeitnehmern resultieren (IAS 19), unterliegen nicht dem IAS 38.

Immaterielle Vermögenswerte können auch auf Grund von **Leasingvereinbarungen** genutzt werden, auf die dann IFRS 16 anzuwenden ist (Rz. 17.6). 13.9

Indessen sind **Rechte aus Lizenzvereinbarungen** beispielsweise über Filmmaterial, Videoaufnahmen, Theaterstücke, Manuskripte, Patente und Urheberrechte aus dem Anwendungsbereich des IFRS 16 – wie auch schon aus dem früheren IAS 17 – ausgenommen (IFRS 16.3e; IAS 17.2b), so dass IAS 38 zur Anwendung kommt. Die Lizenzvereinbarung aus diesen wissenschaftlich/künstlerischen Gegenständen ist auf ihren wirtschaftlichen Gehalt hin zu analysieren. Ähnelt die Vereinbarung einem Mietvertrag, erwirbt der **Lizenznehmer** von vornherein kein wirtschaftliches Eigentum. Das dürfte regelmäßig bei nicht ausschließlichen Lizenzvereinbarungen der Fall sein. Sollten jedoch sämtliche wesentlichen Nutzungsrechte und die Verfügungsmacht auf den Lizenznehmer übergegangen sein, hat der Lizenzgeber in wirtschaftlicher Betrachtungsweise offensichtlich „entäußert". Es liegt dann ein Verkauf vor, so dass der Lizenznehmer den immateriellen Vermögenswert zu bilanzieren hat (IAS 38.6).

III. Wesentliche Abweichungen zum HGB

13.10 Mit dem Bilanzrechtsmodernisierungsgesetz 2009 sind die HGB-Vorschriften im Hinblick auf immaterielles Anlagevermögen den IFRS angenähert worden: Aus dem vormaligen Aktivierungsverbot für **Entwicklungskosten** ist in § 248 Abs. 2 HGB ein Aktivierungswahlrecht geworden.[1] Es ist daher dem Grunde nach möglich, im Fall der Aktivierung von Entwicklungskosten eine Übereinstimmung von HGB und IFRS zu erreichen. Sollten umgekehrt die besonderen Aktivierungsvoraussetzungen des IAS 38 für Entwicklungskosten nicht erfüllt sein (Rz. 13.46), dann kommt auch eine Aktivierung im HGB-Abschluss von vornherein nicht in Betracht.[2]

In der **Steuerbilanz** ist es beim Aktivierungsverbot für Entwicklungskosten geblieben (§ 5 Abs. 2 EStG). Damit löst die Aktivierung von Entwicklungskosten sowohl im IFRS- als auch im HGB-Abschluss passive latente Steuern aus.

Die nachfolgende Tabelle zeigt wesentliche Abweichungen und Übereinstimmungen in der Bilanzierung immaterielle Sachverhalte zwischen HGB und IFRS auf.

	HGB	IFRS
Forschungskosten	Ansatzverbot	Ansatzverbot
Entwicklungskosten	Ansatzwahlrecht	(bedingtes) Ansatzgebot
Aufwendungen für Ingangsetzung und Erweiterung des Geschäftsbetriebs	Ansatzverbot	Ansatzverbot
Erworbener Goodwill (Geschäfts- oder Firmenwert)	Ansatzgebot	Ansatzgebot

---

1 Vgl. zu den BilMoG-Neuerungen bei immateriellem Anlagevermögen *Theile*, WPg 2008, 1064 ff.
2 So *Theile*, Bilanzrechtsmodernisierungsgesetz[3], § 248 HGB Rz. 12.

Bei der **Folgebewertung** des Goodwills kommt nach IFRS 3 ausschließlich der sog. Impairment-only-Ansatz zur Anwendung: Der Goodwill ist nicht planmäßig abzuschreiben, sondern unterliegt einer jährlichen und ggf. zusätzlich anlassbezogenen Prüfung auf Werthaltigkeit (**Impairment-Test**). Ein Goodwill nach HGB ist zwar im Fall einer Wertminderung auch einer außerplanmäßigen Abschreibung zugänglich, muss jedoch vor allem über seine – zu schätzende – Nutzungsdauer planmäßig abgeschrieben werden. Im Ausnahmefall einer nicht verlässlichen Schätzung für die Nutzungsdauer ist über 10 Jahre abzuschreiben (§ 253 Abs. 3 Satz 4 HGB).

13.11

IV. Neuere Entwicklungen

IAS 38 ist am 31.3.2004 neu gefasst worden. Seither hat es einige kleinere Änderungen gegeben, zuletzt im Hinblick auf Klarstellungen zur Verwendung von Abschreibungsmethoden (Mai 2014) und aus Folgewirkungen der Verabschiedung von IFRS 15 *Erlöse aus Verträgen mit Kunden* und IFRS 16 *Leasing*.

13.12

Derzeit bestehen keine unmittelbaren Pläne zur Änderung des IAS 38. Allerdings passen die in IAS 38 formulierten Ansatzkriterien für immaterielle Vermögenswerte nicht mehr zu den neuen im 2018 verabschiedeten *Conceptual Framework* (CF 2018), sondern nur zu jenen des „alten" Rahmenkonzepts aus 1989. Das gleiche Problem stellt sich auch für IFRS 3; hier will der IASB in weiteren Analysen die mögliche materielle Bedeutung herausarbeiten (IFRS 3.BC114A). Sollten dann Änderungen an IFRS 3 vollzogen werden, wäre es konsequent, auch IAS 38 anzupassen. Wesentliche materielle Änderungen dürften daraus allerdings eher nicht zu erwarten sein.[3]

13.13

frei

13.14–13.19

B. Bilanzansatz

I. Ansatzkriterien

IAS 38 ist der einzige *Standard*, in dem sich eine Definition des Vermögenswertes findet (IAS 38.8). Die genannten Merkmale entsprechen dabei denen des Frameworks aus 1989; sie sind nicht an das CF 2018 angepasst worden. Hinzu tritt die Definition der *immateriellen* Aspekte. Im Einzelnen:

13.20

Eine Ressource *ist* als immaterieller Vermögenswert zu aktivieren (IAS 38.18), wenn

- die **Definitionsmerkmale** eines immateriellen Vermögenswertes gegeben sind, Rz. 13.21 ff.,
- es **wahrscheinlich** ist, dass dem Unternehmen der erwartete künftige wirtschaftliche Nutzen aus dem Vermögenswert zufließen wird (**konkreter künftiger Nutzenzufluss**, IAS 38.21a), Rz. 13.32 *und*

---

3 Siehe *Theile*, BBK 2018, 592.

– die **Kosten** für den Vermögenswert **zuverlässig ermittelt** werden können (IAS 38.21b). Bei der Kostenermittlung ist zwischen den Anschaffungskosten für erworbene immaterielle Vermögenswerte und den Herstellungskosten für selbsterstellte immaterielle Vermögenswerte zu unterscheiden. Besondere Vorschriften bestehen beim Tausch, beim Zugang durch öffentliche Hand und beim Unternehmenszusammenschluss, s. Rz. 13.70 ff.

Die nachfolgende Übersicht ist unsere strukturierte Empfehlung, wie bei der Prüfung auf Aktivierung immaterieller Vermögenswerte vorgegangen werden könnte. Die Reihenfolge der nachfolgenden Ausführungen orientiert sich im Grundsatz an dieser Struktur. Lediglich das Ansatzkriterium der „zuverlässigen Kostenermittlung" haben wir nicht gesondert beim Ansatz aufgeführt, sondern im Rahmen der Erstbewertung erläutert.

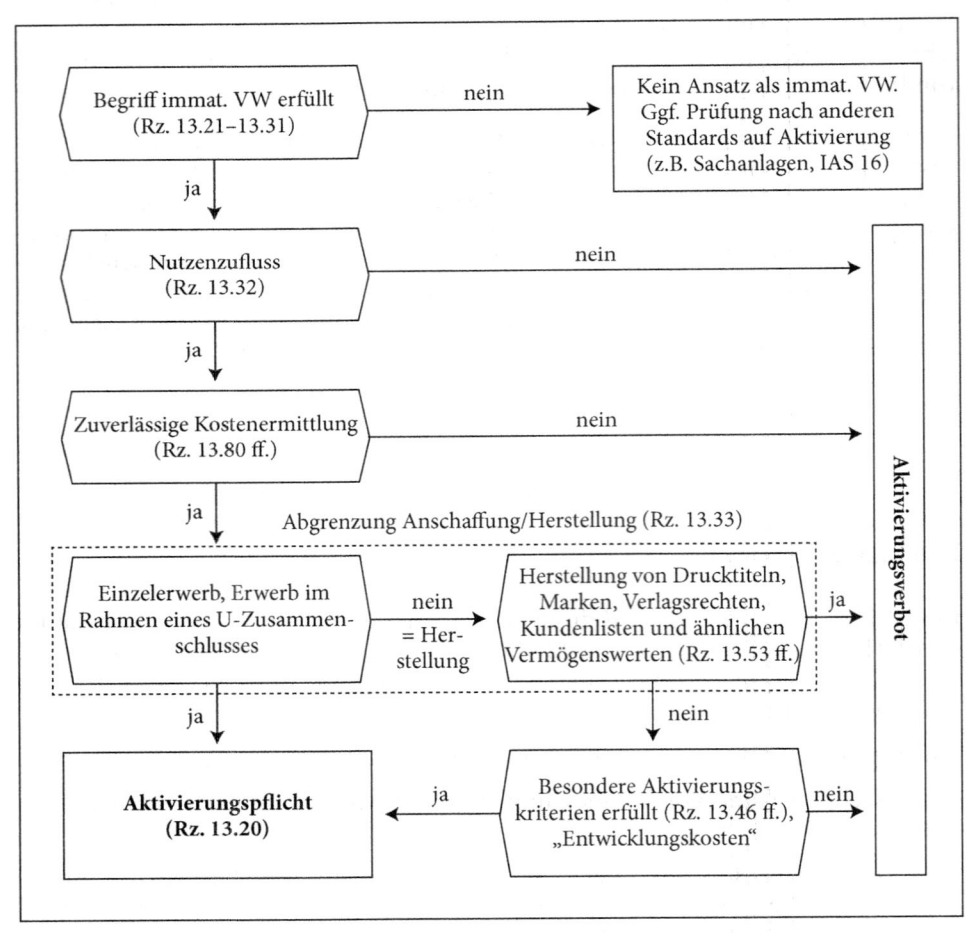

Abb. 13.1: Ablaufschema zur Prüfung der Aktivierung immaterieller Sachverhalte

II. Begriff des immateriellen Vermögenswerts

1. Übersicht

IAS 38.8 bemüht sich in Abgrenzung zu anderen zu bilanzierenden Sachverhalten um eine Beschreibung dessen, was einen **immateriellen Vermögenswert** (*intangible asset*) ausmacht: 13.21

– ein **identifizierbarer** (*identifiable* = Abgrenzung zum Goodwill),

– **nicht monetärer** (*non-monetary* = Abgrenzung zu Zahlungsmitteln, Forderungen, Ausleihungen u.Ä. Monetäre Vermögenswerte sind im Bestand befindliche Zahlungsmittel und Vermögenswerte, für die das Unternehmen einen festen oder bestimmbaren Geldbetrag erhält, s. Definition in IAS 38.8 sowie IAS 21.16),

– **Vermögenswert** (*asset*) i.S.d. Rahmenkonzepts 1989, also Verfügungsmacht, künftiger wirtschaftlicher Nutzen und zuverlässige Kostenermittlung,

– **ohne physische Substanz** (*without physical substance* = Abgrenzung zu Sachanlagen).

IAS 38.9 f. listet Beispiele für immaterielle Sachverhalte auf, etwa Lizenzen, Warenzeichen, Patente, Kundenlisten, Absatzrechte usw. ungeachtet dessen, ob sie ansatzpflichtig sind oder nicht.

2. Identifizierbarkeit: Abgrenzung vom Goodwill

Identifizierbar ist ein immaterieller Vermögenswert, wenn er sich klar von einem Geschäfts- oder Firmenwert (Goodwill) abgrenzen lässt (IAS 38.11). Hierzu ist erforderlich, dass der Vermögenswert 13.22

– **separierbar** ist (= abtrennbar vom Unternehmen) und daher veräußert, vermietet, lizenziert, übertragen oder getauscht werden kann, entweder einzeln oder zusammen mit einem Vertrag, Vermögenswert oder einer Schuld *oder*

– mit einem **Recht** (Vertrag oder Gesetz) verbunden ist, wobei es dann auf die Separierbarkeit nicht ankommt.

Separierbarkeit liegt umgekehrt dann *nicht* vor, wenn die Übertragung des ökonomischen Vorteils nur im Zusammenhang eines ganzen Unternehmens (*Business*, s. Rz. 36.20 ff. und ab 2020 Rz. 36.16) erfolgen könnte. Als Beispiele können der **Marktanteil**, **Standortvorteile** und i.d.R. auch der **Kundenstamm** genannt werden.[4]

Aufwendungen für die Ingangsetzung des Geschäftsbetriebes, die **Mitarbeiterschulung** und **Werbung** sind von vornherein keine speziellen immaterielle Vermögenswerte, die der obigen Definition genügen; es herrscht insoweit ein **Ansatzverbot**. Im Falle eines Unternehmenserwerbs jedoch gehen mögliche Vorteile aus diesen Sachverhalten genauso wie positive Synergieeffekte (z.B. Kostendegression

---

4 Vgl. Haufe IFRS-Komm[16], § 13 Rz. 13.

durch höhere Produktion infolge höherer Marktanteile, bessere Ausnutzung erworbener oder vorhandener Vertriebsschienen) in den zu aktivierenden Goodwill auf.

13.23 Häufig sind immaterielle Vermögenswerte, die mit einem Recht verbunden sind, auch separierbar. Beispiele sind patentrechtlich geschützte Erfindungen, Taxilizenzen, Verschmutzungszertifikate u.Ä.

Es kommt aber bei immateriellen Vermögenswerten, die mit einem Recht verbunden sind, auf die Separierbarkeit nicht an. Allein die Tatsache des **rechtlichen Schutzes** reicht für die Identifizierbarkeit aus. So sind beispielsweise die Internet-Seiten eines Unternehmens mit einem Recht verknüpft, möglicherweise aber nicht separierbar. Der Rechtsschutz allein führt zur Identifizierbarkeit, so dass, sofern der künftige Nutzenzufluss nicht in Frage gestellt wird (SIC-32.8), bestimmte Aufwendungen für den Internet-Auftritt als Entwicklungskosten zu aktivieren sind.[5]

Im Ergebnis entspricht das Kriterium der Identifizierbarkeit dem der **Greifbarkeit** im deutschen Bilanzrechtsverständnis.[6]

	Identifizierbar: Separierbar oder mit Recht verbunden	Nicht identifizierbar: Nur mit dem Unternehmen als Ganzes verbunden
separat (entgeltlich) erworben	Aktivierungspflicht*	*Entfällt*
mit anderen Vermögenswerten oder einem ganzen Unternehmen entgeltlich erworben	Aktivierungspflicht*	Aktivierungspflicht (Geschäfts- oder Firmenwert, Goodwill als Restgröße)
selbsterstellt	Aktivierungspflicht (der Aufwendungen der Entwicklungsphase) bei zusätzlicher Erfüllung besonderer Kriterien (Rz. 13.46 ff.)	Aktivierungsverbot

* Bei Erfüllung der Ansatzkriterien (Rz. 13.20).

Abb. 13.2: Identifizierbarkeit immaterieller Sachverhalte[7]

13.24 Bei einem **Unternehmenszusammenschluss** ist die Abgrenzung einzelner immaterieller Vermögenswerte vom Goodwill über das Kriterium der Identifizierbarkeit besonders bedeutsam: Einzelne immaterielle Vermögenswerte mit bestimmbarer Nutzungsdauer werden planmäßig abgeschrieben, der Goodwill hingegen unterliegt nur dem jährlichen Impairment-Test.

---

5 S. auch die IASB-Begründungserwägungen in IAS 38 BC10.
6 S. hierzu *Moxter*, Bilanzrechtsprechung[6], 11 f. sowie *Herzig*, IAS/IFRS und steuerliche Gewinnermittlung, 2004, 94.
7 In konzeptioneller Anlehnung an *Schildbach*, Ansatz und Bewertung immaterieller Anlagewerte, in Ballwieser (Hrsg.), US-amerikanische Rechnungslegung[4], 99–113 (102).

Die überschneidungsfreie Feststellung der Separierbarkeit einzelner immaterieller Vermögenswerte im Rahmen eines Unternehmenszusammenschlusses ist schwierig (z.B. Kundenstamm, Kundenliste, Auftragsbestand). Die Abgrenzungsfragen werden mithilfe von Bewertungsmodellen versucht zu lösen; wir gehen ausführlich ab Rz. 36.110 auf dieses Thema ein.

3. Keine physische Substanz

In der Lebenswirklichkeit industrieller Produktion vermischen sich in den Produktionsgütern materielle und immaterielle Komponenten. Welches Fahrzeug, welche Maschine oder Anlage ist heute noch ohne elektronische, programmierte Steuerung funktionsfähig? Sofern jeweils die Vermögenswerteigenschaft vorliegt, dürfte der Aufteilung von materiellen und immateriellen Gütern für Zwecke des Bilanzansatzes eine vergleichsweise nachrangige Bedeutung zukommen. Die **Aufteilung** ist gleichwohl erforderlich, weil u.a.

— materielle und immaterielle langfristige Vermögenswerte in unterschiedlichen Bilanzposten auszuweisen sind,

— bei der Herstellung immaterieller Vermögenswerte erhöhte Dokumentations- und Nachweispflichten zu beachten sind und

— eine besondere Prüfung auf die Bestimmung der Nutzungsdauer für immaterielle Vermögenswerte erforderlich ist.

Zur Abgrenzung der immateriellen Vermögenswerte zu den Sachanlagen ist wie auch nach HGB eine Beurteilung der Funktionsweise erforderlich (IAS 38.4).

— **Anwendungssoftware** (oft: Standardsoftware) ist ein immaterieller Vermögenswert. Sie kann unabhängig von einer bestimmten Hardware genutzt werden. Das ggf. noch vorhandene physische Trägermedium, bei einer Standardsoftware beispielsweise eine CD-ROM, ist unwesentlich. Anwendungssoftware kann auch als **Individualsoftware** auftreten, die ausschließlich für die Bedürfnisse eines bestimmten Anwenders entwickelt worden ist.[8]

— **Systemsoftware**, ohne die eine Sachanlage nicht verwendet werden kann, zählt demgegenüber zu den Kosten der physischen Hardware (= Sachanlage, s. IAS 38.4).[9] Beispiele: Software für eine computergesteuerte Werkzeugmaschine, die ohne diese bestimmte Software nicht betriebsfähig ist; die Steuerungssoftware eines Kfz. Wenn der Softwareanteil unter Wesentlichkeitsaspekten signifikant ist und eine andere Nutzungsdauer aufweist als die materielle Maschine, kommt gegebenenfalls die Anwendung des Komponentenansatzes nach IAS 16 in Betracht.[10] Die Beobachtung einer anderen Nutzungsdauer kann aber auch Hinweis sein zu überprüfen, ob nicht tatsächlich ein separat zu bilanzierender immate-

---

8 Vgl. IDW RS HFA 11 n.F. v. 18.12.2017, Rz. 3.
9 Vgl. *Küting/Pilhofer/Kirchhof*, WPg 2002, 73 (75).
10 So auch Haufe IFRS-Komm[16], § 13 Rz. 7 sowie *Ramscheid* in Beck IFRS-HB[5], § 4 Rz. 10.

rieller Vermögenswert vorliegt.[11] Nach Auffassung des IDW ist demgegenüber für den HGB-Abschluss Systemsoftware grundsätzlich ein selbständiger immaterieller Vermögensgegenstand.[12]

– **Firmware** sind jene Programmbausteine (BIOS), die die Hardware mit der Software verbinden und die Elementarfunktionen eines Computers steuern. Sie sind Teil der Hardware.[13]

13.27 Gelegentlich entstehen im Rahmen eines **Entwicklungsprojekts** auch physische Güter, beispielsweise **Prototypen** bei der Entwicklung eines neuen Automobils. Sie bleiben trotz ihrer physischen Substanz Bestandteil des immateriellen Vermögenswerts[14], da sie regelmäßig als unwesentlich im Verhältnis zum Gesamtprojekt einzustufen sind (IAS 38.5). Darüber hinaus sind Entwurf, Konstruktion und Betrieb einer **Pilotanlage**, *die für die kommerzielle Produktion wirtschaftlich ungeeignet ist*, als Entwicklungskosten zu aktivieren (IAS 38.59c). Wäre die Anlage hingegen auch für die kommerzielle Produktion geeignet, müsste sie als Sachanlage aktiviert werden.

4. Vermögenswert, insbesondere Verfügungsmacht

13.28 Der Standard stellt die Bedeutung der Verfügungsmacht für immaterielle Sachverhalte besonders heraus (IAS 38.13–16). **Verfügungsmacht** (Beherrschung, *Control*) über die Ressource liegt vor, soweit der Zugriff Dritter auf den künftigen Nutzenzufluss ausgeschlossen ist. Das erfordert entweder

– rechtlich **durchsetzbare Ansprüche** (z.B. Gebietsschutz aus Händlerverträgen, Wettbewerbsverbote, Patente, Warenzeichen usw.) oder

– **faktische Kontrolle**, die etwa bei **geheim gehaltenem technischem Wissen** eben wegen der Geheimhaltung (Vertraulichkeitsvereinbarung mit Mitarbeitern) zu bejahen ist (CF 2010, 4.22).[15]

13.29 Allgemeines bzw. durch Schulungsmaßnahmen erworbenes **Mitarbeiter-Know-how** soll nicht hinreichend in der Verfügungsmacht des Unternehmens liegen: Trotz Arbeitsvertrag könne der Mitarbeiter jederzeit kündigen, so dass keine vollständige Kontrolle über den künftigen Nutzenzufluss besteht (IAS 38.15).[16] Problematisch

---

11 So EY-iGAAP, 1181.
12 Vgl. IDW RS HFA 11 n.F. v. 18.12.2017, Rz. 5 f.
13 IDW RS HFA 11 n.F. v. 18.12.2017, Rz. 3 f.
14 Vgl. *Esser/Hackenberger*, KoR 2004, 402 (404); *Baetge/von Keitz* in Baetge-IFRS, IAS 38 Rz. 20.
15 Vgl. auch *von Keitz*, Immaterielle Güter in der internationalen Rechnungslegung, 1997, 198.
16 Kritisch zu diesem „Verflüchtigungsargument" *Streim/Bieker/Leippe*, Anmerkungen zur theoretischen Fundierung der Rechnungslegung nach International Accounting Standards, in Schmidt/Ketzel/Prigge (Hrsg.), Gedenkschrift für Stützel, 2000, 177–206 (193): auch Nutzenpotentiale, deren Träger materielle Güter sind, können sich (z.B. bei Marktveränderungen) verflüchtigen; die Korrektur erfolgt dann über eine außerplanmäßige Abschrei-

ist allerdings der letzte Satz in IAS 38.15, wonach *dann* das Know-how als immaterieller Vermögenswert anzusetzen sei, wenn

– dessen Verwendung durch Rechtsansprüche geschützt wäre und
– die übrigen Voraussetzungen vorliegen.

Was gemeint ist, zeigen folgende Überlegungen:

Im **Profisportbereich** ist es üblich, Spieler aus bestehenden Arbeitsverträgen durch Zahlung einer Transferentschädigung an den abgebenden Verein „herauszukaufen". Dadurch entsteht überhaupt erst die Möglichkeit des Abschlusses eines Arbeitsvertrages mit dem Spieler. Solche Arbeitsverträge sind vom Spieler nur sehr eingeschränkt kündbar, so dass der aufnehmende Verein die Kontrolle über den künftigen Nutzen der Spielberechtigung erlangt und Dritte von dieser Nutzung ausschließt. Die Transferentschädigung sind die Anschaffungskosten (zzgl. direkt zurechenbare Beraterprovisionen, ggf. *signing fees*) eines immateriellen Vermögenswertes **Spielberechtigung**,[17] der in der Branche auch „Spielerwert" genannt wird,[18] obwohl es nicht um die Qualifikation, Motivation oder das Know-how des Spielers geht.[19] Daher scheidet schon deshalb die Aktivierung von Entwicklungskosten für die Ausbildung eines jungen Spielers aus,[20] ungeachtet dessen, dass die „Herstellungskosten" nur schwer bestimmbar sein dürften[21] und der künftige Nutzenzufluss gesondert dargelegt werden müsste, was u.E. nicht möglich ist.[22] Der IASB hat ohnehin für **Aus- und Weiterbildungskosten** ein explizites **Aktivierungsverbot** formuliert (IAS 38.69b). Bei der Spielberechtigung u.Ä. wird nicht das Know-how eines Sportlers, Trainers oder Managers aktiviert, sondern die Anschaffungskosten für das Recht, deren Leistungen exklusiv in Anspruch nehmen zu können.[23]

Für Zahlungen an den Arbeitnehmer auf Basis abgeschlossener **Arbeitsverträge** gilt generell die Ausgeglichenheitsvermutung, so dass eine Aktivierung nicht in Betracht kommt. Bei einem Unternehmenserwerb sind jedoch die *Vorteile aus (erworbenen) günstigen Arbeitsverträgen* als immaterieller Vermögenswert, *nicht jedoch die Verträ-*

13.30

---

bung, also einer Bewertungsvorschrift; „Weshalb sollte für immaterielle Güter nicht dieselbe Regelung gelten?".

17 Vgl. ausführlich *Homberg/Elter/Rothenburger*, KoR 2004, 249 (253–255). So auch BFH v. 26.8.1992 – I R 24/91, BStBl. II 1992, 977.
18 S. etwa BVB Geschäftsbericht 2016/2017, 160.
19 So auch *Thiele/Kühle* in T/vK/B, IAS 38 Rz. 152.
20 A.A. Haufe IFRS-Komm[16], § 13 Rz. 41 und (für den HGB-Abschluss) *Rade/Stobbe*, DStR 2009, 1109 (1114).
21 So *Homberg/Elter/Rothenburger*, KoR 2004, 249 (262); a.A. *Rade/Stobbe*, DStR 2009, 1109 (1113).
22 Die hierzu entscheidende Voraussetzung wird auch von den Befürwortern einer Aktivierung nicht bestritten, geht aber in einem Nebensatz unter: „Können bei den B- und A-Junioren sowie den Amateuren (ca. 2–6 Jahre bis zu einem Ersteinsatz) zuverlässige Prognosen über die zukünftigen Einsatzmöglichkeiten der Spieler erstellt werden ...", *Rade/Stobbe*, DStR 2009, 1109 (1114). Solche Prognosen sind u.E. nicht seriös möglich.
23 Vgl. EY-iGAAP, 1179.

ge selbst, grundsätzlich zu aktivieren; im Einzelnen und zu kritischen Einwänden siehe Rz. 36.127.

13.31 Kritisch sind die Ausführungen in IAS 38.16 zur Bilanzierung von **Kundenbeziehungen** zu würdigen. Ausgaben für die interne Schaffung eines Kundenstamms oder Kundenbeziehungen sind mit einem Aktivierungsverbot belegt, sofern nicht rechtliche Ansprüche zum Schutz des Kundenstamms oder der Kundenbeziehung bestehen. Werden andererseits Kundenstammdaten extern erworben, soll es auf die Schutzrechte nicht ankommen: Allein die Tatsache des externen Erwerbs sei Beweis (*provide evidence*) für Kontrolle.[24] Richtig ist u.E., dass infolge des externen Erwerbs Separierbarkeit vorliegt; der vorgelagerte Prüfschritt, ob überhaupt ein Vermögenswert gegeben ist, also eine Kontrollbeziehung besteht, ist damit noch nicht bewiesen und dürfte, sofern die Daten nur intern verwendet werden sollen, auch bezweifelt werden können.

III. Werthaltigkeit, Nutzenzufluss

13.32 Der künftige Nutzenzufluss ist bereits das aus dem (alten) Conceptual Framework bekannte zentrale Ansatzkriterium für jeden Vermögenswert: Was aktiviert wird, muss auch werthaltig sein. Werden die Entwicklungskosten eines neuen Automobils aktiviert, drückt sich deren Werthaltigkeit durch den erwarteten Erfolg aus dem Verkauf der produzierten Autos aus. Der Nutzenzufluss kann aber auch durch Kosteneinsparungen in der Produktion (Verfahrensverbesserungen) realisiert werden (IAS 38.17).

13.33 Für den Ansatz eines immateriellen Vermögenswertes wird allerdings die Wahrscheinlichkeit gefordert, dass dem Unternehmen der erwartete künftige wirtschaftliche Nutzen *aus* dem Vermögenswert *(attributable to the asset)* zufließen wird (IAS 38.21a). Das weicht durchaus ab vom Ansatzkriterium bei den Sachanlagen, wonach ausreichend für den Bilanzansatz ist, dass ein mit der Sachanlage *verbundener (associated with the item)* künftiger wirtschaftlicher Nutzen zufließen wird (IAS 16.7a). Ist daraus zu folgern, bei immateriellen Vermögenswerten müsse eine Prüfung auf Einzelzurechnung von beispielsweise Cashflows erfolgen? Mitnichten:

– Für gesondert oder im Rahmen eines Unternehmenszusammenschlusses erworbene immaterielle Vermögenswerte wird sogleich eine Rückausnahme formuliert: Eine gesonderte Prüfung auf den Nutzenzufluss ist hier gar nicht erforderlich (Rz. 13.35).

– Bei selbsterstellten immateriellen Vermögenswerten (Entwicklungskosten) wird die Bedeutung des künftigen Nutzenzuflusses demgegenüber deutlich betont und sogar als eines von sechs besonderen Aktivierungskriterien hervorgehoben (IAS 38.57d, Rz. 13.46). Doch selbst hier ist eine Prüfung auf Einzelzurechnung

---

24 Kritisch auch Haufe IFRS-Komm[16], § 13 Rz. 5: An Stelle einer konkreten Würdigung „träte die unwiderlegbare Annahme, dass alles, was im Geschäftsverkehr einen Preis haben könnte, auch faktischer oder rechtlicher Verfügungsmacht unterliegt."

der Cashflows nicht erforderlich, weil die Prüfung auf Nutzenzufluss im Rahmen einer Cash-Generating Unit ausreichend ist (IAS 38.60).
– Bei der Zugangsart Tausch ist die Nutzenzuflussprüfung Bestandteil der Bewertungs-Voraussetzung „wirtschaftlicher Gehalt" (Rz. 14.60).
– Erfolgt eine Zuwendung immaterieller Vermögenswerte durch die öffentliche Hand, besteht die Möglichkeit des Ansatzes zu einem Erinnerungswert, was eine gesonderte Nutzenzuflussprüfung obsolet erscheinen lässt (Rz. 16.34).

Damit haben die allgemeinen Aussagen aus IAS 38.22f vor allem Bedeutung für die Aktivierung von **Entwicklungskosten**: Bei der Beurteilung für die Wahrscheinlichkeit des künftigen Nutzenzufluss ist besondere **kaufmännischer Sorgfalt** für dessen Planung und Abschätzung an den Tag zu legen, und im Zweifel ist **externen Informationsquellen** für die künftige Entwicklung höheres Gewicht beizumessen. Insoweit bestehen keine Besonderheiten im Vergleich zu den Aktivierungsvoraussetzungen des Rahmenkonzepts 1989. Insbesondere ist eine Prüfung auf Einzelzurechnung von Cashflows nicht erforderlich. Gleichwohl bestehen für Entwicklungskosten weitere zu prüfende Aktivierungsvoraussetzungen (Rz. 13.46).

IV. Abgrenzung von Anschaffung und Herstellung

Die Abgrenzung von Anschaffungs- und Herstellungsvorgängen ist deshalb relevant, weil für *bestimmte* selbst hergestellte immaterielle Vermögenswerte ein Aktivierungsverbot besteht (Rz. 13.53). 13.34

Die **Anschaffung** eines Vermögenswertes setzt voraus, dass ein Vermögenswert bei einem anderen Wirtschaftssubjekt zumindest abstrakt existiert.[25] Abstrakte immaterielle Vermögenswerte liegen vor, wenn der Staat ein Recht einräumt: Fischereilizenzen, Taxilizenzen, Mobilfunklizenzen sind Beispiele hierfür, die im Fall eines entgeltlichen Erwerbs zu Anschaffungskosten beim Erwerber führen. U.E. ist die entgeltliche Einräumung eines Belieferungsrechts an eine Brauerei durch einen Wirt nicht anders zu beurteilen.[26] Siehe hierzu vergleichbar auch Verlagsrecht, Rz. 13.57.

Kosten der **Eintragung eines Markenrechts** u.Ä. sind deshalb keine Anschaffungskosten, weil das Markenrecht beim Patentamt nicht existent war.[27] Es handelt sich also um Herstellungskosten, für die aber – bei einer selbst geschaffenen Marke – ein Aktivierungsverbot besteht (Rz. 13.53). Auch die **Eintragung eines Patentschutzes** ist kein Anschaffungsvorgang. Sofern aber aus der Produkt- oder Verfahrensneuentwicklung ein aktivierungspflichtiger selbst erstellter immaterieller Vermögenswert entstanden ist, sind die Eintragungskosten Bestandteil dessen Herstellungskosten (IAS 38.66c).

---

25 Für den IFRS-Bereich vgl. Haufe IFRS-Komm[16], § 13 Rz. 19. Bilanztheoretisch etwa *Moxter*, Grundsätze ordnungsmäßiger Rechnungslegung, 2003, 147.
26 So auch BFH v. 26.2.1975 – I R 72/73, BStBl. II 1976, 13.
27 Vgl. für den HGB-Abschluss ADS, § 248 HGB Rz. 18.

V. Einzelerwerb und Erwerb im Rahmen von Unternehmenszusammenschlüssen, erworbene Forschungsprojekte

13.35 Bei einem Einzelerwerb und bei einem Erwerb im Rahmen von Unternehmenszusammenschlüssen gilt die Aktivierungsvoraussetzung des *konkreten* künftigen Nutzenzuflusses (IAS 38.21a) apodiktisch immer als erfüllt (IAS 38.25 und 38.33); eine gesonderte Prüfung entfällt. Durch die Zahlung des Kaufpreises bei einem Einzelerwerb bzw. dessen rechnerische Zuordnung bei einem Unternehmenszusammenschluss soll der künftige Nutzenzufluss bereits belegt sein. Somit ist auch ein **erworbenes Forschungsprojekt ansatzpflichtig** (IAS 38.42a), sofern die übrigen Ansatzvoraussetzungen für einen immateriellen Vermögenswert vorliegen. Für interne Forschungsprojekte besteht hingegen ein Aktivierungsverbot und für interne Entwicklungsprojekte gelten besondere Aktivierungsvoraussetzungen.

Beispiel: Das Biotechnologieunternehmen M AG befindet sich mit der Entwicklung eines Medikaments gegen Lebermetastasen in der klinischen Erprobungsphase II. Die bisher aufgelaufenen Forschungs- und Entwicklungskosten können nicht aktiviert werden (Rz. 13.46). Die M AG verkauft die bisherigen Projektergebnisse an die B AG für 15 Mio. Euro. Aus Sicht von B liegen die Definitionsmerkmale eines immateriellen Vermögenswertes vor (insbesondere die Identifizierbarkeit ist durch den Kaufvorgang bewiesen, Rz. 13.22); der künftige Nutzenzufluss braucht nicht gesondert geprüft zu werden. Die besonderen Aktivierungskriterien für selbsterstellte Entwicklungsprojekte sind nicht einschlägig, da B nicht selbst erstellt hat. Zur Folgebewertung s. Rz. 13.112.

13.36 Bei einem Einzelerwerb stellt das Ansatzkriterium der **zuverlässigen Kostenermittlung** kein Problem dar (IAS 38.26). Bei dem Erwerb eines immateriellen Vermögenswertes im Rahmen eines Unternehmenszusammenschlusses ist hingegen der Fair Value zu schätzen. Schätzunsicherheiten sind ein Bewertungsfaktor und verhindern nicht den Ansatz des immateriellen Vermögenswertes. Daher gilt die zuverlässige Kostenermittlung auch bei einem Erwerb im Rahmen eines **Unternehmenszusammenschlusses** immer als erfüllt (IAS 38.33). Zu Einzelheiten der Fair Value Ermittlung immaterieller Vermögenswerte bei Unternehmenszusammenschlüssen s. Rz. 36.160.

VI. Goodwill

13.37 Der Ansatz des **derivativen Firmenwertes** (Geschäfts- oder Firmenwert, *Goodwill*) richtet sich nach IFRS 3. Es handelt sich nicht um einen Sachverhalt nach IAS 38, weil ein Goodwill nur dann entsteht, wenn ein Unternehmenszusammenschluss vorliegt. IFRS 3 spricht in diesem Zusammenhang vom Erwerb eines „business". Unerheblich ist, ob der Goodwill im Rahmen eines „asset deal" oder eines „share deal" nach durchgeführter Kapitalkonsolidierung entstanden ist. In jedem Fall besteht **Ansatzpflicht**.

Der bei einem Unternehmenszusammenschluss anzusetzende Goodwill ist seit der Einführung des IFRS 3 in 2004 nicht mehr planmäßig abzuschreiben, was schon deshalb eine Unterscheidung von immateriellen Vermögenswerten und Goodwill notwendig macht. Beim Erwerb sind immaterielle Vermögenswerte des erworbenen Unternehmens separat vom Goodwill anzusetzen, unabhängig davon, ob der Vermögenswert vor dem Unternehmenserwerb von dem erworbenen Unternehmen angesetzt wurde (IAS 38.34). Zu Einzelheiten der Bilanzierung des Goodwills s. Rz. 36.200.

Die Aktivierungspflicht des erworbenen Geschäfts- oder Firmenwerts besteht auch nach HGB:

— Im Jahresabschluss kann ein Geschäfts- oder Firmenwert aus einem asset deal entstehen (§ 246 Abs. 1 Satz 4 HGB).

— Im Konzernabschluss entsteht er zusätzlich durch die Kapitalkonsolidierung eines share deals (§ 301 Abs. 3 Satz 1 HGB).

Liegt ein share deal vor, werden im *Jahresabschluss* des Mutterunternehmens die Anschaffungskosten der Anteile als Beteiligungsbuchwert aktiviert. Darin ist der erworbene Geschäfts- oder Firmenwert als nicht gesondert ausgewiesener Bestandteil enthalten.

Für den **originären Firmenwert** und einige andere immaterielle Sachverhalte bestehen explizite Bilanzierungsverbote; s. Rz. 13.53 sowie ABC unter Rz. 13.70. 13.38

frei 13.39

VII. Spezielle Ansatzkriterien für selbstgeschaffene immaterielle Vermögenswerte

1. Trennung von Forschung und Entwicklung

Wissen, Fähigkeiten und Kenntnisse in Unternehmen, die letztlich in Forschungs- und Entwicklungstätigkeiten zum Ausdruck kommen, sind wichtige Werttreiber. Es macht Sinn darüber nachzudenken, ob Forschungs- und Entwicklungstätigkeiten aktiviert werden sollten, wie es auch mit dem BilMoG für das HGB diskutiert worden ist.[28] Dabei ist gerade bei **mehrperiodischen Projekten** („Entwicklungsprojekte in Bau" oder „selbstgeschaffene immaterielle Vermögenswerte in der Entstehung") die Unsicherheit über die Werthaltigkeit des ggf. zu aktivierenden Betrags das besondere Bilanzierungsproblem. Voraussetzung der Aktivierung muss daher sein, dass diese Tätigkeiten über den Tag hinaus nutzenstiftend sind. Dies dürfte für Abschlussadressaten eine relevante Information zur Beurteilung der künftigen Ertragsfähigkeit eines Unternehmens sein. Indes ist der Konflikt zwischen Relevanz und Zuverlässigkeit der Information zu lösen, damit nicht – gewissermaßen „auf Teufel komm raus" – alles Mögliche aktiviert werden kann. 13.40

Der IASB versucht den Zielkonflikt durch eine pragmatische Abstufung zu lösen: Für **Forschungsausgaben** besteht ein **Aktivierungsverbot** (IAS 38.54), während 13.41

---

28 Hierzu ausführlich *Theile*, WPg 2008, 1064.

Entwicklungsausgaben nur unter bestimmten Bedingungen **zu aktivieren sind** (Rz. 13.46 ff.).

Daher muss zwischen der Forschungs- und Entwicklungsphase unterschieden werden können. Im Verhältnis der „Produktionsstufen" immaterieller Werte zueinander unterstellt der Standard dabei eine **sequenzielle Vorgehensweise**: Erst Forschung, dann Entwicklung, dann Vermarktung/Nutzung. Kann zwischen einer Forschungs- und Entwicklungsphase projektbedingt *nicht* unterschieden werden, kommt eine Aktivierung der gesamten Ausgaben *nicht* in Betracht (IAS 38.53). Mit dem Argument, das interne Berichtswesen ließe eine Trennung von Forschung und Entwicklung nicht zu, lässt sich das Trennungserfordernis aber nicht umgehen: Das Unternehmen muss die Ordnungsmäßigkeit der Buchführung gewährleisten und die entsprechenden Strukturen schaffen.[29]

13.42 **Forschung** ist die eigenständige und planmäßige Suche mit der Aussicht, zu neuen wissenschaftlichen oder technischen Erkenntnissen zu gelangen (IAS 38.8). Dazu gehören etwa die Grundlagen- und angewandte Forschung sowie die Suche nach Produkt- und Prozessalternativen (IAS 38.56).

Beispiel: Ein bedeutendes Energieversorgungsunternehmen untersucht im Umfeld des Geothermiezentrums Bochum die Möglichkeit, Strom aus erdwärmebetriebenen Großkraftwerken wirtschaftlich auch im Ruhrgebiet zu gewinnen. Probleme bereiten u.a. die unterschiedlichen Gesteinsschichten und das Grundwasser. Ungeklärt ist auch, ob als Wärmeträgermedium Wasser, Pentan oder Ammoniak eingesetzt werden kann.

Ausgaben für Tätigkeiten, über deren technische Verwertbarkeit und wirtschaftliche Erfolgsaussichten grundsätzlich noch keine Aussagen getroffen werden können, sind der Forschungsphase zuzurechnen. Das gilt sowohl für den HGB- (§ 255 Abs. 2a Satz 3 HGB) als auch für den IFRS-Abschluss (IAS 38.55). Solche Ausgaben begründen noch keinen zukünftigen Nutzenzufluss und erfüllen somit nicht die Ansatzkriterien für einen immateriellen Vermögenswert.

13.43 **Entwicklung** ist die Anwendung von Forschungsergebnissen oder von anderem Wissen auf einen Plan oder Entwurf für die Produktion von neuen oder beträchtlich verbesserten Materialien, Vorrichtungen, Produkten, Verfahren, Systemen oder Dienstleistungen. Dazu zählen etwa der Entwurf und die Konstruktion von Prototypen und Modellen, Werkzeugen, Formen, das Testen neuer Materialien und Produkte usw. (IAS 38.59). Vergleichbar formuliert das HGB: Entwicklung ist die Anwendung von Forschungsergebnissen oder von anderem Wissen für

– die Neuentwicklung von Gütern oder Verfahren oder

– die Weiterentwicklung von Gütern oder Verfahren

mittels wesentlicher Änderungen (§ 255 Abs. 2a Satz 2 HGB).

---

[29] So schon *Arbeitskreis „Immaterielle Werte im Rechnungswesen"* der Schmalenbach-Gesellschaft, DB 2001, 989 (993).

Im Umkehrschluss zur Forschung können für Entwicklungsprojekte belastbare Aussagen über die technische Verwertbarkeit und wirtschaftliche Erfolgsaussichten getroffen werden. Ob diese dann positiv oder negativ ausfallen, ist damit freilich noch nicht entschieden.

Der Fokus für die ggf. zu aktivierenden Entwicklungsausgaben liegt auf den neuen und **größeren Projekten**.[30] Die Aktivierung von Ausgaben für laufende Verbesserungen eines vorhandenen Vermögenswerts kommt nur bei **wesentlichen Verbesserungen** im Sinne eines zusätzlichen Nutzenzuflusses in Betracht (IAS 38.20). Es handelt sich dann um nachträgliche Anschaffungs- bzw. Herstellungskosten (s. auch Rz. 13.97).[31]

13.44

Beispiel[32]: In eine bestehende Internet-Verkaufsplattform wird eine neue Zahlungsmodalität (z.B. Kreditkarte) integriert, die erhebliche Investitionen in die Sicherheitsvorkehrungen erforderlich macht. Es besteht die Erwartung, dass die neue Zahlungsart ein erweitertes Marktpotential begründet und zu erheblichen zusätzlichen Nutzenzuflüssen führen wird. Die Ausgaben für die neue Zahlungsmodalität sind zu aktivieren.

Die Beschreibung zur Abgrenzung von Forschung und Entwicklung in IAS 38 ist notwendigerweise abstrakt. Sie ist daher in der **Bilanzierungsrichtlinie** des Unternehmens individuell mit Leben zu füllen. Die **Entwicklungsphase beginnt**, wenn konkrete Umsetzungspläne für die zu entwickelnden Produkte, Techniken oder Fertigungsverfahren vorliegen.[33]

13.45

Hilfreich sind auch die Überlegungen, die der Arbeitskreis „Immaterielle Werte im Rechnungswesen" der Schmalenbach-Gesellschaft bereits 2001 für den HGB-Bereich de lege ferenda formuliert hat.[34] Hiernach sind die Aufwendungen für einen immateriellen Vermögensgegenstand in der **projektbezogenen Entstehung** ab dem Zeitpunkt zu aktivieren, ab dem folgende Anforderungen kumulativ erfüllt sind:

– Projekt ist initiiert worden. Dies hat auf der Basis eines dokumentierten Geschäftsführungsbeschlusses zu geschehen. Die Budgetfreigabe ist zudem erfolgt.
– Projektabgrenzung und -beschreibung ist möglich. Das Projekt kann hinsichtlich seiner sachlichen, zeitlichen und finanziellen Dimension hinreichend präzise abgegrenzt werden. Zur Erfüllung des Grundsatzes der Einzelbewertung müssen die projektbezogenen Ausgaben dem Projekt prinzipiell zurechenbar sein.
– Möglicher Projektnutzen ist darstellbar. Das Projekt muss einen Nutzen i.S.d. selbständigen Verwertbarkeit besitzen und dieser Nutzen muss potentiell darstellbar sein.
– Aktive weitere Projektverfolgung ist sichergestellt.

---

30 So auch Haufe IFRS-Komm[16], § 13 Rz. 28.
31 Vertiefend *Baetge/von Keitz* in Baetge-IFRS, IAS 38 Rz. 102 ff.
32 Vgl. *Bader/Pickl*, PiR 2006, 141 (144).
33 Vgl. *Ramscheid* in Beck IFRS-HB[5], § 4 Rz. 42.
34 DB 2001, 992 f.

2. Voraussetzungen für die Aktivierung von Entwicklungsausgaben

13.46 Im IFRS-Abschluss sind ab dem Zeitpunkt des **kumulativen Nachweises** der folgenden Voraussetzungen Entwicklungsausgaben zu aktivieren; es beginnt – auch unterjährig – der Herstellungszeitraum mit **aktivierungspflichtigen Herstellungs(Entwicklungs-)kosten:**

(a) Die **technische Machbarkeit** der Fertigstellung eines immateriellen Vermögenswertes, damit er verwendbar oder veräußerbar wird;

(b) die **Absicht**, dies zu tun;

(c) die **Fähigkeit**, ihn dann auch tatsächlich zu verwenden oder zu veräußern;

(d) die Art, wie der immaterielle Vermögenswert künftigen **wirtschaftlichen Nutzen** stiften wird. Dazu gehört der Nachweis eines Marktes für den Vermögenswert selbst oder die mit ihm zu erstellenden Leistungen bzw. seine allgemeine Nützlichkeit bei unternehmensinterner Verwendung;

(e) die **Verfügbarkeit** entsprechender technischer, finanzieller und sonstiger **Ressourcen**, um die Entwicklung zum Abschluss und zur Einsatzbereitschaft zu bringen und

(f) die **zuverlässige Bestimmung der Herstellungskosten** während der Entwicklungszeit (IAS 38.57).

Vor dem entsprechenden Zeitpunkt angefallene Entwicklungsausgaben sind als Aufwand zu erfassen und können nicht nachaktiviert werden, selbst wenn alle Ansatzvoraussetzungen zu einem späteren Zeitpunkt erfüllt sind (IAS 38.71). Der jeweilige Nachweis der Voraussetzungen dürfte insbesondere dann unproblematisch sein, wenn Beginn und Ende der Fertigung (Entwicklung) des immateriellen Vermögenswertes in dieselbe Abrechnungsperiode fallen. Bei periodenübergreifender Entwicklung liegt dagegen bis zur Fertigstellung noch kein durchentwickelter immaterieller Vermögenswert vor; es handelt sich um einen **immateriellen Vermögenswert in der Entstehung**. Sinn der obigen Kriterien ist letztlich, die Aktivierung von Sachverhalten zu verhindern, deren Durchentwicklung und anschließende Werthaltigkeit am Abschlussstichtag nicht hinlänglich sicher erscheint. Nur wenn sie diesen Sinn erfüllen, können die Kriterien als nützlich beurteilt werden.

13.47 Die Nachweise der **technischen Machbarkeit** (a) und der **künftige Nutzenzufluss** (d) werden gerade in der besonders forschungs- und entwicklungsintensiven **chemischen und pharmazeutischen Industrie** einschließlich der **Biotechnologie** nur schwer zu erbringen sein. In der chemischen Industrie sind Fälle bekannt, dass ein innovativer Wirkstoff sehr wohl in einer kleinen Versuchsanlage erfolgreich hergestellt werden kann, ohne dass damit die Realisierbarkeit in einer großtechnischen Anlage gewährleistet wäre. In der Pharmaindustrie sind vor der Markteinführung eines neuen Produkts noch umfangreiche Tests sowie Genehmigungsverfahren zu durchlaufen, so dass vor Abschluss dieser Maßnahmen eine positive Beurteilung der technischen Machbarkeit und des Nutzenzuflusses praktisch nicht möglich ist.[35]

Beispiel: Der (damalige) Schering-Konzern hatte im Geschäftsjahr 2005 für Forschung und Entwicklung 982 Mio. Euro aufgewendet; das waren 19 % des Konzernumsatzes. Als selbsterstellte immaterielle Vermögenswerte wurden jedoch lediglich 14 Mio. Euro für Software aktiviert. Die Aktivierung von Entwicklungskosten für pharmazeutische Produkte unterblieb.[36]

Die Kriterien (d) und (e) können im Wesentlichen über **Unternehmens- oder Finanzpläne** nachgewiesen werden, in denen die Verfügbarkeit von Ressourcen (Personal, Geld) zur Vollendung und die Erlangung eines Nutzens (Barwert künftiger Cashflows, Barwert ersparter Kosten) aus dem immateriellen Vermögenswert dargestellt werden (IAS 38.60 f.). 13.48

IAS 36.10 fordert für aktivierte Entwicklungskosten, die noch nicht genutzt werden, sich also noch in der Herstellungsphase befinden, einen **jährlichen Wertminderungstest** (Rz. 20.55, Ziff. 10). Dieser macht ohnehin die Aufstellung von Absatz- und Produktionsplänen notwendig.

Beispiel: Beträgt der Barwert der geschätzten künftigen finanziellen Überschüsse aus dem Verkauf eines neuen Automobiltyps (Absatzpreis multipliziert mit Absatzmenge abzgl. laufender Produktionsauszahlungen über den geschätzten Produktionszeitraum von z.B. 8 Jahren) 500 Mio. Euro, ist die Höhe der zu aktivierenden Entwicklungskosten des Automobiltyps auf diesen Betrag beschränkt.

Außerdem muss die Durchfinanzierung des Entwicklungsprojekts bis zu seinem Ende gesichert sein. Das kann bei jungen, entwicklungsintensiven Unternehmen ein Problem darstellen.

Beispiel: Ein start-up Unternehmen beschäftigt sich mit der Entwicklung eines solarstrombetriebenen Fahrzeugs. Das Ende des Entwicklungsprojekts wird in fünf Jahren erwartet und bis dahin jährlich 20 Mio. Euro Auszahlungen verursachen. Aus einem Börsengang hat das Unternehmen 50 Mio. Euro eingenommen. Diese sind nach 2,5 Jahren aufgebraucht. Solange die Anschlussfinanzierung in zweieinhalb Jahren nicht gesichert ist, kommt die Aktivierung der Entwicklungskosten nicht in Betracht.

Vergleichsweise sinnlos sind die **Kriterien (b) und (c)**: Sie können eine vom Management gewollte Aktivierung i.d.R. nicht verhindern. Immerhin ist eine bis zum Bilanzaufstellungstag zu beobachtende Investition in ein Entwicklungsprojekt der beste Beweis für die Absicht, das Projekt auch durchzuentwickeln (b). Und regelmäßig dann, wenn ein Unternehmen in seinen Geschäftsfeldern entwickelt, sollte an der Verwendungsfähigkeit auch nicht gezweifelt werden können (c). Etwas anderes kann allerdings gelten, wenn sich ein Unternehmen neue Geschäftsfelder erschließen will. 13.49

---

35 Vgl. z.B. *Merck*, Geschäftsbericht 2017, 284; zu Einzelheiten bei Biotechnologieunternehmen vgl. *Fülbier/Honold/Klar*, RIW 2000, 833 (837 f.).
36 Geschäftsbericht 2005, 108 und 125.

Beispiel: Ein Automobilkonzern entwickelt aus seinen Dieselmotoren Kleinkraftwerke, die für die Stromproduktion in Privathaushalten eingesetzt werden sollen. Ob der Konzern etwas vom Strommarkt versteht und die Vermarktungsfähigkeit der Kleinkraftwerke zu bejahen ist, müsste gesondert geprüft werden.

Entwickelt der Automobilkonzern demgegenüber einen E-Motor als neuen Antrieb für seine Fahrzeuge, dürfte an seiner *Fähigkeit* zur Verwendung kaum ein Zweifel bestehen.

13.50 Die zuverlässige **Ermittlung der Entwicklungsausgaben (f)** schließlich unterscheidet sich nicht von der sonst üblichen Aktivierungsvoraussetzung der Herstellungskostenermittlung. Die Herstellungskosten eines selbstgeschaffenen immateriellen Vermögenswertes umfassen insofern die Kosten, die nach kumulierter Erfüllung der Ansatzkriterien entstanden sind. Dabei sind alle direkt zurechenbaren Kosten zur Schaffung, Herstellung und Vorbereitung des betriebsbereiten Zustands einzuschließen (IAS 38.65 f.). Zu den Herstellungskosten s. Rz. 13.93.

3. Praxis der Aktivierung von Entwicklungskosten

13.51 Rund die Hälfte der nach IFRS bilanzierenden deutschen Unternehmen aktiviert Entwicklungskosten. Dabei sind praktisch alle Branchen betroffen. Besonders ausgeprägt ist die Aktivierung in der Automobilbranche, und besonders gering ist sie in der forschungs- und entwicklungsintensiven pharmazeutischen Industrie;[37] zu den Gründen hierzu s. bereits Rz. 13.47. Auch eher dem Mittelstand zuzurechnende Unternehmen des Maschinenbaus aktivieren Entwicklungskosten.

Beispiel (Koenig & Bauer Geschäftsbericht 2017, 86): „Entwicklungskosten für neue oder wesentlich verbesserte Produkte werden mit den Herstellungskosten aktiviert, sofern der Aufwand eindeutig zugeordnet und mit hoher Wahrscheinlichkeit ein zukünftiger wirtschaftlicher Nutzen realisiert werden kann. Daneben müssen sowohl die technische Umsetzung als auch die Vermarktungsfähigkeit und -absicht sichergestellt sein. Der Nachweis für die genannten Kriterien wird mit der Erprobung der neuen Produkte am Markt erbracht. Somit werden Entwicklungskosten ab dem Zeitpunkt der Markterprobung erfasst und mit Gebrauchsfähigkeit über den geplanten Lebenszyklus des betroffenen Produkts linear abgeschrieben sowie jährlich durch einen Werthaltigkeitstest überprüft. Hierbei werden Einflüsse aus der zukünftigen Marktentwicklung angemessen berücksichtigt. Forschungs- und nicht aktivierungsfähige Entwicklungskosten werden bei ihrer Entstehung ergebniswirksam erfasst."

13.52 Wird nur eine der in Rz. 13.46 genannten Voraussetzungen nicht erfüllt oder lassen sich die Forschungs- und Entwicklungsphase nicht hinreichend genau voneinander trennen, kommt eine Aktivierung nicht in Betracht. Wegen der bestehenden Möglichkeiten der Sachverhaltsgestaltung und der erheblichen Ermessensspielräume kann man insoweit von einem **faktischen Wahlrecht** für die Aktivierung von Entwicklungskosten sprechen.[38]

---

37 Vgl. *von Keitz*, Praxis der IASB-Rechnungslegung², 40 f. Jüngere empirische Studien bestätigen das Bild, vgl. *Hager/Hitz*, KoR 2007, 205 (208 ff.), *Haller/Froschhammer/Groß*, DB 2010, 681 sowie *Wulf/Udun*, KoR 2018, 179 ff.

38 Vgl. ausführlich *von Keitz*, Immaterielle Güter in der internationalen Rechnungslegung, 1997, 190–193.

VIII. Aktivierungsverbote

Entwicklungskosten für **selbstgeschaffene** Markennamen, Drucktitel, Verlagsrechte, Kundenlisten und ähnliche Sachverhalte dürfen nicht als immaterielle Vermögenswerte angesetzt werden (IAS 38.63). Der IASB ist der Auffassung, diese Sachverhalte würden eher selten oder nie die Ansatzkriterien für immaterielle Vermögenswerte erfüllen. Das Aktivierungsverbot dient dazu, von vornherein Missverständnisse und Diskussionen zu vermeiden (IAS 38.BCZ45).   13.53

Der deutsche Gesetzgeber hat mit dem BilMoG das Aktivierungsverbot aus IAS 38.63 beinahe wortgleich in § 248 Abs. 2 Satz 2 HGB übernommen.

Tatsächlich lassen sich etwa Ausgaben „für eine Marke" nicht eindeutig zuordnen.   13.54

Beispiel: Ein Limonadenhersteller beteiligt sich an einem Stadtteilfest durch Aufstellung von Bierbänken, Sonnenschirmen und einer Kinderhüpfburg, die sämtlich den Schriftzug der Limonade tragen. Daneben wird diese auch verkauft. Eine Zuordnung der Aufstellungskosten auf Vertriebskosten, Erhaltungskosten einer Marke oder Schaffungskosten einer Marke ist schlicht nicht möglich. Mindestens das Aktivierungskriterium der eindeutigen Kostenermittlung ist nicht erfüllt.

Als **Marke** definiert § 3 Abs. 1 MarkenG „alle Zeichen, insbesondere Wörter einschließlich Personennamen, Abbildungen, Buchstaben, Zahlen, Hörzeichen, dreidimensionale Gestaltungen einschließlich der Form einer Ware oder ihrer Verpackung sowie sonstige Aufmachungen einschließlich Farben und Farbzusammenstellungen (…) die geeignet sind, Waren oder Dienstleistungen eines Unternehmens von denjenigen anderer Unternehmen zu unterscheiden." Solche Sachverhalte können als Marken rechtlich geschützt werden. Für Zwecke der IFRS-Rechnungslegung kann auf diese Beschreibung zurückgegriffen werden. Allerdings käme es auf einen Rechtsschutz gar nicht an. Der Rechtsschutz ist folglich nur insoweit relevant, als er im Fall des Erwerbs einer Marke die Prüfung auf Identifizierbarkeit als Ansatzkriterium erleichtert (Rz. 13.22).   13.55

Drucktitel ist der Name oder Titel von Zeitschriften und Zeitungen. Letztlich handelt es sich um eine bestimmte Form der Marke. Sie können als Werktitel Rechtsschutz genießen (§ 5 MarkenG)   13.56

Das **Verlagsrecht** ist demgegenüber das von einem Verfasser eines Werks der Literatur oder Tonkunst (§ 1 VerlG) gegenüber einem Verleger eingeräumte ausschließliche Recht zur Vervielfältigung und Verbreitung (§ 8 VerlG). Ein solches Recht kann de facto von einem Verlag nicht selbst erstellt werden; es liegt vor der Übertragung an den Verlag beim Verfasser (Urheber) und wird durch seinen Rechtsverzicht auf den Verlag übertragen. Demzufolge läuft das Aktivierungsverbot für selbst erstellte Verlagsrechte faktisch ins Leere.   13.57

Vom Verlagsrecht zu unterscheiden ist der Verlagswert. Der **Verlagswert** „bezeichnet die einzelne Verlagserscheinung" (= ein bestimmter Titel) und „umfasst auch den zugehörigen Kundschaftswert, den Organisationswert, den Wert der durch eine Idee geweckten Nachfrage nach der betreffenden Verlagserscheinung". Im Verlagswert „verkörpert sich die ganze damit zusammenhängende Organisation, der Abonnentenstamm, die Ertragschance für das Verlagsunternehmen"[39]. Verlagswerte werden daher nach ständiger Rechtsprechung des BFH zutreffend als firmenwertähnliche Wirtschaftsgüter angesehen. Im Fall der Selbsterstellung besteht daher für Verlagswerte auch im IFRS-Abschluss ein Aktivierungsverbot.

In der deutschen Fassung des IAS 38.63 sind *publishing titles* mit „Verlagsrechte" übersetzt worden. Möglicherweise ist dies missverständlich; zutreffender wäre m.E. eine Übersetzung als Verlagswert gewesen. Mit der Neufassung des § 248 HGB im Zuge des BilMoG hat allerdings auch der deutsche Gesetzgeber den Begriff „Verlagsrecht" unreflektiert ins HGB übernommen.

13.58 Eine **Kundenliste** oder -kartei ist die systematische Aufzeichnung bestehender, mitunter auch potentieller Geschäftskunden. Häufig sind nicht nur Namen und Kontaktdaten hinterlegt, sondern auch Kaufgewohnheiten, Zahlungsweise und persönliche Informationen wie Geburtsdatum, Familienstand usw. Die Kundenliste dient nicht nur der Kundenverwaltung (Rechnungstellung), sondern auch der Kundenpflege bzw. dem Marketing.

13.59 **Ähnliche Sachverhalte**, für die im Fall der Selbsterstellung das Aktivierungsverbot greift, müssen sich durch Ähnlichkeit zum Goodwill auszeichnen (IAS 38.64). Im Wesentlichen ist bei solchen Sachverhalten die Identifizierbarkeit (Rz. 13.22) in Frage zu stellen. Darunter fallen auch die in § 5 MarkenG genannten Unternehmenskennzeichen und Film-, Ton- und Bühnenwerke. Auch Ausgaben mit Vertriebskostencharakter – etwa zur Verbesserung vorhandener Kundenbeziehungen – gehören zu den ähnlichen Sachverhalten.

13.60 Das vorbezeichnete Aktivierungsverbot greift nur im Fall der Selbsterstellung. Werden die genannten Sachverhalte hingegen erworben – separat oder anlässlich eines Unternehmenszusammenschlusses – besteht nach positiver Prüfung der Aktivierungskriterien **Ansatzpflicht**. Daher ist die Unterscheidung von Anschaffung und Herstellung (Rz. 13.34) an dieser Stelle so bedeutsam.

Für die **Folgebewertung** erworbener, aktivierter Marken u.Ä. ist zu beachten, dass für nachträgliche (interne) Ausgaben in Bezug auf diese Sachverhalte wieder das Aktivierungsverbot greift (IAS 38.20). Marken u.Ä. können in ihrem Rechtsschutz auch verlängert werden, so dass es sich um Vermögenswerte mit unbestimmter Nutzungsdauer handelt. Die Verlängerungskosten sind unter den Bedingungen des IAS 38.96 Aufwand der Periode. Sind aber die Bedingungen des IAS 38.96 (Rz. 13.103) nicht erfüllt, würde insoweit eine neue Marke geschaffen, für die aber ein Aktivierungsverbot gilt.

13.61 Weitere **Aktivierungsverbote** betreffen:

– Selbst geschaffener Goodwill (IAS 38.48)

– Know-how der Mitarbeiter (IAS 38.15)

---

[39] Alle Zitate BFH v. 14.3.1979 – I R 37/75, BStBl. II 1979, 470.

- Forschungskosten (IAS 38.54)
- Gründungs- und Anlaufkosten des Geschäftsbetriebs (IAS 38.69a)
- Ausgaben für Aus- und Weiterbildung (IAS 38.69b)
- Ausgaben für Werbung inkl. Versandhauskataloge (IAS 38.69c)
- Ausgaben für Verlegung oder Umorganisation des Geschäftsbetriebs (IAS 38.69d).
- Spätere Nachaktivierung von bereits als Aufwand erfasste Ausgaben für einen immateriellen Vermögenswert, dessen Aktivierungsvoraussetzungen erst später erfüllt werden (IAS 38.71). Einschlägig sind hier die als Aufwand erfassten Entwicklungskosten, wenn für das betrachtete Entwicklungsprojekt die Aktivierungsvoraussetzungen erst zu einem späteren Zeitpunkt erfüllt sind.

Beim Erhalt nicht aktivierungsfähiger Lieferungen oder Leistungen gilt: Der Aufwand ist zu erfassen, wenn die Lieferung oder Leistung gegenüber dem Unternehmen erbracht worden ist bzw. dieses das Recht auf Zugang zu den Lieferungen oder Leistungen ausüben kann und nicht, wenn das Unternehmen die Leistung nutzt (IAS 38.69). Geleistete Vorauszahlungen für solche Lieferungen oder Leistungen sind zu aktivieren (IAS 38.70). Klassischer Anwendungsfall sind **Werbeleistungen:**[40]

13.62

Beispiel: Versandhändler V bestellt bei einer Druckerei die neuen Versandhandelskataloge und leistet bei Bestellung eine Anzahlung. Diese ist zu aktivieren. Mit Erhalt der Kataloge oder mit Erlangung des Rechts auf Zugang zu den Katalogen (weil physische Lieferung an den Versandhändler gar nicht vorgesehen ist, sondern die Druckerei den Versand an die tatsächlichen und potentiellen Kunden selbst übernimmt) erfolgt die Aufwandsbuchung, obwohl die Kataloge erst im nächsten Quartal versendet werden.

frei 13.63–13.69

IX. ABC der Aktivierung immaterieller Sachverhalte

Anlaufkosten für die Aufnahme neuer Tätigkeiten, Gründungskosten, Eröffnungskosten für neue Betriebsstätte oder Einführung neuer Produkte und Verfahren: Aktivierungsverbot (IAS 38.69a).

13.70

Auftragsbestand, ökonomischer Vorteil aus einem vorhandenen ~: Nur im Rahmen eines Unternehmenserwerbs ggf. zu aktivieren, Rz. 36.118.

Aus- und Weiterbildungskosten: Aktivierungsverbot (IAS 38.69b, IAS 38.BCZ46).

Betriebssystem eines Computers, einer Anlage (Systemsoftware): Wird als integraler Bestandteil der Hardware zusammen mit dieser als Sachanlage bilanziert (IAS 38.4, Rz. 13.26).

Bitcoins s. Kryptowährungen.

---

40 Siehe hierzu auch die Non-Agenda-Decision des IFRIC in IFRIC update, September 2017.

Chemikalienverordnung REACH: REACH ist eine EU-Chemikalienverordnung[41] zur Registrierung, Bewertung, Zulassung und Beschränkung chemischer Stoffe. Ziel der Verordnung ist die Schaffung eines hohen Schutzniveaus für die menschliche Gesundheit und die Umwelt. Hersteller und Importeure von chemischen Stoffen haben diese registrieren zu lassen, für besonders gefährliche Stoffe besteht ein Zulassungsverfahren. Registrierte Unternehmen erhalten dadurch das Recht der Einfuhr, der Herstellung und der Vermarktung des Stoffes in der EU. Die Ausgaben für die Registrierung (ggf. Zulassung) eines vorhandenen Stoffes sind laut RIC als immaterieller Vermögenswert (Recht auf Einfuhr oder Herstellung), jene für die Registrierung (ggf. Zulassung) eines neuen Stoffes als Teil seiner Entwicklungskosten zu aktivieren.[42] Die Folgebewertung, insbesondere die Nutzungsdauerschätzung, erfolgt nach den allgemeinen Vorschriften. Zwar ist die Nutzung einer Registrierung/Zulassung zeitlich unbegrenzt möglich, aber die Nutzungsdauer des zugrunde liegenden Stoffes markiert zugleich die Obergrenze der Nutzungsdauer von Registrierung bzw. Zulassung.

Customizing: Insbesondere bei ERP-Software erforderliche Parametrisierung inkl. Einrichtung von Schnittstellen, Installation (Einbettung in die Systemlandschaft). Aufwendungen hierzu bei erstmaligem C. sind als Anschaffungsnebenkosten – Herstellung der Betriebsbereitschaft – zu aktivieren. Laufende C.-Kosten sind Erhaltungsaufwand, bei wesentlichen Verbesserungen (Release-Wechsel, neue Funktionalitäten) als Modifikation zum bisherigen Buchwert hinzu zu aktivieren.[43]

Domain: s. Internet-Domain.

Drucktitel, selbstgeschaffene: Aktivierungsverbot (IAS 38.63; Rz. 13.56).

E-Books: Herstellungskosten, um den Inhalt eines Werkes (Monografie) in ein vermarktungsfähiges elektronisches Format umzuwandeln, also z.B. Kosten der Bildbearbeitung, Layouterstellung oder Datenaufbereitung. Das E-Book kann als selbsterstellter immaterieller Vermögenswert (Entwicklungskosten) – ähnlich wie die Herstellung von Software – die Ansatzkriterien des IAS 38 erfüllen.[44]

Eigenkapital, Aufwendungen für Beschaffung des ~: Transaktionskosten sind – nach Ertragsteuern – erfolgsneutral im Eigenkapital zu verrechnen (IAS 32.35). Zu Einzelheiten Rz. 23.88.

---

41 VERORDNUNG (EG) Nr. 1907/2006 DES EUROPÄISCHEN PARLAMENTS UND DES RATES vom 18.12.2006 zur Registrierung, Bewertung, Zulassung und Beschränkung chemischer Stoffe (REACH), zur Schaffung einer Europäischen Agentur für chemische Stoffe, zur Änderung der Richtlinie 1999/45/EG und zur Aufhebung der Verordnung (EWG) Nr. 793/93 des Rates, der Verordnung (EG) Nr. 1488/94 der Kommission, der Richtlinie 76/769/EWG des Rates sowie der Richtlinien 91/155/EWG, 93/67/EWG, 93/105/EG und 2000/21/EG der Kommission, in ABl. Nr. L 396/1 v. 30.12.2006.
42 S. RIC Anwendungshinweis IFRS (2009/01): Bilanzierung von Ausgaben zur Registrierung nach der EU-Chemikalienverordnung REACH (jetzt DRSC AH 2 (IFRS)).
43 So auch im HGB-Abschluss, s. IDW RS HFA 11 n.F. v. 18.12.2017, Rz. 16 ff.
44 Vgl. *Quitmann/Jaenecke*, Bilanzierung von E-Books in der Verlagsbranche nach IFRS, KoR 2010, 88 ff.

Emissionsrechte: erfüllen ihrem Wesen nach alle Ansatzkriterien für immaterielle Vermögenswerte. Die für das laufende Jahr zugeteilten Emissionsrechte können nach IAS 38.44 zum Fair Value (der bei diesen an der Leipziger Börse gehandelten Rechten bekannt ist) oder zum Nominalwert, also „Null", angesetzt werden; letzteres scheint übliche Praxis zu sein. Allerdings kann dies zu einem verfälschten Ausweis der Vermögens- und Ertragslage führen, wenn das Unternehmen mit den zugeteilten Rechten Handel betreiben möchte; in diesem Fall ist daher eine Fair Value-Bewertung der Emissionsrechte nach IAS 2.3b sinnvoll. Bei Ansatz zum Fair Value wird ein passiver Abgrenzungsposten in gleicher Höhe angesetzt, welcher im Laufe des Geschäftsjahres parallel zu den verursachten Aufwendungen durch den Schadstoffausstoß erfolgswirksam aufgelöst wird.[45] Zugekaufte Rechte werden zu Anschaffungskosten aktiviert. Für die Rückgabeverpflichtung ist eine Rückstellung zu passivieren, die der wirtschaftlichen Belastung des Unternehmens entsprechen muss. Nach herrschender Praxis wird die Rückstellung i.H.d. Betrages der aktivierten Emissionsrechte angesetzt.[46] Besteht ein Verpflichtungsüberhang, ist dieser zum Fair Value der noch anzukaufenden Emissionsrechte zu bewerten.[47]

Entwicklungskosten: sind die *Herstellungskosten* eines selbsterstellten immateriellen Vermögenswertes; *Aktivierungspflicht bei Erfüllung spezieller Voraussetzungen* (Rz. 13.46 ff.).

Erfindungen, geheim gehaltene: Wegen der Geheimhaltung wird der Zugriff Dritter auf die Erfindung beschränkt (IAS 38.13). Die Entwicklungskosten der Erfindung sind bei Erfüllung der speziellen Ansatzvoraussetzungen (Rz. 13.46 ff.) zu aktivieren.[48]

Erneuerungs- oder Verlängerungskosten von gesetzlichen oder vertraglichen Nutzungsrechten: Wenn sie unwesentlich im Vergleich zum erwarteten Nutzenzufluss sind, sind sie im Zeitpunkt der Erneuerung als Aufwand (Erhaltungsaufwand) zu erfassen. Ist im Falle unwesentlicher Erneuerungs- oder Verlängerungskosten die Erneuerung beabsichtigt, führt dies zu einer Verlängerung der Nutzungsdauer (IAS 38.94) u.E. bis hin zu einem Nutzungsrecht mit unbegrenzter (undefinierter) Nutzungsdauer, so dass das Nutzungsrecht ggf. nicht planmäßig abzuschreiben ist. Bei Wesentlichkeit der Erneuerungskosten kann es sich um den Erwerb eines neuen immateriellen Vermögenswertes handeln (IAS 38.96; zur Erörterung über die Nutzungsdauer s. Rz. 13.101 ff.).

Franchiseverträge: s. Lizenzen.

Forschungskosten: Aktivierungsverbot (IAS 38.54), da ein künftiger Nutzenzufluss aus Forschungsaktivitäten noch zu unbestimmt ist. Dies gilt für alle Aufwendungen,

---

45 Vgl. *Rogler/Lange/Straub*, Bilanzierung von Emissionsrechten, KoR 2009, 371 ff.
46 Vgl. etwa RWE Geschäftsbericht 2017, 99 f. Zu weiteren zulässigen Bilanzierungsmethoden für Emissionsrechte vgl. PwC (Hrsg.), IFRS Manual of Accounting 2011, Rz. 21.239 ff.
47 Dies entspricht grundsätzlich auch der Vorgehensweise nach HGB, vgl. IDW RS HFA 15. Zu weiteren Einzelheiten s. ferner *Hoffmann/Lüdenbach*, DB 2006, 57 sowie jüngst *Baumüller*, PiR 2019, 68.
48 S. hierzu auch *von Keitz*, Immaterielle Güter in der internationalen Rechnungslegung, 1997, 213 f.

die der Forschungsphase zuzurechnen sind, also etwa auch Ausgaben für die Anschaffung materieller und immaterieller Vermögenswerte[49], soweit eine anderweitige Nutzbarmachung nicht möglich ist. Abweichend hierzu sind jedoch einzeln oder im Rahmen eines Unternehmenszusammenschlusses erworbene Forschungs- und Entwicklungsprojekte aktivierungspflichtig (Rz. 13.35).

Gebrauchsmusterrecht: s. Marke.

Geschäfts- oder Firmenwert, derivativer: Aktivierungspflicht (IFRS 3.10), unabhängig davon, ob aus einem Unternehmenserwerb (Geschäftsbetrieb, *business*) in Form eines *asset* oder *share deal* entstanden.

Geschäfts- oder Firmenwert, originärer: Aktivierungsverbot (IAS 38.48).

Geschmacksmusterrecht: s. Marke.

Gewerbliche Schutzrechte, wie Gebrauchsmusterrecht, Geschmacksmusterrecht, Markennamen: s. Marke.

Goodwill: s. Geschäfts- oder Firmenwert.

Gründungskosten: Aktivierungsverbot (IAS 38.69a).

Ingangsetzungs- und Erweiterungsaufwand: Aktivierungsverbot (IAS 38.69a). Es ist aber zu prüfen, ob stattdessen nicht selbsterstellte immaterielle Vermögenswerte zu aktivieren sind.

Internetauftritt: Aufwendungen für die Erstellung des eigenen Internetauftritts sind als Anschaffungs- oder Herstellungskosten (Entwicklungsaufwand) zu aktivieren, wenn daraus ein künftiger Nutzenzufluss wahrscheinlich ist (SIC-32.8).[50] Dies ist gegeben, wenn der Internetauftritt beispielsweise als (neuer oder einziger) Distributionskanal (z.B. durch Möglichkeit der Onlinebestellung) verwendet wird. Da für das Vorliegen von Nutzenzuflüssen Kosteneinsparungen ausreichend sind (IAS 38.17), könnte ggf. auch ein Investor-Relations-Auftritt nutzenstiftend sein, da er die Distributionskosten für Kapitalmarktinformationen senkt. Ein Internetauftritt ausschließlich zur Imagepflege ist jedoch den (nicht zu aktivierenden) Werbemaßnahmen zuzuordnen. – Bei der Ermittlung der zu aktivierenden Herstellungskosten ist zwischen einer Forschungs-(Planungs-)Phase und der Entwicklungsphase zu unterscheiden. Machbarkeitsstudien, Hardwareauswahl und die Auswahl verschiedener Produkte und Anbieter gehören zur nicht aktivierungsfähigen Planungsphase. Sollten die Aktivierungskriterien erfüllt sein, dann sind die Kosten etwa für den Erwerb der Domain, die Softwareentwicklung und die tatsächliche Einrichtung der Seite zu aktivieren. Die Pflege des Internet-Auftritts sowie Schulungskosten sind laufender Periodenaufwand. Bei grundlegenden Überholungen kommt auch eine Hinzuaktivierung zum bisherigen Buchwert in Betracht (SIC-32 Appendix „Operating").

---

49 Vgl. *Küting/Pilhofer/Kirchhof*, WPg 2002, 73 (75).
50 Vgl. *Fischer/Vielmeyer*, BB 2001, 1294 (1297 f.), die die Bedingung des Nutzenzuflusses allerdings nicht problematisieren.

Internet-Domain: Der Name wird entweder originär registriert oder von einem Dritten erworben. Wird er für den eigenen Internet-Auftritt verwendet, ist er zusammen mit diesem ggf. zu aktivieren, s. Stichwort Internetauftritt. Ist eine Vermietung der Internet-Domain beabsichtigt, ist zweifelsfrei Aktivierungspflicht nach IAS 38 gegeben. Tritt das Unternehmen dagegen als Domain-Händler für den allgemeinen Markt auf, sind im Bestand befindliche Domains als Vorräte (IAS 2) zu bilanzieren.

Konzessionen: Aktivierungspflicht.[51]

Kryptowährung: Die Vermögenswerteigenschaft wird nicht in Frage gestellt. Fraglich ist jedoch, wie Kryptowährungen zu klassifizieren sind, um für ihre Bilanzierung den richtigen Standard zu bestimmen. Auch wenn sie als Zahlungsmittel genutzt werden, kommt eine Anwendung des IAS 32/IFRS 9 schon deshalb nicht in Betracht, weil es an der gesellschaftlichen und rechtlichen Akzeptanz mangelt.[52] Im Übrigen fehlt es an einer Gläubiger-Schuldner-Beziehung.[53] Der Ansatz als Vorräte scheidet nach wohl h.M. ebenfalls aus, da Kryptowährungen weder weiterverarbeitet noch wie eine Ware weiterveräußert werden.[54] Am ehesten treffen noch die definitorischen Abgrenzungen des IAS 38 auf Kryptowährungen zu.[55] Allerdings sieht IAS 38 ausschließlich Folge-Bilanzierungsregelungen für Vermögenswerte vor, die fortgesetzt genutzt werden, was bei Kryptowährungen gerade nicht der Fall ist. Vorgeschlagen wurde auch, Kryptowährungen wie Fremdwährungsbestände nach IAS 21 zu bilanzieren.[56] Bei entsprechender Wesentlichkeit ist in der Bilanz ein Sonderposten (IAS 1.55) im kurzfristigen Vermögen unter entsprechender Bezeichnung einzupflegen;[57] die gewählte Bilanzierungsmethode ist im Anhang zu erläutern.

Kundengewinnungskosten: In der Vergangenheit wurden z.T. insbesondere im Telekommunikationssektor bei Abschluss eines längerfristigen (z.B. 24 Monate) Mobiltelefon-Nutzungsvertrags die Aufwendungen für die „kostenlose" oder vergünstigte Abgabe von Hardware wie Mobiltelefone oder Wlan-Router zu Vertragsbeginn als immaterieller Vermögenswert „Kundengewinnungskosten" aktiviert und über die Vertragslaufzeit abgeschrieben. Für diese Vorgehensweise besteht nach Einführung des IFRS 15 kein Raum mehr, da die Vertragserlöse auf die beiden Leistungen (Hard-

---

51 Vgl. auch *von Keitz*, Immaterielle Güter in der internationalen Rechnungslegung, 1997, 207 f.
52 Vgl. AASB (Hrsg.), Digital Currency – A case for standard setting activity, 10, http://www.aasb.gov.au/admin/file/content102/c3/AASB_ASAF_DigitalCurrency.pdf, abgerufen am 13.6.2018. Dem australischen Standardsetter folgend *Kirsch/von Wieding*, IRZ 2018, 118 sowie *Lüdenbach*, PiR 2018, 104.
53 So *Lüdenbach*, PiR 2018, 104 f.
54 Vgl. *Lüdenbach*, PiR 2018, 105 sowie AASB (Hrsg.), Digital Currency – A case for standard setting activity, 14 ff., http://www.aasb.gov.au/admin/file/content102/c3/AASB_ASAF_DigitalCurrency.pdf, abgerufen am 13.6.2018. A.A. *Sopp/Grünberger*, IRZ 2018, 223.
55 So bereits *Thurow*, IRZ 2014, 198; Gl.A. *Kirsch/von Wieding*, IRZ 2018, 119.
56 Vgl. *Lüdenbach*, PiR 2018, 107.
57 Vgl. *Kirsch/von Wieding*, IRZ 2018, 119 f.

ware und Dienstleistung) aufgeteilt werden müssen (s. Rz. 10.121 ff.).[58] Demgegenüber sind zusätzliche Kundengewinnungskosten (im Wesentlichen: Provisionen an Dritte, IFRS 15.91 f. sowie IFRS 15.BC300 f.) als Vermögenswert zu aktivieren, wenn durch die Abwicklung des Kundenvertrags von ihrer Werthaltigkeit ausgegangen werden kann. Die Abschreibung erfolgt über die Vertragslaufzeit; bei kurzfristigen Verträgen (Laufzeit < 1 Jahr) können die zusätzlichen Kosten auch sofort als Aufwand erfasst werden (IFRS 15.94). Diese Vereinfachung hat auch Konsequenzen für die Quartalsberichterstattung. Sollten Provisionen erst nach dem Abschluss von mehreren Verträgen fällig werden, ist mangels Standardvorgabe (s. auch IFRS 15.BC302) u.E. entweder eine Aufteilung oder eine Abschreibung über die gewichtete Nutzungsdauer (Vertragslaufzeiten) vorzunehmen.

Kundenlisten: Aktivierungsverbot für selbst geschaffene Kundenlisten (IAS 38.63). Für erworbene Kundenlisten soll der Nachweis der Kontrolle (Aktivierungsvoraussetzung für einen Vermögenswert) durch den Erwerbsvorgang erfüllt sein, unabhängig davon, ob rechtlicher Schutz vorliegt (IAS 38.16, s. Rz. 13.31). Für beabsichtigten Handel mit Kundenlisten und -beziehungen sind diese dem Umlaufvermögen zuzuordnen und mit Anschaffungskosten anzusetzen.

Lizenzen: Erworbene Lizenzen (z.B. Softwarelizenz) sind zu Anschaffungskosten anzusetzen.[59] Für bestimmte Rechte aus Lizenzvereinbarungen (Filmrechte u.Ä.) s. Rz. 13.9.

Marken, Markennamen und -rechte, selbstgeschaffene: Aktivierungsverbot (IAS 38.63). Im Falle eines entgeltlichen Erwerbs (z.B. im Zusammenhang mit dem Erwerb eines ganzen Unternehmens)[60] Aktivierungspflicht.

Marktanteile: Kein immaterieller Vermögenswert, weil nicht identifizierbar (Rz. 13.22).

Mitarbeiter-Know-how: Aktivierungsverbot (IAS 38.15; s. Rz. 13.29).

Nutzungsrecht: Aus einem Leasingvertrag (Mietvertrag) Gegenstand der Beurteilung nach IFRS 16, i.d.R. also zu aktivieren (s. Rz. 17.23).

Patentrechte: Aktivierungspflicht. Selbsterstellte Entwicklungen mit nachfolgendem Patentschutz sind mit ihren Entwicklungskosten zzgl. der Nebenkosten (Patentanwalt, Anmeldegebühren) zu aktivieren, sofern die Aktivierungsvoraussetzungen (Rz. 13.46) nachgewiesen sind.

REACH s. Chemikalienverordnung.

Release-Wechsel: s. Software, Update-Kosten.

Reorganisation, Ausgaben für ~: Aktivierungsverbot (IAS 38.69d).

Restrukturierung, Ausgaben für ~: Aktivierungsverbot (IAS 38.69d).

---

58 Vgl. auch *Ramscheid* in Beck IFRS-HB[5], § 4 Rz. 52.
59 Vgl. auch *Küting/Pilhofer/Kirchhof*, WPg 2002, 73 (75).
60 Einzelübertragung durch europäisches (EG-Richtlinie 89/104 v. 21.12.1988, ABl. Nr. L 40, 1) Markenrecht (MarkenG v. 25.10.1994, BGBl. I 1994, 3082) ist gem. § 27 MarkenG möglich.

Schulungskosten: Entstandene Schulungskosten unterliegen grundsätzlich einem Aktivierungsverbot (IAS 38.67c und 38.69b). Ausnahmen: (1) Die Schulungskosten sind Erwerbsnebenkosten, *um* einen immateriellen Vermögenswert zu erwerben (IAS 38.28); hier wird allerdings *nicht* ein immaterieller Vermögenswert „Schulung" aktiviert. (2) Der an der Schulung teilgenommene Mitarbeiter hat einen befristeten Kündigungsverzicht rechtswirksam erklärt und muss bei Zuwiderhandlung die Schulungskosten anteilig erstatten. In diesem Fall liegt Kontrolle vor (IAS 38.15), und bei Erfüllung der übrigen Voraussetzungen (Kostenzuordnung, Nutzenzufluss) kommt die Aktivierung der Schulungskosten in Betracht. Oft steht aber die Frage der (Un-)Wesentlichkeit im Raum.

Software, dauerhafte Eigennutzung: In der Regel wird das Nutzungsrecht durch eine Lizenz erworben. Handelt es sich um Spezialsoftware, die integraler Bestandteil des Computers oder einer Maschine ist, dann liegen mit der Software Anschaffungsnebenkosten bzw. Herstellungskosten der Sachanlage vor, ansonsten ein immaterieller Vermögenswert. Selbsterstellte Software oder die Abstimmung und Einrichtung neu erworbener Software an betriebsindividuelle Bedürfnisse (z.B. ERP-Software) ist nach den Kriterien für selbsterstellte immaterielle Vermögenswerte zu beurteilen und ggf. mit den Entwicklungskosten zu aktivieren; für dabei anfallende Schulungskosten besteht allerdings ein Aktivierungsverbot.

Software, Fertigungsauftrag: Ist das Unternehmen beauftragt worden, für einen Dritten Software zu entwickeln, richtet sich die Bilanzierung nach IFRS 15 (Rz. 10.151).

Software, Kosten der Anpassung für vorhandene: Anpassungsmaßnahmen können erforderlich sein, um Software beispielsweise an neue rechtliche Rahmenbedingungen anzupassen; solche Maßnahmen sind Erhaltungsaufwand. Wesentliche Weiterentwicklungskosten sind dagegen in Analogie zu SIC-32, Appendix, zu aktivieren.

Software, Quellprogramm und Massenfertigung: Wird Software für den anonymen Markt entwickelt, sind, wenn die Voraussetzungen (Rz. 13.46) vorliegen, die Entwicklungskosten des Quellprogramms als Herstellungskosten zu aktivieren. Die davon gezogenen Kopien allerdings unterliegen nicht mehr IAS 38, sondern werden als Vorräte gem. IAS 2 bilanziert.

Software, Update-Kosten: Erhaltungsaufwand (IAS 38.20). Bei wesentlichen neuen Funktionalitäten, die zu neuen Nutzungszuflüssen führen: Aktivierung (Anschaffungskosten).

Standortvorteil: Kein Vermögenswert, Aktivierungsverbot. Im Fall eines Unternehmenserwerbs Bestandteil des Goodwill.

Urheber- und Leistungsschutzrechte: s. Marke.

Verlagsrecht, selbstgeschaffenes: Aktivierungsverbot (IAS 38.63). Siehe aber Rz. 13.57.

Verlagswert: Siehe Rz. 13.57.

Verlegung des Unternehmens, Ausgaben für ~: Aktivierungsverbot (IAS 38.69d).

Versandhauskatalog: Rz. 13.62.

Versicherungsvertrag: Aufwendungen für den Abschluss von Versicherungsverträgen beim Versicherungs*nehmer* erfüllen nicht die Aktivierungsvoraussetzung des wahrscheinlichen künftigen wirtschaftlichen Nutzenzuflusses und sind nicht anzusetzen. Vorausbezahlte laufende Beiträge für das kommende Geschäftsjahr sind aktivisch abzugrenzen. Als Bilanzausweis empfiehlt sich „sonstige Vermögenswerte", da aktive Rechnungsabgrenzungsposten in der IFRS-Welt in dieser Bezeichnung nicht verbreitet sind.

Warenzeichen: s. Marken.

Web-Pages: s. Internetauftritt.

Werbung: Aktivierungsverbot (IAS 38.69c), s. ausführlich Rz. 13.61 f.

Zeitungs- und Verlagstitel, selbstgeschaffene: s. Drucktitel.

13.71–13.79 frei

C. Zugangsbewertung

I. Zugangsarten

13.80 Immaterielle Vermögenswerte sind zu ihren Kosten (*at cost*) anzusetzen (IAS 38.24). Das sind, abhängig von der Zugangsart, jeweils bei

– separatem Erwerb: Anschaffungskosten (Rz. 13.81)

– Erwerb im Rahmen eines Unternehmenszusammenschlusses: Fair Value (Rz. 13.90)

– Zuwendung der öffentlichen Hand: Fair Value oder Nominalbetrag (Rz. 13.91)

– Tausch: i.d.R. Fair Value (Rz. 13.92)

– Selbsterstellung (Entwicklungsphase): Herstellungskosten (Rz. 13.93).

Zu nachträglichen Anschaffungs- und Herstellungskosten s. Rz. 13.95.

II. Anschaffungskosten

13.81 Die **Anschaffungskosten** eines immateriellen Vermögenswertes setzen sich zusammen aus:

(1) **Anschaffungspreis** einschließlich der Einfuhrzölle und nicht erstattungsfähigen Umsatzsteuern

(2) abzgl. **Anschaffungspreisminderungen** wie Rabatte, Boni oder Skonti

(3) zzgl. **Anschaffungsnebenkosten;** das sind direkt zurechenbare Kosten, um den Vermögenswert für seine beabsichtigte Nutzung vorzubereiten (IAS 38.27).

Der **Anschaffungsvorgang** ist beendet, wenn der Vermögenswert subjektiv betriebsbereit ist (IAS 38.30). Das hat zwei Konsequenzen: 13.82

– Bis zu diesem Zeitpunkt anfallende Kosten müssen ggf. als Anschaffungsnebenkosten aktiviert werden. Für Kosten, die *nach* Erlangung der Betriebsbereitschaft, aber vor tatsächlicher Ingangsetzung anfallen, besteht ein Aktivierungsverbot. Für Kosten, die *nach* Ingangsetzung anfallen, besteht die widerlegbare Vermutung von Erhaltungsaufwand (IAS 38.20).

– Die planmäßige Abschreibung von Vermögenswerten mit bestimmbarer Nutzungsdauer beginnt bei Erlangung der Betriebsbereitschaft.

Beispiel: Ein Mobilfunkunternehmen erwirbt die Lizenz zur Verwendung einer bestimmten Mobilfunktechnologie, für die aber noch umfangreiche Netzinvestitionen in den nächsten zwei Jahren erforderlich sind. Bis zum Start des neuen Netzes ist die subjektive Betriebsbereitschaft der Lizenz noch nicht gegeben.

Als Beispiele für **Anschaffungsnebenkosten** *(directly attributable costs)* nennt IAS 38.28: 13.83

– Aufwendungen für Leistungen an Arbeitnehmer

– Honorare

– Kosten für Testläufe.

Als Gegenbeispiele – also Kosten, die nicht aktiviert werden dürfen – nennt IAS 38.29 u.a.:

– Einführungskosten (Anlaufkosten) eines neuen Produkts oder einer neuen Dienstleistung,

– Verwaltungs- und andere allgemeine Gemeinkosten *(administration and other general overhead costs)*.

Anschaffungsnebenkosten sind Einzel- und über Zeit- oder Mengenschlüsselung zurechenbare Gemeinkosten mit finalem Anschaffungsbezug.

Beispiele für oder wider Anschaffungsnebenkosten bei immateriellen Vermögenswerten:

– Ein Unternehmen plant die Anschaffung einer neuen Konsolidierungssoftware. Kosten der Suchphase sind deshalb keine Anschaffungsnebenkosten, weil sie auch dann anfallen, wenn nicht erworben wird. Es fehlt am finalen Anschaffungsbezug.

– Ein Unternehmen hat eine bislang ungeschützte Produktidee erworben und will diese – vor der intendierten Vermarktung – als Patent anmelden. Die Kosten für die Rechtsbegleitung sind Anschaffungsnebenkosten, unabhängig davon, ob sie von einem externen Patentanwalt oder dem unternehmerischen Syndikusanwalt durchgeführt wird.[61]

Anders als IAS 16 bei Sachanlagen (Rz. 14.47) benennt IAS 38 jedoch *nicht* die Aktivierung von als Rückstellung passivierter Entsorgungsverpflichtungen als Bestandteil der Anschaffungskosten eines immateriellen Vermögenswertes. Der Grund 13.84

---

61 Zutreffend *Baetge/von Keitz* in Baetge-IFRS, IAS 38 Rz. 81; a.A. wohl Haufe IFRS-Komm[16], § 13 Rz. 74.

könnte darin gesehen werden, dass eine solche Verpflichtung mangels physischer Substanz des immateriellen Vermögenswertes kaum in Betracht kommen dürfte. Gleichwohl können anlässlich der Anschaffung eines immateriellen Vermögenswertes Verpflichtungen übernommen werden, ohne die ein Erwerb nicht möglich wäre. Dann liegen zu **aktivierende Erwerbskosten** vor. Es handelt sich jedoch *nicht* um die Verpflichtung zur Entsorgung des immateriellen Vermögenswertes selbst, sondern um **Anschaffungsnebenkosten** des immateriellen Vermögenswerts, aber die anzuwendende Bilanzierungstechnik ähnelt der einer Beseitigungsverpflichtung im Sachanlagevermögen:

Beispiel[62]: Die F-GmbH betreibt seit Jahrzehnten einen Verkehrsflughafen. Eine Nachtfluggenehmigung existierte bisher nicht. Sie wird in 01 mit Wirkung ab 1.1.02 unter Auflagen erteilt: Die F-GmbH wird verpflichtet, in den folgenden fünf Kalenderjahren umfangreiche passive Lärmschutzmaßnahmen bei den Flughafenanrainern durchzuführen bzw. zu finanzieren, insbesondere den Einbau neuer schallisolierter Fenster.

Die neuen Fenster führen bei der F nicht zu Vermögenswerten. Die Übernahme der Verpflichtung zum Einbau der Fenster ist als Erwerbskosten der Nachtfluggenehmigung zu würdigen. Es ist auch von einem entsprechenden Nutzenzufluss auszugehen: F schätzt den finanziellen Zufluss aus dem Nachtflugbetrieb höher ein als die mit ihm verbundenen Investitionskosten. Die Verpflichtung ist zu buchen per immateriellen Vermögenswert an Rückstellung (abgezinst). Die Aufwandswirksamkeit tritt über die Abschreibung des immateriellen Vermögenswertes und über die Aufzinsung der Rückstellung ein.

13.85 Zur Abgrenzung von **Einzel- und Gemeinkosten** bei Anschaffungsnebenkosten s. Rz. 8.31

– Zum Ansatz mit dem **Barpreisäquivalent** bei Überschreitung üblicher Zahlungsfristen (IAS 38.32) s. Rz. 14.43

– Zur Aktivierung von **Fremdkapitalkosten** bei Anschaffungsvorgängen s. Rz. 15.25

– Zur Anschaffung in **fremder Währung** s. Rz. 9.20

– Wenn die Gegenleistung durch Hingabe von **Eigenkapitalinstrumenten** erfolgt, ist IFRS 2 anzuwenden. Die Anschaffungskosten bestimmen sich dann i.d.R. durch den Fair Value der Eigenkapitalinstrumente, Rz. 28.6.

13.86–13.89   frei

III. Fair Value beim Unternehmenszusammenschluss

13.90 Gehen im Rahmen eines Unternehmenserwerbs (Unternehmenszusammenschluss) immaterielle Vermögenswerte zu, gilt – wie auch beim Einzelerwerb – die Aktivierungsvoraussetzung des künftigen Nutzenzuflusses immer als erfüllt (IAS 38.33).

---

62 Vgl. *Garvens/Lubitz*, StuB 2005, 248 (249). Ihnen folgend Haufe IFRS-Komm[16], § 13 Rz. 77; *Thiele/Kühle* in T/vK/B, IAS 38 Rz. 198. Die jeweils dort genannten Begründungen – Beseitigungsverpflichtungen analog den Sachanlagen – gehen jedoch fehl. Es handelt sich um Erwerbskosten (Anschaffungsnebenkosten).

Da es keine Anschaffungspreise für die einzelnen, im Rahmen eines Unternehmenserwerbs übernommenen Vermögenswerte gibt, besteht die Herausforderung in der Wertfindung. Als **Bewertungsmaßstab** kommen aber nicht subjektiv geschätzte Anschaffungskosten zum Tragen („was wäre vom *konkreten Erwerber* bei einem separaten Einzelerwerb gezahlt worden?"), sondern der Fair Value („objektiver Wert, der von jedem Dritten gezahlt worden wäre", Rz. 8.34). Der Ansatz ist *nicht* davon abhängig, ob der Vermögenswert beim erworbenen Unternehmen schon aktiviert war.

Im Übrigen können wir verweisen:

— Die allgemeinen Erörterungen zum Bewertungsmaßstab „Fair Value" finden sich in Rz. 8.34 ff.

— Die Besonderheiten der Fair Value-Ermittlung bei einem Unternehmenszusammenschluss behandeln wir im Kapitel Kapitalkonsolidierung, Rz. 36.160. Dort erörtern wir auch Ansatz und Bewertung sog. **defensiver Marken** (Rz. 36.100).

— Weil die Fair Value-Ermittlung sehr aufwendig sein kann und möglicherweise auch einen längeren Zeitraum beansprucht, ist bei der Erstkonsolidierung der **Wertaufhellungszeitraum** auf zwölf Monate angehoben worden. Dies gilt freilich nicht nur für immaterielle Vermögenswerte, ist hier aber von besonderer Bedeutung, s. Rz. 36.240.

IV. Zuwendungen der öffentlichen Hand

Gelegentlich werden immaterielle Vermögenswerte durch **Zuwendungen der öffentlichen Hand** zur Verfügung gestellt, wie dies in einigen Ländern etwa bei Mobilfunklizenzen oder Flughafenlanderechten geschehen ist. In diesem Fall besteht das Wahlrecht, entweder

13.91

— den Vermögenswert mit seinem Fair Value zu aktivieren und in gleicher Höhe eine passivische Abgrenzung vorzunehmen, die über die Nutzungsdauer des Vermögenswertes erfolgswirksam aufzulösen ist oder

— den immateriellen Vermögenswert zu seinem Nominalbetrag (beispielsweise einem der öffentlichen Hand gezahlten symbolischen Preis) zzgl. Anschaffungsnebenkosten anzusetzen (IAS 38.44).

Zu Einzelheiten der Bilanzierung von Zuwendungen der öffentlichen Hand s. Rz. 16.24 ff.

V. Tausch

Die Regelungen zur Fair Value-Ermittlung beim **Tausch** (IAS 38.45–47) entsprechen praktisch wortgleich jenen zum Sachanlagevermögen, s. Rz. 14.60.

13.92

VI. Herstellungskosten (Entwicklungskosten)

13.93 Die direkten Kosten der **Entwicklung**sphase sind ab dem Zeitpunkt der Erfüllung der Aktivierungsvoraussetzungen (Rz. 13.46) bis zur Herstellung der Betriebsbereitschaft zu aktivieren. Es gilt der Vollkostenansatz. Im Einzelnen:

– Die Herstellungskosten umfassen Einzel- und anlassbezogene Gemeinkosten (z.B. Abschreibungen auf Patente und Lizenzen, IAS 38.66d), oder sonstige allgemeine Gemeinkosten (z.B. Verwaltungskosten des Fertigungsbereichs[63] (Umkehrschluss aus IAS 38.67a)). Auch der Verbrauch von Materialien (z.B. Materialtests bei der Entwicklung eines Automobils) und Dienstleistungen sind Herstellungskosten (IAS 38.66a).

– Einzubeziehen sind auch Registrierungsgebühren zur Schaffung eines Rechtsschutzes (z.B. Patent), IAS 38.66c.

– Für qualifizierte Vermögenswerte kommt die Aktivierung von Fremdkapitalkosten in Betracht, Rz. 15.20 ff.

Nicht aktiviert werden dürfen (IAS 38.67):

– Vertriebs- und Verwaltungskosten ohne Herstellungsbezug,

– Anlaufverluste,

– Schulungskosten.

Kosten, die vor Erfüllung sämtlicher Aktivierungsvoraussetzungen angefallen sind, dürfen nicht nachaktiviert werden (IAS 38.65).

13.94 Bei Entwicklungsprojekten sind oftmals Personalaufwendungen der größte Kostenblock. Es muss eine entsprechende Kostenrechnung eingesetzt werden, die die **projektbezogene Kostenerfassung** ermöglicht. Deren Existenz wird auch vom Standard nicht in Frage gestellt (IAS 38.62). Die Aktivierungsvoraussetzung der zuverlässigen Kostenermittlung kann jedenfalls nicht mit dem Argument, keine Kostenrechnung eingerichtet zu haben, unterlaufen werden.

VII. Nachträgliche Anschaffungs- oder Herstellungskosten, Weiterentwicklungskosten

13.95 Unabhängig von der Zugangsart können nach Schaffung der Betriebsbereitschaft, also dem zeitlichen Ende zur Sammlung aktivierungsfähiger Kosten, nachlaufende Kosten im Zusammenhang mit dem immateriellen Vermögenswert entstehen. Diese sind nur dann als **nachträgliche Anschaffungs- oder Herstellungskosten** für einen immateriellen Vermögenswert zu aktivieren, wenn dessen Nutzenpotential durch diese Ausgaben gestärkt wird. Allerdings geht der IASB davon aus, dass es sich üblicherweise um Erhaltungsaufwendungen des Nutzenpotentials handelt, eine Aktivierung also nur selten in Betracht kommt (IAS 38.20).

---

[63] Vgl. *Thiele/Kühle* in T/vK/B, IAS 38 Rz. 298.

Beispiel: Die Controlling-Abteilung eines Unternehmens arbeitet mit einem bestimmten Tabellenkalkulationsprogramm in seiner aktuellen Version. Man erwartet, das Programm vier Jahre lang einzusetzen. Zwischenzeitlich erhältliche Programm-Updates halten das Nutzenpotential auf aktuellen technischen Stand und werden als Erhaltungsaufwand gebucht. Nach drei Jahren aber bietet der Hersteller eine neue Programmversion mit erheblich erweiterten Funktionalitäten an, die beim Unternehmen zu hohen Effizienzvorteilen und Kosteneinsparungen führen. Deshalb wird die neue Version angeschafft. Der Buchwert der alten Fassung wird außerplanmäßig abgeschrieben und die Neue aktiviert.

U.E. können aber auch nachträgliche Ausgaben bei einem schon in Nutzung befindlichen immateriellen Vermögenswert zu aktivieren sein. 13.96

Beispiel: Das schwäbische Unternehmen F hat eine neuen Kunststoffmischung für seine Dübel entwickelt, die die Kosten der bisher verwendeten um 50 % unterschreitet. Auf die Eintragung eines Rechtsschutzes hat man verzichtet. Nach fünf Jahren stellt F eine erhebliche Zunahme an Industriespionage fest, so dass man sich entschließt, weltweiten Rechtsschutz einzutragen. Die damit verbundenen Kosten erhöhen das Nutzenpotential auf der Zeitschiene und sind zu aktivieren. Die Kosten wären auch zu aktivieren gewesen, wenn der Rechtsschutz von vornherein eingetragen worden wäre.

Nachträgliche Ausgaben für Markennamen, Drucktitel, Verlagsrechte, Kundenlisten und ähnliche Sachverhalte führen immer zu Aufwand, unabhängig davon, ob diese Sachverhalte (im Erwerbsfall) aktiviert worden sind oder (bei Selbsterstellung) nicht (IAS 38.20). 13.97

Zur Besonderheit bei nachträglichen Ausgaben im Zusammenhang mit erworbenen Forschungs- und Entwicklungsprojekten s. Rz. 13.112.

frei 13.98–13.99

D. Folgebewertung

I. Bedingtes Wahlrecht: Fortgeführte Kosten oder Neubewertungsmethode

Immaterielle Vermögenswerte sind entweder 13.100

– zu **fortgeführten Kosten** (Zugangswert abzgl. ggf. planmäßiger und außerplanmäßiger Abschreibungen) **oder**

– nach der **Neubewertungsmethode** zum Fair Value (*regelmäßiger* Fair Value-Ansatz abzgl. planmäßiger und außerplanmäßiger Abschreibungen)

zu bewerten (IAS 38.72). Voraussetzung zur Anwendung der Neubewertungsmethode ist die Existenz eines *aktiven Markts* für den Vermögenswert (IAS 38.75). Die – im Vergleich zu Sachanlagen – *zusätzliche* Anwendungsvoraussetzung der Existenz aktiver Märkte (Rz. 8.51 ff.) schränkt die Bedeutung der Neubewertungsmethode für die Praxis drastisch ein; die Methode wird für immaterielle Vermögenswerte in Deutschland nicht angewendet.[64] Wir haben daher auf die Kommentierung der Neubewertungsmethode verzichtet.

II. Fortgeführte Kosten

1. Begrenzte oder unbestimmte Nutzungsdauer

13.101 Immaterielle Vermögenswerte sind daraufhin zu analysieren, ob sie

(a) eine zeitlich begrenzte, endliche und damit bestimmte Nutzungsdauer oder

(b) eine unbestimmte (*indefinite*, in der offiziellen deutschen Übersetzung „unbegrenzte") Nutzungsdauer bzw. Leistungsabgabe

aufweisen (IAS 38.88). Zur Differenzierung s. Rz. 13.103. Nur Vermögenswerte mit begrenzter Nutzungsdauer (a) sind planmäßig abzuschreiben. Vermögenswerte mit **unbestimmter Nutzungsdauer** (b)

– unterliegen einem jährlichen **Test auf Werthaltigkeit** (*Impairment-Test*) gem. IAS 36; darüber hinaus ist der Test immer dann durchzuführen (also auch unterjährig), wenn Anzeichen auf eine Wertminderung bestehen (IAS 38.108) und

– sind jährlich auf ihre Eigenschaft als Vermögenswert mit unbestimmter Nutzungsdauer zu überprüfen. Sollte im Rahmen einer solchen Überprüfung festgestellt werden, dass die Nutzungsdauer endlich geworden ist, unterliegt der Vermögenswert ab diesem Zeitpunkt der planmäßigen Abschreibung. Die Umstellung ist insoweit als Schätzungsänderung (Rz. 12.53) zu behandeln. Darüber hinaus ist auf den Zeitpunkt des Beginns der planmäßigen Abschreibung ein *Impairment-Test* durchzuführen (IAS 38.109 f.).

13.102 In aller Regel wird die Nutzungsdauer immaterieller Vermögenswerte durch

– rechtliche (z.B. Ablauf des Rechtsschutzes; s. aber Rz. 13.103),

– technische (z.B. Veralterung einer Software infolge technologischen Fortschritts, IAS 38.92) und/oder

– wirtschaftliche Gründe (z.B. Produktlebenszyklus bei aktivierten Entwicklungskosten)

zu bestimmen und damit auch beschränkt sein. IAS 38.90 listet weitere Hinweise zu Bestimmungsgründen der Nutzungsdauer.

13.103 Sollte die Erwartung bestehen, dass **künftige Cashflows** aus einem immateriellen Vermögenswert **zeitlich unbefristet** fließen werden, so ist die Nutzungsdauer dieses Vermögenswertes unbestimmt (IAS 38.BC62). Namentlich bei **erworbenen Marken**

---

[64] Auf Basis von jeweils 100 analysierten deutschen IFRS-Abschlüssen der Jahre 2001 bis 2003, vgl. *von Keitz*, Praxis der IASB-Rechnungslegung, 2005, 43. Auch bis heute ist uns kein Anwendungsfall bekannt geworden.

oder Warenzeichen sind unbestimmte Nutzungsdauern möglich.[65] Auch bestehende vertragliche und zeitlich befristete Rechte schließen unbestimmte Nutzungsdauern nicht aus. Voraussetzung für die Annahme einer unbestimmten Nutzungsdauer ist dann

– die subjektive Absicht der Verlängerung des Rechts,
– die objektive Möglichkeit (auch: Einverständnis des Vertragspartners) und
– geringe Kosten der Verlängerung (IAS 38.96).

Beispiel (Geschäftsbericht Deutsche Bank 2017, 297): „Vermögensverwaltungsverträge im Publikumsfondsgeschäft: Dieser Vermögenswert mit einem Bilanzwert von 719 Mio. € bezieht sich auf das Publikumsfondsgeschäft des Konzerns in den USA und ist der ZGE Deutsche AM zugewiesen. Er umfasst Vermögensverwaltungsverträge im Publikumsfondsgeschäft, die DWS Investments das ausschließliche Recht einräumen, eine Vielzahl von Investmentfonds für einen bestimmten Zeitraum zu verwalten. **Da eine Verlängerung dieser Verträge einfach ist, die dafür anfallenden Kosten minimal sind und die Verträge bereits häufig verlängert wurden, rechnet der Konzern in absehbarer Zukunft nicht mit einer Begrenzung der Vertragsdauer. Deshalb dürften die Rechte für die Verwaltung der zugrunde liegenden Vermögenswerte für einen unbegrenzten Zeitraum Zahlungsströme generieren.**[66] Der immaterielle Vermögenswert wurde im Geschäftsjahr 2002, zum Zeitpunkt der Akquisition von Zurich Scudder Investments, Inc., von unabhängiger Seite zum beizulegenden Zeitwert bewertet."

Umgekehrt gilt: Ist die Verlängerung des Rechts nur zu hohen Kosten möglich, liegt zum Zeitpunkt der durchgeführten Verlängerung die **Anschaffung eines neuen immateriellen Vermögenswertes** vor (IAS 38.96 am Ende). Dieser ist im Grundsatz zu aktivieren, es sei denn, es besteht ein Aktivierungsverbot wie z.B. bei Marken, Drucktiteln usw. (Rz. 13.53 ff.).

Bei einem Unternehmenszusammenschluss **zurückerworbene Rechte** (Rz. 36.305) besteht keine Möglichkeit einer Rechteverlängerung und daher auch keine unbegrenzte Nutzungsdauer (IAS 38.94 am Ende). Mit Ablauf des ursprünglichen Rechts muss der Vermögenswert abgeschrieben sein.

13.104

IAS 38 problematisiert nur jene Fälle, in denen von unbegrenzter auf begrenzte Nutzungsdauer überzugehen ist. Aber auch der umgekehrte Fall ist denkbar.

13.105

Beispiel: Bei einem Unternehmenserwerb ist ein Warenzeichen für eine Produktlinie erworben worden, wobei der Erwerber zunächst die Einstellung der Produktlinie in 10 Jahren beabsichtigt. Das Warenzeichen soll daher planmäßig über zehn Jahre abgeschrieben werden. Nach vier Jahren ändert das Management seine Pläne und will die Produktlinie auf unbestimmte Zeit fortführen. U.E. ist in diesem Fall die planmäßige Abschreibung zu stoppen und auf den jährlichen Impairment-Test überzugehen. Da der Übergang von unbegrenzter auf begrenzte Nutzungsdauer als Schätzungsänderung zu behandeln ist, kann für den umgekehrten Fall nichts anderes gelten: Die zuvor vorgenommenen planmäßigen Abschreibungen sind nicht zurückzudrehen.

---

65 S. beispielsweise Henkel, Geschäftsbericht 2017, 126 und die Beispiele 7 bis 9 in IAS 38 IE.
66 Hervorhebung vom Verfasser.

Das Beispiel zeigt aber auch die Anfälligkeit der Regelungen zur Abgrenzung von bestimmbarer und unbestimmter Nutzungsdauer von der Einschätzung und dem Wollen des Abschlussaufstellers. Tatsächlich werden hier **bilanzpolitische Freiheitsgrade** eröffnet, die mitunter nur von (zunächst) kaum objektivierbaren Behauptungen des Abschlussaufstellers abhängen können.

2. Planmäßige Abschreibungen

13.106 Immaterielle Vermögenswerte mit begrenzter, endlicher Nutzungsdauer sind planmäßig abzuschreiben. Das **Abschreibungsvolumen** entspricht dem Zugangswert abzgl. Restwert. Der **Restwert** ist der geschätzte Betrag, den ein Unternehmen beim Abgang des Vermögenswertes nach Abzug der Veräußerungskosten am Ende der Nutzungsdauer erhalten würde (IAS 38.8). Er ist regelmäßig mit dem Wert „Null" anzunehmen, es sei denn,

– ein Dritter hat sich bereits verpflichtet, den Vermögenswert am Ende der Nutzungsdauer zu erwerben oder

– es besteht am Ende der Nutzungsdauer voraussichtlich noch ein aktiver Markt (IAS 38.100).

13.107 Die **Abschreibung beginnt** mit der Nutzungsmöglichkeit des Vermögenswertes („betriebsbereiter Zustand", IAS 38.97), so dass während des Herstellungsprozesses selbsterstellter immaterieller Vermögenswerte („Entwicklungskosten") noch keine planmäßigen Abschreibungen anfallen können. Bei unterjähriger Herstellung des betriebsbereiten Zustands ist pro rata temporis abzuschreiben, wobei der monatsgenaue Beginn unter Kosten/Nutzen-Aspekten ausreichend ist.

Zum Ende der Abschreibung s. Rz. 13.120 ff.

13.108 Die **Nutzungsdauer** ist individuell zu schätzen. Bei Vermögenswerten, die einem raschen technologischen Wandel unterliegen (Software), wird die Nutzungsdauer eher kurz sein (IAS 38.92). Ist der immaterielle Vermögenswert mit einem **Rechtsschutz** versehen (z.B. Patent), so ist höchstens über die Laufzeit des Rechtsschutzes abzuschreiben, ggf. auch kürzer, insoweit eine Nutzung über die gesamte Rechtsschutzlaufzeit gar nicht zu erwarten ist.

13.109 Es ist die **Abschreibungsmethode** heranzuziehen, die der Abnutzung („erwarteter Verbrauch des künftigen wirtschaftlichen Nutzens") am besten entspricht, also linear, degressiv oder leistungsabhängig. Die Abschreibungsmethode ist außer bei Änderungen des Nutzenverbrauchs stetig anzuwenden. Kann die Abnutzung nicht verlässlich geschätzt werden, ist linear abzuschreiben (IAS 38.97). Eine umsatz- oder erlösabhängige Abschreibungsmethode kann nur gewählt werden, insoweit der Vermögenswert selbst nach seinen Erlösen bemessen wird oder eine starke Korrelation zwischen den Erlösen und dem Verbrauch des wirtschaftlichen Nutzens besteht (ggf. z.B. bei Filmrechten); das ist jeweils nachzuweisen (IAS 38.98A).

13.110 Mindestens zu jedem Geschäftsjahresende sind Restwert, Nutzungsdauer und Abschreibungsmethode **zu überprüfen**. Ergeben sich wesentliche Abweichungen zu den früheren Annahmen, sind Anpassungen als Änderung von Schätzungen vorzunehmen (IAS 38.104).

3. Wertminderungstest, außerplanmäßige Abschreibungen und Zuschreibungen

Immaterielle Vermögenswerte unterliegen den Regeln zu **außerplanmäßigen Abschreibungen** und **Zuschreibungen** nach IAS 36 (Rz. 19.1). Ein **jährlicher Wertminderungstest** ist erforderlich für 13.111

– immaterielle Vermögenswerte mit unbegrenzter Nutzungsdauer und
– für solche immateriellen Vermögenswerte, die noch nicht betriebsbereit sind (IAS 36.10a). Dazu gehören vor allem die sich noch im Herstellungsprozess befindlichen immateriellen Vermögenswerte (aktivierte **Entwicklungskosten**).

III. Besonderheit bei erworbenen Forschungs- und Entwicklungsprojekten

Erworbene **Forschungs- und Entwicklungsprojekte** (Rz. 13.35) sind mit ihren Anschaffungskosten ansatzpflichtig. Kosten, die *nach* dem Erwerb der Projekte für ihre Fertigstellung anfallen, sind hingegen wieder nach den allgemeinen Kriterien zu beurteilen: Sie sind Aufwand, solange es sich um ein Forschungsprojekt handelt. Handelt es sich um ein Entwicklungsprojekt, sind die gesonderten Aktivierungsvoraussetzungen (Rz. 13.46) zu prüfen. 13.112

Solange das erworbene Projekt auch aus Sicht des erwerbenden Unternehmens nicht unmittelbar betriebsbereit nutzbar ist, kommt eine planmäßige Abschreibung nicht in Betracht. Es ist aber ein jährlicher Impairment-Test erforderlich.

E. Stilllegung, Ausbuchung und Umbuchung

Nicht nur materielle, sondern auch immaterielle Vermögenswerte können stillgelegt werden. 13.113

Beispiele:
– Vor Ablauf des Patentschutzes wird ein patentrechtlich geschütztes Produkt entgegen der ursprünglichen Planung nicht mehr weiter produziert.
– Die ursprünglich auf zehn Jahre angedachte Nutzung einer Personalverwaltungssoftware wird nach vier Jahren eingestellt. Die Personalverwaltung wird auf einen externen Dienstleister übertragen.

Beide Fälle geben Anlass für einen Impairment-Test (IAS 36.12f). Nicht notwendigerweise kommt es aber zu einer außerplanmäßigen Abschreibung, etwa, wenn der Vermögenswert Bestandteil einer im Wert nicht geminderten CGU und eine Einzelfeststellung des Fair Value des Vermögenswertes nicht möglich ist. In diesem Fall ist die planmäßige Abschreibung auch bei „Nichtnutzung" weiterzuführen, bis der Buchwert „Null" ist (Auflösung des scheinbaren Widerspruchs zwischen IAS 38.112b und IAS 38.117).

13.114 Bei **Abgang** (z.B. Verkauf) ist ein immaterieller Vermögenswert auszubuchen. Entsteht ein Gewinn zwischen dem Nettoveräußerungserlös und dem Buchwert des Vermögenswertes, ist dieser erfolgswirksam zu erfassen, aber nicht als Umsatzerlös auszuweisen (IAS 38.113). Wir empfehlen wie nach HGB den Ausweis als sonstigen betrieblichen Ertrag und im Verlustfall den sonstigen betrieblichen Aufwand.

13.115 Die **planmäßige Abschreibung** endet bei einer **Umgliederung** des immateriellen Vermögenswertes in die Kategorie *held for sale* gem. IFRS 5 (IAS 38.117), die bei nicht spontanem, sondern geplantem Verkauf und bei Bereichseinstellungen in Betracht kommt (Rz. 30.1 ff.).

F. Ergebniskennzahlen und selbsterstellte immaterielle Vermögenswerte

13.116 Im Vergleich zur nach HGB möglichen Nichtaktivierung verbessert die **Aktivierung von Entwicklungskosten** systematisch die Kennzahl „Ergebnis vor Zinsen, Steuern und Abschreibungen" (EBITDA):

— Beim **Gesamtkostenverfahren** werden im Jahr der Aktivierung die zu aktivierenden Aufwendungen als aktivierte Eigenleistungen gezeigt, so dass die Kennzahlen EBITDA, EBIT und Jahresergebnis (letzteres allerdings um latente Steueraufwendungen geringer) im Vergleich zur Nichtaktivierung ansteigen. Aufwandswirksam werden dann später die Abschreibungen der aktivierten Entwicklungskosten, so dass im Vergleich zur vorherigen Nichtaktivierung die Kennzahl EBITDA nicht sinkt.

— Beim **Umsatzkostenverfahren** werden im Rahmen der Transformation des Primäraufwands in den in der GuV auszuweisenden Sekundäraufwand die zu aktivierenden Kosten aufwandsmindernd und damit ergebniserhöhend verrechnet. Werden beim Umsatzkostenverfahren die Abschreibungen nicht den Funktionsbereichen zugeordnet, sondern gesondert ausgewiesen (zur Zulässigkeit s. Rz. 44.25), ist hier ebenfalls eine erhöhte EBITDA-Darstellung möglich.

Nach einer für den HGB-Bereich durchgeführten empirische Studie[67] (Befragung) kann die Aktivierung von Entwicklungskosten zu positiven Effekten auf die **Kreditvergabeentscheidungen** und marginal zu positiven Effekten auf die **Kreditkonditionen** führen. Voraussetzung ist eine hohe Zuverlässigkeit der Information: Abschlussadressaten müssen der Werthaltigkeit des aktivierten Betrages vertrauen können. Für die befragten Entscheidungsträger bei den Kreditinstituten ist insoweit ein geprüfter Abschluss unumgänglich.

13.117–13.119 frei

---

[67] Vgl. *Ruhnke/Schmiele/Sanyang*, DB 2009, 2725.

G. Ausweis

Immaterielle Vermögenswerte sind getrennt von den Sachanlagen und den als Finanzinvestition gehaltenen Immobilien als eigenständiger Posten innerhalb des langfristigen Vermögens auszuweisen. Ein Goodwill muss auf der Bilanzebene nicht gesondert gezeigt werden. Zu Untergliederungen s. Rz. 43.42.

13.120

H. Anhangangaben

I. Anlagespiegel

Der Anlagespiegel (Anlagegitter) ist Pflichtbestandteil des Anhangs (IAS 38.118c). Während aber nach HGB die Bewegungen im Anlagespiegel zu Anschaffungs- und Herstellungskosten ausgewiesen werden (direkte Bruttomethode), soll der Ausweis nach IFRS zu Buchwerten erfolgen (direkte Nettomethode). Die deutsche Praxis weicht hiervon häufig ab[68] und zeigt wie in HGB-Abschlüssen üblich zusätzlich zu den Bewegungen der Anschaffungs- und Herstellungskosten auch die der kumulierten Abschreibungen. Dies ist zulässig, da keine Informationen verloren gehen.[69] Wie für alle Zahlenangaben sind **Vergleichsinformationen** für die Vorperiode 01 erforderlich; der Anlagenspiegel ist über **zwei Perioden** darzustellen (im folgenden Beispiel aus Platzgründen nur die laufende Periode 02):

13.121

Immaterielle Vermögenswerte			
	Goodwill	sonstigeimmaterielle Vermögenswerte	Total
1. Bruttowerte			
1.1.02	10.000	5.000	15.000
Zugänge separater Erwerb		600	1.600
Zugänge Änderung Konsolidierungskreis	1.000	500	500
Abgänge		- 700	- 700
Währungsumrechnung	1.000	400	1.400
31.12.02	**12.000**	**5.800**	**17.800**

---

68 Ein Beispiel zur direkten Nettomethode findet sich im Geschäftsbericht 2017 der Deutschen Lufthansa, 131.
69 So bereits *Lüdenbach*, IFRS[4], 91 f.

Immaterielle Vermögenswerte			
	Goodwill	sonstige immaterielle Vermögenswerte	Total
2. Kumulierte Abschreibungen			
1.1.02	0	- 2.000	- 2.000
Zuführung (erfolgswirksam)		- 1.000	- 1.000
Abgänge		500	500
Währungsumrechnung		- 150	- 150
31.12.02	0	- 2.650	- 2.650
3. Nettobuchwerte			
1.1.02	10.000	3.000	13.000
31.12.02	12.000	3.150	15.150

13.122 Für den Anlagespiegel und für weitere Informationen über z.B. Nutzungsdauern und Abschreibungsmethoden (IAS 38.118a-d) sind **Gruppen immaterieller Vermögenswerte** zu bilden, die sich hinsichtlich ihrer Art und ihrem Verwendungszweck ähneln. IAS 38.119 nennt dazu folgende Beispiele:

– Markennamen,

– Drucktitel und Verlagsrechte,

– Computersoftware,

– Lizenzen und Franchiseverträge,

– Urheberrechte, Patente und sonstige gewerbliche Schutzrechte, Nutzungs- und Betriebskonzessionen,

– Rezepte, Geheimverfahren, Modelle, Entwürfe und Prototypen,

– immaterielle Vermögenswerte in Entwicklung.

Gerade die gesonderte Darstellung von **immateriellen Vermögenswerten in der Entwicklung** ist zu empfehlen, sie entspricht bei Sachanlagen den „Anlagen in Bau". Abschlussadressaten erkennen hier die **Investitionen**, die noch nicht nutzenstiftend eingesetzt werden können.

Auch für den **Goodwill** ist eine Überleitungsrechnung erforderlich (IFRS 3.B67). Es ist in der Praxis üblich, die Entwicklung des Goodwills in den Anlagespiegel für immaterielle Vermögenswerte zu integrieren.

Bei den Zugängen im Anlagespiegel ist zwingend zwischen **Buchwertzugängen** von Vermögenswerten aus

— aktivierten Entwicklungskosten,

— separatem Erwerb und

— Unternehmenserwerben („Änderung Konsolidierungskreis")

zu unterscheiden (IAS 38.118ci).

13.123

Unser Beispiel zeigt die theoretisch richtige Handhabung der Zugänge aus Unternehmenserwerben, und zwar den Ausweis der aus Sicht des Erwerbers erworbenen Fair Values unter den *Brutto*-Anschaffungs- und Herstellungskosten ohne jegliche Abschreibungen. Demgegenüber findet sich in der Praxis häufig nicht nur der Eintrag „Änderung Konsolidierungskreis" unter den Brutto-Anschaffungs- und Herstellungskosten, sondern *gleichzeitig* auch unter den kumulierten Abschreibungen. Dies hat praktische Gründe, wenn keine eigene Konzernanlagenbuchhaltung existiert und die bei Erstkonsolidierung übernommenen Vermögenswerte nicht auf eine neue Basis gestellt werden (können). In diesem Fall werden die *historischen* Anschaffungs- und Herstellungskosten und die kumulierten Abschreibungen aus dem Einzelabschluss der Tochtergesellschaft übernommen und der Saldo zumindest pauschal nach Anlagegruppen auf den aus Konzernsicht maßgebenden Fair Value aufgestockt.

Auch werden Zu- und Abgänge bei Veränderungen des Konsolidierungskreises (Erwerb *und* Veräußerung von voll- oder quotal konsolidierten Beteiligungen) gelegentlich saldiert ausgewiesen. Das kann ggf. mit der Saldierungsvorschrift IAS 1.35 analog begründet werden.

Die Zeile „Abgänge" enthält nicht nur die Werte aus unmittelbarer Veräußerung oder Ausbuchung, sondern auch jene aus der Umgliederung in die Kategorie „Vermögenswerte zum Verkauf bestimmt" (*assets held for sale*) gem. IFRS 5. Hierzu gehören auch Ausgliederungen aus beabsichtigten Bereichseinstellungen. Diese Vermögenswerte sind gesondert im Umlaufvermögen auszuweisen.

13.124

II. Sonstige Erläuterungen und Einzelangaben

Wir verweisen auf die weiteren Angabepflichten in IAS 38.118 ff.

13.125

Kapitel 14
Sachanlagen (IAS 16)

A. **Überblick und Wegweiser** 14.1
  I. Management Zusammenfassung . 14.1
  II. Standards und Anwendungsbereich 14.5
  III. Wesentliche Abweichungen zum HGB 14.10
  IV. Neuere Entwicklungen 14.15

B. **Ansatz**..................... 14.20
  I. Definitionsmerkmale von Sachanlagen und allgemeine Ansatzkriterien 14.20
  II. Indirekter Nutzenzufluss ausreichend: Umweltschutz- und Sicherheitsanlagen 14.22
  III. Ersatzteile 14.23
  IV. Geringwertige Sachanlagen, Wesentlichkeitsgrundsatz 14.24
  V. Komponentenansatz 14.25
    1. Einzelne Komponenten vs. einheitlicher Nutzungs- und Funktionszusammenhang 14.25
    2. Generalüberholungen, Erweiterungen und Erhaltungsaufwand . 14.30
    3. Zusammenfassung und Praxishinweise 14.34

C. **Zugangsbewertung**........... 14.40
  I. Zugangsformen 14.40
  II. Anschaffungskosten........... 14.41
    1. Bestandteile der Anschaffungskosten – Übersicht 14.41
    2. Anschaffungspreis 14.43
    3. Anschaffungsnebenkosten 14.45
    4. Als Rückstellung passivierte Entsorgungsverpflichtung 14.47
    5. Zeitanteilig entstehende Entsorgungs- und ähnliche Verpflichtungen 14.50
  III. Herstellungskosten............. 14.55
  IV. Zugangsbewertung beim Tausch . 14.60

D. **Folgebewertung**................ 14.70
  I. Wahlrecht: Fortgeführte Kosten oder Neubewertungsmethode ... 14.70
  II. Fortgeführte Kosten 14.73
    1. Planmäßige Abschreibungen 14.73
    2. Insbesondere: Komponentenansatz 14.78
    3. Anpassungen von als Rückstellungen aktivierten Entsorgungsverpflichtungen 14.83
    4. Festwertansatz 14.87

E. **Stilllegungen, Abgänge, Ausbuchung, Umbuchung** 14.90

F. **Ausweis**..................... 14.92

G. **Anhangangaben** 14.93
  I. Anlagenspiegel 14.93
  II. Praxisbeispiel der sonstigen Erläuterungen und Einzelangaben . . 14.94

Literatur: *Baetge/Beermann*, Die Neubewertung des Sachanlagevermögens nach International Accounting Standards (IAS), StuB 1999, 341; *Brune*, Erfassung von Erlösen aus der Durchführung von Testläufen von Vermögenswerten des Sachanlagevermögens – Der Fall – die Lösung, IRZ 2015, 175; *Busch/Zwirner*, Planmäßige Abschreibung materieller und immaterieller Vermögenswerte – Änderungen von IAS 16 und IAS 38, IRZ 2014, 415; *Busch/Zwirner*, Bilanzierung von Immobilien nach IFRS – IAS 16 und IAS 40 im Vergleich, IRZ 2015, 226; *Busse von Colbe/Seeberg (Hrsg.)*, Vereinbarkeit internationaler Konzernrechnungslegung mit handelsrechtlichen Grundsätzen – Empfehlungen des Arbeitskreises „Externe Unternehmensrechnung" der Schmalenbach-Gesellschaft – Deutsche Gesellschaft für Betriebswirtschaft e.V., 2. Aufl., ZfbF-Sonderheft 43/1999; *Ertel*, Fair value-Relevanz in Deutschland, PiR 2014, 175; *Fischer*, Zulässige Abschreibungsmethoden nach IAS 16 und IAS 38, PiR 2013, 26; *Küting/Lauer*, Die Bedeutung des Anschaffungskostenprinzips und die Folgen seiner Durchbrechung, DB 2013, 1185; *Kussmaul*, Berechtigung und Hauptanwendungsbereiche der Aufwandsrückstellungen, DStR 1987, 675; *Mujkanovic/Raatz*, Der Component Approach nach IAS 16 im HGB-Abschluss?, KoR 2008, 245; *Quick*, Folgebewertung im Sachanlagevermögen am Beispiel unbebauter Grundstücke – Eine Fallstudie zur Anwendung der Folgebewertung nach IFRS und HGB, KoR 2013, 98; *Rade/Kropp*, Jahrgangsbezogener Sammelposten und Poolabschreibung des § 6 Abs. 2a EStG – endgültiger Abschied von der Einheitsbilanz?, WPg 2008, 13; *Rinker*, IASB veröffentlicht Entwurf zu Änderungen an IAS 16, PiR 2017, 377; *Roos/Schmidt*, Zur Abgrenzung von Vorräten und Sachanlagen, PiR 2013, 47; *Scheer*, Instandhaltungspolitik, Wiesbaden 1974; *Theile*, Geplante Änderungen an IAS 16 zum Abzug von Erlösen aus Testläufen, BBK 2017, 722; *Theile/Stahnke*, Bilanzierung sonstiger Rückstellungen nach dem BilMoG-Regierungsentwurf, DB 2008, 1757; *Wagenhofer*, Internationale Rechnungslegungsstandards – IAS/IFRS, 4. Aufl., Wien/Frankfurt 2003; *Zülch/Teuteberg*, Änderungen an IAS 16 und IAS 38 zur Angemessenheit von Abschreibungsmethoden – Kein striktes Verbot der Umsatzbasierung, DB 2014, 1629.

A. Überblick und Wegweiser

I. Management Zusammenfassung

14.1 Zum Sachanlagevermögen gehören materielle Vermögenswerte, die erwartungsgemäß länger als eine Periode genutzt werden. Die Erstbewertung erfolgt zu Anschaffungs- bzw. Herstellungskosten, während für die Folgebewertung ein **Wahlrecht** zwischen den **fortgeführten Kosten** und dem erfolgsneutralen **Neubewertungsmodell** besteht. In der Praxis üblich ist allein die Bewertung zu fortgeführten Kosten.

14.2 Bestehen bei Zugang einer Sachanlage **Entsorgungs- oder ähnliche Verpflichtungen**, ist eine Rückstellung zu bilden und die Anschaffungs- bzw. Herstellungskosten sind um diesen Betrag zu erhöhen. Über die höheren Abschreibungen der Sachanlage wird der Gegenwert des Rückstellungsbetrags aufwandswirksam. Die Vorgehensweise entlastet im Vergleich zum HGB die engeren operativen Kosten. Der Rückstellungsaufwand wird in der Gewinn- und Verlustrechnung im IFRS-Abschluss in der Zeile „Abschreibungen" ausgewiesen, so dass das IFRS-EBITDA höher ist als das nach HGB.

14.3 Setzen sich Sachanlagen aus mehreren wesentlichen **Komponenten zusammen**, die einer unterschiedlichen Nutzungsdauer oder einem unterschiedlichen Nutzenverbrauch unterliegen, sind diese einzelnen Komponenten unterschiedlich abzuschreiben. Das Konzept des einheitlichen Nutzungs- und Funktionszusammenhangs zur Abgrenzung von Sachanlagen zueinander existiert nach IFRS nicht. Der **Komponentenansatz** soll zu einer periodengerechteren Aufwandsverteilung (Glättung) führen. Er ist nach Auffassung des IDW auch im HGB-Abschluss zulässig, beschränkt auf physisch austauschbare Teile.

14.4 frei

II. Standards und Anwendungsbereich

Der wesentliche Standard zur Bilanzierung von Sachanlagen ist **IAS 16**. Der Standard regelt grundsätzlich **Ansatz, Erst-** und **(planmäßige) Folgebewertung** sowie **Anhangangaben** des gesamten **Sachanlagevermögens**, das dem bilanzierenden Unternehmen zuzuordnen ist. Folgende Abgrenzungen sind jedoch erforderlich:

14.5

(a) **Grundstücke oder Gebäude(teile)**, die zur **Erzielung von Miet- und Pachterträgen oder zur Wertsteigerung** gehalten werden und damit nicht der Produktion, der Verwaltung oder dem Handel dienen, unterliegen als **Anlageimmobilien** (*Investment Properties*) den Regelungen des IAS 40. Dieser Standard bietet zur Folgebewertung von Anlageimmobilien ein Wahlrecht entweder zur erfolgswirksamen Fair Value-Bewertung nach IAS 40 oder zur herkömmlichen Bewertung zu fortgeführten Kosten nach IAS 16. Zur Abgrenzung von Anlageimmobilien s. Rz. 18.21 ff.

(b) Bei **Leasinggegenständen** ist für Leasingnehmer durch IFRS 16 die frühere Unterscheidung nach (bilanzunwirksamen) *operate lease* und (bilanzwirksamen) *finance lease* weggefallen. Grundsätzlich werden nunmehr alle Leasingverträge bilanzwirksam, und die Bilanzierung richtet sich nach IFRS 16 mit Rückverweis auf die Regelungen zu planmäßigen Abschreibungen nach IAS 16 (IFRS 16.31). Zur Klassifikation, Zurechnung und Abgrenzung von Leasingverträgen s. Rz. 17.20 ff.

(c) Pflanzen, die voraussichtlich mehr als eine Periode Früchte tragen werden (sog. **fruchttragende Pflanzen**, z.B. Apfelbäume, Rebstöcke), fallen in den Anwendungsbereich des IAS 16. Ihre Früchte sowie alle anderen **biologische Vermögenswerte** in der Landwirtschaft unterliegen demgegenüber dem IAS 41 *Landwirtschaft*, s. hierzu Rz. 21.1 ff.

(d) Der Ansatz und die Bewertung von Vermögenswerten aus Exploration und Evaluierung fällt in den Anwendungsbereich von IFRS 6, und auf Abbaurechte sowie die Exploration und Gewinnung von Mineralien, Öl und Naturgas und ähnliche nicht-regenerative Ressourcen ist IAS 16 nicht anzuwenden.

(e) Darüber hinaus sind die Umgliederungen aus dem Sachanlagevermögen gem. IAS 16 in die Kategorie **held for sale** gem. IFRS 5 zu beachten, die bei beabsichtigtem Verkauf bzw. bei Bereichseinstellung zum Tragen kommen kann (Rz. 30.1 ff.).

Eine Reihe weiterer Standards ist ebenfalls auf Sachanlagen gem. IAS 16 anzuwenden:

14.6

(a) **Außerplanmäßige Abschreibungen** (Wertminderungen) von Sachanlagen werden in IAS 36 geregelt (Rz. 19.1 ff.).

(b) Die **Aktivierung von Zinskosten** nach IAS 23 kommt insbesondere bei der Anschaffung und Herstellung von Sachanlagen in Betracht (Rz. 15.20 ff.).

(c) **Zuwendungen der öffentlichen Hand** (IAS 20) können von den Anschaffungs- und Herstellungskosten von Sachanlagen abgesetzt werden (Rz. 16.20 ff.).

14.7 Schließlich wird IAS 16 durch IFRIC 1 ergänzt, der Bilanzierungsfragen im Zusammenhang mit Änderungen von Entsorgungs- und ähnlichen Verpflichtungen zum Gegenstand hat (Rz. 14.83).

14.8–14.9 frei

III. Wesentliche Abweichungen zum HGB

14.10 Die wesentlichen Unterschiede zum HGB sind wie folgt:

– Aus dem Sachanlagevermögen sind die **Anlageimmobilien** (*Investment Properties*) abzugrenzen und unter gesondertem Bilanzgliederungsposten auszuweisen (Rz. 18.1). Nach HGB ist die Aufgliederung von Immobilien nach ihrer Funktion nicht vorgesehen.

– Für die eigentlichen (übrigen) Sachanlagen besteht das Wahlrecht, sie zu **fortgeführten Anschaffungs- und Herstellungskosten** oder nach der **Neubewertungsmethode** erfolgsneutral zum Fair Value zu bewerten (Rz. 14.70 ff.). Nach HGB kommt nur die Folgebewertung zu fortgeführten Anschaffungs- und Herstellungskosten in Betracht.

– Handelt es sich um einen längeren Prozess der Anschaffung und Herstellung von Sachanlagen, ist die Aktivierung von Zinskosten als Bestandteil der Anschaffungs- und Herstellungskosten zwingend (Rz. 15.20 ff.). Nach HGB besteht bei länger andauernden Herstellungsvorgängen ein Wahlrecht der Aktivierung von Zinskosten als Bewertungshilfe (§ 255 Abs. 3 HGB)

– Sachanlagen sind gem. dem **Komponentenansatz** im Hinblick auf Nutzungsdauern und Nutzenabgabe in einzelne Bestandteile zu zerlegen. Das soll nach Auffassung des IDW für den HGB-Abschluss ein Wahlrecht sein (Rz. 14.25 ff.).

– Besteht für Sachanlagen am Ende ihrer Nutzungsdauer eine **Entsorgungsverpflichtung**, die als Rückstellung angesetzt werden muss, erhöht diese die Anschaffungs- und Herstellungskosten der Sachanlagen (Rz. 14.47). Demgegenüber werden Rückstellungen für Entsorgungsverpflichtungen nach HGB über die voraussichtliche Zeit der Nutzung der Sachanlage aufwandswirksam angesammelt.

– Nutzungsdauern und Abschreibungsmethoden zur Bestimmung der **planmäßigen Abschreibungen** sind nach den tatsächlichen betrieblichen Verhältnissen festzulegen (Rz. 14.73 ff.). Für die Nutzungsdauer gilt dies auch nach HGB, wobei – anders als nach IAS 16 – wegen des Vorsichtsprinzips eine eher pessimistische Schätzung verlangt wird.[1] **Steuerliche Nutzungsdauern** (AfA-Tabelle) kommen für den HGB-Abschluss und den IFRS-Abschluss nur dann in Betracht, wenn sie den tatsächlichen Verhältnissen entsprechen. Für die Abschreibungsmethode besteht im HGB-Abschluss Wahlfreiheit.[2]

---

1 Vgl. *Kahle/Heinstein* in HdJ II/3, Rz. 132.
2 Vgl. *Kahle/Heinstein* in HdJ II/3, Rz. 148 ff.

Nach HGB sind für die Ermittlung der Anschaffungskosten nur Einzelkosten maßgeblich, während in den Herstellungskosten auch Gemeinkosten berücksichtigt werden müssen. IFRS differenzieren für Anschaffungsnebenkosten im Detail anders. 14.11

frei 14.12–14.14

IV. Neuere Entwicklungen

IAS 16 ist zuletzt im Dezember 2003 grundlegend überarbeitet worden. Seither hat es punktuelle Anpassungen gegeben, vor allem durch die jährlichen Verbesserungsstandards oder durch Folgeänderungen anderer Standards. Dabei erscheinen zwei Änderungen von gewisser praktischer Relevanz: 14.15

– Die Verwendung **erlösabhängiger Abschreibungsmethoden** ist mit Wirkung ab 2016 ausdrücklich untersagt worden (Rz. 14.75).[3]

– Ebenfalls mit Wirkung ab 2016 wurden **fruchttragende Pflanzen** aus dem Anwendungsbereich des IAS 41 herausgenommen. Sie sind nun Bestandteil des Anwendungsbereichs des IAS 16 (Rz. 14.5). Damit ist für diese Pflanzen eine erfolgswirksame Fair Value-Bewertung nicht mehr möglich.

Der IASB hat am 20.6.2017 den Änderungsentwurf *ED/2017/4 Property, Plant and Equipment – Proceeds before Intended Use* zu Änderungen an IAS 16 veröffentlicht. Entgegen der bisherigen Regelung wird hier vorgeschlagen, **Verkaufserlöse aus Testläufen** von noch nicht fertig gestellten Sachanlagen nicht mehr von deren Anschaffungs- oder Herstellungskosten in Abzug zu bringen.[4] Den IASB erreichten 72 (überwiegend kritische) Kommentare zum Änderungsentwurf. Im Dezember 2017 hat der IASB den Stab angewiesen, weitere Analyse-Veranstaltungen zum Thema zu machen, um ein tieferes Verständnis für die in den Kommentaren aufgeworfenen Probleme zu erlangen. Im November 2018 beschloss der IASB vorläufig, die vorgeschlagenen Änderungen mit einigen Modifikationen umzusetzen. Dabei soll noch klargestellt werden, wie die Kosten im Zusammenhang mit den Verkaufserlösen aus Testläufen ermittelt werden. Geplant sind auch Überarbeitungen der Offenlegungsanforderungen. Die Verabschiedung der endgültigen Standardänderungen ist für 2019 vorgesehen. 14.16

frei 14.17–14.19

---

3 Hierzu *Busch/Zwirner*, IRZ 2014, 415.
4 Zu Fallbeispielen s. *Brune*, IRZ 2015, 175 und zum ED mit Beispielen *Rinker*, PiR 2017, 377 sowie *Theile*, BBK 2017, 722.

B. Ansatz

I. Definitionsmerkmale von Sachanlagen und allgemeine Ansatzkriterien

14.20 Sachanlagen sind **materielle Vermögenswerte**, die ein Unternehmen
- für Zwecke der Herstellung oder der Lieferung von Gütern und Dienstleistungen, zur Vermietung an Dritte oder für Verwaltungszwecke besitzt und
- die erwartungsgemäß **länger als eine Periode** genutzt werden (IAS 16.6).

Darunterfallen – wie nach HGB – beispielsweise Fabrikhallen, Maschinen und technische Anlagen, Fahrzeuge sowie Betriebs- und Geschäftsausstattung.

Probleme können aber auftauchen durch das „harte" Kriterium der Nutzung länger als eine Periode (= 12 Monate): Gehört der Vorführwagen eines Autohändlers oder die Musterküche eines Möbelhauses bei einer voraussichtlichen betrieblichen Nutzung von weniger als 12 Monaten bis zum Verkauf nicht zum Sachanlagevermögen? Rechtsfolge wäre dann der Verzicht auf eine planmäßige Abschreibung trotz betrieblicher Nutzung. Das erscheint nicht sachgerecht. Daher sollte trotz Nichterfüllung des formalen 12-Monats-Kriteriums eine Zuordnung zum Sachanlagevermögen möglich sein (s. auch Rz. 20.11).[5] Auch nach HGB wird anhand des Kriteriums des dauernd dem Geschäftsbetrieb zu dienendem Gebrauchsguts in seiner Auslegung durch die Finanzgerichtsbarkeit[6] so verfahren.

14.21 Sachanlagen sind zu aktivieren, wenn sie die **allgemeinen Aktivierungsvoraussetzungen** erfüllen (IAS 16.7): Definitionsmerkmale des Vermögenswertes *(asset)* liegen vor (s. hierzu CF 2010.4.3 ff., Rz. 7.21), wahrscheinlicher künftiger Nutzenzufluss und verlässliche Kostenbestimmung. Besondere Aktivierungsvoraussetzungen werden nicht genannt.

II. Indirekter Nutzenzufluss ausreichend: Umweltschutz- und Sicherheitsanlagen

14.22 Zur Erfüllung der Aktivierungsvoraussetzung des künftigen Nutzenzuflusses ist ein indirekter Zusammenhang mit anderen Anlagen oder Betriebsteilen ausreichend. Sachinvestitionen in **Umweltschutz- oder Sicherheitsanlagen** sind zu aktivieren, wenn und soweit sie den wirtschaftlichen Nutzen anderer Anlagen oder Kosteneinsparungen ermöglichen.

Beispiele: Ein Chemieunternehmen errichtet besondere Anlagen zur Lagerung gefährlicher chemischer Stoffe. Die Anlagen sind zu aktivieren, weil ohne die Lagerung der chemischen

---

5 Zur unterschiedlichen Vorgehensweise in der Praxis vgl. *Roos/Schmidt*, PiR 2013, 47 ff.
6 So BFH-Urt. v. 17.11.1981 – VIII R 86/78, BStBl. II 1982, 344 = FR 1982, 201 (Vorführwagen) und FG München, Urteil v. 28.9.1979, EFG 1980, 142, rkr (Musterküche).

Stoffe eine Produktion und damit der Erhalt künftiger Nutzenzuflüsse gar nicht möglich wäre (IAS 16.11).

Gleiches gilt für Sachinvestitionen in die Betriebsfeuerwehr: Sie unterstützt den reibungslosen Betriebsablauf.

III. Ersatzteile

Gewöhnliche Ersatzteile und Wartungsgeräte des laufenden Gebrauchs werden bei den Vorräten analog zum HGB als Betriebsstoffe ausgewiesen, gem. IAS 2 bilanziert und bei Verbrauch als Aufwand gebucht. Ersatzteile und Wartungsgeräte, die voraussichtlich länger als eine Periode genutzt werden, sind dagegen von vornherein als Sachanlagen zu aktivieren (IAS 16.8). Die Unterscheidung ist nicht trennscharf und ermöglicht Ermessensspielraum. Praktikabel könnte daran gedacht werden, die Bilanzierung von Ersatzteilen nach IAS 16 auf solche zu beschränken, die als gesonderte Komponente in eine Sachanlage eingehen (s. Rz. 14.25 ff.). 14.23

IV. Geringwertige Sachanlagen, Wesentlichkeitsgrundsatz

IAS 16 kennt keine Wesentlichkeitsschwelle für den Ansatz von Sachanlagen. Das *Conceptual Framework* enthält immerhin einen allerdings unbestimmten Kosten- und Wesentlichkeitsvorbehalt für den Ansatz von Vermögenswerten (CF 5.8 ff., s. auch Rz. 7.29). 14.24

Nach deutschem **Steuerrecht** gilt:

(1) Geringwertige Wirtschaftsgüter mit Anschaffungs- oder Herstellungskosten bis zu 250 € sind unmittelbar als Betriebsausgabe abzugsfähig (§ 6 Abs. 2 Satz 4, Abs. 2a Satz 4 EStG).

(2a) Geringwertige Wirtschaftsgüter mit Anschaffungs- und Herstellungskosten über 250 € bis zu 800 € können unter entsprechender Dokumentation ebenfalls im Jahr der Anschaffung oder Herstellung als Betriebsausgabe abgezogen werden (§ 6 Abs. 2 EStG).

(2b) Wird von diesem Wahlrecht kein Gebrauch gemacht, können Wirtschaftsgüter mit Anschaffungs- und Herstellungskosten über 250 € bis zu 1.000 € in einen **Sammelposten** aufgenommen werden, der pauschal über 5 Jahre abzuschreiben ist (sog. **Poolabschreibung**, § 6 Abs. 2a EStG).

Die Vorgehensweise nach (1) und (2a) ist im HGB-Abschluss gelebte Praxis und kann auch für den IFRS-Abschluss herangezogen werden. Der Sammelposten (2b) kann nach Auffassung des IDW in den HGB-Abschluss übernommen werden, wenn er *insgesamt* von untergeordneter Bedeutung ist.[7] Das dürfte grundsätzlich auch für den IFRS-Abschluss gelten, zumal IAS 16.9 die Zusammenfassung einzelner unbe-

---

7 Vgl. Berichterstattung über 208. Sitzung des HFA, IDW-Fn. 2007, 506.

deutender Sachanlagen ausdrücklich vorsieht.[8] Denkbar ist aber auch die Verwendung anderer Wesentlichkeitsschwellen. Durch die Anhebung der oberen Schwellenwerte nach (2a) von 410 € auf 800 € mit Wirkung ab 2018 dürfte die Bildung eines Sammelpostens nach (2b) ohnehin bilanzpolitisch obsolet sein.

V. Komponentenansatz

1. Einzelne Komponenten vs. einheitlicher Nutzungs- und Funktionszusammenhang

14.25 Nach herkömmlichem HGB-Verständnis ist der Vermögensgegenstand „Sachanlage" zugleich das Bewertungsobjekt: Nach § 253 Abs. 3 Satz 1 HGB sind „bei Vermögensgegenständen des Anlagevermögens, deren Nutzung zeitlich begrenzt ist ...", planmäßige Abschreibungen vorzunehmen. Um die Bewertungsaufgabe zu lösen, sind Sachanlagen untereinander abzugrenzen. In seiner Auslegung des HGB bemüht der BFH in ständiger Rechtsprechung das Konzept des **einheitlichen Nutzungs- und Funktionszusammenhangs**.

Beispiel: Eine Windkraftanlage besteht aus den Elementen Fundament, Turm, Rotorblätter, interne Verkabelung, Kompakttransformator. „Sie können nur in ihrer technischen Verbundenheit ihren bestimmungsgemäßen betrieblichen Einsatz, die Einspeisung des mit Hilfe der Windenergie erzeugten Stroms in das öffentliche Stromnetz, erfüllen und stehen daher in einem einheitlichen selbständigen Nutzungs- und Funktionszusammenhang."[9]

Demzufolge ist das Bewertungsobjekt Sachanlage die Windkraftanlage. Aber nicht immer ist die Lösung augenscheinlich so überzeugend wie bei der Windkraftanlage. So liegt denn auch eine eher kasuistische Rechtsprechung für den Gebäudebereich und bei Großanlagen vor.

Beispiele: Nach der Finanzrechtsprechung[10] sind unter **Gebäudeeinrichtungen** als Gebäudebestandteile alle Einrichtungen zu verstehen, die üblicherweise der Nutzung als Gebäude dienen, z.B. Heizungs-, Lüftungs-, Beleuchtungs- und Sprinkleranlagen, Fahrstühle, Rolltreppen, ja selbst Schranktrennwände, die ohne Beeinträchtigung ihrer Wiederverwendungsfähigkeit leicht abgebaut werden können. Demgegenüber sollen sog. **Betriebsvorrichtungen** auch dann *nicht* zu den Gebäudeeinrichtungen gehören, wenn sie durch feste Verbindung zivilrechtlich wesentlicher Bestandteil des Gebäudes geworden sind, z.B. Lastenaufzüge, Hochregallager (einschließlich seiner räumlichen Umschließung), Gärbeckenanlage einer Weinkellerei usw.

Einzelne Komponenten einer Abfüllanlage können wegen ihrer gemeinsamen und einheitlichen Funktion als ein Vermögensgegenstand/Wirtschaftsgut abgeschrieben werden, wohin-

---

8 Zu Einzelheiten s. *Rade/Kropp*, WPg 2008, 13 (21); die von den Autoren unter Bezug auf IAS 16.37 geforderte „Gruppenbildung" ist jedoch nicht erforderlich, da IAS 16.37 nur für die Neubewertungsmethode einschlägig ist.
9 So BFH v. 14.4.2011 – IV R 46/09, BStBl. II 2011, 696 = FR 2011, 662 m. Anm. *Briesemeister/Joisten/Vossel* Rz. 22.
10 Zu den einzelnen Fundstellen s. *Schubert/F. Huber* in Beck Bil-Komm[11], § 247 HGB Rz. 460 f.

gegen bei einem Gasbetonwerk die einzelnen Maschinen, Heizkessel, Gebäude und Formen gesondert aktiviert und innerhalb der jeweiligen Nutzungsdauer abgeschrieben werden.[11]

Der IASB bemüht sich in IAS 16 erst gar nicht um Klärung solcher Abgrenzungsfragen (*This Standard does not prescribe the unit of measure for recognition*, IAS 16.9) und verweist stattdessen auf die kaufmännische Beurteilungsfähigkeit (*Judgement*). Das Nichtvorhandensein von Abgrenzungskriterien bereitet deshalb keine Probleme, weil Bewertungsobjekt einzelne Sachanlagen (*Items*) sein können, aber nicht müssen: Soweit erkennbar ist, dass sich wesentliche Teile einer Sachanlage (*Parts of some Items*, IAS 16.43) in der **Nutzungsdauer** und/oder **Art der Abnutzung** voneinander unterscheiden, sind diese Teile auch **gesondert abzuschreiben**. Auf die Beurteilung eines einheitlichen Nutzungs- und Funktionszusammenhangs kommt es also nicht an. Die Zerlegung von Sachanlagen in ihre jeweiligen Teile wird als **Komponentenansatz** (*Component Approach*) bezeichnet.

14.26

Wegen der komponentenweisen Bewertung einer Sachanlage müssen bei Ersatz einer Komponente die Ausgaben für die Ersatzmaßnahme der Sachanlage hinzuaktiviert werden, sofern die Ansatzkriterien erfüllt sind (Rz. 14.21). Die Erfüllung der Ansatzkriterien stellt in der Regel kein Problem dar, denn ohne die Erwartung künftigen Nutzenzuflusses wäre die Ersatzmaßname kaum vorgenommen worden.

14.27

Durch den Komponentenansatz wird eine präzisere, den tatsächlichen Verhältnissen besser entsprechende Aufwandsverteilung erreicht. Nach herkömmlicher HGB-Auffassung und für die Steuerbilanz führt eine Ersatzmaßnahme hingegen zu ergebniswirksamem Erhaltungsaufwand.

Beispiel: Ein Flugzeug besteht u.a. aus einem Rumpf, dessen Nutzungsdauer für gewöhnlich sehr lang ist. Die Turbinen – ein wesentlicher Teil des Flugzeugs – nutzen sich demgegenüber in Abhängigkeit von der Anzahl an Starts- und Landungen (sog. *Slots*) deutlich schneller ab. Folglich werden die Anschaffungskosten eines Flugzeugs auf die beiden Teile aufgeteilt und getrennt abgeschrieben. Kommt es zum Ersatz der Turbinen, werden die Ausgaben für diese Ersatzmaßnahme wieder aktiviert und erneut separat abgeschrieben.

Der Komponentenansatz ist auch in Deutschland in den 70er und 80er Jahren des vorigen Jahrhunderts unter dem Schlagwort „**Atomisierungstheorie**" diskutiert worden.[12] Seitdem wird er auch bei einem HGB-Abschluss für zulässig erachtet[13], hat aber – wohl wegen der entgegenstehenden Finanzrechtsprechung – kaum Bedeutung erlangt. Die Diskussion ist anlässlich des BilMoG wieder aufgegriffen worden mit den Hinweisen, dass bei Verwendung des Komponentenansatzes im HGB auch nach Wegfall des § 249 Abs. 2 HGB a.F. (Wahlrecht zur Passivierung allgemei-

14.28

---

11 Fundstellen bei *Schubert/Andrejewski* in Beck Bil-Komm[11], § 253 HGB Rz. 436.
12 Vgl. insbesondere *Scheer*, Instandhaltungspolitik 1974 und *Kußmaul*, DStR 1987, 675 (678).
13 *Ballwieser* in Baetge-IFRS, IAS 16 Rz. 15 meint unter Hinweis auf *Jüttner*, GoB-System, Einzelbewertungsgrundsatz und Imparitätsprinzip, 1993, 126–129, die Vorgehensweise entspräche im Allgemeinen der Bilanzierung nach dem HGB; nach *ADS*, § 253 HGB Rz. 381 erscheint es z.T. abweichend von der steuerrechtlichen Kasuistik häufig geboten, wichtige Komponenten getrennt nach ihrer Nutzungsdauer abzuschreiben.

ner Aufwandsrückstellungen) eine periodengerechte Aufwandsverteilung möglich bliebe und im Übrigen der Überleitungsaufwand zwischen HGB und IFRS sinke.[14] Die Streichung des § 249 Abs. 2 HGB a.F. hat das IDW zum Anlass genommen, den Komponentenansatz für den Austausch **physischer Komponenten** explizit als Wahlrecht im HGB-Abschluss aufzufassen.[15]

14.29 Der Komponentenansatz schlägt – von Ausnahmen abgesehen – i.d.R. nicht auf die Ausweisebene in Bilanz oder Anhang durch.

Beispiele: Flugzeuge werden auch als solche in Bilanz bzw. Anhang einer Luftverkehrsgesellschaft ausgewiesen, unabhängig davon, ob sie für Zwecke der Bewertung in ihre wesentlichen Komponenten zerlegt worden sind.

Einen Einfluss auf den Ausweis kann aber die (mögliche) Aufteilung eines Gebäudes haben: Das „Gebäude" wird als Immobilie, die Heizungsanlage dagegen als technische Anlage ausgewiesen.

2. Generalüberholungen, Erweiterungen und Erhaltungsaufwand

14.30 IAS 16.14 geht jedoch noch weiter und rechnet auch Ausgaben für **Generalüberholungen** bzw. **-inspektionen** zum Komponentenansatz. Schon bei Inbetriebnahme einer Sachanlage sind die voraussichtlichen Kosten der nächsten planmäßigen Generalüberholung zu schätzen als Hinweis darauf, dass dieser in den Gesamtkosten der Anschaffung oder Herstellung enthaltene Anteil separat über den Zeitraum bis zur nächsten Generalüberholung abzuschreiben ist. Die Kosten für die nächste Generalüberholung sind anschließend wiederum zu aktivieren.

Beispiel[16]**:** Ein Unternehmen erwirbt einen Hubschrauber mit einer Nutzungsdauer von 9 Jahren zum Preis von 450 am Anfang des Jahres 01. Alle drei Jahre werde eine Generalüberholung fällig, die notwendig ist, damit der Hubschrauber weiter eingesetzt werden kann. Die Kosten der Generalüberholungen am Anfang der Jahre 04 und 07 werden auf je 90 geschätzt.

Nach IFRS gilt die Möglichkeit der Inbetriebnahme des Hubschraubers als eine vom Hersteller *gekaufte Generalüberholung*, die separat abzuschreiben ist Bei Durchführung der nächsten Generalüberholung werden die dann anfallenden Kosten aktiviert und bis zur folgenden Generalüberholung abgeschrieben. Am Anfang des Jahres 01 sind die Anschaffungskosten von 450 daher auf 360 für den Hubschrauber i.e.S. (Abschreibung jährlich 40 über 9 Jahre) und 90 für die Generalüberholung (Abschreibung jährlich 30 über 3 Jahre) aufzuteilen. Die Tabelle zeigt die vollständige Aufwandsglättung über den Zeitraum von 9 Jahren.

Nach HGB a.F. war es möglich, die Kosten der nächsten Generalüberholung als Aufwandsrückstellung gem. § 249 Abs. 2 HGB a.F. zu erfassen. Damit konnte eine teilweise Aufwandsglättung erreicht werden.

Nach HGB n.F. (i.d.F. BilMoG) schlagen dagegen die Kosten der Generalüberholungen im jeweiligen Jahr der Durchführung der Maßnahme als Aufwand zu Buche, da Aufwandsrückstellungen nach § 249 Abs. 2 HGB a.F. nicht mehr zulässig sind und es sich bei den General-

---

14 Vgl. *Mujkanovic/Raatz*, KoR 2008, 245 (250).
15 IDW RH HFA 1.016, IDW-Fn. 2009, 362.
16 In Anlehnung an *Theile/Stahnke*, DB 2008, 1757.

überholungen auch nicht um physisch separierbare Teile handelt (Rz. 14.28). Es ergeben sich im Vergleich folgende Buchwertentwicklungen und Aufwandsverteilungen:

Jahr	01	02	03	04	05	06	07	08	09	Summe
IFRS										
BW „Hubschrauber"	320	280	240	200	160	120	80	40	0	
BW „Generalüberholung"	60	30	0	60	30	0	60	30	0	
Summe BW	380	310	240	260	190	120	140	70	0	
Abschr. Hubschrauber	40	40	40	40	40	40	40	40	40	
Abschr. Generalüberholung	30	30	30	30	30	30	30	30	30	
Summe Abschr.	70	70	70	70	70	70	70	70	70	630
HGB a.F.										
BW Hubschrauber	400	350	300	250	200	150	100	50	0	
BW RSt	30	60	90	30	60	90				
Abschr. Hubschrauber	50	50	50	50	50	50	50	50	50	
Aufwand RSt	30	30	30	30	30	30				
Summe Aufw.	80	80	80	80	80	80	50	50	50	630
HGB n.F.										
BW Hubschrauber	400	350	300	250	200	150	100	50	0	
Abschr. Hubschrauber	50	50	50	50	50	50	50	50	50	
Aufw. Generalüberholung				90			90			
Summe Aufwand	50	50	50	140	50	50	140	50	50	630

Legende: BW = Buchwert, RSt = Rückstellung

Das Beispiel macht deutlich, dass die *punktuelle* Übernahme von IFRS-Vorschriften (hier: Streichung der Rückstellungen für Großreparaturen mangels Außenverpflichtung *ohne* gleichzeitige Öffnung in Richtung Komponentenansatz) durch das BilMoG unter der Flagge „Modernisierung" (Annäherung an IFRS) nicht unbedingt zu sachgerechten Ergebnissen führt. Eine analoge Anwendung der IFRS-Lösung für den HGB-Abschluss kommt jedenfalls nach Auffassung des IDW nicht vollumfänglich in Betracht, da es sich bei der Generalüberholung nicht um physisch austauschbare Teile handelt.[17]

---

17 Vgl. IDW RH HFA 1.016, Rz. 7.

14.31 Ist eine Schätzung der Kosten der künftigen Generalüberholung nicht möglich, muss zunächst die separate Abschreibung unterbleiben. Wird die Generalüberholung später tatsächlich durchgeführt, so sind die dann anfallenden Kosten zu aktivieren und über die Dauer bis zur nächsten Generalüberholung abzuschreiben. Zugleich dienen die Kosten der durchgeführten Generalüberholung als Hinweis für den ursprünglichen Wert im Zeitpunkt der Ersterfassung des Vermögenswerts; *der Restbuchwert der zunächst nicht gesondert betrachteten Kosten ist dann auszubuchen.* Zur Technik in diesem Fall s. Rz. 14.81.

14.32 **Nachträgliche Anschaffungs- und Herstellungskosten** (*costs incurred subsequently to add to*, IAS 16.10) sind anhand der allgemeinen Aktivierungskriterien auf ihre Ansatzpflicht hin zu analysieren und ggf. gem. Komponentenansatz zu bilanzieren. Sog. „**anschaffungsnahe Herstellungskosten**" i.S.v. § 6 Abs. 1 Nr. 1a EStG (innerhalb von drei Jahren nach Anschaffung eines Gebäudes durchgeführte Instandsetzungs- und Modernisierungsmaßnahmen größer als 15 % der Anschaffungskosten) sind definitionsgemäß zwar keine Erweiterungen, können aber unter den Komponentenansatz zu subsumieren sein.

Beispiel: Bei Erwerb eines Gebäudes ist das Dach (eigene Komponente) schadhaft und wird mit 0 € angesetzt. Die anschließende Instandsetzung wird aktiviert.

14.33 Normale **Erhaltungsausgaben** sind in der Periode, in der die Ausgaben anfallen, als Aufwand zu erfassen. Hierzu gehören Wartungskosten und kleinere Reparaturen (IAS 16.12). Zum Erhaltungsaufwand zählen insgesamt solche Ausgaben, die das Nutzenpotential nicht erhöhen, sondern lediglich dazu führen, dass die Anlage über den Zeitraum der ursprünglich geschätzten Nutzungsdauer und Beanspruchung auch tatsächlich genutzt werden kann.

3. Zusammenfassung und Praxishinweise

14.34 Insgesamt lassen sich nach IAS 16 drei Anwendungsfälle des Komponentenansatzes ausmachen: Ausgaben,

(a) die das Nutzenpotential erhöhen,

(b) die wesentliche Komponenten einer Anlage ersetzen oder

(c) bei denen es sich um Generalüberholungen bzw. -inspektionen handelt,

müssen, soweit sich wesentliche Teile mit unterschiedlicher Nutzungsdauer und/oder Art der Nutzung auch bei Sachanlagen mit einheitlichem Nutzungs- und Funktionszusammenhang unterscheiden lassen, separat abgeschrieben werden. Im Gegensatz zur steuerrechtlichen Vorgehensweise kommt eine gewichtete Durchschnittsbetrachtung der gesamten Sachanlage nicht in Frage, wenn (wesentliche) Ersatzmaßnahmen durchgeführt werden müssen.

14.35 Eine sehr strenge Auslegung des Komponentenansatzes würde zu einer erheblichen Erweiterung des Buchungsstoffs in der **Anlagenbuchhaltung** führen („Atomisierung"), wobei der Informationsgewinn für den Abschlussadressaten im Vergleich zu einer eher gewichteten Durchschnittsbetrachtung marginal sein dürfte. Insoweit ist es unter Abwägung des Kosten-Nutzen-Grundsatzes (Rz. 6.47) zweckmäßig, sich in der Ausdifferenzierung des Anlagevermögens auf die wirklich wesentlichen Anlagen zu beschränken. Außerdem kann u.E. berücksichtigt werden, ob und inwieweit aufgrund des Geschäftsmodells eine Ausdifferenzierung überhaupt erforderlich ist, um die periodenrichtige Aufwandsverteilung zu erreichen.

Beispiele:
- Die Auskleidung des einzigen Hochofens eines Stahlunternehmens kann separat abzuschreiben sein, sofern deren Nutzungsdauer signifikant kürzer ist als die des Hochofens selbst.
- Ein Luftverkehrskonzern verfüge über 400 Flugzeuge. Jährlich werden bei etwa 100 Flugzeugen die Turbinen ausgetauscht. Die Anwendung des Komponentenansatzes auf die Turbinen scheint wegen des rollierenden Austauschs entbehrlich.
- Bei einem Gebäude, dessen Nutzungsdauer mit 50 Jahren angenommen wird, mag damit zu rechnen sein, dass während der Nutzungsdauer das Dach einmal und die Heizungsanlage zweimal auszutauschen sind. Insoweit kommt eine separate Abschreibung in Betracht.
- Bei Großanlagen, die sich aus mehreren Aggregaten zusammensetzen (z.B. Abfüllanlage: Flaschenreinigung, Abfüllung, Verpackung) ist zu prüfen, ob sich die Aggregate in ihrer Nutzungsdauer unterscheiden.
- Die gesonderte Aktivierung der Kosten der „großen Inspektion" sowie der TÜV-Gebühren bei Fahrzeugen ist wegen Unwesentlichkeit nicht erforderlich.

frei 14.36–14.39

C. Zugangsbewertung

I. Zugangsformen

Sachanlagen sind bei erstmaliger Erfassung zu ihren Kosten (*at cost*) anzusetzen (IAS 16.15). Diese werden in Abhängigkeit der Zugangsform wie folgt konkretisiert: 14.40
- **Separater Erwerb: Anschaffungskosten** (Rz. 14.41 ff.).
- Selbsterstellung: **Herstellungskosten**. Die **Grundsätze der Herstellungskostenermittlung folgen jenen der Anschaffungskosten**, so dass kein Unterschied in der Bewertung in Abhängigkeit von der Zugangsform Anschaffung oder Herstellung entstehen soll (Rz. 14.55).
- **Tausch:** i.d.R. Fair Value (Rz. 14.60).
- **Unternehmenserwerb:** Fair Value (Rz. 36.150).
- **Sacheinlage:** Fair Value der Sachanlage (Rz. 23.95).

II. Anschaffungskosten

1. Bestandteile der Anschaffungskosten – Übersicht

14.41 Die **Anschaffungskosten** umfassen (IAS 16.16 ff.):

(a) **Anschaffungspreis** einschließlich Einfuhrzölle und nicht abzugsfähiger Vorsteuer,

(b) abzgl. **Anschaffungspreisminderungen** wie Rabatte, Skonti und Boni,

(c) zzgl. alle **direkt zurechenbaren Kosten** (*any costs directly attributable*), die anfallen, um den Vermögenswert in den betriebsbereiten Zustand für seine vorgesehene Verwendung zu bringen (**Anschaffungsnebenkosten**, Rz. 14.45 f.),

(d) zzgl. **als Rückstellung passivierte Entsorgungsverpflichtung** (Rz. 14.47 ff.) und

(e) zzgl. **Fremdkapitalkosten** für sog. qualifizierte Vermögenswerte, s. Rz. 15.1 ff.

14.42 Der Anschaffungsvorgang (ebenso der Herstellungsvorgang) ist beendet, wenn die Anlage bestimmungsgemäß genutzt werden kann. Etwaige Kosten, die nachfolgend bis zur tatsächlichen Inbetriebnahme noch anfallen, dürfen nicht aktiviert werden (IAS 16.20 f.).

Zur Bestimmung des Zeitpunktes der bestimmungsgemäßen Nutzung kommt es auf die **Betriebsbereitschaft** aus subjektiver Sicht an (IAS 16.16b).

Beispiel: Die TK AG betreibt auf ihrem Werksgelände eine Werksbahn in Normalspur. Es wird ein objektiv voll funktionsfähiger Güterwaggon in Schmalspur erworben und umgebaut, damit er auch *subjektiv* von der TK AG genutzt werden kann. Die Umbaukosten sind zu aktivieren. Nach dem Umbau liegt Betriebsbereitschaft vor (= Beginn der planmäßigen Abschreibung); auf die tatsächliche Inbetriebnahme kommt es nicht an.

2. Anschaffungspreis

14.43 Wenn die Zahlung für einen Gegenstand des Sachanlagevermögens die üblichen Zahlungsfristen überschreitet, ist sein Anschaffungspreis das **Barpreisäquivalent** (IAS 16.23). Das entspricht der deutschen Bilanzierungspraxis.[18] In Analogie zu IAS 23.10 wird als **Diskontierungsfaktor** jener Zinssatz heranzuziehen sein, der für die Aufnahme von Fremdmitteln zur sofortigen Bezahlung der Sachanlage bei Erwerb angefallen wäre. Die Aufzinsung der Kaufpreisverbindlichkeit bis zur Bezahlung stellt Zinsaufwand dar.

Beispiel: Eine Sachanlage wird mit einem Netto-Rechnungsbetrag von 121 geliefert. Das Zahlungsziel beträgt 2 Jahre. Der Fremdkapitalzinssatz des Unternehmens sei 10 %. Das Barpreisäquivalent ermittelt sich aus der Abzinsung der 121 über zwei Perioden mit 10 % p.a. und ergibt 100. Dann ist bei Zugang der Anlage zu buchen:

Sachanlage	100	an VLL	100

---

18 Vgl. *Schubert* in Beck Bil-Komm[11], § 253 HGB Rz. 66.

Zum Bilanzstichtag nach einem Jahr ist zu buchen:

Zinsaufwand	10	an	VLL	10

Bei Zahlung nach einem weiteren Jahr ist zu buchen:

Zinsaufwand	11			
VLL	110	an	Bank	121

Anschaffungen in **fremder Währung** sind mit dem Kassakurs (aus Vereinfachungsgründen auch mit einem Durchschnittskurs) zum Transaktionszeitpunkt umzurechnen (IAS 21.21 f., Rz. 9.20). 14.44

3. Anschaffungsnebenkosten

Voraussetzung der Aktivierung von Anschaffungsnebenkosten ist der **Anschaffungsbezug**: Es muss sich um Kosten handeln, die direkt auf Grund der Anschaffung angefallen sind (IAS 16.16b, IAS 16.17 i.V.m. IAS 16.19d). Hierzu zählen unstrittig die Einzelkosten wie Notargebühren, Grunderwerbsteuer, Kosten der Standortvorbereitung (z.B. Fundamente), Installationskosten, Architektenhonorare, Ingenieurleistungen usw. Aber auch variable Gemeinkosten, die einer Zeit- oder Mengenschlüsselung zugänglich sind, müssen grundsätzlich (Wesentlichkeit!) aktiviert werden. Hierzu zählen etwa Löhne für Mitarbeiter, um das Anlagegut in einen betriebsbereiten Zustand zu versetzen oder bei Anschaffung mehrerer Sachgüter in einem Transportvorgang die entsprechend geschlüsselten Kosten. 14.45

Anlaufkosten und **Kosten für Testläufe** sind, ggf. nach Abzug der Erlöse aus dem Verkauf der Testprodukte, zu aktivieren (IAS 16.17e). Hier liegt ein Exposure Draft vor, wonach die Erlöse künftig nicht mehr von den Anschaffungskosten in Abzug zu bringen sind (s. Rz. 14.16). 14.46

Für Einrichtungskosten des Geschäftsbetriebs (*costs of opening a new facility*), Kosten der Markteinführung oder Werbemaßnahmen sowie für Kosten der Fortbildung und des Trainings der Mitarbeiter bestehen jeweils **Aktivierungsverbote** (IAS 16.19).

4. Als Rückstellung passivierte Entsorgungsverpflichtung

Als Rückstellungen passivierte Entsorgungsverpflichtungen (z.B. für die Stilllegung bzw. den Abbau von Anlagen, Kernkraftwerken, Ölbohrinseln, aber auch Mietereinbauten und Ähnliches) sind den Anschaffungs- oder Herstellungskosten der Vermögenswerte hinzuzurechnen (IAS 16.16c). Auf diese Weise ergibt sich im Zeitpunkt der Bildung der Rückstellung keine Auswirkung auf das Jahresergebnis. Die Norm findet **keine Entsprechung zum HGB**. Wegen des höheren Abschreibungspotentials des Vermögenswertes wirkt die Regelung jedoch ergebnismäßig grundsätzlich[19] wie eine **Ansammlungsrückstellung** nach deutschem Verständnis. 14.47

---

19 Sieht man von einigen Details ab, wie z.B. unterschiedliche Aufwandsverteilung auf Grund unterschiedlicher Zinssätze bei der Abzinsung der Rückstellung.

Beispiel: Ein stromproduzierendes Unternehmen nimmt zum 1.1.2001 ein neues Kernkraftwerk in Betrieb. Die Anschaffungs- oder Herstellungskosten betragen 2,5 Mrd. Euro; es wird eine Nutzungsdauer von 30 Jahren erwartet. Auf Grund atomgesetzlicher Bestimmungen besteht eine Entsorgungsverpflichtung nach Ende der Nutzung. Die Verpflichtung entsteht in voller Höhe bei Inbetriebnahme des Kraftwerks, da dieses dann unabhängig von der weiteren Nutzung verstrahlt ist. Der Barwert der Verpflichtung wird zum 1.1.2001 mit 0,5 Mrd. Euro angegeben; mit diesem Wert werden die Anschaffungs- oder Herstellungskosten erhöht und zugleich eine Rückstellung angesetzt. Das Abschreibungspotential beträgt somit 3 Mrd. Euro. Anlass zu einer Wertminderungsprüfung (außerplanmäßige Abschreibung) des Kernkraftwerkes besteht nicht, denn das Unternehmen wird in Kenntnis seiner Entsorgungsverpflichtung die Stromtarife kalkulieren. Insoweit verkörpert auch der Gegenwert der Entsorgungsverpflichtung ein Nutzenpotential.

14.48 Da solche Rückstellungen regelmäßig langfristigen Charakter haben, sind sie zum **Barwert** anzusetzen. Spätere Erhöhungen der Rückstellung infolge der Aufzinsung sind als **Zinsaufwand** zu erfassen, berühren also den Vermögenswert nicht (IFRIC 1.8). Zu Anpassungen des Vermögenswertes bei der Folgebewertung s. Rz. 14.83.

14.49 Nicht explizit geregelt ist, ob eine **nachträgliche Hinzuaktivierung** einer solchen Rückstellung für Entsorgung in Betracht kommt, wenn eine Entsorgungsverpflichtung etwa durch ein externes Ereignis (z.B. eine Gesetzesänderung) erst später entsteht – und nicht bereits schon bei erstmaliger Erfassung des Vermögenswertes. Im Exposure Draft zum IAS 16 (2003) war in ED IAS 16.20A noch eine Regelung für eine Hinzuaktivierung enthalten, die der IASB aber nicht in die endgültige Fassung übernommen hat (IAS 16.BC14). Ungeachtet dessen meinen wir, dass die Regelungslücke nur durch eine Hinzuaktivierung geschlossen werden kann; dies entspricht der Intention des IAS 16.16c sowie auch des zwischenzeitlich verabschiedeten IFRIC 1.[20] Allerdings ist in einem solchen Fall aus unserer Sicht ein **Impairment-Test** zwingend, um zu prüfen, ob dem Unternehmen tatsächlich in entsprechender Höhe (ggf. zusätzlicher) wirtschaftlicher Nutzen zufließen wird.

Beispiel (Abwandlung): Entgegen dem Ausgangsfall (Rz. 14.47) hat es bei Inbetriebnahme des Kraftwerks noch keine Entsorgungsverpflichtung gegeben, so dass auch keine Rückstellung gebildet worden ist. Nach zehn Jahren der Nutzung – der Buchwert des Kraftwerks beträgt 1,66 Mrd. Euro – erlässt die Regierung ein Gesetz, das die Betreiber von Kernkraftwerken zur Entsorgung verpflichtet. Der Barwert der Entsorgungsverpflichtung betrage zu diesem Zeitpunkt 0,9 Mrd. Euro.

Wird der Barwert der Entsorgungsverpflichtung passiviert und erfolgt in gleicher Höhe eine Hinzuaktivierung zum Kraftwerk, erhöht sich dessen Buchwert auf 2,56 Mrd. Euro. Dies müsste zugleich das Nutzenpotential sein, welches im Wege der Abschreibung auf die 20 Jahre der Restnutzungsdauer zu verteilen ist. Daher muss geprüft werden, ob die künftig zu erzielenden Einnahmen aus dem Stromverkauf die Werterhöhung des Kraftwerks rechtfertigen. Ist dies nicht der Fall, wäre eine außerplanmäßige Abschreibung des Kraftwerks gem. IAS 36 zu prüfen und dann vorzunehmen, wenn die auf das Unternehmen zukommende Belastung infolge der Gesetzesänderung offensichtlich nicht (in voller Höhe) an den Markt weitergegeben werden kann.

---

[20] Wenngleich der oben erörterte Sachverhalt auch nicht vom Anwendungsbereich des IFRIC 1 abgedeckt wird (IFRIC 1.BC23).

5. Zeitanteilig entstehende Entsorgungs- und ähnliche Verpflichtungen

Gelegentlich entstehen Entsorgungs- und ähnliche Verpflichtungen erst mit der Nutzung von Sachanlagen, wie es etwa bei Wiederauffüllungsverpflichtungen von im Tagebau ausgebeuteten Flächen zu beobachten ist: Hier baut sich die Verpflichtung sukzessive auf, besteht also bei Inbetriebnahme der Anlage noch nicht. Nach Maßgabe des IAS 37 ist die **Rückstellung** in diesem Fall **anzusammeln**. Die Gegenbuchung erfolgt hier weder unmittelbar im Aufwand (wie nach HGB) noch erfolgsneutral bei der Sachanlage (wie nach IAS 16 bei sofort entstehenden Verpflichtungen), sondern als Bestandteil der Herstellungskosten der mit der Anlage produzierten Leistungen, also Vorräten (IAS 16.18). Werden die Leistungen (Vorräte) in derselben Periode verbraucht, entsteht insoweit der Aufwand. Bei Bestandserhöhungen in den Vorräten werden so Teile der Rückstellungsbildung zunächst erfolgsneutral erfasst. 14.50

Eine Regelungslücke besteht, wie in diesem Fall bei Zinssatzänderungen oder Änderungen des Verpflichtungsumfangs zu verfahren ist; IFRIC 1 deckt diese Sachverhalte nicht ab (IFRIC 1.2). Hier dürfte, schon aus Gründen der Praktikabilität, die sofortige erfolgswirksame Erfassung des Änderungsbetrages der Rückstellung angezeigt sein. 14.51

frei 14.52–14.54

III. Herstellungskosten

Die Ermittlung der **Herstellungskosten** folgt denselben Grundsätzen wie die Ermittlung der **Anschaffungskosten** (IAS 16.22) und bestimmt sich im Übrigen nach IAS 2 „Vorräte", s. hierzu Rz. 20.35 ff. Damit gilt der Vollkostenansatz. Außerdem sind auch die als Rückstellung passivierten Entsorgungsverpflichtungen (Rz. 14.47) einzubeziehen. Ferner können Abschreibungen auf aktivierte immaterielle Vermögenswerte Bestandteil der Herstellungskosten von Sachanlagen sein (IAS 38.99). 14.55

Beispiel: Die auf Gebäudetechnik spezialisierte GT AG hat die Entwicklungskosten für einen neuen Dämmstoff aktiviert. Man schätzt, den Dämmstoff die nächsten acht Jahre erfolgreich vermarkten zu können und schreibt die Entwicklungskosten daher über acht Jahre ab. Nach zwei Jahren errichtet sich die GT AG selbst ein neues Verwaltungsgebäude und stattet dieses mit dem Dämmstoff aus. In die Herstellungskosten des Gebäudes fließen anteilige Abschreibungen der Entwicklungskosten ein.

Für Herstellungsvorgänge ist insbesondere die Pflicht der Aktivierung von Zinskosten bei qualifizierten Vermögenswerten zu beachten (Rz. 15.1 ff.). 14.56

frei 14.57–14.59

IV. Zugangsbewertung beim Tausch

Werden Sachanlagen im Rahmen eines **Tausch**s oder generell gegen Hingabe nichtmonetärer Vermögenswerte erworben, ggf. auch mit Zuzahlung einer der Parteien, 14.60

ist der zugegangene Vermögenswert mit seinem **Fair Value** anzusetzen, sofern folgende Bedingungen kumulativ erfüllt sind

(a) Das Tauschgeschäft hat **wirtschaftlichen Gehalt** (IAS 16.25: die Cashflows der Tauschgüter unterscheiden sich hinsichtlich Risiko, Zeitpunkte und Beträge oder der unternehmensspezifische Wert des vom Tauschgeschäft betroffenen Unternehmensteils ändert sich und der jeweilige Unterschied ist in Relation der Fair Values der Tauschgegenstände bedeutsam) und

(b) der Fair Value mindestens einer der beiden Tauschgüter ist zuverlässig bestimmbar. Der zugegangene Vermögenswert ist dann zum Fair Value anzusetzen. Können für beide Tauschgüter Fair Value ermittelt werden, ist der zuverlässigere der beiden Werte heranzuziehen (IAS 16.26).

Sollten die Bedingungen nicht erfüllt sein, gilt der bisherige Buchwert als Anschaffungskosten des neuen Vermögenswerts (**Buchwertfortführung**, IAS 16.24).

14.61 Für die Anwendung der Bilanzierungsregeln zum Tausch können folgende **Faustformeln** formuliert werden:

– Einem Tausch art- und funktionsgleicher Vermögenswerte ohne Barausgleich fehlt es an wirtschaftlichem Gehalt: Die sich aus der Verwendung der Tauschgüter ergebenen Cashflows unterscheiden sich nicht, und der unternehmensspezifische Wert ändert sich auch nicht. Es kommt zur Buchwertfortführung.

Beispiel: Tausch vergleichbarer Firmenfahrzeuge, aber unterschiedlicher Typen.

– Häufiger sind Tauschvorgänge mit Barausgleich zu beobachten. Ist dieser wesentlich, kommt dem Tausch *immer* wirtschaftlicher Gehalt zu, da sich wegen des Barausgleichs die Cashflows ändern.

Beispiel: Der Bochumer Heizöl- und Kohlehändler T hat seinen Betrieb kurz nach dem 2. Weltkrieg eröffnet. In der Zwischenzeit ist dort in der Umgebung ein Wohngebiet entstanden. Die Stadtverwaltung möchte Gewerbebetriebe in Gewerbegebieten konzentrieren. Sie bietet T im Tausch für sein Betriebsobjekt ein Gewerbegrundstück (nach Bodenrichtwertkarte: 300 TEuro) und eine Zahlung von 200 TEuro an. Der Buchwert des alten Betriebsobjekts beträgt 40 TEuro, der Fair Value durch die künftige Möglichkeit der Wohngebäudebebauung etwa 500 TEuro. T bucht (in TEuro):

Bank	200		
Neuobjekt	300	an Altobjekt	40
		Sonstiger betrieblicher Ertrag	460

Läge im vorstehenden Beispiel der Fair Value des Altobjekts deutlich unter 500 TEuro, ist nach IAS 20 zu prüfen, ob es sich bei dem „Barausgleich" um eine Zuwendung der öffentlichen Hand handelt (IAS 20.20, Rz. 16.5).

14.62–14.69 frei

D. Folgebewertung

I. Wahlrecht: Fortgeführte Kosten oder Neubewertungsmethode

Sachanlagen sind entweder zu fortgeführten Kosten (*Cost-Methode*, fortgeführter Erstbewertungsbetrag und damit i.d.R. **fortgeführte Anschaffungs- und Herstellungskosten**) oder nach der sog. **Neubewertungsmethode** zu bewerten (IAS 16.29), die zu einem Ansatz über den Anschaffungs- und Herstellungskosten und damit zur Aufdeckung stiller Reserven führen kann. Allerdings sind bei abnutzbaren Anlagen von dem dann höheren Betrag planmäßige Abschreibungen erfolgswirksam zu verrechnen, was zu einer höheren Aufwandsbelastung im Vergleich zur Cost-Methode führt. 14.70

Die Neubewertungsmethode ist mit dem HGB nicht vereinbar. Für **Anlageimmobilien**, für die das Wahlrecht einer Bewertung nach IAS 16 ausgeübt worden ist, kommt die Neubewertungsmethode *nicht* in Betracht.

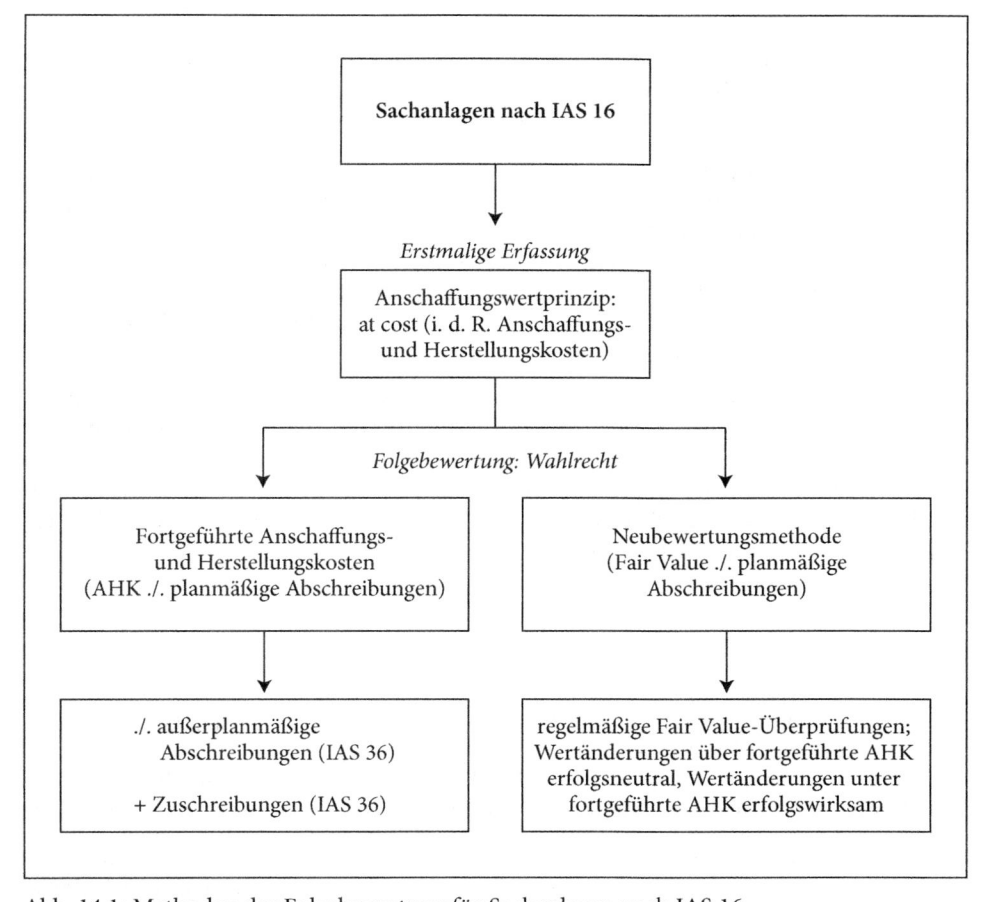

Abb. 14.1: Methoden der Folgebewertung für Sachanlagen nach IAS 16

14.71 Bei Anwendung der Neubewertungsmethode (*Revaluation Model*) werden Sachanlagen mit ihrem Fair Value am Tag der Neubewertung angesetzt. Ist der Fair Value höher als die fortgeführten Anschaffungs- und Herstellungskosten werden insoweit **stille Reserven aufgedeckt**. Die Gegenbuchung erfolgt unter Berücksichtigung passiver latenter Steuern unmittelbar im Eigenkapital in einer **Neubewertungsrücklage**. Die Veränderung der Neubewertungsrücklage im Vergleich zur vorangegangenen Periode ist Bestandteil des *other comprehensive income* und wird in der Gesamtergebnisrechnung abgebildet.

Ob und gegebenenfalls unter welchen Bedingungen ein **Wechsel zwischen** den beiden zulässigen **Bewertungsmethoden** möglich ist, wird durch IAS 16 nicht unmittelbar angesprochen. Ein willkürlicher Wechsel jedenfalls ist nicht zulässig, da dieser gegen die qualitative Anforderung der Vergleichbarkeit und somit gegen den **Grundsatz der Stetigkeit** verstoßen würde.[21]

Andererseits ist mit der Begründung, externen Bilanzadressaten einen verbesserten Einblick in die Vermögens-, Finanz- und Ertragslage zu vermitteln (IAS 8.14b), ein **Methodenwechsel** generell möglich (s. Rz. 12.34 ff.).

Bei der **erstmaligen Wahl der Neubewertungsmethode** für eine Gruppe von Sachanlagen ist die sonst bei Methodenänderungen grundsätzlich erforderliche *rückwirkende Anpassung der Bilanzwerte* ausdrücklich untersagt (IAS 8.17).

14.72 Die **praktische Bedeutung** der Neubewertungsmethode ist bislang sehr gering.[22] Neubewertungen abnutzbaren Anlagevermögens sind im Handling nicht unproblematisch. Vor allem aber führen die im Vergleich zu fortgeführten Anschaffungs- und Herstellungskosten höheren Abschreibungsbeträge zu Ergebnisbelastungen künftiger Perioden, und eben dies ist häufig nicht erwünscht. So werden etwa Rentabilitätskennziffern gleich doppelt gemindert, und zwar durch den höheren Nettovermögensausweis und das geringere Ergebnis.

Andererseits kann aber ein höherer Nettovermögensausweis für sich genommen bereits ein Ziel sein. Sollen zusätzlich künftige Perioden nicht oder nur gering mit höheren Abschreibungen belastet werden, kann die Neubewertungsmethode bei zu Produktions- und Verwaltungszwecken genutzten **Grundstücken**, ggf. auch bei **Gebäuden**, eine durchaus erwägenswerte Alternative darstellen: Bei Grundstücken erfolgt keine planmäßige Abschreibung.

---

21 Vgl. zu den Diskussionen um diese Frage bei der Entwicklung des Standards *Ballwieser* in Baetge-IFRS, IAS 16 Rz. 29.
22 Nur in zwei von 100 deutschen IFRS-Abschlüssen in 2001 fand sich auf Teile des Sachanlagevermögens die Anwendung der Neubewertungsmethode, und in 2002 und 2003 nur noch in jeweils einem Abschluss, vgl. von Keitz, Praxis der IASB-Rechnungslegung[2], 59. Uns ist derzeit nur Rheinmetall bekannt; der Konzern wendet auf betriebsnotwendigen Grund und Boden die Neubewertungsmethode an, vgl. Geschäftsbericht 2016, 136.

Zu beachten ist in diesem Zusammenhang jedoch, dass bei einer späteren Veräußerung dieser Vermögenswerte zum Fair Value ein Gewinn nicht mehr ausgewiesen wird. Die Neubewertungsrücklage ist – an der GuV vorbei – in die Gewinnrücklagen umzubuchen. Das unterscheidet die Neubewertungsmethode nach IAS 16 von der Neubewertung gehaltener finanzieller Schuldtitel nach IFRS 9.

Gleichwohl kann auch dies ein bilanzpolitisches Ziel sein: Die Durchführung einer Neubewertung mit anschließender Veräußerung der Vermögenswerte *verhindert* den Gewinnausweis[23], führt aber zu einem Mittelzufluss, der in der Kapitalflussrechnung auszuweisen ist.

Im Folgenden wird nur die Cost-Methode erläutert.

II. Fortgeführte Kosten

1. Planmäßige Abschreibungen

Nichtabnutzbare Sachanlagen (Grund und Boden) können nicht planmäßig abgeschrieben werden. Im Übrigen ermittelt sich das **Abschreibungsvolumen** eines Gegenstandes des Sachanlagevermögens wie nach HGB aus der Differenz von Anschaffungs- und Herstellungskosten und geschätztem **Restwert** am Ende der Nutzungsdauer. Der Restwert stellt den Betrag dar, den das Unternehmen am Ende der Nutzungsdauer voraussichtlich bei Abgang des Vermögenswertes erhalten würde. In der Regel ist der Restwert mit „Null" anzunehmen (IAS 16.53).

14.73

Die **Nutzungsdauern** für Sachanlagen sind **unternehmensindividuell** festzulegen und orientieren sich am Zeitraum der erwarteten Nutzung durch das Unternehmen. Daher kann die Nutzungsdauer als Maßgröße für den Zeitraum der planmäßigen Abschreibung auch kürzer sein als die technische (ökonomische) Nutzungsdauer (IAS 16.57).

14.74

IAS 16.56 listet mögliche Einflussfaktoren der Nutzungsdauer auf. Die steuerlichen AfA-Tabellen sind bei der Ermittlung der Nutzungsdauer unbeachtlich. Insoweit können sich Abweichungen zwischen IFRS- und Steuerbilanz ergeben, die eine Steuerabgrenzung erforderlich machen. Zu einem Beispiel unter Einschluss latenter Steuern s. Rz. 29.53.

---

23 So ist beispielsweise die Deutsche Post vorgegangen: Vor dem Börsengang wurde umfangreicher Wohnimmobilienbesitz mit erheblichen stillen Reserven zunächst neubewertet (IAS 40 gab es noch nicht) und anschließend veräußert, so dass kein Veräußerungsgewinn ausgewiesen werden konnte, zu Einzelheiten vgl. Geschäftsbericht 1999, 120.

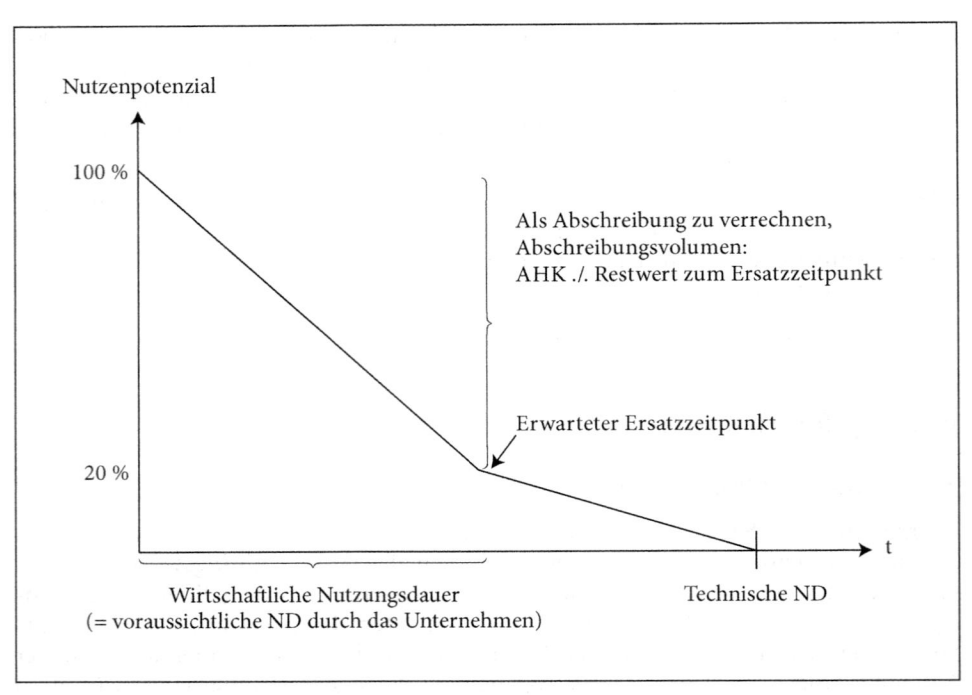

Abb. 14.2: Nutzungsdauer und Abschreibungsvolumen

14.75 Das Abschreibungsvolumen ist auf systematischer Grundlage über die Nutzungsdauer zu verteilen. Dabei hat die **Abschreibungsmethode** dem Verbrauch des wirtschaftlichen Nutzens des Vermögenswertes durch das Unternehmen zu entsprechen (IAS 16.60). Als Abschreibungsmethoden werden beispielhaft die lineare, die degressive und die leistungsabhängige Abschreibungsmethode genannt (IAS 16.62). Da es sich nur um eine beispielhafte Aufzählung handelt, kommen auch andere Methoden in Betracht. Weil die Abschreibungsmethode nach dem **erwarteten wirtschaftlichen Nutzenverbrauch** auszuwählen ist, liegt – anders als nach HGB – zumindest formal kein Methodenwahlrecht vor.

Bei Sachanlagen reflektiert regelmäßig die Verteilung des mengenmäßigen Outputs der Anlage den wirtschaftlichen Nutzenverbrauch. Eine Abschreibungsmethode, die sich an der Erlöserzielung orientiert, ist hingegen ausdrücklich untersagt (IAS 16.62A).

Sachlogisch schreibt IAS 16 keine Prozentsätze für eine ggf. anzuwendende degressive Abschreibungsmethode vor.

Beispiele:
– Eine Spedition nutzt ihre Lkw über einen Zeitraum von acht Jahren. Neuere Fahrzeuge sind dabei ständig im Einsatz, während ältere nur bei Belastungsspitzen noch genutzt werden. Das spricht für degressive Abschreibung, ggf. mit Übergang zur linearen.

- Verwaltungs- und Produktionsgebäude werden in der Regel gleichmäßig genutzt und sind daher linear abzuschreiben.
- Eine Maschine wird zunächst kaum genutzt, weil die Produktion erst noch anlaufen soll. Hier wären die Leistungsabschreibung oder zunächst auch die progressive Abschreibung in Betracht zu ziehen.

In vielen Fällen wird die lineare Abschreibung dem erwarteten wirtschaftlichen Nutzenverbrauch am nächsten kommen.[24]

Die **Abschreibung beginnt**, wenn die Anlage betriebsbereit ist. Bei unterjähriger Feststellung der Betriebsbereitschaft kommt daher nur die Pro-rata-temporis-Erfassung der Abschreibung in Betracht. Da vor Inbetriebnahme keine Nutzenabgabe erfolgt, kann, wenn sonst keine weiteren Gründe für eine Abnutzung ausgemacht werden können, die Abschreibung bis Nutzenbeginn auch „Null" sein (IAS 16.55).

14.76

Die bei Aufstellung eines **Abschreibungsplans** zu bestimmenden Größen

14.77

- Abschreibungsmethode,
- Nutzungsdauer und
- Restwert

sind mindestens zu jedem Geschäftsjahresende **zu überprüfen**. Ergeben sich Änderungen aus einem Vergleich des tatsächlich im Geschäftsjahr Beobachteten mit den Festlegungen im Abschreibungsplan, sind die Größen des Abschreibungsplans zu ändern. Dabei handelt es sich um eine **Schätzungsänderung** (IAS 16.51; IAS 16.61), die sich ab dem Zeitpunkt, zu dem die Änderung eingetreten ist, auswirkt (Rz. 12.54).

Beispiel: Zu Beginn der Abschreibung wurde die gleichmäßige Abnutzung einer Anlage im 1-Schicht-Betrieb über ihre Nutzungsdauer (acht Jahre) erwartet. Es ist linear abzuschreiben. Wegen guter Auftragslage wird im zweiten Geschäftsjahr auf einen 3-Schicht-Betrieb umgestellt. Dies kann Auswirkungen haben auf die Nutzungsdauer (kürzer) und/oder auf die Abschreibungsmethode (degressiv). Damit ist ein Wechsel von der linearen auf die degressive Methode grundsätzlich möglich und auch geboten.

Da der Sinn planmäßiger Abschreibungen jedoch in der Vereinfachung liegt, wird man an die Überprüfung und ggf. Korrektur von Abschreibungsplänen keine übertriebenen Erwartungen zu stellen haben.

Sollte in wesentlichen Fällen eine an sich in einem Vorjahr gebotene, aber unterlassene Anpassung des Abschreibungsplans in einer späteren Periode entdeckt werden, so handelt es sich um einen Fehler, der grundsätzlich retrospektiv zu korrigieren ist (Rz. 12.58 ff.).

2. Insbesondere: Komponentenansatz

Nach dem **Komponentenansatz** sind alle Teile einer Sachanlage, die

14.78

- im Verhältnis zu den Gesamtkosten der Anlage bedeutend sind und
- sich in ihrer Nutzenabgabe und Nutzungsdauer voneinander unterscheiden,

---

24 In der Praxis wird die lineare Abschreibung am häufigsten verwendet, vgl. EY-iGAAP 2018, 1286.

jeweils gesondert abzuschreiben. Die jeweils nicht bedeutsamen Teile können zusammengefasst abgeschrieben werden (IAS 16.43 i.V.m. IAS 16.45).

14.79 Die Grundkonzeption des Komponentenansatzes haben wir schon in Rz. 14.25 ff. erläutert. Seine Durchführung setzt die Aufteilung des Ausgangswerts einer Anlage voraus, was insbesondere bei Anschaffung einer Schätzung bedarf, wenn vom Lieferanten keine Aufteilung des Rechnungsbetrages vorgenommen worden ist. Bei selbst erstellten Sachanlagen dürfte die Aufteilung der Herstellungskosten demgegenüber vergleichsweise unproblematisch sein.

Eine Einschätzung ist aber auch dahingehend erforderlich, ob überhaupt und in welchem Umfang Sachanlagen für Abschreibungszwecke zu zerlegen sind.

Beispiel: Es wird eine Maschine zu einem Preis von 1 Mio. Euro angeschafft, die aus einem Hauptaggregat und einem Motor besteht. Aus steuerrechtlicher Sicht liegt ein einheitlicher Nutzungs- und Funktionszusammenhang vor, so dass die Maschine einheitlich abzuschreiben ist. Die steuerliche AfA-Tabelle weist eine Nutzungsdauer von 10 Jahren aus.

Aus der Vergangenheit ist bekannt, dass das Hauptaggregat eine Nutzungsdauer von etwa 12 Jahren aufweist, der Motor aber schon nach ca. 6 Jahren verschlissen ist. Die Kosten des Hauptaggregats werden auf 600.000 € geschätzt und die des Motors auf 400.000 €. Beide Bestandteile werden im IFRS-Abschluss separat über ihre Nutzungsdauer abgeschrieben. Auf Grund der Unterschiede zur Steuerbilanz kommt es zum Ansatz latenter Steuern. Bei einem späteren Austausch des Motors werden dessen Anschaffungskosten steuerlich in den Aufwand gebucht, wohingegen sie in der IFRS-Bilanz aktiviert werden.

14.80 Der Komponentenansatz für die im Beispiel angesprochene Ersatzmaßnahme macht nur Sinn, wenn die Ersatzmaßnahme tatsächlich durchgeführt werden soll, also wirtschaftlich ist. Kann hiervon *nicht* ausgegangen werden, bestimmt die kürzeste Nutzungsdauer eines wesentlichen Teils einer Sachanlage die Gesamtnutzungsdauer; eine Aufteilung ist dann nicht erforderlich.

14.81 Mitunter ist bei Inbetriebnahme einer Anlage nicht bekannt, dass Ersatzmaßnahmen wahrscheinlich sind. Ebenso kann während der Nutzung einer Anlage ein wesentliches Aggregat unvorhersehbar einem physischen Schaden unterliegen, der Ersatz aber wirtschaftlich lohnend sein. In diesen Fällen ist der bisherige Buchwert des ersetzten Teils auszubuchen und die Ersatzmaßnahme zu aktivieren, unabhängig davon, ob bei Beginn der Abschreibung der Anlage eine Aufteilung in die einzelnen Komponenten vorgenommen worden ist oder nicht. Falls der Buchwert des ersetzten Teils bei seiner Inbetriebnahme unbekannt war, können die Anschaffungskosten für das Ersatzteil als Anhaltspunkt hierfür dienen (IAS 16.70).

Beispiel (Abwandlung von Rz. 14.79): Die Maschine ist für die IFRS-Bilanz nicht in Komponenten zerlegt worden, weil bislang für deren Aufteilung keine Erfahrungswerte vorliegen. Sie soll daher analog der steuerlichen AfA-Tabelle über 10 Jahre abgeschrieben werden; bei Verwendung der gleichen Abschreibungsmethode – hier wird die lineare Methode unterstellt – fallen keine latenten Steuern an.

Nach sieben Jahren – der Buchwert der Maschine beträgt 300.000 € – ist der Motor abgenutzt und nicht mehr zu gebrauchen. Das Hauptaggregat ist aber noch in einem guten technischen Zustand und man glaubt nun, dass es noch 6 Jahre nutzbar sein wird. Für 450.000 € wird ein Ersatzmotor angeschafft.

Um den alten Motor ausbuchen zu können, muss die Höhe seiner ursprünglichen Anschaffungskosten und seine Nutzungsdauer bekannt sein. Hinsichtlich der Nutzungsdauer ist das Unternehmen von 10 Jahren ausgegangen. Das war bei Beginn der Abschreibung und auch in den Perioden danach die offensichtlich bestmögliche Schätzung. Insoweit kommt eine rückwirkende Korrektur der Nutzungsdauer nicht in Betracht. Hinsichtlich der Höhe der ursprünglichen Anschaffungskosten soll man sich gem. IAS 16.70 an den Kosten der Ersatzmaßnahme orientieren. Offen bleibt danach, ob beispielsweise Inflationseffekte zwingend zu berücksichtigen sind oder nicht. Zur Fortführung des Beispiels werde auf den Nominalwert des Ersatzmotors abgestellt, d.h. es wird davon ausgegangen, dass der ursprüngliche Motor auch 450.000 € gekostet hätte. Dann wäre er bereits zu 7/10 abgeschrieben, er hätte also noch einen Restwert von 135.000 €. Dieser Betrag ist aufwandswirksam auszubuchen. Zu aktivieren ist der neue Motor i.H.v. 450.000 €; die Nutzungsdauer beträgt nun 6 Jahre. Der Restwert des Hauptaggregats beträgt jetzt noch 300.000 € – 135.000 € = 165.000 € und ist ebenfalls über noch 6 Jahre abzuschreiben. Bei Durchführung der Ersatzmaßnahme kommt es zu Unterschieden zur Steuerbilanz, weil der Ersatzmotor dort i.d.R. in den Aufwand gebucht wird, so dass latente Steuern anfallen.

14.82 Das Beispiel zeigt: Selbst wenn man zunächst durch großzügige Abgrenzung die Anwendung des Komponentenansatzes zu vermeiden trachtet, sind durchaus Fälle denkbar, die den Abschlussaufsteller später wieder einholen. Daher empfehlen wir, in der **unternehmensspezifischen Konzernrichtlinie** sorgfältig den Umgang mit dem Komponentenansatz festzulegen. Stellschrauben für die notwendigen **Ermessensentscheidungen** ergeben sich (zusätzlich zu den Hinweisen in Rz. 14.35) aus:

– Festlegung einer Wesentlichkeitsgrenze (absoluter Betrag), ab welcher Höhe der Anschaffungs- und Herstellungskosten von Vermögenswerten, die aus handels- bzw. steuerrechtlicher Perspektive in einheitlichem Nutzungs- und Funktionszusammenhang stehen, der Komponentenansatz überhaupt in Betracht zu ziehen ist;

– Festlegung eines Kriterienkatalogs, ob während der Nutzungszeit der Anlage mit Ersatzmaßnahmen/Generalüberholungen zu rechnen ist;

– Festlegung einer Grenze für die Relation des „wesentlichen Teils" zur gesamten Anlage.

3. Anpassungen von als Rückstellungen aktivierten Entsorgungsverpflichtungen

14.83 Bei Einbuchung einer Sachanlage kann als Bestandteil ihrer Anschaffungs- und Herstellungskosten eine zugehörige Entsorgungsverpflichtung passiviert worden sein (Rz. 14.47 ff.). Werden wegen besserer Erkenntnisse über den **Nominalwert des Erfüllungsbetrags** im Laufe der Zeit **Anpassungen der Rückstellung** erforderlich, sind diese als Änderung von Schätzungen zu erfassen (IAS 37.59; s. Rz. 12.53 ff.). Dann ist auch der Buchwert des Vermögenswertes analog zu ändern. Sollte der Verpflichtungsumfang sinken, sinkt insoweit auch der Buchwert des Vermögenswerts bis maximal „null"; darüber hinausgehende Beträge sind sofort als Ertrag zu erfassen (IFRIC 1.5b).

Beispiel: Unternehmen U nimmt Mietereinbauten i.H.v. 200 TEuro vor, die vertraglich nach 10 Jahren wieder abzubauen sind. U schätzt einen Nominalbetrag an Abbaukosten von 100 TEuro. Bei einem Zinssatz von 6 % beträgt der Barwert der Abbruchverpflichtung 55,8 TEuro. U bucht:

Mietereinbauten	255,8	an	Bank	200,0
			Rückstellung	55,8

Die Mietereinbauten werden linear abgeschrieben, und der Zinssatz zur Aufzinsung der Rückstellung sei annahmegemäß konstant. Dann ergeben sich *nach acht Jahren* folgende Werte:

Mietereinbauten		Rückstellung	
Kumulierte Abschreibungen	204,7	Kumulierte Aufzinsung	33,2
Buchwert	51,1	Buchwert	89,0

Variante 1: Nun komme es zu einer Vertragsänderung: Der Vermieter verzichtet auf den Rückbau der Einbauten. Dann ist der Buchwert der Rückstellung gegen den Buchwert der Mietereinbauten auszubuchen und der überschießende Betrag (37,9 TEuro) sofort als Ertrag zu erfassen. In den acht Jahren zuvor ist es zu einer kumulierten Aufwandserfassung von 237,9 TEuro (= 204,7 + 33,2) gekommen, so dass per Saldo insgesamt ein Aufwand von 200 TEuro erfasst worden ist. Die Mietereinbauten sind insoweit schon nach acht Jahren (statt 10 Jahre) voll abgeschrieben.

Variante 2: Im Jahr acht werden die Abbaukosten für das Jahr zehn nicht auf 100 TEuro, sondern auf 120 TEuro geschätzt. Dann ist der Barwert von 20 TEuro, also 17,8 TEuro (= abgezinst über 2 Perioden mit 6 %) sowohl den Mietereinbauten als auch der Rückstellung erfolgsneutral zuzuführen. Der neue Buchwert der Mietereinbauten von 68,9 TEuro ist über zwei Perioden linear abzuschreiben.

14.84 Anpassungen können sich aber auch ergeben, wenn der **Zinssatz** sich ändert, mit dem die Verpflichtung ursprünglich abgezinst worden ist. In diesem Fall ist mit dem neuen Zinssatz der neue Barwert auf den Zeitpunkt der Zinssatzänderung zu berechnen und die Anpassungen sind analog der Veränderung des Verpflichtungsumfangs erfolgsneutral mit der Rückstellung und dem Vermögenswert zu verrechnen (IFRIC 1.IE5).

Beispiel (Fortsetzung aus Rz. 14.83): Variante 3: Im Jahr acht ändere sich der Zinssatz zur Rückstellungsbewertung auf 4 %. Der Nominalbetrag der Rückstellung von 100 TEuro ist um zwei Perioden mit 4 % abzuzinsen; das ergibt einen Barwert von 92,5 TEuro. Folglich sind sowohl den Mietereinbauten als auch der Rückstellung ein Betrag von 3,5 TEuro (= 92,5 neuer Rückstellungsbarwert abzgl. 89,0 bereits erreichter Barwert) erfolgsneutral zuzuführen. Der neue Buchwert der Mietereinbauten von 54,6 TEuro ist über zwei Perioden abzuschreiben.

14.85 Sollte infolge von solchen Anpassungen der Buchwert des Vermögenswertes steigen, ist dies als Anzeichen für die Durchführung eines Wertminderungstests zu verstehen (IFRIC 1.5c).

Beispiel (Fortsetzung aus Rz. 14.83 und Rz. 14.84): In den Varianten 2 und 3 hat sich der Buchwert der Mietereinbauten jeweils erhöht. Das kann im Grundsatz Anlass geben, einen Wertminderungstest durchzuführen.

Änderungen der Werthöhe des Vermögenswertes infolge von Anpassungsmaßnahmen sind im **Anlagenspiegel** als Zu- oder Abgänge zu zeigen. 14.86

4. Festwertansatz

Der **Festwertansatz** kommt gem. § 240 Abs. 3 HGB u.a. nur dann in Betracht, wenn der Gesamtwert für das Unternehmen von nachrangiger Bedeutung ist. IAS 16 thematisiert den Festwertansatz nicht explizit. Immerhin aber lässt IAS 16.9 die Zusammenfassung einzelner unbedeutender Sachanlagen zu einem Wert zu, auf den dann die Bilanzierungsregeln des IAS 16 anzuwenden sind. Bei regelmäßigem Ersatz ergeben sich insoweit keine Unterschiede zum Festwertansatz, so dass dieser auch im IFRS-Abschluss als zulässig angesehen wird.[25] 14.87

frei 14.88–14.89

E. Stilllegungen, Abgänge, Ausbuchung, Umbuchung

Die planmäßige Abschreibung abnutzbaren Anlagevermögens, das noch nicht vollständig abgeschrieben ist, endet 14.90

– bei Ausbuchung des Anlagevermögens oder
– bei Umgliederung des Anlagevermögens in die Kategorie *held for sale* gem. IFRS 5 (Rz. 30.1 ff.) (IAS 16.55).

Sollte eine Sachanlage stillgelegt werden und künftiger Nutzen nicht mehr zu erwarten sein, ist der Restbuchwert erfolgswirksam auszubuchen (IAS 16.67). Im Falle eines Abgangs einer Sachanlage bemisst sich der Veräußerungserfolg als Differenz von Nettoveräußerungserlös abzgl. Buchwert (IAS 16.71) und ist – wie nach HGB – als sonstiger betrieblicher Ertrag bzw. sonstiger betrieblicher Aufwand auszuweisen.

Eine Sonderregelung besteht für üblicherweise vermietete Sachanlagen (z.B. Kfz von Autovermietungsgesellschaften), die routinemäßig nach Ende der Vermietungszeit verkauft werden. Sie sind, wenn eine Vermietung nicht mehr erfolgt und sie zum Verkauf anstehen, in das Umlaufvermögen umzugliedern; IFRS 5 kommt nicht zur Anwendung. U.E. endet dann ebenfalls die planmäßige Abschreibung. 14.91

Da es sich auch beim Verkauf der Vermögenswerte um operative Geschäftstätigkeit handelt, sind entsprechende Erlöse nach IFRS 15 zu erfassen und als Umsätze aus-

---

25 So *Ballwieser* in Baetge-IFRS, IAS 16 Rz. 66; a.A. aber *Busse von Colbe/Seeberg* (Hrsg.), Empfehlung des Arbeitskreises „Externe Unternehmensrechnung" der Schmalenbach-Gesellschaft[2], ZfbF-Sonderheft 43, 65.

zuweisen. Die entsprechenden Cashflows aus Erwerb, Vermietung und Veräußerung dieser während der Vermietzeit als Sachanlagen ausgewiesenen Vermögenswerte sind in der Kapitalflussrechnung dem operativen Bereich und nicht dem Investitionsbereich zuzuordnen (IAS 7.14, s. Rz. 47.25).

F. Ausweis

14.92 Sachanlagen sind als eigenständiger Posten innerhalb des langfristigen Vermögens auszuweisen. Zu Untergliederungen auf Bilanzebene oder im Anhang s. Rz. 43.62.

G. Anhangangaben

I. Anlagenspiegel

14.93 Die nach IAS 16.73e erforderliche Darstellung der Entwicklung einzelner Anlagegruppen erfolgt sinnvollerweise in Form eines Anlagenspiegels, aus Platzgründen hier nur für eine statt wie vorgeschrieben für zwei Perioden. Zum Brutto-Spiegel und zu weiteren Erläuterungen, die auch für Sachanlagen erforderlich sind, s. bereits zum Anlagespiegel für immaterielle Vermögenswerte unter Rz. 13.121. In der Praxis werden unter Anlagen im Bau oft auch geleistete Anzahlungen ausgewiesen.

Beispiel:

	Sachanlagen				Total
	Grundstücke und Bauten	Maschinen	Betriebs- und Geschäftsausstattung	Anlagen im Bau	
1. Bruttowerte					
1.1.02	13.000	20.000	10.000	2.000	45.000
Zugänge	500	2.000	1.500	500	4.500
Änderung Konsolidierungskreis	1.500	500	2.000		4.000
Abgänge	0	- 600	- 400		- 1.000
Umbuchungen		1.500	500	- 2.000	0
Währungsumrechnung	500	2.000	1.000		3.500
31.12.02	15.500	25.400	14.600	500	56.000

	Sachanlagen				
	Grundstücke und Bauten	Maschinen	Betriebs- und Geschäftsausstattung	Anlagen im Bau	Total
2. Kumulierte Abschreibungen					
1.1.02	- 3.000	- 10.000	- 7.000	0	- 20.000
Zuführung	- 1.000	- 4.000	- 1.000		- 6.000
Zuschreibungen	800	0			800
Abgänge	100	300	200		600
Währungsumrechnung[26]	- 200	- 1.000	- 500		- 1.700
31.12.02	- 3.300	- 14.700	- 8.300	0	- 26.300
3. Nettobuchwerte					
1.1.02	10.000	10.000	3.000	2.000	25.000
31.12.02	**12.200**	**10.700**	**6.300**	**500**	**29.700**

II. Praxisbeispiel der sonstigen Erläuterungen und Einzelangaben

Das nachfolgende und mit unseren Hinweisen kommentierte Beispiel aus dem E.ON-Geschäftsbericht 2017 zeigt exemplarisch, wie die Pflichtangaben nach IAS 16.73 ff. in der Praxis häufig gemacht werden (hier ohne den Anlagespiegel)   14.94

Beispiel:

E.ON Geschäftsbericht 2017, S. 123	Hinweise
„Sachanlagen	
Sachanlagen werden mit ihren Anschaffungs- oder Herstellungskosten einschließlich aktivierungspflichtiger Stilllegungskosten bewertet und werden entsprechend der voraussichtlichen Nutzungsdauer der Komponenten grundsätzlich linear abgeschrieben, sofern nicht in Ausnahmefällen ein anderer Abschreibungsverlauf dem Nutzungsverlauf besser gerecht wird. Die Nutzungsdauern der wesentlichen Komponenten werden nachfolgend dargestellt: […]	Bewertung nach dem Cost-Model; die Neubewertungsmethode wird nicht angewandt. Hinweis auf Entsorgungsverpflichtungen und Komponentenansatz; Abschreibungsmethode, Nutzungsdauern
Sachanlagen werden auf Wertminderungen überprüft, wenn Ereignisse oder veränderte Umstände vermuten lassen, dass eine Wertminderung eingetreten sein könnte. In einem solchen Fall erfolgt die Werthaltigkeitsprüfung nach IAS 36 entsprechenden für immaterielle Vermögenswerte erläuterten	Hinweis auf Impairment-Test und Vorgehensweise bei außerplanmäßigen Abschreibungen

---

[26] Währungsumrechnung nach der modifizierten Stichtagskursmethode bei ausländischen Tochtergesellschaften außerhalb der Eurozone.

E.ON Geschäftsbericht 2017, S. 123	Hinweise
Grundsätzen. Sind die Gründe für eine zuvor erfasste Wertminderung entfallen, werden diese Vermögenswerte erfolgswirksam zugeschrieben, wobei diese Wertaufholung nicht den Buchwert übersteigen darf, der sich ergeben hätte, wenn in den früheren Perioden keine Wertminderung erfasst worden wäre.	
Nachträgliche Anschaffungs- oder Herstellungskosten, z.B. aufgrund von Erweiterungs- oder Ersatzinvestitionen, werden nur dann als Teil der Anschaffungs- oder Herstellungskosten des Vermögenswerts oder – sofern einschlägig – als separater Vermögenswert erfasst, wenn es wahrscheinlich ist, dass daraus dem Konzern zukünftig wirtschaftlicher Nutzen zufließen wird und die Kosten des Vermögenswerts zuverlässig ermittelt werden können. Aufwendungen für Reparaturen und Wartungen, die keine wesentliche Ersatzinvestition darstellen, werden in dem Geschäftsjahr aufwandswirksam in der Gewinn- und Verlustrechnung erfasst, in dem sie angefallen sind."	Hinweise auf nachträgliche AHK, Reparaturen und Wartungen

Kapitel 15
Aktivierung von Fremdkapitalkosten (IAS 23)

A. Überblick und Wegweiser	15.1	I. Direkte Zurechnung: Spezielle und allgemeine Fremdfinanzierung	15.36
I. Management Zusammenfassung	15.1	II. Einzelunternehmens- oder Konzernbetrachtung	15.39
II. Standards und Anwendungsbereich	15.5	III. Aktivierungsbeginn	15.40
III. Wesentliche Abweichungen zum HGB	15.10	IV. Bemessungsgrundlage	15.41
IV. Neuere Entwicklungen	15.15	V. Aktivierungsunterbrechung	15.42
B. Qualifizierte Vermögenswerte	15.20	VI. Aktivierungsende	15.44
C. Abgrenzung der Fremdkapitalkosten	15.30	VII. Zusammenfassendes Beispiel	15.45
D. Umfang der Aktivierung	15.36	E. Anhangangaben	15.46

Literatur: *De la Paix/Reinholdt*, Die Aktivierung von Fremdkapitalkosten nach IAS 23, IRZ 2016, 359; *Freiberg*, Unbestimmte Vorgaben zur Aktivierungspflicht von Fremdkapitalkosten, PiR 2013, 387; *Freiberg*, Erfassung von Währungsdifferenzen in den Fremdkapitalkosten, PiR 2016, 61; *Landgraf/Roos*, Aktivierung von Fremdkapitalkosten bei zentral koordinierter Konzernfinanzierung, PiR 2013, 147; *Zwirner/Froschhammer*, Aktivierung von Fremdkapitalkosten – Eine Fallstudie zur Anwendung des IAS 23, KoR 2011, 264.

A. Überblick und Wegweiser

I. Management Zusammenfassung

Bei einer *make-or-buy* Fragestellung kann folgende Überlegung angestellt werden: 15.1

(a) Bei Selbsterstellung fallen Produktions- und Finanzierungskosten an.

(b) Bei Erwerb werden im Kaufpreis die Produktionskosten des Produzenten einschließlich dessen Finanzierungskosten und ggf. Gewinne vergütet.

Um die beiden Fälle bilanziell möglichst vergleichbar zu machen, sind bei (a) als Bestandteil der Herstellungskosten nicht nur die reinen Produktionskosten, sondern auch die Fremdkapitalkosten anzusetzen. Doch auch im Fall (b) können Fremdkapitalkosten anfallen und deshalb zu aktivieren sein, etwa, wenn der Erwerber durch (fremdfinanzierte) Anzahlungen die Finanzierung der Produktion beim Produzenten übernimmt.

IAS 23 sieht die Aktivierung von Fremdkapitalkosten bei Anschaffungs- und Herstellungsvorgängen von Vermögenswerten vor, um diese Vorgänge GuV-neutral ab- 15.2

zubilden¹ und sie zudem vergleichbar zu machen. Die Aktivierung ist auf jene Zinsaufwendungen beschränkt, die auf den Zeitraum der Anschaffung oder Herstellung entfallen. Im Vergleich zu einer Nichtaktivierung der Fremdkapitalkosten steigen insoweit die Anschaffungs- und Herstellungskosten der Vermögenswerte. Im Fall abnutzbarer Vermögenswerte wird Aufwand so auf die künftigen Perioden der Abschreibung verlagert. Das führt in der GuV zu einer Verschiebung von der Aufwandsart „Zinsaufwand" zur Aufwandsart „Abschreibungen". Die Kennzahl EBITDA ist nicht betroffen, wohl aber das EBIT.

15.3 Freilich ist die Aktivierung von Fremdkapitalkosten als Bestandteil der Anschaffungs- und Herstellungskosten nur sinnvoll, soweit sie wesentlich sind. Daher ist die Aktivierung von vornherein beschränkt auf solche Vermögenswerte, die einen längeren Zeitraum der Anschaffung oder Herstellung bedürfen. Der Standard nennt diese **qualifizierte Vermögenswerte**.

15.4 Eine Aktivierung von Eigenkapitalkosten kommt nicht in Betracht. Nicht aktivierte Fremdkapitalkosten sind als Aufwand zu erfassen.

II. Standards und Anwendungsbereich

15.5 IAS 23 regelt die verpflichtende Aktivierung von Fremdkapitalkosten als Bestandteil der Anschaffungs- und Herstellungskosten für bestimmte, sog. qualifizierte Vermögenswerte (Rz. 15.20). Der im März 2007 grundlegend überarbeitete Standard beseitigte das bis 2008 bestehende Aktivierungswahlrecht.

15.6 Die damalige Neufassung des IAS 23 war Bestandteil des kurzfristigen Konvergenz-Projekts mit dem FASB: Nach US-GAAP (SFAS 34) besteht ebenfalls Aktivierungspflicht. Es verbleiben jedoch Detailunterschiede zwischen den beiden Standards (im Einzelnen erläutert in IAS 23.BC.19 ff.), die die SEC (vor dem Hintergrund der Zulassung von IFRS-Abschlüssen ausländischer Emittenten an amerikanischen Börsenplätzen) offensichtlich als nicht gravierend einstuft.

15.7 Für qualifizierte Vermögenswerte, die zum **Fair Value** bewertet werden, z.B. Anlageimmobilien, brauchen (Wahlrecht!) Fremdkapitalkosten nicht aktiviert zu werden (IAS 23.4a). Die Aktivierung von Fremdkapitalkosten hat hier keine Auswirkungen auf die Bewertung des Vermögenswerts, wohl aber auf die GuV: Die Aktivierung mindert das (operative) Bewertungsergebnis und damit das EBIT, zugleich aber auch den Zinsaufwand. Umgekehrt werden bei Nichtaktivierung der Fremdkapitalkosten sowohl das operative Bewertungsergebnis und damit das EBIT als auch der nachfolgende Zinsaufwand höher ausgewiesen.²

15.8 Ein Wahlrecht zur Aktivierung oder Nichtaktivierung der Fremdkapitalkosten besteht auch bei (qualifizierten) **Vorräten in Massenfertigung**, bei denen ein längerer

---

1 Vgl. *Fink* in T/vK/B, IAS 23, Rz. 2.
2 Vgl. *Fink* in T/vK/B, IAS 23, Rz. 107.

Herstellungsprozess (wie bei Käse, Whisky oder Wein) zu beobachten ist;[3] das hat Vereinfachungsgründe: Wenn in jeder Periode ungefähr die gleiche Menge an Vorräten auf Lager genommen werden und dieses auch wieder verlassen, dann hat die Frage der Aktivierung oder Nichtaktivierung keinen Einfluss auf das Jahresergebnis (wohl aber auf die Zwischenergebnisse *innerhalb* der GuV, s. ähnlich auch Rz. 15.7). Die Aktivierung der Zinskosten ist aber aufwendig, und die Kosten einer Aktivierung könnten den potentiellen Nutzen des Abschlussadressaten übersteigen (IAS 23.BC5 f.). Daher lässt IAS 23.4b hier ein Wahlrecht zu.

Massenfertigung ist dabei unternehmensspezifisch zu interpretieren, auch der Bau von Flugzeugen kann darunterfallen.[4]

Das IDW hat eine Stellungnahme zur Rechnungslegung: Einzelfragen zur Bilanzierung von Fremdkapitalkosten nach IAS 23 (IDW RS HFA 37) veröffentlicht. Deren Ausführungen stehen unter dem Vorbehalt, dass durch das IASB und das IFRS Interpretations Committee keine abweichende Auffassung geäußert wird. 15.9

III. Wesentliche Abweichungen zum HGB

Die Hinzurechnung von Eigenkapitalkosten als Bestandteile der Anschaffungs- oder Herstellungskosten kommt – wie nach IAS 23 – im HGB-Abschluss nicht in Betracht. Ferner sind im Grundsatz alle Fremdkapitalkosten nach HGB Aufwand der Periode, da die Finanzierung als ein von der Anschaffung oder Herstellung unabhängiger Vorgang zu werten ist.[5] 15.10

Kontrovers wird aber diskutiert, ob Fremdkapitalkosten bei *manchen* **Anschaffungsvorgängen** Bestandteil der Anschaffungsnebenkosten sind. 15.11

Beispiel: Lieferant und Kreditgeber sind identisch. Vereinbart wird ein ungewöhnlich günstiger Kaufpreis bei überhöhten Zinsen. In diesem Fall wird es als sachgerecht angesehen, den Kaufpreis um den Barwert der überhöhten Zinsen aufzustocken.[6]
Ähnlich wird argumentiert, wenn ein Kredit zur Finanzierung von **Anzahlungen** oder Vorauszahlungen verwendet wird, der Abnehmer also die Finanzierung der Produktion des Lieferanten übernimmt und so der Kaufpreis entsprechend gemindert wird. Hier wird überwiegend ein Einbeziehungswahlrecht der Kreditzinsen in die Anschaffungskosten angenommen, gelegentlich auch eine Einbeziehungspflicht.[7]

Bei der **Herstellung von Vermögensgegenständen** gehören die Zinsen für Fremdkapital *nicht* zu den Herstellungskosten (§ 255 Abs. 3 Satz 1 HGB). 15.12

Allerdings besteht gleichwohl die Möglichkeit, Zinsen für Fremdkapital, das zur Finanzierung der Herstellung eines Vermögensgegenstands verwendet wird, als fiktive

---
3 A.A. Haufe IFRS-Komm[16], § 9 Rz. 33.
4 Vgl. EY-iGAAP, 1513.
5 Vgl. *Müller/Kreipl* in Haufe HGB-Komm[7], § 255 HGB Rz. 201.
6 Vgl. *Wohlgemuth* in HdJ I/9, Rz. 15.
7 Vgl. *Wohlgemuth* in HdJ I/9, Rz. 38 m.w.N.

Herstellungskosten zu aktivieren, soweit die Zinsen auf den Zeitraum der Herstellung entfallen (§ 255 Abs. 3 Satz 2 HGB); es handelt sich um eine **Bewertungshilfe**. Damit muss ein sachlicher Zusammenhang zwischen der Fremdkapitalaufnahme und dem Herstellungsvorgang gegeben sein: Der Kredit muss speziell für die Herstellungsfinanzierung aufgenommen worden sein.[8] Die Aktivierung allgemeiner Fremdkapitalzinsen kommt nicht in Betracht.

15.13–15.14   frei

IV. Neuere Entwicklungen

15.15   Nach seiner Überarbeitung in 2007 sind einige kleinere Änderungen an IAS 23 erfolgt, zuletzt durch den jährlichen Verbesserungsstandard im Dezember 2017 an IAS 23.14 mit prospektiver Wirkung ab 2019.[9] Die erfolgte Klarstellung ist hier eingearbeitet.

15.16   Derzeit sind keine Änderungen an IAS 23 geplant oder zu erwarten.

15.17–15.19   frei

B. Qualifizierte Vermögenswerte

15.20   Fremdkapitalkosten, die direkt dem **Erwerb**, dem **Bau** oder der **Herstellung** eines **qualifizierten Vermögenswertes** zugeordnet werden können, müssen als Teil der Anschaffungs- oder Herstellungskosten dieses Vermögenswertes aktiviert werden (IAS 23.8).

Als qualifiziert ist ein Vermögenswert definiert, für den ein beträchtlicher Zeitraum *erforderlich* ist, um ihn in seinen *beabsichtigten* gebrauchs- oder verkaufsfähigen Zustand zu versetzen (IAS 23.5). Die Definition enthält eine objektive (erforderlich) und eine subjektive (beabsichtigter Zustand) Komponente sowie den unbestimmten Rechtsbegriff „beträchtlicher Zeitraum".

15.21   Der **beträchtliche Zeitraum** hat ein Anfang und ein Ende. Den Anfang markieren die ersten erforderlichen Arbeiten zur Entstehung des Vermögenswerts. Das müssen nicht notwendigerweise nur Arbeiten zur physischen Entstehung sein; auch das Einholen von Genehmigungen und diverse technische Arbeiten (IAS 23.19), z.B. Entwicklungstätigkeiten, gehören dazu. Das Ende ist erreicht, wenn „im Wesentlichen" der beabsichtigte gebrauchs- oder verkaufsfähige Zustand vorliegt (IAS 23.22 f.). Der zu erreichende Zustand ist daher im Vorhinein zu **dokumentieren.** Auf theoretische Verwendungsmöglichkeiten kommt es nicht an.[10]

---

[8] Vgl. *Schubert/Hutzler* in Beck Bil-Komm[11], § 255 HGB Rz. 504.
[9] In EU-Recht übernommen durch VERORDNUNG (EU) 2019/412 DER KOMMISSION vom 14. März 2019, ABl. L73 v. 15.3.2019, S. 93.
[10] So auch IDW RS HFA 37, Rz. 4.

Beispiel: Die Brauerei B errichtet eine neue Brau- und Abfüllanlage zur effizienten Bierproduktion. Das Kesselhaus wird als erstes fertig gestellt und könnte theoretisch genutzt werden. Ziel ist es hingegen, einen weitestgehend automatisierten Produktionsprozess zu erreichen, so dass der gebrauchsfähige Zustand der Gesamtanlage entscheidend ist.

Etwas anderes gilt jedoch, wenn Teile eines Ganzen bereits so fertig gestellt sind, dass sie unabhängig von der Herstellung des Ganzen schon nutzbar sind (IAS 23.24). M.a.W.: Die Herstellung des Ganzen verändert nicht mehr das Nutzenpotential der einzelnen Teile.

Beispiel: Ein Unternehmen errichtet einen Windpark, der aus zehn Windkraftanlagen bestehen soll. Nach Errichtung der ersten Anlage (und der entsprechenden Zuwegung und Verkabelung) ist deren Gebrauchsfähigkeit erreicht, weil sie nicht davon abhängig ist, dass auch die anderen neun Anlagen gebaut sind. Auf den tatsächlichen Gebrauch kommt es allerdings nicht an, sondern nur auf die praktische Verwendungsmöglichkeit.

Der beträchtliche Zeitraum muss auch *erforderlich* sein. Das Kriterium zielt auf die Art des Vermögenswertes und **gewöhnlichen Produktionsumstände** ab. Für viele Vorräte oder Sachanlagen ist ein beträchtlicher Herstellungszeitraum gerade eben nicht erforderlich. Kommt es zu (ungewöhnlichen, ungeplanten) Produktionsunterbrechungen (Rz. 15.42), entsteht daraus kein qualifizierter Vermögenswert. 15.22

Der **beträchtliche Zeitraum** selbst wird im Standard nicht quantifiziert. Er liegt im Ermessen des Bilanzierenden. Das IDW formuliert einen Zeitraum von voraussichtlich **mehr als ein Jahr** als widerlegbare Vermutung.[11] 15.23

Danach kommen als qualifizierte Vermögenswerte vor allem in Betracht: 15.24

– **immaterielle Vermögenswerte**, insbesondere bei Selbsterstellung, z.B. Entwicklungskosten;

– selbst erstellte **Sachanlagen** und **Anlageimmobilien** (*Cost Model*);

– **Vorräte**, d.h. eigene Erzeugnisse (sofern nicht Massen- oder Kundenfertigung; hier gilt Wahlrecht, s. Rz. 15.8), also z.B. erst noch zu verkaufende Immobilienobjekte eines Bauträgers.

Auch im Erwerbsfall können qualifizierte Vermögenswerte vorliegen, und zwar nicht nur, 15.25

(a) wenn diese erst nach Erwerb noch in einen gebrauchsfertigen Zustand versetzt werden müssen (z.B. Umbau eines Hauses), sondern auch

(b) wenn sie gebrauchsfertig erworben werden, sofern der Produktionsprozess mindestens ein Jahr beträgt.

Indes soll im Fall (b) nach IAS 23.7 a.E. unabhängig vom Produktionsprozess kein qualifizierter Vermögenswert vorliegen. Dieser Passus kollidiert aber mit dem Grundprinzip des IAS 23.1, worin auch der **Erwerb** (und nicht nur die Herstellung) explizit als Möglichkeit für einen qualifizierten Vermögenswert genannt wird. Darüber hi-

---

11 Vgl. IDW RS HFA 37, Rz. 5.

naus liegt auch ein Widerspruch zum Beginn der Aktivierung nach IAS 23.17 vor. M. E. ist daher IAS 23.7 a.E. sinnerhaltend nur insoweit zutreffend (kein qualifizierter Vermögenswert), wenn die sofort gebrauchs- oder verkaufsfähigen Vermögenswerte einen Produktionsprozess von weniger als ein Jahr durchlaufen haben. Andernfalls würde der Sinn und Zweck des IAS 23 vereitelt, Anschaffung und Herstellung gleichnamig zu machen (im Ergebnis IAS 23.BC9) und Kosten bis zur Gebrauchsfähigkeit unabhängig von den Zahlungsvereinbarungen mit den Lieferanten zu aktivieren.

Beispiel: U bestellt eine Maschine, die in zwei Jahren geliefert werden kann und leistet sofort eine Anzahlung von 1000. Damit übernimmt U die Finanzierung der Herstellung. U seinerseits nimmt einen Kredit für die Anzahlung auf. Bis zur Lieferung fallen Zinsaufwendungen von 100 an.

Alternative: U finanziert die Maschine nicht vor, so dass der Hersteller selbst die Finanzierungskosten tragen muss. Das erhöht den Kaufpreis des U z.B. auf 1100.

Mit der Aktivierung von Fremdkapitalkosten soll kein Unterschied in der Höhe der aktivierungsfähigen Ausgaben entstehen, unabhängig davon, ob der Erwerber den Vorfinanzierungsaufwand übernimmt oder dieser im Kaufpreis entsprechend kalkuliert wird. Dabei kann der Besteller natürlich nicht notwendigerweise wissen, wie lang die Produktionszeit tatsächlich ist. Allerdings spricht eine Vorfinanzierung von mehr als einem Jahr für das Vorliegen eines qualifizierten Vermögenswertes.

15.26–15.29 frei

C. Abgrenzung der Fremdkapitalkosten

15.30 Zu den aktivierungsfähigen Fremdkapitalkosten einer Periode gehören

– die nach der **Effektivzinsmethode** des IFRS 9 ermittelten Aufwendungen für Schulden sowie

– Zinsaufwendungen aus **Leasingverbindlichkeiten** des IFRS 16 (IAS 23.6a, d).

Ausgeschlossen von der Aktivierung sind damit Aufwendungen aus darüber hinausgehenden Fair Value Änderungen für Schulden, die erfolgswirksam zum Fair Value bewertet werden.

15.31 Zu den Fremdkapitalkosten können auch **Währungsdifferenzen aus Fremdwährungskrediten** gehören, soweit sie als Zinskorrektur anzusehen sind (IAS 23.6e). Damit gehört nicht die gesamte, auf den Zinsaufwand bezogene Währungsdifferenz aus einer Wechselkursänderung zu den Fremdkapitalkosten, sondern nur jener Teil, der als Zinskorrektur gilt. Wie diese Korrektur zu berechnen sei, lassen IAS 23 und auch das IFRIC offen. Der Betrag kann z.B. ermittelt werden als[12]

---

12 Vgl. IDW RS HFA 37, Rz. 9 mit weiterem Hinweis: Verwendung von Forward-Kursen. Zu weiteren Einzelheiten s. auch *Freiberg*, PiR 2016, 61.

- Unterschied zwischen den tatsächlich angefallenen Fremdwährungszinsen und
- den Zinsen, die bei einem Kredit mit gleichen Konditionen in der funktionalen Währung des Bilanzierenden zu zahlen gewesen wären.

Die Notwendigkeit vorstehender Berechnungen ergibt sich unter dem Wesentlichkeitsaspekt und unter Kosten-Nutzen-Aspekten u.E. nur

- bei erheblichen Fremdwährungsfinanzierungen und
- starken Wechselkursschwankungen.

15.32 Fremdkapitalkosten können auch aus **Sicherungsgeschäften** entstehen, unabhängig davon, ob Hedge Accounting angewendet wird oder nicht.[13]

Beispiel: Zur Finanzierung eines qualifizierten Vermögenswerts wird ein variabel verzinslicher Kredit aufgenommen. Das Unternehmen sichert sich die aktuell günstigen Festzinskonditionen über einen Zinsswap. Die Zinsabgrenzungen aus dem Zinsswap gehören zu den Fremdkapitalkosten, nicht aber die anderen Fair Value Änderungen des Swaps *(clean price)*.

15.33 **Vorfälligkeitsentschädigungen** aus der vorzeitigen Tilgung von Krediten vor Fertigstellung eines qualifizierten Vermögenswertes gehören nicht zu den Fremdkapitalkosten. Es handelt sich nicht um nach der Effektivzinsmethode berechneten Aufwand, und es mangelt am direkten Zusammenhang mit dem qualifizierten Vermögenswert.[14]

15.34 Nicht zu den Fremdkapitalkosten gehören die **Eigenkapitalkosten**[15]. Damit richtet sich der mögliche Fremdkapitalumfang nach der Einordnung der Finanzinstrumente des Unternehmens in Eigen- oder Fremdkapital.

- Die Vergütung für Finanzinstrumente, die nach IAS 32 als finanzielle Verbindlichkeiten eingestuft sind, gehört zu den Fremdkapitalkosten, und zwar auch dann, wenn es sich im HGB-Abschluss um Dividenden handelt.[16]
- Werden Anteile an Personenhandelsgesellschaften unter Inanspruchnahme einer Ausnahmeregelung des IAS 32 im IFRS-Abschluss als Eigenkapital ausgewiesen (Rz. 23.37 ff.), handelt es sich bei dessen Vergütung auch im IFRS-Abschluss *nicht* um Fremdkapitalkosten. Eine Einbeziehung dieser Vergütung unter IAS 23 kommt nicht in Betracht.

15.35 Ebenfalls nicht zu den Fremdkapitalkosten i.S.v. IAS 23 gehört der **Aufzinsungsaufwand für Rückstellungen** (IFRIC 1.8).

---

13 Vgl. IDW RS HFA 37, Rz. 13 f.
14 So zutreffend IDW RS HFA 37, Rz. 16.
15 Auch die Aktivierung von Opportunitätskosten für die Eigenfinanzierung kommt nicht in Betracht.
16 Vgl. IDW RS HFA 37, Rz. 10.

D. Umfang der Aktivierung

I. Direkte Zurechnung: Spezielle und allgemeine Fremdfinanzierung

15.36 Fremdkapitalkosten, die direkt dem Erwerb, dem Bau oder der Herstellung eines qualifizierten Vermögenswerts zugeordnet werden können, sind solche Fremdkapitalkosten, die vermieden worden wären, wenn die Ausgaben für den qualifizierten Vermögenswert nicht getätigt worden wären (IAS 23.10). Damit unterstellt der Standard eine vollständige Fremdfinanzierung der Ausgaben.[17]

15.37 Zu diesen direkt zuzuordnenden Fremdkapitalkosten gehören solche aus **speziell** für die Anschaffung oder Herstellung des Vermögenswertes aufgenommenen Fremdmitteln. Dabei sind Erträge aus Zwischenanlagen abzuziehen (IAS 23.12).

15.38 Ebenso zu den direkt zuzuordnenden Fremdkapitalkosten gehören die **gewogenen Durchschnittskosten für allgemeine Fremdmittel**, die nicht speziell aufgenommen worden sind (IAS 23.14). Zinsaufwendungen für speziell aufgenommene Kredite (Rz. 15.37) erhöhen dann wieder die allgemeinen Fremdmittel, wenn sie nach dem Ende der speziellen Finanzierung noch anfallen.

II. Einzelunternehmens- oder Konzernbetrachtung

15.39 Offen bleibt, ob die gewogenen Durchschnittskosten für allgemeine Fremdmittel konzernweit oder auf Basis der Finanzierung der einzelnen Konzerngesellschaften zu ermitteln sind. Die Frage ist „sachgerecht" zu lösen (IAS 23.15):

– Finanzieren sich die Konzerngesellschaften eigenständig, sind die Durchschnittskosten auch nur auf Basis der jeweiligen Konzerngesellschaft zu ermitteln.

– Liegt eine (zentrale) Konzernfinanzierung vor (z.B. bei Holdingstrukturen), kommt nur ein konzernweiter Durchschnittskostensatz in Betracht.

In jedem Fall kommt es nur auf die **konzernfremden Fremdkapitalkosten** an.

Beispiel: Das Konzernmutterunternehmen nimmt Fremdmittel für 5 % p.a. auf und reicht diese für 7 % p.a. an Tochterunternehmen weiter. Maßgeblich i.S.v. IAS 23 sind nur die 5 % p.a., ungeachtet dessen, dass die Tochter sich ggf. nicht eigenständig zu diesem Satz hätte finanzieren können. Opportunitätsbetrachtungen spielen keine Rolle, es gilt das pagatorische Prinzip.

III. Aktivierungsbeginn

15.40 Die Aktivierung beginnt, wenn

– Ausgaben für den Vermögenswert,

---

[17] Vgl. IDW RS HFA 37, Rz. 18.

- Aufwendungen für die Fremdfinanzierung anfallen *und*
- mit den erforderlichen Aktivitäten zur Anschaffung oder Herstellung begonnen worden ist (IAS 23.17).

Wird ein spezieller Kredit aufgenommen, bevor die ersten Ausgaben für den Vermögenswert angefallen sind, können dessen Aufwendungen bis zur Erfüllung aller drei Kriterien nicht aktiviert werden (fehlender Anschaffungs- und Herstellungsbezug). Die Aufwendungen hieraus fließen m.E. in die allgemeinen Fremdmittelkosten (Rz. 15.38). Davon zu trennen sind allerdings Zwischenanlagen aus nicht benötigten, speziellen Fremdmitteln. Erträge hieraus sind von den Zinskosten abzuziehen (IAS 23.13).

Zum Zeitpunkt der erforderlichen Aktivitäten s. Rz. 15.21 ff.

IV. Bemessungsgrundlage

Insbesondere bei **Herstellungsvorgängen** sind auch für die Ausgaben Durchschnittsbetrachtungen nötig. Eine Einzelfeststellung der Auszahlungstermine und -höhen wird nicht verlangt. So ist der **durchschnittliche Buchwert** des Vermögenswerts während einer Periode einschließlich der früher aktivierten Fremdkapitalkosten i.d.R. ein vernünftiger Näherungswert für die Ausgaben, auf die der Finanzierungskostensatz angewendet wird (IAS 23.18). M.E. bietet sich bei Quartalsberichten der entsprechende 3-Monats-Zeitraum für die Durchschnittsbetrachtung an. 15.41

V. Aktivierungsunterbrechung

Werden die Arbeiten an einem qualifizierten Vermögenswert für einen längeren Zeitraum unterbrochen, können die Fremdkapitalkosten für diesen Zeitraum nicht aktiviert werden (IAS 23.20). Das ist folgerichtig, weil es sich nicht um einen für die **Herstellung** *erforderlichen* Zeitraum handelt (Rz. 15.20); die Zinskosten stellen dann **Leerkosten** dar. Die Unterbrechungen müssen dabei ungewöhnlich, d.h. nach allgemeiner Lebensauffassung und normalen Produktionsbedingungen nicht planbar sein. 15.42

Beispiel: Eine Verzögerung im Baubereich aufgrund besonders harter Winter ist *nicht* ungewöhnlich und hemmt nicht die Aktivierung der Zinskosten (s. auch weiteres Beispiel in IAS 23.21).

Eine Aussetzung der Aktivierung von Zinskosten im Fall einer Unterbrechung findet ferner nicht statt, wenn das Unternehmen in einer Periode wesentliche technische und administrative Leistungen erbracht hat oder wenn eine Verzögerung ein notwendiger Prozessbestandteil ist (IAS 23.21).

15.43 M.E. lassen sich diese Überlegungen auch auf **Anschaffungsvorgänge** anwenden.

Beispiel: Unternehmen U hat mit dem Lieferanten L die Lieferung einer technischen Anlage in 2 Jahren vereinbart und leistet eine Vorauszahlung. Nach 18 Monaten teilt L mit, den Liefertermin aufgrund unvorhergesehener Ereignisse – eine technische Katastrophe in Japan hat zu Lieferengpässen bei Vorlieferanten geführt – nicht halten zu können und um ein Jahr verschieben zu müssen. Hier ist die Aktivierung der Zinskosten auszusetzen.

VI. Aktivierungsende

15.44 Die Aktivierung von Fremdkapitalkosten endet, wenn der Vermögenswert **betriebsfähig** genutzt werden kann (IAS 23.22), s. auch Rz. 15.21) Auf den Zeitpunkt der tatsächlichen Inbetriebnahme kommt es nicht an.

VII. Zusammenfassendes Beispiel

15.45 Zum Zusammenspiel von speziellen und allgemeinen Fremdkapitalkosten, zu den Auszahlungsterminen und Zwischenanlagen noch folgendes zusammenfassendes Beispiel:

Beispiel: Die Herstell AG beauftragt einen Anlagenbauer mit der Errichtung einer neuen Fertigungsstraße zum Preis von 15 Mio. Euro. Die Herstell AG zahlt
– am 1.1.01 einen Betrag von 3 Mio. Euro,
– am 1.7.01 weitere 7 Mio. Euro und
– am 31.12.01 die Schlusszahlung von 5 Mio. Euro.

Der Anlagenbauer beginnt Anfang Januar mit seinen Arbeiten und übergibt die Fertigungsstraße Ende Dezember. Es liegt ein qualifizierter Vermögenswert vor.

Zur Finanzierung der Fertigungsstraße nimmt die Herstell AG am 1.1.01 ein Darlehen A über 4 Mio. Euro auf (Laufzeit 10 Jahre, davon die ersten beiden Jahre tilgungsfrei), das sich mit 6 % p.a. verzinst. Der für Zahlungen zunächst nicht benötigte Darlehensteil kann vorübergehend für 5 % angelegt werden.

Darüber hinaus bestehen zwei weitere Darlehen (B und C), die der allgemeinen Unternehmensfinanzierung dienen (Kontokorrentkredite seien unwesentlich), mit folgenden Daten für das Geschäftsjahr:

	Durchschnittliche Darlehensvaluta Geschäftsjahr in Euro	Zinsaufwand Geschäftsjahr in Euro
Darlehen B	25.000.000	1.500.000
Darlehen C	15.000.000	1.050.000
Summe	40.000.000	2.550.000

Der durchschnittliche Finanzierungskostensatz der Darlehen B und C ergibt sich aus der Division von 2.550.000 € durch 40.000.000 € mit **6,375 %**.

Die Aktivierung der Fremdkapitalkosten lässt sich aus folgender Aufstellung ersehen:

Darlehen A ist speziell für die Finanzierung der Fertigungsstraße aufgenommen worden, und zwar zu Beginn des Aktivierungszeitraums. Ab diesem Zeitpunkt ist der Zinsaufwand für das gesamte Darlehen zu aktivieren, unabhängig davon, dass zunächst nicht die volle Darlehensvaluta zur Finanzierung der Anlage benötigt wird, denn die Differenz ist als Zinsertrag abzuziehen (IAS 23.13). Zinsaufwand: 4.000.000 × 6 %	240.000 €
Zinsertrag Zwischenanlage für 6 Monate 1.000.000 × 5 % × 6/12	- 25.000 €
Die Aktivierung der übrigen Fremdkapitalkosten (Darlehen B und C) richtet sich dagegen nach den Zahlungsterminen für die Fertigungsstraße. Das ist der Restbetrag der Zahlung vom 1.7. i.H.v. 6 Mio. Euro:	
Zinsaufwand: 6.000.000 × 6,375 × 6/12	191.250 €
Die Schlusszahlung löst keine aktivierungsfähigen Fremdkapitalkosten mehr aus, weil der Aktivierungszeitraum beendet ist. Es ergibt sich eine **Summe an zu aktivierenden Fremdkapitalkosten** von	**406.250 €**

Wäre Darlehen A nicht speziell für die Fertigungsstraße aufgenommen worden, müsste es in die Berechnung der durchschnittlichen Finanzierungskosten einbezogen werden, es entfiele die Zwischenanlage und sämtliche zu aktivierenden Zinskosten richteten sich nach den Zahlungsterminen für die Anlage:

	Durchschnittliche Darlehensvaluta Geschäftsjahr in Euro	Zinsaufwand Geschäftsjahr in Euro
Darlehen A	4.000.000	240.000
Darlehen B	25.000.000	1.500.000
Darlehen C	15.000.000	1.050.000
Summe	44.000.000	2.790.000

Der durchschnittliche Finanzierungskostensatz ergibt sich aus der Division von 2.790.000 € durch 44.000.000 € mit **6,341 %**.

Zu aktivieren sind:

3.000.000 × 6,341 %   190.230
7.000.000 × 6,341 % × 6/12 221.935
Summe   **412.165**

Man erkennt: Ohne eine Änderung am materiellen Sachverhalt lässt sich durch darstellungsgestaltende Maßnahmen ein „Feintuning" erreichen.

E. Anhangangaben

Im Anhang ist der in der Periode **aktivierte Betrag** an Fremdkapitalkosten anzugeben sowie der zugrunde gelegte **Finanzierungskostensatz** (IAS 23.26).

Kapitel 16
Zuwendungen der öffentlichen Hand (IAS 20)

- A. Übersicht und Wegweiser 16.1
  - I. Management Zusammenfassung . 16.1
  - II. Standards und Anwendungsbereich 16.5
  - III. Wesentliche Abweichungen zum HGB 16.10
  - IV. Neuere Entwicklungen 16.11
- B. Erfassung der Zuwendungen ... 16.20
- C. Art der Erfassung, Bewertung und Ausweis 16.23
  - I. Grundsatz 16.23
  - II. Investitionszuschüsse und -zulagen..................... 16.24
  - III. Aufwands- und Ertragszuschüsse . 16.28
  - IV. Erlassbare Darlehen 16.30
  - V. Zinsgünstige Darlehen.......... 16.31
  - VI. Rückzahlungsverpflichtungen ... 16.32
- D. Latente Steuern 16.33
- E. Anhangangaben 16.35

Literatur: *Mujkanovic*, Nicht rückzahlbare öffentliche Investitionszuschüsse – Taugt IAS 20 als Vorlage für die Rechnungslegung nach HGB?, StuB 2017, 841; *Sandleben/Wittmann*, Bilanzierung von öffentlichen Zuschüssen am Beispiel der Filmförderung, IRZ 2013, 91.

A. Übersicht und Wegweiser

I. Management Zusammenfassung

Die Bilanzierung von Zuwendungen der öffentlichen Hand – Investitionszuschüsse und -zulagen – ist nicht unproblematisch: 16.1

- Wird ein Investitionszuschuss von den Anschaffungskosten der Investition abgesetzt, ist der Vermögensausweis verzerrt.
- Wird der Zuschuss hingegen passiviert und über die Nutzungsdauer der Investition sukzessive ertragswirksam aufgelöst, passt das aus Sicht des IASB nicht zum Conceptual Framework: Der Passivposten ist keine Schuld, aber nach dem Framework sollen „eigentlich" nur Schulden und Eigenkapital auf der Passivseite ausgewiesen werden.

Wie dem auch sei: Der IASB lässt beide skizzierten Bilanzierungsmöglichkeiten zu, die man aus dem Umgang mit dem HGB ja kennt. Darüber hinaus regelt IAS 20 auch die bilanzielle Erfassung von Aufwandszuschüssen, verlorenen und zinsgünstigen Darlehen.

frei   16.2–16.4

II. Standards und Anwendungsbereich

16.5 Vom Regelungsbereich des IAS 20 werden folgende Zuwendungen der öffentlichen Hand (*government grants*) erfasst

(a) **Investitionszuschüsse und -zulagen**, also solche Fördermittel, die sich auf unternehmerische Investitionen in Vermögenswerte beziehen,

(b) **Aufwands- bzw. Ertragszuschüsse**, die sich nicht auf zu aktivierende Investitionen beziehen, beispielsweise ein Zinsverbilligungszuschuss oder Fördermittel zur Durchführung von Forschungs- und Entwicklungstätigkeiten,

(c) sog. **erlassbare Darlehen**, auf deren Rückzahlung die öffentliche Hand bei Einhaltung von im Voraus festgelegten Bedingungen verzichtet und

(d) **zinsgünstige öffentliche Darlehen**.

16.6 Im Anwendungsbereich des IAS 20 liegen ausschließlich den bilanzierenden Unternehmen zugewendete Mittel der **öffentlichen Hand**. Das sind **Behörden und Institutionen mit hoheitlichen Aufgaben**, also etwa nationale Gebietskörperschaften oder EU-Institutionen. Auf deren Rechtsform kommt es nicht an (*„similar bodies"*, IAS 20.3). Auch die indirekte Vergabe öffentlicher Mittel über zwischengeschaltete private Rechtsformen (diverse Förderungs-GmbHs u.Ä.) fällt nach wirtschaftlicher Betrachtungsweise in den Anwendungsbereich des IAS 20.[1]

Für Zuwendungen der öffentlichen Hand im Zusammenhang mit biologischen Vermögenswerten (**Agrarsubventionen**) enthält IAS 41.34 f. allerdings eine Sonderregelung, s. ausführlich Rz. 21.61 f.

16.7 Manche einem Unternehmen direkt zugewendete ökonomische Vorteile (*certain forms of government assistance*, **Beihilfen**) werden *nicht* in Bilanz und GuV erfasst, weil das IASB diese Vorteile schlicht nicht für ermittelbar hält. Zu solchen Vorteilen zählen:

– Die Vergabe **öffentlicher Bürgschaften (Garantien)** zugunsten des Unternehmens,

– unentgeltliche **Beratungsleistungen** etwa zur Markterschließung und

– staatliche **Auftragsvergabe** und Beschaffungsprogramme (IAS 20.35).

Solche Vorteile sollen aber **Anhangangaben** auslösen können, wenn sie wesentlich sind (IAS 20.36, 20.39b).

Beispiel: Unternehmensvertreter der deutschen Automobilindustrie begleiten (unentgeltlich) als Teilnehmer der „deutschen Delegation" den Wirtschaftsminister auf einer Auslandsreise. Der Sachverhalt ist zwar ein „Vorteil", dürfte aber kaum eine Anhangangabe auslösen.

16.8 Nur indirekt – und damit *nicht* einem bestimmten Unternehmen gegenüber – bereitgestellte Vorteile der öffentlichen Hand fallen nicht in den Anwendungsbereich

---

1 H.M., vgl. *Scharfenberg* in Beck IFRS-HB[5], § 5 Rz. 61; Haufe IFRS-Komm[16], § 12 Rz. 6; *Grote* in T/vK/B, IAS 20 Rz. 105.

des IAS 20. Sie führen damit weder zur bilanziellen Erfassung noch zu einer Anhangangabe. Dazu zählen:

– Die Bereitstellung der öffentlichen **Infrastruktur** inklusive Kommunikationsleistungen (IAS 20.38),
– Auferlegung von Handelsbeschränkungen für Wettbewerber (z.B. Importzölle oder -kontingente),
– Förderung **allgemeiner Wirtschafts-** oder (regionaler) **Standortbedingungen** (IAS 20.3), wozu wir auch öffentliche Investitionen in kulturelle Einrichtungen („Ruhrtriennale") zählen.

Schließlich sind Vorteile bei der Ertragsbesteuerung (z.B. **Steuererlass**) *nicht* Gegenstand des Regelungsbereichs (IAS 20.2b). Auch die Beteiligung der öffentlichen Hand an Unternehmen (z.B. über **SoFFin**) ist kein Regelungsgegenstand des IAS 20 (IAS 20.2d). 16.9

Von **privater Seite** gewährte Zuschüsse (Werkzeugkostenzuschüsse, Baukostenzuschüsse etc.) unterliegen ebenfalls *nicht* IAS 20. Eine analoge Anwendung von IAS 20 auf private Zuschüsse wird vom IFRIC abgelehnt, da hinter einem privaten Zuschuss – anders als beim öffentlichen – ein Leistungsaustauschgedanke stecke.[2]

III. Wesentliche Abweichungen zum HGB

Die Abweichungen zum HGB sind gering: 16.10

– Nach Handelsrecht sind **Investitionszuschüsse und -zulagen** entweder von den Aktiva abzusetzen, als gesonderte Passivposten abzugrenzen (z.B. Krankenhauszuschuss) oder sofort erfolgswirksam zu erfassen.[3] Steuerrechtlich kommt jedoch die passive Abgrenzung nicht in Betracht (R 6.5 EStR). Nach IAS 20 ist die sofortige erfolgswirksame Erfassung unzulässig.
– **Aufwands- und Ertragszuschüsse** sind nach Handels- und Steuerrecht periodengerecht zu verteilen, also dann, wenn die Aufwendungen anfallen. Für schon zugeflossene Zuschüsse kommt insoweit nur die passive Abgrenzung in Betracht;[4] ein Unterschied zu IAS 20 besteht nicht.

IV. Neuere Entwicklungen

IAS 20 zur Bilanzierung und Darstellung von Zuwendungen der öffentlichen Hand stammt aus 1994 und ist seither nur punktuell geändert worden. Er gehört damit zu den ältesten Standards. 16.11

---

2 IFRIC, update Juli 2007, 1.
3 Vgl. *Schubert/Gadek* in Beck Bil-Komm[11], § 255 HGB Rz. 116 ff.
4 Vgl. *Schubert/Gadek* in Beck Bil-Komm[11], § 255 HGB Rz. 119.

16.12 Schon seit längerem ist der IASB mit dem Standard unzufrieden und beabsichtigt grundsätzliche Änderungen, damit u.a. Inkonsistenzen zum Conceptual Framework (die passive Abgrenzung eines Vorteils ist keine Schuld) abgebaut werden. Indessen sind die Überlegungen im Dezember 2007 vorläufig ausgesetzt und seither nicht wieder aufgenommen worden. Größere Änderungen an IAS 20 sind daher vorerst nicht geplant.

16.13–16.19 frei

B. Erfassung der Zuwendungen

16.20 Erfassungspflichtig ist die Zuwendung der öffentlichen Hand i.S.v. IAS 20 genau dann, wenn *angemessene Sicherheit* dafür besteht, dass

(a) das Unternehmen die mit der Zuwendung verbundenen Bedingungen erfüllen wird **und**

(b) die Zuwendungen gewährt werden (IAS 20.7).

Eine schon zugeflossene Zuwendung ist kein Beweis dafür, dass die beiden vorgenannten Kriterien erfüllt sind (IAS 20.8). Bei noch-nicht-Erfüllung der Bedingungen ist insoweit der Zufluss als Verbindlichkeit zu passivieren. Das trifft insbesondere zu bei **erlassbaren Darlehen** (i.S.v. Rz. 16.5 (c)): Erst bei Erfüllung der vorgenannten Kriterien wird aus dem Darlehen eine Zuwendung der öffentlichen Hand i.S.v. IAS 20.

Der unscharfe Begriff *angemessene Sicherheit*[5] verlangt vom Bilanzierenden Beurteilungsfähigkeit. Die folgende Fallunterscheidung mag dabei hilfreich sein.

16.21 Zu (a): Erfüllung der Bedingungen

Gewöhnlich lassen sich die mit Zuwendungen verbundenen Bedingungen in Haupt- und Nebenbedingungen unterteilen. Zu den **Hauptbedingungen** gehört z.B. die Vornahme einer Sachinvestition und zu den Nebenbedingungen deren Inbetriebnahme und Fortführung über einen bestimmten Zeitraum. Ist die Hauptbedingung zum Bilanzstichtag erbracht – ein Investitionsvorhaben beispielsweise (nahezu) abgeschlossen – und bestehen keine vernünftigen Zweifel an der Erfüllung auch der Nebenbedingungen, ist Kriterium (a) erfüllt. Sowohl auf Antragstellung als auch gar auf den Erhalt des Bewilligungsbescheids kommt es nach diesem Kriterium nicht an, solange keine vernünftigen Zweifel bestehen, dass ein eigener Antrag noch gestellt wird.[6]

---

5 Zur tieferen Diskussion des Begriffs s. *ADS International*, Abschn. 11, Rz. 19 f. und *Staß/Piesbergen/Prasse* in Baetge-IFRS, IAS 20 Rz. 18 ff.
6 Vgl. *ADS International*, Abschn. 11 Rz. 23.

Zu (b): Gewährung der Zuwendung   16.22

Zu unterscheiden ist in Zuwendungen mit und ohne Rechtsanspruch:

- Bei **Zuwendungen mit Rechtsanspruch** knüpft das Gesetz die Leistungspflicht an die Erfüllung der Voraussetzungen zu (a) an, so dass lediglich noch beurteilt werden muss, ob eine eigene Antragstellung erfolgt.
- Hingegen hat die Behörde bei **Zuwendungen ohne Rechtsanspruch** einen vom Unternehmen kaum einschätzbaren Ermessensspielraum, so dass eine Erfassung als Zuwendung kaum vor Erhalt des entsprechenden Bewilligungsbescheids in Betracht kommt.[7]

C. Art der Erfassung, Bewertung und Ausweis

I. Grundsatz

Alle Zuwendungen der öffentlichen Hand sind planmäßig **erfolgswirksam als Ertrag** zu erfassen, und zwar in jenen Perioden, in denen die Aufwendungen anfallen, die die Zuwendungen kompensieren sollen. Eine erfolgsneutrale Erfassung unmittelbar im Eigenkapital ist nicht zulässig (IAS 20.12).   16.23

II. Investitionszuschüsse und -zulagen

Investitionszuschüsse und -zulagen für **Investitionen in Vermögenswerte** sind in der Bilanz   16.24

- entweder als **passivische Abgrenzung** darzustellen oder
- vom **Buchwert des Vermögenswertes abzusetzen** (IAS 20.24).

Im letzten Fall ergibt sich die Ertragswirkung durch die künftige verminderte Abschreibung, im ersten Fall ist der Passivposten entsprechend der Abschreibung des Vermögenswertes ertragswirksam aufzulösen (sonstiger betrieblicher Ertrag). Dabei kommt eine **Saldierung** mit den Abschreibungen in der GuV *nicht* in Betracht (IAS 20.26).

Das Wahlrecht ist für vergleichbare Zuwendungen **stetig** auszuüben.[8]

Ein ggf. angesetzter Passivposten stellt keine Schuld des Unternehmens dar. Insoweit steht diese Alternative nicht in Übereinstimmung mit dem Conceptual Framework, wonach als Passivposten in der Bilanz nur Schulden und Eigenkapital angesetzt werden können (Rz. 7.40). Der Standard geht freilich dem Conceptual Framework vor. Wir empfehlen einen Ausweis als z.B. „**erhaltene Zuwendung**" zwischen Eigen- und Fremdkapital.   16.25

---

7 Vgl. *Staß/Piesbergen/Prasse* in Baetge-IFRS, IAS 20 Rz. 22.
8 So auch *Scharfenberg* in Beck IFRS-HB[5], § 5 Rz. 59.

16.26 Zuwendungen, die schon für den Erwerb **nicht abnutzbarer Vermögenswerte** gewährt worden sind (z.B. Grundstück), enthalten häufig die Nebenbedingung, dass weitere Investitionen folgen müssen (z.B. Errichtung eines Fabrikgebäudes). Dann ist die Zuwendung über die Nutzungsdauer des Gebäudes ertragswirksam zu erfassen (IAS 20.18). U.E. kann auch dann der Zuwendungsbetrag von den Anschaffungs- oder Herstellungskosten des Gebäudes abgesetzt werden. Im Übrigen kann auch in Betracht kommen, die Zuwendung über eine etwaige Mindestdauer zu verteilen, während der das bezuschusste Unternehmen den Vermögenswert selbst nutzen muss.[9]

16.27 Besteht die Zuwendung aus der Überlassung eines zu aktivierenden Vermögenswertes, kann dieser zum Fair Value angesetzt werden, wobei in gleicher Höhe ein Passivposten anzusetzen ist. Alternativ kann der Vermögenswert auch mit dem symbolischen Wert von 1 € angesetzt werden; in diesem Fall entfällt der Passivposten (IAS 20.23).

III. Aufwands- und Ertragszuschüsse

16.28 Bei Aufwands- und Ertragszuschüssen ist zu differenzieren:

- Kompensiert der Zuschuss **bereits angefallene Aufwendungen** oder stellt er eine „Überlebenshilfe" für das Unternehmen dar, die nicht an weitere Bedingungen geknüpft ist, muss der Zuschuss bei Entstehung des Anspruchs sofort erfolgswirksam erfasst werden (IAS 20.20).

- Zuschüsse, die **künftige Aufwendungen** kompensieren sollen, sind hingegen zu passivieren und bei Anfall der künftigen Aufwendungen aufzulösen.

- Sollte es sich um **Zuschüsse für Forschung und Entwicklung** handeln, ist darauf zu achten, ob die Entwicklungskosten zu aktivieren sind. Der auf aktivierte Entwicklungskosten entfallende Zuschuss fällt in den Anwendungsbereich der Investitionszuschüsse (Rz. 16.24).

16.29 Der Ertrag aus solchen Zuschüssen darf in der GuV mit den Aufwendungen saldiert werden (**Nettoausweis**); alternativ ist die unsaldierte Darstellung zulässig (**Bruttoausweis**, IAS 20.29).

IV. Erlassbare Darlehen

16.30 Bei Erhalt eines erlassbaren Darlehens ist zunächst eine Verbindlichkeit zu passivieren. Sobald die Bedingungen für den Erlass mit angemessener Sicherheit erfüllt sind (Rz. 16.20), erfolgt die Bilanzierung als finanzielle Zuwendung (IAS 20.10, Rz. 16.23). Häufig dürften die mit dem Darlehen zu finanzierenden Aufwendungen

---

9 Vgl. *ADS International*, Abschn. 11 Rz. 51.

dann schon angefallen sein, so dass die Verbindlichkeit sofort erfolgswirksam auszubuchen ist.

V. Zinsgünstige Darlehen

Der ökonomische Vorteil aus der Vergabe **zinsloser oder niedrig verzinslicher Darlehen** der öffentlichen Hand an das bilanzierende Unternehmen ist nach IAS 20.10A abzugrenzen. Solche Darlehen sind nach den allgemeinen Regelungen des IFRS 9 zu bilanzieren: Die Darlehensverbindlichkeit ist bei Erhalt mit ihrem Fair Value einzubuchen, also zum mit dem Marktzins abgezinsten Betrag. Die Differenz zwischen höheren Erhaltenem und niedrigerer Verbindlichkeit unterliegt den Regelungen des IAS 20. Es ist zu analysieren, zu welchem Zweck das Darlehen vergeben worden ist, um den Vorteil daraus periodengerecht nach den Regeln des IAS 20.12 erfolgswirksam zu verteilen (Rz. 16.23 ff.). In den Folgeperioden ist das Darlehen nach den allgemeinen Regeln des IFRS 9 aufwandswirksam aufzuzinsen (Rz. 24.40 ff.).

16.31

VI. Rückzahlungsverpflichtungen

Bei Verletzung von Zuwendungsbedingungen kann es zur Rückzahlung erhaltener Zuwendungen kommen. Nach den allgemeinen Ansatz- und Bewertungskriterien für Rückstellungen (Rz. 26.20 ff.) ist dann zu prüfen, ob eine Rückzahlungsverpflichtung zu passivieren ist (IAS 20.11). Eine ggf. anzusetzende Rückstellung ist dabei als **Schätzungsänderung** gem. IAS 20.32 zu behandeln. Es werden also vergangene Abschlussperioden nicht rückwirkend korrigiert.

16.32

D. Latente Steuern

Bei der Gewährung einer **steuerfreien Investitionszulage** ergeben sich zwar Differenzen der betroffenen Buchwerte zwischen Steuerbilanz und IFRS-Bilanz; da es aber keinen steuerwirksamen Umkehreffekt gibt, besteht ein ausdrückliches Ansatzverbot für aktive latente Steuern (IAS 12.24b, 12.33 sowie Rz. 29.39).

16.33

Bei **steuerpflichtigen Zuschüssen** für Investitionen in Vermögenswerte ergeben sich bei zeitgleicher bilanzieller Einbuchung des Zuschusses in IFRS- und Steuerbilanz keine Differenzen; ein ggf. unterschiedlicher Ausweis in IFRS- und Steuerbilanz (z.B. passive Abgrenzung in IFRS, aktiver Abzug von den AHK in der Steuerbilanz) ist jeweils zusammengefasst zu beurteilen. Ist die Ertragsvereinnahmung des Zuschusses in IFRS- und Steuerbilanz in künftigen Perioden unterschiedlich oder wird ein steuerpflichtiger Zuschuss in der Steuerbilanz sofort erfolgswirksam erfasst, während er in der IFRS-Bilanz ratierlich vereinnahmt wird, müssen Steuerlatenzen abgegrenzt werden (IAS 12.22b).

16.34

E. Anhangangaben

16.35 Gemäß IAS 20.39 sind

- die angewandten Bilanzierungsgrundsätze (z.B. passive Abgrenzung oder Abzug von den AHK),
- Art und Umfang der im Geschäftsjahr erfassten Zuwendungen sowie
- (noch) nicht erfüllte Zuwendungsbedingungen

anzugeben. Außerdem soll auf (wesentliche) nicht zu bilanzierende Beihilfen der öffentlichen Hand hingewiesen werden (Rz. 16.7).

Kapitel 17
Leasing (IFRS 16)

A. Überblick und Wegweiser	17.1	G. Bilanzierung von Leasingverhältnissen beim Leasingnehmer	17.53
I. Management Zusammenfassung	17.1	I. Erstansatz	17.53
II. Standards und Anwendungsbereich	17.5	II. Folgebewertung	17.57
III. Wesentliche Abweichungen zum HGB	17.10	1. Leasingverbindlichkeit	17.57
IV. Neuere Entwicklungen	17.15	2. Nutzungsrecht	17.59
B. Klassifikation eines Leasingverhältnisses	17.20	3. Ausweis	17.61
I. Spezifizierter Vermögenswert	17.20	4. Anpassungen	17.64
II. Nutzungsrecht und Kontrolle	17.23	III. Sale and lease back	17.67
1. Grundsachverhalte	17.23	1. Verkaufsfall	17.68
2. Vorteilhaftigkeit	17.25	2. Kein Verkaufsfall	17.70
3. Bestimmung der Vorteile	17.27	H. Bilanzierung von Leasingverhältnissen beim Leasinggeber	17.72
4. Entscheidungskompetenz	17.29	I. Finanzierungsleasing	17.73
C. Vereinfachungen durch Ausnahme von der Leasingdefinition	17.32	II. Operate-Leasing	17.79
D. Abgrenzung von Leasingkomponenten	17.34	I. Anhangangaben	17.82
		I. Leasingnehmer	17.82
E. Zusammenfassung von Verträgen	17.38	II. Leasinggeber	17.88
		1. Grundsachverhalte	17.88
F. Grundsachverhalte für die Bilanzierung von Leasingverträgen	17.40	2. Angaben bei Operate-Leasing	17.89
I. Laufzeit von Leasingverträgen	17.40	3. Angaben bei Finanzierungsleasing	17.91
II. Interner Zinssatz des Leasingverhältnisses	17.44	J. Übergangsvorschriften	17.93
III. Leasingzahlungen	17.46	I. Grundsachverhalte	17.93
IV. Besonderheiten beim Immobilienleasing	17.47	II. Definition von Leasingverhältnissen beim Übergang	17.96
		1. Darstellung der Umstellung beim Leasingnehmer	17.97
V. Untermietverhältnisse	17.50	2. Umstellung beim Leasinggeber	17.105
VI. Leasingobjektgesellschaften (IFRS 10)	17.51	III. Umstellung für Sale-and-Lease-Back-Transaktionen	17.106
		IV. Besondere Umstellungsvorschriften	17.107
		V. Vergleich IAS 17 und IFRS 16	17.108

Literatur: *Acker*, Umsatzlegung komplexer Verträge – Wechselwirkungen zwischen IFRS 15 und IFRS 16 bei variablen Preisvereinbarungen am Beispiel der Labordiagnostik – Teil 2: Auswirkungen variabler Preisvereinbarungen auf die Umsatzallokation und -struktur, IRZ

2017, 353; *Bardens/Duhr/Heining*, Praktische Herausforderungen bei der Einführung des neuen Leasingstandards IFRS 16 im Konzern, IRZ 2016, 259; *Bauer/Gallert*, Die neue Leasingbilanzierung nach IFRS 16, WPg 2016, 321; *Behling*, Der neue Leasingstandard IFRS 16 – Was ändert sich für Leasingnehmer?, BBK 2016, 240; *Berger/Geisel/Schmidt*, Wechselwirkungen zwischen den neuen Vorschriften zu Leasingvereinbarungen, Erlösrealisierung und Wertminderung nach IFRS, BB 2017, 1899; *Berger/Nardmann*, IFRS 16 – der neue Leasingstandard und seine Auswirkungen auf Unternehmen, BB 2016, 425; *Betz*, IFRS 16 – die Zeit läuft, IRZ 2018, 53; *Beyhs/Labrenz*, Bilanzpolitische Spielräume für Leasingnehmer in IFRS 16 – Möglichkeiten und Grenzen für Abschlussverantwortliche in Unternehmen, IRZ 2016, 453; *Blankenburg/Möhlmann-Mahlau*, Jahresabschlussanalytische Implikationen der neuen Leasingbilanzierung nach IFRS 16, IRZ 2017, 417; *Brune*, Auswirkung der Neuabgrenzung von Leasingverhältnissen nach IFRS 16 auf „embedded leases" – weniger statt mehr Leasing in der Bilanz?, IRZ 2016, 119; *Brune*, Nutzung der Bilanzierungsausnahme für geringwertige Leasinggüter im Finanzierungsleasing nach IAS 17 beim Übergang auf IFRS 16, IRZ 2017, 143; *Dilßner/Müller*, Leasingbilanzierung auf dem Prüfstand – IAS 17 und IFRS 16 im Vergleich zum handels- und steuerrechtlichen Konzept der Teilamortisation, BC 2017, 220; *Dilßner/Müller*, Leasingbilanzierung auf dem Prüfstand – IAS 17 und IFRS 16 im Vergleich zum handels- und steuerrechtlichen Konzept der Vollamortisation, BC 2017, 164; *Eckl/Kirch/Piesbergen/Pilhofer*, IFRS16 „Leases": Bestandsaufnahme und erste kritische Würdigung der IFRS-Leasingreform (Teil 1), DB 2016, 661 (Teil 2), DB 2016, 721; *Edelmann*, IFRS 16: Reform der internationalen Leasing-Bilanzierung, WPg 2016, 259; *Findeisen, Klaus-Dieter/Adolph, Peter*: Es ist vollbracht: Der neue Leasingstandard IFRS 16 ist da, DB 2016, 485; *Freiberg/Panek/Ehrcke*, Leasingverhältnisse nach IFRS 16, BB 2016, 2091; *Freiberg*, (Un-)nötige Komplexität der Folgebilanzierung von Leasingverhältnissen?, WPg 2016, 1116; *Galbiati/Bühler*, Übergangsvorschriften von IFRS 16 Leases: Eine wichtige Entscheidung – Der Fall – die Lösung, IRZ 2017, 287; *Ganssauge/Klockmann/Alymov*, Definition eines Leasingverhältnisses, WPg 2016, 735; *Gehrer/Krakuhn/Meyer*, Status der neuen Leasingbilanzierung – Die wesentlichsten Änderungen nach Abschluss der Re-Deliberation-Phase, IRZ 2015, 427; *Geisel/Fischer/Schmidt*, Variable Mietzahlungen im Spannungsfeld der neuen Vorschriften zu Finanzinstrumenten und Leasingvereinbarungen, IRZ 2018, 55; *Hargarten/Weinmann*, Wahlrechte beim Übergang auf IFRS 16, BB 2017, 2091; *Heyd/Ruchti*, On-Balance-Leasingbilanzierung nach dem Right-of-Use-Ansatz (IFRS 16) – Auswirkungen auf Finanzkennzahlen in der Logistik- und Transportbranche, IRZ 2015, 493; *Kirsch*, Abschlussanalytische und abschlusspolitische Effekte der Leasingbilanzierung nach IFRS 16, Teil 1: Auswirkungen bei Leasingnehmern, IRZ 2018, 39; Teil 2: Auswirkungen bei Leasinggebern, IRZ 2018, 81; *Kirsch*, Der Standardentwurf zur Abbildung von Leasingverhältnissen und mögliche Auswirkungen auf die Bilanzpolitik, DStZ 2011, 777; *Kirsch*, Fallstudie zur Abbildung von Leasingverträgen nach IFRS 16 „Leases" aus Sicht des Leasingnehmer und Leasinggeber, Teil 1: Leasing- und Unterleasingverhältnisse, IRZ 2016, 321; *Kirsch*, IFRS 16 „Leases" – Wesentliche Änderungen in der Klassifizierung, Bilanzierung und Anhangangaben von Leasingverhältnissen, DStZ 2016, 190; *Küting/Koch/Tesche*, Umbruch der internationalen Leasingbilanzierung – Fluch oder Segen?, DB 2011, 425; *Lange/Müller*, Neue Regeln für die Bilanzierung von Leasingverhältnissen, Teil 1: Grundsachverhalte und Bilanzierung bei Leasinggebern gemäß IFRS 16, IRZ 2016, 111; Teil 2: Leasingnehmerseitige Bilanzierung gemäß IFRS 16, IRZ 2016, 165; Teil 3: Übergangsvorschriften und Umstellung auf IFRS 16, IRZ 2016, 215; *Lühn*, Bilanzierung von Sale-and-Lease-Back-Transaktionen nach IFRS 16 – Der Fall – die Lösung, IRZ 2016, 193; *Lühn*, Leasingbilanzierung im Spannungsfeld zwischen IFRS 16 und Handels- und Steuerrecht, Leasingverhältnisse beim Leasingnehmer, StuB 2016, 367; *Müller*, Das Mysterium Leasing und seine (richtige?) Abbildung in der Rechnungslegung, BC 2016, 227; *Pilhofer/Herr/Wendel/Penth*, Künftige IFRS-Leasingbilanzierung: Wie viele der Flugzeuge sind gegenwärtig „off-balance" und was wird sich in Zukunft (nicht) ändern? Oder: Ist Sir David Tweedie tatsächlich noch nie in einem „on-balance"-Flugzeug geflogen?, IRZ 2017, 369; *Tesche/Küting*, IFRS 16: Paradigmenwechsel in der Leasing(nehmer)bilanzierung – Zur Abkehr vom all-or-nothing hin zum right-of-use approach, DStR 2016, 620; *Thurow*, Auswirkungen des IFRS 16 Leases auf Bilanzkennzahlen und Financial Covenants, IRZ 2016, 149.

A. Überblick und Wegweiser

I. Management Zusammenfassung

Wenn ein Unternehmen A sein Anlagevermögen „zu Eigentum" erwirbt, Unternehmen B dieses dagegen anmietet (least), würden sich *ohne* die Bilanzierungsvorschriften zum Leasing die Bilanzen beider Unternehmen erheblich voneinander unterscheiden, ohne dass sich hierfür eine sachliche Begründung finden ließe: 17.1

– Bei A wäre die Bilanz um die Sachanlagen und die korrespondierende Finanzierung „länger" und die EK-Quote geringer als bei B.

– A würde unterhalb des EBITDA Abschreibungen und Zinsaufwand ausweisen; B dagegen Leasingaufwand oberhalb des EBITDA (*Earnings before Depreciation and Amortisation, Interest and Tax*, Ergebnis vor Abschreibungen, Zinsen und Ertragsteuern).

Die vom IASB vollständig mit pflichtgemäßer Anwendung seit 2019 überarbeiteten Bilanzierungsregeln zu Leasinggeschäften korrigieren diese Verwerfung: Danach werden grundsätzlich die **Nutzungsrechte** an Leasinggegenständen beim Leasingnehmer bilanziert.[1] Leasing umfasst anders als im deutschen Sprachgebrauch dabei auch grundsätzlich alle Mietgeschäfte, die über die in Deutschland geltende Vertragsfreiheit auch in vielen denkbaren Gestaltungsvarianten, wie längerfristige Mietverträge, Verträge mit Verlängerungsoptionen, Verträge mit einer Vorzugskaufoption, Verträge mit Rückgabeoptionen, Leibrenten, Erbpachten usw., reichen. 17.2

Die Identifikation von Leasing erfolgt über folgendes Schema, wobei es Erleichterungen nach IFRS 16.5 ff. lediglich für **kurzfristige Leasingverhältnisse** oder solche **über geringwertige Vermögenswerte** gibt (Rz. 17.32). Diese sind nicht in der Bilanz anzusetzen, sondern es wird lediglich eine lineare Verteilung der Leasingzahlungen über die Laufzeit gefordert. 17.3

---

1 Vgl. zur ökonomischen Einordnung *Tesche/Küting*, DStR 2016, 620 ff.

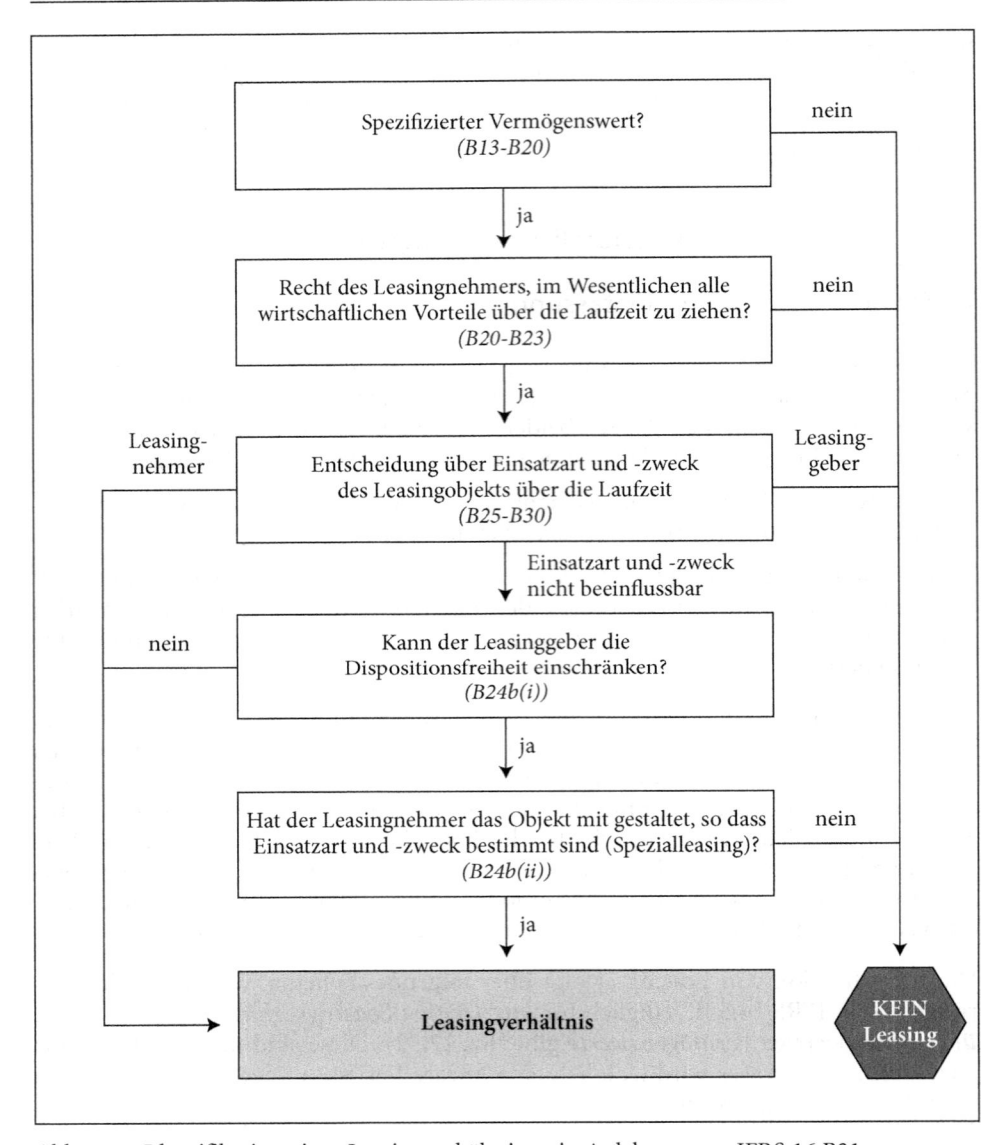

```
                    ┌─────────────────────────────┐
                    │  Spezifizierter Vermögenswert? │ ──nein──┐
                    │        (B13-B20)             │         │
                    └─────────────────────────────┘         │
                                  │ ja                      │
                                  ▼                         │
                    ┌─────────────────────────────────────┐ │
                    │ Recht des Leasingnehmers, im Wesentlichen alle │ ──nein──┤
                    │ wirtschaftlichen Vorteile über die Laufzeit zu ziehen? │ │
                    │           (B20-B23)                  │ │
                    └─────────────────────────────────────┘ │
                                  │ ja                      │
                                  ▼                         │
   Leasing-         ┌─────────────────────────────────────┐  Leasing-
   nehmer           │ Entscheidung über Einsatzart und -zweck │  geber
                    │ des Leasingobjekts über die Laufzeit │
                    │           (B25-B30)                  │
                    └─────────────────────────────────────┘
```
]

Abb. 17.1: Identifikation eines Leasingverhältnisses in Anlehnung an IFRS 16.B31

17.4 Zu Beginn der Laufzeit des Leasingvertrages erfasst der Leasingnehmer eine **Leasingverbindlichkeit** sowie ein **Nutzungsrecht** (IFRS 16.22). Ausgangspunkt für die Wertermittlung beider Posten ist die Leasingverbindlichkeit. Diese wird mit dem Barwert der ausstehenden Leasingzahlungen bewertet (Rz. 17.53). Die Bewertung des Nutzungsrechts geht ebenfalls von diesem Wert aus, dann aber noch erhöht um bereits gezahlte Beträge vor Laufzeitbeginn, Initialkosten und Rückbauverpflichtungen und vermindert um erhaltene Anreizzahlungen (Rz. 17.54). Die Leasingverbindlichkeit wird unter Anwendung der Effektivzinsmethode folgebewertet (IFRS 16.36 ff.). Somit werden die laufenden Zahlungen in einen Tilgungs- und einen Zinsanteil aufgespalten. Durch die Anwendung eines konstanten Zinssatzes auf die jeweilige Höhe der Leasingverbindlichkeit über die gesamte Laufzeit kommt es zu einem sog. *frontloading*, d.h. die Erfolgsbelastung ist am Anfang insgesamt höher als am Ende der Laufzeit. Dies führt auch dazu, dass über Anpassungen der Bewertung aufgrund von vertraglichen Änderungen oder veränderten Einschätzungen auch unerwartet GuV-Effekte ausgelöst werden können (Rz. 17.64 ff.). Das Nutzungsrecht wird grundsätzlich entsprechend dem Anschaffungskostenmodell des IAS 16 folgebewertet, so dass (planmäßige) Abschreibungen und Wertminderungen (IAS 36) zu berücksichtigen sind.

II. Standards und Anwendungsbereich

Die bilanzielle Abbildung von Leasingverträgen sowohl für den Leasingnehmer als auch für den Leasinggeber wird durch IFRS 16 geregelt, der seit dem 1.1.2019 anzuwenden ist. Dieser legt Grundsätze für den Ansatz, die Bewertung, den Ausweis und die Anhangangaben bezüglich Leasingverhältnissen fest mit dem Ziel sicherzustellen, dass Leasingnehmer und Leasinggeber *relevante Informationen hinsichtlich den Auswirkungen von Leasingverhältnissen* zur Verfügung stellen (IFRS 16.1).

17.5

Leasinggegenstände können *materielle* und *immaterielle Vermögenswerte* sein. Allerdings erstreckt sich IFRS 16 *nicht* auf:

17.6

– Entdeckung und Verarbeitung von Mineralien, Öl, Erdgas und ähnlichen nichtregenerativen Ressourcen (für diesen Sonderfall ist der in diesem Handbuch nicht berücksichtigte IFRS 6 einschlägig),
– biologische Vermögenswerte (IAS 41),
– Dienstleistungskonzessionsvereinbarungen (IFRIC 12),
– Lizenzierung geistigen Eigentums durch Leasinggeber (wenn im Anwendungsbereich von IFRS 15), und
– Lizenzrechte im Anwendungsbereich von IAS 38 beim Leasingnehmer (etwa Kinofilme, Videoaufnahmen, Theaterstücke, Manuskripte, Patente und Urheberrechte).

Leasingnehmer dürfen Leasingvereinbarungen über *sonstige immaterielle Vermögenswerte*, die nicht Lizenzen betreffen, als Leasingverhältnis gem. IFRS 16 bilanzieren, werden aber nicht dazu verpflichtet (Wahlrecht). Diesen Ausschluss von immateriellen Vermögenswerten begründet das IASB damit, dass es zunächst einer konzeptionellen Prüfung der Bilanzierung von immateriellen Vermögenswerten gemäß IAS 38 bedarf, bevor eine Pflichtbilanzierung von Nutzungsrechten an diesen Vermögenswerten gefordert wird.[2]

Auch *Untervermietungen* sind nach IFRS 16 zu behandeln.

---

2 Vgl. u.a. IFRS 16.BC71.

Positiv formuliert kommen als Vermögenswerte, die Gegenstand einer Leasingvereinbarung sind und auf die IFRS 16 anzuwenden ist, *vornehmlich Sachanlagen* wie Maschinen und Fahrzeuge, bebaute und unbebaute Grundstücke sowie zum Teil auch immaterielle Vermögenswerte in Betracht.

17.7 Die Leasing-Definition in (Abb. 1 in Rz. 17.3) betrifft nur direkte Nutzungsüberlassungen. Darüber hinaus sind in der Praxis auch Vertragsgestaltungen anzutreffen, die aus wirtschaftlicher Betrachtungsweise (*substance over form*) als Einräumung eines **indirekten Nutzungsrechts** (**verdecktes Leasing**) anzusehen sind. Dabei wird formal keine gesicherte Rechtsposition an einer Maschine o.Ä. eingeräumt, sondern stattdessen lediglich ein Vertrag über die Abnahme des Outputs geschlossen. Wirtschaftlich ist dies dem Leasing vergleichbar, wenn der an den Abnehmer gelieferte Output den (überwiegenden) Einsatz bestimmter Maschinen o.Ä. voraussetzt. Es handelt sich hierbei häufig um folgende Maßnahmen:

– **Outsourcing**, z.B. von EDV, zur **Qualitätssicherung** oder **Exklusivitätswahrung**, z.B. in der Automobilindustrie[3], oder

– Bereitstellung von Infrastruktur (Versorgung mit Energie, Wasser etc.), bei denen langfristige Liefer- und Leistungsverträge (sog. *pay-on-production* oder **take-or-pay-Vereinbarungen**) mit dem Abnehmer bzw. Käufer geschlossen werden.

Ob derartige Verträge Leasing darstellen, ist ebenfalls Gegenstand von IFRS 16. Die Frage, ob der Vermögenswert explizit oder implizit spezifiziert ist, entscheidet hier über eine Behandlung als Leasing (Rz. 17.20).

17.8 Zur Erzielung einer off-balance-sheet Bilanzierung trotz des Nutzungswertansatzes werden oft **Leasingobjektgesellschaften** gegründet. Hier ist zu klären, ob nicht eine Konsolidierung als strukturierte Gesellschaft i.S.v. IFRS 10/IFRS 12 erfolgen muss (Rz. 17.51), die das bilanzpolitische Ziel der bilanziellen Auslagerung im Konzernabschluss vereitelt.

17.9 Für IFRS 16 liegen bislang keine Interpretationen vor. Der bislang bestehende IFRIC 4 wurde in den Standard integriert.[4]

III. Wesentliche Abweichungen zum HGB

17.10 Bisher wurden nach IAS 17 bzw. werden weiterhin nach HGB und deutschem Steuerrecht mehr oder weniger willkürlich Leasingverträge durch die Linie „*wirtschaftliches Eigentum*" getrennt und dann alle beim Leasingnehmer nicht als wirtschaftliches Eigentum klassifizierten Verträge als Miete (operatives Leasing) und alle anderen Verträge als Ratenkäufe (Finanzleasing) behandelt. Die aus dieser Klassifikation resultierende Behandlung ist in der Rechnungslegung völlig unterschiedlich: Bei operativem Leasing weist der Leasingnehmer lediglich die laufenden Leasingraten als Aufwand im Abschluss aus, im Fall des Finanzleasings müssen bei ihm da-

---

3 Vgl. *Götz/Spanheimer*, BB 2005, 259 (262).
4 Vgl. *Brune*, IRZ 2016, 119.

gegen der Vermögensgegenstand, die ausstehenden Leasingraten abgezinst als Verbindlichkeit, die Abschreibungen sowie die Tilgungs- und Zinskomponente in den Leasingraten ausgewiesen werden.[5] Leasinggeber haben im Fall des operativen Leasings weiterhin den Leasinggegenstand im Vermögen sowie die Abschreibungen und die Leasingraten in der Erfolgsrechnung auszuweisen. Im Fall des Finanzierungsleasings wird dagegen von den Leasinggebern der Gewinn (bis auf die Zinskomponente) bereits zu Vertragsbeginn erfasst und das ganze Geschäft wie ein Zielverkauf dargestellt. Bei der Frage, ob beim Leasinggeber oder Leasingnehmer das wirtschaftliche Eigentum liegt, orientiert sich die deutsche Bilanzierungspraxis im HGB-Bereich an den steuerlichen Leasingerlassen der Finanzverwaltung.[6] Deren Kriterien (Voll-, Teilamortisation, günstige Kaufoption etc.) sind aus Objektivierungsgründen z.B. durch Abstellen auf die *steuerliche* Nutzungsdauer nach **AfA-Tabellen** bestimmt. Daher konnte es auch schon bis zum Geschäftsjahr 2018 zu Abweichungen zwischen HGB und IFRS (IAS 17) kommen.[7]

frei   17.11–17.14

IV. Neuere Entwicklungen

Aktuell sind beim IASB **keine Projekte** mit direktem Bezug zu IFRS 16 in Bearbeitung. Eine Anpassung der Leasinggeberbilanzierung an die geänderten Regelungen für die Leasingnehmer ist ebenso wenig geplant wie eine Konvergenz mit den US-GAAP.[8]   17.15

frei   17.16–17.19

B. Klassifikation eines Leasingverhältnisses

I. Spezifizierter Vermögenswert

Als *Leasingverhältnis* gilt nach IFRS 16.9 zunächst ein Vertrag, der dazu berechtigt, die Nutzung eines identifizierten Vermögenswerts gegen Zahlung eines Entgelts für einen bestimmten Zeitraum zu kontrollieren.   17.20

Ein *Vermögenswert* gilt gem. IFRS 16.B13 als identifiziert, wenn er konkret im Vertrag *spezifiziert* (d.h. benannt) ist oder aber auch *faktisch* durch Zurverfügungstellung eines gesamten oder physikalisch abgrenzbaren Anteils eines bestimmten Vermögenswerts durch den Leasinggeber.

---
5 Vgl. *Noodt* 2017, Rz. 29–33.
6 Vgl. BMF v. 19.4.1971 – IV B/2 – S 2170-31/71, BStBl. I 1971, 264, BMF v. 21.3.1972 – IV B/2 – S 2170 – 11/72, BStBl. I 1972, 188, BMF v. 22.12.1975 – IV B/2 – S 2170-161/75, BB 1976, 72, BMF v. 23.12.1992 – IV B/2 – S 2170 – 115/91, BStBl. I 1992, 13.
7 Vgl. z.B. *Lühn*, StuB 2016, 367 ff. sowie zu schematischen Gegenüberstellungen *Dilßner/Müller*, BC 2017, 164 und 220.
8 Vgl. Interview mit *Martin Edelmann*, WPg 2016, 259.

Anteile an Vermögenswerten können gem. IFRS 16.B20 nur dann als Leasingobjekt klassifiziert werden, wenn sie **physisch getrennte Teile** des Gesamten sind, z.B. Etage eines Gebäudes, oder wenn es sich um den **wesentlichen Anteil** an der Kapazität des Objektes handelt, z.B. Pipeline-Teilstrang. Ein reiner Kapazitätsanspruch ist daher grundsätzlich nicht ausreichend.

Beispiel[9]: A mietet von P Parkraum für 100 Autos der Mitarbeiter und Besucher an. Das Parkhaus von P bietet insgesamt 500 Stellplätze. Solange die 100 Stellplätze nicht durch Kennzeichnungen klar identifizierbar sind, sondern frei gewählt werden können, liegt kein Leasing nach IFRS 16 vor. Es fehlt an dem Nutzungsrecht an einem spezifizierten Vermögenswert. Erfolgt eine Kennzeichnung und A bekommt die Plätze 101–200 zur eigenen Nutzung zugewiesen, liegt dagegen Leasing vor.

Allerdings gibt es Grenzfälle, wenn etwa eine **Kapazität** zugesagt wird, die dazu führt, dass der Leasinggeber dafür einen Vermögenswert fast ausschließlich dem Leasingnehmer überlassen muss (wenn etwa 480 Stellplätze des Parkhauses gemietet werden). Für diese Grenzfälle hat der Leasingnehmer einheitlich eine (Un-)Wesentlichkeitsschwelle zu definieren und einheitlich auf alle ähnlichen Fälle anzuwenden.

Ein **Zeitraum** lässt sich durch kalendarische Konkretisierung, aber auch im Hinblick auf den Nutzungsumfang des Vermögenswerts beschreiben (wie die Anzahl der Einheiten, die mit dem Ausrüstungsgegenstand produziert werden sollen; IFRS 16.10).

In der Praxis zeigt sich, dass eine zentrale Herausforderung der Anwendung des IFRS 16 darin liegt, überhaupt alle möglicherweise relevanten Verträge zusammenzutragen und organisatorisch, prozessual und IT-technisch auszuwerten.[10] Eine dafür notwendige Vertragsdatenbank fehlt dafür teilweise noch und muss häufig erst erstellt werden.[11]

17.21 Eine Option des Leasinggebers zum jederzeitigen und bedingungslosen **Austausch des Vermögenswertes** ist schädlich für die Charakterisierung als spezifischer Vermögenswert und damit für die Qualifizierung als Leasingverhältnis. Eine schädliche Option liegt vor, wenn die Möglichkeit zum Austausch praktikabel und wirtschaftlich vorteilhaft für den Leasinggeber ist (IFRS 16.B14). Ein kurzfristiger Austausch zwecks Wartung, Reparatur oder Verbesserung ist ebenso unschädlich (IFRS 16.B18), wie ein unter dem Vorbehalt des Eintritts eines künftigen Ereignisses stehendes Austauschrecht, solange mit dem Eintritt beim Stichtag nicht gerechnet wird (IFRS 16.B15).

17.22 **Beispiel**[12]: Die KAPS AG schließt einen **Vertrag über die Nutzung einer Fräsmaschine** mit der LG AG. Die Maschine wird zum 31.12.2019 bereitgestellt und ist umgehend betriebsbereit. Der Nutzungsvertrag läuft bis zum 31.12.2024. Die Maschine darf maximal 2.200 Betriebsstunden durch die KAPS AG genutzt werden, wobei diese vertraglich zur Vornahme einer Wartung der Maschine alle 500 Betriebsstunden verpflichtet wird. Die KAPS AG besitzt eine **Verlängerungsoption** um weitere zwei Jahre zu den Konditionen für das Geschäftsjahr 2024. Die maximal abrufbare Kapazität wird bei Verlängerung um insgesamt 880 Betriebs-

---

9 In Anlehnung an *Lüdenbach/Hoffmann/Freiberg* in Haufe IFRS-Komm.[16], § 15a Rz. 32.
10 Vgl. z.B. *Bauer/Gallert*, WPg 2016, 326; *Eckl* et al., DB 2016, 662.
11 Vgl. *Berger/Nardmann*, BB 2016, 428; *Betz*, IRZ, 2018, 54.
12 Entnommen aus *Lange/Müller*, IRZ 2016, 111 ff.

stunden für beide Jahre ausgedehnt. Als **Anreiz** für den Vertragsabschluss gewährt die LG AG eine mietfreie Zeit von sechs Monaten zu Laufzeitbeginn. Die KAPS AG verpflichtet sich, der LG AG die Differenz zwischen dem tatsächlichen Verkaufspreis und einem vereinbarten Restwert zum 31.12.2024 i.H.v. 22 TEUR (20 TEUR zum 31.12.2026) zu erstatten. Sie rechnet mit einem Verkaufserlös von 21 TEUR zum 31.12.2024 und 20 TEUR zum 31.12.2026. Die KAPS AG wendet 1.000 € auf, um die Maschine durch einen Drittanbieter aufstellen und anschließen zu lassen. Der **interne Zinssatz** des Leasinggebers sei hier bekannt und betrage 4,5 %.

Folgende Leasingzahlungen werden vertraglich vereinbart:

Periode	Zahlung
2019	
2020	-15.000 (inkl. mietfreie Zeit)
2021	-35.000
2022	-37.000
2023	-40.000
2024	-42.000
2025	-42.000 *(optional)*
2026	-42.000 *(optional)*
SUMME	-253.000

II. Nutzungsrecht und Kontrolle

1. Grundsachverhalte

Als Nutzungsrecht wird das Recht des Leasingnehmers definiert, den Vermögenswert über die Vertragslaufzeit zu kontrollieren und im Wesentlichen komplett zu nutzen. Der **Kontrollaspekt** setzt voraus, dass der Leasingnehmer über die Art und den Zweck der Nutzung des Vermögenswertes bestimmen kann (**Dispositionsfreiheit**) und ihm so gut wie alle wirtschaftlichen Vorteile aus dem Vermögenswert zustehen (**ökonomischer Nutzen**; IFRS 16.B9). Im Rahmen der Dispositionsfreiheit kann etwa über Einsatzzweck, Einsatzzeitpunkt, Einsatzort sowie die abgerufene Menge grundsätzlich frei entschieden werden (IFRS 16.B 25 ff.). Als sog. Schutzrechte des Leasinggebers geltende Vertragsklauseln stehen der Kontrollausübung des Leasingnehmers nicht entgegen (IFRS 16.B30), da sie lediglich den Umfang des Nutzungsrechts definieren. Hierzu rechnen etwa Obergrenzen für den Leistungsabruf (maximale Maschinenstunden oder Kilometer), Wartungs- oder Betriebsvorgaben, Informationspflichten bei Nutzungsänderung oder Einschränkungen aus Sicherheitsüberlegungen (z.B. keine Beförderung von Gefahrstoffen oder kein Betrieb eines Schiffes in unsicheren Gewässern[13]). Das konzeptionelle Grundkonzept für

17.23

---

13 Vgl. *Kirsch*, DStZ 2016, 192.

die Identifikation eines Leasingverhältnisses bildet somit das *control*-Prinzip, welches auch in anderen IFRS zu beachten ist (z.B. IFRS 10 und 15).

17.24 Auch Gegenstände, deren Einsatzzweck und -art durch Vorgaben und Gestaltungen des Leasingnehmers determiniert werden (***Spezialleasing***) und die von ihm betrieben werden, gelten als Leasingobjekte (IFRS 16.B24). Damit ist es somit auch denkbar, dass ein Leasingverhältnis vorliegt, wenn der rechtliche Eigentümer das zur Nutzung überlassene Vermögen als Agent für den Leasingnehmer betreibt.

2. Vorteilhaftigkeit

17.25 Für ein Leasingverhältnis ist es notwendig, dass der Leasingnehmer einen ***ökonomischen Nutzen aus dem Leasinggegenstand*** ziehen kann. Dabei ist es unerheblich, ob dies direkt geschieht, indem der Leasinggegenstand etwa in der Produktion des Leasingnehmers eingesetzt wird oder ob eine indirekte Nutzenziehung etwa durch ***Untervermietung*** erfolgt. Die Einschätzung des Nutzens ist breit anzulegen und hat auch Nebenoutputs oder Einsparungen zu berücksichtigen (IFRS 16.B21–B23).

17.26 Die Beurteilung der Vorteilhaftigkeit hat sich nur auf die Vorteile der Nutzung zu beziehen. ***Vorteile, die aus dem reinen Eigentum erwachsen***, sind unbeachtlich. So bleiben ggf. erlangte Investitionszulagen, Steuererleichterungen oder sonstige Förderungen des Leasinggebers für die Errichtung des Vermögenswerts außerhalb der Betrachtung, wenn sie sich nicht auf den konkreten Nutzen beziehen (IFRS 16.BC118).

Hier wurde das detailbezogene und kasuistische Klassifizierungsmodell des IFRIC 4.9 durch ein deutlich kompakteres und einheitliches Bestimmungskriterium ersetzt. In IFRS 16.B21 wird einheitlich auf die Möglichkeit der Kontrolle des zuvor identifizierten Vermögenswerts und den daraus resultierenden Nutzenzufluss abgestellt – mit IFRIC 4.9 gab es dagegen drei Alternativen, die jeweils einzeln bisher die Grundlage einer Nutzungsrechtsübertragung bilden konnten.[14]

3. Bestimmung der Vorteile

17.27 Damit ein Leasingverhältnis vorliegt, muss der Leasingnehmer während der Laufzeit der Vereinbarung einen ***Anspruch auf im Wesentlichen den gesamten wirtschaftlichen Nutzen*** aus der Verwendung des spezifizierten Vermögenswerts nachweisen. Bei der Beurteilung sind zunächst alle Vorteile zu ermitteln. Dabei darf sich nur auf die aus der Nutzung des Vermögenswerts resultierenden Vorteile bezogen werden; Wertzuwächse (Preissteigerungen von vergleichbaren Vermögenswerten) des ruhenden Vermögens, die dem Leasinggeber zufallen, sind nicht zu berücksichtigen. Der „im Wesentlichen gesamte" Nutzen dürfte vorliegen, wenn dem Leasingnehmer mindestens 90 % zufallen und dem Leasinggeber maximal 10 %.[15] Häufig dürfte es aber an der Möglichkeit der genauen quantitativen Zuordnung fehlen, da

---

14 Vgl. *Brune*, IRZ 2016, 124.
15 Vgl. *Lüdenbach/Hoffmann/Freiberg* in Haufe IFRS-Komm.[16], § 15a Rz. 48.

der Vermögenswert etwa nur mit anderen Vermögenswerten gemeinsam einen zurechenbaren Nutzen generieren kann. In diesen Fällen müssen ersatzweise qualitative Einschätzungen erwogen werden.

Unbeachtlich für die Beurteilung der im Wesentlichen gesamten wirtschaftlichen Nutzenziehung sind **vertragliche Zahlungsverpflichtungen an den Leasinggeber**. Auch wenn die Leasingraten nicht unwesentlich erfolgsabhängig an den Nutzen geknüpft sind, widerspricht dies nicht einem Leasingverhältnis nach IFRS 16. Wird der Leasingnehmer allerdings zum reinen Agenten des Leasinggebers, da er alle Einnahmen abzuführen hat und lediglich eine Leistungsprämie erhält, liegt definitiv kein Leasing vor.

4. Entscheidungskompetenz

Die Vorteilhaftigkeit und der Nutzenzufluss alleine reichen noch nicht für die Erfüllung der **Kontrollrechte** aus. Vielmehr ist es erforderlich zu prüfen, wer während der Vertragslaufzeit die relevanten Entscheidungen bezüglich der Verwendung und des Einsatzes des spezifizierten Vermögenswerts hat. Nach IFRS 16.B24(b)(i) verfügt ein Leasingnehmer über das Recht zur Kontrolle der Nutzung, wenn er dieses über die gesamt Laufzeit über einen spezifizierten Vermögenswert hat, und dies auch nicht vom Leasinggeber geändert werden kann. Dem gleichgestellt wird Spezialleasing, da dort ein implizites Recht zur Kontrolle besteht (IFRS 16.B24(b)(ii)). Die Einschätzung der Erfüllung dieser Voraussetzung hängt eng mit dem spezifizierten Vermögenswert und dem erwarteten ökonomischen Nutzen von diesem ab.

Werden **Entscheidungen vertraglich vorbestimmt**, so dass der Leasingnehmer nicht mehr frei entscheiden kann, muss abgewogen werden, ob es sich lediglich um ein präzisiertes Nutzungsrecht handelt (dann weiter Leasing möglich) oder ob damit das Nutzungsrecht bereits eingeschränkt wird (IFRS 16.BC120).

Zahlreiche **Beispiele für die Identifikation eines Leasingverhältnisses** gibt das IASB im IFRS 16.IE2.

Beispiel (Fortsetzung von Rz. 17.22): Zunächst erfolgt eine Prüfung auf das **Vorliegen eines Leasingverhältnisses**. Da die Fräsmaschine durch die LG AG geliefert und durch die KAPS AG fest installiert wird und keine Austauschbefugnis der LG AG vertraglich vereinbart wurde, handelt es sich um einen **ausreichend spezifizierten Vermögenswert**. Die Deckelung der abrufbaren Maschinenstunden auf 2.200 Stunden über die feste Laufzeit (frei verteilbar) sichert ebenso wie die regelmäßig vorzunehmende Wartung durch die KAPS AG die LG AG vor übermäßiger Abnutzung ab und schränkt die Dispositionsfreiheit der KAPS AG über die Laufzeit nicht in schädlichem Maße ein. Somit muss der Vertrag als Leasingverhältnis bilanziert werden.

C. Vereinfachungen durch Ausnahme von der Leasingdefinition

Erleichterungen werden in IFRS 16.5 ff. lediglich für Leasingnehmer gewährt. Diesen wird gestattet, **kurzfristige Leasingverhältnisse** oder solche **über geringwertige**

Vermögenswerte vereinfacht abzubilden. Hier kommt es nicht zum Ansatz von Bilanzposten. Es wird lediglich eine lineare Verteilung der Leasingzahlungen über die Laufzeit gefordert. Sollte ein anderer Verteilungsmaßstab den Verlauf der Nutzungsziehung allerdings besser abbilden, so darf dieser angewendet werden (IFRS 16.6). Als kurzfristig kann ein Vertrag mit einer **maximalen Laufzeit von zwölf Monaten** gelten, sofern keine Kaufoption vereinbart wurde (IFRS 16.A). Das Wahlrecht für kurzfristige Verträge ist einheitlich für Klassen von Vermögenswerten auszuüben, das Wahlrecht für *geringwertige Leasinggegenstände* hingegen individuell für jeden Leasingvertrag.

17.33 Wenn der geringwertige Gegenstand weiterverleast wird, dann darf die Erleichterung nicht in Anspruch genommen werden (IFRS 16.B7). **Geringwertigkeit** wird in IFRS 16.B3-B9 an Voraussetzungen geknüpft. Der Gegenstand muss einzeln oder in Verbindung mit bereits verfügbaren Ressourcen genutzt werden und es darf **keine Abhängigkeit oder Verknüpfung mit anderen Vermögenswerten** vorliegen (etwa Komponente einer Serveranlage). Es ist auf den absoluten Wert des Gegenstandes im Neuzustand abzustellen, unabhängig vom tatsächlichen Alter zu Beginn der Laufzeit. Die Bedeutung für die Geschäftstätigkeit des Leasingnehmers ist ebenso irrelevant für die Beurteilung wie die Größe des Unternehmens, die Art der Geschäftstätigkeit sowie die vorliegenden Umstände des Einzelfalles. Ziel ist damit die Definition von Gegenständen, die gemeinhin als geringwertig angesehen werden, wie etwa Telefone, PCs, Tablets oder kleine Büromöbel. Dies scheint sinnvoll, um Ermessensausübungen des Bilanzierenden einzudämmen. Vorteil ist ebenso, dass der Inhalt eines Postens sich mit den inhaltlichen Erwartungen der Adressaten deckt. Hier bedarf es sicherlich einer gewissen Zeit, bis sich bei Bilanzierenden und Adressaten und auch für bestimmte Branchen konkrete Vorstellungen über den Begriff der geringwertigen Vermögenswerte herausbilden. Die steuerrechtliche Sichtweise kann dabei nur einen groben Anhaltspunkt bieten, da eine international einheitliche Sichtweise einer lokalen Ausgestaltung vorzuziehen ist. Vom IASB und in der Literatur werden 5.000 $ als Neuwertgrenze der Geringfügigkeit genannt.[16]

D. Abgrenzung von Leasingkomponenten

17.34 Leasingnehmer und -geber müssen Verträge in **einzelne Komponenten** aufteilen. Gewährt ein Leasingvertrag z.B. das Nutzungsrecht für fünf Omnibusse, einen Gabelstapler und einen Lkw sowie jeweils zu den einzelnen Geräten zugehörige Wartungsverträge durch den Leasinggeber, würde jedes Fahrzeug eine Leasingkomponente darstellen. Die einzelnen Wartungsverträge sind hingegen als separate Komponenten nicht als Leasing-Komponenten zu behandeln.[17] Eigenständige Leasingkomponenten sind somit jeweils einzeln zu betrachten und dabei von nicht-leasingrelevanten Sachverhalten zu trennen (IFRS 16.12). Letztere sind nach anderen einschlägigen Standards zu bilanzieren.

---

16 Vgl. z.B. *Bauer/Gallert*, WPg 2016, 324.
17 Ähnlich in IFRS 16.IE4.

Leasingkomponenten sind dadurch gekennzeichnet, dass sie einzeln oder in Kombination mit bereits beim Leasingnehmer verfügbaren Ressourcen einen Nutzwert generieren und keine Abhängigkeiten oder starken Verbindungen zu den übrigen Vertragskomponenten besteht (IFRS 16.B32). Notwendige Kosten im Zusammenhang mit dem Bestehen der Leasingvereinbarung, etwa Verwaltungskosten oder weiterberechnete Auslagen des Leasinggebers, sind nicht als getrennte Bestandteile zu bilanzieren (IFRS 16.B33). Ebenso können Vertragskomponenten vorliegen, die weder eine Leasing- noch eine Nicht-Leasingkomponente darstellen. Hierbei handelt es sich insbesondere um Komponenten, die den Leasingnehmer keine Güter oder Dienstleistungen übertragen. Beispiele hierfür sind etwa Kostenerstattungen wie nach dem tatsächlichen Verbrauch berechnete Nebenkosten einer Immobilie. Diese werden als variable Zahlungsverpflichtungsanteile nicht in die Betrachtung der Vertragspreise einbezogen. Wird dagegen eine fixe Abgeltungsrate für die Nebenkosten vereinbart, dann handelt es sich um eine Nicht-Leasingkomponente, die getrennt zu erfassen ist.[18]

Als *praktische Erleichterung* darf ein Leasingnehmer grundsätzlich auf die Aufteilung zwischen den einzelnen Leasing- und Nicht-Leasingkomponenten für bestimmte Vermögensgruppen verzichten, sofern keine Komponente als eingebettetes Derivat gem. IFRS 9.4.3.3 gilt (IFRS 16.15). Allerdings darf nicht auf die Aufteilung der einzelnen Leasingkomponenten verzichtet werden. Im Ergebnis werden somit die Zahlungen der Nicht-Leasingkomponenten auf die identifizierten Leasingkomponenten zugerechnet. Diese Erleichterung ist stets aus der Perspektive der Zielsetzung des IFRS-Abschlusses verwendet werden, was eine Beurteilung der Auswirkung der Nichttrennung auf die tatsachengemäße Abbildung der Vermögens-, Finanz und Ertragslage bedeutet. So wird vor dem Hintergrund der bilanzpolitischen Wirkung vorgeschlagen, statt der Nutzungsüberlassung z.B. eines Kraftwagens besser einen Vertrag mit einer Dienstleistung bzw. dem Ergebnis Mobilität abzuschließen. Damit erhält das Unternehmen keinen Zugriff auf ein identifiziertes Kraftfahrzeug, sondern auf einen oder mehrere regional ansässige Pools, die funktionsgleiche Wagen jederzeit vorhalten.[19] Damit wird aus einem bilanzwirksamen Leasingverhältnis eine lediglich im Aufwand zu erfassende Dienstleistungskomponente (sofern nicht die praktische Erleichterung i.V.m. einer echten Leasingkomponente genutzt wird).

17.35

Die *Bewertung* der identifizierten *Vertrags-/Nicht-Leasingkomponenten* erfolgt beim Leasinggeber nach den Vorschriften in IFRS 15.73–90 (siehe ausführlich Rz. 10.121 ff.). Beim Leasingnehmer wird das vertraglich vereinbarte Nutzungsentgelt anhand des Verhältnisses der *Einzelpreise* der einzelnen Leasingkomponenten verteilt. Die Einzelpreise sind unter Maximierung beobachtbarer Daten „so viele ... wie möglich") zu bewerten, sofern nicht Einzelpreise des Leasinggebers oder ähnlicher Anbieter verfügbar sind (IFRS 16.14). Die Transaktionskosten sind dabei grundsätzlich mit in die Verteilung einzubeziehen.

17.36

---

18 Vgl. *Lüdenbach/Hoffmann/Freiberg* in Haufe IFRS-Kommentar.[16] § 15a Rz. 89–125.
19 Vgl. *Beyhs/Labrenz*, IRZ 2016, 456.

17.37 Somit ist stets folgendes *Vorgehen für Leasingverträge* notwendig:

1. Identifikation aller Vertrags-/Leistungskomponenten.
2. Entscheidung die Erleichterungsregelung der Nichtaufteilung zu nutzen, falls keine Komponente ein eingebettetes Derivat ist.
3. Ermittlung der insgesamt geschuldeten Vergütung (Rz. 17.46).
4. Verteilung der Vergütung auf die Vertrags-/Leistungskomponenten.

E. Zusammenfassung von Verträgen

17.38 Für die Zusammenfassung von Verträgen kennen die Anwendungshinweise von IFRS 16 2 Varianten. Zum einen wird eine *Erleichterung* dahingehend geboten, *Portfolios ähnlich ausgestalteter Leasingverhältnisse* zu bilden, wenn nach vernünftigem Ermessen davon auszugehen ist, dass es keine wesentlichen Auswirkungen auf den Abschluss hat, ob IFRS 16 auf das Portfolio oder die einzelnen Leasingverhältnisse innerhalb dieses Portfolios angewendet wird. Bei der Bilanzierung eines Portfolios sind Schätzungen und Annahmen zugrunde zu legen, die die Größe und die Zusammensetzung des Portfolios widerspiegeln (IFRS 16.B1).

17.39 Zum anderen sind mehrere Verträge zusammenzufassen und *wie ein Dauerschuldverhältnis zu behandeln (Zusammenfassungszwang)*, wenn Anzeichen für einen Gesamtplan vorliegen. Damit soll die Möglichkeit der Umgehung der Leasingregelungen durch Aufteilung einer Leasingverpflichtung in mehrere Einzelverträge, die jeweils einzeln nicht zu einer Anwendung des IFRS 16 führt, ausgeschlossen werden. Konkret geht es um Verträge die gleichzeitig oder in geringem Zeitabstand mit ein und derselben Gegenpartei (oder dieser nahestehenden Unternehmen und Personen) geschlossen werden. Diese sind zusammenzufassen und als einen einzigen Vertrag zu bilanzieren, wenn mindestens eines der folgenden Kriterien erfüllt ist (IFRS 16.B2):

a) die Verträge werden als Paket mit einem einzigen wirtschaftlichen Zweck ausgehandelt, der ohne Bezugnahme auf die Gesamtheit der Verträge nicht verständlich ist;

b) die Höhe der im Rahmen eines Vertrags zu zahlenden Entgelts hängt vom Preis oder von der Erfüllung des anderen Vertrags ab; oder

c) die mit den Verträgen übertragenen Rechte auf Nutzung der zugrunde liegenden Vermögenswerte stellen nach IFRS 16.B32 eine einzige Leasingkomponente dar.

F. Grundsachverhalte für die Bilanzierung von Leasingverträgen

I. Laufzeit von Leasingverträgen

Für Leasingnehmer und -geber gilt ein einheitliches Muster zur Bestimmung der **Laufzeit**, wenngleich es auch durch unterschiedliche Einschätzungen der notwendigen Sachverhalte zu unterschiedlichen Ergebnissen auf beiden Seiten kommen kann. Die Laufzeit soll eine nach **wirtschaftlicher Betrachtungsweise** und unter Berücksichtigung aller relevanten Fakten und Umstände bestimmte, **wahrscheinliche Laufzeit** repräsentieren.

17.40

Die Laufzeit besteht gemäß IFRS 16.18 aus der **nicht kündbaren Grundlaufzeit**[20], zu der Zeiträume addiert werden, die durch die Ausübung einer Verlängerungsoption respektive Nicht-Ausübung einer Kündigungsoption entstehen. **Mietfreie Zeiten** sind zwingend in der Laufzeit zu berücksichtigen (IFRS 16.B36). Optionen sind zu berücksichtigen, sofern die Ausübung/Nicht-Ausübung vom Leasingnehmer vernünftigerweise sicher erwartet werden kann.[21] Bei der Beurteilung hinsichtlich der **Ausübungswahrscheinlichkeit** sind Vertragsbedingungen und -konditionen für den betreffenden Zeitraum mit (erwarteten!) Marktwerten zu vergleichen, die Vornahme und wirtschaftliche Bedeutung von Mietereinbauten zu beurteilen, Vertragsbeendigungskosten (Strafe, Suche, Umzug, Verlegung, Inbetriebnahme von Ersatz, Rückbau etc.) zu schätzen sowie die Relevanz des Objektes für den Geschäftsbetrieb des Leasingnehmers zu beurteilen (IFRS 16.B37). Es wird zudem die grundlegende Annahme postuliert, dass kürzere Laufzeiten die Ausübung von Verlängerungsoptionen respektive die Nicht-Ausübung von Beendigungsoptionen aufgrund der anfallenden Umstellungskosten sehr wahrscheinlich erscheinen lassen (IFRS 16.B39). Auch das **Verhalten des Leasingnehmers** in der Vergangenheit in Bezug auf die Länge der Nutzung für vergleichbare Vermögenswerte oder im Rahmen vergleichbarer Leasingverhältnisse muss, sofern wirtschaftlich sinnvoll, berücksichtigt werden (IFRS 16.B40).

17.41

Insgesamt muss die Verlängerung „**hinreichend wahrscheinlich**" sein, was in der Literatur mit mind. 75 % Eintrittswahrscheinlichkeit übersetzt wird.[22]

Eine **Neueinschätzung der Ausübungswahrscheinlichkeit** von Optionen durch den Leasingnehmer erfolgt beim Auftreten von markanten Ereignissen oder markanten Veränderungen der Umstände, sofern diese im Einflussbereich des Leasingnehmers liegen (IFRS 16.20). Hier kann es dazu kommen, dass Optionen nicht mehr oder erstmals in der Laufzeitschätzung berücksichtigt werden.

17.42

---

20 Der Vertrag muss beiderseitig durchsetzbar sein, d.h. nicht einseitig ohne Genehmigung der Gegenpartei beendet werden können (IFRS 16.B34).
21 Beurteilung anhand von Marktprognosen, Verlagerungskosten, Vertragsstrafen, Rückbaukosten, Nutzwert von Mietereinbauten, Bedeutung für Geschäftsbetrieb des Leasingnehmers, übliche Nutzungswerte vergleichbarer Vermögenswerte beim Leasingnehmer, Länge der unkündbaren Laufzeit u.a. (IFRS 16.B37-40).
22 Vgl. *Hoffmann/Lüdenbach/Freiberg* in Haufe IFRS-Kommentar[16], § 15a Rz. 84.

17.43 Für beide Seiten ist eine *Neueinschätzung der Laufzeit* vorzunehmen (IFRS 16.21), sofern der Leasingnehmer

1. eine Option ausübt, die nicht in der Laufzeit berücksichtigt wurde,
2. eine Option nicht ausübt, die in der Laufzeit berücksichtigt wurde,
3. aufgrund eines Ereignisses vertraglich zur Ausübung der Option verpflichtet ist, die nicht in der Laufzeit enthalten ist und
4. aufgrund eines Ereignisses vertraglich von der Ausübung der Option ausgeschlossen ist, die in der Laufzeit enthalten ist.

Beispiel (Fortsetzung von Rz. 17.22): Da *kein Kündigungsrecht* eingeräumt wurde, ist von einer festen Grundlaufzeit von fünf Jahren (bis zum 31.12.2024) auszugehen. Eine Verlängerung durch die KAPS AG ist für zwei Jahre möglich. Die wirtschaftlichen Erwägungen müssen die Vertragsumstände reflektieren. Als *wirtschaftlicher Anreiz* zur Verlängerung könnte gelten, dass die Leasingzahlungen für die optionalen Perioden auf konstantem Niveau verharren, obschon zuvor jährlich eine Steigerung vertraglich vereinbart war. Sofern die zuvor eingepreisten Preissteigerungen die erwartete Marktentwicklung korrekt abbilden, wären die konstanten Zahlungen als *wirtschaftlicher Anreiz* für die KAPS AG zu beurteilen. Zudem wäre unter der Annahme, dass die maximale Kapazität über die Laufzeit abgerufen wird bei 2.000 Betriebsstunden eine Wartung vorzunehmen, so dass zum Zeitpunkt der Optionsausübung noch ein „Stundenguthaben" bis zur nächsten Wartung i.H.v. 300 Betriebsstunden existieren würde. Zudem wären *Abbaukosten* der alten Fräsmaschine sowie *Aufbaukosten* für die Ersatzbeschaffung zu berücksichtigen. Als Indikator für die Höhe der Kosten kann der zeitnahe Wert für den Aufbau zum 31.12.2019 (1.000 €) inflationiert als Grundlage herangezogen werden. Da die alte Maschine abgebaut und die neue aufgebaut werden müssten, sei ein Betrag von 1.750 € für beide Dienstleitungen angenommen. Unter Berücksichtigung einer jährlichen Inflationserwartung von 1,8 % ergäbe sich ein Wert von ca. 1.900 €. Die *Restwertgarantie* der KAPS AG ist ebenfalls zu berücksichtigen. Für die feste Laufzeit bis zum 31.12.2024 ergibt sich eine Zahlung von 1 TEUR aus der Restwertgarantie. Wird die Verlängerungsoption gewählt, wird keine Zahlung aus der Restwertgarantie erwartet. Zudem kann die Maschine weitere zwei Jahre genutzt werden, so dass auch eine Zahlung von 1 TEUR oder höher wirtschaftlich sinnvoll wäre, wenn man sie auf die gesamte Laufzeit verteilt als zusätzliches Nutzungsentgelt betrachtet. Weitere Erwartungen, etwa hinsichtlich konkreter Alternativangebote mit geringeren Leasingzahlungen ab dem Verlängerungszeitraum sind durch die Faktenlage nicht ersichtlich, so dass insgesamt *eine Laufzeit von sieben Jahren* für das Leasingverhältnis angenommen wird.

II. Interner Zinssatz des Leasingverhältnisses

17.44 Der interne Zinssatz stellt eine zentrale Größe bei der Bewertung von Leasingverhältnissen durch Leasinggeber und -nehmer dar. Bei der Bewertung von Bilanzposten aus Leasingverhältnissen sind *Barwertberechnungen* notwendig, wobei die Höhe des Diskontierungszinses Auswirkungen auf den Wertansatz und damit bei der Folgebewertung auf die erfolgswirksam zu erfassenden Effekte hat. Der *interne Zins* des Leasingverhältnisses wird aus der Leasinggeberperspektive ermittelt als Zinssatz (z), der den Barwert aus den Leasingzahlungen (LZ_t) zzgl. ungarantierter Restwerte

(RW_{tmax}) der Summe aus dem beizulegenden Zeitwert des zugrunde liegenden Vermögenswertes (FV_0) zzgl. Initialkosten (IK_0) gleichen lässt (IFRS 16.A).

$$\sum_{t=1}^{t_{max}} \left(\frac{LZ_t}{(1+z)^t} \right) + \frac{RW_{t_{max}}}{(1+z)^{t_{max}}} = FV_0 + IK_0$$

Lässt sich dieser Zinssatz für den Leasingnehmer nicht verlässlich zu bestimmen, was regelmäßig der Fall sein dürfte, da es dem Leasingnehmer i.d.R. an Informationen über den Fair Value des Leasinggegenstands und des Restwerts fehlt, ist der **Grenzfremdkapitalzinssatz** des Leasingnehmers heranzuziehen (IFRS 16.26). Dies ist der Zinssatz, den ein Leasingnehmer zahlen müsste, wenn er für eine vergleichbare Laufzeit mit vergleichbarer Sicherheit die Mittel aufnehmen würde, die er in einem vergleichbaren wirtschaftlichen Umfeld für einen Vermögenswert mit einem dem Nutzungsrecht vergleichbaren Wert benötigen würde.

17.45

In der Praxis wird daher der Grenzfremdkapitalzinssatz ganz überwiegend Anwendung finden, da die Bekanntgabe des internen Zinssatzes des Leasingverhältnisses an den Leasingnehmer den Leasinggeber unter Umständen in Rechtfertigungs- oder Preisdruck versetzt, da er indirekt seine Kalkulation offenlegt. Dem Leasingnehmer sind i.d.R. nicht alle Informationen bekannt, insbesondere im Hinblick auf die Schätzung eines ungarantierten Restwertes als Rechnungsbestandteil für die Bestimmung des internen Zinses ist eine verlässliche Schätzung kaum möglich.

III. Leasingzahlungen

Folgende Bestandteile sind in den **Leasingzahlungen** zu berücksichtigen (IFRS 16.27):

17.46

– Fixe Zahlungen (inkl. quasi-fixe Zahlungen) abzgl. Anreizzahlungen an Leasingnehmer,

– Zahlungen, die an beobachtbare Index- oder Zinsentwicklungen gekoppelt sind (etwa Konsumentenpreisindex, LIBOR etc.),

– Leasingnehmer: erwartete Zahlungsausgänge aus Restwertgarantien,

– Leasinggeber: erwartete Zahlungseingänge aus Restwertgarantien (durch Leasingnehmer oder Dritte, sofern solvent),

– Ausübungspreis Kaufoption (Leasingnehmer), sofern Ausübung hinreichend sicher, sowie

– Strafzahlungen aus Beendigungsoptionen (Leasingnehmer), sofern Ausübung hinreichend sicher.

Bei den **variablen Zahlungen** wird unterschieden. Index- oder kursgebundene Zahlungen (z.B. an die Preissteigerung gekoppelte Mieten) sind einzubeziehen, allerdings zunächst nur mit dem aktuellen Stand des Referenzwerts. Erwartungswerte für zukünftige Änderungen des Referenzwerts sind bei Erstansatz nicht zu berücksichtigen, sondern erst im Rahmen der Folgebewertung. Dagegen sind variable Zahlungen, die nicht von einem Index oder Kurs abhängen, solange nicht einzubeziehen, wie sie nicht als quasi-fix gelten. Zahlungen sind *quasi-fix*, wenn sie zwar formell als variabel deklariert werden, tatsächlich aber nach wirtschaftlicher Betrachtung unvermeidbar anfallen werden. Dies ist etwa der Fall, wenn die Variabilität an Bedingungen geknüpft ist, die mit hoher Sicherheit eintreten werden. Existieren verschiedene realistische Szenarien für variable Zahlungsreihen, ist das Szenario mit dem niedrigsten Barwert zu wählen (IFRS 16.B42). An den Umsatz der jeweiligen Periode anknüpfende variable Bestandteile werden somit nicht bei der Erstbewertung einbezogen sondern immer erst dann, wenn sie anfallen. Damit erfolgt die Abbildung von Leasingverträgen mit fixen Leasingzahlungen deutlich anders (nämlich mit höheren Werten) als solche mit variablen Bestandteilen.[23] Der Abschluss von Leasingverträgen mit hohen variablen Bestandteilen wäre demnach eine **sachverhaltsgestaltende bilanzpolitische Maßnahme** um einen möglichst geringen Verbindlichkeiten- und Bilanzsummenausweis und damit eine scheinbar höhere Eigenkapitalquote zu erhalten. „Werden ausschließlich variable Leasingzahlungen vereinbart (z.B. nutzungs- oder umsatzabhängige Leasingraten ohne Vereinbarung von Mindestbeträgen) sind somit auch de lege ferenda Off-Balance-Gestaltungen möglich. Vor diesem Hintergrund sind marktseitige Änderungen etablierter Vertragsgepflogenheiten von Leasingverträgen vor allem mit Blick auf variable Leasingzahlungen zu erwarten."[24]

Insgesamt müssen auch die Leasingraten „*hinreichend wahrscheinlich*" anfallen, was in der Literatur mit mind. 75 % Eintrittswahrscheinlichkeit übersetzt wird.[25] Vor dem Hintergrund der wenig konkreten Vorgaben für die Beurteilung und Gewichtung der Faktoren zur Bestimmung der Leasingzahlungen (z.B. Bepreisung von Optionen, Strafzahlungen bei Kündigungen, Restwertgarantien usw.) bestehen zwangsläufig nicht unerhebliche Ermessensspielräume.[26]

IV. Besonderheiten beim Immobilienleasing

17.47 Die Bilanzierung von *Immobilienleasing* unterliegt seit 2010 den allgemeinen Regeln, d.h. es sind alle Zurechnungskriterien lt. Abb. 1 (Rz. 17.3) zu würdigen, und zwar aufgrund der Komponentenbetrachtung grundsätzlich getrennt für Grund und Boden und Gebäude (IFRS 16.12, Rz. 17.34).

Wenn ein Leasingverhältnis sowohl Grund und Boden als auch Gebäude umfasst, kann eine Aufteilung nur dann entfallen, wenn eine Komponente unwesentlich ist. Dabei sind neben der Betrachtung der relativen *fair values* auch die Auswirkungen der bilanziellen Abbildung zu berücksichtigen. Lediglich für Leasinggeber gelten noch die Spezialvorschriften aus IAS 17 zum Immobilienleasing fort – für Leasingnehmer ergeben sich keine Unterschiede zur allgemeinen Leasingerfassung als Nutzungsrecht.

---

23 Vgl. *Bauer/Gallert*, WPg 2016, 323.
24 Vgl. *Eckl* et al., DB 2016, 723.
25 Vgl. *Hoffmann/Lüdenbach/Freiberg* in Haufe IFRS-Kommentar[16], § 15a Rz. 84.
26 Vgl. *Eckl* et al., DB 2016, 672.

Auch für **Mieteinbauten** gibt es im IFRS 16 keine expliziten Regelungen. Aus IFRS 16.IE5, Beispiel 13 kann allerdings geschlossen werden, dass für (Kosten-)Erstattungen im Kontext von Mieteinbauten, die der Leasinggeber gewährt, nicht als Anreizzahlung bei der Bewertung des Leasingvertrags berücksichtigt sondern nach anderen Vorgaben zu behandeln hat. Ebenso werden auch die Kosten von Mieteinbauten, die nicht erstattet werden, nicht in den Leasingverträgen berücksichtigt.[27] Diese werden, wenn sie nicht Erhaltungsaufwand darstellen (dann Sofortaufwand), als eigenständiger Vermögenswert aktiviert und maximal über die erwartet Laufzeit des Leasingvertrags abgeschrieben. Zu trennen von Mieteinbauten sind Scheinbestandteile, die vergleichsweise einfach wieder entfernt werden können, und Betriebsvorrichtungen, die eigene Vermögenswerte darstellen und nur indirekt mit dem Leasingverhältnis verknüpft sind, wie etwa Rolltreppen. Diese werden ebenfalls gesondert erfasst und abgeschrieben.[28]

17.48

Für geleaste **Investment Properties** gelten die Regelungen nach den Grundsätzen des IFRS 16 im Ergebnis auch. Es gibt allerdings die Besonderheit, dass bei der Bewertung gemäß des Wahlrechts in IAS 40.30 das Nutzrecht auch mit dem beizulegenden Zeitwert bewertet werden darf (IFRS 16.34). Zudem gibt es Modifikationen bei den Angabepflichten.

17.49

V. Untermietverhältnisse

Wird ein Leasinggegenstand vom Leasingnehmer mittels eines neuen Leasingvertrages an einen anderen Leasingnehmer weitergegeben, liegt ein *Sublease* (**Untervermietung**) vor. Je nach Ausgestaltung kann auch eine 1:1-Weitergabe vorliegen. Für die Abbildung sind Untermietverhältnisse ebenso zu behandeln, als ob der Leasingnehmer den Vermögenswert selber nutzt. Die Weitervermietung ist somit nur eine weitere Möglichkeit der Nutzenziehung. Als Besonderheit darf bei Untermietverhältnissen die *Erleichterung für geringwertige Gegenstand* nicht in Anspruch genommen werden (IFRS 16.B7).

17.50

VI. Leasingobjektgesellschaften (IFRS 10)

In der Praxis wurden häufig Leasingobjektgesellschaften gegründet, die speziell auf die Bedürfnisse des Konzerns zugeschnitten und sonst nicht am Markt tätig sind, um bilanzpolitische Ziele wie eine geringere Bilanzsumme oder einen geringeren Schuldenausweis zu erreichen. Dies gelingt in einem Konzernabschluss jedoch nur, wenn eine *Konsolidierung dieser Objektgesellschaften vermieden* werden kann. Diese Prüfung hat somit grundsätzlich vorgelagert vor der Würdigung der allgemeinen Zurechnungskriterien für Leasing i.S.v. IFRS 16 zu erfolgen.

17.51

---

27 Vgl. *Hoffmann/Lüdenbach/Freiberg* in Haufe IFRS-Kommentar[16], § 15a Rz. 151.
28 Vgl. *Federmann/Müller*, Bilanzierung nach Handelsrecht, Steuerrecht und IFRS[13], 335.

17.52 Die Konsolidierungspflicht für diese Zweckgesellschaften ergibt sich aus IFRS 10 (Rz. 31.20 ff.). Danach ist die Leasingobjektgesellschaft zu konsolidieren, wenn ein Konzern die Mehrheit der *Residual- oder eigentümertypischen Chancen und Risiken* (= Einsatz von Lenkungsmacht zur Erzielung variabler Rückflüsse) aus der Geschäftstätigkeit und ihrer Vermögenswerte trägt.

G. Bilanzierung von Leasingverhältnissen beim Leasingnehmer

I. Erstansatz

17.53 Zu Beginn der Laufzeit des Leasingvertrages erfasst der Leasingnehmer (LN) eine Leasingverbindlichkeit sowie ein Nutzungsrecht (IFRS 16.22). Die **Leasingverbindlichkeit** wird zum **Barwert der Leasingzahlungen** bewertet. Ausgangspunkt für die Wertermittlung beider Posten ist die Leasingverbindlichkeit. Diese wird mit dem Barwert der ausstehenden **Leasingzahlungen** (Rz. 17.46) bewertet. Als **Diskontierungszins** (Rz. 17.44) ist bevorzugt der interne Zins des Leasingverhältnisses zu nutzen. Ist dieser nicht verlässlich schätzbar, ist der Grenzfremdkapitalzinssatz des Leasingnehmers genutzt werden (IFRS 16.26).

17.54 Der Zugangswert der Verbindlichkeit stellt den Ausgangswert für das zu aktivierende Nutzungsrecht dar. Der *Wertansatz des Nutzungsrechts* ist zusätzlich um folgende Sachverhalte zu korrigieren (IFRS 16.23 ff.):

    Wertansatz der Leasingverbindlichkeit
+ geleistete Zahlungen vor Laufzeitbeginn
- erhaltene Anreizzahlungen
+ Initialkosten
+ vertraglich vereinbarte Rückbau- und Rekultivierungsverpflichtungen, sofern diese nicht über die Nutzung des Vermögenswertes in die Herstellungskosten von Vorräten eingehen
= Wertansatz des Nutzungsrechts

17.55 Als *Initialkosten* werden alle direkt zurechenbaren Kosten für die Erlangung des Leasingvertrags definiert, die nicht aufgetreten wären, wenn der Vertrag nicht abgeschlossen worden wäre (IFRS 16.A). Diese Definition sah auch schon der zweite Entwurf zu IFRS 16 vor. Hier wurden die Initialkosten mit Kosten für Maklergebühren, Rechtsberatung, Bonitätsprüfung, Abfindungs- oder Abstandszahlungen an Vormieter etc. konkretisiert. Keine Initialkosten stellen Kosten der allgemeinen Verwaltung, für Probeläufe oder Vertrieb dar.[29] Im Ergebnis handelt es sich somit um an Anschaffungsnebenkosten angelehnte Beträge.

17.56 *Rückbau- und Rekultivierungsverpflichtungen* werden grundsätzlich getrennt von der Leasingverbindlichkeit wie in IAS 16.16(c) behandelt (Rz. 14.47 ff.). Demnach

---

29 ED/2013/6.B10 f.

ist das Nutzungsrecht um derartige Verpflichtungen zu erhöhen und auf der Passivseite eine sonstige Verpflichtung aufzunehmen.

Beispiel (Fortsetzung von Rz. 17.23): Es entstehen *Initialkosten* (Aufstellung der Maschine) i.H.v. 1 TEUR. Rückbauverpflichtungen bestehen nicht. Die Höhe der Leasingzahlungen wird hier vor allem durch die Laufzeitannahme bestimmt. Die Leasingverbindlichkeit ist mit dem *Barwert der Leasingzahlungen* anzusetzen. Dazu wird die in Tab. 1 gegebene Zahlungsreihe mit dem Zins von 4,5 % (interner Zinssatz des Leasingverhältnisses) diskontiert:

Periode	Zahlung	Abzinsungsfaktor	Barwert in 2019
2019			Σ = -209.187
2020	-15.000	$1/(1,045^1)$	-14.354
2021	-35.000	$1/(1,045^2)$	-32.051
2022	-37.000	$1/(1,045^3)$	-32.423
2023	-40.000	$1/(1,045^4)$	-33.542
2024	-42.000	$1/(1,045^5)$	-33.703
2025	*-42.000*	$1/(1,045^6)$	*-32.252*
2026	*-42.000*	$1/(1,045^7)$	*-30.863*

Der *Barwert der Leasingzahlungen* zum Zeitpunkt des Vertragsbeginns beträgt 209.187 €. Mit diesem Wert ist eine Leasingverbindlichkeit zu passivieren. Für den Ansatz des Nutzungsrechts ist eine Erhöhung um die Initialkosten für den Aufbau und den Anschluss der Maschine (1 TEUR) vorzunehmen. Das Nutzungsrecht ist mit einem Wert von 210.187 zu aktivieren. Die Posten werden mit folgendem Buchungssatz eingebucht:

Nutzungsrecht an Fräsmaschine 210.087 an	Leasingverbindlichkeit	209.187
	Verbindlichkeiten aus LuL (Aufbau)	1.000

II. Folgebewertung

1. Leasingverbindlichkeit

Die Leasingverbindlichkeit wird unter Anwendung der *Effektivzinsmethode* folgebewertet (IFRS 16.36 ff.). Somit werden die laufenden Zahlungen in einen Tilgungs- und einen Zinsanteil aufgespalten, wobei ein **konstanter Zinssatz** auf die jeweilige Höhe der Leasingverbindlichkeit über die gesamte Laufzeit erreicht wird. Dies führt zu einer über die Laufzeit fallenden Aufwandsverrechnung, da die zu verzinsende Verbindlichkeit immer geringer wird. Die Verbindlichkeit wird um Tilgungsanteile vermindert und durch die Aufzinsung erhöht. 17.57

Weitere *Anpassungen der Verbindlichkeit* werden notwendig, wenn sich Änderungen für die Schätzung der Leasingzahlungen (auch indirekt über Veränderung der Laufzeit) ergeben, die in die Bewertung der Verbindlichkeit eingehen (Rz. 17.64). 17.58

2. Nutzungsrecht

17.59 Das Nutzungsrecht wird i.d.R. entsprechend dem **Anschaffungskostenmodell** folgebewertet, so dass (planmäßige) Abschreibungen (IAS 16) und Wertminderungen (IAS 36) zu berücksichtigen sind. Die Ermittlung der **Nutzungsdauer** für die Bemessung der Abschreibungen wird durch den besonderen Status als Leasingverhältnis beeinflusst. Die wirtschaftliche Nutzungsdauer ist heranzuziehen, wenn ein Eigentumsübergang zum Laufzeitende fest vereinbart ist oder das Ausüben einer Kaufoption sicher erscheint. Ansonsten ist der kürzere Zeitraum aus wirtschaftlicher Nutzungsdauer und Leasinglaufzeit zu nutzen (IFRS 16.33). Der **Wertminderungstest** macht eine Analyse u.U. auch mit der Zurechnung der Nutzungsrechte auf die einschlägigen zahlungsmittelgenerierenden Einheiten i.S.v. IAS 36 notwendig, die zu einer beschleunigten Aufwandserfassung führen können.[30]

17.60 Eine Ausnahme gilt für Nutzungsrechte über **Investment Properties**, wenn sie gemäß des Wahlrechts in IAS 40.30 mit dem beizulegenden Zeitwert bewertet werden (IFRS 16.34) (Rz. 18.50). Außerdem existiert ein Wahlrecht zur Anwendung der **Neubewertungsmethode** nach IAS 16 (Rz. 14.70) für Nutzungsrechte, wenn das Wahlrecht auch für im Eigentum des Unternehmens befindliche Vermögenswerte Anwendung findet (IFRS 16.35). Diese Option darf auf der Basis von Vermögenswertklassen genutzt werden.

Beispiel (Fortsetzung von Rz. 17.23): Bei der Folgebewertung wird die jeweilige Leasingzahlung der Periode *in einen Zins- und einen Tilgungsanteil aufgeteilt.* Dabei ist der Kalkulationszinssatz von 4,5 % auf den jeweiligen Buchwert der Leasingverbindlichkeit anzuwenden. Es ist eine gegenläufige Bewegung zwischen Zins und Tilgung zu beobachten. Der Zinsaufwand fällt kontinuierlich, während der Teilungsanteil stetig steigt. Die Leasingverbindlichkeit wird über die Laufzeit des Leasingvertrages bis zum 31.12.2026 vollständig getilgt.

Im Jahr 2020 ist beispielsweise folgende Buchung im Rahmen der **Folgebewertung** notwendig:

Verbindlichkeit (Tilgung)	9.413	an Bank	15.000
Zinsaufwand	5.587		

Das **Nutzungsrecht** wird über die Laufzeit von sieben Jahren mit Jahresraten von 30.027 € vollständig linear abgeschrieben. Die jährliche Verbuchung gehorcht folgender Systematik:

Abschreibungen	30.027	an Nutzungsrecht Fräsmaschine	30.027

3. Ausweis

17.61 Nutzungsrechte sind entweder direkt in der **Bilanz** als Positionen auszuweisen oder aber im Anhang aufzugliedern. Dann werden sie zunächst unter dem Bilanzposten ausgewiesen, dem der geleaste Vermögenswert zugeordnet werden würde, wenn er im Eigentum des Unternehmens stünde. Eine **Aufgliederung der Nutzungsrechte** erfolgt dann im Anhang, wobei für einzelne Nutzungsrechte anzugeben ist, in welche Bilanzpositionen sie eingehen. Nutzungsrechte an **Investment Properties** sind abweichend davon stets unter den Investment Properties in der Bilanz auszuweisen.

---

30 Vgl. *Eckl et al.* DB 2016, 725.

Leasingverbindlichkeiten werden in Analogie zu allgemeinen Nutzungsrechten behandelt (IFRS 16.47).

Abschreibungen auf Nutzungsrechte sind – mangels weiterer Vorgaben – unter den Abschreibungen (GKV) bzw. unter den entsprechenden Kostenblöcken (UKV) zu erfassen. Aufwendungen aus der Aufzinsung der Leasingverbindlichkeit sind den **Finanzierungsaufwendungen** zuzuordnen (IFRS 16.48 f.), die ausweislich von IAS 1.82(b) in der GuV separat darzustellen sind.

17.62

In der **Kapitalflussrechnung** werden Zahlungen aus der Tilgung der Verbindlichkeit im Bereich Finanzierung ausgewiesen, der Zinsanteil an den Leasingzahlungen ist entsprechend des Wahlrechts in IAS 7.31 in einem beliebigen der drei Bereiche als gezahlte Zinsen auszuweisen. Übrige Leasingzahlungen für kurzfristige Verträge oder geringwertige Nutzungsrechte sowie Leasingzahlungen, die nicht in der Leasingverbindlichkeit eingerechnet wurden, werden im operativen Cash Flow erfasst (IFRS 16.50).

17.63

Beispiel (Fortsetzung von Rz. 17.23): Das im durchgängigen Beispiel dargestellte Leasingverhältnis wird wie folgt in der Bilanz, Kapitalflussrechnung und GuV dargestellt:

(in EUR)	2019	2020	2021	2022	2023	2024	2025	2026
	Ansatz	Folgebewertung						
Bilanz								
Nutzungsrecht Fräsmaschine	210.187	180.160	150.134	120.107	90.080	60.053	30.027	0
Abschreibung		*30.027*	*30.027*	*30.027*	*30.027*	*30.027*	*30.027*	*30.027*
Leasingverbindlichkeit	209.187	203.600	177.762	148.762	115.456	78.652	40.191	0
Tilgung		*5.587*	*25.838*	*29.001*	*33.306*	*36.804*	*38.461*	*40.191*
Kapitalflussrechnung								
Leasingzahlungen (tatsächlich)		-15.000	-35.000	-37.000	-40.000	-42.000	-42.000	-42.000
davon Tilgung in Cash Flow Finanzierung		*-5.587*	*-25.838*	*-29.001*	*-33.306*	*-36.804*	*-38.461*	*-40.191*
davon Zinszahlung in Cash Flow aus Finanzierung, Investition oder operativem Geschäft		*-9.413*	*-9.162*	*-7.999*	*-6.694*	*-5.196*	*-3.539*	*-1.809*
GuV								
Leasingaufwand (Gesamt)		39.440	39.189	38.026	36.721	35.222	33.566	31.835
davon Abschreibungen Nutzungsrecht		*30.027*	*30.027*	*30.027*	*30.027*	*30.027*	*30.027*	*30.027*
davon Zinsaufwand Leasingverbindlichkeit (Finanzergeb.)		*9.413*	*9.162*	*7.999*	*6.694*	*5.196*	*3.539*	*1.809*

Es ist zu erkennen, dass der **gesamte Leasingaufwand sich über die Zeit kontinuierlich verringert**. Die Abschreibungen sind – bei linearer Abschreibung – konstant, während der Zinsaufwand stetig sinkt. Die beiden Effekte werden allerdings in unterschiedlichen Ergebnisschichten ausgewiesen, so dass das **operative Ergebnis** hier über die Laufzeit kontinuierlich in gleicher Höhe mit den Abschreibungen belastet wird, während das **Finanzergebnis** anfangs stärker belastet wird als zum Laufzeitende. In der Gesamtschau wird hier allerdings eine zielführende Abbildung erreicht, die der Abbildung eines fremdfinanzierten Kaufes stark ähnelt. In der **Kapitalflussrechnung** kommt es aufgrund des Ausweiswahlrechts für gezahlte Zinsen bedauerlicherweise zu Verzerrungen in der Darstellung im Vergleich zwischen verschiedenen Unternehmen. Der **Verzerrungseffekt** ist zu Laufzeitbeginn am höchsten, da die (rechnerischen) Zinszahlungen dann am höchsten sind.

4. Anpassungen

17.64 Am Stichtag sind im Rahmen der Folgebewertungen **notwendige Anpassungen** von Nutzungsrecht und Verbindlichkeit zu prüfen. Das IASB unterteilt dabei zunächst in 2 Ursachen von Anpassungsnotwendigkeiten. Einerseits werden Anpassungen notwendig, die aus der Neubeurteilung der getroffenen Annahmen ohne eine Änderung des Vertrages resultieren (IFRS 16.39–43). Andererseits kann es auch zu Änderungen des Vertrages kommen (IFRS 16.44–46). Bei Anpassungen ohne Vertragsänderungen ergibt sich folgende weitere Unterteilung:

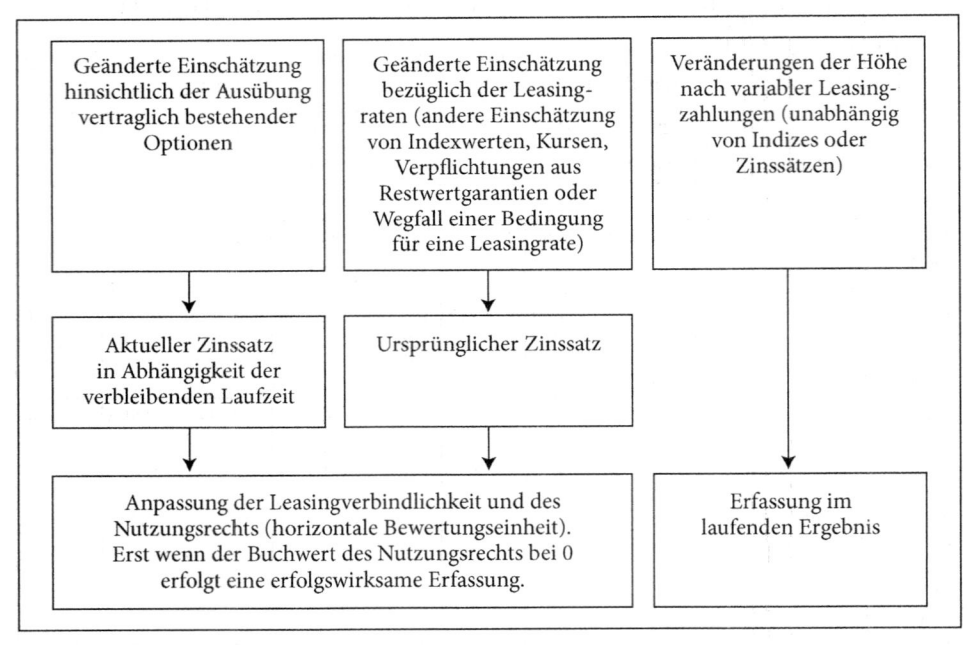

Geänderte Einschätzung hinsichtlich der Ausübung vertraglich bestehender Optionen	Geänderte Einschätzung bezüglich der Leasingraten (andere Einschätzung von Indexwerten, Kursen, Verpflichtungen aus Restwertgarantien oder Wegfall einer Bedingung für eine Leasingrate)	Veränderungen der Höhe nach variabler Leasingzahlungen (unabhängig von Indizes oder Zinssätzen)
Aktueller Zinssatz in Abhängigkeit der verbleibenden Laufzeit	Ursprünglicher Zinssatz	
Anpassung der Leasingverbindlichkeit und des Nutzungsrechts (horizontale Bewertungseinheit). Erst wenn der Buchwert des Nutzungsrechts bei 0 erfolgt eine erfolgswirksame Erfassung.		Erfassung im laufenden Ergebnis

Abb. 17.2: Anlässe für die Neubewertung und Konsequenzen bei unverändert bestehenden Verträgen[31]

Die **variablen Leasingzahlungen** bleiben weiter für die Abbildung von Verbindlichkeit und Nutzungsrecht außer Betracht, da diese sofort im laufenden Ergebnis zu erfassen sind. Bei den übrigen **Anpassungen von Zahlungserwartungen** kommt es zu einer Veränderung im Wert der Verbindlichkeit. Zusätzlich ist der anzuwendende Diskontierungszins (bezogen auf die Restlaufzeit) anzupassen, wenn die Veränderung auf einer Veränderung der Laufzeit oder der Beurteilung der Ausübungswahrscheinlichkeit einer Kaufoption basiert (IFRS 16.40 f.). Für die veränderte Erwartung

---

31 In Anlehnung an *Lüdenbach/Hoffmann/Freiberg* in Haufe-IFRS-Kommentar[16], § 15a Rz. 165.

bezüglich der Ausübung einer Verlängerungs- oder Beendigungsoption wird in IFRS 16.40(b) allerdings ein auslösendes Ereignis vorausgesetzt. Der ursprünglich angewendete Zins ist dagegen beizubehalten, wenn Restwertannahmen oder erwartete Zahlungen, die auf einer Zins- oder Indexentwicklung basieren, sich ändern (IFRS 16.42 f.).

Der Anpassungsbetrag der Leasingverbindlichkeit wird gegen das **Nutzungsrecht** gebucht („horizontale Bewertungseinheit").[32] Damit erfolgt grundsätzlich eine erfolgswirksame Berücksichtigung der Anpassung erst in den Folgejahren durch verringerte/erhöhte Abschreibungen auf den Nutzungswert. Bei hohen Verminderungen, die nicht mehr durch den Buchwert des Nutzungsrechts gedeckt werden (Buchwert des Nutzungsrechts ist Null) erfolgt allerdings eine erfolgswirksame Erfassung in der GuV bereits zum Zeitpunkt der Änderung (IFRS 16.39).

Darüber hinaus kann die Neubewertung im Falle von **Vertragsanpassungen** notwendig werden, wobei auch hier das IASB weiter unterscheidet:

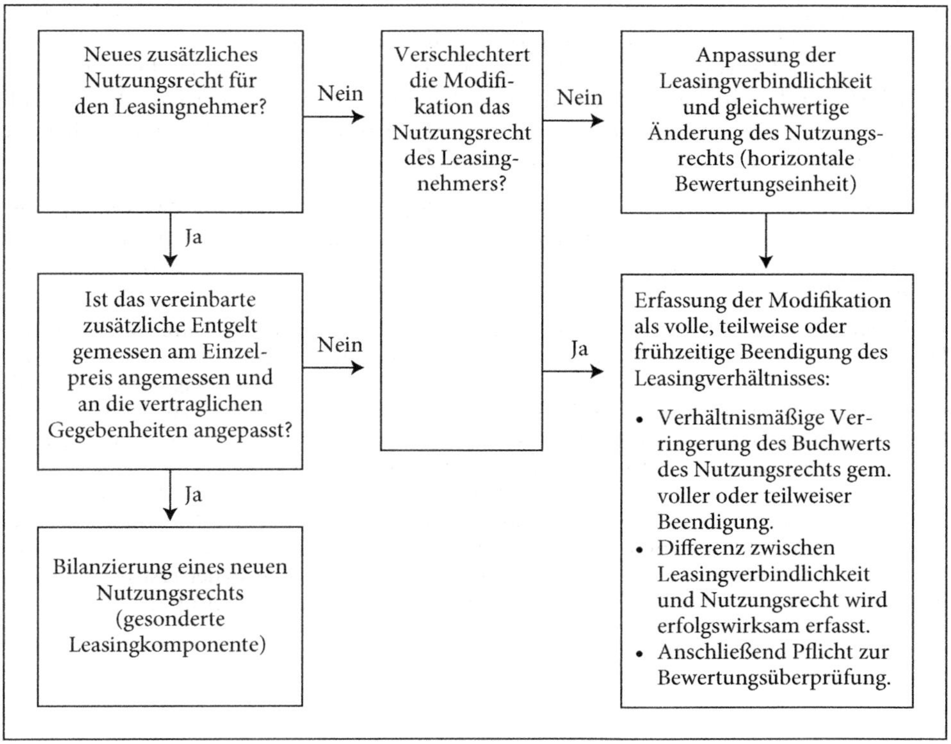

Abb. 17.3: Anlässe für die Neubewertung und Konsequenzen bei Vertragsmodifikationen[33]

---

32 Vgl. *Lüdenbach/Hoffmann/Freiberg* in Haufe IFRS-Kommentar[16], § 15a Rz. 167.
33 In Anlehnung an *Lüdenbach/Hoffmann/Freiberg* in Haufe-IFRS-Kommentar[16], § 15a Rz. 180.

Anpassungsnotwendigkeiten liegen vor, wenn die Vertragsbedingungen dahingehend geändert werden, dass sich der Umfang der Leasingvereinbarung oder das Entgelt verändert (IFRS 16.A). Hier kommt es darauf an, ob die Änderung ein neues Leasingverhältnis begründet oder ein bestehendes verändert. Wird der Umfang des Leasingverhältnisses durch das Hinzufügen mindestens eines weiteren Nutzungsrechts an einem Vermögenswert erhöht und steigt das Entgelt angemessen in Relation zur Erweiterung des Umfanges, dann ist die Vertragserweiterung als ein *neues Leasingverhältnis* separat zu bilanzieren (IFRS 16.44). Anderenfalls ist die bestehende Verbindlichkeit unter Berücksichtigung des Entgeltes, der Laufzeit und eines angepassten Zinssatzes für die Restlaufzeit neu zu bewerten (IFRS 16.45).

17.66 Stellt die Vertragsmodifikation keine Verschlechterung des Nutzungsrechts aus Sicht des Leasingnehmers dar, wird der Anpassungsbetrag der Leasingverbindlichkeit gegen das *Nutzungsrecht* gebucht („horizontale Bewertungseinheit").[34] Bei Verminderungen werden die Beträge, die nicht mehr durch den Buchwert des Nutzungsrechts gedeckt werden (Buchwert des Nutzungsrechts ist Null) erfolgswirksam in der GuV erfasst (IFRS 16.46). Ist dagegen von einer Verschlechterung des Nutzungsrechts auszugehen, so ist der Buchwert des Nutzungsrechts verhältnismäßig zu verringern gem. der vollen oder teilweisen Beendigung der Nutzung. Die Differenz zwischen der Leasingverbindlichkeit und dem Nutzungsrecht wird in diesem Fall dann direkt erfolgswirksam erfasst. Daran anschließend ist noch die üblich jährliche Bewertungsüberprüfung nach IAS 36 vorzunehmen (Rz. 17.59).

Beispiel (Fortsetzung von Rz. 17.23): Ende des Jahres 2023 bekommt die KAPS AG ein Angebot für eine deutlich leistungsfähigere Fräsmaschine. Daher soll die Verlängerungsoption für die Jahre 2025 und 2026 nun doch nicht mehr gezogen werden. Es wird weiter mit einer Differenzzahlung am 31.12.2024 von 1.000 € gerechnet.

Im Ergebnis kommt es zu einer Neueinschätzung der Ausübungswahrscheinlichkeit der Verlängerungsoption, die über die neu zu bewertende Leasingverbindlichkeit zu erfassen ist. Zum 31.12.2023 steht nur noch eine Zahlung von 43.000 € für die Nutzung der Fräsmaschine und die Wertentschädigung an. Diese ist mit dem aktuellen Zinssatz abzuzinsen, wobei hier von einem Grenzfremdkapitalzinssatz für diese Restlaufzeit von 4,5 % ausgegangen wird. Somit hat die Verbindlichkeit einen Wert von nur noch 41.148 € und die bestehende Verbindlichkeit (115.456 €, s. Rz. 17.63) ist um 74.308 € zu vermindern. Diese Verminderung ist im Rahmen der horizontalen Bewertungseinheit auch bei dem Nutzungsrecht vorzunehmen, so dass dieses von bislang 90.080 € (s. Rz. 17.63) auf nur noch 15.772 € vermindert wird. Eine erfolgswirksame Erfassung dieser Änderung erfolgt daher erst im Folgejahr durch die verringerte Abschreibung, wie die folgende Darstellung nach Änderung zeigt:

---

[34] Vgl. zu Anwendungsbeispielen etwa *Kirsch* IRZ 2016, 321 ff.

(in EUR)	2019 Ansatz	2020	2021	2022	2023	2024
		\multicolumn{5}{c}{Folgebewertung}					
Bilanz						
Nutzungsrecht Fräsmaschine	210.187	180.160	150.134	120.107	15.772	0
Abschreibung		30.027	30.027	30.027	-30.027	-15.772
Leasingverbindlichkeit	209.187	203.600	177.762	148.762	41.148	0
Tilgung		5.587	25.838	29.001	33.306	41.148
Kapitalflussrechnung						
Leasingzahlungen (tatsächlich)		-15.000	-35.000	-37.000	-40.000	-43.000
davon Tilgung in Cash Flow Finanzierung		-5.587	-25.838	-29.001	-33.306	-41.148
davon Zinszahlung in Cash Flow aus Finanzierung, Investition oder operativem Geschäft		-9.413	-9.162	-7.999	-6.694	-1.852
GuV						
Leasingaufwand (Gesamt)		39.440	39.189	38.026	36.721	17.624
davon Abschreibungen Nutzungsrecht		30.027	30.027	30.027	30.027	15.772
davon Zinsaufwand Leasingverbindlichkeit (Finanzergeb.)		9.413	9.162	7.999	6.694	1.852

III. Sale and lease back

Die Bilanzierungsfolgen aus *Sale-and-Lease-Back*-Transaktionen unterscheiden sich in Abhängigkeit davon, ob ein Verkauf vorliegt oder nicht. Zur Beurteilung ist mit Hilfe der Kriterien aus IFRS 15 zu prüfen, ob die Erfüllung einer Leistungsverpflichtung vorliegt (Rz. 10.62).

17.67

1. Verkaufsfall

Liegt ein Verkauf vor, bilanziert der kaufende Leasinggeber den **Kauf des Leasingobjektes** nach den einschlägigen Standards (etwa Zugangsbewertung IAS 16) und das Leasingverhältnis entsprechend nach den normalen Regeln in IFRS 16. Der **Leasingnehmer** bucht das verkaufte Leasingobjekt aus und setzt stattdessen ein Nutzungsrecht an. Der Wert ergibt sich aus dem Anteil des erhaltenen Nutzungsrechts an dem ursprünglichen Buchwert des ausgebuchten Leasingobjektes. Ein Verkaufsgewinn oder -verlust darf nur in Höhe des Betrages vereinnahmt werden, der sich auf die an den Leasinggeber transferierten Rechte bezieht (IFRS 16.100).

17.68

17.69 Sollte der Verkaufspreis nicht dem beizulegenden Zeitwert des Leasingobjektes entsprechen oder die nachfolgenden Leasingzahlungen **keine marktgerechten Konditionen** aufweisen, sind Korrekturen vorzunehmen. Sind die Konditionen unter dem Marktniveau angesiedelt, ist die Differenz als vorausgezahlte Leasingzahlung zu behandeln, liegen sie über dem Marktniveau, ist die Differenz als Darlehen des Leasinggebers zu bilanzieren. Die Beurteilung, ob Konditionen marktgerecht sind, ist anhand eines der beiden **Kriterien** durchzuführen, je nachdem, welches Ergebnis leichter zu ermitteln ist (IFRS 16.102):

1. Differenz aus beizulegendem Zeitwert des Verkaufspreises und beizulegendem Zeitwert des Leasingobjektes.

2. Differenz aus dem Barwert der vertraglich vereinbarten Leasingzahlungen und dem Barwert der zu Marktkonditionen bewerteten Leasingzahlungen.

2. Kein Verkaufsfall

17.70 Liegt nach Prüfung der Kriterien in IFRS 15 **kein Verkauf** vor, bilanziert der Leasingnehmer den Vermögenswert weiterhin unverändert und erfasst eine finanzielle Verbindlichkeit in Höhe des Transferpreises, die nach IFRS 9 zu bilanzieren ist. Der Leasinggeber bilanziert das Leasingobjekt nicht und setzt einen finanziellen Vermögenswert in Höhe des Transferpreises an, den er gem. IFRS 9 zu bilanzieren hat (IFRS 16.103).

17.71 Sale-and-Lease-Back-Konstrukte dürften damit kaum noch allein aus Gründen der zu erzielenden Abbildung im Jahresabschluss durchgeführt werden, da diese nicht mehr als Operate-Lease möglich sind und die Gewinne aus der Ausbuchung damit beim Leasingnehmer gedeckelt sind.[35]

H. Bilanzierung von Leasingverhältnissen beim Leasinggeber

17.72 Leasingverhältnisse sind beim **Leasinggeber** unverändert entweder als Operate- oder als Finanzierungsleasing abzubilden. Zu diesem Zweck ist eine **Klassifizierung** notwendig, für die die Kriterien und Indikatoren aus IAS 17.10 ff. unverändert in IFRS 16.63 ff. weitergeführt wurden.[36] Maßgeblich für die Klassifizierung ist demnach weiterhin der Übergang von Risiken und Chancen des Leasingobjektes auf den Leasingnehmer. Eine **Neubeurteilung** in Bezug auf die Klassifizierung ist während der Laufzeit nur vorzunehmen, wenn sich Änderungen beim Umfang der Vereinbarung (zusätzliche(s) Leasingobjekt(e)) und/oder bei der Entgelthöhe ergeben. Die Veränderungen müssen dabei aus Anpassungen der Vertragsbedingungen und -konditionen resultieren (IFRS 16.66 i.V.m. IFRS 16.A).

---

35 Vgl. zu einem konkreten Beispiel *Lühn*, IRZ 2016, 193 ff.
36 Siehe einschlägige Literatur zu IAS 17, etwa Vorauflage sowie ADS Rechnungslegung nach internationalen Standards, 7. Erg. Lfg., Stuttgart 2011, Abschnitt 12: IAS 17 Rz. 21–125; *Doll* in Beck IFRS-HB[3], § 22 Rz. 38–102; *Kümpel/Becker*, DStR 2006, 1471 ff.; *Lüdenbach/Freiberg*, BB 2006, 259.

I. Finanzierungsleasing

Der Leasinggeber setzt zu Laufzeitbeginn eine **Leasingforderung** an, die mit dem Nettoinvestitionswert der Leasingvereinbarung bewertet wird (IFRS 16.67). Der **Nettoinvestitionswert** wird durch Abzinsung des Bruttoinvestitionswertes mit dem internen Zinssatz des Leasingverhältnisses ermittelt. Sollte es sich um ein Unter-Leasingverhältnis handeln und der interne Zins ist nicht verlässlich zu bestimmen, darf der Zinssatz des Ober-Leasingverhältnisses, korrigiert um mögliche Initialkosten, verwendet werden (IFRS 16.68). Der **Bruttoinvestitionswert** ergibt sich als Summe aus den zu erhaltenden Leasingzahlungen des Leasinggebers und seinen nicht garantierten Restwertansprüchen auf das Leasingobjekt (= Restwertschätzung). Sofern der Leasinggeber nicht Hersteller oder Händler ist, sind die Initialkosten in der Leasingforderung zu berücksichtigen (IFRS 16.69).

17.73

Besondere Regeln beim Ansatz gelten für Leasinggeber, die als **Hersteller oder Händler** fungieren. Diese haben zu Laufzeitbeginn einen Verkaufserlös und zugehörige Aufwendungen zu erfassen (IFRS 16.71). Der **Verkaufserlös** ergibt sich aus dem niedrigeren Wert aus dem beizulegenden Zeitwert des Leasingobjektes und den mit einem Marktzinssatz diskontierten Leasingzahlungen. Die Abzinsung mit einem Marktzins soll sicherstellen, dass die Erfassung eines Verkaufsgewinns oder -verlusts nicht durch übliche Anreizmechanismen von Leasinggebern (niedriger Zins als Anreiz zum Abschluss durch Leasingnehmer) verzerrt wird (IFRS 16.73). **Aufwendungen aus dem Verkauf** werden als Differenz zwischen den Anschaffungskosten bzw. dem Restbuchwert des Leasingobjektes, wenn abweichend, abzgl. des geschätzten, ungarantierten Restwerts ermittelt. Der sich insgesamt als Saldo ergebende Gewinn oder Verlust ist entsprechend der Behandlung von direkten Verkäufen gem. IFRS 15 abzubilden (IFRS 16.71). **Initialkosten** des Herstellers oder Händlers müssen zu Laufzeitbeginn erfolgswirksam erfasst werden, damit sie verursachungsgerecht und damit zeitgleich mit einem Verkaufsgewinn oder -verlust erfasst werden (IFRS 16.74).

17.74

Die **Finanzerträge** aus einem Leasingverhältnis müssen auf systematische und vernünftige Weise über die Laufzeit verteilt werden. Das Verteilungsmuster muss dabei gewährleisten, dass eine **konstante periodische Verzinsung** auf den Nettoinvestitionswert erreicht wird (IFRS 16.75). Jährlich werden erhaltene Leasingzahlungen vom Bruttoinvestitionswert abgezogen. Die nicht realisierten Finanzerträge als Differenz aus dem Brutto- und dem Nettoinvestitionswert werden um den Finanzertrag der Periode aus der Aufzinsung des Nettoinvestitionswertes vermindert. Somit ergibt sich in jeder Periode ein um Tilgung und Verzinsung angepasster Nettoinvestitionswert (IFRS 16.76).

17.75

Die **Ausbuchung und Wertminderung** des Nettoinvestitionswertes erfolgt entsprechend den Vorgaben in IFRS 9. Schätzungen des ungarantierten Restwerts sind regelmäßig zu überprüfen. Der Verteilungsmodus der Finanzerträge ist umgehend anzupassen und zugehörige Abgrenzungsbeträge umgehend erfolgswirksam aufzulösen, sofern sich **Verminderungen** bei der Restwertschätzung ergeben (IFRS 16.77).

17.76

17.77 Sollte ein Leasingobjekt als *zur Veräußerung verfügbarer Vermögenswert* oder Bestandteil einer *Veräußerungsgruppe gem. IFRS 5* gelten, so ist das Objekt nach den Regeln von IFRS 5 zu bilanzieren (IFRS 16.78).

17.78 *Vertragsanpassungen* liegen vor, wenn Bedingungen oder Konditionen des Vertrages geändert werden, so dass der Umfang (weitere(s) Leasingobjekt(e)) oder das Entgelt sich ändern (IFRS 16.A). Die Anpassung ist als *separates Leasingverhältnis* zu bilanzieren, wenn der Umfang sich erhöht und das Entgelt sich in einem im Vergleich mit dem Einzelpreis des Objektes angemessenen Verhältnis erhöht (IFRS 16.79). Handelt es sich nicht um ein separates Leasingverhältnis, ist bei der Anpassung zu prüfen, ob der Vertrag als Operate-Leasing klassifiziert worden wäre, wenn die Anpassung bereits bei Vertragsabschluss enthalten gewesen wäre. Ist dies der Fall, ist die Anpassung ab dem Gültigkeitszeitpunkt der Änderung als neues Leasingverhältnis zu bilanzieren und der Buchwert des Leasingobjektes wird dann in Höhe des Nettoinvestitionswertes kurz vor Vertragsanpassung bewertet. Anderenfalls ist die Anpassung nach den Vorgaben in IFRS 9 abzubilden (IFRS 16.80).

II. Operate-Leasing

17.79 Leasingzahlungen aus Operate-Leasing sollen bevorzugt *linear über die Vertragslaufzeit* als Leasingerträge verteilt werden. Nur wenn eine andere systematische Verteilungsart das Muster der Gebrauchsüberlassung zutreffender abbildet, darf davon abgewichen werden (IFRS 16.81). *Initialkosten* werden dem Buchwert des Leasingobjektes zugerechnet und müssen über die Laufzeit aufwandswirksam erfasst werden. Dabei ist dasselbe Verteilungsmuster wie für die Leasingerträge anzuwenden (IFRS 16.83). Das Leasingobjekt selber ist nach IFRS 16.84 f. entsprechend der üblichen Behandlung ähnlicher Vermögenswerte abzuschreiben (IAS 16 und IAS 38) und auf Wertminderungen zu prüfen (IAS 36). Es kommt somit zur Anwendung einer Art Komponentenansatz für das originäre Leasingobjekt und die Initialkosten.

17.80 *Hersteller oder Händler* dürfen keinen Verkaufsgewinn oder -verlust aus dem Eingehen eines Operate-Leasings erfassen, da die Transaktion nicht den Charakter eines Verkaufs aufweist (IFRS 16.86).

17.81 *Vertragsänderungen* sind ab dem Zeitpunkt der Wirksamkeit der Änderungen stets als neues Leasingverhältnis zu bilanzieren. Dabei sind gem. IFRS 16.87 alle abgegrenzten Vorauszahlungen aus dem alten Vertrag den Leasingzahlungen des neuen Vertrages hinzuzurechnen.

I. Anhangangaben

I. Leasingnehmer

17.82 Angaben zu Leasingverhältnissen im Anhang sind *geschlossen unter einem Erläuterungspunkt* zu tätigen, wobei allerdings Duplikate zu vermeiden sind. Sollten sich

Angaben mit anderen Bereichen überschneiden, sind keine Doppelangaben zu machen, sondern Verweise zu nutzen (IFRS 16.52). Konkret sind folgende Sachverhalte zu berichten:

Quantitative Angaben in Tabellenform (Werte des Geschäftsjahres) gemäß IFRS 16.53 f.: 17.83

a) Abschreibungen auf Nutzungsrechte, gegliedert nach Vermögenswertklassen,

b) Zinsaufwendungen,

c) Aufwand für kurzfristige Leasingverhältnisse (größer einem Monat),[37]

d) Aufwand für geringwertige Leasingverhältnisse, sofern nicht bereits in c) enthalten,[38]

e) variable Leasingzahlungen, soweit nicht in Leasingverbindlichkeit enthalten,

f) Erträge aus Unter-Leasingverträgen,

g) gesamte Leasingzahlungen,

h) Erhöhung von Nutzungsrechten,

i) Gewinne oder Verluste aus Sale-and-Lease-Back-Transaktionen und

j) Buchwerte der Nutzungsrechte zum Periodenende, gegliedert nach Vermögenswertklassen.

Der Betrag der Leasingverpflichtungen für *kurzfristige Leasingverhältnisse*, die unter Nutzung des Wahlrechts in IFRS 16.6 vereinfacht abgebildet werden, ist anzugeben, wenn die Menge an kurzfristigen Leasingvereinbarungen ungleich der Menge an kurzfristigen Leasingvereinbarungen ist, auf die sich die Angabe unter c) bezieht (IFRS 16.55). Der Umstand, dass von der Vereinfachung zur Bilanzierung *kurzfristiger oder geringwertiger Leasinggegenstände* Gebrauch gemacht wird, ist anzugeben. 17.84

Für *Nutzungsrechte über Investment Properties* gelten die Angabepflichten von IAS 40 und die Angaben unter a), f), h) und j) sind nicht zu tätigen (IFRS 16.56). Bei Anwendung der *Neubewertungsmethode* auf Nutzungsrechte sind die Angaben aus IAS 16.77 zu machen (IFRS 16.57). 17.85

Das Liquiditätsrisiko aus Leasingvereinbarungen ist mittels einer *Fälligkeitsanalyse* hinsichtlich der künftigen Leasingzahlungen getrennt von den übrigen finanziellen Verbindlichkeiten zu verdeutlichen (IFRS 16.58). Die Ausgestaltung richtet sich nach den Vorgaben in IFRS 7.39 und IFRS 7.B11. Für diesen Zweck sind gemäß IFRS 7.B11 *geeignete Zeitbänder* zu definieren, für die die künftigen Leasingzahlungen präsentiert werden. IAS 17 sah eine Aufteilung nach bis zu einem Jahr, zwischen einem und fünf Jahren und über fünf Jahren vor. IFRS 7.39 (c) fordert zu- 17.86

---

37 Sofern das Wahlrecht aus IFRS 16.6 zu vereinfachten Abbildung von kurzfristigen Leasingverhältnissen ausgeübt wird.
38 Sofern das Wahlrecht aus IFRS 16.6 zu vereinfachten Abbildung von geringwertigen Leasingverhältnissen ausgeübt wird.

sätzlich auch eine Beschreibung, wie das aus Leasingzahlungen resultierende Liquiditätsrisiko gesteuert wird.

17.87 Mit einer Auffangklausel in IFRS 16.59 werden **weitere Angabepflichten** qualitativer und quantitativer Natur gefordert, sofern diese zum Verständnis der Auswirkungen von Leasing auf die Vermögens-, Finanz- und der Ertragslage notwendig sind. Hier erfolgt nur eine beispielhafte Nennung ausgewählter Sachverhalte, wie etwa[39]

- zukünftige Zahlungsmittelabflüsse, die nicht in Leasingverbindlichkeit enthalten sind:
  - variable Leasingzahlungen
  - Verlängerungs- oder Beendigungsoptionen
  - Restwertgarantien
  - abgeschlossene, aber noch nicht laufende Leasingverhältnisse,
- Einschränkungen oder Verpflichtungen aus Leasingvereinbarungen,
- Sale-and-Lease-Back-Transaktionen.

Zusätzliche Informationen müssen *entscheidungsrelevant für den Adressaten* sein. Dies ist der Fall, wenn Flexibilitätsvorteile, Einschränkungen oder Risiken aus Leasingverhältnissen erläutert werden oder aber, wenn Sensitivitäten dargestellter Fakten auf zentrale Leasinggrößen oder wenn Abweichung vom Branchenstandard in Bezug auf Bedingungen und Konditionen von Leasingverträgen erläutert werden (IFRS 16.B48).

II. Leasinggeber

1. Grundsachverhalte

17.88 Bei den Angabepflichten wird differenziert nach Operate- und Finanzierungsleasingverhältnissen. Lediglich in der *Auffangklausel* in IFRS 16.92 werden übergreifend weitere **Angabepflichten qualitativer und quantitativer Natur** gefordert, sofern diese zum Verständnis der Auswirkungen von Leasing auf die Vermögens-, Finanz- und der Ertragslage notwendig sind. Hier erfolgt nur eine beispielhafte Nennung ausgewählter Sachverhalte, wie etwa

- Art der Leasingaktivitäten,
- Vorgehen beim Management der Risiken aus verbleibenden Rechten an den Leasingobjekten,
- Darstellung der zugrunde liegenden Risikomanagementstrategie und
- Maßnahmen zur Risikoreduktion (Rückkaufvereinbarungen, Restwertgarantien, (variable) Strafzahlungen für Überschreitungen von vereinbarten Kapazitätsgrenzen durch den Leasingnehmer).

---

[39] Vgl. auch *Kirsch*, DStZ 2016, 197.

2. Angaben bei Operate-Leasing

Nachfolgende **Beträge des Geschäftsjahres** sollen in Tabellenform angegeben werden (IFRS 16.90):

17.89

– Leasingerträge und

– Erträge, die aus variablen Leasingzahlungen resultieren, die nicht von einem Index oder einem Zins abhängen.

Es sind grundsätzlich die Angabepflichten zu beachten, denen das Leasingobjekt als Vermögenswert außerhalb eines Leasingverhältnisses unterliegen würde, also **Angabepflichten in IAS 16, 36, 38, 40 und 41.** Für Sachanlagen gem. IAS 16 wird zusätzlich gefordert, dass die Angaben für jede Vermögenswertklasse getrennt nach Vermögenswerten aus Operate-Leasing und übrigen Vermögenswerten gemacht werden (IFRS 16.95).

Der Leasinggeber hat eine **Fälligkeitsanalyse** der zu erhaltenden Leasingzahlungen zu erstellen. Diese Darstellung zeigt die undiskontierten Leasingzahlungen für jedes der mindestens ersten fünf Jahre sowie den Betrag für die darauffolgenden Jahre in Summe (IFRS 16.97).

17.90

3. Angaben bei Finanzierungsleasing

Nachfolgende **Beträge des Geschäftsjahres** sollen in Tabellenform angegeben werden (IFRS 16.90):

17.91

– Verkaufsgewinn oder -verlust,

– Finanzerträge auf den Nettoinvestitionswert und

– Erträge aus variablen Leasingzahlungen, die nicht in die Schätzung des Nettoinvestitionswerts eingegangen sind.

Es sind qualitative und quantitative Angaben zu wesentlichen **Veränderungen des Buchwertes des Nettoinvestitionswertes** zu machen (IFRS 16.93).

Der Leasinggeber hat eine **Fälligkeitsanalyse** der zu erhaltenden Leasingzahlungen zu erstellen. Diese Darstellung zeigt die undiskontierten Leasingzahlungen für jedes der mindestens ersten fünf Jahre sowie den Betrag für die darauffolgenden Jahre in Summe (IFRS 16.94). Die undiskontierten Leasingzahlungen sollen auf den Nettoinvestitionswert übergeleitet werden, dabei sollen nicht verdiente Finanzerträge und abgezinste, nicht garantierte Restwerte explizit ausgewiesen werden.

17.92

J. Übergangsvorschriften

I. Grundsachverhalte

Die neuen Regelungen zur Leasingbilanzierung sind spätestens für Geschäftsjahre anzuwenden, die **am oder nach dem 1.1.2019** beginnen. Eine vorzeitige Anwendung

17.93

ist gestattet, sofern zeitgleich auch die Regelungen in IFRS 15 angewendet werden (IFRS 16.C1). Diese parallele Anwendung ist notwendig, da IFRS 16 in einigen Bereichen (z.B. Sale-and-Lease-Back) eng mit IFRS 15 verzahnt ist.

17.94 Die Aufwendungen für die **Umstellung auf die neuen Abbildungsregeln** hängen entscheidend davon ab, ob das Unternehmen eher als Leasinggeber fungiert oder als Leasingnehmer. Für den ersten Fall sind die Aufwendungen aufgrund der Fortführung der Abbildungskonzeption aus IAS 17 eher überschaubar und beschränken sich im Wesentlichen auf die Bereitstellung der notwendigen Daten für die geänderten Angabepflichten. Für Leasingnehmer hängt der Umstellungsaufwand insbesondere daran, in welchem **Umfang Operate-Leasingverträge** gem. IAS 17 vorliegen. Ist dieser Umfang hoch, so resultieren auch höhere Umstellungsaufwendungen und insbesondere hohe Effekte auf die Abschlusskennzahlen durch die unvermeidbare Bilanzierung von Nutzungsrechten für vormals bilanzneutrale Sachverhalte. Die möglichen Effekte sind rechtzeitig zu untersuchen und an Anleger und Kapitalgeber zu kommunizieren. Hier kann regelmäßig eine **Ausdehnung der Bilanzsumme** erwartet werden. Der Anteil langfristiger Vermögenswerte (in der Regel Sachanlagen und Investment Properties) an der Bilanzsumme wird steigen. Analog wird es zu einem relativen Anstieg der Verbindlichkeiten (Eigenkapitalquote sinkt) kommen.

17.95 Die **Übergangsvorschriften** enthalten einerseits allgemeingültige Verhaltensvorgaben in Bezug auf die Definition von Leasingverhältnissen sowie die Behandlung von Sale-and-Lease-Back-Transaktionen, andererseits spezifische Vorgaben jeweils für Leasingnehmer und -geber.

II. Definition von Leasingverhältnissen beim Übergang

17.96 Als Erleichterung für Leasingnehmer und -geber beim Übergang auf IFRS 16 müssen bereits vorhandene Verträge nicht rückwirkend daraufhin untersucht werden, ob sie im Ganzen oder in Teilen **als Leasingverhältnis zu klassifizieren** sind. Die bereits getroffene Entscheidung aus der Perspektive von IAS 17 darf beibehalten werden und Leasingverhältnisse nach altem Rechtsstand sind bei Nutzung der Erleichterungsvorschrift entsprechend den Übergangsbestimmungen überzuleiten, Nicht-Leasingverhältnisse nach altem Rechtsstand entsprechend nicht (IFRS 16.C3). Die Erleichterungsregeln sind **vollständig für alle Verträge** anzuwenden und der Umstand, dass sie genutzt wird, ist im Anhang anzugeben (IFRS 16.C4).

1. Darstellung der Umstellung beim Leasingnehmer

17.97 Leasingnehmer können die **Umstellung** wahlweise nach **zwei Varianten** durchführen:
– Rückwirkend für jede dargestellte Berichtsperiode (in der Praxis regelmäßig aktuelles und Vorjahr) unter Anwendung von IAS 8.
– Rückwirkend unter Verbuchung des Gesamteffektes aus der Umstellung zum Erstanwendungszeitpunkt (C7-C13).

Die Wahl zur Behandlung der Umstellungseffekte ist dabei einheitlich für alle Leasingverhältnisse durchzuführen (IFRS 16.C6).

Die Umstellung nach der **ersten Variante** bedingt die Anpassung auch der Vorjahreswerte (Rz. 12.40). Wenn die **zweite Variante** angewendet wird, sind dagegen die Vergleichswerte des dargestellten Vorjahres nicht anzupassen. Der Umstellungseffekt wird durch die Anpassung der Eröffnungsbilanz des Umstellungszeitraumes dargestellt (IFRS 16.C7).

Der Leasingnehmer erfasst für jedes **Operate-Leasingverhältnis**, das nach der **zweiten Variante** behandelt wird, ein Nutzungsrecht und eine Leasingverbindlichkeit (IFRS 16.C8). Die **Leasingverbindlichkeit** wird mit dem Barwert der noch ausstehenden Leasingzahlungen bewertet. Bei der Diskontierung findet der **Grenzfremdkapitalzinssatz des Leasingnehmers zum Umstellungszeitpunkt** Anwendung.[40]

17.98

Bei der **Bewertung des Nutzungsrechts** darf für jedes Operate-Leasingverhältnis zwischen zwei Varianten gewählt werden:

17.99

— Buchwert, der sich bei Anwendung von IFRS 16 seit Laufzeitbeginn des Leasingvertrages ergeben hätte, diskontiert mit dem Grenzfremdkapitalzinssatz des Leasingnehmers zum Umstellungszeitpunkt.

— Wert der Leasingverbindlichkeit, korrigiert um vorausgezahlte oder abgegrenzte Beträge. Die Korrekturen beziehen sich dabei um solche Beträge, die kurz vor der Erstanwendung von IFRS 16 im Abschluss erfasst wurden.

Das Nutzungsrecht ist in beiden Fällen gem. IAS 36 auf **Wertminderungen** zu überprüfen, sofern nicht die Erleichterung gem. IFRS 16.C10(b) genutzt wird. Dieser sieht als Umstellungserleichterung vor, dass der Wertminderungstest nicht durchgeführt werden muss, wenn das Nutzungsrecht stattdessen um etwaige Beträge aus **Rückstellungen für belastende Verträge (IAS 37)** für das Leasingverhältnis vermindert wird.

17.100

Folgende zusätzliche **Erleichterungen** dürfen bei der Umstellung auf IFRS 16 für jedes einzelne Leasingverhältnis angewendet werden, sofern die **zweite Umstellungsvariante** genutzt wird (IFRS 16.C10):

17.101

— **Einheitlicher Diskontierungszins** für Leasingportfolios mit halbwegs einheitlichen Charakteristika (z.B. Laufzeit oder Art der Vermögenswerte).

— (Operate-)Leasingverträge mit einer Restlaufzeit von weniger als zwölf Monaten bei Umstellung auf IFRS 16 dürfen als **kurzfristige Verträge** gem. IFRS 16.6 unter linearer Verteilung der Leasingzahlungen erfasst werden, d.h. es ist in der Regel keine explizite Anpassung erforderlich, da die Leasingzahlungen auch für Operate-Leasing nach IAS 17 linear verteilt wurden. Die unter Anwendung dieser Erleichterung erfassten Beträge dürfen in den normalen Angaben zu kurzfristigen Verträgen enthalten sein.

---

40 Vgl. *Hargarten/Weinmann*, BB 2017, 2092 f.

– *Initialkosten* müssen beim Übergang nicht im Nutzungsrecht eingerechnet bzw. nicht im Nachhinein ermittelt werden.
– Es wird der **Sachstand zum Umstellungszeitpunkt** als Grundlage für Beurteilungen herangezogen. Die Ausübung von Optionen für die Vergangenheit wird so etwa nach der tatsächlichen Faktenlage beurteilt, nicht die rückwirkend ermittelte Ausübungswahrscheinlichkeit zu Vertragsbeginn.

17.102 Für *alle vormals als Operate-Leasing* abgebildete Verträge gelten gem. IFRS 16.C9 die folgenden Übergangsbestimmungen:

– *Geringwertige Leasingverhältnisse*, für die die Bilanzierungserleichterung gem. IFRS 16.6 genutzt wird, unterliegen keiner spezifischen Überleitung. Die neuen Regelungen werden ab dem Übergangszeitpunkt angewendet.
– *Investment Properties*, die zuvor gem. IAS 40 mit dem beizulegenden Zeitwert bewertet wurden, werden nicht explizit übergeleitet. Zum Zeitpunkt der Erstanwendung wird ein Nutzungsrecht und eine Verbindlichkeit entsprechend den üblichen Ansatz- und Bewertungsregeln von IAS 40 und IFRS 16 eingebucht.
– Nutzungsrechte an *(übrige) Investment Properties*, die künftig mit dem beizulegenden Zeitwert gem. IAS 40 bewertet werden sollen, werden entsprechend den üblichen Ansatz- und Bewertungsregeln von IAS 40 mit dem beizulegenden Zeitwert zum Übergangszeitpunkt und IFRS 16 bewertet.

17.103 Nach IAS 17 wurden für *Finanzierungsleasingverhältnisse* ein Vermögenswert und eine Leasingverbindlichkeit angesetzt. Wird die **zweite Umstellungsvariante** gewählt, wird der jeweilige Buchwert nach alter Regelung beim Übergang auf IFRS 16 zum Umstellungszeitpunkt als Buchwert des Nutzungsrechts bzw. Leasingverbindlichkeit fortgeführt und anhand der Folgebewertungsregeln des IFRS 16 weiterentwickelt (IFRS 16.C11). Allerdings kann es zu Anpassungen kommen, wenn die *finance lease*-Verträge als geringfügige Wirtschaftsgüter nach IFRS 16 klassifiziert werden.[41]

17.104 Wenn die **zweite Umstellungsvariante** angewendet wird, sind die **Angaben** gem. IAS 8.28 (ohne IAS 8.28 f.)) zu tätigen:

– Änderung von IFRS 16.
– Bezeichnung der Rechnungslegungsmethode, die durch den Übergang geändert wird.
– Art der Änderung der Rechnungslegungsmethode.
– Beschreibung der Übergangsvorschriften.
– Mögliche Auswirkungen der Übergangsvorschriften auf zukünftige Perioden.
– Wenn ermittelbar, Anpassungsbetrag in Bezug auf nicht dargestellte Vorperioden.

---

41 Vgl. *Brune*, IRZ 2017, 143 ff.

– Wenn eine rückwirkende Anpassung für eine oder mehrere Perioden in der Vergangenheit nicht durchführbar ist, sind die Umstände zu beschreiben. Es ist dann auch anzugeben, wie und ab wann die geänderte Rechnungslegungsmethode angewendet wurde.

Zusätzlich ist gem. IFRS 16.C12 der auf die Leasingverbindlichkeiten angewendete durchschnittliche *Grenzfremdkapitalzinssatz* des Leasingnehmers anzugeben und etwaige *Differenzen* zwischen denen mit dem Grenzfremdkapitalzinssatz zum Umstellungszeitpunkt diskontierten Angaben zu Leasingverpflichtungen aus Operate-Leasing zum vorhergehenden Abschlussstichtag (gem. IAS 17) und den tatsächlich erfassten Leasingverbindlichkeiten zum Umstellungszeitpunkt zu erläutern.

Die Nutzung einzelner *Erleichterungen* aus den Übergangsvorschriften ist im Anhang anzugeben (IFRS 16.C13).

2. Umstellung beim Leasinggeber

Für Leasinggeber gilt die *Fortführung der Buchwerte* aus der Anwendung von IAS 17 zum Umstellungszeitpunkt und die Folgebewertung von Leasingforderungen nach IFRS 16, sofern Leasingobjekte nicht im Rahmen von Unter-Leasingverhältnissen weiterverleast werden. Übergangsvorschriften für Leasinggeber werden nur für den Fall des *Unter-Leasings* geregelt (IFRS 16.C15). So ist die Klassifikation von Unter-Leasingverhältnissen, die zuvor als Operate-Leasing klassifiziert wurden, zum Übergangszeitpunkt erneut durchzuführen. Dabei sind die Vertragsbedingungen und -konditionen des übergeordneten und des untergeordneten Leasingvertrages jeweils für die Restlaufzeit zu beachten. Sollte nach der erneuten Klassifizierung ein zuvor als Operate-Leasing geltender Unter-Leasingvertrag nun als Finanzierungsleasing gelten, ist dieses Unter-Leasingverhältnis ab dem Umstellungszeitpunkt als *neues Finanzierungsleasingverhältnis* nach den Regeln des IFRS 16 anzusetzen.

17.105

Durch die stark abweichenden Abbildungen der Leasingverträge beim Leasingnehmer und -geber ergeben sich erhebliche Herausforderungen bei der Konzernbilanzierung. Hier müssen zwangsläufig im Rahmen der Schulden- sowie Aufwands- und Ertragskonsolidierung erhebliche Zwischenergebniseliminierung vorgenommen werden.[42]

III. Umstellung für Sale-and-Lease-Back-Transaktionen

Übergangsvorschriften für Sale-and-Lease-Back-Transaktionen werden explizit *nur für Leasingnehmer* geregelt. Transaktionen, die vor dem Umstellungszeitpunkt eingeleitet wurden, sind nicht dahingehend erneut zu überprüfen, ob ein Verkauf gem. IFRS 15 vorlag oder nicht (IFRS 16.C16). Somit liegt ein *Bestandsschutz* für die Beurteilung der Transaktionen vor. Nur bereits als Sale-and-Lease-Back klassifizierte

17.106

---

42 Vgl. mit konkretem Beispiel *Bardens/Duhr/Heining*, IRZ 2016, 259 ff.

Verhältnisse sind umzustellen. Wurde eine solche Transaktion in der Vergangenheit bereits als **Finanzierungsleasing** nach IAS 17 abgebildet, ist dieses Finanzierungsleasing wie alle übrigen Finanzierungsleasingverträge umzustellen. Ein möglicherweise abgegrenzter Gewinn- oder Verlust ist unverändert über die Restlaufzeit zu verteilen. Analog sind Operate-Lease-Back-Verträge bei der Umstellung wie die übrigen Operate-Leasingverträge zu behandeln. Allerdings ist das Nutzungsrecht aus dem Lease-Back um Gewinne oder Verluste, die aus der Umbewertung in Folge von **nicht marktgerechten Vertragskonditionen** resultieren und die kurz vor dem Umstellungszeitpunkt erfasst wurden, zu korrigieren (IFRS 16.C18).

IV. Besondere Umstellungsvorschriften

17.107 Bilanziert ein Leasingnehmer einen Vermögenswert oder eine Verbindlichkeit **gem. IFRS 3 – Unternehmenszusammenschlüsse**, der/die auf besonders vorteilhaften oder ungünstigen Bedingungen eines erworbenen Operate-Leasingverhältnisses basiert, so ist der Vermögenswert bzw. die Verbindlichkeit zum Umstellungszeitpunkt auszubuchen und der Buchwert des zu erfassenden Nutzungsrechts um den Ausbuchungsbetrag zu erhöhen bzw. zu vermindern (IFRS 16.C19).

Sollte das Unternehmen zum Umstellungszeitpunkt nicht bereits IFRS 9 anwenden, sind die Verweise auf IFRS 9 sinngemäß als Verweise auf IAS 39 anzuwenden (IFRS 16.C21).

V. Vergleich IAS 17 und IFRS 16

17.108 Der Unterschied von IAS 17 mit der Unterteilung in *operate-* und *finance-lease* zu IFRS 16 mit dem Nutzwertkonzepte (*right of use*) wird exemplarisch an folgendem Beispiel deutlich:

Beispiel (Fortsetzung von Rz. 17.23): Angenommen die Kriterien in IAS 17.10 f. für die Klassifizierung als Finanzierungsleasing seien hier nicht erfüllt. Dann wäre der Sachverhalt **nach IAS 17 als Operate-Leasing** abzubilden. Die Leasingzahlungen wären dann linear über die Laufzeit zu verteilen, sofern kein anderer Verteilungsschlüssel hier angemessener erscheint. Die lineare Verteilung ergibt einen jährlich zu erfassenden **Aufwand aus Operate-Leasing** i.H.v. 36.173 €.[43] Demgegenüber steht die Zahlungsreihe aus Tab. 1. Die Zahlungshöhe hat einen ansteigenden Verlauf und weicht in den einzelnen Perioden vom konstanten Leasingaufwand ab, so dass Abgrenzungen zu bilden sind. In diesem Fall kommt es aufgrund der mietfreien Zeit im ersten Jahr und den danach kontinuierlich steigenden Leasingzahlungen zu einer **passiven Abgrenzung**, die über die Laufzeit aufgelöst werden muss. Der Verlauf wird in der nachfolgenden Tabelle deutlich:

---

[43] Summe der Leasingzahlungen aus Rz. 17.63 geteilt durch Anzahl der Perioden: 235.000/7 = 36.143.

(in EUR)	2020	2021	2022	2023	2024	2025	2026
			Folgebewertung				
Bilanz							
Passive Abgrenzung	21.143	22.286	21.429	17.571	11.714	5.857	0
Veränderung der Periode	*21.143*	*1.143*	*-857*	*-3.857*	*-5.857*	*-5.857*	*-5.857*
Kapitalflussrechnung							
Leasingzahlungen (tatsächlich)	-15.000	-35.000	-37.000	-40.000	-42.000	-42.000	-42.000
GuV							
Leasingaufwand (Gesamt)	36.143	36.143	36.143	36.143	36.143	36.143	36.143

Die Unterschiede in der Abbildung zwischen IFRS 16 und IAS 17 (Operate-Leasing) sind enorm. Besonders die **Bilanz** ist im Vergleich stark geprägt von der weitgehenden Bilanzneutralität des Operate-Leasings, lediglich die passive Abgrenzung als Resultat der linearen Verteilung der Leasingzahlungen über die Laufzeit ist sichtbar. Das langfristige Vermögen respektive die Bilanzsumme sind bei Anwendung von IFRS 16 im Fallbeispiel um ca. 210 TEUR höher. Hier kommt es durch die Unterschiede im langfristigen Vermögen respektive in den Verbindlichkeiten klar zu Veränderungen bei Ergebnissen von Kennzahlenberechnungen.

Die **Kapitalflussrechnung** wird insgesamt in selber Höhe belastet. Allerdings kommt es hier im Vergleich zu Verschiebungen des Ausweisortes. Während nach IFRS 16 der Cash Flow aus Finanzierung mit dem Tilgungsanteil zusätzlich belastet wird (hier wie in Abb. 1 ersichtlich stetig steigend) und der Zinsanteil an den Zahlungen wahlweise in einem der drei Cash Flow Abteilungen ausgewiesen werden kann, erfolgt die Erfassung nach IAS 17 im operativen Cash Flow in voller Zahlungshöhe (s. Abb. 2).

In der GuV resultieren Unterschiede in der Höhe der in jeder Periode erfassten Aufwendungen aus Leasing und Unterschiede in der Zurechnung zu den einzelnen Aufwands-/Kostenarten bzw. Ergebnisgrößen. Nach IAS 17 wurde ein Leasingaufwand in konstanter Höhe erfasst, etwa in den sonstigen betrieblichen Aufwendungen (GKV) oder aber in den Herstellungskosten des Umsatzes (UKV), also im *operativen Ergebnis*. Bei Anwendung von IFRS 16 liegt zunächst ein höherer Leasingaufwand vor, der über die Zeit absinkt. Dabei kommt es zur Verschiebung des Zinsanteils in die *Finanzierungsaufwendungen* (Finanzergebnis). Zudem kommt es zu Abschreibungen auf das aktivierte Nutzungsrecht, so dass die Abschreibungen steigen. Im Fallbeispiel wird das operative Ergebnis im Vergleich durch die Anwendung von IFRS 16 entlastet. Statt des Leasingaufwandes i.H.v. 36.143 € werden nur noch die Abschreibungen i.H.v. 30.027 € hier erfasst. Das **Finanzergebnis** wird durch Anwendung von IFRS 16 um den jeweiligen Zinsaufwand der Periode zusätzlich belastet. Die dargestellten Verschiebungen zwischen den Perioden und den Aufwands-/Kostenarten bzw. Ergebnisgrößen führen wie im Fall der Bilanz zu einem **Bruch bei der Berechnung und Beurteilung von Kennzahlen**.

Kapitel 18
Anlageimmobilien (IAS 40)

A. Überblick und Wegweiser 18.1
  I. Management Zusammenfassung . 18.1
  II. Standards und Anwendungsbereich 18.3
  III. Wesentliche Abweichungen zum HGB 18.9
  IV. Neuere Entwicklungen 18.11
B. Ansatz..................... 18.20
  I. Allgemeine Ansatzkriterien 18.20
  II. Definitionsmerkmale von Anlageimmobilien und Abgrenzung zu anderen Immobilien......... 18.21
    1. Immobilienbegriff: Eigenständige Cashflow-Erzielung 18.21
    2. Wirtschaftliches Eigentum und Leasing 18.24
    3. Immobilien in Bau und Verkauf im Rahmen der gewöhnlichen Geschäftstätigkeit 18.25
    4. Selbstnutzung von Immobilien versus Anlageimmobilien, Mischnutzung 18.26
    5. Ausstattungsgegenstände von Immobilien 18.31
    6. Noch unbestimmte Nutzung, Dokumentation 18.32
C. Zugangsbewertung............ 18.40
  I. Zugangsarten 18.40
  II. Anschaffungs- und Herstellungskosten 18.44
D. Folgebewertung............... 18.50
  I. Wahlrecht: Fortgeführte Kosten oder erfolgswirksame Fair Value-Bewertung................... 18.50
  II. Fortgeführte Anschaffungs- und Herstellungskosten............. 18.52
  III. Fair Value-Modell 18.53
  IV. Fair Value-Ermittlung 18.54
    1. Aktiver Immobilienmarkt....... 18.54
    2. Bewertungsverfahren 18.55
    3. Häufigkeit der Fair Value-Ermittlung, Zwischenberichterstattung . 18.58
    4. Fair Value nicht bestimmbar 18.59
  V. Wechsel der Bilanzierungsmethode: vom Cost-Modell zum Fair Value-Modell 18.61
E. Ausbuchung und Nutzungsänderung 18.63
  I. Veräußerung und Veräußerungsabsicht 18.63
  II. Nutzungsänderungen 18.65
F. Ausweis..................... 18.68
G. Anhangangaben 18.69

Literatur: *Baetge/Zülch*, Fair Value-Accounting, BFuP 2001, 543; *Baumunk*, Anlageimmobilien (IAS 40), in Weber/Baumunk/Pelz (Hrsg.), IFRS Immobilien, 2. Auflage, München 2009; *Böckem/Schurbohm*, Die Bilanzierung von Immobilien nach den International Accounting Standards, KoR 2002, 38; *Böckem/Schurbohm-Ebneth*, Praktische Fragestellungen der Implementierung von IAS 40 – Als Finanzanlagen gehaltene Immobilien (investment properties), KoR 2003, 335; *Böckem/Schurbohm-Ebneth*, Klassifizierung von Immobilien, in Weber/Baumunk/Pelz (Hrsg.), IFRS Immobilien, 2. Aufl., München 2009; *Busch/Zwirner*, Bilanzierung von Immobilien nach IFRS – IAS 16 und IAS 40 im Vergleich, IRZ 2015, 226; *Christensen/Nikolaev*, Who uses fair value accounting for non-financial assets after IFRS adoption?, Research Paper 09-12, Chicago Booth School of Business 2009; *Diersch*, Einfluss der unit of account auf die Ersterfassung und die Zeitwertermittlung von Renditeimmobilien in Ein-Objekt-Gesellschaften – Der Fall – die Lösung, IRZ 2016, 101; *Dobler*, Empirische Analyse der Bilanzierung von Renditeimmobilien nach IAS 40 in Deutschland, IRZ 2015,

241; *Ertel*, Fair value-Relevanz in Deutschland, PiR 2014, 175; *Flick/Kubis*, Auswirkungen des IFRS 13 auf die Bewertung von investment properties in der Immobilienbranche, IRZ 2015, 111; *Haaker/Schiffer*, Die Nutzung des Fair-Value-Wahlrechts für Investment Properties im Lichte von Kapitalmarktinformation, Managementinteresse und Bewertungsproblemen, BFuP 2014, 387; *Hachmeister/Ruthardt*, Grundsätze zur Bewertung von Immobilien nach IDW S 10 – Überblick und Würdigung vor dem Hintergrund der Rechnungslegungsstandards nach IFRS und HGB, IRZ 2014, 73; *Helmschrott*, Die Anwendung von IAS 40 (investment property) auf Immobilien-Leasingobjekte, DB 2001, 2457; *Holzner/Renner*, Ermittlung des Verkehrswertes von Grundstücken und des Wertes baulicher Anlagen, 29. Aufl., Isernhagen 2005; *Jens*, Marktbewertung von investment properties?, 2014, 310; *von Keitz*, Praxis der IASB-Rechnungslegung, 2. Aufl., Stuttgart 2005; *Kleiber*, Marktwertermittlung nach ImmoWertV, 8. Aufl., Bonn 2018; *Kühnberger*, Rechnungslegung und Bilanzpolitik der REIT-AG, BB 2007, 1211; *Kühnberger*, Der Ertragswert nach ImmoWertVO als fair value i.S. von IAS 40?, KoR 2012, 217; *Kühnberger*, Der G-Reit: eine Misserfolgsgeschichte – Ein Versuch der Erklärung mit Corporate-Governance-Merkmalen, DStR 2018, 1832; *Kühnberger/Werling*, Praktische Probleme der Fair-Value-Ermittlung für Anlageimmobilien – Auswirkungen von IFRS 13 auf die Bewertungsmethodik, WPg 2012, 988; *Kühnberger/Thurmann*, Bilanzielle Besonderheiten in den IFRS-Konzernabschlüssen bei deutschen Immobilien-AG (Teil 1) Ein Beitrag zum fair value accounting, KoR 2014, 345; *Kühnberger/Thurmann*, Bilanzielle Besonderheiten in den IFRS-Konzernabschlüssen bei deutschen Immobilien-AG (Teil 2) Ein Beitrag zum fair value accounting, KoR 2014, 433; *Küting/Trappmann/Keßler*, Die Eignung von Bodenrichtwerten zur Ausfüllung der bilanziellen Bewertungsmaßstäbe bei Grundstücken nach HGB und den IFRS, DB 2006, 1853; *Matzen*, Unternehmensbewertung von Wohnungsbauunternehmen, Köln 2005; *Mujkanovic*, Klassifizierung von als Finanzinvestition gehaltenen Immobilien nach IAS 40, PiR 2017, 101; *Muller/Riedl/Sellhorn*, Mandatory Fair Value Accounting and Information Asymmetry: Evidence from the European Real Estate Industry, Management Science 2011, 1138; *Norbert*, Sanierung einer zum fair value bewerteten Anlageimmobilie, PiR 2014, 95; *Petersen/Zwirner*, Zur Bedeutung der Fair value-Bewertung in der deutschen Bilanzierungspraxis, PiR 2008, 218; *Quagli/Avallone*, Fair Value or Cost Model? Drivers of Choice for IAS 40 in the Real Estate Industry, EAR 2010, 461; *Simon* u.a., Schätzung und Ermittlung von Grundstückswerten, 8. Aufl., München 2004; *Vaupel*, in Habersack/Mülbert,/Schlitt (Hrsg.), Unternehmensfinanzierung am Kapitalmarkt, 2. Aufl. Köln 2008, § 21, 570.

A. Überblick und Wegweiser

I. Management Zusammenfassung

18.1 Der Name des Standards IAS 40, *Investment Properties* bzw. „Als Finanzinvestition gehaltene Immobilien", ist Programm: Da manche Immobilien wie Finanzinvestitionen genutzt bzw. gehalten werden – also zum Zweck der regelmäßigen Miet- oder Pachteinnahmen und zum Zweck der Wertsteigerung –, ist nach Auffassung des IASB auch eine Bilanzierung *wie* eine Finanzinvestition angebracht. Da für Finanzinvestitionen die Fair Value Bewertung eher die Regel als die Ausnahme darstellt, hat der IASB diese Bewertung auch für solche Immobilien vorgesehen: Es besteht die Möglichkeit, als Finanzinvestition gehaltene Immobilien erfolgswirksam zum Fair Value zu bewerten. Das kann aus HGB-Perspektive zu unrealisierten Gewinnen führen: Wertsteigerungen dieser Immobilien sind auch ohne Markttransaktion als Ertrag zu erfassen.

18.2 Allerdings enthält IAS 40 keine Pflicht zur erfolgswirksamen Fair Value Bewertung, sondern nur ein Wahlrecht. Die Alternative ist die Bewertung zu fortgeführten Kosten, also ganz so, wie es nach HGB Pflicht ist. Dennoch können sich Abschlussaufsteller der Besonderheiten von Anlageimmobilien nicht entziehen, denn es müssen bei einer Bewertung zu fortgeführten Kosten die Fair Values für Zwecke der erforderlichen Pflicht-Anhangangabe ermittelt werden. Daher sind ungeachtet des gewählten Bewertungsmodells auch die Abgrenzungsfragen zu klären: Was genau eine Anlageimmobilie ist, muss und wird in diesem Kapitel zuerst geklärt.

II. Standards und Anwendungsbereich

18.3 Grund und Boden, Gebäude oder Gebäudeteile oder beides, die vom Eigentümer oder vom Leasingnehmer als Nutzungsrecht gehalten werden, um

— Miet- oder Pachterträge (also auch Leasingerträge) oder

— Wertsteigerungen oder

— beides

zu erzielen (IAS 40.5), werden offiziell „als Finanzinvestition gehaltene Immobilien" (*investment properties*) bezeichnet. Wir verwenden meist den kürzeren Begriff **Anlageimmobilien**; es finden sich auch die Begriffe Finanzanlagen in Immobilien, Renditeimmobilien oder Renditeliegenschaften.

Für Ansatz, Bewertung und Erläuterungen der Anlageimmobilien ist IAS 40 einschlägig. Ergänzungen durch Interpretationen des IFRIC IC oder des DRSC bestehen nicht. Auch das IDW hat bislang keinen Rechnungslegungshinweis o.ä. zu IAS 40 veröffentlicht.

18.4 Folgende Sachverhalte fallen **nicht** in den Anwendungsbereich des IAS 40:

— Eigenbetrieblich, mehrperiodisch genutzte Immobilien (z.B. **Fabrik- und Verwaltungsgebäude**, aber auch Immobilien, die an **Mitarbeiter vermietet** werden (IAS 40.9c) oder Grundstücke und Gebäude, die für eine spätere eigenbetriebliche Nutzung gehalten werden („**Vorratsimmobilien**", IAS 40.9c). Sie werden entweder als Sachanlagen – wie nach HGB – bilanziert und ausgewiesen (Rz. 14.1) oder gem. der Nutzungsrechtebilanzierung nach IFRS 16 (Leasing, Rz. 17.1),

— Grundstücke und Gebäude, die erworben werden oder erstellt wurden, um sie im **normalen Geschäftsverlauf** zu veräußern (Vorräte nach IAS 2, Rz. 20.1). Bei zeitraumbezogener Herstellung einer Immobilie für einen Kunden liegt sachlogisch keine Anlageimmobilie vor; hier ist IFRS 15 anzuwenden (Rz. 10.1).

— Immobilien beim Finanzierungsleasinggeber (IAS 40.9e).

— Klarstellend: Biologische Vermögenswerte i.S.d. IAS 41 (IAS 40.4a),

— Klarstellend: Abbau- und Schürfrechte, Bodenschätze (IAS 40.4b).

18.5 Für Anlageimmobilien besteht ein **Bewertungswahlrecht**: Es kann einheitlich[1] für *alle* Anlageimmobilien gewählt werden zwischen der

- **erfolgswirksamen Fair Value-Bewertung** nach IAS 40 und einer
- **Bilanzierung zu fortgeführten Kosten** nach IAS 16 (**Cost-Modell**).

In der deutschen Bilanzierungspraxis von Industrie- und Handelsunternehmen kommt fast ausschließlich die Bewertung zu fortgeführten Kosten zur Anwendung.[2] Genau umgekehrt verhält es sich bei **Immobiliengesellschaften**; sie präferieren die erfolgswirksame Bewertung ihrer Anlageimmobilien.[3]

18.6 Demgegenüber hat das REITG 2007 (REIT = *Real Estate Investment Trust*) nicht die erhoffte Breitenwirkung entfaltet:[4] Unverändert liegen bislang nur vier registrierte REIT-AG[5] in Deutschland vor. Für Zwecke der §§ 12, 14 und 15 REITG ist die Bewertung des Immobilienvermögens einer REIT-AG zum Fair Value nach IAS 40 erforderlich.[6] Damit wirkt sich die Fair Value-Bewertung der Anlageimmobilien einer REIT-AG auf die Einhaltung bestimmter Strukturmerkmale in der Bilanz und der GuV aus (§ 12 REITG), auf das Mindesteigenkapital nach § 15 REITG, auf die Abgrenzung des Immobilienbegriffs und auf den Umfang des Ausschlusses des Immobilienhandels nach § 14 REITG.[7] Schließlich haben Studien gezeigt, dass durch die Fair Value-Bewertung eine Minderung von Informationslücken[8] zwischen Unternehmen und Investoren eingetreten ist.[9]

18.7 Unabhängig von der Immobilien- und Finanzkrise[10] ist in der gesamten Immobilienbranche die Fair Value-Bewertung der Anlageimmobilien „Best Practice".

Beispiel (Vonovia SE, Geschäftsbericht 2017, 127: „Wenn Vonovia Immobilien erwirbt – sei es durch einen Unternehmenszusammenschluss oder separat – werden diese unter Berücksichtigung der beabsichtigten Nutzung entweder als Finanzinvestition gehaltene Immobilien (Investment Properties) oder als selbst genutzte Immobilien klassifiziert. Investment Properties sind Immobilien, die zur Erzielung von Mieteinnahmen oder zum Zwecke der

---

1 Zu einer Ausnahme bei Immobilienfonds s. Rz. 18.51.
2 Vgl. *Petersen/Zwirner*, PiR 2008, (221 ff.; *von Keitz*, Praxis der IASB-Rechnungslegung[2], 80 f.; *Dobler*, IRZ 2015, 243.
3 Vgl. *Quagli/Avallone*, EAR 2010, 461 (475); *Kühnberger/Thurmann*, KoR 2014, 345 ff.
4 Vgl. z.B. *Kühnberger*, DStR 2018, 1832.
5 REIT AG: Börsennotierte Aktiengesellschaft, deren Unternehmensgegenstand auf die Vermietung, Verpachtung und Veräußerung von unbeweglichem Vermögen beschränkt ist (§ 1 REITG).
6 Vgl. hierzu *Kühnberger*, BB 2007, 1213.
7 Zum REITG und den rechtlichen Anforderungen an eine REIT-AG vgl. weiterführend etwa *Vaupel* in Habersack/Mülbert/Schlitt (Hrsg.), Unternehmensfinanzierung am Kapitalmarkt[2], § 21.
8 Gemessen an der Änderung der Bid-Ask-Spreads von Immobilienunternehmen vor und nach der pflichtmäßigen Anwendung von IAS 40.
9 Vgl. *Muller/Riedl/Sellhorn*, Management Science 2011, 1152.
10 Im Zuge der Finanzkrise schien in der Immobilienbranche zunächst die Zustimmung zum Fair Value zu bröckeln, vgl. *Jungk*, FAZ v. 6.2.2009, 39.

Wertsteigerung gehalten und nicht selbst genutzt oder zum Verkauf im Rahmen der gewöhnlichen Geschäftstätigkeit gehalten werden. Zu den Investment Properties zählen unbebaute Grundstücke, Grundstücke und grundstücksgleiche Rechte mit Bauten und Grundstücke mit Erbbaurechten Dritter. [...]

Investment Properties werden bei Zugang mit ihren Anschaffungs- oder Herstellungskosten bewertet. Transaktionskosten, wie z.B. Honorare und Gebühren für Rechtsberatung oder Grunderwerbsteuern, werden bei der erstmaligen Bewertung mit einbezogen. Werden Immobilien im Rahmen eines Unternehmenszusammenschlusses erworben und handelt es sich dabei um einen Geschäftsbetrieb, erfolgt die Bilanzierung entsprechend den Regelungen des IFRS 3. Transaktionskosten werden dabei als Aufwand erfasst. [...]

Nach erstmaligem Ansatz werden Investment Properties zum beizulegenden Zeitwert bewertet. Änderungen werden erfolgswirksam in der Gewinn- und Verlustrechnung erfasst."

Doch auch bei Anwendung des Cost-Modells können die Unternehmen das Thema der Fair Value Ermittlung nicht sozusagen ad acta legen, denn es sind bei der Entscheidung für eine Bewertung zu fortgeführten Kosten gleichwohl die Fair Values der Anlageimmobilien **im Anhang anzugeben**.[11] Daher ist eine Abgrenzung der Anlageimmobilien von anderen Immobilien erforderlich (Rz. 18.20 ff.) und es besteht das Problem der Fair Value-Ermittlung (Rz. 18.54 ff.).   18.8

Beispiel (Hochtief, Geschäftsbericht 2017, 169): „Als Finanzinvestition gehaltene Immobilien (Investment Properties) werden zu fortgeführten Anschaffungs- beziehungsweise Herstellungskosten bilanziert. [...] Der beizulegende Zeitwert dieser Immobilien wird gesondert angegeben. Er wird nach international anerkannten Bewertungsmethoden – wie durch die Ableitung aus dem aktuellen Marktpreis vergleichbarer Immobilien oder mithilfe der Discounted-Cashflow-Methode – ermittelt."

Auf die Anhangangabe des Fair Values bei Verwendung des Cost-Modells kann (nur) bei Unwesentlichkeit der Anlageimmobilien verzichtet werden.

III. Wesentliche Abweichungen zum HGB

Eine Aufteilung von Anlageimmobilien und eigentümergenutzten Immobilien ist dem HGB sowohl mit Blick auf die Bewertung als auch den Bilanzausweis fremd. Sämtliche Immobilien werden nach den allgemeinen Regeln des Anlagevermögens bewertet. Eine Durchbrechung des Anschaffungskostenprinzips, wie sie bei erfolgswirksamer Fair Value-Bewertung erfolgen könnte, ist unzulässig. Es müssen keine Fair Values für Anlageimmobilien ermittelt werden. Eine Ausnahme gilt bei Designation solcher Immobilien zu Vermögensgegenständen i.S.v. § 246 Abs. 2 Satz 2 HGB („insolvenzgesichertes Vermögen") im Zusammenhang mit der Rückdeckung von Pensionsverpflichtungen.   18.9

---

11 Allerdings räumen Investoren offensichtlich den bilanzierten Sachverhalten einen höheren Stellenwert ein als nur im Anhang angegebene Werte. Vgl. *Ahmed/Kilic/Lobo*, AR 2006, 567.

18.10 Die REIT AG (s. Rz. 18.6) stellt als börsennotierte Gesellschaft (§ 1 REITG) entweder

– einen IFRS-Konzernabschluss auf, falls es sich bei ihr um ein Mutterunternehmen handelt, oder

– sie ist verpflichtet, einen IFRS-Einzelabschluss aufzustellen (§ 12 Abs. 1 REITG).

Eine REIT AG unterliegt daher auch als nicht-konzernverbundenes Unternehmen immer der Anwendung des IAS 40.

IV. Neuere Entwicklungen

18.11 IAS 40 ist erstmals im Jahr 2000 veröffentlicht worden. Der Standard wurde 2003 grundlegend überarbeitet und ist seither punktuell angepasst worden, etwa auch als Folgewirkung neuer Standards wie IFRS 15 und zuletzt durch IFRS 17. Hervorzuheben sind aber folgende Änderungen:

Im Dezember 2016 wurden durch das *Amendment „Transfers of Investment Property"* einige Klarstellungen hinsichtlich Übertragungen nach Nutzungsänderungen vorgenommen. Sie wurden im März 2018 mit Anwendung ab Geschäftsjahr 2018 in EU-Recht übernommen.[12]

Größere Änderungen hat die Neuordnung des Leasings durch IFRS 16 hervorgerufen, deren Erstanwendung gemeinsam mit IFRS 16, also typischerweise ab 2019, erfolgen muss. Sachlogisch ist für Leasingnehmer das frühere Wahlrecht zur Designation einer unter einem *operate lease* gehaltenen Immobilie als Anlageimmobilie weggefallen.[13] Beim Leasingnehmer ist ferner das Nutzungsrecht für jede Immobilie, die nach seiner Beurteilung die Qualität einer Anlageimmobilie aufweist, nach der Erstbewertung auch wie eine Anlageimmobilie zu bilanzieren.

Im Übrigen bestehen keine Pläne zur Änderung des IAS 40.

18.12–18.19 frei

B. Ansatz

I. Allgemeine Ansatzkriterien

18.20 Für den Ansatz von Anlageimmobilien gelten die allgemeinen Ansatzkriterien (wahrscheinlicher Nutzenzufluss, verlässliche Kostenermittlung, IAS 40.16). Die Voraussetzung des wirtschaftlichen Eigentums (Verfügungsmacht, Kontrolle) ergibt sich aus dem Vermögenswertkriterium (CF 4.3 ff.; Rz. 7.21 ff.).

---

12 VERORDNUNG (EU) 2018/400 DER KOMMISSION vom 14.3.2018, in ABl. L 72/13 v. 15.3.2018.
13 Siehe Vorauflage, Rz. 1826.

II. Definitionsmerkmale von Anlageimmobilien und Abgrenzung zu anderen Immobilien

1. Immobilienbegriff: Eigenständige Cashflow-Erzielung

Grundvoraussetzung der Anwendung des IAS 40 ist die unmittelbare Existenz von Grund und Boden, Gebäuden oder Gebäudeteilen. Es wird allerdings nicht definiert, was unter einem Gebäude zu verstehen ist. Sind Trockendocks, Flugzeughangars, Trafostationen oder Fußballstadien als Gebäude zu würdigen und damit einer Anwendung des IAS 40 zugänglich? 18.21

In einer ersten Annäherung kann für den Gebäudebegriff auf das Kriterium der Eignung für den dauernden Aufenthalt von Menschen aus dem deutschen Bewertungsrecht abgestellt werden.[14] Danach sind Bauwerke Gebäude, wenn sie ausreichend standfest und fest mit dem Grund und Boden verbunden sind. Menschen oder Sachen werden durch räumliche Umschließungen Schutz gegen äußere Einflüsse gewährt (Abschnitt A.1 Abs. 2 BewRGr). 18.22

Indes scheint uns diese Grenzziehung zu eng: Eine Immobilie ist zunächst einmal eine nicht bewegliche Sache (Gegenstand). Sodann erscheint uns eine Auslegung nach dem Sinn und Zweck des Standards, wie sie von *Böckem/Schurbohm* vorgenommen wird, angebracht. Hiernach kommt es auf die Möglichkeit einer marktlichen Verwertung von Immobilien an:[15] Können Immobilien in Abgrenzung zu eigengenutzten Immobilien **unabhängig von anderen Vermögenswerten des Unternehmens Cashflows** erzielen, kommt eine Klassifizierung als Anlageimmobilie in Betracht (IAS 40.7). Auf die konkrete technische Art der Nutzung der Immobilien kommt es hingegen nicht an. Die Möglichkeit **eigenständiger Cashflow-Erzielung** ist damit unabdingbare Voraussetzung für die Klassifikation als Anlageimmobilie.[16] Demzufolge fallen Trockendocks, Flugzeughangars und Fußballstadien grundsätzlich in den Anwendungsbereich des IAS 40, Trafostationen aber wohl kaum. Hinzu tritt häufig die eher passive Vermieterrolle (dann Anlageimmobilie, siehe hierzu Rz. 18.28 ff.)

In IAS 40.8 werden als Beispiele für Anlageimmobilien genannt: 18.23

– Grundstücke, die langfristig zum Zwecke einer Wertsteigerung gehalten werden,
– Grundstücke, deren zukünftige Nutzung bisher noch unbestimmt ist,
– Gebäude oder Gebäuderechte im Besitz des Unternehmens, die im Rahmen eines oder mehrerer Operating-Leasings vermietet werden,
– leer stehende Gebäude, die im Rahmen eines Operating-Leasings vermietet werden sollen,
– die Entwicklung und die Erstellung von Immobilien, die zukünftig als Anlageimmobilie genutzt werden sollen.

---
14 Vgl. Haufe IFRS-Komm[16], § 16 Rz. 4.
15 Vgl. *Böckem/Schurbohm-Ebneth*, IFRS Immobilien[2], Abschn. 2 Rz. 42 f.
16 Vgl. auch EY-iGAAP 2018, 1315.

2. Wirtschaftliches Eigentum und Leasing

18.24 Die auf die Klassifizierung zu prüfenden Immobilien müssen im **wirtschaftlichen Eigentum** des Bilanzaufstellers liegen. Er muss

– zivilrechtlicher Eigentümer sein, oder

– er verfügt mindestens über wirtschaftliches Eigentum, indem er zum Beispiel die Immobilie geleast hat (Rz. 17.49, dann Bilanzierung als Nutzungsrecht) oder erst eine notarielle Beurkundung über den Erwerb vorliegt.

Die Grundbucheintragung ist nicht notwendig, um in die Bilanzierung nach IAS 40 zu fallen.[17]

Tritt ein Unternehmen hingegen als **Leasinggeber** im Rahmen eines Finanzierungsleasings auf, liegt kein Anwendungsfall des IAS 40 (IAS 40.9e). Beim Leasinggeber ist eine Forderung i.H.d. Nettoinvestitionswertes aus dem Leasingverhältnis anzusetzen (IFRS 16.67; siehe hierzu ausführlich Rz. 17.73 ff.)

3. Immobilien in Bau und Verkauf im Rahmen der gewöhnlichen Geschäftstätigkeit

18.25 Werden Gebäude hergestellt, die veräußert werden sollen, ist IAS 2 anzuwenden. Liegt bereits ein Kundenauftrag zur Herstellung eines Gebäudes vor, kommt es zur Anwendung des IFRS 15.

Erstellt der Bilanzierende Gebäude, die später als Anlageimmobilien eingesetzt werden sollen, ist bereits während der Bauphase IAS 40 anzuwenden. Das hat folgende Konsequenz:

– Bei Wahl des **Cost-Modells** sind die Anschaffungs- und Herstellungskosten zu aktivieren.

– Bei Wahl der **Fair Value Bewertung** sind zunächst bei erstmaliger Aktivierung die Anschaffungs- und Herstellungskosten anzusetzen (IAS 40.20). Sobald aber der Fair Value der ggf. noch im Bau befindlichen Immobilie ermittelbar ist, muss auf die Fair Value Bewertung umgestiegen werden (IAS 40.53). Zu Schwierigkeiten der Fair Value-Ermittlung siehe Rz. 18.59.

4. Selbstnutzung von Immobilien versus Anlageimmobilien, Mischnutzung

18.26 Werden Immobilien zur Erstellung von Gütern und Dienstleistungen oder für Verwaltungszwecke eingesetzt (*owner-occupied property*), fallen sie nicht unter die Definitionsmerkmale von Anlageimmobilien, sondern sind entsprechend IAS 16 (entweder zu fortgeführten Kosten oder nach der Neubewertungsmethode) zu bilanzieren. Hierzu zählen auch (nicht genutzte) *Vorratsimmobilien* oder auch *an Mitarbeiter vermietete Wohnungen* (IAS 40.9c).

---

[17] Vgl. Haufe IFRS-Komm[16], § 16 Rz. 23.

Unstrittig ist die Existenz **langfristiger Mietverträge** oder **Operating Leasing** deutliches Anzeichen für eine Anlageimmobilie (IAS 40.8c und d). Daher sind Immobilien-(Leasing)-Gesellschaften häufig von der Anwendung des IAS 40 betroffen. Treten Immobilien-Gesellschaften auch als Händler auf, ist in besonderer Weise die Verwendungsabsicht der einzelnen Immobilien zu dokumentieren, da solche Immobilien keine Anlageimmobilien darstellen.[18]

18.27

Im Einzelfall kann die Abgrenzung der Vermietung von den Fällen schwierig sein, in denen lediglich die Betriebsfunktion ausgegliedert wird und der Immobilieneigentümer nicht nur eine **passive Vermieterrolle** einnimmt (dann Anlageimmobilie), sondern stattdessen weiterhin ein **Betreiberrisiko** trägt (dann eigengenutzt).

18.28

Beispiel: Ein Hotel, welches zu einem *festen* Pachtzins an einen Betreiber verpachtet wird, ist aus Sicht des Verpächters eine Anlageimmobilie. Ist der Pachtzins hingegen *variabel* gestaltet in Abhängigkeit der Auslastung des Hotels, ist dieses nach IAS 16 zu bilanzieren (IAS 40.13).[19]

Die Betreiberfunktion überwiegt insbesondere bei **kurzfristiger Vermietung**, etwa der stundenweisen Vermietung von Parkplätzen in einem Parkhaus.[20] Wird im Zusammenhang mit kurzfristigen Mietverträgen zudem ein ganzes Dienstleistungsbündel angeboten (z.B. in einem Hotel), ist die Frage geklärt: Es wird ein eigenes Geschäft betrieben, eine Anlageimmobilie liegt *nicht* vor (IAS 40.12). Anders aber bei kleineren Nebenleistungen des Vermieters, wie Sicherheits-, Reinigungs- oder Verwaltungsdienstleistungen in Verbindung mit einer ansonsten langfristigen Vermietung einer Immobilie, soweit der Anteil dieser Nebenleistung im Verhältnis zur Hauptleistung unbedeutend ist (IAS 40.11). Eine Zuordnung zu den Anlageimmobilien erfolgt nach *Böckem/Schurbohm*, wenn der Ertrag aus einer Nebenleistung, die im Zusammenhang mit einer vermieteten Immobilie steht, weniger als 5 % des Gesamtertrages aus Dienstleistung und Vermietung ausmacht.[21]

Im Übrigen hat der IASB selbst die Frage jedoch ausdrücklich offen gelassen und auf die Beurteilungsfähigkeit der Bilanzierenden nach dem Sinn und Zweck des IAS 40 (prinzipienbasiert) verwiesen (IAS 40.B38).

Gemischt genutzte Immobilien sind nach dem Kriterium der **Einzelveräußerbarkeit** aufzuteilen in Anlageimmobilien (IAS 40) und andere (IAS 16). Könnte ein Teil der Immobile getrennt verkauft oder im Rahmen eines Finanzierungsleasings rechtlich abgetrennt werden, ist die Realisierbarkeit von Wertsteigerungen – die Grundvoraussetzung für die Aktivierung als Anlageimmobilie – überhaupt erst möglich, ohne die eigengenutzten Teile der Immobilie zu veräußern.[22] Grund und Boden oder Gebäude, die nach diesem Kriterium nicht mehr weiter unterteilt werden können, sind dann unter IAS 40 einzuordnen, wenn der Nutzenanteil in der Produktion/Verwaltung von untergeordneter Bedeutung ist (IAS 40.10). Hier besteht

18.29

---

18 Vgl. *Helmschrott*, DB 2001, 2457.
19 Vgl. *Böckem/Schurbohm-Ebneth*, KoR 2003, 335 (338).
20 So auch Haufe IFRS-Komm[16], § 16 Rz. 12.
21 Vgl. *Böckem/Schurbohm-Ebneth*, IFRS Immobilien[2], Rz. 32.
22 Vgl. *Böckem/Schurbohm-Ebneth*, IFRS Immobilien[2], Rz. 27 f.

Ermessensspielraum; ein untergeordneter Nutzenanteil wird im deutschsprachigen Schrifttum für 5 % bis 10 % bezogen auf den Flächenanteil diskutiert[23], international liegt er zwischen 15 % bis 20 %.[24]

18.30 Folgendes Beispiel zeigt noch einmal deutlich das entscheidende Beurteilungskriterium zur Klassifikation einer Immobilie als Anlageimmobilie – die **Cashflow-Erzielung unabhängig von anderen Unternehmensteilen** (IAS 40.7) – sowie die Aufteilungsmöglichkeit bei Mischnutzung:

Beispiel:[25] Ein Fährunternehmer betreibt in unmittelbarer Nähe zur Anlegestelle ein fünfgeschossiges Parkhaus, in dem die Stellplätze kostenpflichtig zur Verfügung gestellt werden. Das Parkhaus wird nur von jenen genutzt, die die Beförderungsleistung (Hauptleistung) in Anspruch nehmen. Damit ist das Betreiben des Parkhauses keine Tätigkeit, deren Cashflows (Risiken und Chancen) unabhängig von der Hauptleistung sind: Fällt die Fähre aus, steht das Parkhaus leer. Das Parkhaus ist als Immobilie i.S.v. IAS 16 zu würdigen, unabhängig davon, wie man zur Frage der kurzfristigen Mietleistung steht (Rz. 18.28).

Abwandlung: Von den fünf Geschossen werden zwei über einen **langfristigen Mietvertrag** an ein neu errichtetes Hotel vermietet. Unter der Voraussetzung, dass die Parkhausetagen einzeln veräußert werden können, sind die zwei an das Hotel vermieteten Etagen aus Sicht des Parkhausbetreibers eine Anlageimmobilie und damit nach IAS 40 zu bilanzieren. Liegt diese Voraussetzung nicht vor, ist das Parkhaus insgesamt als Immobilie gem. IAS 16 zu werten, da der Nutzungsteil im Hinblick auf die drei Etagen (Hauptleistung: Fährdienst) überwiegt.

5. Ausstattungsgegenstände von Immobilien

18.31 Regelmäßig werden Immobilien gemeinsam mit ihren Ausstattungsgegenständen (Büroausstattungen, Klimaanlagen, Aufzüge usw.) vermietet bzw. verleast. Hier gilt:

– Bei Anwendung des **Fair Value Modells** sind Gegenstände, die als integraler Bestandteil der Anlageimmobilie angesehen werden, in die Fair Value-Bewertung einzubeziehen. Sie stehen in engem Zusammenhang mit der Erzielung der Miet- und Pachteinnahmen und stellen bei Berücksichtigung im Fair Value somit keinen gesonderten Vermögenswert dar, wenn die Anlageimmobilie an sich der dominierende Bestandteil ist und sonstige Vermögenswerte erst den Nutzen dieser Anlageimmobilie ermöglichen.

– Wird dagegen nach dem **Cost-Modell** bewertet, können die nämlichen Gegenstände einzelne Vermögenswerte in Sinne des Komponentenansatzes nach IAS 16 darstellen.

6. Noch unbestimmte Nutzung, Dokumentation

18.32 Ist bei einer Immobilie deren zukünftige Verwendung noch unbestimmt, handelt es sich um eine Anlageimmobilie (IAS 40.8b).

---

23 Vgl. *Böckem/Schurbohm*, KoR 2002, 38 (40 f.: sollte aber niedriger sein).
24 Vgl. Haufe IFRS-Komm[16], § 16 Rz. 18.
25 In Anlehnung an *Böckem/Schurbohm-Ebneth*, KoR 2003, 335 (336).

Es empfiehlt sich, die beabsichtigte Verwendung von bislang nicht genutzten **Bestandsimmobilien** zu dokumentieren. Versäumt man dies, werden diese wie Anlageimmobilien behandelt mit der Folge, regelmäßig Fair Values ermitteln zu müssen. Eine Dokumentation als Vorratsimmobilie beispielsweise zur beabsichtigten Produktionserweiterung verhindert dies und erfordert u.E. nicht, ein konkretes Investitionsvorhaben schon geplant zu haben. Eine spätere Verwendungsänderung ist klar ein neues Ereignis und nicht als Methodenänderung nach IAS 8 rückwirkend, sondern nach den Nutzungsänderungsvorschriften des IAS 40 abzubilden (Rz. 18.65).

frei   18.33–18.39

C. Zugangsbewertung

I. Zugangsarten

Der erstmalige Ansatz von Anlageimmobilien, die aus einem **Einzelanschaffungs- oder Herstellungsvorgang** resultieren, erfolgt zu Anschaffungs- und Herstellungskosten (*at its costs*, IAS 40.20). 18.40

Immobilien in Bau, die später als Anlageimmobilien genutzt werden sollen, fallen bereits in den Anwendungsbereich des IAS 40 (Rz. 18.25). Die Wahlrechtsausübung für die Folgebewertung von Anlageimmobilien – Cost-Modell oder Fair Value-Modell (Rz. 18.50) – gilt dann auch für die in Bau befindlichen Anlageimmobilien.

Bei Wahl des **Cost-Modells** muss für Zwecke der Anhangangaben der Fair Value der Anlageimmobilien in Bau schon vor der Fertigstellung ermittelt werden, soweit die Ermittlung möglich ist.

Wird hingegen das **Fair Value-Modell** angewendet, unterliegen auch die Anlageimmobilien in Bau grundsätzlich dieser Bewertung. Sollte der Fair Value nicht ermittelbar sein, ist spätestens nach Beendigung der Bauphase der Fair Value anzusetzen (IAS 40.53) mit erfolgswirksamer Gegenbuchung in der GuV (IAS 40.65). Falls selbst dann immer noch keine Fair Value-Bewertung möglich sein sollte, bleibt es für diese eine Immobilie bei der Anwendung des Anschaffungskostenmodells nach IAS 16, obwohl für alle anderen das Fair Value-Modell bestimmt worden ist (siehe Rz. 18.59a).

Gehen Nutzungsrechte über Anlageimmobilien im Wege des **Leasings** zu, erfolgt die Erstbewertung beim Leasingnehmer gem. IFRS 16 zu Anschaffungskosten (IAS 40.29A). 18.41

Die Erstbewertung beim **Tausch** entspricht jener bei Sachanlagen. Die Bewertung des erhaltenen Vermögenswertes erfolgt zum Fair Value des hingegebenen, wenn die Fair Values zuverlässig ermittelt werden können und es der Transaktion nicht an wirtschaftlicher Substanz fehlt (IAS 40.27 ff., Rz. 14.60). 18.42

Im Falle eines **Unternehmenserwerb**s werden alle anzusetzenden Vermögenswerte mit ihrem Fair Value bewertet. Eine beim erworbenen Unternehmen als Anlage- 18.43

immobilie qualifizierte Immobilie verliert allerdings aus Konzernsicht diese Eigenschaft, wenn sie an ein Konzernunternehmen vermietet worden ist und dort beispielsweise als eigentümergenutzte Immobilie verwendet wird (IAS 40.15, siehe auch Rz. 40.46). Im Konzernabschluss ist diese „eigengenutzte" Immobile somit zu fortgeführten Anschaffungs- und Herstellungskosten nach IAS 16 zu bewerten. Für assoziierte Unternehmen und Gemeinschaftsunternehmen trifft diese Regelung nicht zu.[26]

II. Anschaffungs- und Herstellungskosten

18.44 Bei der erstmaligen Bewertung gehören zu den Anschaffungs- oder Herstellungskosten auch die Transaktionskosten wie Notariatskosten, Beratungsgebühren oder die Grunderwerbsteuer unabhängig davon, ob die Folgebewertung nach dem Cost- oder Fair Value-Modell erfolgt (IAS 40.20 f.).

Auf den Umgang mit möglichen Anschaffungspreisminderungen oder **Abbruchverpflichtungen** geht IAS 40 allerdings nicht ein. U.E. sind Anschaffungspreisminderungen und Abbruchverpflichtungen nicht anders zu behandeln als nach IAS 16 (Rz. 14.41). Sollten also beispielsweise vertraglich vereinbarte Abbruchverpflichtungen bestehen, ist der Barwert der erwarteten Kosten für die Erfüllung der Verpflichtung einerseits zu passivieren und andererseits als Bestandteil der Anschaffungskosten zu aktivieren.

18.45 Bei der **Herstellung** einer Anlageimmobilie richtet sich der Umfang der Herstellungskosten ebenfalls nach den allgemeinen Grundsätzen (siehe Rz. 8.22 ff.).

18.46 Nicht in die Ermittlung der Anschaffungs- oder Herstellungskosten nach IAS 40 dürfen einbezogen werden:
- Anlaufkosten, insofern diese nicht notwendig sind, um die Anlage in den betriebsbereiten Zustand zu versetzen,
- anfängliche Betriebsverluste,
- ungewöhnlich hohe Aufwendungen, die bei der Entwicklung oder Erstellung der Anlageimmobilie angefallen sind (IAS 40.23).

18.47 Anlageimmobilien können auch qualifizierte Vermögenswerte darstellen, so dass die Aktivierung von **Fremdkapitalkosten** in Betracht kommt. Voraussetzung einer Fremdkapitalkostenaktivierung ist die Bewertung der Anlageimmobilien nach dem Cost-Modell (Rz. 15.24). Beim Fair Value-Modell zur Bewertung von Anlageimmobilien besteht ein Wahlrecht zur Fremdkapitalkostenaktivierung (Rz. 15.7).

18.48 Der **Komponentenansatz** ist auch für Anlageimmobilien einschlägig (IAS 40.17 ff., siehe Rz. 14.25 ff.), im Anwendungsbereich beschränkt auf das **Cost-Modell**, da bei

---

26 Vgl. *Böckem/Schurbohm-Ebneth*, IFRS Immobilien², Rz. 38; *Zülch/Höltken* in T/vK/B, IAS 40 Rz. 156.

einer Fair Value-Bewertung der Ersatz wesentlicher Komponenten am Abschlussstichtag durch Wertsteigerungen berücksichtigt wird.

frei 18.49

D. Folgebewertung

I. Wahlrecht: Fortgeführte Kosten oder erfolgswirksame Fair Value-Bewertung

IAS 40 eröffnet ein Wahlrecht für Anlageimmobilien zur 18.50
– **erfolgswirksamen Bewertung zum Fair Value** (Fair Value-Modell) oder
– zu **fortgeführten Anschaffungs- bzw. Herstellungskosten** (Cost-Modell).

Das Wahlrecht ist **einheitlich** für alle Vermögenswerte und Nutzungsrechte (Leasing), die als Anlageimmobilien eingestuft worden sind, auszuüben.

Bei Wahl des Cost-Modells müssen gleichwohl die **Fair Values** der Anlageimmobilien **zwecks Anhangangaben** ermittelt werden Somit besteht unabhängig von der Ausübung des Wahlrechts die Pflicht zur Fair Value-Ermittlung am Bilanzstichtag (IAS 40.32). Die Abb. 18.1 verdeutlicht die Unterschiede bei diesem Bewertungswahlrecht.

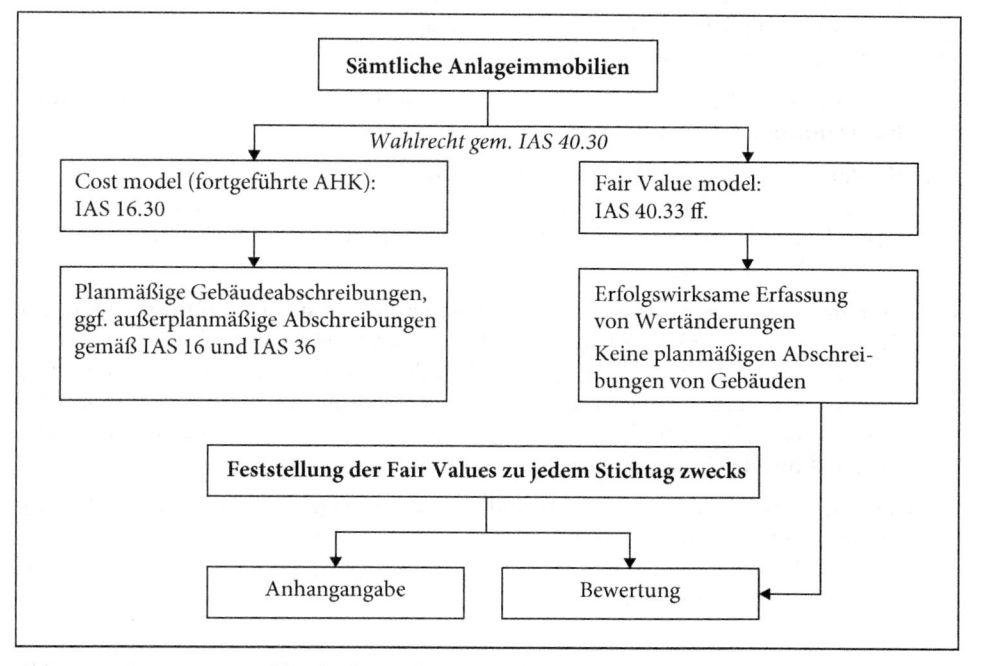

Abb. 18.1: Bewertungswahlrecht für Anlageimmobilien

18.51 Für (interne) **Immobilienfonds** zur Abdeckung von Verpflichtungen besteht eine Sonderregelung: Das Bewertungswahlrecht kann hier pro Fonds ausgeübt werden und ist unabhängig davon, wie das Bewertungswahlrecht für andere Anlageimmobilien ausgeübt wird, die nicht mit Verbindlichkeiten im Zusammenhang stehen, deren Rendite von der Immobilie abhängt (IAS 40.32A ff.).

II. Fortgeführte Anschaffungs- und Herstellungskosten

18.52 Die Bewertung von Anlageimmobilien zu fortgeführten Kosten folgt den entsprechenden Vorschriften des IAS 16 (IAS 40.56, siehe Rz. 14.73 ff.) und im Falle von Nutzungsrechten über Anlageimmobilien jenen des IFRS 16, der seinerseits wieder auf IAS 16 abstellt (Rz. 17.59). Für Wertminderungsprüfungen und außerplanmäßige Abschreibungen ist IAS 36 anzuwenden (IAS 36.2f, siehe Rz. 19.1 ff.). Die Neubewertungsmethode – das Wahlrecht *zur erfolgsneutralen* Fair Value Bewertung innerhalb des IAS 16 – ist nicht anwendbar.

Einer Qualifikation von Anlageimmobilien und Nutzungsrechten als *assets held for sale* gem. IFRS 5 ist Vorrang einzuräumen (Rz. 30.1 ff.).

III. Fair Value-Modell

18.53 Unter dem Fair Value-Modell wird eine **erfolgswirksame Erfassung** (aus HGB-Perspektive) **nicht realisierter Gewinne** für Anlageimmobilien ermöglicht. Folgende Dinge sind dabei zu beachten:

(1) Beim erfolgswirksamen Fair Value-Modell sind **keine planmäßigen Gebäudeabschreibungen** zu verrechnen.

(2) Die Berücksichtigung unternehmensindividueller Synergien, Steuervorteile etc. (also der Ansatz eines *value in use* statt des Fair Values) kommt *nicht* in Betracht. Der Fair Value ist auf Basis eines **hypothetischen Marktteilnehmers** zu schätzen, Rz. 18.54 ff.

(3) Der Fair Value erfasst **keine Anschaffungsnebenkosten** (Transaktionskosten, wie z.B. 5–6 % für Grunderwerbsteuer, Notargebühren, Maklerprovisionen etc.). Daraus folgt, dass bei Anwendung des Fair Value-Modells kurz nach Anschaffung die bei Erstansatz zwingend anzusetzenden Transaktionskosten (Rz. 18.44) erfolgswirksam abgeschrieben werden, sofern nicht eine kompensierende Fair Value-Erhöhung eingetreten ist.

(4) Der Fair Value hat die Anlageimmobilie in ihrem **gegenwärtigen Zustand** zu reflektieren (**Stichtagswert**, Rz. 8.30), d.h. ohne Investitionen, die zu einer wesentlichen Verbesserung oder Erweiterung führen und folglich auch ohne die dann entsprechend höheren Mieterwartungen.

(5) Bei **im Bau befindlichen Anlageimmobilien** dürfte wegen Schwierigkeiten der Fair Value-Ermittlung (Rz. 18.59) regelmäßig bis zur Fertigstellung die Bewertung zu Herstellungskosten in Betracht kommen (IAS 40.BC17).

IV. Fair Value-Ermittlung

1. Aktiver Immobilienmarkt

Zur Fair Value-Ermittlung ist auf die Ermittlungshierarchie des IFRS 13[27] zurückzugreifen (IFRS 13.72 ff., Rz. 8.26 ff.). Demnach hat auch für Anlageimmobilien der **Marktpreis auf einem aktiven Markt** („Level 1-Input") die höchste Priorität (Rz. 8.42). Indes: Da Immobilien selbst bei gleicher Beschaffenheit aufgrund unterschiedlicher Lage Unikate sind, kann es einen Handel *homogener* bzw. *identischer* Immobilien, wie er Bestandteil der Definition des aktiven Marktes ist, gar nicht geben. Insoweit muss von vornherein auf *ähnliche* Immobilien abgestellt werden. Die höchste zu erreichende Stufe der Fair Value Ermittlung für Anlageimmobilien ist damit das Level-2-Input.

18.54

2. Bewertungsverfahren

Dennoch bestehen – aus der Zeit vor IFRS 13 – Vorschläge zur Charakterisierung eines „aktiven" Immobilienmarkts:[28]

18.55

(a) Die Vergleichsobjekte sind sich in Lage, Ausstattung, Zustand (Baujahr, Bauweise) und Vermietungssituation ähnlich.

(b) Für diese Immobilien lassen sich auf absehbare Zeit, d.h. innerhalb der nächsten 36 Monate, transaktionsbereite Käufer bzw. Verkäufer finden.

(c) Die Transaktionspreise einzelner Vergleichsobjekte stehen der Öffentlichkeit, mindestens jedoch den mit der Bewertung mandatierten Sachverständigen, zur Verfügung.

Tatsächlich handelt es sich bei dieser Charakterisierung bereits um ein **Vergleichswertverfahren**, in der Diktion des IFRS 13 um einen Level-2-Input (Rz. 8.47). Hinzu kommt – auf dem deutschen Immobilienmarkt – insbesondere das Problem der Erhältlichkeit einzelner Transaktionspreise. Die etwa in Gutachterausschüssen für Grundstückswerte[29] hierzu vorgehaltenen Daten stehen grundsätzlich und vollumfänglich nur den ihnen jeweils angehörenden Gutachtern zur Verfügung. Mit Immobilienbewertungen befasste Sachverständige, die nicht zugleich Mitglied in einem Gutachterausschuss sind, haben kein unbeschränktes Einsichtsrecht. Es wird ihnen aber bei Vorlage eines berechtigten Interesses (z.B. Verkehrswertermittlung)

---

27 Verabschiedet vom IASB im Mai 2011, anzuwenden in Geschäftsjahren, die am oder nach dem 1.1.2013 beginnen. Europarechtliche Umsetzung für Herbst 2012 geplant.
28 Siehe *Baumunk*, IFRS Immobilien², Rz. 311.
29 Vgl. *Küting/Trappmann/Keßler*, DB 2006, 1853 ff.

schriftlich Auskunft erteilt, wenn dienstliche Belange nicht entgegenstehen. Die Verwendung veröffentlichter Kaufpreisspannen (z.B. durch den Ring Deutscher Makler) ist wegen mangelndem Bezug zum zu bewertenden Objekt unzureichend im Hinblick auf (c).[30]

18.56 Da ein aktiver Immobilienmarkt nicht vorliegt[31], müssen **Bewertungsverfahren** angewendet werden, um eine Näherungslösung für den Fair Value zu erhalten:

- Sind die Vergleichsobjekte in mancherlei Hinsicht unähnlich (Rz. 18.55 (a)) und/oder liegen Kaufpreise von Vergleichsobjekten schon einen längeren Zeitraum zurück (Rz. 18.55 (b)), kommen zur Fair Value-Ermittlung **marktpreisorientierte Vergleichsverfahren** gem. IFRS 13.B5 in Betracht.
- Außerdem kann der Fair Value mit **kapitalwertorientierten Verfahren** (z.B. DCF-Methode, Rz. 8.54, IFRS 13.B10) ermittelt werden.
- Durch IFRS 13 ist die Ermittlung auf Basis der **Wiederbeschaffungskosten** (Rz. 8.53, IFRS 13.B8 f.) möglich.

Es ist das Verfahren zu bestimmen, welches die höchste Vertrauenswürdigkeit in den Eingangsvariablen aufweist (Rz. 8.55 ff.).

18.57 Immobilienwerte werden häufig von sachverständigen Gutachtern ermittelt. Hilfreich ist dabei: Nach Auffassung des IASB entspricht das Konzept des **Marktwerts** (market value) der internationalen Bewertungsstandards des International Valuation Standards Committee (IVSC) dem Fair Value (IAS 40.B52 f.).

Für die deutsche Bewertungspraxis stimmt der Begriff des Fair Value konzeptionell mit dem des Verkehrswertes in § 194 BauGB überein. Die zur Verkehrswertermittlung einschlägige **Verordnung über die Grundsätze für die Ermittlung der Verkehrswerte von Grundstücken** (ImmoWertV)[32] sieht die Anwendung eines **Vergleichswertverfahrens** in §§ 15, 16 und die Anwendung des **Ertragswertverfahrens** in §§ 17–20 vor. Beide Verfahren entsprechen grundsätzlich auch den Vorgaben des IAS 40.[33] Daher kann auf die entsprechende Kommentierung in der deutschen Spezialliteratur verwiesen werden.[34]

---

30 Vgl. *Baumunk*, IFRS Immobilien[2], Rz. 88.
31 Die Nichtexistenz aktiver Immobilienmärkte war auch eine der Einwendungen im Entwurfsstadium von IAS 40, die den Board dazu bewogen haben, als Wahlrecht die Bewertung zu fortgeführten AHK zuzulassen, s. IAS 40.B46a und IAS 40.B47 f.; vgl. auch *Baetge/Zülch*, BFuP 2001, 543 (556).
32 Immobilienwertermittlungsverordnung v. 19.5.2010, BGBl. I 2010, 639.
33 Vgl. *Baumunk*, IFRS Immobilien[2], Rz. 323 ff. Zu einigen Detailunterschieden beim Ertragswertverfahren zum DCF-Verfahren s. *Matzen*, Unternehmensbewertung von Wohnungsbauunternehmen, 2005, 38 ff.
34 Vgl. *Kleiber*, Marktwertermittlung nach ImmoWertV[8]; *Holzner/Renner*, Ermittlung des Verkehrswertes von Grundstücken und des Wertes baulicher Anlagen[29]; *Simon* u.a., Schätzung und Ermittlung von Grundstückswerten[8].

Bislang jedoch ist das in §§ 21–23 ImmoWertV genannte Sachwertverfahren (Substanzwert, Herstellungswert) für eine marktorientierte Wertfindung grundsätzlich als ungeeignet angesehen worden.[35] Daran dürften mit der expliziten Zulässigkeit kostenorientierter Verfahren durch IFRS 13 Zweifel bestehen; u.E. kann auch das Sachwertverfahren für eine Fair Value Ermittlung in Betracht gezogen werden.

3. Häufigkeit der Fair Value-Ermittlung, Zwischenberichterstattung

Da der Fair Value die Verhältnisse am Abschlussstichtag widerspiegeln soll, ist grundsätzlich jährlich eine Wertermittlung erforderlich. Sollten jedoch keine Anzeichen für eine Wertveränderung vorliegen, ist eine **Wertfortschreibung** nicht zu beanstanden.[36] 18.58

Dies gilt erst recht für die Zwischenberichterstattung. Explizit kann hier auf das Einholen von Gutachten verzichtet werden (IAS 34.IE.C7).

4. Fair Value nicht bestimmbar

Sollte bei Wahl des **Fair Value-Modells** im Ausnahmefall für eine *einzelne* Immobilie[37] der *Fair Value nicht bestimmbar* sein, ist wie folgt zu differenzieren: 18.59

(a) Wird eine fertige Immobilie *erstmals* als Anlageimmobilie qualifiziert, ist sie unverändert zu fortgeführten Anschaffungs- und Herstellungskosten gem. IAS 16 zu bewerten, falls das Unternehmen zum Schluss kommt, dass Fair Values auch in künftigen Perioden nicht fortwährend verlässlich ermittelbar wären. Abweichend hiervon ist der spätest mögliche Übergang zur Fair Value-Bewertung bei Anlageimmobilien in Bau der Zeitpunkt der Fertigstellung. Ist auch zu diesem Zeitpunkt der Fair Value nicht bestimmbar, bleibt es für alle Folgeperioden bei der Bewertung zu fortgeführten Kosten nach IAS 16 (IAS 40.53).

(b) Wurde die Immobilie *vormals* bereits zu ihrem Fair Value bewertet und können in späteren Perioden jeweils aktuelle beizulegende Zeitwerte *nicht* ermittelt werden, so kann die Immobilie offensichtlich nur mit dem *letzten* zur Verfügung stehenden Fair Value bewertet werden (IAS 40.55). Ein Wechsel auf eine Bewertung zu fortgeführten Kosten ist trotz der Unmöglichkeit einer aktuellen und verlässlichen Fair Value-Bewertung jedenfalls ausgeschlossen.[38]

Wurde als Bewertungsverfahren hingegen das **Cost-Modell** gewählt und sind wie vorstehend Fair Values zur Erfüllung der **Angabepflicht** nicht ermittelbar, entfällt die Angabe des Fair Values zu Rz. 18.59 (a) für diese eine Immobilie (IAS 40.79e), 18.60

---

35 Vgl. *Jung/Hänel* in Beck IFRS-HB[5], § 6 Rz. 80: Anwendung ggf. dann, wenn Errichtung eines Neuobjekts echte Alternative zum Bewertungsobjekt darstellt.
36 Vgl. *Böckem/Schurbohm-Ebneth*, KoR 2003, 335 (341 f.).
37 Alle anderen Anlageimmobilien sind gleichwohl zum Fair Value zu bewerten (IAS 40.54).
38 So auch *Zülch/Höltken* in T/vK/B, IAS 40 Rz. 276.

wobei offen bleibt, ob die Angabepflicht wieder auflebt, wenn in späteren Perioden doch Fair Values ermittelbar sind. Eine entsprechende eindeutige Regelung hinsichtlich der Angabepflicht fehlt bei Rz. 18.59 (b). Sachgerecht ist, hier ebenfalls den letzten zur Verfügung stehenden Fair Value anzugeben.

Im Übrigen ist neben der Beschreibung der Immobilie zu erklären, warum der Fair Value nicht ermittelbar ist und, falls möglich, eine Schätzungsbandbreite anzugeben, innerhalb derer der Fair Value höchstwahrscheinlich liegt (IAS 40.79e).

V. Wechsel der Bilanzierungsmethode: vom Cost-Modell zum Fair Value-Modell

18.61 Grundsätzlich ist die einmal gewählte Bilanzierungsmethode für alle Anlageimmobilien einheitlich auszuüben und wegen des Stetigkeitgrundsatzes beizubehalten. Der Wechsel der Bilanzierungsmethode vom Cost-Modell zum Fair Value-Modell ist nur möglich, wenn dadurch die Darstellung im Abschluss verbessert wird. Bei einem umgekehrten Wechsel wird die verbesserte Darstellung bezweifelt (IAS 40.31).

18.62 Bei einem Methodenwechsel ist IAS 8 anzuwenden, der regelmäßig die retrospektive Anpassung vorsieht (Rz. 12.40 ff.). Das nachfolgende Beispiel verdeutlicht den Methodenwechsel vom Cost-Modell zum Fair Value-Modell unter Einschluss latenter Steuern:

Beispiel: Zu Beginn des Jahres 01 hat das nach IFRS bilanzierende Unternehmen U eine Gewerbeimmobilie zu Anschaffungskosten von 9 Mio. Euro erworben und an ein anderes Unternehmen vermietet. Aus Sicht von U handelt es sich um eine Anlageimmobilie. U hat sich für das Cost-Modell entschieden und schätzt die Nutzungsdauer auf 33 Jahre. Die Immobilie wird daher mit 3 v.H. auch mit steuerlicher Wirkung (§ 7 Abs. 4 EStG) linear abgeschrieben; der jährliche Abschreibungsbetrag beläuft sich (unter Abstraktion von Grund und Boden) auf 270 TEuro. U unterliege einem Steuersatz von 30 %.

Nach IAS 40.79e sind auch bei Wahl des Cost-Modell die Fair Values für Anlageimmobilien anzugeben, sofern der Wert – was hier unterstellt wird – zuverlässig ermittelt werden kann:

	Berichtsjahr 02	Vergleichsvorjahr 01
Fair Value in TEuro	8.800	9.000

Im Jahr 03 beobachtet U einen spürbaren Anstieg der Immobilienpreise in der Region; der aktuelle Fair Value der Gewerbeimmobilie wird mit 9.100 TEuro ermittelt. Das Management beschließt daraufhin, die Bilanzierungsmethode zu ändern und zum Fair Value-Modell überzugehen. Da die Fair Values vorliegen, ist die retrospektive Änderung vorzunehmen. Bei der **Abschlussaufstellung 03** ist die Immobilie daher so zu bilanzieren, als sei schon immer das Fair Value-Modell angewandt worden.

Die folgende Tabelle stellt die benötigten Ausgangsdaten zur Verfügung:

	Cost-Modell			Fair Value-Modell	
	Abschreibung in TEuro	Buchwert in TEuro	Buchwert-differenz in TEuro	Buchwert in TEuro	Erfolgswirksame Wert-änderung in TEuro
Anschaffung		9.000		9.000	
01	270	8.730	270	9.000	
02	270	8.460	340	8.800	- 200
03	270	8.190	910	9.100	+ 300

Zur Änderung der Bilanzierungsmethode ist in folgenden Schritten vorzugehen:

Im Abschluss 03 wird das Vergleichsvorjahr 02 angegeben, aber nicht mehr das Jahr 01. Beim Fair Value-Modell hätte es im Jahr 01 keine planmäßige Abschreibung der Immobilie gegeben. Daher ist die Abschreibung des Jahres 01 zurückzudrehen und mit dem Eröffnungsbilanzwert der Immobilie und den Gewinnrücklagen zum 1.1.02 zu verrechnen, und zwar unter Einschluss von latenten Steuern:

Immobilie	270.000	an	Gewinnrücklage	189.000
			Passive latente Steuern	81.000

Damit weist die Immobilie zum 1.1. 02 einen Fair Value von 9.000.000 auf. Die Buchung korrigiert die in der Vorperiode vorgenommene Abschreibung, jetzt jedoch erfolgsneutral: Wäre nicht abgeschrieben worden, hätte sich das Eigenkapital auch nicht entsprechend gemindert. Da aber in der Steuerbilanz auf jeden Fall abgeschrieben wird, wären schon in 01 latente Steuern angefallen, die erfolgswirksam hätten gebucht werden müssen. Da die Korrektur aber erst zum 1.1. 02 erfolgt, werden die latenten Steuern erfolgsneutral eingebucht.

Sodann ist das Vergleichsvorjahr 02 zu korrigieren. In 02 sind ursprünglich planmäßig 270.000 Euro an Abschreibungen verrechnet worden. Tatsächlich fallen im Fair Value-Modell jedoch keine planmäßigen Abschreibungen an, so dass diese korrigiert werden müssen. Stattdessen ergeben sich Fair Value-Anpassungen. Sowohl IAS 40 als auch IAS 1 lassen jedoch offen, an welcher Stelle Fair Value-Anpassungen in der GuV auszuweisen sind. Bei wesentlichen Beträgen (z.B. bei Immobiliengesellschaften) ist ein gesonderter Ausweis üblich, im Übrigen kommt der sonstige betriebliche Aufwand/Ertrag in Betracht (Rz. 44.27). Die Fair Value-Anpassungen werden hier auf einem Konto „Bewertungsergebnis" für Anlageimmobilien erfasst.

Im vorliegenden Sachverhalt sinkt in 02 der Fair Value um 200.000 Euro auf 8.800.000 Euro. Als Korrektur der in 02 ursprünglich eingebuchten Abschreibung ist daher zu buchen:

Bewertungsergebnis	200.000			
Immobilie	70.000	an	Abschreibung	270.000

Ferner sind latente Steuern einzubuchen, denn das IFRS-Vermögen ist gegenüber der Steuerbilanz um weitere 70.000 Euro (= 340.000 – 270.000) angestiegen. Die Einbuchung der passiven latenten Steuern ($70 \times 0{,}3 = 21$) erfolgt jetzt jedoch erfolgswirksam:

Latenter Steueraufwand	21.000	an	Passive latente Steuern	21.000

Gegenüber dem ursprünglichen Abschluss 02 erhöht sich somit das Jahresergebnis um 49.000 Euro (= 70.000 Euro – 21.000 Euro). Per 31.12. 02 ergibt sich daher eine Eigenkapitalerhöhung um 189.000 Euro (aus 01) + 49.000 Euro (aus 02) = 238.000 Euro.

Die Bilanzierung im Berichtsjahr 03 ist keine rückwirkende Korrektur, da in dieser Periode zuvor keine andere Bilanzierungsmethode angewandt worden ist. Die Buchung soll trotzdem der Vollständigkeit halber gezeigt werden. Zunächst hat sich der Fair Value der Immobilie gegenüber dem Vorjahr um 300.000 Euro erhöht:

Immobilie	300.000	an	Bewertungsergebnis	300.000

Zugleich ist in der Steuerbilanz wieder eine Abschreibung von 270.000 Euro vorgenommen worden, so dass die *Veränderung* der Vermögensdifferenz 570.000 Euro (= 910.000 – 340.000) beträgt. Die latenten Steuern darauf (570.000 × 0,3 = 171.000) sind einzubuchen:

Latenter Steueraufwand	171.000	an	Passive latente Steuern	171.000

Abwandlung

In Abwandlung des Ausgangsfalls habe U die Fair Values für die Immobilie in den Jahren 01 und 02 *nicht* bestimmen können. In diesem Fall kommt bei einem Methodenwechsel eine retrospektive Anpassung nicht in Betracht, *und zwar auch dann nicht*, wenn jetzt, in 03, die Fair Values für die vergangenen Abschlussstichtage vorliegen sollten (IAS 8.52).

Da angenommen wird, dass erstmals zum Bilanzstichtag 03 der Fair Value mit 9.100.000 Euro ermittelt werden konnte, kann auch dann erst ein Methodenwechsel vorgenommen werden. In diesem Fall sind die in den Jahren 01 und 02 vorgenommenen Abschreibungen (540.000) erfolgswirksam (und aperiodisch, d.h., ein Abschreibungskonto wird nicht mehr angesprochen) zu korrigieren und die weitere Werterhöhung um 100.000 auf 9.100.000 einzubuchen (IAS 8.25):

Immobilie	640.000	an	Bewertungsergebnis	640.000

In der Steuerbilanz werden in 03 noch einmal 270.000 Euro abgeschrieben, so dass sich die Vermögensdifferenz auf 640.000 Euro + 270.000 Euro = 910.000 Euro per 31.12.03 beläuft. Darauf sind latente Steuern i.H.v. 0,3 × 910.000 Euro = 273.000 Euro zu berechnen:

Latenter Steueraufwand	273.000	an	Passive latente Steuern	273.000

E. Ausbuchung und Nutzungsänderung

I. Veräußerung und Veräußerungsabsicht

18.63 Bei einer **Veräußerung** von Anlageimmobilien ist die Differenz zwischen dem Buchwert – unabhängig davon, ob zuvor das Cost- oder Fair Value-Modell angewandt wurde – und dem Nettoveräußerungspreis erfolgswirksam zu erfassen. Zum Sonderfall des sale and lease back siehe Rz. 17.67 ff. (IAS 40.66 f.).

18.64 Besteht die **Absicht der Veräußerung** und sind die Kriterien des IFRS 5 erfüllt (Rz. 30.16 ff.), müssen Anlageimmobilien bis zum Zeitpunkt der Veräußerung unter „zur Veräußerung gehaltene langfristige Vermögenswerte und Veräußerungsgruppen" gesondert innerhalb des kurzfristigen Vermögens ausgewiesen werden. Darüber hinaus sind dann bis zum Zeitpunkt der Veräußerung für Anlageimmobilien, *die nach dem Cost-Modell bewertet worden sind*, die Bewertungsvorschriften des IFRS 5 anzuwenden (Rz. 30.30 ff.). Bei Anlageimmobilien, die zuvor nach dem Fair Value-Modell bewertet worden sind, bleibt es trotz des veränderten Ausweises bei der Bewertung nach IAS 40 (IFRS 5.5d).

II. Nutzungsänderungen

Umgliederungen von und nach Anlageimmobilien sind bei **Nutzungsänderungen** erforderlich und auch auf diese beschränkt. Sie können, je nach gewähltem Bewertungsverfahren, zum Ausweis von Bewertungsgewinnen führen. Die Abb. 18.2 zeigt die Konsequenzen:

18.65

Fall (IAS 40.57)	bisherige Nutzung	künftige Nutzung	Bewertung und Realisation	
(a)	Anlageimmobilie	eigengenutztes Grundstück/ Gebäude	Buchwertfortführung	
(b)	Anlageimmobilie	Vorratsvermögen	Buchwertfortführung	
			Cost-Modell	Fair Value-Modell
(c)	eigengenutztes Grundstück/ Gebäude	Anlageimmobilie	Buchwertfortführung	erfolgsneutrale Bewertungsanpassung (IAS 40.61 f.)
(d)	Vorratsvermögen	Anlageimmobilie	Buchwertfortführung	erfolgswirksame Bewertungsanpassung (IAS 40.63)

Abb. 18.2: Umgliederung von Anlageimmobilien

Im Fall (b) kommt eine Umgliederung in das Vorratsvermögen nur dann in Betracht, wenn einerseits Veräußerungsabsicht besteht, andererseits aber noch Aufwendungen geleistet werden müssen, um das Grundstück oder Gebäude überhaupt veräußern zu können (IAS 40.58). Sollte eine Veräußerung jedoch unmittelbar möglich und gewollt sein, ist auch unmittelbar aus der Kategorie Anlageimmobilie zu veräußern bzw. gem. IFRS 5 umzugliedern (Rz. 18.63 f.).

18.66

Eine Umgliederung gem. Zeile (d) kommt z.B. in Betracht, wenn der Vermögenswert künftig vermietet wird. Denkbar wäre aber auch, dass eine aktuelle Verkaufsabsicht für ein Grundstück nicht besteht und es auf Grund erhoffter Wertsteigerungen langfristig gehalten werden soll.

Eine Beibehaltung des bisherigen Wertansatzes ergibt sich immer in den Fällen (a) und (b), unabhängig davon, ob das Fair Value-Modell oder das Cost-Modell zuvor gewählt worden war. Unter der Voraussetzung der Wahl des Cost-Modells werden auch in den Fällen (c) und (d) die bisherigen Wertansätze beibehalten.

18.67

Sollte demgegenüber für Anlageimmobilien das Fair Value-Modell gewählt worden sein, so ist im Fall (c) eine **erfolgsneutrale Bewertungsanpassung** (ggf. nach vorheriger Korrektur einer außerplanmäßigen Abschreibung, IAS 40.62) entsprechend der Neubewertungsmethode nach IAS 16 erforderlich (Einstellung der Bewertungsanpassung in die Neubewertungsrücklage, Rz. 14.70). In diesem Posten sind die höchsten stillen Reserven zu erwarten, so dass es hier bei einer Umgliederung nicht zu umgliederungsinduzierten Ergebnisschwankungen kommt. **Künftige Wertänderungen** sind allerdings **erfolgswirksam** zu erfassen. Bei Abgang der Anlageimmobilie ist die Neubewertungsrücklage erfolgsneutral in Gewinnrücklagen umzubuchen (IAS 40.62 b ii).

Im Fall (d) schließlich ist – bei Wahl des Fair Value-Modells – bereits die Bewertungsanpassung infolge der Nutzenänderung erfolgswirksam zu buchen, wobei hier jedoch signifikante stille Reserven regelmäßig *nicht* zu erwarten sind.

F. Ausweis

18.68 Wenn sie als wesentlich für die Beurteilung der wirtschaftlichen Lage eines Unternehmens eingestuft werden, sind Anlageimmobilien bilanziell in einem gesonderten Gliederungsposten getrennt von den eigengenutzten Immobilien und anderen Sachanlagen innerhalb der langfristigen Vermögenswerte auszuweisen (Rz. 43.43). Die Wesentlichkeit steht bei Immobiliengesellschaften außer Frage. Bei Industrieunternehmen werden Anlageimmobilien auf Bilanzebene auch mit Sachanlagen zusammengefasst. Die Aufteilung erfolgt dann im Anhang.

Bei Wahl des Fair Value-Modells wird die GuV regelmäßig durch eine gesonderte Zeile ergänzt, die das **Bewertungsergebnis** aufnimmt (Rz. 44.27). Es ist Teil der im Anhang anzugebenden Überleitungsrechnung (Anlagespiegel) vom Beginn bis zum Ende der Periode (IAS 40.76d).

G. Anhangangaben

18.69 Im Rahmen der Erläuterung der wesentlichen angewandten Rechnungslegungsmethoden ist anzugeben, ob das Cost- oder das Fair Value-Modell verwendet worden ist. Bei den Einzelerläuterungen sind außerdem die weiteren, umfangreichen Angaben gem. IAS 40.75 erforderlich (z.B. Verfügungsrechte, Sicherheiten, Verpflichtungen).

18.70 Unverzichtbar ist ein **Anlagenspiegel** (Überleitungsrechnung), unabhängig vom Bewertungsmodell. Bei Wahl des Cost-Modells ist eine Integration in den Sachanlagenspiegel unter Verwendung der Bezeichnung Anschaffungs- und Herstellungskosten problemlos möglich. Schon aus Platzgründen erfolgt jedoch häufig ein gesonderter Anlagenspiegel.

18.71 Bei Wahl des Cost-Modells sind die **Fair Values** zu ermitteln und im Anhang anzugeben. Sollte in Ausnahmefällen der Fair Value nicht ermittelbar sein, ist dies zu begründen und die betroffenen Anlageimmobilien sind zu beschreiben. Außerdem ist, soweit möglich, die Bandbreite anzugeben, in der der Fair Value höchstwahrscheinlich liegt (IAS 40.78c; IAS 40.79eiii).

Kapitel 19
Wertminderungen im Anlagevermögen (IAS 36)

- **A. Überblick und Wegweiser** ... 19.1
  - I. Management Zusammenfassung ... 19.1
  - II. Standards und Anwendungsbereich ... 19.3
  - III. Wesentliche Abweichungen zum HGB ... 19.6
- **B. Grundkonzeption des IAS 36 i.V.m. IFRS 13** ... 19.9
  - I. Definition der Wertminderung und Ermittlung eines Wertminderungsbedarfs ... 19.9
  - II. Auf Wertminderung zu prüfende Vermögenswerte ... 19.11
    1. Überblick: Konstellationen ... 19.11
    2. Einzelne Vermögenswerte ... 19.12
    3. Gruppe von Vermögenswerten ... 19.14
- **C. Abgrenzung von zahlungsmittelgenerierenden Einheiten (CGU)** ... 19.16
  - I. Grundsatz: Zahlungsströme unabhängig von anderen Unternehmenseinheiten ... 19.16
  - II. Obergrenze Segmente ... 19.17
  - III. Untergrenze und Abgrenzungshinweise ... 19.18
    1. Berücksichtigung technischer, rechtlicher und wirtschaftlicher Aspekte ... 19.18
    2. CGU-Abgrenzung bei vertikal integrierten Unternehmen ... 19.22
  - IV. Stetigkeit der CGU-Abgrenzung ... 19.24
  - V. Praxishinweise ... 19.25
- **D. Zuordnung von Goodwill zu zahlungsmittelgenerierenden Einheiten (CGU)** ... 19.26
  - I. Grundregel: Zuordnung nach Synergieeffekten ... 19.26
  - II. Obergrenze Segmente ... 19.27
  - III. Untergrenze Berichtswesen ... 19.28
  - IV. Beispiel zur Goodwillzuordnung ... 19.29
  - V. Zeitpunkt der Goodwillzuordnung ... 19.30
  - VI. Stetigkeit der Goodwillzuordnung/Neuorganisation ... 19.31
  - VII. Abgang von Goodwill bei der Veräußerung von Teilbereichen bzw. Entkonsolidierung ... 19.32
  - VIII. Besonderheiten der Full Goodwill-Methode nach IFRS 3 ... 19.34
  - IX. Praxishinweise ... 19.37
- **E. Buchwerte von CGUs: Zuordnung von Vermögenswerten und Schulden** ... 19.39
- **F. Wertminderungsindikatoren: Wann ist eine Wertminderungsprüfung durchzuführen?** ... 19.42
  - I. Einzelne Vermögenswerte und CGU ohne Goodwill ... 19.42
  - II. Überprüfung des Abschreibungsplans ... 19.44
  - III. Jährlicher Wertminderungstest, insbesondere beim Goodwill ... 19.45
- **G. Ermittlung des erzielbaren Betrags: Nettoveräußerungspreis vs. Nutzungswert** ... 19.47
  - I. Abgrenzung der Wertkonzepte ... 19.47
    1. Nettoveräußerungspreis ... 19.48
       a) Perspektive des Marktes ... 19.48
       b) Kenntnisstand des Marktes ... 19.51
    2. Nutzungswert ... 19.52
       a) Perspektive des Unternehmens ... 19.52
       b) Gegenwärtiger Zustand ... 19.54
  - II. Zulässige Bewertungsmethoden ... 19.57
    1. Überblick ... 19.57

2. Nutzungswert 19.58
3. Methodenhierarchie bei der Fair Value-Ermittlung für den Nettoveräußerungspreis 19.59
4. Unzulässigkeit von kostenorientierten Verfahren 19.60
5. Zulässigkeit der bei Erstkonsolidierung angewendeten Verfahren (außer kostenorientierter Verfahren) 19.61
6. Zulässigkeit von DCF-Verfahren zur Fair Value-Ermittlung . 19.64

III. DCF-Ermittlung: Cashflow-Planung 19.66
1. Überblick 19.66
2. Einzelheiten zum Nutzungswert 19.67
3. Einzelheiten zum Nettoveräußerungspreis 19.78

IV. DCF-Ermittlung: Kapitalisierungszinssatz 19.82
1. Überblick 19.82
2. Eigenkapitalkosten 19.85
3. Fremdkapitalkosten 19.92
4. Weighted Average Cost of Capital (WACC) 19.96

V. Plausibilisierung der Bewertungsergebnisse 19.100
VI. Zusammenfassendes Berechnungsbeispiel 19.105

H. Berücksichtigung von Wertminderungsaufwendungen im Abschluss 19.113

I. Erfassung von Wertminderungen bei einzelnen Vermögenswerten 19.113
II. Erfassung von Wertminderungen bei CGU 19.116
1. Grundsätze 19.116
2. Beispiel 19.118
3. Impairment-Test für eine CGU ohne Goodwill 19.119
4. Impairment-Test für eine CGU inklusive Goodwill 19.120
5. Besonderheiten bei Minderheitenanteilen (nbA) 19.121

I. Wertaufholung 19.125

J. Exkurs – Wechselwirkungen IFRS 16/IAS 36 .... 19.128

K. Anhangangaben 19.134

Literatur: *Aders/Wagner*, Kapitalkosten in der Bewertungspraxis: Zu hoch für die „New Economy" und zu niedrig für die „Old Economy", FB 2004, 30; *Beyhs*, Impairment of Assets nach International Accounting Standards, Diss., Frankfurt/M. u.a. 2002; *Böcking*, Goodwill Impairments im Spannungsfeld von Unternehmensbewertung und Rechnungslegung – Verbesserung der Entscheidungsnützlichkeit durch Corporate Governance Strukturen?, in Dobler u.a. (Hrsg.), Rechnungslegung, Prüfung und Unternehmensbewertung – FS Ballwieser, Stuttgart 2014, 23; *Brücks/Kerkhoff/Richter*, Impairmenttest für den Goodwill nach IFRS – Vergleich mit den Regelungen nach US-GAAP: Gemeinsamkeiten und Unterschiede, KoR 2005, 1; *Castedello/Klingbeil/Schröder*, IDW RS HFA 16: Bewertungen bei der Abbildung von Unternehmenserwerben und bei Werthaltigkeitsprüfungen nach IFRS, WPg 2006, 1028; *Centrale für GmbH*, GmbH-Handbuch, Loseblatt, Köln; *Dörschell/Franken/Schulte*, Der Kapitalisierungszinssatz in der Unternehmensbewertung, 2. Aufl., Düsseldorf 2012; *Franken/Schulte/Brunner/Dörschell*, Kapitalkosten und Multiplikatoren für die Unternehmensbewertung, 5. Aufl., Düsseldorf 2018; *Freiberg/Theinert*, Wechselwirkung von Leasingbilanzierung und Impairment-Test, KoR 2018, 556; *Hachmeister*, in Ballwieser/Beyer/Zelger (Hrsg.), Unternehmenskauf nach IFRS und HGB, 3. Aufl., Stuttgart 2014; *Hayn/Ehsen*, Impairment Test im HGB – Beteiligungsbewertung gemäß IDW ERS HFA 10, FB 2003, 205; *Herzig*, IAS/IFRS und steuerliche Gewinnermittlung, Düsseldorf 2004; *Institut der Wirtschaftsprüfer* (Hrsg.), IDW Stellungnahmen zur Rechnungslegung (IDW RS), IDW Standards (IDW S), Düsseldorf; *Hochreiter/Permanschlager*, Mögliche Auswirkungen der neuen Vorschriften zur Bilanzierung von ehemals Operating-Leasingverhältnissen auf den Wertminderungstest nach IAS 36, IRZ 2018, 73 (Teil 1), 127 (Teil 2); *Kasperzak*, Wertminderungstest nach IAS 36 – Ein Plädoyer für die Abschaffung des Konzepts des erzielbaren Betrags, BFuP 2011, 1; *Kirsch*, Finanz- und erfolgswirtschaftliche Jahresabschlussanalyse nach IFRS, München 2004; *Knauer/ Dudek*, Nachhaltige Wachstumsraten bei der Folgebewertung des Goodwills – Eine empirische Analyse der Unternehmen des HDAX, WPg 2018, 352; *Koepke*, Unternehmenswertorientierte Steuerungs- und Vergütungssysteme – Konzeption und Synchronisation des Performancecontrollings im Kontext der Corporate Governance, Diss., Lohmar – Köln 2016; *Küting*, Der Geschäfts- oder Firmenwert in der deutschen Konsolidierungspraxis 2012 – Ein Beitrag zur empirischen Rechnungslegungsforschung, DStR 2013, 1794; *Lüdenbach/Hoffmann*, „Der Ball bleibt rund" – Der Profifußball als Anwendungsfeld der IFRS-Rechnungslegung, DB 2004, 1442; *Lüdenbach/Hoffmann*, Die „komplizierte" IFRS-Rechnungslegung für mittelständische Unternehmen – Systematik und Fallstudie, DStR 2005, 884; *Mayer-Wegelin*, Impairmenttest nach IAS 36 – Realität und Ermessensspielraum, DB 2009, 94; *Pilhofer/ Bösser*, Der Einfluss unternehmensspezifischer Parameter zur Ermittlung des Kapitalisierungszinssatzes beim impairment-Test gem. IAS 36 – Kritische Würdigung anhand empirischer Analysen, PiR 2011, 219; *Pawelzik*, IFRS-Abschlüsse im Mittelstand – Warum eigentlich nicht?, DB 2006, 793; *Pawelzik*, Impairment-Test nach IAS 36 – Einfache und komplizierte DCF-Formeln, PiR 2011, 317; *Richter*, Unternehmensbewertung bei variablem Verschuldungsgrad, ZBB 1998, 379; *Schmuch/Laas*, Werthaltigkeitsprüfungen nach IAS 36 in der Interpretation von IDW RS HFA 16, WPg 2006, 1048; *Schulte/Franken/Koelen/Lehmann*, Konsequenzen einer (Nicht-)Berücksichtigung von Debt Beta in der Bewertungspraxis, BewP 2010, 13; *Tettenborn/Rohleder/Rogler*, Überdurchschnittliche Goodwillabschreibungen und Managementwechsel – Eine empirische Untersuchung deutscher Indexunternehmen im Zeitraum 2008 bis 2011, CF 2013, 33; *Telkamp/Bruns*, Wertminderungen von Vermögenswerten nach IAS 36: Erfahrungen aus der Praxis, FB 2000, 24; *Watrin/Hoehne*, Endkonsolidierung von Tochterunternehmen nach IAS 27 (2008), WPg 2008, 695.

A. Überblick und Wegweiser

I. Management Zusammenfassung

[1]Mit dem Ansatz von Vermögenswerten kommen (künftige) Nutzenpotentiale zum Ausdruck. Soweit es sich um abnutzbare Vermögenswerte handelt, spiegelt die planmäßige Abschreibung den zeitlichen Verlauf der Nutzenabgabe bereits wider. Wenn durch unvorhergesehene Ereignisse der Wert der erwarteten künftigen Nutzenabgabe jedoch unter den Buchwert sinkt, ist der Buchwert anzupassen. Die eingetretene Wertminderung wird erfasst.

19.1

Die außerplanmäßige Abschreibung nach IAS 36 hat mit Einführung des IFRS 3 in 2004 erheblich an praktischer Bedeutung gewonnen: Der bei Unternehmenserwerben anzusetzende Goodwill (die positive Differenz von Anschaffungskosten und übernommenem, zum Fair Value angesetzten Reinvermögen) ist nicht mehr planmäßig abzuschreiben, sondern nur noch jährlich auf **außerplanmäßigen Wertminderungsbedarf** hin zu überprüfen (sog. „**Impairment-only-Approach**"). Es ist offensichtlich, dass die Gefahr unerkannter Wertminderungen bzw. das Risiko außerplanmäßiger Abschreibungen steigt, wenn Buchwerte nicht bereits durch planmäßige Abschreibungen verringert werden. Daher werden auch bei nicht planmäßig abzuschreiben-

19.2

---

1 Die Verfasser danken Herrn Dennis *Dudek* für seine Mitarbeit an diesem Kapitel.

den Vermögenswerten strengere Maßstäbe an den durchzuführenden Impairment-Test angelegt, z.B. das Erfordernis einer jährlichen Überprüfung (Rz. 19.45) sowie umfangreiche Berichtspflichten (Rz. 19.128). Der **Hauptanwendungsfall** des IAS 36 liegt in der Praxis bei der Werthaltigkeitsprüfung eines aktivierten **Goodwill**.[2]

II. Standards und Anwendungsbereich

19.3 Die entsprechenden Normen zur Werthaltigkeitsprüfung enthält IAS 36. Abbildung 1 zeigt den Anwendungsbereich:

IAS 36 „Wertminderung von Vermögenswerten" ist im Konzernabschluss anzuwenden auf

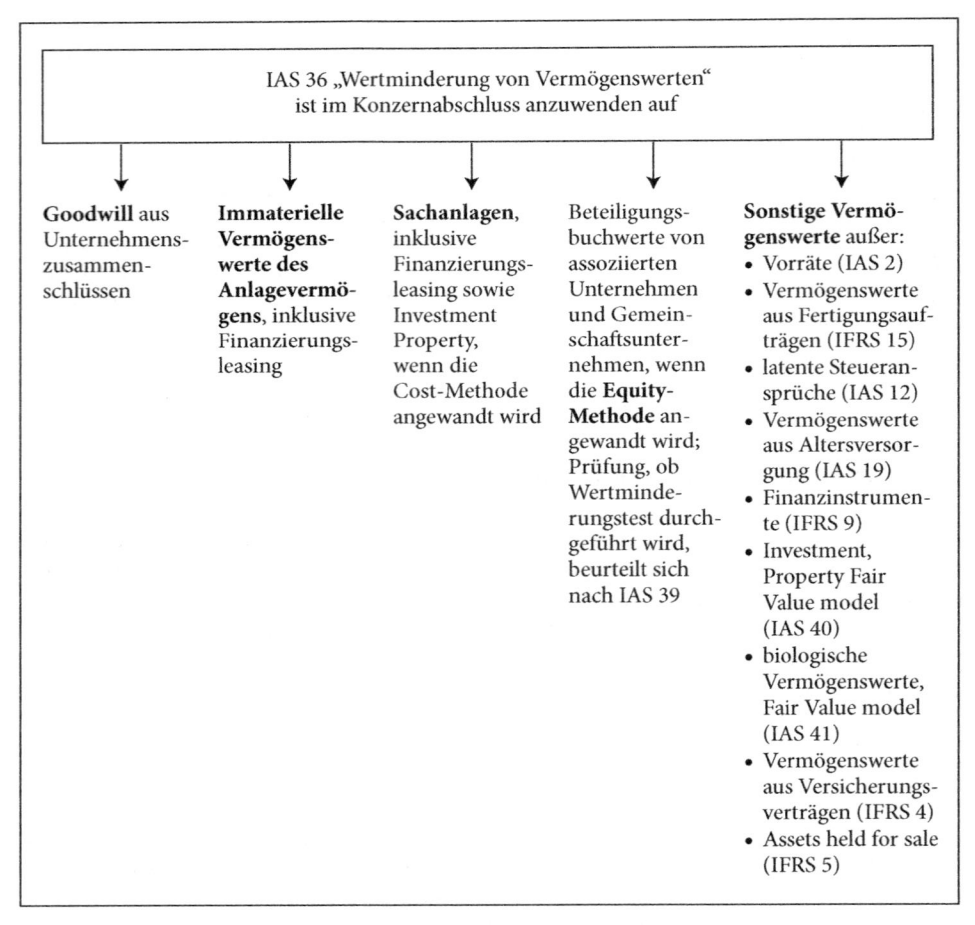

| **Goodwill** aus Unternehmenszusammenschlüssen | **Immaterielle Vermögenswerte des Anlagevermögens**, inklusive Finanzierungsleasing | **Sachanlagen**, inklusive Finanzierungsleasing sowie Investment Property, wenn die Cost-Methode angewandt wird | Beteiligungsbuchwerte von assoziierten Unternehmen und Gemeinschaftsunternehmen, wenn die **Equity-Methode** angewandt wird; Prüfung, ob Wertminderungstest durchgeführt wird, beurteilt sich nach IAS 39 | **Sonstige Vermögenswerte** außer:
• Vorräte (IAS 2)
• Vermögenswerte aus Fertigungsaufträgen (IFRS 15)
• latente Steueransprüche (IAS 12)
• Vermögenswerte aus Altersversorgung (IAS 19)
• Finanzinstrumente (IFRS 9)
• Investment, Property Fair Value model (IAS 40)
• biologische Vermögenswerte, Fair Value model (IAS 41)
• Vermögenswerte aus Versicherungsverträgen (IFRS 4)
• Assets held for sale (IFRS 5) |

Abb. 19.1: Anwendungsbereich von IAS 36 im Konzernabschluss

---

2 Zur hohen Bedeutung des Goodwill in den Bilanzen vgl. die empirische Untersuchung von *Küting*, DStR 2013, 1794.

IAS 36 hat seinen Fokus ganz deutlich auf dem sächlichen und immateriellen langfristigen Vermögen (**Anlagevermögen**). Wertminderungen von Vermögenswerten außerhalb des Anwendungsbereichs des IAS 36 unterliegen den jeweiligen Spezialstandards (Finanzinstrumente nach IAS 39, Vorräte nach IAS 2 usw.). 19.4

IAS 36.4 nennt ferner als Anwendungsbereich Investitionen in Tochter- (IFRS 10) und Gemeinschaftsunternehmen (IFRS 11) sowie in assoziierte Unternehmen (IAS 28). Hier ist wie folgt zu differenzieren:

— Wird ein **Konzernabschluss** aufgestellt und geht es um voll- bzw. quotal[3] konsolidierte Unternehmen, ist die Anwendung von IAS 36 auf den *Beteiligungsbuchwert* gegenstandslos, aber natürlich nicht hinsichtlich der übernommenen und im Konzernabschluss abgebildeten Vermögenswerte (insbesondere für den Goodwill aus der Kapitalkonsolidierung).

— Bei **assoziierten und Gemeinschaftsunternehmen**, die im Konzernabschluss **at equity** bewertet werden, ist in einem ersten Schritt nach IAS 39 (IAS 28.40) zu beurteilen, *ob* ein Wertminderungstest durchzuführen ist; wird diese Frage bejaht, ist der Wertminderungstest nach den Regelungen des IAS 36 i.V.m. IAS 28.42 vorzunehmen. Die Besonderheiten der **Wertminderungsprüfung von at equity bewerteten** Beteiligungen haben w**ir nicht** in diesem Kapitel, sondern in Rz. 37.36 ff. dargestellt.

— Im **Einzelabschluss eines Mutterunternehmens** ist IAS 36 immer dann auf die **Beteiligungsbuchwerte** von Tochter- und Gemeinschaftsunternehmen sowie von assoziierten Unternehmen anzuwenden, wenn diese Buchwerte weder nach IFRS 9, nach der in IAS 28 beschriebenen Equity-Methode oder nach IFRS 5, sondern in Ausnutzung eines Wahlrechts zu Anschaffungskosten bilanziert werden (IAS 27.10; s. auch Rz. 22.227).

IAS 36 ist zuletzt grundlegend im Zusammenhang mit der Einführung von IFRS 3 in 2004 geändert worden. Als Folge der wahlweisen Einführung der **Full Goodwill-Methode** (= Ansatz eines Minderheiten-Goodwill) mit IFRS 3 (2008) sind die Vorschriften zum Goodwill-Impairment-Test in Appendix C gebündelt worden (Rz. 19.120). Bei der Zuordnung von Goodwill für Zwecke des Impairment-Tests ist IFRS 8 zur Segmentabgrenzung zu beachten (Rz. 19.17). 19.5

---

3 Eine quotale Konsolidierung von Gemeinschaftsunternehmen ist mit der verpflichtenden Anwendung von IFRS 11 zum 1.1.2013 nicht mehr zulässig. Die Equity-Methode ist nunmehr die einzige nach IFRS 11 für Gemeinschaftsunternehmen zulässige Methode, s. Rz. 32.2 ff.

III. Wesentliche Abweichungen zum HGB

19.6 Die wesentlichen Abweichungen zwischen HGB und IFRS bei außerplanmäßigen Abschreibungen von **immateriellen und materiellen langfristigen Vermögenswerten** sind wie folgt:

Gegenstand	HGB	IFRS (IAS 36 i.V.m. IFRS 13)
Konzept	Einzelbewertungsgrundsatz (hilfsweise Wiederbeschaffungskosten)	Sofern ein Vermögenswert Zahlungsflüsse nur im Verbund mit anderen Vermögenswerten generieren kann, z.B. beim Goodwill, ist nach IFRS eine Gruppe von Vermögenswerten, die sog. zahlungsmittelgenerierende **Einheit** (*cash-generating unit*, CGU), zu bestimmen und auf Wertminderung hin zu prüfen.[4]
Dauerhaftigkeit der Wertminderung	Außerplanmäßige Abschreibung immaterielles und sächliches Anlagevermögen nur bei dauerhafter Wertminderung.	Dauerhaftigkeit ist konzeptionell irrelevant.[5] Die Bedeutung dieses Unterschieds relativiert sich jedoch, weil als erzielbarer Betrag nach IFRS nicht nur der stichtagsbezogene Nettoveräußerungspreis, sondern auch der Nutzungswert in Betracht kommt (Rz. 19.9), der als **zukunftsorientierter Wert** die prognostizierten Zahlungszuflüsse abbildet.
Insb. Geschäfts- oder Firmenwert	**Unabhängig von Jahres- oder Konzernabschluss:** planmäßige Abschreibung (§ 246 Abs. 1 Satz 4, § 253 Abs. 3 i.V.m. § 309 Abs. 1 HGB). Angabe der Gründe für eine evtl. Nutzungsdauer > 5 Jahren	Impairment-Only Approach (keine planmäßige Abschreibung, nur außerplanmäßige Abschreibung)

19.7 Je mehr Vermögenswerte zu CGUs zusammengefasst werden, umso eher kommt es zu einer Saldierung positiver und negativer Wertänderungen, wodurch Wertminderungen vermieden werden können, insb. beim Goodwill. Dennoch ist der Verzicht

---

[4] Zur Ermittlung der Höhe einer Wertminderung (nicht jedoch bei ihrer Zurechnung zu den Vermögenswerten) wird der Einzelbewertungsgrundsatz somit aufgegeben.

[5] Vgl. *Mayer-Wegelin*, BB 2009, 94 sowie *Pellens u.a.*, Internationale Rechnungslegung[10], 381; a.A. *Herzig*, IAS/IFRS und steuerliche Gewinnermittlung, 196. Danach ergibt sich die voraussichtliche Dauerhaftigkeit der Wertminderung nach IAS 36 implizit aus den Erläuterungen im Standard, so dass sowohl im Steuerrecht als auch nach IFRS es nur dann zu einer außerplanmäßigen Abschreibung komme, wenn die Wertminderung voraussichtlich dauerhaft ist.

auf planmäßige Abschreibungen des Goodwill auch aus HGB-Sicht keineswegs so ungewohnt, wie es im ersten Moment scheint, denn im **HGB-***Jahresabschluss* **einer Konzernmutter** sind deren Beteiligungen jährlich ebenfalls auf außerplanmäßigen Wertminderungsbedarf hin zu überprüfen. Diese Werthaltigkeitsprüfung muss den Grundsätzen **für Unternehmensbewertungen** entsprechen[6] und ist nicht weniger anspruchsvoll als die Wertminderungsprüfungen nach IAS 36.[7] Auch werden hier Bewertungseinheiten, ähnlich den CGUs, gebildet.[8]

frei   19.8

B. Grundkonzeption des IAS 36 i.V.m. IFRS 13

I. Definition der Wertminderung und Ermittlung eines Wertminderungsbedarfs

Die Erfassung einer Wertminderung ist nach IAS 36 immer dann erforderlich, wenn nach durchgeführtem **Impairment-Test** der **erzielbare Betrag** (*recoverable amount*) unter dem Buchwert liegt (IAS 36.59, IAS 36.104). Der erzielbare Betrag ist in IAS 36.6 definiert als **der höhere Wert** aus einem Vergleich des   19.9

- **Nettoveräußerungspreises** (fair value less costs to sell bzw. nach IFRS 13: ... less costs of disposal) mit dem
- **Nutzungswert** (value in use)

des betrachteten Vermögenswertes. Beim Nutzungswert handelt es sich um den Barwert der zukünftigen Cashflows aus der fortgesetzten Nutzung inklusive *anschließender* Veräußerung. Der Nettoveräußerungspreis ist hingegen der Wert, der bei einem (sofortigen) Verkauf des Vermögenswertes unter Marktbedingungen nach Abzug der Veräußerungskosten erzielt werden könnte.

Beispiel: Eine zu fortgeführten Anschaffungskosten bilanzierte Sachanlage hat nach erfolgter planmäßiger Abschreibung noch einen Buchwert von 80.000 €. Im Rahmen eines durchgeführten Impairment-Tests ergibt sich, dass der Nettoveräußerungspreis der Anlage lediglich 50.000 € und ihr Nutzungswert 70.000 € beträgt.

---

[6] Vgl. IDW RS HFA 10; IDW S 1, Rz. 11.
[7] Vgl. *Pawelzik*, DB 2006, 793 (794).
[8] Vgl. IDW RS HFA 10, Rz. 6 zur Saldierung von Synergien, die bei verschiedenen Beteiligungen anfallen, im handelsrechtlichen Einzelabschluss. Angesprochen ist der Fall, dass bei Erwerb einer Tochterunternehmung TU 1 ein Synergieeffekt (Goodwill) bezahlt wird, der sich bei TU 2 realisiert. Der Goodwill *TU 1* muss dann zutreffend nicht etwa sofort abgeschrieben werden, weil sich die Werthaltigkeit des Beteiligungsansatzes von *TU 1* bei der Muttergesellschaft aus den Zahlungsrückflüssen aus *TU 2* ergibt. Daher kommt es auch nach HGB zu einer Verschiebung von Goodwill und damit zu einer Saldierung positiver und negativer Bereiche innerhalb eines Teilkonzerns, vgl. *Hayn/Ehsen*, FB 2003, 205 (206, 210 f.).

Es ist auf den erzielbaren Betrag (das ist hier der Nutzungswert von 70.000 €) außerplanmäßig abzuschreiben.

19.10 Mit der Konzeption des erzielbaren Betrages lässt sich IAS 36 von folgender, aus der **Unternehmensbewertung** übernommener Fragestellung leiten: Was verspricht das höchste Nutzenpotential eines Vermögenswertes,

- seine sofortige Veräußerung oder
- seine Weiternutzung?

Eine Abschreibungsnotwendigkeit ergibt sich nur, wenn *beide Alternativen* zu Werten *unterhalb* des Buchwerts führen. Dabei wird unterstellt, dass die jeweils ökonomisch beste Verwendungsmöglichkeit („**highest and best use**") gewählt wird, so dass auf den höheren der beiden Werte abzuschreiben ist, unabhängig davon, wie sich das Management in Bezug auf die Verwendung des Vermögenswertes *tatsächlich* entscheidet. IAS 36 schafft somit die Verbindung von Rechnungslegung und Unternehmensbewertung.

II. Auf Wertminderung zu prüfende Vermögenswerte

1. Überblick: Konstellationen

19.11 Für den Gegenstand der Wertminderungsprüfung und -durchführung sind folgende Konstellationen auseinanderzuhalten:

- **Einzelne** Vermögenswerte (die in den Anwendungsbereich von IAS 36 fallen, Rz. 19.3),
- Gruppen von Vermögenswerten (CGU) **ohne** zugeordneten Goodwill und
- Gruppen von Vermögenswerten (CGU) **mit** zugeordnetem Goodwill.[9]

Im Hinblick auf die zeitliche Durchführung des Wertminderungstests ist zu unterscheiden:

- Der Goodwill und einige andere Vermögenswerte, insbesondere aktivierte Entwicklungskosten in der Entwicklungsphase, sind jährlich auf Werthaltigkeit zu testen (Rz. 19.45).
- Für alle anderen Vermögenswerte im Anwendungsbereich des IAS 36 ist eine Wertminderungsprüfung nur erforderlich, wenn es Anzeichen für eine Wertminderung gibt (Rz. 19.42).

---

9 Hierbei kann es sich auch um Gruppen von CGU handeln.

Ablaufschema Wertminderungsprüfung

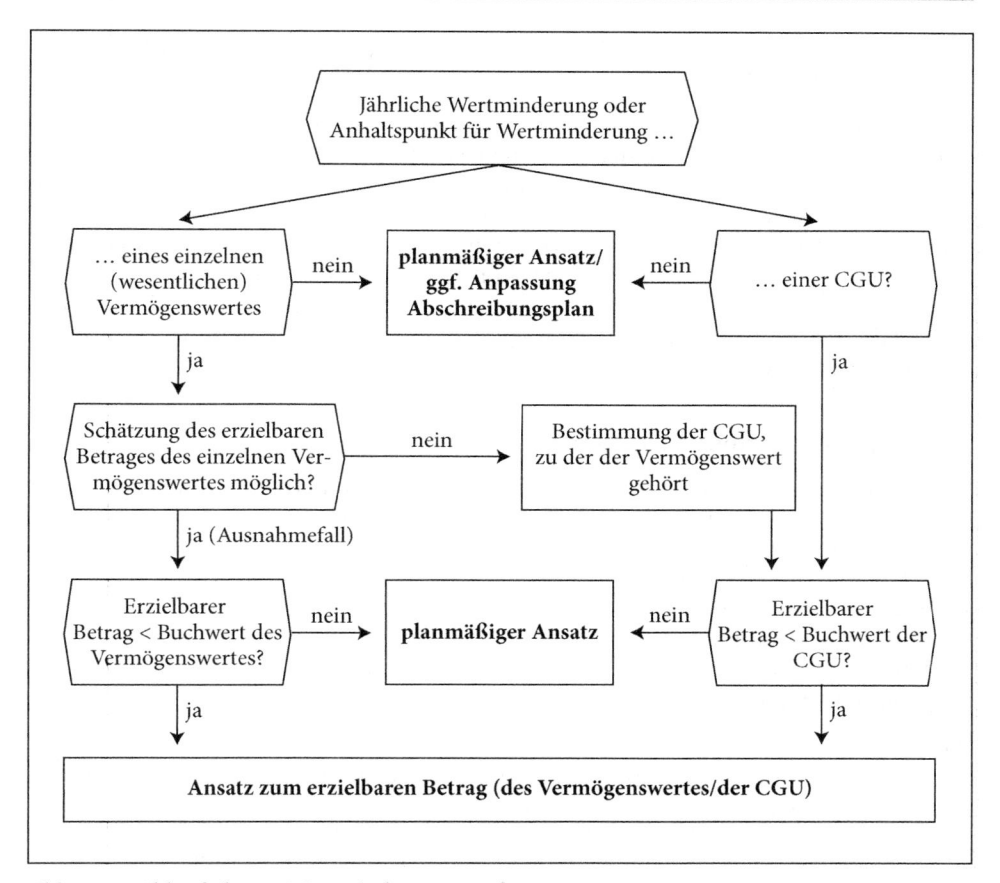

```
                    Jährliche Wertminderung oder
                    Anhaltspunkt für Wertminderung ...

    ... eines einzelnen      nein    planmäßiger Ansatz/     nein    ... einer CGU?
    (wesentlichen)         ───────►  ggf. Anpassung        ◄───────
    Vermögenswertes                  Abschreibungsplan
            │                                                              │
            │ ja                                                           │ ja
            ▼                                                              ▼
    Schätzung des erzielbaren   nein    Bestimmung der CGU,
    Betrages des einzelnen Ver- ──────► zu der der Vermögenswert
    mögenswertes möglich?               gehört
            │                                                              │
            │ ja (Ausnahmefall)                                            │
            ▼                                                              ▼
    Erzielbarer                nein                         nein    Erzielbarer
    Betrag < Buchwert des    ──────►  planmäßiger Ansatz  ◄──────   Betrag < Buchwert der
    Vermögenswertes?                                                 CGU?
            │                                                              │
            │ ja                                                           │ ja
            ▼                                                              ▼
    ┌─────────────────────────────────────────────────────────────────────────┐
    │  Ansatz zum erzielbaren Betrag (des Vermögenswertes/der CGU)            │
    └─────────────────────────────────────────────────────────────────────────┘
```

Abb. 19.2: Ablaufschema Wertminderungsprüfung

2. Einzelne Vermögenswerte

Bestehen Anhaltspunkte für die Wertminderung eines einzelnen Vermögenswertes, ist vorrangig zu prüfen, ob sich für diesen einen Vermögenswert der erzielbare Betrag ermitteln lässt.

19.12

Sofern die Einzelveräußerbarkeit nicht gesetzlich oder vertraglich ausgeschlossen ist, wird der **Nettoveräußerungspreis** eines einzelnen Vermögenswertes im Regelfall bestimmbar sein. Der Impairment-Test *für diesen einzelnen Vermögenswert* wäre bereits dann abgeschlossen, wenn der Nettoveräußerungspreis den Buchwert übersteigt, denn in diesem Fall kann definitionsgemäß auch dann keine Wertminderung vorliegen, wenn der Nutzungswert den Buchwert unterschreiten sollte (Rz. 19.9). Allerdings liegen die Nettoveräußerungspreise unter der Going Concern-Prämisse eher selten über den Buchwerten.[10] So ist bei Spezialmaschinen oder Anlagevermögen,

---

10 Vgl. Haufe IFRS-Komm.[16], § 11 Rz. 33 f.

das einem raschen technischen Wandel unterliegt (PCs, Software etc.), im Zweifel davon auszugehen, dass der Nettoveräußerungspreis die Buchwerte *unterschreitet*.

19.13 In diesem Fall wäre somit zusätzlich der **Nutzungswert** zu ermitteln. Die Nutzungswertermittlung ist für einen einzelnen Vermögenswert jedoch nur dann möglich, wenn dieser Zahlungszuflüsse generiert, die weitgehend *unabhängig* von den Zahlungszuflüssen anderer Vermögenswerte sind (IAS 36.22). IAS 36 folgt insoweit konsequent der absatzmarktorientierten Betrachtung, wonach ein Vermögenswert durch seine Eigenschaft definiert wird, künftige (Nutzen) Zahlungszuflüsse zu erzielen (Rz. 7.23). Diese Sichtweise ist zwar auch dem HGB nicht fremd[11], doch löst das HGB das Problem der Zurechnung von Cashflows auf pragmatische Weise durch Rückgriff auf Wiederbeschaffungspreise.[12]

3. Gruppe von Vermögenswerten

19.14 Wenn für einen einzelnen Vermögenswert der erzielbare Betrag nicht ermittelt werden kann, ist auf die nächste Gruppe von Vermögenswerten, die den betrachteten Vermögenswert mit einschließt, überzugehen; das ist dann eine „zahlungsmittelgenerierende Einheit", eine Cash Generating Unit CGU (IAS 36.22, IAS 36.66). Darüber hinaus, und das ist der Regelfall, können auch von vornherein CGU Gegenstand einer Wertminderungsprüfung sein (IAS 36.7), vor allem dann, wenn ihnen ein Goodwill zugeordnet ist. Nachfolgend ein Beispiel einer CGU-Wertminderungsprüfung ohne Goodwill:

Beispiel: Eine Produktionsanlage für Lifestylegetränke wird um eine aufwendige Verpackungseinheit für neuartige Klappverschlüsse ergänzt, weil Marktstudien von einer hohen Marktakzeptanz für Getränkeflaschen mit diesen Verschlüssen ausgehen. Entgegen den Erwartungen kommen die neuen Verschlüsse aber nicht so gut an, so dass die neue Einheit nur zur Hälfte ausgelastet ist und die alte Verpackungsanlage weiter genutzt wird.

Nach HGB und auch steuerlich muss die neue Verpackungseinheit wegen dauerhafter Unterauslastung abgewertet werden, wobei der beizulegende Wert (wegen nicht einzeln dieser Maschine zurechenbarer Cashflows aus dem Produktabsatz) hilfsweise aus den Wiederbeschaffungskosten einer Maschine kleinerer Kapazität abgeleitet wird.

Nach IAS 36 wird zunächst geprüft, ob die Verpackungseinheit separat oder nur zusammen mit anderen Vermögenswerten Cashflows generieren kann. Da die Klappverschlüsse nicht einzeln verkauft werden, sondern nur als Komponente der Getränkeflaschen, ist keine Zuordnung von Cashflows aus dem Produktabsatz zur Verpackungseinheit möglich, die weitgehend unabhängig von den durch die restliche Produktionsanlage generierten Cashflows sind. Daher wird nach IAS 36 ein Wertberichtigungsbedarf oft erst für eine Gruppe von Vermögenswerten ermittelt (z.B. für die gesamte Produktionsanlage oder ein Werk).

Die neue Verpackungseinheit erfährt demgemäß nach IAS 36 dann keine Abwertung, wenn der Barwert der erwarteten Einzahlungsüberschüsse aus der künftigen Veräußerung der Getränkeflaschen den Buchwert der Gruppe von Vermögenswerten, die der Verpackungseinheit

---

11 Vgl. *ADS*, § 253 HGB Rz. 464.
12 Steuerlich erfolgt die Teilwertermittlung grundsätzlich betriebs- und ertragsunabhängig und orientiert sich primär am Beschaffungsmarkt im Gegensatz zum IFRS-Verständnis, vgl. hierzu umfassend *Herzig*, IAS/IFRS und steuerliche Gewinnermittlung, 198.

zugerechnet worden sind, übersteigt. Das HGB ist demgegenüber vom Gläubigerschutz geprägt und legt dabei typisierend fest, dass das Risiko der Gläubiger erst dann hinreichend abgesichert ist, wenn jede *einzelne* Verlustquelle abgebildet wird. Diese unterschiedliche Sichtweise und insbesondere die Ermessensspielräume in der Zuordnung von Vermögenswerten zu CGU können im Einzelfall zu Unterschieden in der Erfassung von Wertminderungen zwischen HGB und IFRS führen.

Wenn ein einzelner Vermögenswert **überhaupt keinen Nutzen** mehr stiftet (falls die Verpackungseinheit z.B. durch Kurzschluss zerstört wird), ist gerade deswegen die Einzelbetrachtung der Verpackungseinheit wieder möglich, denn Nettoveräußerungspreis und Nutzungswert nehmen den gleichen Wert (Null) an. Der Vermögenswert ist daher nach IAS 36 *ungeachtet der vorherigen CGU-Zuordnung* voll abzuschreiben.[13] Die Einzelbetrachtung ergibt sich im Übrigen auch bei beabsichtigtem Verkauf einer im Zweifel unzerstörten Anlage (IAS 36.21).[14]   19.15

C. Abgrenzung von zahlungsmittelgenerierenden Einheiten (CGU)

I. Grundsatz: Zahlungsströme unabhängig von anderen Unternehmenseinheiten

Wie vorstehend erläutert, ist der Impairment-Test regelmäßig auf CGUs zu beziehen. Daher ist das Unternehmen (der Konzern) in einzelne CGU zu zerlegen. IAS 36.6 definiert eine CGU als kleinste Gruppe von Vermögenswerten, die weitestgehend unabhängig (*largely independent*) von anderen Vermögenswerten oder Gruppen von Vermögenswerten Zahlungszuflüsse generiert.   19.16

II. Obergrenze Segmente

IAS 36.80 enthält zur Festlegung von CGU eine eindeutig definierte Obergrenze: Eine CGU oder Gruppe von CGU, der Goodwill zuzurechnen ist, darf nicht größer als ein Geschäftssegment i.S.v. IFRS 8 sein. Bei nicht kapitalmarktorientierten Unternehmen, die nicht zur Segmentberichterstattung verpflichtet sind, ist diese Regelung als Fiktion zu verstehen. Der fiktive Segmentzuschnitt begrenzt somit die Goodwillzuordnung und damit auch die Abgrenzung von CGU selbst. Einzelheiten zur Definition eines Geschäftssegments im Kontext mit IAS 36 stellen wir ab Rz. 19.27 dar.   19.17

---

13 Allerdings besteht ein *Konkurrenzverhältnis* zu IAS 16.67b, wonach ein Gegenstand des Sachanlagevermögens auszubuchen ist (*derecognition*), wenn er überhaupt keinen zukünftigen Nutzen mehr erwarten lässt. Da aber im Hinblick auf Wertminderungen IAS 16.63 ausdrücklich auf IAS 36 verweist, ist hierin ein Vorrang zu sehen, so dass im Fall der Ausbuchung auf Grund einer außerplanmäßigen Abschreibung, soweit Wesentlichkeit gegeben ist, auch die Angabepflichten nach IAS 36 zu beachten sind.
14 In diesem Fall wäre freilich – IAS 36.21 weist leider nicht darauf hin – die Anwendung des IFRS 5 zu prüfen. Dies würde nicht zu einer anderen Bewertung, wohl aber zu einem anderen Ausweis und Erläuterungen führen, s. Rz. 30.1 ff.

III. Untergrenze und Abgrenzungshinweise

1. Berücksichtigung technischer, rechtlicher und wirtschaftlicher Aspekte

19.18 Unterhalb der Segmentebene lassen sich auf Grund der Vielfältigkeit der Praxis für die Zerlegung eines Unternehmens in einzelne CGU nur abstrakte Leitlinien formulieren.[15] IAS 36.130d nennt als Beispiele etwa Produktionslinien, Werke, Geschäftsbereiche oder Regionen und enthält im Übrigen nur vergleichsweise wenig Abgrenzungshinweise, woraus die Notwendigkeit vernünftiger kaufmännischer Beurteilung (*judgement*) resultiert (IAS 36.68). In diesem Rahmen sollen ausdrücklich folgende Aspekte berücksichtigt werden (IAS 36.69):

- das **interne Berichtswesen** (how management monitors the entity's operations)[16] sowie
- **strategische Entscheidungen** über Fortsetzung und Einstellung der unternehmerischen Tätigkeit (how management makes decisions about continuing or disposing of the entity's assets and operations)

19.19 Im Detail sind zur Zusammenfassung von Vermögenswerten zu CGU die jeweiligen **technischen** sowie **rechtlichen und wirtschaftlichen** Abhängigkeiten hinsichtlich der selbständigen Erzeugung von Cashflows zu analysieren.

Beispiel: So liegt es **technisch** auf der Hand, dass innerhalb einer Fertigungsstraße eines Automobilwerkes der einzelne Roboter keine Cashflows erzielen kann, die unabhängig vom Einsatz anderer Roboter wären (s. auch Beispiel in Rz. 19.14). Dies gilt selbst dann, wenn aus Überwachungsgründen jeder Roboter als separate Maschinenkostenstelle geführt wird. Gleiches gilt für verschiedene Aggregate bei technisch verbundener Produktion (**Kuppelproduktion**), wie sie etwa in der chemischen Industrie häufig ist.

19.20 Ist ein Verkehrsunternehmen qua Vertrag (**rechtlich**) mit einer Gebietskörperschaft an den Betrieb von beispielsweise fünf Buslinien gebunden, ist eine einzelne Buslinie schon deshalb keine CGU, weil der Vertrag nicht unabhängig von dem Betrieb der anderen Linien gekündigt werden kann. Obwohl sich den einzelnen Buslinien Zahlungsströme **zuordnen** lassen, sind die Zahlungsströme dennoch **nicht unabhängig voneinander**, da das Unternehmen keine Option hat, einzelne Buslinien aufzugeben. Somit bilden die fünf Buslinien zusammen und damit das Busunternehmen insgesamt eine CGU (IAS 36.68). Dies gilt auch dann, wenn die Gesellschaft fünf verschiedene Kostenstellen eingerichtet hat, um die Ergebnisse pro Linie zu ermitteln: Hier wird das Monitoring-Merkmal durch das Strategie-Merkmal verdrängt.

19.21 Ein Unternehmen kann aus der Analyse seines **Kundenstamm**s Entscheidungshilfen für die CGU-Abgrenzung gewinnen. So *kann* die einzelne Filiale einer Einzelhandelskette, welche auf Grund regionaler Unterschiede über einen separierbaren und

---

15 Zu Beispielen in der Energiewirtschaft vgl. *Telkamp/Bruns*, FB 2000, 24 (26).
16 Dabei fordert IAS 36 *nicht*, dass zum Zwecke der CGU-Abgrenzung neue Berichtsstrukturen geschaffen werden.

eigenständigen Kundenstamm verfügt, als CGU qualifiziert werden (IAS 36.IE1 ff.).[17] Umgekehrt kann ein einheitlicher Kundenstamm auch zu einer Zusammenfassung von Unternehmensbereichen, etwa bei **horizontaler** Produktion, führen:

Beispiel: In einem Stahlwerk werden auf einer Kaltwalzstraße gerollte Walzbleche (sog. Coils) zu Elektroblechen weiterverarbeitet. Daneben betreibt das Stahlwerk eine Gießerei. Trotz fehlendem Produktionsverbund kann unter der Voraussetzung eines **Absatzverbundes** eine CGU vorliegen, wenn nämlich die Gießerei aufrechterhalten wird, um zu verhindern, dass Kunden des Bereichs Kaltwalzstrasse zu Wettbewerbern abwandern, die beides anbieten. Der **wirtschaftliche „Zwang" zur Fortführung** ist somit u.E. nicht anders zu beurteilen als technische oder rechtliche Notwendigkeiten.

2. CGU-Abgrenzung bei vertikal integrierten Unternehmen

Bei vertikal integrierten Unternehmen stellt sich die Frage, ob Produktionsanlagen, die Vorprodukte herstellen, CGU sein können. IAS 36.70 erweckt den Anschein, dass dies zumindest immer dann zu bejahen sei, wenn die Vorprodukte auf einem aktiven Markt (zum Begriff s. Rz. 8.42) verkauft werden *könnten*. Tatsächlich kommt es aber auch hier auf die übergeordneten Management-Entscheidungen an (IAS 36.69).

Beispiel: Ein Holzfensterproduzent bestehe aus den beiden Produktionseinheiten Flachglaswerk und Montage.

Es sei zunächst (realitätsfern) angenommen, dass es für das im Flachglaswerk produzierte Glas keinen Markt gibt. In diesem Fall ist es offensichtlich, dass das *gesamte Unternehmen* eine CGU darstellt. Die Fensterglasproduktion ist abhängig vom Erfolg des Endprodukts. Nimmt man ferner an, dass das Unternehmen auf dem Holzfenstermarkt sehr erfolgreich ist, dann besteht auch kein Anlass, über eine Wertminderung nachzudenken.

Nun werde realistischerweise angenommen, dass das im Flachglaswerk produzierte Glas auch unmittelbar an Externe veräußert werden kann. Besteht der Konzern wegen der **Existenz eines aktiven Marktes** für Fensterglas unmittelbar und ohne weitere Prüfschritte aus zwei CGU? Die Frage ist im Ergebnis dann irrelevant, wenn der Flachglasbereich isoliert betrachtet ebenfalls profitabel ist. Es kommt nicht zu einer Wertminderung des Flachglaswerkes. Brisant wird es dagegen, wenn die Kostenstruktur des Flachglaswerkes ungünstig ist, es für den Konzern also billiger wäre, das Fensterglas extern zu beziehen. Soll dann trotz annahmegemäß weiterhin hervorragender Cashflow-Rendite aus dem Holzfensterverkauf das Flachglaswerk als eine CGU außerplanmäßig abgeschrieben werden? Wie sollte diese Information den Abschlussadressaten glaubhaft gemacht werden, und wirklich: Werden dann nicht eher stille Reserven gelegt?

Tatsächlich bildet das Flachglaswerk trotz Bestehen eines aktiven Marktes nicht zwingend eine eigene CGU, und zwar dann nicht, *wenn (aus strategischen Gründen) die Entscheidung über die Aufrechterhaltung oder Einstellung der Produktion nicht unabhängig von den anderen Bereichen erfolgt* (Rz. 19.21). Wird die Produktion z.B. bewusst nicht ausgelagert, weil die Er-

---

17 Dies hat der IASB entgegen der RIC Eingabe v. 12.10.2006 bestätigt, vgl. IFRIC update, März 2007, 4 f.: Danach kommt es auf die Unabhängigkeit der Zahlungsmittelzuflüsse jeder Filiale an und nicht darauf, ob es etwa durch gemeinsamen Einkauf etc. voneinander abhängige Zahlungsabflüsse gebe. Demgegenüber hatte der RIC die Frage aufgeworfen, ob auch die Zusammenfassung mehrerer nach einer einheitlichen Strategie geführter Einzelhandelsgeschäfte zulässig sein könnte.

haltung des Produktions-Know-how und die Einhaltung der Qualitätsstandards erst den besonderen Ruf der Fenster begründet, dann dient die Produktion des Flachglases unter Inkaufnahme von Verlusten letztlich dazu, den besonderen Ertrag des Restkonzerns zu sichern. In diesem Fall können bzw. müssen das Flachglaswerk und die Montage zu einer CGU zusammengefasst werden. Eine außerplanmäßige Abschreibung würde zu stillen Reserven führen und wäre eine Fehlinformation der Abschlussadressaten; eine Wertminderung liegt nicht vor. Allerdings sollte das beschriebene Szenario Anlass genug sein, die künftige Mengen- und Preisentwicklung auf dem Fenstermarkt sorgfältig zu überprüfen.

Ist umgekehrt die Entscheidung über die Aufrechterhaltung oder Einstellung der Glasproduktion *unabhängig* von den anderen Unternehmensbereichen, dann bildet das Flachglaswerk eine CGU. Dann gäbe es rational wohl kaum noch Gründe, das Flachglaswerk weiter zu führen, denn die Aufgabe des Werkes würde das verbliebene Unternehmen insgesamt noch profitabler machen. Das, und in diesem Zusammenhang auch eine außerplanmäßige Abschreibung, wäre den Abschlussadressaten auch zu vermitteln. Bei der Cashflow-Schätzung des Flachglaswerks müssen für den Impairment-Test statt möglicherweise verzerrter Verrechnungspreise die Marktpreise des aktiven Marktes zugrunde gelegt werden (IAS 36.70 f.).

19.23 Das **Kriterium des aktiven Marktes** ist damit **nicht** als **entscheidendes Abgrenzungskriterium** für mehrstufige Produktion als übergeordnet zu beachten und sozusagen Ausgangspunkt der Abgrenzung.[18] Es tritt vielmehr an zweiter Stelle hinter die nach IAS 36.69 vorzunehmende Beurteilung, ob Zahlungsmittelzuflüsse voneinander unabhängig sind. Erst nachfolgend, sozusagen unterhalb des übergeordneten Prinzips der unabhängigen Ermittlung von Zahlungsmittelzuflüssen, ist der Aspekt des aktiven Marktes relevant (IAS 36.70). In den Fällen nämlich, in denen die Produktion einer Gruppe von Vermögenswerten überwiegend intern verwendet wird (also auf den ersten Blick eigentlich gar keine unabhängigen Zahlungsmittelzuflüsse anzunehmen sind), eröffnet IAS 36.70 die Möglichkeit, von einer CGU auszugehen, falls ein aktiver Markt besteht. Werden hingegen Endprodukte hergestellt, erübrigt sich das Vorhandensein eines aktiven Markts als konstitutives Kriterium einer CGU.

IV. Stetigkeit der CGU-Abgrenzung

19.24 Für vorgenommene CGU-Abgrenzungen gilt das **Stetigkeitsgebot**, sofern sich die Umfeldbedingungen nicht verändert haben (IAS 36.72). Interne Umstrukturierungen können bereits zur Stetigkeitsdurchbrechung führen (Rz. 19.31).

V. Praxishinweise

19.25 CGU-Abgrenzungen eröffnen **bilanzpolitische Ermessensspielräume**. Je weiter die Einheiten definiert werden, desto größer ist der in der CGU vorhandene Saldierungsbereich von Chancen und Risiken (Gewinnen und Verlusten) zur Verhinde-

---

18 A.A. *Bartels/Jonas* in Beck IFRS-HB[5], § 27 Rz. 95; *Brücks/Kerkhoff/Richter* in T/vK/B, IAS 36 Rz. 214.

rung von außerplanmäßigen Abschreibungen.[19] Hinzu kommt, dass die Abgrenzungskriterien „Berichtswesen" und „Managementstrategie" isoliert betrachtet stark unterschiedliche CGU Umfänge begründen: Das Berichtswesen erfordert bereits aus Überwachungsgründen eine feingliedrige Unterteilung und führt damit zu einem engen CGU-Zuschnitt. Demgegenüber rechtfertigt die Managementstrategie einen eher weiten CGU-Zuschnitt, wenn das Management begründen kann, dass bei einem Produktions- und Absatzverbund praktisch alle zugehörigen Unternehmensteile unabdingbar sind (Rz. 19.21). Im letztgenannten Fall mag es gar nicht so selten vorkommen, dass (vorbehaltlich der Obergrenze „Segmente", Rz. 19.17) letztlich das gesamte Unternehmen eine CGU darstellt[20], wie auch in IAS 36.IE16 eingeräumt wird.[21]

Die praktische Bedeutung der CGU-Abgrenzung *ohne* Zuordnung von Goodwill ist jedoch begrenzt: Diejenigen Vermögenswerte oder Gruppen von Vermögenswerten, die z.B. wegen Beschädigung oder Aufgabe gar nicht mehr genutzt werden, müssen ohnehin unabhängig vom sonstigen CGU-Zuschnitt abgewertet werden (Rz. 19.15). Zudem sind bei CGU ohne Goodwill „nur" die Buchwerte von Grundvermögen, Maschinen etc. betroffen, die überwiegend ohnehin planmäßig abgeschrieben werden und bei fehlenden Wertminderungsindikatoren („normale" Rentierlichkeit, Rz. 19.42) auch nicht betrachtet werden müssen. Somit verbleiben als praktisch relevanter Fall Anschaffungen, die sich relativ schnell als Fehlinvestition erweisen. Die hauptsächliche Bedeutung der CGU besteht jedoch darin, ein **Gerüst für die Zuordnung des erworbenen Goodwill** bereitzustellen. Dabei gelten besondere Zuordnungsregeln, die im Folgenden erläutert werden.

D. Zuordnung von Goodwill zu zahlungsmittelgenerierenden Einheiten (CGU)

I. Grundregel: Zuordnung nach Synergieeffekten

Aktivierte Goodwills sind zwingend einzelnen CGU oder Gruppen von CGU zuzuordnen, da sie einerseits jährlich auf Wertminderung zu testen sind, andererseits aber selbständig keine Zahlungsflüsse generieren können (IAS 36.81).

19.26

Zuordnungsmaßstab sind die erwarteten **Synergieeffekte** aus dem Unternehmenszusammenschluss. Dabei kann es sich handeln um

– Kosteneinsparungen im Gemeinkostenbereich,

– Kostenvorteile aus größeren Einkaufsvolumen,

---

19 Diese und eine Zusammenstellung weiterer, mit dem Impairment-Test zusammenhängender Ermessensspielräume finden sich in *Kirsch*, Finanz- und erfolgswirtschaftliche Jahresabschlussanalyse nach IFRS, 47–57.
20 In einem Fußballverein können z.B. die Bereiche Zuschauereinnahmen, Fernsehrechte, Werbeeinnahmen und Merchandising letztlich nicht als unabhängig voneinander angesehen werden, da alle Einnahmen mit der Qualität und dem Erfolg der Mannschaft stehen und fallen, vgl. *Lüdenbach/Hoffmann*, DB 2004, 1442 (1445).
21 Dies wurde auch von kritischen Stellungnahmen zu IAS 36 angemerkt, s. IAS 36.BCZ113.

- ersparte Entwicklungskosten,
- Vorteile aus einer Komplettierung der Produktpalette u.v.m.

Wenn sich Synergien in einem entsprechend weiten Bereich realisieren, kann ein Goodwill auch mehreren CGU bis zu ganzen Unternehmenssegmenten (Rz. 19.27) zugeordnet werden. Dabei sind jenen CGU oder Gruppen von CGU die höchsten Goodwillbeträge zuzuordnen, bei denen die höchsten Synergieeffekte zu erwarten sind. Mögliche Aufteilungsmaßstäbe können die beizulegenden Zeitwerte der CGU oder Ertragswertanteile (EBIT, EBITDA) sein.[22] Daraus folgt auch, dass ein erworbener Goodwill (losgelöst vom erworbenen Unternehmen) durchaus anderen CGU zugeordnet werden kann als die erworbenen übrigen Vermögenswerte (IAS 36.80).

II. Obergrenze Segmente

19.27 Die Goodwillzuordnung ist *nach oben* begrenzt durch **Geschäftssegmente** (IFRS 8) i.S.d. Segmentberichterstattung. Bei fehlender Kapitalmarktorientierung ist diese Vorgabe als Fiktion zu verstehen. IAS 36.80b stellt klar, dass es sich dabei um Geschäftssegmente i.S.v. IFRS 8.5 *vor Zusammenfassung* (Rz. 49.22) handelt und *nicht* um Berichtssegmente, die wegen identischer Merkmale nach IFRS 8.12 (Rz. 49.27) bzw. um Berichtssegmente, die wegen Unwesentlichkeit (Unterschreiten der 10 % Grenze) nach IFRS 8.13, 16 zusammengefasst sind (Rz. 49.30).

Dies kann u.U. zu einer Vielzahl von Geschäftssegmenten führen, denen ein Goodwill zuzuordnen ist:

Beispiel: Der Vorstand einer im Bereich Medizintechnik tätigen Firma lässt sich monatlich folgende Reportingunterlagen vorlegen:

(1) Gesamtunternehmensergebnis

(2) Ergebnisse aller 50 rechtlichen Konzerntöchter.

Die 50 rechtlichen Einheiten stellen jeweils Geschäftssegmente i.S.v. IFRS 8.5 dar. Daher müsste der Goodwill auf 50 Geschäftssegmente aufgeteilt werden.

Variante:

Zusätzlich zum Gesamtunternehmensergebnis und zu den Ergebnissen der 50 rechtlichen Einheiten lässt sich der Vorstand die Ergebnisse der zwei Sparten „Krankenhaustechnik" (Anteil an Umsatz, Ergebnis und Vermögen min. 92 %) und „Arztpraxen" (Anteil je max. 8 %) berichten.

Damit liegt eine **Matrix-Organisation** vor, bei der das Management entscheiden muss, welches Format es für die Berichterstattung als entscheidungsnützlich ansieht (Rz. 49.25). Wenn das Management die Segmentierung nach den zwei Sparten als entscheidungsnützlich ansieht (z.B. weil sich die Ressourcenzuteilung primär nach diesen Sparten und nicht nach den rechtlichen Einheiten richtet), wären diese (und nicht die 50 rechtlichen Einheiten) Geschäftssegmente i.S.v. IFRS 8.5. Damit wäre der Goodwill auf die zwei Geschäftssegmente (Krankenhäuser und Arztpraxen) aufzuteilen.

---

22 Vgl. IDW RS HFA 40, Rz. 71 ff.

Das Beispiel zeigt:

Es liegt auf der Hand, dass durch die **Zusammenfassung von Geschäftssegmenten** positive und negative Wertentwicklungen kompensiert werden (etwa Ausgleich von Wertminderungen im Bereich „Krankenhäuser" durch stille Reserven bei „Arztpraxen" und somit der Ausweis eines Wertminderungsverlustes vermieden wird (Bildung von sog. *cushions* gemäß IAS 36.BC167).

Die *bilanzpolitische Möglichkeit* der Zusammenfassung von Geschäftssegmenten besteht in der Schaffung einer Matrixorganisation.

III. Untergrenze Berichtswesen

Nach unten wird die Goodwillzuordnung auf die Stufe begrenzt, bis zu der das Management den Goodwill überwacht (IAS 36.80a). Mit dieser abstrakten Formulierung ist z.B. gemeint, dass ein Goodwill oder ein Teil davon bei der Ermittlung des zu verzinsenden Kapitals der betreffenden CGU einbezogen wird, welches die Bezugsgröße für eine vorgegebene Mindestverzinsung ist.[23] Diese Regelung soll verhindern, dass infolge der Einführung des jährlichen Wertminderungstests neue Berichtsstrukturen geschaffen werden müssen. Andererseits muss das Unternehmen an einer so getroffenen Goodwillzuordnung auch für Zwecke des IAS 36 festhalten. Fehlt es an derart formalisierten Goodwillzuordnungen, greift die Untergrenze folglich nicht. Unerheblich ist, dass sich das Management zur Überwachung der Geschäftsführungen die Ergebnisse einzelner Tochtergesellschaften berichten lässt. Dies führt nicht bereits dazu, dass der Goodwill auch den jeweiligen rechtlichen Einheiten zuzuordnen wäre.

19.28

IV. Beispiel zur Goodwillzuordnung

Die bisherigen Erörterungen können durch folgendes Beispiel zusammengefasst werden:

19.29

Beispiel: Der bisher aus den Segmenten Food und Einzelhandel bestehende Konzern K erwirbt im Sommer 01 das im Versandhandel tätige Unternehmen V.

– Der Kaufpreis überstieg die Differenz der im Rahmen der Erstkonsolidierung zum beizulegenden Zeitwert angesetzten Vermögenswerte und Schulden, so dass ein Goodwill i.H.v. 260 anzusetzen ist.
– V ist in die Sparten „Hausrat" und „Mode" aufgeteilt, die jeweils eine CGU darstellen und zusammen das Segment Versandhandel V bilden.
– Der Vorstand ordnet mit 180 den Großteil des Goodwill dem Versandhandel V insgesamt zu, weil man eine Einzelaufteilung auf die beiden Sparten „Hausrat" und „Mode" nicht für möglich hält.

---

23 Vgl. IDW RS HFA 40, Rz. 75.

— Allerdings glaubt man wegen größtenteils identischer Bezugsquellen im unteren Preissegment an Synergieeffekte im Geschäftszweig „Kaufhaus", so dass auch dieser CGU ein Goodwill-Anteil von 80 zugewiesen wird.

Die nachfolgende Abbildung zeigt die Organisationsstruktur des Konzerns. Wegen der Goodwillzuordnung sind künftig die CGU „Kaufhaus" sowie als Gruppe von CGU das Segment „Versandhandel" einem jährlichen Impairment-Test zu unterziehen (Rz. 19.45).

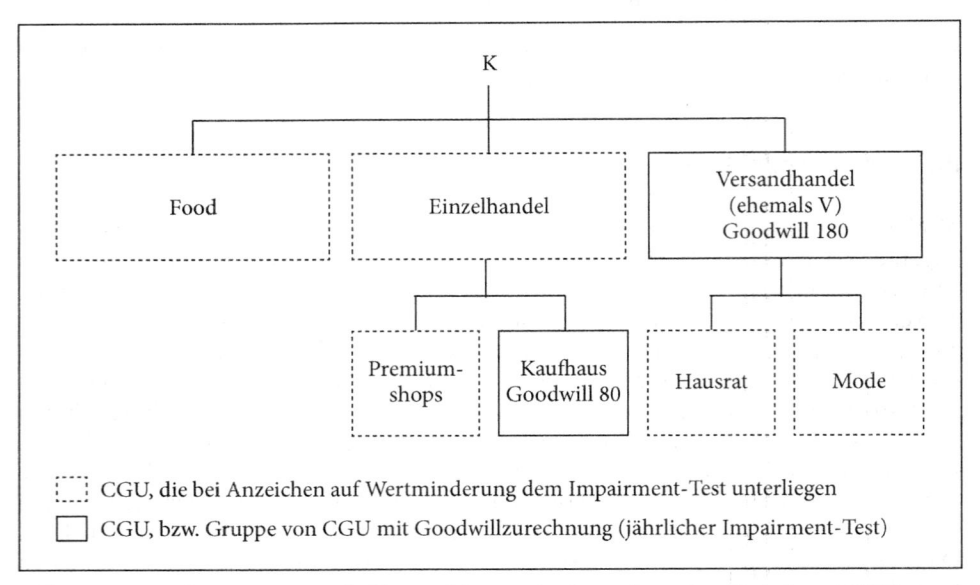

```
                        K
         ┌──────────────┼──────────────┐
      Food         Einzelhandel    Versandhandel
                                   (ehemals V)
                                   Goodwill 180
                     ┌────┴────┐    ┌────┴────┐
                  Premium-  Kaufhaus Hausrat  Mode
                  shops     Goodwill 80
```

⋮ CGU, die bei Anzeichen auf Wertminderung dem Impairment-Test unterliegen

☐ CGU, bzw. Gruppe von CGU mit Goodwillzurechnung (jährlicher Impairment-Test)

Abb. 19.3: Zuordnung von Goodwill zu zahlungsmittelgenerierenden Einheiten (CGU)

V. Zeitpunkt der Goodwillzuordnung

19.30 Die Goodwillzuordnung ist spätestens bis zum Ende des auf den Unternehmenszusammenschluss folgenden Geschäftsjahrs abzuschließen (IAS 36.84). Sobald eine Zurechnung erfolgt ist, hat ein Wertminderungstest zu erfolgen (IAS 36.96) und ist in der Folgezeit jährlich durchzuführen.

Beispiel (Fortsetzung von Rz. 19.29): Wenn der im Erstkonsolidierungszeitpunkt (Sommer 01) entstandene Goodwill i.H.v. 260 noch in 01 auf die CGU von K verteilt wird, ist auch der Impairment-Test noch in 01 durchzuführen. Sofern aber die organisatorische Eingliederung von V mehr Zeit benötigt, kann die Goodwillzuordnung auch in das Jahr 02 verschoben und erst dann erstmalig der Impairment-Test durchgeführt werden.

VI. Stetigkeit der Goodwillzuordnung/Neuorganisation

19.31 Eine einmal festgelegte Goodwillzuordnung ist grundsätzlich **stetig** fortzuführen. Jedoch können organisatorische Änderungen im Unternehmen, die auch die CGU-Zuschnitte berühren, nicht untersagt werden. In diesem Fall ist der Goodwill nach dem **relativen Anteil am erzielbaren Betrag** der CGU (**relativer Unternehmenswertvergleich**[24]) insgesamt neu zu verteilen (IAS 36.87).

Beispiel (Fortsetzung von Rz. 19.29): Die CGU „Versandhandel" umfasse auch den Teilbereich „Internethandel", zu dem ein Teil des Sachanlagevermögens gehört. Infolge einer organisatorischen Änderung werde der Bereich „Internethandel" der CGU „Kaufhaus" zugeführt. Dann sind neben den Sachanlagen (100) auch 200/1.000 des Buchwertes des Goodwill (= 36) der CGU „Kaufhaus" zuzuführen.

Gegenstand	sonstiger Versandhandel	Internethandel	Versandhandel Insgesamt
Buchwert Sachanlagen	200	100	300
Erzielbarer Betrag	800	200	1.000
Erzielbarer Betrag %	80 %	20 %	100 %
Goodwill	144	36	180

Tatsächlich besteht bei organisatorischen Maßnahmen gestalterisches Potential, das zu **bilanzpolitischen Zwecken** genutzt werden kann. Ist zu befürchten, dass es bei bestimmten CGU bald zu außerplanmäßigen Abschreibungen des Goodwill kommt, kann durch organisatorische Änderungen und neue Zuschnitte der CGU versucht werden, diese zu verhindern.

VII. Abgang von Goodwill bei der Veräußerung von Teilbereichen bzw. Entkonsolidierung

Wird eine **goodwilltragende CGU insgesamt** veräußert, ist auch der gesamte dieser CGU zugeordnete Goodwill als Abgang zu erfassen. Bei dieser CGU kann es sich um eine oder mehrere **Tochtergesellschaften** handeln oder aber um sog. **operations**: 19.32

Der Begriff *operation* ist in IAS 36 nicht definiert. Man wird darunter – in Analogie zur *disposal group* in IFRS 5 – eine Gruppe von in sachlichem Funktionszusammenhang stehenden Vermögenswerten zu verstehen haben. Sicher wird ein **Teilbetrieb** i.S.v. § 16 Abs. 1 Satz 1 Nr. 1 EStG – ein organisch geschlossener, mit einer gewissen Selbständigkeit ausgestatteter Teil eines Gesamtbetriebes, der (für sich betrachtet) alle Merkmale eines Betriebs i.S.d. EStG aufweist und als solcher lebensfähig ist[25] – als *operation* aufzufassen sein, *nicht* jedoch ein bloßer **Betriebsteil**.

Werden hingegen **Teile einer CGU veräußert**, z.B. ein Tochterunternehmen oder eine *operation*, die einer größeren goodwilltragenden CGU zugeordnet wurden, hat die Bestimmung des abgehenden Goodwill wie bei der Neuorganisation (Rz. 19.31) durch **relativen Unternehmenswertvergleich** zu erfolgen: 19.33

Beispiel (Fortsetzung von Rz. 19.29): Der noch der CGU „Versandhandel" zugehörige, selbständig operierende Bereich „Internethandel" werde zu einem Preis von 200 GE veräußert. Dann gehen neben dem zuzurechnenden Sachanlagevermögen mit einem Buchwert von 100

---

[24] Vgl. *Watrin/Hoehne*, WPg 2008, 695 (701).
[25] St. Rspr., s. nur BFH v. 13.2.1996 – VIII R 39/92, BStBl. II 1996, 409 = FR 1996, 529 = GmbHR 1996, 634 m.w.N.

GE auch anteilig 20 % des Buchwertes des Goodwill (= 36) ab, so dass der Veräußerungsgewinn 64 GE beträgt. In Rz. 36.280 zeigen wir ein ausführliches Beispiel zur **Entkonsolidierung** von Tochterunternehmen.

Von diesem Aufteilungsmaßstab kann nur ausnahmsweise abgewichen werden, wenn er nicht zu sachgerechten Ergebnissen führt: Wurde z.B. einer verlustträchtigen CGU ohne Goodwill ein „neuer" Goodwill zugeordnet und wird wenig später der Verlustbereich veräußert, ist kein anteiliger Goodwillabgang zu buchen und das Veräußerungsergebnis wird nicht entsprechend gemindert (IAS 36.86b i.V.m. 36.BC206.).

Da die Goodwillzuordnung nicht an das erworbene Unternehmen gebunden ist, sondern nach Maßgabe der zu erwartenden Synergien auf die CGU des Konzerns vorzunehmen ist (Rz. 19.26), kann der erworbene Goodwill durch den späteren Verkauf der goodwilltragenden CGU seinerseits „verkauft" werden, ohne dass es zu einer Veräußerung bzw. Entkonsolidierung der ursprünglich erworbenen Tochtergesellschaft gekommen ist.

Bei der **Verlagerung** oder **Veräußerung unselbständig operierender Betriebsteile** oder gar einzelner Vermögenswerte ist dagegen **kein Goodwilltransfer** zu berücksichtigen.

VIII. Besonderheiten der Full Goodwill-Methode nach IFRS 3

19.34 Wird von dem Wahlrecht Gebrauch gemacht, bei Erwerb von Tochterunternehmen auch die Minderheitenanteile inklusive Goodwill zu bewerten (Rz. 36.200), ist der Goowill

– für die Bestimmung des abgehenden Buchwertes bei einem evtl. späterem Abgang und

– für die Zurechnung möglicher Wertminderungen

in mehrerer Hinsicht zuzuordnen:

(1) Der aktivierte Goodwill ist zunächst **auf Konzernmehrheit und Minderheiten** aufzuteilen: Dies geschieht bereits bei der Goodwillermittlung: Auf Grund der Gegenleistung der Konzernmutter entfallen 900 auf MU; der Minderheitengoodwill (50) ergibt sich aus einer entsprechenden Fair Value Ermittlung (Rz. 36.221).

Gegenstand	Total	MU 80 %	Minderheiten 20 %
Gegenleistung	2.100	2.100	
Fair Value Minderheiten	350		350
Zwischensumme	2.450	2.100	350
Nettovermögen	- 1.500	- 1.200	- 300
Goodwill	**950**	**900**	**50**
davon TU zugeordnet	*450*	*400*	*50*
davon Restkonzern zugeordnet	*500*	*500*	*0*

(2) Der Goodwill ist sodann unabhängig von dem Ort bzw. Anlass seiner Entstehung **einer goodwilltragenden CGU zuzuordnen**: 19.35

(a) Regelmäßig wird dabei ein Teil des **Goodwill der Muttergesellschaft** dem Restkonzern zugeordnet werden, wenn sich Synergien an anderer Stelle realisieren (im Beispiel 500, vgl. IAS 36.IE68A ff.).

(b) Dagegen kann der **Minderheitengoodwill** nur der TU zugeordnet werden, da dieser die Gewinnaussichten der Minderheiten *bei TU* reflektiert.

Im dem hier unverändert wiedergegebenen Beispiel des IAS 36.IE68A f. entspricht die Relation der bei TU verbleibenden Goodwillanteile (450/50) *nicht* den Beteiligungsquoten (80/20). Als Ursache kommt eigentlich nur eine Kontrollprämie in Betracht, wobei sich die Frage stellt, ob die daraus resultierenden ökonomischen Vorteile nicht entweder (a) auch im Restkonzern anfallen (und daher umzugliedern wären) oder (b) sich zwar bei TU realisieren und sich dann aber im Fair Value der Minderheiten niederschlagen müssten. Die Goodwillzuordnung ist u.E. kritisch zu hinterfragen.

(3) Die weitere Behandlung des Goodwill bei Neuorganisationen bzw. Abgang von *operations* oder Entkonsolidierung hängt davon ab, ob die **TU eine goodwilltragende CGU** oder **Teil einer größeren goodwilltragenden CGU** ist: 19.36

(a) Ist die **TU selbst eine goodwilltragende CGU** und werden Teile, z.B. einzelne operations, übertragen, bemisst sich der abgehende Goodwillanteil nach dem relativen Unternehmenswert *innerhalb der TU*. Die Aufteilung auf Konzernmehrheit und Minderheiten geschieht nach der Relation der Goodwills gemäß der Zuordnung (2).

(b) Ist die **TU Teil einer größeren CGU**, erfolgt die Ermittlung des von TU abgehenden Goodwill entsprechend dem relativen Unternehmenswertvergleich innerhalb der CGU (TU oder Teile hiervon im Vergleich zur gesamten CGU). Dieser Anteil wird anschließend gemäß den Goodwillanteilen (2) auf Konzernmehrheit und Minderheiten aufgeteilt.

Der abgehende Goodwillanteil der Minderheiten wird danach regelmäßig von dem bisher den Minderheiten zugeordneten Goodwillanteil abweichen. Da die Entkonsolidierung von Minderheiten erfolgsneutral zu erfolgen hat (IFRS 10.B98aii bzw. IAS 27.34b (2008), Rz. 36.286), muss in diesen Fällen eine Umbuchung der Differenz auf die Konzernmehrheit erfolgen, zweckmäßigerweise gegen Konzerngewinnrücklagen.[26] Gleiches gilt u.E. bei Neuorganisationen.

Zur Bestimmung und **Verteilung eines Wertminderungsaufwands** auf Konzernmehrheit und Minderheiten s. Rz. 19.121 ff.

---

26 Vgl. für den Fall der Entkonsolidierung *Watrin/Hoehne*, WPg 2008, 695 (702).

IX. Praxishinweise

19.37 Die Entscheidung über die Zuordnung des Goodwills zu den einzelnen CGU hat große bilanzpolitische Konsequenzen und ist daher sorgfältig zu planen: Wird einer CGU mit vergleichsweise buchwertstarken Vermögenswerten, aber nur geringen Erträgen respektive niedrigem Nutzungswert auch noch ein Goodwill zugeordnet, so wird dieser beim nächsten Impairment-Test abzuschreiben sein, wenn der Nutzungswert unter den Buchwert (inkl. Goodwill) sinkt. Insoweit ist die Regelung, den Goodwill nach erwarteten Synergien zu verteilen, nicht nur inhaltlich, sondern auch bilanzpolitisch sinnvoll, wenn es das Ziel ist, außerplanmäßige Abschreibungen zu vermeiden. Darüber hinaus kann auch eine potentielle außerplanmäßige Abschreibung durch die Zuteilung des erworbenen bzw. derivativen Goodwills auf eine CGU mit einem hohen originären Goodwill vermieden bzw. gemindert werden (sog. **„Goodwill-Substitutionseffekt"**)[27]. Auf der anderen Seite mag auch die entgegengesetzte Strategie verfolgt werden: Durch eine hohe außerplanmäßige Abschreibung wird die Bilanz auf Jahre gesehen „bereinigt". Freilich dürfte diese Strategie nur vorstellbar sein, wenn das Management, welches die Abschreibung vornimmt, nicht den vorherigen Unternehmenszusammenschluss zu verantworten hat („Big Bath Accounting")[28]. Schließlich ist auch eine Reallokation möglich (Rz. 19.24).

19.38 Im Einzelfall kann eine Zuordnung von Goodwill zum Gesamtunternehmen möglich sein, wenn sich ein Unternehmen im Wesentlichen auf ein Geschäftsfeld und ein Segment beschränkt, wie dies häufig im Mittelstand anzutreffen ist.[29]

E. Buchwerte von CGUs: Zuordnung von Vermögenswerten und Schulden

19.39 Zur Ermittlung eines möglichen Abwertungsbedarfs ist dem erzielbaren Betrag (Nettoveräußerungspreis oder Nutzungswert) des Vermögenswertes oder einer CGU der diesem *entsprechende* Buchwert gegenüberzustellen (IAS 36.74), wobei Abgrenzungsprobleme naturgemäß bei CGU auftreten können. Welche Vermögenswerte und Schulden jeweils einzubeziehen sind, richtet sich danach, was bei der Ermittlung des erzielbaren Betrages berücksichtigt wurde (**Äquivalenzprinzip**, IAS 36.75). Im Einzelnen:

– Allgemein sind die Buchwerte solcher Vermögenswerte einzubeziehen, die der CGU direkt oder nach einem **sachgerechten Schlüssel** zugeordnet werden können (IAS 36.76).

---

[27] Vgl. hierzu bspw. *Böcking* in FS Ballwieser, 23 (28).
[28] Vgl. zu einer empirischen Untersuchung überdurchschnittlicher Goodwillabschreibungen bei Managementwechseln *Tettenborn/Rohleder/Rogler*, CF 2013, 33 ff.
[29] Vgl. *Pawelzik*, DB 2006, 793 (794), *Lüdenbach/Hoffmann*, DStR 2005, 884 (885).

- **Umlaufvermögen** (Forderungen, Vorräte) sowie Steuerposten werden einbezogen[30], wenn die Cashflow-Planung auf der sog. „derivativen Ermittlungsmethode" unter Erfassung der Veränderung dieser Bilanzposten erfolgt (Rz. 19.107).

- **Finanzschulden** (inklusive Pensionsverpflichtungen) sind (nur) dann abzuziehen, wenn der erzielbare Betrag ausnahmsweise die korrespondierenden Geldabflüsse ebenfalls berücksichtigt (Rz. 19.68).

- Bestimmte **Verbindlichkeiten** sind zwingend abzusetzen, wenn der erzielbare Betrag (Nutzungswert) nicht ohne die Minderung des entsprechenden Cashabflusses ermittelbar ist. Denkbar wären hier bspw. Abbruch- oder Rekultivierungsverpflichtungen. Eine Buchwertkorrektur hat allerdings regelmäßig nur dann zu erfolgen, wenn der Nettoveräußerungspreis um die passivierte Verpflichtung gemindert und der Käufer diesen Geldabfluss vom Kaufpreis abziehen würde. Aus Gründen der Vergleichbarkeit verlangt IAS 36.78 dann neben der Buchwertkorrektur auch eine Anpassung des Nutzungswerts.

Bei goodwilltragenden CGU sind naturgemäß **Goodwill**-Buchwerte zu berücksichtigen. 19.40

Neben dem Goodwill kann es andere Vermögenswerte geben, die durch mehrere CGU gemeinschaftlich genutzt werden, z.B. die **Hauptverwaltung**, die **EDV-Abteilung**, zentrale **Service-Abteilungen** oder **Forschungs- und Entwicklungseinrichtungen**. Diese sind den CGU nach einem vernünftigen Schlüssel zuzurechnen (IAS 36.102; IAS 36.IE75). Gelingt eine solche Zuordnung nicht, ist eine weitere CGU zu bestimmen, die einerseits die zu prüfende CGU *und noch andere Vermögenswerte oder CGU* umfasst und der außerdem die genannten gemeinschaftlichen Vermögenswerte sachgerecht und stetig zuzuordnen sind (IAS 36.102b). Diese „größere" CGU kann beispielsweise das Werk oder ein Segment sein; diese CGU ist dann auf Wertminderung zu prüfen. Ggf. ist eine Zuordnung erst zum Gesamtunternehmen möglich (IAS 36.IE78 f.). Die CGU auf unterer Ebene, denen solche Vermögenswerte *nicht* zugeordnet werden konnten, werden in einem ersten Schritt ohne diese Vermögenswerte auf eine Wertminderung geprüft und fließen dann mit ihren ggf. abgewerteten Buchwerten in den Impairment-Test höherer Stufe ein (Rz. 19.116). 19.41

Bei der Zuordnung besteht Ermessensspielraum, der bilanzpolitisch genutzt werden kann. Da gemeinsam genutzte Vermögenswerte ggf. ausschließlich Ausgaben verursachen, werden Bilanzierende zur Vermeidung von Abwertungsaufwand dazu tendieren, die entsprechenden Vermögenswerte und deren Buchwerte CGU erst auf einer möglichst hohen Unternehmensebene zuzuordnen (s. Beispiel in Rz. 19.118).

---

30 Vgl. IDW RS HFA 40, Rz. 66.

F. Wertminderungsindikatoren: Wann ist eine Wertminderungsprüfung durchzuführen?

I. Einzelne Vermögenswerte und CGU ohne Goodwill

19.42 Die tatsächliche Durchführung eines Impairment-Tests ist zumeist durchaus arbeitsaufwendig. Vor diesem Hintergrund ist ein solcher Test i.d.R. nicht generell, sondern nur dann durchzuführen, wenn bestimmte **Anhaltspunkte** (Indikatoren) anzeigen, dass einzelne Vermögenswerte oder Gruppen von Vermögenswerten (cash generating units, CGU) wertgemindert sein könnten. Diese Prüfung ist mindestens **zu jedem Bilanzstichtag** vorzunehmen (IAS 36.9 i.V.m. IAS 36.7).

Auch in anderen Standards finden sich Hinweise auf Indikatoren für mögliche Wertminderungen und Anlässe für Wertminderungstests; die nachfolgende Checkliste fasst diese zusammen:

Nr.	Indikator bzw. Sachverhalte	IAS
1	Gesunkene Marktwerte (geringerer Nettoveräußerungspreis)	36.12
2	Schlechtere Ertragsaussichten, weil sich das technische, juristische oder ökonomische Umfeld ändert (Zahlungsstrom mindert sich, geringerer Nutzungswert)	36.12
3	Gestiegene Zinssätze (führen bei unveränderten Cashflow-Erwartungen zu geringeren Bar- bzw. Nutzungswerten)	36.12
4	Überalterung, mangelnde Verwertbarkeit (geringerer Nettoveräußerungspreis)	36.12
5	Physische Schäden (geringerer Nettoveräußerungspreis)	36.12
6	Ein (Teil-)Betrieb soll im Rahmen einer Restrukturierung veräußert werden (Rz. 26.47)	37.79
7	Es werden künftige betriebliche Verluste erwartet (geringerer Nutzungswert)	37.65
8	Es werden drohende Verluste aus schwebenden Geschäften erwartet (Rz. 26.45)	37.69
9	Für einen neubewerteten immateriellen Vermögenswert des Anlagevermögens besteht kein aktiver Markt mehr	38.83
10	Test, ob Aktivierungsvoraussetzung „future economic benefits" bei Entwicklungskosten erfüllt ist (Rz. 13.32)[31]	38.60
11	Ermittlung erzielbarer Betrag bei Rückklassifizierung eines „held for sale" (Rz. 30.51)	IFRS 5.27b

---

[31] Es handelt sich hierbei systematisch nicht um einen Test, der zu einer außerplanmäßigen Abschreibung führen kann, sondern ganz im Gegenteil um die Prüfung, ob selbst erstellte immaterielle Vermögenswerte aktiviert werden müssen.

Nur wenn derartige Sachverhalte vorliegen, ist grundsätzlich der Impairment-Test durchzuführen – also *nicht* zu jedem Bilanzstichtag (vgl. aber zum Goodwill-Impairment-Test Rz. 19.45). Umgekehrt ist der Ausweis positiver Jahresergebnisse in der externen Berichterstattung für sich genommen noch kein Indikator dafür, dass eine Wertminderung *nicht* vorliegt, da der Nutzungswert auf Basis der diskontierten künftigen Netto-Cashflows ermittelt wird.[32]

Entsprechend dem Wesentlichkeitsgrundsatz kann ein komplexer Impairment-Test trotz ggf. bestehender Indikatoren dann unterbleiben, wenn 19.43

- die Ausprägung des veränderten Indikators selbst unwesentlich ist bzw.
- der Test im Ergebnis **nicht** zu einer **wesentlichen Wertminderung** führen würde (IAS 36.20 f.).

Ein **Anwendungsfall** für den Verzicht auf den Impairment-Test liegt vor, wenn entsprechende Berechnungen in der jüngeren Vergangenheit einen im Vergleich zum Buchwert genügend hohen Bewertungspuffer ergeben haben und sich entweder alle relevanten Parameter nicht wesentlich geändert haben oder bei Stabilität aller anderen Parameter nur **eine** wesentliche Variable eine kritische Grenze berührt.

II. Überprüfung des Abschreibungsplans

Sollte ein Indikator vorliegen, jedoch ein Wertminderungstest nicht durchgeführt werden oder eine Wertminderung nach IAS 36 nicht gegeben sein, sind gegebenenfalls die **Restnutzungsdauer**, die **Abschreibungsmethode** und/oder der **Restwert** des Vermögenswertes gemäß den Vorschriften des jeweils zu beachtenden Standards anzupassen (IAS 36.17). Ein Wertminderungsindikator ist somit zugleich auch Indikator zur Überprüfung des Abschreibungsplans nach IAS 16.51. Auch ohne Anwendung von IAS 36 kann es insoweit bei Betrachtung einzelner Vermögenswerte zu einer über die ursprünglich planmäßige Abschreibung hinausreichenden Abschreibung kommen. 19.44

Beispiel (Abwandlung von Rz. 19.15): Die Verpackungseinheit sei durch einen Kurzschluss nicht völlig zerstört, sondern in ihrer zeitlichen Verwendungsfähigkeit auf Grund einer verminderten Nutzungsdauer eingeschränkt worden. Obwohl im Beispiel die CGU insgesamt nicht im Wert gemindert ist, muss gleichwohl der Abschreibungsplan wegen kürzerer Restnutzungsdauer angepasst und die planmäßige Abschreibung erhöht werden.

III. Jährlicher Wertminderungstest, insbesondere beim Goodwill

Unabhängig vom Vorliegen eines Wertminderungsindikators ist ein **jährlicher Impairment-Test** vor allem für den **Goodwill aus Unternehmenszusammenschlüssen** und bei **aktivierten Entwicklungsprojekten in der Entwicklungsphase** vorgesehen, dies insbesondere, da ein Goodwill *gar nicht* und die Entwicklungsprojekte 19.45

---

32 Vgl. *Beyhs*, Impairment of Assets nach International Accounting Standards, 84.

noch nicht planmäßig abgeschrieben werden. Die nachfolgende Checkliste fasst diesen und andere Sachverhalte, die unabhängig vom Vorliegen eines Indikators zur Durchführung eines Impairment-Tests zwingen, zusammen:

Nr.	Sachverhalt	IAS
12	Goodwill aus Unternehmenszusammenschlüssen	IFRS 3.55
13	Immaterieller Vermögenswert mit unbegrenzter Nutzungsdauer (wird nicht planmäßig abgeschrieben)	38.108; 36.10
14	Immaterieller Vermögenswert wechselt von unbegrenzter Nutzungsdauer zur endlichen (und damit zur planmäßigen) Abschreibung	38.110
15	Immaterieller Vermögenswert wird noch nicht genutzt, z.B. aktivierte Entwicklungskosten in der Entwicklungsphase	36.10

Der jährliche Impairment-Test für den Goodwill muss nicht notwendigerweise am Bilanzstichtag durchgeführt werden; er kann für verschiedene CGU über das Jahr verteilt werden, ist aber dann für die einzelnen CGU jährlich zum gleichen Zeitpunkt durchzuführen (IAS 36.96). Diese Regelung hilft, **Arbeitsspitzen** in Rechnungswesen- und Controllingabteilungen **zu vermeiden**.

19.46 Auch auf eine genaue Ermittlung des erzielbaren Betrags der goodwilltragenden CGU kann verzichtet werden, wenn

– sich die Zusammensetzung der Vermögenswerte und Schulden der CGU seit der letzten Berechnung nicht signifikant verändert hat,

– der zuletzt für die CGU ermittelte erzielbare Betrag den Buchwert deutlich überschritten hat *und*

– eine Analyse der bisherigen Ereignisse und der zur Ermittlung des erzielbaren Betrages verwendeten Parameter die Wahrscheinlichkeit bestätigt, dass sich der erzielbare Betrag kaum verändert hat (IAS 36.99).

Ein Goodwill-Impairment-Test wird umgekehrt auch bei ausreichend hohen *vergangenen* Bewertungsreserven immer dann notwendig sein, wenn z.B. Zweifel an der strategischen Ausrichtung aufkommen, Qualitätsprobleme, Marktveränderungen oder Wettbewerbsaktivitäten auf einen künftigen Margendruck hindeuten, Abwanderung von Schlüsselpersonal eintritt u.v.m.

G. Ermittlung des erzielbaren Betrags: Nettoveräußerungspreis vs. Nutzungswert

I. Abgrenzung der Wertkonzepte

19.47 Beim Impairment-Test wird der Buchwert einer CGU bzw. einer Gruppe von CGUs (einschließlich Goodwill) dem erzielbaren Betrag gegenübergestellt. Eine Wertminderung liegt vor, wenn der Buchwert den erzielbaren Betrag übersteigt (Rz. 19.9). Dabei konkretisiert sich der erzielbare Betrag als der **höhere** Betrag aus beizulegendem Zeitwert abzgl. Veräußerungskosten (Nettoveräußerungspreis) und Nutzungswert (IAS 36.6). Damit stehen für die Durchführung des Impairment-Tests zunächst zwei alternative Wertkonzepte zur Verfügung:

– Dem Wertkonzept des **Nettoveräußerungspreises** liegt dabei die (fiktive) Handlungsoption „Veräußerung an einen fremden Dritten zu Marktkonditionen" zugrunde.

– Das Konzept des **Nutzungswertes** stellt auf die Handlungsoption „Fortsetzung der Nutzung im Rahmen der Verhältnisse zum Stichtag" ab.

Abbildung 19.4 stellt die wesentlichen Unterscheidungsmerkmale gegenüber:[33]

Gegenstand	Nettoveräußerungspreis (Fair value less costs of disposal)	Nutzungswert (value in use)
Bewertungsperspektive/ Informationsgrundlage	Aus Sicht des Marktes (extern)	Aus Sicht des Unternehmens bzw. Managements (intern)
Bewertungsmethoden	Bei aktivem Markt marktwertorientiert, ansonsten i.d.R. kapitalwertorientiert	Allein kapitalwertorientiert („Barwert künftiger Cashflows")
Fortführung der bei Erstkonsolidierung angewandten Bewertungsmethode	Ja (außer kostenorientierte Methoden, Rz. 19.60)	Nicht relevant (nur kapitalwertorientiert)
Zustand/Cashflow	Inkl. geplanter Erweiterungsinvestitionen (soweit mutmaßlich vom Markt honoriert)	Bei Erwerb bezahlter bzw. gegenwärtiger Zustand, ohne darüber hinaus gehende Erweiterungsinvesitionen
Synergien	weder unternehmens- noch käuferspezifische Synergien	inkl. unternehmensspezifische Synergien
Planungszeitraum	keine expliziten Vorgaben oder Restriktionen	geschäftsmodellabhängig (i.d.R. max. 5 Jahre)
Diskontierungszinssatz	WACC nach Steuern	WACC nach Steuern
Höhe der nachhaltigen Wachstumsrate	marktbezogen	geschäftsmodellabhängig (i.d.R. konstant oder rückläufig)
Plausibilisierung/Ableitung der nachhaltigen Wachstumsrate	keine Angaben	Wachstumsraten von Produkten, Branchen, Ländern

Abb. 19.4: Abgrenzung Nettoveräußerungspreis und Nutzungswert

---

[33] Vgl. dazu auch *Koepke*, Unternehmenswertorientierte Steuerungs- und Vergütungssysteme – Konzeption und Synchronisation des Performancecontrollings im Kontext der Corporate Governance, 290; *Kasperzak*, BFuP 2011, 1 (11) sowie *Hachmeister* in Ballwieser/Beyer/Zelger, Unternehmenskauf nach IFRS und HGB³, 410 f.

1. Nettoveräußerungspreis

a) Perspektive des Marktes

19.48 Der Nettoveräußerungs**preis** ist derjenige Betrag, den ein Unternehmen erzielen könnte, wenn es den Vermögenswert oder die CGU an einen Dritten unter **Marktbedingungen** („in an arm's length transaction" bzw. nach IFRS 13: „in an orderly transaction", Rz. 8.27) veräußern würde (IAS 36.9/IFRS 13.9); es handelt sich um den Fair Value abzgl. direkt zurechenbarer Veräußerungskosten (Gerichts- und Anwaltskosten, Beseitigungsaufwand etc.).

Dabei ist nicht von einer konkreten Transaktion auszugehen, sondern objektivierend eine **hypothetische Transaktion** zu unterstellen (IDW RS HFA 47 Rz. 2), so dass keine erwerber*spezifischen* wertrelevanten Faktoren (z.B. käuferspezifische Synergien) im beizulegenden Zeitwert berücksichtigt werden dürfen.[34]

Beispiel: Das Management schätzt den Barwert des Cashflow einer CGU im ersten Schritt auf 1.000. Zusätzlich seien jedoch Einkaufspreisvorteile im Wert von 300 zu berücksichtigen, die im Restkonzern anfallen, aber durch das von der CGU generierte Einkaufsvolumen verursacht sind. Außerdem verfüge die CGU über eine hochqualifizierte Entwicklungsmannschaft. Ein strategischer Investor sei sicherlich bereit, aufgrund ersparter Personalrekrutierungskosten einen Zuschlag von 500 zu vergüten. Das Management möchte den Fair Value daher i.H.v. 1.800 ansetzen.

19.49 Nach IFRS 13.23c sind bei der Fair Value-Ermittlung die relevanten Käufer zu identifizieren; IFRS 13.27 ff. enthält den Grundsatz der bestmöglichen Verwendung (**highest and best use**). Dies impliziert, dass als Käufer auch strategische Investoren in Betracht zu ziehen sind, die ggf. Synergien zu zahlen bereit sind (hier: 500, IFRS 13.IE2 ff., Rz. 8.36 ff.). U.E. ist ein pragmatischer Ansatz zu wählen: Die Einbeziehung von Synergien zusätzlich zu einem (unstrittigen) stand alone-Wert dürfte sich allein auf Synergien beziehen, die *jeder* typische Marktteilnehmer auch realisieren könnte (Rz. 8.39). Nur wenn bei vertretbarem Aufwand verfügbare Informationen darauf hindeuten, dass andere Marktteilnehmer andere Daten verwenden würden, ist eine Anpassung vorzunehmen (IFRS 13.89). Im Detail ist allerdings fraglich, wie diese objektiv ermittelt werden können; der Ansatz könnte bereits an fehlender Objektivierbarkeit scheitern.

19.50 Außerdem muss zuverlässig abgesichert sein („*reliable evidence*"), dass der Markt bzw. die Marktteilnehmer die Planprämissen teilen[35], die insbesondere den Cashflowprognosen zugrunde liegen.

Beispiel: Die CGU hat in den vergangenen Jahren eine EBIT-Rendite i.H.v. 7 % des Umsatzes erzielt. Der Finanzplan sieht Umsatzsteigerungen im Branchendurchschnitt vor. Diese ergeben einen Barwert von 2.000. Zugleich sei jedoch eine sukzessive EBIT-Verdoppelung auf 14 % des Umsatzes aufgrund vielfältiger „Effizienzsteigerungen", „geringerer Forderungsaus-

---

34 Vgl. IDW RS HFA 47 Rz. 60: Danach sind Vergleichspreise bei marktorientierter Bewertung um spezifische Marktgegebenheiten und „*käuferspezifische Motive*" zu bereinigen.
35 Vgl. EY-iGAAP, 1089.

fälle", „zunehmender Cross-Selling-Chancen" u.Ä. geplant. Hierdurch steige der DCF-Wert auf 3.500.

Mangels gegenteiliger Anhaltspunkte ist plausibel, dass der Markt die erwartete Umsatzsteigerung teilen würde. Die Maßnahmen zur Renditesteigerung sind hingegen nicht ausreichend *„reliable"*, um einen entsprechend hohen Fair Value zu begründen. Der Fair Value beträgt daher 2.000.

b) Kenntnisstand des Marktes

Der beizulegende Zeitwert gibt den Kenntnisstand und die Erwartungen der Marktteilnehmer wieder. Die Parameter für die Bestimmung des beizulegenden Zeitwerts sind daher vorrangig marktbezogen zu ermitteln, d.h. die Annahmen für die Berechnung des beizulegenden Zeitwerts sind im Einklang mit **öffentlich zugänglichen Daten** zu treffen respektive sind Informationen, die den Marktteilnehmer zugänglich sind, stärker als unternehmensinterne Informationen zu gewichten (IDW RS HFA 47 Rz. 86). Dies können Marktpreise, Kapitalmarktdaten, Informationen aus Marktstudien und Analystenreports oder sonstige öffentlich zugängliche Informationen sein.[36] Es stellt sich die Frage, ob hierunter zu verstehen ist, dass die Planungsdaten der (gesamten) Öffentlichkeit bekannt sein müssen. Hierfür könnte IAS 36.BCZ17a sprechen, wonach sich Nettoveräußerungspreis und Nutzungswert u.a. dadurch unterscheiden, dass beim Letzteren Informationen des Unternehmens über künftige Cashflows berücksichtigt würden, die am Markt nicht verfügbar sind. U.E. bedeutet „öffentlich zugänglich" jedoch, dass „der Markt" die Planungsdaten, wären die veröffentlicht, „im Durchschnitt" akzeptieren würde.

19.51

Beispiel: Das Management möchte den Fair Value einer CGU als Barwert künftiger Cashflows ermitteln (Rz. 19.64). Es stellt einen internen Finanzplan mit 5-jährigem Detailplanungszeitraum auf, der aufgrund unternehmensspezifischer Merkmale unterschiedliche Umsatzsteigerungsraten und zahlreiche nicht veröffentlichte unternehmensspezifische Merkmale aufweist.

Der Finanzplan kann u.E. der Fair Value Ermittlung zugrunde gelegt werden, wenn das Management plausibel darlegen kann, dass Marktteilnehmer, würden sie eine Financial Due Diligence Prüfung durchführen und Zugang zu den internen Daten haben, diese Annahmen akzeptierten. Hierfür spricht bereits die allgemeine Fair Value Definition als Transaktion unter *sachkundigen* fremden Dritten (Rz. 8.27), denn eine solche Transaktion würde kaum ohne Financial Due Diligence Prüfung abgewickelt werden.

2. Nutzungswert

a) Perspektive des Unternehmens

Für den Nutzungswert stellt IAS 36 auf eine fortgesetzte Nutzung des betreffenden Vermögenswerts oder der CGU im laufenden Geschäftsbetrieb ab. Im Einzelnen definiert IAS 36.31 den Nutzungswert als den **Barwert**

19.52

---

36 IDW RS HFA 16 Rz. 90. Die vorstehende Stellungnahme wurde mit Verabschiedung von IDW RS HFA 40 vom 4.5.2015 aufgehoben. Der entsprechende Inhalt wurde dabei nicht übernommen.

– der geschätzten künftigen **Einzahlungsüberschüsse**, die einem Unternehmen aus der fortgesetzten Nutzung des Vermögenswertes bzw. der CGU sowie

– aus seinem/ihrem Abgang am Ende der voraussichtlichen Nutzungsdauer voraussichtlich zufließen (IAS 36.6; 36.31). Neben Nettoveräußerungserlösen sind ggf. auch Auszahlungen zu berücksichtigen, etwa für Entsorgungsmaßnahmen.[37]

Damit wird (anders als beim Nettoveräußerungspreis) eine **interne Perspektive** eingenommen. Der Nutzungswert gibt den besten Kenntnisstand und die Erwartungen des bilanzierenden Unternehmens sowie unternehmensspezifische Faktoren wieder (IAS 36.53A), die nur für das bilanzierende Unternehmen zutreffen können. Der Nutzungswert ist keinesfalls ein Fair Value (so auch IAS 40.49).

Beispiel (Fortsetzung von Rz. 19.48 f.): Auf Basis des Beispiels lt. Rz. 19.48 beträgt der Nutzungswert 1.300 (inkl. 300 unternehmensinterne Synergien). Im Beispiel lt. Rz. 19.50 ist der Nutzungswert hingegen mit dem Fair Value (2.000) identisch. Der höhere Wert (3.500) beruht zwar auf den Erwartungen des Managements, die nicht notwendigerweise „vom Markt" geteilt werden müssen. Allerdings müssen die Erwartungen konsistent und grundsätzlich aufgrund der Vergangenheitsperformance plausibel sein (IAS 36.34). Es ist unzulässig, eine vom Markt nicht akzeptierte „Hockey-stick"-Planung unter dem Mantel „Nutzungswert" dem Impairment-Test zugrundezulegen.

19.53 Bei der Ermittlung des Nutzungswerts kommt der **Analyse von Budget/Ist-Abweichungen** der Vergangenheit eine besondere Bedeutung zu (IAS 36.BC65). Andererseits sind auch mit der Vergangenheit nicht vergleichbare Tatsachen zu berücksichtigen:

Beispiel: Das Management rechnet für die Zukunft mit steigenden Ergebnissen, weil

(a) der defizitäre Geschäftszweig A aufgegeben wurde,

(b) im Vorjahr Personalanpassungen vorgenommen wurden und

(c) der Produktbereich C nach erfolgreichem Abschluss der Entwicklungsphase überdurchschnittliche Perspektiven aufweist.

Derartige Sachverhalte rechtfertigen, wenn sie „belastbar" sind, einen entsprechend hohen Nutzungswert.

Andererseits ist das **Ausblenden** vergangener „**einmaliger**" **Sachverhalte** (z.B. überdurchschnittliche Vorratsabwertungen, außergewöhnliche Forderungsausfälle, Rechtsstreit mit einem Konkurrenten, große Garantiefälle etc.) nicht zulässig. Vielmehr muss die Planung eine normale Durchschnittsrate an Forderungsausfällen etc. reflektieren.

b) Gegenwärtiger Zustand

19.54 Der Nutzungswert muss den gegenwärtigen Zustand des betreffenden Vermögenswertes bzw. der CGU reflektieren (IAS 36.44). **Erweiterungsinvestitionen** und **Restrukturierungen**, zu denen eine Verpflichtung *nicht* besteht, dürfen *nicht* in die

---

[37] Vgl. IDW RS HFA 40, Rz. 38.

Planung eingehen.[38] Eine Ausnahme gilt für Vermögenswerte, die noch nicht betriebsbereit genutzt werden können, sich also beispielsweise noch im **Herstellungsprozess** befinden: Hier sind die Auszahlungen für aktivierungspflichtige Herstellungskosten in den Cashflow-Prognosen zu berücksichtigen (IAS 36.42). Im Übrigen ist diese Vorgabe erkennbar auf die Bewertung einzelner Vermögenswerte gemünzt (s. Beispiel in Rz. 19.76), läuft aber regelmäßig leer, soweit diesen keine unabhängigen Cashflows zuzurechnen sind. Bei CGU kann diese Vorgabe hingegen potentiell zu Verwerfungen führen:

Beispiel: Der Telekommunikationskonzern T hat für einen Kaufpreis von 2 Mrd. Euro den Konkurrenten K erworben. Von Synergien sei abstrahiert. Der Kaufpreis reflektiert jedoch die überdurchschnittlichen Wachstumsaussichten im außereuropäischen Ausland und hat zu einem entsprechenden Goodwill bei K geführt. Die Nutzungswertberechnung an den nachfolgenden Bilanzstichtagen bestätigt den gezahlten Kaufpreis. Allerdings sind in der Cashflowplanung die ursprünglich erwarteten Erweiterungsinvestitionen und die entsprechenden Cashzuflüsse enthalten.

Der Nutzungswert beträgt unverändert 2 Mrd. Euro, weil der Effekt der **Erweiterungsinvestition im bezahlten Goodwill** enthalten ist („beim Unternehmenskauf vergütete Ertragsaussichten", IAS 36.81) und daher folgerichtig nicht um *diese* Erweiterung gekürzt werden darf.[39]

19.55 Andererseits kommt es nicht auf den Zustand bei Erstbilanzierung, sondern auf den **aktuellen Zustand am Bilanzstichtag** an:

Beispiel: Seit Erwerb der K seien einzelne Geschäftsbereiche abgeschmolzen, andere dagegen aufgebaut worden. Für den Wertminderungstest ist jedoch unerheblich, ob die Ertragsperspektiven des Stichtages ggf. auf originärem Goodwill beruhen oder nicht, da nur der aktuelle Zustand betrachtet wird (IAS 36.BCZ45).

Variante:

Am Bilanzstichtag seien 40 % der Kunden abgewandert. Das Management plane jedoch, dies in den Folgejahren durch die Expansion in einen neuen Geschäftszweig zu kompensieren. Danach betrage der Nutzungswert unverändert über 2 Mrd. Euro.

In diesem Fall wäre der *Nutzungswert* um die geplante Erweiterung zu kürzen. Allerdings müsste zusätzlich geprüft werden, ob der *Fair Value* ggf. nicht mindestens 2 Mrd. beträgt, weil die Fair Value Definition Restriktionen bzgl. Erweiterungen *nicht* kennt. Es wäre dann im Einzelnen zu begründen, dass die Ertragsplanung des Managements (a) dem Grunde und (b) der Höhe nach „vom Markt" akzeptiert wird (Rz. 19.48 ff.).

19.56 Im Übrigen ist bei der Bewertung einer CGU auf das **gegenwärtige Geschäftsmodell** der CGU abzustellen.[40] Dies bedeutet, dass alle Investitionen insoweit einbezogen werden dürfen, als dass sie nicht zu einer wesentlichen nachhaltigen Änderung des Geschäftsmodells führen. Betroffen sind namentlich alle Ersatzinves-

---

38 Die Nichtberücksichtigung von Erweiterungsinvestitionen und Restrukturierungsmaßnahmen führt zu einer Objektivierung des (unternehmensindividuellen) Nutzungswertes.
39 Vgl. *Schmuch/Laas*, WPg 2006, 1048 (1053).
40 Vgl. *Erb u.a.* in Beck IFRS-HB[5], § 27 Rz. 62 m.w.N.

titionen (IAS 36.41). Als Aufwand zur „Erhaltung des gegenwärtigen Zustandes einer CGU" (IAS 36.49) sind auch diejenigen Maßnahmen anzusehen, die einen konstanten relativen Marktanteil sicherstellen, selbst wenn dieser in „Wachstumsmärkten" (z.B. Asien) absolut stark ansteigt.[41]

II. Zulässige Bewertungsmethoden

1. Überblick

19.57 Abbildung 19.5 stellt die anwendbaren Bewertungsmethoden einander gegenüber:

Verfahren	Kaufpreisaufteilung bei Erstkonsolidierung	Wertminderungstest	
		Nettoveräußerungspreis	Nutzungswert
Marktwertorientiert	1. Verkaufspreis oder (bei aktivem Markt) Börsen-/Marktpreis	1. Verkaufspreis oder (bei aktivem Markt) Börsen-/Marktpreis	–
	2. Vergleichspreise (Analogiemethode)	2. Vergleichspreise (Analogiemethode)	–
Kapitalwertorientiert	3a. unmittelbare Cashflowprognose (DCF-Methode) 3b. Lizenzpreisanalogie 3c. Residualwertmethode 3d. Mehrgewinnmethode	3a. unmittelbare Cashflowprognose (DCF-Methode) 3b. Lizenzpreisanalogie 3c. Residualwertmethode 3d. Mehrgewinnmethode	1. unmittelbare Cashflowprognose (DCF-Methode)
Kostenorientiert	4. Reproduktionskosten-/Wiederbeschaffungskostenmethode	Einzel-Assets: Zulässig CGU: Unzulässig	–

Abb. 19.5: Zulässige Bewertungsmethoden

2. Nutzungswert

19.58 Der **Nutzungswert** definiert sich gemäß IAS 36.6 als **Barwert** künftiger Cashflows, so dass konzeptionell weder kostenorientierte noch marktorientierte Verfahren in Betracht kommen. Letztere scheiden auch aus, da es ausschließlich auf die interne Perspektive des Unternehmens ankommt. Es ist ausschließlich das Kapitalwertkalkül (DCF-Methode) anzuwenden. Grundsätzlich kommen auch kapitalwertorientierte Verfahren beim Nettoveräußerungspreis zur Anwendung (Rz. 19.59 (3)), allerdings hier aus einer Marktperspektive.

---

[41] Vgl. Haufe IFRS-Komm.[16], § 11 Rz. 167.

3. Methodenhierarchie bei der Fair Value-Ermittlung für den Nettoveräußerungspreis

Die Wahl der Ermittlungsmethode für den Fair Value, die dem Nettoveräußerungspreis zugrunde liegt, folgt der dreistufigen Fair Value-Hierarchie („Level 1, 2 oder 3", Rz. 8.42 ff.) und ist daher von der Datenlage respektive von den Inputfaktoren abhängig. Inputfaktoren sind Annahmen, die Marktteilnehmer bei der Preisbildung berücksichtigen würden (IFRS 13.A). 19.59

(1) Ein in einem **aktiven Markt notierter Preis** erbringt den zuverlässigsten Nachweis für den beizulegenden Zeitwert (Level 1-Inputfaktoren). Liegt ein solcher Preis vor, ist er u.U. angepasst zur Bemessung des Nettoveräußerungspreises heranzuziehen (IFRS 13.77). Märkte, in denen für bestimmte Vermögenswerte/ Schulden Inputfaktoren beobachtet werden können, sind z.B. Börsen, Händler-, Broker- und Direktmärkte (IFRS 13.B34).

> **Beispiel:** Im Geschäftsjahr 2014 hat die SAP AG den erzielbaren Betrag für ihr einziges Geschäftssegment anhand des Nettoveräußerungspreises ermittelt. Grundlage für die Ermittlung war dabei die Marktkapitalisierung der SAP basierend auf den öffentlichen Notierungen der SAP-Aktie.

(2) Mangels aktiver Märkte bzw. vergleichbarer Vermögenswerte/Schulden werden oftmals **Preisnotierungen** für identische Güter auf inaktiven Märkten bzw. ähnlicher Güter auf aktiven Märkten herangezogen (Level 2-Inputfaktoren). Andere Inputfaktoren als Marktpreisnotierungen stellen z.B. Zinsstrukturkurven oder Credit-Spreads dar (IFRS 13.82).

(3) Für den Wertminderungstest von CGUs kommen i.d.R. nur die **kapitalwertorientierten Methoden (DCF-Methoden)** in Betracht, da für diese regelmäßig keine verfügbaren bzw. beobachtbaren Marktpreise vorliegen.[42] Gemäß IFRS 13.89 hat ein Unternehmen dann nicht beobachtbare Inputfaktoren anhand unternehmenseigener Daten zu entwickeln (Level 3-Inputfaktoren).[43]

4. Unzulässigkeit von kostenorientierten Verfahren

Grundsätzlich sind **kostenorientierte Verfahren** zur Ableitung des Fair Values im Sinne von IFRS 13 zulässig (IFRS 13.62, 13.B8 f.). Jedoch sind kostenorientierte Verfahren primär für die Bewertung materieller Vermögenswerte relevant. Auch für einzelne Vermögenswerte wie z.B. eine Software kommen kostenorientierte Verfahren in Frage. Zur Ermittlung des zukünftigen Nutzens (IAS 36.BCZ29) einer CGU sind kostenorientierte Verfahren nicht geeignet.[44] 19.60

---

[42] Vgl. IDW RS HFA 40, Rz. 16 und IDW RS HFA 47, Rz. 62. Zu Einzelheiten der Zulässigkeit von DCF-Methoden bei der Ermittlung des Nettoveräußerungspreises Rz. 19.63.
[43] Vgl. dazu auch Haufe IFRS-Komm.[16], § 8a Rz. 35–38.
[44] Vgl. *Erb u.a.* in Beck IFRS-HB[5], § 27 Rz. 39 ff. sowie Haufe IFRS-Komm.[16], § 11 Rz. 9.

5. Zulässigkeit der bei Erstkonsolidierung angewendeten Verfahren (außer kostenorientierter Verfahren)

19.61 In Bezug auf die kapitalwertorientierten Verfahren i.S.v. Rz. 19.59 (3), stellt sich die Frage, ob die bei Erstkonsolidierung im Rahmen der Kaufpreisaufteilung angewendeten Methoden (Lizenzpreisanalogie etc.) auch für Zwecke des Wertminderungstests angewendet werden dürfen. Diese Frage ist zu bejahen, aber nicht von der Abgrenzung des auf Impairment zu testenden Vermögenswertes zu trennen:

Beispiel[45]: Bei der Erstkonsolidierung wurde eine Marke unter Anwendung der Methode der Lizenzpreisanalogie zu ihrem Fair Value angesetzt, obwohl die Marke allein keine Cashflows generieren kann, die unabhängig von anderen Cashflows sind. Dann muss aber auch bei der Werthaltigkeitsprüfung der Nettoveräußerungspreis ermittelbar sein, sofern nicht eine Einzelveräußerbarkeit gesetzlich oder vertraglich ausgeschlossen ist. Dies ist möglich, weil für dessen Bestimmung unabhängige Cashflows i.S.d. IAS 36.22 nicht tatsächlich vorliegen müssen, sondern potentielle Käufer und Verkäufer auf verlässlicher Basis eine Zurechnung von Cashflows vornehmen können. Liegt der Nettoveräußerungspreis somit über ihrem Buchwert, kann eine Werthaltigkeitsprüfung der Marke auf der Ebene der CGU, zu der diese gehört, unterbleiben (IAS 36.21, 36.22 und 36.67). Im umgekehrten Fall kann eine Einbeziehung der Marke in eine größere CGU inklusive Marke erfolgen und keine Abwertung vorgenommen werden, wenn deren Nutzungswert den Buchwert übersteigt.

19.62 In Bezug auf die konkret anzuwendende Methode gilt das **Stetigkeitsprinzip**, d.h. bei der Wertminderungsprüfung ist grundsätzlich diejenige Methode anzuwenden, die auch für Zwecke der Kaufpreisverteilung gewählt wurde. Dementsprechend ist bei weiteren Werthaltigkeitsprüfungen die Bewertungsmethode der jeweils vorherigen Werthaltigkeitsprüfung beizubehalten. Methodenänderungen sind nur ausnahmsweise zulässig, wenn eine andere Methode nachweislich zu aussagefähigeren Ergebnissen führt oder die vorher gewählte Methode aufgrund von Änderungen der Datenbasis nicht mehr anwendbar ist (IDW HFA RS 16 Rz. 15 f.[46]).

19.63 Führt die Fair Value-Ermittlung dagegen zu Werten unterhalb der Buchwerte, ist es umgekehrt zulässig, den betreffenden **Vermögenswert** in eine **größere CGU einzubeziehen** und den Nutzungswert der CGU insgesamt inklusive des betreffenden Vermögenswertes zu ermitteln.

Beispiel[47]: Bei einem selbstgenutzten Verwaltungsgebäude mit Anschaffungskosten von 2.000 und einem Buchwert von 1.500 bestehe aufgrund der Immobilienkrise der Verdacht („Wertminderungsindikator") auf eine Wertminderung. Nach einem Gebäudegutachten (IAS 36.BCZ30) betrage der Fair Value 1.000 (von Veräußerungskosten sei abstrahiert). Eine Abwertung auf 1.000 würde jedoch die ökonomische Realität nicht zutreffend widerspiegeln, da die Gesellschaft das Gebäude weiterhin selbst nutzen will. Daher darf das Gebäude in eine größere CGU einbezogen werden und unterliegt (mit deren anderen Vermögenswerten) u.U. keiner Wertminderung.

---

45 Vgl. zum Folgenden IDW RS HFA 16 Rz. 82.
46 IDW RS HFA 40 enthält hierzu keine Ausführungen mehr.
47 Vgl. IAS 36.BCZ17, Beispiel 1.

6. Zulässigkeit von DCF-Verfahren zur Fair Value-Ermittlung

Auf den ersten Blick scheint IAS 36 Barwertverfahren primär mit der Bestimmung von Nutzungswerten zu assoziieren (IAS 36.30 ff. sowie Appendix A). Allerdings sind nach heute h.M. Barwertkalküle auch bei der Fair Value-Ermittlung zulässig,[48] da Marktwerteinschätzungen (aller Marktteilnehmer) immer auf der Diskontierung künftiger Cashflows beruhen (IAS 36.BC11a) und im Übrigen im Anhang explizit auch bei der Fair Value Bestimmung mittels Barwertkalkülen die entsprechenden Parameter zu nennen sind (Detailplanungszeitraum, Diskontierungszinssatz etc., IAS 36.134e). IFRS 13.62 sieht DCF-Methoden ebenfalls explizit vor (Rz. 19.57, Tabelle).

19.64

Beispiel (Telekom, Geschäftsbericht 2017, 183): „Die für den Werthaltigkeitstest zu ermittelnden erzielbaren Beträge wurden überwiegend auf Basis der beizulegenden Zeitwerte abzüglich Veräußerungskosten bestimmt. Diese Werte wurden – mit Ausnahme der zahlungsmittelgenerierenden Einheit USA [(im Fall der zahlungsmittelgenerierenden Einheit USA war der Marktpreis eines aktiven und liquiden Markts (Börsenkurs) der T-Mobile US Grundlage für die Ermittlung des beizulegenden Zeitwerts)] – mittels eines Barwertverfahrens berechnet. [...] Die Werte wurden im Einklang mit IFRS 13 mit Hilfe von Level 3-Eingangsparametern (nicht beobachtbare Eingangsparameter) berechnet."

Allerdings steht der Fair Value-Barwert unter den in Rz. 19.48 ff. genannten strengen Restriktionen, d.h. es ist der Nachweis erforderlich, dass sowohl (a) die Diskontierungszinssätze als auch (b) die Cashflow-Planungen den Markterwartungen (mutmaßlich) entsprechen[49].

19.65

III. DCF-Ermittlung: Cashflow-Planung

1. Überblick

Angelehnt an die praktische Relevanz beziehen sich die nachstehenden Ausführungen sowohl für die Ermittlung des Nutzungswertes als auch für die Ermittlung des Nettoveräußerungspreises auf Discounted Cashflow-Verfahren respektive auf den **WACC-Ansatz**.[50] Die Barwertermittlung erfordert dabei zunächst die Schätzung der künftigen jährlichen Free Cashflows, die der Vermögenswert (bzw. die CGU) aus seiner Nutzung erwirtschaftet. IAS 36.30 f. zum Nutzungswert und auch IFRS 13.B10 ff. zum Fair Value enthalten insbesondere im Hinblick auf den Zähler spezifische Ausführungen, während beim Diskontierungszinssatz beide Standards eine marktbasierte Ableitung erfordern. Vor diesem Hintergrund sollen daher zunächst die spezifischen Anforderungen an die Zähler der beiden Kalküle respektive an die Cashflow-Planungen dargestellt werden. Daran anschließend wird der Dis-

19.66

---

48 Vgl. *Brücks/Kerkhoff/Richter*, KoR 2005, 1 (3 f.), *Castedello/Klingbeil/Schröder*, WPg 2006, 1028 (1034); *Schmusch/Laas*, WPg 2006, 1048, (1051) sowie IDW RS HFA 40 Rz. 16 und IDW RS HFA 47, Rz. 62.
49 Vgl. IFRS 13B14a; *Erb u.a.* in Beck IFRS-HB[5], § 27, Rz. 37 ff. sowie Haufe IFRS-Komm.[16], § 11 Rz. 170 ff.
50 So auch Haufe IFRS-Komm.[16], § 11 Rz. 219.

kontierungszinssatz erläutert. Dieses Barwertkalkül gilt grundsätzlich unabhängig davon, ob ein einzelner Vermögenswert oder eine CGU untersucht wird.

2. Einzelheiten zum Nutzungswert

19.67 Ausgangspunkt der Wertermittlung ist die vom Management ohnehin erstellte **Unternehmensplanung** (s. aber Rz. 19.75 ff.). Für die Cashflows ist der Erwartungswert anzusetzen (Rz. 19.82, zu Einzelheiten IAS 36.A7 ff.). Ausdrücklich soll das Management seine Prognosen auf vernünftigen und vertretbaren Annahmen aufbauen, die die beste vom Management vorgenommene Einschätzung der ökonomischen Rahmenbedingungen repräsentieren. Wenngleich der Nutzungswert Ausdruck unternehmensindividueller Faktoren ist (IAS 36.53A), ist ein besonderes Gewicht auf externe Hinweise zu legen[51], damit die vom Management getroffenen Annahmen über das künftige ökonomische Umfeld eines Vermögenswertes plausibel und intersubjektiv nachvollziehbar sind.

19.68 Gemäß IAS 36.50a sind Effekte aus Finanzierungstätigkeiten bzw. **Zinsaufwendungen und -erträge** nicht in die Cashflowplanungen einzubeziehen. Damit wird der Barwert nicht um die verzinslichen Nettofinanzschulden gemindert (Bruttomethode). Dies führt deshalb zu einem zutreffenden Vergleich, weil die zu testenden Buchwerte üblicherweise ebenfalls nicht um Nettofinanzschulden gemindert werden (Rz. 19.39).

19.69 Die Cashflows sollen bei der Bestimmung des Nutzungswertes grundsätzlich keine **Ertragsteuern** enthalten (IAS 36.50). Analog dazu wäre ein Vor-Steuer-Zinssatz zu verwenden (IAS 36.55). Empirisch lassen sich nur Kapitalkosten nach Steuern beobachten. In der Praxis werden daher Nach-Steuer-Cashflows ermittelt, die dann mit einem Nach-Steuer-Zinssatz diskontiert werden. Die Praxis kann sich dabei auf IAS 36.BCZ85 stützen, der einer Nach-Steuer-Betrachtung Priorität einräumt. Für die **Nach-Steuer-Rechnung** spricht zudem, dass die bei der Bewertung von CGU verwendeten Kapitalisierungszinssätze (WACC) stets nach Unternehmenssteuern definiert sind und ansonsten mühsam umgerechnet werden müssten. Folglich gehen wir auch im Rahmen unserer weiteren Ausführungen von einer **Berücksichtigung von Unternehmenssteuern** aus.[52]

19.70 **Persönliche Steuern** auf Ebene der Anteilseigner werden bei der IFRS-Rechnungslegung nicht explizit berücksichtigt. Im Sinne des IDW S 1 entspricht dies einer

---

51 Hier können bspw. Studien oder Stellungnahmen von Wirtschaftsforschungsinstituten, Branchenverbänden, Unternehmensberatungen, etc. genannt werden.

52 Allerdings ist dann im Anhang zum Nutzungswert nach h.M. der Vorsteuerzinssatz i.S.v. IAS 36.50b anzugeben (IAS 36.134dv). Dieser kann vereinfacht durch Rückrechnung ermittelt werden, z.B. 10 % (Nach-Steuerzinssatz): (1–30 % (Steuersatz)) = 14,28 % (Vor-Steuer-Zinssatz). Alternativ soll durch Iteration der Vor-Steuer-Zinssatz ermittelt werden, der zu demselben Wert führt, der sich bei einer Nach-Steuer-Berechnung ergibt (IAS 36.BCZ85). Dies erscheint uns unter Kosten/Nutzen-Erwägungen nicht sinnvoll. Soweit Unternehmen den Nettoveräußerungspreis und den Nutzungswert ermitteln, werden daher im Anhang Vor- und Nach-Steuer-Zinssätze genannt.

mittelbaren Typisierung. Hierbei wird die Annahme getroffen, dass die Nettozuflüsse aus dem Bewertungsobjekt und aus der Alternativinvestition in ein Aktienportfolio auf der Anteilseignerebene einer vergleichbaren persönlichen Besteuerung unterliegen. Im Bewertungskalkül wird dabei auf eine explizite Berücksichtigung persönlicher Ertragsteuern bei der Ermittlung der finanziellen Überschüsse als auch bei der Ermittlung des Kapitalisierungszinssatzes verzichtet.[53]

Cashflows in **Fremdwährung** sind mit einem währungsäquivalenten Diskontierungszinssatz[54] abzuzinsen. Der Barwert ist dann mit dem Bewertungsstichtag geltenden Devisenkurs umzurechnen (IAS 36.54). 19.71

Setzt sich ein einzelner Vermögenswert aus mehreren Komponenten zusammen, ist der Prognosezeitraum der erwarteten Cashflows anhand der Komponente mit der längsten Nutzungsdauer auszurichten (IDW HFA RS 40, Rz. 30). Für eine goodwilltragende CGU ist grundsätzlich von einer **unendlichen Nutzungsdauer** auszugehen (IDW HFA RS 40, Rz. 31).[55] Aus Objektivierungsgründen sollen sich detaillierte Cashflow-Prognosen auf einen **Detailplanungszeitraum** von **fünf Jahren** beschränken (IAS 36.33b), es sei denn, dass ein längerer Zeitraum gerechtfertigt werden kann. 19.72

Sofern eine begrenzte (Rest-)Nutzungsdauer eines Vermögenswertes bzw. einer CGU den Detailplanungszeitraum überschreitet oder für eine CGU mit einem Goodwill eine unendliche Nutzungsdauer unterstellt wird (Rz. 19.72), sind die erwarteten Cashflows nach dem Detailplanungszeitraum mittels einer **geeigneten Wachstumsrate** bis zum Ende der jeweiligen Nutzungsdauer bzw. unendlich zu extrapolieren. Es besteht die widerlegbare Vermutung, dass eine steigende Wachstumsrate nicht gerechtfertigt werden kann, so dass die verwendete Wachstumsrate i.d.R. gleichbleibend oder rückläufig, ggf. auch null oder negativ sein wird und zudem eine vergleichbare langfristige Durchschnittswachstumsrate, wie sie etwa für den entsprechenden Markt anzunehmen ist, nicht überstiegen wird (IAS 36.33c). Das IASB verfolgt insofern den strategietheoretischen Ansatz des Market-Based-View,[56] wonach es für Unternehmen langfristig nur bedingt möglich ist, eine höhere Wachstumsrate als einzelne Produkte, einzelne Branchen, ein einzelnes Land oder einzelne Länder, in dem/denen sie tätig sind, zu erzielen (IAS 36.37). Allerdings sind die Cashflows auch um die wachstumsbedingte Steigerung des Anlage- und **Nettoumlaufvermögens** (Vorräte, Forderungen abzgl. Lieferantenschulden und sonstige Rückstellungen etc.) zu vermindern (Rz. 19.107). 19.73

Bei Vermögenswerten mit endlicher Nutzungsdauer sind mögliche Erlöse aus der Veräußerung zu erfassen. Bei Vermögenswerten mit unbestimmter Nutzungsdauer oder CGU (Unternehmensbereichen), deren Nutzungsdauer wegen Ersatzinvestitio- 19.74

---

53 IDW S 1 i.d.F. 2008, Rz. 30.
54 Insbesondere ist dabei zu beachten, dass die Höhe der Marktrisikoprämie unabhängig von der für die Planung verwendeten Währung ist; vgl. IDW RS HFA 40, Rz. 40 f.
55 Außer der Goodwill ist von unwesentlicher Bedeutung.
56 Vgl. *Koepke*, Unternehmenswertorientierte Steuerungs- und Vergütungssysteme – Konzeption und Synchronisation des Performancecontrollings im Kontext der Corporate Governance, 284.

nen nicht absehbar ist, wird der nominale (**inflationsbedingte**) Anstieg der Cashflows nach Ablauf des Detailplanungszeitraums üblicherweise durch einen **Wachstumsabschlag** vom Zinssatz berücksichtigt (Rz. 19.105 ff.). Für den Fall, dass es sich um CGU mit unbegrenzter Nutzungsdauer handelt, kommt die Kapitalisierung einer **ewigen Rente** nur dann in Betracht, soweit das Unternehmen bzw. die CGU den eingeschwungenen Zustand („steady state") erlangt hat.[57]

Empirisch lassen sich folgende durchschnittlichen nachhaltigen Wachstumsraten im HDAX beobachten:[58]

Datum	HDAX	DAX	MDAX	TecDAX
31.12.2009	1,3 %	1,7 %	1,1 %	0,9 %
31.12.2010	1,2 %	1,6 %	1,1 %	0,9 %
31.12.2011	1,2 %	1,5 %	1,2 %	0,8 %
31.12.2012	1,3 %	1,6 %	1,2 %	0,9 %
31.12.2013	1,4 %	1,6 %	1,4 %	0,9 %
31.12.2014	1,3 %	1,5 %	1,3 %	1,0 %
31.12.2015	1,3 %	1,5 %	1,2 %	1,0 %

19.75 Anders als bei der Ermittlung des Nettoveräußerungspreises sind in der Unternehmensplanung enthaltene **individuelle Synergieeffekte** nicht zu eliminieren. ggf. jedoch **Erweiterungsinvestitionen** (Rz. 19.52 ff.). Eine Ausnahme gilt im Übrigen für Vermögenswerte, die noch nicht betriebsbereit genutzt werden können, sich also beispielsweise noch im Herstellungsprozess befinden: Hier sind die Auszahlungen für aktivierungspflichtige Herstellungskosten in den Cashflow-Prognosen zu berücksichtigen (IAS 36.42).

19.76 Insbesondere bei CGU, aber auch bei Einzelanlagen infolge des Komponentenansatzes markiert das Aggregat mit der längsten Nutzungsdauer das Ende des Planungshorizonts. Sind Aggregate mit kürzerer Nutzungsdauer enthalten und müssen diese im Zeitablauf zur Erhaltung der Betriebsfähigkeit ersetzt werden, handelt es sich insoweit um im Cashflow zu berücksichtigende Erhaltungsinvestitionen (IAS 36.49).

Beispiel[59]: Das Management hat für eine bestimmte Produktlinie den in Abb. 19.6 wiedergegebenen, auf vier Perioden detailliert berechneten Finanzplan aufgestellt. Die erwarteten Einzahlungen resultieren aus dem Verkauf von Produkten, die mit maschinellen Anlagen einer CGU erzielt werden. In 03 erwartet man, für einen Motor eine Ersatzinvestition durch-

---

57 Vgl. *Brücks/Kerkhoff/Richter* in T/vK/B, IAS 36, Rz. 164. Demnach ist zum Ende der Detailplanung zu prüfen, ob die Vermögens-, Finanz- und Ertragslage der CGU bereits einen eingeschwungenen Zustand erreicht hat.
58 Vgl. *Knauer/Dudek*, WPg 2018, 352 (355).
59 In Anlehnung an IAS 36.IE54 ff.

führen zu müssen. Darüber hinaus geht man ab 04 von einer gestiegenen Nachfrage aus, die nur durch eine Kapazitätserweiterungsinvestition befriedigt werden kann. Hierzu soll im Jahr 04 eine neue Steuerung eingebaut werden.

Wegen einer Zinssatzsteigerung soll die betrachtete CGU in 01 auf Werthaltigkeit gem. IAS 36 geprüft werden. Hierzu ist auf den vorliegenden, vom Management verabschiedeten Finanzplan aufzusetzen. Die Auszahlung für die Motor-Ersatzmaßnahme in 03 wird für die Cashflow-Prognose zur Ermittlung des Nutzungswertes nicht korrigiert, wohl aber die Auszahlung für die neue Steuerung in 04, da diese den aktuellen Zustand der CGU verändert. Durch die Kapazitätserweiterung werden zusätzliche Zahlungszuflüsse aus dem Verkauf der Produkte, erhöhte Zahlungsabflüsse beim Material und Personal sowie verringerte Zahlungsabflüsse bei der Wartung erwartet. Diese Effekte sind für Zwecke der Ermittlung des Nutzungswertes per 01 zu korrigieren. Insoweit die vom Management angedachten Maßnahmen tatsächlich umgesetzt werden, ist der per 01 ermittelte Nutzungswert ein fiktiver, weil nicht geplanter Wert. Bedeutende Konsequenzen dürfte dies beim Impairment-Test für den Goodwill haben; s. hierzu Rz. 19.54 ff.

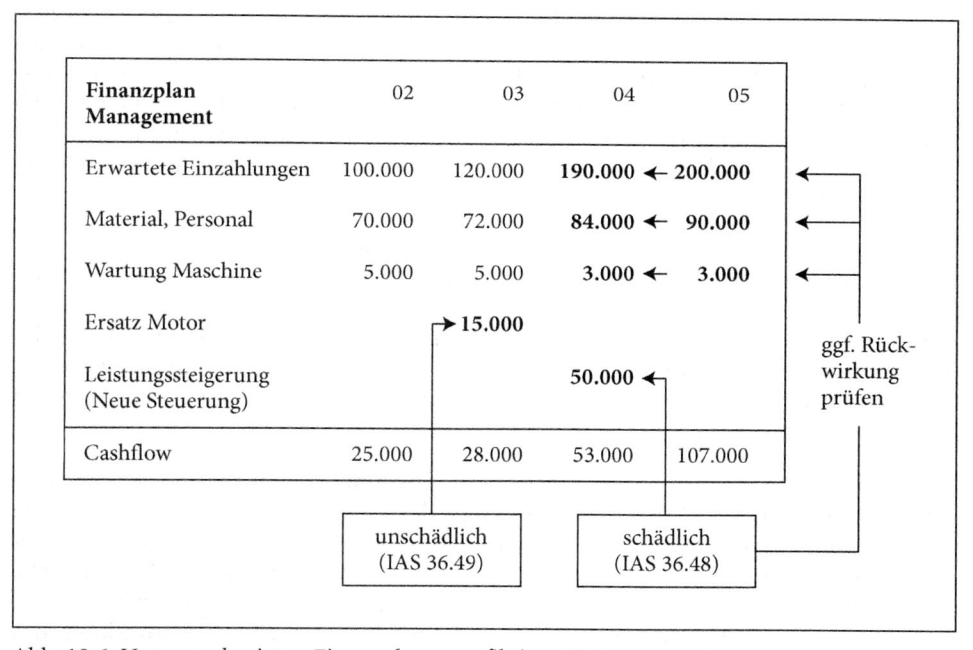

Finanzplan Management	02	03	04	05
Erwartete Einzahlungen	100.000	120.000	190.000 ←	200.000
Material, Personal	70.000	72.000	84.000 ←	90.000
Wartung Maschine	5.000	5.000	3.000 ←	3.000
Ersatz Motor		15.000		
Leistungssteigerung (Neue Steuerung)			50.000 ←	
Cashflow	25.000	28.000	53.000	107.000

ggf. Rückwirkung prüfen

unschädlich (IAS 36.49) — schädlich (IAS 36.48)

Abb. 19.6: Vom genehmigten Finanzplan zum fiktiven Nutzungswert

Sollte es in 01 zu einer außerplanmäßigen Abschreibung gekommen sein, wäre in 04 nach tatsächlicher Durchführung der Investition in die neue Steuerungsanlage erneut ein Werthaltigkeitstest auf Basis des aktuellen Zustands der CGU per 04 durchzuführen. Wegen der höheren Zahlungszuflüsse kann es dann zu einer Rücknahme der in 01 vorgenommenen außerplanmäßigen Abschreibung kommen, s. hierzu Rz. 19.125.

19.77

3. Einzelheiten zum Nettoveräußerungspreis

19.78 Die für eine CGU erstellte **interne Planungsrechnung des Unternehmens** stellt in der Regel auch beim Nettoveräußerungspreis die beste verfügbare Informationsbasis dar (IFRS 13.B36e), darf aber nicht unreflektiert übernommen werden. Zu beurteilen ist vielmehr, ob und inwieweit die einbezogenen Planannahmen mit den **Markterwartungen** übereinstimmen. Daher dürfen für die CGU erstellte interne Planungsrechnungen des Unternehmens nicht unreflektiert übernommen werden. Zu beurteilen ist vielmehr, ob und inwieweit die einbezogenen Planannahmen mit den Markterwartungen übereinstimmen. (Rz. 19.64 f.). Zu eliminieren wären z.B. nicht mit den Markterwartungen übereinstimmende Parameter der Umsatzplanung, nicht marktübliche interne Verrechnungspreise oder untypische Investitionen[60]. Anwendungshinweise zur Konkretisierung der Markterwartungen enthält IFRS 13 jedoch nicht.[61]

19.79 IFRS 13.27 enthält den Grundsatz der bestmöglichen Verwertung (*highest and best use*). Dies steht zumindest nicht im Gegensatz zur Einbeziehung möglicher **Käufersynergien** bei der Cashflowplanung. U.E. ist diese Einbeziehung aus Objektivierungsgründen restriktiv zu handhaben. Derartige Synergien kommen indirekt dadurch zum Ausdruck, wenn sich ein ermittelter Fair Value in der Bandbreite möglicher Vergleichspreise (z.B. anhand von Transaktionsmultiplikatoren, „x-facher EBIT") bewegt (Rz. 19.49).

19.80 In Bezug auf die anzusetzenden **Unternehmenssteuern** verlangt IFRS 13.B14d lediglich ein synchrones Vorgehen (jeweils entweder vor oder nach Steuern). In der Praxis wird regelmäßig nach Steuern gerechnet. Dabei ist auf die typisierten steuerlichen Verhältnisse in dem Land abzustellen, in dem die zu bewertende CGU belegen ist; bei international tätigen Einheiten werden regelmäßig Durchschnittssteuersätze verwendet. Persönliche Steuern sind wie auch beim Nutzungswert nicht zu berücksichtigen (Rz. 19.70).

19.81 Zu berücksichtigen sind ferner (fiktive) **Veräußerungskosten** der CGU. Dies sind sämtliche Kosten, die ohne die Veräußerung des Bewertungsobjekts nicht anfallen würden und die dem Bewertungsobjekt direkt zugerechnet werden können; *nicht* einzubeziehen sind *insoweit* Finanzierungskosten und Ertragsteuern (IAS 36.6). Die Praxis berücksichtigt nicht selten Beratungsgebühren mit einem typisierten Satz auf den Marktwert des Bewertungsobjekts[62]. Z.T. wird auch mit der Begründung, das Bewertungsobjekt könne in der Praxis nicht separat veräußert werden, auf den Ansatz von Veräußerungskosten verzichtet.

---

[60] Vgl. etwa die Aufzählung bei *Schmusch/Laas*, WPg 2006, 1048 (1052) sowie *Erb u.a.* in Beck IFRS-HB[5], § 27 Rz. 39.
[61] Vgl. *Kasperzak*, BFuP 2011, 1 (9).
[62] *Schmusch/Laas* schlagen einen Satz von 1 % bis 3 % des Marktwertes mit abnehmender Größenordnung je nach Größe der Summe der Vermögenswerte vor; *Schmusch/Laas*, WPg 2006, 1048 (1052).

IV. DCF-Ermittlung: Kapitalisierungszinssatz

1. Überblick

Die zu diskontierenden Cashflows und der Kapitalisierungszinssatz müssen **dieselbe Risikokategorie** aufweisen (IAS 36.56, IFRS 13.B14). Die Unsicherheit künftiger Cashflows lässt sich wie folgt abbilden:

19.82

(a) Diskontierung der (unsicheren) Erwartungswerte von Cashflows mit einem **risikoadjustierten Diskontierungszinssatz** (IAS 36.A7 ff., IFRS 13.B13 ff.) oder

(b) Erfassung eines **Risikoabschlags von den Cashflows** und Diskontierung mit einem risikolosen Diskontierungszinssatz (IAS 36.56, IFRS 13.B25).

In der Praxis ist allein die **Risikozuschlagsmethode** mit erwartungswertbasierten Cashflows anzutreffen.[63] Folglich beziehen sich unsere Ausführungen auf die Bestimmung eines risikoadjustierten Diskontierungszinssatzes unter Rückgriff auf das **Capital Asset Pricing Model (CAPM)**[64].

In der Praxis werden als Kapitalisierungszinssatz für den Nutzungswert überwiegend die „gewichteten durchschnittlichen Kapitalkosten" (*weighted average cost of capital*, **WACC**) verwendet (IAS 36.A17). Dies ist konsistent zum (Free) Cashflow (Rz. 19.66 ff.). Ggf. sind nachvollziehbare **Zu- oder Abschläge** beim Kapitalisierungszinssatz vorzunehmen (IAS 36.A18 bzw. IDW HFA RS 40, Rz. 45). Bspw. weisen Forschungs- und Entwicklungsprojekte ein höheres, Immobilien dagegen ein niedrigeres als das durchschnittliche Unternehmensrisiko auf.

19.83

Die Ableitung des Kapitalisierungszinssatzes beim Fair Value entspricht dem Vorgehen beim Nutzungswert. Der geforderte Marktbezug (Rz. 19.64 f.) ist dabei durch die Verwendung von Kapitalmarktdaten gewährleistet.

19.84

Im Folgenden erläutern wir daher sukzessive, wie der WACC abgeleitet wird. Dabei beschränken wir uns entsprechend der gängigen Praxis auf eine Nach-Steuer-Rechnung.

2. Eigenkapitalkosten

Ein Kernelement für die Diskontierung unsicherer Cashflows sind die sog. **Eigenkapitalkosten** (EK-Kosten). Dabei handelt es sich um die Renditeforderung der Eigenkapitalgeber. Diese werden regelmäßig auf Grundlage folgender Formel ermittelt:

19.85

---

[63] Auch das IDW sieht eine Berücksichtigung des Risiko ausschließlich im Kapitalisierungszinssatz vor: vgl. IDW S 1, Rz. 11.
[64] Zur Ableitung der Renditeforderungen der Eigenkapitalgeber sehen sowohl IAS 36.A17 als auch IFRS 13.B17 explizit das CAPM vor.

Formel	Beispiel
$K_L = r_f + MRP \cdot \beta_L$	9,4 % = 1,25 % + 6,25 · 1,3

K_L = Verschuldete („*levered*") Eigenkapitalkosten

r_f: risikofreier Basiszinssatz (z.B. 1,25 %)

MRP: Marktrisikoprämie (z.B. 6,25 %)

β_L: Verschuldeter Betafaktor (z.B. 1,3)

19.86 Der **Basiszinssatz** r_f reflektiert die Zeitprämie für die zeitlich begrenzte Kapitalüberlassung. Er wird aus der erwarteten Rendite festverzinslicher Anleihen der öffentlichen Hand mit vergleichbarer Laufzeit abgeleitet.

Für den Zeitraum 2014 bis 2018 hat sich der Basiszinssatz auf Grundlage der IDW-Empfehlungen[65] für typisierte Wachstumsraten der finanziellen Überschüsse i.H.v. 0 % bzw. 1 % wie folgt entwickelt:[66]

Datum		Ungerundet		Gerundet	
Beginn	Ende	WR = 0 %	WR = 1 %	WR = 0 %	WR = 1 %
1.1.2014	31.3.2014	2,60 %	2,63 %	2,50 %	2,75 %
1.4.2014	30.6.2014	2,41 %	2,44 %	2,50 %	2,50 %
1.7.2014	30.9.2014	2,07 %	2,10 %	2 %	2 %
1.10.2014	31.12.2014	1,83 %	1,86 %	1,75 %	1,75 %
1.1.2015	31.3.2015	1,05 %	1,07 %	1 %	1 %
1.4.2015	30.6.2015	1,19 %	1,20 %	1,25 %	1,25 %
1.7.2015	30.9.2015	1,47 %	1,49 %	1,50 %	1,50 %
1.10.2015	31.12.2015	1,40 %	1,42 %	1,50 %	1,50 %
1.1.2016	31.3.2016	1,11 %	1,12 %	1 %	1 %
1.4.2016	30.6.2016	0,89 %	0,90 %	0,90 %	0,90 %
1.7.2016	30.9.2016	0,54 %	0,54 %	0,50 %	0,50 %
1.10.2016	31.12.2016	0,94 %	0,95 %	0,90 %	1 %
1.1.2017	31.3.2017	1,23 %	1,25 %	1,25 %	1,25 %
1.4.2017	30.6.2017	1,22 %	1,24 %	1,25 %	1,25 %
1.7.2017	30.9.2017	1,32 %	1,35 %	1,25 %	1,25 %

---

65 Vgl. hierzu *Dörschell/Franken/Schulte*, Der Kapitalisierungszinssatz in der Unternehmensbewertung[2], 50 ff.

66 Vgl. *Franken/Schulte/Brunner/Dörschell*, Kapitalkosten und Multiplikatoren für die Unternehmensbewertung[5], 27.

Datum		Ungerundet		Gerundet	
Beginn	Ende	WR = 0 %	WR = 1 %	WR = 0 %	WR = 1 %
1.10.2017	31.12.2017	1,27 %	1,29 %	1,25 %	1,25 %
1.1.2018	31.3.2018	1,35 %	1,36 %	1,25 %	1,25 %
1.4.2018	30.6.2018	1,24 %	1,26 %	1,25 %	1,25 %
1.7.2018	30.9.2018	1,10 %	1,11 %	1 %	1 %

Die **Marktrisikoprämie** MRP berücksichtigt, dass es sich bei dem geplanten Cashflow nicht um eine sichere Größe, sondern um einen unsicheren Erwartungswert handelt. Die MRP wird dabei empirisch als Überrendite risikobehafteter Wertpapieranlagen über risikofreie Geldanlagen ermittelt.

19.87

Der Fachausschuss für Unternehmensbewertung (FAUB) hat im September 2012 eine Bandbreite für Marktrisikoprämien (vor persönlicher Einkommensteuer und nach Ertragsteuern auf Unternehmensebene) für den deutschen Markt zwischen 5,5 % und 7,0 % empfohlen.[67]

Im **Betafaktor** ß spiegelt sich das **unternehmensindividuelle systematische Risiko** im Vergleich zum Marktdurchschnitt wieder: Ein Betafaktor von 1,0 bedeutet, dass die Anlage genauso risikobehaftet wie der Marktdurchschnitt ist. Ein Betafaktor von < 1,0 bedeutet eine im Vergleich zum Durchschnitt geringere, ein Beta-Faktor > 1 eine höhere Schwankungsbreite der erwarteten Renditen und damit ein niedrigeres oder höheres Risiko. Der Betafaktor ist entweder unter Berücksichtigung der individuellen Gegebenheiten des Unternehmens anzusetzen oder unter Berücksichtigung der Parameterausprägungen einer aus Kapitalmarktdaten erhobenen Gruppe börsennotierter Vergleichsunternehmen (Peer Group) zu ermitteln.[68]

19.88

Das unternehmensindividuelle systematische Risiko kann i.S.d. IDW S 1 i.d.F. 2008 grundsätzlich wie in Abb. 19.7 eingeteilt werden.[69]

19.89

Die Betafaktoren Levered (auch Equity Beta genannt) berücksichtigen neben dem systematischen operativen Risiko auch das systematische, aus der Verschuldung resultierende Finanzierungsrisiko. Letzteres ändert sich im Zeitablauf, so dass das historische Finanzierungsrisiko nicht mit dem künftig erwarteten Finanzierungsrisiko übereinstimmt. Zur Berücksichtigung dieses Effekts wird der historische Betafaktor um die Einflüsse der historischen Fremdfinanzierung „bereinigt" (**Unlevern**) und anschließend um die Einflüsse der erwarteten künftigen Verschuldung angepasst (**Relevern**).

---

67 Vgl. *Erb u.a.* in Beck IFRS-HB[5], § 27 Rz. 81.
68 Vgl. hierzu ausführlich *Dörschell/Franken/Schulte*, Der Kapitalisierungszinssatz in der Unternehmensbewertung[2], 130 ff.
69 Hier und im Folgenden *Dörschell/Franken/Schulte*, Der Kapitalisierungszinssatz in der Unternehmensbewertung[2], 14.

	Unternehmensrisiko i. S. d. IDW S1 i. d. F. 2008 = Unternehmensrisiko i. e. S.		
	Operatives Risiko (aus der betrieblichen Tätigkeit)		Kapitalstrukturrisiko (vom Verschuldungsgrad beeinflusst) = finanzwirtschaftliches Risiko
	Marktrisiko	Leistungswirtschaftliches Risiko	
Systematisch (im CAPM vergütet)	Betafaktor Unlevered		Betafaktor Levered
Unsystematisch (im CAPM nicht vergütet)	Im CAPM nicht vergüteter Teil des operativen Risikos		Im CAPM nicht vergüteter Teil des Kapitalstrukturrisikos

Abb. 19.7: Einteilung des Risikos für Zwecke der Unternehmensbewertung

19.90 Zur Ermittlung des unverschuldeten Betafaktors (auch Asset Beta genannt) existieren in Abhängigkeit von der gewählten Finanzierungspolitik, dem damit verbundenen Sicherheitsgrad von Tax Shields sowie dem Ausfallrisiko des Fremdkapitals unterschiedliche Formeln die Kapitalstruktur zu erfassen.[70]

In der Praxis finden i.d.R. die sog. „**Praktiker-Formel**" sowie die „**Harris-Formel**" Anwendung. Diese unterstellen eine atmende bzw. wertorientierte Finanzierungspolitik. Im Rahmen dieser Finanzierungspolitik sind künftige Fremdkapitalbestände

---

[70] Vgl. hierzu ausführlich *Dörschell/Franken/Schulte*, Der Kapitalisierungszinssatz in der Unternehmensbewertung², 192 ff.

und folglich künftige Zinsaufwendungen sowie daraus resultierende Steuerersparnisse unsicher (*unsichere Tax Shields*)[71].

Im Hinblick auf die Renditeforderungen der Fremdkapitalgeber wird bei der Praktiker-Formel kein Ausfallrisiko unterstellt. Hingegen wird bei der Harris-Pringle unterstellt, dass die Renditeforderungen der Fremdkapitalgeber ausfallgefährdet sind und die Fremdkapitalgeber eine Rendite über den risikofreien Zinssatz hinaus (r_f + Risikoprämie) verlangen. Dies impliziert, dass Fremdkapitalgeber zumindest partiell das operative Risiko übernehmen und somit das von dem Eigenkapitalgeber zu tragende (Residual-)Risiko sich verringert. Quantifizieren lässt sich das von den Fremdkapitalgebern übernommene Risiko in Form einer sog. *Debt Beta*-Komponente[72], die dann zusätzlich beim Unlevern und Relevern zu berücksichtigen ist.[73]

Exemplarisch ergibt sich der verschuldete Betafaktor auf Basis der Praktiker Formel (ohne Debt Beta) wie folgt:

Formel	Beispiel
$ß_L = ß_u \cdot (1 + FK/EK)$	$1{,}3 = 1{,}08 \cdot (1 + 1.000/5.000)$

$ß_u$ = Unverschuldeter Betafaktor (z.B. 1,08)

$ß_L$: Verschuldeter Betafaktor (Praktiker-Formel)

FK: Marktwert des Fremdkapitals (z.B. 1.000)

EK: Marktwert des Eigenkapitals (z.B. 5.000)

Im Rahmen von Kapitalmarktstudien[74] werden *relevered* Betafaktoren für Branchen z.B. auf Basis von im HDAX[75] notierten Unternehmen ermittelt. Zum 30.9.2018 ergeben sich folgende branchenspezifischen relevered Betafaktoren:

---

[71] In Bezug auf den Sicherheitsgrad von Steuervorteilen ist insbesondere zu beachten, dass aus Kapitalmarktdaten abgeleitete (verschuldete) Betafaktoren (Raw Betafaktoren) bei der Umrechnung auf ein fiktiv unverschuldetes Unternehmen von der gleichen Annahme hinsichtlich des Sicherheitsgrades von Tax Shields ausgehen; vgl. *Pawelzik*, PiR 2011, 317 (321).

[72] Bei Außerachtlassung dieser Komponente könnte je nach dem Verhältnis der Kapitalstrukturen von zu bewertender Einheit und Peer Group-Unternehmen ein zu geringer oder auch zu hoher Wert ermittelt und der Wertminderungstest u.U. nicht bestanden werden. Vgl. zum Debt Beta *Schulte/Franken/Koelen/Lehmann*, BewP I/2011, 13 ff., sowie *Aders/Wagner*, FB 2004, 30 ff.

[73] Vgl. hierzu *Dörschell/Franken/Schulte*, Der Kapitalisierungszinssatz in der Unternehmensbewertung², 206 ff.

[74] Vgl. *Franken/Schulte/Brunner/Dörschell*, Kapitalkosten und Multiplikatoren für die Unternehmensbewertung⁵.

[75] Der HDAX setzt sich aus den drei Indizes DAX, MDAX und TecDAX. Zum 24.9.2018 hat die Deutsche Börse umfangreiche Indexänderungen bekanntgegebene. Der MDAX wurde von bisher 50 Titel auf 60 Titel erhöht. Zudem können Mitglieder des DAX (TecDAX) gleichzeitig auch im TecDAX (MDAX) notiert sein. Der HDAX umfasste zum 30.9.2018 103 Mitglieder.

Gegenstand	2 Jahre		5 Jahre	
Relevered Betafaktoren*	'16–'17	'17–'18	'13–'17	'14–'18
Capital Goods				
Aerospace	1,03	1,20	1,11	1,10
Construction	0,91	0,93	0,86	0,80
Electrical Equipment	0,96	0,59	1,14	1,28
Engineering	0,92	1,03	0,92	0,96
Other	0,91	1,03	0,99	0,99
Consumer				
Automobile Manufacturers	1,35	1,13	1,40	1,34
Automobile Suppliers	0,99	0,97	1,04	1,06
Distributors	0,71	0,74	0,62	0,68
Media	0,64	0,55	0,70	0,71
Producers	0,70	0,57	0,73	0,73
Financials (ohne Banken und Versicherungen)				
Other	1,09	0,78	0,82	0,96
Real Estate	0,59	0,45	0,50	0,52
Health Care				
Medical Devices	0,92	1,00	0,77	0,86
Pharmaceuticals	1,05	1,19	1,04	1,05
Information Technology				
Semiconductors	1,17	1,20	1,17	1,18
Services	0,63	0,98	0,66	0,78
Software	0,67	0,90	0,69	0,79
Materials				
Chemicals	0,94	0,85	0,94	0,94
Metals	1,05	0,90	0,94	0,92
Other	0,94	0,87	0,95	0,99
Telecommunication Services	0,82	0,94	0,86	0,96
Transportation	0,94	0,80	0,82	0,80
Utilities	1,05	0,37	1,28	0,71

* „Praktiker-Formel", wöchentliche Renditen, Referenzindex: MSCI AC WI; Verschuldungsgrad: Durchschnitt der jeweiligen Peer Group

3. Fremdkapitalkosten

Die Fremdkapitalkosten im Rahmen des WACC sind grundsätzlich **kapitalmarktgestützt** abzuleiten. Dabei ist regelmäßig auf die Refinanzierungskosten bzw. Fremdkapitalkonditionen einer Peer Group abzustellen. Die Heranziehung (historischer) Finanzierungskonditionen bestehender Verbindlichkeiten des Unternehmens (direkte Ermittlung) bzw. die Ableitung der Fremdkapitalkosten aus dem tatsächlichen Zinsaufwand des Unternehmens verstößt gegen die Berücksichtigung aktueller Markteinschätzungen (IAS 36.55 f.; Rz. 19.48) bzw. gegen das Stichtagsgebot (IAS 36.BCZ53(a)).[76]

19.92

Vor diesem Hintergrund ist nach u.M. eine Schätzung der **Fremdkapitalkosten** für den WACC **indirekt** mit Hilfe der **Rating-Methode** Peer Group basiert vorzunehmen. Wenngleich eine **(direkte) Ermittlung** von Fremdkapitalkosten auf Basis von Kapitalmarktdaten durch Rückgriff auf die vom jeweiligen Unternehmen an der Börse gehandelten Anleihen vorzugswürdig erscheint, wird dieser Ansatz regelmäßig an der fehlenden Verfügbarkeit öffentlich gehandelte Anleihen scheitern.[77]

Im Rahmen der Rating-Methode werden die Fremdkapitalkosten eines Unternehmens indirekt aus der Analyse kapitalmarktnotierter Anleihen anderer Unternehmen ermittelt, die eine vergleichbare Kreditwürdigkeit („**Rating**") aufweisen. Informationen zu den jeweiligen Ratings der Unternehmen können wiederum von Kapitalmarktinformationsdienstleistern bezogen werden, die entsprechende Einschätzungen von Ratingagenturen wie Moody's, Standard & Poor's LT und Fitch zur Verfügung stellen.

19.93

Die risikobehafteten Zinssätze einer bestimmten Ratingklasse können entweder unmittelbar über Anleihen der entsprechenden Unternehmen berechnet werden oder alternativ anhand von Zinsstrukturkurven bestimmt werden, die ebenfalls von Finanzinformationsdienstleistern angeboten werden. Aus diesen Informationen kann dann auch der Credit Spread berechnet werden. Hierbei ist auf einen äquivalenten risikolosen Zinssatz zu achten, da die Vergleichsunternehmen regelmäßig in verschiedenen Ländern mit unterschiedlichen Währungen ansässig sind.

Mit der Rating-Methode können somit auch Fremdkapitalkosten von Unternehmen bestimmt werden, die keine Anleihen emittieren. Allerdings müssen aktuelle und öffentliche Rating-Informationen für Unternehmen mit vergleichbarer Bonität vorliegen. Auch dies ist regelmäßig für eine Vielzahl von Unternehmen nicht zwingend gegeben, insbesondere wenn diese nicht kapitalmarktorientiert sind.

19.94

Zur Bestimmung **stichtagsbezogener** Fremdkapitalkosten mit der Rating-Methode haben wir mithilfe von Zinsstrukturdaten ratingspezifische Effektivverzinsungen gehandelter Anleihen mit einer Restlaufzeit zwischen sechs und zehn Jahren erhoben:

19.95

---

76 Vgl. IDW RS HFA 40, Rz. 49.
77 Vgl. hier und im Folgenden *Franken/Schulte/Brunner/Dörschell*, Kapitalkosten und Multiplikatoren für die Unternehmensbewertung[5], 460 ff.

Effektivverzinsung*	30.9.2014	30.9.2015	30.9.2016	30.9.2017	30.9.2018
AAA	0,88 %	0,62 %	n.a.	n.a.	n.a.
AA	1,27 %	1,41 %	0,35 %	0,84 %	1,06 %
A	1,43 %	1,55 %	0,52 %	1,04 %	1,27 %
BBB	1,91 %	2,23 %	0,67 %	1,24 %	1,69 %
BB	3,35 %	4,45 %	2,76 %	2,36 %	3,23 %
B	5,76 %	8,41 %	4,21 %	3,38 %	n.a.

* Währung: EUR; Datenbasis: „All Corporates".

4. Weighted Average Cost of Capital (WACC)

19.96 Für die Bestimmung der gewichteten durchschnittlichen Kapitalkosten des Unternehmens lautet die **Formel** wie folgt:

Formel	Beispiel
WACC = K_L·EK/GK + (1-s)·K_d·FK/GK	8,1 % = 9,4 %·83,3 % + 2,5 %·(1-0,3)·16,7 %

K_L: Verschuldete („*levered*") EK-Kosten (9,4 % = 1,25 % + 6,25 %·1,08·(1 + 1.000/5.000))

K_d: Fremdkapitalzinsen (z.B. 2,5 % gemäß Rating-Ansatz)

s: Unternehmenssteuersatz (z.B. 30,0 %)

EK/GK: Eigenkapitalquote (1 – 16,7 %)

FK/GK: Fremdkapitalquote (1.000/6.000 = 16,7 %)

19.97 Der erste Teil der Formel ergibt sich als Produkt aus den Eigenkapitalkosten und der Eigenkapitalquote respektive dem Anteil des Eigenkapitals am Gesamtkapital. Wichtig ist, dass es sich bei den EK-Kosten um die „**levered**"; d.h. die Verschuldung berücksichtigenden **EK-Kosten** handelt. Zum sog. „**Relevern**" ist regelmäßig die **Kapitalstruktur** (zu Marktwerten) aus einer **Peer Group** abzuleiten, da der Kapitalisierungszinssatz von der tatsächlichen Kapitalstruktur der CGU unabhängig ist (IAS 36.A19).[78] Dies gilt nach h.M.[79] auch für die Bestimmung des Nettoveräußerungspreises. Dies impliziert, dass ein hypothetischer Erwerber die vorgefundene Kapitalstruktur an den Marktdurchschnitt anpasst. Durch den Rückgriff auf die Kapitalstruktur der Peer Group wird somit im Bewertungskalkül das sonst übliche **Zirkularitätsproblem** beim WACC-Verfahren umgangen.

19.98 Der zweite Teil der Formel ergibt sich als Produkt aus kapitalmarktgestützten Fremdkapitalkosten, dem Fremdkapitalanteil am Gesamtkapital sowie dem **Tax Shield**. Letzteres repräsentiert die Steuerersparnis, die sich aus der **Abzugsfähigkeit der Zinsaufwendungen** ergibt. Da IAS 36.BCZ85 einer Nach-Steuer-Berechnung Prio-

---

[78] Vgl. IDW RS HFA 40, Rz. 47.
[79] Vgl. *Schmuch/Laas*, WPg 2006, 1048 (1056).

rität einräumt, herrscht Konsens, dass Tax Shield im Kalkül zu erfassen ist. Grundsätzlich erhöht die Berücksichtigung des Tax Shields den erzielbaren Betrag. Die Erfassung des Tax Shield ist somit für den Bilanzierenden günstig. Führt bereits die Diskontierung des FCF mit den unlevered EK-Kosten zu einem erzielbaren Betrag, der die Buchwerte übersteigt, kann somit auf die Ermittlung des WACC und damit auf die Erfassung des Tax Shield verzichtet werden (IAS 36.19 analog).

Empirisch ergeben sich zum 30.9.2018 folgende branchenspezifischen durchschnittlichen gewichteten Kapitalkosten:[80]

WACC	2 Jahre		5 Jahre	
	'16–'17	'17–'18	'13–'17	'14–'18
Capital Goods				
Aerospace	5,86 %	6,81 %	6,22 %	6,33 %
Construction	5,38 %	5,48 %	5,18 %	4,89 %
Electrical Equipment	6,45 %	4,03 %	7,43 %	7,41 %
Engineering	6,19 %	6,52 %	6,20 %	6,18 %
Other	5,32 %	5,74 %	5,66 %	5,54 %
Consumer				
Automobile Manufacturers	4,18 %	3,50 %	4,28 %	3,91 %
Automobile Suppliers	5,82 %	5,60 %	6,05 %	5,99 %
Distributors	5,65 %	5,58 %	5,09 %	5,22 %
Media	4,58 %	3,83 %	4,88 %	4,58 %
Producers	5,43 %	4,44 %	5,60 %	5,38 %
Financials (ohne Banken und Versicherungen)				
Other	7,22 %	5,39 %	5,79 %	6,34 %
Real Estate	3,55 %	2,86 %	3,27 %	3,08 %
Health Care				
Medical Devices	5,96 %	5,99 %	5,22 %	5,31 %
Pharmaceuticals	6,89 %	7,50 %	6,84 %	6,72 %
Information Technology				
Semiconductors	7,81 %	7,97 %	7,85 %	7,87 %
Services	4,90 %	6,71 %	5,07 %	5,56 %
Software				

---

80 Vgl. bereits Rz. 19.90.

WACC	2 Jahre		5 Jahre	
	'16–'17	'17–'18	'13–'17	'14–'18
Materials				
Chemicals	5,48 %	4,92 %	5,46 %	5,28 %
Metals	5,05 %	4,48 %	4,69 %	4,55 %
Other	5,62 %	4,98 %	5,68 %	5,51 %
Telecommunication Services				
Transportation	4,84 %	4,30 %	4,45 %	4,32 %
Utilities	3,13 %	2,27 %	3,45 %	3,13 %

V. Plausibilisierung der Bewertungsergebnisse

19.100 Unabhängig, ob der erzielbare Betrag über den Nutzungswerte oder den Nettoveräußerungspreis (Level-3; DCF-Wert) ermittelt wurde, ist eine **Plausibilisierung** der Ergebnisse der Höhe nach geboten.[81] Bei IFRS 13 ergibt sich dies bereits wegen des Objektivierungserfordernisses.

19.101 **Multiplikatorverfahren** („x-facher EBIT") sind als Vergleichsverfahren einerseits als eigenständiges Bewertungsverfahren anerkannt, dienen aber auch zur Verprobung von DCF-Werten. Die Höhe der Multiplikatoren richtet sich nach branchenüblichen, risikoadäquaten Maßstäben. Ggf. werden Finanzschulden abgezogen, wenn diese bei den Buchwerten ebenfalls berücksichtigt wurden (Rz. 19.39).[82]

19.102 Handelt es sich um ein börsennotiertes Unternehmen, kann auch die **Marktkapitalisierung** für Plausibilisierungszwecke herangezogen werden.[83]

19.103 Auch die Verwendung von **Gutachterwerten** (z.B. zur Bewertung einer Marke) ist zulässig, vorausgesetzt, dass sie den Anforderungen des IAS 36 entsprechen (IAS 36.BCZ30).

19.104 Bei allen Plausibilisierungen anhand von Marktdaten besteht jedoch ein grundsätzliches Problem, dass diese Daten Käufersynergien beinhalten können, die kaum zuverlässig zu bereinigen sind. Daher ist es möglich, dass evtl. zu hohe Stand alone-Werte bei der Verprobung nicht zu identifizieren sind, weil sie durch Käufersynergien „ausgefüllt" werden (Rz. 19.59).

---

[81] Vgl. Haufe IFRS-Komm.16, § 11 Rz. 174.
[82] Vgl. auch zu Anforderungen an die Ermittlung von Multiplikatoren *Franken/Schulte/Brunner/Dörschell*, Kapitalkosten und Multiplikatoren für die Unternehmensbewertung[5], 463 ff.
[83] Vgl. dazu auch Haufe IFRS-Komm.16, § 11 Rz. 176 ff.

VI. Zusammenfassendes Berechnungsbeispiel

Die DCF-Ermittlung sei anhand eines Zahlenbeispiels verdeutlicht:

19.105

Beispiel: Die Mutter AG hält eine 100%ige Beteiligung an der nicht börsennotierten X GmbH. Zum 31.12.01 führt die Mutter AG einen Impairment Test für diese Beteiligung auf Basis eines DCF-Modells durch. Zur Ermittlung des erzielbaren Betrags werden der Nettoveräußerungspreis sowie der Nutzungswert ermittelt.

Bei der Ableitung der Free Cashflows sind zur Ermittlung des Nettoveräußerungspreises die Cashflows grundsätzlich um Synergieeffekte zu bereinigen, während im Wertkonzept des Nutzungswerts keine Cashflows für Erweiterungsinvestitionen zu berücksichtigen sind. Im vorliegenden Fall unterstellen wir, dass keine Cashflows für Erweiterungsinvestitionen in der Planungsrechnung mit Planungshorizont 01 bis 04 enthalten sind. Hingegen berücksichtigt die Planung Cashflows aus Synergieeffekten (200 p.a.), die nicht jeder typische Marktteilnehmer auch realisieren könnte. Folglich ist bei der Ableitung der Free Cashflows für den Nettoveräußerungspreis eine Korrektur des EBIT vorzunehmen. Nachhaltig wird ein inflationsbedingtes Wachstum von 1 %-Punkt p.a. in der Planung (Phase II) berücksichtigt.

Die folgende Abbildung zeigt die Ableitung der Free Cashflows der X GmbH:

19.106

Gegenstand	Phase I			Phase II
	01	02	03	04 ff.
EBIT	6.500	7.150	7.865	7.944
Unternehmenssteuern (30 %)	- 1.950	- 2.145	- 2.360	- 2.383
EBIT nach Steuern	4.550	5.005	5.505	5.561
+ Abschreibungen	240	240	240	242
- Investitionen	- 300	- 200	- 250	- 262
+ Abnahme/- Zunahme Nettoumlaufvermögen	271	- 2.028	24	- 50
Free Cashflow Nutzungswert	**4.761**	**3.017**	**5.519**	**5.491**
Korrektur Synergien	- 140	- 140	- 140	- 141
Free Cashflow Nettoveräußerungspreis	**4.761**	**3.017**	**5.519**	**5.491**

Im **Detailplanungszeitraum** (Phase I) bzw. bei Wachstum auch im Zeitraum der ewigen Rente (Phase II) ist der Free Cashflow nicht mehr mit dem EBIT identisch. Vielmehr sind die Veränderungen des (a) Anlagevermögens (Differenz aus Investitionen und Abschreibungen) und (b) des Nettoumlaufvermögens (z.B. Vorräte, Forderungen abzgl. Lieferantenverbindlichkeiten und sonstige Rückstellungen) zu erfassen. Der **Free Cashflow** entspricht in der Finanzierungsrechnungen der Summe aus „*1. Mittelzufluss aus operativer Tätigkeit*" abzgl. „*2. Mittelabfluss aus Investitionstätigkeit*"[84] (Rz. 47.20).

19.107 In der **Phase II** wachsen alle Größen mit der Wachstumsrate (1 %). Dies gilt nicht nur für die GuV, sondern auch für die Bilanz. Ausgehend vom 31.12.03 nehmen somit das Anlagevermögen und das Nettoumlaufvermögen ebenfalls um 1 % zu. Ergebniswachstum führt somit nicht per se zu einem Anstieg des Free Cashflow und damit zu einer Werterhöhung, sondern nur insoweit, wie es den wachstumsbedingten Finanzierungsbedarf übersteigt.

	31.12.03	**Veränderung**	**31.12.04**
Anlagevermögen 1.1.			2.000
Investitionen		+262	262
Abschreibungen		- 242	- 242
Anlagevermögen 31.12.	2.000	+20	2.020
Forderungen, Vorrate etc.	12.000	+120	12.120
Lieferschulden, sonstige Rückstellungen	- 7.000	- 70	- 7.070
Nettoumlaufvermögen	5.000	+50	5.050

19.108 Die zu kapitalisierenden Free Cashflows sind mit den gewogenen durchschnittlichen Kapitalkosten (WACC) zu diskontieren (zur Formel s. Rz. 19.96).

Die **Fremdkapitalkosten** vor Steuern wurden auf Basis einer Peer Group (2,5 %) ermittelt. Der Steuersatz wurde einheitlich mit 30 % angenommen.

Zur Ermittlung der **Eigenkapitalkosten** wurden der Basiszinssatz und die Marktrisikoprämie für beide Wertkonzepte in einheitlicher Höhe angesetzt. Auch der **unverschuldete Betafaktor** wurde für beide Konzepte auf Basis einer Peer Group ermittelt, da die X GmbH nicht börsennotiert ist und somit kein Betafaktor ermittelt werden kann. Im Rahmen der Anpassung des unverschuldeten Betafaktors an die Kapitalstruktur des Bewertungsobjekts ist auf die Kapitalstruktur der Peer Group abzustellen. Ergänzend wird für die Phase II ein einheitlicher **Wachstumsabschlag** von 1 %-Punkt auf den Kapitalisierungszinssatz angesetzt.

19.109 Die folgende Abbildung zeigt die Ableitung der gewichteten durchschnittlichen Kapitalkosten für die Ermittlung des Nettoveräußerungspreises sowie des Nutzungswerts der X GmbH:

---

[84] Allerdings *ohne* „Investitionen" in Finanzanlagen, z.B. Wertpapiere u.Ä., da diese aus *bewertungsrechtlicher* Sicht eine Verwendung erzielter Mittel darstellen.

	Nettoveräußerungspreis	Nutzungswert
Basiszinssatz	1,25 %	1,25 %
Marktrisikoprämie	6,25 %	6,25 %
Betafaktor unverschuldet (Peer Group)	1,3	1,3
Eigenkapitalkosten (verschuldet)	**9,4 %**	**9,4 %**
Fremdkapitalkosten	2,5 %	2,5 %
Steuersatz	30,0 %	30,0 %
Fremdkapitalkosten nach Steuern	**1,8 %**	**1,8 %**
Fremdkapitalquote (zu Marktwerten)	16,7 %	16,7 %
Eigenkapitalquote (zu Marktwerten)	83,3 %	83,3 %
WACC (Formel Rz. 19.96)	**8,1 %**	**8,1 %**
Wachstumsabschlag	- 1,0 %	- 1,0 %
WACC nach Wachstumsabschlag	**7,1 %**	**7,1 %**

Die folgende Abbildung zeigt die Ableitung des **Nettoveräußerungspreises** der X GmbH auf Basis der vorstehend erläuterten Annahmen: 19.110

Gegenstand	Phase I		Phase II	
	01	02	03	04 ff.
Free Cashflow	4.621	2.877	5.380	5.350
WACC (Nettoveräußerungspreis)	8,1 %	8,1 %	8,1 %	7,1 %
Barwertfaktor	0,93	0,86	0,79	11,18
Barwerte	4.275	2.463	4.261	59.814
Fair Value	**70.813**			
Veräußerungskosten (in %)	- 2,0 %			
Veräußerungskosten (Betrag)	- 1.416			
Nettoveräußerungspreis	**69.397**			

Die folgende Abbildung zeigt die Ableitung des **Nutzungswerts** der X GmbH auf Basis der vorstehend erläuterten Annahmen: 19.111

Gegenstand	Phase I		Phase II	
	01	02	03	04 ff.
Free Cashflow	4.761	3.017	5.519	5.491
WACC (Nutzungswert)	8,1 %	8,1 %	8,1 %	7,1 %
Barwertfaktor	0,93	0,86	0,79	11,18
Barwerte	4.405	2.583	4.371	61.395
Nutzungswert	**72.754**			

19.112 Im Beispiel liegt der **Nutzungswert** i.H.v. 72.754 **über dem Nettoveräußerungspreis** mit 69.397 und ist somit als erzielbarer Betrag dem Buchwert der X GmbH gegenüberzustellen. Die Wertunterschiede zwischen den beiden Wertkonzepten resultieren (unter Vernachlässigung des Abzugs der Veräußerungskosten) allein aus der Berücksichtigung von Synergieeffekten. innerhalb der Wertkonzepte. Wird angenommen, dass Erweiterungsinvestitionen und Restrukturierungsmaßnahmen einen Kapitalwert größer null erzielen, kann jedoch der Nutzungswert auch unter dem Nettoveräußerungspreis liegen, da der Nutzungswert „um diesen positiven Zielbeitrag zu niedrig ermittelt [wird]."[85]

H. Berücksichtigung von Wertminderungsaufwendungen im Abschluss

I. Erfassung von Wertminderungen bei einzelnen Vermögenswerten

19.113 Kann der erzielbare Betrag für den einzelnen Vermögenswert ermittelt werden, so ist der Impairment-Test für diesen Vermögenswert individuell durchzuführen und eine festgestellte Wertminderung (der erzielbare Betrag unterschreitet den Buchwert des Vermögenswertes) ist **erfolgswirksam** zu erfassen (IAS 36.60). Sollte der **erzielbare Betrag negativ** sein, ist der Vermögenswert mit „Null" anzusetzen. Für den überschießenden Betrag darf bzw. muss nur dann eine Schuld angesetzt werden, wenn dies nach einem IFRS verlangt wird (IAS 36.62).

19.114 Wird der Vermögenswert ausnahmsweise nach der Neubewertungsmethode[86] bilanziert, gilt Folgendes: Zunächst ist bis zur Höhe einer für diesen Vermögenswert bestehenden Neubewertungsrücklage eine **erfolgsneutrale** Abwertung vorzunehmen, d.h., der entsprechende Anteil der Neubewertungsrücklage sowie die hierauf entfallenden latenten Steuern sind mit der relevanten Vermögensposition zu verrechnen. Nur ein danach noch verbleibender Abwertungsbedarf ist wiederum erfolgswirksam in der GuV zu erfassen.

19.115 Die außerplanmäßige Abschreibung eines einzelnen Vermögenswertes geht dem Impairment-Test jeder anderen CGU vor, der der Vermögenswert zugerechnet wird (IAS 36.97 f.).

II. Erfassung von Wertminderungen bei CGU

1. Grundsätze

19.116 Hinsichtlich der **Reihenfolge vorzunehmender Impairment-Tests** ist zu beachten, dass CGU, die keine Goodwills tragen, nur dann zu prüfen sind, wenn es Anzeichen

---

85 *Beyhs*, Impairment of Assets nach International Accounting Standards, 206.
86 Vgl. zu Besonderheiten bei der Wertermittlung nach IAS 36 für neubewertete Sachanlagen IAS 36.5.

auf eine Wertminderung gibt (s. Rz. 19.42). Ein dabei festgestellter Wertminderungsaufwand ist nur innerhalb dieser CGU zu verteilen, und zwar auch dann, wenn diese CGU zusammen mit anderen eine Gruppe bildet, der ein Goodwill zugeordnet worden ist (IAS 36.97 f.), die auf dieser (höheren) Stufe pflichtgemäß einem weiteren (jährlichen) Goodwill-Impairment-Test unterzogen wird (s. Rz. 19.45).

Die Wertminderung **nicht goodwilltragender CGU** ist grundsätzlich proportional nach den Buchwerten der zugehörigen Vermögenswerte zu verteilen und nach IAS 36.60 zu erfassen. Dabei darf der Buchwert des einzelnen Vermögenswertes einer CGU *nach Abwertung* seinen erzielbaren Betrag jedoch nicht unterschreiten, falls dieser ermittelbar ist (IAS 36.105). Dies gilt insbesondere für Vermögenswerte, die ggf. zuvor bereits individuell abgewertet wurden[87] und für Vermögenswerte, für die ein Nettoveräußerungspreis ermittelbar ist. Der rechnerische Anteil des auf solche Vermögenswerte entfallenden Wertminderungsaufwands ist dann auf die *anderen* Vermögenswerte der Einheit im Anwendungsbereich des IAS 36 (Rz. 19.3 f.) zu verteilen.

Praktisch bedeutet dies, dass die gesamte Wertminderung im Regelfall auf das Anlagevermögen verteilt wird. Vorräte, Kundenforderungen u.Ä. bleiben insoweit unverändert, da sie nicht Gegenstand der Wertminderungsprüfung des IAS 36 sind.

Bei **goodwilltragenden CGU** mindert ein ggf. ermittelter Wertminderungsaufwand (der erzielbare Betrag der CGU ist niedriger als der Buchwert) zunächst den Buchwert des dieser CGU zugewiesenen Goodwill (IAS 36.104a). Sollte dessen Buchwert zur Verrechnung des Wertminderungsaufwands nicht ausreichen, ist der weitere Aufwand entsprechend der in Rz. 19.116 beschriebenen Vorgehensweise auf die einzelnen Vermögenswerte der CGU zu verteilen.

19.117

2. Beispiel

Zur Verdeutlichung soll folgendes Beispiel dienen:

19.118

Beispiel (Fortsetzung von Rz. 19.29): Nach der Erstkonsolidierung hat K für die CGU „Kaufhaus" und die Gruppe von CGUs „Versandhandel" (CGU V) jährliche Goodwill-Impairment-Tests durchgeführt, bei denen kein Abwertungsbedarf festgestellt worden ist.

Ende 02 erfährt das Management, dass eine weltweit sehr erfolgreiche, bisher aber nicht auf dem deutschen Markt tätige Firmengruppe aus England den deutschen Markt im Internet-Versandhandel (vor allem bei Mode) erobern will. Schon in der Vergangenheit hatte V bei direktem Aufeinandertreffen mit dem Konkurrenten auf diversen Auslandsmärkten empfindliche Einbußen hinnehmen müssen, und erste Erfolge der Konkurrenz im Weihnachtsgeschäft 02 sprechen für sich.

Das Management befürchtet nachteilige Konsequenzen für den Absatz der Produkte und sieht sich auf Grund dieses Wertminderungsindikators veranlasst, zunächst die CGU „Mode" (CGU A) auf eine eventuelle Wertminderung hin zu überprüfen (IAS 36.12b), obwohl dieser kein Goodwill zugeordnet wurde. CGU A gehört, ebenso wie CGU B (Hausrat), zum Segment „Versandhandel".

---

87 Vgl. IDW RS HFA 40, Rz. 92.

Da der Goodwill keiner der beiden CGU zugeordnet worden ist, ist zusätzlich der erzielbare Betrag von V insgesamt zu schätzen. Außerdem ist dem Segment Versandhandel als gemeinschaftlicher Vermögenswert die Hauptverwaltung zuzurechnen, da eine sachgerechte und stetige Aufteilung auf CGU A und CGU B nicht möglich sei.

Gegenstand	CGU V					
Ausgangsdaten zum 31.12.02	CGU_A	CGU_B	Zwischensumme	HV	GoF	V gesamt
Buchwert lt. Bilanz	450	500	950	220	180	1.350
Nettoveräußerungspreis	300	400	700	200	-	900
Nutzungswert	400	650	1.050	- 100	-	950

Legende:
CGU A = Sparte „Mode"
CGU B = Sparte „Hausrat"
HV = Hauptverwaltung
GoF = Goodwill
V = Segment „Versandhandel" (Gruppe von CGU)

Auch für die HV kann ein Nettoveräußerungspreis ermittelt werden. Außerdem verursacht die HV ausschließlich Ausgaben, deren Barwert in der Zeile Nutzungswert eingetragen wurde. Der Nutzungswert des Segments V ergibt sich aus der Summe der Nutzungswerte von CGU A und CGU B abzgl. der Ausgaben der HV.

3. Impairment-Test für eine CGU ohne Goodwill

19.119 Der Impairment-Test der CGU A „Mode" erfolgt durch den Vergleich des Buchwerts (450) mit dem niedrigeren Nutzungswert (400). Die Buchwerte der CGU A sind somit um 50 zu vermindern und nach den in Rz. 19.116 geschilderten Grundsätzen auf die einzelnen Vermögenswerte im Anwendungsbereich des IAS 36 zu verteilen.

4. Impairment-Test für eine CGU inklusive Goodwill

19.120 Da ein Goodwill sowohl der Gruppe von CGU „Versandhandel" und der CGU „Kaufhaus" zugeordnet worden ist (Rz. 19.29), sind zwei jährliche Impairment-Tests vorzunehmen. Das folgende Beispiel beschränkt sich auf den „Versandhandel". Dabei ist das Segment V insgesamt zu testen, weil der Goodwill nicht auf die einzelnen CGU des Versandhandels („Mode" und „Hausrat") verteilt worden ist.

Wird auf dieser höheren Ebene ein Wertminderungsaufwand identifiziert (350), so ist dieser zunächst mit dem aktivierten Goodwill zu verrechnen (180); erst ein überschießender Betrag (170) wäre dann noch nach der Relation der Buchwerte auf die Vermögenswerte der beiden CGU und die gemeinsam genutzte HV zu verteilen. Bei dieser Verteilung ist jedoch die Untergrenze Nettoveräußerungspreis für die HV

(200) zu beachten. Von dem vorläufig ermittelten, auf die HV entfallenden Abwertungsbetrag (33) sind 13 nicht bei der HV, sondern anteilig bei CGU A und CGU B zu erfassen:

Beispiel (Fortsetzung von Rz. 19.118):

Gegenstand	CGU V					
Ausgangsdaten zum 31.12.02	CGU$_A$	CGU$_B$	Zwischensumme	HV	GoF	V gesamt
Buchwert nach Abwertung von CGU A	400	500	900	220	180	1.300
Nutzungswert Segment V insgesamt	400	650	1.050	- 100		950
Wertminderung von Segment V						- 350
davon vorab Goodwill						*- 180*
davon nach Relation der Buchwerte						*- 170*
Abschreibung Goodwill					- 180	- 180
Zwischensumme Buchwerte	400	500	900	220	0	1120
Relation der Buchwerte	36 %	45 %		19 %		100 %
Rest nach Relation der Buchwerte	- 61	- 76	- 137	- 33		- 170
Zwischensumme	339	424	763	187	0	950
Relation der Buchwerte CGU A, CGU B	44 %	56 %	100 %			
Umschichtung	- 6	- 7		13		0
Buchwerte endgültig	**333**	**417**	**750**	**200**	**0**	**950**

Es mag erstens irritieren, dass es bei CGU A zu einer weiteren Abwertung kommt, obwohl diese bereits separat auf Impairment getestet wurde. Die Ursache liegt darin, dass die Buchwerte der HV dabei nicht berücksichtigt worden waren. Hätte das Management die Buchwerte der HV (entgegen der getroffenen Annahme) bereits anteilig der CGU A zugeordnet, wäre der Buchwert höher und zudem der Nutzungswert (wegen der dann zugerechneten Auszahlungen) entsprechend niedriger, so dass bereits beim Impairment-Test der CGU A eine höhere Abwertung entstanden wäre.

Zweitens mag irritieren, dass auch bei CGU B eine Abwertung vorzunehmen ist, obwohl der Nutzungswert höher als der Buchwert ist. Da aber der Abwertungsbedarf für *einen einzelnen Vermögenswert* nur dann beschränkt ist, falls sich für diesen der Nutzungswert oder der Nettoveräußerungspreis ermitteln lässt, trifft diese Beschränkung ausschließlich auf die HV zu. Daher tragen andere Vermögenswerte innerhalb der CGU B die entsprechende Abwertung.

5. Besonderheiten bei Minderheitenanteilen (nbA)

19.121 Es sind folgende **Fallkonstellationen** zu unterscheiden:

	TU ist goodwill-tragende CGU	TU ist Teil einer größeren goodwill-tragenden CGU
nbA bei Neubewertungsmethode (Rz. 36.210)	Fall 1	Fall 2
nbA zum Full Goodwill (Rz. 19.34)	Fall 3	Fall 4

19.122 **Fall (1) Bewertung der nbA zum anteiligen Buchwert *und*: TU ist eine CGU**

Hierbei besteht das Problem, dass der erzielbare Betrag der CGU unabhängig davon ermittelt wird, ob die Beteiligungsquote 100 % oder weniger beträgt. Demgegenüber umfasst der Buchwert der CGU sämtliche fortgeschriebenen Fair Values der erworbenen Vermögenswerte und Schulden, aber nur den auf die Konzernmutter entfallenden Goodwill. Um nicht gewissermaßen Äpfel mit Birnen zu vergleichen, ist der Buchwert des Goodwill um den **Minderheitenanteil** (nbA) fiktiv hochzurechnen. Eine möglicherweise festgestellte Wertminderung des Goodwill ist dann anteilig nur auf den tatsächlich bilanzierten Betrag zu beziehen (IAS 36 Appendix C).

Beispiel (Abwandlung von Rz. 19.120): Die goodwilltragende CGU „Versandhandel" sei eine Tochtergesellschaft, an der 40 % Minderheiten beteiligt sind. Der erzielbare Betrag dieser CGU betrage 1.200. Da dieser Betrag auch den gedanklich auf die Minderheiten entfallenden Anteil umfasst, sind die Buchwerte der CGU um den nicht ausgewiesenen Minderheitenanteil am Goodwill (180: 60 % × 40 % = 120) hochzurechnen (IAS 36C4).

Der mit dem erzielbaren Betrag von 1.200 nun vergleichbare Buchwert beträgt 1.420 (= 1.300 + 120); somit besteht ein Abwertungsbedarf von 220 (= 1.420 − 1.200).

31.12.02	Nettovermögen inkl. HV			GoF MU (60 %)	V Gesamt im KA	GoF fiktiv Minderheiten (40 %)	V fiktiv
	MU 60 %	Minderheiten 40 %	gesamt 100 %				
Buchwert nach Abwertung von CGU$_A$	672	448	1.120	180	1.300	120	*1.420*
Wertminderung	0	0	0	− 132	− 132	− 88	− 220
Buchwerte nach Wertminderung	672	448	1.120	48	1.168	32	*1.200*

Der Wertminderungsbedarf von 220 ist im Verhältnis 60/40 aufzuteilen (IAS 36.C6) und vorab dem Goodwill zuzuordnen (IAS 36.104 i.V.m. 36.C5). Der fiktive, auf den *Goodwillanteil* der Minderheiten entfallende Abwertungsbetrag (88) wird jedoch nicht gebucht

(IAS 36.C8). Im Konzern ist allein eine Wertminderung für den Goodwill i.H.v. 132 zu erfassen.

Verbliebe (abweichend vom Beispiel) ein über den Buchwert des Goodwill hinausgehender Abwertungsbedarf, wäre dieser im Übrigen (a) auf MU und die Minderheiten nach der Beteiligungsquote (60/40) aufzuteilen (IAS 36.C6) und (b) in Bezug auf die Vermögenswerte wie in Rz. 19.120 zu verteilen (IAS 36.104 f.).

Fall (2) Bewertung der nbA zum anteiligen Buchwert *und*: TU ist Teil einer größeren CGU 19.123

In diesem Fall ist die **Wertminderung für die CGU insgesamt festzustellen** (unter fiktiver Hochrechnung des Minderheitengoodwill wie bei (1)) und nach einem bestimmten Schema zu verteilen (IAS 36.C7):

Beispiel:

Gegenstand	CGU inkl. TU	Quote TU	davon TU		
			gesamt	davon MU 60 %	davon Minderheiten 40 %
Nettovermögen CGU	5.000	22 %	1.120	672	448
Goodwill CGU inkl. 120 fiktivem Minderheiten-Goodwill TU	1.000	30 %	300	180	120
Buchwert CGU vor Abwertung	6.000		1.420	852	568
erzielbarer Betrag CGU	4.500		1.008	605	403
Wertminderung CGU	- 1.500		- 412	- 247	- 165
davon Goodwill	- 1.000	30 %	- 300	- 180	- 120
davon Nettovermögen	- 500	22 %	- 112	- 67	- 45

a) Die **Wertminderung der CGU** ist erst dem gesamten Goodwill und danach dem gesamten Nettovermögen der CGU zu belasten. Im Beispiel übersteigt die Wertminderung (2.000) den gesamten Goodwill (1.000), so dass der Goodwill vollständig und das Nettovermögen der CGU um 500 abzuwerten ist.

b) Der **auf TU entfallende Teil der Wertminderung** am (a) Goodwill und (b) Nettovermögen beläuft sich auf den jeweiligen Anteil der TU an den Buchwerten vor Wertminderung, also auf 30 % (300/1.000) des Gesamtgoodwill (= 300) und rd. 22 % (1.120/5.000) des Nettovermögens der TU (= 112).

c) **Innerhalb der TU** erfolgt die **Zurechnung auf Konzernmutter und Minderheiten** nach den Beteiligungsquoten (60/40); die auf den fiktiven Minderheitengoodwill entfallende Wertminderung (120) wird wie bei (1) nicht gebucht:

31.12.02	Nettovermögen			GoF MU (60 %)	V gesamt im KA	GoF fiktiv Minderheiten (40 %)	V fiktiv
	MU	Minderheiten	Gesamt				
Buchwert nach Abwertung von CGU$_A$	672	448	1.120	180	1.300	120	1.420
Wertminderung	- 67	- 45	- 112	- 180	- 292	- 120	- 412
Buchwerte nach Wertminderung	**605**	**403**	**1.008**	**0**	**1.008**	**0**	**1.008**

19.124 **Fälle (3) und (4) Full Goodwill-Methode (TU ist selbständige CGU oder Teil einer größeren CGU)**

Die Berechnungen erfolgen im Prinzip wie bei den Fällen (1) und (2) mit dem Unterschied, dass die auf den Minderheitengoodwill entfallenden Wertminderungen auch zu buchen sind.

Die Relationen des der TU zugeordneten Mehrheits- und Minderheitengoodwill entspricht in den Fällen (1) und (2) den Beteiligungsquoten, da die fiktive Hochrechnung des Minderheitengoodwill im Zweifel beteiligungsproportional vorzunehmen ist (vgl. IAS 36.IE65). Daher ist es schlüssig, den Wertminderungsaufwand auch beteiligungsproportional zu verteilen.

Bei Anwendung der **Full Goodwill-Methode** kann die Relation des einer TU zugeordneten Goodwill jedoch von den Beteiligungsquoten abweichen (vgl. das in Rz. 19.34 wiedergegebene Beispiel 7B lt. IAS 36.IE68A ff.: 450 Mehrheits- vs. 50 Minderheitengoodwill bei Beteiligungsquoten von 80/20). Sofern nicht die Goodwillzuordnung geändert und ein weiterer Teil des Mehrheitengoodwill dem Restkonzern zugeordnet wird, wäre der auf den Goodwill der TU entfallende Wertminderungsaufwand u.E. nach der Relation der Goodwillanteile zu verteilen (andernfalls käme es bei hohen Wertminderungen [z.B. 450] zu einer Abwertung des Minderheitengoodwill [20 % = 90] über den Buchwert [50] hinaus).

I. Wertaufholung

19.125 In den auf die Erfassung eines Wertminderungsaufwands folgenden Perioden ist **an jedem Bilanzstichtag** zu prüfen, ob ein **Anhaltspunkt** dafür vorliegt, dass die Gründe für die vorgenommene außerplanmäßige Abschreibung weggefallen sind und dem Vermögenswert oder der CGU insoweit wieder ein erhöhtes Leistungspotential beizumessen ist (IAS 36.110). Zu diesem Zweck führt IAS 36.111 wiederum einige Indikatoren beispielhaft an, wobei es sich im Wesentlichen um die Umkehrung jener Indikatoren handelt, die die Wertminderungsprüfung veranlasst hatten (IAS 36.112, Rz. 19.42). Liegt am Bilanzstichtag ein solcher Anhaltspunkt vor, so ist unter erneuter Beachtung des **Wesentlichkeitsgrundsatzes** der erzielbare Betrag zu schätzen. Auf die Nachhaltigkeit der festgestellten Änderung kommt es dabei nicht an, was insbesondere bei gestiegenen Nettoveräußerungspreisen von Belang sein dürfte.

Wird infolge der Überprüfung des erzielbaren Betrags ein Wertaufholungsbedarf festgestellt, so ist der Buchwert des betreffenden Vermögenswertes oder der CGU entsprechend zu erhöhen.

Die **Zuschreibung** eines zuvor außerplanmäßig abgeschriebenen **Goodwill** ist jedoch **untersagt** (IAS 36.124).

Bei der Wertaufholung eines Vermögenswertes (der auch Teil einer CGU sein kann) darf der an das erhöhte Leistungspotential angepasste Buchwert weder den fortgeführten Buchwert (fortgeführte Anschaffungs- oder Herstellungskosten oder fortgeführter Neubewertungsbetrag), der sich ergeben hätte, wenn in der Vergangenheit kein Wertminderungsaufwand erfasst worden wäre, noch seinen erzielbaren Betrag übersteigen, wobei der niedrigere dieser beiden Größen die zulässige Wertobergrenze definiert (IAS 36.117).

Dabei richtet sich die Behandlung der zu erfassenden Wertaufholung wiederum danach, nach welcher Methode der Vermögenswert in der Vergangenheit bewertet wurde.

– Bei der Bewertung auf Basis der fortgeführten Anschaffungs- oder Herstellungskosten ist die Wertaufholung stets erfolgswirksam vorzunehmen.

– Bei neubewerteten Vermögenswerten hingegen sind Wertaufholungen lediglich bis zur Höhe der fortgeführten Anschaffungs- oder Herstellungskosten erfolgswirksam und darüber hinaus erfolgsneutral vorzunehmen (IAS 36.120).

Die Berücksichtigung von Wertaufholungen bei CGU erfolgt in umgekehrter Reihenfolge zur Erfassung eines Wertminderungsaufwands. Zunächst ist der Buchwert der Vermögenswerte entsprechend ihrem Buchwertanteil zu erhöhen. Sofern die zuvor beschriebene Wertobergrenze (Rz. 19.126) erreicht ist, ist ein ggf. noch verbleibender Aufwertungsbedarf analog auf die anderen Vermögenswerte zu verteilen (IAS 36.122 f.).

J. Exkurs – Wechselwirkungen IFRS 16/IAS 36

In IFRS Abschlüssen kommt es durch IFRS 16 (Leases) in Geschäftsjahren ab 1.1.2019 zu einer Bilanzverlängerung:

– Miet- und Leasingzahlungen, die nach IAS 17 noch als operating lease aufwandswirksam gebucht wurden, sind grundsätzlich in Höhe ihres Barwertes zu aktivieren (right-of-use, Nutzungsrecht, siehe Rz. 17.53).
– Korrespondierend ist eine Leasingverpflichtung zu passivieren.

Infolge dieser Bilanzverlängerung erhöht sich tendenziell der im Rahmen des Werthaltigkeitstest zu überprüfende Buchwert (Carrying Amount). In Abhängigkeit vom Umfang der vormaligen operating lease kann die Bilanzverlängerung im Einzelfall wesentlichen Umfang annehmen.

19.129 Im Gegenzug zur Bilanzverlängerung wird der bisher vollständig oberhalb des EBIT's ausgewiesene Leasingaufwand künftig aufgespalten in eine Tilgungskomponente (kein Ausweis in GuV) und eine Zinskomponenten (Ausweis unterhalb des EBITs im Zinsaufwand). Zusätzlich wird aber in der GuV der Aufwand aus der Abschreibung des neu bilanzierten Nutzungsrechts erfasst (Ausweis oberhalb des EBITs). Dabei entsprechen sich regelmäßig der kumulierte Tilgungsbetrag sowie die kumulierten Abschreibungen des Nutzungsrechtes. Da in der Praxis regelmäßig der größere Teil der Leasingrate auf die Tilgungs- bzw. Abschreibungskomponente entfällt, erhöht sich der geplante Free Cashflow[88] – für dessen Ermittlung das EBIT die Grundlage darstellt – infolge der Aufspaltung der Leasingrate nur geringfügig. Bei unveränderten Kapitalkostenannahmen (insbesondere unverändertem wacc) wird sich der berechnete Recoverable Amount daher betragsmäßig regelmäßig weniger erhöhen als der zu testende Buchwert.

Bei unveränderten Kapitalkostenannahmen könnte die Einführung von IFRS 16 daher dazu führen, dass entweder bestehende Überdeckungen (Cushions/Headrooms) reduziert werden bzw. ermittelte Wertminderungen ansteigen.

19.130 Aus idealisierter betriebswirtschaftlicher Sicht dürfte sich ein solcher Effekt jedoch nicht ergeben; konzeptionell wird lediglich eine bisher nicht bilanzierte Schuld explizit in die Bilanz aufgenommen. Betriebswirtschaftlich ergibt sich der Recoverable Amount regelmäßig aus der Diskontierung künftiger Zahlungsströme mit risiko- und laufzeitadjustieren Kapitalkosten. Durch Einführung von IFRS 16 ergibt sich aber theoretisch – zumindestens auf den Ebene der Zahlungsströme an die Eigenkapitalgeber – weder eine Veränderung der Zahlungsströme, noch der angemessenen Kapitalkosten. Unter der Prämisse, dass die bisherigen Impairmenttest-Konzeptionen zutreffend waren, dürfte sich – zumindest konzeptionell – keine Veränderung des Ergebnisses des Werthaltigkeitstests ergeben.

---

[88] Prämisse ist dabei, dass sich im eingeschwungenen Zustand die Investitionen in neue Nutzungsrechte und die Abschreibungen betragsmäßig entsprechen und die „Abschreibungen" insoweit Cashflow-wirksam sind. Bei wachsenden Unternehmen gilt diese Prämisse nur eingeschränkt, an der Tendenz der obigen Aussage ergibt sich jedoch keine Änderung.

Zur Illustration sei nachfolgendes Beispiel eingeführt:

	IAAS 17	Delta	IFRS 16 – mit unveränderten unverschuldeten Kapitalkosten	IFRS 16 – mit angepassten unverschuldeten Kapitalkosten
EBIT	100	4	104	104
unverschuldete Kapitalkosten	8,0 %		8,0 %	7,7 %
Marktwert EntityValue	1250		1300	1350
Zinsaufwand	20	4	24	24
Kapitalkosten	4,0 %		4,0 %	4,0 %
Marktwert Schulden	500		600	600
Marktwert EK	750		700	750
Buchwert EK	725		725	725
Cushion/Impairment	25		- 25	25

Ein Unternehmen hat vor der Einführung von IFRS 16 ein nachhaltiges EBIT von 100 GE und einen Zinsaufwand von 20 GE. Im Beispiel werden zur Vereinfachung Steuern und Differenzen zwischen Zahlungsströmen und Ergebniswirksamkeit ausgeblendet. Die gewichteten Kapitalkosten entsprechenden dann den unverschuldeten Eigenkapitalkosten. Diese werden im Beispiel mit 8 % angenommen; die FK-Kosten sollen 4 % betragen.

Es ergibt sich dann ein Marktwert des Eigenkapitals in Höhe von 750 GE. Bei einem angenommenen Buchwert in Höhe von 725 GE ergibt sich kein Impairment.

Infolge der Einführung von IFRS 16 werden 4 GE Zinsaufwand aus der – vor dem EBIT ausgewiesenen – Leasingrate herausgerechnet und im Zinsaufwand ausgewiesen. Entsprechend wird eine zusätzliche Schuld in Höhe von 100 GE sowie ein zusätzlicher Vermögenswert in Höhe von 100 GE bilanzverlängernd, aber ohne Auswirkung auf den Buchwert des Eigenkapitals in der Bilanz erfasst.

Würde man die unverschuldeten Eigenkapitalkosten unverändert lassen, so würde sich der Marktwert des Entity Values nur um 50 GE erhöhen, der Marktwert der Schulden aber um 100 GE steigen, so dass der Marktwert Eigenkapitals um 50 GE absinken würde. In der Folge würde sich im Beispiel ein Impairment ergeben.

19.132 Durch die Umklassifizierung des Zinsaufwands aus dem bisherigen operating lease vom EBIT in den Zinsaufwand hat sich jedoch die Risikostruktur des EBIT verändert. Ein sicherer (Abzugsposten) Zinsaufwand ist aus dem EBIT herausgenommen worden, so dass sich das Risiko des EBIT reduziert hat. In der Folge muss der unverschuldete Betafaktor sinken. M.a.W.: Die vorherigen „unverschuldeten" Eigenkapitalkosten in Höhe von 8,0 % waren eigentlich keine unverschuldeten Eigenkapitalkosten, sie beinhalteten noch das Leveragerisiko aus den operating leases. Dieses ist künftig aus dem unverschuldeten Eigenkapitalkosten herauszurechnen. Im Beispiel sinken die unverschuldeten Eigenkapitalkosten dadurch von 8,0 % auf 7,7 %. Nach dieser Adjustierung ergibt sich ein unveränderter Marktwert des Eigenkapitals in Höhe von 750 GE.

19.133 Bei der praktischen Durchführung von Impairment Tests werden die unverschuldeten Kapitalkosten aus den Vergangenheitsdaten von Peer Group Unternehmen ermittelt. Für künftige Impairment Tests unter Anwendung von IFRS 16 sind die historischen Kapitalkosten dann auch um das Leverage aus operating leases zu bereinigen. Unterbleibt diese Anpassung, können sich zu hohe unverschuldete Eigenkapitalkosten ergeben und der Marktwert des Entity Values bzw. des Eigenkapitals wird systematisch unterschätzt.

Bei dieser Berechnung kann sich in der Übergangsphase das Problem ergeben, dass nicht für den gesamten herangezogen Vergangenheitszeitraum Informationen über die „Marktwerte" der zu bereinigenden operating leases vorliegen.

K. Anhangangaben

19.134 IAS 36.127–137 enthält grundsätzlich eine Fülle an Anhangangaben, lässt jedoch insbesondere Übersichtlichkeit vermissen.[89] In Anlehnung an die praktische Relevanz sowie unter Bezugnahme auf unsere vorstehenden Ausführungen stellen wir nachfolgend primär Angabepflichten im Zusammenhang mit dem Goodwill-Impairment-Test dar. Zu einer vollständigen Übersicht der Angabepflichten des IAS 36 verweisen wir auf die oben genannten Paragraphen.

19.135 Damit Abschlussadressaten die Werthaltigkeitsprüfung intersubjektiv nachvollziehen können, ist eine ausreichend präzise Offenlegung der Bewertungsmethoden und der zugrunde liegenden Annahmen erforderlich. Konkret hat ein Unternehmen für jede goodwilltragende CGU, die gemessen am Gesamtbuchwert des Goodwills einen wesentlichen Goodwill enthält, folgenden Angaben zu machen (IAS 36.134):

– **Buchwert** der CGU bzw. Gruppe von CGUs (eine Zusammenfassung ist möglich) und des Goodwills,

– herangezogenes **Wertkonzept** (Nettoveräußerungspreis und/oder Nutzungswert),

---

89 Dies ist insbesondere darauf zurückzuführen, dass der Board versucht hat das neue Konzept des IAS 36 (Impairment only approach) in den früheren IAS 36 (1998) zu integrieren; vgl. Haufe IFRS-Komm.[16], § 11 Rz. 230.

– basiert der erzielbare Betrag auf dem **Nutzungswert** sind folgende Angaben zu machen:

 – Beschreibung wesentlicher Planungsannahmen des Managements (darunter fallen insbesondere Umsatzwachstumsraten sowie EBITDA- und EBIT-Margen),

 – Beschreibung des Managementansatzes zur Bestimmung der wesentlichen Annahmen. Hierbei ist zu erläutern, ob die Planungsannahmen Erfahrungswerte darstellen und ob ggf. eine Übereinstimmung mit externen Informationsquellen vorliegt,

 – Länge des Planungszeitraums und Erläuterungen sofern der Zeitraum eine Länge von fünf Jahren überschreitet,

 – Höhe und Plausibilisierung des nachhaltigen Wachstums. Wachstumsraten, die im langfristigen Durchschnitt über den Wachstumsraten von einzelnen Produkten, Industrien, dem zugehörigen Markt der CGU, eines Landes oder einzelner Länder liegen, in denen das Unternehmen operiert, sind rechtzufertigen,

 – Höhe der Kapitalkosten (WACC),

– basiert der erzielbare Betrag auf dem **Nettoveräußerungspreis** ist zunächst die Stufe der Fair Value-Hierarchie (Rz. 19.59) anzugeben. Wurde der erzielbare Betrag nicht anhand einer Marktpreisnotierung, sondern anhand eines **DCF-Verfahren** ermittelt (Stufe 3 der Fair Value-Hierarchie), sind die vorstehenden Angaben analog vorzunehmen. Bei Vorliegen einer Marktpreisnotierung entfallen diese Angaben,

– wesentliche Annahmen (Sensitivitäten), die dazu führen würden, dass der Buchwert dem erzielbaren Betrag entspricht bzw. diesen übersteigt; Höhe des Unterschiedsbetrags, wenn der Buchwert den erzielbaren Betrag übersteigt.

Führt die Zusammenfassung von goodwilltragende CGUs (Gruppe von Einheiten), die gemessen am Gesamtbuchwert des Goodwills **eigenständig** keinen wesentlichen Goodwill enthalten, zu einem vergleichsweise signifikanten Buchwert des Goodwills und basieren die erzielbaren Beträge irgendeiner dieser CGUs (Gruppe von Einheiten) auf denselben Annahmen, sind separate Angaben wie in Rz. 19.129 zu machen (IAS 36.135).

19.136

Wurde schließlich in der Berichtsperiode ein Wertminderungsaufwand für eine goodwilltragende CGU erfasst, ist neben einer allgemeinen Beschreibung der CGU (z.B. ob es sich um eine Geschäftstätigkeit oder einen geografischen Bereich handelt) die **Höhe des Wertminderungsaufwands** anzugeben (IAS 36.130d).

19.137

Kapitel 20
Vorräte (IAS 2)

A. Überblick und Wegweiser	20.1	IV. Sonstige Kosten und Aktivierungsverbote	20.37
I. Management Zusammenfassung	20.1	V. Einzelfälle	20.39
II. Standards und Anwendungsbereich	20.5	1. Verrechnung von Abschreibungen	20.39
1. Vorrätedefinition und Abgrenzung zum HGB	20.5	2. Kalkulation von Gemeinkosten	20.41
2. Landwirtschaftliche Erzeugnisse, Mineralien	20.13	3. Einzelbewertung und Verbrauchsfolgeverfahren	20.43
3. Rohstoffhändler/Makler	20.14	4. Festwertansatz und Kuppelprodukte	20.46
III. Wesentliche Abweichungen zum HGB	20.15	**D. Folgebewertung (Niederstwertprinzip, Zuschreibung)**	20.50
IV. Neuere Entwicklungen	20.16	I. Strenges Niederstwertprinzip	20.50
B. Ansatz- und Bewertungsregel	20.20	II. Nettoveräußerungswert	20.51
C. Zugangsbewertung (Anschaffungs- und Herstellungskosten)	20.30	III. Zuschreibung	20.56
I. Übersicht	20.30	**E. Ausbuchung**	20.60
II. Anschaffungskosten	20.31	**F. Ausweis**	20.61
III. Herstellungskosten	20.35	**G. Anhangangaben**	20.62

Literatur: *Gelhausen* et al., Absatzmarktorientierte Verlustantizipation im handelsrechtlichen Jahresabschluss, WPg 2012, 1235; *Haaker/Velte*, Zu den Problemen einer absatzmarktorientierten Bewertung im handelsrechtlichen Jahresabschluss, DStR 2014, 970; *Hoffmann*, Verlustfreie Bewertung von Vorratsvermögen, PiR 2014, 260; *Kemper/Beck/Konold*, Irritationen um das Reichweitenverfahren, DStR 2014, 1370; *Kümpel*, Bilanzierung und Bewertung des Vorratsvermögens nach IAS 2 (revised 2003), DB 2003, 2609; *Kümpel*, Vorratsbewertung und Auftragsfertigung nach IFRS, München 2005; *Kümpel*, Abwertungskonzeption beim Vorratsvermögen im IFRS-Regelwerk: Pauschale Abwertung und Wertaufholung, IRZ 2012, 115; *Schiffers/Theile*, Bilanzrecht der GmbH, Köln 2016; *Schmidt*, Zur Abgrenzung von Vorräten und Sachanlagen, PiR 2013, 47; *Theile/Hartmann*, BilMoG: Zur Unmaßgeblichkeit der Handels- für die Steuerbilanz, DStR 2008, 2031; *Weinzierl/Risse/Möller*, Die Vorratsbewertung im Kontext der internationalen Rechnungslegung sowie des Handels- und Steuerrechts – Vergleich der Rechnungslegungssysteme, StuB 2016, 172; *Wohlgemuth/Ständer*, Der Bewertungsmaßstab „Herstellungskosten" nach HGB und IAS, WPg 2003, 203; *Zwirner/Boecker/Froschhammer*, Ermittlung der Herstellungskosten unter Berücksichtigung von Entwicklungskosten – Unterschiede und Gemeinsamkeiten nach IFRS und HGB – Eine Fallstudie unter Berücksichtigung steuerlicher Auswirkungen, KoR 2012, 93.

A. Überblick und Wegweiser

I. Management Zusammenfassung

20.1 Die Bilanzierung von Vorräten nach IAS 2 ähnelt sehr der Bilanzierung gem. HGB. Abgesehen von Detailunterschieden dürften drei Abweichungen von materieller Bedeutung sein:

- Als Bewertungsvereinfachungsverfahren ist neben der Methode des gewogenen Durchschnitts nach IAS 2 nur die Fifo-Verbrauchsfolgefiktion zulässig. Im Vergleich zum HGB/StB, in denen oftmals die Lifo-Methode zur Anwendung kommt, kann das bei steigenden Preisen zu höherem Vorratsvermögensausweis im IFRS-Abschluss führen.

- Auch unter IAS 2 gilt das strenge Niederstwertprinzip. Es ist aber konsequent absatzmarktorientiert ausgerichtet, was im Vergleich zur herkömmlichen HGB-Auffassung zu geringeren Abschreibungen führen kann.

- „Unfertige Erzeugnisse" lt. HGB können im IFRS-Abschluss als zeitraumbezogene Leistungserstellung zu würdigen sein (etwa bei Fertigungsaufträgen ohne Absatzrisiko), was zur Umsatzrealisierung und entsprechendem Vermögensausweis während des Fertigungszeitraums führt (siehe Rz. 10.146 ff.).

20.2–20.4 frei

II. Standards und Anwendungsbereich

1. Vorrätedefinition und Abgrenzung zum HGB

20.5 Vorräte sind Vermögenswerte, die

- zum Verkauf im Rahmen der normalen Geschäftätigkeit bestimmt sind (Fertigerzeugnisse, Waren),
- unfertige Erzeugnisse oder
- Roh-, Hilfs- und Betriebsstoffe, die in der Produktion verbraucht werden (IAS 2.6).

Geht man vom Gliederungsschema des § 266 Abs. 2 Pos. B I HGB aus, so können für Ansatz und Bewertung der Vorräte[1] gleich drei Standards in Betracht kommen: IAS 2 (Vorräte), IFRS 15 (Erlöse aus Verträgen mit Kunden) sowie die branchenspezifischen Regelungen zur Landwirtschaft in IAS 41 (siehe Abb. 20.1).

Gegenstand des vorliegenden Kapitels ist IAS 2. Der Standard ist grundlegend im November 2003 überarbeitet und seither nur punktuell geändert worden.

20.6 Basiert ein (aus HGB-Perspektive) unfertiges Erzeugnis auf einem **Fertigungsauftrag**, ist auf diesen IFRS 15 anzuwenden und unter bestimmten Bedingungen die Ge-

---

1 Die Definition der Vorräte in IAS 2.6 unterscheidet sich nicht vom HGB-Verständnis.

winnrealisation nach der **Percentage of Completion-Methode** (Teilgewinnrealisierung während der Fertigungszeit) vorgesehen. Das gilt auch für **Dienstleistungen**.

Mithin liegt bei unfertigen Erzeugnissen i.S.d. IAS 2 noch kein Kundenauftrag vor, währenddessen Fertigungsaufträge/Dienstleistungen i.S.d. IFRS 15 den Kundenauftrag voraussetzen.

Bei **Betriebsstoffen** ist formal zu unterscheiden (siehe Abb. 20.1): Betriebsstoffe sind nach IAS 2.6c nur solche, die bei der Fertigung verbraucht werden, während sie nach HGB auch den übrigen betrieblichen Bereichen (z.B. Vertrieb, Kantine) dienen können. Wegen des Wesentlichkeitsgrundsatzes kann auf einen gesonderten Ausweis oder auf die Umgliederung in sonstige Vermögenswerte verzichtet werden[2], und für die Bewertung ist IAS 2 analog anzuwenden.[3] 20.7

Geleistete Anzahlungen auf Vorräte müssen nach den allgemeinen Ansatzkriterien beurteilt werden (Rz. 7.21 ff.). Sie sind weder Gegenstand des IAS 2, noch handelt es sich um Finanzinstrumente (IAS 32.AG11). Zum Ausweis geleisteter Anzahlungen siehe Rz. 43.50. 20.8

Die Zuordnung der Vorräte nach HGB auf die entsprechenden Standards lässt sich aus Abb. 20.1 unmittelbar ablesen.

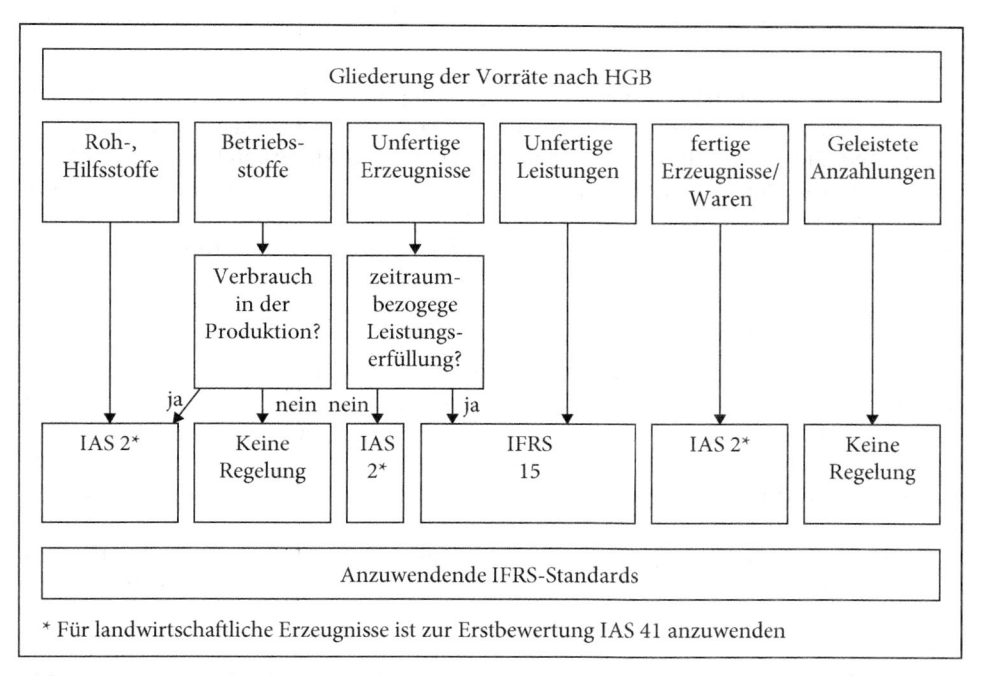

Abb. 20.1: Anzuwendende Standards bei Vorräten und Fertigungsaufträgen

* Für landwirtschaftliche Erzeugnisse ist zur Erstbewertung IAS 41 anzuwenden

---

2 Vgl. *Bartle/Jacobs/Kugel* in Baetge-IFRS, IAS 2 Rz. 22.
3 Bei der Schließung von Regelungslücken ist gem. IAS 8.11a zuallererst auf Standards zu achten, die ähnliche Sachverhalte regeln.

20.9 **Ersatzteile und Wartungsgeräte** des laufenden Gebrauchs im eigenen Geschäftsbetrieb (z.B. Werkzeuge, Schmierstoffe) werden als Betriebsstoffe ausgewiesen. Ersatzteile mit längerer Nutzungsdauer im Falle ihres Gebrauchs (z.B. Walze eines Walzstahlgerüsts) sind demgegenüber von vornherein den Sachanlagen nach IAS 16 zuzuordnen (Rz. 14.23).

20.10 Zunächst gelegentlich, also *nicht* im Rahmen der üblichen Geschäftstätigkeit **vermietete** oder eigengenutzte **Sachanlagen** bleiben, wenn sie aufgegeben und verkauft werden sollen, bis zum Verkauf entweder im Sachanlagevermögen oder werden in die Kategorie held for sale (IFRS 5, Rz. 30.21) umgegliedert, soweit die Voraussetzungen dafür vorliegen. Eine Umgliederung vor dem Verkauf in die Vorräte kommt nicht in Betracht, weil es sich nicht um einen Verkauf im Rahmen der gewöhnlichen Geschäftstätigkeit handeln würde.

20.11 Werden demgegenüber Anlagen *bereits im Rahmen der üblichen Geschäftstätigkeit vermietet* und dann nach einer bestimmten Zeit *regelmäßig* weiterverkauft (z.B. Kfz von Autovermietungsgesellschaften), sind diese beim Ablauf der Vermietungszeit vor ihrer Veräußerung von Sachanlagen in die Vorräte zu übertragen (Rz. 14.91). So sollte auch bei Vorführgeräten (Kfz, Musterküchen, Musterhäuser usw.) vorgegangen werden, selbst wenn die Sachgüter weniger als ein Jahr im Unternehmen verbleiben und insoweit das Definitionsmerkmal für Sachanlagen nach IAS 16.6 nicht erfüllen (siehe auch Rz. 14.20).[4]

20.12 **Waren- und Verkaufskataloge** fallen wegen der fehlenden Verkaufsabsicht *nicht* unter die Vorräte i.S.d. IAS 2. Sie werden aufwandswirksam erfasst, sobald das Unternehmen die Verfügungsmacht über diese Gegenstände erlangt hat, unabhängig vom Zeitpunkt der Weitergabe der Gegenstände (Rz. 13.62). U.E. ist bei **Produkt- und Warenproben** („unverkäufliches Muster"), die kostenlos zur Verkaufsförderung und Kundengewinnung abgegeben werden, genauso zu verfahren.[5]

2. Landwirtschaftliche Erzeugnisse, Mineralien

20.13 Biologische Vermögenswerte bei landwirtschaftlicher Tätigkeit (lebende Pflanzen und Tiere, z.B. Obstplantagen oder Milchkühe, siehe hierzu Rz. 21.6 ff.) unterliegen grundsätzlich dem Anwendungsbereich des IAS 41 und sind *zu jedem Bilanzstichtag* zum Fair Value abzüglich geschätzter Verkaufskosten[6] zu bewerten (IAS 41.12). **Landwirtschaftliche Erzeugnisse** (= die Frucht aus biologischen Vermögenswerten, z.B. Obst, Milch) erfüllen zwar die Vorrätedefinition (IAS 2.6), sind aber unmittelbar nach der Ernte ebenfalls zum Fair Value abzüglich geschätzter Verkaufskosten zu bewerten (IAS 41.13) (siehe zur unterschiedlichen Behandlung einjähriger und

---

4 Vgl. Haufe IFRS-Komm[16], § 17 Rz. 6.
5 Vgl. für *erworbene* Sachgüter analog IFRIC update, September 2017.
6 Die Verkaufskosten schließen Provisionen an Makler und Händler, Abgaben an Aufsichtsbehörden und Warenterminbörsen sowie Verkehrsteuern und Zölle ein. Nicht zu den Verkaufskosten gehören Transport und andere notwendige Kosten, um Vermögenswerte einem Markt zuzuführen (IAS 41.13).

mehrjähriger Kulturen Rz. 21.24) und daher *zu diesem Zeitpunkt* noch aus dem Anwendungsbereich des IAS 2 ausgeschlossen (IAS 2.2c, IAS 41.3). Die Folgebewertung richtet sich dann nach anderen Standards, also regelmäßig nach IAS 2 (IAS 41.13).

Allerdings eröffnet IAS 2.3a für diese landwirtschaftlichen Erzeugnisse und im Übrigen auch für **Mineralien und mineralische Stoffe** (Erze, Erdöl usw.) wiederum ein **Bewertungswahlrecht** bei der Folgebewertung: Soweit es *best practice* der Branche[7] ist, diese Erzeugnisse regelmäßig erfolgswirksam zum Nettoveräußerungspreis (= Fair Value abzüglich Veräußerungskosten) zu bewerten, darf das bilanzierende Unternehmen dem folgen. Die entsprechenden Erzeugnisse sind dann von der Anwendung der Bewertungsvorschriften des IAS 2 – *nicht* aber im Hinblick auf **Anhangangaben** – ausgenommen. Die Inanspruchnahme des Wahlrechts kann zum Ansatz der Erzeugnisse über ihre Anschaffungskosten führen, mithin zum Ausweis von – aus HGB-Perspektive – unrealisierten Gewinnen.

3. Rohstoffhändler/Makler

Ein ähnliches Wahlrecht, allerdings ohne die einschränkende Voraussetzung der Branchenusancen wie bei den landwirtschaftlichen Produkten, besteht für **Rohstoffmakler bzw. -Händler** (*broker-traders*), die Ware für andere oder auf eigene Rechnung kaufen bzw. verkaufen: Bewerten diese ihre Vorräte erfolgswirksam zum Fair Value abzüglich Veräußerungskosten, sind sie aus der Anwendung der Bewertungsvorschriften (nicht aber von den Anhangangabepflichten) des IAS 2 ausgenommen (IAS 2.3b). Der Anwendungsbereich betrifft etwa **Warentermingeschäfte**, bei denen tatsächlich physisch geliefert werden soll. Im Übrigen ist bei Warentermingeschäften die Anwendung des IFRS 9 zu prüfen (Rz. 22.15). 20.14

III. Wesentliche Abweichungen zum HGB

Die wesentlichen Abweichungen bei den Vorräten i.S.d. IAS 2 zum HGB sind: 20.15

– Als Verbrauchsfolgeverfahren im IFRS-Abschluss sind nur die **Durchschnittsmethode** und die **Fifo-Fiktion** zulässig, während nach HGB auch die Lifo-Fiktion angewendet werden kann.

– Das **Niederstwertprinzip** des IAS 2 orientiert sich grundsätzlich am **Absatzmarkt**. Im HGB hat auch der Beschaffungsmarkt eine gewisse Bedeutung.

– Detailunterschiede können auftreten beim Umgang mit allgemeinen Verwaltungskosten sowie Aufwendungen für soziale Einrichtungen, freiwilligen sozialen Leistungen und betrieblicher Altersvorsorge: Hier bestehen nach HGB Einbeziehungswahlrechte. Nach IFRS dagegen sind diese Kostenarten dann einbeziehungspflichtig, wenn ein Produktionsbezug besteht.

---

7 Auf rein nationale Verhältnisse kommt es insoweit bei international tätigen Unternehmen (Konzernen) nicht an.

IV. Neuere Entwicklungen

20.16 Derzeit sind an IAS 2 keine Neuerungen geplant.

20.17–20.19 frei

B. Ansatz- und Bewertungsregel

20.20 IAS 2 enthält keine Ansatzvorschriften. Für Vorräte gelten demnach die allgemeinen Aktivierungskriterien des *Conceptual Frameworks* (Rz. 7.21 ff.).

20.21 Vorräte können nicht nur originär durch Anschaffungs- und Herstellungsvorgänge zugehen, sondern auch durch Umgliederungen aus dem langfristigen Vermögen. Der Anwendungsfall sind zuvor vermietete Sachanlagen, die im Rahmen der gewöhnlichen Geschäftstätigkeit regelmäßig verkauft werden (Rz. 20.11).

20.22 Vorräte sind mit dem niedrigeren Wert aus einem Vergleich der Anschaffungs- und Herstellungskosten (*at cost*) und dem Nettoveräußerungswert anzusetzen. Es gilt das **strenge Niederstwertprinzip**. Zu den Detailunterschieden bei der Ermittlung des Nettoveräußerungswerts (IAS 2) und dem beizulegenden Wert (HGB) siehe Rz. 20.55.

20.23–20.29 frei

C. Zugangsbewertung (Anschaffungs- und Herstellungskosten)

I. Übersicht

20.30 In der Begrifflichkeit des IAS 2.10 werden drei Kostenkategorien unterschieden:

– Kosten des Erwerbs (*costs of purchase*, Rz. 20.31),

– Kosten der Be- und Verarbeitung (*costs of conversion*, Rz. 20.35) sowie

– sonstige Kosten (*other costs*, Rz. 20.37), die angefallen sind, um die Vorräte an ihren derzeitigen Ort und in ihren derzeitigen Zustand zu versetzen.

Diese Begrifflichkeit lässt sich zwanglos auf den deutschen Sprachgebrauch der **Anschaffungs- und Herstellungskosten** übertragen, wobei allerdings die Aktivierung von sonstigen Kosten sowohl bei Anschaffungs- als auch bei Herstellungsvorgängen in Betracht kommen kann:

C. Zugangsbewertung (Anschaffungs- und Herstellungskosten) | Rz. 20.32 Kap. 20

Anschaffung	Herstellung
costs of purchase: Anschaffungspreis ./. Anschaffungspreisminderungen + Anschaffungsnebenkosten Einzelkosten + variable Gemeinkosten	*costs of conversion:* Einzelkosten + variable Gemeinkosten + fixe Gemeinkosten Kalkulation fixer Gemeinkosten: Normalbeschäftigung (*normal capacity*)
+	+
Sonstige Kosten (*other costs*), die angefallen sind, um die Vorräte an ihren derzeitigen Ort und in ihren derzeitigen Zustand zu versetzen	
Anschaffungskosten	Herstellungskosten

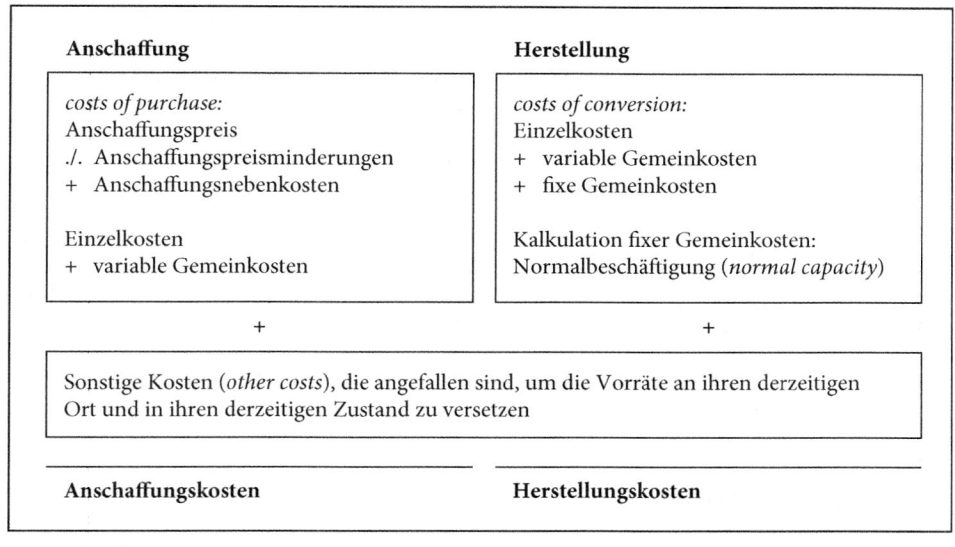

Abb. 20.2: Übersicht Anschaffungs- und Herstellungskosten

II. Anschaffungskosten

Zu den Anschaffungskosten von RHB und Waren gehören demnach der **Anschaffungspreis** und die **Anschaffungsnebenkosten abzüglich der Anschaffungspreisminderungen**[8]. Es handelt sich jeweils um Einzelkosten. Darüber hinaus sind nach h.M. auch variable Gemeinkosten an dieser Stelle – den *costs of purchase* – vom in IAS 2.11 verwendeten Begriff der *costs directly attributable* abgedeckt.[9] Da auch die sonstigen Kosten (*other costs*, Rz. 20.37) bei Anschaffungsvorgängen zu berücksichtigen sind, wird deutlich, dass der IASB grundsätzlich einen umfassenden Anschaffungskostenbegriff verfolgt.

20.31

In der Literatur wird im Hinblick auf die Schlüsselung **anschaffungsnaher Verwaltungsgemeinkosten** unter Berücksichtigung des Kosten-Nutzen-Prinzips bzw. des

20.32

---

[8] Anschaffungspreisminderungen, die sich auf mehrere Vermögenswerte beziehen, können auch pauschaliert oder durch geeignete Schlüsselung vorgenommen werden, vgl. von Keitz, KoR 2006, 101 (105).

[9] Vgl. *Wohlgemuth* in HdJ, I/9 Rz. 127; ADS International, Abschn. 15 Rz. 41 f. Die Auffassung ist u.E. zutreffend. Wir sehen auch in den unterschiedlichen Begriffen – costs directly attributable bei Anschaffung und costs directly related bei Herstellung – angesichts der weiteren Ausführungen in dem Standard nur insoweit einen Unterschied, als die costs directly related auch fixe Gemeinkosten umfassen können. Der Unterschied ist u.E. allerdings zu vernachlässigen, da ohnehin die sonstigen Kosten (other costs) sowohl bei Anschaffung als auch bei Herstellung zu aktivieren sind, und diese auch Fixkostenelemente enthalten können. Zu fixen Kosten a.A. Wohlgemuth in HdJ, I/9 Rz. 127. Der dortige Hinweis auf das Erfordernis der Erfolgsneutralität des Anschaffungsvorgangs überzeugt nicht, weil es diesen Grundsatz in der IFRS-Rechnungslegung nicht gibt.

Wesentlichkeitsgrundsatzes ein genereller Verzicht ihrer Aktivierung vertreten.[10] Ob diese Kosten in der Praxis wesentlich oder unwesentlich sind, ist im Einzelfall zu untersuchen.[11] So können die Kosten der Eingangskontrolle im Hinblick auf die Qualitätssicherung der gekauften Produkte durchaus wesentlich sein.

20.33 Bei **längeren Zahlungszielen** des Kaufpreises ist das **Barpreisäquivalent** anzusetzen (IAS 2.18, siehe Berechnungsbeispiel in Rz. 14.43).

Leistet umgekehrt ein Kunde eine Anzahlung zeitlich weit vor dem Zeitpunkt der Lieferung und übernimmt insoweit die Finanzierungsfunktion, erfolgt die ertragswirksame Aufzinsung der geleisteten Anzahlung, um die späteren Anschaffungskosten des Vorratsguts zutreffend zu ermitteln.[12]

20.34 Sonderregelungen im Falle eines **Erwerbs durch Tausch** enthält IAS 2 nicht. Daher sind die Vorschriften des IAS 16 heranzuziehen (Rz. 14.60 f.).[13]

III. Herstellungskosten

20.35 Bei den **Herstellungskosten** der unfertigen und fertigen Erzeugnisse verfolgt IAS 2 einen **Vollkostenansatz**. Die Abb. 20.3 verdeutlicht die Unterschiede des IAS 2 zu § 255 Abs. 2 und 3 HGB und zur Steuerbilanz.

Bezeichnung	§ 255 Abs. 2, 3 HGB	§ 6 Abs. 1 Nr. 1b EStG, R 6.3 EStR	IAS 2
Materialeinzelkosten (z.B. Rohstoffe, Einbauteile, fremdbezogene Leistungen)	Pflicht	Pflicht	Pflicht
Fertigungseinzelkosten (z.B. Akkordlöhne, geschlüsselte Zeitlöhne)	Pflicht	Pflicht	Pflicht
Sondereinzelkosten der Fertigung (z.B. Spezialwerkzeuge, Gussformen)	Pflicht	Pflicht	Pflicht
Materialgemeinkosten (z.B. Lagerhaltung)	Pflicht	Pflicht	Pflicht
Fertigungsgemeinkosten (z.B. Energiekosten, Instandhaltungsaufwand für Betriebsgebäude)	Pflicht	Pflicht	Pflicht

---

10 Vgl. *Riese/Kurtz* in Beck IFRS-HB[5], § 8 Rz. 22; Kümpel, DB 2003, 2609 (2610); relativierend *Kümpel*, Vorratsbewertung und Auftragsfertigung nach IFRS, 2005, 16.
11 So auch *von Keitz* in T/vK/B, IAS 2 Rz. 145.
12 Vgl. IFRIC update, November 2015.
13 Vgl. *Kümpel*, Vorratsbewertung und Auftragsfertigung nach IFRS, 2005, 11 ff.

C. Zugangsbewertung (Anschaffungs- und Herstellungskosten) | Rz. 20.36 Kap. 20

Bezeichnung	§ 255 Abs. 2, 3 HGB	§ 6 Abs. 1 Nr. 1b EStG, R 6.3 EStR	IAS 2
Abschreibungen, sofern durch die Fertigung veranlasst			
– auf Sachanlagen	Pflicht	Pflicht	Pflicht
– auf erworbene immaterielle Vermögensgegenstände des AV	Pflicht	Pflicht	Pflicht
– auf selbsterstellte immaterielle Vermögensgegenstände des AV	Pflicht[14]	entfällt	Pflicht
Kosten der allgemeinen Verwaltung	**Wahlrecht***	**Wahlrecht***	Verbot, soweit nicht produktionsbezogen, sonst Pflicht
Aufwendungen für soziale Einrichtungen des Betriebs, für freiwillige soziale Leistungen und für betriebliche Altersversorgung	**Wahlrecht***	**Wahlrecht***	Verbot, soweit nicht produktionsbezogen, sonst Pflicht
Vertriebskosten	Verbot	Verbot	Verbot
Forschungskosten	Verbot	Verbot	Verbot
Zinsen für Fremdkapital	Wahlrecht unter bestimmten Voraussetzungen	Wahlrecht unter bestimmten Voraussetzungen	Pflicht für qualifizierte Vermögenswerte, bei Vorräten in Massenfertigung: Wahlrecht

* Das Wahlrecht ist in Handels- und Steuerbilanz einheitlich auszuüben, § 6 Abs. 1 Nr. 1b EStG.

Abb. 20.3: Herstellungskostenbestandteile nach HGB, Steuerrecht und IFRS

Fremdkapitalkosten sind nur für sog. qualifizierte Vermögenswerte zu aktivieren (zum Begriff der qualifizierten Vermögenswerte siehe Rz. 15.20 ff.). Dies kann sich bei der Vorratsbewertung wie folgt auswirken: 20.36

(a) Eine **direkte** Aktivierung kommt nur selten für unfertige und fertige Erzeugnisse in Betracht, weil sie in der Regel nicht die Definitionsmerkmale qualifizierter Vermögenswerte aufweisen. Für Vorräte in Massenfertigung kann auf die Aktivierung von Zinskosten gänzlich verzichtet werden (Rz. 15.8).

---

14 Diese Abschreibungen entstehen nur, wenn zuvor von dem Aktivierungswahlrecht für Entwicklungskosten nach § 248 Abs. 2 Satz 1 HGB Gebrauch gemacht worden ist.

(b) Es kommt jedoch zu einer **indirekten** Aktivierung, wenn die Aktivierung von Fremdkapitalkosten zu einer Erhöhung der Buchwerte des in der Produktion eingesetzten abnutzbaren Sachanlagevermögens geführt hat. Folglich erhöhen sich auch die Abschreibungsbeträge, die für die Berechnung der Herstellungskosten der mit den Sachanlagen produzierten unfertigen und fertigen Erzeugnisse relevant sind. Eine Eliminierung *dieser* Zinskostenbestandteile für nicht-qualifizierte Vermögenswerte des Vorratsvermögens kommt indes nicht in Betracht.

IV. Sonstige Kosten und Aktivierungsverbote

20.37 Die aktivierungspflichtigen sonstige Kosten (IAS 2.15) müssen sachlogisch solche sein, die nicht schon unter Rz. 20.31 und Rz. 20.35 fallen. Es muss sich um Kosten handeln, die dazu beitragen, die Vorräte an ihren derzeitigen Ort und in ihren derzeitigen Zustand zu versetzen; sie sind *insoweit* anschaffungs- oder produktionsbezogen. Andererseits sollen zu den sonstigen Kosten beispielsweise auch die *nicht in der Produktion anfallenden Gemeinkosten* (*non-production overheads*) oder Kosten der Produktentwicklung für bestimmte Kunden gehören. In der Abgrenzung dieser Kosten besteht demnach Interpretationsspielraum.

In der Abgrenzung von aktivierungspflichtigen sonstigen Kosten zu solchen, die nicht aktiviert werden dürfen, kann IAS 2.16 mit weiteren Beispielen für **Aktivierungsverbote** hilfreich sein:

(a) Überhöhte Kosten für Material, Fertigung und andere Produktionskosten; damit gilt auch das handelsrechtlich bekannte Angemessenheitsprinzip.

(b) Lagerkosten, es sei denn, die Lagerung ist Bestandteil des Produktionsprozesses (wie Zwischenlager beim Herstellungsprozess oder das Lager zur Erreichung eines Reifegrades z.B. bei Weinen, Weinbrand usw.).

(c) Verwaltungsgemeinkosten, die nicht dazu beitragen, die Vorräte an ihren derzeitigen Ort und in ihren derzeitigen Zustand zu versetzen.

(d) Vertriebskosten.

20.38 Unmittelbar zu den Anschaffungs- und Herstellungskosten gehören nach IAS 2 damit alle in der Produktion anfallenden Einzel- und Gemeinkosten unter Berücksichtigung des **Angemessenheitsaspekts**[15] (Aktivierung nur insoweit auf den Zeitraum der Herstellung entfallend, keine Aktivierung von Leerkosten oder überhöhten Kosten, keine Aktivierung außerplanmäßiger Abschreibungen). Von den nicht in der Produktion anfallenden Gemeinkosten (Verwaltungsgemeinkosten) sind solche als Anschaffungs- und Herstellungskosten zu aktivieren, bei denen ein Produktionsbezug bzw. Anschaffungsbezug vorliegt. Hiervon kann etwa die **Lohnbuchhaltung** oder die **Beschaffungsabteilung** (wenn man diese nicht von vornherein als *cost of purchase* betrachtet) betroffen sein. Nicht aktiviert werden dürfen hingegen Ver-

---

[15] Vgl. auch *Wohlgemuth/Ständer*, WPg 2003, 203 (210 f.).

waltungskosten im Bereich Rechnungswesen oder Unternehmensplanung. Abgrenzungsfragen werden durch Kostenstellen wie Werkschutz oder Kantine aufgeworfen.

Beratungshinweis Es ist zu empfehlen, in der **Konzernrichtlinie** eine Zuordnungsentscheidung des Gemeinkostenblocks in produktionsnah (aktivieren) und produktionsfern (nicht aktivieren) vorzunehmen.

V. Einzelfälle

1. Verrechnung von Abschreibungen

Planmäßige Abschreibungen auf Sachanlagen und immateriellen Vermögenswerten, die bei der Produktion eingesetzt werden, müssen als Bestandteil der Herstellungskosten der Vorräte aktiviert werden. Die Aktivierung außerplanmäßiger Abschreibung kommt wie nach HGB nicht in Betracht. 20.39

Abseits von Entwicklungskosten hängt es trotz dieser Übereinstimmungen zwischen HGB und IFRS im Hinblick auf das Mengengerüst der zu aktivierenden Aufwendungen insbesondere im Bereich fixer Gemeinkosten vom **Abschreibungsvolumen** (ermittelte Anschaffungs- und Herstellungskosten der in der Produktion genutzten Sachanlagen, ggf. abzüglich Restwert) sowie den verwendeten **Abschreibungsmethoden und Nutzungsdauern** ab, ob auch eine wertmäßige Übereinstimmung zwischen HGB und IFRS erzielt werden kann. Nur im Falle einer solchen Übereinstimmung zwischen dem IFRS-Wert und den Herstellungskosten nach HGB/Steuerrecht – Entwicklungskosten nicht betrachtet – unterbleibt die Ermittlung **latenter Steuern**.

Im **Konzernabschluss** kommt ein weiteres Problem hinzu: Sollten bei einem Unternehmenszusammenschluss die Fair Values des erworbenen und abnutzbaren, in der Produktion eingesetzten Sachanlagevermögens höher sein als die Buchwerte im Einzelabschluss des erworbenen Unternehmens, so sind die im Vergleich zum Einzelabschluss höheren Abschreibungen auf Konzernebene für die Berechnung der Herstellungskosten im Konzern zu berücksichtigen.[16] Das gilt freilich auch nach HGB. 20.40

2. Kalkulation von Gemeinkosten

Für die Zurechnung **fixer Gemeinkosten** ist als Basis die **Normalbeschäftigung** zu verwenden, die auch als Durchschnittswert vergangener Perioden ermittelt werden kann (IAS 2.13). Damit wird die Aktivierung von Leerkosten verhindert. Nur bei geringen Abweichungen von der Normalbeschäftigung kann auch die Ist-Beschäftigung herangezogen werden. 20.41

Variable Gemeinkosten werden immer auf Basis der **Ist-Beschäftigung** kalkuliert.

---

16 Vgl. auch *Busse von Colbe* u.a., Konzernabschlüsse[9], 384.

Beispiel: Die Schramm GmbH stellt Straßenwalzen her. Folgende Daten sind bekannt:
– Normalbeschäftigung: 500 Stück Straßenwalzen pro Periode
– Einzelkosten: 10.000 Euro/Stück
– Material- und Fertigungsgemeinkosten: 9 Mio. Euro/Periode (variabel)
– Abschreibungen auf Produktionsanlagen: 2,25 Mio. Euro/Periode (fix)
– Verwaltungsgemeinkosten: 9 Mio. Euro/Periode (fix), davon
  – 20 % auf produktionsnahe Kosten (Einkauf, Wareneingang, Personalbüro),
  – 30 % auf produktionsferne Kosten (Geschäftsführung, Rechnungswesen) und
  – 50 % auf den Vertriebsbereich

In der betrachteten Periode werden 450 Straßenwalzen hergestellt.
– Endbestand: 100 Stück
– Steuersatz: 30 %.

Beim Vollkostenansatz nach IAS 2 werden die fixen Gemeinkosten grundsätzlich auf Basis der Normalbeschäftigung zugerechnet. Angesichts der geringen Abweichung könnte im Beispiel auch die Ist-Beschäftigung verwendet werden. Bei Anwendung der Divisionskalkulation ergeben sich alternativ folgende Wertansätze:

		Normalbeschäftigung		Ist-Beschäftigung	
Kostenart	Betrag in Euro/Periode	Kalkulation	Euro/Stück	Kalkulation	Euro/Stück
Einzelkosten			10.000		10.000
MGK, FGK (variabel)	9.000.000	/450	20.000	/450	20.000
Abschreibungen (fix)	2.250.000	/500	4.500	/450	5.000
HGB- und ertragsteuerlicher Mindestwert			**34.500**		**35.000**
VerwGK, 20 % von 9 Mio. (fix), produktionsnah	1.800.000	/500	3.600	/450	4.000
IFRS-Ansatz			**38.100**		**39.000**
VerwGK, 30 % von 9 Mio. (fix), produktionsfern	2.700.000	/500	5.400	/450	6.000
HGB- und ertragsteuerlicher Höchstwert			**43.500**		**45.000**

Abb. 20.4: Kalkulation von Herstellungskosten

Im Interesse einer steueroptimalen Gestaltung läge vermutlich der Wertansatz von 34.500 Euro/Stück, wohingegen im IFRS-(Konzern-)Abschluss häufig ein hoher Vermögensausweis bevorzugt wird, hier z.B. 39.000 Euro/Stück. Dies würde zu passiven latenten Steuern von (39.000 – 34.500) × 0,3 = 1.350 Euro/Stück des Endbestandes führen.

Die Tabelle suggeriert eine vermeintliche Möglichkeit, HGB/StB/IFRS-Wertansätze in Übereinstimmung zu bringen, z.B. bei 38.100 Euro/Stück. Das setzt voraus, dass die Einzel- und Gemeinkosten tatsächlich in allen drei Welten gleich hoch anfallen. Schon für die verrechneten Abschreibungen wäre hierzu Voraussetzung, dass die Anschaffungs- und Herstellungskosten der Sachanlagen, ihre Nutzungsdauer und die Abschreibungsmethode identisch wären. Das kann der Fall sein, muss es aber nicht (Rz. 20.39).

Wären in der betrachteten Periode 550 Stück Straßenwalzen gefertigt worden, so hätte die Kalkulation der fixen Gemeinkosten zwingend auf Basis der Ist-Beschäftigung vorgenommen werden müssen, um den Ansatz überhöhter Fixkosten pro Stück zu unterbinden.

Die Ist-Beschäftigung darf bei deutlichem Unterschreiten der Normalbeschäftigung nicht mehr berücksichtigt werden. Hier führt die im Beispiel angewendete Divisionskalkulation auf Basis der Normalbeschäftigung automatisch zum notwendigen **Ausschluss der Leerkosten** in den Beständen.

Als Unterform der Kalkulation von Gemeinkosten auf Basis der Normalbeschäftigung kommt auch die **Standardkostenrechnung** in Betracht, bei der, wenn eine große Anzahl von Vorräten vorliegt, die Höhe des Materialeinsatzes, der Löhne, die Leistungsfähigkeit und Kapazitätsauslastung nach dem Normalverbrauch stückbezogen ermittelt wird (IAS 2.21). Auch die **retrograde Methode**, wie sie vor allem im Einzelhandel angewendet wird, ist zulässig.[17] Anschaffungskosten werden durch den Abzug einer angemessenen prozentualen Bruttogewinnmarge vom Verkaufspreis ermittelt. Dabei ist es nach IAS 2.22 ausdrücklich zulässig, *abteilungsbezogene* Durchschnittsprozentsätze zu bilden. Wir meinen, dass man Abteilung i.S.v. Warengruppe verstehen muss.

20.42

3. Einzelbewertung und Verbrauchsfolgeverfahren

Bei der Bewertung der Vorräte gilt, sofern möglich, grundsätzlich der **Einzelbewertungsgrundsatz** (IAS 2.23). Dazu gehört auch die Verwendung einer **tatsächlichen Verbrauchsfolge** (IAS 2.24).

20.43

Beispiel: Nach den tatsächlichen Verhältnissen werden jüngere Vorräte zuerst verbraucht. Wird die tatsächliche Verbrauchsfolge angewandt, führt das zum selben Ergebnis, als wenn Lifo angewendet werden würde. Tatsächlich liegt aber eine Einzelbewertung vor, die der Lifo-Methode ähnelt. Das ist zulässig (IAS 2.BC19).

Von der Einzelbewertung kann nach IAS 2.24 im Rahmen von Vereinfachungsverfahren abgewichen werden, wenn es sich um eine große Anzahl von Vorräten handelt, die normalerweise untereinander austauschbar sind. Die Anwendung der **Vereinfachungsverfahren** bzw. **Verbrauchsfolgefiktionen** ist aber auf die **gewogene Durchschnittsmethode** und die **Fifo-Methode** beschränkt (IAS 2.25). Dabei ist für alle Vorräte, die von **ähnlicher Beschaffenheit und Verwendung** für das Unternehmen (bei einem Konzernabschluss: für den Konzern) sind, das gleiche Verfahren anzuwenden. Bei Unterschieden in Beschaffenheit und Verwendung sind damit auch unterschiedliche Verfahren im Abschluss möglich. Ein Unterschied im geographischen Standort von Vorräten jedoch rechtfertigt allein nicht die Anwendung unterschiedlicher Verfahren (IAS 2.26; zu einem Beispiel siehe Rz. 34.25).

20.44

---

17 S. hierzu etwa *Bartle/Jacobs/Kugel* in Baetge-IFRS, IAS 2 Rz. 78 ff.

Der Wechsel von der Durchschnittsmethode zur Fifo-Methode (oder umgekehrt) gilt als **Änderung einer Rechnungslegungsmethode** (Rz. 12.26). Sie bedarf einer besonderen Begründung (Rz. 12.34) und ist grundsätzlich retrospektiv durchzuführen (Rz. 12.40).

20.45 Bezieht ein vollkonsolidiertes Konzernunternehmen gleichartige Vorräte sowohl von einem anderen vollkonsolidierten Konzernunternehmen als auch von externen Dritten (z.B. Rohstoffe), stellt sich im Hinblick auf die **Zwischenerfolgseliminierung** (Rz. 40.40 ff.) die Frage, aus welchen Lieferungen sich der Endbestand zusammensetzt. Nach HGB wird unter Hinweis auf die Öffnungsklausel der Eigenart des Konzernabschlusses (§ 298 Abs. 1 HGB) die Anwendung der **Kifo-Methode** (Konzern In-First Out) als zulässig angesehen.[18] Bei der Anwendung der Kifo-Methode entfällt die Zwischenergeniseliminierung im Bestand, solange der Verbrauch des Geschäftsjahres größer oder gleich den Zugängen aus dem Konsolidierungskreis ist. Eine Öffnungsklausel zur Anwendung dieser Vereinfachung kennen die IFRS nicht. Die Kifo-Methode lässt sich im IFRS-Abschluss allenfalls unter dem Kosten-Nutzen-Aspekt rechtfertigen.

4. Festwertansatz und Kuppelprodukte

20.46 Der **Festwertansatz** nach § 240 Abs. 3 HGB wird in IAS 2 nicht erwähnt. Da er nach HGB nur dann in Betracht kommt, wenn der Gesamtwert für das Unternehmen von nachrangiger Bedeutung ist und im Übrigen der Festwert definitionsgemäß den tatsächlichen Wertansatz widerspiegeln soll, wird er auf Grund des Wesentlichkeitsgrundsatzes auch in Abschlüssen nach IFRS als zulässig angesehen.[19]

20.47 Die Kalkulation von **Kuppelprodukten** ist nach der Marktwert- und der Restwertmethode zulässig (IAS 2.14) und unterscheidet sich insoweit nicht von den nach handelsrechtlichen Grundsätzen zulässigen Verfahren.[20] Bei der Marktwertmethode erfolgt die Zurechnung der Herstellkosten relativ nach den Verkaufswerten der Produkte. Die Restwertmethode kommt vor allem bei der Entstehung von Nebenprodukten zur Anwendung. Der zu erzielende Nettoveräußerungserlös wird dabei von den Herstellkosten des Hauptproduktes abgezogen.

20.48–20.49 frei

---

18 Vgl. *Busse von Colbe* u.a., Konzernabschlüsse[9], 395. Im HGB-Konzerngeschäftsbericht 2000 der Deutsche Steinzeug AG, 78, heißt es: „Soweit zum Bilanzstichtag Bestände aus konzerninternen Lieferungen vorhanden sind, sind die Zwischengewinne eliminiert. Dabei kommt das KiFo-Verfahren ... zur Anwendung."

19 Vgl. *Bartle/Jacobs/Kugel* in Baetge-IFRS, IAS 2 Rz. 84; zum Sachanlagevermögen *Scharfenberg* in Beck IFRS-HB[5], § 5 Rz. 19; ADS International, Abschn. 9 Rz. 98.

20 Vgl. *Bartle/Jacobs/Kugel* in Baetge-IFRS, IAS 2 Rz. 73 f. m.w.N. Zu Beispielen siehe *Kümpel*, Vorratsbewertung und Auftragsfertigung nach IFRS, 2005, 52 ff.

D. Folgebewertung (Niederstwertprinzip, Zuschreibung)

I. Strenges Niederstwertprinzip

Vorräte sind mit dem niedrigeren Wert aus **Anschaffungs- oder Herstellungskosten** und dem **Nettoveräußerungswert** anzusetzen (*at the lower of cost and net realisable value*, IAS 2.9). Damit gilt das **strenge Niederstwertprinzip**.

20.50

```
                    Ansatz der Vorräte
                           =
                    Niedrigerer Wert aus

   Anschaffungs- oder  <──────────>   Nettoveräußerungs-
   Herstellungskosten                 wert
```

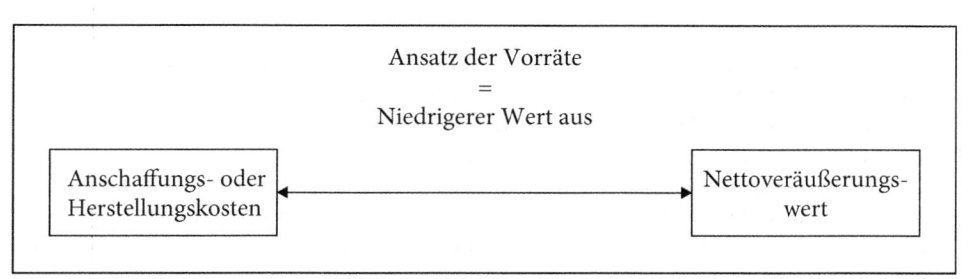

Abb. 20.5: Ansatz der Vorräte

II. Nettoveräußerungswert

Sind Vorräte beschädigt, veraltet oder liegt zum Beispiel ein Rückgang der Verkaufspreise vor, sind die ermittelten Anschaffungs- oder Herstellungskosten möglicherweise nicht mehr werthaltig. Vorräte sollen aber nicht oberhalb eines Wertes angesetzt werden, der voraussichtlich nicht mehr erzielt werden kann. Daher ist der Nettoveräußerungswert ausschließlich **absatzmarktorientiert** zu ermitteln.

20.51

Der **Nettoveräußerungswert** (*net realisable value*) ist der geschätzte, im normalen Geschäftsgang erzielbare Verkaufserlös abzüglich der geschätzten Kosten bis zur Fertigstellung (das sind die nach IAS 2 aktivierungspflichtigen Herstellungskosten) und der geschätzten notwendigen Vertriebskosten (IAS 2.6). Bei unfertigen Erzeugnissen wird demnach auf den Verkaufserlös nach der Fertigstellung des Produkts abgestellt und nicht auf die Beschaffenheit am Bilanzstichtag. Der Nettoveräußerungswert ist an jedem Stichtag neu zu ermitteln.

Wertaufhellende Tatsachen nach dem Bilanzstichtag sind zu berücksichtigen (IAS 2.30; zu einem ausführlichen Beispiel siehe Rz. 11.29).

Der Nettoveräußerungswert unterscheidet sich insofern vom Fair Value, als er durch die Berücksichtigung der geschätzten Kosten bis zur Fertigstellung ein unternehmensspezifischer Wert ist. Er ist daher *nicht* nach dem Fair Value-Standard IFRS 13 zu bestimmen (IFRS 13.6c).

20.52

20.53 Was jeweils **notwendige Vertriebskosten** sind, kann nur aus dem jeweiligen Geschäftsmodell abgeleitet werden; eine allgemeine Detailaussage ist hier nicht möglich.

Beispiel: In einem Warenhaus und bei einem Discounter ist der Nettoveräußerungswert für den gleichen Fernseher zu ermitteln. Beim Discounter fallen praktisch keine Vertriebskosten mehr an. Dagegen ist die Präsentation des Fernsehers im Warenhaus aufwendig. Hier fallen auch typischerweise erhebliche Beratungsleistungen des Personals an, um überhaupt verkaufen zu können.

20.54 **Roh-, Hilfs- und Betriebsstoffe** werden nicht abgewertet, solange die Produkte, in die sie eingehen, noch kostendeckend veräußert werden können, und zwar auch dann nicht, wenn der Wiederbeschaffungspreis oder auch der Nettoveräußerungswert der RHB gesunken ist. Deutet jedoch ein Preisrückgang bei den RHB darauf hin, dass auch die mit diesen Stoffen zu fertigenden Erzeugnisse nicht mehr mindestens zu ihren Herstellungskosten abgesetzt werden können, dann – und nur dann – hat auch bei diesen Stoffen eine Abwertung unter ihre Anschaffungskosten zu erfolgen. Sofern eine genauere Schätzung (= Nettoveräußerungswert) nicht möglich ist, ist dann auf die **Wiederbeschaffungskosten der RHB** abzuschreiben (IAS 2.32). Nach HGB wird dagegen in herkömmlicher Sichtweise die Abschreibung von RHB nicht mit der kostendeckenden Veräußerung eines anderen Vermögenswertes verknüpft.

Beispiel (Fortsetzung von Rz. 20.41): Neben den 100 fertigen Straßenwalzen hat die Schramm GmbH am Geschäftsjahresende noch 60 Motoren mit Anschaffungskosten von jeweils 4.000 Euro auf Lager, die für die Produktion im nächsten Geschäftsjahr bestimmt sind. Am Abschlussstichtag betragen die Wiederbeschaffungskosten der Motoren 3.000 Euro/Stück. Für 3.400 Euro/Stück könnte die Schramm GmbH die Motoren weiter veräußern (= Nettoveräußerungswert der Motoren).

Sowohl für die Bewertung der fertigen Erzeugnisse (Straßenwalzen) als auch für die der RHB (Motoren) ist zunächst der Nettoveräußerungswert der fertigen Erzeugnisse, hier also der Straßenwalzen, zu bestimmen. Die nachfolgende Tabelle stellt zwei Szenarien A und B mit unterschiedlichen erwarteten Verkaufspreisen der Fertigerzeugnisse gegenüber:

Bewertungsobjekt	Szenario A		Szenario B	
	A1: Fertiges Erzeugnis (Straßenwalze)	A2: RHB (Motor)	B1: Fertiges Erzeugnis (Straßenwalze)	B2: RHB (Motor)
Erwarteter Verkaufspreis Fertigerzeugnis	50.000	50.000	42.000	42.000
Erwartete Vertriebskosten	- 5.400	- 5.400	- 5.400	- 5.400
Erwartete noch anfallende Kosten	–	- 34.100	–	- 34.100
Nettoveräußerungswert Straßenwalze	44.600	10.500	36.600	2.500

D. Folgebewertung (Niederstwertprinzip, Zuschreibung) | Rz. 20.55 Kap. 20

	Szenario A		Szenario B	
AHK Bewertungsobjekt	38.100	4.000	38.100	4.000
Wiederbeschaffungskosten Motor		irrelevant		3.000
Nettoveräußerungswert Motor		irrelevant		3.400
Bilanzansatz Bewertungsobjekt	38.100	4.000	36.600	3.400
Abschreibung			1.500	600

Szenario A:

Hier beträgt der erwartete Verkaufspreis der Straßenwalzen 50.000 Euro. Bei angenommenen Vertriebskosten von 5.400 Euro ergibt sich ein Nettoveräußerungswert für die am Abschlussstichtag vorhandenen 100 Straßenwalzen von je 44.600 Euro, der über den Herstellungskosten von je 38.100 Euro (siehe Rz. 20.41) liegt.

Im Hinblick auf die Bewertung der RHB (Motoren, Spalte A2) ist *deren* Preisentwicklung irrelevant, solange die mit diesen Teilen zu fertigenden Straßenwalzen oberhalb der Herstellungskosten verkauft werden können. Damit wird zur Bewertung der Motoren am Abschlussstichtag eine Schätzung der *künftigen Herstellungskosten* notwendig. In der Praxis wird man sich dabei an der bisherigen Entwicklung orientieren können. Im Beispiel ergeben sich die noch anfallenden Kosten (34.100 Euro) aus den gesamten Herstellungskosten (38.100 Euro) abzüglich der Anschaffungskosten für die Motoren (4.000 Euro). So rückgerechnet, beträgt der Nettoveräußerungswert der noch nicht gefertigten Straßenwalzen am Stichtag 10.500 Euro, und eine Abschreibung der Motoren kommt nicht in Betracht.

Szenario B:

Die einzige Änderung gegenüber Szenario A ist der nun auf 42.000 Euro gesunkene erwartete Verkaufspreis der Straßenwalzen. Der Nettoveräußerungswert der fertigen Straßenwalzen (Spalte B1) beträgt nun nur 36.600 Euro, so dass die Straßenwalzen mit diesem Wert anzusetzen sind.

Die Motoren hingegen, die noch nicht weiterverarbeitet wurden, müssen nur dann niedriger bewertet werden, wenn (zusätzlich zur Wertminderung der Straßenwalzen) auch *ihr Nettoveräußerungswert* gesunken ist. Das ist im Beispiel der Fall: Der Nettoveräußerungswert der Motoren beträgt 3.400 Euro, so dass eine Abschreibung von 600 Euro erforderlich ist. Der Restbetrag der Wertminderung – die 900 Euro für jede Straßenwalze – entfällt auf noch anfallende Herstellungskosten der Straßenwalzen in der kommenden Periode.

Im Regelfall ist jedoch die Kalkulation der noch anfallenden Herstellungskosten ausgehend von den im Bestand befindlichen RHB äußerst schwierig; das anerkennt implizit auch IAS 2.32. Liegen beispielsweise die Nettoveräußerungspreise der RHB nicht vor – wohl aber deren gesunkener Wiederbeschaffungspreis – und erhärtet der im Beispiel feststellbare Rückgang der Wiederbeschaffungspreise bei den Motoren die Prognose, dass auch die Absatzpreise der Straßenwalzen unter die Herstellungskosten sinken, so können die Motoren mit 3.000 Euro/Stück angesetzt werden, falls eine bessere Schätzung nicht möglich ist.

Das Beispiel zeigt die konsequente Ausrichtung des Niederstwertprinzips auf den **Absatzmarkt**. Damit wird die nach h.M. gemäß HGB geforderte Orientierung am

20.55

doppelten Niederstwertprinzip[21] bei Überbeständen an fertigen und unfertigen Erzeugnissen sowie bei Handelswaren vermieden. Hierdurch und auch durch die Absatz- statt Beschaffungsmarktorientierung bei den RHB entstehen erst gar keine **stillen Reserven**. Auf der anderen Seite kann gerade die absatzmarktorientierte Bewertung der RHB mit beträchtlichen Schätzproblemen verbunden sein.

III. Zuschreibung

20.56 Sind die Umstände, die zu einer Abwertung der Vorräte geführt haben, weggefallen, besteht **Zuschreibungspflicht** bis zum niedrigeren Wert aus einem Vergleich der ursprünglichen Anschaffungs- und Herstellungskosten und dem neuen Nettoveräußerungswert (IAS 2.33). Dies entspricht auch dem Handelsrecht, wonach gem. § 253 Abs. 5 Satz 1 HGB ein niedrigerer Wertansatz *nicht* beibehalten werden darf, wenn die Gründe für diesen niedrigeren Ansatz nicht mehr bestehen. Zuschreibungen sind gem. IAS 2.34 nicht als sonstiger betrieblicher Ertrag, sondern als Verminderung des Materialaufwands bzw. innerhalb der Bestandsveränderungen oder als Minderung der Umsatzkosten zu erfassen.

20.57–20.59 frei

E. Ausbuchung

20.60 IAS 2 enthält keine Vorschriften zur Ausbuchung (Realisation) fertiger Erzeugnisse und Waren. Die Leistungserbringung (Umsatz) ist nach IFRS 15 zu beurteilen (siehe Rz. 10.1) und führt zur Ausbuchung (Aufwand) der veräußerten Erzeugnisse und Waren.

F. Ausweis

20.61 Der bilanzielle Ausweis der Vorräte kann in einem Posten und die Untergliederung im Anhang entsprechend § 266 Abs. 2 B. I. HGB erfolgen (Rz. 43.48, 43.62). In IAS 2 werden zum Ausweis keine konkreten Angaben gemacht. IAS 2.37 nennt lediglich die Untergliederung in Handelswaren, Roh-, Hilfs- Und Betriebsstoffe, unfertige Erzeugnisse und Fertigerzeugnisse als üblich.

G. Anhangangaben

20.62 Im Anhang sind die **Bilanzierungs- und Bewertungsmethoden** einschließlich der **Zuordnungsverfahren** (Einzel- oder Durchschnittsbewertung bzw. Fifo-Methode) anzugeben, ferner u.a.

---

21 Vgl. *Schiffers* in Schiffers/Theile, Bilanzrecht der GmbH, Köln 2016, Rz. 1320, 1323 ff.

– der Buchwert der zum Nettoveräußerungswert angesetzten Vorräte,

– der Betrag der außerplanmäßigen Abschreibungen und Zuschreibungen einschließlich ihrer Gründe sowie

– die Buchwerte jener Vorräte, die als Sicherheit für Verbindlichkeiten verpfändet worden sind (IAS 2.36).

Beispiel (MAN SE, Geschäftsbericht 2017, 97 und 112): „Vorräte werden zu Anschaffungs- oder Herstellungskosten oder zum niedrigeren Nettoveräußerungswert bewertet. Die Herstellungskosten umfassen die direkt zurechenbaren Produktionskosten und anteilige fixe und variable Produktionsgemeinkosten. Die zugerechneten Gemeinkosten sind überwiegend auf Basis der üblichen Kapazitätsauslastung ermittelt. Vertriebskosten, Kosten der allgemeinen Verwaltung und Fremdkapitalzinsen werden nicht aktiviert. Rohstoffe und Handelswaren werden zu durchschnittlichen Anschaffungskosten bewertet."

„Zeitgleich mit der Umsatzerfassung wurden Vorräte in Höhe von 11.506 Mio € (10.828 Mio €) in den Umsatzkosten erfasst. Der Aufwand aus der Wertminderung betrug 58 Mio € (43 Mio €). Die Aufwandsminderung aus vorgenommenen Wertaufholungen auf Vorräte betrug 5 Mio € (19 Mio €)."

Kapitel 21
Biologische Vermögenswerte und landwirtschaftliche Erzeugnisse (IAS 41)

A. Überblick und Wegweiser 21.1	I. Grundlegende Bewertungskonzepte 21.31
I. Management Zusammenfassung . 21.1	II. Exemplarische Bewertungsaspekte aus der Forstwirtschaft 21.40
II. Besonderheiten der Land- und Forstwirtschaft 21.3	III. Exemplarische Bewertungsaspekte aus der Tierzucht 21.46
III. Standards und Anwendungsbereich 21.4	IV. Exemplarische Bewertungsaspekte aus der Masttierhaltung 21.50
IV. Neuere Entwicklungen 21.5	V. Unterschiedliche Bewertung im HGB und im deutschen Steuerrecht 21.53
B. Landwirtschaftliche Tätigkeit .. 21.20	
C. Landwirtschaftliche Vermögenswerte und Erzeugnisse 21.22	
D. Bilanzansatz und Ausweis 21.26	**F. Subventionen** 21.61
E. Bewertung 21.31	**G. Anhangangaben** 21.64

Literatur: *Agatha/Eisele/Fichtelmann/Schmitz/Walter*, Besteuerung der Land- und Forstwirtschaft, 7. Aufl., Herne 2014; *Breidenbach/Währisch*, Buchführung und Jahresabschluss, 4. Auflage, Berlin/Boston 2017; *Busse von Colbe/Laßmann/Witte*, Investitionstheorie und Investitionsrechnung, Berlin Heidelberg 2015; *Haller/Egger*, Bilanzierung landwirtschaftlicher Tätigkeit nach IFRS, WPg 2006, 281; *Herbohn/Herbohn*, International Accounting Standard (IAS) 41: What are the implications for reporting forrest assets?, Management and Policy 2006, 175; *Janze*, Umsetzungsempfehlungen des IAS 41 für einzelne Gruppen biologischer Vermögenswerte, KoR 2007, S. 130; *Jessen*, IAS 41, in: Beck'sches IFRS Handbuch, 5. Auflage, München 2016; *Köhne*, Landwirtschaftliche Taxationslehre, 3. Aufl., Stuttgart 2007; *Kümpel*, IAS 41 als spezielle Bewertungsvorschrift für die Landwirtschaft, KoR 2006, 550; *Lüdenbach*, Bilanzierung von Dauerkulturen, PiR 2014, S. 191; *Märkle/Hiller*, Die Einkommensteuer bei Land- und Forstwirten, 11. Aufl., Stuttgart 2014; *McGregor*, Accounting for agricultural activities, in: Bruns/Herz/Neubürger/Tweedie (Hrsg.), Globale Finanzberichterstattung, FS Lisel Knorr, Stuttgart 2008, 233; *PWC*, Forrest Industry: Application review of IAS 41, Agriculture: The Fair Value of Standing Timber, 2011; *PWC*, IFRS Manual of Accounting, IFRS 2019, Bloomsbury 2018; *Schulte*, Bewertung von biologischen Vermögenswerten nach IFRS, PiR 2012, 84; *Scharpenberg/Schreiber*: IAS 41 Landwirtschaft, in: Baetge et al., Rechnungslegung nach IFRS, Stuttgart 2015.

A. Überblick und Wegweiser

I. Management Zusammenfassung

IAS 41 „Landwirtschaft" wendet sich an die Land- und Forstwirtschaft sowie verwandte Branchen. Der Standard regelt die spezifischen Herausforderungen für die Rechnungslegung dieses Sektors, die mit der Urproduktion von Rohstoffen verbun-

21.1

den sind. Problemstellungen, die nicht spezifisch für die Landwirtschaft sind, werden gemäß anderer IAS/IFRS behandelt. Die große Mehrheit landwirtschaftlicher Unternehmen in Europa gehört derzeit nicht zu den Anwendern der IFRS; dennoch müssen einige Unternehmen im Rahmen ihrer Konzernrechnungslegung die Vorschriften des IAS 41 beachten. In Deutschland zählen hierzu z.B. die KWS Saat SE und die Bayer AG.

21.2 IAS 41 umfasst **Spezial-Regelungen** zum Bilanzansatz, zur Bewertung, zum Ausweis in Bilanz und GuV sowie zu den Anhangangaben bei landwirtschaftlicher Tätigkeit eines Unternehmens:

- **Besondere Vermögenswerte** im landwirtschaftlichen Kontext sind die biologischen Vermögenswerte (lebende Tiere oder Pflanzen) und die Erzeugnisse des landwirtschaftlichen Transformationsprozesses.

- Grundlegendes **Bewertungskonzept** aller gemäß IAS 41 zu bewertenden Vermögenswerte ist die Marktbewertung. Mit nur wenigen Ausnahmen sind alle biologischen Vermögenswerte mit dem Fair Value anzusetzen. Hieran knüpfen verschiedene Bewertungsprobleme an, die in der Praxis zu nicht immer zweifelsfreien Wertansätzen führen.

- **Subventionen**, die im Zusammenhang mit biologischen Vermögenswerten stehen und mit beim beizulegenden Zeitwert bewertet wurden, sind grundsätzlich – abweichend von IAS 20 – vollständig ertragswirksam in dem Geschäftsjahr zu realisieren, in dem sie einforderbar sind.

- IAS 41 erfordert zahlreiche **Anhangangaben** zu den speziellen landwirtschaftlichen Aktivitäten und zur Bewertung der Vermögenswerte. So ist bspw. eine vollständige Überleitungsrechnung aller Bewegungen des Wertes eines biologischen Vermögenswertes vom Beginn zum Ende des Geschäftsjahres erforderlich.

II. Besonderheiten der Land- und Forstwirtschaft

21.3 Die Landwirtschaft ist durch folgende **Besonderheiten** gekennzeichnet, die für die Rechnungslegung von Bedeutung sind:

- Hohe Abhängigkeit von den **natürlichen Gegebenheiten**: Die Produktion in der Landwirtschaft wird unmittelbar durch die natürlichen Kräfte beeinflusst (Wetter, Bodenverhältnisse, biologische Prozesse etc.), die vom Menschen nicht oder nur in Grenzen gestaltbar sind. Damit ergeben sich spezifische Risiken für die Landwirtschaft, die bei der Rechnungslegung zu berücksichtigen sind.

- Hohe Verbundenheit mit dem immobilen **Produktionsfaktor Boden**: Viele landwirtschaftliche Tätigkeiten basieren auf der Bewirtschaftung des Bodens (z.B. Ackerbau, Grünland, Forst, aber auch Teichwirtschaft).

- **Lange Produktionszyklen** in bestimmten Bereichen der Land- und insbesondere der Forstwirtschaft (z.B. Umtriebszeiten von mindestens 150 Jahren bei der Produktion von Eichenstammholz).

- Hohe Abhängigkeit der Landwirtschaft von **Subventionen**: Landwirtschaft besitzt eine besondere Relevanz für die Ernährung von Menschen und für die Pflege des Ökosystems in der Kultur-Landschaft. Aufgrund verschiedener Gegebenheiten haben sich die deutsche und die europäische Politik entschlossen, die Landwirtschaft in bestimmten Feldern zu subventionieren.

III. Standards und Anwendungsbereich

Vermögenswerte, die in der landwirtschaftlichen Produktion eingesetzt werden, wie bspw. die Nutzflächen, Tierbestände oder landwirtschaftlicher Maschinen, werden nach unterschiedlichen Standards bilanziert. Abb. 21.1 stellt exemplarisch verschiedene **Vermögenswerte**, die anzuwendenden Standards und die **Bewertungsbasis** dar. Allgemeine Vermögenswerte wie Grund und Boden oder Maschinen sind gemäß IAS 16 als Sachanlagevermögen zu behandeln. Geerntete bzw. fertige Erzeugnisse unterliegen der Bewertung als Vorräte gemäß IAS 2. Nur auf die biologischen Vermögenswerte findet IAS 41 Anwendung. Seit einer Änderung des IAS 41 in 2014 (vgl. Rz. 21.5) werden fruchttragende Pflanzen als Ausnahme wie Sachanlagevermögen gemäß IAS 16 bilanziert. Bei Pachtverhältnissen, die sich auf Grund und Boden und aufstehende biologische Vermögenswerte beziehen, ist die Pacht auf der Basis der relativen beizulegenden Zeitwerte auf die einzelnen Vermögenswerte aufzuteilen.[1]

21.4

landwirtschaftliche Vermögenswerte	anzuwendender Standard	Bewertung
Ackerland, Grünland	IAS 16 (ggf. IAS 40)	Fair Value bzw. fortgeführte AHK
landwirtschaftliche Maschinen (Innen- und Außenwirtschaft)	IAS 16	Fair Value bzw. fortgeführte AHK
Forstwirtschaftliche Flächen (ohne aufstehendes Holz)	IAS 16	Fair Value bzw. fortgeführte AHK
aufstehendes Holz in forstwirtschaftlichen Flächen	IAS 41	Fair Value
Masttierbestand	IAS 41	Fair Value
Feldfrüchte auf dem Halm	IAS 41	Fair Value
Dauerkultur, fruchttragende Pflanze	IAS 16	Fair Value bzw. fortgeführte AHK
tierische Träger landwirtschaftlicher Erzeugnisse	IAS 41	Fair Value
geerntete landwirtschaftliche Erzeugnisse	IAS 2	AHK = Fair Value – geschätzte Verkaufskosten im Erntezeitpunkt

Abb. 21.1: Auf spezielle landwirtschaftliche Vermögenswerte anzuwendende Standards

---

1 Vgl. *Lüdenbach*, PIR 2014, 191.

IV. Neuere Entwicklungen

21.5 IAS 41 wurde zuletzt in 2014 hinsichtlich des Anwendungsbereichs für bestimmte biologische Vermögenswerte geändert. Mit dieser Änderung wurden alle fruchttragenden Pflanzen aus dem Anwendungsbereich des IAS 41 herausgelöst und der Bewertung gemäß IAS 16 unterworfen. Trotz zahlreicher Vorbehalte hinsichtlich der durchgängigen Marktbewertung biologischer Vermögenswerte existieren derzeit keine Pläne für weitergehende Änderungen an IAS 41.

21.6–21.19 frei

B. Landwirtschaftliche Tätigkeit

21.20 Nicht alle landwirtschaftlichen Unternehmen, die volkswirtschaftlich als primärer Sektor bezeichnet werden, unterliegen den Regelungen des IAS 41. Gemäß IAS 41.5 besteht eine **landwirtschaftliche Tätigkeit**, sofern in einem Unternehmen – unter Einsatz biologischer Prozesse – die Veränderung oder die unmittelbare Ernte biologischer Vermögenswerte betrieben wird. Landwirtschaftliche Tätigkeit verfolgt das Ziel biologische Vermögenswerte direkt an Kunden zu veräußern oder sie in landwirtschaftliche Erzeugnisse oder in andere biologische Vermögensgegenstände zu transformieren. IAS 41.6 konkretisiert diese Definition anhand dreier Kriterien:

- Die in die landwirtschaftliche Tätigkeit einbezogenen biologischen Vermögenswerte müssen grundsätzlich **durch biologische Prozesse** (z.B. durch die Photosynthese) **veränderbar** sein. Dieser biologische Transformationsprozess stellt die eigentliche Leistung der Landwirtschaft dar, da mit ihr ein zukünftiger wirtschaftlicher Nutzen geschaffen wird. Der biologische Transformationsprozess beinhaltet gemäß IAS 41.5 das Wachsen, die Degeneration, das Hervorbringen von Früchten sowie die Vermehrung von Pflanzen oder Tieren. Die reine Lagerung ausgereifter landwirtschaftlicher Produkte ist keine landwirtschaftliche Tätigkeit, sondern betrifft den Landhandel.

- Bei jeder landwirtschaftlichen Tätigkeit ist ein systematisches, **aktives Handeln** – die Bewirtschaftung – durch das Unternehmen erforderlich (Management der Transformation); das reine Gewährenlassen der natürlichen Kräfte ist nicht ausreichend. Durch die planvolle Bewirtschaftung (z.B. durch Bewässerung oder Düngung) soll der biologische Prozess begünstigt bzw. zumindest stabilisiert werden.

- Der Prozess der biologischen Veränderung ist durch **systematische** und routinemäßige **Prozessbegleitung bzw. -überwachung** in Form der qualitativen wie quantitativen Beurteilung der Veränderung zu flankieren. Die Veränderung der Qualität kann sich bspw. durch Veränderungen des Fett- oder Proteingehalts oder des Reifezustands vollziehen. Die quantitative Veränderung schlägt sich in Gewichtszunahmen, Masseausdehnungen oder in zusätzlichen Tieren durch Geburt nieder.

Abb. 21.2 stellt beispielhaft verschiedene landwirtschaftliche Aktivitäten dar und zeigt auf, ob sich diese als landwirtschaftliche Tätigkeit im Sinne des IAS 41.5 qualifizieren lassen. Sie zeigt die große Spannweite landwirtschaftlicher Tätigkeiten und die Heterogenität der in diesem Standard zusammengefassten Produktionsarten.

Aktivität	Beispiele	Anwendungsbereich IAS 41
Ackerbau	Getreide-Anbau, Anbau von Zuckerrüben	ja
Viehwirtschaft	Rinder- oder Putenmast	ja
Grünlandwirtschaft	Produktion von Heu, Futtersilage, Weidewirtschaft	ja
Sonderkulturen	Tabakanbau, Hopfenanbau	ja
Nutzgartenbau	Obst- und Gemüseanbau (z.B. Bananenplantage)	ja
Zierpflanzenbau	Tulpenzucht, Rosenzüchtung	ja
Baumschulen	Forstwirtschaftliche Pflanzungen, Moorbeetpflanzungen	ja
Weinbau	Anbau von Weinreben	ja
Weihnachtsbaumkulturen	Kultivierung von Nordmanntannen, Schmuckreisiggewinnung	ja
Forstwirtschaft	Produktion von Sägeholz, Brennholzwerbung	gegebenenfalls
Binnenfischerei	Seefischerei, Aquakulturen	gegebenenfalls
Hochseefischerei	Thunfisch-Fang	nein

Abb. 21.2: Regelungsbereich des IAS 41 anhand verschiedener landwirtschaftlicher Aktivitäten

Für die **Hochseefischerei** findet IAS 41 keine Anwendung, da es am systematischen Management des biologischen Prozesses mangelt; es werden keine Fische ins Meer eingesetzt und diese werden nicht bewirtschaftet, es findet allein eine Nutzung durch den Fangprozess statt. In der **Binnenfischerei** ist zu unterscheiden, ob der biologische Transformationsprozess systematisch gefördert wird (z.B. durch Einsetzen neuer Fische oder durch Fütterung) oder ob – wie bei der Hochseefischerei – allein Fische gefangen werden.

Wird **Forstwirtschaft** als systematischer Bewirtschaftungsprozess der biologischen Ressource Forst betrieben, fällt diese Tätigkeit unter die Definition des IAS 41. Wird der Wald allerdings sich selbst überlassen und nach einer bestimmten Periode ein Kahlschlag ausgeführt, mangelt es am Kriterium der aktiven Bewirtschaftung und der laufenden Beurteilung der Prozessveränderung. Es ist allerdings m.E. – abweichend von der Sichtweise von Jessen[2] – keine reine Plantagenwirtschaft mit Pflanzen gleichen Alters (z.B. in Kurzumtriebsplantagen) zur Erfüllung dieses Krite-

---
2 Vgl. *Jessen* in Beck'sches IFRS-HB[5], Rz. 1.

riums erforderlich; auch ein aktiv bewirtschafteter Plenterwald (Wald mit gleichartigen Bäumen unterschiedlicher Altersklassen) erfüllt die Voraussetzungen des IAS 41.5 f.

Werden Tiere nicht mit der Absicht gehalten, sich biologische Transformationsprozesse zu Nutze zu machen (z.B. zu Zuchtzwecken), wie es bspw. in einem **Zoo** oder der **Pferdehaltung** für Reitzwecke vorliegt, ist keine landwirtschaftliche Tätigkeit gemäß IAS 41.5 f. gegeben.

C. Landwirtschaftliche Vermögenswerte und Erzeugnisse

21.22 IAS 41 kennt zwei Arten spezieller landwirtschaftlicher Vermögenswerte:
– Ein **biologischer Vermögenswert** ist gemäß IAS 41.5 ein lebendes Tier oder eine lebende Pflanze. Damit stehen lebende Viren, Bakterien oder Zellen, die in Laboren gezüchtet werden (Pharmaindustrie), außerhalb der Definition der biologischen Vermögenswerte.[3]
– Von den biologischen Vermögenswerten sind deren Früchte, die landwirtschaftlichen Erzeugnisse abzugrenzen. Unter **landwirtschaftlichen Erzeugnissen** wird das **Ergebnis** des biologischen Transformationsprozesses, der ggf. durch einen biologischen Vermögenswert hervorgerufen wird, verstanden.

Die Landwirtschaft unterscheidet die beiden Hauptproduktionsbereiche der Tier- und der Pflanzenproduktion.

21.23 Im Rahmen der **Pflanzenproduktion** kommen generell **fruchttragende Pflanzen** zum Einsatz. Diese können als einjährige (z.B. Weizen oder Gerste) oder mehrjährige Kulturen in Erscheinung treten. Im Gegensatz zur herkömmlichen Betrachtung im Rechnungswesen ist bei der Frage, ob es sich um eine ein- oder mehrjährige Kultur handelt, nicht auf das Geschäftsjahr sondern auf den Produktionszyklus der Pflanze abzustellen. Bei den mehrjährigen Kulturen werden solche unterschieden, die mehrmals Ertrag durch Blüten oder Früchte bringen (sog. Dauerkulturen wie Spargel, Obst oder Weinreben) und solche, die nur einmalig einen Ertrag abwerfen (z.B. Weihnachtsbaumkulturen oder Baumschulpflanzungen). Fruchttragende Pflanzen im Sinne von IAS 41.5 zeichnen sich durch die folgenden Charakteristika aus:

– Sie dienen mittelbar – als betrieblicher Potentialfaktor – der **Produktion landwirtschaftlicher Erzeugnisse**.

– Der Prozess des Früchte Tragens erstreckt sich normalerweise – ggf. mit Unterbrechung – über **mehr als eine Periode**.

– Sie selbst werden nur mit geringer Wahrscheinlichkeit als landwirtschaftliches Erzeugnis veräußert. Hiervon ausgenommen ist der Verkauf zum Ende der Nutzungsdauer.

---

[3] Vgl. *Scharpenberg/Schreiber* in Baetge-IFRS, IAS 41 Rz. 17.

In der Zusammenschau dieser Charakteristika wird deutlich, dass fruchttragende Pflanzen gemäß IAS 41.5 im Wesentlichen **Dauerkulturen** darstellen. Andere mehrjährige Kulturen (z.B. auch der Forstbestand) werden nicht als fruchttragende Pflanzen, soweit sie nicht primär der Samengewinnung dienen, verstanden. Bei Bäumen im Forstbestand, bspw. zwecks Gewinnung von Sägeholz, handelt es sich vielmehr um biologische Vermögenswerte mit außerordentlich langer Produktionsdauer. Erst beim Einschlag des Holzes wird bspw. das Stammholz zum landwirtschaftlichen Erzeugnis. Besteht eine nicht nur geringe Wahrscheinlichkeit, dass die Pflanze selbst – neben den laufenden Verkäufen der Früchte – als landwirtschaftliches Erzeugnis verkauft wird, ist sie gemäß IAS 41.5A keine fruchttragende Pflanze. Der Hinweis auf die Ausnahme von Verkäufen nach Ende der Nutzungsdauer im Standard ist hier m.E. irreführend, da sich ein solcher Verkauf der Pflanze selbst nur auf die Zeit nach der Nutzung beziehen kann. Vielmehr scheint durch den Hinweis auf die Verwertung von Bäumen als Brennholz in IAS 41.5B ein Aspekt des wirtschaftlichen Gewichts relevant zu sein. Sofern der Verkaufserlös am Ende der Nutzung im Kontext der gesamten Pflanzung von untergeordneter Bedeutung ist und damit die Erzielung der Früchte im Vordergrund der wirtschaftlichen Betrachtung steht, ist von einer fruchttragenden Pflanze auszugehen.

Im Rahmen der **Tierproduktion** können auch für „fruchttragende" Tiere grundsätzlich die gleichen Charakteristika wie für fruchttragende Pflanzen gelten. Dies ist z.B. bei Milchkühen, die gehalten werden, um über mehrere Laktationsperioden hinweg Milch und Kälber zu produzieren, sowie bspw. bei Zuchtsauen der Fall. Dennoch wurde im Rahmen der Änderung des Standards in 2014 nur die fruchttragende Pflanze einer gesonderten bilanziellen Behandlung geöffnet. Alle Fragen der Tierproduktion wurden unverändert gelassen. 21.24

Mehrere gleichartige lebende Tiere oder Pflanzen können zu Ausweis- und Bewertungszwecken gemäß IAS 41.5 zu einer **Gruppe** von biologischen Vermögenswerten zusammengefasst werden. Die Gleichartigkeit ist zumindest durch die gleiche Verwendung der Pflanzen oder Tiere und den gleichen Status innerhalb des Produktionszyklusses (z.B. Reifegrad) zu belegen. 21.25

D. Bilanzansatz und Ausweis

Bestimmte in der Landwirtschaft eingesetzte Vermögenswerte (z.B. Feldhäcksler oder Mastställe) werden nicht nach den besonderen Regelungen des IAS 41 sondern primär gemäß den **allgemeinen Ansatzvorschriften für Vermögenswerte** behandelt. So ist bspw. bei der Bilanzierung der land- und forstwirtschaftlichen Nutzflächen grundsätzlich IAS 16 zu beachten, da keine Besonderheiten existieren, die eine abweichende Behandlung rechtfertigen. Pachtflächen werden dem Pächter als wirtschaftlicher Eigentümer zugerechnet und gemäß IFRS 16 in der Bilanz erfasst.[4] Futtervorräte oder geerntete Getreidebestände werden als Vorräte gemäß IAS 2 bilan- 21.26

---

4 Vgl. *Lüdenbach*, PIR 2014, 191.

ziert. Nur biologische Vermögenswerte und landwirtschaftliche Erzeugnisse werden nach IAS 41 behandelt.

21.27 Im Einklang mit den allgemeinen Kriterien für den **Ansatz von Vermögenswerten** (vgl. Rz. 7.21) sind gemäß IAS 41.10 auch für biologische Vermögenswerte die folgenden Kriterien für den Ansatz zu erfüllen:

— Das Unternehmen muss über den Vermögenswert, der aus einem vergangenen Ereignis resultiert, **verfügen** können.

— Es ist wahrscheinlich, dass mit dem Vermögenswert ein **zukünftiger wirtschaftlicher Nutzen** verbunden ist.

— Der Vermögenswert kann **zuverlässig bewertet** werden.

Die **Verfügungsmacht** über den Vermögenswert ist bei allen mit dem Boden verbundenen Vermögenswerten durch die wirtschaftliche Zugehörigkeit zum Unternehmen z.B. mittels Ackerschlagkarteien oder Katasterkarten nachzuweisen. Dabei wird die Zugehörigkeit über das rechtliche Eigentum an der Fläche z.B. durch einen Grundbucheintrag oder die wirtschaftliche Zugehörigkeit durch einen entsprechenden Pachtvertrag nachgewiesen. Bei Tieren kommen gemäß IAS 41.11 auch andere Eigentumsmarkierungen (Brandzeichen, Chips, Ohrmarken etc.) in Frage. Letztendlich ist das wirtschaftliche und nicht das rechtliche Eigentum ausschlaggebend für die Feststellung der Verfügungsmacht. Bei extensiver gemeinschaftlicher Flächenbewirtschaftung mehrerer Unternehmen mit Schafen oder Rindern (z.B. im Rahmen von Almenwirtschaften) besaßen beteiligte Unternehmen in der Vergangenheit nur einen abstrakten Anteil an der Gesamtherde; diese Praxis ist allerdings durch technologische Entwicklungen (z.B. durch Tracking Tools) rückläufig.

21.28 Der erstmalige **Ansatz** des Vermögenswertes ist durch den **Zeitpunkt** bestimmt, an dem das Unternehmen die Kontrolle über ihn erlangt. Für Pflanzen ist dies regelmäßig der Zeitpunkt der Anpflanzung oder der Aussaat. Da mit dem Vermögenswert ein zukünftiger Nutzen verbunden sein muss, ist abzuwarten, bis die Pflanzung bzw. die Saat auch angegangen ist (Karenzzeit). Bei Tieren ist der Zeitpunkt des Erwerbs bzw. der Geburtstermin entscheidend. Bei der Geburt ist für die Frage des Ansatzes sicherzustellen, dass das Jungtier überlebensfähig ist.[5] Für landwirtschaftliche Erzeugnisse kommt ein Ansatz (als Vorrat) erst dann in Frage, wenn er geerntet bzw. vom biologischen Vermögenswert getrennt wurde.[6] Bis zu diesem Zeitpunkt sind die landwirtschaftlichen Erzeugnisse Teil des biologischen Vermögenswertes (z.B. ist das Kalb Teil des Muttertiers bis zum Zeitpunkt der Geburt).

21.29 Gemäß IAS 1.54 (f) sind biologische Vermögenswerte als gesonderter Posten in der Bilanz auszuweisen. Sofern dies für das Verständnis der Vermögens- und Finanzlage wichtig ist, sind gemäß IAS 1.55 weitere Posten auszuweisen. Im landwirtschaftlichen Kontext ist hierbei insbesondere der Ausweis der landwirtschaftlichen Erzeugnisse (ggf. mit weiterem Aufriss) oder die weitere Aufgliederung der biologischen Vermögenswerte erwägenswert.

---

5 Vgl. PWC, 2018, Abschnitt 32, Rz. 29.
6 Vgl. *Scharpenberger/Schreiber* in Baetge-IFRS, IAS 41 Rz. 25.

Grundsätzlich sind der kurzfristige und der langfristige Anteil von biologischen Vermögenswerten und ggf. von landwirtschaftlichen Erzeugnissen zu unterscheiden. Gemäß IAS 1.66 sind **kurzfristige Vermögenswerte** solche, die entweder zum Verkauf gehalten werden oder die während eines normalen Geschäftszyklus erwartungsgemäß realisiert werden. Damit sind landwirtschaftliche Erzeugnisse im Regelfall unter den kurzfristigen Vermögenswerten zu erfassen. Dies gilt auch für biologische Vermögenswerte, soweit sie keine fruchttragenden Pflanzen darstellen, da die jährliche Ernteperiode den normalen Geschäftszyklus darstellt. Bei Forstbetrieben allerdings, in denen die Umtriebszeit (normaler Geschäftszyklus) bereits bei Fichten zwischen 80 und 100 Jahren liegt, kann die Zuordnung dieser biologischen Erzeugnisse unter den kurzfristigen Vermögenswerten keine sachgerechte Lösung darstellen.[7] Ein Ausweis unter den **langfristigen Vermögenswerten** erscheint adäquater. Die fruchttragenden Pflanzen werden gemäß IAS 16.6 als langfristig betrachtet.

Im Zeitpunkt des erstmaligen Ansatzes des beizulegenden Zeitwertes abzgl. der Verkaufskosten und bei allen Folgebewertungen sind Gewinne bzw. Verluste aus der Veränderung des beizulegenden Zeitwertes **erfolgswirksam** in der **Gesamtergebnisrechnung** oder in der Gewinn- und Verlustrechnung zu erfassen (IAS 41.26). Der Ausweis in der Gesamtergebnisrechnung ist unter dem Posten „Wertänderung der biologischen Vermögenswerte" vorzunehmen.

E. Bewertung

I. Grundlegende Bewertungskonzepte

IAS 41 geht vom Standardfall der Marktbewertung biologischer Vermögenswerte und landwirtschaftlicher Erzeugnisse aus. Gemäß IAS 41.12 ist ein biologischer Vermögenswert im Zeitpunkt des erstmaligen Ansatzes und bei jeder Folgebewertung mit seinem **beizulegenden Zeitwert** vermindert um die voraussichtlichen Verkaufskosten zu bewerten. Die Befürworter der Marktbewertung messen dem beizulegender Zeitwert eine höhere Relevanz für Entscheidungen zu, erachten ihn als zuverlässig, gut vergleichbar und verständlich (IAS 41.B16). Für eine Bewertung zu historischen Anschaffungs- bzw. Herstellungskosten spricht demgegenüber (IAS 41.B17), dass diese Resultat einer faktischen Marktransaktion sind und die Marktbewertung keine zuverlässige Basis für die Bewertung darstellt, da sie z.T. Ergebnis subjektiver Annahmen sind.[8] Ferner sind die Bewertungen in der Praxis sehr aufwendig zu erstellen und die Marktwerte unterliegen hohen Schwankungen.

Das IASB hat sich bewusst für die Marktwerte entschieden, da gerade in der Landwirtschaft die Voraussetzungen für die Marktbewertung aufgrund der zahlreichen Commodities, die an Börsen gehandelt werden, aus der Sicht des IASB gut sind.

Nur wenige Details zur **Ermittlung des beizulegenden Zeitwertes** sind unmittelbar in IAS 41 geregelt. Die allgemeinen Vorschriften des IFRS 13 sind auch für die Be-

---

7 Gl. A. *Jessen* in Beck'sches IFRS-HB[5], Rz. 21.
8 Siehe zur Kritik z.B. *McGregor* in FS Knorr, 235 ff.

wertung innerhalb der Landwirtschaft heranzuziehen (vgl. Rz. 8.26 ff.). Hierbei ist grundsätzlich die Frage der Datenquelle von der Methodik zu unterscheiden.

21.33 Für die in die **Bewertung eingehenden Daten** legt IFRS 13.72 ff. eine klare Rangfolge fest:

1. Die Daten – insbesondere die Preise – sind möglichst aus **aktiven**, für das bilanzierende Unternehmen aktuell zugänglichen **Märkten** für gleiche Vermögenswerte zu erheben. Bei vielen biologischen Vermögenswerten handelt es sich um Massenprodukte mit großen Volumina und hohem Gewicht. Daher unterscheiden sich die Preise – aufgrund der Transportkosten – für diese Vermögenswerte je nach Entfernung vom Standort zum Absatzmarkt bzw. zu den Weiterverarbeitungskapazitäten. In der Zuckerindustrie sind bspw. Preise für Zuckerrüben jeweils in einem Radius um die Zuckerfabrik definiert. Darüber hinaus bestehen zahlreiche internationale Handelsbeschränkungen (z.B. Zölle), die auf die Preisbildung Einfluss nehmen. Ferner ist zu beachten, dass biologische Vermögenswerte je nach Qualität unterschiedliche Marktpreise aufweisen können (z.B. Handelsklassen bei Obst, Holzsortierungen bei Forstprodukten). Es ist gemäß IFRS 13.16 jeweils der Hauptmarkt für einen Vermögenswert anzunehmen, d.h. der Markt, der erwartungsgemäß vom Unternehmen genutzt wird.

2. Ist dies nicht möglich, können **andere Marktdaten** (z.B. Preisnotierungen) herangezogen werden, die entweder unmittelbar oder mittelbar zu beobachten sind.

3. Als letzte Informationsquellen kommen solche in Frage, die nicht beobachtbar sind.

Es ist *Janze* zu zustimmen, wenn er feststellt, dass für wesentliche Gruppen biologischer Vermögenswerte aktive Märkte derzeit in Deutschland nicht beobachtet werden können.[9]

21.34 Der **Wertansatz** für einen **biologischen Vermögenswert** ermittelt sich wie folgt:

Marktpreis
./. Transportkosten (gemäß IFRS 13.26 sofern die Marktpreise standortunspezifisch sind)
./. geschätzte Verkaufskosten.

Es gilt zu berücksichtigen, dass sich durch diese Form der Ermittlung unternehmensspezifische Marktbewertungen ergeben, die zwischen vergleichbaren Unternehmen erheblich differieren können.[10] Bei der Ermittlung der Marktpreise sind gemäß IAS 41.16 bereits **abgeschlossene Terminkontrakte** für zukünftige Lieferungen nicht notwendigerweise relevant, da der Marktpreis die aktuelle Marktsituation und nicht die zukünftige Konstellation widerspiegeln soll. Die **Transportkosten** umfassen sowohl die Speditionskosten der unterschiedlichen Verkehrsträger, die Transportverpackung, Transportversicherungen, Eilaufschläge oder Kühlketten für

---

9 Vgl. *Janze*, KoR 2007, 130.
10 Siehe z.B. die erhebliche Differenz in den Marktwerten von Forstflächen je Hektar in PWC, 2011, 17.

besonders verderbliche Waren, etc. Die **Verkaufskosten** beinhalten – analog zu IFRS 5 und IAS 36 – die zusätzlichen Kosten, die im Rahmen des Verkaufs des Vermögenswertes diesem direkt zugeordnet werden können (Einzelkosten im Sinne der Kostenrechnung) ohne anteilige Finanzierungskosten und Ertragssteuerbelastungen (IAS 41.5). Hierzu zählen Verkaufsprovisionen von Händlern, Maklerkosten, Kosten für Warenterminbörsen, Verkehrssteuern, Zölle, Wechselkurssicherungskosten, und ggf. Zertifizierungskosten (IAS 41.BC3). **Erntekosten**, die der Bereitstellung des späteren landwirtschaftlichen Erzeugnisses für den Markt dienen, sind in den beizulegenden Zeitwert einzubeziehen.[11] Etwaige **Rekultivierungskosten** sind für die Ermittlung des beizulegenden Zeitwertes von biologischen Vermögenswerten nicht relevant, da diese Kosten nicht den biologischen Vermögenswert sondern den Wert des Grund und Bodens betreffen.[12]

Alternativ kann der beizulegende Zeitwert als **Barwert der zukünftig erwarteten Netto-Cashflows** ermittelt werden (IFRS 13.B23 ff.). Hierzu ist die Zahlungsreihe aller Einzahlungsüberschüsse aus dem biologischen Vermögenswert bis zum Ende der Nutzungsdauer auf den Bilanzstichtag abzuzinsen. Obwohl es sich durch die Vielzahl der geschäftsspezifischen Annahmen der Landwirtschaft in der Praxis als sehr komplex herausgestellt hat, den beizulegenden Zeitwert auf diese Weise zu berechnen, sieht das IASB keine Notwendigkeit externe unabhängige Gutachter zwecks Bewertung heranzuziehen.[13] 21.35

In speziellen Situationen kommen die **Anschaffungs- bzw. Herstellungskosten** dem beizulegenden Zeitwert nahe und sind daher als **Näherungswert** für den Marktwert zulässig. Dies ist gemäß IAS 41.24 insbesondere in den folgenden Situationen gegeben: 21.36

– wenn der biologische Transformationsprozess erst geringfügige Veränderungen bewirkt hat (z.B. Anpflanzungen erfolgen erst kurz vor dem Bilanzstichtag), oder

– der Einfluss der biologischen Transformation auf den Wert des biologischen Vermögenswertes unwesentlich ist (z.B. Forstbestände in der Jungwuchsphase).

Kann der beizulegende Zeitwert beim erstmaligen Ansatz **nicht zulässig abgeschätzt** werden, können gemäß IAS 41.30 **hilfsweise** die (fortgeführten) **Anschaffungs- oder Herstellungskosten** angesetzt werden. Der Wert des biologischen Vermögenswertes – nicht aber der von landwirtschaftlichen Erzeugnissen – wird dann durch die Anschaffungs- oder Herstellungskosten abzgl. der kumulierten Abschreibungen und der kumulierten Wertminderungsaufwendungen dargestellt. Dies gilt allerdings nur für den Zeitraum in dem das Ermittlungshindernis besteht; im Anschluss daran ist unmittelbar die Marktbewertung aufzunehmen. Voraussetzung für dieses Vorgehen ist, dass die Anschaffungs- oder Herstellungskosten zumindest nä- 21.37

---

11 Vgl. *Janze*, KoR 2007, 131.
12 Vgl. *Kümpel*, KoR 2006, 550.
13 Zu den spezifischen Problemen dieses Ansatzes in der Forstwirtschaft und in der Tierproduktion s. Rz. 21.40 ff. und Rz. 21.46 ff.

herungsweise den Wert des beizulegenden Zeitwertes erreichen und diese Annahme bei jeder Bilanzierung kritisch reflektiert wird.[14]

21.38 Zur Bewertung von **landwirtschaftlichen Erzeugnissen** sind die Phasen ihrer Entstehung zu beachten (vgl. exemplarisch für die Pflanzenproduktion Abb. 3):

(1) Zunächst wächst das landwirtschaftliche Erzeugnis (z.B. Weintrauben) als Teil eines fruchttragenden biologischen Vermögenswertes (bspw. Weinstock) heran und wird mit diesem gemeinsam bewertet (unterer Teil in Abb. 3).

(2) Im Zeitpunkt der Ernte wird das landwirtschaftliche Erzeugnis vom fruchttragenden biologischen Vermögenswert abgetrennt. Für das Erzeugnis wird der Marktwert als Bewertungsmaßstab heranzogen (IAS 41.3).

(3) Unmittelbar danach wird das Erzeugnis gelagert und damit Teil der Vorräte gemäß IAS 2. Der beizulegende Zeitwert im Erntezeitpunkt abzgl. der Verkaufskosten bildet dabei die Anschaffungs- bzw. Herstellungskosten für die Vorratsbewertung (IAS 41.13).

Bei einjährigen biologischen Vermögenswerten (z.B. Weizenkulturen) gehen diese mit der Ernte unter. Es entstehen Vorräte an landwirtschaftlichen Erzeugnissen (oberer Teil der Abb. 21.3).

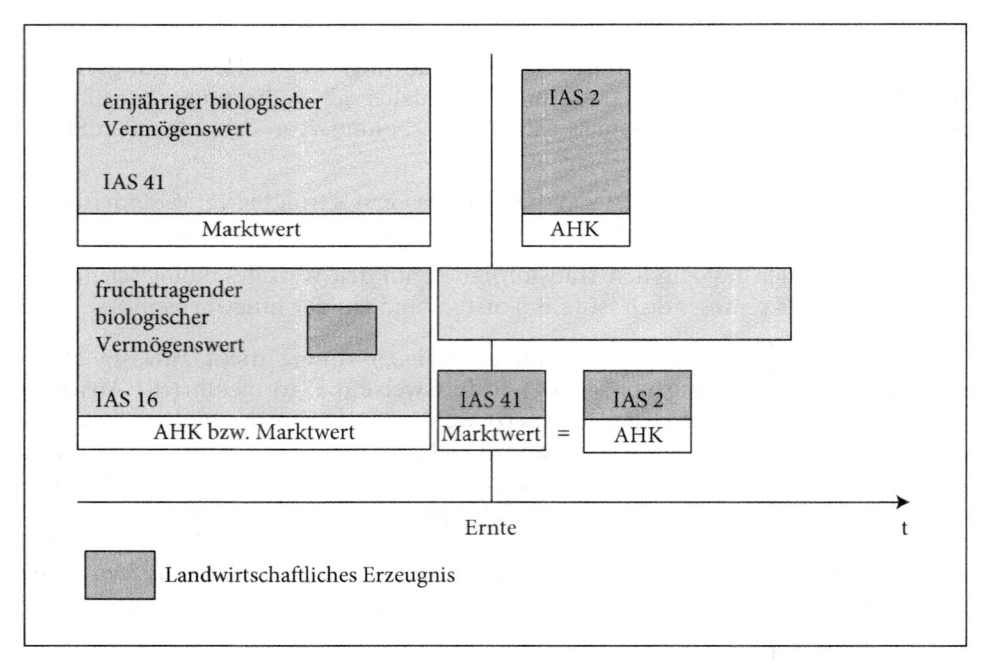

Abb. 21.3: Beispielhafte Darstellung der Bewertung landwirtschaftlicher Erzeugnisse im Zeitablauf

---

14 Vgl. *Jessen* in Beck'sches IFRS-HB⁵, Rz. 14.

IAS 41.15 sieht vor, dass vereinfachend biologische Vermögenswerte oder landwirtschaftliche Erzeugnisse zu **Gruppen zusammengefasst** werden können (vgl. Rz. 21.25), die dann gemeinsam bewertet werden. Diese Cluster können bspw. nach Altersklassen oder Qualitäten gruppiert werden, die sich an den am Markt preisbildenden Marktsegmenten ausrichten sollen.

21.39

II. Exemplarische Bewertungsaspekte aus der Forstwirtschaft

Unternehmen, die in Europa IAS 41 anwenden, bewirtschaften vor allem größere Forstflächen.[15] Die Produktionszyklen (Umtriebszeit) in der Forstwirtschaft sind grundsätzlich erheblich länger als in anderen landwirtschaftlichen Geschäftsmodellen und differieren nach der gepflanzten Baumart und den klimatischen Bedingungen; so beträgt die Umtriebszeit für Fichten in Mitteleuropa ca. 80–100 Jahre, bei Eichen und Buchen geht der Zeitraum über mehr als 150 Jahre. Bedingt durch diese **sehr langfristige Produktion** sind einige Besonderheiten in der Bewertung zu beachten.

21.40

Zunächst gilt es zu berücksichtigen, dass in Deutschland aufgrund des Nachhaltigkeitsgebots der Forstwirtschaft (§ 11 Abs. 1 BWaldG) eine Veräußerung (und damit Marktbewertung) von unbestockten Flächen nicht üblich ist. Daher sind die forstwirtschaftlichen Flächen mit dem aufstehenden Holz als **Bewertungseinheit** zu betrachten. Als problematisch erweist sich dabei, dass der Grund und Boden gemäß IAS 16 und das aufstehende Holz gemäß IAS 41 zu bilanzieren ist.

Unmittelbare Marktdaten aus einem aktiven Markt zur Bewertung bestockter Forstflächen sind nur in wenigen Ausnahmefällen verfügbar.[16] Bei Ermittlung des beizulegenden Zeitwertes aus abgeleiteten **Marktdaten** ist zu berücksichtigen, dass vermarktungsfähiges Holz in den ersten Jahren nicht anfällt (Ausnahme: Kurzumtriebsplantagen). In späteren Jahren werden vermarktungsfähige Holzmengen im Rahmen von Durchforstungsmaßnahmen entnommen, deren Holz allerdings noch nicht die Zielstärke und -qualität erreicht und daher nur niedrige Preise realisiert. Erst zum Ende des Produktionszyklusses fallen hochwertige Holzmengen in der gewünschten Qualität an, deren Marktpreise direkt oder indirekt beobachtbar sind (z.B. in Veröffentlichungen der Landes-Forstbetriebe).

21.41

Würde man den gesamten Forstbestand anhand der aktuellen Marktwerte bewerten wollen, wie dies beim **Abtriebswert**[17] (vollständige Ernte der Gesamtfläche abzgl. der Ernte- und Rückekosten) unterstellt wird, würden für bestimmte – vor allem junge Forstbestände – realitätsferne Vermarktungsannahmen getroffen. Daher wird zusätzlich zum Abtriebswert im Rahmen der **Waldbewertung** noch die sog. Hiebsunreife separat bewertet. Die **Hiebsunreife** ist der Ertragsausfall, der durch den frühzeitigen Einschlag unreifer Forstbestände entsteht. Zumindest für die Hiebsun-

---

15 PWC hat in 2011 insgesamt 15 europäische Unternehmen identifiziert, die IAS 41 zur Bilanzierung ihrer Forstbestände anwenden; vgl. PWC, 2011, 11.
16 Vgl. *Jessen* in Beck'sches IFRS-HB[5], Rz. 13; PWC, 2011, 13.
17 Vgl. z.B. Waldbewertungsrichtlinie Niedersachsen, 2014, 6 f.

reife sind jedoch keine Marktwerte in aktiven Märkten beobachtbar. Daher werden in der Praxis die Wertansätze in der Forstwirtschaft nicht aus Marktwerten abgeleitet sondern es kommen andere Verfahren für Bewertungszwecke zum Einsatz.[18]

21.42 Alternativ zum aus dem Markt abgeleiteten beizulegenden Zeitwert kann der **Barwert** der **zukünftigen Netto-Cashflows** angesetzt werden. Diese Vorgehensweise wird nach verschiedenen empirischen Studien in den Unternehmen zumeist praktiziert.[19] Zu diesem Zweck werden komplexe Planungsmodelle über die aus der nachhaltigen Forstnutzung zu erwartenden Cashflows aufgebaut. Für diese Modelle sind **Annahmen** hinsichtlich der Entwicklung zumindest der folgenden Parameter zu treffen:[20]

- Entwicklung der Absatzpreise und der Nachfragemengen für unterschiedliche Qualitätssegmente der einzelnen Holzarten
- Holzzuwachs (zumeist Daten aus Ertragstafeln der einzelnen Holzarten)
- Bewirtschaftungsplanung (Forstplanung)
- Biotische (z.B. Borkenkäferbefall) und abiotische (Schneebruch, Windwurf etc.) Kalamitäten, einschließlich der Folgewirkungen aus Kalamitäten wie erhöhte Windanfälligkeit des verbleibenden Bestandes
- Entwicklung der Erntetechnologie und der Erntekosten
- zugrunde gelegter Diskontierungszins

Da diese Parameter über sehr lange Zeiträume zu schätzen sind, beinhalten die Planungsmodelle **erhebliche Unsicherheiten** und eröffnen damit substantielle Gestaltungsspielräume der bilanzierenden Unternehmen.

Hinsichtlich des **Preisgefüges** ist gemäß IAS 41.16 von der aktuellen Situation auszugehen; ggf. sind Anpassungen erforderlich, um besondere Marktkonstellationen zu glätten bzw. zu korrigieren. Abweichend hiervon verwenden zahlreiche Unternehmen in der Praxis zukünftige Marktpreise zur Ermittlung der Cashflows.[21] Keinesfalls dürfen allerdings aktuelle Marktpreise ohne jegliche Inflationsanpassungen in langfristige Modelle integriert und diskontiert werden.[22]

Der Wahl des **Diskontierungszinses** kommt wegen der Länge des betrachteten Zeitraums eine besondere Bedeutung für den Wertansatz zu. Sofern Forstbestände in unterschiedlichen Regionen existieren, können regional-differenzierte Diskontierungszinssätze angewendet werden. Werden die Cashflows vor Steuer betrachtet, sind Vor-Steuer Zinssätze zu verwenden. Risiken können gemäß IFRS 13.B17 entweder im Diskontierungszins oder unmittelbar in den Cashflows berücksichtigt

---

18 Vgl. z.B. für den Bestandswert nach Blume Waldbewertungsrichtlinie Niedersachsen, 2014, 7.
19 Vgl. PWC, 2011, 12, für australische Unternehmen s. *Herbohn/Herbohn*, 2006, 185.
20 Vgl. zur Bilanzierungspraxis von 25 Unternehmen PWC, 2011, 12 und 16 ff.
21 Vgl. PWC, 2011, 20 f.
22 *Jessen* geht ebenfalls von den zukünftigen Marktpreisen aus; vgl. *Jessen* in Beck'sches IFRS-HB[5], Rz. 19.

werden; die Investitionstheorie hat gezeigt, dass die Einbeziehung in die Cashflows zu präferieren ist, da die Risiken spezifischer modelliert werden können.[23] Sensitivitätsanalysen im Anhang hinsichtlich des angewandten Diskontierungszinssatzes verbessern die Transparenz des Jahresabschlusses.

Aufgrund dieser erheblichen Bewertungsunsicherheiten kommt *Janze* zu dem Ergebnis, dass generell die Bewertung von stehendem Holz mittels Ertragswertverfahren keine verlässliche Bilanzierung darstellt und daher kritisch zu bewerten ist.[24]

Beim **Vergleich** der beiden grundlegenden **Bewertungsmethoden** – s. das Beispiel in Abb. 21.4 – wird deutlich, welche konzeptionellen und materiellen Unterschiede beide Bewertungskonzepte für den Wertansatz und das Periodenergebnis besitzen. Sind die Erwartungen hinsichtlich der Annahmen gegenüber dem Vorjahr und der Zinssatz unverändert, besteht der **Ergebniseffekt** eines Jahres bei Anwendung der Barwertmethode der Netto-Cashflows allein aus dem Aufzinsungseffekt, während das Marktwertkonzept den mengenmäßigen Holzzuwachs bewertet. Ändert sich der Marktpreis für Holz wird beim Marktwertkonzept nur die Preisänderung in t=1 relevant, während beim Barwert der Netto-Cashflows alle Preiseffekte bis zum Ende der Umtriebszeit berücksichtigt werden. Eine vergleichbare Marktbewertung durch beide Konzepte ist daher grundsätzlich nicht zu erwarten.

21.43

Bewertungsobjekt:

t=0: Fichte 80 Jahre, Sägeholz 2b+ 1,5 efm

t=1: Fichte 81 Jahre, Sägeholz 2b+ 1,55 efm

efm: Erntefestmeter

Ergebniseffekt in t=1 aus biologischem Vermögenswert Forst

Marktwertkonzept	Barwert der Netto-Cashflows
Preisveränderung in t=1	Aufzinsungseffekt um eine Periode
Holzzuwachs von 0,05 efm in t=1	Erwartungsänderung für zentrale Annahmen (z.B. Qualität)
Effekte aus realen Kalamitäten	Zinssatzänderung
Qualitätsveränderung (z.B. Rotfäule)	

Abb. 21.4: Beispielhafte Darstellung der Ergebniseffekte unterschiedlicher Bewertungsmethoden anhand einer Fichte

Daneben ist gemäß IAS 41.24 auch die näherungsweise Bewertung zu (fortgeführten) **Anschaffungs- oder Herstellungskosten** zulässig (vgl. Rz. 21.36). Gerade junge Forstflächen, die erst vor kurzer Zeit gepflanzt wurden, werden mit den Anschaffungs- oder Herstellungskosten bewertet. Der Wertansatz wird durch den Wert des

21.44

---

23 Vgl. z.B. *Busse von Colbe/Laßmann/Witte*, 191.
24 Vgl. *Janze*, KoR 2007, 135 f.

Grund und Bodens (z.B. aus amtlichen Bodenrichtwerten der örtlichen Gutachterausschüsse) sowie die Kosten für die Jungpflanzen, die Pflanzkosten (ggf. inkl. der Kosten für die Flächenräumung), etwaige Düngekosten sowie die Kosten für Pflegemaßnahmen dargestellt.

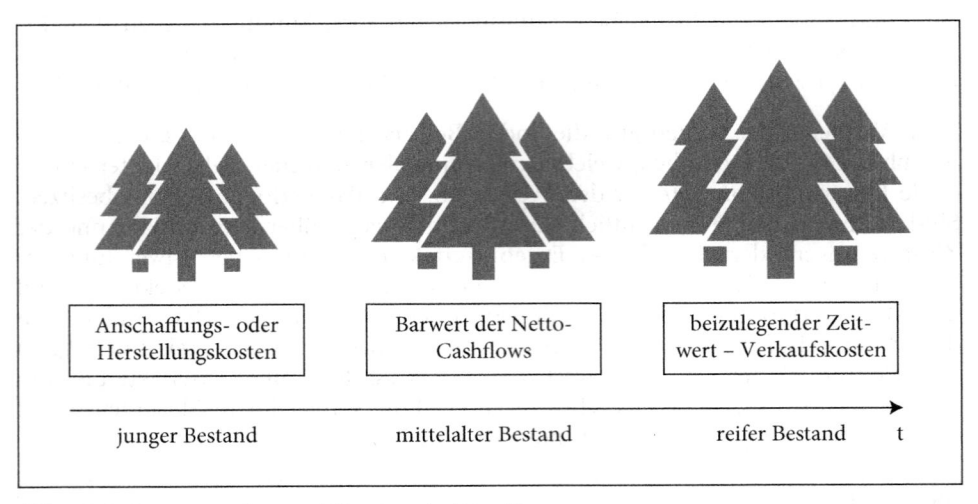

Abb. 21.5: Bewertungskonzept Forst nach Altersklassen

21.45 Neben den in der Praxis zu beobachtenden Konzepten, alle Forstbestände mit dem gleichen Bewertungsansatz zu behandeln,[25] kann es sachadäquat und realitätsnah sein, die Bewertung gleicher Forstbestände aber unterschiedlicher **Altersklassen** separat durchzuführen. Abb. 21.5 stellt dieses Konzept grafisch dar. Forstbestände **junger Altersklassen** werden wegen der Nähe zum beizulegenden Zeitwert gemäß IAS 41.24 mit den Anschaffungs- oder Herstellungskosten angesetzt. Ab einem bestimmten **mittleren**, von der Baumart abhängigen **Alter** erfolgt der Übergang zu einem Wertansatz der durch den Barwert der Netto-Cashflows bestimmt ist. (Hieb-) **reife Forstbestände** werden zum beizulegenden Zeitwert abzgl. der Verkaufskosten bewertet. An den Übergangsstellen von einer Bewertungskonzeption zur nächsten kann es zu Bewertungssprüngen kommen.

III. Exemplarische Bewertungsaspekte aus der Tierzucht

21.46 Bestimmte Tiere – aus der biologischen Gruppe der höheren Säugetiere (nicht Geflügel) – werden landwirtschaftlich zu Reproduktionszwecken eingesetzt (z.B. Zuchtsauen, Zuchtstuten und Milchkühe). In der Periode von der Besamung bis zur Geburt wird das noch nicht geborene Jungtier als Teil der Mutter bilanziert (**mehrjähriges ertragbringendes Tiervermögen**). Erst nach der Geburt stellt es einen eigenständigen Vermögenswert dar. Zur Ermittlung des beizulegenden Zeitwertes kann auf die landwirtschaftliche Taxation für Übertragungsfälle zurückgegriffen

---

[25] Vgl. auch hierzu die empirischen Ergebnisse von PWC, 2011, 16.

werden.[26] Beim Geflügel entsteht das Jungtier im Wesentlichen außerhalb des Körpers des Muttertiers und ist daher grundsätzlich ab dem Zeitpunkt der Eiablage separat zu bilanzieren.

Eine Jungsau bspw. wird zumeist extern gekauft und damit bei Anwendung der **Marktwertmethode** mit ihrem Zukaufswert (ggf. zzgl. der Kosten in der Quarantänezeit) bewertet.[27] Der Restwert des Tieres wird durch den Schlachtwert einer Altsau bestimmt. Die Differenz zwischen dem Zukaufswert und dem Schlachtwert bildet den Abschreibungsausgangsbetrag des einzelnen Tieres, der entweder leistungsbedingt anhand der Anzahl der voraussichtlichen Würfe oder zeitbedingt über die Nutzungsdauer abgeschrieben wird (vgl. die abnehmende Tendenz des Zeitwertes in Abb. 21.6). Nach dem Decken der Sau beginnt die Tragezeit, die durch den Wurf der Ferkel abgeschlossen wird (vgl. Punkte A und B in Abb. 21.6). Innerhalb dieser Periode wächst der Zeitwert der Sau durch das Heranwachsen der Ferkel an. Zu jedem Bewertungsstichtag wird dann der **beizulegende Zeitwert der Zuchtsau** zzgl. etwaiger noch ungeborener Ferkel ermittelt. Der beizulegende Zeitwert besteht alternativ bei Anwendung der abgezinsten **Netto-Cashflow Methode** aus dem Schlachtwert der Altsau sowie aus den Einzahlungsüberschüssen der Ferkel vermindert um die Bewirtschaftungsauszahlungen.[28] Der Wert einer einzelnen Zuchtsau wird determiniert durch 21.47

— ihr Alter (Zukaufwert abzgl. der kumulierten Abschreibungen auf den Schlachtwert),
— ihre Produktivität (gemessen an der Anzahl der lebenden Ferkel)
— ihren aktuellen Status im Produktionszyklus.[29]

Beim Absetzen der Ferkel werden diese zu eigenständigen biologischen Vermögenswerten, deren Wert vom Wert des Muttertieres separiert wird. Die Ferkel verbleiben im Zuchtbetrieb bis sie ein bestimmtes Gewicht besitzen und dann in den Mastzyklus (vgl. Rz. 21.50 ff.) überführt werden.

Da in der Praxis immer eine bestimmte Anzahl an Jungsauen gemeinsam eingestallt wird und die Besamung zu fixierten Terminen stattfindet, können **Gruppen vergleichbarer Zuchtsauen** gebildet werden (vgl. Rz. 21.25). Die Kosten für den Unterhalt der Zuchtsau und der Ferkel können nach unterschiedlichen Stallabteilungen differenziert werden. Die Zukaufkosten der Jungsau können entweder betriebsindividuell ermittelt werden oder aus veröffentlichten Preislisten bzw. Werten der Tierseuchenkasse entnommen werden. Gemäß der Rangfolge in IFRS 13.72 ff. (vgl. Rz. 21.33) sind tatsächliche Marktwerte aus aktuellen Transaktionen gegenüber für die ganze Branche abgeleiteten Durchschnittswerten zu präferieren. 21.48

---

26 Vgl. für die Bewertung von Zuchtsauen und Milchkühen z.B. *Köhne*, Landwirtschaftliche Taxationslehre³, 673 ff.
27 Vgl. auch die ausführlichen Bewertungsbeispiele bei *Schulte*, PiR 2012, 87 ff.
28 Vgl. *Jessen* in Beck'sches IFRS-HB⁵, Rz. 20.
29 Vgl. *Schulte*, PiR 2012, 88.

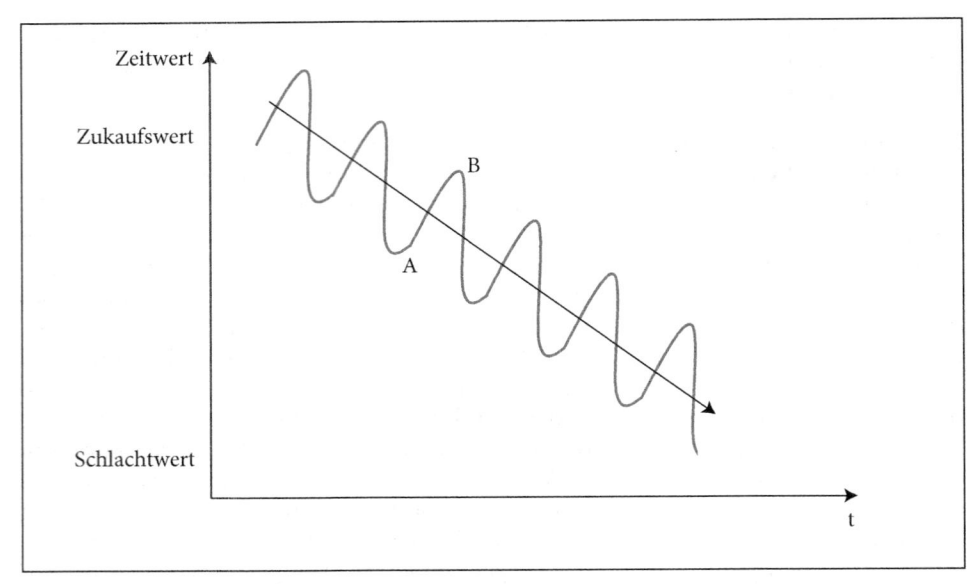

Abb. 21.6: Schematische Marktwertentwicklung eines Zuchttieres

21.49 In **Milchviehbeständen** kommen zwei Themenkomplexe zusammen: Einerseits werden Milchkühe gehalten, um Jungtiere zu züchten. Andererseits dient die Zucht des Nachwuchses dazu, die Milchkuh in der Laktationsperiode zu halten. Die Milchkuh ist damit gleichzeitig produzierender Vermögenswert für neue biologische Vermögenswerte und für landwirtschaftliche Erzeugnisse.

IV. Exemplarische Bewertungsaspekte aus der Masttierhaltung

21.50 Zur Bewertung der Masttierbestände kann auf die umfangreiche Methodik der **landwirtschaftlichen Taxation** (wirtschaftliche Gebrauchswerte) für diese speziellen biologischen Vermögenswerte zurückgegriffen werden.[30] Dabei gilt es zu berücksichtigen, dass in vielen Betrieben die Zucht strikt von der Mast getrennt ist. Der Zugang an Masttieren findet daher nicht durch Geburt von Jungtieren, sondern zumeist durch Zukauf statt.

21.51 Bei der Masttierhaltung von Geflügel, Schweinen und Rindern handelt es sich um kurzfristige Mastprozesse, die bspw. beim Geflügel nur wenige Wochen umfassen (nur die Mastzeit weniger Tiere wie bspw. von Wagyu Rindern überschreitet die Jahresfrist). Entscheidende Determinante der Wertentwicklung des einzelnen Tieres ist die **Gewichtszunahme** bis zur Schlachtreife. Aufgrund der konstanten Gewichtszunahme in vielen Mastprozessen (z.B. ca. ¾ kg pro Tag bei Mastschweinen) kann

---

30 Vgl. z.B. *Köhne*, Landwirtschaftliche Taxationslehre[3], 649 ff.

der **beizulegende Zeitwert** durch folgende lineare Interpolation von Gewicht und Wertzuwachs ermittelt werden:[31]

(Wertzuwachs je kg Lebendgewicht × Gewichtszunahme bis zum Bilanzstichtag) + gesamte Jungtieranschaffungskosten.

Der Wertzuwachs je kg Lebendgewicht bildet der Quotient aus

– Marktpreis eines schlachtreifen Tieres abzgl. der Jungtierkosten und
– dem Schlachtgewicht abzgl. des Gewichts des Jungtiers bei der Einstellung.

Auf der Basis dieser Ermittlung kann unmittelbar auf beobachtbare Marktpreise zurückgegriffen werden; Bewertungen anhand der Netto-Cashflows sind aufgrund des kurzen Produktionszyklusses weniger zielführend.

In der Praxis wird keine Einzelbewertung von Masttieren vorgenommen, vielmehr werden die Masttiere gemäß IAS 41.15 in einer Gruppe bewertet (vgl. Rz. 21.25). Hierzu wird der Masttierbestand in homogene **Gewichtsgruppen** eingeteilt. 21.52

V. Unterschiedliche Bewertung im HGB und im deutschen Steuerrecht

Die Bewertung wichtiger land- und forstwirtschaftlicher Vermögensgegenstände ist in Deutschland für Zwecke der handelsrechtlichen und der steuerlichen Rechnungslegung am **Anschaffungs- bzw. Herstellungskostenprinzip** ausgerichtet. Dies ist der zentrale systematische Unterschied zur Bewertung gemäß IAS 41. Daneben gibt es zahlreiche steuerliche Spezialvorschriften für buchführungspflichtige landwirtschaftliche Unternehmen, die auch auf die Handelsbilanz ausstrahlen. Geringwertige Wirtschaftsgüter, die einen Wert von nicht mehr als 250 €[32] (ohne Umsatzsteuer) besitzen, können steuerlich und handelsrechtlich im Geschäftsjahr der Anschaffung sofort als Betriebsausgabe bzw. Aufwand behandelt werden. Für abnutzbare, bewegliche Wirtschaftsgüter, deren Wert 250 € aber nicht 1.000 € überschreitet, kann ein Sammelposten gebildet werden, der über 5 Jahre linear abgeschrieben wird.[33] Alternativ hierzu können alle Vermögenswerte bis 800 € sofort als Betriebsausgabe bzw. Aufwand erfasst werden (§ 6 Abs. 2 EStG); Vermögenswerte über 800 € sind dann zu aktivieren.[34] Diese Wertgrenzen sind entscheidend für die handels- und steuerliche Bilanzierung insbesondere von Tieren, da jedes einzelne Tier die Wertgrenze in der Regel nicht überschreitet. 21.53

Grund und Boden ist grundsätzlich mit dem Anschaffungswert ggf. einschließlich nachträglicher Herstellungskosten sowie nachträglicher Anschaffungskosten anzusetzen (§ 253 Abs. 1 Satz 1 HGB, § 6 Abs. 1 Nr. 2 EStG).[35] Nicht zum Grund und 21.54

---

31 Vgl. *Schulte*, PiR 2012, 86.
32 Für Anschaffungen ab dem 1.1.2018; zuvor galt die Wertgrenze von 150 €.
33 Vgl. *Breidenbach/Währisch*, Buchführung und Jahresabschluss⁴, 94.
34 Wertgrenze für Investitionen ab dem 1.1.2018. Ehemals galt die Grenze von 410 €.
35 Vgl. zu Sonderbestimmungen für Grund und Boden der bereits 1970 zum Betriebsvermögen zählte *Agatha et al.*, 2014, Rz. 278.

Boden gehören – unabhängig von der rechtlichen Zugehörigkeit – alle Gebäude sowie Anlagen auf dem Grund und Boden (z.B. Schutzzäune oder Bewässerungsanlagen). Sinkt der steuerliche Teilwert dauerhaft unter den Buchwert, kann auf den Teilwert abgeschrieben werden. Handelsrechtlich ist das Niederstwertprinzip zu beachten.[36]

21.55 **Stehendes Holz im Forst** wird als nicht-abnutzbares Anlagevermögen mit seinen Anschaffungs- und Herstellungskosten (z.B. Kosten der Erstbepflanzung) bewertet. Der Vermögensgegenstand wird durch die geografische Begrenzung der arrondierten Fläche (mindestens 1 ha) und die Holzartengruppe abgegrenzt (nicht der einzelne Baum). **Geschlagenes Holz**, welches noch nicht dem Käufer übergeben wurde, ist als Umlaufvermögen mit seinen Herstellungskosten (Erntekosten) anzusetzen. Ist bspw. durch Kahlschlag der gesamte Holzvorrat einer Fläche geerntet, ist der anteilige Buchwert des aufstehenden Holzes in die Herstellungskosten des verkaufsfertigen Holzes einzuschließen. Kosten der Wiederaufforstung (z.B. Kosten für Setzlinge, Aufforstungsentlohnung) auf Flächen, deren Buchwert wegen des Einschlags zuvor nicht gemindert wurde bzw. auf denen der Einschlag kalamitätsbedingt war, werden wie Erhaltungsaufwendungen als Betriebsausgaben bzw. periodischer Aufwand gebucht.[37] Nicht buchführungspflichtige Forstbetriebe (bis max. 50 ha) können beantragen, die Betriebsausgaben zu pauschalieren. Dann werden bei Holzverkäufen nach Einschlag pauschal 55 % der Einnahmen bzw. bei Verkäufen auf dem Stock pauschal 20 % der Einnahmen als Betriebsausgabe (ohne Kosten der Wiederaufforstung und etwaiger Buchwertminderungen) angesetzt (§ 51 EStDV).

21.56 **Tiere** als Teil des abnutzbaren, beweglichen Vermögens sind regelmäßig im Anlagevermögen mit ihren fortgeführten Anschaffungs- oder Herstellungskosten zu aktivieren. Wirtschaftsgut bzw. Vermögensgegenstand ist jeweils das einzelne Tier, so dass die Vorschriften für geringwertige Wirtschaftsgüter zumeist Anwendung finden (vgl. Rz. 21.53). Wird ein Jungtier im Betrieb geboren, werden alle vor der Geburt anfallenden Kosten (z.B. Besamung oder Fütterung der Mutter) im Falle der Erstgeburt als Herstellungskosten der Mutter und bei späteren Geburten als Erhaltungsaufwand des Muttertieres erfasst.[38] Nach der Geburt werden die gesamten Kosten der Trächtigkeit dem Jungtier als Herstellungskosten zugerechnet und damit der Betriebsausgabenabzug revidiert. Neben der betriebsindividuellen Bewertung kommen steuerlich auch die Bewertung auf der Basis von vergleichbaren Musterbetrieben oder gemäß Richtwerten der Finanzverwaltung (z.B. Mastschwein über 50 kg mit 80 €) in Frage.[39] Gleichartige Tiere einer Altersklasse – ohne besonders wertvolle Tiere – können zu einer Gruppe zusammengefasst werden. *Schulte* ermittelt eine Differenz zwischen dem beizulegenden Zeitwert und dem Wertansatz

---

36 Vgl. *Breidenbach/Währisch*, Buchführung und Jahresabschluss[4], 87 ff.
37 Vgl. zu Ausnahmen *Märkle/Hiller*, Die Einkommensteuer bei Land- und Forstwirten[11], Rz. 456.
38 Vgl. *Märkle/Hiller*, Die Einkommensteuer bei Land- und Forstwirten[11], Rz. 102.
39 Vgl. *Agatha et al.*, 2014, Rz. 295 sowie die konkreten Wertansätze in Rz. 300.

gemäß Steuer- bzw. Handelsrecht von 26 % bezogen auf einen speziellen Tierbestand.[40]

Pflanzenbestände in Dauerkulturen werden wie alle übrigen selbsterstellten Anlagevermögensgegenstände behandelt, indem sie mit ihren Anschaffungs- bzw. Herstellungskosten aktiviert und über die Nutzungsdauer abgeschrieben werden. Die Erstellung der Vermögensgegenstände ist abgeschlossen, sobald sie ihre Ertragsreife erzielen. Hierzu hat die Finanzverwaltung einheitliche Zeiträume festgelegt (z.B. Spargelkulturen im 2. Wirtschaftsjahr).[41] Laufende Pflegekosten der Kulturen sind aus Gründen der Vereinfachung nicht zu aktivieren. 21.57

Mehrjährige Kulturen werden im Umlaufvermögen bilanziert. **Baumschulkulturen** werden gemäß von der Finanzverwaltung aufgestellten Richtsätzen bewertet. 21.58

Feldinventar (in den Boden auf einer abgrenzbaren Fläche eingebrachte Saat bis zur stehenden Ernte, nicht jedoch mehrjährige Kulturen) und **Hofvorräte** können jeweils aus Vereinfachungsgründen im Umlaufvermögen nicht bewertet werden (Wahlrecht gemäß R 14 Abs. 2 EStR 2012).[42] Gleiches gilt für selbstgewonnene, nicht zum Verkauf bestimmte Vorräte wie bspw. Silofutter oder Heu. Noch **unreife Früchte** an Dauerkulturen (z.B. Obst) stellen kein Feldinventar dar, sind allerdings auch nicht als eigenständiger Vermögensgegenstand bilanzierungsfähig. **Geerntete Erzeugnisse**, die vermarktet werden, werden mit den Erntekosten bewertet; entstammen sie dem Feldinventar und wurde das Wahlrecht genutzt, das Feldinventar nicht zu erfassen, unterbleibt weiterhin ein Wertansatz. 21.59

Insgesamt lässt das Handels- und Steuerrecht – aufgrund der vielfältigen Bewertungsprobleme in der Land- und Forstwirtschaft – einige zentrale landwirtschaftliche Vermögensgegenstände unbewertet bzw. verzichtet auf den Ansatz. 21.60

F. Subventionen

Zuwendungen der öffentlichen Hand (Subventionen) werden grundsätzlich gemäß IAS 20 (vgl. Rz. 16.20 ff.) erfasst. Dementsprechend sind erhaltene Zuwendungen entweder aus dem Wertansatz des Vermögenswertes zu kürzen oder ein korrespondierendes Passivum ist über die Laufzeit ergebniswirksam aufzulösen. In IAS 41.34 ff. wird hiervon abweichend die bilanzielle Abbildung von **Subventionen**, die in Zusammenhang mit biologischen Vermögenswerten stehen, geregelt. Nachdem die gemeinsame europäische Agrarpolitik sich in den letzten Jahren immer weiter von produktionsbezogenen Subventionen entfernt hat, wird der Anwendungsbereich der speziellen Regelungen des IAS 41 in Europa faktisch enger. Flächenprämien als entkoppelte Direktzahlungen, die an Landwirte unabhängig von der Bewirtschaftungsart und -ertrag und damit auch unabhängig von konkreten biologischen 21.61

---

40 Vgl. *Schulte*, PiR 2012, 86.
41 Vgl. *Märkle/Hiller*, Die Einkommensteuer bei Land- und Forstwirten[11], Rz. 103.
42 Vgl. *Agatha* et al., 2014, Rz. 286.

Vermögenswerten, gezahlt werden, fallen bspw. nicht unter die Regelungen der IAS 41.34 ff. sondern unter die allgemeinen Vorschriften des IAS 20.

Stehen Subventionen im Zusammenhang mit biologischen Vermögenswerten, die mit dem beizulegenden **Zeitwert** bewertet werden, sind sie vollständig ertragswirksam in dem Geschäftsjahr zu vereinnahmen, in dem sie einforderbar sind. Damit ist die Regelung des IAS 41.34 hinsichtlich des Realisationszeitpunktes deutlich strikter als der korrespondierende IAS 20.7, der nur eine hinreichende Sicherheit erfordert, dass die Bedingungen erfüllt werden.[43] Unter materiellen Erwägungen scheint diese Differenzierung gerechtfertigt, da eine Behandlung unter IAS 41.34 unmittelbar den Gewinn erhöht, während die Regelung des IAS 20 den gleichen Effekt über die Nutzungsdauer streckt. Ist mit der Zuwendung eine Bedingung verknüpft, dann kann der Ertrag aus der Zuwendung nur dann realisiert werden, wenn die Bedingung eingetreten ist (IAS 41.35). Liegt die Bedingung für die Subvention in einem zeitlichen Verlauf (z.B. Bewirtschaftung einer Fläche für eine bestimmte Dauer), ist der Ertrag erst nach Ablauf der Zeitdauer zu vereinnahmen (IAS 41.36). Ist hingegen bestimmt, dass auch Leistungen in Teilphasen subventioniert werden, ist eine Ertragsrealisierung pro rata temporis zulässig.

21.62 Werden die biologischen Vermögenswerte nicht mit dem beizulegenden Zeitwert sondern ausnahmsweise gemäß IAS 41.30 mit ihren fortgeführten **Anschaffungs- bzw. Herstellungskosten** angesetzt (vgl. Rz. 21.37), da der Zeitwert nicht zuverlässig bemessen werden kann, kommt IAS 20 zur Anwendung (IAS 41.37). Ob eine Erfassung der öffentlichen Zuwendung gemäß IAS 20 auch für den Fall des IAS 41.24 gilt, bei dem die Anschaffungs- oder Herstellungskosten als Näherung für den beizulegenden Zeitwert verwendet werden, bleibt offen. Da eine hohe materielle Übereinstimmung von Zeitwert und Anschaffungs- oder Herstellungskosten angenommen werden muss, ist eine Behandlung der Subvention gemäß IAS 41.34 sachgerecht. Problematisch ist dies nur, wenn der Subventionszeitraum weit über den wahrscheinlichen Zeitraum der Bewertung zu Anschaffungs- bzw. Herstellungskosten hinausreicht.

21.63 Zuwendungen der öffentlichen Hand, die sich auf **fruchttragende Pflanzen** (IAS 16) beziehen, fallen stets in den Anwendungsbereich des IAS 20.

G. Anhangangaben

21.64 Biologische Vermögenswerte sind sinnvoll weiter aufzugliedern (vgl. Rz. 21.29). Als **Gruppierungsmerkmale** kommen dabei Kriterien wie konsumierbare und produzierende Vermögenswerte oder reife und unreife Vermögenswerte in Betracht (IAS 41.43):

– **Konsumierbare** biologische **Vermögenswerte** sind gemäß IAS 41.44 entweder bereits als landwirtschaftliche Erzeugnisse geerntet oder werden unmittelbar (oh-

---

43 Vgl. *Jessen* in Beck IFRS-HB[5], Rz. 30; *Scharpenberg/Schreiber* in Baetge-IFRS, IAS 41 Rz. 61.

ne Ernteprozess) veräußert (z.B. schlachtreife Masttierbestände, geerntete Getreidebestände oder einschlagfähige Forstbestände für die Holzproduktion).

- **Produzierende** biologische **Vermögenswerte** dienen der Gewinnung landwirtschaftlicher Erzeugnisse oder anderer biologischer Vermögenswerte (z.B. Milchviehbestände oder Weinstöcke).
- **Reife** biologische **Vermögenswerte** haben gemäß IAS 41.45 entweder den Erntezustand bereits erreicht (Erzeugnisse) oder können grundsätzlich Früchte tragen (produzierende Vermögenswerte).

Hinsichtlich der relevanten Märkte kann es ferner zielführend sein, zwischen Pflanzen und Tieren (diese bspw. wiederum gegliedert in Zucht- und Masttiere) zu unterscheiden. Letztlich soll mit diesen Angaben eine Schätzung des zeitlichen Anfalls zukünftiger Cashflows aus den Vermögenswerten erleichtert werden (IAS 41.43).

Jede dargestellte Gruppe ist gemäß IAS 41.42 entweder verbal oder wertmäßig zu beschreiben. Hinsichtlich der verbalen **Beschreibung** kommt die weitergehende Charakterisierung des Vermögenswertes in Bezug auf Qualitäts-, Alters- oder Sortenklassen in Betracht. Für die wertmäßige Beschreibung sind in erster Hinsicht die monetären Wertansätze ausschlaggebend. Zusätzlich sind als nicht finanzielle Kennzahlen gemäß IAS 41.46 auch quantitative Flächen-, Gewichts- oder Volumenangaben zum Periodenende darzustellen. Ferner sind die Produktionsmengen der landwirtschaftlichen Erzeugnisse während des Geschäftsjahres anzugeben. Für alle Gruppen an biologischen Vermögenswerten ist die spezielle landwirtschaftliche Tätigkeit, die mit dem Vermögenswert verknüpft ist, zu beschreiben. 21.65

Treten **besondere Ereignisse** ein, die aus natürlichen Risiken resultieren (z.B. biotische oder abiotische Kalamitäten im Forst oder Ausbruch einer bedrohlichen Krankheit im Viehbestand), und erwachsen daraus wesentliche Aufwendungen oder Erträge, sind die Art und der wertmäßige Effekt dieser Aufwendungen und Erträge gemäß IAS 1.97 gesondert auszuweisen (IAS 41.53). 21.66

Angaben zum beizulegenden Zeitwert ergeben sich auch für die Landwirtschaft grundsätzlich aus IFRS 13.91 ff. Darüber hinaus ist der Gesamtbetrag des Gewinns oder Verlustes anzugeben, der aus dem erstmaligen Ansatz biologischer Vermögenswerte oder landwirtschaftlicher Erzeugnisse durch Änderungen des beizulegenden Zeitwertes abzgl. der Verkaufskosten resultiert. Ferner sind die folgenden Angaben zu berichten: 21.67

- der Buchwert der biologischen Vermögenswerte, die einem beschränktem Eigentumsrecht unterliegen, oder die als Sicherheit für Verbindlichkeiten gegeben wurden (IAS 41.49(a))
- der Betrag der Verpflichtungen, die für die Entwicklung oder den Erwerb biologischer Vermögenswerte entstanden sind (IAS 41.49(b))
- die Finanzmangement-Strategie für die landwirtschaftliche Tätigkeit (IAS 41.49(c)).

21.68 Die **Veränderung des Buchwertes** der biologischen Vermögensgegenstände vom Beginn zum Ende des Geschäftsjahres ist – ggf. je Gruppe – im Rahmen einer **Überleitungsrechnung** für Vermögenswerte mit einem Produktionszyklus von mehr als einem Jahr darzustellen. Die Überleitungsrechnung kann den in Abb. 21.6 schematisch dargestellten Aufbau besitzen. Zur Ermittlung der Preis- und Mengeneffekte der Veränderung des beizulegenden Zeitwertes abzgl. der geschätzten Verkaufskosten enthält IAS 41.IE (Example 2) ein vereinfachtes Beispiel. Der Standard selbst gibt keinen Aufschluss darüber, wie die Mengen- und die Preisabweichung zu ermitteln sind. Auf der Basis dieses Beispiels ist davon auszugehen, dass der Standardsetter eine kumulative Abweichungsanalyse beabsichtigt, bei der zuerst die Preisabweichung und sodann die Mengenabweichung ausgewiesen wird. Bei dieser Ermittlungsweise wird der Preisabweichung ihre Primärabweichung sowie die sich aus der multiplikativen Verknüpfung ergebende Sekundärabweichung vollständig zugewiesen. Mengenveränderungen, die aus Käufen oder Verkäufen resultieren, werden nicht als Mengenabweichung betrachtet sondern gemäß Abb. 21.7 gesondert gezeigt. Die Mengenabweichung umfasst daher den Zuwachs eines bestehenden biologischen Vermögenswertes aus der biologischen Transformation (z.B. Zunahme des Lebendgewichts im Geschäftsjahr bei Mastvieh) sowie die Schaffung eines neuen Vermögenswertes (z.B. durch Geburt eines Jungtieres).

Buchwert biologischer Vermögenswert 1.1.
Gewinn/Verlust aus Änderung des beizulegenden Zeitwertes *)
– davon Preiseffekt **)
– davon Mengeneffekt **)
Erhöhung durch Zukauf
Verringerung durch Verkäufe oder durch Zuodnung biologischer Vermögenswerte zum Verkauf (IFRS 5)
Verringerung durch Ernte
Erhöhung durch Unternehmenszusammenschlüsse
Währungsdifferenzen
sonstige Änderungen
Buchwert biologischer Vermögenswert 31.12.

*) abzgl. geschätzter Verkaufskosten
**) Empfehlung für biologische Vermögenswerte mit Produktionszyklus > 1 Jahr

Abb. 21.7: Schema einer Überleitungsrechnung gemäß IAS 41.50 f.

21.69 Sofern von der **Ausnahmeregelung** des IAS 41.30 ff. zum Ansatz biologischer Vermögenswerte zu **fortgeführten Anschaffungs- bzw. Herstellungskosten** Gebrauch gemacht wird (vgl. Rz. 21.37), sind folgende zusätzliche Angaben im Anhang darzustellen (IAS 41.54):

- genaue Beschreibung der betroffenen biologischen Vermögenswerte
- eine stichhaltige Begründung, warum der beizulegende Zeitwert nicht verlässlich ermittelt werden konnte
- ein Schätzintervall, innerhalb dessen sich der beizulegende Zeitwert höchstwahrscheinlich befindet (sofern möglich)
- die angewendete Abschreibungsmethode
- die hierbei angesetzten Nutzungsdauern oder ggf. Abschreibungssätze
- den jeweiligen Brutto-Buchwert und die kumulierten Abschreibungen (planmäßige und außerplanmäßige) zum Beginn und zum Ende des Geschäftsjahres
- die Gewinne oder Verluste aus dem Abgang von biologischen Vermögenswerten.

Die zu fortgeführten Anschaffungs- oder Herstellungskosten bewerteten biologischen Vermögenswerte sind gesondert in der Überleitungsrechnung gemäß Abb. 21.7 auszuweisen. Dabei ist die Überleitung durch die folgenden Posten zu erweitern:

- Wertminderungsaufwendungen
- Wertaufholungen aufgrund vergangener Wertminderungen
- Abschreibungen

Kann der beizulegende Zeitwert eines biologischen Vermögenswertes, der bislang zu fortgeführten Anschaffungs- oder Herstellungskosten bewertet wurde, nunmehr verlässlich geschätzt werden, hat das bilanzierende Unternehmen den Vermögenswert präzise zu beschreiben, die Gründe zu benennen, die zur neuen Einschätzung der Bewertungslage geführt haben sowie die Auswirkungen der Bewertungsänderung zu erläutern (IAS 41.56).

Ein landwirtschaftliches Unternehmen, das Subventionen der öffentlichen Hand erhält, hat folgende Aspekte zu erläutern (IAS 41.57): 21.70

- Art und Umfang der im Geschäftsjahr erhaltenen Subventionen
- bislang nicht erfüllte Bedingungen zum Erhalt der Subventionen sowie andere Erfolgsunsicherheiten
- etwaige zukünftig zu erwartende wesentliche Reduzierungen des Subventionsvolumens.

Kapitel 22
Finanzielle Vermögenswerte (IFRS 7, IFRS 9, IAS 32)

A. Überblick und Wegweiser	22.1
I. Management Zusammenfassung	22.1
II. Standards und Anwendungsbereich	22.9
III. Wesentliche Abweichungen zum HGB	22.18
IV. Neuere Entwicklungen	22.19
B. Definition finanzieller Vermögenswerte	22.22
C. Ansatz, Kategorisierung und Zugangsbewertung finanzieller Vermögenswerte	22.26
I. Ansatz finanzieller Vermögenswerte	22.26
II. Kategorisierung finanzieller Vermögenswerte	22.29
1. Überblick	22.29
2. Kategorisierung von Fremdkapitalinstrumenten	22.31
a) Geschäftsmodell und Zahlungsströme	22.31
b) Analyse des Geschäftsmodells	22.32
c) Analyse der zu vereinnahmenden Zahlungsströme	22.39
aa) Ziel der Identifikation einfacher Kreditvereinbarungen	22.39
bb) Tilgung	22.43
cc) Zinsen	22.45
dd) Auswirkung bestimmter Vereinbarungen auf die Analyse der Zahlungsströme	22.51
3. Kategorisierung von Derivaten und Eigenkapitalinstrumenten	22.59
4. Fair-Value Option für finanzielle Vermögenswerte	22.62
III. Zugangsbewertung	22.65
IV. Besonderheiten beim Ansatz zum Handels- oder Erfüllungstag	22.67
D. Folgebewertung	22.80
I. Übersicht	22.80
II. Folgebewertung von Eigenkapitalinstrumenten	22.81
III. Folgebewertung von Fremdkapitalinstrumenten	22.86
1. Überblick	22.86
2. Effektivzinsmethode	22.93
a) Anwendungsbereich	22.93
b) Ermittlung der Effektivverzinsung und Fortschreibung bei Bewertung zu fortgeführten Anschaffungskosten	22.95
c) Fortschreibung in der Kategorie FVOCI	22.104
d) Bonitätsangepasster Effektivzinssatz	22.106
3. Wertminderung finanzieller Vermögenswerte	22.108
a) Fragestellungen und Datenbeschaffung	22.108
b) Definition und Ermittlung des Kreditrisikos	22.113
c) Signifikante Erhöhung des Kreditrisikos	22.118
aa) Ebene der Ermittlung	22.118
bb) Feststellung der Signifikanz	22.124
d) Beeinträchtigte Bonität	22.132
e) Verbesserung des Kreditrisikos bzw. keine beeinträchtigte Bonität mehr	22.134
f) Ermittlung der erwarteten Kreditverluste	22.136
g) Erfassung von Kreditverlusten	22.143
4. Besonderheiten in Stufe 3 des Wertminderungsmodells	22.146
5. Abbildung der Reklassifizierung von finanziellen Vermögenswerten	22.160
E. Ausbuchung	22.167

I. Gegenstand und Wirkung der
    Ausbuchung 22.167
II. Vertragliche Rechte laufen aus . 22.171
III. Vertragliche Rechte werden
    übertragen 22.172
IV. Ausbuchung bei Abschreibung 22.180
F. Einzelfälle zu Ansatz, Bewertung und Ausbuchung finanzieller Vermögenswerte 22.200
  I. Veränderte Zahlungsströme... 22.200
    1. Überblick 22.200
    2. Veränderte Zahlungsströme
       auf Grund geänderter Erwartungen 22.201
    3. Neuverhandlung oder sonstige
       Modifikationen künftiger Zahlungsströme 22.203
  II. Forderungen aus Lieferungen
    und Leistungen, Vertragsvermögenswerte und Leasingforderungen 22.206
  III. Factoring und Asset Backed
    Securities-Gestaltungen 22.211
  IV. Pensionsgeschäfte und Wertpapierleihe 22.219
  V. Anteile an anderen Unternehmen 22.223
    1. Im Konzernabschluss 22.223
    2. Im Einzelabschluss 22.225
  VI. Dividenden und Stückzinsen .. 22.229
  VII. Eingebettete Derivate 22.231
  VIII. Vertraglich verknüpfte Wertpapiere 22.233
G. Ausweis 22.235
  I. Bilanz 22.235
  II. Gewinn- und Verlustrechnung 22.236
  III. Eigenkapitalveränderung 22.237
  IV. Kapitalflussrechnung 22.238
H. Anhangangaben 22.240
  I. Besondere Wesentlichkeit..... 22.240
  II. Rechnungslegungsmethoden .. 22.243
  III. Buchwerte der Kategorien
    und Fair Value 22.245
  IV. Angaben zur Aufwands- und
    Ertragserfassung 22.248
    1. Zinserträge 22.248
    2. Wertminderungen und Wertaufholungen 22.249
    3. Übrige Erträge und Aufwendungen 22.250
  V. Sonstige Angaben 22.251

Literatur: *Apweiler/Berger/Ploog*, Abgrenzung von notleidenden Krediten (NPL), Überblick über die verschiedenen Ausfalldefinitionen nach IFRS und für aufsichtliche Zwecke, WPg 2018, 1011; *Bayer AG*, Halbjahresfinanzbericht 2018; *Bär/Wiechens*, Handelsrechtliche Kreditrisikovorsorge im Wandel der Zeit vor dem Hintergrund von IFRS 9, KoR 2016, 455; *BDO*, IFRS IN PRACTICE 2018, IFRS 9 Financial Instruments, Quelle: https://www.bdo.global/getattachment/Services/Audit-Assurance/IFRS/IFRS-in-Practice/IFRS-9-Financial-Instruments-2018-(1).pdf.aspx?lang=en-GB, Abruf: 26.03.2019; *Bosse*, IFRS-9-konforme Modellierung der Ausfallwahrscheinlichkeit, WPg 2015, 720; *Bosse/Stege/Hita Hochgesang*, Beurteilung der signifikanten Verschlechterung der Kreditqualität nach IFRS 9, Voraussetzungen für die Verwendung von Ratings und Lifetime-PD, WPg 2017, 5; *Bosse/Stege/Hita Hochgesang*, Stufenzuordnung nach IFRS 9, Nachweis zur Verwendung von Ratings als geeignetes Kriterium zur Beurteilung der signifikanten Verschlechterung der Kreditqualität, WPg 2017, 437; *Busch/Zwirner*, IDW RS HFA 50 – erstes Modul zu IFRS 9, IRZ 2018, 369; *Dt. Telekom AG*, Halbjahresfinanzbericht 2018; *Ernst & Young*, Wertminderung finanzieller Vermögenswerte nach IFRS 9, Hamburg 2015; *Fink/Kronthaler/Lehner*, Die Chain-Ladder-Methode zur Modellierung des IFRS 9-LGD, IRZ 2017, 67; *Fischer/Flick/Krakuhn*, Möglichkeiten und Grenzen zur Übernahme der nach IFRS 9 berechneten Risikovorsorge in die handelsrechtliche Rechnungslegung, IRZ 2014, 435; *Flick/Thelen-Pischke*, Kreditrisiken und Risikovorsorge, Vereinbarkeit von aufsichtsrechtlichen Vorgaben und Rechnungslegung nach

IFRS bzw. HGB, WPg 2018, 421; *Freiberg*, Erwerb überverzinslicher Darlehen, Kompaktwissen, PiR, 05/2017, 155; *Fritz-Schmied/Webernig*, Auswirkungen des IFRS 9 für Nicht-Finanzinstitute am Beispiel von Forderungen aus Lieferungen und Leistungen, IRZ 2018, 27; *Ganssauge/Maier*, IFRS 9: Praktische Anwendungsfälle bei Industrieunternehmen, WPg 2018, 133; *Gehrer/Krakuhn/Schütz*, Modifikation von finanziellen Vermögenswerten im Kontext des IDW ERS HFA 48, IRZ 2017, 347; *Geiger* in Habersack/Mülbert/Schlitt (Hrsg.), Unternehmensfinanzierung am Kapitalmarkt³, § 22; *Geisel/Ploog*, Modifikationen von Finanzverbindlichkeiten Auswirkungen vor allem auf Industrieunternehmen beim Übergang auf IFRS 9, WPg 2018, 542; *Grünberger*, Kreditrisiko im IFRS-Abschluss, Stuttgart 2013; *Grünberger/Sopp*, Erwartete Kreditverluste nach IFRS 9, Aktuelle Umsetzungsfragen bei Banken, WPg 2018, 556; *Jünemann/Hundt*, Fallstudie der „International Business Bank" zur Veranschaulichung der Differenzen zwischen IAS 39 und IFRS 9, IRZ 2018, 189; *Knobloch/Krauß/Stankau*, Zur Anwendung des Expected-Credit-Loss-Stufenmodells nach IFRS 9, KoR 2018, 502; *KPMG*, IFRS 9 – Finanzinstrumente aus Sicht von Industrieunternehmen, Quelle: https://assets.kpmg.com/content/dam/kpmg/ch/pdf/ch-ifrs9-de.pdf, Abruf: 26.03.2019; *Löw/Vogt*, Modellierung von Kreditrisikoparametern nach IFRS 9 auf Basis der aufsichtsrechtlichen Schätzungen, Teil 1: Expected Loss nach IFRS 9, Wertminderungen nach CRR und Probability of Default-Modellierung, IRZ 2018, 385; *Löw/Vogt*, Modellierung von Kreditrisikoparametern nach IFRS 9 auf Basis der aufsichtsrechtlichen Schätzungen Teil 2: Modellierung von Loss Given Default und Exposure at Default, IRZ 2018, 437; *Maier/Brandstätter*, Beispiel zur Herleitung der provision matrix in Industrieunternehmen, Überlegungen aus Implementierungsprojekten und praktische Umsetzung, PiR 2018, 230; *Österreichische Nationalbank und Finanzmarktaufsicht (FMA)*, Leitfadenreihe zum Kreditrisiko, Wien 2004; *Purtscher*, Bewertung von Beteiligungen nach IFRS 9, IRZ 2017, 509; *PWC*, IFRS 9, Financial Instruments – Understanding the basics, Quelle: https://www.pwc.com/gx/en/audit-services/ifrs/publications/ifrs-9/ifrs-9-understanding-the-basics.pdf, Abruf: 26.03.2019; *Schröder*, Ermessensspielräume bei der bilanziellen Abbildung modifizierter finanzieller Vermögenswerte nach IFRS 9, KoR 2016, 579; *Transition Resource Group for Impairment of Financial Instruments*, Meeting Summary–11 December 2015, Rz. 10–13, Quelle: www.ifrs.org, Abruf: 26.03.2019; *Transition Resource Group for Impairment of Financial Instruments*, Meeting Summary–16 September 2015, Rz. 23, Quelle: www.ifrs.org, Abruf 26.03.2019.

A. Überblick und Wegweiser

I. Management Zusammenfassung

Wird von der Bilanzierung von Finanzinstrumenten gesprochen, geht es genau genommen um die Bilanzierung von aus den Finanzinstrumenten resultierenden finanziellen Vermögenswerten, finanziellen Schulden und Eigenkapitalinstrumenten: Denn ein Finanzinstrument ist definiert als ein Vertrag, der gleichzeitig bei einem Unternehmen zu einem finanziellen Vermögenswert und bei dem anderen Unternehmen zu einer finanziellen Schuld oder einem Eigenkapitalinstrument führt (IAS 32.11). Vorschriften zum Ansatz und zur Bewertung finanzieller Vermögenswerte sind in IFRS 9 *Finanzinstrumente* enthalten, der mit Wirkung zum 1.1.2018 die entsprechenden Vorschriften des IAS 39 abgelöst hat.

Im Hinblick auf die Bilanzierung finanzieller Vermögenswerte sind drei wesentliche Änderungen auffällig:

(a) IFRS 9 enthält nur noch drei (statt vormals vier) Bewertungskategorien für finanzielle Vermögenswerte. Die Namen der Bewertungskategorien geben zugleich Auskunft über die Folgebewertung:

- Fortgeführte Anschaffungskosten (AC),
- Fair Value mit erfolgsneutraler Erfassung der Wertänderungen im *other comprehensive income* (FVOCI) und
- Fair Value mit erfolgswirksamer Erfassung der Wertänderung in der Gewinn- und Verlustrechnung (FVPL).

(b) Gehaltene Eigenkapitaltitel (z.B. Aktien, GmbH-Anteile) dürfen zwar immer noch erfolgsneutral zum Fair Value bewertet werden (FVOCI), aber die Erfassung der Wertänderung im OCI ist endgültig, d.h. auch beim Abgang der Eigenkapitaltitel erfolgt keine Umbuchung der im OCI erfassten Wertänderungen in die Gewinn- und Verlustrechnung (kein Recycling).

(c) Die Vorschriften für Wertminderungen sind nach den Erfahrungen mit der Finanzkrise von vor rund 10 Jahren vom sog. *inccured loss model* auf das sog. *expected loss model* umgestellt worden. Der IASB erwartet damit eine frühere Erfassung von Wertminderungen.

22.2 Finanzielle Vermögenswerte sind beim **Zugang** grds. zum beizulegenden Zeitwert (entspricht in der Regel dem Transaktionspreis) zzgl. Transaktionskosten zu bewerten. Ausnahmen bestehen für

- finanzielle Vermögenswerte, die der Bewertungskategorie FVPL zugeordnet werden. Beim Zugang sind diese zum beizulegenden Zeitwert (ohne Transaktionskosten) zu bewerten; und
- bestimmte Forderungen aus Lieferungen und Leistungen (siehe Rz. 22.206 ff.), welche beim erstmaligen Ansatz nach IFRS 15 zu bewerten sind.

Für die **Folgebewertung** ist zwischen Fremdkapitalinstrumenten (z.B. Forderungen, Anleihen), Derivaten (z.B. Devisentermingeschäfte oder Zinsswaps) und Eigenkapitalinstrumenten (z.B. Aktien und GmbH-Anteile) zu differenzieren.

22.3 Die Bilanzierung von **Fremdkapitalinstrumenten** ist abhängig vom Geschäftsmodell und der Qualifizierung der aus dem Instrument künftig zu erhaltenden Zahlungen:

(1) Soweit das Geschäftsmodell (für ein Instrument oder ein Portfolio von Instrumenten) vorsieht, dass die Fremdkapitalinstrumente grds. bis zum Fälligkeitszeitpunkt gehalten werden und die Zahlungsströme nur Zins und Tilgung umfassen, sind die Fremdkapitalpapiere der Bewertungskategorie AC zuzuordnen.

(2) Soweit vorgesehen ist, entsprechende Fremdkapitalpapiere auch vor Fälligkeit zu veräußern, sind sie der Bewertungskategorie FVOCI zuzuordnen. Im OCI erfasste Wertänderungen sind nur bei Veräußerung oder Reklassifizierung der Fremdkapitalpapiere in der Gewinn- und Verlustrechnung zu erfassen sind (FVOCI mit sog. „Recycling").

(3) Werden letztlich Fremdkapitalinstrumente gehalten, ohne diese bis zur Fälligkeit halten zu wollen und/oder die künftigen Zahlungsströme aus den Instrumenten nicht als Zins und Tilgung zu qualifizieren sind, sind diese zum beizulegenden Zeitwert zu bewerten, wobei Wertänderungen in der Gewinn- und Verlustrechnung zu erfassen sind (FVPL).

Soweit Fremdkapitalinstrumente nicht anhand der Merkmale „Geschäftsmodell" und „Qualifizierung der Zahlungsströme" der Bewertungskategorie FVPL zugeordnet werden, besteht das Wahlrecht, sie dieser Bewertungskategorie zuzuordnen, soweit dadurch sogenannte Rechnungslegungsanomalien (*„accounting missmatch"*) eliminiert oder wesentlich verringert werden. Umwidmungen zwischen den Bewertungskategorien sind nur möglich, soweit ein Unternehmen das Geschäftsmodell bzgl. eines Fremdkapitalinstruments ändert.

Derivate, die nicht als Sicherungsinstrument nach den Vorschriften des Hedge Accounting zu bilanzieren sind (vgl. Rz. 25.41), sind nach IFRS 9 zwingend der Bewertungskategorie FVPL zuzuordnen. 22.4

Eigenkapitalpapiere sind den Bewertungskategorien FVPL oder FVOCI zuzuordnen (das Wahlrecht darf für jedes Eigenkapitalpapier separat ausgeübt werden). Eine Bewertung zu Anschaffungskosten ist nach IFRS 9 nicht mehr zulässig.[1] Soweit die Eigenkapitalpapiere der Bewertungskategorie FVOCI zugeordnet werden, ist Folgendes zu beachten: 22.5

– Nach IFRS 7.11A und .11B gelten erhöhte Offenlegungsvorschriften, welche eine Anwendung ggf. weniger attraktiv erscheinen lassen.[2]
– Die im OCI erfassten Wertänderungen werden künftig – anders als bei Fremdkapitalinstrumenten – nicht in die Gewinn- und Verlustrechnung umgegliedert (kein Recycling). Wertminderungsvorschriften für Eigenkapitalpapiere sind daher nicht notwendig.

Erhaltene Dividenden sind unabhängig von der Zuordnung in eine der Bewertungskategorien in der Gewinn- und Verlustrechnung zu erfassen, soweit sie nicht eindeutig eine Rückzahlung des Kaufpreises darstellen.

Mit IFRS 9 hat das IASB einen neuen Ansatz zur Ermittlung von **Wertminderungen bei Fremdkapitalinstrumenten** verabschiedet. Während bisher Wertminderungen nach dem sog. inccured loss model auf Basis von (pauschalierten) Einzelwertberichtigungen berücksichtigt wurden, sind nun nach dem sog. **expected loss model** bereits beim Ansatz eines Fremdkapitalinstruments Wertminderungen in der Höhe zu erfassen, in der sie in den kommenden 12 Monaten voraussichtlich eintreten werden (*12-month expected credit losses*) (Stufe 1). 22.6

---

[1] In eng abgegrenzten Fällen dürfen die Anschaffungskosten aber als beste Schätzung des beizulegenden Zeitwerts angewandt werden (vgl. Rz. 22.72).
[2] Vgl. aber beispielhaft die Geschäftsberichte 2018 der Bayer AG und der Dt. Telekom AG, welche bei der Überleitung auf IFRS 9 bei Eigenkapitalinstrumenten im Wesentlichen die Wertänderungen im OCI erfassen; Bayer AG, Geschäftsbericht 2018, S. 172 f.; Dt. Telekom AG, Geschäftsbericht 2018, S. 236.

Soweit das Kreditausfallrisiko nach dem erstmaligen Ansatz signifikant gestiegen ist, ist eine Wertminderung in der Höhe zu berücksichtigen, in der Ausfälle über die gesamte Laufzeit des Finanzinstruments erwartet werden (*lifetime expected credit losses*) (Stufe 2). Unabhängig von der zu erfassenden Wertminderung werden die Zinserträge aus dem Fremdkapitalinstrument in Stufe 1 und Stufe 2 des Wertminderungsmodells auf Basis des Bruttobuchwerts (Wert ohne Berücksichtigung der Wertminderung) ermittelt und erfasst.

Tritt ein Ereignis mit nachteiligen Auswirkungen auf die künftig zu erhaltenden Zahlungsströme ein, ist die Wertminderung (weiterhin) auf Basis der über die gesamte Laufzeit des Finanzinstruments erwarteten Kreditausfälle zu erfassen. Die Zinserträge sind in diesem Fall indes nicht auf Basis des Bruttobuchwerts, sondern auf Basis der fortgeführten Anschaffungskosten (Bruttobuchwert abzgl. Wertminderung) zu ermitteln (Stufe 3).

22.7 Zu berücksichtigen ist, dass bei Fremdkapitalinstrumenten die in der Gewinn- und Verlustrechnung erfassten Erfolgsbeiträge unabhängig davon, ob Fremdkapitalinstrumente der Bewertungskategorie AC oder FVOCI zugeordnet werden, identisch sind. Bei einer Zuordnung zur Bewertungskategorie FVOCI werden im OCI nur die über die in der Gewinn- und Verlustrechnung erfassten Erfolgsbeiträge hinausgehenden Änderungen des beizulegenden Zeitwerts des Fremdkapitalinstruments erfasst.

22.8 frei

II. Standards und Anwendungsbereich

22.9 Unternehmen verwenden Finanzinstrumente im Rahmen der kurz- oder langfristigen Anlagestrategie, im Rahmen der Finanzierung aber auch im operativen Geschäft. Neben klassischen Instrumenten wie Forderungen und Verbindlichkeiten, Ausleihungen an andere Unternehmen, Anteilen an anderen Unternehmen, Anleihen, Wechselverbindlichkeiten, Devisentermingeschäften und Zinsswaps werden auch komplexere Instrumente eingesetzt, die als individuelle Lösungen bedarfsgerecht auf die jeweiligen Unternehmensbedürfnisse entwickelt werden. Um die Vielzahl an Finanzinstrumenten bilanziell korrekt zu erfassen, werden Detailregelungen gestaltet, die entsprechend der oft hohen Komplexität der entwickelten Finanzinstrumente eine entsprechend hohe Komplexität in den Bilanzierungsvorschriften zur Folge haben. Drei Standards befassen sich dabei mit Bilanzierungsfragen zu Finanzinstrumenten:

– IFRS 9 enthält Vorschriften zum Ansatz und zur Bewertung finanzieller Vermögenswerte und finanzieller Schulden, sowie zur Abbildung von Hedge Accounting,

– IAS 32 enthält die Vorschriften zur bilanziellen Darstellung von Finanzinstrumenten, insbesondere die Klassifizierung in Eigenkapital und Fremdkapital,

– IFRS 7 enthält in gebündelter Form die Angabepflichten zu Finanzinstrumenten.

Die Bilanzierung von Finanzinstrumenten wird in diesem Buch in vier Kapiteln behandelt: 22.10

- *Vorliegendes Kapitel* erläutert Ansatz, Bewertung und Angabepflichten zu **finanziellen Vermögenswerten**, also Forderungen, Wertpapieren, Ausleihungen, Anteilen an anderen Unternehmen usw.
- In Kapitel 23 werden Fragen der **Eigenkapitalabgrenzung** behandelt.
- Die Bilanzierung **finanzieller Verbindlichkeiten** ist Gegenstand von Kapitel 24.
- Die Grundzüge der **Abbildung von Sicherungszusammenhängen** (*Hedge Accounting*) und das damit in Verbindung stehende Wahlrecht, die sog. Fair Value-Option, sowie die Risikoberichterstattung werden in Kapitel 25 erläutert.

Unsere Ausführungen konzentrieren sich dabei auf Geschäftsvorfälle und Sachverhalte, wie sie in Industrie-, Handels- und Dienstleistungskonzernen häufig zu beobachten sind.

Im Kontext von IFRS 9 sind folgende Interpretationen zu nennen: 22.11

- IFRIC 2: Geschäftsanteile an Genossenschaften und ähnliche Instrumente (Rz. 23.58).
- IFRIC 16: Absicherungen einer Nettoinvestition in einen ausländischen Geschäftsbetrieb (Rz. 35.37).
- IFRIC 17: Sachdividenden an Eigentümer (Rz. 23.99).
- IFRIC 19: Tilgung finanzieller Verbindlichkeiten durch Eigenkapitalinstrumente (Rz. 24.64).

IFRS 9, IAS 32 sowie IFRS 7 sind von **allen Unternehmen** grds. auf **alle Arten von Finanzinstrumenten** anzuwenden. Die Vorschriften zum „genauen" Anwendungsbereich sind in den Standards allerdings recht diffizil geregelt. 22.12

Vom Anwendungsbereich des IFRS 9, des IFRS 7 und des IAS 32 sind folgende Finanzinstrumente bzw. Rechte und Pflichten ausgenommen:

Anteile an Tochterunternehmen, assoziierten Unternehmen und Gemeinschaftsunternehmen, die nach IAS 27, nach IFRS 10 oder IAS 28 bilanziert werden (= im Wesentlichen Vollkonsolidierung sowie Bewertung at equity, so dass diese Anteile im Konzernabschluss nicht mehr vorkommen. Im separaten Einzelabschluss sind diese Anteile nach IAS 27 zu bewerten (vgl. Rz. 22.225 ff.)),

- Rechte und Verpflichtungen aus **Altersversorgungsplänen** i.S.v. IAS 19 (Rz. 27.1),
- Finanzinstrumente, Verträge und Verpflichtungen im Zusammenhang mit **aktienorientierten Vergütungen** (IFRS 2, Rz. 28.1),
- bestimmte Rechte und Verpflichtungen *eines Versicherers* aus **Versicherungsverträgen** i.S.v. IFRS 17.

Im Gegensatz zu den Rechte und Verpflichtungen *eines Versicherers* aus Versicherungsverträgen sind **finanzielle Garantien** (bzw. Bürgschaften) nach IFRS 9 zu bilanzieren. Eine solche finanzielle Garantie liegt vor (vgl. IFRS 9.A), soweit der Garantiegeber zu Zahlungen an den Garantienehmer für einen Verlust verpflichtet ist, der dem Garantienehmer entstanden ist, weil ein bestimmter Schuldner seinen Zahlungsverpflichtungen nicht nachgekommen ist. (**Beispiel**: Die TU AG nimmt bei der B AG einen Kredit über 500.000 € auf. Die MU AG garantiert der B AG, für Zahlungsverpflichtungen der TU AG aufzukommen, soweit diese ihren Zahlungsverpflichtungen nicht nachkommt. MU AG hat die Garantie als Finanzgarantie nach IFRS 9 zu bilanzieren.)

Vom Anwendungsbereich des IFRS 9 und des IFRS 7 sind zudem Finanzinstrumente ausgenommen, die im Rahmen der Ausnahmetatbestände nach IAS 32.16A–16D als Eigenkapitalinstrumente klassifiziert werden (vgl. Rz. 23.37).

Ausschließlich aus dem Anwendungsbereich von IFRS 9 ausgenommen sind:

- bestimmte Rechte und Verpflichtungen aus **Leasingverhältnissen** i.S.v. IFRS 16 (Rz. 17.5 ff.),
- vom Unternehmen emittierte Aktien, Optionen und andere Eigenkapitalinstrumente. Dies bedeutet, dass das Eigenkapital eines Unternehmens selbst nicht in den Anwendungsbereich des IFRS 9 fällt. Das Eigenkapital ist vielmehr die Differenz zwischen den Vermögenswerten und den Schulden. Zur Abgrenzung von Schulden und Eigenkapital vgl. Rz. 23.21 ff.
- **Rückgriffsansprüche** aus Verpflichtungen, für die **Rückstellungen** nach IAS 37 angesetzt worden sind (Rz. 26.65),
- Termingeschäfte auf den künftigen Erwerb oder Verkauf eines Unternehmens, soweit die Laufzeit angemessen ist, um ausstehende Genehmigungen einzuholen und die Transaktion abzuwickeln,
- Rechte und Pflichten im Anwendungsbereich des IFRS 15 (Rz. 10.4 ff.), soweit dort nicht die Anwendung von IFRS 9 gefordert wird.

Der so definierte Anwendungsbereich führt dazu, dass einige Sachverhalte von unterschiedlichen Standards geregelt werden. So sind Forderungen aus Leasingverhältnissen finanzielle Vermögenswerte, die nach IFRS 16 anzusetzen und grds. in der Folge zu bewerten sind. Indes sind für diese finanziellen Vermögenswerte wiederum die Ausbuchungs- und Wertminderungsvorschriften des IFRS 9 anzuwenden. Die Ausbuchungs- und Wertminderungsvorschriften des IFRS 9 sind auch auf nach IFRS 15 angesetzte Vertragsvermögenswerte anzuwenden.

22.13 **Kreditzusagen** fallen grundsätzlich nicht in den Anwendungsbereich des IFRS 9. Davon ausgenommen sind (IFRS 9.2.3):

- Kreditzusagen, die nach IFRS 9.4.2.2 erfolgswirksam zum Fair Value bewertet werden oder dem Handelsbestand zuzurechnen sind,
- Kreditzusagen, die durch Zahlung oder Lieferung eines anderen Finanzinstruments abgelöst werden können (solche Kreditzusagen sind Finanzderivate),
- Zusagen, einen Kredit unterhalb des Marktzinssatzes zur Verfügung zu stellen.

Auf alle Kreditzusagen anzuwenden sind indes die Vorschriften des IFRS 9 bzgl. der Erfassung von Wertminderungen und der Ausbuchung (IFRS 9.2.1.(g)) (Rz. 24.65 ff.).

Finanzderivate zählen zu den Finanzinstrumenten und sind daher nach IFRS 9 zu bilanzieren. Ein Derivat ist nach IFRS 9 Anhang A wir folgt definiert: Ein Vertrag, 22.14

– dessen Wert sich infolge einer Änderung eines bestimmten Basiswerts (z.B. Zinssatz, Wertpapierkurs, Rohstoffpreis, Wechselkurs, Preis- oder Zinsindex, Bonitätsrating oder Kreditindex oder einer ähnlichen Variablen) verändert;

– der keine oder eine im Vergleich zu anderen Vertragsformen, von denen zu erwarten ist, dass sie in ähnlicher Weise auf Änderungen der Marktbedingungen reagieren, geringere Anfangsauszahlung erfordert; und

– der zu einem späteren Zeitpunkt erfüllt wird.

Zu den Finanzderivaten zählen Verträge über den (künftigen) Erwerb oder den künftigen Tausch finanzieller Vermögenswerte und/oder Schulden, soweit die Verträge nicht als Eigenkapitalinstrument zu klassifizieren sind. Dazu zählen zum Beispiel:

– Call Option über Aktien: Der Inhaber der Option hat das Recht, künftig eine bestimmte Zahl an Aktien zu einem bestimmten Basispreis zu erwerben.

– Put Option über Aktien: Der Inhaber der Option hat das Recht, künftig eine bestimmte Zahl an Aktien zu einem bestimmten Basispreis zu veräußern.

– Future oder Terminkontrakt: Ein börsennotierter, standardisierter Vertrag, nach dem der eine Vertragspartner verpflichtet ist, künftig vom anderen Vertragspartner einen bestimmten Basiswert zu einem bestimmten Basispreis zu erwerben.

– Forward: Entspricht dem Future, ist aber nicht börsennotiert und individuell verhandelbar.

– Zinsswap: Vertragspartner tauschen Zinsbeträge auf festgelegte Nennwerte.

In den Anwendungsbereich des IFRS 9 fallen indes nicht nur Finanzderivate. Auch Verträge über den **Kauf oder Verkauf nicht-finanzieller Posten** fallen in den Anwendungsbereich des IFRS 9, soweit diese durch Nettoausgleich in bar oder anderen finanziellen Vermögenswerten oder durch Tausch von finanziellen Vermögenswerten beglichen werden können. 22.15

Davon wiederum ausgenommen sind Verträge, die zwecks Empfang oder Lieferung nicht finanzieller Posten gemäß dem **erwarteten Einkaufs-, Verkaufs- oder Nutzungsbedarf** des Unternehmens geschlossen wurden und in diesem Sinne weiter gehalten werden (sogenannte *own-use-exemption*). Die unter die *own-use-exemption* fallenden schwebenden Geschäfte sind nicht im Anwendungsbereich des IFRS 9. In der Bilanz sind diese Verträge nur abzubilden, soweit nach IAS 37 eine Rückstellung für drohende Verluste aus schwebenden Geschäften abzubilden ist. Nach IAS 32.10 fallen geschriebene Optionen auf den Kauf oder Verkauf nicht-finanzieller Posten nicht unter die *own-use-exemption*, soweit ein Nottoausgleich möglich ist oder sie durch die Hingabe oder den Tausch von finanziellen Vermögenswerten beglichen werden können.

Letztlich besteht die Möglichkeit, jedes Derivat über den Kauf oder Verkauf eines nicht finanziellen Postens **als ergebniswirksam zum beizulegenden Zeitwert zu designieren**, soweit für dieses Derivat ein Nettoausgleich möglich ist. Dies gilt auch für die Verträge, die zwecks Empfang oder Lieferung nicht finanzieller Posten gemäß dem erwarteten Einkaufs-, Verkaufs- oder Nutzungsbedarf des Unternehmens geschlossen wurden und in diesem Sinne weiter gehalten werden.

Die Interpretation des IASB, was unter „Nettoausgleich in bar oder anderen finanziellen Vermögenswerten oder durch Tausch von finanziellen Vermögenswerten" zu verstehen ist, ist in IFRS 9.2.6 enthalten und kann getrost als „sehr weit" bezeichnet werden. Die Möglichkeit eines Nettoausgleichs ist nach IFRS 9.2.6 beispielsweise in folgenden Fällen gegeben:

a) der Vertrag enthält die Regelung, dass jede Vertragspartei den Vertrag netto in bar oder in finanziellen Vermögenswerten oder gegen Tausch finanzieller Vermögenswerte begleichen kann;

b) der Vertrag selbst enthält nicht explizit die Möglichkeit eines Nettoausgleich, das Unternehmen schließt aber in der Regel („*the entity has a practice*") mit der jeweiligen Vertragspartei eine Saldierungsvereinbarung ab oder veräußert den Vertrag vor Ende der Laufzeit,

c) bei ähnlichen Verträgen wird der Vermögensgegenstand physisch geliefert, dieser wird anschließend aber innerhalb kurzer Zeit mit dem Ziel veräußert, Gewinne aus kurzfristigen Preisschwankungen zu realisieren. Das Ziel, Gewinne aus kurzfristigen Preisschwankungen zu realisieren, ist nicht gegeben, soweit eine güterwirtschaftliche Wertschöpfung vorliegt. Diese ist anzunehmen, soweit die eingekauften Waren vor (Weiter-) Veräußerung in ihrer Beschaffenheit veredelt werden, eine Losgrößentransformation stattfindet (Kauf von 40.000 Flaschen Wein und Weiterverkauf in Größen von z.B. 6 oder 12 Flaschen) oder soweit Dienstleistungen im Bereich Distribution oder Lagerhaltung erbrachte werden. Wichtig ist, dass die Verträge in ihrem Gesamtkontext beurteilt werden,[3]

oder

d) sich der entsprechende Posten unmittelbar in Geld tauschen lässt. Dieses Kriterium ist für Warentermingeschäfte in der Regel erfüllt.[4]

In Fall b) werden in der *Regel* die nicht finanziellen Posten aus dem Vertrag gar nicht geliefert, In Fall c) werden die nicht finanziellen Posten zwar geliefert, aber nur mit dem Ziel der kurzfristigen Gewinnerzielung. Daher sind die in den Fällen b) und c) genannten Verträge als Derivate nach IFRS zu bilanzieren. Die *own-use-excemption* ist für diese Verträge ausgeschlossen (vgl. IFRS 9.2.6).

---

3 Vgl. IDW HFA RS 25 Rz. 14.
4 IFRS 9.BCZ2.22.

Folgende Abbildung fasst zusammen, in welchen Fällen ein entsprechender Vertrag nach IFRS 9 zu bilanzieren ist.

```
                    Vertrag über nicht-finanziellen Posten?
         Nein ←─────────────────│─────────────────→ Ja
                                                    ↓
                                         Nettoausgleich möglich?
                                                    ↓ Ja
                  Nein ←──────────────  Own use exemption?
                                                    ↓ Ja                    Nein
                  Ja  ←──────────────   Als FVPL designiert?
                                                    ↓ Nein
         Im Anwendungsbereich              Nicht im
            des IFRS 9                Anwendungsbereich des
                                           IFRS 9
```

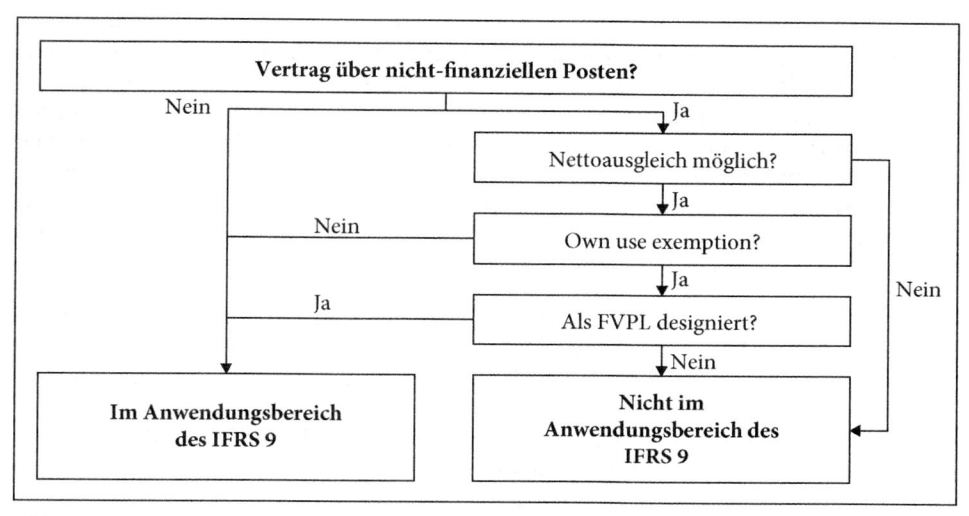

Abb. 22.1: Zuordnung von Verträgen über nicht-finanzielle Posten

Damit Verträge über den Erwerb von Waren, Rohstoffen und Energie nicht zu einer erhöhten Volatilität in der Gewinn- und Verlustrechnung führen, ist es notwendig, die zu Grunde liegenden Verträge entsprechend zu vereinbaren und abzuschließen, da wirtschaftlich grds. identische Gestaltungen im Abschluss unterschiedlich abzubilden sind. Folgendes Beispiel verdeutlicht dies (die im Beispiel genannten Verträge werden nicht als ergebniswirksam zum beizulegenden Zeitwert bewertet designiert):

Beispiel: Fall a) Eine Brauerei mit Sitz und Produktion in München schließt im Januar 01 einen Vertrag beim örtlichen Rohstoffhändler über den Erwerb von einer Tonne Weizen für die Bierproduktion zum Preis von 160 €/t ab. Der Weizen soll am 1.1.02 geliefert werden und in der Produktion eingesetzt werden. Ein Nettoausgleich sei möglich, schon allein deshalb, weil der Weizen unmittelbar in Geld getauscht werden kann (IFRS 9 BCZ 2.22). Der Weizenpreis steigt bis zum 1.1.02 auf 230 €/t. Der Vertrag hat unmittelbar vor Lieferung einen Wert von 70 €.

Am 1.1.02 wird der Weizen für i 160 € geliefert und wie geplant anschließend in der Produktion verbraucht. Der Vertrag über den Erwerb von Weizen ist nicht im Anwendungsbereich des IFRS 9, da die *own-use-exemption* greift. Er ist als schwebendes Geschäft grds. nicht bilanzwirksam.

Fall b) Abwandlung: Der im Januar 01 abgeschlossene Vertrag über den Erwerb von einer Tonne Weizen für die Bierproduktion zum Preis von 160 €/t sieht vor, dass dieser am Ende der Laufzeit (1.1.02) netto beglichen wird. Bei einem Anstieg des Weizenpreises bis zum 1.1.02 auf 230 €/t erhält das Unternehmen somit am 1.1.02 aus dem Derivat 70 €.

Den Weizen kauft das Unternehmen anschließend beim örtlichen Rohstoffhändler für 230 €/t. In diesem Fall b) ist der Terminvertrag über den Erwerb von Weizen indes im Anwendungsbereich des IFRS 9 und am Stichtag 31.12.01 ergebniswirksam zum beizulegenden Zeitwert zu bewerten.

22.16 Bei Verträgen, die eine Zahlung bei Eintritt bestimmter klimatischer, geologischer oder sonstiger physikalischer Variablen vorsehen, ist nach IFRS 4.BC55 zu unterscheiden: Erfolgt die Zahlung nur dann, wenn bestimmte Schäden beim Begünstigten auszugleichen sind (z.B. Hagel, Sturm, Wasser), handelt es sich um **Versicherungsverträge**, die nach IFRS 4 (künftig: IFRS 17) zu bilanzieren sind. Der Versicherungsnehmer ist insoweit nicht betroffen. Im Übrigen handelt es sich um **Wetterderivate** (z.B. Zahlung an einen Touristikkonzern, wenn bestimmte Durchschnittstemperaturen im Mittelmeerraum nicht erreicht werden), auf die IFRS 9 anzuwenden ist (IFRS 9.B2.1 i.V.m. IFRS 4.BC55 ff.).

22.17 Aktivische und passivische **Abgrenzungen** sowie **Gewährleistungsverpflichtungen** sind keine finanziellen Vermögenswerte bzw. Schulden und somit nicht nach IFRS 9 zu bilanzieren (vgl. IAS 32.A11), soweit ihnen nicht das Recht auf Erhalt bzw. die Verpflichtung zur Lieferung flüssiger Mittel oder finanzieller Vermögenswerte zu Grunde liegt. Ebenso sind Ertragsteuerforderungen und -verbindlichkeiten keine finanziellen Vermögenswerte oder Schulden (kein Vertrag!). Sie sind nicht nach IFRS 9, sondern nach IAS 12 zu bilanzieren (vgl. IAS 32.A12).

III. Wesentliche Abweichungen zum HGB

22.18 Im Hinblick auf **finanzielle Vermögenswerte** sind folgende wesentliche Unterschiede zum HGB auffällig:

– Nach HGB sind finanzielle Vermögenswerte grds. zu (fortgeführten) Anschaffungskosten zu bewerten. Lediglich Kreditinstitute haben Wertpapieren des Handelsbestands zum beizulegenden Zeitwert zu bewerten (§ 340e Abs. 3 HGB). Nach IFRS 9 gilt für alle Unternehmen, dass finanzielle Vermögenswerte, die den Bewertungskategorien FVOCI und FVPL zugeordnet sind, zwingend zum beizulegenden Zeitwert zu bewerten sind. Zudem besteht das Wahlrecht, unter bestimmten Voraussetzungen auch der Bewertungskategorie AC zugeordnete finanzielle Vermögenswerte zum beizulegenden Zeitwert bewerten.

– Die Wertminderung nach HGB erfolgt auf Basis der Zuordnung zum Anlagevermögen oder Umlaufvermögen. Dem Anlagevermögen zugeordnete finanzielle Vermögenswerte sind bei dauerhafter Wertminderung abzuschreiben und dürfen bei vorübergehender Wertminderung abgeschrieben werden. Dem Umlaufvermögen zugeordnete finanzielle Vermögenswerte sind unabhängig davon abzuschreiben, ob die Wertminderung als dauerhaft oder vorübergehend qualifiziert wird. In der Praxis wird nach HGB eine Wertminderung idR. auf Basis des *incurred loss*-Modells erfasst.[5] Auf Grund des in § 252 Abs. 1 Nr. 4 HGB kodifizierten Imparitätsprinzips („...namentlich sind **alle** vorhersehbaren Risiken und Verluste, die bis zum Abschlussstichtag entstanden sind, zu berücksichtigen ..."

---

5 *Fischer/Flick/Krakuhn*, IRZ 2014, 435.

[Hervorhebung durch den Verfasser]) ist eine Anwendung des *expected loss*-Modells aber nicht ausgeschlossen.[6] Die Wertminderung wird nach IFRS 9 dagegen unabhängig von der Zuordnung zu langfristigen und kurzfristigen Vermögenswerten ermittelt. Sie ist immer unter Berücksichtigung entweder der in den kommenden 12 Monaten erwarteten Kreditausfälle oder der über die gesamte Laufzeit des Finanzinstruments erwarteten Kreditausfälle zu erfassen.

– Finanzderivate sind nach IFRS 9 immer zum beizulegenden Zeitwert in die Bilanz aufzunehmen. Damit wird der nach HGB und auch nach IFRS geltende Grundsatz, schwebende Geschäfts nicht zu bilanzieren, nach IFRS 9 bei Finanzderivaten durchbrochen. Nach HGB dürfen Derivate max. zu Anschaffungskosten unter Berücksichtigung des Niederstwertprinzips bewertet werden. Eine positive Wertentwicklung darf nach HGB nicht erfasst werden. Ein negativer Wert eines Derivats ist dagegen in der Bilanz als Drohverlustrückstellung zu berücksichtigen. Der beizulegende Zeitwert von Derivaten ist nach § 285 Abs. 1 Nr. 19 HGB im Anhang anzugeben. Zu Unterschieden und Gemeinsamkeiten in der Abbildung von Finanzderivaten beim Hedging siehe Rz. 25.11.

– Bei der **Übertragung** finanzieller Vermögenswerte (Factoring, Pensionsgeschäfte) kann es zu Abweichungen zwischen HGB und IFRS 9 kommen (vgl. Rz. 22.211 ff. und 22.219 ff.).

IV. Neuere Entwicklungen

Aufgrund der durch die Finanzkrise offensichtlich gewordenen tatsächlichen oder vermeintlichen Unzulänglichkeiten des IAS 39 stand das IASB unter Druck, die Regelungen zu überarbeiten. Im Juli 2009 veröffentlichte das IASB den ersten Entwurf zur Neufassung der Bilanzierungsregelungen für Finanzinstrumente. Das Projekt wurde in drei Phasen aufgeteilt:

22.19

– Phase 1: Klassifizierung und Bewertung
– Phase 2: Fortgeführte Anschaffungskosten und Wertminderungen
– Phase 3: Bilanzierung von Sicherungsbeziehungen

Nach einigen Widrigkeiten wurde der endgültige Standard im Juli 2014 vom IASB veröffentlicht und im November 2016 von der EU anerkannt. IFRS 9 ist anzuwenden für Geschäftsjahre, die ab dem 1.1.2018 beginnen.

Seit der Veröffentlichung in 2014 wurden zwei Änderungen des IFRS 9 vom IASB verabschiedet, welche von der EU anerkannt wurden.

22.20

– **Anwendung von IFRS 9 im Zusammenhang mit der Anwendung von IFRS 4**: Diese vom IASB verabschiedete Regelung betrifft vor allem Versicherungsunternehmen. Mit IFRS 17 hat das IASB einen Standard für die Bilanzierung von Versicherungsverträgen verabschiedet, welcher für Geschäftsjahre anzuwenden ist,

---
6 Vgl. Bär/Wiechens, KoR 2016, 461.

die ab dem 1.1.2022 beginnen. IFRS 17 wird den aktuell gültigen IFRS 4 ersetzen. Bedenken wurden vor allem dazu geäußert, dass die Anwendung von IFRS 4 und IFRS 9 zu Bilanzierungsanomalien führen könnte und dass eine doppelte Belastung aus der Umstellung zunächst auf IFRS 9 im Zusammenhang mit IFRS 4 und kurze Zeit später auf IFRS 17 im Zusammenhang mit IFRS 9 zu hohen Aufwendungen führt. Das IASB hat den Bedenken nachgegeben und im September 2016 Änderungen an IFRS 4 verabschiedet. Demnach dürfen Versicherungsunternehmen grds. wählen, ob sie die Anwendung des IFRS 9 bis zur Anwendung des IFRS 17 aussetzen und Finanzinstrumente weiterhin nach IAS 39 bilanzieren oder ob sie bestimmt Gewinne und Verluste entgegen der Vorschrift des IFRS 9 im sonstigen Periodenergebnis erfassen. Die Änderung wurde von der EU am 3.11.2017 anerkannt.

— **Vorfälligkeitsregelungen mit negativer Ausgleichsleistung**: Nach IFRS 9 sind Fremdkapitalinstrumente, aus denen nicht nur Zins und Tilgung zu zahlen sind, zum beizulegenden Zeitwert zu bewerten, wobei Wertänderungen in der Gewinn- und Verlustrechnung zu erfassen sind. Eine Bewertung zu fortgeführten Anschaffungskosten oder zum beizulegenden Zeitwert mit der Erfassung von Wertänderung im sonstigen Periodenergebnis ist somit ausgeschlossen. Soweit ein Fremdkapitalinstrument in bestimmten Fällen (idR abhängig vom Zinsniveau) eine negative Ausgleichszahlung vorsah, das bedeutet, dass z.B. der Schuldner bei einer Kreditvereinbarung eine Vorfälligkeitsentschädigung nicht zu zahlen hat, sondern vom Kreditgeber erhält, waren die Zahlungsströme nicht als Zins und Tilgung zu klassifizieren mit entsprechenden Auswirkungen auf die Bewertung und die Erfassung von Ergebnisbeiträgen. Mit der Verabschiedung dieser Anpassung im Oktober 2017 hat das IASB die Vorschriften dahingehend geändert, dass negative Vorfälligkeitsentschädigungen nicht zwingend dazu führen, dass die Zahlungsströme nicht als Zins und Tilgung qualifiziert werden können. Eine Bewertung zu fortgeführten Anschaffungskosten oder zum beizulegenden Zeitwert mit der Erfassung von Wertänderung im sonstigen Periodenergebnis ist für solche Fremdkapitalinstrumente somit künftig nicht mehr ausgeschlossen. Die Änderung wurde von der EU am 22.3.2018 anerkannt.

22.21 Künftige Änderungen des IFRS 9 sind vom IASB aktuell nicht geplant.

B. Definition finanzieller Vermögenswerte

22.22 Finanzinstrumente sind nach IAS 32.11 Verträge, die bei der einen Partei zu einem finanziellen Vermögenswert und bei der anderen Partei zu einer finanziellen Schuld oder zu einem Eigenkapitalinstrument führen. Die Definitionen eines finanziellen Vermögenswerts und einer finanziellen Schuld sind in IAS 32.11 enthalten. Demnach sind finanzielle Vermögenswerte zunächst folgendes:

B. Definition finanzieller Vermögenswerte | Rz. 22.23 Kap. 22

Finanzielle Vermögenswerte
Flüssige Mittel
Flüssigen Mitteln liegt unmittelbar kein Vertrag zugrunde. Daher ergibt sich aus der Definition eines Finanzinstruments nicht unmittelbar, dass liquide Mittel zu den finanziellen Vermögenswerten zählen. In IAS 32.A3 erläutert das IASB aber: Flüssige Mittel sind ein finanzieller Vermögenswert, da sie das Tauschmedium und deshalb die Grundlage sind, auf der alle Geschäftsvorfälle im Abschluss bewertet und erfasst werden.
Eigenkapitalinstrument eines anderen Unternehmens
Ein Eigenkapitalinstrument ist nach IAS 32.11 ein Vertrag, der einen Residualanspruch an den Vermögenswerten eines Unternehmens nach Abzug aller dazugehörigen Schulden begründet. Beispiele für Eigenkapitalinstrumente sind Aktien oder GmbH-Anteile. Im Konzernabschluss sind Anteile an Tochterunternehmen, Gemeinschaftsunternehmen und assoziierten Unternehmen grds. voll zu konsolidieren oder nach der Equity-Methode einzubeziehen. Als finanzieller Vermögenswert nach IFRS 9 sind sie nur zu bilanzieren, soweit die entsprechenden Standards dies vorschreiben oder erlauben (siehe z.B. IFRS 10.31).

In der Folge werden in IAS 32 finanzielle Vermögenswerte und finanzielle Schulden „spiegelbildlich" definiert:

22.23

Finanzielle Vermögenswerte	Finanzielle Schulden

– ein vertragliches Recht,
  – flüssige Mittel oder andere finanzielle Vermögenswerte von einem anderen Unternehmen zu erhalten;
	– eine vertragliche Verpflichtung,
	  – einem anderen Unternehmen flüssige Mittel oder einen anderen finanziellen Vermögenswert zu liefern;

Dieses vertragliche Recht bzw. die Verpflichtung kann zum Beispiel aus einem Kaufvertrag resultieren, aus dem ein Unternehmen nach Lieferung oder Leistung der entsprechenden Güter oder Leistungen eine Forderung aus Lieferungen und Leistungen oder eine Verbindlichkeit aus Lieferungen und Leistungen ansetzt. Das Recht kann auch aus einer erworbenen Staats- oder Industrieanleihe resultieren, aus Guthaben auf einem Bankkonto oder aus der Ausreichung eines Kredits. Der jeweiligen Vertragspartei ist die entsprechende Verpflichtung zuzurechnen.

Dem vertraglichen Recht können aber auch kompliziertere Verträge zu Grunde liegen.

Beispiel: Zwei Unternehmen schließen einen Vertrag ab, in sechs Monaten 15 Tonnen Weizen gegen 11 Tonnen Gerste zu tauschen. Statt physischer Lieferung vereinbaren sie einen Ausgleich in Aktien der Dt. Telekom AG. Da die Aktie der Dt. Telekom AG ein Eigenkapitalinstrument und damit ein finanzieller Vermögenswert ist, liegt mit diesem Derivat ein Anwendungsfall des IFRS 9 vor. Soweit das Derivat für die eine Partei vorteilhaft ist, liegt ein finanzieller Vermögenswert und für die andere Partei eine finanzielle Schuld vor.

Wird stattdessen vereinbart, dass der Ausgleich nicht in Aktien, sondern in Gold erfolgt, liegt kein finanzieller Vermögenswert bzw. keine finanzielle Schuld vor, da Gold selbst nicht zu den finanziellen Vermögenswerten zählt.

22.24 Die spiegelbildliche Definition erstreckt sich auch auf Tauschrechte:

Finanzielle Vermögenswerte	Finanzielle Schulden
– ein vertragliches Recht, 　– finanzielle Vermögenswerte oder finanzielle Verbindlichkeiten mit einem anderen Unternehmen zu potenziell **vorteilhaften Bedingungen zu tauschen**:	– eine vertragliche Verpflichtung, 　– mit einem anderen Unternehmen finanzielle Vermögenswerte oder finanzielle Verbindlichkeiten zu für das Unternehmen potenziell **nachteiligen Bedingungen auszutauschen**:

Hier sind vor allem **Derivate** zu nennen, bei denen ausschließlich finanzielle Vermögenswerte und/oder finanzielle Schulden getauscht werden.

Beispiele:
– Vertrag, zu einem späteren Zeitpunkt 10 Aktien der Daimler AG gegen 42 Aktien der Dt. Telekom AG zu tauschen.
– Vertrag, 1 Mio. € in sechs Monaten gegen 1,2 Mio. US-$ zu tauschen (Devisentermingeschäft)

Erkennbar ist: Die Vertragsverhältnisse haben zum Gegenstand, finanzielle Vermögenswerte und/oder finanzielle Schulden unter potenziell vorteilhaften/nachteiligen Bedingungen zu tauschen. Sie fallen in den Anwendungsbereich des IFRS 9.

Haben die Tauschvereinbarungen demgegenüber nicht die beiderseitige Lieferung von Finanzinstrumenten zum Gegenstand, fallen sie nicht in den Anwendungsbereich des IFRS 9. Es handelt sich um schwebende Geschäfte, die – mit Ausnahme von drohenden Verlusten – vor Erfüllung gar nicht bilanziell abgebildet werden.

Beispiele:
– Vereinbarung über künftigen Tausch von Weizen gegen Gerste unter physischer Lieferung.
– Ein Vertrag, zu einem künftigen Zeitpunkt oder in einem künftigen Zeitraum finanzielle Vermögenswerte gegen eine bestimmte Menge an Gold zu tauschen ist kein Finanzinstrument und fällt daher grds.[7] nicht in den Anwendungsbereich des IFRS 9, da Gold kein finanzieller Vermögenswert ist.

22.25 Finanzielle Vermögenswerte können sich auch auf die Lieferung eigener Eigenkapitalinstrumente erstrecken:

---

7 Siehe auch die Regelungen über den Kauf oder Verkauf nicht-finanzieller Posten (Rz. 22.15).

Finanzielle Vermögenswerte	Finanzielle Schulden
– ein Vertrag, der in eigenen Eigenkapitalinstrumenten des Unternehmens erfüllt wird oder werden kann und bei dem es sich um Folgendes handelt:	
– ein nicht derivatives Finanzinstrument, das eine vertragliche Verpflichtung des Unternehmens enthält oder enthalten kann, eine variable Anzahl eigener Eigenkapitalinstrumente des Unternehmens zu erhalten	– ein nicht derivatives Finanzinstrument, durch das das Unternehmen verpflichtet ist oder verpflichtet werden kann, eine variable Anzahl von eigenen Eigenkapitalinstrumenten des Unternehmens zu liefern

Hierunter fallen Verträge, die in Eigenkapitalinstrumenten des Unternehmens beglichen werden. Für eine Klassifizierung als finanzieller Vermögenswert oder finanzielle Schuld (und nicht als Eigenkapitalinstrument) ist entscheidend, dass das Unternehmen berechtigt ist, eine variable Zahl an Eigenkapitalinstrumenten zu erhalten oder zu liefern. Die Eigenkapitalinstrumente dienen in diesem Fall als Währung (vgl. IAS 32.BC10b)).

Beispiele: Ein Unternehmen **verkauft** ein Forderungsportfolio im Wert von 50.000 € und erhält dafür in sechs Monaten

a) eine **fixe Zahl** an eigenen Aktien: Die Transaktion ist durch den Buchungssatz „Per Eigenkapital an Forderungsportfolio" zu erfassen.

b) eine **variable Zahl** eigener Aktien im Wert von 50.000 €: Die Transaktion ist durch den Buchungssatz „Per finanzieller Vermögenswert an Forderungsportfolio" abzubilden. Werden die Aktien später geliefert, ist dies durch den Buchungssatz „Per Eigenkapital an finanzieller Vermögenswert" zu erfassen.

Ein Unternehmen **kauft** ein Forderungsportfolio im Wert von 50.000 € und liefert dafür in sechs Monaten

a) eine **fixe Zahl** an eigenen Aktien: Die die Transaktion ist durch den Buchungssatz „Per Forderungsportfolio an Eigenkapital" zu erfassen.

b) eine **variable Zahl** eigener Aktien im Wert von 50.000 €: Die Transaktion ist durch den Buchungssatz „Per Forderungsportfolio an finanzieller Schuld" abzubilden.

Finanzielle Vermögenswerte	Finanzielle Schulden
– ein Vertrag, der in eigenen Eigenkapitalinstrumenten des Unternehmens erfüllt wird oder werden kann und bei dem es sich um Folgendes handelt: – ein derivatives Finanzinstrument, das nicht durch Austausch eines festen Betrags an Zahlungsmitteln oder anderen finanziellen Vermögenswerten gegen eine feste Anzahl von eigenen Eigenkapitalinstrumenten des Unternehmens erfüllt wird oder werden kann. [...]	

In diesem Fall liegt ein finanzieller Vermögenswert bzw. eine finanzielle Schuld vor, wenn das zu Grunde liegende Derivat einen positiven bzw. negativen Wert hat und die „*fix-for-fix condition*"[8] (fixe Zahl an eigenen Eigenkapitalinstrumenten gegen fi-

---

8 Siehe IFRIC-Update, Januar 2010.

xen Betrag an Zahlungsmitteln oder anderen finanziellen Vermögenswerten) nicht erfüllt ist. Ist die „fix-for-fix condition" erfüllt, liegt kein finanzieller Vermögenswert bzw. keine finanzielle Schuld vor, sondern ein Eigenkapitalinstrument.

Beispiele:

a) Die Finanz AG veräußert Call-Optionen, die den Inhaber berechtigen, innerhalb von drei Jahren jeweils eine Aktie der Finanz AG zum Preis von 23 € zu erwerben. Jede Option wird für 6 € veräußert. Da die „fix-for-fix condition" erfüllt ist (eine eigene Aktie gegen 23 €), ist die Option ein Eigenkapitalinstrument und daher im Abschluss der Finanz AG nicht zu bilanzieren. Das Optionsentgelt ist durch den Buchungssatz „Per Bank an Kapitalrücklage" im Eigenkapital zu erfassen.

b) Die Finanz AG schließt einen Vertrag ab, in sechs Monaten 100 eigene Aktien gegen den Gegenwert von 1 Unze Gold zu tauschen (es wird also der künftige Wert einer Unze Gold gezahlt). Da der Wert eine Unze Gold nicht fix ist, ist der Vertrag kein Eigenkapitalinstrument, sondern, abhängig davon ob vorteilhaft oder nachteilig, ein finanzieller Vermögenswert oder eine finanzielle Schuld. Einnahmen aus der Ausgabe eines solchen Instruments sind in der Gewinn- und Verlustrechnung zu erfassen.

Instrumente im Sinne des IAS 32.16A–16D (siehe Rz. 23.37 ff.) sowie Verträge, künftig entsprechende eigene Anteile zu erwerben oder zu verkaufen sind keine Eigenkapitalinstrumente (im Sinne der Vorschrift). So ist z.B. ein Vertrag mit einer Personenhandelsgesellschaft, nach der ein (neuer) Gesellschafter 15 % der Anteile an der Personenhandelsgesellschaft in sechs Monaten für 100.000 € übernimmt, kein Eigenkapitalinstrument i.S.d. Vorschrift, obgleich die „fix-to-fix condition" erfüllt ist.

C. Ansatz, Kategorisierung und Zugangsbewertung finanzieller Vermögenswerte

I. Ansatz finanzieller Vermögenswerte

22.26 Der Ansatz finanzieller Vermögenswerte in der Bilanz erfolgt, wenn das bilanzierende Unternehmen **Vertragspartei** im Rahmen der vertraglichen Regelungen des Finanzinstruments wird (IFRS 9.3.1.1). Die Vertragsform selbst – schriftlich, mündlich oder durch bloßes Handeln – ist nicht entscheidend. *Im Hinblick auf finanzielle Vermögenswerte und Verbindlichkeiten* sind, anders als bei anderen Bilanzposten, grundsätzlich bereits **schwebende Geschäfte** zu bilanzieren, unter die auch Derivate zu subsummieren sind. Für die Zukunft lediglich geplante Transaktionen (*forecast transactions*) führen demgegenüber unabhängig von der Wahrscheinlichkeit des Eintritts nicht zu einem Bilanzansatz, da das Ansatzkriterium einer Vertragsbeziehung nicht erfüllt ist.

IFRS 9.3.1.2 enthält ein Wahlrecht, finanzielle Vermögenswerte zum Handelstag oder zum Erfüllungstag anzusetzen. Beim Ansatz zum Handelstag wird der finanzielle Vermögenswert und ggf. die Schuld zum Handelstag angesetzt, beim Ansatz zum Erfüllungstag entsprechend später. Vgl. dazu und zu weiteren Auswirkungen Rz. 22.67 ff.

Beispiele zur Anwendung der Ansatzvorschrift enthält IFRS 9.B3.1.2: 22.27

Beispiele:

- **Unbedingte Forderungen und Verbindlichkeiten** sind als Vermögenswert oder Verbindlichkeit anzusetzen, wenn das Unternehmen Vertragspartei wird und infolgedessen das Recht auf Empfang oder die rechtliche Verpflichtung zur Lieferung von Zahlungsmitteln hat.
- Vermögenswerte und Verbindlichkeiten aus **festen Verpflichtungen** (*firm commitment*) zum Kauf oder Verkauf von Waren oder Dienstleistungen werden generell erst angesetzt, wenn mindestens eine Partei ihre vertraglich zugesagte Leistung erbracht hat. Soweit indes ein Nettoausgleich möglich ist und die *own-use-excemption* nicht greift, ist der Vertrag (Derivat) anzusetzen und zum beizulegenden Zeitwert zu bewerten.
- **Termingeschäfte**, die in den Anwendungsbereich von IFRS 9 fallen, sind zu dem Zeitpunkt anzusetzen, an dem die vertragliche Verpflichtung eingegangen wurde, und nicht im Zeitpunkt der Erbringung der vertraglich zugesagten Leistung.
- **Kauf- oder Verkaufsoptionen**, die in den Anwendungsbereich von IFRS 9 fallen, sind als Vermögenswerte oder Verbindlichkeiten anzusetzen, sobald der Inhaber oder der Stillhalter Vertragspartei werden.
- **Geplante künftige Geschäftsvorfälle** (*planned future transactions*) sind, unabhängig von ihrer Eintrittswahrscheinlichkeit, keine Vermögenswerte oder Verbindlichkeiten, da das Ansatzkriterium „*Vertragsbeziehung*" nicht erfüllt ist.

frei 22.28

II. Kategorisierung finanzieller Vermögenswerte

1. Überblick

Mit finanziellen Vermögenswerten werden unterschiedliche Ziele verfolgt, und sie sind abhängig von Zweck und Ausgestaltung unterschiedlich zu charakterisieren. Während eine Forderung aus Lieferung und Leistung ggf. als langweiliger und risiko- und chancenarmer finanzieller Vermögenswert bezeichnet werden kann, ist es einigen Derivaten inhärent, risiko- und chancenreich zu sein und so gewissermaßen als „spannend" bezeichnet werden können. 22.29

Diesem Umstand trägt das IASB Rechnung, indem unterschiedlich zu charakterisierende finanzielle Vermögenswerte unterschiedlich zu bilanzieren sind. So sind einige finanzielle Vermögenswerte zu fortgeführten Anschaffungskosten, andere zum beizulegenden Zeitwert zu bewerten. Bei einigen zum beizulegenden Zeitwert bewerteten finanziellen Vermögenswerten sind Wertänderungen in der Gewinn- und Verlustrechnung, bei andern im OCI zu erfassen.

Daher sind zum Zeitpunkt des erstmaligen Ansatzes finanzielle Vermögenswerte in eine der drei in IFRS 9 definierten Bewertungskategorien zuzuordnen. Die Kategorien sind:

– Bewertung zu fortgeführte Anschaffungskosten (im Folgenden AC)
– Bewertet zum beizulegenden Zeitwert mit Wertänderungen im *other comprehensive income* (OCI) (im Folgenden FVOCI)
– Bewertet zum beizulegenden Zeitwert mit Wertänderungen in der Gewinn- und Verlustrechnung (im Folgenden FVPL).

22.30   Einen Überblick über die Kategorisierung gibt folgende Abbildung:

```
                Fremdkapitalinstrument                    Derivat            Eigenkapitalinstrument

        Geschäftsmodell  Nein  Geschäftsmodell  Nein  Dann anderes        Ja
        „Halten"?              „Halten und            Geschäftsmodell  ──────▶  Handelsabsicht?
                               Verkauf"?              (z.B. „Verkauf").
                                                                                    │ Nein
              Ja │                Ja │                                              ▼
        Resultieren aus Fremdkapitalinstrument       Nein          Nein       Anwendung der
        nur Zins- und Tilgungszahlungen?        ──────              ──────▶   FVOCI-Option?

          Ja │                Ja │         Ja
        Anwendung der Fair-Value-Option?  ──────▶
          Nein │             Nein │                                                 │ Ja
              ▼                  ▼                     ▼                            ▼
              AC               FVOCI                  FVPL                    FVOCI (ohne Recycling)
                           (mit Recycling)
```

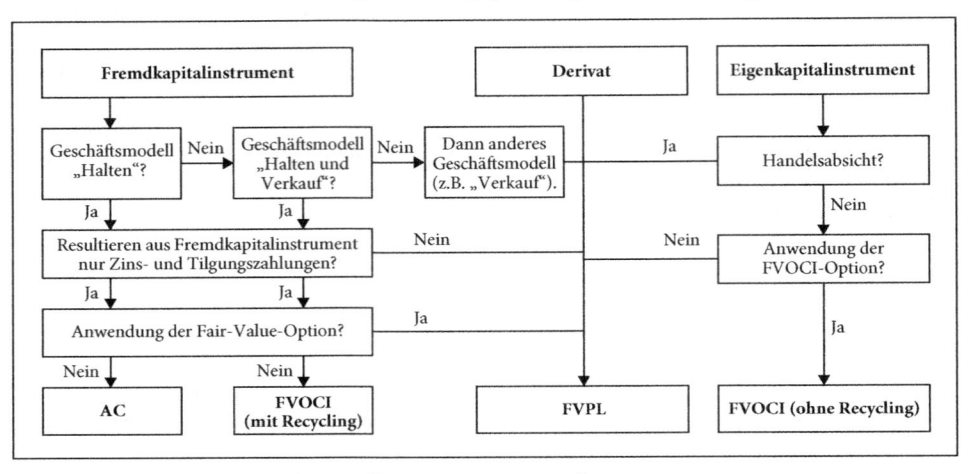

Abb. 22.2: Kategorisierung finanzieller Vermögenswerte[9]

Sowohl bestimmte Fremdkapitalinstrumente als auch bestimmte Eigenkapitalinstrumente sind bzw. dürfen als FVOCI kategorisiert werden: Nach IFRS 9 ist dies dieselbe Bewertungskategorie. Erwähnt wird indes schon an dieser Stelle, dass bei Fremdkapitalinstrumenten die im OCI erfassten Wertänderungen bei Veräußerung oder Reklassifizierung in der Gewinn- und Verlustrechnung erfasst werden (sogenanntes „Recycling") (IFRS 9.5.7.10), die bei Eigenkapitalinstrumenten im OCI erfassten Wertänderungen aber nie in der Gewinn- und Verlustrechnung erfasst (IFRS 9.B5.7.1), ggf. aber innerhalb des Eigenkapitals umgegliedert werden.

Aus der Abbildung ist zu erkennen: **Derivate** sind immer zum beizulegenden Zeitwert zu bewerten und die Wertänderungen sind vollständig in der Gewinn- und Verlustrechnung zu erfassen. (Vgl. zur Abbildung von Derivaten im Zusammenhang mit Sicherungsbeziehungen Kapitel 25). Soweit ein Derivat mit einem finanziellen Vermögenswert verbunden ist (sog. eingebettetes Derivat), ist das Derivat nach IFRS 9.4.3.2 nicht vom finanziellen Vermögenswert zu trennen und somit nicht separat zu bewerten. Der Inhaber z.B. einer Wandelanleihe bilanziert diese somit als Ganzes und nicht das Wandlungsrecht separat von der Forderung.[10]

---

9 In Anlehnung an PWC: https://www.pwc.de/de/accounting-of-the-future/kuenftige-regelungen-zur-klassifizierung-und-bewertung-von-finanzinstrumenten-liegen-vor.html (Abruf am 26.03.2019).

10 Vgl. weitergehend zur Bilanzierung eingebetteter Derivate Rz. 22.231 f.

Eigenkapitalinstrumente, die mit Handelsabsicht erworben wurden, sind als FVPL zu kategorisieren. Soweit eine Handelsabsicht nicht besteht, dürfen Eigenkapitalinstrumente wahlweise als FVPL oder FVOCI kategorisiert werden. Eine Umgliederung der im OCI erfassten Wertänderungen in die Gewinn- und Verlustrechnung ist bei Kategorisierung als FVOCI nicht – auch nicht bei Veräußerung – zulässig.

Fremdkapitalinstrumente sind eine der Kategorien AC, FVOCI oder FVPL zuzuordnen. Soweit sie zwar grds. der Bewertungskategorie AC oder FVOCI zuzuordnen sind, besteht unter der Bedingung des Vermeidens von bestimmten „Rechnungslegungsanomalien" die Möglichkeit, sie beim erstmaligen Ansatz der Kategorie FVPL zuzuordnen.

Eine Kategorisierung der Fremdkapitalinstrumente als AC, FVOCI oder FVPL ist abhängig vom **Geschäftsmodell**, welchem die Fremdkapitalinstrumente zugeordnet werden und davon, ob die künftigen Zahlungsströme aus dem Fremdkapitalinstrument nur Zinsen und Tilgung enthalten (**sppi-Test**; *Solely Payments of Principal and Interest*).

Im Folgenden wird zunächst die Kategorisierung von Fremdkapitalinstrumenten und anschließend die Kategorisierung von Derivaten und Eigenkapitalinstrumenten erläutert.

2. Kategorisierung von Fremdkapitalinstrumenten

a) Geschäftsmodell und Zahlungsströme

Die Zuordnung von Fremdkapitalinstrumenten in die Bewertungskategorien AC, FVOCI oder FVPL ist davon abhängig, nach welchem **Geschäftsmodell** die Fremdkapitalinstrumente gesteuert werden und ob die vertraglichen **Zahlungsströme** aus dem finanziellen Vermögenswert als Tilgung und Zinsen auf den ausstehenden Kapitalbetrag zu qualifizieren sind. Im Folgenden werden daher zunächst die der Kategorisierung zu Grunde liegenden Geschäftsmodelle erläutert. Anschließend wird erläutert, was als Tilgung und Zinsen auf den ausstehenden Kapitalbetrag zu verstehen ist.

22.31

Eine Reklassifizierung von Fremdkapitalinstrumenten ist erforderlich, soweit sich das entsprechende Geschäftsmodell ändert, mit dem die Fremdkapitalinstrumente gesteuert werden. Wie eine Reklassifizierung abzubilden ist, wird in Rz. 22.160 ff. erläutert.

b) Analyse des Geschäftsmodells

Für die Kategorisierung finanzieller Vermögenswerten werden drei Geschäftsmodelle unterschieden, mit denen bzgl. finanzieller Vermögenswerte unterschiedliche Ziele verfolgt werden (IFRS 9.B4.1.1 ff.):

22.32

	Ziel des Geschäftsmodells	Bezeichnung des Geschäftsmodells	Grds. Zuordnung in die Bewertungskategorie ...
1.	Vertragliche Zahlungsströme aus finanziellen Vermögenswerten zu vereinnahmen.	„Halten"	AC
2.	Vertragliche Zahlungsströme aus finanziellen Vermögenswerten zu vereinnahmen und finanzielle Vermögenswerte zu veräußern.	„Halten und Verkauf"	FVOCI
3.	Anderes Geschäftsmodell, vor allem mit dem Ziel, finanzielle Vermögenswerte zu veräußern.	Sonstiges Geschäftsmodell. Z.B. „Verkauf"	FVPL

Beispiel: Ein Unternehmen beabsichtigt,

(1) künftige Zahlungsströme aus Forderungen aus Lieferungen und Leistungen zu vereinnahmen und diese Forderungen nicht zu veräußern und

(2) eine gerade erworbenen Industrie- und Staatsanleihen bei günstiger Kursentwicklung sofort zu veräußern.

Die Forderungen aus Lieferungen und Leistungen (1) sind dem Geschäftsmodell „Halten" zuzuordnen und (abhängig vom sppi-Test) der Bewertungskategorie AC zuzuordnen. Demgegenüber sind die Anleihen (2) dem Geschäftsmodell „Verkauf" zuzuordnen und zwingend als FVPL zu kategorisieren.

22.33 Die Zuordnung zu Geschäftsmodellen ist abhängig von der **Zielsetzung** des Unternehmens und insoweit ein zukunftsgerichtetes, subjektives Kriterium. Bei der Zuordnung sind künftige unwahrscheinlichen Szenarien nicht zu berücksichtigen (IFRS 9 B4.1.2A). Muss z.B. ein Unternehmen im Falle des Eintritts eines Stressszenarios sämtliche Forderungen aus Lieferungen und Leistungen veräußern, um die Liquidität zu sichern, sind diese Forderungen dem Geschäftsmodell „Halten" zuzuordnen, soweit die entsprechende Zielsetzung grundsätzlich vorliegt. Sollte der unwahrscheinliche Fall des Stressszenarios eintreten und das Unternehmen die Forderungen aus Lieferungen und Leistungen veräußern, ist dies nicht als Fehler im Sinne des IAS 8 zu korrigieren.

22.34 Das Geschäftsmodell ist nicht für jeden einzelnen finanziellen Vermögenswert zu bestimmen, sondern auf Basis eines **Portfolios** finanzieller Vermögenswerte (IFRS 9 B4.1.2). Folglich ist ein Geschäftsmodell „Halten" durchaus möglich, auch wenn finanzielle Vermögenswerte unter bestimmten Voraussetzungen (Rz. 22.36) daraus veräußert werden. Reicht ein Unternehmen ein Portfolio von Krediten aus oder erwirbt es ein solches, kann es erforderlich sein, dieses Portfolio aufzuteilen, soweit z.B. ein Teil des Kreditportfolios dem Geschäftsmodell „Halten" und ein anderer Teil des Kreditportfolios dem Geschäftsmodell „Halten und Verkauf" oder einem sonstigen Geschäftsmodell zuzuordnen ist.

Die Bestimmung des Geschäftsmodells, nach welchem ein finanzieller Vermögenswert gesteuert wird, erfolgt nach IFRS 9.B4.1.1 durch das **Management** eines Unternehmens. Diese Bestimmung erfordert immer eine gewisse Beurteilung und ist somit mit einem gewissen Ermessensspielraum verbunden. Das IASB weist in IFRS 9.B.4.1.2B explizit darauf hin, dass die Zuordnung zu Geschäftsmodellen auf Basis von Tatsachen und Aktivitäten des Unternehmens zu erfolgen hat, und dass dabei alle relevanten und verfügbaren Hinweise zu berücksichtigen sind. Dazu zählen z.B., wie Ergebnisse von Geschäftsmodellen ausgewertet und berichtet werden, welchen Risiken bestimmte Geschäftsmodelle ausgesetzt sind oder auch die Basis, auf der das Management vergütet wird (IFRS 9 B4.1.2B). 22.35

Dem **Geschäftsmodell „Halten"** liegt die Zielsetzung zu Grunde, die künftigen Zahlungsströme aus dem finanziellen Vermögenswert zu vereinnahmen. Ein Verkauf finanzieller Vermögenswerte steht der Zuordnung zu diesem Geschäftsmodell indes nicht grundsätzlich entgegen (IFRS 9.B4.1.3). Das IASB unterscheidet drei Arten von Verkäufen: 22.36

– Verkauf einzelner finanzieller Vermögenswerte, bei denen das Kreditrisiko gestiegen ist: Mit dem Geschäftsmodell „Halten" vereinbar. Das Management von Kreditrisiken und somit auch ein Verkauf entsprechender finanzieller Vermögenswerte ist in der Regel integraler Bestandteil des Geschäftsmodells „Halten" (IFRS 9.B4.1.3A).

– Veräußerung kurz vor Ende der Laufzeit: Mit dem Geschäftsmodell „Halten" vereinbar, soweit der Verkaufspreis im Wesentlichen die ausstehenden vertraglichen Zahlungsströme repräsentiert (IFRS 9 B4.1.3B letzter Satz).

– Sonstige Veräußerung finanzieller Vermögenswerte: Können mit dem Geschäftsmodell „Halten" vereinbar sein, beispielsweise soweit der Verkauf auf die Steuerung von Ausfallrisikokonzentrationen zurückzuführen ist. Soweit solche Verkäufe vor allem regelmäßig stattfinden und/oder der Wert der Verkäufe nicht unwesentlich ist, hat das Unternehmen zu analysieren, ob diese Verkäufe mit dem Geschäftsmodell „Halten" im Einklang stehen. Nimmt die Häufigkeit und/oder der Wert der Verkäufe zu, hat das Unternehmen die Gründe für den Verkauf zu erläutern und darzulegen, wieso sich das Geschäftsmodell nicht geändert hat (IFRS 9 B4.1.3B).[11] Hat sich das Geschäftsmodell geändert, sind die Regelungen zur Reklassifizierung anzuwenden (Vgl. Rz. 22.160 ff.).

Dem **Geschäftsmodell „Halten und Verkauf"** liegt das Ziel zu Grunde, vertragliche Zahlungsströme zu vereinnahmen und finanzielle Vermögenswerte zu veräußern. Welche Intention das Unternehmen damit verfolgt, ist unerheblich (IFRS 9.B4.1.4A). So könnte es sein, dass ein Unternehmen parallel zur Aufnahme, Laufzeit und Tilgung von Krediten Staats- und Industrieanleihen erwirbt und veräußert. Während der Laufzeit der Kredite vereinnahmt das Unternehmen die Zinszahlungen aus den Anleihen. Läuft eine Anleihe aus, vereinnahmt es die Tilgung und investiert ggf. in 22.37

---

11 Vgl. auch IDW RS HFA 48, Rz. 156 f.

weitere Anleihen. Wird aber der Kredit fällig, wird ein Teil der Anleihen veräußert, um die Tilgung des Kredits zu finanzieren.

Ebenso könnte dem Geschäftsmodell das Ziel zu Grunde liegen, den täglichen Liquiditätsbedarf zu steuern oder ein bestimmtes Zinsrenditeprofil zu gewährleisten.

In der Praxis wird die Zahl der Verkäufe im Geschäftsmodell „Halten und Verkauf" größer sein als im Geschäftsmodell „Halten". Eine „harte" Grenze hinsichtlich der Zahl oder des Werts der Verkäufe für die Qualifikation als „Halten" oder „Halten und Verkauf" gibt es allerdings nicht (IFRS 9.B4.1.4B).

22.38 Soweit finanzielle Vermögenswerte nicht dem Geschäftsmodell „Halten" oder dem Geschäftsmodell „Halten und Verkauf" zuzuordnen sind, sind sie dem **Geschäftsmodell „Verkauf"** zuzuordnen. Dass dabei ggf. auch vertragliche Zahlungsströme vereinnahmt werden, ist für die Zuordnung zu diesem Geschäftsmodell unerheblich (IFRS 9.B4.1.5).

c) Analyse der zu vereinnahmenden Zahlungsströme

aa) Ziel der Identifikation einfacher Kreditvereinbarungen

22.39 Neben der Art des zu Grunde liegenden Geschäftsmodells ist die Zuordnung von Fremdkapitalinstrumenten in eine der Bewertungskategorien abhängig davon, ob die aus den Fremdkapitalinstrumenten resultierenden Zahlungsströme als Zins und Tilgung zu qualifizieren sind. Nach Ansicht des IASB sind mit einer „einfachen Kreditvereinbarung" (*basic lending arrangement*) lediglich Zins- und Tilgungszahlungen (IFRS 9.B.4.1.7A) und keine weiteren Entgelte oder spekulativen Elemente verbunden. Ziel dieser Regelungen des IFRS 9 ist, **einfache Kreditvereinbarungen** zu identifizieren und diese – soweit sie nicht optional zum beizulegenden Zeitwert bewertet werden – den Bewertungskategorien AC oder FVOCI zuzuordnen und damit die aus den Kreditvereinbarungen resultierenden Zinserträge nach der Effektivitätszinsmethode in der Gewinn- und Verlustrechnung zu erfassen. Soweit keine einfachen Kreditvereinbarungen vorliegen, sei eine solche Abbildung jedoch nicht angemessen mit der Folge, dass nicht als „einfache Kreditvereinbarungen" zu klassifizierende Vereinbarungen der Bewertungskategorie FVPL zuzuordnen sind (IFRS 9.BC4.172).

22.40 Bei der Beurteilung, ob eine einfache Kreditvereinbarung vorliegt, ist vor allem bezüglich der Zinsen eine mit einem gewissen Ermessensspielraum versehene Würdigung durch das Unternehmen erforderlich (IFRS 9.BC4.178). Unerheblich ist grds., ob der finanzielle Vermögenswert im Falle der Insolvenz des Schuldners vorrangig oder nachrangig bedient wird (IFRS 9.B4.1.19).

22.41 Optionen, Futures, Swaps oder ähnliche Hebelinstrumente erfüllen das Zahlungsstromkriterium nicht (IFRS 9.B4.1.9) und sind somit als Derivate immer der Kategorie FVPL zuzuordnen.

22.42 Im Folgenden wird zunächst erläutert, was nach IFRS 9 unter Tilgung, anschließend was unter Zinsen auf den ausstehenden Kapitalbetrag zu verstehen ist. Der

Spezialfall „Strukturierte Verbriefungen" („*contractually linked instruments*") wird in Rz. 22.233 f. analysiert.

bb) Tilgung

Eine **Tilgung** liegt vor, wenn der ausstehende Kapitalbetrag beglichen bzw. reduziert wird. Der ausstehende Kapitalbetrag ist nach IFRS 9.4.1.3(a) der beizulegende Zeitwert des finanziellen Vermögenswerts beim erstmaligen Ansatz. In der Folge kann sich der ausstehende Kapitalbetrag – natürlich – in Folge von Tilgungszahlungen verändern. Eine Tilgung kann dabei für identische Instrumente in gleichen Jahren unterschiedlich sein.

22.43

Beispiel: Die Brause AG erwirbt bei Ausgabe am 1.1.2018 eine Industrieanleihe der Bauklotz AG zum Nominalwert von 1 Mio. €. Anschaffungsnebenkosten fallen annahmegemäß nicht an. Über die Laufzeit der Anleihe erhält die Brause AG pro Jahr eine Tilgung in Höhe von 100 T€ und Zinsen in Höhe von 7 %. Der beizulegende Zeitwert der Anleihe betrage beim erstmaligen Ansatz 1 Mio. €. Daher sind die künftigen Zahlungen von 100 T€/Jahr als Tilgung zu klassifizieren. Der Bruttobuchwert der Anleihe[12] entwickeln sich wie folgt:

Jahr	Bruttobuchwert Beginn des Jahres	Zinsertrag	Zahlung (am Ende des Jahres)	Tilgung	Bruttobuchwert Ende des Jahres
2018	1.000.000,00	70.000,00	170.000,00	100.000,00	900.000,00
2019	900.000,00	63.000,00	163.000,00	100.000,00	800.000,00
2020	800.000,00	56.000,00	156.000,00	100.000,00	700.000,00
2021	700.000,00	49.000,00	149.000,00	100.000,00	600.000,00
2022	600.000,00	42.000,00	142.000,00	100.000,00	500.000,00
2023	500.000,00	35.000,00	135.000,00	100.000,00	400.000,00
2024	400.000,00	28.000,00	128.000,00	100.000,00	300.000,00
2025	300.000,00	21.000,00	121.000,00	100.000,00	200.000,00
2026	200.000,00	14.000,00	114.000,00	100.000,00	100.000,00
2027	100.000,00	7.000,00	107.000,00	100.000,00	0,00

Ein Jahr später – am 1.1.2019 – erwirbt die Brause AG eine weitere Tranche der Anleihe der Bauklotz AG an der Börse. In der Zwischenzeit ist der Marktzins für solche Anleihen mit noch 9jähriger Laufzeit derselben Risikoklasse und Währung auf 8,474 % gestiegen. Daher beträgt am 1.1.2019 der beizulegende Zeitwert dieser Tranche der Anleihe 850 T€. Alle Zahlungen, welche künftig den ausstehenden Kapitalbetrag von zu Beginn 850 T€ reduzieren, sind als Tilgung zu klassifizieren. Unter Anwendung der Effektivzinsmethode und Außerachtlassung von etwaigen Nebenkosten ergeben sich folgender Bruttobuchwerte der Anleihe:

---

12 Der Bruttobuchwert entspricht nach IFRS 9 den fortgeführten Anschaffungskosten vor Wertberichtigung.

Jahr	Bruttobuchwert Beginn des Jahres	Zinsertrag	Zahlung (am Ende des Jahres)	Tilgung	Bruttobuchwert Ende des Jahres
2019	850.000,00	72.029,46	163.000,00	90.970,54	759.029,46
2020	759.029,46	64.320,57	156.000,00	91.679,43	667.350,02
2021	667.350,02	56.551,60	149.000,00	92.448,40	574.901,63
2022	574.901,63	48.717,47	142.000,00	93.282,53	481.619,10
2023	481.619,10	40.812,66	135.000,00	94.187,34	387.431,76
2024	387.431,76	32.831,18	128.000,00	95.168,82	292.262,94
2025	292.262,94	24.766,52	121.000,00	96.233,48	196.029,46
2026	196.029,46	16.611,64	114.000,00	97.388,36	98.641,10
2027	98.641,10	8.358,90	107.000,00	98.641,10	0,00

Der Zinsertrag für die zweite Tranche der Anleihe ergibt sich jeweils aus der Multiplikation des ausstehenden Kapitalbetrags zu Beginn des Jahres mit dem effektiven Zins von 8,474 %. Die Zahlung im Jahr 2019 setzt sich zusammen aus der (ursprünglichen) jährlichen Tilgung von 100 T€ zuzüglich der (ursprünglich) vereinbarten Zinszahlung von 63.000 € (= 7 % * 900 T€) für das Jahr 2019. In diesem Fall wäre beim sppi-Test die in der Spalte „Zinsertrag" stehenden Beträge daraufhin zu analysieren, ob sie als Zinsen zu qualifizieren sind, und die in der Spalte „Tilgung" stehenden Beträge daraufhin zu analysieren, ob es sich um Tilgungen iSd. IFRS 9 handelt.

In beiden Fällen sind die unter „Tilgung" aufgeführten Beträge als Tilgung des ausstehenden Kapitalbetrags zu qualifizieren, obgleich bei identischen Instrumenten die jeweiligen Beträge unterschiedlich sind.

22.44 Zu berücksichtigen ist, dass die Qualifikation der aus einem Fremdkapitalinstrument resultierenden Zahlungen als Zins und Tilgung immer in der Währung erfolgt, in der der finanzielle Vermögenswert geführt wird (IFRS 9.B4.1.8).

Beispiel: Die Financial AG mit Sitz in Frankfurt erwirbt bei Ausgabe eine amerikanische Staatsanleihe zum Preis von 3 Mio. US-$. Annahmegemäß fallen keine Anschaffungsnebenkosten an. Bei einem Wechselkurs von 1,15 (US-$/€) beträgt der erstmalige Buchwert der Anleihe 2,609 Mio. €. Für die Qualifizierung von Zahlungen als Tilgungszahlungen ist entscheidend, dass künftig als Tilgung insgesamt 3 Mio. US-$ auf den jeweils ausstehenden Kapitalbetrag gezahlt werden. Ob dies künftig auf Grund von Währungsschwankungen mehr oder weniger als oder genau 2,609 Mio. € sein werden ist für die Qualifikation der Zahlungen als Zins und Tilgung unerheblich.

cc) Zinsen

22.45 Zinsen sind das Entgelt, welches der Kapitalnehmer dem Kapitalgeber dafür zahlt, dass er ihm Kapital (idR finanzielle Mittel) zur Verfügung stellt. Die vereinbarten Zinsen können dabei unterschiedliche Elemente enthalten. Bei einer einfachen Kreditvereinbarung enthalten **Zinszahlungen** nach IFRS 9.B4.1.7A vor allem Entgelte für:

- den Zeitwert des Geldes und
- Ausfallrisiken.

Daneben können auch weitere Zahlungen bei einer einfachen Kreditvereinbarung zu den Zinsen zählen, wie z.B.:

- Zahlungen für sonstige Risiken (z.B. Liquiditätsrisiken),
- Service- oder Verwaltungsgebühren als Entgelt, den finanziellen Vermögenswert für eine bestimmte Zeit zu halten, oder
- eine für eine einfache Kreditvereinbarung angemessene Gewinnmarge.

Ob der Zins insgesamt positiv oder negativ ist, ist für eine Qualifikation als Zinszahlung unerheblich (IFRS 9.B4.1.7A).

Sind neben den genannten Elementen weitere Beträge vereinbart, sind die aus dem finanziellen Vermögenswert resultierenden Zahlungen nicht als Zinsen einer einfachen Kreditvereinbarung zu qualifizieren mit der Folge, dass der finanzielle Vermögenswert in die Bewertungskategorie FVPL zuzuordnen ist. Zahlungen, die nur minimal („de minimis") sind, sind bei der Analyse nicht zu berücksichtigen, wobei sich die Analyse dabei sowohl auf jedes einzelne Geschäftsjahr als auch auf die Gesamtlaufzeit des Instruments erstreckt (IFRS 9.B4.1.18). 22.46

Falls eine vertragliche Regelung zwar zu Zahlungsströmen führen kann, diese aber nicht echt („not genuine") sind, was bedeutet, dass deren Eintritt äußerst unwahrscheinlich ist („extremely rare, highly abnormal and very unlikely to occur") sind bei der Analyse nicht zu berücksichtigen (IFRS 9.B4.1.18).

Die Beurteilung von Zahlungen als Zinsen ist abhängig von der Währung und dem Markt, in welcher bzw. welchem ein finanzieller Vermögenswert nominiert ist bzw. vereinbart wird. So werden in Europa häufig Kredite in € und die Zinsen auf Basis des LIBOR und in den USA die Kredite in US-$ und die Zinsen auf Basis der sogenannte *Prime Rate* vereinbart, mit daraus resultierenden unterschiedlichen Zinszahlungen (IFRS 9.BC4.178). Dieser Unterschied ist für die Qualifizierung der Zahlungen als Zinsen unschädlich. 22.47

Wird der Zins modifiziert bzw. in der Art vereinbart, dass er nicht nur die in Rz. 22.45 genannten Elemente enthält, ist der Zins darauf hin zu prüfen, ob er noch mit einer einfachen Kreditvereinbarung im Einklang steht. So ist offensichtlich, dass Zinsen, die sich genau umgekehrt zur Zinsentwicklung verhalten, wenn also bei steigendem Zinsniveau niedrigere Zinsen zu zahlen sind und umgekehrt (IFRS 9.B4.1.14, zweites Beispiel), nicht mit einer einfachen Kreditvereinbarung im Einklang stehen. Zum selben Ergebnis gelangt man grds., soweit Zahlungen aus einem finanziellen Vermögenswert in Abhängigkeit eines bestimmten Eigenkapitalinstruments bzw. Eigenkapitalindex oder eines Warenpreises oder Warenindex fällig sind (IFRS 9.B4.1.10). 22.48

Ebenso könnte eine **Modifizierung des Zins-Elements „Zeitwert des Geldes"** dazu führen, dass die vertraglichen Zahlungen aus einem Instrument nicht als Tilgung und Zins auf den ausstehenden Kapitalbetrag zu qualifizieren sind und somit nicht mit einer einfachen Kreditvereinbarung im Einklang stehen. Grundsätzlich gilt, dass bezüglich der Zinsen „perfekte" (IFRS 9.BC4.177(b)) Zahlungsströme aus einer Vereinbarung resultieren, wenn der Zinssatz und der Zeitraum, für den ein Zins festgelegt wird, übereinstimmen. Wird der Zins z.B. alle 6 Monate festgelegt, ist ein 6-Monats-Zins anzuwenden, wird der Zins alle 12 Monate festgelegt, ist ein 12-Monats-Zins anzuwenden (IFRS 9.BC4.177(a)).

22.49 Wird das Zins-Element „Zeitwert des Geldes" indes modifiziert, indem z.B. der Zinssatz monatlich auf Basis eines 12-Monats-Zinses festgelegt wird oder alle 6 Monate auf Basis eines 5-Jahres-Zinses, hat dies nicht unmittelbar zur Folge, dass die vertraglichen Zahlungen aus dem Instrument nicht als Tilgung und Zins auf den ausstehenden Kapitalbetrag zu qualifizieren sind. Vielmehr hat ein Unternehmen in diesem Fall zu analysieren, ob die entsprechenden Zahlungen lediglich Entgelt für den Ablauf der Zeit sind. Dies kann qualitativ oder quantitativ erfolgen (IFRS 9.B4.1.9B).

Bei einer **quantitativen Analyse** hat ein Unternehmen zu analysieren, in wie weit sich die „modifizierten" nicht diskontierten Zahlungen von den „perfekten" Zahlungen unterscheiden. Dabei sind mögliche künftige Entwicklungen von Zinsstrukturkurven zu berücksichtigen (IFRS 9.B4.1.9D). Die Analyse erstreckt sich dabei sowohl auf jedes einzelne Geschäftsjahr als auch kumulativ auf die Laufzeit des Instruments.

Kommt ein Unternehmen zu dem Ergebnis, dass die Unterschiede zwischen den so ermittelten Zahlungsströmen in einem Geschäftsjahr oder über die Laufzeit des Instruments und den „perfekten" Zahlungsströmen wesentlich sind, sind die vertraglichen Zahlungen aus einem Instrument nicht als Tilgung und Zins auf den ausstehenden Kapitalbetrag zu qualifizieren, und das Instrument ist der Bewertungskategorie FVPL zuzuordnen. Der Grund für eine Modifizierung des Zins-Elements „Zeitwert des Geldes" ist bei der Beurteilung unerheblich (IFRS 9.B4.1.9C). Was in diesem Zusammenhang letztlich als wesentlich anzusehen ist, hat jedes Unternehmen selbst festzulegen.[13]

22.50 Das Zins-Element „Zeitwert des Geldes" wird in einigen Ländern von **staatlichen oder ähnlichen Stellen** bestimmt. Dies könnte dazu führen, dass die vertraglichen Zahlungen aus einem Instrument nicht als Tilgung und Zins auf den ausstehenden Kapitalbetrag zu qualifizieren sind.

Beispiel: Die Export AG gibt in Nofreeland einen Kredit an einen Kunden. Die Regierung in Nofreeland hat bestimmt, dass der Zinssatz auf Basis eines 3-Jahresplans 7 % betragen muss.

In einem solchen Fall hat ein Unternehmen (mit allem zu Grunde liegenden Ermessensspielraum) zu analysieren, ob der festgesetzte Zins zumindest als Annäherung an das „Entgelt für den Ablauf der Zeit" einer einfachen Kreditvereinbarung anzusehen ist und damit keine sonstigen Risiken abgegolten werden. Ist dies der Fall,

---

13 Vgl. auch IDW RS HFA 48, Rz. 188.

dürfen die vertraglichen Zahlungen aus dem Instrument als Tilgung und Zins auf den ausstehenden Kapitalbetrag qualifiziert und die Vereinbarung der Kategorie AC oder FVOCI zugeordnet werden (IFRS 9.B4.1.9E).

dd) Auswirkung bestimmter Vereinbarungen auf die Analyse der Zahlungsströme

Neben möglichen Modifikationen des Zins-Elements „Zeitwert des Geldes" können auch weitere Vereinbarungen bestehen, welche sich auf die vertraglichen Zahlungsströme auswirken. Dazu zählen z.B. variable Zinsen, Kündigungs- und Prolongations- oder Wandlungsmöglichkeiten. Alle diese vertraglichen Vereinbarungen sind daraufhin zu analysieren, ob die daraus resultierenden Zahlungsströme als Tilgung und Zinsen auf den ausstehenden Kapitalbetrag zu klassifizieren sind.[14]   22.51

— Variable Zinsen stehen mit einer einfachen Kreditvereinbarung im Einklang. Dies gilt z.B. auch, soweit der Schuldner zum jeweiligen Zinsfestsetzungstermin wählen kann, ob der Zins z.B. für drei Monate auf Basis eines Drei-Monats-Zinses oder einen Monat auf Basis eines Ein-Monats-Zins festgelegt wird.

— Zins-Caps können mit einer einfachen Kreditvereinbarung im Einklang stehen. Hat zum Beispiel eine Industrieanleihe grds. eine variable Verzinsung, welche aber nach oben begrenzt ist, steht dies einer einfachen Kreditvereinbarung nicht entgegen. Denn sowohl Fremdkapitalinstrumente mit variabler als auch mit fixer Verzinsung können eine einfache Kreditvereinbarung darstellen. Somit gilt dies auch für eine Mischung aus beiden.

— Enthält der finanzielle Vermögenswert ein Wandlungsrecht, so dass der Inhaber z.B. zu einem bestimmten künftigen Zeitpunkt oder innerhalb eines Zeitraums entscheiden kann, dass der Schuldner nicht mehr Zins und Tilgung zu leisten hat, sondern der Inhaber seine Ansprüche gegen Eigenkapitalinstrumente des Schuldners tauscht (z.B. bei einer Wandelanleihe, häufig aber auch vereinbart bei Kreditvereinbarungen mit einem Start-Up-Unternehmen), sind die künftigen Zahlungen grds. nicht als solche einer einfachen Kreditvereinbarung zu klassifizieren.

Soweit bei einer **frühzeitigen Kündigung** eines finanziellen Vermögenswertes durch den Gläubiger oder Schuldner der frühzeitige Rückzahlungsbetrag im Wesentlichen die verbleibende Tilgung sowie Zinsen auf den ausstehenden Kapitalbetrag enthält, steht dies einer Qualifizierung als Zahlungsströme einer einfachen Kreditvereinbarung nicht entgegen. Dies gilt auch, soweit der frühzeitige Rückzahlungsbetrag zusätzlich eine angemessene (positive oder negative) Entschädigung für die frühzeitige Kündigung enthält (IFRS 9.B4.1.10 ff.).[15] Angemessen ist eine solche Entschädigung nach Ansicht des HFA des IDW für den deutschen Rechtsraum, soweit eine   22.52

---
14 IFRS 9.B4.1.10. Siehe für weiterer Beispiele IFRS 9.B4.1.13 f.
15 Vgl. *Freiberg*, PiR 2017, 156.

solche Entschädigung in Einklang mit gesetzlichen Vorschriften sowie der BGH-Rechtsprechung ist.[16]

Beträgt der Buchwert einer Anleihe z.B. 300 T€, wäre im Falle einer Kündigungsmöglichkeit auf Basis des gerade Geschriebenen das Zahlungsstromkriterium erfüllt, soweit bei einer Kündigung ca. 300 T€ gezahlt würden. Davon abweichend enthält IFRS 9.B4.1.12 eine weitere Beurteilungsgrundlage. Demnach ist das Zahlungsstromkriterium auch erfüllt, soweit folgendes gilt:

a) Der finanzielle Vermögenswert wurde mit einem Aufschlag oder Abschlag erworben oder ausgereicht,

b) der Betrag der vorzeitigen Rückzahlung enthält im Wesentlichen den **vertraglichen** Nennbetrag und die aufgelaufenen (jedoch nicht gezahlten) Zinsen zzgl. ggf. eines angemessenen Entgelts für die vorzeitige Kündigung und

c) beim erstmaligen Ansatz ist der beizulegende Zeitwert der Kündigungsoption nicht signifikant.

Diese weitere Beurteilungsgrundlage macht durchaus Sinn. Kündigungsmöglichkeiten werden in der Regel auf Basis des Nominalbetrags oder auf Basis des Marktpreises vereinbart. Bei Vorliegen einer Kündigungsmöglichkeit wäre es fast ausgeschlossen, dass Zahlungsstromkriterium zu erfüllen, da sich der bei Kündigung zu zahlende Betrag nicht nach dem aktuellen Buchwert des finanziellen Vermögenswerts beim Gläubiger richtet.

Nach b) ist es somit ausreichend, wenn nicht aus Sicht des Gläubigers, sondern unter Berücksichtigung des Vertrags Zins- und Tilgungszahlungen vorliegen. Aus Sicht des Schuldners ist eine Kündigungsmöglichkeit grds. im Geld und der beizulegende Zeitwert somit positiv, soweit der Marktzinssatz im Vergleich zum vertraglichen Zins niedriger ist. Denn in diesem Falle hätte der Schuldner die Möglichkeit, das Instrument zu kündigen und denselben Betrag für weniger Zinsen zu leihen.

Wann genau unter c) der beizulegende Wert eine Kündigungsmöglichkeit signifikant ist, hat jedes Unternehmen selbst in den Rechnungslegungsmethoden festzulegen.

Folgende Beispiele verdeutlichen die Regelung:

Beispiel Fall a):

Der Nominalbetrag einer festverzinslichen Industrieanleihe beträgt 550 T€. Die Finanz AG erwirbt diese Industrieanleihe zum Preis von 500 T€ (Marktzins ist höher als der vertragliche Zins). Der Schuldner hat die Möglichkeit, die Anleihe zum Nominalbetrag zzgl. bis zum Kündigungszeitpunkt aufgelaufener Zinsen zu kündigen.

In diesem Falle könnten die Voraussetzungen des IFRS 9.B4.1.12 erfüllt sein. Der finanzielle Vermögenswert wurde mit einem Abschlag erworben, er ist vom Schuldner zum Nominalbetrag kündbar und der beizulegende Zeitwert der Kündigungsmöglichkeit ist zum Zeitpunkt des erstmaligen Ansatzes des finanziellen Vermögenswerts grds. nicht signifikant, da

---

16 IDW RS HFA 48, Rz. 191.

der Schuldner keine Motivation hat, die im Vergleich zur Marktverzinsung gering verzinsliche Anleihe zu kündigen. Dies ist indes umfänglich zu prüfen.

Fall b):

Der Nominalbetrag einer festverzinslichen Industrieanleihe beträgt 550 T€, der Marktzins sei niedriger als der vertragliche Zins, der Barwert der künftigen Zahlungsströme ist somit höher als der Nominalbetrag. Der Schuldner hat das Recht, zum Nominalbetrag zzgl. bis zum Kündigungszeitpunkt aufgelaufener Zinsen zu kündigen.

In diesem Falle sind die Voraussetzungen des IFRS 9.B4.1.12 wohl nicht erfüllt. Der beizulegende Zeitwert der Kündigungsmöglichkeit ist zum Zeitpunkt des erstmaligen Ansatzes des finanziellen Vermögenswerts bei entsprechender Differenz zwischen Marktverzinsung und vertraglicher Verzinsung grds. signifikant, da der Schuldner eine Motivation hat, die im Vergleich zur Marktverzinsung höher verzinsliche Anleihe zu kündigen. Dies ist indes auch hier umfänglich zu prüfen.

Selbst wenn bestimmte (künftige) Zahlungen in Verträgen als Zins und Tilgung bezeichnet sind kann unter Anwendung der Kriterien des IFRS 9 eine andere Beurteilung erforderlich sein (IFRS 9.B4.1.15 f.). Beispielhaft wird in diesem Zusammenhang eine **„non-recourse"-Finanzierung** genannt. Bei einer „non-recourse"-Finanzierung sind die zu erhaltenden Zahlungsströme in der Regel abhängig von einem bestimmten finanzierten Vermögenswert oder einem bestimmten finanzierten Projekt. Bei der Beurteilung, ob Zins- und Tilgungszahlungen vorliegen ist zu analysieren, ob darüberhinausgehende von bestimmten Ereignissen abhängige Zahlungen vorliegen (können) oder ob bestimmte Zahlungsbeschränkungen vorliegen. Der HFA des IDW weist in diesem Zusammenhang darauf hin, dass neben der Analyse der vertraglichen Regelungen zu differenzieren ist zwischen Finanzierung mit primär klassischem Kreditausfallrisiko oder Finanzierung mit primärem Investitionsrisiko.[17]

22.53

Beispiel: Die Finanz AG gibt einen Kredit über 4.000.000 € an die Automotive AG. Die Laufzeit beträgt 10 Jahre. Mit dem Geld erwirbt die Automotive AG eine Produktionsanlage. Im Vertrag sind Zins- und Tilgungszahlungen wie folgt definiert:

Fall a):

Je höher die Zahl der auf der Anlage produzierten Erzeugnisse, desto höher ist die Zahlung an die Finanz AG. Über 10 Jahre sind mindestens 380.000 €/Jahr zu zahlen. Sollte die Zahl der produzierten Erzeugnisse nicht ausreichend hoch sein, hat die Finanz AG die Möglichkeit, über die Anlage die Zwangsvollstreckung einzuleiten und den Restbetrag der Forderung begleichen zu lassen.

Die Rendite der Forderung ist abhängig von der künftigen Performance der Anlage. Zudem hängt die Werthaltigkeit der Forderung stark mit dem Wert der Anlage in Verbindung. Daher ist hier das Investitionsrisiko im Vordergrund, so dass die Zahlungen nach IFRS 9 nicht als Zins und Tilgung zu qualifizieren sind. Der finanzielle Vermögenswert ist der Bewertungskategorie FVPL zuzuordnen.

Fall b):

Die an die Finanz AG zu leistenden Zahlungen umfassen einen Mindestbetrag von 400.000 € pro Jahr und eine Zahlung in Abhängigkeit der produzierten Erzeugnisse, welche begrenzt

---

[17] Vgl. mit weiteren Ausführungen IDW RS HFA 48, Rz. 209.

ist auf den LIBOR zzgl. 3 %. Die Finanz AG hält es für äußerst wahrscheinlich, dass die Automotive AG mit der Anlage erfolgreich sein wird.

Hier ist zu analysieren, ob die Zahlungen als Zins und Tilgung zu qualifizieren sind. Soweit dies positiv beurteilt wird, ist das Zahlungsstromkriterium erfüllt und der finanzielle Vermögenswert darf den Bewertungskategorien AC oder FVOCI zugeordnet werden.

22.54 Bemerkenswert ist, dass bei der Analyse nur die **vertraglichen** und keine weiteren Zahlungsströme zu berücksichtigen sind. IFRS 9.B4.1.13 enthält folgendes Beispiel:

„Instrument E wird durch eine der Aufsicht unterliegende Bank ausgegeben und weist eine feste Laufzeit auf. Das Instrument ist festverzinslich und sämtliche vertraglichen Zahlungsströme sind ermessensfrei.

Jedoch unterliegt der Emittent Rechtsvorschriften, nach denen es einer nationalen beschließenden Behörde erlaubt oder vorgeschrieben ist, Inhabern von bestimmten Instrumenten, einschließlich des Instruments E, unter besonderen Umständen Verluste aufzuerlegen. Beispielsweise ist die nationale beschließende Behörde befugt, den Nennbetrag des Instruments E zu verringern oder es in eine festgelegte Anzahl von Stammaktien des Emittenten umzuwandeln, wenn die nationale beschließende Behörde feststellt, dass sich der Emittent in ernsten finanziellen Schwierigkeiten befindet, zusätzliche aufsichtsrechtliche Eigenmittel benötigt oder sanierungsbedürftig ist."

In diesem Fall kommt das IASB zu folgendem Schluss:

„Der Inhaber würde anhand der **Vertragsbedingungen** des Finanzinstruments bestimmen, ob sie zu Zahlungsströmen führen, die ausschließlich Tilgungs- und Zinszahlungen auf den ausstehenden Kapitalbetrag darstellen und die somit mit einer elementaren Kreditvereinbarung im Einklang stehen.

Bei dieser Betrachtung würden keine Zahlungen berücksichtigt werden, die ausschließlich dadurch entstehen, dass die nationale beschließende Behörde befugt ist, dem Inhaber von Instrument E Verluste aufzuerlegen. Dies liegt daran, dass diese Befugnis und die daraus resultierenden Zahlungen nicht zu den **Vertragsbedingungen** des Finanzinstruments gehören.

[…]"

22.55–22.58 frei

3. Kategorisierung von Derivaten und Eigenkapitalinstrumenten

22.59 Alleinstehende Derivate, also solche, die nicht im Rahmen des Hedge Accounting eingesetzt und bilanziert werden, sowie Eigenkapitalinstrumente iSd. IAS 32 haben keine Zahlungsströme, die nur Tilgung und Zinsen auf den ausstehenden Kapitalbetrag darstellen. Daher ist eine Zuordnung zu der Bewertungskategorie AC sowie FVOCI grundsätzlich nicht zulässig. Für **alleinstehende Derivate** gilt dies ohne Einschränkungen, dh sie sind zwingend der Kategorie FVPL zuzuordnen.

22.60 Für **Eigenkapitalinstrumente** besteht indes ein Wahlrecht, sie der Kategorie FVOCI zuzuordnen (IFRS 9.5.7.5). Konsequenz ist in diesem Fall allerdings, dass die im OCI erfassten Beträge künftig nicht recycelt, sprich in der Gewinn- und Verlustrechnung erfasst werden (IFRS 9.B5.7.1). Dieses Wahlrecht ist für jedes Eigenkapitalinstrument einzeln ausübbar („share-by-share basis", IFRS 9.B5.7.1).

Folgende Einschränkungen für die Anwendung des Wahlrechts sind zu beachten: 22.61

- Das Wahlrecht gilt nicht für **zu Handelszwecken gehaltene Eigenkapitalinstrumente**. Eigenkapitalinstrumente sind nach IFRS 9.A als zu Handelszwecken gehalten zu qualifizieren und somit der Kategorie FVPL zuzuordnen, soweit sie

    - mit der Absicht erworben wurden, sie innerhalb kurzer Zeit wieder zu veräußern; oder

    - beim erstmaligen Ansatz Teil eines Portfolios eindeutig identifizierter und gemeinsam verwalteter Finanzinstrumente sind, bei dem es in jüngerer Vergangenheit nachweislich kurzfristige Gewinnmitnahmen gab.

- Das Wahlrecht gilt nicht für **kündbare Instrumente** (*„puttable instruments"*), auch wenn diese beim Emittenten unter den Voraussetzungen des IAS 32.16A und 16B sowie IAS 32.16C und 16D als Eigenkapital auszuweisen sind.[18] Kündbare Instrumente erfüllen nicht die in IAS 32 enthaltene Definition eines Eigenkapitalinstruments.

- Das Wahlrecht gilt nicht für folgende Eigenkapitalinstrumente:

    - Von **Investmentgesellschaften** gehaltene Anteile an Tochterunternehmen (IFRS 10.31); und

    - Anteile an assoziierten Unternehmen und Gemeinschaftsunternehmen, die direkt oder indirekt von **Wagniskapital-Organisationen**, offenen Investmentfonds, Unit Trusts oder ähnlichen Unternehmen gehalten werden und das Wahlrecht nach IAS 28.18 ausgeübt wird, diese Anteile statt nach der Equity-Methode gemäß IFRS 9 ergebniswirksam zum beizulegenden Zeitwert zu bewerten (siehe auch Rz. 37.5)

4. Fair-Value Option für finanzielle Vermögenswerte

Für Fremdkapitalinstrumente, welche nach den bisherigen Klassifizierungsregeln den Kategorien AC oder FVOCI zugeordnet würden, besteht die (bedingte) Möglichkeit, sie optional der Kategorie FVPL zuzuordnen (IFRS 9.4.1.5). Voraussetzung für eine solche Designation ist, dass eine **Rechnungslegungsanomalie** (*„accounting missmatch"*) beseitigt oder wesentlich verringert wird. Eine solche Anomalie kann auftreten, wenn folgende Bedingungen erfüllt sind (IFRS 9.BCZ4.61): 22.62

- Zwischen bestimmten Vermögenswerten und Schulden besteht eine wirtschaftliche Beziehung, idR durch gegenläufigen Wertentwicklungen bei Veränderung bestimmter Parameter. So steigt z.B. bei Verringerung des Zinsniveaus der Wert festverzinslicher finanzieller Verbindlichkeiten, was grds. zu einem (ggf. nicht bilanziell erfassten) negativen Erfolgsbeitrag führt. Gleichzeitig steigt aber bei selbiger Änderung des Zinsniveaus der Wert festverzinslicher finanzieller Vermögenswerte, welches grds. zu einem (ggf. nicht bilanziell erfassten) positiven Erfolgsbeitrag führt.

---

[18] Vgl. IFRIC Update September 2017; IFRS 9.BC5.21.

– Die Vermögenswerte und Schulden werden unterschiedlich bewertet (fortgeführte Anschaffungskosten oder beizulegender Zeitwert) und/oder Ergebnisbeiträge sind unterschiedlich zu erfassen (Gewinn- und Verlustrechnung oder OCI).

22.63 Grds. kann ein Unternehmen zur Vermeidung solcher Rechnungslegungsanomalien die Vorschriften zum **Hedge Accounting** anwenden, welche indes häufig sehr komplex und ggf. auch nicht zielführend sind (IFRS 9.BCZ4.62). Mit der Fair Value Option wird daher eine einfache Lösungsmöglichkeit geboten, Rechnungslegungsanomalien zu beseitigen oder wesentlich zu reduzieren. Zur Nützlichkeit der Fair Value Option als Alternative zum Hedge Accounting siehe Rz. 25.25 ff.

22.64 Eine Designation als FVPL ist unwiderruflich beim **erstmaligen Ansatz** vorzunehmen, sie kann somit künftig nicht zurückgenommen werden. Zudem ist nach dieser Vorschrift immer der gesamte finanzielle Vermögenswert zum beizulegenden Zeitwert zu bewerten und nicht ggf. nur bestimmte Komponenten, wie es beim Hedge Accounting möglich ist (vgl. Rz. 25.28 sowie insbesondere Rz. 25.38).

Nicht zwingend ist, dass die entsprechenden Vermögenswerte und Schulden, bei denen eine Rechnungslegungsanomalie vorliegt, zum selben Zeitpunkt angesetzt werden. Wird zunächst der finanzielle Vermögenswert angesetzt, kann er nur schwerlich eine Rechnungslegungsanomalie eliminieren oder wesentlich verringern, solange die entsprechende Schuld noch nicht angesetzt ist. Daher ist ein gewisser zeitlicher Abstand zwischen den Transaktionen aus praktischen Gründen akzeptabel (IFRS 9.B4.1.31). Wichtig ist aber, dass schon der aus der ersten Transaktion resultierende Posten als FVPL designiert wird. Eine entsprechende (spätere) Designation eines schon bilanzierten Postens ist nicht zulässig.

III. Zugangsbewertung

22.65 Sämtliche finanziellen Vermögenswerte (und im Übrigen auch alle finanziellen Verbindlichkeiten) sind beim erstmaligen Ansatz grundsätzlich zum **Fair Value** anzusetzen (IFRS 9.5.1.1), ggf. zuzüglich Transaktionskosten. **Transaktionskosten** sind zusätzliche Kosten, die dem Erwerb eines Vermögenswerts oder einer Verbindlichkeit direkt zugerechnet werden können, wie z.B. Kommissionen für Vermittler, Berater, Makler und Händler sowie Abgaben an Aufsichtsbehörden und Wertpapierbörsen (IFRS 9.B5.4.8). Von diesem Bewertungsgrundsatz enthält IFRS 9 zwei Ausnahmen.

– Bei finanziellen Vermögenswerten, die der Bewertungskategorie FVPL zugeordnet werden, sind die Anschaffungsnebenkosten **sofort aufwandswirksam** zu erfassen (IFRS 9.5.1.1).

– Forderungen aus Lieferungen und Leistungen

– ohne wesentlicher Finanzierungskomponente sind zum gemäß IFRS 15 ermittelten Transaktionspreis zu bewerten.

– mit wesentlicher Finanzierungskomponente und Laufzeit bis zu einem Jahr dürfen zum gemäß IFRS 15 ermittelten Transaktionspreis bewertet werden

(IFRS 15.63). Bei Laufzeiten von länger als einem Jahr führt die enthaltene Finanzierungskomponente zum Ansatz der Forderung in Höhe des Barwerts (zu Einzelheiten siehe Rz. 10.92 ff.).

In den meisten Fällen entspricht der Transaktionspreis dem beizulegenden Zeitwert. Soweit aber mit dem Transaktionspreis weitere Sachverhalte abgegolten werden, ist wie folgt zu differenzieren: 22.66

- Ein (weiterer) Vermögenswert oder eine (weitere) Schuld liegen vor: Dann ist der Vermögenswert oder die Schuld anzusetzen.
- Ein (weiterer) Vermögenswert oder eine (weitere) Schuld liegen nicht vor: Die Differenz ist wie folgt zu erfassen:
  - Soweit der beizulegende Zeitwert auf Basis beobachtbarer Marktparameter ermittelt wird: sofort ergebniswirksam in der Gewinn- und Verlustrechnung;
  - in allen anderen Fällen ist die Differenz abzugrenzen und ergebniswirksam zu erfassen, soweit sich Faktoren ändern, die Marktteilnehmer bei der Bepreisung des Instruments berücksichtigen würden.

Beispiel:[19] Unternehmen U gewährt Kunde A ein unverzinsliches, 3-jähriges Darlehen über 1 Mio. Euro. Der Marktzinssatz für laufzeitadäquate Kredite an Schuldner vergleichbarer Bonität beträgt 6 %.

Fall a) Kunde A verpflichtet sich, Unternehmen U in Kürze Handelswaren zu liefern.

Fall b) Keine weiteren Vereinbarungen werden getroffen.

Die Ausleihung ist zum Zugangszeitpunkt mit dem Barwert der künftigen Zahlungsmittelflüsse aus dem Instrument zu bewerten (839.600 €). In Fall a) ist die Differenz als Vermögenswert zu aktivieren, welcher den Anspruch repräsentiert, dass Kunde A Handelswaren an Unternehmen U zu liefern hat. In Fall b) ist die Differenz sofort in der Gewinn- und Verlustrechnung zu erfassen.

Der Sachverhalt ist wie folgt abzubilden:

Fall a)	Ausleihung	839.600	Bank	1.000.000
	Sonst. Vermögenswert	160.400		
Fall b)	Ausleihung	839.600	Bank	1.000.000
	Aufwand	160.400		

Spiegelbildlich bucht der Kunde eine Verbindlichkeit von 839.600 Euro und abgegrenzte Erlöse (Fall a)) oder einen Ertrag (Fall b)) von 160.400 Euro.

In den Folgeperioden kehrt sich über die Aufzinsung der Ausleihung (und Verbindlichkeit) der Effekt um. Dies sei am Beispiel von U gezeigt:

01:	Ausleihung 50.400 an Ertrag	50.400 (Buchwert der Ausleihung: 890.000).
02:	Ausleihung 53.400 an Ertrag	53.400 (Buchwert der Ausleihung: 943.400).
03:	Ausleihung 56.600 an Ertrag	56.600 (Buchwert der Ausleihung: 1.000.000).

---

19 Abweichungen sind auf Rundungsdifferenzen zurückzuführen.

Die Abbildung beim erstmaligen Ansatz und die Erfassung eines etwaigen Vermögenswerts, Ertrags oder Abgrenzungspostens hat keine Auswirkungen auf die Folgebewertung des finanziellen Vermögenswerts (IFRS 9.B5.2.2A).

IV. Besonderheiten beim Ansatz zum Handels- oder Erfüllungstag

22.67 Weichen **Handels- und Erfüllungstag** voneinander ab, stellt sich die Frage, wie mit dieser Zeitdifferenz zu verfahren ist. Bei marktüblichen Verträgen (**Kassageschäften**) besteht nach IFRS 9.3.1.2 das Wahlrecht, den An- oder Verkauf finanzieller Vermögenswerte entweder zum **Handelstag oder zum Erfüllungstag zu** bilanzieren. Die gewählte Methode kann für die Hauptkategorien finanzieller Vermögenswerte unterschiedlich angewendet werden, ist aber innerhalb der Kategorie für alle Vermögenswerte stetig anzuwenden. Dabei zählen finanzielle Vermögenswerte, die auf Grund der Fair Value-Option als FVPL kategorisiert werden und Eigenkapitalinstrumente, die der Kategorie FVOCI zugeordnet werden, jeweils als separate Kategorien (IFRS 9.B3.1.3).

22.68 Bei einer Erfassung zum **Handelstag** werden am Handelstag der finanzielle Vermögenswert und die entsprechende Verbindlichkeit angesetzt. Sämtliche anschließende Wertänderungen werden entsprechend der Einordnung des Vermögenswertes in eine der Kategorien abgebildet.

22.69 Demgegenüber wird bei einer Erfassung zum späteren **Erfüllungstag** der Vermögenswert erst zu diesem Zeitpunkt als Zugang gezeigt. Finanzielle Vermögenswerte der Kategorie AC werden beim Zugang am Erfüllungstag mit dem beizulegenden Zeitwert am **Handelstag** zzgl. Anschaffungsnebenkosten (IFRS 9.5.1.2) bewertet. Änderungen des beizulegenden Zeitwerts zwischen dem Handelstag und Erfüllungstag werden – wie bei der Kategorie AC üblich – nicht erfasst (IFRS 9.5.7.4).

Wird ein finanzieller Vermögenswert zum beizulegenden Zeitwert bewertet (also in den Kategorien FVOCI und FVPL), sind die Änderungen des beizulegenden Zeitwerts zwischen dem Handelstag und dem Erfüllungstag entsprechend der Kategorie des finanziellen Vermögenswerts entweder in der Gewinn- und Verlustrechnung oder im OCI zu erfassen (IFRS 9.5.7.4). Dies erfordert letztlich schon vor dem erstmaligen Ansatz des finanziellen Vermögenswerts eine Zuordnung in eine der Bewertungskategorien.

22.70 *Praktische Bedeutung* hat das Wahlrecht wegen der bilanziellen Auswirkungen *nur dann*, wenn zwischen dem Handels- und Erfüllungstag ein **Bilanzstichtag (z.B. Quartals- oder Geschäftsjahresende)** liegt.

Nachfolgendes Beispiel zeigt die Vorgehensweise im Umgang mit Anschaffungsnebenkosten bei den Kategorien FVOCI und FVPL in Abhängigkeit des Ansatzes zum Handelstag oder Erfüllungstag.

Beispiel: A erwirbt am 30.12. (Handelstag) Aktien zum Kurs von 100 TEuro zuzüglich Nebenkosten von 1 TEuro. Am 31.12. (Bilanzstichtag) notieren die Aktien mit 103 TEuro und am 2.1. (Depotgutschrift = Erfüllungstag) mit 98 TEuro. Die Aktien können der Kategorie

FVOCI oder FVPL zugeordnet werden. Die Bilanzierung ist in Abhängigkeit vom Ansatzzeitpunkt wie folgt:

Datum	Fair Value	Handelstag		Erfüllungstag	
		FVOCI	FVPL	FVOCI	FVPL
30.12	100	Aktien an Verb. 101	Aktien 100 Aufwand 1 an Verb 101		
31.12.	103	Aktien an OCI 2	Aktien 3 an Ertrag 3	Akt. Abgrenzung (Ford) an OCI 2	Akt. Abgrenzung (Ford) an Ertrag 3
2.1.	98	OCI an Aktien 5	Aufwand 5 an Aktien 5	OCI 5 Aktien 98 an Verb. 101 Ford 2	Aufwand 6 Aktien 98 an Verb. 101 Ford 3

In der Kategorie FVOCI (Handelstag) werden die Aktien wegen der Aktivierung der Anschaffungsnebenkosten mit einem Wert *über* ihrem beizulegenden Zeitwert angesetzt. Die Differenz zwischen dem erstmaligen Wertansatz und dem beizulegenden Zeitwert zum Bilanzstichtag wird im OCI erfasst.

Die Periode der Aufwandsbuchung der Anschaffungsnebenkosten hängt bei der Kategorie FVPL davon ab, ob die Ersterfassung zum Handels- oder Erfüllungstag erfolgt. Die Anschaffungsnebenkosten werden genau am Tag des Ansatzes des Vermögenswertes zu Aufwand (IFRS 9.B5.4.1). In Beispiel werden somit die Anschaffungsnebenkosten von 1 TEuro beim Ansatz zum Handelstag im alten und beim Ansatz zum Erfüllungstag im neuen Jahr als Aufwand erfasst. Soweit die Anschaffungsnebenkosten zum 31.12. schon gezahlt wurden, wären sie somit als Vermögenswert bzw. aktivische Abgrenzung auszuweisen.

frei   22.71–22.79

D. Folgebewertung

I. Übersicht

Die Folgebewertung finanzieller Vermögenswerte richtet sich nach der jeweiligen Zuordnung in eine der Bewertungskategorisierung. Wenige Besonderheiten gibt es bei alleinstehenden Derivaten, welche immer der Kategorie FVPL zuzuordnen sind. Gleiches gilt für Fremdkapitalpapiere, aus denen entweder nicht nur Zins- und Tilgungszahlungen resultieren und/oder welche dem Geschäftsmodellen „Verkaufen" zuzuordnen sind.

22.80

Im Folgenden werden zunächst die – überschaubaren – Vorschriften zur Bilanzierung von Eigenkapitalinstrumenten dargestellt. Anschließend werten die wesentlich umfangreicheren Vorschriften zur Bilanzierung von Fremdkapitalinstrumenten dargestellt.

II. Folgebewertung von Eigenkapitalinstrumenten

22.81 Eigenkapitalpapiere sind nach dem erstmaligen Ansatz grds. zum beizulegenden Zeitwert zu bewerten (IFRS 9.4.1.4). Von diesem Grundsatz enthält IFRS 9.B5.2.3 eine Ausnahme. Demnach ist es zulässig, die **Anschaffungskosten** von nicht notierten (IFRS 9.B5.2.6) Eigenkapitalpapieren (z.B. GmbH-Anteile) in folgenden Fällen als angemessene Schätzung des beizulegenden Zeitwerts zu nutzen:

- Für die Ermittlung des beizulegenden Zeitwerts liegen nicht genügend **aktuelle Informationen** vor; oder
- die **Bandbreite** der möglichen beizulegenden Zeitwerte ist groß und die Anschaffungskosten entsprechen der besten Schätzung des beizulegenden Zeitwerts innerhalb dieser Bandbreite.

Welche Informationen als „nicht genügend aktuell" gelten und damit eine Bewertung der Eigenkapitalpapiere zu Anschaffungskosten rechtfertigen, wird vom IASB nicht weiter ausgeführt. Jedenfalls ist eine Bewertung zu Anschaffungskosten zu hinterfragen, soweit seit dem erstmaligen Ansatz Ereignisse eingetreten sind, die die Ertragslage und die Geschäftstätigkeit des Unternehmens beeinflussen. Dazu zählen nach IFRS 9.B5.2.4 Änderungen der Ertragslage gegenüber ursprünglichen Budgets und Planungen, Änderungen der Erwartung über das Erreichen von Meilensteinen im Produktionsprozess, Änderungen des (globalen oder lokalen) Marktumfelds, Änderung der Ertragslage ähnlicher Unternehmen oder Eigenkapitaltransaktionen (Kapitalerhöhung oder Erwerb von Eigenkapitalinstrumenten durch einen Dritten).

Auch die zweite Ausnahmevorschrift ist unmittelbar nicht klar und vor allem keine Vereinfachung.[20] Wenn die Bandbreite der beizulegenden Zeitwerte bestimmt ist, wie soll dann belegt werden, dass die Anschaffungskosten die beste Schätzung des beizulegenden Zeitwerts darstellen? Möglicherweise sollte in diesem Falle – entsprechend der Bewertung von Rückstellungen – der Mittelwert einer Bandbreite gleich wahrscheinlicher Werte oder der Erwartungswert herangezogen werden.

22.82 Bei Eigenkapitalpapieren besteht das instrumentenbezogene Wahlrecht, Wertänderungen der Eigenkapitalpapiere entweder in der Gewinn- und Verlustrechnung oder im OCI zu erfassen. Entsprechend der Ausübung des Wahlrechts sind auch **Währungsumrechnungsdifferenzen** zu erfassen, da ein Eigenkapitalinstrument kein monetäres Instrument ist (IFRS 9.B5.7.3).

22.83 Eine Umgliederung einmal im OCI erfasster Beträge in die Gewinn- und Verlustrechnung ist nicht zulässig (IFRS 9.B5.7.1). Allerdings weist das IASB in derselben Randziffer darauf hin, dass durchaus das kumulierte im OCI erfasste Ergebnis innerhalb des Eigenkapitals umgegliedert werden darf. So kann es sinnvoll sein, bei Veräußerung eines Eigenkapitalinstruments die im OCI erfassten Erfolgsbeiträge aus dem kumulierten OCI in die Gewinnrücklagen umzugliedern. Eine Pflicht dazu besteht indes nicht. Die einmal gewählte Vorgehensweise ist stetig anzuwenden.

---

20 *Purtscher*, IRZ 2017, 510.

Dividenden sind nach IFRS 9.5.7.1A iVm. IFRS 9.5.7.6 in der Gewinn- und Verlustrechnung zu erfassen, soweit das Unternehmen das Recht auf Dividendenzahlung hat (idR. soweit der Dividendenbeschluss gefasst wurde), die Dividende wahrscheinlich zufließt und der Betrag der Dividende zuverlässig bestimmt werden kann. Dies gilt unabhängig von der Erfassung der Änderungen des beizulegenden Zeitwerts von Eigenkapitalinstrumenten in der Gewinn- und Verlustrechnung oder im OCI. Nur soweit die Dividendenzahlung klar als Rückzahlung (eines Teils) der Anschaffungskosten zu qualifizieren ist, ist die Dividende ergebnisneutral gegen den Buchwert der Anteile zu erfassen. In diesem Falle wäre die Dividende als „return of investment" und nicht als „return on investment" zu klassifizieren (IFRS 9.BC5.25(a)). Das IASB möchte mit der Regelung verhindern, dass unmittelbar nach einem Erwerb durch Dividendenausschüttungen hohe Dividendenerträge ausgewiesen werden.

22.84

Beispiel: Die Finanz AG hat für 5 Mio. € Anteile an der SchüttAus AG erworben. Dem Vorstand der SchüttAus AG wurde erklärt, dass das Investment nur zu Stande kommt, soweit der Vorstand der Hauptversammlung der SchüttAus AG in Kürze eine hohe Dividende vorschlagen wird. Wenige Wochen später beschließt die SchüttAus AG eine Dividendenausschüttung. Der Finanz AG stehen 3 Mio. € Dividende zu.

Kriterien für die Differenzierung zwischen „return of investment" und „return on investment" gibt das IASB nicht. Aus den Ausführungen in IFRS 9.BC5.25 ist aber zu erkennen, dass für die Qualifikation einer Dividendenausschüttung als Rückzahlung (eines Teils) der Anschaffungskosten grds. zum einen eine gewisse Einflussmöglichkeit auf die Dividendenpolitik gegeben sein muss. Zum anderen muss ein enger zeitlicher Zusammenhang zwischen Erwerb der Anteile und der Dividendenausschüttung bestehen. Im Beispiel wäre es unangemessen, innerhalb dieser kurzen Zeit einen „return on investment" von 3 Mio. € (ohne Berücksichtigung von Steuern also 60 %) zu erfassen. Stattdessen wäre es angebracht, die 3 Mio. € gegen die Anschaffungskoten der Anteile an der SchüttAus AG zu erfassen.

Dies gilt immer für solche Fälle, in denen Anteile kurz vor Dividendenbeschluss erworben und nach Ausschüttung wieder veräußert werden.

Folgendes Beispiel fasst die Bilanzierungsregeln für Eigenkapitalinstrumente zusammen. Soweit Unterschiede zwischen einer Zuordnung zu den Kategorien FVOCI und FVPL bestehen, sind diese gekennzeichnet.

22.85

Beispiel: Die Nachhaltigkeit AG erwirbt am 12.5.01 12 % der Anteile an der Recycling Inc. mit Sitz in Detroit/USA. Für die Anteile zahlt sie 3,2 Mio. US-$. Zudem hat die Nachhaltigkeit AG 0,5 % der Transaktionssumme an ein die Transaktion begleitendes Finanzinstitut in den USA zu zahlen.

Die Recycling Inc. beschließt am 20.5.01 eine Dividende von insgesamt 5 Mio. US-$ zu zahlen (anteilig für Nachhaltigkeit: 600.000 US-$). Die Gutschrift erfolgt am 23.5.01.

Am 25.5.03 beschließt die Recycling Inc. eine Dividende von insgesamt 4 Mio. US-$ zu zahlen (anteilig für Nachhaltigkeit: 480.000 US-$). Die Gutschrift erfolgt am 29.5.03.

Am 19.9.03 veräußert die Nachhaltigkeit AG die Anteile für 3,8 Mio. US-$.

Die Buchwerte werden jeweils zum Bilanzstichtag an den beizulegenden Zeitwert angepasst. Folgende Informationen liegen zu den entsprechenden Zeitpunkten vor:

Datum	FV der Anteile	anteilige Dividende (12 %)	Kurs US-$:€	anteilige Dividende (12 %)	FV der Anteile	Buchwert der Anteile (FVOCI)	Buchwert der Anteile (FVPL)
	US-$				€		
12.5.01	3.200.000		1,16		2.758.621	2.772.414	2.758.621
20.5.01		600.000	1,12	535.714		2.236.700	2.222.906
23.5.01			1,13	530.973		keine Änderung	keine Änderung
31.12.01	2.800.000		1,14		2.456.140	2.456.140	2.456.140
31.12.02	2.750.000		1,17		2.350.427	2.350.427	2.350.427
25.5.03		240.000	1,18	203.390		keine Änderung	keine Änderung
29.5.03			1,16	206.897		keine Änderung	keine Änderung
12.9.03	3.800.000		1,11		3.423.423	3.423.423	3.423.423

12.5.01:

– **FVOCI**: Die Nachhaltigkeit AG bewertet die Anteile zum beizulegenden Zeitwert, welcher dem Transaktionspreis entspricht, zzgl. Anschaffungsnebenkosten. Hinzuzurechnen sind die Anschaffungsnebenkosten (16 TUS-$ = 13.793 €). Die Anschaffungskosten betragen somit 2.772.414 €.

– **FVPL**: Die Nachhaltigkeit AG bewertet die Anteile zum beizulegenden Zeitwert von 2.758.621 €, welcher dem Transaktionspreis entspricht. Die Anschaffungsnebenkosten (16 TUS-$ = 13.793 €) sind als Aufwand in der Gewinn- und Verlustrechnung zu erfassen.

20.5.01: Die (hohe) Dividendenzahlung wird hier als Rückzahlung eines Teils der Anschaffungskosten qualifiziert. Daher ist die Dividende nicht in der Gewinn- und Verlustrechnung, sondern gegen den Buchwert der Anteile zu erfassen. Der Buchungssatz lautet Per Dividendenforderung an Anteile 535.714 €.

– **FVOCI**: Der Buchwert der Anteile beträgt 2.236.700 €.

– **FVPL**: Der Buchwert der Anteile beträgt 2.222.906 €.

23.5.01: Ein Zahlungseingang wird in Höhe von 530.973 € erfasst. Die Differenz von 4.741 € zum Buchwert der Dividendenforderung ist als Währungsumrechnungsdifferenz in der Gewinn- und Verlustrechnung zu erfassen. Buchungssatz: Per Bank 530.973 € und Aufwand aus Währungsdifferenz 4.741 € an Dividendenforderung 535.714 €. Eine Erfassung im OCI ist ausgeschlossen, da es sich nicht um eine Währungsdifferenz bei einem Eigenkapitalpapier, sondern um eine Währungsdifferenz bei einer Finanzforderung handelt.

31.12.01:

– **FVOCI**: Die Änderung des beizulegenden Zeitwerts der Anteile ist im OCI zu erfassen. Die Nachhaltigkeit AG bucht: Per Anteile an OCI 219.440 €. Dieser Betrag enthält bzgl. des Eigenkapitalpapiers auch die Differenz aus Währungsumrechnung.

- **FVPL**: Die Änderung des beizulegenden Zeitwerts ist in der Gewinn- und Verlustrechnung zu erfassen. Die Nachhaltigkeit AG bucht: Per Anteile an Ertrag 233.233 €. Auch hier enthält dieser Betrag bzgl. des Eigenkapitalpapiers die Differenz aus Währungsumrechnung.

31.12.02:
- **FVOCI**: Die Änderung des beizulegenden Zeitwerts wird im OCI erfasst. Die Nachhaltigkeit AG bucht: Per OCI an Anteile 105.713 €. Eine mögliche Einstufung des Rückgangs als Wertminderung ist nach IFRS 9 unerheblich, da dies für die Abbildung keine Auswirkungen hätte: Sämtliche Wertänderungen von Eigenkapitalinstrumenten in dieser Kategorie sind erfolgsneutral und dauerhaft im OCI zu erfassen.
- **FVPL**: Die Änderung des beizulegenden Zeitwerts wird in der Gewinn- und Verlustrechnung erfasst. Die Nachhaltigkeit AG bucht: Per Aufwand an Anteile 105.713 €.

25.5.03: Die Dividende sei nicht als Rückzahlung eines Teils der Anschaffungskosten zu qualifizieren. Daher ist die Dividende in der Gewinn- und Verlustrechnung zu erfassen. Per Dividendenforderung an Dividendenertrag 203.390 €.

29.5.03: Die Differenz zwischen dem Buchwert der Dividendenforderung und dem Zahlungseingang ist als Währungsumrechnungsdifferenz in der Gewinn- und Verlustrechnung zu erfassen.

12.9.03: Unmittelbar vor der Veräußerung der Anteile werden diese noch einmal zum beizulegenden Zeitwert bewertet.[21] Die Differenz zwischen dem Buchwert (2.350.427 €) und dem beizulegenden Zeitwert (3.423.423 €) beträgt 1.072.996 €.
- **FVOCI**: Die Nachhaltigkeit AG bucht: Per Anteile an OCI 1.072.996 €. Anschließend werden die Anteile ausgebucht: Bank an Anteile 3.423.423 €. Das kumulierte im OCI erfasste Ergebnis iHv. 1.186.723 € (= 219.440 € - 105.713 € + 1.072.996 €) darf nicht in die Gewinn- und Verlustrechnung umgegliedert werden. Eine Umgliederung des Betrags innerhalb des Eigenkapitals, z.B. vom kumulierten OCI in die Gewinnrücklagen ist zulässig.
- **FVPL**: Die Nachhaltigkeit AG bucht: Per Anteile an Ertrag 1.072.996 €. Anschließend werden die Anteile ausgebucht: Bank an Anteile 3.423.423 €.

III. Folgebewertung von Fremdkapitalinstrumenten

1. Überblick

Fremdkapitalinstrumente sind einer der Bewertungskategorien AC, FVOCI oder FVPL zuzuordnen. Soweit ein Fremdkapitalinstrument der Kategorie FVPL zugeordnet wird, ist die Bilanzierung relativ unproblematisch, da sämtliche Wertänderungen in der Gewinn- und Verlustrechnung zu erfassen sind. Für den Bewertungskategorien AC und FVOCI zugeordneten Fremdkapitalinstrumenten sind die Bilanzierungsfolgen wesentlich diffiziler.

22.86

Im Folgenden wird zunächst erläutert, wie der **Bruttobuchwert** von Fremdkapitalinstrumenten der Kategorie AC zu ermitteln ist. Dabei ist zu klären, wie Zinsen und Währungsdifferenzen in der Gewinn- und Verlustrechnung zu erfassen sind.

22.87

---

21 Dies ist systematisch richtig, praktisch aber nicht erforderlich, soweit die Ergebnisse zutreffend im OCI bzw. in der Gewinn- und Verlustrechnung erfasst werden.

Die Ergebnisse dieser Analyse sind eins zu eins auf die Erfassung von Ergebnisbeiträgen von Fremdkapitalinstrumenten zu übertragen, die der Bewertungskategorie FVOCI zugeordnet werden: Bezüglich der in der Gewinn- und Verlustrechnung zu erfassenden Beträge gibt es zwischen den Kategorien AC und FVOCI keine Abweichungen (IFRS 9.5.7.11 und IFRS 9.B5.7.1A). Nur die über die in der Gewinn- und Verlustrechnung erfassten hinausgehenden Änderungen des beizulegenden Zeitwerts von Fremdkapitalinstrumenten sind bei einer Zuordnung zur Bewertungskategorie FVOCI im OCI zu erfassen. Anschließend wird erläutert, wie erwartete Kreditverluste zu erfassen sind.

22.88 Der Buchwert eines Fremdkapitalinstruments der Bewertungskategorie AC setzt sich zusammen aus dem auf Basis der sogenannten **Effektivzinsmethode** ermittelten Bruttobuchwert abzüglich einer Verlustvorsorge[22] (*loss allowance*). Beides zusammen ergeben nach IFRS 9.A die fortgeführten Anschaffungskosten eines Fremdkapitalinstruments. Der Buchwert eines Fremdkapitalinstruments der Bewertungskategorie FVOCI entspricht demgegenüber immer dem beizulegenden Zeitwert.

22.89 Für die Ermittlung von **erwarteten Kreditverlusten** hat das IASB in IFRS 9 ein dreistufiges Wertminderungsmodell implementiert:

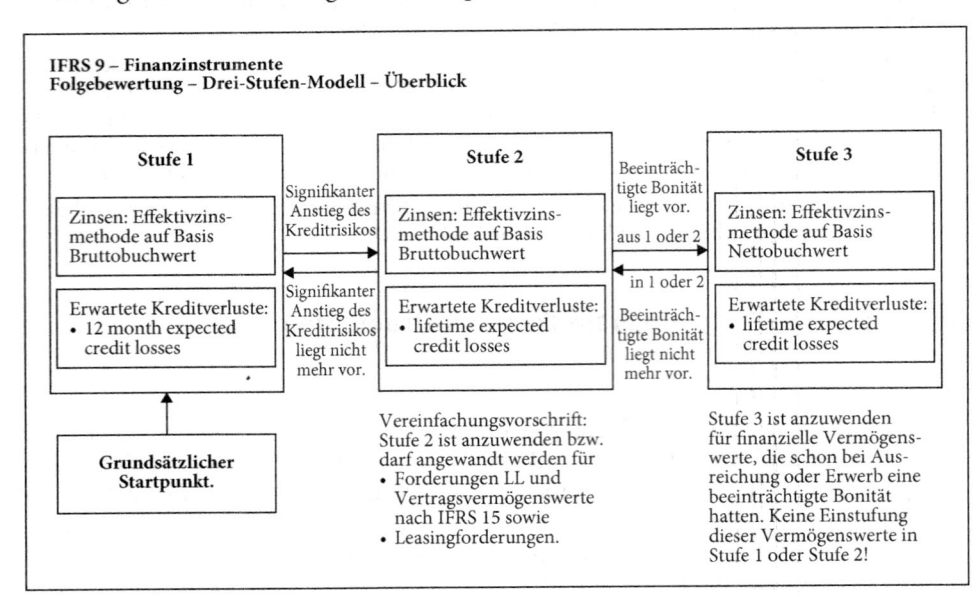

Abb. 22.3 Wertminderungsmodell des IFRS 9

Grundsätzlich wird ein Fremdkapitalinstrument beim erstmaligen Ansatz in **Stufe 1** zugeordnet. Die Zinsen werden nach der Effektivzinsmethode auf Basis des Brutto-

---

22 Die Verlustvorsorge entspricht in der Bewertungskategorie AC einem Wertminderungskonto. Auf dem Konto sind die erwarteten Kreditverluste erfasst.

buchwerts (ohne Berücksichtigung erwarteter Kreditverluste) ermittelt. Erwartete Kreditverluste werden in Höhe des „erwarteten 12 Monats-Kreditverlust" („*12 month expected crdit losses*") erfasst. Dies ist der gewichtete Teil des über die gesamte Laufzeit aus allen möglichen Ausfallereignissen erwarte Kreditverlust, welcher aus Ausfallereignissen resultiert, die innerhalb der kommenden 12 Monate möglich sind (IFRS 9.B5.5.43).

Fremdkapitalinstrumente sind von Stufe 1 in **Stufe 2** zuzuordnen, soweit das „Kreditrisiko über die gesamte Laufzeit" signifikant gestiegen ist. Während die Zinsen nach der Effektivzinsmethode auf Basis des Bruttobuchwerts des Fremdkapitalinstruments analog zu Stufe 1 zu erfassen sind, ist ein erwarteter Kreditverlust in Stufe 2 nach IFRS 9.5.5.3 auf Basis der Kreditausfälle zu erfassen, welche aus Ausfallereignissen resultieren, die über die gesamte (Rest-)Laufzeit des Fremdkapitalinstruments erwartet werden.

Ein Übergang von Stufe 1 oder Stufe 2 in **Stufe 3** erfolgt, wenn finanzielle Vermögenswerte eine beeinträchtigte Bonität aufweisen. Eine beeinträchtigte Bonität liegt vor, soweit ein Ereignis eingetreten ist, welches nachteilige Auswirkungen auf die erwarteten künftigen Zahlungsströme des finanziellen Vermögenswerts hat, und somit das Ausfallrisiko konkret(er) geworden ist. In Stufe 3 werden die erwarteten Kreditverluste wie in Stufe 2 auf Basis der über die gesamte (Rest-)Laufzeit erwarteten Kreditausfälle ermittelt. Die Zinsen werden indes nicht mehr auf Basis des Bruttobuchwerts, sondern auf Basis der fortgeführten Anschaffungskosten ermittelt (Bruttobuchwert abzgl. erwartete Kreditverluste). Da die erwarteten Kreditverluste nach IFRS 9.A grds. dem Barwert der künftigen Zahlungsausfälle entsprechen, hat diese veränderte Ermittlung der Zinsen auf das Jahresergebnis keine Auswirkungen. Allerdings werden Zinserträge und Zinsaufwendungen in der Gewinn- und Verlustrechnung im Ergebnis saldiert ausgewiesen (vgl. Rz. 22.151).

Der Übergang zwischen den Stufen ist nach Ansicht des IASB „symmetrisch" anzuwenden (IFRS 9.BC5.210 ff.). Das bedeutet, dass eine Einstufung in eine niedrigere Stufe (1 oder 2) erfolgt, soweit eine beeinträchtigte Bonität nicht mehr vorliegt bzw. das Kreditrisiko im Vergleich zum Kreditrisiko beim erstmaligen Ansatz des Fremdkapitalinstruments nicht mehr als „signifikant erhöht" zu qualifizieren ist (IFRS 9.5.4.2 und IFRS 9.5.5.7).

22.90

Bei der Zuordnung zu den Stufen gibt es folgende Abweichungen vom Grundsatz:

22.91

– **Unmittelbare Einordnung in Stufe 2 des Wertminderungsmodells:**
  – Forderungen aus Lieferungen und Leistungen und Vertragsvermögenswerte:
    – Soweit diese keine wesentliche Finanzierungskomponente nach IFRS 15 enthalten oder sie eine solche enthalten, aber die Vereinfachungsvorschrift des IFRS 15.63 in Anspruch nehmen, diese wesentliche Finanzierungskomponente bei Laufzeiten bis zu einem Jahr bilanziell nicht zu berücksichtigen (s. Rz. 10.96), sind (Pflicht!) die erwarteten Kreditverluste auf Basis der über die gesamte (Rest-)Laufzeit erwarteten Kreditausfälle zu erfassen.

- Soweit diese eine wesentliche Finanzierungskomponente iSd. IFRS 15 enthalten und die Vereinfachungsvorschrift des IFRS 15.63 nicht in Anspruch genommen wird, besteht ein Wahlrecht, die erwarteten Kreditverluste auf Basis der über die gesamte (Rest-)Laufzeit erwarteten Kreditverluste zu erfassen.
- Leasingforderungen: Die erwarteten Kreditverluste dürfen (Wahlrecht!) auf Basis der über die gesamte (Rest-)Laufzeit erwarteten Kreditausfälle erfasst werden. Das Wahlrecht ist für Leasingforderungen aus Finanzierungsleasing und operativen Leasingverhältnissen separat ausübbar.
- **Unmittelbare Einordnung in Stufe 3 des Wertminderungsmodells:** Soweit finanzielle Vermögenswerte schon bei Erwerb oder bei der Ausreichung eine beeinträchtigte Bonität (vgl. Rz. 22.131 f.) aufweisen, sind sie unmittelbar in Stufe 3 einzuordnen. Diese Vermögenswerte dürfen in der Folge nicht in Stufe 1 oder Stufe 2 zugeordnet werden, auch wenn sich die Bonität wesentlich verbessert bzw. das Kreditrisiko sinkt.

22.92 Im Folgenden wird zunächst erläutert, wie der Bruttobuchwert finanzieller Vermögenswerte unter Anwendung der Effektivzinsmethode fortzuschreiben ist und wie dies in den Bewertungskategorien AC und FVOCI abzubilden ist. Anschließend werden Einzelheiten zur Ermittlung und Erfassung von erwarteten Kreditverlusten dargestellt.

2. Effektivzinsmethode

a) Anwendungsbereich

22.93 Der Bruttobuchwert von Fremdkapitalinstrumenten der Kategorien AC und FVOCI wird anhand der sogenannten Effektivzinsmethode ermittelt. Davon ausgenommen sind lediglich Fremdkapitalinstrumente, welche der Stufe 3 des Wertminderungsmodells des IFRS 9 zugeordnet sind. Vgl. Rz. 22.106 f. und 22.146 ff.

22.94 Weitere Ausnahmen von der Anwendung der Effektivzinsmethode enthält IFRS 9 nicht. Somit könnte eine weitere Ausnahme nur über den Grundsatz der Wesentlichkeit argumentiert werden, was vor allem bei kurzfristigen finanziellen Vermögenswerten der Fall sein dürfte.

b) Ermittlung der Effektivverzinsung und Fortschreibung bei Bewertung zu fortgeführten Anschaffungskosten

22.95 Der Bruttobuchwert finanzieller Vermögenswerte ergibt sich aus der Anwendung der Effektivzinsmethode (IFRS 9.A). Der **Effektivzins**[23] ist der **interne Zinsfuß** einer Investition bzw. deren Rendite, also jener Zins, bei dem der Kapitalwert einer Investition den Wert „null" annimmt. Oder aus bilanzieller Sicht in der Diktion des IFRS 9 gesprochen: Der effektive Zins ist der Zins, mit dem der Barwert der künftig

---

23 Vgl. zur Ermittlung der bonitätsangepassten effektiven Verzinsung Rz. 22.106 f.

erwarteten vertraglichen Zahlungsströme (ohne erwartete Kreditverluste) genau dem Bruttobuchwert des finanziellen Vermögenswerts entspricht (IFRS 9.A). Unter Anwendung dieser effektiven Verzinsung werden alle Transaktionskosten, Agien und Disagien über die Laufzeit oder – falls sachgerecht – bis zum nächsten Zinsanpassungstermin verteilt (IFRS 9.B5.4.4).

Der effektive Zins wird auf den **Zeitpunkt des erstmaligen Ansatzes** eines finanziellen Vermögenswertes bestimmt. Zu diesem Zweck sind zum Zeitpunkt des Ansatzes

– der Bruttobuchwert des finanziellen Vermögenswerts (Zugangsbewertung) und

– die künftig aus dem finanziellen Vermögenswert erwarteten vertraglichen Zahlungsströme

zu bestimmen. Auf dieser Basis ist dann die effektive Verzinsung des finanziellen Vermögenswerts zu ermitteln.

Der **Bruttobuchwert** eines den Kategorien AC und FVOCI zugeordneten finanziellen Vermögenswertes umfasst beim erstmaligen Ansatz nach IFRS 9.5.1.1 den beizulegenden Zeitwert des finanziellen Vermögenswertes zuzüglich Transaktionskosten. Transaktionskosten sind Beträge, die an Vermittler, Berater, Makler oder Händler gezahlt werden. Agien oder Disagien sowie Finanzierungsaufwand oder interne Verwaltungsaufwendungen zählen nicht zu den Transaktionskosten.

Beispiel: Die Finanz AG vergibt einen Kredit über nominal 600.000 € an die Produktiv AG. Vereinbart wird ein Disagio von 30.000 €. Die Finanz AG hat einem Kreditvermittler 15.000 € zu zahlen. Der Kreditvereinbarung ist ein interner Aufwand von 3.000 € zuzurechnen.

Der Bruttobuchwert beträgt beim erstmaligen Ansatz 585.000 € (= Nominalwert von 600.000 € abzgl. Disagio von 30.000 € zzgl. die Nebenkosten Kreditvermittler 15.000 €). Der interne Aufwand darf bei der Ermittlung der Effektivverzinsung nicht berücksichtigt werden. Auch zählt das Disagio nicht zu den „hinzuzurechnenden" Transaktionskosten.

Da Transaktionskosten die Investitionsausgaben erhöhen, die künftigen Zahlungsströme aber i.d.R. konstant bleiben, gilt: Je höher die Transaktionskosten, desto geringer die effektive Verzinsung.

Bei der Ermittlung der Effektivverzinsung sind nach IFRS 9.B5.4.1 auch separat von Transaktionskosten beschriebene[24] **Gebühren** zu berücksichtigen, die „integraler Teil" der effektiven Verzinsung sind. Dazu zählen zum Beispiel vom Kreditnehmer gezahlte Gebühren für eine Bonitätsanalyse (sind dann als Minderung der Anschaffungsinvestition des Kreditgebers zu interpretieren). Aufgrund der Definitionen der Effektivzinsmethode, des Bruttobuchwerts und der fortgeführten Anschaffungskosten eines finanziellen Vermögenswertes ist es erforderlich, diese erhaltenen Gebühren im Bruttobuchwert des finanziellen Vermögenswertes (buchwertmindernd) zu erfassen.

---

24 Siehe IFRS 9.B5.4.1.–3 und IFRS 9.B5.4.8.

Anders sind Gebühren zu erfassen, die ein Kreditnehmer für die (laufende) Verwaltung eines Kredits zu zahlen hat: Diese Gebühren sind nach IFRS 15 zu erfassen.

22.98 Bei der Ermittlung der **erwarteten künftigen Zahlungsströme** sind die vertraglichen Regelungen zu analysieren und zu berücksichtigen.[25] Dazu zählen Rückzahlungs-, Verlängerungs-, Rückkauf- oder sonstige im Vertrag enthaltene Optionen. Kreditverluste sind bei der Ermittlung der erwarteten vertraglichen Zahlungsströme grds. nicht zu berücksichtigen.[26] Diese werden separat auf Basis der Vorschriften zu erwarteten Kreditverlusten erfasst. Das IASB stellt die Vermutung auf, dass die Zahlungsströme und die Laufzeit finanzieller Vermögenswerte zuverlässig bestimmt werden können. In den seltenen Fällen, in denen dies nicht möglich sei, ist der Analyse die gesamte Vertragslaufzeit und die daraus resultierenden Zahlungsströme zu Grunde zu legen.[27]

Soweit sich in künftigen Perioden die erwarteten künftigen Zahlungsströme z.B. auf Grund geänderter Erwartungen bzgl. Kündigungs- oder Verlängerungsoptionen ändern und dies somit nicht auf eine Modifikation, sprich auf eine Veränderung der vertraglichen Zahlungsströme, oder die Veränderung der erwarteten Kreditverluste zurückzuführen ist, ist der Bruttobuchwert auf Basis der dann erwarteten Zahlungsströme neu zu berechnen (vgl. Rz. 22.201; IFRS 9.B.5.4.6).

22.99 Bei **variabel verzinslichen** finanziellen Vermögenswerten, die zu pari erworben wurden, entspricht der Effektivzins dem Nominalzins bei Erwerb des Vermögenswertes. Eine spätere Änderung des Zinssatzes[28] führt dann zu höheren oder niedrigeren künftigen Zinsen, aber auch zu einer entsprechenden Änderung des Effektivzinssatzes. Das bedeutet, dass sich der Buchwert des Vermögenswertes in den Folgeperioden *nicht* (wesentlich) ändert (IFRS 9.B5.4.5).

22.100 Nach IAS 21 sind Währungsumrechnungsdifferenzen, die bei monetären Vermögenswerten entstehen, in der Gewinn- und Verlustrechnung zu erfassen (IAS 21.28). Die Ermittlung des Bruttobuchwerts eines Fremdkapitalinstruments, welches in von der funktionalen Währung abweichender Währung nominiert ist, erfolgt zunächst in der entsprechenden Währung. Anschließend ist der so ermittelte Bruttobuchwert in die funktionale Währung umzurechnen. Währungsdifferenzen aus dieser Umrechnung sind in der Gewinn- und Verlustrechnung zu erfassen.[29]

---

25 Vgl. auch zum Folgenden die Definition der Effektivverzinsung in IFRS 9.A.
26 Vgl. aber Rz. 22.106 f. für finanzielle Vermögenswerte, die schon bei Kauf oder Ausreichung eine beeinträchtigte Bonität aufweisen.
27 Siehe die Definition der Effektivzinsmethode in IFRS 9.A.
28 Vgl. dazu auch Transition Resource Group for Impairment of Financial Instruments, Meeting Summary-11 December 2015, Rz. 10–13, Quelle: www.ifrs.org, Abruf: 26.3.2019.
29 Dies gilt unabhängig davon, ob ein Fremdkapitalinstrument der Bewertungskategorie AC oder FVOCI zugeordnet wurde.

Soweit zwischen dem Buchwert und dem Steuerwert des Fremdkapitalinstruments Differenzen ergebniswirksam entstehen, sind darauf entsprechend latente Steuern ergebniswirksam zu erfassen.

22.101

Die genannten Vorschriften werden für einen in funktionaler Währung (hier = €) ausgereichten Kredit anhand des folgenden Beispiels erläutert:

22.102

Beispiel: Die Nachhaltigkeit AG vergibt am 1. Januar 2X01 an die Recycling AG einen Kredit mit einem Nominalwert von 500.000 €. Die Nominalverzinsung beträgt in den ersten vier Jahren 5 %, danach 6 %, und die Grundlaufzeit beträgt 8 Jahre. Folgendes wird zudem vereinbart.

- Die Recycling AG hat am Ende der Grundlaufzeit die Option, die Laufzeit um weitere drei Jahre zum dann marktgerechten Zins zu verlängern.
- Für die Bonitätsprüfung zahlt die Recycling AG an die Nachhaltigkeit AG 5.000 €.
- Die Nachhaltigkeit AG zahlt 490.000 € aus. Die Differenz zum Nominalbetrag ist wirtschaftlich betrachtet eine vorweggenommene Zinszahlung (Disagio).

Die Nachhaltigkeit AG ordnet den Kredit (= ihre Forderung) der Bewertungskategorie AC zu.

Für die Ermittlung der effektiven Verzinsung sind die künftigen erwarteten Zahlungsströme sowie der erstmalige Bruttobuchwert zu bestimmen.

Erwartete Zahlungsströme: Die Nachhaltigkeit AG hat die Laufzeit der Kreditvereinbarung zu beurteilen. In diesem Fall gehe die Nachhaltigkeit AG davon aus, dass die Recycling AG die Verlängerungsoption nicht in Anspruch nimmt (Rz. 22.98). Die Laufzeit wird somit mit 8 Jahren angenommen. In den ersten vier Jahren zahlt die Recycling AG 5 % Zinsen auf den Nominalbetrag, anschließend pro Jahr 6 %. Dies sind jährlich 25.000 € bzw. 30.000 €. Zudem zahlt die Recycling AG voraussichtlich Ende des achten Jahres den Nominalbetrag von 500.000 €. Daraus resultiert folgende erwartete Zahlungsreihe:

Jahr	01	02	03	04	05	06	07	08
Zahlung	25.000	25.000	25.000	25.000	30.000	30.000	30.000	530.000

Bruttobuchwert: Der Bruttobuchwert umfasst beim erstmaligen Ansatz den beizulegenden Zeitwert des finanziellen Vermögenswerts zzgl. Transaktionskosten. Da die Gebühr für die Bonitätsprüfung bei der Ermittlung der effektiven Verzinsung zu berücksichtigen ist, werden diese Gebühren vom Nominalwert abgezogen. (Weitere) Transaktionskosten fallen nicht an. Die Bruttoinvestition der Nachhaltigkeit AG setzt sich wie folgt zusammen:

Nominalwert	500.000 €
- Disagio	10.000 €
- Gebühr für Bonitätsprüfung	5.000 €
= **Bruttobuchwert**	**485.000 €**

Effektivzins: Die effektive Verzinsung wird nun bestimmt, indem der Zinssatz ermittelt wird, mit dem der Barwert der künftigen erwarteten Zahlungsströme dem Bruttobuchwert von 485.000 € entspricht. Somit ist folgende Formel nach i (Effektivzins) aufzulösen:

$$485.000 = \sum_{n=1}^{8} \frac{Zahlung_n}{(1+i)^n}$$

Die effektive Verzinsung beträgt in diesem Beispiel 5,924 %[30]. Der Sachverhalt ist wie folgt abzubilden:

Beim erstmaligen Ansatz bucht die Nachhaltigkeit AG:

	Per		an	
a) **Ausreichung**	Forderung	490.000	Bank	490.000
b) **Bonitätsprüfung**	Bank	5.000	Forderung	5.000

Der erstmalige Bruttobuchwert der Forderung beträgt somit 485.000 €.

Buchung nach einem Jahr: Zum Ende des Jahres 01 erhält die Nachhaltigkeit AG von der Recycling AG eine Zinszahlung i.H.v. 25.000 €. Der zu erfassende Zinsertrag ist indes auf Basis der Effektivverzinsung zu ermitteln (485.000 € * 5,924 % = 28.733 €). Die Differenz zwischen dem zu erfassenden Zinsertrag und der Zinszahlung wird (per Saldo) gegen den finanziellen Vermögenswert erfasst:

31.12.01	Per		an	
a)	Forderung	28.733	Zinsertrag	28.733
b)	Bank	25.000	Forderung	25.000

oder zusammengefasst:

31.12.01	Per		an	
a)	Forderung	3.733		
	Bank	25.000	Zinsertrag	28.733

Weiterentwicklung in Folgeperioden: Folgende Tabelle zeigt die Entwicklung des Bruttobuchwerts der Forderung:

	Bruttobuchwert 01.01.	Zinsertrag	Zinszahlung	Delta	Bruttobuchwert 31.12.
01	485.000	28.733	25.000	3.733	488.733
02	488.733	28.954	25.000	3.954	492.687
03	492.687	29.189	25.000	4.189	496.876
04	496.876	29.437	25.000	4.437	501.313
05	501.313	29.700	30.000	-300	501.012
06	501.012	29.682	30.000	-318	500.694
07	500.694	29.663	30.000	-337	500.357
08	500.357	29.643	30.000	-357	500.000

Jährlicher Zinsertrag: Der Zinsertrag wird jährlich ermittelt, indem der Bruttobuchwert zu Beginn des Jahres mit dem effektiven Zins multipliziert wird. Der Bruttobuchwert zum Ende des Jahres ist der Bruttobuchwert zu Beginn des Jahres zuzüglich des Deltas zwischen Zinsertrag und Zinszahlung.

---

30 Eine solche Gleichung lässt sich z.B. mit Hilfe eines Tabellenkalkulationsprogramms über die Funktion „Zielwertsuche" binnen Sekunden lösen.

Die fortgeführten Anschaffungskosten betragen am 31.12.08 nach Zinserfassung und vor Tilgung 500.000 €. Nach der Rückzahlung und der Buchung

31.12.08	Per		an	
a)	Bank	500.000	Forderung	500.000

ist der Sachverhalt abgeschlossen.

Marktzinssatzänderungen während der Laufzeit des Kredits, die dessen beizulegenden Zeitwert beeinflussen, sind bei der Bewertung zu fortgeführten Anschaffungskosten unbeachtlich.

Etwas komplexer gestaltet sich die Rechnung, wenn es um Geschäfte in fremder Währung geht. Entstehende Umrechnungsdifferenzen sind hier in der Gewinn- und Verlustrechnung zu erfassen. Dazu folgendes Beispiel:

Beispiel: Die Nachhaltigkeit AG erwirbt am 31.12.00 eine Anleihe der Protection Inc. mit einer Restlaufzeit von vier Jahren für 103.717 US-$ zzgl. 1 % Transaktionskosten. Der Nominalwert der Anleihe (= Rückzahlungsbetrag) beträgt 100.000 US-$, die Nominalverzinsung beträgt 4 %. Die Marktverzinsung für Anleihen in US-$ mit ähnlicher Bonität beträgt 3 %. Die Differenz zwischen dem beizulegenden Zeitwert von 103.717 US-$ und dem Nominalwert von 100.000 US-$ resultiert aus der Differenz zwischen der Nominalverzinsung und der Marktverzinsung. Aus der Anleihe werden folgende Zahlungsströme am Ende des jeweiligen Jahres erwartet:

Jahr	01	02	03	04
Zahlung in US-$	4.000	4.000	4.000	104.000

Werden diese Zahlungsströme mit der Marktverzinsung von 3 % diskontiert, beträgt der Barwert 103.717 US-$.

Für die Abbildung der Anleihe bei der Nachhaltigkeit AG ist die Anleihe als monetärer Posten in US-$ fortzuführen und dann in die funktionale Währung der Nachhaltigkeit AG, hier der €, umzurechnen. Das Ergebnis aus Währungsumrechnung ist in der Gewinn- und Verlustrechnung zu erfassen.

Im ersten Schritt ist die effektive Verzinsung der Anleihe zu ermitteln. Die erwarteten Zahlungsströme wurden oben schon angegeben. Der erstmalige Buchwert der Anleihe ist deren beizulegender Zeitwert bei Erwerb zzgl. der Transaktionskosten, somit 104.754 US-$. Dazu ist folgende Formel nach i aufzulösen:

$$104.754 = \sum_{n=1}^{4} \frac{Zahlung_n}{(1+i)^n}$$

Die Effektivverzinsung beträgt 2,729 %. Auf dieser Basis ist die Anleihe in US-$ fortzuführen, siehe folgende Tabelle. Zudem ist der Wechselkurs US-$/€ angegeben. Annahmegemäß ist der Durchschnittskurs für die Umrechnung der Zinserträge eine angemessene Näherung (vgl. IAS 21.22).

US-$						Kurs US-$/€	
Jahr	Bruttobuch-wert 01.01.	Zins-ertrag	Zins-zahlung	Delta	Bruttobuch-wert 31.12.	Stichtag	Durch-schnitt
00					104.754	1,160	
01	104.754	2.859	4.000	-1.141	103.613	1,110	1,135
02	103.613	2.828	4.000	-1.172	102.441	1,150	1,130
03	102.441	2.796	4.000	-1.204	101.237	1,140	1,145
04	101.237	2.763	4.000	-1.237	100.000	1,110	1,125

Bei erstmaliger Erfassung bucht die Nachhaltigkeit AG die Anleihe in € ein. 104.754 US-$ entsprechen 90.305 €.

31.12.00	Per		an	
	Wertpapier	90.305	Bank	90.305

In der Folge sind die in US-$ berechneten **Zinserträge mit dem Durchschnittskurs** in € umzurechnen. Die Zahlung ist demgegenüber mit dem Transaktionskurs umzurechnen; da die Zahlung am Ende des Jahres erfolgt, ist das hier der Stichtagskurs. Aus der Fortführung des Buchwerts zu Beginn der Periode zzgl. der Zinserträge in € abzgl. der Zahlung in € resultiert ein vorläufiger Bruttobuchwert der Anleihe in €. Die in US-$ fortgeführte Anleihe ist zum Ende des Jahres mit dem Stichtagskurs in € umzurechnen. Das Ergebnis dieser Umrechnung ist der Bruttobuchwert der Anleihe am Ende des Jahres in €. Die Differenz zwischen dem vorläufigen Bruttobuchwert und dem Bruttobuchwert am Ende der Periode ist als **Währungsumrechnungsergebnis** (FW-Ergebnis) in der Gewinn- und Verlustrechnung zu erfassen. Folgende Tabelle fasst die Angaben in € zusammen:

	in €						
Jahr	Bruttobuch-wert 01.01.	Zinser-trag	Zinszah-lung	Delta	Vorläufiger Bruttobuch-wert 31.12.	FW-Ergebnis	Brutto-buchwert 31.12.
00							90.305
01	90.305	2.519	3.604	-1.085	89.221	4.125	93.345
02	93.345	2.503	3.478	-976	92.370	-3.290	89.079
03	89.079	2.442	3.509	-1.067	88.012	792	88.804
04	88.804	2.456	3.604	-1.148	87.657	2.433	90.090

Die Ende des Jahres 01 zu erfassenden Zinserträge von 2.519 € resultieren aus den in US-$ ermittelten Zinserträgen von 2.859 US-$, umgerechnet mit dem Durchschnittskurs für das Jahr 01 von 1,135 US-$/€. Die Zinszahlung resultiert aus der Umrechnung der 4.000 US-$ mit dem Stichtagskurs von 1,11 US-$/€. Ende 01 bucht die Nachhaltig AG somit:

31.12.01	Per		an	
a)	Wertpapier	3.040	Zinsertrag	2.519
b)	Bank	3.604	FW-Ertrag[31]	4.125

Ende 02 bucht die Nachhaltig AG:

31.12.02	Per		an	
a)	Bank	3.478	Zinsertrag	2.503
b)	FW-Aufwand	3.290	Wertpapier	4.265

Da die Anleihe zu fortgeführten Anschaffungskosten bewertet wird, sind auch hier Marktzinsänderungen nicht zu beachten.

c) Fortschreibung in der Kategorie FVOCI

Für finanzielle Vermögenswerte, die der Bewertungskategorie FVOCI zugeordnet sind, werden die Beträge, die in der Gewinn- und Verlustrechnung erfasst werden, genauso ermittelt, wie für finanzielle Vermögenswerte, die der Bewertungskategorie AC zugeordnet sind. Im OCI werden nur die sonstigen Änderungen des beizulegenden Zeitwerts erfasst. Dies sei anhand folgenden Beispiels erläutert:

22.104

Beispiel in Abwandlung zum Beispiel in Rz. 22.102: Die Nachhaltigkeit AG ordnet den Kredit der Bewertungskategorie FVOCI zu, da dieser einem Portfolio von Krediten zugerechnet wird, die auch verkauft werden sollen. Der Kredit wird am 1. Januar des Jahres 05 veräußert. Zu den Stichtagen ist jeweils das folgende bekannt:

Jahr	Marktzins	Fair Value in €
01	2 %	615.020
02	4 %	542.991
03	7 %	474.826
04	5 %	517.730

---

31 Der Ertrag aus Währungsumrechnung kann wie folgt aufgeteilt werden: Im Zinsertrag ist ein Ertrag aus der Auflösung zwischen Bruttobuchwert zu Beginn und dem Nominalbetrag in Höhe von (4.000 US-$ − 2.859 US-$)/1,135 US-$/€ = -1005 € enthalten. Ohne die Auflösung dieser Abgrenzung betrüge das Zinsergebnis in € berechnet: 2.519 € (Zinsertrag) + 1.005 € (Ergebnis der Auflösung der Abgrenzung) = 3.524 €. Die tatsächlich erfasste Zinszahlung beträgt 3.604 €. Die Differenz von 80 € ist eine Währungsdifferenz aus den Zinsen. Die Währungsdifferenz aus der Anleihe beträgt 93.245 € − 90.305 € − 1.005 € = 4.045 €. Die 80 € aus den Zinsen und die 4.045 € aus der Anleihe ergeben insgesamt das Ergebnis aus Währungsumrechnung von 4.125 €. Vgl. dazu das Beispiel in IFRS 9.Guidance on implementing IFRS 9.E.3.2. Auf diese Differenzierung wird im Folgenden nicht weiter eingegangen.

Der beizulegende Zeitwert des Kredits entspricht jeweils dem Barwert der künftigen Zahlungsströme aus dem Kredit, diskontiert mit dem jeweils aktuellen Marktzins.

Ende des Jahres 01 erfasst die Nachhaltigkeit AG auf Basis der fortgeführten Anschaffungskosten die Zinsen:

31.12.01	Per		An	
	Bank	25.000		
	Forderung	3.733	Zinsertrag	28.733

Der Buchwert der Forderung beträgt nun 488.733 €. Der beizulegende Zeitwert beträgt 615.020 €. Die Differenz ist über das OCI zu erfassen.

31.12.01	Per		an	
	Forderung	126.287	OCI	126.287

Der Buchwert der Forderung entspricht nun ihrem beizulegenden Zeitwert von 615.020 €.

Ende des Jahres 02 erfasst die Nachhaltigkeit AG wieder auf Basis der fortgeführten Anschaffungskosten die Zinsen:

31.12.02	Per		an	
	Bank	25.000		
	Forderung	3.954	Zinsertrag	28.954

Ausgehend vom beizulegenden Zeitwert Ende 01 beträgt der vorläufige Buchwert der Forderung nun 618.975 €. Der beizulegende Zeitwert beträgt Ende 02.542.991 €. Die Differenz ist wiederum über das OCI zu erfassen.

31.12.02	Per		an	
	OCI	75.984	Forderung	75.984

Zusammenfassende Tabelle: Die folgende Tabelle zeigt die zu erfassenden Beträge und das im Eigenkapital erfasste kumulierte OCI. In der Spalte vorläufiger Buchwert steht der Buchwert (= beizulegender Zeitwert) des Vorjahres zzgl. der Differenz zwischen Zinsertrag und Zinszahlung im aktuellen Jahr. Die Differenz zwischen dem vorläufigen Buchwert und dem beizulegenden Zeitwert steht dann in der Spalte OCI:

	Bruttobuchwert 01.01.	Zinsertrag	Zinszahlung	Delta	Bruttobuchwert 31.12.	Vorläufiger Buchwert	OCI	beizulegender Zeitwert	Kum. OCI
00					485.000				
01	485.000	28.733	25.000	3.733	488.733	488.733	126.287	615.020	126.287
02	488.733	28.954	25.000	3.954	492.687	618.975	-75.984	542.991	50.303
03	492.687	29.189	25.000	4.189	496.876	547.179	-72.353	474.826	-22.050
04	496.876	29.437	25.000	4.437	501.313	479.263	38.467	517.730	16.417

Werden Fremdkapitalpapiere der Kategorie FVOCI veräußert, ist das gesamte im OCI erfasste Ergebnis erfolgswirksam in die Gewinn- und Verlustrechnung umzubuchen (sogenanntes *recycling*). Wird in diesem Beispiel der Kredit zu Beginn des Jahres 05 zum beizulegenden Zeitwert (entspricht dem beizulegender Zeitwert Ende 04) veräußert, wäre dies wie folgt zu erfassen:

1.1.05	Per		an	
a)	Bank	517.730	Wertpapier	517.730
b)	OCI	16.417	Ertrag	16.417

Würde im Beispiel in Rz. 22.102 der Kredit zu Beginn des Jahres 5 für 517.730 € veräußert werden, entstünde auch ein positives Ergebnis von 16.417 €. Somit sind in allen Perioden unabhängig von der Zuordnung zur Bewertungskategorie AC oder FVOCI identische Erfolgsbeiträge in der Gewinn- und Verlustrechnung erfasst worden. Vgl. zur Erfassung von erwarteten Kreditverlusten in der Bewertungskategorie FVOCI Rz. 22.143 f.

Auf die Differenzen zwischen dem Buchwert und dem Steuerwert des Fremdkapitalinstruments sind latente Steuern zu bilanzieren. Ist die Differenz ergebnisneutral gegen das OCI entstanden, ist auch die latente Steuer gegen das OCI zu erfassen. Angenommen, der Steuerwert der Anleihe betrage über die gesamte Laufzeit 485.000 € und Zinserträge sind steuerlich in Höhe der Zinszahlungen zu erfassen, dann sind bei einem angenommenen Steuersatz von 30 % die latenten Steuern Ende des Jahres 01 wie folgt zu erfassen:

22.105

31.12.01	Per		an	
a)	lat. Steueraufwand	1.120[32]	passivische latente Steuer	1.120
b)	OCI	37.886[33]	passivische latente Steuer	37.886

d) Bonitätsangepasster Effektivzinssatz

In Rz. 22.91 wurde erläutert, dass finanzielle Vermögenswerte, die schon bei Erwerb oder Ausreichung eine beeinträchtigt Bonität (vgl. Rz. 22.131 f.) aufweisen, für die Abbildung von Wertminderungen und die Erfassung von Zinsen unmittelbar in die Stufe 3 des Wertminderungsmodells das IFRS 9 eingeordnet werden. Für diese finanziellen Vermögenswerte (und nicht für die, die aus Stufe 1 oder 2 in Stufe 3 umgegliedert werden) werden die zu erfassenden Zinsen ermittelt, indem die fortgeführten Anschaffungskosten (Bruttobuchwert abzgl. erwarteter Kreditverluste) mit der sogenannten **bonitätsangepassten Effektivverzinsung** multipliziert werden. Die bonitätsangepasste Effektivverzinsung wird grds. wie die „normale" Effektivverzinsung ermittelt mit dem Unterschied, dass bei der Ermittlung der erwarteten künftigen Zahlungsströme Zahlungsausfälle bzw. Zahlungsverschiebungen zu berücksichtigen sind. Zudem ist zu berücksichtigen, dass diese unmittelbar in Stufe 3 zugeordneten finanziellen Vermögenswerte künftig nicht in Stufe 1 oder 2 zu-

22.106

---

32 3.733 € * 30 %.
33 126.287 € * 30 %.

geordnet werden dürfen. Eine Zinsermittlung auf Basis des Bruttobuchwerts ist somit künftig ausgeschlossen.

22.107 Ziel des IASB bei dieser Regel, die finanziellen Vermögenswerte, die schon bei Erwerb oder Ausreichung eine beeinträchtigt Bonität aufweisen, unmittelbar in Stufe 3 des Wertminderungsmodells zuzuordnen ist, nicht unangemessen hohe Zinserträge auszuweisen (was vor allem für die Unternehmen gilt, welche die Zinserträge unter den Umsatzerlösen ausweisen). Denn bei einem wertgeminderten Vermögenswert würden die Zinserträge viel höher sein, als dies bei der Preisgestaltung berücksichtigt wurde. Der Unterschied wird anhand folgenden Beispiels verdeutlicht:

Beispiel: Die Finanz AG erwirbt eine Staatsanleihe des in wirtschaftlicher Schieflage liegenden Landes „Utopia" zu einem Preis (= Fair Value) von 266.699 €. Der Nominalwert der Anleihe beträgt 1.000.000 €. Zinszahlungen seien vertraglich nicht fällig. Die Laufzeit beträgt 3 Jahre. Die Finanz AG geht mit sehr hoher Wahrscheinlichkeit davon aus, dass Utopia am Ende der Laufzeit nur 300.000 € zahlen wird.

Auf Basis der „normalen" Effektivverzinsung (und Zuordnung in Stufe 1 des Wertminderungsmodells) würde die Finanz AG nun den Zinssatz ermitteln, mit dem die vertraglichen Zahlungsströme (1.000.000 € nach drei Jahren) diskontiert 266.699 € ergäben. Dieser Zins betrüge 55,36 %. Im ersten Jahr würden daher Zinserträge von 266.699 € * 55,36 % = 147.632 € erfasst werden. Parallel dazu wäre die Veränderung der erwarteten Kreditverluste in der Gewinn- und Verlustrechnung zu erfassen. Das hält das IASB nachvollziehbar aber nicht für zulässig.

Vielmehr sind die Zinserträge auf Basis des bonitätsangepassten Effektivzinssatzes zu erfassen, welcher in diesem Beispiel 4 % beträgt (= 300.000 € diskontiert über 4 Jahre mit einem gesuchten Zins i soll ergeben 266.699 €). Im ersten Jahr sind somit Zinserträge von 266.699 € * 4 % = 10.668 € zu erfassen. Der Bruttobuchwert wird künftig weiterhin auf Basis der ursprünglichen bonitätsangepassten Effektivverzinsung von 4 % fortgeschrieben. Die beim erstmaligen Ansatz erwarteten Zahlungsausfälle und Zahlungsverschiebungen sind künftig bei der Ermittlung des Bruttobuchwerts weiterhin zu berücksichtigen, selbst wenn mit einem entsprechend hohen Ausfall künftig gar nicht mehr gerechnet wird. Das bedeutet in diesem Fall, dass die Zahlungsausfälle von 700.000 € am Ende der Laufzeit künftig weiterhin bei der Fortschreibung berücksichtigt werden. Parallel dazu wird die Wertberichtigung fortgeführt. Dies umfasst nicht die beim erstmaligen Ansatz und Ermittlung der bonitätsangepassten Verzinsung berücksichtigten Wertminderungen. Wird künftig ein höherer Ausfall erwartete, ist **zusätzlich** ein erwarteter Kreditverlust zu erfassen, wird künftig ein niedrigerer Ausfall erwartet, wird ein negativer Kreditverlust, also ein Ertrag erfasst. Vgl. dazu Rz. 22.146 ff.

3. Wertminderung finanzieller Vermögenswerte

a) Fragestellungen und Datenbeschaffung

22.108 In Rz. 22.95 ff. wurde die Erfassung von Zinsen auf Basis der Effektivzinsmethode sowie in Rz. 22.89 ff. die Grundzüge der Erfassung von erwarteten Kreditverlusten für Fremdkapitalinstrumente auf Basis des dreistufigen Wertminderungsmodells des IFRS 9 dargestellt, die nicht der Bewertungskategorie FVPL zugeordnet werden. Im Folgenden werden die Vorschriften zur Ermittlung und Erfassung von Wertminderungen von Fremdkapitalinstrumenten im Einzelnen analysiert und erläutert.

22.109 Ausgangspunkt ist die zutreffende Einordnung eines Fremdkapitalinstruments in eine der drei Stufen des Wertminderungsmodells des IFRS 9. Wesentliche Fragen für die Zuordnung zu den drei Stufen des Wertminderungsmodells und die Ermittlung/Erfassung der erwarteten Kreditverluste der Höhe nach sind:

Frage:	Notwendig für ...
Wie ist das Kreditrisiko definiert und wie wird es bewertet?	... das grundlegende Verständnis der Zuordnung zu den Stufen 1 und 2 des Wertminderungsmodells.
Auf welcher Ebene ist ein erwarteter Kreditverlust zu erfassen?	... die Beurteilung, ob eine Einzelbewertung notwendig oder eine Gruppenbewertung zulässig ist.
Was ist ein signifikanter Anstieg des Kreditrisikos?	... die Beurteilung, ob ein finanzieller Vermögenswert ausgehend von Stufe 1 der Stufe 2 des Wertminderungsmodells zugeordnet wird.
Wann liegt bei einem finanziellen Vermögenswert eine beeinträchtigte Bonität vor?	... die Beurteilung, ob ein finanzieller Vermögenswert von Stufe 1 oder 2 in Stufe 3 zugeordnet wird, oder ob er unmittelbar in Stufe 3 zuzuordnen ist.
Wann liegt eine beeinträchtigte Bonität oder ein signifikanter Anstieg des Ausfallrisikos nicht mehr vor?	... die Beurteilung, ob ein finanzieller Vermögenswert von Stufe 3 in Stufe 1 oder 2 oder von Stufe 2 in Stufe 1 zugeordnet wird.
Wie sind die erwarteten Kreditverluste zu ermitteln?	... die Bewertung des Kreditverlusts in Stufe 1 bis 3.
Wie sind erwartete Kreditverluste zu erfassen?	... die Erfassung der Änderung der Kreditverluste in der Gewinn- und Verlustrechnung und im OCI.

Die Analyse des Kreditrisikos und die Ermittlung von Kreditverlusten ist eine „multifaktorielle und ganzheitliche" Analyse (IFRS 9.B5.5.16). Auf Grund der damit verbundenen Komplexität fordert das IASB an zahlreichen Stellen, dass Unternehmen bei der Einschätzung, ob das Kreditrisiko signifikant gestiegen ist sowie bei der Bewertung von Kreditausfällen, **angemessene und belastbare Informationen** (*„reasonable and supportable information"*)[34] zu berücksichtigen, die zum Abschlussstichtag ohne unangemessen hohen Kosten- und Zeitaufwand zur Verfügung stehen. Dies sind nach IFRS 9.B5.5.49 Informationen über vergangene Ereignisse, die gegenwärtige Situation sowie Vorhersagen über künftige Ereignisse und Situationen. Damit sollen angemessene und ausreichend zuverlässige Beurteilungen und Bewertungen des Kreditrisikos bzw. der erwarteten Kreditverluste gewährleistet werden.

22.110 **Historische Daten** über Kreditverluste sind häufig eine wichtige **Ausgangsbasis** für die Bewertung künftiger Kreditverluste. Werden diese historischen Daten genutzt,

---
34 Vgl. IFRS 9.B49–54.

sind sie soweit erforderlich und möglich bzgl. der künftigen Veränderung von kreditrelevanten Parametern anzupassen (IFRS 9.B5.5.52).

22.111 **Zukunftsgerichtete Informationen**, wie z.B. Informationen über die künftige gesamtwirtschaftliche oder branchenbezogene Entwicklung sind, soweit vorliegend, historischen Daten vorzuziehen (IFRS 9.B5.5.2), da auf deren Basis künftige erwartete Kreditverluste bei entsprechender Qualität der Informationen zuverlässiger vorhergesagt werden können.

Bei der Ermittlung und Bewertung von Kreditausfällen sind zukunftsgerichtete Informationen grds.[35] maximal für den Zeitraum zu ermitteln, der der (Rest-)Laufzeit des zu analysierenden finanziellen Vermögenswerts entspricht. Da zukunftsgerichtete Daten weniger verlässlich sind, je länger der Vorhersagezeitraum ist, ist es zulässig, künftige Informationen auch durch Extrapolation von Daten zu ermitteln (IFRS 9.B5.5.50).

22.112 Ob Informationen über unternehmensinterne oder externe Quellen gewonnen werden ist irrelevant, da die gewonnenen Informationen gleichgewichtet behandelt werden. Entscheidend ist, dass alle relevanten Informationen berücksichtigt werden.[36] Als entsprechende Quellen können z.B. **Ratings**, Erfahrungen bzgl. Kreditausfällen in der Vergangenheit, ggf. auch Erfahrungen von anderen Unternehmen, Wirtschaftsberichte, statistische Veröffentlichungen u.ä. genutzt werden. Auch und nicht zuletzt sind beobachtbare Marktinformationen über Kreditrisiken bestimmter finanzieller Vermögenswerte zu berücksichtigen (IFRS 9.B5.5.54).

b) Definition und Ermittlung des Kreditrisikos

22.113 Das Kreditrisiko entspricht nach IFRS 9.5.5.9 dem Risiko eines Kreditausfalls (*„risk of a default"*). Der Begriff „Ausfall" (*default*) wird vom IASB bewusst nicht definiert (vgl. IFRS 9.B5.5.37). Stattdessen haben Unternehmen die Ausfalldefinition in Übereinstimmung mit der Ausfalldefinition anzuwenden, die intern für Zwecke des **Kreditrisikomanagements** genutzt wird.[37] Dabei sind auch – soweit angemessen – qualitative Indikatoren für einen Ausfall zu beachten (zum Beispiel vereinbarte Kreditauflagen). Soweit ein finanzieller Vermögenswert 90 Tage überfällig ist, wird als sogenannter „*backstop*" vermutet[38], dass ein Kreditausfall vorliegt (IFRS 9.B5.5.37). Diese Vermutung kann nur mit angemessenen und belastbaren (*„reasonable and supportable"*) Informationen (s.o.) widerlegt werden. Die Ausfalldefinition ist grds.

---

35 Zu einer Ausnahme vgl. IFRS 9.B5.5.39.
36 Transition Resource Group for Impairment of Financial Instruments, Meeting Summary-16 September 2015, Rz. 23, Quelle: www.ifrs.org, Abruf 26.03.2019.
37 Vgl. *Apweiler/Berger/Ploog*, WPg 2018, 1013.
38 Das IASB ist der Ansicht, dass diese Vermutung am besten mit den derzeitigen Praktiken und aufsichtsrechtlichen Anforderungen in vielen Jurisdiktionen übereinstimmt. Vgl. IFRS 9.BC5.253 sowie § 125 SolvV (Solvabilitätsverordnung) und Art. 178 CRR (Capital Requirements Regulation).

für alle finanziellen Vermögenswerte einheitlich anzuwenden. Nur soweit nachgewiesen werden kann, dass für bestimmte finanzieller Vermögenswerte eine anderslautende Definition eines „Ausfalls" angemessen ist, darf eine solche angewandt werden (IFRS 9.B5.5.37).

Für Bilanzierungszwecke ist es grds. neu, eine Ausfallwahrscheinlichkeit für die Restlaufzeit eines finanziellen Vermögenswerts zu berücksichtigen. Kreditratings bilden häufig das Risiko eines Ausfalls innerhalt der kommenden zwölf Monate, nicht aber über die Restlaufzeit ab.[39] 22.114

Die Ausfallwahrscheinlichkeit für die Restlaufzeit eines finanziellen Vermögenswerts kann z.B. durch sogenannte Migrationsmatritzen ermittelt werden.[40] In diesen wird auf Basis zunächst historischer Informationen dargestellt, mit welcher Wahrscheinlichkeit ein einer bestimmten Ratingklasse (mit entsprechend bestimmter Ausfallwahrscheinlichkeit) zugeordnetes Instrument ein Jahr später derselben oder einer anderen Ratingklasse zuzuordnen ist. 22.115

Beispiel: Ein Unternehmen ordnet Fremdkapitalinstrumente den Ratingklassen 1 (sehr gute Bonität) bis 9 (sehr schlechte Bonität) zu. Auf Grund historischer Informationen kann nachgewiesen werden, dass ein Instrument, welches zum Stichtag z.B. der Ratingklasse 3 ein Jahr später mit den angegebenen Wahrscheinlichkeiten den Ratingklassen wie folgt zuzuordnen ist: Mit einer Wahrscheinlichkeit von 83 % bleibt es in der Ratingklasse 3, mit einer Wahrscheinlichkeit von 6 % steigt es in die Klasse 2 auf usw:

Ratingklasse	1	2	3	4	5	6	7	8	9	Ausfall	Summe
	1 %	6 %	83 %	5 %	2,5 %	1,75 %	0,75 %	0,4 %	0,1 %	0,5 %	100 %

Durch Multiplikation von Migrationsmatritzen[41] und – soweit vorhanden – Berücksichtigung zukunftsgerichteter Informationen lassen sich so Ausfallwahrscheinlichkeiten für Fremdkapitalinstrumente mit unterschiedlichen Laufzeiten ermitteln.

Bei der Ermittlung des Ausfallrisikos ist zu berücksichtigen, dass dieses grds. kleiner wird, je kürzer die Laufzeit des finanziellen Vermögenswerts ist (IFRS 9.B5.5.10). Dies ist darauf zurückzuführen, dass der Veränderung des Ausfallrisikos ein bonitätsinduzierter und ein zeitinduzierter Effekt zu Grunde liegen.[42] Bei der Analyse, ob sich das Ausfallrisiko signifikant erhöht hat, ist nur der bonitätsinduzierte Teil zu berücksichtigen. 22.116

frei 22.117

---

39 Vgl. auch zu den folgenden Ausführungen: *Bosse/Stege/Hita Hochgesand*, WPg 2017, 8.
40 Vgl. *Löw/Vogt*, IRZ 2018, 389.
41 Dies entspricht einer Extrapolation im Sinne des IFRS 9.B5.5.50.
42 *Bosse*, WPg 2015, 722; *Bosse/Stege/Hita Hochgesand*, WPg 2017, 7.

c) Signifikante Erhöhung des Kreditrisikos

aa) Ebene der Ermittlung

22.118 Erwartete Kreditverluste sind grundsätzlich auf Ebene eines einzelnen finanziellen Vermögenswerts zu erfassen. Darauf lässt zumindest die Formulierung in IFRS 9.5.5.3 und IFRS 9.5.5.5 schließen, wo es jeweils heißt: „*...an entity shall measure the loss allowance for a financial instrument at an amount ...*". Daraus wiederum könnte geschlossen werden, dass jeder finanzielle Vermögenswert einzeln den Stufen 1 bis 3 zuzuordnen sowie für jeden finanziellen Vermögenswert einzeln die erwarteten Kreditverluste der Höhe nach zu ermitteln sei. Diese strenge Betrachtung ist aber nicht notwendig und meist auch gar nicht möglich.

22.119 Wichtiges Ziel des IASB ist es, die erwarteten Kreditverluste für finanziellen Vermögenswerte, bei denen das Kreditrisiko seit dem erstmaligen Ansatz signifikant gestiegen ist, auf Basis der über die gesamte (Rest-)Laufzeit erwarteten Kreditverluste zu erfassen. Eine signifikante Erhöhung des Kreditrisikos tritt dabei in der Regel schon ein, bevor ein finanzieller Vermögenswert überfällig wird oder ein anderes Ereignis eintritt, welches auf das höhere Kreditrisiko schließen lässt. Daher sind für die Beurteilung, ob das Kreditrisiko signifikant gestiegen ist, soweit vorhanden zukunftsgerichtete Informationen zu bevorzugen, soweit diese angemessen und belastbar sowie ohne unangemessenen Kosten- und Zeitaufwand („*without undue cost or effort*") verfügbar sind. Für einen einzelnen Vermögenswert sind solche Informationen häufig nicht verfügbar (IFRS 9.B5.5.1).

22.120 **Beispiel:** Die Finanz AG hat mehrere Tausend Kreditforderungen gegenüber Privatpersonen und mittelständischen Unternehmen in Land A. Das Ministerium für Wirtschaft von Land A hat bekannt gegeben, dass mit einem sinkenden Wirtschaftswachstum in Land A zu rechnen sei. Die Finanz AG ist der Ansicht, dass das erwartete sinkende Wirtschaftswachstum darauf schließen lässt, dass mindestens für einige finanzielle Vermögenswerte das Kreditrisiko signifikant gestiegen ist. Eine Analyse jeder einzelnen Kreditforderung ist für die Finanz AG schon aus praktischen Gründen ausgeschlossen. Für jede einzelne Kreditforderung könnte spätestens im Falle der Überfälligkeit oder des Eintritts eines sonstigen Ereignisses (wie z.B. eine eingeleitete Restrukturierung, die Anmeldung der Insolvenz oder möglichen Zahlungsausfällen bei sonstigen Schuldinstrumenten) eine signifikante Erhöhung des Kreditrisikos festgestellt werden. Dieser Zeitpunkt ist für die Erfassung der über die gesamte (Rest-)Laufzeit erwarteten Kreditverluste nach IFRS 9 aber zu spät.

22.121 Soweit nicht für einen einzelnen finanziellen Vermögenswert beurteilt werden kann, ob das Kreditrisiko seit dem erstmaligen Ansatz signifikant gestiegen ist, sind die finanziellen Vermögenswerte zu gruppieren. Bei der Gruppierung ist darauf zu achten, dass die in einer Gruppe zusammengefassten finanziellen Vermögenswerte ähnliche Ausfallrisikoeigenschaften aufweisen, da eine angemessene Beurteilung, ob das Kreditrisiko signifikant gestiegen ist, sonst nicht möglich ist (IFRS 9.B5.5.5).

Die Gruppierung kann je nach finanziellen Vermögenswerten auf Grund unterschiedlicher Ausfallrisikoeigenschaften erfolgen. Dazu zählen zum Beispiel die Art des Instruments, Sicherungen, Zeitpunkt des erstmaligen Ansatzes, die Restlaufzeit und ein ähnliches Ausfallrisiko beim erstmaligen Ansatz[43] (IFRS 9.B5.5.5). Abhängig von der Zusammensetzung der finanziellen Vermögenswerte und der relevanten Ausfallrisikoeigenschaften kann sich die Zusammensetzung der finanziellen Vermögenswerte und die für die Gruppierung relevanten Ausfallrisikoeigenschaften im Zeitablauf auf Grund neuer Informationen über die finanziellen Vermögenswerte ändern (IFRS 9.B5.5.6).

Eine Zusammenfassung finanzieller Vermögenswerte in Bezug auf einen Kunden kann, muss aber nicht angemessen sein. 22.122

Beispiel:[44] Die Leih AG vergibt an die Bremsen AG einen Kredit über 500.000 € mit einer Laufzeit von fünf Jahren. Auf einer Risikostufe von 1 (geringes Risiko) bis 10 (hohes Risiko) wird die Bremsen AG der Risikostufe 3 zugeordnet. Eine signifikante Erhöhung des Kreditrisikos liege vor, wenn die Bremsen AG der Risikostufe 6 zugeordnet würde.

Zwei Jahre später vergibt die Leih AG einen weiteren Kredit an die Bremsen AG über 250.000 €. Die Bremsen AG wird nun der Risikostufe 5 zugeordnet. Eine signifikante Erhöhung des Kreditrisikos liege für diesen Kredit vor, wenn die Bremsen AG der Risikostufe 7 zugeordnet würde.

Eine zusammengefasste Beurteilung beider Kredite ist nicht zulässig, da bei einer Einstufung der Bremsen AG in Risikoklasse 6 bzgl. des ersten Kredits ein signifikant gestiegenes Kreditrisiko vorläge, bzgl. des zweiten Kredits aber nicht.

IFRS 9.B5.5.6 enthält letztlich noch eine Auffangvorschrift für den Fall, dass eine Beurteilung, ob das Kreditrisiko seit dem erstmaligen Ansatz signifikant gestiegen ist, nicht auf Basis eines einzelnen Vermögenswerts möglich ist, eine Gruppierung aber auch nicht möglich ist. In diesem Fall ist trotzdem für den Teil der finanziellen Vermögenswerte, für die angenommen wird, dass das Kreditrisiko signifikant gestiegen ist, eine Wertminderung auf Basis der über die gesamte (Rest-) Laufzeit erwarteten Kreditverluste zu erfassen (IFRS 9.B5.5.6.). 22.123

bb) Feststellung der Signifikanz

Soweit sich das Kreditrisiko seit dem erstmaligen Ansatz eines finanziellen Vermögenswerts signifikant erhöht hat, ist ein finanzieller Vermögenswert der Stufe 2 des Wertminderungsmodells des IFRS 9 zuzuordnen. Als Konsequenz ist die Wertminderung nicht mehr wie in Stufe 1 in Höhe der erwarteten 12-Monats-Kreditverluste zu erfassen, sondern in Höhe der über die (Rest-)Laufzeit erwarteten Kreditverluste. 22.124

Eine signifikante Erhöhung des Ausfallrisikos bedeutet, dass zum Stichtag das Risiko, dass **über die (Rest-)Laufzeit** ein Ausfall eintritt (und nicht, dass in den kommenden 12 Monaten ein Ausfall eintritt), signifikant gestiegen ist.[45] Eine Definition 22.125

---

43 *Bosse/Stege/Hita Hochgesand*, WPg 2017, 5.
44 Vgl. IFRS 9.IE45–47.
45 *Bosse/Stege/Hita Hochgesand*, WPg 2017, 6.

einer signifikanten Erhöhung des Kreditrisikos ist in IFRS 9 nicht enthalten. Daher hat dies jedes Unternehmen individuell für sich zu definieren.[46]

22.126 Abhängig vom finanziellen Vermögenswert sind unterschiedliche Ansätze eine signifikante Erhöhung des Kreditrisikos festzustellen oder den Kreditverlust zu bewerten möglich (9.B5.5.12). Ebenso sind ggf. für unterschiedliche finanzielle Vermögenswerte unterschiedliche Parameter bei der Analyse der Änderung der Ausfallwahrscheinlichkeit relevant. So ist offensichtlich, dass sich bei Staatsanleihen und Privatkrediten unterschiedliche kreditrelevanten Parameter auf das Ausfallrisiko auswirken.

22.127 Eine signifikante Erhöhung des Kreditrisikos kann auf Basis qualitativer und/oder quantitativer interner und externer Daten festgestellt werden. Zu den zu berücksichtigenden Daten zählen z.B.[47]

– Jahresabschlüsse,

– Plandaten,

– Ratings,

– Börsenkurse und sonstige Kapitalmarktinformationen und

– Einschätzungen

  – der operativen Geschäftspolitik,

  – der Qualität des Managements,

  – der Geschäftsstrategien und

  – der Unternehmens- sowie der Branchenentwicklung.

22.128 **Sicherheiten und andere Kreditbesicherungen** sind bei der Frage, ob das Kreditrisiko signifikant gestiegen ist, grds. nicht zu berücksichtigen, wohl aber bei der Ermittlung der Höhe der Wertminderung.[48] Der Rückgang des Wertes von Sicherheiten kann aber dazu führen, dass das Kreditrisiko steigt.

Beispiel:[49] Die Financial AG hat der Brau AG einen Kredit über 15.000.000 € gewährt. Die Brau AG hat das Geld eingesetzt, um ein Gebäude zu erwerben. Für den Fall, dass die Brau AG drei Monatsraten im Rückstand ist, wurde vereinbart, dass das Grundstück auf die die Financial AG übertragen wird und die Braun AG keine weiteren Zahlungen zu leisten hat.

Ist künftig der Wert des Gebäudes niedriger als der Wert der von der Brau AG zu leistenden Zahlungen, ist die wirtschaftliche Motivation der Brau AG, den Zahlungsverpflichtungen nachzukommen möglicherweise sehr gering. Dies könnte Auswirkungen auf die Höhe des Kreditrisikos haben.

---

46 *KPMG*, IFRS 9 – Finanzinstrumente aus Sicht von Industrieunternehmen, S. 15.
47 Vgl. *Österreichische Nationalbank und Finanzmarktaufsicht (FMA)*, Leitfadenreihe zum Kreditrisiko, S. 11 sowie die nicht abschließende Liste von Indikatoren in IFRS 9.B5.5.17.
48 *EY*, Wertminderung finanzieller Vermögenswerte nach IFRS 9, 2015, S. 49 f.
49 In Anlehnung an IFRS 9.B5.5.17(j).

Bei der Beurteilung, ob sich das Kreditrisiko signifikant erhöht hat, ist die relative Veränderung des Kreditrisikos zum Ausgangsrisiko zu berücksichtigen und nicht die absolute Veränderung.[50]

22.129

Beispiel: Anleihe 1 habe beim erstmaligen Ansatz eine Ausfallwahrscheinlichkeit von 0,5 %, Anleihe 2 habe beim erstmaligen Ansatz eine Ausfallwahrscheinlichkeit von 7 %. Eine Erhöhung der Ausfallwahrscheinlichkeit um 3 %-Punkte ist bei Anleihe 1 als signifikanter zu beurteilen, als bei Anleihe 2, da die Ausfallwahrscheinlichkeit bei Anleihe 1 um 600 %, die der Anleihe 2 aber nur um 42 % gestiegen ist.

Als praktische Leitlinie ist davon auszugehen, dass sich das Kreditrisiko signifikant erhöht hat, soweit sich das Kreditrisiko verdoppelt bis verdreifacht hat.[51]

In IFRS 9 sind noch drei Vorschriften enthalten, die Hilfestellung bei der Frage geben, ob eine signifikante Erhöhung des Kreditrisikos vorliegt. Zum einen ist dies die Vermutung, dass sich das Kreditrisiko signifikant erhöht hat, soweit ein finanzieller Vermögenswert **30 Tage** überfällig ist (IFRS 9.5.5.11).

22.130

Zum anderen enthält IFRS 9.5.5.10 das Wahlrecht, eine Steigerung des Kreditrisikos eines finanziellen Vermögenswerts nicht als signifikant zu qualifizieren, soweit das Kreditrisiko als „niedrig" (*low*) anzusehen ist. Ein niedriges Kreditrisiko könnte nach Ansicht des IASB vorliegen, soweit ein Instrument bei einem internen oder externen Rating mit „Investmentgrade" bewertet wird (IFRS 9.B5.5.23). Als praktische Leitlinie kann ein niedriges Kreditrisiko angenommen werden, soweit die Ausfallwahrscheinlichkeit für ein Jahr 0,5 % nicht übersteigt[52], der Schuldner finanziell so stark aufgestellt ist, dass er seinen kurzfristigen Zahlungsverpflichtung nachkommt und nachteilige Änderungen der langfristigen wirtschaftlichen Rahmenbedingungen zwar die Fähigkeit des Schuldners, seinen Zahlungsverpflichtungen nachzukommen, verringern könnte, aber nicht zwingend muss (IFRS 9.B5.5.22).

Eine signifikante Erhöhung des Kreditrisikos liegt im Übrigen nicht vor, nur weil ein niedriges Kreditrisiko nicht mehr zu konstatieren ist. Eine Erhöhung von bspw. 0,49 % auf 0,51 % führt – obige Grenze anwenden – dazu, dass das Kreditrisiko eines Fremdkapitalinstruments nicht mehr als „niedrig", die Steigerung aber auch nicht zwingend als „signifikant" zu qualifizieren ist (IFRS 9.B5.5.24).

Letztlich enthält IFRS 9 in B5.5.13 eine Erleichterungsvorschrift, nach der die Änderung des Kreditrisikos über die Gesamtlaufzeit auf Basis der Änderung des Kreditrisikos für die kommenden 12 Monate angenähert werden darf. Dies kann eine enorme Hilfe sein, da dieses Risiko in der Regel durch relativ einfach verfügbare Ratings abgebildet wird.[53]

22.131

Voraussetzung für die Anwendung dieser Erleichterung ist, dass das Ausfallverhalten von Schuldnern nicht auf einen bestimmten künftigen Zeitpunkt konzentriert ist. Für Annuitätendarlehen ist die Vereinfachungsvorschrift ggf. angemessen, für

---

50 Vgl. IFRS 9.B5.5.9; *Grünberger/Sopp*, WPg 2018, 557.
51 Vgl. *Grünberger/Sopp*, WPg 2018, 557.
52 Vgl. *Grünberger*, Kreditrisiko im IFRS-Abschluss, Stuttgart 2013, Rz. 2100.
53 *Bosse/Stege/Hita Hochgesand*, WPg 2017, 6.

endfällige Darlehen eher nicht (IFRS 9.IE49–52). Eine Anwendung der Vereinfachungsvorschrift auf finanzielle Vermögenswerte mit einer Laufzeit von mehr als einem Jahr ist allerdings nicht zulässig, soweit folgendes gegeben ist (IFRS 9.B5.5.14):

– Aus dem Finanzinstrument sind signifikante Zahlungen nur über den Zeitraum von 12 Monaten hinaus fällig, also in Monat 13 oder später;

– Änderungen relevanter makroökonomischer oder sonstiger kreditrelevanter Faktoren treten auf, die nicht angemessen in der Wahrscheinlichkeit eines Ausfalls in den kommenden 12 Monaten widergespiegelt werden; oder

– Änderungen der kreditbezogenen Faktoren wirken sich nur über die nächsten 12 Monate hinaus auf das Ausfallrisiko des finanziellen Vermögenswerts aus.

d) Beeinträchtigte Bonität

22.132 Soweit ein finanzieller Vermögenswert eine sogenannte beeinträchtigte Bonität aufweist (*credit-impaired financial asset*), ist der finanzielle Vermögenswert der Stufe 3 des Wertminderungsmodells des IFRS 9 zuzuordnen. Diese Zuordnung hat Auswirkungen auf den Ausweis der erfassten Zinserträge (und Aufwendungen aus der Fortschreibung des erfassten erwarteten Kreditverlusts). Falls der finanzielle Vermögenswert schon beim erstmaligen Ansatz eine beeinträchtigte Bonität aufweist ist zu beachten, dass ein Transfer in die Stufen 1 oder 2 des Wertminderungsmodells künftig nicht zulässig ist.

22.133 Eine beeinträchtigte Bonität liegt nach IFRS 9.A vor, soweit ein oder mehrere Ereignisse eingetreten sind mit nachteiligen Auswirkungen auf die erwarteten künftigen Zahlungsströme aus dem finanziellen Vermögenswert. Das IASB nennt dabei folgende Indikatoren für eine beeinträchtigte Bonität:

– signifikante finanzielle Schwierigkeiten des Emittenten oder des Kreditnehmers;

– ein Vertragsbruch (z.B. Ausfall oder Überfälligkeit);

– Zugeständnisse auf Grund finanzieller Schwierigkeiten an den Schuldner, die sonst nicht gegeben worden wären;

– es wird wahrscheinlich, dass der Kreditnehmer Insolvenz anmelden oder in ein sonstiges Sanierungsverfahren gehen wird;

– das durch finanzielle Schwierigkeiten bedingte Verschwinden eines aktiven Markts für diesen finanziellen Vermögenswert; oder

– der Kauf oder die Ausreichung eines finanziellen Vermögenswerts mit einem hohen Disagio, das die eingetretenen Kreditverluste widerspiegelt.

e) Verbesserung des Kreditrisikos bzw. keine beeinträchtigte Bonität mehr

22.134 Die Zuordnung zu den Stufen des Wertminderungsmodells ist abhängig von der Veränderung des Kreditrisikos und davon, ob ein finanzieller Vermögenswert eine beeinträchtigte Bonität hat. Soweit ein finanzieller Vermögenswert schon beim erstmaligen Ansatz eine beeinträchtigte Bonität aufweist, ist dieser dauerhaft der Stufe 3 des Wertminderungsmodells des IFRS 9 zuzuordnen. Falls Forderungen aus Lieferungen und Leistungen, Vertragsvermögenswerte und Leasingforderungen unmittelbar der Stufe 2 des Wertminderungsmodells zugeordnet wurden (siehe Rz. 22.91), ist eine Zuordnung zu den Stufen 2 und 3 möglich.

Die Zuordnung zu den Stufen des Wertminderungstests ist nach Intention des IASB symmetrisch. Lag bei einem oder einer Gruppe von finanziellen Vermögenswerten eine signifikante Erhöhung des Kreditrisikos vor und wird anschließend festgestellt, dass das Kreditrisiko im Vergleich zum Kreditrisiko bei erstmaligem Ansatz nicht mehr „signifikant gestiegen" ist, ist der Vermögenswert wieder der Stufe 1 zuzuordnen und die Wertminderung ist auf Basis der 12-Monats-Kreditverluste zu erfassen und nicht mehr über die gesamte Laufzeit des finanziellen Vermögenswerts (IFRS 9.BC5.210 und IFRS 9.5.5.7).

22.135

Ähnliches gilt für den Fall, dass ein finanzieller Vermögenswert keine beeinträchtigte Bonität mehr aufweist und diese nicht schon beim erstmaligen Ansatz vorlag (IFRS 9.5.4.2). Dann ist ein finanzieller Vermögenswert aus der Stufe 3 in Stufe 1 oder 2 zu transferieren mit entsprechenden Folge für die Ermittlung der Wertminderung sowie der Zinsen.

f) Ermittlung der erwarteten Kreditverluste

Die zu erfassenden Kreditverluste sind so zu berechnen, dass sie das Folgende reflektieren (IFRS 9.5.5.17):

22.136

a) einen unverzerrten und wahrscheinlichkeitsgewichteten Betrag, der durch Auswertung einer Bandbreite verschiedener möglicher Szenarien ermittelt wird;

b) den Zeitwert des Geldes; und

c) angemessene und belastbare Informationen, die zum Abschlussstichtag ohne unangemessenen Kosten- oder Zeitaufwand über vergangene Ereignisse, gegenwärtige Bedingungen und Prognosen künftiger wirtschaftlicher Bedingungen verfügbar sind.

Auf dieser Basis ist der zu erfassende Kreditverlust nach IFRS 9.A die Differenz zwischen den aus dem jeweiligen Vertrag fälligen Zahlungsströmen und den jeweils aktuell erwarteten Zahlungsströmen, beide diskontiert mit der zum erstmaligen Ansatz ermittelten effektiven Verzinsung. Ein Kreditverlust ist daher nicht nur zu erfassen, soweit künftig fällige Zahlungen ausfallen, sondern auch, wenn die Zahlung voraussichtlich später als vertraglich vereinbart geleistet wird (IFRS 9.B5.5.28).

Alternativ können auch die gewichteten Ausfallbeträge diskontiert werden. Die noch nicht diskontierten erwarteten Kreditverluste werden häufig wie folgt dargestellt:[54]

$$ECL = PD * LGD * EAD.$$

---

[54] Vgl. statt vieler: *Löw/Vogt*, IRZ 2018, 386.

ECL steht für *expected credit losses*, also die zu ermittelnden erwarteten Kreditverluste. PD (*probability of default*) bezeichnet die Wahrscheinlichkeit, dass ein Ausfallereignis eintritt (in Stufe 1 in den kommenden 12 Monaten, in Stufe 2 und 3 über die Restlaufzeit des finanziellen Vermögenswerts). LGD (*loss given default*) steht für den Anteil, der im Falle eines Ausfallereignisses ausfällt und EAD (exposure at default) steht grds. für den Buchwert des finanziellen Vermögenswertes bzw. den maximalen Ausfallbetrag.

22.137 Bei der Ermittlung der erwarteten Kreditverluste sind mögliche künftige Szenarien wahrscheinlichkeitsgewichtet zu berücksichtigen (IFRS 9.5.5.17). Im einfachsten Falle sind somit zwei Szenarien zu berücksichtigen, ein Kreditverlust wird erwartet und ein Kreditverlust wird nicht erwartet (IFRS 9.5.5.18).

22.138 Die über die gesamte Laufzeit zu erfassenden Kreditverluste sind die Verluste, die aus Ausfallereignissen resultieren, die über die gesamte Laufzeit eintreten (können). Beträgt die Restlaufzeit eines finanziellen Vermögenswerts z.B. sieben Jahre, so ist zu berücksichtigen, welcher Zahlungsausfall oder welche Zahlungsverschiebung eintritt aus einem Ausfallereignis, welches innerhalb der kommenden sieben Jahre eintritt.

Die zu erfassenden 12-Monats-Kreditverluste sind ein Teil der gesamten möglichen Kreditverluste. Sie umfassen alle die Kreditverluste (Zahlungsausfälle oder Auswirkung von Zahlungsverschiebungen), die auf Ausfallereignisse basieren, die in den 12 Monaten nach dem Stichtag eintreten können. Beträgt die Restlaufzeit eines finanziellen Vermögenswerts z.B. sieben Jahre, so ist zu berücksichtigen, welcher Zahlungsausfall oder welche Zahlungsverschiebung eintreten aus einem Ausfallereignis, welches möglicherweise innerhalb der kommenden 12 Monate eintritt, nicht aber aus Ausfallereignissen, die jenseits des Zeitraums von 12 Monaten eintreten.

22.139 **Beispiel:** Die Langzeit AG erwirbt Ende 00 eine Industrieanleihe für 1.643.854 €. Einzige künftige vertragliche Zahlung sind am 31.12.05 2.000.000 €. Die effektive Verzinsung der Anleihe beträgt 4 %. Die fortgeführten Anschaffungskosten betragen:

Jahr	Fortgeführte AK in €
00	1.643.854
01	1.709.608
02	1.777.993
03	1.849.112
04	1.923.077
05	2.000.000

Beim erstmaligen Ansatz Ende 00 ermittelt die Langzeit AG eine Wahrscheinlichkeit dafür, dass über die Restlaufzeit der Anleihe ein Kreditausfall eintritt mit 1,5 %. Die Wahrscheinlichkeit, dass in den kommenden 12 Monaten ein Ausfallereignis eintritt, ermittelt die Langzeit AG mit 0,5 %. Sollte in den kommenden 12 Monaten ein Ausfallereignis eintreten, geht die Langzeit AG davon aus, dass die Zahlung Ende 05 nur in Höhe von 1.200.000 € geleistet wird. Ende 00 erfasst die Langzeit AG für die Anleihe somit einen Kreditverlust von 1.643.854 € − 1.200.000 €/1,04^{-5} = 3.288 €[55].[56] Die Anleihe wird zu 1.643.854 € − 3.288 € = 1.640.567 € bewertet.

Der erwartete Kreditverlust kann auch wie folgt ermittelt werden:

ECL = 0,5 % (PD) * 40 % (LGD) * 2.000.000 € (EAD) = 4.000 €. Dieser Betrag ist dann noch mit der Effektivverzinsung zu diskontieren: 4.000 € * 1,04^{-5} = 3.288 €.

Ende 01 ermittelt die Langzeit AG eine Wahrscheinlichkeit für einen Kreditausfall über die Restlaufzeit der Anleihe von 10 %. Die Langzeit AG stellt eine signifikante Erhöhung des Kreditrisikos fest. Daher sind nun die Kreditverluste auf Basis der Ausfallereignisse über die gesamte Laufzeit der Anleihe zu erfassen. Des Weiteren ermittelt die Langzeit AG im Falle eines Ausfalls zwei Szenarien. Mit einer Wahrscheinlichkeit von 20 % würde die Anleihe zu 100 % ausfallen und mit einer Wahrscheinlichkeit von 80 % würde die Anleihe zu 40 % ausfallen. Der zu erfassende Kreditverlust ist wie folgt zu ermitteln:

− 90 % Wahrscheinlichkeit: Kein Kreditverlust.
− 8 % Wahrscheinlichkeit (10 % * 80 %): Zahlungsausfall von 40 % * 2.000.000 € = 800.000 €. Der Barwert der erwarteten Zahlungen beträgt 1.200.000 € * 1,04^{-4} = 1.025.765 €. Die Differenz zum Barwert der vertraglichen Zahlungsströme (1.709.608 €) beträgt 683.843 €. Dieser Betrag ist mit der Wahrscheinlichkeit von 8 % zu gewichten. Daraus resultiert ein Betrag von 54.707 €.
− 2 % Wahrscheinlichkeit (10 % * 20 %): Vollständiger Ausfall. Der Barwert der erwarteten Zahlungen beträgt 0 €. Somit entspricht der Kreditverlust gewichtet 2 % * (1.709.608 € − 0 €) = 34.192 €.

Ergebnis: Insgesamt ist ein Kreditverlust von 54.707 € + 34.192 € = 88.900 € zu erfassen. Die Anleihe wird zu 1.709.608 € − 88.900 € = 1.620.709 € bewertet.

Soweit **Sicherheiten** bestehen, sind diese bei der Ermittlung des Kreditverlusts zu berücksichtigen (IFRS 9.B5.5.55). Dies ist nachvollziehbar, da die Erfassung eines Kreditverlusts nicht sinnvoll ist, soweit auf Basis der vertraglichen Regelungen offensichtlich kein Verlust droht. Sicherheiten und andere Kreditbesicherungen (*credit enhancements*) sind zu berücksichtigen, soweit sie Teil der vertraglichen Regelungen sind und soweit sie nicht separat angesetzt wurden (IFRS 9.B5.5.55.) Soweit z.B. eine separat abgeschlossene Kreditausfallversicherung nicht Teil der vertraglichen Regelungen ist, ist der Kreditverlust ohne Berücksichtigung dieser Kreditausfallversicherung zu ermitteln. Die Versicherung ist dann nach den allgemeinen Regeln abzubilden.[57]

22.140

Beispiel: Die Financial AG hat an die Loss AG einen Kredit über 3.000.000 € vergeben. Als Sicherheit hat die Financial AG das Recht, die Erlöse aus dem Verkauf von drei Betriebsgrundstücken zu vereinnahmen. Der Wert der Betriebsgrundstücke wird auf ca. 4.000.000 € geschätzt.

Selbst wenn das Risiko, dass die Loss AG den Zahlungsverpflichtungen nicht nachkommen kann, steigt, ist ein Verlust unwahrscheinlich, da der Wert der Betriebsgrundstücke höher ist, als die Kreditsumme.

---

55 *Bosse*, WPg 2015, 722.
56 Der Kreditverlust könnte in diesem Fall auch wie folgt berechnet werden: 0,5 % * 800.000 € * 1,04^{-5} = 3.288 €.
57 Vgl. *E&Y*, Wertminderung finanzieller Vermögenswerte nach IFRS 9, 2005, S. 38.

22.141 Grundsätzlich ist bei der Ermittlung der Kreditverluste maximal der **Zeitraum** zu berücksichtigen, der der Restlaufzeit des finanziellen Vermögenswerts entspricht.[58] In bestimmten (ggf. seltenen) Fällen (z.B. bei Forderungen aus Kreditkartenumsätzen) sind indes auch Kreditverluste über einen längeren Zeitraum zu berücksichtigen. Damit auch in diesen Fällen das Kreditrisiko angemessen abgebildet wird, hat ein Unternehmen bei der Ermittlung der Kreditverlust den Zeitraum zu Grunde zu legen, über den es bei ähnlichen Finanzinstrumenten einem Kreditrisiko ausgesetzt war, zu welchem Zeitpunkt bei ähnlichen Finanzinstrumenten das Ausfallereignis eingetreten ist sowie mögliche Ausfallrisikomanagementmaßnahmen des Unternehmens.

22.142 Soweit angemessen, sind bei der Ermittlung der Kreditverluste auch **Vereinfachungen** zulässig, soweit diese zu einer angemessenen Erfassung von Kreditverlusten führen.[59] So dürfen Kreditverluste zum Beispiel auch auf Basis von historischen Kreditausfällen ermittelt werden, soweit diese ggf. um erwartete künftige Änderungen von kreditrelevanten Parametern angepasst werden. Kündigt das Bundesministeriums für Wirtschaft zum Beispiel an, dass es davon ausgeht, dass das Wirtschaftswachstum in den kommenden Jahren stark rückläufig sein wird, ist mit einem Anstieg der Ausfallraten zu rechnen. Kündigt es dagegen an, dass das Wirtschaftswachstum in den kommenden zwei Jahren stark steigen wird, ist dies grds. ein Indikator dafür, dass die Ausfallraten sinken werden.

Vgl. zur Anwendbarkeit der sogenannten **Wertberichtigungsmatrix** (*provision matrix*) Rz. 22.210 ff.

g) Erfassung von Kreditverlusten

22.143 Kreditverluste sind grds. schon beim erstmaligen Ansatz eines finanziellen Vermögenswertes zu erfassen. Dabei kommt es zu diesem Zeitpunkt systematisch zu einer Doppelerfassung der Kreditverluste und zu einem zu niedrigen Buchwert des finanziellen Vermögenswerts. Wird ein finanzieller Vermögenswert erworben oder ausgereicht, ist eine Ausfallwahrscheinlichkeit im beizulegenden Zeitwert schon eingepreist. Wird nun zusätzlich ein Kreditverlust angesetzt, der im beizulegenden Zeitwert schon enthalten ist, ist der erstmalige Buchwert des Vermögenswerts eigentlich zu niedrig angesetzt. Das IASB hält alternative Bilanzierungsmethoden indes für wesentlich komplexer und aufwändiger, so dass es sich für die geltenden Regelungen entschieden hat (IFRS 9.BC5.198).

22.144 Werden finanzielle Vermögenswerte der Bewertungskategorie AC zugeordnet, ist die Veränderung des erfassten Kreditverlusts in der Gewinn- und Verlustrechnung nach IAS 1.82(ba) in einer separaten Position auszuweisen. Grds. ist es sinnvoll, diese Wertänderungen auf einem separaten Konto zu erfassen, da nach IFRS 7.35H die Wertberichtigung vom Anfangsbestand zum Endbestand getrennt für die 12-Mo-

---

58 Vgl. IFRS 9.B5.5.38.
59 IFRS 9.B5.5.35 und IFRS 9.B5.5.12.

nats-Kreditverluste und die über die (Rest-)Laufzeit erwarteten Kreditverluste überzuleiten ist.

Für finanzielle Vermögenswerte, die der Bewertungskategorie FVOCI zugeordnet sind, ist ein Wertberichtigungskonto nicht zu führen (IFRS 7.16A). Dies liegt daran, dass die finanziellen Vermögenswerte im Abschluss zum beizulegenden Zeitwert bewertet werden und eine zusätzliche Wertminderung dieser Bewertung entgegenstünde (IFRS 9.5.5.2). Im Ergebnis ist daher die Veränderung der erfassten Kreditverluste sowohl in der Gewinn- und Verlustrechnung als auch im OCI zu erfassen. 22.145

Beispiel: Die Produktiv AG erwirbt Ende 00 zum Nominalbetrag (entspricht hier dem beizulegenden Zeitwert) von 1.000.000 € eine Industrieanleihe. Transaktionskosten fallen annahmegemäß nicht an. Der Nominalzins beträgt wie die effektive Verzinsung 4 %. Die Laufzeit der Anleihe beträgt 7 Jahre. Die Produktiv AG ordnet die Anleihe der Bewertungskategorie FVOCI zu.

Der Bruttobuchwert beträgt Ende 00 1.000.000 €. Die Produktiv AG ermittelt, dass mit einer Wahrscheinlichkeit von 1,6 % in den kommenden 12 Monaten ein Ausfallereignis eintritt. Der erwartete Ausfall betrage am Ende der Laufzeit 400.000 €, die Zinszahlungen von jährlich 40.000 € fallen voraussichtlich nicht aus. Der Barwert der bei Ausfall erwarteten Zahlungsströme beträgt 696.033 €. Die Differenz zum Barwert der vertraglichen Zahlungsströme beträgt somit 303.967 €. Mit der Wahrscheinlichkeit von 1,6 % gewichtet resultiert ein zu erfassender Kreditverlust von 4.863 €. Dieser ist nun in der Gewinn- und Verlustrechnung zu erfassen. Den Buchwert der Anleihe zu reduzieren ist nicht angemessen, da diese zum beizulegenden Zeitwert zu bewerten ist. Der Kreditverlust ist daher wie folgt zu erfassen:

1.1.05	Per		an	
	Aufwand	4.863	OCI	4.863

Die so erfasste Wertminderung ist nach IFRS 7.16A im Anhang anzugeben.

Fraglich ist, ob bei einem angenommenen Steuersatz von 30 % zusätzlich zu letztgenanntem Buchungssatz zusätzlich noch

1.1.05	Per		an	
	OCI	1.459	latenter Steuerertrag	1.459

zu buchen ist. Damit würden erfassten Aufwendungen und Erträge in der Gewinn- und Verlustrechnung sowie im OCI letztlich nach Steuern erfasst werden. IAS 12 enthält dazu keine Vorschriften. Die in der Bilanz angesetzten latenten Steuern ändern sich durch diesen Buchungssatz nicht. Da latente Steuern auf Differenzen zwischen dem Buchwert und dem Steuerwert eines Vermögenswerts oder einer Schuld zu erfassen sind, könnte daraus geschlossen werden, dass – aufgrund fehlender Änderung des Buchwerts oder des Steuerwerts – die Steuereffekte nicht zu berücksichtigen sind.

Nach der hier vertretenen Ansicht wäre dies indes nicht angemessen. Der Buchungssatz in obigem Beispiel sollte als eine Zusammenfassung folgender Buchungssätze interpretiert werden:

1.1.05	Per		an	
a)	Aufwand	4.863	Wertberichtigung Anleihe	4.863
b)	Wertberichtigung Anleihe	4.863	OCI	4.863

Bei dieser Interpretation verändert sich der Buchwert einmal über die Gewinn- und Verlustrechnung und einmal über das OCI. Entsprechend sind auch die latenten Steuern zu erfassen (hier gegen aktivische latente Steuer gebucht):

1.1.05	Per		an	
	akt. lat. Steuer	1.459	latenter Steuerertrag	1.459
	OCI	1.459	akt. lat. Steuer	1.459

oder zusammengefasst:

1.1.05	Per		an	
	OCI	1.459	latenter Steuerertrag	1.459

4. Besonderheiten in Stufe 3 des Wertminderungsmodells

22.146 In Stufe 3 des Wertminderungsmodells werden finanzielle Vermögenswerte zugeordnet, soweit sie eine beeinträchtigte Bonität aufweisen. Unterschiede bestehen in der Bilanzierung abhängig davon, ob die finanziellen Vermögenswerte schon unmittelbar bei Erwerb oder Ausreichung eine beeinträchtigte Bonität aufweisen, oder diese erst nach dem erstmaligen Ansatz eingetreten ist. Im Folgenden werden zunächst die Vorschriften erläutert, die für finanzielle Vermögenswerte gelten, die schon bei Erwerb oder Ausreichung eine beeinträchtigte Bonität aufweisen. Anschließend werden die Besonderheiten bei der Bilanzierung von finanziellen Vermögenswerten dargestellt, deren Bonität nach dem erstmaligen Ansatz als beeinträchtigt zu qualifizieren ist.

22.147 Beim erstmaligen Ansatz sind die finanziellen Vermögenswerte, die bei Erwerb oder Ausreichung eine beeinträchtigte Bonität aufweisen, nach den allg. Vorschriften einer der Bewertungskategorien zuzuordnen. Eine beeinträchtigte Bonität bedeutet nicht, dass aus den Instrumenten nicht nur Zins- und Tilgungszahlungen resultieren. Somit ist abhängig vom Geschäftsmodell und der Klassifizierung der Zahlungsströme eine Zuordnung zu allen drei Bewertungskategorien des IFRS 9 möglich.

22.148 Die Zugangsbewertung erfolgt bei finanziellen Vermögenswerten, die schon bei Erwerb oder Ausreichung eine beeinträchtigte Bonität aufweisen, wie bei allen anderen finanziellen Vermögenswerten mit dem beizulegenden Zeitwert, ggf. zuzüglich Transaktionskosten. Bei der Ermittlung der effektiven Verzinsung werden aber nicht die vertraglichen Zahlungsströme so abgezinst, dass der Barwert dem erstmaligen

Buchwert entspricht, sondern die künftig erwarteten vertraglichen Zahlungsströme unter Berücksichtigung erwarteter Kreditverluste. Ergebnis dieser Berechnung ist der sogenannte **bonitätsangepasste Effektivzinssatz**. Auf Basis dieses Zinssatzes wird der erstmalige Buchwert fortgeschrieben. Der daraus resultierende Wert ist der Bruttowert dieses finanziellen Vermögenswerts.

In der Folge ist zu berücksichtigen: 22.149

a) Bei der Ermittlung der fortgeführten Anschaffungskosten sind die ursprünglichen Zahlungsausfälle bzw. Zahlungsverzögerungen auch in künftigen Perioden zu berücksichtigen, selbst wenn der erwartete Ausfall oder die Zahlungsverzögerungen künftig geringer sind als die beim erstmaligen Ansatz erwarteten. (Erwartete) Änderungen des Zahlungsverhaltens haben somit keine Auswirkungen auf den Bruttobuchwert des finanziellen Vermögenswerts, sondern haben Auswirkungen auf die (positiven oder negativen) zu erfassenden Kreditverluste.

b) Alle künftigen Änderungen der Kreditverluste sind nach IFRS 9.5.5.13 als Wertminderungsaufwand bzw. Wertminderungsertrag zu erfassen. Soweit die finanziellen Vermögenswerte der Bewertungskategorie AC zugeordnet werden, sind die Beträge auf dem Wertminderungskonto zu erfassen (welches auch aktivisch sein kann, soweit die Kreditverluste niedriger als die ursprünglich erwarteten sind) (IFRS 9.5.5.14), soweit sie der Kategorie FVOCI zugeordnet sind, im OCI. Der bei der Ermittlung des Kreditverlusts ermittelte Barwert ist nach IFRS 9.B5.5.45 auf Basis des ursprünglichen bonitätsangepassten Zinses zu ermitteln.

c) Die Zinsen werden nicht auf Basis des Bruttobuchwerts, sondern auf Basis der fortgeführten Anschaffungskosten erfasst. Letztere entsprechen dem fortgeführten Bruttobuchwert abzüglich der (ggf. negativen, dann insgesamt zzgl. des Betrags) erfassten Kreditverluste. Als Zinssatz ist der ursprünglich ermittelte bonitätsangepasste Zins anzuwenden (IFRS 9.5.4.1(a)).

Beispiel: Die Finanz AG erwirbt am 31.12.00 eine Anleihe zum Preis von 522.899 € zzgl. 1 %   22.150
Transaktionskosten. Der Nominalwert der Anleihe beträgt 1 Mio. €, der Nominalzins 4 % und die Restlaufzeit beträgt 5 Jahre. Der Marktzins beträgt 3 %. Zinszahlungen erfolgen zum Ende eines Jahres. Die Anleihe wird der Bewertungskategorie AC zugeordnet.

Folgende Tabelle enthält die vertraglichen und die erwarteten Zahlungen:

Beträge in €	01	02	03	04	05
Vertragliche Zahlungen	40.000	40.000	40.000	40.000	1.040.000
Erwartete Zahlungen	20.000	20.000	20.000	20.000	520.000

Die Anleihe weise bei Erwerb eine beeinträchtigte Bonität auf. Der bonitätsangepasste Zins ist der Zins, mit dem die erwarteten Zahlungsströme diskontiert dem erstmaligen Buchwert entsprechen. Der erstmalige Buchwert beträgt 522.899 € * 1,01 = 528.128 €. Der bonitätsangepasste Zins beträgt 2,78 %.

Der Bruttobuchwert der Anleihe beträgt künftig:

	Zinsertrag	Zahlung	Delta	Bruttobuchwert
01	14.679	20.000	-5.321	522.806
02	14.531	20.000	-5.469	517.337
03	14.379	20.000	-5.621	511.716
04	14.222	20.000	-5.778	505.938
05	14.062	20.000	-5.938	500.000

Änderungen der erwarteten Zahlungsströme wirken sich auf den Bruttobuchwert nicht aus. Die zu erfassenden Zinserträge sind aber abhängig von der künftigen Entwicklung der erfassten Wertminderung.

Im Jahr 01 ist ein Zinsertrag von 528.128 € * 2,78 % = 14.679 € zu erfassen. Angenommen Ende des Jahres werden 20.000 € gezahlt, ist dies mit folgendem Buchungssatz zu erfassen:

31.12.01	Per		an	
	Bank	20.000	Zinsertrag	14.679
			Anleihe	5.321

Der vorläufige Buchwert der Anleihe beträgt 522.806 €.

Ende des Jahres 01 geht man davon aus, dass mit einer Wahrscheinlichkeit von 80 % die ursprünglich erwarteten Zahlungsströme realisiert werden. Mit einer Wahrscheinlichkeit von 20 % werden höhere Zahlungsströme erwartet:

	Wahr-schein-lichkeit	02	03	04	05	Barwert	gewichtet
Ursprünglich erwartet	80 %	20.000	20.000	20.000	520.000	522.806	418.245
Aktuell erwartet	20 %	25.000	25.000	25.000	725.000	720.718	144.144
						Summe	562.389

Die Barwerte werden auf Basis der ursprünglichen bonitätsangepassten Verzinsung von 2,78 % berechnet. Mit den Wahrscheinlichkeiten gewichtet ergibt sich ein Wert von 562.389 €. Die Differenz zum vorläufigen Buchwert beträgt 39.582 €. Diese Differenz ist als Wertminderungsertrag (*impairment gain*) zu erfassen.

Diese Differenz entspricht im Übrigen dem gewichteten Barwert der Veränderungen der Zahlungsströme:

	Wahrscheinlichkeit	02	03	04	05	Barwert	gewichtet
Änderung der erwarteten Zahlungsströme	20 %	5.000	5.000	5.000	205.000	197.912	**39.582**

Im Jahr 02 ist ein Zinsertrag auf Basis der fortgeführten Anschaffungskosten zu erfassen: 562.389 € * 2,78 % = 15.631 €. Dies ist letztlich der Zinsertrag auf den Bruttobuchwert von 522.806 € * 2,78 % (= 14.531 €) zzgl. der Verzinsung des Wertberichtigungskontos: 39.582 € * 2,78 % (= 1.100 €).

Soweit ein finanzieller Vermögenswert erst **nach dem erstmaligen Ansatz** eine beeinträchtigte Bonität aufweist, gilt für ihn das unter b) und c) gesagte. Allerdings entspricht der Zinssatz, mit dem der Zinsertrag ermittelt wird, der ursprünglichen effektiven Verzinsung (IFRS 9.5.4.1(b) und IFRS 9.B5.5.33). Folgendes Beispiel verdeutlicht noch einmal, dass bei der Zinsermittlung in Stufe 3 des Wertminderungsmodells Zinserträge und Zinsaufwendungen letztlich saldiert ausgewiesen werden:

22.151

Beispiel: Der Bruttobuchwert eines endfälligen finanziellen Vermögenswerts beträgt Ende 01 400.000 €, die erwarteten Kreditverluste betragen 50.000 €. Die effektive Verzinsung beträgt 4 %, die Restlaufzeit mehr als ein Jahr. Die erwarteten Kreditverluste ändern sich im Jahr 20X2 nur wegen der Aufzinsung.

Fall a) Der finanzielle Vermögenswert ist der Stufe 2 des Wertminderungsmodells zuzuordnen: In 20x2 werden Zinserträge von 4 % * 400.000 € = 16.000 € erfasst. Aufwendungen werden aus der Aufzinsung der Kreditvorsorge in Höhe von 4 % * 50.000 € = 2.000 € erfasst. Die Auswirkung auf das Ergebnis vor Steuern beträgt somit 14.000 €.

Fall b) Der finanzielle Vermögenswert ist der Stufe 2 des Wertminderungsmodells zuzuordnen: Die Zinserträge sind auf Basis der fortgeführten Anschaffungskosten des finanziellen Vermögenswerts zu erfassen: 4 % * 350.000 € = 14.000 €. Die Ergebnisauswirkung ist dieselbe wie in Fall a), im Ergebnis werden die in Fall a) erfassten Erträge und Aufwendungen saldiert.

frei

22.152–22.159

5. Abbildung der Reklassifizierung von finanziellen Vermögenswerten

Finanzielle Vermögenswerte sind beim Ansatz – oder beim Ansatz zum Erfüllungstag ggf. schon vor dem erstmaligen Ansatz (vgl. Rz. 22.67 ff.) – einer der Bewertungskategorien zuzuordnen. Eine Reklassifizierung zu einem späteren Zeitpunkt von einer Bewertungskategorie in eine andere Bewertungskategorie ist nach IFRS 9.4.4.1 geboten, soweit das Geschäftsmodell (vgl. Rz. 22.32 ff.) geändert wurde, mit dem die finanziellen Vermögenswerte gesteuert werden. Eine Reklassifizierung ist nach IFRS 9.5.6.1 prospektiv abzubilden. Das bedeutet, dass alle bis zum Zeitpunkt der

22.160

Reklassifizierung erfassten (Zins-)Erträge oder Aufwendungen nicht angepasst werden.

Folgende Abbildung enthält die möglichen (hier nummerierten) Reklassifizierungen:

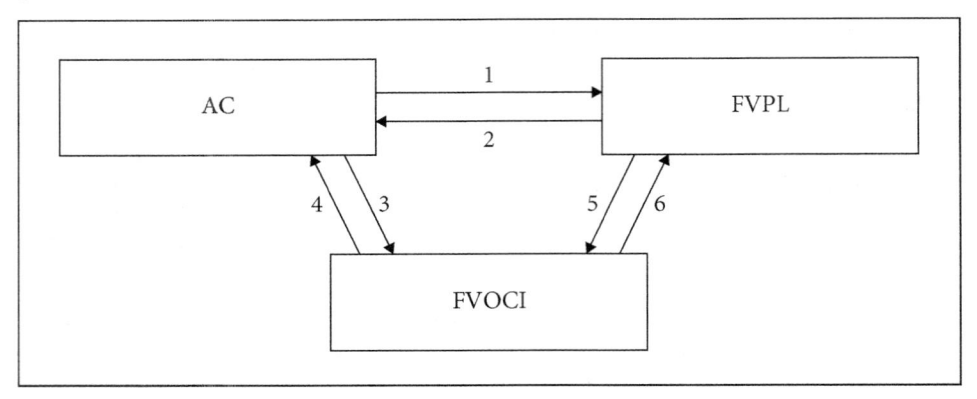

Abb. 22.4: Möglichkeiten der Reklassifizierung

Die einzelnen Reklassifizierungen sind wie folgt abzubilden:[60]

22.161 **Ad 1**: Zum Zeitpunkt der Reklassifizierung ist der finanzielle Vermögenswert zunächst zu fortgeführten Anschaffungskosten und dann zum beizulegenden Zeitwert zu bewerten. Die Differenz zwischen den fortgeführten Anschaffungskosten und dem beizulegenden Zeitwert ist in der Gewinn- und Verlustrechnung zu erfassen.

22.162 **Ad 2**: Der beizulegende Zeitwert zum Zeitpunkt der Reklassifizierung entspricht dem Bruttobuchwert zu diesem Zeitpunkt. Zudem ist zu diesem Zeitpunkt die Effektivverzinsung zu ermitteln. Dabei ist der Zinssatz zu ermitteln, mit dem der Barwert der künftigen vertraglichen Zahlungsströme dem beizulegenden Zeitwert des finanziellen Vermögenswerts zum Zeitpunkt der Reklassifizierung entspricht. Das IASB geht nicht darauf ein, ob zu diesem Zeitpunkt ein finanzieller Vermögenswert auch als einer mit beeinträchtigter Bonität zu klassifizieren ist, mit der Folge, dass eine bonitätsangepasste Effektivverzinsung zu ermitteln wäre. Nach der hier vertretenen Ansicht sollte mit derselben Begründung wie beim erstmaligen Ansatz für einen finanziellen Vermögenswert, welcher zum Zeitpunkt der Reklassifizierung eine beeinträchtigte Bonität aufweist, eine bonitätsangepasste Effektivverzinsung ermittelt und der finanzielle Vermögenswert entsprechend fortgeschrieben werden. Wertminderungen sind ausgehend vom Zeitpunkt der Reklassifizierung zu erfassen, welche für diese Zwecke als Zeitpunkt des erstmaligen Ansatzes gilt.

22.163 **Ad 3**: Zum Zeitpunkt der Reklassifizierung ist der finanzielle Vermögenswert zu fortgeführten Anschaffungskosten und unmittelbar im Anschluss mit dem beizulegenden Zeitwert zu bewerten. Die Differenz zwischen den fortgeführten Anschaf-

---

60 Vgl. IFRS 9.5.6.1 bis IFRS 9.5.6.7 sowie IFRS 9.B5.6.1 f.

fungskosten und dem beizulegenden Zeitwert ist im OCI zu erfassen. Die Erfassung von Zinsen und die Bewertung von Wertminderungen ändert sich nicht. Der im Buchwert enthaltene Kreditverlust ist ins OCI umzugliedern (und ab dem Zeitpunkt im Anhang nach IFRS 7.16A anzugeben).

Beispiel: Ein der Bewertungskategorie AC zugeordneter finanzieller Vermögenswert hat zum Reklassifizierungszeitpukt einen Buchwert von 454.000 €. Dieser setzt sich zusammen aus dem Bruttobuchwert von 460.000 € abzgl. der erwarteten Kreditverluste von 6.000 €. Der beizulegende Zeitwert beträgt 500.000 €. Bei Reklassifizierung ist die Differenz zwischen dem Buchwert und dem beizulegendem Zeitwert von 46.000 € im OCI zu erfassen. Darin enthalten ist ein Wertminderungsbetrag von 6.000 €, welcher künftig nach IFRS 7.16A im Anhang anzugeben ist.

Ad 4: Zum Zeitpunkt der Reklassifizierung ist der finanzielle Vermögensgegenstand zunächst zum beizulegenden Zeitwert zu bewerten. Anschließend ist der gesamte im OCI erfasste Betrag gegen den Buchwert des finanziellen Vermögenswerts zu erfassen. In dem Betrag enthalten sind die Änderungen des beizulegenden Zeitwerts sowie die bis zu diesem Zeitpunkt erfassten Kreditverluste. Dies hat zur Folge, dass der finanzielle Vermögenswert so bewertet wird, als wäre er immer zu fortgeführten Anschaffungskosten bewertet worden. Die Effektivverzinsung und die Bewertung der Kreditverluste ändern sich nicht. 22.164

Beispiel: Ein der Bewertungskategorie FVOCI zugeordneter finanzieller Vermögenswert hat zum Reklassifizierungszeitpunkt einen beizulegenden Zeitwert von 500.000 €. Im OCI ist eine kumulierte Änderung des beizulegenden Zeitwerts von 40.000 € sowie Kreditverluste von 6.000 € erfasst. Die kumulierte Änderung des beizulegenden Zeitwerts von 40.000 € ist im ersten Schritt gegen den beizulegenden Zeitwert zu erfassen. Die daraus resultierenden 460.000 € entsprechen dem Bruttobuchwert des finanziellen Vermögenswerts. Die Kreditverluste werden aus dem OCI gegen das Wertberichtigungskonto erfasst, welches anschließend einen Habensaldo von 6.000 € aufweist. Der Buchwert des finanziellen Vermögenswerts beträgt somit 460.000 € – 6.000 € = 454.000 €.

Ad 5: Zum Zeitpunkt der Reklassifizierung wird der finanzielle Vermögenswert weiterhin zum beizulegenden Zeitwert bewertet. Zur Ermittlung der effektiven Verzinsung und der Erfassung von Wertminderungen gilt das zu „Ad 3" geschriebene. 22.165

Ad 6: Zum Zeitpunkt der Reklassifizierung wird der finanzielle Vermögenswert weiterhin zum beizulegenden Zeitwert bewertet. Der gesamte im OCI erfasste Betrag ist als Umgliederungsbetrag in der Gewinn- und Verlustrechnung zu erfassen. 22.166

E. Ausbuchung

I. Gegenstand und Wirkung der Ausbuchung

Die Frage, wann und zu welchem Teil ein finanzieller Vermögenswert auszubuchen ist, erfordert in vielen Fällen Ermessensentscheidungen. Die Problematik sein anhand zweier Beispiele verdeutlicht: 22.167

Beispiel: Fall 1:[61] Die Produktiv AG verkauft kurzfristige Forderungen im Wert von 1.000.000 €. Sie garantiert dem Käufer, Kreditausfälle bis zu einer Höhe von 200.000 € zu übernehmen. Die erwarteten Kreditausfälle betragen lediglich 50.000 €. Hat die Produktiv AG das gesamte Portfolio weiter zu bilanzieren, hat sie einen Teil auszubuchen und den mit einer Garantie versehenen Teil weiter zu bilanzieren oder hat sie das Forderungsportfolio vollständig auszubuchen und für die mögliche Inanspruchnahme eine Rückstellung zu bilanzieren?

Fall 2: Die Produktiv AG vergibt einen endfälligen, marktverzinsten Kredit mit einer Laufzeit von 5 Jahren über 1.000.000 €. Mit der Finanz AG vereinbart die Produktiv AG, gegen eine Zahlung von 900.000 € künftig 90 % der Zins- und Tilgungszahlungen an die Finanz AG weiterzuleiten. Sonstige Garantien oder Sicherheiten gewährt die Produktiv AG nicht. Hat die Produktiv AG nun einen Vermögenswert i.H.v. 1.000.000 € und eine Verbindlichkeit von 900.000 € oder hat die Produktiv AG einen Vermögenswert von 100.000 € auszuweisen?

22.168 Die Komplexität der Frage nach der Ausbuchung eines finanziellen Vermögenswerts spiegelt sich auch in der Regelungstiefe. Die Ausbuchung von Finanzinstrumenten wird in IFRS 9.3.2.1 bis IFRS 9.3.2.23 geregelt. Darüber hinaus stellt IFRS 9.B3.2.1 ein Ablaufschema zur Untersuchung der Ausbuchungsvoraussetzungen zur Verfügung. Dabei ist der Konsolidierungskreis, der Umfang des Übergangs (vollständig oder teilweise), die Rechtswirkung der Verträge (sind Rechte ausgelaufen oder erloschen), die Art der Übertragung (Übertragung der Rechte, Durchleitungsvereinbarung), die Chancen und Risiken, die Verfügungsmacht sowie ein mögliches *continuing involvement* zu beurteilen.[62]

22.169 Nachdem in einem ersten Schritt der Konsolidierungskreis gemäß IFRS 10 (Rz. 31.90) untersucht worden ist (IFRS 9.3.2.1), ist der **Umfang** des finanziellen Vermögenswertes zu bestimmen[63], auf den die Regelungen zur Ausbuchung angewendet werden. Es kann ein Teil eines finanziellen Vermögenswertes ggf. auszubuchen sein, wenn dieser Teil (IFRS 9.3.2.2)

– als genau spezifizierter Cashflow vom übrigen Teil abgrenzbar ist (z.B. beim Bondstripping: Die Aufteilung von Zinskupon und Stammrecht),

– einen proportionalen Teil der Cashflows des gesamten Vermögenswertes enthält (es werden beispielsweise die Rechte an 60 % aller Zahlungen aus einer gehaltenen Anleihe übertragen) oder

– einen proportionalen Teil bestimmter identifizierter Cashflows eines abgegrenzten Teils eines Vermögenswertes darstellt (es werden beispielsweise die Rechte an 70 % der künftigen Zinszahlungen aus einer Anleihe veräußert).

---

61 Vgl. das Beispiel in IFRS 9.BCZ3.3.
62 Vgl. IDW RS HFA 48, Rz. 43–105.
63 Es kann sich auch um Gruppen ähnlicher finanzieller Vermögenswerte handeln, z.B. ein Forderungsbestand.

In allen anderen Fällen ist der finanzielle Vermögenswert *in seiner Gesamtheit* zu beurteilen. Dies trifft auch dann zu, wenn ein *nicht* genau proportionaler Anteil übertragen wird.

In den folgenden Ausführungen bezieht sich der Begriff finanzieller Vermögenswert auf einen abgegrenzten Teil oder die Gesamtheit eines bzw. einer Gruppe von finanziellen Vermögenswerten.

Kommt es zu einer vollständigen Ausbuchung eines finanziellen Vermögenswertes, so ist nach IFRS 9.3.2.12 die **Differenz zwischen Buchwert und Veräußerungserlös** in der Gewinn- und Verlustrechnung zu erfassen. Sofern bezüglich eines Fremdkapitalinstruments Beträge im kumulierten OCI vorhanden sind, sind diese ebenso in der Gewinn- und Verlustrechnung zu erfassen (IFRS 9.5.7.10, sog. *reclassification*). Bezüglich eines Eigenkapitalinstruments vorhandene Beträge im OCI dürfen nicht in der Gewinn- und Verlustrechnung erfasst werden (vgl. Rz. 22.83).

22.170

II. Vertragliche Rechte laufen aus

Im Allgemeinen ist das Auslaufen der vertraglichen Rechte auf (künftige) Zahlungsströme unproblematisch zu beurteilen (IFRS 9.3.2.3(a)). Folgende Beispiele können genannt werden:

22.171

– Ein Kunde begleicht eine Forderung.

– Eine Anleihe wird vom Emittenten zurückgezahlt.

– Die Ausübungsfrist eines Derivats ist abgelaufen.

III. Vertragliche Rechte werden übertragen

Differenzierter sind die Übertragungsfälle zu beurteilen. Sie sind dadurch gekennzeichnet, dass nicht die Rechte auf Erhalt von Cashflows untergehen, sondern diese auf eine andere Partei übertragen werden, der finanzielle Vermögenswert beispielsweise veräußert wird.

22.172

Übertragungsfälle sind demnach nur solche Vereinbarungen, bei denen entweder

– die vertraglichen Rechte auf den Erhalt von Zahlungen transferiert worden sind (IFRS 9.3.2.4(a)) oder

– diese zwar zurückbehalten wurden (Außenverhältnis), jedoch im Innenverhältnis die künftigen Zahlungen aus dem Vermögenswert an dessen Erwerber unter den Bedingungen von IFRS 9.3.2.5 unverzüglich (*without material delay*) weitergereicht werden (sog. *pass-through arrangement*) (IFRS 9.3.2.4(b)). Eine **offene Zession** ist als solch ein Übertragungsfall zu werten. Voraussetzung eine stille Zession als einen solchen Übertragungsfall zu werten ist die Möglichkeit, diese unbedingt dem Schuldner mindestens im Falle einer Vertragsverletzung oder (drohenden) Insolvenz des Übertragenden anzeigen zu können.[64]

22.173 Die Übertragung ist (nur) die notwendige Bedingung für die Ausbuchung. Hinreichend ist, dass im Wesentlichen alle **Risiken und Chancen** aus den Eigentumsrechten übergegangen sind. In diesem Fall ist der finanzielle Vermögenswert auszubuchen. Die Risiken/Chancen-Abwägung ist unproblematisch, wenn *nur* die vertraglichen Rechte am Erhalt der Cashflows des Finanzinstruments übertragen werden. Soweit mit dem Käufer noch Rückübertragungsrechte oder -pflichten, Ausfallgarantien und Ähnliches vereinbart werden sind die Fälle schwieriger zu beurteilen. Ein finanzieller Vermögenswert ist in den folgenden Fällen auszubuchen:

Beispiele[65]:
– Ein Wertpapier wird (ohne weitere Vereinbarungen) an der Börse veräußert.
– Ein Wertpapier wird veräußert; gleichzeitig wird eine Option vereinbart, dass das Wertpapier künftig zum dann gültigen beizulegenden Zeitwert zurückerworben werden kann.
– Ein Wertpapier wird veräußert. Eine möglicherweise zusätzliche Put- oder Call-Option ist so weit aus dem Geld, dass es äußerst unwahrscheinlich ist, dass sie vor Auslaufen der Option im Geld sein wird.

22.174 In den nun folgenden Fällen ist ein finanzieller Vermögenswert nicht auszubuchen:

Beispiel[66]:
– Ein Wertpapier wird an einen Dritten veräußert und zugleich besteht die Verpflichtung, das Wertpapier zu einem grds. festen Preis zurück zu erwerben (inkl. Wertpapier-Leihgeschäfte, bei denen nach Ablauf der vereinbarten Laufzeit Wertpapiere in gleicher Art, Güte und Menge zurückzugeben sind).
– Mit dem Verkauf von Wertpapieren wird ein Total-Return-Swap abgeschlossen, mit dem das Marktrisiko auf den Verkäufer zurück übertragen wird.
– Verkauf eines Wertpapiers gemeinsam mit einer Put- oder Call-Option, die weit im Geld ist (und es daher äußerst unwahrscheinlich ist, dass sie vor Ablauf aus dem Geld sein wird).
– Verkauf von kurzfristigen Forderungen, bei denen der Verkäufer gegenüber dem Käufer Forderungsausfälle absichert, die wahrscheinlich eintreten.

22.175 Es ist also die **Chancen/Risiken-Position des Übertragenden** zu beurteilen. Dies erfolgt nach IFRS 9.3.2.7 ff. über eine Vorher-Nachher-Vergleichsrechnung. Verändert sich die **Risikoposition** (*exposure to the variability in the present value of the future net cash flows from the financial asset*) des Übertragenden im Hinblick auf Höhe und Eintrittszeitpunkt der Netto-Cashflows durch die Übertragung im Vergleich

---

64 Vgl. IDW RS HFA 48, Rz. 59.
65 Vgl. IFRS 9.B3.2.4.
66 IFRS 9.B3.2.5.

zur Situation vor der Übertragung nicht wesentlich, ist der finanzielle Vermögenswert **nicht auszubuchen** (IFRS 9.3.2.6(b)).

Dagegen ist der finanzielle Vermögenswert auszubuchen, soweit die **Risikoposition** des Übertragenden im Hinblick auf Höhe und Eintrittszeitpunkt der Netto-Cashflows in Relation zur Höhe und zum Eintrittszeitpunkt der Netto-Cashflows aus dem gesamten finanziellen Vermögenswert nicht (mehr) wesentlich ist.[67]

Wie die Risikoposition zu messen ist und wie letztlich festzustellen ist, ob sie sich wesentlich verändert hat oder nicht mehr wesentlich ist, gibt IFRS 9 nicht vor. Dies ist auf Basis der Risikomanagements in Verbindung mit den in IFRS 9 enthaltenen Beispielen zur Ausbuchung (oder eben Weiterbilanzierung) zu beantworten.

Wird der übertragene finanzielle Vermögenswert ausgebucht, sind ggf. zurückbehaltene Rechte (z.B. Verwaltungsrechte bei Forderungen) als Vermögenswerte bzw. Verbindlichkeiten zum beizulegenden Zeitwert anzusetzen (IFRS 9.3.2.10). 22.176

Wird der übertragene finanzielle Vermögenswert nicht ausgebucht, ist in Höhe der erhaltenen Gegenleistung eine Verbindlichkeit zu passivieren (IFRS 9.3.2.15).

Wenn eine hinreichend eindeutige Beurteilung nach der Veränderung der Risikoposition nicht möglich ist, kommt es bei der Frage nach der Ausbuchung eines finanziellen Vermögenswerts darauf an, wer die **Verfügungsmacht** über den finanziellen Vermögenswert innehat (IFRS 9.3.2.6(c)). Die Verfügungsmacht ist auf den Empfänger übergegangen (mit der Konsequenz einer Ausbuchung und ggf. Aktivierung/Passivierung zurückbehaltener Rechte und Verpflichtungen), wenn der *Empfänger* den finanziellen Vermögenswert frei und einseitig an einen Dritten veräußern kann und darf (IFRS 9.3.2.9). Dies ist immer gegeben, soweit der Vermögenswert auf einem aktiven Markt gehandelt wird (IFRS 9.B3.2.7). Bei der Beurteilung, ob der finanzielle Vermögenswert frei und einseitig verkauft werden kann, ist aber auch auf die praktische Fähigkeit abzustellen, nicht nur auf vertragliche Regelungen. Bestehen bzgl. eines Vermögenswertes keinerlei vertragliche und rechtliche Beschränkungen, besteht aber kein Markt für einen solchen Vermögenswert, ist dieser nicht frei und einseitig veräußerbar. 22.177

Kann der Empfänger nicht frei über den finanziellen Vermögenswert verfügen, hat das Unternehmen diesen im Umfang des anhaltenden Engagements (*continuing involvement*) weiter zu erfassen (IFRS 9.3.2.16).[68] Vgl. zu einem ausführlichen Beispiel im Zusammenhang mit Factoringgestaltungen Rz. 22.211 ff.

---

67 IFRS 9.3.2.7.
68 Vgl. IDW RS HFA 48, Rz. 84 – 92; IFRS 9.B3.2.13 ff.

Die folgende Abb. 56 fasst die Ausführungen zusammen.

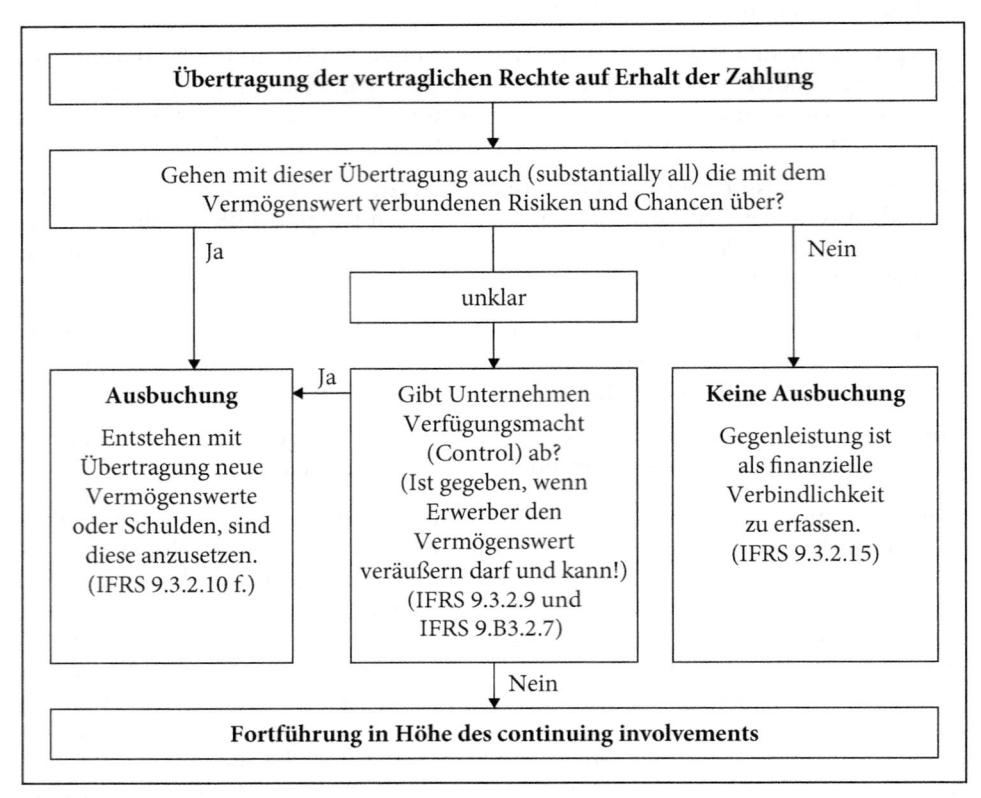

```
┌─────────────────────────────────────────────────────────────────────┐
│          Übertragung der vertraglichen Rechte auf Erhalt der Zahlung │
└─────────────────────────────────────────────────────────────────────┘
                                   │
                                   ▼
┌─────────────────────────────────────────────────────────────────────┐
│     Gehen mit dieser Übertragung auch (substantially all) die mit   │
│           dem Vermögenswert verbundenen Risiken und Chancen über?   │
└─────────────────────────────────────────────────────────────────────┘
       Ja                                                  Nein
        │                    unklar                         │
        │                      │                            │
        ▼                      ▼                            ▼
┌──────────────┐    ┌────────────────────┐      ┌──────────────────┐
│  Ausbuchung  │ Ja │ Gibt Unternehmen   │      │ Keine Ausbuchung │
│              │◄───│ Verfügungsmacht    │      │                  │
│  Entstehen   │    │ (Control) ab?      │      │ Gegenleistung ist│
│  mit Über-   │    │ (Ist gegeben, wenn │      │ als finanzielle  │
│  tragung neue│    │ Erwerber den       │      │ Verbindlichkeit  │
│ Vermögenswerte│   │ Vermögenswert      │      │ zu erfassen.     │
│ oder Schulden,│   │ veräußern darf und │      │ (IFRS 9.3.2.15)  │
│ sind diese   │    │ kann!)             │      │                  │
│ anzusetzen.  │    │ (IFRS 9.3.2.9 und  │      │                  │
│ (IFRS 9.3.2.10 f.)│  IFRS 9.B3.2.7)    │      │                  │
└──────────────┘    └────────────────────┘      └──────────────────┘
                              │ Nein
                              ▼
┌─────────────────────────────────────────────────────────────────────┐
│      Fortführung in Höhe des continuing involvements                │
└─────────────────────────────────────────────────────────────────────┘
```

Abb. 22.5: Ausbuchung finanzieller Vermögenswerte in Übertragungsfällen

22.178–22.179 Frei

IV. Ausbuchung bei Abschreibung

22.180 In IFRS 9.5.4.4, IFRS 9.B5.4.9 und IFRS 9.B3.2.16(r) wird ein einfacher Fall der Ausbuchung eines finanziellen Vermögenswerts beschrieben. Ein finanzieller Vermögenswert (oder Teil des Vermögenswerts) ist auszubuchen, soweit es keine vernünftigen Erwartungen mehr hat, den finanziellen Vermögenswert zu realisieren.

Beispiel: Die Finanz AG hat vor drei Jahren eine Staatsanleihe zum Nominalwert von 100.000 € erworben. Zum Stichtag geht die Finanz AG davon aus, dass sie maximal noch 30.000 € erhält. Mehr ist unter keinen vernünftig vorstellbaren Szenarien möglich. Ergebnis: Die Staatsanleihe ist zu 70 % auszubuchen. Parallel dazu sind – natürlich – die erwarteten Kreditverluste anzupassen.

22.181–22.199 frei

F. Einzelfälle zu Ansatz, Bewertung und Ausbuchung finanzieller Vermögenswerte

I. Veränderte Zahlungsströme

1. Überblick

Beim erstmaligen Ansatz eines Fremdkapitalinstruments sind für die Ermittlung der effektiven Verzinsung die künftigen vertraglichen Zahlungsströme zu schätzen. In der Folge können sich diese berücksichtigten vertraglichen Zahlungsströme ändern und zwar durch 22.200

1. geänderte Erwartungen bezügliche der Ausübung bestimmter Optionen (Kündigungsmöglichkeiten, Verlängerungsoption o.ä.); oder
2. Neuverhandlung oder sonstiger Modifikationen der künftigen Zahlungsströme.

In letztgenanntem Fall kann die Neuverhandlung oder sonstige Modifikation dazu führen, dass das Fremdkapitalinstrument ausgebucht und ein neues Fremdkapitalinstrument eingebucht wird.

Die Sachverhalte sind wie folgt erläutert abzubilden.

2. Veränderte Zahlungsströme auf Grund geänderter Erwartungen

Soweit sich die Erwartungen bezüglich der aus einem Fremdkapitalinstrument zu erhaltenden Zahlungsströme geändert haben und dies nicht 22.201

– auf eine Neuverhandlung oder eine sonstige Modifikation der Zahlungsströme; oder

– die Änderung von erwarteten Kreditverlusten

zurückzuführen ist, ist der Bruttobuchwert des Fremdkapitalinstruments neu zu berechnen (IFRS 9.B5.4.6). Dazu sind die dann aktuell erwarteten künftigen vertraglichen Zahlungsströme mit der ursprünglichen Effektivverzinsung des Fremdkapitalinstruments zu diskontieren. Die Differenz zwischen dem Bruttobuchwert unmittelbar vor und nach der Änderung der Erwartungen bzgl. der künftigen vertraglichen Zahlungsströme ist in der Gewinn- und Verlustrechnung zu erfassen.

Wies das Fremdkapitalinstrument beim erstmaligen Ansatz eine beeinträchtigte Bonität auf, sind die Zahlungsströme mit dem ursprünglichen bonitätsangepassten Effektivzinssatz zu diskontieren. Bemerkenswert ist, dass in IFRS 9.B5.4.6 gefordert wird, die vertraglichen erwarteten Zahlungsströme (ohne Hinweis, dass die beim erstmaligen Ansatz erwarteten Kreditausfälle zu berücksichtigen sind) mit dem bonitätsangepassten Zins zu diskontieren. Dies dürfte aber nur ein redaktionelles versehen sein, so dass in diesem Fall die beim erstmaligen Ansatz erwarteten Kreditausfälle bei der Neuberechnung zu berücksichtigen sind. 22.202

Ändern sich die Erwartungen bzgl. der künftigen Zahlungsströme hat dies keine Auswirkung auf die Zuordnung des Fremdkapitalinstruments in eine der Bewertungskategorien des IFRS 9. Erwartete Kreditverluste (und deren Änderungen) sind nach den allgemeinen Vorschriften zu erfassen. Besondere Angabevorschriften nach IFRS 7 bestehen nicht.

3. Neuverhandlung oder sonstige Modifikationen künftiger Zahlungsströme

22.203 Zahlungsströme aus finanziellen Vermögenswerten können z.B. auf Grund drohenden Ausfalls bezüglich Verzinsung, Laufzeit, Nominalbetrag usw. neuverhandelt oder modifiziert werden. Im Falle einer Neuverhandlung oder Modifikation von Zahlungsströmen aus einem finanziellen Vermögenswert ist zunächst zu fragen, ob der finanzielle Vermögenswert auszubuchen oder weiter zu bilanzieren ist. IFRS 9 enthält zur Ausbuchung bei Modifikation keine Vorschriften. Der HFA des IDW weist darauf hin, dass auf Grund fehlender expliziter Vorschriften sowohl die Ausbuchungsvorschriften des IFRS 9 als auch nach IAS 8.11(a) IFRS-Vorschriften zu berücksichtigen sind, die ähnliche Sachverhalte regeln. Dabei verweist der HFA des IDW mit IFRS 9.3.3.2 auf die Vorschriften zur Abbildung von Modifikationen einer finanziellen Verbindlichkeit.[69] Im Ergebnis ist festzustellen, dass ein finanzieller Vermögenswert auszubuchen ist, soweit die Modifikation als „signifikant" einzustufen ist, wobei bei der Analyse qualitative und quantitative Faktoren zu berücksichtigen sind.[70]

22.204 **Finanzieller Vermögenswert ist auszubuchen**

Ist der finanzielle Vermögenswert auf Grund vertraglicher Modifikationen auszubuchen, ist in Höhe der Differenz zwischen den fortgeführten Anschaffungskosten des ausgebuchten und dem beizulegenden Zeitwert des neuen finanziellen Vermögenswerts ein Abgangserfolg zu erfassen.

Der neue finanzielle Vermögenswert ist nach IFRS 9.B5.5.26 als neuer Vermögenswert zu bilanzieren. Das bedeutet zum einen, dass er einer der Bewertungskategorien des IFRS 9 zuzuordnen ist. Zum anderen bedeutet dies, dass – soweit nicht der Bewertungskategorie FVPL zugeordnet – das Kreditrisiko zum Zeitpunkt des Ansatzes als Kreditrisiko beim erstmaligen Ansatz gilt und ausgehend von diesem Risiko künftig zu beurteilen ist, ob das Kreditrisiko signifikant gestiegen ist. Nicht ausgeschlossen ist auch, dass der neue finanzielle Vermögenswert schon beim erstmaligen Ansatz eine beeinträchtigte Bonität aufweist, welches eine unmittelbare Zuordnung in Stufe 3 des Wertminderungsmodells des IFRS 9 erfordern würde.

Nennenswerte Offenlegungsvorschriften enthält IFRS 7 für diesen Sachverhalt nicht.

---

69 Vgl. IDW ERS HFA 48, Rz. A2.
70 Vgl. IDW ERS HFA 48, Rz. A12 ff.

Finanzieller Vermögenswert ist nicht auszubuchen 22.205

Soweit der finanzielle Vermögenswert nach einer Neuverhandlung oder Modifikation der vertraglichen Zahlungsströme nicht auszubuchen ist, ist zunächst der Bruttobuchwert neu zu berechnen. Dazu sind die erwarteten vertraglichen Zahlungsströme nach der Neuverhandlung oder Modifikation mit der **ursprünglichen Effektivverzinsung** zu diskontieren. Die Veränderung des Bruttobuchwerts ist als Änderungsgewinn oder Änderungsverlust (*modification gain or loss*) in der Gewinn- und Verlustrechnung zu erfassen.[71] Soweit der finanzielle Vermögenswert schon beim erstmaligen Ansatz eine beeinträchtigte Bonität aufwies, ist der Bruttobuchwert zu berechnen, indem die erwarteten künftigen vertraglichen Zahlungsströme unter Berücksichtigung der beim erstmaligen Ansatz erwarteten Kreditverluste mit der ursprünglichen bonitätsangepassten Effektivverzinsung diskontiert werden.

Fallen bei einer Neuverhandlung oder Modifikation Gebühren oder sonstige Aufwendungen an, sind diese gegen den Buchwert des finanziellen Vermögenswerts zu erfassen und über die Laufzeit des Instruments in der Gewinn- und Verlustrechnung zu erfassen (IFRS 9.5.4.3).

Eine erneute Zuordnung des finanziellen Vermögenswerts in eine der Bewertungskategorien des IFRS 9 hat nicht zu erfolgen, da ja immer noch derselbe finanzielle Vermögenswert bilanziert wird. Das IASB weist in dem Zusammenhang ggf. überflüssigerweise aber sicher klarstellend darauf hin, dass für die (künftige) Prüfung, ob das Kreditrisiko signifikant gestiegen ist, vom Kreditrisiko auszugehen ist, welches beim erstmaligen Ansatz des finanziellen Vermögenswerts ermittelt wurde und nicht vom Kreditrisiko zum Zeitpunkt der Neuverhandlung oder Modifikation (IFRS 9.5.5.12.)

Für den Fall der Neuverhandlung oder Modifikation künftiger Zahlungsströme ohne Ausbuchung des finanziellen Vermögenswerts sind nach IFRS 7.35F(f), IFRS 7.35I(b) sowie vor allem IFRS 7.35J umfangreiche Offenlegungsvorschriften zu beachten.

II. Forderungen aus Lieferungen und Leistungen, Vertragsvermögenswerte und Leasingforderungen

Forderungen aus Lieferungen und Leistungen sowie Vertragsvermögenswerte sind 22.206
anzusetzen, sobald nach IFRS 15 eine Leistungsverpflichtung als erfüllt zu beurteilen ist. Leasingforderungen sind unter den Voraussetzungen des IFRS 16 anzusetzen.

Die Zugangsbewertung von Forderungen aus Lieferungen und Leistungen sowie Vertragsvermögenswerten richtet sich nach IFRS 15. Danach sind Forderung aus Lieferungen und Leistungen sowie Vertragsvermögenswerte grds. zum nach IFRS 15 er-

---

[71] IFRS 9.5.4.3 i.V.m. der Definition von Änderungsgewinnen und Änderungsverlusten in IFRS 9.A.

mittelten Transaktionspreis anzusetzen. Enthält die Forderung nach IFRS 15.60 ff. eine wesentliche Finanzierungskomponente, ist die Forderung in Höhe des Barwertes des Transaktionspreises anzusetzen. Dies ist wiederum nach IFRS 15.63 ist nicht erforderlich, soweit die Laufzeit der Forderung bis zu einem Jahr beträgt. Leasingforderungen sind beim erstmaligen Ansatz nach IFRS 16 zu bewerten.

22.207 Für Forderungen aus Lieferungen und Leistungen, Vertragsvermögenswerte sowie Leasingforderungen sind nach dem Ansatz und der Zugangsbewertung die Vorschriften des IFRS 9 anzuwenden. Grds. schon beim Zugang einer Forderung bzw. eines Vertragsvermögenswerts sind daher erwartete Kreditverluste zu erfassen. IFRS 15.108 weist darauf hin, dass zum Zeitpunkt des erstmaligen Ansatzes einer Forderung aus Lieferungen und Leistungen die Differenz zwischen den erfassten Umsatzerlösen (Betrag entspricht im Wesentlichen dem Bruttobuchwert der Forderung) und dem Wert, mit dem sie nach IFRS 9 beim Zugang bewertet werden, als Aufwand zu erfassen ist (vor allem wegen der zu dem Zeitpunkt erfassten erwarteten Kreditverluste. Diese mindern somit nicht die erfassten Umsatzerlöse).

Für Forderungen aus Lieferungen und Leistungen, Vertragsvermögenswerte und Leasingforderungen bestehen folgende Erleichterungsvorschriften für die Ermittlung der erwarteten Kreditverluste. Diese vermindern grds. die Vergleichbarkeit von Abschlüssen unterschiedlicher Unternehmen, der Vorteil vor allem für die Unternehmen, die nicht über ein ausgefeiltes System für die Bestimmung von Kreditverlusten verfügen, wird aber als größer angesehen (IFRS 9.BC5.225).

Soweit eine Forderung aus Lieferungen und Leistungen oder ein Vertragsvermögenswert keine wesentliche Finanzierungskomponente enthalten oder diese nach IFRS 15.63 bei Laufzeiten bis zu einem Jahr bilanziell nicht berücksichtigt wird, sind (Pflicht!) die erwarteten Kreditverluste nach IFRS 9.5.5.15 auf Basis der über die gesamte Laufzeit erwarteten Kreditverluste zu erfassen. Sie sind daher unmittelbar der Stufe 2 des Wertminderungsmodells des IFRS 9 zuzuordnen. Eine Analyse, ob sich das Kreditrisiko signifikant erhöht hat, ist in der Folge somit nicht notwendig.

22.208 Für Forderungen aus Lieferungen und Leistungen, die eine wesentliche Finanzierungskomponente enthalten und für die das Wahlrecht des IFRS 15.63 nicht angewandt wird sowie für Leasingforderungen, besteht ein Wahlrecht, die erwarteten Kreditverlust auf Basis der über die gesamte Laufzeit erwarteten Kreditverluste zu erfassen. Wird dieses Wahlrecht nicht in Anspruch genommen, sind beim erstmaligen Ansatz die erwarteten 12-Monats-Kreditverluste zu erfassen. Das genannte Wahlrecht ist für Forderungen aus Lieferungen und Leistungen sowie Vertragsvermögenswerte separat ausübbar. Ebenso ist es für Forderungen aus Finanzierungsleasing- und Operate-Leasingverhältnissen separat anzuwenden.

Folgende Übersicht fasst dies zusammen:

```
                    ┌─────────────────────┐
                    │ Vertragsvermögenswert│      ┌─────────────────┐
                    │ oder Forderung aus  │      │ Leasingforderung│
                    │ Lieferungen und     │      │ (Ansatz und Zugangs-│
                    │ Leistungen (Ansatz und│    │ bewertung nach IFRS 16)│
                    │ Zugangsbewertung    │      └─────────────────┘
                    │ nach IFRS 15)       │
                    └──────────┬──────────┘
                               │
                    ┌──────────▼──────────┐
                    │ Ist eine wesentliche│
                    │ Finanzierungs-      │
                    │ komponente enthalten?│
                    └──────────┬──────────┘
           Nein                │ Ja
    ┌──────────────────────────┤
    │               ┌──────────▼──────────┐
    │               │ Wahlrecht des IFRS 15.63│
    │               │ wird in Anspruch    │
    │     Ja        │ genommen.           │
    │               └──────────┬──────────┘
    │                          │ Nein
┌───▼─────────────┐   ┌────────▼──────────┐
│ Pflicht, erwartete│ │ Wahlrecht, erwartete│
│ Kreditverluste auf│ │ Kreditverluste auf │
│ Basis der über die│ │ Basis der über die │
│ gesamte Laufzeit  │ │ gesamte Laufzeit   │
│ erwarteten Kredit-│ │ erwarteten Kredit- │
│ verluste zu       │ │ verluste zu        │
│ erfassen.         │ │ erfassen.          │
└───────────────────┘ └────────────────────┘
```

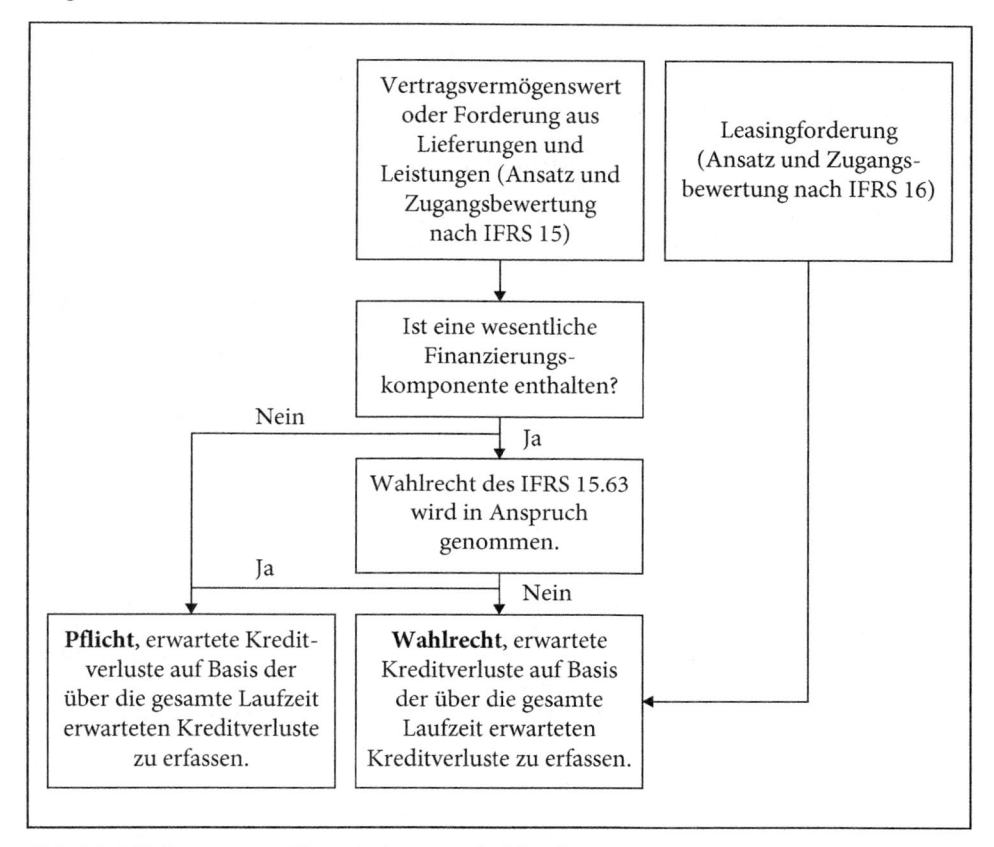

Abb. 22.6: Erfassung von Wertminderungen bei Forderungen

Die Ermittlung der Kreditverluste erfolgt nach den allgemeinen Grundsätzen (vgl. Rz. 22.135 ff.). Die Forderungen werden in der Regel auf Basis eines Portfolios bewertet werden (vgl. Rz. 22.118 ff.). Eine Einzelbewertung kommt nur bei zweifelhaften oder wesentlichen Forderungen in Betracht. Bei der Bildung von entsprechenden Portfolien hat ein Unternehmen darauf zu achten, dass die Forderungen ähnliche Risikoausfallprofile aufweisen. Dazu zählen z.B., Art des Kunden (ggf. private Schuldner, Unternehmen oder öffentliche Hand), Sitz des Kunden, Zahl der geschriebenen Mahnungen und die Laufzeit der Forderung. Werden Forderungen aus Lieferungen und Leistungen beim erstmaligen Ansatz der Stufe 2 des Wertminderungsmodells des IFRS 9 zugeordnet, ist das Kreditrisiko beim erstmaligen Ansatz kein zwingendes Kriterium, da ein signifikanter Anstieg des Kreditrisikos keine Auswirkungen auf die Ermittlung der zu erfassenden Kreditverluste hat. Grds. kann aber natürlich das Kreditrisiko beim erstmaligen Ansatz ein Abgrenzungskriterium bei der Portfoliobildung sein.

22.209

22.210 **Historische Informationen** dürfen bei der Ermittlung der künftigen Kreditausfälle genutzt werden (vgl. Rz. 22.110). So dürfen diese z.B. für die Ermittlung des Kreditverlustes bei Forderungen aus Lieferungen und Leistungen mit Hilfe einer sogenannten **Wertberichtigungsmatrix** (*provision matrix*) genutzt werden (IFRS 9.B5.5.35).[72] Dies wird anhand folgenden Beispiels erläutert:

Beispiel: Die Produktiv AG hat eine Vielzahl an Forderungen aus Lieferungen und Leistungen gegen Unternehmen aus der Braubranche. Sie analysiert die Forderungen aus Lieferungen und Leistungen ohne wesentliche Finanzierungskomponente separat von denen mit wesentlicher Finanzierungskomponente. Hier werden die Forderungen aus Lieferungen und Leistungen ohne wesentliche Finanzierungskomponente betrachtet. Diese sind zwingend der Stufe 2 des Wertminderungsmodells des IFRS 9 zuzuordnen. Die Laufzeit der Forderungen betrage maximal zwölf Monate.

Auf Grund historischer Daten ermittelt die Produktiv AG folgende Ausfallquoten für Forderungen aus Lieferungen und Leistungen:

	Überfälligkeit in Tagen				
	0	1–30	31–60	61–180	über 180
Ausfallrate in %	0,6	2,1	4,1	7,8	12,2

Diese historischen Daten sind ggf. anzupassen auf Grund von Änderungen kreditrelevanter Parameter. Das Bundesministerium für Wirtschaft erwarte im kommenden Jahr eine Steigerung des Wirtschaftswachstums. Auf Basis dieses zukunftsgerichteten Indikators reduziert die Produktiv AG die Ausfallraten jeweils um 10 %. Nur bei Überfälligkeit über 180 Tage geht sie nicht von einem Rückgang der Ausfälle aus. Folgende Tabelle zeigt die Überfälligkeitsstruktur sowie den Betrag der Netto-Forderungen, die angepassten Ausfallraten sowie den erwarteten Kreditverlust:

Überfälligkeit		Ausfallquote in %	Betrag der Forderung	Erwarteter Kreditverlust
Nicht überfällig		0,5	12.750.000	68.850
Mehr als x Tage überfällig	0	1,9	6.125.000	115.763
	30	3,7	4.120.000	152.028
	60	7,0	1.240.000	87.048
	180	12,2	450.000	54.900
			24.685.000	478.589

III. Factoring und Asset Backed Securities-Gestaltungen

22.211 Beim Factoring überträgt das bilanzierende Unternehmen die ihm zustehenden Forderungen an einen Dritten (Factor) im Wege einer entgeltlichen Veräußerung. Zum

---

[72] Vgl. *Maier/Brandstätter*, PiR 2018, 230 ff.

einen hat dieser Verkauf der Forderungen eine Finanzierungsfunktion, da über die entsprechenden liquiden Mittel früher verfügt werden kann. Zum anderen wird häufig auch das Forderungsmanagement (Debitorenbuchhaltung, Mahn- und Inkassowesen) auf den Factor übertragen.

Da beim Factoring Forderungen veräußert werden, dürfen diese Forderungen nicht der Bewertungskategorie AC zugeordnet werden. Abhängig davon, ob die Forderungen einem Portfolio zuzurechnen sind, welches Zahlungsströme nur durch Veräußerung oder durch Zins und Tilgung sowie Veräußerung erzielt, sind die Forderungen den Kategorien FVOCI oder FVPL zuzuordnen. Daraus resultieren unterschiedliche Buchungssystematiken beim erstmaligen Ansatz. Dies sei anhand folgenden Beispiels verdeutlicht:

Beispiel: Unternehmen hat gegenüber Kunden Leistungsverpflichtungen erfüllt und daraus Umsatzerlöse in Höhe von 100 Mio. € erzielt. Die erwartete Ausfallquote betrage 5 %, somit 5 Mio. €. Am Markt können die Forderungen für 94 Mio. € (darin enthalten eine als üblich eingepreiste Gewinnmarge des Käufers) veräußert werden. 22.212

Fall a) Die Forderungen sind der Bewertungskategorie FVOCI zuzuordnen

In diesem Fall sind die folgenden Buchungssätze zu erfassen:

	Per		An	
1.	Forderung	100	Umsatzerlöse	100
2.	OCI	6	Forderungen	6
3.	Aufwand	5	OCI	5

Die Forderungen sind zum beizulegenden Zeitwert bewertet (94 Mio. €), in der Gewinn- und Verlustrechnung sind die erwarteten Kreditverluste erfasst (5 Mio. €) und im OCI ist per Saldo eine weitere Änderung des beizulegenden Zeitwerts erfasst (– 1 Mio. €).

Fall b) Die Forderungen sind der Bewertungskategorie FVPL zuzuordnen

In diesem Fall sind die folgenden Buchungssätze zu erfassen:

	Per		An	
1.	Forderung	100	Umsatzerlöse	100
2.	Aufwand	6	Forderungen	6

Die Forderungen sind mit dem beizulegenden Zeitwert von 94 Mio. € bewertet und alle Wertänderungen sind in der Gewinn- und Verlustrechnung erfasst (6 Mio. €).

Zwei Formen des Factoring werden grds. unterschieden: 22.213

– Beim **echten Factoring** übernimmt der Factor das Ausfallrisiko. Das Unternehmen haftet nur für den rechtlichen Bestand der Forderungen.

– **Unechtes Factoring** dagegen liegt vor, wenn der Factor das Ausfallrisiko nicht übernimmt.

Beim **echten Factoring** überträgt das bilanzierende Unternehmen die Chancen und Risiken über die vertraglichen Rechte aus den Forderungen, so dass die entspre- 22.214

chenden Forderungen auszubuchen sind (IFRS 9.3.2.3(b) i.V.m. IFRS 9.3.2.4(a)). Voraussetzung ist das Fehlen etwaiger (schädlicher) Rückkaufsvereinbarungen und, aus der Perspektive des **Konzernabschlusses**, dass es sich beim Factor nicht um eine konsolidierungspflichtige Gesellschaft handelt.

22.215 Beim **unechten Factoring** werden in der Regel Verträge dergestalt vereinbart, dass der Verkäufer verpflichtet ist,

– eine Forderung zurückzukaufen, soweit diese zweifelhaft wird, oder

– den Factor für den Ausfall einer Forderung zu entschädigen.

In derartigen Fällen hat der Verkäufer die Chancen und Risiken (sofern diese nicht als unwesentlich einzustufen wären) über die Forderungen nicht verloren (IFRS 9.3.2.6(b) i.V.m. IFRS 9.B3.2.5(e)). Die Forderungen sind weiter zu bilanzieren und in Höhe des vom Factor erhaltenen Kaufpreises ist eine Verbindlichkeit anzusetzen.

22.216 Zwischen den beiden aufgezeigten Fällen, die insoweit bzgl. der Frage der Ausbuchung der übertragenen Forderungen klar sind, gibt es zahlreiche Grenz- und Mischfälle. Große Bedeutung haben vertragliche Gestaltungen, in denen das die Forderungen auf den Factor übertragende Unternehmen die Verpflichtung übernimmt, den Factor gegen mögliche Ausfallverluste *bis zu einer bestimmten Höhe* schadlos zu halten. Über den garantierten Betrag hinausgehende Verluste trägt jedoch der Factor selbst.

Soweit sich in solch einem Falle die Risikoposition des Unternehmens nicht wesentlich verändert hat (weiterhin bilanzieren) bzw. im Anschluss an den Transfer nicht nur unwesentlich ist (ausbuchen), hat ein Unternehmen nach IFRS 9.3.2.6 zu prüfen, ob es den Vermögenswert weiter beherrscht (vgl. Rz. 22.168). Soweit der Factor die Forderungen frei am Markt veräußern kann (rein praktische Betrachtung z.B. bzgl. der Frage: Gibt es einen Markt für die Forderungen) und darf (rechtliche und vertragliche Betrachtung), hat das übertragende Unternehmen die Forderungen auszubuchen. Beherrscht aber das Unternehmen weiterhin die Forderungen, so hat es diese in Höhe des sogenannten *„continuing involvement"* weiter zu bilanzieren.

22.217 **Beispiel:** Unternehmen A veräußert der Kategorie FVPL zugeordnete Forderungen aus Lieferungen und Leistungen an einen Factor. Der Nominalwert der Forderungen betrage 100 Mio. € (entspricht den erfassten Umsatzerlösen), die Laufzeit nicht mehr als 9 Monate. Die erwarteten Kreditverluste bei A betragen 20 Mio. €. Das Forderungsmanagement wird vom Factor übernommen. Der von A geschätzte (und bei Verkauf gesparte) Aufwand für das Forderungsmanagement würde bei A 5 Mio. € betragen.

Der Factor ist auf das Managen von Forderungen spezialisiert. Daher rechnet er lediglich mit Kreditverlusten von 18 Mio. €. Der Aufwand für das Forderungsmanagement beträgt beim Factor voraussichtlich 4 Mio. €. Zudem kalkuliert der Factor mit einer Gewinnmarge von 1 Mio. €. Der beizulegende Zeitwert der Forderungen beträgt somit 77 Mio. €. Zu diesem Wert sind die Forderungen im Abschluss von A bewertet. Die Differenz zwischen den Umsatzerlösen von 100 Mio. € und dem beizulegenden Zeitwert der Forderung von 77 Mio. € ist bei A als Aufwand erfasst.

Der Factor ermittelt den Kaufpreis der Forderungen wie folgt:

Nominalwert der Forderung	100 Mio. €
- Erwartete Kreditverluste	18 Mio. €
- Aufwand für das Forderungsmanagement	4 Mio. €
- Gewinnmarge	1 Mio. €
Beizulegender Zeitwert der Forderung	77 Mio. €
+ Von A zu tragende Kreditverluste	Variabel. Für folgenden Fall a): 50 T€
= **Kaufpreis (Fall a))**	**77,05 Mio. €**

A verpflichtet sich B bis zu einem Forderungsausfall in Höhe von

– Fall a) 50 T€ zu entschädigen, der Kaufpreis der Forderungen beträgt, 77,05 Mio. €;

– Fall b) 20 Mio. € zu entschädigen, der Kaufpreis der Forderungen beträgt 97 Mio. €;

– Fall c) 10 Mio. € zu entschädigen, der Kaufpreis der Forderungen beträgt 87 Mio. €.

Zu prüfen ist in allen drei Fällen, in wie weit sich die Risikoposition des Unternehmens durch den Transfer der Forderungen verändert hat. Vor dem Transfer bestand die Chance, dass mehr als die erwarteten 80 Mio. € gezahlt werden und das Risiko, dass mehr als die erwarteten 20 Mio. € ausfallen werden.

Fall a)

Das maximale Risiko für A beträgt noch 50 T€. Die Wahrscheinlichkeit, dass A diese zu zahlen hat ist sehr groß. Chancen bestehen fast keine mehr, da es äußerst unwahrscheinlich ist, dass aus den Forderungen mehr als 99,95 Mio. € gezahlt werden. Im Vergleich der Risikopositionen vor und nach dem Transfer ist festzustellen, dass A keine signifikanten Chancen und Risiken behalten hat. Die Forderungen sind daher auszubuchen.

Per		An	
Bank	77,05	Forderungen	77
		Verbindlichkeit	0,05

A erhält 77,05 Mio. €. Die Forderung ist auszubuchen. Die Verbindlichkeit steht für die 50 T€, die A bei Ausfall einer Forderung zu zahlen hat.

Fall b)

Das maximale Risiko besteht für A noch in Höhe von 20 Mio. €, welches der möglichen an den Factor zu zahlenden Entschädigung entspricht. Gleichzeitig hat aber A auch noch erhebliche Chancen, denn sobald mehr als 80 Mio. € aus den Forderungen gezahlt wird, ist dieser Vorteil künftig A zuzurechnen. Soweit allerdings weit weniger als 80 Mio. € aus den Forderungen gezahlt werden, hat A diesbezüglich kein Risiko mehr. In diesem Fall ist davon auszugehen, dass die Risiken fast vollständig bei A verblieben sind. Ebenso sind die Chancen bei A verblieben, denn jeder gezahlte € über 80 Mio. € hinaus aus den Forderungen, verbleibt letztlich bei A. Daher sind die Forderungen nicht auszubuchen und der erhaltene Kaufpreis ist gegen eine Verbindlichkeit zu erfassen.

Per		An	
Bank	97	Verbindlichkeit	97

Fall c)

Das maximale Risiko besteht für A noch in Höhe von 10 Mio. €. Somit hat sich die Risikoposition von A im Vergleich zur Ausgangssituation zwar verringert, aber die Risiken sind noch in signifikanter Höhe A zuzurechnen. Chancen hat A noch, soweit mehr als 90 Mio. €

aus den Forderungen gezahlt werden. Denn dann müsste A künftig weniger als 10 Mio. € an den Factor zahlen. Insgesamt dürfen die Chancen aber als gering eingestuft werden. Insgesamt ist festzuhalten, dass nicht im Wesentlichen alle mit den Forderungen verbundenen Risiken und Chancen bei A verblieben sind, die verbliebene Risikoposition aber auch nicht unwesentlich ist. In diesem Fall ist zu analysieren, ob der Factor die Beherrschung über die Forderungen erlangt hat. Dies ist gegeben, soweit dieser die Forderungen frei verkaufen kann und darf. In diesem Falle sind die Forderungen auszubuchen:

Per		An	
Bank	87	Forderungen	77
		Verbindlichkeit	10

Soweit der Factor die Beherrschung über die erworbenen Forderungen nicht erlangt hat, er diese z.B. nicht frei veräußern darf oder kann, hat A diese in Höhe des sogenannten „*continuing involvmensts*" weiter zu bilanzieren. Nach IFRS 9.3.2.16(a) ist dies in diesem Fall der niedrigere Betrag aus

a) dem Betrag der Forderungen und

b) dem Garantiebetrag (hier 10 Mio. €)

Somit hat A Forderungen in Höhe von 10 Mio. € weiter zu bilanzieren. In gleicher Höhe hat A aber auch eine Verbindlichkeit anzusetzen, da das Geld für die Forderung ja letztlich an den Factor durchgereicht wird (Beziehung Forderung → Verbindlichkeit).[73] Gleichzeitig hat A natürlich die Verbindlichkeit zu bilanzieren, die daher rührt, dass aus den erhaltenen liquiden Mitteln künftig noch 10 Mio. € für entsprechende Forderungsausfälle zu zahlen sind (Beziehung Bank → Verbindlichkeit). A bucht daher:

Per		An	
Bank	87	Forderungen	67
		Verbindlichkeit	20

22.218 Eine Weiterentwicklung des Factoring unter dem Gesichtspunkt der Unternehmensfinanzierung stellen **Asset Backed Securities (ABS)** dar.[74] Hierbei werden nicht marktfähige finanzielle Vermögenswerte – i.d.R. Forderungen – an eine Zweckgesellschaft veräußert, die sich ihrerseits durch Begebung von Schuldverschreibungen (securities) refinanziert (Verbriefung von Forderungen, „Securitization"). Die Schuldverschreibungen werden aus den Eingängen aus den übertragenen Forderungen bedient (asset backed).

Die Bilanzierung folgt auf der Ebene des **Einzelabschlusses** dem beim Factoring dargestellten Verfahren. Ob aber das vom bilanzierenden Unternehmen gewünschte *off-balance-sheet financing* auch auf der Ebene des **Konzernabschlusses** erreicht wird, hängt von der Beurteilung der Einbeziehungspflicht der **Zweckgesellschaft** in den Konzernabschluss ab. Die entsprechenden Vorschriften enthält IFRS 10; die Details zur Konsolidierung von Zweckgesellschaften werden eingehend in Rz. 31.30 ff. erörtert.

---

73 Vgl. auch das Beispiel bei *Hartenberger*, Beck'sches IFRS-Handbuch[5], § 3 Rz. 115.
74 Vgl. *Geiger* in Habersack/Mülbert/Schlitt (Hrsg.), Unternehmensfinanzierung am Kapitalmarkt[3], § 22.

IV. Pensionsgeschäfte und Wertpapierleihe

Bei Pensionsgeschäften erfolgt die Übertragung rechtlichen Eigentums am finanziellen Vermögenswert oder an finanziellen Vermögenswerten (Pensionsgut[75] (i.d.R. Wechsel, Forderungen oder Wertpapiere)) vom Pensionsgeber an den Pensionsnehmer gegen Zahlung eines Betrags. Gleichzeitig wird vereinbart, dass der finanzielle Vermögenswert zu einem späteren Zeitpunkt gegen Zahlung des empfangenen Betrags oder eines im Voraus vereinbarten anderen Betrags an den Pensionsgeber zurückübertragen werden müssen oder können.[76] Fraglich ist, ob der finanzielle Vermögenswert auszubuchen ist oder weiterhin in der Bilanz des Pensionsgebers zu bilanzieren ist. Dabei sind folgende Pensionsgeschäfte zu unterscheiden:

22.219

- **Echtes Pensionsgeschäft**[77]: Der Pensionsnehmer hat die *Plicht* (Forward), den finanziellen Vermögenswert zu einem im Voraus festgelegten oder vom Pensionsgeber zu bestimmenden Zeitpunkt zurückzuübertragen.
- **Unechtes Pensionsgeschäft**[78]: Der Pensionsnehmer hat das *Recht* (Put-Option), den finanziellen Vermögenswert zu einem im Voraus festgelegten oder vom Pensionsnehmer zu bestimmenden Zeitpunkt zurück zu übertragen.

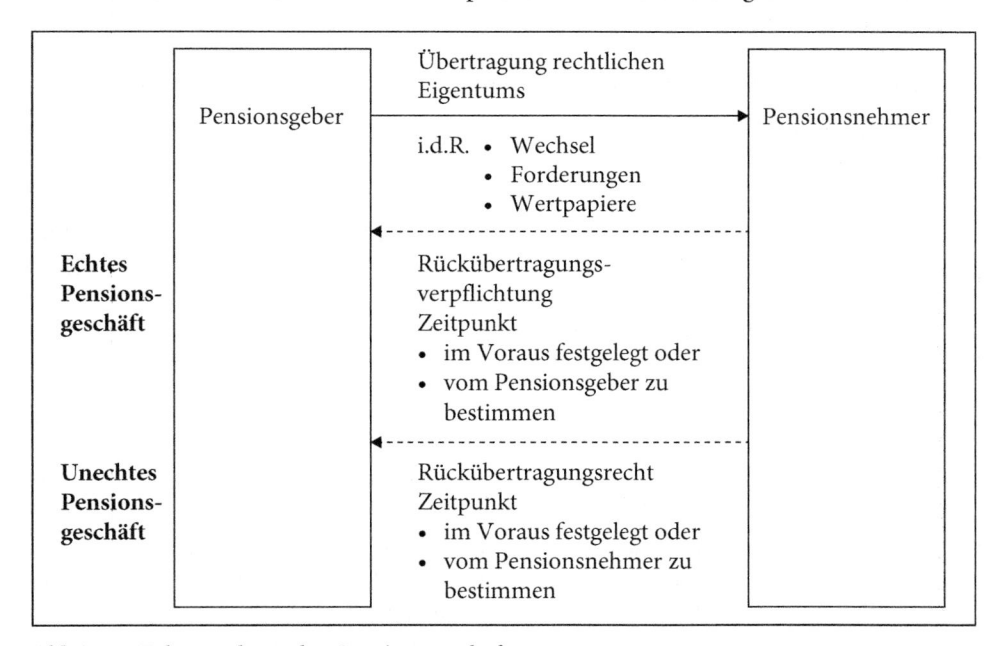

Abb. 22.7: Echte und unechte Pensionsgeschäfte

---

[75] In der Folge wird nicht der Begriff „Pensionsgut", sondern der Begriff „finanzieller Vermögenswert" genutzt, da die Regelungen auch anzuwenden sind, wenn nicht im strengen Sinne ein Pensionsgeschäft vorliegt.
[76] Vgl. IDW RS HFA 48, Rz. 106 und § 340b Abs. 1 HGB.
[77] Siehe § 340b Abs. 2 HGB.
[78] Siehe § 340b Abs. 3 HGB.

Bei der sogenannten **Wertpapierleihe**[79] werden finanzielle Vermögenswerte nicht gegen Kaufpreiszahlung, sondern gegen eine vom Entleiher zu zahlende Gebühr für einen bestimmten Zeitraum „verliehen". Der Entleiher wird rechtlicher Eigentümer der Wertpapiere, wodurch er berechtigt ist, diese z.B. zu veräußern. Der Entleiher ist verpflichtet, nicht die geliehenen Wertpapiere aber solche derselben Gattung (nach Art, Güte und Menge) zurückzugeben.

22.220 Ob in den genannten Fällen der finanzielle Vermögenswert auszubuchen ist, ist nach IFRS 9.3.2.6 abhängig davon, ob der Pensionsgeber im Wesentlichen die mit dem finanziellen Vermögenswert verbundenen Risiken und Chancen behält oder ob er im Wesentlichen die mit dem finanziellen Vermögenswert verbundenen Risiken und Chancen transferiert hat. Gilt weder das eine noch das andere, hat er den finanziellen Vermögenswert in Höhe seines „*continuing involvments*" weiter anzusetzen. Bei dieser Beurteilung hat der Pensionsgeber nach IFRS 9.3.2.7 die Veränderung seiner Risikoposition vor und nach dem Transfer bzgl. Betrag und Zeitpunkt künftiger Zahlungsströme aus dem finanziellen Vermögenswert zu beurteilen.

Soweit bei einem Transfer der finanzielle Vermögenswert nicht ausgebucht wird, ist das Derivat (Verpflichtung, den finanziellen Vermögenswert zu erwerben (Forward) oder Recht des Pensionsnehmers, den finanziellen Vermögenswert zu veräußern (Put-Option)) nicht zu bilanzieren, soweit es dadurch zu einer Doppelerfassung von Vermögenswert und sonstigen Rechten oder Pflichten aus dem Derivat kommen würde (IFRS 9.B3.2.14).

Die Regelungen sind für Pensionsgeschäfte und die Wertpapierleihe wie folgt anzuwenden:

Beim **echten Pensionsgeschäft** ist der finanzielle Vermögenswert nicht auszubuchen (IFRS 9.B3.2.5(a)), da der Pensionsgeber im Wesentlichen die mit dem Eigentum verbundenen Risiken und Chancen behält. In der Regel ist dem Pensionsgeber auf Grund der Rücknahmepflicht nicht nur das mit dem Pensionsgut verbundene Marktrisiko zuzurechnen, sondern auch sonstige Rechte (Zinsen, Dividenden, Bezugsrechte usw.).[80] In Höhe des Kaufpreises hat der Pensionsgeber eine Verbindlichkeit zu bilanzieren. Soweit der später vom Pensionsnehmer zu zahlende Betrag höher oder niedriger ist als der Kaufpreis, ist die Differenz, soweit die Verbindlichkeit zu fortgeführten Anschaffungskosten bewertet wird, nach IFRS 9.5.7.2 auf Basis der Effektivzinsmethode über die Laufzeit des Pensionsgeschäfts zu verteilen.

Soweit der Pensionsnehmer berechtigt ist, den finanziellen Vermögenswert zu veräußern oder zu verpfänden, hat der Sicherungsgeber den finanziellen Vermögenswert in der Bilanz umzugliedern und z.B. als „verliehene finanzielle Vermögenswerte" oder „Rückkaufforderung" (*repurchase receivable*) auszuweisen (IFRS 9.B3.2.16(a)).

---

79 Dies ist sprachlich nicht ganz zutreffend, da es sich um ein Sachdarlehen im Sinne des § 607 BGB handelt. In der Regel wird man der Nachbarin/dem Nachbarn einen Rasenmäher leihen, da man den selbigen zurückbekommt. Fragt die Nachbarin/der Nachbar aber, ob zum Kuchenbacken drei Eier ausgeliehen werden können, wäre ein kritischer Blick durchaus angebracht … .

80 Vgl. IFRS 9.B3.2.16(a) und IDW RS HFA 48, Rz. 108.

Da dies nicht zu einer Ausbuchung und neuem Ansatz des Vermögenswerts führt, kommt es zu keiner Änderung der Bewertungskategorie (soweit nicht parallel das entsprechende Geschäftsmodell geändert wird (vgl. Rz. 22.151 ff.).

Bei **unechten Pensionsgeschäften** ist die die Frage des Transfers der mit finanziellen Vermögenswert im Wesentlichen verbundenen Risiken und Chancen und damit dessen Ausbuchung davon abhängig, wie Werthaltig die Put-Option des Pensionsnehmers eingeschätzt wird und wie marktgängig der finanzielle Vermögenswert ist.

22.221

– **Put-Option ist weit im Geld** (IFRS 9.B3.2.16(h)): Der finanzielle Vermögenswert ist nicht auszubuchen, da der Pensionsnehmer den starken wirtschaftlichen Anreiz hat, den finanziellen Vermögenswert an den Pensionsgeber zu übertragen. Wie beim echten Pensionsgeschäft hat der Pensionsgeber eine Verbindlichkeit in Höhe des erhaltenen Betrags anzusetzen, welche – soweit bewertet zu fortgeführten Anschaffungskosten – auf Basis der Effektivzinsmethode fortzuschreiben ist.

– **Put-Option ist weit aus dem Geld** (IFRS 9.B3.2.16(g)): Der finanzielle Vermögenswert ist auszubuchen, da der Pensionsnehmer keinen wirtschaftlichen Anreiz hat, diesen an den Pensionsgeber zu veräußern. Im Wesentlichen alle mit dem finanziellen Vermögenswert verbundenen Risiken und Chancen sind auf den Pensionsnehmer übergegangen.

– **Put Option ist weder weit aus dem Geld noch weit im Geld:** In diesem Fall ist zu beurteilen, ob der Pensionsnehmer die Möglichkeit hat, den finanziellen Vermögenswert frei und ohne Restriktionen an eine nicht nahestehende Person zu veräußern (IFRS 9.3.2.9 und IFRS 9.B3.2.7 ff.) (finanzieller Vermögenswert ist „marktgängig"). Dabei sind nicht nur die vertraglichen Regelungen relevant, sondern auch ganz praktische Gegebenheiten. Soweit es für einen finanziellen Vermögenswert z.B. keinen Markt gibt, hat der Pensionsnehmer nicht die praktische Möglichkeit, den finanziellen Vermögenswert zu veräußern (IFRS 9.B3.2.8(a)).

– **Finanzieller Vermögenswert ist marktgängig** (IFRS 9.B3.2.16(h)): Der Vermögenswert ist auszubuchen. Der Pensionsnehmer kann ihn frei und leicht veräußern und ihm sind damit im Wesentlichen alle mit dem Pensionsgut verbundenen Risiken und Chancen zuzurechnen.

– **Finanzieller Vermögenswert ist nicht marktgängig**: In diesem Fall ist nach IFRS 9.B3.2.16(i) zu beurteilen, ob die Put-Option ausreichend werthaltig ist, den Pensionsnehmer von einer Veräußerung des finanziellen Vermögenswerts abzuhalten.

– **Put-Option wird als ausreichend werthaltig eingeschätzt**: Der Pensionsgeber behält die Beherrschung über den finanziellen Vermögenswert und bilanziert ihn weiter in Höhe seines *„continuing involvements"*.

– **Put-Option wird nicht als ausreichend werthaltig eingeschätzt**: Der finanzielle Vermögenswert ist auszubuchen.

Folgende Tabelle fasst dies zusammen:[81]

Put-Option des Pensionsnehmers ist …	Marktgängiger fin. Vermögenswert	Nicht marktgängiger fin. Vermögenswert Pensionsgut	
… weit im Geld.	Beim Pensionsgeber weiter zu bilanzieren.		
… weit aus dem Geld.	Ausbuchen.		
… weder weit im noch weit aus dem Geld.	Ausbuchen.	Put-Option wird als hinreichend werthaltig eingeschätzt:	Ansatz beim Pensionsgeber in Höhe des „continuing involvements".
		Put-Option wird nicht als hinreichend werthaltig eingeschätzt:	Ausbuchen.

Abb. 22.8: Kriterien zur Bilanzierung oder Ausbuchung unechter Pensionsgeschäfte

22.222 Für eine Wertpapierleihe gilt grds. das zu echten Pensionsgeschäften geschriebene (IFRS 9.B3.2.16(a)). Ein Unterschied besteht indes grds., da beim echten Pensionsgeschäft der Pensionsgeber eine Sicherheit in Form des Kaufpreises erhalten hat, die er zurückgibt, soweit er das Pensionsgut zurückerwirbt. Bei einer Wertpapierleihe besteht eine solche Sicherheit nicht, da der Entleiher lediglich eine Gebühr für die Leihe zahlt. Daher ist der Verleiher einem zu berücksichtigenden Kreditrisiko ausgesetzt. Soweit bei einer Wertpapierleihe z.B. eine Barsicherheit gegeben wird, hat der Verleiher diese und eine entsprechende Verbindlichkeit in der Bilanz anzusetzen (IFRS 9.IG.D.1.1).

Neben den genannten Pensionsgeschäften und der Wertpapierleihe können zahlreiche weitere ähnliche Vereinbarungen getroffen werden. IFRS 9.B.3.2.16 enthält dazu u.a. folgende Regelungen:

– Liegt grds. ein echtes Pensionsgeschäft oder eine Wertpapierleihe vor mit dem Unterschied, dass der Käufer der finanziellen Vermögenswerte „nur" im Wesentlichen die gleichen Vermögenswerte zurückzuübertragen hat, ist der finanzielle Vermögenswert beim Verkäufer nicht auszubuchen (IFRS 9.B3.2.16(b)). Unter welchen Voraussetzungen finanzielle Vermögenswerte „im Wesentlichen gleich" sind, wir in IFRS 9 nicht weiter definiert. Dies könnte aber z.B. vorliegen bei Staats- oder Industrieanleihen mit gleichem Risiko und gleicher Laufzeit.

– Hat der Verkäufer von finanziellen Vermögenswerten ein Vorkaufsrecht zum beizulegenden Zeitwert für den Fall, dass der Käufer die finanziellen Vermögenswerte künftig veräußert, hat der Verkäufer die finanziellen Vermögenswerte auszubuchen (IFRS 9.B3.2.16(d)).

---

81 Vgl. IDW RS HFA 48, Rz. 110.

– Werden finanziellen Vermögenswerte kurz nach der Veräußerung zurückerworben (sogenannte „*wash sale transaction*") sind die finanziellen Vermögenswerte grds. auszubuchen, soweit ein Rückerwerb zu einem festen Betrag nicht gleichzeitig mit (oder vor) der Veräußerung vereinbart wird (IFRS 9.B3.2.16(e)).

– Besteht für den Verkäufer eine Call-Option, für den Käufer eine Put-Option oder wurde ein Forward abgeschlossen, jeweils den finanziellen Vermögenswert künftig zum beizulegenden Zeitwert zu transferieren, ist der finanzielle Vermögenswert auszubuchen (IFRS 9.B3.2.16(j)).

V. Anteile an anderen Unternehmen

1. Im Konzernabschluss

Im Konzernabschluss sind Anteile an Tochterunternehmen voll zu konsolidieren und Anteile an Gemeinschaftsunternehmen und assoziierte Unternehmen sind at equity zu bewerten. Von dieser Regelung bestehen zwei Ausnahmen: 22.223

(a) Die jeweiligen Anteile sind mit Weiterveräußerungsabsicht innerhalb der nächsten 12 Monate erworben worden und auch die übrigen Kriterien von IFRS 5.11 sind erfüllt. Dann sind die Anteile gem. IFRS 5 als held vor sale zu kategorisieren; zur Bilanzierung in dieser Kategorie siehe Rz. 30.30 ff.

(b) Die Anteile sind im Hinblick auf die Anwendung der Konsolidierungsmethoden für Tochter- und Gemeinschaftsunternehmen sowie assoziierte Unternehmen unwesentlich (allgemeiner Wesentlichkeitsgrundsatz).

Eine Anwendung von IFRS 9 auf die entsprechenden Anteile ist nur denkbar, wenn auf eine Einbeziehung wegen Unwesentlichkeit verzichtet wird. Dann wären die Anteile wie alle Eigenkapitalpapiere zum beizulegenden Zeitwert zu bilanzieren (Rz. 22.81).

Soweit Anteile an Unternehmen gehalten werden, auf die nur weniger als ein maßgeblicher Einfluss (Vermutung ab 20 % der Stimmrechte) ausgeübt werden kann, sind diese nach den Vorschriften des IFRS 9 zur Bilanzierung von Eigenkapitalinstrumenten abzubilden (vgl. Rz. 22.81 ff.).   22.224

2. Im Einzelabschluss

Im Einzelabschluss sind Anteile an Tochter-, Gemeinschaftsunternehmen oder assoziierten Unternehmen vorbehaltlich einer Anwendung von IFRS 5 entweder   22.225

a) zu Anschaffungskosten,

b) in Übereinstimmung mit IFRS 9 oder

c) at equity

zu bilanzieren. Dabei ist für jede Gruppe das Wahlrecht in gleicher Weise auszuüben, also z.B. werden alle Tochterunternehmen zu Anschaffungskosten und alle assoziierte Unternehmen in Übereinstimmung mit IFRS 9 bewertet (IAS 27.10)).

Soweit sich ein Unternehmen nach IAS 28.18 (2011) dazu entscheidet, Anteile an Gemeinschaftsunternehmen und assoziierten Unternehmen im Konzernabschluss ergebniswirksam zum beizulegenden Zeitwert zu bewerten, hat es für diese Anteile nach IAS 27.11 dieselbe Methode im Einzelabschluss anzuwenden. Ebenso hat eine Investmentgesellschaft, die nach IFRS 10.31 die Anteile an Tochterunternehmen ergebniswirksam zum beizulegenden Zeitwert zu bewerten hat, nach IAS 27.11A für diese Anteile im Einzelabschluss dieselbe Methode anzuwenden.

22.226 Bei einer Bilanzierung in Übereinstimmung mit IFRS 9 wird es bei der Fair Value-Ermittlung ggf. an Tauschpreisen mangeln, aber angesichts der Informationslage dürfte die Anwendung von Bewertungsmodellen unproblematisch sein.

22.227 Werden Anteile nach IAS 27 zu Anschaffungskosten bewertet, sind diese nach IFRS 9.2.1(a) vom Anwendungsbereich des IFRS 9 ausgeschlossen. Im Hinblick auf eine Wertminderungsprüfung kommt in diesem Fall nur die Anwendung von IAS 36 in Betracht. Anteile an bestimmten Gesellschaften wären dann jeweils eigene CGU.

Im Einzelabschluss erfasste Wertminderungen von im Konzernabschluss voll oder *at equity* bewerteten Unternehmen sind für Zwecke des Konzernabschlusses zu eliminieren.

22.228 Soweit Anteile an Unternehmen gehalten werden, auf die nur weniger als ein maßgeblicher Einfluss (Vermutung ab 20 % der Stimmrechte) ausgeübt werden kann, sind diese – wie im Konzernabschluss – nach den Vorschriften des IFRS 9 zur Bilanzierung von Eigenkapitalinstrumenten abzubilden (vgl. Rz. 22.81 ff.).

VI. Dividenden und Stückzinsen

22.229 Dividendenerträge sind nach IFRS 9.5.7.1A zu erfassen, soweit

– das Unternehmen das Recht auf Dividendenzahlung hat (als der Dividendenbeschluss gefasst wurde),

– die Dividende wahrscheinlich zufließt und

– der Betrag der Dividende zuverlässig bestimmt werden kann.

Ist die Dividende indes eindeutig als Rückzahlung der Anschaffungskosten der Anteile zu qualifizieren, ist die Dividende gegen den Buchwert der Anteile zu erfassen. (vgl. Rz. 22.84)

Zu dem Zeitpunkt ist auch die Dividendenforderung anzusetzen und der Wert der Anteile reduziert sich um die beschlossene Dividende.

Beispiel: Am 15. Mai 01 beträgt der Wert einer Aktie an der Finanz AG unmittelbar vor dem Dividendenbeschluss 62 €. Derjenige, der die Aktie zum Zeitpunkt des Dividendenbeschlusses hält, habe das Recht auf die Dividende. Die Finanz AG beschließt eine Dividende von 3 € pro Aktie, die Voraussetzungen des IFRS 9.5.7.1A seiner erfüllt. Der Inhaber der Aktie erfasst zu diesem Zeitpunkt mit dem Buchungssatz „Per Dividendenforderung an Dividendenertrag 3" die Dividende in der Gewinn- und Verlustrechnung. Gleichzeitig sinkt der beizulegende Zeitwert der Aktie zu diesem Zeitpunkt um 3 €. Dies ist abhängig von der Ausübung des entsprechenden Wahlrechts in der Gewinn- und Verlustrechnung oder im OCI zu erfassen (vgl. Rz. 22.82).

Fraglich ist, ob und wenn ja, wie eine entsprechende Differenzierung bei zinstragenden Wertpapieren wie z.B. Anleihen zu erfassen ist.

Beispiel: Die Finanz AG erwirbt zum 1. Juli 01 zum Nominalwert von 1.000 € eine Anleihe der Produktiv AG, welche der Bewertungskategorie AC zugeordnet wird. Die Verzinsung betrage 6 % (entspreche auch der effektiven Verzinsung). Zinsen werden jeweils zum 30. Juni für ein Jahr nachschüssig gezahlt.

Folgende Frage könnte gestellt werden: Beträgt der Bruttobuchwert der Anleihe zum 31. Dezember 01 – finanzmathematisch präzise berechnet –

$$1.000 € \times 1{,}06^{0{,}5} = 1.029{,}56 €?$$

Oder ist zum 31. Dezember 01 in der Bilanz eine Anleihe mit einem Bruttobuchwert von 1.000 € und eine Zinsforderung in Höhe von 29,56 € auszuweisen?

Nach der hier vertretenen Auffassung ist in der Bilanz die Anleihe mit einem Bruttobuchwert von 1.029,56 € auszuweisen. IAS 1.68 fordert, dass der kurzfristige Teil von langfristigen Vermögenswerten als kurzfristig auszuweisen ist, so dass in der Bilanz die Anleihe bei einer Laufzeit am 31. Dezember 01 von mehr als 12 Monaten entsprechend aufzuteilen ist. Als langfr. finanzielle Vermögenswerte sind 1.000 €, als kurzfr. finanzielle Vermögenswerte 29,56 € auszuweisen. Beträgt die Laufzeit zu dem Zeitpunkt lediglich bis zu 12 Monate, ist die Anleihe unter den kurzfristigen finanziellen Vermögenswerten in Höhe von 1.029,56 € auszuweisen.

Die Annahme lediglich eines finanziellen Vermögenswerts entspricht auch der Definition des Bruttobuchwerts eines finanziellen Vermögenswerts. Dieser ist der Barwert aller aus dem finanziellen Vermögenswerte erwarteten – soweit beim erstmaligen Ansatz nicht eine beeinträchtigte Bonität zu konstatieren ist – vertraglichen Zahlungsströme diskontiert mit der (ursprünglichen) effektiven Verzinsung. Dabei sind natürlich auch die künftigen Zinszahlungen zu berücksichtigen.

Wird im Anhang der beizulegende Zeitwert der Anleihe angegeben, so ist auch dort der entsprechende Wert der „gesamten" Anleihe inkl. aufgelaufener Zinsen anzugeben.

Soweit die (Rest-)Laufzeit einer Anleihe zum Stichtag mehr als 12 Monate beträgt, könnte sich das Problem stellen, dass erwartete Kreditverluste auf den kurzfristigen und langfristigen Teil aufzuteilen sind. Da bei der Ermittlung erwarteter Kreditverlust aber eh künftige Zahlungsausfälle und Zahlungsverzögerungen (ob beim kurz- oder langfristigen Teil) zu ermitteln sind, dürfte die entsprechende Aufteilung auf den kurz- und langfristig ausgewiesenen Tel der Anleihe auf Basis der Erwartungen und getroffenen Annahmen in der Praxis in der Regel keine großen Probleme darstellen.

VII. Eingebettete Derivate

22.231 Eingebettete Derivate liegen idR. bei sogenannten zusammengesetzten Verträgen (hybrid contracts) vor. Dabei sind der Basisvertrag (*host*) und das Derivat vertraglich miteinander verbunden. Beispiele sind:

- Wandelschuldverschreibung. Dabei hat der Inhaber das Recht, die vertraglichen Zahlungsströme aus der Anleihe gegen Eigenkapitalinstrumente des Unternehmens zu tauschen.
- Kaufvertrag über eine Maschine, die zu einem großen Teil aus Kupfer besteht und der Kaufpreis grds. fixiert, hinsichtlich des Kupferpreises aber abhängig vom Marktwert des Kupfers zum Lieferzeitpunkt ist.
- Eine Verbindlichkeit, bei der die zu zahlenden Zinsen von der Entwicklung des Weizenpreises abhängig sind.

Ist der Basisvertrag ein Vermögenswert im Anwendungsbereich des IFRS 9, so ist der Vertrag nach IFRS 9.4.3.2 als ein Vertrag zu bilanzieren. Eine Abspaltung und separate Bilanzierung des Derivates erfolgt nicht. Stattdessen erfolgt eine Klassifizierung des gesamten Finanzinstruments je nach Geschäftsmodell des Unternehmens und den Cashflow-Merkmalen des Finanzinstruments zu fortgeführten Anschaffungskosten oder zum beizulegenden Zeitwert.

In allen anderen Fällen, wenn also der Basisvertrag kein Vermögenswert im Anwendungsbereich des IFRS 9 ist (z.B. Kaufvertrag über Maschine, Kaufvertrag über den Erwerb von Rohstoffen oder eine finanzielle Verbindlichkeit) ist zu prüfen, ob das Derivat vom Basisvertrag zu trennen und separat zu bilanzieren ist.

22.232 Eine Abspaltung vom Basisvertrag und separate Bilanzierung des Derivats ist nach IFRS 9.4.3.3 erforderlich, wenn

- die wirtschaftlichen Merkmale und Risiken des eingebetteten Derivats nicht eng mit den wirtschaftlichen Merkmalen und Risiken des Basisvertrags verbunden sind[82],
- ein separates Instrument mit denselben Vertragsbedingungen wie das eingebettete Derivat die Definition eines Derivats erfüllen würde und
- der zusammengesetzte Vertrag nicht zum beizulegenden Zeitwert mit Wertänderungen in der Gewinn- und Verlustrechnung bewertet wird.

Soweit das Derivat separat zu bilanzieren ist, ist der Basisvertrag nach IFRS 9.4.3.4 auf Basis des entsprechenden Standards abzubilden.

Ob ein Derivat zu separieren ist, ist nach IFRS 9.B4.3.11 zu dem Zeitpunkt zu beurteilen, zu dem das Unternehmen Vertragspartei wird. Eine neue Beurteilung ist nur zulässig und notwendig, soweit der Vertrag geändert wird und sich dadurch die aus dem Vertrag resultierenden Zahlungsströme wesentlich ändern.

---

82 Vgl. zu zahlreichen Beispielen IFRS 9.B4.3.5 IFRS 9.B4.3.8.

IFRS 9 enthält keine Erläuterungen, wie abzuschätzen ist, ob die wirtschaftlichen Merkmale und Risiken des eingebetteten Derivats eng mit den wirtschaftlichen Merkmalen und Risiken des Basisvertrags verbunden sind. Nach Ansicht des HFA des IDW sind dabei sowohl qualitative als auch quantitative Merkmale zu berücksichtigen.[83] Demnach ist zunächst zu prüfen, ob eine „enge Verbindung der wirtschaftlichen Merkmale und Risiken von eingebettetem Derivat und Basisvertrag existieren"[84]. Als Beispiel wird der Kauf eines nicht häufig am Markt gehandelten Produktes genannt, dessen (künftiger) Preis abhängig ist von ähnlichen, regelmäßig gehandelten Produkten oder Rohstoffen. Ggf. ist eine weitergehende quantitative Analyse notwendig. Der HFA des IDW weist aber darauf hin, dass eine enge Verbindung der wirtschaftlichen Merkmale und Risiken nicht gegeben ist, wenn die qualitative Analyse zu einem negativen Ergebnis geführt hat.[85]

VIII. Vertraglich verknüpfte Wertpapiere

In IFRS 9.B4.1.20 bis B4.1.26 wird geregelt, wie bei bestimmten vertraglich verknüpften finanziellen Vermögenswerten zu prüfen ist, ob aus ihnen lediglich Zins- und Tilgungszahlungen resultieren und somit eine Zuordnung zu den Bewertungskategorien AC und FVOCI zulässig ist. Diese Vorschriften sind aber nicht auf alle vertraglich verknüpften finanziellen Vermögenswerte anzuwenden, sondern nur auf solche, die eine sogenannte „Wasserfallstruktur" (*waterfall structure*[86]) aufweisen. Die sei anhand folgenden Beispiels erläutert.

22.233

Beispiel: Die Finanz AG vereinbart mit der ImmoBank AG, auf den Cayman Islands eine Verbriefungsgesellschaft zu gründen und zu leiten. Die Finanz AG veräußert Tranchen (Geschäftsanteile) dieses Verbriefungstitels am Markt an Investoren. Vertraglich vereinbar ist, dass die Verbriefungsgesellschaft dieses Geld nutzt, um der ImmoBank AG Immobilienkredite abzukaufen. Die Investoren erhalten künftig Geld auf Basis der vertraglichen Zahlungsströme aus den Immobilienkrediten.

Die Finanz AG hat die veräußerten Tranchen in vier Risikoklassen eingeteilt, was beim Verkauf natürlich zu unterschiedlichen Preisen führt. Abhängig von der Risikoklasse werden die Tranchen bei den Zahlungen berücksichtigt. Jede Klasse erhält zunächst 10 % der vertraglichen Zahlungen ausbezahlt. Anschließend werden die verbleibenden 90 % der Zahlungen an die Tranchen der Klasse 1 ausbezahlt, dann an die der Klasse 2, dann an Klasse 3 und schließlich, falls noch zu verteilende liquide Mittel zur Verfügung stehen, wird auch an Klasse 4 gezahlt. Das bedeutete, dass die Tranchen in Klasse 4 als erstes mögliche Kreditausfälle zu tragen haben, dann Klasse 3 usw.

Eindeutig ist in dem Beispiel, dass die Verbriefungstitel der Klasse 4 spekulativeren Charakter haben als die der Klasse 1. Vor diesem Hintergrund ist nun zu prüfen, ob es sich hier um „einfache Kreditvereinbarungen" handelt, die die Zahlungsstrom-

22.234

---

83 Vgl. IDW RS HFA 48, Rz. 238 ff.
84 IDW RS HFA 48, Rz. 238.
85 Vgl. IDW RS HFA 48, Rz. 240.
86 IFRS 9.BC4.26.

voraussetzungen des IFRS 9 erfüllen. Und dies wird bei Klasse 1 eher der Fall sein als bei Klasse 4.

Eine Tranche erfüllt nach IFRS 9.B4.1.21 das Zahlungsstromkriterium des IFRS 9 wenn folgende Bedingungen erfüllt sind:

1. Die Zahlungsströme aus der Tranche, ohne die zu Grunde liegenden Instrumente zu analysieren, sind grds. Zins- und Tilgung. Der Zins ist z.B. nicht abhängig von einem Warenpreis(index).

2. Die der Tranche zu Grunde liegenden finanziellen Vermögenswerte (die aus denen letztlich die Zahlungen generiert werden, im Beispiel die Immobilienkredite) weisen folgende Zahlungsstromcharakteristika auf.[87] (Dies kann natürlich nur analysiert werden, soweit praktisch überhaupt die Möglichkeit besteht, entsprechende Informationen zu erhalten.)

   a. Mindestens ein zu Grunde liegendes Instrument erfüllt das Zahlungsstromkriterium des IFRS 9 (IFRS 9.B4.1.23); und

   b. Weitere Instrumente, die in dem Pool von Instrumenten enthalten sind, erfüllen einen der folgenden Zwecke (IFRS 9.B4.1.24):

      i. Sie reduzieren die Variabilität der Zahlungsströme und erfüllen kombiniert mit den unter a. genannten Instrumenten das Zahlungsstromkriterium des IFRS 9. Zu solchen Instrumenten können Zinsswaps, Zinsfloors, oder credit default swaps zählen; oder

      ii. Sie gleichen die Zahlungen aus den einzelnen Tranchen an die Zahlungen aus den zu Grunde liegenden Instrumenten bzgl. folgender möglicher Differenzen an:

         1. Variable oder fixe Zinsen;

         2. Währung inkl. Inflation; oder

         3. den zeitlichen Eintritt der Zahlungen.

3. Das Kreditrisiko der einzelnen Tranche ist gleich oder niedriger als das (gesamte) gewichtete[88] Kreditrisiko der zu Grunde liegenden Instrumente.

Soweit die genannten Kriterien nicht erfüllt sind, ist die entsprechende Tranche der Kategorie FVPL zuzuordnen. Gleiches gilt, soweit sich bei einer Tranche oder einem Verbriefungstitel die Zusammensetzung der Instrumente so ändern kann, dass obige Kriterien nicht mehr erfüllt sind.

Beispiel Fortsetzung: Die oben genannten Kriterien zu 1. und 2. seien für alle vier Risikoklassen der Tranche erfüllt. Das gewichtete Kreditrisiko auf eine Skala von 1 „sehr gering" bis 10 „stark ausfallgefährdet" der zu Grunde liegenden Immobilienkredite betrage 6. Die Verbriefungstitel der einzelnen Klassen weisen folgendes Kreditrating auf:

---

[87] Das IASB spricht hier von „*look through to the underlying pool of instruments*". Siehe IFRS 9.BC4.35(b).
[88] IFRS 9.BC4.35(f).

Risikoklasse	Kreditrating
1	1
2	2
3	6
4	8

Da das Kreditrating der Risikoklassen 1 bis 3 gleich oder besser ist als das gewichtete Kreditrating der zu Grunde liegenden Immobilienkredite, besteht die Möglichkeit, diese der Bewertungskategorien AC oder FVOCI zuzuordnen. Risikoklasse 4 ist verpflichtende der Bewertungskategorie FVPL zuzuordnen.

G. Ausweis

I. Bilanz

Die Mindestangabepflichten für die Bilanz sind in IAS 1.54 enthalten. Demnach sind in der Bilanz die folgenden finanziellen Vermögenswerte getrennt voneinander auszuweisen: 22.235

a) Forderungen aus Lieferungen und Leistungen und sonstige Forderungen,

b) Zahlungsmitteln und Zahlungsmitteläquivalenten und

c) übrigen finanziellen Vermögenswerten.

Darüber hinaus sind nach IFRS 7.8 die Buchwerte der finanziellen Vermögenswerte getrennt nach Bewertungskategorien in der Bilanz oder im Anhang anzugeben, wobei diese Angabe in der Regel im Anhang erfolgt.

Werden die Vermögenswerte in langfristige und kurzfristige Vermögenswerte aufgeteilt, ist eine Untergliederung nach IAS 1.54 in der Regel nicht ausreichend. Beträge zu (a) und (c) können lang- und kurzfristige Bestandteile enthalten. Es ist daher üblich,

– innerhalb des langfristigen Vermögens mindestens „übrige Finanzanlagen" (neben den Buchwerten aus der Bewertung at equity) und

– innerhalb des kurzfristigen Vermögens „Forderungen aus Lieferungen und Leistungen", „sonstige finanzielle Vermögenswert" und „liquide Mittel"

jeweils gesondert auszuweisen. Zum Vorschlag einer Bilanzgliederung siehe Rz. 43.41.

II. Gewinn- und Verlustrechnung

Mit der Verabschiedung von IFRS 9 wurden die Mindestausweisvorschriften zur Gewinn- und Verlustrechnung in IAS 1.82 angepasst. Demnach sind im Zusammenhang mit finanziellen Vermögenswerten folgende Beträge zu zeigen: 22.236

- Umsatzerlöse (Zinserträge, die auf Basis der Effektivzinsmethode ermittelt werden, sind separat anzugeben);
- Gewinne und Verlust aus der Ausbuchung von finanziellen Vermögenswerten, die zu fortgeführten Anschaffungskosten bewertet werden;
- Wertminderungen und Wertaufholungen, die nach IFRS 9 erfasst wurden;
- bestimmte im Zusammenhang mit Reklassifizierungen erfasste Beträge.

Sämtliche gem. IFRS 7.20 gesondert anzugebenden Erträge und Aufwendungen im Zusammenhang mit finanziellen Vermögenswerten (Rz. 22.248 ff.) dürfen in der Gewinn- und Verlustrechnung oder im Anhang aufgeführt werden. Der Aggregationsgrad in der Gewinn- und Verlustrechnung ist in der Praxis sehr unterschiedlich. Vgl. hierzu und zur Mindestgliederung Rz. 44.21.

III. Eigenkapitalveränderung

22.237 Die in der Gewinn- und Verlustrechnung bzw. im OCI erfassten Fair Value-Differenzen der der Bewertungskategorie FVOCI zugeordneten finanziellen Vermögenswerte sind als Bestandteile des Gesamtergebnisses in der Eigenkapitalveränderungsrechnung zu erfassen. Zu Einzelheiten der Darstellung in der Gesamtergebnisrechnung siehe Rz. 45.20 und im Eigenkapitalspiegel siehe Rz. 46.20 ff.

IV. Kapitalflussrechnung

22.238 Auszahlungen für Investitionen in Anteile anderer Unternehmen oder Fremdkapitalinstrumente sind grds. der investiven Tätigkeit zuzuordnen, soweit sie nicht zu Handelszwecken erworben wurden (IAS 7.16 (c)). Für zugeflossene Zinsen und Dividenden besteht nach IAS 7.31 ein Zuordnungswahlrecht für alle drei Bereiche, wobei Finanzinstitute diese Beträge grds. der operativen Tätigkeit zuordnen.

22.239 frei

H. Anhangangaben

I. Besondere Wesentlichkeit

22.240 Den sehr umfangreichen Angabepflichten in IFRS 7 ist ein **besonderer Wesentlichkeitsgrundsatz** vorangestellt (IFRS 7.6, IFRS 7.B1 ff.). Abschlussaufsteller sind ausdrücklich aufgefordert, einen Mittelweg zu finden zwischen

- einer zu detaillierten Darstellung, in der die wichtigen Informationen nicht mehr als solche erkannt werden, und

– einer zu starken Zusammenfassung, in der wichtige Informationen gar nicht mehr einzeln auftauchen.

Nach der Bilanzierungskonzeption der IFRS geht es um den Ansatz künftiger Nutzenzu- und -abflüsse, im Hinblick auf Finanzinstrumente gewissermaßen auf der letzten Realisationsstufe, nämlich letztlich den Cashflows. Den Abschlussadressaten soll generell vermittelt werden, welche Risiken (und ggf. auch Chancen) in der Geldmittelwerdung der finanziellen Vermögenswerte stecken.

Um diesen Abwägungen gerecht zu werden, hat ein Unternehmen die finanziellen Vermögenswerte und Schulden in *Klassen* von Finanzinstrumenten nach IFRS 7 zu gruppieren. Diese Klassen sind nicht (zwangsläufig) deckungsgleich mit den Bewertungskategorien von Finanzinstrumenten nach IFRS 9. Den Aggregationsgrad für die Anhangangaben legt das Unternehmen selbst fest (IFRS 7.B1). Mindestens zu unterscheiden ist nach Finanzinstrumenten, 22.241

– die zu fortgeführten Anschaffungskosten und
– die zum Fair Value bewertet werden (IFRS 7.B2a).

Klassen von Finanzinstrumenten könnten zum Beispiel unterschiedliche Anlagenklassen oder Finanzinstrumente aufgeteilt nach Ratingklassen sein. Grds. könnte es durchaus möglich sein, die Klassen von Finanzinstrumenten auf Basis der Bilanzpositionen und der Bewertungskategorie zu definieren. Sind in der Bewertungskategorie FVOCI aber z.B. Fremdkapitalinstrumente und Eigenkapitalinstrumente enthalten, wäre eine Aufteilung in die Klassen von Fremdkapitalinstrumenten und Eigenkapitalinstrumenten in der Regel sinnvoll.

Nach IFRS 7.7 haben Unternehmen Informationen zu veröffentlichen, die es dem Abschlussadressaten ermögliche, die Wesentlichkeit der Finanzinstrumente für die Vermögens-, Finanz- und Ertragslage zu beurteilen. In der Folge verlangt IFRS 7 dazu z.B. die folgenden Angaben zur Bilanz: 22.242

– Buchwerte von finanziellen Vermögenswerten, getrennt nach Bewertungskategorien,
– Angaben zu finanziellen Vermögenswerten, die der Bewertungskategorie FVPL zugeordnet sind,
– Angaben zu Reklassifizierungen,
– Angaben zur Saldierung finanzieller Vermögenswerte und Schulden, und
– Angaben zu Sicherheiten.

In IFRS 7.11A und .11B sind Angaben enthalten, die zu veröffentlichen sind, soweit ein Unternehmen das Wahlrecht angewandt hat, Eigenkapitalinstrumente der Bewertungskategorie FVOCI zuzuordnen. Dazu zählen:

– welche Eigenkapitalpapiere der Bewertungskategorie FVOCI zugeordnet wurden,
– die Gründe für die Zuordnung,
– der beizulegende Zeitwert eines jeden dieser Eigenkapitalinstrumente,

- erfasste Dividenden, aufgeteilt nach Dividenden von Eigenkapitalinstrumenten, die in der lfd. Periode veräußert wurden, und Dividenden von Eigenkapitalinstrumente, die am Ende der Periode noch gehalten werden sowie
- jeden Transfer von Ergebnissen innerhalb des Eigenkapitals sowie die Gründe dafür.

Wurden Eigenkapitalinstrumente veräußert, welche der Bewertungskategorie FVOCI zugeordnet waren, ist zudem das Folgende anzugeben:

- der Grund für die Veräußerung,
- den beizulegenden Zeitwert zum Zeitpunkt des Verkaufs, und
- den kumulierten Gewinn oder Verlust bei Veräußerung.

II. Rechnungslegungsmethoden

22.243 Für die finanziellen Vermögenswerte sind jeweils die **Rechnungslegungsmethoden** anzugeben (IFRS 7.21). Da sich nach der Klassifizierung der Finanzinstrumente in der Bewertung keine Wahlrechte mehr anschließen, läuft die Erfüllung dieser Angabepflicht zunächst auf eine Nennung der durch IFRS 9 vorgesehenen Bewertung hinaus.

Beispiel: „Der Bewertungskategorie AC zugeordnete Fremdkapitalinstrumente werden zu fortgeführten Anschaffungskosten bewertet. Dabei werden Disagien und Anschaffungsnebenkosten nach der Effektivzinsmethode über die Laufzeit verteilt."

22.244 IFRS 7.B5 fordert weitere Angaben. Dabei sind hervorzuheben:

- Welche finanziellen Vermögenswerte der Bewertungskategorie FVPL zugeordnet wurden und wie dabei „Rechnungslegungsanomalien" (vgl. IFRS 9.4.1.5) beseitigt oder signifikant verringert wurden.
- Angabe, ob als Zugangszeitpunkt der Handels- oder Erfüllungstag gewählt worden ist (Rz. 22.67 f.).

Beispiel (ThyssenKrupp GB 2017/2018, S. 146): „... Finanzinstrumente werden erfasst, sobald thyssenkrupp Vertragspartei des Finanzinstrumentes wird. Wenn Handelstag und Erfüllungstag auseinanderfallen, ist für die erstmalige bilanzielle Erfassung bzw. den bilanziellen Abgang bei originären Finanzinstrumenten der Erfüllungstag maßgeblich; bei derivativen Finanzinstrumenten erfolgt die Bilanzierung zum Handelstag ... ."

- wie Nettogewinne oder Nettoverluste in jeder Bewertungskategorie ermittelt werden (z.B. ob bei zum beizulegenden Zeitwert bewerteten Vermögenswerten Dividenden und Zinsen darin enthalten sind).

Zur Ermittlung von beizulegenden Zeitwerten und den entsprechenden Anhangangaben wird auf IFRS 13 verwiesen (vgl. Rz. 8.26 ff.).

III. Buchwerte der Kategorien und Fair Value

Gemäß IFRS 7.6 sind dem Abschlussleser ausreichende Informationen zu einer Überleitung von den nach IFRS 7 definierten Klassen von Finanzinstrumenten zu den Bilanzposten bereitzustellen. Zudem sind nach IFRS 7.8 die Buchwerte der finanziellen Vermögenswerte anzugeben, getrennt nach Zuordnung zu einer der Bewertungskategorien.

Zusätzlich sind für finanzielle Vermögenswerte und Verbindlichkeiten grundsätzlich auch die jeweiligen beizulegenden Zeitwerte anzugeben, und zwar so, dass ein Vergleich mit dem Buchwert möglich ist (IFRS 7.25). Lediglich in zwei Ausnahmefällen entfällt gem. IFRS 7.29 die Angabepflicht. Dies gilt für Finanzinstrumente, bei denen der Buchwert ein guter Näherungswert für den beizulegenden Zeitwert darstellt, wie z.B. bei Forderungen bzw. Verbindlichkeiten aus Lieferungen und Leistungen, sowie für Leasingverbindlichkeiten.

Die folgende Tabelle zeigt einen Ausschnitt aus der Berichterstattung der Dt. Telekom für das zum 31.12.2018 endende Geschäftsjahr[89]. Aus der originalen Darstellung sind nicht alle Zeilen und Spalten übernommen. Zudem sind die Bezeichnungen angepasst:

in Mio. €	Bewertungs-kategorie nach IFRS 9	Buchwert 31.12.2018	Wertansatz nach IFRS 9				Beiz. Zeitwert[a)] 31.12.2018
			Fort-gef. AK	Beizul. Zeitwert			
				OCI ohne Recycling	OCI mit Recycling	GuV	
AKTIVA							
Zahlungsmittel und Zahlungsmitteläquivalente	AC	3.679	3.679				
Forderungen LL							
Zu fortgeführten Anschaffungskosten	AC	4.280	4.280				
Zum beiz. Zeitwert (OCI)	FVOCI	5.703			5.703		5.703
Zum beiz. Zeitwert (PL)	FVPL	5				5	5
Ausgereichte Darlehen und sonstige Forderungen							
Zu fortgeführten Anschaffungskosten	AC	2.982	2.982				3.013
Zum beiz. Zeitwert (OCI)	FVOCI	0					0
Zum beiz. Zeitwert (PL)	FVPL	103				103	103

---

89 Dt. Telekom, Geschäftsbericht 2018, S. 237.

in Mio. €	Bewertungs-kategorie nach IFRS 9	Buchwert 31.12.2018	Wertansatz nach IFRS 9					Beizl. Zeitwert[a) 31.12.2018
			Fortgef. AK	Beizul. Zeitwert				
				OCI ohne Recycling	OCI mit Recycling	GuV		
Eigenkapitalinstrumente								
Zum beiz. Zeitwert (OCI)	FVOCI	324		324				324
Zum beiz. Zeitwert (PL)	FVPL	0						
[...]								
PASSIVA								
Verbindlichkeiten LL	AC	10.735	10.735					
Anleihen und sonst. verbriefte Verbindlichkeiten	AC	49.033	49.033					51.736
Verbindlichkeiten ggü. Kreditinstituten	AC	5.710	5.710					5.749
[...]								
Nach Bewertungskategorien gemäß IFRS 9								
AKTIVA								
Finanzielle Vermögenswerte zu fortgef. AK	AC	10.968	10.968					3.013
Finanzielle Vermögenswerte FVOCI mit Recycling	FVOCI	5.703			5.703			5.703
Finanzielle Vermögenswerte FVOCI ohne Recycling	FVOCI	358		358				358
Finanzielle Vermögenswert FVPL	FVPL	705				705		705
PASSIVA								
Finanzielle Verbindlichkeiten AC	AC	69.497	69.497					59.990
Finanzielle Verbindlichkeiten FVPL	FVPL	242				242		242

[a) Für Angaben über bestimmte beizulegende Zeitwerte wurde die Erleichterungsvorschrift des IFRS 7.29a in Anspruch genommen.

Die Dt. Telekom hat die Vereinfachung in Anspruch genommen, den beizulegenden Zeitwert nicht anzugeben, soweit der Buchwert eine gute Näherung des beizulegenden Zeitwerts darstellt (siehe die Angaben bei „Zahlungsmittel und Zahlungsmitteläquivalente", „Forderungen LL (AC)" sowie „Verbindlichkeiten LL (AC)". Bei den Angaben zu den Bewertungskategorien ist indes zu beachten, dass der Buchwert von 10.968 Mio. € bei den zu fortgef. Anschaffungskosten bewerteten finanziellen Vermögenswerten nicht mit dem angegebenen beizulegende Zeitwert von 3.013 Mio. € vergleichbar ist. Beim der Angabe zum beizulegenden Zeitwert sind auch dort die Vermögensgegenstände nicht enthalten, für die die Erleichterungsvorschriften des IFRS 7.29a angewandt wurde. Gleiches gilt für die zu fortgeführten Anschaffungskosten bewerteten Verbindlichkeiten.

Zudem gilt:

– Für **Bilanzposten**, die **vollständig nicht unter IFRS 9** fallen (z.B. at equity angesetzte Beteiligungen, Ertragsteuerforderungen), sind in die Darstellung nicht aufzunehmen.

– Fallen **Teile von Bilanzposten** nicht unter IFRS 9 (z.B. Rechnungsabgrenzungsposten, Umsatzsteuersalden, Forderungen an Arbeitnehmer etc.,), dürfen diese in die Darstellung aufgenommen werden.

– Ist ein Bilanzposten (z.B. „sonstige finanzielle Vermögenswerte") in der Bilanz in langfristig („Finanzanlagen") und kurzfristig unterteilt, darf er die Darstellung zusammengefasst werden.

frei 22.247

IV. Angaben zur Aufwands- und Ertragserfassung

1. Zinserträge

Für alle finanziellen Vermögenswerte, die nicht der Bewertungskategorie FVPL zugeordnet sind, sind die Zinserträge – berechnet nach der Effektivzinsmethode – gesondert anzugeben (IFRS 7.20b), getrennt nach den Bewertungskategorien AC und FVOCI. 22.248

2. Wertminderungen und Wertaufholungen

In IFRS 7.35H bis 35 K sind die quantitativen Angabevorschriften zur Wertberichtigung bzw. zum Wertberichtigungskonto enthalten. Eine Verpflichtung, ein solches Konto separat zu führen enthalten die IFRS nicht, es erscheint auf Grund der Signifikanz des Sachverhalts und der Fülle der Anhangangaben als sinnvoll. 22.249

Nach IFRS hat ein Unternehmen für jede Klasse von finanziellen Vermögenswerten vom Anfangsbestand der Wertberichtigung auf den Endbestand überzuleiten. Dies erfolgt wie folgt separat für

a) die Wertberichtigung, die auf Basis der erwarteten 12-Monats-Kreditverluste erfasst wird,

b) die Wertberichtigung, die auf Basis der über die (Rest-)Laufzeit erwarteten Kreditverluste ermittelt wird für finanzielle Vermögenswerte jeweils separat, die

- der Stufe 2 des Wertminderungsmodells zugeordnet werden,
- der Stufe 3 des Wertminderungsmodells zugeordnet werden, bei Erwerb oder Verkauf aber noch keine beeinträchtigte Bonität aufwiesen, und
- Forderungen aus Lieferungen und Leistungen, Vertragsvermögenswerte sowie Leasingforderungen, für die die Wertberichtigung nach IFRS 9.5.5.15 auf Basis der über die (Rest-)Laufzeit erwarteten Kreditverluste ermittelt wird

c) finanzielle Vermögenswerte, die bei Erwerb oder Ausreichung eine beeinträchtigte Bonität aufwiesen. Zusätzlich hat ein Unternehmen für diese finanziellen Vermögenswerte die beim Ansatz erwarteten nicht diskontierten Kreditverluste für die finanziellen Vermögenswerte anzugeben, die im jeweils aktuellen Geschäftsjahr angesetzt wurden.

Ggf. ist die Überleitungsrechnung um qualitative Informationen zu ergänzen (IFRS 7.B8D).

Damit die Abschlussadressaten die genannten Änderungen in den Wertberichtigungen verstehen können, hat ein Unternehmen zudem darzulegen, wie wesentliche Änderung der Bruttobuchwerte (vor Wertberichtigung) von finanziellen Vermögenswerten in den unter a) bis c) genannten Gruppen zu den Änderungen der Wertberichtigung der jeweiligen Gruppe beigetragen haben. Dazu zählen z.B. der Erwerb oder die Ausreichung von finanziellen Vermögenswerten, deren Ausbuchung oder eine Änderung der Bruttobuchwerte, da die Wertminderung nicht mehr auf Basis der 12-Monats-Kreditverluste, sondern auf Basis der über die (Rest-)Laufzeit erwarteten Kreditverluste ermittelt wird. Vgl. dazu auch das Beispiel in IFRS 7.IG20B.

3. Übrige Erträge und Aufwendungen

22.250 Aufgegliedert grds. nach den Bewertungskategorien sind die jeweiligen Nettogewinne oder -verluste anzugeben (IFRS 7.20a). Es handelt sich hierbei um *net gains or losses*, also etwa Wertminderungen, Zuschreibungen, Wertänderungen, Zinsen, Dividenden oder Abgangserfolge. Die Zusammensetzung der *net gains or losses* ist nach IFRS 7.B5(e) zu erläutern.

V. Sonstige Angaben

22.251 Folgende weitere Angaben sind erforderlich:

- Besondere Angabepflichten, sollten **Kredite oder Forderungen** auf Basis der Fair Value-Option erfolgswirksam zum Fair Value bewertet werden (IFRS 7.9).
- Angaben zur **Reklassifizierung** (IFRS 7.12B ff.).
- Angaben zu gegebenen und erhaltenen **Sicherheiten** (IFRS 7.14 f.).

– Angaben bei **Übertragungen** finanzieller Vermögenswerte, die nicht oder nicht vollständig zur Ausbuchung geführt haben (IFRS 7.42A ff.). Über weiterhin bestehende Risiken ist auch im Fall vollständiger Ausbuchung gesondert („im Abschluss in einem einzigen Abschnitt", IFRS 7.42A) zu berichten.
– Zur **Risikoberichterstattung** siehe Rz. 25.79 ff.

Kapitel 23
Eigenkapital (IAS 32)

A. Überblick und Wegweiser 23.1	III. Bilanzierung bei Nichtanwendung der Ausnahmeregelung... 23.56
I. Management Zusammenfassung 23.1	1. Ausweis in der Bilanz 23.56
II. Standards und Anwendungsbereich 23.5	2. Ausweis in der Gewinn- und Verlustrechnung 23.57
III. Wesentliche Abweichungen zum HGB 23.8	3. Folgen für die Bewertung...... 23.58
IV. Neuere Entwicklungen 23.13	IV. Quintessenz für Personengesellschaften 23.66
B. Eigenkapitaldefinition 23.21	**D. ABC des Eigenkapitals** 23.80
C. Eigenkapital bei Personengesellschaften 23.31	**E. Ausweis** 23.86
I. Gesellschaftsrechtliche Grundlagen 23.31	I. Kapitalausweis............... 23.86
	II. Eigene Anteile 23.87
II. Ausnahmeregelung für den Eigenkapitalausweis von Personengesellschaften 23.37	III. Eigenkapitalbeschaffungskosten 23.88
1. Voraussetzungen............. 23.37	IV. Ausstehende Einlagen 23.89
2. Umgliederungen zwischen Eigenkapital und Verbindlichkeiten 23.43	V. Barkapitalerhöhungen 23.93
	VI. Sacheinlagen 23.95
3. Angabe der Abfindungsklausel und der Abfindungshöhe im Anhang 23.45	VII. Dividenden 23.98
	F. Anhangangaben 23.110

Literatur: *Balz/Ilina*, Kommanditkapital nach International Accounting Standards – Ist die GmbH & Co. KG kapitalmarkttauglich?, BB 2005, 2759; *Baumbach/Hopt*, Handelsgesetzbuch – Kommentar, 38. Aufl., München 2018; *Böcking u.a.*, Beck'sches HdR, Loseblatt, München; *Bömelburg/Landgraf/Luce*, Die Auswirkungen der Eigenkapitalabgrenzung nach IAS 32 (rev. 2008) auf deutsche Personengesellschaften, PiR 2008, 143; *Boujong/Ebenroth/Joost/Strohn* (Hrsg.), HGB, 3. Auflage, München 2014; *Breker/Harrison/Schmidt*, Die Abgrenzung von Eigen- und Fremdkapital – Der gegenwärtige IASB-Ansatz und Verbesserungsvorschläge, KoR 2005, 469; *Broser/Hoffjan/Strauch*, Bilanzierung des Eigenkapitals von Kommanditgesellschaften nach IAS 32, KoR 2004, 452; *Brüggemann/Lühn/Siegel*, Bilanzierung hybrider Finanzinstrumente nach HGB, IFRS und US-GAAP im Vergleich (Teil I), KoR 2004, 340; *Emmerich/Naumann*, Zur Behandlung von Genußrechten im Jahresabschluß von Kapitalgesellschaften, WPg 1994, 677: *Hennrichs*, Kündbare Gesellschaftereinlagen nach IAS 32 – Ein Beispiel zur Auslegung und Rechtskontrolle von in Gemeinschaftsrecht übernommenen IFRS, WPg 2006, 1253; *Hoffmann/Lüdenbach*, Die Neuregelung des IASB zum Eigenkapital bei Personengesellschaften, DB 2006, 1797; *Küting/Reuter*, Erfolgswirksame versus erfolgsneutrale Eigenkapitalkomponenten im IFRS-Abschluss – Gewöhnungsbedürftiger Gewinnausweis für deutsche Bilanzierer und Abschlussleser, PiR 2009, 44; *Küting/Reuter*, Neubewertungsrücklagen als Konsequenz einer (erfolgsneutralen) Fair Value-Bewertung – Untersuchung dieser IFRS-spezifischen Eigenkapitalposten und ihrer fragwürdigen Bedeutung in der Bilanzierungspraxis,

KoR 2009, 172; *Küting/Reuter*, Eigenkapitalveränderungen im Eigenkapitalspiegel und Statement of Comprehensive Income, FB 2009, 112; *Küting/Weber* (Hrsg.), Handbuch der Rechnungslegung, Einzelabschluss, Loseblatt, 5. Auflage, Stuttgart 2015; *Küting/Wirth/Dürr*, Personenhandelsgesellschaften durch IAS 32 (rev. 2003) vor der Schuldenfalle?, WPg 2006, 69; *Löw/Antonakopoulos*, Die Bilanzierung ausgewählter Gesellschaftsanteile nach IFRS unter Berücksichtigung der Neuregelungen nach IAS 32 (rev. 2008), KoR 2008, 261; *Merkt/Probst/Fink* (Hrsg.), Rechnungslegung nach HGB und IFRS – Themensystematischer Kommentar mit synoptischen Darstellungen, Stuttgart 2017; *Müller/Reinke*, Behandlung von Genußrechten im Jahresabschluß – Eine kritische Bestandsaufnahme, WPg 1995, 569; *Prinz*, Eigenkapitalvernichtende Konsequenzen freiwilliger IAS/IFRS, FR 2006, 566; *Reuter*, Eigenkapitalausweis im IFRS-Abschluss – Praxis der Berichterstattung, Berlin 2008; *Reuter* in Frankfurt School of Finance & Management, Bankakademie und Hochschule für Bankwirtschaft (Hrsg.), Studienwerk Betriebswirtschaft, Teil 3, Kapitel 2, 47. Aktualisierung, November 2013, Aktuelle Informationen – Betriebswirtschaft, Loseblatt; *Reuther/Fink/Heyd* (Hrsg.), Full IFRS in Familienunternehmen und Mittelstand – Praxishandbuch mit Fallstudie, 2. Auflage, Berlin 2014; *Röhricht/Graf v. Westphalen* (Hrsg.), HGB – Kommentar, 5. Auflage, Köln 2019; *Schaber/Kuhn/Eichhorn*, Eigenkapitalcharakter von Genussrechten in der Rechnungslegung nach HGB und IFRS, BB 2004, 315; *Schmidt*, Gesellschaftsrecht, 4. Auflage, Köln 2002; *Schmidt*, Eigenkapital nach IAS 32 bei Personengesellschaften: aktueller IASB-Vorschlag und Aktivitäten anderer Standardsetzer, BB 2006, 1563; *Schmidt*, IAS 32 (rev. 2008): Ergebnis- statt Prinzipienorientierung, BB 2008, 434; *Ulmer/Schäfer*, Die rechtliche Beurteilung vertraglicher Abfindungsbeschränkungen bei nachträglich eintretendem grobem Mißverhältnis – Besprechung der Entscheidung BGHZ 123, 281, ZGR 1995, 134; *VMEBF e.V.* (Hrsg.), Herausforderungen und Lösungsansätze in der Rechnungslegung für Familienunternehmen – 10 Jahre Vereinigung zur Mitwirkung an der Entwicklung des Bilanzrechts für Familiengesellschaften, Gelnhausen 2016.

A. Überblick und Wegweiser

I. Management Zusammenfassung

23.1 Die IFRS behandeln i.d.R. pro Standard ein geschlossenes Thema bzw. einen einzelnen Bilanzposten. Danach richtet sich dann oft auch die Bezeichnung des entsprechenden Standards. Bezüglich der bilanziellen Abbildung des Eigenkapitals gibt es jedoch keinen zusammenhängenden IFRS oder IAS, der (nur) das Eigenkapital nach IFRS regelt und so benannt ist. Hingegen finden sich Regelungen zur Definition und bilanziellen Abbildung von Eigenkapital an vielzähligen Stellen in unterschiedlichen Standards.[1] Zunächst definiert das Conceptual Framwork 2018 Eigenkapital als Überschuss der bilanzierten Vermögenswerte über die bilanzierten Schulden des Unternehmens (CF 4.63). Dies entspricht einer betriebswirtschaftlichen Eigenkapitaldefinition als bilanzielles Netto-/Rein-Vermögen. Das definitorische Kernstück zur Eigenkapitalbilanzierung nach IFRS findet sich jedoch in IAS 32. Dieser Standard regelt die Darstellung von Finanzinstrumenten im IFRS-Abschluss und grenzt Eigenkapitalinstrumente von finanziellen Fremdkapitalinstrumenten (Schulden) ab. Anders als beispielsweise im deutschen Handels- und Gesellschaftsrecht erfolgt nach

---

1 Vgl. *Reuter*, Eigenkapitalausweis im IFRS-Abschluss – Praxis der Berichterstattung, Berlin 2008, S. 25 ff.; *Reuter* in Reuther/Fink/Heyd (Hrsg.), S. 389 (Rz. 2).

IFRS somit keine (unmittelbare) Unterscheidung von Eigen- und Fremdkapital in der Unternehmensbilanz (Passiva), sondern eine konzeptionell abweichende Unterscheidung auf Basis von (einzelnen) Finanzinstrumenten und deren Klassifizierung in Eigenkapitalinstrumente und finanzielle Verbindlichkeiten (Passiva) sowie finanzielle Vermögenswerte (Aktiva). In anderen IFRS/IAS finden sich ergänzende Regelungen zu themenspezifischen Besonderheiten und zum Eigenkapitalausweis i.e.S. (Rz. 23.5).

Die Abgrenzung von Eigenkapital im Allgemeinen und bei Personengesellschaften im Besonderen wurde in Deutschland bei einer HGB-Bilanzierung nie als besonderes Problem wahrgenommen. Maßgebend ist nach HGB die temporäre Verlustpufferfunktion (Rz. 23.8). Bei **Personengesellschaften** wird dabei allerdings folgendes Problem gering geschätzt: Kündigt dort ein Gesellschafter, hat er einen **Abfindungsanspruch**, der sich gegen die Personengesellschaft richtet (Rz. 23.31), und den diese nicht abwehren kann. In der IFRS-Welt stellen die Anteile von Gesellschaftern einer Personengesellschaft daher ohne weiteres bilanziell kein Eigenkapital dar. Diesen Fall hatte der IASB bei der grundlegenden Konzeption zur Klassifizierung von Finanzinstrumenten in Eigenkapitalinstrumente und finanzielle Verbindlichkeiten vor Augen[2]: *„Put simply, the entity has an obligation to pay cash and could be made bankrupt if all holders exercised their right to redeem"*. In der Praxis kommt diese Situation nur deswegen nicht oft zum Tragen, weil „frei werdende Anteile" i.d.R. „freiwillig" von Mitgesellschaftern übernommen werden.

Insofern passt auch der zur Stützung der HGB-Eigenkapitalabgrenzung vorgenommene Vergleich mit dem **Alleingesellschafter einer Kapitalgesellschaft** nicht uneingeschränkt. Dieser, so wird argumentiert, habe es in der Hand, eine Ausschüttung und damit einen Geldabfluss zu beschließen; trotzdem sei der Eigenkapitalausweis von Kapitalgesellschaften unstrittig. Bei diesem Vergleich ist jedoch zu beachten, dass sich der aus einer Personengesellschaft ausscheidende Gesellschafter im Konflikt mit der Gesellschaft befindet, während der Alleingesellschafter einer Kapitalgesellschaft im Konsens handelt. Insofern ist die Konzeption des IAS 32 sachlich ernst zu nehmen. Danach stellen bewusst nur solche „Finanzinstrumente" **Eigenkapital dar, die vertraglich nicht mit einem von der Gesellschaft unabwendbaren Rückzahlungsanspruch** verbunden sind.

Allerdings enthält IAS 32 seit 2009 für Personengesellschaften eine begrenzte Ausnahmeregelung. Diese macht zwar aus solchem „Fremdkapital" nicht grundsätzlich Eigenkapital, sie lässt aber im **Normalfall** wieder einen bilanziellen Ausweis der entsprechenden Beträge als **Eigenkapital** zu (Rz. 23.37 ff.).

frei   23.3–23.4

---

[2] IASB, Information for Observers, 23.6.2004.

II. Standards und Anwendungsbereich

23.5 Die folgenden Standards enthalten alle Regelungen zum bilanziell auszuweisenden (eigenen) Eigenkapital oder dessen Teilkomponenten (z.B. Sonstiges Ergebnis (*other comprehensive income* – OCI) und die mit seinen kumulierten Beträgen verbundenen ‚OCI-Rücklagen'):

IAS 32	Abgrenzung von Eigenkapital und Verbindlichkeiten im Einzelabschluss und Konzernabschluss (Anteil Konzernmutter): IAS 32.16, IAS 32.AG13 f.	Rz. 23.21 ff.
	Ausnahmeregelung für Personengesellschaften: IAS 32.16A ff., IAS 32.AG14A ff.	Rz. 23.31 ff.
	Ausweis des Eigenkapitals von nicht beherrschenden Anteilseignern im Konzernabschluss: IAS 32.AG29 f.	Rz. 36.320 f.
IAS 1	Anhangangaben zum Eigenkapital: IAS 1.9c, IAS 1.54q, IAS 1.54r, IAS 1.78e ff., IAS 1.81A ff., IAS 1.136A ff.	Rz. 23.110
	Darstellung der Veränderung des Eigenkapitals in einem Eigenkapitalspiegel:[3] IAS 1.10c, IAS 1.38A, IAS 1.106 ff.	Rz. 46.1 ff.
IAS 8	Anpassung des Eigenkapitals bei rückwirkender Anwendung geänderter Rechnungslegungsmethoden bzw. Korrektur von Fehlern sowie Änderung des Eigenkapitals bei Schätzungsänderungen: IAS 8.22, IAS 8.42 ff. bzw. IAS 8.37	Rz. 12.22 ff.
IAS 12	Erfassung von Ertragsteuereffekten im Eigenkapital (Sonstiges Ergebnis): IAS 12.61A ff.	Rz. 29.54 ff.
IAS 16	Bildung einer (separaten) Neubewertungsrücklage[4] im Eigenkapital bei Neubewertung von Sachanlagen: IAS 16.39 ff.	Rz. 14.71
IAS 19	Erfassung und Umgliederung von Neubewertungseffekten aus Versorgungsplänen (Pensionsverpflichtungen) im Eigenkapital (Sonstiges Ergebnis):[5] IAS 19.120c, IAS 19.122	Rz. 27.41 ff.
IAS 21	Erfassung von Fremdwährungsumrechnungseffekten im Eigenkapital (Sonstiges Ergebnis): IAS 21.27 ff., IAS 21.48 ff.	Rz. 9.28, 35.2

---

[3] Vgl. dazu *Küting/Reuter*, FB 2009, 112; *Reuter* in Reuther/Fink/Heyd (Hrsg.), S. 423 ff.; *Anzinger* in Merkt/Probst/Fink (Hrsg.), S. 784 ff.

[4] Vgl. zum Ausweis unterschiedlicher Neubewertungsrücklagen im Eigenkapital (‚OCI-Rücklagen') ausführlich *Küting/Reuter*, PiR 2009, 44; *Küting/Reuter*, KoR 2009, 172.

[5] Vgl. dazu auch *Reuter* in Frankfurt School of Finance & Management, Bankakademie und Hochschule für Bankwirtschaft (Hrsg.), S. 1.

IAS 28	Erfassung von anteiligen Eigenkapitaländerungen von nach der Equity-Methode bilanzierten Anteilen an assoziierten Unternehmen oder Gemeinschaftsunternehmen im Eigenkapital des beteiligten Unternehmens (Sonstiges Ergebnis): IAS 28.10, IAS 28.22c ff.	Rz. 37.27 ff.
IAS 38	Bildung einer (separaten) Neubewertungsrücklage im Eigenkapital bei Neubewertung von immateriellen Vermögenswerten: IAS 38.85 ff.	Rz. 13.100
IAS 39[6]	Erfassung von Zeitwertänderungen von Finanzinstrumenten im Eigenkapital (Sonstiges Ergebnis): IAS 39.55b a.F., IAS 39.67 ff. a.F., IAS 39.95 ff., IAS 39.102	
IFRS 1	Erfassung von Anpassungsbeträgen im Eigenkapital beim Übergang auf IFRS-Rechnungslegung: IFRS 1.11, IFRS 1.B7	Rz. 57.24
IFRS 2	Sacheinlage einzelner Vermögenswerte: IFRS 2.10 ff.	Rz. 23.95
IFRS 3	Ausweis des Konzerneigenkapitals und des Eigenkapitals von nicht beherrschenden Anteilseignern im Konzernabschluss: IFRS 3.5c, IFRS 3.10, IFRS 3.19, IFRS 3.42 ff., IFRS 3.B21 ff., IFRS 3.B44 f., IFRS 3.B64o	Rz. 36.320 ff.
IFRS 5	Gesonderte Angabe von bestimmten Eigenkapitalbestandteilen in Verbindung mit zur Veräußerung gehaltenen langfristigen Vermögenswerten oder Veräußerungsgruppen: IFRS 5.38	Rz. 30.45 f.
IFRS 6	Bildung einer (separaten) Neubewertungsrücklage im Eigenkapital bei Neubewertung von Bodenschätzen: IFRS 6.12	
IFRS 9	Erfassung von Zeitwertänderungen von bestimmten Finanzinstrumenten im Eigenkapital (Sonstiges Ergebnis): IFRS 9.4.1.1 ff.; IFRS 9.5.2.1(b); IFRS 9.5.7.1(d); IFRS 9.5.7.5; IFRS 9.5.7.10 f.; IFRS 9.6.5.11 ff.	Rz. 22.104 ff.
IFRS 10	Ausweis des Eigenkapitals von nicht beherrschenden Anteilen im Konzernabschluss: IFRS 10.22 ff., IFRS 10.B94 ff.	Rz. 36.24 ff.
IFRS 12	Anhangangaben zum Eigenkapital von nicht beherrschenden Anteilen im Konzernabschluss: IFRS 12.12, IFRS 12.18	Rz. 41.34 ff.
IFRIC 2	Eigenkapital bei Genossenschaften u.Ä.: IFRIC 2.5 ff.	Rz. 23.58
IFRIC 17	Sachdividenden: IFRIC 17.10 ff.	Rz. 23.99

---

[6] IAS 39 wurde in weiten Teilen durch IFRS 9 geändert bzw. aufgehoben (IAS 39.103U; IFRS 9.7.1).

Ansatz und Bewertung der nach IAS 32 als Verbindlichkeiten klassifizierten Finanzinstrumente (Rz. 24.1 ff.) sowie von Eigenkapitalinstrumenten an *anderen* Unternehmen (Rz. 22.60 ff.) sind dagegen durch IAS 39 bzw. IFRS 9 geregelt. Die entsprechenden Angabepflichten sind Gegenstand von IFRS 7 (für Verbindlichkeiten Rz. 24.100 ff., für gehaltene Eigenkapitaltitel anderer Unternehmen Rz. 22.235 ff.).

23.6–23.7 frei

III. Wesentliche Abweichungen zum HGB

23.8 Nach HGB besteht die Substanz von Eigenkapital darin, Gläubigern einen **Verlustpuffer** zur Verfügung zu stellen.[7] Dabei können nicht nur Finanzmittel, die auf Grund des Gesellschaftsvertrags eingezahlt worden sind, Eigenkapital sein, sondern auch Mittel, die auf schuldrechtlichen Vereinbarungen beruhen, sofern sie nach den vereinbarten Bedingungen eine dem gesetzlich geregelten Eigenkapital mindestens vergleichbare Haftungsqualität aufweisen.[8] Aus diesem Grund ist etwa sog. **Mezzanine-Kapital** (z.B. stille Gesellschaft, Genussrechte) bei erfolgsabhängiger Vergütung, Verlustteilnahme und Nachrangigkeit im HGB-Abschluss als Eigenkapital auszuweisen.[9] Dies gilt auch, wenn die Verlustpufferfunktion zeitlich beschränkt ist (z.B. durch feste Laufzeit, Kündigungsmöglichkeit), vorausgesetzt, dass die Mittelüberlassung eine gewisse Dauer annimmt.[10] Maßgebend ist nach HGB somit eine *temporäre Verlustpufferfunktion.*

23.9–23.12 frei

IV. Neuere Entwicklungen

23.13 Seit der Anpassung von IAS 32 um die begrenzte Ausnahmeregelung zum Eigenkapitalausweis bei Personengesellschaften 2009 (Rz. 23.37 ff.) haben sich Definition und Abgrenzung von bilanziellem Eigenkapital nicht wesentlich verändert. Im Juni 2018 hat der IASB nach längerer Zeit fachlicher Diskussion und Eingaben aus der Bilanzierungs-, Prüfungs- und Abschlussanalysepraxis das Thema Eigenkapitalabgrenzung erneut aufgegriffen und hierzu wieder ein Diskussionspapier „Financial

---

7 *Küting/Kessler* in Küting/Weber (Hrsg.), Handbuch der Rechnungslegung, Einzelabschluss[5], § 272 HGB Rz. 193 ff.; *Mylich* in Merkt/Probst/Fink (Hrsg.), S. 702 f. (Rz. 9).
8 Vgl. *Emmerich/Naumann*, WPg 1994, 677 (678).
9 Vgl. i.E. HFA 1/1994, Zur Behandlung von Genussrechten im Jahresabschluss von Kapitalgesellschaften; vgl. zur analogen Behandlung bei Personengesellschaften *Müller/Reinke*, WPg 1995, 569 (575); *Küting/Kessler* in Küting/Weber (Hrsg.), Handbuch der Rechnungslegung, Einzelabschluss[5], § 272 HGB Rz. 228 ff.
10 Vgl. HFA 1/1994; dabei wird überwiegend eine Mindestlaufzeit von fünf Jahren gefordert, vgl. *Brüggemann/Lühn/Siegel*, KoR 2004, 340 (349), *Heymann* in Beck'sches HdR, Abschn. B 231 Rz. 19 sowie *Küting/Kessler* in Küting/Weber (Hrsg.), Handbuch der Rechnungslegung, Einzelabschluss[5], § 272 HGB Rz. 235 mit Hinweis auf § 10 Abs. 5 KWG.

Instruments with Characteristics of Equity"[11] veröffentlicht. An der grundsätzlichen Aufteilung der Passivseite der Bilanz in Eigenkapital und Fremdkapital wird darin festgehalten. Das zur Diskussion gestellte Prinzip zur Kapitalabgrenzung führt mit wenigen Ausnahmen zu gleichen Ergebnissen wie die aktuellen Regelungen von IAS 32. Der Vorschlag soll dennoch zu klareren Abgrenzungskriterien und einer verständlicheren Darstellung im Abschluss führen. Die dazu erwünschten Stellungnahmen sollten bis Januar 2019 beim IASB eingereicht werden, so dass die Auswertung zum Redaktionsschluss noch andauert. Inwieweit aus diesem Projekt tatsächliche künftige Änderungen von Eigenkapitaldefinition, -abgrenzung und -ausweis resultieren, kann somit zum jetzigen Zeitpunkt nicht vorhergesehen werden.

frei   23.14–23.20

B. Eigenkapitaldefinition

Formal ist Eigenkapital als **Restgröße** (Vermögenswerte abzgl. Verbindlichkeiten) definiert (CF 4.63; IAS 1.109 Satz 1).[12] Diese Vorgabe ergibt jedoch erst nach der Abgrenzung von Verbindlichkeiten und Eigenkapital einen Sinn. Materiell richtet sich die IFRS-Eigenkapitaldefinition vereinfacht formuliert nach der Frage: „Ist die Gesellschaft am Bilanzstichtag vertraglich zur Auszahlung verpflichtet oder nicht?". Falls ja, liegt Fremdkapital, ansonsten Eigenkapital vor (IAS 32.16 f.). Maßgeblich sind dabei nur **individuelle Ansprüche**, nicht jedoch **kollektive**, die beispielsweise erst einen Beschluss der Gesellschafterversammlung voraussetzen.[13]

23.21

Diese Unterscheidung führt dazu, dass – zunächst nur auf Grund gesellschaftsrechtlicher Gegebenheiten – **Kapitalgesellschaften** nach IAS 32 Eigenkapital haben, Personengesellschaften ohne weiteres dagegen nicht:

23.22

– Obwohl der Dividendenanspruch bei **Kapitalgesellschaften** dem Beteiligungsrecht innewohnt, entstehen Dividendenverbindlichkeiten erst mit dem **kollektiven Ausschüttungsbeschluss** (IAS 32.17 a.E.). Bis zu diesem Zeitpunkt liegt Eigenkapital vor.

– Umgekehrt führt der i.d.R. bei **Personengesellschaften** bestehende **individuelle Abfindungsanspruch** grundsätzlich zu Verbindlichkeiten. Es ist zu beachten, dass die Ausnahmeregelung für Personengesellschaften (Rz. 23.37 ff.) den konzeptionellen Verbindlichkeitscharakter unberührt lässt; sie führt lediglich zu einem *Ausweis als Eigenkapital*.

Somit führt die Konzeption der Eigenkapitalabgrenzung in IAS 32.16 für deutsche Kapitalgesellschaften i.d.R. nicht zu einem grundsätzlichen Abgrenzungsproblem.

---

11 DP/2018/1, abrufbar unter ifrs.org.
12 Ergänzend weist F. 65 ff. dennoch auf eine mögliche und im Einzelfall sogar gebotene Unterteilung des Eigenkapitalausweises nach verschiedene Kategorien (z.B. bestimmte Rücklagen) hin. Vgl. auch *Reuter* in Reuther/Fink/Heyd (Hrsg.), S. 389 (Rz. 3).
13 Wie hier *Hennrichs*, WPg 2006, 1253 (1255 f.).

Im Einzelfall kann es jedoch auch hier zu Schwierigkeiten bei der Zuordnung einzelner Beträge und beim Eigenkapitalausweis i.e.S. kommen.

23.23 Die IFRS-Eigenkapitaldefinition hat zwar eine ökonomische Dimension, weil sie auf Auszahlungen aus Sicht der Gesellschaft (IAS 32.2) abstellt. Sie ist jedoch insofern formaler als die Eigenkapitalabgrenzung nach HGB, weil es nach IFRS auf die Fälligkeit und insbesondere auf die Wahrscheinlichkeit der Auszahlung *nicht* ankommt. Die lediglich am Bilanzstichtag bestehende *Möglichkeit* der Auszahlung reicht aus, um Eigenkapital zu verneinen. Dies ist immer dann der Fall, wenn das Kapital vom Emittenten von vornherein nur befristet zur Verfügung steht oder der Kapitalgeber eine Kündigungsmöglichkeit hat.[14] Eine Ausnahme besteht lediglich für solche Verpflichtungen, die erst bei Liquidation der Gesellschaft zu erfüllen sind (IAS 32.25b).

23.24 Unerheblich ist, ob eine Auszahlungsverpflichtung vorübergehend aus wirtschaftlichen Gründen, z.B. durch Zahlungsstockung oder Hindernisse beim Devisentransfer, nicht erfüllt werden kann bzw. von erst später eintretenden Bedingungen abhängt, die von der Gesellschaft nicht beeinflusst werden können: Auch in diesen Fällen liegt Fremdkapital vor, weil die Zahlung durch die Gesellschaft nicht abgewendet werden kann (IAS 32.19).

23.25–23.30 frei

C. Eigenkapital bei Personengesellschaften

I. Gesellschaftsrechtliche Grundlagen

23.31 Nach dem Regelstatut der Personengesellschaft kann jeder Gesellschafter seine Beteiligung kündigen.[15] Gemäß § 131 Abs. 3 HGB führt dies nicht zur Auflösung der Gesellschaft, sondern zu einem Ausscheiden des Gesellschafters mit Abfindung[16] (Gleiches gilt bei Tod eines Gesellschafters). Dabei richtet sich der **Abfindungsanspruch** nach h.M. **gegen die Gesellschaft**, ist also von der Gesellschaft zu erfüllen.[17] Nach IAS 32.18b liegt Fremdkapital vor, wenn Gesellschafter von Personengesellschaften, Genossenschaften u.Ä. ihre Anteile gegen Abfindung zurückgeben

---

[14] Vgl. IDW RS HFA 45, Rz. 6 ff. sowie *Schaber/Kuhn/Eichhorn*, BB 2004, 315 (318); *Prinz*, FR 2006, 566 (569).
[15] Vgl. § 723 BGB i.V.m. § 105 Abs. 3 HGB (OHG) bzw. § 161 Abs. 2 HGB (KG).
[16] Vgl. *Schmidt*, Gesellschaftsrecht[4], § 50 II, Rz. 4a.
[17] H.M., vgl. *Lorz* in Boujong/Ebenroth/Joost/Strohn (Hrsg.), HGB[3], Bd. 1, § 131 HGB Rz. 64 f. sowie *v. Gerkan/Haas* in Röhricht/Graf v. Westphalen (Hrsg.), HGB[3], § 131 HGB Rz. 41 (zusätzlich haften die Gesellschafter). *Roth* in Baumbach/Hopt, HGB[38], § 131 HGB Rz. 48 gehen von einer Verpflichtung von Gesellschaft und Gesellschafter aus. Wird die Abfindungszahlung jedoch (wie üblich) ohne weitere Beschlüsse aus dem Gesellschaftsvermögen geleistet, wäre dies so zu werten, als hätten die Gesellschafter für den Abfindungsfall ein entsprechendes individuelles Entnahmerecht vereinbart, das nach dem Grundsatz „substance-over-form" wiederum zu Fremdkapital führt (IAS 32.18).

können, also individuelle Rückforderungsansprüche vorliegen (vgl. Rz. 23.80 „Finanzinstrumente mit Rückgabemöglichkeit – puttable instruments").[18]

frei   23.32–23.36

II. Ausnahmeregelung für den Eigenkapitalausweis von Personengesellschaften

1. Voraussetzungen

Nach erheblichem Druck seitens deutscher Gremien (IDW, DRSC)[19] wurde 2009 mit den Regelungen in IAS 32.16A ff. faktisch eine **Ausnahmeregelung für Personengesellschaften** geschaffen.[20] IAS 32.16A ff. lässt trotz bestehendem Abfindungs-/Rückgabeanspruchs und damit konzeptioneller Verbindlichkeit den *Ausweis* von kündbaren Finanzinstrumenten als „**gewillkürtes Eigenkapital**"[21] zu, wenn die nachfolgenden Kriterien (Rz. 23.38–23.42) *kumulativ* erfüllt sind.   23.37

Es muss sich um **Residualansprüche** bei einer am Bilanzstichtag unterstellten Liquidation handeln (IAS 32.16Aa). Der Anspruch muss sich demnach auf den *gesamten* Residualwert erstrecken.[22]   23.38

Diese Residualansprüche müssen **jeweils *letztrangig***[23] sein (IAS 32.16Ab). Jede bevorzugte Rückzahlung, etwa die Vorabvergütung eines fixen Betrages an einen Gesellschafter, z.B. A (vor ansonsten quotaler Verteilung), verhindert den Eigenkapitalausweis von *dessen* Kapitalanteilen (IAS 32.AG14C). Haben andere Gesellschafter, z.B. B und C, dagegen keine Vorzugsrechte, gilt Folgendes: Nur die Anteile von B und C sind letztrangig. Daher können diese als Eigenkapital ausgewiesen werden. Der „infizierte" Anteil des A fällt dagegen aus der Gruppe der letztrangigen Ansprüche he-

---

18 Kritisch zur (europa-)rechtlichen Grundlage des damaligen IAS 32: *Hennrichs*, WPg 2006, 1253 (1258 ff.).
19 Dass der damalige IAS 32 für die meisten deutschen Personengesellschaften den Verlust des bilanziellen Eigenkapitals zur Folge gehabt hätte, hat maßgeblich zur Gründung der „Vereinigung zur Mitwirkung an der Entwicklung des Bilanzrechts für Familiengesellschaften e.V." (VMEBF) im Januar 2006 beigetragen, vgl. www.vmebf.org; VMEBF e.V. (Hrsg.), Herausforderungen und Lösungsansätze in der Rechnungslegung für Familienunternehmen – 10 Jahre Vereinigung zur Mitwirkung an der Entwicklung des Bilanzrechts für Familiengesellschaften, Gelnhausen 2016.
20 Die Bilanzierung bei Personengesellschaften u.Ä., die die Voraussetzungen der Ausnahmeregelung nicht erfüllen, wird in Rz. 23.37 ff. dargestellt.
21 Vgl. *Schmidt*, BB 2006, 1563 (1565); *Fink* in Merkt/Probst/Fink (Hrsg.), S. 750 (Rz. 181).
22 Eine Beteiligung an einem möglichen negativen Reinvermögen bei Liquidation ist dagegen nicht gefordert, so dass Kommanditanteile einer KG die Bedingung ebenfalls erfüllen, vgl. RIC 3.9; *Schmidt*, BB 2008, 434 (435).
23 Das Vorhandensein unkündbarer Eigenkapitalinstrumente (u.U. bestimmtes Mezzaninekapital, Rz. 23.80) schließt den Ansatz kündbarer Instrumente als Eigenkapital dann nicht aus, wenn die kündbaren Instrumente bei der Liquidation Vorrang haben, vgl. RIC 3.19, IFRIC update, November 2008, S. 4; a.A. *Schmidt*, BB 2008, 434 (438).

raus (!), so dass *insoweit* nicht geprüft werden muss, ob *alle letztrangigen* Ansprüche auch gleichartig i.S.v. Rz. 23.39 ausgestaltet sind (RIC 3.13).

23.39 Die Anteile müssen in Bezug auf **finanzielle Ausstattungsmerkmale gleichartig** sein (IAS 32.16Ac).

– Diese Voraussetzung ist verletzt, wenn nur ein Teil der Gesellschafter kündigen darf oder sich der Anspruch einiger Kommanditisten beispielsweise nach dem Buchwert ihres Kapitals, bei anderen dagegen nach dem Verkehrswert richtet.

– *Fremdübliche* Entgelte, z.B. die Haftungsprämie für einen Vollhafter oder gewinnabhängige Tätigkeitsvergütungen, führen aber *nicht* zu einem Vorrang, weil diese Funktionen von der Anteilseignerstellung getrennt betrachtet werden (IAS 32.AG14G, H, RIC 3.9 f.). Anders dagegen bei von Beteiligungsquoten abweichenden Gewinnanteilen, die *nicht* auf anderweitigen Funktionen beruhen (IAS 32.AG14H Satz 3). In diesem Fall würden keine gleichartigen Ansprüche vorliegen.

– In Bezug auf **Stimmrechte** ist zu unterscheiden: Grundsätzlich ist es unschädlich, wenn ein Mehrheitsgesellschafter Entscheidungen auf Grund seiner (ggf. qualifizierten) Mehrheit „durchdrücken" kann (RIC 3.18). Bei nicht beteiligungsproportionalen, z.B. überproportionalen Stimmrechten gilt dies jedoch nur, solange diese Mehrheit nicht dazu genutzt wird, die finanziellen Ausstattungsmerkmale (z.B. Kapital- und Ergebnisanteile) zu ändern (RIC 3.18 a.E.).[24]

– Unterschiedliche Informations- oder Geschäftsführungsbefugnisse etc. spielen grundsätzlich keine Rolle (RIC 3.15 ff.).

– Gibt ein Gesellschafter zusätzlich ein **Gesellschafterdarlehen** und erklärt hierzu einen **qualifizierten Rangrücktritt**, wonach eine Befriedigung nur zusammen mit den bei der Schlussverteilung Berechtigten erfolgen kann, wird das Gesellschafterdarlehen letztrangig (Rz. 23.38). Weil es aber sachlich insoweit bei Verbindlichkeiten bleibt, sind diese nicht mit den *Einlagen* gleichartig, so dass innerhalb der Gruppe aller letztrangigen Ansprüche gegen das Erfordernis der Gleichartigkeit verstoßen wird (!). Im Unterschied zu Vorabvergütungen (Rz. 23.38) wird nunmehr die gesamte Kategorie letztrangiger Ansprüche „infiziert". Daher können *alle* kündbaren Instrumente, auch die von Gesellschaftern ohne derartige Gesellschafterdarlehen, trotz Letztrangigkeit *nicht* mehr als Eigenkapital ausgewiesen werden (RIC 3.39).

23.40 Außer der Abfindungsverpflichtung dürfen die Anteile **keine weitere vertragliche Auszahlungsverpflichtung** i.S.v. IAS 32 verbriefen (IAS 32.16Ad).

Vor RIC 3 war fraglich, ob eine nach dem **Regelstatut** vorgesehene Zuweisung der Gewinnanteile oder auch das Entnahmerecht der Verzinsung von Kapitalkonten bereits zu Fremdkapital führt. Dies ist nach RIC 3.21 ff. jedoch *nicht* der Fall, weil erst die kollektive **Feststellung des Jahresabschlusses** zu einem individuellen Auszah-

---

24 Vgl. *Lüdenbach* in Haufe IFRS-Komm.[16], § 20 Rz. 36.

lungsanspruch führt[25] (durchaus der Situation bei Kapitalgesellschaften vergleichbar). Daraus folgt, dass Satzungsänderungen insoweit *nicht* notwendig sind, um einen Eigenkapitalausweis zu ermöglichen. Entnahmerechte für Steuerzahlungen auf Gewinnanteile verletzen ebenfalls nicht die Bedingung des IAS 32.16Ad (RIC 3.24). Etwas anderes gilt jedoch, wenn von vornherein ein Entnahmerecht von bestimmten Rücklagen etwa für mögliche Erbschaftsteuerzahlungen besteht.[26] Um den Eigenkapitalausweis des Kapitals (außer der entsprechenden Rücklage) zu retten, wäre wohl eine vertragliche Trennung der Rücklage vom Residualanspruch notwendig, d.h., dass die (frühere) Rücklage in einem handelsrechtlichen Abschluss bereits als Fremdkapital ausgewiesen werden müsste.

Als eine Art Generalklausel besagt IAS 32.16B, dass die Gesellschaft außer dem abfindungsbehafteten Personengesellschaftsanteil **keine weiteren Vereinbarungen** geschlossen hat, **die vom Gewinn, Buchwert oder Fair value abhängen** *oder* welche die Residualansprüche der Anteilseigner mit Abfindungsverpflichtung wesentlich auf einen fixen Betrag beschränken oder sonst wie deckeln. 23.41

IAS 32.AG 14J stellt aber klar, dass

(a) Teilgewinnabführungen („total cash flows substantially based on specific assets of the entity"),

(b) umsatzabhängige Vergütungen,

(c) Arbeitsverträge mit erfolgsabhängigen Vergütungsbestandteilen oder

(d) Verträge, die lediglich geringfügige Erfolgsanteile als Leistungsvergütung vorsehen,

einem Eigenkapitalausweis nicht entgegenstehen.

Schließlich müssen die **Ansprüche im weitesten Sinne gewinnabhängig** sein. Nach IAS 32.16Ae müssen sich die insgesamt (während des Bestehens des Instruments) an den Anteilseigner fließenden Cashflows *im Wesentlichen* nach 23.42

(a) dem Gewinn und Verlust *oder*

(b) der Änderung des Buchwerts der Anteile *oder*

(c) der Änderung der Fair Values der Anteile richten,

---

25 Dies gilt auch ohne separaten, expliziten Beschluss über die Gewinnverwendung, wenn im Gesellschaftsvertrag in Übereinstimmung mit dem Regelstatut eine generelle Gewinnverwendungsentscheidung antizipiert wird (RIC 3.21).

26 Fraglich ist, ob das Kapital außer der Rücklage als Eigenkapital ausgewiesen werden darf, während die Rücklage wegen der Auszahlungsverpflichtung als Fremdkapital gezeigt werden muss. Hierfür sprechen die allgemeinen Regeln über zusammengesetzte Instrumente (Rz. 23.80), dagegen spricht die Tatsache, dass die Rücklage Teil des Residualanspruchs ist und dieser nach der Sonderregel mit keinerlei weiteren Auszahlungsverpflichtungen verbunden sein darf.

wobei mit (a) und (b) *IFRS-Größen* gemeint sind (IAS 32.AG14E). Mit dieser umständlichen Formulierung sind insbesondere die **Abfindungsvereinbarungen** selbst angesprochen:

– Eine Abfindung zum **vollen Verkehrswert** wird demnach *nicht* gefordert.[27]

– Eine „im Wesentlichen" auf **IFRS-Buchwerten** basierende Abfindungsklausel erfüllt die Voraussetzung per se (RIC 3.32), wobei in der Literatur noch zu tolerierende Abweichungen nach unten bis zu 10 % genannt werden.[28]

– Die Abfindungsregelung muss sich aber *nicht zwingend* nach IFRS richten.[29] Vielmehr erfüllen **alle gängigen Abfindungsregelungen**, also Verkehrswertabfindungen, Abfindung in Höhe eines Anteils am Verkehrswert, HGB-Buchwertklauseln oder Abfindungen nach dem Stuttgarter Verfahren dann die Anforderung des IAS 32.16Ae, wenn die Abfindung einen wesentlichen Teil (deutlich > als 50 %) des Verkehrswerts der Anteile (oben (c)), abdeckt (im Ergebnis RIC 3.27, RIC 3.38). Soweit Abfindungen unangemessen niedrig sind und die Abfindungsklausel daher der gerichtlichen Anpassung an ein angemessenes Entgelt unterliegt, wäre die korrigierte Abfindung maßgebend, unabhängig davon, ob die Anpassung gerichtlich geltend gemacht oder durchgesetzt wird (RIC 3.29).

Beispiel: Das (Eigen-)Kapital im IFRS-Konzernabschluss betrage 90 Mio. Euro, der Verkehrswert (Fair Value) der Anteile 200 Mio. Euro. Die Satzung sieht bei Ausscheiden eine Abfindung i.H.v. 60 % des Verkehrswerts (120 Mio. Euro) vor.

Die Abfindungsklausel entspricht IAS 32.AG14E, da die Abfindung das gesamte nach IFRS ausgewiesene Nettovermögen (90 Mio. Euro) und darüber hinaus einen Teil des nicht bilanzierten Vermögens (30 Mio. Euro) umfasst (eine Abfindung i.H.d. Nettovermögens nach IFRS von 90 Mio. Euro wäre dagegen wegen Unterschreitung der in der Praxis genannten Bandbreite von 50–60 % des Verkehrswerts gesellschaftsrechtlich unwirksam[30]).

2. Umgliederungen zwischen Eigenkapital und Verbindlichkeiten

23.43 Sobald puttable instruments nicht die Eigenkapitalmerkmale erfüllen, sind sie als Verbindlichkeiten auszuweisen (und umgekehrt, IAS 32.16E). Diese an sich selbstredende Vorgabe ist insbesondere von Bedeutung, wenn bestehende Vereinbarungen angepasst oder weitere Vereinbarungen geschlossen werden, etwa mit neuen „Kapitalgebern", deren Ausgestaltung die in Rz. 23.37 ff. genannten Eigenkapitalkriterien berühren. Dann ist eine Prüfung und ggf. innerjährliche Umgliederung notwendig.

---

27 Obwohl die verbleibenden Gesellschafter einen Vorteil daraus erzielen, dass Abfindungen anderer Gesellschafter unterhalb des vollen Verkehrswerts liegen, ist keine Verletzung des Kriteriums des IAS 32.16Ac (gleiche Ausgestaltung) gegeben, sofern die Abfindungsklausel gleich gestaltet ist, weil dann ex ante, vor Abfindung, kein Gesellschafter benachteiligt ist (RIC 3.30 ff.).
28 Vgl. *Schmidt*, BB 2008, 434 (436) m.w.N.
29 So aber *Löw/Antonakopoulos*, KoR 2008, 261 (270). Wie hier: *Lüdenbach* in Haufe IFRS-Komm.[16], § 20 Rz. 40.
30 Vgl. z.B. *Ulmer/Schäfer*, ZGR 1995, 134; i.d.R. wird eine Abfindung zu mindestens 60 % des Verkehrswerts anerkannt.

Bei der Umgliederung ergeben sich verschiedenartige **Bewertungsfolgen:** 23.44

– Bei **Umgliederung von Eigenkapital in Verbindlichkeiten** erfolgt die Bewertung zum Fair Value. Abweichungen zum bisherigen Buchwert sind erfolgsneutral im Eigenkapital gegenzubuchen (IAS 32.16Fa), bevorzugt gegen Gewinnrücklagen.

– Bei **Umgliederung von Verbindlichkeiten in Eigenkapital** erfolgt die Bewertung zum bisherigen Buchwert der Verbindlichkeit (IAS 32.16Fb).

3. Angabe der Abfindungsklausel und der Abfindungshöhe im Anhang

Die Ausnahmeregelung für Personengesellschaften enthält jedoch einen Wermutstropfen, weil Einzelheiten der Abfindungsklausel und die Abfindungshöhe im Anhang anzugeben sind (IAS 1.136A)[31]. Unklar ist jedoch, ob bei der Ermittlung der erwarteten Abfindungshöhe auf die Verhältnisse 23.45

(a) am **Abschlussstichtag**[32] (unter der Annahme eines Ausscheidens zum Stichtag) oder

(b) im erwarteten **Rückzahlungszeitpunkt**[33]

abzustellen ist.

Sachgerecht erscheint Alternative (b), da der Verbindlichkeitsausweis gerade eine **tatsächlich drohende** und keine nur fiktiv (am Stichtag) mögliche **Auszahlung** abbilden soll. Sofern allerdings keine konkrete Abfindung droht, dürfte die Ermittlung des erwarteten Betrages gem. Alternative (b) jedoch regelmäßig daran scheitern, dass die Abfindung von vielen Unwägbarkeiten (z.B. Entwicklung der Verkehrswerte angesichts gerichtlicher Untergrenzen, Ausstiegsszenarien im Gesellschafterkreis, Abhängigkeit von persönlichen und unternehmerischen Interessen der Gesellschafter und deren mögliche Änderung im Zeitablauf u.v.m.) abhängt, so dass eine zuverlässige Schätzung über mehrere Jahrzehnte hinweg nicht möglich sein dürfte. Dies wäre im Anhang entsprechend auszuführen.[34] 23.46

Sollte eine Schätzung, z.B. bei einem sich konkretisierenden Ausstiegsszenario, im Ausnahmefall einmal möglich sein, wäre die mögliche Höhe der drohenden, d.h. ggf. durch gerichtliche Auslegung auf ein angemessenes Entgelt korrigierten Abfindung maßgebend.[35] Eine detaillierte Unternehmensbewertung ist jedoch nicht er-

---

31 Die europarechtliche Zulässigkeit der Regelung wird von *Hennrichs* in Frage gestellt, vgl. Rechtsgutachten im Auftrag der Vereinigung zur Mitwirkung an der Entwicklung des Bilanzrechts für Familiengesellschaften e.V. (VMEBF), S. 19 ff., zu beziehen über www.vmebf.de.
32 Hierfür plädieren *Löw/Antonakopoulos*, KoR 2008, 261 (271).
33 Vgl. *Bömelburg/Landgraf/Luce*, PiR 2008, 143 (147 f.), *Schmidt*, BB 2008, 434 (438).
34 Vgl. beispielsweise Otto Group, GB 2017/18, 171: „Eine Bestimmung des Zeitwerts der Anteile ist aufgrund fehlender Markttransaktionen und aufgrund des Stiftungszwecks, der den dauerhaften Verbleib der Anteile im Stiftungsvermögen vorsieht, zum Stichtag nicht verlässlich möglich."
35 Betrifft sittenwidrige oder, insbesondere bei ertragstarken Unternehmen, unangemessen niedrige Abfindungsklauseln, vgl. *Hoffmann/Lüdenbach*, DB 2006, 1797 (1799).

forderlich. Vielmehr sind auch branchenübliche **Vereinfachungsverfahren** zulässig (RIC 3.41), z.B. Multiplikatorverfahren. Nach IAS 1.136Ad ist darüber zu berichten, wie der erwartete Mittelabfluss ermittelt wurde.

Außerdem sind Einzelheiten des „Managements" dieser Rückzahlungsverpflichtung durch die Gesellschaft inklusive Veränderungen gegenüber dem Vorjahr anzugeben (IAS 1.136Ab). Hierunter ist insbesondere eine Abschätzung der Wahrscheinlichkeit der Kündigung von Einlagen auf Grund von Entwicklungen im Gesellschafterkreis gemeint.

23.47–23.55 frei

III. Bilanzierung bei Nichtanwendung der Ausnahmeregelung

1. Ausweis in der Bilanz

23.56 Falls die Kriterien für den Eigenkapitalausweis nicht erfüllt sind, soll nach IAS 32.IE32 ff. ein „Nettovermögen der Anteilseigner" ausgewiesen werden. Dieses kann in den Anhangerläuterungen als „wirtschaftliches Eigenkapital" bezeichnet werden.[36] Es bleibt jedoch, wie auch bei Inanspruchnahme der Ausnahmeregelung, sachlich bei **Verbindlichkeiten**. Da der Fremdkapitalausweis aus der Rückgabemöglichkeit der Anteile *insgesamt* resultiert, bezieht sich der Abfindungsanspruch *dem Grunde nach* auf die *Gesamtheit* aller Kapitalkomponenten inkl. dem kumulierten other comprehensive income (OCI). Die fehlende individuelle Rückforderungsmöglichkeit, z.B. bei **gesamthänderisch gebundenen Rücklagen**, wird praktisch durch den Abfindungsfall überlagert.[37]

2. Ausweis in der Gewinn- und Verlustrechnung

23.57 Korrespondierend zur Fremdkapitaleigenschaft in der Bilanz würde in der **Gewinn- und Verlustrechnung** kein Jahresüberschuss mehr ausgewiesen, sondern nur noch die „Änderung des Anteilseignern zuzurechnenden Nettovermögens". Zudem sollen „Ausschüttungen" (bei Personengesellschaften Gewinnzuweisungen des handelsrechtlichen Jahresabschluss-Ergebnisses der Konzernmutter) als Aufwand gezeigt werden. Hierbei ist zu differenzieren:

Vergütungen für *nicht* letztrangige Kapitalteile (insb. **Zinsen auf Gesellschafterdarlehen** oder Verrechnungskonten) sind wie üblich Aufwand. Ausschüttungen auf letztrangige Kapitalteile (insb. **Gewinnzuweisungen für das Kommanditkapital**) sind dagegen sachlogisch einer Aufwandsbuchung nicht zugänglich[38], da der Aufwand

---

36 Vgl. *Clemens* in Beck IFRS-HB[5], § 12 Rz. 108.
37 Vgl. IDW RS HFA 45, Rz. 52. Ist der Abfindungsanspruch (z.B. 25.000) jedoch aus Gläubigerschutzgründen begrenzt und liegt er unter dem „Gesellschafterkapital" (im Beispiel 30.000), kann zumindest teilweise Eigenkapital ausgewiesen werden.
38 A.A. möglicherweise IDW RS HFA 45, Rz. 53.

von den letztrangigen **Kapitalinhabern** selbst getragen wird (s. auch Rz. 23.59). Die Ausweisfrage sollte pragmatisch durch Zwischensummen gelöst werden:[39]

Beispiel:

Gewinn- und Verlustrechnung	
Erträge	3.000
Aufwendungen	- 2.000
Operativer Gewinn	1.000
Zinsen	- 200
Jahresüberschuss vor Ergebniszuweisungen an Kommanditisten	800
„Den Kommanditisten der Muttergesellschaft und den Kommanditisten der Tochtergesellschaften zuzuweisendes Ergebnis"[40]	- 500
„Änderung des Anteilseignern zuzurechnenden Nettovermögens" (restliche Thesaurierung im Konzern)	300

3. Folgen für die Bewertung

Die Klassifikation als Verbindlichkeit führt grundsätzlich dazu, dass dieses „Fremdkapital" **erfolgswirksam** auf den **Fair Value** auf- oder abzustocken ist (wegen Kündigungsrecht (Derivat) Anwendungsfall des IAS 39.47a). Der Fair Value entspricht dabei dem **Abfindungsanspruch** nach den Verhältnissen am Bilanzstichtag (IFRIC 2.10[41]). Das IFRS-(Konzern-)Kapital kann in einigen[42], aber nicht in allen Fällen ein Näherungswert für den Abfindungsanspruch sein.

23.58

In der Folge wäre die Differenz zwischen bisherigem Buchwert des Gesellschafter-„Fremdkapitals" (z.B. vorläufig 30.000) und dem Wert des Abfindungsanspruchs nach den Verhältnissen des Stichtages (z.B. 35.000) **erfolgswirksam in der GuV** zu erfassen. Bei gut verdienenden Unternehmen fiele somit Aufwand an und das Ergebnis wäre umso schlechter, je besser es dem Unternehmen ginge bzw. umgekehrt umso besser, je schlechter das Unternehmen dastünde.

Allerdings würde eine Aufwandsbuchung (hier Aufwand an „Fremdkapital" 5.000) überhaupt nur dann zu einem höheren „Fremdkapital" führen, wenn es mindestens eine Kapitalkomponente gäbe, die Eigenkapitalcharakter hätte und mit der ein Ergebnisvortrag dann verrechnet werden könnte. Dies ist aber nicht möglich, wenn alle am Ergebnis beteiligten Gesellschafter einen Abfindungsanspruch haben und daher die Abfindung *aller* Gesellschafter abgebildet wird, so dass niemand verbleibt,

23.59

---

[39] In Anlehnung an Otto GmbH & Co KG, Konzernabschluss 2007/08, vor Inanspruchnahme der Ausnahmeregelung.
[40] Ermittelt auf Basis der HGB-Ergebnisse der jeweiligen Gesellschaften.
[41] IFRIC 2 hat für den Eigenkapitalausweis bei Personengesellschaften u.Ä. keine Bedeutung. Hier greift stattdessen ggf. die Ausnahmeregelung des IAS 32.16A ff.
[42] Vgl. IDW RS HFA 45, Rz. 52.

der die Last der über die Buchwerte hinausgehenden Abfindungen tragen könnte.[43] Aufwand ließe sich überhaupt nur dann begründen, wenn eine über den bisherigen Buchwert hinausgehende Abfindung von Gesellschaftern grundsätzlich zu Aufwand führen würde. Dies ist aber gerade nicht der Fall, vielmehr werden Abfindungen erfolgsneutral gegen das Eigenkapital gebucht[44], so explizit die Regelung bei Aufstockung von Mehrheitsbeteiligungen in Konzernabschlüssen (Rz. 39.50 ff.).[45]

Die Fair Value-Bewertung des Gesellschafter-Fremdkapitals läuft demnach ins Leere.[46] Somit wäre nur eine Umgliederung von Eigen- in Fremdkapital i.H.v. 30.000 vorzunehmen.[47]

23.60–23.65 frei

IV. Quintessenz für Personengesellschaften

23.66 Die Beurteilung der Eigenkapitalvorschriften für Personengesellschaften fällt seit der Änderung von IAS 32 positiv aus. I.d.R. dürften Satzungsänderungen im Normalfall nicht erforderlich sein, um die relevanten Vorschriften zu erfüllen.[48]

Allerdings wären gesellschaftsinterne Details wie Abfindungsklausel und Abfindungshöhe grundsätzlich im Anhang anzugeben (Rz. 23.45 f.). Diese Angabe ließe sich nur vermeiden, wenn Personengesellschaftskapital *nicht* die *allgemeinen* Voraussetzungen von Schulden i.S.d. IAS 32 erfüllt (Rz. 23.21). Folgende Möglichkeiten kommen in Betracht:

23.67 (1) Der Fremdkapitalausweis kann theoretisch durch **Satzungsänderung** beseitigt werden, wonach die Abfindungsverpflichtung von der Gesellschaftsebene auf die Gesellschafterebene verlagert wird.[49] In der Literatur werden derartige Sat-

---

43 A.A. *Löw/Antonkopoulos*, KoR 2008, 261 (265 f.).
44 Vgl. *Lüdenbach* in Haufe IFRS-Komm.[16], § 31 Rz. 206.
45 Alternativ könnte man an eine erfolgsneutrale Buchung „Vermögen an Fremdkapital 5.000", also eine Bilanzverlängerung denken. Annahmegemäß ist aber das Gesellschafterkapital (30.000) nach IFRS-Kriterien zutreffend bewertet worden. Der Vermögensposten hätte demnach den Charakter eines originären Goodwill. Dessen Ansatz verstieße jedoch gegen ein explizites Ansatzverbot (IAS 38.48).
46 *Küting/Wirth/Dürr*, WPg 2006, 69 (75 ff.) diskutieren eine erfolgswirksame oder erfolgsneutrale Aufblähung des Gesellschafterkapitals (Abfindungsanspruch von 35.000 bei gleichzeitigem Ausweis eines Verlustvortrags von – 5.000).
47 Vgl. Otto GmbH & Co KG, Konzernabschluss 2007/08, Anhangerläuterung 26b: „Das sonstige von den Gesellschaftern langfristig zur Verfügung gestellte Kapital umfasst das Kommanditkapital der Konzernobergesellschaft, die im Einzelabschluss nach HGB ausgewiesenen Gewinnrücklagen, Ergebnisvorträge und das Jahresergebnis der Otto (GmbH & Co KG) sowie die auf die Kommanditanteile anderer Gesellschafter entfallenden Anteile am Ergebnis nach HGB deutscher Tochtergesellschaften".
48 Wie hier *Winkeljohann*, Status:Recht 2009, 45 (47).
49 Hierzu wäre es erforderlich, das Statut der Kommanditgesellschaft dem Regelstatut der Kapitalgesellschaft anzunähern (unbegrenzte Dauer der Gesellschaft, Ausschluss des Kündigungsrechts der Kommanditisten und freie Übertragbarkeit der Anteile bzw. Ersatz

zungsänderungen aber wegen einer möglichen Subsidiärhaftung der Gesellschaft kritisch gesehen.[50]

(2) Eine **einschränkende Auslegung des IAS 32** kommt ebenfalls nicht in Betracht. Unter Bezugnahme auf die Rechtsformneutralität und den Grundsatz der **„substance-over-form"** (IAS 32.18) wird darauf verwiesen, dass der Mehrheitsgesellschafter einer Kapitalgesellschaft ohne weiteres die Ausschüttung der „freien Rücklagen" beschließen könne, was wirtschaftlich der Rückforderungsmöglichkeit bei Personengesellschaften gleiche[51] (Rz. 23.2). Bei dem Vergleich mit Kapitalgesellschaften ist jedoch zu berücksichtigen, dass die Unterscheidung zwischen Auszahlungsverpflichtungen, die nur kollektiv, d.h. durch Gesellschafterbeschluss durchsetzbar sind (Eigenkapital), und individuell durchsetzbaren Ansprüchen (Fremdkapital) zu *der* tragenden Säule der Eigenkapitaldefinition des IAS 32 gehört. Ansonsten könnte IAS 32 nicht mehr eine Gruppe von Ansprüchen, die Eigenkapital darstellen sollen, gegen Fremdkapital abgrenzen, ohne andere Kriterien aufzustellen.[52]   23.68

(3) Grundsätzlich ist eine Korrektur der aktuellen Eigenkapitalabgrenzung nur durch ein offenes Abweichen von einem Standard möglich.[53] Dieses sog. **principle override** nach IAS 1.17 ist unter äußerst seltenen Umständen möglich, wenn das Management zu der Ansicht gelangt, dass die Anwendung eines Standards zu einem Konflikt mit den Zwecken des Rahmenkonzepts (Framework) bzw. Conceptual Framework führt (Rz. 48.27 ff.). In diesem Fall wäre aber die Auswirkung des Abweichens vom IAS 32, insbesondere ein nicht gebuchter höherer Abfindungsanspruch, im Anhang zu nennen.   23.69

Es ist ein **pragmatischer Umgang** mit IAS 32 anzuraten: Falls ein Eigenkapitalausweis nach der Ausnahmeregelung nicht in Betracht kommt, kann man in Bezug auf die Bewertung mit guten Gründen die Ansicht vertreten, dass der IAS 32 mit der Forderung einer Fair Value-Bewertung ins Leere läuft (Rz. 23.59), zumal sich der IASB bislang beharrlich geweigert hat, das Bewertungsproblem anzugehen.[54] Somit verbleibt – vorbehaltlich einer künftigen Lösung im Nachgang der weiteren Entwicklung zum Discussion Paper DP/2018/1 (Rz. 23.13) – nur der vom Eigenkapital abweichende Ausweis in Bilanz und GuV. Hier ist gegenwärtig der Ausweis eines „wirtschaftlichen Eigenkapitals" bzw. „Jahresüberschusses vor Ergebniszuweisung   23.70

---

des Kündigungsrechts durch Andienung des Kommanditanteils an die Mitgesellschafter, vgl. *Schmidt* in Schmidt (Hrsg.), MünchKomm/HGB, Bd. 2³, § 132 HGB Rz. 31 m.w.N.

50 Vgl. IDW RS HFA 45, Rz. 49; *Broser/Hoffjan/Strauch*, KoR 2004, 452 (457); *Breker/Harrison/Schmidt*, KoR 2005, 469 (471); zu weiteren Aspekten *Balz/Ilina*, BB 2005, 2759 ff.
51 Vgl. *Brüggemann/Lühn/Siegel*, KoR 2004, 389 (392); IDW, Stellungnahme des IDW gegenüber dem IASB zur Abgrenzung von Eigenkapital und Fremdkapital nach ED IAS 32, WPg 2004, 86; *Hoffmann/Lüdenbach*, DB 2005, 404 (409).
52 Vgl. *Pawelzik*, KoR 2006, 153 (155).
53 Hierfür sprechen sich *Küting/Wirth/Dürr*, WPg 2006, 69 (78) aus.
54 Vgl. IFRIC 2.BC19, wonach die Umgliederung im Vordergrund stehe und die Folgebewertung einem weiteren Projekt vorbehalten sei (!); IDW RS HFA 45, Rz. 52. Kritisch zu Recht *Hoffmann/Lüdenbach*, DB 2005, 404 (408).

an die Kommanditisten" hinzunehmen. Die jeweils gewählte Bilanzierung und Darstellung im Abschluss ist im Rahmen von IAS 1.80 und IAS 1.136A im Anhang angemessen zu erläutern.

23.71–23.79   frei

D. ABC des Eigenkapitals

23.80   **Ausstehende Einlagen:** s. Rz. 23.89.

Dept-Equity-Swap (IFRIC 19): Rz. 25.73 ff.

Dividendenverpflichtungen: Bei Kapitalgesellschaften entstehen Dividendenverbindlichkeiten mit Ausschüttungsbeschluss (IAS 32.17 a.E.; IAS 10.12 bzw. IFRIC 17.10), weil der kollektive Gewinnanspruch erst dann zu einem individuellen Recht des Anteilseigners erstarkt und damit für die Gesellschaft zu Fremdkapital wird (Rz. 23.98 f.).

Dies gilt damit auch für Vorweg- oder Mehrdividenden bei stimmrechtslosen Vorzugsaktien nach § 139 AktG, da deren Zahlung voraussetzt, dass ein entsprechender kollektiver Ausschüttungsbeschluss gefasst wird und Gewinne nicht nach § 58 Abs. 3 AktG thesauriert werden. Derartige **Vorzugsaktien** sind Eigenkapital.[55]

Eigene Anteile: s. Rz. 23.87.

Ewige Anleihen: s. „Mezzaninekapital".

Ewige Rente: Hierbei bezieht der Inhaber jährliche Zinsen, hat jedoch keinen Rückzahlungsanspruch in Bezug auf das Stammrecht. Dennoch liegt eine Verbindlichkeit vor, da die *Zinszahlungen* in Zeitpunkt und Höhe feststehen (bzw. bei variablem Zinssatz bestimmbar sind) und sich das Unternehmen dieser Zahlungsverpflichtung nicht entziehen kann. Auf das Stammrecht kommt es insofern nicht an. Der Wert der Verbindlichkeit ergibt sich aus der Kapitalisierung der Zinszahlungen (IAS 32.AG6): Bei jährlichen Zinszahlungen von 60 und einem Marktzins von 6 % p.a. beläuft sich die Verbindlichkeit somit auf 1.000 (= 60: 6 %).

Finanzinstrumente mit Rückgabemöglichkeit („puttable instruments"): Auszahlungsverpflichtungen ohne *festen* Rückzahlungszeitpunkt sind Fremdkapital, wenn der Inhaber die Rückzahlung verlangen und sich die Gesellschaft einer Auszahlung nicht entziehen kann (IAS 32.18), auch wenn die Rückforderung nur mit Kündigungsfrist erfolgen kann und diese Rückforderung am Bilanzstichtag tatsächlich noch nicht erfolgt ist. Beispiele:

– **Kredite mit unbestimmter Laufzeit:** Gemäß § 488 Abs. 3 BGB besteht eine Kündigungsmöglichkeit mit Drei-Monats-Frist.

---

55 Vgl. IDW RS HFA 45 Rz. 59; anders jedoch Rz. 30, wenn Mehrdividenden u.Ä. keines weiteren Hauptversammlungsbeschlusses bedürfen. Dann liegt ein zusammengesetztes Instrument vor.

- **Kredite mit mehr als zehnjähriger Laufzeit:** Gemäß § 489 Abs. 1 Nr. 3 BGB besteht zur Lösung aus dem Dauerverhältnis nach Ablauf der Zehnjahres-Frist ein Kündigungsrecht mit einer Kündigungsfrist von sechs Monaten, es liegt Fremdkapital vor.
- **Personengesellschaften mit Abfindungsklausel** bei Kündigung oder Tod (s. Rz. 23.31 ff.). Der Verbindlichkeitsausweis soll den drohenden Zahlungsabfluss reflektieren (Rz. 23.2). Unter bestimmten Voraussetzungen kann dennoch der Ausweis als Eigenkapital möglich sein (Rz. 23.37 ff.).
- **Kapitalgesellschaften mit Abfindungsklausel** bei Kündigung oder Tod. GmbHs stehen nicht im Mittelpunkt der Diskussion um „puttable instruments". Trotzdem finden sich Kündigungsklauseln häufig auch bei ihnen. Sie sind jedoch regelmäßig mit der Verpflichtung der verbleibenden Gesellschafter verknüpft, die Anteile des kündigenden Gesellschafters zu übernehmen[56], wobei diese Regelung auch im Zusammenhang mit den Restriktionen hinsichtlich des Erwerbs eigener Anteile der GmbH (§ 33 GmbHG) steht. Nur wenn eine Satzung im Einzelfall eine Rückgabeverpflichtung an die Kapitalgesellschaft vorsieht, wäre in Bezug auf das über das Stammkapital hinausgehende „Kapital" die gleiche Lage wie bei Personengesellschaften (s. Rz. 23.31) gegeben.[57]

Genossenschaften: Auf Grund der Kündigungsmöglichkeit der Genossen (§§ 65, 73 GenG) liegt eine Rückgabemöglichkeit i.S.v. IAS 32.18 und damit Fremdkapital vor. Insofern ist die gleiche Lage wie bei Personengesellschaften gegeben. Dies gilt auch in Bezug auf die Ausnahmeregelung (Rz. 23.37 ff.): Sofern Genossenschaften gem. § 8a GenG ein unkündbares Mindestkapital ausweisen oder gem. § 73 Abs. 4 GenG die Zahlung des Abfindungsguthabens einschränken, liegen insofern jedoch zusätzlich zu den kündbaren auch unkündbare Kapitalanteile vor, so dass die Anwendung der Ausnahmeregelung mangels identischer Merkmale auf der letztrangigen Stufe ausgeschlossen ist.[58]

Genussrechte: s. „Mezzanine-Kapital".

Gesellschafterverrechnungskonten: Wegen individueller Entnahmerechte ist Fremdkapital gegeben. Nach dem Regelstatut vorgenommene Gewinnzuweisungen an Kommanditisten (§ 166 Abs. 2 HGB) führen erst per Bilanzstichtag zu Verbindlichkeiten[59], da zuvor kein individuelles Forderungsrecht der Kommanditisten vorliegt (RIC 3.21 ff., Rz. 23.40).

Kapitalerhöhung: s. Rz. 23.93 f.

Kapitalherabsetzung: Auszahlungsverpflichtungen auf Grund von Kapitalherabsetzungen entstehen erst mit einem entsprechenden Beschluss der Gesellschafterversammlung. Vorher liegt kein individuell durchsetzbarer Anspruch, sondern nur ein kollektiver, d.h. auf Grund eines Beschlusses der Gesellschafterversammlung durchsetzbarer Anspruch vor.

---

56 Vgl. *Goette*, DStR 2001, 533 (540).
57 Vgl. IDW RS HFA 45 Rz. 57 f.
58 Vgl. *Löw/Antonakopoulos*, KoR 2008, 261 (270).
59 Wie hier *Broser/Hoffjan/Strauch*, KoR 2004, 452 (454 f.).

KGaA: Mangels Kündbarkeit stellen Kommanditaktien Eigenkapital dar. Demgegenüber ist ein Komplementärkapital kündbar, daher Fremdkapital. Die Anwendung der Ausnahmeregelung des IAS 32.16A ff. kommt nicht in Betracht, da nicht kündbare und kündbare Anteile letztrangig, aber nicht gleichartig ausgestaltet sind[60] (Rz. 23.39).

Liquidationserlös: Auszahlungsverpflichtungen, die erst mit Liquidation zu erfüllen sind, führen *nicht* zu Fremdkapital (IAS 32.25b).

Mezzanine Kapital (Genussrechte, stille Einlagen etc.): Mezzanine Kapital trägt, jedenfalls nach HGB, Merkmale von Eigen- und Fremdkapital. Beispiele sind Genussrechte und stille Beteiligungen. Nach HGB (Rz. 23.8) sind solche Finanzmittel als Eigenkapital auszuweisen, wenn sie durch erfolgsabhängige Vergütung, Verlustteilnahme, Nachrangigkeit im Insolvenzfall und eine gewisse Langfristigkeit eine Haftungsqualität erreichen, die derjenigen des sonstigen Eigenkapitals mindestens entspricht. Nach IAS 32 liegt dagegen Fremdkapital vor, wenn eine Rückzahlungsverpflichtung bei befristeter Kapitalüberlassung oder Rückgabemöglichkeit (Kündigungsmöglichkeit durch Kapitalgeber) vereinbart ist (Regelfall). Die Dauer der Kapitalüberlassung und eine ggf. vereinbarte Nachrangigkeit sind unerheblich.

Zum Teil wird versucht, den Eigenkapitalausweis mit sog. **ewigen Anleihen** zu erreichen. Hierbei ist kein Rückzahlungszeitpunkt vorgesehen, sondern die Rückzahlung des Nominalwertes als auch laufende Vergütungen für die Kapitalüberlassung hängen vom Ermessen des Emittenten ab. Da § 314 BGB für jedes Dauerschuldverhältnis ein außerordentliches Kündigungsrecht vorsieht, können ewige Anleihen jedoch auch dann nicht nach IAS 32 als Eigenkapital ausgewiesen werden.[61] Ein Eigenkapitalausweis dürfte im Regelfall nur dann möglich sein, wenn die Anleihe ausländischem Recht unterliegt, das ein außerordentliches Kündigungsrecht wirksam ausschließt.

Fremdkapital liegt auch bei Gestaltungen vor, in denen die Rückzahlung durch die Gesellschaft durch eine **Put-Option des Forderungsinhabers an Dritte**, z.B. Gesellschafter, ersetzt wird; das Fremdkapital ergibt sich dann aus den kapitalisierten *laufenden Vergütungen* (s. „Ewige Rente").

Perpetual bonds: s. „Mezzaninekapital" (ewige Anleihe).

Personengesellschaften auf Zeit: Solche Gesellschaften existieren vor allem im angelsächsischen Raum. Wegen der nicht abwendbaren Auszahlungsverpflichtung liegen Verbindlichkeiten vor. Es besteht jedoch unter ähnlichen Voraussetzungen wie bei Personengesellschaften (Rz. 23.37 ff.) die Möglichkeit des Eigenkapitalaus-

---

60 Vgl. *Löw/Antonakopoulos*, KoR 2008, 261 (270).
61 Vgl. *Breker/Harrison/Schmidt*, KoR 2005, 469 (473); a.A. *Hennrichs*, WPg 2006, 1253 (1256) unter Hinweis auf IAS 32.25a i.V.m. IAS 32.AG28: Diese Ausnahmeregelung erlaubt den Eigenkapitalausweis, wenn die Auszahlungsverpflichtung „nicht genuine" ist (nicht echt). Hiermit ist jedoch nicht jede außerordentliche Kündigungsmöglichkeit gemeint, sondern abnormale Fälle, etwa die Verpflichtung der Gesellschaft zur Erstattung des Kaufpreises von Aktien auf Grund vorsätzlicher sittenwidriger Schädigung der Aktionäre, vgl. *Rammert/Meurer*, PiR 2006, 1 (2).

weises: Identische Voraussetzungen sind (a) Letztrangigkeit, (b) Residualansprüche, (c) gleiche Ausstattung. Die folgenden beiden weiteren Voraussetzungen werden jedoch nicht gefordert: (d) keine weiteren Auszahlungsanprüche, (e) im weitesten Sinne gewinnabhängige Zahlungen.

REIT: Bei konzernrechnungslegungspflichtigen Immobiliengesellschaften i.S.d. REITG richtet sich die Einhaltung bestimmter Vermögens-, Eigenkapital- und Ertragsquoten nach IFRS-Abschlüssen (§ 12 Abs. 1 REITG, Rz. 18.6). Die steuerliche Begünstigung dieser Gesellschaften sieht zudem grundsätzlich eine Zwangsausschüttung eines Anteils am *handelsrechtlichen* Ergebnis vor (zu Details s. § 13 REITG). Diese Zwangsausschüttung ist jedoch nicht mit einem individuellen Forderungsrecht der Anteilseigner (Rz. 23.21) gleichzusetzen[62], da sie auf einer *gesetzlichen Anordnung* beruht. Aus diesem Grund wird durch die Zwangsausschüttung der Eigenkapitalausweis im IFRS-Abschluss gem. § 12 REITG nicht vereitelt.

Zusammengesetzte Instrumente (Optionsanleihen/Wandelanleihen u.Ä.): Enthalten Finanzinstrumente Eigen- und Fremdkapitalelemente („*compound instruments*"), ist eine Aufteilung vorzunehmen (IAS 32.28): Der Eigenkapitalanteil ergibt sich dabei als Restgröße, indem der Wert der Verbindlichkeit von dem erhaltenen Erlös abgezogen wird:

– **Optionsanleihen** etwa gewähren *zusätzlich* zur Anleihe ein Optionsrecht auf den Bezug von Aktien (call). Dabei weisen sie eine unter dem Marktzins reiner Anleihen (hier 5 %) liegende Nominalverzinsung (hier: 3 %) auf, wobei der Barwert der Zinsdifferenz den Preis für das Optionsrecht des Inhabers der Anleihe darstellt. Der Verbindlichkeitsanteil ergibt sich aus dem Barwert der künftigen Zinszahlungen (30 p.a.) und Tilgungsleistungen (1.000 am 31.12.03), diskontiert mit dem (höheren) Marktzins vergleichbarer Anleihen (5 %). Dieser Barwert beträgt im Beispiel 945,5, so dass die Differenz zum Emissionserlös (1.000), d.h. ein Betrag von 54,5 als Agio ins Eigenkapital (Kapitalrücklage) einzustellen ist[63] (IAS 32.32). In den Folgejahren ermittelt sich die jeweilige Verbindlichkeit am Jahresende durch jährliche Aufzinsung des Anfangsbetrages (beginnend mit 945,5) mit 5 % und unter Abzug der tatsächlich ausgezahlten Zinsen von 30 p.a. Zusätzlich erfolgt bei einer eventuellen Optionsausübung die Zahlung des Basispreises, der ins Eigenkapital eingestellt wird (Nominalkapital und Agio).

Beispiel zur Aufteilung von Optionsanleihen

	01	02	03
Emissionserlös 1.1.01	1.000,0		
Eigenkapitalanteil (Agio)	54,5		
Verbindlichkeit 1.1.	**945,5**	**962,8**	**980,9**
Zinsaufwand für „reine" Anleihen (5 % auf Barwert der Verbindlichkeit 1.1.)	47,3	48,1	49,1
Zinszahlungen (nominal 3 % auf 1.000)	- 30,0	- 30,0	- 30,0

---

62 Vgl. *Dettmeier/Pöschke*, PiR 2008, 86 ff.; IDW RS HFA 45, Rz. 60.
63 Zum Ausweis im Konzernabschluss s. Rz. 36.232.

	01	02	03
Zwischensumme			1.000,0
Rückzahlung 31.12.03			- 1.000,0
Verbindlichkeit 31.12.	962,8	980,9	0

– **Wandelanleihen** sind ähnlich zu behandeln. Das im EK auszuweisende Wandlungsrecht umfasst außer der Minderverzinsung i.d.R. einen Rückzahlungsabschlag (z.B. 800 statt 1.000 am 31.12.03). Nach der Wandlung wird die Verbindlichkeit zum Buchwert ins Eigenkapital umgebucht (IAS 32.AG32). Sind zum Schutz vor einer Verwässerung Anpassungen der Wandlungsbedingungen vorgesehen, die im Ermessen des Emittenten liegen (z.B. Ausgabe von Gratisaktien), stellt das Wandlungsrecht EK dar, anders dagegen bei nicht beeinflussbaren Bedingungen, z.B. Einhaltung einer EK-Quote. Dann liegt insgesamt von Beginn an Fremdkapital vor.[64] Gleiches gilt bei Anleihen in **Fremdwährung** (IAS 32.16bii).

23.81–23.85 frei

E. Ausweis

I. Kapitalausweis

23.86 In der Bilanz ist mindestens

– das auf die **Anteilseigner der (Mutter-)Gesellschaft** entfallende Eigenkapital (Gezeichnetes Kapital und alle die auf diese Anteilseigner entfallenden Rücklagen) und

– das Kapital der **Minderheiten** *(non-controlling interests)*

auszuweisen (IAS 1.54). Ein zweizeiliger Ausweis ist demnach ausreichend. Weitere Untergliederungen sind in der Bilanz oder im Anhang vorzunehmen (IAS 1.77, 1.78e). Das betrifft beispielsweise die Aufteilung

– des **gezeichneten Kapitals** (z.B. Stamm- und Vorzugsaktien)

– der Rücklagen in **Kapitalrücklagen** (z.B. ein Agio bei Ausgabe von Anteilen) und **Gewinnrücklagen**. Der Begriff *reserves* umfasst daneben auch den Ergebnisvortrag, das Periodenergebnis und alle Arten der kumulierten erfolgsneutralen Ergebnisse (OCI, Rz. 45.20).

In der Bilanz ist eine etwas aggregierte Gliederung gem. Rz. 43.41 gängig, die im Eigenkapitalspiegel (Rz. 46.1) feiner untergliedert wird. Alle Bezeichnungen sind ggf. rechtsformspezifisch anzupassen, bei Personengesellschaften z.B. „Kommanditkapital" statt „gezeichnetes Kapital".

---

[64] Vgl. IDW RS HFA 45, Rz. 32–37.

II. Eigene Anteile

Eigene Anteile werden nach IFRS vom Eigenkapital abgezogen (IAS 32.33). Dem folgt inzwischen auch das HGB: Der Nominalbetrag eigener Anteile wird in der Handelsbilanz vom Posten „Gezeichnetes Kapital" als Kapitalrückzahlung abgesetzt, der überschießende Betrag ist mit den Rücklagen zu verrechnen (§ 272 Abs. 1a HGB).[65]

23.87

Der Betrag der gehaltenen eigenen Anteile ist in der Bilanz oder im Anhang gesondert auszuweisen (IAS 32.34). In der **IFRS-Praxis** werden die kumulierten Beträge und die Veränderungen der eigenen Anteile (Anschaffungskosten im Erwerbsjahr, Erlöse bei Verkauf) gelegentlich separat im **Eigenkapitalspiegel** deutlich gemacht; das erspart die Anhangangabe und ist als zulässig anzusehen. Oft erfolgt auch die Erfassung bei den Gewinnrücklagen, was eine Angabe des kumulierten Betrags im Anhang erforderlich macht. Übersteigt bei einer **erneuten Ausgabe** der Erlös den ursprünglichen Abzugsbetrag, ist die Differenz in die Kapitalrücklage einzustellen; ein Mindererlös ist dieser zu belasten.[66] Durch den Verkauf oder die Einziehung von eigenen Anteilen darf kein Aufwand oder Ertrag in der Gewinn- und Verlustrechnung ausgewiesen werden (IAS 32.33).

III. Eigenkapitalbeschaffungskosten

Die **Aufwendungen einer Kapitalerhöhung** bzw. **Kosten der Eigenkapitalbeschaffung** werden nicht in der GuV erfasst, sondern sind als Abzug vom Eigenkapital zu bilanzieren und gesondert anzugeben (IAS 32.37), wenn die Kapitalbeschaffungsmaßnahmen erfolgreich waren (ansonsten Aufwand). Bei solchen Transaktionskosten handelt es sich um die „**direkt zurechenbaren (zusätzlichen** *incremental*) **externen Kosten**", z.B. Beurkundungs- und Beratungskosten, nicht jedoch um interne oder allgemeine Aufwendungen wie beispielsweise Gehaltskosten oder Aufwand aus einer Image-Kampagne zur Kapitalbeschaffung.

23.88

Soweit diese Kosten ertragsteuerlich abzugsfähig sind, werden die angefallenen Transaktionskosten um die hierdurch ausgelösten Ertragsteuervorteile gemindert (IAS 12.58a).

Bei der Ausgabe zusammengesetzter Instrumente (Rz. 23.80) sind Aufwendungen nach dem Verhältnis der Eigenkapital- und Fremdkapitalkomponente aufzuteilen (IAS 32.38). Steht die Eigenkapitalbeschaffung im Kontext mit anderen Transaktionen, ist eine sachgerechte Aufteilung der Aufwendungen vorzunehmen (IAS 32.38).

Beispiel: Der Konzern K nimmt einen Börsengang vor, der mit einer Kapitalerhöhung um 15.000.000 Aktien auf 25.000.000 Aktien verbunden ist. Der Börsengang verursacht Kosten von TEuro 1.000. Diese dürfen nicht vollständig erfolgsneutral vom Eigenkapital abgezogen werden, sondern sind nach einem sinnvollen Verhältnis auf (a) Börsennotierung und (b) Kapitalerhöhung aufzuspalten, z.B. nach der Relation der bestehenden zu den mit dem IPO

---

65 Vgl. *Küting/Reuter* in Küting/Weber (Hrsg.), Handbuch der Rechnungslegung, Einzelabschluss[5], § 272 HGB Rz. 51.
66 Vgl. IDW RS HFA 45, Rz. 42.

neu geschaffenen Aktien. Im Beispiel wären (a) 40 % (10/25) der Kosten (TEuro 400) als Aufwand zu verrechnen und (b) TEuro 600 erfolgsneutral (nach Steuern) mit dem Eigenkapital zu verrechnen.

IV. Ausstehende Einlagen

23.89 Die Bilanzierung ausstehender Einlagen ist in den IFRS nicht explizit geregelt. Inzwischen wird vielfach der Ausweis von eingeforderten Einlagen als Vermögenswert abgelehnt. Folglich sind im Regelfall ausstehende Einlagen – ob eingefordert oder nicht – offen vom Eigenkapital abzusetzen.[67] Im Eigenkapitalspiegel (Rz. 46.1) ist dann das (eingezahlte) Eigenkapital zu entwickeln.

23.90–23.92 frei

V. Barkapitalerhöhungen

23.93 Eine Kapitalerhöhung wird erst mit Eintragung im Handelsregister wirksam. Liegt zwischen der Einzahlung und der Eintragung ein Bilanzstichtag, kommt der Ausweis eines Sonderpostens („**Zur Durchführung einer beabsichtigten Kapitalerhöhung geleistete Einlage**") innerhalb des Eigenkapitals in Betracht, jedenfalls dann, wenn die Kapitalerhöhung zum Handelsregister angemeldet ist und keine Eintragungshindernisse erkennbar sind. Eine finanzielle Verbindlichkeit liegt gemeinhin nicht vor, da die potentielle Rückzahlungsverpflichtung wegen der beantragten Eintragung nicht echt (*genuine*) i.S.v. IAS 32.25a ist.[68]

23.94 Im Übrigen kann der Zeitpunkt des Eigenkapitalausweises von den Modalitäten der Kapitalerhöhung abhängen:

Beispiel: Am 1.7.01 wird durch den Anteilseigner X eine Kapitalerhöhung in bar von 1.000 durchgeführt. Zugleich wird mit X vereinbart, dass dieser einen Rabatt von 100[69] erhält, falls die Gesellschaft bis zum 31.12.01 weitere Kapitalerhöhungen vornimmt (was der Fall ist). Der Rabatt wird nach Wahl des X wie folgt gewährt, wobei dieser sich erst am 31.3.02 entscheidet:

(a) Barrückzahlung von 100.

(b) Ausgabe einer variablen Anzahl von Aktien, die am *31.3.02* einen Wert von 100 verkörpern.

(c) Ausgabe einer festen Zahl von Aktien, z.B. 5 Aktien; der Wert der Aktien beträgt am *1.7.01* je 20.

---

67 Vgl. *Clemens* in Beck IFRS-HB[5], § 12 Rz. 42; *Lüdenbach* in Haufe IFRS-Komm.[16], § 20 Rz. 72 f. (Eigenkapital generell erst nach Einzahlung). Im Ergebnis auch ADS International, Abschnitt 22 Rz. 31.

68 Vgl. ADS International, Abschnitt 22 Rz. 86; a.A. *Clemens* in Beck IFRS-HB[5], § 12 Rz. 47 mit der Begründung, dass die Zeichner im Insolvenzfall Insolvenzgläubiger wären.

69 Annahmegemäß sei beabsichtigt, einen möglichen Rabatt aus dem bei der Kapitalerhöhung dotierten Agio (Kapitalrücklage) zu erbringen.

In der Diktion des IAS 32 handelt es sich um ein zusammengesetztes Instrument, das in Eigenkapital und Fremdkapital aufzuteilen ist (IAS 32.28, Rz. 23.80). Der Eigenkapitalausweis des Teilbetrags von 900 ist mangels Auszahlungsverpflichtung (Rz. 23.23) unproblematisch. Es stellt sich jedoch die Frage, wie der Rabatt von 100 am 31.12.01 und am 31.3.02 zu bilanzieren ist.

Lösung:

Am **31.12.01** ist eine Verbindlichkeit von 100 auszuweisen:

- Dies ist bei Alternative (a) wegen des drohenden Cashabflusses ohne weiteres nachvollziehbar (IAS 32.16ai).
- Bei Alternative (b) ist die Gesellschaft zwar nicht zu Auszahlungen verpflichtet; der Verbindlichkeitsausweis wird aber damit begründet, dass der Anteilseigner wegen des Ausgleichs von Kursschwankungen über eine Anpassung der Aktienanzahl eine einem Fremdkapitalgeber (a) vergleichbare Position innehat (!) und die Gesellschaft ihre Anteile praktisch als Währung benutzt (IAS 32.16bi, IAS 32.21, IAS 32.BC10b[70]).
- Die Ausgabe einer festen Anzahl von Anteilen, Alternative (c), würde *isoliert betrachtet* zwar zu Eigenkapital führen, weil der Anteilseigner das eigentümerähnliche Kursrisiko trägt (IAS 32.16a/bi), d.h. gäbe es nur Alternative (c), wäre am 31.12.01 Eigenkapital auszuweisen. Da aber die anderen möglichen Alternativen (a) und (b) zu Verbindlichkeiten führen würden (und die Gesellschaft diese Alternativen nicht abwenden kann), muss *vor der Entscheidung des Anteilseigners* auch bei (c) eine Verbindlichkeit von 100 ausgewiesen werden (IAS 32.26, 32.BC20).

Am **31.3.02** kommt es je nach Wahl des Anteilseigners zu einer Tilgung der Verbindlichkeit (a) oder infolge der zu diesem Zeitpunkt durchgeführten Kapitalerhöhung bei (b) und (c) zu einer Umbuchung der Verbindlichkeiten von 100 in das Eigenkapital. Die Verbindlichkeitsbuchung bei (b) und (c) am 31.12.01 wäre also nur temporär, und zwar so lange, wie der Anteilseigner das Kursrisiko trägt.[71] Wenn und soweit die Gesellschaft allerdings nicht neue Anteile ausgibt, sondern eigene Anteile zwecks Weitergabe an den Anteilseigner erwirbt, wäre zusätzlich der Kaufpreis vom Eigenkapital abzuziehen (Rz. 23.87).

VI. Sacheinlagen

Die Einlage **einzelner** (nicht finanzieller) **Vermögenswerte**, z.B. Grundstücke, unterliegt IFRS 2 (Rz. 28.1): Danach erfolgt der Ansatz zum Fair Value des eingelegten Vermögenswerts (IFRS 2.10). Die Eigenkapitalerhöhung wird nach IFRS 2.7 im Zeitpunkt der dinglichen Übertragung gebucht (mit Umbuchung von Kapitalrücklage zu gezeichnetem Kapital im Zeitpunkt der Eintragung im Handelsregister, s. Rz. 23.93). Dies gilt somit auch bei Ausgabe einer variablen Anzahl von Anteilen (Rz. 23.94), da IAS 32 nicht anwendbar ist (IAS 32.4 f.). Bei Wahlalternative (Cash/Anteile) gilt ebenfalls IFRS 2.34 ff. (Rz. 28.47 ff.). Vgl. zu **Leistungsbezügen** gegen Anteilsgewährung im Übrigen Rz. 28.1 ff.

23.95

---

[70] Obwohl dies aus Sicht der Gesellschaft keine Rolle spielen dürfte, da diese Regelung nur die Anteilsquoten von Alt- und Neugesellschafter berührt. Kritisch zum Durchgriff auf die Anteilseigner daher *Lüdenbach* in Haufe IFRS-Komm.[16], § 20 Rz. 24.
[71] Vgl. *Lüdenbach* in Haufe IFRS-Komm.[16], § 20 Rz. 24.

23.96 **Der Erwerb von Unternehmen gegen Anteilsausgabe fällt unter IFRS 3:** Der Ansatz erfolgt grundsätzlich zum Fair Value der ausgegebenen Anteile im Erwerbszeitpunkt, es sei denn, der Fair Value der erhaltenen Anteile ist zuverlässiger bestimmbar (Rz. 36.60 ff.).

Entsprechendes gilt für Beteiligungen an assoziierten Unternehmen i.S.v. IAS 28 (Rz. 37.1).

23.97 **„Einfache" Anteile** werden nach IFRS 9 mit dem Fair Value am Handels- oder Erfüllungstag bewertet (Rz. 22.30). Für die Gegenbuchung im Eigenkapital ist wiederum die Eintragung im Handelsregister maßgebend (Rz. 23.93).

VII. Dividenden

23.98 Dividenden sind (erst) im Zeitpunkt des **Dividendenbeschlusses** in Verbindlichkeiten umzubuchen, auch wenn der Beschluss noch in der Wertaufhellungsfrist erfolgt (IAS 10.12 f.). Der Dividendenbeschluss ist insofern ein wertbegründendes Ereignis (Rz. 11.33 „Dividenden"). Vorher liegt keine Verbindlichkeit vor (s. IFRIC 17.10 zur positiven Formulierung der Voraussetzung für eine Dividendenverbindlichkeit, i.d.R. Gesellschafterbeschluss).

23.99 **IFRIC 17** (Rz. 23.5) regelt darüber hinaus die Bilanzierung von **Sachdividenden**. Diese sind grundsätzlich zum Fair Value zu bewerten (IFRIC 17.11). Bei Wahlfreiheit zwischen Bar- und Sachdividende ist der wahrscheinlichkeitsgewichtete Fair Value anzusetzen (IFRIC 17.12). Die Verbindlichkeit entsteht mit dem Dividendenbeschluss (IFRIC 17.10a). Für die Zeitspanne zwischen Dividendenbeschluss und Auskehrung (*settlement*, dinglicher Übertragung) der Sachdividende ist wie folgt zu unterscheiden:

– Die **Dividendenverbindlichkeit** ist immer zum Fair Value der entsprechenden Vermögenswerte zu bewerten (Buchung bereits bei Dividendenbeschluss: Gewinnrücklagen an Verbindlichkeit). Bis zur Auskehrung eingetretene Wertänderungen sind erfolgsneutral gegen Gewinnrücklagen anzupassen (IFRIC 17.13).

– In Bezug auf die **übertragenen Vermögenswerte** bleibt es hingegen bis *zur Auskehrung* beim Buchwertansatz (dies kann der Fair Value sein, z.B. bei einfachen Beteiligungen oder Anlageimmobilien, es können aber auch bisherige Ansätze unterhalb des Fair Value in Betracht kommen, z.B. bei vollkonsolidierten Tochtergesellschaften, IFRIC 17.BC57). Etwaige Differenzen zum bisherigen Buchwert müssen bei Auskehrung ergebniswirksam erfasst werden (IFRIC 17.14). Zum Ausweis nach IFRS 5 s. Rz. 30.30 ff.

IFRIC 17 gilt gemäß IFRIC 17.5 jedoch nicht bei Ausschüttungen innerhalb von Konzernen oder bei Ausschüttungen an einen Mehrheitsgesellschafter oder eine Gruppe von Gesellschaftern i.S.v. IFRS 3.B2 („*common control*", Rz. 36.340 ff.). Ausschüttungen in Form von Anteilen an Tochtergesellschaften fallen zudem nur insoweit unter IFRIC 17, wie es zu einem Kontrollverlust kommt (IFRIC 17.5 i.V.m.17.7);

bei der bloßen Abstockung von Mehrheitsbeteiligungen ist demgegenüber IFRS 10 anzuwenden (Rz. 39.55).

Führen Dividenden auf Unternehmensebene zu Steuerfolgen (z.B. Herabschleusung auf einen Ausschüttungssteuersatz), sind diese erfolgswirksam zu behandeln (IAS 12.52B). 23.100

frei 23.101–23.109

F. Anhangangaben

In der Bilanz oder alternativ im Anhang ist nach IAS 1.78(e) das Eigenkapital inkl. der Rücklagen in verschiedene Gruppen zu gliedern. Neben gesellschaftsrechtlich und satzungsmäßig notwendigen Kapitalbeträgen wie Stammkapital/gezeichnetes Kapital und bestimmte Rücklagen (z.B. Kapitalrücklage, gesetzliche Rücklage) bietet sich auch eine Unterteilung bzw. separate Darstellung der ‚OCI-Rücklagen' nach Bildungsursache (Rz. 23.5) dazu an.[72] Dies hat den Vorteil, dass dadurch neben den zum Eigenkapital erforderlichen Erläuterungen zumindest teilweise auch Angabepflichten nach anderen IFRS abgedeckt werden können und hierbei eine fokussierte Darstellung im Abschluss erfolgt. IAS 1.79 f. verlangt Angaben in Bilanz oder Eigenkapitalveränderungsrechnung/Eigenkapitalspiegel (Rz. 46.1) u.a. zu Art und Anzahl der (Eigenkapital-)Anteile, (rechnerischem) Nennwert, ‚Ausstattung' der Anteile mit bestimmten Rechten und Beschränkungen sowie „eine Beschreibung von Art und Zweck jeder Rücklage innerhalb des Eigenkapitals" (IAS 1.79(b)). 23.110

IAS 1.134 ff. verlangt Ausführungen über das „**Kapitalmanagement**". Die Vorschrift zielt insbesondere auf Kreditinstitute und dort auf die Einhaltung gesetzlicher Eigenkapitalregeln. Es ist anzugeben, ob diese Vorgaben eingehalten wurden oder nicht, wobei quantitative Angaben empfohlen werden, aber nicht zwingend sind. Die Ergänzung des IAS 1 hat für „normale" gewerbliche Unternehmen eine geringere Bedeutung. Falls die Einhaltung bestimmter Finanzrelationen (sog. **covenants**, z.B. Verschuldungsgrad) überwacht wird, ist dies verbal zu beschreiben.

Nach IAS 1.136A sind bei als Eigenkapital eingestuften kündbaren Finanzinstrumenten Angaben zu machen zur Höhe des Eigenkapitalbetrags, vom Unternehmen geplanten Vorgehensweise, diese bei Bedarf zurückzukaufen oder abzulösen und Informationen zum damit verbundenen erwarteten Mittelabfluss. Änderungen und Umgliederungen im Vergleich zur Vorperiode sind ebenfalls anzugeben (IAS 1.80A; IAS 1.136A(b)).

IAS 1.137 fordert schließlich die Angabe von nach dem Bilanzstichtag vorgeschlagenen oder beschlossenen Dividendenzahlungen sowie der Höhe der kumulierten noch nicht bilanzierten Vorzugsdividenden.

---

72 Vgl. dazu *Reuter*, Eigenkapitalausweis im IFRS-Abschluss – Praxis der Berichterstattung, Berlin 2008, S. 455 ff.; *Küting/Reuter*, PiR 2009, 44; *Küting/Reuter*, KoR 2009, 172; *Reuter* in Frankfurt School of Finance & Management, Bankakademie und Hochschule für Bankwirtschaft (Hrsg.), S. 1 ff.

Kapitel 24
Finanzielle Verbindlichkeiten (IFRS 9, IAS 32 und IFRS 7)

A. Überblick und Wegweiser ... 24.1	V. Kreditzusagen 24.65
I. Management Zusammenfassung 24.1	VI. Finanzgarantien (Bürgschaften) 24.73
II. Standards und Anwendungsbereich 24.3	VII. Options- und Wandelanleihen beim Emittenten 24.76
III. Wesentliche Abweichungen zum HGB 24.5	VIII. Strukturierte Produkte („hybrid contracts") 24.77
IV. Neuere Entwicklungen 24.7	H. Ausweis 24.90
B. Ansatz 24.15	I. Bilanz 24.90
C. Kategorien 24.20	II. Gewinn- und Verlustrechnung 24.91
D. Zugangsbewertung 24.30	III. Kapitalflussrechnung 24.92
E. Folgebewertung 24.40	I. Anhangangaben 24.100
I. Zu fortgeführten Anschaffungskosten bewertete finanzielle Verbindlichkeiten 24.40	I. Betonung der Wesentlichkeit .. 24.100
	II. Rechnungslegungsmethoden .. 24.101
II. Zum beizulegenden Zeitwert bewertete Verbindlichkeiten .. 24.45	III. Buchwerte der Kategorien und Fair Value 24.102
F. Ausbuchung 24.50	1. Überleitungsrechnung 24.102
G. Einzelfälle 24.60	2. Verbindlichkeitenspiegel 24.103
I. Verbindlichkeiten aus Lieferungen und Leistungen 24.60	IV. Angaben zur Aufwands- und Ertragserfassung 24.104
II. Umschuldung 24.62	1. Zinsaufwand 24.104
III. Forderungsverzicht mit Besserungsschein 24.63	2. Übrige Erträge und Aufwendungen 24.105
IV. Debt-Equity-Swaps (IFRIC 19) 24.64	V. Sonstige Angaben 24.106

Literatur: Siehe bereits Kap. 22.

A. Überblick und Wegweiser

I. Management Zusammenfassung

Finanzielle Verbindlichkeiten resultieren aus einem Finanzinstrument. Ein Finanzinstrument ist ein Vertrag, der gleichzeitig bei einem Unternehmen zu einem finanziellen Vermögenswert und bei dem anderen Unternehmen zu einer finanziellen Verbindlichkeit oder einem Eigenkapitalinstrument führt (IAS 32.11). Vorschriften

24.1

zum Ansatz und zur Bewertung finanzieller Verbindlichkeiten sind in IFRS 9 *Finanzinstrumente* enthalten.

24.2 **Finanzielle Verbindlichkeiten** sind anzusetzen, soweit das Unternehmen Vertragspartei wird. Für Zwecke der Bewertung sind sie grds. als „bewertet zu fortgeführten Anschaffungskosten" zu klassifizieren. In einigen Fällen sind bzw. dürfen finanzielle Verbindlichkeiten als „ergebniswirksam bewertet zum beizulegenden Zeitwert" klassifiziert werden. Ein solches Wahlrecht besteht allerdings nicht für alle finanziellen Verbindlichkeiten.

Finanzielle Verbindlichkeiten der Kategorie „bewertet zu fortgeführten Anschaffungskosten" sind beim Ansatz zum beizulegenden Zeitwert abzgl. Transaktionskosten und in der Folge zu fortgeführten Anschaffungskosten zu bewerten. Solche der Kategorie „erfolgswirksam bewertet zum beizulegenden Zeitwert" sind beim Ansatz und in der Folge zum beizulegenden Zeitwert zu bewerten. Wertänderungen sind dabei grds. in der Gewinn- und Verlustrechnung zu erfassen. Soweit eine Verbindlichkeit als „erfolgswirksam bewertet zum beizulegenden Zeitwert" designiert wurde, sind Wertänderungen, die aus einer Änderung des eigenen Kreditrisikos resultieren, im OCI zu erfassen.

II. Standards und Anwendungsbereich

24.3 Finanzielle Verbindlichkeiten sind nach IFRS 9 zu bilanzieren. Davon ausgenommen sind:

- Leasingverbindlichkeiten. Diese sind nach IFRS 16 zu bilanzieren. Die Vorschriften zur Ausbuchung finanzieller Verbindlichkeiten des IFRS 9 sind indes anzuwenden.
- Verbindlichkeiten im Anwendungsbereich des IAS 19; das sind Verbindlichkeiten gegenüber Arbeitnehmern.
- Verbindlichkeiten aus Verträgen im Anwendungsbereich von IFRS 17 (Versicherungsverträge). Finanzgarantien sind nach IFRS 9 zu bilanzieren.
- Kreditzusagen. In den Anwendungsbereich des IFRS 9 fallen aber die folgenden Kreditzusagen:
  - Als zum beizulegenden Zeitwert bewertet designierte Kreditzusagen.
  - Kreditzusagen, die in bar oder gegen Lieferung oder Ausgabe andere Finanzinstrumente beglichen werden können.
  - Verpflichtungen, einen unter Marktniveau verzinsten Kredit zu gewähren.
- Die Vorschriften zur Wertminderung und zur Ausbuchung des IFRS sind auf alle Kreditzusagen anzuwenden.
- Verbindlichkeiten im Anwendungsbereich des IFRS 2 (anteilsbasierte Vergütung).

– Aus IFRS 15 (Erlöse aus Verträgen mit Kunden) resultierende Verbindlichkeiten, für welche IFRS 15 nicht auf IFRS 9 verweist (z.B. Rückerstattungsverbindlichkeiten [vgl. Rz. 10.196]).

Nicht in den Anwendungsbereich des IFRS 9 fallen Verbindlichkeiten aus Steuern, da diesen kein Vertrag zu Grunde liegt. Verbindlichkeiten aus erhaltene Anzahlungen auf Bestellungen und Sachleistungsverpflichtung fallen nicht in den Anwendungsbereich des IFRS 9, da sie nicht gegen Zahlung oder Lieferung bzw. Tausch anderer Finanzinstrumente beglichen werden.   24.4

III. Wesentliche Abweichungen zum HGB

Verbindlichkeiten sind nach HGB beim Ansatz und in der Folge mit dem Erfüllungsbetrag – dieser entspricht regelmäßig dem Rückzahlungsbetrag –, zu bewerten. Ein Disagio kann im Gegensatz zu den Regelungen des IFRS 9 aktiviert oder sofort ergebniswirksam erfasst werden.   24.5

Die Möglichkeit, Verbindlichkeiten erfolgswirksam zum Fair Value zu bewerten, besteht nach HGB nicht.

frei   24.6

IV. Neuere Entwicklungen

Siehe hierzu bereits Rz. 22.19 f.   24.7

frei   24.8–24.14

B. Ansatz

Die Definitionsmerkmale finanzieller Verbindlichkeiten sind spiegelbildlich zu denen finanzieller Vermögenswerte, siehe Rz. 22.22 ff. Ansatzvoraussetzung ist ein **Vertragsverhältnis** mit einer anderen Partei, woraus das Unternehmen verpflichtet ist, finanzielle Vermögenswerte abzugeben (z.B. Anleihe, Bankverbindlichkeit) oder unter nachteiligen Bedingungen zu tauschen (Derivate).   24.15

Verpflichtungen aus **schwebenden Geschäften** werden erst dann erfasst, wenn die andere Partei geleistet hat (IFRS 9.B3.1.2 (b)). Eine Ausnahme hiervon bilden Derivate, die immer in der Bilanz zu erfassen sind (IFRS 9.B3.1.1).   24.16

frei   24.17–24.19

C. Kategorien

24.20 Finanzielle Verbindlichkeiten sind beim Ansatz grds. der Kategorie „zu fortgeführten Anschaffungskosten bewertet" (AC) zuzuordnen. Davon ausgenommen sind finanzielle Verbindlichkeiten, die der Kategorie „ergebniswirksam zum beizulegenden Zeitwert bewertet" (FVPL) zugeordnet werden. Dazu zählen:

– Zu Handelszwecken gehaltene Verbindlichkeiten (*held for trading*). Dazu zählen vor allem Verbindlichkeiten, welche mit dem Ziel eingegangen werden, aus kurzfristigen Preisschwankungen Gewinne zu erzielen (IFRS 9.BA.6) und Verbindlichkeiten, die einem Portfolio von identifizierbaren Finanzinstrumenten zuzurechnen sind, die gemeinsam gesteuert werden und für das Nachweise vorliegen, dass in jüngster Zeit Gewinne aus kurzfristigen Preisschwankungen realisiert wurden. Zudem sind Verbindlichkeiten aus Derivaten, die nicht im Rahmen des Hedge Accounting eingesetzt werden sowie Verbindlichkeiten von Short-Sellern (z.B. Verkauf von Aktien, die man (noch) nicht besitzt) als zu Handelszwecken gehalten einzuordnen (IFRS 9.BA.7).

– Verbindlichkeiten die als zum beizulegenden Zeitwert bewertet designiert werden (vgl. Rz. 24.22).

– Verbindlichkeiten aus Verträgen mit mindestens einem eingebetteten Derivat, welche nach IFRS 9.4.3.5 als zum beizulegenden Zeitwert bewertet designiert werden.

24.21 Zudem sind nach IFS 9.4.2.1 die folgenden Verbindlichkeiten nicht zu fortgeführten Anschaffungskosten zu bewerten:

– finanzielle Verbindlichkeiten, die erfasst werden, wenn finanzielle Vermögenswerte bei einem Transfer nicht (vollständig) ausgebucht werden (Verbindlichkeit ist nach IFRS 9.3.2.15 und IFRS 9.3.2.17 zu bilanzieren);

– Finanzgarantien: Bewertet zum höheren Betrag aus

  – dem auf Basis der Wertminderungsvorschriften des IFRS 9 ermittelten Wert; oder

  – dem erstmaligen Buchwert abzgl. ggf. zu erfassender Amortisationsbeträge, welche auf Basis der Grundsätze des IFRS 15 zu erfassen sind (vgl. Kapitel 10)

– Verpflichtungen, einen unter Marktniveau verzinsten Kredit zu gewähren: Bewertet zum höheren Betrag aus

  – dem auf Basis der Wertminderungsvorschriften des IFRS 9 ermittelten Wert (Rz. 24.62 ff.); oder

  – dem erstmaligen Buchwert abzgl. ggf. zu erfassender Amortisationsbeträge, welche auf Basis der Grundsätze des IFRS 15 zu erfassen sind (vgl. Kapitel 10)

– bedingte Kaufpreisverpflichtungen im Zusammenhang mit einem Unternehmenserwerb (vgl. Rz. 36.70).

Verbindlichkeiten dürfen auf Basis von drei Sachverhalten als ergebniswirksam zum beizulegenden Zeitwert bewertet designiert werden. Dies ist nach der **Fair Value-Option** in folgenden zwei Fällen möglich: 24.22

– durch die Designation als FVPL wird eine Rechnungslegungsanomalie beseitigt oder wesentlich verringert (Vgl. Rz. 22.62 f.); und

– soweit eine Gruppe von finanziellen Verbindlichkeiten (ggf. gemeinsam mit finanziellen Vermögenswerten) entsprechend der dokumentierten Risikomanagement- und Anlagestrategie auf Basis des beizulegenden Zeitwerts gesteuert werden und die Wertentwicklung auf dieser Basis beurteilt wird und diese Informationen an das Management berichtet werden.

Die Verbindlichkeiten sind dabei beim erstmaligen Ansatz entsprechend zu designieren (IFRS 9.4.2.2).

Zudem dürfen finanzielle Verbindlichkeiten nach IFRS 9.4.3.5 als FVPL designiert werden, soweit sie ein eingebettetes Derivat enthalten und das eingebettete Derivat die vertraglichen Zahlungsströme nicht nur unwesentlich verändert sowie unmittelbar und ohne großen Aufwand ersichtlich ist, dass eine Trennung des Derivats zulässig ist.

Die Zuordnung in die Kategorien ist bei erstmaliger Erfassung in der Bilanz vorzunehmen. Ein späterer Wechsel kommt *nicht* in Betracht (IFRS 9.4.4.2). 24.23

frei 24.24–24.29

D. Zugangsbewertung

Bei erstmaliger Erfassung sind finanzielle Verbindlichkeiten mit dem beizulegenden Zeitwert zu bewerten, welcher in der Regel dem Transaktionspreis entspricht (IFRS 9.B5.1.1). Transaktionskosten reduzieren beim erstmaligen Ansatz den Buchwert der der Kategorie AC zugeordneten Verbindlichkeit. Transaktionskosten im Zusammenhang mit der Kategorie FVPL zugeordneten Verbindlichkeiten sind unmittelbar ergebniswirksam zu erfassen. 24.30

Ein **Disagio** wird nicht aktiviert, sondern unter Anwendung der Effektivzinsmethode amortisiert. Gleiches gilt für ein Agio.

Beispiel: U emittiert eine Anleihe, Laufzeit 5 Jahre, Nennwert 1 Mio. Euro, zum Ausgabekurs von 96 % zu Beginn des Jahres. Der Nominalzins beträgt 10 %, die Transaktionskosten (Rechtsberatung, Druckkosten) belaufen sich auf 20 TEuro. U bucht:

| Bank | 960.000 | an | Finanzielle Verbindlichkeit | 960.000 |
| Finanzielle Verbindlichkeit | 20.000 | an | Bank (Transaktionskosten) | 20.000 |

Der erstmalige Buchwert beträgt somit 940.000 €.

frei 24.31–24.39

E. Folgebewertung

I. Zu fortgeführten Anschaffungskosten bewertete finanzielle Verbindlichkeiten

24.40 Finanzielle Verbindlichkeiten sind unter Anwendung der Effektivzinsmethode (vgl. ausführlich Rz. 22.93 ff.) zu **fortgeführten Anschaffungskosten** zu bewerten (IFRS 9.4.2.1 iVm. IFRS 9.A).

Beispiel (Fortsetzung von Rz. 24.30): Die Effektivverzinsung entspricht dem Zins, mit dem die künftigen Zahlungsströme aus der Anleihe diskontiert dem erstmaligen Buchwert von 940 T€ entsprechen. Der effektive Zins beträgt 11,65 %. Der Buchwert der Verbindlichkeit entwickelt sich wie folgt:

Buchwert Beginn	Zinsaufwand	Zahlung	Differenz	Buchwert Ende
940.000	109.510	100.000	9.510	949.510
949.510	110.618	100.000	10.618	960.129
960.129	111.856	100.000	11.856	971.985
971.985	113.237	100.000	13.237	985.221
985.221	114.779	100.000	14.779	1.000.000

Der Zinsaufwand wird ermittelt, indem der Buchwert zu Beginn der Periode mit der effektiven Verzinsung von 11,65 % multipliziert wird. Die Differenz zwischen dem Zinsaufwand und der Zahlung wird gegen die Verbindlichkeit erfasse. Im ersten Jahr ist somit folgender Buchungssatz zu erfassen:

Zinsaufwand	109.510	an Verbindlichkeit	9.510
		Bank	100.000

Der über die gesamte Laufzeit erfasste Zinsaufwand beträgt hier 560 T€. Dies entspricht der Summe aus den Zinszahlungen (pro Jahr 100.000 €) sowie der Differenz zwischen Buchwert und Nominalbetrag beim erstmaligen Ansatz.

24.41 Die gesonderte Ermittlung eines Effektivzinssatzes ist *nicht erforderlich*, wenn Verbindlichkeiten zu **marktüblichen Konditionen** ohne Disagio/Agio und Transaktionskosten aufgenommen werden: Die Diskontierung der künftigen Auszahlungen führt immer zum Ansatz des **Rückzahlungsbetrages**.

24.42 **Kurzfristige Verbindlichkeiten** – etwa aus Lieferungen und Leistungen – brauchen nicht abgezinst zu werden und sind insoweit zum **Rückzahlungsbetrag** zu passivieren.

24.43 Zur Bilanzierung von Verbindlichkeiten, die im Zusammenhang mit der (Nicht-)Ausbuchung von finanziellen Vermögenswerten bei echten Pensionsgeschäften entstanden sind, siehe Rz. 22.219.

Fremdwährungsverbindlichkeiten sind zum Stichtagskurs umzurechnen. Daraus entstehende Gewinne oder Verluste sind erfolgswirksam zu erfassen (IFRS 9.B5.7.2). 24.44

II. Zum beizulegenden Zeitwert bewertete Verbindlichkeiten

Bei den zum beizulegenden Zeitwert bewerteten Verbindlichkeiten ist zwischen denen als „held for trading" (Rz. 24.20) klassifizierten und den als FVPL designierten finanziellen Verbindlichkeiten zu differenzieren. Während erstgenannte immer vollständig ergebniswirksam zum beizulegenden Zeitwert zu bewerten sind, ist bei finanziellen Verbindlichkeiten, welche auf Grund der Fair Value Option in IFRS 9.4.2.2 oder des Wahlrechts in IFRS 9.4.3.5 als FVPL designiert wurden, die aus einer Änderung des Kreditrisikos resultierende Wertänderung der finanziellen Verbindlichkeit im OCI zu erfassen. Dies gilt nicht, soweit aus der Anwendung eine Rechnungslegungsanomalie entsteht oder vergrößert wird. In diesem Falle wären sämtliche Wertänderungen in der Gewinn- und Verlustrechnung zu erfassen. 24.45

Beispiel:[1] Die A-AG emittiert am 1.1.01 eine Schuldverschreibung zu folgenden marktüblichen Konditionen:

Fixe Verzinsung: 8 % p.a. (zahlbar nachschüssig)
Nennwert: 150.000 Euro
Laufzeit: 10 Jahre

Der interne Zinsfuß (Effektivzins) zum Emissionszeitpunkt beträgt 8 % und entspricht damit dem Nominalzins. Der Nennwert der Anleihe ist somit gleich ihrem Fair Value.

Die A-AG verwendet den LIBOR als Referenzzinssatz. Dieser sei im Emissionszeitpunkt 5 %. Die eigene Kreditmarge der A-AG beträgt damit 3 % (Differenz interner Zins zu LIBOR).

Am 31.12.01 ist der LIBOR auf 4,75 % gesunken. Die Veränderung des LIBOR sei die einzig relevante Veränderung der Marktkonditionen.

Für die A-AG ergibt sich auf Basis ihrer unveränderten Kreditmarge und des aktuellen LIBOR die neue Diskontierungsrate i.H.v. 7,75 % (4,75 % + 3 %). Damit ergibt sich ein Barwert der Schuldverschreibung i.H.v. 152.367 Euro[2]. Dieser Barwert müsste angesichts des gesunkenen LIBOR auch der neue Fair Value der Anleihe sein, wenn es keine bonitätsbedingte Änderung gäbe. Tatsächlich aber betrage der notierte Marktpreis der Schuldverschreibung 153.811 Euro[3]. Die Differenz des Marktwerts zum Barwert i.H.v. 1.444 Euro entspricht dem Betrag der bonitätsbedingten Fair Value-Änderung. Somit werden 1.444 Euro erfolgsneutral im OCI erfasst. Eine künftige Erfassung der im OCI erfassten Beträge in der Gewinn- und Verlustrechnung ist nach IFRS 9.B5.7.9 ausgeschlossen.

frei 24.46–24.49

---

[1] Vgl. IFRS 7.IG7-.IG11 a.F. = IFRS 9.IE1–5.
[2] Barwert der künftigen Zahlungsströme = $[12.000 \times ((1{,}0775^9 - 1)/(0{,}0775 \times 1{,}0775^9)) + 150.000/1{,}0775^9]$.
[3] Fair Value jetzt = $[12.000 \times ((1{,}076^9 - 1)/(0{,}076 \times 1{,}076^9)) + 150.000/1{,}076^9]$. Die Zinsänderung von 0,4 % ist in diesem Beispiel i.H.v. 0,25 auf die LIBOR-Änderung und i.H.v. 0,15 % auf eine Bonitätsänderung zurückzuführen.

F. Ausbuchung

24.50 Eine finanzielle Verbindlichkeit ist auszubuchen, wenn die im Vertrag genannten Verpflichtungen (getilgt), aufgehoben oder ausgelaufen sind (IFRS 9.3.3.1). Das kann durch Zahlung sowie Hingabe anderer finanzieller Vermögenswerte, auch Eigenkapitalinstrumente des Unternehmens (siehe IFRSC 19) (Rz. 24.64), erfolgen, oder der Schuldner wird durch Gesetz bzw. durch den Gläubiger von der Verpflichtung rechtlich entbunden (IFRS 9.B3.3.1). Erwirbt ein Unternehmen sein eigens Fremdkapitalinstrument (z.B. eine selbst ausgegebene Anleihe), ist die entsprechende Verbindlichkeit auszubuchen, auch wenn das Unternehmen plant, das Fremdkapitalinstrument wieder zu veräußern (IFRS 9.B3.3.2). Überträgt der Schuldner seine Verpflichtung auf einen Dritten, und informiert den Gläubiger, so hat der Schuldner die Verbindlichkeit erst auszubuchen, soweit er von dieser rechtlich entbunden ist (IFRS 9.B3.3.4).

24.51 Im Standard wird darauf hingewiesen, dass die Tilgung nach IFRS 9.B3.3.1(a) auch durch die Lieferungen von Gütern oder die Erbringung von Leistungen möglich sein soll. Dies ist unproblematisch, soweit zuvor eine finanzielle Schuld vorlag, welche grds. durch die Hingabe von finanziellen Vermögenswerten zu tilgen ist.

24.52–24.59 frei

G. Einzelfälle

I. Verbindlichkeiten aus Lieferungen und Leistungen

24.60 Verbindlichkeiten aus Lieferungen und Leistungen entstehen mit dem Erhalt des wirtschaftlichen Eigentums der Sach- oder Dienstleistung. Sie sind grds. zu fortgeführten Anschaffungskosten zu bewerten. Bei **kurzfristigen Zahlungszielen** erfolgt der Ansatz zum Rechnungsbetrag.

24.61 Bei **langen Zahlungszielen** ohne Zinssatzvereinbarung ist die Verbindlichkeit zum Fair Value anzusetzen, so dass Liefer- und Kreditgeschäft voneinander getrennt werden. Die Verbindlichkeit ist zum Barwert anzusetzen. Durch Aufzinsung in den Folgeperioden wird zum vereinbarten Zahlungszeitpunkt der Rechnungsbetrag erreicht.

II. Umschuldung

24.62 Umschuldungen oder die Modifikation von Kreditbedingungen führen zur Ausbuchung der alten und Erfassung einer **neuen Verbindlichkeit**, wenn der Barwert der künftigen Zahlungsströme aus der Verbindlichkeit unter geänderten Bedingungen, berechnet mit dem ursprünglichen Effektivzins und unter Berücksichtigung gezahlter und ggf. erhaltener Gebühren, um mindestens 10 % vom bisherigen Wert abweicht (IFRS 9.3.3.2 i.V.m. IFRS 9.B.3.3.6). Der alte Kredit ist aus-, der neue einzubuchen. Die Differenz zwischen dem alten und dem neuen Buchwert ist erfolgswirksam zu erfassen (IFRS 9.3.3.3). Vom Schuldner gezahlte Gebühren sind dabei nicht im neuen Buchwert, sondern ergebniswirksam als Teil des erfassten Ertrags oder Aufwands zu erfassen.

Beispiel: Eine Verbindlichkeit – Rückzahlungsbetrag 100, Laufzeit 8 Jahre – ist am 1.1.01 zu marktgerechten Konditionen mit einem Nominalzinssatz i.H.v. 6 % aufgenommen worden. Der Auszahlungskurs beträgt 88,51, der Effektivzins beträgt 8 %. Nach fünf Jahren, also per Ende 05, beträgt der Buchwert der unverändert mit 8 % folgebewerteten Verbindlichkeit 94,85. Die wirtschaftliche Lage des Schuldners hat sich allerdings dramatisch verschlechtert, so dass der Gläubiger bereit ist, auf die Zinszahlungen in 06, 07 und 08 zu verzichten. Einziger künftiger Zahlungsstrom ist die Rückzahlung von 100 am Ende der Laufzeit. Der Schuldner hat im Zusammenhang mit der Modifikation der Schuld Gebühren von 3 zu zahlen. Der Schuldner diskontiert den Rückzahlungsbetrag von 100 mit dem ursprünglichen Effektivzins von 8 % über drei Jahre. Der Barwert beträgt 79,38. Zudem hat er für den 10 %-Test die gezahlten Gebühren von 3 abzuziehen. Der so berechnete Betrag von 76,38 ist um mehr als 10 % kleiner als der alte Buchwert von 94,85. Der Schuldner erfasst 12,47 (die Differenz zwischen 94,85 und 79,38 (= 15,47) abzgl. der gezahlten Gebühr von 3) als Ertrag. Der Schuldner bucht:

Verbindlichkeit alt	94,85	an	Verbindlichkeit neu	79,38
			Ertrag	12,47
			Bank (Gebühren)	3,00

In den künftigen drei Perioden wird die neue Verbindlichkeit aufwandswirksam mit der Effektivverzinsung von 8 % aufgezinst, so dass nach drei Jahren der Rückzahlungsbetrag von 100 erreicht wird.

Sollten die Vertragsbedingungen *nicht substantiell* geändert werden, ist die bestehende Verbindlichkeit nicht auszubuchen. Stattdessen ist der Buchwert der Verbindlichkeit auf Basis der neu verhandelten Zahlungsströme und unter Anwendung der ursprünglichen effektiven Verzinsung neu zu berechnen. Gebühren sind anschließend im Buchwert der Verbindlichkeit zu erfassen und die Effektivverzinsung ist neu zu berechnen (IFRS 9.B5.4.6).

Beispiel (Alternative): Gläubiger und Schuldner einigen sich in 05 auf eine Reduktion des Nominalzinssatzes von 6 % auf 5 %. (Neue verbleibende Zahlungsreihe: 5, 5, 105). Beim Schuldner fallen in diesem Zusammenhang Gebühren von 3 an. Der Buchwert der Verbindlichkeit wird von 94,85 auf den neuen unter Anwendung der ursprünglichen Effektivverzinsung von 8 % ermittelten Barwert von 92,27 erfolgswirksam reduziert (Änderung inkl. der gezahlten Gebühr von 3 kleiner als 10 %). Der neue Buchwert beträgt 89,27 (92,27 abzgl. der Gebühren von 3). Nun ist der Effektivzins neu zu berechnen. Er beträgt 9,26 %.

III. Forderungsverzicht mit Besserungsschein

Bei einem **Forderungsverzicht gegen Besserungsschein** wird die unbedingte Verbindlichkeit ausgebucht und die bedingte Verbindlichkeit mit ihrem (entsprechend niedrigen) Fair Value eingebucht (IFRS 9.B3.3.7). Hierdurch entsteht per Saldo ein

Gewinn. In der Folgezeit wird die bedingte Verbindlichkeit erfolgswirksam entsprechend den Erwartungen fortgeschrieben.

IV. Debt-Equity-Swaps (IFRIC 19)

24.64 Werden Verbindlichkeiten in Eigenkapital umgewandelt, richtet sich die Bilanzierung beim Schuldner (nicht beim Inhaber des Titels) nach IFRIC 19.

Solche Umwandlungen erfolgen oft im Rahmen einer **Entschuldung bei notleidenden Krediten**. Nach IFRIC 19.5 stellt die Ausgabe von Eigenkapitalinstrumenten eine Tilgung von Verbindlichkeiten dar. Entsprechend wird die Differenz zwischen dem beizulegenden Zeitwert des ausgegebenen Eigenkapitalinstruments und dem Buchwert der Verbindlichkeit als Aufwand oder Ertrag in der Gewinn- und Verlustrechnung erfasst (IFRIC 19.9). Falls der beizulegende Zeitwert der ausgegebenen Anteile nicht zuverlässig bestimmt werden kann, bemisst sich deren Wert hilfsweise nach dem beizulegenden Zeitwert der Verbindlichkeit (IFRIC 19.7):

Beispiel: Der Buchwert einer Verbindlichkeit belaufe sich auf 10 Mio. Euro. Der Gläubiger hat seine Forderung auf den Wert des wahrscheinlichen Rückflusses von 2 Mio. Euro abgewertet. Nach weiteren Verhandlungen mit dem Schuldner erhalte der Gläubiger als Gegenleistung für den endgültigen Verzicht auf die Rückzahlung einen Gesellschaftsanteil i.H.v. 15 % des Nominalkapitals. Da der Wert des Anteils nicht zuverlässig zu schätzen ist, wird dieser hilfsweise i.H.d. beizulegenden Zeitwerts der Verbindlichkeit angesetzt. Die Buchung lautet:

Verbindlichkeit	10 Mio. Euro an	Eigenkapital	2 Mio. Euro
		Finanzertrag	8 Mio. Euro

Wird die Umwandlung auf einen Teil der Verbindlichkeit beschränkt und die Modalitäten des fortbestehenden Kredites geändert, gilt Rz. 24.62 analog (im Ergebnis IFRIC 19.8).

IFRIC 19 ist allerdings *nicht* anwendbar auf **Forderungsverzichte von Anteilseignern**, insoweit der Verzicht in der Gesellschafterstellung begründet ist, oder auf Forderungsverzichte gegenüber beherrschenden Anteilseignern (IFRIC 19.3). In diesen Fällen wird die Verbindlichkeit zwar ebenfalls ausgebucht, aber kein Ertrag in der GuV, sondern eine erfolgsneutrale (ggf. verdeckte) Einlage ausgewiesen (i.d.R. **Kapitalrücklage**).

V. Kreditzusagen

24.65 Hat sich ein Unternehmen verpflichtet, einem anderen Unternehmen einen Kredit zu bestimmten Konditionen zu gewähren, ist dieser Kredit aber noch nicht in Anspruch genommen worden, so handelt es sich um eine Kreditzusage (*loan commitment*). Eine Kreditzusage erfüllt die Definition eines Derivats.[4] Trotzdem hat sich

---

[4] Vgl. IFRS 9.BCZ2.2.

das IASB dazu entschieden, mit IFRS 9.2.1(g) Kreditzusagen grds. aus dem Anwendungsbereich des IFRS 9 auszunehmen.

Wiederum nicht vom Anwendungsbereich des IFRS 9 ausgenommen sind nach IFRS 9.2.3 folgende Kreditzusagen:

a) Kreditzusagen, die auf Grund der Fair Value Option der Kategorie FVPL zugeordnet werden (vgl. Rz. 24.22),

b) Kreditzusagen, die durch Ausgleichszahlung beglichen werden können (sind als Derivat in der Kategorie FVPL zu bilanzieren), und

c) Zusagen, einen Kredit zu einem niedrigeren Zins als den Marktzins zu gewähren. Diese Kreditzusagen sind beim erstmaligen Ansatz zum (negativen) beizulegenden Zeitwert zu bewerten. In der Folge sind sie zum höhen Wert zu bewerten aus:

– dem auf Basis der Wertminderungsvorschriften des IFRS 9 ermittelten Wert (siehe die folgenden Ausführungen); oder

– dem erstmaligen Buchwert abzgl. ggf. zu erfassender Amortisationsbeträge, welche auf Basis der Grundsätze des IFRS 15 zu erfassen sind.

Für alle Kreditzusagen sind die Wertminderungs- und Ausbuchungsvorschriften des IFRS 9 anzuwenden.

Die Kreditverluste aus einer Kreditvereinbarung sind auf Basis der allgemeinen Vorschriften zu ermitteln: **24.66**

Bei Abschluss einer Kreditvereinbarung ist diese grds. der Stufe 1 des Wertminderungsmodells des IFRS 9 zuzuordnen. Daher ist der zu erfassende Kreditverlust auf Basis der erwarteten 12-Monats-Verluste zu erfassen. Dazu hat ein Unternehmen nach IFRS 9.B5.5.31 zu schätzen, welcher Betrag des Kredits innerhalb der kommenden 12 Monate in Anspruch genommen wird und wie hoch die Wahrscheinlichkeit für mögliche Ausfallereignisse in den kommenden 12 Monaten ist.

Beispiel: Die Finanz AG gibt am 1.10.01 der Produktions AG die Zusage, einen Kredit über 2 Mio. € zum Marktzins von 4 % zu gewähren. Der Kredit wird ab Inspuchnahme endfällig nach drei Jahren zurückzuzahlen sein. Die Produktions AG hat die Möglichkeit, den Kredit innerhalb von 2 Jahren in Anspruch zu nehmen. Eine beeinträchtigte Bonität liege nicht vor. Die Kreditzusage ist daher in Stufe 1 des Wertminderungsmodells des IFRS 9 zuzuordnen. **24.67**

Zum 1.10.01 ermittelt die Finanz AG die Wahrscheinlichkeit für ein Ausfallereignis innerhalb der kommenden 12 Monate auf 1,5 %. Abhängig davon, wie sie die Inspuchnahme abschätzt, ist nun ein Wertminderungsaufwand zu erfassen:

Fall a) Die Finanz AG geht davon aus, dass der Kredit innerhalb der kommenden 12 Monate nicht in Anspruch genommen wird: Ein Wertminderungsaufwand ist nicht zu erfassen.

Fall b) Die Finanz AG geht davon aus, dass der Kredit innerhalb der kommenden 12 Monat in Höhe von 2 Mio. € in Anspruch genommen wird: Ein Wertminderungsaufwand ist zu erfassen.

Da auch in Fall a) der Kreditverlust auf Basis des in den kommenden 12 Monaten auftretenden Ausfallereignisses eintreten kann, wenn nämlich die Produktions AG den Kredit nach mehr als 12 Monaten in Anspruch nimmt und diesen anschließend ggf. nicht zurückzahlen kann, wäre ein Bezug nur auf die Wahrscheinlichkeit eines in den kommenden 12 Monaten möglichen Ausfalls und nicht auf die Inanspruchnahme des Kredits in diesem Zeitraum ggf. angemessener.

24.68   Ein Übergang von Stufe 1 in Stufe 2 des Wertminderungsmodells des IFRS 9 erfolgt nach IFRS 9.B5.5.8, wenn die Wahrscheinlichkeit des Kreditausfalls signifikant gestiegen ist. Somit sind dafür die die allgemeinen Regelungen anzuwenden (vgl. Rz. 22.118 ff.). Das IASB macht in IFRS 9.5.5.6 und IFRS 9.B5.5.47 deutlich, dass bezüglich der Erfassung von Wertminderungen für eine Kreditzusage und der später (bei entsprechender Inanspruchnahme der Kreditzusage) angesetzte Kredit als ein Finanzinstrument zu behandeln sind. Die Beurteilung, ob die Wahrscheinlichkeit eines Kreditausfalls signifikant gestiegen ist, bezieht sich somit auch wenn später der Kredit in der Bilanz angesetzt ist nicht auf den Zeitpunkt des Ansatzes des Kredits, sondern auf den Zeitpunkt des Abschlusses der Kreditzusage.

Der zu erfassende Wertminderungsaufwand ist entsprechend der allgemeinen Vorschriften zu ermitteln und entspricht nach IFRS 9.B5.5.30 der Differenz zwischen dem Barwert der vertraglichen Zahlungsströme und dem Barwert der erwarteten künftigen Zahlungsströme (vgl. Rz. 22.135 ff.), beides berechnet auf Basis der effektiven Verzinsung. Die anzuwendende Effektivverzinsung ist nach IFRS 9.B5.5.47 die Verzinsung oder zumindest ein entsprechender Näherungswert (*approximation*) welche beim Ansatz des Kredits anzuwenden ist. Soweit die effektive Verzinsung nicht ermittelt werden kann, ist nach IFRS 9.B5.5.48 ein risikoadjustierter Zinssatz anzuwenden.

24.69   Vom (potentiellen) Kreditnehmer gezahlte Gebühren (vgl. Rz. 22.97), die „integraler Bestandteil" der effektiven Verzinsung sind, sind bis zur Inanspruchnahme der Kreditzusage passivisch abzugrenzen und zum Zeitpunkt des Ansatzes der Kreditforderung grds. buchwertmindernd, und soweit der Kredit nicht in Anspruch genommen wird, ergebniswirksam als Ertrag zu erfassen. Dies gilt indes nur, soweit es wahrscheinlich ist, dass die Kreditzusage in Anspruch genommen wird. Soweit eine Inanspruchnahme nicht wahrscheinlich ist, sind die Gebühren nach IFRS 15 zu erfassen.

24.70   **Fortsetzung des Beispiels:** Folgende zusätzliche Informationen liegen zum 01.10.01 vor:
– Die Produktions AG zahlt am 1. Oktober 2X01 wie vereinbart für die notwendige Bonitätsprüfung eine Gebühr in Höhe von 15.000 € an die Finanz AG.
– Die Wahrscheinlichkeit des Ausfalls über die gesamte Laufzeit ermittelt die Finanz AG am 1.10.01 mit 3 %.
– Bei Inanspruchnahme wird der Kredit in voller Höhe ausbezahlt.
– Die Finanz AG schätzt eine Inanspruchnahme der Kreditzusage als wahrscheinlich ein und geht davon aus, dass die Produktiv AG den Kredit am 1.1.02 in voller Höhe in Anspruch nehmen wird.

Da die Finanz AG es als wahrscheinlich ansieht, dass der Kredit in Anspruch genommen wird, ist die Gebühr von 15.000 € passivisch abzugrenzen.

Die Finanz AG ermittelt zum 1.10.01 die effektive Verzinsung des Kredits wie folgt:

Da erwartet wird, dass der Kredit am 1.1.02 in Anspruch genommen wird, ermittelt die Finanz AG folgende erwartete Zahlungsströme:

	01	02	03	04
Zahlung	0	80.000	80.000	2.080.000

Der erstmalige Buchwert des Kredits wird mit 1,985 Mio. € ermittelt. Dies entspricht der Kreditzusage von 2 Mio. € abzgl. der Gebühr von 15.000 €. Nun ist der Zinssatz zu ermitteln, mit dem der Barwert der erwarteten künftigen Zahlungsströme dem erstmaligen Buchwert entspricht. Das Ergebnis: 4,27 %.

Zum 1.10.01 hat die Finanz AG den zu diesem Zeitpunkt zu erfassenden Wertminderungsaufwand zu ermitteln:

Der Barwert der vertraglichen Zahlungsströme zum 1.10.01 beträgt (1,985 Mio. € mit der effektiven Verzinsung von 4,27 % über 3 Monate abgezinst) 1,964 Mio. €.

Die Finanz AG gehe (vereinfachend) davon aus, dass im Falle eines Ausfallereignisses innerhalb der kommenden 12 Monate die Produktiv AG zwar ihren Zinsverpflichtungen vollständig nachkommen wird, am Ende der Kreditlaufzeit aber nur 1,2 Mio. € zurückzahlen wird. Die im Falle eines Ausfallereignisses erwarteten Zahlungsströme betragen daher:

	01	02	03	04
Zahlung	0	80.000	80.000	1.280.000

Der Barwert der erwarteten Zahlungen beträgt unter Anwendung der Effektivverzinsung von 4,27 % zum 1.10.01 1,266 Mio. €. Zum 1.10.01 ist daher ein Wertminderungsaufwand von 1,5 % * (1,964 Mio. € − 1,266 Mio. €) = 10.475 € zu erfassen.

31.12.01	Per		an	
	Aufwand	10.475	Finanzielle Schuld	10.475

Wird der Kredit in Anspruch genommen, mindert der als finanzielle Schuld erfasste und zu dem Zeitpunkt neu berechnete Wertminderungsaufwand den Buchwert des Kredits. 24.71

Fortführung: Zum 31.12.01 beträgt die Wahrscheinlichkeit eines Ausfalls über die Restlaufzeit 4,5 %. Die Steigerung ausgehend von der Wahrscheinlichkeit eines Ausfalls über die Restlaufzeit zum Zeitpunkt des Abschlusses der Kreditzusage (1.10.01: 3 %) wurde nicht als signifikant beurteilt, so dass die Kreditzusage zum 31.12.01 weiterhin der Stufe 1 des Wertminderungsmodells des IFRS 9 zuzuordnen ist. Die Wertminderung ist zum 31.12.01 auf Basis aktueller Parameter neu zu berechnen.

Angenommen am 1.1.02 hat die Produktions AG den Kredit von 2 Mio. € aufgenommen. Die Finanz AG hat zum 31.12.02 die Wahrscheinlichkeit eines Ausfalls über die Restlaufzeit des Kredits zu ermitteln.[5] Die Wahrscheinlichkeit eines Ausfalls über die Restlaufzeit des Kredits betrage zum 31.12.02 8 %. Bei der Beurteilung, ob die Wahrscheinlichkeit eines Aus- 24.72

---

5 Dies wäre auch notwendig, wenn die Produktiv AG den Kredit nicht in Anspruch genommen hätte.

falls über die Restlaufzeit signifikant gestiegen ist, geht die Finanz AG von der entsprechenden Wahrscheinlichkeit zum Zeitpunkt des Abschlusses der Kreditzusage aus (1.10.01: 3 %), nicht von der Ausfallwahrscheinlichkeit zu dem Zeitpunkt, zu dem der Kredit erstmalig angesetzt wurde (1.1.02: 4,5 %).

VI. Finanzgarantien (Bürgschaften)

24.73 Eine Finanzgarantie liegt vor, soweit der Garantiegeber den Garantienehmer durch Zahlungen entschädigt, der entstanden ist, weil ein bestimmter Schuldner seinen Zahlungsverpflichtungen nicht nachgekommen ist.

Eine Finanzgarantie ist beim erstmaligen Ansatz zum beizulegenden Zeitwert zu bewerten zzgl. soweit sie nicht ergebniswirksam zum beizulegenden Zeitwert bewertet wird, Transaktionskosten. In der Folge ist sie zum höheren der folgenden Werte zu bewerten:

– Der nach IFRS 9 ermittelten Wertminderung; und

– dem erstmaligen Buchwert abzüglich ggf. nach IFRS 15 erfasster Erträge.

24.74 Bei der Ermittlung der Verlustvorsorge sind die zu Kreditzusagen genannten Grundsätze anzuwenden. Zum Zeitpunkt des Abschlusses einer Finanzgarantie hat das Unternehmen die Effektivverzinsung der Finanzgarantie zu ermitteln. Diese entspricht nach IFRS 9.B5.5.48 in der Regel einem risikoadjustierten Zins. Zudem ist zu diesem Zeitpunkt die Wahrscheinlichkeit eines Verlustes zu ermitteln. Dabei hat ein Unternehmen die Wahrscheinlichkeit zu ermitteln, mit der der Schuldner künftig ausfallen wird. Diese Wahrscheinlichkeit ist Basis für die Beurteilung, ob künftig die Ausfallwahrscheinlichkeit signifikant steigt und somit eine Zuordnung in Stufe 2 des Wertminderungsmodells des IFRS 9 erforderlich ist.

24.75 Eine Verlustvorsorge ist in Höhe des Barwertes der künftig erwarteten Zahlungen zu erfassen. Von den Zahlungen sind nach IFRS 9.B5.5.32 die Beträge abzuziehen, welche der Garantiegeber von anderen Parteien erwartungsgemäß erhält. Ist die Finanzgarantie in Stufe 1 des Wertminderungsmodells des IFRS 9 zugeordnet sind Verluste auf Basis von Ausfallereignissen in den kommenden 12 Monaten zu berücksichtigen, ist sie in Stufe 2 des Wertminderungsmodells des IFRS 9 zugeordnet, auf Basis von Ausfallereignissen über die Restlaufzeit der Finanzgarantie.

Beim erstmaligen Ansatz wird der beizulegende Zeitwert einer Finanzgarantie in der Regel höher sein als die nach IFRS 9 anzusetzende Verlustvorsorge. Denn der beizulegende Zeitwert der Finanzgarantie wird Ausfallereignisse über die gesamte Laufzeit der Garantie berücksichtigen, bei der Ermittlung der Verlustvorsorge sind aber grds. nur die Verluste zu berücksichtigen, die aus Ausfallereignissen der kommenden 12 Monate resultieren.

VII. Options- und Wandelanleihen beim Emittenten

Options- und Wandelanleihen stellen beim Emittenten Finanzinstrumente dar, die sowohl Schuld- als auch Eigenkapitalelemente enthalten (*compound instruments*). Für die Bewertung und den Bilanzausweis sind bei Finanzinstrumenten, die beide Elemente enthalten, die jeweiligen Schuld- und Eigenkapitalanteile bei der Emission (= beim erstmaligen Ansatz) zu trennen (IAS 32.28 i.V.m. IAS 32.15).

24.76

Hinsichtlich der Aufteilung der beiden Komponenten siehe das Beispiel in Rz. 23.80 „Optionsanleihen".

VIII. Strukturierte Produkte („*hybrid contracts*")

Soweit eine finanzielle Verbindlichkeit mit einem Derivat verknüpft ist („*hybrid contract*"), ist das Derivat nach IFRS 9.4.3.3 unter folgenden Voraussetzungen von der finanziellen Verbindlichkeit zu trennen und separat zu bilanzieren:

24.77

– die wirtschaftlichen Merkmale und Risiken des eingebetteten Derivats sind nicht eng mit den wirtschaftlichen ‚Merkmalen und Risiken der finanziellen Verbindlichkeit verbunden. Dies ist z.B. der Fall, wenn Zinszahlungen von der Wertentwicklung eines Eigenkapitalinstruments oder Rohstoffpreises abhängen.
– ein eigenständiges Instrument mit gleichen Bedingungen wie das eingebettete Derivat die Definition eines Derivats erfüllen würde; und
– der hybride Vertrag nicht erfolgswirksam zum beizulegenden Zeitwert bewertet wird.

Wir das Derivat separat bilanziert, ist die finanzielle Verbindlichkeit nach den allgemeinen Vorschriften des IFRS 9 zu bilanzieren.

Grds. dürfen mit mindestens einem Derivat verknüpfte finanzielle Verbindlichkeiten auch der Bewertungskategorie FVPL zugeordnet werden. Dies lässt das IASB zu, da in vielen Fällen die Separierung und Bewertung des Derivats sehr komplex sein kann und die vermittelten Informationen weniger nützlich wären, als würde das ganze Finanzinstrument ergebniswirksam zum beizulegenden Zeitwert bewertet (IFRS 9.B4.3.9). Von der ergebniswirksamen Bewertung zum beizulegenden Zeitwert wiederum ausgenommen sind Verträge, für die folgendes gilt:

24.78

a) Das Derivat wirkt bzw. die Derivate wirken sich nicht wesentlich auf die vertraglichen Zahlungsströme aus; oder

b) es ist ohne oder nur geringem Analyseaufwand klar, dass das Derivat nicht getrennt werden darf.

Die in a) und b) genannten Ausnahmen gelten, da in diesen Fällen durch Designation des Vertrags als FVPL die Komplexität nicht gesenkt bzw. keine nützlicheren Informationen vermittelt würden (IFRS 9.BCZ4.70).

frei

24.79–24.89

H. Ausweis

I. Bilanz

24.90 Die Mindestangabepflichten in IAS 1.54 fordern den gesonderten Ausweis von

(a) Verbindlichkeiten aus Lieferungen und Leistungen und sonstigen Verbindlichkeiten und

(b) (übrigen) finanziellen Schulden.

Da die Passivseite nach Fristigkeit zu gliedern ist, wird (b) üblicherweise sowohl innerhalb der lang- als auch kurzfristigen Schulden auszuweisen sein. Zu Zuordnungsfragen der Tilgungsbeträge des kommenden Geschäftsjahres sowie zu Prolongationsvereinbarungen siehe Rz. 43.27.

II. Gewinn- und Verlustrechnung

24.91 Sämtliche gem. IFRS 7.20 gesondert anzugebenden Erträge und Aufwendungen im Zusammenhang mit finanziellen Verbindlichkeiten sind optional in der Gewinn- und Verlustrechnung oder im Anhang aufzuführen. Der Aggregationsgrad in der Gewinn- und Verlustrechnung ist in der Praxis sehr unterschiedlich. Vgl. hierzu und zur Mindestgliederung Rz. 44.21.

III. Kapitalflussrechnung

24.92 Aufnahme und Tilgung finanzieller Verbindlichkeiten außerhalb des operativen Bereichs gehören zum Mittelfluss aus Finanzierungstätigkeit. Für Zinszahlungen besteht ein Zuordnungswahlrecht für alle drei Bereiche, wobei der Stetigkeitsgrundsatz zu beachten ist.

24.93–24.99 frei

I. Anhangangaben

I. Betonung der Wesentlichkeit

24.100 Zur Frage der Wesentlichkeit von Angabepflichten im Zusammenhang mit finanziellen Verbindlichkeiten siehe Rz. 22.240 f. analog.

II. Rechnungslegungsmethoden

Die Pflichtangaben zu den Rechnungslegungsmethoden (IFRS 7.21) können schon deshalb kurz ausfallen, weil es – anders als bei finanziellen Vermögenswerten – bei Industrie- und Handelsunternehmen häufig nur eine Kategorie finanzieller Verbindlichkeiten gibt.

24.101

IFRS 7.B5 fordert darüber hinaus die Angabe der Kriterien für die Einstufung von Finanzinstrumenten in die Kategorie FVPL einschließlich Angabe ihrer Art. Hierzu gehören auch die näheren Umstände zur Anwendung der Fair Value-Option (Rz. 24.22).

III. Buchwerte der Kategorien und Fair Value

1. Überleitungsrechnung

Die Bilanzposten sind auf die Bewertungskategorien überzuleiten (IFRS 7.8). Dabei sind separat folgende finanzielle Verbindlichkeiten anzugeben:

24.102

- die ergebniswirksam zum beizulegenden Zeitwert bewertet werden;
  - auf Grund der Fair Value Option und
  - separat die, welche als held for trading klassifiziert werden.
- die zu fortgeführten Anschaffungskosten bewertet werden.

Auch für finanzielle Verbindlichkeiten sind **Fair Values** anzugeben (IFRS 7.25). Vgl. hierzu die Erläuterungen zu finanziellen Vermögenswerten unter Rz. 22.245 ff.

2. Verbindlichkeitenspiegel

Die Aufstellung eines Verbindlichkeitenspiegels ist erforderlich, wobei die Bestimmung der Laufzeitenbänder den Unternehmen überlassen wird. IFRS 7.B11 empfiehlt die Einteilung in Fälligkeiten bis einen Monat, ein bis drei Monate, mehr als drei Monate bis ein Jahr sowie mehr als ein Jahr bis fünf Jahre. Es bietet sich an, der Vollständigkeit halber, eine zusätzliche Spalte über fünf Jahre angeben.

24.103

Zudem sind seit dem Geschäftsjahr 2017 nach IAS 7.44Aff. auch Angaben zu den Veränderungen der Verbindlichkeiten aus Finanzierungstätigkeit zu veröffentlichen. Dies erfolgt nach IAS 7.44D z.B. in einer Überleitungsrechnung vom Anfangsbestand zum Endbestand der finanziellen Verbindlichkeiten.

Die Bayer AG berichtet diesbzgl. im Geschäftsbericht 2018 wie folgt:[6]

Finanzverbind-lichkeiten		Cash-flows	Nicht zahlungswirksame Veränderungen				
in Mio. €	31.12.2017		Akqui-sition	Wäh-rungs-einfluss	Neue Ver-träge	Ände-rungen im Fair Value	31.12.2018
Anleihen/ Schuldschein-darlehen	12.436	16.803	5.596	648		-81	35.402
Verbindlichkei-ten gegenüber Kreditinstituten	534	3.352	1.072	-93			4.865
Leasingverbind-lichkeiten	238	-43	133	9	62		399
Verbindlichkei-ten aus Deri-vaten	240	-1	1	-1		-67	172
Sonstige Finanz-verbindlichkei-ten	970	-2.292	1.855	14		9	556
Gesamt	**14.418**	**17.819**	**8.657**	**577**	**62**	**-139**	**41.394**

IV. Angaben zur Aufwands- und Ertragserfassung

1. Zinsaufwand

24.104   Für die Kategorie der zu fortgeführten Anschaffungskosten bewerteten finanziellen Verbindlichkeiten sind die Zinsaufwendungen – berechnet nach der Effektivzins-methode – gesondert anzugeben (IFRS 7.20b).

2. Übrige Erträge und Aufwendungen

24.105   Aufgegliedert nach den Kategorien sind die jeweiligen Nettogewinne oder -verluste anzugeben (IFRS 7.20a) – ohne die in Rz. 24.104 genannten Zinsaufwendungen. Für Industrie- und Handelsunternehmen wird die Angabe häufig eine leere Menge darstellen.

---

6 Bayer AG, Geschäftsbericht 2018, S. 254.

V. Sonstige Angaben

Darüber hinaus sind folgende weitere Angaben erforderlich: 24.106

– Zu **strukturierten Produkten** mit **mehrfach eingebetteten Derivaten** (IFRS 7.17).
– Zu **Zahlungsstörungen und Vertragsverletzungen** bei finanziellen Verbindlichkeiten, z.B. **Darlehensverbindlichkeiten** (IFRS 7.18 f.). Nicht betroffen sind Verbindlichkeiten aus Lieferungen und Leistungen, die zu üblichen Kreditbedingungen gewährt worden sind, zu welchen keine Angaben erforderlich sind.
– Besondere Angabepflichten, sollte eine finanzielle Verbindlichkeit erfolgswirksam zum Fair Value angesetzt werden, unabhängig davon, ob Handelsbestand oder Fair Value-Option (IFRS 7.10 ff.).

Zur **Risikoberichterstattung** siehe Rz. 25.79 ff. 24.107

Kapitel 25
Sicherungsgeschäfte und Risikoberichterstattung
(IFRS 9, IFRS 7)

A. Überblick und Wegweiser 25.1	II. Voraussetzungen für das Hedge Accounting 25.44
I. Management Zusammenfassung . 25.1	1. Designation 25.44
II. Standards und Anwendungsbereich 25.4	2. Wirtschaftlicher Zusammenhang . 25.51
III. Wesentliche Abweichungen zum HGB 25.11	3. Auswirkungen des Kreditrisikos .. 25.52
IV. Neuere Entwicklungen 25.13	4. Festlegung des Absicherungsverhältnisses („Hedge Ratio") 25.55
B. Risiken und Sicherungsstrategien 25.20	III. Effektivitätsbeurteilung, Adjustierung (Rebalancing) und Beendigung einer Sicherungsbeziehung 25.56
I. Absicherung bilanzierter Vermögenswerte und Schulden 25.20	1. Effektivitätsbeurteilung 25.56
II. Absicherung schwebender Geschäfte 25.23	2. Rebalancing 25.59
III. Absicherung erwarteter Transaktionen 25.24	3. Beendigung von Sicherungsgeschäften 25.61
C. Fair Value-Option 25.25	4. Bilanzierung von Kosten der Absicherung 25.62
D. Hedge Accounting 25.31	IV. Bilanzierung eines Fair Value-Hedges 25.64
I. Sicherungsbeziehungen, Grundgeschäfte und Sicherungsinstrumente 25.31	V. Bilanzierung eines Cashflow-Hedges 25.73
1. Sicherungsbeziehungen 25.31	**E. Anhangangaben zum Hedge-Accounting** 25.78
2. Grundgeschäfte 25.33	**F. Risikoberichterstattung** 25.79
3. Sicherungsinstrumente 25.41	

Literatur: *Ausschuss für Bilanzierung des Bundesverbandes deutscher Banken*, WPg 2001; *Barckow*, Die Bilanzierung von derivativen Finanzinstrumenten und Sicherungsbeziehungen, 2004; *Bieg/Waschbusch*, Bankbilanzierung nach HGB und IFRS, 3. Aufl., Saarbrücken 2017; *Buchheim/Schmidt*, IFRS 7 Angaben zu Finanzinstrumente – Darstellung und Würdigung, KoR, 2005, S. 397; *Busse von Colbe/Crasselt/Pellens*, Lexikon des Rechnungswesens, 5. Aufl., München 2011; *Drisch/Riese/Schlüter/Senger*, Beck'sches IFRS Handbuch, 5. Aufl., München 2016; *Ernst & Young*, International GAAP, 2019; *Grünberger*, IFRS 2018, Ein systematischer Praxis-Leitfaden, 15. Aufl., Herne, 2018; *Filusch/Mölls*, „(Lifetime) Expected Credit Losses" als Mechanismus der Verlustantizipation nach IFRS 9, KoR, 2017, S. 249; *Freigang/Hutmann*, Wertminderung von Finanzinstrumenten: aufsichtsrechtliche Auslegung des IFRS 9, KoR, 2017, S. 63; *Kuhn/Hachmeister*, Rechnungslegung und Prüfung von Finanzinstrumenten, Stuttgart 2015; *Küting/Pfitzer/Weber*, Handbuch der Rechnungslegung – Kommentar zur Bilanzierung und Prüfung, Band Ia, Stuttgart 2017; *KPMG*, Offenlegung von Finanzinstrumenten und Risikoberichterstattung nach IFRS 7, 2007; *PWC*, IFRS für Banken, 4. Aufl., 2008; *PWC*, Manual of accounting, 2. Aufl. 2016; *Scharpf*, IFRS 7 Financial Instruments – Eine Erläuterung zu den neuen Angabepflichten für Finanzinstrumente, KoR 2006, Beil. 2,

S. 36; *Scharpf/Schaber*, Bilanzierung von Bewertungseinheiten nach § 254 HGB-E (BilMoG), KoR 2008; *Schmidt*, „Cash-flow hedge accounting of forecast intragroup transactions" und „Financial guarantee contracts", WPg 2006, S. 773; *Thomas*, Klassifizierung finanzieller Vermögenswerte nach IFRS 9, PiR, 2017, S. 132.

A. Überblick und Wegweiser

I. Management Zusammenfassung

25.1 Die Absicherung von Zahlungszu- oder Zahlungsabflüssen gegen Preis-, Zins- oder Währungsrisiken erfolgt im Rahmen des Risikomanagements mit dem Abschluss von Sicherungsbeziehungen. Dabei wird im Hinblick auf das betrachtete Risiko eine gegenüber der abzusichernden Position (**Grundgeschäft**) gegenläufige Position (**Sicherungsinstrument, i.d.R. Derivat**) mit dem Ziel aufgebaut, einen kompensatorischen Effekt (**Sicherungsbeziehung**) zu bewirken. Für eine bilanzielle Abbildung dieser ökonomischen Wirkung bedarf es aufgrund der in IFRS 9 geltenden Ansatz- und Bewertungsmodelle spezieller Regelungen. Aufgrund der unterschiedlichen Ansatz- und Bewertungsgrundlage zwischen Grundgeschäft und Sicherungsinstrument kann es im Rahmen der Bilanzierung von Sicherungsbeziehungen zu einem *Accounting Mismatch* kommen.

25.2 Die Voraussetzungen für eine Bilanzierung von Sicherungsbeziehungen als Hedge Accounting nach IFRS 9 beziehen sich dabei auf

– die abgesicherten Risiken,

– das Grundgeschäft,

– das Sicherungsinstrument,

– die Nachweis- und Dokumentationspflichten,

– die Effektivitätsbeurteilung sowie

– die besonderen Anforderungen an die Absicherung von geplanten Transaktionen.

Darüber hinaus ist die bilanzielle Abbildung einer Sicherungsbeziehung nur dann möglich, wenn diese in Übereinstimmung mit den **dokumentierten Risikomanagementzielen** der bilanzierenden Gesellschaft stehen. Grundgeschäft sowie Sicherungsinstrument müssen denselben eindeutig identifizierbaren Risiken ausgesetzt sein. Ein Grundgeschäft ist

– ein Vermögenswert,

– eine Verbindlichkeit,

– eine feste Verpflichtung,

– eine erwartete und mit hoher Wahrscheinlichkeit eintretende künftige Transaktion oder

– eine Nettoinvestition in einen ausländischen Geschäftsbetrieb.

Durch das Grundgeschäft ist das Unternehmen einem Risiko hinsichtlich Fair Value- oder Cashflow-Änderungen ausgesetzt, die sich auf das Ergebnis auswirken. Ein Sicherungsinstrument ist ein designierter derivativer oder (bei Absicherung von Währungsrisiken) nicht-derivativer finanzieller Vermögenswert respektive eine nicht-derivative finanzielle Verbindlichkeit. Von den Fair Value- oder Cashflow-Änderungen des Sicherungsinstruments wird eine Kompensation der Wertänderungen aus dem Grundgeschäft erwartet. Im Rahmen einer Sicherungsbeziehung sind hohe Dokumentationsanforderungen zu erfüllen. Es werden Nachweise zu Risikomanagementzielen sowie -strategien hinsichtlich der gesicherten Risiken verlangt. Weiterhin ist eine genaue Bezeichnung des Grundgeschäfts und des Sicherungsinstruments sowie eine genaue Beschreibung des abzusichernden Risikos sowie der Vorgehensweise bei der Effektivitätsbeurteilung notwendig. Eine Beurteilung der Effektivität (Wirksamkeit) der Sicherungsbeziehung erfolgt gemäß IFRS 9 ausschließlich prospektiv. Die im IAS 39 vorgegebene Pflicht zum Nachweis einer Mindesteffektivität innerhalb der Bandbreite von 80–125 % wird durch einen zielbasierten Test ersetzt, der sich auf den wirtschaftlichen Zusammenhang zwischen dem gesicherten Grundgeschäft und dem Sicherungsinstrument sowie auf die Auswirkungen des Kreditrisikos auf diesen wirtschaftlichen Zusammenhang konzentriert. Künftige Transaktionen sind insofern absicherbar, als sie hoch wahrscheinlich sind.

Bezogen auf die Risikoart sowie das Grundgeschäft werden drei Arten von Sicherungsbeziehungen unterschieden: 25.3

– Absicherung des Fair Values (Fair Value-Hedge),
– Absicherung von Zahlungsströmen (Cashflow-Hedge) sowie
– Absicherung einer Nettoinvestition in einen ausländischen Geschäftsbetrieb (*Hedge of a Net Investement in a Foreign Operation*).

In jeder der drei Sicherungsbeziehungen werden die Sicherungsinstrumente (die Derivate) immer in der Bilanz mit ihrem vollen Fair Value bilanziert.

Bei einem Fair Value-Hedge werden Wertänderungen des Sicherungsinstruments direkt als Gewinn oder Verlust erfasst; korrespondierend werden die Wertänderungen des abgesicherten Grundgeschäfts (bspw. Rohstoffe im Vorratsvermögen) ebenfalls zum Fair Value erfasst.

Bei den beiden anderen Arten des Hedgings ist das Grundgeschäft ein noch nicht bilanzierter Vermögenswert oder eine bilanzierte Schuld. Daher kann bei diesen Hedging-Arten sachlogisch noch keine Wertänderung im Grundgeschäft erfolgswirksam erfasst werden. Folglich darf die Wertänderung des Derivats ebenfalls nicht erfolgswirksam durch die GuV dargestellt werden. Sie wird stattdessen erfolgsneutral in einer Cashflow-Hedge Rücklage erfasst. Eine erfolgswirksame Auflösung der Cashflow-Hedge-Rücklage erfolgt, sobald das Grundgeschäft erfolgswirksam wird.

II. Standards und Anwendungsbereich

25.4 Im Geschäftsjahr 2018 hat die weit überwiegende Mehrheit der Unternehmen in der europäischen Union erstmalig den IFRS 9 als Nachfolger des IAS 39 anzuwenden. Im Bereich des Hedge-Accountings ergeben sich wesentliche Veränderungen und Neuerungen. Weggefallen ist der retrospektive Effektivitätstest. Stattdessen ist nun die zukünftige Effektivität stärker im Fokus und führt zur Anpassungspflicht von Sicherungsbeziehungen, die nicht zu einer hohen prospektiven Effektivität führen (**Rebalancing**). Auch wurde der Kreis der möglichen Grundgeschäfte um Teile eines Grundgeschäfts erweitert (**Komponenten-Hedging**). Der Umgang mit Zeitwerten von Optionen wurde ebenfalls vollständig neu geregelt.

Das IASB hat den IFRS 9 noch nicht vollständig abgeschlossen. Insbesondere fehlen derzeit noch Regelungen zu Sicherungsbeziehung im Bereich des Portfolio- bzw. Macro-Hedge Accounting. Insoweit hat das IASB den bilanzierenden ein Wahlrecht eingeräumt, die Vorschriften des Hedge Accountings aus IFRS 9 noch nicht anzuwenden, bis auch die Regelungen zum Portfolio- und Macro-Hedge Accounting eingeführt sind. Das Unternehmen hat insoweit bei erstmaliger Anwendung des IFRS 9 das Wahlrecht, IAS 39 für Sicherungsbeziehungen weiterhin anzuwenden (s. hierzu die Ausführungen in Kapitel XIII der 5. Aufl., Rz. 3200 ff.). Eine Rückkehr von IFRS 9 auf IAS 39 ist indes ausgeschlossen.

Die hier folgende Kommentierung hat die Regelungen des IFRS 9 zum Gegenstand. Die nachfolgende Tabelle zeigt die wesentlichen Unterschiede zwischen IFRS 9 und IAS 39:

Gegenstand		IFRS 9	IAS 39
Designation einzelner Risikokomponenten	Finanzielle Grundgeschäfte	ja, sofern eigenständig identifizierbar und verlässlich bewertbar	ja, sofern identifizierbar
	Nicht-Finanzielle Grundgeschäfte	ja, sofern eigenständig identifizierbar und verlässlich bewertbar	nein, nur Fremdwährung
Gruppen von Posten		Designation von Teilen einer Gesamtposition (layer designations)	keine entsprechende Regelung
Rechnerischer Effektivitätstest	retrospektiv	entfällt	zwingend, Brandbreite 80–125 % notwendig
Kosten der Absicherung		nicht im Hedge befindliche Preiselemente des Sicherungsgeschäfts sind (bspw. Zeitwerte von Optionen) oder können (bspw. die Terminpreiskomponente eines Währungsderivats) als Kosten der Absicherung zeitanteilig abgegrenzt werden.	nicht im Hedge befindliche Preiselemente des Sicherungsgeschäfts sind grundsätzlich zum Fair Value erfolgswirksam durch die GuV zu erfassen

Gegenstand	IFRS 9	IAS 39
Rebalancing	zwingend, basierend auf der Zielsetzung von Hedge Accounting	nicht vorgesehen, De-Designation notwendig
Beendigung	nur bei Wegfall von Sicherungsinstrumenten, Grundgeschäft, wirtschaftlichen Sicherungszusammenhang oder geänderter Risikomanagementstrategie	jederzeit möglich
Angabepflichten	Qualitative Beschreibung der Risikomanagementstrategie	Bereitstellung von weniger aussagekräftigeren Informationen im Regelungsbereich der Angabepflichten
	Stärkerer Fokus auf Abbildung der Risiken unter Berücksichtigung der gewählten Sicherungsstrategie sowie Darstellung der Auswirkungen auf den Jahresabschluss	

Abb. 25.1: Wesentliche Abweichungen des IFRS 9 zum IAS 39

Das Eingehen von Sicherungsgeschäften – Hedging – bezeichnet die Absicherung von Vermögens- oder Schuldposten sowie erwarteter Zahlungszu- oder -abflüsse gegen Wert(Preis)- und Zinsänderungs- sowie Währungsrisiken.[1] Die Strategie der Absicherung liegt darin, im Hinblick auf das betrachtete Risiko eine gegenüber der abzusichernden Position (**Grundgeschäft**) in ihrer Wirkung entgegengesetzte Position (**Sicherungsinstrument, i.d.R. Derivat**) aufzubauen, so dass ein kompensatorischer Effekt (**Sicherungsbeziehung**) erzielt wird.

25.5

Wenn insoweit die vorbezeichneten Risiken abgesichert werden, so sollte sich dieser Umstand auch in der Rechnungslegung widerspiegeln. Ohne Anwendung von Hedge Accounting nach IFRS 9 würden wirtschaftlich nicht begründbare Ergebnisschwankungen die Aussagekraft der Ergebnisrechnung verfälschen. Diese Auswirkung ergibt sich aus der Zuordnung von Finanzinstrumenten in eine der drei Bewertungskategorien. Die bilanzielle Abbildung von Sicherungsbeziehungen verfolgt daher das Ziel, den Nettoeinfluss von Hedging auf die GuV zu begrenzen.[2] Das ist *bei bilanzwirksamen Grundgeschäften* immer dann der Fall, wenn die Rechnungslegungsregeln derart ausgestaltet sind, dass die Negativentwicklung bei einem Grundgeschäft und zugleich die entsprechend entgegengesetzte Positiventwicklung beim Sicherungsinstrument (und entsprechend umgekehrt) entweder beide erfolgswirksam erfasst oder gegeneinander aufgerechnet werden. In einem für die Praxis wich-

25.6

---

1 Zur Systematisierung der unterschiedlichen Risiken vgl. *Barckow*, Die Bilanzierung von derivativen Finanzinstrumenten und Sicherungsbeziehungen, 2004, 18.
2 Vgl. *Kuhn/Hachmeister*, Rechnungslegung und Prüfung von Finanzinstrumenten, 364 f. Rz. 290 ff.

tigen Fall, nämlich bei der **Absicherung von Fremdwährungsforderungen oder -verbindlichkeiten** *gegen Währungsverluste*, ist dies gegeben. Bestehen Forderungen und Verbindlichkeiten in gleicher Währung, Höhe und Laufzeit, ergibt sich der kompensatorische Effekt schon deswegen, weil die Währungsumrechnung für beide Posten erfolgswirksam vorzunehmen ist (Rz. 9.23). Auch bei der Absicherung allein stehender Fremdwährungsforderungen und -verbindlichkeiten brauchen normale Rechnungslegungsregeln nicht durchbrochen zu werden, da ein zur Absicherung des Währungsrisikos eingesetztes Derivat ebenfalls erfolgswirksam zu bewerten ist. Besondere **Anforderungen** eines **Hedge Accounting** sind hier **entbehrlich**.

25.7 Spezielle Vorschriften sind aber erforderlich, falls Grund- und Sicherungsgeschäft *nicht* kompensatorischen Regeln unterliegen.

Beispiel: Erworbene Aktien werden als Fair Value through OCI eingeordnet und *gegen Kursrückgänge* durch eine gekaufte Verkaufsoption (*Long Put*) abgesichert. Damit besteht kein Kursrisiko mehr. Allerdings werden nach den normalen Bilanzierungsregeln die Wertänderungen der Aktien erfolgsneutral, die der Verkaufsoption dagegen erfolgswirksam erfasst.

25.8 Beziehen sich die Fair Value-Änderungen des Sicherungsinstruments ferner auf Grundgeschäfte, die am Bilanzstichtag *noch nicht abgebildet werden können*, so kann es – ohne Sonderregelungen – ebenfalls nicht zur Kompensation der Gewinne und Verluste kommen, wie das nachfolgende Beispiel zeigt:

Beispiel: Unternehmen U hat im November einen Vertrag über den Ankauf einer Maschine zum Preis von 1 Mio. Dollar geschlossen. Liefertermin ist Februar, gezahlt werden soll im März. Bis zur Lieferung handelt es sich um ein schwebendes Geschäft, das bilanziell nicht erfasst wird. U sichert aber den derzeit geltenden Kurs von 1 € = 1 Dollar mit einem Devisentermingeschäft ab.

Beträgt am Bilanzstichtag der Kurs 1 € = 0,95 Dollar, so ist der Wert des Derivats gestiegen. Die Wertänderung ist erfolgswirksam zu erfassen, obwohl der Kontrakt zur Absicherung der künftigen Verbindlichkeit eingegangen wurde und, bei gemeinsamer Betrachtung beider Geschäfte, weder ein Gewinn noch ein Verlust entstehen wird. Die isolierte Anwendung der Rechnungslegungsregeln würde zu einer unzutreffenden Darstellung der Lage des Unternehmens führen.

Um diese unzutreffende Darstellung zu vermeiden, enthält IFRS 9 umfangreiche Vorschriften zur bilanziellen Abbildung von Sicherungsgeschäften, die die ansonsten geltenden Bewertungsvorschriften für Finanzinstrumente teilweise *außer Kraft setzen*.[3]

25.9 Im vorliegenden Kapitel beschränkt sich die Darstellung auf das sog. **Mikro-Hedge Accounting**, bei dem Bewertungseinheiten mit jeweils einem Grund- und Sicherungsgeschäft gebildet werden. Außerdem wird die sog. **Fair Value-Option** dargestellt, die die Bildung von Sicherungsbeziehungen zulässt, ohne dass die restriktiven Voraussetzungen für Hedge Accounting erfüllt werden.

---

3 So auch *Flintrop/von Oertzen* in Beck IFRS-HB[4], § 23 Rz. 52.

Die Regelungen zum *Fair Value-Portfolio Hedging von Zinsänderungsrisiken*[4] und die Absicherung *künftiger konzerninterner Grundgeschäfte, die auf Fremdwährung lauten*, werden in dem vorliegenden Handbuch nicht behandelt, da diese meist für Banken relevant sind.[5] Hierzu wird auf die Spezialliteratur verwiesen.[6]

25.10

III. Wesentliche Abweichungen zum HGB

Mit dem BilMoG ist erstmals durch § 254 HGB eine gesetzliche Grundlage zur Bildung von Bewertungseinheiten geschaffen worden.[7] Die nachfolgende Tabelle enthält eine Gegenüberstellung der wesentlichen Regelungen von § 254 HGB mit IFRS 9:

25.11

Gegenstand	§ 254 HGB	IFRS 9
Grundgeschäfte	Vermögensgegenstände/-werte und Schulden Schwebende Geschäfte Mit hoher Wahrscheinlichkeit erwartete Transaktionen	
Abzusichernde Risiken	Wertänderungsrisiken, Zahlungsstromrisiken	
Sicherungsinstrumente	Finanzinstrumente einschließlich Warentermingeschäfte	Derivate im Anwendungsbereich des IFRS 9 – auch nicht derivative Finanzinstrumente
Zulässige Arten	Micro-Hedge, Macro-Hedge/Portfolio-Hedge (ausweislich Gesetzesbegründung)	Micro-Hedge, Macro-Hedge/Portfolio-Hedge nur mit Einschränkungen
Dokumentation/Nachweis der Effektivität	Erforderlich; zur Effektivitätsmessung wird kein Verfahren vorgegeben. Die Dokumentation von Bewertungseinheiten ist (formal) kein Tatbestandsmerkmal; stattdessen umfangreiche Angabepflichten nach § 285 Nr. 23 und § 314 Abs. 1 Nr. 15.	Erforderlich; zur Effektivitätsmessung wird kein Verfahren vorgegeben. Der Test soll sich auf den wirtschaftlichen Zusammenhang zwischen dem gesicherten Grundgeschäft und dem Sicherungsinstrument sowie auf die Auswirkungen des Kreditrisikos auf diesen wirtschaftlichen Zusammenhang konzentrieren.

---

4 Ausführlich IDW RS HFA 9, Rz. 380 ff.
5 Vgl. *Schmidt*, WPg 2006, 773 (774 ff.).
6 Bspw. *Bieg/Waschbusch*, Hedge Accounting nach IFRS, in *Bieg/Waschbusch* (Hrsg.), Bankbilanzierung nach HGB und IFRS³, 692.
7 Ausführlich *Scharpf/Schaber*, KoR 2008, 532, vgl. *Löw/Lex*, Sicherungsbilanzierung, in Busse von Colbe/Crasselt/Pellens (Hrsg.), Lexikon des Rechnungswesens⁵, 713, vgl. auch IDW RS HFA 35.

Gegenstand	§ 254 HGB	IFRS 9
Bilanzierung des effektiven Teils der Bewertungseinheit	Gegenläufige Wertänderungen/Cashflows von Grundgeschäft und Sicherungsinstrument werden i.d.R. außerbilanziell in einer Nebenrechnung aufgerechnet auf Grund Nichtgeltung folgender Vorschriften: § 249 Abs. 1 Rückstellungen § 252 Abs. 1 Nr. 3 Einzelbewertung § 252 Abs. 1 Nr. 4 Realisations- und Imparitätsprinzip § 253 Abs. 1 Satz 1 Anschaffungskostenprinzip § 256a Währungsumrechnung	Gegenläufige Wertänderungen/Cashflows von Grundgeschäft und Sicherungsinstrument sind immer bilanzwirksam, beim Fair Value-Hedge zweiseitig (Grund- und Sicherungsinstrument), beim Cashflow-Hedge i.d.R. einseitig (nur Sicherungsinstrument): Fair Value-Hedge: Grundgeschäft wird durch Änderung beim Sicherungsinstrument angepasst Cashflow-Hedge: Änderung des Sicherungsinstruments wird bei erfolgsneutralen oder noch nicht bilanzwirksamen Änderungen des Grundgeschäfts erfolgsneutral angepasst; Auflösung der EK-Position dann, wenn Grundgeschäft erfolgswirksam wird.
Bilanzierung des ineffektiven Teils des Sicherungsinstruments	Imparitätische Bilanzierung: keine Erfassung unrealisierter Gewinne, bei unrealisierten Verlusten Bewertungsrückstellung	Nach den normalen Regeln, d.h. bei Derivaten erfolgswirksame Erfassung im Gewinn- wie im Verlustfall
Übernahme der Hedge-Folgen in die Steuerbilanz	Ja	entfällt

Abb. 25.2: Wesentliche Abweichungen zum HGB

25.12 Buchhalterisch vollzieht sich damit im HGB – anders als nach IFRS – die Abbildung der Sicherungsbeziehung i.d.R. in einer Nebenrechnung außerhalb der Bilanz. Lediglich ein Passivüberhang wird mittels einer Drohverlustrückstellung berücksichtigt.[8]

IV. Neuere Entwicklungen

25.13 Die in Rz. 25.4 beschriebene Lücke im IFRS 9 zum Macro Hedge Accounting war ursprünglich Teil des umfassenden IASB-Projekts zu Finanzinstrumenten. Dieses

---

[8] Vgl. *Küting/Pfitzer/Weber* (Hrsg.), Handbuch der Rechnungslegung, § 254 HGB Rz. 212.

Thema wurde nachfolgend jedoch von diesem abgespalten und wird nunmehr als eigenständiges Projekt fortgeführt.

Das Hauptaugenmerk liegt in dieser Phase des Projektes auf dem Risikomanagement, welches Risikopositionen kontinuierlich auf Portfolioebene beurteilt (sog. dynamische Portfoliosicherung). Bei dieser Art der Risikomanagementstrategie wird in der Regel ein Zeitraum betrachtet (beispielsweise fünf Jahre), über den Risikopositionen abgesichert werden. Infolgedessen werden dem gesicherten Portfolio im Zeitablauf fortwährend neue Risikopositionen hinzugefügt und entnommen.

Am 17.4.2014 hat der IASB das Diskussionspapier „Bilanzierung dynamischer Risikomanagementtätigkeiten – ein Neubewertungsansatz für Portfolien bei Macro Hedging" veröffentlicht. Ungeachtet der Tatsache, dass der Fokus des Papiers beispielhaft auf der Portfoliozinssicherung von Banken liegt, können die erörterten Konzepte auf jedes Unternehmen angewendet werden, das Sicherungen jeglicher Risikoarten auf dynamischer Portfoliobasis vornimmt.   25.14

Ein weiteres Diskussionspapier soll 2019 erscheinen.[9]

frei   25.15–25.19

B. Risiken und Sicherungsstrategien

I. Absicherung bilanzierter Vermögenswerte und Schulden

Bilanzierte Vermögenswerte und Verbindlichkeiten können beispielsweise gegen Preisrisiken, Zinsänderungsrisiken sowie Währungsrisiken abgesichert werden. Nicht zulässig ist hingegen die Absicherung gegen ein allgemeines Geschäftsrisiko. Für die Sicherungsbeziehung ist vorgegeben, dass sie sich auf ein spezifisches, identifizierbares und designierbares Risiko bezieht, das sich auf das Periodenergebnis des bilanzierenden Unternehmens auswirkt.   25.20

Die nachfolgende Abbildung zeigt typische Beispiele der Absicherung **bilanzierter Vermögenswerte und Schulden** gegen unterschiedliche Risiken. Dabei werden beispielhaft auch mögliche Sicherungsinstrumente genannt.

	Vermögenswert/ Schuld	Risiko	Mögliches Sicherungsinstrument	Art
1	Festverzinsliches Wertpapier	Änderung Marktwert	Zinsswap	Fair Value-Hedge
2	Aktienbestand	Änderung Marktwert	Terminverkauf, Verkaufsoption	n/a

---

9 Vgl. *Deloitte*, https://www.iasplus.com/de/projects/major/finanzinstrumente-macro-hedge-accounting, 2018.

	Vermögenswert/ Schuld	Risiko	Mögliches Sicherungsinstrument	Art
3	Forderung in Fremdwährung	Rückgang Rückzahlungsbetrag in Berichtswährung wegen WK-Änderung	Devisenterminverkauf, Devisenverkaufsoption, Verbindlichkeit in Fremdwährung	n/a
4	Begebene, variabel verzinsliche Anleihe	Änderung künftiger Zinszahlungen auf Grund von Zinsänderungen	Zinsswap	Cashflow-Hedge

Abb. 25.3: Beispiele zur Absicherung bilanzierter Vermögenswerte und Schulden

25.21 Bei Anwendung der Rechnungslegungsregeln von Hedge Accounting handelt es sich im Fall 1 um einen Fair Value-Hedge, während Fall 4 einen Cashflow-Hedge darstellt. Das Risiko der begebenen, variabel verzinslichen Anleihe liegt nicht in einer Kursschwankung, sondern darin, dass sich infolge von Zinssatzsteigerungen künftige Auszahlungen erhöhen können. Die Fälle 2 und 3 benötigen typischerweise keiner Abbildung als Sicherungsbeziehung, weil kein bilanzieller Bewertungs-Mismatch vorliegt.

25.22 Für das bilanzierte Grundgeschäft 1 sind nicht notwendigerweise die Regelungen des Hedge Accounting vorgeschrieben. Hier kommt auch die Fair Value-Option in Betracht, soweit Bewertungsinkongruenzen oder Erfolgswirkungen vermindert oder beseitigt werden (IFRS 9.4.1.5/IFRS 9.4.2.2, s. Rz. 25.18 ff.).

II. Absicherung schwebender Geschäfte

25.23 Bei der Absicherung **schwebender Geschäfte** (*Firm Commitment*) gegen Wechselkursrisiken besteht das Wahlrecht, sie als Fair Value-Hedge oder als Cashflow-Hedge zu bilanzieren (IFRS 9.B6.5.4, Fälle 1 und 2 der folgenden Abbildung). Fall 3 ist dagegen ein Fair Value-Hedge, soweit bereits ein fester Einkaufsvertrag vorliegt.

	Schwebendes Geschäft	Risiko	Mögliches Sicherungsinstrument	Art
1	Kauf von Rohstoffen/Anlagen in Fremdwährung	Wechselkursrisiko	Devisenterminkauf, Devisenkaufoption	Fair Value-Hedge oder Cashflow-Hedge
2	Verkauf von Erzeugnissen in Fremdwährung	Reduzierung Umsatzerlös in Euro Wechselkursschwankung	Devisenterminverkauf, Devisenverkaufsoption	Fair Value-Hedge oder Cashflow-Hedge
3	Kauf von Rohstoffen in Berichtswährung	Preisrisiko	Terminverkauf, Verkaufsoption	Fair Value-Hedge

Abb. 25.4: Beispiele zur Absicherung schwebender Geschäfte

III. Absicherung erwarteter Transaktionen

Die zuvor genannten Beispiele der Absicherung diverser Risiken können allesamt auch Risiken aus **erwarteten Transaktionen** darstellen, soweit das bilanzierende Unternehmen noch keinen festen Vertrag zum Ein- oder Verkauf des Grundgeschäfts geschlossen hat. Dabei handelt es sich um hochwahrscheinliche Geschäfte, über die noch keine Vertragsbeziehung geschlossen worden ist (sonst: schwebendes Geschäft). Die Absicherung erfolgt immer im Wege eines Cashflow-Hedges. Diese Art der Bilanzierung stellt eine zeitgleiche Erfassung der Cashflow-Schwankungen aus Grundgeschäft und Sicherungsinstrument sicher. Die in der Berichtsperiode anfallenden Wertänderungen des Sicherungsinstruments werden erst bei Bilanzwirksamkeit des Grundgeschäfts erfolgswirksam erfasst.

25.24

C. Fair Value-Option

Finanzielle Vermögenswerte und Verbindlichkeiten können beim erstmaligen Ansatz „freiwillig" unwiderruflich als erfolgswirksam zum Fair Value designiert werden, sofern dadurch Bewertungsinkongruenzen beseitigt oder signifikant verringert werden, die entstehen, wenn die Bewertung von Vermögenswerten, Verbindlichkeiten oder die Erfassung von daraus resultierenden Gewinnen und Verlusten auf unterschiedlicher Grundlage erfolgt (IFRS 9.4.1.5 und IFRS 9.4.2.2).

25.25

Ein typischer Anwendungsfall stellt beispielsweise eine Forderung mit fester Verzinsung dar, deren beizulegender Zeitwert durch einen Zinsswap gesichert werden soll. Zunächst ist das Derivat zum beizulegenden Zeitwert durch die GuV abzubilden, die Forderung jedoch zu fortgeführten Anschaffungskosten. Einerseits wäre eine Designation in einen Fair Value Hedge denkbar, wodurch die Forderung aufgrund der Regelungen des Hedge Accountings erfolgswirksam zum beizulegenden Zeitwert abzubilden wäre. Andererseits wäre auch eine Klassifizierung der Forderung von Anfang an als erfolgswirksam zum beizulegenden Zeitwert denkbar, wenn die Fair Value-Option angewendet wird. Voraussetzung hierfür ist, dass ein *Accounting Mismatch* beseitigt wird.[10]

Die Fair Value-Option stellt eine Alternative zu den Regelungen des Hedge Accounting für den Fall dar, dass das Grundgeschäft ein **bilanzwirksames Finanzinstrument** darstellt, es also ohne Nutzung der Fair Value-Option dem Fair Value-Hedge zugänglich wäre (Ziff. 1–3 in Rz. 25.13). Für die Absicherung schwebender Geschäfte (Rz. 25.16) oder erwarteter Transaktionen (Rz. 25.17) ist die Fair Value-Option nicht möglich.

25.26

Die Fair Value-Option geht über die Anwendungsmöglichkeiten des Hedge Accounting insoweit hinaus, als das Grundgeschäft nicht unbedingt durch ein Derivat abzusichern ist.

25.27

---

10 Vgl. *Kuhn/Hachmeister*, Rechnungslegung und Prüfung von Finanzinstrumenten, 69, Rz. 291 ff., sowie IFRS 9.B4.1.2029 f.

Beispiel: Ein Unternehmen hat finanzielle Vermögenswerte und/oder finanzielle Verbindlichkeiten, welche gleichen Risiken unterliegen (z.B. Zinsänderungsrisiken). Die gleichen oder vergleichbaren Risiken führen zu gegenläufigen Veränderungen der beizulegenden Zeitwerte, die sich weitgehend aufheben. Keines der Instrumente ist ein Derivat, so dass das Unternehmen nicht die Voraussetzungen für die Bilanzierung von Sicherungsgeschäften erfüllt (IFRS 9.6.2.1 ff.).

Diese Absicherung wäre den Regelungen des Hedge Accounting überhaupt nicht zugänglich, da als Sicherungsinstrumente grundsätzlich nur Derivate eingesetzt werden können. Lediglich bei der Absicherung von Währungsrisiken kommt auch der Einsatz originärer Finanzinstrumente in Betracht (Rz. 25.33).

25.28 Der Vorteil der Fair Value-Option liegt in ihrer **Einfachheit**. Die restriktiven Anforderungen des Hedge Accounting im Hinblick auf Dokumentation und Messung der Effektivität entfallen im Rahmen der Fair Value-Option (Rz. 25.36 ff.). Auf der anderen Seite werden so allerdings auch *andere* Risikokomponenten zum Fair Value abgebildet, was bei Anwendung des Hedge Accounting hätte vermieden werden können.

25.29 Die Fair Value-Option kann jedoch nur beim **erstmaligen Ansatz** des abzusichernden Finanzinstruments gewählt werden. Dabei ist ein Vertragsabschluss im Hinblick auf das entsprechend gegenläufige Finanzinstrument zum genau gleichen Zeitpunkt nicht zwangsläufig vorgeschrieben. Ohne nähere zeitliche Konkretisierung wird eine „angemessene Verzögerung" zugestanden.[11]

25.30 Sollte ein gegenläufiges Finanzinstrument hingegen nicht kontrahiert werden, hat rückblickend betrachtet für das Finanzinstrument die Anwendungsvoraussetzung der Fair Value-Option – Vermeidung eines *Accounting Mismatch* – gar nicht vorgelegen. Dabei handelt es sich um einen **Anwendungsfall einer Fehlerkorrektur**, so dass die bisher eingetretenen Vermögens- und Ergebniswirkungen u.U. rückwirkend zu korrigieren sind (Rz. 12.60).

D. Hedge Accounting

I. Sicherungsbeziehungen, Grundgeschäfte und Sicherungsinstrumente

1. Sicherungsbeziehungen

25.31 Nach IFRS 9.6.5.2 werden **drei Arten von Sicherungsbeziehungen** unterschieden:

– Fair Value-Hedge – Absicherung des Risikos einer Fair Value-Änderung,

– Cashflow-Hedge – Absicherung des Risikos künftiger Cashflow-Schwankungen und

---

11 Vgl. *Kuhn/Hachmeister*, Rechnungslegung und Prüfung von Finanzinstrumenten, 112 Rz. 391 ff.

– Hedge of a Net Investment in a Foreign Operation – Absicherung einer Nettoinvestition in einen ausländischen Geschäftsbetrieb.

Werden die Sicherungsgeschäfte den unterschiedlichen Grundgeschäften und abzusichernden Risiken zugeordnet (Rz. 25.13 ff.), ergeben sich drei Hedge-Arten. 25.32

- **Absicherung des Risikos von Fair Value-Änderungen** (Fair Value-Hedge)
  - Absicherung des Risikos von Änderungen des beizulegenden Zeitwerts eines bilanzierten Vermögenswertes (z.B. Marktpreis bzw. Kursrisiken von Wertpapieren) oder einer bilanzierten Verbindlichkeit oder einer nicht bilanzierten festen Verpflichtung oder einer Komponente eines solchen Postens. Diese Änderungen müssen auf ein bestimmtes Risiko zurückzuführen sein und erfolgswirksame Auswirkungen haben können.[12]
- **Absicherung des Risikos von Cashflow-Änderungen** (Cashflow-Hedge)
  - Absicherung gegen das Risiko aus Schwankung von Zahlungsströmen. Absicherbar sind Schwankungen, die einem bestimmten Risiko zuordenbar sind, zukünftig voraussichtlich ergebniswirksam werden und auf einen Teil oder insgesamt von einem bilanzierten Vermögenswert, Verbindlichkeit oder einer hochwahrscheinlichen erwarteten Transaktion abhängig sind.[13]
- **Absicherung einer Nettoinvestition in eine wirtschaftlich selbständige ausländische Teileinheit** (Net Investment Hedge)
  - Absicherung einer Nettoinvestition in einen ausländischen Geschäftsbetrieb im Sinne von IAS 21 (wie beispielsweise durch Kreditaufnahme in der Fremdwährung, in der die Investition gehalten wird).[14]

Das Fremdwährungsrisiko eines schwebenden Geschäfts (*Firm Commitment*, z.B. eine vertragliche Lieferverpflichtung zu einem festgelegten Preis) kann als Fair Value-Hedge oder als Cashflow-Hedge bilanziert werden.

2. Grundgeschäfte

Grundlagen 25.33

Die Vorschriften bezüglich zulässiger Grundgeschäfte wurden unverändert aus IAS 39 übernommen. Zu den zulässigen Grundgeschäften zählen (IFRS 9.6.3.1):

- bilanzierte Vermögenswerte oder Verbindlichkeiten,
- bilanzunwirksame feste Verpflichtungen (*Firm Commitments*),

---

[12] Vgl. *Kuhn/Hachmeister*, Rechnungslegung und Prüfung von Finanzinstrumenten, 312 Rz. 21 ff.
[13] Vgl. *Kuhn/Hachmeister*, Rechnungslegung und Prüfung von Finanzinstrumenten, 313 Rz. 26 ff.
[14] Vgl. *Kuhn/Hachmeister*, Rechnungslegung und Prüfung von Finanzinstrumenten, 314 Rz. 31 ff.

- mit hoher Wahrscheinlichkeit eintretende künftige Transaktionen (Forecast Transactions) oder

- Nettoinvestitionen in einen ausländischen Geschäftsbetrieb (Net Investments in a Foreign Operation).

Bei den vorgenannten Grundgeschäften kann es sich sowohl um einzelne Posten als auch um Gruppen von Posten (sog. Portfolien) handeln, sofern die diesbezüglichen Voraussetzungen erfüllt sind.

25.34 Für die Sicherungsbilanzierung kommen lediglich Vermögenswerte, Verbindlichkeiten, feste Verpflichtungen und künftige Transaktionen mit **externen Parteien** infrage. Eine Ausnahme von dieser Regelung stellt die Absicherung des Währungsrisikos eines konzerninternen monetären Postens dar, sofern das abgesicherte Währungsrisiko den Konzerngewinn oder -verlust beeinflusst. Des Weiteren würde auch das Währungsrisiko einer mit hoher Wahrscheinlichkeit eintretenden künftigen konzerninternen Transaktion die Voraussetzungen für eine Designation als gesichertes Grundgeschäft erfüllen, wenn sich die betreffende Transaktion auf den Konzerngewinn oder -verlust auswirkt (IFRS 9.6.3.5-6). Konzerninterne Liefer- und Leistungsbeziehungen können mögliche Transaktionen darstellen, die ein potentiell ergebniswirksames Währungsrisiko darstellen, soweit der Lieferant und der Abnehmer konzernintern unterschiedlichen funktionalen Währungen unterliegen. Das gesicherte Grundgeschäft muss zuverlässig bewertbar sein (IFRS 9.6.3.2) und eine erwartete Transaktion eine hohe Eintrittswahrscheinlichkeit aufweisen (IFRS 9.6.3.3).

25.35 IFRS 9 hat die Möglichkeiten der Designationen von Sicherungsbeziehungen im Vergleich zum IAS 39 in einigen Positionen signifikant erweitert. Dies gilt insbesondere für die Designation von Risikokomponenten sowie von aggregierten Risikopositionen und Gruppen von Posten, sog. Portfolios (IFRS 9.6.6). Risikokomponenten können vertragliche Preisbestandteile oder Risikofaktoren sein, die sich aus wirtschaftlichen oder physischen Zusammenhängen ergeben.

Beispiel: Denkbar ist es die Preisrisikokomponente Rohöl beim erwarteten Kerosineinkauf einer Airline zu sichern, da Rohöl ein physischer Bestandteil des gängigsten Produktionsverfahrens für Kerosin ist und der Kerosinpreis stark von der Entwicklung des Rohölpreises abhängig ist.

25.36 Andererseits wurden die Designationsmöglichkeiten dahingehend eingeschränkt, dass die bilanziellen Sicherungsbeziehungen nun grundsätzlich im Einklang mit der Risikomanagementstrategie des Unternehmens stehen müssen (IFRS 9.B6.3.2017). Die Sicherungsbeziehungen werden dann in Übereinstimmung mit der **Risikomanagement-Richtlinie** des Bilanzierenden designiert. Vorsicht ist daher geboten, wenn die Risikomanagement-Richtlinie abgeändert wird, weil ggf. bisherige Sicherungsbeziehungen unzulässig werden könnten und sodann pflichtmäßig zu de-designieren wären.

Absicherung von Risiken, die sich auf das sonstige Ergebnis (OCI) auswirken 25.37

Lediglich Absicherungen von Risiken, die sich in der GuV niederschlagen könnten, erfüllen die Voraussetzungen zur Sicherungsbilanzierung. Die einzige zulässige Ausnahme von dieser Regelung besteht in der Absicherung von Investitionen in Eigenkapitalinstrumente, die in Ausübung des Wahlrechts ergebnisneutral zum beizulegenden Zeitwert bewertet werden (s. hierzu Rz. 22.60). Bei Abgang der Eigenkapitalinstrumente werden die Gewinne oder Verluste, die zuvor im sonstigen Ergebnis (OCI) erfasst wurden, nicht in die GuV umgegliedert (sog. Recyclingverbot).

Auch die Änderungen des beizulegenden Zeitwerts des Sicherungsinstruments sowie eine etwaige Ineffektivität werden bei solchen Sicherungsbeziehungen im sonstigen Ergebnis (OCI) ausgewiesen, wobei gleichermaßen das oben beschriebene Recyclingverbot Anwendung findet (IFRS 9.5.7.5).

Diese Anpassung der grundsätzlichen Regelung der bilanziellen Darstellung von Fair Value-Hedges ist notwendig, da ansonsten gerade der Fair Value-Hedge den Accounting Mismatch auslösen und nicht beseitigen wird. Bislang hat diese Art der Sicherungsbeziehung keine nennenswerte Bedeutung entfaltet und wird auf absehbare Zeit mangels wirtschaftlich sinnvoller Anwendungsfelder voraussichtlich eine Randerscheinung bleiben.

Absicherungen von Risikokomponenten im Grundgeschäft 25.38

Nach IFRS 9 ist es zulässig, eine einzelne **Risikokomponente** eines nichtfinanziellen Postens als Grundgeschäft in einer Sicherungsbeziehung zu designieren, vorausgesetzt diese Risikokomponente ist eigenständig identifizierbar und verlässlich bewertbar (IFRS 9.B6.3.8). Infolgedessen dürften in Zukunft deutlich mehr allgemeine Risikomanagementstrategien die Voraussetzungen für die Sicherungsbilanzierung erfüllen. Die Absicherung aller Risiken ist meist nicht notwendig, ökonomisch nicht sinnvoll oder auch nicht möglich (z.B. aufgrund fehlender geeigneter Sicherungsinstrumente). Daher könnten Unternehmen eine Neustrukturierung ihrer bestehenden Sicherungsbeziehungen und Risikomanagementstrategien in Erwägung ziehen, um von den neuen Vorschriften für Sicherungsgeschäfte des IFRS 9 zu profitieren.

Kauf- oder Absatzverträge können Klauseln enthalten, die den vertraglich vereinbarten Preis mittels einer speziellen Formel an den Benchmarkpreis eines Rohstoffs koppeln. Die unterschiedlichen Preisbildungskomponenten – und somit die Risikokomponenten – sind jedoch nicht in jedem Vertrag definiert. Nach IFRS 9 muss die Risikokomponente nicht vertraglich festgelegt werden, um die Voraussetzungen für die Sicherungsbilanzierung zu erfüllen. In solchen Fällen ist die Beurteilung, ob eine Risikokomponente eigenständig identifizierbar und verlässlich bewertbar ist, im Rahmen der jeweiligen Marktstruktur, auf die sich das bzw. die Risiken beziehen und in der die Absicherung erfolgt, vorzunehmen. Eine solche Festlegung erfordert eine Auswertung der relevanten Tatsachen und Umstände, die je nach Risiko und Markt unterschiedlich sind (IFRS 9 B6.3.9).

Beispiel: Ein Unternehmen erwirbt Elektromotoren von einem Zulieferer auf regelmäßiger Basis gemäß des erwarteten und hoch wahrscheinlichen Produktionsfahrplans. Der Preis eines Motors wird gemäß Einkaufsvertrag anhand einer Formel ermittelt:

– 1,5 kg multipliziert mit dem Kupferpreis (EUR/kg) am Tag der Lieferung, plus
– 10 multipliziert mit dem tariflichen Stundenlohn in der Elektroindustrie plus
– 20 €.

Das Unternehmen schließt regelmäßig Warentermingeschäfte auf Kupfer ab, um die Preisvariabilität aus dem Einkauf der Elektromotoren zu reduzieren.

Unter den bisherigen Regelungen des IAS 39 war es lediglich möglich, den Elektromotoreneinkauf als Ganzes in eine Sicherungsbeziehung zu designieren. Änderte sich der tarifliche Stundenlohn, änderte sich der erwartete Cashflow des Grundgeschäfts ohne eine risikokompensierende Wirkung im Sicherungsgeschäft. Eine Ineffektivität war vorprogrammiert.

Gemäß IFRS 9 ist nun die Designation der Risikokomponente „Kupfer" aus dem Grundgeschäft zulässig. Das Grundgeschäft ist nun nicht mehr der Motoreneinkauf, sondern die Kupferkomponente im Motoreneinkauf.

Die Beurteilung, ob eine Risikokomponente die Voraussetzungen für die Sicherungsbilanzierung erfüllt, basiert im Wesentlichen auf der Prüfung, ob unterschiedliche Preisrisikofaktoren vorliegen, die den Posten in seiner Gesamtheit (d.h. seinen Wert oder seine Cashflows) auf eine bestimmte erkennbare Weise beeinflussen.

25.39 **Aggregierte Positionen als Grundgeschäft**

Unternehmen kaufen oder verkaufen häufig Posten (insbesondere Rohstoffe), denen mehrere Risikoarten zugrunde liegen (z.B. Preis- und Währungsrisiko). Dabei wird nicht immer jedes einzelne Risiko für denselben Zeitraum abgesichert. Praktisch handelt es sich somit um mehrstufige Sicherungsbeziehungen, wobei das Grundgeschäft für die zweite Sicherungsbeziehung (eine aggregierte Position) das verbleibende Risiko aus dem ursprünglichen Sicherungsgeschäft zzgl. des ersten Sicherungsinstruments ist.

Eine aggregierte Position ergibt sich im zuvor genannten Beispiel, wenn der Einkaufspreis des Kupfers nicht in EUR, sondern in USD festgestellt wird und das zu Sicherungszwecken eingesetzte Kupfertermingeschäft ebenfalls ein USD basiertes Derivat ist. Im ersten Schritt wäre dann der Kupferpreis von variablen USD auf fixen USD gesichert. Sichert das Unternehmen anschließend noch das USD/EUR Risiko mit einem Devisentermingeschäft, ist das Grundgeschäft dieser zweiten Sicherungsbeziehung eine Position, die sich aus der Kupferpreiskomponente des erwarteten Einkaufs und dem als Sicherungsinstrument eingesetzten Kupfertermingeschäft aggregiert.

IFRS 9 erweitert die Bandbreite zulässiger Grundgeschäfte um eben jene **aggregierte Risikopositionen**, die sich aus einem Risiko, das als gesichertes Grundgeschäft infrage käme, und einem Derivat zusammensetzen (IFRS 9.6.3.4).

Die einzelnen Komponenten der aggregierten Risikoposition werden separat unter Anwendung der allgemeinen Vorschriften für die Bilanzierung von Sicherungsbeziehungen erfasst (d.h., die Bilanzierungseinheit [unit of account] ändert sich nicht; die aggregierte Risikoposition wird nicht als „synthetischer" Einzelposten bilanziert). Ansatz und Bewertungsregelungen werden insoweit weiterhin getrennt betrachtet.

Bei der Beurteilung der Wirksamkeit und der Ermittlung der Ineffektivität der Absicherung einer aggregierten Risikoposition ist jedoch der kombinierte Effekt der Posten, die zusammen die aggregierte Risikoposition bilden, zu berücksichtigen (IFRS 9.B6.3.4). Dies ist vor allem dann wichtig, wenn die Bedingungen des gesicherten Grundgeschäfts und des Sicherungsinstruments in der ersten Sicherungsbeziehung nicht genau übereinstimmen, d.h. wenn ein Basisrisiko besteht. Eine etwaige Ineffektivität der Sicherungsbeziehung auf der ersten Ebene würde automatisch auch zu einer Ineffektivität der Sicherungsbeziehung auf der zweiten Ebene führen. 25.40

3. Sicherungsinstrumente

Ein **Derivat**, das erfolgswirksam zum beizulegenden Zeitwert bewertet wird, kann als Sicherungsinstrument designiert werden. Hiervon sind einige geschriebene Optionen (s. IFRS 9.B6.2.4) ausgenommen. Eine geschriebene Option ist die Stillhalterposition eines jeden Optionsgeschäfts. Während eine Option sich durch die Zahlung einer Prämie und dann den optionalen Rechten auszeichnen, ist die geschriebene Option bei der Gegenpartei. Die Gegenpartei erhält die Prämie und trägt ansonsten eine einseitige Risikoposition. Aufgrund der einseitigen potentiell unlimitierten Risikoposition ist eine Qualifikation als Sicherungsinstrument regelmäßig ausgeschlossen. 25.41

Ein **nicht derivativer finanzieller Vermögenswert** oder eine **nicht derivative finanzielle Verbindlichkeit**, der bzw. die erfolgswirksam zum beizulegenden Zeitwert bewertet wird, kann als Sicherungsinstrument designiert werden. Ausgenommen sind Verbindlichkeiten, die als erfolgswirksam zum beizulegenden Zeitwert bewertet designiert sind und deren Wertänderungen, auf eigenem Kreditrisiko beruhend, gemäß IFRS 9.5.7.7 erfolgsneutral im sonstigen Ergebnis erfasst werden. Für die Absicherung eines Währungsrisikos kann die Währungsrisikokomponente eines nicht derivativen finanziellen Vermögenswerts oder einer nicht derivativen finanziellen Verbindlichkeit als Sicherungsinstrument designiert werden.

Für die Bilanzierung von Sicherungsgeschäften können als Sicherungsinstrument nur Verträge mit einer *unternehmensexternen* Partei (d.h. außerhalb der Unternehmensgruppe oder des einzelnen Unternehmens, über die/das berichtet wird) designiert werden (IFRS 9.6.2.3). 25.42

Grundsätzlich können derivative Finanzinstrumente nur in ihrer **Gesamtheit** als Sicherungsinstrument designiert werden. IFRS 9.6.2.4 lässt allerdings folgende Ausnahmen zu:

- Die Trennung eines Optionskontrakts in inneren Wert und Zeitwert, wobei nur die Änderung des inneren Werts einer Option als Sicherungsinstrument und nicht die Änderung des Zeitwerts designiert wird (s. IFRS 9.6.5.15 und 9B.6.5.29-B6.5.1933),

- die Trennung eines Termingeschäfts in Terminelement und Kassaelement, wobei nur die Wertänderung des Kassaelements eines Termingeschäfts und nicht die des Terminelements als Sicherungsinstrument designiert wird; ebenso kann der Währungsbasis-Spread abgetrennt und von der Designation eines Finanzinstruments als Sicherungsinstrument ausgenommen werden (s. IFRS 9.6.5.16 und 9B6.5.1934-B6.5.1939), und

- ein prozentualer Anteil des gesamten Sicherungsinstruments, bspw. 50 Prozent des Nominalvolumens, kann als Sicherungsinstrument in einer Sicherungsbeziehung designiert werden. Jedoch kann ein Sicherungsinstrument nicht für einen Teil seiner Laufzeit designiert werden. Hintergrund ist hierbei insbesondere die Vermeidung von aktiven Ergebnisverschiebungen zwischen Perioden. Häufig haben Derivate anfänglich einen positiven Cashflow und in späteren Perioden einen negativen Cashflow. Zeitlich begrenzte Designationen könnten somit der missbräuchlichen Nutzung der Sicherungsbeziehungen Vorschub leisten und sind insoweit untersagt.

25.43 Ein Unternehmen kann jede Kombination der folgenden Instrumente in Verbindung miteinander berücksichtigen und gemeinsam als Sicherungsinstrument designieren (IFRS 9.6.2.5):

- Derivate oder ein prozentualer Anteil derselben, und
- Nicht-Derivate oder ein prozentualer Anteil derselben.

Ein derivatives Finanzinstrument, bei dem eine **geschriebene Option** (das Unternehmen nimmt die Stillhalterposition ein) mit einer erworbenen Option kombiniert wird, erfüllt dennoch nicht die Anforderungen an ein Sicherungsinstrument, wenn es sich zum Zeitpunkt der Designation netto um eine geschriebene Option handelt. Ebenso können zwei oder mehrere Instrumente nur dann gemeinsam als Sicherungsinstrumente designiert werden, wenn sie in Kombination zum Zeitpunkt der Designation netto keine geschriebene Option darstellen (IFRS 9.6.2.6).

II. Voraussetzungen für das Hedge Accounting

1. Designation

25.44 Die vorgeschriebenen Schritte für die **Designation** einer Sicherungsbeziehung sind in dem folgenden Entscheidungsbaum dargestellt, dessen einzelne Elemente nachfolgend erläutert werden:

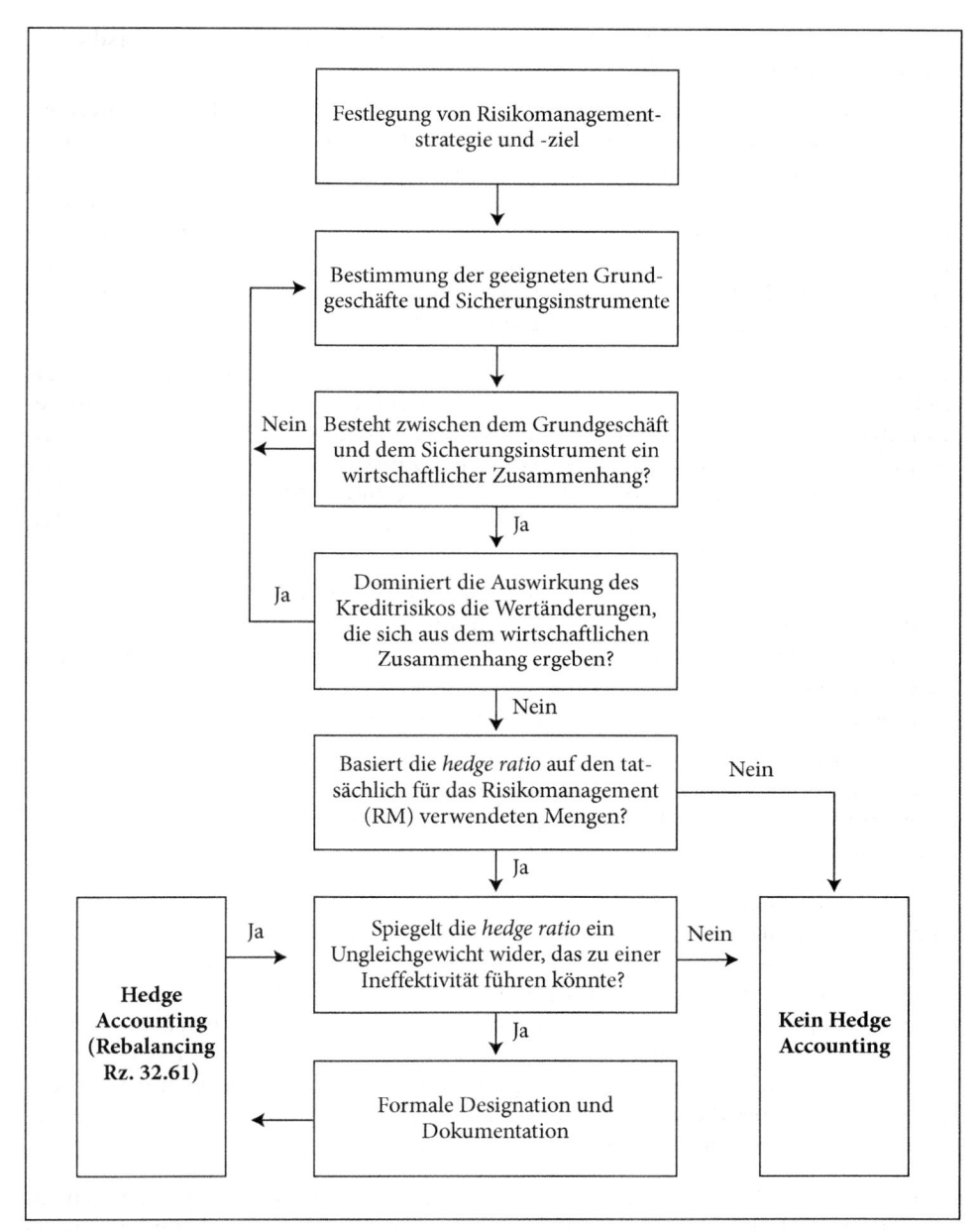

Abb. 25.5: Entscheidungsbaum für die Designation von Sicherungsbeziehungen[15]

---

[15] Eigene Darstellung in Anlehnung an *Kuhn/Hachmeister*, Rechnungslegung und Prüfung von Finanzinstrumenten, 380 Rz. 389 ff.

25.45 IFRS 9 unterscheidet zwischen **Risikomanagementstrategie** und dem **Risikomanagementziel** (vgl. IFRS 9.B6.5.2024).

Die **Risikomanagementstrategie** wird auf der Ebene festgelegt, auf der das Unternehmen entscheidet, wie es seine Risiken steuert und auf der es die Risiken bestimmt, denen es ausgesetzt ist. So könnte eine Risikomanagementstrategie beispielsweise Änderungen der Zinssätze für bestehende Kredite als Risiko identifizieren und eine bestimmte Zielspanne für das Verhältnis zwischen fester und variabler Verzinsung für diese Kredite definieren. Hierbei handelt es sich in der Regel um eine langfristig angelegte Strategie. Diese kann jedoch so flexibel ausgestaltet sein, dass sie an eventuelle Änderungen der Umstände angepasst werden kann.

25.46 Das **Risikomanagementziel** wird für eine einzelne Sicherungsbeziehung definiert und legt fest, wie ein bestimmtes Sicherungsinstrument designiert ist, um ein bestimmtes Grundgeschäft abzusichern. So würde anhand des Risikomanagementziels beispielsweise bestimmt, auf welche Weise ein Zinsswap eingesetzt wird, um eine variable Verbindlichkeit in eine festverzinsliche Verbindlichkeit umzuwandeln. Daher wird eine Risikomanagementstrategie in der Regel in eine Vielzahl von Risikomanagementzielen münden.

Ändert sich ein Risikomanagementziel oder verfolgt das Unternehmen dieses Ziel nicht mehr, darf das Unternehmen Sicherungsbeziehungen, die gemäß diesem Risikomanagementziel designiert sind, nicht mehr als Sicherungsgeschäfte bilanzieren. Umgekehrt gilt: Bleibt das Risikomanagementziel unverändert, darf das Unternehmen die Bilanzierung als Sicherungsgeschäft nicht freiwillig beenden.

Eine Sicherungsbeziehung muss aus geeigneten Grundgeschäften und Sicherungsinstrumenten bestehen, um die Voraussetzungen für das Hedge Accounting zu erfüllen. IFRS 9 enthält im Vergleich zu IAS 39 einige Änderungen in Bezug auf die Frage, was als geeignetes Grundgeschäft angesehen wird.

25.47 Zu Beginn der Sicherungsbeziehung sind sowohl eine formale Designation als auch eine **Dokumentation** erforderlich. Dazu gehört auch, inwieweit das der Sicherungsbeziehung zugrunde liegende Risikomanagementziel des Unternehmens mit der Gesamtrisikomanagementstrategie im Einklang steht. In der Dokumentation müssen das Sicherungsinstrument, das Grundgeschäft und die Art des abzusichernden Risikos festgelegt werden. Darüber hinaus muss beschrieben werden, wie das Unternehmen beurteilen wird, ob die Sicherungsbeziehung die **Effektivitätsanforderungen** erfüllt. Dazu gehört die Dokumentation des Absicherungsverhältnisses (*Hedge Ratio*) und möglicher Ursachen für Ineffektivitäten.

25.48 Gemäß IFRS 9 erfüllt eine Sicherungsbeziehung nur dann die Voraussetzungen für die Anwendung des Hedge Accounting, wenn sie die beiden nachstehend aufgeführten **Effektivitätsanforderungen** erfüllt[16] (IFRS 9.6.4.1 (c)):

– Zwischen dem Grundgeschäft und dem Sicherungsinstrument besteht ein wirtschaftlicher Zusammenhang.

---

16 Vgl. *PWC*, Manual of accounting^2, 46010, Rz. 46.38.

– Die Auswirkung des Kreditrisikos dominiert nicht die Wertänderungen vom Grundgeschäft oder Sicherungsinstrument.

Das Absicherungsverhältnis der Sicherungsbeziehung entspricht dem Verhältnis zwischen der designierten Menge oder dem Nominalbetrag des Grundgeschäfts, den das Unternehmen tatsächlich absichert, und dem designierten Betrag oder dem Nominalbetrag des Sicherungsinstruments, den das Unternehmen tatsächlich designiert, um diese Menge oder den Nominalbetrag des Grundgeschäfts abzusichern. Diese Designation darf jedoch kein Ungleichgewicht im Verhältnis zwischen dem Grundgeschäft und dem Sicherungsinstrument aufweisen, aus dem sich eine Ineffektivität der Sicherungsbeziehung ergäbe (unabhängig davon, ob diese erfasst würde oder nicht), die zu einem Rechnungslegungsergebnis führen könnte, das nicht mit dem Risikomanagementziel im Einklang stünde (IFRS 9.6.4.1(c)).

25.49

Über die anfängliche Definition des Verhältnisses von Grund- und Sicherungsgeschäft wird sichergestellt, dass die Sicherungsbeziehung prospektiv eine hohe Effektivität aufweist. Das Kriterium der prospektiven Effektivität ist unter IFRS 9 deutlich stärker in den Fokus gerückt als dies unter IAS 39 der Fall war. IAS 39 fokussierte auf die retrospektive Effektivität.[17] Demnach wurde die Veränderung des beizulegenden Zeitwerts des designierten Derivats und des gesicherten Risikos in der Vergangenheit gegenübergestellt und führten – soweit diese außerhalb einer spezifizierten Bandbreite lagen – zu einer pflichtmäßigen Beendigung der Sicherungsbeziehung. Dieses starre Korsett wurde nunmehr zugunsten einer Zukunftsbetrachtung aufgegeben. Nunmehr muss der Bilanzierende die erwartete Effektivität jährlich beurteilen und durch Anpassung der Sicherungsbeziehung sicherstellen, dass die künftige Effektivität möglichst nahe an 100 % liegt. Eine Anpassung der Sicherungsbeziehung kann durch eine Erhöhung des Volumens des Grundgeschäfts, eine Erhöhung des Volumens des Sicherungsinstruments, eine Verringerung des Volumens des Grundgeschäfts oder eine Verringerung des Volumens des Sicherungsinstruments vorgenommen werden (s. auch Rz. 25.60). Wird keine Effektivität nahe der 100 % erreicht, ist erneut zu prüfen, ob nicht doch das Kreditrisiko dominiert oder ob der wirtschaftliche Sicherungszusammenhang gegeben ist. Ein dominierendes Kreditrisiko konterkariert dieses Ziel und ist insoweit grundsätzlich schädlich für die Designation oder Beibehaltung von Sicherungsbeziehungen.

25.50

2. Wirtschaftlicher Zusammenhang

Ausgehend von wirtschaftlichen Erwägungen muss zu erwarten sein, dass sich das Sicherungsinstrument und das Grundgeschäft infolge einer Änderung des abgesicherten Risikos entgegengesetzt entwickeln. Eine statistische Korrelation kann einen **wirtschaftlichen Zusammenhang** untermauern, ist jedoch für sich betrachtet kein ausschlaggebender Faktor (da eine Korrelation nicht zwangsläufig eine Kausalität impliziert).[18] Für eine Entscheidungsfindung müssen sowohl quantitative als auch qualitative Faktoren berücksichtigt werden. Dabei sollte auch eine Analyse der

25.51

---

17 Vgl. *EY-iGAAP*, 4050.
18 Vgl. *EY-iGAAP*, 4062.

möglichen Entwicklung der Sicherungsbeziehung während ihrer Laufzeit vorgenommen werden, um zu bestimmen, ob die Sicherungsbeziehung das Risikomanagementziel voraussichtlich erfüllen wird.

Viele Sicherungsbeziehungen werden dieses Erfordernis automatisch erfüllen, da die dem Sicherungsinstrument zugrunde liegende Transaktion häufig dem abgesicherten Risiko entspricht oder mit diesem weitgehend identisch ist. Auch wenn es Abweichungen zwischen dem Grundgeschäft und dem Sicherungsinstrument gibt, kann der wirtschaftliche Zusammenhang häufig anhand einer qualitativen Beurteilung nachgewiesen werden. Wenn jedoch die wesentlichen Bedingungen des Sicherungsinstruments und des Grundgeschäfts nicht weitgehend übereinstimmen, legt IFRS 9 nahe, dass das Unternehmen lediglich auf der Grundlage einer quantitativen Beurteilung in der Lage ist, festzustellen, ob ein wirtschaftlicher Zusammenhang besteht.[19]

Diese Beurteilung, gleich ob qualitativer oder quantitativer Art, müsste neben anderen möglichen Ursachen für Rechnungslegungsinkongruenzen zwischen dem designierten Grundgeschäft und dem Sicherungsinstrument auch die folgenden Punkte berücksichtigen:

— die Fälligkeit,

— die Menge oder den Nominalbetrag,

— die Eintrittszeitpunkte der Cashflows,

— Unterschiede bei den zugrunde liegenden Zinssätzen oder in Bezug auf Qualität und Standort,

— die Methoden der Zählung/Berücksichtigung von Tagen,

— das Kreditrisiko, einschließlich der Auswirkung von Sicherheiten sowie

— die Frage, inwieweit das Sicherungsinstrument bei der Designation bereits „im Geld" oder „aus dem Geld" ist.[20]

IFRS 9 schreibt keine bestimmte Methode vor, um festzustellen, ob ein wirtschaftlicher Zusammenhang besteht. Ein Unternehmen sollte stattdessen eine geeignete Methode verwenden, die alle relevanten Merkmale der Sicherungsbeziehung berücksichtigt. Eine Möglichkeit ist die Durchführung einer statistischen Analyse, z.B. einer Regressionsanalyse, um die Beurteilung zu stützen, ob ein wirtschaftlicher Zusammenhang besteht. Diese Methode kann auch angewendet werden, um ein angemessenes Absicherungsverhältnis zu ermitteln (IFRS 9.B6.4.4-B6.4.6).[21]

3. Auswirkungen des Kreditrisikos

25.52   Das **Kreditrisiko** kann sich sowohl aus dem Sicherungsinstrument als auch aus dem Grundgeschäft ergeben und das Kreditrisiko der Vertragspartei oder das eigene Kreditrisiko des Unternehmens darstellen. Um die Voraussetzungen für das Hedge

---

19 Vgl. *EY-iGAAP*, 4063.
20 Vgl. *EY-iGAAP*, 4063.
21 Vgl. *EY-iGAAP*, 4064.

Accounting zu erfüllen, darf das Kreditrisiko die Wertänderungen des Grundgeschäfts oder des Sicherungsinstruments nicht dominieren.[22]

Das Kreditrisiko wird definiert als die Gefahr, dass ein Vertragspartner bei einem Geschäft bei dem anderen Partner finanzielle Verluste verursacht, da er seinen Verpflichtungen nicht nachkommt. Daher beinhalten Vorratsbestände kein Kreditrisiko.

Die Feststellung, ob und inwieweit die Auswirkungen des Kreditrisikos die Wertänderungen dominieren, erfordert Ermessensausübung. Der Begriff „dominieren" impliziert jedoch eindeutig, dass die Auswirkungen auf den beizulegenden Zeitwert des Grundgeschäfts oder des Sicherungsinstruments signifikant sein müssen. Gemäß den im Standard enthaltenen Leitlinien sind geringfügige Auswirkungen zu ignorieren, selbst wenn sie in einer bestimmten Periode die beizulegenden Zeitwerte stärker beeinflussen als die Änderungen des abgesicherten Risikos.[23] Anders ausgedrückt: Das Unternehmen muss nicht nur eine relative, sondern auch eine absolute Beurteilung vornehmen.

Beispiel: Ein Beispiel für eine Sicherungsbeziehung mit dominierendem Kreditrisiko ist, ein Unternehmen, welches das Rohstoffpreisrisiko mit einem Derivat absichert. Die Bonität der Vertragsgegenpartei dieses Derivats unterliegt hierbei wesentlichen Änderungen. In diesem Fall könnte die Auswirkung einer Bonitätsverschlechterung der Vertragspartei die Auswirkung von Änderungen des Rohstoffpreises auf den beizulegenden Zeitwert des Sicherungsinstruments übersteigen.[24] Soweit das Derivat einer Besicherung (bspw. einem Clearing) unterliegt, entfällt das Risiko weitestgehend.

Bei einer Kreditabsicherung des Grundgeschäfts und des Sicherungsinstruments (bspw. bei Derivaten mit Margening-Vereinbarung) reduziert sich das Kreditrisiko für beide Vertragsparteien erheblich. Das Kreditrisiko wird den beizulegenden Zeitwert des Grundgeschäfts und des Sicherungsinstruments in diesem Fall voraussichtlich nicht dominieren.

Kreditrisiko aus dem Sicherungsinstrument

25.53

IFRS 13 Fair Value Measurement regelt, dass die Auswirkungen des Kreditrisikos – sowohl die des Kreditrisikos der Vertragspartei als auch die des eigenen Kreditrisikos des Unternehmens – in die Bemessung des beizulegenden Zeitwerts einfließen müssen. Die Auswirkungen des Kreditrisikos auf die Bewertung des Sicherungsinstruments führen offensichtlich zu einer gewissen Ineffektivität der Sicherungsbeziehung. Der erwartete Effekt dieser Ineffektivität darf nicht so groß sein, dass er den ausgleichenden Effekt einer signifikanten Änderung der Werte des Sicherungsinstruments und des Grundgeschäfts neutralisiert.[25] Die Definition ab wann eine Dominanz vorliegt, ist vor dem Hintergrund des jeweiligen Einzelfalls zu treffen.

Kreditrisiko aus dem Grundgeschäft

25.54

Die Analyse des Grundgeschäfts unterscheidet sich in einigen Punkten von der des Sicherungsinstruments, da nicht alle Arten von Grundgeschäften mit Kreditrisi-

---

22 Vgl. *EY-iGAAP*, 4065.
23 Vgl. *EY-iGAAP*, 4065.
24 Vgl. *EY-iGAAP*, 4065.
25 Vgl. *EY-iGAAP*, 4065.

ken verbunden sind. So besteht bei Vorratsbeständen in aktiven Fair Value-Hedges mangels Gegenpartei kein Kreditrisiko.[26] Forderungen unterliegen gewöhnlich einem Ausfallrisiko, während finanzielle Verbindlichkeiten dem eigenen Kreditrisiko des ausreichenden Unternehmens ausgesetzt sind.

Auch im Fall einer Absicherung einer **künftigen Transaktion** kann ein Kreditrisiko die Wertänderung nicht dominieren, da die Transaktion per Definition lediglich erwartet wird, aber keine feste Verpflichtung begründet. Folglich kann ein Kreditrisiko nur dann vorliegen, wenn das Unternehmen einen Vertrag abschließt (z.B. wenn es sich bei dem Grundgeschäft um eine feste Verpflichtung oder ein Finanzinstrument handelt).[27]

4. Festlegung des Absicherungsverhältnisses („Hedge Ratio")

25.55 Die **Hedge Ratio** bezeichnet das Absicherungsverhältnis zwischen dem designierten Betrag des Grundgeschäfts und dem designierten Betrag des Sicherungsinstruments. Das Absicherungsverhältnis wird durch das Risikomanagement in der Regel so festgelegt, dass die Effektivität der Sicherungsbeziehung maximiert wird. Weil das Grundgeschäft und das Sicherungsinstrument nicht immer in gleicher Weise auf Veränderungen des zugrunde liegenden Risikos reagieren, wird das Absicherungsverhältnis nicht zwangsläufig 1:1 betragen. Das für Rechnungslegungszwecke verwendete Absicherungsverhältnis sollte in der Regel dem für Risikomanagementzwecke verwendeten Absicherungsverhältnis entsprechen. Demgegenüber muss der Betrag des Sicherungsinstruments, der für wirtschaftliche Zwecke verwendet wird, nicht dem für Rechnungslegungszwecke designierten Betrag entsprechen.[28]

III. Effektivitätsbeurteilung, Adjustierung (Rebalancing) und Beendigung einer Sicherungsbeziehung

1. Effektivitätsbeurteilung

25.56 Analog den bisherigen Regelungen unter IAS 39 ist nach IFRS 9 weiterhin regelmäßig die Effektivität sowohl prospektiv als auch retrospektiv zu beurteilen. Die Beurteilung der retrospektiven Effektivität ist jedoch nur noch maßgeblich für die Ableitung der Buchungssätze zur Erfassung der Ineffektivität und für Zwecke der Anhangangaben. Eine wesentlich von 100 % abweichende, retrospektive Effektivität ist nun kein Grund mehr für eine pflichtmäßige Beendigung der Sicherungsbeziehung (s. hierzu Abb. 70 sowie Rz. 25.61).

Die Effektivitätsbeurteilung erfolgt anhand eines Vergleichs der Wertänderung zwischen dem Sicherungsinstrument und dem abgesicherten Risiko (Grundgeschäft). Die einfachste Form der Effektivitätsbeurteilung ist die Verwendung der **Dollar-Offset-Methode** unter Verwendung eines **hypothetischen Derivats**. Die Wertän-

---

26 Vgl. *EY-iGAAP*, 4066.
27 Vgl. *EY-iGAAP*, 4066.
28 Vgl. *EY-iGAAP*, 4069.

derung des Derivats wird gemessen, indem der Wert des Derivats bei Designation mit dem Wert des Derivats am Tage der Effektivitätsmessung verglichen wird. Die Wertänderung des abgesicherten Risikos wird analog ermittelt. Hierzu wird das abgesicherte Risiko wie ein Derivat dargestellt (hypothetisches Derivat).[29]

Beispiel zur Definition des hypothetischen Derivats: Abgesichert ist der erwartete Kerosineinkauf von 100 Barrel in 9 Monaten. Aktueller Warenterminpreis für eine Lieferung in 9 Monaten ist 50 €/Barrel. Zur Sicherung werden 100 Derivate mit nachfolgenden Spezifikationen als Sicherungsgeschäfte abgeschlossen:

– Zahle 50 € Festpreis in 9 Monaten
– Erhalte den gültigen Dieselmarktpreis in 9 Monaten

Das abzusichernde Risiko ist die mögliche Preisänderung des aus dem Grundgeschäft heraus zu zahlenden variablen Dieselpreises zwischen Beginn der Sicherungsbeziehung und dem späteren Erfüllungszeitpunkt. Das zugehörige hypothetische Derivat lautet demnach:

– Zahle den gültigen Dieselmarktpreis in 9 Monaten (entspricht der echten Transaktion)
– Erhalte 50 € Festpreis in 9 Monaten (entspricht dem hypothetisch zu sichernden Preis)

Wird die Ausgangssituation dahingehend abgewandelt, dass zwar weiterhin der Kerosineinkauf abgesichert werden soll, das Sicherungsinstrument jedoch auf Rohöl lautet, so entsprechen sich Derivat (auf Rohöl bezogen und demnach mit anderem Festbetrag und neuen Referenzpreis für den variablen Teil des Derivats) und das hypothetische Derivat (entspricht weiterhin der Darstellung in der Ausgangssituation) nicht mehr.

Bei dem hier dargestellten Beispiel entspricht die Wertänderung des abgesicherten Risikos jedoch exakt der Wertänderung des zur Sicherung eingesetzten Derivats mit anderem Vorzeichen. Dies ist der Fall, da das Grund- und das Sicherungsgeschäft auf dem gleichen Marktpreisrisiko (Absicherung eines erwarteten Dieseleinkaufs durch ein Diesel-Derivat) referenzieren und auch ansonsten in allen wertbestimmenden Faktoren übereinstimmen.

Die Effektivität wird nunmehr durch den Vergleich der Wertänderungen des hypothetischen Derivats als Näherungswert für das eingetreten Risiko und der Wertänderung des Derivats als Wert des tatsächlich kompensierten Risikos dargestellt.

Beispiel zur Messung der retrospektiven Effektivität: Bei der Dollar-Offset-Methode werden die Fair Value-Änderungen von Grund- und Sicherungsgeschäft ins Verhältnis zueinander gesetzt, um die Effektivität zu bestimmen. Das Grundgeschäft stellt dabei den erwarteten Kerosineinkauf aus dem vorherigen Beispiel dar, das Sicherungsgeschäft ist das zur Sicherung abgeschlossene Derivat auf Rohöl.

Fair Value Betrachtung	31.3.01 Designation	30.6.01 Bewertungsstichtag	30.9.01 Bewertungsstichtag
Grundgeschäft	0	(100)	(130)
Sicherungsgeschäft	0	90	140
Effektivität		90 %	107 %

Abb. 25.6: Messung der Effektivität nach der Dollar-Offset-Methode

---

[29] Vgl. *Kuhn/Hachmeister*, Rechnungslegung und Prüfung von Finanzinstrumenten, 389 Rz. 427 ff.

Am Tage der Designation weisen sowohl das Sicherungsgeschäft als auch das Grundgeschäft einen beizulegenden Zeitwert von 0 auf. Das Unternehmen beurteilt die Effektivität der Sicherungsbeziehung quartalsweise. Zum Ende des zweiten Quartals übersteigt die Wertänderung des Risikos die Kompensationswirkung des Derivats. Im dritten Quartal hingegen übersteigt die kompensatorische Wirkung des Derivats das eingetretene Risiko.

25.57 Die retrospektive Effektivität hat keinerlei Bedeutung mehr für die Zulässigkeit der Sicherungsbeziehung, jedoch ist diese weiterhin maßgeblich für die zu bildenden Buchungssätze. Im vorstehenden Beispiel handelt es sich um einen Cashflow-Hedge. Der erwartete Einkauf des Kerosins ist noch nicht bilanziell wirksam, weil die erwartete Transaktion noch keinen bilanziellen Posten darstellt. Die Wertänderung des Derivats ist insoweit erfolgsneutral im OCI zu erfassen, bis das Grundgeschäft eintritt. Die Erfassung der Wertänderung erfolgt jedoch nur soweit im OCI, wie die Wertänderung risikokompensierende Wirkung hat. Zum Ende des zweiten Quartals im vorstehenden Beispiel kompensiert die gesamte Wertänderung des Derivat das abgesicherte Wertänderungsrisiko des Grundgeschäfts (90<100), daher ist die Wertänderung vollständig im OCI zu erfassen. Zum Ende des dritten Quartals hingegen übersteigt die Wertänderung des Sicherungsgeschäfts die Wertänderung des abgesicherten Grundgeschäfts um 10 €. Dieser übersteigende Betrag ist als Ineffektivität in der GuV zu erfassen und darf nicht erfolgsneutral im OCI erfasst werden.

25.58 Neben der dargestellten Methode der Effektivitätsmessung sind weitere Methoden zulässig. In der Praxis findet noch regelmäßig die Regressionsmethode Berücksichtigung. Hierbei wird die Effektivität nicht auf Basis des Vergleichs von zwei Werten (Designationszeitpunkt und Zeitpunkt der Effektivitätsmessung) errechnet, sondern eine Vielzahl von Zeit- und Datenpunkten verwendet. Die Übereinstimmung der Wertentwicklung von Grund- und Sicherungsgeschäft wird hierbei durch die Regression der Wertveränderung zueinander abgebildet. Die Steigung der Regressionsgeraden entspricht hierbei der gemessenen Effektivität (1 entspricht 100 %, 1,2 entspricht 120 % usw.). Bei der Verwendung der Regressionsmethode sind regelmäßig strenge Voraussetzungen an die Güte der Regression zu stellen.

2. Rebalancing

25.59 Das durch IFRS 9 neu eingeführte Konzept des **Rebalancing** ersetzt bisherige Effektivitätstests und umfasst Anpassungen des Absicherungsverhältnisses. Hierbei wird das Verhältnis des Volumens von Grund- und Sicherungsgeschäft während der Laufzeit des Hedges angepasst, um prospektiv erwartete Ineffektivitäten resultierend aus einem nicht mehr optimalen Sicherungsverhältnis zu vermeiden.

Sämtliche sonstigen Änderungen, die am Volumen des Grundgeschäfts oder des Sicherungsinstruments vorgenommen werden, stellen kein Rebalancing im Sinne des Standards dar. Eine Adjustierung der Sicherungsbeziehung ist also nur dann relevant, wenn zwischen dem Grundgeschäft und dem Sicherungsinstrument ein Basisrisiko besteht. Die Adjustierung wirkt sich nur auf die in Zukunft erwartete relative Sensitivität des Grundgeschäfts gegenüber dem Sicherungsinstrument aus.[30]

---

30 Vgl. *EY-iGAAP*, 4123f.

Die notwendigen Prüfungsschritte und Tätigkeiten im Rahmen des Rebalancings werden im nachfolgenden Schaubild zusammengefasst und anschließend erläutert:

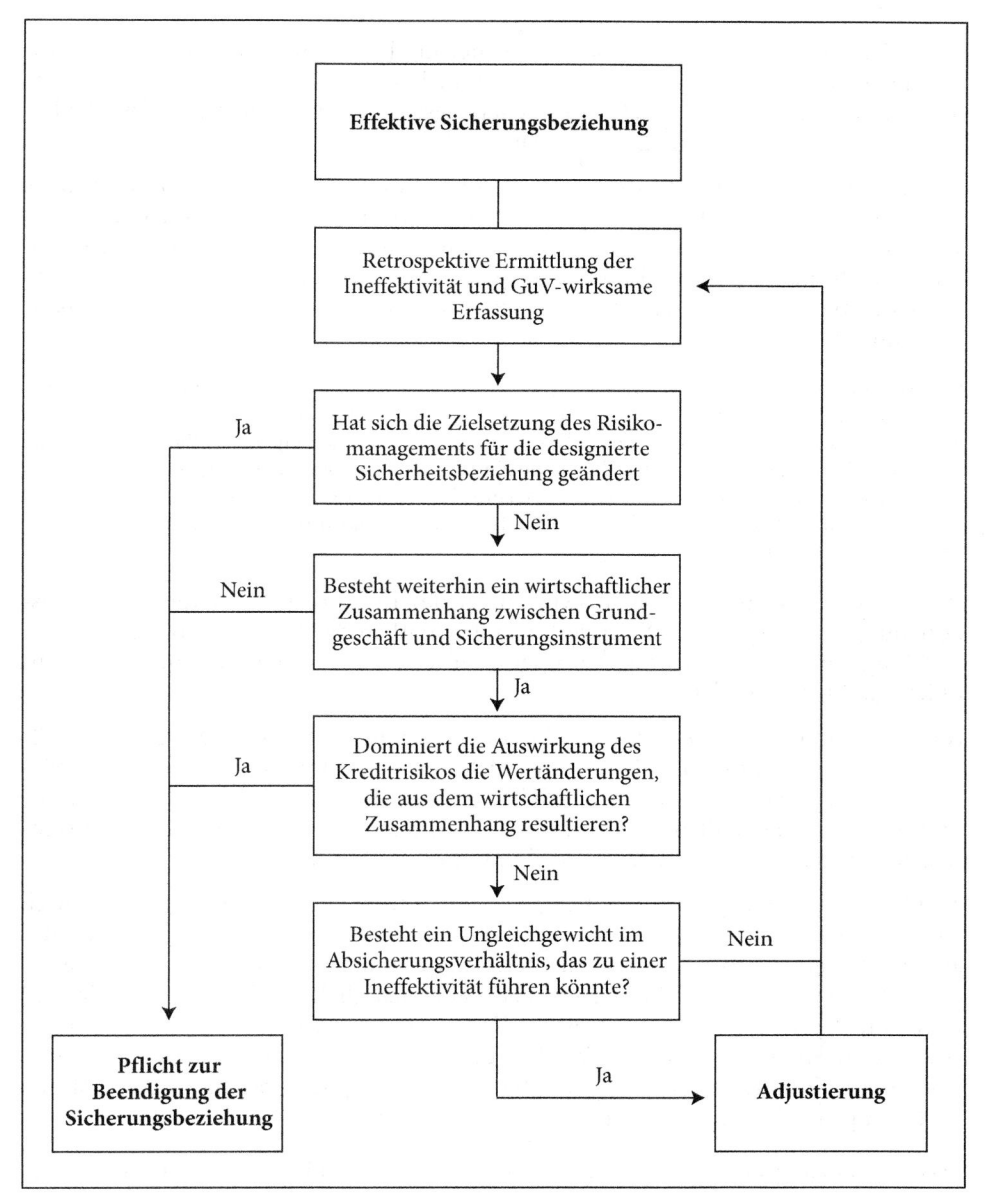

```
                    ┌──────────────────────────────┐
                    │ Effektive Sicherungsbeziehung│
                    └──────────────┬───────────────┘
                                   ▼
                    ┌──────────────────────────────┐
                    │ Retrospektive Ermittlung der │◄──────┐
                    │ Ineffektivität und GuV-      │       │
                    │ wirksame Erfassung           │       │
                    └──────────────┬───────────────┘       │
                                   ▼                       │
              Ja    ┌──────────────────────────────┐       │
      ┌────────────│ Hat sich die Zielsetzung des │       │
      │            │ Risikomanagements für die    │       │
      │            │ designierte Sicherheits-     │       │
      │            │ beziehung geändert           │       │
      │            └──────────────┬───────────────┘       │
      │                           │ Nein                  │
      │                           ▼                       │
      │     Nein   ┌──────────────────────────────┐       │
      │◄───────────│ Besteht weiterhin ein        │       │
      │            │ wirtschaftlicher Zusammen-   │       │
      │            │ hang zwischen Grundgeschäft  │       │
      │            │ und Sicherungsinstrument     │       │
      │            └──────────────┬───────────────┘       │
      │                           │ Ja                    │
      │                           ▼                       │
      │      Ja    ┌──────────────────────────────┐       │
      │◄───────────│ Dominiert die Auswirkung des │       │
      │            │ Kreditrisikos die Wert-      │       │
      │            │ änderungen, die aus dem      │       │
      │            │ wirtschaftlichen Zusammen-   │       │
      │            │ hang resultieren?            │       │
      │            └──────────────┬───────────────┘       │
      │                           │ Nein                  │
      │                           ▼                       │
      │            ┌──────────────────────────────┐  Nein │
      │            │ Besteht ein Ungleichgewicht  │───────┘
      │            │ im Absicherungsverhältnis,   │
      │            │ das zu einer Ineffektivität  │
      │            │ führen könnte?               │
      │            └──────────────┬───────────────┘
      ▼                           │ Ja
  ┌─────────────┐                 ▼
  │ Pflicht zur │          ┌──────────────┐
  │ Beendigung  │          │ Adjustierung │
  │ der Siche-  │          └──────────────┘
  │ rungs-      │
  │ beziehung   │
  └─────────────┘
```

Abb. 25.7: Effektivitätsbeurteilung und Adjustierung[31]

---

31 Vgl. *EY-iGAAP*, 4122.

Am Ende eines Geschäftsjahres (oder ggf. Quartals) ist zunächst die Ineffektivität der Sicherungsbeziehung aus der vorherigen Periode zu erfassen und bilanziell abzubilden.

Anschließend ist zu überprüfen, ob die Sicherungsbeziehung noch mit dem Risikomanagementziel übereinstimmt. Hat sich das Risikomanagementziel des Unternehmens verändert und entspricht die Sicherungsbeziehung nicht mehr den Risikomanagementzielen hat eine De-Designation pflichtmäßig zu erfolgen.

Besteht das Sicherungsziel fort, so ist erneut zu überprüfen, ob der wirtschaftliche Zusammenhang weiterhin fortbesteht. Ist der wirtschaftliche Zusammenhang zwischenzeitlich nicht mehr gegeben, so ist auch in diesem Fall die Sicherungsbeziehung pflichtmäßig zu beenden. Der Wegfall des wirtschaftlichen Zusammenhangs kann sich typischerweise dadurch ergeben, dass sich wirtschaftliche Zusammenhänge verändern.

Beispiele: Dies war in der Vergangenheit beispielsweise der Fall bei Öl- und Gaspreisen. Waren in der Vergangenheit die Gaspreise über eine Preisformel aus den Ölpreisen abgeleitet, so hat sich zwischenzeitlich ein aktiver Gasmarkt entwickelt, der eigenständigen Preisrisiken unterliegt. Somit könnte der wirtschaftliche Zusammenhang bei Sicherungsbeziehungen, bei denen der Gasein- oder -verkauf mit Sicherungsinstrumenten auf Ölpreisbasis abgesichert war, zwar in der Vergangenheit vorgelegen haben, jedoch zukünftig ggf. nicht mehr in ausreichendem Maße begründbar sein.

Im nächsten Schritt sind die Auswirkungen des Kreditrisikos auf die Sicherungsbeziehung zu überprüfen. Dominiert zwischenzeitlich das Kreditrisiko die Wertentwicklung von Grund- oder Sicherungsgeschäft ist die Sicherungsbeziehung ebenfalls pflichtmäßig zu beenden.

Abschließend ist die prospektive Effektivität zu ermitteln. Soweit die prospektive Effektivität vom erwarteten Sollwert von 100 % abweicht, sind die Gründe zu analysieren. Resultiert die erwartete Ineffektivität daraus, dass das Verhältnis von Grund- und Sicherungsgeschäft nicht optimal ist, ist die Sicherungsbeziehung zu adjustieren. Ansonsten ist die Sicherungsbeziehung unverändert fortzuführen.

Nicht jedes Ungleichgewicht zwischen Grund- und Sicherungsgeschäft kann durch eine Anpassung des Hedge Ratios ausgeglichen werden. Entstehende Ineffektivität aus nicht identischen Grundrisiken (beispielsweise die Absicherung eines erwarteten Kerosineinkaufs mit Ölderivaten) kann auch lediglich zufälliger Natur sein und somit nicht durch eine Anpassung des Verhältnisses von Grund- und Sicherungsgeschäft angepasst werden. Ein Trend in der Entwicklung der Ineffektivität könnte jedoch ein Hinweis darauf sein, dass die Beibehaltung des Absicherungsverhältnisses künftig eine höhere Ineffektivität auslösen könnte.

25.60 Das Rebalancing kann durch eine der folgenden Maßnahmen vorgenommen werden:

– Erhöhung des Volumens des Grundgeschäfts
– Erhöhung des Volumens des Sicherungsinstruments

- Verringerung des Volumens des Grundgeschäfts
- Verringerung des Volumens des Sicherungsinstruments[32]

Eine Verringerung des Volumens des Sicherungsinstruments oder des Grundgeschäfts bedeutet nicht, dass die entsprechenden Transaktionen oder Posten nicht mehr existieren oder dass mit deren Eintritt nicht mehr gerechnet wird. Durch das Rebalancing wird lediglich die Menge angepasst, die in eine bestimmten Sicherungsbeziehung designiert ist.[33]

Beispiel zum Rebalancing: Eine Fluggesellschaft plant den Einkauf von 100 Tonnen Kerosin in zwei Jahren. Der aktuelle Kerosinpreis liegt bei 50 €/Tonne. Als Sicherungsinstrument werden Rohölderivate eingesetzt. Die Fluggesellschaft ermittelt nun, wieviel Rohölderivate benötigt werden, um eine möglichst hohe Effektivität zu erreichen. Hierzu wird eine Regression zwischen den täglichen Kerosinpreisen und Rohölpreisen der letzten 24 Monaten durchgeführt. Die Regressionsgerade wird mit einer Steigung von 1,1 errechnet. Somit steigt der Kerosinpreis um 110 Cent, wenn der Rohölpreis um einen Euro steigt. Zur Absicherung des erwarteten Einkaufs von 100 Tonnen werden somit Derivate auf Rohölbasis im Volumen von 110 Tonnen benötigt.

Die rechnerische Gegenprobe lautet: Steigt der Ölpreis um einen EUR, muss der erwartete Einkaufspreis von 100 Tonnen Kerosin gemäß Regressionsgerade um 1,1 € steigen, also um 110 € teurer werden. Die Fluggesellschaft hat Sicherungsgeschäfte auf Rohöl im Volumen von 110 Tonnen abgeschlossen. Die kompensierende Wirkung der Derivate auf das Rohöl umfasst analog 110 € (1 € Marktpreisänderung auf 110 Tonnen). Das angenommene Sicherungsverhältnis führt insoweit zu einer effektiven Sicherungsbeziehung.

Nach Abschluss der Sicherungsgeschäfte und nach Designation der Sicherungsbeziehung wird nun an jedem Bilanzstichtag der Effektivitätstest durchgeführt. Hierbei wird beispielsweise festgestellt, dass das Regressionsverhältnis zwischen der Preisentwicklung Kerosin und Rohöl nunmehr 1,15 anstelle der ursprünglichen 1,1 beträgt. Die Sicherungsbeziehung ist daher perspektivisch nicht mehr 100 % effektiv. Die Gesellschaft muss insoweit entweder weitere Sicherungsgeschäfte tätigen und designieren (anstelle der ursprünglichen 110 Rohölderivate werden nunmehr 115 Rohölderivate benötigt) oder hingegen Grundgeschäft aus der Sicherungsbeziehung in entsprechendem Umfang de-designieren: 110/1,15 = 95,7 Tonnen Kerosin verbleiben als Grundgeschäft im Hedge.

Die Anpassung im Verhältnis von Grund- und Sicherungsgeschäft hat keinerlei Auswirkungen auf die in der Vergangenheit erfassen Wertbeiträge im OCI oder als Ineffektivität erfassten Positionen in der GuV. Die Auswirkungen betreffen ausschließlich zukünftige Perioden.

3. Beendigung von Sicherungsgeschäften

Gemäß IFRS 9.6.5.6 hat ein Unternehmen die Bilanzierung von Sicherungsgeschäften nur dann prospektiv zu beenden, wenn die Sicherungsbeziehung (oder ein Teil derselben) nicht mehr die Kriterien erfüllt (ggf. nach Berücksichtigung einer etwaigen Rekalibrierung der Sicherungsbeziehung). Dies schließt Fälle ein, in denen das Sicherungsinstrument ausläuft, veräußert, beendet oder ausgeübt wird. In diesem Sinne gilt die Ersetzung oder Fortsetzung eines Sicherungsinstruments durch ein anderes nicht als Auslaufen oder Beendigung, wenn eine derartige Ersetzung

25.61

---
32 Vgl. *EY-iGAAP*, 4126.
33 Vgl. *EY-iGAAP*, 4126.

oder Fortsetzung Teil der dokumentierten Risikomanagementzielsetzung des Unternehmens ist und mit ihr im Einklang steht. In diesem Sinne ebenfalls nicht als Auslaufen oder **Beendigung** eines Sicherungsinstruments zu betrachten ist, wenn

- die Parteien des Sicherungsinstruments infolge bestehender oder neu erlassener Gesetzes- oder Regulierungsvorschriften einen Austausch einer oder mehrerer Vertragsparteien beschließen (IFRS 9.6.5.6 (a)) und
- etwaige andere Änderungen beim Sicherungsinstrument nicht über den für eine solche Ersetzung der Gegenpartei notwendigen Umfang hinausgehen (IFRS 9.6.5.6 (b)).

Die Beendigung der Bilanzierung von Sicherungsgeschäften kann entweder eine Sicherungsbeziehung insgesamt oder nur einen Teil des Nominalvolumens derselben betreffen (in diesem Fall wird die Bilanzierung von Sicherungsgeschäften für den übrigen Teil der Sicherungsbeziehung fortgesetzt).

Die Einführung einer „teilweisen Beendigung" von Sicherungsbeziehungen stellt eine wesentliche Neuerung dar. Das bedeutet, dass das Hedge Accounting für den restlichen Teil der Sicherungsbeziehung fortbesteht.

Die folgende Tabelle gibt einen Überblick über die wichtigsten Szenarien, die entweder zu einer vollständigen oder zu einer teilweisen Beendigung einer Sicherungsbeziehung führen:

Szenario	Beendigung
Das Risikomanagementziel hat sich geändert.	Vollständig oder teilweise
Zwischen dem Grundgeschäft und dem Sicherungsinstrument besteht kein wirtschaftlicher Zusammenhang mehr.	Vollständig
Die Auswirkungen des Kreditrisikos dominieren die Wertänderungen der Sicherungsbeziehung.	Vollständig
Im Rahmen des Rebalancing wird das Volumen des Grundgeschäfts oder des Sicherungsinstruments reduziert.	Teilweise
Das Sicherungsinstrument läuft aus.	Vollständig
Das Sicherungsinstrument wird (vollständig oder teilweise) veräußert, beendet oder ausgeübt.	Vollständig oder teilweise
Das Grundgeschäft (oder ein Teil davon) existiert nicht mehr oder es wird nicht mehr mit seinem Eintritt gerechnet.	Vollständig oder teilweise

Abb. 25.8: Beendigung einer Sicherungsbeziehung[34]

---

34 Vgl. *EY-iGAAP*, 4129.

4. Bilanzierung von Kosten der Absicherung

Nach den vormals geltenden Regelungen des IAS 39 können Unternehmen den inneren Wert (*intrinsic value*) einer Option oder die Kassakomponente eines Terminkontrakts designieren. Dabei werden die Änderungen des Fair Value des Zeitwerts (*time value*) der Option oder der Terminpunkte des Terminkontrakts in der GuV erfasst. Das Hedging-Model des IFRS 9 sieht nun vor, dass Zeitwerte von Optionen, deren innerer Wert in einer Hedging Beziehung designiert ist, entweder ebenfalls mit designiert werden müssen oder als Anschaffungskosten des Hedges periodengerecht verteilt werden. Sofern bei einer FX-Transaktion nur die Spotkomponente designiert ist, kann die Forward-Komponente als Kosten der Absicherung abgegrenzt und periodengerecht verteilt werden. Für optionale Zeitwerte besteht insoweit eine Pflicht zur Abgrenzung, für Forward-Komponenten einer Wechselkurssicherung das Wahlrecht.[35]

25.62

Die bilanzielle Erfassung der abgegrenzten Kosten der Absicherung hängt von der Art der abgesicherten Transaktion ab. IFRS 9 unterscheidet zwischen transaktionsbezogenen und periodenbezogenen Grundgeschäften (IFRS 9. 6.5.2015(a).(i)):[36]

– **Transaktionsbezogenes Grundgeschäft:** Der initiale abgegrenzte Wert (Zeitwert der Option/Forward Points) wird erst im Zeitpunkt der Fälligkeit des gesicherten Grundgeschäfts erfolgswirksam vereinnahmt. Damit die Derivate dennoch bilanziell at Fair Value dargestellt werden können, werden alle Wertänderungen zwischen der Designation und der Fälligkeit des Sicherungsgeschäfts bzw. – sofern früher – dem Zeitpunkt des Eintretens des Grundgeschäfts über eine gesonderte Komponente des OCI erfasst. Praktisch bedeutet dies, dass hier eine Hedging Nebenrechnung eingeführt wird, die ebenfalls über das OCI abgebildet wird (IFRS 9. B6.5.2029(a)).[37]

– **Periodenbezogenes Grundgeschäft:** Das bilanzielle Vorgehen bei periodenbezogenen Grundgeschäften ist identisch zum transaktionsbezogenen Grundgeschäft. Einzige Änderung ist nun, dass die erfolgswirksame Realisation der Anschaffungskosten zeitraumbezogen über einen längeren Zeitraum verteilt erfolgt, weil auch das Grundgeschäft über mehrere Perioden verteilt realisiert wird (IFRS 9. B6.5.2029(b)).[38]

Auch die Bilanzierung der Kosten der Absicherung unterliegt einer Effektivitätsbetrachtung. Sofern das Grundgeschäft und das Absicherungsinstrument keine perfekte Sicherungsbeziehung ergeben, gäbe es theoretisch eine alternative Option, die ein besseres Absicherungsinstrument darstellen würde. Diese alternative Option ist zu ermitteln und zu bewerten, weil als Kosten der Absicherung lediglich der geringere Betrag aus dem tatsächlich gezahlten Zeitwert und dem Zeitwert, der hätte ge-

25.63

---

35 Vgl. *EY-iGAAP*, 4028f.
36 Vgl. *EY-iGAAP*, 4141.
37 Vgl. *Kuhn/Hachmeister*, Rechnungslegung und Prüfung von Finanzinstrumenten, 398, Rz. 457 ff.
38 Vgl. *Kuhn/Hachmeister*, Rechnungslegung und Prüfung von Finanzinstrumenten, 398, Rz. 457 ff.

zahlt werden müssen, hätte das Unternehmen das optimale Sicherungsinstrument abgeschlossen, abgegrenzt werden darf. Eine analoge Regelung gilt für die freiwillig abgegrenzte Terminkomponente. Der betragsmäßige Vergleich ist nicht nur am Designationstag vorzunehmen, sondern zu weiteren Stichtagen fortzuführen.

Beispiel – Kosten der Absicherung (Grundfall): Eine Fluggesellschaft benötigt in 24 Monaten voraussichtlich 100 Tonnen Kerosin. Der Kerosinpreis beträgt gegenwärtig 50 €. Das Unternehmen schließt eine Kaufoption über 100 Tonnen Kerosin in 24 Monaten zu 50 € ab und zahlt eine Optionsprämie i.H.v. 800 €. Der innere Wert der Option ist bei Abschluss null, die gesamte Optionsprämie stellt insoweit den Zeitwert dar.

Die Fluggesellschaft designiert den inneren Wert der Option in eine effektive Sicherungsbeziehung mit dem erwarteten Einkauf des Kerosins. Die Optionsprämie ist insoweit pflichtmäßig als Kosten der Absicherung bilanziell abzubilden.

Bei Abschluss des Geschäfts erfasst das Unternehmen die Anschaffungskosten des Derivats über den Buchungssatz:

| Forderung aus Derivat | 800 | an | Bank | 800 |

Zu jedem weiteren Abschlussstichtag ermittelt die Fluggesellschaft erneut den aktuellen Zeitwert des Derivats und erfasst die Wertänderung, indem das Derivat bilanziell an seinen aktuellen beizulegenden Zeitwert angepasst wird. Die Gegenbuchung erfolgt jedoch gegen das OCI. Steigt der Zeitwert beispielsweise am ersten Bilanzstichtag auf 1.000 €, wird wie folgt gebucht:

| Forderung aus Derivat | 200 | an | OCI | 200 |

Am zweiten Bilanzstichtag ist der Zeitwert wegen der unmittelbaren Nähe zum Optionsausübungszeitpunkt auf beispielsweise nur noch 50 € gefallen.

| OCI | 950 | an | Forderung aus Derivat | 950 |

Am Tag der Ausübung der Option ist der Zeitwert zwingend auf null gefallen.

| OCI | 50 | an | Forderung aus Derivat | 50 |

Somit sind nunmehr die gesamten ursprünglich gezahlten 800 € Anschaffungskosten in das OCI umgebucht. Wird nun die Option ausgeübt und das Kerosin angeschafft, so werden die 800 € Nebenkosten der Sicherungsbeziehung nunmehr als Anschaffungsnebenkosten des Kerosins im Vorratsvermögen erfasst.

| Vorräte | 800 | an | OCI | 800 |

Variante zum Grundfall:

Im bisherigen Beispiel wurde eine perfekt auf das abzusichernde Grundgeschäft passende Option angenommen. Nicht in jedem Fall wird jedoch eine perfekt passende Option handelbar sein. Typischerweise sind Optionen auf Kerosin nicht liquide handelbar, weswegen in der Praxis häufig auf die nächst beste liquide gehandelte Option zurückgegriffen wird; dies ist im vorliegenden Beispiel Rohöl.

Die Regelungen zum Cost of Hedging sehen hier eine „lower of" Regelung vor. D.h. nun ist die tatsächliche Wertänderung des Zeitwertes der gehaltenen Option (Rohöl) mit der theoretischen Wertänderung des Zeitwertes der am besten passenden Option (Kerosin) zu vergleichen.

Am ersten Abschlussstichtag wird der Zeitwert der perfekt passenden Kerosinoption (wie zuvor: 1.000 €) mit dem Zeitwert der gehandelten Rohöloption verglichen.

Szenario 1: Der Wert der Rohöloption liegt bspw. bei 1.100 €, so dass lediglich die Wertänderung der passenden Kerosinoption i.H.v. 200 € im OCI zu erfassen ist. Die übersteigenden weiteren 100 € der tatsächlich gehandelten Option sind direkt ergebniswirksam zu erfassen.

Szenario 2: Der Zeitwert der Rohöloption liegt am ersten Abschlussstichtag bei lediglich 900 €. Die gesamte Wertänderung von 100 € wird dementsprechend im OCI erfasst, da die Wertänderung der perfekt passenden Option die Wertänderung der echten Option überschreitet.

Diese neue Bilanzierungsmethode ist für den Zeitwert von Optionen verpflichtend, kann aber als Wahlrecht auch auf die Terminpunkte von Devisen-Terminkontrakten oder Fremdwährungs-Basis-Spreads angewendet werden.[39] Aufgrund der Komplexität der Berechnungsmethodik hat sich bisher jedoch noch keine intensive Nutzung des Wahlrechts abgezeichnet.

Bei der Absicherung von Zahlungsströmen sind die im kumulierten sonstigen Ergebnis abgegrenzten Beträge nicht Bestandteil der Cashflow-Hedge-Rücklage, sondern stellen eine andere Eigenkapitalkomponente dar, da diese Bilanzierung von Kosten der Absicherung nur dann Anwendung findet, wenn der Zeitwert der Option von der Designation als Sicherungsinstrument ausgenommen ist. Die Cashflow-Hedge-Rücklage enthält nur Gewinne oder Verluste aus Sicherungsinstrumenten des effektiven Teils einer Sicherungsbeziehung (d.h. Beträge, die Bestandteil der Designation einer Sicherungsbeziehung sind). Der Zeitwert zum Verfallstag eines Optionsvertrags beträgt null. Bei einem transaktionsbezogenen Grundgeschäft bedeutet die Erfassung der Fair-Value-Änderungen des Zeitwerts im sonstigen Ergebnis, dass der bei Designation bestehende Zeitwert bei Verfall im sonstigen Ergebnis kumulativ erfasst ist. Bei Eintritt der abgesicherten Transaktion erfolgt die Bilanzierung des kumulierten Zeitwerts in Übereinstimmung mit der Bilanzierung der Änderungen des beizulegenden Zeitwerts des inneren Werts der Option (die ebenfalls im sonstigen Ergebnis kumulativ erfasst wurden).[40]

25.63a

IV. Bilanzierung eines Fair Value-Hedges

Mit der **Absicherung des beizulegenden Zeitwertes** wird das Risiko aus Änderungen des Fair Values eines bereits erfassten Vermögenswertes oder einer bereits erfassten Schuld, oder eines Teils eines Vermögenswertes oder einer Schuld, die in der GuV erfasst würde, abgedeckt. Ein solches Grundgeschäft kann ein Bilanzposten (z.B. ein festverzinsliches Darlehen) sein. Darüber hinaus kann auch ein fest kontrahiertes schwebendes Geschäft (*Firm Commitment*) designiert werden. Ein Bei-

25.64

---

39 Vgl. Kuhn/Hachmeister, Rechnungslegung und Prüfung von Finanzinstrumenten, 400 Rz. 466 ff.
40 Vgl. *EY-iGAAP*, 4141.

25.65 IFRS 9 ändert nicht die Art der bilanziellen Darstellung von Fair Value-Hedges. Unternehmen werden den Gewinn oder Verlust aus dem Sicherungsinstrument weiterhin in der GuV erfassen und den **Buchwert des Grundgeschäfts** um den Gewinn oder Verlust aus dem Sicherungsgeschäft **anpassen**, wobei der Anpassungsbetrag in der GuV zu erfassen ist.[41]

spiel für ein derartiges Grundgeschäft ist eine feste Verpflichtung zum Kauf oder Verkauf eines Vermögenswertes (z.B. von Rohstoffen) zu einem fixierten Preis (s. auch Rz. 25.20–25.24).

25.66 Die **Absicherung von Eigenkapitalinstrumenten,** bezüglich derer das Unternehmen die Wahl getroffen hat, die Änderungen des beizulegenden Zeitwerts im sonstigen Ergebnis (OCI) auszuweisen, ist jedoch auf andere Art und Weise zu bilanzieren (s. hierzu Rz. 22.81 ff.). Bei Anwendung dieses Wahlrechts werden auch bei Abgang der Eigenkapitalinstrumente Gewinne oder Verluste, die zuvor im sonstigen Ergebnis (OCI) erfasst wurden, nicht in die GuV umgegliedert (sog. Recyclingverbot).[42]

Auch die Änderungen des beizulegenden Zeitwerts des Sicherungsinstruments sowie eine etwaige Ineffektivität werden bei solchen Sicherungsbeziehungen im sonstigen Ergebnis (OCI) ausgewiesen, wobei gleichermaßen das oben beschriebene Recyclingverbot Anwendung findet.[43]

25.67 Der Sicherungsgewinn oder -verlust aus dem gesicherten Grundgeschäft führt zu einer entsprechenden Anpassung des Buchwerts des gesicherten Grundgeschäft (falls zutreffend) und wird erfolgswirksam erfasst. Handelt es sich bei dem gesicherten Grundgeschäft um einen finanziellen Vermögenswert (oder eine Komponente dessen), der gemäß IFRS 9.4.1.2A erfolgsneutral zum beizulegenden Zeitwert im sonstigen Ergebnis bewertet wird, ist der Sicherungsgewinn oder -verlust aus dem gesicherten Grundgeschäft erfolgswirksam zu erfassen. Handelt es sich bei dem gesicherten Grundgeschäft jedoch um ein Eigenkapitalinstrument, bei dem das Unternehmen die Wahl getroffen hat, Änderungen des beizulegenden Zeitwerts gemäß IFRS 9.5.7.5 im sonstigen Ergebnis zu erfassen, verbleiben diese Beträge im sonstigen Ergebnis.[44] Wenn es sich bei einem gesicherten Grundgeschäft um eine bilanzunwirksame feste Verpflichtung (oder eine Komponente derselben) handelt, wird die kumulierte Änderung des beizulegenden Zeitwerts des gesicherten Grundgeschäfts nach seiner Designation als Vermögenswert oder Verbindlichkeit angesetzt, wobei ein entsprechender Gewinn oder Verlust erfolgswirksam erfasst wird.

25.68 Bei **zinstragenden Finanzinstrumenten,** die zu fortgeführten Anschaffungskosten bewertet werden, ist die vorstehend beschriebene Buchwertanpassung über die Restlaufzeit nach der Effektivzinsmethode ergebniswirksam aufzulösen. Damit kann

---

[41] Vgl. *Kuhn/Hachmeister*, 390 Rz. 432 ff.
[42] Vgl. *Kuhn/Hachmeister*, 390 Rz. 432.
[43] Vgl. *Kuhn/Hachmeister*, 390 Rz. 432.
[44] Vgl. *EY-iGAAP*, 4071.

unmittelbar bei der ersten Anpassung begonnen werden, spätestens jedoch bei Beendigung der Sicherungsbeziehung (IFRS 9.5.4.1).

Folgendes Beispiel verdeutlicht die Bilanzierung eines Fair Value-Hedges.

25.69

Beispiel: Ein Unternehmen emittiert eine fest verzinsliche Anleihe, die dem Wertänderungsrisiko (**Fair Value-Schwankungen**) ausgesetzt ist. Diese ergeben sich aus Marktzinsschwankungen (Rz. 25.2 ff.). Um sich hiergegen abzusichern, schließt dieses Unternehmen gleichzeitig[45] ein Swap-Geschäft ab. Aus diesem Swap-Geschäft erhält das Unternehmen einen Festzins, der der Verzinsung der emittierten Schuldverschreibung entspricht, und zahlt Zinsen auf LIBOR-Basis an den Swap-Kontrahenten. Damit dreht das Unternehmen die Festzinsverpflichtung der Anleihe über den Zinsswap in eine variable Verzinsung. Es kann von einer Effektivität des Sicherungsgeschäfts von 100 % ausgegangen werden.

Im ökonomischen Ergebnis hat das Unternehmen somit eine variabel verzinsliche Anleihe aufgenommen, deren Wert bei 100 % fixiert ist. Buchungstechnisch geschieht dies dadurch, dass die Marktwertschwankung der festverzinslichen Anleihe genau durch die Wertschwankung des Swaps ausgeglichen wird, und zwar jeweils erfolgswirksam in der GuV, so dass sich bei voller Effektivität des Sicherungsgeschäfts die Ergebnisauswirkungen ausgleichen.

Die **GuV-Auswirkungen** aus dem Sicherungsgeschäft sollten in einem gesonderten GuV-Posten erfasst werden, etwa unter der Bezeichnung „Ergebnis aus Sicherungsbeziehungen". Die kompensatorischen Wertänderungen des Grundgeschäfts werden im selben GuV-Posten erfasst. Die Auswirkungen saldieren sich demnach bei einer 100 % wirksamen Sicherungsbeziehung zu Null. Der Saldo des GuV-Postens zeigt den ineffektiven Teil einer per se effektiven Sicherungsbeziehung. Bei den zu fortgeführten Anschaffungskosten bewerteten Finanzinstrumenten werden die Anpassungen an den Buchwert (Rz. 25.48) ergebniswirksam amortisiert. Da die Amortisation einen Zinscharakter suggeriert, ist diese in der GuV über Zinserträge oder Zinsaufwendungen zu buchen. Allerdings erscheint auch eine Zuordnung zu einem gesonderten GuV-Posten – Ergebnis aus Sicherungsbeziehung – vertretbar.[46]

25.70

Das folgende Beispiel illustriert die Absicherung von Vermögenswerten gegen **Marktwertänderungen**. Gezeigt werden auch die anfallenden Buchungen.

25.71

Beispiel: Unternehmen U erwirbt im Sommer 01 Aktien der Herstell AG zum Preis von 80 und ordnet sie der Kategorie Fair Value through OCI zu. Am Beginn des Jahres 03 notiert die Aktie bei 100. U benötigt frühestens in zwei Jahren die Liquidität aus einem Verkauf der Aktien und möchte bis dahin an möglichen Kurssteigerungen teilhaben. Auf der anderen Seite sollen mögliche Kursrückgänge abgesichert werden. U erwirbt daher zu Beginn des Jahres 03 eine Verkaufsoption, Laufzeit bis 15.12.04, Basispreis 100, zum Preis von 3. Für die nachfolgenden Ausführungen werden die künftigen Wertentwicklungen der Aktie und der Verkaufsoption wie folgt angenommen:

---

[45] Bei Kombination beider Geschäfte (anstatt der direkten Aufnahme eines variabel verzinslichen Krediates) lassen sich Zinssatzreduzierungen erzielen (komparative Kostenvorteile).
[46] Vgl. *Löw*, KoR 2006, Beil. 1, 25. A.A. *Flintrop* in bil IFRS-HB³, § 23 Rz. 71.

Datum	Aktienkurs = Fair Value	Kum. Veränderung Aktienkurs	Verkaufsoption		
			Innerer Wert	Zeitwert	Gesamtwert
2.1.03	100	–	–	3	3
31.12.03	94	- 6	6	2	8
15.12.04	90	- 10	10	0	10

Abb. 25.9: Wertentwicklung Aktie und Verkaufsoption

U designiert den inneren Wert der Verkaufsoption als Sicherungsgeschäft (Rz. 25.34). Auf diese Weise ergibt sich vollständige Effektivität.

Per Anfang Januar 03 ist die Aktie mit 100 € aktiviert. Zugleich ist ein Betrag von + 20 in der Neubewertungsrücklage (Fair Value through OCI) zu erfassen. Ferner bucht U den Kauf der Option und dokumentiert die Sicherungsbeziehung.

Zeitwert Verkaufsoption	3	an	Bank	3
Innerer Wert Verkaufsoption	0			

Am Jahresende 03 beträgt der Fair Value der Option 8, der innere Wert 6. Damit hat der Zeitwert um 1 abgenommen. Dieser Teil unterliegt nicht dem Sicherungsgeschäft. U bucht:

OCI – Nebenkosten des Hedgings	1	an	Zeitwert Verkaufsoption	1

Für das Sicherungsgeschäft ist am 31.12.03 zu buchen:

Innerer Wert Verkaufsoption	6	an	OCI – Neubewertungsrücklage	6
OCI – Neubewertungsrücklage	6	an	Wertpapier (FVOCI)	6

Entsprechend gilt für den 15.12.04:

OCI – Nebenkosten des Hedgings	2	an	Zeitwert Verkaufsoption	2
Innerer Wert Verkaufsoption	4	an	OCI – Neubewertungsrücklage	4
OCI – Neubewertungsrücklage	4	an	Wertpapier (FVOCI)	4

U wird am Verfallstag die Verkaufsoption für 10 € verkaufen und ausbuchen. Das Sicherungsgeschäft ist beendet. Die Aktie ist mit 90 € angesetzt, wobei sich in der *Neubewertungsrücklage (FVOCI) unverändert der Betrag von 20 befindet*. Aufgrund des Recyclingverbots kommt es jedoch nicht zu einer GuV wirksamen Umbuchung dieses Ertrages, er verbleibt im Eigenkapital. Eine analoge Behandlung trifft auf die Nebenkosten des Hedgings zu. Diese sollten bei Beendigung der Sicherungsbeziehung in das OCI – Neubewertungsrücklage umgebucht werden.

25.72 Bei **Beendigung der Sicherungsbeziehung** infolge einer Terminierung/Glattstellung des Derivats ist dieses auszubuchen. Sollte bei Terminierung eine Ausgleichszahlung erfolgen, wird diese mit dem Buchwert des Derivats verrechnet und eine mögliche Differenz erfolgswirksam erfasst.[47] Das Grundgeschäft ist ab diesem Zeitpunkt

---

47 Vgl. *Ausschuss für Bilanzierung des Bundesverbandes deutscher Banken*, WPg 2001, 346 (349).

nicht mehr anzupassen. Bei zinstragenden Finanzinstrumenten ist spätestens jetzt der aufgelaufene Anpassungsbetrag über die Restlaufzeit ergebniswirksam im Zinsergebnis[48] zu amortisieren. Dies gilt auch für den Fall, dass die Voraussetzungen des Fair Value-Hedge nicht mehr gegeben sein sollten (Rz. 25.44). Das Derivat ist wieder dem Handelsbestand zuzuordnen. Erfolgswirksame Wertänderungen des Derivats sind daher nicht mehr im Hedge-Ergebnis, sondern im Handelsergebnis zu erfassen. Eine solche Behandlung erfährt das Derivat auch dann, wenn das Grundgeschäft ausgebucht und deshalb die Sicherungsbeziehung aufgegeben wird.

V. Bilanzierung eines Cashflow-Hedges

Im Rahmen eines **Cashflow-Hedges** wird das Risiko der hohen Volatilität der künftigen Cashflows des Grundgeschäftes abgesichert. Mögliche Grundgeschäfte sind die Cashflows aus *hochwahrscheinlichen erwarteten Transaktionen* (z.B. Cashflows aus geplanten USD-Umsätzen), Cashflows aus *Bilanzposten* (z.B. variable Zinszahlungen aus einem Darlehen) oder *währungsbedingte* Cashflow-Schwankungen bei *Firm Commitments* (z.B. aus einem fest in Fremdwährung kontrahierten Rohstoff- oder Anlageneinkauf).

25.73

Im Rahmen der fortlaufenden bilanziellen Darstellung von Cashflow-Hedges erfassen Unternehmen den niedrigeren Wert aus dem kumulierten Gewinn oder Verlust aus dem Sicherungsinstrument und der kumulierten Änderung des beizulegenden Zeitwerts des Grundgeschäfts weiterhin in der Rücklage für Sicherungsgeschäfte (d.h. im Eigenkapital, im Standard als **Cashflow-Hedge-Rücklage** bezeichnet (IFRS 9.6.5.11(a)-(c))).[49] Dieser sog. Lower-of-Test stellt im Wesentlichen sicher, dass ein Unternehmen gemäß dem Rahmenkonzept des IASB keinen Vermögenswert und keine Verbindlichkeit erfasst, der bzw. die nicht existiert.

25.74

Wie der in der Rücklage für Sicherungsgeschäfte kumulierte Betrag fortlaufend bilanziell abzubilden ist, ist in IFRS 9.6.5.11 (d) f. strenger geregelt als in IAS 39. Die Bilanzierung richtet sich dabei nach der Art des zugrunde liegenden Grundgeschäfts:

25.75

– Führt die abgesicherte Transaktion anschließend zum Ansatz eines nichtfinanziellen Postens, so wird der im Eigenkapital kumuliert erfasste Betrag von der separaten Eigenkapitalkomponente umgegliedert und bei den anfänglichen Kosten oder beim sonstigen Buchwert des abgesicherten Vermögenswerts oder der abgesicherten Verbindlichkeit berücksichtigt. Dieser Buchungsvorgang, manchmal auch als **Basis Adjustment** bezeichnet, hat keine Auswirkung auf das sonstige Ergebnis (OCI) in der Berichtsperiode, da es kein Reclassification Adjustment im Sinne von IAS 1 darstellt.

---

48 Vgl. *Ausschuss für Bilanzierung des Bundesverbandes deutscher Banken*, WPg 2001, 346 (349).
49 Vgl. *Kuhn/Hachmeister*, Rechnungslegung und Prüfung von Finanzinstrumenten, 391 Rz. 437 ff.

- Die vorstehend erläuterte Bilanzierungsmethode ist auch auf Fälle anwendbar, in denen die abgesicherte erwartete Transaktion bezüglich eines nichtfinanziellen Vermögenswerts oder einer nichtfinanziellen Verbindlichkeit anschließend zu einer festen Verpflichtung führt, für die die Absicherung des beizulegenden Zeitwerts angewendet wird.
- Bei allen anderen Cashflow-Hedges wird der im Eigenkapital kumuliert erfasste Betrag in der Periode oder den Perioden, in der bzw. denen sich die abgesicherten Zahlungsströme auf die GuV auswirken, als Reclassification Adjustment im Sinne von IAS 1 in die GuV umgegliedert. Dieser Buchungsvorgang hat Auswirkungen auf das sonstige Ergebnis (OCI) in der Berichtsperiode.[50]

25.76 Wird die Bilanzierung der Absicherung von Zahlungsströmen (Cashflow-Hedge Accounting) prospektiv beendet, so muss der im sonstigen Ergebnis (OCI) kumuliert erfasste Betrag

- im kumulierten sonstigen Ergebnis (OCI) verbleiben, wenn mit dem Eintritt der abgesicherten künftigen Zahlungsströme weiterhin gerechnet wird;
- sofort als Reclassification Adjustment im Sinne von IAS 1 in die GuV umgebucht werden, wenn nicht länger mit dem Eintritt der abgesicherten künftigen Zahlungsströme gerechnet wird.[51]

Nach prospektiver Beendigung der Sicherungsbilanzierung ist ein eventuell im kumulierten sonstigen Ergebnis (OCI) verbliebener Betrag bei Eintritt der abgesicherten Zahlungsströme entsprechend der Art der zugrunde liegenden Transaktion (wie oben beschrieben) zu bilanzieren.

Soweit das Grundgeschäft die Absicherung zukünftiger variabler Zinszahlungen beinhaltet, ist die Auflösung des im OCI kumulierten Betrags auf die noch eintretenden Zinsperioden systematisch zu verteilen. Damit wird klargestellt, dass Unternehmen die Nettozahlung für einen Zinsswap nicht einfach in der GuV erfassen können, sondern diese als Reclassification Adjustment zwischen sonstigem Ergebnis (OCI) und der GuV ausweisen müssen.

25.77 Ein Devisentermingeschäft besteht grundsätzlich aus einer Spot-, Termin- und Cross Currency Basis Spread-Komponente (CCBS-Komponente). Es existieren drei verschiedene Möglichkeiten zur Designation:

1. Designation der Spotkomponente (Spot-to-Spot Methode)
2. Designation der Spot- und Forwardkomponente (Forward-to-Forward Methode)
3. Designation der Spot-, Forward- und CCBS-Komponente.

---

50 Vgl. *Kuhn/Hachmeister*, Rechnungslegung und Prüfung von Finanzinstrumenten, 391f Rz. 437 f.
51 Vgl. *Kuhn/Hachmeister*, Rechnungslegung und Prüfung von Finanzinstrumenten, 392 Rz. 439.

Designiert werden können grundsätzlich alle drei Komponenten eines Devisenterminkurses. Allerdings können im hypothetischen Derivat zur Abbildung des Grundgeschäfts lediglich diejenigen Komponenten abgebildet werden, die auch tatsächlich ein bilanzielles Risiko des Grundgeschäfts darstellen. Ist das gesicherte Grundgeschäft ein Monetary Item (d.h. eine bilanzierte Forderung, Kassenbestände oder eine Verbindlichkeit in fremder Währung), so schreibt IAS 21 zwingend den Spotkurs als Bewertungsmaßstab vor. Somit ist das bilanzielle Risiko auch auf die Spot-Komponenten begrenzt. Eine Designation der Spot- und Forward-Komponente des Sicherungsgeschäfts führt somit zwingend zur Abbildung einer Ineffektivität, weil die Veränderung der Forward-Komponente nicht als Risikofaktor im Grundgeschäft besteht. Erwartete Fremdwährungstransaktionen können sowohl mit der Spot- als auch mit der Spot- und Forward-Komponente gesichert werden.

Nach IFRS 13 ist das Ausfallrisiko der Vertragspartei bei der Bewertung von Derivaten zu berücksichtigen. Typischerweise beinhalten Derivate sowohl Zahlungsverpflichtungen als auch Zahlungsansprüche. Somit ist gleichzeitig das Ausfallrisiko der Gegenpartei (Credit Valuation Adjustment: CVA) als auch das eigene Ausfallrisiko (Debit Valuation Adjustment: DVA) zu berücksichtigen (IFRS 13.42 ff.).[52]

Folgendes Beispiel veranschaulicht die Bilanzierung von Cashflow-Hedges unter Anwendung der Spot-to-Spot Methode bei einem Fremdwährungstermingeschäft.

Beispiel: Absicherung eines hochwahrscheinlichen Verkaufs und anschließender Forderung mit einem Fremdwährungstermingeschäft Die deutsche Fluggesellschaft AG (im Folgenden DFAG), deren funktionale Währung der Euro ist, erwartet am 1.10.01 den Verkauf von Flugtickets in Fremdwährung (USD) i.H.v. 100 Mio. USD für den 31.3.02. Die daraus entsprechende Forderung wird hingegen voraussichtlich erst am 30.6.02 beglichen. Der Umsatzerlös beträgt 100 Mio. USD, die Begleichung der Forderung erfolgt entsprechend auch in USD.

Um das Währungsrisiko des EUR-USD-Kurses abzusichern, geht das Unternehmen am 1.10.01 ein Fremdwährungsgeschäft mit den folgenden Bedingungen ein:

Fremdwährungstermingeschäft	
Anfangsdatum	1.10.01
Gegenparteien	DFAG und XYZ Bank
Fälligkeit	30.6.02
DFAG verkauft	100.000.000 USD
DFAG kauft	79.895.000 €
Terminkurs	1,2516 (*)
Settlement	Physische Lieferung

(*) Der Terminkurs des Fremdwährungstermingeschäfts besteht aus Spot und Forward Komponente (Forward Points bis 30.6.02), sowie CCBS und CVA.

Abb. 25.10: Fremdwährungstermingeschäft

---

52 Vgl. EYGM Limited (Hrsg.), Credit valuation adjustments for derivative contracts, April 2014.

Die folgende Grafik zeigt das Absicherungsverhältnis, welches am 30.6.02 endet. Dabei stimmt die Fälligkeit des hypothetischen Derivats mit der Fälligkeit des Sicherungsgeschäftes überein.

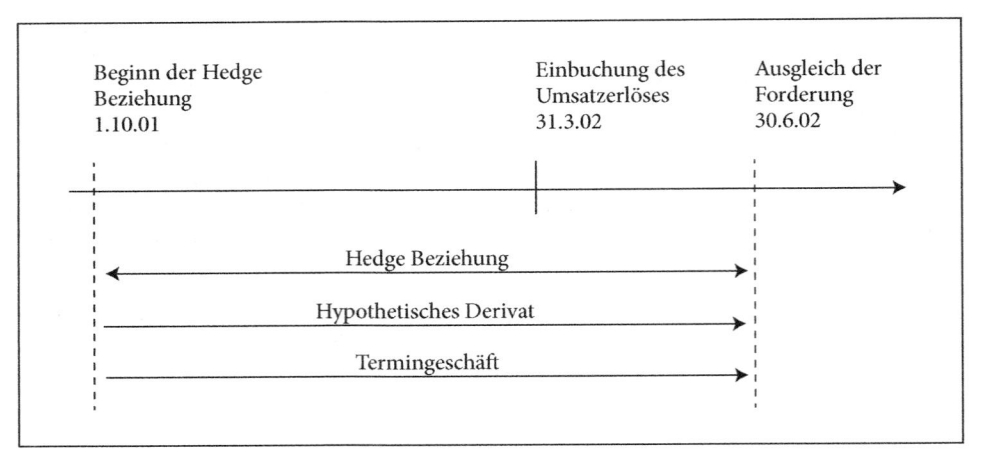

```
Beginn der Hedge            Einbuchung des        Ausgleich der
Beziehung                   Umsatzerlöses         Forderung
1.10.01                     31.3.02               30.6.02

        |◄──────────── Hedge Beziehung ────────────►|
        |◄──────────── Hypothetisches Derivat ──────►|
        |◄──────────── Termingeschäft ──────────────►|
```

Abb. 25.11: Darstellung des Absicherungsverhältnisses

Nachfolgend wird lediglich die Spot Komponente designiert (Spot-to-Spot Methode). Bei dieser Methode wird weiter unterschieden zwischen der Erfassung des Forward Elements in der GuV oder der Bilanzierung der Forward Komponente als Kosten der Absicherung (Wahlrechtsausübung, s. Rz. 25.62).

Neben der Spot-to-Spot Methode gibt es eine weitere Möglichkeit der Designation, die jedoch in diesem Beispiel nicht weiter betrachtet wird. Dabei handelt es sich um eine Möglichkeit, bei der die Spot und Forward Komponente designiert werden (Forward-to-Forward Methode).

Festlegung der Hedging Beziehung: Erfolgswirksame Erfassung der Forward Komponente

Die DFAG entscheidet sich dafür, die Spot Komponente des FX-Forwards als Sicherungsgeschäft in einem Cashflow-Hedge zu designieren und die Forward Komponente erfolgswirksam in der GuV zu erfassen. Der CCBS wird bereits initial abgespalten und als freistehendes Derivat folgebewertet.

Es erfolgt die Festlegung der Dauer der Hedging Beziehung vom 1.10.01 (Abschlusstag des Termingeschäfts) bis zum 30.6.02 (Erhalt der USD Forderung). Gemäß dieses Ansatzes bilden der voraussichtliche Umsatz und die daraus folgende Forderung das Grundgeschäft.

Fair Value Bestimmung des Sicherungsgeschäfts und des hypothetischen Derivats zu den relevanten Daten

Die zu den relevanten Terminen geltenden Spot und Forward Rates stellen sich wie folgt dar:

Datum	1.10.01	31.12.01	31.3.02	30.6.02
Spot Rate	1,2450	1,2765	1,2961	1,3200
Forward Rate (exkl. CVA/inkl. Forwardpoints bis 30.6.02/exkl. CCBS)	1,2520	1,2800	1,3000	1,3200
Forward Rate (exkl. CVA/inkl. Forwardpoints bis 30.6.02/inkl. CCBS)	1,2530	1,2805	1,3001	1,3200
Forward Rate gemäß Vertrag (inkl. CVA/inkl. Forwardpoints bis 30.6.02/inkl. CCBS)	1,2516			

Abb. 25.12: Spot/Forward Rates

Im Folgenden ist die Fair Value Berechnung des Sicherungsinstruments unter Berücksichtigung verschiedener Parameter (exkl./inkl. CVA, exkl./inkl. CCBS, ...) zu jedem relevanten Zeitpunkt dargestellt. Zur Bestimmung des Fair Values des designierten Sicherungsgeschäfts (entsprechend gekennzeichnet), sind diese Vorab-Berechnungen von Nöten:

Sicherungsgeschäft	1.10.01	31.12.01	31.3.02	30.6.02
(1) Nominal EUR (inkl. CVA/inkl. Forwardpoints bis 30.6.02/inkl. CCBS)	79.895.000	79.895.000	79.895.000	79.895.000
(2) Nominal USD	100.000.000	100.000.000	100.000.000	100.000.000
(3) Forward Rate (exkl. CVA/inkl. Forwardpoints bis 30.6.02/inkl. CCBS)	/1,2530	/1,2805	/1,3001	/1,3200
(4) Wert in EUR	79.808.000	78.094.000	76.917.000	75.758.000
(5) Differenz: Fair Value ohne Diskontierung (exkl. CVA/inkl. Forwardpoints bis 30.6.02/inkl. CCBS)	87.000	1.801.000	2.978.000	4.137.000
(6) Abzinsungsfaktor	× 0,9804	× 0,9839	× 0,9901	× 1,0000
(7) CVA diskontiert	85.000	57.000	29.000	0
(8) Fair Value (inkl. CVA/inkl. Forwardpoints bis 30.6.02/inkl. CCBS)	0	1.715.000	2.920.000	4.137.000

Sicherungsgeschäft	1.10.01	31.12.01	31.3.02	30.6.02
(9) Fair Value (exkl. CVA/exkl. Forwardpoints/ exkl. CCBS)	0	1.950.000	3.135.000	4.564.000
(10) **Designiert: Fair Value** (inkl. CVA/exkl. Forwardpoints/ exkl. CCBS)	(85.000)	1.893.000	3.106.000	4.564.000

Anmerkungen: Die folgenden Kennzeichnungen beziehen sich immer, wenn nicht anders gekennzeichnet, auf die aktuell betrachtete Periode.

(1) = (2)/1,2516

(4) = (2)/(3)

(5) = (1) − (4)

(7) = (5) × (6) für die erste Periode; in folgenden Perioden: (7) = (7)01-10-01/(6)01-10-01 × (6) × (Monate bis 30-06-02)/9

(8) = (5) × (6) − (7)

(9) = (− (2)/(Spot Rate) + (2)/(Spot Rate 01-10-01)) × (6)

(10) = (9) − (7)

Abb. 25.13: Vorab-Berechnung für die Fair Value Berechnung des hypothetischen Derivat

Die Fair Value Berechnung des hypothetischen Derivats lautet:

Hypothetisches Derivat	1.10.01	31.12.01	31.3.02	30.6.02
Nominal EUR (exkl. CVA/exkl. Forwardpoints/ exkl. CCBS)	80.321.000	80.321.000	80.321.000	80.321.000
Nominal USD	100.000.000	100.000.000	100.000.000	100.000.000
Spot Rate (exkl. CVA/exkl. Forwardpoints/ exkl. CCBS)	/1,2450	/1,2765	/1,2961	/1,3200
Wert in EUR	80.321.000	78.339.000	77.155.000	75.758.000
Differenz: Fair Value ohne Diskontierung (exkl. CVA/exkl. Forwardpoints/ exkl. CCBS)	0	1.982.000	3.166.000	4.563.000
Abzinsungsfaktor	× 0,9804	× 0,9839	× 0,9901	× 1,0000
Fair Value (exkl. CVA/exkl. Forwardpoints/ exkl. CCBS)	0	1.950.000	3.135.000	4.563.000

Abb. 25.14: Fair Value vom hypothetischen Derivat

Die Berechnung des effektiven und ineffektiven Teils der Änderung des Fair Values des Sicherungsinstruments lautet:

	31.12.01	31.3.02	30.6.02
Fair Value Änderung des Sicherungsgeschäfts (inkl. CVA/inkl. Forwardpoints bis 30.6.02/inkl. CCBS)			
(1) kumuliert	1.715.000	2.920.000	4.137.000
(2) periodisch	1.715.000	1.205.000	1.217.000
Fair Value Änderung des designierten Sicherungsgeschäfts (inkl. CVA/exkl. Forwardpoints bis 30.6.02/exkl. CCBS)			
(3) kumuliert	1.978.000	3.191.000	4.649.000
(4) periodisch	1.978.000	1.213.000	1.458.000
Fair Value Änderung des hypoth. Derivats (exkl. CVA/exkl. Forwardpoints/exkl. CCBS)			
(5) kumuliert	1.950.000	3.135.000	4.563.000
OCI Effekt			
(6) Lower-Of-Test	1.950.000	3.135.000	4.563.000
(7) Effektiver Teil	1.950.000	1.185.000	1.428.000
GuV Effekt			
(8) Ineffektiver Teil (kumuliert)	28.000	56.000	86.000
(9) Periodische Fair Value Änderung des CCBS und der Forwardkomponente	(263.000)	(8.000)	(241.000)
Anmerkungen: (6) Niedrigerer Betrag aus (3) und (5) (7) Periodische Veränderung von (6) (8) = (3) – (6) (9) = (2) – (4)			

Abb. 25.15: Berechnung effektiver/ineffektiver Teil

Buchungsstrecke

1) <u>1.10.01: Abschlusstag des Forwards</u>

Es ist keine Buchung vorzunehmen, da der Fair Value des Forwards zum Zeitpunkt der Designation null beträgt.

2) <u>31.12.01: Bilanzstichtag</u>

Termingeschäft (Forderung)	1.715.000	an	Cashflow-Hedge Reserve	1.950.000
Sonstiger finanzieller Aufwand (GuV)	263.000		Sonstige finanzielle Erträge (GuV)	28.000

3) 31.3.02: Buchungssätze am Tag der Einbuchung des Umsatzerlöses

Der Umsatzerlös wird mit dem am 31.3.02 geltenden EUR-USD-Kassakurs erfasst. Daher beträgt der Umsatz 77.155.000 € (= 100 Mio./1,2961). Da die verkauften Tickets noch nicht bezahlt wurden, wird eine Forderung eingebucht.

Forderungen (Vermögenswert)	77.155.000	an	Umsatzerlöse (GuV)	77.155.000

Der effektive Teil i.H.v. 1.185.000 € wird in der Cashflow-Hedge Reserve und der ineffektive Teil i.H.v. 28.000 € in der GuV verbucht. Die Änderung des Fair Values des CCBS und der Forward Komponente i.H.v. 8.000 € wird erfolgswirksam in der GuV erfasst.

Termingeschäft (Forderung)	1.205.000	an	Cashflow-Hedge Reserve	1.185.000
Sonstiger finanzieller Aufwand (GuV)	8.000		Sonstige finanzielle Erträge (GuV)	28.000

Die Erfassung der Verkaufstransaktion in der GuV führt dazu, dass die in der Cashflow-Hedge Reserve akkumulierten Beträge erfolgswirksam realisiert werden.

Cashflow-Hedge Reserve (EK)	3.135.000	an	Umsatzerlöse (GuV)	3.135.000

4) 30.6.02: Settlement der Forderung und des Forwards

Die Forderung wird mit der aktuellen Spot Rate bewertet, woraus ein Aufwand von 1.397.000 € (= 100 Mio./1,3200 − 100 Mio./1,2961) resultiert.

Aufwand aus Währungsumrechnung (GuV)	1.397.000	an	Forderung (Vermögenswert)	1.397.000

Die Änderung des Fair Values des Termingeschäftes seit der letzten Bewertung entspricht 1.217.000 €. Der effektive Teil beträgt 1.428.000 € und wird in der Cashflow-Hedge Reserve erfasst. Die Änderung des Fair Values des CCBS und der Forward Komponente i.H.v. 241.000 € wird erfolgswirksam in der GuV erfasst, ebenso die Ineffektivität i.H.v. 30.000 €.

Termingeschäft (Forderung)	1.217.000	an	Cashflow-Hedge Reserve (EK)	1.428.000
Sonstiger finanzieller Aufwand (GuV)	241.000		Sonstiger finanzieller Ertrag (GuV)	30.000

Im nächsten Schritt erfolgt die erfolgswirksame Umgliederung der in der Cashflow-Hedge Reserve akkumulierten Beträge:

Cashflow-Hedge Reserve (EK)	1.428.000	an	Aufwand aus Währungsumrechnung	1.428.000

Der Erhalt der 100 Mio. USD Zahlung wird zum Stichtag am 30.6.02 mit der Spot Rate zu 75.758.000 € (= 100 Mio./1,3200) umgerechnet.

USD Cash (Kasse)	75.758.000	an	Forderungen (Vermögenswert)	75.758.000

Der Forward wird fällig: Die 100.000.000 USD werden für 79.895.000 € unter der physischen Abwicklung des Forwards umgetauscht.

EUR Cash (Kasse)	79.895.000	Termingeschäft (Forderungen)	4.137.000
	an	USD Cash (Kasse)	75.758.000

Die folgende Tabelle gibt eine Zusammenfassung der Buchungseinträge:

	Cash	Termin-geschäft	Forderun-gen	CF Hedge Reserve	GuV
1.10.01					
Forward Abschluss	0	0			
31.12.01					
Forward Bewertung		1.715.000		1.950.000	(235.000)
31.3.02					
Forward Bewertung		1.205.000		1.185.000	20.000
Reserve Umgliederung				(3.135.000)	3.135.000
Erfassung Verkauf			77.155.000		77.155.000
30.6.02					
Forward Bewertung		1.217.000		1.428.000	(211.000)
Reserve Umgliederung				(1.428.000)	1.428.000
Forward Settlement	79.895.000 (EUR)	(4.137.000)			
	(75.758.000) (USD)				
Forderungen Bewertung			(1.397.000)		(1.397.000)
Forderungen Settlement	75.758.000		(75.758.000)		
TOTAL	79.895.000	0	0	0	79.895.000

Abb. 25.16: Buchungseinträge

E. Anhangangaben zum Hedge-Accounting

25.78 IFRS 7.24 ff. schreibt vor, dass Unternehmen Angaben zur **Auswirkung der Sicherungsbilanzierung** auf ihre Vermögens-, Finanz- und Ertragslage machen müssen. Diese Angaben sind verpflichtend in Tabellenform, die nach Risikoarten untergliedert ist, darzustellen. Folgende Tabellen zeigen exemplarisch auf, wie derartige Angaben aussehen könnten:

Beispiel: Anhangangaben zum Hedge-Accounting Der Mode-Konzern M ist aufgrund seiner internationalen Aktivitäten insbesondere Risiken aus Währungskursänderungen ausgesetzt. Diese Risiken werden für M zentral durch den Einsatz von derivativen Finanzinstrumenten begrenzt. Weiterhin werden zur Absicherung der Zinsrisiken aus den Bankendarlehen Zinsswaps abgeschlossen.

<u>Finanzinstrumente zur Absicherung des Währungs- und Zinsrisikos</u>

M nutzt derivative Finanzinstrumente wie Devisenswaps, Devisentermingeschäfte und andere strukturierte Devisenderivate zur Absicherung von Währungsrisiken und Zinsswaps zur Absicherung der Zinsrisiken.

<u>Bewertung der derivativen Finanzinstrumente</u>

Zum Stichtag ergeben sich aus den Marktwerten der derivativen Finanzinstrumente Forderungen aus Devisentermingeschäften i.H.v. 725 TEUR (Vorjahr: 824 TEUR) und Verbindlichkeiten aus Devisentermingeschäften i.H.v. 3.611 TEUR (Vorjahr: 1.648 TEUR). Die Veränderungen der Marktwerte aus Devisensicherungsgeschäften wurden i.H.v. 3.240 TEUR (Vorjahr: 877 TEUR) erfolgswirksam erfasst.

Im Rahmen von **Hedge Accounting** für Zinsswaps wurden -103 TEUR (Vorjahr: 236 TEUR) erfolgsneutral im Sonstigen Ergebnis erfasst. Durch die Swapverträge wurde ein Teil der variablen Finanzierungskosten in feste Zinszahlungen getauscht.

Die nachfolgende Anhangangabe zeigt die Wertveränderungen des Grundgeschäfts und dessen Auswirkungen auf das sonstige Ergebnis und die Gesamtergebnisrechnung sowie die daraus entstehende Ineffektivitäten bei der Darstellung von Zins-Hedges:

Wertveränderungen des Grundgeschäfts (Angaben gem. IFRS 7.24B)						31.12.01
in Millionen €	Wertveränderung des Grundgeschäfts als Basis zur Identifikation der Ineffektivität	Cashflow-Hedge Rücklage und Fremdwährungsumrechnungsrücklage aus bestehenden Hedges	Cashflow-Hedge Rücklage und Fremdwährungsumrechnungsrücklage aus nicht mehr bestehenden Hedges	Erfolgsneutrale Gewinne/Verluste aus der Hedge Beziehung	Erfolgswirksam erfasste Ineffektivität	Aus dem sonstigen Ergebnis (CFH Rücklage/ Fremdwährungsumrechnungsrücklage) umgegliederter Betrag
Zinsbelastung	-135	133	0	-103	0	-115

Abb. 25.17: Anhangangabe

Es entstanden keine Ineffektivitäten aus den abgeschlossenen Zinsswaps.

Die Sicherungsinstrumente, die das Unternehmen in Sicherungsbeziehungen designiert hat, haben folgende Auswirkungen auf die Bilanz zum 31.12.01:

Auswirkungen der Sicherungsinstrumente auf die Bilanz (Angaben gem. IFRS 7.24A)					
Risikokategorie	Buchwert des Sicherungsinstruments		Bilanzposten	Wertveränderung des Sicherungsgeschäfts als Basis zur Messung der Ineffektivität	Nominalvolumen in Einheiten
	Vermögenswerte	Verbindlichkeiten			
Zinsbelastung	4	137	Kurzfristige sonstige finanzielle Vermögenswerte/Langfristige derivative Finanzinstrumente	-103	61.174

Abb. 25.18: Beispielhafte Darstellung verschiedener Anhangangaben

F. Risikoberichterstattung

Die in diesem Kapitel dargestellten Angaben sind nicht zwingend im Anhang offen zu legen, soweit durch die Angabe von Querverweisen eine Verlinkung zum zeitgleich veröffentlichten Angabeort erfolgt (IFRS 7.B6).[53] Da im **Konzernlagebericht** ebenfalls über diese Risiken berichtet werden soll (§ 315 Abs. 2 Nr. 2 HGB sowie für den Lagebericht § 289 Abs. 2 Nr. 2 HGB), kann zumindest für den beschreibenden Teil eine Verdoppelung der Angaben vermieden werden.[54] Dies soll im Übrigen auch in umgekehrter Richtung möglich sein: Anstelle einer Angabe im Lagebericht erfolgt die Angabe nur im Anhang.[55]

25.79

Die Offenlegungsvorschriften der IFRS zielen auf die Vermittlung der folgenden Informationen ab (IFRS 7.22A ff.):

25.80

– Beschreibung der Risikomanagementstrategie und Darstellung, wie diese angewendet wird.

– Beschreibung, wie sich die Risikomanagementaktivitäten auf die Höhe, den zeitlichen Anfall und die Unsicherheit der künftigen Zahlungsströme auswirken können.

---

53 Vgl. *IDW RS HFA 24*, Rz. 47.
54 Vgl. *KPMG* (Hrsg.), Offenlegung von Finanzinstrumenten und Risikoberichterstattung nach IFRS 7, 114.
55 *Buchheim/Schmidt*, KoR 2005, 397 (401) halten wegen § 315 Abs. 1 Satz 3 HGB und DRS 15.11 einen Verzicht auf Angaben im Lagebericht für zulässig bei Verweis auf die ausführlichen Erläuterungen im Anhang nach IFRS 7.

– Beschreibung der Auswirkungen der Sicherungsbilanzierung auf die Bilanz, die Gesamtergebnisrechnung und die Eigenkapitalveränderungsrechnung des Unternehmens.[56]

Um das vorgesehene Ziel bezüglich der Angabepflichten zu erfüllen, muss das Unternehmen bestimmen, welcher Detaillierungsgrad dafür erforderlich ist, wie stark verschiedene Aspekte der Pflichtangaben hervorgehoben werden sollen, in welchem Umfang es angemessen ist, Posten zusammenzufassen, und ob zusätzliche Informationen dafür erforderlich sind.[57]

Die geforderten Angaben zur Sicherungsbilanzierung sind entweder in einem eigenen Teilabschnitt des Anhangs oder in einem separaten Teil des Abschlusses darzustellen. Ein Unternehmen kann Informationen auch mittels eines Querverweises vom Abschluss zu einem anderen Bericht, beispielsweise einem Risikobericht, einfügen, vorausgesetzt diese Informationen werden den Abschlussadressaten zu den gleichen Bedingungen und zur gleichen Zeit wie der Abschluss zugänglich gemacht (IFRS 7.21A ff.).

25.81 Die **Risikomanagementstrategie** muss für jede Risikoart beschrieben werden. Diese Beschreibung muss Informationen darüber enthalten, wie jedes einzelne Risiko entsteht und wie und in welchem Umfang dieses Risiko gesteuert wird. Darüber hinaus muss das Unternehmen darüber Auskunft geben, ob es nur einen Teil des Risikos, z.B. eine Komponente des Nominalbetrags oder ausgewählte vertragliche Zahlungsströme absichert. Um diesen Anforderungen gerecht zu werden, hat ein Unternehmen Folgendes anzugeben:[58]

– Beschreibung der Sicherungsinstrumente und wie sie zur Absicherung des Risikos eingesetzt werden

– Erläuterung, warum das Unternehmen der Auffassung ist, dass zwischen dem Grundgeschäft und dem Sicherungsinstrument ein wirtschaftlicher Zusammenhang besteht

– Erläuterung, wie das Absicherungsverhältnis (*Hedge Ratio*) ermittelt wird

– Darstellung der erwarteten Ursachen für Ineffektivität[59]

Die Angaben zur Risikomanagementstrategie sind ein wichtiges Element zur bilanziellen Abbildung von Sicherungsbeziehungen, da sie einen Zusammenhang zwischen den Risikomanagementaktivitäten des Unternehmens und deren Auswirkungen auf den Abschluss des Unternehmens herstellen. In den Anhangangaben sollte außerdem erläutert werden, welche wichtigen Ermessensentscheidungen das Unternehmen bei der Anwendung des neuen Modells zur Abbildung von Sicherungsbeziehungen getroffen hat, z.B. bei der Bestimmung, ob zwischen dem Grundge-

---

56 Vgl. *EY-iGAAP*, 4142.
57 Vgl. *EY-iGAAP*, 4142.
58 Vgl. *EY-iGAAP*, 4142.
59 Vgl. *EY-iGAAP*, 4143.

schäft und dem Sicherungsinstrument ein wirtschaftlicher Zusammenhang besteht, bei der Festlegung des Absicherungsverhältnisses *(Hedge Ratio)* und bei der Identifizierung der Risikokomponenten.

Die Angaben müssen nach Art des Risikos, nicht nach Art der Sicherungsbeziehung (z.B. Cashflow-Hedge oder Fair Value-Hedge) erfolgen. Hierdurch sollen die Abschlussadressaten in die Lage versetzt werden, ein besseres Verständnis der Sicherungsaktivitäten und deren Auswirkungen auf den Jahresabschluss zu erlangen (IFRS 7.22A ff.).

Daher sind umfangreiche qualitative (IFRS 7.33) und quantitative (IFRS 7.34 ff.) Angaben über die wesentlichen Risiken und deren Steuerung erforderlich.[60] Dabei sind die vorzunehmenden quantitativen Angaben qualitativ zu erläutern, um das Ausmaß der Risikoexponiertheit besser verstehen zu können (IFRS 7.32A). Die wesentlichen Risiken sind: 25.82

– Kreditausfälle (Kreditrisiko),
– finanzielle Verpflichtungen (Liquiditätsrisiko) und
– Preisrisiko (Marktrisiko), also Wechselkursrisiko, Zinsänderungsrisiko und sonstige Preisrisiken, die Einfluss haben können auf die Bewertung von Finanzinstrumenten.

Bei den meisten Sicherungsbeziehungen müssen differenziert für jede Risikokategorie die oben aufgeführten Risiken als **quantitative Informationen** angegeben werden, die eine Beurteilung der Bedingungen und Konditionen der Sicherungsinstrumente und ihrer Auswirkungen auf die *Höhe*, den *zeitlichen Anfall* und die *Unsicherheit der künftigen Zahlungsströme* ermöglichen. Dies umfasst auch eine Aufgliederung des zeitlichen Profils des Nominalbetrags des Sicherungsinstruments und ggf. seines durchschnittlichen Preises oder Zinssatzes (z.B. Ausübungspreis oder Terminzinssatz). Wird ein dynamischer Absicherungsprozess verfolgt, müssen hingegen weitere Informationen angegeben werden.[61]

Für alle Sicherungsbeziehungen ist, differenziert für jede Risikokategorie, eine Beschreibung der Ursachen der Ineffektivität anzugeben, die sich während des Absicherungszeitraums voraussichtlich auf die Sicherungsbeziehung auswirken (IFRS 7.23D). Sofern in einer Sicherungsbeziehung andere Ursachen für eine Ineffektivität des Sicherungsgeschäfts auftreten, sind diese Ursachen gegliedert nach Risikokategorien und zusammen mit einer Erklärung der sich daraus ergebenden Ineffektivität anzugeben (IFRS 7.23E). 25.83

Bei Cashflow-Hedges hat eine Beschreibung aller erwarteten künftigen Transaktionen zu erfolgen, die in der vorangegangenen Berichtsperiode wie Sicherungsgeschäfte bilanziert wurden, deren Eintritt jedoch nicht mehr erwartet wird (IFRS 7.23F).

---

60 Siehe auch die einschlägige Literatur *Löw*, BB 2005, 2175 (2178 ff.); *Scharpf*, KoR 2006, Beil. 2, 36 ff.; *Buchheim/Schmidt*, KoR 2005, 397 (400 ff.).
61 Vgl. *EY-iGAAP*, 4145.

25.84 Im Rahmen der qualitativen Angaben soll die Risikopolitik des berichtenden Unternehmens in Bezug auf Finanzinstrumente umfassend verdeutlicht werden. Operative Risiken sind dabei nicht Gegenstand der Berichterstattung, da sich IFRS 7 ausschließlich auf eine Risikoberichterstattung hinsichtlich finanzieller Risiken bezieht. Die qualitativen Offenlegungsanforderungen umfassen eine Beschreibung der vom Unternehmen implementierten Risikomanagementstrategie. Dabei sollen das Ausmaß und die Entstehung der Risiken erläutert werden (IFRS 7.33(a)). Weiterhin ist die Zielsetzung, die Regelungen sowie die Verfahren des Risikomanagements und die Methoden zur Risikomessung anzugeben (IFRS 7.33(b)). Abschließend sind Angaben zu Änderungen der Risikosituation, der Risikostrategie oder der Methodenanwendung im Vergleich zur Vorperiode gefordert (IFRS 7.33(c)).

Quantitative Mindestangaben beziehen sich auf das Kredit- und das Liquiditätsrisiko sowie auf Marktrisiken.

25.85 Ein **Kreditrisiko** ist gemäß IFRS 7 als jener finanzieller Verlust definiert, der daraus entsteht, dass ein Vertragspartner seinen Zahlungsverpflichtungen nicht nachkommt (IFRS 7 Appendix A). Die spezifischen Offenlegungsvorschriften von IFRS 7 (IFRS 7.35A–38) ermöglichen eine Beurteilung der Kreditrisiken des berichtenden Unternehmens.[62] Folgende Angabepflichten bestehen je Klasse von Finanzinstrumenten:[63]

– Maximales Ausfallrisiko am Abschlussstichtag (IFRS 7.36(a)), sofern der Buchwert der finanziellen Vermögenswerte nicht das maximale Ausfallrisiko repräsentiert,

– Angaben zu gehaltenen Sicherheiten oder sonstigen Kreditverbesserungen in Bezug auf die Angabe unter (a) sowie damit verbundene finanzielle Effekte (IFRS 7.36(b)).

25.86 IFRS 7 verlangt quantitative Angaben zu **Liquiditätsrisiken**. Liquiditätsrisiken liegen dabei vor, wenn ein Unternehmen seiner Verpflichtung zur Begleichung finanzieller Verbindlichkeiten nicht mehr nachkommen kann. Grund hierfür kann beispielsweise sein, dass eine Rückzahlung früher als erwartet verlangt wird.

Angabepflichten bestehen hinsichtlich einer Analyse der Restlaufzeiten von nicht-derivativen finanziellen Verbindlichkeiten (IFRS 7.39(a)), sowie von derivativen finanziellen Verbindlichkeiten (IFRS 7.39(b)) wobei die so offen gelegten Beträge auf die vertraglichen undiskontierten Zahlungsströme abstellen. Darüber hinaus sind Erläuterungen über das Management von Liquiditätsrisiken offen zu legen (IFRS 7.39(c)).[64] Solche Angaben sind auch aus den Verbindlichkeitenspiegeln für HGB-Abschlüsse (§ 285 Nr. 1 HGB) bekannt; s. hierzu nachfolgendes Beispiel:

---

[62] Vgl. hierzu auch *IASB, Improvements to IFRS*, May 2010.
[63] Vgl. *Grünberger*, IFRS 2018, NWB 2010, 394.
[64] Vgl. *IDW RS HFA 24*, Rz. 59.

Beispiel:

Zahlungsvorausschau (+ Auszahlung/- Einzahlung) in TEUR				
	Buchwerte 31.12.01	bis 1 Jahr	1–5 Jahre	> 5 Jahre
Finanzverbindlichkeiten	227.548	18.271	202.678	6.599
Derivative Finanzinstrumente	3.776	3.462	315	–
Verbindlichkeiten aus Lieferungen und Leistungen	41.248	41.248	–	–
Sonstige finanzielle Verbindlichkeiten	11.941	11.941	–	–

Abb. 25.19: Zahlungsvorausschau

Gliederung der Zins- und Tilgungszahlungen derivativer Finanzinstrumente mit negativem beizulegenden Zeitwert in TEUR			
	Buchwerte 31.12.01	bis 1 Jahr	1–5 Jahre
Devisenderivate	3.612	3.350	262
Zahlungsmittelzufluss	55.878	47.014	8.864
Zahlungsmittelabfluss	59.490	50.364	9.126
Zinsderivate	165	112	53
Zahlungsmittelzufluss	–	–	–
Zahlungsmittelabfluss	165	112	53

Abb. 25.20: Gliederung der Zins- u. Tilgungszahlungen derivativer Finanzinstrumente

Marktpreisrisiken umfassen nach IFRS 7 Appendix A Währungsrisiken, Zinsrisiken sowie andere Preisrisiken. IFRS 7.40 verlangt eine **Sensitivitätsanalyse** für jede Art von Marktpreisrisiko (IFRS 7.BC59). Dabei soll der Einfluss der einschlägigen Risikoparameter auf die GuV sowie auf das Eigenkapital aufgezeigt werden (IFRS 7.40(a)). Der Simulation sind Veränderungen der Parameter insofern zugrunde zu legen, als sie für möglich oder relativ wahrscheinlich angesehen werden (IFRS 7.B.19(b)). Das Aggregationsniveau ist vom Unternehmen entsprechend seiner Geschäftstätigkeit festzulegen (IFRS 7.B17).[65]

---

65 Vgl. *KPMG* (Hrsg.), Offenlegung von Finanzinstrumenten und Risikoberichterstattung nach IFRS 7, 152; vgl. auch IDW RS HFA 24, Rz. 71–75.

Beispiel:

Wechselkursrisiko

Der Mode-Konzern M ist international operativ tätig und demzufolge Fremdwährungsrisiken ausgesetzt, die aus den Wechselkursänderungen verschiedener Fremdwährungen resultieren, hauptsächlich des USD sowie des CHF und GBP. Die sonstigen Währungen im Konzern sind aus Risikogesichtspunkten nicht als wesentlich klassifiziert.

Der EURO ist die Berichtswährung und damit die funktionale Währung des Konzerns. Daher beeinflusst die Änderung von Wechselkursen zwischen dem EURO und den lokalen Währungen, in denen die Jahresabschlüsse der ausländischen Tochtergesellschaften erstellt werden, das im Konzernabschluss ausgewiesene Jahresergebnis und die finanzielle Lage (sog. Translationsrisiken) [...].

Zur Ermittlung der nachfolgend dargestellten Sensitivitäten wird eine hypothetische Auf- bzw. Abwertung des EURO gegenüber allen Währungen zum 31.12.01 um 10 % angenommen. Alle anderen Variablen bleiben unverändert. Unter diesen Bedingungen haben sich folgende wesentliche Auswirkungen auf das Ergebnis vor Steuern und das Eigenkapital des Beispiel-Konzerns ergeben:

		Währungsrisiko in Bezug auf:	
	+/- 10 % Shift	das Ergebnis vor Steuern in TEUR	das Eigenkapital in TEUR
Kursschwankungen des CHF	10 %	1.671	1.203
	-10 %	-1.999	-1.439
Kursschwankungen des USD	10 %	-5.461	-3.932
	-10 %	5.965	4.295
Kursschwankungen des GBP	10 %	1.867	1.345
	-10 %	-2.089	-1.504

Abb. 25.21: Sensitivitätsanalyse zum Währungsrisiko

Zinsänderungsrisiko

Zinsrisiken resultieren aus Veränderungen des Marktzinsniveaus. Das Unternehmen begrenzt solche Risiken durch den Einsatz von Zinsderivaten wie Zinsswaps.

IFRS fordert Sensitivitätsanalysen, um Zinsrisiken darzustellen. Hierbei werden die Auswirkungen von Änderungen des Marktzinsniveaus auf Zinszahlungen, Zinsaufwendungen und Zinserträge, auf andere Bereiche des Ergebnisses und auf das Eigenkapital gezeigt.

Für die Sensitivitätsanalysen von Zinsrisiken gelten folgende Prämissen:

Bei einer hypothetischen Erhöhung bzw. Senkung des Marktzinsniveaus um 100 Basispunkte (Parallelverschiebung der Zinskurven) und gleichzeitig unveränderten sonstigen Variablen hätten sich folgende Auswirkungen auf das Eigenkapital ergeben:

		Zinsrisiko in Bezug auf:	
	+/- 10 % Shift	das Ergebnis vor Steuern in TEUR	das Eigenkapital in TEUR
Verschiebung des Zinsniveaus	+100 bp	0	475
	-100 bp	0	29

Abb. 25.22: Sensitivitätsanalyse zum Zinsrisiko

Im Rahmen des Hedge Accounting für den Zinsswap werden Wertschwankungen erfolgsneutral im sonstigen Ergebnis erfasst und haben somit keine Auswirkungen auf das Ergebnis vor Steuern.

Alternativ sind auch Sensitivitätsangaben möglich, die mithilfe von Value-at-Risk-Modellen gewonnen wurden (IFRS 7.41). Wird von diesem Wahlrecht Gebrauch gemacht, sind darüber hinaus Angaben zur verwendeten Methode sowie Erläuterungen zu bestimmten Parametern verlangt (IFRS 7.41(a)).

Weitergehende Angaben sind darüber hinaus im Detail im IFRS 7 geregelt. Die hier vorgenommene Darstellung ist auf eine Auswahl der wesentlichen Angaben beschränkt.

Kapitel 26
Rückstellungen (IAS 37)

A. Überblick und Wegweiser	26.1	VI. Sonderfall Restrukturierungsrückstellungen	26.47
I. Management Zusammenfassung	26.1	C. Bewertung	26.60
II. Standards und Anwendungsbereich	26.5	I. Erstbewertung (Erfüllungs- oder Ablösebetrag)	26.60
III. Wesentliche Unterschiede zum HGB	26.10	1. Bestmögliche Schätzung	26.60
		2. Künftiges Kostenniveau	26.63
IV. Neuere Entwicklungen	26.12	3. Einbeziehung von Gemeinkosten	26.64
B. Ansatz von Rückstellungen	26.20	4. Rückgriffsansprüche/Bewertungseinheiten	26.65
I. Ansatzkriterien und Prüfschema	26.20	5. Erlöse aus Anlageabgängen	26.66
II. Gegenwärtige Verpflichtung aus vergangenem Ereignis	26.21	6. Abzinsung	26.67
1. Unentziehbarkeit	26.21	II. Folgebewertung (Anpassung, Inanspruchnahme und Auflösung)	26.70
2. Beschränkung auf Außenverpflichtungen	26.24	D. ABC der Rückstellungen	26.80
3. Faktische Verpflichtungen	26.26	E. Ausweis	26.81
III. Wahrscheinlichkeit der Inanspruchnahme	26.28	I. Bilanz	26.81
1. Dreiteiliger Wahrscheinlichkeitsbegriff	26.28	II. Gewinn- und Verlustrechnung	26.82
2. Überwiegen der Gründe für eine Inanspruchnahme	26.29	F. Anhangangaben	26.83
3. Eventualverbindlichkeiten	26.32	I. Rückstellungsspiegel und Erläuterungen	26.83
IV. Zuverlässige Schätzung möglich	26.35	II. Angaben zu Eventualverbindlichkeiten und -forderungen	26.84
V. Sonderfall Drohverlustrückstellungen	26.45	III. Unterlassen von Angaben auf Grund Schutzklausel	26.85

Literatur: *Albrecht*, Die Bankenabgabe im Licht von IFRIC 21, PiR 2013, 338; *Aschfalk-Evertz*, Restrukturierungsrückstellungen, PiR 2013, 13; *Diemers/Weller*, Bewertung „angeschaffter" Rückstellungen, PiR, 2015, 363; *Engel-Ciric*, Anwendungshinweise zur Prüfung der Rückstellungen nach IFRS, IRZ 2013, 391; *Ernsting/von Keitz*, Bilanzierung von Rückstellungen nach IAS 37, DB 1998, 2477; *Fink/Antonakopoulos*, Vertragserfüllungskosten bei Drohverlustrückstellungen, PiR 2019, 35; *Förschle/Kroner/Heddäus*, Ungewisse Verpflichtungen nach IAS 37 im Vergleich zum HGB, WPg 1999, 41; *Freiberg*, Bewertung von Rückstellungen zu Voll- oder Grenzkosten?, PiR 2014, 385; *von Keitz*, Praxis der IASB-Rechnungslegung, 2. Aufl., Stuttgart 2005; *Hain*, Restrukturierungsaufwendungen in der Rechnungslegung nach HGB, IAS und US-GAAP, Düsseldorf 2000; *Hebestreit/Teitler-Feinberg*, IFRIC 21 Abgaben (Levies), IRZ 2014, 235; *Herzig*, IAS/IFRS und steuerliche Gewinnermittlung, Düsseldorf 2004; *Hommel/Wich*, Neues zur Entwicklung der Rückstellungsbilanzierung nach IFRS, WPg 2007, 509; *Kleinmanns*, Angaben nach IAS 37 zu Eventualverbindlichkeiten – Diskrepanz zwischen Berichtspraxis und Regelungsvorgaben?, KoR 2015, 595; *Kleinmanns*,

Erfassung von Rückstellungen nach IFRS für drohende und schwebende Rechtsstreitigkeiten, PiR 2015, 35; *Kühne/Nerlich*, Vorschläge für eine geänderte Rückstellungsbilanzierung nach IAS 37: Darstellung und kritische Würdigung, BB 2005, 1839; *Lenz/Pfautz*, Abzinsung von Rückstellungen für nukleare Entsorgungsverpflichtungen in IFRS-Konzernabschlüssen deutscher Energieversorgungsunternehmen, KoR 2017, 262; *Lüdenbach/Hoffmann*, Faktische Verpflichtungen und (verdeckte) Aufwandsrückstellungen nach IFRS und HGB/EStG, BB 2005, 2344; *Lüdenbach*, Widersprüchliche Anwendung des going concern-Prinzips bei Rückstellungen, PiR 2017, 288; *Marx/Köhlmann*, Bilanzielle Abbildung von Rücknahmeverpflichtungen nach HGB und IFRS, BB 2005, 2007; *Moxter*, Rückstellungen nach IAS: Abweichungen vom geltenden deutschen Bilanzrecht, BB 1999, 519; *Nagengast/Boecker*, Restrukturierungsrückstellungen nach IFRS im Vergleich zum HGB, IRZ 2016, 306; *Orthaus/Pelger*, Bilanzielle Abbildung von Umweltkatastrophen: Die Deepwater-Horizon-Ölpest im Kontext der Rückstellungsbilanzierung nach IAS 37, KoR 2014, 221; *Oser/Ross*, Rückstellungen auf Grund der Pflicht zur Rücknahme und Entsorgung von sog. Elektroschrott beim Hersteller – Bilanzierung nach HGB, IFRS und US-GAAP –, WPg 2005, 1069; *Roos*, Zur Passivierung von Rückstellungen nach IAS 37 – Überlagerung einer nicht vorhandenen faktischen durch eine rechtliche Verpflichtung?, DStR 2016, 2173; *Schatz*, Aufwendungen im Zusammenhang mit Restrukturierungsrückstellungen gem. IAS 37, IRZ 2014, 267; *Schäfer*, Droht die Pflicht zur kumulierten Rückstellungsbildung für die Entsorgung von Elektrogeräten?, BB 2004, 2735; *Schmidbauer*, Bilanzierung umweltschutzbedingter Aufwendungen im Handels- und Steuerrecht sowie nach IAS, BB 2000, 1130; *Sigle*, Bilanzierung und Berichterstattung der Währungs- und Zinsentwicklung 2014, PiR 2015, 241; *Theile*, Sozialplanverpflichtungen und Restrukturierungen – Konzeptionelle Mängel beim Passivierungsgebot für faktische Verpflichtungen, PiR 2007, 297; *Theile/Stahnke*, Bilanzierung sonstiger Rückstellungen nach dem BilMoG-Regierungsentwurf, DB 2008, 1757; *Theile/Stahnke/Nagafi*, Die Abzinsung sonstiger Rückstellungen im Jahresabschluss nach BilMoG, StuB 2011, 323; *Urbanczik*, IFRIC 21 „Levies" – Interpretation zur bilanziellen Abbildung von staatlich erhobenen Abgaben, KoR 2013, 413.

A. Überblick und Wegweiser

I. Management Zusammenfassung

26.1 In der Zielsetzung des IAS 37.1 heißt es, der Standard soll „sicherstellen, dass angemessene Ansatzkriterien und Bewertungsgrundlagen auf Rückstellungen, Eventualverbindlichkeiten und Eventualforderungen angewandt werden und dass im Anhang ausreichend Informationen angegeben werden, die dem Leser die Beurteilung von Art, Fälligkeit und Höhe derselben ermöglichen."

Im Unterschied zu „sicheren" Verbindlichkeiten (z.B. Lieferantenschulden) weisen Rückstellungen *(provisions)* einen höheren Unsicherheitsgrad auf, sei es in Bezug auf Höhe und Zeitpunkt der Verpflichtung oder auch dem Grunde nach. Ist die Möglichkeit einer Inanspruchnahme (des „Ressourcenabflusses") *nicht* sehr wahrscheinlich *(remote)* oder nicht bezifferbar, kommt keine Passivierung in der Bilanz, sondern ggf. nur eine Anhangangabe in Betracht. Die Herausforderung bei der Bilanzierung besteht (nicht anders als nach HGB) in der sachgerechten Beurteilung der Schwelle zur Rückstellungsbildung. Hier sind Einschätzungen und Unsicherheitsfaktoren zu würdigen; darüber ist im Anhang zu berichten (siehe Beispiel in Rz. 48.33).

Nach IAS 37 sind nur **Außenverpflichtungen** zu passivieren, nicht dagegen Innenverpflichtungen (z.B. für unterlassene Instandhaltung). Trotz Bilanzierungsunterschieden im Detail finden sich auch im IAS 37 bekannte Sachverhalte, z.B. Rückstellungen für Drohverluste, Kulanz, Restrukturierung etc. Die Bewertung erfolgt zu Vollkosten unter Einbeziehung erwarteter Preissteigerungen und, sofern langfristig, zum Barwert. 26.2

frei 26.3–26.4

II. Standards und Anwendungsbereich

Die Bilanzierung von (sonstigen) **Rückstellungen** sowie **Eventualverbindlichkeiten und -forderungen** ist Gegenstand des IAS 37, es sei denn, es finden sich in anderen Standards Sonderregelungen (IAS 37.1c, IAS 37.2, IAS 37.5). Das betrifft namentlich „zum Beispiel":[1] 26.5

– tatsächliche und latente Steuerschulden i.S.v. IAS 12 (Rz. 29.1),
– Leistungen an Arbeitnehmer i.S.v. IAS 19 (Rz. 27.1),
– Verpflichtungen aus Leasingverhältnissen, es sei denn, es handelt sich um drohende Verluste aus Verträgen vor dem Bereitstellungsdatum oder um drohende Verluste aus kurzfristigen Leasingverhältnissen bzw. solchen über geringwertige Vermögenswerte (Rz. 17.32),
– Ansatz von Eventualschulden im Rahmen von Unternehmenserwerben nach IFRS 3 (Rz. 36.141 f.).
– Finanzverbindlichkeiten i.S.v. IFRS 9 (Rz. 24.1).

Im Anwendungsbereich des IAS 37 liegen allerdings Rückstellungen für drohende Verluste aus Verträgen mit Kunden, weil IFRS 15 hier keine eigenen Regelungen enthält (s. ausführlich Rz. 10.161 ff.)

IAS 37 wird ergänzt durch 26.6

– IFRIC 1 zur Bilanzierung von Schätzungs- und Zinssatzänderungen bei bestimmten Entsorgungs- und **Wiederherstellungsverpflichtungen** (Rz. 14.83 ff.),
– IFRIC 6 über die Entsorgung von **Elektroschrott** (Rz. 26.80) und
– IFRIC 21 über die Bilanzierung von durch die öffentliche Hand auferlegten Abgabeverpflichtungen (Rz. 26.80).

---

[1] IAS 37.5e stellt klar, dass auch Versicherer IAS 37 anzuwenden haben, insoweit nicht die Bilanzierung von Versicherungsverträgen betroffen ist.

26.7 Es besteht **Passivierungspflicht** für eine **Rückstellung** (*provision*), wenn die allgemeinen Schulden-Passivierungsbedingungen des **Rahmenkonzepts** 2010 kumulativ vorliegen (Rz. 7.41), die durch IAS 37.14 insoweit nur wiederholt werden. Im Unterschied zu einer Verbindlichkeit besteht bei einer Rückstellung aber **Unsicherheit *dem Grunde* (Existenz) nach und/oder über *Höhe* oder *Zeitpunkt* der Erfüllung** (Fälligkeit). Den zum Ansatz einer Rückstellung erforderlichen Beurteilungsspielraum versucht IAS 37 mit zahlreichen Erläuterungen einzugrenzen und zu strukturieren.

26.8 Eine nur geringe (Rest-)Unsicherheit über Fälligkeit und Höhe besteht bei den sog. „*accruals*" (abgegrenzte Schulden, z.B. Verbindlichkeiten aus erhaltenen Lieferungen ohne Rechnung, Urlaubsverpflichtungen gegenüber Arbeitnehmern, Beiträge zur Berufsgenossenschaft, Kosten der Abschlussprüfung), weshalb ihr Ausweis häufig unter **Verbindlichkeiten** erfolge (IAS 37.11). Die beispielhafte Aufzählung des IAS 37.11 zur Abgrenzung von *accruals* und Rückstellungen ist indes unsystematisch, da erhaltene Lieferungen noch ohne Rechnung nach IFRS 9 und Urlaubsverpflichtungen nach IAS 19 zu beurteilen sind und ohnehin kein Sachverhalt des IAS 37 vorläge. In der deutschen Bilanzierungspraxis werden *accruals* zum überwiegenden Teil in die Rückstellungen mit einbezogen.[2] In diesem Fall sind die Vorschriften des IAS 37 zu Anhangangaben, d.h. Erläuterung und Einbeziehung in den Rückstellungsspiegel (Rz. 26.83) sowie die (definitionsgemäß allerdings unproblematischen) Bewertungsvorschriften vollumfänglich zu beachten.

26.9 Außerdem nennt IAS 37.10 **Eventualschulden** (*contingent liabilities*) und **Eventualforderungen** (*contingent assets*), die jeweils nicht bilanzierungsfähig sind:

– Eventualschulden sind

  (a) mögliche Verpflichtungen, deren Existenz noch von künftigen Ereignissen abhängt, die nicht vollständig vom Unternehmen beeinflussbar sind *oder*

  (b) gegenwärtige Verpflichtungen, bei denen die Inanspruchnahme unwahrscheinlich ist oder deren Verpflichtungshöhe nicht zuverlässig geschätzt werden kann.

  Die Unterscheidung von (a) und (b) kann im Einzelfall unklar sein (bspw. bei einem Passivprozess auf Schadenersatz, der vom Unternehmen bestritten wird). Eventualschulden sind nicht zu passivieren, sondern **nur im Anhang zu nennen**.

– **Eventualforderungen** sind mögliche Vermögenswerte, deren Existenz noch von künftigen Ereignissen abhängt, die nicht vollständig vom Unternehmen beeinflussbar sind, bspw. bestrittene Schadenersatzforderungen. Eventualforderungen dürfen unter explizitem Hinweis auf die Gefahr des Ausweises nicht realisierter Gewinne nicht aktiviert werden, sondern sind **nur im Anhang anzugeben** (IAS 37.31 ff.). Sobald der Nutzenzufluss aber so gut wie sicher ist, sind die Merkmale eines Vermögenswerts erfüllt (IAS 37.33), z.B. bei einer anerkannten Schadenersatzforderung. Erfolgt die Konkretisierung einer Eventualforderung in-

---

2 Vgl. *von Keitz*, Praxis der IASB-Rechnungslegung[2], 131.

nerhalb der Wertaufholungsfrist, ist u.E. bereits am Stichtag ein Vermögenswert anzusetzen (Rz. 11.33 „Eventualforderungen"). Zum Ansatz von Eventualforderungen beim Unternehmenserwerb Rz. 36.135 f.

Die nachfolgende Abb. 26.1 fasst die Begriffsabgrenzungen zusammen.

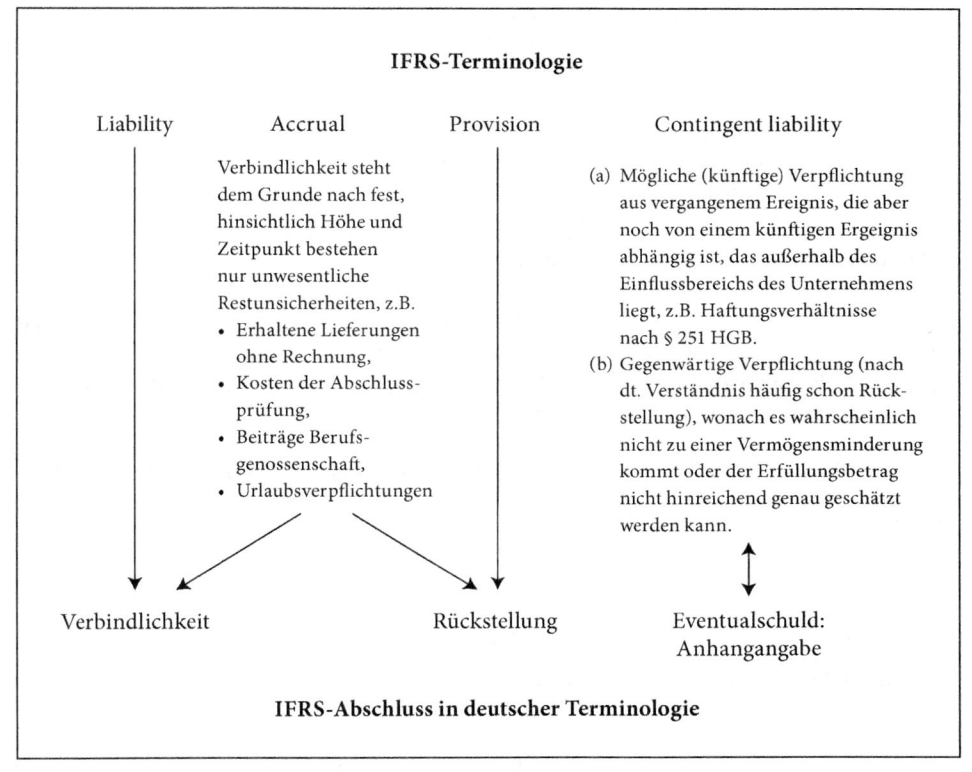

IFRS-Terminologie

Liability	Accrual	Provision	Contingent liability
	Verbindlichkeit steht dem Grunde nach fest, hinsichtlich Höhe und Zeitpunkt bestehen nur unwesentliche Restunsicherheiten, z.B. • Erhaltene Lieferungen ohne Rechnung, • Kosten der Abschlussprüfung, • Beiträge Berufsgenossenschaft, • Urlaubsverpflichtungen		(a) Mögliche (künftige) Verpflichtung aus vergangenem Ereignis, die aber noch von einem künftigen Ergeignis abhängig ist, das außerhalb des Einflussbereichs des Unternehmens liegt, z.B. Haftungsverhältnisse nach § 251 HGB. (b) Gegenwärtige Verpflichtung (nach dt. Verständnis häufig schon Rückstellung), wonach es wahrscheinlich nicht zu einer Vermögensminderung kommt oder der Erfüllungsbetrag nicht hinreichend genau geschätzt werden kann.
Verbindlichkeit		Rückstellung	Eventualschuld: Anhangangabe

IFRS-Abschluss in deutscher Terminologie

Abb. 26.1: Begriffsabgrenzung „Liability", „Accrual", „Provision" und „Contingent liability"

III. Wesentliche Unterschiede zum HGB

Durch das BilMoG 2009 sind zahlreiche frühere Unterschiede zu den IFRS beseitigt worden. Dennoch bleiben beim **Ansatz** von Rückstellungen Unterschiede:

26.10

Gegenstand	HGB	IFRS
Außenverpflichtungen	Ansatzpflicht	
Drohverlustrückstellung		
Faktische Verpflichtung		
Künftige allgemeine Verluste	Ansatzverbot	

Gegenstand	HGB	IFRS
Restrukturierungsrückstellung	Nur bei drohenden Verlusten aus schwebenden Geschäften/Außenverpflichtungen	z.T. weiter als HGB (strittig)
Unterlassene Instandhaltung	Ansatzpflicht bei Nachholung innerhalb von drei Monaten des neuen Geschäftsjahres	Ansatzverbot
Unterlassene Abraumbeseitigung ohne rechtl. Verpflichtung	Ansatzpflicht bei Nachholung im nächsten Geschäftsjahr	
Allg. Aufwandsrückstellungen	Ansatzverbot	

Wegen der Abschaffung des Wahlrechts für allgemeine Aufwandsrückstellungen scheint auf den ersten Blick eine Annäherung zu IFRS erfolgt zu sein. Tatsächlich wird im Teilbereich der Generalüberholung wegen unterschiedlicher **Aktivierungskonzeption** die Abweichung verstärkt (Rz. 14.30).

26.11 Gemeinsamkeiten und Unterschiede bei der **Bewertung** listet folgende Tabelle auf:

Bewertung	HGB	IFRS
Künftige Kostensteigerungen	Ja	Ja
Abzinsung langfristiger Rückstellungen	Ja, restlaufzeitadäquater 7-Jahres-Durchschnittszins	Ja, restlaufzeitadäquater Stichtagszins
Eventualverbindlichkeiten	Unter Berücksichtigung des Vorsichtsprinzips kann es nach deutschem HGB-Verständnis schon zum Ansatz einer Rückstellung kommen.[3]	Ansatzverbot, Angabepflicht im Anhang
Eventualforderungen	Ansatzverbot	Ansatzverbot, Angabepflicht im Anhang

IV. Neuere Entwicklungen

26.12 IAS 37 stammt aus 1998 und ist seither nur punktuell geändert worden, zuletzt durch IFRS 9, IFRS 15 und IFRS 16.

26.13 Der IASB hatte in 2005 und 2010 zwei Projekte zur umfassenden Überarbeitung des IAS 37 gestartet, die immerhin den Status von Exposure Drafts erreicht hatten.

---

[3] Vgl. die Kommentierung des Beispiels 10a in Anhang C zu IAS 37 (Prozess wegen möglicher Lebensmittelvergiftung), in *Förschle/Kroner/Heddäus*, WPg 1999, 41 (44 f.).

Wegen erheblicher Kritik sind die Projekte in 2012 eingestellt und seither nicht wieder aufgenommen worden. Zu den inhaltlichen Einzelheiten s. Vorauflage, Rz. 3415.

Seit 2018 hat der IASB wieder ein „Forschungsprojekt" zur Rückstellungsbilanzierung auf der Agenda. Zunächst ist es lediglich das Ziel, Hinweise dafür zu sammeln, ob Einzelthemen zur (Teil-)Überarbeitung des IAS 37 in die Arbeitsagenda aufgenommen werden sollen.[4] Anstoß hierfür ist u.a. das neue Conceptual Framework (CF 2018) mit teils geänderter Definition von Schulden (Rz. 7.40 ff.).

Abseits von diesem Forschungsprojekt hat der IASB im Dezember 2018 den Exposure Draft ED/2018/2 *„Onerous Contracts-Cost of Fulfilling a Contract"* veröffentlicht. Es soll klargestellt werden, dass für die Bemessung der **Vertragserfüllungskosten** von schwebenden Verträgen nicht ein Teilkostenansatz, sondern ein Vollkostenansatz heranzuziehen ist. Beim Vollkostenansatz *(directly related cost approach)* werden tendenziell mehr Verträge einen Aufwandsüberschuss aufweisen als beim Teilkostenansatz *(incremental cost approach)*. Hintergrund für diese Klarstellung: Bislang waren drohende Verluste aus schwebenden Geschäften im Zusammenhang mit Auftragsfertigungen (IAS 11) aus dem Anwendungsbereich des IAS 37 ausgenommen. Mit Aufhebung des IAS 11 und der Inkorporation seines bisherigen Regelungsgegenstands in IFRS 15, der aber zugleich keine Regelungen für drohende Verluste aus schwebenden Geschäften im Zusammenhang mit Kundenverträgen enthält, sondern diese vollumfänglich dem IAS 37 überträgt, ist dessen Anwendungsbereich erheblich verbreitet worden.[5] Der IASB sah die bisherigen Regelungen zur Bewertung der Drohverlustrückstellungen als nicht ausreichend an.

26.14

Praktische Konsequenzen für deutsche Unternehmen sehen wir nicht: Auch ohne diese Klarstellung hatte die h.M. bereits den Vollkostenansatz als einzig standardkonform identifiziert (Rz. 26.64).

frei

26.15–26.19

B. Ansatz von Rückstellungen

I. Ansatzkriterien und Prüfschema

Die Passivierungsvoraussetzungen für Rückstellungen sind kumulativ (IAS 37.14)

26.20

a) das Bestehen einer *gegenwärtigen* Verpflichtung als Ergebnis eines *vergangenen* Ereignisses *(obligating event)*,

b) die *Wahrscheinlichkeit der Inanspruchnahme* mit wirtschaftlicher Belastung und

c) die *zuverlässige Schätzung* der Verpflichtungshöhe.

---

4 Vgl. IFRS staff paper, Agenda ref. 22, December 2018, Rz. 20 ff.(https://www.ifrs.org/-/media/feature/meetings/2018/december/iasb/ap22-provisions.pdf, abgerufen am 9.2.2019).
5 Vgl. hierzu auch *Fink/Antonakopoulos*, PiR 2019, 36 ff.

Unterhalb der Schwelle der Rückstellungsbildung ist es möglich, dass nur eine Anhangangabe für eine Eventualschuld erfolgen muss. Hier bietet sich die Verwendung des nachfolgenden Prüfschemas an (in Anlehnung an IAS 37, Anhang B).

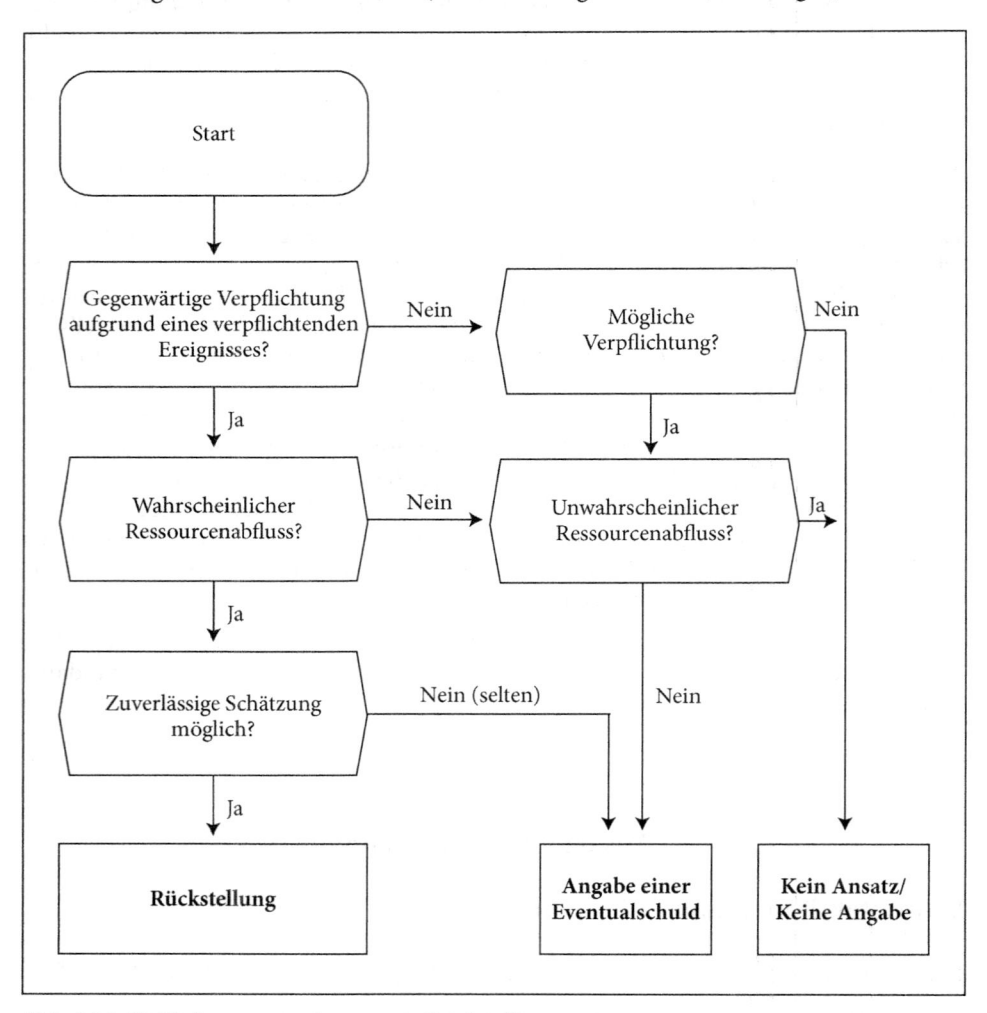

Abb. 26.2: Prüfschema zum Ansatz von Rückstellungen

Die Ansatzvoraussetzungen und die Elemente des Prüfschemas werden nachfolgend erläutert.

II. Gegenwärtige Verpflichtung aus vergangenem Ereignis

1. Unentziehbarkeit

Eine gegenwärtige Verpflichtung muss auf

– rechtlicher (Vertrag, Gesetz) oder

– faktischer

Grundlage basieren. Tritt eine Verpflichtung erst später ein, z.B. auf Grund eines ggf. rückwirkenden Gesetzes, stellt erst die Gesetzesänderung das rückstellungsauslösende Vergangenheitsereignis dar. Dabei muss die Gesetzesänderung noch nicht vollumfänglich verabschiedet worden sein. Ausreichend ist, dass sie „so gut wie sicher" ist (IAS 37.21 f.).

26.21

Eine gegenwärtige Verpflichtung besteht dann, insoweit sich das Unternehmen der Erfüllung nach realistischer Einschätzung *nicht entziehen* kann (IAS 37.17). Das Unentziehbarkeitskriterium soll und muss die Unbestimmtheit des vergangenen Ereignisses, aus dem eine gegenwärtige Verpflichtung resultiert, beseitigen, da sich – darauf weist *Moxter*[6] zutreffend hin – künftige Aufwendungen „im Allgemeinen beliebigen Vergangenheitsereignissen betriebswirtschaftlich zuordnen" lassen.

26.22

Demzufolge ist eine Verpflichtung dann unentziehbar, wenn sie **unabhängig von der künftigen Geschäftstätigkeit** besteht (IAS 37.19).

Beispiele: Eine Fluggesellschaft hat die gesetzliche Verpflichtung, alle acht Jahre die Flugzeuge überholen zu lassen, um die Flugzeuge weiterhin einsetzen zu können. Eine bilanzielle „Verpflichtung" besteht nicht, denn die Pflicht zu Überholung ist abhängig von der künftigen Geschäftstätigkeit.[7]

Gleiches gilt bei behördlichen Auflagen, durch bestimmte Maßnahmen (z.B. Einbau einer Rauchgasentschwefelungsanlage) *künftige* Schäden zu verhindern (sog. **Anpassungsverpflichtung**). Dies löst ebenfalls *keine* Rückstellungsbildung aus, da sich das Unternehmen etwa durch Änderung der Produktion der Erfüllung der Verpflichtung noch entziehen kann (IAS 37.19).

Soweit durch zu befolgende Maßnahmen ein künftiges Nutzenpotential geschaffen wird, ist eine Rückstellung grundsätzlich unzulässig (**keine Rückstellungen für *künftige* Investitionen oder *künftigen* Erhaltungsaufwand**). Nach IFRS gilt vielmehr grundsätzlich das matching principle (Rz. 6.53 ff.), nach dem der Rückstellungsaufwand, der *ergebnismäßig* verrechenbar ist, Erträge der Vergangenheit alimentiert haben muss (vgl. Rz. 26.80 zur gleichzeitigen Aktivierung von Aufwand aus der Rückstellungsbildung bei **Entsorgungsverpflichtungen**). Die Rechtspre-

26.23

---

6 *Moxter*, BB 1999, 519 (521).
7 Vgl. IAS 37 Anhang C Bsp. 11 B. Das Periodisierungsproblem wird durch die Aktivierung und Abschreibung einer Komponente „Generalüberholung" bereits bei Anschaffung des Flugzeugs gelöst; spätere Überholungskosten werden dann ebenfalls aktiviert und abgeschrieben. Zu diesem Komponentenansatz s. ausführlich Rz. 14.30 ff.

chung des BFH ist hierzu uneinheitlich, z.B. ablehnend zur Rückstellung für turnusmäßige Hubschrauberüberholung[8], jedoch befürwortend (allerdings sehr umstritten) bei der Umrüstung einer Spänetrocknungsanlage.[9]

Hat ein Unternehmen dagegen **Umweltschäden** verursacht und besteht eine **Beseitigungsverpflichtung**, so ist die Passivierungsvoraussetzung erfüllt.

2. Beschränkung auf Außenverpflichtungen

26.24 Begriffsnotwendig kann eine Verpflichtung **nur gegenüber Dritten** bestehen; die genaue Kenntnis der Partei ist nicht erforderlich, so dass auch öffentlich-rechtliche Verpflichtungen gegenüber der Allgemeinheit ausreichend sind (IAS 37.20). Der Ansatz von **Aufwandsrückstellungen** kommt nicht in Betracht. Wird eine Außenverpflichtung (z.B. Entsorgungsverpflichtung von Gefahrstoffen) von einer Innenverpflichtung überlagert (z.B. Aufräumen aus Platzgründen), hat die Außenverpflichtung Vorrang und ist zu passivieren.[10]

26.25 Keine solche Überlagerung liegt dagegen bei Verpflichtungen zu **Instandhaltungsaufwand** vor; eine Rückstellungsbildung kommt dann bereits mangels Unentziehbarkeit i.S.v. IAS 37.19 nicht in Betracht.[11]

3. Faktische Verpflichtungen

26.26 Sog. faktische Verpflichtungen (*constructive obligation*, IAS 37.10) liegen vor, wenn das Unternehmen in der Vergangenheit (IAS 37.17b) durch Ankündigungen oder Handlungen bei Dritten auch ohne rechtliche Verpflichtung die **berechtigte Erwartung** geweckt hat, bestimmte Leistungen zu erbringen. Beispiele sind Kulanzleistungen, freiwillige Umweltschutzmaßnahmen, Restrukturierungen.

Dabei verträgt sich das **Unentziehbarkeitskriterium** nicht mit faktischen Verpflichtungen. Da die Erfüllung einer faktischen „Verpflichtung" *rechtlich* nicht durchgesetzt werden kann, könnte sich das Unternehmen durch Nichthandeln jederzeit z.B. einer Kulanzleistung entziehen, so dass eine Rückstellungsbildung unterbleiben

---

[8] BFH v. 19.5.1987 – VIII R 327/83, BStBl. II 1987, 848 = FR 1987, 423.
[9] Die subjektiv mögliche „Entziehbarkeit" war nach Ansicht des BFH (Urt. v. 27.6.2001 – I R 45/97, FR 2001, 897 m. Anm. *Weber-Grellet* = DStR 2001, 1384) als „Rückstellungsausschluss" bei rechtlicher Verpflichtung nicht ausreichend und die Anpassungsverpflichtung auch dann zu passivieren, wenn dieser Aufwand zukünftige Erträge alimentiert. Vgl. zu den divergierenden Ansichten des I. und VIII. Senats *Schubert* in Beck Bil-Komm[11], § 249 HGB Rz. 34 m.w.N. Zum Verhältnis der Alimentationsthese und dem IFRS-Grundsatz der Unentziehbarkeit im deutschen Steuerrecht s. *Herzig*, IAS/IFRS und steuerliche Gewinnermittlung, 2004, 238 ff.
[10] Zutreffend *Lüdenbach/Hoffmann*, BB 2005, 2344 (2347) entgegen BFH v. 8.11.2000 – I R 6/96, BStBl. II 2001, 570 = GmbHR 2001, 208.
[11] A.A. *Lüdenbach/Hoffmann*, BB 2005, 2344 (2348 f.).

müsste.[12] Zur Rettung und Konkretisierung des Unentziehbarkeitskriteriums verlangt IAS 37.20 bei faktischen Verpflichtungen, dass diese „den davon betroffenen Parteien vor dem Bilanzstichtag ausreichend ausführlich mitgeteilt wurde". Nach handelsrechtlichem Verständnis ist für die Passivierung ausreichend, dass der mögliche Schaden für das Unternehmen bei Nichterfüllung deutlich größer wäre. Die nach IAS 37 geforderte ausreichend ausführliche Mitteilung liegt u.E. schon dann vor, wenn das Unternehmen unzweifelhaft ein entsprechendes und in der Öffentlichkeit bekanntes Image hat, dass es seinen faktischen Verpflichtungen nachkommt.

Unter **investitionstheoretischen Gesichtspunkten** – die den IFRS häufig innewohnen – sind indes faktische Verpflichtungen nicht zu rechtfertigen: Wenn der mögliche Schaden eines Unternehmens bei Nichterbringung von z.B. Kulanzleistungen höher wäre, liegt per Saldo gar keine wirtschaftliche Belastung vor.[13] Ein vergleichbares ökonomisches Kalkül hat den BFH im Apothekerfall[14] veranlasst, den Ansatz einer Drohverlustrückstellung zu versagen.

26.27

III. Wahrscheinlichkeit der Inanspruchnahme

1. Dreiteiliger Wahrscheinlichkeitsbegriff

Neben der Unentziehbarkeit verlangt IAS 37 bestimmte Wahrscheinlichkeiten hinsichtlich des Eintretens des Grundes (des Entstehens) der Verbindlichkeit und der Inanspruchnahme hieraus. Diese Sichtweise entspricht grundsätzlich dem deutschen Bilanzsteuerrecht: Für dem Grunde nach ungewisse Verbindlichkeiten (§ 249 HGB) sind nach den GoB Rückstellungen zu bilden, wenn sie mit hinreichender Wahrscheinlichkeit entstanden sind *und* der Bilanzierende daraus in Anspruch genommen wird (**Greifbarkeit/Konkretisierung**).[15]

26.28

IAS 37 zeichnet sich allerdings durch einen „**dreiteiligen Wahrscheinlichkeitsbegriff**" (wahrscheinlich/möglich/unwahrscheinlich) hinsichtlich des Grundes *und* der Inanspruchnahme aus. Die nachfolgende Abb. 26.3 zeigt die jeweiligen Ansatz- und Angabepflichten in Abhängigkeit von der Wahrscheinlichkeitseinstufung:

---

12 IAS 37 hatte insoweit eher die im US-amerikanischen Rechtsraum existierenden *promissory estoppels* vor Augen, bei denen die Ankündigungen des Unternehmens eine auch rechtlich durchsetzbare Verpflichtung begründen („Treu und Glauben"), also genau genommen gar keine faktischen Verpflichtungen vorliegen. US-GAAP ist daher bei faktischen Verpflichtungen sehr viel restriktiver als IFRS, vgl. ED IAS 37.BC58 ff.
13 Ausführlich *Theile*, PiR 2007, 297 (302 f.); ihm folgend Haufe IFRS-Komm[16], § 21 Rz. 20 ff.
14 Vgl. BFH v. 23.6.1997 – GrS 2/93, FR 1997, 678 m. *Anm. Groh* = DB 1997, 1897.
15 Und wenn sie außerdem ihre wirtschaftliche Verursachung im Zeitraum vor dem Bilanzstichtag finden, ständige Rechtsprechung, vgl. z.B. BFH v. 30.1.2002 – I R 71/00, FR 2002, 926 m. Anm. *Weber-Grellet* = DStR 2002, 1295.

Bestehen einer Verpflichtung	Mittelabfluss (Inanspruchnahme)		
	wahrscheinlich (probable) > 50 %	möglich (possible)	unwahrscheinlich (remote)
wahrscheinlich (probable) > 50 %	**Ansatz Rückstellung*** Rückstellungsspiegel Erläuterungen		
möglich (possible)		**Eventualverbindlichkeit** (Contingent Liability) Anhangangabe Erläuterungen	
unwahrscheinlich (remote)			**Weder Ansatz noch Angabe**

* Nur Angabe als Eventualverbindlichkeit, falls Betrag nicht schätzbar (Ausnahmefall).

Abb. 26.3: Wahrscheinlichkeitsbegriff, Ansatz- und Angabepflichten

2. Überwiegen der Gründe für eine Inanspruchnahme

26.29 In Einzelfällen kann unklar sein, ob tatsächlich eine gegenwärtige Verpflichtung **dem Grunde nach** besteht, insbesondere bei Rechtsstreitigkeiten.[16] Eine Rückstellung kann aber nur angesetzt werden, wenn mehr Gründe für als gegen das **Bestehen einer Verpflichtung** sprechen (IAS 37.15 f.), die Wahrscheinlichkeit also größer als 50 % ist.[17] Bei der Feststellung des „Mengengerüsts" kann man sich z.B. an Checklisten orientieren, wie sie Juristen bei der Prüfung von Unternehmenskäufen (Legal Due Diligence) verwenden.[18]

Darüber hinaus muss als **weitere Passivierungsvoraussetzung** eine größere Wahrscheinlichkeit für als gegen einen **Mittelabfluss** („Inanspruchnahme") sprechen (IAS 37.14b, 37.23 f.).

Beide Kriterien – Bestehen einer Verbindlichkeit und Wahrscheinlichkeit der Inanspruchnahme jeweils größer als 50 % – entsprechen der BFH-Rechtsprechung.[19]

---

16 Vgl. IAS 37 Anhang C Bsp. 10.
17 Es kommt aber die Angabe einer Eventualschuld in Betracht, sofern nicht ein Abfluss finanzieller Mittel als unwahrscheinlich angesehen wird (Rz. 26.32 ff. sowie IAS 37.86 und IAS 37 Anhang C Bsp. 10).
18 Auch aus HGB-Sicht wird in Bezug auf die Greifbarkeit von Verbindlichkeiten auf die Sicht eines gedachten Erwerbers abgestellt, vgl. *Moxter* in FS Forster 1992, 427 (430).
19 BFH v. 1.8.1984 – I R 88/80, BStBl. II 1985, 44 = FR 1985, 49 (46).

Die beiden Wahrscheinlichkeiten sind nicht zu einem Erwartungswert zusammenzufassen, sondern müssen jede für sich vorliegen.

Allerdings bestehen erhebliche Probleme bei der Abschätzung von Wahrscheinlichkeiten für die künftige wirtschaftliche Belastung, und diese sind unabhängig vom verwendeten Rechnungslegungssystem. Regelmäßig geht es **um subjektive Einschätzungen** des Abschlussaufstellers, und zwar auch dann, wenn er sich – etwa bei Rechtsstreitigkeiten – Expertenrat einholt. Die Wahrscheinlichkeit lässt sich nicht oder kaum quantifizieren; konkrete Wahrscheinlichkeitsangaben suggerieren häufig eine Scheingenauigkeit.[20] Das Problem, dass die Zukunft ungewiss ist, kann daher auch von IAS 37 nicht gelöst werden. In diesen Fällen ist das „Für und Wider" am Ende analytisch abzuwägen. Über die Schätzunsicherheiten ist zu berichten (siehe Beispiel in Rz. 48.33).

26.30

Objektive Wahrscheinlichkeiten können letztlich nur bei einer **Vielzahl ähnlicher Verpflichtungen** (z.B. Produktgarantie) angewendet werden (Massenfälle). (Nur) hier kann die Wahrscheinlichkeit aus statistischen Erfahrungen quantifiziert werden (IAS 37.24).

26.31

3. Eventualverbindlichkeiten

Ist das Bestehen einer Verpflichtung und der Mittelabfluss (nur) möglich, so ist keine Rückstellung zu bilden, sondern im Anhang eine **Eventualschuld** anzugeben. An jedem Bilanzstichtag muss jedoch auf Grund erneuter Risikoeinschätzung beurteilt werden, ob das bislang nur mögliche nun zu einem wahrscheinlichen Risiko mutiert ist, so dass eine Rückstellungsbildung ggf. in späteren Jahren in Betracht kommt. Hier ergeben sich **Überschneidungen** zu Fällen, in denen eine Schätzung nicht zuverlässig möglich ist (s. Beispiel in Rz. 26.35).

26.32

Wird schließlich das Bestehen einer Verpflichtung *und* die Inanspruchnahme als so gut wie ausgeschlossen (*remote*) beurteilt, dann bedarf es **keiner Information** der Abschlussadressaten: Es gibt nicht nur keinen Bilanzansatz, sondern es entfällt auch jegliche Anhangangabe (IAS 37.86).

26.33

Zu Eventualverbindlichkeiten im Zusammenhang mit **Unternehmenserwerben** Rz. 36.141 f.

26.34

IV. Zuverlässige Schätzung möglich

Die zuverlässige Schätzung der Verpflichtungshöhe als **drittes Ansatzkriterium** (IAS 37.14c) wirft keine besonderen Probleme auf. Ist eine **Schätzung** des Rückstellungsbetrages nicht möglich, was in der Praxis *äußerst selten* ist (so auch die Auffassung in IAS 37.25), wird die Schuld (ausnahmsweise) nur als **Eventualschuld** offen gelegt.

26.35

---

20 Zutreffend Haufe IFRS-Komm[16], § 21 Rz. 31 ff.

Beispiel (Bayer, Geschäftsbericht 2010, 247): „Gegen Gesellschaften des Bayer-Konzerns sind zivilrechtliche Schadenersatzklagen in Europa und Australien wegen angeblicher kartellrechtlicher Verstöße auf dem Gebiet verschiedener Kautschukprodukte anhängig. Die zugrunde liegenden Sachverhalte waren im Wesentlichen Gegenstand mittlerweile beendeter behördlicher Untersuchungen. ... Bayer verteidigt sich gegen die in Europa und in Australien anhängigen Klagen. Das finanzielle Risiko aus diesen Verfahren ist derzeit nicht bezifferbar, sodass insoweit eine bilanzielle Vorsorge nicht getroffen werden konnte".

26.36–26.44 frei

V. Sonderfall Drohverlustrückstellungen

26.45 Als besondere Verpflichtungsgruppe hebt der Standard „belastende Verträge" – *onerous contracts* – hervor, also drohende Verluste aus schwebenden Geschäften (IAS 37.66 ff.). Diese können sich auf Absatz- wie auch Beschaffungsverträge (IAS 2.31), auf alle Verträge mit Kunden (IFRS 15) einschließlich Dauerschuldverhältnisse[21] beziehen.

Ein belastender Vertrag liegt vor, wenn die unvermeidbaren Kosten zur Erfüllung der vertraglichen Verpflichtungen („Leistung") höher sind als der erwartete wirtschaftliche Nutzen („Gegenleistung"), also ein **Verpflichtungsüberhang** besteht (IAS 37.68). Bloße entgehende Gewinne, z.B. gesunkene Wiederbeschaffungskosten bei Material, rechtfertigen hingegen keine Rückstellung. Der Verpflichtungsüberhang ist der niedrigere Wert aus

– den Kosten der Vertragserfüllung und
– den etwaigen Kosten der Vertragsauflösung,

unabhängig davon, für welche Variante sich das Unternehmen tatsächlich entscheidet. Maßgeblich ist der Vollkostenansatz, also unter Einschluss der Gemeinkosten (Rz. 26.64; siehe zur Rechtsentwicklung auch Rz. 26.14). Vorab allerdings ist zu prüfen, ob mit dem Vertrag bereits vorhandene Aktiva verbunden sind, die dann abzuwerten sind (s. nachfolgend Rz. 26.46).

Kaufmännische Beurteilungsfähigkeit ist erforderlich in der **Abgrenzung des Saldierungsbereichs**. So kann es sachgerecht sein, mehrere Verträge zu einer Einheit zusammenzufassen, wenn zwischen diesen ein enger wirtschaftlicher Zusammenhang besteht (z.B. bewusst eingegangener Verlustvertrag, um zeitnahen Gewinnvertrag zu akquirieren).[22]

26.46 Sind mit einem verlusthaltigen Vertragsverhältnis bereits bilanzierte Vermögenswerte verbunden, ist vor Bildung einer Drohverlustrückstellung eine Wertminderung zu prüfen und ggf. vorzunehmen. Das kann insbesondere Vorräte (IAS 2) betreffen, die zur Erfüllung eines Kundenvertrages (IFRS 15) bereits vorhanden sind (s. hierzu Rz. 10.161 ff.). Aber auch langfristige Vermögenswerte (z.B. Fertigungsanlagen) kön-

---

21 Vgl. IAS 37, Anhang C, Bsp. 8.
22 Vgl. etwa *Fink/Antonakopoulos*, PiR 2019, 36 m.w.N.

nen betroffen sein und müssen nach IAS 36 auf Wertminderung geprüft werden (IAS 37.69).[23] Schließlich könnte es auch um die Einstellung von Bereichen gehen, wenn ein Verkaufsvertrag über die Veräußerung eines Unternehmensteils und ein Verpflichtungsüberhang beim Veräußerer besteht. Eine Rückstellung kann erst angesetzt werden, wenn die Vermögenswerte außerplanmäßig abgeschrieben worden sind (IFRS 5, Rz. 30.31).

Die Erfassung einer Wertminderung geht daher der Rückstellungsbildung vor, so dass die zweifache Erfassung von Aufwand verhindert wird. Die Vorgehensweise unterscheidet sich insoweit nicht von der nach HGB.

VI. Sonderfall Restrukturierungsrückstellungen

Eine **Restrukturierung** ist eine wesentliche Änderung des Umfangs oder der Art und Weise der Durchführung des Geschäftsbetriebs. Hierzu gehören z.B. die Schließung, Verlagerung oder Veräußerung von (Teil-)Betrieben, aber auch interne Strukturänderungen wie die Auflösung einer Managementebene und grundsätzliche Umorganisationen (IAS 37.70). Unter Restrukturierung fällt auch die **Reduzierung der Unternehmensgröße** (IAS 37.10 a.E. Buchstabe (a)), z.B. die Schließung von 25 % aller Läden bei einer Einzelhandelskette[24] oder der Abbau von Mitarbeitern über alle Funktionsbereiche.

26.47

Als **zusätzliche Ansatzvoraussetzungen** einer Rückstellung muss nach IAS 37.72 ein detaillierter **Restrukturierungsplan** vorliegen, der mindestens die folgenden Bestandteile benennt:

– betroffener Geschäftsbereich,

– hauptsächlich betroffene Standorte,

– Standorte, Funktionen und ungefähre Anzahl der Arbeitnehmer, die von Entlassungen betroffen sind,

– die zu erwartenden Aufwendungen und

– einen Zeitplan für die Umsetzung des Plans.

Da Restrukturierungen ein Sonderfall der faktischen Verpflichtung sind[25] (Rz. 26.26), muss außerdem gegenüber den Betroffenen klar gemacht worden sein, dass die Maßnahme auch durchgeführt werden wird (IAS 37.72b).[26] Hierdurch soll die **Unentziehbarkeit** der beschlossenen Maßnahmen objektiviert werden. Zudem müssen die Maßnahmen zügig begonnen und in einem so überschaubaren Zeitrahmen ab-

---

23 Zu einem Beispiel s. *ADS International*, Abschn. 18 Rz. 154.
24 Vgl. *ADS International*, IAS 37 Rz. 196.
25 Vgl. *Schrimpf-Dörges* in Beck IFRS-HB[5], § 13 Rz. 173.
26 Das Durchführungsinteresse der betroffenen Arbeitnehmer richtet sich u.E. auf den Empfang einer Abfindung und nicht auf die Maßnahme als solche; a.A. *Lüdenbach/Hoffmann*, BB 2005, 2344 (2346); wie hier *Hachmeister/Zeyer* in T/vK/B, IAS 37, Rz. 200.

gewickelt werden, dass Planänderungen unwahrscheinlich sind (IAS 37.74). Als grobe Richtschnur gilt 1 Jahr.[27]

Beispiel: Die bloße Pressemitteilung, dass innerhalb von drei Jahren sehr wahrscheinlich 1.000 Mitarbeiter entlassen werden müssen, ohne aber einzelne Standorte zu nennen, rechtfertigt keine Rückstellung: Zum einen ist den Mitarbeitern nicht klar, dass gerade sie betroffen sein könnten. Zum anderen macht der lange Zeitraum von drei Jahren Planänderungen wahrscheinlich.

Andererseits ist nicht erforderlich, dass jeder potentiell betroffene Mitarbeiter individuell informiert wird. Die Unterrichtung der Arbeitnehmervertreter (Betriebsrat) vor dem Stichtag ist ausreichend (IAS 37.73).

26.48 Sachverhalte im Zusammenhang mit Restrukturierungen werden systematisch von zwei Standards erfasst, nämlich IAS 19 (Abfindungen, Sozialplan) und IAS 37 (übriges). Dabei bemüht nur IAS 37 den Begriff der Restrukturierung. Die nachfolgende Abbildung zeigt den Zusammenhang; die gestrichelten Abfragen sollten nach den mittlerweile auf Eis gelegten Vorstellungen des IASB über einen neuen IAS 37 (Rz. 26.13) entfallen:

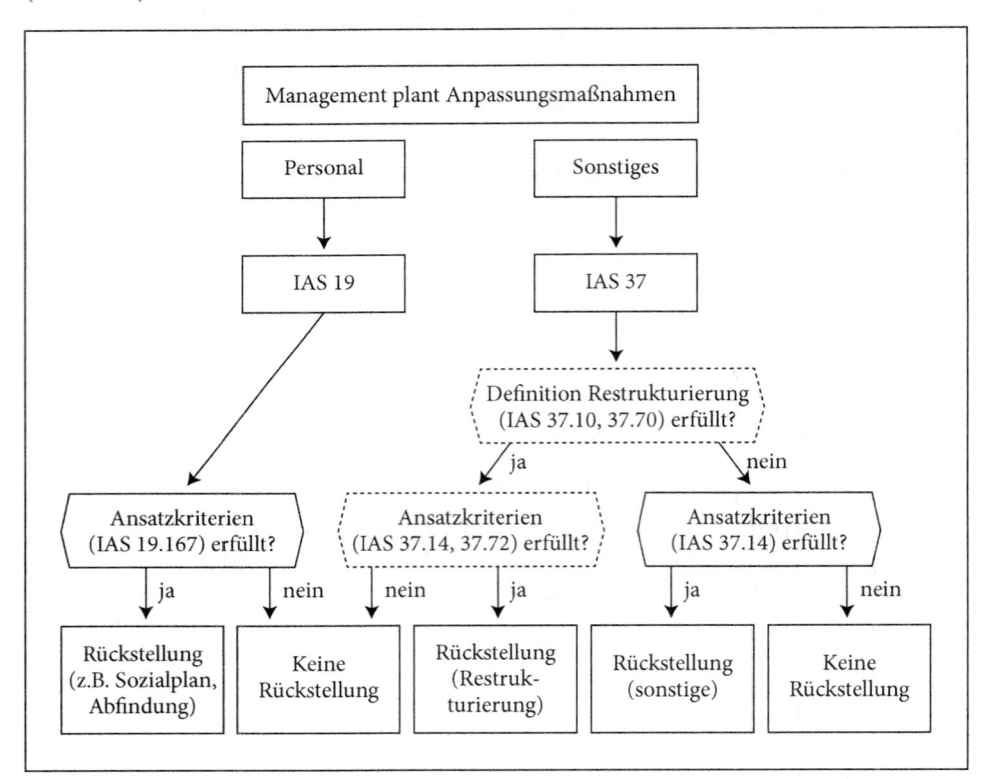

Abb. 26.4: IFRS-Systematik bei Restrukturierungen[28]

---

27 Vgl. *ADS International*, IAS 37 Rz. 198.
28 Abb. aktualisiert entnommen aus *Theile*, PiR 2007, 297 (300).

Tatsächlich ist der Anwendungsbereich für Restrukturierungsrückstellungen innerhalb des IAS 37 eher begrenzt: Sollte eine Maßnahme *nicht* als Restrukturierung qualifiziert werden, verbleibt immer noch die Prüfung, ob (nur) die allgemeinen Ansatzkriterien erfüllt sind. Das kommt insbesondere in Betracht bei Drohverlustrückstellungen (Mietraten bei Leerstand usw.). Die Abwertung von Aktiva (Vorräte, Sachanlagen) hat ohnehin Vorrang vor einer Rückstellungsbildung (Rz. 26.46, 26.51).

Die hauptsächliche Bedeutung des IAS 37.70 ff. liegt vielmehr in einer **Begrenzung der Rückstellungsbildung**, weil, plakativ formuliert, nur der Abbau alter Strukturen, nicht aber der Aufbau neuer Strukturen „gefördert wird" (Rz. 26.50). Damit soll verhindert werden, dass der allgemeine Grundsatz des IAS 37.63 ausgehöhlt wird, wonach künftige Verluste nicht zurückgestellt werden dürfen. Gleichwohl hat die Bildung von Restrukturierungsrückstellungen in der Vergangenheit hohe Bedeutung erlangt.[29]

Materiell sind insbesondere die folgenden *direkt mit der Restrukturierung zusammenhängenden* Aufwendungen rückstellungsfähig: 26.49

(a) **Abfindungen** für ausscheidende Mitarbeiter inkl. Lohn- und Gehaltszahlungen während der Freistellungsphase (bereits nach IAS 19. passivierungspflichtig, Rz. 26.48).[30]

(b) Restliche **Miet- und Leasingraten ab Leerstand** bzw. ab fehlender Nutzung (nicht jedoch Mieten etc. bei noch erfolgender Nutzung), sofern nicht eine Leasingverbindlichkeit nach IFRS 16 ohnehin passiviert ist. Vorrang hat dann die Abwertung des aktivierten Nutzungsrechts.

(c) **Abbruchkosten.**

(d) Gehälter jener Mitarbeiter oder die Aufwendungen für **Beratung**sunternehmen, die den Abbau der alten Strukturen durchführen (s. aber Rz. 26.50).

Nach HGB müssen dagegen jeweils die Voraussetzungen für eine Verbindlichkeitsrückstellung (a) oder eine Drohverlustrückstellung (b) vorliegen.[31] Die Sachverhalte (c) und (d) wären nicht rückstellungsfähig.

Rückstellungsfähig sind nur solche Aufwendungen, die *nicht* mit der Fortsetzung der Unternehmenstätigkeit in Zusammenhang stehen (IAS 37.80). Damit können **Kosten der künftigen Geschäftstätigkeit** (Umschulungen, Beratungskosten *für die Neuausrichtung*, Marketing- und Vertriebsinvestitionen, vorübergehend höherer Ausschuss auf Grund einer Produktionsumstellung[32]) **nicht zurückgestellt** werden.   26.50

---

29 Siehe die Analyse von *Aschfalk-Evertz*, PiR 2013, 13.
30 Zu Einzelheiten des Passivierungszeitpunktes von Sozialplanverpflichtungen vgl. *Hain*, Restrukturierungsaufwendungen in der Rechnungslegung nach HGB, IAS und US-GAAP, 2000, 116–118 und 140–144.
31 Vgl. *Förschle/Kroner/Heddäus*, WPg 1999, 41 (50).
32 Vgl. *Hachmeister/Zeyer* in T/vK/B, IAS 37 Rz. 393.

Zu den künftigen Kosten zählen alle *bis zur Beendigung der Nutzung* anfallenden Kosten, neben Mieten (Rz. 26.49) auch z.B. Kosten der **Kurzarbeit**.

26.51 Die **Einstellung eines Unternehmensbereiches** durch Veräußerung oder Aufgabe kann Bestandteil einer Restrukturierungsmaßnahme nach den in Rz. 26.47 genannten Bedingungen sein. Solange aber bei der Einstellung von Bereichen ein bindender Verkaufsvertrag *nicht* existiert, kann *keine* Rückstellung gebildet werden; stattdessen sind die zu veräußernden Vermögenswerte auf eine Wertminderung gem. IAS 36 hin zu prüfen (IAS 37.79). Aber auch nach Vertragsabschluss kommt eine **Drohverlustrückstellung** nur bei einem Verpflichtungsüberhang in Betracht. Sollte die Bereichseinstellung nur Teil der Restrukturierung sein, kann freilich für andere Maßnahmen eine Rückstellung zu bilden sein (IAS 37.79 letzter Satz). Im Übrigen ist bei einer beabsichtigten Bereichseinstellung die Anwendung des IFRS 5 zu prüfen (Rz. 30.1).

26.52 Zu Restrukturierung im Zusammenhang mit Unternehmenserwerben Hinweis auf Rz. 36.143 f., 36.214.

26.53–26.59 frei

C. Bewertung

I. Erstbewertung (Erfüllungs- oder Ablösebetrag)

1. Bestmögliche Schätzung

26.60 Rückstellungen sind mit dem **besten Schätzwert** derjenigen Ausgaben anzusetzen, die notwendig sind, um die Verpflichtung am Abschlussstichtag zu begleichen oder die zur Übertragung der Verpflichtung auf einen Dritten gezahlt werden müssten (IAS 37.36 f.). Die Idee des externen Ablösebetrags (Fair Value) ist theoretisch und konzeptionell überzeugend, hilft aber letztlich kaum zur Lösung praktischer Bewertungsprobleme. Die bestmögliche Schätzung beruht regelmäßig auf internen Werten der Kostenkalkulation.

26.61 Ausgangspunkt der Bewertung ist somit die Schätzung jenes Betrages, der am (zu schätzenden!) voraussichtlichen Erfüllungszeitpunkt wahrscheinlich aufzubringen ist, um die Verpflichtung zu erfüllen. Bestehen bei einem **Einzelsachverhalt** für den Erfüllungsbetrag mehrere **Eintrittswahrscheinlichkeiten**, kommen folgende Alternativen in Betracht (IAS 37.40):

– Betrag mit der höchsten Eintrittswahrscheinlichkeit als vermutet bester Schätzwert, aber auch

– Wahrscheinlichkeitsgewichteter Erwartungswert

– Höchster (oder niedrigster) Einzelwert.

Beispiel: Das Unternehmen S wird in den USA auf Schadenersatz wegen Patentverletzung verklagt.

(1) Nach gegenwärtiger Einschätzung sei das Risiko nicht bezifferbar.

(2) S glaubt, das Risiko beziffern zu können und unterscheidet im Wesentlichen folgende Szenarien:

    (a) Schadenersatz 2 Mrd. US-$ (Wahrscheinlichkeit: 30 %)

    (b) Schadenersatz 200 Mio. US-$ (Wahrscheinlichkeit 70 %).

Im Fall (1) muss auf eine Rückstellungsbildung verzichtet werden. Über den Rechtsstreit ist dann lediglich im Anhang zu berichten (Rz. 26.35).

Bei der Variante (2) ist nach IAS 37.40 wie auch nach deutschem Bilanzrechtsverständnis *grundsätzlich* der Betrag mit der *höchsten Eintrittswahrscheinlichkeit* anzusetzen. Dies wären 200 Mio. US-$. Wenn jedoch, wie im Beispiel, eine große Bandbreite besteht, also statt des wahrscheinlichsten Wertes auch wesentlich höhere (oder niedrigere) Werte denkbar sind, können auch höhere (oder niedrigere) Werte sachgerecht sein. Dies liefe im Ergebnis auf den wahrscheinlichkeitsgewichteten Erwartungswert hinaus. Der Erwartungswert wäre um einen Risikozuschlag zu erhöhen, der das Risiko reflektiert (statistisch z.B.: Berücksichtigung einer **Standardabweichung**), dass der tatsächliche Schadenersatz vom Erwartungswert abweicht, also: 2 Mrd. US-$ × 30 % + 200 Mio. US-$ × 70 % = 740 Mio. US-$. Zuzüglich eines Risikozuschlags von z.B. 260 Mio. US-$ ergäbe sich eine Rückstellung von zusammen 1 Mrd. US-$.

In Einzelfällen, wenn z.B. für das bilanzierende Unternehmen ein *erhebliches* Risiko mit entsprechend hoher Wahrscheinlichkeit besteht, kann der risikoadjustierte Erwartungswert als bestmögliche Schätzung auch nach IFRS darin bestehen, statt des wahrscheinlichsten Werts den **höchsten Wert** als Rückstellung anzusetzen.

Ist Gegenstand der Rückstellung eine **große Anzahl** von Vorgängen, für die Eintrittswahrscheinlichkeiten angegeben werden können, gilt Folgendes (IAS 37.39):   26.62

– Beinhaltet die Bandbreite *nicht gleichwahrscheinliche* Werte, ist der **statistische Erwartungswert** anzusetzen. Hierbei sind die einzelnen Vorgänge mit ihren Eintrittswahrscheinlichkeiten zu bewerten bzw. zu gewichten, im Unterschied zu Einzelsachverhalten (Rz. 26.61) *ohne* einen Risikozuschlag.

– Liegt eine Bandbreite *gleichwahrscheinlicher Werte* vor, reduziert sich der Erwartungswert auf den **Mittelwert der Bandbreiten**. In diesem Fall ist in einem HGB-Abschluss, dem Vorsichtsprinzip folgend, nach h.M. der höchste Betrag zugrunde zu legen.[33] Aufgrund der Freiheitsgrade bei der Wahrscheinlichkeitsschätzung ist dieser Unterschied häufig nur theoretischer Natur.

2. Künftiges Kostenniveau

Sofern die Annahme (objektiv) gerechtfertigt ist, dass **künftige Entwicklungen** die Verpflichtungshöhe beeinflussen können, sind nicht die Verhältnisse am Bilanzstichtag, sondern zum **Erfüllungstag** zugrunde zu legen (IAS 37.48). Damit sind zunächst einmal **künftige Preis- und Kostensteigerungen** zu erfassen, z.B. bei Sachleistungsverpflichtungen. Das gilt auch nach HGB.   26.63

---

33 Vgl. *Förschle/Kroner/Heddäus*, WPg 1999, 41 (49).

Darüber hinaus sind Erfahrungskurveneffekte bei der **Anwendung bekannter Technologien** zu schätzen. Nicht gerechtfertigt – weil nicht objektivierbar – wäre aber die Annahme, eine (noch nicht bekannte) Technologie könnte zu einer Veränderung der Verpflichtungshöhe führen (IAS 37.49). Eine imparitätische Betrachtung zu erwartender Preis- und Kostensteigerungen einerseits sowie verpflichtungsmindernder Effekte andererseits kommt nicht in Betracht (IAS 37.42 f.).[34]

Gesetzesänderungen, die Auswirkung haben können auf die Höhe der Rückstellung, sind nur zu berücksichtigen, wenn sie am Abschlussstichtag erfolgt sind bzw. die Verabschiedung quasi-sicher ist (IAS 37.50).

3. Einbeziehung von Gemeinkosten

26.64 Zur Bewertung von Sachleistungsverpflichtungen sind Einzel- und Gemeinkosten analog zum **Vollkostenansatz** des IAS 2 (Rz. 20.30 ff.) einschlägig. IAS 37.37 sieht den von einem Dritten verlangten Ablösebetrag als bestmögliche Schätzung an, und ein Dritter würde die Leistung nur unter Aufwendung von Gemeinkosten abwickeln können.[35] Dabei sind jedoch nur die durch die Erfüllung der Verpflichtung *zusätzlich* erforderlichen Kosten, d.h. neben den Einzelkosten auch *verpflichtungsbezogene* Gemeinkosten zu erfassen.[36]

4. Rückgriffsansprüche/Bewertungseinheiten

26.65 „So gut wie sichere" **Rückgriffsansprüche** (z.B. Erstattungsforderungen aus Produkthaftungsverpflichtungen) sind zu **aktivieren**, dürfen aber den Rückstellungsbetrag nicht übersteigen (IAS 37.53, Bruttobilanzierung).[37]

Für „unsichere" Rückgriffsansprüche ist die Angabe einer **Eventualforderung** zu prüfen; eine Saldierung mit den Rückstellungen im Rahmen der Bewertung ist unzulässig. In der GuV jedoch dürfen (Wahlrecht!) Aufwendungen aus der Bildung von Rückstellungen mit zugehörigen Erträgen aus aktivierten Rückgriffsansprüchen saldiert werden (IAS 37.54).

Nach HGB sind demgegenüber nur „sichere" Rückgriffsansprüche zu aktivieren. Unsichere sind hingegen im Rahmen der **Bewertung** ggf. in den **Saldierungsbereich** der Rückstellung einzubeziehen, aber nur insoweit, wie diese voraussichtlich nicht bestritten werden.[38]

---

34 Nach HGB dagegen stärkere Betonung des Vorsichtsprinzips, vgl. *ADS* § 253 HGB Rz. 191 i.V.m. Rz. 196.

35 H.M., vgl. *Schmidbauer*, BB 2000, 1130; *von Keitz u.a.* in Baetge-IFRS, IAS 37 Rz. 124; Haufe IFRS-Komm[16], § 21 Rz. 163; *ADS International*, Abschn. 18 Rz. 66.

36 Vgl. *ADS International*, Abschnitt 18 Rz. 66: Dies wird aus dem Verbot der Passivierung von Ausgaben zur Aufrechterhaltung des künftigen Geschäftsbetriebs (IAS 37.18, Rz. 26.23) abgeleitet.

37 Vgl. *von Keitz u.a.*, in Baetge-IFRS, IAS 37 Rz. 115. Bei vertraglichem Haftungsausschluss oder befreiender Schuldübernahme (Sonderfall nach IAS 37.57) kommt es zur Nettobilanzierung (= kein Bilanzansatz).

38 Zu Einzelheiten s. *Ernsting/von Keitz*, DB 1998, 2477 (2481 f.).

5. Erlöse aus Anlageabgängen

Mögliche Erträge aus erwartetem Abgang von Vermögenswerten sind bei der Bewertung von Rückstellungen grundsätzlich nicht zu berücksichtigen (IAS 37.51 f.). Etwas anderes gilt jedoch, wenn sich hinreichend sichere Erträge unmittelbar aus der Erfüllung der Verpflichtung ergeben, z.B. Erlöse aus der Verwertung von Komponenten und Stoffen bei der Altfahrzeugrücknahme[39] (Rz. 26.80).

26.66

Erträge aus erwartetem Abgang von Vermögenswerten sind bei **Drohverlustrückstellungen** zu berücksichtigen, da diese von vornherein auf Saldierung angelegt sind (IAS 37.68).

6. Abzinsung

Es besteht eine generelle **Abzinsungspflicht** für Rückstellungen, sofern der Effekt einer Abzinsung wesentlich ist (IAS 37.45). Parameter zur Beurteilung der Wesentlichkeit sind die **Fristigkeit**, die **absolute Höhe der Verpflichtung** und der **Zinssatz**. Der Abzinsungseffekt wird

26.67

– bei größeren Beträgen bei kürzeren Laufzeiten und
– bei kleineren Beträgen erst bei längeren Laufzeiten

wesentlich sein. In der **Konzernrichtlinie** sollten diese Parameter konkretisiert werden. Selbst bei zweijähriger Fristigkeit kann die Abzinsung ggf. unterbleiben.[40]

Als Basis zur **Zinssatzbestimmung** sollte ein der Fristigkeit der Verpflichtung entsprechender Marktzinssatz (i.d.R. Rendite von erstklassigen Staatsanleihen) herangezogen werden, adjustiert um die schuldspezifischen Risiken (aber nicht um das Ausfallrisiko des Schuldners).[41] Sollten die künftigen Auszahlungen auf Basis des aktuellen Preisniveaus geschätzt worden sein, ist ein Realzins (Nominalzins abzgl. Inflationsrate), andernfalls – bei einer Bewertung zu geschätzten künftigen Preisen – der Nominalzinssatz zu verwenden.[42] Eine doppelte Risikoberücksichtigung – im Zinssatz und in den künftigen Auszahlungen – ist nicht zulässig. Zu verwenden ist ein Zinssatz *vor* Steuern (IAS 37.47).

26.68

Auch nach HGB sind Rückstellungen abzuzinsen. Es gilt eine „harte" Grenze von erwarteten Inanspruchnahmen jenseits eines Jahres. Ferner ist ein von der Bundesbank zur Verfügung gestellter Durchschnittszinssatz zu verwenden.[43] Zinssatzunterschiede können so einer Vereinheitlichung von IFRS und HGB-Werten entgegenstehen.

26.69

---

39 Vgl. *ADS International*, Abschnitt 18 Rz. 101, 132.
40 Vgl. auch IAS 37 Anhang D Bsp. 1.
41 Vgl. *Diemers/Weller*, PiR 2015, 364.
42 So *Ernsting/von Keitz*, DB 1998, 2477 (2481).
43 Vgl. *Theile/Stahnke*, DB 2008, 1757 (1759). Details zur Berechnung *Theile/Stahnke/Nagafi*, StuB 2011, 323.

II. Folgebewertung (Anpassung, Inanspruchnahme und Auflösung)

26.70 Zu jedem Bilanzstichtag sind Ansatz und Bewertung der Rückstellungen zu prüfen und ggf. anzupassen (IAS 37.59). Wegen des unterschiedlichen Ausweises ist zwischen Anpassungseffekten der eigentlichen Verpflichtung und Änderungen des Zinssatzes zu unterscheiden. Die Anpassung ist jeweils erfolgswirksam vorzunehmen mit der Ausnahme von Entsorgungsverpflichtungen, die beim Vermögenswert hinzuaktiviert worden sind: Hier sind Anpassungen der eigentlichen Verpflichtung und Anpassungen infolge von Zinssatzänderungen erfolgsneutral (durch Änderung des Buchwertes des Vermögenswerts) vorzunehmen (Rz. 14.83 ff.); der Anpassungsbetrag aus der jährlichen Aufzinsung der Verpflichtung ist jedoch erfolgswirksam im **Finanzierungsaufwand** zu erfassen (IAS 37.60).

26.71 Rückstellungen sind nur für solche Ausgaben zu verbrauchen, für die sie ursprünglich gebildet wurden (IAS 37.61 f.). Sollte mit einer Inanspruchnahme nicht mehr gerechnet werden, sind Rückstellungen aufzulösen (IAS 37.59).

26.72–26.79 frei

D. ABC der Rückstellungen

26.80 **Abbruchverpflichtung**: s. Entsorgungsverpflichtung

Abfallbeseitigung: Es besteht Rückstellungspflicht bei gesetzlicher (Abfallgesetz, Verpackungsverordnung) oder faktischer Verpflichtung (verlautbarte und gelebte Umweltpolitik), s. auch Rz. 26.26.

Abgabeverpflichtungen der öffentlichen Hand (*levies*) wie Bankenabgabe, Grundsteuer: Sind zu passivieren, wenn das Unternehmen eine Tätigkeit ausübt, an die die gesetzliche Vorschrift die Abgabeverpflichtung knüpft (IFRIC 21.8). Auf eine Bescheid oder gar die Zahlung kommt es nicht an. Nach h.M. ist bei entsprechender Tätigkeit die Abgabeverpflichtung für das Geschäftsjahr bereits im ersten Quartalsbericht zu passivieren.[44] Für *künftige* Tätigkeiten eines Unternehmens keine Rückstellungsmöglichkeit (kein Vergangenheitsereignis). Nicht erfasst von IFRIC 21 werden Ertragsteuern, Buß- und Strafgelder, vertragliche Vereinbarungen mit der öffentlichen Hand und der Emissionshandel.

Abschluss- und Prüfungskosten u.Ä.: Auf Grund öffentlich-rechtlicher Verpflichtung zur Aufstellung, Prüfung und Offenlegung von Jahres- und Konzernabschlüssen (und Lageberichten) und wirtschaftlicher Verursachung (abgelaufenes Geschäftsjahr) rückstellungspflichtig. Interne (Zusatz)-Kosten sind ebenfalls einzubeziehen.[45] Gleiches gilt für Steuererklärungskosten.

---

[44] Vgl. *Hebestreit/Teitler-Feinberg*, IRZ 2014, 237 f. sowie *Albrecht*, PiR 2013, 340; a.A. (Ansammlung über die Quartale) *Urbanczik*, KoR 2013, 415.
[45] Vgl. *ADS International*, Abschn. 18 Rz. 125.

Altfahrzeugrücknahme: Nach der **Altfahrzeugverordnung** vom 21.6.2002[46] sind Autohersteller und -importeure zur kostenlosen Rücknahme und Entsorgung von Fahrzeugen ihrer Marke verpflichtet. Die Verpflichtung gilt für alle jemals im Inland in Verkehr gebrachten Fahrzeuge. Im Ausland sind ggf. dort bestehende Regelungen zu beachten. Die Verordnung stellt eine öffentlich-rechtliche Verpflichtung und das In-Verkehr-Bringen des Fahrzeugs das maßgebende Vergangenheitsereignis dar. Die Bewertung erfolgt unter Schätzung des Rücklaufs, der zukünftigen Kosten und Verwertungserlöse sowie inklusive Abzinsung.

Angeschaffte Rückstellungen: Zugangsbewertung im Rahmen eines Unternehmenszusammenschlusses zum Fair Value unter Berücksichtigung des Risikos der Nichterfüllung durch den Schuldner (*non-performance-risk* bzw. *credit spread*, IFRS 13.42). Bei langfristigen Rückstellungen ist insoweit der zur Fair Value Ermittlung herangezogene Zinssatz i.d.R. höher (und damit der Barwert der Rückstellung niedriger) als bei der dann folgenden Folgebewertung nach IAS 37, was eine aufwandswirksame Anpassungsbuchung erforderlich macht.[47]

Anpassungsverpflichtungen, z.B. die Erfüllung umweltrechtlicher Auflagen: Keine Rückstellung mangels Unentziehbarkeit (Rz. 26.22).

Ansammlungsrückstellungen s. Entsorgungsverpflichtungen und Rekultivierungsverpflichtungen.

Aufbewahrungspflicht: z.B. für Buchungsbelege etc.: Ansatzpflicht, da unentziehbare Verpflichtung gegenüber der Öffentlichkeit[48] (keine Innenverpflichtung), Bewertung mit Einzel- und Gemeinkosten.

Aufwandsrückstellungen: Ansatzverbot (Rz. 26.24).

Ausstehende Rechnungen: Sind als *accruals* anzusetzen (Rz. 26.8).

Berufsgenossenschaft: Sind als *accruals* anzusetzen (Rz. 26.8).

Bonusrückstellungen u.Ä.: Sind als *accruals* anzusetzen (Rz. 26.8).

Bürgschaften: Unterliegen IFRS 9, das Vertragsverhältnis ist anzusetzen, bei drohender Inanspruchnahme Passivierung einer finanziellen Verbindlichkeit (Rz. 24.73 ff.).

Drohverlustrückstellungen s. Rz. 26.45 f.

Elektroschrott: Nach dem Elektro- und Elektronikgerätegesetz (ElektroG) vom 16.3.2005, ersetzt durch „ElektroG 2" v. 20.10.2015,[49] sind Hersteller spätestens ab 24.3.2006 verpflichtet, Kosten der Rücknahme und Entsorgung für **Elektroschrott** zu tragen. Die Entsorgung wird über ein kollektives Rücknahmesystem organisiert: Dabei muss wie folgt unterschieden werden:[50]

---

46 BGBl. I 2002, 2214.
47 Vgl. *Diemers/Weller*, PiR 2015, 364, dort auch zur Einzelanschaffung.
48 Vgl. Haufe IFRS-Komm[16], § 21 Rz. 102.
49 BGBl. I 2015, 1739.
50 Vgl. *Oser/Ross*, WPg 2005, 1069 (1074 ff.).

(a) Keine Verpflichtung und damit keine Rückstellung für **vor dem 13.8.2005** an **gewerbliche Nutzer** gelieferte (in Verkehr gebrachte) Geräte.

(b) *Keine* Rückstellung für Rücknahmen von **vor dem 13.8.2005 an Privatpersonen** gelieferte Geräte. (Nur) hier ist IFRIC 6 einschlägig, wonach sich der Anteil an den Entsorgungskosten nicht nach den tatsächlich in der Vergangenheit in Verkehr gebrachten Geräten richtet, sondern nach dem Marktanteil im Rücknahmezeitpunkt. Vergangenheitsereignis ist also nicht das In-Verkehr-Bringen der Altgeräte, sondern die zukünftige Marktteilnahme in der Abrechnungsperiode (IFRIC 6.9).

(c) Rücknahmeverpflichtung und damit Rückstellung bei **ab dem 13.8.2005** in Verkehr gebrachten Geräte (s. auch **Altfahrzeugrücknahme**).[51]

(d) Im Zuge der Neufassung des Gesetzes in 2015 besteht nun auch eine Rücknahmeverpflichtung für **Einzelhändler/Fernvertreiber (Internet)** mit Verkaufs- bzw. Lagerfläche von mindestens 400 qm. Der Rücknahmeverpflichtung von Kleingeräten kann sich der Händler durch Marktaustritt entziehen, und die Rücknahme von Großgeräten ist an den Neukauf gebunden. Daher in beiden Fällen keine Rückstellung.

Entsorgungsverpflichtungen: Entsorgungen betreffen z.B. Stilllegung von Kraftwerken und Bohrinseln, Ausbau von Mietereinbauten etc. Wenn die rechtliche (oder ggf. faktische) Verpflichtung **unentziehbar entstanden** ist und die sonstigen Voraussetzungen für eine Rückstellung vorliegen, besteht *in voller Höhe* des besten Schätzwertes (typischerweise bei entsprechender Fristigkeit aber abgezinst) Ansatzpflicht. Allerdings sind Aufwendungen, die im Zusammenhang mit künftigen Erträgen stehen, *ergebnismäßig* nicht rückstellungsfähig (Rz. 26.23). Die Entstehung der Verpflichtung wird daher zugleich und in gleicher Höhe dem Vermögenswert hinzuaktiviert, also *erfolgsneutral* gebucht.[52] Über die höheren Abschreibungsbeträge stellt sich so prinzipiell dieselbe Erfolgswirkung ein wie bei der bilanziellen Behandlung einer Ansammlungsrückstellung nach HGB (zu weiteren Einzelheiten und Beispiel s. auch Rz. 14.47 ff.).

Garantieverpflichtungen: Die Lieferung oder Leistungserbringung unter Übernahme von Gewährleistung führt zu einer Verbindlichkeit dem Grunde nach. In der Regel können Garantieleistungen nicht für jeden einzelnen verkauften Artikel, sondern nur für eine Vielzahl gleichartiger Produkte unter Berücksichtigung von Erfahrungen der Vergangenheit sinnvoll bestimmt werden. Dann kommen Sammelbewertungen oder **Pauschalrückstellungen** in Betracht. Bei größeren Einzelgarantierückstellungen sind die Eintrittswahrscheinlichkeiten zu würdigen (Rz. 26.62).

---

51 Bei privaten Nutzern ist die Rückstellungsbildung dann umstritten, wenn die Kostenbeteiligung nach dem sog. Umlageverfahren erfolgt, sich also nach dem jeweiligen Marktanteil richtet. Gegen Rückstellungsbildung, d.h. Bilanzierung wie im Fall (b) RIC 2.25 ff. sowie *Schäfer*, BB 2004, 2735 ff., wie hier aber *Marx/Köhlmann*, BB 2005, 2007 (2011) sowie IDW, IDW-Fn. 2005, 781 mit Hinweis auf die durch das Unternehmen zu stellenden Garantien i.V.m. der Unwahrscheinlichkeit des Marktaustritts (faktische Verpflichtung, Rz. 26.26).

52 S. auch IAS 37 Anhang C Bsp. 3.

Handelsvertreterausgleichszahlung: Überwiegend wird in der Abfindung nach § 89b HGB eine Abgeltung künftiger wirtschaftlicher Vorteile gesehen, die das Unternehmen aus der Tätigkeit des Handelsvertreters erzielt. Trotz der Zukunftsbezogenheit liegt Unentziehbarkeit i.S.v. IAS 37.19 vor (Rz. 26.22), da die Zahlung aus der Liquidationsmasse zu leisten ist. U.E. ist eine Passivierung[53] bei gleichzeitiger Aktivierung eines Kundenstamms[54] und dessen ratierliche Abschreibung wie bei **Entsorgungsverpflichtungen** sachgerecht.

Kulanzrückstellungen: Als faktische Verpflichtung rückstellungspflichtig (Rz. 26.26). U.E. reicht eine Verpflichtung gegenüber einem *Teil* der Kundschaft (z.B. wichtige Großkunden) aus, da diese sich auf die gesetzte Erwartung verlassen können.

Leistungen an Arbeitnehmer s. Rz. 27.1 ff.

Mietereinbauten s. Entsorgungsverpflichtung.

Patentverletzung: U.E. bei entsprechender Entdeckungswahrscheinlichkeit auch vor Geltendmachung des Anspruchs ansatzpflichtig[55], s. auch Prozesse.

Pauschalrückstellungen: Pauschalrückstellungen (Sammel- oder Pauschalbewertungen) sind als Anwendung eines Schätzmaßstabs zulässig, wenn eine Bewertung erst für eine Vielzahl von Bewertungsvorgängen sinnvoll möglich ist, insbesondere bei Garantieleistungen (Rz. 26.31, 26.62). Wenn die „Pauschal-Garantierückstellung" eines Industrieunternehmens etwa auch künftige Aufwendungen für kostenlose Ersatzlieferungen oder andere Kosten der Gewährleistungsbearbeitung (z.B. anteilige Aufwendungen der Vertriebsabteilung, Warenannahme, Ursachenforschung der Entwicklungsabteilung etc.) abbildet, sind derartige Rückstellungen bei Erfüllung der Kriterien Unentziehbarkeit, Wahrscheinlichkeit der Inanspruchnahme und Bewertbarkeit zwingend in einem IFRS-Abschluss anzusetzen.[56] Diese Beträge dürfen daher nicht aus einem Verständnis als generelle Reserve heraus bei der Überleitung vom HGB-Abschluss zur Handelsbilanz II nach IFRS eliminiert werden.

Personalrückstellungen sind Gegenstand des IAS 19. Siehe zu Pensionsrückstellungen sowie zu allen sonstigen Leistungen an Arbeitnehmer Rz. 27.1 ff.

Produktrücknahmeverpflichtung s. Altfahrzeugrücknahme bzw. Elektroschrott.

Prozesse/Rechtsstreitigkeiten:

(a) Bei **Passivprozessen** hat die Klageerhebung anderer Parteien Indizwirkung für ein ggf. bestehendes Vergangenheitsereignis[57], etwa Pflichtverletzungen, auch wenn das Unternehmen selbst bisher nicht davon ausgegangen ist, dass eine Ver-

---

53 Überwiegend wird ein Passivierungsverbot angenommen, vgl. *von Keitz* u.a., in Baetge-IFRS, IAS 37, Rz. 177; Haufe IFRS-Komm[9], § 21 Rz. 183.
54 Die handelsrechtliche Kommentierung verneint eine Aktivierung unter Hinweis auf das Aktivierungsverbot des § 248 Abs. 2 HGB. *Otto*, BB 2005, 1324 (1325), befürwortet entgegen der h.M. einen sonstigen immateriellen Vermögensgegenstand.
55 Anders Haufe IFRS-Komm[16], § 21 Rz. 182 (erst ab Geltendmachung des Anspruchs und auch nur bei Fortführung der verletzender Produktionstätigkeit).
56 Wie hier *Schrimpf-Dörges* in Beck IFRS-HB[5], § 13 Rz. 157.
57 So zutreffend IASB Update June 2006, 3 im Kontext mit ED IAS 37.

pflichtung vorliegt. Nur wenn nach sorgfältiger Analyse noch keine ausreichende Wahrscheinlichkeit für eine Inanspruchnahme vorliegt, darf von einer Rückstellungsbildung abgesehen werden (dann aber Angabe als Eventualschuld; eine Nichtangabe mit der Begründung, eine Inanspruchnahme sei abwegig (*remote*), kommt u.E. wegen der Klage nicht in Betracht).

Zu den rückstellungspflichtigen Kosten zählt die erwartete Sanktion nebst Kosten. Ist zu erwarten, dass ein Kläger durch alle Instanzen gehen wird, sind die Kosten aller Instanzen zu erfassen, ansonsten, d.h. bei einer jeweils neuen Abwägung nur die **Kosten der jeweiligen Instanz**.[58] Siehe auch **Wertaufhellung**; zu einem Beispiel s. Rz. 11.33 „Rückstellungen".

Bei den **Anhangangaben** kann die Nennung von Einzelheiten unterbleiben, wenn eine Beeinträchtigung der eigenen Rechtsposition zu befürchten ist (**Schutzklausel** nach IAS 37.92, Rz. 26.85).

(b) Bei **Aktivprozessen** ist die Notwendigkeit der Klageerhebung ein Indiz dafür, dass die Forderung *nicht* quasi sicher ist, so dass ein Ansatz *nicht* in Betracht kommt (Rz. 26.9). Prozesskosten werden zurückgestellt, wenn ein (vollständiges) Obsiegen unwahrscheinlich ist.

Rekultivierung: Betrifft Verpflichtungen zur Wiederauffüllung und Herrichtung von im Tagebau ausgebeuteten Flächen.[59] Der Verpflichtungsumfang steigt hier nach dem Ausbeutefortschritt und ist entsprechend zu passivieren; dies entspricht handels- und steuerrechtlicher Sichtweise.[60]

Reparaturkosten: Nicht rückstellungsfähig, da entweder Innenverpflichtung (Rz. 26.24 f.) oder als Nutzenpotential zukunftsbezogen (Rz. 26.23).

Restrukturierungsrückstellungen s. Rz. 26.47 ff.

Schadenersatz: Maßgebend für die Einschätzung, ob ein Vergangenheitsereignis vorliegt, ist entweder die eigene Beurteilung, ggf. unterstützt durch Expertenrat wie Anwaltsbestätigungen oder die geltend gemachte Forderung einer anderen Partei. Im erstgenannten Fall kommt eine Rückstellung auch in Betracht, wenn die Gegenseite von dem Schaden oder der Verursachung durch das Unternehmen noch keine Kenntnis hat, aber eine Aufdeckung wahrscheinlich ist.

Notwendig ist jedoch ein konkretes Ereignis. Der Beginn des Geschäfts, d.h. das Setzen einer Gefährdungshaftung, für alle möglichen zukünftigen Fehler aufzukommen, stellt *kein* relevantes Vergangenheitsereignis dar. Daher können bspw. nur tatsächlich vom Unternehmen bis zum Stichtag verschuldete Unfälle zu Rückstellungen führen und nicht etwa die danach möglicherweise noch eintretenden Schäden.[61]

Steuerschulden s. Rz. 29.1 ff.

---

58 Vgl. *ADS International*, Abschn. 18 Rz. 168.
59 S. auch IAS 37 Anhang C Bsp. 3.
60 Vgl. *Schubert* in Beck Bil-Komm[11], § 249 HGB Rz. 100 „Rekultivierung".
61 A.A. *Kühne/Nerlich*, BB 2005, 1839 (1843 f.) zum ED IAS 37: Dieser setzt jedoch wie der bestehende IAS 37 ebenfalls ein konkretes Vergangenheitsereignis voraus.

Umweltschutzmaßnahmen: Nicht rückstellungsfähig im Zusammenhang mit künftigen Investitionen inklusive **Erhaltungsaufwand** (Rz. 26.23). Für die **Beseitigung entstandener Umweltschäden (Altlasten)** gilt: Bei Bestehen eines entsprechenden Gesetzes oder erlassener Verfügungen besteht eine rechtliche Verpflichtung, bei verlautbarter Umweltpolitik eine faktische Verpflichtung. Existieren z.B. in einem Entwicklungsland keine Umweltschutzvorschriften, kann eine faktische Verpflichtung trotzdem vorliegen, wenn eine wesentliche, für das Unternehmen relevante Öffentlichkeit in einem anderen Land[62] entsprechende Erwartungen hegt. Erfolgt die Beseitigung nicht freiwillig, muss die Rückstellungsbildung die Wahrscheinlichkeit des Entdecktwerdens bzw. des Einschreitens der Behörden berücksichtigen. Altlastenrückstellungen sind typischerweise langfristig und daher abzuzinsen. Siehe auch **Entsorgungsverpflichtungen** bzw. **Abfallbeseitigung**.

Künftige Verluste: Ansatzverbot (IAS 37.63). Allerdings ist ein möglicher Wertminderungsbedarf nach IAS 36 zu prüfen (Rz. 18.1 ff.).

Wertaufhellung: Für Ansatz und Bewertung von Rückstellungen, aber auch bei der Angabe von Eventualschulden und Eventualverbindlichkeiten sind wertaufhellende Tatsachen zu berücksichtigen (IAS 10.7 f.; s. zu einem Beispiel zu Prozessrückstellungen Rz. 11.33). Eine imparitätische Berücksichtigung kommt jedoch nicht in Betracht.

Wiederherstellungsverpflichtung s. auch **Entsorgungsverpflichtung**.

E. Ausweis

I. Bilanz

Hinsichtlich des Bilanzausweises enthält IAS 37 keine Vorschriften. Rückstellungen sind nach der Fristigkeit zu gliedern, s. insoweit und zur möglichen Aufgliederung auf Bilanzebene Rz. 43.22 und Rz. 43.28.

26.81

II. Gewinn- und Verlustrechnung

Wir empfehlen, Zuführungen zu Rückstellungen den entsprechenden Aufwandsarten (Gesamtkostenverfahren) bzw. Funktionsbereichen (Umsatzkostenverfahren) zuzuordnen. Werden Rückstellungen zum Barwert angesetzt, ist der Zinsaufwand für die Aufzinsung im Finanzergebnis zu erfassen (IAS 37.60). Das gilt auch für die Effekte aus Zinssatzänderungen, es sei denn, die Änderung betrifft aktivierte Entsorgungsverpflichtungen und ähnliche Sachverhalte.

26.82

---

62 U.E. reicht ein von dem Unternehmen als relevant angesehener Kreis aus; eine nähere Bestimmung ist nicht nötig. Anders möglicherweise *Lüdenbach/Hoffmann*, BB 2005, 2344 (2345).

F. Anhangangaben

I. Rückstellungsspiegel und Erläuterungen

26.83 Im Anhang sind Rückstellungen nach einheitlichen Sachverhalten in Gruppen zu gliedern (IAS 37.84). Für jede dieser Gruppen sind die Buchwerte zu Beginn der Periode, die Zuführungen einschließlich Neubildungen, Zinseffekte, Inanspruchnahmen, Auflösungen und Buchwerte am Ende der Periode anzugeben. Es ist zu empfehlen, dies in einem **Rückstellungsspiegel** darzustellen; Vorjahresbeträge sind nicht erforderlich, aber üblich. Ferner ist über die Art der Verpflichtung, die wesentlichen Annahmen und über aktivierte Rückgriffsansprüche zu berichten.

Beispiel (Volkswagen, Geschäftsbericht 2017, 226 und 268): „Gemäß IAS 37 werden Rückstellungen gebildet, soweit gegenüber Dritten eine gegenwärtige Verpflichtung aus einem vergangenen Ereignis besteht, die künftig wahrscheinlich zu einem Abfluss von Ressourcen führt und deren Höhe zuverlässig geschätzt werden kann. Rückstellungen, die nicht schon im Folgejahr zu einem Ressourcenabfluss führen, werden mit ihrem auf den Bilanzstichtag abgezinsten Erfüllungsbetrag angesetzt. Der Abzinsung liegen Marktzinssätze zugrunde. Im Euro-Währungsraum wurde ein durchschnittlicher Zinssatz von 0,08 % (Vorjahr 0,04 %) verwendet. Der Erfüllungsbetrag umfasst auch die erwarteten Kostensteigerungen. Rückstellungen werden nicht mit Rückgriffsansprüchen verrechnet. …

In den Verpflichtungen aus dem Absatzgeschäft sind Rückstellungen enthalten, die alle Risiken aus dem Verkauf von Fahrzeugen, Teilen und Originalteilen bis hin zur Entsorgung von Altfahrzeugen einschließen. Im Wesentlichen sind dies Gewährleistungsverpflichtungen, die unter Zugrundelegung des bisherigen beziehungsweise des geschätzten zukünftigen Schadensverlaufs ermittelt werden. Des Weiteren sind hierin Rückstellungen für aufgrund rechtlicher oder faktischer Verpflichtung zu gewährende Rabatte, Boni und Ähnliches enthalten, die nach dem Bilanzstichtag anfallen, jedoch durch Umsätze vor dem Bilanzstichtag verursacht wurden. …"

Der zugehörige Rückstellungsspiegel (hier nur 2017) zeigt folgende Entwicklung:

Mio. Euro	Verpflichtungen aus dem Absatzgeschäft	Kosten der Belegschaft	Prozess- und Rechtsrisiken	Übrige Rückstellungen	Gesamt
Stand am 1.1.2017	33.027	4.546	11.717	7.904	**57.193**
Währungsänderungen	- 689	- 61	- 119	- 169	**- 1.038**
Konsolidierungskreisänderungen	13	3	- 13	- 27	**- 24**
Verbrauch	- 17.546	- 1.450	- 7.444	- 2.334	**- 28.774**
Zuführung/Neubildung	14.990	2.030	2.190	3.217	**22.426**
Aufzinsung/Effekte aus der Änderung des Abzinsungsfaktors	- 50	11	- 25	6	**- 57**
Auflösung	- 1.881	- 193	- 504	- 962	**- 3.540**

Mio. Euro	Verpflichtungen aus dem Absatzgeschäft	Kosten der Belegschaft	Prozess- und Rechtsrisiken	Übrige Rückstellungen	Gesamt
Stand am 31.12.2017	27.865	4.886	5.802	7.634	46.186
davon kurzfristig	*14.821*	*2.069*	*2.999*	*5.458*	*25.347*
davon langfristig	*13.044*	*2.817*	*2.802*	*2.176*	*20.839*

Die Angaben von „Währungsdifferenzen" und „Konzernkreisänderungen" werden von IAS 37 nicht gefordert, ergänzen aber den Spiegel analog zu den Angabeverpflichtungen beim Anlagenspiegel (s. Rz. 13.121, 13.93). Die gewählte Art der Darstellung ist informativer als die sonst nötige Zusammenfassung unter beispielsweise „sonstige Änderungen".

Soweit es sich bei den „Kosten der Belegschaft" um Verpflichtungsrückstände gegenüber Arbeitnehmern handelt, könnten sie gem. IAS 19 (Rz. 27.1 ff.) auch als Verbindlichkeiten ausgewiesen werden („abgegrenzte Schulden" bzw. „abzugrenzender Aufwand"). Die hier vorgefundene Darstellung ist in der deutschen Praxis allerdings üblich. Der Einbezug in die Rückstellungen bietet auch insoweit ein höheres Maß an Information, da ein entsprechender Spiegel und die Entwicklung der Position im Anhang von IAS 19 nicht gefordert wird.

II. Angaben zu Eventualverbindlichkeiten und -forderungen

Es ist jeweils mit einer kurzen Beschreibung über **Eventualverbindlichkeiten** (s. Beispiel in Rz. 26.35) und, spiegelbildlich, über **Eventualforderungen** zu berichten (IAS 37.86; 37.89). Soweit praktikabel, sind außerdem die jeweils geschätzten finanziellen Auswirkungen anzugeben und für Eventualverbindlichkeiten auch die Unsicherheiten zum Betrag/Fälligkeit und über die Möglichkeit einer Erstattung. **Fehlanzeige** ist erforderlich, falls diese Angaben unter Praktikabilitätsgesichtspunkten nicht gemacht werden (IAS 37.91). 26.84

III. Unterlassen von Angaben auf Grund Schutzklausel

Sollten für einen **Rechtsstreit** Rückstellungen angesetzt oder Eventualverbindlichkeiten angegeben werden, sind erläuternde Angaben nicht erforderlich, falls daraus Nachteile für das Unternehmen erwachsen würden. Hierzu gehört u.E. bspw. auch eine zurückgestellte Schadensumme. 26.85

Die Anwendung dieser **Schutzklausel** und die Begründung für die Anwendung sind anzugeben (IAS 37.92). Zum Sonderfall der nicht bezifferbaren Wahrscheinlichkeit der Inanspruchnahme vgl. Rz. 26.35.

Kapitel 27
Pensionsverpflichtungen und andere Leistungen an Arbeitnehmer (IAS 19)

- A. Überblick und Wegweiser 27.1
  - I. Management Zusammenfassung 27.1
  - II. Standards und Anwendungsbereich 27.5
  - III. Wesentliche Abweichungen zum HGB 27.10
  - IV. Neuere Entwicklungen 27.12
- B. Pensionspläne und Durchführungswege 27.20
  - I. Arten von Versorgungsverpflichtungen 27.20
  - II. Abgrenzung von beitrags- und leistungsorientierten Plänen ... 27.22
  - III. Gemeinschaftliche Versorgungseinrichtungen (multi employer plans)/Staatspläne ... 27.26
- C. Bilanzierung von beitragsorientierten Pensionsplänen 27.27
- D. Bilanzierung von leistungsorientierten Pensionsplänen .. 27.28
  - I. Berechnung der tatsächlichen Pensionsverpflichtung (Defined Benefit Obligation, DBO) 27.28
    1. Anwartschaftsbarwertverfahren (projected unit credit method) . 27.28
    2. Bewertungsparameter (versicherungsmathematische Annahmen) 27.31
  - II. Berechnung des tatsächlichen Planvermögens 27.32
  - III. Turnus der Wertermittlung der Verpflichtung bzw. des Planvermögens 27.34
  - IV. Keine Zusammenfassung verschiedener Versorgungspläne .. 27.35
  - V. Pensionsaufwand 27.36
    1. Unterscheidung zwischen Aufwand lt. GuV und OCI 27.36
    2. Ursachen für Schätzungsänderungen 27.39
    3. Bilanzierung der Schätzungsänderungen 27.41
  - VI. Bilanzierungsbeispiel zur OCI-Methode 27.42
    1. Pensionsrückstellungsspiegel ... 27.42
    2. Praxishinweis: Auswertung von Pensionsgutachten 27.45
  - VII. Planänderungen und Plankürzungen (nachzuverrechnender Dienstzeitaufwand) 27.46
  - VIII. Planabgeltungen inkl. Übertragung von Pensionsverpflichtungen 27.50
  - IX. Einzelheiten zum Planvermögen 27.52
    1. Anforderungen an Planvermögen 27.52
    2. Unterstützungskassen 27.54
    3. Treuhandgestaltungen (CTAs) .. 27.55
    4. Rückdeckungsversicherungen .. 27.56
    5. Vermögenswerte, die die Voraussetzungen von Planvermögen i.S.v. IAS 19 nicht vollständig erfüllen 27.57
    6. Bilanzierung von Überdotierungen (asset ceiling) 27.58
  - X. Keine Konsolidierung von Pensionsfonds/Unterstützungskassen u.Ä. 27.61
  - XI. Ausweis 27.62
  - XII. Anhangaben 27.63
- E. Sonstige Leistungen an Arbeitnehmer 27.70
  - I. Kurzfristig fällige Leistungen an Arbeitnehmer 27.70
  - II. Andere langfristig fällige Leistungen an Arbeitnehmer 27.71
  - III. Abfindungen 27.73
  - IV. Anhangaben 27.77

Literatur: *Bischof/Chamczyk/Bellert*, IAS 19 – Bilanzierung von Pensionszusagen nach Sondereignissen, DB 2018, 2061; *Blecher*, Die Verwendung von variablen Diskontierungszinssätzen bei der Bilanzierung von Pensionsverpflichtungen, WPg 2014, 416; *Busch/Zwirner*, IDW RS HFA 50 – erstes neues Modul zu IAS 19, IRZ 2017, 194; *Derr/Unrein*, Kompaktes Update zu IAS 19 (rev. 2011) – Änderungen bei der Bilanzierung von Altersteilzeit-Aufstockungsleistungen gemäß DRSC AH 1 sowie von Arbeitnehmerbeiträgen (ED/2013/4), IRZ 2013, 239; *Devlin/Moormann*, Versicherungsmathematische Annahmen für die Berechnung des Barwerts der Pensionsverpflichtungen gem. IAS 19 und HGB – Zur Notwendigkeit einer Überprüfung der Annahmen zum Zinssatz sowie zum Gehalts- und Rententrend –, KoR 2016, 11; *Ebeling/Doege*, Fallstudie zur Umstellung der Bilanzierung von Pensionsrückstellungen auf die Neuregelungen in IAS 19, WPg 2014, 826; *Feld*, Die Bilanzierung von Pensionsrückstellungen nach HGB und IAS – Überblick über die wesentlichen Regelungen und Unterschiede unter Berücksichtigung von Abweichungen zwischen IAS und US-GAAP, WPg 2003, 638; *Fischer*, Punktuelle Änderungen von IAS 19 und IAS 27, PiR 2014, 24; *Fischer*, Andauernde Niedrigzinsphase: Entwurf einer IDW-Stellungnahme zu IAS 19, PiR 2017, 30; *Geilenkothen/Krönung/Lucius*, DRSC AH 1 (IFRS): Einzelfragen zur Bilanzierung von Altersteilzeitverhältnissen nach IFRS – Update zu BB 2012, 2103, BB 2013, 299; *Hagemann/Neumeier*, Neuerungen bei der Rechnungslegung von Pensionsverpflichtungen, PiR 2015, 315; *Hagemann/Neumeier*, Geänderte Behandlung von Sondereignissen nach IAS 19, PiR 2018, 142; *Hasenburg*, Klarstellung bei der Bilanzierung von Planvermögen – Interpretationsentwurf IFRIC D 19 relativiert Auswirkung von Mindestdotierungsverpflichtungen, WPg 2006, 1400; *Höfer/Oppermann*, Änderung des IAS 19 für den Bilanzausweis von Betriebsrenten, DB 2000, 1039; *Höllerschmid/Mannsberger*, Am Ende des Korridors – Eine Fallstudie zur erstmaligen Bilanzierung von leistungsorientierten Verpflichtungen nach IAS 19 (2011), IRZ 2014, 351; *Jeger/Welser*, Vollversicherte BVG-Pläne unter IAS 19: Leistungs- oder beitragsorientiert?, Der Schweizer Treuhänder 2007, 706; *Konold/Schittenhelm*, Abgrenzung IFRS 2 versus IAS 19 bei der Bilanzierung von erfolgsorientierten Mitarbeitervergütungen – Der Fall – die Lösung, IRZ 2016, 356; *Meier/Müller*, Berücksichtigung der Risikoübernahme durch Arbeitnehmer unter IAS 19 - Überschätzung von Vorsorgeverpflichtungen aus Schweizer Pensionskassen, IRZ 2017, 461; *Müller/Laurent/Lange*, Erweiterung des abschlussanalytischen Instrumentariums unter Zuhilfenahme der Sensitivitätsangaben bei der Bilanzierung von Pensionsrückstellungen gemäß IAS 19, IRZ 2016, 33; *Neumeier*, Die Bilanzierung von Leistungen an Arbeitnehmern gem. IAS 19 (revised 2011), PiR 2013, 186; *Oldwwurtel/Kümpel/Wolz*, Auswirkungen der Bilanzierung von Pensionsverpflichtungen nach IAS 19 (2011) auf die Unternehmenspraxis, IRZ 2013, 479; *Pawelzik*, Pensionsspiegel für Pensionsrückstellungen nach IAS 19, DB 2005, 733; *Pawelzik*, Bilanzierung von Verpflichtungen gegenüber Arbeitnehmern – der neue IAS 19, PiR 2011, 213; *Pellens/Barekzai/Hüttermann/Schmeling*, Entwicklung leistungsorientierter Pensionsverpflichtungen in der Niedrigzinsphase – Eine empirische Analyse europäischer Unternehmen, WPg 2016, 792; *Rhiel*, Pensionsverpflichtungen im IFRS-Abschluss – Die Neuerungen in IAS 19 vom Dezember 2004, DB 2005, 293; *Rhiel*, Das Diskussionspapier des IASB zur Bilanzierung von Pensionen, PiR 2008, 156; *Rhiel*, Der Entwurf des IASB zur vereinfachenden Darstellung der Pensionsrückstellungen im Jahresabschluss nach IFRS, PiR 2010, 134; *Rößler/Doetsch/Heger*, Auslagerung von Pensionsverpflichtungen im Rahmen einer Bilanzierung gemäß SFAS bzw. IAS, BB 1999, 2498; *Scharr/Feige/Baier*, Die Auswirkungen des geänderten IAS 19 auf die Bilanzierung von defined benefit plans und termination benefits in der Praxis, KoR 2012, 9; *Schmeling*, Auswirkungen des neuen Offenlegungskonzepts des IAS 19 (rev. 2011) auf die Praxis der Berichterstattung im Anhang, KoR 2015, 86; *Schmidt*, Änderung des IAS 19 - Erfassung von Arbeitnehmerbeiträgen. KoR 2014, 69; *Schmidt*, Entwurf des IASB zu den eng begrenzten Änderungen von IAS 19 und IFRIC 14 - Neuregelung der Neubewertung nach einem Planereignis und Klarstellung zur Verfügbarkeit von Rückerstattungsansprüchen –, KoR 2015, 521; *Schmidt*, Änderung von IAS 19 – Neubewertung nach einem Planereignis, KoR 2018, 161; *Schmidt/Siegel*, Konzeption der Abzinsung von Pensionsrückstellungen Problemanalyse und Lösungsvorschlag, WPg 2016, 75; *Stöhr*, Betrieblicher Pensionsfonds in Form einer Treuhand findet Anerkennung als „funded pension plan" nach US-GAAP, DB 1998, 2233; *Theile*, Pensionsverpflichtungen: Erfolgsneutrale Verrechnung versicherungsmathematischer Gewinne und Verluste – Vor- und Nachteile eines neuen Wahlrechts, PiR 2006, 17; *Theile*, Sozialplanverpflichtungen und Restrukturierungen – Konzeptionelle Mängel beim Passivierungsgebot für faktische Verpflichtungen, PiR 2007, 297; *Theile*, Bilanzrechtsmodernisierungsgesetz, 3. Aufl., Herne 2011; *Theile/Nagafi/Zyczkowski*, BilMoG: Analystenschreck oder Weißer Ritter des HGB?, BBK 2011, 912; *Thoms-Meyer*, Grundsätze ordnungsmäßiger Bilanzierung für Pensionsrückstellungen. Unter Berücksichtigung von SFAS 87 und SFAS 106, Düsseldorf 1995; *Zeyer*, Diskussionsstand zur Ermittlung des Diskontierungszinses nach IAS 19, IRZ 2013, 10.

A. Überblick und Wegweiser

I. Management Zusammenfassung

Den von Arbeitnehmern erbrachten Arbeitsleistungen steht das Arbeitsentgelt des die Leistung empfangenen Unternehmens als Gegenleistung gegenüber. Im Sinne des Periodisierungsprinzips sind den Perioden, in denen die Arbeitsleistung erbracht wird, auch der Aufwand für die Gegenleistung zuzurechnen. Ein Bilanzierungsproblem entsteht, wenn die Gegenleistung erst zeitlich nachgelagert erbracht wird: Dann ist abzugrenzen, das Unternehmen gerät in Erfüllungsrückstand und hat demzufolge eine Schuld zu passivieren. Je weiter in der Zukunft die Gegenleistung liegt, desto komplexer wird das Bilanzierungsproblem der zutreffenden Aufwandszurechnung und entsprechenden Schuldpassivierung, da die Unsicherheit im Hinblick auf die Bewertungsparameter (Zinssatz, Sterblichkeit, Fluktuation, Gehalts- und Rententrends usw.) zunimmt. 27.1

Gegenstand des IAS 19 „Leistungen an Arbeitnehmer" ist die zutreffende periodengerechte Erfassung sämtlicher Leistungen an Arbeitnehmer mit Ausnahme von aktienorientierten Vergütungen (*share based payments*, s. Rz. 28.1). Im Einzelnen geht es dabei um (IAS 19.5, siehe auch Abb. 27.1 in Rz. 27.5): 27.2

– Kurzfristig fällige Leistungen (z.B. rückständige Löhne, Erfolgsbeteiligungen, geldwerte Vorteile),

– Leistungen nach Beendigung des Arbeitsverhältnisses (z.B. Betriebsrenten, Beihilfen),

– andere langfristig fällige Leistungen (z.B. Jubiläumsleistungen, Erwerbsunfähigkeit, Altersteilzeit) und

– Leistungen aus Anlass der Beendigung des Arbeitsverhältnisses (z.B. Vorruhestand, Abfindungen).

27.3 Der Schwerpunkt von IAS 19 liegt bei der Bilanzierung von Altersversorgungsverpflichtungen und dort bei den leistungsorientierten Zusagen (*defined benefit obligations*), die zu Pensionsrückstellungen führen. IAS 19 verlangt die folgenden Schritte:

(a) Abschätzung zukünftiger Rentenzahlungen; diese hängen von finanziellen (Gehalts- und Rentenerhöhungen) und demographischen Faktoren (insb. Sterblichkeit) ab.

(b) Ermittlung des Barwertes unter Diskontierung mit einem laufzeitadäquaten Stichtagszinssatz.

(c) Systematische Verteilung des Barwertes nach dem sog. **Anwartschaftsbarwertverfahrens** (*projected unit credit method*) auf die Dienstjahre.

(d) Saldierung der am Bilanzstichtag sich ergebenden Verpflichtung mit den zu ihrer Begleichung reservierten Vermögenswerten (sog. **Planvermögen**). Diese Saldierung ist wegen der Bilanzverkürzung durchaus erwünscht und unter dem Gesichtspunkt der Vermittlung zutreffender Informationen auch sinnvoll.

27.4 Pensionsverpflichtungen können bei Zinssatzänderungen stark schwanken: Sinken die Zinsen, steigt (zunächst) die Verpflichtung und umgekehrt. Diese **Schwankungen** werden von den Rechnungslegungssystemen in ihren Wirkungen auf Bilanz und GuV auf unterschiedliche Art abgemildert:

– Nach IAS 19 ist *in der Bilanz* die **volle Rückstellung auszuweisen**. Der Effekt aus unerwarteten Zinssatzschwankungen u.ä. muss jedoch zwingend an der GuV vorbei als Teil des other comprehensive income (**OCI**) erfolgsneutral mit dem Eigenkapital verrechnet werden, und zwar endgültig (keine *reclassification* in die GuV, Rz. 27.36 ff.).

– Nach HGB sind alle Rückstellungsanpassungen zwar GuV-wirksam vorzunehmen. Durch die Verwendung von laufzeitadäquaten 10-Jahres-Durchschnittszinssätzen oder eines pauschalen 10-Jahres-Durchschnittszinssatzes für eine 15jährige Laufzeit (§ 253 Abs. 2 HGB) tritt aber ein **Glättungseffekt in der GuV** ein. Dem konzeptionellen Vorteil des HGB aus „sauberer" GuV-Erfassung steht somit der Nachteil der unvollständigen Passivierung gegenüber. Außerdem besteht für Altzusagen (Art. 28 EGHGB) weiterhin ein Passivierungswahlrecht.

II. Standards und Anwendungsbereich

27.5 IAS 19 regelt mit der Ausnahme von aktienorientierten Vergütungen (*share based payments*, Rz. 28.1) umfassend die bilanzielle Behandlung aller Leistungen gegenüber Arbeitnehmern (einschließlich Geschäftsführung/Aufsichtsrat, IAS 19.7). Die nachfolgende Abbildung zeigt den Anwendungsbereich:

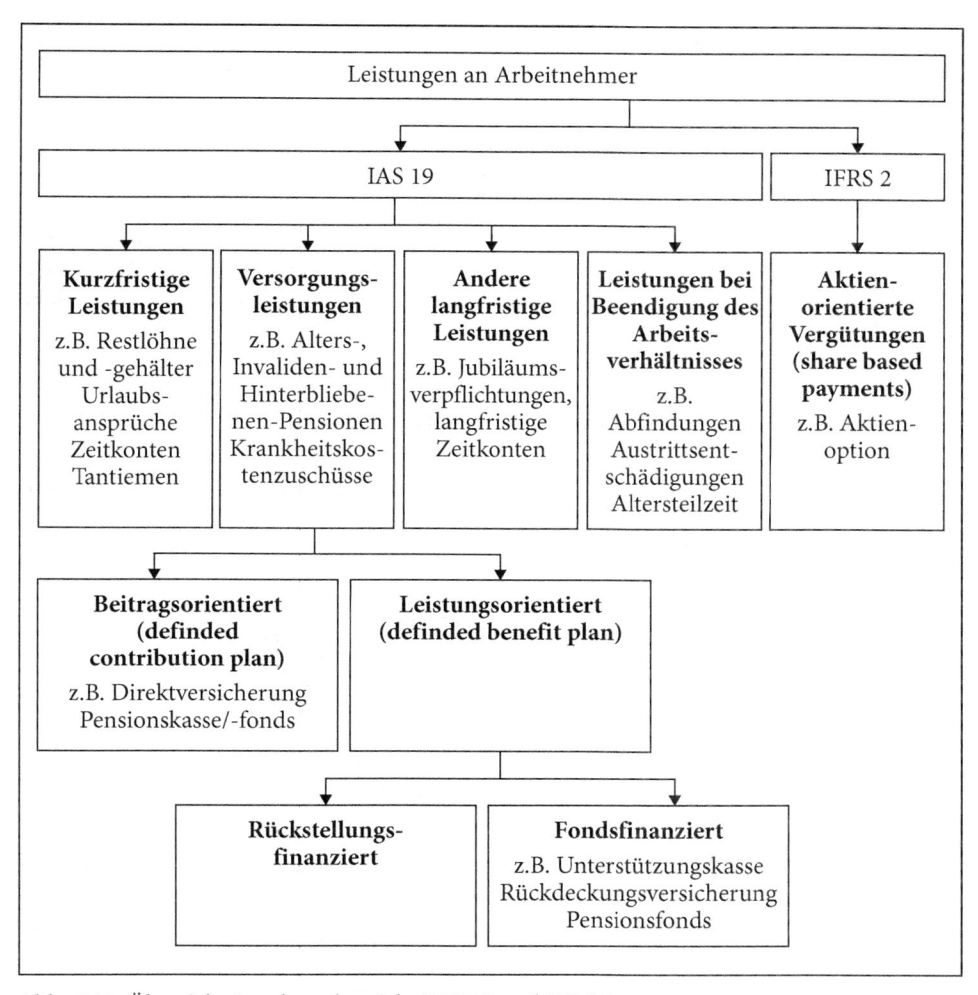

```
                    Leistungen an Arbeitnehmer
                              |
              ┌───────────────┴───────────────┐
           IAS 19                          IFRS 2
              |                               |
   ┌──────┬───────┬──────────┬──────────┐     |
Kurz-  Versor-  Andere   Leistungen  Aktien-
fristige gungs- langfristige bei     orientierte
Leistungen leistungen Leistungen Beendigung Vergütungen
                                des      (share based
z.B. Rest- z.B. Alters-, z.B. Jubiläums- Arbeits-  payments)
löhne   Invaliden- und verpflichtungen, verhältnisses
und -gehälter Hinterblie- langfristige  z.B.     z.B. Aktien-
Urlaubs- benen-Pensionen Zeitkonten Abfindungen option
ansprüche Krankheitskos-           Austrittsent-
Zeitkonten tenzuschüsse            schädigungen
Tantiemen                          Altersteilzeit
```

Abb. 27.1: Übersicht Regelungsbereiche IAS 19 und IFRS 2

IAS 19 wird ergänzt durch **IFRIC 14**, der Einzelheiten zum Vermögenswertüberhang bei Planvermögen regelt (Rz. 27.52 ff.). 27.6

Für **externe Träger** von Versorgungseinrichtungen (Pensionskassen, Unterstützungskassen etc.), also nicht für das bilanzierende Unternehmen, das die Versorgungsverpflichtung eingegangen ist, wird IAS 19 durch **IAS 26** ergänzt (IAS 19.3), der dem externen Träger Angabepflichten für beitrags- und leistungsorientierte Pensionspläne auferlegt. Die Anwendung des IAS 26 setzt freilich voraus, dass der externe Träger einen eigenständigen Abschluss nach IFRS erstellen würde. Da in Deutschland hierzu keine Pflicht besteht, tendiert der Anwendungsbereich des IAS 26 „aus nationaler Sicht **gegen null**".[1] 27.7

---
1 So Haufe IFRS-Komm[16], § 22 Rz. 169.

27.8 Das DRSC hat im Dezember 2012 den Anwendungshinweis „DRSC AH 1 (IFRS) Einzelfragen zur Bilanzierung von Altersteilzeitverhältnissen nach IFRS" veröffentlicht, siehe hierzu Rz. 27.72.

27.9 Das IDW hat in seiner IFRS-Modulverlautbarung (IDW RS HFA 50) bislang zwei eng begrenzte Fragen zur Bilanzierung von Pensionsverpflichtungen aufgenommen.[2] Zum dort adressierten Umstieg von einem beitrags- zum leistungsorientierten Plan siehe Rz. 27.25, und zum Thema der Bilanzierung der Übertragung nicht-finanzieller Vermögenswerte auf einen Fonds i.S.v. IAS 19.8 mit anschließender Nutzungsüberlassung an das Trägerunternehmen unter Berücksichtigung des IFRS 16 siehe Rz. 27.53.

III. Wesentliche Abweichungen zum HGB

27.10 Der zentrale Anwendungsbereich von IAS 19 sind leistungsorientierte Pensionszusagen (*defined benefit plans*), in HGB-Diktion die Bilanzierung von **Pensionsrückstellungen**. Nachfolgende Tabelle listet wesentliche Unterschiede und Gemeinsamkeiten zwischen HGB und IFRS.

	HGB	IFRS
Ausnahmen von der Passivierungspflicht (Wahlrechte)	1. unmittelbare Altzusagen (erteilt bis 31.12.1986) 2. mittelbare Verpflichtungen (Subsidiärhaftung), etwa über Unterstützungskassen u.Ä. abgewickelte Zusagen	Keine
Bewertungsverfahren	Nicht geregelt: Teilwertverfahren oder Anwartschaftsbarwertverfahren, letzteres dominiert seit BilMoG[3]	Anwartschaftsbarwertverfahren
Zinssatz	10-Jahres-Durchschnittszins, fristenkongruent oder pauschale 15jährige Laufzeit	Fristenkongruenter Stichtagszins
Gehalts-/Pensionssteigerungen	Pflicht	
Karrieretrend	Nicht geregelt; Pflicht (h.M.)[4]	Pflicht

---

2 IDW Stellungnahme zur Rechnungslegung: IFRS-Modulverlautbarung (IDW RS HFA 50), Modul IAS 19 – M 1 (1.3.2017) und Modul IAS 19 – M 2 (7.11.2017).

3 Vgl. *Theile/Nagafi/Zyczkowski*, BBK 2011, 912 (934 f.).

4 Vgl. nur IDW Stellungnahme zur Rechnungslegung: Handelsrechtliche Bilanzierung von Altersversorgungsverpflichtungen (IDW RS HFA 30 n.F.), Rz. 54 (Stand: 16.12.2016); NWB Kommentar Bilanzierung[10], § 253 Rz. 91.

	HGB	IFRS
Saldierung	Pflicht bei insolvenz- und vollstreckungsgesichertem Vermögen	
Glättungsmöglichkeiten der Aufwandsverrechnung	Glättung nur durch Verwendung Durchschnittszins (Mehrrückstellungen bei Erstanwendung BilMoG dürfen bis 31.12.2024 angesammelt werden (Art. 67 Abs. 1 EGHGB, sog. Streckungswahlrecht)	Zwingend: Erfolgsneutrale und endgültige Erfassung von Schätzungsänderungen im OCI

Wegen der Pflicht zur Berücksichtigung von Durchschnittzinsen und insbesondere Gehalts- und Rentensteigerungen ist die Übernahme des steuerlichen Wertansatzes in die Handelsbilanz spätestens seit BilMoG nicht mehr möglich.[5]

Während das HGB für die Bewertungs-Neuerungen des BilMoG 2009 eine großzügige Übergangsregelung geschaffen hat (Art. 67 Abs. 1 EGHGB) und im Übrigen das fortbestehende Passivierungswahlrecht für Altzusagen (Art. 28 EGHGB) kennt, sind Rückstellungen nach IAS 19 in voller Höhe zu passivieren.

27.11

Die Bedeutung des nach IAS 19 allein zulässigen **Anwartschaftsbarwertverfahrens** (*projected unit credit method*[6], siehe Rz. 27.28 ff.) wird hingegen meist überschätzt, denn das **Teilwertverfahren** führt bei identischen Parametern (Gehalts- und Rententrend etc.) sogar zu *höheren* Rückstellungen.[7]

IV. Neuere Entwicklungen

Im Februar 2018 hat das IASB Regelungen zum „Plan Amendment, Curtailment or Settlement" (Planänderung, Abgeltung oder Kürzung) in einer Standardänderung des IAS 19 veröffentlicht. Danach wird zum Zeitpunkt eines solchen Sonderereignisses – also auch unterjährig – unter Berücksichtigung aktueller Bewertungsparameter für den gesamten verbliebenen Plan und für den Rest der Periode der laufende Dienstzeitaufwand und der Zinsaufwand neu bestimmt (Rz. 27.49). Die in unserer Kommentierung bereits eingearbeitete Standardänderung ist am 13.3.2019 in EU-Recht übernommen worden mit prospektiver Anwendung für Geschäftsjahre, die ab 1.1.2019 beginnen.[8]

27.12

Derzeit beschäftigt sich das IFRIC IC und das IASB unter dem Projektnamen „*Availability of a Refund*" auf Basis des Exposure Draft ED/2015/5 mit möglichen Ände-

27.13

---

5 Vgl. *Theile*, Bilanzrechtsmodernisierungsgesetz[3], § 253 HGB Rz. 18.
6 In der offiziellen Übersetzung des IAS 19.68 heißt die *projected unit credit method* „Methode der laufenden Einmalprämien", die mitunter auch als „Anwartschaftsansammlungsverfahren" oder „Anwartschaftsbarwertverfahren" bezeichnet werde. Wir bleiben daher beim historisch gewachsenen Begriff des Anwartschaftsbarwertverfahrens.
7 Vgl. *Höpken/Torner* in Beck IFRS-HB[5], § 26 Rz. 54.
8 Durch VERORDNUNG (EU) 2019/402 DER KOMMISSION vom 13. März 2019, ABl L 72 v. 13.3.2019, S. 6.

rungen an IFRIC 14. Es geht um die Frage, ob und inwieweit in die Berechnung einer Überdotierung eines Plans einfließen soll, dass ein Dritter (z.B. der Treuhänder des Plans) die Möglichkeit von Planänderungen besitzt.[9] Der IASB hat das Projekt als „Maintenance Project" klassifiziert, so dass in 2019 mit einer Entscheidung bzw. einer Änderung zu rechnen ist.

27.14–27.19 frei

B. Pensionspläne und Durchführungswege

I. Arten von Versorgungsverpflichtungen

27.20 Als Leistungen nach Beendigung des Arbeitsverhältnisses (*post-employment benefits*) werden sämtliche Leistungen eines Unternehmens an seine Arbeitnehmer klassifiziert, die ihrem wirtschaftlichen Charakter nach als **Versorgungsleistungen** anzusehen sind:

– Hierzu zählen alle Arten von **Alters-, Invaliden- und Hinterbliebenenleistungen** neben klassischen Pensionen etwa auch **Krankheitskostenzuschüsse**, etwa bei US-Tochtergesellschaften[10] sowie

– in einzelnen Ländern auf Grund *gesetzlicher* Vorschriften unabhängig vom Grund des Ausscheidens zu zahlende sogenannte **Entlassungsentschädigungen**. Diese haben eher Versorgungscharakter (IAS 19.164) und sind daher wie solche zu bilanzieren.

Der **Durchführungsweg** ist hingegen **irrelevant** für die Frage, ob eine Versorgungsleistung vorliegt (IAS 19.26).

27.21 Die Versorgungspläne hängen i.d.R. von Beschäftigungsdauer und Entgelt ab:

– Sie können allgemein oder auf einen bestimmten Mitarbeiterkreis (i.d.R. leitende Angestellte) oder auf einzelne Personen (Einzelzusagen, z.B. gegenüber Vorstandsmitgliedern) beschränkt sein.

– Der Anspruch der Arbeitnehmer kann auf Gesetz, Vertrag oder betrieblicher Übung beruhen (IAS 19.4).

II. Abgrenzung von beitrags- und leistungsorientierten Plänen

27.22 Entscheidend für die Bilanzierung von Pensionsverpflichtungen ist einzig, ob ein beitragsorientierter (*defined contribution plan*) oder ein leistungsorientierter Pensionsplan (*defined benefit plan*) vorliegt. „**Beitragsorientierte Pläne** sind Pläne für Leistungen nach Beendigung des Arbeitsverhältnisses, bei denen ein Unternehmen

---

9 Vgl. hierzu *Hagemann/Neumeier*, PiR 2018, 145 f. sowie *Schmidt*, KoR 2018, 161.
10 Vgl. z.B. *Bayer*, GB 2017, B25/11.

festgelegte Beiträge an eine eigenständige Einheit (einen Fonds) entrichtet und weder rechtlich noch faktisch zur Zahlung darüber hinausgehender Beiträge verpflichtet ist, wenn der Fonds nicht über ausreichende Vermögenswerte verfügt, um alle Leistungen in Bezug auf Arbeitsleistungen der Arbeitnehmer in der Berichtsperiode und früheren Perioden zu erbringen." (IAS 19.8). Alle anderen Pläne sind leistungsorientiert.

Die nachfolgende Tabelle stellt die Ausprägungen der wesentlichen Elemente beitrags- und leistungsorientierter Pläne gegenüber:

Art	Beitragsorientiert	Leistungsorientiert
Merkmal	Zahlung von Beiträgen	Zusage von Leistungen
Bilanzierung	Aufwand i.H.d. Beiträge	a) Gutachten b) Bilanzposten (Pensionsrückstellung/ Vermögenswert, OCI) c) Umfangreiche Anhangangaben
Risiko des Arbeitgebers	Begrenzt auf laufende Beiträge, d.h. keine Nachschüsse	Volles Kapitalanlage- und biometrisches Risiko, z.B., a) dass die späteren Pensionszahlungen bei negativer Entwicklung des Unternehmens nicht geleistet werden können oder b) dass die Lebenserwartung der Begünstigten über die in Sterbetafeln niedergelegte Erwartung hinaus ansteigt.
Ausgestaltung	Nur mittelbar (z.B. Direktversicherung nach § 4b EStG)	a) Unmittelbar (z.B. Direktzusage) oder b) Mittelbar (über externen Träger, z.B. U-Kasse)

Wegen der unterschiedlichen Bilanzierungsfolgen kommt der sachgerechten Abgrenzung von beitrags- und leistungsorientierten Plänen eine entscheidende Bedeutung zu. Dabei kann ein Plan **vordergründig als beitragsorientiert erscheinen, sich tatsächlich aber als leistungsorientierter Plan entpuppen**, wenn der Arbeitgeber z.B. Garantien übernommen hat, die über die aktuellen Beitragszahlungen hinausgehen:

So hat der Arbeitgeber nach § 1 Abs. 1 Satz 3 BetrAVG eine Subsidiärhaftung für den Fall der Insolvenz des externen Versorgungsträgers (sog. finale Haftung). Außerdem sind Beitragszusagen gemäß § 1 Abs. 2 Nr. 2 BetrAVG regelmäßig mit Mindestleistungen versehen.[11] Daher könnte bei rein rechtlicher Betrachtung oft von vornherein gar kein beitrags-, sondern nur ein leistungsorientierter Plan vorliegen.[12] In der Praxis werden sog. **versicherungsförmige Durchführungswege**, also

---
11 Vgl. *Höpken/Torner* in Beck IFRS-HB[5], § 26 Rz. 22.
12 Vgl. Haufe IFRS-Komm[16], § 22 Rz. 17. Diese Ansicht wurde bereits vom IASB in dem später zurückgezogenen Entwurf IFRIC D9 vertreten, wonach bei festen Beitragszusagen mit Mindestrenditen (ggf. „0") leistungsorientierte Pläne vorlagen, vgl. *Mühlberger/Gohdes/Stöckler* in T/vK/B, IAS 19 Rz. 145.

fast risikolose Direktversicherungen mit folgenden Merkmalen oft noch als **beitragsorientierte Pläne** behandelt:[13]

– Der Arbeitnehmer ist versicherte Person sowie Bezugsberechtigter und hat einen Rechtsanspruch gegen den Versicherer.
– Die vom Versicherer gezahlte Leistung „richtet sich nach den gezahlten Beiträgen". Bei unverfallbarem Ausscheiden des Mitarbeiters besteht keine Nachschusspflicht des Arbeitgebers.
– Die garantierte Leistung entspricht höchstens dem aufsichtsrechtlichen Höchstzins (z.Z. 0,9 %).
– Die Überschüsse kommen ausschließlich dem Versicherten zugute.

Die wirtschaftliche Begründung für die Klassifizierung solcher Vertragsverhältnisse als beitragsorientiert lautet, dass die Verpflichtung des Arbeitgebers letztlich durch die eingezahlten Beiträge (**„kongruent"**) gedeckt ist.[14]

Vor dem Hintergrund der nun schon Jahre andauernden Niedrigzinsphase scheint es indes zunehmend fraglich, ob eine Inanspruchnahme des Arbeitgebers aus der Subsidiärhaftung auch weiterhin nahezu ausgeschlossen werden kann.[15] Zur dann gebotenen Umklassifizierung des Plans als Leistungsorientiert siehe Rz. 27.25.

Zusammengefasst könnte folgende **Faustformel zur Klassifizierung** hilfreich sein: Bestehen Zweifel in der Beurteilung, liegt immer dann ein leistungsorientierter Plan vor, wenn sich nach den diesbezüglichen Bilanzierungsvorschriften entweder

(a) ein (wesentlicher) Verpflichtungsüberhang (z.B. Erstarken der Subsidiärhaftung zur Rückstellung) oder

(b) ein (wesentlicher) Vermögenswertüberhang ergibt.

Beispiel 1: In der Schweiz wird die sog. 2. Säule der Altersversorgung (BVG, Berufliches Vorsorgegesetz) durch Einzahlungen von Beiträgen in Sammelstiftungen o.Ä. abgewickelt. U.a. sehen diese gesetzlichen Vorschriften eine Steigerung der nach dem Bruttogehalt bemessenen Beiträge von 7 % auf 18 % mit zunehmendem Alter vor. Diese Steigerung (*backloading*) wäre aber bei einer Rückstellungsberechnung nach IAS 19.70 gleichmäßig zu verteilen (Rz. 27.29). Im Wesentlichen kann es hierdurch zu erheblichen Unterdeckungen kommen:[16] Damit liegt ein leistungsorientierter Plan vor, und der **Verpflichtungsüberhang** ist zu passivieren.

---

13 Vgl. *Wollmert* u.a. in Baetge-IFRS, IAS 19, Rz. 95; *Höpken/Torner* in Beck IFRS-HB[5], § 26 Rz. 23.
14 Vgl. *Höpken/Torner* in Beck IFRS-HB[5], § 26 Rz. 23.
15 Vgl. Haufe IFRS-Komm[16], § 22 Rz. 19.
16 Die Heranziehung des *backloading* wird von *Jeger/Welser*, Der Schweizer Treuhänder 2007, 706 (708) abgelehnt, weil diese Folge erst nach zuvor erfolgter Klassifikation als beitrags- oder leistungsabhängig eintritt. Diese Sicht ist zwar c.p. formal zutreffend, aber unter wirtschaftlichen Gesichtspunkten eben doch nicht gerechtfertigt. Beim BVG Plan kommen jedoch noch weitere Aspekte hinzu, bspw. die Anforderung von Nachschüssen in Form von laufenden Risikoprämien etc.

Beispiel 2: Ein Plan mit geringen garantierten Mindestleistungen sieht die Rückzahlung von Überschüssen **an den Arbeitgeber** vor. Da die Überschüsse nicht den Versicherten zugutekommen, liegt ein leistungsorientierter Plan vor: Der **Vermögenswertüberhang** muss aktiviert werden (Rz. 27.58 ff.).

Es bleibt jedoch selbst bei kongruenter Deckung dann bei leistungsorientierten Plänen, wenn (a) Leistungen durch (b) den Arbeitgeber zugesagt sind. Die folgende Tabelle klassifiziert verschiedene Durchführungswege als beitrags- oder leistungsorientiert unter Angabe einer Begründung.

27.24

Durchführungsweg		Klassifizierung	Begründung
Unmittelbare Zusage von Leistungen		Leistungsorientiert	(a) *Leistung* (statt Beitrag) (b) Anspruch gegen *Unternehmen* selbst (statt gegen Externe)
Unterstützungskasse		Leistungsorientiert	Anspruch auf *Leistungen*
Zusage mit verpfändeter kongruenter Rückdeckungsversicherung		Leistungsorientiert	Weder Verpflichtungs- noch Vermögenswertüberhang, aber Anspruch (a) auf Leistung (b) gegenüber dem Arbeitgeber
Direktversicherungen (s.o.)		Beitragsorientiert	Wirtschaftlich kongruent gedeckt
Pensionskassen/ Pensionsfonds	nach Grundsätzen wie Versicherung geführt	Beitragsorientiert	Mögliche Haftung bei Insolvenz des Versicherers stellt eine nicht bilanzierungspflichtige Eventualschuld dar
	mit Anforderung von Nachschüssen vom Arbeitgeber	Leistungsorientiert	U.a. wesentliche Garantie des Arbeitgebers über vergangene Beitragszahlung hinaus
Sog. Cash plans:[17] Arbeitgeber schreibt Beiträge auf einem tatsächlichen oder virtuellen Kapitalkonto gut und garantiert feste oder variable Verzinsung (ggf. z.T. fix und z.T variabel, sog. „Hybridpläne")		leistungsorientiert	a) Virtuelle Pläne, d.h. Gutschrift erfolgt im Unternehmen: bereits mangels Zahlung durch Externen nicht beitragsorientiert b) Im Übrigen liegt eine Garantieleistung vor

---

17 Vgl. *Mühlberger/Gohdes/Stöckler* in T/vK/B, IAS 19 Rz. 146.

Mit dem **Betriebsrentenstärkungsgesetz**[18] ist durch Einfügung eines § 1 Abs. 2 Nr. 2a BetrAV mit Wirkung ab 2018 durch Haftungsausschluss des Arbeitgebers die Möglichkeit einer reinen Beitragszusage geschaffen worden. Diese ist als beitragsorientiert zu bilanzieren.

27.25 Wenn bei einem als beitragsorientiert klassifizierten Plan die Subsidiärhaftung des Arbeitgebers nicht mehr sehr unwahrscheinlich ist, ist eine **Umklassifizierung** in einen leistungsorientierten Plan angezeigt. Zur bilanziellen Vorgehensweise bei einem Wechsel der Klassifizierung enthält IAS 19 keine Aussagen. Nach Auffassung des IDW liegt ein bedingtes Wahlrecht vor, eine beim Umstieg entstehende Nettoschuld entweder erfolgsneutral (OCI) oder erfolgswirksam (als Schätzungsänderung gem. IAS 8) einzubuchen.[19]

III. Gemeinschaftliche Versorgungseinrichtungen (multi employer plans)/Staatspläne

27.26 Bei von mehreren Arbeitgebern gemeinschaftlich betriebenen Versorgungsplänen ist wie folgt zu unterscheiden:[20]

Bezeichnung	Merkmale/Beispiele	Bilanzierung
Gemeinschaftliche Pläne mehrerer Arbeitgeber (IAS 19.32 ff.) *(multi employer plans, MEP)* (IAS 19.43)[21]	**Gemeinsame Risikotragung** a) Überbetriebliche Pensionskassen, -fonds mit Möglichkeit der Zuordnung zu einzelnen Arbeitgebern (z.B. BVG Schweiz, Rz. 27.23) b) pauschale kollektive Versorgungseinrichtungen, z.B. Versorgungsanstalt des Bundes/der Länder, VBL u.Ä.; Mitarbeitervorsorgungskasse (Österreich)	**Falls nach Arbeitgebern trennbar:** Jeder bilanziert seinen Anteil nach den individuellen Merkmalen (beitrags- oder leistungsorientiert) Falls *nicht* nach Arbeitgebern trennbar und **Informationen** über Plan **nicht** verfügbar (häufig): Bilanzierung als beitragsorientierter Plan mit Anhangangaben

---

18 Gesetz zur Stärkung der betrieblichen Altersversorgung und zur Änderung anderer Gesetze (Betriebsrentenstärkungsgesetz) v. 17.8.2017, BGBl. I Nr. 58 v. 23.8.2017, 3214.
19 Vgl. IDW Stellungnahme zur Rechnungslegung: IFRS-Modulverlautbarung (IDW RS HFA 50), Modul IAS 19 – M 1 (1.3.2017).
20 Vgl. zu den folgenden Ausführungen auch *Rhiel*, DB 2005, 293 (294 ff.).
21 Staatspläne sind wie MEP's zu behandeln, d.h. mangels Trennbarkeit nach Arbeitgebern praktisch immer als beitragsorientiert zu betrachten: Staatspläne sind Versorgungssysteme *unter staatlicher Verwaltung* (z.B. gesetzliche Rentenversicherung, AHV in der Schweiz etc.). *Keine* Staatspläne sind jedoch staatlich erzwungene Systeme unter Verwaltung *unabhängiger Körperschaften*, z.B. BVG Schweiz (Rz. 27.23) oder die Mitarbeitervorsorgungskasse für „Entlassungsentschädigungen" in Österreich: Es handelt sich jeweils um MEP's.

Bezeichnung	Merkmale/Beispiele	Bilanzierung
Gemeinsam verwaltete Pläne mehrerer Arbeitgeber (IAS 19.38) (*group administration plans*)	**Gemeinsame Vermögensanlage** (*asset management*) *ohne* Risikoteilung. Bereits aus steuerlichen Gründen ist oft die Zuordnung zum jeweiligen Unternehmen notwendig bei: a) Unterstützungskassen b) CTA Gestaltungen (Rz. 27.55)	Klarstellung, dass kein multi-employer plan vorliegt, sondern dass **jedes Unternehmen seinen Teil des Plans** nach den individuellen Merkmalen als beitrags- oder leistungsorientiert zu bilanzieren hat
Konzerninterne gemeinschaftliche leistungsorientierte Pläne (IAS 19.40 ff.)	Konzerninterner MEP	Im **Konzern** kein Problem: Bilanzierung *eines* Plans; Nur klarstellend für **Einzelabschlüsse**, dass Aufteilung zu erfolgen hat (und nicht unter Berufung auf fehlende Informationen *jeweils* wie ein beitragsorientierter Plan behandelt werden darf).

Die Regelungen zu gemeinschaftlichen Versorgungseinrichtungen sind Ausdruck des **puren Pragmatismus**:

– Wenn Pläne gemeinsam geführt (MEP) oder zur Erzielung von Kostenvorteilen gemeinsam verwaltet werden, sind sie nach Arbeitgebern zu trennen und dort nach den jeweiligen Merkmalen zu bilanzieren, **soweit eine Trennung möglich ist**.

– Falls **keine Trennung möglich** ist *und* falls keine Informationen über mögliche Unterdeckungen vorliegen, sind diese schlicht zu ignorieren und nur die Beiträge als **Aufwand** zu buchen, wie z.B. bei der gesetzlichen Rentenversicherung. In diesem Fall müssen lediglich Beiträge abgegrenzt und ggf. Nachschüsse *bei Anforderung* nach zurückgestellt werden (etwa Sanierungsgelder des VBL).[22]

Bestehen Zweifel, ob ein beitrags- oder leistungsorientierter Plan vorliegt, sollte zunächst geprüft werden, ob es sich um einen MEP oder Staatsplan ohne Möglichkeit der Trennung handelt. Dann erfolgt in jedem Fall die Bilanzierung als **beitragsorientierter Plan**.

C. Bilanzierung von beitragsorientierten Pensionsplänen

Für das Unternehmen resultiert aus beitragsorientierten Pensionsplänen weder ein Bewertungsproblem noch ein Haftungsrisiko hinsichtlich der Pensionsansprüche

---
[22] Vgl. *Höpken/Torner* in Beck IFRS-HB[5], § 26 Rz. 124.

seiner Arbeitnehmer (IAS 19.28). Die Zahlungen z.B. an die Versicherungsgesellschaft (externer Träger) werden als *laufender Personalaufwand* erfasst. Bei Über- oder Unterzahlungen im Vergleich zur vertraglichen Vereinbarung ist abzugrenzen und ein sonstiger Vermögenswert bzw. eine sonstige Verbindlichkeit anzusetzen (IAS 19.51). Eine Abzinsung der Verbindlichkeit ist bei Rückständen von mehr als zwölf Monaten erforderlich (IAS 19.52).

Angabepflichtig ist lediglich der *Aufwand* für beitragsorientierte Pensionspläne (IAS 19.53), zweckmäßigerweise im Anhang.

D. Bilanzierung von leistungsorientierten Pensionsplänen

I. Berechnung der tatsächlichen Pensionsverpflichtung (*Defined Benefit Obligation, DBO*)

1. Anwartschaftsbarwertverfahren *(projected unit credit method)*

27.28 Als Bewertungsverfahren der Pensionsverpflichtung ist einzig die **projected unit credit method** (Methode der laufenden Einmalprämien, **Anwartschaftsbarwertverfahren**) zulässig (IAS 19.67). Hiernach sind die künftigen Pensionsleistungen, soweit sie den zurückliegenden Dienstjahren zuzurechnen sind, mit dem versicherungsmathematischen Barwert zu bewerten.

Beispiel:[23]

	Lebensalter	Jahr	Faktor pro Dienstjahr	Rente ab 65		Anteil am Barwert bei Rentenbeginn (65)	Abzinsung auf jeweiligen Stichtag	Entwicklung der Verpflichtung (DBO)			
				Erdient im lfd. Jahr	Kumuliert			1.1.	Zinsaufwand 5 % p.a.	Dienstzeitaufwand	31.12.
Zusage	30	0									
	31	1	1 %	1.000	1.000	12.500	2.379	0	0	2.379	2.379
	32	2	1 %	1.000	2.000	25.000	4.997	2.379	119	2.499	4.997
Beispiel	33	3	1 %	**1.000**	**3.000**	**37.500**	**7.870**	**4.997**	**250**	**2.623**	**7.870**
	usw.	usw.	usw.	usw.	usw.	usw.	usw.	usw.	usw.	usw.	usw.
Rentenalter	65	5	35 %	35.000	5.000	437.500	437.500	404.762	20.238	12.500	437.500

Abb. 27.2: Anwartschaftsbarwertverfahren

Ein 30-jähriger erhalte eine Pensionszusage über eine jährliche Betriebsrente, die sich nach dem letzten Gehalt bei Eintritt des Versorgungsfalls, multipliziert mit einem Faktor (hier 1,0 %) pro Dienstjahr richtet. Zu schätzen ist der Zeitpunkt für das letzte Dienstjahr (im Beispiel im Alter von 65 Jahren) sowie das in jenem Jahr voraussichtliche Gehalt (z.B.

---

23 Nach *Feld*, WPg 2003, 638 (646 f.).

100.000). Somit beträgt die ab Lebensalter 65 zu zahlende Rente jährlich 35.000[24] (100.000 × 1 % × 35 Dienstjahre). Im 3. Jahr (Lebensalter 33) hat der Arbeitnehmer von dieser zukünftigen jährlichen Rente bereits einen Anteil von 3.000 (100.000 × 1 % × 3 Dienstjahre) erdient. Bei einer angenommenen Lebenserwartung von 85 würde dieser Teil der Rente somit 20 Jahre lang gezahlt. Bei einem Rentenbarwertfaktor von rd. 12,5 (20 Jahre, 5 % p.a.) betrüge der Barwert des bis zum Lebensalter von 33 erdienten Anspruchs, bezogen auf das Renteneintrittsalter von 65, somit 37.500 (= 3.000 × 12,5). Dieser Betrag ist wiederum auf den aktuellen Stichtag (hier auf das Alter 33 oder Jahr 3) abzuzinsen; der Barwert der *bis zu diesem Zeitpunkt* erdienten Pensionsverpflichtung beträgt damit 7.870 (37.500 : $1,05^{32}$).

Der rechte Teil des Tableaus zeigt die Aufteilung der Veränderung des Barwertes auf einen gedanklichen Zinsanteil (Aufzinsung des Vorjahresbetrags = **Zinsaufwand** von 250 im Jahr 3) und einen Anteil für den Wert des in der jeweiligen Periode erdienten Pensionsanspruchs (**Dienstzeitaufwand**). Der *im Jahr 3* erdiente *zusätzliche* Rentenanspruch von 1.000 p.a. entspricht somit einem Barwertäquivalent (Dienstzeitaufwand) von 2623.[25]

Die **Verteilung der Pensionsansprüche auf die Dienstzeit** ergibt sich grundsätzlich aus dem konkreten Pensionsplan (IAS 19.70). Dies gilt jedoch ausnahmsweise nicht, wenn der Plan spätere Dienstjahre mit („wesentlich") steigenden Ansprüchen (Faktoren) belegt, also z.B. 0,5 % in den ersten zehn Dienstjahren, 1,0 % zwischen dem 11. und 20. Dienstjahr und 1,5 % ab dem 21. Dienstjahr: Eine progressive Verteilung (sog. *backloading*[26]) scheidet aus, denn IAS 19.70 verlangt in diesem Fall abweichend vom Plan eine gleichmäßige Verteilung. Im umgekehrten Fall der Erdienung höherer Ansprüche in früheren Dienstjahren bleibt es hingegen beim Pensionsplan, was letztlich zum sog. *frontloading* führt. Mit dieser durchaus als imparitätisch zu bezeichnenden Vorgehensweise wird eine frühzeitige Aufwandserfassung erreicht.

27.29

Kosten der Verwaltung des Pensionsplans (u.a. Beiträge zum PSV) sind nicht in die Ermittlung der Verpflichtung (DBO-Ermittlung) einzubeziehen (IAS 19.BC127). Darüber hinaus stellt IAS 19.76biv klar, dass vom Arbeitgeber zu zahlende Lohnsteuern (bei Nettolohnvereinbarungen) den Verpflichtungsumfang selbstverständlich erhöhen.

27.30

2. Bewertungsparameter (versicherungsmathematische Annahmen)

Neben dem Mengengerüst (Mitarbeiter, Pensionsplan) sind für die Ermittlung der DBO bestimmte **versicherungsmathematische Annahmen** erforderlich. Deren Ratio beruht darauf, dass die Verpflichtung zum bilanzierten Wert **von einem fremden Dritten abgelöst** werden könnte.[27] Die so ermittelten erwarteten Nominalbe-

27.31

---

24 Zwecks Vereinfachung der Darstellung werde von Rentensteigerungen (Rz. 27.31) abstrahiert.

25 Typisch für das Anwartschaftsverfahren ist, dass der Dienstzeitaufwand im Zeitablauf ansteigt. Demgegenüber ist das Teilwertverfahren durch einen im Zeitablauf identischen Dienstzeitaufwand gekennzeichnet, weshalb der Teilwert bei identischen Parametern zu höheren Rückstellungen führt, vgl. Rz. 27.11.

26 Vgl. Haufe IFRS-Komm[16], § 22 Rz. 38.

27 Vgl. *Thoms-Meyer*, Grundsätze ordnungsmäßiger Bilanzierung für Pensionsrückstellungen, 1995, 196.

träge sind mit einem (Vorsteuer-)Nominalzins zu diskontieren (IAS 19.79; Ausnahme: Hochinflation). Die nachfolgende Tabelle listet die erforderlichen Annahmen und erläutert diese:

Annahme	Erläuterung
Kostensteigerungen	inklusive **Gehalts-, Renten- und Karrieretrend** (IAS 19.90, .95), ggf. Kosten der medizinischen Versorgung (IAS 19.96), jeweils abhängig vom Pensionsplan
Diskontierungssatz	a) **Laufzeitäquivalente Rendite** für „hochwertige", fest verzinsliche Unternehmens- bzw. Staatsanleihen, „AA", und zwar in der Währung, in der die Betriebsrentenleistung erfüllt wird (IAS 19.83[28]). b) Die Änderung von Zinssätzen ist der Fair Value-Orientierung geschuldet, aber nicht unkritisch zu sehen, führt sie doch zu Ergebnisvolatilitäten, auch wenn eine Ablösung der Pensionsverpflichtung nicht in Betracht kommt. c) Allerdings werden Volatilitäten aufgrund von unerwarteten Zinssatzänderungen nicht in der GuV, sondern im OCI ausgewiesen (Rz. 27.41)
Verfallbarkeit/Fluktuation/Sterblichkeit	a) Die mögliche Verfallbarkeit des Anspruchs wird über **Fluktuationswahrscheinlichkeiten** erfasst (IAS 19.76). b) Das Ausscheiden durch Tod (IAS 19.76ai, 19.81 ff.) wird im Regelfall durch anerkannte **Sterbetafeln** (in Deutschland z.B. Heubeck[29]) reflektiert. Veraltete Tafeln sind ggf. auf dem Schätzwege zu aktualisieren (IAS 19.82)

Beispiel (Volkswagen AG, Geschäftsbericht 2017, 263:

In %	Deutschland		Ausland	
	2017	2016	2017	2016
Abzinsungssatz zum 31.12.	1,88	1,79	3,52	3,82
Entgelttrend	3,56	3,46	3,00	3,32

---

28 Diese Änderung des IAS 19 wurde mit Wirkung ab 2016 von der EU übernommen, vgl. VERORDNUNG (EU) 2015/2343 DER KOMMISSION vom 15.12.2015, ABl L 330/20 v. 16.12.2015.

29 In 2018 sind die neuen Richttafeln RT 2018 G erschienen. Lt. BMF-Schreiben vom 19.10.2018 (IV C 6 -S 2176/07/10004:001) können sie für die Bewertung nach § 6a EStG erstmals am Ende des Wirtschaftsjahres zugrunde gelegt werden, das nach dem 20.7.2018 (Tag der Veröffentlichung der neuen Richttafeln) endet. Lt. HFA des IDW v. 5.9.2018 (https://www.idw.de/blob/110898/743aed035778a86384b06ebe697ceb60/hfa-heubeck-b-data.pdf, abgerufen am 25.10.2018) ist die Anerkennung durch das BMF ein Indikator für die Eignung der neuen Richttafeln auch für den IFRS-Abschluss. Anpassungen sind im OCI zu erfassen (IAS 19.57(d) i.V.m. IAS 19.128).

In %	Deutschland		Ausland	
	2017	2016	2017	2016
Rententrend	1,50	1,50	2,48	2,44
Fluktuationsrate	1,15	1,13	3,25	3,63
Jährlicher Anstieg der Kosten für Gesundheitsvorsorge	–	–	4,98	4,88

Die **Bandbreite** bei den Auslandsplänen ist durch die Einzelbewertung der in verschiedenen Ländern geltenden Pläne begründet (Rz. 27.35), wobei die geographische Aufteilung und die Angabe von Bandbreiten auf den Anhangvorschriften des IAS 19.138 (Rz. 27.63) beruhen. Die Rentensteigerungen im Inland orientieren sich oft, entsprechend der Anpassungspflicht nach § 16 BetrAVG, an der erwarteten Inflationsrate oder Nettolohnentwicklung.

II. Berechnung des tatsächlichen Planvermögens

Planvermögen (zu Voraussetzungen der Schaffung von Planvermögen siehe Rz. 27.52 f.) ist zum Fair Value zu bewerten (IAS 19.113) und umfasst daher auch unrealisierte Wertsteigerungen, z.B. Kurssteigerungen oder Gewinnguthaben bei Versicherungen. Es sind die Grundsätze zur **Fair Value-Bestimmung** des IFRS 13 heranzuziehen (IAS 19.8; zur Fair Value Ermittlung siehe Rz. 8.26 ff.). Schulden des Fonds (mit Ausnahme der Versorgungsverpflichtung selbst) werden abgezogen (Nettoplanvermögen, IAS 19.114). Verwaltungskosten oder Steuern, *die vom Fonds selbst getragen werden*, sind vom Fondsertrag zu kürzen, nicht aber Verwaltungskosten, die außerhalb des Fonds anfallen (IAS 19.130).

Ist ein **qualifizierter Versicherungsvertrag** (Rückdeckungsversicherung, Rz. 27.56) abgeschlossen, der die zugesagten Leistungen hinsichtlich Betrag und Fälligkeit ganz oder teilweise kongruent abdeckt, entspricht der Fair Value der Versicherungspolice dem Barwert der *abgedeckten* Verpflichtungen (IAS 19.115). Dies entspricht *handelsrechtlicher* Bilanzierung[30] sowie im Ergebnis der expliziten Behandlung sog. **„wertpapiergebundener Zusagen"** nach § 253 Abs. 1 Satz 3 HGB und beruht auf dem Gedanken, dass der Wert der Rückdeckungsversicherung darin besteht, das Unternehmen vermögensmäßig von der bilanzierten Verpflichtung zu entlasten.

In der Praxis ergeben sich trotz kongruenter Deckung oft unterschiedliche Werte, wenn die garantierten Rückflüsse aus der Versicherung mit einem niedrigeren Zinssatz (z.B. 1,5 %) als die korrespondierende Verpflichtung (z.B. 2,5 %) abgezinst werden. Dann ist die vorläufig zu hohe Bewertung der Rückdeckungsversicherung auf den Wert der Verpflichtung zu korrigieren. Die direkte Abwertung der Rückdeckungsversicherung hat u.E. Vorrang vor der sog. Vermögenswertbegrenzung (sog. *asset ceiling*, Rz. 27.59).

---

30 Vgl. IDW, 196. HFA Sitzung v. 2.3.2005, IDW-FN 2005, 333 entgegen BFH v. 25.2.2004, BStBl. 2004, 654 ff.

III. Turnus der Wertermittlung der Verpflichtung bzw. des Planvermögens

27.34 IAS 19.58 verlangt sowohl für die DBO als auch für das Planvermögen formal lediglich eine „regelmäßige" Wertermittlung. Da trotzdem die „richtigen" Bilanzwerte getroffen werden sollen, kommen Bilanzierende bei Pensionsverpflichtungen (DBO) um **jährliche Neuberechnungen** durch versicherungsmathematische Gutachten (IAS 19.59) praktisch nicht herum. Für die **Zwischenberichterstattung** kann eine zeitproportionale Fortschreibung der Werte erfolgen, die nur bei wesentlichen außergewöhnlichen Parameteränderungen sowie bei Planänderungen/Abgeltungen (s. Rz. 27.46 ff.) angepasst werden muss (IAS 34.B9).

IV. Keine Zusammenfassung verschiedener Versorgungspläne

27.35 Verschiedene von einem Unternehmen aufgelegte Pläne (z.B. unterschiedliche Pensionspläne bei den jeweiligen Tochtergesellschaften oder Ländern) dürfen trotz der Annahme des Konzerns als eine wirtschaftliche Einheit nicht zusammengefasst werden; es gilt der Einzelbewertungsgrundsatz (**keine Gesamtbewertung**). Daraus folgt, dass grundsätzlich keine Saldierung von Planvermögen eines Plans mit der Pensionsverpflichtung eines anderen Plans erfolgt (zu engen Ausnahmen vgl. IAS 19.131).

V. Pensionsaufwand

1. Unterscheidung zwischen Aufwand lt. GuV und OCI

27.36 Der Pensionsaufwand (*defined benefit cost*) setzt sich aus folgenden Komponenten zusammen (IAS 19.120):

(a) **Dienstzeitaufwand** (*service cost*)

(b) **Nettozinsaufwand** (*net interest*)

(c) **Schätzungsänderungen** (Neubewertungen der Nettoschuld, *remeasurement*). Dazu gehören (IAS 19.127)

    (i) Versicherungsmathematische Gewinne und Verluste (Rz. 27.39)

    (ii) Schätzungsänderungen beim Planvermögen (Rz. 27.40)

    (iii) Schätzungsänderungen beim asset ceiling (Rz. 27.59)

Die Unterscheidung beim Pensionsaufwand ist deswegen wichtig, weil lediglich (a) und (b) in der GuV auszuweisen sind, während (c) zwingend als Teil des other comprehensive income (OCI) endgültig an der GuV vorbeigeschleust und direkt mit dem Eigenkapital verrechnet wird.

Im Übrigen verwendete die Vorgängerversion des IAS 19 aus 1998 für (c) insgesamt den Begriff der „versicherungsmathematischen Verluste und Gewinne".

Die in der GuV zu erfassenden Aufwendungen, (a) und (b) lt. Rz. 27.36, ergeben sich aus den am Periodenanfang gültigen Parametern. **Am Jahresanfang** wird also **geschätzt**, wie die Sterblichkeit, die Fluktuation, der Gehalts- und Rententrend etc. sich entwickeln werden. Insbesondere ist bei der Abzinsung der DBO sowie der Verzinsung des Planvermögens der am Jahresanfang gültige Diskontierungsfaktor zugrunde zu legen (IAS 19.123). Aus diesen Werten ergibt sich der in der GuV abzubildende Aufwand des Geschäftsjahres bereits zu Jahresbeginn[31], so dass **Aufwandsüberraschungen ausbleiben**. Zugleich ist am Jahresende auf Basis des neuen Mengengerüsts und unter Berücksichtigung der dann eingetretenen tatsächlichen Werte der Bewertungsparameter für Gehälter, Renten, Zinsen etc. der Verpflichtungsumfang gemäß Rz. 27.28 ff. als Ist-Größe zu bestimmen. Das nachfolgende Beispiel illustriert die Überleitungsrechnung: 27.37

Beispiel: Die Entwicklung des Verpflichtungsumfangs (DBO) wird hier getrennt von der des Planvermögens dargestellt. Zu beachten ist, dass der am Anfang der Periode zu bestimmende Zinssatz für die Verpflichtung und für das Planvermögen gleich ist und sich der Zinsaufwand nur auf die Nettoschuld ergibt.

Tatsächlicher Verpflichtungsumfang 1.1.02	5.000
Dienstzeitaufwand	350
Aufzinsung	250
Zahlungen	- 450
Erwarteter Verpflichtungsumfang 31.12.02	5.150
Schätzungsänderung	300
Tatsächlicher Verpflichtungsumfang 31.12.02	5.450

In der GuV des Geschäftsjahres wird somit Aufwand von 600 (350 Dienstzeitaufwand + 250 Zinsaufwand) erfasst. Die Differenzen zwischen den Planwerten und den Istwerten des Geschäftsjahres sind die **Schätzungsänderungen des Geschäftsjahres** (in der Diktion des früheren IAS 19 (1998) die Veränderungen der **sog. versicherungsmathematischen Gewinne und Verluste**).

Ebenso kann der tatsächliche Fair Value des Planvermögens am Jahresende von dem am Jahresanfang erwarteten Wert abweichen:

Tatsächliches Planvermögen 1.1.02	1.500
Verzinsung	75
Zahlungen	- 25
Erwartetes Planvermögen 31.12.02	1.550
Schätzungsänderung	- 100
Tatsächliches Planvermögen 31.12.02	1.450

---

31 Damit wird verständlich, warum IFRS-Pensionsgutachten immer auch die für das *Folgejahr* erwarteten Aufwendungen und Zahlungen nennen, Rz. 27.45.

27.38 Beim **Planvermögen** werden in der GuV nicht die tatsächlichen Erträge erfasst. GuV-wirksam wird stattdessen eine „**Normverzinsung**" i.H.d. des zur Diskontierung der DBO verwendeten Diskontierungszinssatzes (IAS 19.83) zugrunde gelegt, und zwar auch dann, wenn die Anlagestruktur davon abweichende Renditeerwartungen rechtfertigen würde. Im Beispiel sind tatsächlich *Verluste* von 25 erzielt worden (75 GuV-wirksame und am Anfang der Periode feststehende Normverzinsung abzgl. 100 Schätzungsänderung am Ende der Periode, die im OCI erfasst wird).

2. Ursachen für Schätzungsänderungen

27.39 Ursachen für die Abweichungen der Ist- von den erwarteten Werten können z.B. sein (IAS 19.127–130):

– In Bezug auf den **Verpflichtungsumfang (DBO)** können Gehalts- und Pensionssteigerungen im laufenden Jahr höher/niedriger ausfallen als am Jahresanfang geplant. Die neuen Erkenntnisse müssen bei der Ermittlung der Pensionsverpflichtung (DBO) am Jahresende berücksichtigt werden (**Parameteränderung**). Das führt zur gestiegenen/gesunkenen DBO (IAS 19.128a/c). Gleiches gilt, wenn weniger Berechtigte wegfallen, als man es nach **biometrischen Annahmen** (Sterbetafel) erwarten konnte. Umgekehrt gehört auch der ungeplante **Wegfall von Verpflichtungen** auf Grund von Tod zu den Schätzungsänderungen (IAS 19.128a/c). In solchen Fällen ist (anders als nach HGB) eine ertragswirksame Auflösung somit *ausgeschlossen*: Die daraus resultierenden Gewinne sind ebenso wie die Verluste erfolgsneutral im OCI zu erfassen.

– Unerwartete **Zinsrückgänge** führen zu einem Anstieg, unerwartete Zinssteigerungen zu einem Rückgang der Verpflichtung im Vergleich zum ursprünglich geplanten Wert (IAS 19.128d).

Diese vorgenannten Schätzungsänderungen werden auch versicherungsmathematische Gewinne und Verluste genannt (IAS 19.127a).

Nicht zu den versicherungsmathematischen Gewinnen und Verlusten gehören etwaige **Planänderungen, Plankürzungen** oder **Abgeltungen** (Rz. 27.46 ff.)

27.40 In Bezug auf das ***Plan*vermögen** führen alle Arten von Abweichungen zwischen der in der GuV zu erfassenden Normverzinsung und dem Ist-Ertrag (inkl. Wertveränderung) zu Schätzungsänderungen (IAS 19.127b), die im OCI zu erfassen sind. Hohe Abweichungen können sich bei entsprechender Anlage der Fondsmittel aufgrund einer unerwartet schlechten Börsenentwicklung ergeben. Bei Fair Value-Schätzungen nach der DCF-Methode können auch steigende Zinsen c.p. zu sinkenden Fair Values führen. Für das Management hat die Regelung den Charme, dass es bei einem starken Wertverfall des Planvermögens (wie am Ende des neuen Marktes oder in der Finanzkrise 2008/09) insoweit exkulpiert ist, als ihm keine willkürliche Festlegung der in der GuV auszuweisenden Renditeerwartung vorgehalten werden kann.

3. Bilanzierung der Schätzungsänderungen

27.41 Für Schätzungsänderungen (Rz. 27.36) ist bereits seit 2013 verpflichtend nur die sog. **OCI-Methode** zulässig, wonach alle Schätzungsänderungen erfolgsneutral im OCI zu erfassen sind.[32] Die OCI-Methode wurde als Wahlrecht bereits in 2004 eingeführt und war seitdem weit verbreitet. Sie hat den Vorteil des vollen Ausweises der Verpflichtung, aber konzeptionell den Nachteil, dass Schätzungsänderungen dauerhaft an der GuV vorbeigeschleust werden, da eine spätere Umbuchung in die GuV (Reklassifizierung) im Gegensatz zu US-GAAP (IAS 19.BC276) ausgeschlossen ist (IAS 19.122). In der Vergangenheit lautete die Begründung, dass sich Schätzungsänderungen im Zeitablauf ausgleichen (IAS 19.95 (1998)). Diese Begründung trägt allenfalls bei Zinssatzschwankungen; demgegenüber liegen bei geringerer Sterblichkeit (andere Sterbetabellen) oder Erhöhungen des Gehalts- und Rententrends wohl kaum im Zeitablauf umkehrbare Effekte vor. Daher wäre es ökonomisch sinnvoll, *diese* Schätzungsänderungen in der GuV zu erfassen[33] (IAS 19.DO8, DO 15).

Nach IAS 19.BC90 in der Fassung aus 2011 wird die Vorbeischleusung an der GuV nunmehr mit dem geringeren *„predictive value"* dieser Verpflichtungskomponente begründet.

VI. Bilanzierungsbeispiel zur OCI-Methode

1. Pensionsrückstellungsspiegel

27.42 Abbildung 27.3 verdeutlicht die nach IAS 19 vorgeschriebene Bilanzierung der DBO und des Planvermögens unter Verwendung des sog. **Pensionsrückstellungsspiegels**.[34] In der linken Spalte ist die Entwicklung der DBO nach dem Anwartschaftsbarwertverfahren dargestellt, wie bereits in Rz. 27.28 exemplarisch berechnet. Die mittlere Spalte enthält die Entwicklung des unter bestimmten Voraussetzungen zur Deckung der Verpflichtung gewidmeten **Planvermögens**. Dabei kann es sich um Vermögen von Fonds oder Unterstützungskassen, aber auch um an Arbeitnehmer verpfändete Rückdeckungsversicherungen handeln (Rz. 27.54). Entsprechend der Saldierung des Planvermögens mit der DBO wird (positives) Planvermögen *abgezogen*; im Beispiel ergibt sich ein Verpflichtungsüberhang (rechte Spalte).

Die Zeilenuntergliederung, d.h. die Aufteilung des Dienstzeitaufwandes, der Schätzungsänderungen und der Zahlungen, entspricht dabei dem für die Anhangerläuterung geforderten Detaillierungsgrad, so dass es sich anbietet, dieses Format auch für die Anhangangaben zu verwenden (Rz. 27.64).

---

32 Zu den Möglichkeiten nach der vorherigen Fassung des IAS 19 siehe Vorauflage, Rz. 3645.
33 Vgl. *Rhiel*, PiR 2010, 134 (136).
34 Vgl. *Pawelzik*, DB 2005, 733; *Pawelzik*, PiR 2011, 213 (215).

	Pensionsver-pflichtung	abzgl. Plan-vermögen	Tatsächliche Netto-Rückstel-lung lt. Bilanz
	Defined benefit obligation (DBO)	*Plan assets*	*Net defined bene-fit liability*
Stand 1.1.02	5.000	- 1.500	3.500
(a) laufender Dienstzeitaufwand (current service cost)	350		350
(a) nachzuverrechnender Dienstzeit-aufwand (past service cost)	70		70
(a) Aufwand/Ertrag (-) aus Planabgel-tungen	30		30
(b) Nettozinsaufwand (*net interest*)	250	- 75	175
Nettopensionsaufwand lt. GuV	**700**	**- 75**	**625**
Schätzungsänderungen (OCI)	**300**	**100**	**400**
– davon für demographische Fak-toren	*170*	*–*	*170*
– davon für finanzielle Parameter	*100*	*–*	*100*
– davon für erfahrungsbedingte An-passungen	*30*	*100*	*130*
Erfasste Aufwendungen insgesamt	**1.000**	**25**	**1.025**
Zahlungen laufender Renten	- 400		- 400
Zahlung von Planabgeltungen	- 50		- 50
Beiträge des Unternehmens		20	20
Beiträge von Arbeitnehmern		5	5
Zahlungen insgesamt	**- 450**	**25**	**- 425**
Stand 31.12.02	**5.550**	**- 1.450**	**4.100**

Abb. 27.3: Bilanzierung von Pensionsrückstellungen nach der OCI-Methode

Im Anschluss an den Anfangsstand 1.1.02 wird zunächst der **Nettopensionsaufwand lt. GuV** ausgewiesen, unterteilt nach (a) Dienstzeitaufwand und (b) Nettozinsaufwand (vgl. zu den *past service cost* und zu Planabgeltungen Rz. 27.46 ff.).

- Wegen des identischen Zinssatzes auf die DBO und das Planvermögen (Rz. 27.38) spricht IAS 19.120b nur noch von einem **Nettozinsaufwand** auf die Nettover-pflichtung (*net interest approach*). Dieser Aufwand ergibt sich aus dem am Perio-denanfang gültigen Diskontierungszinssatz (IAS 19.83), hier 5 %, unter Erfas-sung innerjährlicher Zahlungen (IAS 19.123).

- Die **Schätzungsänderungen** sind zwingend Teil des other comprehensive income (OCI) und damit erfolgsneutral mit dem Eigenkapital zu verrechnen (Rz. 27.41). Die Aufgliederung der Schätzungsänderungen wie in Abb. 27.3 orientiert sich an IAS 19.141c. Mit demographischen Faktoren i.S.v. IAS 19.76a sind die Auswirkungen von Änderungen der Annahmen zur Sterbetabelle, Fluktuationswahrscheinlichkeit, Auswahl des in Betracht kommenden Personenkreises, Option für Einmal- oder Rentenzahlungen u.ä. gemeint. Bei finanziellen Faktoren i.S.v. IAS 19.76b handelt es sich um Auswirkungen von Änderungen der Annahmen zum Diskontierungszinssatz, Gehalts-, Renten- Karrieretrend etc. Mit „erfahrungsbedingten Anpassungen" sind Effekte aus Abweichungen zwischen den angenommenen und tatsächlich eingetretenen Parametern gemeint (IAS 19.8, z.B. Gehaltsanpassung des abgelaufenen Geschäftsjahres). Diese Angabe wird in IAS 19.141c zwar nicht gefordert, ist jedoch üblich[35]; der Betrag wird zweckmäßigerweise als Saldogröße zwischen der gesamten Schätzungsabweichung und den einzeln identifizierten demographischen und finanziellen Anpassungen bestimmt[36].

– Die Schätzungsänderungen (*nach latenten Steuern*) sind erfolgsneutral mit dem Eigenkapital zu verrechnen. Ersichtlich werden die Schätzungs*änderungen* in der Gesamtergebnisrechnung (Rz. 45.20) und zusammen mit den kumulierten Werten im Eigenkapitalspiegel (Rz. 46.24). Nachfolgend ein exemplarischer Auszug:

	kumulierte Schätzungsänderungen lt. Eigenkapitalspiegel		
	brutto	*latente Steuern*	*netto*
Stand 1.1.02	**- 1.000**	300	**- 700**
Schätzungsänderungen 02 (OCI)	- 400	120	- 280
Stand 31.12.02	**- 1.400**	420	**- 980**

– Die Verrechnung der Schätzungsänderung geschieht entweder mit den **Gewinnrücklagen** am Jahresende oder in einer separaten Kategorie[37] (IAS 19.122 Satz 2 i.V.m. IAS 19.BC100). Letzteres wird z.T. auch praktiziert („Rücklage nach IAS 19" oder „Rücklage für Neubewertung leistungsorientierter Versorgungspläne"[38], Rz. 46.25) und bietet den Vorteil größerer Transparenz.

– Eine Reklassifizierung, d.h. die nachträgliche GuV-Abbildung von zuvor erfolgsneutral behandelten Beträgen, ist nicht vorgesehen (IAS 19.122). Die jeweilige periodische Verrechnung ist damit endgültig.

Die Darstellung erfolgt hier exemplarisch anhand **eines** Plans bzw. reflektiert das dazugehörige Pensionsgutachten. Im Konzernabschluss sind mehrere Pläne allerdings zusammengefasst *auszuweisen*. Dabei müssen Beträge in ausländischer Währung nach der jeweils anzuwendenden Methode umgerechnet werden (Rz. 35.20). Bei Anwendung der modifizierten Stichtagskursmethode wäre somit eine Zeile **Währungsumrechnungseffekte** zu ergänzen. Im Falle von **Veränderungen des Konsoli-**

---

35 Vgl. z.B. Volkswagen, GB 2017, S. 263 f.
36 Vgl. *Höpken/Torner* in Beck IFRS-HB[5], § 26 Rz. 167 f.
37 Vgl. *Pawelzik*, PiR 2011, 213 (217 f.).
38 Vgl. Merck KGaA, GB 2017, S. 210.

dierungskreises sind Zu- und Abgänge ebenfalls in einer separaten Zeile zu erfassen (IAS 19.141).

27.44 Im Übrigen kann der Pensionsrückstellungsspiegel lt. Rz. 27.42 als Anregung für die Abfrage der Daten bei Tochtergesellschaften (**Konsolidierungsformblätter** oder *reporting package*) und insbesondere für **Pensionsgutachten** selbst dienen: Diese sind oft sehr unübersichtlich, sei es, dass nicht deutlich genug zwischen erwarteten und tatsächlichen Werten unterschieden oder der Zusammenhang zwischen einzelnen Komponenten nur unzureichend erläutert wird und es für den Bilanzierenden dadurch oft mühsam ist, die relevanten Daten überhaupt zu identifizieren.

2. Praxishinweis: Auswertung von Pensionsgutachten

27.45 Pensionsgutachten nach IAS 19 zu einem Bilanzstichtag enthalten immer

(a) die *tatsächliche* DBO bzw. das Planvermögen **zum aktuellen Stichtag** (z.B. 31.12.02), und zusätzlich

(b) eine Vorausschau der erwarteten Entwicklung (Pensionsaufwendungen etc., Rz. 27.36) für das **Folgejahr** (z.B. 03). Daraus folgt für die **Bilanzierung zum 31.12.02** (ausschnittsweise für die Verpflichtung, DBO):

– Der laufende Pensionsaufwand für 02 (laufender Dienstzeitaufwand (350)/ Nettozinsaufwand 175) ergibt sich grundsätzlich aus dem Gutachten *des Vorjahres*, d.h. zum 31.12.01. Hinzu kommt ggf. nachzuverrechnender Dienstzeitaufwand (70, Rz. 27.46) bzw. Verlust/Ertrag aus Planabgeltungen (hier Aufwand 30, Rz. 27.50), die erst im Laufe des aktuellen Geschäftsjahres (hier: 02) bekannt werden.

– Schätzungsabweichungen ergeben sich aus dem Pensionsgutachten zum 31.12.02 bzw. durch Vergleich beider Gutachten.

VII. Planänderungen und Plankürzungen (nachzuverrechnender Dienstzeitaufwand)

27.46 Planänderungen und Plankürzungen gehören zu den sog. Sonderereignissen auf Basis neuer Vereinbarungen. Eine **Planänderung** oder -anpassung *(plan amendment)* bezeichnet eine Vereinbarung zur Änderung des Umfangs der aus dem Plan zu zahlenden Leistungen (IAS 19.104). Es können neue Leistungsbestandteile hinzutreten, vorhandene verbessert, gestrichen oder vermindert werden.

Bei einer **Plankürzung** *(plan curtailment)* handelt es sich demgegenüber um eine Vereinbarung mit dem Gegenstand einer *erheblichen* Verringerung des Mengengerüsts der vom Plan betroffenen Berechtigten (IAS 19.105).

In beiden Fällen ist die DBO neu zu berechnen. Die Differenz zur bisherigen DBO ist als sog. **nachzuverrechnender Dienstzeitaufwand** *(past service cost, IAS 19.102)* erfolgswirksam zu erfassen. Der Begriff des nachzuverrechnenden Dienstzeitaufwands ist insoweit irreführend, als es sich nicht notwendigerweise nur um Aufwand handeln muss; bei entsprechender Änderung/Kürzung könnte auch ein Ertrag vorliegen (IAS 19.106). Ein nachzuverrechnender Dienstzeitaufwand kann aber nur entstehen, insoweit die Änderung auch vergangene Perioden (Dienstjahre) betrifft. Ist hingegen Gegenstand einer Planverbesserung nur die *künftige* Arbeitsleistung, kann sich die DBO zum Zeitpunkt der Verbesserungszusage nicht verändert haben.[39]

Beispiel: Die DBO wird sich durch eine Verbesserung (Verschlechterung) bestehender Versorgungszusagen erhöhen (vermindern), wenn dabei auch vergangene Dienstzeiten zu berücksichtigen sind, z.B. bei Anhebung der monatlichen Rente von 2 % des letzten Gehalts auf 3 % *pro Dienstjahr seit ursprünglicher Zusageerteilung*. Gleiches gilt, wenn Arbeitnehmer, die bereits über mehrere Jahre Arbeitsleistungen erbracht haben, später eine Pensionszusage erhalten, auf deren Höhe sich auch die vergangene Arbeitsleistung auswirkt.

Zuführungen und Auflösungen der DBO infolge von Planänderungen oder -kürzungen sind als nachzuverrechnender Dienstzeitaufwand bei Wirksamwerden der Anpassung (im Zusammenhang mit Restrukturierungen ggf. früher, IAS 19.103) ergebniswirksam in der GuV auszuweisen Dagegen sind jedoch in beiden Fällen Schätzungsänderungen nicht in der GuV, sondern im OCI auszuweisen. Daher kommt der Abgrenzung besondere Bedeutung zu. Folgende **Fallgruppen** sind zu unterscheiden:

Begriff	Beispiele	Bilanzierung
„nachzuverrechnender Dienstzeitaufand" (*past service cost*) bei Planänderungen und -kürzungen	a) Vereinbarung zur Verbesserung (oder Verschlechterung) bestehender Zusagen b) Anpassung der Zusage explizit oder über dynamischen Verweis bei gesetzlicher Erhöhung des Renteneintrittsalters[40] c) Kürzung zukünftiger Ansprüche durch wesentliche Reduzierung der Anzahl der Versorgungsberechtigten, z.B. jeweils bei Betriebsschließungen bzw. Umstrukturierungen	Sofortiger Ausweis in der GuV (Aufwand bei Planverbesserung, Ertrag bei Planverschlechterung bzw. Plankürzung)
„Normale" Schätzungsänderungen	a) Anpassungen des Gehalts-, Karriere- und Rententrends b) Korrektur von Schätzungen der Rentenhöhe bei faktischen Verpflichtungen c) vom Ertrag des Planvermögens abhängige Rentenanpassungen d) Leistungserhöhungen bei Eintritt der Unverfallbarkeit, wenn diese von vornherein vereinbart bzw. absehbar waren. e) Mitnahme *einzelner* Pensionsansprüche bei Arbeitgeberwechsel (Portabilität nach § 4 BetrAVG) f) Abfindung *einzelner* Ansprüche gegen Einräumung einer (beitragsorientierten) Direktzusage g) Tod *einzelner* Mitarbeiter h) Herabsetzung des Pensionsalters anlässlich gleichzeitiger Altersteilzeitvereinbarung[41]	Bestandteil des OCI, d.h. erfolgsneutrale Verrechnung mit dem EK

---
[39] Vgl. *Höpken/Torner* in Beck IFRS-HB[5], § 26 Rz. 77.
[40] Vgl. *Wollmert* u.a., in *Baetge*-IFRS, IAS 19 Rz. 155.
[41] Vgl. *Höpken/Torner* in Beck IFRS-HB[5], § 26 Rz. 81.

Die Aufwandsverrechnung (nachzuverrechnender Dienstzeitaufwand) bei Planänderungen bzw. -kürzungen wird damit gerechtfertigt, dass es sich dabei um neue Ereignisse handelt (IAS 19.BC173), während die übrigen Phänomene immer schon Teil der versicherungsmathematischen Parameter waren. Gleichwohl bietet die Auslegung des Wesentlichkeitsmerkmals bei begrenzten Umstrukturierungen **bilanzpolitischen Spielraum**, Aufwand bzw. Ertrag in der GuV oder erfolgsneutral im OCI auszuweisen.

27.48 Eingriffe in Arbeitnehmerrechte durch **Plankürzungen** sind nur auf Grund wirtschaftlicher Schieflage und nur unter Zustimmung der Arbeitnehmergremien zulässig.[42] Kürzungen *bereits erdienter Ansprüche* sind dabei schwieriger durchsetzbar als Reduzierungen **künftiger Ansprüche**. Ähnliche Restriktionen gelten nach § 3 BetrAVG für (Bar-)**Abfindungen**. Praxisrelevant ist vor allem:[43]

– die Abfindung gegen **Einräumung eines beitragsorientierten Plans** bei einem wesentlichen Teil der Arbeitnehmer und

– die **Übertragung von Pensionsansprüchen** auf externe Träger (Änderung des Durchführungswegs). Die Ausbuchung der Verbindlichkeit setzt voraus, dass der Arbeitgeber bei wirtschaftlicher Betrachtung keine Subsidiärhaftung mehr trägt. Dazu muss beim externen Träger ein **beitragsorientierter** Plan vorliegen oder der externe Träger die Verpflichtung endgültig übernehmen, z.B. bei der Übertragung auf Direktversicherungen und Pensionskassen im Falle der Liquidierung von Unternehmen (Liquiditätsversicherung nach § 4 Abs. 4 BetrAVG). Zur Planabgeltung/Übertragung siehe im Übrigen Rz. 27.50.

27.49 Voraussichtlich mit Wirkung ab 2019 (Rz. 27.12) ist bei unterjährigen Planänderungen/Kürzungen die Neuberechnung

– des laufenden Dienstzeitaufwands und

– der Nettozinsen (also auch der Zins auf das Planvermögen)

ab dem Sonderereignis für den **gesamten Plan** und für den **Rest der laufenden Periode** mit den dann gültigen versicherungsmathematischen Parametern – einschließlich eines ggf. veränderten Zinssatzes – erforderlich (IAS 19.122A, .123A), soweit die Konsequenzen wesentlich sind (IAS 19.BC173C)[44]. Dies ist eine Durchbrechung der ansonsten nur jährlich nötigen Ermittlung des in der GuV zu erfassenden Aufwands. Betroffen sind nicht alle Pläne des Konzerns, sondern nur jene, bei denen ein Sonderereignis zu beobachten ist (Einzelbewertung). Die Regelung ermöglicht bilanzpolitischen Spielraum (*wann* sollen Sonderereignisse durchgeführt werden) und erschwert die Vergleichbarkeit von Plänen eines Unternehmens und von Unternehmen untereinander:[45] Bei Plänen ohne Sonderereignisse verbleiben Änderungen versicherungsmathematischer Parameter im OCI.

---

42 Vgl. *Höpken/Torner* in Beck IFRS-HB[5], § 26 Rz. 79.
43 Vgl. *Mühlberger/Gohdes/Stöckler* in T/vK/B, IAS 19 Rz. 252.
44 Zur Beurteilung der Wesentlichkeit ist nicht nur der Einmaleffekt, sondern auch die Konsequenz auf den künftigen Pensionsaufwand heranzuziehen.
45 Vgl. *Bischof/Chamczyk/Bellert*, DB 2018, 2062; *Hagemann/Neumeier*, PiR 2018, 144.

VIII. Planabgeltungen inkl. Übertragung von Pensionsverpflichtungen

Die Unterscheidung zwischen Schätzungsänderungen und neuen Ereignissen (Rz. 27.47) ist auch für die Bilanzierung von **Planabgeltungen** relevant: IAS 19.111 stellt klar, dass Planabgeltungen lediglich bei einer im wörtlichen Sinne **unplanmäßigen Beendigung des Pensionsplans** vorliegen, z.B. bei einer nicht von vornherein vereinbarten Übertragung auf einen externen Versorgungsträger, Barabgeltung oder Übergang auf einen neuen Arbeitgeber. Macht der Arbeitnehmer dagegen aufgrund einer bereits im Pensionsplan eingeräumten Option von seinem Recht auf Einmalabfindung (statt Rentenzahlung) Gebrauch, liegt *keine* Planabgeltung vor. Eine evtl. Differenz zwischen dem gezahlten und dem bisher zurückgestellten Betrag wäre als Schätzungsänderung im OCI auszuweisen.

27.50

Bei Planabgeltungen sind die vereinbarten Abfindungszahlungen im Ergebnis mit der zugehörigen bisherigen Nettorückstellung zu vergleichen; eine etwaige Differenz ist ergebniswirksam zu verrechnen (IAS 19.109).

27.51

Würde der Plan lt. Rz. 27.42 am 1.1.02 vollständig und unter wirksamer Begrenzung der Subsidiärhaftung auf einen externen Träger gegen Zahlung von 4.000 abgefunden, wäre ein Aufwand i.H.d. Differenz von 500 zu dem bisherigen Nettowert (3.500) zu buchen. Bei teilweiser Abgeltung reduzieren sich die verbleibende DBO und das Planvermögen entsprechend. Erfolgt die Abgeltung unterjährig und nur teilweise, gilt für den verbliebenen Plan Rz. 27.49 analog.

IX. Einzelheiten zum Planvermögen

1. Anforderungen an Planvermögen

Die vollständige oder teilweise Ausfinanzierung der Verpflichtung über einen externen Träger (sog. „Funding") ist international üblich und auch in Deutschland zunehmend zu beobachten.

27.52

Als ausgegliederter Fonds (**Planvermögen**) wird gem. IAS 19.8 eine Einheit akzeptiert, die folgende Voraussetzungen erfüllt:[46]

— Der Fonds ist vom Unternehmen **rechtlich unabhängig** und der einzige und **ausschließliche Zweck** besteht darin, **Pensionszahlungen an Berechtigte** vorzunehmen (Zweckexklusivität). Eine Personenidentität der Organe von Trägerunternehmen und Fonds ist unschädlich, wenn die Unabhängigkeit des Fonds, insbesondere die freie Verfügung über die Fondsmittel gewährleistet ist. Unerheblich ist eine Weisungsbefugnis zur Geldanlage, wie sie etwa bei Treuhandgestaltungen (Rz. 27.55) üblich ist. Entscheidend ist somit, dass der Fonds seinen Zweck erfüllen kann.

---

[46] Vgl. *Mühlberger/Gohdes/Stöckler* in T/vK/B, IAS 19 Rz. 273 f.; IDW RS HFA 2 (Stand: 29.6.2018), Rz. 30 ff.

– Das **Planvermögen** darf im **Insolvenzfall** des berichterstattenden Unternehmens **nicht als Masse zur Verfügung stehen**, es sei denn, das Vermögen ist höher als die Leistungsverpflichtung (DBO) oder das Unternehmen hat Auszahlungen an die Leistungsempfänger vorgenommen, die vom Planvermögen erstattet werden.

(Nur) unter diesen Voraussetzungen muss bzw. darf in der **Bilanz** Planvermögen mit der Verpflichtung saldiert und in der **GuV** Erträge des Planvermögens mit dem restlichen Pensionsaufwand verrechnet werden (Rz. 27.42). Da die Saldierung zu einer **Bilanzverkürzung** und damit zu **besseren Bilanzrelationen** führt, besteht ein nachvollziehbares Interesse daran, möglichst viele Vermögenswerte als Planvermögen i.S.v. IAS 19 zu klassifizieren.

27.53 Da **planvermögensfähige Vermögenswerte** den Versorgungsberechtigten ungeschmälert zur Verfügung stehen sollen, bestehen gewisse Anforderungen:

– Die **Nutzungsüberlassung** an das Trägerunternehmen (ggf. von zuvor vom Unternehmen auf den Fonds übertragenen Sachanlagen) ist unschädlich, wenn der Fonds die uneingeschränkte Verfügungsgewalt behält und den Vermögenswert auch weiterveräußern kann.[47] Ein *sale and lease back* unter IFRS 16 ist nicht per se schädlich.[48]

– Damit die auf einen externen Träger übertragenen Mittel „sinnvoll" angelegt werden, erfolgt oft eine **Darlehensvergabe** an das Unternehmen. Dies ist grundsätzlich zulässig, vorausgesetzt, dass die Darlehensvergabe in der freien Entscheidung des Fonds steht und fremdübliche Bedingungen (inklusive Sicherheiten) vereinbart wurden.[49] Gleiches gilt bei Umwandlung von Beitragsforderungen des Fonds gegenüber dem Trägerunternehmen in ein Darlehen (sog. Vereinbarungsdarlehen). Schädlich ist hingegen, wenn bereits bei Darlehensvergabe absehbar ist, dass das Trägerunternehmen seinen Zahlungen nicht nachkommen wird.[50] Ebenso schädlich ist auch ein Abtretungsverbot der Darlehensforderung, da dies der freien Verfügbarkeit entgegensteht.[51]

– IAS 19.8 verbietet ausdrücklich die Anlage von Fondsmitteln in **nicht übertragbare vom Unternehmen ausgegebene Finanzinstrumente**. Daraus folgt, dass *handelbare* Aktien des Unternehmens Planvermögen darstellen können.[52] Sofern aufsichtsrechtliche Vorschriften nicht ohnehin im Einzelfall eine solche Anlage untersagen, sollte hiervon jedoch (s. Enron, Worldcom) Abstand genommen werden.

---

47 Vgl. IDW RS HFA 2 (Stand: 29.6.2018), Rz. 43.
48 Vgl. IDW RS HFA 50, Modul IAS 19.M2.
49 Vgl. IDW RS HFA 2 (Stand: 29.6.2018), Rz. 37 f.; restriktiver *Höfer/Oppermann*, DB 2000, 1039 (1040).
50 Vgl. IDW RS HFA 2 (Stand: 29.6.2018), Rz. 39.
51 Vgl. IDW RS HFA 2 (Stand: 29.6.2018), Rz. 35.
52 Vgl. *Wollmert* u.a. in Baetge-IFRS, IAS 19 Rz. 33.

2. Unterstützungskassen

Bei deutschen Unterstützungskassen (U-Kassen) besteht insofern ein Zielkonflikt, als: 27.54

- einerseits für die Steuerbefreiung der U-Kasse Höchstgrenzen für das „zulässige Kassenvermögen" gelten[53] und Satzungen zur Sicherung der Steuerfreiheit daher regelmäßig ein Rückübertragungsrecht i.H.d. schädlichen Überschreitung an das Unternehmen vorsehen, aber
- andererseits das Kassenvermögen oft niedriger als die DBO ist und die zur Sicherung der Steuerfreiheit geleisteten Rückübertragungen auf das Unternehmen daher schädlich für das Planvermögen i.S. IAS 19.8 sind:

Beispiel: Das steuerlich höchstzulässige Kassenvermögen betrage 125. Die Satzung der Unterstützungskasse sieht daher eine Rückübertragung darüber hinausgehender Beträge auf Verlangen des Trägerunternehmens vor. Die DBO beträgt 150. In der Literatur wird zum Teil die Ansicht vertreten, dass der Teilbetrag, der auch nach der Satzung der Unterstützungskasse dem Zugriff des Unternehmens entzogen ist (125), die Voraussetzung von Planvermögen erfüllt.[54]

3. Treuhandgestaltungen (CTAs)

Bei **Treuhandgestaltungen** werden Vermögenswerte auf einen Fonds übertragen, die ausschließlich und unwiderruflich nur zur Bedienung der Pensionsansprüche verwendet werden dürfen. Die Fonds als Treuhänder sind häufig in Deutschland in der Rechtsform des „eingetragenen Vereins" organisiert. (Nur) im Insolvenzfall des Unternehmens richten sich die Ansprüche der Berechtigten direkt gegen den Fonds. In der Praxis werden verschiedene Modelle eingesetzt, die unter den Termini **asset backing** und **contractual trust arrangement** (**CTA**) diskutiert werden.[55] Charakteristisch für diese Modelle ist, dass primär Wertpapiervermögen auf einen betriebsinternen „Treuhandpensionsfonds" übertragen werden mit der Folge, dass im IFRS-Konzernabschluss die angestrebte Bilanzverkürzung durch Saldierung des Planvermögens mit den Altersversorgungsverpflichtungen erreicht und Marktwertschwankungen bei der DBO und den Wertpapieren nach der OCI-Methode nicht in der GuV ausgewiesen werden müssen. 27.55

Andererseits wird dieses Vermögen im **HGB-Jahresabschluss** weiterhin beim wirtschaftlichen Eigentümer als Treuhandvermögen aktiviert. Damit ergeben sich keine schädlichen Steuerwirkungen.

---

53 Vgl. § 6 Abs. 6 i.V.m. § 5 Abs. 1 Nr. 3e KStG i.V.m. § 4d EStG.
54 Vgl. *Wollmert* u.a. in Baetge-IFRS, IAS 19 Rz. 35; a.A. *Rößler/Doetsch/Heger*, BB 1999, 2498 (2501).
55 Vgl. grundlegend *Stöhr*, DB 1998, 2243 sowie *Rößler/Doetsch/Heger*, BB 1999, 2498. Siehe auch Haufe IFRS-Komm[16], § 22 Rz. 105.

4. Rückdeckungsversicherungen

27.56 Neben den betrieblichen Pensionsfonds als *funded pension plan* in Form einer Treuhandkonstruktion können grundsätzlich auch Versicherungspolicen als Planvermögen verwendet werden. Eine sog. qualifizierte Versicherungspolice (IAS 19.8) liegt vor, wenn sichergestellt ist, dass die Erlöse aus der Police nur verwendet werden können, um Leistungen an Arbeitnehmer aus einem leistungsorientierten Versorgungsplan zu bezahlen. Die geforderte Insolvenzsicherung wird über eine Verpfändung an die Berechtigten erreicht.[56]

5. Vermögenswerte, die die Voraussetzungen von Planvermögen i.S.v. IAS 19 nicht vollständig erfüllen

27.57 Das Unternehmen kann aber auch Versicherungen abschließen, die zwar nicht die Anforderungen einer qualifizierten Versicherung (= Planvermögen) erfüllen, z.B. im Insolvenzfall als Masse zur Verfügung stehen, gleichwohl aber abgeschlossen worden sind, um die Zahlungen der Betriebsrente zu finanzieren. Wenn die Erstattung quasi-sicher ist, hat das *Unternehmen* die Police zu aktivieren (vgl. IAS 19.116 ff.) und *teilweise* wie normales Planvermögen zu behandeln (d.h. Ansatz zum Fair Value und Saldierung der inkl. Fair Value-Änderungen (IAS 19.116b) Erträge mit den übrigen Komponenten des Pensionsaufwands in der GuV). Abweichend zum regulären Planvermögen kommt eine *Saldierung* mit der Verpflichtung in der Bilanz jedoch *nicht* in Betracht.

6. Bilanzierung von Überdotierungen *(asset ceiling)*

27.58 Übersteigt das Planvermögen die Pensionsverpflichtung, ist grundsätzlich ein **Netto-Vermögenswert** zu aktivieren, soweit das Trägerunternehmen Nutznießer des Überhangs ist (IAS 19.63 ff.). Ein solcher Überhang kann sich aus Überdotierungen des Planvermögens, z.B. aufgrund von Mindestdotationsverpflichtungen oder aus unerwarteten Fair Value-Steigerungen (Schätzungsänderungen) ergeben (IAS 19.65). Da die eventuelle Überdeckung pro Plan ermittelt werden muss und mit Verpflichtungsüberhängen anderer Pläne nicht saldiert werden darf (Rz. 27.35), können positive Vermögenswerte bei *einzelnen* Plänen somit auch vorkommen, wenn insgesamt auf Gesamtunternehmensebene eine Netto-Rückstellung vorliegt.

27.59 Bei einer Vermögensüberdeckung ist daher zu prüfen, ob dem Unternehmen künftig ein entsprechender **Nutzen** zufließen wird, z.B. in Form von Rückerstattungen oder geringeren künftigen Beitragszahlungen (IAS 19.65c). Ist der erwartete Nutzenzufluss geringer als die Vermögensüberdeckung, begrenzt dieser den Aktivposten. Die Ursache für ein Auseinanderfallen liegt darin, dass Pensionspläne vorsichtiger „denken" und rechnen als IAS 19: Wenn etwa der für Dotierungszwecke angesetzte Zinssatz von demjenigen nach IAS 19 abweicht, kann aus Sicht von IAS 19 ein Überschuss, aus Sicht des Plans jedoch z.B. ein Defizit vorliegen[57]. Das

---

56 Dann ist auch im HGB-Abschluss zu saldieren (§ 246 Abs. 2 Satz 2 HGB).
57 Vgl. EY-iGAAP 2018, S. 2773.

sog. *asset ceiling* (IAS 19.64) ersetzt nun die Sichtweise des IAS 19 ein Stück weit durch die Perspektive des Pensionsplans.

Zur Ermittlung des künftigen Nutzenzuflusses ist der Zinssatz der Pensionsverpflichtung gem. IAS 19.83, also am Periodenende, zu verwenden (IAS 19.64b). Die künftige Verfügbarkeit eines Plan-Überschusses (Rückzahlung an das Unternehmen) reicht für einen Vermögenswertansatz aus; es muss keine aktuelle Fälligkeit vorliegen (IFRIC 14.8). Die Aktivierung eines Netto-Vermögenswertes ist auf den so ermittelten Nutzen begrenzt.

Beispiel: In 01 war der beizulegende Zeitwert des Planvermögens niedriger als die DBO, so dass noch eine Nettoschuld zu passivieren war. Am Periodenende 02 sei der Fair Value des Planvermögens wegen einer Börsenhausse jedoch überraschend stark gestiegen, so dass sich folgende Werte ergeben:

Beizulegender Zeitwert Planvermögen	2.600
DBO	2.000
Vermögensüberdeckung	600

Variante (a)

Der Pensionsplan sieht künftige Mindestdotierungen von 100 p.a. vor, die die voraussichtlichen *service cost* von 80 p.a. übersteigen. Zudem ist eine Erstattung früherer Mindestdotierungen ausgeschlossen. In diesem Fall besteht keinerlei Rückforderungsanspruch (IFRIC 14.20 i.V.m. IFRIC 14.22), so dass die Vermögensüberdeckung auf „0" begrenzt wird.

Das *asset ceiling* von 600 ist als Schätzungsänderung erfolgsneutral im OCI zu buchen (IAS 19.127c). Zu Beginn der kommenden Periode 03 wird die Verzinsung auf den *Anfangsstand* des *asset ceiling* unter Zugrundelegung des Diskontierungszinssatzes *vom Periodenanfang* 03 für die DBO als Teil des Nettozinsaufwandes in der GuV ausgewiesen, hier also als Ertrag. Die Differenz zwischen dieser Normverzinsung und dem *asset ceiling* am Periodenende 03 fließt wiederum als **Schätzungsänderung** in das OCI ein (IAS 19.126 sowie IAS 19.57diii).

Variante (b)

Wie (a) mit dem Unterschied, dass das Unternehmen vor dem Bilanzstichtag eine Vorauszahlung von 200 auf die ersten beiden Mindestdotierungen geleistet habe. In diesem Fall besteht der Nutzen in den bereits geleisteten Vorauszahlungen, so dass der Vermögensüberhang auf 200 begrenzt wird (IFRIC 14.20a). Das Ergebnis ist unabhängig davon, ob ein Rückforderungsanspruch besteht oder nicht.

Variante (c)

Wie (a) mit der Umkehrung, dass die voraussichtlichen künftigen *service cost* (100 p.a.) die Mindestdotierungen (80 p.a.) übersteigen. Dann alimentiert die bestehende Überdeckung (600) den nicht durch die künftige Mindestdotierung gedeckten Teil der *service cost* (20 p.a.). Trotz fehlender Rückerstattung besteht für das Unternehmen ein Nutzen, weil die Überdeckung dafür sorgt, dass ansonsten notwendige Zahlungen nicht geleistet werden müssen. Der Nutzen beläuft sich auf den Barwert des Unterschiedsbetrages, diskontiert zum Zinssatz nach IAS 19.83, hier somit also auf 20: 5 % = 400 (IFRIC 14.20b), so dass der Vermögensüberhang auf diesen Betrag begrenzt wird.

Die vorgenannten Grundsätze gelten entsprechend, wenn der Vermögensüberhang auf geleisteten Nachschüssen zur Beseitigung einer Unterdeckung (aus Sicht des Pensionsplans) beruht (IFRIC 14.IE9 ff.). Dabei sind angeforderte, aber noch nicht geleistete Nachschüsse vorab von einem Vermögensüberschuss als Verbindlichkeit abzuziehen (IFRIC 14.19), so dass dieser in einen Verpflichtungsüberschuss umschlagen kann.

27.60 Ist ein Plan, der einem Sonderereignis unterliegt (Rz. 27.46 ff.), mit einer Vermögenswertbegrenzung verknüpft, sind die Effekte des Sonderereignisses zunächst ohne die Vermögenswertbegrenzung zu ermitteln und erfolgswirksam zu erfassen (Rz. 27.47, 27.51). Sodann sind Veränderungen aus der Vermögenswertbegrenzung infolge des Sonderereignisses erfolgsneutral im OCI zu berücksichtigen (IAS 19.101A i.V.m IAS 19.57d).

X. Keine Konsolidierung von Pensionsfonds/Unterstützungskassen u.Ä.

27.61 Rechtlich ausgegliederte Pensionsfonds inklusive Unterstützungskassen, welche die Erbringung von leistungsorientierten Zusagen zum Gegenstand haben, sind **nicht** in den Konzernabschluss des Trägerunternehmens **einzubeziehen** (IFRS 10.4A). Dahinter liegt die Ratio, dass die Vermögenswerte, die unter IAS 19.8 fallen, praktisch den Unterstützungsberechtigten und nicht dem Trägerunternehmen gehören. Daher liegt per se keine Control[58] über deren Vermögen vor, so dass eine Konsolidierung nicht in Betracht kommt.[59] Bei Treuhandgestaltungen (Rz. 27.55) stellt sich die Konsolidierungsfrage ohnehin **nicht**, da das Trägerunternehmen wirtschaftlicher Eigentümer des Planvermögens ist und rechtlich gegenüber den Pensionsberechtigten verpflichtet bleibt.

XI. Ausweis

27.62 IAS 19 enthält weder Regelungen über den **Bilanzausweis** noch über den Ausweis der **Komponenten** des **Altersversorgungsaufwandes**. Wir empfehlen, den Nettozinsaufwand (Zinsaufwand auf die DBO und Zinsertrag auf das Planvermögen saldiert) unter Zinsaufwand oder -ertrag auszuweisen[60]. Dies ist in der Praxis sehr beliebt[61], da beim Aufwandsüberschuss ein höherer operativer Gewinn (EBIT) gezeigt wird (Rz. 44.28 ff.). Die übrigen Komponenten des Altersversorgungsaufwandes sind im Personalaufwand auszuweisen bzw. bei Anwendung des Umsatzkostenverfahrens den Funktionsbereichen zuzuordnen.

---

58 Unerheblich ist ein ggf. bestehendes gesellschaftsrechtliches Control-Verhältnis (Stimmrechte, Organidentität etc., s. Rz. 31.50 ff.), da dies im Konzernabschluss nur indirekt den „eigentlich" abzubildenden Zugriff auf Vermögenswerte vermittelt.
59 Vgl. auch IDW RS HFA 2, Tz. 28.
60 Vgl. *Pawelzik*, PiR 2011, 213 (215).
61 Der Ausweis der Zinskomponente im Finanzergebnis ist nach § 277 Abs. 5 Satz 1 HGB im HGB-Jahres- und Konzernabschluss Pflicht.

Es entspricht ferner üblicher Praxis, beim Unternehmen verbleibende Verpflichtungen als „**Pensionsrückstellungen**" bzw. „Pensionsverpflichtungen" auszuweisen. Es kommt hier nur ein Ausweis unter langfristigen Schulden in Betracht. Auch die Auszahlungsbeträge des kommenden Geschäftsjahres sind als langfristig auszuweisen (Rz. 43.28).

XII. Anhangangaben

In den IAS 19.135-152 sind umfangreiche Angabepflichten enthalten, die in der Praxis zur entsprechend umfangreichen Berichterstattung führen. Eine sinnvolle Gliederung und Gruppierung ist daher unerlässlich. Im Folgenden beleuchten wir einige besondere Aspekte. 27.63

Ein Großteil der erforderlichen Zahlenangaben (IAS 19.140 f.) wurde bereits im Rahmen des **Pensionsrückstellungsspiegels** (Rz. 27.42) erläutert. Es bietet sich an, diesen auch für die Anhangangaben zu verwenden. 27.64

Damit Adressaten die Risiken aus vom Unternehmen selbst genutztem Planvermögen besser einschätzen können, verlangt IAS 19.143 die Angabe des beizulegenden Zeitwerts dieser Vermögenswerte, namentlich Immobilien. Gleiches gilt für im Planvermögen enthaltene eigene Finanzinstrumente des Trägerunternehmens. 27.65

Zur Risikoeinschätzung werden auch umfangreiche Erläuterungen der Auswirkungen von Pensionsplänen auf künftige Cashflows verlangt (IAS 19.145 ff.): 27.66

– (Nur) in Bezug auf die DBO (IAS 19.145, d.h. *nicht für Planvermögen und nicht für die Nettoverpflichtung*, IAS 19.BC237 f.) ist eine **Sensitivitätsanalyse** inkl. Erläuterung der dabei verwendeten Methoden und Methodenänderungen vorzunehmen. Diese Information wird zweckmäßigerweise vom versicherungsmathematischen Gutachter zur Verfügung gestellt und ist beschränkt auf eine Bandbreite am Stichtag relevanter versicherungsmathematischer Parameteränderungen, z.B. Zinssatz.

– Beschreibung der Strategien zum Management der Zahlungsverpflichtungen (*asset-liability matching-strategies*, IAS 19.146), aber nur, soweit diese bestehen (IAS 19.BC234).

– Angaben zum **künftigen Zahlungsverlauf** (IAS 19.147): (i) Beschreibung der Deckungsstrategie (*funding strategy*), (ii) Angabe der Beiträge zum Planvermögen im folgenden Geschäftsjahr und (iii) Angaben zum künftigen Auszahlungsverlauf der DBO (*maturity profile*), letzteres entweder durch Angabe einer Durchschnittslaufzeit (mit Durchschnittsbetrag) oder eines Zahlungsplans (IAS 19.BC243).

frei 27.67–27.69

E. Sonstige Leistungen an Arbeitnehmer

I. Kurzfristig fällige Leistungen an Arbeitnehmer

27.70 Zu den kurzfristig fälligen Leistungen an Arbeitnehmer gehören alle Verpflichtungen des Unternehmens gegenüber seinen Arbeitnehmern aus Anlass des Arbeitsverhältnisses, die innerhalb von zwölf Monaten nach Ende der Berichtsperiode beglichen werden (mit Ausnahme von Altersversorgungs- und Kapitalbeteiligungsleistungen). Das können Löhne, Gehälter, Sozialbeiträge, Urlaubsrückstände, Zeitkonten, Tantiemen sowie andere Erfolgsbeteiligungen u.Ä. sein (IAS 19.9). Die Verpflichtung ist grundsätzlich unabgezinst als **Verbindlichkeit** (*accrued expense*) anzusetzen (IAS 19.11a), unabhängig davon, ob zur Ermittlung der Verpflichtung statistische Wahrscheinlichkeiten herangezogen werden müssen (beispielsweise Fluktuationsschätzungen bei Tantiemen) oder nicht.[62] Umgekehrt sind Vorausleistungen an Arbeitnehmer zu aktivieren.

Nach IAS 19.11b kommt eine Aufwandserfassung naturgemäß nur in Betracht, solange der Personalaufwand nicht als Bestandteil der Anschaffungs- oder Herstellungskosten aktiviert wird. Der Standard hat hier die Gliederung der GuV nach dem Umsatzkostenverfahren im Blick. Bei einer Gliederung nach dem Gesamtkostenverfahren bleibt der Aufwand erfasst; die Aktivierung eines selbst geschaffenen Vermögenswertes führt hier zu einem Ertrag.

II. Andere langfristig fällige Leistungen an Arbeitnehmer

27.71 Zu den anderen langfristig fälligen Leistungen gehören beispielsweise Gewinn- und Erfolgsbeteiligungen, die mehr als zwölf Monate nach der Erbringung der Arbeitsleistung fällig sind, **Jubiläumsgelder** und langfristige Erwerbsunfähigkeitsleistungen (IAS 19.153). Bei der Bilanzierung ist wie folgt zu unterscheiden:

- Die Bewertung der Stichtagsverbindlichkeit erfolgt ähnlich wie bei den leistungsorientierten Pensionsverpflichtungen (also zum **Barwert** der Verpflichtung unter Berücksichtigung von Fluktuation u.ä.).
- Im Unterschied zu Pensionsverpflichtungen (Rz. 27.41) sind **Schätzungsänderungen** immer in der GuV zu erfassen (IAS 19.156). Die im Vorfeld von IAS 19 (2011) erwogene Gleichbehandlung wurde nicht umgesetzt[63].

27.72 Auch Verpflichtungen aus **Altersteilzeit** gehören insgesamt bei Laufzeiten jenseits 12 Monaten zu den anderen langfristig fälligen Leistungen an Arbeitnehmer (DRSC AH 1.11). Das Altersteilzeitgesetz sieht zwei Modelle vor: Gleichverteilungsmodell und Blockmodell.

---

[62] In der Praxis erfolgt der Ausweis häufig unter den Rückstellungen, s. Rz. 26.8.
[63] Vgl. *Pawelzik*, PiR 2011, 213.

Beim **Gleichverteilungsmodell** wird vereinbart, dass der Arbeitnehmer während des gesamten Altersteilzeitraumes bis zur Pensionierung mit einer reduzierten täglichen Arbeitszeit tätig ist. Nach dem **Blockmodell** dagegen arbeitet der Mitarbeiter in der ersten Phase des Altersteilzeitraumes (sog. Beschäftigungsphase) weiterhin mit unverminderter Arbeitszeit, und in der zweiten Phase (sog. Freistellungsphase) wird er vollständig von der Arbeitspflicht freigestellt. In beiden Modellen wird ein vermindertes Arbeitsentgelt, aber zusätzlich ein sog. Aufstockungsbetrag des Arbeitgebers gleichmäßig geleistet. Bei der Bilanzierung ist wie folgt zu differenzieren:

(a) Beim Blockmodell ergibt sich im Gegensatz zum Gleichverteilungsmodell in der Beschäftigungsphase ein Erfüllungsrückstand des Arbeitgebers, da der Arbeitnehmer die volle Arbeitsleistung erbringt, seine Vergütung jedoch (z.B. auf 50 % des Vollzeitentgelts) reduziert wird. Für diese Erfüllungsrückstände ist unter Beachtung versicherungsmathematischer Grundsätze ein barwertiger Schuldposten über die Beschäftigungsphase anzusammeln. Die angesammelte Rückstellung wird in der Freistellungsphase in Anspruch genommen. Die bilanzielle Verfahrensweise unterscheidet sich insoweit nicht vom HGB.[64]

(b) Die in beiden Modellen identischen **Aufstockungsbeträge** sind ebenfalls nicht als Abfindungsleistungen zu qualifizieren, weil sie nach Auffassung des IFRIC[65] wegen des Restdienstzeitraums eher den Charakter von Dienstentgelten haben (IAS 19.162). Im Übrigen hat das DRSC einen Anwendungshinweis zur Bilanzierung der Aufstockungsbeträge veröffentlicht. Hiernach sind die Aufstockungsleistungen nach versicherungsmathematischen Grundsätzen (also auch abgezinst) aufwandswirksam über die noch anfallenden Dienstperioden zu verteilen, beim Gleichverteilungsmodell bis zum Eintritt des Rentenfalls und beim Blockmodell bis zum Ende der Beschäftigungsphase (Aktivphase, DRSC AH 1.30 ff.).[66] Bei Individualvereinbarungen beginnt die Ansammlung im Zeitpunkt des Abschlusses der Vereinbarung (DRSC AH 1.25). Bei Kollektivvereinbarungen können auch Mindestbetriebszugehörigkeiten zu berücksichtigen sein, so dass es hier zu nachzuverrechnendem Dienstaufwand kommen kann (DRSC AH 1.26).[67]

Mögliche Erstattungsansprüche des Unternehmens gegenüber der Bundesagentur für Arbeit (BA) dürfen erst aktiviert werden, wenn die entsprechenden Voraussetzungen vorliegen (Neueinstellungen). Sie sind, wie andere mit Belastungen korrespondierende Erstattungsansprüche auch, nicht rückstellungsmindernd zu berücksichtigen (Rz. 26.65).

---

64 Vgl. IDW RS HFA 3, Tz. 26.
65 Vgl. IFRIC, tentative agenda decision „IAS 19 Employee Benefits – Applying the Definition of termination benefits to „Altersteilzeit" plans", November 2011, IDW-FN 1/2012, 59 f.
66 Die Vorgehensweise entspricht der in der Vorauflage in Rz. 3723 präferierten Lösung. Vgl. auch *Scharr/Feige/Baier*, KoR 2012, 9 (15).
67 Zu DRSC AH 1 vgl. *Geilenkothen/Krönung/Lucius*, BB 2013, 299.

III. Abfindungen

27.73 IAS 19.159 weist ausdrücklich darauf hin, dass eine Abfindung als Verpflichtung *aus Anlass der Beendigung des Arbeitsverhältnisses* und nicht durch die vom Arbeitnehmer geleistete Arbeit begründet ist. Dementsprechend sind solche Verpflichtungen, zu denen auch **Sozialplanleistungen** gehören, sofort als **Verbindlichkeit** zu erfassen. Bei Freistellungen etwa aus **Umstrukturierungen** muss ein formaler, detaillierter und beschreibender Plan gem. IAS 19.167 vorliegen und den betroffenen bekanntgegeben sein (siehe auch Rz. 26.47 ff.).

27.74 Bei **Entlassungsentschädigungen**, die aufgrund gesetzlicher Verpflichtung zu zahlen sind, z.B. den in Österreich gezahlten sog. **Abfertigungsverpflichtungen**, handelt es sich i.S.v. IAS 19 nicht um Abfindungen, sondern um Altersversorgungsverpflichtungen (IAS 19.160). Im Übrigen richtet sich die Bilanzierung nach dem konkreten Rechtssystem:

– Nach der z.B. in Österreich seit 2003 geltenden Gesetzesregelung müssen Arbeitgeber Beiträge in eine Mitarbeitervorsorgekasse einzahlen, deren Mittel den Arbeitnehmern zustehen. Diese Neuverpflichtungen sind sog. *multi-employer-plans* (MEPs) und wie beitragsorientierte Pläne (Rz. 27.22 ff.) zu behandeln.

– Die Bilanzierung von Altverpflichtungen entspricht der Handhabung bei leistungsorientierten Plänen (Pensionsrückstellungen), d.h. Bewertung zum Barwert unter Erfassung der Fluktuationswahrscheinlichkeit. Insbesondere sind Schätzungsänderungen erfolgsneutral zu behandeln (OCI-Methode).

27.75 Im Übrigen unterscheidet IAS 19.159 ff. konsequent zwischen

(i) Abfindungszahlungen (ohne weitere Leistungen der Arbeitnehmer),

(ii) Vergütungen für zukünftige Leistungen und

(iii) Altersversorgungsverpflichtungen.

Werden Arbeitnehmer entlassen und erhalten als Anreiz für ihre Einwilligung (ii) während einer evtl. Restdienstzeit höhere laufende Vergütungen (IAS 19.162a) oder (iii) höhere Pensionsleistungen (IAS 19.162b), sind diese nach den hierfür geltenden Regelungen zu bilanzieren: Bei (ii) entsteht laufender Aufwand und bei (iii) nachzuverrechnender Dienstzeitaufwand (Rz. 27.46).

27.76 Werden die Leistungen länger als zwölf Monate nach dem Bilanzstichtag fällig, sind sie mit dem in Rz. 27.31 genannten Zinssatz abzuzinsen.

IV. Anhangangaben

27.77 Angaben über die Bilanzierung **anderer langfristig fälliger Leistungen** oder Abfindungsleistungen an Arbeitnehmer sind nicht erforderlich, soweit sie sich nicht aus anderen Standards ergeben (z.B. IAS 24).

Kapitel 28
Anteilsbasierte Vergütungen (IFRS 2)

A. Überblick und Wegweiser 28.1
   I. Management Zusammenfassung 28.1
   II. Standards und Anwendungsbereich 28.3
   III. Wesentliche Abweichungen zum HGB 28.8
   IV. Neuere Entwicklungen 28.10

B. Begriffe 28.12
   I. Einräumungszeitpunkt, Sperrfrist, Ausübungsfrist und Laufzeit von Optionen 28.13
   II. Innerer Wert, Gesamtwert, Zeitwert von Optionen 28.14
   III. Optionspreisbestimmung 28.15
      1. Optionspreismodelle 28.15
      2. Bewertungsparameter 28.16
      3. Ausübungsbedingungen und das Preis- und Mengengerüst der Bewertung 28.19

C. Anteilsbasierte Barvergütungen (Cash settled) 28.22

D. Aktienoptionsprogramme (Equity settled) 28.26
   I. Grundsätze 28.26
   II. Ausgabe von Optionen durch bedingte Kapitalerhöhung 28.28
   III. Bedeutung von Wert- und Mengengerüst im Rahmen der Zugangs- und Folgebewertung . 28.31
   IV. Variable Sperrfristen 28.34
   V. Optionen mit anderen Bedingungen (non vesting conditions) 28.35
   VI. Ausnahmefall: Bewertung der Option zum inneren Wert 28.36
   VII. Bedienung von Aktienoptionen durch eigene Anteile 28.37
   VIII. Planänderungen 28.39
      1. Veränderung der Zahl der gewährten Optionen (Optionsmenge) 28.39
      2. Herabsetzung des Ausübungspreises (repricing) 28.40
      3. Widerruf von Optionen/Beendigung von Optionsplänen 28.43
      4. Wechsel der Vergütungsform ... 28.44

E. Kombinationsmodelle 28.47
   I. Wahlrecht beim Arbeitnehmer . 28.48
   II. Wahlrecht des Unternehmens .. 28.50

F. Belegschaftsaktien 28.52

G. Konzernverbund 28.53

H. Latente Steuern 28.55

I. Ausweis und Anhangangaben . 28.57

Literatur: DRSC E-AH 4: Entwurf DRSC Anwendungshinweis zu IFRS 2 – In Eigenkapital erfüllte anteilsbasierte Mitarbeitervergütungen mit Nettoerfüllungsvereinbarungen: Bilanzierung von Kompensationszahlungen; *Gebhardt*, Konsistente Bilanzierung von Aktienoptionen und Stock Appreciation Rights – eine konzeptionelle Auseinandersetzung mit E-DRS 11 und IFRS ED 2, BB 2003, 675; *Herzig*, Steuerliche und bilanzielle Probleme bei Stock Options und Stock Appreciation Rights, DB 1999, 1; *Herzig/Lochmann*, Bilanzierung von Aktienoptionsplänen und ähnlichen Entlohnungsformen, WPg 2001, 81; *Hoffmann/Lüdenbach*, Die Bilanzierung aktienorientierter Vergütungsformen nach IFRS 2 (Share-based Payment), DStR 2004, 786; *Johnen*, Verhaltenstheoretische und gesellschaftsrechtliche Ausgestaltungsparameter bei der Bilanzierung nach IFRS 2 unter Berücksichtigung bewertungsrelevanter Aspekte, Diss., Lohmar – Köln 2012; *Knorr/Wiederhold*, IASB Exposure Draft 2 – „Share-based Payments" – Ende der Diskussion in Sicht?, WPg 2003, 49; *Pellens/Crasselt*, Bilanzierung von Stock Options, DB 1998, 1431; *Portner*, Mitarbeiter-Optionen (Stock Options): Gesellschaftsrechtliche Grundlagen und Besteuerung, DStR 1997, 786; *Rammert*, Die Bilanzierung von Aktienoptionen für Manager, WPg 1998, 766; *Richter*, Anteilsbasierte Mitarbeitervergütungen gem. IFRS 2 – Ansatz und Bewertung echter und virtueller Aktienoptionen sowie sich daraus ergebende Auswirkungen auf Bilanzkennzahlen – Fallstudie, IRZ 2010, 333; *Schreiber*, IASB konkretisiert IFRS 2 „Anteilsbasierte Vergütungen", DB 2016, 2070; *Schruff/Hasenburg*, Stock Option-Programme im handelsrechtlichen Jahresabschluss, BFuP 1999, 616; *Siegel*, Bilanzierung von Aktienoptionen und der Charakter eigener Aktien, in Wagner (Hrsg.), Zum Erkenntnisstand der Betriebswirtschaftslehre am Beginn des 21. Jahrhunderts, FS Loitlsberger, Berlin 2001, 345; *Sommer/Hofbauer/Konold*, Praxisprobleme bei der Bewertung anteilsbasierter Vergütung nach IFRS 2, KoR 2009; *Firicon GmbH*, Studie zur Bilanzierung von Aktienoptionen nach IFRS 2, Düsseldorf 2006; *Vater*, Bilanzielle und körperschaftliche Behandlung von Stock Options, DB 2000, 2185; *Zeimes/Thuy*, Aktienoptionen sind als Aufwand zu erfassen, KoR 2003, 39; *Zwirner/Froschhammer*, Die Bilanzierung von equity-settled share-based payment transactions nach IFRS 2, IRZ 2010, 163.

A. Überblick und Wegweiser

I. Management Zusammenfassung

28.1 [1]Anteilsbasierte Vergütungen sind inzwischen ein übliches Element der Vergütung von Führungskräften insbesondere börsennotierter Unternehmen. Das Ziel besteht darin, Interessenkonflikte zwischen Anteilseignern und Managern (das sog. **Principal-Agent-Problem**[2]) durch Bindung der Vergütung an die Wertsteigerung des Unternehmens zu vermeiden oder zumindest abzumildern. Grundsätzlich lassen sich zwei Kategorien anteilsbasierter Vergütungen unterscheiden:

(a) **Barvergütungen**, die sich am Wert bzw. an den Wertsteigerungen des Unternehmens orientieren („Unternehmenswertsteigerungstantieme"). Hierbei kommt es bei Erfüllung der Bedingungen zu einem Geldabfluss und zur Erfassung von **Personalaufwand**.

(b) Hauptanwendungsfall anteilsbasierter Vergütungen sind **Aktienoptionsprogramme**. Es wird dem Manager eine Option eingeräumt, die bei Erfüllung der Bedingungen ausgeübt werden kann. Im Falle der Ausübung leistet der Berechtigte eine Einzahlung an das Unternehmen. Die Option kann aber auch verfallen, wenn sich die Kurserwartungen nicht erfüllen. In beiden Fällen kommt es somit, anders als bei (a), nicht zu einem Cashabfluss aus dem Unternehmen. Dennoch verlangt IFRS 2 grundsätzlich ab Einräumung der Option die Erfassung von Personalaufwand („**Aufwand an Eigenkapital**"). Dies erfolgt vor dem wirtschaftlichen Hintergrund, dass der Manager (i) seine Arbeitsleistung in das Unternehmen einlegt („an Eigenkapital") und (ii) das Unternehmen zugleich eine (nicht aktivierungsfähige) Arbeitsleistung des Managers erhält und verbraucht („per Aufwand").

---

1 Die Verfasser danken Herrn Dennis *Dudek* für seine Mitarbeit an diesem Kapitel.
2 Vgl. z.B. *Portner*, DStR 1997, 786.

Bereits im Rahmen der Zugangsbewertung sind unabhängig von der Form der Vergütungszusage die auf das **Mengengerüst** (Dienstbedingungen sowie marktunabhängige Leistungsbedingungen, Rz. 28.19) und die auf das **Preisgerüst** (marktabhängige Leistungsbedingungen sowie anderen Ausübungsbedingungen, Rz. 28.19) entfallenden Vertragsbedingungen voneinander abzugrenzen. Hieraus ergeben sich für die Zugangs- und Folgebewertung Implikationen: 28.2

	Equity Settled	Cash Settled
Zugangsbewertung	Preis: Fair Value der gewährten Eigenkapitalinstrumente (**Eigenkapital**) unter Berücksichtigung von marktabhängigen Leistungs-bedingungen sowie anderen Ausübungsbedingungen Menge: Anzahl der erwarteten ausübbaren Eigenkapitalinstrumente unter Berücksichtigung von Ausübungsbedingungen, die keine Marktbedingungen sind	Preis: Fair Value der gewährten anteilsbasierten Vergütung mit Barausgleich (**Verbindlichkeit**) unter Berücksichtigung von marktabhängigen Leistungsbedingungen sowie anderen Ausübungsbedingungen Menge: Anzahl der erwarteten ausübbaren Prämien unter Berücksichtigung von Ausübungsbedingungen, die keine Marktbedingungen sind
Folgebewertung	Preis: Entspricht dem Fair Value der Zugangsbewertung; keine laufende Anpassung an marktabhängige Leistungsbedingungen sowie andere Ausübungsbedingungen Menge: Laufende Anpassung an dienst- und marktunabhängige Leistungsbedingungen	Preis: Laufende Anpassung des Fair Values unter Berücksichtigung von marktabhängigen Leistungsbedingungen sowie anderen Ausübungsbedingungen Menge: Laufende Anpassung an dienst- und marktunabhängige Leistungsbedingungen

Der (anteilig) zu erfassende (Personal-)Aufwand ergibt sich schließlich als Produkt **aus der Preis- und der Mengenkomponente**.[3]

II. Standards und Anwendungsbereich

IFRS 2 (*Share Based Payments*) regelt umfassend die Bilanzierung anteilsbasierter Vergütungen. Der Standard ist in Geschäftsjahren ab dem 1.1.2005 gültig und wurde seitdem punktuell verändert. IFRS 2 ist zuletzt im Februar 2018 geändert worden (Rz. 28.11). 28.3

IFRS 2 kommt zur Anwendung, wenn ein Unternehmen **Güter** oder **Dienstleistungen** erhält und dafür folgende Gegenleistungen erbringt (IFRS 2.2): 28.4

---

3 Haufe IFRS-Komm[16], § 23 Rz. 80.

(a) Übertragung von Eigenkapitalinstrumenten (Aktien oder Aktienoptionen) des Unternehmens („**Equity settled**"), soweit dies nicht im Rahmen von Unternehmenserwerben (IFRS 3) geschieht (Rz. 28.7).

(b) Übertragung von Cash oder anderen Vermögenswerten, deren Höhe vom Kurs oder Wert der Aktien oder anderer Eigenkapitalinstrumente des Unternehmens abhängt („**Cash settled**").

(c) wahlweiser Ausgleich durch Eigenkapitalinstrumente (a) oder Barausgleich (b), wobei das **Wahlrecht** in der Regel dem Unternehmen, aber auch dem Berechtigten zustehen kann.

28.5 Für die Anwendung von IFRS 2 ist entscheidend, dass das Unternehmen überhaupt Güter oder Dienstleistungen gegen eine anteilsbasierte Vergütung erhalten hat. Die Vergütung selbst muss aber nicht von demselben Unternehmen gewährt werden. Vielmehr ist IFRS 2 auch anwendbar, wenn (a) andere Konzerngesellschaften oder wenn (b) **Anteilseigner der Konzernmutter** die Vergütungen übernehmen (IFRS 2.3A). *Innerhalb eines Konzerns* (bspw. Mutterunternehmen gewährt Leistungen an Mitarbeiter von Tochterunternehmen) hat diese Regelung wegen der Einheitsfiktion nur klarstellende Bedeutung (zur Behandlung in den *Einzelabschlüssen* s. Rz. 28.53 f.). Materielle Bedeutung hat hingegen Fall (b), weil die von Anteilseignern der Konzernmutter vorgenommene verdeckte Einlage im Konzernabschluss zu bilanzieren ist.

Leistung durch/ Durchführungsart	Equity Settled	Cash Settled
Gesellschaft	IFRS 2.2a, Appendix A	IFRS 2.2b, Appendix A
Andere Konzerngesellschaft *oder* Aktionär der Gesellschaft	IFRS 2.3A	IFRS 2.3A

28.6 *Unerheblich* für die Anwendung von IFRS 2 ist die **Rechtsform** des Unternehmens (AG, GmbH, KG etc.). Von praktischer Bedeutung dürften jedoch nur Anreizprogramme bei Aktiengesellschaften sein. Auch die **Art der Leistung** (z.B. Arbeitsleistung, Beratungsleistung, Warenlieferung etc.) spielt keine Rolle (IFRS 2.5). IFRS 2 kommt somit auch dann zur Anwendung, wenn ein Warenlieferant oder ein Berater seine Vergütung nicht in bar, sondern in Form von Aktien bzw. Aktienoptionen erhält. Solche Fälle dürften aber zumindest in Deutschland seltene Ausnahmen bleiben. Entsprechend der praktischen Relevanz zielt unsere Kommentierung auf **Vergütungen an Arbeitnehmer**. Bei **nicht von Arbeitnehmern erbrachten Leistungen** wird nur bei der Ausprägung „Equity settled" i.H.d. Fair Value der *erhaltenen* Güter bzw. Dienstleistungen gebucht: Aufwand (sofern nicht zu aktivieren) an Eigenkapital (IFRS 2.13). Abweichend davon regelt IFRS 2.13A, dass sich der Wert von Aktienoptionen nach dem Fair Value der ausgegebenen Anteile/Optionen richtet, wenn der Wert der erhaltenen Gegenleistung nicht verlässlich bestimmbar ist. Diese Fälle, bspw. Ausgabe von Optionen an gemeinnützige Organisationen zwecks Imageförderung, sind in Deutschland wohl zu vernachlässigen.

IFRS 2 ist allerdings **nicht** anwendbar, wenn Arbeitnehmer Anteile wegen ihrer Eigenschaft als Aktionär erhalten, anderen Aktionären also der gleiche Vorzug eingeräumt wird (IFRS 2.4) oder soweit andere Standards Vorrang genießen (IFRS 2.5 und 2.6): 28.7

– Hierzu zählen der Austausch von Finanzinstrumenten gem. IAS 32.8–10 und IFRS 9.2.4–2.7 sowie

– **Unternehmenserwerbe** gegen Anteilsgewährung, die unter **IFRS 3** fallen (Rz. 36.7): Common control-Transaktionen und Einlagen von businesses i.S.v. IFRS 3 in Joint Ventures unterliegen ebenfalls nicht IFRS 2 (IFRS 2.5).

III. Wesentliche Abweichungen zum HGB

Während virtuelle Eigenkapitalinstrumente (**Barvergütungen**) in Deutschland immer schon zulässig waren, wurde die Möglichkeit der Ausgabe von Aktienoptionen an Mitarbeiter erst durch das KonTraG in 1998 geschaffen. Die Bilanzierung von Barvergütungen erfolgt entsprechend IFRS durch ratierliche Dotierung wie bei Ansammlungsrückstellungen. 28.8

In Bezug auf **echte Aktienoptionen** prallen immer noch verschiedene Meinungen aufeinander.[4] Das HGB enthält im Gegensatz zu den IFRS keine expliziten Bilanzierungsvorschriften. Eine Übertragung der IFRS Regeln auf deutsches Handels- und Steuerrecht hat der BFH in seinem Urteil I R 103/09 vom 25.8.2010 erstmal verneint. Somit ist im Gegensatz zu virtuellen Aktienoptionen keine ratierliche Aufwandsbuchung und entsprechende Buchung im Eigenkapital vorzunehmen.[5] Auch nach h.M. wird eine Aufwandsbuchung bei Aktienoptionen mit Hinweis auf die fehlende Einlagefähigkeit der Arbeitsleistung überwiegend abgelehnt. Insgesamt dürften die HGB-Normen für die Ausgestaltung von Aktienoptionen nur von begrenzter Bedeutung sein. Viel mehr findet eine Orientierung an den IFRS-Normen statt. Hierbei ist unabhängig von konzeptionellen Erwägungen nach IFRS 2 eine Aufwandsbuchung vorzunehmen, die den Effekt hat, dass Anteilseignern und Abschlussadressaten der Umfang der den Managern gewährten Vergütung deutlicher wird als es bei einer bloßen Anhangangabe der Fall wäre. 28.9

IV. Neuere Entwicklungen

Der Board hat im Rahmen der jährlichen Verbesserungen (Zyklus 2010–2012) im Dezember 2013 Klarstellungen der Begriffe „Ausübungsbedingungen" und „Marktbedingungen" sowie Definitionen für die Begriffe „Leistungsbedingung" und „Dienstbedingung" endgültig veröffentlicht. Die letzteren beiden waren vorher Teil der 28.10

---

4 Vgl. *Pellens u.a.*, Internationale Rechnungslegung[10], 626 f.
5 Vgl. Beck IFRS-HB[5], § 24 Rz. 64.

Definition von „Ausübungsbedingungen". Die Änderungen traten am 1.7.2014 in Kraft.

28.11 Am 25.11.2014 hat der Board Klarstellung der Klassifizierung und Bewertung von Geschäftsvorfällen mit anteilsbasierter Vergütung (ED/2014/5) herausgegeben. Auf dieser Basis wurde dann am 20.6.2016 die endgültige Fassung des Änderungsdokuments veröffentlicht. Im Kern handelt es sich bei den Änderungen viel mehr um Ergänzungen respektive um Konkretisierungen als um Änderungen bestehender Vorschriften. Die Anpassungen beziehen sich auf folgende drei Bereiche:[6]

- Berücksichtigung von Ausübungsbedingungen bei anteilsbasierten Vergütungen mit Barausgleich (Rz. 28.21),

- Bilanzierung eines Wechsels von in bar erfüllten anteilsbasierten Vergütungen zu in Eigenkapitaltiteln erfüllten anteilsbasiertern Vergütungen (Rz. 28.45 f.) und

- Klassifizierung anteilsbasierter Vergütungen, die unter Steuereinbehalt zum Nettobetrag erfüllt werden: Die Steuervorschriften vieler Länder (einschließlich Deutschland) verpflichten Unternehmen bei anteilsbasierter Vergütung eine in diesem Zusammenhang vom Mitarbeiter geschuldete Steuer im Name des Mitarbeiters an die Steuerbehörde abzuführen (IFRS 2.33E). Vor diesem Hintergrund werden bei Equity Settled Transaktionen regelmäßig Teile der gewährten Eigenkapitalinstrumente (zum Verkauf) zurückbehalten, um die steuerlichen Verpflichtungen der Arbeitnehmer bei der Steuerbehörde zu begliechen. Der Ausgleich erfolgt dabei regelmäßig in Form von Barzahlungen (in Deutschland LSt-Abzug). Dem Mitarbeiter verbleibt somit nur ein **„Nettobetrag"** (*net settlement feature*). Bei diesem Vorgehen traten in Vergangenheit Fragestellungen auf, ob der einbehaltene Teil als „Cash Settled" Transaktion zu klassifizieren ist. Der Board hat nun klar gestellt, dass obiges Vorgehen wirtschaftlich als **Rückkauf von Eigenkapitalinstrumenten** zu sehen ist und IFRS 2.29 zur Anwendung kommt.[7] Dies hat zur Folge, dass anteilsbasierte Vergütungen, die Nettoerfüllungsmerkmale aufweisen, als Equity Settled zu behandeln sind, sofern die anteilsbasierte Vergütung auch ohne Steuereinbehalt als Equity Settled klassifiziert worden wäre (IFRS 2.33F).[8]

Die Änderungen bzw. Ergänzungen wurden am 27.2.2018 in europäisches Recht übernommen und sind prospektiv für Geschäftsjahre anzuwenden, die ab dem 1.1.2018 beginnen.

B. Begriffe

28.12 Im Folgenden erläutern wir die bilanzierungsrelevanten Begriffe und Faktoren (IFRS 2, Anhang A). Diese sind überwiegend für Aktienoptionen, z.T. aber auch für anteilsbasierte Barvergütungen relevant.

---

6 Vgl. hierzu auch *Schreiber*, DB 2016, 2070 ff.
7 Vgl. *Schreiber*, DB 2016, 2070 ff.
8 Vgl. zur bilanziellen Abbildung dessen DRSC E-AH 4.

Als **Eigenkapitalinstrument** wird ein Vertrag bezeichnet, der einen Residualanspruch am Vermögen eines Unternehmens nach Abzug aller Schulden begründet.

Der **Tag der Gewährung (grant date)** ist der Zeitpunkt, an dem das Unternehmen und die andere Partei, hier die Mitarbeiter, eine anteilsbasierte Vergütungsvereinbarung treffen. An diesem Tag gewährt das Unternehmen den Mitarbeitern das Recht auf den Erhalt von flüssigen Mitteln, anderen flüssigen Mitteln oder Eigenkapitalinstrumenten.

Dieses Recht ist ggf. an bestimmte **Ausübungsbedingungen (vesting conditions)** geknüpft. Eine Ausübungsbedingung ist entweder eine Dienstbedingung (service condition) oder eine Leistungsbedingung (performance condition).

Unter einer **Dienstbedingung (service condition)** wird die Ableistung einer noch zu erbringenden bestimmten Dienstzeit verstanden. Eine Dienstbedingung setzt keine Erreichung eines Leistungsziels voraus.

Leistungsbedingungen (performance conditions) verlangen neben der vom Mitarbeiter noch zu erbringenden Beschäftigungsdauer (Dienstbedingung) zusätzlich die Erfüllung bestimmter Leistungsziele. Die Erreichung der Leistungsziele darf nicht über das Ende der Dienstzeit hinausgehen, kann aber vor der Dienstzeit beginnen, sofern der Zeitraum bis zum Beginn der Dienstzeit nicht wesentlich ist.

Das Leistungsziel kann sich auf

– Geschäfte oder Tätigkeiten des Unternehmens selbst beziehen, wie beispielsweise die Erreichung eines bestimmten Mindestgewinns in einem bestimmten Zeitraum (**non market conditions**); oder

– kann weitere Bedingungen beinhalten, die lediglich die Bewertung des Eigenkapitalinstruments des Unternehmens beeinflussen (beispielsweise in Abhängigkeit vom Börsenkurs oder eines Indizes), diese werden als **Marktbedingungen (market conditions)** bezeichnet.

Ein Leistungsziel kann sich auch auf andere Unternehmen derselben Gruppe sowie auf einzelne Abteilungen und Mitarbeiter beziehen.

Von den vesting conditions zu unterscheiden sind **andere Bedingungen (non vesting conditions)**, die keinen Bezug zur erhaltenen Leistung haben (Rz. 28.19).

Der Zeitraum, in dem alle festgelegten Ausübungsbedingungen erfüllt werden müssen, wird als sog. **Erdienungszeitraum (vesting period)** bezeichnet.

I. Einräumungszeitpunkt, Sperrfrist, Ausübungsfrist und Laufzeit von Optionen

In der Aussicht auf steigende Kurse liegt die **Anreizwirkung** von Aktienoptionen. Nachfolgend eine typische Ausgestaltung:

28.13

Beispiel: Leitenden Arbeitnehmern wird am 1.1.01 (*grant date*) die **Option eingeräumt**, Aktien des Unternehmens zum Preis von 100 (Basispreis) zu beziehen. Hierfür gelten jedoch folgende Bedingungen (Rz. 28.19):

- Die Arbeitnehmer müssen noch mindestens drei Jahre, d.h. bis zum 31.12.03, im Unternehmen beschäftigt sein (*service condition*). Erst dann darf die Option **ausgeübt** werden.
- Der Börsenkurs der Gesellschaft entwickelt sich bis zum Ablauf des 31.12.03 um 5 % besser als der Branchenindex (**relatives Erfolgsziel**, *market condition*).
- Der Zeitraum, in dem *alle* festgelegten Ausübungsbedingungen (hier: service, non market condition *sowie* market condition) zusammen erfüllt werden müssen, wird als **Warte- oder Sperrfrist (vesting period)** bezeichnet. Diese endet hier am 31.12.03.
- Die Ausübung der Option ist auf zwei Jahre nach Ablauf der Sperrfrist, d.h. 04 und 05 (**Ausübungsfrist**), begrenzt. Am 31.12.05 **verfällt** (*forfeit*) die Option.
- Die gesamte **Laufzeit der Option** beträgt somit mindestens 3 und maximal 5 Jahre (Summe aus Sperrfrist und Ausübungsfrist).

Arbeitnehmer, die am 1.1.04 noch im Unternehmen beschäftigt sind, dürfen, wenn außerdem das relative Erfolgsziel erreicht worden ist, die Option ab 1.1.04 ausüben. Das werden sie freilich nur dann tun, wenn der Börsenkurs über 100 hinaus ansteigt. Bleibt die Kurssteigerung aus, verfällt die Option.

II. Innerer Wert, Gesamtwert, Zeitwert von Optionen

28.14 Im Zusammenhang mit Aktienoptionen sind folgende Begriffe von Bedeutung:

- **Innerer Wert der Option:** Es handelt sich um den Ausübungserfolg bei unterstellter sofortiger Ausübung, also um die Differenz zwischen dem Tageskurs der Aktie und dem Basispreis der Option. Bei einem Tagespreis von 150 beträgt der innere Wert somit 50 (150 - 100). Liegt der Tagespreis unter dem Basispreis (z.B. 75 - 100 = -25[9] am 31.12.x5 lt. unterem Tableau), ist die Option aus dem Geld („*out of the money*") und würde nicht ausgeübt werden

- **Gesamtwert der Option:** Dies ist der Marktwert (**Fair Value**) der Option bei unterstellter Handelbarkeit. Dieser berücksichtigt die Chance, dass sich die Kurse und damit der Ausübungsgewinn bis zum Ablauf der Ausübungsfrist gegenüber dem aktuellen Tageskurs noch erhöhen können. Daher ist der Marktwert immer höher als der innere Wert und umso höher, je länger die **verbleibende Frist** und je größer die **Unsicherheit** über die weitere Kursentwicklung ist. Letzteres klingt paradox, ist aber verständlich, denn je größer die Streuung (**Volatilität**) ist, umso höher ist die Wahrscheinlichkeit, dass der Kurs wenigstens zu irgendeinem Zeitpunkt über den aktuellen Kurs hinaus ansteigt.

- Die Differenz zwischen dem Gesamtwert und dem inneren Wert der Option wird als **Zeitwert** bezeichnet.

---

[9] Rein rechnerisch ergibt sich ein negativer innerer Wert von -25,0; der innere Wert ist aber definitionsgemäß mindestens „0".

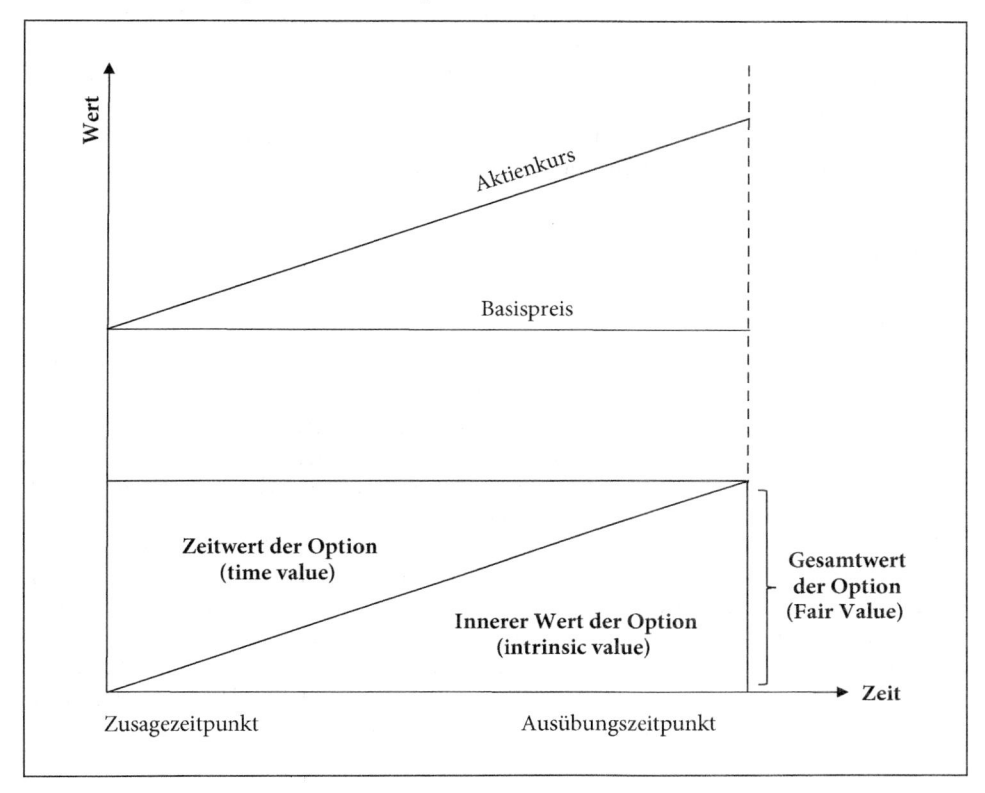

Die Zusammenhänge lassen wie folgt darstellen:[10]

Abb. 28.1: Innerer Wert, Gesamtwert, Zeitwert von Optionen

In unserem Beispiel, das sich in mehreren Varianten durch diesen Abschnitt zieht, entwickeln sich die Werte wie folgt:

Sachverhalt	Zeitpunkt	Aktienkurs	Basispreis	Innerer Wert	Gesamt-wert (Fair Value)
		(1)	(2)	(1)–(2)	
Beginn Sperrfrist	1.1.01	100,0	100,0	0,0	34,7
	31.12.01	133,3	100,0	33,3	57,4
	31.12.02	177,7	100,0	77,7	92,6
Ende Sperrfrist	31.12.03	133,3	100,0	33,3	47,4
1. Ausübung	2.1.04	133,3	100,0	33,3	47,4
	31.12.04	100,0	100,0	0,0	16,2
2. Ausübung	1.6.05	105,0	100,0	5,0	13,0
Ende Ausübungsfrist	31.12.05	75,0	100,0	(- 25,0) 0	0,0

---

10 Haufe IFRS-Komm[16], § 23 Rz. 256 f.

Im Beispiel üben die Mitarbeiter die Optionen in 2 Tranchen aus. Ein Teil der Mitarbeiter nehme direkt nach Ablauf der Sperrfrist, am 2.1.04, die erste Gelegenheit wahr und erhält einen Gewinn von 33,3 €/Stck. Die Mitarbeiter der 2. Tranche haben sich verspekuliert, in Erwartung steigender Kurse mit der Ausübung zunächst gewartet und erzielen am 1.6.05 gerade noch 5 €/Stck. Wegen fehlender Handelbarkeit der gewährten Mitarbeiteroptionen können die Berechtigten durch Ausübung nur die inneren Werte und nicht die höheren Marktwerte realisieren.

III. Optionspreisbestimmung

1. Optionspreismodelle

28.15 Bereits bei der Bilanzierung von **Stock Appreciation Rights** (SARs; Rz. 28.22 ff.) und noch mehr bei Aktienoptionen (Rz. 28.26 ff.) besteht das Problem, den Fair Value von Optionen zu ermitteln. Marktwerte vergleichbarer Aktienoptionen mit identischen Konditionen (IFRS 2.16 i.V.m. 2.33) sind praktisch nicht verfügbar, sei es, dass die Konditionen nicht vergleichbar sind, überhaupt keine Optionen gehandelt werden oder das betreffende Unternehmen selbst nicht börsennotiert ist. In diesem Fall soll sich die Fair Value-Ermittlung nach „anerkannten" **Optionspreismodellen** richten. Als gängige Verfahren kommen das **Black & Scholes** Modell und **Binomial**modelle oder die **Monte Carlo-Simulation**[11] in Betracht. Bei diesen Verfahren geht es im Prinzip darum, die in einer ungewissen Bandbreite liegenden Kurserwartungen bzw. Ausübungserfolge zu bewerten und auf einen Stichtag zu beziehen. Einzelheiten finden sich im Appendix B zu IFRS 2; in der Praxis wird auf externe Dienstleister zur Fair Value-Berechnung zurückgegriffen.

2. Bewertungsparameter

28.16 Neben dem vereinbarten Basispreis, den erwarteten Dividenden und einem zur Option laufzeitäquivalenten Diskontierungszinssatz zur Berücksichtigung des Zinsgewinns aus der späteren Zahlung des Basispreises muss das Optionspreismodell insbesondere die **Laufzeit** der Option und die erwartete Kursschwankung (**Volatilität**) berücksichtigen (IFRS 2.21; 2.B6).

28.17 Die **Laufzeit** endet nicht mit der Sperrfrist, sondern spätestens mit Ablauf der Ausübungsfrist (Rz. 28.13), weil sich Kurschancen auch noch in der Ausübungsfrist realisieren können. Allerdings ist mit bewertungsrelevanter Laufzeit die geschätzte *tatsächliche* Laufzeit gemeint, die regelmäßig kürzer als die *rechtliche* Ausübungsfrist ist: Wenn aufgrund von Erfahrungen der Vergangenheit zu erwarten ist, dass Mit-

---

[11] Die Monte Carlo-Simulation ist insbesondere geeignet für Optionen, deren Ausübungsmöglichkeit von der Outperformance gegenüber einem Vergleichsindex abhängt. Demgegenüber ist das Black & Scholes-Modell nur für einfache *plain-vanilla* Konstruktionen geeignet. Mit dem Binomialmodell können auch gängige *Cap-Call*-Programme gerechnet werden.

arbeiter die erste Gelegenheit wahrnehmen und unmittelbar nach Ablauf der Sperrfrist tatsächlich ausüben werden, markiert dieser Zeitpunkt das Ende der geschätzten tatsächlichen Laufzeit (IFRS B16 ff.). Zu variablen, d.h. bedingungsabhängigen Laufzeiten vgl. Rz. 28.34.

Eine anspruchsvolle Bewertungsaufgabe besteht in der Abschätzung der **Volatilität**. Auf die Höhe des Optionspreises hat die Volatilität einen entscheidenden Einfluss.[12] IFRS 2 verweist auf Vergangenheitsdaten (IFRS 2.B25b), ggf. bereinigt um absehbare Änderungen, z.B. nach der Aufgabe von Geschäftsbereichen (IFRS 2.B13). In der Praxis wird regelmäßig auf eine *annualisierte historische Volatilität* (auf Basis von Tageskursen, unter der Annahme von 250 Handelstagen) abgestellt. Hierbei wird die Standardabweichung täglicher Renditen mit der Wurzel aus 250 multipliziert. Bei neugegründeten oder nicht börsennotierten Unternehmen sollen Vergleichswerte anderer börsennotierter Unternehmen herangezogen werden (IFRS 2.B26, B29). Insbesondere die fehlenden Marktpreise und die hohen Unsicherheiten und Ermessensspielräume bei Optionspreismodellen haben Kritik an der Verwendung von Fair Values bei IFRS 2 hervorgerufen.[13]

28.18

3. Ausübungsbedingungen und das Preis- und Mengengerüst der Bewertung

Die Unverfallbarkeit des Anspruchs ist regelmäßig an **Ausübungsbedingungen** (*vesting conditions*) geknüpft. Die Ausübungsbedingungen werden dabei in **Dienstbedingungen** (*service conditions*) und **Leistungsbedingungen** (*performance conditions*) unterschieden. Letztere teilen sich wiederum in marktabhängige (market conditions) und marktunabhängige (non market conditions) Bedingungen auf. Auch hybride Bedingungen sind denkbar. Diese weisen eine untrennbare Verbindung von market und non market condition auf. Regelmäßig werden hybride Bedingungen als marktabhängige Bedingungen klassifiziert.

28.19

Darüber hinaus kann das Recht zur Ausübung von Optionen bzw. zum Erhalt von Barvergütungen auch an **andere Bedingungen** (*non vesting conditions*) geknüpft sein. Diese weisen keinen Bezug zu Dienst- oder Leistungsbedingungen auf und werden entweder nur von einer oder von keiner Vertragspartei kontrolliert. Für die bilanzielle Abbildung ist es notwendig, zwischen den einzelnen Formen der Bedingungen zu unterscheiden:[14]

---

12 *Sommer/Hofbauer/Konold*, KoR 2009, 682 (685) veranschaulichen dies mit einer Beispielsrechnung.
13 Vgl. etwa die Bandbreite der Fair Values im Beispiel von *Herzig/Lochmann*, WPg 2001, 82 (88) sowie die Alternativberechnungen auf Basis veröffentlichter Geschäftsberichte in der Studie der Firicon GmbH, Düsseldorf aus Mai 2006.
14 Der englische Originaltext des IFRS 2.19 ordnet wie im Folgenden dargestellt „market conditions" den „vesting conditions" zu. Dagegen stehen nach der deutschen Textausgabe fälschlicherweise Marktbedingungen und Ausübungsbedingungen begrifflich nebeneinander; vgl. auch *Pellens u.a.*, Internationale Rechnungslegung[10], 604, Fn. 2.

Vesting conditions			Non vesting conditions		
Service condition	Performance conditions		Erfüllung liegt im Ermessen ...		
	Non market conditions	Market conditions	keiner der Vertragspartei	des Anspruchsberechtigten	des Vergütungsschuldners
Ableistung einer bestimmten Dienstzeit	Steigerungsraten für Umsatzentwicklung	Erreichen bestimmter Kursziele	Entwicklung eines Indizes	Zuzahlung des Mitarbeiters bei Aktienerwerb	Kündigungsmöglichkeit des Unternehmens
Teil des Mengengerüsts			Teil des Preisgerüsts (Fair Value)		

28.20 In die **Wertermittlung** bzw. in den **Fair Value** einer Optionen fließen market conditions und non vesting conditions ein.

Das **Mengengerüst** wird bestimmt durch service conditions und non market conditions. Diese Unterscheidung hat Relevanz für die Art der zugesagten Vergütung: Bei Transaktionen mit Ausgleich durch Eigenkapitalinstrumente werden in der Folgebewertung lediglich Veränderungen der Menge, nicht aber Veränderungen des Preises berücksichtigt. Bei Transaktionen mit Barausgleich werden in der Folgebewertung mit Blick auf die jüngsten Änderungen des Boards im Februar 2018 (Rz. 28.11) nach wie vor laufend Änderungen der Menge und des Preises berücksichtigt (Rz. 28.21).

28.21 Durch die jüngsten Änderungen des Standards (Rz. 28.11) gewinnt die vorstehende Differenzierung in **Preis- und Mengenkomponente**[15] grundsätzlich an Relevanz: Während IFRS 2 bisher lediglich für Equity settled Transaktionen konkrete Ermittlungshinweise enthielt (IFRS 2.19 ff.), sind nun auch spezifische Vorgaben für Cash settled Transaktionen in den Standard aufgenommen worden (IFRS 2.33A ff.).

Zur Wertermittlung (Fair Value) der gewährten anteilsbasierten Vergütung mit Barausgleich sind nun wie bei Equity Settled Transaktionen nur market conditions und non vesting conditions zu berücksichtigen (IFRS 2.21, 2.21A und 2.33C).

Die Abschätzung des Mengengerüsts (Anzahl der erwarteten ausübaren Eigenkapitalinstrumente bzw. Prämien bei Barausgleich) ist nun unabhängig von der Vergütungsform außerhalb der Optionswertermittlung respektive außerhalb des Optionspreismodells zu berücksichtigen.[16] In anderen Worten sind vesting conditions, die keine market conditions sind (IFRS 2.21 und 2.33A) nicht Teil der Fair Value Ermittlung im engeren Sinne.

Die Änderungen des Boards führt somit zu einer Konkretisierung der Fair Value Ermittlung bei Cash Settled Transaktionen. Durch diese Anpassung des IFRS 2 ist es für Unternehmen nunmehr nicht mehr möglich sämtliche vesting conditions zur

---

15 Vgl. IFRS 2.IG24; IFRS 2.19 ff. sowie Haufe IFRS-Komm[16], § 23 Rz. 80.
16 Vgl. auch Haufe IFRS-Komm[16], § 28 Rz. 81.

Abschätzung des Fair Values zu berücksichtigen (sog. Full Fair Value Approach). Viel mehr haben Unternehmen nun – soweit möglich –

– Bedingungen, die in der Macht der Berechtigten stehen (Einhaltung von Beschäftigungszeiten (*service condition*), Erreichen eines bestimmten EBIT (*non market condition*)) von

– alle anderen Ausübungsbedingungen (insb. *market conditions* wie z.B. Aktienkursentwicklungen)

zu trennen (sog. „Mixed Approach oder auch „Modified grant date method").

Dennoch bleiben weiterhin **Unterschiede bei der Folgebewertung** und somit auch bei der Erfassung des laufenden Aufwands zwischen Equity Settled (Eigenkapital) und Cash Settled (Fremdkapital) Transaktionen bestehen (Rz. 28.22 ff.).

C. Anteilsbasierte Barvergütungen (Cash settled)

Anteilsbasierte Barvergütungen bemessen sich nach dem Wert von Aktienoptionen (**Stock Appreciation Rights** SAR) oder Aktien (Phantom stocks). Bei SARs werden im Ergebnis Kurssteigerungen (in der Praxis häufig mit einem Cap versehen), bei Phantom stocks die gesamten Aktienwerte in bar vergütet. Es handelt sich in beiden Fällen um eine erfolgsabhängige **Geldzahlung**, die sich bei SARs nach der **Wertsteigerung** der Anteile („**Unternehmenswertsteigerungstantieme**"[17]) bemisst. Die Bedingungen sind üblicherweise realen Optionen nachgebildet (Sperrfrist, relative Erfolgsziele, Ausübungsfrist etc., s. Rz. 28.13 ff.). Bei Phantom stocks entspricht die Zahlung grundsätzlich dem Aktienwert und setzt zumeist die Erreichung bestimmter Kursziele voraus.

28.22

Die **Zugangsbewertung** von SARs erfolgt auf Basis des **Fair Values** der **Verbindlichkeit** (IFRS 2.30 und IFRS 2.33), der bis zur Begleichung der Schuld zu jedem Bilanzstichtag und am Erfüllungstag neu zu ermitteln ist.[18]

28.23

Bei der **Folgebewertung** ist nach IFRS 2.33C zu **jedem Bilanzstichtag** eine Neuermittlung des Fair Values (Preiskomponente) vorzunehmen. Hierbei sind sämtliche Änderungen der market conditions sowie der non vesting conditions erfolgswirksam zu berücksichtigen. Zur Ermittlung des Fair Values schreibt IFRS 2.33 die Anwendung eines Optionspreismodells vor.

Ebenso sind Änderungen der Anzahl der zu gewährenden Prämien (Mengenkomponente) laufenden zu jedem Bilanzstichtag sowie zum Erfüllungstag vorzunehmen. Dafür ist unter Einbezug der service condition und der non market conditions eine bestmögliche Schätzung der Anzahl der erwarteten ausübbaren Prämien zum Ende der Sperrfrist vorzunehmen (IFRS 2.33B). Die laufende Neueinschätzung

---

17 Vgl. *Schruff/Hasenburg*, BFuP 1999, 616 (622).
18 Wenn ausschließlich bereits erbrachte Arbeitsleistungen abgegolten werden, ist sofort eine Verbindlichkeit in voller Höhe zu passivieren.

des Mengengerüsts der voraussichtlich entstehenden Ansprüche wirkt sich somit auf den zu erfassenden (zeit-)anteiligen **Personalaufwand** aus.

28.24 Beinhaltet das Mengengerüst auch eine service condition ist ferner ein **Fluktuationsabschlag** vorzunehmen, d.h. die Wahrscheinlichkeit zu berücksichtigen, dass Mitarbeiter vor Ablauf der Sperrfrist aufgrund von Kündigung oder Tod ausscheiden und die SARs daher verfallen. Ebenso besteht die Möglichkeit, dass SARs erst in der Ausübungsfrist verfallen, wenn sich negative Kursentwicklungen ergeben und die Berechtigten ihre SARs nicht rechtzeitig ausgeübt haben.

28.25 Bilanzseitig sind bei der Folgebewertung sowohl mögliche Änderungen der Preis- und Mengenkomponente zu berücksichtigen, als auch die bereits erbrachte Dienstzeit in der vesting period. D.h. es ist nicht nur die Verbindlichkeit (zeit-)anteilig (nach der erbrachten Arbeitsleistung bemessen) um den erdienten Fair Value zum grand date zu erhöhen, sondern es ist ein kontinuierliches *remeasurement* der Verbindlichkeit erforderlich.[19]

Beispiel (Abwandlung von Rz. 28.13): Am 1.1.01 seien insgesamt 100.000 SARs (für 100 leitende Mitarbeiter à 1.000 Stck.) zugesagt worden, sofern die Mitarbeiter mindestens drei Jahre im Unternehmen verbleiben.[20]

- Im Jahr 01 verlassen 2 Mitarbeiter das Unternehmen, die Unternehmensleitung erwartet am Jahresende, dass weitere 8 Mitarbeiter in Jahr 02 und 03 das Unternehmen verlassen und *am 31.12.03* folglich 90 (100-2-8) Berechtigte vorhanden sind.
- Im Jahr 02 verlassen 6 Mitarbeiter das Unternehmen und es wird erwartet, dass weitere 4 Mitarbeiter im Jahr 03 ausscheiden, somit Schätzung: 88 (100-2-6-4) Mitarbeiter *am 31.12.03*.
- Im Jahr 03 verlassen tatsächlich 7 Mitarbeiter das Unternehmen. Damit beträgt der Stand der Mitarbeiter am Ende der Sperrfrist (31.12.03) 85 (100-2-6-7) Personen und es werden folglich 85.000 Stück ausgegeben. Die tatsächliche Ausübung der SARs vollziehe sich in 2 Tranchen von 28.000 (2.1.04) und 57.000 Stck. (1.6.05):

	Zeitpunkt	Wert der Verpflichtung pro SAR in Euro	Anzahl SAR	Wert SAR insgesamt TEuro	Verteilung über die Sperrfrist	Verbindlichkeit TEuro	Auszahlung TEuro	Aufwand (-) Ertrag TEuro
Beginn Sperrfrist	1.1.01	34,7	100.000	3.470	0,000	0		0
Dotierung						1.722		- 1.722

---

19 Vgl. auch Haufe IFRS-Komm[16], § 28 Rz. 115. Somit ist nicht der innere Wert, sondern der (zeit-)anteilige Gesamtwert (Rz. 28.14) einer der SAR nachgebildeten Aktienoption zu bemessen.

20 Denkbar wäre auch eine vesting condition respektive non market condition wie etwa die Steigerung des EBIT der Gesellschaft über die nächsten drei Jahre i.H.v. x %. Zur Schätzung der erwarteten ausübbaren Prämien wäre somit auch eine Einschätzung zur künftigen Entwicklung des EBIT vorzunehmen.

C. Anteilsbasierte Barvergütungen (Cash settled) | Rz. 28.25 Kap. 28

	Zeitpunkt	Wert der Verpflichtung pro SAR in Euro	Anzahl SAR	Wert SAR insgesamt TEuro	Verteilung über die Sperrfrist	Verbindlichkeit TEuro	Auszahlung TEuro	Aufwand (-) Ertrag TEuro
Dotierung	31.12.01	57,4	90.000	5.166	× 0,333	= 1.722 3.713		- 3.713
Wertanpassung	31.12.02	92,6	88.000	8.149	× 0,667	= 5.435 - 1.406		1.406
Ende Sperrfrist 1. Ausübung Wertanpassung	31.12.03 2.1.04	47,4 33,3	85.000 - 28.000	4.029	× 1,000	= 4.029 - 932 - 2.174	- 932	- 2.174
2. Ausübung Wertanpassung	31.12.04 1.6.05	16,2 5,0	57.000 - 57.000	923		923 - 285 - 638	- 285	638
Ende Ausübungsfrist kumuliert	31.12.05					0	- 1.217	- 1.217

Bei **Auflegung der SARs**, d.h. am 1.1.01, erfolgt entsprechend der Nichterfassung *schwebender Geschäfte* keine bilanzielle Abbildung. Etwas anderes würde nur dann gelten, wenn die SARs bereits bei Einräumung, d.h. sofort am 1.1.01, verwertet werden könnten. Dann wird unterstellt, dass eine Vergütung ausschließlich für **vergangene Leistungen** vorliegt, so dass eine *sofortige Aufwandsverrechnung* vorzunehmen ist (IFRS 2.32). Diese Ausnahme liegt im Regelfall jedoch *nicht* vor. Vielmehr ist die Zusage auch im Beispiel im Hinblick auf **künftige Arbeitsleistungen** erfolgt und daher zeitanteilig abzugrenzen.

Die Abgrenzung ist über die **Sperrfrist** vorzunehmen, da wegen der anschließenden *sofortigen* Ausübungsmöglichkeit anzunehmen ist, dass nur die während der Sperrfrist geleistete Arbeit abgegolten werden soll (IFRS 2.32). Somit wird von 01 bis 03 je ein Drittel des möglichen Anspruchs aufwandswirksam. Innerhalb der Sperrfrist bezieht sich das Mengengerüst, d.h. die Anzahl der SARs, immer auf die bei Ende der Sperrfrist (31.12.03) *voraussichtlich* ausgegebenen SARs (s.o.).

In der Ausübungsperiode (04 und 05) erfolgt eine Anpassung an geänderte Wertverhältnisse (Preis- und Mengenänderungen). Dabei entspricht der Geldabfluss bei Ausübung dem jeweiligen inneren Wert (33,3 bzw. 5,0 pro SAR). Demgegenüber sind die noch ausstehenden, d.h. noch für zwei Jahre ausübbaren Optionsrechte mit dem Fair Value (16,2 am 31.12.04) anzusetzen. Hierin kommt (wie innerhalb der Sperrfrist) die erwartete zukünftige Kursentwicklung zum Ausdruck.

Der **kumuliert verrechnete Aufwand** entspricht der bei Ausübung geleisteten **Auszahlung** (jeweils TEuro 1.217) (s. auch IFRS 2.33D).

D. Aktienoptionsprogramme (Equity settled)

I. Grundsätze

28.26 Bei **Aktienoptionen** (*Equity settled*) ist das *Unternehmen* aufgrund des *Arbeitsvertrages* zur Lieferung der Aktien verpflichtet und damit dem Risiko ausgesetzt, Aktien spätestens bis zur Optionsausübung beschaffen und, je nach Einstandskurs, die Differenz zu dem vom Manager bezahlten Basispreis tragen zu müssen.[21] Als **Durchführungswege** kommen insbesondere in Betracht.[22]

(a) Rückkauf **eigener Aktien** gem. § 71 Abs. 1 Nr. 8 AktG (Bedienung der Aktienoptionen durch bestehende eigene Aktien)

(b) **Bedingte Kapitalerhöhung** gem. § 192 Abs. 2 Nr. 3 AktG (Ausgabe von „nackten" Bezugsrechten (*naked warrants*))

Im Fall (a) führt die verbilligte Abgabe zu Ausgaben, nicht jedoch im Fall (b): Hier werden Aktien geschaffen, die zur Verwässerung der Anteile der Altaktionäre führen. Die Gesellschaft selbst ist zwar zur Lieferung von Aktien verpflichtet, aber nicht durch einen Geldabfluss belastet. Es kommt je nach Gestaltung des Programms ggf. noch zu einem Geldzufluss und einer Eigenkapitalerhöhung durch Einzahlung des Basispreises. Die Kritik an der Buchung von Personalaufwand[23] ist auf diese Ausprägung beschränkt.

28.27 Anteilsbasierte Vergütungen, die durch ein Eigenkapitalinstrument beglichen werden, sind aufwandswirksam im Personalaufwand mit einer ergebnisneutralen Gegenbuchung direkt im Eigenkapital zu erfassen. Die Bilanzierung von Aktienoptionen nach IFRS 2 beruht im Einzelnen auf folgenden **Annahmen**:

(a) Aktienoptionen werden als Gegenleistung für dem Unternehmen geschuldete **Arbeitsleistungen** gewährt.

(b) Die Ausgabe von Aktienoptionen (*Equity instruments*) bzw. die Einlage der Arbeitsleistung durch die Manager (IFRS 2.BC34 f.)[24] führt zu einer **Eigenkapitalerhöhung**.

---

21 Vgl. *Schruff/Hasenburg*, BFuP 1999, 616 (618).
22 Vgl. *Fuchs* in MünchKomm/AktG[4], § 192 AktG Rz. 76 ff. sowie auch *Johnen*, Verhaltenstheoretische und gesellschaftsrechtliche Ausgestaltungsparameter bei der Bilanzierung nach IFRS 2 unter Berücksichtigung bewertungsrelevanter Aspekte, 28 ff.
23 Meist wird die Personalaufwandsbuchung mit der Begründung abgelehnt, dass die Altaktionäre und nicht die Gesellschaft die Vergütung trägt, vgl. z.B. *Rammert*, WPg 1998, 766 ff.; für die Aufwandsbuchung z.B. *Pellens/Crasselt*, DB 1998, 1431; s. zu den Argumenten IFRS 2.BC29 ff.
24 Wer genau eine Einlage leistet, ist umstritten: Neben einer Einlage der Arbeitsleistung (a) werden diskutiert: (b) Einlage einer gestundeten Vergütungsforderung der Manager, allerdings erst bei Ausübung der Option, sowie (c) Einlage der Vermögenseinbuße, die die Altaktionäre erleiden (Kapitalverwässerung), vgl. *Pellens/Crasselt*, DB 1998, 217 (218); *Gebhardt*, BB 2003, 675 (676). Die letztgenannte Begründung dient allerdings auch als Argument für die entgegengesetzte Auffassung (kein Aufwand bei der Gesellschaft), vgl. für viele *Siegel*, FS Loitlsberger, 345 (348 f.).

(c) Da die Arbeitsleistung selbst nicht das Merkmal eines Vermögenswertes erfüllt, wird sie als **Aufwand** erfasst.

(d) Damit ist grundsätzlich zu buchen: „**Aufwand an Eigenkapital**" (IFRS 2.7 f.). Maßgebend ist somit der **Empfang** und **Verbrauch** einer **Ressource** durch das Unternehmen.[25] Unerheblich ist, ob mit dem Aufwand ein Zahlungsabfluss einhergeht.[26]

(e) Die Vergütung bei Aktienoptionen entspricht somit dem **Wert der eingeräumten Optionen** (IFRS 2.12), und zwar dem **Gesamtwert** (Rz. 28.14) im **Zusagezeitpunkt** (*grant date*)[27] (IFRS 2.11 f.). Der Wert der empfangenen Arbeitsleistung wird somit mangels direkter Ermittelbarkeit indirekt anhand des Wertes der eingeräumten Optionen gemessen.

(f) Bei Abgeltung künftiger Arbeitsleistungen (Regelfall) ist wie bei SAR's eine zeitraumbezogene **Verteilung des Personalaufwandes über die Sperrfrist** (*vesting period*) vorzunehmen. Werden ausnahmsweise vergangene Arbeitsleistungen vergütet, erfolgt eine sofortige Aufwandsbuchung und Eigenkapitalzuführung analog (d) in voller Höhe (IFRS 2.14).

(g) Sollten die **Optionen** *nach Ablauf der Sperrfrist* **verfallen**, wird keine nachträgliche Anpassung des Aufwandes oder des Eigenkapitals vorgenommen, da dies die geleistete und verbrauchte bzw. eingelegte Arbeitsleistung nicht berührt (IFRS 2.23, s. aber Rz. 28.36 zu einer Ausnahme bei Bewertung zum inneren Wert).

II. Ausgabe von Optionen durch bedingte Kapitalerhöhung

Zum Zeitpunkt der Gewährung von Aktienoptionen erfolgt bereits die Buchung „Aufwand an Kapitalrücklage": 28.28

Beispiel (Fortsetzung von Rz. 28.13):

	Zeitpunkt	Marktwert/ Bezugs-Preis in Euro	Anzahl Optionen	Wert Optionen TEuro	Verteilung über die Sperrfrist	Kapitalrücklage TEuro	Aufwand/ Verlustvortrag TEuro	Zahlung Mitarbeiter Basispreis TEuro	Eigenkapital TEuro
Beginn Sperrfrist	1.1.01	34,7	100.000	3.470	0,000	0	0		0
Dotierung						1.041	-1.041		

---

[25] Als Begründung wird angeführt, dass Aufwand nicht aus dem Erwerb, sondern aus dem Verbrauch der erhaltenen Arbeitsleistung resultiert, vgl. *Zeimes/Thuy*, KoR 2003, 39.
[26] Vgl. IFRS 2.BC45 ff. sowie.
[27] Vgl. zu Einzelheiten der Festlegung: IFRS. 2IG1 ff.

	Zeitpunkt	Marktwert/ BezugsPreis in Euro	Anzahl Optionen	Wert Optionen TEuro	Verteilung über die Sperrfrist	Kapitalrücklage TEuro	Aufwand/ Verlustvortrag TEuro	Zahlung Mitarbeiter Basispreis TEuro	Eigenkapital TEuro
Dotierung	31.12.01	34,7	90.000	3.123	× 0,333	= 1.041 995	- 1.041 - 995		0
Dotierung	31.12.02	34,7	88.000	3.054	× 0,667	= 2.036 914	- 2.036 - 914		0
Ende Sperrfrist	31.12.03	34,7	85.000	2.950	× 1,000	= 2.950	- 2.950		0
1. Ausübung	2.1.04	100,0	28.000					2.800	2.800
2. Ausübung	1.6.05	100,0	57.000					5.700	5.700
Kumuliert						2.950	- 2.950	8.500	8.500

Im **Gewährungszeitpunkt** (*grant date*) 1.1.01 wird der Wert der *einzelnen* Optionen (34,7) unveränderlich fixiert. Innerhalb der Sperrfrist erfolgt allerdings wie bei SARs eine Anpassung des **Mengengerüsts** an die bei Ablauf der Sperrfrist (31.12.03) voraussichtlich ausgegebenen Optionen.[28] An diesem Tag steht die Zahl der **ausgegebenen** Optionen (85.000) endgültig fest.[29] Der jeweils geschätzte Gesamtaufwand ist entsprechend der Leistungserbringung über die Sperrfrist (01–03), d.h. hier gedrittelt, zu verteilen. Der Aufwand 02 und 03 enthält neben der ratierlichen Zuführung auch eine Anpassung an das revidierte Mengengerüst.

28.29　Nach Ablauf der Sperrfrist erfolgt weder eine weitere Anpassung des bereits gebuchten Aufwandes noch der Eigenkapitalzuführung (IFRS 2.23). Dies gilt selbst dann, wenn die Optionen wegen schlechter Kursentwicklung verfallen oder zwar ausgeübt werden, der Ausübungserfolg aber von dem am 1.1.01 bestehenden Marktwert abweicht. Die Begründung lautet, dass die erbrachte Gegenleistung und nicht der vom Optionsinhaber erzielte Erfolg bilanziell abzubilden sei (vgl. IFRS 2.BC218–221).

28　Bei der an den Bilanzstichtagen 31.12.01 und 02 genannten Anzahl der Optionen (90.000 bzw. 88.000) handelt es sich somit nicht um die bis zu *diesen* Tagen noch nicht durch Kündigung oder Tod verfallenen Optionen, sondern um die Optionen, von denen angenommen wird, dass sie *bei Ablauf der Sperrfrist (31.12.03) voraussichtlich* nicht verfallen sind (Rz. 28.24).

29　Ausgegeben sind diejenigen Optionen, die bis dahin nicht durch Kündigung oder Tod verfallen sind (nicht zu verwechseln mit den danach, d.h. innerhalb der Ausübungsfrist 04–05 ggf. *ausgeübten* Optionen).

28.30 Innerhalb der Sperrfrist verändert sich das Eigenkapital nicht, da der Aufwandsbuchung (eigenkapitalmindernd) gleich hohe Einstellungen in die Kapitalrücklage gegenüberstehen. Zum Ausweis im Konzernabschluss s. Rz. 36.233 ff. Bei **Ausübung** der Option (04 und 05) ist zusätzlich die von den Mitarbeitern zu leistende Eigenkapitalzuführung i.H.d. Basispreises zu buchen.

III. Bedeutung von Wert- und Mengengerüst im Rahmen der Zugangs- und Folgebewertung

28.31 Für die bilanzielle Abbildung der Option muss zwischen der Wertkomponente am Tag der Gewährung und dem Mengengerüst, das später zur Ausübung gelangt, unterschieden werden (Rz. 28.19 ff.).

Bei **Aktienoptionen** („Equity settled") ist der Fair Value der *einzelnen* Option „auf den grant date" fixiert und bleibt über die gesamte vesting period unverändert. Der Personalaufwand wird insoweit nur über eine laufende Schätzung des Mengengerüsts beeinflusst. Daher ist jede einzelne Bedingung daraufhin zu untersuchen, ob sie Teil des Mengen- oder Preisgerüsts ist.

Nicht kapitalmarktabhängige Erfolgsziele (non market conditions) werden wie Dienstbedingungen (service conditions) behandelt und sind Bestandteil des Mengengerüsts. Ergeben sich im Zeitablauf neue Erkenntnisse, führt dies zu einer neuen Schätzung der Anzahl der zu gewährenden Optionen. Die Auswirkung dieser Schätzungsänderungen ist jeweils in der Periode der Änderung zu erfassen. Es wird also lediglich das Mengengerüst laufend angepasst,[30] nicht das Wertgerüst (Fair Value je zu gewährendem Eigenkapitalinstrument).

Soweit *bis zum Ende der Sperrfrist*, Bedingungen, die in der Macht der Berechtigten stehen (Einhaltung von Beschäftigungszeiten, Erreichen eines bestimmten EBIT nicht erfüllt werden, gilt die Arbeitsleistung als nicht erbracht und es entstehen („*vest*") keine Ansprüche (IFRS 2.19). Insoweit wird auch (*kumuliert, d.h.* bis zum Ende der Sperrfrist) kein Personalaufwand gebucht.

Am Ende der vesting period entspricht dann der kumulierte Gesamtaufwand immer der Anzahl der tatsächlich zu gewährenden Optionen multipliziert mit dem Fair Value je Option bei Zusage. Änderungen nach Ablauf der vesting period werden nicht erfasst. So führt beispielsweise das Verfallen von Optionen, weil diese von den Mitarbeitern nicht ausgeübt werden, nicht zu einer Anpassung des Aufwands.

Beispiel (Abwandlung von Rz. 28.28): Das Aktienoptionsprogramm sehe zusätzlich zum Schlagen des Branchenindex um mehr als 5 % (*market condition*) und zum Einhalten einer Sperrfrist (*service condition*) vor, dass die Optionen nur ausgegeben werden, wenn der Gewinn pro Aktie (alternativ der Umsatz oder das EBITDA der neuen Sparte X bzw. des gesam-

---

30 Bei (starkem) Rückgang des Mengengerüsts kann es zu negativen Beträgen kommen. Hierfür ist eine Stornobuchung (Kapitalrücklage an Personalaufwand oder ggf. sonstiger betrieblicher Ertrag) vorzunehmen, vgl. *Richter*, IRZ 2010, 333 (335).

ten Unternehmens etc.) bis 2010 um mindestens 10 % p.a. steigt (= *non market condition*). Tatsächlich steigt der Gewinn pro Aktie nur um 8 % p.a.

Obwohl der zum 1.1.01 ermittelte **Fair Value** der *einzelnen* Option auf 34,7 **fixiert** ist, wird dennoch wegen Verfehlens der *non market condition* am 31.12.03 **kumuliert kein Personalaufwand** gebucht, da das **Mengengerüst**, die Anzahl der am 31.12.03 ausgegebenen Optionen, „0" beträgt (IFRS 2.19). Ein in den Vorperioden gebuchter Personalaufwand wäre in der laufenden Periode, d.h. nicht rückwirkend ertragswirksam zu stornieren (IFRS 2.20) und die frühere Eigenkapitalzuführung rückgängig zu machen.

Zu der (laufenden) Stornierung früheren Personalaufwands kommt es bei allen bis zum Ablauf der Sperrfrist nicht erfüllten Ausgabebedingungen, insbesondere auch beim **Ausscheiden von Mitarbeitern** (vgl. IFRS 2.IG Example 5 a.E.).

Marktabhängige Leistungsbedingungen (market condition) sind demgegenüber Bestandteil des Preisgerüsts bei der Bewertung anteilsbasierter Vergütung am Gewährungstag. In der Folgebewertung ist eine Anpassung aufgrund geänderter Erwartungen insoweit nicht möglich. Damit ist eine Korrektur der Aufwandsbuchung ausgeschlossen, auch dann, wenn die Option letztendlich nicht zur Ausübung kommt, weil die market conditions nicht erfüllt wurden.

Beispiel: Der Vorstand erhält 1.000 Aktienoptionen, deren Ausübung an folgende Bedingungen geknüpft ist:
– Er bleibt für zwei weitere Jahre im Dienst.
– Der Börsenkurs von 30 € im Zusagezeitpunkt steigt auf über 40 €.

Die Ermittlung des Fair Value der Option am Zusagezeitpunkt muss die Börsenkurshürde reflektieren. Die Bewertung auf dieser Grundlage bleibt während der gesamten vesting period, d.h. die zwei Jahre lang unverändert. Ein vorzeitiges Ausscheiden des Vorstands innerhalb der kommenden zwei Jahre würde allerdings zu einer Stornierung des bislang erfassten Aufwands führen.

28.32 Die über das **Mengengerüst** mögliche Anpassung des Personalaufwandes konterkariert unverkennbar die Fixierung des Fair Value bei Auflegung des Aktienoptionsprogramms[31], wenn man einen gewissen Zusammenhang zwischen Aktienkursen und *non market conditions* (Gewinn je Aktie etc.) unterstellt. Aus unternehmerischer Sicht haben Bilanzierende somit durch die Vereinbarung erfolgsabhängiger Ziele (außerhalb von kapitalmarktorientierten Aktienkurshürden etc.) die Möglichkeit, Personalaufwand ggf. zu vermeiden, wenn sich die Anfangserwartungen nicht erfüllen. Zudem bestehen *innerhalb* der Sperrfrist bilanzpolitische Spielräume.

28.33 Von dem Grundsatz, dass der Fair Value der einzelnen Option sich nicht mehr ändert, gibt es eine Ausnahme. Diese liegt vor, wenn ein Parameter der Fair Value-Berechnung seinerseits wiederum von rechnungswesenbasierten Zielen (*non market condition*) abhängt:

Beispiel (Abwandlung von Rz. 28.28): Der Basispreis betrage im Normalfall 100, reduziere sich aber auf 80, wenn der Gewinn pro Aktie innerhalb der 3-jährigen Sperrfrist um mehr als x % p.a. steigt.

---

31 Kritisch hierzu *Pellens u.a.*, Internationale Rechnungslegung[10], 610 f.

Die Fair Value-Ermittlung darf die unterschiedlichen Basispreise nicht erfassen, da diese von einer *non market condition* abhängig sind. Es sind vielmehr zwei verschiedene Fair Values zu berechnen (auf Basis von 80 bzw. von 100). Die Berechnung des Personalaufwands hat innerhalb der Sperrfrist den bei Ablauf der Sperrfrist wahrscheinlichsten Ausgang der *non market condition* zu berücksichtigen, so dass der jeweils verwendete Fair Value variieren kann (vgl. IFRS 2.IG Example 4). Mit Ablauf der Sperrfrist steht neben dem Mengengerüst die Erfüllung der *non market condition* und damit der maßgebliche Fair Value endgültig fest, und es erfolgt eine Anpassung an diese Werte.

IV. Variable Sperrfristen

Oft ist die Dauer der Sperrzeit vom Erreichen bestimmter Ziele abhängig. Dann ist der voraussichtliche Leistungszeitraum zu schätzen:

(a) Handelt es sich um eine kapitalmarktabhängige Bedingung (market condition), erfolgt keine spätere Anpassung.

(b) Bei *non market conditions* wird hingegen eine Anpassung des Erdienungszeitraums vorgenommen, bis die Ziele erreicht sind (vgl. IFRS 2.15b).

28.34

Beispiel zu (a): Die Sperrfrist endet, wenn der **Aktienkurs** 150 €/Stck. überschreitet. Es wird angenommen, dass dies voraussichtlich nach drei Jahren der Fall ist. Die Sperrfrist ist in diesem Fall von einer kapitalmarktorientierten Bedingung (Aktienkurs) abhängig. In die Fair Value-Ermittlung fließt diese geschätzte Sperrfrist von 3 Jahren ein; zugleich ist der Personalaufwand auf drei Jahre zu verteilen. Es erfolgt weder eine Anpassung des Fair Value noch des Verteilungszeitraums, wenn der Zielkurs vor/nach drei Jahren erreicht wird.

Beispiel zu (b): Die Sperrfrist endet, wenn der **Gewinn je Aktie** erstmals 15 €/Stck. überschreitet. Die Sperrfrist ist in diesem Fall **nicht** von einer kapitalmarktabhängigen Bedingung, sondern von einem **rechnungswesenbasierten Ziel** (*non market condition*) abhängig. Der Fair Value der einzelnen Option wird von dieser Bedingung nicht beeinflusst (Rz. 28.19). In diesem Fall erfolgt zu jedem Bilanzstichtag eine Anpassung (Vorziehen/Streckung) des Personalaufwandes an die revidierte voraussichtliche Sperrfrist.

V. Optionen mit anderen Bedingungen (non vesting conditions)

Non vesting conditions sind wie kapitalmarktabhängige Erfolgsfaktoren (market conditions) bei der Ermittlung des Fair Value der Option zum Zugangszeitpunkt zu berücksichtigen. Eine Anpassung an bessere Erkenntnisse findet in der Folgebewertung dann nicht statt, wenn die Erfüllung der non vesting condition außerhalb des Einflussbereichs der Parteien liegt (IFRS 2.21A). Liegt die Erfüllung der non vesting condition allerdings im Ermessen des Mitarbeiters oder des Unternehmens, wird eine Nichterfüllung als Widerruf (cancellation) behandelt (IFRS 2.28A). Eine Annullierung stellt eine vorzeitige Erfüllung dar, wodurch die für den verbleibenden

28.35

Leistungszeitraum noch ausstehende Vergütung als Personalaufwand zu erfassen ist.[32]

Beispiel (IFRS 2.IG 9A): Ein Arbeitnehmer erhält am 1.1.01 Aktienoptionen unter der Voraussetzung, dass er (a) drei Jahre im Unternehmen verbleibt (*vesting*, hier: *service condition*) und (b) dass er in dieser Zeit 25 % seines Gehaltes als Darlehen zur Verfügung stellt (*non-vesting condition*). Die Option hat inkl. (b) einen Fair Value von 300, der mit 100 p.a. verteilt wird. Das Unternehmen kann das Darlehen jederzeit zurückzahlen; umgekehrt hat der Mitarbeiter das Recht auf jederzeitige Rückforderung. Kurz vor Ablauf des Jahres 02 nimmt der Berechtigte dieses Recht wahr.

Die Rückforderung durch den Mitarbeiter beeinflusst als Verletzung der *non-vesting condition* nicht den am 1.1.01 festgestellten Fair Value. Die Rückforderung gilt zudem als Widerruf. Damit ist die bislang gewählte Bilanzierung mit der zeitanteiligen Erfassung des Personalaufwands aufzugeben und der noch nicht zugeführte Betrag sofort als Aufwand (gegen Eigenkapital) zu buchen. Dies ist hier ein Betrag von 200 per 31.12.02 (300 abzgl. 100 bereits per 31.12.01 erfasst). Siehe zu weiteren Bilanzierungsfolgen beim Widerruf Rz. 28.43.

VI. Ausnahmefall: Bewertung der Option zum inneren Wert

28.36 IFRS 2.24 sieht vor, dass Optionen ausnahmsweise mit dem inneren Wert angesetzt werden können, wenn der Fair Value nicht verlässlich ermittelbar sein sollte. Der Board ist jedoch der Auffassung, dass eine Fair Value-Ermittlung nach expliziter Nichteinbeziehung kapitalmarktunabhängiger Ausgabebedingungen (Sperrfrist, rechnungswesenbasierte Ziele etc., Rz. 28.19) als Optionsmodellparameter (IFRS 2.BC197) im Regelfall selbst bei nicht börsennotierten Unternehmen möglich sein sollte und hatte als Anwendungsfall der Ausnahmeregelung eher ungewöhnliche oder komplexe Ausgestaltungen vor Augen (IFRS 2.BC195). Die Ausnahmeregelung ist daher restriktiv auszulegen. Sollte die Ausnahmeregel im Einzelfall einmal angewendet werden, wären folgende Abweichungen zum Grundfall (Rz. 28.28) zu beachten (IFRS 2.IG16):

(a) Die Bewertung erfolgt nicht zum Fair Value, sondern zum inneren Wert, der jedoch zusammen mit dem Mengengerüst jährlich angepasst wird.

(b) Auch **nach Ablauf der Sperrfrist** erfolgt eine Anpassung an die tatsächlich ausgeübten Optionen: Werden Optionen nicht ausgeübt und verfallen, erfolgt insoweit eine Korrektur früheren Personalaufwandes (und der korrespondierenden Dotierung der Kapitalrücklage).

Im Ergebnis wird als kumulierter Personalaufwand damit der tatsächliche Ausübungserfolg der Berechtigten (TEuro 1.217 wie bei SARs, Rz. 28.24) ausgewiesen.

---

32 Vgl. *Zwirner/Froschhammer*, IRZ 2010, 163 (165).

VII. Bedienung von Aktienoptionen durch eigene Anteile

Der Durchführungsweg „**Erwerb eigener Aktien**" ist durch eine Kombination der Vorschriften zu eigenen Anteilen in IAS 32 mit IFRS 2 zu lösen (IFRS 2.BC330 ff.): Gemäß IAS 32.33. wird der bei Aktienrückkauf aufgewendete Kaufpreis erfolgsneutral vom Eigenkapital abgesetzt (Rz. 23.87), da der Erwerb als Kapitalrückzahlung gilt.[33] Mit dieser Fiktion ist aber der gleiche Zustand hergestellt, als wenn das Unternehmen junge Aktien erst noch ausgeben müsste, so dass die Vorschriften des IFRS 2 entsprechend anzuwenden sind. Damit entsteht Aufwand i.H.d. Fair Value der Aktienoptionen, der wie im Grundfall (Rz. 28.28) zu verteilen ist. Mit Ausübung durch die Berechtigten kommt es zu einer Einzahlung i.H.d. Basispreises.

28.37

Betreibt das Unternehmen **Kurssicherung** durch den Erwerb von Optionen, gilt nichts anderes: Die gezahlte Optionsprämie ist wie ein Kaufpreis für eigene Anteile gem. IAS 32.16i i.V.m. IAS 32.AG14 vom Eigenkapital abzuziehen und im Übrigen wie in Rz. 28.26 zu buchen.

28.38

VIII. Planänderungen

1. Veränderung der Zahl der gewährten Optionen (Optionsmenge)

Die nachträgliche Gewährung **zusätzlicher** Optionen wird behandelt wie ein neuer Optionsplan[34], d.h. Verteilung des zum Änderungsdatum ermittelten Fair Value der zusätzlichen Optionen auf die voraussichtliche, ggf. nur in Bezug auf die Zusatzmenge verlängerte Sperrfrist (IFRS 2.B43b). Eine **Verringerung** der Anzahl der gewährten Optionen wird wie ein **teilweiser** Widerruf (Rz. 28.43) behandelt.

28.39

2. Herabsetzung des Ausübungspreises (repricing)

Wenn sich die Kurserwartungen nicht erfüllen, sind Aktienoptionen häufig „aus dem Geld" (Bezugskurs höher als Tageskurs) und damit wertlos. Um den Anreizeffekt dennoch aufrechtzuerhalten, werden in solchen Fällen oft die Ausübungskonditionen verbessert, insbesondere der Ausübungspreis herabgesetzt. Dies wird als Erhöhung des Fair Value der *ursprünglich gewährten Optionen* angesehen (IFRS 2.26), wobei die Erhöhung als Differenz der Fair Value des ursprünglichen Optionsplans zum Fair Value des geänderten Optionsplans jeweils *im Zeitpunkt der Planänderung* berechnet wird (IFRS 2.27 i.V.m. 2.B43a). Der zusätzliche Aufwand, der sich als Unterschied der beiden Fair Values ergibt, ist zu erfassen bzw. ggf. über die restliche vesting period zu verteilen. Der bisher noch nicht berücksichtigte Aufwand aus dem ursprünglichen Optionsplan ist über die ursprüngliche Sperrfrist zu verteilen (IFRS 2.27, 2.B43a). Der kumulierte Aufwand nach Planänderung muss mindestens

28.40

---

[33] Ohne jedoch die Höhe des gezeichneten Kapitals zu verändern.
[34] Obwohl im Abschnitt „modification", IFRS 2.26 ff., 2.B43b geregelt.

dem Betrag entsprechen, der sich vor Planänderung am Tag der Zusage ergab (IFRS 2.27). Bei einer Verschlechterung der Planbedingungen erfolgt keine Anpassung des Fair Value (IFRS 2.B44a).

Eine Konditionenänderung kann aufgrund bloßer Erhöhung des Fair Value zu einer erheblichen Erhöhung des kumulierten Personalaufwandes führen. Dieser ist damit umso höher, je weniger das Management seine Ziele erreicht. Insbesondere diese Folge hat Kritik erfahren[35] und lässt Zweifel daran aufkommen, ob die Vorschrift zweckmäßig ist, den Fair Value im Gewährungszeitpunkt zu fixieren.

28.41 Sind jedoch zusätzlich zur Verbleibensvoraussetzung auch rechnungswesenbasierte Ziele (*non market conditions*, Rz. 28.19) vereinbart worden, die bis zum Ablauf der Sperrfrist voraussichtlich nicht erfüllt werden, kann nach IFRS 2.27 der Personalaufwand des *ursprünglichen Plans* über eine entsprechende Abschätzung des Mengengerüsts kumuliert auf „0" gebracht werden (Rz. 28.31).

28.42 Erfolgt die Planänderung **nach Ablauf der Sperrfrist**, ist zu unterscheiden: (a) sofortige Aufwandsbuchung, wenn keine zusätzliche Sperrfrist als Preis für die Gegenleistung vereinbart wurde oder (b) Verteilung über eine ggf. neue Sperrfrist (IFRS 2.B43a).

3. Widerruf von Optionen/Beendigung von Optionsplänen

28.43 Ein Widerruf setzt die Zustimmung des Berechtigten voraus und erfolgt dann häufig gegen Kompensationszahlung (settlement). Ist die Barabwicklungsmöglichkeit auch nur einer der beteiligten Parteien (Unternehmen, Arbeitnehmer) *von vornherein* eingeräumt worden, sind vorrangig die Vorschriften zu kombinierten Modellen zu beachten (Rz. 28.47 ff.).

- Wird der Plan **innerhalb der Sperrfrist** widerrufen, muss der für die restliche Sperrfrist geplante Personalaufwand sofort erfasst werden (IFRS 2.28a). Dies gilt auch, wenn sog. andere Bedingungen (***non vesting conditions***, Rz. 28.35) nicht erfüllt werden (Planaufhebung).[36] Sind demgegenüber **non market conditions** vereinbart, die voraussichtlich nicht erfüllt werden, bestehen die gleichen ermessensabhängigen Möglichkeiten, den Aufwand insofern kumuliert auf „0" zu bringen, wie beim *repricing* (Rz. 28.40).

- Geleistete **Kompensationszahlungen** sind **wie Kapitalrückzahlungen** zu behandeln, d.h. erfolgsneutral gegen Kapitalrücklage zu buchen, aber nur soweit diese

---

35 Vgl. *Herzig/Lochmann*, WPg 2001, 81 (89); *Hoffmann/Lüdenbach*, DStR 2004, 786 (789); diese Bilanzierungsfolge lässt sich nur damit begründen, dass die Gesellschaft für die gleiche Arbeitsleistung nun mehr aufwenden muss, weil die Anteile an Wert verloren haben, vgl. *Heckeler/Lübbig* in Beck IFRS-HB[5], § 24 Rz. 45.

36 Non vesting conditions können Bedingungen sein, die vom Unternehmen oder vom Arbeitnehmer beeinflussbar sind. Ein Beispiel hierfür sind Einstellung von Zuzahlungen in einen sog. „*Save As You Earn Plan*".

zuvor *für diesen Plan dotiert* worden ist. Eine darüber hinausgehende Zahlung führt zu Aufwand (IFRS 2.28b). Somit fällt für den widerrufenen Plan mindestens Aufwand i.H.d. Kompensationszahlungen an.

– Wird ein **Widerruf gleichzeitig mit einem neuen Plan verknüpft** (dies ist auch bei Kompensationszahlung für den alten Plan möglich), haben Bilanzierende die Möglichkeit, von einem völlig neuen Plan auszugehen oder aber den Widerruf als Änderung des alten Plans zu behandeln (IFRS 2.28c). Genaue Abgrenzungskriterien fehlen. Die Behandlung als Planänderung empfiehlt sich, wenn der Fair Value des alten Plans im Widerrufszeitpunkt noch einen gewissen Wert hat, weil der incremental Fair Value dann geringer ist als der isolierte Fair Value des neuen Plans (Rz. 28.41).

4. Wechsel der Vergütungsform

Grundsätzlich lassen sich beim Wechsel der Vergütungsform folgende Fallkonstellationen unterscheiden: 28.44

Wechselzeitpunkt/ Durchführungsart	Equity Settled → Cash Settled	Cash Settled → Equity Settled
Nach vesting period	(1)	(2)
Während vesting period	(3)	(4)

Erfolgt die Erfüllung eines bereits erdienten Anspruchs auf Eigenkapitalinstrumente tatsächlich durch Barausgleich (Fall (1)) ist das Eigenkapital bis zur Höhe des Fair Values des Eigenkapitalinstruments (zum Erfüllungstag) zu kürzen. Zahlungen darüber hinaus sind aufwandswirksam zu erfassen; Zahlungen unter dem Fair Value führen zu keiner Buchung von Ertrag. Zu Fall (2) enthält IFRS 2 keine Regelungen. Es liegt nahe das Vorgehen im Fall (1) spiegelbildlich anzuwenden und folglich die Verpflichtung in Form von einer Kapitalerhöhung zu erfassen. 28.45

Auch zu Fall (3) enthält IFRS 2 keine Vorgaben. Hier liegt es nahe – unter Anwendung von IFRS 2.29 – das Eigenkapital ebenfalls bis zur Höhe des Fair Values des Eigenkapitalinstruments zu kürzen. Die Unterschiede zu Fall (1) liegen darin, dass die Reduzierung des Eigenkapitals zu einer Rückstellungsbildung führt und der Fair Value des Eigenkapitalinstruments zum Zeitpunkt der Planänderung (nicht zum grand date) heranzuziehen ist. Die Folgebewertung erfolgt dann nach den Grundsätzen einer Cash Settled Transaktion (Rz. 28.22).[37]

Für den Fall (4) hat der Board in seinen jüngsten Erweiterungen (Rz. 28.21) nun Bilanzierungsregeln in den Standard aufgenommen. Konkret bedeutet dies (IFRS 2.B44A): 28.46

---

[37] Vgl. nur Haufe IFRS-Komm[16], § 23 Rz. 159 f. Die Erfassung im Eigenkapital erfolgt dabei proportional zum bereits abgelaufenen Erdienungszeitraum; vgl. hierzu auch *Schreiber*, DB 2016, 2070 ff.

(a) Die anteilsbasierte Vergütung mit Ausgleich durch Eigenkapitalinstrumente wird unter Bezugnahme auf den beizulegenden Zeitwert der am Tag der Änderung (*neuer grand date*) gewährten Eigenkapitalinstrumente bewertet. Die anteilsbasierte Vergütung mit Ausgleich durch Eigenkapitalinstrumente wird am Tag der Änderung nach Maßgabe der erhaltenen Güter oder Dienstleistungen im Eigenkapital erfasst.

(b) Die aus der anteilsbasierten Vergütung mit Barausgleich resultierende Schuld wird am Tag der Änderung ausgebucht

(c) Jede etwaige Differenz zwischen dem Buchwert der ausgebuchten Schuld und dem am Tag der Änderung im Eigenkapital erfassten Betrag wird umgehend erfolgswirksam erfasst.

E. Kombinationsmodelle

28.47 Sehen Optionspläne vor, dass **wahlweise** eine Erfüllung in bar (SAR's) oder in Aktienoptionen erfolgen kann, ist danach zu differenzieren, ob das Wahlrecht dem Arbeitnehmer oder dem Unternehmen zusteht (IFRS 2.34 ff.).

I. Wahlrecht beim Arbeitnehmer

28.48 Hierbei wird im Ergebnis unterstellt, dass der Arbeitnehmer sich für die Barvariante entscheiden wird, so dass zunächst die Dotierung einer Rückstellung (Verbindlichkeit) gemäß den Vorschriften zu SARs erfolgt. Wird später tatsächlich die Barvariante gewählt, besteht kein Unterschied zu Rz. 28.24. Entscheiden sich die Arbeitnehmer dagegen für die Ausübung von Optionen, wird der Erfüllungsrückstand mit dem Wert der Verbindlichkeit im Ausübungszeitpunkt zusammen mit dem Basispreis ins Eigenkapital eingestellt.

Beispiel (Abwandlung von Rz. 28.24): Im Folgenden wird zunächst die Gleichwertigkeit der Barvariante und der Aktienausgabevariante unterstellt, d.h. Menge und Wertgerüst sind identisch (z.B. 100.000 Aktienoptionen zum Basispreis von 100 oder 100.000 Rechte auf Zahlung des über 100 hinausgehenden Tagespreises).

Die Arbeitnehmer entscheiden sich am 2.1.04 nicht für die Barvariante, sondern für die Ausübung ihrer Optionen (28.000 Stück): Dann ist der anteilige „Wert dieser Verbindlichkeit" am 2.1.04 in die Kapitalrücklage umzubuchen. Fraglich ist, ob es sich dabei um den inneren Wert (= möglichen Ausübungserfolg, im Beispiel 33,3 je Option) oder um den Gesamtwert (im Beispiel 47,4) handelt, mit dem die Verbindlichkeit bisher bewertet war. IFRS 2.39 spricht von einer Neubewertung der Verbindlichkeit („remeasure the liability to its fair value"). Da der Fair Value bei SARs grundsätzlich die mögliche Zahlung abbilden soll, ist u.E. der innere Wert maßgebend[38], so dass die Kapitalrücklage um 932 TEuro (28.000 × 33,3 €) zu Lasten der Verbindlichkeiten zu erhöhen ist. Die Wertdifferenz zu dem bisherigen Ansatz wird ertragswirksam aufgelöst.

---

38 So auch *Pellens u.a.*, Internationale Rechnungslegung[10], 622 ff.

Daraus folgt, dass der *kumulierte* Aufwand (gleiche Ausübungszeitpunkte unterstellt) bei einem Kombinationsmodell mit (a) Gleichwertigkeit von Bar- und Optionsvariante und (b) Wahlrecht des Arbeitnehmers *immer* mit dem Aufwand bei reinen SARs (1.217 TEuro lt. Rz. 28.24) identisch ist.

In anderen Fällen kann nicht unbedingt von einer Gleichwertigkeit ausgegangen werden. Dann liegt ein **zusammengesetztes Instrument** (*compound instrument*) vor, das in einen Eigenkapital- und Fremdkapitalanteil aufzuteilen ist (IFRS 2.35 ff.).

28.49

Beispiel (IFRS 2 IG Example 13): Ein Unternehmen gewährt einem Mitarbeiter das Recht, zwischen einer Barvergütung in Form von 1.000 SAR oder 1.200 Aktien mit einer Haltefrist von drei Jahren zu wählen. Voraussetzung für die Gewährung des Incentive ist eine weitere Beschäftigung für drei Jahre.

Der Aktienkurs am Tag der Zusage beträgt 50 €, am Ende des Jahres 1, 2, 3 liegt er bei 52 €, 55 €, 60 €. Eine Dividende wird in den nächsten Jahren nicht erwartet. Der Fair Value der Aktienübertragung wird vom Unternehmen am Tag der Zusage mit 48 € angesetzt. Der im Vergleich zum aktuellen Kurs geringere Fair Value berücksichtigt, dass die erhaltenen Aktien drei Jahre nach Ablauf der Sperrfrist gehalten werden müssen (IFRS 2.B3). Am Ende des Jahres 3 wählt der Mitarbeiter die Barvergütung (Fall 1) bzw. die Aktien (Fall 2).

Der Fair Value des Aktienoptionsprogramms beträgt am Tag der Zusage 57.600 € (1.200 × 48 €), der Fair Value der SAR (Barvergütung) beträgt 50.000 € (1.000 × 50 €). Damit ergibt sich ein Fair Value für die Eigenkapitalkomponente des zusammengesetzten Finanzinstruments von 7.600 € (57.600 - 50.000).

Jahr	Berechnung	Aufwand	Eigenkapital	Schuld
1	1.000 × 52 € × 1/3 Jahre	17.333	-	17.333
	7.600 × 1/3 Jahre	2.533	2.533	-
2	1.000 × 55 € × 2/3 Jahre - 17.333	19.333	-	36.666
	7.600 × 1/3 Jahre	2.533	5.066	-
3	1.000 × 60 € × 3/3 Jahre - 36.666	23.334	-	60.000
	7.600 × 1/3 Jahre	2.354	7.600	-
Ende Jahr 3	Fall 1: Barzahlung 60.000 €			- 60.000
		67.600	7.600	= 0
	Fall 2: 1.200 Aktien		+ 60.000	- 60.000
		67.600	= 67.600	= 0

Der Personalaufwand beträgt in beiden Fällen 67.000 €. Bei Wahl der Barvergütung wird die Schuld durch die Auszahlung beglichen, eine Anpassung im Eigenkapital erfolgt nicht. Bei Wahl der Aktien wird die Schuld in das Eigenkapital umgebucht.

II. Wahlrecht des Unternehmens

Wenn das Unternehmen die Vergütungsform wählen kann, muss das Unternehmen zunächst für bilanzielle Zwecke bestimmen, ob eine gegenwärtige Verpflichtung zum Barausgleich besteht, und die anteilsbasierte Vergütung entsprechend abbilden. Er-

28.50

folgt eine Aufteilung nicht, entweder liegt eine Cash Settled oder eine Equity Settled Transaktion vor. Im Regelfall liegt eine gegenwärtige Verpflichtung zum Barausgleich vor (IFRS 2.41). Stellt sich später aufgrund besserer Erkenntnis heraus, dass die Annahme unzutreffend war, liegt gleichwohl keine Planänderung vor. Wenn die Vertragskonditionen ein Erfüllungswahlrecht vorsehen, ist die spätere Ausübung nicht als Planänderung anzusehen.

Beispiel (Abwandlung von Rz. 28.24, 28.28): Bei Ausübung der Option durch die Arbeitnehmer (1.1.04–31.12.05) behalte sich das Unternehmen das Recht vor, statt der Aktienausgabe die Zahlung der Differenz zwischen Tageskurs und Basiskurs (100) vorzunehmen. Ist aufgrund der bisherigen Unternehmenspolitik davon auszugehen oder sogar angekündigt worden, dass das Unternehmen den Plan in Form einer Barvergütung abwickeln wird, hat das Unternehmen wie bei reinen SARs eine Verbindlichkeit zu bilanzieren[39] (IFRS 2.41 f.). Sollte später dennoch eine Abwicklung durch Ausgabe von Aktien erfolgen, ist gem. Rz. 28.48 zu verfahren.

28.51 Hat das Unternehmen keine gegenwärtige Verpflichtung zum Barausgleich, werden zunächst echte Aktienoptionen bilanziert (IFRS 2.43):

– Erfolgt (nach Ablauf der Sperrfrist) eine **Barabwicklung**, wird die Barvergütung gegen die Kapitalrücklage gebucht. Übersteigt die Zahlung die bisherige Zuführung aus diesem Optionsplan, entsteht kein zusätzlicher Aufwand (IFRS 2.43a), da die Zahlung als Rückkauf von Eigenkapitalinstrumenten angesehen wird (IFRS 2.BC267). Bleibt die Zahlung darunter, erfolgt ebenfalls keine Korrektur des während der Sperrfrist gebuchten Aufwandes.

– Erfolgt dagegen die **Ausgabe von Optionen**, wird zwar ein Cashabfluss vermieden, zugleich stellt das Unternehmen dem Arbeitnehmer jedoch einen höheren Fair Value zur Verfügung als es „eigentlich" müsste, da der Fair Value der Option immer den inneren Wert (der alternativen Barvergütung) im selben Zeitpunkt überschreitet (Rz. 28.14). Diese oft aus der Not, d.h. dem Mangel an finanziellen Mitteln geborene „Großzügigkeit" wertet IFRS 2 als Entgelt für eine zusätzliche durch den Arbeitnehmer erbrachte Gegenleistung (IFRS 2.BC268), so dass neben dem innerhalb der Sperrfrist gebuchten Aufwand weiterer Aufwand i.H.d. im Ausübungszeitpunkt bestehenden Differenz zwischen innerem Wert und Fair Value zu erfassen ist (IFRS 2.43b, c).[40]

---

39 Der weitere in IFRS 2.41 geregelte Fall (Verbot einer Aktienausgabe) ist überflüssig, weil das Unternehmen dann gar keine Wahl hat (allenfalls klarstellend bei einem weltweiten Optionsplan, wenn ein Verbot der Aktienausgabe nur einzelne Länder betrifft).
40 IFRS 2.43c ist abstrakter formuliert und soll auch den Fall erfassen, dass der Fair Value einer Barvergütung im *Erfüllungszeitpunkt* höher ist als der Fair Value einer Aktienoption, wobei unklar ist, wie dieser Fall bei ansonsten gleiche Parametern (insb. Basispreis = Tageskurs) überhaupt eintreten kann.

Beispiel (Abwandlung von Rz. 28.28):

	Innerer Wert	Markt-wert	Diffe-renz	Stück	Aufwand
Bis Ende Sperrfrist (tatsächlich ausgegeben)	31.12.03		34,7		85.000	2.950
1. Ausübung der Option	2.1.04	33,3	47,4	14,1	28.000	395
2. Ausübung der Option	1.6.05	5,0	13,0	8,0	57.000	456
Aufwand bei Ausübung insgesamt					85.000	851
Kumuliert	31.12.05				85.000	3.801

Zusätzlich kommt es zu einer Eigenkapitalerhöhung i.H.d. Basispreises (8.500 TEuro = 85.000 × 100 €).

Da diese Variante verglichen mit den anderen Varianten (entweder reiner Grundfall echter Aktienoptionen, Rz. 28.28, oder Wahlrecht mit Ankündigung einer Barvergütung, Rz. 28.50) extrem unvorteilhaft ist, kann eine praktische Relevanz kaum erwartet werden. Abgesehen hiervon stellt sich die Frage, ob die unterschiedliche bilanzielle Behandlung von aktienkursorientierten Barvergütungen (SARs) und echten Aktienoptionen konzeptionell sinnvoll ist.

F. Belegschaftsaktien

Belegschaftsaktien (*broad-based plans* oder *all-employee plans*) werden ebenfalls durch IFRS 2 erfasst (IFRS 2.BC17).[41] Üblicherweise werden Belegschaftsaktien mit einem Rabatt zum Tagespreis an Mitarbeiter veräußert. Dann ist zu unterscheiden: 28.52

– Wird der Rabatt endgültig nur dann gewährt, wenn der Arbeitnehmer eine gewisse Zeit im Unternehmen verbleibt (**Sperrfrist**, Rz. 28.13), ist Aufwand i.H.d. Verbilligung über diese Sperrfrist zu verteilen und das Eigenkapital sukzessive zu erhöhen.

– Von der Sperrfrist sind bestimmte **Mindesthaltedauern** zu unterscheiden. Ist der Rabatt endgültig und müssen die Aktien nur eine bestimmte Zeit lang gehalten werden, wird sofort Aufwand (gegen Eigenkapital) gebucht. Der Aufwand entspricht im Regelfall der Verbilligung, lediglich bei nicht marktgängigen Werten kommt ein Abschlag vom Tageskurs in Betracht (IFRS 2.IG Example 11).

– In unwesentlichen Fällen kann auf die Buchung ganz verzichtet werden (IFRS 2.IG Example 11 unter Hinweis auf die materiality Definition für Bilanzierungsfehler

---

41 Soweit sie nicht Teil allgemeiner Kapitalmaßnahmen sind, die allen Aktionären und damit den Arbeitnehmern in ihrer Aktionärseigenschaft gewährt werden, vgl. IFRS 2.4, Rz. 28.7.

nach IAS 8, Rz. 12.58 f.). Dies kann z.B. relevant sein, wenn Anzahl und Rabatt innerhalb geringer lohnsteuerfreier Grenzen bleiben.

G. Konzernverbund

28.53 IFRS 2.43A-43D befassen sich mit der Behandlung von anteilsbasierten Vergütungen zwischen Unternehmen einer Gruppe.

(a) Nach IFRS 2.B52a) ff. i.V.m. IFRS 2.43B ist nach den Grundsätzen für Aktienoptionen zu bilanzieren, wenn ein *Mutterunternehmen* (MU) Aktienoptionen an Mitarbeiter eines Tochterunternehmens (TU) gewährt. Die dort zu erfassende Eigenkapitalerhöhung wird wie eine Einlage des Mutterunternehmens behandelt (Zahlen lt. Rz. 28.28 für 01):

| Buchung MU: | Beteiligungsbuchwert TU | an Kapitalrücklage MU | 1.041 |
| Buchung TU: | Aufwand | an Kapitalrücklage TU | 1.041 |

Im Konzernabschluss wird die Erhöhung der Kapitalrücklage bei TU und die Erhöhung des Beteiligungsbuchwerts bei MU eliminiert.

28.54 (b) Demgegenüber liegt nach IFRS 2.B52b ff. eine aktienorientierte Barvergütung vor, wenn *die Tochterunternehmung* zur Lieferung von Aktien der Konzernmutter (oder eines anderen Konzernunternehmens) an ihre Mitarbeiter verpflichtet ist, da *aus Sicht der Tochter* keine *eigenen* Anteile, sondern *andere* Vermögenswerte zur Verfügung gestellt werden. Somit kommt es *bei der Tochterunternehmung* (HB II) entsprechend der Änderung des Fair Value wie bei normalen SARs zu einer schwankenden Aufwandshöhe. *Im Konzernabschluss* bleibt es jedoch bei der Bilanzierung von Aktienoptionen: (Bsp. für 01 mit Zahlen aus Rz. 28.24 und 28.28)

Buchung TU	Aufwand	an Verbindlichkeit:	1.722
Buchung MU	(nur Konzern):	Storno Buchung TU und:	
	Aufwand	an Kapitalrücklage:	1.041

Die weiteren Buchungen *im Ausübungszeitpunkt* hängen vom Durchführungsweg ab (Rz. 28.26):

– Die Aufwands- und Vortragsbuchungen bei der Tochter werden im Konzernabschluss storniert.

– Bei bedingter Kapitalerhöhung wird der Optionspreis im Konzernabschluss eigenkapitalerhöhend gebucht (8.500 lt. Rz. 28.28).

– Bei Erwerb von Aktien der Mutter (durch die Tochter) wird darüber hinaus der Kaufpreis vom Eigenkapital abgezogen (Rz. 28.37).

H. Latente Steuern

Aktienkursorientierte Vergütungen (SARs) sind wie andere ergebnisabhängige Vergütungen auch steuerlich abzugsfähig, allerdings wird steuerlich bei der Bemessung der Rückstellung lediglich der geringere innere Wert berücksichtigt[42], so dass es bis zur tatsächlichen Auszahlung zu aktiven latenten Steuern kommt.

28.55

Bei Aktienoptionen mittels bedingter Kapitalerhöhung (**echte Aktienoptionen**) ist bereits die handelsrechtliche Behandlung strittig. Überwiegend, insbesondere bei nicht erfolgter tatsächlicher Ausübung, wird eine steuerliche Abzugsfähigkeit mangels Einlagefähigkeit der Arbeitsleitung (§ 27 Abs. 2 AktG) verneint[43], so dass beim gegenwärtigen Stand der Diskussion von einer Nichtabzugsfähigkeit ausgegangen werden muss. Dann entfallen latente Steuern bereits mangels einer *Buchwert*differenz (Rz. 29.23 f.). Sind Aufwendungen dagegen (z.B. in anderen Steuerrechtssystemen) steuerlich abzugsfähig (ggf. mit dem inneren Wert statt des Fair Value), sind Steuerlatenzen nach IAS 12.68B zu erfassen.[44] Appendix B Example 5 zu IAS 12 enthält ein ausführliches Beispiel, auf das wir verweisen.

28.56

I. Ausweis und Anhangangaben

Der aus aktienorientierten Vergütungen resultierende **Aufwand** ist unter Personalaufwand auszuweisen, die mögliche Stornierung (Rz. 28.31; 28.41) u.E. zweckmäßigerweise als „sonstige betriebliche Erträge" mit Anhangerläuterung.

28.57

In der **Bilanz** erfolgt der Ausweis bei SARs unter Verbindlichkeiten oder Rückstellungen (Rz. 26.8), bei echten Aktienoptionen in der Kapitalrücklage. Bei Ausübung erfolgt die Dotierung nach allgemeinen Vorschriften, d.h. Aufteilung der Erhöhung auf gezeichnetes Kapital und Kapitalrücklage.

Zum Ausweis im **Konzernabschluss** s. Rz. 36.233 ff.

28.58

Damit Abschlussadressaten Art und Umfang der bestehenden anteilsbasierten Vergütungsvereinbarungen nachvollziehen können respektive ein tiefergreifendes Verständnis entwickeln, haben Unternehmen entsprechende Informationen zu veröffentlichen (IFRS 2.44). Dabei sind mindestens folgende (**allgemeine**) **Angaben** zu machen (IFRS 2.45):

28.59

– **Beschreibung** aller in der Berichtsperiode existierenden Arten anteilsbasierter Vergütungsvereinbarungen. Darunter fallen z.B. Angaben wie die Vergütungsform (equity und/oder cash settled), die vesting conditions, die maximale Anzahl ge-

---

42 Vgl. *Herzig*, DB 1999, 1 (9 f.).
43 Vgl. *Vater*, DB 2000, 2185; *Herzig*, DB 1999, 1 (8).
44 Die Berücksichtigung latenter Steuern erfolgt danach ausnahmsweise im Hinblick auf die künftige Abzugsfähigkeit, obwohl es entgegen dem bilanzorientierten Konzept des IAS 12 an unterschiedlichen Buchwerten in Steuerbilanz und IFRS-Bilanz fehlt.

währter Optionen, die Länge der vesting period sowie der Zeitpunkt der Ausgabe bzw. Auszahlung[45],

- Anzahl und gewichteter Durchschnitt der Ausübungspreise der Aktienoptionen getrennt nach folgenden Gruppen:
  - zu Beginn der Berichtsperiode ausstehende Optionen,
  - in der Berichtsperiode gewährte, verwirkte, ausgeübte und verfallene Optionen,
  - am Ende der Berichtsperiode ausstehende und ausübbare Optionen,
- Gewichtete Durchschnittsaktienkurs ausgeübter Optionen während der Berichtsperiode,
- Bandbreite an Ausübungspreisen und der gewichtete Durchschnitt der restlichen Vertragslaufzeit für die am Ende der Berichtsperiode ausstehenden Optionen.

28.60 Neben den vorstehenden inhaltlichen Angaben, sind methodische Informationen zu veröffentlichen, die den Abschlussadressaten die **Ermittlung** der **Fair Values** der erhaltenen Güter/Dienstleistungen oder der gewährten Eigenkapitalinstrumente deutlich machen (IFRS 2.46).

Dabei sind im Falle einer **indirekten** Fair Value Ermittlung der erhaltenen Gegenleistung (Rz. 28.27), mindestens folgende Angaben zu machen (IFRS 2.47):

- Der gewichtete Durchschnitt der Fair Values der in der Berichtsperiode neu gewährten Aktienoptionen als auch anderer gewährter Eigenkapitalinstrumente (Aktien)
- das verwendete Optionspreismodell einschließlich der Inputparameter wie etwa die erwartete Volatilität, der risikolose Zinssatz und die erwartete Dividende,
- Bestimmung der erwarteten Volatilität einschließlich der Angabe, inwieweit die erwarte Volatilität auf der historischen Volatilität beruht,
- Einzelheiten zu anteilsbasierten Vergütungen, die in der Berichtsperiode geändert wurden (Rz. 28.39 ff.). Dazu zählt insbesondere eine Erklärung, warum diese Änderung vorgenommen wurde.

Im Falle einer **direkten** Fair Value Ermittlung der erhaltenen Gegenleistung, ist die Vorgehensweise bei der Bewertung darzulegen. Dies umfasst auch die Angabe, ob der Fair Value anhand von Marktpreisen ermittelt wurde (IFRS 2.48). Kann der Fair Value nicht verlässlich geschätzt werden, ist dies zu begründen (IFRS 2.49).

28.61 Schließlich sind auch Informationen zu veröffentlichen, die den Abschlussadressaten die **Auswirkungen** anteilsbasierter Vergütungen auf die **Vermögens-, Finanz- und Ertragslage** verständlich machen (IFRS 2.50). Dabei sind mindestens folgende Angaben zu machen (IFRS 2.51):

---

45 Vgl. zu weiteren Angaben Haufe IFRS-Komm[16], § 23 Rz. 249 ff.

- In der Berichtsperiode erfasste Gesamtaufwand für anteilsbasierte Vergütungen, bei denen die erhaltene Gegenleistung eine nicht aktivierungsfähige Arbeitsleistung darstellt. Der auf Equity Settled Transaktionen entfallende Anteil ist dabei gesondert auszuweisen,
- Gesamtbetrag der angesetzten Verbindlichkeit bzw. Rückstellung am Ende der Berichtsperiode,
- Gesamte innere Wert (*intrinsic value*, Rz. 28.14) der Verbindlichkeit bzw. Rückstellung am Ende der Berichtsperiode, bei denen das Recht der Anspruchsberechtigten auf Erhalt von Vergütung in Form von flüssigen Mitteln oder anderen Vermögenswerten ausübbar war.

Sofern die oben genannten Angabepflichten nicht zu einer Erfüllung der Grundsätze in IFRS 2.44, 2.46 und 2.50 ausreichen, sind zusätzliche Angaben zu machen, die zu einer Erfüllung dieser Grundsätze führen (IFRS 2.52).

Kapitel 29
Tatsächliche und latente Ertragsteuern (IAS 12)

A. Übersicht und Wegweiser	29.1
I. Management Zusammenfassung	29.1
II. Standards und Anwendungsbereich	29.4
III. Wesentliche Abweichungen zum HGB	29.9
IV. Neuere Entwicklungen	29.11
B. Ansatz latenter Steuern	29.20
I. Ansatzvoraussetzungen	29.20
1. Temporäre Differenzen	29.20
2. Künftiges zu versteuerndes Ergebnis bei aktiven latenten Steuern	29.22
3. Keine latenten Steuern auf permanente Differenzen	29.23
II. Verlustrückträge und Verlustvorträge	29.25
1. Verlustrückträge	29.25
2. Verlustvorträge und Zinsvorträge nach § 4h EStG	29.26
3. Steuergutschriften (tax credits)	29.34
III. Ansatzverbote	29.35
1. Goodwill aus Kapitalkonsolidierung	29.35
2. Erfolgsneutraler Erstansatz von Vermögenswerten und Schulden sowie steuerfreie Anschaffungskostenminderungen	29.39
IV. Inside- und Outside-Differenzen: Latente Steuern im Konzernverbund	29.40
1. Problemstellung und Begrifflichkeiten	29.40
2. Ansatzpflicht und bedingtes Ansatzverbot für Outside-Differenzen	29.44
3. Praktische Konsequenzen	29.46
4. Latente Steuern auf Währungsumrechnungsdifferenzen im Konzernabschluss	29.49
5. Abschreibungen auf Beteiligungen	29.52
V. Erfolgswirksame und erfolgsneutrale Bildung latenter Steuern	29.53
1. Erfolgswirksamer Ansatz	29.53
2. Erfolgsneutraler Ansatz	29.54
3. Berücksichtigung der Unsicherheit (IFRIC 23)	29.56
C. Bewertung	29.60
I. Erstbewertung	29.60
1. Grundsatz: aktueller Steuersatz	29.60
2. Maßgeblichkeit der beabsichtigten Verwendung	29.62
3. Steuersatzänderungen im Wertaufhellungszeitraum	29.64
4. Steuersatz bei Zwischengewinnen	29.65
5. Thesaurierungssatz/Körperschaftsteuererhöhungen und -minderungen	29.66
6. Keine Abzinsung latenter Steuern	29.67
II. Folgebewertung	29.68
1. Steuersatzänderungen	29.68
2. Änderungen des Steuerstatus/Rechtsformwechsel (SIC 25)	29.69
3. Werthaltigkeitsprüfung/Nachaktivierung	29.70
D. Sonderfälle	29.75
I. Organschaft	29.75
II. Personengesellschaften	29.76
1. Ergänzungsbilanzen	29.76
2. Steuersatz	29.77
3. Ergebnisthesaurierungen	29.78
4. Steuerliche Sonderbilanzen (Sonderbetriebsvermögen)	29.79
5. Umklassifizierung von Personengesellschaftskapital in Verbindlichkeiten nach IAS 32	29.80
III. Latente Steuern auf eigene Anteile	29.81
IV. Latente Steuern und steuerliche Betriebsprüfung	29.82
1. Keine Anpassung der IFRS-Bilanz	29.82

2. Anpassung der IFRS-Bilanz 29.83	II. Gewinn- und Verlustrechnung .. 29.92
E. **Abstimmung latenter Steuern** . 29.84	G. **Anhangangaben** 29.93
F. **Ausweis** 29.88	I. Allgemeine Angaben 29.93
I. Bilanzausweis und Saldierung .. 29.88	II. Steuerliche Überleitungsrechnung 29.94
1. Tatsächliche Steueransprüche und Steuerschulden 29.88	III. Aufgliederung temporärer Differenzen 29.101
2. Latente Steueransprüche und Steuerschulden 29.90	

Literatur: *Antonakopoulos/Fink,* Die Neuerungen des IASB aus den Annual Improvements to IFRSs des 2015-2017 Cycle, PiR 2018, 31; *Baetge/Lienau,* Praxis der Bilanzierung latenter Steuern im Konzernabschluss nach IFRS im DAX und MDAX, WPg 2007, 15; *Barth/Braun,* Prüfungsschwerpunkte 2017 der Deutschen Prüfstelle für Rechnungslegung (DPR), PiR 2017, 65; *Berger,* Was der DPR aufgefallen ist: Ermessensspielraum und die Bilanzierung von latenten Steuern auf Verlustvorträge, DB 2006, 2473; *Böing/Dokholian,* Auswirkungen der US-Steuerreform auf deutsche Unternehmen, GmbH-StB 2018, 153; *Busse von Colbe/Falkenhahn,* Neuere Entwicklung der Methoden der Kapitalkonsolidierung, in Jander, Heidrun/Krey, Antje (Hrsg.), Betriebliches Rechnungswesen und Controlling im Spannungsfeld von Theorie und Praxis, Festschrift für Jürgen Graßhoff, Hamburg 2005; *Dahlke,* Bilanzierung von Steuereffekten aus Dividendenzahlung nach dem Annual Improvements to IFRS (2015-2017 Cycle), BB 2018, 2736; *Von Eitzen/Dahlke/Kromer,* Auswirkungen des IFRS 3 auf die Bilanzierung latenter Steuern aus Unternehmenszusammenschlüssen, DB 2005, 509; *Endert/Sepetauz,* Latente Steuern auf Verlust- und Zinsvorträge, PiR 2013, 1; *Ernsting,* Auswirkungen des Steuersenkungsgesetzes auf die Steuerabgrenzung in Konzernabschlüssen nach US-GAAP und IAS, WPg 2001, 11; *Ernsting/Loitz,* Zur Bilanzierung latenter Steuern bei Personengesellschaften nach IAS 12, DB 2004, 1053; *Faßbender/Goulet,* Die Steuerreform 2017 in den USA, IWB 2018, 254; *Fülbier/Mages,* Überlegungen zur Bilanzierung latenter Steuern bei Personengesellschaften nach IAS 12, KoR 2007, 69; *Haaker/Schubert,* Einsteins Spuk oder: Erfüllen passive latente Steuern die Kriterien einer Rückstellung nach IAS 37?, PiR 2013, 126; *Jacob/Kazuch,* IFRIC 23: Unsicherheiten bei der Bilanzierung von Ertragsteuern nach IAS 12 -Erfahrungsbericht aus der Praxis, WPg 2018, 208; *Kirsch,* Abgrenzung latenter Steuern bei Personengesellschaften in Deutschland nach IAS 12, DStR 2002, 1875; *Küting/Wirth/Dürr,* Standardkonforme Anwendung von IAS 32 (rev. 2003) im Kontext der konzernbilanziellen Rechnungslegung von Personengesellschaften, WPg 2006, 345; *Loitz,* Bilanzierung latenter Steueransprüche für Vorträge noch nicht genutzter steuerlicher Verluste nach IFRS, WPg 2007, 778; *Lüdenbach,* Zwischenergebniseliminierung bei Minderheiten, PiR 2015, 180; *Meyer/Loitz/Quella/Zerwas* (Hrsg.), Latente Steuern, Wiesbaden 2009; *Meyer,* Aktuelle Verlautbarungen des IASB und IFRS IC zur Bilanzierung von laufenden und latenten Steuern, KoR 2015, 69; *Maywald,* Tax Cuts and Jobs Act: Bedeutung der US-Steuerreform für ausländische Investoren, DB 2018, 279; *Müller/Ladewich/Panzer,* Abschlusspolitisches Potenzial latenter Steuern nach HGB und IFRS – Theoretische Grundüberlegungen und empirische Analyse, IRZ 2014, 199; *Pawelzik,* Latente Steuern auf Goodwilldifferenzen bei der Konsolidierung von Personengesellschaften nach IFRS, KoR 2006, 13; *Penatzer,* Bilanzierung steuerlicher Risiken nach der Veröffentlichung von IFRIC 23: Unterschiede zum HGB und zu US-GAAP sowie praktische Bedeutung, DB 2018, 777; *Petermann/Schanz,* Latente Steuern auf Verlustvorträge, PiR 2013, 78; *Richter,* Bildung aktiver latenter Steuern auf Verlustvorträge nach IFRS unter Beachtung der deutschen Mindestbesteuerung – Der Fall – die Lösung, IRZ 2014, 412; *Ring,* Die Behandlung von Sonderbilanzen bei der Ermittlung latenter Steuern nach IAS 12, FR 2003, 1053; *Ruberg,* Bilanzierung aktiver latenter Steuern auf unrealisierte Verluste von Schuldinstrumenten, PiR 2016, 129; *Ruberg,* IFRIC 23: Berücksichtigung von Unsicherheiten bei der Bilanzierung von Ertragsteuern, PiR 2017, 247; *Schildbach*, Latente Steuern auf permanente Differenzen und andere Kuriositäten – Ein Blick in das gelobte Land jenseits der Maßgeblichkeit, WPg 1998, 939; *Simlacher*, Die Bilanzierung von latenten Steuern auf Goodwill: Plädoyer für die Anwendung von Push-Down-Accounting im IFRS-Konzernabschluss, DStR 2016, 1487; *Suermann/Kämpfer/Müller*, Neuerungen zur Bilanzierung von Ertragsteuern nach IAS 12, IRZ 2016, 413; *Theile*, Steuern, latente in: Busse von Colbe/Crasselt/Pellens (Hrsg.), Lexikon des Rechnungswesen, 5. Aufl., München 2011, 744; *Theile/Nagafi/Zyczkowski*, BilMoG: Analystenschreck oder Weißer Ritter des HGB?, BBK 2011, 912; *Velte/Endert*, Diskontierung von latenten Steuern – Erhöhung der Entscheidungsnützlichkeit?, WPg 2014, 722; *Zwirner/Busch*, Latente Steuern im Zusammenhang mit Finanzinstrumenten: Änderungsvorschläge des IASB zu IAS 12 mit ED/2014/3, IRZ 2014, 461; *Zwirner/Busch*, Aktuelle Praxisfragen des IAS 12 – Berücksichtigung von Regelungen zur Mindestbesteuerung, IRZ 2016, 62; *Zwirner/Busch*, Aktuelle Praxisfragen des IAS 12 – Berücksichtigung von Unsicherheiten bei der Bilanzierung von Ertragsteuern, IRZ 2016, 104.

A. Übersicht und Wegweiser

I. Management Zusammenfassung

Schwerpunkt der Regelungen des IAS 12 ist die Bilanzierung latenter Steuern. Die **Ratio latenter Steuern** ist wie folgt: Vermögenswerte reflektieren nicht nur künftige Nutzenzuflüsse, sondern auch eine steuerliche Aufwandsgrundlage, die durch Abschreibung oder Verkauf realisiert wird. Sind IFRS- und Steuerbilanzbuchwerte identisch, besteht insoweit kein Raum für den Ansatz latenter Steuern. Anders verhält es sich, wenn Abweichungen, **sog. temporäre Differenzen**, zwischen Vermögen und Schulden in den beiden Rechenwerken bestehen: 29.1

Beispiel:

(a) Ist das IFRS-Vermögen (100 Mio. Euro) höher als die steuerlichen Buchwerte (80 Mio. Euro), etwa weil nach IAS 38 Entwicklungskosten aktiviert werden, die steuerlich nicht angesetzt werden dürfen[1], so steht den durch die IFRS-Buchwerte verkörperten künftigen Nutzenzuflüssen nur eine geringere steuerliche Abschreibungsgrundlage (tax base) gegenüber. Bei einem Steuersatz von 30 % ist die künftige höhere Steuerbelastung (6 Mio. Euro = 30 % von 20 Mio. Euro) durch passive latente Steuern im Jahr der Entstehung der Buchwertdifferenz (20 Mio. Euro) zurückzustellen. Die **Passivierung latenter Steuern** führt dazu, dass es grundsätzlich **kein unversteuertes IFRS-Eigenkapital** gibt.[2]

(b) Ist dagegen das Vermögen in der Steuerbilanz (50 Mio. Euro) höher als in der IFRS-Bilanz (40 Mio. Euro), etwa weil eine Betriebsprüfung die nach IFRS notwendige Abwertungen bei Forderungen oder Vorräten nicht anerkennt, dann können steuerlich bei Nutzung oder Verkauf 10 Mio. Euro mehr als Aufwand verrechnet werden als in den IFRS-Buchwerten zum Ausdruck kommt. Die auf 10 Mio. Euro entfallende **künftige Steuerentlastung** wird im IFRS-Abschluss durch **Aktivierung latenter Steuern** (3 Mio. Euro = 30 % von 10 Mio. Euro) abgebildet.

---

[1] § 5 Abs. 2 EStG.
[2] Vgl. *Pawelzik*, KoR 2006, 13 (18).

Kap. 29 Rz. 29.1 | IAS 12

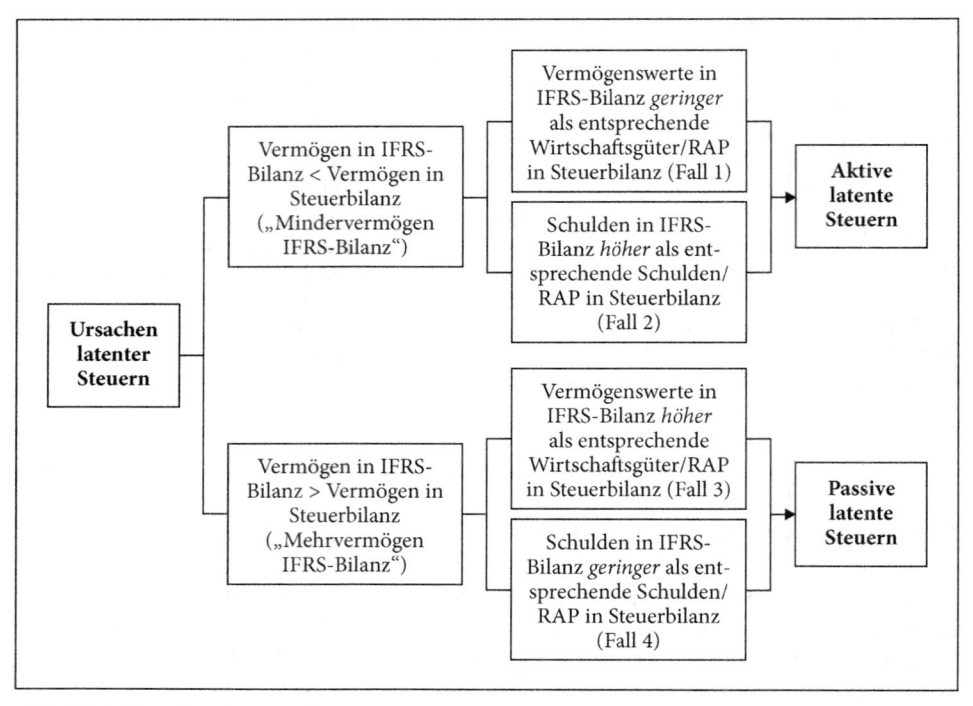

Abb. 29.1: Ursachen latenter Steuern

29.2 Für die praktische Anwendung dieser Konzeption (vgl. Abb. 29.1) kann folgende **Faustformel** genutzt werden:

- **Mindervermögen (Mindereigenkapital) in der IFRS-Bilanz** gegenüber der Steuerbilanz, das noch nicht zur steuerlichen Entlastung (Ersparnis) in der Vergangenheit führte, bewirkt eine aktive Steuerabgrenzung (Fälle 1 und 2).

- **Mehrvermögen (Mehreigenkapital) in der IFRS-Bilanz** gegenüber der Steuerbilanz, das noch nicht der Besteuerung unterlag, führt zur passiven Abgrenzung (Fälle 3 und 4).

29.3 Die sichtbare und gleichsam ästhetische Folge der Abgrenzung latenter Steuern besteht darin, dass der **Steueraufwand** in ein **erklärbares Verhältnis zum IFRS-Vor-Steuer-Ergebnis** gebracht wird:

Beispiel: Die Tabelle in Abb. 29.2 zeigt, stark vereinfacht, die Ergebnisermittlung eines Unternehmens im IFRS-Abschluss und in der Steuerbilanz. Im IFRS-Abschluss 01 wurde eine Drohverlustrückstellung gebildet, deren Ansatz in der Steuerbilanz wegen § 5 Abs. 4a EStG unzulässig ist. Im folgenden Geschäftsjahr trete der Verlust in erwarteter Höhe ein. Der in der Steuerbilanz ermittelte Steueraufwand wird in den IFRS-Abschluss übernommen. Dabei zeigt sich: Das IFRS-Vor-Steuer-Ergebnis passt nicht zum ausgewiesenen Steueraufwand, beurteilt nach dem Steuersatz von 30 %. Im IFRS-Abschluss lässt sich für 01 eine Steuerquote von 100 % und für 02 von 9,0 % errechnen, obwohl der Steuersatz 30 % beträgt. Ein solches Verhältnis ist einem externen Bilanzadressaten kaum zu vermitteln.

A. Übersicht und Wegweiser | Rz. 29.3 Kap. 29

Sachverhalt	01		02	
	IFRS-Bilanz	Steuerbilanz	IFRS-Bilanz	Steuerbilanz
Umsatzerlöse	8.000	8.000	9.000	9.000
Aufwendungen IFRS = Steuerbilanz	-7.000	-7.000	-8.000	-8.000
Zuführung Drohverlustrückstellung	-700	–	–	–
Verlusteintritt	–	–	–	-700
Ergebnis vor Steuern	**300**	**1.000**	**1.000**	**300**
Laufender Steueraufwand	-300	-300	-90	-90
Ergebnis nach Steuern	**0**	**700**	**910**	**210**
Steuerquote/Steuersatz %	100,0 %	30,0 %	9,0 %	30,0 %

Abb. 29.2: IFRS-Bilanz ohne Ansatz latenter Steuern

Dieses Missverhältnis lässt sich durch den Ansatz aktiver latenter Steuern vermeiden: In 01 wird i.H.d. Buchwertdifferenz der Drohverlustrückstellung (700 in IFRS – 0 in StB = 700), multipliziert mit dem Steuersatz, eine aktive Steuerlatenz ergebniswirksam gebildet. Im darauf folgenden Jahr wird diese wieder aufwandswirksam ausgebucht, so dass sich in beiden Jahren eine rechnerische Steuerquote von 30,0 % ergibt, die mit dem tatsächlichen Steuersatz übereinstimmt.

Sachverhalt	01		02	
	IFRS-Bilanz	Steuerbilanz	IFRS-Bilanz	Steuerbilanz
Umsatzerlöse	8.000	8.000	9.000	9.000
Aufwendungen IFRS = Steuerbilanz	-7.000	-7.000	-8.000	-8.000
Zuführung Drohverlustrückstellung	-700	–	–	–
Verlusteintritt	–	–	–	-700
Ergebnis vor Steuern	**300**	**1.000**	**1.000**	**300**
Laufender Steueraufwand	-300	-300	-90	-90
Latenter Steuerertrag (+)/ -aufwand (-): 30 % × 700	+210		-210	
Ausgewiesener Steueraufwand	**-90**		**-300**	
Ergebnis nach Steuern	**210**	**700**	**700**	**210**
Steuerquote/Steuersatz	30,0 %	30,0 %	30,0 %	30,0 %

Abb. 29.3: IFRS-Bilanz mit Ansatz latenter Steuern

II. Standards und Anwendungsbereich

29.4 Ansatz, Bewertung und Ausweis **tatsächlicher** sowie **latenter Ertragsteuern** sind Gegenstand des IAS 12. Der Standard kennt keine persönlichen Einschränkungen im Anwendungsbereich, d.h. er ist von allen Unternehmen auf ihre IFRS-Abschlüsse anzuwenden.

29.5 **Ertragsteuern** sind sämtliche in- und ausländische Steuern auf der Grundlage des zu versteuernden Einkommens (in Deutschland für Kapitalgesellschaften KSt einschl. SolZ, GewSt), auch dann, wenn sie bei Ausschüttungen im Wege des Quellenabzugs erhoben werden (IAS 12.2). Entscheidend für die Abgrenzung zu anderen Steuerarten ist die Bemessungsgrundlage: Eine Steuer, deren Bemessungsgrundlage das Ergebnis ist, wird nach IAS 12 bilanziert. Steuern, deren Bemessungsgrundlage z.B. der Umsatz, eine andere Bruttoerfolgsgröße oder eine Mengengröße ist, sind keine Steuern im Anwendungsbereich des IAS 12.

29.6 IAS 12 wird seit dem Jahr 2000 ergänzt durch **SIC-25 Ertragsteuern – Änderungen im Steuerstatus eines Unternehmens oder seiner Eigentümer.** In der Praxis werden hier die Folgen von Rechtsformwechseln adressiert (Rz. 29.69).

29.7 Im Geschäftsjahr 2019 erstmals anzuwenden ist der im Oktober 2018 ins EU-Recht übernommene **IFRIC 23 Unsicherheit bezüglich der ertragsteuerlichen Behandlung** (*Uncertainty over Income Tax Treatments*).[3] Die Interpretation hat die Wirkung ertragsteuerlicher Unsicherheiten und Risiken (u.a. Betriebsprüfungsrisiken) auf die Bilanzierung tatsächlicher und latenter Steuern zum Gegenstand (Rz. 29.56).

29.8 Von IFRIC 23 nicht erfasst werden **steuerliche Nebenleistungen** i.S.d. § 3 Abs. 4 AO (Verspätungszuschläge, Säumniszuschläge, Zinsen usw.). Solche Nebenleistungen wären nach IAS 12 zu beurteilen, wenn sie als Ertragsteuern gelten, ansonsten erfolgt die Bilanzierung nach IAS 37. Das DRSC hat in der **DRSC Interpretation 4 (IFRS)** Bilanzierung von ertragsteuerlichen Nebenleistungen nach IFRS[4] eine Festlegung vorgenommen: Die Nebenleistungen sollen bereits für das Geschäftsjahr 2018 nach IAS 37 beurteilt und bilanziert werden; eine etwaige Änderung in der Bilanzierung ist als Methodenänderung i.S.d. IAS 8 darzustellen.

III. Wesentliche Abweichungen zum HGB

29.9 In Deutschland finden sich seit der Umsetzung der EU-Richtlinien durch das Bilanzrichtliniengesetz 1985 Vorschriften zu latenten Steuern. Angesichts der Ausgestaltung des deutschen Steuerrechts (bei Abweichungen vom Maßgeblichkeitsprinzip erfolgte eine tendenziell spätere Berücksichtigung von Aufwendungen in

---

3 VERORDNUNG (EU) 2018/1595 DER KOMMISSION vom 23.10.2018, in ABl. L 265/3 v. 24.10.2018. Das IASB hatte die Interpretation IFRIC 23 im Juni 2017 veröffentlicht.
4 Verabschiedet vom DRSC am 5.9.2018.

der Steuerbilanz im Vergleich zur Handelsbilanz) kam es nach HGB häufig nur zum möglichen Ansatz aktiver latenter Steuern. Für diese besteht aber gem. § 274 HGB ein Ansatzwahlrecht, verbunden mit einer Ausschüttungssperre (§ 268 Abs. 8 HGB). Dabei ist es auch im BilMoG 2009 geblieben. Wegen der Aufhebung der umgekehrten Maßgeblichkeit und der Einführung des Aktivierungswahlrechts für Entwicklungskosten nehmen jedoch die möglichen Sachverhalte für passive latente Steuern deutlich zu.[5] Die folgende Tabelle enthält die Wesentlichen Gemeinsamkeiten und Unterschiede der Steuerabgrenzung des HGB im Vergleich zu IAS 12:

	HGB	IFRS
Vorschrift	§ 274 HGB (Jahresabschluss) § 306 HGB (Konzernabschluss)	IAS 12
Konzept	Temporary Konzept	
Auswirkung des Konzepts	Steuerlatenzen entstehen aus einem Vergleich der HGB/IFRS-Buchwerte von Vermögen und Schulden zu den entsprechenden steuerlichen Buchwerten	
Saldierung aktiver/passiver latenter Steuern	Wahlrecht	Bedingte Pflicht
Latente Steuern auf Verlustvorträge	Explizit in der Berechnung aktiver latenter Steuern vorgesehen bei erwartetem Ausgleich innerhalb von fünf Jahren	Ansatzpflicht bei erwartetem Ausgleich ohne *explizite* Frist
Ansatz	Im Jahresabschluss/HB II: Aktivüberhang: Wahlrecht, Passivüberhang: Pflicht Konsolidierungsmaßnahmen im Konzernabschluss: Pflicht	Sowohl für aktive als auch passive latente Steuern im Einzel- wie Konzernabschluss Pflicht
Anwendung, Befreiungen	(formal) keine Anwendung im Jahresabschluss bei *kleinen* Kapitalgesellschaften und PHG ohne natürliche Person als Vollhafter (§ 274a Nr. 4 HGB)[6]	Keine größen- und personenbezogenen Ausnahmen

---

[5] Das zeigt sich auch in der gelebten Praxis: Immerhin 13 von 163 überwiegend großen Kapitalgesellschaften wiesen in 2010 einen Passivüberhang aus, vgl. *Theile/Nagafi/Zyczkowski*, BBK 2011, 912 (937).
[6] Die Konsequenzen sind strittig. Eine Steuerrückstellung i.S.v. § 249 HGB wird überwiegend für erforderlich gehalten, wenn der Besteuerungstatbestand verwirklicht worden ist und nur durch eine steuerliche Begünstigungsnorm noch nicht zu einer Steuerlast geführt hat (z.B. § 6b EStG-Rücklage), vgl. *Grottel* in Beck Bil-Komm[11], § 274a HGB Rz. 6 f. Weitergehend (Pflicht für alle pass. lat. Steuern, soweit nicht quasi-permanent, aber mit Gegenrechnung werthaltiger aktiver latenter Steuern) IDW RS HFA 7 Rz. 26 f.

29.10 Das HGB ist mit der BilMoG-Reform 2009 auf das nach IFRS ausschließlich zulässige **bilanzorientierte Temporary-Konzept**[7] eingeschwenkt.[8] Danach kommt es bei der **Entstehung** einer Steuerlatenz *nicht* auf einen Unterschied im Jahresergebnis, sondern nur in der Bilanz an (**Liability-Methode**). Daher können auch erfolgsneutrale Bewertungsänderungen (Neubewertungsmethode), die sich bei ihrem Ansatz sowohl in der IFRS- als auch in der steuerlichen Ergebnisrechnung nicht niederschlagen, zu einer (ebenfalls erfolgsneutral gebuchten) latenten Steuerposition führen. Demgegenüber galt bis 2009 das GuV-orientierte **Timing-Konzept**: Für den Ansatz latenter Steuern kam es darauf an, dass schon bei der Entstehung ein GuV-Unterschied zwischen Handels- und Steuerbilanz (unterschiedliche Periodisierung von Aufwendungen und Erträgen in HB und StB) vorgelegen haben musste. Die zweite Voraussetzung für den Bilanzansatz latenter Steuern ist nach beiden Konzepten freilich gleich: Die Differenzen müssen sich in künftigen Perioden ausgleichen können.

IV. Neuere Entwicklungen

29.11 IAS 12 ist in 2000 grundlegend überarbeitet und seither punktuell geändert worden, zuletzt durch den jährlichen Verbesserungsstandard, Zyklus 2015–2017. Hiernach sind die Steuerfolgen aus Dividendenzahlungen erfolgswirksam zu behandeln, wenn eine Dividende i.S.v. IFRS 9 Appendix A gegeben ist (IAS 12.57A), andernfalls erfolgsneutral (IAS 12.61A). Wegen der körperschaftsteuerlichen Definitivbesteuerung ist die Regelung für deutsche Kapitalgesellschafts-Mutterunternehmen insoweit bedeutungslos.[9] IAS 12.57A gilt jedoch auch für **hybride Finanzinstrumente** (z.B. Genussrechte), die im IFRS-Abschluss als Eigenkapital klassifiziert werden, bei denen aber ggf. die Gewinnbeteiligung in der Steuerbilanz als Betriebsausgabe abgezogen wird. Wird diese Gewinnbeteiligung als Dividende i.S.v. IFRS 9 interpretiert, kommt es somit zu einem laufenden Steuerminderaufwand[10]. Dabei räumt der IASB Bilanzierenden einen gewissen Ermessensspielraum ein, ob eine Dividende i.S.v. IFRS 9 gegeben ist oder nicht (IAS 12.BC68 iVm. IAS 12.63).[11] Die Änderun-

---

7 Vgl. *Theile*, Steuern, latente in Busse von Colbe/Crasselt/Pellens (Hrsg.), Lexikon des Rechnungswesens[5], 744.
8 Das DRSC hatte über den (inzwischen aufgehobenen) DRS 10 schon vor dem BilMoG eine Annäherung an IFRS vollzogen, z.B. bei der Bildung latenter Steuern auf *quasi-permanente Differenzen* (DRS 10.8), der Aktivierung *latenter Steuern auf Verlustvorträge* (DRS 10.11) oder der Bildung latenter Steuern bei Erstkonsolidierung (nach h.M. zur sachgerechten Abbildung der *Netto*-Marktwerte des übernommenen Vermögens).
9 Vgl. *Antonakopoulos/Fink*, PiR 2018, 32.
10 Die europäische Enforcement Institution ESMA (*European Securities and Markets Authority*) rät zu einem separaten Ausweis derartiger Steuern, vgl. Barth/Braun, PiR 2017, 65 (67).
11 Zum Spezialfall eines hybriden Finanzinstruments im Zusammenhang mit Planvermögen und Schätzungsänderungen – dann erfolgsneutrale Steuererfassung – siehe *Dahlke*, BB 2018, 2736.

gen sind mit Wirkung per Geschäftsjahresbeginn am 1.1.2019 oder später in EU-Recht übernommen worden.[12]

Bei der Entwicklung des IFRIC 23 (Rz. 29.7) ist die Bilanzierung von unsicheren Zahlungen im Zusammenhang mit Steuern, die keine Ertragsteuern sind, schließlich ausgeklammert worden. Es ist nicht auszuschließen, dass das IFRS IC das Thema noch einmal aufgreift, was wiederum Rückwirkungen auf die DRSC Interpretation 4 (IFRS) haben könnte (Rz. 29.8).[13] 29.12

Bei erfolgsneutralem, aber in unterschiedlicher Höhe vorgenommenem Erstansatz von Vermögenswerten oder Schulden in der IFRS-Bilanz im Vergleich zum steuerlichen Wert besteht ein Ansatzverbot latenter Steuern (Rz. 29.39). Nicht zuletzt durch die Leasingbilanzierung nach IFRS 16 kommt dem Thema höhere praktische Bedeutung zu: Die erfolgsneutrale Differenz kann hier sowohl beim Nutzungsrecht als auch bei der Leasingverbindlichkeit entstehen. Dann würde sich jedoch ein Ansatz latenter Steuern gegengleich aufheben, so dass ein Ansatzverbot bei der Zugangsbewertung entbehrlich wäre. Die Folge wäre aber u.E. eine „richtige" Steuerlatenzierung in Folgeperioden (Rz. 29.39). Das IFRS IC hat im Juni 2018 entschieden, das Thema an den IASB heranzutragen mit dem möglichen Ziel der Schaffung einer entsprechenden Ausnahme vom Ansatzverbot latenter Steuern.[14] Die weitere Entwicklung bleibt abzuwarten. 29.13

frei 29.14–29.19

B. Ansatz latenter Steuern

I. Ansatzvoraussetzungen

1. Temporäre Differenzen

Für **temporäre Differenzen**, das sind Unterschiede der Buchwerte der Vermögenswerte und Schulden im IFRS-Abschluss im Vergleich zu den entsprechenden steuerlichen Buchwerten (**Steuerwert, „tax base"**, IAS 12.5), sind aktive und passive latente Steuern anzusetzen. Voraussetzung ist, dass sich die Differenzen in Folgeperioden ausgleichen; das kann auch die Totalperiode sein. Insoweit wird zwischen **zeitlichen** und **quasi-permanenten**[15] Differenzen nicht unterschieden (vgl. zu permanenten Differenzen aber Rz. 29.23). 29.20

---

12 Durch VERORDNUNG (EU) 2019/412 DER KOMMISSION vom 14. März 2019, ABl. L73 v. 15.3.2019, S. 93.
13 Vgl. DRSC, Feedback Statement DRSC Interpretation 4 (IFRS) *Bilanzierung von ertragsteuerlichen Nebenleistungen nach IFRS*, S. 10f. (https://www.drsc.de/app/uploads/2018/10/181019_Feedback-Statement_DRSC_Interpretation-4-final.pdf, abgerufen am 2.11.2018).
14 Vgl. IFRIC update, June 2018.
15 Zu einer Ausnahme bei quasi-permanenten Differenzen s. Rz. 29.45.

Der Steuerwert umfasst den Buchwert in der Steuerbilanz einschließlich außersteuerbilanzieller Hinzurechnungen und Kürzungen. Ein Buchwert kann im IFRS-Abschluss positiv und der entsprechende Steuerwert „null" sein (und umgekehrt).

Damit liegen zwei kumulativ zu erfüllende Ansatzvoraussetzungen vor:

(1) Es bestehen Buchwertdifferenzen, die sich

(2) in künftigen Perioden abbauen.

Zu Ansatzverboten auch bei Vorliegen dieser Voraussetzungen siehe Rz. 29.35 ff. Zu weiteren Ansatzvoraussetzungen siehe die folgenden Ausführungen.

29.21 Für **passive latente Steuern** bestehen (bis auf Spezialfälle bei Tochter- und Gemeinschaftsunternehmen sowie assoziierten Unternehmen, siehe Rz. 29.40 ff.) keine weiteren Ansatzvoraussetzungen (IAS 12.15).

2. Künftiges zu versteuerndes Ergebnis bei aktiven latenten Steuern

29.22 Hingegen sind **aktive latente Steuern** nur anzusetzen, wenn es wahrscheinlich ist, dass künftig ein zu versteuerndes Ergebnis vorliegen wird, gegen das die Steuerlatenz aufgerechnet werden kann (IAS 12.24). Dabei ist natürlich jede Steuerart (ggf. Einkommensart) einzeln zu prüfen (IAS 12.27A), in Deutschland also KSt und GewSt getrennt.[16] Die **Ansatzvoraussetzung** ist unter folgenden Bedingungen erfüllt:

– Es liegen beim Steuersubjekt auch **passive latente Steuern** gegenüber derselben Steuerbehörde vor, die sich in voraussichtlich derselben Periode wie die aktiven latenten Steuern umkehren oder deren Umkehrung in die Periode fällt, in die Verluste aus dem latenten Steueranspruch zurückgetragen oder vorgetragen werden können (IAS 12.28).

– Sollten diese engen Voraussetzungen nicht vorliegen, ist gem. IAS 12.29 zu beurteilen, ob künftig **ausreichende zu versteuernde Einkommen** in Bezug auf dieselbe Steuerbehörde und dasselbe Steuersubjekt in der Periode der Umkehrung vorhanden sein werden oder vom Unternehmen durch Sachverhaltsgestaltung geschaffen werden können (etwa, um den Verfall eines zeitlich beschränkten steuerlichen Verlustvortrags zu verhindern, s. IAS 12.30; die Ausführungen in Rz. 29.26 gelten entsprechend).

– Bezogen auf einzelne Vermögenswerte kann die Realisation zum (höheren) Steuerwert wahrscheinlich sein, auch wenn der IFRS-Buchwert niedriger ist. Namentlich kann dies bei gehaltenen festverzinslichen Wertpapieren der Fall sein, die aufgrund eines Marktzinsanstiegs zum niedrigeren Fair Value bewertet werden, wohingegen der Steuerwert immer noch die höheren Anschaffungskosten reflektiert. Besteht Halteabsicht bis zur Endfälligkeit und liegt entsprechende Bonität des Schuldners vor, ist die Aktivlatenz als werthaltig anzusehen (IAS 12.29A),

---

16 Vgl. pointiert *Meyer*, KoR 2015, 70: „Eine zusammengefasste Betrachtung wäre auch in etwa so, als würde man gewerbesteuerliche Mehrergebnisse als Beleg für die Werthaltigkeit eines körperschaftsteuerlichen Verlustvortrags heranziehen."

weil bei Fälligkeit die höheren Anschaffungskosten (Rückzahlungsbetrag) realisiert werden.

Mit diesen Kriterien soll der Ansatz nicht werthaltiger aktiver latenter Steuern ausgeschlossen werden, vor allem dann, wenn ein Unternehmen dauerhaft steuerliche Verluste produziert und selbst bei Liquidation nicht mit einem steuerlichen Gewinn abschließen würde.

3. Keine latenten Steuern auf permanente Differenzen

Auf **permanente Differenzen**, z.B. bei Vermögenswerten, deren Veräußerung steuerfrei bleibt oder deren Abschreibung sich nie auswirkt, ist jedoch **keine Steuerabgrenzung** vorzunehmen. Es mangelt hier an einem Umkehreffekt. 29.23

Beispiel: Außerplanmäßige Abschreibungen auf Beteiligungen[17] an Kapitalgesellschaften oder auf Verbindlichkeiten gegenüber Tochtergesellschaften sind nach § 8b KStG steuerlich nicht abzugsfähig. Durch eine nur im IFRS Abschluss vorgenommene Abschreibung entsteht zwar eine bilanzielle Differenz; **mangels Umkehrmöglichkeit** (die Abschreibung wird steuerlich nie anerkannt) liegt jedoch **keine *temporäre* Differenz** i.S.v. IAS 12 vor. Folglich entfällt die Bildung latenter Steuern. Der steuerlich nicht abzugsfähige Aufwand wirkt sich vielmehr bei der steuerlichen Überleitungsrechnung aus (Rz. 29.97). Gleiches gilt für den steuerfreien Teil (95 %) von Gewinnen bei der Veräußerung von Anteilen an einer Kapitalgesellschaft (§ 8b KStG).

Ein weiterer Anwendungsfall permanenter Differenzen ist die Umwidmung von Eigen- in Fremdkapital nach IAS 32 (Rz. 29.80).

Bei **bloßen Aufwandshinzurechnungen** (z.B. Bewirtungsaufwand, Geschenke u.a.) liegt bereits mangels Buchwertunterschieden keine Differenz vor. Der Effekt wird wiederum bei der steuerlichen Überleitungsrechnung sichtbar (Rz. 29.95 ff.). 29.24

II. Verlustrückträge und Verlustvorträge

1. Verlustrückträge

Entstehen bei einer Gesellschaft **rücktragsfähige Verluste**, ist der entsprechende Vorteil daraus in der Periode der Verlustentstehung als Vermögenswert („laufende" Steuerforderung) anzusetzen (IAS 12.13 f.). Ein Ansatz nur als aktive latente Steuer kommt nicht in Betracht. 29.25

2. Verlustvorträge und Zinsvorträge nach § 4h EStG

Bei **steuerlichen Verlustvorträgen** bestehen keine temporären Buchwertdifferenzen: Dass die spätere Steuerminderung aber auf der früheren Verlustentstehung beruht, wird von IAS 12 zum Anlass genommen, auf steuerliche Verlustvorträge unter Beachtung der Aktivierungsvoraussetzungen (Rz. 29.22) den Ansatz latenter Steu- 29.26

---

17 Im IFRS Einzelabschluss oder bei fehlender Konsolidierung (z.B. wegen Unwesentlichkeit) im IFRS Konzernabschluss.

ern vorzusehen (IAS 12.34).[18] Die bei der Prüfung der Werthaltigkeit an den Tag zu legende besondere Sorgfalt wird bei Verlustvorträgen besonders betont, denn allein das Vorhandensein steuerlicher Verlustvorträge soll dafür sprechen, dass zukünftiges zu versteuerndes Einkommen möglicherweise nicht erzielt wird (IAS 12.35). Es empfiehlt sich, in folgenden Schritten vorzugehen:

29.27 Vorrangig ist zu prüfen, ob die steuerlichen Verlustvorträge auf denselben Ursachen beruhen wie Sachverhalte, die *gleichzeitig* zu passiven temporären Differenzen führten, z.B. wegen Nichtaktivierung von Entwicklungskosten in der Steuerbilanz. Die Passivlatenz gilt dann unter Berücksichtigung möglicher Beschränkungen des Steuerrechts (z.B. Mindestbesteuerung wie in Deutschland) als Werthaltigkeitsbeleg für aktive latenten Steuern auf den Verlustvortrag. Auf ein zukünftig positives Einkommen kommt es nach Auffassung des IFRS IC dann nicht an.[19]

Beispiel: Ein Unternehmen aktiviert in 01 Entwicklungskosten von 10 Mio. € und erzielt deshalb ein IFRS-Vorsteuerergebnis von „null". In der Steuerbilanz dürfen die Entwicklungskosten nicht angesetzt werden, so dass ein Verlust von 10 Mio. € entsteht, der nach Maßgabe der §§ 10d EStG, 10a GewStG vortragsfähig ist: In jeder künftigen Periode können 1 Mio € abgezogen werden und vom überschießenden Gewinn noch einmal 60 %, so dass eine Mindestbesteuerung von 40 % verbleibt. Der Steuersatz beträgt 30 %.

Auf die Buchwertdifferenz von 10 Mio. € bei den Entwicklungskosten sind 3 Mio. € passive latente Steuern anzusetzen. Sie dienen im Rahmen der Mindestbesteuerung als Beleg für die Werthaltigkeit aktiver latenter Steuern auf den Verlustvortrag[20].

Die Entwicklungskosten werden (a) in voller Höhe in 02 oder (b) gleichmäßig mit je 1 Mio. € in den folgenden 10 Jahren verdient. Dann gilt ohne weitere Prüfung auf positive künftige Einkommen:[21]

Zu (a): Auf den Verlustvortrag ist ein Betrag von 1,92 Mio. € ([= 1 Mio.€ + 0,6 × 9 Mio. €] × 0,3) als aktive latente Steuer anzusetzen.

Zu (b): Auf den Verlustvortrag ist ein Betrag von 3 Mio. € als aktive latente Steuer anzusetzen.

Die Mindestbesteuerung beim Verlustvortrag erzwingt hier eine genaue zeitliche Analyse der Umkehrung der Passivlatenz. Im Fall (a) kann sich darüber hinaus die Aktivlatenz erhöhen, wenn für den Zeitraum ab 03 positive Ergebnisse prognostiziert werden (siehe nachfolgend Rz. 29.28).

29.28 Liegen keine oder zu geringe entsprechende Passivlatenzen vor, kommt es auf das prognostizierte Vorhandensein künftiger zu versteuernder Ergebnisse an. Für den Nachweis der Realisierbarkeit des ökonomischen Vorteils vorhandener Verlustvorträge wird regelmäßig eine steuerartenspezifische **Steuerplanung**[22] aufzustellen sein, wobei es im Gegensatz zu § 274 Abs. 1 HGB **keine feste 5-Jahres-Grenze**

---

18 So auch nach § 274 Abs. 1 Satz 4 HGB.
19 Vgl. IFRIC update, May 2014.
20 Ähnlich auch *Schulz-Danso* in Beck IFRS-HB[5], § 25 Rz. 74.
21 Kritisch hierzu Haufe IFRS-Komm[16], § 26 Rz. 123.
22 Vgl. *Baetge/Lienau*, WPg 2007, 15 (19). Damit werden Bilanzierende gezwungen, intersubjektiv nachprüfbare Annahmen zu treffen und zu dokumentieren.

gibt.²³ IAS 12.36 stellt Leitlinien zur Verfügung, die zur Widerlegung der Realisierungsvermutung im Rahmen der Steuerplanung führen können.²⁴ Folgende Aspekte sind insgesamt zu berücksichtigen:

— **Analyse der Verlusthistorie**: Beruhen diese auf einmaligen Vorgängen (Restrukturierungen, einmalige Vermögensverluste)? Kritisch sind permanente „singuläre" Verlustquellen. IAS 12.82b verlangt flankierend die Nennung und substantielle Begründung für den aktivierten latenten Steueranspruch (aus Verlustvorträgen und temporären Differenzen), wenn die betreffende Konzerneinheit in den letzten zwei Jahren Verluste erzielt hat.

— Bestehen **Sachverhaltsgestaltungen** zwecks Verlustausgleichs (z.B. sale & lease back, Verschmelzungen)? Nicht erforderlich ist, dass die Maßnahmen bereits beschlossen sind; sie müssen aber unter Erfassung aller organisatorischen Rahmenbedingungen durchführbar und es muss klar sein, dass die Maßnahmen als ultima ratio auch durchgeführt werden.²⁵

Beispiel: Eine Konzerntochter (außerhalb des Organkreises der Konzernmutter) ist in einem asiatischen Land als Entwicklungsgesellschaft tätig. Entgegen den ursprünglichen Plänen verzögert sich die Entwicklung neuer Produkte, so dass keine Entwicklungskosten aktiviert werden. Die Gesellschaft erwirtschaftet steuerliche Verlustvorträge, die in dem Land nach 7 Jahren verfallen. Am Erfolg der Entwicklungsprojekte bestehen trotz der Budgetüberschreitungen keine Zweifel; allerdings wird mit nennenswerten Lizenzeinnahmen erst in 4–5 Jahren gerechnet.

Zur Rettung der ansonsten verfallenden Verlustvorträge würde die Geschäftsführung „zur Not" auch einen konzerninternen Verkauf der „angearbeiteten" Entwicklungsprojekte in Betracht ziehen. Daher stellt *im Beispiel* weder die in der Literatur genannte 5-Jahres-Grenze noch die zeitliche Beschränkung der Verlustvorträge einen Hinderungsgrund für die Aktivierung der Steuervorteile dar.

Anders wären jedoch Tochtergesellschaften zu beurteilen, die sich in einem schwierigen Marktumfeld bewegen, keine stillen Reserven aufweisen etc. Dort mag die intersubjektiv nachprüfbare Prognosefähigkeit mit der 5-Jahres-Frist an ihre Grenze stoßen.²⁶

— U.E. sind **bereits eingeleitete Restrukturierungsmaßnahmen**, etwa Stilllegung bzw. Verkauf von Verlustbereichen, Führungswechsel, Personalanpassungsmaßnahmen ein sehr starkes Indiz für einen möglichen Ausgleich von Verlustvorträgen.²⁷

— Analyse von auf Steuerarten (GewSt/KSt) herunterzubrechende **Verwertungsrestriktionen**, wie

    (a) zeitliche Begrenzung,

---

23 Vgl. EY-iGAAP 2018, 2385; *Hauck/Prinz*, DB 2007, 412 ff.; *Berger*, DB 2006, 2473 sowie DB 2007, 415 als Replik zu *Hauck/Prinz*. Vermittelnd *Schulz-Danso* in Beck IFRS-HB⁵, § 25 Rz. 74, der eine Beschränkung auf 5 Jahre für sinnvoll hält.
24 Die Leitlinien sind auch für die Steuerplanung zur Prüfung der Aktivierung latenter Steuern auf steuerliche Verlustvorträge im HGB-Abschluss heranzuziehen.
25 Vgl *Loitz*, WPg 2007, 778 (785 f.).
26 Vgl. Haufe IFRS-Komm¹⁶, § 26 Rz. 131.
27 Restriktiv *Berger*, DB 2006, 2473 ff., der erst einen sichtbaren Erfolg der Restrukturierung als Ansatzkriterium genügen lässt.

(b) Mindestbesteuerungsvorschriften[28],

(c) Moratorium für vororganschaftliche Verluste bei Begründung einer Organschaft und

(d) Beschränkung des Verlustausgleichs auf bestimmte Einkunftsarten.[29]

– Können Verluste auf Grund von **Gruppenbesteuerungsvorschriften** (wie sie z.B. in Österreich bestehen) grenzüberschreitend ausgeglichen werden, führt dies aus Konzernsicht nicht zu aktiven latenten Steuern beim Verlustunternehmen, sondern zu einer laufenden Steuerminderung beim ausländischen Mutterunternehmen.[30]

29.29 In den geforderten Beurteilungsgrenzen ist die Aktivierung latenter Steuern auf Verlustvorträge in IFRS-Abschlüssen zwingend. Über die Aktivierung und Nichtaktivierung ist nach IAS 12.81e umfangreich zu berichten:

Beispiel (Bayer AG, Geschäftsbericht 2017, 225, 250 f.): „Gemäß IAS 12 (Income Taxes) werden latente Steuern auf zeitlich begrenzte Unterschiede zwischen den Wertansätzen von Vermögenswerten und Schulden in der IFRS-Bilanz und der Steuerbilanz, aus Konsolidierungsvorgängen sowie auf wahrscheinlich nutzbare Verlust- und Zinsvorträge und Steuergutschriften ermittelt. Aktive latente Steuern auf abzugsfähige temporäre Differenzen, Steuergutschriften und steuerliche Verlust- und Zinsvorträge werden insoweit aktiviert, als es wahrscheinlich ist, dass für deren Nutzung ein zu versteuerndes Ergebnis zukünftig verfügbar sein wird. [...]

Die Verfallbarkeit der [...] steuerlichen Verlust- sowie Zinsvorträge stellte sich wie folgt dar:

In Mio. Euro	31.12.2016	31.12.2017
Innerhalb von einem Jahr	4	17
Innerhalb von zwei Jahren	1	15
Innerhalb von drei Jahren	31	114
Innerhalb von vier Jahren	132	28
Innerhalb von 5 Jahren	31	70
Später	2.979	3.309
Gesamt	3.178	3.553

[...]

Von den gesamten Verlust- und Zinsvorträgen in Höhe von 6.443 Mio. €, davon Zinsvorträge 148 Mio. € (Vorjahr: 5.447 Mio. €, davon Zinsvorträge 118 Mio. €), können voraussichtlich Beträge von 2.890 Mio. €, davon Zinsvorträge 1 Mio. € (Vorjahr: 2.269 Mio. €, davon Zinsvorträge 0 Mio. €), innerhalb eines angemessenen Zeitraums genutzt werden. [...] Auf die voraussichtlich nutzbaren Verlust- und Zinsvorträge wurden aktive latente Steuern in Höhe von 486 Mio. € (Vorjahr: 473 Mio. €) gebildet.

Für Verlust- und Zinsvorträge in Höhe von 3.553 Mio. €, davon Zinsvorträge 147 Mio. € (Vorjahr: 3.178 Mio. €, davon Zinsvorträge 118 Mio. €), bestanden gesetzliche oder wirtschaftliche Einschränkungen hinsichtlich ihrer Nutzbarkeit. Deshalb wurden hierfür keine

---

28 Zur Wirkung der Mindestbesteuerung in Deutschland s. *Meyer* u.a., Latente Steuern, 2009, § 2 Rz. 13 ff.

29 Vgl. *Loitz*, WPg 2007, 778 (783).

30 Vgl. Haufe IFRS-Komm[16], § 26 Rz. 189; anders im *Einzelabschluss* der Tochterunternehmung.

aktiven latenten Steuern angesetzt. Wäre eine Nutzbarkeit der Verlust- und Zinsvorträge in voller Höhe möglich, hätten theoretisch aktive latente Steuern in Höhe von 351 Mio. € (Vorjahr: 294 Mio. €) angesetzt werden müssen."

Außer „normalen" Verlustvorträgen kommt seit 2008 auch die Aktivierung zukünftiger Steuerersparnisse auf den **Zinsvortrag nach § 4h EStG** (**Zinsschranke**)[31] in Betracht. Hier ist eine deutlich detailliertere Planung erforderlich. So sind u.a. das steuerliche EBITDA, die Planung des Konsolidierungskreises und künftige Eigenkapitalquoten zu berücksichtigen.[32]

29.30

Die Aktivierung künftiger Steuerersparnisse auf Grund von Verlust- und Zinsvorträgen führt somit zu einer Milderung eingetretener Verluste im Entstehungsjahr und kann daher **abschlusspolitisch reizvoll** sein. Zudem brauchen die Beträge auch dann nicht abgezinst zu werden, wenn die Verlustverrechnung erst langfristig erwartet wird. Insofern besteht jedoch kein Unterschied zu anderen latenten Steuern (Rz. 29.67).

29.31

Aktive latente Steuern auf Verlustvorträge sind in späteren Gewinnjahren aufwandswirksam abzuschreiben. Eine **außerplanmäßige Abschreibung** ist erforderlich, wenn sich die Gewinnerwartungen nicht erfüllen (Rz. 29.29). Wenn zusätzlich operative Verluste entstehen, kommt es somit zu einer deutlichen Erhöhung von Aufwand.[33] Daher ist die Prüfung der künftigen Verrechenbarkeit von Verlustvorträgen mit besonderer Sorgfalt vorzunehmen. Umgekehrt kann es zur grundsätzlich ergebniswirksamen **Nachaktivierung** kommen, wenn eine ehemalige Verlustgesellschaft in die Gewinnphase eintritt (IAS 12.60b, Rz. 29.70). Außerplanmäßige Abschreibungen als auch spätere Nachaktivierungen sind Bestandteil der steuerlichen Überleitungsrechnung (Rz. 29.100).

29.32

Der Ansatz latenter Steuern auf Verlustvorträge kommt auch im Rahmen der **Erstkonsolidierung** in Betracht (IAS 12.66 ff.; Rz. 36.105). Dabei ist jedoch zu prüfen, ob bestehende Verlustvorträge beim **Anteilseignerwechsel** untergehen (z.B. § 8c KStG), wobei die Rechtslage in Deutschland ab 1.1.2010 etwas entschärft worden ist: Nach § 8c Abs. 1 Satz 6 ff. KStG gehen Verlustvorträge nicht mehr unter, soweit stille Reserven bestehen, wobei diese i.d.R. als Differenz zwischen dem Kaufpreis für die Anteile und dem steuerlichen Eigenkapital berechnet werden.

29.33

3. Steuergutschriften (tax credits)

Steuergutschriften werden in Form einer Steuerermäßigung für die **Durchführung von Investitionen**, Arbeitsplatzsicherung, Exporte, Forschung und Entwicklung etc. gewährt. Sie werden bei der Ermittlung der laufenden Steuern berücksichtigt (IAS 34.IE.B19), entweder in Form der Reduzierung der Bemessungsgrundlage oder des Steuersatzes. Der Effekt ist entweder bei der Ermittlung des Konzernsteuersatzes oder in der steuerlichen Überleitungsrechnung (Rz. 29.27) zu erfassen. Soweit nicht

29.34

---

31 Siehe Vorauflage, Rz. 9000 ff.
32 Vgl. *Meyer* u.a., Latente Steuern, 2009, § 2 Rz. 42.
33 Vgl. *Schildbach*, WPg 1998, 945.

III. Ansatzverbote

1. Goodwill aus Kapitalkonsolidierung

29.35 Führt die **Kapitalkonsolidierung** im Zusammenhang mit einem **share deal** zur Aktivierung eines Goodwill, der steuerlich *nicht* abgeschrieben werden kann (was in Deutschland bei Kapitalgesellschaften der Fall ist), so wird im Entstehungsjahr als auch in künftigen Perioden **kein passiver Steuerabgrenzungsposten** gebildet (IAS 12.15a, 12.21A, 12.66). Dieses Verbot vermeidet ansonsten notwendige rechnerische Iterationen, ist aber konzeptionell angreifbar, da der Goodwill als Vermögenswert angesehen wird.[34] Aus abschlusspolitischer Sicht hat das Verbot jedoch den positiven Effekt, dass die Bilanzsumme nicht durch Aufblähung eines Goodwill auf einen Bruttowert bei gleichzeitiger Passivierung latenter Steuern erhöht wird. Werden jedoch spezielle immaterielle Vermögenswerte nur im Konzernabschluss aktiviert, ist hierauf ein passiver Steuerabgrenzungsposten zu bilden.

29.36 Anders ist dies, wenn ein Goodwill steuerlich absetzbar ist, wie im Falle eines **asset deal**. In Deutschland wird der Erwerb von **Anteilen an Personengesellschaften** steuerlich wie ein asset deal behandelt. Bei steuerlicher Absetzbarkeit des Geschäftswerts ist wegen einer unnötigen Kasuistik des IAS 12 wie folgt zu unterscheiden:[35]

(a) ***IFRS-Goodwill*** (*z.B. 1.000*) < ***steuerlicher Goodwill*** (*z.B. 1.500*): Diese Konstellation dürfte bei der Erstkonsolidierung **der Regelfall** sein, da nach IFRS 3 im Vergleich zur Steuerbilanz tendenziell mehr spezielle immaterielle Vermögenswerte und folglich weniger Goodwill anzusetzen sind. In Bezug auf Goodwill liegt somit *IFRS-Mindervermögen* vor. Da IAS 12.24 (anders als bei *passiven* Goodwilldifferenzen) für *aktive* bei der Erstkonsolidierung entstandene Goodwilldifferenzen *kein* Ansatzverbot vorsieht, entstehen aktive latente Steuern auf die temporäre Differenz von 500.

Die aktiven latenten Steuern auf Goodwilldifferenzen und die per Saldo passiven latenten Steuern auf Differenzen bei dem übrigen Nettovermögen müssen im **Erstkonsolidierungszeitpunkt** saldiert werden (Rz. 29.91), so dass zu *diesem* Zeitpunkt überhaupt keine latenten Steuern zu bilanzieren sind.

---

[34] Kritisch zur fehlenden Abgrenzung latenter Steuern auf Goodwill daher *Busse v. Colbe/Falkenhahn*, FS Graßhoff, 2005, 3 (18).

[35] Vgl. zum Folgenden, *Pawelzik*, KoR 2006, 13 ff., *v. Eitzen/Dahlke/Kromer*, DB 2005, 509 (512 ff.), *Ernsting/Loitz*, DB 2004, 1059.

Erstkonsolidierungs-zeitpunkt	IFRS-Abschluss	Steuer-Bilanz	IFRS-Mehrvermögen (+) Mindervermögen (-)	passive (-) aktive (+) latente Steuern (30 %)
übriges Nettovermögen	3.000	2.500	500	- 150
Goodwill	1.000	1.500	- 500	150
Anschaffungskosten/Saldo	4.000	4.000	0	0

Ein aktiver oder passiver Saldo latenter Steuern kann sich jedoch bei der **Folgekonsolidierung** aus unterschiedlichen Abschreibungsverläufen ergeben. Insoweit bestehen keine Besonderheiten.

(b) *IFRS-Goodwill* (z.B. *1.500*) > *steuerlicher Goodwill* (z.B. *1.000*): Der IFRS-Goodwill ist in einen Teilbetrag von 1.000, der steuerlich abzugsfähig ist und einen Teil von 500, der nicht abzugsfähig ist, zu unterteilen: Der Betrag von 500 stellt *IFRS-Mehrvermögen* dar, auf das jedoch keine latenten Steuern berechnet werden, da IAS 12.15a die *Passivierung* latenter Steuern auf temporäre Goodwilldifferenzen, die bei *Erstkonsolidierung* entstehen, explizit untersagt (insoweit besteht kein Unterschied zu Rz. 29.35).

29.37

Korrespondierend zu den Goodwilldifferenzen bestehen entgegengesetzte temporäre Differenzen zwischen den IFRS-Fair-Value-Korrekturen bei materiellen und immateriellen Vermögenswerten sowie Schulden und den jeweiligen steuerlichen Werten. Für diese temporären Differenzen gelten jedoch keine Besonderheiten, latente Steuern sind ohne Ausnahme zu bilden (IAS 12.18a):

Erstkonsolidierungs-zeitpunkt	IFRS-Abschluss	Steuer-Bilanz	IRFS-Mindervermögen (-) Mehrvermögen (+)	aktive (+) passive (-) latente Steuern (30 %)
übriges Nettovermögen	2.500	3.000	- 500	150
Goodwill	1.500	1.000	500	*Passivierungsverbot*
Anschaffungskosten/Saldo	4.000	4.000	0	150

Wird der nicht steuerlich abzugsfähige Goodwillteilbetrag von 500 in der Folgezeit außerplanmäßig nach IAS 36 abgewertet, geschieht dies konsequenterweise ohne latente Steuereffekte. Die planmäßige, nur steuerliche Abschreibung des Teilbetrags von 1.000 führt jedoch im Rahmen der *Folgekonsolidierungen* wegen der steuerlichen Abzugsfähigkeit abweichend von Rz. 29.35 zu passiven latenten Steuern (IAS 12.21B), welche die laufende Steuerersparnis ausgleichen. Die steuerlichen und IFRS-Buchwerte des Goodwill laufen auseinander, weil der

Goodwill nach IFRS 3, anders als im Steuerrecht, nicht planmäßig abgeschrieben wird (Rz. 36.10). Bei der Fortführung der latenten Steuern auf das übrige Nettovermögen ergeben sich keine Besonderheiten.

29.38 Ein ggf. entstehender **negativer Goodwill** (*„bargain purchase"*) ist nach IFRS 3.34 nicht anzusetzen, sondern unmittelbar erfolgswirksam zu erfassen. Damit werden im IFRS-Abschluss die steuerlichen Anschaffungskosten (Buchwerte) zum Erwerbszeitpunkt erfolgswirksam überschritten, so dass passive latente Steuern erfolgswirksam abzugrenzen sind, die sich im Zeitablauf mit Abschreibung/Veräußerung auflösen.

2. Erfolgsneutraler Erstansatz von Vermögenswerten und Schulden sowie steuerfreie Anschaffungskostenminderungen

29.39 Wird ein Vermögenswert oder eine Schuld **außerhalb eines Unternehmenszusammenschlusses nach IFRS 3** sowohl nach IFRS als auch nach Steuerrecht erfolgsneutral zu unterschiedlichen Werten eingebucht, besteht ein Ansatzverbot für aktive und passive latente Steuern (IAS 12.15c; IAS 12.22c; IAS 12.24b). Folgende Sachverhalte kommen in Betracht:

– Abweichende Bewertung von **Einlagen**.
– Unterschiedliche Klassifizierung und ggf. Bewertung von **Leasingverträgen** (Aktivierung von Nutzungsrecht und Passivierung einer Verbindlichkeit nach IFRS 16, Operating lease in der Steuerbilanz).
– Erwerb einer **Tochtergesellschaft**[36], **ohne** dass die Voraussetzungen eines **business i.S.v. IFRS 3** vorliegen (Rz. 36.20).
– Die **Übertragung einer § 6b-Rücklage** im *Einzelabschluss* des Erwerbers.[37]
– **Steuerfreie Investitionszulagen**. Gem. IAS 20.24 sind diese von den Anschaffungskosten abzusetzen oder als passiver Abgrenzungsposten anzusetzen, währenddessen in der Steuerbilanz die tatsächlichen Anschaffungskosten bilanziert werden, da der Zuschuss steuerfrei ist.

Mit dieser Ausnahmevorschrift soll vermieden werden, **dass *bei Erwerb* ein Aufwand/Ertrag aus dem Ansatz latenter Steuern** entsteht. **Nachfolgende Änderungen** dieser temporären Differenzen, insbesondere durch planmäßige Abschreibungen, gelten als durch die Ersteinbuchung bedingt und unterliegen konsequenterweise ebenfalls keinen latenten Steuern.

---

36 Beim asset deal kann es zu Abweichungen zwischen einzelnen Bilanzposten im IFRS-Abschluss und in der Steuerbilanz kommen, die sich *per Saldo* ausgleichen, da insgesamt die Anschaffungskosten anzusetzen sind, siehe Rz. 29.36.

37 Im Konzernabschluss erfolgt eine Neutralisierung der außerplanmäßigen Abschreibung durch Auflösung des Sonderpostens. U.E. ist es unerheblich, dass die Übertragung durch eine außerplanmäßige Abschreibung erfolgt, weil diese von dem Erstansatz nicht zu trennen ist.

Zur Frage einer möglichen Änderung dieser Vorschrift mit Konsequenz auf Folgeperioden siehe Rz. 29.13.

IV. Inside- und Outside-Differenzen: Latente Steuern im Konzernverbund

1. Problemstellung und Begrifflichkeiten

Innerhalb eines Konzerns sind zur Beurteilung des Ansatzes latenter Steuern zunächst die steuerlichen Verhältnisse des jeweiligen Steuersubjekts heranzuziehen, außerhalb einer Organschaft also beispielsweise die einer Tochtergesellschaft. Fraglich ist, ob aus Konzernsicht zusätzliche Steuerfolgen zu berücksichtigen sind, wenn Jahresergebnisse zunächst bei Töchtern thesauriert und diese Gewinne erst später durch die Mutter vereinnahmt werden, sei es direkt durch **Ausschüttung** oder indirekt durch **Veräußerung** der Beteiligung. Hierzu einschlägige Sondervorschriften zur Bestimmung des „richtigen" **Steuersatzes aus Konzernsicht** enthält IAS 12.38 ff. In bestimmten Fällen muss eine erst später bei der Mutter anfallende Zusatzbesteuerung bereits im (früheren) Konzerngewinn-Entstehungsjahr als latente Steuer erfasst werden, in anderen Fällen ist dies dagegen nicht erlaubt (Ansatzverbot). Es geht hier um sog. **Outside-Differenzen**[38], die von sog. **Inside-Differenzen** zu trennen sind. 29.40

Werden zunächst bei Tochtergesellschaften thesaurierte Gewinne später ausgeschüttet und kommt es bei der Mutterunternehmung ggf. zu einer weiteren Steuer auf diese Dividende (Nachversteuerung, in Deutschland z.B. auf Grund von 5 % „nichtabzugsfähige Betriebsausgabe" = „Wegelagerersteuer"), verlangt IAS 12.39, 12.44 i.V.m. IAS 12.38 grundsätzlich eine Abbildung dieser Nachversteuerung bereits im Gewinnentstehungsjahr. Der Sinn dieser Vorschrift besteht darin, dass die aus Konzernsicht kumulierte, sich erst nach Verlagerung von Eigenkapital auf höhere Konzernstufen ergebende Steuerlast bereits bei Entstehung des Gewinns berücksichtigt werden soll. 29.41

Übersicht:

	Tochterkapitalgesellschaft	Mutterkapitalgesellschaft	Kumuliert
	Thesaurierungssatz (IAS 12.52A)	Nachversteuerung von Dividenden (IAS 12.39)	
	IFRS-Ergebnis inkl. Inside-Differenzen	Outside-Differenzen	
Steuersatz	30 %	1,05 %[39]	31,05 %

---

38 Teilweise auch als Outside- bzw. Inside-*Basis*-Differenzen bezeichnet, vgl. *Ernsting*, WPg 2001, 19.
39 Nettodividende von 70 % (100 % - 30 %) × 5 % Bemessungsgrundlage × 30 % Steuersatz = 1,05 %, bezogen auf den Vor-Steuer-Gewinn der Tochterkapitalgesellschaft.

29.42 **Inside-Differenzen** bezeichnen temporäre Unterschiede zwischen Steuerwert und IFRS-Buchwert auf Ebene des steuerpflichtigen Unternehmens selbst. Diese werden im Rahmen der Handelsbilanz II erfasst (sog. Inside-Differenzen I) und ggf. durch Konsolidierungseffekte verändert (sog. Inside-Differenzen II). Für Inside-Differenzen ist nach IAS 12.52A der Steuersatz für Gewinnthesaurierungen[40] anzuwenden (Rz. 29.66).

29.43 Als **Outside-Differenz** wird der Unterschied zwischen dem in der Steuerbilanz des Anteilseigners angesetzten Buchwert an Tochterunternehmen, gemeinsame Vereinbarungen oder assoziierten Unternehmen und dem auf diese Unternehmen im Konzernabschluss angesetzten Nettovermögen bezeichnet. Verglichen wird damit ein Einzelbuchwert (Steuerbilanz, in Deutschland höchstens zu Anschaffungskosten) mit einer Sachgesamtheit (Konzernabschluss) bzw. dem im Konzernabschluss angesetzten Equity-Buchwert. Betroffen ist die Steuerbelastung des *Anteilseigners*.

2. Ansatzpflicht und bedingtes Ansatzverbot für Outside-Differenzen

29.44 Für Outside-Differenzen verlangt IAS 12.38 f. grundsätzlich eine Erfassung der Nachversteuerung bereits im Ergebnisentstehungsjahr durch Ansatz passiver latenter Steuern (bei Gewinnen, IAS 12.39) oder aktiver latenter Steuern (bei Verlusten, IAS 12.44). In einem HGB-Konzernabschluss gilt demgegenüber ein unbedingtes Verbot für den Ansatz latenter Steuern auf Outside-Differenzen (§ 306 Satz 4 HGB). Doch auch im IFRS-Abschluss läuft die grundsätzliche Ansatzpflicht häufig ins Leere, wie die folgenden Ausführungen zeigen.

29.45 Es besteht nämlich ein **Ansatzverbot** für latente Steuern auf Outside-Differenzen, wenn

– der Anteilseigner (das Konzernmutterunternehmen) den zeitlichen Verlauf der Umkehrung der temporären Differenz z.B. durch Ausschüttung steuern kann (was immer gegenüber Tochterunternehmen und häufig auch gegenüber gemeinsamen Vereinbarungen zu bejahen ist) *und* zugleich

– es wahrscheinlich ist, dass sich die temporäre Differenz in absehbarer Zeit *nicht* umkehren wird (IAS 12.39, 12.44). Dies ist der Fall, wenn weder Ausschüttung noch Veräußerung in Betracht kommen.

---

[40] Die Regelung zu Outside-Differenzen ist jedoch nicht mit der Vorschrift zu dem bei der Untergesellschaft selbst anzuwendenden Steuersatz abgestimmt: Eine bei der Muttergesellschaft erfolgende Nachversteuerung wird nach IAS 12.39 bereits mit Gewinnentstehung erfasst, während es der Tochtergesellschaft ihrerseits nach IAS 12.52A untersagt ist, die Folgen einer Ausschüttung, d.h. die Anwendung des Ausschüttungssatzes statt des Thesaurierungssatzes vor dem Ausschüttungsbeschluss zu berücksichtigen.

Sofern es sich also um eine **quasi-permanente Differenz**[41] handelt, weil **Ausschüttungen und/oder Veräußerungen**[42] der betroffenen Konzerneinheiten **nicht beabsichtigt** sind, *dürfen* latente Steuern *nicht angesetzt* werden.

Beispiel (Bayer AG, Geschäftsbericht 2017, 251): „Für Differenzen aus thesaurierten Ergebnissen von Tochterunternehmen in Höhe von 18.272 Mio. € (Vorjahr: 20.069 Mio. €) wurden keine passiven latenten Steuern gebildet, da diese Gewinne auf unbestimmte Zeit reinvestiert werden sollen."

3. Praktische Konsequenzen

Wenn dieses Verbot ausnahmsweise einmal nicht greifen sollte, weil eine Ausschüttung oder Veräußerung tatsächlich ansteht, wäre die Folge je nach Rechtsform der Tochtergesellschaft unterschiedlich: 29.46

– Bei Tochter- und Mutter**kapitalgesellschaften**[43] sind Dividenden überwiegend steuerfrei. In Deutschland wäre neben ausländischer Quellensteuer nur die Besteuerung von 5 % der Dividenden nach § 8b Abs. 5 KStG zu beachten. Bei einem Steuersatz von 30 %[44] beliefe sich die inländische Belastung lediglich auf 1,5 % der thesaurierten Gewinne (oder ca. 1 % des Vor-Steuer-Gewinns des Tochterunternehmens, s. Rz. 29.41).

– Bei Tochter**personengesellschaften** spielt die Thesaurierung ohnehin keine Rolle, da deren Ergebnisse der Muttergesellschaft steuerlich direkt zugerechnet werden, so dass bereits im Ergebnisentstehungsjahr tatsächliche Steuern entstehen. Zusätzliche Outside-Differenzen entstehen daher bei direkter Beteiligung an Personengesellschaften nicht[45] (zur Ausnahme bei Fremdwährungsumrechnung Rz. 29.49).

Gegenüber **gemeinsamen Vereinbarungen** sowie **assoziierten Unternehmen** gelten die Regelungen gemäß Rz. 29.44 f. entsprechend. Allerdings kommt das Ansatzverbot bei assoziierten Unternehmen in der Regel wegen des fehlenden dominanten Einflusses auf die Ausschüttungspolitik nicht zum Tragen (IAS 12.42), so dass dort latente Steuern grundsätzlich in Betracht kommen. 29.47

Die Regelungen zur Nachversteuerung thesaurierter Ergebnisse sind im Hinblick auf ihre **praktische Bedeutung** differenziert zu beurteilen. Vielfach haben sie eine nur vergleichsweise geringe praktische Bedeutung, denn entweder 29.48

---

41 Obwohl dies dem ansonsten geltenden Grundsatz widerspricht, dass es auf den Zeitraum der Umkehr der temporären Differenz nicht ankommt (Rz. 29.20).
42 In Bezug auf die Veräußerung wird unterstellt, dass den thesaurierten Ergebnissen eine identische Erhöhung des Marktwertes der Beteiligung entspricht. Dieser höhere Veräußerungsgewinn unterliegt in Deutschland ebenfalls einer Nachsteuer auf 5 % des Gewinns.
43 Bei deutschen Gesellschaften werden thesaurierte Gewinne oft durch Ergebnisabführungsverträge vermieden.
44 Inklusive Gewerbesteuer, vgl. § 7 Satz 4 GewStG.
45 Vgl. *Pawelzik*, KoR 2006, 13 (16 f.); gl.A. *Küting/Wirth/Dürr*, WPg 2006, 345 (355).

- sind thesaurierte Ergebnisse wesentlich, aber es besteht ein Ansatzverbot, z.B. weil ein Konzern gerade zur Vermeidung der Nachversteuerung eine Thesaurierungspolitik bei den Tochtergesellschaften betreibt, oder
- es besteht eine Ansatzpflicht, dann ist jedoch die Wesentlichkeit zu würdigen, z.B. bei geringfügigen at equity bilanzierten Anteilen.

Im Umkehrschluss sind latente Steuern auf outside Differenzen immer dann anzusetzen, wenn die Gewinne wesentlicher Tochterunternehmen regelmäßig zeitnah zum Entstehungsjahr an die Mutter hochgeschleust werden. In solchen Fällen werden aber oft Beherrschungsverträge (Ergebnisabführungsverträge) abgeschlossen, schon allein für die steuerliche Organschaft.

Die Unterscheidung von Inside- und Outside-Differenzen hat im Übrigen große Bedeutung für die Bilanzierung von latenten Steuern auf die nachfolgend erörterten Währungsumrechnungsdifferenzen.

4. Latente Steuern auf Währungsumrechnungsdifferenzen im Konzernabschluss

29.49 Die erfolgsneutrale, bilanzielle Differenz aus der Umrechnung von Abschlüssen nach der modifizierten Stichtagskursmethode (Rz. 35.30) repräsentiert eine Wertänderung des investierten (Eigen)-Kapitals und wirkt sich *nicht* auf das zu versteuernde Einkommen der Tochtergesellschaft aus. Es handelt sich also nicht um Inside-Differenzen (Rz. 29.42), sondern um Outside-Differenzen (Rz. 29.43, vgl. IAS 12.38b und 12.40). Sofern weder eine Ausschüttung noch eine Veräußerung der Beteiligung in Betracht kommt, *dürfen* latente Steuern auf Währungsumrechnungsdifferenzen somit *nicht* erfasst werden.[46]

Falls das Ansatzverbot nicht greift, wäre bei **Tochterkapitalgesellschaften** die Frage der (Un)-Wesentlichkeit zu prüfen. Bei **Tochterpersonengesellschaften** kommt wegen des Betriebsstättenprinzips der lokale Steuersatz in Betracht, den die *Muttergesellschaft* bei Realisierung dieser Währungsdifferenzen durch Ausschüttung bzw. Veräußerung zu zahlen hat. Da die Währungsdifferenz erfolgsneutral entstanden ist, wäre eine mögliche zu berücksichtigende latente Steuer ebenfalls erfolgsneutral zu behandeln (IAS 12.62c).

29.50 Abschlüsse **integrierter ausländischer Einheiten** sind nach der **Zeitbezugsmethode** umzurechnen (Rz. 35.50), also wie Währungstransaktionen im Abschluss der Mutter selbst. Daraus ergeben sich **erfolgswirksame Umrechnungsdifferenzen** (siehe Rz. 35.52). IAS 12.41 verlangt, darauf latente Steuern zu buchen, weil es sich dabei um Inside- und nicht um Outside-Differenzen handeln soll. Diese Andersbehandlung erscheint nicht schlüssig, denn auch die erfolgswirksamen Währungsdifferenzen führen ebenso wenig zu steuerpflichtigen Ergebnissen im Ausland wie die erfolgsneutral behandelten. Folgt man dennoch der Vorgabe, wären latente Steuern erfolgswirksam zu erfassen. Da integrierte ausländische Einheiten in der Praxis nur in seltenen

---

46 Gl.A. *Schulz-Danso* in Beck IFRS-HB[5], § 25 Rz. 156.

Fällen anzutreffen sind (Rz. 35.23), hält sich die Auswirkung in der jedoch in Grenzen.

Die vorerwähnten **Grundsätze gelten nicht nur bei Vollkonsolidierung, sondern auch für at equity angesetzte assoziierte Unternehmen und Gemeinschaftsunternehmen.** Je nach funktionaler Währung werden die Differenzen entweder erfolgsneutral vorgenommen (es sei denn, es greift das Ansatzverbot) oder erfolgswirksam. Im Einzelfall ist zu entscheiden, ob die Berücksichtigung latenter Steuern überhaupt wesentlich ist.

29.51

5. Abschreibungen auf Beteiligungen

Laufende Steuerersparnisse aus **steuerlich anerkannten Abschreibungen** auf Beteiligungsbuchwerte von **Kapitalgesellschaftstöchtern**, die im IFRS-Konzernabschluss nicht oder in anderer Höhe nachvollzogen werden[47], sind im IFRS-Abschluss grundsätzlich durch passive latente Steuern zu neutralisieren (umgekehrt bei Wertaufholungen). Da Beteiligungsabschreibungen zu einer besonderen Variante von Outside-Differenzen führen[48], gilt jedoch bei fehlender Ausschüttungs- oder Veräußerungsabsicht ein Ansatz*verbot* (Rz. 29.45).

29.52

Steuerlich nicht anerkannte Abschreibungen (z.B. nach § 8b KStG) führen dagegen nicht zu latenten Steuern, da permanente Differenzen vorliegen (Rz. 29.23).

Bei Beteiligungen an **Personengesellschaften** sind Beteiligungsabschreibungen jedoch nicht relevant, da diese in Form von Verlusten steuerlich zugleich das Steuerbilanzkapital bei der Personengesellschaft verändern und latente Steuern bereits auf Ebene der Personengesellschaft berücksichtigt werden (es liegen sog. Inside-Differenzen vor, Rz. 29.42).

V. Erfolgswirksame und erfolgsneutrale Bildung latenter Steuern

1. Erfolgswirksamer Ansatz

Aktive und passive latente Steuern sind erfolgswirksam anzusetzen, wenn der Sachverhalt, der zu der Differenz geführt hat, sich ebenfalls erfolgswirksam niedergeschlagen hat (IAS 12.58).

29.53

Beispiel: Eine Maschine, Anschaffungskosten 80.000 Euro zu Beginn des Jahres 01, werde steuerlich (und in der HGB-Einzelbilanz) gem. AfA-Tabelle über 8 Jahre abgeschrieben, wobei zunächst degressiv mit 20 %[49] und ab dem vierten Jahr linear abgeschrieben wird. Die wirtschaftliche Nutzungsdauer nach IFRS wird auf zehn Jahre geschätzt. Der Konzern ver-

---

47 Im Konzernabschluss freilich nicht auf Beteiligungsbuchwerte, sondern auf die Vermögenswerte des Tochterunternehmens.
48 Vgl. zu Einzelheiten *Pawelzik*, KoR 2006, 13 (16).
49 Die degressive Abschreibung in der Steuerbilanz ist freilich für Neuanschaffungen seit 2011 untersagt.

wendet ausschließlich die lineare Abschreibung. Der Steuersatz betrage 30 %. Die folgende Tabelle zeigt die Entwicklung der Buchwerte und der Ergebnisdifferenzen:

Jahr	1 Buchwert Steuerbilanz	2 Buchwert IFRS-Konzernbilanz	3 IFRS-Mehrvermögen	4 Passive latente Steuern (Spalte [3] × 30 %)	5 Latenter Steueraufwand (+)/ latenter Steuerertrag (-)
	80.000	80.000			
01	64.000	72.000	8.000	2.400	2.400
02	51.200	64.000	12.800	3.840	1.440
03	40.960	56.000	15.040	4.512	672
04	32.768	48.000	15.232	4.570	58
05	24.576	40.000	15.424	4.627	57
06	16.384	32.000	15.616	4.685	58
07	8.192	24.000	15.808	4.743	58
08	0	16.000	16.000	4.800	57
09	0	8.000	8.000	2.400	- 2.400
10	0	0	0	0	- 2.400

Abb. 29.4: Entwicklung der Buchwerte und Ergebnisdifferenzen

Während der gesamten steuerlichen Nutzungsdauer ist das Vermögen in der Konzernbilanz höher als in der Steuerbilanz. Auf diese Differenz sind passive latente Steuern anzusetzen (Spalte 4); die jeweilige Zuführung (Steueraufwand) ergibt sich aus Spalte 5. Erst in den letzten beiden Jahren der Nutzung kehrt sich die Differenz um (Steuerertrag). Zuführung und Auflösung latenter Steuern sind *ergebniswirksam*, da sich die zu Grunde liegenden Bilanzdifferenzen über die unterschiedlich hohen Abschreibungen ebenfalls ergebniswirksam niedergeschlagen haben.

2. Erfolgsneutraler Ansatz

29.54 Differenzen zwischen Konzernabschluss und Steuerbilanz können auch aus erfolgsneutralen Ansatz und Bewertungen entstehen. Bei **erfolgsneutral gebildetem IFRS-Mehrvermögen** ist die entsprechende passive Steuerlatenz und bei **erfolgsneutral gebildetem IFRS-Mindervermögen** die entsprechende aktive Steuerlatenz ebenfalls erfolgsneutral zu bilden (IAS 12.61A). Dies betrifft folgende Fälle:

– Ansatz und Neubewertung der bei einem **Unternehmenszusammenschluss** (Rz. 36.100 ff.) übernommenen Vermögenswerte und Schulden (Aufdeckung sog. stiller Reserven und Lasten; dies gilt allerdings nicht immer für Goodwill, Rz. 29.35 ff.),

- wahlweise Anwendung der **Neubewertungsmethode im Sachanlagevermögen** (Rz. 14.70 ff.)[50],

- wahlweise Anwendung der **Neubewertungsmethode bei immateriellen Vermögenswerten** des Anlagevermögens (Rz. 13.100),

- Fair Value-Änderungen von **Finanzinstrumenten** der Kategorie FVOCI (Rz. 22.104 f.),

- Fair Value-Änderungen von **Cashflow-Hedges** (Rz. 25.73 ff.),

- Anpassung des Anfangssaldos der Gewinnrücklagen durch **Änderung der Bilanzierungs- und Bewertungsmethoden** (Rz. 12.40) bzw. durch Korrektur eines wesentlichen Fehlers (Rz. 12.60),

- **Währungsdifferenzen** aus der Umrechnung von Abschlüssen nach der modifizierten Stichtagskursmethode (Rz. 35.30 ff.),

- **kombinierte Finanzinstrumente**, die bei der Ersterfassung in eine Eigenkapital- und Schuldkomponente aufgeteilt werden, ohne dass eine solche Aufteilung in der Steuerbilanz nachvollzogen wird (IAS 12.23, siehe zur Aufteilung Rz. 23.80),

- sofortige Verrechnung von Schätzungsänderungen bei **Pensionsrückstellungen und Planvermögen** mit den Gewinnrücklagen (Rz. 27.36).

Von den o.g. Fällen dürfte, neben den Unternehmenszusammenschlüssen, Cashflow-Hedges, Schätzungsänderungen nach IAS 19, den **Finanzinstrumenten der Kategorie FVOCI** besondere Bedeutung zukommen. Hier ist zusätzlich zu berücksichtigen, dass bei Fremdkapitalinstrumenten (z.B. Industrieanleihen) die Ertragserfassung nach der Effektivzinsmethode erfolgt und nur die von den fortgeführten Anschaffungskosten abweichenden Werte (Fair Value-Änderungen) erfolgsneutral erfasst werden. Die erforderlichen Korrekturen werden an folgendem Beispiel *exemplarisch* gezeigt:

29.55

Beispiel: Unternehmen U erwirbt zum 1.1.01 ein mit 6 % festverzinsliches Wertpapier, Nominalwert 10.000 Euro, Ausgabekurs 8851 Euro, keine Transaktionskosten, Restlaufzeit 8 Jahre. Dann beträgt der Effektivzins 8 %. Das Wertpapier wird der Kategorie FVOCI zugeordnet. Der Konzern unterliege einem Steuersatz von 30 %.

Im Jahr 01 wird in der Steuerbilanz ein Zinsertrag von 600 Euro erfasst; im Konzernabschluss dagegen führt die Anwendung der Effektivzinsmethode zu einem Ertrag von 708 Euro (= 8.851 × 8 %). Am Jahresende wird das Wertpapier im Konzern mit 8.959 Euro (= 8.851 + 708 - 600) bewertet, wohingegen es in der Steuerbilanz bei den Anschaffungskosten von 8.851 Euro verbleibt. Die Differenz von 108 Euro ist erfolgswirksam entstanden und löst die erfolgswirksame Bildung passiver latenter Steuern von 108 Euro × 30 % = 32 Euro aus. Wird im System auf die Daten der Steuerbilanz/Handelsbilanz I aufgesetzt, so ist zur Überleitung auf die Handelsbilanz II nach IFRS folgende Korrekturbuchung erforderlich (s. auch die folgende Tabelle):

| FVOCI (Wertpapier) | 108 | an | Ertrag | 108 |
| Steueraufwand | 32 | an | passive latente Steuern | 32 |

---

50 Auch bei Grundstücken, s. IAS 12.51B (Rz. 29.63).

Jahr 01	1 Steuerbilanz	2 Abweichung erfolgswirksam	3 IFRS-Bilanz
Wertpapiere FVOCI	8.851	108	8.959
Passive latente Steuern/latenter Steueraufwand [2]		- 32	- 32
Jahresergebnis [2]/Eigenkapital [3]		76	76

Im Folgejahr ist der Marktzins auf 4 % gesunken, der Fair Value des Wertpapiers mithin auf 11.048 Euro gestiegen. Die Gesamtdifferenz des Wertansatzes zur Steuerbilanz beträgt 2.197 Euro. Die Differenz des Vorjahres (108 Euro) ist bei der Anpassung im Saldovortrag (Spalte 2) zu erfassen. Die Differenz des laufenden Jahres ist auf Grund der Anwendung der Effektivzinsmethode in eine erfolgswirksame (117 Euro) und eine erfolgsneutrale Komponente (1.972 Euro) zu zerlegen. Entsprechend sind die Zuführungen des Geschäftsjahres zu den entsprechenden passiven latenten Steuern erfolgswirksam (35 Euro) und erfolgsneutral (592 Euro) zu bilden. Die Zusammenhänge zeigt die folgende Tabelle:

Jahr 02	1 Steuer-bilanz	2 Abweichung Steuerbilanz zu IFRS-Bilanz	3	4	5	6 IFRS-Bilanz
Posten		Saldo-vortrag	Veränderung erfolgs-wirksam	Veränderung erfolgs-neutral	Summe	
Wertpapiere FVOCI	8.851	108	117	1.972	2.197	11.048
Passive latente Steuern/latenter Steueraufwand [3]		- 32	- 35	- 592	- 659	
Eigenkapital/Jahresergebnis [3]		*76	82	**1.380	1.538	

* Gewinnrücklage/-vortrag, ** Rücklage FVOCI

3. Berücksichtigung der Unsicherheit (IFRIC 23)

29.56 Bei der Ermittlung der ertragsteuerlichen Bemessungsgrundlage besteht die Unsicherheit, ob Finanzverwaltung (und ggf. die Finanzgerichte) die Einschätzung des Unternehmens teilen oder zu anderen Ergebnissen kommen. Diese Unsicherheit hat nicht nur Bedeutung für die tatsächliche Steuerbelastung, sondern i.d.R. gegengleich auch für die Bilanzierung latenter Steuern. Der Umgang mit diesen Unsicherheiten war in den IFRS bislang nicht explizit adressiert und wird mit Wirkung ab 2019 von IFRIC 23 geregelt (Rz. 29.7).

29.57 Hiernach ist typisierend davon auszugehen, dass die Finanzverwaltung (Betriebsprüfung; Finanzgerichtsbarkeit) bei Befassung mit der Steuererklärung des Unternehmens vollständige Gewissheit erlangt (IFRIC 23.8), mit anderen Worten: Am Ende zählt – nicht überraschend – die Einschätzung der Behörde, ggf. Finanzgerichtsbarkeit. Das Unternehmen ist angehalten, diese Einschätzung zu beurteilen. Kommt es dabei zu dem Ergebnis, dass der ertragsteuerliche Sachverhalt als „sicher" anzusehen ist, ergeben sich keine Besonderheiten: Die Sachverhalte sind vor diesem Hintergrund abzubilden.

Anders verhält es sich, wenn es aus Sicht des Unternehmens unsicher ist, ob die Finanzverwaltung und Finanzgerichtsbarkeit die steuerliche Beurteilung des Unternehmens teilt:

(1) Wenn es aus Sicht des Unternehmens wahrscheinlich ist, dass die Finanzverwaltung (Finanzgerichtsbarkeit) die Einschätzung des Unternehmens akzeptiert (> 50 %, mehr Gründe dafür als dagegen), dann gelten die Bilanzierungsfolgen wie bei „sicheren" Sachverhalten (IFRIC 23.10).

(2) Ist es hingegen unwahrscheinlich, dann ist für die steuerliche Behandlung der Einzelsachverhalte (ggf. auch Gruppen, IFRIC 23.6) durch das Unternehmen entweder der wahrscheinlichste Betrag oder der Erwartungswert heranzuziehen, je nachdem, welcher sich „besser" für die Vorhersage der Auflösung der Unsicherheit eignet (IFRIC 23.11).

Aus (1) folgt, dass Ertragsteueransprüche schon dann voll zu aktivieren sind, wenn sie (nur) wahrscheinlich sind. Für nicht dem IAS 12 unterliegende Steuerarten (z.B. Umsatzsteuer) gilt das aber nicht; hier ist IAS 37 einschlägig, der für die Erstarkung von Eventualforderungen zu aktivierenden Beträgen eine Einschätzung als „so gut wie sicher" fordert (Rz. 26.9).

Beispiel: Die Betriebsprüfung hat die vom Unternehmen U deklarierte Betriebsausgabe über 1.000 € nicht akzeptiert und setzt eine Steuernachzahlung von 300 € fest[51]. U legt Einspruch ein, zahlt aber die 300 €, um im als allerdings unwahrscheinlich beurteilten Fall einer letztinstanzlich negativen Entscheidung Zinsnachzahlungen zu vermeiden. U hat aufgrund seiner Einschätzung einen Anspruch gegenüber der Finanzbehörde von 300 € zu aktivieren, da es (1) von einem positiven Urteil ausgeht.[52] Wäre es unwahrscheinlich, käme eine Teilaktivierung gem. (2) in Betracht.

Die Einschätzungen sind in Folgeperioden auf neue Informationen zu prüfen und ggf. als Schätzungsänderung gem. IAS 8 anzupassen (IFRS 23.13 f.).

frei **29.58–29.59**

---

51 In Anlehnung an *Jakob/Kazuch*, WPg 2018, 209.
52 Insoweit läuft u.E. die Anwendung des IAS 12.88 im Hinblick auf die Angabe von Eventualforderungen und – verbindlichkeiten nach IAS 37 entgegen IFRIC 23.A5 ins Leere.

C. Bewertung

I. Erstbewertung

1. Grundsatz: aktueller Steuersatz

29.60 Für die Bewertung latenter Steuern verlangt IAS 12.47 den Steuersatz heranzuziehen, der „zum Zeitpunkt der erwarteten Umkehrung der Differenz gültig ist".[53] Zugleich setzt IAS 12.48 diesen Erwartungen jedoch enge Grenzen, denn zukünftige Steuersätze dürfen nur dann berücksichtigt werden, wenn eine Steuersatzänderung hinreichend sicher bzw. bereits umgesetzt ist. Ein Steuergesetz ist in Deutschland **„substantially enacted"**, wenn die zustimmenden Beschlüsse des Bundestags und des Bundesrats vorliegen[54]. Regelmäßig wird daher nur der *aktuelle Steuersatz zum Bilanzstichtag* in Betracht kommen, es sei denn, ein verabschiedetes Steuergesetz sieht bereits andere Steuersätze vor.

Beispiel: Am 22.12.2017 hat US-Präsident Donald Trump den *Tax Cuts and Jobs Act* unterzeichnet, die größte Steuerreform in den USA seit 1986. U.a. wurde damit der Körperschaftsteuersatz ab 2018 auf Bundesebene von 35 % auf 21 % gesenkt.[55] Das hat die Neubewertung des Altbestandes latenter Steuern zur Folge. So musste die Deutsche Bank eine hohe Abschreibung auf in Vorperioden aktivierte latente Steuern vornehmen: „Aktive und passive latente Steuern werden mit den Steuersätzen bewertet, die voraussichtlich in der Berichtsperiode gelten, in der der entsprechende Vermögenswert realisiert oder die entsprechende Schuld erfüllt wird. Dabei erfolgt die Bewertung auf Basis der am Bilanzstichtag gültigen oder in Kürze geltenden Steuersätze beziehungsweise Steuergesetze. Dementsprechend hat die Bank mit der Verabschiedung der U.S.-Steuerreform („Tax Cuts and Jobs Act" oder „TCJA") am 22.12.2017 einen Einmaleffekt aus der Neubewertung der latenten Steueransprüche und- schulden in den USA erfasst, um die Reduzierung des U.S.-Körperschaftsteuersatzes von 35 % auf 21 % abzubilden. Insgesamt belief sich die Belastung auf 1.446 Mio € wovon 1.437 Mio € in der Gewinn- und Verlustrechnung und 8 Mio € in den Sonstigen erfolgsneutralen Eigenkapitalveränderungen ausgewiesen wurden."[56]

Die erfolgswirksam im Steueraufwand erfassten 1.437 Mio. € sind, da aperiodisch, Bestandteil der steuerlichen Überleitungsrechnung (Rz. 29.100).

29.61 In Deutschland wird steuersubjektbezogen regelmäßig die **kombinierte Belastung** aus Gewerbesteuer und Körperschaftsteuer inkl. SolZ zugrunde gelegt. **Individuelle Verhältnisse** (etwa der Wegfall der Gewerbesteuer für Grundstücksunternehmen nach § 9 Nr. 1 Satz 2 GewStG) oder die Beschränkung auf Gewerbesteuer bei Personengesellschaften (anders aber, *soweit* die Gewinne einer Kapitalgesellschaftsmutter zugerechnet werden, Rz. 29.77) sind zu berücksichtigen. Die Anwendung kombinierter Steuersätze kommt jedoch im Regelfall **nicht bei** der Bewertung von

---

53 So auch entsprechend („Abbau der Differenz") für latente Steuern im HGB-Abschluss, § 274 Abs. 2 HGB.
54 Vgl. IASB update, Februar 2005, 4.
55 Zu weiteren wesentlichen Änderungen siehe *Faßbender/Goulet*, IWB 2018, 254 ff.; *Böing/Dokholian*, GmbH-StB 2018, 153; *Maywald*, DB 2018, 279.
56 Deutsche Bank, Geschäftsbericht 2017, S. 333.

Verlustvorträgen in Betracht, weil sich die Höhe körperschaftsteuerlicher und gewerbesteuerlicher Verlustvorträge regelmäßig unterscheiden (Rz. 29.22).

2. Maßgeblichkeit der beabsichtigten Verwendung

Weichen laufende Besteuerung und die Besteuerung von Veräußerungsgewinnen voneinander ab, ist der Steuersatz bei **beabsichtigter Verwendung** maßgebend (IAS 12.51).

29.62

Beispiel: Bei einem bebauten Grundstück bestehe eine temporäre Differenz i.H.v. 40 (IFRS Buchwert 100 abzgl. tax base von 60). Veräußerungsgewinne werden mit 20 %, andere Gewinne mit 30 % besteuert. Bei (sofortiger) Verkaufsabsicht („*without further use*") sind passive latente Steuern i.H.v. 8 (40 × 20 %), ohne Verkaufsabsicht i.H.v. 12 (40 × 30 %) zu bilden (IFRS 12.51A, Beispiel 1). Wäre der Verkauf erst für einen (wesentlich) späteren Zeitpunkt geplant, ist u.E. der Steuersatz bei Nutzung maßgebend.

IAS 12.51B regelt, dass temporäre Differenzen auf nach IAS 16 **neubewerteten Grund und Boden** (also nicht automatisch auch Gebäude) mit dem für Veräußerungsgewinne maßgebenden Steuersatz zu bewerten sind.

29.63

Bei **Investment properties** (Anlageimmobilien, Rz. 18.1), die zum Fair Value bewertet sind, gilt eine widerlegbare Vermutung, dass eine Veräußerung erfolgen soll, so dass grundsätzlich der Veräußerungssteuersatz zur Anwendung gelangt (IAS 12.51C). Dies gilt auch beim Zugang von Investment properties infolge von Unternehmenserwerben, sofern anschließend eine Fair Value-Bilanzierung erfolgt (IAS 12.51D). Allerdings ist die Veräußerungsabsicht dann widerlegt, wenn tatsächlich eine (langjährige) Nutzung, z.B. durch Vermietung geschieht (IAS 12.51C f.). Dann wäre der laufende Steuersatz (ggf. ein spezieller Satz aus Immobiliennutzung) maßgeblich.

3. Steuersatzänderungen im Wertaufhellungszeitraum

Steuersatzänderungen **innerhalb der Wertaufhellungsfrist** werden nach h.M. als wertbegründendes Ereignis angesehen. Dies führt im Regelfall nur zu einer bloßen Periodenverschiebung[57], kann aber bei **Erstkonsolidierungen** erhebliche materielle Auswirkungen haben, wenn nach dem Erwerbszeitpunkt, aber vor Durchführung der Erstkonsolidierung eine Steuersatzänderung erfolgt (im „verlängerten" Wertaufhellungszeitraum, Rz. 36.240).

29.64

Beispiel: Konzernmutter M (Geschäftsjahr = Kalenderjahr) erwirbt am 1.7.2017 das US-Unternehmen T mit erheblichen aktiven latenten Steuern (z.B. aus verwertbaren Verlustvorträgen). Folgt man obiger Auffassung, wären diese im Erstkonsolidierungszeitpunkt mit 35 % zu bewerten und ab 22.12.2017 bzw. zum 31.12.2017 erfolgswirksam auf 21 % abzuschreiben(!).

Wir halten das nicht für sachgerecht: Es ist das Hauptprinzip, latente Steuern mit dem Steuersatz der Umkehrung der Differenz zu bewerten (IAS 12.46). In diesem Zusammenhang will IAS 12.47 nur „ins Blaue hinein erfolgende Schätzungen" verhindern und ist u.E. so zu ver-

---

57 Danach waren z.B. latente Steuern in Zwischenabschlüssen zum 30.6.2007 noch nicht umzubewerten, weil die Unternehmenssteuerreform erst am 7.7.2007 vom Bundesrat beschlossen wurde, vgl. RIC News v. 20.6.2007.

stehen, dass Gesetzesänderungen zwar konstitutiv und damit wertbegründend für die Steuersatzanpassung als solche, jedoch *wertaufhellend für die Erwartung künftiger Steuersätze* sind, die Bilanzierende per Bilanzstichtag haben dürfen. Allerdings stützt sich die (abweichende) h.M. auf IAS 10.22h, worin Steuersatzänderungen als **wertbegründendes** Ereignis genannt sind und nur eine Anhangangabe in Betracht kommt. Dem folgt auch das HGB.[58]

4. Steuersatz bei Zwischengewinnen

29.65 IAS 12 enthält keine Regelung, welcher Steuersatz bei der Eliminierung von **Zwischenerfolgen** aus konzerninternen Lieferungen (Rz. 40.45) zu verwenden ist: Der des liefernden oder der des empfangenen Unternehmens? Die Frage ist (nur) dann einschlägig, wenn unter Beachtung des Wesentlichkeitsgrundsatzes die Verwendung konzerneinheitlicher Steuersätze nicht möglich ist.

U.E. ist dann die Verwendung des **Steuersatzes des liefernden Unternehmens** vorziehenswürdig, da das Geschäft aus Konzernsicht als Lieferung in ein Konsignationslager des Lieferers beim Empfängerunternehmen zu werten ist und die latenten Steuern daher dessen Steuerbelastung abbilden sollen (IAS 12.11).[59] Diese „künftige" Steuerbelastung entspricht somit aus Konzernsicht der im Einzelabschluss bereits tatsächlich angefallenen Steuer auf die Liefermarge. Diese wird im Konzernabschluss lediglich bis zur Realisierung konserviert.[60] Ganz pragmatisch werden so auch komplexe Nachforschungen bei Lieferketten vermieden.

Die gegenteilige Auffassung wird mit dem vermögensorientierten Konzept der Ermittlung latenter Steuern begründet.[61] Dem folgt auch für den HGB-Konzernabschluss DRS 18.45, wonach der Steuersatz des Empfängers maßgeblich ist.

5. Thesaurierungssatz/Körperschaftsteuererhöhungen und -minderungen

29.66 Zur Berechnung der tatsächlichen und latenten Steuern ist der **Thesaurierungssatz** maßgeblich (IAS 12.52A). Die ertragsteuerlichen Konsequenzen der Ausschüttung werden erst bei der Beschlussfassung über die Ausschüttung erfasst (IAS 12.57A). Auf Grund der Abschaffung des Anrechnungs- und Einführung des Halbeinkünfteverfahrens ist diese Frage für deutsche IFRS-Konzernabschlüsse mittlerweile jedoch gegenstandslos, da unabhängig von Thesaurierung oder Ausschüttung für die (tatsächliche und latente) Körperschaftsteuer der Steuersatz von 15 % maßgeblich ist.

Demgegenüber waren ertragsteuerliche Effekte aus **Körperschaftsteuerminderungen** (oder Erhöhungen durch Rückgriff auf EK 02) während des Zahlungszeitraums

---

58 Vgl. Gesetzesbegründung, BT-Drs. 16/10067, 68; kritisch *Theile*, Bilanzrechtsmodernisierungsgesetz[3], § 274, Rz. 15.
59 Nach US-GAAP bei Lieferungen in das Umlaufvermögen so vorgesehen, siehe *Meyer/Ruberg* in T/vK/B, IAS 12 Rz. 458. Die Zwischenerfolgseliminierung nach IFRS knüpft an die Stelle der Gewinnentstehung an, so zutreffend *Lüdenbach*, PiR 2015, 180.
60 Vgl. *Pawelzik*, Die Prüfung des Konzerneigenkapitals, 2003, 266 ff.; *Wendtland/Vogler*, KoR 2001, 244 (250).
61 Vgl. *Loitz*, WPg 2004, 1080 ff. sowie *Senger/Diersch* in Beck IFRS-HB[5], § 35 Rz. 137 f. und Haufe IFRS-Komm[16], § 32 Rz. 187.

(Jahre 2008 bis 2017) mit dem **Barwert als laufende Ertragsteuerforderung oder -schuld** anzusetzen, da sie nach § 37 Abs. 4 Satz 1, Abs. 5 KStG bzw. § 38 KStG unabhängig von Ausschüttungen bestanden.[62]

6. Keine Abzinsung latenter Steuern

Latente Steuern sind *nicht abzuzinsen*, IAS 12.53. Das gilt auch für latente Steuern im HGB-Abschluss, § 274 Abs. 2 HGB.

29.67

II. Folgebewertung

1. Steuersatzänderungen

Sollte sich der **Steuersatz** im Vergleich zur Vorperiode **verändert** haben, so ist eine Neuberechnung der latenten Steuern erforderlich. Bei zuvor erfolgswirksam gebildeten latenten Steuern ist auch die Änderung erfolgswirksam zu erfassen, ansonsten erfolgsneutral (IAS 12.60). Zu den Wirkungen von Steuersatzänderungen siehe bereits Rz. 29.60.

29.68

2. Änderungen des Steuerstatus/Rechtsformwechsel (SIC 25)

Zu einer erfolgswirksamen oder erfolgsneutralen Umbewertung latenter Steuern kommt es auch bei Änderungen im Steuerstatus des Unternehmens (SIC-25.4.), bspw. bei **Rechtsformwechsel** von Personengesellschaft in Kapitalgesellschaft und umgekehrt. Hier liegt sozusagen eine besonders große Steuersatzänderung vor.

29.69

Beispiel: Bei Umwandlung einer Personengesellschaft in eine Kapitalgesellschaft bestehe ein Mindervermögen in der IFRS-Bilanz gegenüber der Steuerbilanz von z.B. 10 Mio. Euro. Da bei Personengesellschaften die Gesellschafter Steuersubjekt der Einkommensteuer waren, haben sie in der Vergangenheit die tatsächlichen Einkommensteuerzahlungen aus ihrem Privatvermögen getragen: Der korrespondierende Umkehreffekt (die steuerliche Entlastung) entsteht jedoch auf Ebene der inzwischen in eine Kapitalgesellschaft umgewandelten Gesellschaft. Diese bucht eine latente Körperschaftsteuerforderung i.H.v. 15 % = 1,5 Mio Euro ein, und zwar erfolgswirksam (SIC-25.4). Bei einem IFRS-Mehrvermögen (Überhang passiver latenter Steuern) entsteht ein Aufwand für latente Steuern.[63] Der Ergebniseffekt ist im Anhang anhand der Überleitungsrechnung (Rz. 29.95) zu erkennen.

3. Werthaltigkeitsprüfung/Nachaktivierung

Aktive latente Steuern inklusive latente Steuern auf Verlustvorträge sind im Hinblick auf ihre Ansatzvoraussetzungen (Rz. 29.22) zu jedem Stichtag zu überprüfen (IAS 12.56). Sollten die Ansatzvoraussetzungen nicht mehr bestehen, ist eine **Wertberichtigung** erfolgswirksam bzw. erfolgsneutral vorzunehmen (IAS 12.60). Umge-

29.70

---

62 Vgl. *ADS International*, IAS 12, Rz. 33.
63 Bei Umwandlungen von Kapitalgesellschaften in Personengesellschaften treten die gegenläufigen Ergebniseffekte ein.

kehrt kommen **Nachaktivierungen** in Betracht, wenn die künftige Ausgleichsfähigkeit später wieder oder überhaupt erstmals gegeben erscheint (z.B. bei bisher nicht aktivierten latenten Steuern auf Verlustvorträge; diese werden erfolgswirksam nachaktiviert, IAS 12.60b). Die Effekte aus diesen aperiodischen Anpassungen werden in der steuerlichen Überleitungsrechnung sichtbar (Rz. 29.94).

29.71–29.74 frei

D. Sonderfälle

I. Organschaft

29.75 Das Vorliegen eines steuerlichen Organschaftsverhältnisses führt dazu, dass die jeweilige Organgesellschaft selbst nicht Steuerschuldner ist. Vielmehr hat der Organträger auf Grund der Zurechnung des Einkommens der Organgesellschaften die entsprechenden Steuerverbindlichkeiten zu erfüllen bzw. verfügt über die entsprechenden Steuererstattungsansprüche. Hieraus folgt für den Einzelabschluss der Organgesellschaften, dass eine Steuerabgrenzung eigentlich nicht auf der Ebene der jeweiligen Gesellschaft durchzuführen wäre. Aus technischen Gründen empfiehlt es sich jedoch, die Abweichungen zwischen der Steuerbilanz der jeweiligen Organgesellschaft und den IFRS-Werten pro Gesellschaft zu ermitteln und auch in deren Handelsbilanz II zu buchen.[64] Dann ist nur Folgendes zu beachten:

– Die Ansatzvoraussetzungen für aktive latente Steuern (Rz. 29.22) sind auf konsolidierter Basis beim Organträger zu prüfen.

– Innerhalb eines Organkreises dürfen pro Steuerart alle bei den Organgesellschaften entstandenen latenten Steuerforderungen und -verbindlichkeiten, auch solche aus Konsolidierung, saldiert werden (Rz. 29.91).

Latente Steuern auf **vororganschaftliche Verluste** sind bei Begründung der Organschaft mangels absehbarer Realisierbarkeit regelmäßig erfolgswirksam auszubuchen (u.E. auch im Konzernabschluss) und ggf. bei Beendigung der Organschaft erneut zu aktivieren[65].

II. Personengesellschaften

1. Ergänzungsbilanzen

29.76 Bei Erwerb einer Personengesellschaft wird die steuerliche Ergänzungsbilanz, grob gesprochen, auch im Konzern abgebildet. Ein bezahlter Goodwill wirkt sich jedenfalls in Deutschland wie anderes Mehrkapital steuerlich aus. Auf Goodwill- und andere Differenzen sind latente Steuern gemäß Rz. 29.36 ff. zu bilden.

---

64 Sog. „Stand alone"-Ansatz, der zur „Push down"-Ermittlung führt, vgl. *Meyer* u.a., Latente Steuern, 2009, § 2 Rz. 90.
65 Vgl. Haufe IFRS-Komm[16], § 26 Rz. 199, *ADS International*, IAS 12 Rz. 158.

Werden nicht 100 % der Anteile an einer Personengesellschaft erworben, umfassen die steuerlichen Buchwerte auch die Ergänzungsbilanzen der Minderheitsgesellschafter, da deren Nettovermögen ebenfalls im Konzernabschluss ausgewiesen wird (Vollkonsolidierung).

2. Steuersatz

Die Personengesellschaft selbst zahlt nur **Gewerbesteuer**. Bei reinen Personengesellschaftskonzernen bleibt es auch bei der bloßen Gewerbesteuerbelastung, so dass temporäre Differenzen nur mit dem Gewerbesteuersatz belegt werden.[66]

29.77

Hat eine (möglicherweise nur mittelbare) Mutter jedoch die Rechtsform einer Kapitalgesellschaft, unterliegen die Ergebnisse bei dieser Mutter zusätzlich der **Körperschaftsteuer**. Streng genommen wäre somit eine Steuerlatenzrechnung auf Ebene der Personengesellschaft (für die Gewerbesteuer) und bei der Muttergesellschaft (für die Körperschaftsteuer) erforderlich.[67]

Hierbei ist jedoch ein pragmatischer Umgang anzuraten. Zumindest bei 100%iger Konzernzugehörigkeit empfiehlt es sich, auf diese temporären Differenzen den kombinierten Gewerbesteuer- und Körperschaftsteuersatz anzuwenden. Dies führt jedenfalls dann zu richtigen Ergebnissen, wenn die Aktivierungsfähigkeit des aktiven latenten Körperschaftsteueranteils (Rz. 29.22) aus Sicht der Mutterkapitalgesellschaft gegeben ist. In Bezug auf mögliche nicht beherrschende Anteilseigner (nbA) ist jedoch nur Gewerbesteuer zu erfassen. Die Körperschaftsteuer ist auch dann nicht zu berücksichtigen, wenn die nbA die Rechtsform einer Kapitalgesellschaft haben, weil sich *deren* Körperschaftsteuer nicht im Konzern auswirkt. Dies schlägt sich in der steuerlichen Überleitungsrechnung nieder (Rz. 29.98).

3. Ergebnisthesaurierungen

Wegen der direkten Ergebniszurechnung (transparente Gesellschaft) entstehen bei Tochter-Personengesellschaften keine Outside-Differenzen (Rz. 29.46), so dass eine Zusatzsteuerbelastung auf Gewinnthesaurierungen i.d.R. entfällt. Dies gilt auch für erfolgsneutrale Währungsumrechnungsdifferenzen bei Auslandstöchtern, falls keine Entnahme beabsichtigt ist (dann Ansatzverbot, Rz. 29.49).

29.78

4. Steuerliche Sonderbilanzen (Sonderbetriebsvermögen)

Auf **Sonderbetriebsvermögen** (z.B. ein im zivilrechtlichen Eigentum eines **Gesellschafters** befindliches Grundstück, das an die konsolidierte Personengesellschaft vermietet ist) sind nach überwiegender Ansicht[68] **keine latenten Steuern** abzugren-

29.79

---

66 IAS 12 enthält keine § 264c Abs. 3 Satz 2 HGB vergleichbare Regelung zum (statistischen) Ausweis der Einkommensteuer der Gesellschafter.
67 Vgl. *Ernsting/Loitz*, DB 2004, 1055 f.
68 Vgl. *Ring*, FR 2003, 1054; *Schulz-Danso* in Beck IFRS-HB[5], § 25 Rz. 86; *Meyer* u.a., Latente Steuern, 2009, § 2 Rz. 110; im Ergebnis auch *Fülbier/Mages*, KoR 2007, 69 (75); Zweifel anmeldend Haufe IFRS-Komm[16], § 26 Rz. 69.

zen. Zwar liegt rein formal eine Differenz zwischen IFRS-Abschluss und „steuerlichem Buchwert" vor;[69] das Sonderbetriebsvermögen gehört jedoch nicht zum Gesamthandsvermögen des Konzerns, es wird dem Konzern lediglich steuerlich zugerechnet. Allerdings implizieren temporäre Differenzen i.S.v. IAS 12.5, dass wenigstens zu irgendeinem späteren Zeitpunkt einmal auch ein Buchwert im IFRS-Abschluss vorhanden ist, und diese Voraussetzung ist beim Sonderbetriebsvermögen des konzernexternen Vermieters nicht gegeben.

Die aus Sonderbetriebsvermögen oder Sonderbetriebsausgaben bzw. -einnahmen resultierenden Effekte (z.B. bei der Gewerbesteuer) beeinflussen vielmehr den laufenden Steueraufwand und sind bei der steuerlichen **Überleitungsrechnung** (Rz. 29.94) zu erläutern.

5. Umklassifizierung von Personengesellschaftskapital in Verbindlichkeiten nach IAS 32

29.80 Die **bloße Umgliederung** von gesellschaftsrechtlichem Personengesellschafts(Eigen-)kapital in Verbindlichkeiten nach IAS 32 (Rz. 23.56)) **führt nicht zu latenten Steuern**[70], da es sich bei „Eigenkapital" bzw. „Fremdkapital" lediglich um Etiketten für ein und dasselbe Nettovermögen handelt, auf das unterschiedliche Arten von Auszahlungsansprüchen bestehen (individuell = Fremdkapital, kollektiv = Eigenkapital, Rz. 23.21).

Selbst wenn bei formaler Betrachtung eine Differenz zwischen IFRS-Bilanz und Steuerbilanz angenommen würde, läge dennoch *keine temporäre Differenz* nach IAS 12 vor, da sich diese nicht umkehrt (bei Auszahlung der potentiellen Verbindlichkeit käme es nicht zu einer Steuerentlastung).[71] Latente Steuern könnten sich daher allenfalls aus **Bewertungsunterschieden** zwischen dem vormaligen Eigenkapital und der jetzigen Schuld ergeben:

a) Umgliederung von z.B. 1.000 Eigenkapital in Fremdkapital (Rz. 23.56)	Keine latenten Steuern
b) Konzern erwirbt 100 % an Personengesellschaftstochter (Rz. 36.220)	Abfindungsanspruch (Eigenkapital) und korrespondierende Beteiligung (Forderung) werden wegkonsolidiert, keine latenten Steuern
c) Konzern erwirbt weniger als 100 % an Personengesellschaftstochter (Rz. 36.22). Der Abfindungsanspruch beträgt z.B. 1.300 und übersteigt den Minderheitenanteil (1.000) somit um 300. Die Buchung (zusätzlich zu a) lautet: Goodwill (300) an Verbindlichkeit (300)	(i) Die Zusatzverbindlichkeit (300) ist wie bei (a) nur ein anderes Etikett für Konzernvermögen. (ii) Für den Goodwill besteht ein Passivierungsverbot (Rz. 29.35). Folglich insgesamt keine latenten Steuern.

---

69 Vgl. *Kirsch*, DStR 2002, 1877, *Ernsting/Loitz*, DB 2004, 1060.
70 A.A. *Küting/Wirth/Dürr*, WPg 2006, 345 (352 f.).
71 Vgl. *Fülbier/Mages*, KoR 2007, 69 (76).

III. Latente Steuern auf eigene Anteile

Während eigene Anteile nach IAS 32.33 vom Eigenkapital abgesetzt werden[72] (Rz. 23.87), werden sie in manchen Steuersystemen als Wirtschaftsgut anerkannt und daher in der Steuerbilanz angesetzt. Hierbei handelt es sich jedoch um eine bloße Ausweisfrage, die nicht zu temporären Differenzen führt (gleiche Lösung wie Rz. 29.80).

29.81

IV. Latente Steuern und steuerliche Betriebsprüfung

1. Keine Anpassung der IFRS-Bilanz

Feststellungen der steuerlichen Betriebsprüfung berühren unmittelbar die Steuerbilanz. Im praxisrelevanten Regelfall werden die positiven Wirtschaftsgüter (Vermögensgegenstände) höher und die negativen Wirtschaftsgüter (Schulden) niedriger angesetzt als ursprünglich vom Steuerpflichtigen vorgenommen. Da es ein Maßgeblichkeitsprinzip der Steuerbilanz für den IFRS-Abschluss nicht gibt, haben diese Änderungen keine unmittelbaren Auswirkungen auf die entsprechenden Vermögenswerte und Schulden in der IFRS-Bilanz. Freilich gilt diese Aussage nur, soweit in der IFRS-Bilanz nach IFRS-Kriterien richtig bilanziert worden ist.

29.82

Beispiel: Erhöht die Betriebsprüfung in einem Fertigungsunternehmen die Vorräte um 10 Mio. Euro, da die Nachweise für die geringeren steuerlichen Teilwerte nicht ausreichend seien und besteht kein Zweifel, dass die IFRS-Werte zutreffend sind, dann erfolgt in der IFRS-Bilanz keine Anpassung der Vorratswerte. Es entsteht eine temporäre Differenz von 10 Mio. Euro (IFRS-Mindervermögen), die durch aktive latente Steuern ausgeglichen wird. Die Betriebsprüfung führt somit zum Abfluss laufender Steuern (z.B. 30 % von 10 Mio. Euro = 3 Mio. Euro), denen jedoch vermögensmäßig ein latenter Steueranspruch in gleicher Höhe gegenübersteht (3 Mio. Euro).

Die Verschiebung zwischen tatsächlichen Steuerschulden und latenten Steuerforderungen ist u.E. nach IAS 8.48 als **Schätzungsänderung** zu klassifizieren (Rz. 12.53).). Im vorstehenden Beispiel stellt sich die Steuerberechnung zwar nachträglich als objektiv falsch heraus, die frühere Aufstellung der Steuerbilanz beruhte aber annahmegemäß auf einer auch im Sinne von IFRIC 23 redlichen Ermittlung der Abweichungen zwischen IFRS- und Steuerbilanz (Rz. 29.57). Ein Fehler kommt damit nur in Betracht, wenn die Steuerbilanz fahrlässig falsch aufgestellt wurde.[73]

Damit sind die Folgen der Betriebsprüfung bei einer Schätzungsänderung im laufenden Jahr **erfolgswirksam einzubuchen**, d.h. laufender Steueraufwand und latenter Steuerertrag i.H.v. jeweils 3 Mio. Euro. Hierdurch ändern sich weder das Ergebnis noch das Eigenkapital; allerdings verschlechtert sich die finanzielle Situation

---

[72] Auch im HGB-Abschluss ist der Nennbetrag eigener Anteile offen vom „gezeichneten Kapital" abzusetzen und ein darüber hinausgehender Betrag mit den frei verfügbaren Rücklagen zu verrechnen (§ 272 Abs. 1a HGB).
[73] In diesem Fall erfolgt eine erfolgsneutrale Fehlerkorrektur, Rz. 12.58 ff.

nach Abfluss der Steuerzahlungen. Der Minderbestand an flüssigen Mitteln wird nur durch eine latente Steuerforderung „ausgeglichen".

Die Situation verbessert sich erst mit Umkehr der temporären Differenz, d.h. bei steuerlicher Anerkennung der Abwertung, z.B. auf Grund tatsächlicher Verschrottung. Dann kommt es zu einer Einbuchung von Steuerforderungen, Abschreibung der latenten Steuern sowie zur Steuererstattung.

2. Anpassung der IFRS-Bilanz

29.83 Abweichend von Rz. 29.82 ist jedoch zu verfahren, wenn die Feststellung des Betriebsprüfers auch zur Entdeckung eines Fehlers in den Wertansätzen der Vermögenswerte oder Schulden im IFRS-Abschluss führt. Hierzu folgendes, unverfängliches Beispiel, wobei vom (in der Praxis je nach Größenverhältnis möglicherweise zutreffenden) Argument der Unwesentlichkeit abgesehen werden soll:

Beispiel: Der Betriebsprüfer hat in 03 für das Geschäftsjahr 01 entdeckt, dass beim Erwerb eines neuen Betriebsareals Anschaffungsnebenkosten von 150.000 Euro nicht aktiviert worden sind. Daraufhin werden Steuerbilanz und Steuerbescheide entsprechend geändert.

Auch im ursprünglichen IFRS-Abschluss sind die Anschaffungsnebenkosten nicht aktiviert worden. Dann handelt es sich um einen (wesentlichen) Fehler im IFRS-Abschluss, der rückwirkend korrigiert wird (Rz. 12.60). Daher erfolgt in beiden Bilanzen eine gleichgerichtete rückwirkende Korrektur mit der Folge, dass es nicht zu Abweichungen zwischen Steuerbilanz und IFRS-Bilanz kommt. Folglich sind keine latenten Steuern abzugrenzen. Im IFRS-Abschluss wird wie in der Steuerbilanz die (höhere) tatsächliche Steuerschuld passiviert. Die Korrekturbuchung für den IFRS-Abschluss des Jahres 03 ist für den Beginn des Vergleichsvorjahres vorzunehmen und lautet somit für den **1.1.02**:

| Per Grundstück | 150.000 | an | Eigenkapital | 105.000 |
| | | | tatsächliche Steuerschuld | 45.000 |

mit der entsprechenden Weiterführung in den Geschäftsjahren 02 und 03.

E. Abstimmung latenter Steuern

29.84 Die Ermittlung der zu buchenden und im Anhang zu nennenden Werte für latente Steuern verlangt im Vorfeld **organisatorische** Vorkehrungen zur Datenermittlung. Dazu müssen Maßnahmen getroffen werden, die eine Sammlung der temporären Differenzen zunächst auf Handelsbilanz II-Ebene und anschließend auf Konzernebene (latente Steuern aus Konsolidierungsbuchungen) sowie deren Zusammenfassung für den Konzernabschluss ermöglichen.

Im Folgenden demonstrieren wir die **Verprobung** latenter Steuern und zeigen dabei zunächst die Zusammensetzung und Entwicklung der aktiven und passiven latenten Steuern in der Bilanz. Diese Werte werden benötigt, um die Veränderung der Bilanzposten unter Berücksichtigung erfolgsneutraler Buchungen zum Steueraufwand lt. GuV überzuleiten.

Die Entwicklung der aktiven latenten Steuern zeigt die folgende, anschließend erläuterte Aufstellung. Um das Beispiel nicht zu überfrachten, sind die dazugehörigen Bruttowerte (Bemessungsgrundlagen), also die temporären Differenzen selbst, nicht ausgewiesen. Sie lassen sich aber beispielsweise für die „Vorräte" per 1.1.02 wie folgt erklären: Gegenüber der Steuerbilanz liegt im IFRS-Abschluss ein um 1.000 niedrigerer Buchwert vor, der bei einem hier unterstellten Steuersatz von 30 % zu einer Aktivlatenz von 300 führt.

29.85

Aktive latente Steuern lt. Bilanz	Nicht direkt ins Eigenkapital gebucht				Direkt ins Eigenkapital gebucht			Total
Sachverhalte:	Verlustvorträge	Vorräte	Drohverlustrückstellungen	Total	Cashflow-Hedges	Pensionsrückstellungen	Total	
1.1.02	250	300	370	920	180	300	480	1.400
Veränderung erfolgsneutral				0	-75	120	45	45
Konsolidierungskreisänderungen	20			20			0	20
Währungsdifferenzen	40	20	60	120			0	120
Veränderung erfolgswirksam	300	60	140	500			0	500
31.12.02	610	380	570	1.560	105	420	525	2.085

Die obige Tabelle enthält insoweit und abschließend sämtliche Sachverhalte, die zu **aktiven latenten Steuern** führen:

- Aktivierung zukünftiger Steuerersparnisse auf Grund bestehender **Verlustvorträge**.
- **Vorräte, Eliminierung von Zwischengewinnen:** In Einzelabschlüssen von Lieferunternehmen bereits versteuerte Gewinne werden im Konzern zunächst zurückgedreht. Daraus folgt, dass der auf die Liefermarge entfallende tatsächliche Steueraufwand durch Aktivierung eines latenten Steueranspruchs neutralisiert werden muss.
- **Rückstellungen** nach IAS 37 können über den steuerlichen Werten liegen, insbesondere bei **Drohverlustrückstellungen**, falls diese, wie jedenfalls in Deutschland, steuerlich nicht anerkannt werden. Die erst künftig tatsächlich zu erwartende Steuerentlastung wird durch Aktivierung latenter Steuern vorweggenommen.
- Die vorerwähnten Sachverhalte werden **erfolgswirksam** gebucht mit Ausnahme der Zugänge bzw. Abgänge aus **Konsolidierungskreisänderungen** sowie der bei Anwendung der modifizierten Stichtagskursmethode entstandenen erfolgsneutralen **Währungsumrechnungsdifferenzen**, die bei jedem Bilanzposten zu berücksichtigen sind, bei dem sie auftauchen.

- Latente Steuern auf **Cashflow-Hedges** werden dagegen erfolgsneutral ins Eigenkapital eingestellt (der Nettobetrag nach latenten Steuern ist Teil des sog. sonstigen Konzernergebnisses bzw. OCI). Cashflow-Hedges können z.B. aus Zinsswaps resultieren, um Zinsrisiken bei Bankdarlehen auszuschließen (Tausch variabler Zinsbeträge gegen Festzinsen). Im Beispiel besteht eine Bruttoverbindlichkeit aus Cashflow-Hedges, die anzeigt, dass der Marktwert des via Swap eigentlich aufgenommenen Festzinskredites höher als die vorläufig passivierten variabel verzinslichen Bankschulden ist. Es liegt somit IFRS-Mindereigenkapital vor, das zu aktiven[74] latenten Steuern führt.
- Die latenten Steuern auf **Pensionsrückstellungen** betreffen die erfolgsneutrale Verrechnung der Schätzungsänderungen. Die erst spätere steuerliche Entlastung wird durch erfolgsneutrale Bildung latenter Steuern vorweggenommen.

29.86 Für die Passivseite zeigt sich folgende Entwicklung der latenten Steuern:

Passive latente Steuern lt. Bilanz	nicht direkt ins Eigenkapital gebucht				Direkt ins Eigenkapital gebucht	Total
	Sachanlagen	Forderungen (Wertberichtigungen)	übrige Rückstellungen	Total	Wertpapiere FVOCI	
1.1.02	3.000	100	275	3.375	25	3.400
Veränderung erfolgsneutral					20	20
Konsolidierungskreisänderungen	250			250		250
Währungsdifferenzen	40	20	40	100		100
Veränderung erfolgswirksam	900	- 30	260	1.130		1.130
31.12.02	4.190	90	575	4.855	45	4.900

Die **passiven latenten Steuern** beruhen auf folgenden Sachverhalten:
- **Sachanlagen** werden nach IFRS im Allgemeinen linear und mit längeren Nutzungsdauern abgeschrieben als nach Steuerrecht, so dass im IFRS-Abschluss höhere Buchwerte angesetzt werden.
- Im Beispiel seien bestimmte nach Steuerrecht gebildete **Wertberichtigungen auf Forderungen** nach IFRS trotz des *expected loss models* nicht berücksichtigt. Das hierdurch im IFRS-Abschluss entstandene Mehrvermögen führt zu passiven latenten Steuern.

---

[74] Im umgekehrten Fall (positive Marktwerte, die als Forderung bilanziert werden), käme es zu passiven latenten Steuern.

– Bei übrigen **Rückstellungen** sei eine passive temporäre Differenz entstanden, weil bestimmte Rückstellungen (entgegen dem Normalfall) zwar steuerlich, aber nicht nach IFRS gebildet werden dürfen (in Deutschland kommen dafür i.d.R. nur unterlassene Instandhaltungen, die innerhalb von 3 Monaten nach Stichtag durchgeführt werden, in Betracht). Die Stornierung dieser Rückstellung im IFRS-Abschluss führt zu Mehrkapital und damit zu passiven latenten Steuern.

– Marktwertänderungen bei **Wertpapieren** (hier: Fremdkapitaltitel) der Kategorie FVOCI werden erfolgsneutral ins Eigenkapital eingestellt. Bei einer Fair Value-Aufwertung (wie im Beispiel) sind passive latente Steuern erfolgsneutral zu erfassen.

Nach den obigen Vorarbeiten kann die Veränderung der aktiven und passiven latenten Steuern lt. Bilanz mit dem Steueraufwand lt. GuV verprobt werden. Dazu enthält der obere Teil des nachfolgenden Tableaus die Gesamtveränderung der bilanzierten Steuerlatenzen, also 685 aktive und 1.500 passive. In Summe ergibt sich daraus ein „erwarteter latenter Steueraufwand" von 815. 29.87

Tatsächlich wird aber nicht die gesamte bilanzielle Veränderung der Steuerlatenz erfolgswirksam erfasst: Üblicherweise liegen Konsolidierungskreisänderungen, erfolgsneutrale Währungsumrechnungsdifferenzen und eben auch die für IFRS-Abschlüsse typischen, direkt ins Eigenkapital gebuchten Beträge vor. Diese Beträge leiten nun über zum tatsächlich in der GuV zu erfassenden latenten Steueraufwand bzw. -ertrag (hier: Aufwand 630). Ergänzt um den laufenden Steueraufwand (hier fiktiv angenommen mit 2.800) lässt sich so zum auszuweisenden Gesamtsteueraufwand überleiten:

Abstimmung des Steueraufwandes lt. GuV	Aktive Latente Steuern	Passive Latente Steuern	Total
Erhöhung aktiver latenter Steuern lt. Bilanz	685		685
Erhöhung passiver latenter Steuern lt. Bilanz		- 1.500	- 1.500
Zwischensumme („erwarteter latenter Steueraufwand" (-)/Steuerertrag)	685	- 1.500	- 815
Konsolidierungskreisänderungen	- 20	250	230
Währungsumrechnung	- 120	100	- 20
Direkt ins Eigenkapital gebucht (Cashflow-Hedges, FK-Titel FVOCI Pensionsrückstellungen)	- 45	20	- 25
Latenter Steueraufwand (-)/Steuerertrag lt. GuV	500	- 1.130	- 630
Laufender Steueraufwand			- 2.800
Steueraufwand insgesamt			**- 3.430**

F. Ausweis

I. Bilanzausweis und Saldierung

1. Tatsächliche Steueransprüche und Steuerschulden

29.88 **Tatsächliche Steuerschulden** sind als Schuld und **tatsächliche Steuererstattungsansprüche** als Vermögenswert **getrennt** von anderen Schulden und Vermögenswerten anzusetzen. Zu den tatsächlichen Ansprüchen zählen auch Erstattungsforderungen auf Grund von Verlustrückträgen. Die Ansprüche und Schulden sind nach Fristigkeit aufzugliedern (Rz. 43.47).

Es ist mit der herrschenden Praxis zu empfehlen, die Steuerschulden zunächst als Steuerrückstellung und nach Festsetzung als Verbindlichkeit auszuweisen, so dass sich gegenüber dem Verfahren nach HGB keine Änderungen ergeben.

29.89 Für **tatsächliche Steuererstattungsansprüche und tatsächliche Steuerschulden** besteht ein **Saldierungsgebot**, wenn folgende Voraussetzungen vorliegen:

(a) Das Unternehmen hat ein einklagbares Recht, die bilanzierten Beträge gegeneinander aufzurechnen (§ 226 AO i.V.m. § 387 BGB[75]) und

(b) Es ist beabsichtigt, den Ausgleich auf Netto-Basis herbeizuführen oder gleichzeitig mit der Realisierung des betreffenden Vermögenswertes die dazugehörige Schuld abzulösen (IAS 12.71).

Auch in einem Konzernabschluss wird ein Steuererstattungsanspruch eines einbezogenen Unternehmens nur dann gegen eine tatsächliche Steuerschuld eines anderen einbezogenen Unternehmens saldiert, wenn ein entsprechendes einklagbares Recht auf eine Netto-Zahlung besteht (IAS 12.73).

Diese Möglichkeit besteht im Ergebnis nur innerhalb des **Organkreises**, bei der es bereits durch die alleinige Steuerschuldnerschaft des Organträgers (Rz. 29.75) zu einer Saldierung kommt. Ohne **Organschaft** scheidet eine Saldierung zumindest in Deutschland aus.

Eine **zeitliche Kongruenz** von Steuerforderungen und -verbindlichkeiten ist allerdings für die Saldierung im Regelfall weder für laufende noch für latente Steuern erforderlich (IAS 12.75).[76]

2. Latente Steueransprüche und Steuerschulden

29.90 **Latente Steueransprüche und latente Steuerschulden** müssen innerhalb der langfristigen Vermögenswerte bzw. Schulden ausgewiesen werden. Das gilt auch für den Umkehreffekt des folgenden Geschäftsjahres. Bilanzielle Steuerlatenzen müssen nach

---

[75] Voraussetzung einer Aufrechnung nach § 387 BGB ist, dass die eigene Forderung fällig und die eigene Verbindlichkeit entstanden sein muss.
[76] Zu Ausnahmen bei der Aufrechnung durch verschiedene Steuersubjekte vgl. IAS 12.76.

IAS 12.74 im Ergebnis unter den gleichen Voraussetzungen wie tatsächliche Steuerbeträge saldiert werden (Rz. 29.89). Eine Saldierung tatsächlicher und latenter Steuern ist allerdings genauso ausgeschlossen wie ein zusammengefasster Ausweis von tatsächlichen und latenten Steuerposten.

Da es sich bei latenten Steuerforderungen und Steuerschulden naturgemäß nicht um tatsächliche Steuerbeträge handelt, ist die Voraussetzung des „einklagbaren Rechts auf Aufrechnung" (IAS 12.74a) als Fiktion zu verstehen, soll die Vorschrift nicht ins Leere laufen: Latente Steuern sind somit zu saldieren, wenn sie aufrechenbar wären, *falls* es sich nicht um latente, sondern um tatsächliche Steuern handeln würde. Auch die weiteren Voraussetzungen (gleiche Steuerart, identisches Steuersubjekt bzw. identischer Organkreis, Rz. 29.75) entsprechen den Anforderungen bei der Saldierung tatsächlicher Steuerbeträge.

29.91

Daraus folgt, dass auch latente Steuern aus **Konsolidierungsvorgängen** gegen latente Steuern auf temporäre Differenzen miteinander verrechnet werden müssen.[77]

Beispiel: Unternehmen A und B sind Mitglieder eines **Organkreises**. Bei A sei aus Lieferungen an ausländische nicht zum Organkreis gehörende Vertriebsgesellschaften ein Zwischengewinn entstanden, dessen Eliminierung zu aktiven latenten Steuern von 300 führe.[78] B habe im Anlagevermögen steuerliche Sonderabschreibungen vorgenommen, die im IFRS-Vermögen nicht nachvollzogen werden dürfen. Dem höheren IFRS-Anlagevermögen stehen somit passive latente Steuern, hier i.H.v. 400, gegenüber.

Die aktiven latenten Steuern von 300 aus der Konsolidierungsmaßnahme sind mit den passiven latenten Steuern von 400 aus der temporären Differenz zu saldieren, so dass im IFRS-Abschluss ein passiver Überhang von 100 auszuweisen ist.

Zudem ist in Organkreisen die Unterteilung der Steuerbeträge nach Steuerbehörden (ggf. verschiedene Gemeinden für die Gewerbesteuer, Finanzamt für die Körperschaftsteuer) wegen der gleichmäßigen gewerbesteuerlichen Zerlegung des Gesamteinkommens entbehrlich. Es können somit die kombinierten aktiven und passiven Steuerbeträge saldiert werden.

II. Gewinn- und Verlustrechnung

In der **Gewinn- und Verlustrechnung** können der tatsächliche und latente **Steueraufwand** (Steuerertrag) *zusammen* ausgewiesen werden.[79] Die Position ist im **Anhang** nach tatsächlichen und latenten Steueraufwand und -ertrag detailliert aufzugliedern (IAS 12.80), siehe auch nachfolgend.

29.92

---

77 Einschränkend *Senger/Diersch*, Beck IFRS-HB[5], § 35 Rz. 143 f.
78 Latente Steuern auf Zwischengewinne sollten u.E. beim Lieferunternehmen berücksichtigt werden, Rz. 29.65.
79 Das ist auch im HGB-Abschluss üblich, allein schon unter dem Gesichtspunkt der Übersichtlichkeit. Der nach § 274 Abs. 2 HGB geforderte gesonderte Ausweis von Aufwand oder Ertrag aus der Veränderung bilanzierter latenter Steuern erfolgt dann im Anhang.

G. Anhangangaben

I. Allgemeine Angaben

29.93 IAS 12.79 ff. enthalten eine Reihe von **Erläuterungs- und Offenlegungsempfehlungen und -pflichten**. Nachfolgend die wesentlichen:

– Darstellung der allgemeinen Bilanzierungsgrundsätze:

   Beispiel (Bayer AG, Geschäftsbericht 2017, 224 f.): „Als Ertragsteuern werden die in den einzelnen Ländern erhobenen Steuern auf den steuerpflichtigen Gewinn sowie die erfolgswirksame Veränderung der latenten Steuerabgrenzungen ausgewiesen. Die ausgewiesenen Ertragsteuern werden auf Basis der am Bilanzstichtag gültigen bzw. verabschiedeten gesetzlichen Regelungen in der Höhe erfasst, in der sie voraussichtlich bezahlt werden müssen.

   [...] Der Berechnung [der latenten Steuern] liegen die in den einzelnen Ländern zum Realisierungszeitpunkt erwarteten Steuersätze zugrunde. Diese basieren grundsätzlich auf den am Bilanzstichtag gültigen bzw. verabschiedeten gesetzlichen Regelungen. Latente Steueransprüche und -schulden werden saldiert, sofern diese gegenüber der gleichen Steuerbehörde bestehen und ein einklagbares Recht zur Aufrechnung vorliegt."

– Erläuterung zu Verlustvorträgen (s. Formulierungsbeispiel in Rz. 29.45).

– Erläuterung der temporären Differenzen im Zusammenhang mit Tochtergesellschaften, Gemeinschafts- und assoziierten Unternehmen (Outside-Differenzen, s. Formulierungsbeispiel in Rz. 29.29).

– Betrag der erfolgsneutral ins Eigenkapital eingestellten aktiven (Rz. 29.85) und passiven (Rz. 29.86) latenten Steuern.

– Erfolgswirksam gebuchter latenter Steuerertrag oder -aufwand und laufender Steueraufwand. Wir empfehlen die Darstellung gemäß Rz. 29.87

– Angabe künftiger ertragsteuerlicher Folgen von Dividendenzahlungen (IAS 12.81i).

II. Steuerliche Überleitungsrechnung

29.94 Die in IAS 12.81c vorgeschriebene steuerliche **Überleitungsrechnung** hat große Bedeutung für das Verständnis latenter Steuern durch den Bilanzleser. Zugleich stellt sie ein weiteres Instrument zur **Verprobung** latenter Steuern dar:[80]

---

[80] Die Veröffentlichung einer steuerlichen Überleitungsrechnung wird im HGB-Abschluss auf Gesetzesebene nicht gefordert, von der Bundesregierung jedoch angeregt (BT-Drs. 16/10067, 68). Nach DRS 18.67 gehört sie (noch) zu den Pflichtangaben für den HGB-Konzernabschluss. Mindestens zur Verprobung der zutreffenden Steuerlatenzermittlung ist sie u.E. unerlässlich.

Würden tatsächlich

- sämtliche temporären Differenzen versteuert und
- gäbe es darüber hinaus keine weiteren Abweichungen zwischen IFRS- und Steuerbilanz sowie
- keine aperiodischen Steuereffekte und
- keine Steuersatzunterschiede,

dann ergäbe sich der ausgewiesene Steueraufwand, der sich aus tatsächlichen und latenten Steuern zusammensetzt, unmittelbar aus der Multiplikation des Vor-Steuer-Ergebnisses mit dem Steuersatz. Da diese Voraussetzungen aber nicht vorliegen, soll eine Überleitungsrechnung von einem solchermaßen erwarteten zum ausgewiesenen Steueraufwand informieren (IAS 12.84). Der anzuwendende Steuersatz zur Ermittlung des erwarteten Steueraufwands ist typischerweise der **Steuersatz des Mutterunternehmens** (sog. „*home based rate approach*"), bei starken Auslandsaktivitäten auch ein Mischsteuersatz (IAS 12.85). Mit diesem Steuersatz werden i.d.R. auch die latenten Steuern bewertet. Die Berechnungsgrundlagen für den Steuersatz sind anzugeben.

Im Folgenden werden die einzelnen Schritte zur steuerlichen Überleitungsrechnung anhand fiktiver Zahlen erläutert. Das nachfolgende Tableau zeigt dabei zunächst die **Zusammensetzung des steuerlichen und des IFRS Ergebnisses**. Die Unterschiede haben folgende Ursachen:

- **Veränderung temporärer Differenzen**, wodurch (a) das IFRS Ergebnis geringer ist als das steuerliche Ergebnis, z.B. wegen der Bildung von Drohverlustrückstellungen und (b) das IFRS Ergebnis höher ist als das steuerliche ist (z.B. durch geringere Abschreibungen)
- Bestimmte Aufwendungen und Erträge **wirken sich steuerlich nicht aus** (nichtabzugsfähige Betriebsausgaben, steuerfreie Erträge).

Vom steuerlichen Vorsteuerergebnis entfällt die Hälfte auf das Ausland, wo ein Steuersatz von 40 % gelte:

Sachverhalte	IFRS	Steuerlich
Vorläufiges Ergebnis vor Steuern	8.000	8.000
IFRS Mindervermögen(-ergebnis), u.a. Bildung von Drohverlustrückstellungen	- 1.667	0
IFRS Mehrvermögen(-ergebnis), u.a. geringere Abschreibung auf Sachanlagen	3.767	0
Abschreibung auf nicht konsolidierte GmbH Beteiligung	- 200	0
Nicht abzugsfähige Betriebsausgaben (Bewirtung u.Ä.)	- 150	0
Steuerfreie Investitionszulage	250	0

Sachverhalte	IFRS	Steuerlich
Ergebnis vor Steuern	10.000	8.000
davon Inland	6.000	4.000
davon Ausland	4.000	4.000
Tatsächliche Steuern Inland (30 %)		- 1.200
Tatsächliche Steuern Ausland (40 %)		- 1.600
Laufender Steueraufwand		**- 2.800**

29.96 Unter Berücksichtigung der im Inland und Ausland anwendbaren Steuersätze errechnet sich ein laufender Steueraufwand von 2.800. Im IFRS Abschluss sind außerdem latente Steuern auf die Veränderung temporärer Differenzen zu erfassen. Das betrifft im vorliegenden Fall die Bildung der Drohverlustrückstellung und die Buchwertdifferenz im Anlagevermögen:

			IFRS GuV
Ergebnis vor Steuern			10.000
Laufende Steueraufwendungen		- 2.800	
Latenter Steuerertrag	30 % von 1.667 (Bildung Drohverlustrückstellung)	500	
Latenter Steueraufwand	30 % von - 3.767 (geringere Abschreibung Sachanlagen)	- 1.130	
Latenter Steueraufwand		- 630	- 630
Steueraufwand insgesamt		**- 3.430**	**- 3.430**
Ergebnis nach Steuern			**6.570**

Drei der in Rz. 29.95 genannten Ergebniskomponenten führen **mangels temporärer Differenzen** nicht zu latenten Steuern:

(a) Entweder liegen keine Buchwertunterschiede vor (Bewirtungsaufwand, sofort vereinnahmte Investitionszulage) oder

(b) die Differenzen sind mangels Ausgleich nicht temporär (Teilwertabschreibung auf GmbH Beteiligung).

29.97 Nach diesen Vorarbeiten kann der aus dem Vor-Steuer-Ergebnis durch Multiplikation mit dem Steuersatz ermittelte „erwartete" oder „theoretische" Steueraufwand zum ausgewiesenen Steueraufwand übergeleitet werden (**steuerliche Überleitungsrechnung**). In der Praxis ist dabei eine nominelle Überleitung üblich; die ebenso zulässige prozentuale Überleitung wird kaum angewendet. Das folgende Beispiel erläutert beide Vorgehensweisen.

		nominelle Überleitung	prozentuale Überleitung
(IFRS) Ergebnis vor Steuern		10.000	
Konzernsteuersatz		30,0 %	30,0 %
Erwarteter Steueraufwand:		- 3.000	
Höhere ausländische Steuerbelastung	(10 % von 4.000)	- 400	4,0 %
Steuerlich nicht abzugsfähige Teilwertabschreibung	(30 % von 200)	- 60	0,6 %
Steuerlich nicht abzugsfähige Betriebsausgaben	(30 % von 150)	- 45	0,5 %
Steuerfreie Investitionszulage	(30 % von - 250)	75	- 0,8 %
Ausgewiesener Steueraufwand		**- 3.430**	
Tatsächliche Steuerquote		**34,3 %**	**34,3 %**

Die **Veränderung temporärer Differenzen** taucht in der Überleitungsrechnung *nicht* auf, da diese gerade mit latenten Steuern belegt werden und der tatsächliche daher mit dem erwarteten Steueraufwand korrespondiert (siehe auch Rz. 29.99).

Die Einfügung einer Zeile für abweichende **ausländische Steuersätze** ist notwendig, weil sich der angegebene Konzernsteuersatz (hier: 30 %) nur auf das Inland bezieht. Die Zeile entfällt naturgemäß, wenn der erwartete Konzernsteuersatz bereits als Mischsatz inklusive Ausland definiert ist.

Die steuerlich wegen § 8b KStG **nicht abzugsfähige Teilwertabschreibung** hat das IFRS Ergebnis gemindert, ohne dass korrespondierende latente Steuern gebildet wurden (Ansatzverbot für permanente Differenzen). Daher muss der Posten in die Überleitungsrechnung aufgenommen werden.

Nicht abzugsfähige Aufwendungen betreffen neben Bewirtung, Geschenken, Bußgeldern etc. auch die Effekte gewerbesteuerlicher Hinzurechnungen (z.B. Dauerschuldzinsen), *soweit* diese *nicht* bereits bei der Bemessung des Konzern-Steuersatzes (30 %) erfasst worden sind.

Umgekehrt sind Effekte aus **steuerfreien Erträgen**, z.B. Investitionszulagen (Rz. 29.39), vom erwarteten Steueraufwand *abzuziehen*, da die im Vor-Steuer-Ergebnis enthaltenen Erträge tatsächlich nicht versteuert wurden.

Folgende weitere **Sachverhalte**, die unser Beispiel aus Vereinfachungsgründen nicht enthält, sind **regelmäßig** ebenfalls bei der Überleitungsrechnung **zu berücksichtigen**:

Rechtliche **Steuersatzänderungen** mit Wirkung auf künftige Perioden führen zu einer erfolgswirksamen Neuberechnung des Bestandes der *erfolgswirksam* entstandenen latenten Steuern (siehe auch Beispiel in Rz. 29.60), soweit dieser von der Steuersatzänderung betroffen ist. Demgegenüber werden Steuersatzänderungen bei *erfolgsneutral* entstandenen latenten Steuern direkt im Eigenkapital berücksichtigt und sind daher bei der Überleitungsrechnung nicht zu erfassen. Im Anhang ist die Steuersatzänderung zu erläutern (IAS 12.81d).

Periodenfremde Steuern erfassen falsche Steuerberechnungen in Vorjahren, z.B. durch Rechenfehler, unzutreffende Erfassung nichtabzugsfähiger Ausgaben, Steuern ohne Umkehreffekt (verdeckte Gewinnausschüttungen) etc. Nicht hierunter fallen jedoch Abweichungen, die zwar zu höheren laufenden Steuern führen, aber durch latente Steuern kompensiert werden, siehe Rz. 29.82.

Steuern auf nicht beherrschende Anteile (nbA) bei Personengesellschaften sind zu korrigieren, da die Körperschaftsteuerbelastung (bei natürlichen Personen die Einkommensteuer) der nbA im Konzernabschluss *nicht* gebucht wird (Rz. 29.77).

Equity-Ergebnisse innerhalb des Konzern-Vorsteuerergebnisses sind immer **Nach-Steuer-Beträge** (Rz. 37.33). Daher kommt es bei Equity-Bilanzierung immer zu erklärungsbedürftigen Abweichungen. Werden z.B. Gewinne aus assoziierten Unternehmen von 200 (nach Steuern) vereinnahmt, dann erhöhen diese den erwarteten Steueraufwand um 30 % = 60, obwohl es sich tatsächlich bereits um einen Nach-Steuer-Betrag handelt. Diese 60 sind dann wie eine Steueraufwandsminderung in die steuerliche Überleitungsrechnung aufzunehmen.

29.99 Auch im Zusammenhang mit **Verlustvorträgen** (Rz. 29.26 f.) kann es in vielfältiger Weise zu Posten der steuerlichen Überleitungsrechnung kommen. Das Verständnis wird erleichtert, wenn man zunächst einmal den planmäßigen Normalfall betrachtet, der in der Überleitungsrechnung gerade *nicht* auftaucht:

– Wenn Konzerngesellschaften im laufenden Jahr Verluste erwirtschaftet haben (z.B. 2.333), werden bei Erfüllung der Ansatzvoraussetzungen die daraus resultierenden künftigen Steuerersparnisse aktiviert. Es wird somit ein aktiver latenter Steuerertrag von 700 (30 % von 2.333) gebucht.

– *Andere* Konzerngesellschaften haben beispielsweise im Berichtsjahr Gewinne erwirtschaftet, die wegen bestehender steuerlicher Verlustvorträge nicht zu versteuern sind, so dass kein Steueraufwand entsteht. Allerdings wurden in Vorjahren auf die Verlustvorträge aktive latente Steuern angesetzt, die nun abzuschreiben sind; im Beispiel sei es ein Aufwand von 400.

– Darüber hinaus erziele der Konzern ein übriges Ergebnis, das mit 30 % versteuert wird:

	Vor-Steuer-Ergebnis	Steuern 30,0 %
Laufende Verluste mit sofortiger Aktivierung latenter Steuern	- 2.333	700
Laufende Gewinne mit Abschreibung von in Vorjahren aktivierten Steuerersparnissen auf Verlustvorträge	1.333	- 400

	Vor-Steuer-Ergebnis	Steuern 30,0 %
Saldo/erfolgswirksame Erhöhung aktiver latenter Steuern auf Verlustvorträge (Steuerertrag)	- 1.000	300
Übriges Ergebnis/Steueraufwand	11.000	- 3.300
Konzernergebnis vor Steuern/Steueraufwand	**10.000**	**- 3.000**

Diese Systematik führt praktisch zu einem sofortigen Verlustausgleich (Nettoertrag = Erhöhung der aktiven latenten Steuern von 300 = 30 % des Verlustüberhangs von 1.000), so dass der erwartete Steueraufwand (3.000) *im Normalfall* immer zu dem Vor-Steuer-Ergebnis (10.000) passt. Folglich ist in der Überleitungsrechnung nichts Weiteres zu berücksichtigen.

In der Überleitungsrechnung sind dagegen diejenigen Vorgänge zu berücksichtigen, die **einseitig** entweder nur **das Vor-Steuer-Ergebnis** oder nur **latente Steuern auf Verlustvorträge** betreffen:

(a) **Laufende Gewinne/Verluste ohne Berührung latenter Steuern auf Verlustvorträge**

– Wurden in der Vergangenheit auf Verlustvorträge keine latenten Steuern aktiviert und fallen nun unerwartet Gewinne an, die mit Verlustvorträgen verrechnet werden können, sind im Vor-Steuer-Ergebnis enthaltene Gewinne (z.B. 100) nicht mit Steuern belegt. Daher kommt es im Vergleich zum erwarteten Steueraufwand zu Minderaufwand auf Grund der „**Nutzung nicht aktivierter steuerlicher Verlustvorträge**" (30 Ertrag = 30 % × 100) und zu einem Posten in der steuerlichen Überleitungsrechnung.

– Die gelegentlich vorzufindende „**Fehlende steuerliche Entlastung bei Gesellschaften mit laufenden Verlusten**" betrifft *im laufenden Jahr angefallene* Verluste (z.B. 100), auf die jedoch wegen schlechter Perspektiven *keine* latenten Steuern aktiviert werden konnten: Demgegenüber impliziert der erwartete Steueraufwand eine solche Aktivierung, so dass ein Korrekturposten (- 30 Aufwand = 30 % × 100) für die tatsächlich fehlende Steuerentlastung in der steuerlichen Überleitungsrechnung zu erfassen ist.

(b) **Nachaktivierung/Wertberichtigung latenter Steuern auf Verlustvorträge (aperiodische Effekte)**

– Zu einem Ertrag in der steuerlichen Überleitungsrechnung kann es kommen, wenn sich die Perspektiven einer Verlustgesellschaft im laufenden Geschäftsjahr verbessert haben und nunmehr ein Ausgleich von in Vorjahren bereits entstandenen Verlustvorträgen erstmals erwartet wird (**Nachaktivierung**, z.B. + 30 Ertrag = 30 % × 100).

– Auch die außerplanmäßige Abschreibung (**Wertberichtigung**) von in Vorperioden aktivierten latenten Steuern auf Verlustvorträge (siehe Beispiel in Rz. 29.60) führt zu einem Posten in der steuerlichen Überleitungsrechnung (Aufwand von (z.B. - 30 = 30 % × 100).

III. Aufgliederung temporärer Differenzen

29.101 Gemäß IAS 12.81gi) ist für „jede Art temporärer Unterschiede" sowie für die Verlustvorträge der dazugehörige Betrag latenter Steuern zu nennen. Diese Vorgabe wird als Aufgliederung latenter Steuern auf Bilanzposten verstanden. In Fortführung des Beispiels aus Rz. 29.85 ff.) wäre folgendes Tableau anzufertigen:

Latente Steuern	31.12.02		31.12.01	
	Aktive	Passive	Aktive	Passive
Sachanlagen		4.190		3.000
Finanzanlagen		45		25
Vorräte	380		300	
Forderungen		90		100
Pensionsrückstellungen	420		300	
übrige Rückstellungen	570	575	370	275
Verlustvorträge	610		250	
Verbindlichkeiten	105		180	
Insgesamt	**2.085**	**4.900**	**1.400**	**3.400**
davon langfristig	*1.200*	*3.500*	*1.000*	*2.600*
Saldierung (Rz. 29.90 f.)	- 1.000	- 1.000	- 700	- 700
Lt. Bilanz	**1.085**	**3.900**	**700**	**2.700**

Beziehen sich latente Steuern auf im Konzernabschluss eliminierte einzelne Forderungen und Verbindlichkeiten (Schuldenkonsolidierung), können diese gleichwohl unter Forderungen oder Verbindlichkeiten oder in einer separaten Zeile („Konsolidierung") aufgeführt werden. Latente Steuern auf Posten, die im Konzernabschluss überhaupt nicht mehr enthalten sind (z.B. Sonderposten mit Rücklageanteil), können ebenfalls separat ausgewiesen werden.

Die Angabe der langfristigen, d.h. voraussichtlich nach 1 Jahr fälligen latenten Steuern beruht auf IAS 1.61b und bezieht sich zweckmäßigerweise auf die unsaldierten Beträge. Dessen ungeachtet dürfen latente Steuern nur innerhalb des langfristigen Vermögens/der langfristigen Schulden ausgewiesen werden.

# Kapitel 30
Zur Veräußerung gehaltene langfristige Vermögenswerte und aufgegebene Geschäftsbereiche (IFRS 5)

A. Überblick und Wegweiser 30.1
  I. Management Zusammenfassung 30.1
  II. Standards und Anwendungsbereich 30.4
  III. Wesentliche Unterschiede zum HGB 30.6
  IV. Neuere Entwicklungen 30.8
B. Veräußerung langfristiger Vermögenswerte 30.16
  I. Übersicht 30.16
  II. Abgrenzung der Vermögensmassen 30.17
    1. Aufgegebene Geschäftsbereiche .. 30.17
    2. Veräußerungsgruppe 30.20
    3. Langfristige Vermögenswerte 30.21
  III. Objektivierung der Verkaufsabsicht 30.23
    1. Klassifizierungskriterien 30.23
    2. Verkaufsfähiger Zustand 30.24
    3. Höchstwahrscheinlicher Verkauf 30.25
  IV. Bilanzierung von assets held for sale 30.30
  V. Ausweis und Anhangaben 30.38
    1. Gewinn- und Verlustrechnung bzw. Gesamtergebnisrechnung ... 30.38
    2. Kapitalflussrechnung 30.43
    3. Bilanz 30.45
    4. Ergebnis je Aktie 30.47
    5. Sonstige Angaben 30.48
  VI. Rückklassifizierung 30.51
C. Anteile an anderen Unternehmen 30.61
  I. Mit Weiterveräußerungsabsicht erworbene Anteile 30.61
    1. Beteiligungshöhe unterhalb der Assoziierungsschwelle 30.61
    2. Assoziierte Unternehmen und Gemeinschaftsunternehmen 30.62
    3. Tochterunternehmen 30.64
  II. Verkauf von Tochterunternehmen und nach der Equity-Methode bilanzierten Unternehmen 30.67
D. Stilllegungen 30.76

Literatur: *Bohnefeld/Ebeling/Paukstadt*, Die Darstellung von innerkonzernlichen Transaktionen mit aufgegebenen Geschäftsbereichen im IFRS-Konzernabschluss – Exemplifizierung der Aufwands- und Ertragskonsolidierung unter Berücksichtigung aktueller Entwicklungen, IRZ 2017, 437; *Dobler/Dobler*, Zweifelsfälle der Bewertung von zur Veräußerung gehaltenen Abgangsgruppen nach IFRS 5, KoR 2010, 353; *Fink*, Improvements to IFRSs, PiR 2008, 281; *Kessler/Leinen*, Darstellung von discontinued operations in Bilanz und GuV, KoR 2006, 558; *Küting/Wirth*, Discontinued operations und die veräußerungsorientierte Bilanzierung nach IFRS 5 – ein Mehrwert für die Berichterstattung?, KoR 2006, 719; *Rogler/Tettenborn/Straub*, Bilanzierungsprobleme und -praxis von zur Veräußerung gehaltenen langfristigen Vermögenswerten und Veräußerungsgruppen, KoR 2012, 381; *Schildbach*, Was leistet IFRS 5, WPg 2005, 554; *Wirth*, Firmenwertbilanzierung nach IFRS, Stuttgart 2005.

A. Überblick und Wegweiser

I. Management Zusammenfassung

30.1 Nach IFRS 5 sind bestimmte langfristige Vermögenswerte in der Bilanz gesondert unter den kurzfristigen Vermögenswerten auszuweisen, wenn ihre Veräußerung beabsichtigt ist und weitere Kriterien erfüllt sind (*assets held for sale*). Gleiches gilt für Gruppen von Vermögenswerten, die verkauft werden sollen, einschließlich der Schulden, die bei einem Verkauf ebenfalls abgehen (Veräußerungsgruppen, *disposal groups*). Stellt eine Veräußerungsgruppe einen Geschäftsbereich dar, sind für diesen aufgegebenen Geschäftsbereich (*discontinued operation*) weitergehende Angabepflichten zu beachten.

Abschlussadressaten sollen auf diese Weise erkennen können, welche (größeren) Unternehmensteile in der Absicht des Managements innerhalb des nächsten Geschäftsjahres abgehen.

30.2 Neben Ausweisregelungen und Angabepflichten für den Anhang enthält IFRS 5 besondere Bewertungsregeln für *assets held for sale* und Veräußerungsgruppen. Diese sind zu jedem Stichtag mit dem niedrigeren Wert aus Buchwert und Fair Value abzgl. Veräußerungskosten anzusetzen. Eine Zuschreibung auf einen höheren Fair Value abzgl. Veräußerungskosten ist dagegen nur bei vorheriger Abschreibung und bis zu den fortgeführten Anschaffungskosten zulässig. Ab dem Zeitpunkt der Klassifizierung als *held for sale* sind planmäßige Abschreibungen sowie die Anwendung der Equity-Methode auszusetzen.

30.3 IFRS 5 regelt auch die Bilanzierung von Tochterunternehmen, die mit Weiterveräußerungsabsicht erworben werden.

II. Standards und Anwendungsbereich

30.4 IFRS-Abschlüsse haben die Aufgabe, dem Abschlussadressaten entscheidungsrelevante Informationen zu vermitteln. Daher sollen die Abschlussdaten den **Zeit- und Unternehmensvergleich** ermöglichen (Rz. 6.41); es sollen **nachhaltige, prognosefähige Daten** übermittelt werden (Rz. 6.2). Erhebliche strukturelle Veränderungen in der wirtschaftlichen Tätigkeit eines Unternehmens können die Vergleichbarkeit und damit die Prognosefähigkeit der Daten stören. Dem entgegenzuwirken und Strukturveränderungen im Abschluss angemessen darzustellen, dient IFRS 5.

IFRS 5 stammt aus 2004, war erstmals anzuwenden für Geschäftsjahre, die am oder nach dem 1.1.2005 begonnen haben und ist seither punktuell geändert worden.

30.5 **Folgende Regelungen kennzeichnen IFRS 5:**
– Der Anwendungsbereich betrifft nicht nur zu veräußernde oder aufgegebene Bereiche, sondern auch Gruppen von langfristigen Vermögenswerten einschließlich zugehöriger sonstiger Vermögenswerte und Schulden (sog. Veräußerungsgrup-

pen) bis hin zu einzelnen langfristigen Vermögenswerten, die veräußert werden *sollen*. Die gleichen Regelungen gelten für langfristige Vermögenswerte und Veräußerungsgruppen, die als „zur Ausschüttung an Eigentümer (in ihrer Eigenschaft als Eigentümer) gehalten" eingestuft werden.

– Der Standard enthält die Regelungen zur Bilanzierung von Tochterunternehmen, die mit Weiterveräußerungsabsicht erworben worden sind.

– Einzelne zu veräußernde langfristige Vermögenswerte sowie Vermögenswerte aus Veräußerungsgruppen und aufgegebenen Geschäftsbereichen sind gesondert in eine Ausweis- und Bewertungskategorie **assets held for sale** zu übertragen. Für hier zugeordnete langfristige Vermögenswerte gilt:

– Die Bewertung erfolgt mit dem **geringeren** Betrag aus einem Vergleich ihres bisherigen Buchwerts mit ihrem Fair Value abzgl. (erwarteter) Veräußerungskosten (Rz. 30.31).

– Eine Aufwertung auf den möglichen **höheren** Veräußerungspreis (abzgl. Veräußerungskosten) kommt (ohne vorherige außerplanmäßige Abschreibung) hingegen nicht in Betracht (Rz. 30.31).

– Nach der Umklassifizierung erfolgen bei den zugeordneten abnutzbaren Vermögenswerten **keine planmäßigen Abschreibungen** mehr.

– Bei assoziierten und Gemeinschaftsunternehmen, die als held for sale ausgewiesen werden, ist die Equity-Methode auszusetzen (Rz. 30.31).

Schulden aus Veräußerungsgruppen und aufgegebenen Geschäftsbereichen sind als *liabilities held for sale* auszuweisen. Für sie gelten jedoch nicht die Bewertungsvorschriften des IFRS 5. Letzteres gilt auch für kurzfristige Vermögenswerte einer Veräußerungsgruppe (zu weiteren Ausnahmen vgl. Rz. 30.33).

Für aufgegebene Geschäftsbereiche sind detaillierte Angaben zu machen. Insbesondere ist das Nach-Steuer-Ergebnis in der Gewinn- und Verlustrechnung gesondert auszuweisen, und es ist ein **Ergebnis je Aktie** anzugeben. Zudem sind Cash Flow-Größen anzugeben.

Aufgrund unklarer Begriffsbildung und ungeklärter Anwendungsfragen bietet der Standard **erhebliche Ermessensspielräume**.[1]

III. Wesentliche Unterschiede zum HGB

Besondere Bewertungs- und Ausweisvorschriften für ggf. gruppierte Vermögensgegenstände und Schulden, die abgehen *sollen*, kennt das HGB nicht. Bei vollzogenen Veräußerungen können sich Angabepflichten aus § 265 Abs. 2 HGB ergeben. 30.6

Ein DRS zum Problemkreis liegt nicht vor. 30.7

---

1 Vgl. auch *Dobler/Dobler*, KoR 2010, 353 (353); *Rogler/Tettenborn/Straub*, KoR 2012, 381 (382, 384).

IV. Neuere Entwicklungen

30.8 Im Rahmen des Annual Improvement 2012-2014 Cycle wurde IFRS 5 um Regelungen ergänzt, die vorgeben, wie zu verfahren ist, wenn ein langfristiger Vermögenswert (oder eine Veräußerungsgruppe) aus einer Klassifizierung als *held for sale* in eine Klassifizierung als *„assets held for distribution to owners"* wechselt (oder umgekehrt). In diesen Fällen kommt nun IFRS 5.26A zur Anwendung. Diese Klarstellung ist für Geschäftsjahre, die am oder nach dem 1.1.2016 begonnen haben, in Kraft getreten.

Darüber hinaus hat das IFRS IC verschiedene Anwendungsfragen im Zusammenhang mit IFRS 5 diskutiert. Einige dieser Fragestellungen wurden vom IFRS IC an das IASB weitergeleitet, das im Rahmen der Agenda Consultation 2015 die Öffentlichkeit zur Relevanz dieser Themen befragt hat. In seinem Feedback Statement zur Agenda Consultation 2015 kündigt der IASB an, einen Post Implementation Review zu IFRS 5 durchzuführen, in dem diese Fragestellungen behandelt werden sollen. Dieses Projekt soll starten, wenn die Post Implementation Reviews zu IFRS 13 sowie zu IFRS 10–12 abgeschlossen sind. Genauere zeitliche oder inhaltliche Informationen sind nicht bekannt.

Andere Fragestellungen hat das IFRS IC im Rahmen von Agenda-Entscheidungen geklärt. So wurde klargestellt, dass IAS 36.105 für *assets held for sale* nicht anzuwenden ist, da IFRS 5.23 nicht auf diese Vorschrift verweist (vgl. Rz. 30.34). Folge ist, dass eine Wertminderung, die für eine Veräußerungsgruppe zu erfassen ist, nicht durch den Fair Value abzgl. Veräußerungskosten oder den Nutzungswert der langfristigen Vermögenswerte der Veräußerungsgruppe begrenzt ist. Zudem weist das IFRS IC darauf hin, dass die Konsolidierungsvorschriften des IFRS 10 insbesondere für die Aufwands- und Ertragskonsolidierung und die Zwischenergebniseliminierung auch für aufgegebene Geschäftsbereiche gelten (vgl. Rz. 30.41).

30.9–30.15 frei

B. Veräußerung langfristiger Vermögenswerte

I. Übersicht

30.16 Bisheriges Anlagevermögen (= langfristige Vermögenswerte), das veräußert werden soll, ist bilanziell in das Umlaufvermögen (= kurzfristige Vermögenswerte), und zwar in die Kategorie *assets held for sale* umzugliedern und gesondert zu bewerten. Die nachfolgende Tabelle gibt eine Übersicht des Regelungsumfangs des IFRS 5 im **beabsichtigten Veräußerungsfall**. Dabei ist zwischen drei unterschiedlichen Vermögensmassen zu unterscheiden (Zeile 2), weil sich hieran verschiedene Rechtsfolgen anschließen. Einzelheiten und Abgrenzungsfragen werden im Anschluss an die Tabelle erläutert.

		Es besteht Veräußerungsabsicht über		
2		Aufgegebener Geschäftsbereich (*discontinued operation*)	Veräußerungsgruppe (*disposal group*)	langfristiger Vermögenswert (*non-current asset*)
3	Spezielle Bewertungsvorschriften für	Sachanlagen Immaterielle Vermögenswerte des Anlagevermögens Anlageimmobilien (*cost model*)		
4	Gesonderter Bilanzausweis (*ohne* Anpassung Vorjahr)	Zugehörige Vermögenswerte gem. Ziff. 3 zzgl. sonstiger mitzuveräußernder Vermögenswerte und Schulden		Nur die Vermögenswerte gem. Ziff. 3
5	Gesonderter GuV-Ausweis in Gesamtergebnisrechnung bzw. GuV (*mit* Anpassung Vorjahr.)	Ja	Nein	Nein
6	Angabe Cashflows (*mit* Anpassung Vorjahr)	Ja; gesondert in Kapitalflussrechnung oder im Anhang	Nein	Nein
7	Ergebnis je Aktie	Ja, verwässert und unverwässert	Nein	Nein
8	Anhangangaben	Ja	Ja	Ja

Abb. 30.1: Regelungsumfang des IFRS 5

II. Abgrenzung der Vermögensmassen

1. Aufgegebene Geschäftsbereiche

Ein Geschäftsbereich (*operation*) ist gem. IFRS 5.31 mindestens eine zahlungsmittelgenerierende Einheit (CGU), kann daher auch aus mehreren CGU bestehen. Die Beurteilung, ob es sich um eine CGU handelt, richtet sich nach der bisherigen Einteilung des Konzerns in seine CGU (Rz. 19.16 ff.).

Bei einem **aufgegebenen Geschäftsbereich** (*discontinued operation*) muss es sich um einen **gesonderten wesentlichen Geschäftszweig** oder einen **geografischen Bereich** handeln (IFRS 5.32a). Ein in der Segmentberichterstattung dargestelltes Segment erfüllt alle Anforderungen an die Wesentlichkeit. Es kann jedoch auch gesonderte wesentliche Geschäftszweige geben, die in der Segmentberichterstattung *nicht* einzeln dargestellt werden.[2]

---

[2] So auch IDW RS HFA 2, Rz. 71.

Unwesentliche Geschäftsbereiche, also unwesentliche CGU (oder Gruppen von CGU), sind allerdings keine *discontinued operations*. Hier könnte es sich jedoch um Veräußerungsgruppen (*disposal groups*) handeln (Rz. 30.20). Tatsächlich ist die Abgrenzung zwischen aufgegebenen Geschäftsbereichen und Veräußerungsgruppen fließend; es besteht erheblicher **Ermessensspielraum**. Erkennbar kommt es aber bei aufgegebenen Geschäftsbereichen nur auf die wirklich großen Bereichseinstellungen an.

30.19 Damit auf der anderen Seite die Rechtsfolgen einer *discontinued operation* durch die Stückelung des Verkaufs einzelner Untereinheiten innerhalb eines wesentlichen Geschäftszweigs nicht unterlaufen werden können, werden die Rechtsfolgen auch dann ausgelöst, wenn sich der Verkauf *einzelner* Untereinheiten innerhalb eines einzelnen abgestimmten Plans vollzieht (IFRS 5.32b).

Beispiel: Ein wesentlicher Geschäftsbereich (C1) bestehe aus drei Untereinheiten (CGU 1–3). Bei Veräußerung von C1 in einem Zug ist C1 als aufgegebener Geschäftsbereich zu qualifizieren. Werden die drei Untereinheiten stückweise veräußert, können sie jedoch durch das Raster in Rz. 30.18 fallen, weil jede für sich eben nicht wesentlich ist; es handelte sich dann um Veräußerungsgruppen (*disposal groups*), die geringere Angabepflichten auslösen. Sofern aber die Veräußerung Teil des Managementkonzepts ist (einzeln abgestimmter Plan), der zeitlich gestreckt wird, ist jede Veräußerung der drei Untereinheiten CGU 1–3 als aufgegebener Geschäftsbereich (*discontinued operation*) gem. IFRS 5 darzustellen.

2. Veräußerungsgruppe

30.20 Unterhalb der Geschäftsbereiche können Veräußerungsgruppen (*disposal groups*) zum Verkauf stehen. Eine Veräußerungsgruppe ist eine Gruppe von Vermögenswerten, die gemeinsam in einer Transaktion durch Verkauf oder auf andere Weise veräußert werden soll, einschließlich der direkt mit den Vermögenswerten in Verbindung stehenden Schulden (IFRS 5 Anhang A). Eine Veräußerungsgruppe enthält nicht zwingend nur langfristige Vermögenswerte, sondern kann neben Schulden auch Vermögenswerte umfassen, die ansonsten nicht im Anwendungsbereich von IFRS 5 sind (kurzfristige Vermögenswerte und Vermögenswerte, für die die Bewertungsvorschriften des IFRS 5 nicht anwendbar sind; vgl. dazu Rz. 30.33). Sie kann grundsätzlich auch nur kurzfristige Vermögenswerte umfassen;[3] eine Umgliederung *nur* von kurzfristigen Vermögenswerten in die Kategorie *assets held for sale* ist aber bilanzanalytisch von wenig Interesse.

Bei einer Veräußerungsgruppe kann es sich um Teile einer CGU, eine oder mehrere CGU handeln (IFRS 5.4). Diese Beschreibung trägt, wie in Rz. 30.18 schon ausgeführt, nicht zur Abgrenzung von Geschäftsbereichen zu Veräußerungsgruppen bei, da auch Geschäftsbereiche aus einer oder mehreren CGU bestehen. Es ist eine **kaufmännische Einschätzung** vonnöten.

Beispiel (RWE, Geschäftsbericht 2015, 103): „Im Januar 2016 hat RWE Supply & Trading GmbH eine Vereinbarung zur Veräußerung der Gesellschaft Lynemouth Power Ltd., des Betreibers des 420-MW-Kohlekraftwerks Lynemouth, an EP UK Investment Ltd., eine Tochter-

---

[3] Vgl. *PwC*, IFRS Manual of Accounting, Rz. 26.20.8.; a.A. *von Keitz/Heyd* in T/vK/B, IFRS 5 Rz. 111.

gesellschaft der Energetický a prumyslový holding, geschlossen. (…) Es wurden Buchwerte in Höhe von 41 Mio. € als zur Veräußerung bestimmte Vermögenswerte und in Höhe von 19 Mio. € als zur Veräußerung bestimmte Schulden in der Bilanz ausgewiesen."

Beispiel (Lufthansa, Geschäftsbericht 2016, 127): „Zum Jahresende 2016 beabsichtigte der Konzern insbesondere Flugzeugverkäufe aus dem Segment Passage Airline Gruppe. Dies waren im Wesentlichen sieben Airbus A340-600, zwei CRJ 900, eine Boeing 737-300 mit einem Buchwert von 124 Mio. EUR und aus dem Segment Logistik drei Boeing MD-11F mit einem Buchwert von 3 Mio. EUR sowie ein Gebäude mit einem Buchwert von 2 Mio. EUR aus dem Segment Passage Airline Gruppe. Auf diese Vermögenswerte sowie weitere Flugzeuge und sonstige Vermögenswerte entfielen außerplanmäßige Abschreibungen von 183 Mio. EUR sowie im sonstigen betrieblichen Aufwand ausgewiesene Wertminderungen von 21 Mio. EUR."

3. Langfristige Vermögenswerte

Ist die Veräußerung von bisherigen 30.21

– Sachanlagen,

– langfristigen immateriellen Vermögenswerten und/oder

– Anlageimmobilien, für die das *cost model* gewählt worden ist,

geplant, so fallen diese ebenfalls in den Anwendungsbereich des IFRS 5 und die Klassifizierungskriterien (Rz. 30.23) sind zu prüfen. Eine Ausnahme gilt für zuvor routinemäßig vermietete Sachanlagen, die anschließend verkauft werden sollen: Hier erfolgt die Umgliederung unmittelbar in das Umlaufvermögen (s. Rz. 14.91).

Werden Vermögenswerte mit Weiterveräußerungsabsicht erworben – es kann sich 30.22 sachlogisch ja nur um kurzfristige Vermögenswerte handeln –, die *typischerweise* beim erwerbenden Unternehmen langfristige Vermögenswerte (Sachanlagen, immaterielle Vermögenswerte, Anlageimmobilien) *wären*, gelten grundsätzlich die gleichen Rechtsfolgen.[4] Dabei muss zum Erwerbszeitpunkt das Ein-Jahres-Kriterium des IFRS 5.8 erfüllt sein. Alle weiteren Kriterien des IFRS 5.8 müssen spätestens kurze Zeit danach (i.d.R. innerhalb von drei Monaten) gegeben sein (IFRS 5.11; zu den Kriterien des IFRS 5.8 vgl. Rz. 30.23).

III. Objektivierung der Verkaufsabsicht

1. Klassifizierungskriterien

Voraussetzung für die Klassifikation einer Vermögensmasse als *held for sale* ist 30.23 (IFRS 5.7),

(a) dass sie sich in einem verkaufsfähigen Zustand befindet und

(b) die Veräußerung höchstwahrscheinlich (*highly probable*) ist.

---

[4] Vgl. *Böcking/Kiefer* in Baetge-IFRS, IFRS 5 Rz. 24; *Lüdenbach/Hoffmann/Freiberg* in Haufe IFRS-Komm[15], § 29 Rz. 6 a.E. Die Unlogik des IFRS 5 bei der Abgrenzung deckt auf und kritisiert *Schildbach*, WPg 2005, 554 (556 f.).

Für einzelne langfristige Vermögenswerte, Veräußerungsgruppen und aufgegebene Geschäftsbereiche gelten somit die gleichen Klassifizierungskriterien.

Die Veräußerung kann durch **Verkauf** oder durch **Tausch** erfolgen, wobei der Tausch wirtschaftliche Substanz i.S.d. IAS 16 haben muss (IFRS 5.10; s. Rz. 14.60). **Stilllegungen** gelten *nicht* als Veräußerungen; für stillgelegte **Geschäftsbereiche**, d.h. solche, die die Kriterien des IFRS 5.32 erfüllen, sind allerdings die Angabepflichten der IFRS 5.33–37 zu beachten (IFRS 5.13; vgl. auch Rz. 30.48 f.).

IFRIC 17 zu **Sachdividenden** stellt *assets held for distribution to owners* den *assets held for sale* gleich (IFRS 5.5A): Unter der Voraussetzung, dass eine vom Management erwogene Sachdividende innerhalb einer Jahresfrist mit hoher Wahrscheinlichkeit tatsächlich beschlossen wird (IFRS 5.12A, Rz. 30.25), ist IFRS 5 anzuwenden. Bis zur tatsächlichen Auskehrung der Sachdividende kommt eine Aufwertung auf den (höheren) Fair Value nicht in Betracht (IFRS 5.15A).

2. Verkaufsfähiger Zustand

30.24 Maßstab für die Beurteilung des verkaufsfähigen Zustands ist die **Üblichkeit der Bedingungen**, zu denen normalerweise derartige Vermögenswerte veräußert werden, sowie die Möglichkeit der Veräußerung im **gegenwärtigen Zustand** (IFRS 5.7). Ein *nicht* verkaufsfähiger Zustand könnte vorliegen, wenn die Vermögenswerte einer Fabrik veräußert werden sollen, zuvor aber noch der bestehende Auftragsbestand und die unfertigen Erzeugnisse abgearbeitet werden müssen (IFRS 5.IG Example 2).

Für einzelne Vermögenswerte könnten noch notwendige Reparatur- oder Umbaumaßnahmen ein Hinderungsgrund für den verkaufsfähigen Zustand sein (IFRS 5.IG Example 1).

3. Höchstwahrscheinlicher Verkauf

30.25 Ergebnisorientiert muss absehbar sein, dass ein Verkauf gelingt. Hierzu gibt IFRS 5.8 Objektivierungskriterien vor:

(a) Die zuständige **Managementebene** hat einen Plan zur Veräußerung verabschiedet. Bei der Veräußerung von Geschäftsbereichen dürfte die zuständige Managementebene der Vorstand bzw. die Geschäftsführung sein. Im Fall einer erforderlichen Zustimmungspflicht des Aufsichtsrats kann von einer Verabschiedung des Plans nur gesprochen werden, wenn auch der Aufsichtsrat zugestimmt hat.

(b) Mit der **Suche** nach einem **Käufer** ist aktiv begonnen worden.

(c) Der **Angebotspreis** muss in etwa dem Fair Value entsprechen.

(d) Der (auch unterjährig verabschiedete) Plan wird aller Voraussicht nach innerhalb der nächsten **zwölf Monate** umgesetzt werden können.

(e) Signifikante **Planänderungen** sind **unwahrscheinlich**.

30.26 Geschäftsbereichsveräußerungen erfolgen häufig in einem Prozess, der vom Zeitpunkt der Verkaufsentscheidung durch das Management bis zur endgültigen Veräußerung einen längeren Zeitraum in Anspruch nimmt. Innerhalb dieses Zeitraums bestehen auf Grund der Unklarheit der Kriterien **erhebliche Ermessensspielräume** für den *held for sale*-Ausweis. Gleiches gilt für die Veräußerung von Vermögensgruppen bis hin zu einzelnen langfristigen Vermögenswerten. Zweifel ergeben sich beispielsweise hinsichtlich der Feststellung der Verantwortlichkeitsebene des Managements, über den Beginn der Verkaufsaktivitäten bis hin zum Erfordernis einer festen, unabänderlichen Planung.[5] Man kann insoweit von einem **faktischen Wahlrecht** der Zuordnung sprechen.

Eine Verzögerung über die Zwölf-Monats-Frist hinaus ist unschädlich, soweit sie *nicht* vom Veräußerer verursacht ist und dieser weiter an seinem Plan festhält (s. IFRS 5 Anhang B). 30.27

Die Kriterienerfüllung gilt als **wertbegründendes**, nicht als wertaufhellendes Ereignis. Werden die Kriterien nach dem Bilanzstichtag, aber vor Bilanzaufstellung erfüllt, sind nur einige Anhangangaben erforderlich (IFRS 5.12, s. Rz. 30.48). 30.28

Sobald die Kriterien nicht mehr erfüllt werden, ist eine Rückklassifizierung vorzunehmen (s. Rz. 30.51). 30.29

IV. Bilanzierung von *assets held for sale*

Bei Veräußerungsgruppen und aufgegebenen Geschäftsbereichen sind alle diesen zuzuordnende Vermögenswerte in die Kategorie *assets held for sale* umzugliedern und gesondert bei den kurzfristigen Vermögenswerten auszuweisen. Sollen auch Schulden abgehen, sind diese ebenfalls gesondert innerhalb der kurzfristigen Schulden auszuweisen. 30.30

Die Kategorie *assets held for sale* stellt nicht nur eine **Ausweiskategorie**, sondern auch eine **Bewertungskategorie** dar. Am Abschlussstichtag ist mit dem niedrigeren (*nicht* aber dem höheren) Betrag aus einem Vergleich des bisherigen Buchwerts mit dem Fair Value abzgl. der erwarteten Veräußerungskosten zu bewerten. Eine Aufwertung über den bisherigen Buchwert kommt also nicht in Betracht; es handelt sich um eine **Niederstwertvorschrift**. 30.31

Mit Zuordnung abnutzbarer Anlagegegenstände in diese Kategorie endet die **planmäßige Abschreibung** (IFRS 5.25). Zudem sind zur Veräußerung bestimmte Vermögenswerte und Veräußerungsgruppen aus dem Anwendungsbereich des IAS 36 ausgenommen (IAS 36.2(i)). Dies bedeutet, dass Vermögenswerte innerhalb einer Veräußerungsgruppe auch nicht mehr außerplanmäßig abgeschrieben werden. Enthält die Veräußerungsgruppe beispielsweise einen Geschäfts- oder Firmenwert, ist der jährliche Wertminderungstest nicht mehr durchzuführen. Zu einer außerplanmäßigen Abschreibung der Veräußerungsgruppe kommt es nur, wenn der Buchwert über dem Fair Value abzgl. Veräußerungskosten liegt.

---

[5] S. die Beispiele bei *Lüdenbach/Hoffmann/Freiberg* in Haufe IFRS-Komm[15], § 29 Rz. 12 ff.

30.32 Ebenso ist die Equity-Bewertung für assoziierte und Gemeinschaftsunternehmen, die als held for sale ausgewiesen werden, auszusetzen (IAS 28.20). Dies impliziert, dass der Equity-Buchwert nicht mehr um Ergebnisanteile oder Entnahmen fortgeschrieben werden darf. Dem Konzern zustehende Gewinnanteile werden bei rechtlicher Entstehung eines Gewinnanspruchs – z.B. bei einer Kapitalgesellschaft bei Vorliegen eines Gewinnverwendungsbeschlusses – ergebniswirksam erfasst. Dies kann zu einer Doppelerfassung von Erträgen führen, wenn Gewinnanteile ausgeschüttet werden, die vor der Klassifizierung als held for sale bereits im Rahmen der Ergebnisfortschreibung bei Anwendung der Equity-Methode erfasst wurden. Dies wird nur dann kompensiert, wenn es bei der Bewertung nach IFRS 5 zu einer Abwertung auf den niedrigeren Fair Value abzgl. Veräußerungskosten kommt.[6]

30.33 *Nicht* unter die Bewertungsvorschriften des IFRS 5 fallen

– kurzfristige Vermögenswerte,

– solche Vermögenswerte, die bereits nach anderen Vorschriften erfolgswirksam zum Fair Value bewertet werden (z.B. Anlageimmobilien unter dem fair value model) sowie sämtliche finanzielle Vermögenswerte gem. IFRS 9 und

– Vermögenswerte, für die der IASB apodiktisch annimmt, dass ein Fair Value nur schwer ermittelt werden kann, z.B. latente Steueransprüche (IFRS 5.5 und 5.BC13).

Diese Vermögenswerte können zwar zu den *assets held for sale* gehören (wenn sie Bestandteil einer Veräußerungsgruppe sind); sie werden aber nach wie vor nach ihren einschlägigen Standards (z.B. IAS 2, IAS 12 und IFRS 9 bewertet (IFRS 5.19), die bereits ihrerseits eigene Niederstwertbestimmungen enthalten.

30.34 Damit sind IFRS 5 hinsichtlich seiner Bewertungsnorm und IAS 36 im Anwendungsbereich fast identisch. Folglich verweist IFRS 5.23 im Falle der Erfassung eines Wertminderungsaufwands bei den in Rz. 30.32 genannten Vermögenswerten grundsätzlich auf die Regelungen des IAS 36, die wir in Rz. 14.1 ff. ausführlich kommentiert haben. Der Verweis schließt allerdings nicht IAS 36.105 mit ein, so dass die Untergrenze für die Erfassung von Wertminderungen bei Anwendung des IFRS 5 nicht gilt (vgl. Rz. 30.8). Folglich kann der Buchwert von Vermögenswerten in einer Veräußerungsgruppe ggf. den Fair Value abzgl. Veräußerungskosten oder den Nutzungswert unterschreiten.[7]

30.35 Unmittelbar vor erstmaliger Klassifizierung von Vermögenswerten als *assets held for sale* sind diese nach ihren (bisherigen) einschlägigen Standards zu bewerten (IFRS 5.18). Dazu gehört auch der Wertminderungstest nach IAS 36.[8] Erst anschließend greift die Bewertung als *assets held for sale* gem. Rz. 30.31.

---

[6] Vgl. *ADS International*, Abschnitt 9a, Rz. 264 ff. A.A. *Lüdenbach/Hofmann/Freiberg* in Haufe IFRS-Komm[15], § 29 Rz. 71 ff.
[7] Vgl. IDW RS HFA 2, Rz. 60.
[8] Vgl. IDW RS HFA 2, Rz. 57. Zu Kritik an der Auslegung dieser IFRS 5-Vorschrift durch das IDW vgl. *Dobler/Dobler*, KoR 2010, 353 (354 f.).

Übersteigt der Fair Value abzgl. Veräußerungskosten an einem späteren Bilanzstichtag wieder den Buchwert der *assets held for sale*, ist eine **Zuschreibung** vorzunehmen, und zwar maximal i.H.d. an vorherigen Stichtagen nach IFRS 5 oder IAS 36 vorgenommenen außerplanmäßigen Abschreibungen (IFRS 5.21 f.). Dabei sind wiederum zunächst die Vermögenswerte, die *nicht* unter die Bewertungsregeln des IFRS 5 fallen, nach den einschlägigen IFRS zu bewerten. Kommt es dabei zu einer Wertaufholung, mindert diese das Wertaufholungspotential bei der Bewertung zum Fair Value abzgl. Veräußerungskosten (IFRS 5.19, z.B. Fair Value-Bewertung von Finanzinstrumenten). Verbleibende Wertaufholungen sind analog IAS 36.122 auf die langfristigen Vermögenswerte der Veräußerungsgruppe zu verteilen (IFRS 5.23).

30.36

Dabei gilt grundsätzlich wie nach IAS 36 das **Zuschreibungsverbot für Goodwill** (Rz. 19.125). Allerdings gilt die Wertobergrenze des IAS 36.123 nach IFRS 5 nicht. Nach Meinung des IDW sind Goodwill-Abschreibungen daher durch Zuschreibung anderer Vermögenswerte, ggf. über ihre ursprünglichen (fortgeführten) Anschaffungs- oder Herstellungskosten hinaus, rückgängig zu machen.[9] Diese Vorgehensweise ist u.E. kritisch, da sie das Verbot der Goodwill-Zuschreibung umgeht und ggf. sogar unter IAS 36 vorgenomme Goodwill-Abschreibungen aufgeholt werden. Wir halten es daher für sachgerecht, auch auf die Rückgängigmachung von unter IFRS 5 vorgenommenen Goodwill-Abschreibungen zu verzichten.[10]

Die Bewertungsvorschriften des IFRS 5 sind ab dem Zeitpunkt der Klassifizierung von Vermögenswerten als *assets held for sale* anzuwenden, d.h. ggf. auch unterjährig.[11] Das betrifft z.B. die planmäßige Abschreibung abnutzbarer langfristiger Vermögenswerte, die ab dem Zeitpunkt der Klassifizierung als *assets held for sale*, nicht erst ab dem folgenden Abschlussstichtag auszusetzen ist.

30.37

V. Ausweis und Anhangangaben

1. Gewinn- und Verlustrechnung bzw. Gesamtergebnisrechnung

Das **Ergebnis lt. GuV aufgegebener Geschäftsbereiche** (nicht aber dasjenige von Anlagegruppen oder einzelnen Vermögenswerten, Rz. 30.26) ist von den übrigen Aufwendungen und Erträgen des Konzerns zu separieren (IFRS 5.33a). Dies geschieht in der GuV, wenn diese separat aufgestellt wird oder aber in (der GuV-Sektion) der Gesamtergebnisrechnung, wenn diese außer der GuV auch das erfolgsneutrale *other comprehensive income* einschließt (IFRS 5.33a, s. hierzu Rz. 44.2). Unabhängig vom Ausweisort umfasst das zu separierende Ergebnis somit immer nur das Ergebnis lt. GuV und nicht auch das anteilige *other comprehensive income* (IAS 1.82e) oder das Gesamtergebnis (*total comprehensive income*).

30.38

---

9 Das IDW empfiehlt dabei für den Fall, dass es „zu einem offensichtlichen Missverhältnis zwischen dem nach IFRS 5 ermittelten Wert und dem Einzelveräußerungswert eines in den Anwendungsbereich des IFRS 5 fallenden Vermögenswertes, der Teil einer Abgangsgruppe ist," kommt, „zusätzliche erläuternde Angaben"; vgl. IDW RS HFA 2, Rz. 62.
10 A.A. *Böcking/Kiefer* in Baetge-IFRS, IFRS 5 Rz. 90.
11 Vgl. IDW RS HFA 2, Rz. 52.

30.39 Zu berücksichtigen ist das gesamte Ergebnis der Periode, nicht nur der Ergebnisanteil seit dem Zeitpunkt der Klassifizierung als held for sale.[12] Anzugeben ist separat – aber in einer Summe (IFRS 5.33a)

(a) das Nach-Steuer-Ergebnis des aufgegebenen Geschäftsbereichs und

(b) das Nach-Steuer-Ergebnis aus der Bewertung als held for sale (ggf. außerplanmäßige Abschreibung, s. Rz. 30.31) bzw. aus der Veräußerung dieses Geschäftsbereichs.

Die gemeinsame Darstellung dieser beiden Komponenten ist unproblematisch (s. Gliederungsvorschlag GuV in Rz. 44.21).

30.40 Im Anhang oder in der GuV bzw. Gesamtergebnisrechnung – wir empfehlen den Anhang – sind zu (a) anzugeben (IFRS 5.33b)

(a) Umsatzerlöse, Aufwendungen sowie das Vor-Steuer-Ergebnis und zugehöriger Steueraufwand und zu (b) ist anzugeben:

(b) das Vor-Steuer-Ergebnis aus der Bewertung als held for sale bzw. aus der Veräußerung des Geschäftsbereichs und zugehöriger Steueraufwand.

Erforderlich ist ein Rückbezug der Angaben: Die GuV bzw. Gesamtergebnisrechnung und die entsprechenden Anhangangaben sind für das **Vergleichsvorjahr** anzupassen (IFRS 5.34[13]). Die Aussetzung der Abschreibungen und der Equity-Methode (Rz. 30.31) erfolgt allerdings prospektiv ab dem Zeitpunkt der Klassifizierung als held for sale (Rz. 30.37).

30.41 Die Ergebnisse nach IFRS 5.33a und b sind nach Durchführung der Aufwands- und Ertragskonsolidierung zu ermitteln. Die Regelungen des IFRS 10 gelten auch für aufgegebene Geschäftsbereiche. Für die Zuordnung der Eliminierungsbuchungen auf fortgeführte und aufgegebene Geschäftsbereiche sieht das IDW zwei Möglichkeiten:[14]

– Eliminierung der konzerninternen Erträge beim veräußernden bzw. leistenden Geschäftsbereich und Eliminierung der zugehörigen Aufwendungen beim erhaltenden Geschäftsbereich. Hierbei ist nicht relevant, ob die Liefer- und Leistungsbeziehungen nach Veräußerung des aufgegebenen Geschäftsbereichs weitergeführt werden.

– Zuordnung der Eliminierungsbuchungen entweder zu den fortzuführenden Bereichen oder zum aufgegebenen Geschäftsbereich. Dabei ist zu berücksichtigen,

---

12 Vgl. *Lüdenbach/Hofmann/Freiberg* in Haufe IFRS-Komm[15], § 29 Rz. 28; *Küting/Wirth*, KoR 2006, 719 (727).

13 Die Nichterwähnung von IFRS 5.33A (Angabeort GuV, wenn separat aufgestellt, Rz. 30.38) in IFRS 5.34 ist wohl ein redaktionelles Versehen.

14 Vgl. IDW RS HFA 2, Rz. 74 ff. Welche Variante vorzuziehen ist, wird in der Literatur kontrovers diskutiert, vgl. z.B. *Bohnefeld/Ebeling/Paukstadt*, IRZ 2017, 437 (439), die Möglichkeit 2 für unvereinbar mit der Einheitstheorie halten, während *Lüdenbach/Hoffmann/Freiberg* in Haufe IFRS-Komm[15], § 29 Rz. 68 diese Variante aus konzeptioneller Sicht für klar vorzugswürdig erachten.

ob die Liefer- und Leistungsbeziehungen nach Veräußerung des aufgegebenen Geschäftsbereichs fortgeführt werden. Ist das der Fall, sind die Eliminierungsbuchungen ausschließlich dem aufgegebenen Geschäftsbereich zuzuordnen.[15]

Beispiel: Ausgangssituation vor Ausweis als aufgegebener Geschäftsbereich: Unternehmen A erzielt aus einer Lieferung an Konzernunternehmen DCO einen Umsatz i.H.v. 300.

Sachverhalt	DCO	A	Konsolidierung	Konzern
Außenumsatz				0
Innenumsatz		300	-300	0
Materialaufwand	300		300	0
Ergebnis	-300	300	0	0

DCO wird als aufgegebener Geschäftsbereich klassifiziert. Die Geschäftsbeziehung zwischen A und DCO wird nach Veräußerung von DCO unverändert fortgeführt.

Möglichkeit 1: Eliminierung der konzerninternen Erträge beim veräußernden bzw. leistenden Geschäftsbereich A und Eliminierung der zugehörigen Aufwendungen beim erhaltenden Geschäftsbereich DCO

Sachverhalt	DCO	A	Konsolidierung	Konzern
(Innen-)Umsatz		300	-300	0
Materialaufwand				0
Ergebnis fortgeführter Geschäftsbereiche		300	-300	0
Ergebnis aufgegebener Geschäftsbereiche	-300		300	0
Konzernergebnis				0

Möglichkeit 2: Zuordnung der Eliminierungsbuchungen zum aufgegebenen Geschäftsbereich DCO

Sachverhalt	DCO	A	Konsolidierung	Konzern
(Außen-)Umsatz		300		300
Materialaufwand				
Ergebnis fortgeführter Geschäftsbereiche		300	0	300
Ergebnis aufgegebener Geschäftsbereiche	-300		300 -300	-300
Konzernergebnis				0

---

15 Vgl. *Bohnefeld/Ebeling/Paukstadt*, IRZ 2017, 437 (438); PwC, IFRS Manual of Accounting, FAQ 30.97.4.

In diesem Fall werden der vorher interne Umsatz und Materialaufwand zu externen Positionen, da davon auszugehen ist, dass die Geschäftsbeziehungen nach Verkauf von DCO entweder mit DCO oder fremden Dritten fortgeführt wird. In der Segmentberichterstattung ist der Umsatz mit DCO daher als Außenumsatz auszuweisen. Da die Eliminierung im Ergebnis aufgegebener Geschäftsbereiche erfolgt, würde der Konzern ansonsten Innenumsätze zeigen. Das Ergebnis aufgegebener Geschäftsbereiche enthält damit nur noch diejenigen Aufwendungen und Erträge, die bei Entkonsolidierung den Konzern verlassen, während die verbleibenden Ergebnisse im Ergebnis fortgeführter Geschäftsbereiche gezeigt werden.[16]

Das Ergebnis des Konzerns (als Summe der Ergebnisse der fortgeführten Aktivitäten und der aufgegebenen Geschäftsbereiche) ist bei beiden Vorgehensweisen gleich. Die Zuordnung der Konsolidierungsbuchungen beeinflusst allerdings das Ergebnis aufgegebener Geschäftsbereiche und das Ergebnis der fortgeführten Aktivitäten.

30.42 Bei der beabsichtigten Veräußerung **einzelner Vermögenswerte** oder von **Veräußerungsgruppen** kommt *kein* gesonderter GuV-Ausweis in Betracht. GuV-Wirkungen aus solchen Vermögenswerten einschließlich deren Veräußerung sind nicht gesondert, sondern innerhalb der normalen operativen Geschäftstätigkeit zu zeigen (IFRS 5.37). Eine Anhangangabe des laufenden Ergebnisses wird ebenfalls nicht gefordert. Anzugeben ist allerdings das Ergebnis aus der Bewertung mit dem Fair Value abzgl. Veräußerungskosten (Rz. 30.31) oder das Veräußerungsergebnis (Rz. 30.48).

2. Kapitalflussrechnung

30.43 In der Kapitalflussrechnung *oder* im Anhang sind die Mittelflüsse **aufgegebener Geschäftsbereiche** aus

– operativer Tätigkeit,

– Investitionstätigkeit und

– Finanzierungstätigkeit

anzugeben (IFRS 5.33 c, s. Rz. 47.39), sachlogisch bis zu ihrem Abgang. Auch hier ist die Vorperiode anzupassen (IFRS 5.34). Eine tiefere Untergliederung der drei Bereiche ist nicht erforderlich. Der Cashflow *aus* der Einstellung ist u.E. der Investitionstätigkeit zuzuordnen.

Konzerninterne Zahlungsströme sind weiterhin zu eliminieren.[17]

30.44 Cashflows aus der Veräußerung einzelner Vermögenswerte oder Anlagengruppen lösen keine besonderen Angabepflichten aus. Mittelflüsse aus Anlagenabgängen sind der Investitionstätigkeit zuzuordnen.

3. Bilanz

30.45 In der Bilanz sind die Vermögenswerte der Kategorie assets held for sale gesondert anzugeben; sollen mit dem aufzugebenden Geschäftsbereich auch zugehörige Schulden abgehen, sind diese ebenfalls gesondert anzugeben (IFRS 5.38). Es kommt nur

---

16 Vgl. *PwC*, IFRS Manual of Accounting, FAQ 30.97.4f.
17 Vgl. IDW RS HFA 2, Rz. 78.

ein gesonderter Ausweis innerhalb der kurzfristigen Vermögenswerte bzw. bei den kurzfristigen Schulden in Betracht (s. Rz. 43.54). Diese Umgliederung gilt für die geplante Veräußerung sämtlicher Vermögensmassen aus Rz. 30.16.

Eine Anpassung der Vorjahres-Vergleichszahlen ist hingegen nicht vorgesehen (IFRS 5.40).

Auch bei einem Ausweis als held for sale ist die Schuldenkonsolidierung durchzuführen.[18]

Zweckmäßigerweise im Anhang sind die Hauptgruppen der Vermögenswerte und Schulden weiter aufzugliedern (IFRS 5.38). 30.46

4. Ergebnis je Aktie

Gemäß IAS 33.68 ist für das Ergebnis aus Rz. 30.38 ein unverwässertes und ggf. auch verwässertes Ergebnis lt. GuV je Aktie anzugeben, falls der Konzern angabepflichtig nach IAS 33 ist (Rz. 50.5). Die Angabepflicht besteht nur für aufgegebene Geschäftsbereiche. 30.47

5. Sonstige Angaben

Im Anhang ist in der Periode der Klassifikation oder des Verkaufs darzustellen (IFRS 5.41) 30.48

(a) eine Beschreibung der Vermögensmasse (s. Beispiele in Rz. 30.16),

(b) eine Beschreibung der näheren Umstände der Veräußerung und der voraussichtliche Veräußerungszeitpunkt,

(c) Gewinn oder Verlust aus der Bewertung als held for sale; ein Gewinn kann sich durch Veräußerung oder – das dürfte selten sein – durch Wertaufholung ergeben und

(d) Angabe des Segments, zu dem die Vermögensmasse gehört.

Diese Angabepflichten gelten für einzelne Vermögenswerte, Veräußerungsgruppen und aufgegebene Geschäftsbereiche. Im Fall (c) ist bei einzelnen Vermögenswerten und Veräußerungsgruppen die Kategorie – u.E. der Posten – anzugeben, in der der Gewinn oder Verlust erfasst worden ist. Für Geschäftsbereichseinstellungen ist ohnehin der gesonderte GuV-Ausweis erforderlich.

Werden die Kriterien zur Klassifizierung von Vermögensmassen als asset held for sale nach dem Bilanzstichtag, aber vor dem Tag der Freigabe des Abschlusses zur Veröffentlichung erfüllt, sind lediglich Angabepflichten nach Rz. 30.48 (a), (b) und (d) erforderlich. Die Klassifizierung ist ein wertbegründendes Ereignis (Rz. 30.28). 30.49

Für assets held for sale und aufgegebene Geschäftsbereiche sind grundsätzlich nur die Anhangangaben nach IFRS 5 zu machen. Angabepflichten anderer Standards 30.50

---

18 Vgl. IDW RS HFA 2, Rz. 78.

sind nur dann zu beachten, wenn diese Standards explizit Angaben zu assets held for sale oder aufgegebenen Geschäftsbereichen fordern (z.B. die Angabe des Ergebnisses je Aktie für aufgegebene Geschäftsbereiche nach IAS 33.68). Zudem sind Vermögenswerte und Schulden einer Veräußerungsgruppe, die nicht den Bewertungsvorschriften des IFRS 5 unterliegen, nicht von den Angabepflichten anderer Standards befreit. Diese Angaben müssen nicht gesondert unter den Angaben zu assets held for sale gemacht werden, sondern können in die allgemeinen Angaben integriert werden (IFRS 5.5B).[19]

VI. Rückklassifizierung

30.51 Es ist nicht ausgeschlossen, dass die beabsichtigte Veräußerung scheitert. In diesem Fall ist eine Re-Klassifizierung vorzunehmen. Dabei sind die langfristigen Vermögenswerte, die auch nach IFRS 5 zu bewerten sind, mit dem niedrigeren Betrag aus einem Vergleich des (fiktiv) fortgeführten Buchwerts, der sich ergeben hätte, wenn die Klassifizierung als held for sale niemals vorgenommen worden wäre, und dem erzielbaren Betrag anzusetzen (IFRS 5.27).

Für übrige, den Geschäftsbereichen oder Veräußerungsgruppen zugeordnete Vermögenswerte und Schulden erfolgt lediglich eine Umgliederung.

30.52–30.60 frei

C. Anteile an anderen Unternehmen

I. Mit Weiterveräußerungsabsicht erworbene Anteile

1. Beteiligungshöhe unterhalb der Assoziierungsschwelle

30.61 Ein Erwerb von Anteilen an anderen Unternehmen mit Beteiligungshöhe von unter 20 % (Assoziierungsschwelle) bei gleichzeitiger Weiterveräußerungsabsicht ist kein Anwendungsfall des IFRS 5. Es liegt von vornherein kein langfristiges Vermögen vor. Die Anteile sind gemäß IFRS 9 erfolgswirksam zum Fair Value zu bewerten, es sei denn, es wird das Wahlrecht zur erfolgsneutralen Fair Value-Bewertung ausgeübt (vgl. Rz. 22.60).

2. Assoziierte Unternehmen und Gemeinschaftsunternehmen

30.62 Erwirbt ein Konzern Anteile an anderen Unternehmen, über die er maßgeblichen Einfluss ausüben kann oder die er gemeinsam mit einem anderen Partner führt und sind zugleich die Voraussetzungen der Kategorisierung als assets held for sale erfüllt (Rz. 30.23 ff.) – es besteht also Weiterveräußerungsabsicht –, dann sind die

---

19 Zu einem ausführlichen Darstellungsbeispiel s. auch *Kessler/Leinen*, KoR 2006, 558 (561 ff.).

Anteile nicht at equity zu bewerten, sondern sie unterliegen der Ausweis- und Bewertungsnorm des IFRS 5 (IAS 28.30). Ein Bewertungsproblem dürfte sich hier kaum ergeben, denn der Fair Value der Anteile ist i.d.R. der eben gezahlte Kaufpreis (IFRS 5.16).

Wurden ursprünglich ohne Weiterveräußerungsabsicht erworbene Anteile nach der Equity-Methode einbezogen und werden bei beabsichtigtem Verkauf der Anteile die Anforderungen in Rz. 30.23 ff. erfüllt, dann ist die Equity-Methode zu beenden (IAS 28.20). Die Anteile sind dann nach IFRS 5 zu bewerten. Letztlich handelt es sich hierbei um ein **faktisches Wahlrecht**, da die Voraussetzungen der Rz. 30.23 ff. im Ermessen der Unternehmensleitung stehen. 30.63

3. Tochterunternehmen

Werden Anteile erworben, die einen beherrschenden Einfluss ermöglichen und es besteht Weiterveräußerungsabsicht gem. Rz. 30.23 ff., dann gilt das Tochterunternehmen als aufgegebener Geschäftsbereich (IFRS 5.32c). 30.64

Die gesamten erworbenen Vermögenswerte und Schulden des Tochterunternehmens sollen dann in jeweils einer Summe innerhalb des kurzfristigen Vermögens/ der kurzfristigen Schulden gesondert ausgewiesen werden, allerdings ohne Aufgliederung auf Klassen von Vermögenswerten und Schulden im Anhang (IFRS 5.38 f.). Immerhin wird nicht verlangt, eine Kaufpreisallokation vorzunehmen; der Gesamtwert der Vermögenswerte darf vielmehr als Summe aus Gegenleistung (Rz. 36.90) und übernommenen Schulden berechnet werden (IFRS 5.IG Example 13). Wir halten diese Vorgehensweise entgegen anders lautenden Meinungen[20] unter Kosten-Nutzen-Aspekten angesichts der kurzen Veräußerungsfrist von zwölf Monaten (Rz. 30.25) nicht für zwingend:[21]

— Die wenngleich vereinfachte Konsolidierung hätte zur Folge, dass auch noch ein Ergebnis dieses Tochterunternehmens (inkl. *other comprehensive income!*) zu ermitteln, in der GuV mangels Aussagekraft jedoch direkt zu separieren wäre.
— Bei mit Veräußerungsabsicht erworbenen Teilkonzernen dürfte sich auch eine „vereinfachte" Konsolidierung schwierig gestalten (Rz. 36.338).

Daher können Anteile an Tochterunternehmen[22] u.E. auch als **Anteile** in die Kategorie assets held for sale zugeordnet, bewertet und entsprechend **in einer Zeile** ausgewiesen werden, wie es im Übrigen auch bei Anteilen an assoziierten und Gemeinschaftsunternehmen unter den entsprechenden Voraussetzungen erforderlich ist (Rz. 30.62).

---

20 Vgl. *Wirth*, Firmenwertbilanzierung nach IFRS, 2005, 160 ff.; *Lüdenbach/Hofmann/Freiberg* in Haufe IFRS-Komm[15], § 29 Rz. 32; *von Keitz/Heyd* in T/vK/B, IFRS 5 Rz. 120.
21 Zu weiteren Argumenten s. *Schildbach*, WPg 2005, 554 (560 f.). Schließlich ist der Nettoausweis den IFRS nicht fremd, etwa bei Pensionsverpflichtungen und Planvermögen oder bei der Saldierung latenter Steuern.
22 Nicht problematisieren wollen wir, ob bei Weiterveräußerungsabsicht die Beherrschungsvermutung nicht zu widerlegen ist.

30.65 In der **Gewinn- und Verlustrechnung** ist nur die Angabe nach Rz. 30.38 erforderlich (IFRS 5.33 a.E.). Sachlogisch ist die rückwirkende Anpassung der GuV gegenstandslos.

Die Angaben zur **Kapitalflussrechnung** (Rz. 30.43) entfallen ebenfalls (IFRS 5.33c a.E.).

30.66 Im Fall der Rückklassifizierung ist die Erstkonsolidierung rückwirkend auf den Erwerbstag zu beziehen.

II. Verkauf von Tochterunternehmen und nach der Equity-Methode bilanzierten Unternehmen

30.67 Wenn ein Unternehmen plant, Anteile an einem Tochterunternehmen zu veräußern und *nach der Transaktion* nicht mehr die Kontrolle über das (bisherige) Tochterunternehmen ausübt, sind zu dem Zeitpunkt, zu dem die Kriterien für eine Klassifizierung als held for sale erfüllt sind, *sämtliche* Vermögenswerte und Schulden des Tochterunternehmens als held for sale auszuweisen (IFRS 5.8A). Nach Veräußerung der Anteile und damit nach Kontrollverlust über das ehemalige Tochterunternehmen ist ein ggf. verbleibender Anteil neu nach IAS 28 – wenn es nun ein assoziiertes Unternehmen ist – oder IFRS 9 anzusetzen (IFRS 5.BC24A).

Beispiel:[23] MU hält 51 % an TU und plant den Verkauf von 2 % und damit den Verlust der Kontrollmehrheit. *Alle* Vermögenswerte und Schulden des TU sind bei Erfüllung der Kriterien als held for sale auszuweisen. Damit endet die planmäßige Abschreibung (Rz. 30.24) auch dann vollständig, d.h. nicht nur quotal für den zur Veräußerung bestimmten Anteil, wenn nach der Transaktion das verbleibende Vermögen planmäßig abzuschreiben wäre, z.B. bei nachfolgender Equity-Bilanzierung.[24]

Kommt es hingegen durch die geplante Anteilsveräußerung nicht zum Statusverlust als Tochterunternehmen – bleibt das Unternehmen also Tochterunternehmen –, ist IFRS 5 nicht anzuwenden.

30.68 Nur falls das Tochterunternehmen zugleich die Merkmale eines aufgegebenen Geschäftsbereichs erfüllt (Rz. 30.17), sind die hierfür erforderlichen Angabepflichten (Rz. 30.38 ff.) erforderlich (IFRS 5.36A und 5.BC.77A).

30.69 Sollen Anteile an einem nach der Equity-Methode bilanzierten assoziierten oder Gemeinschaftsunternehmen veräußert werden, wird der zurückbleibende Teil zunächst weiterhin at equity bilanziert, auch wenn nach Veräußerung der Anteile kein maßgeblicher Anteil verbleibt. Erst nach erfolgter Veräußerung ändert sich die Bilanzierung der verbleibenden Anteile. IFRS 5, insbesondere die Aussetzung der Equity-Methode (Rz. 30.31), wird nur für die zu veräußernden Anteile angewendet (IFRS 28.20).

30.70–30.75 frei

---

[23] Nach *Fink*, PiR 2008, 281 (282).
[24] Vgl. *Lüdenbach/Hofmann/Freiberg* in Haufe IFRS-Komm[15], § 29 Rz. 70.

D. Stilllegungen

Sollen einzelne langfristige Vermögenswerte oder Veräußerungsgruppen stillgelegt werden, kommt ein Ausweis als assets held for sale nicht in Betracht (IFRS 5.13). Die Vermögenswerte sind nach den allgemeinen Vorschriften auszuweisen und zu bewerten.

30.76

Handelt es sich um stillgelegte Geschäftsbereiche, kommt ebenfalls ein Ausweis als asset held for sale nicht in Betracht. Allerdings sind ab dem Zeitpunkt der Stilllegung die Angaben zur GuV und Kapitalflussrechnung nach Rz. 30.38 ff. erforderlich (IFRS 5.13).

30.77

Teil 4
Konsolidierung

Kapitel 31
Tochterunternehmen (IFRS 10)

A. Überblick und Wegweiser 31.1	b) Identische Beurteilung nach SIC 12/§ 290 Abs. 2 Nr. 4 HGB und nach IFRS 10 .... 31.32
I. Management Zusammenfassung 31.1	c) Unterschiedliche Beurteilung nach SIC 12/§ 290 Abs. 2 Nr. 4 HGB und nach IFRS 10 .... 31.34
II. Standards und Anwendungsbereich 31.5	**D. Beherrschungskriterien im Einzelnen** 31.40
III. Wesentliche Unterschiede zum HGB 31.10	I. Analyse des Geschäftsmodells .. 31.40
IV. Neuere Entwicklungen 31.15	1. Zusammenhang der Beherrschungselemente 31.40
B. Merkmale der Beherrschung .. 31.20	2. Insbesondere: Abgrenzung des Investitionsobjekts (Silostrukturen) 31.41
I. Definition 31.20	II. Relevante Aktivitäten 31.44
II. Keine formale Unterscheidung zwischen Normalfall und Spezialfall 31.21	1. Merkmale 31.44
III. „Investor" und „Investee" statt Mutter- und Tochtergesellschaft 31.22	2. Geschäftsverteilungsplan, mehrere „Beherrscher": Abgrenzung zu Gemeinschaftsunternehmen . 31.47
IV. (Alleinige) Kontrolle ist unteilbar 31.23	III. Lenkungsmacht (Power) 31.50
V. Beginn und Ende der Beherrschung: Rechtsfolgen 31.24	1. Prüfungshierarchie der Rechtsstrukturen: Stimmrechte und vertragliche Vereinbarungen ... 31.50
C. Prototypen der Beherrschung . 31.25	2. Nur substanzielle Rechte zählen 31.51
I. Normalfälle 31.26	3. Fehlende Lenkungsmacht trotz Stimmrechtsmehrheit (Widerlegung der Beherrschungsvermutung) 31.53
1. Eindeutige Stimmrechtsgesellschaften 31.26	4. Würdigung sonstiger vertraglicher Vereinbarungen 31.54
2. Kontrolle durch stimmrechtsähnliche Rechte und zusätzliche Rechte 31.27	5. „Praktische Fähigkeit" zur Ausübung von Lenkungsmacht 31.55
II. Spezialfälle................... 31.28	6. Zeitbezug: Gegenwärtige Möglichkeit („current ability") zur Lenkungsmacht 31.58
1. Uneindeutige Stimmrechtsgesellschaften und Kontrolle durch ähnliche Rechte 31.28	7. Schutzrechte (protective rights) führen nicht zur Lenkungsmacht 31.61
2. Strukturierte Gesellschaften (Zweckgesellschaften) 31.30	
a) Merkmale 31.30	

8. Berechnung der (Stimmrechts-)Mehrheit 31.62
9. Präsenzmehrheit, faktische Beherrschung 31.63
10. Potenzielle Stimmrechte 31.66
11. Lenkungsmacht durch enge geschäftliche Beziehungen 31.74
IV. Variable Rückflüsse 31.77
V. Zusammenhang zwischen Lenkungsmacht und variablen Rückflüssen 31.80
  1. Variable Rückflüsse statt risk and rewards 31.80
  2. Zurechnung der Handlungen von Vertretern 31.82
  3. De facto-Vertreter 31.85
VI. Regelmäßige Überprüfung der Beherrschungslage 31.88
VII. Zusammenfassendes Prüfschema 31.90
E. **Sonderfall: Investmentgesellschaften als Mutterunternehmen** 31.100
  I. Ausnahme von der Konsolidierung der Tochterunternehmen . 31.100
II. Definition Investmentgesellschaft 31.101
III. Zusammenhang von Definitionsmerkmalen und Rechtsfolgen 31.102
IV. Investmentgesellschaft als Zwischenholding 31.106

F. **Einbeziehungsverbote und Einbeziehungswahlrechte** 31.110
  I. Vollständigkeitsgebot: Keine expliziten Einbeziehungsverbote und Einbeziehungswahlrechte 31.110
  II. Erwerb mit Weiterveräußerungsabsicht 31.111
  III. Veräußerungsabsicht 31.112
  IV. Unwesentliche Tochtergesellschaften 31.113
  V. Verzicht auf Einbeziehung wegen hoher Kosten oder Verzögerungen 31.116
  VI. Kapitalverkehrsrestriktionen ... 31.117

Literatur: *Aschfalk-Evertz*, Strukturierte Unternehmen nach IFRS 10 und 12 – Eine erste empirische Analyse der Berichterstattung durch DAX-30-Unternehmen, PiR 2015, 343; *Beyhs/Buschhüter/Schurbohm*, IFRS 10 und IFRS 12: Die neuen IFRS zum Konsolidierungskreis, WPg 2011, 662; *Bischof/Ross*, Qualitative Mindestanforderungen an das Organ nach HGB und IFRS bei einem Mutter-Tochter-Verhältnis durch Organschaft, BB 2005, 203; *Böckem/Bödecker* u.a., Gläubigerrechte im control-Konzept nach IFRS 10, WPg 2015, 357; *Busch/Roth*, Konzernrechnungslegungspflicht nach IFRS 10 – Implikationen des neu gefassten Control-Konzepts, IRZ 2012, 95; *Busch/Zwirner*, Konsolidierung von Zweckgesellschaften nach IFRS 10, IRZ 2012, 373; *Busch/Zwirner*, Die Überarbeitung der IFRS-Konsolidierungsregelungen im Überblick – Abgrenzung des Konsolidierungskreises, IRZ 2014, 185; *Buschhüter*, Neuregelung der Bilanzierung von Investmentgesellschaften, IRZ 2013, 23; *Christian*, Bilanzierung von Anlageunternehmen (investment entities) – Änderung von IFRS 10 „Konzernabschlüsse", PiR 2013, 69; *Dietrich/Krakuhn/Sierleja*, Analyse der Konsolidierungspflicht ausgewählter Investmentstrukturen nach IFRS 10, IRZ 2012, 23; *Erchinger/Melcher*, IFRS-Konzernrechnungslegung – Neuerungen nach IFRS 10, DB 2011, 1229; *Findeisen/Roß*, Asset-Backed Securities Transaktionen im Einzel- und Konzernabschluß des Veräußerers nach International Accounting Standards, DB 1999, 2224; *Freiberg/Panek*, Einbezug von Leasingobjektgesellschaften in den IFRS- Konsolidierungskreis – Betrachtung von strukturierten (Zweck-)Gesellschaften, PiR 2013, 342; *Hell/Höfner/Junker*, Call-Optionen über Unternehmensanteile im Anwendungsbereich des IFRS 10 – Eine Betrachtung weitergehender Detail- und Beurteilungsfragen, PiR 2016, 299; *Knorr/Buchheim/Schmidt*, Konzernrechnungslegungspflicht und Konsolidierungskreis – Wechselwirkungen und Folgen für die Verpflichtung zur Anwendung der IFRS, BB 2005, 2399; *Küting/Mojadadr*, Das neue Control-Konzept nach IFRS 10, KoR 2011, 273; *Lüdenbach/Freiberg*, Der Beherrschungsbegriff des IFRS 10 – Anwendung auf normale vs. strukturierte Unternehmen, PiR 2012, 41; *Lüdenbach*, (Kein) IFRS-Konzernabschluss einer investment entity, PiR 2013, 357; *Martens/Oldewurtel/Kümpel*, Neuerungen der Konzernrechnungslegung nach IFRS 10 und IFRS 12 – Zentrale Änderungen und ihre Auswirkungen auf die Praxis, PiR 2013, 41; *Mujkanovic*, Die Konsolidierung von Zweckgesellschaften nach IFRS und HGB vor dem Hintergrund der Subprime-Krise und des BilMoG, StuB 2008, 136; *Pollmann/Huth*, Behandlung strukturierter Gesellschaften (Zweckgesellschaften) im IFRS-Konzernabschluss nach SIC-12 und IFRS 10, DStR 2014, 865; *Roos*, Bilanzierung bei Verlust der Beherrschung – Übergang von IFRS 10 auf IFRS 11, PiR 2016, 189; *Schiffers/Theile*, Bilanzrecht der GmbH, Köln 2016; *Schmidt*, Ökonomische Überlegungen zur Rechnungslegungsregulierung bei Vorliegen hybrider Kooperationsformen, DBW 2003, 138; *Schruff/Rothenburger*, Zur Konsolidierung von Special Purpose Entities im Konzernabschluss nach US-GAAP, IAS und HGB, WPg 2002, 755; *Zülch/Popp*, Feldstudie zur Konsolidierung von Zweckgesellschaften nach IFRS 10 – Eine Analyse der EFRAG-Aktivitäten und ihre praktischen Implikationen, PiR 2013, 109; *Zwirner/Froschhammer*, Amendments betreffend Investmentgesellschaften: Bilanzierungserleichterungen für Private-Equity- und Venture-Capital-Gesellschaften, IRZ 2013, 215; *Zwirner/Boecker*, Bilanzierungserleichterungen für Private-Equity- und Venture-Capital-Gesellschaften durch die amendments zu IFRS 10, IFRS 12 und IAS 27, KoR 2014, 103; *Zwirner/Boecker/Busch*, Neuregelungen zum Konsolidierungskreis in IFRS 10 bis IFRS 12 Anwendungsbeispiele und Übergangskonsolidierung, KoR 2014, 608.

A. Überblick und Wegweiser

I. Management Zusammenfassung

Im Jahresabschluss einer Muttergesellschaft werden alle Beteiligungen zu Anschaffungskosten angesetzt, ggf. abzüglich außerplanmäßiger Abschreibungen.[1] Abschlussleser können auf diese Weise allerdings nicht erkennen, welche wirtschaftliche Potenz in den Beteiligungen steckt.

31.1

Beispiel: In der Bilanz der E.ON SE 2017 (nach HGB) finden sich bei einer Bilanzsumme von 48.477,9 Mio. Euro als wichtigster Vermögensgegenstand 35.394,8 Mio. Euro „Anteile an verbundenen Unternehmen". Die Gewinn- und Verlustrechnung beginnt nicht mit den Umsatzerlösen (nur 53,6 Mio. Euro, im Wesentlichen konzernintern), sondern mit dem Posten „Beteiligungsergebnis" i.H.v. 4.676,4 Mio. Euro. Hierbei handelt es sich um Erträge aus Gewinnabführungen und Aufwendungen aus Verlustübernahmen. Die E.ON SE ist eine typische **Holdinggesellschaft**.

Der Informationswert des Konzernabschlusses besteht demgegenüber darin, den Abschluss so darzustellen, als handele es sich bei dem Konzernverbund um *ein* Unternehmen (**Einheitstheorie** bzw. **Einheitsgrundsatz**). Dazu werden die im Einzelabschluss der Muttergesellschaft angesetzten Beteiligungsbuchwerte von Tochter-

---

[1] In einem IFRS-Einzelabschluss besteht das Wahlrecht einer Bewertung zu Anschaffungskosten, zum Fair Value oder nach der Equity-Methode (IAS 27.10).

unternehmen ersetzt durch deren Vermögenswerte und Schulden (Vollkonsolidierung). Auch die Aufwendungen und Erträge der Tochterunternehmen werden ab dem Zeitpunkt ihrer Vollkonsolidierung in die Konzern-Gewinn- und Verlustrechnung aufgenommen, ebenso wie die Cashflows in der Kapitalflussrechnung.

Beispiel (Fortsetzung): Die IFRS-Konzernbilanzsumme des E.ON Konzerns 2017 beträgt 55.950 Mio. Euro. Die beiden materiell bedeutendsten Aktivposten sind „Sachanlagen" mit 24.766 Mio. Euro und „Forderungen aus Lieferung und Leistungen und sonstige Vermögenswerte" mit 5.781 Mio. Euro. Die Gewinn- und Verlustrechnung enthält nun die Umsätze des Konzerns – also vor allem die der voll konsolidierten Tochterunternehmen – von 37.965 Mio. Euro. Insgesamt hat E.ON 232 Gesellschaften voll konsolidiert. Deren Beteiligungsbuchwerte tauchen in der Konzernbilanz nicht mehr auf; sie sind ersetzt worden durch die Vermögenswerte und Schulden dieser Beteiligungen.

31.2 Für den Konzernabschluss ist daher von überragender Bedeutung, *welche* Gesellschaften in der skizzierten Weise voll zu konsolidieren sind. Begrifflich handelt es sich dabei um **Tochterunternehmen**; das sind solche Investitionsobjekte (*Investee*), die von einem Mutterunternehmen beherrscht (*control*) werden. Die Beherrschung kann unmittelbar bestehen (Mutter-Tochter-Beziehung) oder über beliebig viele Stufen erreicht werden (Mutter-Tochter-Enkel-usw.-Beziehung).

Auf *andere* Unternehmen kann der Einfluss des Mutterunternehmens und seiner Tochterunternehmen (also: der Einfluss des Konzerns) geringer sein. Führt der betrachtete Konzern gemeinsam mit fremden Dritten ein Unternehmen gemeinschaftlich, liegt ein Gemeinschaftsunternehmen (Joint Venture, Rz. 32.1) vor. Ein noch geringerer Einfluss – der (nur noch) maßgebliche Einfluss – besteht gegenüber assoziierten Unternehmen (Rz. 33.1). Das spiegelt sich auch in deren Abbildung im Konzernabschluss wider: Sowohl Gemeinschaftsunternehmen als auch assoziierte Unternehmen werden nach der sog. Equity-Methode bewertet (Rz. 37.1). Die Konzernrechnungslegung nach IFRS ist somit (nicht anders als nach HGB) von einer **Beherrschungshierarchie** geprägt (s. Abb. 31.1 auf der Folgeseite).

31.3 Die vom Konzern allein beherrschten Tochterunternehmen spielen in Konzernabschlüssen die größte Rolle. **Beherrschung** setzt voraus, dass **Lenkungsmacht** besteht und diese zwecks Erzielung von Nutzen (**variable Rückflüsse**) **eingesetzt** werden kann. Wie die Kriterien im Detail auszufüllen sind, ist Gegenstand der Ausführungen in diesem Kapitel.

31.4 Alle Rechnungslegungssysteme der Welt wollen bei etwas anderer Begrifflichkeit im Kern dasselbe Phänomen abbilden (das HGB kannte z.B. die „einheitliche Leitung" und bemüht jetzt die Möglichkeit, beherrschenden Einfluss ausüben zu können): Im Konzernabschluss sollen die Vermögenswerte und Schulden, Aufwendungen und Erträge sowie Cashflows der „beherrschten" Investitionsobjekte ausgewiesen werden.

Beherrschungs-intensität	Klassifikation	Bilanzielle Folge
Alleinige Beherrschung	Tochterunternehmen	Vollkonsolidierung
Gemeinsame Beherrschung	Joint Arrangements a) Gemeinschaftsunternehmen (Joint Venture) b) Joint operation	a) Equity-Methode b) Anteilige Vermögenswerte/Schulden
Maßgeblicher Einfluss	Assoziierte Unternehmen	Equity-Methode

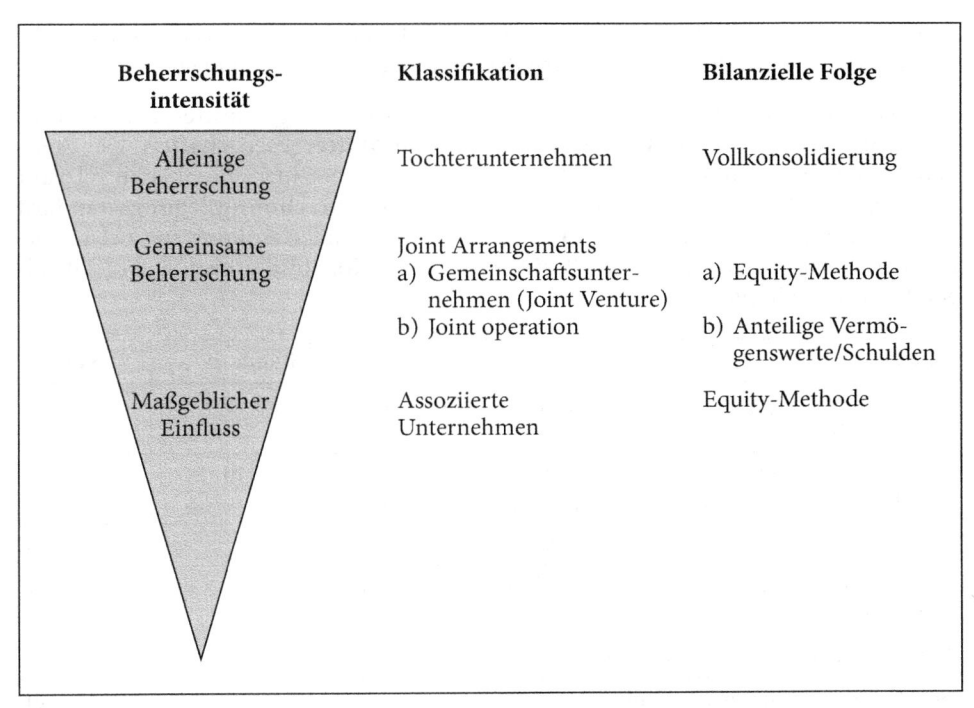

Abb. 31.1: Beherrschungshierarchie

II. Standards und Anwendungsbereich

Im Mai 2011 hat der IASB die Regelung des Konsolidierungskreises und der Mutter-Tochter-Beziehung aus IAS 27 gestrichen sowie SIC 12 (Zweckgesellschaften) aufgehoben und durch IFRS 10 „Konzernabschlüsse" ersetzt. IFRS 10, in der EU anzuwenden seit 2013, bündelt insoweit die **Vorschriften zur Konzernrechnungslegung** und regelt insbesondere den Tatbestand der **Beherrschung** (Control) einheitlich. 31.5

Obwohl nicht explizit erwähnt, gilt das **Weltabschlussprinzip**, d.h. einzubeziehen sind alle Tochterunternehmen, unabhängig von Rechtsform und Sitz (so im Ergebnis IFRS 10.5). Explizite **Einbeziehungsverbote** oder -wahlrechte, z.B. wegen abweichender Tätigkeit oder wegen Unwesentlichkeit, kennt IFRS 10 nicht. Unwesentliche Tochterunternehmen brauchen aber nach dem allgemeinen Wesentlichkeitsgrundsatz nach wie vor nicht einbezogen zu werden (Rz. 31.113).

Allerdings ist IFRS 10 nicht anzuwenden auf **Versorgungspläne** im Anwendungsbereich des IAS 19 (IFRS 10.4A). Außerdem besteht für **Investmentgesellschaften** eine Pflichtausnahme zur Aufstellung eines Konzernabschlusses (IFRS 10.4B); siehe hierzu Rz. 31.100. Aus EU-Perspektive geht es hier „nur" um die Nichtkonsolidierung der Investment-Tochtergesellschaften (stattdessen werden die Anteile zum Fair

Value bewertet), denn die Frage der Aufstellungspflicht eines Konzernabschlusses obliegt in der EU nicht den IFRS, sondern dem jeweiligen nationalen Recht (Rz. 4.2 ff.).

31.6 Der verbliebene IAS 27 (2011) enthält nunmehr lediglich Vorschriften zur Bilanzierung von Beteiligungen in **Einzelabschlüssen von Muttergesellschaften**. Der Standard ist daher in Deutschland nur bei freiwilligen IFRS-Einzelabschlüssen relevant (Rz. 4.28 ff.). IFRS 10 ist umgekehrt ein **reiner Konzernrechnungslegungsstandard** und zusammen **mit IFRS 3**, der unverändert die Kapitalkonsolidierung bei Unternehmenszusammenschlüssen regelt, **der Kern jeder Konsolidierung.** Dabei gilt folgende Arbeitsteilung:

Thema	Standard	Kapitel
Konzernaufstellungspflicht (in der EU jedoch nicht relevant, siehe Rz. 4.2 ff.)	IFRS 10.4	4
Definition der Konsolidierungspflicht (*Beherrschung, Control*) einschließlich Zweckgesellschaften (*special purpose entities*)	IFRS 10	31
Kapitalkonsolidierung (Vollkonsolidierung)	IFRS 3	36
Übergangskonsolidierung (*nur Aufwärtskonsolidierung, sukzessiver Erwerb*)	IFRS 3	39
Sonstige Übergangskonsolidierung	IFRS 10	39
Sonstige Konsolidierungstechnik	IFRS 10	40
Bilanzierung von Beteiligungen im *Einzelabschluss* einer Muttergesellschaft	IAS 27 (2011)	–

31.7 IFRS 10 enthält auch die Vorschriften zur Aufstellungspflicht des Konzernabschlusses. Allerdings basiert die Frage, *wer* den Konzernabschluss aufstellt, also die **Rechnungslegungs*pflicht***, in der Europäischen Union nach wie vor auf den Bestimmungen der Bilanzrichtlinie 2013 (zuvor: 7. EG-Richtlinie 1983) in ihrer jeweiligen nationalen Umsetzung (Rz. 4.2). Daher sind die Regelungen des IFRS 10.4a für Unternehmen in der Europäischen Union gegenstandslos.

31.8 Materiell ist IFRS 10 als **Reaktion auf die Finanzkrise ab 2007** zu verstehen, die insbesondere bei Finanzinstituten eine Vielzahl nicht bilanzierter Risiken ans Tageslicht brachte. Dies stellte die bestehenden Vorschriften zur Konsolidierung von Zweckgesellschaften bzw. „strukturierten Gesellschaften" in Frage. Dabei wurden u.a. Anregungen des Financial Stability Forum vom April 2008 auch auf Druck von politischer Seite (G 20) umgesetzt (IFRS 10.IN5) und die Definition von **Beherrschung** als Voraussetzung für eine Konsolidierungspflicht komplett neu gefasst, weil die bisherige Aufteilung in IAS 27 (2008) und SIC 12 zu Zweckgesellschaften nach Ansicht des IASB Regelungslücken zuließ (IFRS 10.BC3). IFRS 10 (und dies macht seinen erheblichen Umfang aus) bemüht sich nun um eine einheitliche und umfassende Definition der Beherrschung und will auch die letzten denkbaren Strategien zur Vermeidung einer Konsolidierungspflicht vereiteln. Allerdings zeigen erste empirische Analysen, dass sich der Konsolidierungskreis durch IFRS 10 im Vergleich zu IAS 27 (2008) und SIC 12 praktisch nicht verändert hat.[2]

Ebenfalls auf dieser Linie liegt **IFRS 12** mit einer erheblichen **Ausweitung der Anhangangaben.** Sollte trotz des IFRS 10 eine Konsolidierung nicht in Betracht kommen, sind erweiterte Anhangangaben selbst zu nicht konsolidierten Gesellschaften zu machen, z.B. über das maximal mögliche Risiko aus sog. „strukturierten Gesellschaften" für den Konzern (IFRS 12.29c). Darüber hinaus fordert IFRS 12 auch zu konsolidierten Unternehmen Angaben, um über mögliche künftige Risiken aus Inanspruchnahmen des Konzerns zu informieren. Wir erläutern die Details zu den Anhangangaben in einem eigenen Kapitel ab Rz. 41.1.

31.9

III. Wesentliche Unterschiede zum HGB

Das HGB wurde durch das BilMoG 2009 umfassend modernisiert und § 290 HGB an die früheren Regelungen des IAS 27 (2008) und SIC 12 zu Zweckgesellschaften angepasst. Mit Einführung des IFRS 10 weichen die Definitionen der Beherrschung wiederum voneinander ab:

31.10

Thema	HGB[3]	IFRS
Definition Beherrschung (Control)	Rechtlich abgesicherte Beherrschung, § 290 Abs. 2 Nr. 1–3 HGB, i.d.R. durch Stimmrechtsmehrheit (entspricht IAS 27.4 (2008))	Einheitliche Definition unter wirtschaftlicher Betrachtungsweise: Beherrschung setzt voraus (a) Lenkungsmacht, (b) daraus resultierende schwankende Ergebnisse (c) aufgrund des Einsatzes von Lenkungsmacht
Konsolidierung von Zweckgesellschaften	Zweckgesellschaften sind nach Risiko/Chancen-Betrachtung explizit zu konsolidieren (§ 290 Abs. 2 Nr. 4 HGB), (entspricht SIC 12)	

IFRS 10 versucht, bisherigen Regelungslücken und Ausweichhandlungen – also der Schaffung bestimmter Strukturen zur bewussten Nichtkonsolidierung „eigentlich" beherrschter Investitionsobjekte – mit einer **einheitlichen Definition der Beherrschung** zu begegnen. Indessen herrscht an einheitlichen Begriffen kein Mangel. So enthielt § 290 Abs. 1 HGB *vor* BilMoG den Begriff der **„einheitlichen Leitung"**, der im wirtschaftlichen Ergebnis die gleiche Zielrichtung hatte wie die neue Beherrschungsdefinition des IFRS 10. Die einheitliche Leitung war allerdings mit dem Erfordernis einer Beteiligung i.S.v. § 271 Abs. 1 HGB verknüpft („im Zweifel > 20 %"), so dass die Konsolidierungspflicht durch Vermeidung einer Beteiligung ausgehebelt werden konnte. Bemerkenswert: Sowohl im Referentenentwurf zum

31.11

---

2 Vgl. *Aschfalk-Evertz*, PIR 2015, 347 ff.
3 Vgl. zum Mutter-Tochter-Verhältnis nach HGB auch *Theile* in Schiffers/Theile, Bilanzrecht der GmbH, 2016, Rz. 5055 ff.

BilMoG als auch noch im Regierungsentwurf sollte nur das Beteiligungserfordernis aus § 290 Abs. 1 HGB a.F. gestrichen werden, um auch Zweckgesellschaften konsolidieren zu können. Das war jedoch vielen Kommentatoren der BilMoG-Entwurfsfassungen nicht genug,[4] so dass die Sondervorschrift des § 290 Abs. 2 Nr. 4 HGB eingefügt worden ist.

31.12 Mögliche Abweichungen zwischen § 290 HGB und der Beherrschungskonzeption des IFRS 10 sind indes im Einzelfall kein banales Problem: Immerhin richtet sich die Frage der **Aufstellungspflicht** des Konzernabschlusses auch für kapitalmarktorientierte Unternehmen ausschließlich nach § 290 HGB (Rz. 4.2 ff.). Die mangelnde Synchronisation der Vorschriften kann möglicherweise dazu führen, dass nach § 290 HGB ein Mutter-Tochter-Verhältnis verneint wird (Folge: keine Aufstellungspflicht des Konzernabschlusses), obwohl nach IFRS 10 ein Mutter-Tochter-Verhältnis besteht. Auch der umgekehrte Fall ist ggf. denkbar: Es wird die Aufstellungspflicht nach § 290 HGB bejaht, nach IFRS 10 liegt jedoch kein Mutter-Tochter-Unternehmen vor. Für diesen Grenzfall ist schon in der Vergangenheit vorgeschlagen worden, einen IFRS-Konzernabschluss „ohne Konsolidierungstechnik" aufzustellen.[5]

31.13–31.14 frei

IV. Neuere Entwicklungen

31.15 IFRS 10 war in der EU erstmals anzuwenden in **Geschäftsjahren**, die am oder **nach dem 1.1.2013** begannen.

31.16 Bereits im Oktober 2012 ist IFRS 10 um eine Pflichtausnahme für **Investment-Muttergesellschaften** von der Konsolidierungspflicht ergänzt worden. Diese Regelungen haben im Dezember 2014 klarstellende Änderungen mit Wirkung ab 1.1.2016 erfahren. Beide Änderungen sind von der EU übernommen worden; wir kommentieren sie in Rz. 31.100.

31.17 Kleinere Änderungen des IFRS 10 hat es durch Folgeänderungen anderer Standards und durch die *Improvement-Projekte* gegeben.

31.18 Der IASB prüft derzeit, wie Unternehmenszusammenschlüsse unter gemeinsamer Kontrolle (common control) zu bilanzieren sind, die derzeit nicht in den Anwendungsbereich des IFRS 3 fallen. Hierzu wird ein Diskussionspapier im zweiten Halbjahr 2019 erwartet (zu Details s. Rz. 36.19). Nicht ausgeschlossen sind in diesem Zusammenhang auch Änderungen an IFRS 10.

31.19 Im Übrigen sind in absehbarer Zeit keine wesentlichen Neuerungen auf dem Gebiet der Identifikation von Mutter-Tochter-Verhältnissen zu erwarten.

---

4 Vgl. z.B. IDW-Stellungnahme v. 4.1.2008, Fn. 2008, 18; DIHK, Stellungnahme v. 9.1.2008, 8; *Mujkanovic*, StuB 2008, 141.
5 Vgl. *Knorr/Buchheim/Schmidt*, BB 2005, 2399 (2402).

B. Merkmale der Beherrschung

I. Definition

„Beherrschung" ist das zentrale Kriterium für die Bestimmung eine Mutter-Tochter-Verhältnisses (IFRS 10.5 ff.). Beherrschung liegt vor, wenn ein Investor

(1) die Lenkungsmacht (Verfügungsgewalt, *power*) hat,

(2) aus einer Beziehung zu einem Investitionsobjekt (*Investee*) schwankende Rückflüsse, auch Verluste (*variable returns*) zu erzielen und

(3) seine Lenkungsmacht zu diesem Zwecke ausnutzen kann.

IFRS 10 vereint somit **Lenkungsmacht** mit dem unternehmerischen Ziel der Erzielung von variablen **Rückflüssen**.

31.20

II. Keine formale Unterscheidung zwischen Normalfall und Spezialfall

IFRS 10 bedient sich einer abstrakten Ausdrucksweise, und der Standard wirkt sehr komplex. Insbesondere fehlt systemimmanent eine Unterscheidung in „Normal-" und „Spezialfälle" – diese Unterscheidung zwecks Vermeidung von Regelungslücken zu überwinden war ja gerade der Sinn des IFRS 10 (IFRS 10.BC71–75). Der Beherrschungsbegriff ist somit anzuwenden auf alle Investitionsobjekte, also sowohl auf

(a) Beteiligungen mit „normaler" operativer Geschäftstätigkeit als auch auf

(b) Zweckgesellschaften.

Zweckgesellschaften (*Special Purpose Entities*, SPE, nunmehr „strukturierte Gesellschaften" genannt, IFRS 12 Anhang A) finden sich in der Praxis häufig als **Leasinggesellschaft** (hier führt allerdings ab 2019 der IFRS 16 bereits regelmäßig zur Bilanzwirksamkeit des Leasingverhältnisses auch beim Leasingnehmer, siehe Rz. 17.2) oder als **Finanzierungsgesellschaft** im Zusammenhang mit der **Verbriefung von Forderungen** (*Securitization*). Die Zweckgesellschaft wird für die Belange eines sog. **Initiators** (Sponsors) von diesem und einem **Investor** gegründet.[6] Bilanzpolitischer Hintergrund der Schaffung solcher Konstruktionen ist regelmäßig, durch die Übertragung von Vermögenswerten und Schulden auf eine andere (rechtliche) Einheit beim Initiator eine (bilanzneutrale) *Off-balance-sheet*-**Finanzierung** zu erreichen.

31.21

III. „Investor" und „Investee" statt Mutter- und Tochtergesellschaft

IFRS 10 verwendet die Begriffe **Muttergesellschaft** (*parent*) und **Tochtergesellschaft** (*subsidiary* oder *entity*) konsequent nur dann, wenn das Ergebnis der Beherr-

31.22

---

[6] Zu Merkmalen und Funktionen von Zweckgesellschaften s. *Schruff/Rothenburger*, WPg 2002, 755 (756 f.).

schungsprüfung positiv ausgefallen ist. Prüfsubjekt ist demgegenüber durchgängig der „Investor", der festzustellen hat, ob er ein „Investitionsobjekt" (Investee) beherrscht. Dabei kommt es weder an auf die Art der Beziehung zwischen dem Investor und dem Investitionsobjekt (*„regardless of the nature of its involvement with an entity"*, IFRS 10.5) noch auf die **rechtliche Struktur** (z.B. Rechtsform) des Investitionsobjekts (*„irrespective of the nature of the investee"*, IFRS 10.BC35a). Insbesondere ist es unerheblich, ob der Investor eine „Investition" i.S. eines Anteilserwerbs vorgenommen hat. Insofern ist der Begriff „Investee" missverständlich.[7] Stattdessen muss bei der Beherrschungsprüfung gleichsam wie mit einem Röntgenschirm durch jedwede rechtlichen auf die dahinter stehenden wirtschaftlichen Strukturen geschaut werden. Strukturierte „Gebilde" (unabhängig von ihrem rechtlichen Kleid) sollen so erfasst werden und nicht durch den Rost fallen.

Beispiel: Die Bank B sei als Fremdkapitalgeber an dem Fonds F beteiligt, der auf den Cayman Inseln registriert ist und keine eigene Rechtspersönlichkeit aufweise. B hat zugunsten des Fonds Liquiditätsgarantien übernommen, sich dafür aber Verwertungsrechte an den Fondsassets einräumen lassen. Die Fondsverwaltung erfolge durch einen Manager von B. Es existieren keine schriftlichen Anlagerichtlinien.

Nach dem Gesamtbild der Verhältnisse hat B den Fonds zu konsolidieren:

(a) B ist durch das Ausfallrisiko des Fremdkapitals variablen Rückflüssen ausgesetzt (Rz. 31.77),

(b) B kann diese Rückflüsse durch die „praktische Fähigkeit" zur Beeinflussung des Managers steuern (Rz. 31.55).

IV. (Alleinige) Kontrolle ist unteilbar

31.23   Es ist ausgeschlossen, dass ein Investitionsobjekt von verschiedenen Personen *jeweils alleine* kontrolliert wird (IFRS 10.16): **Alleinige Kontrolle ist unteilbar.** Ein Investitionsobjekt kann damit nur zu *einem* Mutterunternehmen ein Tochterunternehmen sein. Hiervon zu unterscheiden ist die *gemeinsame* Beherrschung, Rz. 32.1.

Das Konzept signalisiert einerseits Eindeutigkeit. Andererseits wurde in ersten Stellungnahmen zu IFRS 10 die Gefahr (oder der Anreiz) gesehen, die Beherrschung könne auf andere Personen geschoben werden, zumal, wenn in der Praxis mangels Informationen (entgegen der unterschwelligen Annahme des IFRS 10) keine Abstimmung zwischen konkurrierenden „Beherrschern" erfolgt[8]. Diese Gefahr sehen wir so nicht, weil sich die Prinzipien, wie wir nachfolgend an zahlreichen Fällen demonstrieren, bei einiger Gewöhnung mit ausreichender Sicherheit von Abschlussaufstellern befolgen und von Abschlussprüfern würdigen lassen.

---

[7] Vgl. *Beyhs/Buschhüter/Schurbohm*, WPg 2011, 662 (668: „Wortwahl ... nicht besonders glücklich").

[8] Vgl. z.B. *Küting/Mojardadr*, KoR 2011, 273 (285).

V. Beginn und Ende der Beherrschung: Rechtsfolgen

An dem Tag, an dem Beherrschung über ein Investitionsobjekt bejaht wird, beginnt das Mutter-Tochter-Verhältnis. Zugleich ist das der Tag der Erstkonsolidierung (IFRS 3.8, 10, siehe Rz. 36.50) mit den entsprechenden Folgen für die Bilanzierung und Anhangangaben. Zu jedem folgenden Bilanzstichtag ist die Beherrschungslage zu überprüfen (Rz. 31.88). Bei Beherrschungsverlust kommt es zur Entkonsolidierung (IFRS 10.25, siehe Rz. 36.280). 31.24

Die Regelungen des IFRS 10 zur Bestimmung des Zeitpunkts der Entstehung der Lenkungsmacht können im Detail widersprüchlich sein. Wir kommen auf diese Spezialfälle in Rz. 31.58 zurück.

C. Prototypen der Beherrschung

IFRS 10 ist wegen der fehlenden Unterscheidung in Normalfall und Spezialfall (Rz. 31.21) abstrakt. Tatsächlich werden für viele Fälle die komplexen Regeln jedoch gar nicht benötigt. Das räumt auch der IASB ein: Für die überwiegende Mehrzahl der Fälle ergeben sich gegenüber den vormaligen IAS 27 (2008) und SIC-12 keine Änderungen, und die Klassifikation eines Investitionsobjekts als Tochterunternehmen bereitet keine Probleme. Änderungen würden nur am Rande und nur im Fall komplexer Strukturen zu beobachten sein.[9] In der zwischenzeitlichen Anwendungspraxis des IFRS 10 hat sich diese Auffassung bestätigt – ohne damit allfällige Probleme bei komplexen Strukturen kleinreden zu wollen. 31.25

Um jedoch zu verhindern, dass Bilanzierende trotz der fehlenden Differenzierung des IFRS 10 den Wald vor lauter Bäumen nicht erkennen, stellen wir vorab die Prototypen von Beherrschungsobjekten dar.

I. Normalfälle

1. Eindeutige Stimmrechtsgesellschaften

Im Normalfall führt Stimmrechtsmehrheit zur Beherrschung: Durch Stimmrechtsausübung werden die maßgeblichen Aktivitäten des Investitionsobjekts beherrscht, und der Investor sieht sich variablen Rückflüssen gegenüber (IFRS 10.11, 10.B6, 10.B16). 31.26

Beispiele:
(1) Konzern K gründet als alleinige Eigentümerin eine Servicegesellschaft und bündelt in dieser konzerninterne Querschnittsprozesse.
(2) Außerdem erwirbt K alle Anteile einer Produktionsgesellschaft in Ungarn.

---
9 Vgl. IASB, Effect Analysis IFRS 10 and IFRS 12, September 2011, 17.

(3) Schließlich erwirbt K 60 % der Anteile (und Stimmrechte) der Vertriebsgesellschaft V in den USA, um auf dem nordamerikanischen Markt Fuß zu fassen. In den Gesellschafterversammlungen ernennt K den Board of Directors und verabschiedet die wesentlichen taktischen und strategischen Ziele. Der Gewinn (und Verlust) der V steht K zu 60 % zu.

In allen Fällen existieren keinerlei vertragliche Vereinbarungen mit Dritten, die die Beherrschungsmöglichkeit von K verdrängen.

Die weit überwiegende Mehrheit der praktisch vorkommenden Fälle dürfte diesen und ähnlichen Beispielen entsprechen. Die Bestimmung der Beherrschung ist insofern unproblematisch.

2. Kontrolle durch stimmrechtsähnliche Rechte und zusätzliche Rechte

31.27 Nicht nur die (eigene) Stimmrechtsmehrheit kann via Lenkungsmacht Beherrschung begründen. Vergleichbar zu § 290 Abs. 2 Nr. 2, 3 HGB kann auch durch Vertrag oder Satzung Beherrschung vermittelt werden:

a) Möglichkeit, über mehr als die Hälfte der Stimmrechte kraft einer mit anderen Anteilseignern abgeschlossenen Vereinbarung zu verfügen (IFRS 10.B39)	z.B. Stimmrechtsvereinbarungen
b) Möglichkeit, die Finanz- und Geschäftspolitik eines Unternehmens gemäß einer Satzung oder einer Vereinbarung zu bestimmen (IFRS 10.B40)	z.B. auf Grund eines Beherrschungsvertrags nach § 291 Abs. 1 Satz 1 AktG
c) Möglichkeit, die Mehrheit der Mitglieder des Vorstands oder eines gleichwertigen Leitungsgremiums ernennen oder absetzen zu können, wobei das betrachtete Unternehmen durch dieses Gremium geführt wird (IFRS 10.B15b,c)	Abgrenzungsfragen können sich aus dem dualistischen System in Deutschland ergeben (Trennung von Geschäftsführung und Überwachung durch Aufsichtsrat). Wenn ein Gesellschafter die Mehrheit im Aufsichtsrat, der andere die Mehrheit im Vorstand stellt, ist im Einzelfall **auf Basis der** Satzung **zu analysieren**, welchem Gremium die Kontrolle zukommt.[10]
d) Möglichkeit, die Mehrheit der Stimmen bei Sitzungen des Vorstands oder eines gleichwertigen Leitungsgremiums zu bestimmen, wobei das betrachtete Unternehmen durch dieses Gremium geführt wird (IFRS 10.B15d,e)	

Im Allgemeinen sind die vorstehenden Merkmale unproblematisch: Wer einen Beherrschungsvertrag abschließt, weiß, was er tut.

---

10 S. hierzu im Einzelnen *Bischof/Ross*, BB 2005, 203 (205 f.).

II. Spezialfälle

1. Uneindeutige Stimmrechtsgesellschaften und Kontrolle durch ähnliche Rechte

Tiefer einsteigen muss, wer weniger eindeutige Fälle zu beurteilen hat. 31.28

Beispiele:
(1) Konzern K hält an der A AG 48 % der Anteile (= Stimmen).
(2) Konzern K hält an der B AG 30 % der Anteile (= Stimmen) und hat eine Kaufoption über weitere 25 % gegenüber dem X, dem 70 % der Anteile an B gehören.
(3) Konzern K hält 80 % der Anteile an der C, die jedoch Insolvenz angemeldet hat. Ein Insolvenzverwalter ist eingesetzt.

Die Beispiele haben gemein, dass – wie bei den Normalfällen – die Lenkungsmacht über die Stimmrechtsmehrheit zu beurteilen ist. Allerdings reicht die Kenntnis über die Höhe der Stimmrechtsquote alleine nicht aus, um zu einem Ergebnis zu kommen:

Beispiel (1) adressiert das Problem der **Präsenzmehrheit**, also die Frage, ob auch mit weniger als der Hälfte der Stimmen Lenkungsmacht besteht. Hier ist erforderlich, die Verteilung der übrigen Stimmen zu kennen (Rz. 31.63).

Im Beispiel (2) sind die **potenziellen Stimmrechte** auf ihre wirtschaftliche Substanz hin zu analysieren (Rz. 31.66), und

im Beispiel (3) ist der Einfluss des **Insolvenzverwalters** daraufhin zu würdigen, ob K noch Kontrolle ausüben kann (Rz. 31.53).

Doch auch wenn Lenkungsmacht nicht bestritten wird, muss im Einzelfall geprüft werden, ob diese eingesetzt werden kann zur Steuerung hinlänglicher variabler Rückflüsse. 31.29

Beispiel: Der Chemiekonzern B hält 51 % der Stimmen (und des Kapitals) der Ölfördergesellschaft W. Es bestehen keinerlei Einschränkungen oder sonstige Vereinbarungen mit dem nicht beherrschenden Gesellschafter. Allerdings ist W in Land L tätig, das eine Ölförderabgabe in Höhe von 95 % des Gewinns von W erhebt. Tatsächlich dient das Engagement des B in W nur der Aufrechterhaltung der Rohstoffversorgung für die weiteren Produkte des B. B verfügt zwar über Steuerungsmöglichkeiten über W, doch der Einfluss auf deren Höhe ist zu gering, so dass W trotz eindeutiger Stimmrechtsmehrheit keine Tochtergesellschaft des B ist[11].

Die Höhe variabler Rückflüsse wird insbesondere bei der Zurechnung von Handlungen von Vertretern diskutiert, siehe hierzu Rz. 31.82.

---

11 Vgl. Geschäftsbericht BASF 2013, S. 149.

2. Strukturierte Gesellschaften (Zweckgesellschaften)

a) Merkmale

31.30 Die Konsolidierung von Zweckgesellschaften war seit dem Enron-Skandal das wohl wichtigste Thema, wenn es um die Vollständigkeit des Konzernabschlusses ging. Der differenzierte Umgang mit SIC-12 in der Praxis hat letztlich zum IFRS 10 geführt.

31.31 Zweckgesellschaften (*Special Purpose Entities*) waren unter SIC-12.1 und sind nach § 290 Abs. 2 Nr. 4 HGB definiert als Unternehmen, mit denen der Konzern „ein enges und genau definiertes Ziel zu erreichen" trachtete. Um schon an der Stelle der Zwecksetzung von vornherein keine Ausweichhandlungen zuzulassen, verzichtet IFRS 10 auf eine Definition. Bemerkenswerterweise findet sich eine Definition von **strukturierten Gesellschaften** (*structured entity*) jedoch im Anhang A zu IFRS 12, dem Standard, der die Berichterstattung über konsolidierte und nicht konsolidierte Gesellschaften zum Gegenstand hat (Rz. 41.36, 41.50). Nach IFRS 12.B22 sind strukturierte Gesellschaften oft (aber offensichtlich nicht notwendigerweise ausschließlich) durch einige oder sämtliche der folgenden Merkmale gekennzeichnet:

(a) Beschränkte Aktivitäten („Autopilot"),

(b) Enge Zwecksetzung (z.B. Leasingobjektgesellschaft)

(c) Geringe Eigenkapitalausstattung

(d) Finanzierung über Verbriefung (Asset-backed).

Die bislang besonders wichtige Frage der Qualifizierung von Leasingobjektgesellschaften als zu konsolidierende Tochterunternehmen dürfte mit dem neuen Leasingstandard IFRS 16 an Bedeutung verloren haben, da nun ohnehin alle Leasingverträge grundsätzlich beim Leasingnehmer bilanzwirksam werden (Rz. 17.2).

b) Identische Beurteilung nach SIC 12/§ 290 Abs. 2 Nr. 4 HGB und nach IFRS 10

31.32 Ohne den Begriff der strukturierten Gesellschaft zu benennen, weist auch IFRS 10 auf die Möglichkeit hin, dass Beherrschung über nicht stimmrechtsähnliche vertragliche Vereinbarungen vermittelt werden kann (IFRS 10.B8), und zwar dann, wenn die Stimmrechte gerade nicht die relevanten Aktivitäten des Investitionsobjekts zu steuern vermögen.

Beispiel: Die Anteile einer Forschungsgesellschaft F gehören zu 100 % dem Sponsor X. F betreibt pharmazeutische Forschung zu dem Zweck, die fertigen Ergebnisse später an den Konzern K zu veräußern. Bis dahin soll das Konzernergebnis des K nicht mit Forschungsaufwendungen belastet werden. K stellt der F hierfür umfangreiche Fremdmittel zur Verfügung. Die Stimmrechte an F erlauben der X nur administrative Tätigkeiten, z.B. Feststellung des Jahresabschlusses und Verwendung des geringen Gewinns (IFRS 10.B17). Nach (a) der Satzung, alternativ (b) sonstigen vertraglichen Vereinbarungen ist die Tätigkeit der F auf die vorgegebene Forschungstätigkeit beschränkt. Mögliche Forschungsergebnisse dürfen nur an K veräußert werden, wobei der Preis (Kosten zzgl. Aufschlag) bereits determiniert ist.

Damit sind die maßgebenden Tätigkeiten nach dem Gesamtpaket der Vereinbarungen vorherbestimmt. Die Stimmrechte von X haben demgegenüber keine Bedeutung. Die Rückflüsse sind maßgebend durch die möglichen Forschungsergebnisse bestimmt. Das Management von F ist nach der Gesamtheit der Vereinbarungen zudem als Vertreter des Konzerns einzustufen (Rz. 31.80 ff.). Da die maßgebenden Rückflüsse ausschließlich dem Konzern zustehen, wird F vom Konzern K und nicht von X beherrscht[12].

Typische weitere Anwendungsfälle sind **Verbriefungs-** oder **asset backed-security-Gesellschaften** oder **Investmentfonds** (IFRS 12.B23).

Bei dem Beispiel in Rz. 31.32 hätte die Anwendung von SIC-12 (und die Anwendung des § 290 Abs. 2 Nr. 4 HGB) zum selben Ergebnis geführt. Nach SIC-12.10 musste konsolidieren,

31.33

— wer die **Mehrheit des Nutzens** (Chancen) **und der Risiken** aus der Zweckgesellschaft ziehen kann (SIC-12.10c) und/oder

— wer Anspruch auf die **Mehrheit der Residualansprüche** hat bzw. die Mehrheit der **eigentümerspezifischen Risiken** trägt (SIC-12.10d), sog. *risk and reward approach*.

In SIC-12 ebenso wie in IFRS 10 kommt die Idee des Konzernabschlusses als Zusammenfassung rechtlich unterschiedlicher, aber wirtschaftlich verbundener Unternehmen (**Fiktion der rechtlichen Einheit**, Einheitstheorie) klar zum Ausdruck: Die Auslagerung riskanter Aktivitäten oder auch die Übertragung von Vermögenswerten und Schulden auf eine neue rechtliche Einheit soll im Konzernabschluss nur dann durchschlagen, wenn auch aus wirtschaftlicher Perspektive eine Übertragung stattgefunden hat. Ist Nutznießer und Risikoträger der Übertragung jedoch weiterhin der Initiator, so wird der im Einzelabschluss realisierte bilanzpolitische Effekt der *Off-balance-sheet*-Finanzierung im Konzernabschluss zurückgedreht. Demzufolge kommt es bei der Würdigung des wirtschaftlichen Gehalts der Verbindung zur Zweckgesellschaft nach Maßgabe des **Gesamtbildes der Verhältnisse im Einzelfall** auch nicht auf die rechtliche Ausgestaltung – schuldrechtliche oder gesellschaftsrechtliche Abreden – an. So können **Andienungsrechte** Dritter an den Konzern (z.B. bezüglich der Anteile an Zweckgesellschaften oder bestimmter Vermögenswerte) eine Beherrschung begründen.

c) Unterschiedliche Beurteilung nach SIC 12/§ 290 Abs. 2 Nr. 4 HGB und IFRS 10

Nach IFRS 10 kommt es indes **nicht mehr** auf die **Mehrheit von Chancen und Risiken** *(risk and rewards)*, sondern auf eine **qualitative Wertung** der Beherrschungskriterien an.

31.34

---

12 Ähnlich IASB, Effect Analysis IFRS 10 and IFRS 12, September 2011, 33 f.

Beispiel: Eine Verbriefungsgesellschaft V finanziert sich durch die Ausgabe von Eigenkapital- und Fremdkapitaltiteln. Die Eigenkapitaltranche soll mögliche Verluste (und Residualgewinne) aus dem angekauften Portfolio absorbieren. Investor A hält 35 % an der Eigenkapitaltranche, trifft sämtliche Anlageentscheidungen alleine und erhält eine marktübliche sowie erfolgsabhängige Vergütung für seine Tätigkeit.

Unter Anwendung von SIC-12 konnte (und kann nach § 290 Abs. 2 Nr. 4 HGB) A die Konsolidierung von V mit folgenden Argumenten ablehnen:

(i) Nicht A, sondern die anderen Investoren haben die Mehrheit der Chancen und Risiken.

(ii) Der Fonds sei nicht allein auf A, sondern auch auf die Investoren zugeschnitten.

Nach IFRS 10 kommt es darauf nicht mehr an. Stattdessen ist entscheidend, dass A

(i) das uneingeschränkte Recht hat, die relevanten Aktivitäten von V zu bestimmen,

(ii) daraus variable Rückflüsse erzielt und

(iii) die Möglichkeit besitzt, über seine Lenkungsmacht deren Höhe zu beeinflussen.

Damit ist V Tochtergesellschaft von A.[13]

31.35 Erkennbar ist bei komplexen Strukturen das **Gesamtbild der Verhältnisse** maßgebend. Die Einzelkriterien sind nicht isoliert, sondern im Zusammenhang zu würdigen. Salopp lässt sich formulieren: Bei komplexen Strukturen ist auch die Würdigung der Beherrschung komplex. Das ist dem IASB kaum anzulasten. Die für die Würdigung notwendigen Einzelheiten werden nachfolgend erläutert.

31.36–31.39 frei

D. Beherrschungskriterien im Einzelnen

I. Analyse des Geschäftsmodells

1. Zusammenhang der Beherrschungselemente

31.40 Explizit werden Bilanzierende aufgefordert, die **Entstehung, den Zweck und wirtschaftlichen Gehalt von Investitionsobjekten** zu **analysieren** (IFRS 10.B3a, B5 f.). Die Analyse des Geschäftsmodells wird so zur Klammer über die Beherrschungsprüfung. Die rechtlichen Strukturen sollen erkannt und auf ihren wirtschaftlichen Gehalt zurückgeführt werden, um schließlich die drei Beherrschungselemente zu verbinden. Dabei ist auch zu untersuchen, zu welchem Zweck ein Investitionsobjekt gegründet bzw. erworben wurde und ob die relevanten Aktivitäten eher mittels Stimmrechten oder durch vertragliche Vereinbarungen gesteuert werden.

---

13 Vgl. IASB, Effect Analysis IFRS 10 and IFRS 12, September 2011, 32.

| Identifizierung | Aktivitäten
Identifizierung, welche Aktivitäten des investees als „relevant" einzustufen sind
Rz. 31.44 | Beurteilung | Power (Lenkungsmacht)
Bestimmung, wer die **derzeitige Fähigkeit** besitzt, die **relevanten Aktivitäten** zu steuern
Rz. 31.50 | Beurteilung | Rückflüsse
Beurteilung, ob der Investor variable Rückflüsse aus dem Investitionsobjekt erhält oder über das Recht verfügt, diese zu erhalten
Rz. 31.77 |

Verbindung, Rz. 31.80

Analyse des Geschäftsmodells, Rz. 31.40

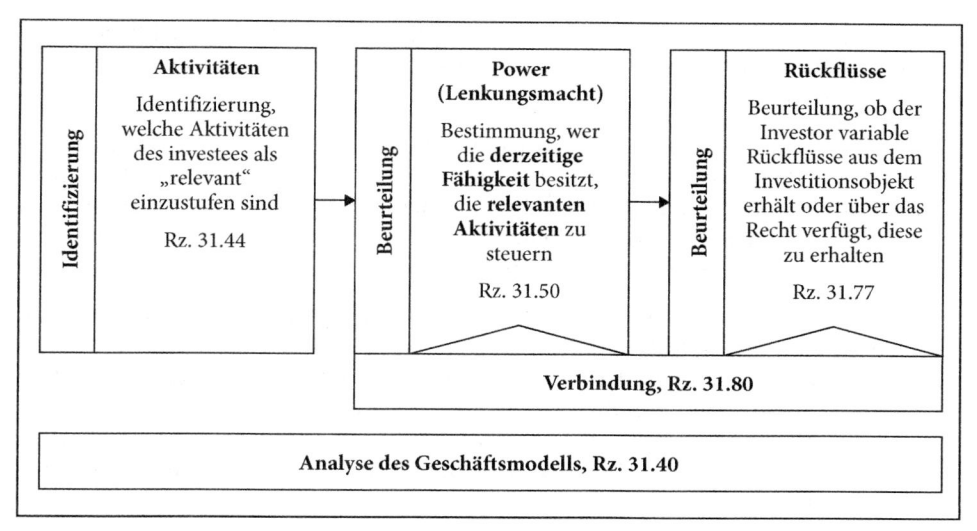

Abb. 31.2: Zusammenhang der Beherrschungselemente

Beispiele:
(a) Die Bank B möchte Geschäfte mit Finanzanlagen betreiben. Sie beteiligt sich hierzu als Fremdkapitalgeber zusammen mit anderen Personen an einem Fonds F in Irland.
(b) Der seit 30 Jahren am Markt agierende Würstchenfabrikant H ist in den vergangenen Jahren in eine Vertriebsabhängigkeit vom Einzelhandelskonzern A geraten und wirtschaftlich praktisch von diesem abhängig.

Im Fall (a) sind nicht nur gesellschaftsvertragliche Stimmrechte – denen möglicherweise geringe Bedeutung beizumessen ist – zu würdigen, sondern das Gesamtpaket der Vereinbarungen: Wie weit reicht der Einfluss der Bank B (Lenkungsmacht), die risikobehafteten und damit variablen Rückflüsse (Unsicherheit bzw. Ausfallrisiko von Fremdkapitaltiteln, Rz. 31.77) zu steuern? Sollte die Überprüfung zu dem Ergebnis führen, dass die Bank B die maßgebende Aktivität steuert – dies wäre hier die Fondsverwaltung –, hätte sie den Fonds zu konsolidieren.

Im Fall (b) ist dagegen im Laufe der Zeit lediglich eine wirtschaftliche Abhängigkeit entstanden. Sollten nicht zusätzlich weitere Merkmale hinzukommen (z.B. Stimm- oder Bestellungsrechte, Rz. 31.28) läge keine Beherrschung i.S.v. IFRS 10 vor (Rz. 31.75).

IFRS 10 leitet Bilanzierende und Abschlussprüfer somit dazu an, sich intensiv mit **Geschäftsmodellen** von Konzernen auseinanderzusetzen, was positiv zu werten ist. Die einzelnen Elemente der Beherrschungsprüfung, wie sie die Abb. 31.2 aufzeigt, werden nachfolgend erläutert

2. Insbesondere: Abgrenzung des Investitionsobjekts (Silostrukturen)

31.41 Die Prüfung auf Beherrschung muss sich nicht auf ein gesamtes, sondern kann sich auch auf Teile eines Investitionsobjekts erstrecken, also auf bestimmte Vermögenswerte und zugehörige Schulden (IFRS 10.B76 f.). Man spricht auch von **Silostrukturen** oder Zebragesellschaften. I.d.R. wird dies allenfalls nur auf strukturierte Gesellschaften zutreffen. Allerdings gibt es nicht zuletzt aus Gründen sprachlicher Konsistenz keine formale Einschränkung der Prüfung von Silostrukturen auf strukturierte Gesellschaften (IFRS 10.BC148).

31.42 Eine Silostruktur einer strukturierten Gesellschaft liegt vor, soweit bestimmte Verbindlichkeiten nur aus der Verwertung bestimmter Vermögenswerte bedient bzw. gedeckt werden und eine Bedienung durch andere Vermögenswerte ausgeschlossen ist (IFRS 10.B77). Die Prüfung der Beherrschung erstreckt sich dann (nur) auf diese Vermögenswerte und Schulden (IFRS 10.B78).

31.43 Hinter dieser Vorschrift verbergen sich Zweckgesellschaften bzw. strukturierte Gesellschaften mit sog. **zellularem Aufbau** bzw. **Multi-Seller-Programmen**.[14] Diese werden nicht für einen, sondern für mehrere Nutznießer gegründet. Eine solche rechtliche Konstruktion kann die Beurteilung der jeweilgen Vereinbarung nach ihrem wirtschaftlichen Gehalt nicht konterkarieren: Es ist jede einzelne Vereinbarung – z.B. jede einzelne *asset backed securities* Gestaltung – nach IFRS 10 auf Beherrschung zu beurteilen.

II. Relevante Aktivitäten

1. Merkmale

31.44 Beherrschung ist definiert als Lenkungsmacht über die zur Renditeerzielung maßgebenden Aktivitäten des Investitionsobjekts. Folglich gilt es, diese Aktivitäten

(a) zu identifizieren und

(b) über die Lenkungsmacht einem von möglicherweise mehreren potenziellen „Beherrschern" zuzuordnen.

31.45 Als **relevante Aktivitäten** kommen die üblichen Verdächtigen im Wirtschaftsleben in Betracht (IFRS 10.B11):

– Herstellung, Kauf und Verkauf von Produkten, Erbringung von Dienstleistungen

– Forschung und Entwicklung neuer Technologien und Produkte

– Kauf, Verwaltung und Verwertung von finanziellen und nicht finanziellen Vermögenswerten (asset management)

– Finanzdienstleistungen inkl. Strukturierung von Finanzierungen.

31.46 Ebenso wenig überraschend werden als **relevante Entscheidungen** zur Steuerung dieser Aktivitäten in IFRS 10.B12 beispielsweise genannt:

– Festlegung und Vorgabe strategischer und operativer Geschäftsziele inklusive Investitionsbudgets

– Bestellung und Ablösung des Managements und Schlüsselpersonals.

---

14 Vgl. *Findeisen/Roß*, DB 1999, 2224 (2227).

2. Geschäftsverteilungsplan, mehrere „Beherrscher": Abgrenzung zu Gemeinschaftsunternehmen

Bei mehreren in Betracht kommenden „Beherrschern" soll nach IFRS 10.B13 eine Abwägung erfolgen, welche Aktivitäten bzw. Entscheidungen die zur Renditeerzielung maßgebenden sind.

Beispiel: Zwei Investoren A und B gründen eine Firma F, um (a) ein neues Arzneimittel zu entwickeln und (b) zu produzieren und zu vermarkten. Im Beispiel 1 zu IFRS 10.B13 hat A die alleinige Entscheidungsmacht über (a) den Entwicklungsprozess bis zur Erlangung der arzneirechtlichen Genehmigungen, B hingegen ab diesem Zeitpunkt die ausschließliche Entscheidungsgewalt hinsichtlich (b) Produktion und Marketing.

Wenn es sich bei den Aktivitäten (a) und (b) um für die Renditeerzielung relevante Aktivitäten handelt, sollen A und B analysieren, welche Aktivitäten den *größten* Einfluss auf die Renditeerzielung haben. Dabei sollen sie folgende Gesichtspunkte berücksichtigen:

(i) Zweck und Struktur von F,
(ii) Einflussfaktoren auf die Gewinnmarge und Anteil der Entscheidungen in Bezug auf (a) und (b),
(iii) den Anteil jedes Investors an den variablen Rückflüssen,
(iv) die Ungewissheit über den Entwicklungserfolg und
(v) welcher Investor die Rechte an dem fertigen Produkt besitzt.

Das Beispiel ist konstruiert und lebensfremd. Vielmehr liegt der klassische Fall einer *gemeinsamen* Beherrschung vor. Es ist absurd anzunehmen, dass sich etwa Investor B (in einer „gemeinsamen" Firma) ohne Eingriffsrechte bei Nichterreichen von Meilensteinen an der Finanzierung der Entwicklungsphase beteiligt. Wären beide Aktivitäten, wie es das Beispiel suggeriert, ernsthaft zu trennen, wäre kaum eine (gemeinsame!) Firma gegründet worden. Unerheblich ist, dass A es übernommen hat, die Entwicklungsphase federführend zu managen. Das Beispiel **verwechselt vielmehr Entscheidungsmacht mit Geschäftsverteilungsplan**: Wenn in einem Unternehmen A „allein" für die Produktion, B „allein" für den Vertrieb und C „allein" für die kaufmännische Verwaltung zuständig ist, dann „gehört" keinem der Beteiligten Personen „ihr" jeweiliger Bereich. Letztlich handelt es sich um eine Variante der Beziehung von Entscheidungsmacht und Rückflüssen, die IFRS 10 sehr betont (Rz. 31.20). Jeder Vertreter beeinflusst mit seinen Managemententscheidungen die zur Gewinnerzielung maßgebenden Aktivitäten, dies jedoch nicht auf eigene Rechnung. Genauso wäre das Beispiel zu lösen: Gemeinsame Beherrschung und gemeinsame Renditeerzielung, also Gegenstand des IFRS 11 (Rz. 32.1).

frei 31.48–31.49

III. Lenkungsmacht (Power)

1. Prüfungshierarchie der Rechtsstrukturen: Stimmrechte und vertragliche Vereinbarungen

31.50 Überragende Bedeutung in der Beherrschungsprüfung kommt der Analyse der Rechtsstrukturen zu, da Lenkungsmacht immer auf Rechten basiert (*Power arises from rights*, IFRS 10.11). Zu prüfen ist, ob Rechte bestehen, die die derzeitige Möglichkeit (*current ability*, Rz. 31.58) bieten, die relevanten Aktivitäten (Rz. 31.44) des Investitionsobjekts zu bestimmen. IFRS 10.B15 ff. gibt folgende Stufenprüfung vor:

– **Stufe 1:** Bestehen **Stimmrechte** oder andere, i.d.R. gesellschaftsvertragliche Rechte (z.B. Abberufungs-, Bestellungs- oder Vetorechte) und sind diese für Lenkungsmacht ausreichend?

– **Stufe 2:** Wenn Rechte nach Stufe 1 für Lenkungsmacht nicht ausreichend sind: Bestehen **andere vertragliche Vereinbarungen**, die Lenkungsmacht verschaffen?

– **Stufe 3:** Zusätzlich bzw. außerdem kann zu prüfen sein, ob der Investor die „**praktische Fähigkeit**" zur Lenkung der relevanten Aktivitäten des Investitionsobjekts hat, z.B. bei Personenidentität von Vorstand/Geschäftsführung bei Investor und Investitionsobjekt. In Betracht zu ziehen sind auch die „speziellen Beziehungen" zum Investitionsobjekt, z.B. wenn es geleitet wird von früheren Beschäftigten des Investors oder dieser für Verbindlichkeiten des Investitionsobjekts bürgt.

Beispiel: Der Konzern K hält 45 % der Stimmrechte an einer börsennotierten Gesellschaft A. Damit bestehen Stimmrechte (Stufe 1), die möglicherweise für die Ausübung von Lenkungsmacht noch nicht ausreichend sind. K verfügt aber zusätzlich über eine Option auf weitere 10 % der Anteile (= Stimmen), Stufe 2. Schließlich hat K auf Hauptversammlungen in den letzten Jahren immer die **Präsenzmehrheit** und konnte „seine Leute" in den Aufsichtsrat von A wählen (Stufe 3, „praktische Fähigkeit").

Hier könnte die Einbeziehung der Option als sog. potenzielle Stimmrechte (Rz. 31.66) oder die Präsenzmehrheit[15] (Rz. 31.63) zu dem Ergebnis führen, dass K trotz fehlender Stimmrechtsmehrheit die Gesellschaft A beherrscht.

2. Nur substanzielle Rechte zählen

31.51 Rechte sind allerdings nur dann maßgebend, wenn sie **wirtschaftlich bedeutsam** (*substantive*) sind (IFRS 10.B22 ff.). Rechte, die nur „auf dem Papier" bestehen, führen somit nicht zu Beherrschung. Keine materielle Bedeutung haben u.a. folgende Rechte:

– Bei Ausübung des Rechts drohen empfindliche Entschädigungszahlungen (IFRS 10.B23ai).

– Informationen, die zur Ausübung des Rechts erforderlich sind, können nicht rechtzeitig erlangt werden (IFRS 10.B23av).

---

[15] Der IASB assoziiert Präsenzmehrheit mit „praktischer Fähigkeit" zur Beherrschung, vgl. IASB, Effect Analysis IFRS 10 and IFRS 12, September 2011, 22.

- Auch Gesetze können die Ausübung von Rechten aus Anteilen vereiteln, z.B. die fehlende Erlaubnis der Rechteausübung durch ausländische Investoren (IFRS 10.B23avii).
- Bei Bestehen von Optionen auf Anteile liegt der Optionspreis (weit) oberhalb des aktuellen Marktpreises. Die Option ist somit aus dem Geld, weshalb eine Ausübung der Option nicht in Betracht kommt (siehe zu potenziellen Stimmrechten Rz. 31.66 ff.).

Darüber hinaus kann es an der Substanz fehlen, wenn die Ausübung eines Rechts von weiteren Willensbekundungen anderer Personen abhängt und diese nicht erzwungen werden kann. Je mehr andere Personen beteiligt sind und je weniger die Ausübung eines Rechts vorausbestimmt ist, umso geringer ist die wirtschaftliche Substanz von Rechten. 31.52

3. Fehlende Lenkungsmacht trotz Stimmrechtsmehrheit (Widerlegung der Beherrschungsvermutung)

Stimmrechtsmehrheit führt im Normalfall zur Lenkungsmacht und letztlich zur Beherrschung und Vollkonsolidierung (Stufe 1, Rz. 31.50 und Beispiele in Rz. 31.27). Allerdings führt die Stimmrechtsmehrheit dann nicht zur Lenkungsmacht, wenn die Stimmrechte nicht substantiell sind (IFRS 10.B35). Neben den in Rz. 31.51 genannten Fällen kommen zur **Widerlegung der Beherrschungsvermutung** in Betracht: 31.53

- Ein Anderer (als der die Beherrschung prüfende Investor mit Stimmrechtsmehrheit) trifft (aufgrund vertraglicher Vereinbarungen) die maßgebenden Entscheidungen über die relevanten Aktivitäten des Investitionsobjekts (IFRS 10.B36). Sollte dieser Andere zusätzlich die variablen Rückflüsse für sich bestimmen können, wäre er selbst das Beherrschungssubjekt. Die Entscheidungen können auch einmalig getroffen worden sein, etwa bei Gründung des Investitionsobjekts. Daher sind hierunter die Fälle des „**Autopiloten**" bei strukturierten Gesellschaften zu subsumieren.
- Die Satzung bzw. der Gesellschaftsvertrag sieht für alle wichtigen *operativen* Entscheidungen eine **Quote von 75 % der Stimmen** vor. Eine Stimmrechtsmehrheit, die diese Quote nicht erreicht, führt noch nicht (alleine) zur Lenkungsmacht. Zur in diesem Zusammenhang wichtigen Abgrenzung zu Schutzrechten siehe Rz. 31.61.
- Wesentliche Verfügungsrechte werden auf einen **Insolvenzverwalter** übertragen. Hier hängt es von der Ausgestaltung des Insolvenzrechts bzw. von der Art des Insolvenzverfahrens ab, ob Lenkungsmachtverlust eingetreten ist: Bei der Bestellung eines Insolvenzverwalters nach § 56 InsO geht die Beherrschung ohne weiteres verloren; der Verwalter ist zudem auch kein Vertreter des Investors (Rz. 31.82 ff.), da er zugunsten der Gläubiger handelt. Bei beaufsichtigter Verwaltung (z.B. Insolvenzplanverfahren nach § 217 ff. InsO) ist zu prüfen, ob die Entscheidungsspielräume durch vielfältige Genehmigungsvorbehalte von Gerichten

oder Gläubigern (Bestimmung des Managements, Zustimmung zu wesentlichen Transaktionen etc.) so stark eingeschränkt sind, dass keine Kontrolle mehr vorliegt[16]. Sollte ausnahmsweise ein Fortbestehen der Beherrschung durch die bisherige Muttergesellschaft zu bejahen sein, wäre außerdem zu prüfen, ob diese noch variable Rückflüsse als 2. Beherrschungsmerkmal (Rz. 31.77) erwarten kann. Dies ist dann nicht der Fall, wenn keine Dividenden mehr zulässig, die Anteile oder Gesellschafterdarlehen wertlos sind oder auch keine (wesentlichen) Synergien mehr erzielt werden können[17]. Im Regelfall endet die Beherrschung daher mit Insolvenzantrag.

– In Übereinstimmung mit der Rechtsauffassung zu § 17 Abs. 2 AktG kann die Beherrschung auch durch **Stimmbindungsverträge** widerlegt werden, bei denen die Stimmrechtsmehrheit nicht ausgeübt werden darf, sowie durch **Entherrschungsverträge**.[18] Allerdings ist insbesondere dann nach dem Gesamtbild der Verhältnisse zu prüfen, ob eine Beherrschung nicht aufgrund anderer Merkmale, etwa vertraglicher Vereinbarungen u.ä. vorliegt (Rz. 31.50 und im Folgenden).

4. Würdigung sonstiger vertraglicher Vereinbarungen

31.54 Sofern sich die Lenkungsmacht *nicht* bereits aus bestehenden Stimmrechten ergibt, sind sonstige vertragliche Vereinbarungen zu würdigen (IFRS 10.B17 i.V.m. IFRS 10.B51-54, Stufe 2 in Rz. 31.50 und Spezialfälle ab Rz. 31.29). Zu solchen Vereinbarungen zählen etwa Call- und Put-Rechte. Im Einzelfall sind alle in Verträge gekleideten Rechte (*embedded decision-making-rights*) zu identifizieren (IFRS 10.B52). Außerdem ist zu beachten, dass die maßgebenden Rechte situationsabhängig sein können (IFRS 10.B53, Beispiel 11f.).

Beispiel: Ein Investitionsobjekt investiert in Schuldtitel. Bei normalem Geschäftsablauf besteht die einzige und insoweit keine Entscheidungen hervorrufende Aktivität in der Einziehung von Zinsforderungen und von fälligen Papieren. Sofern die Titel notleidend werden, geht allerdings das Recht zu ihrer Verwaltung über eine Put-Option auf einen Investor über. Nur dann werden relevante Aktivitäten erforderlich: Da die Variabilität der Rückflüsse im Wesentlichen aus dem Kreditausfall resultiert, übt dieser Investor von vornherein die Lenkungsmacht über das Investitionsobjekt aus[19] (siehe aber Rz. 31.88 zu einer im Zeitablauf auf eine andere Person übergehenden Lenkungsmacht).

5. „Praktische Fähigkeit" zur Ausübung von Lenkungsmacht

31.55 Schwieriger zu greifen sind die Fälle, in denen sich aus der Satzung oder anderen vertraglichen Vereinbarungen noch keine Lenkungsmacht ableiten lässt. Im Einzelfall mag das Recht in der „*praktischen Fähigkeit*" zur Ausübung von Lenkungsmacht

---

16 Vgl. EY, iGAAP 2018, S. 359.
17 Vgl. EY, iGAAP 2018, S. 382.
18 Voraussetzung ist Schriftform, Laufzeit von mindestens fünf Jahren (damit die nächste Aufsichtsratswahl nicht dominiert werden kann); vgl. *Vetter* in Schmidt/Lutter[3], § 17 Rz. 60 ff.; *Hüffer/Koch*, Aktiengesetz[13], § 17 AktG Rz. 22.
19 Vgl. auch IASB, Effect Analysis IFRS 10 and IFRS 12, September 2011, 31.

bestehen (IFRS 10.B18). Die Ausführungen in IFRS 10.B18 sind missverständlich, da Rechte u.E. nur aus Vereinbarungen resultieren können. Allerdings können Vereinbarungen auch „stillschweigend" getroffen werden und müssen nicht unbedingt schriftlich fixiert sein.

Beispiel: Derartige stillschweigende Vereinbarungen dürften vorzugsweise unter **nahestehenden Personen** (*related parties*) anzutreffen sein: IFRS 10.B18c-e sowie IFRS 10.B19a nennen hierzu u.a. den Fall, dass das Management einer Firma mit dem des Konzern identisch ist oder von diesem gestellt oder bestimmt werden darf. Unklar ist indessen, was unter Bestellungs- oder Vetorechten zugunsten des Konzerns, jedoch ohne vertragliche Vereinbarungen (IFRS 10.B18a,b) zu verstehen ist. Hier bestehen Überschneidungen zum Kriterium, dass eine agierende Person als de facto Vertreten für den Konzern handelt und der Konzern den vom de facto Vertreter geführten „investee" daher beherrscht (Rz. 31.85).

Außerdem sollen sich Lenkungsrechte aus besonderen Beziehungen zum Investitionsobjekt ergeben können (IFRS 10.B19), etwa aus der **Bereitstellung wesentlicher Finanzmittel**, Ressourcen, Garantien für wesentliche Verbindlichkeiten, oder Aktivitäten zugunsten (*on behalf*) des Investors. Hier ergeben sich Abgrenzungsprobleme zwischen Lenkungsmacht und bloßen geschäftlichen Beziehungen (Rz. 31.74). 31.56

Etwas artifiziell erscheint die Anweisung in IFRS 10.B21, dass bei der Prüfung der Beherrschung den in IFRS 10.B18 genannten Kriterien (*praktische Fähigkeit*) größeres Gewicht beizulegen sei als den in IFRS 10.B19 genannten (*spezielle Beziehung zum investee*). 31.57

6. Zeitbezug: Gegenwärtige Möglichkeit *(„current ability")* zur Lenkungsmacht

IFRS 10 stellt auf die *Möglichkeit* der Ausübung von Lenkungsmacht via Stimmrechten oder sonstigen vertraglichen Vereinbarungen ab. Das Vorliegen substanzieller Rechte (Rz. 31.51) ist gewissermaßen die notwendige Bedingung; hinreichend zur Beurteilung von Lenkungsmacht ist erst, wenn die Rechte auch ausgeübt werden *könnten*. 31.58

Beispiel: Konzern K verfügt über die Mehrheit der Stimmrechte an TU. K könnte seine Stimmrechte auch ausüben, hat aber in Gesellschafterversammlungen bisher noch nie abgestimmt („**passiver Mehrheitsgesellschafter**"). Dennoch liegt Lenkungsmacht vor (IFRS 10.BC52, 121). Die Wertung ist überzeugend, denn die Nichtabstimmung impliziert, dass die Dinge bei TU i.S.d. K laufen.

Fraglich ist indes, zu welchem Zeitpunkt die Möglichkeit der Beherrschung bestehen muss, insbesondere, wenn Gremienbeschlüsse erst nach dem Bilanzstichtag getroffen werden können. 31.59

Beispiel: Konzern K, bisher Minderheitsaktionär von TU, besitze am Bilanzstichtag eine Option auf die Mehrheit der Anteile (Stimmrechte), die (Fall a) ab Tag 25 nach dem Bilanzstichtag (Alternativfall b: in 6 Monaten) ausübbar sei. Bei TU könnte die nächstmögliche Hauptversammlung erst in 30 Tagen nach dem Bilanzstichtag einberufen werden. Wer hat am Bilanzstichtag Lenkungsmacht über TU, der aktuelle Mehrheitsaktionär M oder der aktuelle Minderheitsaktionär und Optionsinhaber K?

Nach IFRS 10.B24, Beispiel 3B soll im Fall (a) der Optionsinhaber K die *current ability* zur Lenkung der relevanten Aktivitäten innehaben. Dabei komme es nur insofern auf die Verhältnisse am Bilanzstichtag an, als die Option zu diesem Zeitpunkt bestehen und wirtschaftlich bedeutend (*substantive*), also im Geld sein müsse (Rz. 31.66). Die *current ability* des Optionsinhabers resultiere daraus, dass der bisherige Mehrheitsaktionär am Bilanzstichtag nicht mehr in der Lage sei, die Geschäftspolitik zu ändern (sondern erst am Tag 30). Vielmehr sei es der Optionsinhaber, der Entscheidungen über die relevanten Aktivitäten „dann, wenn sie anstehen" treffen könne.

Bei der Variante (b) dagegen (Ausübung der Option in 6 Monaten) ist es der bisherige Mehrheitsaktionär M, der die Lenkungsmacht ausübt, weil dieses Mal er es ist, der die Geschäftspolitik ändern kann, *„when the decision needs to be made"* (in 30 Tagen).

31.60 Die Lösung des IASB zu Fall (a) überzeugt nicht in allen Fällen:[20] Zum einen hatte der IASB börsennotierte AG's vor Augen, während bei GmbH's Gesellschafterversammlungen kurzfristiger einberufen werden können. Zum anderen werden relevante Entscheidungen (Rz. 31.45 f.) in dualen Systemen nicht von Hauptversammlungen, sondern vom Aufsichtsrat getroffen. Außerdem ist zu beachten, dass Lenkungsmacht nicht nur positive Gestaltungsmöglichkeiten hervorruft, sondern auch die Fähigkeit umfasst, unliebsame Entscheidungen zu verhindern: Am Bilanzstichtag ist jedoch der Optionsinhaber K nicht in der Lage, die vom bisherigen Mehrheitsanteilseigner M eingeschlagene Richtung zu ändern. Weiterhin sind (potenzielle) Lenkungsmacht und daraus resultierende Rückflüsse nicht miteinander synchronisiert: Üblicherweise hat der Optionsinhaber vor Zahlung des Optionspreises keinen Dividendenanspruch; er ist bis zur Ausübung auch nicht dem Risiko von Wertverlusten ausgesetzt. Zu potenziellen Rechten siehe Rz. 31.66 ff.

7. Schutzrechte *(protective rights)* führen nicht zur Lenkungsmacht

31.61 Schutzrechte einzelner Beteiligter dienen dem Schutz *dieser* Personengruppen, begründen für diese aber nicht bereits eine Lenkungsmacht über die relevanten Aktivitäten (IFRS 10.14, B27). Zu solchen Schutzrechten gehören insbesondere satzungsrechtliche Sperrminoritäten, z.B. Änderung des Geschäftszwecks, aber auch Überschreitung eines bestimmten Investitionsbudgets (IFRS 10.B28b) oder die Absicherung von Gläubigern gegen einen Veränderung des Risikoprofils beim Kreditnehmer oder Sicherheitenverwertungsrechte bei eintretendem Kreditausfall (IFRS 10.B28a, c).

Beispiele:

(1) Die „normale" **Sperrminorität für Satzungsänderungen** (i.d.R. 75 %) über den Geschäftszweck stellt ein *protective right* für nicht beherrschende Anteilseigner (nbA) dar. Sie führt aber umgekehrt für den beherrschenden (Mehrheits-)Gesellschafter nicht zum

---

20 Ähnlich kritisch, wenngleich mit anderer Begründung Haufe IFRS-Komm, § 32 Rz. 16 f.

Verlust der Lenkungsmacht, die er für die relevanten Aktivitäten unverändert ausüben kann.

(2) Dagegen liegt bei einer **Sperrklausel**, die sich auf wesentliche operative Entscheidungen bezieht, beim Mehrheitsgesellschafter keine Lenkungsmacht mehr vor. U.E. ist dann bei z.B. zwei Gesellschaftern (eher) der Tatbestand einer gemeinsamen Beherrschung erfüllt (Rz. 31.2, 32.23 ff.).

8. Berechnung der (Stimmrechts-)Mehrheit

Wie die **Mehrheit der Stimm- und sonstigen Rechte** zu ermitteln ist, lässt IFRS 10 offen. Bislang wurde analog der Regelungen der 7. EG-Richtlinie bzw. der Bilanzrichtlinie 2013 verfahren (dies entspricht § 290 Abs. 3 und 4 HGB)[21]. U.E. kann auch unter IFRS 10 so vorgegangen werden:

31.62

Stimmrechte, die Tochtergesellschaften zustehen	Volle und nicht nur anteilige Zurechnung
Stimmrechte von assoziierten oder Gemeinschaftsunternehmen an TU	Keine Berücksichtigung
Stimmrechte aus eigenen Aktien des betreffenden Unternehmens oder dessen Tochtergesellschaften	Werden bei der Berechnung der Gesamtzahl abgezogen
Auf Rechnung anderer gehaltene Stimmrechte	Werden abgezogen
Von anderen für den Konzern gehaltene Stimmrechte (zu Handlungen „in Vertretung" siehe Rz. 31.82 ff.)	Werden hinzuaddiert

9. Präsenzmehrheit, faktische Beherrschung

Kann ein Investor über Lenkungsmacht gegenüber einem Investitionsobjekt verfügen, wenn er weniger als die Hälfte der (substantiellen, Rz. 31.51) Stimmen besitzt? Die Antworten auf die hier angesprochene Frage der Präsenzmehrheit auf Hauptversammlungen waren auf Basis des insoweit unzureichenden IAS 27 (2008) in der Literatur umstritten.[22] IFRS 10 formuliert nun ein klares „ja" zur Möglichkeit der faktischen Beherrschung und gibt entsprechende Hilfestellungen für die notwendigerweise nicht ermessensfreie Beurteilung:

31.63

Beispiele:

a) A hat 48 % der Stimmrechte an B, Rest Streubesitz (IFRS 10.B43, Beispiel 4)

---

21 So *Baetge/Hayn/Ströher* in Baetge-IFRS, IFRS 10 Rz. 94 ff. sowie zu Einzelheiten der Berechnung *Busse von Colbe* u.a., Konzernabschlüsse[11], 103 ff.
22 Der IASB selbst bejahte die Control-Möglichkeit (IASB Update Oktober 2005, 2), ließ aber auch andere Auffassungen zu, so dass in Bezug auf das Stimmrechtskriterium von einem faktischen Wahlrecht ausgegangen wurde. Zu Literaturnachweisen s. 4. Auflage, Rz. 3022.

b) A hat 40 % der Stimmrechte an B, die restlichen Anteilseigner je 5 %. Zusätzlich hat A das Organbestellungsrecht, das nur mit 2/3-Mehrheit geändert werden kann (IFRS 10.B43, Beispiel 5[23])

c) A hat 60 % der Stimmrechte, wovon 15 % aufgrund einer Stimmrechtsvereinbarung nicht ausübbar sind. Bei den restlichen 40 % handelt es sich um Streubesitz.

d) Wie b), nur ohne Organbestellungsrecht des A (IFRS 10.B45, Beispiel 7)

e) A hat 45 % der Stimmrechte an B, zwei andere Anteilseigner je 26 %, Rest Streubesitz (IFRS 10.B44, Beispiel 6)

f) A hat 35 % der Stimmrechte an B, drei andere je 5 %, Rest Streubesitz. Operative Entscheidungen bedürfen einer 75 %-Mehrheit. In der Vergangenheit haben die Anteilseigner ihr Stimmrecht rege wahrgenommen (IFRS 10.B45, Beispiel 8).

In den Fällen (a) bis (c) ist Lenkungsmacht zu bejahen, in den anderen Fällen nicht. Es ist im Übrigen unerheblich, ob A seine Rechte tatsächlich ausgeübt hat; maßgeblich ist lediglich, dass er sie ausüben *könnte* (*current ability*, Rz. 31.58).

31.64 Die besondere Schwierigkeit bei der Beurteilung von „faktischer" Lenkungsmacht besteht in der hierfür notwendigen **Kenntnis des Anlegerkreises**.[24] Im Grundsatz gilt: Je „kleiner" und „heterogener" die anderen Stimmrechtsinhaber sind, desto eher kann für den einen großen Minderheitsgesellschafter Präsenzmehrheit vorliegen. Probleme bestehen aber, wenn zwischen mehreren potenziellen „Beherrschern" eine Vorrangentscheidung getroffen werden muss und keine vollständige Information über die Zusammensetzung des Anlegerkreises vorliegt. Nach Prüfung aller Umstände besagt schlussendlich als **Auffangklausel** IFRS 10.B46: „*If it is not clear ... that the investor has power, the investor does not control the investee*" (!).

31.65 IFRS 10 hat vor allem den Fall vor Augen, dass ein Investor im Laufe der Zeit („*over the time*") das Management nach seinen Vorstellungen besetzen könnte mit der Folge, dass die betreffende Gesellschaft für den Investor wichtige Rechtsgeschäfte abschließt (IFRS 10.BC111). Hier wird deutlich: Das positive Ergebnis einer Lenkungsmacht ist im Zusammenhang mit den „relevanten Aktivitäten" zu würdigen und entsteht nicht „ad hoc"; bei gerade erworbenen Anteilen fehlt es an einer **verlässlichen Abstimmungshistorie** (IFRS 10.B42d), insbesondere in konfrontativen Situationen. Es fehlt aber möglicherweise auch noch an der engeren Bindung zum die Lenkungsmacht beurteilenden Konzern. Auf der anderen Seite sind die Regelungen zur Präsenzmehrheit u.E. bei eindeutigen und im **Zeitablauf stabilen Stimmrechtsverhältnissen** unter Berücksichtigung der sonstigen Beziehungen des Investors mit dem Investitionsobjekt (Rz. 31.44 ff., Rz. 31.55 f.) akzeptabel. Das verhindert dann auch ständige Erst- und Entkonsolidierungen infolge häufig wechselnder Beherrschungslagen.

10. Potenzielle Stimmrechte

31.66 Zum Umfang der Stimmrechte gehören nicht nur die am Abschlussstichtag bestehenden Rechte, sondern möglicherweise auch sog. **potenzielle Stimmrechte**

---

23 Vgl. auch IASB, Effect Analysis IFRS 10 and IFRS 12, September 2011, 23.
24 Vgl. *Erchinger/Melcher*, DB 2011, 1229 (1238).

(IFRS 10.B47 ff.) auf Grund von **Kaufoptionen, Wandelschuldverschreibungen** u.Ä. einschließlich der Optionen auf solche Instrumente. Hier ist allerdings deren wirtschaftliche Substanz zu prüfen.

Beispiel: A hält 70 %, B 30 % der Stimmrechte an X. B hat außerdem eine Kaufoption auf die Hälfte (35 %) von A's Anteilen (= Stimmen) an X. Die Kaufoption ist zwar gegenwärtig ausübbar (Rz. 31.58) und läuft noch 2 Jahre, ist aber weit „aus dem Geld", d.h. der Optionspreis übersteigt bei weitem den Marktwert der Anteile (IFRS 10.B50 Beispiel 9).

Nach IFRS 10 sind nur *substanzielle* potenzielle Rechte beachtlich. Daher gehört eine Option, die

– deutlich „aus dem Geld" ist und

– bei der der Zuschlag zum Marktwert der Anteile auch nicht durch Synergien des Optionsinhabers ausgeglichen wird,

nicht zu den *substantive rights*.[25] Sie ist folglich bei der Prüfung der Lenkungsmacht nicht zu berücksichtigen (IFRS 10.B23c).

Eine andere Würdigung kann sich unter Berücksichtigung von Synergien ergeben. Hierzu folgendes Beispiel.

31.67

Beispiel: A, B und C sind zu gleichen (Stimm-)anteilen an X beteiligt. A besitzt außerdem eine jederzeit wandelbare Schuldverschreibung der X, die ihm bei Wandlung 60 % der Stimmrechte verschaffen würde. Die „relevanten Aktivitäten" der X harmonieren mit A, so dass dieser bei Wandlung der Schuldverschreibung Synergien realisieren könnte (IFRS 10.B50, Beispiel 10).

In diesem Fall sollen die potenziellen Stimmrechte zusammen mit den tatsächlichen dem A die Lenkungsmacht ermöglichen. Das Ergebnis erscheint sachgerecht, auch, weil hier keine Konkurrenz zu (u.E. vorrangigen) tatsächlichen Mehrheitsanteilseignern besteht.

Zu den Beurteilungskriterien der wirtschaftlichen Substanz von Options- und ähnlichen Rechten gehören auch die Ausübungsbedingungen, etwa auf der Zeitschiene. Eine Kaufoption, die erst *nach* der nächsten Gesellschafterversammlung ausgeübt werden kann, spielt für die Beurteilung der Lenkungsmacht *am* Bilanzstichtag keine Rolle. Etwas anderes soll gelten, wenn die Option *vor* der nächsten Gesellschafterversammlung ausgeübt werden kann (Rz. 31.59 f.).

31.68

In der Literatur wird außerdem und u.E. zutreffend die Ansicht vertreten, dass die Notwendigkeit wesentlicher **kartellrechtlicher Genehmigungen** für einen Anteilserwerb das Vorliegen von Lenkungsmacht nach wie vor ausschließt[26] (Rz. 36.52).

31.69

Bei der Prüfung potenzieller Stimmrechte – im Übrigen nicht nur die des die Lenkungsmacht beurteilenden Investors, sondern auch die der anderen Investoren – ist u.E. außer der wirtschaftlichen Substanz (Rz. 31.66) und der Möglichkeit der Ausübung (Rz. 31.68) entscheidend, ob eine Konkurrenz zu einem gegenwärtigen (tat-

31.70

---

25 Vgl. auch IASB, Effect Analysis IFRS 10 and IFRS 12, September 2011, 36.
26 Vgl. *Beys/Buschhüter/Schurbohm*, WPg 2011, 662 (669).

sächlichen) **Mehrheitsanteilseigner** besteht oder nicht. U.E. hat ein gegenwärtiger Anteilseigner immer Vorrang vor einem Optionsinhaber (Rz. 31.60), es sei denn, die Optionsvereinbarung enthält schon eine Übertragung von Lenkungsmacht noch vor Optionsausübung. Dann wäre aber vorrangig zu prüfen, ob nicht bereits eine tatsächliche Übertragung „der Anteile" erfolgt ist. Für diese Sichtweise spricht insbesondere, dass ein Optionsinhaber vor Optionsausübung gegenwärtig keinerlei Rückflüsse aus den Optionen erzielen kann (Rz. 31.77).

31.71 Die (missbräuchliche) **Vermeidung oder Herbeiführung von Konsolidierungen** verlust- oder gewinnträchtiger Gesellschaften mittels „gefahrloser" Einräumung potenzieller Stimmrechte dürfte regelmäßig scheitern[27]: Scheinoptionen zu Phantomkonditionen zählen mangels wirtschaftlicher Substanz von vornherein nicht (IFRS 10.B22, Rz. 31.51). Bei stillschweigenden Übereinkommen, Optionen *nicht* auszuüben, läge eine Stimmrechtsvereinbarung nach IFRS 10.B39 vor (Rz. 31.27). Außerdem kann auch die Würdigung der Mutter-Tochter-Beziehung als Zweckgesellschaft (strukturierte Gesellschaft) in Betracht kommen (variable Rückflüsse *ohne* gleichzeitige Stimmrechtsmehrheit).

31.72 In **konfrontativen Situationen**, etwa beim „Anschleichen", d.h. dem heimlichen Ankauf von Optionen, kommt u.E. die positive Würdigung auf Lenkungsmacht ohnehin nicht in Betracht. Es ist jedenfalls absurd anzunehmen, dass jemand, den der Pförtner am Empfang abweist, dieses Unternehmen beherrschen soll. Hinzu kommen ganz praktische Aspekte, und zwar der fehlende Zugang zu den für eine Konsolidierung erforderlichen Daten.

31.73 Sollten potenzielle Stimmrechte dennoch einmal zu Lenkungsmacht und nach Prüfung der übrigen Kriterien zur Beherrschung führen, ist im Hinblick auf die Konsolidierung eines Mutter-Tochter-Verhältnisses folgende Differenzierung zu beachten:

Prüfung der Lenkungsmacht	Potenzielle Stimmrechte sind im Regelfall nur zur Beurteilung des Einflusses auf das Beteiligungsunternehmen zu berücksichtigen
Tatsächliche Konsolidierung	a) Die **tatsächliche Konsolidierung** erfolgt grundsätzlich **weiterhin auf Basis der tatsächlichen Kapitalanteile** am Abschlussstichtag (IFRS 10.B89); b) Die Konsolidierung erfolgt jedoch ausnahmsweise dann auf Basis der Kapitalanteile unter Einbeziehung der potenziellen Stimmrechte, wenn „an entity has, in substance, an existing (!) ownership interest as a result of a transaction that currently (!) gives the entity access to the returns (!) associated with an ownership interest." (IFRS 10.B90).

Das Bilanzierungsvorgehen (a) eröffnet bilanzpolitische Spielräume, den Goodwill bei sukzessivem Beteiligungserwerb im Ergebnis mit dem Eigenkapital zu verrechnen (Rz. 39.82). Bemerkenswert ist jedoch die Alternative (b), insbesondere wegen der Verknüpfung potenzieller Stimmrechte mit *(current) returns*, denn hie-

---

[27] Vgl. 4. Auflage, Rz. 3020.

raus folgt im Umkehrschluss (zutreffend), dass potenzielle Stimmrechte im Regelfall (IFRS 10.B89) *keinen* Zugriff auf *returns* gewähren. Hier zeigt sich sehr deutlich, dass die Regelung zu potenziellen Stimmrechten in IFRS 10.12 i.V.m. 10.B47 ff. einseitig auf die Frage der Lenkungsmacht schielt und nicht mit der zweiten essentiellen Beherrschungsvoraussetzung der variablen Rückflüsse synchronisiert ist (Rz. 31.77). Davon abgesehen wäre im Ausnahmefall (b) vorrangig zu prüfen, ob eine Vereinbarung nicht tatsächlich bereits als Veräußerung bzw. zumindest als vertragliche Übertragung von Stimmrechten zu werten ist.

11. Lenkungsmacht durch enge geschäftliche Beziehungen

Besondere (geschäftliche) Beziehungen können (ggf. in Verbindung mit weiteren Rechten) ebenfalls auf Lenkungsmacht hindeuten (IFRS 10.B19, Rz. 31.56). Insbesondere ist zu prüfen, ob das Vorhandensein derartiger Beziehungen Hinweise auf bisher nicht berücksichtigte Rechte bietet. 31.74

Beispiel: Eine Bank B hat die wesentliche Finanzierung der *asset backed security* Gesellschaft X übernommen (IFRS 10.B19bi) bzw. garantiert einen wesentlichen Teil ihrer Verbindlichkeiten (IFRS 10.B19bii). B kann dafür die Verwertungserlöse beanspruchen. Gemäß einer Vereinbarung kann diese Konstruktion ohne Mitwirkung der B nicht geändert werden; im Übrigen stehen bei X keine nennenswerten operativen Entscheidungen an. B hat Lenkungsmacht über X auch ohne gesellschaftsrechtliche Beteiligung: In der einzigen Situation, in der es etwas zu entscheiden gab, hat B sich via Lenkungsmacht die variablen Rückflüsse gesichert und damit die Beherrschung.

In anderen Fällen ist die Beurteilung schwieriger: 31.75

Beispiele:

a) A stellt hochspezielle Maschinen zur Präzisionsfertigung her. Hierfür greift A auf ein Patent des Konzerns K zurück (IFRS 10.B19biii). K liefert außerdem einen essentiellen metallurgischen Werkstoff zur Produktion der Maschinen (IFRS 10.B19biv) und stellt dem A spezialisiertes Personal zur Verfügung (IFRS 10.B19bv). A hat das exklusive Verwertungs- bzw. Bezugsrecht für K's Patent bzw. dessen Werkstoff. Über die schuldrechtlichen Vereinbarungen schöpft K einen wesentlichen Teil der Marge des A ab. K hält aber weder eine Beteiligung an A noch hat es Bestellungsrechte o.Ä.

b) Aufgrund eines **Franchisevertrag**es hat der Franchisegeber F das Recht, den Geschäftsablauf des Franchisenehmers in einer Weise zu überwachen und mitzubestimmen, dass die Franchisemarke geschützt wird (IFRS 10.B29 ff.).

Generell führen enge geschäftliche Verbindungen für sich, insbesondere die ökonomische Abhängigkeit von Geschäftspartnern, z.B. zwischen **Lieferant und Hauptkunde**, noch nicht zu einer Beherrschung (IFRS 10.B40). Es müssen andere Rechte und Vertragsbeziehungen hinzukommen, die eine aktive Steuerung der maßgeblichen Aktivitäten ermöglichen.

Im Fall (a) sind u.E. folgende Aspekte zu berücksichtigen: Beruht die Zurverfügungstellung von Dienstleistungen, Patenten, Personal auf fremdüblichen (fixen) Entgelten, bleiben dem Leistungsempfänger A die variablen Überschüsse. Bei marktüblichem Preisgefüge, ggf. auch mit Preisgleitklausel, kann ein Lieferant (Hauptabnehmer) keine Beherrschung i.S.v. IFRS 10 ausüben. Ohne zusätzliche Lenkungsrechte liegt keine Beherrschung des A durch K vor.

In Bezug auf **Franchise**, Fall (b), stellt IFRS 10.B30 f. explizit klar, dass die Rechte des Franchisegebers im Normalfall auf den Schutz der Marke beschränkt sind, sich jedoch nicht auf die Steuerung der (sonstigen) relevanten Aktivitäten des Franchisenehmers erstrecken: Schutzrechte führen nicht zur Lenkungsmacht (Rz. 31.61).

Außerdem ist zu beachten, dass die Prüfung von Beherrschungen ihren Ausgangspunkt bei der Entstehung und dem Zweck eines möglichen Beherrschungsobjekts nimmt (Rz. 31.40 ff.): Wenn bei (a) der Konzern nicht an der Gründung des A beteiligt war, fehlte insofern ein Interesse an der Etablierung. Kommen dann im Laufe der Zeit Liefer- und Leistungsbeziehungen, wenn auch intensiver Natur dazu, führt dies (alleine) noch nicht zur Lenkungsmacht.

31.76 Aus ökonomischer Logik heraus vermutet IFRS 10.B20, dass ein Investor umso mehr Beherrschungsrechte zu erlangen versucht, je höher die Variabilität der Rückflüsse aus dem Investitionsobjekt ist. Andererseits sollen hohe variable Rückflüsse für sich allein noch nicht zur Beherrschung ausreichen. Es sind die Fälle in „**Graubereichen**"[28] angesprochen, auch „**hybride Kooperationsformen**"[29] genannt, die etwa durch strategische Allianzen, Netzwerke, Outsourcing, Verbriefungsgesellschaften, Just-in-time Lieferbeziehungen, *take-or-pay*-Vereinbarungen geprägt sind sowie durch die Verlagerung von Entscheidungsbefugnissen auf flexible Leitungsgremien.

Der umfangreiche Katalog in IFRS 10.B18 f. ist als Reaktion darauf zu verstehen. Es sollen alle wesentlichen Beherrschungsaspekte, insbesondere die „gut versteckten", gewürdigt werden.

IV. Variable Rückflüsse

31.77 Die Entscheidungsmacht muss dazu dienen, aus einem Investitionsobjekt schwankende bzw. variable Rückflüsse (*variable returns*) zu erzielen. Hierbei kann es sich um

(a) Gewinne,

(b) Verluste oder

(c) um beides

handeln (IFRS 10.15). In Bezug auf Gewinne spricht IFRS 10.7b (ähnlich wie bei der Lenkungsmacht) von *Rechten* auf Gewinne. Allerdings müssen diese nicht notwendigerweise zahlungswirksam sein, wie sich an folgenden Beispielen für Gewinne zeigt: (i) laufende Dividenden, (ii) Wertsteigerungen, (iii) Vergütungen für Risikoübernahmen, (iv) Ansprüche auf Liquidationserlöse, (v) Steuervorteile, (vi) Zugang zu künftiger Liquidität aufgrund der Verbindung mit dem Investitionsobjekt,

---

28 Vgl. *Beyhs/Buschhüter/Schurbohm*, WPg 2011, 670.
29 Vgl. *Schmidt*, DBW 2003, 138.

(vii) Synergieeffekte (IFRS 10.B57, 10.BC63). Wegen des Ausfallrisikos können auch „an sich" fixe zu variablen Rückflüssen i.S.v. IFRS 10 führen (IRFS 10.B56).

Beispiel: Ein Investor ist an einem Rentenfonds beteiligt. Erwartungsgemäß ergeben sich daraus fixe Rückflüsse. Aufgrund des Kreditausfallrisikos liegen jedoch tatsächlich variable Rückflüsse vor.

Eine hohe Variabilität der Rückflüsse soll (zutreffend) Anlass geben, Lenkungsmacht zu prüfen (IFRS 10.B20, Rz. 31.76). 31.78

Die rechtliche Ausgestaltung variabler Rückflüsse ist unbeachtlich;[30] entscheidend ist der wirtschaftliche Gehalt. Rechtliche Aspekte spielen nur eine Rolle in der Feststellung der Lenkungsmacht (Rz. 31.50 ff.) und in deren Einsatz zur Steuerung variabler Rückflüsse (siehe nachfolgend Rz. 31.80 ff.). 31.79

V. Zusammenhang zwischen Lenkungsmacht und variablen Rückflüssen

1. Variable Rückflüsse statt *risk and rewards*

Materiell sieht der IASB in der Kombination von Lenkungsmacht (*power*) und daraus resultierenden variablen bzw. schwankenden Rückflüssen (*variable returns*) einen wesentlichen Fortschritt gegenüber der Altregelung (IFRS 10.BC29 ff.): Beherrschung liegt erst vor, wenn schwankende Rückflüsse via Lenkungsmacht gesteuert werden können. Der bisherige Begriff „*risk and rewards*" als alleiniges Beherrschungskriterium aus SIC-12 wird nicht mehr verwendet (Rz. 31.35). Allerdings gilt er nun als Indiz für die Beherrschungsprüfung, denn: Je mehr Chancen und Risiken ein Investor ausgesetzt ist, umso größer ist der Anreiz, dass er auch nach Lenkungsmacht strebe. Das Innehaben von Chancen und Risiken ist so eine notwendige, aber keine hinreichende Bedingung für Beherrschung (IFRS 10.BC32). 31.80

Beispiel: Der Konzern K ist mehrheitlich an einem Fonds F beteiligt. Deren Investoren und damit mehrheitlich K geben die Anlagerichtlinien (Art und Risikoklasse der *assets*) grob vor, ohne dem Fondsmanager M die konkrete Anlageentscheidung abzunehmen. Die maßgebende Aktivität des Fonds besteht in der Vermögensverwaltung. Je nach Anlageerfolg erzielt K aus seinem Investment zwar schwankende Erträge, im schlimmsten Fall auch Verluste. Dennoch beherrscht K den Fonds nicht, da K nicht die maßgebende Aktivität der Vermögensverwaltung steuert (ähnlich IFRS 10.B72[31]). Ob umgekehrt M den Fonds zu konsolidieren hätte, hängt davon ab, inwieweit er schwankenden Rückflüssen ausgesetzt ist (Rz. 31.82).

Wer umgekehrt Lenkungsmacht ausübt, aber selbst keine schwankenden Rückflüsse aus einem Investitionsobjekt erzielt, beherrscht dieses nicht, weil die Lenkungsmacht keinen Nutzen abwirft (IFRS 10.BC34; siehe auch bereits Beispiel in Rz. 31.29). 31.81

Beispiel: Konzern K besitzt 100 % der Stimmen an Unternehmen P. P fällt in die Insolvenz. Es wird ein **Insolvenzverwalter** eingesetzt. Dieser steuert zwar (nun) die maßgeblichen Akti-

---

30 Vgl. *Brune* in Beck IFRS-HB[5], § 30, Rz. 50.
31 Vgl. auch IASB, Effect Analysis IFRS 10 and IFRS 12, September 2011, 35.

vitäten, hat aber selbst keinen Anspruch auf die maßgeblichen Rückflüsse. Diese wiederum stehen i.d.R. (Rz. 31.53) den Gläubigern zu, so dass der Verwalter auch kein Vertreter des K ist (Rz. 31.82 ff.). Somit üben weder P noch K Kontrolle über die insolvente Tochtergesellschaft aus (IFRS 10.B37).

2. Zurechnung der Handlungen von Vertretern

31.82 Im Einzelfall kann sich die Beurteilung der Entscheidungsmacht als komplex erweisen:

Beispiel: Wie Rz. 31.80, nur mit der Maßgabe, dass die Investoren zusätzlich den Fondsmanager M jederzeit, aber nur aus wichtigem Grund abberufen dürfen. Das auf wichtige Gründe beschränkte **Abberufungsrecht** ermöglicht immer noch nicht die Durchsetzung der Ziele der Investoren, da es lediglich ein Schutzrecht darstellt (IFRS 10.B72, Beispiel 14A und 14B, Rz. 31.61). Nach wie vor wird der Fonds von den Investoren und damit auch von dem mehrheitlichen Investor K nicht beherrscht.

Ob M seinerseits den Fonds beherrscht, hängt von seinem Anteil an den Fondsüberschüssen ab. Diese können entweder in einer hohen Beteiligung oder einer hohen, das normale Vergütungsniveau übersteigenden Vergütung liegen. In Beispiel 14A wird bei einem Fondsanteil von 2 % bei Verlustausschluss keine, im Beispiel 14B bei einem Anteil von 20 % hingegen Beherrschung angenommen. M habe nun größere Anreize, seine Entscheidungsmacht zu nutzen, Entscheidungen zu seinem Vorteil statt zum Vorteil der anderen Investoren zu treffen[32].

Wegen des Fehlens von Lenkungsmacht sind die Investoren nicht Beherrschende. Das Beispiel zeigt aber die Problematik in Bezug auf den die Lenkungsmacht innehabenden Fondsmanager M: Führen 20 % Beteiligung bereits zur Beherrschung, 18 % aber noch nicht? Hier bestehen erhebliche Entscheidungsspielräume. Wäre M nur minimal (2 %) oder gar nicht beteiligt, würde der Fonds überhaupt nicht konsolidiert.

31.83 U.U. kommt es auf die Anzahl und das Gewicht der Investoren an:

Beispiel: Wie Rz. 31.82 mit dem Unterschied, dass der Fonds über ein von den Investoren gewähltes Aufsichtsgremium verfügt. Dieses bestellt den Fondsmanager jährlich neu und könnte bei Nichtverlängerung des Kontrakts jederzeit einen neuen Manager bestellen (IFRS 10.B72, Beispiel 14C).

– Hat ein Investor einen Mehrheitsanteil, kommt seinem Abberufungsrecht trotz ggf. signifikanter Beteiligung des Fondsmanagers das größere Gewicht zu. Der Fondsmanager handelt als Vertreter der Investoren (IFRS 10.B72, Beispiel 14C).

– Umgekehrt: Bei einer Vielzahl von Investoren – keiner ist mehrheitlich beteiligt – kommt dem Abberufungsrecht ein geringeres Gewicht bei. Nicht die Investoren beherrschen den Fonds, sondern der Manager (IFRS 10.B72, Beispiel 15).

31.84 Die Klassifizierung handelnder Personen als Vertreter (agent) oder Prinzipal nimmt im neuen IFRS 10 breiten Raum ein. Allerdings ist die Würdigung von Vertretungsverhältnissen ein alter Hut. Sie muss bei der Bilanzierung an vielerlei Stellen erfolgen, etwa wenn ein Vertreter mit Abschlussvollmacht Kaufverträge abschließt oder ein Prokurist Schulden eingeht. Die Ausführungen zu Vertretern stellen daher u.E.

---

32 Vgl. *Beyhs/Buschhüter/Schurbohm*, WPg 2011, 662 (666).

keine Schließung einer Regelungslücke dar, sondern sind (lediglich) Teil der neuen ausführlichen Anwendungsleitlinien.

3. De facto-Vertreter

Außer „offiziellen" oder vertraglich gebundenen Vertretern können auch Handlungsmöglichkeiten sog. „de facto-Vertreter" eine Beherrschung begründen (IFRS 10.B73). Es handelt sich um solche Personen, die der Konzern (*investor*) in einer Weise beeinflussen kann, dass diese im Sinne (*on behalf*) des Konzerns agieren (IFRS 10.B74). Beispiele (IFRS 10.B75):

31.85

— nahestehende Personen des Konzerns, z.B. wenn das Management eines potenziellen Beherrschungsobjekts mit dem Konzernmanagement identisch ist.
— Eine Person oder auch ein Unternehmen, das ohne die finanzielle Unterstützung des Konzerns (z.B. durch Rangrücktritt) nicht überleben kann.
— Eine Person, die ihre Anteile an anderen Unternehmen nicht ohne Zustimmung des Konzerns veräußert u.Ä.
— Eine Person, deren Einlage bei einem Beherrschungsobjekt vom Konzern finanziert wird.
— Außerdem sollen enge Geschäftsbeziehungen zu einer de facto-Vertretung führen können. Namentlich wird die Beziehung zu einem engen Kunden genannt (IFRS 10.B75 f.).

Jedes dieser Beispiele führt allerdings nicht bereits per se zu einer de facto Vertretung. IFRS 10 verlangt lediglich eine sorgfältige Prüfung, ob aufgrund der jeweiligen Umstände ein de facto Vertreter vorliegt.[33]

Beispiel: Eine Konzerntochter TU 1 halte 40 % der Anteile an A. Weitere 20 % an A gehören TU 2, der Rest konzernfremden Dritten. Beide TU werden wiederum von K beherrscht. Wie ist A im Teil-KA der TU 1 zu behandeln?

Variante 1: Das Management von M, TU 1 und TU 2 sei nicht identisch. Dann ist TU 2 aus Sicht von TU 1 zwar eine nahestehende Person; gleichwohl ist es unter Compliance Gesichtspunkten ausgeschlossen, dass TU 1 seine Schwestergesellschaft in irgendeiner Art anweisen kann, in der Gesellschafterversammlung von A im Sinne von TU 1 zu stimmen. Folglich ist TU 2 auch kein de facto Vertreter von TU 1. Mangels Beherrschung findet keine Vollkonsolidierung von A im Teil-KA TU 1 statt.

Variante 2: Das Management von K, TU 1 und TU 2 sei identisch. Dann wiederum ist ausgeschlossen, dass der Manager M in der Gesellschafterversammlung der A als Vertreter von TU 1 mit „hüh" und als Vertreter von TU 2 mit „hott" stimmt. Folglich kann TU 2 als de facto Vertreter von TU 1 gelten, so dass TU 1 die A unter Ausweis von 60 % nicht beherrschenden Gesellschaftern zu konsolidieren hätte.[34]

Die Beispiele sind u.E. nicht ausreichend trennscharf, insbesondere hinsichtlich **„besonderer geschäftlicher Beziehungen"**, da diese nach IFRS 10.B40 noch keine

31.86

---

[33] Vgl. EY iGAAP 2018, Bd. I, S. 399.
[34] Vgl. (ohne Unterscheidung der Varianten) EY iGAAP 2018, Bd. I, S. 400.

Beherrschung begründen (Rz. 31.74). Die vorstehenden Beispiele sind jedoch nicht aus der Luft gegriffen. So trifft das Thema der Verfügungsbeschränkungen und das der Finanzierung von Einlagen regelmäßig auf kreditfinanzierte Anteilserwerbe zu. Hier und generell empfiehlt es sich, bei der Ermessenausübung einen „intuitiven Pragmatismus" walten zu lassen, um das Kind nicht mit dem Bade auszuschütten. Wir rufen in Erinnerung: Es sind Zweck und Struktur des Investitionsobjekts (Rz. 31.40 ff.) sowie seine Entstehungsgeschichte zu berücksichtigen.

31.87 Andererseits kann IFRS 10 aus nachvollziehbaren Gründen (zwecks **Vermeidung von Missbrauch**) eine Beherrschung nicht davon abhängig machen, ob ein Konzern bereits an der Gründung eines Investitionsobjekts beteiligt war. Vielmehr sind die Änderungen im Beherrschungsgefüge zu beobachten und auszuwerten (Rz. 31.88). Letztlich wird man auch nicht darum herumkommen, Motivforschung zu betreiben, warum eine Struktur oder eine Vereinbarung gerade so geschaffen ist, wie sie sich darstellt (Rz. 31.29 ff., 31.54 ff.). Wenn (a) eine enge Geschäftsbeziehung sich erst im Laufe der Zeit entwickelt hat oder (b) eine Bank sich bei der Akquisitionsfinanzierung Sicherheiten in Form von Anteilsverpfändungen oder Verfügungsbeschränkungen einräumen lässt, handelt der betreffende Geschäftspartner (bei fehlender weiterer Beherrschungsmerkmale) selbstverständlich nicht als „de facto-Vertreter" des Konzerns. In anderen Fällen, z.B. der Konzern übernimmt die Finanzierung von Einlagen u.Ä., werden weitere Indizien vorhanden sein, die zu prüfen sind und aus denen sich ggf. eine Beherrschung ergibt.

VI. Regelmäßige Überprüfung der Beherrschungslage

31.88 Selbstverständlich ist eine einmal getroffene Beurteilung der Beherrschungslage regelmäßig zu hinterfragen. IFRS 10.B80 ff. listet komprimiert alle zu beachtenden Aspekte auf, ob z.B. eine Beherrschung noch mittels Stimmrechten erfolgt oder ob nicht vertragliche Vereinbarungen inzwischen an Bedeutung gewonnen haben, ob der Konzern noch bzw. nunmehr die Mehrheit der variablen Rückflüsse erzielt, ob eine Person noch bzw. nunmehr als Vertreter anzusehen ist usw.

Beispiel: Ein mit Eigen- und Fremdmitteln finanzierter Fonds erwirbt Finanzmarkttitel. Der mit 30 % am Eigenkapital beteiligte Fondsmanager M hat solange das alleinige Recht, den Fonds zu führen, bis das Eigenkapital durch Verluste aufgebraucht wird (Phase 1). Danach geht die Führung auf den Fremdkapitalgeber über (Phase 2) (ähnlich IFRS 10.B13, Beispiel 2).

Das Fondsmanagement stellt die maßgebende Aktivität dar. In der Phase 1 erzielt M daraus auch die Mehrheit der relevanten variablen Rückflüsse. In Phase 2 geht die alleinige Entscheidungsmacht jedoch auf den FK-Geber über. Da dieser auch einem erheblichen Ausfallrisiko ausgesetzt ist, erzielt er auch signifikante (variable) Rückflüsse, so dass der FK-Geber in Phase 2 den Fonds beherrscht.

31.89 IFRS 10.B85 stellt klar, dass eine Änderung von Marktbedingungen allein (und damit z.B. die Höhe der erwarteten Rückflüsse) noch nicht zu einer Änderung der Beherrschung führen, sondern erst die in IFRS 10.7 genannten Merkmale (Lenkungsmacht, Rückflüsse, link zwischen beiden).

VII. Zusammenfassendes Prüfschema

Im nachfolgenden Prüfschema[35] haben wir die Paragraphen des IFRS 10 mit den Randziffern unserer Kommentierung verlinkt. Auf diese Weise sind die relevanten Stellen schnell auffindbar. 31.90

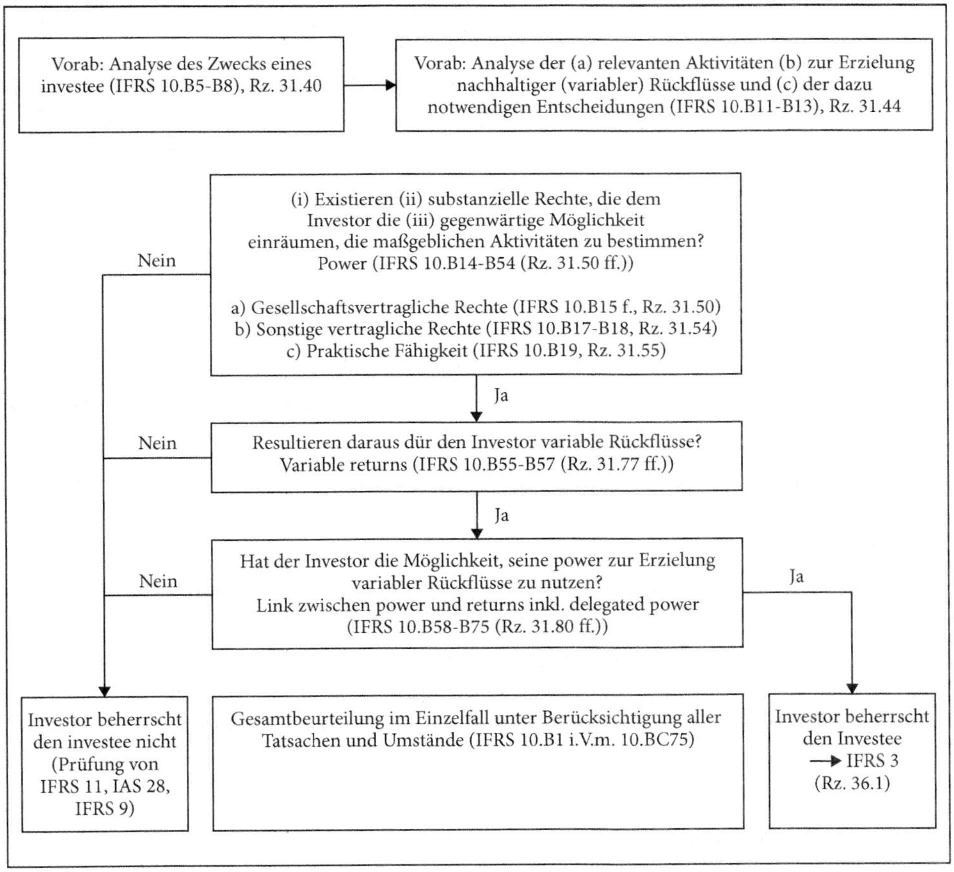

```
┌──────────────────────────────┐     ┌──────────────────────────────────────┐
│ Vorab: Analyse des Zwecks    │────▶│ Vorab: Analyse der (a) relevanten    │
│ eines investee (IFRS 10.B5-  │     │ Aktivitäten (b) zur Erzielung        │
│ B8), Rz. 31.40               │     │ nachhaltiger (variabler) Rückflüsse  │
│                              │     │ und (c) der dazu notwendigen         │
│                              │     │ Entscheidungen (IFRS 10.B11-B13),    │
│                              │     │ Rz. 31.44                            │
└──────────────────────────────┘     └──────────────────────────────────────┘
```

(i) Existieren (ii) substanzielle Rechte, die dem Investor die (iii) gegenwärtige Möglichkeit einräumen, die maßgeblichen Aktivitäten zu bestimmen? Power (IFRS 10.B14-B54 (Rz. 31.50 ff.))

a) Gesellschaftsvertragliche Rechte (IFRS 10.B15 f., Rz. 31.50)
b) Sonstige vertragliche Rechte (IFRS 10.B17-B18, Rz. 31.54)
c) Praktische Fähigkeit (IFRS 10.B19, Rz. 31.55)

↓ Ja

Resultieren daraus für den Investor variable Rückflüsse? Variable returns (IFRS 10.B55-B57 (Rz. 31.77 ff.))

↓ Ja

Hat der Investor die Möglichkeit, seine power zur Erzielung variabler Rückflüsse zu nutzen? Link zwischen power und returns inkl. delegated power (IFRS 10.B58-B75 (Rz. 31.80 ff.))

Nein → Investor beherrscht den investee nicht (Prüfung von IFRS 11, IAS 28, IFRS 9)

Gesamtbeurteilung im Einzelfall unter Berücksichtigung aller Tatsachen und Umstände (IFRS 10.B1 i.V.m. 10.BC75)

Ja → Investor beherrscht den Investee → IFRS 3 (Rz. 36.1)

Abb. 31.3: Prüfschnittstelle zum Konsolidierungskreis und bilanzielle Abbildung des Anteilsbesitzes im Konzernabschluss

frei 31.91–31.99

---

35 In Anlehnung an *Küting/Mojadadr*, KoR 2011, 273 (276, 278).

E. Sonderfall: Investmentgesellschaften als Mutterunternehmen

I. Ausnahme von der Konsolidierung der Tochterunternehmen

31.100 Bei Beteiligungsgesellschaften, Fonds u.Ä. kann durchaus die Frage gestellt werden, ob deren Geschäftsmodell (kurzfristiges Halten, Erzielung von Wertsteigerungen, Exit-Orientierung) nicht eher den Verzicht auf Vollkonsolidierung ihrer Tochtergesellschaften nahe legt. Diese Sichtweise zielt geradewegs auf den Kern der Konzernrechnungslegung, weil ein Einzelabschluss (!) mit Fortführung der Anschaffungskosten oder einer Folgebewertung zum Fair Value bei solchen Geschäftsmodellen möglicherweise als die adäquatere Bilanzierungsform erscheint (so schon IAS 27.BC21 (2008)). Während diese Sichtweise in früheren Zeiten vom IASB abgelehnt wurde (IAS 27.BC23 ff. (2008)), ist schon bei der Schaffung des IFRS 10 positiver diskutiert und mit geringer Zeitverzögerung (Wirkung ab 2014) schließlich auch beschlossen worden, für Investment-Muttergesellschaften die Konsolidierung ihrer Tochterunternehmen zu untersagen (Rz. 31.16).

II. Definition Investmentgesellschaft

31.101 Eine Investmentgesellschaft i.S.d. IFRS 10.27 liegt nur dann vor, wenn ein Unternehmen kumulativ die folgenden drei Merkmale erfüllt:

(1) Das Unternehmen fungiert für Investoren als Geldsammelstelle, um für diese vermögensverwaltend tätig zu sein.

(2) Die Vermögensverwaltung ist verpflichtend einziger Geschäftszweck mit dem Ziel, Wertsteigerungen, Kapitalerträge oder beides aus ihren Investments im Interesse der Investoren zu erreichen.

(3) Dabei bewertet und beurteilt das Unternehmen im Wesentlichen sämtliche seiner Investments auf Fair Value Basis.

Erkennbar liegt ein enger Anwendungsbereich vor, der typischerweise von Fondsstrukturen, Private-Equity bzw. Venture-Capital-Gesellschaften erreicht wird.[36] Einzelne Leitlinien zur Prüfung, ob eine Investmentgesellschaft vorliegt, enthält IFRS 10.B85B-W.

III. Zusammenhang von Definitionsmerkmalen und Rechtsfolgen

31.102 In Bezug auf die getätigten Investments einer Investmentgesellschaft ist nicht auszuschließen, dass es sich um Unternehmen handelt und diese auch die Definitionsmerkmale eines Tochterunternehmens i.S.d. IFRS 10 erfüllen. In diesem Fall besteht ein **explizites Konsolidierungsverbot**: Die Tochterunternehmen müssen erfolgswirksam zum Fair Value bewertet werden (IFRS 10.31).

---

36 So auch *Zwirner/Boecker*, KoR 2014, 104.

Im Umkehrschluss bedeutet das: Steuert ein Mutterunternehmen seine Tochterunternehmen nicht auf Fair Value Basis, sondern greift dauerhaft in das operative Geschäft der Tochterunternehmen ein, so handelt es sich bei dem Mutterunternehmen nicht um eine Investmentgesellschaft. Die strategische Beratung oder Finanzierung von Tochterunternehmen sind hingegen unschädlich (IFRS 10.B85E).

Für das Vorliegen einer Investmentgesellschaft ist es erforderlich, dass im Wesentlichen alle ihre Investments auf **Fair Value Basis gesteuert** werden. Außerhalb des Bestehens von Tochtergesellschaften sind demzufolge auch sonstige Investments, die die Gesellschaft tätigt, erfolgswirksam zum Fair Value zu bewerten, insoweit die Standards das zulassen. Betroffen sind hier vor allem finanzielle Vermögenswerte (IFRS 9), Anlageimmobilien (IAS 40) und Anteile an assoziierten Unternehmen und Gemeinschaftsunternehmen (IFRS 10.B85L).

31.103

Auch in ihrem IFRS-Einzelabschluss – falls sie diesen denn aufstellt – muss eine Investmentgesellschaft ihre Tochterunternehmen erfolgswirksam zum Fair Value bewerten. Folglich fallen Einzel- und Konzernabschluss übereinander, und es reicht, formal einen Einzelabschluss aufzustellen (IAS 27.16A).

31.104

Die einzige Ausnahme hiervon besteht dann, wenn die Investmentgesellschaft ihre Verwaltungs-und Dienstleistungstätigkeiten ihrerseits auf eine Nicht-Investment-Tochtergesellschaft ausgelagert hat. Diese ist nach IFRS 10/IFRS 3 zu konsolidieren (IFRS 10.32).

Für Investment-Muttergesellschaften bestehen besondere Angabepflichten. Insbesondere ist der Status als Investmentgesellschaft darzulegen und zu begründen (IFRS 12.9A f.).

31.105

IV. Investmentgesellschaft als Zwischenholding

Eine Investmentgesellschaft kann ihrerseits von einem anderen Unternehmen beherrscht werden, so dass es sich um eine Tochtergesellschaft, ggf. Zwischenholding, handelt. Ist die Obergesellschaft selbst eine Investmentgesellschaft, bleibt es bei der Fair Value Bewertung sämtlicher derer Tochtergesellschaften.

31.106

Handelt es sich bei der Obergesellschaft aber nicht um eine Investmentgesellschaft (also z.B. eine Bank), so hat sie alle ihre Tochtergesellschaften nach IFRS 10/IFRS 3 voll zu konsolidieren, also auch ihre Investment-Tochtergesellschaft und deren Tochtergesellschaften (IFRS 10.33).

frei

31.107–31.109

F. Einbeziehungsverbote und Einbeziehungswahlrechte

I. Vollständigkeitsgebot: Keine expliziten Einbeziehungsverbote und Einbeziehungswahlrechte

31.110 Es existieren keine expliziten Einbeziehungsverbote oder -wahlrechte. Insbesondere wird aufgrund des umfassenden Beherrschungskonzepts des IFRS 10, welches die Geschäftsmodell- und Tätigkeitsanalyse des Investitionsobjekts an den Anfang stellt (Rz. 31.40), nicht mehr gesondert erwähnt, dass Investitionsobjekte auch bei **abweichender Tätigkeit** Tochterunternehmen sein können und dann zu konsolidieren sind.

II. Erwerb mit Weiterveräußerungsabsicht

31.111 Erfolgt der Erwerb eines Tochterunternehmens mit Weiterveräußerungsabsicht (bspw. Erwerb eines Konzerns mit einzelnen Tochtergesellschaften, die nicht ins Geschäftskonzept des Erwerbers passen), und soll die Weiterveräußerung innerhalb der nächsten zwölf Monate erfolgen, ist eine Konsolidierung u.E. nicht erforderlich. Es sind jedoch Bewertung und Ausweis der Anteile TU als **held for sale** nach **IFRS 5** zu prüfen (Rz. 30.61).

III. Veräußerungsabsicht

31.112 War ein Tochterunternehmen bereits konsolidiert und besteht später die Absicht, es zu veräußern, ist es weiterhin voll zu konsolidieren. Ggf. muss eine Umgliederung der Vermögenswerte und Schulden des TU in die Kategorie **held for sale** nach **IFRS 5** erfolgen (Rz. 30.64).

IV. Unwesentliche Tochtergesellschaften

31.113 Der allgemeine Wesentlichkeitsgrundsatz der IFRS gilt auch in Bezug auf die Konsolidierungspflicht. Allerdings lassen sich auch insoweit Normal- und Spezialfälle unterscheiden:

Der **Normalfall** ist dadurch gekennzeichnet, dass sowohl im Satus Quo als auch mutmaßlich in der Zukunft aus dem Tochterunternehmen keine (wesentlichen) Risiken auf den Konzern zukommen werden. Die Beurteilung der Wesentlichkeit der Tochter in Bezug auf den Konzern erfolgt in diesen Fällen anhand von Bilanzsumme, Umsatz und Ergebnis (bspw. kumulierter Konzernumsatz aller nicht konsolidierten TU von nur 1 % bei zugleich geringer Vermögens- und Ergebniswirkung). In großen Konzernen fallen oft mehrere hundert Tochterunternehmen in diese Kategorie. Dies entspricht insofern dem Einbeziehungswahlrecht des § 296 Abs. 2 HGB.

Spezialfälle sind hingegen dadurch gekennzeichnet, dass zwar im Status Quo keine (wesentlichen) Risiken bestehen mögen, aber die Tochtergesellschaft Merkmale aufweist, die in Zukunft für den Konzern zu Risiken führen können.

31.114

Beispiel: Eine strukturierte Gesellschaft sei zutreffend nach IFRS 10 als solche identifiziert worden. Der beherrschende Konzern möchte jedoch die Konsolidierung aus Wesentlichkeitsgründen verneinen, namentlich weil die Risiken der darin enthaltenen Vermögenswerte und Schulden im Zeitpunkt der Bilanzaufstellung als unwesentlich betrachtet werden. Aufgrund einer Refinanzierungszusage des Konzerns für die strukturierte Gesellschaft könnten sich aber in Zukunft Risiken einstellen, die den Konzern in eine Schieflage bringen könnten. U.E. ist die Wesentlichkeit nicht nach dem Status Quo, sondern nach dem „**größten anzunehmenden Unfall**" zu beurteilen. Im Beispiel wäre somit eine Konsolidierung vorzunehmen.

Im Übrigen wird versucht, mögliche Bilanzierungslücken durch gesteigerte **Anhangangaben** auszugleichen. Diesem Zweck dient IFRS 12, der detaillierte Angaben insbesondere zu nicht konsolidierten strukturierten Gesellschaften verlangt. Hierzu und zu den Wesentlichkeitsüberlegungen bei der Anwendung von IFRS 12 siehe Rz. 41.26, 41.50.

31.115

V. Verzicht auf Einbeziehung wegen hoher Kosten oder Verzögerungen

Der Verzicht auf eine Konsolidierung ist nur durch Bezugnahme auf das allgemeine Kosten-Nutzen-Prinzip (siehe Rz. 6.47) ausnahmsweise und *vorübergehend* gerechtfertigt, z.B. bei Zusammenbruch der EDV oder bei Streiks.[37]

31.116

Der **Verzicht auf eine Einbeziehung** kann allerdings *nicht* damit begründet werden, dass die Anschaffungskosten oder die Fair Values der übernommenen Vermögenswerte und Schulden nicht hinreichend genau festgestellt werden können. In diesem Fall ist im Zweifel mit grob geschätzten Werten zu konsolidieren (IFRS 3.45 ff.); zu Einzelheiten siehe Rz. 36.240).

VI. Kapitalverkehrsrestriktionen

Erhebliche und andauernde Kapitalverkehrsrestriktionen gegenüber einem Tochterunternehmen sind in IFRS 10 nicht explizit als Grund für den Verzicht auf eine Konsolidierung genannt. Es ist vielmehr zu prüfen, ob das Beherrschungsverhältnis (noch) besteht. Hierbei kann sowohl das Vorliegen von Lenkungsmacht als auch die Erzielung variabler Rückflüsse zu verneinen sein, so dass kein Tochterunternehmen mehr vorliegt und insoweit eine Entkonsolidierung vorzunehmen ist.

31.117

---

37 Vgl. *Baetge/Hayn/Ströher* in Baetge-IFRS, IFRS 10 Rz. 221.

Kapitel 32
Joint Arrangements (Gemeinsame Vereinbarungen) (IFRS 11)

A. Überblick und Wegweiser 32.1
  I. Management Zusammenfassung . 32.1
  II. Standards und Anwendungsbereich 32.4
  III. Wesentliche Unterschiede zum HGB 32.6
  IV. Neuere Entwicklungen 32.7
B. Definition von Joint Arrangements 32.20
  I. Überblick 32.20
  II. Vertragliche Vereinbarung....... 32.21
  III. Gemeinsame Beherrschung 32.23
C. Unterscheidung von Joint Ventures und Joint Operations 32.30
D. Rechtsfolgen der Bilanzierung für Joint Arrangements 32.40

Literatur: *Antonakopoulos/Fink*, Die Neuerungen des IASB aus den Annual Improvements to IFRSs des 2015-2017 Cycle, PiR 2018, 31; *Böckem/Ismar*, Die Bilanzierung von Joint Arrangements nach IFRS 11, WPg 2011, 820; *Böckem/Röhricht*, Joint Operation oder Joint Venture? – Zur praktischen Umsetzung der Klassifizierungsvorgaben für Joint Arrangements nach IFRS 11, WPg 2014, 1032; *Busch/Zwirner*, Joint Arrangements nach IFRS 11 – neue Abbildungsvorschriften und Folgewirkungen, IRZ 2012, 219; *Busch/Zwirner*, Neuregelung der Abbildung von Gemeinschaftsunternehmen im Konzernabschluss – Übergang von der Quotenkonsolidierung zur Equity-Bewertung, IRZ 2014, 227; *Eisenschmidt/Labrenz*, Abbildung gemeinschaftlicher Vereinbarungen nach IFRS 11 – Konzeptionelle Ausrichtung und informationsökonomische Folgewirkungen, KoR 2014, 25; *Fischer*, Vorgeschlagene Änderungen an IFRS 3 und IFRS 11, PiR 2016, 261; *Freiberg*, Abbildung einer joint operation nach Beteiligungs- oder Abnahmequote?, PiR 2014, 59; *Freiberg*, Einzelbilanzielle Perspektive einer joint operation, PiR 2016, 96; *Fuchs/Stibi*, IFRS 11 „Joint Arrangements" – lange erwartet und doch nicht mit (kleinen) Überraschungen?, BB 2011, 1451; *Küting/Seel*, Die quotale Einbeziehung nach IFRS 11 – Unterschiede zur Quotenkonsolidierung gem. IAS 31 und praktische Anwendungsprobleme, WPg 2012, 587; *Küting/Seel*, Die gemeinschaftliche Beherrschung nach IFRS 11 – Unterschiede und Gemeinsamkeiten zu IAS 31, KoR 2012, 452; *Lüdenbach/Schubert*, Gemeinschaftliche Vereinbarungen (joint arrangements) nach IFRS 11 -Darstellung und kritische Würdigung des neuen Standards, PiR 2012, 1; *Lüdenbach*, Anteil an einer gemeinschaftlichen Tätigkeit in der Bilanz des einfachen Investors, PiR 2016, 266; *Lüdenbach*, Anwendung von IFRS 11 auf eine rein vermögensverwaltende GbR, PiR 2017, 124; *Mujkanovic/Holzapfel*, Klassifikation der Bau-ARGE als joint arrangement nach IFRS 11 – Klärung durch das IDW?, PiR 2014, 81; *Roos*, Bilanzierung bei Verlust der Beherrschung – Übergang von IFRS 10 auf IFRS 11, PiR 2016, 189; *Schild*, Die Rechnungslegungseinheit gemeinsamer Vereinbarungen nach IFRS 11 – Eine Analyse des IFRS 11 zur Ausfüllung des unbestimmten Rechtsbegriffs „Aktivität", Der Konzern 2016, 343; *Schreiber/Schnorr*, IASB stellt wichtige IFRS-Zweifelsfragen klar, WPg 2018, 415; *Zeyer/Frank*, Bilanzierung von Beteiligungen an joint operations nach IFRS 11 – Unter Bezugnahme auf ED/2012/7 und das dazu vom IFRS IC veröffentlichte staff paper, PiR 2013, 103; *Zeyer/Frank*, Klarstellung an IFRS 11 – Wurden alle Unklarheiten restlos beseitigt?, PiR 2014, 266; *Zülch/Erdmann/Popp/Wünsch*, Die neuen Regelungen zur Bilanzierung von Joint Arrangements und ihre praktischen Implikationen, DB 2011, 1817; *Zwirner/Boecker/Busch*, Neuregelungen zum Konsolidierungskreis in IFRS 10 und IFRS 12 – Anwendungsbeispiele und Übergangskonsolidierung, KoR 2014, 608.

A. Überblick und Wegweiser

I. Management Zusammenfassung

32.1 Alleinige Beherrschung ist unteilbar (Rz. 31.23). Davon zu unterscheiden ist die **gemeinsame Beherrschung**, die in der Praxis in Form von Gemeinschaftsunternehmen oder bloßen Arbeitsgemeinschaften anzutreffen ist. Gemeinsame Beherrschung bedeutet, dass alle wesentlichen operativen Entscheidungen gemeinsam von mehreren Investoren (Partner) getroffen werden.

32.2 Unter dieser Voraussetzung sieht IFRS 11 seit 2013 für die Abbildung des gemeinsam beherrschten Objekts (Joint Arrangement, gemeinsame Vereinbarung) in der Bilanz des Investors

- die **Equity-Bilanzierung** vor, wenn die Partner Rechte auf das Eigenkapital haben (Joint Venture, Gemeinschaftsunternehmen) oder aber
- die **anteilige Konsolidierung** (Übernahme) von Vermögenswerten und Schulden, wenn sich die Ansprüche der Partner auf die Vermögenswerte und Schulden beziehen (Joint Operation, gemeinschaftliche Tätigkeit).

32.3 Die zutreffende Einstufung einer gemeinsamen Vereinbarung entweder als Gemeinschaftsunternehmen oder als gemeinschaftliche Tätigkeit ist von großer Bedeutung, weil sich die Equity-Bilanzierung erheblich von der anteiligen Konsolidierung in ihren Auswirkungen auf das **Bilanzbild** und auf **Renditegrößen** unterscheidet. Bei der Equity-Methode werden lediglich Nettogrößen in Form von Beteiligungsbuchwerten bzw. Ergebnisanteilen gebucht, bei der anteiligen (quotalen) Konsolidierung dagegen Bruttogrößen:

Wirkung im Konzernabschluss auf:	Anteilige Konsolidierung	Equity-Bilanzierung
Vermögenswerte/Schulden (Bilanzsumme)	Höher	Niedriger
Eigenkapital	Kein Unterschied	
Jahresergebnis (Anteil)	Kein Unterschied	
Eigenkapitalquote	Niedriger	Höher
Ausweis von Umsatzerlösen	Ja	Nein
EBIT	Abhängig vom Ausweisort des Equity-Ergebnisses	

Wird ein positives Equity-Ergebnis *unterhalb* des EBIT (im Finanzergebnis) ausgewiesen, ist das EBIT bei anteiliger Konsolidierung höher als bei Equity-Bilanzierung. Es ist aber auch zulässig, das Equity-Ergebnis als Teil des EBIT anzusehen und entsprechend auszuweisen (Rz. 44.31). Bei dieser Alternative hängt es von der Höhe und dem Vorzeichen des anteiligen Finanzergebnisses und Steueraufwands ab, ob es bei anteiliger Konsolidierung zu einem höheren oder niedrigeren EBIT kommt als bei Equity-Bilanzierung.

Unterschiede zwischen der Equity-Bilanzierung und der anteiligen Konsolidierung ergeben sich auch in der **Kapitalflussrechnung**: Bei der Equity-Bilanzierung werden nur die Zahlungsströme des Konzerns mit dem Gemeinschaftsunternehmen abgebildet, während bei der anteiligen Konsolidierung die Zahlungsströme der gemeinschaftlichen Tätigkeit selbst anteilig abgebildet werden.

II. Standards und Anwendungsbereich

Im Zuge des IFRS 10 zur Neudefinition der Beherrschung (Rz. 31.5 ff.) sind auch die Vorschriften zur gemeinsamen Beherrschung geändert worden. Alle Arten von Aktivitäten, die *gemeinschaftlich* beherrscht werden (**Joint Arrangements**), bei denen also alle relevanten Entscheidungen von mehr als einer Partei gefasst werden müssen, sind nun *dem Grunde nach* in IFRS 11 definiert (vorher IAS 31). Abbildung 32.1 zeigt den **Anwendungsbereich** und die **Bilanzierungsfolgen** und ordnet IFRS 11 in den Kanon der „Konzernstandards" ein, verbunden mit dem Hinweis auf das jeweilige Kapitel in diesem Buch:

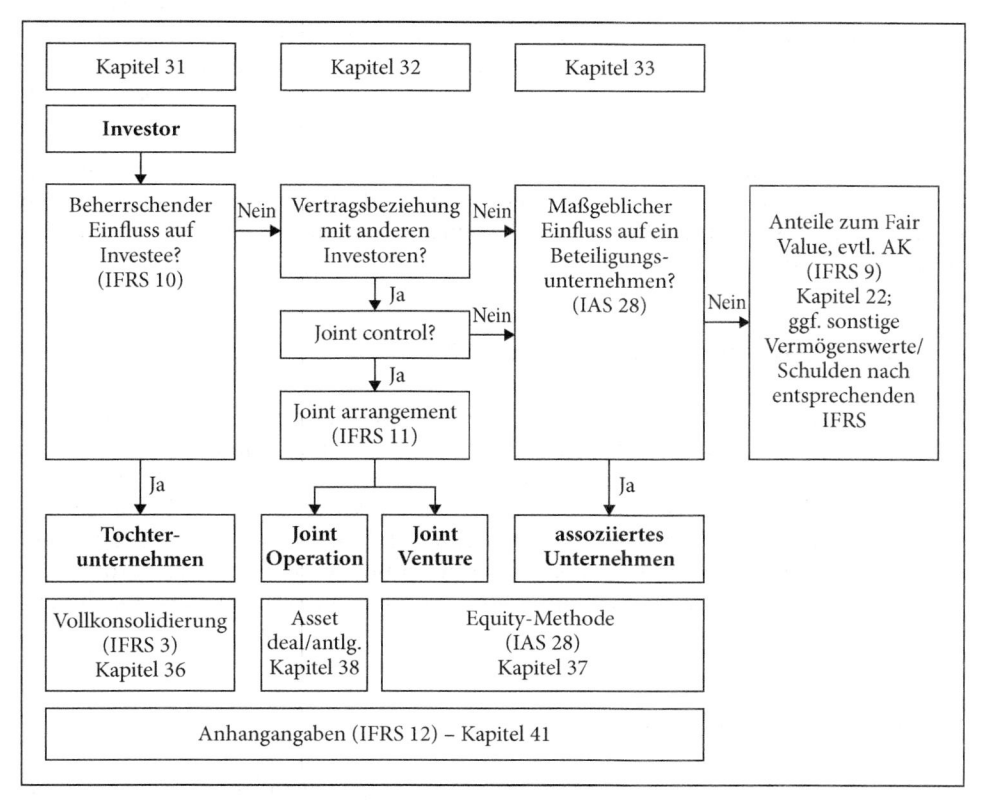

32.4

Abb. 32.1: Prüfschritte zum Konsolidierungskreis und bilanzielle Abbildung des Anteilsbesitzes im Konzernabschluss

Ersichtlich ist:

— IFRS 11 hat die Identifikation von Joint Arrangements und auf der Rechtsfolgenseite die anteilige Konsolidierung von Joint Operations zum Gegenstand.

— IAS 28 behandelt die Identifikation von Assoziierten Unternehmen und auf der Rechtsfolgeseite die Equity-Methode für Assoziierte Unternehmen und Gemeinschaftsunternehmen (nach IFRS 11).

32.5 Insoweit Vertragsbeziehungen zwischen mehreren Investoren zu gemeinsamer Beherrschung führen (= Joint Arrangement), wird nach IFRS 11 unterschieden, ob die Parteien

(a) einen Anspruch auf (anteiliges) Eigenkapital haben (dann liegt ein **Joint Venture/Gemeinschaftsunternehmen** vor), oder ob sich ihr Anspruch

(b) auf Anteile an Vermögenswerten und Schulden richtet (dann handelt es sich um eine **Joint Operation**, z.B. Arbeitsgemeinschaft).

Die (**rechtliche**) **Struktur** des Investitionsobjekts ist für seine Klassifizierung ein wichtiges Indiz: Ohne abgegrenzte (rechtliche) Struktur ist ein Gemeinschaftsunternehmen nicht möglich. Dennoch ist auch bei solchen Strukturen zu prüfen, ob aufgrund der vertraglichen Vereinbarungen und sonstigen Umstände nicht wirtschaftlich doch eine (anteilige) Beteiligung an Vermögenswerten und Schulden besteht. Dann läge eine Joint Operation vor (siehe Beispiel in Rz. 32.31).

Die Joint Operation umfasst somit die „gemeinsam kontrollierten Aktivitäten (**unechte Arbeitsgemeinschaft**, z.B. eine **Bau-Arge**) und die gemeinsam kontrollierten *assets* (Bruchteilseigentum, **Echte Arbeitsgemeinschaften**, z.B. der **gemeinsame Betrieb einer Pipeline**).

III. Wesentliche Unterschiede zum HGB

32.6 § 310 HGB spricht von Gemeinschaftsunternehmen, unterscheidet aber (anders als IFRS 11) nicht verschiedene Kategorien (Rz. 32.4). Formal kommt es nach § 310 HGB auf die tatsächliche gemeinsame Führung, nach IFRS 11 dagegen auf die Möglichkeit der gemeinsamen Führung an. Die praktischen Unterschiede dürften sich in Grenzen halten. Im Gegensatz zu IFRS 11 besteht nach § 310 f. HGB ein Wahlrecht zwischen der Quotenkonsolidierung und der Equity-Bilanzierung, das für die jeweilige Beteiligung stetig auszuüben ist, aber für verschiedene Beteiligungen unterschiedlich ausgeübt werden kann.

IV. Neuere Entwicklungen

32.7 Seit seiner pflichtmäßigen Erstanwendung in 2013 ist IFRS 11 einige Male geringfügig geändert worden, zuletzt durch den Verbesserungszyklus 2015–2017 aus Dezember 2017.[1] Die Änderungen betrafen regelmäßig keine Fragen der Abgrenzung von Joint Arrangements, sondern Bilanzierungsfragen, etwa zur anteilmäßigen Konsolidierung oder zur Übergangskonsolidierung. Die Änderungen sind in den verschiedenen Kapiteln dieses Buches eingearbeitet.

Grundsätzliche Neuerungen zur Abgrenzung von Joint Arrangements sind nicht zu erwarten.

frei 32.8–32.19

B. Definition von Joint Arrangements

I. Überblick

Joint Arrangements setzen die folgenden beiden Merkmale voraus (IFRS 11.5): 32.20
- Die Beteiligten sind durch **vertragliche Vereinbarung** miteinander verbunden *und*
- üben **gemeinsame Beherrschung** auf das Investitionsobjekt aus.

Für den Beherrschungsbegriff gelten die Kriterien des IFRS 10 analog (IFRS 11.B5), also Einsatz von Lenkungsmacht zur Erzielung variabler Rückflüsse (Rz. 31.20 ff.).

II. Vertragliche Vereinbarung

An die vertraglichen Vereinbarungen sind keine besonderen Formvorschriften geknüpft: Eine Schriftform ist z.B. nicht erforderlich, wenngleich meist anzutreffen. Normalerweise enthält eine Vereinbarung den Gegenstand, ihre Dauer, die Details zur Führung des Unternehmens (Festlegung von Entscheidungsprozessen) und ggf. die Kapitalbeiträge der Partner (IFRS 11.B4). 32.21

Bei der vertraglichen Vereinbarung kann es sich um eine **schuldrechtliche Vereinbarung** oder um einen **Gesellschaftsvertrag/Satzung** handeln.

Liegt *keine* vertragliche Vereinbarung vor, ist die Prüfung auf ein Joint Arrangement bereits beendet (siehe Abb. 32.1 in Rz. 32.4).

Eine **„de facto"-Joint control** durch Präsenzmehrheit zweier Anteilseigner ist bei Fehlen einer vertraglichen Vereinbarung ausgeschlossen[2] (siehe Rz. 31.63 zur alleinigen De facto-Beherrschung). 32.22

---

[1] In EU-Recht übernommen durch VERORDNUNG (EU) 2019/412 DER KOMMISSION vom 14.3.2019, ABl. L73 v. 15.3.2019, S. 93.
[2] Vgl. *Fuchs/Stibi*, BB 2011, 1451 (1453).

III. Gemeinsame Beherrschung

32.23 Die (vertraglich abgesicherte) Beherrschung muss gemeinsam ausgeübt werden. Daher müssen alle zur Steuerung der maßgeblichen Aktivitäten notwendigen Entscheidungen, z.B. Festlegung der Geschäftsstrategie, Budgetvorgaben, Ernennung und Abberufung des Managements etc. (IFRS 11.7) **nur gemeinsam** getroffen werden. Dies kann explizit in der Vereinbarung so bezeichnet sein oder sich anderweitig aus dem Vertragswerk ergeben:

Beispiel: Zwei Partner sind mit je 50 % an einem Unternehmen beteiligt. Relevante Entscheidungen bedürfen nach der Satzung oder einer schuldrechtlichen Vereinbarung einer Mehrheit von 51 %. Damit können alle Entscheidungen nur gemeinsam getroffen werden (IFRS 11.B7).

Bei **Stimmrechtsparität** (50 %/50 %) liegt ebenfalls gemeinsame Beherrschung vor, wenn Entscheidungen einer einfachen Mehrheit bedürfen. Gleiches gilt, wenn bei Parität eine Entscheidung durch einen neutralen **Schiedsrichter** erfolgt (IFRS 11.B10), nicht dagegen, wenn einer Partei ein einseitiges Entscheidungsrecht zugesprochen wird[3].

32.24 Wie nach IFRS 10 (Rz. 31.47) steht ein **Geschäftsverteilungsplan**, der bestimmte (operative) Aufgaben an einzelne Partner delegiert, einer gemeinsamen Beherrschung nicht entgegen. Die „Alleinverantwortung" bestimmter Geschäftsaktivitäten im Tagesgeschäft (Produktion, Vertrieb, Finanzen) überlagert somit nicht die gemeinsame Beherrschung durch einvernehmlich zu treffende Entscheidungen, z.B. hinsichtlich Strategie oder Investitionen (IFRS 11.IE46).

32.25 An einem Joint Arrangement können auch **nicht beherrschende Partner** beteiligt sein. Voraussetzung für ein Joint Arrangement ist aber, dass klar ist, wer genau ein „Gebilde" beherrscht:

Beispiel: An der Gesellschaft X sind A mit 50 %, B und C mit je 25 % beteiligt. Die relevanten Entscheidungen erfordern eine 75 % Mehrheit. Obwohl (a) A und B oder (b) A und C zusammen jeweils X beherrschen *könnten* liegt kein *Joint Arrangement* vor, solange nicht präzisiert ist, *welche* Kombination ausschlaggebend ist (IFRS 11.B8, Beispiel 2).

Anders ist der Fall zu beurteilen, wenn B 30 % und C 20 % an X halten. In diesem Fall wäre klar, dass nur A und B die X gemeinsam beherrschen können (IFRS 11.B8, Beispiel 1). C wäre nur „einfacher" Investor.

Das Beispiel zeigt auch: „Gemeinschaftliche Führung", wie es in der offiziellen Übersetzung von „joint control" heißt, kann gerade durch gesellschaftsvertragliche Vereinbarungen materiell ein **gemeinsames Beherrschungsverhältnis mit Konsenserfordernis** bedeuten.[4]

32.26–32.29 frei

---

[3] Vgl. *Böckem/Ismar*, WPg 2011, 820 (823).
[4] So *Brune* in Beck IFRS-HB[5], § 29 Rz. 9.

C. Unterscheidung von Joint Ventures und Joint Operations

Die Unterscheidung richtet sich danach, ob die Partner direkt an einzelnen Vermögenswerten und Schulden oder indirekt am Nettovermögen beteiligt sind (IFRS 11.14). Die Unterscheidung ist für die Bilanzierung wichtig:

32.30

Kategorie des Joint Arrangements	Vorschrift	Merkmale	Bilanzierung
Joint Venture/Gemeinschaftsunternehmen	IFRS 11.16	Beteiligung am Eigenkapital und am Gewinn	Equity (Rz. 37.1)
Joint Operation/gemeinschaftliche Tätigkeit	IFRS 11.15	(direkte) Rechte an Vermögenswerten *und* (direkte) Verpflichtungen aus Schulden	Anteilige Einbeziehung (Rz. 38.1)

Von Bedeutung ist, ob das Joint Arrangement mit einer separaten (rechtlichen) Einheit (*separate vehicle*) verbunden ist, das zu einer Abschirmung zwischen den Vermögenswerten und Partnern führt oder nicht (siehe Abbildung 32.2, in Anlehnung an IFRS 11.B21). Ohne eine solches *separate vehicle* liegt immer eine Joint Operation vor (IFRS 11.B16).

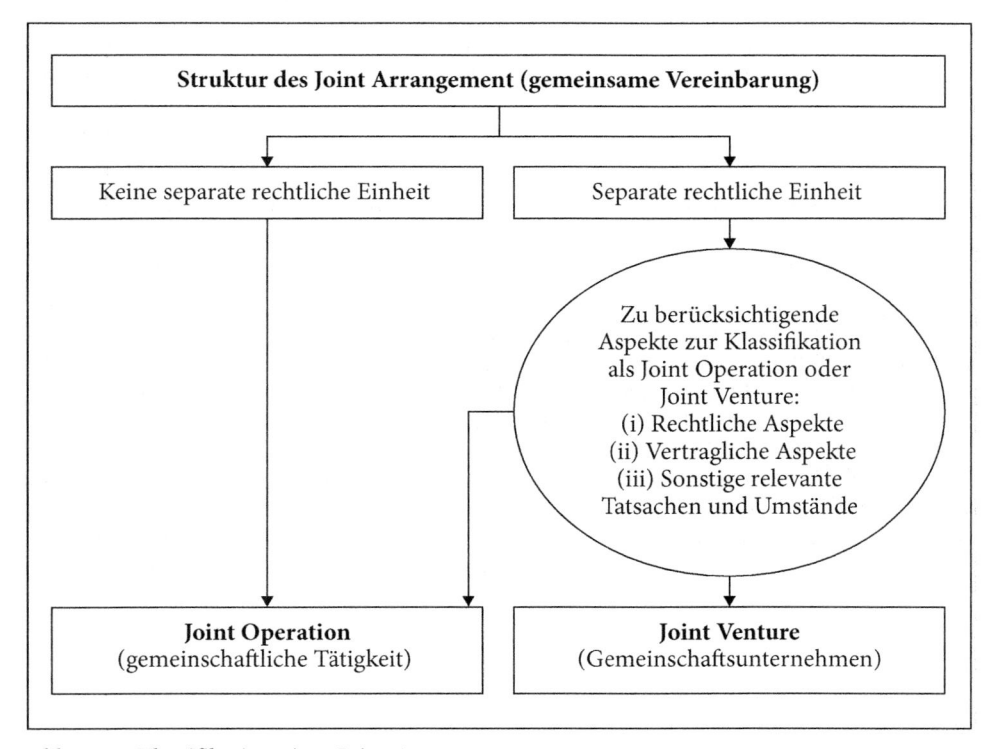

32.31

Abb. 32.2: Klassifikation eines Joint Arrangements

Beispiel: Zwei Partner schließen sich zwecks gemeinsamer Fertigung eines Produkts zusammen, wobei jeder Partner seine eigenen Vermögenswerte einsetzt. Es liegt eine Joint Operation vor (IFRS 11.B17). Der Sachverhalt ist in Deutschland typischerweise bei **ARGEn** erfüllt, die zwar als BGB-Innen- oder Außengesellschaft eine Rechtsform besitzen, aber nicht zwingend Träger der Vermögenswerte und Schulden sind.[5] Dies gilt ebenso für **Bruchteilsgemeinschaften**.

32.32 Allerdings sind die Voraussetzungen für ein *separate vehicle* unklar: IFRS 11.Appendix A spricht von einer „identifizierbaren finanziellen Struktur", wobei diese nicht unbedingt eine eigene Rechtsstruktur haben muss. U.E. ist (nur) ein gemeinsames Konto jedenfalls nicht ausreichend[6], da IFRS 11.B19, 23 sinngemäß von Vermögenswerten und Verbindlichkeiten spricht, die „in der separaten Einheit gehalten werden".

Beispiel: Abweichend von Rz. 32.31 haben die beiden Partner eine Personengesellschaft (GmbH & Co. KG) oder Kapitalgesellschaft gegründet. Diese stellt ein *separate vehicle* dar.

32.33 Ein *separate vehicle* ist indes nur die notwendige, nicht aber die hinreichende Voraussetzung zur Klassifikation einer gemeinsamen Vereinbarung als Joint Venture. Zur Einstufung sind vertragliche Aspekte und sonstige relevante Tatsachen und Umstände zu prüfen.

Beispiel (Fortsetzung aus Rz. 32.32): Bei der von A und B gegründeten Gesellschaft ist zusätzlich vereinbart, dass beide Partner die gesamte Produktion abnehmen und (vorbehaltlich der gemeinsamen Genehmigung) kein Verkauf an Dritte erfolgt. Die Verkaufspreise sind so festgelegt, dass die Gesellschaft gerade ihre Kosten deckt. Im wirtschaftlichen Ergebnis „konsumieren" beide Partner lediglich den aus den Vermögenswerten resultierenden Nutzen, so dass nach Ansicht des IASB eine **Joint Operation** vorliegt (IFRS 11.B32, Beispiel 5, IFRS 1.IE14 ff.).

Die vorgenannte Konstellation ist häufig in der **Automobilindustrie** anzutreffen.

32.34 Auch im folgenden Beispiel führt ein *separate vehicle* nicht zu einem Joint Venture:

Beispiel: Die Partner A und B betreiben ein als Joint Venture bezeichnetes Unternehmen X GmbH. Die X GmbH besitzt und betreibt zwei Containerschiffe. Im Innenverhältnis vereinbaren A und B, dass jedem Partner die Erlöse und Aufwendungen jeweils eines der Schiffe zugerechnet werden. Im Falle eines Mindererlöses muss zudem von dem jeweiligen Partner ein mögliches Defizit zwischen Erlös und dem jedem Schiff einzeln zugeordneten Anschaffungsdarlehen ausgeglichen werden.

In diesem Fall überlagert die vertragliche Vereinbarung die satzungsmäßige Struktur (IFRS 11.B21 ff.). Die Partner haben jeweils Zugriff auf bestimmte Vermögenswerte und Schulden, so dass kein Joint Venture i.S.v. IFRS 11.16, sondern eine Joint Operation i.S.v. IFRS 11.15 vorliegt (IFRS 11.IE34 ff.). IFRS 11.B25 ff. listet (weitere) Abgrenzungsmerkmale auf.

---

5 Vgl. *Fuchs/Stibi*, BB 2011, 1451 (1453).
6 Ähnlich wohl *Fuchs/Stibi*, BB 2011, 1451 (1452).

In negativer Abgrenzung stellt **Gesamthandsvermögen** noch keine direkte Beteiligung an Vermögenswerten i.S.v. IFRS 11.16 dar.[7] Eine bloße **Haftung für Schulden** bzw. die **Übernahme von Garantien** begründen ebenfalls noch keine Joint Operation da die Garantie subsidiär ist (IFRS 11.B27 a.E. bzw. IFRS 11.IE 29 ff.). Gleiches gilt für eine (gesetzliche) persönliche Haftung für Gesellschaftsschulden (wie bei einer BGB-Gesellschaft oder nach § 128 HGB bei der OHG)[8].

32.35

Beim Ergebnis der Klassifikation eines *separate vehicles* als Joint Operation ist oft unklar, welche Quote für die Einbeziehung maßgebend ist, da die anteilige Konsolidierung nach IFRS 11 nicht auf die Beteiligung an der Kapitalquote abstellt. In Betracht kommt

32.36

(a) der Kapitalanteil (z.B. 50:50) oder

(b) der Anteil an der abgenommenen Produktion.

Letzteres wäre i.S.v. IFRS 11 konsequent, aber praktisch bei jährlich variierenden Abnahmequoten unpraktikabel. Daher kommt u.E. ausschließlich die Kapitalquote (a) in Betracht[9]. Zu den Bilanzierungsfolgen der Einstufung als Joint Operation siehe im Übrigen Kapitel 38.

Schließlich kann der Fall eintreten, dass ein an einer Joint Operation beteiligter Partner diese nicht (mit anderen Partnern gemeinsam) beherrscht (z.B. C in Rz. 32.25, letzte Alternative), aber trotzdem Rechte an Vermögenswerten und Schulden besitzt (**Bruchteilseigentum**). Dann hätte dieser Partner in seinem Abschluss die anteiligen Vermögenswerte und Schulden gleichwohl auszuweisen. Der Unterschied zum Fall der gemeinsamen Beherrschung liegt dann in den nicht erforderlichen Anhangangaben, insoweit nicht wenigstens maßgeblicher Einfluss besteht oder eine strukturierte Gesellschaft vorliegt (IFRS 12.6c, Rz. 41.3 und Rz. 41.21). Fehlt es jedoch an entsprechenden Rechten, kommt nur der Ausweis einer Beteiligung in Betracht (IFRS 11.23).

32.37

frei

32.38–32.39

D. Rechtsfolgen der Bilanzierung für Joint Arrangements

Ist ein Joint Arrangement als **Joint Venture** (Gemeinschaftsunternehmen) eingestuft, sind die Anteile nach der Equity-Methode gem. IAS 28 zu bewerten, siehe Rz. 37.1 ff. Die dortigen Erläuterungen auch zur Unwesentlichkeit, zum Erwerb mit Weiterveräußerungsabsicht (Anwendung von IFRS 5) und zur Entkonsolidierung gelten auch für Joint Venture.

32.40

---

7 Vgl. *Lüdenbach/Schubert*, PiR 2012, 1 (3).
8 Vgl. *Fuchs/Stibi*, BB 2011, 1451 (1454); *Lüdenbach/Schubert*, PiR 2012, 1 (3).
9 Gl.A. *Lüdenbach/Schubert*, PiR 2012, 1 (4 f.).

32.41 Handelt es sich beim Joint Arrangement um eine **Joint Operation**, sind die zu übernehmenden Vermögenswerte, Schulden, Aufwendungen und Erträge nach den einschlägigen IFRS zu beurteilen und zu bilanzieren. Zur Vorgehensweise und allfälligen Besonderheiten siehe Kapitel 38.1 ff.

Kapitel 33
Assoziierte Unternehmen (IAS 28)

A. Überblick und Wegweiser 33.1
  I. Management Zusammenfassung . 33.1
  II. Standards und Anwendungsbereich 33.2
  III. Wesentliche Unterschiede zum HGB 33.3
  IV. Neuere Entwicklungen 33.6
B. Abgrenzung assoziierter Unternehmen 33.20
  I. Tatbestandsmerkmale 33.20
  II. Assoziierungsvermutung: 20 % Stimmrechte 33.22
  III. Potenzielle Stimmrechte 33.24
  IV. Widerlegung der Assoziierungsvermutung 33.25
  V. Maßgeblicher Einfluss bei Stimmrechtsquote unter 20 % 33.28
C. Beendigung des Assoziierungsverhältnisses 33.29

Literatur: *Antonakopoulos/Fink*, Die Neuerungen des IASB aus den Annual Improvements to IFRSs des 2014-2016 Cycle – Änderungen an IAS 28, IFRS 1 und IFRS 12, PiR 2017, 35; *Antonakopoulos*, Long-term interests in associates and Joint Ventures – Änderung an IAS 28, PiR 2018, 65; *Karami*, Equity-Accounting bei gegenseitigen Beteiligungen an assoziierten Unternehmen im mehrperiodigen Kontext – Anmerkungen zur (Un-)Vereinbarkeit des „net approach" mit der Zielsetzung des IAS 28, KoR 2017, 118; *Melchinger/Erchinger*, Bilanzierung von assoziierten Unternehmen unter IFRS at Equity bei Vorliegen von komplexen Beteiligungsstrukturen nach der Hypothetischen Liquidationsmethode, KoR 2012, 234.

A. Überblick und Wegweiser

I. Management Zusammenfassung

Liegen gegenüber einem anderen Unternehmen weder alleinige (Rz. 31.1) noch gemeinsame (Rz. 32.1) Beherrschung vor, besteht aber ein maßgeblicher Einfluss auf dieses Unternehmen, handelt es sich um ein assoziiertes Unternehmen. Der Beteiligungsbuchwert wird nach der Equity-Methode bilanziert, d.h. die ursprünglichen Anschaffungskosten werden in den Folgeperioden um die (anteiligen) Eigenkapitalveränderungen des assoziierten Unternehmens fortgeführt („one-line-consolidation"). 33.1

Welche Unternehmen assoziierte sind ist Gegenstand dieses Kapitels. Die Equity-Methode wird in Kapitel 37 erläutert.

II. Standards und Anwendungsbereich

Die Klassifikation assoziierter Unternehmen und die Beschreibung der Equity-Methode sind die beiden Gegenstände des IAS 28. Zuletzt hat der Standard in 2011 33.2

mit Wirkung ab 2013 eine größere Überarbeitung erfahren, veranlasst durch Folgeänderungen der damals neuen Konzernstandards IFRS 10–12. Weitere – kleinere – Änderungen betreffen Regelungen zur Equity-Methode; sie sind in Rz. 37.11 aufgeführt.

III. Wesentliche Unterschiede zum HGB

33.3 Die Definition eines assoziierten Unternehmens in § 311 Abs. 1 HGB enthält zwei Elemente:

– Es muss sich um ein Beteiligungsunternehmen i.S.d. § 271 Abs. 1 HGB handeln,
– auf das maßgeblicher Einfluss tatsächlich ausgeübt wird.

Eine Beteiligung ist eine Anteilsinhaberschaft, die dazu bestimmt ist, dem eigenen Geschäftsbetrieb durch Herstellung einer dauernden Verbindung zu dienen. Sie wird vermutet ab einem Kapitalanteil von 20 %.

Das zweite Tatbestandsmerkmal, der maßgebliche Einfluss, wird ab einer Stimmrechtsquote von 20 % widerlegbar vermutet. Maßgeblicher Einfluss kann durch aktiven Nachweis auch unter dieser Schwelle vorliegen und umgekehrt über dieser Schwelle widerlegt werden.

Damit kommt es nach § 311 Abs. 1 HGB bei Stimmrechtsquoten über 20 % nicht mehr auf den tatsächlich ausgeübten maßgeblichen Einfluss an, insoweit die Vermutung nicht widerlegt wird.

33.4 Die HGB-Vorschriften werden ergänzt durch DRS 8, der mit Wirkung ab 2020 von **DRS 26 Assoziierte Unternehmen** abgelöst ist.

33.5 Formal kommt es nach IAS 28.3 beim maßgeblichen Einfluss nur auf die **Möglichkeit** an, an den geschäftspolitischen Entscheidungen des Beteiligungsunternehmens mitzuwirken. Allerdings gilt nach IAS 28 ebenfalls ein widerlegbarer Vermutungstatbestand für maßgeblichen Einfluss ab einer Stimmrechtsquote von 20 %. Insoweit halten sich die praktischen Unterschiede zwischen HGB und IFRS in Grenzen.

IV. Neuere Entwicklungen

33.6 Es sind keine Neuerungen in der Abgrenzung assoziierter Unternehmen zu erwarten.

33.7–33.19 frei

B. Abgrenzung assoziierter Unternehmen

I. Tatbestandsmerkmale

Assoziierte Unternehmen sind solche Unternehmen, auf die der Anteilseigner[1] (nur) einen **maßgeblichen Einfluss** ausüben *kann*. Ein maßgeblicher Einfluss ist die Möglichkeit, an den finanz- und geschäftspolitischen Entscheidungsprozessen mitwirken zu können, ohne diese zu beherrschen oder gemeinsame Leitung auszuüben (IAS 28.3). Damit liegt eine Abgrenzung des zu assoziierten Unternehmen führenden maßgeblichen Einflusses von der stärkeren Einflussnahme vor, die zur Qualifikation von Tochterunternehmen oder Gemeinschaftsunternehmen führt.

33.20

Auf die zeitliche Komponente des Haltens der Mitgliedschaftsrechte kommt es hingegen – anders als nach § 311 Abs. 1 HGB („dauernd dem Geschäftsbetrieb zu dienen bestimmt") – nicht an. Ein assoziiertes Unternehmen kann nach IAS 28 folglich auch dann vorliegen, wenn eine nur kurzfristige Halteabsicht besteht. Allerdings ist auf der Rechtsfolgeseite bei Veräußerungsabsicht die Anwendung der Equity-Methode auszusetzen, wenn eine Klassifikation als „zur Veräußerung gehalten" (IFRS 5) erfolgt (IAS 28.20; siehe Rz. 30.32).

33.21

II. Assoziierungsvermutung: 20 % Stimmrechte

Es besteht eine **widerlegbare Assoziierungsvermutung** für einen maßgeblichen Einfluss bei Stimmrechtsquoten von **20 % und mehr** (IAS 28.5; nach oben begrenzt durch Beherrschung/gemeinschaftlicher Führung, IAS 28.3). Dabei sind die direkt und indirekt (von Tochterunternehmen) gehaltenen Stimmrechte maßgebend.

33.22

Fraglich ist, ob auch Stimmrechte zählen, die (außerhalb der Ausnahme von Investmentgesellschaften, Rz. 31.100 ff.) von nicht vollkonsolidierten Tochterunternehmen gehalten werden; IAS 28.5 benennt als indirekte Stimmrechte beispielhaft nur jene, die von Tochterunternehmen gehalten werden, lässt aber offen, ob diese Tochterunternehmen vollkonsolidiert sein müssen.

33.23

Indes besteht in den IFRS kein explizites Wahlrecht zur Nichtkonsolidierung von Tochterunternehmen. Die Nichtkonsolidierung kann letztlich nur mit dem Wesentlichkeitsgrundsatz begründet werden (Rz. 31.113 f.). Ein Tochterunternehmen, welches Anteile an einem (potenziellen) und für den Konzern wesentlichen assoziierten Unternehmen hält, kann u.E. aufgrund dieses Umstands selbst nicht unwesentlich sein. Folglich sind zur Beurteilung der Stimmrechtsquote die direkten und indirekten, von vollkonsolidierten Tochterunternehmen gehaltenen Stimmrechte maßgeblich.

---

[1] Auch hier ist also das Vorliegen eines Beteiligungsverhältnisses wie bei Gemeinschaftsunternehmen konstitutives Merkmal – im Gegensatz zu Tochterunternehmen, s. Rz. 31.22.

III. Potenzielle Stimmrechte

33.24 Neben den bereits vorhandenen Stimmrechten sind auch potenzielle Stimmrechte (z.B. in Stammaktien wandelbare Finanzinstrumente) analog den Regelungen des IFRS 10 zu berücksichtigen (IAS 28.7 f.; Rz. 31.66 ff.).

Sollte die Assoziierungsvermutung erst durch Einbeziehung potenzieller Stimmrechte verwirklicht werden, bezieht sich die Equity-Bilanzierung gleichwohl grundsätzlich auf den tatsächlich vorhandenen Stimmrechtsanteil. Eine Ausnahme hiervon besteht dann, insoweit die den potenziellen Stimmrechten unterliegenden Finanzinstrumente ihrerseits bereits einen Anteil am Gewinn/Verlust begründen. Auch das steht analog zur Vollkonsolidierung (siehe Tabelle in Rz. 31.73).

IV. Widerlegung der Assoziierungsvermutung

33.25 Die Vermutung maßgeblichen Einflusses ab 20 % der Stimmrechte gilt solange, bis die Möglichkeit des maßgeblichen Einflusses eindeutig (*clearly*) widerlegt wird. Hier kommen z.B. folgende Merkmale in Betracht:

– miteinander geführte Prozesse,

– ständiger Disput in Gremien,

– Verweigerung der Entsendung in Entscheidungsgremien u.Ä.

– ggf. bei Schwierigkeiten der Datenbeschaffung.

33.26 Das gleichzeitige Bestehen einer **Mehrheitsbeteiligung anderer Personen** steht der Assoziierungsvermutung nicht notwendigerweise entgegen (IAS 28.5). Allerdings ist einem solchen Fall das Bestehen maßgeblichen Einflusses kritisch zu überprüfen. So dürfte ein maßgeblicher Einfluss des Konzerns nicht mehr vorliegen, wenn der oder die Mehrheitsgesellschafter *ständig* gegen die Interessen des Konzerns stimmen, u.a. (aber nicht ausschließlich) eine Thesaurierungspolitik konträr zu den Vorstellungen des Konzerns betreiben[2].

33.27 Strittig ist, ob die **nicht rechtzeitige Erlangung der zur Anwendung der Equity-Methode erforderlichen Daten** (Zwischenabschluss bei abweichendem Stichtag, Ermittlung und Fortschreibung der Fair Values, Konzern- statt Einzelabschluss) die Assoziierungsvermutung widerlegt. U.E. ist danach zu differenzieren:

a) ob das betreffende Unternehmen die **Daten nicht herausgeben** *will*. Dieser Fall wäre genauso zu behandeln wie ein gegen den Konzern geführter Prozess, damit also Widerlegung der Assoziierungsvermutung, oder

b) ob das Unternehmen die **Daten** trotz ggf. entsprechender Unterstützung/Bemühungen durch den Konzern **nicht herausgeben** *kann* (späterer Abschluss, feh-

---

[2] Vgl. *Ehrcke* in T/vK/B, § 28 Rz. 108; Haufe IFRS-Komm[16], § 33 Rz. 20.

lende Ressourcen). In diesem Fall wäre die Assoziierungsvermutung nicht widerlegt; die Bilanzierung kann dann auf geschätzten Werten beruhen.[3]

V. Maßgeblicher Einfluss bei Stimmrechtsquote unter 20 %

Ein maßgeblicher Einfluss kann trotz einer Stimmrechtsquote von unter 20 % gegeben sein. Hier liegt der Konzern in der Beweislast. IAS 28.6 nennt die hierzu zu prüfenden qualitativen Merkmale, z.B.:   33.28

– Recht zur Besetzung von Gremien,

– Austausch von Führungspersonal und Know-how,

– Bestehen wesentlicher Geschäftsbeziehungen,

– Mitwirkung an Beschlüssen

C. Beendigung des Assoziierungsverhältnisses

Das Assoziierungsverhältnis endet bei Verlust der Möglichkeit, maßgeblichen Einfluss ausüben zu können. Das kann durch Anteilsveräußerungen, Stimmrechtsübertragungen, Einsetzung eines Insolvenzverwalters u.ä. veranlasst werden (IAS 28.9).   33.29

Es endet dann auch die zuvor zwingende Equity-Methode. Zu den bilanziellen Konsequenzen siehe Rz. 37.46.

Freilich kann das Assoziierungsverhältnis auch durch die Begründung stärkeren Einflusses (gemeinsame oder alleinige Beherrschung) enden. Bei Begründung einer gemeinsamen Beherrschung (joint venture) bleibt es bilanziell bei der Anwendung der Equity-Methode, wohingegen bei Begründung alleiniger Beherrschung und damit der Entstehung eines Mutter-Tochter-Verhältnisses die Frage der Übergangskonsolidierung aufgeworfen wird (Rz. 39.20 ff.).   33.30

---

3 Vgl. Haufe IFRS-Komm[16], § 33 Rz. 91 f.

Kapitel 34
Konzernabschlussstichtag, Ansatz und Bewertung im Konzernabschluss (IFRS 10)

A. Überblick und Wegweiser 34.1
  I. Management Zusammenfassung . 34.1
  II. Standards und Anwendungsbereich 34.2
  III. Wesentliche Abweichungen zum HGB 34.3
  IV. Neuere Entwicklungen 34.4
B. Konzernabschlussstichtag 34.20
C. Konzerneinheitliche Bilanzierung und Bewertung 34.23

Literatur: Siehe zu Kap. 31 und Kap. 36.

A. Überblick und Wegweiser

I. Management Zusammenfassung

Der Konzernabschluss folgt der *Fiktion* der rechtlichen Einheit: Das wirtschaftlich (tatsächlich) zusammengehörende Gebilde Konzern ist im Konzernabschluss so darzustellen, als sei der Konzern (auch) **rechtlich** ein **einheitliches, einziges Unternehmen.** Daraus folgt: 34.1

– Der **Konzernabschlussstichtag** stimmt grundsätzlich mit dem Stichtag der Abschlüsse der einbezogenen Tochterunternehmen überein.

– Die Auswahl von **Rechnungslegungsmethoden** hat für den Konzern – also für alle Konzernunternehmen in ihrer Darstellung im Konzernabschluss – einheitlich zu erfolgen.

II. Standards und Anwendungsbereich

Die Regelungen zur Einheitlichkeit von Ansatz und Bewertung im Konzernabschluss sind im IFRS 10 enthalten (Rz. 31.5). Materiell sind auf den Konzernabschluss sachverhaltsbezogen natürlich sämtliche Standards zu beachten: Verfügt ein Konzern beispielsweise über Vorräte, hat er zu deren Bilanzierung IAS 2 anzuwenden (Kap. 20). Im vorliegenden Kapitel geht es um etwaige Konzernbesonderheiten in der Anwendung verschiedener Standards auf die Sachverhalte eines Konzerns, insbesondere um die Frage der konzerneinheitlichen Anwendung.   34.2

III. Wesentliche Abweichungen zum HGB

34.3 Die IFRS folgen ebenfalls der **Fiktion der rechtlichen Einheit**, wie sie über Art. 24 Abs. 7 der Bilanzrichtlinie in § 297 Abs. 3 Satz 1 HGB zum Ausdruck kommt. *Konzeptionell* bestehen daher keine Abweichungen (aber selbstverständlich ist die Bilanzierung zwischen HGB und IFRS unterschiedlich).

IV. Neuere Entwicklungen

34.4 Keine

34.5–34.19 frei

B. Konzernabschlussstichtag

34.20 Konzernabschlussstichtag ist der **Bilanzstichtag des Mutterunternehmens** (IFRS 10.B92). Tochterunternehmen mit abweichenden Stichtagen dürfen ohne Zwischenabschluss einbezogen werden, wenn der Unterschied zwischen den Stichtagen nicht mehr als drei Monate beträgt.

Beispiel: Die börsennotierte Holdinggesellschaft F hat für ihren Jahres- und Konzernabschlussstichtag den 31. März bestimmt. Bilanzstichtag der Tochterunternehmen ist regelmäßig der 31. Dezember. Die Einbeziehung der Tochterunternehmen ist ohne Zwischenabschluss möglich.

Zum Abschlussstichtag assoziierter und Gemeinschaftsunternehmen, die nach der Equity-Methode bewertet werden, siehe Rz. 37.20 f.

34.21 Bei einer solchen Abweichung von bis zu drei Monaten sind **Berichtigungen** für Auswirkungen wesentlicher Ereignisse zwischen den Stichtagen erforderlich (IFRS 10.B93).

Beispiel (Fortsetzung): Die Konsolidierung der Tochtergesellschaften untereinander (Eliminierung von Konzerninnenbeziehungen) ist wegen ihres jeweils übereinstimmenden Stichtags ohne besondere Probleme durchführbar. Wesentliche Ereignisse bei den Töchtern nach ihrem Stichtag sind durch Anpassungen zu berücksichtigen (z.B. ein hoher Verlust durch die Insolvenz eines Kunden, Unternehmenserwerbe, Konkretisierung von Eventualverbindlichkeiten[1]). Bloße verbale Angaben im Anhang sind nicht ausreichend[2].

34.22 Stellt die betreffende TU ihren Abschluss zwecks Angleichung auf den Konzernbilanzstichtag um, bestehen folgende Möglichkeiten[3]:

– Lag der Abschlussstichtag der TU (z.B. 31.12.) vor dem Konzernstichtag (z.B. 31.3.), wird der verlängerte Übergangsabschluss (hier: 15 Monate) in den KA ein-

---

1 Vgl. *Brune* in Beck IFRS-HB[5], § 32, Rz. 42.
2 Vgl. *Baetge/Hayn/Ströher* in Baetge-IFRS, IFRS 10 Rz. 241.
3 Vgl. Haufe IFRS-Komm[16], § 32 Rz. 116.

bezogen. Dabei sind wesentliche Geschäftsvorfälle, die gemäß IFRS 10.B93 im Vorjahres-KA berücksichtigt wurden, zur Vermeidung von Doppelerfassungen zu bereinigen. Der Einbezug eines 12-Monats-Abschlusses der TU ist u.E. nicht praktikabel, da in diesem Fall ohnehin eine Anpassung[4] des Konzern-EK um das Ergebnis des nicht erfassten Zeitraums (korrigiert um die gemäß IFRS 10.B93 bereits im Vorjahr erfassten wesentlichen Geschäftsvorfälle) erfolgen müsste.

– Lag der Abschluss der TU (z.B. 30.6.) zeitlich hinter dem Konzernstichtag, wird nur das verkürzte Rumpfgeschäftsjahr der TU einbezogen.

C. Konzerneinheitliche Bilanzierung und Bewertung

Der Konzernabschluss ist so darzustellen, als sei der Konzern ein **rechtlich einheitliches, einziges Unternehmen** (IFRS 10.19, 10.B86 ff.). 34.23

Mit der Fiktion der rechtlichen Einheit wird zunächst das Weglassen aller Innenbeziehungen der in den Konzernabschluss einbezogenen Unternehmen begründet, also die **Kapital-, Schulden- und Aufwands- und Ertragskonsolidierung** sowie das **Eliminieren aller Zwischengewinne** und **-verluste** (IFRS 10.B86). Ferner ist für einbezogene Gesellschaften außerhalb des Euro-Raumes eine **Währungsumrechnung** erforderlich.

Damit aber der entstehende Konzernabschluss wirklich als Abschluss eines einzelnen Unternehmens gelesen werden kann, sind entsprechend der Fiktion der rechtlichen Einheit für alle Konzerngesellschaften **einheitliche Bilanzierungs- und Bewertungsmethoden** anzuwenden: 34.24

Regelung IFRS 10.B87	Es sind für ähnliche Geschäftsvorfälle und andere Ereignisse unter vergleichbaren Umständen einheitliche Rechnungslegungsmethoden anzuwenden.
Ausnahmen	a) Verzicht auf Einheitlichkeit wegen **Unwesentlichkeit** unter Kosten-Nutzen-Gesichtspunkten. Zum Wesentlichkeitsgrundsatz siehe Rz. 6.29 ff. b) Bei **Erstkonsolidierung** mit vorläufigen Werten (IFRS 3.45), siehe hierzu Rz. 36.240), da diese ohnehin innerhalb der nächsten 12 Monate zu korrigieren sind. c) Notgedrungen bei **assoziierten Unternehmen**, wenn Daten wegen des nur maßgeblichen Einflusses nicht beschaffbar sind (Rz. 37.22 ff.)

Die Sicherstellung der konzerneinheitlichen Bilanzierung und Bewertung geschieht üblicherweise durch konzerninterne **Konzernbilanzierungsrichtlinien**. Diese beinhalten neben der Erläuterung der IFRS und Kontierungs- bzw. Ausweisvorgaben zweckmäßigerweise auch Vorgaben zur Ausübung von Wahlrechten und Ermes- 34.25

---

4 Vgl. *Brune* in Beck IFRS-HB[5], § 32 Rz. 43.

sensausübungen[5]. Auf dieser Basis haben in den Konzernabschluss nach IFRS einzubeziehende Unternehmen als Grundlage der Konsolidierung eine **Handelsbilanz II** nach IFRS zu erstellen.

Dabei ist es nicht ausreichend, die zahlreichen IFRS-Wahlrechte nur aus der Perspektive des Einzelunternehmens stetig anzuwenden. Vielmehr ist die Perspektive zu wechseln und vergleichbare Sachverhalte sind **konzernweit einheitlich** abzubilden.

Beispiel: Die Muttergesellschaft Holz AG, Warstein, verfügt weltweit über Tochterunternehmen, deren Geschäftszweck die Aufbereitung von unterschiedlichen Hölzern für die Möbelindustrie ist. Dabei wird jeweils dieselbe Lager- und Fertigungstechnik verwendet. In ihren Einzelabschlüssen bewerten einige der Tochtergesellschaften die fertigen und unfertigen Erzeugnisse nach der Durchschnittsmethode, andere nach der Lifo-Methode. Bei der Bewertung der betriebsnotwendigen Grundstücke wendet die Tochtergesellschaft in Malaysia die Neubewertungsmethode an, während alle anderen nach der Anschaffungskostenmethode bilanzieren. Mit einer kürzlich erworbenen Tochtergesellschaft, der nut wood plc, soll durch die Lieferung hochwertiger Walnusswurzelhölzer für die britische Automobilindustrie ein neues Geschäftsfeld erschlossen werden. Bislang werden die Walnusswurzelhölzer bei der nut wood plc nach der Fifo-Methode bewertet.

– Die für die **Möbelindustrie** vorgesehenen Hölzer sind konzernweit grundsätzlich einheitlich zu bewerten, da sie mit denselben Verfahren gefertigt werden. Unabhängig von der jeweiligen Bewertung in den Einzelabschlüssen kommen für die Handelsbilanz II nur die Durchschnittsmethode oder die Fifo-Methode in Betracht.

– Unterschiedliche Bewertungsverfahren können jedoch dann sachlich gerechtfertigt sein (IAS 2.25 f.), wenn sich bei einer feineren Einteilung des Geschäftsfeldes die Hölzer innerhalb der Möbelindustrie noch nach Verwendungszwecken unterscheiden lassen. Gerechtfertigt ist ein abweichendes Bewertungsverfahren bei den Walnusswurzelhölzern, da sie nicht für die Möbelindustrie bestimmt sind. Folglich sind konzernweit die Hölzer für die Möbelindustrie auf der einen und die Hölzer für die **Automobilindustrie** auf der anderen Seite jeweils einheitlich zu bewerten.

– Alle **Grundstücke** sind konzernweit einheitlich entweder nach der Anschaffungskostenmethode oder nach der Neubewertungsmethode zu bewerten, da es sich um dieselbe Gruppe von Anlagevermögen handelt (IAS 16.36).

---

5 Vgl. *Brune* in Beck IFRS-HB[5], § 32, Rz. 50 sowie ausführlich *Theile* in Schiffers/Theile 2016, Rz. 5805 ff.

Kapitel 35
Währungsumrechnung (IAS 21, IAS 29)

A. **Überblick und Wegweiser**	35.1	IV. Währungsumrechnung bei Schuldenkonsolidierung	35.35
I. Management Zusammenfassung	35.1	1. Kurzfristige Forderungen und Verbindlichkeiten	35.35
II. Standards und Anwendungsbereich	35.5	2. Einlageähnliche Forderungen und Verbindlichkeiten (net investment in a foreign operation)	35.36
III. Wesentliche Unterschiede zum HGB	35.9	V. Bilanzierung und Auflösung erfolgsneutraler Umrechnungsdifferenzen	35.38
IV. Neuere Entwicklungen	35.10	VI. Zuordnung erfolgsneutraler Umrechnungsdifferenzen im mehrstufigen Konzern	35.40
B. **Konzept der funktionalen Währung**	35.20	VII. Latente Steuern	35.43
I. Umrechnung in die Berichtswährung	35.20	D. **Zeitbezugsmethode**	35.50
II. Bestimmung der funktionalen Währung	35.21	E. **Stetigkeit und Methodenwechsel**	35.59
III. Anwendung des Konzepts der funktionalen Währung	35.27	F. **Hyperinflation (IAS 29)**	35.60
C. **Modifizierte Stichtagskursmethode**	35.30	I. Anwendungsbereich	35.60
I. Grundfall	35.30	II. Kriterien für Hyperinflation	35.61
II. Umrechnung von Beteiligungsbuchwerten	35.33	III. Vorgehensweise	35.62
III. Umrechnung eines Goodwill	35.34	IV. Methodenwechsel	35.64

Literatur: *Brune*, Recycling des kumulierten OCI aus Währungsumrechnungsdifferenzen bei Anwendung der Stufenkonsolidierung, IZR 2015, 49; *Busch/Zwirner*, Grundlagen der Währungsumrechnung im Konzernabschluss nach nationalen und internationalen Normen, IRZ 2017, 442; *Busse von Colbe*, Zur Umrechnung der Jahresabschlüsse ausländischer Konzernunternehmen für die Aufstellung von Konzernabschlüssen bei Wechselkursänderungen, in The Finnish Journal of Business Economics, 1972, S. 306; *Freiberg*, Erfassung von Währungsdifferenzen in den Fremdkapitalkosten, PiR 2016, 61; *Freiberg*, Herausforderungen der Rechnungslegung bei Hyperinflation, PiR 2017, 392; *von Keitz*, Praxis der IASB-Rechnungslegung, 2. Aufl., Stuttgart 2005; *Kliem/Deubert*, DRS 25 „Währungsumrechnung im Konzernabschluss", WPg 2018, 1418; *Mujkanovic/Hehn*, Währungsumrechnung im Konzern nach international Accounting Standards, WPg 1996, 605; *Ordelheide*, Zur Schuldenkonsolidierung von Fremdwährungsforderungen und -verbindlichkeiten, BB 1998, 1558; *Pawelzik*, Die Prüfung des Konzerneigenkapitals, Düsseldorf 2003; *Pollmann*, Anpassung von Fremdwährungsabschlüssen bei Beteiligungsunternehmen aus Hochinflationsländern nach IFRS im Vergleich zu nationalen Vorschriften, DStR 2015, 2090; *Roos*, Umrechnung von Fremdwährungsabschlüssen assoziierter Unternehmen – Zur Anwendung des Konzepts der funktionalen Währung gemäß IAS 21 auf assoziierte Unternehmen, IRZ 2014, 395; *Roos*, Umrechnung von Fremdwährungsabschlüssen nach IAS 21 – Vorbereitende Maßnahmen zur

Aufstellung eines IFRS-Konzernabschlusses, KoR 2014, 271; *Roos*, Währungsumrechnung bei at equity-bilanzierten Beteiligungen – Bestimmung der funktionalen Währung, PiR 2014, 204; *Schildbach*, Geldentwertung und Bilanz. Kritische Analyse der Eignung verschiedener Erhaltungs- und Bewertungskonzeptionen in Zeiten steigender Preise auf der Grundlage der Aufgaben von Erfolgsbilanzen sowie auf der Basis des Konsumstrebens als Ziel der Wirtschaftssubjekte, Habilitationsschrift, Köln 1978; *Zwirner/Busch/Froschhammer*, Fremdwährungsumrechnung im IFRS-Abschluss – Fallbeispiele zur Anwendung des IAS 21, KoR 2012, 590; *Zwirner/Busch*, Fremdwährungsumrechnung im Zusammenhang mit Goodwills im Konzern, IRZ 2013, 7.

A. Überblick und Wegweiser

I. Management Zusammenfassung

35.1 Die Einheitstheorie des Konzernabschlusses erfordert zwingend die Aufstellung des Konzernabschlusses in einer einheitlichen Währung. Konzernmutterunternehmen mit Sitz in Deutschland müssen ihren Konzernabschluss in Euro aufstellen. Auf diesen Fall konzentrieren wir uns in unseren Ausführungen.

35.2 *Jedes* Konzernunternehmen hat *seine* sog. **funktionale Währung** festzulegen. Die funktionale Währung eines Konzernunternehmens ist die Währung, in der das Unternehmen „lebt", „denkt" und „handelt". Umrechnungsfragen werden aufgeworfen, wenn ein Tochterunternehmen aus dem Nicht-Euro-Ausland

(a) seine funktionale Währung abweichend von der Berichtswährung (EURO) bestimmt, i.d.R. seine Landeswährung: In diesem Fall ist der in Landeswährung aufgestellte Abschluss der Tochter nach der **modifizierten Stichtagskursmethode** in Euro umzurechnen

(b) als funktionale Währung zwar den Euro bestimmt, seinen Abschluss aber trotzdem in Landeswährung aufstellt. In diesem Fall muss der Abschluss des Tochterunternehmens nach der **Zeitbezugsmethode** in den Euro umgerechnet werden.

In der Praxis dominiert Fall (a). Aus der Umrechnung nach der modifizierten Stichtagskursmethode ergeben sich regelmäßig Umrechnungsdifferenzen, die erfolgsneutral im Eigenkapital erfasst werden. Die *Veränderung* der Umrechnungsdifferenz ist Bestandteil des OCI. Eine positive Umrechnungsdifferenz signalisiert einen unrealisierten Währungsgewinn und eine negative einen entsprechend unrealisierten Verlust. Bei Abgang des Tochterunternehmens ist die Umrechnungsdifferenz erfolgswirksam über die GuV zu realisieren.

Die weitaus seltener durchgeführte Umrechnung nach der Zeitbezugsmethode (b) fingiert hingegen eine Aufstellung des Abschlusses so, als sei schon immer in EURO gebucht worden.

35.3–35.4 frei

II. Standards und Anwendungsbereich

Für die Währungsumrechnung sowohl im Einzelabschluss (Handelsbilanz II, Rz. 9.2) als auch im **Konzernabschluss** ist IAS 21 einschlägig. IAS 21 wurde 2005 neu gefasst und ist seitdem punktuell ergänzt sowie redaktionell angepasst worden, zuletzt aufgrund der Einführung von IFRS 9.

35.5

IAS 21 wird ergänzt durch IFRIC 16, der Details zu **Sicherungsbeziehungen** im Konzern regelt (Rz. 35.36).

35.6

IAS 29 und IFRIC 7 behandelt die Währungsumrechnung bei **Hyperinflation** (Rz. 35.60 ff.).

35.7

Mit Wirkung zum 1.1.2018 wurde IFRIC 22 eingeführt. Dieser ist für den Einzelabschluss (HB II) relevant (Rz. 9.21) und stellt klar, dass bei geleisteten oder erhaltenen Anzahlungen auf nicht-monetäre Gegenstände (z.B. Anzahlung einer Maschine) der Kurs im Zahlungszeitpunkt und nicht bei Erhalt der Lieferung/Leistung maßgebend ist. Diese Regelung findet aber keine Anwendung auf die Umrechnung von GuV- oder OCI-Posten im Rahmen der modifizierten Stichtagskursmethode (Rz. 35.31).

35.8

III. Wesentliche Unterschiede zum HGB

Nach § 308a HGB ist für die Währungsumrechnung im Konzern ausschließlich die modifizierte Stichtagskursmethode zulässig. Eine Unterscheidung nach der verwendeten funktionalen Währung trifft das HGB nicht. Ebenso fehlen besondere Vorschriften zur Hochinflation.

35.9

Da die modifizierte Stichtagskursmethode in der IFRS-Praxis so gut wie ausschließlich angewendet wird, bestehen konzeptionell praktisch keine Unterschiede. Regelungslücken des § 308a HGB werden durch DRS 23 „Kapitalkonsolidierung (Einbeziehung von Tochterunternehmen in den Konzernabschluss)" sowie durch den DRS 25 „Währungsumrechnung im Konzernabschluss" geschlossen. Diese behandeln u.a. die Umrechnung von HB II/HB III-Differenzen (aufgedeckte stille Reserven und Lasten) sowie die des Goodwill, konzerninterne Schuldverhältnisse, Hochinflation etc. und entsprechen im Wesentlichen dem IAS 21 und IAS 29.

IV. Neuere Entwicklungen

Keine

35.10

frei

35.11–35.19

B. Konzept der funktionalen Währung

I. Umrechnung in die Berichtswährung

35.20 Zur Aufstellung des Konzernabschlusses ist nach der Anpassung der Jahresabschlüsse an konzerneinheitliche Bilanzansatz- und Bewertungsvorschriften die **Umrechnung der Handelsbilanzen II/III** von *foreign operations*, d.h. Tochter- und Gemeinschaftsunternehmen sowie assoziierten Unternehmen (IAS 21.8) in die **Berichtswährung** (*presentation currency*) erforderlich, wenn die jeweiligen Abschlüsse nicht in der Berichtswährung aufgestellt sind (IAS 21.38).

Als Berichtswährung gilt regelmäßig die (funktionale) Währung im Sitzland des Mutterunternehmens (IAS 21.51); die Wahl einer anderen Währung ist nach IAS 21.18 f. zulässig, aber im Anhang zu begründen (IAS 21.53). Unternehmen mit Sitz in Deutschland haben ihre IFRS-Abschlüsse jedoch ohnehin in EURO aufzustellen (§§ 315e Abs. 1 i.V.m. 244 HGB).

IAS 21 sieht für die Umrechnung in die Berichtswährung nach dem **Konzept der funktionalen Währung** die modifizierte Stichtagskursmethode oder die **Zeitbezugsmethode** vor. Letztere ist in IAS 21 allerdings nicht explizit als Methode erwähnt. Jedoch müssen Abschlüsse von Konzerneinheiten, deren funktionale Währung der Berichtswährung des Mutterunternehmens entspricht, so umgerechnet werden, als seien die Geschäftsvorfälle bereits in der Berichtswährung gebucht (zur Methode siehe Rz. 35.50 ff.). Da Umrechnungen im Einzelabschluss nach dem Zeitbezug erfolgen (Rz. 9.20 ff.), glaubte man auf die explizite Erwähnung der Zeitbezugsmethode bei der Umrechnung von Abschlüssen von Tochterunternehmen verzichten zu können.

II. Bestimmung der funktionalen Währung

35.21 Zunächst hat jedes Konzernunternehmen seine **funktionale Währung** zu bestimmen. Dabei handelt es sich um die Währung des ökonomischen Umfelds, in dem die Gesellschaft operiert (IAS 21.8), plakativ, jene Währung, in der das Unternehmen typischerweise „denkt", wirtschaftet und seinen Zahlungsverkehr abwickelt. Die funktionale Währung muss nicht zwingend mit der Landeswährung übereinstimmen, bspw. im Ölgeschäft, wo i.d.R. in US-$ fakturiert wird[1]. Die Bestimmung der funktionalen Währung geschieht anhand folgender Kriterien (IAS 21.9-14):

---

[1] Vgl. *Holzwarth/Wendtlandt* in Baetge-IFRS, IAS 21 Rz. 87 f. Gleiches ist regelmäßig in Hochinflationsländern zu beobachten, wenn der US-Dollar als funktionale Währung dient, nicht jedoch die Berichtswährung (Euro).

Merkmale		Funktionale Währung abweichend von Berichtswährung (i.d.R. Landeswährung)	Funktionale Währung identisch mit Berichtswährung
	Plakative Bezeichnung	relativ selbständige Einheit	relativ integrierte Einheit
	Methode Indikatoren	modifizierte Stichtagskursmethode	Zeitbezugsmethode
1	Cashflow	Entstehung und Verwendung in Landeswährung	Cashflow steht jederzeit zur Überweisung an das Mutterunternehmen zur Verfügung
2	Verkaufspreise/Absatzmarkt	Verkaufspreise werden in Landeswährung festgelegt	Festlegung in Berichtswährung
3	Aufwendungen (Löhne/Material)	Zahlung in Währung des Sitzlandes	Zahlung in Berichtswährung
4	Aufnahme von Finanzmitteln	in Währung des Sitzlandes	Finanzierung erfolgt in Berichtswährung
5	Operative Cashflows	vorwiegend in Landeswährung	vorwiegend in Berichtswährung
6	Grad der Unabhängigkeit	örtliches Management entscheidet eigenständig	Handeln nach Vorgaben der Konzernmutter
7	Konzerninterne Lieferungen/Leistungen	Gering	Hoch
8	Veränderung Cashflows	keine direkte Auswirkung auf Cashflows des Mutterunternehmens	unmittelbare Auswirkung auf Cashflows des Mutterunternehmens, Cashflows stehen zur Überweisung an das Mutterunternehmen bereit
9	Eigenständigkeit der Finanzierung	selbst erwirtschaftete Zahlungsmittel reichen zur Tilgung von Finanzschulden aus	erwirtschaftete Zahlungsmittel reichen nicht zur Tilgung

Abb. 35.1: Kriterien zur Bestimmung der funktionalen Währung.

Ist eine Zuordnung auch nach Analyse der Ausprägungen der angegebenen Indikatoren nicht eindeutig möglich, soll das Management eine **Gesamtwürdigung aller Aspekte** vornehmen (IAS 21.12). Dabei sollen die Kriterien 1.–4. Vorrang vor den Kriterien 5.–9. haben. Letztere zielen auf die Unterscheidung (eher) selbstständiger von (eher) unselbstständigen Konzerneinheiten. Vor 2005 stellte diese Unterscheidung das Hauptkriterium dar. Sie wird nach wie vor in IAS 21.11a) explizit genannt (hier: Kriterium 6).

Die Begrifflichkeit verdeutlicht plakativ, worauf es im Zusammenspiel aller Faktoren ankommt. Die Anwendung der modifizierte Stichtagskursmethode bei eher selbständig operierenden Konzerneinheiten basiert auf der Überlegung, dass diese in Rechts- und Währungskreisen mit jeweils eigenen ökonomischen Bedingungen operieren, so dass deren Cashflow sowie Wechselkursänderungen keinen oder zumindest nur einen geringen Einfluss auf den Cashflow des Mutterunternehmens haben (IAS 21.11c).

35.23 In der Praxis ist zu beobachten, dass die funktionale Währung bei TU außerhalb des Berichtswährungsraums nur in eindeutigen Fällen der Berichtswährung entspricht, d.h. diese TU als eher unselbständig eingestuft werden („**verlängerte Werkbank**"), während im Zweifel eher eine Klassifizierung als selbständige Einheit vorgenommen wird. Entsprechend oft kommt daher die modifizierte Stichtagskursmethode zur Anwendung.[2]

35.24 Häufig haben Konzerne aus organisatorischen oder steuerlichen Gründen **Zwischenholdings**[3] (Abb. 35.2).

— Soweit diese eher als Verlängerung der Konzernmutter (Fall A) erscheinen, wenn sie sich z.B. auf das Halten der (operativen) TU oder deren Finanzierung aus Mitteln der TU beschränken, ist die funktionale Währung der Zwischenholding mit der funktionalen Währung der Konzernmutter (i.d.R. Berichtswährung) identisch.

— Im Fall B ist die Tätigkeit der Zwischenholding eher auf deren Tochtergesellschaften (EU) gerichtet, z.B. wenn operative Funktionen wie regionale Vertriebssteuerung übernommen werden. Dann sind die funktionalen Währungen der Zwischenholding eher mit deren Töchtern identisch.

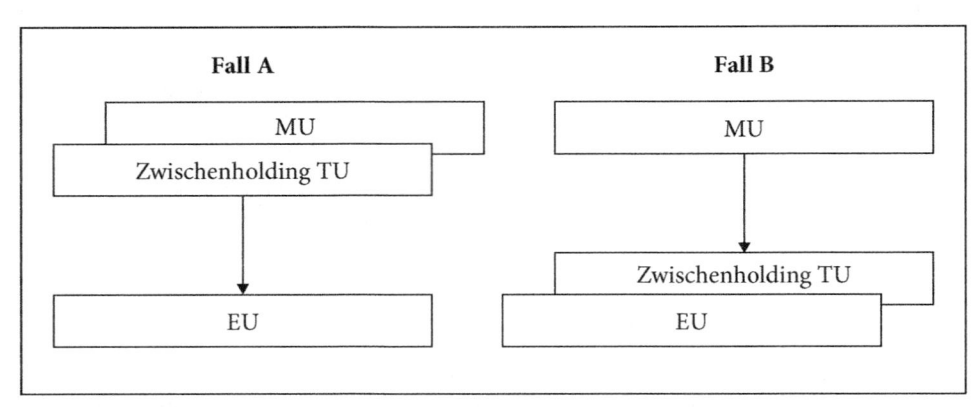

Abb. 35.2: Konzerne mit Zwischenholdings

---

2 Vgl. *von Keitz*, Praxis der IASB-Rechnungslegung², 237.
3 Vgl. *Holzwarth/Wendtlandt* in Baetge-IFRS, IAS 21 Rz. 37 f.

Im Fall A wäre bei TU die Zeitbezugsmethode anzuwenden, im Fall B die Stichtagskursmethode mit entsprechenden Auswirkungen auf die Umrechnung derjenigen Posten, die nicht durch Konsolidierung wegfallen, wie insb. Beteiligungsbuchwerte. Zur Zuordnung von Währungsumrechnungsdifferenzen bei mehrstufigen Konzernen s. Rz. 35.40 ff.

Die Grundsätze zur Bestimmung der funktionalen Währung gelten auch für **Gemeinschaftsunternehmen** und **assoziierte Unternehmen** (IAS 21.8, 21.44). Diese werden jedoch wegen des geringeren Grads der Einflussnahme eher als selbständig einzustufen sein. Zudem ist bei unzureichender Datenbasis für die Anwendung der Zeitbezugsmethode, insbesondere bei assoziierten Unternehmen, zwangsläufig auch die ausschließliche Verwendung der Stichtagskursmethode vertretbar.[4]   35.25

Die Festlegung der funktionalen Währung sollte dokumentiert werden[5].   35.26

III. Anwendung des Konzepts der funktionalen Währung

Fremdwährungsumrechnungen *in* die jeweilige funktionale Währung werden, von genau umrissenen Ausnahmen abgesehen, erfolgswirksam nach ihrem **Zeitbezug** (IAS 21.20–34) behandelt (Rz. 9.20 ff.). Dies betrifft sämtliche Währungsumrechnungen   35.27

— im **Einzelabschluss** (auf Handelsbilanz II Ebene) sowie

— Umrechnungen ganzer **Abschlüsse** derjenigen Konzerneinheiten, deren funktionale Währung nicht mit ihrer lokalen Währung übereinstimmt (plakativ: *unselbständige Unternehmen*).

Beispiel:
(a) Ein inländisches Konzernunternehmen (funktionale Währung: Euro) hat eine Lieferforderung in US-Dollar gegenüber einem amerikanischen Kunden. Der am Jahresende aus der Umrechnung zum Stichtagskurs in Euro resultierende Währungsgewinn oder -verlust ist ergebniswirksam[6] einzubuchen. Dieses Ergebnis fließt in den Konzernabschluss ein (Rz. 9.23).

(b) Eine amerikanische Tochtergesellschaft sei ein reines Vertriebsbüro (bloße Auftragsabwicklung ohne weitere Montage oder Marketingaktivitäten). Die funktionale Währung dieser (unselbständigen) Tochtergesellschaft ist damit ebenfalls der Euro und nicht der US-Dollar. Aus steuerlichen Gründen und zur Erfüllung der lokalen Rechnungslegungsvorschriften stellt die Tochter ihren Abschluss gleichwohl in US-Dollar auf. Dieser Abschluss enthält US-Dollar Forderungen an amerikanische Kunden. Für Konzernzwecke werden die Bilanzposten dieses Abschlusses und damit auch die US-Dollar

---

[4] Wie hier *Niehus* in HdJ, V/3 (2005), Rz. 225.
[5] Vgl. EY iGAAP 2018, S. 1079.
[6] Bei kurzfristigen Forderungen und Verbindlichkeiten selbst im Gewinnfall auch nach HGB, vgl. § 256a HGB.

Forderungen so umgerechnet, als seien die Vorgänge direkt in der Berichtswährung gebucht.[7] Nunmehr resultieren aus der Umrechnung *dieses Abschlusses* im Konzern die gleichen ergebniswirksamen Währungsergebnisse wie bei (a).

35.28 Ist die funktionale Währung dagegen nicht die (Konzern-)Berichtswährung, so ist von der funktionalen Währung (= i.d.R. der Landeswährungs-Abschluss) in die Berichtswährung mit der **modifizierten Stichtagskursmethode** umzurechnen (IAS 21.38–50).

Beispiel: Eine amerikanische Vertriebstochter mit 100 Mitarbeitern steuere alle Marketingaktivitäten in eigener Verantwortung, betreibe umfangreiche Montagetätigkeiten zur Anpassung an individuelle Kundenwünsche, verwende Ergebnisse zur Markterschließung etc., so dass deren funktionale Währung der US-$ ist. Gegenüber einem englischen Kunden bestehe eine Forderung in £.

(a) Im Einzelabschluss (Handelsbilanz II) dieser US-Tochter wird die £ Forderung wiederum *erfolgswirksam* in *ihre* funktionale Währung (US-$) umgerechnet (Rz. 35.27).

(b) *Anschließend* ist der *gesamte Abschluss* der US-Tochter für Zwecke des Konzernabschlusses nach der modifizierten Stichtagskursmethode (Rz. 35.30 ff.) in die (Konzern-)Berichtswährung (Euro) umzurechnen. Daraus folgt, dass die in der Handelsbilanz II enthaltene, wegen (a) bereits in US-$ ausgedrückte Forderung nun in Euro umgerechnet wird, im Unterschied zu (a) aber *erfolgsneutral*. Das schon erfasste Währungsergebnis (£ → US-$) aus der GuV der US-Tochter, umgerechnet zum Durchschnittskurs (US-$ → Euro), fließt in die Konzern-GuV ein.

35.29 frei

C. Modifizierte Stichtagskursmethode

I. Grundfall

35.30 Die modifizierte Stichtagskursmethode führt zu einer linearen Transformation der Bilanzrelationen der Tochterunternehmen in die Berichtswährung. Daher ist sie nur auf solche Tochterunternehmen anzuwenden, deren funktionale Währung von der Berichtswährung abweicht (Rz. 35.23). Folgerichtig werden Umrechnungsdifferenzen **erfolgsneutral** behandelt.

35.31 Nach IAS 21.39 ist die Umrechnung wie folgt vorzunehmen:

– Alle Bilanzposten werden zum Stichtagskurs (Devisenkassamittelkurs) umgerechnet.

– Die Umrechnung aller Aufwands- und Ertragsposten (GuV und OCI) erfolgt zum jeweiligen Transaktionskurs oder, vereinfachend, zu Wochen-, Monats-, Quartals- oder Jahres**durchschnittskursen**[8]. Deren Anwendung setzt aber eine stetige Ver-

---

[7] IAS 21.20 ff. sind (praxisfremd) so formuliert, als würde die Tochtergesellschaft *tatsächlich* direkt in der funktionalen Währung (Euro) buchen.
[8] Auf Tagesbasis berechnete Jahresdurchschnittskurse stehen im Internet zur Verfügung.

teilung von Umsätzen und Aufwendungen voraus (IAS 21.40), so dass ggf. Gewichtungen vorzunehmen sind.[9] Die Regelung in IFRIC 22 zur Bestimmung des „Transaktionszeitpunktes" bei erhaltenen/geleisteten Anzahlungen auf nicht-monetäre Vermögenswerte (Zahlungszeitpunkte, Rz. 35.8) ist hingegen hier nicht einschlägig, da es auf den Erfolgsrealisierungszeitpunkt des GuV- bzw. OCI-Postens ankommt.[10]

— Die Zwischenergebniseliminierung erfolgt ebenfalls auf Basis der Transaktionskurse.[11]

— Bei dualen oder ausgesetzten Wechselkursen ist IAS 21.26 zur Zeitbezugsmethode analog anzuwenden[12], d.h. der nächste verfügbare Kurs anzuwenden.

— Wird ausnahmsweise ein Abschluss mit einem abweichenden Stichtag einbezogen (Rz. 34.20) ist auch der entsprechende Wechselkurs und nicht der Kurs am Bilanzstichtag des Konzernabschlusses zugrunde zu legen (IAS 21.46), allerdings müssen wesentliche Währungsveränderungen zwischen den Stichtagen im Einklang mit IFRS 10 bereinigt werden (Rz. 34.21).

— Sämtliche **Umrechnungsdifferenzen** werden **erfolgsneutral** innerhalb des Eigenkapitals erfasst und separat ausgewiesen (IAS 21.39c):

Beispiel: Im folgenden Beispiel ist der an einheitliche Bilanzansatz- und Bewertungsmethoden angepasste Jahresabschluss eines Tochterunternehmens zum 31.12.01 nach der modifizierten Stichtagskursmethode umzurechnen. Aus Vereinfachungsgründen enthält das Beispiel kein OCI. Folgende Daten sind bekannt:

Das Eigenkapital der Tochterunternehmung betrug 100 LW am 1.1.01.

Zum 1.1.01 galt ein Währungskurs von 1 LW = 2 Euro[13].

Am 1.3.01 wurde eine Ausschüttung i.H.v. 20 LW vorgenommen. Der Kurs betrug im Auszahlungszeitpunkt 1 LW = 2,6 Euro.

Etwa in der Mitte des Jahres ist der Euro auf 1 LW = 3 Euro weiter aufgewertet worden; seither ist der Kurs unverändert. Der Jahresdurchschnittskurs beträgt 1 LW = 2,4 Euro.

Bilanz	HB II LW	Umrechnung	HB II Euro
Aktiva	**325**		**975**
Anlagevermögen	200	3	600
Vorräte	75	3	225
Bank	50	3	150

---

9 Vgl. *Holzwarth/Wendtlandt* in Baetge-IFRS, IAS 21 Rz. 103.
10 Vgl. EY iGAAP, 2018, 1096.
11 Vgl. EY iGAAP, 2018, S. 1114 f.
12 Vgl. IFRIC Update November 2014.
13 Seit Einführung des Euro werden Wechselkurse in Mengennotierung angegeben. Wir stellen die Kurse aus didaktischen Gründen hier in Preisnotierung dar.

Bilanz	HB II LW	Umrechnung	HB II Euro
Passiva	325		975
Eigenkapital 1.1.01	100	2	200
Jahresüberschuss	15	2,4	36
Ausschüttung	- 40	2,6	- 104
Währungsumrechnungsdifferenz	–		93
Eigenkapital 31.12.01	75	3	225
langfristige Verbindlichkeiten	160	3	480
kurzfristige Verbindlichkeiten	90	3	270
GuV			
Umsatzerlöse	500	2,4	1.200
Materialaufwand	- 240	2,4	- 576
Abschreibungen	- 20	2,4	- 48
Diverser Aufwand	- 225	2,4	- 540
Aufwendungen zusammen	- 485		- 1.164
Jahresüberschuss	15		36

Abb. 35.3: Umrechnung der Bilanz und der Ergebnisrechnung (hier nur GuV) nach der modifizierten Stichtagskursmethode

Bei der modifizierten Stichtagskursmethode werden alle Bilanzposten unterschiedslos mit den Stichtagskursen (1 LW = 3 Euro) umgerechnet. Dies gilt im Ergebnis auch für den Endstand des Eigenkapitals. Damit für die Darstellung der Eigenkapitalentwicklung im Eigenkapitalspiegel (Rz. 46.23 ff.) erkennbar wird, wie sich Wechselkursschwankungen auf das in der Summe zum Stichtagskurs umgerechnete Eigenkapital ausgewirkt haben, ist der Anfangsstand des Eigenkapitals mit dem Vorjahresbetrag[14] anzusetzen. Anschließend ist das zu Durchschnittskursen umgerechnete Jahresergebnis aus der Gewinn- und Verlustrechnung zu übertragen, sonstige Transaktionen (Kapitalerhöhungen, Ausschüttungen etc.) sind zu jeweiligen Transaktionskursen umzurechnen und eine verbleibende Differenz zum Anfangsbestand des EK ist als **Residualgröße** erfolgsneutral als **Währungsumrechnungsdifferenz** in das Eigenkapital einzustellen (IAS 21.39c).

Das umgerechnete **Jahresergebnis** wird der Gewinn- und Verlustrechnung entnommen. Im Beispiel sind alle Ertrags- und Aufwandsposten unterschiedslos zu Durchschnittskursen (1 LW = 2,4 Euro) umgerechnet worden (Jahresüberschuss 15 LW × 2,4 = 36 Euro). Die Umrechnung der **Abschreibungen** erfolgt ebenfalls zu Durchschnittskursen, da sich das umgerechnete Anlagevermögen auf Grund der Bewertung zu Stichtagskursen entsprechend der Währungskursentwicklung vermindert; eine Umrechnung der Abschreibung zu historischen Kursen (wie bei der Zeitbezugsmethode) wäre daher nicht sachgerecht. In den sonstigen betrieblichen Erträgen und Aufwendungen möglicherweise enthaltene **Währungsergebnisse** (siehe Rz. 35.28) sind ebenfalls zum Durchschnittskurs umzurechnen.

---

14 Häufig ist in diesem Zusammenhang von einem Ansatz des Eigenkapitals zu historischen Kursen die Rede, vgl. z.B. *ADS*, § 298 HGB Rz. 34 und die Formulierung in § 308a HGB.

Die als Residualgröße ermittelte **Währungsumrechnungsdifferenz** kann abgestimmt werden, in dem die Differenz aus dem verwendeten Kurs und dem Stichtagskurs gebildet wird: 35.32

Abstimmung der Umrechnungsdifferenz:	in LW		in Euro
Währungsgewinn des Anfangsvermögens	100	(3–2)	100
Währungsgewinn des Jahresüberschusses	15	(3–2,4)	9
Währungsverlust der Ausschüttung	- 40	(2,6–3,0)	- 16
Summe:			**93**

Somit existiert lediglich *eine* aus mehreren Ursachen entstandene (*bilanzielle*) Umrechnungsdifferenz (IAS 21.39c).

II. Umrechnung von Beteiligungsbuchwerten

Bei ausländischen Zwischenholdings mit vom Euro abweichender funktionaler Währung (Rz. 35.24) bestehen für die Umrechnung von Beteiligungsbuchwerten zwei Alternativen, die anhand des nachfolgenden Beispiels erläutert werden: 35.33

Beispiel: TU hält eine Beteiligung an EU i.H.v. US-$ 250 = EUR 200 bei Erstkonsolidierung (Kurs: 1,25 US-$/EUR).[15] Am nachfolgenden Stichtag sinke der Kurs auf 1,5 US-$/EUR:

(a) Die Umrechnung der Beteiligungsbuchwerte erfolgt wie bei jedem anderen Bilanzposten zu Stichtagskursen; dies führt im Beispiel bei TU zu einem erfolgsneutralen Währungsverlust von EUR 33 (EUR 200 abzgl. EUR 167 = US-$ 250/1,5). Bei der Kapitalkonsolidierung ist diese Währungsumrechnungsdifferenz auszubuchen[16]:

Beteiligungsbuchwert (TU an EU)	167 (Soll)	
Währungsumrechnungsdifferenz TU	33 (Soll)	
an (konsolidierungspflichtiges) Eigenkapital EU		200 (Haben)

(b) Alternativ kann (nur) der Beteiligungsbuchwert bei der betreffenden Zwischenholding eingefroren werden. Dann entsteht *insoweit* keine Währungsumrechnungsdifferenz, und der unveränderte Beteiligungsbuchwert (EUR 200) wird gegen das EK von EU (200) gebucht.

III. Umrechnung eines Goodwill

Bei der Erstkonsolidierung aufgedeckte stille Reserven/Lasten und insbesondere ein entstandener Goodwill sind in Geschäftsjahren ab 1.1.2005 auch in Folgeperioden immer zum Stichtagskurs umzurechnen (IAS 21.47). Die Goodwillzuordnung für Zwecke der Währungsumrechnung ist damit unabhängig von der Allokation zu CGU im Rahmen des IAS 36 (Rz. 19.26 ff.). 35.34

---

15 Mengennotierung.
16 Vgl. EY iGGAP, 2018, S. 1123.

Davon abgesehen führt die Umrechnung zu erfolgsneutral im Eigenkapital gebuchten Währungsschwankungen. Vor dem 1.1.2005 entstandener Goodwill konnte dagegen zum historischen Kurs im Erwerbszeitpunkt fixiert werden. Dies darf nach IAS 21.59 bei den betroffenen Goodwill beibehalten werden (Wahlrecht).

IV. Währungsumrechnung bei Schuldenkonsolidierung

1. Kurzfristige Forderungen und Verbindlichkeiten

35.35 Erfolgt die Umrechnung gleich hoher konzerninterner Forderungen und Schulden jeweils mit denselben Stichtagskursen, kann naturgemäß keine Aufrechnungsdifferenz entstehen. Im Beispiel werden Forderungen und Verbindlichkeiten von jeweils umgerechnet 1.000 Euro im Rahmen der Schuldenkonsolidierung eliminiert:

		Handels-Bilanz II	Kurs	Konzern Euro
Einzelabschluss der Tochtergesellschaft				
Verbindlichkeit gegenüber Konzernmutter	nominal Euro	- 1.000		
Einbuchung	LW	- 800	0,80	
Aufwand (Aufwertung der Verbindlichkeit im Einzelabschluss)	LW	- 600		
Bewertung am Abschlussstichtag	LW	- 1.400	1,40	- 1.000
Einzelabschluss der Mutterunternehmung				
Forderung gegenüber Tochtergesellschaft	nominal Euro	1.000		1.000
Saldo im Konzernabschluss				0

Allerdings hat die Tochtergesellschaft die Verbindlichkeit in ihrem Einzelabschluss um 600 LW aufwerten müssen, da sie einen entsprechend höheren Betrag in LW benötigt, um die auf Euro lautende Verbindlichkeit tilgen zu können. Fraglich ist nun, wie dieser Verlust von 600 LW im Konzernabschluss zu behandeln ist. Gegen die Übernahme des umgerechneten Aufwandes in die Konzern-GuV könnte sprechen, dass der Ausweis von Währungsergebnissen aus konzerninternen Vorgängen der Einheitsfiktion widerspricht.[17] Dabei ist jedoch zu beachten, dass derartige Umrechnungsergebnisse die aus der künftigen Bezahlung von Konzernsalden auch aus Konzernsicht bestehenden Währungsrisiken und -chancen antizipieren. Die Ergebnisse betreffen damit nicht etwa den aus Konzernsicht nicht existenten Konzernsaldo, sondern das auf ausländische Währung lautende Vermögen, das für eine spätere

---

17 Vgl. IDW HFA, WPg 1998, 552 f., zu weiteren Aspekten *Ordelheide*, BB 1993, 1558 (1559).

Begleichung der Konzernsalden verwendet wird.[18] Die Umrechnungsergebnisse aus den Einzelabschlüssen sind somit (umgerechnet zu dem für die Gewinn- und Verlustrechnung maßgebenden Kurs) in den Konzernabschluss zu übernehmen. IAS 21.45 schreibt dies explizit vor.

2. Einlageähnliche Forderungen und Verbindlichkeiten (net investment in a foreign operation)

Die erfolgswirksame Buchung gemäß Rz. 35.35 ist nach IFRS jedoch im Konzern ausnahmsweise dann ausgeschlossen, wenn konzerninterne **langfristige Forderungen oder Verbindlichkeiten**, d.h. nicht solche aus Lieferungen oder Leistungen zwischen der Konzernmutter und einem Tochterunternehmen, wegen „in absehbarer Zukunft" nicht geplanter oder wahrscheinlicher Rückzahlung (IAS 21.15) wirtschaftlich **Einlagecharakter** haben (*net investment in a foreign operation*). Diese Voraussetzung ist ab einer Restlaufzeit von mindestens einem Jahr erfüllt.[19] Lieferforderungen, die durch **Novation** in ein langfristiges Darlehen umgewandelt werden, haben ebenfalls Einlagecharakter, **Kontokorrentkonten** mit laufender Saldierung jedoch nicht.[20]

35.36

Daraus resultierende Differenzen sind wie andere Differenzen aus der modifizierte Stichtagskursmethode erfolgsneutral in die entsprechende Eigenkapitalkategorie einzustellen (IAS 21.31). Unerheblich ist, aus welcher Währung die Differenzen resultieren. Es kann sich auch um Darlehen handeln, die weder in der Berichtswährung noch in der funktionalen Währung der betreffenden Konzerneinheit nominieren (IAS 21.33). IAS 21.15A stellt klar, dass die betreffende Forderung nicht nur von der Muttergesellschaft, sondern von jedem anderen vollkonsolidierten Konzernunternehmen (z.B. Schwestergesellschaften) stammen darf. Außerdem spielt es keine Rolle, ob die Konzernmutter eine Forderung an die Konzerntochter hat oder es sich umgekehrt verhält (IAS 21.15).

Beispiel: Eine Tochter TU in den USA werde langfristig z.T. mit US-$-Darlehen und z.T. mit Euro-Darlehen finanziert: Bei TU entstehen Umrechnungsdifferenzen aus der Umrechnung der Euro-Darlehen in US-$, bei der Konzernmutter solche aus der Stichtagsbewertung der US-Darlehen in Euro. Beide Differenzen sind erfolgsneutral in das Eigenkapital einzustellen.

Währungskursdifferenzen aus Instrumenten zur Absicherung der Nettoinvestition in foreign operations können nach Maßgabe des IFRS 9.6.5.2c) i.V.m. IFRIC 16 als **Cashflow-Hedge des net investment** ebenfalls erfolgsneutral erfasst werden. Im Einzelnen:

35.37

– IFRIC 16.10 lässt die Absicherung von Währungsrisiken zwischen der funktionalen Währung einer foreign operation und der funktionalen Währung der Muttergesellschaft (bei mehrstufigen Konzernen jeder Zwischenholding, IFRIC 16.12) zu.

---
18 Vgl. *Pawelzik*, Die Prüfung des Konzerneigenkapitals, 261; *Holzwarth/Wendtlandt*, in Baetge-IFRS, IAS 21 Rz. 118; anders dagegen wenn zwei TU mit identischer funktionaler Währung ein Darlehen in fremder Währung aufnehmen (dann Eliminierung beider Umrechnungsdifferenzen, vgl. ebd., Rz. 119).
19 Vgl. Haufe IFRS-Komm[16], § 27 Rz. 67.
20 Vgl. *Senger/Rulfs*, in Beck IFRS-HB[5], § 33 Rz. 23.

Das Währungsrisiko zwischen zwei davon abweichenden funktionalen Währungen von Schwestergesellschaften ist hingegen nicht (direkt) absicherungsfähig[21], sondern nur bilateral im Verhältnis zu einer Muttergesellschaft.

- Die Absicherung betrifft alle foreign operations i.S.v. IAS 21.8, also außer Tochtergesellschaften auch Gemeinschaftsunternehmen und assoziierte Unternehmen (IFRIC 16.1).
- Als Sicherungsinstrumente können neben originären Finanzinstrumenten (Darlehen) unter der Voraussetzung der Effektivität auch Derivate (bspw. Zins- und Währungsswaps) eingesetzt werden.
- Das Sicherungsinstrument kann bei jedem Konzernunternehmen (auch der betreffenden Konzerneinheit selbst) angesiedelt sein (IFRIC 16.14).
- Darlehen von Tochtergesellschaften in Berichtswährung an den Restkonzern sind nicht hedgefähig, d.h. entsprechende Umrechnungsdifferenzen bleiben nach Rz. 35.35 erfolgswirksam.
- Die Absicherung ist naturgemäß auf den Betrag der Nettobuchwerte der betreffenden Gesellschaft im Konzernabschluss begrenzt (IFRIC 16.11).
- Nur der effektive Teil darf erfolgsneutral erfasst werden.
- Die formalen Voraussetzungen (Widmung, Dokumentation) sind zu erfüllen.

Beispiel: Der Konzern K ist am 1.1. in Bezug auf seine Tochter TU mit einem Eigenkapital i.H.v. 100 LW einem Währungsrisiko ausgesetzt. MU nimmt am 1.1. ein Darlehen i.H.v. 150 LW auf. Die Entwicklung des Eigenkapitals bei TU und des von der MU aufgenommenen Währungsdarlehens ist wie folgt:

	1.1.	Ergebnis	Dividende	Währungs-Differenz	31.12.
Eigenkapital TU					
Landeswährung	100	15	- 40		75
Kurs	2,0	2,4	2,6		3,0
Berichtswährung	200	36	- 104	93	225
Darlehen MU					
Landeswährung	- 150				- 150
Kurs	2,0				3,0
Berichtswährung	- 300			- 150	- 450

MU kann am 1.1. einen Anteil von 2/3 des Darlehens (also 100 LW) als Hedge für das Eigenkapital von TU bestimmen. Rechnerisch entfällt darauf eine Umrechnungsdifferenz i.H.v. 100 (2/3 von 150). Allerdings kann nur der effektive Teil der Wechselkursdifferenz (93) entsprechend dem Währungsgewinn bei TU im Konzernabschluss erfolgsneutral behandelt werden. Der ineffektive Teil (7 und zusätzlich der nicht gehedgte Teil von 50) führt hingegen zu Aufwand in der GuV (IFRS 9.6.5.13b): Die Ineffektivität beruht darauf, dass der gehedgte

---

21 Vgl. Haufe IFRS-Komm[16], § 27 Rz. 72.

Betrag (100 LW) wegen der das Ergebnis übersteigenden Ausschüttung im Jahresverlauf höher ist als die Nettobuchwerte der TU (75 LW am 31.12.).

Hätte MU das Darlehen dagegen nicht als hedge in a foreign operation (TU) gewidmet, müsste der Währungsverlust aus dem Darlehen bei MU nach allgemeinen Vorschriften insgesamt erfolgswirksam behandelt werden.

Die Folgebilanzierung der Währungsdifferenz (i.d.R. erfolgswirksame Auflösung bei Veräußerung von TU) richtet sich gemäß IFRS 9.6.5.14 nach den Vorschriften des IAS 21.48 f. (Rz. 35.39).

V. Bilanzierung und Auflösung erfolgsneutraler Umrechnungsdifferenzen

Währungsumrechnungsdifferenzen sind auf Konzernmutter und nicht beherrschende Anteilseigner (nbA) aufzuteilen und innerhalb des Eigenkapitals separat auszuweisen und fortzuführen (IAS 21.41). Sie sind Teil des „übrigen Konzernergebnisses" (*other comprehensive income, OCI*, siehe Rz. 45.20). 35.38

Bei der Auflösung der Währungsumrechnungsdifferenz sind folgende Konstellationen zu unterscheiden: 35.39

— Beim vollständigen **Abgang des Tochterunternehmens** wird die **auf die Muttergesellschaft entfallende Währungsumrechnungsdifferenz** *erfolgsneutral* storniert und *erfolgswirksam* in die GuV gebucht (IAS 21.48, Reklassifizierung, siehe zu einem Beispiel Rz. 36.284). Dasselbe gilt für den auf ein *net investment in a foreign operation* entfallenden Teil der Währungsumrechnungsrücklage (Rz. 35.37).

— Dies gilt nach IAS 21.48A auch ohne vollständige Veräußerung bei **Statusverlust** (Beteiligung an Tochtergesellschaft sinkt unter Control-Schwelle von 50 %, Kontrollverlust bei Gemeinschaftsunternehmen, Verlust des Einflusses auf ein assoziiertes Unternehmen). In diesem Fall wird also die gesamte auf die Mutter entfallende Umrechnungsdifferenz und nicht nur ein Teilbetrag i.H.d. abgegebenen Quote umgebucht.

— Auf nicht beherrschende Anteilseigner („nbA") entfallende Umrechnungsdifferenzen sind dagegen nach IAS 21.48B bei Verkauf oder Kontrollverlust insgesamt erfolgsneutral auszubuchen, d.h. es erfolgt keine Reklassifizierung.

— Bei **Abstockungen von Tochterunternehmen ohne Kontrollverlust** werden Umrechnungsdifferenzen zwischen Konzernmutter und nbA entsprechend der übertragenen Quote erfolgsneutral umgebucht (IAS 21.48C), Rz. 39.56. Eine korrespondierende Regelung zu Aufstockungen fehlt; u.E. ist es eine entsprechende Umbuchung jedoch vertretbar (Rz. 39.51).

— Bei bloßer Klassifizierung einer foreign operation als „held-for-sale" (IFRS 5, Rz. 30.61 ff.) liegt noch keine Veräußerung vor; eine Reklassifizierung erfolgt erst bei Verkauf[22].

---

22 Vgl. EY iGAAP, 2018, S. 1120.

– **Kapitalrückzahlungen** (hierunter fällt auch die Tilgung oder der Wegfall des langfristigen Charakters von einlageähnlichen Forderungen[23], Rz. 35.36 f.) führen grundsätzlich nicht zu anteiligen Reklassifizierungen, da diese bei Auf- und Abstockungen von Tochterunternehmen ohne Kontrollverlust explizit verboten ist (s.o.). Gleiches gilt für **Dividendenzahlungen** (IAS 21.BC35).

– **Abschreibungen auf den Beteiligungsbuchwert** bei der Muttergesellschaft[24] rechtfertigen ebenfalls keine erfolgswirksame Auflösung der Umrechnungsdifferenz (IAS 21.49).

– Eine anteilige Reklassifizierung kommt praktisch nur noch bei Abstockungen von Anteilen an assoziierten Unternehmen in Betracht, die danach noch assoziiertes Unternehmen bleiben (IAS 21.48C, S. 2).[25]

VI. Zuordnung erfolgsneutraler Umrechnungsdifferenzen im mehrstufigen Konzern

35.40 Bei mehreren Konzernstufen soll es nach teilweise vertretener Ansicht von der Konsolidierungstechnik abhängen (Simultankonsolidierung („direct") versus Stufenkonsolidierung („*step-by-step*"), siehe Rz. 36.331 ff.), welcher Konzerneinheit Währungsumrechnungsdifferenzen zuzuordnen sind. Dies hat Auswirkungen auf das Konzernergebnis bei Reklassifizierungen. Die Ansicht stützt sich auf ein Detail in IFRIC 16, was sich bei zutreffendem Verständnis von Konsolidierung jedoch als obsolet erweist. Dabei ist der Fall einer gemeinsamen funktionalen Währung von dem der unterschiedlichen funktionalen Währung zu unterscheiden:

35.41 Zunächst der Fall gemeinsamer funktionaler Währung:

Fall (1): TU und EU befinden sich in einem Währungsgebiet, bspw. im US-$ Raum, und beide haben als funktionale Währung den US-$. Dann soll eine Währungsumrechnungsdifferenz, die originär bei EU entsteht, bei Aufstellung eines Teilkonzerns (TK) TU quasi auf TU überspringen. Bei Verkauf der EU (statt Verkauf der TU inkl. EU) hätte dies zur Folge, dass eine Reklassifizierung der auf EU zurückgehenden Währungsumrechnungsdifferenz unterbleibt[26]. Dieser Auffassung ist folgende Überlegung entgegenzuhalten:

– EU besitze als einziges Konzernunternehmen operative Vermögenswerte von US-$ 250 = Euro 200 (zum Kurs am 1.1.).

– Das Vermögen von MU und TU beschränkt sich hingegen jeweils auf Beteiligungen (an TU bzw. an EU) im Wert von Euro 200 bzw. US-$ 250. Diese Beteiligungsbuchwerte werden jedoch im KA wegkonsolidiert, so dass das Konzernvermögen ausschließlich aus den Vermögenswerten der EU besteht.

---

23 Vgl. Haufe IFRS-Komm[16], § 27 Rz. 68.
24 Diese werden für Konsolidierungszwecke ohnehin zurückgedreht, um Doppelerfassung der verschlechterten Situation der Tochtergesellschaft im Konzernabschluss zu vermeiden.
25 Vgl. EY-iGAAP 2018, 1121.
26 So EY-iGGAP 2018, S. 1124.

– Zwischen dem 1.1. und dem 31.12. gebe es keinerlei Veränderung von Bilanzposten und damit auch keine Jahresüberschüsse.
– Die einzig relevante Veränderung sei der Anstieg des US-$ Kurses von 1,25 $/Euro auf 1,50 $/Euro zum 31.12.

Datum	1.1. = 31.12.			1.1.	31.12.
	MU	TU	EU	EU = TK TU = KA	
Währung	Euro	US $	US $	Euro	Euro
Kurs				1,25	1,50
Anteile an TU	200				
Anteile an EU		250			
Andere Vermögenswerte EU			250	200	167
Vermögenswerte	**200**	**250**	**250**	**200**	**167**
Eigenkapital 1.1.	200	250	250	200	200
Währungsdifferenz					**-33**
Eigenkapital 31.12.					**167**

Damit ist nachvollziehbar, dass das Konzernvermögen (in Form der assets der EU) zum 31.12. einen Wertverlust von Euro 200 um Euro 33 auf Euro 167 erfährt, und zwar unabhängig von der Konsolidierungsmethode:

– Bei der Simultankonsolidierung (*direct consolidation*) wurden die in die Berichtswährung (Euro) umgerechneten Bilanzen von MU, TU und EU nebeneinandergestellt und die Beteiligungsbuchwerte an TU und EU eliminiert (Rz. 36.334).
– Bei der Stufenkonsolidierung (*step-by-step consolidation*) wird zunächst der Teilkonzern TU gebildet, der ebenfalls ausschließlich aus dem Vermögen der EU besteht mit dem einzigen Unterschied, dass an ihm nun das Etikett „TK TU" klebt. Daraus wird nun geschlossen, dass auch die Währungsumrechnungsdifferenz der TU zuzuordnen ist.

Die Vorstellung, dass das Reklassifizierungsergebnis bei Veräußerung entweder der EU oder der TU von der Konsolidierungstechnik abhängen soll[27], ist abwegig (so unzutreffend aber IFRIC 16.17 S. 3 ff.). Konsequent zu Ende gedacht, müsste die Währungsdifferenz bei der Konsolidierung auf MU auch auf diese überspringen. Tatsächlich sind Währungsumrechnungsdifferenzen den foreign operations zuzuordnen, bei denen sie entstanden sind (hier nur EU, so noch zutreffend IFRIC 16.17 S. 1). Dies entspricht i.Ü. der klaren Regelung des IAS 21.38, wonach Abschlüsse jeder foreign operation in die Berichtswährung der Konzernmutter umzurechnen sind (siehe auch IAS 21.BC18[28]) und folgt zudem aus IFRS 10, der die Zuordnung von Vermögenswerten und Schulden zu Konzerneinheiten nicht aufhebt; danach ist Konzernvermögen dinglich auf MU und nicht beherrschende Anteilseigner (nbA) zu allokieren (IFRS 10.22), Rz. 36.231.

Immerhin betrachtet der IFRIC die *direct consolidation* (u.E. die sich daraus ergebende Bilanzierungsfolge) als vorziehenswürdig. IFRIC 16.17 lässt daher ein u.E. nicht notwendiges Wahlrecht zu, wonach die Folge der *direct consolidation* (im Bsp. Zuordnung der Währungsdifferenz zu EU) auch dann anzunehmen ist, wenn tatsächlich die *step-by-step-consolidation* angewendet wird (d.h. wenn die Währungsdifferenz anders, d.h. falsch zugeordnet wurde).

---

27 Vgl. EY iGGAP 2018, S. 1105.
28 So auch *Brune*, IRZ 2015, 51.

Damit will der IFRIC erreichen, dass bei einem Hedging des Währungsrisikos durch MU i.S.v. IFRIC 16, hier bspw. durch ein US-$ Darlehen (Rz. 35.36 f.) der bei MU neutralisierte Währungseffekt bei Verkauf von EU mit dem Reklassifizierungsergebnis bei EU verrechnet werden kann (IFRIC 16.IE5). Dies ergibt sich jedoch u.E. bereits aus der Natur der Sache, weil die Differenz bei EU entstanden ist.

35.42 Nun der Fall verschiedener funktionaler Währung:

Fall (2): TU (CHF) und EU (US-$) weisen nunmehr verschiedene funktionale Währungen auf und müssen in die Berichtswährung (Euro) umgerechnet werden.

- MU und die Konsolidierung auf MU sei aus Vereinfachung nicht abgebildet, da sie sich wie bei Fall (1) nicht auf die Konsolidierung auswirkt. Im Unterschied zu Rz. 35.41 verfüge TU außer der Beteiligung an EU über andere Vermögenswerte (CHF 100).
- Abgesehen von der Wechselkursveränderung gebe es keinerlei Veränderung der Bilanzposten zwischen den Stichtagen 1.1. und 31.12.:
  Kurse am Jahresanfang: 1 Euro = 2,00 CHF = 1,25 US $
  Kurse am Jahresende: 1 Euro = 2,50 CHF = 1,5 US $
- Zunächst zeigen wir die Erstkonsolidierung am 1.1. (noch ohne Umrechnungsdifferenzen, daher erfolgt keine Unterscheidung nach Konsolidierungsmethoden):

Datum	1.1. = 31.12.		Konsolidierung 1.1.					
	TU	EU	TU Kons.		EU	TK TU	TK TU	dav. TU	dav. EU
Währung	CHF	US $	CHF	CHF	CHF	CHF	Euro	Euro	Euro
Kurs					2/1,25		1/2,0		
Anteile an EU	400		400	-400		0	0		0
Anderes Vermögen	100	250	100		400	500	250	50	200
Vermögenswerte = EK	**500**	**250**	**500**	**-400**	**400**	**500**	**250**	**50**	**200**

- Das Vermögen des TK TU besteht am 1.1. aus Vermögenswerten der TU (CHF 100 = Euro 50) und aus Vermögenswerten der EU (US-$ 250 = Euro 200), zusammen Euro 250.
- Am 31.12. wird zunächst der TK TU in der funktionalen Währung von TU (CHF) aufgestellt. Das „andere Vermögen" von EU (US-$ 250) beträgt CHF 417 (250/2,5*1,5), woraus sich eine erfolgsneutrale Aufwertung von CHF 17 ergibt.

	31.12.			31.12.	31.12.			
	step-by-step			falsch	richtig	davon		
	TU	Kons.	EU	TK TU	TK TU	TK TU	TU	EU
Währung	CHF	CHF	CHF	CHF	Euro	Euro	Euro	Euro
Kurs			2,5/1,5		1/2,5		2,50	1,50
Anteile an EU	400	-400		0	0			
Anderes Vermögen	100		417	517	207	207	40	167

	31.12.			31.12.	31.12.		
	step-by-step			*falsch*	*richtig*	*davon*	
	TU	Kons.	EU	TK TU	TK TU	TK TU	TU	EU
Vermögenswerte	500	-400	417	517	207	207	40	167
Eigenkapital 1.1.	500	-400	400	517	250	250	50	200
Währungsdiff. TU					-50	-10	-10	
Währungsdiff. EU		0	17		7	-33		-33
Eigenkapital 31.12.	**500**	**-400**	**417**	**517**	**207**	**207**	**40**	**167**

– Bei der Umrechnung in Euro werden nun die Vermögenswerte des TK TU zum Kurs von 2,5 CHF/Euro umgerechnet. Dies führt zu Vermögenswerten von Euro 207, davon Euro 40 (CHF 100/2,5) aus TU und Euro 167 (CHF 417/2,5 bzw. US-$ 250/1,25) aus EU. Die Summe entspricht dem Endstand des konsolidierten EK von Euro 207, und die gesamte Währungsdifferenz beläuft sich auf -Euro 43 (Euro 207 – Euro 250). Bis hierher existiert keine Differenz zwischen den Konsolidierungsmethoden.

– Unterschiede sollen ausschließlich bei der Aufteilung der Währungsdifferenz bestehen. Bei der *step-by-step* Konsolidierung wird diese aber wie folgt berechnet (IFRIC 16.AG8b)[29]: Die auf EU entfallende CHF Differenz aus dem TK TU (+17) wird zum CHF/Euro Umrechnungskurs (2,5) in Euro umgerechnet (= + Euro 7), und die auf TU allokierte Differenz (-50) ergibt sich als Differenz zwischen der Gesamtdifferenz von Euro 43 und Euro 7 (EU).

Dieses Vorgehen ist abzulehnen, weil die aus dem TK TU abgelesene Währungsdifferenz von CHF 17 selbst einer Währungsumrechnung nicht zugänglich ist: Nach IAS 21.39a bezieht sich diese auf Vermögenswerte und Schulden; aus deren Umrechnung folgt dann die Währungsdifferenz nach IAS 21.41. Die Währungsumrechnungsdifferenz aus dem TK TU stellt aber weder einen Vermögenswert noch eine Schuld dar.

Somit muss diese selbst bei Aufstellung eines TK TU auch pro foreign operation separat ermittelt werden (rechte Spalten): Bspw. errechnet sich der Anfangsstand des EK der EU aus CHF 400, umgerechnet zum Kurs am 1.1. von 2,0 CHF/Euro = Euro 200 (alternativ US-$ 250/1,25). Der Endstand ergibt sich aus CHF 417/2,5 = Euro 167 (alternativ: US-$ 250/1,5). Daraus folgt eine WK-Differenz von – Euro 33.

Einzig diese Vorgehensweise gewährleistet eine effektive Absicherung, sollte MU das aus dem jeweils vorhandenen „anderen Vermögen" (TU und EU) bestehende Währungsrisiko i.S.v. IFRIC 16, z.B. durch Aufnahme von Währungsdarlehen, abgesichert haben (Rz. 35.36). Bei einer 100 % effektiven Absicherung wären die aus einem Darlehen von CHF 100 bzw. US-$ 250 bei MU entstehenden Währungsgewinne von Euro 33 und Euro 10 im Konzern zu neutralisieren.

VII. Latente Steuern

Da die Umrechnungsdifferenzen erfolgsneutral entstehen, wäre auch eine entsprechende latente Steuerabgrenzung erfolgsneutral vorzunehmen (Rz. 29.54). Allerdings führen Währungsdifferenzen nicht bei der Tochter, sondern bei der Mutterge-

35.43

---

29 Siehe auch EY iGGAP 2018, S. 1124.

sellschaft zu steuerpflichtigen Ergebnissen; es handelt sich um sog. *outside differences*. Für solche bei der Muttergesellschaft zu berücksichtigenden Differenzen besteht jedoch nach IAS 12.39 bzw. IAS 12.44 ein **Ansatzverbot für latente Steuern**, *soweit* eine künftige Ausschüttung bzw. Veräußerung der Tochtergesellschaft nicht beabsichtigt ist (Rz. 29.49). Daher werden bei Währungsdifferenzen aus der Verwendung der modifizierten Stichtagskursmethode in aller Regel keine latenten Steuern berücksichtigt.

35.44–35.49 frei

D. Zeitbezugsmethode

35.50 Die Zeitbezugsmethode ist nur auf solche Tochterunternehmen anzuwenden, deren funktionale Währung mit der Berichtswährung übereinstimmt („integrierte Einheiten").[30] Im Ergebnis liegt dieser Methode die Vorstellung zugrunde, dass alle Geschäftsvorfälle des Tochterunternehmens von vornherein in der Konzernwährung gebucht worden wären (IAS 21.20 ff.). Folglich werden Währungsumrechnungsdifferenzen **erfolgswirksam** erfasst.

35.51 Die wesentlichen Sachverhalte eines Konzernabschlusses lassen sich wie folgt skizzieren: Am Bilanzstichtag

- sind angeschaffte und zu fortgeführten Kosten bewertete Vermögenswerte mit dem Kurs des Anschaffungszeitpunkts umzurechnen,
- sind fertige oder unfertige Erzeugnisse zu Kursen umzurechnen, zu denen auch die zugrundeliegenden Aufwendungen umgerechnet werden.
- ist für bestimmte Sachanlagen und immaterielle Vermögenswerte des Anlagevermögens bei Anwendung der Neubewertungsmethode und für Finanzinstrumente, die mit dem Fair Value bewertet werden, jeweils der Kurs zum Zeitpunkt der (letzten) Neubewertung bzw. Feststellung des Fair Value relevant,
- ist bei außerplanmäßig abgeschriebenem Anlagevermögen, Finanzinstrumenten oder Vorräten der Kurs zum Zeitpunkt der Ermittlung des niedrigeren Wertes maßgeblich; das ist i.d.R. der Stichtagskurs,
- sind **monetäre Posten** – das sind z.B. liquide Mittel, Forderungen, Verbindlichkeiten und Rückstellungen – zum **Stichtagskurs** umzurechnen,
- gilt für das Eigenkapital wie bei der modifizierten Stichtagskursmethode der Kurs zum Zeitpunkt der Entstehung der jeweiligen Eigenkapitalposition.

35.52 Aus der Sicht des Bilanzstichtages werden somit Stichtagskurse sowie unterschiedliche historische Kurse verwendet. IAS 21.22 lässt für die historischen Kurse als Vereinfachung die Verwendung von **Wochen-** oder **Monatsdurchschnittskursen** zu,

---

30 Die Methode kommt in der Praxis so gut wie nicht vor, vgl. *von Keitz*, Praxis der IASB-Rechnungslegung[2], 237.

wenn die Wechselkurse nicht stark schwanken. Angesichts der Komplexität der Zeitbezugsmethode ist dies eine geradezu notwendige Vereinfachung und immer dann angezeigt, wenn Verzerrungen durch die Verwendung von Durchschnittskursen nicht als wesentlich eingestuft werden müssen, wobei, da die Vereinfachung ausdrücklich genannt ist, die Wesentlichkeitsgrenze weiter gezogen werden kann als sonst.

In der **Gewinn- und Verlustrechnung**

— werden Wertänderungen von Vermögenswerten (Abschreibungen, Materialaufwand) zu den gleichen Kursen wie die zugrundeliegenden Vermögenswerte umgerechnet.

— Die übrigen Aufwendungen und Erträge werden mit dem Kurs zum Zeitpunkt des Entstehens der Aufwendungen und Erträge oder vereinfachend mit Durchschnittskursen umgerechnet.

— Der Jahresüberschuss ergibt sich aus der Differenz der umgerechneten Aufwendungen und Erträge.

Die Beachtung dieser Regelungen führt noch nicht zwingend zu einer Darstellung der Geschäftsvorfälle in einer Höhe, die erreicht worden wäre, wenn sie unmittelbar in der Berichtswährung gebucht worden wären. Daher ist die Zeitbezugsmethode noch um eine Bewertungskomponente zu erweitern, die im deutschen Sprachgebrauch unter dem Namen **Äquivalenzprinzip** bekannt geworden ist.[31] Geltende Bewertungsgrundsätze sollen äquivalent auf die Währungsumrechnung ausgedehnt werden. Dies ist auch nach IAS 21.25 vorgesehen, jedoch beschränkt auf die Bewertung von Vorräten und von Vermögenswerten, für die grundsätzlich ein Impairment-Test in Betracht kommt.

35.53

Sind beispielsweise Anschaffungswert und erzielbarer Betrag eines Vermögenswertes (oder einer cash generating unit) in Landeswährung in etwa gleich und wird der Anschaffungswert (AW) zum historischen Kurs umgerechnet, so kann der erzielbare Betrag am Bilanzstichtag, der zum Stichtagskurs umzurechnen ist, im Fall einer **Euro-Aufwertung** unter dem zum historischen Kurs umgerechneten Anschaffungswert liegen.

Um für diesen Fall die Einhaltung der **äquivalenten Bewertungsprinzipien** im umgerechneten Jahresabschluss zu gewährleisten, ist die Umrechnung auf der Aktivseite durch den Niederstwerttest

> Niederstwert = min {AW × historischer Kurs; Nettoveräußerungswert (*net realisable value* gem. IAS 2.6) bzw. erzielbarer Betrag (*recoverable amount* gem. IAS 36.5) × Stichtagskurs}

zu erweitern; es ist also der niedrigere der beiden Werte anzusetzen. Ist bereits im zugrunde gelegten Abschluss in Landeswährung eine Abschreibung etwa auf den er-

---

31 Erstmals *Busse von Colbe*, in The Finnish Journal of Business Economics 1972, 306; ausführlich auch *Busse von Colbe* u.a., Konzernabschlüsse[9], 155 ff.

zielbaren Betrag vorgenommen worden, so kann bei einer **Euro-Abwertung** die Umrechnung zum Stichtagskurs zu einem höheren Bilanzansatz führen. In diesem Falle wäre der ursprüngliche Anschaffungswert zum historischen Kurs umzurechnen, mithin die Abschreibung wieder zurückzudrehen (IAS 21.25).

35.54 In der **Gewinn- und Verlustrechnung** sind Bilanzposten-korrespondierende Aufwendungen und Erträge wie die zugehörigen Bilanzposten umzurechnen, z.B. Abschreibungen. Die übrigen Aufwendungen und Erträge sind zu Transaktionskursen umzurechnen. Hierfür werden vereinfachend auch Monatsdurchschnittskurse verwendet.

35.55 Die Zeitbezugsmethode in Verbindung mit dem Niederstwerttest ist sehr datenaufwendig und arbeitsintensiv. Vereinfachungen sind daher in der Praxis geradezu notwendig:

– Vorräte, die nach der Durchschnittsmethode, der FiFo-Fiktion oder ohnehin mit dem Nettoveräußerungswert bewertet werden, können zum Stichtagskurs umgerechnet werden. Dies gilt auch für unwesentliche Bestände an Vorräten, die ausnahmsweise oder entsprechend ihrer tatsächlichen Verbrauchsfolge weiterhin nach LiFo bewertet werden.[32]

– Der Niederstwerttest im Sachanlagevermögen ist nur bei wesentlichen Anlagen erforderlich.[33]

– In der Praxis unterbleibt häufig die gesonderte erfolgswirksame Erfassung der (unrealisierten) Gewinne und Verluste aus zum Stichtagskurs umgerechneten finanziellen Vermögenswerten oder Schulden. Für eine solche Erfassung wäre – wie im Beispiel gezeigt – der jeweilige Entstehungszeitpunkt solcher Positionen auch für die Umrechnung fest zu halten. In der Umsetzung würde dies wie eine zweite Konzernbuchführung in Berichtswährung wirken.

35.56 Zur Zeitbezugsmethode folgendes Beispiel:

Beispiel (Abwandlung zu Rz. 35.31): Das folgende Beispiel zeigt die Umrechnung des Abschlusses einer integrierten TU nach der Zeitbezugsmethode. Zu den Ausgangsdaten (s. Rz. 35.31) sind noch folgende zusätzliche Angaben zu beachten:

– Der erzielbare Betrag des in der Menge unveränderten Anlagevermögens beträgt 350 LW.

– Der Nettoveräußerungswert des gegenüber dem Vorjahr um 35 LW erhöhten Vorratsvermögens, das nach der LIFO-Methode bilanziert wird, beträgt 90 LW.

– Zum 31.12.01 betrugen die kurzfristigen Verbindlichkeiten 40 LW; diese wurden im September 02 getilgt. Der zum 31.12.02 ausgewiesene Betrag (90 LW) ist danach entstanden.

– Das Geldvermögen sowie die kurzfristigen Verbindlichkeiten sind in der zweiten Jahreshälfte 02 entstanden.

– Langfristige Verbindlichkeiten haben sich in 02 nicht verändert.

---

32 Vgl. *ADS*, § 298 HGB Rz. 31. *Holzwart/Wendtland* in Baetge-IFRS, IAS 21 Rz. 90 halten eine Umrechnung der Vorräte zum Stichtagskurs aus Wirtschaftlichkeits- und Praktikabilitätsgründen für zulässig.

33 Im Ergebnis wie hier *Busse von Colbe* u.a., Konzernabschlüsse[9], 172 ff.

Bilanz 02	HB II LW	Umrechnung	HB II Euro
Aktiva	325		880
Anlagevermögen	200	min {200 × 3; 350 × 2}	600
Vorräte	75	min {40 × 3 + 35 × 3; 90 × 2}	180
Bank	50	2	100
Passiva	325		880
Eigenkapital 1.1.01	100	3	300
Jahresüberschuss	15	aus GuV	184
Ausschüttung	-40	2,6	-104
Eigenkapital 31.12.01	75		380
langfristige Verbindlichkeiten	160	2	320
kurzfristige Verbindlichkeiten	90	2	180
GuV 02			
Umsatzerlöse	500	2,4	1.200
Sonstige Erträge		Abgang kurzfr. Verb. 40 × (3 - 2)	40
		Währungsdiff. langfr. Verb. 160 × (3 - 2)	160
		Dividende 40 × (2,6 - 3)	-16
Materialaufwand	-240	× 2,4 + 45 Abschreibung Vorräte	-621
Diverser Aufwand	-225	2,4	-540
Zwischensumme	*35		223
Abschreibungen	-20	3	-60
Saldo	15		163
Umrechnungsdifferenz		35* × (3 - 2,4)	21
Jahresüberschuss	15		184

Im Anlagevermögen und bei den Vorräten wird ein **Niederstwerttest** vorgenommen. Dabei stellt sich im Anlagevermögen heraus, dass der Buchwert (die fortgeführten Anschaffungs- und Herstellungskosten von 200 LW), multipliziert mit dem historischen Kurs zum niedrigeren Wertansatz führt. Die Abschreibungen sind dann ebenfalls mit dem historischen Kurs umzurechnen.

Aufgrund der LIFO-Bewertung des gegenüber dem Vorjahr erhöhten **Vorratsvermögens** müssen die 40 LW aus dem Vorjahr zum historischen Kurs und der Zugang des laufenden Jahres zum Zugangskurs umgerechnet werden. Bei der LIFO-Methode kann angenommen werden, dass die Zugänge noch vor der Änderung der Paritäten erfolgt sind. Daher sind die Zugänge zum historischen Kurs umzurechnen. Das ergibt einen Wert von 225 Euro, der um 45 Euro über dem Wert liegt, der aus der Umrechnung des Tageswertes mit dem Stichtagskurs resultiert. Aufgrund des Niederstwerttests werden daher 180 Euro angesetzt. Die 45 Euro Wertminderung ist in der Gewinn- und Verlustrechnung im Materialaufwand erfasst.

Die **langfristigen Verbindlichkeiten** werden mit dem Stichtagskurs umgerechnet. Zur Ablösung der Verbindlichkeiten müssen aber nicht mehr, wie im Vorjahr angenommen, umgerechnet 480 Euro, sondern aus aktueller Perspektive nur noch 320 Euro aufgebracht werden. Der sich hieraus ergebende (unrealisierte) Erfolg von 160 Euro ist gem. IAS 21.28 in der Gewinn- und Verlustrechnung als Ertrag zu erfassen.

Die **kurzfristigen Verbindlichkeiten** von 40 LW waren im Vorjahresabschluss zum historischen Kurs umgerechnet und zu 120 Euro angesetzt worden. Bei der Tilgung im September 02 wurden wegen der Wechselkursentwicklung jedoch umgerechnet nur 80 Euro benötigt. Dies ergibt einen (realisierten) sonstigen Ertrag in Höhe von 40 Euro, der ebenfalls gem. IAS 21.28 in der Gewinn- und Verlustrechnung zu erfassen ist.

Dividendenzahlungen von 40 LW waren im Vorjahresabschluss Teil des Ende 01 unverändert zum historischen Kurs umgerechneten EK. Da die Dividendenzahlung mit ihrem Transaktionskurs (2,6) angesetzt wurde, ist die Differenz zum historischen Kurs (3) noch als Aufwand zu buchen (16 = 0,4 × 40).

In der **Gewinn- und Verlustrechnung** sind mit Bilanzposten korrespondierende Aufwendungen und Erträge wie die zugehörigen Bilanzposten umzurechnen. Im Beispiel betrifft dies die Abschreibungen, für die ein Kurs von 3 Euro angesetzt werden muss. Die übrigen Aufwendungen und Erträge sind zu Transaktionskursen umzurechnen. Hierfür wurde vereinfachend der Jahresdurchschnittskurs verwendet.

In der GuV ist noch die sog. **GuV-Umrechnungsdifferenz** (hier: Euro 21) anzusetzen. Diese ergibt sich als Differenz der zu Durchschnittskursen umgerechneten Aufwendungen und Erträge (35) mit einer Umrechnung zum historischen Kurs (jeweils ohne die bereits erfolgswirksam berücksichtigten sog. bilanziellen Umrechnungsdifferenz aus Vorräten (45), Verbindlichkeiten (40 + 160) und Dividenden (16). Der so ermittelte Jahresüberschuss von 184 ist in die Bilanz einzustellen, die damit „aufgeht".

35.57–35.58   frei

E. Stetigkeit und Methodenwechsel

35.59 Ändert sich die funktionale Währung, d.h. wird aus einer selbständigen eine integrierte Einheit oder umgekehrt (Rz. 35.21 ff.), sind Geschäftsvorfälle und Abschlüsse nun in die neue funktionale Währung umzurechnen. Die Änderung ist prospektiv, d.h. für die Zukunft vorzunehmen (IAS 21.35). Im Einzelnen:

– Erfolgt der **Wechsel von der Stichtagskurs- zur Zeitbezugsmethode**, gelten die zum Wechselzeitpunkt vorliegenden Kurse als historische Kurse für die nichtmonetären Bilanzposten, z.B. Anlagevermögen. I.d.R. liegt aus früheren Perioden eine im Eigenkapital ausgewiesene Währungsumrechnungsdifferenz vor, die unverändert vorgetragen wird. Erst beim *Abgang* der wirtschaftlich selbständigen Teileinheit werden diese Währungsdifferenzen erfolgswirksam ausgebucht. Gleiches gilt, wenn eine Forderung wirtschaftlich Einlagecharakter hat (IAS 21.37, siehe Rz. 35.36).

– Erfolgt umgekehrt der **Wechsel von der Zeitbezugs- zur Stichtagskursmethode**, liegt zum Zeitpunkt der Umstellung eine gesondert ausgewiesene Umrechnungsdifferenz nicht vor. Insoweit ergeben sich keine Besonderheiten.

F. Hyperinflation (IAS 29)

I. Anwendungsbereich

Bevor die Jahresabschlüsse von Tochterunternehmen mit funktionaler Währung eines *Hochinflationslands* umgerechnet werden, ist eine Indexierung des Abschlusses gem. IAS 29 erforderlich (IAS 21.42 f.). Bei Tochterunternehmen, die in den Konzern stark eingegliedert sind (deren funktionale Währung die Berichtswährung ist), kann eine solche Indexierung unterbleiben, da hier die Umrechnung nach der Zeitbezugsmethode ohnehin zu einer Bereinigung des Inflationseinflusses führt.[34]

35.60

II. Kriterien für Hyperinflation

Zur Beurteilung, ob eine Hochinflation vorliegt, nennt IAS 29.3 eine Reihe von nicht abschließenden Kriterien: etwa, dass

35.61

— die Bevölkerung ihr Vermögen überwiegend in einer ausländischen Währung oder in Sachwerten hält bzw. dass Preise in ausländischer Währung ausgedrückt werden;

— die Bevölkerung ihre Zahlungen überwiegend in Fremdwährung abwickelt,

— Kreditkonditionen preisbereinigt vereinbart werden,

— Zinssätze, Preise und Löhne indexiert sind oder

— sich die kumulierte Preissteigerungsrate der letzten drei Jahre dem Wert 100 % nähert oder diesen schon überschritten hat.

Bei dieser Würdigung sind insbesondere auch Änderungstendenzen (z.B. abnehmende Inflationsraten, Nachhaltigkeit von Inflationsbekämpfungsmaßnahmen etc.) zu beachten. Bei einer langen Inflationstradition führt eine kurzfristige Besserung noch nicht zu einer Nichtanwendung von IAS 29.[35] Der Status von Hochinflationsländern wird regelmäßig vom International Practices Task Force (IPTF) des US-amerikanischen Instituts Zentrums für Prüfungsqualität (Center for Audit Quality, CAQ) beobachtet. Die Zahlen basieren auf Auswertungen und Schätzungen des **Internationalen Währungsfonds** und können für die Beurteilung nach IAS 29 herangezogen werden. 2018 fallen z.B. folgende Länder in den Anwendungsbereich von Hochinflation[36]:

---

34 Vgl. *Mujkanovic/Hehn*, WPg 1996, 605 (613).
35 Vgl. *Driesch* u.a. in Beck IFRS-HB[5], § 33 Rz. 35, etwa zu Venezuela.
36 Vgl. Agendapapier für die Sitzung am 16.5.2018, abrufbar unter https://www.thecaq.org/sites/default/files/caq_iptf_monitoring_inflation_2018-05.pdf.

1a	Länder, deren kumulierte Inflationsrate (3 Jahre) > 100 % betrug:	Angola Südsudan Surinam Venezuela
1b	Länder, in denen die z.T. auf Schätzungen basierende kumulierte Inflationsrate in den letzten drei Jahren über 100 % betragen hat:	Argentinien Demokratische Republik Kongo
2	Länder, in denen die kumulierte Inflationsrate (3 Jahre) in jüngster Vergangenheit > 100 % betrug, diesen Wert aktuell zwar unterschreitet, aber erwartungsgemäß in naher Zukunft wieder übertreffen wird.	Sudan
3	Länder, in denen die kumulierte Inflationsrate (3 Jahre) den Wert von 100 % aktuell nicht mehr übersteigt, nachdem sie zuvor in jüngerer Vergangenheit darüber lag, aber nur wegen eines einmaligen Ausreißers.	Ukraine
4	Länder, in denen die künftige kumulierte Inflationsrate (3 Jahre) zwischen 70 % und 100 % geschätzt wird oder in denen die jährliche Inflationsrate im aktuellen oder im vergangenen Kalenderjahr mehr als 25 % betrug.	Ägypten Jemen Libyen

Länder der Kategorie 1a, 1b und 2 sind aktuell (2018) Hochinflationsländer, im Fall 3 ist die Hochinflationsbilanzierung (unter Würdigung der anderen Kriterien) im Zweifel auszusetzen. Länder der Kategorie 4 stehen unter Beobachtung. Aus Vergleichbarkeitsgründen ist wünschenswert, wenn alle Unternehmen die gleiche Klassifikation treffen[37] und den IAS 29 bei Bejahung von Hochinflation ab demselben Zeitpunkt anwenden (IAS 29.4) wie z.B. Argentinien ab 1.7.2018[38].

III. Vorgehensweise

35.62 Die Inflationsbereinigung ist in folgenden Schritten durchzuführen:

- Auswahl eines **allgemeinen Kaufkraftindex** (IAS 29.11). Bei mehreren verfügbaren Indices (z.B. Industriegüter- oder Konsumgüterindex[39]) ist derjenige zu wählen, der die allgemeine Kaufkraftentwicklung am besten widerspiegelt[40] (IAS 29.37). Hier besteht Ermessen, das aber stetig auszuüben ist.

- **Indexierung nicht-monetärer Bilanzposten** (Anlagevermögen, Vorräte, jeweils inklusive Anzahlungen, Rechnungsabgrenzungsposten). Zugänge während des Geschäftsjahres sind naturgemäß nur ab Zugangszeitpunkt zu indexieren (IAS 29.15).

---

37 Vgl. *Freiberg*, PiR 2017, 392.
38 Argentinien war wegen unklarer Datenbasis lange Zeit unklar, gilt aber ab 1.7.2018 als Hochinflationsland, vgl. https://www.pwc.de/de/newsletter/kapitalmarkt/ifrs-direkt-ias-29-argentinien.pdf. (zuletzt abgerufen am 27.1.2019).
39 Vgl. Haufe IFRS-Komm[16], § 27 Rz. 82.
40 Zum Vorgehen bei Schwierigkeiten der Datenbeschaffung vgl. Freiberg, PiR 2017, 395.

Soweit der generelle Preisindex die individuelle Preissteigerung (deutlich) übersteigt, ist eine Abwertung auf den geringeren erzielbaren Betrag vorzunehmen, bei Vorräten nach IAS 2.[41]

– **Monetäre Posten** (Zahlungsmittel, Finanzforderungen und -verbindlichkeiten, Kautionen, Forderungen und Verbindlichkeiten LuL) und bereits zum (ggf. niedrigeren) Marktwert angesetzte Posten sind von der Indexierung ausgenommen (IAS 29.12, 29.14).

– Rückstellungen können monetäre Anteile (Geldleistungsverpflichtung) oder nicht-monetäre Komponenten (z.B. Nachbesserungsverpflichtungen) enthalten und sind ggf. aufzuteilen.

– Latente Steuern ergeben sich grundsätzlich entsprechend IAS 12 aus der Differenz zwischen ggf. indexierten Werten und ihrer tax base (d.h. unabhängig von ihrem monetären- oder nicht-monetären Charakter). Zu weiteren Einzelheiten s. IFRIC 7.

– Aus dem Saldo monetärer Vermögenswerte und Schulden ergibt sich am Jahresende ein **Gläubigerverlust** oder **Schuldnergewinn**, der erfolgswirksam in der GuV zu erfassen ist (IAS 29.27 f.).

– **GuV-Posten** inklusive Abschreibungen sind ebenfalls zu indexieren. Bei (in etwa) gleichmäßiger Inflationsentwicklung kann mit zeitanteiligen Inflationsraten gearbeitet werden (IAS 29.26).

– Beim **Eigenkapital** ist bei erstmaliger Anwendung von IAS 29 der ursprünglich eingezahlte Betrag zu indexieren. Die thesaurierten Ergebnisse ergeben sich dann aus dem Saldo der umgerechneten Bilanzposten abzüglich des indexierten sonstigen Eigenkapitals (IAS 29.24). In nachfolgenden Perioden sind alle Eigenkapitalpositionen (außer dem Jahresergebnis) ab dem Periodenbeginn oder einem ggf. nachfolgenden Einlagezeitpunkt zu indexieren (IAS 29.25).

– Anschließend erfolgt eine „normale" Währungsumrechnung nach den Vorschriften der **modifizierten Stichtagskursmethode** (Rz. 35.30 ff.).

– Die **Vorjahreszahlen**, ausgedrückt in Berichtswährung, bleiben unverändert (im Ergebnis IAS 21.42b).

Zur Hyperinflation folgendes Beispiel:

Beispiel: Der nachfolgenden Umrechnung eines Hochinflationsabschlusses[42] liegt eine allgemeine Inflationsrate von 40 % im Geschäftsjahr zugrunde.
– Im linken Teil sind die Vorjahresbilanz (nach Indexierung) sowie die nominelle Bilanz zum 31.12. dargestellt.

---

[41] Vgl. *Busse von Colbe/Hettich* in Baetge-IFRS, IAS 29, Rz. 52.
[42] Die Vorgehensweise ist angelehnt an die Habilitation von Schildbach, Geldentwertung und Bilanz, 1979, S. 255 ff., vgl. *Busse von Colbe/Hettich*, in Baetge-IFRS, IAS 29 Rz. 85 ff. bzw. Haufe IFRS-Komm[16], § 27 Rz. 79 ff.

- Bei nicht-monetären Posten (Anlagevermögen, Vorräte) zeigen wir die Veränderung der nominellen Werte in Form eines Spiegels.
- Die Spalte „GuV" enthält die Abschreibungen bzw. den Materialverbrauch. Annahmegemäß wird das Anlagevermögen über 5 Jahre abgeschrieben (bei Zugängen p.r.t. ab 1.7.). Der Materialaufwand (400) reflektiert den jeweils hälftigen Verbrauch des Altbestandes und der Zugänge.
- Innerhalb des Eigenkapitals ist die nominelle GuV integriert.

Posten	1.1. indexiert	Zugänge	GuV	31.12. nominal	Indexierung Bilanz	Indexierung GuV	31.12. indexiert
Sachanlagen – alt	1.000		-200	800	400	-80	1.120
Sachanlagen – Zugang		200	-20	180	40	-4	216
Vorräte – alt	500		-250	250	200	-100	350
Vorräte – Zugang		300	-150	150	60	-30	180
Forderungen LuL	600			1.000			1.000
Flüssige Mittel	100			250			250
Vermögenswerte	**2.200**			**2.630**	**700**	**-214**	**3.116**
Finanzschulden	1.200			1.000			1.000
Verbindlichkeiten LuL	400			650			650
Eigenkapital 1.1.	600			600	240		840
Umsatz			*1.000*	*1.000*		*200*	*1.200*
Materialaufwand			*-400*	*-400*		*-130*	*-530*
Abschreibungen			*-220*	*-220*		*-84*	*-304*
Schuldnergewinn				*0*		*260*	*260*
Jahresüberschuss			**380**	**380**		**246**	**626**
EK und Schulden	**2.200**			**2.630**	**240**	**246**	**3.116**

- Der rechte Teil zeigt die Indexierung nicht monetärer Vermögenswerte, des Eigenkapitals und der GuV.
- Die Jahresinflationsrate von 40 % wird auf den Anfangstand angewandt; dies ergibt beim Anlagevermögen eine Aufwertung von 400. Auf die Zugänge (1.7.) entfällt die halbe Inflationsrate von 20 %. Wegen der Abschreibung und des Materialverbrauchs muss der nominale Aufwand in einem 2. Schritt um die Indexierung korrigiert werden.
- Der Endstand des indexierten Anlagevermögens setzt sich aus dem Altbestand (800 × 140 % = 1.120) und den Zugängen (200 × 120 % × 9/10 = 216) zusammen.
- Der Vorjahresstand des EK wird ebenfalls mit der Inflationsrate (40 %) indexiert.
- Innerhalb der GuV werden die bereits ermittelten Korrekturen der Abschreibungen und des Materialverbrauchs erfasst. Die Umsatzerlöse werden vereinfacht mit der halben Inflationsrate (20 %) indexiert.

– Abschließend ist der Schuldnerverlust oder (hier) Schuldnergewinn zu berechnen. Dies kann auf zweifache Art erfolgen (IAS 29.27 S. 2)[43]:

(a) Der Schuldnergewinn (260) ergibt sich als Saldo derjenigen Indexierungsbeträge, die nicht bereits erfolgsneutral (EK-Aufwertung um 240) oder erfolgswirksam (Umsatzindexierung um 200) in der GuV erfasst sind (Die Anpassungen bei Abschreibung und Materialaufwand sind bereits bei den entsprechenden GuV-Posten erfasst). Nach erfolgswirksamer Berücksichtigung in der GuV geht die Bilanz „31.12. indexiert" auf.

Maschinen 1.1.	400
Maschinen Zugang	40
Vorräte 1.1.	200
Vorräte Zugang	60
Eigenkapital	-240
Umsatz	-200
Schuldnergewinn	**260**

(b) Vereinfacht kann der Schuldnergewinn grob aus den monetären Posten (als Gegenposition zu den nicht monetären Positionen inkl. EK) abgeschätzt werden, Er ergibt sich aus der Inflationsrate (40 %) bezogen auf das gewichtete Mittel des Saldos der monetären Posten (IAS 29.27 S. 3). Die Zahlen per 1.7. ergeben sich bei annahmegemäß kontinuierlicher Entwicklung aller Posten mit Ausnahme der diskontinuierlichen Anlagenzugänge am 1.7. Der Betrag weicht nur geringfügig von dem Betrag lt. (a) ab (welcher für die Buchung maßgebend ist).

Posten	1.1.	1.7.	31.12.	Ø
Finanzschulden	1.200	1.100	1.000	1.100
Verbindlichkeiten LuL	400	525	650	525
Forderungen LuL	-600	-800	-1.000	-800
Flüssige Mittel	-100	-75	-250	-142
Saldo	**900**	**750**	**400**	**683**
Inflationsrate				40 %
Schuldnergewinn				**273**

Basierend auf den Zahlen „31.12. indexiert" ist noch eine Umrechnung nach der modifizierten Stichtagskursmethode (Rz. 35.30 ff.), durchzuführen, die hier nicht abgebildet ist.

---

43 Vgl. Haufe IFRS-Komm[16], § 27 Rz. 84.

Die **Kapitalflussrechnung** gestaltet sich nominal und in Kaufkrafteinheiten des Bilanzstichtages („indexiert") wie folgt[44]:

Kapitalflussrechnung	nominal	indexiert
Jahresüberschuss	380	626
Schuldnergewinn	–	-260
Abschreibungen	220	304
Veränderung der Vorräte	100	-30
Veränderung der Forderungen LuL	-400	-400
Veränderung der Verbindlichkeiten LuL	250	250
Operativer Cashflow	**550**	**490**
Investitionsaufgaben	-200	-240
Reduzierung Finanzschulden	-200	-200
Cashflow	**150**	**50**
Indexierung Umsätze	–	-200
Indexierung Vorräte (Altbestand und Zugänge)	–	260
Indexierung Investitionen (nur Zugänge)	–	40
Überleitung	–	**100**
Flüssige Mittel 1.1.	100	100
Flüssige Mittel 31.12.	**250**	**250**

Bei der indexierten Betrachtung ist eine Überleitung des realen Cashflows (50) zur Veränderung der flüssigen Mittel erforderlich. Diese Überleitung storniert diejenigen Indexierungsbeträge, die als Flussgrößen in die Einnahmenseite (Umsatzerlöse) und Ausgabenseite (Vorräte und Investitionen) in den Cashflow eingegangen sind.

IV. Methodenwechsel

35.64 Bei erstmaliger Hyperinflation sieht IFRIC 7.3 grundsätzlich eine Indexierung ab Kaufzeitpunkt vor. Sofern dies bei lange zurückliegenden Käufen mangels Datenbasis nicht durchführbar ist, kommt zwangsläufig ein späterer „Erstindexierungszeitpunkt" in Betracht (prospektive Änderung gemäß IAS 8, Rz. 12.43 ff.).

Bei letztmaliger Hyperinflation sind die sich nach IAS 29 ergebenden, indexierten Vorjahreswerte als historische Anschaffungs- und Herstellungskosten anzusehen (IAS 29.43).

---

44 Vgl. *Busse von Colbe/Hettich*, in Baetge-IFRS, IAS 29 Rz. 94 f.

Kapitel 36
Unternehmenserwerb und Kapitalkonsolidierung (IFRS 3)

A. Überblick und Wegweiser ...	36.1
I. Management Zusammenfassung ...	36.1
II. Standards und Anwendungsbereich ...	36.5
III. Wesentliche Abweichungen zum HGB ...	36.10
IV. Neuere Entwicklungen ...	36.15
B. Abgrenzung des Unternehmenserwerbs ...	36.20
I. Erwerb eines business vs. Kauf einzelner Vermögenswerte ...	36.20
II. Abgrenzung des Unternehmenserwerbs von anderen Transaktionen ...	36.25
C. Grundlagen der Kapitalkonsolidierung nach der Erwerbsmethode ...	36.30
I. Fiktion des Einzelerwerbs von Vermögenswerten und Schulden ...	36.30
II. Konsolidierungsschritte ...	36.31
III. Konsolidierungspraxis: Bedeutung der Bilanzebenen HB II und HB III ...	36.32
D. Erwerber und Erwerbszeitpunkt ...	36.40
I. Identifikation des Erwerbers ...	36.40
II. Erwerbszeitpunkt ...	36.50
E. Gegenleistung des Unternehmenserwerbs ...	36.60
I. Definition und Grundbestandteile der Gegenleistung ...	36.60
II. Sonderfälle ...	36.70
1. Bedingte Kaufpreiszahlungen (Earn-out-Klauseln) ...	36.70
2. Wertsicherungsklauseln ...	36.75
3. Eigenkapital- und Bilanzgarantien ...	36.76
4. Nach Erwerb an Mitarbeiter und Verkäufer gezahlte Leistungsvergütungen ...	36.78
5. Ersatzansprüche für anteilsbasierte Vergütungen (replacement awards) ...	36.80
III. Zusammenfassung: Schema zur Ermittlung der Gegenleistung ...	36.90
F. Vermögenswerte und Schulden des Erwerbsobjekts (Ansatz in der Handelsbilanz III) ...	36.100
I. Sicht des hypothetischen Erwerbers ...	36.100
II. Aktive latente Steuern auf Verlustvorträge ...	36.105
1. Verlustvorträge des Tochterunternehmens ...	36.105
2. Verlustvorträge des Erwerbers .	36.107
III. Immaterielle Vermögenswerte .	36.110
1. Abgrenzung vom Goodwill ...	36.110
2. Erleichterte Ansatzvoraussetzungen für bisher nicht bilanzierte immaterielle Vermögenswerte ...	36.115
3. Checkliste für den Ansatz immaterieller Vermögenswerte ..	36.116
4. Überschneidungsfreie Abgrenzung immaterieller Vermögenswerte ...	36.125
5. Zuverlässige Bewertbarkeit ...	36.126
6. Marktwertadjustierung schwebender Verträge ...	36.127
7. Leasingverträge ...	36.128
IV. Erstattungsansprüche aus Bilanzgarantien ...	36.130
V. Eventualforderungen ...	36.135
VI. Schulden ...	36.140
1. Sonderregelung für Eventualschulden ...	36.140
2. Restrukturierungsrückstellungen ...	36.143

G. **Bewertung in der Handelsbilanz III** 36.150

I. Grundsatz: Fair Value-Bewertung aus Sicht eines hypothetischen Erwerbers 36.150

II. Ausnahmen von der Fair Value-Bewertung 36.151

III. Welchen Bilanzposten nach welcher Methode bewerten? .. 36.155

IV. Insbesondere: Bewertung immaterieller Vermögenswerte nach DCF-Verfahren 36.160
1. Übersicht 36.160
2. Methode der unmittelbaren Cashflow-Prognose 36.162
3. Methode der Lizenzpreisanalogie 36.163
4. Mehrgewinnmethode 36.164
5. Residualwertmethode 36.165
6. Erfassung des abschreibungsbedingten Steuervorteils (Tax Amortisation Benefit) 36.175
7. Cashflow-Planung und Nutzungsdauerbestimmung 36.177
8. Beurteilung 36.178

V. Ausweis- und Klassifizierungsänderungen 36.180

H. **Bilanzierung eines Goodwill bzw. bargain purchase/ Ansatz nicht beherrschender Anteile (nbA)** 36.200

I. Wahlrecht: Neubewertungsmethode oder Full Goodwill-Methode 36.200

II. Neubewertungsmethode 36.210
1. Schema zur Berechnung von Goodwill und bargain purchase 36.210
2. Folgebewertung des Goodwill . 36.211
3. Ausnahme: bargain purchase.. 36.212

III. Full Goodwill-Methode 36.220
1. Schema zur Berechnung des Full Goodwill 36.220
2. Ermittlung des Unternehmensgesamtwerts 36.221
3. Beurteilung der Full Goodwill-Methode 36.222

4. Ausnahmefall: Bargain purchase und Full Goodwill 36.224

IV. Ansatz nicht beherrschender Anteile (nbA), die nicht anteilig am Nettovermögen beteiligt sind 36.230

I. **Konsolidierung von vorläufigem Nettovermögen** 36.240

J. **Erst-, Folge- und Entkonsolidierung: Zusammenfassende Fallstudie** 36.250

I. Erstkonsolidierung 36.250
1. Ausgangsdaten 36.250
2. Ermittlung des Goodwill 36.252
3. Auswirkung auf das Konzerneigenkapital 36.253

II. Folgekonsolidierung 36.260
1. Grundsatz der Wertfortschreibung 36.260
2. Forschungs- und Entwicklungskosten 36.261
3. Finanzielle Vermögenswerte und Verbindlichkeiten 36.262
4. Eventualschulden 36.263
5. Goodwill und Umrechnungsdifferenzen 36.264
6. Nicht beherrschende Anteile .. 36.265
7. Beispiel zur Folgekonsolidierung 36.270
8. Auswirkung auf das Konzerneigenkapital 36.273

III. Entkonsolidierung 36.280
1. Konstellationen 36.280
2. Entkonsolidierungszeitpunkt .. 36.281
3. Ermittlung des Entkonsolidierungserfolgs 36.282
4. Bilanzierung kumulierter erfolgsneutraler Ergebnisse inkl. Umbuchung in die GuV (Reklassifikation) 36.284
5. Beispiel 36.287
6. Auswirkung auf das Konzerneigenkapital 36.290

K. **Sonderfälle** 36.300

I. Transaktionen vor Konzernzugehörigkeit (pre-existing relationships) 36.300

1. Problemstellung 36.300
2. Lieferungen/Verkäufe vor Konzernzugehörigkeit 36.301
3. Abwicklung günstiger und ungünstiger Verträge 36.302
4. Zurückerworbene Rechte 36.305
5. Eventualforderungen und -verbindlichkeiten 36.306
6. Wertberichtigungen auf Forderungen 36.308
II. Konsolidierung von Tochterpersonengesellschaften 36.320
1. Ausweis nicht beherrschender Anteilseigner (nBA) im Konzernabschluss 36.320
2. Kapitalkonsolidierung bei Erwerb aller Anteile 36.322
3. Erwerb von weniger als 100 % der Anteile (antizipierter Erwerb der nBA) 36.323
III. Verkaufsoptionen über Anteile nicht beherrschender Anteilseigner 36.326
IV. Kapitalkonsolidierung im mehrstufigen Konzern 36.330
1. Problemstellung 36.330
2. „Multiplikative" vs. „additive" Methode 36.331

3. Indirekte Beteiligung nicht beherrschender Anteilseigner am Goodwill 36.333
4. Simultankonsolidierung 36.334
V. Erwerb eines Teilkonzerns 36.335
VI. Transaktionen unter gemeinsamer Kontrolle (common control) 36.340
1. Anwendungsbereich 36.340
2. Bilanzierungsfolgen: Wahlrecht zwischen Erwerbsmethode und Interessenzusammenführungsmethode 36.343
VII. Konzerninterne Transaktionen 36.350
1. Innerhalb eines Gesamtkonzerns 36.350
2. Zwischen berichtendem Teilkonzern und Gesamtkonzern . 36.351
VIII. Umgekehrter Unternehmenserwerb (Reverse acquisition) .. 36.360
1. Sachverhalt 36.360
2. Bilanzierung 36.362
IX. Neugründung von Holdings (Sacheinlagen) 36.370
X. Interessenzusammenführung .. 36.375

Literatur: *Albrecht*, Änderungsvorschläge des IASB an IFRS 3 und IFRS 11, PiR 2016, 278; *Anders*, Fusionen bei wechselseitigen Beteiligungen und Finanzierung mit eigenen Anteilen, PiR 2018, 114; *Anders*, Bilanzierungsvarianten für Put-Optionen von nicht beherrschenden Anteilen – Divergenz statt Konvergenz in der Bilanzierungspraxis, PiR 2015, 183; *Andrejewski*, Bilanzierung der Zusammenschlüsse von Unternehmen unter gemeinsamer Beherrschung als rein rechtliche Umgestaltung, BB 2005, 1436; *Bader/Schreder*, Full goodwill-Methode vs. partial goodwill-Methode nach IFRS 3 – Bilanzpolitische Spielräume und Akzeptanz in der Bilanzierungspraxis, PiR 2012, 276; *Beyer/Mackenstedt*, Grundsätze zur Bewertung immaterieller Vermögenswerte (IDW S 5), WPg 2008, 338; *Behringer/Hameister*, Der bilanzpolitische Einsatz von earn-outs im Rahmen von Unternehmenszusammenschlüssen i. S. des IFRS 3 – Empirische Erkenntnisse der Anwendung in DAX und MDAX, PiR 2018, 46; *Beyhs/Wagner*, Die neuen Vorschriften des IASB zur Abbildung von Unternehmenszusam- menschlüssen, EuGH v. 18.12.2007 – C-341/05, DB 2008, 71; *Bischof/Fink*, Improvements to IFRSs 2010, PiR 2010, 225; *Broser/Hoffjan/Strauch*, Bilanzierung des Eigenkapitals von Kommanditgesellschaften nach IAS 32 (rev. 2003), KoR 2004, 452; *Castedello/Klingbeil/Schröder*, IDW RS HFA 16: Bewertungen bei der Abbildung von Unternehmenserwerben und bei Werthaltigkeitsprüfungen nach IFRS, WPg 2006, 1028; *Castedello/Schmusch*, Markenbewertung nach IDW S 5, WPg 2008, 350; *Dörschell/Ihlau/v. Lackum*, Die Wertermittlung für kundenorientierte immaterielle Vermögenswerte – Bewertungsgrundsätze und Vorgehen am Beispiel der Residualwertmethode, WPg 2010, 978; *Eisele/Kratz*, Der Ausweis von Anteilen außenstehender Gesellschafter im mehrstufigen Konzern, ZfbF 1997, 291; *Engelke*, Kapitalkonsolidierung im mehrstufigen Konzern, Siegburg 2018; *Freiberg*, Vom Minderheitenanteil zum nicht beherrschenden Anteil – mehr als eine Neuetikettierung?, PiR 2010, 210; *Gros*, Bilanzierung eines „bargain purchase" nach IFR 3, DStR 2005, 1954; *Gimpel-Henning*, Die Interpretation eines Goodwill aus stufenweisen Unternehmenserwerben nach IFRS 3 – Eine zu Unrecht vernachlässigte Thematik, KoR 2016, 217; *Haaker*, Einheitstheorie und Fair Value-Orientierung: Informationsnutzen der full goodwill method nach ED IFRS 3 und mögliche Auswirkungen auf die investororientierte Bilanzanalyse, KoR 2006, 451; *Haaker/Freiberg*, Ausübung der full-goodwill-Option?, PiR 2013, 22; *Hachmeister/Schwarzkopf*, Bilanzierung von Call-Optionen auf Anteile nicht beherrschender Gesellschafter, KoR 2015, 201; *Haegler*, Bilanzierung von Anteilen nicht-beherrschender Gesellschafter im mehrstufigen Konzern nach IFRS, PiR 2009, 191; *Hendler/Zülch*, Unternehmenszusammenschlüsse und Änderung von Beteiligungsverhältnissen bei Tochterunternehmen – die neuen Regelungen des IFRS 3 und IAS 27, WPg 2008, 484; *Hoffmann/Lüdenbach*, IFRS-Rechnungslegung für Personengesellschaften als Theater des Absurden, DB 2005, 404; *Kasperzak/Nestler*, Zur Berücksichtigung des Tax Amortisation Benefit bei der Fair Value- Ermittlung immaterieller Vermögenswerte nach IFRS 3, DB 2007, 437; *Kasperzak/Lieck*, Die Darstellung von Unternehmenszusammenschlüssen unter gemeinsamer Beherrschung im IFRS-Teilkonzernabschluss einer börsennotierten AG, DB 2008, 769; *Kessler u.a.*, Identifizierung des Unterschiedsbetrags nach IFRS 3.51 ff. beim Erwerb mehrerer businesses in einer einheitlichen Transaktion, PiR 2007, 125; *Kleinmanns*, Die aktuellen Research-Projekte des IASB, PiR 2016, 82; *Küting/Leinen*, Die Kapitalkonsolidierung bei Erwerb eines Teilkonzerns, WPg 2002, 1201; *Küting/Wirth*, Bilanzierung von Unternehmenszusammenschlüssen nach IFRS 3, KoR 2004, 167; *Küting/Wirth/Dürr*, Standardkonforme Anwendung von IAS 32 (rev. 2003) im Kontext der konzernbilanziellen Rechnungslegung von Personengesellschaften, WPg 2006, 345; *Küting/Wirth*, Goodwillbilanzierung im neuen Near Final Draft zu Business Combinations Phase II – Implikationen des geplanten Wahlrechts bei der Goodwillbilanzierung, KoR 2007, 460; *Küting/Weber/Wirth*, Die Goodwillbilanzierung im finalisierten Business Combinations Projekt Phase II, KoR 2008, 139; *Küting/Weber/Wirth*, Kapitalkonsolidierung im mehrstufigen Konzern – Fallstudie zur Kapitalkonsolidierung von Enkelkapitalgesellschaften unter Berücksichtigung indirekter Fremdanteile, KoR 2013, 43; *Leibfried/Fassnacht*, Fallstudie Unternehmenserwerb und Kaufpreisallokation, KoR 2007, 48; *Löw/Kleinhans*, Bilanzierung umgekehrter Unternehmenserwerbe nach IFRS, WPg 2008, 879; *Lüdenbach*, Die Fair value-Ermittlung von Marken unter Berücksichtigung von Markenerhaltungsaufwendungen, PiR 2006, 268; *Lüdenbach/Völkner*, Abgrenzung des Kaufpreises von sonstigen Vergütungen bei der Erst- und Entkonsolidierung, BB 2006, 1435; *Meyer*, Fortentwicklung der handelsrechtlichen Erwerbsbilanzierung – Ausgewählte Fragen zur Kapitalkonsolidierung nach E-DRS 30 im Verhältnis zu IFRS 3 (2008), PiR 2015, 198; *Moder/Tesche/Hell*, Untersuchung und Erläuterung des im Rahmen eines Unternehmenszusammenschlusses erworbenen goodwill – Ein kritischer Vergleich zwischen Theorie und Praxis, PiR 2018, 75; *Moser*, Bewertung immaterieller Vermögenswerte, 2. Aufl. 2017; *Moser/Tesche/Klingel*, Anwendung der Multi-period Excess Earnings Methode bei der Bewertung immaterieller Vermögenswerte, BewP 2018, 71; *Mujkanovic*, Die Vorschläge des Deutschen Standardisierungsrates zur Abbildung von Unternehmenserwerben im Konzernabschluss, WPg 2000, 637; *Pawelzik*, Die Konsolidierung von Minderheiten nach IAS/IFRS der Phase II („business combinations"), WPg 2004, 677; *Pawelzik*, Kombination von full goodwill und bargain purchase, PiR 2009, 277; *Pawelzik*, Die Bilanzierung von Interessenzusammenschlüssen im Konzernabschluss nach BilMoG und IFRS, DB 2010, 2569; *Pawelzik/Theile*, Eigenkapitalvernichtung im GmbH & Co. KG-Konzernabschluss?, DB 2000, 2385; *Pellens/Sellhorn/Amshoff*, Reform der Konzernbilanzierung – Neufassung von IFRS 3 „Business Combinations", DB 2005, 1749; *Philippi*, Ermittlung des Goodwill nach IFRS 3 in einem mehrstufigen Konzern, PiR 2009, 61; *Riedel/Borgwardt*, Konsolidierung in der internationalen Rechnungslegung nach IFRS – Ausgewählte Fragestellungen anhand von Praxisbeispielen, PiR 2017, 13; *Rohleder/Tettenborn*, Zum aktuellen Diskussionsstand der goodwill-Folgebilanzierung – Eine (Kompromiss-)Lösung in Sicht?, PiR 2015, 309; *Römgens*, Behandlung des auf Minderheiten entfallenden Goodwill im mehrstufigen Konzernab- schluss nach IFRS 3, BB, Beilage zu Heft 39/2005; *Roos*, Handelsrechtliche Behandlung des „Nicht durch Eigenkapital gedeckten Fehlbetrags" im Rahmen der Kapitalkonsolidierung – Abgrenzung des konsolidierungspflichtigen Eigenkapitals, StuB 2015, 788; *Roos*, Besonderheiten bei der Identifizierung des Erwerbszeitpunkts bei Unternehmens-zusammenschlüssen nach IFRS, PiR 2018, 41; *Seiwert*, Führende Bewertungsverfahren im Vergleich, Absatzwirtschaft 2004, 34; *Tettenborn/Hunold*, Anwendungsbereiche des IFRS 5 im Rahmen von Unternehmens-zusammenschlüssen, PiR 2016, 106; *Tettenborn/Rohleder*, Der passive Unterschiedsbetrag aus der Kapitalkonsolidierung -Bilanzierung und Begründung nach IFRS und HGB, StuB 2016, 418; *Tettenborn/Höltken*, Zur Beschaffenheit des Goodwill, DB 2018, 2513; *The Appraisal Foundation*, Best practices for Valuations in Financial Reporting. Intangible Asset working Group – Contributory Assets. „The Identification of Contributory Assets and the Calculation of Economic Rent, jetzt VFR Valuation Advisory #1, 2010; *The Appraisal Foundation*, Appraisal Practices Board, VFR Valuation Advisory #2: The Valuation of Customer-Related Assets, June 2016; *Theile*, Vorkonzernliche Beziehungen nach DRS 23, BBK 2016, 1010; *Theile*, DRS 23: Kapitalkonsolidierung im mehrstufigen Konzern, BBK 2017, 530; *Theile*, Anschaffungskosten und Grundsatz der Pagatorik bei der handelsrechtlichen Kapitalkonsolidierung, DB 2018, 528; *Theile/Pawelzik*, Erfolgswirksamkeit des Anschaffungsvorgangs nach ED 3 beim Unternehmenserwerb im Konzern – Zur Bilanzierung eines excess (vormals negativer Goodwill), WPg 2003, 316; *Thiele*, Die Bilanzierung von Aktienoptionsplänen auf der Basis bedingter Kapitalerhöhungen vor dem Hintergrund des GoB-Systems, WPg 2002, 766; *Watrin/Hoehne*, Endkonsolidierung von Tochterunternehmen nach IAS 27 (2008), WPg 2008, 695; *Weiser*, Die bilanzielle Abbildung umgekehrter Unternehmenserwerbe im Rahmen der Rechnungslegung nach IFRS, KoR 2005, 487; *Wirth/Dusemond/Küting*, Kapitalkonsolidierung im mehrstufigen Konzern in der handelsrechtlichen Rechnungslegung unter Beachtung von DRS 23, DB 2017, 2493; *Wirth/Dusemond/Küting*, Mehrstufiger Konzern: Pagatorisch abgesicherte Anschaffungskosten im Lichte der handelsrechtlichen Kapitalkonsolidierung, DB 2018, 529.

A. Überblick und Wegweiser

I. Management Zusammenfassung

Kapitalkonsolidierung ist der Name für die Technik, Beteiligungsbuchwerte von Tochtergesellschaften durch deren **Vermögenswerte und Schulden** zu ersetzen (Rz. 31.1). Soweit der Beteiligungsbuchwert das Nettovermögen der Tochtergesellschaft übersteigt, wird ein **Goodwill** ausgewiesen. Der Goodwill verkörpert somit die nicht einzeln im Nettovermögen reflektierten, vom Erwerber der Tochtergesellschaft gleichwohl erwarteten Nutzenzuflüsse, letztlich die Ertragsaussichten.

36.1

Seit 2004 ist Goodwill im IFRS-Abschluss nicht mehr planmäßig abzuschreiben, sondern jährlich auf Wertminderung (***Impairment***) zu testen. Daher kommt der Abgrenzung des Goodwills von den selbständig neben ihm anzusetzenden immateriellen Vermögenswerten (z.B. Marken, Kundenbeziehungen, Forschungsprojekte u.Ä.), die i.d.R. planmäßig abzuschreiben sind, besondere Bedeutung zu. Die Abgrenzung ist demgegenüber nach HGB weniger relevant (aber nach dem Gesetz ge-

36.2

nauso erforderlich!), da der Goodwill hier planmäßig abgeschrieben werden muss, und zwar sowohl im Einzel- und Konzernabschluss (beim *asset deal*) als auch zusätzlich im Konzernabschluss (beim *share deal*).

36.3 In einem Konzernabschluss sind die Vermögenswerte und Schulden der Tochtergesellschaften vollständig (zu 100 %) anzusetzen, auch wenn der Konzern nicht alle Anteile besitzt (**Vollkonsolidierung**). Der auf *non-controlling interests,* d.h. nicht beherrschende Anteilseigner (**nbA**), früher: „Minderheiten" entfallende Anteil ist mindestens zum anteiligen Vermögen inklusive stiller Reserven und Lasten lt. Handelsbilanz (HB III) anzusetzen (**Neubewertungsmethode**). Dies entspricht insoweit dem HGB.

36.4 Der Goodwill wird traditionell mit dem von der Konzernmutter erworbenen Anteil an Tochterunternehmen assoziiert. Nach IFRS 3 ist es jedoch seit 2009 zulässig (Wahlrecht), auch die nbA mit dem auf sie entfallenden Goodwillanteil zu bewerten (**Full Goodwill-Methode**). Die Methode wird oft kritisiert, weil „der Konzern diesen Goodwillanteil nicht bezahlt" habe. Das Argument ist jedoch nicht stichhaltig, da die *gesamten* nbA nicht vom Konzern bezahlt wurden, weil die nbA eine **Sacheinlage** in den Konzern tätigen. Gegenstand der Full-Goodwill-Methode ist somit ausschließlich die *vollständige* Bewertung dieser Sacheinlage zum Marktwert. Gegen die Full-Goodwill-Methode bestehen daher u.E. keine durchgreifenden konzeptionellen Bedenken.

II. Standards und Anwendungsbereich

36.5 Unternehmenserwerbe – oder, in der offiziellen deutschen Übersetzung des Standards, „Unternehmenszusammenschlüsse" – und Kapitalkonsolidierung werden in IFRS 3 geregelt. Der Standard ist das Ergebnis eines zweiphasigen, gemeinsam mit dem FASB (US-GAAP) durchgeführten Projekts *business combination*:

1) IFRS 3 (2004) beinhaltete vor allem die Abschaffung der planmäßigen Goodwill-Abschreibung und stattdessen die Pflicht zur Durchführung eines **jährlichen Impairment-Tests** *(impairment-only-approach)*. Zugleich wurde die Methode der Interessenzusammenführung abgeschafft und ausschließlich die Erwerbsmethode in der Form der **Neubewertungsmethode** zugelassen.

2) Mit dem nunmehr gültigen IFRS 3 (2008) wurden ab 2009 Regelungslücken geschlossen und zahlreiche Details zu Unternehmenserwerben präzisiert. Zugleich hat der IASB als Alternative zur Neubewertungsmethode das **Wahlrecht** zur **Full Goodwill-Methode**, d.h. die Bewertung der nbA inklusive des anteiligen Goodwills eingeführt. Die beabsichtigte vollständige Konvergenz zu US-GAAP wurde jedoch nicht erreicht, weil diese Methode nach US-GAAP obligatorisch ist.

36.6 IFRS 3 (2008) hat seit seiner Einführung punktuelle Änderungen aufgrund jährlicher Verbesserungsstandards oder der Einführung oder Änderung anderer Standards erfahren. Dies betraf zuletzt redaktionelle Änderungen zu erworbenen Vermögenswerten und Schulden (Rz. 36.100 ff.) inklusive bedingter Kaufpreisbestandteile (Rz. 36.70) als Folge von IFRS 15 (Rz. 10.1) und IFRS 9 (Rz. 22.1) oder aufgrund der Einführung von IFRS 16 (Leases) spätestens ab 1.1.2019 (Rz. 17.1).

Folgende Übersicht stellt den Anwendungsbereich und Anwendungsausnahmen des IFRS 3 komprimiert gegenüber: 36.7

Anwendungsbereich von IFRS 3	Nicht von IFRS 3 erfasst (IFRS 3.2/3.2A)
Ein Erwerber erlangt die Kontrolle i.S.v. IFRS 10 über eines oder mehrere Geschäftsbetriebe (*business*, Rz. 36.20).	a) Erwerb einzelner Vermögenswerte oder **Gruppen von Vermögenswerten** (Rz. 36.20) b) Bilanzierung von Investmentgesellschaften i.S.d. IFRS 10.27 (Rz. 31.100)
IFRS 3 gilt *grundsätzlich* für **alle Formen von Unternehmenszusammenschlüssen**: a) den Erwerb von Anteilen rechtlich selbständiger Unternehmen (***share deal***) im **KA** des Erwerbers b) Erwerb im Rahmen einer Verschmelzung, inkl. „Verschmelzung unter Gleichen" (IFRS 3 App. A). c) Erwerb von Geschäftsbetrieben, bei dem das erworbene Vermögen unmittelbar beim Erwerber bilanziert wird (***asset deal***). Damit ist IFRS 3 auch auf den **Einzelabschluss** anzuwenden.	Nicht erfasst sind jedoch Unternehmenszusammenschlüsse[1] mit **gemeinsamer Beherrschung** (***common control***). Beim Sachverhalt der gemeinsamen Beherrschung wird im Ergebnis der Konzernkreis auf „nahe stehende Personen" erweitert. So werden z.B. Unternehmenskäufe zwischen Gleichordnungskonzernen mangels Fremdtransaktion i.d.R. nur zu Buchwerten bilanziert (Rz. 36.340 ff.).

frei   36.8–36.9

III. Wesentliche Abweichungen zum HGB

Mit dem BilMoG 2009 sind einige Unterschiede zu IFRS weggefallen. Gleichwohl bestehen noch gravierende Abweichungen insbesondere bei der Bilanzierung aktiver und passiver Unterschiedsbeträge. Die nachfolgende Tabelle listet wesentliche Gemeinsamkeiten und Unterschiede: 36.10

Gegenstand	HGB	IFRS 3
Buchwertmethode	Verbot	Verbot
Neubewertungsmethode	Pflicht	Wahlrecht (Praxis: Regelfall)
Full Goodwill Methode	Verbot	Wahlrecht (Praxis: Ausnahme)

---

[1] Außerdem sind Joint Ventures nicht vom IFRS 3 erfasst. Die Regelungslücke betrifft jedoch nur die Bilanzierung *beim Gemeinschaftsunternehmen*. Für die Bilanzierung im Konzernabschluss der Gesellschafter gilt dagegen IFRS 11 (Rz. 32.4, 37.1).

Gegenstand	HGB	IFRS 3
Interessenzusammenführung	Verbot	Verbot
Erstkonsolidierungszeitpunkt	i.d.R. Zeitpunkt, zu dem das Unternehmen TU geworden ist (§ 301 Abs. 2 Satz 1 HGB)	Erwerbszeitpunkt = Tag des Control-Status (= TU-Status)
Konsolidierung mit vorläufigem Nettovermögen	Ja, Anpassungsfrist 12 Monate (§ 301 Abs. 2 Satz 2 HGB)	Ja, Anpassungsfrist 12 Monate
Goodwillabschreibung	Planmäßige Abschreibung (§ 309 Abs. 1 i.V.m. § 253 Abs. 3 HGB). Nutzungsdauer 10 Jahre, falls keine verlässliche Schätzung möglich (§ 298 Abs. 1 i.V.m. § 253 Abs. 3 S. 3f. HGB)	Impairment-Only-Approach
Negativer Unterschiedsbetrag (Ub)	Technische Ub aus thesaurierten Gewinnen zwischen Erwerb und Erstkonsolidierung werden erfolgsneutral in die Gewinnrücklagen eingestellt (DRS 23.148). Ansonsten Ausweis nach dem Eigenkapital und ertragswirksame spätere Auflösung.	Sofortiger Ertrag

36.11 Aus der fehlenden planmäßigen **Goodwillabschreibung** nach IFRS resultieren die besondere Bedeutung und Betonung der Unterschiede in der Abgrenzung von Goodwill zu immateriellen Vermögenswerten (Rz. 36.110 ff.).

36.12 Darüber hinaus unterscheidet das HGB nicht zwischen einem **rechtlichen** und einem **wirtschaftlichen Unternehmenserwerber**, während IFRS 3 z.B. bei Sacheinlagen oder der *reverse acquisition* auf den wirtschaftlichen Erwerber abstellt. Dies kann zu gravierenden Unterschieden zwischen einem HGB-KA und einem IFRS-KA hinsichtlich der Aufdeckung der stillen Reserven/Lasten von Tochtergesellschaften führen (Rz. 36.360 ff.).

36.13–36.14 frei

IV. Neuere Entwicklungen

36.15 IFRS 3 hat mit der Hinwendung zum impairment-only-approach ab 2004 Bilanzierungsfreiräume geschaffen, diese aber zugleich durch eine Beschränkung des Anwendungsbereichs auf ein „business" (Rz. 36.20) sowie die separate Aktivierung immaterieller Vermögenswerte begrenzt. Hieraus resultieren Unschärfen und Unklarheiten bei der Anwendung von IFRS 3. Der IASB hat in einem 2013 gestarteten "post-implementation review" (PIR) folgende wesentliche Bilanzierungsbereiche identifiziert, bei denen sogar der impairment-only approach[2] diskutiert wird:

— Identifizierung und Fair Value-Bewertung von immateriellen Vermögenswerten wie z.B. Kundenbeziehungen und Markenname

— Folgebilanzierung des Goodwill: impairment-only approach vs. planmäßige Abschreibung

— Wirksamkeit und Komplexität des Impairmenttests

— Zweifelsfragen bei der Abgrenzung eines business

Die drei erstgenannten Aspekte sind Gegenstand eines „Goodwill and Impairment Research" Projektes, das zwischenzeitlich um verbesserte Anhangangaben zu business combinations und Impairment ergänzt wurde. Ein Discussion Paper ist für das 2. Halbjahr 2019 geplant. Der vierte Punkt hat zu der nachfolgend beschriebenen Änderung des IFRS 3 (i.d.F. 2018) geführt.

Am 22.10.2018 hat das IASB eine Änderung an IFRS 3 hinsichtlich der Definition des **business** veröffentlicht, die auf eine bessere Unterscheidung zwischen Unternehmenserwerben und dem bloßen Erwerb von Vermögenswerten (*group of assets*) zielt. Vorbehaltlich des erwarteten[3] EU Endorsement gilt diese Änderung für Unternehmenszusammenschlüsse in Geschäftsjahren ab 1.1.2020 (IFRS 3.64P). Eine frühere Anwendung ist zulässig. Wir stellen die Neuerungen im Folgenden vor: 36.16

— Ein business erfordert nach wie vor eine Kombination aus (a) Input (z.B. Maschinen, Kundenbeziehungen) und (b) Prozessen, z.B. Kenntnisse, Fähigkeiten, um daraus (c) Leistungen (Output) zu generieren (IFRS 3.B7).

— Der maßgebliche Output wird dabei auf Waren und Leistungen an Kunden, Zins- und Dividendenerträge oder andere Erträge aus gewöhnlicher Geschäftstätigkeit begrenzt (IFRS 3.A „business" i.d.F. 2018). Aktuell umfasst Output noch Kostenreduzierungen oder anderen Nutzen (Rz. 36.20). Darin wird jedoch ein Konflikt mit dem Grundsatz gesehen, dass es primär auf die Perspektive jedes potentiellen Erwerbers (IFRS 3.BC21G i.d.F. 2018) bzw. auf die Merkmale des Erwerbsgegenstandes und nicht auf die Motive des Erwerbers ankommt (IFRS 3.BC21Sb) i.d.F. 2018). Dies gilt auch bei Erwerb eines Lieferanten und dessen angedachter exklusiver Integration in den Konzern, falls der Lieferant bei Erwerb noch Umsätze mit externen Dritten erzielt: Maßgeblich ist der Zustand des Kaufobjekts im Erwerbszeitpunkt; insofern kann ein business vorliegen (Klarstellung in IFRS 3.B12C i.V.m. IFRS 3.BC21K i.d.F. 2018 zum insoweit unveränderten IFRS 3.B11).

— Der aktuelle IFRS 3 betont die Leistungserstellung (Output) und erkennt ein business auch bei fehlendem Input und Prozessen an, wenn diese durch den Erwerber ersetzt werden können, bspw. bei Integration in die eigenen Geschäfts-

---

[2] Vgl. *Kleinmanns*, PiR 2016, 82 (85).
[3] EFRAG empfiehlt die Übernahme, siehe EFRAG's Letter to the European Commission regarding endorsement of Definition of a Business (Amendments to IFRS 3) v. 28.3.2019 (www.efrag.org).

abläufe (IFRS 3.B8 i.d.F. 2008). Demgegenüber betrachtet der IASB nunmehr die Prozesse als Hauptunterscheidungsmerkmal zwischen einem business und Vermögenswerten (IFRS 3.BC21F) und verlangt, dass ein business den Erwerb von Input sowie eines oder mehrerer „substanzieller" Prozesse umfassen muss (IFRS 3.B8 i.d.F. 2018). Bewertet wird somit der Kaufgegenstand „wie er steht und liegt" und nicht, was der Erwerber daraus machen könnte. Hiermit wird konsequent die Perspektive jedes potentiellen („hypothetischen") und nicht nur des konkreten Erwerbers (Rz. 36.100) eingenommen (IFRS 3.B21G).

– Übernommene Mitarbeiter stellen grundsätzlich Input (IFRS 3.BC21O i.d.F. 2018) und deren Fähigkeiten Prozesse dar (IFRS 3.BC21P i.V.m. IFRS 3.B7b) i.d.F. 2018).

Beispiel: Eine Hotelkette übernimmt ein Tagungshotel mit Kundenverträgen, aber keine Mitarbeiter. Nach IFRS 3.B8 i.d.F. 2008 standen die fehlenden Prozesse (Management, Hotelpersonal) einem business nicht entgegen, wenn der Erwerber sie leicht durch eigene ersetzen konnte (Rz. 36.20). Nach IFRS 3.B8 i.d.F. 2018 ist demgegenüber mangels Prozessen kein business gegeben. Dies gilt auch dann, wenn aufgrund der Kundenverträge Umsätze erzielt werden (IFRS 3.B8A i.d.F. 2018).

Variante: Der Erwerb umfasst außerdem einen vorhandenen Outsourcingvertrag über das Hotelmanagement. Ist der Vertrag so langfristig (oder – einseitig – vom Erwerber verlängerbar), dass er wirtschaftlich als „Zugriff" auf die betreffenden Mitarbeiter interpretiert werden kann, liegt der Erwerb eines substantiellen Prozesses vor (IFRS 3.B12Ca) i.V.m. IFRS 3.B12Da) i.d.F. 2018). Anders wiederum bei Verträgen über unkritische oder unwesentliche Dienstleistungen (IFRS 3.B12Ca i.V.m. IFRS 3.B12Dc i.d.F. 2018), z.B. über Reinigungs-, Instandhaltungs- oder Sicherheitspersonal (kein business, IFRS 3.IE77 ff. i.d.F. 2018). Generell ist die schwierige Ersetzbarkeit eines Mitarbeiterstamms ein Indiz für einen substantiellen Prozess (IFRS 3.B12Db) i.d.F. 2018).

Der gleichzeitige Erwerb eines Vertrags zum Bezug von Waren oder anderweitigen Leistungen vermittelt keinen Zugriff auf den zur Leistungserstellung notwendigen Mitarbeiterstamm (IFRS 3.IE106 i.d.F. 2018), so dass insoweit kein substantieller Prozess vorliegt.

– Die Beispiele haben gezeigt: Grundsätzlich sind Mitarbeiter ein Indiz für einen substantiellen Prozess (IFRS 3.BC21N i.d.F. 2018). Ohne Übernahme von Mitarbeitern soll dieses Kriterium jedoch ausnahmsweise bei Erwerb anderer einzigartiger oder schwer zu ersetzender Prozesse erfüllt sein (IFRS 3.B12Cb) i.d.F. 2018), bspw. bei Kauf von Marken- und Produktrechten samt Rohmaterialbezugsverträgen, Fertigungsanlagen und Produktions-Know-how (IFRS 3.IE107 ff. i.d.F. 2018).

– Werden bei Erwerb noch keine Leistungen erbracht (Start-up-Unternehmen, F&E-Projekte), gelten erhöhte Anforderungen an Inputs und Prozesse (IFRS 3.B12B): Neben einem qualifizierten Mitarbeiterstamm und zusätzlich anderen Inputfaktoren (z.B. Patente, Know-how, angefangene Projekte, Vorräte) müssen diejenigen Prozesse übernommen werden, die für die Outputerstellung kritisch sind. Bei einem Biotech-Unternehmen sind diese notwendigen Prozesse i.d.R. in den intellektuellen Fähigkeiten der Mitarbeiter verkörpert (IFRS 3.B7b; IFRS 3.IE93 ff. i.d.F. 2018). Die gleichen Kriterien gelten, wenn bei Erwerb keine Leistungen mehr erbracht werden. Bei stillgelegten Fabriken oder dem Kauf von Lizenzen für ein vormals betriebenes Geschäft dürfte es jedoch regelmäßig bereits am Mitarbeiterstamm (IFRS 3.IE98 ff. i.d.F. 2018) oder am sonstigen Input zur Generierung von Leistungen fehlen (IFRS 3.IE101 i.d.F. 2018).

– Klarstellend ergänzt IFRS 3.B9 i.d.F. 2018: Die Übernahme von Verbindlichkeiten ist noch kein Indiz dafür, dass erworbene Aktivitäten und Vermögenswerte ein business darstellen (Rz. 36.20).

– Umgekehrt wurde die Vermutung, dass bei Vorliegen von Goodwill ein business gegeben ist (Rz. 36.20) gestrichen (IFRS 3.B12, IFRS 3.BC21Rd) i.d.F. 2018).

Zwecks einfacherer Beurteilung, ob ein business vorliegt oder nicht, wurde ein sog. *concentration test* eingeführt (IFRS 3.B7Af. i.d.F. 2018). Danach wird geprüft, ob sich der Fair Value des erworbenen Vermögens in einem einzigen identifizierbaren Vermögenswert oder in einer Gruppe ähnlicher Vermögenswerte konzentriert (IFRS 3.B7B i.d.F. 2018).

36.17

– Falls ja, kann (muss aber nicht, s. unten) ohne weiteres davon ausgegangen werden, dass kein business vorliegt.

– Falls nein, erfolgt eine Prüfung anhand der in Rz. 36.16 genannten Kriterien des IFRS 3.B8-B12D. Der concentraton test kann somit niemals positiv bestätigen, dass ein business vorliegt (IFRS 3.BC21Y).

Die Bedeutung dieses concentration Tests hat im Vergleich zum Exposure Draft[4] aus 2016 erheblich abgenommen. Danach führte eine derartige Konzentration endgültig zur Verneinung eines business. Nach IFRS 3.B7A i.d.F. 2018 ist der Test nur noch optional, und selbst bei Vorliegen einer Konzentration können die Kriterien der IFRS 3.B8 ff. zur Bestätigung eines business führen (IFRS 3.B7Ab) i.d.F. 2018). Folglich werden oder müssen Bilanzierende, die ein Interesse daran haben, dass ein business vorliegt, den concentration test gar nicht erst durchführen. Der Test kann für jede Transaktion separat vorgenommen werden (IFRS 3.B7A i.d.F. 2018), und ein durchgeführter Test mit unerwünschten Ergebnis hindert selbstredend nicht die Prüfung der Kriterien des IFRS 3.B8 ff. i.d.F. 2018 (IFRS 3.BC21Xb) i.d.F. 2018).

Für den concentration test gilt Folgendes (IFRS 3.B7B):

a) Maßgeblich für die Konzentration ist die Relation von Bruttowerten, d.h. erworbene Vermögenswerte (ohne Cash, latente Steueransprüche und vor Abzug von Verbindlichkeiten) werden zur Gegenleistung vor Abzug übernommener Verbindlichkeiten in Beziehung gesetzt. Bei sukzessivem Erwerb (Rz. 39.30) umfasst die Gegenleistung auch den Fair Value von Altanteilen sowie von evtl. nbA (IFRS 3.IE118 ff. i.d.F. 2018 enthält ein umfassendes Berechnungsbeispiel).

b) Die Ähnlichkeit bezieht sich auf sachliche Merkmale inklusive Risikoprofil. Bspw. sind Wohn- und Gewerbeimmobilien einander nicht ähnlich, so dass – wenn nicht ein Wertanteil dominiert – keine Konzentration vorliegt (IFRS 3.B7Be),

---

[4] ED/2016/1 Definition of a Business and Accounting for Previously Held Interests, vgl. hierzu *Albrecht*, PiR 2016, 278.

IFRS 3.IE78 i.d.F. 2018). Materielle und immaterielle Vermögenswerte einerseits, Vorräte und Maschinen andererseits etc. sind einander ebenfalls nicht ähnlich (IFRS 3.B7Bf).

c) Vermögenswerte, die nicht leicht bzw. ohne signifikante Kosten zu trennen sind (z.B. Grundstück und Gebäude), zählen als ein Vermögenswert (IFRS 3.B7Bd).

d) IFRS 3.B7B i.d.F. 2018 enthält keine eigene Wesentlichkeitsdefinition (IFRS 3.BC21ACb) i.d.F. 2018); insofern gelten die allgemeine Grundsätze (Rz. 6.29 ff.).

36.18 Das nachfolgende Prüfschema zur Beurteilung eines business nach IFRS 3 i.d.F. 2018 mit Wirkung ab 2020 fasst die Ausführungen in Rz. 36.16 f. strukturiert zusammen:

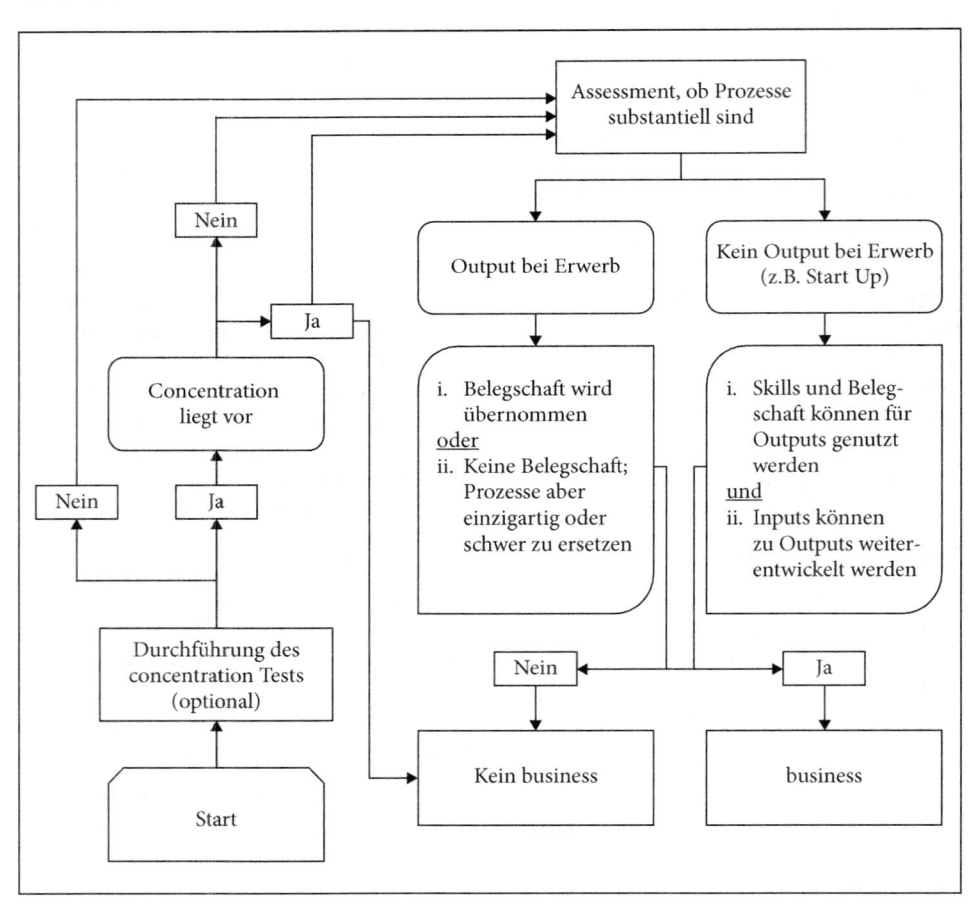

Abb. 36.1: Prüfschema business nach IFRS 3.B7 ff. (2018) (eigene Darstellung)

Die Beschäftigung mit den aktuell von IFRS 3 ausgenommenen Unternehmenserwerben unter Common control (Rz. 36.340) steht seit 2007 auf der Agenda des IASB[5]. Der IASB favorisiert zurzeit[6] eine an die Erwerbsmethode angelehnte Bilanzierung („*current value*"), bei der maximal der Stand alone Wert erworbener businesses, d.h. ohne Käufersynergien (*„fair value of the acquired business"*) angesetzt werden sollen. Darüber hinaus gehende Gegenleistungen sollen wie eine Ausschüttung bzw. bei einem bargain purchase wie eine Einlage behandelt werden.

36.19

Die genaue Anwendungsbereich, Tragweite und Ausgestaltung bleibt abzuwarten. Ein Discussion paper ist für das 2. Halbjahr 2019 geplant.

Bei Put Optionen von nicht beherrschenden Anteilseignern kommt je nach Ausgestaltung die Anwendung von IFRS 10 oder IAS 32 in Betracht (Rz. 36.326 ff.). Das IASB will diese Thematik im Rahmen des Projektes „Financial Instruments with Characteristics of Equity ('FICE') Projekts" klären und hat hierzu im Juni 2018 ein Discussion Paper veröffentlicht, dessen Kommentarfrist im Januar 2019 abgelaufen ist. Tragweite und Zeithorizont sind derzeit nicht absehbar, s. im Einzelnen Rz. 23.13.

B. Abgrenzung des Unternehmenserwerbs

I. Erwerb eines business vs. Kauf einzelner Vermögenswerte

IFRS 3 kennt für **Unternehmenserwerbe** spezifische Bilanzierungsvorschriften, insb. die Bilanzierung eines Goodwill und den Ansatz latenter Steuern (Rz. 36.200 ff.). Werden dagegen nur **einzelne Vermögenswerte** erworben, scheidet beides aus (Rz. 36.7). Daher ist vorab zu prüfen, ob IFRS 3 überhaupt in Betracht kommt:

36.20

Ein Unternehmenserwerb i.S.v. IFRS 3.3 ist der Erwerb eines **Geschäfts oder Geschäftsbetriebs** (*business*). Ein *business* ist definiert als **Zusammenfassung** (integrierte Gruppe) **von Einsatzfaktoren** (*input*) und **Prozessen** (*processes*), um daraus (i.d.R.) **Leistungen** (*output*) in Form von Erträgen oder Kosteneinsparungen zu erzielen (IFRS 3 Appendix A i.V.m. IFRS 3.B7 ff.). Die Abgrenzung und Definitionsmerkmale sind vergleichbar mit jenen zum **Teilbetrieb** im steuerlichen Sinne.[7] Zu der voraussichtlich ab 1.1.2020 gültigen Definition s. Rz. 36.16 ff.

Voraussetzung ist somit ein „**lebendes Unternehmen**" mit einer gewissen Organisation, insbesondere der **Übernahme von Personal**. Ein-Objekt-Immobiliengesellschaf-

---

5 IASB work plan business-combinations-under-common-control.
6 IASB update December 2018.
7 Der Begriff Teilbetrieb ist nationalgesetzlich nicht definiert, s. aber R 16 Abs. 3 EStR 2008. Europarechtlich findet sich eine Definition in Art. 2i der Fusionsrichtlinie (Richtlinie 90/434/EWG v. 23.7.1990, ABl. Nr. L Nr. 225 v. 20.8.1990, 1): "'Teilbetrieb' = die Gesamtheit der in einem Unternehmensteil einer Gesellschaft vorhandenen aktiven und passiven Wirtschaftsgüter, die in organisatorischer Hinsicht einen selbständigen Betrieb, d.h. eine aus eigenen Mitteln funktionsfähige Einheit, darstellen."

ten sind somit kein business.[8] Gleiches gilt für die Ausübung bloßer **Verwaltungstätigkeiten** (Buchführung, Gehaltsabrechnungen u.Ä.), da dies nicht als Prozess gilt (IFRS 3.B7b). Demgegenüber können Leasing- oder Entwicklungsgesellschaften ein *business* darstellen, letztere auch ohne aktuellen Output, falls die entsprechenden Prozesse übernommen werden, ein Vermarktungsplan vorliegt und ein Zugang zum Absatzmarkt möglich ist (IFRS 3.B10).

Die Nichtübernahme leicht ersetzbarer Funktionen (z.B. Vertrieb, Verwaltung) hindert nicht die Annahme eines business (IFRS 3.B8), ebenso wenig die bereits beim Erwerb bestehende Absicht, den Geschäftsbetrieb später stillzulegen, da auf den **Zustand des Kaufobjekts aus Sicht eines unabhängigen Dritten**, d.h. unabhängig von der Verwendung beim Verkäufer, abzustellen ist (IFRS 3.B11). Wird mehr als die Zeitwerte, also ein **Goodwill** vergütet, deutet dies auf ein business hin (IFRS 3.B12, s. aber Rz. 36.21)[9]. Die Übernahme von Verbindlichkeiten ist für sich genommen kein Indiz für ein business.

36.21 Wird kein *business*, sondern werden nur **einzelne Vermögenswerte** erworben, sind die besonderen **Bilanzierungsregeln für Unternehmenserwerbe** *nicht* anzuwenden:

— Der Ansatz eines **Goodwill** ist ausgeschlossen. Der **Kaufpreis**[10] ist vielmehr **nach der Relation der Fair Values** auf die erworbenen Vermögenswerte **aufzuteilen** (IFRS 3.2b).

— Außerdem entfällt die Bildung **latenter Steuern**, da die temporären Differenzen zwar erfolgsneutral bei Zugang, aber nicht bei einem Unternehmenszusammenschluss entstehen (IAS 12.15bi, Rz. 29.39).

Beispiel: K erwirbt die V GmbH, die außer einem selbstentwickelten Patent (*stand alone* Zeitwert 2 Mio. Euro) und einem vollständig abgeschriebenen Gebäude (Zeitwert 1 Mio. Euro) kein weiteres Nettovermögen habe. Der Kaufpreis betrage 6 Mio. Euro, da K Synergien in Form ersparter Produktentwicklungskosten vergütet hat.

(a) V sei ein „lebendes" Unternehmen mit Personal etc. (*business*)

(b) V sei inaktiv

	Fall (a) Business i.S.v. IFRS 3	Fall (b) Einzelne Vermögenswerte	
Patent	2,0 Mio. Euro	(2/3 × 6) Mio. Euro)	4,0 Mio. Euro
Gebäude	1,0 Mio. Euro	(1/3 × 6) Mio. Euro)	2,0 Mio. Euro
abzgl. latente Steuern (30 %)	- 0,9 Mio. Euro		–
Nettovermögen	2,1 Mio. Euro		6,0 Mio. Euro
Goodwill	**3,9 Mio. Euro**		–
Anschaffungskosten	**6,0 Mio. Euro**		**6,0 Mio. Euro**

---

8 Vgl. *Hayn/Ströher* in Baetge IFRS, IFRS 3 Rz. 59.
9 Dieses Indiz ist ab 2020 gestichen, s. Rz. 36.16 a.E.
10 Im Gegensatz zum Unternehmenserwerb gem. IFRS 3 inkl. Nebenkosten (Rz. 36.61).

Somit wird nur bei Vorliegen eines Business, also im Fall (a) ein Goodwill und latente Steuern aktiviert. Mangels Tax base („0") entfallen diese auf die Zeitwerte. Im Fall (b) erfolgt die proportionale Aufteilung des Kaufpreises (6 Mio. Euro) auf die Vermögenswerte.

Im Regelfall werden jedoch bei fehlendem *business* auch nur die Zeitwerte der einzelnen Vermögenswerte vergütet, so dass es gar nicht zu einem Goodwill kommt. Ausnahmen sind nur bei besonderem Interesse an einem Vermögenswert denkbar, etwa Abwehr eines anderen Kaufinteressenten, ersparten Kosten (Synergien), sofortiger Verfügbarkeit bei langen Genehmigungsdauern etc. In solchen Fällen wird mehr als die Summe der einzelnen Zeitwerte vergütet, ohne dass eine Überzahlung vorliegt. Hier wirkt sich die Unterscheidung zwischen „business" und einzelnen „assets" letztlich materiell aus, denn: Anders als beim Erwerb eines *business* ist dann auch der ***gedanklich* im Einzelkaufpreis enthaltene „Goodwillanteil"** abnutzbarer Vermögenswerte planmäßig abzuschreiben. 36.22

Obwohl danach Vermögenswerte oberhalb ihrer Zeitwerte angesetzt sein können, kommt eine außerplanmäßige Abschreibung nur in Betracht, wenn die CGU, der die Vermögenswerte zugeordnet sind, eine **Wertminderung** aufweist (Rz. 19.14).

Die Anwendung von IFRS 3 auf ein „business" ist **unabhängig von** einem *asset deal* **oder** *share deal* und auch streng zu unterscheiden von der Frage, ob eine Tochtergesellschaft überhaupt zu konsolidieren ist. Diese Frage ist *vorgelagert* nach IFRS 10 (Rz. 31.20 ff.) zu klären. IFRS 3 klärt dann anschließend, *wie* konsolidiert wird. Es kann somit auch der Fall eintreten, dass zwar ein *share deal* vorliegt, aber kein business i.S.v. IFRS 3 erworben wird, sondern nur einzelne assets. Auf diese ist dann der Kaufpreis aufzuteilen gem. Rz. 36.21. 36.23

Die zutreffende Einordnung eines Unternehmenserwerbs als *business* (oder nicht) ist auch regelmäßig Gegenstand der **Prüfungen durch die DPR**. Gelegentlich wird versucht, *share deals* auch dann als business aussehen zu lassen, wenn es keines ist,

– um so durch „konservative" Bewertung im Rahmen der Schätzunsicherheiten geringe Vermögenswerte auszuweisen,

– dafür einen hohen Goodwill,

– der aber – anders als die einzelnen Vermögenswerte – keiner planmäßigen Abschreibung unterliegt und bei intelligenter Zuordnung zu CGUs auf Sicht auch nicht außerplanmäßig abzuschreiben ist, um letztlich

– geringere „planmäßige" Ergebnisbelastungen künftiger Perioden zu erreichen.

Der Fall, dass die Kontrolle über eine Gesellschaft erlangt wird (*share deal*), an der **nbA** beteiligt sind, ohne dass gleichzeitig ein *business* i.S.v. IFRS 3 erworben wird, ist nicht geregelt und u.E. so zu lösen, dass die nbA nur zu anteiligen Zeitwerten angesetzt werden (auch wenn die Muttergesellschaft mit ihrem Kaufpreis Synergien etc. vergütet hat). Eine proportionale Hochrechnung des Anteils der Muttergesellschaft auf die nbA wäre mangels Partizipation an den im Restkonzern anfallenden Sy- 36.24

nergien nicht sachgerecht. Die Anteile der nbA sind dann entsprechend IFRS 10.22 **innerhalb des Eigenkapitals** auszuweisen.[11]

II. Abgrenzung des Unternehmenserwerbs von anderen Transaktionen

36.25 Ein Unternehmenserwerb kann sich im Einzelfall als sog. „**Mehrkomponentengeschäft**" darstellen, d.h. mit Transaktionen verbunden sein, die bei wirtschaftlicher Betrachtung von dem eigentlichen Kontrollerwerb zu trennen sind. IFRS 3.12 stellt **explizit das Prinzip** auf, dass die nicht zum Unternehmenserwerb gehörenden Transaktionen nach anderen, jeweils einschlägigen IFRS zu bilanzieren sind.

36.26 Nach IFRS 3.51–53 sind in diesem Kontext die folgenden Sachverhalte zu würdigen:

(1) Aufwandserfassung von Anschaffungsnebenkosten, Rz. 36.61.

(2) Leistungsvergütungen an die Mitarbeiter und insbesondere Verkäufer des erworbenen Unternehmens, Rz. 36.78.

(3) Ersatz von aktienorientierten Vergütungen des erworbenen Unternehmens durch neue Pläne des Erwerbers (*replacement awards*), Rz. 36.80.

(4) Transaktionen, die bereits vor Unternehmenserwerb bestanden (*pre-existing relationships*), Rz. 36.300.

36.27–36.29 frei

C. Grundlagen der Kapitalkonsolidierung nach der Erwerbsmethode

I. Fiktion des Einzelerwerbs von Vermögenswerten und Schulden

36.30 Sehr deutlich kommt in IFRS 3 die **Fiktion des Einzelerwerbs** der Vermögenswerte und Schulden zum Ausdruck, wie sie der Erwerbsmethode zugrunde liegt. Das Verständnis dieses Grundsatzes ist für die Auslegung der Normen sowie die Lückenausfüllung von hoher Bedeutung:

Obwohl es sich aus Sicht der erwerbenden Muttergesellschaft beim Erwerb einer Kapitalgesellschaft um einen share deal handelt, wird **für Zwecke des Konzernabschlusses ein asset deal fingiert** (IFRS 3.BC25). In der Konzernbilanz wird nicht en bloc der beobachtbare Gesamtkaufpreis für das erworbene Unternehmen angesetzt,[12] sondern stattdessen die erworbenen einzelnen Vermögenswerte und übernommenen Schulden grundsätzlich zu Einzeltauschwerten (i.d.R. Fair Values). Die

---

11 Vgl. *Hayn/Ströher* in T/vK/B, IFRS 3 Rz. 59; Haufe IFRS-Komm[16], § 31 Rz. 23 hält dagegen mangels Anwendbarkeit von IFRS 3 auch einen Ausgleichsposten im Fremdkapital für vertretbar. U.E. erfordert der Kontrollerwerb über die Tochtergesellschaft jedoch eine Konsolidierung nach IFRS 10.4; es liegt nur kein Erwerb eines *business* i.S.v. IFRS 3 vor.

12 In der Konzernkapitalflussrechnung wird genau umgekehrt die Gesamtkaufpreiszahlung en bloc angegeben, s. Rz. 47.80.

Summe dieser Einzeltauschwerte ist der Substanzwert des Unternehmens, wohingegen der Gesamtkaufpreis typischerweise auch einen Teil des Erfolges aus dem *künftigen* Zusammenspiel der einzelnen Vermögenswerte und Schulden reflektiert (Synergieeffekte, Übergewinne).

Im Regelfall übersteigt der Gesamtkaufpreis (Fair Value des Gesamtunternehmens) die Summe der Fair Values der einzelnen Vermögenswerte und Schulden; es entsteht ein **Goodwill**, der, und das ist konzeptionell überzeugend, nach IAS 36 jenen Unternehmenseinheiten zugeordnet werden soll, in denen die **Synergien** erwartet werden (Rz. 19.26 ff.).

Seltener ist der umgekehrte Fall: Ein zunächst festgestellter negativer Unterschiedsbetrag ist vom Erwerber zum Anlass zu nehmen, noch einmal sorgfältig die Fair Value-Bewertung der einzelnen Vermögenswerte und Schulden zu überprüfen (*reassessment*). Ein dann immer noch verbliebener negativer Unterschiedsbetrag (**bargain purchase**) ist sodann sofort erfolgswirksam zu vereinnahmen (*lucky buy*). Zum Goodwill und *bargain purchase* s. Rz. 36.200 ff.

II. Konsolidierungsschritte

Bei der Konsolidierung sind folgende Probleme zu lösen (IFRS 3.5 i.V.m. 3.37):　　36.31

(a) Identifikation des Erwerbers (Rz. 36.40),

(b) Bestimmung des Erwerbszeitpunkts (Rz. 36.50),

(c) Feststellung der Anschaffungskosten für den Unternehmenserwerb („Gegenleistung"), Rz. 36.60,

(d) Ansatz (Rz. 36.100) und Neubewertung (Rz. 36.150) der erworbenen *einzelnen* Vermögenswerte und Schulden und

(e) Bilanzierung eines Unterschiedsbetrags zwischen (c) und (d) (Rz. 36.200) und

(f) ggf. Ausweis von nbA (Rz. 36.200 ff.).

Nach Klärung dieser Punkte kann die Erstkonsolidierung durchgeführt werden. Eine ausführliche Fallstudie zur **Technik** der Erst-, Folge- und Entkonsolidierung findet sich ab Rz. 36.250.

III. Konsolidierungspraxis: Bedeutung der Bilanzebenen HB II und HB III

In der **Konsolidierungspraxis** wird hinsichtlich des übernommenen, in die Konsolidierung einfließenden Vermögens und der entsprechenden Schulden jedenfalls zum Erstkonsolidierungszeitpunkt regelmäßig **zwischen einer Handelsbilanz II** (HB II) **und einer Handelsbilanz III** (HB III) **unterschieden**. Die HB II wird i.d.R. beim erworbenen Unternehmen selbst geführt. In ihr kommt bereits die konzerneinheitliche Bewertung nach IFRS zum Ausdruck (Rz. 34.30 ff.). Die HB III zum　　36.32

Erstkonsolidierungszeitpunkt enthält zusätzlich die noch nicht in der HB II angesetzten Posten sowie die Differenzen zu den jeweiligen Fair Values („Aufdeckung stiller Reserven und Lasten" bzw. „Auf- und Abstockung").

Die Abbildung 36.2 vermittelt einen Überblick über diese Schritte.

| HB I z.B. HGB | HB II IFRS Ansatz- und Bewertungsanpassungen aus Sicht des den Einzelabschluss aufstellenden Unternehmens | HB III IFRS Differenzen zur Fair Value-Bewertung. Anpassung aus Sicht eines fiktiven (objektiven) Erwerbers | Summenbilanz Summen-GuV | Konsolidierungsbuchungen* Eliminierung konzerninterner Vorgänge durch • Kapitalkonsolidierung • Schuldenkonsolidierung • Aufwands- und Ertragskonsolidierung/Zwischenergebniseliminierung | Konzernabschluss nach IFRS |

TU
Ebene Einzelabschluss

Ebene Konzernabschluss

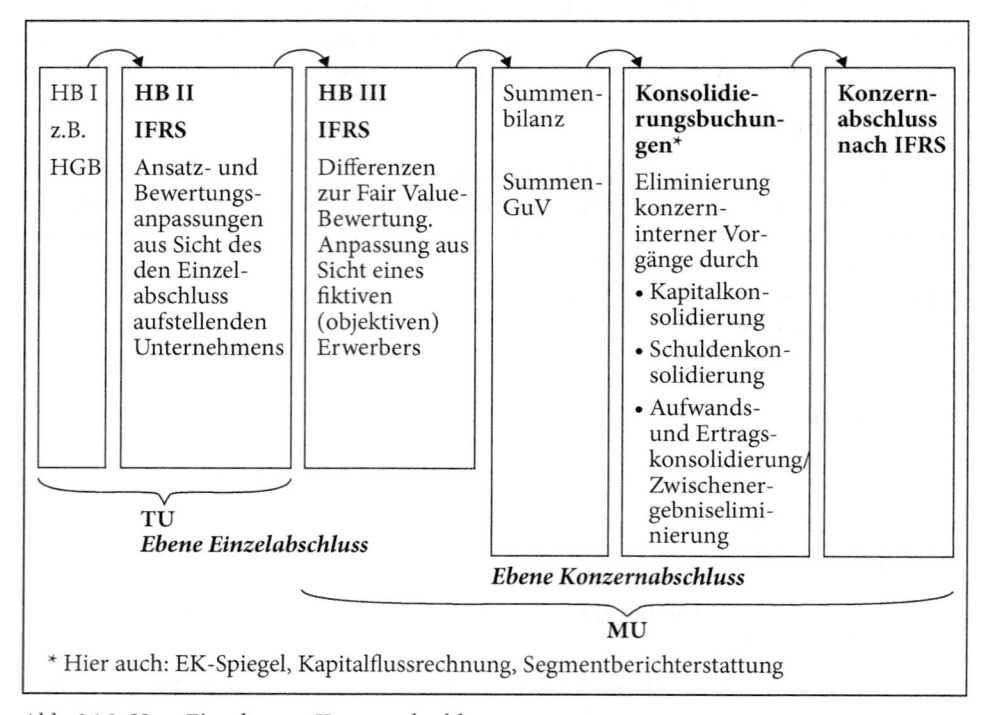

MU

* Hier auch: EK-Spiegel, Kapitalflussrechnung, Segmentberichterstattung

Abb. 36.2: Vom Einzel- zum Konzernabschluss

36.33 Soweit bei der Kapitalkonsolidierung die nbA an der Aufdeckung der stillen Reserven und Lasten (und den Folgewirkungen daraus) partizipieren, was sowohl bei der vollständigen Neubewertungsmethode als auch bei der Full Goodwill Methode der Fall ist, ist die **Trennung von HB II und HB III methodisch nicht** mehr **nötig**. Dennoch ist – abseits vom **push-down-accounting** – davon auszugehen, dass in der Praxis die organisatorische Trennung (Erstellung der Handelsbilanz II durch die Tochtergesellschaft, Aufstellung der Handelsbilanz III durch die Konzernmutter) weiterhin ggf. noch erfolgt.

Die 3 Schritte

– Ansatz und Bewertung in der HB II (Rz. 34.30 ff.),
– Ansatz in der HB III (Rz. 36.100 ff.) und
– Bewertung in der HB III (Rz. 36.150 ff.)

haben wir daher weiterhin getrennt dargestellt.

36.34–36.39 frei

D. Erwerber und Erwerbszeitpunkt

I. Identifikation des Erwerbers

Die Anwendung der Erwerbsmethode erfordert bei jedem Unternehmenszusammenschluss, dass ein Erwerber und ein erworbenes Unternehmen identifiziert werden (IFRS 3.6). Dieser Schritt ist deswegen von Bedeutung, weil der Erwerber seine Buchwerte fortführt und stille Reserven/Lasten und ggf. ein Goodwill nur beim erworbenen Unternehmen aufgedeckt werden.

36.40

Erwerber ist grundsätzlich jener, der die Kontrolle über das erworbene Unternehmen *(business)* erlangt hat, so dass er den Nutzen aus dem erworbenen Unternehmen ziehen kann. IFRS 3.7 verweist insofern auf den Kontrollbegriff des IFRS 10, i.d.R. durch Stimmrechtsmehrheit (Rz. 31.20 ff.). Dies entspricht insoweit der Systematik nach § 301 HGB. Im **Normalfall** ist die Identifikation des Erwerbers auch völlig unproblematisch; dazu folgendes Beispiel.

36.41

Beispiel: Die Abb. zeigt die Identifikation des Erwerbers bei Hingabe von Zahlungsmitteln (1) und bei Anteilstausch (2):

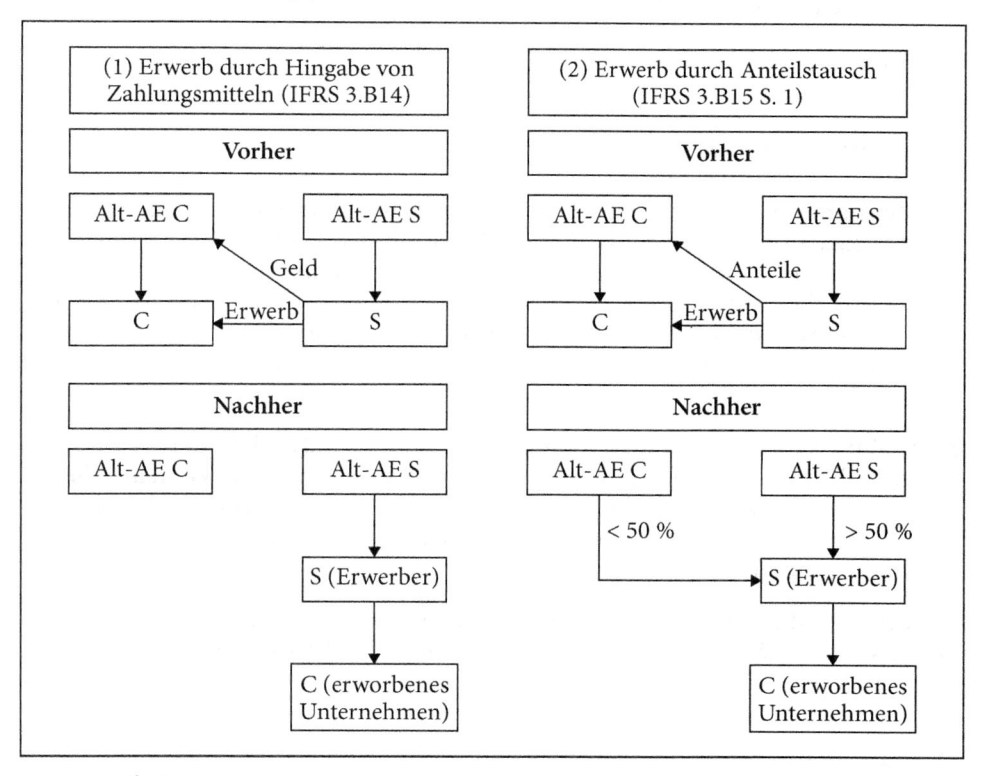

AE = Anteilseigner

Abb. 36.3: Definition des Erwerbers im Normalfall

Fall (1): Wird der Erwerb eines Tochterunternehmens durch **Hingabe von Zahlungsmitteln** bezahlt (IFRS 3B.14) ist das Tochterunternehmen immer auch erworbenes Unternehmen i.S.v. IFRS 3. Dabei spielt es keine Rolle, ob ein kleineres ein sehr viel größeres Unternehmen übernimmt. (z.B. ein mittelständischer Automobilzulieferer S den dreimal größeren Reifenhersteller C):[13] S ist Erwerber, C erworbenes Unternehmen. Im Konzernabschluss von S sind die Buchwerte von S fortzuführen und die stillen Reserven und ein Goodwill von C aufzudecken.

Fall (2): Erfolgt der Erwerb gegen **Ausgabe von Anteilen** („Hingabe von Eigenkapitalinstrumenten", IFRS 3.B15 S. 1) gilt das Mutterunternehmen jedoch nur dann als Erwerber i.S.v. IFRS 3, wenn die Kapitalerhöhung sich „im Rahmen hält", d.h. 50 % nicht übersteigt und die Altanteilseigner des Mutterunternehmens ihre Mehrheit behalten; andernfalls läge eine *reverse acquisition* vor (Rz. 36.360).

36.42 Nur wenn das Kontrollkriterium des IFRS 10 keine eindeutige Identifikation des Erwerbers ermöglicht, sollen andere Kriterien herangezogen werden (IFRS 3.B13 ff.). Wir gehen auf diese **Sonderfälle** in Abschnitt 11 ein:

– „**reverse acquisition**" Rz. 36.360,

– Unternehmenserwerbe unter Beteiligung **neu gegründeter Holdings** Rz. 36.370,

– **Interessenzusammenführung** Rz. 36.375.

36.43–36.49 frei

II. Erwerbszeitpunkt

36.50 Der **Zeitpunkt der Erstkonsolidierung** ist der **Erwerbszeitpunkt** (IFRS 3.10). Das ist jener Tag, an dem der Erwerber die Möglichkeit der Kontrolle über ein business (Rz. 36.20 ff.) *unter wirtschaftlicher Betrachtungsweise* erlangt hat (IFRS 3.8). Dieser kann, muss aber nicht mit dem rechtlichen Übergang von Nutzen und Lasten (*closing*) übereinstimmen (IFRS 3.9), bspw. dann nicht, wenn die operative Führung, z.B. durch Bestellung des Aufsichtsrats und Leitungsorgans vor- oder nachverlagert wird[14].

36.51 Zivilrechtliche **Rückwirkungsvereinbarungen** sind grundsätzlich unbeachtlich, da sie nicht die tatsächlichen Einflussmöglichkeiten reflektieren. **Gewinnaufteilungsabreden** und der **Zeitpunkt der Zahlung der Gegenleistung** beeinflussen nur die Höhe des übernommenen Nettovermögens bzw. den Wert der Gegenleistung, determinieren aber nicht den Erwerbszeitpunkt.

36.52 Bei **gesellschaftsrechtlichen** oder **kartellrechtlichen Genehmigungsvorbehalten** richtet sich der Erwerbszeitpunkt nach dem Charakter der Genehmigungsvorbehal-

---

13 Abgesehen davon, dass der Erwerber nach IFRS 10 eindeutig definiert ist, gilt dies auch bei wirtschaftlicher Betrachtung, weil nach dem Herauskauf der Aktionäre der C nur noch die S bzw. deren Aktionäre als maßgebliche Akteure verbleiben.

14 Vgl. *Roos*, PiR 2018, 43.

te: Stellt bspw. eine kartellrechtliche Zustimmung keine bloße Formalie dar[15] bzw. ist die vorherige Zusammenarbeit gar unzulässig und sanktionsbewehrt[16], liegt eine Beherrschung erst bei Bedingungseintritt vor. Handelt der Veräußerer im Schwebezustand umgekehrt abgestimmt mit bzw. auf Anweisung des Käufers (treuhänderisch), kann ein Kontrollübergang bereits vor Erteilung der Genehmigung vorliegen[17] (s. auch Rz. 11.33 „Genehmigungen"). Stellt sich bis zur Aufstellung des Abschlusses heraus, dass die Genehmigung nicht erteilt wird, muss gleichwohl *keine* Erst- und Entkonsolidierung erfolgen. Ist in einem Zwischenabschluss die Konsolidierung zunächst erfolgt, erscheint eine Anpassung (*restatement*) im Folgeabschluss sachgerecht.[18] Dies gilt u.E. auch, wenn die Konsolidierung in einem (Jahres-)Abschluss erfolgt ist und die Genehmigung endgültig erst in der Folgeperiode versagt wird.

Ab dem Erwerbszeitpunkt sind die Ergebnisse der Geschäftätigkeit des erworbenen Unternehmens/Betriebs im (Konzern)Abschluss abzubilden. Bei unterjährigem Erwerb ist dabei grundsätzlich ein **Zwischenabschluss** des erworbenen Unternehmens erforderlich. Aus Vereinfachungsgründen darf der Erwerb auf den Monatsanfang oder das Monatsende des Erwerbs bezogen werden (*convenience date*), vorausgesetzt, dies führt nicht zu wesentlichen Verwerfungen (IFRS 3.BC110). 36.53

Zum Erwerbszeitpunkt sind daher die Anschaffungskosten („Gegenleistung") zu ermitteln und es ist zu klären, welche Vermögenswerte und Schulden des erworbenen Tochterunternehmens mit welchen Werten im Konzernabschluss anzusetzen sind. 36.54

frei 36.55–36.59

E. Gegenleistung des Unternehmenserwerbs

I. Definition und Grundbestandteile der Gegenleistung

Nach IFRS 3.37 basiert die Kapitalkonsolidierung auf dem beizulegenden Zeitwert (Fair Value) der **Gegenleistung** für den Unternehmenserwerb. Diese setzt sich zusammen aus den Zahlungsmitteln, Zahlungsmitteläquivalenten und dem Fair Value anderer Gegenleistungen für den Erwerb (z.B. Ausgabe eigener Anteile, auf den Veräußerer übertragene Vermögenswerte, übernommene Verbindlichkeiten). 36.60

Nach IFRS 3.53 sind **alle Nebenkosten** (Provisionen, Beratungs- und Due Diligence-Kosten, Notargebühren, Grunderwerbsteuer, interne Kosten etc.) **als Aufwand zu erfassen**: Nebenkosten gehören nicht zum Fair Value der Gegenleistung (IFRS 3.BC366) und sind damit vom Unternehmenserwerb zu trennen. Da An- 36.61

---

[15] Vgl. EY, iGAAP 2018, S. 578.
[16] Vgl. *Roos*, PiR 2018, 44.
[17] Vgl. *Senger/Brune* in Beck IFRS-HB[5], § 34 Rz. 61.
[18] Vgl. Haufe IFRS-Komm[16], § 31 Rz. 37.

schaffungsnebenkosten nur mit „Anschaffungskosten" kompatibel sind, nicht aber mit dem Ansatz zum Fair Value, hier verstanden als „Betrag, der im Kaufvertrag steht" (Rz. 8.71), ist die Nichtaktivierung von Nebenkosten zwingend.

IFRS 3.52c stellt klar, dass das Aktivierungsverbot der Nebenkosten auch für **Kosten des Veräußerers** gilt, soweit sie vom Erwerber erstattet werden. Zugleich soll hiermit **Missbrauch** durch höhere Zahlungen an den Veräußerer vermieden werden, mit denen der Veräußerer anschließend Nebenkosten begleicht, die eigentlich der Erwerber zahlen müsste (IFRS 3.BC370), z.B. *finders fee*. Maßstab für die Beurteilung, „wer welche Kosten" trägt, sind die Geschäftsusancen.

Demgegenüber sind jedoch **Finanzierungsnebenkosten** nach den allgemeinen Vorschriften zu behandeln (IFRS 3.53), also erfolgsneutraler Abzug von **Eigenkapitalbeschaffungskosten** vom Eigenkapital (Rz. 23.88) und über die Effektivzinsmethode (Rz. 22.95 ff.) zu verteilender Aufwand bei **Fremdkapitalbeschaffungskosten**.

36.62 Erfolgt die Zahlung (deutlich) nach dem Erwerbszeitpunkt, ist eine **Abzinsung** zu prüfen. Der Standard enthält keine Aussagen zum Zinssatz. Es scheint sachgerecht, jenen Effektivzinssatz heranzuziehen, der für eine Fremdmittelaufnahme zu entrichten gewesen wäre.

36.63 Wird die Gegenleistung durch **Ausgabe börsengängiger Wertpapiere** erbracht, ist für deren Bewertung als Gegenleistung der **Börsenkurs zum Erwerbszeitpunkt** maßgeblich (IFRS 3.33; IFRS 13.72 ff.), d.h. closing (Rz. 36.50) und nicht das Datum des Kaufvertrags (signing). Kurse bei Ankündigung des Unternehmenserwerbs oder Durchschnittskurse um den Erwerbszeitpunkt herum sind grundsätzlich nicht mehr zulässig (IFRS 3.BC342). Kursänderungen zwischen Abschluss des Kaufvertrages und Erwerbszeitpunkt wirken sich somit nicht ergebniswirksam aus. Dies gilt *ausnahmsweise* nicht bei einer besonderen Marktenge[19]. Diese ist jedoch nachzuweisen. Zu Wertgarantien an den Verkäufer vgl. Rz. 36.75.

Der Kurs zum Erwerbszeitpunkt ist auch maßgebend, wenn zur Kapitalerhöhung eigene Anteile verwendet werden, in diesem Fall ist nicht etwa der frühere Rücknahmekurs anzusetzen[20].

Bei **nicht liquiden Märkten** ist ggf. eine Schätzung (unter Verwendung von DCF-Methoden) nötig. Bei Hingabe nicht börsennotierter Eigenkapitalinstrumente ist dies regelmäßig der Fall. Werden nicht notierte Eigenkapitalinstrumente zum Erwerb börsennotierter Aktien hingegeben, oder weisen die Aktien des emittierenden Unternehmens eine besondere Marktenge auf, kann der Kurs des erworbenen Unternehmens die beste Fair Value-Schätzung sein (IFRS 3.33).

36.64 IFRS 3.38 enthält die Regelung, dass beim Erwerber im Erwerbszeitpunkt ein Gewinn oder Verlust entsteht, soweit **Buchwerte hingegebener Vermögenswerte oder**

---

[19] Vgl. in Haufe IFRS-Komm[16], § 31 Rz. 48 f.
[20] A.A. *Anders*, PiR 2018, 119 ff.

Schulden[21] von ihren Zeitwerten abweichen. Eine Gewinnrealisierung unterbleibt jedoch bei der Hingabe von Vermögenswerten, die nach Erwerb im Konzern verbleiben:

Beispiel: MU erwirbt von V 60 % der Anteile an TU. Die Gegenleistung besteht in einer Barzahlung von 12 Mio. Euro. Zusätzlich vereinbaren MU und V, dass MU eine Immobilie (Buchwert: 5 Mio. Euro, Zeitwert 15 Mio. Euro) auf TU überträgt.[22]

Wirtschaftlich hat MU neben dem Barpreis zusätzlich 40 % des Zeitwerts an der Immobilie (= 6 Mio. Euro), also zusammen 18 Mio. Euro hingegeben. Da die Immobilie aber den Konsolidierungskreis nicht verlässt, ist sie **nach Erwerb** bei TU abweichend vom allgemeinen Fair Value Ansatz **auch nur zum bisherigen Buchwert** anzusetzen. Dann darf MU aber bei der Hingabe der Gegenleistung konsequenterweise keinen Gewinn realisieren.

Die Kapitalkonsolidierung wird im Beispiel somit auf Basis einer **Gegenleistung** von 17 Mio. Euro (12 Mio. Euro + 5 Mio. Euro Buchwert) durchgeführt. Der MU werden aber 60 % des konsolidierungspflichtigen Kapitals, d.h. auch des Buchwerts der Immobilie (60 % von 5 = 3 Mio. Euro) wieder zugerechnet. Damit entsteht bei der Konsolidierung bezogen auf das Grundstück auch kein Unterschiedsbetrag (ansonsten käme es, kein weiteres Nettovermögen unterstellt, zu einem *bargain purchase*, der die gewollte Buchwertfortführung vereiteln würde). Der Buchwertansatz gilt dann konsequenterweise auch für die nbA.[23]

Ausnahmsweise kann **Beherrschung ohne Erbringung einer Gegenleistung** erlangt werden (IFRS 3.43). Folgende Fälle kommen in Betracht:

36.65

— Ein Beteiligungsunternehmen erwirbt eigene Anteile in einem solchen Ausmaß, dass ein bisher nicht beherrschender Anteilseigner nun die Gesellschaft beherrscht.

— Beherrschungsverhindernde Vetorechte von nbA laufen aus (Rz. 31.53).

In diesen Fällen gilt der Fair Value der Anteile als Gegenleistung (IFRS 3.B46).

— Beherrschung auf vertraglicher Grundlage. In diesem Fall mangelt es an einer Beteiligung: Nach IFRS 3.44 ist der nach IFRS 3 ermittelte Fair Value des Nettovermögens (ohne Goodwill) im KA des beherrschenden Unternehmens als nbA auszuweisen.

frei

36.66–36.69

---

21 Gemeint sind nicht die *übernommenen* Schulden (diese erhöhen die Gegenleistung, führen aber *beim Erwerber* nicht zu einem Ergebnis), sondern *abgegebene* Schulden. Dies kann ausnahmsweise der Fall sein, wenn die Gegenleistung in der Übertragung eines business des Erwerbers (inkl. Schulden) auf den Veräußerer besteht, IFRS 3.38.
22 In Anlehnung an *Beyhs/Wagner*, EuGH v. 18.12.2007 – C-341/05, DB 2008, 71 (78 f.).
23 A.A. *Beyhs/Wagner*, EuGH v. 18.12.2007 – C-341/05, DB 2008, 71 (79, dort Fn. 75). Ein Ansatz der nbA zu Zeitwerten hätte dann jedoch den Ausweis eines darauf entfallenden Goodwills zur Folge, da die Immobilie nur zu Buchwerten angesetzt werden darf. Dies wäre aber nicht sachgerecht, da dieser Goodwill nicht planmäßig abgeschrieben werden müsste, obwohl er sachlich stille Reserven eines planmäßig abschreibungspflichtigen Vermögenswerts verkörpert.

II. Sonderfälle

1. Bedingte Kaufpreiszahlungen (Earn-out-Klauseln)

36.70 Unternehmenserwerbe sehen häufig **bedingte Kaufpreiszahlungen** vor („**Earn-out-Klauseln**"): Der Verkäufer erhält zum Transaktionszeitpunkt außer einem fixen Betrag einen von der wirtschaftlichen Entwicklung in späteren Jahren (gemessen an Umsatz, Ergebnis, Cashflow etc.) des veräußerten Unternehmens abhängigen Zuschlag. Seltener ist die Vereinbarung von Abschlägen, wenn sich das Unternehmen schlechter als erwartet entwickelt.

36.71 Gemäß **IFRS 3.58** sind mögliche Verpflichtungen oder Rückforderungsansprüche **bereits bei Erwerb** zum Fair Value **in die Gegenleistung mit einzubeziehen**, wobei die Unsicherheit in der Bewertung zum Ausdruck kommt (Wahrscheinlichkeitsgewichtung möglicher Szenarien). Das IASB hält „0" Schätzungen für nicht belastbar (IFRS 3.BC349). DRS 23.31 folgt der IFRS Regelung zumindest bei verlässlicher Abschätzbarkeit und wahrscheinlicher Zahlung, andernfalls liegen (nach HGB) nachträgliche Anschaffungskosten vor. Im Einzelnen gilt nach IFRS 3:

– Die bei Erwerb bestimmte Gegenleistung bleibt **grundsätzlich unverändert**. Dies gilt ausnahmsweise nicht, wenn innerhalb der Anpassungsperiode von maximal einem Jahr nach Erwerb (IFRS 3.45, Rz. 36.240) Erkenntnisse eintreten, die Aufschluss über die Verhältnisse *im Erwerbszeitpunkt* geben. IFRS 3.58 stellt klar, dass Eine innerhalb dieser Frist eingetretene Erfüllung der Earn out Bedingung stellt allerdings kein auf den Erwerbszeitpunkt rückwirkendes Ereignis dar (IFRS 3.58).

– Führt die bedingte Gegenleistung zu Zahlungen, liegt also ein finanzieller **Vermögenswert** oder eine **Schuld** nach IFRS 9 vor, wird diese in jeder Folgeperiode zum Fair Value bilanziert. Etwaige Anpassungsbuchungen entsprechend den geänderten Erwartungen bzw. dem tatsächlichen Bedingungseintritt sind erfolgswirksam in der GuV zu erfassen (IFRS 3.58bi).

– Besteht die Gegenleistung in der Ausgabe von eigenen Anteilen („**Eigenkapitalinstrument**"), erfolgt keine Bewertungsanpassung; eine evtl. spätere Ausgabe der Anteile führt zu einer erfolgsneutralen Umbuchung (Verschiebung zwischen gezeichnetem Kapital und anderen Komponenten) innerhalb des Eigenkapitals (IFRS 3.58a).

Beispiel: MU kauft TU am 31.12.01. Der Kaufvertrag sieht einen fixen Barkaufpreis von 1.000 und eine Earn out-Zahlung von 300 vor, wenn TU's kumulierter EBIT der Jahre 02 bis 03 den Betrag von 400 übersteigt.

Im Konzernabschluss zum 31.12.01 schätzt MU die Wahrscheinlichkeit des Erreichens der Ergebnisziele auf 75 %, so dass die erwartete Earn out Zahlung 225 und deren Barwert 200 beträgt (nach Abzinsung mit einem risikoadäquaten Zinssatz, z.B. dem WACC[24]). Die Anschaffungskosten betragen somit 1.200. Im Konzernabschluss zum 31.12.01 wird dementsprechend eine Verbindlichkeit von 200 gebucht und die Gegenleistung von 1.200 konsolidiert.

---

[24] Vgl. EY iGAAP 2018, S. 609.

In 02 kommt es zu einem Gewinnrückgang, wodurch sich die Wahrscheinlichkeit des Erreichens der Earn out Ziele auf 20 % reduziert. Zum 31.12.02 wird die Verbindlichkeit ertragswirksam auf 60 bzw. ihren Barwert von hier 50 verringert (Ertrag 150). Die aktivierte Gegenleistung (1.200) bleibt unverändert.

In 03 verbessert sich die Ergebnis durch einen überraschenden Großauftrag, so dass die vereinbarte Earn out-Zahlung (300) geleistet werden muss: MU bucht Aufwand i.H.v. 250; die Gegenleistung (1.200) bleibt unverändert.

	Soll		**Haben**	
01	Fair Value (1.000 + 200)	1.200	Bank	1.000
			Verbindlichkeit	200
02	Verbindlichkeit	150	Ertrag	150
03	Aufwand	250	Bank	300
	Verbindlichkeit	50		
01–03 kumuliert	***Fair Value (1.000 + 200)***	***1.200***	***Bank***	***1.300***
	Aufwand (250 – 150)	***100***		

Bei einer Konsolidierung mit vorläufigen Vermögen bzw. vorläufiger Gegenleistung (verlängerter Wertaufhellungszeitraum, Rz. 36.240) folgende Variante des Beispiels: 36.72

Variante: Der Kaufvertrag wurde auf Basis geschätzter Ergebniszahlen der TU für 01 geschlossen, und die Vermögenswerte und Schulden der TU wurden auf Basis geschätzter Werte für 01 übernommen. Nach Aufstellung des Konzernabschlusses der MU zum 31.12.01 stellt sich im endgültigen Abschluss von TU heraus, dass es in 01 nicht, wie erwartet, einen EBIT von 150, sondern nur von 50 erzielt hat.

Der endgültige Abschluss 01 der TU stellt eine nachträgliche Information über deren Profitabilität *im Erwerbszeitpunkt* dar. Da diese Information auch innerhalb Jahresfrist zugegangen ist, muss die Bewertung der Verbindlichkeit und damit die der Gegenleistung (Anschaffungskosten) per 1.1.02 am 31.12.02 erfolgsneutral geändert werden.

Die Regelung zu Earn-out-Klauseln eröffnet bei Barzahlungen (Regelfall) hohen **bilanzpolitischen Spielraum**: Bei ursprünglich optimistischen Einschätzungen wird zunächst (gegen Goodwill) eine hohe Verbindlichkeit eingebucht, so dass es bei Nichteintritt zu Ertrag aus der Ausbuchung der Verbindlichkeit kommt.[25] Umgekehrt führt eine pessimistische Einschätzung bei Eintritt der Earn out-Bedingungen zu Aufwand. 36.73

frei 36.74

2. Wertsicherungsklauseln

Gibt der Erwerber Garantien dafür ab, dass der Wert von als Gegenleistung für den Unternehmenserwerb hingegebenen Anteilen oder Schuldtiteln des Erwerbers nach 36.75

---

[25] Die Frage einer möglichen Wertminderung des Goodwills hängt von seiner Verteilung auf die CGU's des Konzerns und nicht von der weniger guten Entwicklung der TU ab.

dem Vollzug des Kaufvertrags[26], d.h. closing (Rz. 36.50) innerhalb einer bestimmten Frist nicht unterschritten wird, ist wie folgt zu unterscheiden:

– Erfolgt der Ausgleich durch weitere **Ausgabe von Anteilen**, findet im Konzernabschluss der Muttergesellschaft lediglich eine **Umschichtung im Eigenkapital** durch die Buchung „per Kapitalrücklage an gezeichnetes Kapital" statt (Verringerung des ursprünglichen Aufgeldes). Die ursprüngliche Gegenleistung bleibt (vorbehaltlich einer Anpassung innerhalb Jahresfrist, IFRS 3.45 ff., Rz. 36.240) unverändert.

– Werden **Wertschwankungen ausgegebener Anteile in bar ausgeglichen**, liegt auf Seiten des Erwerbers praktisch eine Stillhalteroption vor[27], deren innerer Wert im Erwerbszeitpunkt „0" ist (Ausübungspreis = Aktienkurs) und deren Fair Value von der Laufzeit und der Kursvolatilität abhängt. Dieser ist zu schätzen, in die Gegenleistung einzubeziehen und ändert sich nicht mehr. Demgegenüber ist die Verbindlichkeit (wie beim Earn out gemäß IFRS 3.58, Rz. 36.71) jährlich erfolgswirksam anzupassen.

– Hat der Erwerber **Schuldtitel** emittiert und ist zum Barausgleich für Wertrückgänge verpflichtet, bedeutet dieser Barausgleich praktisch einen Ausgabeabschlag. Dieser mindert den Buchwert der Verbindlichkeit und lässt den Effektivzins ansteigen, damit der Rückzahlungsbetrag erreicht werden kann. Der Barausgleich wird somit ratierlich bis zur Tilgung als Aufwand verrechnet.

3. Eigenkapital- und Bilanzgarantien

36.76 **Eigenkapitalgarantien** hinsichtlich der Höhe des auf Grund einer Übernahmebilanz (*completion accounts*) festgestellten Gesamteigenkapitals verifizieren sich im Regelfall innerhalb des Aufstellungszeitraums, spätestens innerhalb der Jahresfrist (IFRS 3.45 ff., Rz. 36.240), so dass die Berücksichtigung eventueller Kaufpreisanpassungen rechtzeitig erfolgen kann. Sollte eine Einigung innerhalb dieser Frist nicht erfolgen, ändert sich zwar bei gleichgerichteter Anpassung von Kaufpreis und übernommenen Nettovermögen der Goodwill nicht, es ergeben sich aber erfolgswirksame Korrekturen zwischenzeitlicher Abschreibungen.

36.77 Davon zu unterscheiden sind **Bilanzgarantien** hinsichtlich einzelner Vermögenswerte und Schulden, z.B. die Berücksichtigung des tatsächlichen Ausgangs eines langwierigen Rechtsstreits. Nach IFRS 3.27 ist ein etwaiger Erstattungsanspruch des Erwerbers gegenüber dem Veräußerer von TU in gleicher Höhe wie die entsprechende ungewisse Verbindlichkeit anzusetzen (Rz. 36.130). Entsprechend kommt es im Konzernabschluss (vorbehaltlich einer möglichen Wertminderung der Erstattungsforderung) per Saldo nicht zu Erträgen und Aufwendungen, was dem wirtschaftlichen Gehalt der Vereinbarung entspricht.

---

26 Zahlungen für Kursgarantien bis zum Vollzug des Kaufvertrags sind dagegen direkt in die Gegenleistung einzubeziehen (vgl. Haufe IFRS-Komm[16], § 31 Rz. 65), da sich diese auf den Erwerbszeitpunkt bezieht (Rz. 36.60).
27 Vgl. Haufe IFRS-Komm[16], § 31 Rz. 65.

4. Nach Erwerb an Mitarbeiter und Verkäufer gezahlte Leistungsvergütungen

Leistungsgerechte Entgelte (Gehälter, Aufsichtsrats- und Beratungshonorare, Mieten etc.), die **nach der Akquisition an Mitarbeiter oder den oder die Verkäufer des erworbenen Unternehmens** geleistet werden, sind als Aufwand zu erfassen.

36.78

Nicht leistungsgerechte Entgelte zählen hingegen zur Gegenleistung des Unternehmenserwerbs (IFRS 3.52b).

Dabei sind alle Arten von Vergütungen, neben Barzahlungen auch anteilsbasierte Vergütungen nach IFRS 2, zu würdigen.[28] IFRS 3.B54 ff. gibt Hinweise, insbesondere zur Abgrenzung variabler Tätigkeitsvergütungen von bedingten Kaufpreiszahlungen (**Earn out**, s. Rz. 36.70). Bedingte Kaufpreiszahlungen (= Bestandteil der Gegenleistung) liegen in diesem Zusammenhang insbesondere dann vor, wenn

– Vergütungen auch bei Nichtleistung gezahlt werden oder das übliche Niveau übersteigen,

– fixe Kaufpreisanteile eher am unteren Ende der Skala möglicher Unternehmenswerte liegen oder

– Tantiemen nicht gewinnabhängig, sondern in Form eines Gewinn-Multiplikators gezahlt werden.

Bei einer **Anerkennungsprämie** für den Unternehmenszusammenschluss an die bisherigen Manager (**exit fee**) ist nach dem Zusagezeitpunkt zu unterscheiden (IFRS 3IE58 ff.):

36.79

Beispiel:

– Wird die Anerkennungsprämie zwischen Erwerber und Manager des erworbenen Unternehmens nachträglich vereinbart, hat die Zahlung eher Abfindungscharakter, insbesondere, wenn der GF nicht mehr im erworbenen Unternehmen tätig ist. Trotz Nichtleistung liegt eher eine „Leistungsvergütung", also Aufwand nach dem Erwerbszeitpunkt vor, wenn man die für den Erwerber erbrachte Leistung gerade in dem Ausscheiden des alten GF sieht (IFRS 3.IE60).

– Wird die *exit fee* dagegen (lange) vor Erwerb zugesagt, honoriert diese eher die vergangene Leistung der Manager (IFRS 3.IE58 f.). Daher wird die Zahlung nicht nach dem Erwerb Aufwand, sondern es erhöht sich entsprechend die Gegenleistung für das erworbene Unternehmen (Gegenbuchung: Verbindlichkeit aus exit fee).

5. Ersatzansprüche für anteilsbasierte Vergütungen (replacement awards)

Beim erworbenen Unternehmen können anteilsbasierte Vergütungsprogramme (Rz. 28.1 ff.) bestehen, die entweder fortgeführt oder vom Erwerber durch neue Programme (z.B. durch Aktienoptionen auf die Konzernmutter) ersetzt werden. Bei der Bilanzierung dieser Programme gelten die folgenden Grundsätze (IFRS 3.51 ff. i.V.m. IFRS 3.B56 ff.):

36.80

1) Werden anteilsbasierte Vergütungsprogramme eines erworbenen Unternehmens aus Anlass eines Unternehmenserwerbs vom Käufer ersetzt, ist der Wert der Er-

---

28 Vgl. Haufe IFRS-Komm[16], § 23 Rz. 28.

satzprogramme in die Gegenleistung des Unternehmenserwerbs einzubeziehen, soweit **vor dem Erwerbszeitpunkt erbrachte Arbeitsleistungen** nun vom Erwerber honoriert werden müssen. Das ersetzende Vergütungsprogramm kann die zukünftige Ausgabe von Optionen (*equity settled*) oder auszuzahlende Barvergütungen (*cash settled*) beinhalten.

2) In die Betrachtung sind alle Pläne des Erwerbers einzubeziehen, bei denen die **Optionsausübungsfrist** am Erwerbsstichtag noch nicht abgelaufen ist, auch wenn die **Sperrfrist** bereits geendet hat (*equity settled*) bzw. bei denen noch Verbindlichkeiten bestehen (*cash settled*). Dies ergibt sich u.E. aus IFRS 3.B62A.

3) Die Einbeziehung solcher Pläne als Bestandteil der Gegenleistung ist grundsätzlich unabhängig davon, ob der Ersatz freiwillig oder verpflichtend erfolgt (IFRS 3.B56). Gleiches gilt, wenn vorhandene Programme beim Erwerber fortgeführt werden. Es besteht eine Ausnahme: Erfolgt ein freiwilliger Ersatz, obwohl das anteilsorientierte Vergütungsprogramm aus Anlass des Unternehmenserwerbs erlischt (IFRS 3.B56), ist immer Aufwand zu buchen, weil die Freiwilligkeit insoweit die Abgeltung zukünftiger Arbeitsleistungen impliziert.

4) Die Verpflichtung zur Fortführung oder zum Ersatz anteilsbasierter Vergütungsprogramme i.S.v. IFRS 3.B56 kann sich aus (i) gesetzlichen oder tarifvertraglichen Regelungen, (ii) aus den Bedingungen des Programms selbst, aber auch (iii) aus dem Unternehmenskaufvertrag ergeben.

5) Der **Wert anteilsbasierter Vergütungen** richtet sich nicht nach dem Fair Value der Vergütungen im Akquisitionszeitpunkt, sondern wird nach den Vorschriften des IFRS 2 im Akquisitionszeitpunkt ermittelt (sog. *market based measure*[29], „IFRS 2-Wert", IFRS 3.30). Dieser Wert ist zum Erwerbszeitpunkt neu zu bestimmen. Der Unterschied zum Fair Value liegt z.B. bei *equity settled transactions* darin, dass nach IFRS 2 i.W. nur kapitalmarktabhängige Bedingungen, nicht aber andere Ausübungsbedingungen berücksichtigt werden; letztere werden aber bei der Schätzung des Mengengerüsts erfasst (Rz. 28.31).

6) Außerdem gilt der allgemeine Grundsatz einer **zeitanteiligen Aufteilung**, soweit Sperrfristen noch nicht abgelaufen sind. Der Wert von Vergütungsprogrammen gehört somit nur insoweit zur Gegenleistung des Unternehmenserwerbs, als er sich auf bereits erbrachte Leistungen bezieht. Der andere Teil ist in zukünftigen Perioden nach IFRS 2 als Aufwand zu verrechnen (IFRS 3.B56).

36.81 Die Grundsätze seien zunächst am Beispiel eines **unverändert fortgeführten Programms** demonstriert:

Beispiel: Bei dem Unternehmen im Beispiel lt. Rz. 28.28 besteht eine dreijährige Sperrfrist (1.1.01–31.12.03). Am 31.12.01 werde das Unternehmen erworben und das anteilsbasierte Vergütungsprogramm fortgeführt. Zum 31.12.01 ist der IFRS 2-Wert der Option von ursprünglich 34,7 auf 57,4 gestiegen (Rz. 28.14). Zusätzlich schätzt das Management, dass bei Ende der Sperrfrist 90.000 Optionen ausgegeben werden.

---

29 Vgl. *Beyhs/Wagner*, DB 2008, 73 (78).

	Zeitpunkt	Marktwert in Euro	Anzahl Optionen	Wert Optionen TEuro	Davon Teil der Gegenleistung (1/3)	Davon Aufwand in 02 und 03
Vor Erwerb	31.12.01	34,7	90.000	3.470		
Nach Erwerb	31.12.01	57,4	90.000	5.166	1.722	3.444

Grundsätzlich ist bei *equity settled* Programmen der Wert der einzelnen Option (34,7) im Ausgabezeitpunkt (1.1.01) fixiert. Bei Unternehmenserwerben wird der IFRS 2 Wert jedoch zum Erwerbszeitpunkt neu berechnet (57,4/Stk.). Auf Basis des Mengengerüstes (voraussichtlich werden 90.000 Optionen am 31.12.03 ausgeben) beträgt der Wert des Vergütungspakets im Erwerbszeitpunkt somit 5.166 TEuro. Hiervon sind 2/3 über die restliche Sperrfrist als Aufwand zu verteilen (3.441 TEuro) und 1.722 TEuro in die Gegenleistung einzubeziehen.

Bei der **Änderung eines bestehenden Programms** (z.B. hinsichtlich der Sperrfrist, ggf. im Zusammenhang mit dem Ersatz eines Programms) gilt für die Aufteilung **auf Gegenleistung und Aufwand** Folgendes: 36.82

a) Sind sowohl der alte als auch der neue Plan **sofort ausübbar** und ist der Wert des Neuplans mit dem Altplan identisch (z.B. jeweils 100), bezieht sich der gesamte Wert (100) auf in der Vergangenheit erbrachte Leistungen und ist daher in voller Höhe in die Gegenleistung einzubeziehen (kein Aufwand).

b) Ist entweder die **Sperrfrist** des Altplans noch nicht abgelaufen und/oder sieht der Neuplan eine Sperrfrist vor, bemisst sich der auf die Gegenleistung entfallende Teil nach der Relation der abgelaufenen Sperrfrist zu dem Maximum aus alter und neuer Gesamtsperrfrist (IFRS 3.B58 f.). Der Rest ist als Aufwand zu verrechnen.

Beispiel (IFRS 3.IE61 ff.):
– Alte Sperrfrist: 6 Jahre („alte Gesamtsperrfrist"), davon bei Erwerb 4 Jahre abgelaufen.
– Neue Sperrfrist: 1 Jahr, neue (effektive) Gesamtsperrfrist somit 5 Jahre (4 + 1)
– Maximum aus alter (6) und neuer Gesamtsperrfrist (5) somit: 6
– Gegenleistung somit: $4/6 \times 100 = 67$, Aufwand 33

c) Sollte der Erwerber mehr hingeben (z.B. 150), als er nur auf Grund des Ersatzes des alten Plans (100) gewähren musste, ist diese **Mehrvergütung** (50) wie eine Entlohnung für künftige Leistung zu behandeln, d.h. als Aufwand zu verrechnen.

d) Soweit bei (b) oder (c) Aufwand zu verrechnen ist, geschieht dies ohne neue Sperrfrist sofort und bei einer **neuen Sperrfrist** verteilt über den sie umfassenden Zeitraum.

e) Der Fall, dass der **Wert des neuen Plans** (z.B. 80) **unter dem Wert des alten Plans** liegt (100)[30], ist nicht geregelt. U.E. sind die lt. (b) ermittelten Anteile dann auf den neuen Plan (80) zu beziehen, anstatt ggf. Ertrag zu buchen, da die vergangene Leistung der Mitarbeiter offenbar vom Erwerber geringer bewertet wird.

---

30 U.E. bei Besitzstandswahrungsklauseln in Pensionsplänen nur denkbar, wenn die Ersatzpflicht aus dem *Kaufvertrag* resultiert.

f) **Latente Steuereffekte** sind bei Einbeziehung in die Gegenleistung erfolgsneutral zu erfassen (vgl. IFRS 3.B62 i.V.m. IAS 12 IE, Beispiel 6).

36.83 Mit „**Einbeziehung in die Gegenleistung**" ist gemeint, dass der entsprechende Betrag *wie* die Übernahme einer Verbindlichkeit als Erhöhung der Gegenleistung behandelt wird, wobei die Gegenbuchung (Eigenkapital oder Verbindlichkeiten) davon abhängt, ob Optionen ausgegeben werden (*equity settled*) oder aktienorientierte Barvergütungen erfolgen (*cash settled*).

– Bei **anteilsbasierten Barvergütungen** (*cash settled*) erfolgt die Gegenbuchung nachvollziehbarerweise in den Verbindlichkeiten. Handelte es sich abweichend vom Beispiel in Rz. 36.81 um eine Barvergütung, wäre die zum 31.12.01 ermittelte Verbindlichkeit in die Gegenleistung einzubeziehen und beim erworbenen Unternehmen als Schuld zu passivieren. Abweichungen zur beim erworbenen Unternehmen bisher bilanzierten Verbindlichkeit (TEuro 1.722 lt. Rz. 28.25) sind nur aufgrund anderer Bewertungsmethoden bei der Fair Value-Ermittlung (Rz. 28.15) oder bei der Schätzung des Mengengerüsts (Anzahl der bei Ablauf der Sperrfrist, hier am 31.12.03) voraussichtlich ausgegebener Berechtigungen denkbar.

– Bei **Aktienoptionsprogrammen** (*equity settled*) stellt sich die Sache dagegen komplexer dar, weil IFRS 3.B62A die Gegenbuchung im Eigenkapital den nbA zuordnen will. Wir erläutern dies ausführlich im Zusammenhang mit dem Ansatz von nbA in Rz. 36.230 ff.

36.84–36.89 frei

III. Zusammenfassung: Schema zur Ermittlung der Gegenleistung

36.90 Das nachfolgende Schema fasst die bei einem Unternehmenszusammenschluss ggf. auftretenden Abgrenzungsfragen zur Bestimmung der Gegenleistung nach IFRS 3 zusammen. Die in der Spalte „Gegenleistung" enthaltenen positiven Zahlen eines fiktiven Beispiels sind Bestandteile der Gegenleistung, negative Zahlen sind als Aufwand zu behandeln und vom Beteiligungsbuchwert abzuziehen.

Sachverhalt	Erläuterung	Gegenleistung	Rz.
Barkaufpreis fix	Bei (wesentlicher) Stundung Barwert	1.000	36.60
Zusätzlicher Kaufpreis durch ausgegebene Anteile	Fair Value-Ermittlung über Börsenkurs oder DCF-Verfahren	800	36.63
Zeitwert eines vom Erwerber auf den Veräußerer übertragenen Grundstücks oder dergleichen (durch Abzug Buchwert Realisation von Gewinn und Verlust)	Jedoch Buchwert, falls Gegenstand im Konzern verbleibt (seltene Ausnahme, keine Gewinnrealisation)	500	36.64

Sachverhalt	Erläuterung	Gegenleistung	Rz.
Fair Value eines Earn outs	Im Erwerbszeitpunkt zu schätzen	200	36.70
Fair Value einer Kursgarantie	Wertgarantie (Barausgleich) für eigene Anteile	50	36.75
Gehaltszahlungen nach Erwerb an Verkäufer trotz Beendigung der Tätigkeit	Verkappte Kaufpreiszahlung	300	36.78
Exit fee an bisherige Mitarbeiter des Erwerbsobjekts	Gegenleistung, falls damit frühere Leistung abgegolten wird, jedoch i.d.R. Aufwand bei nachträglicher Vereinbarung	75	36.79
Replacement award an Mitarbeiter des erworbenen Unternehmens	Nur bei *Verpflichtung* des Erwerbers, einen bestehenden aktienorientierten Vergütungsplan durch einen eigenen zu ersetzen	67	36.83
Korrektur um Entgelt für Abwicklung von sog. „pre-existing relationships"	z.B. Fair Value der Forderung aus einem von TU gegen MU geführten Prozess	- 100	36.302 ff.
Summe Gegenleistung		**2.892**	
Nicht Bestandteil der Gegenleistung (Aufwand)			
Alle Nebenkosten (inkl. finders fee)		*z.B. 150*	*36.61*
Finanzierungskosten		*z.B. 80*	*36.61*

frei   36.91–36.99

F. Vermögenswerte und Schulden des Erwerbsobjekts (Ansatz in der Handelsbilanz III)

I. Sicht des hypothetischen Erwerbers

In der **Handelsbilanz III** sind die *übernommenen* Vermögenswerte und Schulden *unabhängig von ihrem Ansatz in der Handelsbilanz II* einer Überprüfung zu unterziehen, ob sie **aus Sicht eines hypothetischen Erwerbers** die Ansatzkriterien des Conceptional Framework[31] erfüllen (IFRS 3.11) und zum Unternehmenserwerb ge-

36.100

---

31 IFRS 3.11 verweist noch auf das ursprüngliche Rahmenkonzept 1989 bzw. 2001, das im Hinblick auf die Ansatzkriterien im CF 2010 nicht geändert worden ist. Anders dagegen die Kriterien im CF 2018. Dadurch sind in Folgeperioden bei Verwendung des neuen CF 2018 Verwerfungen nicht auszuschließen. Die Frage wird beim IASB derzeit diskutiert, s. Rz. 6.74.

hören. Im Einzelfall kann es einen erheblichen Unterschied machen, ob die Sichtweise des konkreten oder die eines hypothetischen Erwerbers eingenommen wird.

Beispiel: Würde ein hypothetischer Erwerber für eine **Marke** (z.B. eine große Colamarke C) einen Preis bezahlen, ist dieser Vermögenswert auch dann vom tatsächlichen Erwerber anzusetzen und zu bewerten, wenn dieser plant, die Marke (etwa aus Wettbewerbsgründen) nicht zu verwerten, d.h. bewusst zu zerstören. Ein entsprechender Kaufpreisanteil geht damit nicht in den Goodwill ein, sondern ist separat anzusetzen. Bei der Folgekonsolidierung stellt sich die Frage, ob die beabsichtigte „Zerstörung" der erworbenen Marke C zu einer sofortigen außerplanmäßigen Abschreibung führt. Soweit die Nichtverwendung der Marke C einem ökonomischen Kalkül folgt, z.B. dem der Erhaltung und Stärkung einer eigenen Marke P (ähnlich einem Wettbewerbsverbot), hängt die Folgebewertung von C u.E. vom Erfolg der eigenen Marke P ab:

– Im Erfolgsfall der P **keine außerplanmäßige Abschreibung** der C: Bei einem Impariment-Test ist der erzielbare Betrag der C zu ermitteln, also der höhere Wert aus Nutzungswert und Nettoveräußerungspreis. Dabei wird die C einer größeren CGU zugeordnet (Rz. 19.61), die auch P enthält. Der **Nutzungswert** der CGU wird durch die annahmegemäß erfolgreiche Verwendung von P dominiert und dürfte den erzielbaren Betrag determinieren. Der Nettoveräußerungspreis der C, der auch in den Folgebewertungen nach dem Konzept der bestmöglichen Verwendung durch hypothetische Marktteilnehmer zu ermitteln ist (IFRS 3.B43), wird dagegen vermutlich recht schnell nach dem Erwerb der C und ihrer Zerstörung an Wert verlieren.

– Bei erwartet abnehmendem Nutzenzufluss der durch P dominierten CGU **planmäßige Abschreibung** der C.

– Im Misserfolgsfall der P (geringer Nutzungswert der CGU) **außerplanmäßige Abschreibung** der C.

U.E. ist es jedenfalls nicht sachgerecht, in Folgebewertungen auf einen Nettoveräußerungspreis der erworbenen Marke abzustellen,[32] da es eher auf den Nutzungswert ankommen wird.

36.101 Aus dem gleichen Grund führen **schwebende Verträge des erworbenen Tochterunternehmens mit dem erwerbenden Konzern** gemäß Rz. 36.115 ff. zu immateriellen Vermögenswerten (z.B. Auftragsbestand, Kundenbeziehung, Rechte an Vermögenswerten, die dem Konzern gehören) auch wenn es solche Vermögenswerte aus konsolidierter Sicht gar nicht gibt (z.B. keine Kundenbeziehung mit sich selbst). Die dafür gezahlten Kaufpreisbestandteile gehen somit *nicht* im Goodwill auf (Rz. 36.110 ff.).

36.102 Regelmäßig wird zu beobachten sein, dass das **Mengengerüst** der in der HB III anzusetzenden Posten gegenüber denen der HB II ansteigt. Neben den schon genannten Punkten kommen als Gründe hierfür in Betracht:

– aktive latente Steuern auf Verlustvorträge, die sich erst durch den Erwerb als verwertbar erweisen (Rz. 36.105 f.),

– Sonderregelungen für

 – immaterielle Vermögenswerte (Rz. 36.115 ff.),

---

32 So möglicherweise aber EY-iGAAP 2018, 596.

- Erstattungsansprüche aus Bilanzgarantien (Rz. 36.130) und
- Eventualschulden (Rz. 36.141).

Ansatz und Bewertung in der HB III sind komplexe Bilanzierungsbereiche bei Unternehmenserwerben, die regelmäßig zu den Prüfungsschwerpunkten der **Deutschen Prüfstelle für Rechnungslegung** zählen.[33]   36.103

frei   36.104

II. Aktive latente Steuern auf Verlustvorträge

1. Verlustvorträge des Tochterunternehmens

Aufgrund des Erwerbs eines TU kann es zum Ansatz **aktiver latenter Steuern auf dessen steuerliche Verlustvorträge** kommen.   36.105

Beispiel: Das neu erworbene Tochterunternehmen verfügt über steuerliche Verlustvorträge, für die in der Handelsbilanz II bislang keine aktive latente Steuern angesetzt wurden, weil nicht davon ausgegangen werden konnte, dass das Unternehmen in der Zukunft ausgleichsfähige Gewinne erwirtschaften wird (Rz. 29.26).

Diese Einschätzung mag sich durch Konzernzugehörigkeit verändert haben (IAS 12.66), so dass es bei der Erstkonsolidierung zum Ansatz aktiver latenter Steuern auf Verlustvorträge kommt.

Bei Unternehmenserwerben ist in diesem Zusammenhang das Problem des Verlustmantelkaufs zu beachten, in Deutschland z.B. nach § 8c KStG.

Bei neuen Erkenntnissen über Verhältnisse **im Erwerbszeitpunkt, die innerhalb der Jahresfrist** zugehen, kommt eine (erfolgsneutrale) Anpassung der Erstkonsolidierung (i.d.R. bei Goodwill) in Betracht (IAS 12.68; Rz. 36.240), z.B. auf Grund von Außenprüfungen (früher: Betriebsprüfungen). Außerhalb der Jahresfrist bleibt der Goodwill somit unverändert, während die **Schätzungsänderung** zu latentem Steuerertrag nach IAS 12.60b führt (Rz. 29.70).   36.106

2. Verlustvorträge des Erwerbers

Steuerliche **Verlustvorträge des Erwerbers**, die sich erst durch den Erwerb realisieren (z.B. mittels Organschaft oder durch erwartete Synergien), dürfen *nicht* im Rahmen der Erstkonsolidierung angesetzt werden, sondern sind erfolgswirksam zu aktivieren (IAS 12.67).   36.107

frei   36.108–36.109

---

[33] Vgl. *DPR*, Tätigkeitsbericht 2017, 16.

III. Immaterielle Vermögenswerte

1. Abgrenzung vom Goodwill

36.110 Veranlasst durch die Einführung des **Impairment-only-approach** für den Goodwill ist in IFRS 3 deutlich das Bemühen des IASB zu erkennen, möglichst viele Sachverhalte außerhalb des Goodwills einzeln abzubilden.[34] Zuvor, d.h. bis 2004 war das zwar auch schon vorgesehen, aber als Problem weniger drängend: Wenn im Einzelfall eine gesonderte Aktivierung unterblieb, so ging der Betrag der unterlassenen Aktivierung in den Goodwill auf, der planmäßig abzuschreiben war. Die Nichtaktivierung gesonderter Sachverhalte würde jetzt jedoch dazu führen, dass sie ggf. trotz Abnutzung überhaupt nicht mehr planmäßig abgeschrieben werden.

Im Ergebnis kommt der Identifikation bilanzierungsrelevanter Sachverhalte – namentlich materieller und immaterieller Vermögenswerte, aber auch Schulden und Eventualschulden – bei einer erworbenen Einheit zentrale Bedeutung zu. Dies erfolgt in der Regel zunächst im Rahmen einer Analyse der vorliegenden Jahres- und Konzernabschlüsse sowie vorliegender Prüfungsberichte oder due diligence-Berichte. Zumeist ist jedoch eine detailliertere Analyse einschließlich Befragungen des Managements des erworbenen Unternehmens geboten.

36.111 Maßgebend für die **Abgrenzung bestimmter immaterieller Sachverhalte vom Goodwill** ist auch beim Unternehmenszusammenschluss das Definitionsmerkmal der **Identifizierbarkeit** (IAS 38.43, s. Rz. 13.22):

a) Soweit es sich um einen Posten handelt, der **mit einem Recht verknüpft** ist, gilt das Kriterium der Identifizierbarkeit ohne weiteres als erfüllt.

b) Handelt es sich nicht um ein Recht, kommt es grundsätzlich auf die **separate Verwertbarkeit** an. Diese liegt vor, soweit der betreffende Vermögenswert **losgelöst vom erworbenen Geschäftsbetrieb** (business) veräußert werden könnte, entweder einzeln oder *zusammen* mit anderen (ggf. materiellen) Vermögenswerten, bspw. eine Mineralwassermarke samt Quelle. In diesem Fall ist im Zweifel die gesamte Gruppe von Vermögenswerten als ein Vermögenswert anzusetzen (IAS 38.36).

36.112–36.114 frei

---

[34] Die nach IFRS 3 zu lösende Aufgabenstellung entspricht insofern der bis 1986 in Deutschland gültigen Steuerrechtslage beim *asset deal*, denn bis dahin war ein Geschäfts- oder Firmenwert steuerlich nicht abschreibungsfähig. Daraus resultierte das Bestreben, möglichst viele immaterielle Wirtschaftsgüter separat neben dem Geschäfts- oder Firmenwert anzusetzen, vgl. *Lüdenbach/Hoffmann*, BFuP 2004, 596 (603).

2. Erleichterte Ansatzvoraussetzungen für bisher nicht bilanzierte immaterielle Vermögenswerte

Damit im Rahmen eines Unternehmenszusammenschlusses **immaterielle Sachverhalte** angesetzt werden können und müssen, sind grundsätzlich zwei Voraussetzungen zu erfüllen:

36.115

a) Die Definitionsmerkmale eines immateriellen Vermögenswertes müssen vorliegen (u.a. Wahrscheinlichkeit künftigen Nutzenzuflusses, Rz. 13.20 ff.) und

b) der Posten muss zuverlässig zum Fair Value bewertet werden können (Rz. 36.126).

Allerdings ist der erwartete künftige Nutzenzufluss (a) nicht separat zu prüfen, sondern gilt *bei einem Unternehmenserwerb* apodiktisch immer als erfüllt, *weil* dieser in dem Fair Value des Gesamtunternehmens reflektiert worden ist (IAS 38.33 f., Rz. 13.35).

Beispiel: Unternehmen X habe die Aufwendungen für ein **Forschungs- und Entwicklungsprojekt** nicht aktiviert. Der Konzern A interessiert sich genau für dieses Projekt und erwirbt das Unternehmen X. Dann ist der Betrag, den A für das Projekt im Rahmen des Kaufpreises veranschlagt hat, nach dem Unternehmenszusammenschluss ggf. zu aktivieren. Nach dem Erwerb für die Fertigstellung dieser Projekte anfallende Kosten sind ihrerseits wiederum nach den allgemeinen Kriterien zu behandeln, d.h. als Aufwand, solange das Forschungsstadium andauert bzw. ggf. Aktivierung bei Übergang in die Entwicklungsphase (Rz. 36.261).

Die Sonderregelung für immaterielle Vermögenswerte ist nachvollziehbar: Ein Kaufpreis für forschungsintensive Unternehmen wird gerade wegen ihrer Forschung gezahlt. Zwar wird hierdurch das konkrete Bewertungsproblem, also die Frage, welcher Betrag gerade für Forschungsprojekte etc. anzusetzen ist, nicht gelöst; die Zahlung eines Gesamtkaufpreises als Objektivierungskriterium für den Ansatz *einzelner* Vermögenswerte anzusehen, ist aus Sicht des IASB aber notwendig, um zu einer erweiterten Aktivierung von im Rahmen eines Unternehmenserwerbs zugegangenen immateriellen Vermögenswerten zu gelangen und weiterhin die Nichtaktivierung beispielsweise *interner* Forschungsprojekte (eben mangels Objektivierbarkeit) begründen zu können.

3. Checkliste für den Ansatz immaterieller Vermögenswerte

IFRS 3 gibt in seinen *Illustrative Examples* (IE 16-44) Hilfestellung, was an immateriellen Sachverhalten beim Unternehmenserwerb beobachtet werden kann. Die *Illustrative Examples* sind nicht integraler Bestandteil des Standards und werden daher auch nicht im Amtsblatt der EU in der offiziellen Fassung veröffentlicht (Rz. 3.6). Sie machen aber deutlich, worauf bei einem Unternehmenserwerb zu achten ist. Im Regelfall werden die in der folgenden Liste aufgeführten **Sachverhalte auch im Rahmen einer *Due Diligence* erfasst und bei Kaufpreisverhandlungen gewürdigt**. Die Beispiele in der Liste erheben keinen Anspruch auf Vollständigkeit; sie werden nachfolgend erläutert.

36.116

	Vermögenswerte, die auf einem vertraglichen oder sonstigen Recht basieren	Vermögenswerte, die nicht auf einem vertraglichen oder sonstigen Recht basieren, aber separierbar sind
(a) absatzmarktbezogene immaterielle Vermögenswerte	– Markenrechte – Markenzeichen und Embleme – Aufmachung und Design – Zeitschriftentitel – Internet-Adressen – Wettbewerbsunterlassungsvereinbarungen	
(b) kundenbezogene immaterielle Vermögenswerte	– Auftragsbestände und Produktionsrückstände – vertragliche Kundenbeziehungen	– Kundenlisten – nichtvertragliche Kundenbeziehungen
(c) immaterielle Vermögenswerte im künstlerischen Bereich	– Theaterstücke, Opern, Ballettaufführungen – Bücher, Zeitschriften, Kompositionen, Liedtexte, Werbemelodien – Gemälde, Fotografien – Videoaufzeichnungen, Filme, TV-Sendungen	
(d) auf Verträgen basierende immaterielle Vermögenswerte	– Lizenzen, Tantiemen, Stillhaltevereinbarungen – Werbe-, Konstruktions-, Management-, Dienstleistungs-, Liefer- und Abnahmeverträge – Leasingverträge – Baurechte – Franchiserechte – Betriebs- u. Sendegenehmigungen – Förderungs- u. Abbaurechte – Schuldenbedienungsrechte durch Dritte – vorteilhafte Arbeitsverträge	
(e) technologiebezogene immaterielle Vermögenswerte	– patentierte Technologien – EDV-Software – Geschäftsgeheimnisse, z.B. vertrauliche Formeln, Prozesse und Rezepte*	– nicht patentrechtlich geschützte Technologien – Datenbanken

* U.E. i.d.R. nicht mit einem Recht verknüpft.

Abb. 36.4: Immaterielle Vermögenswerte beim Unternehmenserwerb

(a) **Markenrechte u.Ä.:** Unzweifelhaft handelt es sich um immaterielle Vermögenswerte, die auch einen wirtschaftlichen Wert verkörpern. Wer wollte bezweifeln, dass es einem potentiellen Erwerber von Coca Cola weniger um Abfüllanlagen und wohl auch nicht so sehr um die Rezeptur, aber vor allem um das mit der Marke verbundene Image und den Bekanntheitsgrad geht? Diese Faktoren erlauben, das Produkt zu höheren Preisen im Vergleich zu Konkurrenzprodukten abzusetzen, also eine Überrendite einzufahren.

36.117

(b) **Auftragsbestand, Kundenbeziehungen u.Ä.:** Der Vorteil eines *rechtlich abgesicherten* Auftragsbestandes liegt in den künftig erwarteten Gewinnen. **Erworbene Kundenlisten** sind regelmäßig nicht rechtlich geschützt; ob sie getrennt vom Unternehmen verwertet werden können, hängt z.B. von Datenschutzbestimmungen ab. Ein allgemein bekannter Kundenkreis ist für den Erwerber ohnehin ohne Wert[35].

36.118

Fraglich ist jedoch der Ansatz eines **nicht vertraglich**, d.h. eines nicht durch konkrete Aufträge oder ein Dauervertragsverhältnis **abgesicherten Kundenstamms**.

36.119

– Aus Sicht des IASB spricht für die Aktivierung, dass Kundenbeziehungen „durch Verträge etabliert werden" (selbst wenn kein Vertrag vorliegt, IFRS 3.IE28, 30c). Diese weite Interpretation des Vertragskriteriums läuft praktisch auf die Aktivierung eines „stand alone Goodwill" des erworbenen Unternehmens hinaus, soweit er auf bestehende Kunden entfällt.

– Wir halten diese Interpretation im Einklang mit der h.M. für zu weitgehend:

– Eine Aktivierung nicht vertraglicher Kundenbeziehungen setzt voraus, dass diese separierbar i.S.v. IAS 38.12a sind. Eine **Übertragung von Kundenbeziehungen** losgelöst vom Geschäftsbetrieb ist aber i.d.R. ausgeschlossen.

– Darüber hinaus fehlt es an einer Erzwingbarkeit und damit an der Kontrolle i.S.v. IAS 38.16: Wenn Stammkunden in der Zukunft wieder als Käufer in Erscheinung treten, dann geschieht dies wegen Faktoren wie Ruf, Qualität der Produkte, Qualifikation von Mitarbeitern etc., die üblicherweise als Bestandteil des Goodwill betrachtet werden.

– Zudem ordnet IAS 38.16 und IAS 38.BC11 derartige Kundenbeziehungen den *nicht-vertraglichen* Kundenbeziehungen zu. Diese erfüllen aber *im Rahmen von Unternehmenskäufen* i.d.R. *nicht* das Kriterium eines separierbaren Vermögenswertes, es sei denn, dass Transaktionen bzgl. nicht vertraglicher Kundenbeziehungen in dem konkreten Umfeld regelmäßig stattfinden bzw. stattgefunden haben (so explizit IAS 38.BC13 a.E.)[36]. Der IASB wollte insbesondere sicherstellen, dass evtl. Erwerbe von Kundenbeziehungen *außerhalb* von business combinations („*separate transactions*") selbstverständlich aktiviert werden (IAS 38.BC 12,14).

---

35 Vgl. Haufe IFRS-Komm[16], § 31 Rz. 83.
36 Vgl. *Senger/Brune* in Beck IFRS-HB[3], § 34 Rz. 108.

– Schließlich ist die **zuverlässige Bewertung** (Rz. 36.126) mangels Abgrenzung von dominierenden bzw. ggf. überlagernden immateriellen Vermögenswerten (insb. Markenrechten) fraglich.

Daher wird eine Aktivierung derartiger Sachverhalte von der Literatur überwiegend kritisch gesehen[37]. Tatsächlich ist jedoch eine Tendenz zugunsten der separaten Aktivierung auch nicht vertraglicher Kundenbeziehungen anzutreffen, dies beschränkt auf das Ergebnispotential der *Altkunden* unter Erfassung einer Auslaufkurve (Berechnung wie in Rz. 36.166) und nicht der künftigen *Neukunden*.

Voraussetzung[38] ist jedoch, dass in der Vergangenheit bereits vertragliche Beziehungen bestanden und Vertrauen zu den Kunden aufgebaut wurde, so dass es wahrscheinlich ist, dass diese immer wieder Produkte, etwaige Produkterweiterungen oder Dienstleistungen über einen längeren Zeitraum hinweg in Anspruch nehmen. Auch etwaige höhere Wechselkosten (z.B. bedingt durch besondere Kundenspezifikationen, unvermeidbare Produktänderungen beim Abnehmer sowie Kosten und Folgekosten eines Wechsels), müssen dafür sorgen, dass die Kunden die bisherigen Geschäftsbeziehungen weiterhin aufrechterhalten. Keine Kundenbeziehung liegt dagegen bei bloßer Laufkundschaft vor oder wenn Kunden nur deswegen wiederkehren, weil das Unternehmen seine Produkte stets zum niedrigsten Preis im Vergleich zu Wettbewerbern anbietet.

Dem IASB ist die unterschiedliche Beurteilung und Handhabung vertraglicher und nichtvertraglicher Kundenbeziehungen in Theorie und Praxis („*widespread confusion*"[39]) nicht verborgen geblieben; die Problematik wird nunmehr im Rahmen des aktuellen „Goodwill and Impairment research projects" behandelt (Rz. 36.15).

36.120 (c) **Urheberrechte u.Ä.:** Gegen Zahlung eines Honorars erwirbt ein Verlag die Rechte an der Verwertung von Schriftstücken. Wird der Verlag seinerseits erworben, sind die künftig erwarteten Gewinne aus der Verwertung der Schriftstücke zu schätzen und zur Fair Value-Ermittlung regelmäßig zu diskontieren.

36.121 (d) **Vertragliche immaterielle Vermögenswerte:** Bei dieser Kategorie geht es im Wesentlichen um die Marktwertadjustierung schwebender Verträge (s. im Einzelnen Rz. 36.127 f.).

36.122 (e) **Geschäftsgeheimnisse u.Ä.:** Der Anteil an Ideen, Verfahren, Prozessen usw., die *rechtlich geschützt* sind, dürfte gemessen an ihrer Gesamtzahl eher gering sein. Stattdessen kommt es häufig auf *rechtlich nicht geschützte* Vermögenswerte an, etwa bei sog. Kostenführern, um auch in margenschwachen Märkten Erfolg zu haben oder bei jungen Unternehmen aus dem Technologie-Bereich. Die Separierbarkeit vom Goodwill liegt auf Grund der Veräußerbarkeit an mögliche

---

37 Vgl. Haufe IFRS-Komm[16], § 31 Rz. 84 f.; *Senger/Brune* in Beck IFRS-HB[5], § 34 Rz. 108 ff.; *Meyer* in T/vK/B, IFRS 3 Rz. 179, 184 weist auf die unklare Abgrenzung vertraglicher Kundenbeziehungen hin.
38 Vgl. i.E. IDW S 5, Rz. 81 ff.
39 Vgl. EY iGAAP 2018, S. 587 f. unter Hinweis auf IFRIC update, März 2009.

Wettbewerber vor. Unerheblich ist, dass die Geschäftsgeheimnisse i.d.R. tatsächlich nicht veräußert würden, um die Wettbewerbsfähigkeit des Unternehmens nicht zu mindern. Zu **Forschungs- und Entwicklungskosten** s. Rz. 36.115. Das Risiko eines möglichen Fehlschlags von F & E-Anstrengungen ist nicht bereits beim Ansatz, sondern vielmehr bei der Bewertung zu erfassen (Rz. 36.160 ff.).

frei 36.123–36.124

4. Überschneidungsfreie Abgrenzung immaterieller Vermögenswerte

Die künftigen Cashflows, in denen sich der Wert insbesondere immaterieller Vermögenswerte verkörpert, dürfen nicht doppelt (z.B. in einem weiteren immateriellen Sachverhalt) erfasst werden. Daher empfiehlt es sich, ausgehend vom konkreten **Geschäftsmodell**, die wesentlichen Alleinstellungsmerkmale oder **Werttreiber** (*business driver*) zu **identifizieren** und in Bezug auf ihre Ansatzfähigkeit zu würdigen. 36.125

Beispiel 1: Bei der Marke Coca Cola z.B. tritt die Wirkung anderer Vermögenswerte wie Fertigungstechniken und Abfüllanlagen sicher hinter die Anziehungskraft der Marke zurück. Daher ist die Marke (*zusammen* mit der Rezeptur, Rz. 36.116 (e)) vorrangig zu bewerten. Allerdings kann es feste Lieferbeziehungen geben, die ebenfalls abzubilden sind. Das Problem der Doppelerfassung wird dadurch vermieden, dass bei der **Bewertung** der Lieferbeziehungen künftige Abschreibungen für die Nutzung der im ersten Schritt angesetzten Marke verrechnet werden (Rz. 36.165).

Beispiel 2: Eine überregional tätige Fitnessstudiokette unter einheitlicher Marke erfreut sich deswegen besonderen Zulaufs, weil zu jeder Zeit hervorragend ausgebildete und freundliche Trainer zur Verfügung stehen. Da die Kunden diese Tatsache mit der Marke assoziieren, liegt der wesentliche Werttreiber im Mitarbeiterstamm bzw. der Organisation. Beides darf jedoch wegen expliziter Aktivierungsverbote nicht angesetzt werden (Rz. 13.29). Insofern können lediglich der Wiedererkennungseffekt und die materiellen Werte, die mit der einheitlichen Aufmachung (rechtlich geschütztes Logo) verbunden sind, (a) in Rz. 36.116, als immaterieller Vermögenswert angesetzt werden. Ebenfalls separat anzusetzen ist der Wert der *bestehenden* Mitgliedschaften (Rz. 36.119). Dabei sind absehbare Vertragsverlängerungen und (gegenläufig) der Wegfall von Kunden (Auslaufkurve) zu berücksichtigen (zur Berechnung s. Rz. 36.165 ff.).

Beispiel 3: Ein Hersteller von Eigenmarken (*private label*) für den Einzelhandel ist im Markt als Kostenführer bekannt. Diese Eigenschaft verdankt er ausgefeilten Produktionstechniken, die von einer eigenen Fertigungsabteilung entwickelt worden sind. Der im Erwerbszeitpunkt vorhandene **Technologievorsprung** ist als eigenständiger Vermögenswert anzusetzen (Rz. 36.116 (e)), die in der Mitarbeiterqualifikation zum Ausdruck kommenden *künftigen* Kenntnisse und Verfahren dagegen nicht. Die Bilanzierung des Logos des Herstellers der Eigenmarken erfolgt wie in Beispiel 2. Zur Bewertung des Technologievorsprungs anhand der Methode der Lizenzpreisanalogie siehe Rz. 36.163.

Variante: Derselbe Hersteller besitzt eine neuartige, am Markt erhältliche Produktionsanlage, die den Ausschuss gegenüber der bisher verwendeten Technik um 10 % reduziert. In diesem Fall reflektiert bereits der Fair Value der Maschine den Technologievorsprung, so dass der zusätzliche Ansatz eines immateriellen Vermögenswertes ausscheidet.

Beispiel 4: Ein Konzern erwirbt eine Entwicklungsgesellschaft mit 200 Ingenieuren, die er mit dieser Qualifikation und in dieser Anzahl ansonsten erst in einem 3-Jahres-Zeitraum hätte einstellen können. Die eingesparte Personalentwicklungszeit und die aus der Qualifikation resultierenden *künftigen* Entwicklungsergebnisse gehen als erworbene Synergien im Goodwill auf. Demgegenüber sind die bei Erwerb bereits vorhandenen F & E-Projekte zu aktivieren (Rz. 36.115).

5. Zuverlässige Bewertbarkeit

36.126 Schließlich muss geklärt werden, ob die vom Goodwill sachlich abgegrenzten immateriellen Vermögenswerte zuverlässig bewertet werden können. IAS 38.35 geht apodiktisch davon aus, dass der Fair Value normalerweise verlässlich genug bestimmt werden kann.[40] Praktische Bedeutung hat dieses Kriterium in Grenzfällen der Separierbarkeit immaterieller Vermögenswerte vom Goodwill. Die zuverlässige Bewertbarkeit wird z.B. abgelehnt bei nichtvertraglichen Kundenbeziehungen (Rz. 36.119).

6. Marktwertadjustierung schwebender Verträge

36.127 Bei einer Reihe der unter (d) in Rz. 36.116 genannten Sachverhalte (z.B. **Arbeitsverträge, Mietverträge**) dreht es sich im Ergebnis *nicht* um die Bewertung der Mitarbeiter, Mietrechte etc., sondern darum, ob die tatsächlich vereinbarten Konditionen von den im Erwerbszeitpunkt geltenden Marktkonditionen abweichen.

Beispiel: Mit den Mitarbeitern ist ein **Haustarifvertrag** verhandelt worden, der eine Entlohnung *unter* dem branchenüblichen Entgelt vorsieht. Hier geht es nicht um die Bewertung der Fähigkeiten der mit dem Unternehmenserwerb übernommenen Mitarbeiter, sondern einzig um die Frage, wie diese im Vergleich zu anderen entlohnt werden (IFRS 3.IE37). Fraglich könnte sein, ob der entsprechende Vorteil nur bis zum Ablauf des Haustarifvertrages zu bewerten ist. Überdies greift u.E. der von IFRS 3 vorgesehene Bewertungsmaßstab des Vergleichs mit anderen Arbeitsentgelten zu kurz. Ein tatsächlicher Vorteil ergibt sich nämlich nur dann, wenn das Unternehmen *wegen* der günstigen Arbeitsverträge höhere Gewinne als andere Unternehmen einfährt. Es kann aber beispielsweise sein, dass der Haustarifvertrag wegen geringerer Produktivität der Mitarbeiter im Vergleich zur Branche abgeschlossen worden ist, tatsächlich also keinen Vorteil darstellt.

Bei im Vergleich zu Marktpreisen schlechteren Preisen (etwa **Absatzverträge mit alter Preisbindung**) ist es nicht erforderlich, dass tatsächlich Verluste entstehen[41] (diese wären bereits als Drohverlustrückstellung nach IAS 37 zu bilanzieren (Rz. 26.45 f.). Vielmehr sind die entsprechenden Mindererlöse mit ihrem Barwert als Verbindlichkeit anzusetzen. Der hierzu notwendige Ressourcenabfluss ergibt sich aus der Fiktion, dass ein fremder Dritter bei Über-

---

40 Lediglich in jenen Fällen, in denen ein mit einem Recht verbundener immaterieller Vermögenswert nicht einzeln verwertet werden kann oder diese Möglichkeit zwar besteht, aber beim besten Willen keine Anhaltspunkte für einen Tauschwert gefunden werden können, wird gem. IAS 38.38 die Möglichkeit der verlässlichen Bewertung verneint. Wieso dann aber gerade bei immateriellen Vermögenswerten, die *nicht* mit einem Recht verbunden sind, die verlässliche Bewertung offensichtlich immer möglich sein soll, muss wohl als Geheimnis des IASB bezeichnet werden.
41 Vgl. Haufe IFRS Kommentar[16], § 31 Rz. 90.

tragung des unvorteilhaften Vertrages eine Ausgleichszahlung verlangen würde. Da mit Ansatz derartiger Verbindlichkeiten das künftige Geschäft von den Mindererlösen entlastet wird, sind Businesspläne, die der einkommensorientierten Bewertung immaterieller Vermögenswerte wie Kundenbeziehungen etc. dienen, gegenläufig zu adjustieren, d.h. um den Mindererlös zu verbessern. Im Ergebnis käme es dadurch zu einer kurzfristigen Ergebnisverbesserung bei Auflösung der Verbindlichkeit aus unvorteilhaften Verträgen in Verbindung mit einer zeitlich gestreckten höheren Abschreibung der Kundenbeziehung.

7. Leasingverträge

Mit IFRS 16 wurde der Umgang mit Leasingverträgen bei Erstkonsolidierung vereinfacht: Ist das erworbene TU ein **Leasingnehmer**, ist die Leasingverbindlichkeit entsprechend IFRS 16 unter der Fiktion eines Neuabschlusses anzusetzen, also grundsätzlich in Höhe des Barwertes zukünftiger Leasingraten. In derselben Höhe wird das Nutzungsrecht *(right-of-use)* akiviert, adjustiert um gegenüber aktuellen Marktverhältnissen vorteilhafte oder unvorteilhafte Leasingbedingungen (IFRS 3.28B), die vor IFRS 16 ggf. in einem separaten immateriellen Vermögenswert oder einer Schuld anzusetzen waren (IFRS 3.B29 a.F., weggefallen).[42]

36.128

Leasingverhältnisse mit Restlaufzeiten bis zu 12 Monaten oder geringwertige Leasingverhältnisse brauchen nicht bilanziert zu werden (IFRS 3.28A, s. hierzu Rz. 17.32).

Ersatzlos weggefallen ist ferner die Überlegung, ob durch den Leasingvertrag weitere Vorteile entstanden sein mögen, etwa in Form des Marktzutritts auf Grund der Anmietung von 1a-Verkaufsflächen. Hier war vor IFRS 16 zu prüfen, ob der Vorteil die Merkmale eines immateriellen Vermögenswerts aufweist (Rz. 36.115) und bejahendenfalls ein Aktivposten anzusetzen (IFRS 3.B30 a.F., durch IFRS 16 gestrichen).

Nach Auffassung des IASB seien die jetzt getroffenen Regelungen unter Berücksichtigung von Kosten-Nutzen-Erwägungen ein Kompromiss zur Fair Value-Annäherung der Leasingverträge (IFRS 16.BC297).

Für ein erworbenes TU als **Leasinggeber** hat sich durch IFRS 16 nichts geändert: Der Leasinggegenstand ist unter Berücksichtigung der Vertragsbedingungen zu bewerten (IFRS 3.B42)

36.129

IV. Erstattungsansprüche aus Bilanzgarantien

IFRS 3.27 f. regelt die Bilanzierung von auf einzelne Vermögenswerte oder Schulden bezogenen Bilanzgarantien. Danach sind in Unternehmenskaufverträgen vereinbarte **Ausgleichsansprüche bzw. -verpflichtungen** grundsätzlich korrespondierend zu bilanzieren, und zwar in Bezug auf Ansatz und Bewertung (vorbehaltlich der Uneinbringlichkeit eines Erstattungsanspruchs).

36.130

---

42 Zur Bilanzierung von Leasingverträgen nach IAS 17 mit abweichenden Marktkonditionen s. Vorauflage, Rz. 5628.

Beispiel: Der Kaufvertrag sieht eine Entschädigung des Käufers vor, falls TU einen Passivprozess auf Schadenersatz verliert. Die Wahrscheinlichkeit der Inanspruchnahme sei so gering, dass selbst unter den erleichterten Passivierungsvoraussetzungen für Eventualschulden (Rz. 36.141) keine Prozessrückstellung angesetzt wird. In diesem Fall wird bei TU auch kein Erstattungsanspruch aktiviert (IFRS 3.28).

Im nächsten Geschäftsjahr **ändere sich die Wahrscheinlichkeitseinschätzung.** Nun sind sowohl eine Eventualverbindlichkeit zu passivieren und in gleicher Höhe ein Erstattungsanspruch anzusetzen (IFRS 3.27 S. 4). Eine abweichende Bewertung des Erstattungsanspruchs kommt nur wegen einer Wertminderung bei sich verschlechternder Bonität des Unternehmensverkäufers in Betracht. Im Ergebnis verbleibt somit ggf. nur eine Aufwandsspitze aus Bonitätsgründen.

36.131 Generell setzt die Vorgabe zur **korrespondierenden Bilanzierung** die Anwendung spezieller Ansatz- und Bewertungsvorschriften für Ansprüche und Schulden außer Kraft. Damit soll verhindert werden, dass aus dem Vorgang, der auf Grund der Vereinbarung für den Erwerber neutral ist, Erträge und Aufwendungen entstehen (IFRS 3.BC302 f.). Dabei richtet sich die Bewertung der Erstattungsforderung bzw. der Erstattungsverbindlichkeit nach der Bewertung des betreffenden Bilanzpostens und nicht umgekehrt. So ist eine Forderung aus **Steuerklauseln** (zur Berücksichtigung von Betriebsprüfungsrisiken) nicht zum Fair Value, d.h. zum Barwert zu bewerten, weil nach IAS 12 keine Abzinsung der entsprechenden Steuerverbindlichkeit erfolgt (Rz. 29.67).

36.132–36.134 frei

V. Eventualforderungen

36.135 **Eventualforderungen**, also Forderungen, deren Entstehen von künftigen Ereignissen abhängen (Rz. 26.9), dürfen nicht angesetzt werden (IFRS 3.BC276).[43]

Beispiel: Zum Zeitpunkt des Erwerbs eines TU hat dieses Verhandlungen mit einem potentiellen neuen Kunden begonnen. Der Vertragsabschluss steht noch aus. Ein Aktivposten darf nicht angesetzt werden, und eine ggf. im Kaufpreis vergütete Ertragserwartung geht im Goodwill auf.

Variante: Die Vertragsverhandlungen werden mit einem Altkunden geführt. Dann soll nach gegenwärtiger Auffassung des IASB, die jedoch im Rahmen des „Goodwill and Impairment research project" ggf. reformiert wird, der Ansatz eines immateriellen Vermögenswerts in Betracht zu ziehen sein (Rz. 36.119).

36.136–36.139 frei

---

43 Vgl. *Meyer* in T/K/B, IFRS 3 Rz. 210, EY-iGAAP 2018, 595.

VI. Schulden

1. Sonderregelung für Eventualschulden

Schuldposten, die in der HB II angesetzt worden sind, müssen auch in der HB III angesetzt werden.[44] IFRS 3.11 stellt klar, dass für künftige Verluste und sonstige erwartete Aufwendungen im Zusammenhang mit dem Unternehmenserwerb keine Schulden passiviert werden dürfen.

36.140

Für **Eventualschulden**, die noch von einem künftigen Ereignis abhängen (Rz. 26.9(a)), darf ebenso wie im Einzelabschluss (und spiegelbildlich zur Eventualforderung, Rz. 36.135), auch bei einem Unternehmenszusammenschluss ein Passivposten nicht angesetzt werden (IFRS 3.23). Anders dagegen verhält es sich mit Eventualschulden, die (nur) wegen der geringen Wahrscheinlichkeit der Inanspruchnahme im Einzelabschluss nicht angesetzt werden dürfen (Rz. 26.9(b)): Bei einem Unternehmenserwerb gilt die Wahrscheinlichkeit des Nutzenabflusses implizit immer als erfüllt, weil der Erwerber insofern einen Kaufpreisabschlag gemacht hat. Daher ist die Eventualschuld, soweit der Fair Value bestimmt werden kann, zu passivieren (IFRS 3.BC275). Zur Folgebewertung s. Rz. 36.263 und zur Abgrenzung von Restrukturierungsrückstellungen Rz. 36.143.

36.141

Die Ansatzpflicht für **Eventualschulden** ist grundsätzlich sinnvoll, soweit hierfür ein Kaufpreisabschlag gemacht worden ist. Problematisch könnte sein, dass dem Bilanzierenden wegen der den Eventualschulden immanenten Bewertungsunschärfen keine ausreichenden Hürden in den Weg gestellt werden, solche Schulden nur zu behaupten, um über die spätere Auflösung von Rückstellungen die zukünftigen Ergebnisse zu verbessern und insoweit **Bilanzpolitik** zu betreiben.

Zur Bedeutung des Ansatzes von Eventualschulden beim negativen Goodwill (*bargain purchase*) vgl. Rz. 36.213.

36.142

2. Restrukturierungsrückstellungen

Restrukturierungsrückstellungen des veräußerten Unternehmens sind nach den allgemeinen Vorschriften, insbesondere Veröffentlichung eines Restrukturierungsplans *vor dem Erwerbszeitpunkt* (Rz. 26.47 ff.), in der Handelsbilanz II anzusetzen. Demgegenüber lässt IFRS 3 Restrukturierungsrückstellungen für Maßnahmen, die der **Erwerber** aus Anlass des Unternehmenszusammenschlusses durchzuführen beabsichtigt, bei der Erstkonsolidierung grundsätzlich nicht zu (IFRS 3.11). Danach kommt eine Passivierung auch nicht in Betracht, wenn ein beim erworbenen Unternehmen bereits angekündigter Restrukturierungsplan nur noch davon abhängig sein sollte, dass ein Unternehmenszusammenschluss tatsächlich stattfindet. In diesem Fall liegt unmittelbar vor dem Zusammenschluss weder eine Rückstellung noch eine Eventualschuld vor. Demzufolge ist bei Bedingungseintritt, also

36.143

---

[44] Davon unberührt bleibt der Wegfall konzerninterner Forderungen und Verbindlichkeiten im Rahmen der Schuldenkonsolidierung.

beim Unternehmenszusammenschluss, die Rückstellung erfolgswirksam anzusetzen (IFRS 3.BC140). Auf der anderen Seite sind bereits *vertraglich* vor dem Unternehmenserwerb eingegangene Zahlungsverpflichtungen des erworbenen Unternehmens gegenüber z.B. seinen Beschäftigten, die nur noch davon abhängig sind, dass ein Unternehmenserwerb stattfindet, vor dem Unternehmenserwerb beim erworbenen Unternehmen als Eventualschulden zu berücksichtigen und bei hinreichender Wahrscheinlichkeit des Unternehmenserwerbs auch als Rückstellungen zu passivieren (im Ergebnis IFRS 3.BC136, s. Rz. 36.141).

U.E. bestehen hier Abgrenzungsschwierigkeiten, die zu bilanzpolitischen Gestaltungen genutzt werden können.

36.144 Das **Bilanzierungsverbot** für Restrukturierungsrückstellungen anlässlich eines Unternehmenserwerbs ist **angreifbar**. Dabei wird nämlich ignoriert, dass die allgemeinen Ansatzvorschriften für Schulden bei einem **going concern** primär auf den *Zeitpunkt der Passivierung* zielen, während es beim **Unternehmenserwerb** darum geht, *wem* die Aufwendungen wirtschaftlich zuzuordnen sind. Dies ist bei einem Kaufpreisabschlag aber der Veräußerer und nicht der Erwerber. Die aus dem Bilanzierungsverbot resultierende Verwerfung kommt insbesondere dann zum Ausdruck, wenn der Kaufpreisabschlag zu einem *bargain purchase* führen würde: In diesem Fall ist der Abschlag u.E. stattdessen anteilig vom Fair Value der Vermögenswerte zu kürzen (Rz. 36.214).

36.145 Auf der anderen Seite muss das Motiv des IASB zur Einführung des Bilanzierungsverbots, dass es unter IAS 22 (dem Vorläufer des IFRS 3) und auch früher nach US-GAAP noch nicht gegeben hat, gewürdigt werden: In der Vergangenheit sind anlässlich von Unternehmenserwerben in der Praxis oft Restrukturierungsmaßnahmen nur behauptet worden, um Potential für künftige Erträge zu schaffen. Einem möglichen Missbrauch hätte man jedoch auch durch eine Pflicht zur rückwirkenden Korrektur der Erstkonsolidierung i.H.d. nicht verbrauchten Rückstellungen begegnen können.

36.146–36.149 frei

G. Bewertung in der Handelsbilanz III

I. Grundsatz: Fair Value-Bewertung aus Sicht eines hypothetischen Erwerbers

36.150 Die aus der Handelsbilanz II übernommenen und in der Handelsbilanz III zusätzlich angesetzten Vermögenswerte und Schulden sind grundsätzlich mit dem beizulegenden Zeitwert (**Fair Value**) zum Erwerbszeitpunkt anzusetzen (IFRS 3.18). Hierbei ist wie beim Bilanzansatz (Rz. 36.100) die **Sicht eines hypothetischen Erwerbers** und nicht die des konkreten Erwerbers maßgebend.

II. Ausnahmen von der Fair Value-Bewertung

Die nachfolgenden Ausnahmen von der Fair Value-Bewertung (IFRS 3.21 ff.) haben weniger konzeptionelle als praktische Gründe: Ohne diese Ausnahmen hätten für die Folgekonsolidierung eine Vielzahl von Sonderregelungen aufgestellt werden müssen (wie bereits bei den erworbenen F&E-Projekten, Rz. 36.261 oder den Eventualschulden, Rz. 36.263). 36.151

– Latente und laufende **Steuern** sind nach IAS 12 zu bewerten (IFRS 3.24), d.h. nicht abzuzinsen.
– Forderungen und Verbindlichkeiten an **Arbeitnehmer**, insb. Pensionsverpflichtungen, sind nach IAS 19 zu bewerten (IFRS 3.26).
– **Erstattungsansprüche aus Bilanzgarantien** sind korrespondierend zum entsprechenden Bilanzposten zu bewerten (Rz. 36.130).
– Ersatzweise für aktienorientierte Vergütungspläne des erworbenen Unternehmens vom Erwerber ausgegebene Pläne (**replacement awards**) sind nach IFRS 2 zu bewerten (Rz. 36.80 ff.).
– **Leasingverträge** sind wie neu eingegangene Verträge neu zu bewerten (IFRS 3.28A f., Rz. 36.128).
– **Zurückerworbene Rechte** sind ohne Vertragsverlängerungsoption zu bewerten (Rz. 36.305).
– Zur **Veräußerung i.S.v. IFRS 5 bestimmte Vermögenswerte** sind entsprechend IFRS 5 zum Fair Value unter Abzug von Veräußerungskosten anzusetzen (IFRS 3.31).

frei 36.152–36.154

III. Welchen Bilanzposten nach welcher Methode bewerten?

Bei der Fair Value-Ermittlung werden marktpreis-, kapitalwert- und kostenorientierte Bewertungsverfahren unterschieden (s. Abbildung 36.5). Wir erläutern ab Rz. 36.160 die **kapitalwertorientierten Verfahren**. Sollten Marktpreise auf aktiven Märkten vorhanden sein, genießt deren Verwendung oberste Priorität (Rz. 8.42). Im Übrigen gibt es keine Rangfolge zwischen Vergleichsverfahren (Analogiemethoden) und DCF-Methoden; die Auswahl wird bestimmt durch das vorhandene Datenmaterial: Vorrang haben immer jene Bewertungsverfahren, die den höchsten Grad an marktbasierten Bewertungsinputs aufweisen (Level-1 vor Level-2 vor Level 3, Rz. 8.45). 36.155

```
                                Kapitalwertorien-
            Marktpreisorien-    tiertes Verfahren    Kostenorientiertes
Verfahren   tiertes Verfahren        (DCF)              Verfahren

                                Methode der un-
            Marktpreise auf     mittelbaren Cash-   Reproduktions-
            aktivem Markt       flow-Prognose       kostenmethode

            Analogie-           Methode der         Wiederbe-
Methoden    methoden            Lizenzpreisanalogie schaffungskosten-
                                                    methode

                                Mehrgewinn-
                                methode

                                Residualwert-
                                methode
```

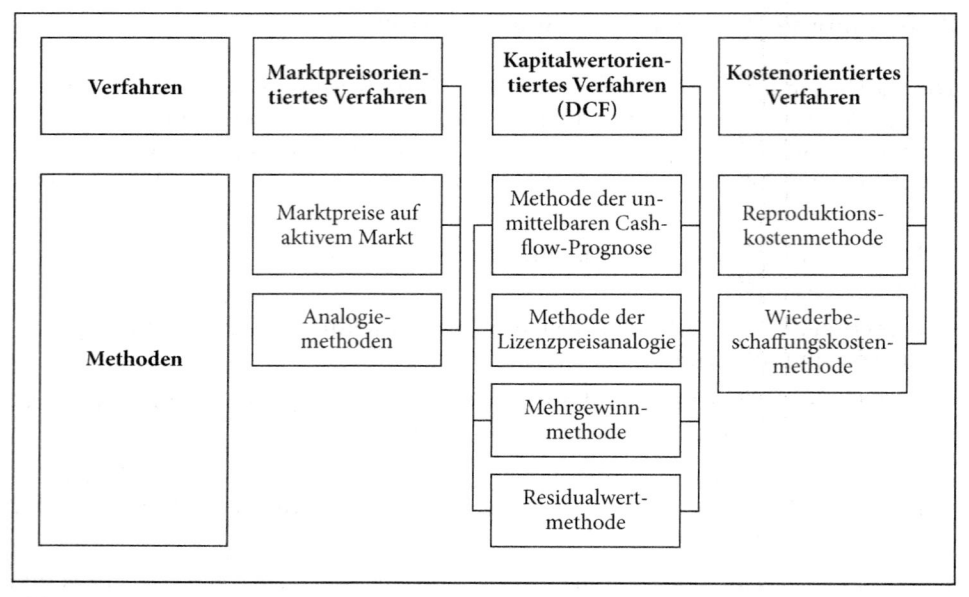

Abb. 36.5: Verfahren der Fair Value-Ermittlung

36.156 Komplexe Bewertungsverfahren mit hohem Ermittlungsaufwand sind bereits auf Grund des Wesentlichkeitsprinzips nur bei bedeutenden Sachverhalten erforderlich. Bei untergeordneten Posten sind u.E. auch qualifizierte Schätzungen zulässig (sog. Level-3-inputs). Auf dann (eigentlich) erforderliche Anhangangaben (IFRS 13.94) kann ebenfalls mit dem Wesentlichkeitsargument verzichtet werden.

Die folgende Tabelle listet sowohl die zum Fair Value als auch die nicht zum Fair Value (Rz. 36.151) anzusetzenden Bilanzposten, zeigt die üblicherweise verwendeten Bewertungsmethoden und gibt Hinweise zur praktischen Vorgehensweise:

Bilanzposten	Methode	Praktische Vorgehensweise
Immaterielle Vermögenswerte	Mangels aktiver Märkte i.d.R. kapitalwertorientierte (DCF)-Verfahren	Rz. 36.160 ff.
Nutzungsrechte nach IFRS 16 (und korrespondierende Leasingverbindlichkeiten)	Gemäß IFRS 16 Barwert künftiger Leasingzahlungen	Rz. 36.128
Insb. sog. zurückerworbene Rechte	Mangels aktiver Märkte i.d.R. kapitalwertorientierte (DCF)-Verfahren	Barwertermittlung der Lizenz-Franchisegebühren, Rz. 36.305 ff.
Vorteilhafte oder unvorteilhafte Verträge, z.B. Einkaufskontrakte	Mangels aktiver Märkte i.d.R. kapitalwertorientierte (DCF)-Verfahren	Barwertermittlung des Vorteils/Nachteils, Rz. 36.160

Bilanzposten	Methode	Praktische Vorgehensweise
Grundstücke und Gebäude	Markt- und Vergleichswertverfahren bzw. Sachwertverfahren	Richtwerttabellen bei Grund und Boden, Sachverständigengutachten, bzw. Ansatz von Rekonstruktionskosten (preisindexierte AHK abzgl. Abschreibungen auf Basis der im Erwerbszeitpunkt neu eingeschätzten Gesamtnutzungsdauer)
Anlageimmobilien	Markt- und Vergleichswertverfahren, Ertragswertermittlung	Sachverständigengutachten, DCF-Verfahren, Rz. 18.55 ff., Rz. 36.160 ff.
Andere Sachanlagen (insb. Maschinen)	Wiederbeschaffungskosten	Ggf. indexierte oder geschätzte Neupreise abzgl. kalkulatorische Abschreibung, Rz. 8.53.
Zur Veräußerung i.S.v. IFRS 5 bestimmte Vermögenswerte	Wie (i.d.R.) Sachanlagen, jedoch abzgl. Veräußerungskosten	Dito
Rohstoffe	Wiederbeschaffungspreis	Ggf. aus Vereinfachung Buchwerte des Veräußerers (aber Prüfung der Abwertungen, Rz. 20.54)
Unfertige und fertige Erzeugnisse sowie Handelswaren	Veräußerungserlöse abzgl. Fertigstellungs- und Vertriebskosten sowie übliche Gewinnspanne	Verlustfreie Bewertung (Rz. 20.51), vergleichbar mit steuerlichem Teilwert
Forderungen und sonstige Vermögenswerte	Voraussichtlicher Geldeingang (Nominalwert abzgl. Wertberichtigung). Nur in wesentlichen Fällen und bei längerfristiger Fälligkeit: Barwert[45]	Bei angemessenen Wertberichtigungen i.d.R. Übernahme aus Abschluss des Veräußerers
Eventualforderungen (beachte zum Ansatz Rz. 36.135 f.), unsichere Forderungen	Geschätzter Einzahlungsbetrag (Barwert bei langfristigen Beträgen)	Ggf. Berücksichtigung unterschiedlicher Szenarien, gewichtet mit Wahrscheinlichkeiten; es ist nicht der wahrscheinlichste Wert zu verwenden
Erstattungsansprüche aus Bilanzgarantien	Korrespondierend zum Wert des betreffenden Bilanzpostens	s. Rz. 36.130

---

[45] Klarstellend IFRS 3.B41, dass evtl. Wertberichtigungen *nicht* brutto, in einem bilanziellen Korrekturposten für Wertberichtigungen ausgewiesen werden dürfen; davon unberührt bleibt selbstverständlich die Bildung separater Konten für Wertberichtigungen.

Bilanzposten	Methode	Praktische Vorgehensweise
Börsennotierte Wertpapiere	Aktuelle Börsenkurse	Betrifft Schuldpapiere und im Konzernabschluss i.d.R. nur unwesentliche, nicht konsolidierte Beteiligungen. Wertänderungen können sich aus Sicht des kaufenden Unternehmens insb. bei FK-Instrumenten ergeben, die zu fortgeführten Anschaffungskosten (AC) bewertet waren. Bei Erstkonsolidierung aber Ansatz zum Fair Value als neuer Ausgangspunkt der fortgeführten Kosten und damit Neubestimmung des Effektivzinssatzes. Die jeweilige, durch das erworbene Unternehmen bereits vorgenommene Klassifikation kann entsprechend der Einzelerwerbsfiktion neu ausgeübt werden (IFRS 3.16a)
Nicht börsennotierte Wertpapiere	Geschätzte Vergleichswerte unter Berücksichtigung Kurs-/Gewinn-Verhältnis, Dividendenrenditen, erwartete Wachstumsraten vergleichbarer Unternehmen, ggf. DCF-Verfahren	Rz. 8.49 ff.
Pensionsrückstellungen (Verpflichtungen an Arbeitnehmer)	Wertermittlung IAS 19: Anwartschaftsbarwertverfahren (Rz. 27.28) abzgl. Marktwert des Planvermögens (Rz. 27.32)	Gutachterwert (Rz. 27.45)
Replacement awards	Wertermittlung IFRS 2 zum market based value	Anwendung der Optionspreismodelle (Rz. 36.80), d.h. Gutachterwert, Rz. 28.15.
Sonstige Rückstellungen	Geschätzter Erfüllungsbetrag (Barwert bei langfristigen Beträgen)	Ggf. unter Berücksichtigung unterschiedlicher Szenarien, gewichtet mit Wahrscheinlichkeiten; es ist nicht der wahrscheinlichste Wert zu verwenden. Unterschiede zu bisherigen Werten können sich aus einer anderen Risikoeinschätzung des Erwerbers ergeben (z.B. Prozesse, Garantie).

Bilanzposten	Methode	Praktische Vorgehensweise
Eventualschulden	Dito.	Im Ergebnis ist der vom Erwerber gemachte Kaufpreisabschlag anzusetzen, Rz. 36.213.
Schulden	Nominalwert, bei langfristigen Beträgen Barwert unter Verwendung aktueller laufzeitadäquater Marktzinssätze	Bewertungsänderungen können sich bei übernommenen **Finanzschulden** ergeben. Sie werden bei gekauften Unternehmen zu fortgeführten Anschaffungskosten angesetzt. Sind aber seit Ersteinbuchung von festverzinslichen emittierten Anleihen oder langfristigen Bankkrediten die Zinsen gestiegen (gesunken), so liegt der Fair Value der Schuld nach der Neubewertung infolge des Unternehmenszusammenschlusses unter (über) dem bisherigen Buchwert.
Latente Steuern	Die Neubewertung der übernommenen Vermögenswerte und Schulden führt regelmäßig zum Ansatz latenter Steuern (Rz. 29.20 ff.), die erfolgsneutral gebildet werden (Rz. 29.54). Auf einen (bei einem *share deal*) verbleibenden Goodwill sind im Regelfall keine latenten Steuern zu beziehen (Rz. 29.35 ff.).	Latente Steuern dürfen nicht abgezinst werden (Rz. 29.67), so dass es zu Abweichungen vom Barwert der Steuerersparnis kommen kann, Rz. 36.176.

Abb. 36.6: Anwendungsleitlinien zur Bewertung, insb. Fair Value-Bestimmung

frei   36.157–36.159

IV. Insbesondere: Bewertung immaterieller Vermögenswerte nach DCF-Verfahren

1. Übersicht

Speziell bei immateriellen Vermögenswerten dürften Marktwerte und auch Vergleichswertverfahren mangels aktiver Märkte oder Vergleichsobjekte nur in seltenen Ausnahmefällen in Betracht kommen. Vorrangig findet daher die kapitalwertorientierte Bewertung nach DCF-Verfahren Anwendung (s. Abb. 36.5 in Rz. 36.155). 36.160

Diese werden i.E. im „IDW Standard Grundsätze zur Bewertung immaterieller Vermögenswerte (IDW S 5)" erläutert[46]. Der Standard nennt vier verschiedene Methoden, die auf unterschiedliche Weise eine Isolierung der für den betreffenden Vermögenswert spezifischen finanziellen Überschüsse ermöglichen:[47]

1) Methode der unmittelbaren Cashflow-Prognose,

2) Methode der Lizenzpreisanalogie,

3) Mehrgewinnmethode,

4) Residualwertmethode.

Bei sämtlichen Methoden – u.E. nach wie vor auch unter IFRS 13 zulässig – stellt sich das Kernproblem, die mit dem zu bewertenden immateriellen Vermögenswert verbundenen Cashflows zu identifizieren bzw. von den finanziellen Überschüssen einer *cash generating unit* zu isolieren. Hierbei verfolgen die Methoden unterschiedliche Lösungswege. In der Praxis der Kaufpreisallokation werden die Methode der Lizenzpreisanalogie (2) und die Residualwertmethode (4) am häufigsten angewandt.

36.161 Bei den kapitalwertorientierten Bewertungsmethoden – anders als bei den marktpreisorientierten Verfahren (Abb. 36.5 in Rz. 36.155) – ist zunächst nicht die Steuerersparnis aus einer Abschreibung des bewerteten immateriellen Vermögenswertes berücksichtigt. Im Einzelnen ergibt sich ein abschreibungsbedingter Steuervorteil daraus, dass die steuerliche Bemessungsgrundlage aus den von dem Vermögenswert generierten Cashflows um Abschreibungen auf den Vermögenswert zu reduzieren ist. Der **Steuervorteil ist** bei allen vier ab Rz. 36.160 dargestellten DCF-Verfahren zusätzlich **zu erfassen**; siehe dazu Rz. 36.175.

2. Methode der unmittelbaren Cashflow-Prognose

36.162 Die Methode der unmittelbaren Cashflow-Prognose setzt voraus, dass dem Vermögenswert ein **abgrenzbarer Zahlungsstrom** unmittelbar zugeordnet werden kann. Das dürfte zumeist nur gegeben sein, wenn der Vermögenswert nicht im Zusammenwirken mit anderen Vermögenswerten des Unternehmens zum Einsatz kommt, sondern z.B. Dritten gegen Entgelt exklusiv überlassen wird.[48] Die Anwendung der Methode der unmittelbaren Cashflow-Prognose beschränkt sich somit auf Ausnahmefälle.

Methodisch sind bei der Methode der unmittelbaren Cashflow-Prognose die direkt zurechenbaren Cashflows mit dem vermögenswertspezifischen risikoadäquaten Zins-

---

46 Bis 2015 fanden sich diese Hinweise auch in der IDW Stellungnahme zur Rechnungslegung: Bewertungen bei der Abbildung von Unternehmenserwerben und bei Werthaltigkeitsprüfungen nach IFRS (IDW RS HFA 16). Die Stellungnahme wurde jedoch in 2015 aufgehoben und die auf IAS 36 bezogenen Ausführungen in die neue IDW Stellungnahme zur Rechnungslegung: Einzelfragen zu Wertminderungen von Vermögenswerten nach IAS 36 (IDW RS HFA 40) verlagert.

47 Vgl. zu den Verfahren ausführlich *Beyer/Mackenstedt*, WPg 2008, 338 (343 ff.).

48 Vgl. hierzu *Beyer/Mackenstedt*, WPg 2008, 338 (344).

3. Methode der Lizenzpreisanalogie

36.163 Die Methode der Lizenzpreisanalogie (*relief from royalty method*) wird häufig bei **Marken, Patenten und Technologien** angewendet. Ihr liegt die Prämisse zugrunde, dass ein Dritter bereit wäre, eine Lizenzgebühr für die Nutzung des Vermögenswertes zu zahlen, wenn er sich nicht in dessen Besitz befindet.

Dabei wird der bewertungsrelevante Zahlungsstrom nicht explizit prognostiziert. Vielmehr wird zumeist eine am Markt beobachtete Lizenzrate auf den marken- oder technologierelevanten Umsatz bezogen[49] und ein Barwert ersparter Lizenzgebühren ermittelt. Wegen der marktbezogenen Ableitung der Lizenzrate wird diese Methode teilweise auch als hybrider Ansatz bezeichnet oder den Marktpreisverfahren zugeordnet[50]. Ausgaben zum Erhalt des zu bewertenden Vermögenswerts (z.B. Marke) sind nicht mehr zu berücksichtigen, da implizit in den Fremdlizenzraten enthalten. Bei der Ermittlung von Lizenzraten kann auf Datenbanken zurückgegriffen werden.[51] Oft weisen die am Markt beobachteten Lizenzraten Bandbreiten von mehreren Prozentpunkten auf. Soweit nicht aus Vereinfachungsgründen Mittelwerte gebildet werden, ist anhand der individuellen Merkmale der Marke (z.B. stark/schwach) eine sachgerechte Bestimmung der Lizenzrate zu treffen. Bspw. ist die Bedeutung einer Marke im b2b Bereich und damit die Lizenzrate vergleichsweise gering, anders hingegen im b2c Geschäft.

Beispiel: Im Folgenden wird der Wert des beim erworbenen business vorhandenen Technologievorsprungs (Rz. 36.125 Beispiel 3) ermittelt. Dabei ist zunächst zu prüfen, welcher Anteil des erwarteten Umsatzes auf dieser Technologie beruht. Im Beispiel sei anfänglich ein Großteil, aber nicht die gesamte Umsatzerwartung von dieser Technologie abhängig, weil die Technik nicht für alle Produkte verwendet wird. Darüber hinaus sinke deren Bedeutung im Zeitablauf, da ein Ersatz durch Nachfolgetechnologien stattfindet. Diese kommen ggf. in F&E Projekten zum Ausdruck (Rz. 36.115) oder sie sind im Erwerbszeitpunkt noch gar nicht vorhanden und gehen im Goodwill auf.

Unter Anwendung einer marktüblichen Lizenzrate von 4 % ergeben sich die technologiebezogenen Nutzungsentgelte und nach Abzug von 30 % Steuern der Überschuss nach Steuern.

Jahr	0	1	2	3	4	5	6	7	8
Umsatz lt. Business Plan		25.000	27.000	30.000	30.660	31.273	31.899	32.537	33.187
davon technologiebezogen %		90 %	85 %	80 %	75 %	60 %	30 %	20 %	10 %

---

49 Vgl. *Castedello/Schmusch*, WPg 2008, 350 (353).
50 Vgl. *Moser*, Bewertung immaterieller Vermögenswerte², 45 m.w.N.
51 Z.B. royaltysource.com und royaltystat.com.

Jahr	0	1	2	3	4	5	6	7	8
Technologiebezogener Umsatz		22.500	22.950	24.000	22.995	18.764	9.570	6.507	3.319
Lizenzrate vor Steuern		4,0 %	4,0 %	4,0 %	4,0 %	4,0 %	4,0 %	4,0 %	4,0 %
Nutzungsentgelt		900	918	960	920	751	383	260	133
Ertragsteuern (30 %)		- 270	- 275	- 288	- 276	- 225	- 115	- 78	- 40
Überschuss nach Steuern		630	643	672	644	526	268	182	93
Diskontierungsfaktor (7 % n.St.)		0,935	0,873	0,816	0,763	0,713	0,666	0,623	0,582
Barwert	2.910	589	561	548	491	375	179	113	54

Der vermögenswertspezifische Diskontierungszinssatz werde auf 7 % (nach Steuern) geschätzt (Rz. 36.170), so dass der Barwert der Überschüsse 2.910 beträgt. Dieser berücksichtigt noch nicht den Steuervorteil aus einer Abschreibung dieses Vermögenswertes (tax amortisation benefit, TAB). Wir stellen dessen Berechnung in Rz. 36.175 dar.

4. Mehrgewinnmethode

36.164 Die Mehrgewinnmethode ermittelt die Differenz zwischen den Cashflows des erworbenen business ohne den zu bewertenden Vermögenswert und einem fiktiven business inklusive diesem Vermögenswert. Die Differenz zeigt den zusätzlichen Cashflow, der auf den zu bewertenden Vermögenswert zurückzuführen ist, entweder durch zusätzliche Einnahmen oder ersparte Ausgaben[52].

In der Praxis wird die Methode nicht selten auch in der Form angewendet, dass Zahlungsströme für den betreffenden Vermögenswert unmittelbar gegenübergestellt werden. Beispiele hierfür sind die direkte Prognose der Ersparnisse oder Mehrerlöse für ein Produkt durch den Einsatz einer bestimmten patentierten Technologie. Ebenso können Preis- und Mengenprämien für ein bestimmtes (Marken-)Produkt im Vergleich zu demselben Produkt ohne Marke prognostiziert werden.[53] Im Vergleich zur Methode der Lizenzpreisanalogie wird also deutlich mehr Input benötigt.

Anwendungsbereich ist etwa die Markenbewertung (Mehrgewinne von Markenprodukten unter Abzug höherer Marketingaufwendungen) oder die Bewertung eines **Wettbewerbsverbots**.[54]

5. Residualwertmethode

36.165 Die Methode der unmittelbaren Cashflow-Prognose, die Methode der Lizenzpreisanalogie und die Mehrgewinnmethode setzen voraus, dass eine unmittelbare oder

---

52 Vgl. hierzu *Beyer/Mackenstedt*, WPg 2008, 338 (344).
53 Vgl. hierzu und zum Folgenden *Castedello/Schmusch*, WPg 2008, 350 (354 m.w.N.).
54 Vgl. *Leibfried/Fassnacht*, KoR 2007, 48 (53).

zumindest eine mittelbare Zuordnung von Zahlungsströmen zu dem zu bewertenden immateriellen Vermögenswert möglich ist. Häufig ist dies aber gerade für die Bewertung immaterieller Vermögenswerte, etwa von Kundenbeziehungen, nicht ohne weiteres zu schätzen. Die Bewertung erfolgt dann zumeist nach der Residualwertmethode (*multi-period excess earnings method*).[55]

Die Residualwertmethode trifft für Bewertungszwecke die grundlegende (fiktive) Annahme, dass ausschließlich der zu bewertende immaterielle Vermögenswert vorhanden ist, dessen Einsatz aber den Einsatz weiterer Ressourcen erfordert, die (fiktiv) gemietet oder geleast werden. Hierfür sind **Nutzungsentgelte** (*contributory asset charges*) zu entrichten. Die Anwendung der Residualwertmethode setzt voraus, dass der zu bewertende Vermögenswert ein **wesentlicher Werttreiber** ist (*leading asset*)[56] und die übrigen Vermögenswerte lediglich unterstützenden Charakter haben (*supporting assets*). Andernfalls kommt die Residualwertmethode grundsätzlich nicht zur Anwendung (bzw. *leading* und *supporting asset* sind auszutauschen, z.B. Kundenstamm gegen Markenrecht). Bei mehrfacher Anwendung der Residualwertmethode ist sicherzustellen, dass eine mehrfache Zuordnung derselben Cashflows auf verschiedene Vermögenswerte ausgeschlossen wird.[57]

Konzeptionell bringt die Residualwertmethode zum Ausdruck, dass immaterielle Vermögenswerte i.d.R. erst im Verbund mit anderen Vermögenswerten Cashflows generieren. Bei den unterstützenden Vermögenswerten kommt es nicht darauf an, dass diese selbst bilanzierungsfähig sind. Neben Grundstücken, Gebäuden, technischen Anlagen oder Vermögenswerten des Nettoumlaufvermögens und Marken kommt daher auch ein Mitarbeiterstamm in Betracht, auch wenn dieser selbst nicht angesetzt werden darf (Rz. 36.127). Dagegen werden etwa Liquiditätsüberschüsse oder Finanzanlagen nicht berücksichtigt, da häufig nicht betriebsnotwendig.

Zur Ableitung **fiktiver Nutzungsentgelte** sind bezogen auf die jeweiligen unterstützenden Vermögenswerte,

– deren **Werteverzehr** im Sinne einer Amortisation der Anschaffungsauszahlung (*return of asset*) und

– eine **angemessene Verzinsung** auf das gebundene Kapital (*return on asset*) zu erfassen.[58]

Beispiel: Ein Leasinggeber möchte aus der Vermietung einer Maschine, die er zum Fair Value von 100 erworben hat, eine Rendite von 5 % vor Steuern (3,5 % nach 30 % Steuern) erzielen. Die Nutzungsdauer (lease term) betrage aus Vereinfachung 1 Jahr. Wie hoch sind die Leasingrate und damit das Nutzungsentgelt, wenn die Maschine, etwa bei der Bewertung eines Kundenstamms oder Auftragsbestands, als supporting asset angesehen wird? Das ist schnell ermittelt; die nachfolgende Tabelle zeigt insbesondere zwei Verfahren zum Umgang mit den Ertragsteuern auf:

---

55 So IDW S 5 i.d.F. 2015, Rz. 95. *Dörschell/Ihlau/v. Lackum*, WPg 2010, 978 (981 ff.).
56 So IDW S 5 i.d.F. 2015, Rz. 40.
57 Vgl. IDW S 5 i.d.F. 2015, Rz. 40.
58 So IDW S 5 i.d.F. 2015, Rz. 38; vgl. auch *Castedello/Klingbeil/Schröder*, WPg 2006, 1028 (1032).

	(1)		(2)	
Leasingrate		105,0	105,0	
davon „return on" (Verzinsung)	5		5	
davon „return of" (Amortisation)	100		100	
Abschreibung		- 100,0		
Steuerpflichtig		5,0	105,0	
Ertragsteuern (30 %)		- 1,5	- 31,5	
Einnahme		105,0	105,0	
Steuerzahlung		- 1,5	- 31,5	
Free Cashflow t=1		103,5	73,5	
Diskontierungsfaktor (3,5 %)		0,966	0,966	
Barwert (Fair Value) t=0		**100,0**	**71,0**	**71,0**
Steuervorteil aus Abschreibung t=1 (100 × 30 %)			30	
Diskontierungsfaktor (3,5 %)			0,966	
Barwert (Fair Value) t=0 (TAB)			**29,0**	**29,0**
Fair Value t=0		**100,0**		**100,0**

Die Leasingrate beträgt 105. Sie umfasst eine Verzinsung auf das eingesetzte Kapital (*return on:* 5 % v. 100 = 5) sowie eine Kompensation der Abnutzung (*return of:* 100). Die Leasingrate unterliegt der Ertragsteuer von 30 %, der Leasinggeber kann jedoch die Abschreibung steuerlich geltend machen.

- In Spalte (1) wird die Steuerberechnung so dargestellt, wie man ein steuerliches Einkommen ermittelt: Nach Abzug der Abschreibungen von der Leasingeinnahme verbleibt ein steuerpflichtiger Überschuss von 5 und eine Steuerbelastung von 1,5. Die Diskontierung des Free Cashflow (103,5 = 105 - 1,5) mit dem Nach-Steuer-Zinssatz von 3,5 % führt zu einem Barwert = Fair Value von 100.
- Spalte (2) abstrahiert zunächst von steuerlichen Abschreibungsmöglichkeiten und unterwirft die Leasingrate im 1. Schritt ungeschmälert der Steuer. Dies führt in t=1 zu einem Free Cashflow von nur 73,5 und abgezinst zu einem Barwert von 71,0. Die abschreibungsbedingte Steuerersparnis oder *tax amortisation benefit* (TAB) von 30 (100 × 30 %) wird in einem 2. Schritt separat berechnet und ebenfalls auf t=0 diskontiert (Barwert 29,0). In Summe ergibt sich wiederum der Fair Value der Maschine von 100,0.

Die Berechnung lt. Spalte (2) mag artifiziell erscheinen, sie hat aber eine enorme Bedeutung bei der kapitalwertorientierten Ermittlung immaterieller Vermögenswerte, deren Fair Value erst noch zu bestimmen ist. Wie in unserem Beispiel zur Methode der Lizenzpreisanalogie (Rz. 36.163) wird üblicherweise zunächst der Barwert des Nach-Steuer-Free Cashflow ohne abschreibungsbedingte Steuerersparnis auf den zu bewertenden Vermögenswert selbst berechnet (vergleichbar mit dem Betrag von 71,0) und anschließend der TAB (hier 29,0) über einen step up Faktor hinzugefügt (siehe im Einzelnen Rz. 36.175).

Mit den contributory asset charges werden zugleich Mehrfacherfassungen identischer Cashflows vermieden (Rz. 36.125 ff.). So ist bei der Bewertung von Kundenbeziehungen u.Ä. ein fiktives Nutzungsentgelt für Marken abzuziehen, bezogen auf den zuvor ermittelten Zeitwert der Marke.

Fortführung: Die Berechnung von contributory charges ist von einem großen Variantenreichtum geprägt. Gemeinsam ist allen Varianten die Annahme, dass ein fiktiver Leasinggeber die Verzinsung und Amortisation des Fair Value fordert. Daher basiert die Ermittlung der Nutzungsentgelte immer auf dem Fair Value inkl. TAB[59]. In der Praxis werden die Nutzungsentgelte jedoch teilweise als Vor- oder Nach-Steuer-Beträge ermittelt. Wir zeigen im Vorgriff auf unser Beispiel in Rz. 36.168 beide Alternativen:

	(1)	(2)
Fair Value	100,0	100,0
Aufzinsungsfaktor (3,5 %, 1 Jahr) – vor 30 % Steuern	1,05	
Leasingrate – vor Steuern	**105,0**	
abzgl. TAB des Leasinggebers		- 29,0
Zwischensumme		71,0
Aufzinsungsfaktor (3,5 %, 1 Jahr) – nach 30 % Steuern		1,035
Leasingrate – nach Steuern	**73,5**	**73,5**
Steuern Leasingnehmer	*31,5*	*31,5*
Leasingrate – vor Steuern	*105,0*	*105,0*

– Variante (1) zeigt die Vor-Steuer-Berechnung: der Fair Value wird mittels des Vor-Steuer-Aufzinsungsfaktors auf das Nutzungsentgelt vor Steuern des Leasingnehmers umgerechnet. Bei einer längeren Nutzungsdauer als ein Jahr wäre der Fair Value mittels eines Annuitätenfaktors auf die Nutzungsdauer zu verteilen. Bei einer Vor-Steuer-Leasingrate (105) ergibt sich bei einem Steuersatz von 30 % die Leasingrate nach Steuern von 73,5.

– Variante (2) stellt die Nach-Steuer-Berechnung dar: Dabei wird der mit einem Nach-Steuer-Zinssatz berechnete TAB des Leasinggebers (29,0) vom Fair Value (100,0) abgezogen und der verbleibende Betrag (71,0) mit dem Nach-Steuer-Zinssatz aufgezinst bzw. bei Nutzungsdauern von über einem Jahr annuitätisch auf diese verteilt. Dies führt zum Nach-Steuer-Nutzungsentgelt des Leasingnehmers. Variante (2) erschließt sich nicht intuitiv; sie ist darin begründet, dass die Bewertungspraxis Nutzungsentgelte häufig als Nach-Steuer-Beträge definiert und korrespondierend Nach-Steuer-Diskontierungszinsätze verwendet[60]. Unzutreffend ist dagegen die Begründung, dass der Leasinggeber eine abschreibungsbedingte Steuerersparnis hat und seine Leasingrate daher nach dem Nettobetrag (71,0) bemisst[61]. Vielmehr wird ein rechnentechnischer Weg gesucht, den Nach-Steuer-Aufwand des Leasingnehmers zu bestimmen. Nicht nachvollziehbar ist es zudem, wenn Variante (2) zur Berechnung eines Vor-Steuer-Nutzungsentgelts des Leasingneh-

---

59 Vgl. The Appraisal Foundation, Valuation Advisory #1, Rz. 1.6 sowie 3.1.08: „*CAC's on contributory assets should be based on the fair value of those assets including their TAB*".
60 Vgl. *Moser*, Bewertung immaterieller Vermögenswerte², 255 ff.
61 So aber *Dörschell/Ihlau/von Lackum*, WPg 2010, 978 (984). Dabei wird ignoriert, dass die Lesasingrate selbst ja steuerpflichtig ist.

mers angewandt und der Betrag von 73 auf einen Vor-Steuer-Betrag heraufgeschleust wird (105 = 73,5/70 %).[62] Das Vor-Steuer-Nutzungsentgelt kann einfacher mit Variante (1) ermittelt werden, siehe nur die ersten drei Zeilen dieser Variante.

36.167 Werden im Einklang mit der Auffassung des IASB auch nicht-vertragliche Kundenbeziehungen angesetzt (Rz. 36.119), gelten für die Planung der zu diskontierenden Überschüsse folgende Grundsätze[63]:

– Es ist sicherzustellen, dass nur Zahlungsüberschüsse mit bestehenden Kunden einbezogen werden und damit üblicherweise in Planungen enthaltenes Neukundengeschäft außen vor bleibt. Erwartete Mengen- und Preissteigerungen mit bestehenden Kunden sind hingegen anzusetzen.

– Korrespondierend müssen in der Planung erfasste Auszahlungen für Neukundenakquisitionen eliminiert werden. Übliche Auszahlungen zur Kundenpflege sind demgegenüber zu berücksichtigen.

– Die Nutzungsdauer eines kundenorientierten immateriellen Wertes ist die Periode, in der aufgrund der Bindung an den Leistenden Wertbeiträge i.S.v. finanziellen Überschüssen für das Unternehmen erwartet werden können. Trotz des grundsätzlichen Bestrebens einer dauerhaften Aufrechterhaltung von Kundenbeziehungen steht der Annahme einer unbegrenzten Laufzeit entgegen, dass die Kundenbeziehungen erfahrungsgemäß einem Abschmelzungsprozess unterliegen; bestehende Kunden gehen verloren, neue Kunden, zu denen bislang keine Beziehung besteht, werden hinzugewonnen. Neben Vertragslaufzeiten und erwartete Vertragsverlängerungen determinieren typische Produktlebenszyklen, die Wettbewerbssituation, demografische Aspekte uvm. die anzusetzende Nutzungsdauer.

– Werden Kundenbeziehungen in einer Gruppe zusammengefasst, können aus historischen Daten Rückschlüsse auf die Nutzungsdauer als auch auf eine Abschmelzrate für den künftigen Wegfall von Kunden gewonnen werden (*churnrate*). Die churnrate kann für die typisierende Ermittlung der bewertungsrelevanten Cashflows herangezogen werden: Je geringer die churnrate, umso länger c.p. der Abschmelzprozess und die Nutzungsdauer.

36.168 Nach diesen Vorarbeiten wird im nun nachfolgenden Beispiel[64] exemplarisch ein **Auftragsbestand** (analog: vertraglich gesicherte Kundenbeziehungen) bewertet. Die Umsätze ergeben sich abweichend von nicht-vertraglichen Kundenbeziehungen (Rz. 36.167) aus dem Auftragsbuch. Die folgende Tabelle wird anschließend erläutert.

---

62 So aber *Dörschell/Ihlau/von Lackum*, WPg 2010, 978 (984).
63 Vgl. zum Folgenden IDW S 5 i.d.F. 2015, Rz. 81 ff. sowie The Appraisal Foundation, VFR Valuaton Advisory #2.
64 In Anlehnung an The Appraisal Foundation, VFR Valuaton Advisory #1, Toolkit, Exhibit A-13., Rz. 1.5 und 2.2.13.

Beispiel:

Gegenstand	Zeit-wert	Nut-zungs-dauer	Zinssatz vor Steuern	Annuität/ Verzinsung	% vom Umsatz	Jahr 1	Jahr 2	Jahr 3
Geplanter Gesamtumsatz					*25.000*	*25.000*	*27.000*	*30.000*
davon vertraglich abgesichert						**20.000**	**10.000**	**2.000**
EBITDA Marge Gesamt						*25,0 %*	*25,0 %*	*25,0 %*
+ Aufwand für Akquisition Neukunden						*2,0 %*	*2,0 %*	*2,0 %*
+ Aufwand für Entw. neue Technologie						*3,0 %*	*3,0 %*	*3,0 %*
EBITDA Marge adjustiert						30,0 %	30,0 %	30,0 %
EBITDA						**6.000**	**3.000**	**600**
Sachanlagen	8.000	5	4,0 %	1.797	7,2 %	- 1.438	- 719	- 144
Technologie					4,0 %	- 800	- 400	- 80
Marke					1,0 %	- 200	- 100	- 20
Mitarbeiterstamm	500	–	11,5 %	58	0,2 %	- 46	- 23	- 5
Nettoumlaufvermögen	2.000	–	4,0 %	80	0,3 %	- 64	- 32	- 6
Wertbeiträge der unterstützenden Vermögenswerte					12,7 %	- 2.548	- 1.274	- 255
Excess Earnings vor Steuern						3.452	1.726	345
Steuern (30 %)						- 1.036	- 518	- 104
Excess Earnings nach Steuern						2.417	1.208	242
Diskontierungssatz (nach Steuern)						6,00 %	6,00 %	6,00 %
Diskontierungsfaktoren						0,943	0,890	0,840
Barwert						**2.280**	**1.075**	**203**
Summe Barwerte (zu Beginn von Jahr 1)						3.558		

Ausgangspunkt der Berechnung immaterieller Vermögenswerte ist der Businessplan für das gesamte erworbene business, und zwar aus der Sicht eines typischen (hypothetischen) Marktteilnehmers (Rz. 36.100), d.h. ohne käuferseitige Synergien. Die um derartige Effekte ggf. bereinigte Planung geht in unserem Beispiel für das Jahr 1 von einem Umsatz von 25.000, für das Jahr 2 von 27.000 und für Jahr 3 von 30.000 aus. Die gesamte EBITDA-Marge sei konstant mit 25 % geplant.

Aus diesem Gesamtplan wird nunmehr derjenige Cashflowanteil herausgebrochen, der auf den zu bewertenden Vermögenswert entfällt. Dieser ergibt sich als Überschuss des durch den zu bewertenden Vermögenswert erwartungsgemäß generierten Umsatz über die Kosten. Die aus dem Auftragsbestand resultierenden Umsätze betragen 20.000, 10.000 bzw. 2.000 im Jahr 3 („vertraglich abgesichert").

Zu den Kosten zählen außer (i) pagatorischen Kosten auch (ii) Abschreibungen auf tatsächlich aktivierte Vermögenswerte (Sachanlagen) sowie (iii) ggf. kalkulatorische Kosten (Abschreibung auf nicht aktivierten Mitarbeiterstamm) sowie (iv) die gesamte kalkulatorische Verzinsung.

Die pagatorischen Kosten setzen auf dem für das gesamte business geplanten EBITDA bzw. (umsatzanteilig) auf die EBITDA Marge (25 %) auf. Allerdings ist zu prüfen, ob der geplante EBITDA ggf. Aufwendungen enthält, die nicht den zu bewertenden Vermögenswert betreffen. Bei der Bewertung von Kundenbeziehungen oder eines Auftragsbestands werden z.B. typischerweise die folgenden Bereinigungen vorgenommen:

- Da der Auftragsbestand bereits akquiriert wurde, ist der insgesamt geplante EBITDA um Aufwendungen zur Gewinnung neuer Aufträge/Kunden zu bereinigen (Werbekosten, Vertriebspersonal, hier: 2 % vom Umsatz).
- Der Nutzen aus erst künftig entwickelten Technologien ist Teil des Goodwill[65]. Daher sind Entwicklungskosten (hier: 3 % vom Umsatz) ebenfalls zu bereinigen, so dass die auf den Auftragsbestand bezogene EBITDA Marge 30 % beträgt.

Häufig werden die Abschreibungen auf Sachanlagen vom EBITDA abgesetzt und ein EBITA, d.h. ein operativer Gewinn vor Amortisation auf immaterielle Vermögenswerte ermittelt. Dies ist oft verbunden mit einem Umschwenken auf eine Nach-Steuer-Rechnung. Dabei wird der EBITA um Steuern gekürzt (dies ergibt den sog. *Tax-effecting EBITA*[66]) und hiervon die Nutzungsentgelte der unterstützenden Vermögenswerte als Nach-Steuer-Aufwendungen abgezogen. Da beide Varianten in der Praxis anzutreffen sind und zu allem Überfluss auch in Kombination vorkommen[67], haben wir in Rz. 36.166 der konsistenten Ermittlung der Nutzungsentgelte entweder als Vor- oder Nach-Steuerbeträge einen so breiten Raum gewidmet. Unser Beispiel bleibt hingegen bei einer Vor-Steuer-Rechnung der Nutzungsentgelte.

36.169 Als **unterstützende Vermögenswerte** wurden im vorliegenden Fall außer Sachanlagen und Nettoumlaufvermögen auch der Mitarbeiterstamm sowie technisches Know-how und die Marke identifiziert. Deren **Nutzungsentgelte** werden üblicherweise in Form eines %-Satzes vom Umsatz ausgedrückt. Damit wird erreicht, dass die Nutzungsentgelte anteilig auf den zu bewertenden Vermögenswert umgelegt werden. Als Bezugsbasis wird im Beispiel der Umsatz von 25.000 im Aufsatzjahr 1 gewählt. Dies impliziert, dass die Nutzungsentgelte mit steigendem Umsatz absolut zunehmen. In der Praxis werden die Nutzungsentgelte z.T. auch auf einen -höheren- Durchschnittsumsatz des Planungszeitraums bezogen. Dann sinkt der %-Satz, und es wird unterstellt, dass die vorhandenen unterstützenden Vermögenswerte auch einen höheren Umsatz stemmen können.

---

65 Sofern nicht die Voraussetzungen für die Aktivierung von F&E-Projekten (Rz. 36.115) vorliegen.
66 Vgl. *Moser/Tesche/Klingel*, BewP 2018, 71 (74).
67 The Appraisal Foundation, setzen Nutzungsentgelte für Technologien, Marke u.ä. vor Steuern an und zieht andere Nutzungsentgelte dagegen als Nach-Steuer-Beträge ab, vgl. VFR Valuaton Advisory #1, Toolkit, Exhibit A-13.

Nutzungsentgelte dürfen aber nur insoweit abgezogen werden, als sie noch nicht bei der Planung, d.h. im EBITDA berücksichtigt worden sind, z.B. bereits als Abschreibung oder Personalaufwand.

- Der Wertbeitrag der **Sachanlagen** wird hier als Annuität auf den Fair Value von 8.000 ermittelt. Bei einem Annuitätenfaktor von 0,224 (Kehrwert des Rentenbarwertfaktors von 4,45 (4 % vor Steuern, 5 Jahre) beträgt die Annuität 1.797 (8.000 × 0,224) oder 7,2 % vom Ausgangsumsatz (25.000) im Bewertungszeitpunkt. Alternativ hätte auch die anteilige Abschreibung vom EBITDA abgezogen werden und als Wertbeitrag nur noch die Verzinsung angesetzt werden können.

- Die **vorhandene Technologie** (nicht zu verwechseln mit dem Aufwand zur Entwicklung neuer Technologien) sowie die **Marke** selbst werden nach der Methode der Lizenzpreisanalogie (Rz. 36.163) mittels Diskontierung von Lizenzraten bewertet. Dann können die Nutzungsentgelte auch direkt in Höhe der verwendeten Lizenzraten in % vom Umsatz angesetzt werden[68] (hier für die Technologie 4 % vor Steuern und für die Marke 1 % vor Steuern). Dies hat bei längeren Bewertungszeiträumen (etwa bei Kundenbeziehungen) den Vorteil, dass immer das zutreffende Nutzungsentgelt angesetzt wird, unabhängig davon, ob ein am Bewertungsstichtag vorhandener unterstützender Vermögenswert (z.B. Technik) ggf. später durch eine neue Technik ersetzt wird. Alternativ wird das Nutzungsentgelt auch als Annuität auf den Fair Value der vorhandenen Technik, Marke etc. ermittelt[69]. Dann wären allerdings notwendige Reinvestitionen nicht abgebildet.

- Der **Wert des erworbenen Mitarbeiterstamms** ist mangels Kontrolle der Mitarbeiter (Rz. 13.29) nicht als immaterieller Vermögenswert aktivierungsfähig; er geht im Goodwill auf. Gleichwohl stellt er ein supporting asset dar.[70] Bei annahmegemäß unbestimmter Nutzungsdauer[71] ist wie im Beispiel nur eine Verzinsung zu berücksichtigen (hier in Höhe des WACC vor Steuern von 11,5 % (8 %/0,7). Dies reflektiert entsprechende Erhaltungsaufwendungen, z.B. Rekrutierungskosten im EBITDA. Teilweise wird auch eine bestimmte Nutzungsdauer unterstellt[72]; dann wären Annuitäten wie bei Sachanlagen anzusetzen.

- Da das EBITDA bereits Materialaufwendungen beinhaltet, ist für die Kapitalbindung des Nettoumlaufvermögens nur noch der Zinsanteil zu erfassen. Unsere Berechnung unterstellt einen revolvierenden Austausch[73], so dass wir einen konstanten Stand von 2.000 mit dem Vor-Steuer-Zinssatz verzinsen.

---

68 Die Lizenzrate entspricht der Summe aus *return on* und *return of* des unterstützenden Vermögenswertes (vergleichbar dem Betrag von 105,0 lt. Rz. 36.166), vgl. *Moser*, Bewertung immaterieller Vermögenswerte², 20 f. The Appraisal Foundation geht regelmäßig auf diese Weise vor, vgl. VFR Valuaton Advisory #1, Toolkit, Exhibit A-13.
69 Vgl. z.B. *Dörschell/Ihlau/von Lackum*, WPg 2010, 985.
70 Vgl. *Senger/Brune*, Beck IFRS-HB⁵, § 34 Rz. 115.
71 Vgl. z.B. *Dörschell/Ihlau/von Lackum*, WPg 2010, 978 ff.
72 Vgl. The Appraisal Foundation, VFR Valuaton Advisory #1, Toolkit, Exhibit A-8.
73 Vgl. z.B. *Dörschell/Ihlau/von Lackum*, WPg 2010, 978 (984).

Die Ausführungen zeigen, dass nicht eine einzige Berechnungsmethode existiert; es führen vielmehr verschiedene Wege nach Rom. Wesentlich ist vor allem die Wahrung der Konsistenz bzgl. Vor- oder Nach-Steuerberechnung (Rz. 36.166).

Die Werte für die unterstützenden Vermögenswerte (Sachanlagen, Nettoumlaufvermögen, Mitarbeiterstamm) ergeben sich wiederum aus einer eigenen Zeitwertermittlung:

a) Der Wert für Sachanlagen (8.000) wird vorzugsweise auf Basis von Wiederbeschaffungskosten ermittelt (indexierte AHK seit Anschaffung abzgl. Abschreibung auf Basis der voraussichtlichen Nutzungsdauer, Rz. 36.156).

b) Der Wert des Mitarbeiterstamms (600) ergibt sich aus einer groben Schätzung ersparter Personalrekrutierungskosten sowie der Ausbildungskosten.

c) Zur Bewertung der Bestandteile des Nettoumlaufvermögens (Vorräte, operative Forderungen und Verbindlichkeiten sowie Rückstellungen) s. Rz. 36.156.

Bei b) ist der Steuervorteil aus der Abzugsfähigkeit der Abschreibungen (tax amortisaton benefit, TAB) gem. Rz. 36.175 zu erfassen. Bei a) und b) sind diese bereits im geschätzten Zeitwert enthalten (Rz. 36.166).

36.170 Das in unterstützende Vermögenswerte **investierte Kapital** ist angemessen zu verzinsen. Der hierzu benötigte risikoadäquate Kapitalkostenersatz ist gleich dem, der auch zur Fair Value-Bestimmung der unterstützenden Vermögenswerte herangezogen wurde. Die Höhe richtet sich insbesondere nach dem Risikoprofil des entsprechenden Zahlungsstroms. Ausgangspunkt ist die Überlegung, dass die Summe der mit dem Zeitwert der jeweiligen Vermögenswerte gewichteten Diskontierungszinssätzen (**WARA** = Weighted Average Return on Assets) den **gewogenen Kapitalkosten des Unternehmens** (Unternehmens-**WACC**) gleichen.

Beispiel: Die Berechnung des WACC beruht auf folgenden Parametern:
- Basiszinssatz: 2,0 %
- Marktrisikoprämie: 6,5 %
- Beta-Faktor: 1,0

Die Eigenkapitalkosten (unverschuldet, *unlevered*) betragen somit: 2,0 % + (6,5 % × 1,0) = 8,5 %.

Bei Fremdkapitalzinsen von 4 %, einer Fremdkapitalquote (zu Marktwerten) von 50 % und einer Steuerersparnis von 25 % ergibt sich somit folgender WACC von 8,0 %[74]:

8,5 % - 4 % × 50 % × 25 % = 8,0 %.

Alternativ kann wie folgt gerechnet werden:
- Schritt 1: Ermittlung der verschuldeten (levered) EK-Kosten K_L:
  K_L = 8,5 % + (8,5 % - 4,0 %) × 50 %/50 %[75] = 13 %

---

74 Vgl. *Behling*, BewP 2015, 119.

75 Verschuldungsgrad, definiert als Verhältnis des Marktwertes des FK zum Marktwert des EK; bei einer FK-Quote von 50 % beträgt der Verschuldungsgrad somit 1 (50 %/50 %).

– Schritt 2: Ermittlung der namensgebenden durchschnittlichen Kapitalkosten (WACC):
  WACC = 13 % × 50 % + 4 % × (1 - 25 %) × 50 % = 6,5 % + 1,5 % = 8,0 %

Der Betafaktor sowie der Verschuldungsgrad sind grundsätzlich aus einer Peer Group abzuleiten[76]. Der WACC ist immer nach Unternehmenssteuern definiert (Rz. 19.98); erfolgt die Ermittlung der Nutzungsentgelte unterstützender Vermögenswerte vor Steuern, ist er folglich auf einen Vor-Steuer-Wert (11,5 % = 8,0 %/0,7) hochzuschleusen (wie im Beispiel lt. Rz. 36.168 beim Mitarbeiterstamm).

Während der WACC auf die Finanzierungsseite abstellt, beziehen sich die WARA auf die Vermögenswerte. Im Vergleich zm WACC sind bei den verschiedenen Vermögenswerten vermögenswertspezifische Risikoaufschläge oder -abschläge vorzunehmen[77]. Im Beispiel kam folgende Spreizung zur Anwendung (Abb. 36.7):

Vermögenswert	Nach / Vor Steuern		Finanzierung
Goodwill	15 %	–	EK 13,5 %
Mitarbeiterstamm	8 %	11,5 %	EK 13,5 %
F&E Projekte	10 %	13,3 %	EK 13,5 %
Kundenbeziehungen	8 %	11,5 %	EK 13,5 %
Marke	7 %	10 %	FK 3 %
Technologie	7 %	10 %	FK 3 %
Auftragsbestand	6 %	–	FK 3 %
Sachanlagen	3 %	4 %	FK 3 %
Nettoumlaufvermögen	3 %	4 %	FK 3 %
WARA (8 %)			WACC (8 %)

Abb. 36.7: Vergleich WACC/WARA (dort keine proportionale Darstellung der Wertanteile)

---

76 Vgl. IDW S 5 (i.d.F. 2015), Rz. 42.
77 Vgl. The Appraisal Foundation, VFR Valuaton Advisory #1, Abschnitt 4.3 sowie Toolkit, Exhibit B-18 sowie *Moser*, Bewertung immaterieller Vermögenswerte², 98 ff.

Die Nach-Steuer-Excess Earnings des zu bewertenden Auftragsbestands selbst wurden hier aufgrund einer entsprechenden Risikoeinschätzung mit einem etwas unter dem WACC liegenden Diskontierungszinssatz (6 % nach Steuern) abgezinst. Bei (anderen) Kundenbeziehungen wird hingegen i.d.R. der Unternehmens-WACC vewendet.

Dies führt zu einem Barwert von 3.558 (s. Tabelle in Rz. 36.168 a.E.). Zur Berücksichtigung der Steuerersparnis aus einer Abschreibung auf den ermittelten Wert selbst s. nachfolgend Rz. 36.175.

36.171–36.174 frei

6. Erfassung des abschreibungsbedingten Steuervorteils (Tax Amortisation Benefit)

36.175 Bei den Marktpreisverfahren (Abb. 36.5 in Rz. 36.155) ist die Steuerersparnis aus einer Abschreibung bereits im Marktpreis reflektiert (Rz. 36.166) Gleiches gilt bei kostenorientierten Verfahren[78], da sich diese aus Beschaffungsmärkten ableiten. Bei den kapitalwertorientierten Bewertungsverfahren ist, so formuliert es das IDW vorsichtig, im Rahmen des zugrunde gelegten Wertkonzepts zu prüfen, ob die Berücksichtigung abschreibungsbedingter Steuervorteile (*tax amortisation benefit*, TAB) angemessen ist.[79] Bspw. ist bei der Bewertung des Auftragsbestands mittels Residualwertmethode lt. Rz. 36.168 zwar die Nutzung unterstützender Vermögenswerte (z.B. Marke) steuerwirksam erfasst, nicht aber die Steuerersparnis aus einer Abschreibung des für die vertragliche Kundenbeziehung ermittelten Werts selbst. Dabei ist der TAB unabhängig davon, ob sich der konkret zu bilanzierende Unternehmenserwerb im Wege des *share deal* oder des *asset deal* vollzieht, da sich der Fair Value aus Sicht eines hypothetischen Erwerbers ergibt. Dieser kann den Gegenstand durch Einzelerwerb erlangen und abschreiben (IFRS 3.13[80]). Unser Beispiel in Rz. 36.166 zeigt, dass der Ansatz eines TAB sachgerecht ist, denn bei einer Maschine käme auch niemand auf den Gedanken, den Fair Value ohne den TAB anzusetzen.

36.176 Bei der Berechnung entsteht jedoch ein Zirkularitätsproblem, weil die Abschreibung auf den Fair Value erfolgt, dieser aber wiederum den Barwert des TAB enthält. Das Problem kann über den sog. **Step up-Faktor** gelöst werden.

Beispiel (Fortführung von Rz. 36.163 und 36.168): Bei der **Technologie** wird eine lineare Abschreibung von 8 Jahren unterstellt und die jährliche Steuerersparnis (30 %/8 = rd. 3,8 %) mit dem dort angewendeten Nach-Steuer-Diskontierungszinssatz (7 %) diskontiert. Dies führt zu einem Barwert von 22,4 %. Alternativ hätte die jährliche Steuerersparnis von 3,8 % mit dem Rentenbarwertfaktor (RBF) von 5,971 multipliziert werden können.

---

78 Vgl. The Appraisal Foundation, VFR Valuaton Advisory #1, Abschnitt 3.1.08.
79 Vgl. IDW S 5 (i.d.F. 2015), Rz. 47.
80 Vgl. IDW S 5 (i.d.F. 2015), Rz. 47.; kritisch *Kasperzak/Nestler*, BFH v. 20.11.2006 – VIII R 97/02, FR 2007, 701 = DB 2007, 437.

G. Bewertung in der Handelsbilanz III | Rz. 36.176 Kap. 36

Technologie	Summe	1	2	3	4	5	6	7	8
Steuerersparnis (linear)	**30,0 %**	3,8 %	3,8 %	3,8 %	3,8 %	3,8 %	3,8 %	3,8 %	3,8 %
Diskontierungsfaktor (7 % n.St.)		0,935	0,873	0,816	0,763	0,713	0,666	0,623	0,582
Barwert	**22,4 %**	3,5 %	3,3 %	3,1 %	2,9 %	2,7 %	2,5 %	2,3 %	2,2 %
Step up Faktor (1/(1-22,4 %))	1,289								
Barwert (Rz. 36.163)	2.910								
TAB	840								
Fair Value inkl. TAB (x step up Faktor)	3.750								

Der Step-up-Faktor beträgt dann (1/(1 - 0,224)) = 1,289. Nach Multiplikation mit dem Barwert der Cashflows des Vermögenswerts (2.910) ergibt sich der Fair Value (3.750). Der TAB kann wie folgt verprobt werden:

3.750/8 = 469 (AfA p.a.) × 30 % = 141 (Steuerersparnis p.a.) × 5,971 (RBF) = 840

Der **Zeitwert** (3.750) wird abgeschrieben. Hierauf sind latente Steuern von 30 % = 1.125 zu bilden (nicht abgezinst, Rz. 29.67), so dass die bilanziellen latenten Steuern vom TAB abweichen.

Beim **Auftragsbestand** (Rz. 36.168) bietet sich eine Abschreibung gemäß dem degressiven Umsatzverlauf an. Dies führt zu einem step up Faktor von 1,381 und einem Fair Value von 4.915.

Auftragsbestand	Summe	1	2	3
Umsatz		32.000	20.000	10.000	2.000
Umsatzanteil		63 %	31 %	6 %
Steuerersparnis (umsatzabhängig)	**30,0 %**	18,8 %	9,4 %	1,9 %
Diskontierungsfaktor (6 % n.St.)		0,943	0,890	0,840
Barwert	**27,6 %**	17,7 %	8,3 %	1,6 %
Step up Faktor (1/(1 - 27,6 %))	1,381			
Barwert (Rz. 36.168)	3.558			
TAB	1.357			
Fair Value inkl. TAB (x step up Faktor)	4.915			

7. Cashflow-Planung und Nutzungsdauerbestimmung

36.177 Im Hinblick auf die sich erst bei der Folgekonsolidierung (Rz. 36.260 ff.) auswirkende Nutzungsdauerbestimmung, insbesondere die Frage, ob bei immateriellen Vermögenswerten von einer **begrenzten oder unbestimmten Nutzungsdauer** auszugehen ist (Rz. 13.101 ff.), ergeben sich Rückkopplungen auf die Cashflow-Prognosen:

Da eine unbestimmte Nutzungsdauer entsprechende „Erhaltungsaufwendungen" impliziert (hierzu zählen bei Consumermarken wie z.B. Coca Cola insbesondere die Marketingaufwendungen), müssen bei allen Methoden, die Cashflows diskontieren (Rz. 36.160 ff., also unmittelbare Cashflow-Prognose, Mehrgewinnmethode und Residualwertmethode) entsprechende Aufwendungen eingeplant werden, um von einer unbestimmten Nutzungsdauer auszugehen.[81] Dies gilt nicht bei der Methode der Lizenzpreisanalogie (Rz. 36.163), falls die anzuwendende Lizenzrate impliziert, dass der Markeninhaber die Erhaltungsaufwendungen selbst trägt.[82]

8. Beurteilung

36.178 Die Ergebnisse der hier vorgestellten, aber auch anderer Bewertungsverfahren (z.B. Punktbewertungsmodelle) können trotz gleichen Datenmaterials stark schwanken. In einer umfangreichen Studie zur Bewertung der Marke eines fiktiven Modellunternehmens lagen die von neun Bewertungsinstituten ermittelten Markenwerte in einer Bandbreite zwischen 173 Mio. Euro und 958 Mio. Euro. Die Bewertungsinstitute waren große Wirtschaftsprüfungsgesellschaften, aber auch auf Markenbewertungen spezialisierte Unternehmen (z.B. Interbrand, Brand Rating). Die unterschiedlichen Werte kamen u.a. zustande, weil einige Bewerter markenstrategische Erweiterungsoptionen, andere hingegen den Tax amortization benefit nicht berücksichtigt hatten.[83]

Die Studie zeigt, dass verwendete Parameter, insb. Diskontierungszinssätze kritisch zu überprüfen und ggf. anzupassen sind, wenn die (vorläufigen) Berechnungen zu unplausiblen Ergebnissen führen. Dies ist insbesondere der Fall,

- wenn die Summe der materiellen und immateriellen Vermögenswerte den Kaufpreis (die Gegenleistung) übersteigt, obwohl nur „normale"[84] Kaufpreise für das erworbenen Unternehmen gezahlt wurden, also kein sog. lucky buy vorliegt. IFRS 3.36 sieht ausdrücklich eine kritische Überprüfung (*reassessment*) der vorläufig ermittelten Werte vor (Rz. 36.213). Die Überprüfung betrifft insbesondere

---

81 Vgl. *Lüdenbach*, PiR 2006, 268 ff., ebenso zum Folgenden.
82 Vgl. *Leibfried/Fassnacht*, KoR 2007, 48 (54 f.); die im dortigen Beispiel bewerteten Verlagsrechte an Zeitschriftentiteln stellen praktisch Produktmarken dar.
83 Ein Kurzüberblick der Studie von Absatzwirtschaft und PWC, „Markenbewertung: Die Tank AG", 2004, findet sich in *Seiwert*, Absatzwirtschaft 2004, 34.
84 Gemessen an branchenüblichen Multiplikatoren, z.B. x-faches des erwarteten EBIT.

die Cashflowerwartungen und vermögensspezifischen Diskontierungszinsätze[85] (Rz. 36.170) bei den kapitalwertorientierten Verfahren,

— wenn bei „normalen" Kaufpreisen die Summe der angesetzten Vermögenswerte den Kaufpreis ausschöpft, obwohl Kaufpreisanteile für Synergien oder nicht separierbare Vermögenswerte (z.B. Mitarbeiterstamm oder nicht vertraglich gesicherte Kundenbeziehungen) gezahlt wurden.

frei 36.179

V. Ausweis- und Klassifizierungsänderungen

Bereits in der Handelsbilanz II ist *konzerneinheitlich* zu bilanzieren (Rz. 34.30). Für Gliederung und Bewertung ist in der Handelsbilanz II die Perspektive des Einzelabschlusses beizubehalten. Bei der Erstkonsolidierung ist jedoch auf die Perspektive des Konzernabschlusses zu wechseln (IFRS 3.15 ff.). Daher kann es im Rahmen der Erstellung der Handelsbilanz III nicht nur zu Bewertungsanpassungen, sondern auch zu Umgliederungen kommen: 36.180

Beispiel: In der Handelsbilanz II des *erworbenen* Unternehmens werden Grundstücke und Gebäude als Anlageimmobilien angesetzt. Die Vermietung erfolgt jedoch an andere Konzernunternehmen für den Einsatz in der Produktion. Daher ist in der Handelsbilanz III eine Umgliederung in Sachanlagen vorzunehmen. Ob sich daraus auch Fair Value-Anpassungen ergeben, ist im Einzelfall zu prüfen.

Weitere Klassifizierungsänderungen mit Bewertungsfolgen können sich insbesondere bei Finanzinstrumenten nach IFRS 9 ergeben (Rz. 36.156 „Börsennotierte Wertpapiere").

Versicherungsverträge nach IFRS 4 sind nach IFRS 3.17b) allerdings *von Klassifizierungsänderungen ausgenommen*, da IFRS 4 Verträge grundsätzlich unabhängig von der Identität der Vertragsparteien regelt. Die gleiche Ausnahme galt gemäß IFRS 3.17a) i.d.F. 2008 für alle Leasingverhältnisse nach IAS 17[86]. Nach Anwendung von IFRS 16 ist dies auf Fälle beschränkt, in denen das erworbene Unternehmen Leasinggeber ist; beim (erworbenen) Leasingnehmer sind Nutzungsrechte und Leasingverbindlichkeiten nach Maßgabe des IFRS 16 zu bilanzieren (Rz. 36.128). 36.181

frei 36.182–36.199

---

85 Vgl. *Moser*, Bewertung immaterieller Vermögenswerte[2], 98 ff.
86 Vgl. hierzu Vorauflage, Rz. 5681.

H. Bilanzierung eines Goodwill bzw. bargain purchase/ Ansatz nicht beherrschender Anteile (nbA)

I. Wahlrecht: Neubewertungsmethode oder Full Goodwill-Methode

36.200 IFRS 3.19 enthält als Ausprägungen der Erwerbsmethode ein Wahlrecht zwischen der Neubewertungsmethode und der Full Goodwill-Methode. Die beiden Methoden unterscheiden sich nur dann, wenn der Erwerber nicht alle Anteile am erworbenen Unternehmen übernimmt, wenn also nicht beherrschende Anteile (nbA) beteiligt bleiben. Dann gilt Folgendes:

- **Neubewertungsmethode:** Die nbA werden anteilig i.H.d. grundsätzlich zum Fair Value angesetzten Nettovermögens (Rz. 36.33) des erworbenen Unternehmens bewertet. Anders gewendet: Die nbA partizipieren an der Aufdeckung stiller Reserven und Lasten.
- **Full Goodwill-Methode:** Das (nicht zu 100 %) erworbene Unternehmen wird hier mit seinem Unternehmensgesamtwert im Konzernabschluss abgebildet, also letztlich mit dem (fiktiven) Wert, der sich ergeben hätte, wenn 100 % erworben worden wären. Die nbA werden also zusätzlich zum Neubewertungsbetrag um einen Goodwill hochgerechnet.

Das Wahlrecht kann zu jedem Unternehmenszusammenschluss neu ausgeübt werden (IFRS 3.19); es besteht **kein Gebot sachlicher Stetigkeit**.

36.201–36.209 frei

II. Neubewertungsmethode

1. Schema zur Berechnung von Goodwill und bargain purchase

36.210 Die Beschreibung zur Goodwillermittlung in IFRS 3.32 lässt sich in das folgende praktikable Schema übertragen, das zur Veranschaulichung ein Beispiel enthält:

Beispiel: MU erwirbt 80 % der Anteile an TU und wendet bei der Erstkonsolidierung die Neubewertungsmethode an. Im Fall A beträgt die Gegenleistung 1.000, im Fall B 500. Das Nettovermögen des TU auf Basis der HB III betrage 750. Davon entfallen auf MU 600 (= 80 %) und auf die nbA 150 (= 20 %).

- Die Spalte „Total" reflektiert jeweils den Wortlaut des IFRS 3.32, wonach der Goodwill (400) bzw. der *bargain purchase* (- 100) als Differenz zwischen (i) der Summe aus Gegenleistung von MU (1.000 bzw. 500) sowie dem Ansatz der nbA (150), also 1.150 bzw. 650 und (ii) 100 % des Nettovermögens (je 750) ermittelt wird.
- Die Spalte „MU" entspricht dem Wortlaut des HGB: Danach übersteigt im Fall A die Gegenleistung (1.000) das anteilige, auf die Muttergesellschaft entfallende Nettovermögen der TU (600), so dass ein (positiver) Goodwill von 400 entsteht. Im Fall B kommt es zu einem passiven Unterschiedsbetrag, auch Badwill oder *bargain purchase* genannt.

Neubewertungsmethode		Fall A: Goodwill			Fall B: bargain purchase		
		Total	MU	nbA	Total	MU	nbA
Gegenleistung des Erwerbers MU		1.000	1.000	0	500	500	0
Anteil nbA (20 % vom Nettovermögen TU HB III)		150		150	150		150
Total		**1.150**	**1.000**	**150**	**650**	**500**	**150**
Neubewertete Vermögenswerte TU	1.200						
Neubewertete Schulden TU	- 450						
Nettovermögen TU, HB III (100 %)	750	- 750	- 600	- 150	- 750	- 600	- 150
Goodwill/ bargain purchase (-)		**400**	**400**	**0**	**- 100**	**- 100**	**0**

Abb. 36.8: Schema 1 zur Goodwillermittlung/bargain purchase nach IFRS 3.32

Das vorgestellte Schema orientiert sich am Wortlaut des IFRS 3.32. Selbstverständlich sind auch andere Darstellungen möglich, um die Goodwillermittlung transparent zu machen. Beispielsweise findet das folgende Schema oft Verwendung (hier nur für den Fall A):

		MU	nbA
Anteile		80 %	20 %
Gegenleistung		1.000	Einlage
Nettovermögen TU	750	600	150
Goodwill		**400**	**-**

Abb. 36.9: Schema 2 zur Goodwillermittlung

Das Nettovermögen kann bei Bedarf zur technischen Weiterführung weiter unterteilt werden in EK-HB II-Bestandteile und in aufgedeckte stille Reserven/Lasten (EK HB III). Zu einem weiteren Schema s. Rz. 36.252.

2. Folgebewertung des Goodwill

Bei der Neubewertungsmethode ist ein **Goodwill** im Konzernabschluss nur in Bezug auf den Erwerber (die **Konzernmutter**) anzusetzen. Er unterliegt nicht der planmäßigen Abschreibung, sondern muss jährlich auf Werthaltigkeit geprüft werden. Hierzu ist er sog. zahlungsmittelgenerierenden Einheiten (CGU) zuzuordnen; als Zuordnungsmaßstab dienen die erwarteten Synergieeffekte aus dem Unternehmenszusammenschluss. Der Goodwill verbleibt *für diese Zwecke* also nicht notwendigerweise beim erworbenen Tochterunternehmen.[87] Die CGU-Zuordnung des

---

87 Für Zwecke der Währungsumrechnung aber schon, s. Rz. 35.34.

Goodwills ist spätestens bis zum Ende des auf den Unternehmenszusammenschluss folgenden Geschäftsjahres abzuschließen. Ausführlich zu den Einzelheiten der Goodwill-Zuordnung zu CGU und zum Impairment-Test s. Rz. 19.26 ff.

3. Ausnahme: bargain purchase

36.212 Ein **passiver Unterschiedsbetrag** (Ub) trägt nach IFRS 3 den Namen „*(gain from) bargain purchase*" (lucky buy). Sollte nach erfolgter Neubewertung ein solcher *bargain purchase* zu beobachten sein, sind Ansatz und Bewertung der zugegangenen Vermögenswerte und Schulden nochmals zu überprüfen (*reassessment*, IFRS 3.36), um ggf. mögliche Bewertungsfehler zu entdecken (Rz. 36.178). Soweit danach überhaupt noch ein *bargain purchase* verbleibt, muss dieser unmittelbar erfolgswirksam erfasst werden (IFRS 3.34).[88] Es ist somit zulässig, beim Ansatz des erworbenen Nettovermögens im Konzernabschluss den für den Unternehmenserwerb gezahlten Gesamtkaufpreis, noch dazu erfolgswirksam, zu überschreiten. Das IASB geht jedoch davon aus, dass solche Fälle eines lucky buy eher selten und insbesondere bei **Erwerb unter Verkaufszwang** (IFRS 3.35), etwa aus einer Insolvenzmasse, vorkommen. **Entsprechend eng** ist bisher der **praktische Anwendungsbereich**.[89]

Außerhalb eines möglichen Verkaufszwangs muss ein **Verkauf „unter Wert" regelmäßig ausgeschlossen** werden, weil *per se* davon auszugehen ist, dass eine zwischen fremden Dritten abgeschlossene Transaktion und damit auch die konkret zu bilanzierende unter marktüblichen Bedingungen stattgefunden hat.[90] Der bisweilen zu beobachtenden Tendenz, der Summe von Gutachterwerten für das Nettovermögen eine höhere Bedeutung beizumessen als gezahlten Kaufpreisen, ist deutlich entgegenzutreten; sie findet in IFRS 3 *keine Grundlage*.

36.213 Das vor Ertragsvereinnahmung vorgeschriebene reassessment betrifft folgende Bereiche (IFRS 3.36):

– Vollständigkeit der Gegenleistung: So kann sich ein passiver Ub z.B. ergeben, wenn eine Earn-out-Zahlung (Rz. 36.70) versehentlich nicht einbezogen wurde.

– Wurden nbA nicht berücksichtigt oder zu gering bewertet, kann daraus ebenfalls ein passiver Ub entstehen (Rz. 36.210).

– Bei sukzessivem Erwerb wurden die Altanteile ggf. zu gering bewertet (Rz. 39.30).

– Insbesondere ist zu prüfen, ob Vermögenswerte nicht zu hoch und Schulden, insbesondere **Eventualschulden**, nicht zu niedrig angesetzt sind:

---

88 Zu Einzelheiten und zur Frage der Anwendung eines *Impairment-Tests* in solchen Konstellationen *Theile/Pawelzik*, WPg 2003, 323 (321 ff.).
89 Vgl. aber Aurelius Equity Opportunities SE & Co. KGaA, Geschäftsbericht 2017, S. 85 und 140 (€ 447 Mio. Ertrag in 2017). Solche Vorkommnisse ziehen nicht selten Prüfungen der DPR nach sich.
90 Sehr deutlich *Lüdenbach/Völkner*, BB 2006, 1435 (1441).

Beispiel: Der Fair Value des erworbenen Nettovermögens von TU betrage 10.000. Es bestehe ein Prozessrisiko in den USA, das jedoch nicht die Ansatzvoraussetzungen nach IAS 37 erfüllt (Rz. 26.32). MU setzt bei den Kaufpreisverhandlungen wegen des Prozessrisikos einen Kaufpreisabschlag von 4.000 durch, so dass für TU nur 6.000 gezahlt werden. Müsste der Fair Value von 10.000 bei Erstkonsolidierung ungeschmälert angesetzt werden, dürfte der Überhang über den bezahlten Kaufpreis von 6.000 (sog. *bargain purchase* von 4.000) im Erstkonsolidierungszeitpunkt in voller Höhe ergebniswirksam vereinnahmt werden. Daher ist die Sonderregelung über den Ansatz einer Eventualverbindlichkeit nach IFRS 3.22 f. im Erstkonsolidierungszeitpunkt sinnvoll (Rz. 36.141). Sie verhindert einen *bargain purchase*, und der angesetzte Fair Value des TU entspricht danach dem gezahlten Kaufpreis von 6.000.

Dagegen sollen **Restrukturierungsrückstellungen** nicht angesetzt werden dürfen (Rz. 36.143 f.). Diese Regelung steht jedoch in einem Missverhältnis zur Bilanzierung von Eventualschulden, wie folgende Überlegung zeigt: 36.214

Beispiel (Abwandlung von Rz. 36.213): Der Kaufpreisabschlag von 4.000 werde nicht für ein Prozessrisiko, sondern für notwendige (aber vom Verkäufer noch nicht eingeleitete) Restrukturierungsmaßnahmen gemacht. Eine solche Rückstellung darf bei der Bewertung des Nettovermögens des TU im Zuge des Erwerbs nicht angesetzt werden. Kommt es dann bei Erstkonsolidierung zu einem Ertrag von 4.000 und bei Anfall der Aufwendungen, ggf. in der Folgeperiode, zu einem Aufwand von 4.000? Beides wäre wohl nicht sachgerecht: Weder ist ein Ertrag erzielt worden, noch hat der Erwerber Aufwendungen, da die Restrukturierungskosten via Kaufpreisabschlag **wirtschaftlich vom Veräußerer** getragen wurden. IFRS 3 (2004).BC149 enthielt Hinweise zu Lösung des Problems, die u.E. weiterhin anwendbar sind: Danach sind Restrukturierungsaufwendungen nicht mittels Rückstellung, sondern durch Abstockung der Fair Values des Vermögens auf 6.000 zu berücksichtigen (sog. *reassessment* nach IFRS 3.36a).[91]

Ein anderer Ansatz zur Vermeidung eines nicht gerechtfertigten *bargain purchase* besteht in der Anwendung des Mehrkomponentenansatzes (Rz. 36.25), insbesondere bei **negativen Kaufpreisen**, also bei **Zuzahlungen des Verkäufers**[92]. Diese werden als Entgelt für eine **sonstige Leistung des Käufers** interpretiert, bspw. bei Verkauf eines Unternehmens mit überhöhtem Personalbestand, wenn der Verkäufer den notwendigen Personalabbau aus Imagegründen nicht durchführen will.   36.215

Wir halten diese Vorgehensweise für konzeptionell überzeugend, da die zum Kaufpreisabschlag führenden Aufwendungen gerade vom Verkäufer getragen wurden (Rz. 36.144). Voraussetzung ist jedoch, dass eine **Schuld gegenüber dem Verkäufer** vorliegt, z.B. durch Abschluss gesonderter Verträge für (a) den Erwerb des Unternehmens und (b) die sonstige Leistung gegenüber dem Veräußerer. Eine Separierung vom Unternehmenserwerb ist u.E. jedoch nicht möglich, wenn keine rechtlich separierbare Leistung des Erwerbers besteht.

frei   36.216–36.219

---

91 Vgl. *Theile/Pawelzik*, WPg 2003, 316 (321 ff.).
92 Vgl. Haufe IFRS-Komm[16], § 31 Rz. 145 f.

III. Full Goodwill-Methode

1. Schema zur Berechnung des Full Goodwill

36.220 Gemäß IFRS 3.19 dürfen nbA auch mit ihrem vollen Goodwill, d.h. inkl. anteiligem Goodwill, bewertet werden.

Beispiel (Abwandlung von Rz. 36.210): MU wende nun die Full Goodwill-Methode an. Auf Basis einer linearen, proportionalen Hochrechnung (zur Bewertung s. Rz. 36.221) ergibt sich im Fall A ein nbA Anteil von 250:

Full Goodwill-Methode	Total 100 %	Konzern-mutter 80 %	nbA 20 %
Gegenleistung	1.000	1.000	Einlage
Fair Value der nbA	250	0	250
Total	1.250	1.000	250
Nettovermögen TU, HB III	- 750	- 600	- 150
Goodwill	500	400	100

Bei der Full Goodwill-Methode geht es somit lediglich um die vollständige **Bewertung der nbA**, die eine **Sacheinlage in den Konzern**[93] tätigen. Eine Verletzung des pagatorischen Prinzips[94] ist hierin nicht zu erblicken, denn auch der bisher den nbA zuzurechnende Anteil am Fair Value des Nettovermögens war von der Konzernmutter nicht bezahlt worden[95].

2. Ermittlung des Unternehmensgesamtwerts

36.221 Der Fair Value der nbA soll sich (soweit vorhanden) aus Börsenkursen, ansonsten aus **Unternehmenswertermittlungen** ergeben (IFRS 3.B44). Eine proportionale Hochrechnung (wie in Rz. 36.220 vorgenommen) ist bei **bezahlten Synergien** nicht sachgerecht, kann aber auch nicht generell ausgeschlossen werden:

Beispiele:

(1) MU sei ein **reiner Finanzinvestor.** Da keine Synergien vergütet werden, könnte nur eine mögliche Kontrollprämie (IFRS 3.B45) gegen die Hochrechnung sprechen. Dieser möglichen Prämie steht aber die Tatsache gegenüber, dass nbA wegen ihres Lästigkeitswerts oft nur mit einem Aufschlag herausgekauft werden können. Daher spricht u.E. in diesem Fall nichts gegen eine proportionale Hochrechnung.

(2) Sofern mit dem Mehrheitsanteil **Synergien vergütet** wurden, kommt eine proportionale Hochrechnung dagegen nicht in Betracht. Allerdings ist auch (vorbehaltlich Rz. 36.224) wegen der von MU gezahlten Synergien ausgeschlossen, dass der proportional hochgerechnete Wert des Mehrheitsanteils überschritten wird. Der Anteil der nbA kann sich im Beispiel in Rz. 36.220 nur innerhalb der Bandbreite zwischen 150 (Nettovermögen)

---

93 Vgl. *Busse v. Colbe* u.a., Konzernabschlüsse⁹, 239; *Küting/Leinen*, WPg 2002, 1201 (1203).

94 Vgl. zur Vereinbarkeit von Sacheinlagen mit dem pagatorischen Prinzip *Thiele*, WPg 2002, 766 (768 f.).

95 Vgl. *Pawelzik*, WPg 2004, 677 (682); *Haaker*, KoR 2006, 451 (453 f.).

und 250 bewegen. Würde eine DCF Bewertung höhere Werte ergeben, wäre sie analog IFRS 3.36 einem reassessment zu unterziehen, weil es sich, sofern nicht unter Zwang erfolgt, um eine Transaktion unter wirtschaftlich unabhängigen Personen zu Marktbedingungen handelt. Insofern spricht auch nichts dagegen, eine DCF Berechnung anhand des Kaufpreiskalküls von MU zu verproben, indem der um Synergien bereinigte Kaufpreis von MU proportional hochrechnet wird.

3. Beurteilung der Full Goodwill-Methode

Aus praktischer Sicht erscheint eine sachgerechte Bewertung der nbA zum vollen Fair Value möglich; gleichwohl mag der Ansatz abschreckend wirken. Somit stellt sich aus bilanzpolitischer Sicht die Frage nach einer **Zweckmäßigkeit der Full Goodwill-Methode**: Die Anwendung des Wahlrechts kann zum einen zu Vereinfachungen beim Goodwill-Impairmenttest führen, weil dieser nicht mehr proportional hochgerechnet werden muss (Rz. 19.121 ff.). Anderseits wäre ein (allerdings den nbA zuzurechnender) Impairment loss höher als bei Anwendung der Neubewertungsmethode.

36.222

Darüber hinaus führt die Full Goodwill-Methode zu einem höheren **Anteil der nbA** und damit zu einem höheren **Konzerneigenkapital**. Das ist zwar nicht den Anteilseignern der Konzernmutter zuzurechnen; ein höheres Eigenkapital kann sich aber für die Konzernmutter ergeben, wenn diese zu einem späteren Zeitpunkt ihre Mehrheitsbeteiligung aufstockt, weil Kaufpreise, die über das bisherige nbA-Kapital hinausgehen, erfolgsneutral mit dem Konzerneigenkapital zu verrechnen sind (Rz. 39.50). Besteht **das Ziel in einem möglichst hohen Eigenkapitalausweis** und wird eine alsbaldige Aufstockung ohnehin erwogen (vgl. zu Kaufoptionen Rz. 39.82), ist die Anwendung der Full Goodwill Methode ernsthaft in Betracht zu ziehen, zumal das Wahlrecht für jede einzelne Beteiligung unterschiedlich ausgeübt werden kann (IFRS 3.19, Rz. 36.200).

36.223

4. Ausnahmefall: Bargain purchase und Full Goodwill

In seltenen Fällen kann die Kombination eines bargain purchase bei der Konzernmutter mit einem Goodwillausweis bei den nbA auftreten, und zwar dann, wenn der Veräußerer unter Zwang handelte (Rz. 36.212), die verbliebenen nbA aber hieran nicht partizipieren und daher deren voller Wert ausgewiesen wird (IFRS 3.IE46).

36.224

Allerdings ist die **Goodwillermittlung** bei wörtlicher **Anwendung des Schemas gemäß IFRS 3.32 fehlerhaft**[96], weil sie dazu führt, dass der *bargain purchase*, der sachlich nur die Muttergesellschaft betreffen kann, davon abhängen soll, ob die nbA zum Nettovermögen oder zum Fair Value bewertet werden (IFRS 3.IE45 ff.) Im nachfolgenden Beispiel (Abwandlung von Rz. 36.210, Fall B) würde der *bargain purchase* der Konzernmutter von 100 wegen Saldierung mit dem Goodwillanteil der nbA (100) gar nicht ausgewiesen[97] (linke Spalte): Richtigerweise muss die Berechnung des *bargain purchase der Konzernmutter* wie folgt geschehen:

---

96 Vgl. *Pawelzik*, PiR 2009, 277 ff., a.A. *Hendler/Zülch*, WPg 2008, 484 (489 f.).
97 Anstatt insgesamt 850 anzusetzen (750 Nettovermögen und 100 Goodwill der nbA) unterbleibt im Ergebnis *entweder* die beabsichtigte Aufstockung des angesetzten Vermögens

(a) Entweder getrennt für die Konzernmutter und die nbA *oder*

(b) unter Einbeziehung des *Nettovermögens* (150) statt des Fair Value (250) der nbA *oder*

(c) es muss von der Summe aus Gegenleistung der MU (500) zzgl. nbA zum Fair Value (250) das Nettovermögen (750) und *zusätzlich* der Goodwillanteil der nbA (100), d.h. 850 statt 750 abgezogen werden:

	Full Goodwill nach IFRS 3.32			(b) nbA zum Buchwert HB III der TU	(c) Full Goodwill korrekt
	Total	*Konzernmutter*	nbA		
Gegenleistung von MU	500	500	0	500	500
nbA	250	0	250	150	250
Total	750	500	250	650	750
Nettovermögen HB III TU	- 750	- 600	- 150	- 750	- 750
Goodwill nbA	0	0	0	0	- 100
bargain purchase	0	- 100	100	- 100	- 100

36.225–36.229 frei

IV. Ansatz nicht beherrschender Anteile (nbA), die nicht anteilig am Nettovermögen beteiligt sind

36.230 Im Normalfall sind nbA anteilig am Reinvermögen von Tochterunternehmen beteiligt. Je nach Ausübung des Wahlrechts von IFRS 3.19 wird dieser Anteil zum (quotalen) Vermögen lt. HB III (Neubewertungsmethode) bzw. zum (anteiligen) Unternehmenswert (Full-Goodwill-Methode) angesetzt. Es sind jedoch auch Fälle denkbar, in denen nbA keinen proportionalen (quotalen) Anteil am Reinvermögen besitzen. In diesem Fall sind nicht-quotale Ansprüche von nbA grundsätzlich mit ihrem Fair Value im Akquisitionszeitpunkt zu bewerten.

Beispiel (Abwandlung von Rz. 36.210): MU erwerbe 80 % an TU[98]: Kaufpreis: 1.000, Fair Value des Nettovermögens: 750. Hiervon entfallen 20 % auf quotal beteiligte nbA (I). Von der Full Goodwill-Methode werde kein Gebrauch gemacht. TU habe 100 Vorzugsaktien emittiert, die gemäß IAS 32 als Eigenkapital klassifiziert sind. Neben einem Dividendenvorrecht seien diese Aktien mit dem Recht verbunden, bei Liquidation einen Betrag i.H.d. Nennwerts von 1 pro Stk. vor Bedienung der Inhaber von Stammaktien (*ordinary shares*) zu erhalten. Die Inhaber der Vorzugsaktien stellen nbA dar; sie haben aber im Liquidationsfall

---

von MU um den bargain purchase *oder* es erfolgt tatsächlich kein Goodwillansatz bei den nbA, denn in Summe werden nur 750 angesetzt, also *entweder* die AK von MU (500) zzgl. nbA zum Fair Value (250) *oder* das gesamte Nettovermögen (750) *ohne* Goodwill der nbA.

98 In Anlehnung an IFRS 3.IE44B ff.

H. Bilanzierung eines Goodwill/bargain purchase | Rz. 36.231 Kap. 36

keinen *quotalen* Anspruch auf das Nettovermögen (nbA II). Sie sind jedoch nach IFRS 3.19 i.H. ihres Fair Values im Akquisitionszeitpunkt zu bewerten. Dies ist hier die zugesagte Auskehrung bei Liquidation i.H.v. 100 (100 × 1). Folgende Bilanzierungsalternativen sind denkbar:

Neubewertungsmethode	Alternative 1				Alternative 2				Alternative 3			
	Total	*MU*	*nbA*		*Total*	*MU*	*nbA*		*Total*	*MU*	*nbA*	
			I	*II*			*I*	*II*			*I*	*II*
Gegenleistung MU	1.000	*1.000*			1.000	*1.000*			1.000	*1.000*		
nbA I (20 %)	150		*150*		150		*150*		130		*130*	
nbA II (fix)	100			*100*	100			*100*	100			*100*
Total	1.250	*1.000*	*150*	*100*	1.250	*1.000*	*150*	*100*	1.230	*1.000*	*130*	*100*
Nettovermögen TU (100 %)	- 750	- *500*	- *150*	- *100*	- 750	- *600*	- *150*	*0*	- 750	- *520*	- *130*	- *100*
Goodwill	500	*500*	*0*	*0*	500	*400*	*0*	*100*	480	*480*	*0*	*0*

– **Alternative 1** entspricht scheinbar dem Wortlaut des IFRS 3.19 i.V.m. IFRS 3.32: Danach wird der Goodwill als Differenz aus der Summe von Gegenleistung MU und nbA (quotal und nicht quotal), d.h. zusammen 1.250 abzgl. dem Fair Value des Nettovermögens (750), also i.H.v. 500 ermittelt. Auffällig ist, dass zwar den nbA I „ihr" Anteil (20 %) am Nettovermögen von TU (750) zugewiesen wird, nicht aber der MU. Diese gibt vielmehr von „ihren" 80 % (= 600) einen Betrag von 100 an die nbA II ab, was durch den höheren Goodwill wieder aufgefangen wird.
– Bei **Alternative 2** wird der Bilanzansatz zwar ebenfalls um 100 aufgebläht, dieser Betrag aber den nicht quotal beteiligten nbA II als Goodwill zugewiesen. Damit behalten MU und TU ihre Anteile am gesamten Nettovermögen (600 + 150 = 750). Konsequenterweise wären die nbA II anteilig mit einer späteren Wertminderung des Goodwill zu belasten.
– Bei **Alternative 3**[99] wird den nicht quotal beteiligten nbA II vorab ihr Anteil am Fair Value des Nettovermögens zugewiesen (100) und nur der Rest quotal aufgeteilt (750 – 100 = 650, davon 80 % = 520 für MU und 20 % = 130 für nbA I). Der Goodwill von MU beträgt damit 480.

Alternative 1 in Rz. 36.230 wird mit einer vermeintlichen **einheitstheoretischen Neuorientierung** von IFRS 3 (2008) gerechtfertigt. Damit entfalle die gesellschafterbezogene Differenzierung von Vermögenswerten und Schulden.[100] Das Nettovermögen ist jedoch bereits wegen der Zuordnung von Ergebnissen und Abwertungen auf die Gesellschaftergruppen aufzuteilen. So ist es nicht möglich, ein einheitliches Ergebnis je Aktie zu definieren. Dieses kann sich sachlogisch immer nur auf die Konzernmutter beziehen (Rz. 50.12).

Alternative 2 erscheint bereits deswegen nicht sachgerecht, weil es trotz Neubewertungsmethode zu einer Goodwillzuweisung an nbA käme.

Vielmehr ergibt sich **Alternative 3** zwanglos aus der **Definition der nbA** in IFRS 3.19. Diejenigen EK-Bestandteile, die sich nicht MU zuordnen lassen, sind als

---
99 Vgl. EY-iGAAP 2018, 467, Example 7.15, Option 3.
100 Vgl. *Freiberg*, PiR 2010, 210 (211).

nbA auszuweisen. Dies führt zwingend zu einer Vorabzuweisung eines Betrags von 100 zu den nbA II (100). Erst der danach übrig bleibende Teil (650 = 750 − 100) ist auf MU und nbA I aufzuteilen. Vorabzuweisungen sind im Übrigen nicht unbekannt und bei Gewinnverteilungen, Auskehrungen von Liquidationserlösen, u.v.m. üblich. Gleiches gilt, wenn von der **Full Goodwill-Methode** Gebrauch gemacht wird: Auch hier wird den nicht quotal beteiligten nbA II derselbe Betrag (*fixer „Anteil"*) am Nettovermögen von TU zugeordnet:

Full Goodwill-Methode	Total	MU	nbA I	nbA II
MU	1.000	1.000		
nbA I (20 %)	250		250	
nbA II (fix)	100			100
Total	1.350	1.000	250	100
100 % Fair Value	− 750	− 520	− 130	− 100
Goodwill	600	480	120	0

36.232 Ein weiterer Anwendungsfall nicht quotal beteiligter und zum Fair Value anzusetzender nbA besteht bei Inhabern von **Wandelanleihen an Tochtergesellschaften**[101]. Das bei Emission in die Kapitalrücklage einzustellende Agio (Rz. 23.80) stellt sich dadurch nicht als ein den Mehrheitseignern zuzurechnendes Emissionsagio, sondern als Verkörperung des Rechts der Optionsinhaber (in IAS 32 Diktion: „der Halter der Eigenkapitalinstrumente") dar. U.E. ist wie bei Alternative 3 lt. Rz. 36.230) der Fair Value vorab vom Nettovermögen zu kürzen. Überdies stellt sich die Frage, wie zu verfahren ist, wenn das **Wandlungsrecht** nicht ausgeübt wird. Sobald dies feststeht, ist der Betrag des Agios den quotal beteiligten Anteilseignern (MU und nbA an TU) zuzuordnen[102]. Im Eigenkapitalspiegel käme es i.H.d. Anteils der Konzernmutter zu einer Umbuchung von nbA in die Kapitalrücklage:

Beispiel: An TU sind beteiligt: Konzernmutter (80 %) und (quotale) nbA (20 %).

Bei Ausgabe einer Wandelanleihe sei ein Agio von 100 entstanden, das zunächst den nicht quotalen nbA zugeordnet wird:

Bank	1.000	an	Verbindlichkeit (Wandelanleihe)	900
			(nicht quotale) nbA	100

Bei Nichtausübung des Wandlungsrechts würde im EK-Spiegel die folgende Umgliederung vorgenommen:

	Kapitalrücklage	nbA	Total
1.1.	0	100	100
Umbuchung	80	− 80	0
31.12.	80	20	100

---

101 Vgl. *Bischof/Fink*, PiR 2010, 225 (226).
102 Vgl. *Freiberg*, PiR 2010, 210.

Der Ausweis von nbA entfällt jedoch, wenn sich das Eigenkapitalinstrument auf die **Konzernmutter** bezieht (Rz. 36.236).

Soweit bei der Erstkonsolidierung für manche Sachverhalte ausnahmsweise keine Fair Values angesetzt werden dürfen (Rz. 36.151), sollen auch die nicht quotalen Ansprüche von nbA mit den anderen IFRS-Werten angesetzt werden (IFRS 3.19 a.E.). 36.233

Beispiel (IFRS 3.IE44F f.): Bei TU seien **anteilsbasierte Vergütungssysteme** in Form von Optionsprogrammen (*equity settled*) vorhanden, die entweder fortgeführt oder durch den Erwerber aufgrund einer entsprechenden Verpflichtung (Rz. 36.80) ersetzt werden. Der Teil des Programms, dessen Wert auf in der Vergangenheit erbrachte Leistungen der Arbeitnehmer entfällt, ist „in die Gegenleistung des Unternehmenserwerbs einzubeziehen". Im Beispiel lt. Rz. 36.81 ist dies ein Betrag von 1.722. Die Gegenbuchung lautet „an Eigenkapital". IFRS 3.B62A f. rechnet diese Buchung explizit den nbA zu, und zwar i.H.d. IFRS-2-Wertes i.H.v. 1.722. Ohne diese Regelung wären *diese* nbA mangels quotalem Anspruchs nicht auszuweisen (Rz. 36.231).

Würde das Eigenkapital statt zu den nbA zum **konsolidierungspflichtigen Eigenkapital** der Tochtergesellschaft gezählt (und damit dem Erwerber zugeordnet), liefe die Einbeziehung in die Gegenleistung ins Leere und wäre überflüssig. Insofern ist die Regelung nachzuvollziehen.

Ein Ausweis von nbA kommt aber nur insoweit in Betracht, wie es sich um **Eigenkapitalanteile bei Tochterunternehmen** handelt Dies setzt voraus, dass das Vergütungsprogramms bei der erworbenen oder einer anderen **Tochter**unternehmung fortgeführt wird. Der IFRS 2 Wert (1.722 lt. Rz. 36.233) wäre wiederum vom Nettovermögen vorab zu kürzen und nur der verbleibende Betrag der MU und den quotal beteiligten nbA zuzurechnen. (Rz. 36.231). 36.234

Konsequenterweise wären bei der **Folgekonsolidierung** die nachfolgenden mit den Aufwandsbuchungen korrespondierenden EK-Zuführungen (bis zum Ablauf der Sperrfrist) ebenfalls den nbA ohne quotale Beteiligung gutzuschreiben (und nicht der Kapitalrücklage der Konzernmutter) (IFRS 3.B62B: „*the balance is allocated to post-combination service*").

Unklar ist, wie verfahren werden soll, wenn die Sperrfrist (nicht aber die Optionsausübungsfrist) im Erwerbszeitpunkt abgelaufen ist: 36.235

Beispiel: In Abwandlung von Rz. 36.233 erfolge der Unternehmenserwerb am 31.12.04. Die Sperrfrist ist am 31.12.03 abgelaufen, während die Optionsausübungsfrist erst am 31.12.05 endet. Das Vergütungsprogramm werde nicht geändert. Gemäß IFRS 3.B62A ist der IFRS 2-Wert des Programms in die Gegenleistung einzubeziehen. Unklar ist jedoch, zu welchem Stichtag dieser Wert zu ermitteln ist. Eine Bewertung zum Erwerbsstichtag kommt u.E. wegen bereits abgelaufener Sperrfrist nicht in Betracht. U.E. ist der bei Ablauf der Sperrfrist, d.h. der vor dem Erwerbszeitpunkt (!) vorhandene Wert zu verwenden (2.950 TEuro am 31.12.03). Dies ist entsprechend der für die nicht quotal beteiligten nbA lt. Rz. 36.231 anzusetzende Wert. Zusätzlich bestehen quotal beteiligte nbA in Gestalt derjenigen Arbeitnehmer, die in 04 ihre Option bereits ausgeübt haben.

Wenn der Erwerber hingegen beim erworbenen Unternehmen bestehende Vergütungsprogramme durch **Optionsprogramme der Konzernmutter** ersetzt, richten 36.236

sich diese u.E. gegen die Konzernmutter. Diese werden damit zu „Anteilseignern der Konzernmutter". Ein Ausweis von nbA ist damit ausgeschlossen.

36.237 Die EK-Erhöhung (i.H. des in die Gegenleistung einzubeziehenden Betrags, TEuro 1.722 lt. Rz. 36.233) wäre im EK-Spiegel u.E. unter „Veränderung Konsolidierungskreis" auszuweisen (Rz. 46.40), in die Kapitalrücklage einzustellen und der Konzernmutter zuzurechnen.

– Auf der Aktivseite erhöht sich ein Goodwill bzw. im Haben vermindert sich ein *bargain purchase*. Der höhere Goodwill wäre (wie jeder andere Goodwill bei der Neubewertungsmethode auch) der Konzernmutter zuzurechnen.

– In diesem Fall würde zudem auch bei der Folgebilanzierung weiterhin „Aufwand an Kapitalrücklage (statt: *an nbA*") gebucht.

36.238–36.239 frei

I. Konsolidierung von vorläufigem Nettovermögen

36.240 Insbesondere bei Unternehmenserwerben kurz vor dem Bilanzstichtag kann es zu **Schwierigkeiten in der Identifikation und Bewertung des übernommenen Vermögens und der Schulden** kommen (davon zu unterscheiden sind Probleme bei der Bestimmung der *Gegenleistung*, Rz. 36.60). Es muss dann mit provisorischen Werten konsolidiert werden (IFRS 3.45). Ein gänzlicher Verzicht auf den Einzelansatz übernommener Vermögenswerte und Schulden ist hingegen unzulässig (Rz. 31.116).[103]

Soweit **innerhalb von 12 Monaten** (*measurement period*) nach dem Unternehmenszusammenschluss die zutreffenden Werte vorliegen, ist rückwirkend zum Erwerbszeitpunkt mit allen Folgewirkungen anzupassen (IFRS 3.46). Liegt vor Ablauf dieses Zeitraums ein Bilanzstichtag, ist die Vorperiode erfolgsneutral (unter Zurückdrehung aller Ergebniseffekte) zu korrigieren (IFRS 3.49). Werden per Saldo höhere Schulden als Vermögenswerte angesetzt, erhöht sich der Goodwill entsprechend (da die Gegenleistung des Unternehmenserwerbs unverändert bleibt). Sollte diese Erhöhung über den erzielbaren Betrag hinausreichen, käme es infolge des *Impairment-Tests* zu einer erfolgswirksamen Abschreibung.

Die Regelung wirkt wie eine Verlängerung des Wertaufhellungszeitraums auf ein Jahr.[104]

36.241 Die rückwirkende (erfolgsneutrale) Änderung der Bilanzierung des Unternehmenserwerbs *nach* diesem 12-Monats-Zeitraum ist nur unter den Voraussetzungen des IAS 8 bei **Korrektur von Fehlern** zulässig (IFRS 3.50, s. Rz. 12.58 ff.). Demgegenüber sind **Schätzungsänderungen**, z.B. über die Verwertbarkeit von Verlustvorträgen (Rz. 29.70), erfolgswirksam zu erfassen.

---

103 Vgl. *Meyer* in T/vK/B, IFRS 3 Rz. 312.
104 Vgl. auch *Hayn/Ströher* in Baetge-IFRS, IFRS 3 Rz. 394.

Der **HGB-Konzernabschluss** kennt mit § 301 Abs. 2 Satz 2 HGB eine dem IFRS 3.45 36.242
analoge Regelung: Die Anpassung von zum Erstkonsolidierungstag noch nicht endgültigen Wertansätzen ist innerhalb dieser Jahresfrist erfolgsneutral vorzunehmen. U.E. bezieht sich die Vorschrift nicht nur auf den Wertansatz, sondern auch auf das Mengengerüst. Damit ist umgekehrt die Inanspruchnahme des Einbeziehungswahlrechts auf Grund hoher Kosten oder Verzögerungen mit der Begründung noch nicht endgültiger Wertansätze nicht mehr zulässig.

frei   36.243–36.249

J. Erst-, Folge- und Entkonsolidierung: Zusammenfassende Fallstudie

I. Erstkonsolidierung

1. Ausgangsdaten

Nachfolgend erläutern wir anhand eines zusammenfassenden Beispiels den Umgang 36.250
mit den Regelungen des IFRS 3. Dabei gehen wir auch auf die **Konsolidierungstechnik** ein. Angewendet wird die **Neubewertungsmethode**. Zu den Einzelheiten der Wertfindung für die Gegenleistung (Kaufpreis) s. Rz. 36.60 ff. und für Ansatz und Bewertung beim erworbenen Unternehmen Rz. 36.100 ff.

Bei der Neubewertungsmethode werden die Fair Values der Vermögenswerte und 36.251
Schulden **unabhängig von der Beteiligungsquote** angesetzt. Daher ist der Anteil der nbA auf Basis der Handelsbilanz III zu bestimmen.

Beispiel: Ein Mutterunternehmen (MU) erwirbt am 31.12.01 80 % der Anteile an einem inländischen Tochterunternehmen (TU) und zahlt hierfür einen Kaufpreis von 400.

– TU verfügt über einen steuerlichen Verlustvortrag von 150. Die Voraussetzungen zur Aktivierung latenter Steuern auf den Verlustvortrag liegen vor, die Aktivierung wird aber in der HB I nicht vorgenommen (Aktivierungswahlrecht im HGB-Abschluss).

– Der Fair Value bisher nicht bilanzierter immaterieller Vermögenswerte betrage 200, die Nutzungsdauer 4 Jahre.

– Der bisherige Buchwert des abnutzbaren Sachanlagevermögens bei TU betrage 300, der Fair Value 400, die Nutzungsdauer 5 Jahre.

– Der Ertragsteuersatz von MU und TU betrage 30 %.

Erstellung der **Handelsbilanz II**: In der Handelsbilanz II nach IFRS hat TU auf den steuerlichen Verlustvortrag bereits aktive latente Steuern i.H.v. 45 angesetzt (= 150 × 30 %). Weitere Abweichungen zur Handelsbilanz I nach HGB sollen annahmegemäß nicht vorliegen.

Erstellung der **Handelsbilanz III**: Für die Handelsbilanz III ist auf die Perspektive eines hypothetischen Erwerbers zu wechseln. Die bisher nicht angesetzten immateriellen Werte (200) und die stillen Reserven im Sachanlagevermögen (100) werden *vollständig* aufgedeckt. Entsprechend betragen die passiven latenten Steuern 90 (30 % von 300), und die Rücklagen – hier ausgewiesen in den Gewinnrücklagen – erhöhen sich um 210 auf 255. In der Praxis wird der Gegenwert aufgedeckter stiller Reserven/Lasten häufig in einer als „Neubewertungsrücklage" geschaffenen EK-Kategorie gebucht. Das dient der Übersichtlichkeit, ist aber darüber hinaus irrelevant, da der Betrag ohnehin konsolidiert wird:

Erstkonsoli-dierung 01	MU	TU [HB I]	TU [HB II]	TU [HB III]	Summen-bilanz/-GuV	Konsolidierung				Konzern-bilanz/-GuV
							Soll		Haben	
Goodwill	0	0	0	0	0	1	116			116
Beteiligung	400	0	0	0	400			1	400	0
Immaterielle Werte	0	0	0	200	200					200
Sachanlagen	600	300	300	400	1.000					1.000
Umlaufvermögen	700	0	0	0	700					700
Latente Steuern	0	0	45	45	45					45
Summen	**1.700**	**300**	**345**	**645**	**2.345**		**116**		**400**	**2.061**
Gezeichnetes Kapital	500	100	100	100	600	1 2	80 20			500
Gewinnrücklagen	0	0	45	255	255	1 2	204 51			0
nbA	0	0	0	0	0			2	71	71
Eigenkapital	**500**	**100**	**145**	**355**	**855**		**355**		**71**	**571**
Schulden	1.200	200	200	200	1.400					1.400
Latente Steuern	0	0	0	90	90					90
Summen	**1.700**	**300**	**345**	**645**	**2.345**		**355**		**71**	**2.061**

Abb. 36.10: Erstkonsolidierung nach der Neubewertungsmethode

Sowohl die Eliminierung des Beteiligungsbuchwertes (Buchung 1) als auch die Umgliederung der nbA (Buchung 2) beziehen sich auf die Handelsbilanz III. Bei der Neubewertungsmethode *partizipieren die nbA an den aufgedeckten stillen Reserven*. Folglich betragen die nbA: 71 (20 % von 355).

2. Ermittlung des Goodwill

36.252 Der Goodwill ermittelt sich bei Verzicht auf das Full Goodwill-Wahlrecht (Rz. 36.200) unter Verwendung des angepassten Schemas aus Rz. 36.210 wie folgt:

Neubewertungsmethode		Goodwill
Gegenleistung des Erwerbers MU		400
nbA (20 % vom Nettovermögen TU HB III = 355)		71
Total		**471**
Neubewertete Vermögenswerte TU	645	
Neubewertete Schulden TU	- 290	
Nettovermögen TU, HB III (100 %)	355	- 355
Goodwill		**116**

3. Auswirkung auf das Konzerneigenkapital

Die Entwicklung der Aufnahme eines Tochterunternehmens in den Konzernabschluss inklusive Mehrheiten-Goodwill und nbA kann auch durch folgendes Tableau (Auszug aus dem EK-Spiegel) verdeutlicht werden:

36.253

Konzerneigenkapitalspiegel 01	Anteil der Konzernmutter	nbA	Konzern-Eigenkapital
1.1.01	500	0	500
Änderung (Erweiterung) Konsolidierungskreis 31.12.01	0	71	71
31.12.01	**500**	**71**	**571**

Innerhalb des Eigenkapitals der MU wird mit Erwerb der TU lediglich Vermögen von Beteiligung an TU (400) zu dem einzeln erworbenen Nettovermögen (284 = 80 % von 355) zzgl. Goodwill (116), zusammen ebenfalls 400, umgeschichtet. Der Kauf einer Tochtergesellschaft ist somit **ohne Auswirkung auf den Eigenkapitalanteil der Konzernmutter**.[105] Nur i.H.d. nbA kommt es zu einer Konzerneigenkapitalerhöhung, weil im Konzernabschluss auch das den nbA gehörende Nettovermögen der TU (71 = 20 % von 355) angesetzt wird, das die Konzernmutter nicht bezahlt hat (Vollkonsolidierung). Die nbA tätigen damit eine Sacheinlage in den Konzern.[106]

frei

36.254–36.259

II. Folgekonsolidierung

1. Grundsatz der Wertfortschreibung

Bei der Folgekonsolidierung teilen die aufgedeckten stillen Reserven und Lasten auf schon in der HB II angesetzte Posten das Schicksal der ihnen zugrunde liegenden Vermögenswerte und Schulden. Das bedeutet beispielsweise:

36.260

– Aufstockungsbeträge beim abnutzbaren Anlagevermögen sind über dieselbe Nutzungsdauer abzuschreiben und

– Aufstockungsbeträge in den Vorräten realisieren sich, wenn sich diese umschlagen.

Von diesem Grundsatz sind jedoch einige Abweichungen und Sonderfälle zu beachten:

---

[105] Hierin zeigt sich die Erfolgsneutralität des Anschaffungsvorgangs, vgl. *Pawelzik/Theile*, DB 2000, 2385 (2387 f.). Anders dagegen beim *bargain purchase*.
[106] Vgl. *Busse v. Colbe* u.a., Konzernabschlüsse⁹, 239; *Pawelzik*, WPg 2004, 677 (678 f.).

2. Forschungs- und Entwicklungskosten

36.261 Wurden im Rahmen der Erstkonsolidierung in der HB III erstmals Forschungs- und Entwicklungsprojekte aktiviert (Rz. 36.115), sind Folgeausgaben für diese Projekte nach den allgemeinen Ansatzkriterien für interne Forschungs- und Entwicklungskosten zu beurteilen (IAS 38.42 f.; Rz. 13.112).

Beispiel: Bei der Erstkonsolidierung wurde ein beim erworbenen Unternehmen nicht aktiviertes Forschungsprojekt mit einem Fair Value von 10 Mio. Euro angesetzt. Der Konzern führt das Projekt weiter und betrachtet es weiterhin als Forschungsprojekt, so dass die *künftigen Ausgaben als Aufwand* zu verrechnen sind. Soweit das Projekt in die Entwicklungsphase übergeht, sind die speziellen Aktivierungsvoraussetzungen für Entwicklungskosten zu prüfen. Liegen diese vor, kommt es zur Aktivierung der Entwicklungsausgaben. Das Projekt unterliegt bis zur Fertigstellung einem jährlichen *Impairment-Test* (Rz. 19.45).

U.E. ist es aber auch denkbar, dass das bei einem Unternehmenserwerb erworbene Forschungs-Know-how für den erwerbenden Konzern unmittelbar nutzbar ist, ohne dass ein spezielles Projekt weiter verfolgt wird. In diesem Fall ist der „Forschungs"-Vermögenswert planmäßig abzuschreiben.

3. Finanzielle Vermögenswerte und Verbindlichkeiten

36.262 Bei *finanziellen* Vermögenswerten und Schulden, die zu fortgeführten Anschaffungskosten bewertet werden, führen Fair Value-Anpassungen in der Erstkonsolidierung (Rz. 36.156) zur *Neubestimmung der effektiven Zinssätze*. Damit weichen künftige Zinserträge und -aufwendungen in der HB II von denen ab, die im Konzernabschluss zu erfassen sind.

4. Eventualschulden

36.263 Bei der Erstkonsolidierung in der HB III angesetzte Eventualschulden (Rz. 36.141) unterliegen im Hinblick auf *Ansatz und Bewertung* in der Folgekonsolidierung *nicht* dem IAS 37, sondern sind (bis zu ihrer Inanspruchnahme bzw. bis zum Wegfall des Grundes ihrer Bildung) in den Folgeperioden mit dem höheren Betrag aus

(a) sinngemäßer Anwendung des IAS 37 und

(b) dem Ausgangsbetrag, vermindert um ertragswirksame periodische Auflösung

anzusetzen (IFRS 3.56). Das bedeutet: Wird eine Inanspruchnahme in der im Erwerbszeitpunkt bilanzierten Höhe weiterhin erwartet, ggf. auch eine ansteigende Höhe, kommt (a) in Betracht; Zuführungsbeträge sind dann aufwandswirksam.

5. Goodwill und Umrechnungsdifferenzen

36.264 Ist der Goodwill beim Erwerb einer wirtschaftlich selbständigen ausländischen Teileinheit, deren funktionale Währung von der Berichtswährung abweicht, d.h. **zum Stichtagskurs umgerechnetes Tochterunternehmen**, entstanden, ist dieser nach

IAS 21.47 ebenfalls zum jeweiligen Stichtagskurs umzurechnen (Rz. 35.34). Damit entstehen auch bezogen auf den Goodwill **Umrechnungsdifferenzen**, die erfolgsneutral im Eigenkapital zu erfassen und zusammen mit anderen kumulierten Umrechnungsdifferenzen erst bei Abgang des Tochterunternehmens in die GuV umzubuchen sind (Rz. 35.39). Bei der Full Goodwill-Methode (Rz. 36.220) würden auch die nbA an dieser Umrechnungsdifferenz partizipieren.

Der Goodwill schließlich ist nur dann abzuschreiben, wenn eine Wertminderung nach IAS 36 vorliegt (Rz. 19.1 ff.). In diesem Fall werden außerplanmäßige Goodwillabschreibungen zum Durchschnittskurs umgerechnet (Rz. 35.31).

6. Nicht beherrschende Anteile

Bei der Folgekonsolidierung der nbA sind folgende Einzelheiten zu beachten: 36.265

Periodenergebnis	a) Die nbA **partizipieren** bei der Neubewertungsmethode **am Ergebnis lt. Handelsbilanz III** inkl. konzerneinheitlicher Bewertung und der Fortschreibung stiller Reserven/Lasten (IFRS 10.B94). b) Je nach Wesentlichkeit sind die nbA auch an den **übrigen ergebniswirksamen Konsolidierungsmaßnahmen** (Eliminierung der Zwischenergebnisse, ergebniswirksame Schuldenkonsolidierung) beteiligt (Rz. 40.47).
Negative nbA	Negative nbA müssen innerhalb des Eigenkapitals ausgewiesen werden, wenn die anteiligen Verluste (inkl. der nachf. geschilderten erfolgsneutralen „Ergebnisse") das nbA Kapital übersteigen (IFRS 10.B94). Zum Sonderfall der negativen nbA bei Tochter-*Personen*gesellschaften s. Rz. 36.321.
Erfolgsneutral im Eigenkapital zu erfassende Wertänderungen, (OCI)	a) Die nbA partizipieren entsprechend ihrer Beteiligungsquote am OCI des TU b) In der Summenbilanz ist der nbA Anteil daran erfolgsneutral in den entsprechenden Ausgleichsposten (z.B. Ausgleichsposten für nicht beherrrschende Anteilseigner) umzugliedern. In der Konzernbilanz wird dann im Eigenkapital (kumuliertes *OCI) nur der* auf die *Konzernmutter (Mehrheitsanteil)* entfallende Anteil ausgewiesen (anders aber in der Gesamtergebnisrechnung, Rz. 45.25).
Tatsächliche Ansprüche der nbA am Jahresergebnis des TU	Diese bemessen sich bei deutschen Tochtergesellschaften nach dem *HGB-Jahresabschluss*. Die Höhe dieser Ansprüche weicht damit regelmäßig von dem Betrag der im IFRS-Abschluss ausgewiesenen nbA ab.

frei 36.266–36.269

7. Beispiel zur Folgekonsolidierung

36.270 Der Verdeutlichung dient die Fortsetzung der Fallstudie. Aufgesetzt wird auf die HB I. Die Saldovortragsbuchungen, die üblicherweise die Konsolidierungssoftware automatisch erzeugt, sind hier explizit mit aufgeführt:

Beispiel (Fortsetzung von Rz. 36.251): Im Geschäftsjahr 02 erzielt TU ein Ergebnis vor Steuern von 100. Da noch ein steuerlicher Verlustvortrag bestand, werden 100 als Jahresergebnis in der HB I ausgewiesen.

Für die Überleitung auf die HB II ist am 1.1.02 der Saldovortrag der aktiven latenten Steuern einzubuchen:

aktive latente Steuern	45	an	Gewinnrücklage	45

Ferner sind am Jahresende aktive latente Steuern i.H.v. 30 aufzulösen, so dass sich ein Jahresüberschuss von nur 70 ergibt:

latenter Steueraufwand	30	an	aktive latente Steuern	30

Weitere Anpassungen in der HB II erfolgen nicht.

Zur Erstellung der HB III ist technisch ebenfalls am 1.1.02 der Saldovortrag hinsichtlich der aufgedeckten stillen Reserven im Anlagevermögen einzubuchen:

Immaterielle Vermögenswerte	200			
Sachanlagevermögen	100	an	Gewinnrücklagen	210
			passive latente Steuern	90

Die aufgedeckten stillen Reserven sollen annahmegemäß über eine Nutzungsdauer von 4 Jahren bei immateriellen und 5 Jahre beim materiellen Anlagevermögen sein.[107] Das führt zu einer Abschreibung von 200: 4 Jahre = 50/Jahr und 100: 5 Jahre = 20/Jahr, zusammen 70. Um diesen Betrag sinkt die bisherige Buchwertdifferenz zum Steuerwert, was zur anteiligen Auflösung der passiven latenten Steuern von 21 führt:

Abschreibung	70	an	immaterielle Vermögenswerte	50
			Sachanlagen	20
passive latente Steuern	21	an	latenter Steuerertrag	21

Damit entwickelt sich der Jahresüberschuss des TU wie folgt:

HB I	100
Latenter Steueraufwand	- 30
HB II	70
Abschreibung	- 70
Latenter Steuerertrag	+ 21
HB III	**21**

---

[107] Die schon in der HB I erfassten Abschreibungen bei Sachanlagen wurden in gleicher Höhe reinvestiert, so dass sich der Buchwert in der HB I nicht ändert.

Die so erstellte Handelsbilanz III fließt als Grundlage der Konsolidierung in die Summenbilanz ein. Die Buchung (1) zeigt die Aufrechnung des Beteiligungsbuchwerts gegen das anteilige Eigenkapital im Erwerbszeitpunkt. Der Goodwill wird nicht planmäßig abgeschrieben; der Impairment-Test ergebe im Beispiel auch keine Notwendigkeit für eine außerplanmäßige Abschreibung.[108]

36.271

Die **nbA**, die gemäß Buchung (2) umgegliedert werden, partizipieren jedoch *anteilig* am Jahresergebnis auf Basis der Handelsbilanz III (= 20 % von 21 = 4,2) und damit auch anteilig an den Abschreibungen der aufgedeckten stillen Reserven. Bei dem in der Zeile Jahresüberschuss genannten Betrag von 16,8 handelt es sich um den Ergebnisanteil der Konzernmutter MU (80 % von 21).

36.272

Folgekonsoli-dierung 02	MU	TU [HB I]	TU [HB II]	TU [HB III]	Summen-bilanz		Konsolidierung			Konzern-bilanz/-GuV
							Soll		Haben	
										Bilanz
Goodwill	0	0	0	0	0	1	116			116
Beteiligung	400	0	0	0	400			1	400	0
Immaterielle Werte	0	0	0	150	150					150
Anlagevermögen	600	300	300	380	980					980
Umlaufvermögen	700	100	100	100	800					800
Latente Steuern	0	0	15	15	15					15
Summen	*1.700*	*400*	*415*	*645*	*2.345*		*116*		*400*	*2.061*
Gezeichnetes Kapital	500	100	100	100	600	1 2	80 20			500
Gewinnrücklagen	0	0	45	255	255	1 2	204 51			0
Jahresüberschuss	0	100	70	21	21	2	4,2			16,8
nbA	0	0	0	0	0			2	75,2	75,2
Eigenkapital	**500**	**200**	**215**	**376**	**876**		**359,2**		**75,2**	**592**
Schulden	1.200	200	200	200	1.400					1.400
Latente Steuern	0	0	0	69	69					69
Summen	*1.700*	*400*	*415*	*645*	*2.345*		*359,2*		*75,2*	*2.061*

---

108 Ein möglicher Abschreibungsaufwand wäre dann nur der Konzernmutter zu belasten, weil die Minderheiten bei der Neubewertungsmethode nicht am Goodwill partizipieren.

Folgekonsoli-dierung 02	MU [HB I]	TU [HB II]	TU [HB III]	Summen-bilanz	Konsolidierung		Konzern-bilanz/-GuV
					Soll	Haben	
							GuV
Umsatz		300	300	300	300			300
Operative Aufwendungen		- 170	- 170	-170	- 170			- 170
Abschreibungen		- 30	- 30	- 100	- 100			- 100
EBT		100	100	30	30			30
Ertragsteuern		0	- 30	- 9	- 9			- 9
JÜ		100	70	21	21			21,0
Davon MU		80	56	16,8	16,8			16,8
Davon nbA		20	14	4,2	4,2			4,2

Abb. 36.11: Folgekonsolidierung Geschäftsjahr 02

8. Auswirkung auf das Konzerneigenkapital

36.273 Die Konzerneigenkapitalentwicklung ist in 02 wie folgt:

Konzerneigenkapitalspiegel 02	Anteil der Konzernmutter	nbA	Konzern-Eigenkapital
1.1.02	500,0	71,0	571,0
Konzernjahresüberschuss 02	16,8	4,2	21,0
31.12.02	516,8	75,2	592,0

36.274–36.279 frei

III. Entkonsolidierung

1. Konstellationen

36.280 Die Notwendigkeit einer **Entkonsolidierung** ergibt sich in folgenden Fällen: Das Tochterunternehmen wird:

(a) vollständig veräußert,

(b) teilweise veräußert, so dass das Mutterunternehmen die Beherrschung über das Tochterunternehmen verloren hat oder

(c) gar nicht veräußert, scheidet aber wegen Unwesentlichkeit oder wegen Verlustes von *control* aus dem Konsolidierungskreis aus.

In den Fällen (b) und (c) werden Fragen der Übergangskonsolidierung aufgeworfen, die wir in Rz. 39.40 ff. behandeln. Die folgenden Ausführungen beziehen sich auf die vollständige Veräußerung, Fall (a).

2. Entkonsolidierungszeitpunkt

Der Veräußerungszeitpunkt eines Tochterunternehmens ist definiert als der Zeitpunkt, zu dem das Mutterunternehmen die Beherrschung über das Tochterunternehmen verliert (IFRS 10.B25). Bis zu diesem Zeitpunkt sind Aufwendungen und Erträge sowie Cashflows des Tochterunternehmens noch im Konzernabschluss abzubilden. Um die entsprechenden Informationen zu erhalten ist bei Veräußerungen daher zu beachten, dass die **Mitwirkungspflichten** des (dann ehemaligen) Tochterunternehmens gem. § 294 Abs. 3 HGB (der auch für IFRS-Konzernabschlüsse einschlägig ist, § 315e HGB) auch für die Zeit nach der Veräußerung ggf. vertraglich sicherzustellen sind. 36.281

3. Ermittlung des Entkonsolidierungserfolgs

Die HB III des Abgangsunternehmens reflektiert die Folgebuchwerte der bei Erstkonsolidierung zu 100 % aufgedeckten stillen Reserven/Lasten. An der Neubewertung haben die nbA partizipiert. Folglich fließen in die Ermittlung des Abgangswertes *zwecks Ermittlung des Entkonsolidierungserfolgs des Mehrheitsanteils* auch nur die *anteiligen* Vermögenswerte und Schulden des Tochterunternehmens ein. Ein dem Abgangsunternehmen zugeordneter und noch nicht ergebniswirksam verrechneter Goodwill wird hingegen in voller Höhe berücksichtigt, da die nbA nicht hieran beteiligt sind (im Beispiel wird davon ausgegangen, dass der Goodwill vollständig dem TU als CGU zugeordnet war). 36.282

Damit ermittelt sich der Entkonsolidierungserfolg wie folgt: 36.283

Veräußerungserlös
- anteilige Vermögenswerte des TU zu Buchwerten der HB III
+ anteilige Schulden des TU zu Buchwerten der HB III
+/- ggf. *Reklassifikation des OCI* („Mehrheitsanteil", Rz. 36.284)
- Buchwert des Goodwill, der den CGU des TU zugeordnet worden ist

= **Entkonsolidierungserfolg**

4. Bilanzierung kumulierter erfolgsneutraler Ergebnisse inkl. Umbuchung in die GuV (Reklassifikation)

Bei der Entkonsolidierung sind die verschiedenen Arten der bei TU gebildeten und **auf die Muttergesellschaft entfallenden** Anteile am OCI zum Teil erfolgsneutral in die Gewinnrücklagen umzubuchen („ohne Rekl."), zum Teil erfolgswirksam über die GuV zu „reklassifizieren": 36.284

Beispiel:

		Kum. OCI vor Entkonsolidierung	Umbuchung		Kum. OCI nach Entkonsolidierung
			ohne Reklassifikation	Reklassifikation	
Währungsumrechnungsdifferenz	Reklassifikation	4.300	0	- 4.300	0
Rücklage FK-Instrumente (FVOCI)	Reklassifikation	200	0	- 200	0
Rücklage EK-Instrumente (FVOCI)	Ohne Rekl.	100	- 100	–	0
Rücklage Cashflow hedges	Reklassifikation	- 500	0	500	0
Rücklage Schätzungsänderungen PensVerpfl/Planvermögen	Ohne Rekl.	- 500	500	0	0
Total		3.600	400	- 4.000	0
Davon Gewinnrücklage		–	- 400	–	
Davon Jahresergebnis		–		4.000	

Rücklagen für **EK-Instrumente** der Kategorie **FVOCI** (Rz. 22.30) sowie die kumulierten **Schätzungsänderungen** nach IAS 19[109] sind erfolgsneutral in die Gewinnrücklagen umzubuchen.

Währungsumrechnungsdifferenzen sowie **Rücklagen für FK-Instrumente** der Kategorie **FVOCI** und **Cashflow Hedges** sind demgegenüber erfolgsneutral zu stornieren und *erfolgswirksam* in der GuV zu erfassen (Buchung: „Rücklage an Ertrag" bzw. „Aufwand an Rücklage"). Daraus entsteht im Beispiel ein Ertrag von saldiert 4.000.

36.285 Ein **Goodwill**, der vor 1995[110] oder bei Erstanwendern nach IFRS 1.15 i.V.m. IFRS 1.B zulässigerweise erfolgsneutral mit dem Eigenkapital verrechnet worden war, darf bei der Entkonsolidierung nicht erfolgswirksam erfasst werden (keine Reklassifikation[111]). Insofern besteht die gleiche Regelung wie nach IFRS 1 (Rz. 57.17).

36.286 In Bezug auf die **nbA** ist jedoch nichts zu veranlassen: Sie sind vielmehr insgesamt erfolgsneutral auszubuchen (IFRS 10.B98aii[112]).

---

109 Die Schätzungsänderungen werden nicht immer in einer gesonderten EK-Rücklage geführt, sondern schon bei Entstehung den „normalen" Gewinnrücklagen zugeführt (Rz. 46.25). In diesem Fall unterbleibt eine Umbuchung.
110 Vgl. IAS 22.99 ff. (1998), Fallgruppe 1a).
111 Vgl. *Watrin/Hoehne*, WPg 2008, 695 (702).
112 Der Wortlaut des IFRS 10.B99 ist missverständlich. Danach sei das *other comprehensive income* so zu behandeln, als hätte die Muttergesellschaft die betreffenden Vermögenswerte und Schulden veräußert. Letzteres spricht für eine auch auf die nbA bezogene Reklassifikation, da ja nicht bloß der Anteil der Mutter abgeht. Klarstellend aber IFRS 10.BCZ183, dass nur der Anteil der Mutter gemeint ist; so auch *Küting/Weber/ Wirth*, KoR 2008, 139 (151); *Watrin/Hoehme*, WPg 2008, 695 (700).

5. Beispiel

Fortsetzung der Fallstudie, jetzt: **Entkonsolidierung**. 36.287

Beispiel (Fortsetzung von Rz. 36.270): Zum 30.6.03 werde TU zum Preis von 550 veräußert. Vom 1.1.bis 30.6.03 habe TU noch einen Gewinn vor Steuern von 85 und einen Jahresüberschuss von 60 erzielt (auf Basis der HB III, d.h. nach zeitanteiliger Abschreibung der aufgedeckten stillen Reserven; die aktiven latenten Steuern (15 per 31.12.02) sind aufgrund des Verbrauchs des Verlustvortrags (50 per 31.12.02) ebenfalls abgeschrieben). Entsprechend der Erwerbsfiktion könnte man bei der Veräußerung eines TU an einen Einzelabgang dessen Vermögenswerte und Schulden denken. Konsequent angewendet müsste dann etwa die „Mitveräußerung" von Vorräten bei Abgang des TU im Konzernabschluss als Materialaufwand gebucht werden. Die daraus entstehende Verwerfung bei den Aufwandsquoten wäre indes irreführend, da es sich nicht um laufende Aufwendungen handelt. Demgegenüber ist es sachgerecht, einen saldierten Gesamterfolg pro Beteiligungsverkauf auszuweisen.[113] Dieser ermittelt sich wie folgt:

Veräußerungserlös	550,0
anteilige Vermögenswerte am 30.6.03 (700 × 0,8)	- 560,0
anteilige Schulden am 30.6.03 (264 × 0,8)	+ 211,2
Goodwill	- 116,0
Veräußerungserfolg	**85,2**

Das ehemalige TU ist am nächsten Konzernbilanzstichtag, dem 31.12.03, schon seit einem halben Jahr veräußert und kann daher mit seinen Daten per 31.12.03 nicht mehr im Summenabschluss auftauchen. Um aber die Periodenwerte (insbesondere GuV und OCI, aber auch die diversen Spiegel und die Kapitalflussrechnung) zutreffend darzustellen, wird ein veräußertes TU regelmäßig in den Summenabschluss aufgenommen, und zwar mit den im Entkonsolidierungszeitpunkt (hier: 30.6.03) vorhandenen Werten. 36.288

Bei der Konsolidierung ist die Bilanz der TU allerdings auszubuchen. Die folgende Tabelle enthält die notwendigen Buchungen:

Entkonsolidierung 03	MU	TU (HB III)	Summenbilanz	Konsolidierung		Konzern
				Soll	Haben	
Bilanz						
Immaterielle Werte	0	125	125		2 125	0
Sachanlagen	600	370	970		2 370	600
Umlaufvermögen	1.250	205	1.455		2 205	1.250
Latente Steuern	0	0	0			0
Summe	*1.850*	*700*	*2.550*	*0*	*700*	*1.850*

---

113 H.M., vgl. *Winkeljohann/Deubert* in Beck Bil-Komm[11], § 301 HGB Rz. 331 m.w.N.: Abgang einer Sachgesamtheit als einheitlicher Geschäftsvorfall.

Entkonsolidierung 03	MU	TU (HB III)	Summen-bilanz		Konsolidierung		Konzern
					Soll	Haben	
Gezeichnetes Kapital	500	100	600 0	2 1	80 20		500
Gewinnrücklagen	0	276	276 0	2 1	220,8 55,2	3 16,8	16,8
Jahresüberschuss	150	60	210	1	12 64,8		133,2
nbA	0	0	0	2	87,2	1	20 55,2 12	0
Eigenkapital	**650**	**436**	**1.086**		**452,8**	**16,8**	**650**
Schulden	1.200	205	1.405	1	205		1.200
Latente Steuern	***0***	***59***	***59***	***1***	***59***		***0***
Summe	**1.850**	**700**	**2.550**		**716,8**	**16,8**	**1.850**
GuV							
Umsatzerlöse		200	200				200
Operative Aufwendungen		- 115	- 115				- 115
Beteiligungsertrag	150		150	2 3	48 16,8		85,2
EBT	150	85	235		64,8		170,2
Ertragsteuern	0	- 25	- 25				- 25
Jahresüberschuss	**150**	**60**	**210**		**64,8**		**145,2**
Davon MU	*150*	*48*	*198*		*64,8*		*133,2*
Davon nbA	–	*12*	*12*		–		*12,0*

Abb. 36.12: Entkonsolidierung

- Buchung (1) stellt statistisch den Anteil der nbA zum Abgangszeitpunkt der TU dar (= 87,2). Die nbA partizipieren noch mit 12 am Jahresüberschuss.
- Buchung (2) storniert die Erfassung der TU in der Summenbilanz. Dabei ist zu beachten, dass die Sollbuchung beim Beteiligungsertrag in der GuV (48) in Bezug auf die Muttergesellschaft *nicht* den Gewinnanteil bei TU (80 % von 60 = 48), sondern den im *Einzelabschluss* von MU und damit auch im Summenabschluss ausgewiesenen Veräußerungsgewinn (150) korrigiert. Dieser ist nämlich aus Konzernsicht zu hoch, er darf nur 85,2 betragen (Rz. 36.287). Die 48, die bereits originär in der Konzern-GuV ausgewiesen sind und dem Konzern als laufenden Gewinn zugerechnet werden, sind der erste Teil der Korrektur des MU-Einzelabschluss-Gewinns.

– Buchung (3) ist der zweite Teil der Korrektur: Die 16,8 sind bereits in Vorjahren kumulierte Konzerngewinne, die sich die Konzernmutter anlässlich der Veräußerung der TU vergüten lässt. Aus Konzernsicht war das aber im vorliegenden Fall ein Gewinn des Vorjahres. Daher erfolgsneutrale Umbuchung, damit der Saldovortrag bei den Gewinnrücklagen des Konzerns zutreffend ist (Rz. 36.273).

Der Abschluss der Muttergesellschaft weist den *im Einzelabschluss* entstandenen Veräußerungsgewinn von 150 (550 Erlös abzgl. 400 Buchwert der Beteiligung lt. Einzelabschluss) aus. Dies ist zugleich der bei der *Konzernmutter* in der Totalperiode auszuweisende Gewinn, denn die Beteiligung wurde für 400 erworben und für 550 veräußert.[114] Der in 03 im Konzernabschluss *auf MU entfallende Jahresüberschussanteil* von 133,2 lässt sich wie folgt abstimmen:

36.289

Veräußerungsgewinn im EA von MU (550-400)	150,0
kumulierte, dem Konzern zuzurechnende Ergebnisbeiträge TU aus Vorjahren	- 16,8
durch Gewinnanteil der TU 03 gedeckt	- 48,0
Veräußerungsgewinn aus Konzernsicht (Rz. 36.287)	**85,2**
Anteil MU am JÜ von TU in 03 (60 × 0,8)	**48,0**
Konzernjahresüberschuss 03 (Anteil MU)	**133,2**
In Vorjahren von MU vereinnahmt	16,8
Totalgewinn (Anteil MU)	**150,0**

6. Auswirkung auf das Konzerneigenkapital

Die Entkonsolidierung stellt sich im Eigenkapitalspiegel in 03 wie folgt dar: Korrespondierend zur Einlage bei Erstkonsolidierung (Rz. 36.253) liegt bei Entkonsolidierung eine **Entnahme des nbA Anteils** aus dem Konzerneigenkapital vor.

36.290

Konzerneigenkapitalspiegel 03	Anteil der Konzernmutter	nbA	Konzern-Eigenkapital
1.1.03 (Rz. 36.273)	516,8	75,2	592,0
Konzernjahresüberschuss 03	133,2	12,0	145,2
Änderung Konsolidierungskreis (Entkonsolidierung) 30.6.03	0,0	- 87,2	- 87,2
31.12.03	**650,0**	**0,0**	**650,0**

frei

36.291–36.299

---

114 Der gesamte Konzerngewinn in der *Totalperiode* umfasst zusätzlich auch die kumulierten nbA Anteile am Ergebnis, 4,2 in 02 (Rz. 36.273) und 12,0 in 03, zusammen 16,2.

K. Sonderfälle

I. Transaktionen vor Konzernzugehörigkeit (pre-existing relationships)

1. Problemstellung

36.300 Schon vor Erwerb eines TU können Geschäftsbeziehungen zwischen dem TU und dem Konzern bestehen. Welche Auswirkungen sich dann auf den Ansatz der Vermögenswerte und Schulden bei der Erstkonsolidierung einer erworbenen TU sowie auf die Abgrenzung der Gegenleistung des Unternehmenserwerbs ergeben, wird durch IFRS 3.52a geregelt und im Folgenden erörtert.

2. Lieferungen/Verkäufe vor Konzernzugehörigkeit

36.301 Erfolge aus Lieferungen des Konzerns an das andere Unternehmen vor dessen Konzernzugehörigkeit gelten als realisiert. Eine **Zwischenerfolgseliminierung** kommt erst auf Lieferungen nach Konzernzugehörigkeit in Betracht.

Das gilt auch, soweit der Konzern eine aus seiner Sicht nicht aktivierungsfähige immaterielle Vermögensposition an das andere Unternehmen vor dessen Konzernzugehörigkeit veräußert hat. Bei nachfolgendem Erwerb des TU ist der Vermögenswert im Konzernabschluss anzusetzen, soweit er die Ansatzkriterien erfüllt.

3. Abwicklung günstiger und ungünstiger Verträge

36.302 Schwebende Verträge des erworbenen TU mit dem erwerbenden Konzern, die zu immateriellen Vermögenswerten führen (z.B. Auftragsbestand, Kundenbeziehung, Rechte an Vermögenswerten, die dem Konzern gehören), sind gemäß Rz. 36.115 ff. anzusetzen und zukünftig abzuschreiben, auch wenn es solche Vermögenswerte aus konsolidierter Sicht gar nicht gibt (z.B. keine Kundenbeziehung mit sich selbst). Die dafür gezahlten Kaufpreisbestandteile gehen somit nicht im Goodwill auf. Hierin kommt deutlich die von IFRS 3 eingenommene Sichtweise des *hypothetischen* Erwerbers und nicht die des *konkreten* Erwerbers zum Ausdruck (Rz. 36.100).

36.303 Zu sofortigen **Ergebniswirkungen** kommt es jedoch, soweit die Konditionen der betroffenen Altverträge am Erwerbsstichtag nicht marktüblich sind. Nachfolgendes Beispiel zeigt die Vorgehensweise bei einem Vertrag, der für TU günstig ist.

Beispiel 1: Eine erworbene Tochtergesellschaft liefert auf Grund eines langjährigen Liefervertrags mit dem Konzern zu über Marktkonditionen liegenden Preisen. Der Vertrag ist also für TU günstig, wobei der Vorteil i.H.d. Barwerts der Mehrpreise bewertet wird. Dies sei hier ein Betrag von 5 Mio. Euro. Dann ist von dem hingegebenen Kaufpreis (hier: 50 Mio. €) ein Anteil von 5 Mio. Euro aufwandswirksam zu verrechnen[115] (IFRS 3.B52b; IE54 ff.). Die Gegenleistung für den Unternehmenserwerb beträgt demnach nur 45 Mio. €:

---

[115] Sieht der Vertrag zwischen MU und TU bereits Abfindungszahlungen für den Ausstieg aus dem Vertrag vor, ist zu unterscheiden: Bei höherer Abfindung (z.B. 6 Mio. Euro) bleibt es bei dem Wert des für MU ungünstigen Vertrags (5 Mio. Euro); bei niedrigerer

	Soll	Haben
Erworbenes Nettovermögen (inkl. ggf. Goodwill) von TU	45,0 Mio. Euro	
Aufwand	5,0 Mio. Euro	
Beteiligung MU an TU		50,0 Mio. Euro
	50,0 Mio. Euro	**50,0 Mio. Euro**

Dieser Bilanzierung liegt die Fiktion zugrunde, dass MU die bisherigen Gesellschafter des TU in Höhe eines Anteils von 5 Mio. Euro für die Aufgabe ihrer günstigen Rechtsposition entschädigt[116] und nur 45 Mio. Euro für die Ertragsaussichten der TU (bewertet zu Marktkonditionen) zahlt. Zugleich ist eine beim Konzern zuvor ggf. gebildete Drohverlustrückstellung aufzulösen.

Im umgekehrten Fall eines für TU ungünstigen (und damit eines für MU bislang günstigen) Vertrages ist der Kaufpreis für TU niedriger:

Beispiel 2: Wie Beispiel 1, nur sei der **Vertrag für TU ungünstig**. Auf Grund der geringeren Ertragsaussichten betrage der Kaufpreis nur 40 Mio. Euro. Die o.g. Grundsätze sind unabhängig davon anzuwenden, ob ein **Abwicklungsverlust oder -gewinn** entsteht (IFRS 3.B52): Das erworbene Nettovermögen und die Gegenleistung betragen somit 45 Mio. Euro; die Differenz von 5 Mio. Euro zur geleisteten Zahlung ist als Ertrag zu vereinnahmen.[117]

4. Zurückerworbene Rechte

Die Bewertung sog. **zurückerworbener Rechte** ist in IFRS 3.29 geregelt.

36.305

Beispiel 3: MU ist Lizenz- oder Franchisegeber und ein anderes Unternehmen Lizenz- bzw. Franchisenehmer. Der Vertrag habe noch eine Laufzeit von 4 Jahren mit Verlängerungsoption um 5 Jahre. Mit Erwerb des anderen Unternehmens durch MU werden diese Rechte in wirtschaftlicher Betrachtung durch den Konzern zurückerworben.

- MU hat für dieses Recht aus Sicht eines hypothetischen Erwerbers (Rz. 36.100) einen immateriellen Vermögenswert anzusetzen, bspw. i.H.d. diskontierten Lizenz- bzw. Franchisegebühren.
- Soweit der Vertrag für eine Partei ggf. günstig oder ungünstig ist, erfolgt jedoch eine Abspaltung des Werts, um den der Vertrag günstig oder ungünstig ist, von der Gegenleistung des Unternehmenserwerbs (Rz. 36.303 f.), d.h. nur der den Marktkonditionen entsprechende Anteil der Lizenz- bzw. Franchisegebühren darf erfasst werden.

---

vereinbarter Abfindung (z.B. 4 Mio. Euro) wird der niedrigere Betrag Aufwand (IFRS 3.B52b); auf das erworbene Nettovermögen entfielen dann 46 Mio. Euro.

116 Vgl. *Beyhs/Wagner*, DB 2008, 73 (80).

117 Diese Vorgehensweise weist Parallelen zum excess bzw. *bargain purchase* auf (Rz. 36.210), darf aber nicht damit verwechselt werden: Beim bargain purchase wird ein Unternehmen „unter Wert" erworben, was hier aber nicht der Fall ist, da der niedrigere Kaufpreis lediglich die niedrigeren Ertragsaussichten auf Grund der bestehenden Verträge der TU reflektiert; im vorliegenden Fall wird vielmehr die Abwicklung eines vom Unternehmenserwerb zu separierenden Vorgangs abgebildet, vgl. Haufe IFRS-Komm[16], § 31 Rz. 123 im Kontext mit dem Konfusionsgewinn (Beispiel 6, Rz. 36.308).

– In Bezug auf die Bewertung des den Marktkonditionen entsprechenden Teils verlangt IFRS 3.29 nun, dass lediglich die Laufzeit von vier Jahren berücksichtigt werden darf, selbst wenn fremde Dritte von einer Verlängerung ausgehen und einen höheren Fair Value ansetzen würden. Hierfür gibt IFRS 3.BC308 zwei verschiedene Begründungen: (a) Es soll ein Missbrauch vermieden werden, damit MU nicht mit Hinweis auf eine ihr jederzeitig mögliche Vertragsverlängerung eine unendliche Nutzungsdauer begründen kann und (b) unter Anwendung der Grundsätze über die Separierung des Unternehmenserwerbs von anderen Transaktionen (Rz. 36.25) wird die mögliche Vertragsverlängerung vom Unternehmenserwerb getrennt.

5. Eventualforderungen und -verbindlichkeiten

36.306　Bestehen gegenseitige Eventualforderungen und -verbindlichkeiten, (z.B. aus Prozessen) ist deren Fair Value zu ermitteln und bei der Gegenleistung des Unternehmenserwerbs zu korrigieren, aber beim erworbenen Unternehmen *nicht* anzusetzen. Für einen aus Konzernsicht (MU) sog. **Passivprozess** gilt Folgendes:

Beispiel 4: TU führt einen Prozess gegen MU, wobei die entsprechende Eventualforderung (*contingent asset*) einen Fair Value von 5 Mio. Euro habe (unter Gewichtung möglicher Prozessausgänge). Im Zuge des Erwerbs wird der Rechtsstreit beigelegt.

Bei einer Zahlung „für TU" von 50 Mio. Euro ist wiederum ein Kaufpreisanteil von 5 Mio. Euro als Entgelt für den Verzicht der Altgesellschafter von TU auf deren Rechtsposition zu werten und beim Erwerber als Aufwand zu erfassen. Die Gegenleistung für TU beträgt daher 45 Mio. €. Eine ggf. bei MU gebildete Prozessrückstellung wäre bei der Konsolidierung aufzulösen.

Bei der TU ist bei Erstkonsolidierung keine Eventualforderung anzusetzen, weil fingiert wird, als habe der Veräußerer diese vor Verkauf als Sachdividende aus der TU entnommen und separat zum Preis von 5 Mio. Euro veräußert (IFRS 3.BC122). Damit verbleiben keine Differenzen aus Schuldenkonsolidierung.

36.307　Entsprechend gilt für **Aktivprozesse** folgende Überlegung und Bilanzierung:

Beispiel 5: MU prozessiere gegen TU. Das Prozessrisiko bei TU führt zu einem Kaufpreisabschlag i.H.d. Fair Values von 5 Mio. Euro, so dass an die Veräußerer ein Betrag von 40 Mio. Euro gezahlt wird.

Lösung entsprechend Beispiel 2 (Rz. 36.304), d.h. Gegenleistung und Konsolidierung der TU auf Basis von 45 Mio. Euro, Abwicklungsgewinn bei MU i.H.v. 5 Mio. Euro. Bei TU ist analog zu Beispiel 4 keine Eventualverbindlichkeit anzusetzen.

6. Wertberichtigungen auf Forderungen

36.308　Die Bilanzierung **gegenseitiger wertberichtigter Forderungen und Verbindlichkeiten** ist in IFRS 3 nicht explizit erwähnt. In Anlehnung an DRS 23 präferieren wir folgende Lösung:

Beispiel 6: MU habe eine Forderung gegenüber einem anderen Unternehmen im Nennwert von 15 Mio. Euro bonitätsbedingt um 5 Mio. Euro auf den Buchwert von 10 Mio. Euro abgeschrieben. Nun werde das andere Unternehmen erworben und damit zum TU. Bei der Fair Value Bewertung der Vermögenswerte und Schulden des TU anlässlich der Erstkonsolidierung wird die Verbindlichkeit gegenüber MU nicht wie bisher mit 15 Mio. Euro, sondern (Bonität des TU!) nur mit 10 Mio. Euro angesetzt. Der Kaufpreis wird nicht angepasst, und im Rahmen der Schuldenkonsolidierung werden die jetzt betragsgleichen Forderungen und Verbindlichkeiten aufgerechnet.[118]

Der umgekehrte Fall einer bei TU vor deren Konzernzugehörigkeit gegenüber dem Konzern bestehenden wertgeminderten Forderung dürfte eher selten im Zusammenhang eines Erwerbs des TU zu beobachten sein: Die Wertminderung bei TU drückt die entsprechend schlechte Bonität des Konzerns aus; es ist eher unwahrscheinlich, dass der Konzern dann noch einen Unternehmenserwerb durchführt. Gleichwohl ist das nicht auszuschließen, deshalb folgender Lösungsvorschlag: 36.309

Beispiel 7: TU habe eine um 5 Mio. Euro wertgeminderte Forderung gegenüber MU, entstanden vor Konzernzugehörigkeit.

Bei Erwerb der TU wird die Forderung zum Fair Value angesetzt, d.h. mit dem wertberichtigten Betrag. Die Gegenleistung (Kaufpreis für TU) wird nicht angepasst. Die Differenz zwischen wertgeminderter Forderung bei TU und höherer Verbindlichkeit bei MU führt bei der Schuldenkonsolidierung zu einem Konfusionsgewinn (*settlement gain*) von 5 Mio. Euro.[119]

Beide Beispiele führen insoweit zu Ergebniswirkungen im Konzern: Im Beispiel 6 (Rz. 36.308) zu Aufwand vor dem Erwerb der TU, im Beispiel 7 (Rz. 36.309) zu Ertrag anlässlich des Unternehmenserwerbs. 36.310

frei 36.311–36.319

II. Konsolidierung von Tochterpersonengesellschaften

1. Ausweis nicht beherrschender Anteilseigner (nbA) im Konzernabschluss

Anteile von nbA an Tochterpersonengesellschaften im Konzernabschluss sind *immer* als Fremdkapital auszuweisen (IAS 32.AG29A), und zwar selbst dann, wenn sie im Einzelabschluss (ggf. Handelsbilanz II) auf Grund der **Ausnahmeregelung** des IAS 32.16A ff. Eigenkapital darstellen[120] (Rz. 23.37 ff.). 36.320

Korrespondierend werden die (Nachsteuer)-Ergebnisse der nbA im Konzernabschluss als Aufwand gebucht (nachdem sie zuvor im ersten Schritt der Konzernmutter zugerechnet wurden), zweckmäßigerweise innerhalb des Finanz- oder Zinsergebnisses.

---

118 Vgl. hierzu *Theile*, BBK 2016, 1012. Zu einer anderen Lösung – Aufteilung des Kaufpreises für TU in einen Teilbetrag als Investition in die Wertsteigerung der Forderung und damit für eine Interpretation als Mehrkomponentengeschäft jedenfalls bei Erwerb des TU in Sanierungsabsicht – s. Haufe IFRS-Komm[16], § 31 Rz. 122.
119 Vgl. hierzu Haufe IFRS-Komm[16], § 31 Rz. 123.
120 Eine sachliche Begründung wird nicht gegeben, anders noch ED IAS 32.AG29A mit (unzutreffendem) Hinweis darauf, dass das Kriterium der Letztrangigkeit nicht erfüllt sei, weil die Ansprüche der nbA bei einer Liquidation des Konzerns vorrangig vor Auskehrung des Liquidationserlöses an die jeweilige Muttergesellschaft zu erfüllen seien.

36.321 IAS 32AG29A korrespondiert jedoch nicht mit IFRS 10.B94, wonach negative nbA generell zulässig sind. Würde man IAS 32.AG29A konsequenterweise auch auf negative nbA bei Personengesellschaften anwenden, bestünde das Problem, eine Forderung ausweisen zu müssen, die aber bei fehlender Nachschusspflicht der nbA nicht besteht. Damit existieren folgende Handlungsoptionen bei der Abbildung negativer nbA Anteile von Tochterpersonengesellschaften im Konzernabschluss:

– Ausweis einer Forderung nur dann, wenn die die nbA eine Nachschusspflicht haben.

– Ansonsten Ausweis des negativen nbA Kapitals innerhalb des Eigenkapitals.

2. Kapitalkonsolidierung bei Erwerb aller Anteile

36.322 Falls Personengesellschaften nach IAS 32 kein Eigenkapital ausweisen können, ist die Frage aufgeworfen worden, ob eine Kapitalkonsolidierung noch durchführbar ist.

Gegen eine Kapitalkonsolidierung[121] könnte sprechen, dass mit dem „Fremdkapital" der Tochtergesellschaft eine Forderung der Mutter korrespondiere, insoweit also nur die Schuldenkonsolidierung vorzunehmen sei. Die Vorschriften zur Schuldenkonsolidierung sehen aber keine Ermittlung eines Unterschiedsbetrages vor mit der Folge, dass eine Aufdeckung stiller Reserven und eines Goodwill unterbleiben müsste.

Dabei ist jedoch zu beachten, dass „Eigenkapital" und „Fremdkapital" lediglich zwei Etiketten für ein- und dasselbe Nettovermögen sind: Der Name bezieht sich lediglich darauf, *wie* Ansprüche geltend gemacht werden (individuell = Fremdkapital, kollektiv = Eigenkapital, Rz. 23.21 f.), lässt aber das Nettovermögen, auf das sich diese Ansprüche richten, unberührt.[122] Entscheidend ist somit, dass ein **Unternehmenszusammenschluss** gem. IFRS 3 vorliegt.[123]

(a) Ein Käufer hat „control" über ein business/Tochtergesellschaft erworben,

(b) für diesen Erwerb sind Kosten angefallen und

(c) die Erwerbskosten sind aufgewendet worden für den Kauf von Vermögenswerten und Schulden. Der Name Kapitalkonsolidierung steht, richtig verstanden, lediglich für die **Technik**, das erworbene Nettovermögen („*net assets*") mit dem Kaufpreis zu verrechnen;[124] allfällige Differenzen sind als Goodwill oder *bargain purchase* zu behandeln. Daran hat sich aber durch die Umgliederung des Gesellschafterkapitals ins Fremdkapital nichts geändert.

---

121 Vgl. *Broser/Hoffjan/Strauch*, KoR 2004, 452 (456 f.); *Hoffmann/Lüdenbach*, DB 2005, 404 (405 f.). Erstgenannte Autoren sprechen sich nur aus übergeordneten Erwägungen (Entscheidungsrelevanz) für eine Kapitalkonsolidierung aus.

122 Das ist auch der Grund, warum die bloße Umklassifizierung von Eigen- in Fremdkapital *nicht* zu latenten Steuern führt (Rz. 29.80).

123 Gl.A. *Küting/Wirth/Dürr*, WPg 2006, 345 (348); *Senger/Diersch* in Beck IFRS-HB[5], § 35 Rz. 12.

124 Vgl. *Pawelzik/Theile*, DB 2000, 2385 ff.

3. Erwerb von weniger als 100 % der Anteile (antizipierter Erwerb der nbA)

Bei Erwerb von weniger als 100 % an Tochterpersonengesellschaften wirken sich die potentiellen Abfindungsansprüche von nbA an Personengesellschaften (Rz. 36.320) auf die **Konsolidierung** aus.

36.323

Beispiel: MU erwirbt 60 % an TU KG zum Preis von 6.000. Das anteilige auf die nbA (40 %) entfallende Nettovermögen beträgt 2.800. Die Satzung der KG sehe jedoch eine Abfindung zum vollen Verkehrswert (4.000) vor, so dass der gedanklich auf die nbA entfallende Goodwill (1.200) die Differenz zum Abfindungsanspruch repräsentiert.

	MU (60 %)	TU (40 %)	100 %
Fair Value des Nettovermögens	4.200	2.800	7.000
Goodwill	1.800	1.200	3.000
Kaufpreis (MU)/Fair Value des Abfindungsanspruchs (TU)	**6.000**	*4.000*	**10.000**

Bei Anwendung der Neubewertungsmethode, d.h. ohne Ausweis des Goodwills der nbA, würde man im ersten Schritt das gesamte Nettovermögen (7.000) und den Goodwillanteil der Konzernmutter (1.800) ansetzen. Hinzu käme die Umgliederung der nbA (2.800) in die Verbindlichkeiten gemäß Rz. 36.320.

Bei dieser Bilanzierung wäre aber noch nicht berücksichtigt, dass der Konzern (genauer: MU) latent mit einem Abfindungsanspruch der nbA von 4.000[125] belastet ist und davon nach der Neubewertungsmethode i.V.m. der Umgliederung der nbA in Verbindlichkeiten nur 2.800 in der Konzernbilanz als Schuld ausgewiesen sind:

– Die über die anteiligen Buchwerte der nbA hinausgehende Abfindungslast (1.200) wäre somit nicht passiviert
– Auf der Aktivseite korrespondiert mit diesem Betrag ein Goodwill; dieser wäre ebenso wenig aktiviert.

Würde man bei der Kaufpreisallokation nun die bisher nicht reflektierte zusätzliche Abfindungsverpflichtung von 1.200 berücksichtigen, ergäbe sich ein Goodwill von 3.000 (statt 1.800). Die Buchung würde lauten[126]:

	Soll	Haben
Nettovermögen (100 %, Anteil MU und nbA)	7.000	
Goodwill (100 %)	3.000	
(davon Goodwill Konzernmutter:	*(1.800)*	
(davon antizipierter Erwerb nbA Goodwil:	*(1.200)*	
Beteiligungsbuchwert MU		6.000
nbA (Verbindlichkeiten)		4.000

Diese Bilanzierung hat eine klare wirtschaftliche Implikation, denn es wird fingiert, als seien die nbA bereits ausgeschieden und als habe der Konzern 100 % des gesamten Vermögens inklusive des Goodwill der nbA von 1.200 erworben, aber die Abfindung noch nicht ausgezahlt (Bilanzverlängerung: Goodwill 1.200 an Abfindungs-

36.324

---

125 Hier annahmegemäß identisch mit dem Fair Value der Anteile.
126 *Küting/Wirth/Dürr*, WPg 2006, 345 (350) bezeichnen dieses Ergebnis als „grotesk".

verbindlichkeit 1.200). Man spricht insofern von einem „**antizipierten Erwerb**" und von „**synthetischen Verbindlichkeiten**".

Damit wird im Ergebnis der gesamte Goodwill (3.000) ausgewiesen wie bei der **Full Goodwill-Methode**, allerdings mit dem **Unterschied**, dass bei der Full Goodwill-Methode 1.200 den nbA zugeordnet würden, während beim antizipierten Erwerb der volle Betrag (3.000) der Konzernmutter zugerechnet wird.

Die Fiktion des antizipierten Erwerbs ist angreifbar, steht sie doch im Widerspruch zur Definition einer Schuld im Conceptual Framework[127], zur Bilanzierung schwebender Verträge und insbesondere zur dinglichen Zuordnung des Konzernvermögens zu Konzernmutter und nbA; letztlich hat der IASB aber dem vollständigen Ausweis möglicher Auszahlungsverpflichtungen i.S.v. IAS 32 Priorität eingeräumt.

36.325 Bei der **Folgekonsolidierung** ist die Abfindungsverpflichtung als finanzielle Schuld wie beim Earn-out nach IFRS 9 erfolgswirksam anzupassen (Rz. 36.71); der Goodwill bleibt (vorbehaltlich eines Impairments) unverändert. Konsequenterweise wird das auf die nbA entfallende Ergebnis auch im ersten Schritt der Konzernmutter zugerechnet und im 2. Schritt als Aufwand (als Zinsaufwand auf die finanzielle Schuld) gebucht (Rz. 36.320).

Zur Abstockung von Anteilen an **Personengesellschaften** s. Rz. 39.58.

III. Verkaufsoptionen über Anteile nicht beherrschender Anteilseigner

36.326 Insbesondere bei Beteiligung von Finanzinvestoren kommt es vor, dass nbA Put-Optionen über ihre Anteile gegenüber dem Konzern eingeräumt werden, häufig auch verknüpft mit korrespondierenden Call-Optionen des Konzerns. Zu **Kaufoptionen** vgl. Rz. 39.82.

Aktuell besteht angesichts einer Regelungslücke ein Bilanzierungswahlrecht, das aber stetig auszuüben ist. Eine Schließung der Lücke ist erst im Rahmen des „*Financial Instruments with Characteristics of Equity* (‚FICE') Projekts" zu erwarten (Rz. 36.19). Der Bilanzierungskonflikt resultiert daraus, dass nbA einerseits nach IFRS 10 innerhalb des Eigenkapitals auszuweisen sind, in Cash zu erfüllende Put Optionen jedoch zugleich finanzielle Verbindlichkeiten darstellen, und zwar **unabhängig von der Rechtsform der betreffenden Tochtergesellschaft**, d.h. neben Personengesellschaften auch Kapitalgesellschaften.

---

127 So explizit die Kritik (*dissenting opinion*) des IASB Mitglieds Leisenring, IAS 32.DO1-3. Zudem greift u.E. der zur Rechtfertigung des antizipierten Erwerbs herangezogene IAS 32.23 nicht (so aber *KPMG*, Eigenkapital vs. Fremdkapital nach IFRS, 2006, 57): Danach sind Erwerbsverpflichtungen für eigene Anteile bereits vor dem tatsächlichen Eigentumsübergang als erworben zu behandeln. Hiermit sind u.E. jedoch eigene Anteile der Konzernmutter gemeint und kein Kapital der nbA.

Für die Bilanzierung ist zunächst zu klären, ob die Putoptionen dem Konzern (Mehrheitsgesellschafter) bereits eine „aktuelle Inhaberschaft" (*present ownership*) im Sinne des Übergangs von Nutzen und Lasten einräumt oder nicht[128]:

(a) Eine present ownership liegt etwa vor, wenn der Optionspreis (eher) fix ist, statt am Fair Value orientiert, wenn Dividendenrechte und Stimmrechte beschränkt sind oder bei einer Kombination von Put und Call Option mit vergleichbarer Laufzeit und Konditionen.

(b) Keine present ownership hingegen, wenn laufende Überschüsse ohne weiteres auch an die nbA fließen, wenn der Optionspreis sich nach dem künftigen Fair Value der Anteile bzw. künftigen Überschüssen richtet etc.

Liegt eine present ownership des Konzerns vor, erfolgt zwingend die Bilanzierung nach IAS 32: 36.327

– Put-Optionen von nbA gegenüber dem Konzern führen gemäß IAS 32.AG29 i.H.d. Ausübungspreises zu Verbindlichkeiten.

– Besteht die Option bereits im Erwerbszeitpunkt, entfällt der Ausweis von nbA, und die Bilanzierung erfolgt entsprechend einem antizipierten Erwerb, d.h. Ausweis einer synthetischen Verbindlichkeit und Erhöhung des Goodwill wie beim Erwerb von weniger als 100 % der Anteile an Personengesellschaften (Rz. 36.323 f.).

– Die Anpassung an geänderte Fair Values in Folgeperioden geschieht nach IFRS 9 über die Effektivzinsmethode erfolgswirksam (Zinsaufwand/Zinsertrag).

– Dementsprechend sind als nbA gezahlte **Dividenden bzw. Ergebniszuweisungen als Aufwand** zu erfassen[129], es sei denn, diese haben den Charakter einer Kaufpreiszahlung (bei Anrechnung auf den Optionspreis)[130].

– Wird die Option nach Erwerb eingeräumt, erfolgt die Ausbuchung der nbA gegen Verbindlichkeit; eine etwaige Differenz zum Fair Value der Option wird erfolgswirksam erfasst.

– Bei **tatsächlicher Ausübung der Option** wird die Verbindlichkeit erfüllt. Die Differenz zwischen bisher passivierter Verbindlichkeit und dem tatsächlichen Kaufpreis wird erfolgswirksam gebucht.

– **Verfällt die Option**, wird so bilanziert, als sei eine Mehrheitsbeteiligung abgestockt, d.h. ein Teil an nbA veräußert worden.[131] Die bislang bilanzierte Verbindlichkeit wird wie ein Veräußerungserlös behandelt und eine Differenz zu den anteiligen Buchwerten der TU (inkl. Goodwill) wird erfolgsneutral mit dem Eigenkapital der Konzernmutter verrechnet (Rz. 39.55 ff.).

Sind Nutzen und Lasten noch nicht auf den Konzern übergegangen, bestehen folgende Bilanzierungsalternativen: 36.328

---

[128] Vgl. *Anders*, PiR 2015, 1 (2 f. m.w.N.).
[129] Vgl. z.B. Indus Holding AG, GB 2017, 126.
[130] Vgl. EY iGAAP 2018, 477.
[131] Vgl. *Senger/Driesch* in Beck IFRS-HB[5] § 35, Rz. 63.

(a) Zunächst kann die „IAS 32"-Bilanzierung (Rz. 36.327) wahlweise auch in diesem Fall angewendet werden[132].

(b) Alternativ kommt eine an IFRS 10 angelehnte Bilanzierung in Betracht[133]:

– Dabei erfolgt im Einklang mit IFRS 10 der „normale" Ausweis von nbA, die bei Erwerb der TU zum anteiligen Fair Value (alternativ Full goodwill) bewertet und bei der Folgekonsolidierung nach allgemeinen Grundsätzen fortgeschrieben werden (Rz. 36.265).

– Zusätzlich wird der Fair Value der Put Option als Verbindlichkeit gebucht, wobei die Gegenbuchung in einer Eigenkapitalposition des beherrschenden Gesellschafters (Gewinn- oder Kapitalrücklage) erfolgt. Da der anteilige Fair Value der net assets (z.B. € 50 Mio.) üblicherweise geringer als der Fair Value der Put Option ist (z.B. € 60 Mio.), kommt es bei dieser Bilanzierung zu einem niedrigeren Goodwill als bei Alternative (a)[134].

– Die finanzielle Verbindlichkeit ist in der Folgezeit nach IFRS 9 erfolgswirksam anzupassen (z.B. auf € 70 Mio.), wobei der Zinsaufwand bzw. -ertrag dem Konzern zuzuordnen ist.

– Bei Ausübung der Option wird die finanzielle Verbindlichkeit (€ 70 Mio.) beglichen und die Differenz zwischen nbA (nach Fortschreibung z.B. € 55 Mio.) und der Sollbuchung im EK mit dem Eigenkapital der Konzernmutter verrechnet:

nbA	55		
Kapitalrücklage	15	an Gewinn-/Kapitalrücklage	70

Bei Verfall der Option wird die Kaufpreisverbindlichkeit gegen Kapitalrücklage ausgebucht:

Finanzielle Verbindlichkeiten	70	an Gewinn/Kapitalrücklage	70

36.329 frei

IV. Kapitalkonsolidierung im mehrstufigen Konzern

1. Problemstellung

36.330 Ein **mehrstufiger Konzern** liegt bei mehr als zwei Konzernebenen (MU und TU) vor, wenn eine TU ihrerseits eine weitere (Tochter)-Gesellschaft beherrscht (die dann bisweilen als Enkelunternehmen – EU – bezeichnet wird). In deutschen Groß-

---

132 Vgl. EY iGAAP 2018, 475 ff.
133 Zum Folgenden und zu weiteren Varianten der „IFRS 10" Bilanzierung vgl. *Anders*, PiR 2015, 1.
134 Vgl. *Anders*, PiR 2015, 1 (5 ff.).

konzernen sind sieben oder acht Konzernebenen keine Seltenheit, und auch bei kleineren Konzernen finden sich häufig drei oder vier Ebenen (Abb. 36.13).

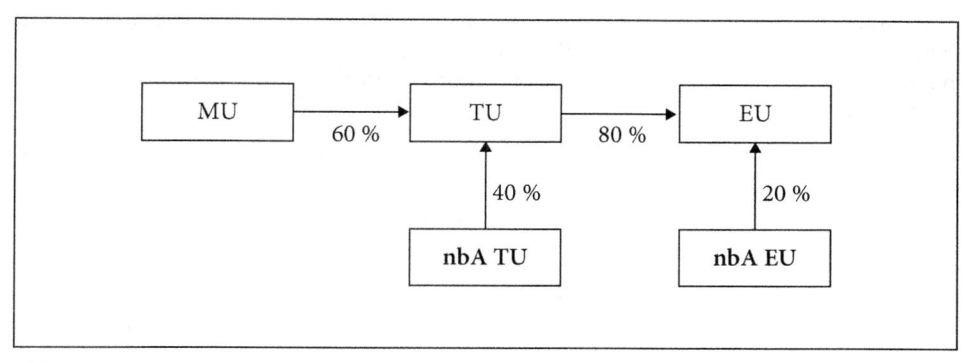

```
         MU ──60%──→ TU ──80%──→ EU
                     ↑ 40%        ↑ 20%
                   nbA TU       nbA EU
```

Abb. 36.13

IFRS 3 enthält nun – das ist vermeintlich erstaunlich – keine Aussagen zur Kapitalkonsolidierung im mehrstufigen Konzern. Dabei handelt es sich u.E. jedoch nicht um eine Regelungslücke. Vielmehr sind die Grundsätze des IFRS 3 bei einer einstufigen Konsolidierung auch im mehrstufigen Fall anzuwenden. Insbesondere kommt eine Beschränkung der Aufdeckung des Goodwills auf den durchgerechneten Beteiligungsprozentsatz des *obersten* Mutterunternehmens, wie er in Teilen der (früheren) Literatur zum HGB vertreten wurde[135], weder nach HGB noch nach IFRS in Betracht.[136] Mittlerweile hat auch DRS 23 eine Absage an diese Beschränkung erteilt, so dass keine Unterschiede mehr bestehen zwischen einer einstufigen oder einer mehrstufigen Kapitalkonsolidierung.[137] Gleichwohl gibt es nach wie vor Stimmen, die einer möglichen Beschränkung der Aufdeckung des Goodwills im IFRS-Konzernabschluss das Wort reden.[138]

Wir zeigen im Folgenden:

– Bei der bisher in der Literatur zur Problemlösung diskutierten „multiplikativen" vs. „additiven" Methode führt nur die additive Methode zur ungekürzten und damit zutreffenden Übernahme des Goodwill in den Konzernabschluss.

– Richtig verstanden lässt sich aber auch multiplikativ durchrechnen. Wir nennen diese Methode „**modifizierte multiplikative Methode**".

– Zugleich ist die modifizierte multiplikative Methode die Basis für die durchaus empfehlenswerte Simultankonsolidierung (Rz. 36.334).

---

135 *ADS*, § 307 HGB Rz. 41 ff.; Haufe IFRS-Komm[16], § 31 Rz. 185 ff.; mittlerweile indifferent: *Küting/Weber*, Der Konzernabschluss[10], 358 f.
136 Zur Begründung bereits *Pawelzik/Theile*, DB 2000, 2385 ff.; *Römgens*, BB, Beilage zu Heft 39/2005, 21 ff.; *Winkeljohann/K. Hoffmann* in Beck Bil-Komm[11], § 307 HGB Rz. 37; *Eisele/Kratz*, ZfbF 1997, 291; *Busse von Colbe* u.a., Konzernabschlüsse[9], 305 ff.; *Baetge/Kirsch/Thiele*, Konzernbilanzen[12], 425 f.; so jetzt auch *Senger/Dirsch* in Beck IFRS-HB[5], § 35 Rz. 75; eine ausführliche wiss. Auseinandersetzung nimmt *Engelke* 2018 vor.
137 Vgl. nur WP-Handbuch, Bd. I[15], Abschn. G Rz. 493.
138 So etwa *Wirth/Dusemond/Küting*, DB 2017, 2493 ff.

2. „Multiplikative" vs. „additive" Methode

36.331 Die Kapitalkonsolidierung im mehrstufigen Konzern ist bei einer durchgehenden 100 %igen Beteiligungskette einfach. Sie kann jedoch bei Vorhandensein von nicht beherrschenden Anteilen (nbA) und Goodwill einige Besonderheiten bieten. Zunächst sei als Ausgangspunkt die **Kapitalkonsolidierung** im einstufigen Konzern betrachtet:

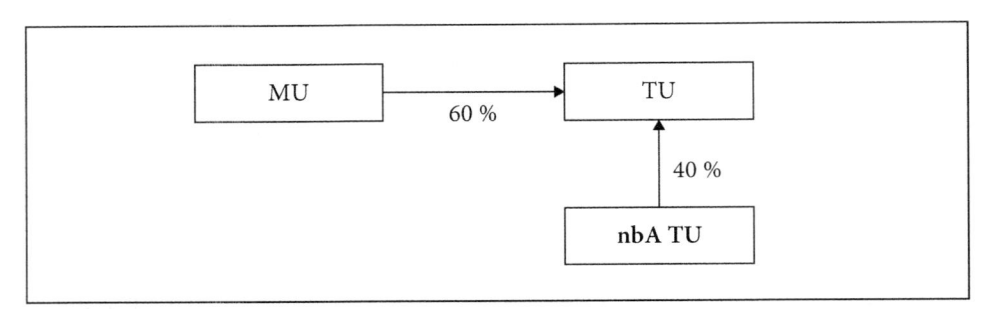

```
    MU ──60 %──▶ TU
                  ▲
                  │ 40 %
                  │
                nbA TU
```

Abb. 36.14: Einstufiger Konzern mit nbA

Beispiel: MU erwirbt 60 % an TU für eine Gegenleistung von 240. Das neubewertete EK von TU betrage 400, anteilig (60 %) also 240. Folglich ist im Beteiligungsbuchwert (240) kein Goodwill enthalten; das anteilige EK von TU wird ohne Aufrechnungsdifferenz mit dem Anteilsbuchwert verrechnet. Im Konzernabschluss kommt es zur Erhöhung des Konzerneigenkapitals: Die Konzernmutter MU hat lediglich Anteile im Wert von 240 erworben; sie beherrscht jedoch 100 % des Vermögens der TU (400). Da dieses vollständig im KA von MU anzusetzen ist, leisten die nbA von TU in Höhe ihres Anteils am neubewerteten Nettovermögen (160) eine **Sacheinlage** in den Konzern.

Wichtig für die weiteren Schritte ist die Tatsache, dass das gesamte erworbene Nettovermögen der TU (400) nun Konzernvermögen darstellt: MU hat aus der Perspektive ihres Einzelabschlusses zwar nur 240 ausgegeben, der Konzern als ganzes hat durch den Erwerb der TU jedoch Anschaffungskosten i.H.v. 400 aufgewendet, davon 160 als Einlage.

Posten	MU	TU	Kons.	KA
Anteil MU		60 %		
Diverse Vermögenswerte	760	400	–	1.160
Anteile MU an TU	240	–	- 240	0
Aktiva = Eigenkapital	**1.000**	**400**	**- 240**	**1.160**
davon Anteil MU	1.000	240	- 240	1.000
davon nbA	0	160	0	160

36.332 Nunmehr erwerbe TU 80 % der Anteile an EU. Die Literatur spricht hier häufig von einer Konzernerweiterung „nach unten"[139] im Gegensatz zur Erweiterung „nach

---

[139] Vgl. nur *Baetge/Kirsch/Thiele*, Konzernbilanzen[12], 394.

oben" (Erwerb eines Teilkonzerns (Rz. 36.335). TU wendet eine Gegenleistung von 160 auf. EU habe zum Erwerbszeitpunkt ein neubewertetes Eigenkapital von 200.

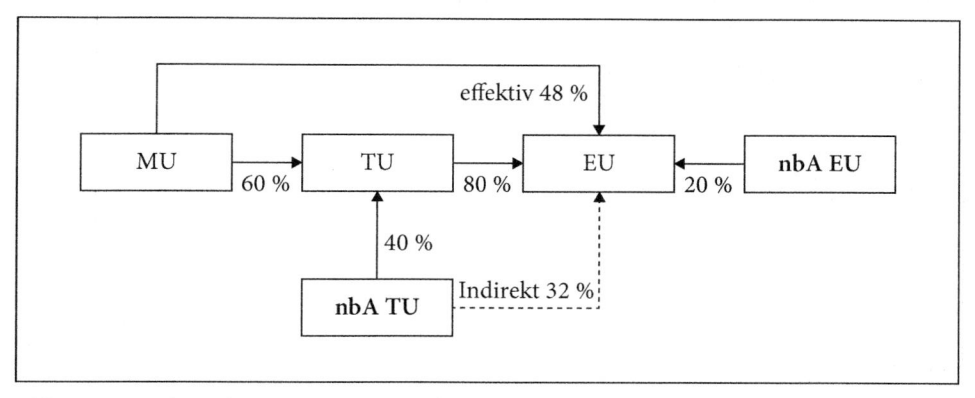

Abb. 36.15: Mehrstufiger Konzern mit indirekten Anteilen

Aus dem Erwerb folgt, dass bei EU nicht nur nbA i.H.v 20 % direkt beteiligt sind, sondern dass die bei TU vorhandenen nbA indirekt über ihre 40 %ige Beteiligung auch eine mittelbare (indirekte) Beteiligung an EU besitzen (32 % = 40 % von 80 %). Somit halten die nbA insgesamt effektiv 52 % an EU, und umgekehrt hält MU effektiv 48 % an EU. Entsprechend sind die nbA von EU auch in Höhe ihres gesamten effektiven Anteils (52 %) im Konzernabschluss auszuweisen.

Beispiel: Im Folgenden zeigen wir die **Stufenkonsolidierung** des KA. Dabei werden die in der Konzernhierarchie am weitesten entfernten Tochterunternehmen zuerst konsolidiert, d.h. EU auf TU konsolidiert (linker Teil). Der Beteiligungsbuchwert von EU bei TU (160) wird mit dem konsolidierungspflichtigen Eigenkapital von EU (80 % von 200 = 160) verrechnet, so dass kein Goodwill entsteht. Im Vergleich zum Einzelabschluss von TU (EK von 400) nimmt das Eigenkapital im TK TU um 40 auf 440 zu. Diese Erhöhung resultiert aus der Einlage der nbA von EU in den Konzern (20 % von 200 = 40).

Bei der nächsten Konsolidierungsstufe (TK TU auf MU) werden diese nbA in den KA übernommen. Sie gehören auf der nächsthöheren Stufe nicht zum konsolidierungspflichtigen Eigenkapital (so auch DRS 23.192). Nach Erwerb der EU bestehen somit nbA i.H.v. 200 (im Vergleich zu 160 beim einstufigen Konzern).

Posten	EU	TU	Kons.	TK TU	MU	Kons.	KA
Anteil direkt	80 %	60 %		60 %			
Diverse Vermögenswerte	200	240	–	440	760	–	1.200
Anteil TU an EU	–	160	- 160	0			0
Anteil MU an TU					240	- 240	0
Aktiva = Eigenkapital	**200**	**400**	**- 160**	**440**	**1.000**	**- 240**	**1.200**
davon Anteil MU	160	240	- 160	240	1.000	- 240	1.000
davon nbA	40	160		200			200

Wie verhalten sich nun die eingangs genannten effektiven nbA von 52 % bei EU (dies entspräche 104) zu den im Tableau ausgewiesenen direkten Anteilen von 20 % = 40? Der Unterschied liegt in zwei alternativen Berechnungsweisen der nbA begründet, die jedoch hier beide zu identischen Ergebnissen führen:

Alternative 1: Additive Ermittlung der nbA	%		nbA
direkter Anteil nbA bei EU am HB III EK	20 %	200	40
EK lt. TK TU		440	
abzgl. direkter Anteil nbA EU		- 40	
direkter Anteil nbA bei TU am TK TU (ohne nbA EU)	40 %	400	160
davon indirekter Anteil am EK EU	32 %	200	64
davon direkter Anteil am EK lt. EA TU (ohne Beteiligung an EU)	40 %	240	96
nbA Gesamt			**200**

Alternative 2: multiplikative Ermittlung der nbA	%		nbA
(effektiver) Anteil nbA bei EU am HB III EK	52 %	200	104
Anteil nbA bei TU am HB III EK	40 %	400	160
Anteil nbA bei TU am Buchwert der Anteile EU	40 %	- 160	- 64
nbA Gesamt			**200**

(1) Der Begriff „additive" Ermittlung zielt auf die jeweiligen direkten Quoten an EU und TU. Bei TU wird diese Quote aber nicht auf das EK des Einzelabschlusses (HB III) von TU bezogen, sondern auf das EK des TK TU (ohne direkte nbA EU)[140]. Die Beträge sind im Beispiel identisch (400 = 440 - 40), da wir die Verhältnisse im Erstkonsolidierungszeitpunkt zeigen. Hätte EU hingegen bereits Gewinne thesauriert, würde das EK im TK TU in Höhe der seit Erstkonsolidierung thesaurierten Ergebnisse vom EK lt. Einzelabschluss TU abweichen. Hiervon abgesehen: Da das Nettovermögen von EU im TK TU enthalten ist, wird bei der additiven Berechnung die indirekte Beteiligung der nbA TU an EU (64) ebenfalls erfasst.

(2) Bei der multiplikativen Methode wird der effektive Gesamtanteil aller nbA von EU und TU (HB III) im ersten Schritt direkt ermittelt. Allerdings ist damit nicht berücksichtigt, dass der indirekte Anteil der nbA TU an EU sich auch im Beteiligungsbuchwert (als Teil des bilanziellen Eigenkapitals der TU) widerspiegelt. Daher ist zur Vermeidung von Doppelerfassungen eine Korrektur vorzunehmen und der Beteiligungsbuchwert, multipliziert mit dem Anteil der nbA TU (40 %), abzuziehen[141].

---

140 Vgl. *Pawelzik*, Die Prüfung des Konzerneigenkapitals, Düsseldorf 2003, S. 174.
141 Vgl. *Ewert/Schenk*, BB 1993 (Beilage 14), S. 4 ff.; *Küting/Weber/Dusemond*, BB 1991, 1082 (1085 ff.) sprechen von der multiplikativen Ermittlung der nbA auf Basis des Nettokapitals.

3. Indirekte Beteiligung nicht beherrschender Anteilseigner am Goodwill

In Rz. 36.332 entsprachen die Kaufpreise dem jeweiligen anteiligen Nettovermögen, so dass ein Goodwill nicht entstand. Additive und multiplikative Methode führen dann zwingend zum selben Ergebnis.

36.333

Nunmehr sei angenommen, dass TU beim Erwerb von EU nicht nur das anteilige neubewertete EK von EU vergütet, sondern zusätzlich einen Goodwill. Welche Konsequenzen sich hier bei Verwendung der additiven und der multiplikativen Methode ergeben, zeigt folgendes Beispiel:

Beispiel (Abwandlung aus Rz. 36.332):
– Vor Erwerb von EU verfügte TU über „diverse Vermögenswerte" von 400.
– Nach Erwerb von EU zum Kaufpreis von 160 (also ohne Goodwill) hat TU „sonstige Vermögenswerte" von 240 und eine Beteiligung an EU von 160, zusammen 400.
– Nunmehr sei der Kaufpreis für EU nicht 160, sondern steige auf 260. Damit wird ein Goodwill von 100 vergütet. Der Beteiligungsbuchwert beträgt 260 und die „sonstigen Vermögenswerte" 140, zusammen unverändert ebenfalls 400.

Das Nettovermögen von TU hat sich somit infolge der Mehrstufigkeit nur in seiner Zusammensetzung, nicht jedoch seiner Höhe nach verändert. TU hat mit dem Erwerb von EU lediglich bisher im KA bereits vorhandenes Vermögen investiert, u.a. in Goodwill EU, der indirekt im Beteiligungsbuchwert verkörpert ist. Bei der Konsolidierung (hier: Neubewertungsmethode) ist dieser Goodwill auch vollständig im KA aufzudecken. Dies geschieht durch folgende Buchung:

Goodwill	100		
EK EU	160	an Anteile TU an EU	260

Im rechten Teil der folgenden Tabelle erfolgt wiederum die Konsolidierung des TK TU auf MU. Auch auf dieser Stufe kommt es nicht zu einer Kürzung des Goodwill: Vor Erwerb der EU mit Goodwill lagen Konzernanschaffungskosten für Vermögenswerte der TU von 400 vor, danach ebenfalls. Im Vergleich zum Ausgangsfall (Rz. 36.332) ist das Nettovermögen im KA gleich geblieben, es beträgt immer noch 1.200. Lediglich die Zusammensetzung des Vermögens hat sich verändert.

Posten	EU	TU	Kons.	TK TU	MU	Kons.	KA
Anteil direkt	80 %	60 %		60 %			
Diverse Vermögenswerte	200	140	–	340	760	–	1.100
Goodwill EU			100	100			100
Anteil TU an EU	–	260	- 260	0			0
Anteil MU an TU					240	- 240	0
Aktiva = Eigenkapital	**200**	**400**	**- 160**	**440**	**1.000**	**- 240**	**1.200**
davon Anteil MU	160	240	- 160	240	1.000	- 240	1.000
davon nbA	40	160		200			200

Nach a.A. („multiplikative Methode") ist dagegen der auf die nbA von TU gedanklich entfallende Goodwillanteil (40 % × 100 = 40) nicht im KA auszuweisen, da insofern keine Konzernanschaffungskosten vorlägen[142]. Diese Auffassung ist unzutreffend, denn die nbA TU waren immer (auch im Ausgangsfall Rz. 36.332) anteilig am Konzernvermögen der TU i.H.v. 400 beteiligt, zumal der gedanklich im Beteiligungsansatz der EU enthaltene Goodwillanteil mit dem Erwerb aus Mitteln der TU pagatorisch abgesichert ist[143]. Rein technisch kommt dieses Ergebnis bei der Kapitalkonsolidierung im mehrstufigen Konzern dadurch zustande, dass als erwerbendes Unternehmen die jeweilige Muttergesellschaft (hier TU) anzusehen ist. Es erwirbt zwar immer „der fiktiv einheitliche Konzern", hier wegen tatsächlich bestehender rechtlicher Einheiten „in Person von TU". Eine Beschränkung der Aufdeckung des Goodwills auf den durchgerechneten Beteiligungsprozentsatz des obersten Mutterunternehmens kommt daher weder nach HGB noch nach IFRS in Betracht. Dies entspricht der mittlerweile dominierenden Ansicht[144], ist für das HGB explizit in DRS 23.195 vorgegeben und für IFRS in IFRS 3.32 geregelt. Danach ist Goodwill vollständig auszuweisen und nicht zu kürzen. Verstöße werden durch die DPR entsprechend geahndet[145].

Einer Anwendung der Full Goodwill-Methode bedarf es für diese Lösung im Übrigen nicht. Die Full Goodwill-Methode wäre im Beispiel bereits auf der ersten Konzernstufe relevant: Hätte MU die TU (abweichend vom Beispiel) mit einem Goodwill erworben, könnten die nbA TU nach IFRS 3.34 wahlweise anteilig inkl. Goodwill bewertet werden[146].

Die Mindermeinung assoziiert ihre Position mit der multiplikativen Ermittlung der nbA-Anteile. Diese Begrifflichkeit ist indessen für die Unterscheidung zwischen sachgerechter und unzutreffender Bilanzierung wenig hilfreich:

Alternative 1: Additive Ermittlung der nbA	%			nbA
direkter Anteil nbA bei EU am HB III EK	20 %		200	40
EK lt. TK TU			440	
abzgl. direkter Anteil nbA EU			- 40	
direkter Anteil nbA bei TU am TK TU (ohne nbA EU)	40 %		400	160
davon indirekter Anteil am EK EU	32 %	200	64	
davon direkter Anteil am EK lt. EA TU (ohne Beteiligung an EU)	40 %	140	56	
davon direkter Anteil am Goodwill EU	40 %	100	40	
nbA Gesamt				**200**

---

142 Vgl. zuletzt *Wirth/Dusemond/Küting*, DB 2017, 2493 m.w.N.
143 Vgl. zuletzt *Theile*, BBK 2017, 530 und DB 2018, 528 m.w.N.
144 Zur Begründung *Pawelzik*, WPg 2004, 677 (679 f.); *Busse von Colbe* u.a., Konzernabschlüsse[9], 305 ff.; *Baetge/Kirsch/Thiele*, Konzernbilanzen[12], 425 f.; a.A. Haufe IFRS-Komm[16], § 31 Rz. 187 ff.
145 Vgl. Veröffentlichung nach § 37q Abs. 2 Satz 1 WpHG v. 15.1.2016 der Springer SE, Hamburg.
146 Vgl. *Senger/Brune* in Beck IFRS-HB[5], § 35 Rz. 75 sowie ausführlich Vorauflage, Rz. 5832.

K. Sonderfälle | Rz. 36.334 Kap. 36

Alternative 2: Multiplikative Ermittlung der nbA	%		nbA
(effektiver) Anteil nbA bei EU am HB III EK	52 %	200	104
Anteil nbA bei TU am HB III EK	40 %	400	160
Anteil nbA bei TU am Buchwert der Anteile EU	40 %	- 260	- 104
Zwischensumme			**160**
Anteil nbA bei TU am Goodwill EU	40 %	100	40
nbA Gesamt			**200**

Die **additive Ermittlung** knüpft wiederum an die direkten Anteile an EU bzw. dem TK TU an. Die multiplikative Methode kommt (zutreffend angewendet!) zum selben Ergebnis; es ist nur darauf zu achten, den nbA TU bei Vorhandensein von Goodwill ihren entsprechenden Anteil (40 % von 100) ebenfalls zuzurechnen. Die **Mindermeinung unterlässt diesen Schritt** und endet bei der Zwischensumme (160 statt zutreffend 200).

Gegen eine sachgerecht interpretierte und durchgeführte multiplikative Ermittlung der nbA bestehen somit keine Bedenken, sofern alle relevanten Komponenten einbezogen werden. Da der Begriff „multiplikative Ermittlung der nbA" i.d.R. mit der hier abgelehnten Kürzung indirekter Goodwillanteile von nbA assoziiert wird, wollen wir stattdessen von der „**modifizierten multiplikativen Methode**" sprechen. Diese kann insbesondere in verzweigten Konzernstrukturen Vorteile bieten, weil sie die einfachere Simultankonsolidierung erst ermöglicht.

4. Simultankonsolidierung

Alternativ zur Stufenkonsoldierung kommt die Simultankonsolidierung in Betracht. Dabei werden alle Konzerneinheiten (HB III) nebeneinander gestellt und anschließend direkt auf die Konzernmutter konsolidiert. Die Simultankonsolidierung ist weniger gebräuchlich und mag komplexer als die Stufenkonsolidierung erscheinen. Nach den Vorüberlegungen zu effektiven Quoten der Konzernmutter und der nbA sowie der Klärung der „(modifizierten) multiplikativen Methode" (Rz. 36.333) erweist sich die Simultankonsoldidierung tatsächlich jedoch als bedenkenswerte Alternative. Sie ist auch zunehmend die Grundlage für Software-Lösungen.

36.334

Beispiel (Fortführung von Rz. 36.332): Im Folgenden Geschäftsjahr hat sich das Eigenkapital der drei Konzerneinheiten MU, TU und EU um Jahresüberschüsse erhöht und um Ausschüttungen gemindert:

	MU	TU	EU
Eigenkapital 1.1.	1.000	400	200
Jahresüberschuss	200	150	100
Dividende	- 150	- 100	- 30
Eigenkapital 31.12.	**1.050**	**450**	**270**
Gezeichnetes Kapital	*250*	*100*	*50*
Gewinnrücklagen	*600*	*200*	*120*
Jahresüberschuss	*200*	*150*	*100*

Soweit konzernintern, müssen die Dividenden eliminiert werden. Zusätzlich ist die Kapitalkonsolidierung vorzunehmen, der Sachverhalt ist durchaus komplex. Um das Verständnis für die Konsolidierungsschritte zu erleichtern, haben wir das Eigenkapital jeder Einheit im Folgenden bereits auf den effektiven Anteil MU und die effektiven Anteile der nbA aufgeteilt. Bei Verzicht auf diese Aufgliederung wären die in dem Tableau inkludierten nbA in Nebenrechnungen zu ermitteln.

Buchungstechnisch empfiehlt es sich, die Aufteilung auf MU und nbA bei TU bereits beim Einspielen der Bilanzen zu berücksichtigen und den auf MU entfallenden Anteil insgesamt als „Gewinnrücklagen" zu buchen. Die üblichen EK-Positionen (gezeichnetes Kapital, satzungsmäßige Rücklagen etc.) können zwar für Abstimmungszwecke nachrichtlich zusätzlich gezeigt werden. Der Verzicht auf die EK-Aufgliederung bei allen TU bedeutet aber eine erhebliche Vereinfachung, weil die bei Erstkonsolidierung vorhandenen EK-Positionen als konsolidierungspflichtiges Kapital ohnehin eliminiert werden und im KA lediglich die *danach* thesaurierten Ergebnisse (zusammen mit den Zwischengewinnen, Unterschiedsbeträgen aus Schuldenkonsolidierung etc.) im Konzernabschluss zu berücksichtigen sind. *Diese* müssen aufgeteilt werden auf die EK-Positionen, die im Eigenkapitalspiegel separat ausgewiesen werden, und zwar getrennt nach nbA und MU-Anteilen. Betroffen sind die jeweiligen Anteile am Konzernergebnis lt. GuV sowie die Veränderung der reklassifizierungsfähigen OCI-Bestandteile (z.B. Währungsumrechnungsdifferenzen, Cashflow-Hedge-Rücklage)[147]. Eine Aufteilung nach gesellschaftsrechtlichen Kriterien (Kapitalrücklage, satzungsmäßige Rücklage) ist hingegen völlig entbehrlich.

	MU	TU	EU	AE TU	AE MU	KK EU	KK TU	KA
Anteil MU direkt	100 %	60 %	80 %	60 %	100 %	60 %	100 %	
Anteil MU effektiv		60 %	48 %	60 %				
Diverse Vermögenswerte	810	190	270					1.270
Goodwill EU						100		100
Anteile EU		260				- 260		0
Anteile TU	240						- 240	0
Aktiva 31.12.	**1.050**	**450**	**270**	**0**	**0**	**- 160**	**- 240**	**1.370**
EK 1.1. – MU	1.000	240	96			- 96	- 240	1.000
Jahresüberschuss	200	90	48	- 14	- 60			264
Dividende aus TU		- 60			60			0
Dividende aus EU			- 14	14				0
Dividende extern	- 150		0					- 150
EK 31.12. – MU	**1.050**	**270**	**130**	**0**	**0**	**- 96**	**- 240**	**1.114**
EK 1.1. nbA		160	104			- 64		200
Jahresüberschuss		60	52	- 10				102
Dividende aus EU			- 10	10				0
Dividende extern		- 40	- 6					- 46
EK 31.12. nbA	**0**	**180**	**140**	**0**	**0**	**- 64**	**0**	**256**

---

147 Für Zwecke der Abstimmung mit den Pensionsrückstellungen empfiehlt sich außerdem, die Schätzungsänderungen nach IAS 19 (netto nach latenten Steuern) bei den TU ebenfalls getrennt zu buchen, selbst wenn diese im Eigenkapitalspiegel nicht separat ausgewiesen werden (Rz. 27.42).

K. Sonderfälle | Rz. 36.334 **Kap. 36**

	MU	TU	EU	AE TU	AE MU	KK EU	KK TU	KA
Anteil MU direkt	100 %	60 %	80 %	60 %	100 %	60 %	100 %	
Anteil MU effektiv		60 %	48 %	60 %				
EK 31.12.	1.050	450	270	0	0	- 160	- 240	1.370
Gezeichnetes Kapital	250							250
Gewinnrücklagen	600	180	82	14	60	- 96	- 240	600
Jahresüberschuss (Anteil MU)	200	90	48	- 14	- 60			264
nbA	–	180	140			- 64		256

– MU hat einen Jahresüberschuss von 200 erzielt und eine Dividende von 150 ausgeschüttet. Der Jahresüberschuss enthält einen Dividendenertrag aus TU (60).

– Insgesamt hat TU eine Ausschüttung von 100 vorgenommen, davon 60 % an MU (60) und 40 % (40) an seine nbA. Der Jahresüberschuss von TU (150) ist ebenfalls auf MU und die nbA TU aufgeteilt (60 %/40 % = 90/60). Dieser Jahresüberschuss enthält einen Dividendenertrag aus EU von 24.

– EU hat einen Jahresüberschuss von 100 erzielt, davon entfallen effektiv 48 % auf MU und effektiv 52 % auf direkt bei EU und indirekte bei TU beteiligte nbA. EU hat eine Ausschüttung von 30 vorgenommen, davon sind 20 % (6) aus dem Konzern an seine direkt beteiligten nbA abgeflossen. 80 % (24) wurden an TU ausgeschüttet, davon entfallen 40 % (10) auf die nbA TU und 60 % (14) auf MU.

– Im Rahmen der Aufwands- und Ertragskonsolidierung (AE) sind die beiden konzerninternen Dividenden zu eliminieren, da aus Konzernsicht kein Dividendenertrag, sondern nur eine erfolgsneutrale Eigenkapitalverlagerung zu TU bzw. MU vorliegt. Somit wird gebucht:

Dividendenertrag 24/60 (Soll)	an	Gewinnvortrag 24/60 (Haben)

– Die Eliminierungsbuchung der Dividende von EU an TU (24) ist im Tableau wiederum auf MU (60 % = 14) und nbA (40 % = 10) aufgeteilt. Nach dieser Buchung gleichen sich der Abfluss bei EU bzw. TU und der korrespondierende Zufluss bei TU bzw. MU aus (Zeilen: „Dividende aus EU bzw. TU").

– Bei der Kapitalkonsolidierung EU wird der Beteiligungsbuchwert von 260 unter Bilanzierung des Goodwill (100) mit dem EK verrechnet (- 160). Mangels Goodwill wird bei der Kapitalkonsolidierung der TU der Beteiligungsbuchwert von MU (240) mit dem EK verrechnet.

– In der rechten Spalte ist die für den EK-Spiegel benötigte EK-Entwicklung, getrennt nach MU und nbA direkt ablesbar.

Eigenkapitalspiegel	Gezeichnetes Kapital	Gewinnrücklagen	Jahresüberschuss	Anteil MU	nbA	KA
1.1.	250	750	0	1.000	200	1.200
Jahresüberschuss			264	264	102	366
Ausschüttungen		- 150		- 150	- 46	- 196
31.12.	**250**	**600**	**264**	**1.114**	**256**	**1.370**

V. Erwerb eines Teilkonzerns

36.335 Bei Erwerb eines Teilkonzerns ist häufig von einer „Konzernerweiterung nach oben"[148] die Rede (im Gegensatz zur Erweiterung nach „unten" lt. Rz. 36.332).

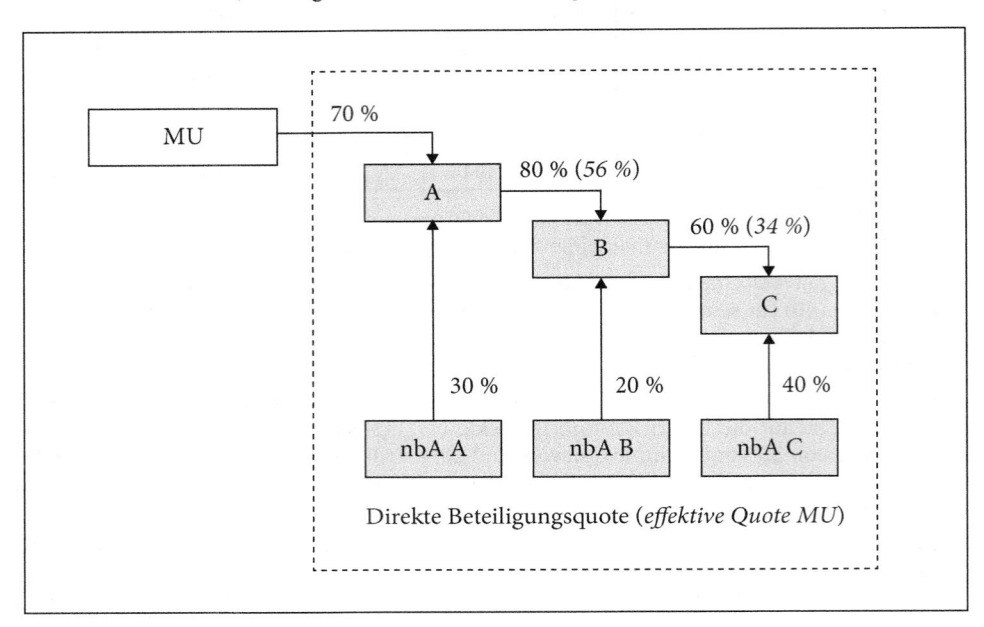

```
MU ──70 %──▶ A ──80 % (56 %)──▶ B ──60 % (34 %)──▶ C
             ▲                  ▲                  ▲
             │30 %              │20 %              │40 %
           nbA A              nbA B              nbA C
           Direkte Beteiligungsquote (effektive Quote MU)
```

Abb. 36.16: Erwerb des Teilkonzerns A

Diese Bezeichnung ist missverständlich, da auch der Erwerb eines Teilkonzerns (hier: TK A) immer nur aus der Perspektive des Erwerbers, d.h. „von oben", beurteilt werden kann. Damit haben die „alten" Konzernwerte des Teilkonzerns keine Bedeutung mehr; deren Verwendung kommt wegen der Angleichung an konzerneinheitliche Bilanzierungs- und Bewertungsmethoden sowie der Neubestimmung der Fair Values insbesondere von materiellen und immateriellen Vermögenswerten nicht in Betracht. Desgleichen sind die bisherigen Anschaffungskosten der Beteiligungen aller Stufen und damit auch „alte" Goodwill obsolet. Beim Erwerb eines Teilkonzerns ist letztlich eine Neubewertung der Vermögenswerte und Schulden aller erworbenen unmittelbaren und mittelbaren Tochterunternehmen notwendig:

a) Bestimmung und Neubewertung des Nettovermögens jeder Konzerneinheit (HB II/III).

b) Ermittlung eines Goodwill bzw. *bargain purchase* (Rz. 36.210) durch Vergleich der Gegenleistung mit dem konsolidierten Nettovermögen der erworbenen **Teilkonzernmutter**.

> **Beispiel:** Nachfolgend zeigen wir die Abbildung des Erwerbs des TK A durch M. Dies geschieht am einfachsten mittels der Simultankonsolidierung.

---

148 Vgl. etwa *Baetge/Kirsch/Thiele*, Konzernbilanzen[12], S. 394.

- Aus der kaskadenartigen Verzweigung nach unten ergeben sich die effektiven Beteiligungsquoten von MU an jeder Konzernstufe (und korrespondierend als Differenz die effektiven Quoten der nbA.
- Das Eigenkapital jeder HB III (A bis C) ist bereits auf den effektiven Anteil MU und die effektiven Anteile der nbA aufgeteilt. Hierdurch lassen sich die jeweiligen nbA und das konsolidierungspflichtige Eigenkapital von MU pro TU direkt ablesen (bei C z.B. 235 = 34 % von 700).
- Die nbA der Spalten A bis C berücksichtigen noch nicht, dass im Eigenkapital von A und B Buchwerte der jeweiligen Anteile (an B und C) enthalten sind, die aus Konzernsicht nicht existieren. Diese werden hier in drei separaten Spalten eliminiert, ebenfalls aufgeteilt nach dem auf MU und auf die nbA entfallenden Anteil. Diese Anteile entsprechen den effektiven Quoten der jeweiligen direkten Muttergesellschaft; z.B. wird die Eliminierung der Anteile an B nach den bei deren Mutter A bestehenden Quoten (70 %/30 %) auf MU und die nbA aufgeteilt. Diese Vorgehensweise reflektiert die in der Literatur beschriebenen Gleichungsverfahren zur Simultankonsolidierung[149] und ist am Tabellenende verprobt. Die nbA entsprechen danach den effektiven nbA an dem um die Beteiligungsbuchwerte bereinigten Nettovermögen (hier nur „andere Vermögenswerte").
- In der Spalte „Anteile A" erfolgt zum Schluss die Konsolidierung des TK A auf MU. Das auf MU entfallende konsolidierungspflichtige EK beträgt 795 und ergibt sich als Summe der Beträge lt. Zeile „Erstkonsolidierung": (700+448+235-420-168). Bei einem Anteilsbuchwert von 2.000 resultiert daraus ein Goodwill von 1.205.

Posten	MU	A	B	C	Ant. B	Ant. C	Ant. A	KA
Anteil direkt		70 %	80 %	60 %			70 %	
Anteil MU effektiv		70 %	56 %	34 %	70 %	56 %		
Anteile an A	2.000						- 2.000	0
Anteile an B		600			- 600			0
Anteile an C			300			- 300		0
Goodwill TK A							1.205	1.205
Andere Vermögenswerte	8.000	400	500	700				9.600
Aktiva 31.12.	*10.000*	*1.000*	*800*	*700*	*- 600*	*- 300*	*- 795*	*10.805*
Gezeichnetes Kapital	*1.000*							*1.000*
Gewinnrücklagen	*9.000*							*9.000*
Kons.-pflichtiges EK MU	–	700	448	235	- 420	- 168	- 795	0
Einlage nbA	–	300	352	465	- 180	- 132		805
EK 31.12.	10.000	1.000	800	700	- 600	- 300	- 795	10.805
Verprobung der nbA:								
Andere Vermögenswerte		400	500	700				
effektiver Anteil nbA		30 %	44 %	66 %				
nbA		120	220	465				805

c) Der Goodwill (1.205) wird nach CGU aufgeteilt, bei Anwendung der Full Goodwill-Methode muss dieser Goodwill auch rechtlichen Einheiten zugeordnet werden.

---

149 Vgl. *Baetge/Kirsch/Thiele*, Konzernbilanzen, 423 f.

d) Stellt sich die Transaktion hingegen als Erwerb mehrerer Geschäftsbereiche dar, kommt auch eine getrennte Berechnung des Unterschiedsbetrages in Betracht[150]. Dies kann zu mehreren Goodwillteilbeträgen, ggf. in Kombination mit einem bargain purchase führen. Letzteres ist bspw. denkbar, wenn kritische Geschäftsbereiche oder Tochtergesellschaften direkt weiterveräußert werden sollen (Rz. 36.338). Allerdings ist zuvor ein reassessment durchzuführen (Rz. 36.213) und insbesondere zu prüfen, ob evtl. Eventualschulden (Rz. 36.141) und Restrukturierungsrückstellungen (Rz. 36.143) angesetzt wurden.

36.336 Bisher haben wir die Behandlung der Beteiligungsbuchwerte nicht problematisiert. Folgende Alternativen sind denkbar:

(a) Die bisherigen Beteiligungsbuchwerte des erworbenen TK sind aus Sicht des neuen Erwerbers MU nicht relevant[151], werden aber beibehalten, weil sie sich wegen der Eliminierung nicht auswirken. In unserem Beispiel haben wir diese Annahme getroffen. Als Konsequenz kommt es – anders als bei der Konzernerweiterung „nach unten" (Rz. 36.332 ff.) – nicht zu einer Bilanzierung von Goodwill-Anteilen der nbA auf den Stufen B und C. Unser Vorgehen entspricht der sog. multiplikativen Methode (s. hierzu aber Rz. 36.333). Die konzeptionelle Begründung lautet, dass es für die Goodwillzuordnung an nbA von B und C an einem entsprechenden Erwerb *innerhalb des erworbenen Teilkonzerns* mangelt. Der einzige maßgebende Erwerb ist der Erwerb der Teilkonzernmutter und die einzige maßgebliche Gegenleistung ist die vom Erwerber (MU) hierfür aufgebrachte Gegenleistung. Daher kommt eine Goodwillzurechnung auf indirekt an hierarchisch nachgelagerten Tochterunternehmen beteiligte andere Gesellschafter (nbA) anders als bei der Konstellation lt. Rz. 36.333 nicht in Betracht[152].

(b) Alternativ werden die Beteiligungsbuchwerte in Höhe des anteiligen neubewerteten Nettovermögens angesetzt; dies würde wegen der nachfolgenden Eliminierung der Beteiligungsbuchwerte zum selben Ergebnis führen und wäre damit überflüssig.

(c) Eine Bewertung der Beteiligungsbuchwerte auf Basis entsprechender Unternehmenswertermittlungen ist nur unter zwei Voraussetzungen notwendig:

– Wenn abweichend von der hier vertretenen Sichtweise die Auffassung vertreten wird, dass auch die nbA nachgeordneter Stufen anteilig an einem Goodwill partizipieren. Dies ist die vom DRS 23 präferierte sog. additive Methode (DRS 23.199, 23.203 f.) oder:

– Wenn in IFRS Konzernabschlüssen von dem Wahlrecht zur Full Goodwill-Methode Gebrauch gemacht wird (Rz. 36.220). Dies gilt u.E. nicht nur in Bezug auf die nbA bei A, sondern auch in Bezug auf die niedrigeren Konzernstufen.

---

150 Vgl. *Senger/Brune* in Beck IFRS-HB[5], § 34 Rz. 31 f.; § 35 Rz. 73; *Kessler u.a.*, PiR 2007, 128 ff.; DRS 23.203 zum HGB: einheitliche Transaktion, aber getrennte Berechnung möglich, DRS 23.199.
151 A.A. *Winkeljohann/K. Hoffmann*, Beck Bil-Komm[11], § 301 Rz. 378, dort „Variante 3".
152 Vgl. *Baetge/Kirsch/Thiele*, Konzernbilanzen[12], 401 m.w.N.

Das „Andocken" des entsprechenden Goodwills ließe sich in die Simultankonsolidierung leicht durch Einfügung einer entsprechenden Goodwillspalte integrieren. Angenommen, der Fair Value der Beteiligung (60 %) von B an C beliefe sich auf 450 (statt des Buchwertes von 300). Bei einem konsolidierungspflichtigen Eigenkapital von B bei C i.H.v. 420 (60 % von 700) würde der Goodwill von C i.H.v. 30 ermittelt. Der auf die nbA B entfallende Anteil (20 % = 6) wäre durch die Buchung „Goodwill (6) an nbA (6)" in einer separaten Spalte zu erfassen (der auf MU entfallende Anteil von 80 % = 24 ist bereits im Gesamtgoodwill von 1.205 enthalten und muss somit nicht zusätzlich gebucht werden). Alternativ wird der auf MU entfallende Anteil ebenfalls ausgewiesen. Dies wirkt wie eine Erhöhung des konsolidierungspflichtigen EK, so dass bei der Konsolidierung des TK auf MU ein entsprechend geringerer Rest-Goodwill ermittelt würde.

Bei Anwendung der **Neubewertungsmethode** ist u.E. regelmäßig Alternative a) zu verwenden.

Wird ein Teilkonzern erworben, mit dem **wechselseitige Kapitalverflechtungen** bestehen, sind einige Besonderheiten zu beachten: 36.337

Beispiel:

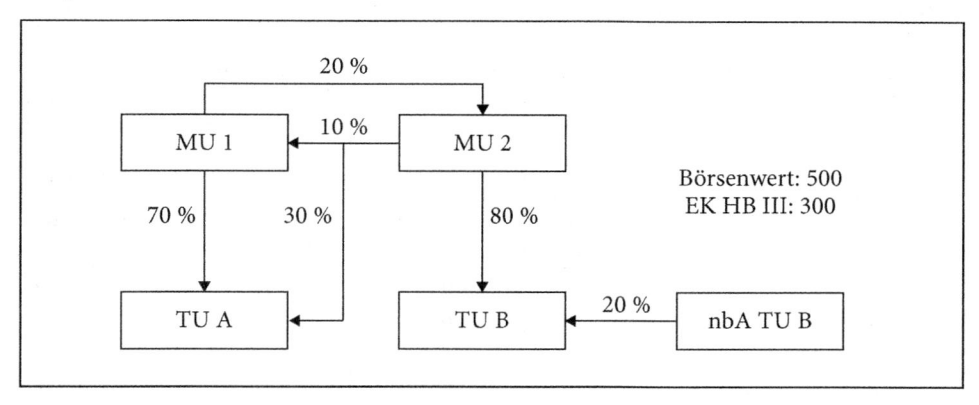

Abb. 36.17: Erwerb eines Teilkonzerns mit gegenseitigen Beteiligungen

– MU 1 sei mit 20 % an MU 2 beteiligt und MU 2 wiederum zu 10 % an MU 1.
– Bei MU 2 handele es sich zugleich um die nbA von TU A mit einem direkten Anteil von 30 %.
– An TU B sind außenstehende Dritte i.H.v. 20 % beteiligt
– Der Börsenwert von MU 2 i.H.v. 500 bildet die gegenseitigen Beteiligungen und daraus resultierende Werteffekte ab, er reflektiert somit auch die 10 %ige Beteiligung an MU 1 und die 30 %ige[153] Beteiligung an TU A.

---

153 *Anders* weist darauf hin, dass die effektive Beteiligungsquote wegen der gegenseitigen Beteiligungen von dem direkten Anteil (30 %) abweicht, vgl. *Anders*, PiR 2018, 114, 117. Dies schlägt sich u.E. jedoch in den Börsenwerten sowohl von MU 1 als auch von MU 2 nieder, lässt aber den direkten Anteil von MU 2 an TU unberührt.

- Bei TU A kann es sich aus Sicht von MU 2 um eine einfache Beteiligung nach IFRS 9 oder ein assoziiertes Unternehmen gehandelt haben. Das spielt für den Ansatz in der HB III des Erwerbers keine Rolle, weil diesbezüglich ohnehin der Fair Value anzusetzen ist (Rz. 36.150 ff.). Der auf MU 2 entfallende Fair Value Anteil betrage 40 und weicht damit von den fortgeschriebenen Buchwerten der nbA im TK 1 (30) ab.
- MU 1 beabsichtige, seine 20 %ige Beteiligung an MU 2 gegen Ausgabe von Anteilen auf 100 % aufzustocken. Bei einem Börsenwert für MU 2 von 500 muss bei MU 1 somit eine Kapitalerhöhung von 400 erfolgen. Da MU 1 bereits Anteile an MU 2 besitzt, liegt ein sukzessiver Beteiligungserwerb vor, d.h. die Altanteile an MU 2 sind gemäß IFRS 3.42 zum Fair Value zu bewerten (Rz. 39.30 ff.). Dies sei im TK 1 bereits erfolgt; die Altanteile sind dort i.H.v. 100 angesetzt (wahlweise als FVPL oder FVOCI, s. Rz. 22.30).
- Im TK 2 seien die Anteile an MU 1 ebenfalls zum anteiligen Börsenwert angesetzt (125).
- Die Bilanz des TK 1 zeigt außerdem die nbA der TU A zu fortgeschriebenen Buchwerten (30 = 30 % × annahmegemäß 100 HB II EK).
- In der 2. Spalte ist die Kapitalerhöhung bei MU 1 von 400 und zugleich die Gegenleistung für die weiteren 80 % der Anteile an MU 2 eingebucht. Zusammen mit den Altanteilen ergibt sich damit die gesamte Gegenleistung für den (sukzessiven) Anteilserwerb in Höhe des Börsenwertes des TK 2 von 500 (3. Spalte).
- Diese Gegenleistung ist dem konsolidierungspflichtigen EK des TK 2 (300) gegenüberzustellen. Die 4. Spalte zeigt bereits die konsolidierte HB III des erworbenen Teilkonzerns inkl. nbA von TU B (20).
- Bei einer Gegenleistung von 500 und einem konsolidierungspflichtigen Anteil von MU 1 am HB III EK von 300 ergibt sich aus dem Erwerb ein Goodwill von 200 (rechte Spalten).

Posten	TK 1 31.12. KA	TK 1 31.12. Kaufpreis	TK 1 31.12. KA	TK 2 31.12. TK 2	nbA TU A	EiA MU 1	KK	31.12. KA
Anteile an A	0		0	40	- 40			0
Anteile an MU 1	0		0	125		- 125		0
Anteile an MU 2	100	400	500				- 500	0
Goodwill TK MU 2	0		0				200	200
sonstige Aktiva, netto	930		930	155				1.085
Aktiva 31.12.	**1.030**	**400**	**1.430**	**320**	**- 40**	**- 125**	**- 300**	**1.285**
MU vor Transaktion	1.000		1.000					1.000
Aufstockung TU A					- 10			- 10
Kons.-pflichtiges EK	0		0	300			- 300	0
EiA MU 1	0		0			- 125		- 125
Kapitalerhöhung	0	400	400					400
MU 31.12.	**1.000**	**400**	**1.400**	**300**	**- 10**	**- 125**	**- 300**	**1.265**
nbA TU A 31.12.	30		30		- 30			0
nbA TU B 31.12.	–	–	–	20				20
EK 31.12.	**1.030**	**400**	**1.430**	**320**	**- 40**	**- 125**	**- 300**	**1.285**

- Fraglich ist, ob die erworbene Beteiligung an TU A i.H.v. 40 und jene an MU 1 von 125 an diesem Ergebnis etwas ändern. Dies ist nicht der Fall, weil Ansatz (Rz. 36.100) und Bewertung (Rz. 36.150) in der HB III aus der Perspektive eines hypothetischen Erwerbers erfolgen. Alternativ lässt sich die Transaktion als Mehrkomponentengeschäft nach IFRS 3.12 (Rz. 36.25) interpretieren. Dann wären sowohl die Gegenleistung (500) als auch das auf MU entfallende konsolidierungspflichtige Eigenkapital (300) in drei Komponenten aufzuspalten: (a) Anteile an TU A, (b) Anteile an MU 1 und (c) Erwerb des restlichen Business TK 2. Der Goodwill (500 - 40 - 125) abzgl. (300 - 40 - 125) würde ebenfalls 200 betragen. Im Ergebnis kann wie folgt gebucht werden:

- Der Erwerb der Anteile an TU 1 stellt aus Sicht von MU 1 eine Aufstockung der bereits vollkonsolidierten TU A von 70 % auf 100 % dar. Die Anteile (40) sind mit den nbA (30) zu verrechnen; die Differenz (10) entspricht der von MU 1 über das nbA Kapital hinaus geleisteten Kaufpreiszahlung und ist nach IFRS 10.23 mit dem EK zu saldieren (Rz. 39.50 ff.).

- Ein weiterer Teilbetrag von 125 entfällt auf die Anteile an MU 1: Analog zu einem direkten Erwerb eigener Anteile durch MU 1 müssen diese vom Eigenkapital abgezogen werden (Spalte „EiA MU 1"). Auf keinen Fall dürfen die EiA **MU 1** in der HB III des TK 2 mit dessen EK verrechnet werden, da es sich nicht um EiA **MU 2** handelt. Bei irrtümlicher Saldierung wäre das konsolidierungspflichtige EK gemindert und bei unveränderter Gegenleistung fälschlich der Goodwill zu hoch ausgewiesen.

Davon abgesehen können die von MU 1 indirekt erworbenen EiA für die anlässlich der Transaktion durchgeführte Kapitalerhöhung verwendet werden. Dann würde der Abzugsposten für EiA (-125) zu Lasten der gebuchtem Kapitalerhöhung (+ 400) wieder aufgefüllt. Die Gegenleistung von 400 bleibt davon unberührt, da die ausgegebenen eigenen Anteile immer zum aktuellen Börsenkurs bzw. -wert anzusetzen sind[154] (IFRS 3.33, Rz. 36.63):

Posten	MU 2	MU 1	Kapital +	EiA MU 1	Rest
Börsenwert	(100 %) **500**	1.250	(80 %) **400**		
Gezeichnetes Kapital	100	250	80	- 25	55
Rücklagen	200	750	320	- 100	220
EK lt. HB II/III	**300**	**1.000**	**400**	**- 125**	**275**

- In der Spalte „KK" erfolgt die Verrechnung der Gegenleistung (500) mit dem konsolidierungspflichtigen EK (300) unter Ausweis des Goodwill (200).

Sollte schon bei Erwerb des Teilkonzerns die Absicht bestehen, einige Einheiten innerhalb Jahresfrist wieder zu veräußern, ist auf diese von vornherein **IFRS 5** anzuwenden (Rz. 30.64).

36.338

Die zeitgleiche Anwendung von IFRS 3 und IFRS 5 wird durch die 12-Monatsfristen zur Durchführung der Kapitalkonsolidierung (IFRS 3.45, Rz. 36.240) sowie zur Umsetzung des Weiterverkaufs (IFRS 5.8) erleichtert. Falls die Voraussetzungen der IFS 5.7 f. bei Erwerb (closing, Rz. 36.50), d.h. Verkaufsabsicht, aktive Käufersuche etc.) noch nicht erfüllt sind, müssen diese i.d.R. innerhalb von 3 Monaten nach Erwerb vorliegen (IFRS 5.11)[155].

---

154 A.A. *Anders*, PiR 2018, 114, 119 ff.
155 Vgl. *Tettenborn/Hunold*, PiR 2016, 107.

In entsprechender Anwendung des IFRS 5.IG Example 13 ist der **Gesamtkaufpreis** für den Teilkonzern u.E. auf die fortgeführten und abgegebenen Geschäftsbereiche **aufzuteilen**[156], wobei gewisse bilanzpolitische Spielräume bestehen: Rein formal muss eine Aufteilung nach der Relation der Fair Values erfolgen (ggf. vereinfacht anhand der Relation der erwarteten EBITs oder angelehnt an den erwarteten Veräußerungserlös, wenn begründet werden kann, dass gerade dieser bei Erwerb der gesamten Gruppe anteilig bezahlt wurde). Die Aufteilung beeinflusst somit (a) den anzusetzenden Goodwill als auch (b) das Veräußerungsergebnis des aufgegebenen Geschäftsbereichs, das in der GuV separat auszuweisen ist,

36.339 frei

VI. Transaktionen unter gemeinsamer Kontrolle (common control)

1. Anwendungsbereich

36.340 Transaktionen unter common control sind definiert als Unternehmenszusammenschlüsse,

– bei denen **dieselben Personen** vor und nach der Transaktion

– auf Grund **vertraglicher Abmachungen**

– die **Kontrolle** über ein oder mehrere beteiligte Unternehmen ausüben,

– vorausgesetzt, dass die Kontrolle **nicht nur vorübergehend** ist (IFRS 3.B1 ff.).

In solchen Fällen ist IFRS 3 auf den Unternehmenszusammenschluss nach IFRS 3 (2008) nicht anwendbar (IFRS 3.2c). Zur möglichen Änderung s. Rz. 36.19. Bei konzerninternen Transaktionen liegen regelmäßig *formal* auch Anwendungsfälle einer common control vor, wobei diesbezügliche Sondervorschriften wegen der Zwischengewinneliminierung überflüssig sind (Rz. 36.350).

36.341 Die Bedeutung der Common control-Regeln liegt vielmehr darin, die Konzerngrenzen aus wirtschaftlicher Betrachtungsweise auf Transaktionen zwischen „nahe stehenden" Personen zu erweitern, z.B. auf **Gleichordnungskonzerne** oder **Familienmitglieder**:

Beispiel: Die Gesellschafter V und S (Vater und Sohn) sind jeweils seit mehreren Jahren mit unterschiedlichen Quoten an den Gesellschaften X und Y beteiligt, die sich mit der Projektierung (X) bzw. dem Betrieb (Y) von alternativen Energiegewinnungsanlagen beschäftigen. Wegen der geschäftlichen Verbundenheit betreiben V und S eine abgestimmte Geschäftspolitik; in Gesellschafterversammlungen wurde stets einvernehmlich abgestimmt. Zur Vorbereitung eines Börsengangs (IPO) bringen V und S ihre Anteile an X und Y in die NewCo ein. Ist aus Sicht der NewCo auf die übernommenen Anteile IFRS 3 anzuwenden, oder liegt common control vor?

---

156 Dies ergäbe sich alternativ, aber aufwendiger, auch bottom-up bei einer Ermittlung der Fair Values der identifizierbaren Vermögenswerte und Schulden mit anschließender Goodwillzuordnung, vgl. *Tettenborn/Hunold*, PiR 2016, 110.

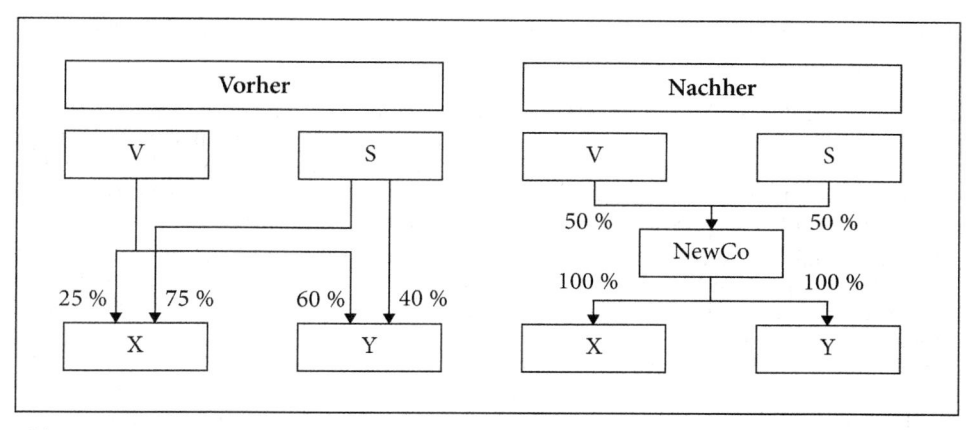

Abb. 36.18: Common Control

V und S sind als **Familienmitglieder** nahe stehende Personen i.S.v. IAS 24 (Rz. 51.26). Daher besteht auch ohne schriftliche Vereinbarung die widerlegbare Vermutung, dass V und S abgestimmt handeln und die X und die Y gemeinsam beherrschen.[157] Diese Vermutung wird hier nicht widerlegt. Die Tatsache, dass NewCo im Wege des IPO veräußert wird, steht der „nicht nur vorübergehenden Beherrschung" nicht im Wege, da insoweit auf den langen Zeitraum vor Einbringung abzustellen ist. Es liegt somit eine Transaktion unter common control vor, da sich durch die Einbringung an den Beherrschungsverhältnissen nichts geändert hat.

Sind V und S **keine Familienmitglieder**, sind bei fehlenden schriftlichen Vereinbarungen das tatsächliche Geschäftsgebaren und eine abgestimmte oder konträre Beschlussfassung in Gesellschafterversammlungen zu würdigen. Langjährige Geschäftsfreunde, die gemeinsam ein Geschäft aufgebaut haben, können danach eher unter die Common control-Regelung fallen als erwachsene Geschwister, die jeweils ihre eigenen Ziele verfolgen (und daher die o.g. Common control-Vermutung widerlegen).

36.342

2. Bilanzierungsfolgen: Wahlrecht zwischen Erwerbsmethode und Interessenzusammenführungsmethode

Da Common control-Transaktionen explizit nicht dem IFRS 3 unterliegen, liegt nach h.M. insofern ein bewusster Regelungsverzicht vor, der über IAS 8.11 f. durch Rückgriff auf Vorschriften und Verlautbarungen anderer Standardsetter zu schließen ist[158] (Rz. 12.33). Danach gilt bei Common control-Transaktionen ein Wahlrecht bzgl.

36.343

a) Anwendung der **Erwerbsmethode** (z.T. wird diese davon abhängig gemacht, ob eine Transaktion mit „wirtschaftlicher Substanz" vorliegt[159]) und

---

157 Vgl. EY-iGAAP 2018, 674 f., ebenso zum Folgenden.
158 Vgl. EY-iGAAP, 678 f., Haufe IFRS-Komm[16], § 31 Rz. 197.
159 Vgl. EY-iGAAP, 678 f., *Andrejewski*, BB 2005, 1436 (1437); *Meyer* in T/vK/B, IFRS 3 Rz. 139.

b) der Buchwertfortführung, d.h. Anwendung der Grundsätze der **Interessenzusammenführungsmethode**.[160]

Beispiel (Fortführung von Rz. 36.341): Die Beteiligungen an X und Y werden am 31.12.02 in die NewCo eingebracht. Nach Anpassung an die konzerneinheitliche Bewertung betrage die Summe der Buchwerte (Eigenkapital) in den Einzelabschlüssen von X und Y 1.000. Die Beteiligungen sind im Einzelabschluss der NewCo (a) zu Zeitwerten (3.000) bzw. (b) zu den Anschaffungskosten der Gesellschafter V und S (zusammen 400) angesetzt.

Wird das Wahlrecht zugunsten der **Interessenzusammenführungsmethode** ausgeübt, ist das Nettovermögen von X und Y im Konzernabschluss der NewCo zum 31.12.02 mit 1.000 anzusetzen und eine Differenz zu den Beteiligungsbuchwerten erfolgsneutral mit dem Eigenkapital der NewCo zu verrechnen, d.h. dass das im Einzelabschluss der NewCo ausgewiesene Eigenkapital ebenfalls auf 1.000 zu adjustieren ist (Verringerung um 2.000 bei (a) bzw. Erhöhung um 600 bei (b)). Gemäß den Grundsätzen der Interessenzusammenführungsmethode ist es zweckmäßig, die Abschlüsse, insb. die GuV, so darzustellen, als habe der Zusammenschluss bereits ab Beginn der frühesten Vergleichsperiode (hier: 1.1.01) bestanden.[161]

Bei Bilanzierung nach der **Erwerbsmethode** ist zunächst zu prüfen, ob die Einbringung von X und Y eine **Transaktion mit wirtschaftlicher Substanz** darstellt. Dies ist **aus Sicht von V und S** zu bejahen, da diese damit einen IPO bewerkstelligen wollen. Falls aus Perspektive von X und Y jedoch ein reines Umhängen von Beteiligungen vorliegt, wäre die Erwerbsmethode nicht anwendbar und die stillen Reserven und eine Goodwill dürfen nicht ausgewiesen werden. **Abschlusspolitisch** besteht hier ein **Zielkonflikt** zwischen höherem Gewinnausweis auf Grund fehlender Abschreibungen und geringerem Eigenkapital.

Wird dagegen eine **wirtschaftliche Substanz** bejaht, weil die Zusammenführung dem Erreichen strategischer Ziele dient, wäre die Erwerbsmethode anwendbar. In diesem Fall ist jedoch nicht die NewCo der Erwerber, sondern das größere der beiden Unternehmen X und Y. Dies führt zur Aufdeckung der Buchwerte entweder bei X oder Y (s. zur Begründung und den weiteren Bilanzierungsfolgen für den Konzernabschluss der NewCo Rz. 36.371 ff.).

36.344–36.349 frei

VII. Konzerninterne Transaktionen

1. Innerhalb eines Gesamtkonzerns

36.350 **Bei internen Vorgängen innerhalb eines Gesamtkonzerns** (Verschmelzungen, Abspaltungen, Umhängen von Tochterunternehmen, Gründung von Zwischenholdings etc.) ist aus Sicht der Konzernmutter gar keine Änderung der Control erfolgt. Daher liegt ein Unternehmenszusammenschluss nach IFRS 3 bereits dem Grunde

---

160 Diese Methode ist zwar bei Transaktionen, die unter IFRS 3 fallen, nicht mehr zulässig (Rz. 36.5), aber bei einer explizit von IFRS 3 ausgenommenen Transaktion im Wege der Lückenfüllung möglich, vgl. *Hayn/Ströher*, in Baetge-IFRS, IFRS 3, Tz, 46 unter Hinweis auf US-GAAP Regelungen.

161 Vgl. EY-iGAAP 2018, 686 f. Dies gilt zumindest für den Fall, dass die beteiligten Unternehmen auch während der Vergleichsperiode unter Common Contol standen, andernfalls erfolgt keine Anpassung der Vorjahresvergleichzahlen, vgl. ebd. 688 f.

nach nicht vor[162], so dass es der Common control Ausnahme nicht bedarf. Ggf. aus diesen Transaktionen resultierende Ergebnisse sind nach IFRS 10.B86c im Rahmen der Zwischengewinneliminierung zu stornieren. Dies gilt auch bei Beteiligung von nbA, da das ihnen zuzurechnende Nettovermögen bereits im Konzernabschluss erfasst ist. Allenfalls kann es zu Verschiebungen zwischen dem Kapital der nbA und Eigenkapital der Konzernmutter kommen; wir gehen hierauf in Rz. 39.73 ein.

2. Zwischen berichtendem Teilkonzern und Gesamtkonzern

36.351 Transaktionen eines nach IFRS bilanzierenden Teilkonzerns mit dem ebenfalls nach IFRS bilanzierenden Gesamtkonzern fallen als Common control-Transaktionen nicht unter IFRS 3:

Beispiel: Der börsennotierte Teilkonzern T sei wegen der Emission von Schuldverschreibungen zur Aufstellung eines (Teil-)Konzernabschlusses verpflichtet (Rz. 4.8). T erwirbt von der Muttergesellschaft M im Rahmen einer strategischen Neuausrichtung des Konzerns die Beteiligung B zum Preis von 100 Mio. Euro. M hatte in ihrem Konzernabschluss das Nettovermögen der B inklusive Goodwill im Veräußerungszeitpunkt mit 60 Mio. Euro angesetzt. Das Nettovermögen der B in ihrem Einzelabschluss (HB II) betrage 25 Mio.

In *Teilkonzernabschlüssen* hängt die Aufdeckung stiller Reserven davon ab, ob dieser als **Teil des Gesamtkonzernabschlusses** interpretiert wird oder aber als eigenständiger Abschluss (*separate entity approach*). Im ersten Fall wird eine Aufdeckung unter Beachtung des Stetigkeitsprinzips abgelehnt, im zweiten Fall befürwortet. Das IDW hält beide Sichtweisen unter Beachtung des Stetigkeitsprinzips für zulässig.[163] Voraussetzung ist aber, dass die Transaktion wirtschaftliche Substanz hat, d.h. nicht bei **bloßen rechtlichen Umhängen von Beteiligungen** (*legal reframing*).[164]

36.352 Bei Interpretation als Teil des Gesamtkonzernabschlusses übernimmt B die bisherigen Konzernbuchwerte (60 Mio. Euro, sog. **"predecesor accounting"**[165]) und verrechnet die Differenz zu ihren Anschaffungskosten (40 Mio. Euro) erfolgsneutral mit dem Eigenkapital.

36.353 Beim **separate entity approach** wird dagegen die Erwerbsmethode angewendet, insbesondere da die Transaktion eine wirtschaftliche Substanz aufweist. Dies führt zu einer Bilanzierung des Erwerbs von B nach IFRS 3, also zu einem Ansatz i.H.v. 100 Mio. Euro. Diese Lösung wird jedoch für den Fall abgelehnt[166], dass zugleich eine **Reverse acquisition** vorliegt (dies wird regelmäßig der Fall sein, wenn T die Beteiligung an B gegen Ausgabe von Anteilen erwirbt, Rz. 36.360 f.). Uns scheint

---

162 Vgl. IDW RS HFA 2 (i.d.F. 2018), Rz. 24; im Ergebnis mit etwas anderer Begründung gl.A. EY-iGAAP 2018, 680 f. und 694 ff.: Buchwertfortführung, da die konzerninterne Transaktionen aus Sicht der Konzernmutter ohne Substanz sind.
163 Vgl. IDW RS HFA 2 (i.d.F. 2018), Rz. 21 ff. Zum Teil wird der *separate entity approach* nur bei börsennotierten Teilkonzernen für zulässig gehalten, vgl. *Küting/Wirth*, KoR 2007, 708.
164 Vgl. *Andrejewski*, BB 2005, 1436 (1437).
165 Angelehnt an *Kasperzak/Lieck*, DB 2008, 769 f. unter Hinweis auf SFAS 141 Appendix D8-13.
166 Vgl. *Andrejewski*, BB 2005, 1436 (1438).

diese Wertung nicht sachgerecht, da die Annahme einer Reverse acquition die Teilkonzerngrenzen überschreiten und daher mit dem separate entity approach kollidieren würde. U.E. kommt eine Aufdeckung der Marktwerte im Teilkonzern unabhängig vom Durchführungsweg (Erwerb gegen Zahlungsmittel oder gegen Ausgabe von Anteilen) in Betracht.

36.354–36.359 frei

VIII. Umgekehrter Unternehmenserwerb (Reverse acquisition)

1. Sachverhalt

36.360 Bei der reverse acquisition erwirbt ein formalrechtlicher Erwerber (MU) durch Ausgabe von Anteilen zwar die Mehrheit an einem Tochterunternehmen (TU), die Verkäufer (bisherige Gesellschafter der TU) erlangen aber auf Grund des Tauschs ihrer Anteile ihrerseits die Mehrheit an MU.

Beispiel (Abwandlung von Rz. 36.41):

Fall (3): Der mittelständische Automobilzulieferer S erwirbt den dreimal größeren Reifenhersteller C und „bezahlt" den Erwerb von C durch die Ausgabe neuer Anteile, wobei die Kapitalerhöhung wegen des hohen Unternehmenswertes von C im Verhältnis 1:3 erfolgt (Abb. 36.19).

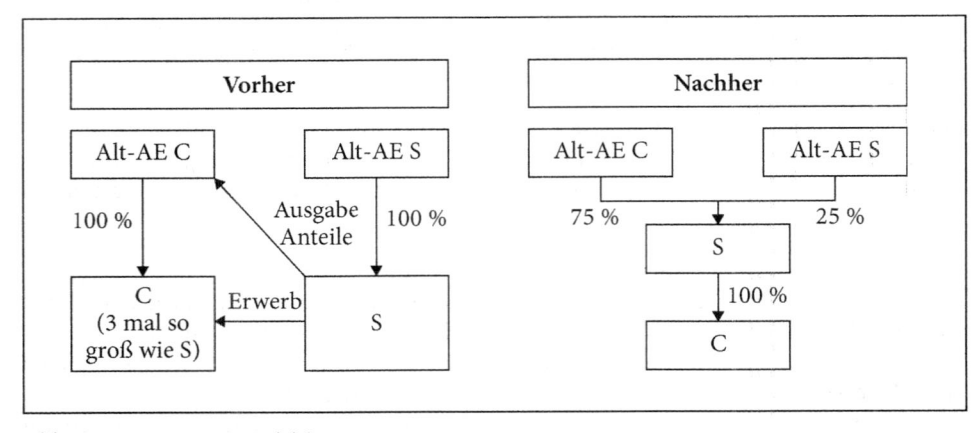

Abb. 36.19: Reverse acquisition

Nach der Transaktion hat S zwar die Mehrheit an C erworben, die bisherigen Aktionäre von C haben aber ihrerseits auf Grund des Tauschs die Mehrheit (75 %) an S erlangt. Aus diesem Grund wird für Zwecke der Konsolidierung nicht mehr der formalrechtliche Erwerber S, sondern die C als Erwerber betrachtet (IFRS 3.B15). Zwar stellt S weiterhin den Konzernabschluss auf. Weil C jedoch als wirtschaftlicher Erwerber gilt, werden darin die Buchwerte von C fortgeführt (!) und die stillen Reserven und ein Goodwill der S aufgedeckt.

36.361 Die **Relevanz** der Reverse acquition ist bei „normalen" Akquisitionen gering; Eine (feindliche) Übernahme, C durch S, wird kaum dergestalt finanziert werden, dass sich die Übernehmer anschließend nicht in der beherrschenden Position wiederfinden. Sie tritt in der Praxis jedoch gelegentlich dann auf, wenn ein größeres nicht börsennotiertes Unternehmen durch einen Unternehmenszusammenschluss mit einem kleineren börsennotierten Unternehmen **indirekt** einen **kostengünstigen Börsengang** durchführen möchte.[167]

2. Bilanzierung

Die Bilanzierung der Reverse acquisition sei an folgendem praxisrelevanten Beispiel demonstriert: 36.362

Die Gesellschafter der großen, aber nicht börsennotierten TU wollen mittels der relativ kleinen, aber börsennotierten MU eine kostengünstige Börsennotierung erlangen. Zu diesem Zweck bringen sie die TU in die MU ein: MU führt entsprechend der Relation der Marktwerte eine Kapitalerhöhung im Verhältnis 1:3 durch, wodurch die bisherigen Gesellschafter der TU die Mehrheit an MU (75 %) erwerben[168]. Oft werden die börsennotierten Anteile an TU zuvor noch von den Anteilseignern der TU erworben, so dass es (abweichend vom nachfolgenden Schaubild) nur noch eine Anteilseignergruppe gibt (Abb. 36.20).

	TU	MU (vor Erwerb der TU)
Eigenkapital lt. Bilanz	5 000	1 000
stille Reserven	1 000	700
Goodwill	6 000	2 300
Marktwerte	12 000	4 000

Struktur nach Erwerb: Ehemalige Anteilseigner (AE) TU 75 % / Alt-AE MU 25 % → MU → 100 % → TU

Abb. 36.20: Bilanzierungsbeispiel zu Reserve acquisition

Die *Reverse acquisition* ist am besten verständlich, wenn man sie vom Ergebnis her betrachtet: Ausgehend vom *rechtlichen Erwerber* (MU) verändert sich das Eigenkapital wie folgt: 36.363

	1.1.01 EK MU	stille Reserven/ Goodwill MU	Buchwert TU	31.12.01 KA
Eigenkapital	1.000	3.000	5.000	9.000

---

167 Z.B. Articon-Integralis AG (Übernahme der britischen Integralis Gruppe durch die Articon Information Systems AG), vgl. mit weiteren Beispielen *Weiser*, KoR 2005, 487 (490).
168 Eine auf Zahlungsmitteln beruhende Gegenleistung ist unschädlich, wenn der Anteilstausch im Vordergrund steht, vgl. *Löw/Kleinhans*, WPg 2018, 881.

Die **Eigenkapitalentwicklung** bringt klar den wirtschaftlichen Gehalt der Transaktion zum Ausdruck, und zwar:

(a) die Aufdeckung der stillen Reserven und des Goodwill beim wirtschaftlich erworbenen Unternehmen MU (zusammen 3.000) und

(b) die Fortführung der Buchwerte (5.000) des in die MU eingelegten wirtschaftlichen Erwerbers TU (*keine* Aufdeckung der stillen Reserven und der Goodwill der TU von zusammen 7.000).

36.364 Bei der **Konsolidierung** sind jedoch einige Besonderheiten zu beachten, die daraus resultieren, dass der Konzernabschluss zwar im Namen des rechtlichen Erwerbers (MU) veröffentlicht wird, sich aber wirtschaftlich als Fortsetzung des Abschlusses des wirtschaftlichen Erwerbers (TU) darstellt (IFRS 3.B21):

– Bspw. erscheint im Konzernabschluss des rechtlichen Erwerbers MU das Jahresergebnis der TU und das nach der Transaktion von MU erzielte Ergebnis (inkl. Abschreibung auf stille Reserven).

– Als **Vorjahresvergleichszahlen** sind die Werte der TU anzugeben (IFRS 3.B21).

Der gesamte Vorgang und die Abweichungen zum Vorjahresabschluss der MU sind im Anhang zu erläutern (IFRS 3.B21).

Posten	TU	MU			Summen-bilanz	Anteile an TU Buchung (1)	stille Reserven/ Goodwill MU Buchung (2)	Konzern-abschluss
	wirtschaft. MU	rechtliches MU						
	rechtliches TU	wirtschaftliches TU						
		vor Erwerb	Erwerb TU	nach Erwerb				
diverse Aktiva	5.000	1.000		1.000	6.000		700	6.700
Goodwill	0			0	0		2.300	2.300
Anteile TU	0		12.000	12.000	12.000	- 12.000		0
Aktiva	**5.000**	**1.000**	**12.000**	**13.000**	**18.000**	**- 12.000**	**3.000**	**9.000**
gezeichnetes Kapital	500	1.000	3.000	4.000	4.500	- 500		4.000
Kapitalrücklage	0	0	9.000	9.000	9.000	- 11.500	3.000	500
Gewinnrücklagen	4.500	0		0	4.500			4.500
Eigenkapital = Passiva	**5.000**	**1.000**	**12.000**	**13.000**	**18.000**	**- 12.000**	**3.000**	**9.000**
stille Reserven	*1.000*	*700*		*700*				*1.000*
Goodwill	*6.000*	*2.300*		*2.300*				*6.000*
Marktwerte	**12.000**	**4.000**	**12.000**	**16.000**				**16.000**

- Bei MU wird der rechtliche Erwerb der TU abgebildet (Zugang der Anteile i.H.d. **tatsächlichen Gegenleistung** = Marktwert TU von 12.000 und die entsprechende Kapitalerhöhung). Die tatsächliche Gegenleistung (12.000) ist aber im Konzernabschluss wegen der Buchwertfortführung bei TU nicht relevant.
- Davon zu unterscheiden sind fiktive Anschaffungskosten des wirtschaftlichen Erwerbers (TU) für Anteile an MU. Diese entsprechen dem Marktwert des rechtlichen Erwerbers (MU) *vor* der Transaktion (4.000, s.o.) und sind auch materiell von Bedeutung, da sie den Maßstab für die bei MU ggf. vorhandenen und aufzudeckenden stillen Reserven bzw. einen Goodwill darstellen.
- Die **Gewinnrücklagen** von *TU* werden fortgeführt (IFRS 3.B22c). Andererseits wird aber das **gezeichnete Kapital** der *MU* (4.000) übernommen, weil diese den Konzernabschluss aufstellt (IFRS 3.B22d). Aus diesem Grund wird der Beteiligungsbuchwert bei *MU* (12.000) mit dem gezeichneten Kapital von *TU* (500), den bei *MU* ggf. vorhandenen Gewinnrücklagen (im Beispiel 0) und im Übrigen gegen die bei *MU* bilanzierte Kapitalrücklage verrechnet (Buchung 1).
- Buchung 2 berücksichtigt den Marktwert bei MU (zusätzlicher Ausweis stiller Reserven von 700 und eines Goodwill i.H.v. 2.300) auf Basis der fiktiven Anschaffungskosten der TU. Die Gegenbuchung (Erhöhung der Kapitalrücklage um 3.000) ahmt praktisch die Einstellung eines Agios im Rahmen einer Sacheinlage nach.

Abweichend von Rz. 36.363 wird der **Eigenkapitalspiegel** von MU im veröffentlichten Abschluss mit entsprechender Anhangerläuterung ausgehend vom Anfangsstand des Eigenkapitals der TU entwickelt, da der Konzernabschluss eine Fortsetzung des Abschlusses des rechtlich erworbenen Unternehmens (TU) darstellen soll (s.o.). Zur TU ist demnach entsprechend dem wirtschaftlichen Gehalt die MU zu „Anschaffungskosten" (Marktwerten) hinzugekommen:

36.365

Eigenkapitalspiegel	1.1.	Änderung Konsolidierungskreis	31.12.
gezeichnetes Kapital (am 31.12. von MU)	500	3.500	4.000
Kapitalrücklage	0	500	500
Gewinnrücklagen (der TU)	4.500	0	4.500
Eigenkapital insgesamt	5.000	4.000	9.000

In Bezug auf die **Wertfindung der MU**, d.h. die **Bestimmung der (fiktiven) Anschaffungskosten** ist wie folgt zu unterscheiden:

36.366

- Ist nur die **MU börsennotiert**, nicht jedoch die TU, ist grundsätzlich der Marktwert der MU (Börsenkapitalisierung) vor Erwerb (4.000) relevant (IFRS 3.IE5).
- Sind MU und TU börsennotiert und reflektiert das **Umtauschverhältnis** exakt die Wertrelationen, bleibt es bei dem Betrag von 4.000.

– Sind MU und TU börsennotiert und entspricht das **Umtauschverhältnis nicht den Wertverhältnissen**, etwa weil die Anteilseigner der TU den Vorteil aus der Börsennotierung honorieren und sich trotz der Einbringung von 75 % der Marktwerte z.B. nur mit einem Anteil von 70 % an MU zufrieden geben, dann hat aus deren Sicht die MU nicht mehr einen Wert von 4.000 (25 % von 16.000 oder 12.000/75 % × 25 %), sondern von 12.000/70 % × 30 % = 5.143.[169] Die Differenz von 1.143 spiegelt den von den Anteilseignern der TU vergüteten Mehrpreis wider.[170] In diesem Fall würden die (fiktiven) Anschaffungskosten 5.143 statt 4.000 betragen und ein höherer Goodwill ausgewiesen.

– Die gleiche Berechnung der Anschaffungskosten (ausgehend von TU) ist durchzuführen, wenn der Börsenkurs der MU wegen besonderer Marktenge nicht verlässlich erscheint oder wenn MU und TU nicht börsennotiert sind.

36.367 Bezüglich der nbA wird die ansonsten angewandte wirtschaftliche Betrachtungsweise durchbrochen, denn als nbA werden nicht die bisherigen Altanteilseigner der MU angesehen, die durch die Transaktion ihre Mehrheit verloren haben, sondern die ggf. noch vorhandenen Fremdgesellschafter der TU (IFRS 3.B23): Bringen z.B. 20 % der Anteilseigner der TU ihre Anteile *nicht* in die MU ein, ist die TU ebenfalls voll zu konsolidieren unter Ausweis eines Anteils der nbA von 20 % der *Buchwerte der TU* (1.000 = 20 % von 5.000), vgl. IFRS 3.B22e, 3.B24.[171]

36.368 Zum (Konzern)-**Ergebnis je Aktie** vgl. IFRS 3.B25 f. und IE9 f.

36.369 frei

IX. Neugründung von Holdings (Sacheinlagen)

36.370 Wird zur Durchführung eines Unternehmenserwerbs eine **neue Holding** gegründet, ist diese trotz Kontrollerwerbs nicht automatisch der Erwerber i.S.v. IFRS 3:

Beispiel (Abwandlung von Rz. 36.41):

Fall (4): Der Private Equity Fonds PE gründet ein Akquisitionsvehikel (NewCo), das alle Anteile an S und C gegen Hingabe von Zahlungsmitteln erwirbt.

Fall (5): Die Aktionäre von S und C einigen sich darauf, ihre Unternehmen gegen Anteile in eine neue Gesellschaft (NewCo) einzubringen bzw. auf die NewCo zu verschmelzen.

---

169 Diesem in IFRS 3.B20 und IFRS 3.IE4 f. enthaltenen Schema liegt (nur für die Berechnung der fiktiven Anschaffungskosten) die Fiktion zugrunde, als habe TU durch Ausgabe von Anteilen MU erworben.
170 Vgl. Haufe IFRS-Komm[16], § 31 Rz. 209.
171 Eine Full goodwill Bewertung kommt bei der reverse acquisition somit nicht in Betracht, vgl. *Löw/Kleinhans*, WPg 2018, 883. Davon unabhängig wird immer der volle Wert von MU (100 %) aufgedeckt; eine ggf. auf Basis des Marktwertes der TU erfolgte Wertberechnung der MU (Rz. 36.366) geschieht ebenfalls durch Hochrechnung, ausgehend von dem niedrigeren eingebrachten Anteil.

Bei (überwiegender) **Hingabe von Zahlungsmitteln**, Fall (4), ist grundsätzlich die NewCo der Erwerber (IFRS 3.B18a.E.). Es gibt keine Altaktionäre an S und C mehr, einziger Akteur ist PE bzw. dessen Anteilseigner; s. auch schon Fall (1), Rz. 36.41.

Wird der Unternehmenserwerb dagegen mittels **Ausgabe von Anteilen** bewirkt (Fall (5), **Sacheinlage**), ist *nicht* das neu gegründete Unternehmen (NewCo) der Erwerber, sondern das größere der beteiligten Unternehmen oder dasjenige, dessen vormalige Anteilseigner die meisten Stimmrechte oder den größeren control-begründenden Einfluss haben (sog. **Holdingregelung**, IFRS 3.B18 i.V.m. B15 ff.), s. Abb. 36.21.

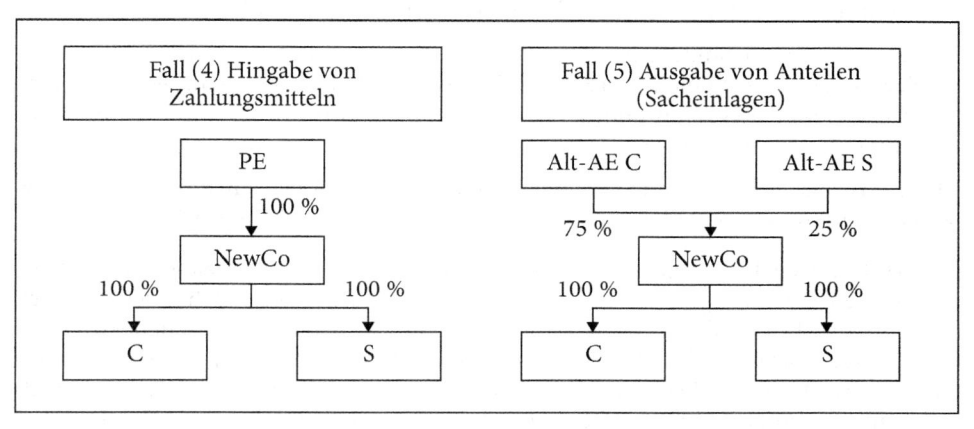

```
┌─────────────────────────────┐  ┌─────────────────────────────────┐
│   Fall (4) Hingabe von      │  │  Fall (5) Ausgabe von Anteilen  │
│      Zahlungsmitteln        │  │        (Sacheinlagen)           │
│                             │  │                                 │
│          ┌────┐             │  │   ┌────────┐      ┌────────┐    │
│          │ PE │             │  │   │Alt-AE C│      │Alt-AE S│    │
│          └────┘             │  │   └────────┘      └────────┘    │
│           100 %             │  │       75 %           25 %       │
│         ┌──────┐            │  │          ┌──────┐               │
│         │NewCo │            │  │          │NewCo │               │
│         └──────┘            │  │          └──────┘               │
│     100 %    100 %          │  │      100 %      100 %           │
│    ┌───┐    ┌───┐           │  │     ┌───┐      ┌───┐            │
│    │ C │    │ S │           │  │     │ C │      │ S │            │
│    └───┘    └───┘           │  │     └───┘      └───┘            │
└─────────────────────────────┘  └─────────────────────────────────┘
```

Abb. 36.21: Neugründung von Holdings

Fall (5) wird so gewertet, als habe das größere Unternehmen (C) das kleinere (S) *direkt* erworben (IFRS 3.BC100). Die NewCo stellt zwar den Konzernabschluss auf, weil sie Kontrolle i.S.v. IFRS 10 ausübt. C ist aber ökonomisch der Erwerber, weil dessen Altaktionäre wiederum die NewCo beherrschen.[172]

Variante: Der Fall, dass die Anteilseigner von C und S eine NewCo in bar gründen und diese anschließend C und S erwirbt, wäre wie Fall (5) und nicht wie Fall (4) zu würdigen, denn bei Fall (4) ist ein Kontrollverlust der alten Anteilseigner erfolgt[173], während in der Variante wirtschaftlich ebenfalls ein Erwerb der S durch C stattgefunden hat.

---

172 Streng genommen läuft die Fiktion zu Sacheinlagen ebenso wie die *Reverse acquisition* nach IFRS 3 ins Leere, da IFRS 3.7, 3.B13 in Bezug auf die Bestimmung des Erwerbers einen uneingeschränkten Verweis auf den IFRS 10 enthält und der formalrechtliche Erwerber (NewCo) unzweifelhaft die Kontrolle erworben hat. Doch nur wenn der Erwerber danach nicht eindeutig („*clear*") bestimmt werden kann, ist auf die Kriterien der IFRS 3.B14 ff. zurückzugreifen. Sollte danach eine Unklarheit über das Bestehen einer control verbleiben, hätte diese Unklarheit innerhalb des IFRS 10 beseitigt werden müssen. Die Ursache für diese Unebenheit liegt darin, dass die Gesellschaftersphäre in die Betrachtung einbezogen wird, was jedoch dem auch nach IFRS geltenden Prinzip der Trennung von Gesellschafts- und Gesellschaftersphäre widerspricht, vgl. *Pawelzik*, DB 2010, 2569 (2574 f.), kritisch zur *Reverse acquisition* bereits *Mujkanovic*, WPg 2000, 637 (641).
173 Vgl. EY-iGAAP 2018, 576.

36.371 Im Rahmen der **Konsolidierung** hat die Erwerbereigenschaft von C im Fall (5) demnach folgende Konsequenzen:

— Der Konzernabschluss ist von der NewCo aufzustellen.

— Innerhalb dieses Konzernabschlusses wird das darin enthaltene Alt-Unternehmen C *wie ein Erwerber* behandelt.

— Als Folge sind im Konzernabschluss der NewCo die Buchwerte der C fortzuführen und die stillen Reserven sowie ein Goodwill der S aufzudecken.

Ausgehend vom Summenabschluss ist bei der Konsolidierung der C durch die NewCo der Unterschiedsbetrag zwischen dem Beteiligungsansatz der C im Einzelabschluss der NewCo und dem Eigenkapital (HB II)[174] der C mit dem Eigenkapital der NewCo zu verrechnen.

Diese Grundsätze gelten unabhängig davon, ob C und S als **selbständige Tochtergesellschaften** bestehen bleiben oder **auf NewCo verschmolzen** werden.

36.372 Die **Holdingregelung** und die *Reverse acquisition* weisen Parallelen auf, weil die ehemaligen Anteilseigner der C im Fall (5) nun die NewCo beherrschen. Nach IFRS 3.B19 a.E. ist jedoch *formal* dann *keine Reverse acquisition* gegeben, wenn die NewCo kein *business* i.S.v. IFRS 3 betreibt, also z.B. nur Verwaltungsaufgaben übernimmt (Rz. 36.20 ff.). Dennoch wird auch in diesem Fall im Wege der Lückenfüllung eine Bilanzierung *entsprechend der Reverse acquisition* bejaht[175], d.h. der Konzernabschluss der NewCo wird so aufgestellt, als bestehe die C lediglich unterhalb der Hülle der NewCo fort.[176] Dies wirkt sich wie folgt aus (Rz. 36.364):

— In Bezug auf den Eigenkapitalausweis im Konzernabschluss der NewCo werden die Gewinnrücklagen der C fortgeführt, (IFRS 3.B22c).

— Außerdem sind als **Vorjahreswerte** *die Zahlen von C* zu veröffentlichen (IFRS 3.B21a.E.).

36.373 Überschneidungen zur *Reverse acquisition* ergeben sich praktisch immer bei der **Änderung von Holdingstrukturen**, und zwar sowohl bei Erweiterungen nach unten als auch nach oben:

— Die Anteilseigner von S bringen alle Anteile an S in eine Zwischenholding (NewCo) ein.

— Der Konzern A „gibt sich eine neue Oberholding" NewCo, indem alle Anteilseigner der A ihre Anteile in die NewCo einbringen und hierfür Anteile an NewCo erwerben:

---

174 Beachte: HB II, also ohne Aufdeckung stiller Reserven/Lasten.
175 Hierdurch wird S aber nicht ebenfalls Erwerber, sondern bleibt erworbenes Unternehmen.
176 Vgl. EY-iGAAP 2018, 694 ff.

Auf Grund der Holdingregelung ist nicht die NewCo, sondern S bzw. A der Erwerber (der NewCo), so dass S bzw. A die Buchwerte fortführen. Zugleich weist die NewCo die Gewinnrücklagen bzw. die Vorjahresergebnisse von S bzw. A aus (Rz. 36.372).

frei   36.374

X. Interessenzusammenführung

Bei **Interessenzusammenführung** von in etwa gleich großen und starken Partnern (**true merger**) muss der Erwerber nach den Kriterien des IFRS 3.B15-17 (Größe, Stimmrechtsgewicht bzw. Managementeinfluss der ehemaligen Anteilseigner, die Frage, wer das größere Aufgeld bezahlt hat etc.) bestimmt werden.   36.375

Bei mehr als zwei an der Zusammenführung beteiligten Unternehmen ist etwa das Unternehmen mit einem überdurchschnittlich hohen Stimmrechtsanteil bzw. mit einer entsprechenden Unternehmensgröße der Erwerber, oder derjenige, der die Initiative zur Zusammenführung ergriffen hat (IFRS 3.B15b, 17). In **Mischfällen** (teilweise Ausgabe von Anteilen und teilweise Hingabe von Zahlungsmitteln) ist der Erwerber unter Abwägung aller Merkmale sachgerecht zu bestimmen.   36.376

frei   36.377–36.399

Kapitel 37
Equity-Methode (IAS 28)

A. Überblick und Wegweiser	37.1	C. Durchführung der Equity-Methode	37.25
I. Management Zusammenfassung	37.1	I. Erstkonsolidierung	37.25
II. Standards und Anwendungsbereich	37.3	II. Folgekonsolidierung	37.27
III. Wesentliche Abweichungen zum HGB	37.10	1. Fortschreibung des Beteiligungsansatzes	37.27
IV. Neuere Entwicklungen	37.11	2. Wertminderung	37.36
B. Vorbereitung der Equity-Methode	37.20	3. Wertaufholung	37.41
I. Konzernabschluss und Abschlussstichtag	37.20	4. Negative Equity-Werte	37.43
		III. Entkonsolidierung	37.46
		D. Einbeziehungsverbote und Wahlrechte	37.50
II. Bilanzierungs- und Bewertungsmethoden	37.22	E. Ausweis	37.55

Literatur: *Anders*, Kennzahlenoptimierung mittels equity-Methode – Nützlichkeit bestehender Inkonsistenzen einer Konsolidierungsmethode, PiR 2014, 138; *Antonakopoulos*, Longterm interests in associates and Joint Ventures – Änderung an IAS 28, PiR 2018, 65; *Fischer*, Diverse Neuerungen: Equity-Methode und Bewertung börsennotierter Investments, PiR 2014, 313; *Freiberg*, Aktuelle Anwendungsfragen der equity-Bewertung, PiR 2010, 253; *Freiberg*, Zweifelsfragen beim Übergang auf das Konsolidierungspaket, PiR 2013, 28; *Freiberg*, Ausweis des Ergebnisses aus der equity-Bewertung, PiR 2013, 232; *Freiberg*, Entstehen eines negativen at equity-Wertansatzes, PiR 2015, 118; *Freiberg*, Abbildung eines Ergebnisanspruchs aus Beteiligungserwerb, PiR 2017, 242; *Geiser/Schmidt*, Anwendung der Equity-Methode bei assoziierten Unternehmen mit kündbaren Anteilen, KoR 2010, 81; *Heintges/Urbanczik*, Erwerb und Folgebewertung assoziierter Unternehmen nach IAS 28, KoR 2011, 418; *Karami*, Equity-Accounting bei gegenseitigen Beteiligungen an assoziierten Unternehmen im mehrperiodigen Kontext – Anmerkungen zur (Un-)Vereinbarkeit des „net approach" mit der Zielsetzung des IAS 28, KoR 2017, 188; *Meyer*, Wiedereinführung der equity-Methode und ihre Konsequenzen für die Bilanzierung latenter Steuern auf Beteiligungen – Änderungen durch ED/2013/10, PiR 2014, 65; *Pawelzik*, Grundsätze „ordnungsmäßiger" Unternehmensbewertungs-Lehre – Nicht nur eine Replik auf Friedl/Schwetzler, CF biz, 2012, 35; *Richter*, Sukzessive Erwerbe nach IFRS bei Anwendung der Equity-Methode, KoR 2014, 289; *Schmidt*, ED/2012/3 Equity Method: Share of Other Net Asset Changes – Conceptual confusion statt Bekenntnis zur one-line-consolidation?, PiR 2013, 35.

A. Überblick und Wegweiser

I. Management Zusammenfassung

Die Equity-Methode ist eine Bewertungs- bzw. Konsolidierungsmethode für Anteile an anderen Gesellschaften (Gemeinschaftsunternehmen und assoziierte Unterneh- 37.1

men), bei der der Beteiligungsbuchwert um die Eigenkapitalveränderungen der Beteiligung fortgeführt wird. Folglich werden *nicht* die einzelnen Vermögenswerte, Schulden, Aufwendungen und Erträge der Beteiligung übernommen, sondern es wird *ein* **Beteiligungsbuchwert** angesetzt.

Zur Ermittlung des Beteiligungsbuchwerts bei erstmaliger Anwendung der Equity-Methode wird das anteilige Eigenkapital der Beteiligung in einer Nebenrechnung zum Fair Value ermittelt (und in künftigen Perioden entsprechend fortgeschrieben). Technisch geschieht dies meist durch Übernahme des anteiligen Eigenkapitals der Beteiligung aus deren Abschluss und Ergänzung um aufgedeckte stille Reserven und Lasten.

Ist das solchermaßen anteilige neubewertete Eigenkapital niedriger als die Anschaffungskosten, kommt es zu einem Goodwill, der nicht gesondert ausgewiesen, sondern ebenfalls in der Nebenrechnung festgehalten wird. Er ist insoweit Bestandteil der Anschaffungskosten, mit denen die Beteiligung angesetzt wird.

Im umgekehrten Fall – das anteilige neubewertete Eigenkapital ist höher als die Anschaffungskosten – liegt ein sog. *excess* vor, der sofort ertragswirksam vereinnahmt wird. Folglich kommt es zu einem Ansatz des Beteiligungsbuchwerts oberhalb seiner Anschaffungskosten.

37.2 Bei der **Folgebilanzierung** wird der Beteiligungsbuchwert nun um Abschreibungen der in den Vermögenswerten ggf. aufgedeckten stillen Reserven bzw. eine Auflösung der stillen Lasten und um die anteiligen Eigenkapitalveränderungen der Beteiligung aus deren Abschluss fortgeschrieben. Ein im Beteiligungsbuchwert enthaltener Goodwill wird nicht planmäßig abgeschrieben, sondern unterliegt bei entsprechendem Anzeichen einem Impairment-Test mit der Folge einer ggf. nur außerplanmäßigen Erfassung einer Wertminderung.

Die Fortschreibung des Beteiligungsbuchwerts entspricht in ihren Wirkungen auf das Eigenkapital der Gesellschafter des Konzernmutterunternehmens im Prinzip der Folgekonsolidierung bei der Vollkonsolidierung nach IFRS 3 mit dem Unterschied, dass es beim Ausweis eines Beteiligungsbuchwertes bleibt. Da sich dieser auch um thesaurierte Ergebnisse ändert, gleichen sich der Equity-Beteiligungsbuchwert und das anteilige, auf den Konzern entfallende HB-II Nettovermögen im Zeitablauf tendenziell einander an, was der Equity-Methode ihren Namen verleiht.

II. Standards und Anwendungsbereich

37.3 Die Equity-Methode ist im **Konzernabschluss** anzuwenden auf Anteile an Gemeinschaftsunternehmen (Joint Ventures, Rz. 32.26 ff.) und assoziierte Unternehmen (Rz. 33.20 ff.). Der Equity-Buchwert und das Equity-Ergebnis sind in der Konzernbilanz und der Konzern-GuV jeweils gesondert anzugeben.

Die Regelungen zur Equity-Methode enthält IAS 28, der in 2011 im Zuge der Neuordnung der Konzernstandards IFRS 10-12, IAS 27 mit Wirkung ab 1.1.2013 überarbeitet worden ist.

In einem **IFRS-Einzelabschluss** kann die Equity-Methode auf Anteile an Tochterunternehmen, Gemeinschaftsunternehmen und assoziierten Unternehmen wahlweise statt eines Ansatzes zu Anschaffungskosten oder gem. IFRS 9 (= zum Fair Value) angewendet werden (IAS 27.10). Da IFRS-Einzelabschlüsse in der deutschen IFRS-Praxis keine Rolle spielen, gehen wir auf diese Fallkonstellationen nicht weiter ein.

37.4

Wagniskapitalgesellschaften, Fonds, fondsgebundene Lebensversicherungen u.Ä. haben das Wahlrecht, ihre Anteile an assoziierten Unternehmen bzw. Gemeinschaftsunternehmen statt nach der Equity-Methode der Kategorie FVPL nach IFRS 9 zuzuordnen und damit erfolgswirksam zum Fair Value zu bewerten (IAS 28.18). Das Wahlrecht ist bei Erstbewertung auszuüben. Es kann gegenüber jedem assoziierten Unternehmen bzw. Gemeinschaftsunternehmen einzeln ausgeübt werden (IAS 28.BC19D).

37.5

Das Wahlrecht besteht auch dann, wenn Anteile an einem assoziierten Unternehmen (nicht aber an einem Gemeinschaftsunternehmen![1]) innerhalb eines Konzerns gesplittet gehalten werden.

Beispiel: Die Wagniskapitalgesellschaft X und das produzierende Unternehmen Y sind beide Tochterunternehmen der MU. X hält 10 % und Y 15 % der Anteile an einem AU. Über X und Y hat MU maßgeblichen Einfluss auf AU, so dass AU für MU als assoziiertes Unternehmen zu werten ist. Im Konzernabschluss des MU besteht nun die Möglichkeit, die 10 % der Anteile an AU erfolgswirksam zum Fair Value zu bewerten und (u.E. zwingend) auf die 15 % die Equity-Methode anzuwenden.

Die Begriffe der Wagniskapitalgesellschaften, Fonds, fondsgebundene Lebensversicherungen u.Ä. für den Anwendungsbereich des IAS 28.18 sind in IAS 28 nicht definiert. Sie umfassen die Investmentgesellschaft i.S.v. IFRS 10.27, gehen aber noch über diese hinaus (IAS 28.BC46A).

37.6

Eine **Investmentgesellschaft** i.S.v. IFRS 10.27 darf ihre Tochterunternehmen nicht vollkonsolidieren, sondern muss die Anteile erfolgswirksam zum Fair Value bewerten (Rz. 31.102). Demgegenüber besteht für ihre assoziierten Unternehmen bzw. Gemeinschaftsunternehmen kein Verbot der Anwendung der Equity-Methode, sondern nur das in Rz. 37.5 genannte Wahlrecht.[2]

Hält eine Konzernmuttergesellschaft, die keine Investmentgesellschaft ist, Anteile an einem Gemeinschaftsunternehmen oder assoziierten Unternehmen, das eine Investmentgesellschaft ist, die wiederum in ihrem (Konzern-)Abschluss Anteile an Tochterunternehmen aufweist, die (pflichtgemäß) zum Fair Value bewertet sind, so brauchen an diesem Abschluss zum Zwecke seiner Equity-Bewertung im Konzernabschluss der Konzernmutter keine Änderungen vorgenommen zu werden (IAS 28.36A). Mit anderen Worten: Die Tochterunternehmen der Investmentgesellschaft brauchen nicht vollkonsolidiert zu werden, wenn der (Konzern-)Abschluss der Investmentgesellschaft bei ihrem Anteilseigner der Equity-Methode zugrunde gelegt wird.

37.7

---

1 Der IASB hält gesplittete Anteile bei Gemeinschaftsunternehmen in der Praxis für unwahrscheinlich (IAS 28.BC21).
2 Kritisch hierzu *Hayn* in Beck-IFRS-HB[5], § 36 Rz. 10.

Anders verhält es sich, wenn die Investmentgesellschaft nicht ein Gemeinschaftsunternehmen oder assoziiertes Unternehmen der Konzernmuttergesellschaft ist, sondern ein Tochterunternehmen. In diesem Fall ist die Investmentgesellschaft mit all ihren Investment-Tochterunternehmen für den Konzernabschluss der Konzernmuttergesellschaft voll zu konsolidieren (IFRS 10.33, siehe auch Rz. 31.106).

37.8 Bei **Veräußerungsabsicht** über die Anteile (**IFRS 5**) ist die Equity-Bilanzierung nicht anwendbar (IAS 28.20 f., siehe Rz. 30.32).

37.9 Die Vorschriften zur Nichtanwendung der Equity-Methode bei **fehlender Konzernaufstellungspflicht** (IAS 28.17) sind innerhalb der EU irrelevant, weil sich die Konzernaufstellungspflicht nach EU-Vorschriften richtet (Rz. 4.2).

III. Wesentliche Abweichungen zum HGB

37.10 Die nachfolgende Tabelle listet die wesentlichen Gemeinsamkeiten und Unterschiede zwischen der Equity-Methode nach HGB und IFRS. Der materiell wohl bedeutendste Unterschied liegt in der Folgebilanzierung des Goodwill:

Gegenstand	HGB	IFRS
Regelung	§ 312, ergänzt ab 2020 durch DRS 26 „Assoziierte Unternehmen" (vorher: DRS 8)	IAS 28
Erstkonsolidierungszeitpunkt	Zeitpunkt, zu dem das Unternehmen assoziiertes/ggf. (bei entsprechender Wahlrechtsausübung) Gemeinschaftsunternehmen geworden ist (§ 312 Abs. 3 Satz 1 HGB)	Zeitpunkt, zu dem das Unternehmen assoziiertes/Gemeinschaftsunternehmen geworden ist (IAS 28.32)
Konsolidierung mit vorläufigem Nettovermögen	Ja, Anpassungsfrist 12 Monate (§ 312 Abs. 3 Satz 2 HGB)	Nicht explizit, aber durch Generalverweis auf Bilanzierung Tochterunternehmen (IAS 28.26) u.E. ja, Anpassungsfrist 12 Monate
Getrennter Ausweis des Goodwill	Nein	Nein
Goodwillabschreibung	Planmäßig über die zu schätzende Nutzungsdauer, hilfsweise über 10 Jahre (§ 312 Abs. 2 Satz 3 HGB)	Impairment-Test für den gesamten Equity-Ansatz
Negativer Unterschiedsbetrag	In Nebenrechnung festhalten, Auflösung entsprechend den Regelungen zur Vollkonsolidierung (DRS 26.51)	Sofortige Ertragsvereinnahmung des *bargain purchase*

IV. Neuere Entwicklungen

Seit der Veröffentlichung des IAS 28 (2011) mit Erstanwendung seit 2013 ist der Standard mehrfach leicht geändert worden. Materiell von Bedeutung sind die Änderungen im Zusammenhang mit der Einführung der Konsolidierungsausnahme für Investmentgesellschaften (Dezember 2014, Übernahme in EU-Recht durch Verordnung (EU) 2016/1703 v. 22.9.2016).

37.11

Die letzte Änderung betrifft „Long-term Interests in Associates and Joint Ventures" und stammt aus Oktober 2017 mit Erstanwendung ab 2019.[3] Es handelt sich hierbei um eine Klarstellung; zum Inhalt siehe Rz. 37.29.

37.12

Ein in 2015 gestartetes Research Projekt zur Equity-Methode wurde im Mai 2016 bis zum Abschluss des Post-implementation Review zu IFRS 11 verschoben[4]. Im Rahmen des Projektes sollten Regelungslücken geschlossen werden, die in der Praxis zu Bilanzierungsunterschieden geführt haben. Hierzu zählen im Rahmen dieses Kapitels z.B. die Anwendbarkeit der IFRS 3 Regelungen zu bedingten Gegenleistungen (Rz. 37.25). U.E. lassen sich die meisten der tatsächlichen und vermeintlichen Lücken ohne weiteres unter Rückgriff der in IAS 28.10 f./28.26 verankerten Prinzipien der Equity-Methode lösen. Wir erwarten daher keine tiefgreifenden Änderungen, wenn das Projekt wieder aufgenommen wird.

37.13

frei

37.14–37.19

B. Vorbereitung der Equity-Methode

I. Konzernabschluss und Abschlussstichtag

Die Equity-Methode ist ab dem Zeitpunkt anzuwenden, zu dem das Unternehmen ein assoziiertes oder Gemeinschaftsunternehmen geworden ist (IAS 28.32). Stellt das assoziierte Unternehmen oder Gemeinschaftsunternehmen einen **Konzernabschluss** auf, ist dieser zugrunde zu legen (IAS 28.27).

37.20

Die Regelungen des IAS 28.33 f. zur Frage, welcher **Abschlussstichtag** des Unternehmens der Equity-Methode zugrunde gelegt wird, sind wie folgt zu lesen: Sind Konzernabschlussstichtag und Stichtag des Unternehmens identisch, ist der entsprechende Abschluss des Unternehmens heranzuziehen.[5] Weichen die Abschlussstichtage um *bis zu drei Monate* ab, kann noch der letzte Abschluss des Unternehmens herangezogen werden, ggf. angepasst um sachgerechte Berichtigungen. Bei einer Abweichung von *mehr als drei Monaten* ist zwingend ein Zwischenabschluss

37.21

---

3 Übernommen in EU-Recht durch VERORDNUNG (EU) 2019/237 DER KOMMISSION vom 8.2.2019, ABl L 39 v. 11.2.2019, 1.
4 IASB Update, Mai 2016.
5 *Nicht jener, der ggf. schon ein Jahr alt ist.* Kommt der Abschluss des assoziierten Unternehmens „zu spät", muss die Bewertung nach der Equity-Methode mit fortgeschriebenen/vorläufigen Daten durchgeführt werden.

aufzustellen (IAS 28.BCZ19). Wird beim assoziierten Unternehmen ein Zwischenabschluss nicht geliefert, ist die Assoziierungsvermutung zu prüfen (Rz. 33.27).

II. Bilanzierungs- und Bewertungsmethoden

37.22 Zur Vorbereitung der Anwendung der Equity-Methode ist der Abschluss des Unternehmens bereits unter Berücksichtigung **konzerneinheitlicher Bilanzierungs- und Bewertungsmethoden** aufzustellen (IAS 28.35). Indes wird das nicht immer möglich sein. Dann soll (wenigstens) der vorliegende Abschluss entsprechend angepasst werden (IAS 28.36).

37.23 Doch auch eine solche Anpassung wird häufig daran scheitern, dass trotz maßgeblichen Einflusses die Detailinformationen zur Beurteilung einzelner Sachverhalte nicht vorliegen. Abweichungen von der konzerneinheitlichen Bilanzierung und Bewertung sind dann anhand der Anhangangaben, ggf. auch des Prüfungsberichts des Unternehmens, zu identifizieren und in ihren materiellen Auswirkungen auf den Abschluss zu schätzen. Dabei ist dem **Wesentlichkeitsgrundsatz** und dem **Kosten-Nutzen-Aspekt** besondere Bedeutung beizumessen.

Zur konzerneinheitlichen Bilanzierung und Bewertung siehe auch Rz. 34.23 ff.

37.24 Bei einer ggf. erforderlichen **Währungsumrechnung** dürfte nach dem Konzept der funktionalen Währung zumindest bei assoziierten Unternehmen nur die modifizierte Stichtagskursmethode in Betracht kommen (Rz. 35.25). Bei Gemeinschaftsunternehmen wäre die Zeitbezugsmethode zumindest nicht gänzlich ausgeschlossen.[6]

Da bei der modifizierten Stichtagskursmethode nach IAS 21 aufgedeckte stille Reserven/Lasten und der Goodwill jeweils zum aktuellen Stichtagskurs umzurechnen sind, kann auch insgesamt eine Umrechnung des gesamten Beteiligungsbuchwerts erfolgen. Aus dem Vergleich dieses Wertes mit dem zu historischen Kursen umgerechneten (anteiligen) Eigenkapital ergibt sich jeweils die Umrechnungsdifferenz.

C. Durchführung der Equity-Methode

I. Erstkonsolidierung

37.25 Bei der Equity-Methode wird der im Erstkonsolidierungszeitpunkt ausgewiesene Beteiligungsbuchwert in einer Nebenrechnung in einen (anteiligen) Fair Value des Nettovermögens und ggf. Goodwill oder *excess (bargain purchase)* aufgeteilt. Dies entspricht im Grundsatz der Vorgehensweise bei Vollkonsolidierung nach IFRS 3 (IAS 28.26). Allerdings ist nicht jedes Detail übereinstimmend geregelt. Im Einzelnen gelten folgende Grundsätze:

---

[6] Vgl. hierzu ausführlich *Roos*, PiR 2014, 204.

Anschaffungskosten der Anteile	Im Gegensatz zu IFRS 3 erfolgt der Ansatz der Beteiligung zu Anschaffungskosten (IAS 28.10). Daher sind **Nebenkosten** anders als nach IFRS 3 zu aktivieren.
Bedingte Anschaffungskosten (Earn out-Klauseln)	Earn out Klauseln, bei denen Kaufpreisbestandteile von künftigen Ereignissen, z.B. Erreichen eines bestimmten Gewinns abhängen, sind in IAS 28 nicht explizit geregelt. In der Literatur werden folgende Alternativen für zulässig gehalten:[7] a) Anwendung der IFRS 3-Regel (IFRS 3.58), d.h. (i) Schätzung der bedingten Gegenleistung im Erwerbszeitpunkt samt (ii) Fixierung der Anschaffungskosten und (iii) erfolgswirksame Anpassung der Earn out Verbindlichkeit in der Folgezeit, Rz. 36.71. b) Anwendung der IFRS 3-Altregel, d.h. (i) Schätzung der bedingten Kaufpreiszahlung im Erwerbszeitpunkt, aber (ii) erfolgsneutrale spätere Anpassung an die tatsächliche Zahlung (Rz. 36.70).
Erstkonsolidierung	a) Das im Beteiligungsbuchwert enthaltene Nettovermögen ist in der Nebenrechnung zum jeweiligen Fair Value anzusetzen (analog IFRS 3.10 f., siehe Rz. 36.100 ff.) b) Der Goodwill ist – ebenso wie ein ggf. entstehender passiver Unterschiedsbetrag – grundsätzlich analog der **Vollkonsolidierung** zu behandeln (IAS 28.32). c) Ein **Goodwill** ist damit zu aktivieren, wird aber nicht vom Beteiligungsbuchwert getrennt (sog. *one line consolidation*), und eine planmäßige Abschreibung kommt nicht in Betracht (zum Impairment-Test siehe Rz. 37.38 ff.). d) Ein passiver Unterschiedsbetrag ist als *excess*[8] sofort erfolgswirksam zu erfassen und erhöht unmittelbar den Equity-Ansatz.[9]
Nebenrechnung	Die vorgenannten Unterschiede zwischen dem Nettovermögen und den Anschaffungskosten der Beteiligung sind gem. den Regelungen zur Vollkonsolidierung aufzudecken und in einer **Nebenrechnung** fortzuführen (IAS 28.32).
Anteile an Personengesellschaften ohne Eigenkapital nach IAS 32	Handelt es sich bei dem assoziierten Unternehmen/Gemeinschaftsunternehmen um eine Personengesellschaft, die auch nach der Ausnahmeregelung des IAS 32.16A in ihrer HB II kein Eigenkapital ausweisen kann (Rz. 23.56), hindert dies die Equity-Fortschreibung nicht, da trotzdem eine Beteiligung an net assets vorliegt (analog Rz. 36.322). Ein ggf. in der HB II vorgenommener FK-Ausweis des „Kapitals" sowie eine ergebniswirksame Anpassung des als Fremdkapital ausgewiesenen Abfindungsanspruchs sind für Equity-Zwecke zu stornieren[10]

---

7 Vgl. *Heintges/Urbanczik*, KoR 2011, 418 (420 f.) m.w.N., *Lüdenbach*, PiR 2010, 361 ff.
8 IAS 28.32b spricht weiterhin von einem Überschuss der Anschaffungskosten über das einzeln identifizierbare Nettovermögen (*excess*) und nicht wie IFRS 3.34 ff. von einem *bargain purchase*.
9 Insoweit kann es – entgegen dem Wortlaut des IAS 28.10 – zu einem Erstansatz oberhalb der Anschaffungskosten kommen.
10 Vgl. *Geiser/Schmidt*, KoR 2010, 81 ff.

37.26 Das folgende Beispiel verdeutlicht die Erstkonsolidierung:

Beispiel: Das Mutterunternehmen (MU) erwirbt zum 31.12.01 eine Beteiligung von 40 % am assoziierten Unternehmen (AU). Der Kaufpreis beträgt 48.000 Euro.

AU bilanziert bereits nach IFRS. Die Notwendigkeit einer darüber hinausgehenden Anpassung an konzerneinheitliche Bilanzierungs- und Bewertungsmethoden besteht nach einer Überprüfung des Abschlusses nicht. Das bilanzielle Reinvermögen von AU betrage 74.000 Euro.

Ermittlung des Unterschiedsbetrags:

Kaufpreis der Beteiligung	48.000 Euro
./. anteiliges Eigenkapital (40 % von 74.000 Euro)	29.600 Euro
Unterschiedsbetrag	**18.400 Euro**

Die Buchwerte des kurzfristigen Vermögens und der Schulden von AU seien zugleich die Fair Values. Der Buchwert bilanzieller Sachanlagen beträgt 60.000 Euro, der Fair Value demgegenüber 88.000 Euro. Außerdem seien immaterielle Vermögenswerte von 15.000 Euro nicht angesetzt. In der nachfolgenden Aufstellung finden sich die Aufteilung und die Annahmen über die Nutzungsdauer aufgedeckter stiller Reserven unter Berücksichtigung latenter Steuern (Steuersatz 30 %) sowie die Berechnung des Goodwill:

Aufteilung des Unterschiedsbetrages

	Buchwert	Fair Value	Differenz	**davon 40 %**	Nutzungsdauer in Jahren	Abschreibung p.a.
Immaterielle Vermögenswerte	0	15.000	15.000	**6.000**	4	1.500
Grundstücke	15.000	25.000	10.000	**4.000**	–	–
Gebäude	20.000	27.000	7.000	**2.800**	33	84
Bewegliches Anlagevermögen	25.000	36.000	11.000	**4.400**	5	880
Brutto insgesamt	**60.000**	**103.000**	**43.000**	**17.200**		**2.464**
Passive latente Steuern				- 5.160		- 739
Netto zusammen				12.040		1.725
Goodwill				6.360	–	–
Unterschiedsbetrag				**18.400**		**1.725**

Diese Werte sind in einer Nebenrechnung festzuhalten und fortzuschreiben. Im Konzernabschluss von MU sind am 31.12.01 „Anteile an assoziierten Unternehmen" i.H.v. 48.000 Euro auszuweisen.

II. Folgekonsolidierung

1. Fortschreibung des Beteiligungsansatzes

Im Rahmen der Folgekonsolidierung werden durch den Beteiligungsbuchwert die Eigenkapitalveränderungen beim assoziierten Unternehmen/Gemeinschaftsunternehmen (anteilig) widergespiegelt (IAS 28.3). Im Konzernabschluss wird also nicht eine tatsächliche Dividendenzahlung, sondern ein Anteil am Ergebnis ausgewiesen (IAS 28.10 f.). Dabei ist der Ergebnisanteil lt. GuV erfolgswirksam und der Anteil an der OCI-Veränderung erfolgsneutral zu übernehmen. 37.27

Das gilt auch für ggf. erfolgte Ansatz- und Bewertungsanpassungen sowie aufgedeckte stille Reserven und Lasten, die in der Nebenrechnung fortzuschreiben sind. Soweit sich die Anpassungen auf Elemente des OCI beziehen (z.B. Schätzungsänderungen bei Pensionsverpflichtungen/Planvermögen), sind auch die Fortschreibungen erfolgsneutral, andernfalls erfolgswirksam.

Der Ergebnisbeitrag, den das assoziierte Unternehmen/Gemeinschaftsunternehmen so zum Konzern beisteuert, entspricht insoweit dem einer (anteiligen) Vollkonsolidierung. Der Ergebnisanteil richtet sich dabei grundsätzlich nach der effektiven **Kapitalbeteiligung** (zu potenziellen Stimmrechten siehe Rz. 33.24). IAS 28.37 stellt klar, dass der Ergebnisanteil nicht Dividenden auf kumulative Vorzugsaktien umfasst, die Dritten zustehen. 37.28

Langfristige Investitionen in das assoziierte Unternehmen/Gemeinschaftsunternehmen, die ihrem wirtschaftlichen Gehalt zwar eine Nettoinvestition darstellen, gleichwohl aber keine Mitgliedschaftsrechte (Stimmrechte) beinhalten, gehören nicht zu den Anteilen zur Ermittlung der Kapitalbeteiligung. Dazu zählen Vorzugsaktien, aber auch langfristige (unbesicherte) Darlehen. Diese sind vollumfänglich nach IFRS 9 zu bilanzieren (IAS 28.14A); lediglich im Fall eines Verlusts, der den bisherigen Equity-Wert übersteigt, sind diese Finanzinstrumente in umgekehrter Liquidations-Rangreihenfolge im Wert zu mindern: Erst die Vorzugsaktien, dann ggf. Darlehen (IAS 28.38, siehe Rz. 37.43).[11] 37.29

Ausschüttungen des assoziierten Unternehmens/Gemeinschaftsunternehmens an ihre Anteilseigner mindern den Equity-Buchwert erfolgsneutral. Da aber der Beteiligungsertrag in der GuV des Anteilseigners (Konzernmutterunternehmen) enthalten ist, muss er zwecks Aufstellung des Konzernabschlusses aus dieser erfolgswirksam storniert werden. 37.30

---

11 Zu Einzelheiten siehe *Antonakopoulos*, PiR 2018, 65.

37.31 Das folgende Beispiel – Fortsetzung aus Rz. 37.26 – verdeutlicht die Zusammenhänge.

Beispiel (Fortsetzung von Rz. 37.26): Im Jahr 02 habe AU einen Jahresüberschuss von 15.000 Euro (100 %) erzielt und eine Gewinnausschüttung von 5.000 Euro (100 %) vorgenommen. Die Entwicklung des Equity-Ansatzes zeigt folgende Tabelle:

Fortschreibung des Equity-Ansatzes in 02	1.1.02	Ergebnis	Ausschüttung	31.12.02
Eigenkapital lt. HB II von AU (40 %)	29.600	6.000	- 2.000	33.600
Stille Reserven immaterielle Vermögenswerte (40 %)	6.000	- 1.500		4.500
Stille Reserven Grundstücke (40 %)	4.000	0		4.000
Stille Reserven Gebäude (40 %)	2.800	- 84		2.716
Stille Reserven bewegliches Anlagevermögen (40 %)	4.400	- 880		3.520
Brutto zusammen	17.200	- 2.464	0	14.736
Passive latente Steuern (Steuersatz 30 %)	- 5.160	739		- 4.421
Netto zusammen	12.040	- 1.725	0	10.315
Goodwill	6.360	0		6.360
Unterschiedsbetrag	18.400	- 1.725	0	16.675
Beteiligungsansatz AU im Konzernabschluss	48.000	4.275	- 2.000	50.275

Das Tableau zeigt die in der Nebenrechnung vorzunehmende Zerlegung des Beteiligungsbuchwertes in seine einzelnen Komponenten. Alle Komponenten beziehen sich auf den Anteil des Konzerns (40 %). Diese Zerlegung geschieht aber nur zur Fortschreibung der im Beteiligungsbuchwert enthaltenen stillen Reserven und des Goodwill; in der Bilanz wird dagegen ein Beteiligungsbuchwert (hier 50.275 Euro am 31.12.02) ausgewiesen.

In 02 hat AU aus Konzernsicht ein anteiliges Ergebnis von 4.275 erzielt. Davon wurden 6.000 (40 % von 15.000) in der Handelsbilanz II ausgewiesen. Für Konzernzwecke ist die Abschreibung der durch Erwerb „aufgedeckten", d.h. im bezahlten Beteiligungsbuchwert enthaltenen stillen Reserven (1.725 nach latenten Steuern) zu berücksichtigen, so dass ein im Konzernabschluss zu erfassender Ergebnisbeitrag von 4.275 verbleibt.

Im Einzelabschluss der Konzernmutter ist bereits die Ausschüttung als Dividendenertrag von 2.000 (40 % von 5.000) erfasst worden. Dieser Ertrag ist zu stornieren und durch das Equity-Ergebnis von 4.275 zu ersetzen (Buchung (1)). Zusätzlich sind die Anteile (sofern nicht bereits im Summenabschluss entsprechend ausgewiesen), auf „Anteile an assoziierten Unternehmen" umzugliedern (Buchung (2):

C. Durchführung der Equity-Methode | Rz. 37.33 Kap. 37

	Summen-bilanz/-GuV	Soll	Haben	Konzern-bilanz/-GuV
Sonstige Aktiva	952.000			952.000
Beteiligungen	48.000		(2) 48.000	0
Anteile an Assoziierten Unternehmen	0	(2) 48.000 (1) 2.275		50.275
Aktiva	1.000.000	50.275	48.000	1.002.275
Jahresüberschuss	2.000			4.275
Sonstiges Eigenkapital	298.000			298.000
Sonstige Passiva	700.000			700.000
Passiva	1.000.000			1.002.275
Dividendenertrag	2.000	(1) 2.000		0
Erträge aus assoziierten Unternehmen			(1) 4.275	4.275
Jahresüberschuss	2.000			4.275

Durch Abschreibung der stillen Reserven inkl. eines Goodwill (außerplanmäßig) nähert sich der Beteiligungsbuchwert im Zeitablauf dem anteiligen in der HB II ausgewiesenen Eigenkapital des Unternehmens an, was der Methode (**at equity**) ihren Namen verleiht. 37.32

Folgende weitere Aspekte sind zu beachten: 37.33

Ausweis GuV-Ergebnisanteil	a) Der Ergebnisanteil von 4.275 wird in der GuV in einer Zeile ausgewiesen. Handelt es sich bei den assoziierten Unternehmen/Gemeinschaftsunternehmen um operative Unternehmen im Leistungsumfeld des Konzerns, kann der Ausweis auch gesondert im operativen Ergebnis erfolgen, sonst Finanzergebnis. b) Der Betrag umfasst auch Ertragsteuern und ggf. außerplanmäßige Abschreibungen auf einen Goodwill.
Ergebnisanteil bei Beteiligung eines assoziierten Unternehmens an einem Konzernunternehmen (reziproke Beteiligungen)	Rz. 40.63
Finanzanlagenspiegel	Wird freiwillig ein Finanzanlagenspiegel aufgestellt, ist das Ergebnis (4.275) darin als Zugang und die Ausschüttung (2.000) als Abgang auszuweisen.

Negatives Equity-Ergebnis	a) Kann aus negativen Handelsbilanz II-Ergebnissen oder aus planmäßigen oder ggf. außerplanmäßigen Abschreibungen auf die stillen Reserven inklusive Goodwill resultieren. Es wird durch die Buchung „Aufwand aus assoziierten Unternehmen/Gemeinschaftsunternehmen" an Beteiligungsbuchwert vereinnahmt. b) zu negativen Equity-Buchwerten siehe Rz. 37.43).
Other comprehensive income des assoziierten Unternehmens/Gemeinschaftsunternehmens	a) Währungsumrechnungsdifferenzen, Rücklagen bei finanziellen Vermögenswerten der Kategorie FVOCI sowie Cashflow-Hedges, Neubewertungsrücklage, Verrechnung von Schätzungsänderungen im Zusammenhang mit Pensionsverpflichtungen und Planvermögen sowie Effekte nach IAS 8[12] sind erfolgsneutral zu berücksichtigen (IAS 28.10). b) Die Werte sind in die Gesamtergebnisrechnung und in die Eigenkapitalveränderungsrechnung des Konzerns zu übernehmen (IAS 1.82A(b), .106(d)(ii))
Latente Steuern	Bei der Fortschreibung des Equity-Ansatzes ist im Hinblick auf Unterschiede zum Ansatz in der Steuerbilanz der Ansatz latenter Steuern zu prüfen (outside differences, OBD): Auf thesaurierte Ergebnisse (im Beispiel 2.275 = 4.275 - 2.000) sind bei der Muttergesellschaft grundsätzlich latente Steuern zu erfassen, da das Ansatzverbot des IAS 12.39 bei assoziierten Unternehmen im Regelfall nicht greift (Rz. 29.47). In der Praxis unterbleibt dies oft aus Unwesentlichkeit.
Kapitalerhöhungen und -herabsetzungen	a) Kapitalerhöhungen/-rückzahlungen sind bereits im Einzelabschluss gebucht und müssen nur in die Nebenrechnung integriert werden. Disproportionale Kapitalbewegungen sind u.E. analog zu Rz. 39.62 zu erfassen[13]. b) Zu zwei wichtigen Sonderfällen siehe Rz. 37.34 f.
Zwischenerfolgseliminierung und Sacheinlagen	Rz. 40.50 ff.

37.34 Hat das assoziierte oder Gemeinschaftsunternehmen **anteilsbasierte Vergütungssysteme** aufgelegt, die durch Eigenkapitalinstrumente erfüllt werden (*equity-settled*), nimmt der Konzern nicht an der Kapitalbuchung teil. Der Zusammenhang erschließt sich durch folgendes Beispiel:

Beispiel: Ein Konzern sei zu 25 % an einem assoziierten Unternehmen AU beteiligt. AU habe seinerseits als Konzernmutter eine von ihr gewährte *equity-settled* Vergütung wie folgt gebucht: „Personalaufwand 100 an Kapitalrücklage 100" (Rz. 28.28). Grundsätzlich ist der Equity-Wert spiegelbildlich anteilig um alle Eigenkapitalbewegungen fortzuschreiben (Rz. 37.27 ff.). Dies wäre hier ein Anteil von 25 an der Soll- und Habenbuchung. Voraussetzung ist jedoch, dass die Eigenkapitalbewegungen auch den quotal am Equity-Unternehmen beteiligten Anteilseignern zuzurechnen sind:

---

12 Betrifft Effekte aus den Änderungen von Bilanzierungs- und Bewertungsmethoden sowie der Berichtigung wesentlicher Fehler bei Anwendung der retrospektiven Methode.
13 A.A. EY iGAAP 2018, 760.

- In Bezug auf die **Aufwandsbuchung** („*per Personalaufwand 25*") ist dies zu bejahen: Die Anteilseigner von AU tragen den Aufwand, weil der Verbrauch der entsprechenden Arbeitsleistung ihnen zuzurechnen ist.
- Die **Habenbuchung** („*an Kapitalrücklage 25*") ist jedoch nach IFRS 3.B62A nicht den quotal beteiligten Anteilseignern, sondern den Arbeitnehmern zuzuordnen (Rz. 36.233 ff.). Dahinter steckt die Überlegung, dass die Habenbuchung den Wert des ihnen gehörenden Eigenkapitalinstruments „Aktienoption" reflektiert. Folglich partizipieren die quotal an AU beteiligten Anteilseigner *nicht* an dieser Eigenkapitalerhöhung[14].

Somit ist der Equity-Wert, wenn das gesamte anteilige Eigenkapital des assoziierten Unternehmens zunächst übernommen worden ist, wie folgt zu korrigieren: „Equity-Ergebnis 25[15] an Equity-Beteiligung 25".

Nicht geklärt ist, wie die Buchung in **Folgejahren** lautet:

- Zumindest bei **Nichtausübung der Option** wäre die zuvor gebuchte Kapitalrücklage den quotal beteiligten Anteilseignern zuzurechnen[16]. Die Buchung lautet dann: „Equity-Beteiligung 25 an Eigenkapital 25".
- Falls die **Option ausgeübt** wird, wird die vormalige EK-Zuführung dann (zusammen mit der Einzahlung aufgrund der Optionsausübung) u.E. den nunmehr quotal beteiligten Arbeitnehmern zugerechnet, sodass der an AU beteiligte Konzern keine weitere Buchung vorzunehmen hat.

Ist das **assoziierte Unternehmen selbst Konzernmutter**, so ist dessen Konzernabschluss der Equity-Fortschreibung zugrundezulegen (Rz. 37.20). Wenn es beim assoziierten Unternehmen zu **Ab- und Aufstockungen von** *dessen* **Mehrheitsbeteiligungen** kommt (Rz. 39.50 ff.), sind u.E. erfolgsneutral mit dem Eigenkapital verrechnete Beträge den quotal beteiligten Anteilseignern erfolgsneutral zuzurechnen und verändern den Equity-Buchwert: 37.35

Beispiel: K sei am 31.12.01 zu 25 % am Unternehmen MU i.S.v. Rz. 39.51 (siehe zum Ausgangsfall ebenda) beteiligt. MU stocke seine 60 %ige Beteiligung an TU auf 80 % auf. Bei MU kommt es zu einer Verrechnung der Differenz des für die 20 % gezahlten Kaufpreises (3.000) über das erworbene Kapital der nicht beherrschenden Anteilseigner (nbA) (2.000), also i.H.v. 1.000. Die Buchungen bei K lauten:

Eigenkapital (Gewinnrückl.) 250 (1.000 × 25 %)   an Equity-Beteiligung 250 (1.000 × 25 %)

Z.T. wird jedoch auch folgende Bilanzierung für zulässig gehalten: Weil K **keine Beziehung zu den nbA des Equity-Unternehmens MU** unterhalte und die von MU durchgeführte Transaktion daher dem Konzern K nicht als eine i.S.v. IFRS 10.23 (= Kapitaltransaktion zwi-

---

14 Im Ergebnis gl.A. *Freiberg*, PiR 2010, 253 ff., allerdings mit der Begründung, dass eine Regelungslücke vorliege, weil IAS 28.10 nur die Fortschreibung um den beim Equity-Unternehmen gebuchten Aufwand vorsehe. Dabei ist zu beachten, dass die grundsätzliche Fortschreibung um sämtliche den (quotal beteiligten) Anteilseignern zuzurechnenden Eigenkapitalveränderungen sich bereits zwanglos aus der Generalnorm des IAS 28.3 ergibt, wonach es sich beim Equity-Wert (nur) um das *anteilige* Eigenkapital des Anteilseigners handelt.

15 Dies impliziert, dass die anteilige Erhöhung der Kapitalrücklage vom Konzern zuvor ertragswirksam gebucht wurde bzw. gebucht werden musste, da die Einlage in AU nicht vom Konzern geleistet wurde.

16 Vgl. *Freiberg*, PiR 2010, 253 ff. zum u.E. vergleichbaren Fall der Bilanzierung von noch nicht gewandelten Wandelanleihen (Rz. 36.232).

schen Gesellschaftern) zuzurechnen sei, wird vertreten, dass K die anteilige Eigenkapitalveränderung bei MU nicht erfolgsneutral bucht. Da die Transaktion aus Sicht der K mit fremden Dritten (den nbA von MU) erfolgt, wäre die EK-Änderung vielmehr erfolgswirksam zu buchen:[17]

| Aufwand aus assoziierten Unternehmen | 250 | an Equity-Beteiligung | 250. |

Die gewählte Vorgehensweise ist im Anhang zu erläutern.

2. Wertminderung

37.36 Verluste eines Beteiligungsunternehmens, beispielsweise hervorgerufen durch seine verschlechterte wirtschaftliche Situation, die nachfolgend zu einem impairment-test mit Erfassung einer außerplanmäßigen Abschreibung in dessen Abschluss geführt hat, spiegeln sich bei Anwendung der Equity-Methode im Konzernabschluss wieder. Dennoch ist nicht gänzlich ausgeschlossen, dass für ein Beteiligungsunternehmen ein Equity-Buchwert in einer Höhe ausgewiesen wird, die ggf. nicht mehr erzielbar ist. Daher ist nach planmäßiger Fortschreibung des Equity-Werts vor dessen Ausweis in der Konzernbilanz ggf. noch ein Wertminderungstest erforderlich.

Im Einzelnen ist für Equity-Werte in zwei Schritten vorzugehen:

37.37 In einem ersten Schritt ist zu prüfen, ob

a) objektive Hinweise für eine Wertminderung vorliegen, die

b) so groß sind, dass die Anschaffungskosten in die Eigenkapitalinstrumente des Beteiligungsunternehmens möglicherweise nicht mehr zurückerlangt werden können (IAS 28.41C).

Zu den (a) Wertminderungsindikatoren gehören finanzielle Schwierigkeiten des Beteiligungsunternehmens, Vertragsbrüche, drohende Insolvenz usw. („trigger event"); siehe im Einzelnen IAS 28.41A. Dabei geht es nur um bereits eingetretene Schadensfälle.[18] Durch Bedingung (b) sollen Fehleinschätzungen verhindert werden: Ein nur vermeintliches oder vorübergehendes Schadensereignis ist letztlich noch kein objektiver Hinweis auf eine Wertminderung. Entsprechend hoch ist die Hürde dieses ersten Schrittes.

37.38 Nur wenn diese Hürde überwunden ist, muss in einem zweiten Schritt tatsächlich ein **Impairment-Test** unter Verwendung der Grundsätze des **IAS 36** durchgeführt werden (IAS 28.42). Zu prüfen ist demnach, ob der erzielbare Betrag niedriger ist als der fortgeführte Equity-Wert. Nur dann ist ein Wertminderungsaufwand in Höhe der ermittelten Differenz zu erfassen, im Übrigen unabhängig davon, ob der erzielbare Betrag auch unter den ursprünglichen Anschaffungskosten liegt.

---

17 Vgl. EY iGAAP 2018, 760.
18 Bis 2014 wurde in IAS 28 durch Verweistechnik das *incurred-loss-model* des IAS 39 herangezogen. Wegen Wegfall des IAS 39 aufgrund des IFRS 9 wurden die Wertminderungsindikatoren des *incurred-loss-models* in IAS 28.41A-C integriert. Das *expected-loss-model* des IFRS 9 findet auf Equity-Buchwerte keine Anwendung.

Dabei ist der erzielbare Betrag für jedes assoziierte Unternehmen oder Gemeinschaftsunternehmen einzeln zu ermitteln, es sei denn, diese Unternehmen würden nicht größtenteils unabhängig vom Anteilseigner (Konzern) Zahlungsflüsse erwirtschaften (IAS 28.43). Wenn insoweit zahlreiche operative Geschäftsbeziehungen zwischen dem nach der Equity-Methode bewerteten Unternehmen und seinem Anteilseigner (Konzern) zu erheblichen Zahlungsströmen führen, scheidet u.E. eine Einzelbetrachtung aus. In diesem Fall ist der Beteiligungsbuchwert Bestandteil einer CGU des Konzerns.[19]

Für den Impairment-Test ist der **erzielbare Betrag** des assoziierten Unternehmens bzw. Gemeinschaftsunternehmens, ggf. der CGU, zu ermitteln, also der höhere Betrag aus einem Vergleich des Nettoveräußerungspreises mit dem Nutzungswert.

Gemäß IAS 28.42 a.E. lässt sich der Nutzungswert entweder als

(a) Barwert der Cashflows des Unternehmens oder als

(b) Barwert von Dividenden

ermitteln. Hierzu folgendes Beispiel:

Beispiel: Ein assoziiertes Unternehmen werde nach zwei Verfahren (a) und (b) auf Wertminderung geprüft. Das Unternehmen plant einen jährlichen Jahresüberschuss i.H.v. von 100, von dem 40 % thesauriert werden sollen. Im Fall (a) wird auf den geplanten Jahresüberschuss abgestellt. Im Fall (b) ist die Bezugsgröße die geplante Ausschüttung (60).

	(a)	(b)
Jahresüberschuss	100	100
abzgl. Thesaurierung	- 40	- 40
Ausschüttung (geplant)	60	60
Wertbeitrag aus Thesaurierung	40	0
(i) zu diskontierende Größe	100	60
Eigenkapitalkosten	10 %	10 %
abzgl. Abschlag für thesaurierungsbedingtes Wachstum	0 %	- 4 %
(ii) Diskontierungszinssatz	10 %	6 %
Unternehmenswert (i): (ii)	1.000	1.000

Tatsächlich fließen den Anteilseignern anfänglich nur Ausschüttungen i.H.v. 60 zu. Diese steigen jedoch im Zeitablauf an, da die Anlage der Thesaurierungen im Unternehmen zu höheren Ergebnissen und damit Ausschüttungen führt.

Thesaurierungen sind somit für den Anteilseigner nicht „verloren". Das thesaurierungsbedingte Dividendenwachstum kann nun alternativ wie folgt erfasst werden[20]: (a) durch Addition eines Wertbeitrags aus Thesaurierung zu der geplanten Ausschüttung oder (b) durch einen Abschlag von den Eigenkapitalkosten i.H.d. Thesaurierungsquote (40 % × 10 % = 4 %). Beide Vorgehensweisen führen zum selben Unternehmenswert.

---

19 Das kann auch in der Segmentberichterstattung zum Ausdruck kommen, s. Rz. 49.45.
20 Vgl. i.E. *Pawelzik*, CF biz, 2012, 35 f.

37.39 Im Übrigen soll die Beteiligung nach IAS 28.42 *auch für Zwecke der Verteilung des Abschreibungsaufwands* als **ein einzelner Vermögenswert** zu behandeln[21] und Wertminderungen *nicht* auf im Beteiligungsansatz enthaltenem Goodwill und übrigem Nettovermögen zu verteilen sein.[22] Allerdings läuft diese Regelung ins Leere, weil in der Nebenrechnung die Fortschreibung der stillen Reserven/Lasten und des Goodwills erfolgen muss.[23] Dazu muss aber der Aufteilungsbetrag der außerplanmäßigen Abschreibung bekannt sein. Damit ist folgende Fallunterscheidung relevant:

— Das assoziierte Unternehmen wird **allein stehend auf Wertminderung** getestet, und ein Wertminderungsaufwand wird festgestellt. Dann ist u.E. zunächst ein im Beteiligungsbuchwert enthaltener Goodwill abzuschreiben, sodann ggf. der übrige Buchwert.

— Das assoziierte Unternehmen ist **Bestandteil einer CGU**. Dann ist der Wertminderungsaufwand für die gesamte CGU festgestellt worden, so dass sich die Verteilung sachlogisch nur nach IAS 36 richten kann. Handelt es sich um goodwilltragende CGU, ist zunächst der Goodwill der CGU abzuschreiben, im Übrigen ist der Wertminderungsaufwand u.E. buchwertproportional auf die Vermögenswerte der CGU im Anwendungsbereich des IAS 36 zu verteilen (Rz. 19.116 ff.). Entfällt insoweit noch ein Wertminderungsaufwand auf den Equity-Buchwert, ist dort zunächst ein ggf. noch enthaltener Goodwill abzuschreiben.

37.40 Ein **Wertminderungsaufwand** ist u.E. als Teil des Equity-Ergebnisses auszuweisen. Der separate Ausweis („Wertminderung von assoziierten bzw. Gemeinschaftsunternehmen") wird jedoch ebenfalls für zulässig gehalten.[24]

---

[21] Der IASB begründet die Regelung damit, dass nur die Beteiligung als solche, nicht aber einzelne Komponenten in der Kontrolle des Konzerns liegen (IAS 28.BCZ45, a.A. IAS 28.DO2 f.).

[22] Die Behandlung der Equity-Beteiligung als „ein asset i.S.v. IAS 36" verstärkt aber den Bruch gegenüber den sonstigen Regelungen des IAS 36: Auffällig ist, dass zwar ein assoziiertes Unternehmen Bestandteil einer CGU sein kann, der Goodwill aber nicht aus dem Beteiligungsbuchwert herausgelöst werden kann. Damit kommt die Zuordnung des Goodwill zu unterschiedlichen CGU nach erwarteten Synergien, wie sie sonst bei vollkonsolidierten Unternehmen gefordert wird (Rz. 19.26), bei assoziierten Unternehmen apodiktisch nicht in Betracht, obgleich es mitunter betriebswirtschaftliche Gründe hierfür gäbe. Ein weiterer Bruch gegenüber den üblichen Regelungen der Standards ist darin zu sehen, dass zwar der Beteiligungsbuchwert eines at equity bewerteten Unternehmens einen Goodwill enthalten kann, dieser aber nicht jährlich auf Wertminderung zu testen ist, sondern nur, wenn gem. IAS 28.41A Anzeichen darauf bestehen. Schließlich kann es im Rahmen der Bewertung at equity auch zur Zuschreibung eines Goodwillanteils kommen, Rz. 37.41.

[23] Gl.A. *Lüdenbach* in Haufe IFRS-Komm[16], § 33 Rz. 106.

[24] *Heintges/Urbanczik*, KoR 2011, 418 (419) halten dies mit Hinweis auf IAS 28.40, wonach die Wertminderung erst nach Anwendung der Equity-Methode geprüft wird, für allein zulässig. Mit der Reihenfolge ist jedoch nur gemeint, dass der sich nach „normaler" Equity-Fortschreibung ergebende vorläufige Wert auf Impairment zu überprüfen ist. Die Wertminderung selbst ist u.E. jedoch Teil der Equity-Fortschreibung.

3. Wertaufholung

Die Regelung des IAS 28.42 umfasst auch die **Wertaufholungen**: 37.41
– Die Zulässigkeit von Wertaufholungen wird explizit bestätigt.
– Die Zuschreibung ist bis zum **erzielbaren Betrag**, höchstens bis zum **fortgeschriebenen Beteiligungsbuchwert** vorzunehmen, so dass auch ein zuvor abgeschriebener Goodwillanteil zugeschrieben werden muss. Dagegen wäre eine Wertaufholung eines Goodwills bei Tochterunternehmen unzulässig.

Ein Ertrag aus Zuschreibung ist u.E. als Teil des Equity-Ergebnisses auszuweisen. Analog zu Rz. 37.40 könnte auch ein gesonderter Ausweis in Betracht gezogen werden. 37.42

4. Negative Equity-Werte

Sollte der Equity-Ansatz einen Wert von „0" erreicht haben, das assoziierte Unternehmen aber weiterhin **Verluste** produzieren, so werden diese in einer Nebenrechnung festgehalten. Dabei erhöhen jedoch langfristige **Verbindlichkeiten** gegenüber dem Anteilseigner (Konzern), die wirtschaftlich **Eigenkapitalcharakter** haben (siehe Rz. 37.29), den Equity-Wert und stehen zur Verlustverrechnung zur Verfügung (IAS 28.38). Diese müssen nicht unbedingt von der Muttergesellschaft kommen, sondern können auch von vollkonsolidierten Tochterunternehmen des Konzerns stammen.[25] 37.43

Wenn der Anteilseigner (Konzern) eine **Verlustausgleichsverpflichtung** hat, wird ein negativer Equity-Wert als Schuld passiviert (IAS 28.39). 37.44

Falls in späteren Perioden wieder Gewinne erzielt werden, sind diese zunächst (statistisch) mit den in der Nebenrechnung festgehaltenen Verlusten (Rz. 37.43) bzw. mit der ausgewiesenen Schuld (Rz. 37.44) zu verrechnen. 37.45

III. Entkonsolidierung

Bei einer (beabsichtigten) **Veräußerung** der Anteile, auf die zuvor die Equity-Methode angewandt worden ist, sind die folgenden Fälle zu unterscheiden: 37.46

– Ab dem Zeitpunkt des Entschlusses über die Absicht der **Weiterveräußerung innerhalb von 12 Monaten** endet die Equity-Bilanzierung (IAS 28.20). Die Anteile werden nach **IFRS 5** zum Buchwert (bisheriger Equity-Wert) oder zum niedrigeren Fair Value abzgl. Veräußerungskosten bewertet.

– Da der **Abschluss eines Kaufvertrages** die Kulminierung einer zuvor offensichtlich bestehenden Weiterveräußerungsabsicht darstellt, kommt es nicht auf den tatsächlichen Wegfall der mit den Stimmrechten verbundenen Einflussmöglichkei-

---

25 So auch *Baetge/Graupe/Höbener* in Baetge-IFRS, IAS 28 Rz. 214.

ten an. Somit ist es u.E. unerheblich[26], ob bei einem Kaufvertrag die Stimmrechte bereits mit Abschluss des Kaufvertrages oder erst mit späterer dinglicher Übertragung auf den Erwerber übergehen, mit anderen Worten: Sollte vor Abschluss des Kaufvertrages keine Bilanzierung nach IFRS 5 erfolgt sein, setzt diese spätestens mit Abschluss des Vertrages ein. Bis zur Ausbuchung (bei dinglichem Vollzug) der Anteile sind diese daher u.E. immer zum Minimum aus letztmaligem Equity-Buchwert und Fair Value abzgl. Veräußerungskosten anzusetzen. Die Frage stellt sich freilich nur dann, insoweit noch ein Bilanzstichtag (Zwischenabschluss-Stichtag) dazwischen liegt.

– Bei **Wegfall der Weiterveräußerungsabsicht** lebt die Equity-Bilanzierung rückwirkend unter Anpassung der Abschlüsse wieder auf (IAS 28.21).

37.47 Erfolgt eine Veräußerung der Anteile uno actu ohne vorherige Anwendungsmöglichkeit des IFRS 5, kann mangels spezieller Vorschriften in IAS 28 auf die allgemeinen Grundsätze der **Entkonsolidierung** vollkonsolidierter Unternehmen zurückgegriffen werden. (Rz. 36.280 ff.). Hiernach ermittelt sich der Konzern-Veräußerungserfolg aus dem Veräußerungspreis abzüglich des Buchwerts des Equity-Ansatzes zum Veräußerungszeitpunkt. Der Veräußerungserfolg wird erhöht (vermindert) um die OCI-Bestandteile der Beteiligung, die einer Reklassifizierung zugänglich sind. Die übrigen OCI-Bestandteile sind u.E. in Konzernrücklagen umzubuchen.

37.48 Bei einer **Teilveräußerung** gilt Rz. 37.51 entsprechend.

37.49 Bei einem **Übergang eines assoziierten Unternehmens zu einem Gemeinschaftsunternehmen** (oder umgekehrt) ändert sich an der nach IAS 28 obligatorischen Equity-Bilanzierung nichts (IAS 28.24).

Den Übergang auf den Status einer **Tochtergesellschaft** (i.d.R. durch Zukauf von Anteilen) haben wir im Abschnitt **Übergangskonsolidierung** (Rz. 39.30 ff.) dargestellt.

D. Einbeziehungsverbote und Wahlrechte

37.50 Für assoziierte Unternehmen und Gemeinschaftsunternehmen gelten im Hinblick auf die Anwendung der Equity-Methode die entsprechenden Einbeziehungsverbote und -wahlrechte der Vollkonsolidierung bei Tochterunternehmen (Rz. 31.110 ff.) vollumfänglich analog mit Ausnahme der Veräußerungsabsicht und Erfüllung der Kriterien von IFRS 5.

37.51 Bei **Erwerb der Beteiligung mit Weiterveräußerungsabsicht** innerhalb von zwölf Monaten (IFRS 5) erfolgt eine Bilanzierung als *held-for-sale* (IAS 28.20), d.h. zum Minimum aus Buchwert und Fair Value abzgl. Veräußerungskosten (Rz. 30.32). Eine Equity-Bilanzierung kommt somit von vornherein nicht in Betracht.

---

[26] Vgl. *Hayn* in Beck IFRS-HB[5], § 36, Rz. 25, a.A. *Lüdenbach* in Haufe IFRS-Komm[16], § 33 Rz. 33: zusätzlicher Ansatz eines Derivats.

Wird nur ein Teil der Anteile mit Weiterveräußerungsabsicht erworben, ist der andere (wegen des ansonsten bestehenden maßgeblichen Einflusses oder gemeinsamer Führung) immer nach der Equity-Methode zu bilanzieren. Nach erfolgtem Verkauf der *held-for-sale*-Anteile ist zu prüfen, ob die verbleibenden Anteile noch einen maßgeblichen Einfluss/gemeinsame Führung gewähren. Falls ja, werden diese at equity bilanziert, falls nein, als einfache Beteiligung nach IFRS 9 (IAS 28.20).

Bei **Entfall der ursprünglichen Weiterveräußerungsabsicht** bzw. Nichteinhaltung der Voraussetzungen (insb. Überschreitung der 12-Monats-Frist) sind die Anteile rückwirkend unter Anpassung der Vorjahresvergleichsperiode ab Erwerbszeitpunkt (genauer: ab Bestehen des maßgeblichen Einflusses/gemeinsamer Führung) at equity zu bilanzieren, siehe IAS 28.21.1937.54   37.52

frei   37.53–37.54

E. Ausweis

Der **Ausweis** der Beteiligungen, die at equity bilanziert sind, erfolgt gesondert im langfristigen Vermögen oder unter Berücksichtigung des Wesentlichkeitsgrundsatzes im Anhang (Rz. 43.44). Analog dazu ist das Ergebnis der at equity bewerteten Beteiligungen in der GuV oder im Anhang gesondert zu zeigen (Rz. 44.31).   37.55

Kapitel 38
Anteilige Konsolidierung (IFRS 11)

A. **Überblick und Wegweiser**	38.1	IV. Neuere Entwicklungen		38.5
I. Management Zusammenfassung	38.1	B. **Durchführung der anteiligen**		
II. Standards und Anwendungsbereich	38.3	**Konsolidierung**		38.20
		C. **Ausweis**		38.30
III. Wesentliche Abweichungen zum HGB	38.4			

Literatur: *siehe bereits Kap. 32.*

A. Überblick und Wegweiser

I. Management Zusammenfassung

Die anteilige (oft auch quotal genannte) Konsolidierung bezeichnet die nur anteilige Übernahme von Vermögenswerten und Schulden sowie Erträgen und Aufwendungen in den Konzernabschluss entsprechend der Berechtigung des Konzerns. Konzeptionell ist die anteilige Konsolidierung (früher: Quotenkonsolidierung) Ausdruck der sog. **Interessentheorie**, nach der der Konzernabschluss durch die Brille der Anteilseigner der Obergesellschaft gesehen wird: Nur *deren* Anteil (am Nettovermögen, an den Ergebnissen usw.) soll abgebildet werden. Das Gegenstück bildet die einheitstheoretische Ausrichtung, wonach auch die nicht beherrschenden Anteile (nbA) als Anteilseigner des Konzerns betrachtet und damit auch deren Anteile am Nettovermögen, die der Obergesellschaft nicht „gehören", ausgewiesen wird (Vollkonsolidierung). 38.1

Der Anwendungsbereich der quotalen oder anteiligen Konsolidierung ist im IFRS-Abschluss auf die von IFRS 11 als Joint Operations bezeichneten gemeinschaftlichen Tätigkeiten beschränkt.[1] In der Praxis handelt es sich oft um **Arbeitsgemeinschaften** oder Bruchteilseigentum usw. Die entsprechend anteilige Übernahme deren Vermögenswerte, Schulden usw. nach der Berechtigung des Konzerns ist indes keine neue Rechtslage. 38.2

---

[1] Bis 2012 konnten auch Joint Ventures – wahlweise zur Equity-Methode – quotal konsolidiert werden, siehe Vorauflage, Rz. 6105.

II. Standards und Anwendungsbereich

38.3 Die anteilige Konsolidierung ist in IFRS 11.20–23 geregelt und betrifft ausschließlich die Beteiligung an gemeinschaftlichen Tätigkeiten. Zu deren Abgrenzung siehe Rz. 32.20 ff.

III. Wesentliche Abweichungen zum HGB

38.4 Im Hinblick auf die Übernahme von Vermögensgegenständen, Schulden usw. bei Arbeitsgemeinschaften u.ä. (Joint Operations) in einen Jahres- oder Konzernabschluss bestehen keine prinzipiellen Abweichungen zwischen HGB und IFRS. Allerdings lässt § 310 HGB (ergänzt ab 2020 durch DRS 27) die Quotenkonsolidierung auch für Gemeinschaftsunternehmen (Joint Ventures) zu, wohingegen im IFRS-Abschluss hier nur die Equity-Methode vorgesehen ist.

IV. Neuere Entwicklungen

38.5 Zuletzt ist IFRS 11 durch den jährlichen Verbesserungsstandard Zyklus 2015–2017, veröffentlicht im Dezember 2017, im Hinblick auf die Einführung einer Regelung zur Übergangskonsolidierung geändert worden. Zu Einzelheiten s. Rz. 39.15.

38.6 Weitere Neuerungen an IFRS 11 sind derzeit nicht geplant.

38.7–38.19 frei

B. Durchführung der anteiligen Konsolidierung

38.20 Nach der als Generalnorm der Bilanzierung gemeinschaftlicher Tätigkeiten (Joint Operation) zu bezeichnenden Vorschrift IFRS 11.20 hat der gemeinschaftlich Beteiligte

„(a) seine Vermögenswerte, einschließlich seines Anteils an gemeinschaftlich gehaltenen Vermögenswerten;

(b) seine Schulden, einschließlich seines Anteils an jeglichen gemeinschaftlich eingegangenen Schulden;

(c) seine Erlöse aus dem Verkauf seines Anteils am Ergebnis der gemeinschaftlichen Tätigkeit;

(d) seinen Anteil an den Erlösen aus dem Verkauf des Produktionsergebnisses durch die gemeinschaftliche Tätigkeit; und

(e) seine Aufwendungen, einschließlich seines Anteils an jeglichen gemeinschaftlich eingegangenen Aufwendungen."

zu übernehmen. Die Bewertung und Folgebilanzierung richtet sich nach den jeweils einschlägigen IFRS (IFRS 11.21) in konzerneinheitlicher Ausübung von Wahlrechten und Ermessensspielräumen des bilanzierenden Konzerns.

Insoweit die Joint Operation nicht als eigenständiges „Vehikel" i.S.v. IFRS 11.B16 ff. aufgebaut ist (z.B. als BGB-Gesellschaft), werden die Vermögenswerte und Schulden, an denen der Konzern die Rechte lt. Vereinbarung hat, unmittelbar übernommen. Es mag auch sein, dass die Joint Operation selbst nicht über ein Rechnungswesen verfügt. Das Vorgehen entspricht im Wesentlichen dem eines *asset deal*. 38.21

Zu einer tatsächlich anteiligen Konsolidierung kommt es aber regelmäßig in der Praxis, wenn die Joint Operation als eigenständiges „Vehikel" strukturiert ist, z.B. mit eigener Rechtspersönlichkeit. Stellt sie darüber hinaus einen Geschäftsbetrieb i.S.d. IFRS 3 dar (Rz. 36.16, 36.20), sind die **Grundsätze der Vollkonsolidierung** analog anzuwenden (IFRS 11.B33A). Ein etwaig entstehender Goodwill unterliegt dann dem jährlichen Impairment-Test, und ein passiver Unterschiedsbetrag (***bargain purchase***) ist (nach *reassessment*) sofort ertragswirksam zu erfassen. In dem in der Praxis recht häufigen Fall der Gründung einer Joint Operation durch die Partner (Bargründung oder Sacheinlage) entsteht allerdings bei der Kapitalkonsolidierung kein Unterschiedsbetrag. 38.22

frei 38.23–38.29

C. Ausweis

Über die Art des Ausweises der übernommenen Bilanz- und GuV-Sachverhalte äußert sich IFRS 11 nicht explizit. Der Wortlaut des IFRS 11.20 spricht u.E. für die Zusammenfassung der anteilig übernommenen Vermögenswerte, Schulden, Aufwendungen und Erträge mit den entsprechenden Abschlussposten des Konzerns (*line-by-line*). 38.30

Kapitel 39
Übergangskonsolidierungen (IFRS 3, IFRS 10)

A. **Überblick und Wegweiser** 39.1
  I. Management Zusammenfassung . 39.1
  II. Standards und Anwendungsbereich 39.5
  III. Wesentliche Abweichungen zum HGB 39.10
  IV. Neuere Entwicklungen 39.15
B. **Sukzessive Beteiligungserwerbe** . 39.20
  I. Problemstellung 39.20
  II. Lösungsansätze 39.25
    1. Lösung nach HGB 39.25
    2. Lösung nach IFRS 3 .... 39.30
    3. Sukzessiver Beteiligungserwerb nach IFRS 3 mit nicht beherrschenden Anteilen und kumuliertem OCI 39.33
  III. Kontrollerlangung ohne zusätzliche Anteile 39.35
  IV. Sukzessiver Beteiligungserwerb bis zur Equity-Bewertung 39.36
C. **Statusverlust von Tochterunternehmen, assoziierten und Gemeinschaftsunternehmen** 39.40
  I. Ausscheiden von Tochtergesellschaften aus dem Konsolidierungskreis 39.40
    1. Überblick 39.40
    2. Bilanzierungsbeispiel 39.42
    3. Abgang von Goodwill 39.44
    4. Behandlung bisheriger Unterschiedsbeträge aus Schuldenkonsolidierung und Zwischengewinneliminierung 39.46
  5. Defizitäre Tochtergesellschaften .. 39.47
  II. Statusverlust von assoziierten und Gemeinschaftsunternehmen zu einfacher Beteiligung 39.48
  III. Statuswechsel von assoziiertem zu Gemeinschaftsunternehmen und umgekehrt 39.49
D. **Auf- und Abstockungen ohne Statuswechsel** 39.50
  I. Aufstockungen von Mehrheitsbeteiligungen 39.50
  II. Abstockungen von Mehrheitsbeteiligungen 39.55
    1. Bei Kapitalgesellschaften 39.55
    2. Bei Personengesellschaften 39.58
  III. Abstockung von Equity-Beteiligungen 39.59
  IV. Disproportionale Kapitalerhöhungen 39.60
  V. Konzerninterne Umstrukturierungen 39.70
    1. Ohne nicht beherrschende Anteilseigner 39.71
    2. Mit Beteiligung nicht beherrschender Anteilseigner 39.73
E. **Gestaltungsmöglichkeiten/Missbrauchsvorschriften (Gesamtplan) nach IFRS 10** 39.80
  I. Split von Anteilsverkäufen 39.80
  II. Split von Anteilskäufen (sukzessiver Erwerb mit Kaufoption) 39.82

Literatur: *Albrecht*, Änderungsvorschläge des IASB an IFRS 3 und IFRS 11, PiR 2016, 278; *Anders*, Strittige Fragen der Konsolidierung Regelungslücken in der IFRS-Konzernrechnungslegung, PiR 2011, 39; *Anders*, Fusionen bei wechselseitigen Beteiligungen und Finanzierung mit eigenen Anteilen – Gestaltungsparameter für die Bilanzierungspraxis. PiR 2018, 114; *Antonakopoulos/Fink*, Die Neuerungen des IASB aus den Annual Improvements to IFRSs des 2015-2017 Cycle, PiR 2018, 31; *Behling*, in Kirsch, eKomm, 2018 zu § 309 HGB; *Ebeling*, Die Einheitsfiktion als Grundlage der Konzernrechnungslegung – Aussagegehalt und Ansätze zur Weiterentwicklung des Konzernabschlusses nach deutschem HGB unter Berücksichtigung konsolidierungstechnischer Fragen, Stuttgart 1995; *Falkenhahn*, Änderungen der Beteiligungsstruktur an Tochtergesellschaften, Düsseldorf 2006; *Gimpel-Henning*, Bilanzierung der Altanteile bei sukzessiven Unternehmenserwerben – Implikationen aus der Anwendung der Bewertungsleitlinien des IFRS 13, PiR 2016, 37; *Hanft/Brossius*, Die Endkonsolidierung defizitärer Tochterunternehmen, KoR 2002, 33; *Höbener/Dust/Gimpel-Henning*, Die Bilanzierung sukzessiver Unternehmenserwerbe im Lichte des Conceptual Framework-Projekts, PiR 2016, 337; *Küting/Höfner*, Die konsolidierungstechnische Behandlung des Statuswechsels eines Gemeinschaftsunternehmens zum assoziierten Unternehmen – Procedere de lege lata und Ausblick de lege ferenda, KoR 2013, 88; *Küting/Weber/Wirth*, Bilanzierung von Anteilsverkäufen an bislang vollkonsolidierten Tochterunternehmen nach IFRS 3, DStR 2004, 876; *Küting/Weber/Wirth*, Die Goodwillbilanzierung im finalisierten Business Combinations Projekt Phase II, KoR 2008, 139; *Lüdenbach*, Veräußerung eines Tochterunternehmens an finanzschwachen Erwerber, PiR 2007, 115; *Oser*, Auf- und Abstockung von Mehrheitsbeteiligungen im Konzernabschluss nach BilMoG – Grenzen der Annäherung des HGB an die IFRS, DB 2010, 65; *Pawelzik*, Die Konsolidierung von Minderheiten nach IAS/IFRS der Phase II („business combinations"), WPg 2004, 677; *Roos*, Bilanzierung bei Verlust der Beherrschung – Übergang von IFRS 10 auf IFRS 11, PiR 2016, 139; *Ross*, Anteil am Nennkapital und Konsolidierungsquote – Keine pauschale Gleichsetzung, BB 2000, 1395; *Theile*, Bilanzrichtlinie-Umsetzungsgesetz, Herne 2015; *Theile/Stahnke*, Zum Erstkonsolidierungszeitpunkt im Konzernabschluss nach dem BilMoG-RegE, StuB 2008, 578; *Watrin/Hoehne*, Endkonsolidierung von Tochterunternehmen nach IAS 27 (2008), WPg 2008, 695; *Wollmert/Oser*, Sukzessive Unternehmenszusammenschlüsse und Auf- oder Abstockung einer Mehrheitsbeteiligung nach IFRS und HGB, PiR 2010, 248; *Zeyer/Engler*, Ermittlung des übergehenden Geschäfts- oder Firmenwerts nach IFRS 11 – Wechsel von der quotalen Einbeziehung auf die equity-Methode, PiR 2012, 303; *Zwirner/Boecker/Busch*, Neuregelungen zum Konsolidierungskreis in IFRS 10 bis IFRS 12 – Anwendungsbeispiele und Übergangskonsolidierung, KoR 2014, 608.

A. Überblick und Wegweiser

I. Management Zusammenfassung

39.1 Die sog. **Übergangskonsolidierung** erfasst folgende Sachverhalte:

(1) Vom **sukzessiven Beteiligungserwerb** (oder *Aufwärtskonsolidierung*) spricht man, wenn Anteile im Zeitablauf zu verschiedenen Zeitpunkten erworben werden und sich durch den Anteilserwerb ein Statuswechsel der Beteiligung ergibt (von einfacher Beteiligung über assoziiertes Unternehmen, ggf. Gemeinschaftsunternehmen, bis hin zum Tochterunternehmen).

„Einfache" Altanteile sind im Zeitpunkt des Statuswechsels erfolgswirksam zum Fair Value zu bewerten und bei einem Wechsel zur Vollkonsolidierung zusammen mit der zuletzt hinzuerworbenen Tranche der Erstkonsolidierung zu unterwerfen. Die erfolgswirksame Fair Value Bewertung begründet der IASB mit dem Statuswechsel: Zuvor lag eine Investition in Finanzinstrumente, danach in diversen einzelnen Vermögenswerten und übernommenen Schulden („Vollkonsolidierung") vor. Die Lösung korrespondiert mit der Fair Value-Orientierung der IFRS, da die Finanzinstrumente der einfachen Beteiligung nach IFRS 9 regelmäßig bereits zum Fair Value anzusetzen waren.

(2) Ein **Ausscheiden aus dem Vollkonsolidierungskreis** (oder *Abwärtskonsolidierung*) liegt vor, wenn Anteile an bisher vollkonsolidierten Tochtergesellschaften z.B. durch Verkauf auf unter 50 % abgestockt, aber eben *nicht alle Anteile* veräußert werden.

In diesem Fall muss nach IFRS 10 der Veräußerungserfolg der abgegebenen Anteile auch im Konzernabschluss ausgewiesen werden. Die Restanteile werden ebenfalls erfolgswirksam zum Fair Value bewertet und unterliegen danach je nach Klassifizierung (einfache Beteiligung nach IFRS 9, Beteiligung an assoziierten Unternehmen oder Gemeinschaftsunternehmen) der Folgebilanzierung. Begründet wird diese Bilanzierung wie bei (1) mit dem Statuswechsel.

(3) Bei der bloßen **Veränderung von Mehrheitsbeteiligungen** ohne Statuswechsel (oberhalb i.d.R. 50 %), z.B. Aufstockung von 60 % auf 100 % oder Abstockung von 80 % auf 60 %, kommt es durch Zu- und Verkäufe zu einer Verschiebung zwischen dem Konzern und den nicht beherrschenden Anteilen (nbA). Es handelt sich eigentlich nicht um eine Übergangskonsolidierung; da die dabei aufgeworfenen Probleme jedoch recht ähnlich sind, behandeln wir auch diesen Fall in diesem Kapitel.

IFRS 10 verlangt bei Abstockungen eine Neutralisierung der dabei entstandenen Veräußerungsergebnisse im Konzern bzw. bei Aufstockungen eine erfolgswirksame Verrechnung der Differenz zwischen Kaufpreis der Konzernmutter und erworbenem bisherigem Konzernvermögen. Die Begründung lautet einheitstheoretisch, dass insofern eine Kapitaltransaktion zwischen Anteilseignern im Konzern vorliegt.

frei 39.2–39.4

II. Standards und Anwendungsbereich

Die Übergangskonsolidierung ist z.T. in IFRS 3 und z.T. in IFRS 10 geregelt: 39.5

	Vorher	Nachher	Vorschrift	Rz.
(1) Sukzessiver Beteiligungserwerb	a) Einfache Beteiligung b) Equity	Vollkonsolidierung	IFRS 3.41	39.20
	Einfache Beteiligung	Equity	Nicht geregelt	39.37
(2) Abwärtskonsolidierung	Vollkonsolidierung	a) Einfache Beteiligung b) Equity	IFRS 10.25	39.40
	Equity	Einfache Beteiligung	IAS 28.19	39.48

	Vorher	Nachher	Vorschrift	Rz.
(3) Veränderung bei Mehrheitsbeteiligungen	Aufstockung		IFRS 10.23 f.	39.50
	Abstockung		IFRS 10.23 f.	39.55
	Disproportionale Kapitalerhöhung		U.E. nicht geregelt	39.60

39.6 IFRS 3 (2008) und IFRS 10 (2011) wurden seit ihrem Erscheinen punktuell geändert (Rz. 36.6). Als Folge des IFRS 9 (anwendbar in Geschäftsjahren ab 1.1.2018) wurde IFRS 3.42 angepasst. Danach sind vormals erfolgsneutral erfolgte Wertanpassungen auf Alttranchen („FVOCI", s. Rz. 22.30) bei sukzessivem Beteiligungserwerb erfolgsneutral in die Gewinnrücklagen umzubuchen (Rz. 39.33).

39.7 Mit einer im September 2014 verabschiedeten (aber bislang ausgesetzten, s.u.) Änderung der IFRS 10 und IAS 28 (*Sale or Contribution of Assets between an Investor and its Associate or Joint Venture*) wollte das IASB einen Konflikt zwischen beiden Standards lösen. Die Änderung betrifft den Fall, dass ein MU die Beherrschung über ein TU durch Verkauf oder Einlage von Anteilen an TU in ein assoziiertes oder Gemeinschaftsunternehmen verliert:

IFRS 10.25 i.V.m. IFRS 10.B98biii) verlangt bei Controlverlust die vollständige Aufdeckung des Fair Value der TU (Rz. 39.30), während IAS 28.28 eine Zwischengewinneliminierung in Höhe des at equity Beteiligungsanteils vorschreibt.

a) Falls ein Geschäftsbetrieb (business) i.S.v. IFRS 3 vorliegt (Rz. 36.20, Normalfall), wird dem IFRS 10 Priorität eingeräumt, d.h. es kommt zu einer vollen Gewinnrealisierung (IFRS 10.25b i.V.m. IFRS 10.B98biii/IAS 28.31A i.d.F. 2014).

b) Unterhält die veräußerte/eingelegte TU kein business i.S.v. IFRS 3, genießt IAS 28 Vorrang (IFRS 10.B99A i.V.m. IAS 28.30 i.d.F.2014). Behält MU Anteile an der vormaligen TU zurück, die ihrerseits als assoziiertes/Gemeinschaftsunternehmen qualifizieren, erstreckt sich die Zwischengewinneliminierung auch auf die zurückbehaltenen Anteile, anders bei Bilanzierung der Restanteile nach IFRS 9 (IFRS 10.B99A i.d.F. 2014).

Das IASB hat den Anwendungszeitpunkt der vorgenannten Regelung (ursprünglich Gj. ab 1.1.2016) jedoch im Hinblick auf das Research Project zur Equity-Bilanzierung, das mittlerweile bis zum Post-Implementation Review von IFRS 11 ausgesetzt wurde[1], auf unbestimmte Zeit verschoben. Eine frühere Anwendung bleibt zwar zulässig (IFRS 10.BC190O), allerdings läuft dies für EU-IFRS-Anwender mangels Endorsement ins Leere. Somit liegt noch keine Festlegung vor, so dass insoweit ein Wahlrecht zwischen beiden Vorgehensweisen besteht, das stetig auszuüben und nach IAS 1.117 zu erläutern ist. U.E. hat die Regelung in IFRS 10.25b i.V.m. 10.B98biii

---

[1] https://www.ifrs.org/projects/work-plan/research-programme/#pipeline; Abruf: 28.1.2019.

und damit die volle Gewinnrealisierung als lex specialis Vorrang². Wir zeigen in Rz. 40.57 ein Bilanzierungsbeispiel.

frei   39.8–39.9

III. Wesentliche Abweichungen zum HGB

Während die IFRS seit 2008 genaue Anweisungen zu den vorgenannten Bilanzierungsfragen geben, enthält das HGB auch i.d.F. BilMoG/BilRUG keine expliziten Regelungen. Diese Lücke wird durch DRS 23 (Kapitalkonsolidierung) z.T. geschlossen, der aber wiederum Bilanzierungsalternativen zulässt, insbesondere die Behandlung von Auf- und Abstockungen, Rz. 39.1 (3) als Erwerbs- oder Kapitalvorgang. Eine Fair Value Bewertung im Rahmen des Statuswechsels ist nach HGB weiterhin ausgeschlossen.   39.10

Wegen der Komplexität und der je nach Statuswechsel (Aufwärts-/Abwärtskonsolidierung) spezifischen Fragestellungen stellen wir die Abweichungen punktuell in den nachfolgenden Abschnitten dar.

frei   39.11–39.14

IV. Neuere Entwicklungen

Im Rahmen des Annual Improvement Cycle 2015-2017³ hat der IASB klargestellt, dass auch die Erlangung der **Beherrschung** von zuvor als gemeinschaftliche Tätigkeit (Joint Operation) bilanzierten Anteilen (Rz. 38.20), die einen Geschäftsbetrieb i.S.v. IFRS 3 darstellen (Rz. 36.16 bzw. 36.20), als sukzessiver Unternehmenszusammenschluss zu bilanzieren ist. Die zuvor gehaltenen „Anteile" (am Reinvermögen) sind daher erfolgswirksam zum Fair Value zu bewerten (IFRS 3.42A).   39.15

Anders hingegen, wenn eine Partei, die zwar an einer gemeinschaftlichen Tätigkeit in Form eines Geschäftsbetriebs, nicht aber an ihrer gemeinschaftlichen Führung beteiligt ist, zu einem späteren Zeitpunkt Partner der gemeinschaftlichen Führung wird: Die zuvor gehaltenen Anteile sind nicht neu zu bewerten (IFRS 11.B33CA), womit die sonst gültigen Grundsätze der Aufwärtskonsolidierung bei Statuswechsel – die erfolgswirksame Neubewertung der Altanteile – hier gerade nicht angewendet wird. Nach Auffassung des IASB sei eine solche Transaktion zu vergleichen mit einem Wechsel von einem assoziierten Unternehmen zu einem Gemeinschaftsunternehmen (Rz. 39.49; IFRS 11.BC45P).

---

2 Gl.A. *Hayn*, in Beck IFRS-HB⁵, § 37 Rz. 96; Haufe IFRS Kommentar¹⁶, § 33 Rz. 82.
3 Vgl. *Antonakopoulos/Fink*, PiR 2018, 33 f., vgl. zum Standardentwurf *Albrecht*, PiR 2016, 278.

39.16 Ein in 2015 gestartetes Research Projekt zur Equity-Methode wurde im Mai 2016 bis zum Abschluss des Post-Implementation Review zu IFRS 11 verschoben[5]. Im Rahmen des Projektes sollten Regelungslücken geschlossen werden, die in der Praxis zu Bilanzierungsunterschieden führen könnten. Hierzu zählt in diesem Kapitel z.B. die sinngemäße Anwendbarkeit der IFRS 3 Regelungen zum sukzessiven Anteilserwerb (Rz. 39.37). U.E. lassen sich die meisten der tatsächlichen und vermeintlichen Lücken ohne weiteres unter analoger Anwendung von IFRS 3 bzw. die in IAS 28.10 f./28.26 verankerten Prinzipien der Equity-Methode lösen. Wir erwarten daher keine tiefgreifenden Änderungen, wenn das Projekt wieder aufgenommen wird.

Das Endorsement ist am 14.3.2019 erfolgt.[4] Die Änderungen sind in Geschäftsjahren ab 1.1.2019 durchzuführen. Eine frühere Anwendung ist erlaubt.

39.17–39.19 frei

B. Sukzessive Beteiligungserwerbe

I. Problemstellung

39.20 In den vorangegangenen Kapiteln zur Kapitalkonsolidierung und Equity-Methode sind Erst- und Entkonsolidierung jeweils **in einem Schritt** dargestellt worden. Die **Erstkonsolidierung** wurde jeweils auf dem Erwerbszeitpunkt durchgeführt. Zu diesem Zeitpunkt werden zwei Beträge einander gegenübergestellt: Der Fair Value des an den Verkäufer Hingegebenen (= Gegenleistung) wird aufgerechnet gegen die (bei Equity-Bewertung anteilige) Summe der Fair Values der erworbenen Vermögenswerte und Schulden („net assets"). In diesem Zeitpunkt stimmt der *zeitliche Bezug von Gegenleistung und Fair Value des erworbenen Unternehmens* somit überein.

39.21 Anders verhält es sich, wenn sich Anteilsveränderungen nicht nur in einer, sondern in mindestens zwei zeitlich auseinander fallenden Transaktionen vollziehen:

Beispiel: Der Konzern MU erwirbt in zwei zeitlich auseinander fallenden Tranchen die Mehrheit an TU GmbH:

Jahr	Erwerb	Folge
1.1.01	MU erwirbt 40 % der Anteile an TU GmbH zum Kaufpreis von 200.	Es liegen „einfache" Anteile (sei hier unterstellt) oder ein assoziiertes Unternehmen vor
31.12.02	Erwerb weiterer 60 % zum Kaufpreis von 900, so dass die Beteiligungsquote 100 % beträgt.	Die GmbH ist nun ein Tochterunternehmen; zum 31.12.02 ist eine Erstkonsolidierung vorzunehmen

---

[4] Durch VERORDNUNG (EU) 2019/412 DER KOMMISSION vom 14.3.2019, ABl. L73 v. 15.3.2019, 93.
[5] IASB Update, Mai 2016.

Dem Beteiligungsbuchwert von insgesamt 1.100 (200 + 900) steht am 31.12.02 gemäß nachfolgender Übersicht ein Wert (Fair Value inkl. Goodwill) von 1.500[6] gegenüber:

	Entwicklung TU (100 %)			*Gedanklich von MU bezahlt (40 % + 60 %)*
	1.1.01	Zuwachs (netto)	31.12.02	
EK HB II	250	350	600	*(100 + 360) = 460*
Stille Reserven	150	250	400	*(60 + 240) = 300*
EK HB III	400	600	1.000	*(160 + 600) = 760*
Goodwill	100	400	500	*(40 + 300) = 340*
Fair Value der Anteile	500	1.000	1.500	*(200 + 900) = 1.100*
Erworbene Quote	*40 %*		*60 %*	*100 %*
Kaufpreis	*200*		*900*	*1.100*

Zu den Erwerbszeitpunkten (1.1.01 und 31.12.02) bezahlt MU jedoch nur die anteiligen, zu diesen Zeitpunkten vorhandenen „Werte" (rechte Spalte), also *40 % an den Werten 1.1.01 und 60 % an den Werten 31.12.02*. Der Wert der bilanzierungsrelevanten Komponenten, also (a) Eigenkapital lt. HB II, (b) stille Reserven lt. HB III, (c) Goodwill hat sich jedoch wie folgt verändert:

– Der Zuwachs an **HB II Eigenkapital** zwischen beiden Erwerbszeitpunkten (350) entspricht den thesaurierten Gewinnen.[7]

– Bei den **stillen Reserven lt. HB III** ist bis zum 31.12.02 per Saldo ein Zuwachs (250) eingetreten: Dabei kann bei stillen Reserven, *die am 1.1.01 vorhanden waren* (z.B. für Auftragsbestände, Marken, Sachanlagen), ein „Werteverzehr" z.B. aus der Abwicklung von Auftragsbeständen, Abschreibung von Marken und Sachanlagen erfolgt sein. Gegenläufig ist *bis zum 31.12.02* jedoch ein **Zuwachs an stillen Reserven** eingetreten, z.B. auf Grund der Einführung *neuer* Marken.

– Entsprechend ist der **Goodwill** per Saldo gestiegen (400): Mögliche Wertverringerungen (z.B. durch rückläufige Geschäftsbereiche) stehen höhere Wertsteigerungen (z.B. aus der Erschließung neuer Märkte) gegenüber.

– Der **Fair Value der Anteile** ergibt sich hier aus linearer Hochrechnung des jeweiligen Kaufpreises.

Die TU wird mit ihren „net assets" erstmals am 31.12.02 im Konzernabschluss abgebildet. Fraglich ist, auf welchen Zeitpunkt die Fair Values der net assets festzustellen und wie der zeitliche Bezug der jeweiligen Gegenleistungen zu diesen net assets herzustellen ist. Konzeptionell sauber sind grundsätzlich zwei Lösungen:

a) Die „net assets" von TU (EK HB III) werden jeweils anteilig **pro Tranche** zu den jeweiligen Erwerbszeitpunkten (1.1.01/31.12.02) zum Fair Value festgestellt und mit den Anschaffungskosten der jeweiligen Tranche verrechnet. In einer Neben-

39.22

---

6 Von einer Bereinigung um Kontrollprämien und Käufersynergien (Rz. 39.30) sei aus Vereinfachung abstrahiert.
7 Gewinnverwendungsentscheidungen werden auf Basis der HB I getroffen und entsprechend in der HB II nachvollzogen.

rechnung werden die Fair Values, der Goodwill und der auf jede Tranche entfallende Ergebnisbeitrag bis zur Abbildung im Konzernabschluss fortgeführt. Diesem Ansatz folgte – als Wahlrecht – das **HGB** *vor BilMoG 2009*. Die sog. **tranchenweise Konsolidierung** ist jedoch weder nach jetzigem HGB noch nach IFRS zulässig.

b) Die TU wird mit ihrem vollen Wert per Jahr 31.12.02 angesetzt. Dann werden auch die jeweiligen Alttranchen zum Erstkonsolidierungszeitpunkt zum **Fair Value** bewertet. Dies ist die Bilanzierung nach **IFRS 3** (Rz. 39.30 ff.).

In beiden Lösungen ist der zeitliche Bezug zwischen Erhaltenem und Gegebenem hinsichtlich seiner Bewertung gewahrt. Das HGB verstößt bei sukzessivem Beteiligungserwerb jedoch gegen eine zeitliche Übereinstimmung: Es werden die (historischen) Anschaffungskosten der Beteiligung dem Fair Value des konsolidierungspflichtigen Vermögens im Erstkonsolidierungszeitpunkt gegenübergestellt (Rz. 39.25).

39.23–39.24 frei

II. Lösungsansätze

1. Lösung nach HGB

39.25 Als Erstkonsolidierungszeitpunkt kommt nach geltendem HGB der Zeitpunkt in Betracht, zu dem das Unternehmen Tochterunternehmen geworden ist (§ 301 Abs. 2 Satz 1 HGB). Diese Regelung ist insbesondere bei sukzessivem Beteiligungserwerb relevant: Es werden Anteile an Tochtergesellschaften in mehreren Tranchen erworben (und erstmals die Controlschwelle von i.d.R. 50 % überschritten).

39.26 Demgegenüber ist in den folgenden Fällen

(a) eine zunächst wegen Unwesentlichkeit u.ä. (§ 296 Abs. 2 HGB) nicht einbezogene Tochtergesellschaft wird nun wesentlich *oder*

(b) es wird erstmalig ein Konzernabschluss aufgestellt (z.B. nach Überschreitung der Größenkriterien des § 293 HGB oder bei Wegfall einer Konzernabschlussbefreiung nach §§ 291, 292 HGB)

die Erstkonsolidierung grundsätzlich auf den Zeitpunkt der Aufstellung des bzw. der erstmaligen Einbeziehung in den Konzernabschluss vorzunehmen (§ 301 Abs. 2 Satz 3 f. HGB). Sofern jedoch verlässliche Informationen über die historischen Wertverhältnisse vor der erstmaligen Aufstellung bzw. erstmaliger Einbeziehung vorliegen, dürfen diese Wertverhältnisse zugrunde gelegt werden (§ 301 Abs. 2 Satz 5 HGB). Damit können die bisherigen Buchwerte eines Teilkonzernabschlusses, der in einen befreienden inländischen Konzernabschluss einbezogen worden ist, bei Wegfall der Befreiung fortgeführt werden.[8] Allerdings wirkt weder § 301 Abs. 2 Satz 3 f. HGB noch die Rückausnahme in § 301 Abs. 2 Satz 5 HGB auf den sukzessiven Betei-

---

8 Vgl. *Baetge/Kirsch/Thiele*, Konzernbilanzen[12], 196.

ligungserwerb zurück, d.h. eine tranchenweise Konsolidierung ist bei sukzessivem Erwerb ausgeschlossen.[9]

Bezogen auf das Beispiel in Rz. 39.21 kommt daher nur die Konsolidierung zu dem Zeitpunkt in Betracht, zu dem das Unternehmen Tochterunternehmen geworden ist (§ 301 Abs. 2 Satz 1 HGB, Rz. 39.25). In der Bilanzierung muss nun fiktiv so getan werden, als sei *auch die 1. Tranche erst am 31.12.02 erworben* worden. Der zeitliche Bezug ist daher *nicht* gewahrt: Historischen Anschaffungskosten werden aktuelle Fair Values gegenübergestellt.

39.27

Gegenstand	31.12.02
Anschaffungskosten (100 %)	1.100
Fair Value der *net assets* (HB III, 100 %)	- 1.000
Goodwill	100

Bei der Konsolidierungsbuchung werden die Anschaffungskosten der Anteile (1.100) mit dem Eigenkapital der TU lt. HB III verrechnet (1.000) und der Unterschiedsbetrag (100) als Goodwill ausgewiesen.

Beispiel (Fortsetzung von Rz. 39.21): Das nachfolgende Konsolidierungstableau dient der Illustration. Die über die Zahlenangaben aus Rz. 39.21 hinausgehenden Werte (diverse Aktiva usw.) tragen keinen Erklärungsgehalt in sich.

Posten	MU	TU HB III	Σ-Bilanz	Konsolidierung		Konzernbilanz
				Soll	Haben	
Anteile	1.100		1.100		1.100	0
Goodwill			0	100		100
diverse Aktiva	23.900	2.400	26.300			26.300
Aktiva	**25.000**	**2.400**	**27.400**			**26.400**
Gezeichnetes Kapital	2.000	100	2.100	100		2.000
Gewinnrücklagen	**8.000**	**900**	**8.900**	**900**		**8.000**
Eigenkapital	10.000	1.000	11.000			10.000
diverse Schulden	15.000	1.400	16.400	0		16.400
Passiva	**25.000**	**2.400**	**27.400**		**0**	**26.400**

Der technische Vorteil dieser Lösung liegt in seiner Einfachheit. Inhaltlich allerdings wird am 31.12.02 ein Teil des eigentlich auf die beiden Tranchen entfallenden Goodwills durch thesaurierte Gewinne der HB II und der Erhöhung stiller Reserven in der HB III verdrängt, soweit diese auf die Alttranche entfällt. Es kommt zu einer

---

9 Vgl. *Theile*, Bilanzrichtlinie-Umsetzungsgesetz, § 301 Rz. 12.

erfolgsneutralen Verrechnung des Goodwills mit Eigenkapital, was eigentlich durch BilMoG untersagt werden sollte.[10]

39.28 Falls der Fair Value des Nettovermögens abweichend vom Beispiel in Rz. 39.27 über den Anschaffungskosten der Beteiligung liegt, also z.B. 1.500 beträgt, kommt es zu einem **passiven Unterschiedsbetrag** (400 = 1.500 - 1.100), der nach § 301 Abs. 3 Satz 1 HGB unter gesonderter Bezeichnung nach dem Eigenkapital auszuweisen ist. Dieser ist gemäß § 309 Abs. 2 HGB in Abhängigkeit von seinem Fremdkapital- oder Eigenkapitalcharakter erfolgswirksam aufzulösen[11]. Wurde z.B. ein Kaufpreisabschlag für erwartete künftige Verluste oder nicht bilanzierungsfähige Rückstellungen vorgenommen, erfolgt die Auflösung entsprechend dem tatsächlichen Anfall der Verluste bzw. Aufwendungen (DRS 23.143). Bei einem lucky buy erfolgt die Auflösung i.d.R. über die gewichtete durchschnittliche Restnutzungsdauer der abschreibungsfähigen Vermögensgegenstände oder die „Laufzeit" der übernommenen Schulden (DRS 23.149b). Hat der passive Unterschiedsbetrag hingegen „technische" Ursachen, weil zwischen Erwerb und Erstkonsolidierung **thesaurierte Gewinne** entstanden sind, ist dieser erfolgsneutral in die Konzerngewinnrücklagen oder den Ergebnisvortrag einzustellen (DRS 23.147a i.V.m. 23.148).

39.29 Falls die **Alttranche** (40 %) abweichend vom Beispiel zuvor **at equity** bilanziert wurde, erfolgt die Erstkonsolidierung auf Basis der Summe aus Equity-Wert am 31.12.02 und Anschaffungskosten der Neutranche (60 %).

2. Lösung nach IFRS 3

39.30 IFRS 3 entspricht Lösung b) lt. Rz. 39.22: Gedanklich wird hier Folgendes fingiert:

– Ein **erfolgswirksamer Abgang der Alttranchen** und

– ihre **Neueinbuchung** zum Fair Value in der GuV[12] (IFRS 3.42).

Die Begründung findet diese Vorgehensweise im **Statuswechsel** des Beteiligungsunternehmens: Zuvor lag eine nicht beherrschende Investition in Finanzinstrumente vor, danach die Beherrschung einer Tochtergesellschaft verbunden mit der Vollkonsolidierung einzelner Vermögenswerte und Schulden (IFRS 3.BC384). Außerdem passt die Lösung zur Fair Value-Orientierung der IFRS, da die Finanzinstrumente der einfachen Beteiligung nach IFRS 9 regelmäßig bereits zum Fair Value anzusetzen waren.

Die Fair Value Ermittlung der Altanteile richtet sich nach IFRS 13 und entspricht einem Exit Value, der bei einer Veräußerung dieser (noch) nicht beherrschenden An-

---

10 Vgl. kritisch *Theile/Stahnke*, StuB 2008, 578 (580).
11 § 309 Abs. 2 HGB verweist hierzu auf die Grundsätze der §§ 297 und 298 HGB i.V.m. den Vorschriften des Ersten Abschnitts und zielt insbesondere auf das Realisationsprinzips (§ 252 Abs. 1 Nr. 4 HGB). Diese Prinzipienorientierung wird durch DRS 23.139 ff. konkretisiert, vgl. *Behling* in Kirsch, eKomm, 2018, § 309 HGB Rz. 5.
12 Konzeptionell ist diskussionswürdig, ob dieser Ertrag nicht besser innerhalb des OCI aufgehoben ist, vgl. *Höbener/Dust/Gimpel-Henning*, PiR 2016, 337.

teile an einen typischen Marktteilnehmer erzielt werden könnte. Daraus folgt, dass dieser Wert weder Kontrollprämien noch spezifische Käufersynergien aus der künftigen Beherrschung beinhalten darf[13]. Diese sind vielmehr in dem Kaufpreis für die control verschaffende Tranche reflektiert. Somit ist der Kaufpreis jener Tranche bei Abschätzung des Fair Value der Altanteile um Kontrollprämien und Käufersynergien zu bereinigen. Bei börsennotierten Gesellschaften gilt es abzuwägen, ob ein Kursanstieg nach Ankündigung der Übernahme nicht auf ebendiese Faktoren zurückzuführen ist und daher bereinigt werden muss. Regelmäßig wird eine kapitalwertbasierte Verprobung (Ertragswert/DCF) notwendig sein, wobei die zugrunde gelegte Planung etwaige käuferspezifische Ertragspotenziale nicht enthalten darf. Eine (unreflektierte) lineare Hochrechnung ausgehend vom Wert der control verschaffenden Tranche kommt daher regelmäßig nicht in Betracht:

Beispiel (Geschäftsbericht Robert Bosch GmbH 2015[14]): „Die im Vorjahr als wesentliche Gemeinschaftsunternehmen dargestellten Gesellschaften BSH Hausgeräte GmbH […] werden im Geschäftsjahr erstmals vollkonsolidiert. […] Das Gemeinschaftsunternehmen […] wurde im Jahr 1967 mit der Siemens AG, München, gegründet. […]

Am 5.1.2015 hat die Robert Bosch GmbH den 50 %-Anteil der Siemens AG, München, […] erworben. Durch die vollständige Übernahme wird das Gebrauchsgüterkäugeschäft der Robert Bosch GmbH gestärkt, außerdem soll das Engagement der Bosch-Gruppe im Bereich der vernetzten Gebäude und Geräte ausgebaut werden. Die […] Anschaffungskosten beziehen sich auf 100 % der Anteile, beinhalten also neben dem Kaufpreis für die jeweiligen 50 %-Anteile auch die im Rahmen des sukzessiven Anteilserwerbs neu zum beizulegenden Zeitwert bewerteten bereits bisher von der Robert Bosch GmbH gehaltenen Anteile. Der Kaufpreis für den 50 %-Anteil an der BSH Hausgeräte GmbH belief sich auf 3.014 Millionen EUR, der Zeitwert der bereits bisher gehaltenen Anteile lag zum Erwerbszeitpunkt bei 2.821 Millionen EUR. Aus der Neubewertung des bereits bisher gehaltenen Anteils ergab sich ein Ertrag in Höhe von 1.627 Millionen EUR".

Die erfolgswirksame Bewertung von Altanteilen gilt im Rahmen des sukzessiven Beteiligungserwerbs entsprechend, wenn diese zuvor eine gemeinschaftliche Tätigkeit verkörperten, vorausgesetzt, dass diese ein business i.S.v. IFRS 3 umfasste (IFRS 3.42A), s. Rz. 39.15. 39.31

Zur Bilanzierung nach IFRS 3 vorab ein einfaches und in Rz. 39.33 ein detaillierteres Beispiel. 39.32

Beispiel (Fortsetzung von Rz. 39.21): Bei IFRS 3 wird in der Bilanz der *gesamte* Fair Value aller Anteile (100 %) im Erstkonsolidierungszeitpunkt (31.12.02) angesetzt (1.500), und zwar in der Aufteilung gemäß Rz. 39.21: Sofern der zuvor angesetzte Wert von Alttranchen davon abweicht (z.B. weil mangels Börsennotierung die Anschaffungskosten als angemessene Schätzung des Fair Value angesetzt wurden, Rz. 22.81), muss dieser Wert vor/bei Erstkonsolidierung angepasst werden. Das nachfolgende Tableau zeigt die notwendigen Buchungen:

---

13 Vgl. *Gimpel-Henning*, PiR 2016, 36 (39 ff.), auch zum Folgenden.
14 Vgl. Konzernanhang, Erläuterung zu Unternehmenszusammenschlüssen. Der Hinweis auf das Gründungsjahr findet sich in den Erläuterungen zu Gemeinschaftsunternehmen.

Posten	MU	TU HB III	Σ-Bilanz	Konsolidierung		Konzern-bilanz
				Soll	Haben	
Anteile	1.100	0	1.100	(1) 400	(2) 1.500	0
Goodwill	0	0	0	(2) 500		500
diverse Aktiva	23.900	2.400	26.300			26.300
Aktiva	**25.000**	**2.400**	**27.400**			**26.800**
Gezeichnetes Kapital	2.000	100	2.100	(2) 100		2.000
Gewinnrücklagen	8.000	900	8.900	(2) 900		8.000
Jahresüberschuss			0		(1) 400	**400**
Eigenkapital	**10.000**	**1.000**	**11.000**			**10.400**
diverse Schulden	15.000	1.400	16.400			16.400
Passiva	**25.000**	**2.400**	**27.400**			**26.800**

- Mit Buchung (1) werden die Altanteile von ihrem bisherigen Buchwert (200) erfolgswirksam auf den Fair Value (600 = 40 % von 1.500) aufgestockt: Anteile an Beteiligungserträge 400
- Buchung (2) bildet die anschließende Kapitalkonsolidierung ab. Es erfolgt die Verrechnung des Beteiligungsbuchwerts von nun insgesamt 1.500 mit dem Eigenkapital der TU lt. HB III (1.000) unter Aufdeckung des Goodwill (500) gemäß Rz. 39.21.

3. Sukzessiver Beteiligungserwerb nach IFRS 3 mit nicht beherrschenden Anteilen und kumuliertem OCI

39.33 Im Beispiel in Rz. 39.32 wurden die Altanteile mangels Börsennotierung mit den Anschaffungskosten als angemessene Sachätzung des Fair Value angesetzt. Von dieser Ausnahme abgesehen, kommen nach IFRS für die Bewertung der Alttranchen folgende Alternativen in Betracht:

(a) Zuordnung in die Kategorie Fair Value through Other Comprehensive Income (FVOCI) und damit erfolgsneutrale Fair Value-Bewertung (Rz. 22.30). sowie

(b) Zuordnung in die Kategorie Fair Value Through Profit or Loss (FVPL) und damit erfolgswirksame Fair Value-Bewertung (Rz. 22.30);

(c) Bewertung at equity, falls vor der Vollkonsolidierung ein Assoziierungsverhältnis oder ein Gemeinschaftsunternehmen bestanden hat.

IFRS 3 verlangt, wie in Rz. 39.22 ausgeführt, die Alttranchen **erfolgswirksam zum Fair Value** zu bewerten und die Erstkonsolidierung auf Basis des Marktwerts der Gesamtanteile vorzunehmen, und zwar **unabhängig von der bisherigen Kategorie** der Altanteile. Dies kann dazu führen, dass auch bei vormaliger Fair Value-Bewertung, Kategorie (a) und (b), die Werte auf Grund des statusverändernden letzten Tranchenerwerbs zu diesem Zeitpunkt neu bestimmt werden müssen.

Bei dem bis 2018 gültigen IAS 39 musste kumuliertes OCI bei Altanteilen der Kategorie „available-for-sale" – dies entspricht der Kategorie (a) nach IFRS 9 – bei Erstkonsolidierung erfolgswirksam reklassifiziert werden. IFRS 9 sieht dies bei (a) nicht mehr vor, und bei (b) kommt dies ohnehin nicht in Betracht. Entsprechend ist bei Anteilen FVOCI das kumulierte OCI wie bei einem Anteilsabgang zu bilanzieren (IFRS 3.42), also im kumulierten OCI zu belassen bzw. in die Gewinnrücklagen umzubuchen (Rz. 22.83).

In Bezug auf (c) Equity-Beteiligungen wird nur dasjenige kumulierte OCI reklassifiziert, für das eine Reklassifizierung bei Abgang vorgesehen ist (IFRS 3.42), also insbesondere (vollständig siehe Rz. 45.20, Tab. 45.1):

– Währungsumrechnungsdifferenzen,

– Rücklagen aus Cashflow-Hedges und

– Rücklagen aus Fremdkapitaltiteln der Kategorie FVOCI

Demgegenüber werden die auch bei Abgang nicht zu reklassifizierenden OCI-Bestandteile nur in die Konzerngewinnrücklagen umgebucht, z.B. eine etwaige Rücklage aus Schätzungsänderungen im Zusammenhang mit Pensionsverpflichtungen und Planvermögen oder Neubewertungsrücklagen aus vormaliger Fair Value Bewertung von Sachanlagen und immateriellen Vermögenswerten (siehe Rz. 45.20, Tab. 45.2).

Außerdem sind **Anschaffungsnebenkosten** der *neuen* Tranche entsprechend den allgemeinen Vorschriften als Aufwand zu verrechnen (Rz. 36.61). Je nach Kategorie können auch in den bisherigen Buchwerten der Alttranchen Anschaffungsnebenkosten enthalten sein (z.B. im Equity-Buchwert). Diese werden jedoch nicht besonders behandelt, da die bisherigen Buchwerte, die ggf. Nebenkosten umfassten, erfolgswirksam auf den Fair Value (ohne Anschaffungsnebenkosten) aufgestockt werden.[15]

Zu den obigen Ausführungen nachfolgendes Beispiel: 39.34

Beispiel:
– MU hat am 1.3.01 25 % am assoziierten Unternehmen X mit Sitz in den USA zum Preis von 1.000 erworben.
– In 01 hat X einen anteiligen Gewinn von 80 erzielt, Buchung (1). Dieser setzt sich aus dem anteiligen Ergebnis lt. HB II sowie aus der Abschreibung stiller Reserven zusammen.
– Darüber hinaus sei ein (anteiliger) Währungsverlust von 30 entstanden. Im Konzernabschluss von MU ist somit eine auf X entfallende Währungsumrechnungsrücklage von - 30 auszuweisen, Buchung (2).
– Aus Vereinfachungsgründen sei angenommen, dass MU in 01 kein eigenes Ergebnis erzielt habe.

---

15 Vgl. Im Ergebnis *Hayn* in Beck IFRS-HB[5], § 37 Rz. 34.

Die Summen- und Konzernbilanz gestalten sich dann zum 31.12.01 wie folgt:

Posten	MU = Summen-Bilanz	„Konsolidierung" (Equity-Fortschreibung)		Konzern-bilanz 31.12.01
		Soll	Haben	
Anteile an X	1.000	(1) 80	(2) 30	1.050
diverse Aktiva	24.000			24.000
Aktiva	**25.000**			**25.050**
Gezeichnetes Kapital	5.000			5.000
Gewinnrücklagen	10.000			10.000
Währungsumrechnungs-RL	0	(2) 30		- 30
Jahresüberschuss	**0**		(1) 80	**80**
Eigenkapital	**15.000**			**15.050**
diverse Schulden	10.000			10.000
Passiva	**25.000**			**25.050**

– Am 2.1.02 erwirbt MU weitere 50 % an X zu einem Preis von 3.500.[16]

– MU schätzt die darin enthaltene Kontrollprämie auf 500. Folglich beträgt der Fair Value der Altanteile 1.500 = 1/2 von (3.500 - 500). Dieser Wert wird auch durch eine DCF-Berechnung bzw. einen EBIT-Multiplikator bestätigt (Rz. 39.30).

– Der Fair Value des Nettovermögens der X (100 %), also ihr Eigenkapital auf Basis der HB III, beträgt am 2.1.02: 4.800.

– Die **Ermittlung des Goodwill** (Neubewertungsmethode, also kein Full Goodwill) erfolgt gemäß IFRS 3.32 unter Einbeziehung des Fair Value der Alttranche. Dieser ergibt sich aus der Differenz zwischen (a) der Summe aus Gegenleistung für die Neuanteile (3.500), Fair Value der Altanteile (1.500) und Anteil der nbA am Fair Value des Nettovermögens der X (1.200 = 25 % v. 4.800), zusammen 6.200 und (b) dem gesamten Fair Value des Nettovermögens (4.800):

Gegenstand		Total	Nachrichtlich	
			MU	*nbA*
Gegenleistung (AK) des Erwerbs (50 %) MU		3.500	*3.500*	–
Equity Ansatz 1.1.02	1.050			
Fair Value-Aufwertung (erfolgswirksam)	450			
Fair Value der Alttranche (25 %) MU		1.500	*1.500*	–
nbA (25 % vom Nettovermögen von 4.800)		1.200	*0*	*1.200*
Total		**6.200**	*5.000*	*1.200*
Nettovermögen lt. HB II		*- 4.000*	*- 3.000*	*- 1.000*
Stille Reserven		*- 800*	*- 600*	*- 200*
Nettovermögen lt. HB III		- 4.800	- 3.600	- 1.200
Goodwill		**1.400**	*1.400*	*0*

---

16 Von Anschaffungsnebenkosten werde aus Vereinfachungsgründen abstrahiert. Diese sind, da Übergang auf Vollkonsolidierung, aufwandswirksam zu erfassen (Rz. 36.61).

Die **Summenbilanz** nach Erwerb der 2. Tranche, aber vor Fair Value-Aufwertung gestaltet sich wie folgt:

Posten	MU HB II	TU HB III	Σ-Bilanz	Konsolidierung Soll	Haben	K-Bilanz 2.1.02
Anteile	4.500	0	4.500	(1) 50 (2) 450	(4) 5.000	0
Goodwill	0	0	0	(4) 1.400		1.400
diverse Aktiva	20.500	10.000	30.500			30.500
Aktiva	**25.000**	**10.000**	**35.000**			**31.900**
Gezeichnetes Kapital	5.000	1.000	6.000	(4) 1.000		5.000
Gewinnrücklagen	10.000	3.800	13.800	(4) 3.800	(1) 80	10.080
Währungsumrechnungs-RL	0	0	0	(1) 30	(3) 30	0
Jahresüberschuss	0	0	0	(3) 30	(2) 450	420
nbA	0	0	0		(4) 1.200	1.200
Eigenkapital	**15.000**	**4.800**	**19.800**			**16.700**
diverse Schulden	10.000	5.200	15.200			15.200
Passiva	**25.000**	**10.000**	**35.000**			**31.900**

- Mit Buchung (1) werden in Bezug auf X die **Equitybuchungen des Jahres 01** wiederholt, d.h. der Gewinnvortrag (80) und der Vortrag der Währungsumrechnungsrücklage (- 30) gebucht (50 = 80 - 30).
- Außerdem ist die **Fair Value-Aufwertung** der Altanteile von 1.050 (nach Buchung (1)) um 450 auf 1.500 **als Ertrag zu buchen**, Buchung (2). Der Betrag und der GuV-Posten (zweckmäßigerweise Finanzergebnis, „Beteiligungsertrag") sind im Anhang zu nennen (IFRS 3.B64p).
- Die (hier negative) **Währungsumrechnungsrücklage** ist zu reklassifizieren, d.h. erfolgsneutral zu stornieren (+ 30) und aufwandswirksam in der GuV zu erfassen (- 30), Buchung (3).
- Buchung (4) bildet die **Erstkonsolidierung** ab. Der Buchwert der Gesamtanteile von 5.000 (nach Aufwertung der Altanteile lt. Buchung [2]) wird unter Aufdeckung des Goodwill (1.400) mit dem anteiligen Eigenkapital lt. HB III von TU (3.600 = 75 % von 4.800) verrechnet. Zusätzlich werden die nbA (1.200 = 25 % von 4.800) dotiert.

Zusammen resultiert aus der Erstkonsolidierung somit ein Ertrag von 420 (450 – 30) bei der Konzernmutter und eine Einlage der nbA i.H.v. 25 % des Nettovermögens (1.200) in den Konzern, wie ein Auszug aus dem Eigenkapitalspiegel transparent macht:

Eigenkapitalspiegel	1.1.02	Reklassi-fikation	Ergebnis	Änderung Konsolidie-rungskreis	2.1.02
Gezeichnetes Kapital	5.000				5.000
Gewinnrücklagen (inkl. JÜ)	10.080		420		10.500
Währungsumrechnungs-RL	- 30	30			0
Eigenkapital MU	**15.050**	**30**	**420**	**0**	**15.500**
nbA	0			1.200	1.200
Konzerneigenkapital	**15.050**	**30**	**420**	**1.200**	**16.700**

Sollte in Bezug auf die X eine **Neubewertungsrücklage** für Sachanlagen gebildet worden sein, wäre diese in die Konzerngewinnrücklagen umzubuchen (IFRS 10.B99 analog). Ab Erstkonsolidierung kommt es zur Bildung **neuer Währungsumrechnungsdifferenzen** sowie ggf. anderer Kategorien des *other comprehensive income*.

III. Kontrollerlangung ohne zusätzliche Anteile

39.35 Gemäß IFRS 3.33 sind die Grundsätze des sukzessiven Beteiligungserwerbs auch anzuwenden, wenn ohne zusätzlichen Erwerb von Anteilen erstmals die Beherrschung über eine Tochtergesellschaft erlangt wird. In Betracht kommen:

– Stimmrechtsvereinbarungen, Gremienmehrheiten etc. (IFRS 10.B15) führen erstmals zur Beherrschung (Rz. 31.27).

– Durch Rückkauf und Einziehung von Anteilen anderer Gesellschafter bei der betreffenden Gesellschaft kommt es erstmals zur Controlmehrheit (i.d.R. 50 %).

– Konkurrierende potenzielle Stimmrechte anderer fallen weg oder laufen aus (Rz. 31.66 ff.).

– Eine ehemals unwesentliche Beteiligung muss wegen Wesentlichkeit einbezogen werden (Rz. 31.113).

In diesen Fällen ist die Erstkonsolidierung nach IFRS 3 wie in Rz. 39.30 ff. auf Basis des Fair Values der Altanteile durchzuführen (IFRS 3.B46).

IV. Sukzessiver Beteiligungserwerb bis zur Equity-Bewertung

39.36 IAS 28 enthält keine Regelung, wie zu verfahren ist, wenn das Assoziierungsverhältnis oder die gemeinsame Beherrschung (Joint venture) nicht in einem Schritt, sondern auch erst durch den Erwerb mehrerer Tranchen zu Stande kommt. Im Fall von **Regelungslücken** ist der Bilanzierende angehalten, unter Berücksichtigung von IAS 8.10 ff. adäquate Rechnungslegungsmethoden zu bestimmen (Rz. 12.33).

Da die Equity-Methode konzeptionell der Vollkonsolidierung entspricht, wird eine analoge Anwendung des **IFRS 3** (Rz. 39.30 ff.) u.E. leicht zu begründen sein.[17] Demnach wären alle Anteile entsprechend IFRS 3 ungeachtet einer bisherigen Anschaffungskostenbilanzierung erfolgswirksam zum Fair Value zu bewerten, zweckmäßigerweise auf Basis des letzten Erwerbs.

39.37

frei

39.38–39.39

C. Statusverlust von Tochterunternehmen, assoziierten und Gemeinschaftsunternehmen

I. Ausscheiden von Tochtergesellschaften aus dem Konsolidierungskreis

1. Überblick

In Rz. 36.280 haben wir die Entkonsolidierung dargestellt. Nicht immer aber erfolgt ein vollständiger Beteiligungsabgang, sondern oft auch nur ein Teilverkauf. Dabei kommt es im Einzelabschluss der Muttergesellschaft zu einem Veräußerungserfolg. Die nachfolgende Tabelle fasst die Bilanzierung bei Ausscheiden einer bisher vollkonsolidierten Tochtergesellschaft aus dem Konsolidierungskreis zusammen.

39.40

Gegenstand	HGB	IFRS 10
Regelung	DRS 23.178 ff.	IFRS 10.25
Anwendung (siehe jeweils IFRS 10.B97, 10.BC18)	– Regelfall: Teilverkauf[18] – Verschmelzung auf bisher konzernfremde Gesellschaft (Rz. 39.41) – Verkauf an/Einlage in assoziiertes oder Gemeinschaftsunternehmen (Rz. 39.7 und Beispiel in Rz. 40.57) – Konzernmutter nimmt nicht an Kapitalerhöhung teil (und büßt Mehrheit ein, Rz. 39.61) – Beherrschungsrechte u.ä. (IFRS 10.B15) laufen aus (Rz. 31.27) – Ende der Beherrschung durch Insolvenz (Rz. 31.53) – Tochter ist nicht länger wesentlich (Rz. 31.113)	

---

17 Haufe IFRS-Komm[16], § 33 Rz. 46 halten eine Fair Value Bewertung der Altanteile hingegen für nicht zwingend; *Hayn* in Beck IFRS-HB[5], § 37 Rz. 20 ff. diskutiert weitere Alternativen, etwa die tranchenweise Konsolidierung (Rz. 39.22), hält die hier präferierte Lösung jedoch u.a. mit Hinweis auf einheitliche Wertansätze und Komplexitätsreduktion (IFRS 3.BC328) ebenfalls für zulässig.
18 Es erfolgt jedoch keine Entkonsolidierung, wenn die Beteiligung weiterhin beherrscht wird, z.B. als strukturierte Gesellschaft (Rz. 31.34), vgl. *Lüdenbach*, PiR 2007, 117; *Watrin/Hoehne*, WPg 2008, 695 (696) zu Zweckgesellschaften nach SIC 12.

Gegenstand	HGB	IFRS 10
Regelung	DRS 23.178 ff.	IFRS 10.25
Vorgehensweise	1. Veräußerungsgewinn der Konzernmutter bei Teilverkauf wird im KA ausgewiesen (DRS 23.182)	1. Veräußerungsgewinn bei Teilverkauf wird im KA ausgewiesen (IFRS 10.B98b/d)*
	2. Fortführung (ggf. anteilig) des bisherigen Konzernwerts (Nettovermögen und Goodwill) als neue AK der Restanteile (DRS 23.186 f.)	2. Verbleibender Anteil wird erfolgswirksam zum Fair Value angesetzt (IFRS 10.B98biii)*
	–	3. Veräußerungsgewinn und Ergebnis aus Fair Value Aufwertung sind im Anhang zu nennen (IFRS 12.19)
	4. Reklassifizierung der auf MU entfallenden Währungsumrechnungsrücklage (§ 308a Satz 4 HGB, DRS 23.181)	4. Umbuchung (ggf. mit Reklassifizierung) des auf MU entfallenden *other comprehensive income* (IFRS 10.B99 nicht bei nbA).
	5. erfolgsneutrale Ausbuchung der nbA (DRS 23.184)	5. Erfolgsneutrale Ausbuchung der nbA (IFRS 10.B98aii/ IAS 21.48B)
Anwendbarkeit von IFRS 5	–	Bei Erfüllung der Voraussetzungen des IFRS 5.8A sind (vor dem Controlverlust) sämtliche Vermögenswerte und Schulden des Tochterunternehmens (und nicht nur i.H.d. abgegebenen Anteils) als held for sale auszuweisen (Rz. 30.67 ff.).
Folgebilanzierung	AK/Fair Values der Restanteile (IFRS 10.25b) sind Ausgangswerte für: 1. Equity-Bilanzierung (falls assoziiertes Unternehmen, i.d.R. > 20 %) oder 2. Fortführung als „neue" AK oder künftige Fair Value-Bilanzierung (IFRS 9)	
*siehe Rz. 39.6 zur Zulässigkeit bzw. Einschränkung der Gewinnrealisierung		

Korrespondierend zur Aufwärtskonsolidierung (Rz. 39.30) wird die Erfolgswirksamkeit der Bilanzierung nach **IFRS 10** mit dem Statuswechsel begründet: Vorher lag Beherrschung in Kombination mit dem Ausweis einzelner Vermögenswerte und Schulden, nach dem Statuswechsel hingegen eine nicht beherrschte Beteiligung vor. Schwierigkeiten bereitet die Bilanzierung insbesondere in Bezug auf die Fair Value Bewertung bei fehlendem Teilverkauf. Hat ein solcher stattgefunden, ist eine sachgerechte Abschätzung der Fair Values anhand der verkauften Anteile allerdings möglich (analog Rz. 39.30). Bei einem Controlverlust wegen Insolvenz wird der Fair Value ohnehin „sichere" „0" betragen.

Das **HGB** ist hingegen konsequent anschaffungskostenorientiert und mangels Fair Value-Schätzung einfach. Die erfolgswirksame Fair Value-Bewertung der Restanteile wird mangels Markttransaktion abgelehnt.

Bei einer **Verschmelzung von Konzerntöchtern** ist zu unterscheiden: 39.41

(a) Im Falle der Verschmelzung auf andere (vollkonsolidierte) Konzerngesellschaften scheidet zwar die untergehende Tochtergesellschaft aus. Ihr Vermögen verlässt jedoch nicht den Konsolidierungskreis, so dass kein Anwendungsfall von Rz. 39.40, sondern eine konzerninterne Verlagerung von Vermögen i.S.v. Rz. 39.70 ff. vorliegt.

(b) Gleiches gilt u.E. bei einer Verschmelzung auf eine bisher konzernfremde Gesellschaft, die der Konzern nach der Verschmelzung beherrscht, also i.d.R. durch mehr als 50 % der Stimmrechte. Zwar werden im Rahmen der Verschmelzung Anteile getauscht, das bisherige Vermögen der untergehenden Tochtergesellschaft verlässt jedoch nicht den Konsolidierungskreis, so dass eine zusätzliche Aufdeckung stiller Reserven und eines Goodwill *insoweit* ausscheidet. Beides kommt nur bei dem hinzuerworbenen Vermögen der aufnehmenden Gesellschaft in Betracht.

(c) U.E. liegt nur dann bei Verschmelzung auf eine bisher konzernfremde Gesellschaft ein Statusverlust i.S.v. Rz. 39.40 vor, wenn die Konzernbeteiligungsquote danach unterhalb der Beherrschungsschwelle (i.d.R. 50 %) liegt, also bei Bilanzierung der für die untergehende Tochtergesellschaft erhaltenen Anteile als einfache Beteiligung oder „at equity".

2. Bilanzierungsbeispiel

Wir stellen nachfolgend die Regelung des IFRS 10 anhand eines Beispiels zum **Übergang von Vollkonsolidierung auf den Equity-Ansatz** dar, das wir sukzessive entwickeln. 39.42

Beispiel: MU hat am 1.3.01 60 % der Anteile an X für 4.000 erworben. Bei einem Nettovermögen lt. HB III von 5.000 (100 %) wurde nach der Neubewertungsmethode ein auf MU entfallender Goodwill von 1.000 ermittelt:

Gegenstand	Total	*nachrichtlich*	
		MU	*nbA*
Gegenleistung (AK) des Erwerbs (60 %) MU	4.000	*4.000*	–
nbA (40 % vom Nettovermögen von 5.000)	2.000	*0*	*2.000*
Total	**6.000**	***4.000***	***2.000***
Nettovermögen lt. HB III	- 5.000	*- 3.000*	*- 2.000*
Goodwill	**1.000**	***1.000***	*0*

In 01 habe X insgesamt einen Gewinn lt. GuV (HB III) von 500 und einen erfolgsneutralen Währungsverlust von 250 erzielt. Die Summenbilanz zum 31.12.01 (inkl. der Werte für X lt. HB III) und die Konzernbilanz zum 31.12.01 gestalten sich wie folgt:

Posten	MU	TU HB III	Σ-Bilanz	Konsolidierung Soll	Haben	K-Bilanz 31.12.01
Anteile	4.000	0	4.000		(1) 4.000	0
Goodwill	0	0	0	(1) 1.000		1.000
diverse Aktiva	41.000	9.000	50.000			50.000
Aktiva	**45.000**	**9.000**	**54.000**			**51.000**
Gezeichnetes Kapital	5.000	1.500	6.500	(1) 1.500		5.000
Gewinnrücklagen	10.000	3.500	13.500	(1) 3.500		10.000
Währungsumrechnungs-RL	0	- 250	- 250		(2) 100	- 150
Jahresüberschuss	0	500	500	(2) 200		300
nbA	0	0	0		(1) 2.000	
				(2) 100	(2) 200	2.100
Eigenkapital	**15.000**	**5.250**	**20.250**			**17.250**
diverse Schulden	30.000	3.750	33.750			33.750
Passiva	**45.000**	**9.000**	**54.000**			**51.000**

- Buchung (1) bildet die Erstkonsolidierung ab, d.h. Verrechnung des Beteiligungsbuchwerts (4.000) mit dem anteiligen HB III Eigenkapital von X im Erstkonsolidierungszeitpunkt (3.000 = 60 % von 5.000) unter Aufdeckung des Goodwill (1.000) und der Dotierung der nbA (2.000 = 40 % von 5.000).
- Mit Buchung (2) werden die nbA Anteile von 40 % am Jahresüberschuss der X (200) und der anteilige Währungsverlust (- 100) auf die nbA umgebucht.

Am 2.1.02 veräußert MU am 2.1.02 einen Anteil von 40 % für 3.000. Der Fair Value der verbleibenden 20 % betrage 1.500 (von einer Kontrollprämie werde abstrahiert).

- Durch die Teilveräußerung hat MU *keine Control über die X* mehr, so dass die bisher im Konzernabschluss ausgewiesenen Vermögenswerte und Schulden mit ihren bisherigen Konzernwerten auszubuchen sind (IFRS 10.B98ai).
- Goodwill ist nach IAS 36 grundsätzlich Cash Generating Units (CGU's) und nicht rechtlichen Einheiten TU zugeordnet. Ein evtl. Goodwill ist gemäß IAS 36.86 nach dem Verhältnis des beizulegenden Zeitwertes der abgehenden Einheit zum beizulegenden Zeitwert des verbleibenden Teils der CGU auszubuchen.
- Die verbleibenden Anteile (20 %) werden zum Fair Value bewertet und danach als assoziiertes Unternehmen bilanziert.

Bei den Buchungen ist zu beachten, dass die Buchwerte der Anteile an X im Einzelabschluss von MU von den auf MU entfallenden Konzernbuchwerten abweichen, da der anteilige, auf MU entfallende Jahresüberschuss 01 (300) und der anteilige Währungsverlust 01 (-150) nur im Konzernabschluss ausgewiesen wurden. Anders gewendet: Die kumulierten Ergebnisbeiträge der Töchter seit Konzernzugehörigkeit, die noch nicht an die MU ausgekehrt worden sind, sieht man nur im Konzernabschluss.

C. Statusverlust von Tochterunternehmen etc. | Rz. 39.42 Kap. 39

		Einzelabschluss			Konzernabschluss			Δ
		Buchwerte	Erlös	Gewinn	Buchwerte	Erlös	Gewinn	
	Anteile 1.1.02 (60 %) im EA	4.000			4.000			
	kumulierte Gewinne lt. Konzern-GuV	–			300			
	Währungsverlust erfolgsneutral	–	–		- 150			
	Buchwerte 1.1.02 (60 %) KA	–	–		4.150			
(1)	Abgang (40 %)	- 2.667	3.000	333	- 2.767	3.000	233	- 100
(2)	Buchwert für 20 % Fair Value Aufwertung	1.333 167		167	1.383 117		117	- 50
	Fair Value für 20 %	1.500		500	1.500		350	- 150

Die Buchungen lauten damit:

	Sachverhalt	Konten/Posten	Soll	Haben	Ergebnis
(1)	Verkauf 40 % Anteile (HB I/II)	Bank Anteile Beteiligungsertrag	3.000	2.667 333	333
(2)	Fair Value 20 % Restanteile	Anteile Beteiligungsertrag	167	167	167
(3)	Einbuchung Vortrag aus KA 31.12.01	a) Gewinnrücklagen b) Währungsumrechnungsrücklage c) Beteiligungserträge (333-233) d) Beteiligungserträge (167-117)	150 100 50	300	- 100 - 50
(4)	Reklassifikation der Währungsumrechnungs-RL	Währungsaufwand Währungsumrechnungs-RL	150	150	- 150
					200

- Buchung (1) erfolgt bei MU bereits in deren HB I/II.
- Buchung (2) bildet, *ausgehend vom Beteiligungsbuchwert des Einzelabschlusses* (1.333) die Fair Value Aufwertung der Altanteile um 167 auf 1.500 ab. Soweit diese Buchung nicht bereits in der HB II von MU vorgenommen wird, muss sie im Rahmen der Konsolidierung erfolgen.
- In der Summenbilanz zum 31.12.02 (s.u.) ist TU nicht enthalten, da sie nicht mehr vollkonsolidiert wird. Gleichwohl ist im Konzernabschluss zwecks Überleitung des Konzerneigenkapitals des Vorjahres (Jahr 01) zum laufenden Jahr (31.12.02) a) der Gewinnvortrag (300) sowie b) der Vortrag der Währungsumrechnungsrücklage (- 150) einzubuchen (Bu-

chung 3)[19]. Dabei wird zugleich die Differenz der Buchwerte von X im EA im Vergleich zu denen im KA erfasst, d.h. c) der Veräußerungsgewinn und d) die Fair Value Aufwertung des EA, nach Buchung (2), werden auf die aus Konzernsicht zutreffenden Beträge korrigiert.

– Die bei X entstandene und auf MU entfallende Währungsumrechnungsrücklage ist mit Statuswechsel nach IAS 21.48Aa (Rz. 35.39) zu reklassifizieren, d.h. die bisherige erfolgsneutrale Buchung wird storniert und durch eine erfolgswirksame Buchung ersetzt, (Buchung (4).

Nachfolgend stellen wir die **Summenbilanz** und die Konsolidierungsbuchungen im Tableau dar:

Posten	MU nach (1)	TU X*	Σ-Bilanz	Konsolidierung Soll	Haben	K-Bilanz 2.1.02
Anteile	1.333		1.333	(2) 167		1.500
diverse Aktiva	44.000		44.000			44.000
Aktiva	**45.333**		**45.333**			**45.500**
Gezeichnetes Kapital	5.000		5.000			5.000
Gewinnrücklagen	10.000		10.000		(3) 300	10.300
Währungsumrechnungs-RL	0			(3) 150	(4) 150	0
Jahresergebnis	333		333	(3) 100 (3) 50 (4) 150	(2) 167	200
Eigenkapital	**15.333**		**15.333**			**15.500**
diverse Schulden	30.000		30.000			30.000
Passiva	**45.333**		**45.333**			**45.500**

*TU ist nach dem Statuswechsel nicht mehr in der Summenbilanz enthalten

– Aus dem Statuswechsel resultiert somit zusammen ein der MU zuzurechnender *Gewinn* von insgesamt 200, davon (*aus Konzernsicht*, s.o.) 233 realisierte Veräußerungsgewinne aus Verkauf und 117 aus Fair Value Aufwertung der restlichen 20 % abzgl. 150 realisierte (nachgeholte) Währungsverluste aus Reklassifizierung.

– In Bezug auf die **nbA** ist zum 2.1.02 keine Buchung vorzunehmen[20], weil TU in der Summenbilanz nicht mehr enthalten war. Der Wegfall der nbA ist lediglich im Eigenkapitalspiegel des Jahres 02 überzuleiten und als Entnahme des nbA Anteils am Nettovermögen

---

19 In der Praxis wird bei zahlreichen Konsolidierungsprogrammen dennoch die HB II/III der Tochtergesellschaft des Vorjahres eingebucht und die gesamte kumulierte Erst- und Folgekonsolidierung wiederholt, um anschließend eine Entkonsolidierung durchzuführen. Dies läuft im Ergebnis, d.h. saldiert, auf Buchung (3) hinaus. Die Einbuchung der TU kann aber bei innerjährlicher Entkonsolidierung sinnvoll bzw. notwendig sein, um das bis dahin angefallene Ergebnis und die entsprechenden GuV-Posten im Konzernabschluss abzubilden (Rz. 36.280 f.).

20 S. aber Fn. zuvor.

(2.100) auszuweisen. Diese Entnahme umfasst auch eventuelle in dem nbA Anteil enthaltene kumulierte erfolgsneutrale Ergebnisse (*other comprehensive income*), z.B. Währungsumrechnungsdifferenzen. Dieses wird *nicht* reklassifiziert (Rz. 39.40).

Konzerneigenkapitalspiegel	1.1.02	Reklassifikation	Ergebnis	Änderung Konsolidierungskreis	2.1.02
Gezeichnetes Kapital	5.000				5.000
Gewinnrücklagen	10.000	–			10.000
Gewinnvortrag	300				300
Jahresüberschuss	0		200		200
Währungsumrechnungs-RL	- 150	150			0
Eigenkapital MU	15.150	150	200	0	15.500
nbA	2.100			- 2.100	0
Konzerneigenkapital	17.250	150	200	- 2.100	15.500

Die 20 %ige Beteiligung an X ist in der **Folgezeit** im Zweifel als assoziiertes Unternehmen, d.h. at equity zu bewerten (Rz. 37.1 ff.). Die gedankliche Unterteilung in Nettovermögen und ggf. positive bzw. negative Unterschiedsbeträge (Goodwill/*bargain purchase*) erfolgt auf Basis der Wertverhältnisse bei Controlverlust (IFRS 10.25b), d.h. am 2.1.01, im Beispiel also auf Basis eines Werts von 1.500. Aufgrund des Fair Value-Ansatzes der Anteile kann es somit zum Ausweis eines (gedanklich im Equity-Wert enthaltenen) Goodwillanteils kommen, der während der bisherigen Konzernzugehörigkeit entstanden ist.[21]

frei   39.43

3. Abgang von Goodwill

Im Beispiel lt. Rz. 39.42 wurde der X ein **Goodwill zugeordnet** (1.000), weil X bei Erwerb durch MU über eine „stand alone" Ertragskraft verfügte, die nicht in einzeln identifizierbaren immateriellen Vermögenswerten zum Ausdruck kam, sondern sich in einem Goodwill niedergeschlagen hat. Der Goodwill muss jedoch nicht zwingend beim ursprünglichen Erwerb der X angefallen sein, weil die Zuordnung sich nicht nach rechtlichen Einheiten, sondern danach richtet, wo Synergien anfallen (Rz. 19.40). Bei dem Betrag von 1.000 kann es sich durchaus um Synergien *aus einem anderen Unternehmenserwerb* handeln, die sich z.T. auch *bei X* verwirklichen (bspw. Einkaufspreisvorteile).   39.44

Wenn TU X Teil einer größeren CGU ist, muss beim Statuswechsel von TU X ein Teil des der gesamten CGU zugeordneten Goodwill abgespalten und in den Abgangserfolg einbezogen werden. Dann richtet sich die **Zuordnung des Goodwill der Höhe nach** wie beim vollständigen Verkauf nach einem **relativen Unternehmenswertvergleich**, IAS 36.86[22] (Rz. 19.33).

---

21 Vgl. *Hayn* in Beck IFRS-HB[5], § 37 Rz. 62.
22 So auch *Küting/Weber/Wirth*, KoR 2008, 139 (149).

Beispiel (Fortsetzung von 39.42):
- Im ersten Schritt ist zu prüfen, welcher CGU der Goodwill der X zugeordnet ist.
- Der erzielbare Betrag der gesamten goodwilltragenden CGU ist zu bestimmen, z.B. 75.000.
- Gleiches gilt für die X als abgehender Teil dieser CGU. Deren erzielbarer Betrag wird wegen des Teilverkaufs zweckmäßigerweise als Nettoveräußerungswert bestimmt: Unter Vernachlässigung einer Kontrollprämie sind dies 4.000: 40 % = 7.500 (100 %).
- Damit macht der erzielbare Betrag von X 10 % des erzielbaren Betrags der goodwilltragenden CGU aus.
- Wenn die CGU über einen Goodwill von z.B. 10.000 verfügt, werden bei Controlverlust der X auch 10 % des Goodwills der CGU (1.000) als Abgang erfasst.

	CGU		X
erzielbarer Betrag	75.000	10,0 %	7.500
Goodwill	10.000	10,0 %	1.000

Weil mit der Unterschreitung der Controlgrenze alle bisherigen Vermögenswerte und Schulden der X als Abgang zu erfassen sind (Rz. 39.42), ist naturgemäß auch der *gesamte* auf X entfallende Goodwillanteil von 1.000 auszubuchen und nicht etwa ein Anteil i.H.d. verbleibenden *Beteiligungs*quote (hier 20 %) weiterhin auszuweisen. Der in dem verbleibenden Anteil enthaltene Goodwillanteil ist vielmehr im Beteiligungsbuchwert enthalten, im Beispiel lt. Rz. 39.42 somit gedanklich im Equity-Wert verkörpert.

Zur Berechnung und Buchung des Goodwillabgangs bei der Full Goodwill-Methode siehe Rz. 19.34.

Insbesondere die **Goodwillzuordnung** eröffnet große **bilanzpolitische Spielräume** zur Bestimmung des bei Controlverlust auszuweisenden Ergebnisses. Freilich: Die Goodwillzuordnung ist nicht erst bei Abgang eines Tochterunternehmens, sondern umgekehrt bei dessen Zugang vorzunehmen. Spätere „Goodwillumhängungen" bedürfen besonderer Begründungen, z.B. organisatorische Veränderungen (Rz. 19.31).

39.45 Sollte den nbA (abweichend vom Beispiel) auf Grund der **Full Goodwill-Methode** ein Goodwill zugeordnet worden sein, wird der im nbA Kapital reflektierte Goodwillanteil regelmäßig von dem auf Grund des relativen Unternehmenswertvergleichs nach IAS 36.86 (s.o.) abgehenden Goodwill abweichen. Da die nbA nach IFRS 10.B98ai) insgesamt erfolgsneutral auszubuchen ist, muss die **Differenz gegen die Gewinnrücklagen des Konzerns** gebucht werden.[23]

4. Behandlung bisheriger Unterschiedsbeträge aus Schuldenkonsolidierung und Zwischengewinneliminierung

39.46 **Unterschiedsbeträge aus Schuldenkonsolidierung** gegenüber dem bisherigen TU sind bei dessen Abgang zu stornieren.

---

23 Vgl. *Watrin/Hoehne*, WPg 2008, 695 (702).

Beispiel: Jahr 01: Konzernunternehmen M hat eine Wertberichtigung von 100 auf eine ursprüngliche Forderung von 400 gegenüber dem Konzernunternehmen TU im Einzelabschluss erfasst. Die Konsolidierungsbuchung lautet:

Verbindlichkeit	400	an	Forderung	300
			Aufwand	100

Damit erhöht sich das Konzerneigenkapital um 100 (Unterschiedsbetrag aus Schuldenkonsolidierung) gegenüber dem Summenabschluss.

Jahr 02: TU gehe aus dem Konzernkreis ab. Für den nächsten Summenabschluss liefert M eine Forderung von 300 und einen negativen EK-Vortrag aus der Vorjahresabschreibung von 100. Der Unterschiedsbetrag aus der Schuldenkonsolidierung ist nun aufwandswirksam einzubuchen (Saldovortrag):

Aufwand		an	UB aus Schuldenkonsolidierung	100

so dass die beiden Ergebnisse (- 100 in 02 bei M, + 100 als Saldovortrag UB Schuldenkonsolidierung) sich kumuliert ausgleichen.

Damit leben im Ergebnis nicht nur die Forderungen, sondern auch dessen Wertberichtigungen im Konzern wieder auf und sind je nach Einschätzung der Werthaltigkeit der Forderung fortzuschreiben. Bei dem entkonsolidierten Unternehmen selbst erfasste Unterschiedsbeträge zählen zum abgehenden Nettovermögen und fließen damit in die Ermittlung des Abgangserfolgs (Rz. 39.42) ein.

Zwischengewinne aus Lieferungen an das bisherige TU (***downstream***) werden realisiert, und zwar vollständig, auch i.H.d. nach Statuswechsel verbleibenden Anteils, da die verbleibenden Anteile nicht mit den zuvor einzeln ausgewiesenen Vermögenswerten identisch sind[24]. Umgekehrt bleibt die Zwischengewinneliminierung aus Lieferungen *an den Restkonzern* (***upstream***) bis zur Veräußerung durch den Konzern bestehen.

5. Defizitäre Tochtergesellschaften

Die o.g. Grundsätze sind beim Statuswechsel **defizitärer Tochterunternehmen** entsprechend anzuwenden. Diese weisen im Konzernabschluss einen negativen Buchwert (inkl. ggf. Goodwillanteil) auf.

39.47

Beispiel: Der bisherigen 100 % Tochter TU sei am 31.12.01 ein negatives Nettovermögen von - 800 zuzuordnen (HB III Eigenkapital inkl. ggf. Goodwillanteil[25]). Am 2.1.02 werden 60 % der Anteile veräußert. Wegen Unterschreitung der Controlgrenze von 50 % ist TU zu entkonsolidieren. Welche Auswirkung hat diese Entkonsolidierung auf das Konzernergebnis?
Da der nach der Entkonsolidierung anzusetzende Fair Value der Restanteile mindestens „0" sein muss, entsteht hier „konsolidierungstechnisch" ein Gewinn i.H.d. vollen Defizits von 800 (und nicht nur i.H.d. abgegebenen Quote).[26]

---

[24] Vgl. *Hayn* in Beck IFRS-HB[5], § 37 Rz. 56.
[25] Zur möglichen Erfassung eines Goodwillanteils vgl. Rz. 39.44.
[26] Vgl. *Hanft/Brossius*, KoR 2002, 33 ff.

Wie bei vollständiger Entkonsolidierung (Rz. 36.280) ist jedoch zu prüfen, ob der Konzern nicht die (bilanzielle) Überschuldung weiterhin trägt:

- Soweit das bilanzielle Defizit von TU durch **Verbindlichkeiten gegenüber dem Konzern** finanziert wurde, die der jeweilige Gläubiger abgeschrieben hat und die bei der Schuldenkonsolidierung eliminiert wurden (Rz. 40.20 ff.), ist der bisherige (positive) Unterschiedsbetrag aufwandswirksam abzuschreiben. Hierdurch wird der Entkonsolidierungsgewinn kompensiert. Aus Konzernsicht sind Verluste, die bis zur Entkonsolidierung originär bei der TU ausgewiesen waren, nach Entkonsolidierung in der wiederaufgelebten Forderungsabschreibung (Rz. 39.46) bei dem entsprechenden Konzernunternehmen verkörpert.
- Wurde bisher die Abschreibung einer Forderung an die defizitäre TU unterlassen, ist nunmehr die **Notwendigkeit einer Wertberichtigung** zu prüfen.
- Soweit ein Konzernunternehmen für das Defizit haftet, ist eine **Rückstellungsbildung** zu prüfen.

Werden die verbleibenden Anteile nach der **Equity-Methode** bilanziert, muss ein Ansatz zu „0" erfolgen. Das bilanzielle Defizit ist in einer Nebenrechnung festzuhalten. Spätere Gewinne dürfen erst nach Ausgleich des Defizits ausgewiesen werden (Rz. 37.43).

II. Statusverlust von assoziierten und Gemeinschaftsunternehmen zu einfacher Beteiligung

39.48 Bei einem Übergang von Equity-Bewertung zu einfacher Beteiligung erfolgt gemäß IAS 28.22b/c die gleiche Handhabung wie bei Entkonsolidierung (Rz. 39.42), d.h.

- Ausweis eines Veräußerungsgewinns (IAS 28.22b) inkl. ggf. Reklassifizierung von Währungsumrechnungsdifferenzen, OCI aus Cashflow Hedges und Fremdkapitaltiteln der Kategorie FVOCI in Bezug auf die veräußerten Anteile (IAS 28.23) und
- Bewertung der verbleibenden Anteile zum Fair Value (IAS 28.22b) samt:
- Fortführung nach IFRS 9 (FVOCI oder FVPL).

Die Vorgehensweise wirkt demnach wie die Vollausbuchung der alten Anteile zum Fair Value und wie die Einbuchung des neuen, geringeren Anteils, ebenfalls zum Fair Value.

III. Statuswechsel von assoziiertem zu Gemeinschaftsunternehmen und umgekehrt

39.49 Da für Gemeinschaftsunternehmen nach IAS 28 nur noch die Equity-Methode zulässig ist (Rz. 37.3), hat ein Wechsel vom assoziierten zum Gemeinschaftsunternehmen oder umgekehrt keine Änderung der Bilanzierung zur Folge; die Equity-Methode wird jeweils fortgeführt, IAS 28.24.

D. Auf- und Abstockungen ohne Statuswechsel

I. Aufstockungen von Mehrheitsbeteiligungen

Die Aufstockung einer Mehrheitsbeteiligung kennzeichnet folgenden Sachverhalt: 39.50
Ein Mutterunternehmen erwirbt weitere Anteile an einem bereits vollkonsolidierten Unternehmen hinzu. Damit wird der Anteil der nbA des Tochterunternehmens kleiner. Wenn nun der Kaufpreis für die weiteren Anteile vom Buchwert der nbA Anteile abweicht, stellt sich die Frage nach der Bilanzierung der Differenz. Das Problem liegt hierbei darin, dass bereits alle Vermögensgegenstände/Vermögenswerte und Schulden des Tochterunternehmens im Konzernabschluss abgebildet sind. Grundsätzlich bestehen zwei Lösungsmöglichkeiten:

Gegenstand	HGB	IFRS 10
Regelung	DSR 23.171 ff.	IFRS 10.23 f.
Anwendung (IFRS 10.BCZ168 ff.)	Konzernunternehmen erwirbt an einem bereits vollkonsolidiertes Unternehmen weitere Anteile hinzu (z. B. Aufstockung von 60 % auf 100 %).	
Vorgehensweise	1. Erfolgsneutrale Verrechnung von Unterschiedsbeträgen mit den Konzern-Gewinnrücklagen (DRS 23.175/IFRS 10.23)	
	oder 2. Aktivierung von Kaufpreisen, die über das nbA Kapital hinausgehen als Aufdeckung stiller Reserven/Goodwill (DRS 23.172)	Nicht zulässig

Die Ratio der Bilanzierung nach IFRS 10, d.h. Vorgehensweise 1., besteht darin, dass Aufstockungen nach Controlerwerb geschehen und daher als **Kapitaltransaktion unter Kapitalgebern** aufgefasst werden (IFRS 10.BCZ168f.) Diese einheitstheoretische Begründung erscheint jedoch nicht zwingend, weil die bezahlten Mehrwerte auch als Prämie für die nun auch rechtlich verfestigte Control aufgefasst werden können (IFRS 10.DO5). Dies spricht für Vorgehensweise 2, die nach HGB alternativ zulässig ist. Außerdem eröffnet die Bilanzierung nach IFRS 10 Gestaltungsspielraum für die Goodwillbilanzierung durch den Split von Unternehmenserwerben (Rz. 39.82).

Doch zunächst ein Beispiel für die grundlegende Vorgehensweise als Kapitaltransaktion: 39.51

Beispiel: MU hat am 1.3.01 60 % der Anteile an X für 7.000 erworben. Das anteilige HB III Eigenkapital betrage 60 % von 10.200 = 6.120, so dass ein Goodwill von 880 zu bilanzieren ist. Das nbA Kapital beläuft sich auf 4.080 (= 40 % von 10.200).

In 01 hat X einen Verlust von 400 und einen Währungsgewinn von 200 erzielt. Die Summen- und Konzernbilanz gestaltet sich zum 31.12.01 dann wie folgt:

Posten	MU	TU HB III	Σ-Bilanz	Konsolidierung Soll	Haben	K-Bilanz 31.12.01
Goodwill				(1) 880		880
Anteile	7.000	0	7.000		(1) 7.000	0
diverse Aktiva	60.000	19.000	79.000			79.000
Aktiva	**67.000**	**19.000**	**86.000**			**79.880**
Gezeichnetes Kapital	5.000	1.000	6.000	(1) 1.000		5.000
Gewinnrücklagen	10.000	9.200	19.200	(1) 9.200		10.000
Währungsumrechnungs-RL	0	200	200	(2) 80		120
Jahresüberschuss	0	- 400	- 400		(3) 160	- 240
nbA	**0**	**0**	**0**	(3) 160	(1) 4.080 (2) 80	**4.000**
Eigenkapital	15.000	10.000	25.000			18.880
diverse Schulden	52.000	9.000	61.000			61.000
Passiva	**67.000**	**19.000**	**86.000**			**79.880**

– Buchung (1) bildet die Erstkonsolidierung ab: Verrechnung des Beteiligungsbuchwerts (7.000) mit dem anteiligen HB III Eigenkapital von TU (6.120 = 60 % von 10.200) mit Bilanzierung des Goodwill (880) sowie Dotierung der nbA Anteile (4.080)

– Buchung (2) bzw. (3) erfasst die Umbuchung der auf die nbA entfallenden Anteile (40 %) an dem Verlust bzw. der Währungsumrechnungsrücklage in den Ausgleichsposten für nbA.

Am 2.1.02 stockt MU ihre bisherige 60%ige Beteiligung an X um 20 % auf und zahlt dafür einen Kaufpreis von 3.000, der das bisherige anteilige (*d.h. auf den erworbenen Anteil von 20 %*) entfallende nbA Kapital (2.000) um 1.000 übersteigt. Da X zuvor bereits vollkonsolidiert war, fließt ihr Vermögen nach der Transaktion unverändert in die Summenbilanz ein.

Die **Summenbilanz** und die anschließende Konsolidierung stellen sich wie folgt dar:

Posten	MU	TU HB III	Σ-Bilanz	Konsolidierung Soll	Haben	K-Bilanz 2.1.02
Goodwill			–	(2) 880		880
Anteile	10.000	0	10.000		(1) 1.000 (2) 9.000	0
diverse Aktiva	57.000	19.000	76.000			76.000

Posten	MU	TU HB III	Σ-Bilanz	Konsolidierung Soll	Konsolidierung Haben	K-Bilanz 2.1.02
Aktiva	67.000	19.000	86.000	880	10.000	76.880
Gezeichnetes Kapital	5.000	1.000	6.000	(2) 800 (3) 200		5.000
Gewinnrücklagen	10.000	9.200	19.200	(1) 1.000 (2) 7.360 (3) 1.840		9.000
Verlustvortrag		- 400	- 400		(2) 80 (3) 80	- 240
Währungs-RL	0	200	200	(2) 40 (3) 40		120
nbA	0	0	0	(3) 80	(3) 200 (3) 1.840 (3) 40	2.000
Eigenkapital	15.000	10.000	25.000			15.880
diverse Schulden	52.000	9.000	61.000			61.000
Passiva	67.000	19.000	86.000			76.880

- Mit Buchung (1) wird der Teil der Anschaffungskosten von MU für die Aufstockung, der über das erworbene nbA Kapital hinausgeht (1.000 = 3.000 - 2.000) erfolgsneutral den Gewinnrückklagen belastet, d.h. es erfolgt keine zusätzliche Aktivierung stiller Reserven oder eines Goodwill.
- Buchung (2) bildet die Kapitalkonsolidierung (bezogen auf MU) ab: Die Anteile von MU (9.000 nach (1)) werden gegen das anteilige gezeichnete Kapital von TU (80 % von 1.000 = 800) und die anteiligen Gewinnrücklagen von TU im Erstkonsolidierungszeitpunkt (80 % von 9.200 = 7.360) verrechnet. Zum konsolidierungspflichtigen Eigenkapital gehören außerdem der anteilige, bis zur Aufstockung auf die nbA entfallende Verlustvortrag (- 160) sowie der Währungsumrechnungsrücklage (80[27]). Außerdem erfolgt die Aktivierung des unveränderten Goodwill (880).
- Mit Buchung (3) werden die nbA (20 %) dotiert.

Im **Konzernabschluss** kommt es gemäß dem nachfolgenden Eigenkapitalspiegel zu einer **Minderung des Konzerneigenkapitals i.H.d. Kaufpreises** (3.000):

39.52

- davon 1.000 bei MU, da bei MU eine Kaufpreiszahlung von 3.000 abfließt, ihr aber stattdessen nur Buchwerte an X i.H.v. 2.000 zugerechnet werden (Nichtaktivierung der bezahlten stillen Reserven und Goodwill durch Verrechnung mit den Gewinnrücklagen der Konzernmutter, IFRS 10.B96);

---

[27] Bei Abstockungen von Mehrheitsbeteiligungen sieht IAS 21.48C eine anteilige Umbuchung der Währungsumrechnungs-RL auf die nbA vor (Rz. 39.57). Bei Aufstockungen fehlt eine diesbzgl. Regelung, obwohl u.E. nach der Ratio des IFRS 10.B96 eine analoge Umbuchung erfolgen müsste. In diesem Fall wäre die Sollbuchung (3) i.H.v. 40 nicht bei der Währungsumrechnungs-RL, sondern bei den Gewinnrücklagen vorzunehmen.

– davon 2.000 als „Rückzahlung" der nbA Buchwerte in Form der Kaufpreiszahlung:

Konzerneigenkapitalspiegel	1.1.02	Erwerb 20 %	2.1.02
Gezeichnetes Kapital	5.000	–	5.000
Gewinnrücklagen	10.000	- 1.000	9.000
Verlustvortrag	- 240		- 240
Währungsumrechnungs-RL	120		120
Eigenkapital MU	**14.880**	**- 1.000**	**13.880**
nbA	4.000	- 2.000	2.000
Konzerneigenkapital	**18.880**	**- 3.000**	**15.880**

Die **Verrechnung mit den Gewinnrücklagen** der Konzernmutter (hier: 1.000) wird gelegentlich freiwillig im Eigenkapitalspiegel in einer separaten Spalte ausgewiesen und ist damit auch in späteren Perioden zu erkennen.[28]

39.53–39.54 frei

II. Abstockungen von Mehrheitsbeteiligungen

1. Bei Kapitalgesellschaften

39.55 Die Abstockung einer Mehrheitsbeteiligung kennzeichnet folgenden Sachverhalt: Ein Mutterunternehmen veräußert Anteile an einem vollkonsolidierten Tochterunternehmen, welches auch nach Veräußerung der Anteile im Vollkonsolidierungskreis verbleibt. Es bestehen folgende Regelungen:

Gegenstand	HGB	IFRS 10
Regelung	DRS 23.171 ff.	IFRS 10.23 f.
Anwendung (IFRS 10.BC168 ff.)	Teilweise Veräußerung von Anteilen, die auch nach Veräußerung noch vollkonsolidiert werden, z.B. Verkauf von 40 % an einer bisherigen 100 % Tochter: Die nunmehr 60%ige Beteiligung ist mit nbA Ausweis von 40 % weiterhin voll zu konsolidieren	
Vorgehensweise	1. Neutralisierung eines im Einzelabschluss entstandenen Gewinns im Konzern (DRS 23.175) *oder*	a) Umbuchung aller Buchwerte (inkl. ggf. anteiligem Goodwill) von Konzern auf nbA b) Das neutralisierte Veräußerungsergebnis wird den Gewinnrücklagen zugeführt (Gewinn) bzw. belastet (Verlust)
	2. Ausweis eines Veräußerungsgewinns (DRS 23.173)	Nicht zulässig

---

28 Vgl. Otto GmbH & Co KG, GB 2017/18: Im Eigenkapitalspiegel ist bei einem Gesamteigenkapital von 1.532 Mio. Euro ein negativer „Ausgleichsposten aus sukzessiven Erwerben" von 215 Mio. Euro ausgewiesen.

D. Auf- und Abstockungen ohne Statuswechsel | Rz. 39.56 Kap. 39

Korrespondierend zur Aufstockung von Mehrheitsbeteiligungen (Rz. 39.50) besteht die Ratio der Regelung nach IFRS 10 in einer einheitstheoretischen Sichtweise. Der Vorgang wird danach als **Transaktion zwischen Anteilseignern** angesehen. Demgegenüber stellt die Vorgehensweise 2 auf die Anteilseigner der Konzernmutter ab, aus deren Sicht eine Veräußerung vorliegt.

U.E. ist die Neutralisierung des Veräußerungsgewinns bei Abstockung sachgerecht. Kritisch ist jedoch zu beurteilen, dass es bei einem Verkauf der Restanteile (bzw. bei einem Statuswechsel nach unten, Rz. 39.40) nicht zu einem Nachholen der Ertragsbuchung kommt, so dass in der Totalperiode nicht das gesamte Ergebnis gezeigt wird. Außerdem bietet die Regelung nach IFRS 10 Gestaltungsspielraum durch Split eines Verkaufs in mehrere Tranchen (Rz. 39.80).

Zur Abstockung folgendes Beispiel: 39.56

Beispiel: MU hat am 1.3.01. 100 % der Anteile an X für 10.000 erworben. Bei der Erstkonsolidierung entstand ein Goodwill von 1.000:

Gegenleistung (AK) des Erwerbs MU	10.000
Nettovermögen lt. HB III	- 9.000
Goodwill	**1.000**

Bis zum 31.12.01 habe X einen Verlust lt. GuV von 400 erzielt, dem ein gleich hoher Währungsgewinn von 400 gegenüberstehe. Die Summen- und Konzernbilanz gestaltet sich zum 31.12.01 dann wie folgt:

Posten	MU	TU HB III	Σ-Bilanz	Konsolidierung Soll	Haben	K-Bilanz 31.12.01
Anteile	10.000	0	10.000		10.000	0
Goodwill	0	1.000	1.000			1.000
diverse Aktiva	50.000	19.000	69.000			69.000
Aktiva	**60.000**	**20.000**	**80.000**			**70.000**
Gezeichnetes Kapital	5.000	1.000	6.000	1.000		5.000
Gewinnrücklagen	10.000	9.000	19.000	9.000		10.000
Währungsumrechnungs-RL	0	400	400			400
Jahresfehlbetrag	**0**	**- 400**	**- 400**			**- 400**
Eigenkapital	**15.000**	**10.000**	**25.000**			**15.000**
diverse Schulden	45.000	10.000	55.000			55.000
Passiva	**60.000**	**20.000**	**80.000**			**70.000**

Die Buchung bildet die Kapitalkonsolidierung ab: Verrechnung des Beteiligungsbuchwerts (10.000) mit dem Eigenkapital lt. HB III von X (zusammen 10.000, hier inkl. Goodwill, der bereits in der HB III geführt wird).

Am 2.1.02 stockt MU ihre bisherige 100 %ige Beteiligung an X durch Verkauf um 40 % ab und erhält dafür einen Kaufpreis von 5.000. Dies führt zu einem Veräußerungsgewinn[29] von 1.000 (= 5.000 - 4.000 anteilige Buchwerte).

Wie bei der Aufstockung (Rz. 39.50) gilt auch bei der Abstockung ohne Statuswechsel, dass X zuvor bereits vollkonsolidiert war und ihr *Vermögen* daher nach der Transaktion unverändert in die Summenbilanz einfließt:

Posten	MU	TU HB III	Σ-Bilanz	Konsolidierung Soll	Haben	K-Bilanz 2.1.02
Anteile	6.000	0	6.000		(2) 6.000	0
Goodwill	0	1.000	1.000			1.000
diverse Aktiva	55.000	19.000	74.000			74.000
Aktiva	**61.000**	**20.000**	**81.000**			**75.000**
Gezeichnetes Kapital	5.000	1.000	6.000	(2) 600 (3) 400		5.000
Gewinnrücklagen	10.000	9.000	19.000	(2) 5.400 (3) 3.600	(1) 1.000	11.000
Verlustvortrag		- 400	- 400		(3) 160	- 240
Währungsumrechnungs-RL		400	400	(3) 160		240
Jahresüberschuss	1.000	0	1.000	(1) 1.000		
nbA					(3) 4.000	4.000
Eigenkapital	**16.000**	**10.000**	**26.000**			**20.000**
diverse Schulden	45.000	10.000	55.000			55.000
Passiva	**61.000**	**20.000**	**81.000**			**75.000**

– Im Einzelabschluss von MU ist bereits der Veräußerungsgewinn von 1.000 (5.000 - 4.000) erfasst (*„Jahresüberschuss"*). Dieser wird in die Summenbilanz übernommen.

– Nach IFRS 10.B96) ist der im Einzelabschluss von MU ausgewiesene Veräußerungsgewinn von 1.000 *im Konzernabschluss* jedoch zu neutralisieren, d.h. gegen Gewinnrücklagen zu buchen, Buchung (1).

– Buchung (2) bildet die Kapitalkonsolidierung (bezogen auf MU) ab: Die Anteile von MU (6.000) werden gegen das anteilige gezeichnete Kapital von TU (60 % von 1.000 = 600)

---

29 Da sich Verlustvortrag (- 400) und erfolgsneutraler Währungsgewinn (400) ausgleichen, ist der Veräußerungsgewinn aus Sicht des Einzelabschlusses von MU mit demjenigen aus Konzernsicht identisch.

und die anteiligen Gewinnrücklagen von TU im Erstkonsolidierungszeitpunkt (60 % von 9.000 = 5.400) verrechnet.
– Außerdem wird erstmals ein nbA Anteil (4.000) dotiert, Buchung (3). Dieser beträgt 40 % aller EK-Kategorien. Da das HB II-Eigenkapital hier den Goodwill (1.000) umfasst, impliziert dies eine anteilige Veräußerung des im Vorjahr von MU bezahlten Goodwill an die nbA (IFRS 10.B96). Diese Folge ist unabhängig von der Full Goodwill-Methode, die nur bei erstmaliger Konsolidierung relevant ist. Bei Abstockungen ist den nbA aber auch Goodwill zuzuordnen, da dieser zuvor bereits vom Konzern und nun auch anteilig von den nbA bezahlt worden war[30].

Im **Konzernabschluss** kommt es gemäß dem nachfolgenden Eigenkapitalspiegel zu einer **erfolgsneutralen Erhöhung des Konzerneigenkapitals** i.H.d. Veräußerungserlöses (5.000). Dies ist folgerichtig, da das Vermögen der TU vorher bereits im Konzernabschluss ausgewiesen war und finanzielle Mittel von 5.000 aus der Kaufpreiszahlung der nbA nun zusätzlich im Konzern vorhanden sind: 39.57

– Von der gesamten Eigenkapitalerhöhung entfallen 1.000 auf MU, da bei MU ein Veräußerungserlös von 5.000 zufließt, sie dafür aber nur Buchwerte von 4.000 bei X an die nbA abgibt (Neutralisierung des Veräußerungsgewinns von 1.000 und
– i.H.v. 4.000 werden Buchwerte der X auf die nbA umgebucht:

Konzerneigenkapitalspiegel	1.1.02	Verkauf 40 %	2.1.02
Gezeichnetes Kapital	5.000	–	5.000
Gewinnrücklagen	10.000	1.000	11.000
Verlustvortrag	- 400	160	- 240
Währungsumrechnungs-RL	400	- 160	240
Eigenkapital MU	**15.000**	**1.000**	**16.000**
nbA	0	4.000	4.000
Konzerneigenkapital	**15.000**	**5.000**	**20.000**

2. Bei Personengesellschaften

Nicht beherrschende Anteile an Tochter-Personengesellschaften sind im Konzernabschluss immer als Fremdkapital auszuweisen (Rz. 36.320). Bei der Abstockung entsprechender Anteile sind zudem die Grundsätze eines antizipierten Erwerbs (Rz. 36.323) zu beachten. Dabei ist die Differenz zwischen dem Buchwert der nbA, die sich ergäbe, wenn kein Erwerb dieser Anteile antizipiert würde, und dem als Verbindlichkeit auszuweisenden Abfindungsbetrag erfolgsneutral mit dem Konzerneigenkapital zu verrechnen (IFRS 10.23 f.).[31] 39.58

---

30 Vgl. *Förschle/Hoffmann* in Beck Bil-Komm[11], § 307 HGB Rz. 50; *Pawelzik*, WPg 2004, 677 (688); *Falkenhahn*, Änderungen der Beteiligungsstruktur an Tochterunternehmen, 2006, 207 ff.; a.A. *ADS*, § 301 HGB Rz. 369; *Ebeling*, Die Einheitsfiktion als Grundlage der Konzernrechnungslegung, 276; *Küting/Weber/Wirth*, DStR 2004, 876 (883 f.).
31 Vgl. IDW RS HFA 45, Rz. 56.

Wenn die Abfindung in den Zahlen der Rz. 39.56 f. dem von den nbA gezahlten Kaufpreis entspräche (5.000), würde die Differenz i.H.v. 1.000 zu dem nbA Kapital (4.000) somit dem Eigenkapital der MU belastet (dies würde den lt. Rz. 39.57 in die Gewinnrücklagen eingestellten Veräußerungsgewinn von 1.000 kompensieren); außerdem wäre eine Verbindlichkeit gegenüber den nbA i.H.v. 5.000 (statt nbA-EK i.H.v. 4.000) zu passivieren. Künftige Veränderungen der Verbindlichkeit sind erfolgswirksam zu buchen (Rz. 36.325).

III. Abstockung von Equity-Beteiligungen

39.59 Bei der Abstockung von Equity-Beteiligungen ist zu unterscheiden:

(a) Bei **Wegfall des Status** eines assoziierten Unternehmens (i.d.R. durch Teilverkauf) wird

– ein Veräußerungsgewinn realisiert (siehe auch Rz. 36.382 zum Zusammenspiel mit IFRS 5).

– Das in Bezug auf das assoziierte Unternehmen angesetzte kumulative reklassifizierungsfähige[32] *other comprehensive income* ist vollständig (nicht nur i.H.d. abgegebenen Quote) zu reklassifizieren (IAS 28.22c)

– Die Restanteile sind zum Fair Value zu bewerten (IAS 28.22b). Die Folgebilanzierung richtet sich nach IFRS 9.

(b) Werden zwar Anteile veräußert, bleibt aber der **maßgebliche Einfluss** in Bezug auf die Restanteile **erhalten**, ist lediglich in Bezug auf die veräußerten Anteile ein Veräußerungsergebnis zu buchen und eine Reklassifizierung vom kumulierten *other comprehensive income* in Höher der abgegebenen Quote vorzunehmen (IAS 28.25). Abweichend von einer Abstockung von Mehrheitsbeteiligungen (Rz. 39.55) wird ein Veräußerungsergebnis somit *nicht* neutralisiert. Die Konstellationen sind nicht miteinander vergleichbar, da die Anteilseigner assoziierter Unternehmen anders als die Anteilseigner von Tochterunternehmen nicht als „Anteilseigner des Konzerns" behandelt werden.

IV. Disproportionale Kapitalerhöhungen

39.60 Von einer sog. disproportionalen Kapitalerhöhung spricht man, wenn die Kapitalerhöhung vom Bilanzkurs abweicht, d.h. nicht der Relation des bilanziellen Eigenkapitals entspricht. Dies ist der Regelfall, da vorhandene stille Reserven und ein originärer Goodwill nicht bilanziert sind, sich die Kapitalerhöhung aber nach der Relation dieser Fair Values richtet. Folgende **Anwendungsfälle** kommen in Betracht:

---

32 Also z.B. Währungsumrechnungsrücklagen, s. Rz. 39.33.

- disproportionale Kapitalerhöhungen mit **Reduzierung der Quote der Konzernmutter** (Rz. 39.62.)
- disproportionale Kapitalerhöhungen **mit Erhöhung der Quote der Konzernmutter**
- **Umstrukturierungen innerhalb eines Konzerns** (z.B. Verschmelzungen, Abspaltungen, Ausgründungen u.Ä.) unter Beteiligung von mindestens einer Tochtergesellschaft mit nbA (Rz. 39.73).

Die Bilanzierung disproportionaler Kapitalerhöhungen ist in IFRS 10 nicht explizit geregelt.

Sofern durch Kapitalmaßnahmen im Einzelfall eine Stimmrechtsmehrheit und damit die **Beherrschung** nach IFRS 10 **wegfällt** (Rz. 31.27), sind vorrangig die Vorschriften über das Ausscheiden aus dem Konsolidierungskreis anzuwenden (Rz. 39.40 ff.).

39.61

Bei disproportionalen Kapitalerhöhungen liegen **keine Veräußerungen** vor[33], da dies innerhalb eines Konzerns ausgeschlossen ist, Rz. 39.70 ff. Es ist jedoch fraglich, ob diese Vorgänge zu **Verschiebungen der Buchwerte zwischen den nbA und dem Restkonzern** führen.

39.62

Beispiel: MU ist am 31.12.00 mit 80 % an TU X beteiligt. Der Unternehmenswert (Fair Value) von TU X (100 %) betrage 10.000. Aufgrund der Bilanzierungskonventionen (z.B. Verbot der Aktivierung originären Goodwill) ist davon im Konzernabschluss nur ein Teil von 6.250 ausgewiesen. Am 2.1.01 wird eine Barkapitalerhöhung beschlossen, an der sich ausschließlich die nbA beteiligen. Nach dieser Bareinlage beträgt der Fair Value von TU X 14.000. Da sich die Beteiligungsquoten nach dem Fair Value richten, erhöht sich der nbA Anteil von 20 % auf rd. 43 %:

Fair Value X	MU	nbA	Total X
Quote vor Kapitalerhöhung	80 %	20 %	100 %
Im KA ausgewiesene Buchwerte	*5.000*	*1.250*	*6.250*
Stille Reserven/Goodwill, nicht im KA ausgewiesen	*3.000*	*750*	*3.750*
Fair Value X 31.12.00	8.000	2.000	10.000
Kapitalerhöhung 2.1.01	–	4.000	4.000
Fair Value X 2.1.01	8.000	6.000	14.000
Beteiligungsquote nach Kapitalerhöhung	*57 %*	*43 %*	*100 %*

---

33 Im handelsrechtlichen Schrifttum wird dies z.T. anders gesehen, vgl. Nachweise bei *Pawelzik*, WPg 2004, 677 (690 ff.). Eine Veräußerung ist aber bereits deswegen ausgeschlossen, weil die Kapitalzufuhr in der Gesellschaft verbleibt, es fehlt somit der Zufluss eines Erlöses an den Restkonzern, (nur) unter dieser Voraussetzung erfolgt z.B. steuerlich eine Gewinnrealisierung durch den empfangenden Gesellschafter, vgl. BFH v. 8.12.1994, BStBl. 1995 II, 599 (600, Ziff. 2. a.E. m.w.N.).

Im Konzernabschluss ist dagegen nicht der gesamte Fair Value des Vermögens von TU X ausgewiesen, sondern nur der bilanzierungsfähige bzw. -pflichtige Teil, also z.B. nicht der originäre Goodwill, ebenso wenig wie nicht bilanzierungsfähige immaterielle Vermögenswerte von insgesamt 3.750.

Werte X im Konzernabschluss	MU	nbA	Total X
Anteil (an Buchwerten) vor Kapitalerhöhung	*80 %*	*20 %*	*100 %*
Buchwerte X im KA 31.12.00	**5.000**	**1.250**	**6.250**
(Disproportionale) Kapitalerhöhung 2.1.01	0	4.000	4.000
Buchwerte X im KA 2.1.01	***5.000***	***5.250***	***10.250***
Anteil (an Buchwerten) nach Kapitalerhöhung	*49 %*	*51 %*	*100 %*

Durch die disproportionale Kapitalerhöhung kommt es somit zu einer Abweichung der „Buchwertquoten" (49 %/51 %) von den tatsächlichen, d.h. am vorhandenen Fair Value orientierten Beteiligungsquoten (57 %/43 %). Dies ist u.E. hinzunehmen. Der **Konzerneigenkapitalspiegel** würde sich wie folgt gestalten und zum Ausdruck bringen, dass nur die nbA eine Einlage geleistet haben:

Konzerneigenkapitalspiegel	31.12.00	Kapitalerhöhung	2.1.01
Eigenkapital MU	50.000	0	50.000
nbA X	1.250	4.000	5.250
Konzerneigenkapital	**51.250**	**4.000**	**55.250**

39.63 Demgegenüber wird IFRS 10B96, wörtlich genommen, auch so interpretiert, dass es bei einer Änderung der Beteiligungsquoten *auch ohne Verkauf von Anteilen* zu einer Verschiebung der *Buchwerte* zwischen nbA und Konzernmutter kommt, damit die Buchwerte den Beteiligungsquoten entsprechen.

Beispiel (Fortsetzung von Rz. 39.62): Nach dieser Ansicht wäre im vorliegenden Fall eine Umbuchung von 857 vorzunehmen:[34]

Werte X im Konzernabschluss	MU	nbA	Total X
Buchwerte X im KA nach Kapitalerhöhung 2.1.01	**5.000**	**5.250**	**10.250**
Umgliederung nach IFRS 10.B96 (wörtlich)	*857*	*- 857*	*0*
Buchwerte X im KA nach Umgliederung	***5.857***	***4.393***	***10.250***
Quote lt. Konzernabschluss	*57 %*	*43 %*	*100 %*

---

34 Diese Lösung entspricht auch dem *Wortlaut* des § 307 Abs. 1 Satz 1 HGB, wonach die Fremdanteile in Höhe „ihres Anteils am Eigenkapital" anzusetzen sind. Hiergegen können jedoch die gleichen Einwände wie gegen die wörtliche Anwendung des IFRS 10.B96 erhoben werden.

Die Umbuchung soll dabei ein **anteiliges Übergehen vorhandener stiller Reserven/eines Goodwill** von der MU auf die nbA reflektieren. Dies würde sich im Konzerneigenkapitalspiegel wie folgt auswirken:

Konzerneigenkapitalspiegel	1.1.02	Kapitalerhöhung	2.1.02
Eigenkapital MU	*50.000*	*857*	*50.857*
nbA X	*1.250*	*3.143*	*4.393*
Konzerneigenkapital	*51.250*	*4.000*	*55.250*

Die wörtliche Befolgung von IFRS 10.B96 (Rz. 39.63) ist u.E. jedoch *nicht sachgerecht*, denn es werden keine Fair Values übertragen, sondern es erfolgt zur Erreichung einer gewünschten Beteiligungsquote eine *zusätzliche* Einlage, die sich nach dem Marktwert des vorhandenen Vermögens bemisst.[35] Die **Sinnwidrigkeit einer Umbuchung** wird insbesondere bei Verkauf der Beteiligung an X deutlich: Die Konzernmutter würde bei Verkauf *vor* der *Kapitalerhöhung* den Fair Value von 8.000 (80 % von 10.000) erlösen und einen Gewinn von 3.000 ausweisen (s.o.). Nach der Kapitalerhöhung würde sie ebenfalls 8.000 (57 % von 14.000) erlösen, aber daraus nur ein Ergebnis von 2.143 (3.000 - 857) erzielen, da ihr Buchwerte i.H.v. 857 zugerechnet werden, ohne dass sie hierfür Anschaffungskosten aufgewendet hat.

39.64

Die Ratio von IFRS 10.B96 besagt, dass bei der Übertragung von Fair Values zwischen Konzernmutter und nbA die Buchwerte „nachgezogen", also umgebucht werden. Fehlt es trotz Änderung von Beteiligungsquoten dagegen an der Übertragung von Fair Values, wie bei disproportionalen Kapitalerhöhungen, **kommt eine Umbuchung u.E. nicht in Betracht**[36] (Rz. 39.62.). Eine Umbuchung ist nur unter Vereinfachungs- und Wesentlichkeitsaspekten zu rechtfertigen, wenn etwa bei der Konsolidierung von mehreren hundert Tochtergesellschaften „einfach" die neuen Quoten angewendet werden sollen.

Von der Frage unberührt bleibt die **weitere Folgekonsolidierung**: Ergebniszurechnungen, Ausschüttungen etc. werden auf Basis der **neuen Beteiligungsquoten** vorgenommen.

frei

39.65–39.69

---

[35] Dies wird besonders deutlich, wenn feste Beteiligungsquoten nicht existieren, z.B. bei einer KGaA und die Eigenkapitalanteile des persönlich haftenden Gesellschafters und der Kommanditaktionäre einer KGaA individuell fortgeschrieben werden müssen (man spricht von *effektiven Beteiligungsquoten*, vgl. *Ross*, BB 2000, 1395 ff.). Dann ist aber nicht zu erkennen, warum sich die Kapitalaufteilung bei „normalen" Gesellschaften zwingend nach den neuen (festen) Beteiligungsquoten richten sollte.

[36] A.A. *Hayn* in Beck IFRS-HB[5], § 37 Rz. 46 f.

V. Konzerninterne Umstrukturierungen

39.70 Bei konzerninternen Umstrukturierungen handelt es sich um **Verschmelzungen, Abspaltungen, Ausgründungen** etc.

1. Ohne nicht beherrschende Anteilseigner

39.71 Im einfachsten Fall sind an den durch die konzerninterne Umstrukturierung betroffenen Gesellschaften keine nbA beteiligt:

Beispiel: MU ist zu 100 % an TU X beteiligt. Der Beteiligungsbuchwert von TU bei MU betrage 500. TU X werde am 2.1.02 auf MU verschmolzen. Auf TU X entfällt im Zeitpunkt der Verschmelzung (31.12.01) im Konzernabschluss Vermögen (Buchwerte) i.H.v. 1.400 in folgender Zusammensetzung:

	TU X
HB I EK TU	800
Stille Reserven lt. HB II TU X	50
Stille Reserven lt. HB III TU X	150
Goodwill TU X	400
Vermögen TU X insgesamt	1.400

Im *Einzelabschluss* von MU wird die Verschmelzung durch Übernahme der einzelnen Vermögenswerte und Schulden der TU X auf Basis von deren HB I-Werten (800) gebucht. Da das übernommene Nettovermögen (800) den wegfallenden Beteiligungsbuchwert (500) übersteigt, kommt es bei MU zu einem Verschmelzungsgewinn von 300 (800 - 500), siehe nachfolgend „2.1.02: MU Fusion". Bei der Konsolidierung sind nun die folgenden Erwägungen anzustellen:

– TU X überträgt Vermögen auf MU: Trotzdem kommt es nicht zu einer Aufdeckung bisher nicht bilanzierter stiller Reserven und eines Goodwill. Dies ergibt sich zwanglos aus der Einheitsfiktion, weil innerhalb des Konzerns kein Vermögensübergang stattgefunden hat und daher die Grundsätze der **Zwischengewinneliminierung** (Rz. 40.40 ff.) anzuwenden sind, (IFRS 10.B86c)[37].

– Aus demselben Grund ist der im Einzelabschluss von MU am 2.1.02 gebuchte **Verschmelzungsgewinn** zu neutralisieren. Buchung (3) Verschmelzungsgewinn an Eigenkapital: 300 („2.1.02: Stille Reserven/Goodwill TU").

– Die bei TU X vor der Verschmelzung im KA ausgewiesenen stillen Reserven lt. HB II (50); HB III (150) und der Goodwill (400) sind nunmehr bei MU einzubuchen, Buchung (4). Dies geschieht zweckmäßigerweise *insgesamt* (600) im Rahmen der Aufstellung der HB II von MU („2.1.02: stille Reserven/Goodwill TU"), da nach der Verschmelzung mangels Anteilen an TU X keine Konsolidierung mehr erfolgt.

---

[37] Vgl. IDW RS HFA 2 (i.d.F. 2018), Rz. 23 f. Für ein Wahlrecht zur Aufdeckung des auf nbA entfallenden Vermögens dagegen Haufe IFRS-Komm[16], § 31 Rz. 200.

Das folgende Tableau zeigt die vorgenannten Buchungen:

Posten	31.12.01				2.1.02				stille Reserven Goodwill TU	MU = KA
	MU	TU HB I	Kons.	KA	MU vor Fusion	TU HB I	MU Fusion	MU nach Fusion		
Anteile	500		(1) - 500		500		-500			
Goodwill			(2) 400	400					(4) 400	400
diverse Aktiva	39.500	2.000	(2) 200	41.700	39.500	2.000	2.000	41.500	(4) 200	41.700
Aktiva	40.000	2.000		42.100	40.000	2.000	1.500	41.500	600	42.100
Gezeichnetes Kapital	10.000	100	(1) - 100	10.000	10.000	100		10.000		10.000
Gewinnrücklagen		700	(1) - 400 (2) 600	900		700			(4) 600 (3) 300	900
Jahresüberschuss							300	300	(3) - 300	
Eigenkapital	10.000	800		10.900	10.000	800	300	10.300	600	10.900
diverse Schulden	30.000	1.200		31.200	30.000	1.200	1.200	31.200		31.200
Passiva	40.000	2.000		42.100	40.000	2.000	1.500	41.500	600	42.100

Nach diesen Buchungen ist Konzernvermögen i.H.v. 1.400, das vor der Verschmelzung der TU X zugeordnet war, nun bei MU ausgewiesen: 800 in der HB I von MU (davon gedanklich 500 zuvor im Beteiligungsbuchwert verkörpert und 300 über den im KA in die Gewinnrücklage gebuchten Verschmelzungsgewinn zu MU „gehievt"), sowie insgesamt 600 stille Reserven und Goodwill im Rahmen der Aufstellung der HB II von MU.

Die Verschmelzung führt möglicherweise zu einer Neuallokation des Goodwill für Zwecke des Impairment-Tests nach IAS 36 (Rz. 19.33).

Sofern gegenseitige Forderungen wertberichtigt waren und diese vor Verschmelzung zu einem **Unterschiedsbetrag aus Schuldenkonsolidierung** geführt haben, ist dieser erfolgswirksam aufzulösen (Rz. 39.46). Diesem steht auf Ebene der HB I/II ein bei Verschmelzung bereits in der HB I/II gebuchter Konfusionsgewinn oder -verlust gegenüber. 39.72

Sofern Zwischengewinne aus Lieferungen an das verschmolzene Tochterunternehmen eliminiert wurden (Rz. 40.40), ist der **Unterschiedsbetrag aus Zwischengewinneliminierung** bis zur Veräußerung des betreffenden Gegenstandes durch das aufnehmende Unternehmen fortzuführen.

2. Mit Beteiligung nicht beherrschender Anteilseigner

Wenn an einer, beiden oder allen verschmolzenen Konzerngesellschaften jeweils nbA beteiligt sind, gelten die Erwägungen lt. Rz. 39.71 entsprechend. 39.73

– Insbesondere kommt eine Aufdeckung stiller Reserven und eines Goodwill aufgrund der Einheitsfiktion nicht in Betracht. Seit IFRS 10.B96 kann diese Lösung zudem auf die Lösung zu **Auf- und Abstockungen von Mehrheitsbeteiligungen** gestützt werden (Rz. 39.50 ff.), weil danach Differenzen zwischen Gegenleistungen (Fair Values der Anteile) und dem bisherigen nbA Kapital zwingend mit dem Eigenkapital zu verrechnen sind, was im vorliegenden Fall auf eine Beibehaltung der Buchwerte hinausläuft.

– Da sich das Umtauschverhältnis i.d.R. nach den Fair Values der Anteile richtet und diese üblicherweise von den Buchwerten abweichen, wird außerdem regelmäßig eine **disproportionale Kapitalerhöhung** vorliegen. U.E. müssen Buchwerte zwischen den nbA des TU und der Konzernmutter *nicht* gemäß dem *Wortlaut des* IFRS 10.B96 umgebucht werden:[38] Da sich das Umtauschverhältnis nach der Relation der Marktwerte richtete, sind keine Fair Values übertragen worden, so dass eine Rechtfertigung für die Umbuchung fehlt (Rz. 39.64). Die Fortschreibung der Buchwerte bei der Folgekonsolidierung richtet sich jedoch nach den neuen Beteiligungsquoten.

39.74–39.79 frei

E. Gestaltungsmöglichkeiten/Missbrauchsvorschriften (Gesamtplan) nach IFRS 10

I. Split von Anteilsverkäufen

39.80 Die Kombination der Vorschriften des IFRS 10 und IFRS 3 lädt zu vielfältigen Gestaltungen ein:

Beispiel: MU besitzt 100 % der Anteile an X und möchte diese mittelfristig veräußern. Es wird ein hoher Gewinn erwartet, der aus bilanzpolitischen Gründen jedoch nicht gewünscht ist.

Daher veräußert MU erst eine Tranche über 49 % und ein halbes Jahr später den Rest von 51 %. Hintergrund dieser Aufteilung ist, dass der Gewinn aus dem Verkauf der 49 % nach IFRS 10.B96 grundsätzlich erfolgsneutral und endgültig den Gewinnrücklagen zugeführt wird (Rz. 39.55 ff.), und nur der Gewinn aus dem Verkauf der restlichen 51 % nach IFRS 10.B98d in der GuV ausgewiesen werden muss (IFRS 10.BCZ185).

39.81 Um derartigen Gestaltungen vorzubeugen, sind **separate Transaktionen** dann **zusammenzuzählen**, wenn ein sog. **Gesamtplan** vorliegt (IFRS 10.B97). Hierfür gibt es folgende Indizien:

(a) Identischer Zeitpunkt der Vereinbarungen *oder*

(b) In wirtschaftlicher Betrachtung liegt eine Transaktion vor *oder*

(c) Verschiedene Vereinbarungen hängen voneinander ab *oder*

(d) Eine Vereinbarung ist ohne die jeweils andere nicht sinnvoll.

---

38 Vgl. *Pawelzik*, WPg 2004, 677 (692 f.).

Die **Kriterien** sind **schwammig**, und es stellt sich die Frage, wann sie greifen:

(a) Wenn bspw. die beiden Tranchen zu verschiedenen Zeitpunkten **an verschiedene Käufer** veräußert werden, dürfte ein Gesamtplan schwerlich nachzuweisen sein.

(b) Praxisnäher ist der Verkauf **an einen Käufer** (insbesondere bei strategisch motivierten Transaktionen, weil der Käufer dann eine Tranche nicht ohne die andere erwerben wird).

– Werden z.B. 49 % Anteile und gleichzeitig eine Kaufoption über 51 % verkauft, wäre vorrangig zu prüfen, ob nicht potentielle Stimmrechte *des Käufers* nach IFRS 10.12 vorliegen (Rz. 31.66). Dann besteht eine Konkurrenz zwischen der tatsächlichen Stimmrechtsmehrheit von MU und der potentiellen Mehrheit des Käufers. Sofern nicht eine Gesamtbetrachtung der Merkmale des IFRS 10.B47 ff. ergibt, dass der Käufer bereits die Beherrschung erlangt hat (Käufer stellt z.B. die Mehrheit in den Gremien), hätte der Konzern die Beherrschung *durch die Einräumung der Kaufoption* im Zweifel *nicht* verloren.

– Insofern wäre dann ein **Gesamtplan** zu prüfen und im vorliegenden Fall wohl **zu bejahen**. Folglich wäre auch in Bezug auf die 1. Tranche (49 %) ein Veräußerungsgewinn zu buchen (tritt der Gesamtplan erst in späteren Perioden zutage, käme es zu einer Bilanzänderung entsprechend der Fehlerkorrektur).

Allerdings hätte der IASB den Fall **auch einfacher und weniger ermessensabhängig** lösen können, und zwar durch die Vorgabe, dass ein bei Abstockung einer Mehrheitsbeteiligung zunächst erfolgsneutral erfasster Gewinn bei Kontrollverlust erfolgswirksam zu buchen ist (**Reklassifikation**[39]). Dies wäre konzeptionell ohnehin überzeugender, da bei der jetzigen Regelung (bei fehlendem Gesamtplan) der Totalgewinn des Konzerns um den Gewinn aus dem Verkauf der ersten Tranche *zu niedrig* ausgewiesen ist (Rz. 39.55).

II. Split von Anteilskäufen (sukzessiver Erwerb mit Kaufoption)

Auch bei Anteilskäufen ergeben sich Gestaltungsspielräume: 39.82

Beispiel: MU erwägt den Erwerb einer Beteiligung an Y, bei der ein hoher Goodwill vergütet wird. MU verfügt über ein hohes Eigenkapital und möchte aus bilanzpolitischen Gründen einen hohen Gewinn ausweisen. Wegen hoher Risiken bei Y besteht potenziell durchaus die Gefahr einer Wertminderung (Impairment) nach IAS 36. MU will einen Goodwill daher nach Möglichkeit nicht aufdecken, sondern diesen lieber mit dem Eigenkapital verrechnen.

MU erwirbt 10 % an Y, sichert sich aber von zwei Gesellschaftern A und B, die jeweils 45 % der Anteile besitzen, eine sofort zu Marktwerten ausübbare Kaufoption, übt diese aber *nicht* aus.

---

39 Vgl. *Pawelzik*, WPg 2004, 677 (689).

- Die Kaufoption führt zu sog. **potentiellen Stimmrechten** nach IFRS 10.12. Als Folge beherrscht MU die Y und muss diese daher voll konsolidieren. I.d.R. geschieht dies jedoch auf Basis des tatsächlich bestehenden Kapitalanteils (10 %) und nicht unter Einbeziehung des bei Ausübung der Option erlangten Anteile (IFRS 10.B89, siehe Rz. 31.73). Dann wären 90 % von Y als nbA Anteil auszuweisen.
- Sofern das Wahlrecht zur Full Goodwill-Methode nicht ausgeübt wird (Rz. 36.200), würden damit auch nur 10 % des Goodwills aufgedeckt.
- Ein Jahr später übt MU die Kaufoption aus, erwirbt die restlichen 90 % und verrechnet die Differenz zwischen Kaufpreis und nbA Buchwerten (ohne Goodwill) entsprechend IFRS 10.B96 mit den Konzerngewinnrücklagen (Rz. 39.50). Damit käme es im Ergebnis nur zu einer Aufdeckung von 10 % des Goodwill.

39.83 Die Vorschriften zum **Gesamtplan** gelten formal nur für Abstockungs- und Kontrollverlustfälle (IFRS 10.B97). *Substance over form*-Überlegungen kommen u.E. nicht in Betracht, da die Bilanzierung konform mit expliziten Regelungen zu potentiellen Stimmrechten und zur Goodwillbilanzierung erfolgt, so dass das bilanzpolitische Ziel u.E. erreicht werden kann.

Im Übrigen hätte auch dieser Fall systematisch überzeugend gelöst werden können, und zwar durch die obligatorische Vorgabe der **Full Goodwill-Methode**[40] (Rz. 36.200 ff.).

---

40 Vgl. *Pawelzik*, WPg 2004, 677 (686 f.).

Kapitel 40
Weitere Konsolidierungsmaßnahmen (IFRS 10, IAS 28)

A. Überblick und Wegweiser 40.1
   I. Management Zusammenfassung . 40.1
   II. Standards und Anwendungsbereich 40.2
   III. Wesentliche Abweichungen zum HGB 40.10
   IV. Neuere Entwicklungen 40.15
B. Vollkonsolidierung 40.20
   I. Schuldenkonsolidierung 40.20
   II. Aufwands- und Ertragskonsolidierung 40.30
   III. Zwischenergebniseliminierung .. 40.40
   IV. Latente Steuern 40.45

   V. Auswirkungen unterschiedlicher Bewertungskategorien 40.46
   VI. Auswirkungen auf nicht beherrschende Anteile 40.47
C. Transaktionen zwischen Assoziierten Unternehmen/Gemeinschaftsunternehmen und dem Konzern 40.50
   I. Zwischenergebniseliminierung... 40.50
   II. Sacheinlagen in assoziierte Unternehmen/Gemeinschaftsunternehmen 40.56
   III. Schuldenkonsolidierung 40.60
   IV. Aufwands- und Ertragskonsolidierung 40.61

Literatur: *Lüdenbach*, Aufwands- und Schuldenkonsolidierung bei assoziiertem Unternehmen?, StuB 2014, 775; *Lüdenbach*, Zwischenergebniseliminierung bei Minderheiten, PiR 2015, 180; *Rogler*, Aufwands- und Ertragskonsolidierung mit Zwischenergebniseliminierung nach IFRS – Diskussion anhand einer Fallstudie, KoR 2015, 108; *Theile*, Erfolgswirksame Schuldenkonsolidierung im HGB- und IFRS-Konzernabschluss, BBK 2014, 727.

A. Überblick und Wegweiser

I. Management Zusammenfassung

Entsprechend der Einheitstheorie sind konzerninterne Forderungen und Schulden, Aufwendungen und Erträge sowie Zwischengewinne im Konzernabschluss zu eliminieren. Nur so kann der Konzernabschluss so gelesen werden, als wäre er der Abschluss eines Unternehmens. Das Ziel und die grundsätzliche Vorgehensweise entsprechen derjenigen des HGB.   **40.1**

II. Standards und Anwendungsbereich

Die Konsolidierungstechnik wird durch IFRS 10 geregelt. Sehr knapp bestimmt IFRS 10.B86c, dass **Schulden-, Aufwands- und Ertragskonsolidierung** sowie die **Zwischenergebniseliminierung** unter Erfassung latenter Steuern vorzunehmen sind. Nur bei nicht wesentlichen Beträgen oder wenn die Kosten der Eliminierung höher sind als der daraus resultierende Nutzen der Abschlussadressaten kann auf   **40.2** diese Konsolidierungsmaßnahmen nach dem allgemeinen Wesentlichkeitsgrundsatz (Rz. 6.29 ff.) oder dem Kosten-Nutzen-Prinzip (Rz. 6.47) verzichtet werden.

40.3 IAS 28.28 ff. regelt darüber hinaus die Bilanzierung von Transaktionen zwischen assoziierten Unternehmen/Gemeinschaftsunternehmen und dem übrigen Konzern (Rz. 40.50 ff.). Diese Vorschriften haben seit Abschaffung der Quotenkonsolidierung und Einführung der verpflichtenden Anwendung der Equitymethode für Gemeinschaftsunternehmen ab 2013 (Rz. 32.2) erheblich an Bedeutung zugenommen, da Gemeinschaftsunternehmen oft signifikant sind[1] und sich aus der Beschränkung auf den Equitywert im Vergleich zum Ausweis von Vermögenswerten und Schulden im Konzern besondere Fragestellungen bei der Eliminierung von Leistungsbeziehungen ergeben.

40.4–40.9 frei

III. Wesentliche Abweichungen zum HGB

40.10 In Bezug auf Konsolidierungstechnik bestehen keine wesentlichen Unterschiede. DRS 26 „Assoziierte Unternehmen" konkretisiert bestehende Regelungslücken, bspw. zur Zwischengewinneliminierung, enthält jedoch keine dem IAS 28.30 ff. vergleichbaren detaillierten expliziten Vorschriften zum Verkauf oder zur Einlage von Gesellschaftsanteilen in Gemeinschaftsunternehmen und assoziierte Unternehmen (Rz. 40.56 ff.).

40.11–40.14 frei

IV. Neuere Entwicklungen

40.15 Das IASB hat mit einer im September 2014 verabschiedeten Änderung der IFRS 10 und IAS 28 (*Sale or contribution of Assets between an Investor and its Associate or Joint Venture*) einen Konflikt zwischen beiden Standards bei Einlage von Anteilen bisheriger Tochtergesellschaften in assoziierte und Gemeinschaftsunternehmen lösen wollen (vollständige Gewinnrealisierung bei Kontrollverlust nach IFRS 10 vs. anteilige Zwischengewinneliminierung nach IAS 28.30) und dabei dem IFRS 10 Vorrang eingeräumt (Rz. 39.7). Die Änderung wurde aber vom IASB suspendiert, mit der Folge, dass ein entsprechendes Wahlrecht besteht, wobei die h.M. die IFRS 10 Regelung befürwortet (Rz. 40.57).

40.16 Ein in 2015 gestartetes Research Projekt zur Equity Methode wurde im Mai 2016 bis zum Abschluss des Post-Implementation Review (PIR) zu IFRS 11 verschoben[2]. Im Rahmen des Projektes sollten Regelungslücken geschlossen werden, die in der Praxis zu Bilanzierungsunterschieden führen können. Hierzu zählen im Rahmen

---

[1] Vgl. KWS Saat SE, GB 2017/18, S. 105.
[2] IASB Update, Mai 2016.

dieses Kapitels einzelne Aspekte der Zwischengewinneliminierung bei Transaktionen zwischen assoziierten und Gemeinschaftsunternehmen (Rz. 40.50 ff.). U.E. lassen sich die meisten der tatsächlichen und vermeintlichen Lücken ohne weiteres unter Rückgriff der in IAS 28.10 f./28.26 verankerten Prinzipien der Equity-Methode lösen. Wir erwarten daher keine tiefgreifenden Änderungen, wenn das Projekt wieder aufgenommen wird.

frei 40.17–40.19

B. Vollkonsolidierung

I. Schuldenkonsolidierung

Beim Weglassen konzerninterner Forderungen und Verbindlichkeiten u.Ä. von vollkonsolidierten Unternehmen (Mutter- und Tochterunternehmen) können folgende Arten von Aufrechnungsdifferenzen entstehen: 40.20

(a) Sog. **unechte Aufrechnungsunterschiede** aus nicht sorgfältig abgestimmten Salden und unterwegs befindlichen Zahlungen oder Warenlieferungen. Diese sind erfolgsneutral an/gegen Vorräte, Banksalden etc. umzubuchen.

(b) Sog. **echte Aufrechnungsdifferenzen** aus unterschiedlichem (nicht spiegelbildlichem) Ansatz und Bewertung der aufzurechnenden Posten in den Einzelabschlüssen (HB II) der Konzerngesellschaften.

In IFRS-Abschlüssen können im Einzelfall mehr echte Aufrechnungsdifferenzen entstehen als in HGB-Abschlüssen, da für finanzielle Vermögenswerte und Verbindlichkeiten im IFRS-Abschluss drei unterschiedliche Bewertungsverfahren in Betracht kommen (Rz. 22.1 ff.): 40.21

– Fortgeführte Kosten (AC),

– Fair Value mit erfolgsneutraler Erfassung der Wertänderungen im other comprehensive income (FVOCI) und

– Fair Value mit erfolgswirksamer Gegenbuchung der Wertänderung in der Gewinn- und Verlustrechnung (FVPL)

Für **kurzfristige Lieferforderungen und -verbindlichkeiten** ergeben sich keine besonderen Probleme; eine Abzinsung kommt nicht in Betracht: Die einander entsprechenden Beträge sind gegeneinander aufzurechnen. Ist in der HB I/HB II eine außerplanmäßige Abschreibung auf die Forderung vorgenommen worden, muss diese in der Konsolidierung storniert werden[3]. 40.22

---

3 Vgl. *Theile*, BBK 2014, 1 ff. Bei einer in der HB I durchgeführten außerplanmäßigen Forderungsabschreibung wird diese oft auch schon in der HB II zurückgedreht, so dass sich die Beträge in der Konsolidierung ohne Differenzen gegeneinander aufrechnen lassen.

Beispiel: Es bestehen Lieferforderungen und -verbindlichkeiten von 100. Das Lieferunternehmen nimmt auf die Forderung eine außerplanmäßige Abschreibung von 20 vor. Wenn diese auch steuerlich anerkannt wird, entstehen Buchwertdifferenzen zwischen dem Steuerwert und den Konzernbuchwerten, so dass latente Steuern anzusetzen sind. Der Steuersatz betrage 30 %. Die Konsolidierungsbuchung lautet:

Verbindlichkeit	100	an	Forderung	80
			Aufwand	20
Steueraufwand	6	an	passive latente Steuern	6

Sollten Forderungen und Verbindlichkeiten in der **Folgeperiode** noch bestehen, ist erfolgsneutral aufzurechnen:

Verbindlichkeit	100	an	Forderung	80
			Passive latente Steuern	6
			Rücklage[4]	14

Insoweit bestehen in der Konsolidierungstechnik keine Unterschiede zum HGB.

Die Eliminierung passivierter konzerninterner **Eventualverbindlichkeiten**, denen i.d.R. keine korrespondierenden Forderungen gegenüberstehen, erfolgt gleichermaßen erfolgswirksam[5].

40.23 Im Einzelfall können sich Abweichungen zur HGB-Konsolidierungstechnik ergeben, wenn finanzielle Vermögenswerte der Kategorie FVOCI oder FVPL zugeordnet worden sind, die korrespondierende Schuld aber zu fortgeführten Anschaffungskosten bewertet wird.

Beispiel: Ein zu 100 ausgereichtes konzerninternes Darlehen ist der Kategorie FVOCI zugeordnet worden. Die korrespondierende Schuld ist zu 100 angesetzt. Auf Grund von Marktzinssatzänderungen beträgt der Fair Value des Darlehens 110, die Aufwertung von 10 ist unter Berücksichtigung latenter Steuern (3) in die Neubewertungsrücklage (7) gebucht worden. Die Konsolidierungsbuchung lautet:

Verbindlichkeit	100	an	Forderung	110
Passive latente Steuern	3			
Neubewertungsrücklage	7			

40.24 Die Konsolidierung von handelbaren Schuldverschreibungen ist wie im HGB-Konzernabschluss abzubilden, da die Schuldverschreibungen vom Inhaber auch an externe Dritte weiterveräußert werden können.[6]

40.25 Zur **Währungsumrechnung** konzerninterner Salden s. Rz. 35.35 ff.

---

[4] Ausgleichsposten aus Schuldenkonsolidierung.
[5] Vgl. *Senger/Diersch*, Beck IFRS-HB[5], § 35 Rz. 83.
[6] Vgl. *Busse von Colbe* u.a., Konzernabschlüsse[9], 360.

Zur Bilanzierung von Forderungen und Verbindlichkeiten, die vor Konzernzugehörigkeit entstanden sind (*pre-existing relationships*) s. Rz. 36.300 ff. 40.26

Auf Besonderheiten bei verbleibenden Forderungen des Konzerns nach Veräußerung oder Kontrollverlust **defizitärer Tochtergesellschaften** gehen wir in Rz. 39.47 ein. 40.27

frei 40.28–40.29

II. Aufwands- und Ertragskonsolidierung

Korrespondierende Aufwands- und Ertragsposten (z.B. Innenumsatzerlöse und Materialaufwand) sind nach der Einheitsfiktion zu eliminieren, naturgemäß erst ab Konzernzugehörigkeit (Zeitpunkt der Beherrschung). Dies geschieht im Regelfall ohne Ergebnisauswirkungen. Diese können sich im Wesentlichen nur aus der Eliminierung **konzerninterner Gewinnausschüttungen** ergeben. 40.30

frei 40.31–40.39

III. Zwischenergebniseliminierung

Grundsätzlich sind alle Zwischenergebnisse zu eliminieren. Bei **Zwischengewinnen** handelt es sich um die beim Lieferunternehmen angefallene, aus Konzernsicht aber noch nicht realisierte Marge, soweit der gelieferte Gegenstand den Konzernkreis noch nicht verlassen hat. **Zwischenverluste** sind hingegen dann *nicht* zu eliminieren, wenn sie Folge eines gesunkenen Netto-Veräußerungswerts kurzfristiger Aktiva oder eines Wertminderungsverlustes (Impairment) langfristiger Aktiva sind (IFRS 10.B86c). 40.40

Zwischengewinne betreffen langfristige (Anlagevermögen) und kurzfristige Vermögenswerte (Vorräte). Der **Zwischengewinn** ist der **Unterschied** zwischen einheitlichen Konzernanschaffungs- und Herstellungskosten (Rz. 34.30) und dem Bilanzansatz beim empfangenden Konzernunternehmen. 40.41

Bei **Vorräten** sind die folgenden Schritte vorzunehmen: 40.42

(1) Bestimmung des **Mengengerüsts** (Menge der bei Konzernunternehmen aus Lieferungen anderer Konzernunternehmen am Stichtag vorhandenen Konzernvorräte). Dies ergibt sich aus einer Dokumentation der Lagerbuchführung, ggf. aus qualifizierten Schätzungen. Die Konzernvorräte werden üblicherweise im Konzernreporting abgefragt. Vereinfachungsverfahren (z.B. **Kifo**, Konzern-in-first-out), die ohnehin nur bei Vermögenswerten relevant sind, die so auch von Fremden erworben wurden, kennen die IFRS nicht. Zur gleichwohl möglichen Anwendung s. Rz. 20.45.

(2) Bestimmung der **Zwischengewinnmarge** der Lieferunternehmen unter Berücksichtigung konzerneinheitlicher AHK. Aus Konzernsicht gegenüber einer Einzelabschlusssicht zusätzlich zu aktivierende Kostenbestandteile (z.B. Transport zu den anderen Konzernunternehmen) sind oft nicht wesentlich oder können durch pauschale Zuschläge erfasst werden. Bei entsprechendem Warenwirtschaftssystem können die konzerneinheitlichen AHK für jeden Vorratsartikel einzeln ermittelt und dem Mengengerüst (1) zugeordnet werden. Unter Kosten-/Nutzenaspekten sind jedoch auch ggf. gewichtete Konzerndurchschnitte sachgerecht.

(3) Anwendung der Zwischengewinnmarge (2) auf das Mengengerüst (1): Sofern das empfangende Unternehmen Abwertungen wegen niedrigerer erzielbarer Erlöse vorgenommen hat, mindert dies die zu eliminierenden Zwischengewinne.

40.43 Nachfolgend ein Beispiel zur Zwischengewinneliminierung in Vorräten.

Beispiel: Die beim Lieferunternehmen A entstandenen Zwischengewinne werden mangels entsprechender Auswertungsmöglichkeiten nicht artikelweise berechnet, sondern aus Kosten/Nutzen-Überlegungen aus der Zwischengewinnmarge lt. GuV von A abgeleitet. A nehme aber unterschiedliche Funktionen wahr: (a) z.T. wird die eigene Produktion auch an Fremde veräußert, (b) z.T. jedoch an andere Konzernvertriebsgesellschaften weitergeliefert. Im Fall (b) wird die Vertriebsfunktion somit durch eine andere Konzerngesellschaft wahrgenommen, die hierfür eine Vertriebsmarge erhält. Daher weichen die von A realisierten Preise und Gewinnmargen im Fall (a) und (b) voneinander ab. Folglich kann die Zwischengewinnmarge nicht aus der Durchschnittsmarge von A abgeleitet werden, sondern ergibt sich erst nach Aufspaltung der GuV:

- A erzielt aus den Lieferungen (a) und (b) jeweils Umsatzerlöse von 500. Die Preise und damit die Margen sind bei (a) aber höher als bei (b).
- Unter der Annahme, dass A bei seinen Direktlieferungen die gleichen Endverkaufspreise erzielt wie die Vertriebsgesellschaften von ihren Endkunden, würde aus allen Konzernlieferungen, bezogen auf den Endverkaufspreis des Konzerns, die gleiche Marge realisiert (50 %). Die AHK aus Lieferungen via Vertriebsgesellschaft (350) machen somit wie bei den Direktlieferungen von A ebenfalls 50 % der *Endpreise* (700) aus. Bezogen auf den Erlös von A mit den Vertriebsgesellschaften (500) ergibt sich somit eine Zwischengewinnmarge von 30 % ([500-350]/500) statt 40 % lt. Gesamt-GuV von A):

Gegenstand	Total	(a) Direkt an Fremde	(b) via Vertriebsgesellschaft
Umsatz mit Fremden	*1.200*	*500*	*700*
Marge Vertriebsgesellschaft	*200*		*200*
Umsatz Produktionsgesellschaft A	1.000	500	500
Konzerneinheitliche AHK	- 600	- 250	- 350
Marge	400	250	150
Marge % des Produktionsunternehmens A	40 %	50 %	30 %

Der zu eliminierende Zwischengewinn beläuft sich somit auf 30 % der bei der Vertriebsgesellschaft lagernden Konzernvorräte. Wenn diese bspw. brutto 200 betragen, aber darauf bereits Wertminderungen von 40 vorgenommen wurden, wäre noch ein Zwischengewinn von 20 zu eliminieren (30 % × 200 = 60 - 40 = 20):

Berechnung	31.12.01
Bruttovorräte beim Empfänger	200
Gängigkeitsabwertung 20 %	- 40
Nettovorräte beim Empfänger	160
Zwischengewinn	- 20
Ansatz im Konzernabschluss (70 % der Bruttowerte)	140

Ergebniswirksam wird nur die *Veränderung* der Zwischengewinne im Vergleich zur Vorperiode (nach latenten Steuern, Vorjahreswerte fiktiv angenommen):

Berechnung	1.1.01	Ergebnis	31.12.01
Zwischengewinne brutto	- 30	10	- 20
aktive latente Steuern	9	- 3	6
Zwischengewinne netto	- 21	7	- 14

Der **Vorjahressaldo** ist erfolgsneutral zu buchen, um die erfolgswirksamen Veränderungen des laufenden Jahres zutreffend abzugrenzen:

Buchung	Soll	Haben
Gewinnrücklagen („Ausgleichsposten Zwischengewinne" Vj.)	21	
aktive latente Steuern	6	
latenter Steueraufwand	3	
Materialaufwand/Bestandsveränderung		10
Vorräte		20
	30	30

Bei Zwischengewinnen im **Anlagevermögen** ist der Gewinn des Lieferunternehmens leichter identifizierbar. Der daraus resultierende Zwischengewinn ist entsprechend dem Abschreibungsverlauf (planmäßig und außerplanmäßig) aufzulösen (jeweils unter Erfassung latenter Steuern).

IV. Latente Steuern

Erfolgswirksame Buchungen i.R.d. Schuldenkonsolidierung oder Zwischenergebniseliminierung führen i.d.R. zu temporären Differenzen, so dass latente Steuern anfallen (IFRS 10.B86c). Dies gilt ausnahmsweise nicht, wenn sich z.B. die Bildung einer im KA stornierten Drohverlustrückstellung gegenüber einem Konzernunternehmen mangels steuerlicher Anerkennung in der HB II nicht steuerlich ausgewirkt hat[7].

---

7 Vgl. *Senger/Diersch*, Beck IFRS-HB[5], § 35 Rz. 135.

Soweit aus Vereinfachungs- und Wesentlichkeitsgründen kein konzerneinheitlicher Steuersatz angewendet werden kann (Rz. 29.65), ist grundsätzlich der Steuersatz des Unternehmens maßgebend, dessen Ergebniseffekt eliminiert wird. Bei der Zwischengewinneliminierung ist z.B. der **Steuersatz des Lieferunternehmens** anzusetzen, da dessen Zwischengewinn aus Konzernsicht storniert und aufgeschoben wird[8]. Es wird jedoch auch die Ansicht vertreten, den Steuersatz des Empfängers anzusetzen[9] (Rz. 29.65).

V. Auswirkungen unterschiedlicher Bewertungskategorien

40.46   Die Aufrechnung von sich dem Grunde nach entsprechenden Positionen ist nach IFRS im Vergleich zum HGB komplexer, weil nach IFRS mit den fortgeführten Anschaffungskosten, erfolgsneutraler Fair Value-Bewertung, erfolgswirksamer Fair Value-Bewertung sowie einem (niedrigeren) erzielbaren Betrag unterschiedliche Bewertungskonzeptionen möglich sind.

Beispiel: Die Konzernunternehmen LG (Vermieter) und LN (Mieter) gehören zum selben Konzernkreis. LG hat sich auf die Vermietung von Grundstücken und Gebäuden spezialisiert und wendet für deren Bilanzierung als Anlageimmobilien gem. IAS 40 in der Handelsbilanz II das Fair Value-Modell an. Wegen der Fair Value-Bewertung bei LG entstehen auch Unterschiede zur Steuerbilanz, so dass latente Steuern anzusetzen sind. LG vermietet auch konzernintern Grundstücke und Gebäude an LN. LN nutzt diese zu Produktions- und Verwaltungszwecken. Aus Konzernsicht ist das Leasingverhältnis zu konsolidieren und für die Immobilien IAS 16 anzuwenden. Hiernach können die Immobilien ebenfalls zum Fair Value – allerdings erfolgsneutral (Neubewertungsmethode) – oder zu fortgeführten Anschaffungs- bzw. Herstellungskosten angesetzt werden. Daher können durch diese Konsolidierung eine ganze Reihe von Anpassungsbuchungen erforderlich werden, bei denen jeweils wegen der Abweichungen zur Steuerbilanz eine Prüfung des Ansatzes latenter Steuern notwendig ist.

VI. Auswirkungen auf nicht beherrschende Anteile

40.47   Unabhängig vom Vorliegen von nicht beherrschenden Anteile (**nbA**) sind die zuvor bezeichneten Konsolidierungsmaßnahmen bei **vollkonsolidierten Unternehmen** vollständig und in voller Höhe durchzuführen (IFRS 10.B86c). Ergebniswirksame Konsolidierungsmaßnahmen sind grundsätzlich auch anteilig den nbA zuzurechnen, soweit darauf nicht unter Wesentlichkeitsaspekten verzichtet werden kann. Der Effekt aus Zwischengewinneliminierungen ist z.B. den nbA des Lieferunternehmens zuzuordnen (Rz. 40.45).

40.48–40.49   frei

---

[8] Vgl. EY iGAAP 2018, S. 438; *Lüdenbach*, PiR 2015, 1, 2.
[9] Vgl. *Senger/Diersch*, Beck IFRS-HB[5], § 35 Rz. 137.

C. Transaktionen zwischen Assoziierten Unternehmen/ Gemeinschaftsunternehmen und dem Konzern

I. Zwischenergebniseliminierung

Die **Zwischenergebniseliminierung** gegenüber **at equity bewerteten Beteiligungen** ist von dem Grundsatz geprägt, dass i.H.d. Anteils Konzernfremder an diesen Unternehmen Transaktionen wie mit fremden Dritten vorliegen. Daher sind Zwischenergebniseliminierungen grundsätzlich nur *anteilig* i.H.d. Beteiligungsquote des Konzerns vorzunehmen, und zwar unabhängig von der Lieferrichtung (IAS 28.28).

40.50

Dies gilt selbstredend nicht nur bei direkter Beteiligung am assoziierten oder Gemeinschaftsunternehmen, sondern auch im Verhältnis zu allen vollkonsolidierten Tochtergesellschaften (IAS 28.28). Umgekehrt sind Zwischenergebnisse aus Lieferungen von/an (vollkonsolidierte) Tochtergesellschaften des assoziierten bzw. Gemeinschaftsunternehmens ebenfalls anteilig zu eliminieren.

Bei Lieferungen vom Konzern an das assoziierte oder Gemeinschaftsunternehmen (sog. **downstream-Transaktion**) ist der anteilige Zwischengewinn (oder Verlust) gegen den Equitywert zu buchen:

40.51

Beispiel: MU sei zu 40 % an dem at equity bilanzierten Unternehmen E beteiligt und habe Waren für 1.000 bei Konzern-AHK (vereinfacht nur Materialaufwand) von 800 an E geliefert, die bei E am Stichtag noch vorhanden sind. Dann ist der Zwischengewinn von 200 i.H.v. 40 % (= 80) zu eliminieren, wobei folgende Buchungsalternativen bestehen:

Alternative 1[10]:

	Soll	Haben
Umsatzerlöse	400	
Bestandsveränderung bzw. Herstellungskosten		320
(Equity)-Beteiligung E		80

Dies kommt einer Aufwands- und Ertragseliminierung gleich, die aber nicht zwingend erscheint, wenn man die Equitymethode eher als Bewertungs- und nicht als Konsolidierungsmethode versteht.[11]

Alternative 2[12]:

	Soll	Haben
Bestandsveränderung bzw. Herstellungskosten	80	
(Equity)-Beteiligung E		80

---

10 Vgl. *Baetge/Graupe/Höbener* in Baetge-IFRS, IAS 28 Rz. 150.
11 Vgl. Haufe, IFRS-Kommentar[16], § 33 Rz. 76 unter Hinweis auf *Schmidt*, PiR 2010, 61 ff.
12 Vgl. EY iGAAP 2018, S. 741.

Variante:

Bei Vorhandensein nicht beherrschender Anteilseigner (nbA) beim Lieferunternehmen ist die Beteiligungsquote des Lieferunternehmens (und nicht die durchgerechnete Quote der Konzernmutter MU[13]) maßgebend. Erfolgt die Lieferung an E durch TU, an der MU nur mit z.B. 70 % beteiligt ist, sind gleichwohl 40 % des Zwischengewinns (und nicht nur 28 %) zu eliminieren. Dies folgt daraus, dass nbA grundsätzlich an der Zwischengewinneliminierung beteiligt sind (Rz. 40.47).

Anders aber, wenn die Lieferung an eine vollkonsolidierte TU des assoziierten Unternehmens E erfolgt (TU-E), an der nbA beteiligt sind; dann ist mangels nbA-Ausweises beim Equity-Wert der E im KA des MU die durchgerechnete Quote maßgebend (Anteil des direkten Konzernanteilseigners an E × Anteil E an TU-E).

Aus praktischer Sicht setzt die Zwischengewinneliminierung bei downstream-Lieferungen Informationen über die am Abschlussstichtag noch im Bestand befindlichen, vom Konzern an das Equity-Unternehmen gelieferten Vermögenswerte voraus, ebenso über dessen Fortschreibung, insbesondere bei abnutzbarem Anlagevermögen. Bekannt ist demgegenüber die Gewinnmarge des liefernden Konzerns.

40.52 Übersteigt der bei einer downstream-Transaktion zu eliminierende Zwischengewinn den Equitywert, ist der überschießende Betrag u.E. passiv abzugrenzen:

Beispiel: MU habe an E (Beteiligung 40 %) ein bebautes Grundstück veräußert und dabei einen Zwischengewinn von Euro 2.500 (anteilig 1.000) erzielt. Der Equitywert von E betrage 700. Dann ist zu buchen[14]:

	Soll	Haben
Sonstige betriebliche Erträge	1.000	
(Equity)-Beteiligung E		700
Passive Abgrenzung		300

Die Begründung lautet, dass der bei MU gebuchte Zwischengewinn aus Konzernsicht anteilig nicht entstanden ist. Nach a.A. soll die Zwischengewinneliminierung unter Hinweis auf IAS 28.38 zum Verbot negativer Equitywerte (Rz. 37.43) auf den Equitywert begrenzt werden[15]. Diese Ansicht teilen wir nicht, da es sich bei dem zu eliminierenden Zwischengewinn nicht um einen auf „0" zu begrenzenden anteiligen Verlust aus der Beteiligung an E, sondern um einen aus Konzernsicht nicht existierenden Gewinn bei MU handelt.

Vorab ist jedoch zu prüfen, ob bei E nicht (zur Finanzierung des Grundstückserwerbs) vorhandene eigenkapitalähnliche Konzerndarlehen bestehen, die Eigenkapitalcharakter haben und das Potential zum Verlustausgleich bzw. zur Verrechnung der Zwischengewinne haben (Rz. 37.29).

Davon abgesehen löst sich der Zwischengewinn entsprechend dem Abschreibungsverlauf, spätestens bei Veräußerung des Gebäudes bei E anteilig auf, wobei vorrangig der passive Abgrenzungsposten aufzulösen ist.

---

13 So aber *Hayn* in Beck-IFRS-HB[5], § 36 Rz. 59.
14 Vgl. EY-iGAAP 2018, S. 741.
15 Vgl. *Baetge/Graupe/Höbener* in Baetge-IFRS, IAS 28 Rz. 156; EY-iGAAP 2018, S. 744 sehen eine Regelungslücke und demzufolge ein Bilanzierungswahlrecht.

40.53 Lieferungen vom assoziierten oder Gemeinschaftsunternehmen an den Konzern (sog. **upstream-Transaktion**) sind ebenfalls anteilig zu eliminieren. Hier ist das Mengengerüst bekannt, weil die gelieferten Gegenstände Konzernvermögen darstellen. Zur Durchführung der Zwischenerfolgseliminierung muss hier die Marge des assoziierten oder Gemeinschaftsunternehmen bekannt sein. Zur Vorgehensweise folgendes Beispiel:

Beispiel: Abweichend von Rz. 40.51 sei die Lieferung von E an MU erfolgt. Dann ist der Zwischengewinn entweder gegen Vorräte oder gegen den Equitywert zu buchen[16]:

	Soll	Haben
Ergebnis aus at equity bilanzierten Unternehmen	80	
(a) (Equity)-Beteiligung E		80 *oder*
(b) Vorräte (MU)		80

Für (a) spricht, dass der Equitywert grundsätzlich um die anteiligen Ergebnisse fortzuschreiben ist[17] und das Ergebnis von E aus Konzernsicht den eliminierten Zwischengewinn nicht umfasst.

40.54 Obwohl in IAS 28 nicht explizit erwähnt, befürworten wir aus konzeptionellen Gründen (gleiche Interessenlage) grundsätzlich die Eliminierung von Zwischenergebnissen aus Transaktionen zwischen zwei at equity bilanzierten Unternehmen (*side-stream* oder *cross-stream*-**Lieferungen**). Die Eliminierung wäre in Höhe des Produkts der Beteiligungsquoten vorzunehmen (z.B. 30 % × 40 %)[18]. In der Praxis dürfte die Eliminierung allerdings mangels Wesentlichkeit oft unterbleiben, sofern die Datenlage zu Menge und Marge eine Eliminierung überhaupt hergeben würde.

40.55 Ausnahmsweise ist ein **Zwischenverlust** nicht zu eliminieren, soweit dieser Folge eines gesunkenen Netto-Veräußerungswerts kurzfristiger Aktiva oder eines Wertminderungsverlustes (Impairment) langfristiger Aktiva ist (IAS 28.29). Bei downstream-Transaktionen bleibt der Verlust bzw. die Wertminderung des liefernden Konzernunternehmens bei diesem somit in voller Höhe ausgewiesen; bei upstream-Transaktionen wird der Verlust „unten" voll ausgewiesen, aber entsprechend der Equity-Methode nur anteilig i.H.d. Konzernquote übernommen.

II. Sacheinlagen in assoziierte Unternehmen/ Gemeinschaftsunternehmen

40.56 Bei einer **Sacheinlage** in das assoziierte oder Gemeinschaftsunternehmen gegen Ausgabe von Anteilen gelten die Grundsätze in Rz. 40.50 ff. sinngemäß, wenn der Tausch

---

16 Vgl. *Baetge/Graupe/Höbener* in Baetge-IFRS, IAS 28 Rz. 150.
17 Vgl. *Lüdenbach*, StuB 2014, S. 775, 776 zur vergleichbaren Problemstellung nach HGB.
18 Vgl. *Baetge/Graupe/Höbener* in Baetge-IFRS, IAS 28 Rz. 159 ff., EY-iGAAP 2018, S. 745; für ein Bilanzierungswahlrecht: *Hayn* in Beck-IFRS-HB[5], § 36 Rz. 60. Keine Eliminierung von Zwischenergebnissen bei cross-stream-Lieferungen DRS 26.70 zum HGB.

beim einlegenden Konzernunternehmen überhaupt zur Gewinnrealisierung führt. Dies setzt voraus, dass die Transaktion wirtschaftliche Substanz aufweist. IAS 28.30 verweist hierzu auf IAS 16 (Sachanlagen), dort IAS 16.24 f. zur Bewertung von Tausch von Sachanlagen: Wirtschaftliche Substanz liegt vor, wenn sich die Cashflows der Tauschgüter hinsichtlich Risiko, Zeitpunkten und ggf. Beträgen voneinander unterscheiden und dieser Unterschied in Relation zum Fair Value der Tauschgegenstände bedeutsam ist (Rz. 14.60).

Wirtschaftliche Substanz wird bspw. verneint bei Einbringung zweier gleichwertiger unbebauter Grundstücke in ein Gemeinschaftsunternehmen zum Zweck gemeinschaftlicher Bebauung[19]. Fehlt es an wirtschaftlicher Substanz, werden Einbringungsgewinne und -verluste (letztere vorbehaltlich Impairment) stets in voller Höhe eliminiert.

An wirtschaftlicher Substanz mangelt es auch, wenn Anrechnungsbeträge (Fair Values) bei Sacheinlagen bewusst falsch geschätzt werden, etwa zu hoch zugunsten eines hohen Gewinnausweises oder zu gering zur Vermeidung künftiger Abschreibungen inkl. Impairment[20]. Bei zu hohen Schätzungen ist u.E. der überschießende Betrag voll und der fremdübliche Teil des Zwischengewinn anteilig zu eliminieren.

40.57 Die Bilanzierung bei wirtschaftlicher Substanz führt i.d.R., aber nicht in allen Fällen zu einer anteiligen Zwischengewinneliminierung.

Beispiel: A, B und C gründen ein Gemeinschaftsunternehmen G zwecks gemeinsamer Entwicklung eines Wasserstoffantriebs für Fahrzeuge. Die Einlagen, Anteile, Anrechnungswerte (Fair Values) und bisherigen Buchwerte betragen:

	Gegenstand	bisheriger BW	Fair Value	Quote
A	Patente, Know-how	600	1.500	30 %
B	Barmittel	1.000	1.000	20 %
C	Anteile an TU (100 %)	1.800	2.500	50 %
	davon Goodwill		*500*	
			5.000	100 %

TU wird bei G vollkonsolidiert. Wie ist diese Transaktion in den Konzernabschlüssen von A, B und C abzubilden? Die von B geleistete Bareinlage i.V.m. dem ausgegebenen Anteil (20 %) dient implizit als Maßstab für die Stichhaltigkeit der Bewertung der von A und C geleisteten Einlagen[21], so dass von einer wirtschaftlichen Substanz der Transaktion auszugehen ist.

(a) KA von A

Annahmegemäß stellen die von A eingebrachten Patente kein business i.S.v. IFRS 3 dar (Rz. 36.20 ff. bzw. Rz. 36.16 ff.). Dann ist der bei A entstandene Zwischengewinn gem.

---

19 Vgl. Haufe IFRS-Kommentar[16], § 34 Rz. 47.
20 So wohl EY iGAAP 2018, S. 753.
21 Vgl. *Hayn* in Beck-IFRS-HB[5], § 36 Rz. 62. Außerdem liegt ein „genuin kommerzieller Anlass" vor, vgl. EY-iGAAP 2018, S. 750.

Rz. 40.51 anteilig zu eliminieren. Die Buchung bei A lautet[22] (aus Vereinfachung ohne latente Steuern):

	Soll	Haben
Equitywert G	*1.230*	
nachrichtlich für die Equityfortschreibung:		
– davon Fair Value der net assets von G	*1.080*	
– davon Goodwill TU	*150*	
Patente, Know-how		600
Sonstige betriebliche Erträge		630

Der von A erzielte Gewinn (900 = 1.500 - 600) wird um 30 % (270) auf 630 gekürzt. Der Equitywert von A an G umfasst (nach Konsolidierung von TU auf G) den anteiligen Fair Value des Goodwill (150 = 30 % von 500) sowie den anteiligen Fair Value der einzeln identifizierbaren net assets, allerdings ohne den eliminierten Zwischengewinn: 1.080 = 30 % × (1.500 + 1.000 + 2.000) - 270 = 1.350 - 270.

(b) KA von B

B bucht:	Equitywert G	1.000	an	Cash 1.000
	nachrichtlich für die Equityfortschreibung:			
	– davon Fair Value der net assets von G	*900*		
	– davon Goodwill TU	*100*		

(c) KA von C

C büßt mit Einbringung aller Anteile an TU die Beherrschung von TU ein. Damit besteht folgender Widerspruch: IFRS 10.25 i.V.m. 10.B98biii) verlangt bei einem Kontrollverlust die vollständige gewinnrealisierende Aufdeckung des Fair Value von TU (Rz. 39.40), während IAS 28.30 (i.d.F. 2011) eine anteilige Zwischengewinneliminierung vorsieht. Der IASB hatte hierzu in 2014 mit IAS 28.38, 28.30, 28.31C i.d.F. 2014 im Ergebnis der Regelung des IFRS 10 (vollständige Gewinnrealisierung) Vorrang eingeräumt[23]. Die Anwendung wurde allerdings auf unbestimmte Zeit verschoben, die frühere Anwendung jedoch zugelassen, was für EU Anwender mangels Endorsement jedoch ins Leere läuft. Somit besteht ein Bilanzierungswahlrecht. Die h.M. räumt der IFRS 10 Regelung jedoch als lex specialis Vorrang ein (Rz. 39.7). Danach müsste C keine anteilige Zwischengewinneliminierung vornehmen und wie folgt buchen:

---

22 Vgl. EY-iGAAP 2018, S. 751 f.
23 Bei unveränderter Voraussetzung von wirtschaftlicher Substanz.

	Soll	Haben
Equitywert G	2.500	
nachrichtlich für die Equityfortschreibung:		
– davon Fair Value der net assets von G	2.250	
– davon Goodwill TU	250	
Net assets und Goodwill[24] TU		1.800
Sonstige betriebliche Erträge		700

40.58 Soweit die Gegenleistung für Sacheinlagen nicht nur in Anteilen am assoziierten Unternehmen/Gemeinschaftsunternehmen, sondern zusätzlich in monetären oder nicht-monetären Vermögenswerten besteht, wird der hierauf entfallende Zwischengewinn nicht gekürzt (IAS 28.31):

Beispiel: Abweichend von Rz. 40.57 habe das von A eingebrachte Patent einen Fair Value von 1.600 (statt 1.500). A soll aber weiterhin nur 30 % der Anteile erhalten. Als Ausgleich wird dem A aus der von B geleisteten Bareinlage ein Ausgleich von 100 erstattet. Dieser erhöht den Zwischengewinn von 900 auf 1.000, wobei der Barausgleich von 100 im KA von A ungeschmälert ausgewiesen werden darf.

	Soll	Haben
Equitywert G	1.230	
nachrichtlich für die Equityfortschreibung:		
– davon Fair Value der net assets von G	1.080	
– davon Goodwill TU	150	
Cash	100	
Patente		600
Sonstige betriebliche Erträge		730

Überstiege die Zuzahlung den Zwischengewinn, entfiele folgerichtig jegliche Kürzung. Die Regelung des IAS 28.31 ist nicht konsequent, da sie das Ausmaß der Zwischengewinneliminierung von der Art der Gegenleistung abhängig macht[25].

40.59 frei

---

24 Annahmegemäß sei der Goodwill der TU zugeordnet, d.h. keine Aufteilung gemäß IAS 36.86 vorzunehmen.
25 Vgl. *Hayn*, in Beck-IFRS-HB[5], § 36 Rz. 62.

III. Schuldenkonsolidierung

40.60 Mangels Aufgliederung des Equitywertes in seine (anteiligen) Vermögenswerte und Schulden kommt eine erfolgsneutrale Eliminierung anteiliger Gegenposten des Konzerns nicht in Betracht. Technisch wäre zwar eine Buchung „Verbindlichkeiten gegenüber Equity-Unternehmen (Soll) an Equitywert (Haben)" möglich. Allerdings verstößt eine solche Buchung gegen IAS 28.10, wonach der volle fortgeschriebene Equitywert auszuweisen ist. Eine erfolgsneutrale Schuldenkonsolidierung ist daher abzulehnen[26].

Denkbar ist einzig eine erfolgswirksame Schuldenkonsolidierung[27] zur Beseitigung einseitiger Ergebnisbuchungen (Wertberichtigungen, Rückstellungsbildungen) in wesentlichen Fällen. Diese erfolgt entsprechend der Zwischengewinneliminierung anteilig (Rz. 40.50 ff.).

IV. Aufwands- und Ertragskonsolidierung

40.61 Mangels Aufgliederung der GuV-Posten kommt, jedenfalls bei upstream-Lieferungen, keine Aufwands- und Ertragseliminierung in Betracht (s. aber Rz. 40.52 zur Eliminierung anteiliger GuV-Posten des Konzerns bei der Zwischengewinneliminierung von downstream-Lieferungen). Die Eliminierung nicht zwischengewinnbehafteter GuV-Posten (z.B. Lizenz- und Zinserträge/-aufwand) gegen das Equityergebnis erscheint nicht sinnvoll[28].

Dies gilt ausnahmsweise nicht, wenn die Equitygesellschaft Fremdkapitalkosten als Teil der AHK aktiviert hat. Dann ist der im Konzern gebuchte Zinsertrag (bei Wesentlichkeit) anteilig passiv abzugrenzen und ratierlich entsprechend dem Abschreibungsverlauf bei der Equitygesellschaft aufzulösen[29].

40.62 Die Eliminierung von Ausschüttungen des Equityunternehmens (IAS 28.10) an den Konzern ist bereits Gegenstand der „normalen" Equityfortschreibung (Rz. 37.27).

40.63 Ein Konzernunternehmen (MU oder TU) kann seinerseits das assoziierte Unternehmen[30] eines assoziierten Unternehmens des Konzerns sein (**reziproke Beteiligungen**). Weiterhin können assoziierte Unternehmen/Gemeinschaftsunternehmen einfache Beteiligungen i.S.v. IFRS 9 an Konzernunternehmen halten. Zur Vermeidung von Doppelzählungen ist wie folgt vorzugehen[31]:

---

26 *Lüdenbach*, StuB 2014, 775 weist darauf hin, dass der Equitywert u.U. negativ werden könnte, wenn der zu eliminierende Posten das Nettovermögen des assoziierten Unternehmens/Gemeinschaftsunternehmens übersteigt.
27 Vgl. *Baetge/Graupe/Höbener* in Baetge-IFRS, IAS 28 Rz. 165; *Hayn*, Beck IFRS-HB[5], § 36 Rz. 65 f.
28 Vgl. EY-iGAAP 2018, 748; a.A. *Baetge/Graupe/Höbener* in Baetge-IFRS, IAS 28 Rz. 166.
29 Vgl. EY-iGAAP 2018, 748.
30 Theoretisch denkbar, aber unwahrscheinlich ist dies für ein Gemeinschaftsunternehmen, vgl. EY-iGAAP 2018, S. 745.
31 Vgl. EY-iGAAP 2018, S. 746 ff.

– Das Eigenkapital des assoziierten Unternehmens/Gemeinschaftsunternehmens ist um Beteiligungsbuchwerte an Konzernunternehmen zu kürzen, so dass diese nicht in den Equitywert einfließen.
– Das anteilig vom Konzern zu vereinnahmende Ergebnis umfasst nur das anteilige „eigene Ergebnis" des assoziierten Unternehmens/Gemeinschaftsunternehmens, d.h. ohne Equityergebnisse (inkl. OCI) oder Dividenden und Fair Value-Änderungen (FVPL/FVOCI) des betreffenden Konzernunternehmens.

Kapitel 41
Anhangangaben zum Konzernabschluss (IFRS 12, IFRS 3)

A. Überblick und Wegweiser 41.1	1. Konsolidierungskreis 41.30
I. Management Zusammenfassung . 41.1	2. Abweichende Stichtage 41.33
II. Standards und Anwendungsbereich 41.2	3. Nicht beherrschende Anteile..... 41.34
	4. Angaben zu konsolidierten strukturierten Gesellschaften 41.36
III. Wesentliche Unterschiede zum HGB 41.4	II. Angaben zu Joint Arrangements/assoziierten Unternehmen 41.40
IV. Neuere Entwicklungen 41.6	1. Allgemeine Angaben 41.40
B. Formale Anforderungen an die Anhangangaben 41.20	2. Risikobericht 41.44
	III. Angaben zu nicht konsolidierten strukturierten Gesellschaften 41.50
I. Anwendungsbereich 41.20	**D. Anhangangaben bei Unternehmenserwerben (Unternehmenszusammenschlüsse)** 41.60
II. Aggregation 41.22	
III. Begründung der Kategorisierung . 41.23	
IV. Wesentlichkeitskriterium 41.26	**E. Besonderheiten bei Investment-Muttergesellschaften** 41.70
C. Einzelangaben 41.30	
I. Angaben zu Tochtergesellschaften..................... 41.30	

Literatur: *Aschfalk-Evertz*, Strukturierte Unternehmen nach IFRS 10 und 12 – Eine erste empirische Analyse der Berichterstattung durch DAX-30-Unternehmen, PiR 2015, 343; *Beyhs/Buschhüter/Schurbohm*, IFRS 10 und IFRS 12: Die neuen IFRS zum Konsolidierungskreis, WPg 2011, 662; *Zülch/Erdmann/Popp*, IFRS 12 „Disclosure of Interests in Other Entities" – Neuformulierung der konzernbezogenen Anhangangaben im Überblick, KoR 2011, 509.

A. Überblick und Wegweiser

I. Management Zusammenfassung

Anhangangaben haben neben der bloßen Aufgliederung und Erläuterung von Abschlusszahlen auch die Funktion, Risiken und Unwägbarkeiten, die noch nicht in den Berichtsinstrumenten zu erfassen sind, verbal und ggf. auch quantifiziert zu nennen. Exemplarisch hierfür stehen die Anhangvorschriften zum Konsolidierungskreis und zu den anteilig oder at equity einbezogenen Unternehmen. 41.1

In der Finanzkrise 2008/2009 wurden darüber hinaus Bilanzierungslücken offensichtlich, weil nicht alle Zweckgesellschaften (jetzt: strukturierte Unternehmen bzw. Gesellschaften) konsolidiert worden waren (Rz. 31.8). Der IASB hat darauf in 2011 außer mit einer Vereinheitlichung des Beherrschungsbegriffes (IFRS 10, Rz. 31.5) durch eine (erhebliche) Ausweitung der Anhangangabepflichten reagiert: Der damals ebenfalls neue IFRS 12 verlangt seit 2013 detaillierte Angaben sowohl zu

- den Unternehmen des Konsolidierungskreises einschließlich konsolidierte strukturierter Unternehmen (Zweckgesellschaften) als auch zu
- *nicht* konsolidierten strukturierten Unternehmen.

Mit IFRS 12 sollen Abschlussadressaten in die Lage versetzt werden, insbesondere die Risiken aus Anteilen an anderen Unternehmen bzw. des Engagements in anderen Unternehmen im Hinblick auf die VFE-Lage und der Cashflows des berichtenden Konzerns besser beurteilen zu können. Erste empirische Analysen der Geschäftsberichte der DAX-30-Konzerne haben allerdings gezeigt, dass sich durch IFRS 12 keine signifikanten Änderungen im Informationsumfang und in der Art der Berichterstattung ergeben haben.[1]

II. Standards und Anwendungsbereich

41.2 IFRS 12 bündelt die Anhangangaben zu Folgendem (IFRS 12.5):

a) Tochterunternehmen (Rz. 31.1 ff.)

b) Joint Arrangements (Rz. 32.1 ff.)

c) Assoziierte Unternehmen (Rz. 33.1 ff.)

d) Nichtkonsolidierte strukturierte Unternehmen bzw. Gesellschaften (Rz. 31.30 ff.)

Insoweit ist IFRS 12 auf den **Konzernabschluss** anzuwenden, da in diesem Fall eine oder mehrere dieser Sachverhalte vorliegen.

41.3 Dagegen ist IFRS 12 in folgenden Fällen *nicht* anwendbar (IFRS 12.6):

a) Planvermögen i.S.v. IAS 19 (Rz. 27.52 f.).

b) IFRS Einzelabschlüsse, es sei denn, es wird *nur* ein Einzelabschluss (und kein Konzernabschluss) aufgestellt und dieses Unternehmen hat Beteiligungen an strukturierten Gesellschaften: Dann müssen die Angaben nach IFRS 12.24-31 (Rz. 41.50) auch im Einzelabschluss gemacht werden. Zu einer weiteren Rückausnahme bei Investmentgesellschaften siehe Rz. 41.70 ff.

c) Bruchteilseigentum ohne (gemeinsame) Beherrschung (Fälle von IFRS 11.23, Rz. 32.37), es sei denn, (i) es liegt ein maßgeblicher Einfluss vor oder (ii) es handelt sich um Bruchteilseigentum an strukturierten Gesellschaften.

d) Einfache Anteile i.S.v. IFRS 9, es sei denn, es handelt sich um (i) Anteile von Beteiligungsgesellschaften u.Ä., an assoziierten Unternehmen i.S.v. IAS 28 oder an Gemeinschaftsunternehmen i.S.v. IFRS 11, die nur aufgrund eines entsprechenden Wahlrechts erfolgswirksam zum Fair Value nach IFRS 9 angesetzt werden (Rz. 37.5) oder (ii) um nicht konsolidierte strukturierte Gesellschaften.

---

1 Vgl. *Aschfalk-Evertz*, PiR 2015, 347 ff.

III. Wesentliche Unterschiede zum HGB

Die Anhangangaben zum HGB Konzernabschluss sind vor allem in §§ 313 f. HGB geregelt (siehe Rz. 48.40 zu den HGB-Vorschriften, die auch in einem IFRS-Konzernabschluss zu beachten sind). 41.4

— Im Wesentlichen vergleichbar sind die **Nennung der einbezogenen Tochter- und Gemeinschaftsunternehmen sowie der assoziierten Unternehmen** (§ 313 Abs. 2 HGB).

— Dagegen gehen die Berichtspflichten des IFRS 12 zu **Risiken**, die aus konsolidierten oder nicht konsolidierten Unternehmen resultieren können, deutlich über die Anforderungen des HGB hinaus. Dem *Grunde nach* vergleichbar sind § 314 Abs. 1 Nr. 2 HGB zur Erläuterung von *„Art und Zweck sowie Risiken und Vorteilen von nicht in der Konzernbilanz enthaltenen Geschäften des Mutterunternehmens und der in den Konzernabschluss einbezogenen Tochterunternehmen"*, außerdem § 314 Abs. 1 Nr. 2a HGB zu nicht im Konzernabschluss enthaltenen sonstigen finanziellen Verpflichtungen.

Allerdings ist nach HGB (auch in einem IFRS Konzernabschluss nach § 315e HGB) ein **Lagebericht** obligatorisch. Die (ausführliche) Erläuterung des Geschäftsverlaufs und der wesentlichen Chancen und Risiken (§ 315 Abs. 1 HGB) steht trotz geringeren Detaillierungsgrads des § 315 HGB qualitativ dem IFRS 12 nicht nach, insbesondere unter Berücksichtigung der Anforderungen des DRS 20. 41.5

IV. Neuere Entwicklungen

Seit seiner Veröffentlichung im Mai 2011 ist IFRS 12 insbesondere im Oktober 2012 durch die Schaffung der Konsolidierungsausnahme für Investment-Muttergesellschaften (Rz. 31.16) um zusätzliche Anhangangaben für diese erweitert worden (Rz. 41.70 ff.). Nachfolgende kleinere Änderungen hatten eher klarstellenden Charakter. Darüber hinaus sind derzeit keine Änderungen absehbar. 41.6

frei 41.7–41.19

B. Formale Anforderungen an die Anhangangaben

I. Anwendungsbereich

Das Ziel von IFRS 12 besteht in der Informationsvermittlung (IFRS 12.1) über 41.20

(a) die Art der Beteiligung an anderen Gesellschaften sowie die damit verbundenen Risiken und

(b) die Auswirkungen dieser Beteiligungen auf Bilanz, Ergebnis und Cashflows.

Der Begriff „Beteiligung an anderen Gesellschaften" (*interest in other entities*) korrespondiert zunächst naturgemäß mit dem weiten Beherrschungsbegriff des IFRS 10: Eine Kapitalbeteiligung oder Stimmrechte sind nicht erforderlich, ebenso wenig feste rechtliche Strukturen (Rz. 31.20 ff.). Somit sind Angaben zu allen Einheiten erforderlich, die zu einer Bilanzierung nach IFRS 10, IFRS 11 oder IAS 28 geführt haben, sei es aufgrund gesellschaftsrechtlicher, anderer vertraglicher oder durch sonstige Umstände (IFRS 12 Appendix A). Auf eine Kapitalbeteiligung kommt es insoweit nicht an.

41.21 IFRS 12.2biii dehnt die Berichtspflicht jedoch über die im Konzernabschluss erfassten *„interest in other entities"* auf (**unkonsolidierte**) **„strukturierte Unternehmen"** aus (Rz. 41.2). Diese sind nach IFRS 12 Anhang B durch einige oder sämtliche der folgenden Merkmale gekennzeichnet (IFRS 12.B21 ff.):

(a) Beschränkte Aktivitäten („Autopilot"),

(b) Enge Zwecksetzung (z.B. Leasingobjektgesellschaft aus steuerlichen Gründen, Forschungs- und Entwicklungstätigkeiten, ABS-Gesellschaft)

(c) Geringe Eigenkapitalausstattung

(d) strukturierte Finanzierung, z.B. über Verbriefung (Asset-backed).

Dabei ist zu beachten:

– Es mögen „Beteiligungen" (*interest*) an Gesellschaften (*other entities*) bestehen, die die o.g. Merkmale erfüllen und zusätzlich auch beherrscht werden (siehe zum Gleichklang und Unterschied zwischen SIC-12 und IFRS 10 auch Rz. 31.30 ff.). Dann lägen Tochtergesellschaften i.S.v. IFRS 12.5a bzw. bei gemeinsamer Beherrschung Joint Arrangements i.S.v. IFRS 12.5c vor.

– Es kann aber auch Gesellschaften (*entities*) geben, welche die o.g. Merkmale enthalten, die aber vom Konzern trotzdem nicht allein oder gemeinsam mit anderen beherrscht werden, bei denen die Prüfung der Beherrschungsmerkmale also ergibt, dass *ein anderer* diese Unternehmen beherrscht. Sofern der Konzern gleichwohl ein *interest* in diesen strukturierten Gesellschaften aufweist – also **variablen Rückflüssen** in Abhängigkeit der Geschäftsentwicklung ausgesetzt ist – muss darüber berichtet werden (IFRS 12.5d).

Die alleinige Hervorhebung strukturierter Unternehmen innerhalb der nicht konsolidierten Gesellschaften widerspricht scheinbar dem *innerhalb von IFRS 10* (Vollkonsolidierung) zur Vermeidung von Bilanzierungslücken bewusst getroffenen Verzicht auf die Unterscheidung von Normalfällen („Stimmrechtsgesellschaften") und strukturierten Gesellschaften (Rz. 31.30). Tatsächlich aber ergeben sich relevante Risiken vorzugsweise aus strukturierten Gesellschaften,[2] so dass nur über diese und nicht über jede (andere) nicht konsolidierte Einheit berichtet werden muss.

---

2 Vgl. *Beyhs/Buschhüter/Schnurbohm*, WPg 2011, 662 (671).

Beispiel: Der Konzern K

(a) ist mit 15 % (= 150 TEuro) am Kapital der operativen X GmbH beteiligt (einfache Beteiligung) und

(b) deckt vertraglich zu 15 % das Refinanzierungsrisiko von 10 Mrd. Euro einer ABS-Gesellschaft ab.

In beiden Fällen bestehe weder Beherrschung noch gemeinsame Führung oder maßgeblicher Einfluss. Im schlimmsten Fall verliert K bei (a) die Einlage von 150 TEuro, bei (b) aber 1,5 Mrd. Euro. Daher löst (b) Berichtspflicht nach IFRS 12 aus, (a) aber nicht.

II. Aggregation

Bei der Berichterstattung ist entsprechend den allgemeinen Prinzipien eine angemessene Aggregation zu wählen (IFRS 12.4, 12.B2 ff.). Es soll keine Information durch zu hohe Aggregation untergehen, aber auch kein *information overload* durch zu detaillierte Angaben entstehen. **Mindestens** sind die Angaben aber nach **folgenden Kategorien** zu unterscheiden (IFRS 12.B4):

a) Tochtergesellschaften (IFRS 12.10 ff.),

b) Gemeinschaftsunternehmen (IFRS 12.20 ff.),

c) Joint Operations (IFRS 12.20 ff.),

d) Assoziierte Unternehmen (IFRS 12.20 f.),

e) Nicht konsolidierte strukturierte Gesellschaften (IFRS 12.24 ff.).

Innerhalb der jeweiligen Kategorie kann z.B. folgende **Untergliederung** der Gesellschaften erfolgen (IFRS 12.B6):

a) nach Geschäftstätigkeit (F&E, Kreditinstitute),

b) nach Branchen,

c) nach Regionen (Länder, Kontinente).

Es ist darüber zu berichten, wie die Informationen über ähnliche Unternehmen zusammengefasst worden sind (IFRS 12.B3).

III. Begründung der Kategorisierung

Vor den Einzelangaben pro Kategorie ist die Einordnung von Unternehmen in die jeweilige Kategorie (Rz. 41.22) zu begründen, also warum es

(a) eine alleinige (IFRS 10) oder

(b) gemeinsame (IFRS 11) Beherrschung ausübt oder

(c) nur ein maßgeblicher Einfluss (IAS 28)

vorliegt (IFRS 12.7). Sofern im Fall (b) eine separate rechtliche Einheit vorliegt, ist zu erläutern, ob diese die Merkmale (i) eines Joint Venture oder (ii) einer Joint Operation erfüllt (IFRS 12.7c sowie Rz. 32.30 ff.).

In **Normalfällen** (z.B. Beherrschung wird durch Stimmrechtsmehrheit begründet und es existieren keine anderweitigen vertraglichen Vereinbarungen, die dies konterkarieren, Rz. 31.26 ff.) reicht u.E. die Angabe der Beteiligungsquote verbunden mit einem Hinweis darauf, dass keine sonstigen Vereinbarungen bzw. Umstände vorliegen, die diese Wertung konterkarieren.

41.24 Besonders zu erläutern sind jedoch die **vom Normalfall abweichende Konstellationen** (IFRS 12.9), also:

a) Warum trotz Stimmrechtsmehrheit keine Beherrschung vorliegt.

b) Warum Beherrschung trotz fehlender Stimmrechtsmehrheit gegeben ist.

c) Warum Beherrschung durch Einschaltung von Vertretern vermittelt wird (Rz. 31.80 ff.).

d) Warum kein maßgeblicher Einfluss trotz Haltens von 20 % der Stimmrechte oder mehr vermittelt wird (Rz. 33.25 ff.).

e) Warum maßgeblicher Einfluss vorliegt trotz Unterschreitens der 20 % Grenze (Rz. 33.28).

Solche Angabepflichten sind auch aus dem HGB nicht unbekannt. So ist beispielsweise gegenüber Tochterunternehmen der Grund für die Einbeziehung anzugeben, soweit er sich nicht aus der Stimmrechtsmehrheit ergibt (§ 313 Abs. 2 Nr. 1 HGB; ähnlich auch bei Gemeinschaftsunternehmen, § 313 Abs. 2 Nr. 3 HGB).

41.25 Selbstverständlich ist auch über **Änderung der Kategorisierung** und damit letztlich über die **Änderung des Konsolidierungskreises** begründet zu berichten (IFRS 12.8).

IV. Wesentlichkeitskriterium

41.26 In Übereinstimmung mit dem allgemeinen Wesentlichkeitsgrundsatz (IAS 1.29 ff.) sind die geforderten Anhangangaben auf wesentliche Sachverhalte zu beziehen (z.B. Aufgliederung wesentlicher nbA, Rz. 41.34). In der Literatur wurden die damit verbundenen Ermessensspielräume kritisch gewürdigt[3]. Wir vertreten die Ansicht, dass sich das Wesentlichkeitskriterium bereits bei der Frage der Konsolidierung nicht nach dem Status Quo, sondern nach dem „**größten anzunehmenden Unfall**" richtet (Rz. 31.114). Das gilt auch für die Anhangangaben nach IFRS 12: Es ist über (wesentliche) künftig denkbare Risiken, Inanspruchnahmen, beabsichtigte Unterstützungsmaßnahmen etc. zu berichten (Rz. 41.36 zu konsolidierten strukturierten

---

[3] Vgl. *Zülch//Erdmann/Popp*, KoR 2011, 509 (512).

Gesellschaften, Rz. 41.40 zu Joint Arrangements und assoziierten Unternehmen, Rz. 41.50 zu nicht konsolidierten strukturierten Gesellschaften).

frei 41.27–41.29

C. Einzelangaben

I. Angaben zu Tochtergesellschaften

1. Konsolidierungskreis

Es ist der **Konsolidierungskreis** zu beschreiben (IFRS 12.10ai). Dazu gehört (obwohl in IFRS 12 nicht explizit erwähnt, aber wegen §§ 315e Abs. 1 i.V.m. 313 Abs. 2 HGB ohnehin erforderlich) die Nennung von 41.30

– Name,

– Sitz und

– Beteiligungsquote

jeder Tochtergesellschaft des Konzerns. Diese Angaben werden üblicherweise in einer „**Beteiligungsliste**" vorgenommen.

Detailliert ist über mögliche **Verfügungsbeschränkungen** auf Vermögenswerte und Cashflows zu berichten (IFRS 12.13). Damit soll der Adressat erfahren, inwieweit im Konzernabschluss ausgewiesene Vermögenswerte nicht für den Restkonzern zur Verfügung stehen, etwa zur Tilgung von dort bestehenden Verbindlichkeiten. Dabei sind gesondert anzugeben 41.31

– Rechte von nbA oder

– vertragliche Verpflichtungen,

die einen Transfer von Mitteln in den Restkonzern verhindern (IFRS 12.13b) sowie die Buchwerte der insoweit gesperrten Vermögenswerte (IFRS 12.13c).

Im Fall eines **Statusverlustes** (Beteiligung sinkt unter die Controlgrenze, Rz. 39.40) sind anzugeben: 41.32

– Gewinn oder Verlust aus der Fair Value-Bewertung möglicher Altanteile sowie

– GuV-Posten, in dem dieser Betrag enthalten ist (IFRS 12.19).

2. Abweichende Stichtage

Werden Tochterunternehmen mit vom Konzernabschluss abweichenden Stichtagen/ Berichtsperioden einbezogen, ist das jeweilige Datum mit Begründung für die Abweichung anzugeben (IFRS 12.11). 41.33

3. Nicht beherrschende Anteile

41.34 Zu jeder Konzerneinheit, an der **aus Konzernsicht wesentliche nbA**[4] beteiligt sind (IFRS 12.12, 12.B10 ff.), ist anzugeben:

- Name und Sitz
- Jeweils für die nbA
    - deren Beteiligungsquote, ggf. Stimmrechtsquote, sofern abweichend
    - deren Anteil am Gewinn lt. GuV, „profit or loss"
    - Stand des nbA-Kapitals am Ende der Berichtsperiode
    - An nbA gezahlte Dividenden
    - **Diverse zusammengefasste Finanzinformationen** (*summarised financial information*) des Tochterunternehmens insgesamt (der jeweilige Anteile der Konzernmutter und der nbA müssen nicht aufgeteilt werden), die nur beispielhaft aufgezählt werden und bei deren Auswahl deshalb Beurteilungsspielraum besteht: Vermögenswerte und Schulden (ggf. nach Fristigkeit unterteilt), Umsatzerlöse, Gesamtergebnis (*total comprehensive income*) und Cashflows. Die Angaben beziehen sich auf Beträge **vor Konsolidierungsbuchungen** (*inter-company eliminations*, IFRS 12.B11), also z.B. vor Zwischengewinneliminierung.[5] Somit wird auf die **HB III-Werte** abgestellt. Fraglich ist, ob bei Anwendung der **Full Goodwill-Methode** der anteilige, auf die nbA entfallende Goodwill genannt werden muss. U.E. ist dies sinnvoll. Die Negierung der Konsolidierungsbuchungen geschieht erkennbar zur Vermeidung schwierig zuordenbarer Beträge. Der auf nbA entfallende Goodwill ist aber leicht zuzuordnen.

Die Angaben zu diesen zusammengefassten Finanzinformationen sind nicht erforderlich, falls die Anteile als held-for-sale nach IFRS 5 klassifiziert sind (IFRS 12.B17).

Es bietet sich an, der Angabepflicht über eine **Tabellendarstellung** nachzukommen.

Beispiel:

		TU 1, Madrid	TU 2, London
1	Kapital- und Stimmrechtsquote anderer Gesellschafter	20 %	35 %
2	Anteiliges Jahresergebnis anderer Gesellschafter	- 8 Mio. Euro	15 Mio. Euro
3	Anderen Gesellschaftern zuzurechnendes Kapital	27 Mio. Euro	110 Mio. Euro
4	Anderen Gesellschaftern gezahlte Dividenden	–	8 Mio. Euro

---

4 Die Wesentlichkeit ist aus der Perspektive des Konzerns zu würdigen, vgl. IFRIC update Januar 2015.

5 Soweit sich die Angaben auf einen Teilkonzern beziehen, sind die (konsolidierten) Teilkonzernwerte zu verwenden, vgl. IFRIC update Januar 2015.

		TU 1, Madrid	TU 2, London
5	Bilanzsumme	315 Mio. Euro	550 Mio. Euro
6	Umsatzerlöse	487 Mio. Euro	930 Mio. Euro
7	Gesamtergebnis	3 Mio. Euro	- 10 Mio. Euro
8	Cashflow aus operativer Tätigkeit	11 Mio. Euro	220 Mio. Euro

Die Zeilen 1 bis 4 geben die jeweiligen nbA an, die Zeilen 5 bis 8 ausgewählte diverse Finanzinformationen der Tochterunternehmen insgesamt (100 %). Insbesondere bei diesen bietet sich auch eine geeignete Zusammenfassung an, wenn relativ viele Tochterunternehmen betroffen sind (Rz. 41.22).

Über Eigenkapitalveränderungen bei **Auf- und Abstockungen von nbA** ohne Statuswechsel (Rz. 39.50 ff.) ist zu berichten (IFRS 12.18). 41.35

4. Angaben zu konsolidierten strukturierten Gesellschaften

Von strukturierten Gesellschaften können selbst dann (künftige) Risiken für den Konzern ausgehen, wenn diese in Übereinstimmung mit IFRS 10 voll konsolidiert sind. Daher sind (mindestens) folgende Angaben zu machen (IFRS 12.14 ff.): 41.36

a) Angabe von Verpflichtungen, künftig finanzielle Unterstützung zu leisten.

b) Nennung der ohne vertragliche Verpflichtung geleisteten finanziellen Unterstützung im abgelaufenen Geschäftsjahr (Art und Höhe, Grund, z.B. auch Ankauf von Vermögenswerten)

c) Falls die vorgenannte finanzielle Unterstützung erst zu einer Beherrschung geführt hat, Angabe von Gründen für die Maßnahme.

d) Angabe beabsichtigter Unterstützungsmaßnahmen (entweder durch den Konzern selbst oder Hilfe bei Erlangung von Unterstützung durch Dritte, z.B. neue Kredite).

Nach dem Wortlaut sind die vorgenannten Angaben nur zu machen, wenn die Unterstützung etc. von der Muttergesellschaft oder von den Tochtergesellschaften geleistet wird, nicht jedoch, wenn dies durch Joint Arrangements oder assoziierte Unternehmen geschieht.

frei 41.37–41.39

II. Angaben zu Joint Arrangements/assoziierten Unternehmen

1. Allgemeine Angaben

Getrennt nach den drei Gruppen (a) Joint Venture, (b) Joint Operation und (c) assoziierte Unternehmen sind für jede der Gesellschaften, die aus **Konzernsicht wesentlich** sind (Rz. 41.26), Angaben mit der Intention erforderlich, eine Risikoabschätzung 41.40

der Abschlussadressaten zu ermöglichen (IFRS 12.20). Die Angabepflichten haben wir in nachfolgender Tabelle gelistet (X = Angabepflicht):

Nr	Rechtsquelle IFRS 12	Gegenstand	Joint Venture	Joint Operation	Assoziierte Unternehmen
1	21ai	Name	X	X	X
2	21aii	Beschreibung der **Geschäftstätigkeit** bzw. der Beziehung zum Konzern und ob die betreffende Einheit für die **Konzernstrategie** relevant ist	X	X	X
3	21aiii	Sitz	X	X	X
4	21aiv	Kapital- und ggf. abweichende Stimmrechtsquote	X	X	X
5	21bi	Bilanzierungsmethode (Equity oder Fair Value, Rz. 37.5)	X		X
6	21bii, B12a	Erhaltene **Dividende**	X		X
7	21bii, B12b	Zusammengefasste **Finanzinformationen**, *mindestens* Vermögenswerte und Schulden (je kurz- und langfristig), Umsatzerlöse, Ergebnis lt. GuV aus fortgesetzter Tätigkeit, Ergebnis aus nicht fortgeführter Tätigkeit, OCI, Gesamtergebnis	X		X
8	21bii, B13	Jeweils die Beträge: flüssige Mittel, kurz- und langfristige *Finanzschulden*, Abschreibungen, Zinserträge und -aufwendungen, Steueraufwand bzw. -ertrag	X		
9	21biii	Nur bei Equity-Bilanzierung: Angabe Fair Value des Anteils, falls börsennotiert	X		X
10	22a	Angabe wesentlicher **Verfügungsbeschränkungen** (i.S.v. Rz. 41.31)	X		X
11	22b	Bei Anwendung der Equity-Methode: Angabe von vom Konzernabschlussstichtag **abweichenden Stichtagen** inkl. Begründung	X		X
12	22c	Bei Anwendung der Equity-Methode: Nennung vorgetragener, wegen Begrenzung des Beteiligungsansatzes auf „0" (Rz. 37.43) nicht ausgewiesener **Verlustanteile**	X		X

Grundlage der Finanzinformationen aus den Nr. 7 und 8 sind zunächst (nicht anteilig) die Daten aus den IFRS-Abschlüssen der Joint Ventures bzw. assoziierten Unternehmen (IFRS 12.B14). Dies setzt voraus, dass die Gesellschaften tatsächlich IFRS-Abschlüsse aufstellen (Rz. 41.41). Im Fall der Anwendung der Equity-Methode sind diese Zahlen überzuleiten auf die jeweiligen HB III-Werte; *diese* sind dann in den Nr. 7 und 8 anzugeben (IFRS 12.B14a).

Ferner ist sodann unter Berücksichtigung der Konzernquote auf die ausgewiesenen Equity-Buchwerte überzuleiten (IFRS 12.B14b). Dies gilt u.E. nicht nur für den Bilanzansatz (so der Wortlaut), sondern auch für die Überleitung zum Equity-Ergebnis.

Ausnahmsweise können die Finanzinformationen der Nr. 7 und 8 aus der jeweiligen HB I stammen, und zwar unter der Voraussetzung, dass 41.41

— die Anteile zum Fair Value bewertet werden und

— IFRS-Abschlüsse nicht aufgestellt werden.

Es ist dann anzugeben, nach welchen Rechtsvorschriften die HB I erstellt worden sind (IFRS 12.B15).

Für alle unwesentlichen (at equity bilanzierten) Joint Ventures und assoziierten Unternehmen ist jeweils **zusammen** die Summe der Beteiligungsbuchwerte zu nennen und außerdem die Summe aus 41.42

(a) Ergebnis lt. GuV aus fortgesetzter Tätigkeit,

(b) Ergebnis aus nicht fortgeführter Tätigkeit,

(c) OCI und

(d) Gesamtergebnis (IFRS 12.B16).

Sind Anteile an Joint Ventures oder an assoziierten Unternehmen als **held-for-sale** i.S.v. **IFRS** 5 klassifiziert, brauchen nicht gemacht zu werden (IFRS 12.B17): 41.43

— die Angaben nach Rz. 41.40 Ziffer 7 und 8 sowie die Überleitungsrechnung

— die alternativen Angaben nach Rz. 41.41 und

— die Angaben nach Rz. 41.42.

2. Risikobericht

Schließlich ist über **mögliche künftige Risiken aus Vereinbarungen** mit Joint Ventures und assoziierten Unternehmen zu berichten (IFRS 12.23), also alle Arten von Stützungszusagen, die zu künftigen Cashabflüssen aus dem Konzern führen können. IFRS 12.B19 nennt als Beispiele kapitalintensive Investitionen, Einkaufsverpflichtungen, nicht passivierte Kreditzusagen, Einlagezusagen etc. Hier ergeben sich (vom IASB erkannte und in Kauf genommene) Überschneidungen zu den Angabepflichten in Bezug auf nahestehende Personen i.S.v. IAS 24.18 (IFRS 12.B20). 41.44

frei 41.45–41.49

III. Angaben zu nicht konsolidierten strukturierten Gesellschaften

41.50 Die nachfolgend erläuterten umfangreichen Angabepflichten sind nach dem Verständnis des IASB nicht als Korrektur einer (möglicherweise) unzutreffend nicht vorgenommenen Konsolidierung wegen Lücken in der Beherrschungsdefinition zu verstehen (*never intended to compensate for weaknesses in the control definition*), sondern als notwendige Ergänzung i.S. einer umfassenden Risikoberichterstattung (IFRS 12.BC69).

41.51 Nicht konsolidierte strukturierte Unternehmen sind zunächst in Bezug auf **Art, Zweck, Größe, Aktivitäten und Finanzierung** etc. so zu beschreiben (IFRS 12.26), dass die Adressaten eine genaue Vorstellung über die für den Konzern damit verbundenen Risiken erhalten (IFRS 12.24).

41.52 Dabei ist die Berichterstattung auch über am Bilanzstichtag noch bestehende Risiken auszuweiten, die daraus resultieren, dass der Konzern diese Einheit **in vergangenen Perioden gesponsort** hat, selbst wenn der Konzern am Bilanzstichtag keinerlei vertragliche Beziehung mehr zu der Gesellschaft unterhält (IFRS 12.25). Die Formulierung ist u.E. missverständlich, weil es sich bei am Bilanzstichtag bestehenden „nachlaufenden" ebenfalls noch um aktuelle vertragliche Verpflichtungen handelt, selbst wenn keine neuen, laufenden Aktivitäten mehr erfolgen.

In diesem Fall sind (pro Einheit) die Entscheidungsgründe für ein Sponsoring anzugeben (IFRS 12.27a), außerdem bevorzugt in tabellarischer Form (IFRS 12.28) die im Berichtsjahr erzielten Erträge und Aufwendungen (IFRS 12.27b) sowie die Buchwerte aller im Berichtszeitraum an diese Einheit übertragenen Vermögenswerte (IFRS 12.27c).

41.53 Zu nicht konsolidierten strukturierten Unternehmen **mit vertraglicher Beziehung** am Stichtag sind bevorzugt in tabellarischer Form (pro Einheit) die folgenden Angaben zu machen (IFRS 12.29):

a) Buchwerte von Vermögenswerten und Schulden im Konzernabschluss betreffend das strukturierte Unternehmen,

b) die zugehörigen Bilanzposten,

c) maximales Risiko, dem der Konzern aus der Beziehung zum strukturierten Unternehmen ausgesetzt ist inkl. Beschreibung der Methode zur Risikobestimmung. Falls die Angabe für nicht durchführbar gehalten wird, Angabe dieser Tatsache inkl. Begründung.

d) Vergleich (Differenz) zwischen den (Netto)-Buchwerten im Abschluss und dem maximalen Risiko.

41.54 Außerdem sind die im Berichtszeitraum geleisteten Unterstützungen (Finanzierung, Erwerb von Vermögenswerten) zu listen, die erbracht wurden, obwohl keine vertragliche Verpflichtung hierzu bestand inkl. Angabe der Gründe (IFRS 12.30). Hiervon sind alle strukturierten Unternehmen betroffen, mit denen am Stichtag *oder früher* eine vertragliche Beziehung unterhalten wurde.

Es ist über **beabsichtigte künftige Unterstützungsmaßnahmen** (Erwerb von Vermögenswerten, Finanzierungen) zu berichten (IFRS 12.31).   41.55

Im Kontext der am Bilanzstichtag vorhandenen offenen Salden zu strukturierten Unternehmen und dem nicht erfassten maximalen Risiko (Rz. 41.53), der Geschäftstätigkeit mit diesen Unternehmen in der Berichtsperiode (Rz. 41.51 ff.) und der beabsichtigten künftigen Geschäftstätigkeit (Rz. 41.55) sind je nach Sachverhalt und beispielhaft folgende zusätzlichen Angaben zu machen (IFRS 12.B26):   41.56

a) Angabe der Bedingungen von Vereinbarungen, die künftig zu Unterstützungen durch den Konzern führen und zu Verlusten führen könnten (z.B. **bedingte Kreditzusagen**), inkl. möglicher Begrenzungen dieser Verpflichtungen und Angabe der Rangfolge bei anderen verpflichteten Personen, welchen Verlustanteil der Konzern vor anderen auszugleichen hat bzw. umgekehrt u.Ä.

b) Verluste während der Berichtsperiode aus nicht konsolidierten strukturierten Einheiten.

c) Dto. für Erträge.

d) Angabe zu Liquiditätssicherungs- und Garantievereinbarungen mit Dritten, Rangfolgeangaben.

e) Angabe von Schwierigkeiten bei der Finanzierung nicht konsolidierter strukturierter Beteiligungen.

f) Details zur Finanzierung dieser Beteiligungen (Art, z.B. Darlehen, Anleihen, Commercial Paper) und durchschnittliche Restlaufzeit inkl. einer Fristigkeitsgegenüberstellung der Vermögenswerte der Beteiligung mit ihrer Finanzierung (bei nicht korrespondierenden Fristigkeiten, langfristige Vermögenswerte und kurzfristige Finanzierung).

frei   41.57–41.59

D. Anhangangaben bei Unternehmenserwerben (Unternehmenszusammenschlüsse)

IFRS 3.59 fordert Anhangangaben über die Art und finanziellen Auswirkungen von Unternehmenszusammenschlüssen   41.60

a) in der Berichtsperiode und

b) nach der Berichtsperiode, aber vor dem Datum der Freigabe des Abschlusses zur Veröffentlichung (Rz. 11.23 ff.).

Welche Angaben im Einzelnen verlangt sind, ergibt sich aus IFRS 3.B64.

Angesichts der Fülle an geforderten Informationen weist IFRS 3.B65 darauf hin, dass diese für im Einzelfall unwesentliche Unternehmenszusammenschlüsse in zusammengefasster Form gemacht werden können. In der Praxis wird die Aufgliederung des übernommenen Vermögens, die Berechnung des Goodwill/bargain purchase, die Zusammensetzung der Gegenleistung und die der Minderheiten mit den nach IAS 7 erforderlichen Angaben bei den Erläuterungen zu Konsolidierungskreisänderungen zusammengefasst.

41.61 Sollten **Berichtigungen** in Bezug auf Unternehmenszusammenschlüsse der aktuellen oder vorangegangenen Periode erfasst worden sein (z.B. wegen Konsolidierung mit vorläufigen Werten oder Goodwill-Impairment), sind nach IFRS 3.61 i.V.m. IFRS 3.B67 zusätzliche Angaben erforderlich. Hierzu gehört auch die Darstellung der **Buchwertentwicklung des Goodwill** (IFRS 3.B67d). Sie wird auf Basis der Generalnorm des IFRS 3.63 in der Praxis nicht nur situativ, sondern regelmäßig vorgenommen und in den Anlagenspiegel integriert (Rz. 13.121).

41.62 Zur Darstellung von Veränderungen des Konsolidierungskreises
- im Anlagenspiegel siehe Rz. 13.123 sowie Rz. 14.93,
- bei der Kapitalflussrechnung Rz. 47.80 und
- im Eigenkapitalspiegel Rz. 46.30.

41.63 Zusätzlich zu den Pflichtangaben bei Erstkonsolidierung in einem Schritt sind bei **sukzessivem Anteilserwerb** Zusatzangaben über den Fair Value der Alttranche sowie zum Gewinn oder Verlust aus dem Fair Value der Alttranche inkl. GuV-Posten zu machen (IFRS 3.B64p).

41.64 **Bei Ausscheiden aus dem Konsolidierungskreis** sind das Veräußerungsergebnis und das Ergebnis aus der Fair Value-Bewertung der ggf. zurückbehaltenen Anteile sowie der Ausweisort in der GuV anzugeben (IFRS 12.19).

41.65–41.69 frei

E. Besonderheiten bei Investment-Muttergesellschaften

41.70 Investmentgesellschaften dürfen ihre Tochterunternehmen nicht vollkonsolidieren, sondern müssen die Anteile erfolgswirksam zum Fair Value bewerten. Das gilt auch für ihre Anteile an Gemeinschaftsunternehmen und assoziierte Unternehmen; die Anwendung der Equity-Methode kommt für Investmentgesellschaften nicht in Betracht (Rz. 31.102 f.).

Die einzige Ausnahme vom Konsolidierungsverbot liegt vor, wenn eine Investmentgesellschaft die für sie typischen Tätigkeiten in eine Tochtergesellschaft verlagert. Diese muss dann konsolidiert werden (Rz. 31.104).

Aufgrund der Sonderstellung der Investmentgesellschaften sind zahlreiche Angabepflichten des IFRS 12 für sie sachlogisch obsolet, etwa, wenn es um die Angaben im Zusammenhang mit der Equity-Bewertung geht.

Stattdessen enthält IFRS 12 Sondervorschriften für Anhangangaben von Investmentgesellschaften, die im Folgenden strukturiert werden.

Zunächst ist der **Status einer Investmentgesellschaft** offenzulegen einschließlich der für diese Beurteilung getroffenen Annahmen und Ermessensentscheidungen. Das gilt in besonderer Weise für den Fall, dass eines oder mehrere der für Investmentgesellschaften typischen Eigenschaften des IFRS 10.28 nicht vorliegen, die Geschäftsführung gleichwohl aber zu dem Ergebnis kommt, es läge eine Investmentgesellschaft vor (IFRS 12.9A).

41.71

Die Erlangung oder der Verlust des Status einer Investmentgesellschaft sind anzugeben und zu begründen einschließlich der Angaben über die (finanziellen) Auswirkungen der **Statusänderung** (siehe IFRS 12.9B). Demgegenüber sind die Angaben nach Rz. 41.60 ff. nicht zu machen, da Investmentgesellschaften für ihre Investments aus dem Anwendungsbereich des IFRS 3 ausgenommen sind. Ausnahme: Es werden typische Tätigkeiten einer Investmentgesellschaft auf ein Tochterunternehmen verlagert, welches dann zu konsolidieren ist nebst Erfüllung der Angabepflichten.

41.72

Es ist offenzulegen, dass die **Tochtergesellschaften** nicht konsolidiert werden, sondern erfolgswirksam zum Fair Value bewertet werden müssen (IFRS 12.19A). Zu den Tochtergesellschaften sind Name, Sitz und Eigentumsanteil (ggf. Stimmrechte, falls abweichend) anzugeben (IFRS 12.19B).

41.73

Letztere Angaben sind auch bei **wesentlichen gemeinsamen Vereinbarungen und assoziierten Unternehmen** erforderlich. Dabei soll auch über die Art der Tätigkeit und ggf. Bedeutung für die Strategie berichtet werden (IFRS 12.21a), formal aber nicht über die Tatsache der Fair Value Bewertung dieser Anteile (IFRS 12.21bi i.V.m. IFRS 12.21A); wir halten dies für ein Redaktionsversehen.

Die Angaben zu **nicht konsolidierten strukturierten Unternehmen** (Rz. 41.50 ff.) brauchen Investmentgesellschaften nicht zu machen (IFRS 12.25A). An deren Stelle treten die Angabepflichten aus IFRS 12.19A – G, auf die wir hier verweisen.

41.74

Teil 5
Berichtsinstrumente und Angabepflichten

Kapitel 42
Gliederungsgrundsätze des Abschlusses (IAS 1)

A. Überblick und Wegweiser	42.1	B. Gliederungsgrundsätze	42.20
I. Management Zusammenfassung .	42.1	I. Darstellungsstetigkeit	42.20
II. Standards und Anwendungsbereich	42.2	II. Vergleichswerte der Vorperiode ..	42.21
III. Wesentliche Abweichungen zum HGB	42.4	III. Angabe aller wesentlichen Posten und Informationen (Wesentlichkeitsgrundsatz)	42.24
IV. Neuere Entwicklungen	42.7	IV. Saldierung....................	42.27

Literatur: *Baumüller/Nguyen*, Das Diskussionspapier „Disclosure Initiative – Principles of Disclosure" (DP/2017/1), PiR 2017, 202; *Bischof/Molzahn*, IAS 1 (revised 2007) „Presentation of Financial Statements", IRZ 2008, 171; *Ernst & Young (Hrsg.)*, IFRS/US GAAP Comparison, 3. Aufl., London 2005; *Fischer*, Angabeinitiative: Fallstudien für eine verbesserte Finanzberichterstattung, PiR 2017, 354; *Kirsch*, Analyse von IFRS-Abschlüssen aufgrund zu erwartender Darstellungsänderungen in den Abschlussinstrumenten, PiR 2010, 248; *Theile*, Entwurf E-DRS 31: Konzerneigenkapitalspiegel, BBK 2015, 427.

A. Überblick und Wegweiser

I. Management Zusammenfassung

Das **Ziel der Informationsvermittlung** über Einzel- und Konzernabschlüsse setzt Vergleichbarkeit voraus 42.1

– sowohl mit den Abschlüssen des eigenen Unternehmens aus vorangegangenen Perioden (zeitliche oder horizontale Vergleichbarkeit) als auch

– mit den Abschlüssen anderer Unternehmen (vertikale Vergleichbarkeit).

Der IASB hat einige Gliederungsgrundsätze in IAS 1 formuliert, die für alle Berichtsinstrumente eines IFRS-Abschlusses einschlägig sind und die dem Ziel der Informationsvermittlung dienen sollen. Es sind dies:

– Darstellungsstetigkeit,

– Angabe der Vergleichswerte der Vorperiode,

- Beachtung der Wesentlichkeit in der Aufgliederung von Posten und Angabe von Informationen sowie
- grundsätzliches Verbot, bedingtes Gebot bzw. Wahlrecht zur Saldierung.

Wir haben diese Grundsätze deshalb in diesem Kapitel in aller Kürze „vor die Klammer" gezogen.

II. Standards und Anwendungsbereich

42.2 Die Abschlussdarstellung und die Gliederung der Berichtsinstrumente ist Gegenstand des IAS 1. Der Standard wurde mit Wirkung ab 1.1.2009 neu gefasst und ist seitdem punktuell geändert worden, zuletzt mit Wirkung per 1.1.2016 durch die Angabeninitiative und mit Wirkung per 1.1.2020 durch die neue Definition der Wesentlichkeit (Rz. 6.29 ff.).

42.3 IAS 1 ist auf alle Einzel- und Konzernabschlüsse nach IFRS anzuwenden. Darüber hinaus sind die in IAS 1.15–35 genannten Bilanzierungsgrundsätze auch auf die Zwischenberichterstattung anzuwenden (IAS 1.4). Dabei handelt es sich um die Generalnorm der Vermittlung eines den tatsächlichen Verhältnissen entsprechenden Bildes des Unternehmens, die Unternehmensfortführungsprämisse, das Periodisierungsprinzip, den Wesentlichkeitsgrundsatz und die Saldierung. Fragen der Vergleichsinformationen sowie Struktur und Inhalt des Zwischenabschlusses sind hingegen Gegenstand des IAS 34 (siehe Kap. 53).

III. Wesentliche Abweichungen zum HGB

42.4 Bei den allgemeinen IFRS-Gliederungsgrundsätzen ergeben sich mehr Gemeinsamkeiten als Abweichungen zum HGB. Im Einzelnen:

Die **Darstellungsstetigkeit** und die **Angabe der Vergleichswerte der Vorperiode** für Bilanz und GuV gilt nach HGB sowohl für den Jahres- als auch den Konzernabschluss (§§ 265 Abs. 1, 2 HGB i.V.m. 298 Abs. 1 HGB). Für die zusätzlichen Berichtsinstrumente im HGB-Konzernabschluss, den Eigenkapitalspiegel und die Kapitalflussrechnung, fordern die einschlägigen DRS 21 und DRS 22 zwar die Stetigkeit, nicht aber die Angabe der Vergleichswerte der Vorperiode; diese wird nur empfohlen. M.E. ist jedoch aufgrund gesetzlicher Vorgaben (§§ 265 Abs. 1, 2 HGB i.V.m. § 298 Abs. 1 HGB „Eigenart des Konzernabschlusses") sowohl die Stetigkeit als auch die Angabe von Vorjahresvergleichszahlen für den Eigenkapitalspiegel und die Kapitalflussrechnung bereits zwingend, da es eben die Eigenart des Konzernabschlusses ist, diese beiden Berichtsinstrumente zusätzlich zu enthalten.[1] Die Praxis jedenfalls gibt, soweit ersichtlich, die Vorjahresvergleichswerte auch beim Eigenkapitalspiegel

---

1 So bereits *Theile*, BBK 2015, 429.

und der Kapitalflussrechnung an. Insoweit bestehen keine Abweichungen zu den IFRS.

Einen expliziten **Wesentlichkeitsgrundsatz** enthält das HGB nicht. Die Vorgabe des Art. 6 Abs. 1 Buchst. j der Bilanzrichtlinie, wonach deren Anforderungen „in Bezug auf Ansatz, Bewertung, Darstellung, Offenlegung und Konsolidierung (…) nicht erfüllt werden (müssen), wenn die Wirkung ihrer Einhaltung unwesentlich ist" wurde nicht umgesetzt, genauso übrigens wie die Definition der Wesentlichkeit aus Art. 2 Nr. 16 der Bilanzrichtlinie. Nach Auffassung des Gesetzgebers ist der Wesentlichkeitsgrundsatz Bestandteil der GoB.[2] 42.5

In § 246 Abs. 1 Satz 1 HGB ist das allgemeine Verrechnungsverbot (**Saldierungsverbot**) kodifiziert mit einer Pflichtausnahme im folgenden Satz für Insolvenz- und vollstreckungssicher rückgedeckte Pensionsverpflichtungen. Weitere Ausnahmen ergeben sich aus den GoB oder aus speziellen gesetzlichen Vorschriften, etwa bei latenten Steuern (§§ 274, 306 HGB).[3] 42.6

IV. Neuere Entwicklungen

Der IASB verfolgt seit Dezember 2012 das Projekt „**Principles of Disclosure**" (Angabeprinzipien) mit dem Ziel, die Effektivität der Angaben und die damit verbundene Kommunikation von Abschlüssen zu verbessern. Die ersten konkreten Ergebnisse aus diesem Projekt waren die Änderungen an IAS 1 in 2015 und die im Oktober 2018 vorgelegte neue Wesentlichkeitsdefinition (s. hierzu Rz. 6.31). 42.7

Im März 2017 wurde als Baustein des Projekts das Discussion Paper „**Disclosure Initiative – Principles of Disclosure**" veröffentlicht. Der IASB identifiziert darin „acht Beispiele einer ineffektiven Kommunikation und setzt bei den Lösungsvorschlägen darauf auf. So werden u. a. die Aufgaben der primären Abschlussbestandteile und des Anhangs, die Platzierung der Angaben im Abschluss, die Verwendung von Leistungskennzahlen, Angaben zu Rechnungslegungsmethoden oder das übergeordnete Angabeziel im Hinblick auf eine ineffektive Kommunikation und die Angabeprobleme analysiert."[4] Nach umfangreicher Auswertung der Stellungnahmen zum Projekt und nach realen Fallstudien[5] hat der IASB im März 2019 mit einer Projektzusammenfassung ein (vorläufiges) Ergebnis präsentiert.[6] Nach Auffassung des IASB wäre der nächste Schritt, die Angabepflichten und -anforderungen in ausgewählten Standards einer kritischen Durchsicht zu unterziehen. Die weitere

---

[2] Vgl. Regierungsentwurf BilRUG, BR-Drucks. 23/15 v. 23.1.2015, S. 48.
[3] Siehe ausführlich *Kahle/Baltromejus/Baschnagel* in Hachmeister, Bilanzrecht, § 246 Rz. 213 ff.
[4] *Baumüller/Nguyen*, PiR 2017, 210; die Autoren stellen in ihrem Beitrag das DP ausführlich dar.
[5] Vgl. *Fischer*, PiR 2017, 353.
[6] Siehe https://www.ifrs.org/-/media/project/disclosure-initative/disclosure-initiative-principles-of-disclosure/project-summary/di-principles-of-disclosure-project-summary.pdf (abgerufen am 2.4.2019).

Entwicklung bleibt abzuwarten, aber sicherlich könnten sich Vorschläge zur Änderung insbesondere des IAS 1 anschließen.

42.8–42.19 frei

B. Gliederungsgrundsätze

I. Darstellungsstetigkeit

42.20 Die Darstellung und der Ausweis von Abschlussposten sind im Zeitablauf stetig beizubehalten (IAS 1.45). Mit dem Stetigkeitsgrundsatz soll der **Zeitvergleich** eines Unternehmens verbessert werden.

Beispiel: Unternehmen U gibt sich innovativ und zeigt auf GuV-Ebene den Forschungsaufwand separat. Das ist zulässig (IAS 1.86). U ist im Zeitablauf grundsätzlich an diesen Ausweis gebunden.

Zu den Möglichkeiten und Gründen einer Durchbrechung der Darstellungsstetigkeit siehe bereits Rz. 12.51 f.

II. Vergleichswerte der Vorperiode

42.21 Für alle quantitativen Daten sind die **Vergleichswerte aus dem Vorjahr** anzugeben, sofern ein Standard nicht etwas anderes erlaubt oder vorschreibt (IAS 1.38). Es sind mindestens je zwei Bilanzen, Gesamtergebnisrechnungen bzw. gesonderte Gewinn- und Verlustrechnungen, Kapitalflussrechnungen und Eigenkapitalveränderungsrechnungen mit zugehörigen Angaben vorzulegen (IAS 1.38A). Vergleichswerte aus dem Vorjahr sind daher auch für den Anhang und seine Bestandteile, etwa den Anlagenspiegel, erforderlich. Der **Rückstellungsspiegel** (Rz. 26.83) braucht demgegenüber explizit *nicht* über zwei Perioden dargestellt zu werden (IAS 37.84); gleichwohl erfolgt in der Praxis regelmäßig der 2-Jahresausweis.

Die Vergleichsangaben sind nicht auf quantitative Daten in den Berichtsinstrumenten und im Anhang beschränkt. Erfolgten in der Vorperiode **beschreibende, verbale Informationen**, etwa bei Rechtsstreitigkeiten, sind diese in der laufenden Periode aufzugreifen und es ist über die Fortentwicklung zu berichten (IAS 1.38B).

42.22 In folgenden Fällen ist die Veröffentlichung einer **3. Bilanz** (Beginn der Vorjahresvergleichsperiode, IAS 1.40B) erforderlich (IAS 1.40A)[7]:

(a) Retrospektive Änderungen (Fehlerkorrektur nach IAS 8, neue Standards, Änderung von Rechnungslegungsmethoden, Änderung/Umgliederung von Abschlussposten), soweit sich diese auf die 3. Bilanz auswirken.[8]

---

[7] Wurden z.B. freiwillig drei Bilanzen präsentiert und liegt ein Fall von IAS 8 u.Ä. vor, sind somit vier Bilanzen zu zeigen.
[8] So auch bereits *Bischof/Molzahn*, IRZ 2008, 171 (173).

(b) IFRS-Erstanwendung: Aufstellung der sog. IFRS-Eröffnungsbilanz (IFRS 1.6; siehe hierzu Kap. 57).

Wenn sich ein Unternehmen über das geforderte Maß hinaus zur Darstellung von Vergleichszahlen entschließt (also z.B. 3 statt 2 GuV präsentiert), müssen diese Zusatzinformationen den IFRS entsprechen (IAS.1.38C). Das Unternehmen kann sich dabei auf beliebige Jahresabschlussbestandteile beschränken (z.B. die GuV); es muss also nicht die Bilanz etc. für 3 Jahre zeigen. Allerdings müssen die Anhangangaben für das gezeigte Statement ebenfalls die zusätzliche Vergleichsperiode umfassen (IAS 1.38D). 42.23

III. Angabe aller wesentlichen Posten und Informationen (Wesentlichkeitsgrundsatz)

Jeder **wesentliche Posten** ist in den Abschlüssen gesondert darzustellen. Unwesentliche Beträge sind mit Beträgen ähnlicher Art oder Funktion zusammenzufassen und brauchen erst dann zusammengefasst gesondert dargestellt zu werden (IAS 1.29 f.). Dies gilt nicht nur für die Posten in Bilanz und GuV, sondern auch für die Posten in den übrigen Berichtsinstrumenten. Feste Wesentlichkeitsgrenzen für den Ausweis in Bilanz und GuV enthält IAS 1 im Gegensatz etwa zu US-GAAP nicht.[9] 42.24

Die **Offenlegungserfordernisse** der einzelnen Standards, insbesondere im Hinblick auf Anhangangaben, brauchen bei unwesentlichen Sachverhalten *nicht* befolgt zu werden (IAS 1.31). Damit müssen Informationen nicht nur zusammengefasst, sondern können ggf. ganz weggelassen werden, wenn sie für den Abschlussadressaten nicht wichtig sind (Rz. 6.28). Eine solche Einschränkung ist geradezu erforderlich, damit der Abschlussadressat die dargebrachten Abschlussinformationen als relevant einstufen kann; ein „*information overload*" würde zudem die Verständlichkeit eines Abschlusses negativ berühren. In manchen Standards, so z.B. in IFRS 7.B3, wird in diesem Zusammenhang der Wesentlichkeitsgrundsatz noch einmal außerordentlich betont. 42.25

Die neue Definition der Wesentlichkeit (Rz. 6.29 ff.) fordert zudem, dass relevante Informationen künftig nicht durch irrelevante Informationen verschleiert werden dürfen (so auch bereits IAS 1.30A). Zweck ist auch hier die Verhinderung des „*information overload*".

Auf der anderen Seite ist die Frage der **Wesentlichkeit** im Hinblick auf die Berichtsinstrumente abgestuft zu beurteilen: Ein Posten, der wegen Unwesentlichkeit in der Bilanz nicht gesondert ausgewiesen werden muss, kann doch wesentlich genug sein, um im Anhang dargestellt werden zu müssen (IAS 1.30). Diese Disaggregation im Anhang wird auch in IAS 1.78 für einige Bilanzposten explizit gefordert, etwa bei 42.26

---

9 Gem. SEC-Erfordernissen (Regulation S-X 5–02) müssen bspw. Wechselforderungen, die 10 % der Gesamtsumme kurzfristiger Forderungen ausmachen, gesondert ausgewiesen werden, vgl. hierzu und zu weiteren Details *Ernst & Young*, IFRS/US GAAP Comparison[3], 107 ff.

den Vorräten oder Sachanlagen. Auch mag die absolute Größe eines Postens unwesentlich, das inhärente **Vermögensrisiko** aber hoch sein, so dass Anhangangaben erforderlich sind. Dies kann beispielsweise auf Finanzinstrumente zutreffen, aber auch auf noch gar nicht bilanzwirksame Geschäfte (z.B. Bürgschaften, Garantiezusagen). Explizit fordert IFRS 12 solche Angaben im Hinblick auf strukturierte Gesellschaften (Rz. 41.36, 41.53).

IV. Saldierung

42.27 Vermögenswerte und Schulden, Aufwendungen und Erträge dürfen nicht miteinander verrechnet werden, es sei denn, es wird von einem Standard oder einer Interpretation *gefordert* oder *erlaubt* (IAS 1.32). Grundsätzlich sind Saldierungen zulässig, wenn durch sie der wirtschaftliche Gehalt des Geschäftsvorfalls am besten wiedergegeben wird. Hierzu werden folgende Beispiele in IAS 1.34 genannt:

(a) Beim Abgang von **Vermögenswerten des Anlagevermögens** wird nur der resultierende Gewinn oder Verlust als Ertrag oder Aufwand gezeigt (beachte aber Sonderfall Rz. 14.91); dies entspricht der deutschen Auffassung. Entstehen aus der Veräußerung mehrerer Anlagegüter sowohl Gewinne als auch Verluste, ist entgegen handelsrechtlicher Sichtweise außerdem noch deren Saldierung möglich, sofern die Einzelbeträge nicht wesentlich sind (IAS 1.35).

(b) **Erträge aus Erstattungsansprüchen** *können* mit zugehörigen **Aufwendungen aus Verpflichtungen** verrechnet werden (Rz. 26.65). Davon unberührt bleibt der jeweilige Bruttoausweis der Ansprüche und Verpflichtungen in der Bilanz (IAS 37.53 f.).

42.28 Bei einer Wertaufholung von **Vorräten** *gebietet* IAS 2.34 die Verrechnung mit jenem Aufwandsposten, der üblicherweise die Bestandsminderung reflektiert (also Bestandsveränderungen bei unfertigen und fertigen Erzeugnissen sowie Materialaufwand im Falle von Roh-, Hilfs- und Betriebsstoffen beim Gesamtkostenverfahren bzw. Umsatzkosten beim Umsatzkostenverfahren).[10]

Finanzielle Vermögenswerte und Schulden *sind* zu saldieren, wenn ein Rechtsanspruch auf Aufrechnung besteht *und* ein Ausgleich auf Nettobasis beabsichtigt ist bzw. zugleich mit der Verwertung des Vermögenswertes die Schuld abgelöst werden soll (IAS 32.42).[11] Vergleichbare Regelungen gelten auch für Vermögenswerte und Schulden bei **Altersversorgungsplänen** (IAS 19.116 f.; Rz. 27.52 f.) und für tatsächliche bzw. latente **Steuererstattungsansprüche und -schulden** (IAS 12.71 ff. und 12.74 ff.; Rz. 29.89).

Zu Saldierungen in der **Kapitalflussrechnung** siehe Rz. 47.43.

---

10 Die deutsche Übersetzung des IAS 2.34 – Gegenbuchung als „Verminderung des Materialaufwandes" – greift u.E. zu kurz.

11 Vgl. zu den Aufrechnungserfordernissen nach § 387 BGB entsprechend GoB sowie weiterer nicht kodifizierter Verrechnungswahlrechte im HGB-Abschluss *Kahle/Baltromejus/Baschnagel* in Hachmeister, Bilanzrecht, § 246 Rz. 245 ff.

Generell können Gewinne und Verluste aus einer Gruppe ähnlicher Transaktionen saldiert werden, *sofern die Gewinne und Verluste nicht wesentlich sind.* IAS 1.35 nennt als Beispiele Fremdwährungsgewinne und -verluste oder Gewinne und Verluste aus Finanzinstrumenten, die zu Handelszwecken gehalten werden (FVPL). Unklar ist die Reichweite des Begriffs der ähnlichen Transaktion: Können etwa Gewinne aus Schweizer Franken mit Verlusten aus dem Dollar saldiert werden? Man wird das in Analogie zur Saldierungsmöglichkeit bei Abgängen des Anlagevermögens (siehe Rz. 42.27 (a)) bejahen können.

42.29

Kapitel 43
Bilanz (IAS 1)

A. **Überblick und Wegweiser** 43.1
  I. Management Zusammenfassung . 43.1
  II. Standards und Anwendungsbereich 43.3
  III. Wesentliche Abweichungen zum HGB 43.4
  IV. Neuere Entwicklungen 43.6

B. **Aktiv- und Passivseite nach Fristigkeit** 43.20
  I. Gliederung nach Fristigkeit versus Liquiditätsnähe 43.20
  II. Definitionsmerkmale kurzfristiger Posten 43.21
    1. Übersicht 43.21
    2. Realisierung innerhalb des normalen Geschäftszyklus 43.22
    3. Zwölf-Monats-Regel 43.26
    4. Handelsabsicht 43.31
    5. Sonderfall: Kein unbedingtes Recht, die Zahlung aufzuschieben 43.33
    6. Klassifizierung nach Verwendung 43.34

C. **Gliederungsschema für die IFRS-Bilanz** 43.40

D. **Einzelne Bilanzposten** 43.42
  I. Aktiva 43.42
    1. Langfristige Vermögenswerte 43.42
    2. Kurzfristige Vermögenswerte 43.48
  II. Passiva 43.55
    1. Eigenkapital 43.55
    2. Langfristige Schulden 43.58
    3. Kurzfristige Schulden 43.59

E. **Anhangangaben** 43.62

Literatur: *Fischer*, Standardentwurf zur Abgrenzung kurz- und langfristiger Schulden (ED/2015/1), PiR 2015, 116; *Huthmann/Nguyen/Heidt*, Änderung der Bilanzstruktur im Zuge der Erstanwendung von IFRS 9 – Befreiung von Vorjahreszahlen oder Anwendung von IAS 8, PiR 2017, 164; *von Keitz*, Praxis der IASB-Rechnungslegung, 2. Aufl., Stuttgart 2005; *Küting/Reuter*, Erhaltene Anzahlungen in der Bilanzanalyse, KoR 2006, 1; *Pawelzik*, Vorschlag für ein zweckmäßiges Bilanzgliederungsschema, DB 2010, 1117.

A. Überblick und Wegweiser

I. Management Zusammenfassung

Die Bilanz dient der Darstellung der Vermögenslage und stellt Vermögenswerte und Schulden bzw. Eigenkapital einander gegenüber.   43.1

Für Industrieunternehmen (also außerhalb von Banken und anderen Finanzdienstleistern) gilt:

– Die Aktivseite ist nach der Fristigkeit (langfristig/kurzfristig) zu gliedern.
– Auch die Schulden sind nach der Fristigkeit zu gliedern.

Das HGB dagegen gliedert die Schulden nach ihrer Qualität: Erst die unsicheren (Rückstellungen), dann die sicheren Schulden (Verbindlichkeiten).

Unterhalb dieser Gliederung nach der Fristigkeit ist auch im IFRS-Abschluss bei den Schulden nach Rückstellungen und Verbindlichkeiten zu differenzieren.

43.2 Es sind unter dem Vorbehalt ihrer Wesentlichkeit einige Mindestposten in der Bilanz anzugeben. Eine vergleichsweise strenge Vorgabe wie nach § 266 HGB besteht für den IFRS-Abschluss nicht. Abschlussaufsteller haben daher hohe Freiheitsgrade. Mit der Zeit hat sich allerdings eine „best practice" herausgebildet.

II. Standards und Anwendungsbereich

43.3 Gliederungsvorgaben zur Bilanz finden sich in IAS 1. Zur Rechtsentwicklung des IAS 1 siehe bereits Rz. 42.2 ff. Die anderen Standards enthalten äußerst selten weitere Hinweise zur Bilanzgliederung.

Es bestehen keine branchenspezifischen Vorgaben, abgesehen von der Empfehlung der liquiditätsorientierten Gliederung für Banken (Rz. 43.20).

In 2005 hat das DRSC die Rechnungslegungsinterpretation 1 (RIC 1) zur Bilanzgliederung nach Fristigkeit veröffentlicht und in 2013 aktualisiert sowie umbenannt in **DRSC Interpretation 1 (IFRS)**. Wir behalten hier die zitierweise RIC bei.

III. Wesentliche Abweichungen zum HGB

43.4 Eine detaillierte Vorschrift wie § 266 HGB zur Gliederung der Bilanz enthalten die IFRS nicht. Das ist erstaunlich für ein Rechnungslegungssystem, dessen einziger Zweck die Erfüllung der Informationsfunktion ist: Abschlussadressaten dürften Vergleiche zwischen Unternehmen leichter fallen, wenn die Unternehmensinformationen nach einheitlichen Schemata gegliedert sind. IAS 1.54 benennt stattdessen lediglich jene Posten, die – unter dem Vorbehalt der Wesentlichkeit – mindestens in die Bilanz aufzunehmen sind, gibt aber keine dezidierte Gliederung bzw. Reihenfolge vor.

43.5 Während die Aktivseite der Bilanz nach HGB in der Aufteilung von Anlage- und Umlaufvermögen letztlich nach der Fristigkeit zu gliedern ist, muss der Schuldbereich der Passivseite in Rückstellungen und Verbindlichkeiten aufgeteilt und damit nach der Qualität der Schuld gegliedert werden. Die IFRS-Bilanz wird dagegen i.d.R. sowohl bei den Aktiva als auch bei den Passiva nach der Fristigkeit gegliedert (Rz. 43.20). Damit unterscheidet IFRS nach Finanzschulden und operativen Schulden.

IV. Neuere Entwicklungen

43.6 Bereits seit März 2013 verfolgt der IASB das Projekt „**Classification of Liabilities**". Ziel ist es, einen allgemeingültigeren Ansatz für die Klassifizierung von Schulden als kurz- oder langfristig zu finden, um Zweifelsfragen insbesondere in Bezug auf zum Bilanzstichtag bestehende Prolongationsrechte auszuräumen. Dazu wurde im Februar 2015 der Entwurf ED/2015/1 für Änderungen an IAS 1 herausgegeben.[1] Im April 2016 wurde das Projekt vorläufig gestoppt und im September 2018 wieder aufgenommen.

In seiner Sitzung im November 2018 hat der IASB entschieden:

Wie im Entwurf ED/2015/1 vorgeschlagen, ist eine Schuld dann als kurzfristig auszuweisen, wenn das Unternehmen am Ende der Berichtsperiode nicht das Recht hat, die Erfüllung der Schuld auf mindestens zwölf Monate nach dem Berichtszeitraum zu verschieben. Umgekehrt muss das Recht, die Rückzahlung aufzuschieben, substanziell sein, also im Bereich des ökonomisch Sinnvollen liegen. Ein solches Recht wäre dann nicht substanziell, soweit beide Vertragspartner von Anfang an wüssten, dass es nicht ausgeübt werde. Die bloße Erwartung des Managements, ob das Recht ausgeübt wird oder nicht soll allerdings keine Rolle spielen, genauso wie die Tatsache einer etwaigen Rückzahlung zwischen dem Bilanzstichtag und dem Tag der Freigabe des Abschlusses.[2]

Die endgültigen Änderungen werden ohne einen erneuten Exposure Draft in 2019 erwartet, sind aber noch nicht genauer terminiert.

frei　　　　　　　　　　　　　　　　　　　　　　　　　　　　　　　　43.7–43.19

B. Aktiv- und Passivseite nach Fristigkeit

I. Gliederung nach Fristigkeit versus Liquiditätsnähe

In *Abhängigkeit der Unternehmenstätigkeit* sind nach IAS 1.60 entweder　　43.20

– **kurz- und langfristige Vermögenswerte und Schulden** als getrennte Gliederungsgruppen in der Bilanz darzustellen (Regelfall, Variante 1) **oder**

– alle Vermögenswerte und Schulden grob nach ihrer **Liquiditätsnähe** anzuordnen (Ausnahme, Variante 2).

Variante 1 ist für Industrie- und Handelsunternehmen vorgesehen (IAS 1.62), wohingegen für Kreditinstitute Variante 2 in Betracht kommt (IAS 1.63).[3] Eine Vermischung beider Varianten ist zulässig, wenn dies auf Basis einer gemischten Geschäftstätigkeit begründet ist (IAS 1.64).[4] Da in diesem Buch die IFRS-Bilanzierung

---

[1] Ausführlich hierzu *Fischer*, PiR 2015, 116.
[2] Vgl. IFRS update, November 2018.
[3] Zu neuen Anforderungen der Bilanzgliederung für Kreditinstitute aufgrund von IFRS 9 vgl. *Huthmann/Nguyen/Heidt*, PiR 2017, 164.
[4] Um die gemischte Art der Geschäftstätigkeit – Industrie- und Finanzgeschäft in einem Konzern – besser zum Ausdruck zu bringen, wird gelegentlich zusätzlich zu den konsolidierten Werten in der Konzernbilanz in weiteren Spalten zwischen Industrie- und Finanz-

für Industrie- und Handelsunternehmen im Vordergrund steht, beschäftigen wir uns ausschließlich mit der Gliederung nach der Fristigkeit gem. Variante 1.

Die Bilanz kann in Konto- oder Staffelform aufgestellt werden; üblich ist in Deutschland die **Kontoform**.

II. Definitionsmerkmale kurzfristiger Posten

1. Übersicht

43.21 Bei der Einteilung des Anlage- und Umlaufvermögens nach EU-Recht ist die Zweckbestimmung maßgebend, wonach das Anlagevermögen jene Vermögensgegenstände umfasst, die dazu bestimmt sind, dauernd dem Geschäftsbetrieb zu dienen (Art. 2 Nr. 4 der Bilanzrichtlinie; § 247 Abs. 2 HGB). IAS 1 geht umgekehrt vor und definiert bei einer Gliederung gemäß Variante 1 (Rz. 43.20) kurzfristige Vermögenswerte (*current assets*) und Schulden (*current liabilities*); alle anderen Vermögenswerte und Schulden sind als langfristig (*non-current*) zu klassifizieren. Die Abgrenzungskriterien enthält Abb. 43.1. In IFRS-Abschlüssen ist es üblich, statt von Anlage- und Umlaufvermögen nur noch von lang- und kurzfristigen Vermögenswerten zu sprechen.[5]

	Kurzfristige Vermögenswerte (IAS 1.66)	Kurzfristige Schulden (IAS 1.69)
(a)	Realisation, Verkauf, Verbrauch innerhalb des normalen Geschäftszyklus	Tilgung innerhalb des normalen Geschäftszyklus
(b)	gehalten primär für Handelszwecke,	eingegangen primär für Handelszwecke,
(c)	Realisation wird innerhalb der nächsten 12 Monate nach dem Bilanzstichtag erwartet oder	Tilgung wird innerhalb der nächsten 12 Monate nach dem Bilanzstichtag erwartet oder
(d)	Zahlungsmittel/Zahlungsmitteläquivalente[6], ohne Verwendungsbeschränkung	das Unternehmen hat kein unbedingtes Recht, die Tilgung der Schuld über einen Zeitraum von mindestens 12 Monaten nach dem Bilanzstichtag zu verschieben

Abb. 43.1: Kurzfristige Vermögenswerte und Schulden

---

geschäft differenziert, ohne von der Gliederung nach Fristigkeit abzugehen; so etwa bei BMW, Geschäftsbericht 2017, 120 f.

5 Andere Bezeichnungen – z.B. Anlage- und Umlaufvermögen – sind weiterhin zulässig (IAS 1.67).

6 Zahlungsmittel sind Bargeld und Sichteinlagen, Zahlungsmitteläquivalente äußerst liquide Finanzinstrumente mit Restlaufzeiten seit Erwerbszeitpunkt von i.d.R. bis zu drei Monaten, die nur geringen Wertschwankungsrisiken unterworfen sind (IAS 7.6 f.). Es handelt sich also um Schuldtitel (z.B. Anleihe).

2. Realisierung innerhalb des normalen Geschäftszyklus

Nach der Dauer des **Geschäftszyklus** sind jene Vermögenswerte und Schulden zu beurteilen, die aus der normalen, operativen Geschäftstätigkeit heraus entstehen.

43.22

Als Geschäftszyklus gilt der Zeitraum vom Erwerb von Materialien über den Leistungserstellungsprozess bis zur Realisation von Zahlungsmitteln (IAS 1.68). Das kann ein Zeitraum sein, der deutlich kürzer, aber auch deutlich länger als ein Geschäftsjahr (Zeitraum zwölf Monate) ist. Bei den **geschäftsüblichen Debitoren** und **Vorräten** handelt es sich definitionsgemäß um kurzfristige Vermögenswerte (Umlaufvermögen), unabhängig von der Zwölf-Monats-Regel. Auch für die Abgrenzung der Schulden gilt die Regelung, dass **Verbindlichkeiten**, die **aus operativen Kosten** stammen, grundsätzlich kurzfristig sind (Verbindlichkeiten aus Lieferungen und Leistungen, Verbindlichkeiten für Urlaub etc.). Dies gilt explizit auch für **Rückstellungen** (IAS 1.70) etwa aus **Gewährleistung** und u.E. auch aus **Kulanz**[7], denn Ziel ist die Abbildung des *working capital*.

Unternehmen, die im Bereich (langfristiger) **Auftragsfertigung** tätig sind, haben zur Ertragsrealisation grundsätzlich die Percentage of completion-Methode anzuwenden, die zur Teilgewinnrealisation führt (Rz. 10.149 ff.). Der Geschäftszyklus wird hierbei aber nicht durch die Zeitpunkte der vorgezogenen Ertragsrealisation begrenzt, sondern reicht bis zum Zeitpunkt der Endabrechnung des Fertigungsauftrags, da erst dann die entstandenen Forderungen leicht in Zahlungsmittel umwandelbar sind.

43.23

Fraglich könnte in diesem Zusammenhang sein, wie in Konzernen, die in **unterschiedlichen Branchen oder Sparten** tätig sind, die Abgrenzung in kurz- und langfristige Vermögenswerte durchzuführen ist. Wir meinen, dass die Abgrenzung in kurz- und langfristig für jede betriebliche Einheit erfolgen sollte, so dass die Aggregation auf Konzernebene die tatsächlichen Verhältnisse in der Unternehmensgruppe reflektiert.[8] RIC 1.17 empfiehlt die Angabe von sich wesentlich unterscheidenden Geschäftszyklen im Anhang.

43.24

Entstehen aus der operativen Geschäftstätigkeit Vermögenswerte und Schulden, die *ausnahmsweise* den Geschäftszyklus überschreiten, sind sie nach der Zwölf-Monats-Regel zu beurteilen. Dasselbe gilt, wenn der Geschäftszyklus nicht bestimmt werden kann (IAS 1.68).

43.25

3. Zwölf-Monats-Regel

Alle übrigen Vermögenswerte und Schulden, die *nicht aus dem normalen Geschäftszyklus resultieren und keine Finanzinstrumente des Handelsbestands sind* (Rz. 43.31), müssen nach der Zwölf-Monats-Regel beurteilt werden.

43.26

Bei ausgereichten Darlehen (**Ausleihungen**) und aufgenommenen **Finanzschulden** ist eine **Aufteilung** dahingehend vorzunehmen, welcher Forderungs- bzw. Tilgungs-

43.27

---

7 Sofern kulantes Verhalten geschäftsüblich ist.
8 So auch RIC 1.15.

anteil innerhalb der nächsten zwölf Monate nach dem Bilanzstichtag (= kurzfristig) oder danach (= langfristig) anfällt (IAS 1.68, 1.71).

Sollte eine ursprünglich langfristige Verbindlichkeit, die (auch ggf. teilweise) zur Tilgung innerhalb der nächsten zwölf Monate ansteht, *bis zum Bilanzstichtag* prolongiert werden, ist sie weiterhin als langfristig auszuweisen. Eine Vereinbarung dergestalt *nach* dem Bilanzstichtag, aber vor dem Bilanzaufstellungstag ist für die Beibehaltung des langfristigen Ausweises nicht ausreichend (IAS 1.74). Damit sind **Prolongationsvereinbarungen** keine wertaufhellenden, sondern wertbegründende Ereignisse (IAS 1.76; Rz. 11.33). Etwas anderes gilt, wenn das Unternehmen ein *einseitiges Prolongationsrecht* (z.B. bei Rahmenkreditvereinbarungen) und aus Sicht des Bilanzstichtages die Absicht hat, zu gegebener Zeit den Kredit zu refinanzieren; in diesem Fall ist die Finanzschuld weiterhin als langfristig auszuweisen (IAS 1.73; siehe auch (d) in Abb. 43.1).

43.28 Ursprünglich **langfristige Rückstellungen**, deren Inanspruchnahme *insgesamt* im nächsten Geschäftsjahr erwartet wird, sind gem. der Zwölf-Monats-Regel als kurzfristige Rückstellungen auszuweisen. Fraglich ist, ob nicht nur bei Finanzschulden, sondern auch bei langfristigen Rückstellungen die erwarteten *Teilinanspruchnahmen* des nächsten Geschäftsjahres als kurzfristig auszuweisen sind. Bei **Pensionsrückstellungen** kann die Aufteilung gemäß RIC 1.32 unterbleiben. Wir halten dies auch im Hinblick auf andere langfristige Rückstellungen für sinnvoll[9], wobei ohnehin kaum davon auszugehen ist, dass es sich um wesentliche Beträge handeln wird. Der Betrag der im nächsten Geschäftsjahr fälligen Beträge ist u.E. aus dem Umkehrschluss aus IAS 1.61 (Rz. 43.30) allerdings im Anhang anzugeben.

43.29 Eine Aufteilung nach der Fristigkeit kommt bei **latenten Steuern** nicht in Betracht: Aktive und passive latente Steuern sind immer als langfristig auszuweisen (IAS 1.56), unabhängig vom Teilbetrag, der im kommenden Geschäftsjahr aufzulösen ist.

43.30 Sind innerhalb der kurzfristigen Vermögenswerte und Schulden **Beträge** enthalten, die voraussichtlich erst **nach mehr als zwölf Monaten realisiert** oder erfüllt werden, so ist für jeden in der Bilanz aufgenommenen Posten der entsprechende Betrag anzugeben (IAS 1.61), zweckmäßigerweise im Anhang. Betroffen von dieser Regelung sind insbesondere Vorräte und Gewährleistungs- sowie Kulanzrückstellungen, aber mitunter auch Forderungen aus Lieferungen und Leistungen u.Ä., die sich im normalen Geschäftszyklus umschlagen.

4. Handelsabsicht

43.31 Bei den Vermögenswerten und Schulden zu Rz. 43.21 (b) handelt es sich um Finanzinstrumente, die mit **Handelsabsicht** gehalten werden. Sie gehören zur IFRS 9-Kategorie FVPL (siehe Rz. 22.60 ff.), z.B. alleinstehende Derivate. Allerdings ist nicht die gesamte Kategorie FVPL als kurzfristig auszuweisen, sondern nur jene Titel, für die

---

9 Dem steht auch RIC 1.27 nicht entgegen, der sich ausdrücklich auf *accruals* bezieht, die entsprechend den Verbindlichkeiten aufzuteilen sind. Zur Abgrenzung von Verbindlichkeiten, *accruals* und Rückstellungen s. Rz. 26.8.

Handelsabsicht besteht. Soll hingegen ein alleinstehendes Derivat oder ein sonstiges Finanzinstrument langfristig zur Vermeidung z.B. eines *accounting mismatch* eingesetzt werden, ohne die Voraussetzungen des Hedge Accounting zu erfüllen, dann ist es auch der Kategorie FVPL zuzuordnen, ohne dass Handelsabsicht besteht. In diesem Fall ist das Finanzinstrument auf Bilanzebene nach der 12-Monats-Regel zu beurteilen und ggf. als langfristig auszuweisen (IAS 1.BC38J).

Der **effektive Teil** und u.E. auch der ineffektive Teil von **Derivaten**, die zu Sicherungszwecken eingesetzt werden, folgen zur Beurteilung der Fristigkeit dem bilanzwirksamen Grundgeschäft, soweit vorhanden. Auf diese Weise wird der Sicherungszusammenhang nicht nur bei der Bewertung, sondern auch beim Ausweis zutreffend abgebildet. Bei der Absicherung erwarteter Transaktionen ist, mangels bilanzwirksamen Grundgeschäfts, die Zwölf-Monats-Regel zielführend. Damit gilt in der Praxis häufig: Die Fristigkeit des Derivats folgt beim Fair Value-Hedge dem Grundgeschäft und beim Cashflow-Hedge der Zwölf-Monats-Regel.

43.32

5. Sonderfall: Kein unbedingtes Recht, die Zahlung aufzuschieben

Der Fall (d) in Rz. 43.21 zielt insbesondere auf **Wandelanleihen**:

43.33

Beispiel: Der Inhaber einer Wandelanleihe hat alternativ
(a) das Recht, jederzeit eine Wandlung in Eigenkapital zu verlangen, oder
(b) die Rückzahlung bei Verzicht auf Wandlung in zwei Jahren zu erhalten.
Ist die Wandelanleihe beim Emittenten am Bilanzstichtag als kurz- oder als langfristig zu bilanzieren?

Gemäß IAS 1.69d ist die Wandelanleihe in diesem Fall als langfristig einzustufen. Zwar stellt die Wandlung in Eigenkapital formal ebenfalls ein „settlement" der Verbindlichkeit dar. Auf die (kurzfristige) Wandlungsmöglichkeit kommt es dennoch nicht an, da diese nicht zu einem Geldabfluss führt (IAS 1.BC38L ff.).

Somit ist nur die Auszahlungsfrist maßgebend, die im Beispiel zwölf Monate nach Bilanzstichtag überschreitet. Läge die Rückzahlungsmöglichkeit (abweichend vom Beispiel) innerhalb von zwölf Monaten, käme dagegen nur die Klassifizierung als kurzfristig in Betracht.

6. Klassifizierung nach Verwendung

Für sächliche und immaterielle Vermögenswerte sowie Anteile an anderen Unternehmen ist für die Zuordnung in lang- und kurzfristig im Übrigen die erwartete Verwendung im Unternehmen entscheidend. Demzufolge sind definitionsgemäß Sachanlagen, immaterielle Vermögenswerte des Anlagevermögens und Anlageimmobilien immer langfristig. Nähern sich abnutzbare Anlagen ihrem Nutzungsende, verbleiben sie im Anlagevermögen.[10] Dazu bestehen zwei Ausnahmen:

43.34

– Üblicherweise vermietete Sachanlagen, die routinemäßig nach Ende der Mietzeit veräußert werden sollen, sind gem. Zwölf-Monats-Regel in das kurzfristige Vermögen umzugliedern (Rz. 14.91).

---

10 Vgl. RIC 1.26.

– Eine Umgliederung langfristiger Vermögenswerte in den kurzfristigen Bereich kommt in Betracht, wenn sie in den nächsten zwölf Monaten veräußert werden sollen und die übrigen Kriterien zur Klassifizierung als *assets held for sale* gem. IFRS 5 erfüllt sind (IFRS 5.2 ff.; zu den Klassifizierungskriterien siehe Rz. 30.17 ff.).

Beispiel: Aus dem Sachanlagevermögen soll eine Maschine innerhalb der nächsten zwölf Monate veräußert werden. Die Kriterien des IFRS 5 zur Klassifizierung der Maschine als *assets held for sale* seien *nicht* erfüllt. Die Maschine verbleibt trotz unverändert angestrebter Veräußerung im Sachanlagevermögen.

Umgekehrt sind Vermögenswerte aus aufgegebenen Geschäftsbereichen und Veräußerungsgruppen sowie diesen zugeordnete Verbindlichkeiten als kurzfristig auszuweisen, wenn die Klassifizierungskriterien des IFRS 5 erfüllt sind.

43.35–43.39 frei

C. Gliederungsschema für die IFRS-Bilanz

43.40 IAS 1.54 enthält eine Liste jener Posten, die -unter dem Vorbehalt ihrer Wesentlichkeit[11] – unmittelbar in die Bilanz aufzunehmen sind. Dabei werden weder Reihenfolge noch Struktur vorgegeben, so dass neben der **Konto-** auch die **Staffelform** möglich ist. Die verwendeten Bezeichnungen können bzw. sollen geändert werden, wenn es für das Gesamtverständnis der Vermögens- und Finanzlage des Unternehmens erforderlich ist (IAS 1.57b). Dasselbe gilt für zusätzliche Posten, Überschriften und Zwischensummen, die unter dem gleichen Gesichtspunkt hinzugefügt werden können bzw. müssen (IAS 1.55).

43.41 In den nachfolgenden Tabellen stellen wir im Hinblick auf die Anforderungen von IAS 1 und unter weitgehender Berücksichtigung des Gliederungsschemas des § 266 HGB ein Gliederungsschema für die Bilanz eines IFRS-Abschlusses vor. Die einzelnen Posten werden nachfolgend erläutert.

Konzernbilanz der xy-Gesellschaft zum 31.12.02			
Aktiva	Anhang	31.12.02	31.12.01
Immaterielle Vermögenswerte			
Sachanlagen			
Anlageimmobilien (Investment Properties)			
At equity bilanzierte Beteiligungen			
Übrige Finanzanlagen			

---

11 Die deutsche Übersetzung des IAS 1.54, wonach „zumindest" die folgenden Posten darzustellen seien, ist unzutreffend (das IASB hat die ursprüngliche Formulierung „as a minimum" gestrichen), siehe auch IAS 1.BC38C.

C. Gliederungsschema für die IFRS-Bilanz | Rz. 43.41 Kap. 43

Konzernbilanz der xy-Gesellschaft zum 31.12.02			
Aktiva	Anhang	31.12.02	31.12.01
Finanzforderungen			
Sonstige Forderungen und finanzielle Vermögenswerte			
Latente Steuern			
Langfristige Vermögenswerte			
Vorräte			
Forderungen aus Lieferungen und Leistungen			
Andere Forderungen und sonstige Vermögenswerte			
Finanzforderungen			
Ertragsteuerforderungen			
Wertpapiere			
Flüssige Mittel			
Zur Veräußerung bestimmte langfristige Vermögenswerte, Veräußerungsgruppen und aufgegebene Geschäftsbereiche			
Kurzfristige Vermögenswerte			
Bilanzsumme			

Abb. 43.2: IFRS-Bilanzgliederung nach IAS 1: Aktiva

Konzernbilanz der xy-Gesellschaft zum 31.12.02			
Passiva	Anhang	31.12.02	31.12.01
Gezeichnetes Kapital			
Kapitalrücklage			
Gewinnrücklagen			
Bilanzgewinn			
Zwischensumme			
Nicht beherrschende Anteile			
Eigenkapital			
Finanzschulden			
Übrige langfristige Verbindlichkeiten			
Pensionsverpflichtungen			
Übrige langfristige Rückstellungen			
Latente Steuern			

Konzernbilanz der xy-Gesellschaft zum 31.12.02			
Passiva	Anhang	31.12.02	31.12.01
Langfristige Schulden			
Finanzschulden Verbindlichkeiten aus Lieferungen und Leistungen Sonstige kurzfristige Verbindlichkeiten Ertragsteuerschulden Kurzfristige Rückstellungen Schulden im Zusammenhang mit zur Veräußerung bestimmten Veräußerungsgruppen und aufgegebenen Geschäftsbereichen			
Kurzfristige Schulden			
Bilanzsumme			

Abb. 43.3: IFRS-Bilanzgliederung nach IAS 1: Passiva

D. Einzelne Bilanzposten

I. Aktiva

1. Langfristige Vermögenswerte

43.42 **Immaterielle Vermögenswerte** nehmen Konzessionen, Rechte, Lizenzen u.Ä. auf, aber auch selbstgeschaffene immaterielle Vermögenswerte (aktivierte Entwicklungskosten). Ferner enthält der Posten auch den Geschäfts- oder Firmenwert (**Goodwill**). Gelegentlich wird der Goodwill auch gesondert neben den übrigen immateriellen Vermögenswerten ausgewiesen, wenn er als Einzelposten als besonders wesentlich angesehen wird.

43.43 Aus den **Sachanlagen** (nach HGB) sind jene Immobilien auszusondern, die in den Anwendungsbereich des IAS 40 fallen. Es handelt sich hierbei um vermietete oder verpachtete Immobilien oder solche, die zum Zweck der Erzielung von Wertsteigerungen gehalten werden (Rz. 18.1). Sie sind gesondert als Finanzanlagen in Immobilien oder **Anlageimmobilien** (*investment properties*) auszuweisen. Für Industrieunternehmen stellt sich aber gerade hier häufig die Frage der Wesentlichkeit. In der Praxis wird bei nur geringem Umfang von Anlageimmobilien auf eine explizite Nennung auf Bilanzebene verzichtet. Der Ausweis erfolgt dann zusammen mit Sachanlagen bei entsprechender Aufgliederung im Anhang (Rz. 43.62).

43.44 IAS 1.54e verlangt in der Bilanz den gesonderten Ausweis für „**nach der Equity-Methode bilanzierte Finanzanlagen**". Das sind Anteile an assoziierten Unternehmen und Gemeinschaftsunternehmen (Rz. 32.4). Wenn die Beteiligungsbuchwerte an solchen Unternehmen vergleichsweise gering sind, wird mit Hinweis auf den Wesentlichkeitsgrundsatz auf Bilanzebene häufig kein separater Ausweis vorgenommen.[12] In diesem Fall werden in der Bilanz beispielsweise nur „**Finanzanlagen**" ausgewiesen; die Aufgliederung erfolgt dann im Anhang.

Die **übrigen Finanzanlagen** enthalten Ausleihungen, Wertpapiere und Beteiligungen i.d.R. aus dem Anwendungsbereich des IFRS 9. Im Hinblick auf die Bewertung finden sich hier mit (fortgeführten) Anschaffungskosten und Fair Values ganz unterschiedliche Bewertungskategorien, so dass schon aus diesem Grund eine Ausdifferenzierung im Anhang vorgenommen werden muss (zu Einzelheiten siehe Rz. 22.245 f.). Gelegentlich werden schon auf Bilanzebene **Finanzforderungen** separiert, die dann die Ausleihungen aufnehmen. 43.45

Ein Posten **sonstige** (langfristige) **Forderungen und finanzielle Vermögenswerte** kann bei Bedarf eingefügt werden. Das kann etwa der Fall sein, wenn ausnahmsweise Forderungen des operativen Bereichs den normalen Geschäftszyklus überschreiten oder Sachverhalte der Rechnungsabgrenzung langfristig sind. 43.46

Latente Steuern sind immer als langfristig auszuweisen, wenn die Bilanz nach Fristigkeit gegliedert wird (IAS 1.56). Das gilt auch für Beträge, die sich im folgenden Geschäftsjahr umkehren (realisieren). **Ertragsteuerforderungen** gegenüber Finanzbehörden sind dagegen nach der Fristigkeit zu unterteilen. Sie dürften überwiegend kurzfristig (wie in unserem vorgeschlagenen Beispiel) und nur in Ausnahmefällen auch langfristig sein, z.B. bei Körperschaftsteuerguthaben. 43.47

2. Kurzfristige Vermögenswerte

Bei den kurzfristigen Vermögenswerten bzw. im Umlaufvermögen sind **Vorräte** gesondert auszuweisen. Erhaltene Anzahlungen dürfen, anders als nach HGB, nicht (offen) abgesetzt werden[13], sondern müssen passivisch ausgewiesen werden. Z.T. wird jedoch ein offenes Absetzen von den Vorräten befürwortet.[14] 43.48

Nicht zu den Vorräten gehören vertragliche Vermögenswerte aus Verträgen mit Kunden. Sie entstehen, soweit das bilanzierende Unternehmen eine Leistungsverpflichtung i.S.d. IFRS 15 erfüllt, aber noch keinen unbedingten Anspruch auf die Gegenleistung hat (z.B. bei Auftragsfertigung). Sie sind unter den Forderungen auszuweisen.

Es dürfte sich empfehlen, **Forderungen aus Lieferungen und Leistungen** gesondert auszuweisen. Sie können aber auch mit anderen Forderungen, sonstigen Vermögenswerten und vertraglichen Vermögenswerten i.S.v. IFRS 15 zusammengefasst werden. In diesem Fall ist eine Differenzierung im Anhang erforderlich (IFRS 15.109). 43.49

Ertragsteuerforderungen sind gesondert zu zeigen.

---

12 Vgl. *von Keitz*, Praxis der IASB-Rechnungslegung[2], 31.
13 Vgl. Haufe IFRS-Komm[16], § 2 Rz. 51.
14 Kein Verstoß gegen Saldierungsverbot, vgl. *Küting/Reuter*, KoR 2006, 1 (3 ff.) m.w.N.

43.50 **Geleistete Anzahlungen** können nach den (unverbindlichen) Beispielen gem. IAS 1.78b unter den Forderungen bzw. sonstigen Vermögenswerten ausgewiesen werden. U.E. ist wie nach HGB auch eine sachliche Zuordnung zu Vorräten, immateriellen Vermögenswerten des Anlagevermögens sowie Sachanlagen unabhängig von der Fristigkeit weiterhin möglich.[15]

43.51 Als **Wertpapiere** können gehaltene Eigenkapitaltitel (Aktien, GmbH-Anteile[16]) und Fremdkapitaltitel (Anleihen) ausgewiesen werden. Eigene Anteile sind vom Eigenkapital abzusetzen, was auch nach HGB erforderlich ist. Wie bei den übrigen Finanzanlagen sagt auch hier der Ausweis nichts aus über die Bewertungskategorien. Daher sind im Anhang Überleitungsrechnungen und weitere Erläuterungen erforderlich (Rz. 22.245 f.).

43.52 Unternehmen mit nennenswerten **biologischen Vermögenswerten** (IAS 41, siehe Rz. 21.1 ff.) haben diese gesondert aufzunehmen. Sie können sowohl langfristig (z.B. Forstbestand) als auch kurzfristig sein (z.B. Schlachttiere). Unser vorgeschlagenes Gliederungsschema würde sich entsprechend erweitern.

43.53 In unserer Bilanzgliederung in Abb. 43.2 finden sich keine **Rechnungsabgrenzungsposten**, wie sie in der HGB-Bilanz erforderlich sind. Den IFRS ist eine gesonderte Bezeichnung für Zahlungen vor dem Bilanzstichtag, die zeitraumbestimmter Aufwand nach dem Stichtag darstellen, fremd. Die Sachverhalte werden durchgängig unter den sonstigen Vermögenswerten (entweder lang- oder meist kurzfristig) ausgewiesen und bei Wesentlichkeit im Anhang bei der Aufgliederung des Bilanzpostens genannt bzw. umschrieben.

43.54 Vermögenswerte, die in den Anwendungsbereich des IFRS 5 fallen – das sind im Wesentlichen **Veräußerungsgruppen** und **aufgegebene Geschäftsbereiche** (zu Einzelheiten Rz. 30.1 ff.) –, müssen gesondert ausgewiesen werden. Dabei kommt nur ein Ausweis unter kurzfristigen Vermögenswerten in Betracht (IFRS 5.3 i.V.m. 5.38). Dasselbe gilt analog für **Schulden aus Veräußerungsgruppen und aus aufgegebenen Geschäftsbereichen.**

Auffällig ist, dass abweichend von der sonst üblichen Vorgehensweise die Anpassung von Vorjahresvergleichszahlen in der Bilanz unterbleiben soll: Wird beispielsweise im Geschäftsjahr 02 die Einstellung eines Geschäftsbereiches beschlossen und bis Jahresende noch nicht vollzogen, so sind die zugehörigen Vermögenswerte und Schulden unsaldiert und separat von den übrigen Vermögenswerten und Schulden des Unternehmens anzugeben, nicht aber für das Vorjahr 01 (Umkehrschluss aus IFRS 5.40).

---

15 So auch Haufe IFRS-Komm[16], § 2 Rz. 51.
16 Juristisch handelt es sich bei GmbH-Anteilen nicht um Wertpapiere. Sie werden aber oft – wie auch im HGB-Abschluss, ggf. unter Ergänzung der Bezeichnung – unter Wertpapiere ausgewiesen.

II. Passiva

1. Eigenkapital

Das Eigenkapital ist auf Bilanzebene **mindestens in zwei Zeilen** auszuweisen: Anteile der Gesellschafter des Mutterunternehmens und nicht beherrschende Anteile (früher: Minderheitenanteile, jetzt *non-controlling interests*) (IAS 1.54q, r).[17] Die **Anteile der Gesellschafter des Mutterunternehmens** können auch entsprechend § 266 HGB untergliedert werden. Mindestens ist die Aufteilung im Anhang erforderlich (IAS 1.78e), u.E. auch durch Aufteilungspflicht im EK-Spiegel erfüllt (IAS 1.106, siehe Rz. 46.24). Zum Eigenkapital gehören auch die kumulierten Aufwendungen und Erträge, die unter Umgehung der Gewinn- und Verlustrechnung unmittelbar in den Rücklagen zu erfassen sind (kumuliertes *other comprehensive income* (OCI), dessen periodische Veränderung in der Gesamtergebnisrechnung zum Ausdruck kommt). Sachverhalte sind etwa Währungsumrechnungsdifferenzen von Tochterunternehmen, die nach der modifizierten Stichtagskursmethode umgerechnet werden, oder auch Wertänderungen von Finanzinstrumenten der Kategorie FVOCI. Diese Sachverhalte werden, falls auf Bilanzebene in unterschiedliche Eigenkapitalkategorien differenziert wird, entweder gesondert oder als Bestandteil der Gewinnrücklagen ausgewiesen.

43.55

Falls ein **Bilanzgewinn** separat neben den Gewinnrücklagen ausgewiesen wird, umfasst dieser üblicherweise den Bilanzgewinn aus dem Jahresabschluss der Konzernmutter (Rz. 46.27). Es ist jener Betrag, über dessen Verwendung die Gesellschafter des Mutterunternehmens auf der nächsten Gesellschafterversammlung eine Entscheidung herbeiführen: Ausschüttung oder Thesaurierung.

Nicht beherrschende Anteile (*non-controlling interests*, früher: Minderheiten) sind in der Konzernbilanz innerhalb des Eigenkapitals gesondert auszuweisen (IFRS 10.22 sowie IAS 1.54q). Der Posten nimmt auch deren Anteil am OCI auf.

43.56

Wird *nach* dem Bilanzstichtag, aber *vor* Aufstellung des Abschlusses bereits ein Beschluss über die Ergebnisverwendung derart getroffen, dass ein bestimmter Teil des Jahresergebnisses an die Gesellschafter ausgeschüttet werden soll, ist dieser Betrag *nicht* als Verbindlichkeit auszuweisen, d.h., in diesem Fall kommt die Aufstellung der Bilanz unter Berücksichtigung der **vollständigen bzw. teilweisen Ergebnisverwendung** (vgl. §§ 268 Abs. 1, 270 Abs. 2 HGB) *nicht* in Betracht (IAS 10.12 f.). Der Betrag der vorgesehenen Ausschüttung insgesamt und je Aktie[18] ist *zwingend* im Anhang anzugeben (IAS 1.137a).

43.57

---

17 So beispielsweise bei RWE, vgl. Geschäftsbericht 2017, 90.
18 Die Angabe einer „Ausschüttung je Anteilsschein", etwa bei einer GmbH-Mutter, kann u.E. nicht gefordert werden.

2. Langfristige Schulden

43.58 Die langfristigen Schulden haben wir in unserem Gliederungsvorschlag in Verbindlichkeiten (Finanzschulden und übrige langfristige Verbindlichkeiten), Rückstellungen und latente Steuern aufgegliedert. Die Reihenfolge dieser Unterteilung ist nicht vorgeschrieben. Innerhalb der langfristigen Schulden können also auch erst die Rückstellungen und dann die Verbindlichkeiten gezeigt werden. Zur Frage des Ausweises des Tilgungsanteils des nächsten Geschäftsjahres bei langfristigen Schulden siehe Rz. 43.27 f.

3. Kurzfristige Schulden

43.59 **Abgegrenzte Schulden** (*accruals*) – das sind Schulden, die dem **Grunde** nach eindeutig feststehen und bei denen lediglich hinsichtlich Höhe und Zeitpunkt der Fälligkeit noch *un*wesentliche Restunsicherheiten bestehen (beispielsweise Kosten der Abschlussprüfung, erhaltene Lieferung ohne Rechnung, Beiträge zur Berufsgenossenschaft, Arbeitnehmerprämien) – sollen nach IAS 37.11 abweichend zur HGB-Praxis **nicht** unter **Rückstellungen**, sondern unter Verbindlichkeiten ausgewiesen werden (Rz. 26.8). Allerdings könnte hierin ein Widerspruch zu IAS 1.78d gesehen werden, der die tiefere Aufgliederung von Rückstellungen vorschlägt und hierzu ausdrücklich auch *provisions for employee benefits* rechnet; i.d.R. handelt es sich jedoch bei Schulden gegenüber Arbeitnehmern gem. IAS 19 ausdrücklich um *accrued expenses*[19], also abgegrenzte Schulden und insoweit um Verbindlichkeiten und nicht um Rückstellungen. Die deutsche IFRS-Praxis verfährt hier bislang uneinheitlich; häufig werden *accruals*, der Sichtweise des HGB folgend, unter den Rückstellungen ausgewiesen. Wir halten diese Vorgehensweise schon deshalb für zulässig, da der Abschlussadressat wegen des erforderlichen **Rückstellungsspiegels** sogar mehr Informationen erhält (zu Einzelheiten siehe Rz. 26.83).

43.60 Im Übrigen sind die **kurzfristigen Schulden** in Verbindlichkeiten und Rückstellungen aufzuteilen. **Ertragsteuerschulden** umfassen jedoch Verbindlichkeiten (bei vorliegenden Steuerbescheiden) und Steuerrückstellungen. Posten der Rechnungsabgrenzung sowie **erhaltene Anzahlungen** auf Vorräte können unter den sonstigen kurzfristigen Verbindlichkeiten ausgewiesen werden.

43.61 Für **passive Rechnungsabgrenzungsposten** siehe analog Rz. 43.53 zu aktiven RAP.

---

[19] Kurzfristige Schulden gegenüber Arbeitnehmern werden als *accrued expense* bezeichnet (IAS 19.11a), genauso wie Schulden aus beitragsorientierten Pensionsplänen (IAS 19.51a). Demgegenüber wird bei Pensionsverpflichtungen (aus leistungsorientierten Zusagen) und anderen langfristigen Leistungen gegenüber Arbeitnehmern von *liabilities* gesprochen (IAS 19.63). Der Begriff der *liability* (Schuld) umfasst nach dem Regelungswerk aber die *liabilities* i.e.S. (Verbindlichkeiten) sowie die *provisions* (Rückstellungen).

E. Anhangangaben

43.62 Es dürfte der Übersichtlichkeit dienen, in der Bilanz nicht nennenswert mehr Posten aufzunehmen, als es unserem Vorschlag in Rz. 43.41 entspricht. Ganz im Gegenteil könnten unter zutreffender Würdigung des Wesentlichkeitsgrundsatzes (Rz. 6.31) auch Posten zusammengefasst werden, denn die Bilanzgliederung nach IAS 1.54 ist – entgegen der unzutreffenden deutschen Übersetzung des Eingangssatzes der Vorschrift – kein Mindestgliederungsschema. So könnte beispielsweise bei Industrieunternehmen der gesonderte Ausweis von Anlageimmobilien (als Finanzinvestitionen gehaltene Immobilien) entfallen, wenn insoweit der Sachverhalt unwesentlich ist.[20] Erforderliche Untergliederungen sollten dann eher nicht in der Bilanz, sondern im Anhang vorgenommen werden (IAS 1.77 ff.). Der Detaillierungsgrad wird, anders als nach HGB, nicht vorgeschrieben. Unter Berücksichtigung von Größe, Art und Funktion des Postens bzw. Betrages ist nach **kaufmännischem Ermessen** zu entscheiden (IAS 1.78). Häufig werden etwa Sachanlagen und Vorräte sowie Rückstellungen nach bisheriger HGB-Praxis im Anhang aufgeschlüsselt.

43.63 Gerade im Bereich der Finanzinstrumente, insbesondere bei **finanziellen Vermögenswerten**, finden sich unterschiedliche Bewertungsmaßstäbe: Sie sind zu fortgeführten Anschaffungskosten, erfolgsneutral oder auch erfolgswirksam zum Fair Value zu bewerten. IFRS 7.8 fordert die Angabe der Buchwerte der Bewertungskategorien entweder in der Bilanz oder im Anhang. Bei einer Darstellung in der Bilanz müsste freilich noch zusätzlich zwischen lang- und kurzfristigen Vermögenswerten unterschieden werden. Daher ist es einzig sinnvoll, die entsprechende Aufgliederung im Anhang vorzunehmen.

43.64 Sonderregelungen für den Ausweis von Forderungen und Verbindlichkeiten gegenüber **verbundenen und assoziierten Unternehmen** sowie **Gemeinschaftsunternehmen** und anderen nahestehenden Personen enthält IAS 24. Auch diese Angaben sollten im Anhang erfolgen; zu Einzelheiten siehe Rz. 51.36 ff.

---

[20] So beispielsweise bei der Thyssenkrupp AG, vgl. Geschäftsbericht 2017/18, S. 136: Die Investment Properties werden in der Bilanz zusammen mit den Sachanlagen ausgewiesen (insgesamt 4.791 Mio. €), da sich der Wert der Investment Properties lediglich auf 30 Mio. € beläuft (S. 170). Im GB 2010/11, S. 128, wurden die Investment Properties mit einem Wert von 301 Mio. € in der Bilanz noch separat aufgeführt.

Kapitel 44
Gewinn- und Verlustrechnung (IAS 1)

A. Überblick und Wegweiser	44.1	IV. EBITDA: Unterschiede zum HGB-Abschluss	44.32
I. Management Zusammenfassung	44.1	V. Finanzergebnis	44.33
II. Standards und Anwendungsbereich	44.2	VI. Ausweis von Sondereffekten/ Abgrenzung zum außerordentlichen Ergebnis	44.37
III. Wesentliche Abweichungen zum HGB	44.3	VII. Ergebnis vor Steuern/Ertragsteuern	44.38
IV. Neuere Entwicklungen	44.5		
B. Gliederungsschemata für die GuV: Gesamtkostenverfahren und Umsatzkostenverfahren	44.20	VIII. Ergebnis aufgegebener Geschäftsbereiche	44.39
C. Einzelne GuV-Posten	44.22	IX. Jahresergebnis	44.40
I. Umsatzerlöse	44.22	X. Ergebnis je Aktie	44.41
II. Andere Erträge und operative Aufwendungen	44.23	XI. Ergebnisverwendungsrechnung	44.42
III. Operatives Ergebnis (EBIT)	44.28	**D. Anhangangaben**	44.43

Literatur: *Amshoff/Jungius*, Neuregelung der Darstellung der Gesamtergebnisrechnung – Kritische Würdigung der Änderungen an IAS 1, PiR 2011, 245; *Heiden*, Pro-forma-Berichterstattung, Berlin 2006; *Hillebrandt/Sellhorn*, Pro-Forma-Earnings: Umsatz vor Aufwendungen?, KoR 2002, 153; *von Keitz*, Praxis der IASB-Rechnungslegung, 2. Aufl., Stuttgart 2005; *Küting/Heiden*, Pro-Forma-Ergebnisse in deutschen Geschäftsberichten, StuB 2002, 1085; *Küting/Heiden*, Zur Systematik von Pro-forma-Kennzahlen – Gleichzeitig: Fortsetzung einer empirischen Bestandsaufnahme, DStR 2003, 1544; *Kirsch*, GuV und sonstiges Gesamtergebnis nach IAS 1 (amended 2011), BBK 2012, 755; *Lüdenbach*, Mischung von Umsatz- und Gesamtkostenverfahren, PiR 2009, 85; *Theile*, Bilanzrechtsmodernisierungsgesetz, 3. Aufl., Herne 2011; *Zülch*, Die Gewinn- und Verlustrechnung nach IFRS, Herne/Berlin 2005.

A. Überblick und Wegweiser

I. Management Zusammenfassung

Die Gewinn- und Verlustrechnung (GuV) ist das Kernelement zur Beurteilung der Ertragslage eines Unternehmens bzw. Konzerns. Die GuV endet mit dem Jahres- oder Periodenergebnis, einer Kennzahl, der höchste Signalfunktion zukommt und die auch für das Ergebnis je Aktie verwendet werden muss. 44.1

Allerdings werden nicht sämtliche Aufwendungen und Erträge in der GuV erfasst: In vielen Fällen sind Aufwendungen und Erträge unmittelbar im Eigenkapital zu buchen (im sog. *other comprehensive income*, OCI). Folglich erhält die „an sich" klare Kennzahl Jahresergebnis eine Ergänzung durch das OCI. Der IASB ringt seit Jahren damit, beide „Ergebnisarten"

- das in der GuV erfasste „erfolgswirksame" Ergebnis und
- das im Eigenkapital „erfolgsneutral" erfasste sonstige Ergebnis (*other comprehensive income*, OCI)

in *einem Statement* zusammenzufassen, schreibt dies jedoch bis heute nicht verbindlich vor. Es ist und bleibt somit zulässig und ist auch gängige Praxis, eine „klassische" GuV zu zeigen, die mit dem Jahresergebnis endet. Diese kann wie nach HGB alternativ gemäß dem Umsatz- oder Gesamtkostenverfahren aufgestellt werden.

II. Standards und Anwendungsbereich

44.2 IAS 1.81A f. enthält eine Darstellungsalternative zur Gewinn- und Verlustrechnung und zum sonstigen Ergebnis:

a) Beide Abschnitte können in einem Statement „Gesamtergebnisrechnung" (*statement of profit or loss and other comprehensive income*) zusammengefasst oder

b) in zwei getrennten Statements „Gewinn und Verlustrechnung" und „sonstiges Ergebnis" hintereinander

im Abschluss aufgeführt werden. Bei einer „verlängerten" GuV als *single statement* gem. a) wird das Jahresergebnis zu einer Zwischensumme (IAS 1.81Aa). In der deutschen Bilanzierungspraxis dominiert allerdings eindeutig die Variante b).[1] Dabei wird oft das zweite Statement, welches beginnend vom Jahresergebnis lt. GuV die einzelnen Elemente des „sonstigen Ergebnisses" listet, nicht als „sonstiges Ergebnis", sondern als **Gesamtergebnisrechnung** bezeichnet. Wir folgen dieser Zweiteilung und stellen die GuV in diesem Kapitel separat dar. Zu der dann erforderlichen Listung der Posten des „sonstigen Ergebnisses" in einer Gesamtergebnisrechnung siehe das folgende Kapitel (Rz. 45.1 ff.).

III. Wesentliche Abweichungen zum HGB

44.3 Zur Gewinn- und Verlustrechnung gibt es in IAS 1, anders als nach § 275 HGB, nur eine Auflistung der aufzunehmenden Posten. Auffällig ist: In der Auflistung des IAS 1.82 fehlen die **operativen Aufwendungen**. Man wird aber auf Grund des allgemeinen Wesentlichkeitsgrundsatzes (Rz. 42.24 ff.) nur selten die operativen Aufwendungen *nicht* als einzeln unwesentlich ansehen dürfen, so dass sie regelmäßig aufzunehmen sind. Umgekehrt gilt für die in IAS 1.82 genannten Posten der Wesentlichkeitsvorbehalt; im Fall ihrer Unwesentlichkeit können sie mit anderen Posten zusammengefasst werden.

---

1 Vgl. die empirische Erhebung bei *Amshoff/Jungius*, PiR 2011, 245 (246). Zu einem der seltenen Beispiele des *single statement* s. die Konzerngesamtergebnisrechnung der artnet AG, Geschäftsbericht 2017, 31.

Posten mit der Bezeichnung „außerordentliche Aufwendungen und Erträge" sind in der IFRS-GuV unzulässig. Dem ist auch die EU-Bilanzrichtlinie 2013 gefolgt, so dass auch § 275 HGB keine a.o. Posten mehr enthält.

44.4

Gleichwohl können in einer IFRS-GuV zusätzliche Posten eingefügt werden, so dass eine andere Bezeichnung für frühere a.o. Sachverhalte als zulässig anzusehen ist. (Rz. 44.37).

IV. Neuere Entwicklungen

Die GuV-Vorschriften des IAS 1 sind zuletzt durch IFRS 9 (Finanzinstrumente) mit Wirkung ab 2018 erheblich erweitert worden. Bedeutende Änderungen an IAS 1 im Hinblick auf die GuV oder die Gesamtergebnisrechnung sind vorerst nicht zu erwarten.

44.5

frei

44.6–44.19

B. Gliederungsschemata für die GuV: Gesamtkostenverfahren und Umsatzkostenverfahren

Die Gewinn- und Verlustrechnung kann **entweder** nach dem **Gesamtkosten-** oder dem **Umsatzkostenverfahren** aufgestellt werden (IAS 1.99, 1.105). Eine **Mischung beider Formate** (bspw. Saldierung der Bestandsveränderung mit dem Materialaufwand beim Gesamtkostenverfahren oder Ausweis eines nicht auf Funktionsbereiche verteilten Rest-Personalaufwands beim Umsatzkostenverfahren) ist **unzulässig**.[2] Zur Ausnahme bei außerplanmäßiger Goodwillabschreibung Rz. 44.26.

44.20

Ob neben der Staffelform auch eine Kontodarstellung zulässig ist, lässt IAS 1 offen. Üblich ist allein die **Staffelform**. IAS 1.82a-ea enthält eine Aufstellung jener Posten, die – unter dem Vorbehalt der Wesentlichkeit (Rz. 42.24 ff.) – in der Gewinn- und Verlustrechnung darzustellen sind. Darüber hinaus sind zusätzliche Posten, Überschriften und Zwischensummen einzufügen, falls eine solche Darstellung relevant ist für das Verständnis der Ertragslage des Unternehmens bzw. Konzerns (IAS 1.85).

Ausgehend von den Erfordernissen der IAS 1.82a-ea und IAS 1.81Ba – wir haben die Posten mit einem * gekennzeichnet – und unter Berücksichtigung der Beispiele in IAS 1.102 f. sowie der Gliederungsschemata nach § 275 Abs. 2 und 3 HGB können die nachfolgenden Gliederungsvorschläge nach dem Gesamtkostenverfahren (Tabelle in Abb. 44.1) und dem Umsatzkostenverfahren (Tabelle in Abb. 44.2) entwickelt werden. Es handelt sich, dies sei betont, um unverbindliche Gliederungsvorschläge, von denen abgewichen werden kann. Wir erläutern im Folgenden die hohen Freiheitsgrade bei der Gliederung der Gewinn- und Verlustrechnung nach IAS 1.

44.21

---

2 Vgl. *Lüdenbach*, PiR 2009, 85 ff.

Gewinn- und Verlustrechnung der xy-Gesellschaft für die Zeit vom 1.1. bis 31.12.02			
	Anhang	02	01
Umsatzerlöse*			
Bestandsveränderungen fertiger und unfertiger Erzeugnisse			
Andere aktivierte Eigenleistungen			
Sonstige betriebliche Erträge			
Materialaufwand			
Personalaufwand			
Abschreibungen			
Sonstige betriebliche Aufwendungen			
Betriebsergebnis (operatives Ergebnis)			
Ergebnis aus at equity bilanzierten Beteiligungen*			
Gewinne/Verluste aus der Ausbuchung von finanziellen Vermögenswerten der Kategorie AC*			
Wertminderungsaufwand auf finanzielle Vermögenswerte (inkl. Wertaufholungen) gem. IFRS 9.5.5*			
Gewinne/Verluste aus der Reklassifizierung von finanziellen Vermögenswerten der Kategorie AC in die Kategorie FVPL*			
Gewinne/Verluste aus der Reklassifizierung von finanziellen Vermögenswerten der Kategorie FVOCI in die Kategorie FVPL*			
Übriges Finanzergebnis*			
Finanzergebnis			
Ergebnis vor Ertragsteuern			
Ertragsteuern*			
Ergebnis fortgeführter Aktivitäten			
Ergebnis aus aufgegebenen Geschäftsbereichen*			
Jahresergebnis (Ergebnis nach Steuern)*			
Davon auf Anteilseigner der Muttergesellschaft entfallend*			
Davon auf nicht beherrschende Anteile entfallend*			

* = Angaben gem. IAS 1.82a-ea, 1.81Ba

Abb. 44.1: IFRS-Gliederung der GuV nach dem Gesamtkostenverfahren

Gewinn- und Verlustrechnung der xy-Gesellschaft für die Zeit vom 1.1. bis 31.12.02			
	Anhang	02	01
Umsatzerlöse*			
Umsatzkosten			
Bruttoergebnis			
Vertriebskosten			
Verwaltungskosten			
Forschungs- und Entwicklungskosten			
Sonstige betriebliche Erträge			
Sonstige betriebliche Aufwendungen			
Betriebsergebnis (operatives Ergebnis)			
Ergebnis aus at equity bilanzierten Beteiligungen*			
Gewinne/Verluste aus der Ausbuchung von finanziellen Vermögenswerten der Kategorie AC*			
Wertminderungsaufwand auf finanzielle Vermögenswerte (inkl. Wertaufholungen) gem. IFRS 9.5.5*			
Gewinne/Verluste aus der Reklassifizierung von finanziellen Vermögenswerten der Kategorie AC in die Kategorie FVPL*			
Gewinne/Verluste aus der Reklassifizierung von finanziellen Vermögenswerten der Kategorie FVOCI in die Kategorie FVPL*			
Übriges Finanzergebnis*			
Finanzergebnis			
Ergebnis vor Ertragsteuern			
Ertragsteuern*			
Ergebnis fortgeführter Aktivitäten			
Ergebnis aus aufgegebenen Geschäftsbereichen*			
Jahresergebnis (Ergebnis nach Steuern)*			
Davon auf Anteilseigner der Muttergesellschaft entfallend*			
Davon auf nicht beherrschende Anteile entfallend*			

* = Angabe gem. IAS 1.82a-ea, 1.81Ba

Abb. 44.2: IFRS-Gliederung der GuV nach dem Umsatzkostenverfahren

C. Einzelne GuV-Posten

I. Umsatzerlöse

44.22 Die **Umsatzerlöse** enthalten Erträge aus Lieferungen und Leistungen, aus Auftragsfertigung und Nutzungsentgelten (soweit zur üblichen Geschäftstätigkeit gehörend). Erträge aus Anlagenabgängen – mit Ausnahme jener aus üblicherweise zuvor vermieteten Sachanlagen, Rz. 14.91 – sind unter den sonstigen betrieblichen Erträgen auszuweisen.

In IAS 1.82a werden in der Zeile „Umsatzerlöse, wobei die nach der Effektivzinsmethode berechneten Zinserträge getrennt ausgewiesen werden" Umsatzerlöse und Zinserträge in einem gemeinsamen Posten erwähnt. Damit ist in der deutschen Fassung des Standards der Begriff „revenue" aus dem englischen Original mit „Umsatzerlöse" übersetzt worden. Revenue ist aber mehr als nur Umsatzerlöse und umfasst auch andere Erträge. Es ist daher u.E. zulässig und sinnvoll, die Zinserträge aus der Anwendung der Effektivzinsmethode im Finanzergebnis auszuweisen und nicht gemeinsam mit den Umsatzerlösen im operativen Bereich (Rz. 44.34).

II. Andere Erträge und operative Aufwendungen

44.23 IAS 1.99 verlangt eine sachgerechte Aufgliederung der wesentlichen **operativen Aufwendungen**. Damit eröffnen sich unter Beachtung der Wesentlichkeit **Freiheitsgrade** in der Darstellung der operativen Aufwendungen.

Beispiele: Ein Dienstleistungsunternehmen braucht bei der Gliederung nach dem Gesamtkostenverfahren den ggf. unwesentlichen Materialaufwand nicht gesondert anzugeben, sondern kann ihn innerhalb der sonstigen betrieblichen Aufwendungen ausweisen.

Beim Umsatzkostenverfahren können ggf. Verwaltungs- und Vertriebskosten zusammengefasst werden. Dafür mag es angezeigt sein, Forschungskosten explizit auszuweisen.

44.24 Ob bei einer Gliederung nach dem **Gesamtkostenverfahren** die **anderen aktivierten Eigenleistungen** gesondert ausgewiesen werden, hängt von deren Wesentlichkeit ab. In Betracht kommt auch ein Ausweis als sonstiger betrieblicher Ertrag. Dieselbe Überlegung ist für **Bestandsveränderungen** fertiger und unfertiger Erzeugnisse anzustellen.

44.25 Der (nicht verbindliche) *Guidance on implementing* zu IAS 1 schlägt vor, beim Gesamtkostenverfahren **außerplanmäßige Abschreibungen auf Sachanlagen** in einer gesonderten Zeile anzugeben und beim Umsatzkostenverfahren den Funktionsbereichen zuzuordnen. Ein Zwang zum gesonderten Ausweis der außerplanmäßigen Abschreibungen auf Sachanlagen im Gesamtkostenverfahren besteht aber nicht. Sie können zusammen mit den planmäßigen Abschreibungen ausgewiesen werden.[3]

---

3 Im Übrigen sind nach IAS 36.126a bei außerplanmäßigen Abschreibungen die Posten in der Gewinn- und Verlustrechnung zu nennen, die den Aufwand aufnehmen. Gäbe es eine klare Zuordnungsvorschrift, wäre diese Angabepflicht jedoch obsolet.

Ein **Goodwill** unterliegt nicht der planmäßigen Abschreibung, sondern ist ggf. **au-** 44.26
ßerplanmäßig abzuschreiben. Das können mitunter sehr hohe Beträge sein, die
die Gewinn- und Verlustrechnung verzerren. Beim **Gesamtkostenverfahren** scheint
dann der gesonderte Ausweis geboten. In gleicher Weise verfährt die Praxis i.d.R.[4]
auch beim **Umsatzkostenverfahren**, um Abschlusskennzahlen wie die Bruttomarge
nicht zu verzerren. Sofern der Goodwill zum Zweck des Impairment-Tests nicht den
Funktionsbereichen (Produktion, Verwaltung, Vertrieb) zugeordnet worden ist, halten wir dieses Vorgehen sogar für geboten, um einen willkürlichen Ausweis im Umsatzkostenverfahren zu vermeiden. Eine unzulässige Vermischung von Umsatz- und
Gesamtkostenverfahren (Rz. 44.20) sehen wir darin nicht.

Zugeflossene **Miet- und Pachterträge** aus **Anlageimmobilien** (*investment properties*) 44.27
werden bei Wohnungsbauunternehmen, bei denen es sich um die Hauptumsatztätigkeit handelt, als Umsatzerlöse ausgewiesen. Soweit es sich um eine Nebentätigkeit
handelt, ist vorgeschlagen worden, die Aufwendungen und Erträge dem Finanzergebnis zuzuordnen.[5] Allerdings bezeichnet IAS 40.75f Aufwendungen im Zusammenhang mit Anlageimmobilien als *direct operating expense*, so dass ein Ausweis unter
dem Finanzergebnis eher nicht in Betracht kommt. Bei einer Vermietung als Nebentätigkeit kann daher der Ertrag allenfalls als sonstiger betrieblicher Ertrag (statt als
Umsatzerlöse) ausgewiesen werden. Die zugehörigen Aufwendungen (Reparaturen,
Instandhaltungen, Abschreibungen im Falle der Wahl des *Cost Modells* usw.) sind immer den entsprechenden Posten der operativen Aufwendungen gem. GuV-Verfahren
zuzuordnen.

Bewertungsschwankungen aus erfolgswirksamer Fair Value-Bewertung der Anlageimmobilien (IAS 40.35, siehe ausführlich Rz. 18.53 ff.) sind – gesondert gekennzeichnet – im operativen Ergebnis zu erfassen, wenn der Umgang mit Anlageimmobilien zur operativen Geschäftstätigkeit zählt.[6] Das ist bei Wohnungsunternehmen
der Fall. Sollte es sich jedoch nicht um operative Geschäftstätigkeit handeln, gleichwohl aber eine erfolgswirksame Fair Value-Bewertung vorgenommen worden sein
(das ist eher selten), kommt u.E. auch ein Ausweis der Bewertungsschwankungen
im Finanzergebnis in Betracht.

III. Operatives Ergebnis (EBIT)

Die in unsere Schemata aufgenommene Zwischensumme **Betriebsergebnis (opera-** 44.28
tives Ergebnis) wird von IAS 1 nicht verlangt, ist aber auch nicht untersagt. Die
Angabe entspricht nach wie vor üblicher Praxis.[7]

---

4 So *Linde*, Finanzbericht 2005, 65. Bayer (Geschäftsbericht 2007, 133) zeigt die (nicht wesentlichen) Abschreibungen als Bestandteil der sonstigen betrieblichen Aufwendungen.
5 Vgl. *Zülch*, Die Gewinn- und Verlustrechnung nach IFRS, 2005, 178.
6 So die Entscheidung einer EU-Enforcement-Stelle, vgl. Decision ref EECS/0211-08 in ESMA Report v. 16.8.2011 (ESMA/2011/265).
7 Bereits in 2005 haben 94 von 100 Unternehmen eine Zwischensumme „Betriebsergebnis", „operatives Ergebnis", „EBIT" oder vergleichbare Bezeichnungen ausgewiesen, vgl. *von Keitz*, Praxis der IASB-Rechnungslegung², 190.

Der IASB verlangt die Zwischenzeile nicht, weil er darauf verzichtet hat, ein Betriebsergebnis zu definieren (IAS 1.BC55). Falls die Zeile jedoch angegeben wird, müsse sichergestellt werden, dass innerhalb des Betriebsergebnisses sämtliche Aufwendungen und Erträge erfasst werden, die nach allgemeiner Auffassung als operativ zu bezeichnen sind. Dabei sind operative Aufwendungen auch solche, die unregelmäßig anfallen (Vorratsabwertungen) oder nicht Cashflow-relevant sind (Wertminderungen, IAS 1.BC56).

44.29 Tatsächlich kommt dem Betriebsergebnis in der Terminologie **EBIT** (*Earnings before Interest and Taxes*) bei der Finanzmarktkommunikation mittlerweile überragende Bedeutung zu, gefolgt vom Ergebnis vor Zinsen, Steuern und Abschreibungen (**EBITDA**, *Earnings before Interest, Taxes, Depreciation and Amortisation*) und anderen *Earnings-before*-Kennzahlen (wie **EBT** usw.).[8] Allerdings besteht international keine Einigkeit über

- die exakte Kennzahlen-Terminologie (so wird das EBIT auch als „Gewinn aus dem Kerngeschäft" oder „nachhaltiges Betriebsergebnis" u.ä. bezeichnet),
- den Ort der Veröffentlichung; häufiger noch als in der Gewinn- und Verlustrechnung wird das EBIT im Lagebericht genannt. Die Überprüfung der einzelnen Bestandteile wird dann noch schwieriger, und
- die exakte Abgrenzung (wo werden Ergebnisse aus Beteiligungen, Abschreibungen auf Beteiligungen u.ä. ausgewiesen?).[9]

44.30 Hier soll allein der letzte Punkt, die Abgrenzungsfrage, erörtert werden. Diese ist nicht nur im Hinblick auf die Beteiligungen zu klären, sondern auch hinsichtlich der **Zinseffekte** aus der Aufzinsung von Pensionsverpflichtungen und aus langfristigen Rückstellungen. Sind diese Zinseffekte aus der Bewertung operativer Kosten eher dem operativen Bereich oder dem Finanzergebnis zuzuordnen?

Nach IAS 19.141 werden explizit keine Vorgaben gemacht, wo der aus der **Altersversorgung** resultierende Aufwand (laufender Dienstzeitaufwand, Zinserträge oder -aufwendungen usw.) auszuweisen ist. Es erscheint sachgerecht, die **Aufzinsung der Pensionsverpflichtung unter Zinsaufwand** (nach Berücksichtigung etwaiger Erträge aus Planvermögen) im Übrigen Finanzergebnis und die Summe der übrigen Komponenten des Altersversorgungsaufwandes als Personalaufwand (Gesamtkostenverfahren) bzw. innerhalb der Funktionsbereiche (Umsatzkostenverfahren) auszuweisen.[10]

Gem. IAS 37.60 ist der Zinsaufwand aus der Aufzinsung von zuvor zum Barwert angesetzten (langfristigen) Rückstellungen als Fremdkapitalkosten und damit ebenfalls im Finanzergebnis zu erfassen (Rz. 26.82).

---

[8] Vgl. die empirischen Abschlussanalysen von *Hillebrandt/Sellhorn*, KoR 2002, 153 sowie *Küting/Heiden*, StuB 2002, 1085 und DStR 2003, 1544.

[9] Vgl. *Heiden*, Pro-forma-Berichterstattung, 2006, insbesondere 357 ff.

[10] So auch *Brücks/Ehrcke* in T/vK/B, IAS 1, Rz. 274; Wahlrecht *Schlüter/Schönhofer* in Beck IFRS-HB[5], § 15 Rz. 123.

In unserem Gliederungsschema wird das **Ergebnis aus at equity bilanzierten Beteiligungen** im Finanzergebnis ausgewiesen. Alternativ ist eine Zurechnung zum EBIT zulässig, wenn das Equity-Ergebnis als Maßstab für die operative Unternehmensleistung des Mutterunternehmens betrachtet wird.[11] Für andere Beteiligungen kann zudem in Erwägung gezogen werden, ein separates Beteiligungsergebnis auszuweisen.[12] Bei unwesentlichen Beträgen kann auf den gesonderten GuV-Ausweis zugunsten einer Aufgliederung im Anhang verzichtet werden.

44.31

IV. EBITDA: Unterschiede zum HGB-Abschluss

Die Kennziffer EBITDA (Ergebnis vor Zinsen, Steuern und Abschreibungen) kann bewertungsbedingt systematisch höhere Werte nach IFRS als nach HGB aufweisen. Da etwa selbsterstellte immaterielle Vermögenswerte im Gegensatz zum HGB grundsätzlich zu aktivieren sind, fällt das EBITDA, aber auch der künftige Abschreibungsaufwand im Vergleich zur alternativen Nichtaktivierung im HGB höher aus. Durch das Aktivierungswahlrecht in § 248 Abs. 2 HGB für selbst erstellte immaterielle Vermögensgegenstände des Anlagevermögens (Entwicklungskosten für Produkt- und Verfahrens-neu- bzw. Weiterentwicklungen) steht es im Ermessen des Bilanzierenden, hier eine Angleichung an IFRS zu erreichen.

44.32

Ein ähnlicher, aber zwingender Effekt der EBITDA-Steigerung im IFRS-Abschluss im Vergleich zum HGB-Abschluss ergibt sich aus der Hinzuaktivierung von als Rückstellung angesetzten **Entsorgungskosten zu Sachanlagen** (Rz. 14.47).

V. Finanzergebnis

Gemäß IAS 1.82b sind *finance costs* gesondert auszuweisen, definiert wird aber nicht, was darunter zu verstehen ist. Da der denkbare Gegenposten *finance revenues* nicht genannt wird, kann *finance costs* als **(übriges) Finanzergebnis**[13], d.h. als ein Saldo interpretiert werden, der aber im Anhang aufzugliedern ist.

44.33

Ungeachtet dessen sind einzelne Finanzposten bei Wesentlichkeit anzugeben, so dass häufig eine tiefere Untergliederung des Finanzergebnisses erforderlich und zu empfehlen ist. Dementsprechend werden als Finanzergebnis meist das Ergebnis aus at equity bilanzierten Beteiligungen, finanzielle Erträge und finanzielle Aufwendungen ausgewiesen.[14] Sehr ausführlich berichtet z.B. Metro[15] über das Ergebnis aus assoziierten Unternehmen, sonstiges Beteiligungsergebnis, Zinsertrag, Zinsaufwand und übriges Finanzergebnis; diese fünf Posten bilden das Finanzergebnis. In den jeweiligen Anhängen werden die Posten weiter aufgeschlüsselt.

---

11 Vgl. Metro, Geschäftsbericht 2016/17, 138.
12 Vgl. Haufe IFRS-Komm[16], § 2 Rz. 80.
13 Vgl. auch *Schlüter/Schönhofer* in Beck IFRS-HB[5], § 15 Rz. 133. A.A. mit Hinweis auf die allerdings nicht verbindliche IFRS 7.IG13 Haufe IFRS-Komm[16], § 2 Rz. 80.
14 Vgl. z.B. Bayer, Geschäftsbericht 2017, 208.
15 Geschäftsbericht 2016/17, 138.

44.34 Folgender Zuordnungsvorschlag für gesondert ausgewiesene Posten des finanziellen Bereichs kann getroffen werden:

Der **Zinsaufwand** nimmt die Kredit- und Anleihezinsen nach der Effektivzinsmethode (Rz. 24.40) auf. Auch die Aufzinsung von Pensions- und anderen Rückstellungen oder Verbindlichkeiten gehört hierher.[16]

Korrespondierend enthalten **Zinserträge** die Zinsen auf Forderungen und Ausleihungen sowie Aufzinsungserträge aus un- oder unterverzinslichen Forderungen. Gem. IAS 1.82a müssen als die nach der Effektivzinsmethode berechneten Zinserträge aus finanziellen Vermögenswerten separat von den „revenues" ausgewiesen werden. Wir empfehlen für Industrie- und Handelsunternehmen den Ausweis im Finanzergebnis.

Neben dem gesonderten Ausweis der at equity-Ergebnisse können in einem **sonstigen Beteiligungsergebnis** Dividenden, Abschreibungen, ggf. Fair Value-Änderungen und Veräußerungserfolge erfasst werden.

Einem **übrigen Finanzergebnis** könnten schließlich Währungsdifferenzen *monetärer* Posten, Wertänderungen an Derivaten u. ä. zugeordnet werden.

44.35 Mit der Einführung von IFRS 9 hat sich die Anzahl der Posten in der GuV gem. IAS 1.82a-ea erhöht: Es sind sowohl Wertminderungsaufwendungen (inklusive Wertaufholungen) auf finanzielle Vermögenswerte als auch Gewinne bzw. Verluste aus Ausbuchungen von finanziellen Vermögenswerten der Kategorie AC und Effekte aus der Umbuchung bzw. Reklassifizierung von finanziellen Vermögenswerten, jeweils unter dem Vorbehalt der Wesentlichkeit, separat ausgewiesen werden.

Re- oder Umklassifizierungen werden ausgelöst durch Änderung des Geschäftsmodells zur Steuerung finanzieller Vermögenswerte (IFRS 9.4.4.1). Betroffen ist zum einen der Gewinn bzw. Verlust aus der Reklassifizierung von finanziellen Vermögenswerten der Kategorie AC in die Kategorie FVPL, also die Differenz zwischen den bisherigen fortgeführten Anschaffungskosten und dem beizulegenden Zeitwert im Zeitpunkt der Reklassifizierung (IAS 1.82ca).

Zum anderen müssen Gewinne bzw. Verluste aus der Umgliederung von finanziellen Vermögenswerten der Kategorie FVOCI in die Kategorie FVPL in Höhe der bisher erfolgsneutral im sonstigen Ergebnis erfassten Gewinne/Verluste ausgewiesen werden.

U.E. bietet sich für die genannten Posten eine Zuordnung zum Finanzergebnis an. Die Sachverhalte dürften bei Industrie- und Handelsunternehmen eher selten zu beobachten sein. Ein gesonderter Ausweis auf GuV-Ebene ist jedenfalls bei Unwesentlichkeit der Beträge entbehrlich. Auch eine Aufgliederung im Anhang ist unter dieser Voraussetzung u.E. nicht zwingend erforderlich.

44.36 Die **Wertminderungsaufwendungen (inklusive Wertaufholungen)** sollten demgegenüber im operativen Ergebnis ausgewiesen werden, sofern sie sich auf nichtfinanzielle Vermögenswerte des operativen Bereichs beziehen, z.B. Vertragsvermö-

---

16 Vgl. auch *ADS International*, Abschnitt 7, Rz. 177.

genswerte (IFRS 15), deren Wertminderungen durch IFRS 9.5.5 ff. bestimmt werden.[17] Hinsichtlich des Erfordernisses eines gesonderten Ausweises bleibt es bei der Beurteilung der Wesentlichkeit.

VI. Ausweis von Sondereffekten/Abgrenzung zum außerordentlichen Ergebnis

Der Ausweis eines **außerordentlichen Ergebnisses** ist *unter dieser Bezeichnung* sowohl in der GuV als auch im Anhang untersagt (IAS 1.87). Gleichwohl ist der Ausweis eines „**Sonderergebnisses**" wegen der Zulässigkeit von Postenerweiterungen (Rz. 44.20) u.E. zulässig. Das Gebot, innerhalb des operativen Ergebnisses alle dort allgemein erwarteten Erträge und Aufwendungen einzubeziehen (Rz. 44.28) lässt sich pragmatisch durch Ausweis von Zwischensummen lösen.

44.37

VII. Ergebnis vor Steuern/Ertragsteuern

Betriebsergebnis und Finanzergebnis werden zu einer freiwillig angegebenen Zwischenzeile, die als **Ergebnis vor Ertragsteuern** bezeichnet werden kann, zusammengefasst. Gesondert ist der Posten *tax expense* aufzuführen. Im gesamten Kontext der internationalen Standards macht es nur Sinn, hierunter den **Ertragsteueraufwand** inkl. latentem Steueraufwand und -ertrag zu verstehen. Eine Aufgliederung erfolgt im Anhang (Rz. 29.92).

44.38

VIII. Ergebnis aufgegebener Geschäftsbereiche

Falls der Sachverhalt vorliegt, ist als **Nach-Steuer-Ergebnis** in einer Summe auszuweisen

44.39

– das **Ergebnis der aufgegebenen Geschäftsbereiche** (also das Ergebnis der Geschäftstätigkeit der aufgegebenen Bereiche) einschließlich

– der **Gewinne oder Verluste aus der Einstellung** oder aus der **vorherigen Bewertung** der aufgegebenen Bereiche zum *fair value less costs to sell*.

In der GuV oder im Anhang ist das Ergebnis aufgegebener Geschäftsbereiche auf die Anteilseigner der Konzernmutter und Minderheiten aufzuteilen (IFRS 5.33d).

Abweichend aber zum entsprechenden Vermögens- und Schuldausweis (Rz. 43.54) ist in der GuV die Vergleichsperiode des Vorjahres anzupassen (IFRS 5.34; zu Einzelheiten siehe Rz. 30.38 ff.).

Gewinne oder Verluste aus der Veräußerung bzw. Bewertung gem. IFRS 5 von übrigen Vermögenswerten und Schulden, klassifiziert als *held for sale* gem. IFRS 5 (lang-

---

17 So auch *Schlüter/Schönhofer* in Beck IFRS-HB[5], § 15 Rz. 132.

fristige Vermögenswerte oder Veräußerungsgruppen) zählen hingegen zur operativen Geschäftstätigkeit (IFRS 5.37).

IX. Jahresergebnis

44.40 Das **Jahresergebnis** (Periodenergebnis) bzw. Ergebnis nach Steuern ist aufzuteilen in

(a) den Ergebnisanteil der Anteilseigner der Muttergesellschaft und

(b) den Ergebnisanteil nicht beherrschender Anteile.

X. Ergebnis je Aktie

44.41 In der Gewinn- und Verlustrechnung sind außerdem die diversen **Ergebnisse je Aktie** anzugeben (IAS 33.66, siehe Kap. 50). Das Ergebnis je Aktie aus aufgegebenen Geschäftsbereichen darf wahlweise auch im Anhang angegeben werden (IAS 33.68).

XI. Ergebnisverwendungsrechnung

44.42 Eine Ergebnisverwendungsrechnung im Anschluss an die GuV ist nicht explizit vorgesehen: Die Ergebnisverwendung ergibt sich aus dem Eigenkapitalspiegel (Rz. 46.27).

D. Anhangangaben

44.43 Bei der Anwendung des **Umsatzkostenverfahrens** sind **zusätzliche** Informationen über die Aufwandsarten anzugeben. Explizit sind planmäßige Abschreibungen, Personalaufwand (IAS 1.104) und Materialaufwand (IAS 2.36d) anzugeben.[18]

44.44 Die einzelnen Standards enthalten eine Fülle von Angabepflichten zu Aufwendungen und Erträgen, die wir an den entsprechenden Stellen der jeweiligen Kapitel erläutert haben.

---

18 Diese Informationen sind nach unserem Verständnis nach dem Konzept des Gesamtkostenverfahrens (also Aufwand der Berichtsperiode) zu ermitteln.

Kapitel 45
Gesamtergebnisrechnung (IAS 1)

A. Überblick und Wegweiser 45.1	III. Latente Steuern 45.24
I. Management Zusammenfassung . 45.1	**C. Darstellungsalternativen für die Gesamtergebnisrechnung** 45.25
II. Standards und Anwendungsbereich 45.3	I. Wahlrecht: Zusammenfassung mit GuV oder separates Statement 45.25
III. Wesentliche Abweichungen zum HGB 45.5	
IV. Neuere Entwicklungen 45.6	II. Ausweiswahlrechte zu den Veränderungen der einzelnen Komponenten des OCI 45.27
B. Erfolgsneutral zu erfassende Aufwendungen und Erträge 45.20	
I. Komponenten mit und ohne Reklassifizierung 45.20	III. Beispiel für eine Gesamtergebnisrechnung.................... 45.29
II. Ersetzen erfolgsneutraler durch erfolgswirksame Ergebnisse (Reklassifizierung) 45.22	IV. Beurteilung der Gesamtergebnisrechnung. Es fehlt: Das Gesamtergebnis je Aktie.............. 45.30

Literatur: *Busse von Colbe*, Gefährdung des Kongruenz-Prinzips durch erfolgsneutrale Verrechnung von Aufwendungen im Konzernabschluss, in Adolf Moxter u.a. (Hrsg.), Festschrift Forster, 1992, 125; *Busse von Colbe*, Eigenkapitalveränderungsrechnung nach dem E-DRS 7, BB 2000, 2405; *Freiberg*, Ausweis des Ergebnisses aus Sicherungszusammenhängen, PiR 2015, 326; *Kirsch*, Neubewertung langfristiger Vermögenswerte – Vor dem Hintergrund der Untergliederung des sonstigen Gesamtergebnisses, PiR 2012, 353; *Kirsch*, GuV und sonstiges Gesamtergebnis nach IAS 1 (amended 2011), BBK 2012, 755; *Schildbach*, Externe Rechnungslegung und Kongruenz – Ursache für die Unterlegenheit deutscher verglichen mit angelsächsischer Bilanzierung?, DB 1999, 1813; *Schmalenbach*, Dynamische Bilanz, 4. Aufl. 1926; *Sellhorn/Hahn/Müller*, Zur Darstellung des Other Comprehensive Income nach IAS 1 (rev. 2011) WPg 2011, 1013; *Theile*, Gesamtergebnis je Aktie: Eine Kennzahl zur Schaffung von Vergleichbarkeit zwischen IFRS-Abschlüssen? – Eine empirisch gestützte Analyse, PIR 2006, 97; *Urbanczik*, „Presentation of Items of Other Comprehensive Income – Amendments to IAS 1" – Überblick und Auswirkungen, KoR 2012, 269; *Zülch/Höltken*, Das other comprehensive income – Aktuelle Erkenntnisse zur deutschen Bilanzierungspraxis, PiR 2014, 114.

A. Überblick und Wegweiser

I. Management Zusammenfassung

Änderungen des Eigenkapitals ergeben sich grundsätzlich aus zwei Quellen: 45.1

– Aus erfolgsneutralen Transaktionen mit den Anteilseignern (Kapitaleinzahlungen und Ausschüttungen/Rückzahlungen) und

– aus dem Periodenergebnis (Unternehmenserfolg).

45.2 Dieses klare Konzept (sog. **Kongruenz-Prinzip**[1], wonach die Summe der Periodengewinne dem Totalgewinn entspricht) wird durchbrochen, wenn Aufwendungen und Erträge außerhalb der GuV, also *erfolgsneutral* erfasst werden.[2] Erfolgsneutral meint dabei, dass diese Aufwendungen und Erträge **unmittelbar im Eigenkapital** gegengebucht werden. In der IFRS-Rechnungslegung ist das nicht selten der Fall. Gleichwohl ist über die einzelnen Sachverhalte – die Bestandteile des sog. *other comprehensive income (OCI)* – zu informieren. Dies geschieht nach IAS 1 in der **Gesamtergebnisrechnung**. Diese ist entweder mit der GuV zusammenzufassen oder als separater Abschlussbestandteil zu zeigen; in der Praxis dominiert letzteres (Rz. 44.1).

Das IASB definiert jene Komponenten, die im OCI zu erfassen sind, eindeutig. Allerdings fehlt eine theoretisch-konzeptionelle Basis. Es wird auch kein Gesamtergebnis je Aktie gefordert.

II. Standards und Anwendungsbereich

45.3 Die Gesamtergebnisrechnung wird nach IAS 1 von allen Unternehmen gefordert, die entsprechende Sachverhalte aufweisen. Sie kann als Pflichtbestandteil des Abschlusses entweder in die GuV integriert oder separat im Anschluss an die GuV dargestellt werden. Letzteres ist die in Deutschland vorherrschende Methode (Rz. 44.1).

45.4 Das „other comprehensive income" (OCI) ist in diejenigen Komponenten zu unterteilen, die

(a) später reklassifiziert, d.h. in die GuV umgebucht werden und

(b) diejenigen ohne Reklassifizierung.

In Bezug auf (b) sind in Deutschland im Wesentlichen nur die Schätzungsänderungen bei Pensionsrückstellungen und Planvermögen (Rz. 27.42) sowie seit IFRS 9 auch die Bewertungsänderungen bei Eigenkapitaltiteln der Kategorie FVOCI relevant.

III. Wesentliche Abweichungen zum HGB

45.5 Das HGB kennt keine Gesamtergebnisrechnung als separates Berichtsinstrument. Die Zusammenführung von Ergebnis lt. GuV und erfolgsneutralen Ergebniskomponenten (praktisch ausschließlich Währungsumrechnungsdifferenzen) erfolgt im Eigenkapitalspiegel.

---

1 Nach der Schmalenbach'schen „Kongruenz"-Lehre werden alle Eigenkapitalveränderungen, die nicht auf Einlagen der und Ausschüttungen an die Eigner beruhen, unmittelbar im Periodenerfolg (in der GuV) erfasst, vgl. *Schmalenbach*, Dynamische Bilanz[4], 96 ff.
2 Vgl. *Schildbach*, DB 1999, 1813 sowie *Busse von Colbe*, FS Forster, 1992, 125 ff.; *Busse von Colbe*, BB 2000, 2405.

IV. Neuere Entwicklungen

Es sind derzeit keine Änderungen im Hinblick auf die Darstellung des Gesamtergebnisses geplant. 45.6

frei 45.7–45.19

B. Erfolgsneutral zu erfassende Aufwendungen und Erträge

I. Komponenten mit und ohne Reklassifizierung

Die erfolgsneutral zu erfassenden Komponenten des *other comprehensive income* (OCI) sind in der Gesamtergebnisrechnung in zwei Blöcken darzustellen: 45.20

a) Jene, bei denen eine Umgliederung in die GuV (sog. Reklassifizierung) bei bestimmten Ereignissen möglich und geboten ist und

b) jene, deren erfolgsneutrale Zuordnung im Eigenkapital endgültig ist.

Die folgenden beiden Tabellen listen sämtliche Komponenten auf; zusätzlich sind auch die sonstigen Ergebnisse aus aufgegebenen Geschäftsbereichen anzugeben (Rz. 45.26). Tab. 45.1 enthält die Komponenten mit und Tab. 45.2 diejenigen ohne Reklassifzierung.

	Veränderung der ...	Rz.
a)	... Umrechnungsdifferenzen aus der **Währungsumrechnung** nach der modifizierten Stichtagskursmethode	35.30
b)	... Marktwerte **finanzieller Schuldinstrumente** der Kategorie **FVOCI** gem. IFRS 9	22.86 ff.
c)	... Marktwerte derivativer Sicherungsinstrumente gem. IFRS 9 (**Cashflow-Hedges**) inkl. Absicherungen von Eigenkapitalinstrumenten der Kategorie FVOCI	25.73 ff.
d)	... Marktwerte von **Optionen**, sofern nur die Wertänderungen der inneren Werte als Sicherungsinstrumente bestimmt sind (IFRS 9)	25.42, 25.62
e)	... Werte der Terminelemente von **Termingeschäften**, sofern nur die Änderungen der Kassaelemente als Sicherungsinstrumente bestimmt sind sowie Wertänderungen von **Währungsbasis-Spreads**, sofern diese nicht als Sicherungsinstrumente bestimmt sind (IFRS 9)	25.42, 25.62
f)	... entsprechend rezuklassifizierende Anteile am OCI jener Unternehmen, die nach der **Equity-Methode** bilanziert werden (IAS 1.82A(b))	37.33

Tab. 45.1: Komponenten des OCI mit Reklassifizierung

	Veränderung der ...	Rz.
g)	... **Neubewertungsrücklage** bei Sachanlagevermögen (Rz. 14.70 ff.) und ggf. bei den immateriellen Vermögenswerten	14.70 ff., 13.100
h)	... **Schätzungsänderungen** im Zusammenhang mit Pensionsverpflichtungen und Planvermögen	27.36
i)	... Marktwerte von **Eigenkapitalinstrumenten** der Kategorie FVOCI (IFRS 9.5.7.5)	22.81 ff.
j)	... Marktwerte bestimmter **Verbindlichkeiten** der Kategorie FVPL gem. IFRS 9, die auf Veränderungen des eigenen Ausfallrisikos zurückzuführen sind	24.45
k)	... entsprechend nicht rezuklassifizierende Anteile am OCI jener Unternehmen, die nach der **Equity-Methode** bilanziert werden (IAS 1.82A(b))	37.33

Tab. 45.2: Komponenten des OCI ohne Reklassifizierung

Im IFRS-Abschluss besteht für die Anwendung der „Neubewertungsmethode" (g) ein Bilanzierungswahlrecht, das aber in der deutschen IFRS-Praxis extrem selten und beschränkt auf einzelne Arten der Sachanlagen angewendet wird (Rz. 14.72); bei immateriellen Vermögenswerten kommt sie gar nicht vor. Daher verzichten wir auf die Erläuterung dieser Komponente.

In der deutschen **Bilanzierungspraxis** dominieren – als Sachverhalte – Währungsumrechnungsdifferenzen sowie Cashflow-Hedges die Gesamtergebnisrechnung, gefolgt von Schätzungsänderungen bei Pensionsverpflichtungen/Planvermögen und Marktwertänderungen von Finanzinstrumenten.[3]

45.21 Eigenkapitaleffekte aus **Änderungen von Bilanzierungs- und Bewertungsmethoden** sowie aus Berichtigungen **wesentlicher Fehler** nach der retrospektiven Methode (Rz. 12.40 ff.) gehören dagegen nicht zum Konzernergebnis und sind daher nicht in der Gesamtergebnisrechnung darzustellen. Sie werden vielmehr nur im Eigenkapitalspiegel aufgeführt (Rz. 46.20).

II. Ersetzen erfolgsneutraler durch erfolgswirksame Ergebnisse (Reklassifizierung)

45.22 Als Reklassifizierung (in Abschlüssen auch „Umgliederung in die Ergebnisrechnung" genannt) bezeichnet man die Umbuchung zuvor erfolgsneutral im Eigenkapital erfasster Beträge in die Gewinn- und Verlustrechnung. Einer solchen Reklassifizierung sind nur die Komponenten aus Tab. 45.1 zugänglich. Ereignisse, die zur Reklassifizierung führen, sind folgende:

---

3 Vgl. *Zülch/Hötken*, PiR 2014, 117.

B. Erfolgsneutral zu erfassende Aufwendungen und Erträge | Rz. 45.23 **Kap. 45**

Vorgang	Fälle (Tab. 45.1 aus Rz. 45.20)
Entkonsolidierung	(a) bis (e)
Ausbuchung (Abgang) oder außerplanmäßige Abschreibung	(b) bis (e)
Erfolgswirksame Realisation des Grundgeschäfts bzw. Beendigung der Hedge-Beziehung	(c) bis (e)
Beendigung der Equity-Bilanzierung des assoziierten oder Gemeinschaftsunternehmens, soweit die erforderlichen Informationen vorliegen.	(f) im Hinblick auf die Buchstaben (a) bis (e)

Besonderheiten bestehen bei **Finanzinstrumenten** im Fall einer (vermutlich eher seltenen!) Änderung des Geschäftsmodells zur Steuerung finanzieller Vermögenswerte (IFRS 9.4.4.1). Eine solche Änderung führt i.d.R. zur **Umklassifizierung** von Finanzinstrumenten z.B. von der Kategorie AC zu FVOCI oder von FVPL zu AC usw. Solche Umklassifizierungen sind prospektiv ab dem Zeitpunkt der Umklassifizierung vorzunehmen (IFRS 9.5.6.1). 45.23

Für die Gesamtergebnisrechnung kann das folgende Konsequenzen haben:

— Bei einer Umklassifizierung aus der Kategorie FVOCI in die Kategorie AC erfolgt keine Reklassifizierung von (b) aus Tab. 45.1. Der bisher im OCI erfasste Betrag wird zwar dort entfernt, aber in die Gewinnrücklagen umgebucht, so, als wäre das Finanzinstrument schon immer zu fortgeführten Kosten bewertet worden (IFRS 9.5.6.5). Wird demgegenüber von der Kategorie FVOCI in FVPL umklassifiziert, muss (b) aus Tab. 45.1 in die GuV umgebucht werden (IFRS 9.5.6.7).

— Bei einer Umklassifizierung von AC in FVOCI ist die Differenz zwischen den bisherigen fortgeführten Kosten und der nun vorzunehmenden Bewertung zum Fair Value im OCI zu erfassen (IFRS 9.5.6.4).

Zu den erfolgswirksamen Effekten einer Umklassifizierung siehe Rz. 44.35. Nachfolgend stellen wir die Reklassifizierung beim Verkauf einer Anleihe der Kategorie FVOCI in 03 dar, wobei die Anleihe zuvor in 01 i.H.v. + 100 erfolgsneutral zum Fair Value bewertet wurde:

	Buchung	OCI-Rücklage	Ergebnis lt. GuV	Gesamtergebnis kumuliert
Erhöhung Fair Value erfolgsneutral in 01	Anleihe an OCI-Rücklage	100		100
Umbuchung in die Ergebnisrechnung 03	OCI-Rücklage an Wertpapierertrag	- 100	100	0
31.12.03 kumuliert		0	100	100

Der Sinn der Reklassifizierung besteht darin, die zunächst erfolgsneutral gebuchte Marktwerterhöhung bei Realisierung (Verkauf) erfolgswirksam auszuweisen. Hierzu wird die frühere erfolgsneutrale Marktwerterhöhung (+ 100) *bei Realisierung* praktisch storniert und durch einen Ertrag innerhalb des (erfolgswirksamen) Konzernergebnisses lt. GuV ersetzt. Das *Gesamtergebnis* ändert sich hierdurch in der *Realisierungsperiode* 03 jedoch nicht (- 100 + 100 = 0); es hat sich vielmehr bereits in der Periode der erfolgsneutralen Marktwertanpassung (hier 01) erhöht.

Zum Ausweis innerhalb der Gesamtergebnisrechnung siehe Rz. 45.27.

III. Latente Steuern

45.24 Es ist jeweils zu prüfen, ob die Sachverhalte eine **Steuerabgrenzung** (latente Steuern) auslösen. Der Steuersatz hängt etwa bei Finanzinstrumenten der Kategorie FVOCI davon ab, ob es sich um Fremd- oder Eigenkapitaltitel (§ 8b KStG) handelt. Regelmäßig wird es bei den Schätzungsänderungen im Zusammenhang mit Pensionsverpflichtungen und Planvermögen zur Steuerabgrenzung kommen. Entscheidend ist: Löst der Sachverhalt eine Steuerabgrenzung aus, ist diese ebenfalls erfolgsneutral zu bilden.

Zum Ausweis innerhalb der Gesamtergebnisrechnung siehe Rz. 45.27.

C. Darstellungsalternativen für die Gesamtergebnisrechnung

I. Wahlrecht: Zusammenfassung mit GuV oder separates Statement

45.25 Die Gesamtergebnisrechnung kann zusammen mit der GuV als ein Statement oder direkt im Anschluss an die GuV als separates Statement aufgestellt werden. Das Wahlrecht ist stetig anzuwenden. Das folgende Tableau stellt beide Varianten gegenüber:

Variante A: IAS 1.81A/IAS 1.10A Gesamtergebnisrechnung als *ein Berichtsinstrument* (inkl. GuV), „verlängerte GuV"	**Variante B:** IAS 1.81A a.E./IAS 1.10A Gesamtergebnisrechnung als *separates Berichtsinstrument* (im Anschluss an die GuV, IAS 1.10A)
Umsatzerlöse usw. ... ... **Jahresergebnis** *Davon auf Anteilseigner der Muttergesellschaft entfallend* *Davon auf nicht beherrschende Anteile entfallend*	**Jahresergebnis** *(Die Aufteilung des Jahresergebnisses ergibt sich bei dieser Variante bereits aus der GuV (Rz. 44.21) und wird zu Beginn der Gesamtergebnisrechnung nicht wiederholt*

C. Darstellungsalternativen für die Gesamtergebnisrechnung | Rz. 45.27 Kap. 45

Variante A: IAS 1.81A/IAS 1.10A Gesamtergebnisrechnung als *ein Berichtsinstrument* (inkl. GuV), „verlängerte GuV"	Variante B: IAS 1.81A a.E./IAS 1.10A Gesamtergebnisrechnung als *separates Berichtsinstrument* (im Anschluss an die GuV, IAS 1.10A)
a) übriges Konzernergebnis mit Reklassifizierung (siehe die Einzelpunkte in Rz. 45.20, **Tabelle 45.1**)	a) übriges Konzernergebnis mit Reklassifizierung (siehe die Einzelpunkte in Rz. 45.20, **Tabelle 45.1**)
b) übriges Konzernergebnis ohne Reklassifizierung (siehe die Einzelpunkte in Rz. 45.20, **Tabelle 45.2**)	b) übriges Konzernergebnis ohne Reklassifizierung siehe die Einzelpunkte in Rz. 45.20, **Tabelle 45.2**)
Summe übriges Konzernergebnis (a+b)	Summe übriges Konzernergebnis (a+b)
Gesamtergebnis (Jahresergebnis + a + b) *Davon auf Anteilseigner der Muttergesellschaft entfallend* *Davon auf nicht beherrschende Anteile entfallend*	**Gesamtergebnis** (Jahresergebnis + a + b) *Davon auf Anteilseigner der Muttergesellschaft entfallend* *Davon auf nicht beherrschende Anteile entfallend*

Bei Wahl der Variante A wird optisch deutlich, dass das Jahresergebnis nur ein Zwischenergebnis aller Eigenkapitalveränderungen (außerhalb der Transaktionen mit Anteilseignern) darstellt.

Das Ergebnis aus **aufgegebenen Geschäftsbereichen** i.S.v. IFRS 5 ist nicht nur für die in der GuV zu erfassenden Aufwendungen und Erträge gesondert auszuweisen (Rz. 44.21), sondern auch für sonstige Ergebnisse der aufgegebenen Geschäftsbereiche innerhalb der Gesamtergebnisrechnung (IFRS 5.33A). Die Gesamtergebnisrechnung kann sich daher noch erweitern. 45.26

II. Ausweiswahlrechte zu den Veränderungen der einzelnen Komponenten des OCI

Im Schema lt. Rz. 45.25 wird die Nettoveränderung des im Eigenkapital erfassten Betrags jeder Art des OCI dargestellt. Diese besteht jedoch aus den drei Komponenten (a) Bruttoveränderung, (b) ggf. Reklassifizierung und (c) Latente Steuern. Nachfolgend ein Beispiel zur Marktbewertung der Wertpapiere FVOCI: 45.27

Beispiel:

a) Veränderung des beizulegenden Zeitwertes der Wertpapiere FVOCI	900
b) Umbuchung in die Ergebnisrechnung (Reklassifizierung)	- 100
c) Latente Steuern	- 20
Veränderung des im Eigenkapital erfassten Betrages (Marktbewertung Wertpapiere)	**780**

45.28 IAS 1.90 ff. verlangt, die vorgenannte Aufgliederung im Abschluss darzustellen, und zwar entweder direkt in der Gesamtergebnisrechnung (GER) oder im Anhang. Daraus ergeben sich folgende **Ausweisalternativen**:[4]

Alternative	GER	Anhang	Beispiel	Rz.
1	Aufgliederung der (a) Bruttoveränderung, (b) latenter Steuern und (c) Reklassifizierung pro Komponente des OCI in der GER	entfällt	Bayer 2017	45.27
2	Darstellung der Nettoveränderung aller Arten des OCI, unterteilt nach Beträgen, die a) reklassifiziert, b) nicht reklassifiziert werden (IAS 1.91a)	Zusätzlich sind die auf die jeweilige Komponente des OCI entfallenden a) Reklassifizierungen und b) latenten Steuern im Anhang aufzugliedern (IAS 1.90, 1.94).	RWE 2017	45.25
3	Darstellung der einzelnen Arten des OCI jeweils brutto, d.h. **vor latenten Steuern.** Dann ist die latente Steuer, die insgesamt jeweils auf die Komponenten (mit/ohne Klassifizierung) entfällt, in einem Betrag zu zeigen (IAS 1.91b).	Zusätzlich sind die auf die jeweilige Komponente des OCI entfallenden latenten Steuern im Anhang aufzugliedern (IAS 1.90).		
3a	Kein Ausweis reklassifizierter Beträge in der GER (IAS 1.94)	Nennung der reklassifizierten Beträge im Anhang (IAS 1.94)		
3b	Pro Komponente des OCI werden die reklassifizierten Beträge bereits in der GER ausgewiesen (IAS 1.94)	Entfällt		45.29

---

[4] Die deutsche Bilanzierungspraxis präferiert den Ausweis von Umgliederungsbeträgen im Anhang, vgl. *Zülch/Höltken*, PiR 2014, 118 f.

III. Beispiel für eine Gesamtergebnisrechnung

Nachfolgend (Abb. 45.3) zeigen wir eine Gesamtergebnisrechnung, hier in der Version: 45.29

- als separates Statement Variante B (Rz. 45.25).
- Zugleich werden die Reklassifizierungen bereits in der Gesamtergebnisrechnung gezeigt, nicht jedoch die Unterteilung der latenten Steuern auf die einzelnen Komponenten des OCI (Alternative 3b lt. Rz. 45.28).

Die Gesamtergebnisrechnung nimmt noch einmal das Jahresergebnis auf[5], listet dann die in der Periode erfolgsneutral erfassten Beträge und endet mit der Summe Gesamtergebnis (*total comprehensive income*). Dieses ist aufzuteilen auf Beträge, die den Anteilseignern des Mutterunternehmens und den nicht beherrschenden Anteilen zustehen.

Die eigentliche Gesamtergebnisrechnung besteht lediglich aus der **rechten Spalte „Total 02"** (nicht kursiv). Die in den linken Spalten gezeigte Aufgliederung der latenten Steuereffekte auf die einzelnen Komponenten des OCI wird üblicherweise im Anhang gezeigt. Zwecks Abstimmung mit dem Eigenkapitalspiegel erfolgt außerdem eine Aufteilung der OCI-Komponenten nach Anteilseigner der Konzernmutter und nicht beherrschenden Anteilen.

---

[5] Die Aufteilung des Jahresergebnisses in den Anteil der Anteilseigner der Konzernmutter und den nicht beherrschenden Anteilen ist bei dieser Variante bereits in der GuV vollzogen (Rz. 45.25).

	Auf Anteilseigner der Muttergesellschaft entfallend							auf nicht beherrschende Anteile entfallend			Total 02
	Jahresüberschuss	Währungsdifferenzen	Marktbewertung Wertpapiere	Cashflow hedges	Schätzungsänderungen	At equity bilanzierte Anteile	Gesamtergebnis	Jahresüberschuss	Währungsdifferenzen	Gesamtergebnis	
Jahresüberschuss	6.370						6.370	200		200	6.570
Währungsumrechnungsdifferenzen		2.810					2.810		300	300	3.110
WP FVOCI											
- Marktbewertung			900				900				900
- Umbuchung in GuV			-100				-100				-100
Cashflow hedges											
- Marktbewertung				200			200				200
- Umbuchung in GuV				50			50				50
Latente Steuern			-20	-75			-95				-95
Auf Equity Beteiligungen entfallender des übriges Konzernergebnis nach Steuern						250	250				250

C. Darstellungsalternativen für die Gesamtergebnisrechnung | Rz. 45.29 **Kap. 45**

	Auf Anteilseigner der Muttergesellschaft entfallend							auf nicht beherrschende Anteile entfallend			Total 02
	Jahresüberschuss	Währungsdifferenzen	Marktbewertung Wertpapiere	Cashflow hedges	Schätzungsänderungen	At equity bilanzierte Anteile	Gesamtergebnis	Jahresüberschuss	Währungsdifferenzen	Gesamtergebnis	
Übriges Ergebnis mit Reklassifizierung	2.810	780	175		250	4.015		300			4.315
Schätzungsänderungen				-400			-400				-400
Latente Steuern				120			120				120
Übriges Ergebnis ohne Reklassifizierung				-280			-280				-280
Übriges Ergebnis	2.810	780	175	-280	250	3.735		300			4.035
Gesamtergebnis							10.105			500	10.605
- davon Anteilseigner der Muttergesellschaft											10.105
- davon nicht beherrschende Anteile											500

Abb. 45.3: Gesamtergebnisrechnung

Nicht explizit geregelt ist die Behandlung der auf **at equity** bilanzierte Beteiligungen entfallenden Beträge (250). Da die Equity-Ergebnisse generell nach Steuern definiert sind, wird das darauf entfallende übrige Ergebnis auch dann nach Steuern ausgewiesen, wenn die übrigen Komponenten ansonsten brutto dargestellt werden[6].

Bei den **Währungsumrechnungsdifferenzen** fallen *im Beispiel* keine latenten Steuern an, da die Konzernmutter keine Ausschüttungen aus den Auslandstöchtern plant (Rz. 29.45).

IV. Beurteilung der Gesamtergebnisrechnung. Es fehlt: Das Gesamtergebnis je Aktie

45.30 Mit der Gesamtergebnisrechnung soll das Gesamtergebnis eine stärkere Betonung erfahren. Umso mehr wundert es, dass für das Jahresergebnis als Zwischensumme nach wie vor auch künftig diverse Ergebnisse je Aktie anzugeben sind, nicht jedoch für das Gesamtergebnis. Im Zusammenhang mit der Neufassung des IAS 1 wurde *nicht einmal diskutiert*, ein **Gesamtergebnis** je Aktie verpflichtend vorzusehen. Darin liegt ein klarer Wertungswiderspruch: Wenn die Nichtberücksichtigung des bisherigen OCI bei der Ermittlung des Ergebnisses je Aktie zutreffend ist, weil dem OCI beispielsweise keine besondere Signalkraft zur Abschätzung künftiger Erträge zukommt, dann ist es inkonsequent, das Ergebnis lt. Gewinn- und Verlustrechnung mit dem OCI zu einem Gesamtergebnis zusammenzufassen.

Dabei weichen die Gesamtergebnisse (je Aktie, also unter Einbeziehung der erfolgsneutral erfassten Beträge) in der Praxis erheblich von den berichteten Ergebnissen (je Aktie, im Zähler nur das Jahresergebnis lt. Gewinn- und Verlustrechnung) ab.[7] Es besteht **hohes bilanzpolitisches Potential** insbesondere bei der Zuordnung von Finanzinstrumenten in die Kategorie FVOCI nach dem definierten Geschäftsmodell (Rz. 22.31 ff.).

---

6 Vgl. VW, Geschäftsbericht 2017, 194.
7 S. die empirische Analyse bei *Theile*, PiR 2006, 97.

Kapitel 46
Eigenkapitalspiegel (IAS 1)

A. Überblick und Wegweiser	46.1	C. Beispiel für einen Eigenkapitalspiegel		46.23
I. Management Zusammenfassung	46.1	I. Unterteilung der Rücklagen		46.24
II. Standards und Anwendungsbereich	46.3	II. Schätzungsänderungen von Pensionsverpflichtungen und Planvermögen		46.25
III. Wesentliche Abweichungen zum HGB	46.4	III. Gesamtergebnis		46.26
IV. Neuere Entwicklungen	46.5	IV. Ergebnisverwendung		46.27
B. Inhalt und Struktur	46.20	V. Sonstige Kapitalveränderungen		46.29

Literatur: *Pawelzik*, Die Prüfung des Konzerneigenkapitals, Düsseldorf 2003; *Pawelzik*, Bilanzierung von Verpflichtungen gegenüber Arbeitnehmern – der neue IAS 19, PiR 2011, 213; *Sepetauz/Behrmann*, Darstellung des Eigenkapitals nach § 297 Abs. 1 HGB und IAS 1.106 ff. – Handelsrechtliche und internationale Anforderungen an die Darstellung von Eigenkapitalveränderungen, PiR 2014, 363; *Theile*, Konzerneigenkapitalspiegel nach DRS 22: Praxisfall, BBK 2016, 558.

A. Überblick und Wegweiser

I. Management Zusammenfassung

Der Eigenkapitalspiegel zeigt, aus welchen Quellen sich die Veränderung des Eigenkapitals im Berichtszeitraum speist. Dabei wird zwischen folgenden Quellen differenziert: 46.1

– Veränderungen aus Transaktionen mit Anteilseignern (Dividendenzahlungen, Kapitalerhöhungen und -herabsetzungen).
– Das erzielte Gesamtergebnis, bestehend aus a) Ergebnis lt. GuV, b) direkt ins Eigenkapital gebuchte Ergebnisse (*other comprehensive income*, OCI).

Im Eigenkapitalspiegel ist die Entwicklung sämtlicher Eigenkapitalkomponenten (z.B. Grundkapital, einzelnen Arten von Gewinnrücklagen) im Zeitablauf, getrennt nach den o.g. Quellen zu zeigen. Der Spiegel enthält daher nicht nur die Veränderungen der einzelnen Eigenkapitalkomponenten in der abgelaufenen Periode, sondern auch die kumulierten Beträge. Außerdem ist zwischen dem auf die Anteilseigner der Konzernmutter und dem auf die nicht beherrschenden Anteile (andere Anteilseigner von Tochterunternehmen) entfallenden Anteil zu differenzieren. 46.2

II. Standards und Anwendungsbereich

46.3 Der Eigenkapitalspiegel, auch Eigenkapitalveränderungsrechnung genannt, ist für jeden IFRS-Abschluss obligatorisch. Die Regelungen zum Eigenkapitalspiegel finden sich in IAS 1.106 ff.

III. Wesentliche Abweichungen zum HGB

46.4 Der Eigenkapitalspiegel ist auch Bestandteil des HGB-Konzernabschlusses (§ 297 Abs. 1 HGB). Ferner ist er für den **Jahresabschluss** kapitalmarktorientierter Gesellschaften vorgeschrieben, sofern kein Konzernabschluss aufzustellen ist (§ 264 Abs. 1 HGB). Gliederungsvorschläge für den Eigenkapitalspiegel enthält DRS 22.

IV. Neuere Entwicklungen

46.5 Es sind derzeit keine Veränderungen an den Regelungen zum Eigenkapitalspiegel geplant.

46.6–46.19 frei

B. Inhalt und Struktur

46.20 Der Eigenkapitalspiegel hat folgenden Inhalt (IAS 1.106.):

(1) Aufnahme des **Gesamtergebnisses** (getrennt nach Anteilseigner des Mutterunternehmens und nicht beherrschende Anteile)

(2) Darstellung der Eigenkapitalauswirkungen **retrospektiver Bilanzierungs- und Bewertungsänderungen sowie Fehlerkorrekturen** (siehe Kap. 12)

(3) Darstellung der **Entwicklung jeder Eigenkapitalkomponente** im Geschäftsjahr, getrennt (zumindest) nach

(a) Ergebnis lt. GuV,

(b) übrigem Konzernergebnis (OCI) und

(c) Transaktionen mit Anteilseignern (getrennt nach Kapitalerhöhungen und -herabsetzungen sowie Dividenden).

46.21 Folgende Angaben können **alternativ im Eigenkapitalspiegel oder im Anhang** gemacht werden:

– Die Aufteilung (3b) in Rz. 46.20 kann alternativ im Eigenkapitalspiegel oder im Anhang erfolgen (IAS 1.106A)[1]

---

1 Das Beispiel in IAS 1.IG geht davon aus, dass die Unterteilung im Anhang erfolgt.

– Zusätzlich zur Angabe der Dividendenzahlungen im Berichtszeitraum ((3c) in Rz. 46.20) ist die Dividende pro Aktie im Anhang zu nennen. Bei der lt. IAS 1.107 auch möglichen Nennung im Eigenkapitalspiegel kommt praktisch nur eine Fußnote zum Spiegel in Betracht.

Sofern die Unterteilung der Entwicklung jeder Eigenkapitalkomponente ((3) in Rz. 46.20) im Eigenkapitalspiegel erfolgt, stellt sich die Frage, ob das übrige Ergebnis (OCI) nur nach Steuern ausgewiesen werden kann, oder ob auch die Überleitung vom Bruttobetrag, ggf. mit Reklassifizierungen sowie unter Abzug latenter Steuern in den Eigenkapitalspiegel integriert werden darf. Letzteres würde praktisch darauf hinauslaufen, die **Gesamtergebnisrechnung** (Rz. 45.1 ff.) im Eigenkapitalspiegel zu wiederholen. IAS 1.90 lässt jedoch die Aufgliederung der latenten Steuern pro Komponente des OCI nur in der Gesamtergebnisrechnung oder im Anhang zu (Rz. 45.27 f.). Desgleichen sind Reklassifizierungen entweder in der Gesamtergebnisrechnung oder im Anhang zu zeigen (IAS 1.94). Eine komplette Wiederholung der Gesamtergebnisrechnung im Eigenkapitalspiegel, der kein Anhangbestandteil ist, befreit daher bei Wortlautauslegung nicht von der Verpflichtung, die vorgenannten Aufgliederungen an anderer Stelle zu wiederholen. Daher werden diese Aufgliederungen in der Praxis regelmäßig in den Anhang verlagert[2].

46.22

C. Beispiel für einen Eigenkapitalspiegel

Das nachfolgende Tableau (Abb. 46.1) zeigt ein Beispiel für den **Konzerneigenkapitalspiegel** einer *Kapitalgesellschaft* als Konzernmutterunternehmen.[3] Zu beachten ist, dass auch der Eigenkapitalspiegel die **Vergleichsdaten der Vorperiode** zeigen muss (IAS 1.38A, siehe Rz. 42.21). Wir haben exemplarisch nur das Berichtsjahr dargestellt.[4]

46.23

I. Unterteilung der Rücklagen

Der Eigenkapitalspiegel enthält die *kumulierten* Werte (Spalten) jeder Eigenkapitalkomponente und stellt deren Entwicklung dar (IAS 1.106d).

46.24

---

2 Vgl. z.B. VW, Merck KG aA, RWE, BMW, jeweils GB 2017.
3 Zu einem vergleichbaren Beispiel nach DRS 22 vgl. *Theile*, BBK 2016, 558.
4 Die im Beispiel ausgewiesene „Änderung der Bilanzierungs- und Bewertungsmethoden und Korrektur grundlegender Fehler" bezieht sich somit streng genommen auf den Beginn der Vorjahresvergleichsperiode 01.

Kap. 46 Rz. 46.24 | IAS 1

	Gezeichnetes Kapital	Kapitalrücklage	Gewinnrücklagen	Bilanzgewinn	Kumuliertes übriges Konzernergebnis				At Equity bilanzierte Anteile	Anteil der Anteilseigner der Obergesellschaft	Nicht beherrschende Anteile	Konzerneigenkapital
					Währungsumrechnung	Marktbewertung Wertpapiere	Cash-flow-Hedges	Schätzungsänderungen Pensionsverpflichtungen und Planvermögen				
Stand 1.1.02	7.000	4.000	15.000	10.000	-1.500	1.000	-420	-700	-180	34.200	2.050	36.250
+/- Änderungen von Bilanzierungs- und Bewertungsmethoden sowie Korrektur grundlegender Fehler			-200							-200	-50	-250
Stand 1.1.02 angepasst	7.000	4.000	14.800	10.000	-1.500	1.000	-420	-700	-180	34.000	2.000	36.000
Ergebnis lt. GuV			*2.370*	*4.000*						*6.370*	*200*	*6.570*
Übriges Ergebnis					*2.810*	*780*	*175*	*-280*	*250*	*3.735*	*300*	*4.035*
Gesamtergebnis	0	0	2.370	4.000	2.810	780	175	-280	250	10.105	500	10.605
Dividenden				-9.000						-9.000	-250	-9.250
Umbuchung			1.000	-1.000						0	0	0
Kapitalerhöhung	1.000	3.000								4.000	50	4.050
Veränderung Konsolidierungskreis										0	400	400
Stand 31.12.02	8.000	7.000	18.170	4.000	1.310	1.780	-245	-980	70	39.105	2.700	41.805

Abb. 46.1: Eigenkapitalspiegel

II. Schätzungsänderungen von Pensionsverpflichtungen und Planvermögen

Die erfolgsneutrale Verrechnung von Schätzungsänderungen im Zusammenhang mit Pensionsverpflichtungen und Planvermögen ist verpflichtend und im Übrigen endgültig, d.h. es findet keine Umbuchung in die GuV statt (Rz. 27.41). Allerdings ist die Umbuchung oder Umgliederung der verrechneten Beträge innerhalb des Eigenkapitals möglich (IAS 19.122 Satz 2, Rz. 27.42).

46.25

Der Ausweis der Schätzungsänderungen kann somit in einer **separaten Eigenkapitalkomponente** erfolgen.[5] Alternativ ist auch eine Verrechnung mit den Gewinnrücklagen möglich.[6]

Wir befürworten den separaten Ausweis in einer eigenen Komponente, da eine Anhangangabe der *kumulierten*, mit dem Eigenkapital verrechneten Beträge nicht mehr erforderlich ist. Bei einer Verrechnung mit den Gewinnrücklagen sind die kumulierten Schätzungsänderungen daher nicht mehr erkennbar, was u.E. einen erheblichen **Informationsverlust** bedeutet.

III. Gesamtergebnis

Im Beispiel ist das Gesamtergebnis in das Ergebnis lt. GuV und das OCI unterteilt (Rz. 46.21 f.). Alternativ kann lediglich das Gesamtergebnis in einer Zeile gezeigt werden und die Aufgliederung im Anhang erfolgen[7].

46.26

IV. Ergebnisverwendung

Die Unterteilung der thesaurierten Ergebnisse in Gewinnrücklagen und **Bilanzgewinn** ist freiwillig, wobei es sich bei dem Bilanzgewinn typischerweise um den aus dem Jahresabschluss der Konzernmutter handelt. Er unterliegt auf der Hauptversammlung (Gesellschafterversammlung) der Verwendungsdisposition der Anteilseigner. Fehlt der separate Ausweis, sind beabsichtigte Gewinnausschüttungen ansonsten nur durch separate Anhangangabe zu erkennen (IAS 10.13; IAS 1.137a).

46.27

Bei Tochtergesellschaften ausgewiesene Bilanzgewinne und Ergebnisvorträge fließen dagegen in die Konzern-Gewinnrücklagen ein, soweit sie auf die Konzernmutter entfallen bzw. in die nicht beherrschenden Anteile, soweit sie diesen zuzurechnen sind.

Der Eigenkapitalspiegel erfüllt damit zugleich die Funktion einer **Ergebnisverwendungsrechnung**[8], da die Einstellung des Ergebnisses in einzelne Komponenten (Bi-

46.28

---

5 Vgl. z.B. Merck KGaA, GB 2017, 210 f.
6 Vgl. z.B. Bayer, GB 2017, 211.
7 Vgl. z.B. BMW, GB 2017, 124 f.
8 Vgl. *Pawelzik*, Die Prüfung des Konzerneigenkapitals, 324.

lanzgewinn/Ergebnisvortrag, Gewinnrücklagen) und die Verwendung (Ausschüttung) gezeigt werden. Die *Umbuchung aus dem Bilanzgewinn* (- 1.000) in die Gewinnrücklagen beruht darauf, dass abweichend vom Gewinnverwendungsvorschlag, der eine Ausschüttung aus dem Vorjahresbilanzgewinn von 10.000 vorsah, nur 9.000 ausgeschüttet wurden (bei Aktiengesellschaften z.B. auf Grund von § 58 Abs. 3 AktG). Zum 31.12.02 ist als Bilanzgewinn der in 03 *für* 02 zur Ausschüttung an die Anteilseigner der Konzernmutter vorgesehene Betrag (4.000) ausgewiesen.

V. Sonstige Kapitalveränderungen

46.29 Die bei der *Konzernmutter* ausgewiesene **Kapitalerhöhung** (4.000) betrifft nur Einlagen von ihren Anteilseignern in die Konzernobergesellschaft. Dagegen beruht die bei nicht beherrschenden Anteilen ausgewiesene Kapitalerhöhung (50) nicht auf Kapitalerhöhungen bei der Konzernmutter, sondern auf Einlagen der Fremdgesellschafter bei *Konzerntöchtern*.[9] Entsprechendes gilt für **Dividendenzahlungen**.

46.30 Bei der **Änderung des Konsolidierungskreises** (+400) handelt es sich um den auf nicht beherrschende Anteile entfallenden Anteil am zum Fair Value bewerteten Eigenkapital (bei Full-Goodwill Methode zuzüglich Goodwillanteil) erworbener Tochterunternehmen.

Die Erhöhung des Eigenkapitals beruht auf der Vollkonsolidierung, wonach das Nettovermögen der Tochtergesellschaften vollständig in die Konzernbilanz übernommen wird, auch wenn der Konzern mit weniger als 100 % beteiligt ist. Im Konzernabschluss wird daher mehr Vermögen angesetzt, als der Konzernmutter (direkt oder indirekt) gehört; die nicht beherrschenden Anteile leisten bei Erstkonsolidierung in Höhe ihres Anteils am Nettovermögen eine (Sach)-Einlage in den Konzern (Rz. 36.253).

---

[9] Die ggf. entsprechende (verhältniswahrende) Einlage der Konzernmutter bei ihren Töchtern ist keine Eigenkapitalveränderung des Konzerns. Sie wird konsolidiert.

Kapitel 47
Kapitalflussrechnung (IAS 7)

A. Überblick und Wegweiser 47.1	**C. Ermittlung der Zahlungsströme** 47.50
I. Management Zusammenfassung 47.1	I. Zusammenhang von Ermittlung und Darstellung der Zahlungsströme 47.50
II. Standards und Anwendungsbereich 47.3	II. Cashflow aus laufender Geschäftstätigkeit 47.51
III. Wesentliche Abweichungen zum HGB 47.4	1. Struktur und Korrekturmechanismus 47.51
IV. Neuere Entwicklungen 47.6	2. Startpunkt, Zins und Steuerzahlungen 47.52
B. Gliederung und Inhalt der Kapitalflussrechnung 47.20	3. Nicht zahlungswirksame Erträge und Aufwendungen, Wechselkursergebnisse 47.53
I. Übersicht zum Aufbau einer Kapitalflussrechnung 47.20	4. Veränderung des Nettoumlaufvermögens 47.55
II. Abgrenzung des Finanzmittelfonds 47.22	5. Umgliederungen in andere Bereiche 47.57
III. Nicht zahlungswirksame Transaktionen 47.23	III. Cashflow aus Investitionstätigkeit 47.58
IV. Inhalt der drei zahlungswirksamen Bereiche der Kapitalflussrechnung 47.25	IV. Cashflow aus Finanzierungstätigkeit 47.59
1. Cashflow aus laufender Geschäftstätigkeit 47.25	V. Fallbeispiel zur derivativen Ermittlung sowie indirekten und direkten Darstellung 47.60
2. Cashflow aus Investitionstätigkeit 47.27	**D. Besonderheiten im Konzernabschluss** 47.70
3. Cashflow aus Finanzierungstätigkeit 47.29	I. Übersicht 47.70
V. Zuordnungswahlrechte und Einzelfragen 47.31	II. Technik der Erstellung von Konzernkapitalflussrechnungen 47.71
1. Zinsen, Dividenden, Ertragsteuern 47.31	III. Fremdwährungstransaktionen .. 47.72
2. Umsatz- und Vorsteuerzahlungen 47.36	1. Erfolgsneutrale Währungsumrechnungsdifferenzen 47.72
3. Derivate und Sicherungsgeschäfte (Hedging) 47.37	2. Erfolgswirksame Währungsumrechnungsdifferenzen 47.76
4. Investitionszuschüsse 47.38	3. Behandlung von Währungsumrechnungsdifferenzen auf Konzernforderungen 47.78
5. Aufgegebene Geschäftsbereiche (IFRS 5) 47.39	IV. Erwerb und Veräußerung von Tochtergesellschaften 47.80
VI. Wechselkurs-, bewertungs- und konsolidierungskreisbedingte Änderungen des Finanzmittelfonds 47.40	**E. Wesentliche Anhangangaben** ... 47.90
VII. Saldierung 47.43	

I. Überleitungsrechnung für Verbindlichkeiten aus Finanzierungstätigkeiten 47.90

II. Konsolidierungskreisänderungen 47.92

Literatur: *Bauer*, Neuregelung der Kapitalflussrechnung, BBK 2016, 389; *Bödecker/Busack/Teuteberg*, Aktuelle Entwicklungen und ausgewählte Anwendungsfälle zur Zahlungsstromklassifizierung in der Konzernkapitalflussrechnung nach IAS 7 (Teil 1), KoR 2016, 404; *Bödecker/Busack/Teuteberg*, Aktuelle Entwicklungen und ausgewählte Anwendungsfälle zur Zahlungsstromklassifizierung in der Konzernkapitalflussrechnung nach IAS 7 (Teil 2), KoR 2016, 462; *Bösser/Pilhofer/Lessel*, Kapitalflussrechnung nach IAS 7 in der Unternehmenspraxis – Empirische Analysen ausgewählter Aktienindizes, PiR 2013, 359; *von Keitz*, Praxis der IASB-Rechnungslegung, 2. Aufl., Stuttgart 2005; *Kirsch*, Überleitungsrechnung der bilanziellen Wertänderung von Finanzschulden nach den Amendments zu IAS 7 – Einordnung, Inhalt und Aussagegehalt, PiR 2017, 39; *Löw (Hrsg.)*, Rechnungslegung für Banken nach IFRS, 2. Aufl., Wiesbaden 2005; *Mansch/Stolberg/v. Wysocki*, Die Kapitalflußrechnung als Ergänzung des Jahres- und Konzernabschlusses, WPg 1995, 185; *Müller*, Kapitalflussrechnung nach DRS 21, BBK 2014, 434; *Müller/Eiselt*, Kapitalflussrechnung nach IFRS und DRS 21, 2. Aufl., Berlin 2014; *Pawelzik*, Direkte oder indirekte Darstellung operativer Cashflows in der Kapitalflussrechnung? – Jahresabschlussdarstellung versus Sanierungsprüfung, WPg 2011, 510; *Pawelzik*, Umrechnung von Währungs-Cashflows im Konzernabschluss nach IAS 7, PiR 2011, 74; *Suntrup*, Änderungen zu IAS 7 bei der Kapitalflussrechnung – Betrachtung der vom IASB verabschiedeten Änderungen, PiR 2016, 315; *Theile*, Kapitalflussrechnung – Ermittlung und Darstellung, BBK 2015, 38.

A. Überblick und Wegweiser

I. Management Zusammenfassung

47.1 Die Kapitalflussrechnung ist integraler Bestandteil jedes Einzel- oder Konzernabschlusses nach IFRS. Sie stellt unter Informationsgesichtspunkten eine unverzichtbare Ergänzung zur Bilanz und Gewinn- und Verlustrechnung dar und zeigt die Zuflüsse und Abflüsse von Zahlungsmitteln und Zahlungsmitteläquivalenten (**Veränderung des Finanzmittelfonds**). Der Finanzmittelfonds umfasst i.d.R. (nur) die liquiden Mittel. Die Einbeziehung kurzfristiger Kontokorrentschulden ist zulässig, aber nicht verbreitet.

Bei der Darstellung der Kapitalflussrechnung wird unterschieden zwischen Mittelzu- und -abflüssen aus:

- laufender Geschäftstätigkeit (operative oder auch betriebliche Tätigkeit)
- Investitionstätigkeit
- Finanzierungstätigkeit

47.2 Die Summe der Mittelzu- und -abflüsse aus laufender Geschäftstätigkeit und aus Investitionstätigkeit bildet den **Free Cashflow** als Maßgröße der für Ausschüttungen an Gesellschafter und für den Kapitaldienst in der Periode erwirtschafteten Mittel. Er ist eine wichtige Kennzahl zur wertorientierten Unternehmenssteuerung und spielt in der Finanzmarktkommunikation eine große Rolle.[1]

Darüber hinaus dient die Kapitalflussrechnung zur Validierung vorangegangener Cashflow-Prognosen der Abschlussadressaten und soll auf dieser Basis ein **Indikator** sein für Betrag, Zeitpunkt und Wahrscheinlichkeit **zukünftiger Cashflows** (IAS 7.5). Weil es nicht um unterschiedliche und gestaltbare Bilanzierungs- und Bewertungsmethoden für die gleichen Geschäftsvorfälle und Ereignisse geht – sondern eben „nur" um die Zahlungsströme – eignet sich die Kapitalflussrechnung in besonderer Weise zum **Unternehmensvergleich** (IAS 7.4).

Neben diesen tatsächlichen oder vermeintlichen Vorteilen bleibt es dabei, dass die Kapitalflussrechnung eine **Vergangenheitsrechnung** ist und die Veröffentlichung einer Finanzplanung vom Management nicht gefordert wird (IAS 1.130). Davon abgesehen sind auch Geldflüsse zufällig (z.B. Geldeingänge auf Forderungen) oder gestaltbar, etwa durch das bewusste Hinauszögern der Bezahlung fälliger Lieferantenrechnungen bis kurz nach dem Bilanzstichtag. Eine Kapitalflussrechnung stellt daher im Wesentlichen den Zusammenhang zwischen Ergebnis und Zahlungsfluss des *abgelaufenen* Geschäftsjahres her (IAS 7.5).

II. Standards und Anwendungsbereich

Zur Aufstellung von Kapitalflussrechnungen für jeden IFRS-Abschluss ist IAS 7 zu verwenden. Ergänzungen durch Interpretationen bestehen nicht. IAS 7 ist seit 1994 im Wesentlichen unverändert gültig; die letzte materielle Änderung betraf in 2016 zusätzliche Anhangangaben zur Buchwertentwicklung von Finanzkrediten, um auf Zahlungen beruhende Buchwertänderungen besser nachvollziehen zu können (Rz. 47.90 f.).

47.3

III. Wesentliche Abweichungen zum HGB

Kapitalflussrechnungen sind nach HGB vorgeschrieben

47.4

– Für jeden HGB-Konzernabschluss (§ 297 Abs. 1 HGB) und
– für Jahresabschlüsse kapitalmarktorientierter Gesellschaften, sofern diese *nicht* zur Aufstellung eines Konzernabschlusses verpflichtet sind (§ 264 Abs. 1 HGB).

Bezüglich der Ausgestaltung im Konzernabschluss ist DRS 21 zu beachten. Der Standard wird auch für den Jahresabschluss empfohlen.

Abweichungen zwischen IAS 7 und DRS 21 bestehen vor allem in der Zuordnung von gezahlten und erhaltenen Zinsen und Dividenden. Hier trifft DRS 21 eindeutige Regelungen, wohingegen IAS 7 umfangreiche Wahlrechte enthält (Rz. 47.31 ff.).

47.5

---

[1] Je nach Anwendungsfall finden sich in der Praxis auch andere Abgrenzungen des Free Cashflow.

IV. Neuere Entwicklungen

47.6 Die in der Vorauflage[2] angesprochenen Projekte des IASB zur Reform des IAS 7, insbesondere der Plan zur direkten Darstellung des operativen Cashflows, sind inzwischen beigelegt. Zurzeit bestehen keine konkreten Pläne zu Änderungen an IAS 7.

47.7–47.19 Frei

B. Gliederung und Inhalt der Kapitalflussrechnung

I. Übersicht zum Aufbau einer Kapitalflussrechnung

47.20 Eine Kapitalflussrechnung nach IAS 7 ist, wie das kleine Zahlenbeispiel zeigt, *aggregiert* wie folgt aufgebaut:

1. Cashflow aus laufender Geschäftstätigkeit[3]	+ 2.000
2. Cashflow aus Investitionstätigkeit	– 1.400
3. Cashflow aus Finanzierungstätigkeit	– 400
1.–3. = zahlungswirksame Veränderung des Finanzmittelfonds	+ 200
Wechselkursbedingte Änderungen des Finanzmittelfonds	– 15
Bewertungsbedingte Änderungen des Finanzmittelfonds	–
Konsolidierungskreisbedingte Änderungen des Finanzmittelfonds	–
Finanzmittelfonds am Geschäftsjahresanfang	50
Finanzmittelfonds am Geschäftsjahresende	**235**

Abb. 47.1: Übersicht zur Gliederung einer Kapitalflussrechnung

Welche Zahlungsströme den Bereichen 1.–3. zuzuordnen sind, ergibt sich einerseits aus der jeweiligen Geschäftstätigkeit des Unternehmens und ist andererseits durch Vorgaben – aber auch Wahlrechte – in IAS 7 bestimmt. Generell gilt, dass die Zuordnung zu den drei Bereichen vom konkreten Unternehmen abhängt. Bei einem Finanzinstitut werden beispielsweise aufgenommene und ausgereichte Kredite im Regelfall dem betrieblichen Bereich zugeordnet, während sie bei einem Nichtfinanzinstitut dem Finanzierungsbereich zuzuordnen sind.

47.21 Hinsichtlich der Gliederung *innerhalb* der drei Bereiche gibt es jedoch keine Vorgaben. Der Anhang zu IAS 7 enthält lediglich nicht verbindliche Gliederungsbeispiele. Trotz der fehlenden Vorgaben haben sich jedoch international einheitliche

---

2 Siehe 5. Auflage, Rz. 7715 f.
3 Im englischen Original des Standards heißt es „Operating activities", in der deutschen Übersetzung „Betriebliche Tätigkeit". Die Praxis verwendet mit 51 % den Begriff „laufende Geschäftstätigkeit", gefolgt von „betriebliche Tätigkeit" (33 %) und „operative Tätigkeit" (12 %) und andere, vgl. *Bösser/Pilhofer/Lessel*, PiR 2013, 362.

Vorgehensweisen herausgebildet. Inhalt und Gliederung der drei Bereiche zeigen wir ab Rz. 47.25.

Üblicherweise wird die Kapitalflussrechnung in **Staffelform** mit Vorjahresvergleichswerten aufgestellt.

II. Abgrenzung des Finanzmittelfonds

Die Kapitalflussrechnung stellt die Veränderung eines eng definierten zahlungsmittelnahen Vermögens, des sog. Finanzmittelfonds, dar, der sich aus Zahlungsmitteln und Zahlungsmitteläquivalenten zusammensetzt:

47.22

Zahlungsmittel	Kassenbestände, Schecks sowie täglich fällige Guthaben bei Banken und Finanzinstituten.
Zahlungsmitteläquivalente (IAS 7.6)	a) Kurzfristige, äußerst liquide Finanzinvestitionen, die jederzeit in Zahlungsmittel umgewandelt werden können und nur unwesentlichen Wertschwankungen unterliegen. b) Dies gilt bei einer Restlaufzeit < drei Monate ab Erwerbszeitpunkt (nicht Bilanzstichtag) als erfüllt. Z.B. Termineinlagen, Geldmarktpapiere, Fremdkapitaltitel (Anleihen) sämtlicher Kategorien (AC, FVOCI, FVPL), nicht jedoch (mangels Restlaufzeit) Eigenkapitaltitel oder at equity bilanzierte Beteiligungen.
Bankverbindlichkeiten (IAS 7.8).	a) Grundsätzlich nicht Bestandteil des Finanzmittelfonds. Ihre Veränderungen sind vielmehr als Finanzierungstätigkeit zu zeigen. b) Ausnahme, aber unüblich[4] bei Kontokorrentkrediten, wenn „Bestandteil des Cash-Managements".

Abb. 47.2: Bestandteile des Finanzmittelfonds

Bewegungen zwischen den einzelnen Komponenten des Fonds stellen keine in der Kapitalflussrechnung darstellbare Zahlungen dar, da sie die Zielgröße der Kapitalflussrechnung, den Finanzmittelfonds, nicht verändern.

III. Nicht zahlungswirksame Transaktionen

Sachlogisch sind in der Kapitalflussrechnung bei der direkt dargestellten Investitions- und Finanzierungstätigkeit nur solche Transaktionen abzubilden, die sich auf den Finanzmittelfonds auswirken (IAS 7.43 f.). Nicht dazu gehören z.B.:

47.23

---

[4] Nur in 6 von 100 analysierten IFRS-Abschlüssen des Jahres 2003 wurden Kontokorrentverbindlichkeiten im Finanzmittelfonds berücksichtigt, vgl. *von Keitz*, Praxis der IASB-Rechnungslegung², 177. Im Jahr 2012 waren es 10 von 160 Unternehmen, vgl. *Bösser/Pilhofer/Lessel*, PiR 2013, 361.

- Erwerb von Vermögen gegen Übernahme von unmittelbar zugeordneten Schulden,
- Leasing,
- Erwerb eines Unternehmens gegen Ausgabe von Anteilen,
- Tausch von Aktiva/Passiva,
- Zielkauf, Aufrechnung,
- Sacheinlagen,
- Ausgabe von Stock-Options an Mitarbeiter,
- Umwandlung von Schulden in Eigenkapital,
- Zu- und Abnahme von nicht beherrschenden Anteilen bei Erst- bzw. Entkonsolidierung.

IAS 7.43 fordert die Erläuterung solcher Transaktionen im Anhang.

47.24 Bei den Einzelposten des üblicherweise indirekt dargestellten Cashflows aus laufender Geschäftstätigkeit tauchen regelmäßig auch nicht zahlungswirksame Posten auf, z.B. Abschreibungen oder Veränderungen des Bestands an fertigen und unfertigen Erzeugnissen. *Diese* Posten fungieren hier als bloße Korrekturen zur Ausgangsgröße „Jahresergebnis", damit *insgesamt* der Cashflow aus laufender Geschäftstätigkeit angegeben werden kann.

Auf diese Weise enthalten die drei Summen der drei Bereiche der Kapitalflussrechnung nur zahlungswirksame Fondsveränderungen.

IV. Inhalt der drei zahlungswirksamen Bereiche der Kapitalflussrechnung

1. Cashflow aus laufender Geschäftstätigkeit

47.25 Zum Cashflow aus laufender Geschäftstätigkeit von Industrie-, Handels- und Dienstleistungsunternehmen zählen in erster Linie Transaktionen aus erlöswirtschaftlichen Tätigkeiten, z.B. (IAS 7.14):

- Einzahlungen von Kunden aus dem Verkauf von Gütern und der Erbringung von Dienstleistungen,
- Einzahlungen aus Nutzungsentgelten, Honoraren, Provisionen usw.,
- Auszahlungen für Materialien, Energie usw.,
- Auszahlungen an (ehemalige) Beschäftigte.

IAS 7.14 a.E. stellt klar, dass Cashflows für Gegenstände i.S.v. IAS 16.68A (Rz. 14.91), die zunächst verleast und anschließend veräußert werden, wie häufig in der Autoindustrie, nicht unter Investitionstätigkeit, sondern als Mittelflüsse aus laufender Geschäftstätigkeit auszuweisen sind. Dies gilt nicht nur für Veräußerungserlöse und die laufenden Miet- bzw. Leasingeinnahmen, sondern trotz Aktivierung als Sachanlagen in der Bilanz auch für die „Investitionsausgaben" (Anschaffungs- und Herstellungskosten). Dies setzt voraus, dass die Vermietung bereits bei Erwerb oder Herstellung feststeht.

Der Cashflow aus laufender Geschäftstätigkeit kann entweder direkt oder indirekt dargestellt werden (IAS 7.18). Bei **direkter Darstellung** werden die Zahlungsströme unmittelbar angegeben: 47.26

Beispiel:

	GJ 02	GJ 01
Einzahlungen von Kunden	25.530	22.110
Auszahlung an Lieferanten und Beschäftigte	18.100	17.500
Sonstige Auszahlungen	3.910	4.120
Ertragsteuerauszahlungen	1.105	720
Cashflow aus laufender Geschäftstätigkeit	**2.415**	**- 230**

Üblich ist zumindest in Deutschland allein die **indirekte Darstellung**.[5] Dabei wird vom Jahresergebnis (oder einer anderen GuV-Zwischensumme wie EBT oder EBIT, s. Rz. 47.52) übergeleitet zum Cashflow. Zur Ermittlungstechnik der Zahlungsströme siehe Rz. 47.50 ff.

Beispiel:[6]

in Mio. €	2017	2016
Jahresüberschuss	**8.706**	6.910
Überleitung zwischen Jahresüberschuss und Mittelzufluss/-abfluss aus der betrieblichen Tätigkeit		
Laufende Ertragsteuern	**2.558**	2.670
Sonstige Zinsen und ähnliche Erträge und Aufwendungen[1]	**65**	131
Abschreibungen auf das übrige Anlagevermögen	**4.822**	4.998
Veränderung der Rückstellungen	**696**	883
Veränderung der vermieteten Erzeugnisse	**- 1.134**	- 2.526
Veränderung der Forderungen aus Finanzdienstleistungen	**- 7.440**	- 8.368
Veränderung der latenten Steuern	**- 609**	85
Sonstige zahlungsunwirksame Erträge und Aufwendungen	**- 249**	- 15

---

5 Nur eines von 160 deutschen Unternehmen verwendet die direkte Darstellung, vgl. *Bösser/Pilhofer/Lessel*, PiR 2013, 362.
6 BMW Group, Geschäftsbericht 2017, 122.

in Mio. €	2017	2016
Ergebnis aus dem Verkauf von Anlagevermögen und Wertpapieren	- 43	- 4
Ergebnis aus Equity-Bewertung	- 738	- 441
Veränderung des Working Capital	166	- 104
Veränderung der Vorräte	- 1.293	- 749
Veränderung der Forderungen aus Lieferungen und Leistungen	45	- 93
Veränderung der Verbindlichkeiten aus Lieferungen und Leistungen	1.414	738
Veränderung der sonstigen betrieblichen Aktiva und Passiva	1.285	1.229
Gezahlte Ertragsteuern	- 2.301	- 2.417
Erhaltene Zinsen[1]	125	142
Mittelzufluss/-abfluss aus der betrieblichen Tätigkeit	**5.909**	**3.173**

[1] Zinsen im Finanzdienstleistungsgeschäft sind grundsätzlich als Umsatzerlöse/-kosten klassifiziert.

2. Cashflow aus Investitionstätigkeit

47.27 Zum Cashflow aus Investitionstätigkeit zählen sämtliche Auszahlungen für die Beschaffung oder Herstellung **langfristiger** Vermögenswerte einschließlich Beteiligungserwerbe und Darlehensvergabe (IAS 7.16). In der Investitionstätigkeit dürfen **nur aktivierte Ausgaben** abgebildet werden (also z.B. aktivierte Entwicklungskosten, IAS 7.16a), während nicht aktivierte Ausgaben (Forschungskosten, Investitionen in Märkte, Werbung, Ausbildung etc.) innerhalb der operativen Geschäftstätigkeit auszuweisen sind.

Spiegelbildlich sind hier auch Einzahlungen aus der Veräußerung von langfristigen Vermögenswerten einschließlich der Tilgung von zuvor ausgereichten Darlehen zu erfassen. Bei **Darlehen/Krediten** handelt es sich nicht nur um die im langfristigen Vermögen ausgewiesenen Ausleihungen, sondern auch um kurzfristige Finanzaktiva (sonstige Finanzinvestitionen i.S.v. IAS 7.6), soweit diese nicht als Zahlungsmitteläquivalente in den Finanzmittelfonds (Rz. 47.22) einbezogen werden. Die vorgeschriebene Einbeziehung von Finanzaktiva in den Investitionshaushalt ist nicht ideal, wenn solche „Investitionen" eher Finanzanlagen als einen die Leistungserbringung fördernden *betrieblichen* Zahlungsfluss darstellen, letzteres z.B. bei Krediten zur Stützung von Kunden.

47.28 Die einzelnen Investitionsaus- und -einzahlungen sind **direkt** und grundsätzlich unsaldiert auszuweisen (IAS 7.21). Zur Ermittlungstechnik siehe Rz. 47.58.

3. Cashflow aus Finanzierungstätigkeit

Zum Cashflow aus Finanzierungstätigkeit gehören 47.29

(a) Zahlungen im Zusammenhang mit den Eigenkapitalpositionen, z.B. Dividendenzahlungen[7], Entnahmen, Kapitalerhöhungen und Rückkauf eigener Anteile sowie

(b) Zahlungsströme aus der Aufnahme und Tilgung von Fremdkapitalpositionen wie Anleihen, Schuldscheine, (Gesellschafter-)Darlehen u.Ä. (IAS 7.17).

Annuitätendarlehen inkl. Zerobonds werden in einen Zinsanteil und einen Tilgungsanteil aufgeteilt und der Zinsanteil unter betrieblicher Tätigkeit ausgewiesen (IAS 7.12), soweit nicht von dem Wahlrecht Gebrauch gemacht wird, sämtliche Zinsauszahlungen unter der Finanzierungstätigkeit auszuweisen (siehe Rz. 47.32).

Ein wichtiger Anwendungsfall ergibt sich aus der Bilanzwirksamkeit von Leasingverträgen durch IFRS 16. Die Leasingzahlungen sind in Zins und Tilgung aufzuteilen. Der Tilgungsanteil für die Leasingverbindlichkeit ist bei der Finanzierungstätigkeit auszuweisen. Im alten Recht wurden die Leasingzahlungen aus operate lease demgegenüber vollumfänglich der laufenden Geschäftstätigkeit zugeordnet. Mit der Einführung des IFRS 16 ab 2019 erhöht sich insoweit der Cashflow aus laufender Geschäftstätigkeit und damit auch der Free Cashflow.

Die einzelnen Finanzierungsaus- und -einzahlungen sind **direkt** und grundsätzlich unsaldiert auszuweisen (IAS 7.21). Zur Ermittlungstechnik siehe Rz. 47.59. 47.30

V. Zuordnungswahlrechte und Einzelfragen

1. Zinsen, Dividenden, Ertragsteuern

Für gezahlte und erhaltene Zinsen und Dividenden bestehen offene Zuordnungswahlrechte und für gezahlte und erhaltene Ertragsteuern bedingte Wahlrechte. Die offenen Zuordnungswahlrechte sind stetig auszuüben (IAS 7.31). Die Zahlungen sind unmittelbar, also in direkter Form anzugeben: 47.31

---

7 Wahlweise ist ein Ausweis im betrieblichen Bereich möglich, „damit die Fähigkeit eines Unternehmens, Dividenden aus laufenden Cashflows zu zahlen, leichter beurteilt werden kann" (IAS 7.34). Dieses Wahlrecht ist verfehlt, da auch die Investitionsausgaben, die im Investitionshaushalt ausgewiesen werden, ähnlich zu beurteilen wären. Daher ist der separate Ausweis der gezahlten Dividenden im Finanzierungshaushalt ausreichend. Die Vermengung von Cashentstehung und Cashverwendung wird jedenfalls von der Praxis nicht vorgenommen, dort erfolgt der Ausweis im Finanzierungshaushalt. Gemäß DRS 21.48 müssen Dividendenzahlungen zutreffend stets dem Finanzierungsbereich zugeordnet werden.

Zahlung, immer direkt anzugeben!	Laufende Geschäftstätigkeit	Investitionstätigkeit	Finanzierungstätigkeit
Erhaltene und gezahlte Zinsen	Wahlrecht (IAS 7.33)		
Erhaltene Dividenden	Wahlrecht (IAS 7.33)		
Gezahlte Dividenden	Wahlrecht (IAS 7.34)		Wahlrecht (IAS 7.34)
Ertragsteuern	Regelfall: Pflicht (IAS 7.35 f.)	Sonderfall (bei sachlichem Zusammenhang): Pflicht (IAS 7.35 f.)	

Abb. 47.3: Zuordnung von Zinsen, Dividenden und Ertragsteuern

47.32 Gezahlte sowie erhaltene **Zinsen** können entweder unter der laufenden Geschäftstätigkeit[8] oder in dem Bereich Finanzierungs- bzw. Investitionstätigkeit ausgewiesen werden (IAS 7.33 f.).

Der Ausweis eines Zinsauszahlungsüberhangs im Finanzierungsbereich kann aus **abschlusspolitischen** Gründen interessant sein, um einen entsprechend höheren Mittelzufluss aus operativer Tätigkeit auszuweisen. Es ist aber auch eine asymmetrische Zuordnung zulässig, beispielsweise die Zuordnung erhaltener Zinsen bei der laufenden Geschäftstätigkeit und die der gezahlten Zinsen bei der Finanzierungtätigkeit.

In der **Praxis** werden Zinszahlungen überwiegend symmetrisch der laufenden Geschäftstätigkeit zugeordnet. Es finden sich aber auch signifikant andere Zuordnungen, und immerhin 26 % der Unternehmen wählen eine asymmetrische Zuordnung.[9]

Konfliktpotenzial kann entstehen, wenn Zinsauszahlungen für qualifying assets im langfristigen Vermögen aktiviert worden sind, z.B. als Bestandteil der Anschaffungs- oder Herstellungskosten einer Sachanlage:

– Die Auszahlungen für aktiviertes langfristiges Vermögen sind der Investitionstätigkeit zuzuordnen (Rz. 47.27). Diese Auszahlungen können auch solche für Zinsen enthalten.

– Der Gesamtbetrag der gezahlten Zinsen ist in der Kapitalflussrechnung anzugeben, explizit unabhängig davon, ob die Zinsen als Fremdkapitalkosten für qualifying assets aktiviert worden sind (IAS 7.32).

Der Zinsanteil an den Auszahlungen für Investitionen ist nicht gesondert erkennbar. Es könnte zur Lösung des Problems mit einer „davon"-Angabe gearbeitet werden. Es erscheint aber auch zulässig, den Zinsanteil aus den Investitionen zu separieren und gemeinsam mit anderen Zinsauszahlungen auszuweisen. Ceteris paribus stimmen in diesem Fall die Zugänge im Anlagespiegel und Auszahlungen für Investitionen nicht überein.

---

8 Gezahlte Zinsen sowie erhaltene Zinsen und Dividenden werden in der Kapitalflussrechnung von Banken der laufenden Geschäftstätigkeit zugeordnet (IAS 7.33).
9 Vgl. *Bösser/Pilhofer/Lessel*, PiR 2013, 364.

Für **erhaltene Dividenden** gilt das gleiche Wahlrecht wie bei Zinszahlungen (IAS 7.33). Überwiegend werden Dividendeneinzahlungen in der Praxis unter laufender Geschäftätigkeit ausgewiesen. Das ist insbesondere bei Zahlungen von assoziierten Unternehmen sinnvoll, weil derartige Beteiligungserwerbe oft aus strategischen Gründen erfolgen und die Equity-Methode der Konsolidierung näher steht als eine reine Geldanlage. 47.33

Zu gezahlten Dividenden siehe Rz. 47.29.

Sofern die vorgenannten Zinseinnahmen und Zinsausgaben sowie Dividendeneinnahmen, die der „Mittelveränderung aus laufender Geschäftätigkeit" zugerechnet werden, nicht gesondert in der Kapitalflussrechnung gezeigt werden, sind sie in den Erläuterungen zur Kapitalflussrechnung im **Anhang** offen zu legen.

Ertragsteuerzahlungen sind gesondert anzugeben und regelmäßig als Cashflows aus der laufenden Geschäftätigkeit zu klassifizieren. Sollte – das ist der Ausnahmefall – eine Zuordnung zu bestimmten Finanzierungs- und Investitionsaktivitäten möglich sein, sind die entsprechenden Ertragsteuern in diesen Bereichen zu zeigen (IAS 7.35 f.). 47.34

Werden **Zins- und Ertragsteuerzahlungen** der laufenden Geschäftätigkeit zugeordnet und diese indirekt dargestellt – letzteres ist fast ausschließlich der Fall – dann müssen trotzdem die genannten Zahlungen direkt angegeben werden. Das ist eine Durchbrechung der indirekten Darstellung; zur technischen Lösung dieses Problems siehe Rz. 47.52. Manche Unternehmen verzichten entgegen dem insoweit eindeutigen Wortlaut des IAS 7.32 auf die gesonderte Zahlungsstromangabe „in der Kapitalflussrechnung" und geben die Zahlungen in den Erläuterungen zur Kapitalflussrechnung an. 47.35

Bei einer Zuordnung der genannten Zahlungen in die Bereiche der Investitions- oder Finanzierungstätigkeit ergibt sich insoweit keine Durchbrechung des Systems, weil sämtliche Zahlungen in diesen Bereichen direkt darzustellen sind. Der technische Korrekturmechanismus allerdings bleibt gleich.

2. Umsatz- und Vorsteuerzahlungen

Die Behandlung von Umsatz- und Vorsteuerzahlungen ist in IAS 7 nicht geregelt und auch vom IFRIC nicht aufgegriffen worden.[10] Die Separierung derartiger Ein- und Auszahlungen wird zwar in der Literatur gelegentlich erwähnt, ist jedoch in der Praxis kaum anzutreffen, weil die vorherrschende derivative Ermittlung (bzw. indirekte Darstellung) des operativen Cashflows von GuV-Größen ohne Umsatzsteuer ausgeht. Die Umsatz- und Vorsteuererstattungen sind dann zwangsläufig mit der Veränderung des Nettoumlaufvermögens saldiert (Rz. 47.51 ff.). 47.36

---

10 Vgl. Update August 2005, 5.

3. Derivate und Sicherungsgeschäfte (Hedging)

47.37 Einzahlungen und Auszahlungen aus **Derivaten** (Termin-, Options- und Swapgeschäfte) können wahlweise dem Investitions- oder Finanzierungshaushalt zugeordnet werden, es sei denn, sie dienen Handelszwecken (dann Ausweis im Cashflow aus laufender Geschäftstätigkeit (IAS 7.16g, h).

Bei **Sicherungsgeschäften** werden Zahlungen dem Bereich zugeordnet, in dem auch das Grundgeschäft erfasst ist (IAS 7.16), so dass auch ohne Handelszweck ein Ausweis im betrieblichen Bereich erfolgen kann. Dies gilt selbst dann, wenn die (formalen) Voraussetzungen für ein Hedge Accounting nicht vorliegen.

Beispiel:[11] Ein Unternehmen sichert Materialeinkäufe (Grundgeschäft) in US-$ (z.B. TUS-$ 1.000) durch einen Terminkauf zum Kurs von 1,25 US-$/Euro gegen Währungsschwankungen ab. Hierdurch wird der Materialverbrauch i.H.d. Terminkurses (TEuro 800) fixiert. Es erfolgt keine spezielle Designation für ein Hedge Accounting, da sich die Effekte des Grundgeschäfts und des Terminkaufs jeweils ohnehin in der GuV auswirken. Bei Fälligkeit notiert der US-$ mit 1,15 US-$/Euro. Das Unternehmen zahlt rd. 860 TEuro (1.000/1,15) an den Warenlieferanten und erhält TEuro 60 (TEuro 860-TEuro 800) aus dem Termingeschäft. Der Cashflow aus dem Termingeschäft kann saldiert mit dem Materialeinkauf innerhalb des Cashflows aus laufender Geschäftstätigkeit ausgewiesen werden.

4. Investitionszuschüsse

47.38 Der Ausweis erhaltener Investitionszuschüsse ist nicht explizit geregelt: **Aufwandszuschüsse** (Rz. 16.28) sind u.E. als operativer Mittelfluss auszuweisen, **Investitionszuschüsse** (Rz. 16.24) im Investitionshaushalt. Das grundsätzliche Saldierungsverbot spricht gegen eine Saldierung mit den Investitionsausgaben.

5. Aufgegebene Geschäftsbereiche (IFRS 5)

47.39 In der Kapitalflussrechnung ist eine Separierung von Cashflows der aufgegebenen Geschäftsbereiche vorzunehmen (Rz. 30.43). Die Unterteilung kann wahlweise im Anhang oder durch Einfügung separater Zeilen (ggf. „davon-Vermerk") innerhalb der drei Tätigkeitsbereiche (laufende Geschäftstätigkeit, Investitions- oder Finanzierungstätigkeit) erfolgen (IFRS 5.33c). Die Vorjahresbeträge sind anzupassen (IFRS 5.34).

VI. Wechselkurs-, bewertungs- und konsolidierungskreisbedingte Änderungen des Finanzmittelfonds

47.40 Fremdwährungsvaluten oder -konten eines Unternehmens sind Bestandteile des Finanzmittelfonds. Die im Fonds enthaltenen Beträge in fremder Währung sind zum jeweiligen Bilanzstichtag zum Stichtagskurs umzurechnen, Fondsänderungen grund-

---

[11] In Anlehnung an EY-iGAAP, 2996.

sätzlich zum jeweiligen Transaktionskurs. Ändert sich der Wechselkurs von einer Transaktion zur nächsten bzw. von einem Bilanzstichtag zum nächsten, so ergeben sich **wechselkursbedingte Fondsänderungen**, die nicht zahlungswirksam sind. Sie sind gesondert als „wechselkursbedingte Änderung des Finanzmittelfonds" unterhalb der zahlungswirksamen Fondsänderungen auszuweisen. Zur Ermittlungstechnik siehe Rz. 47.54.

Sind Zahlungsmitteläquivalente Bestandteile des Finanzmittelfonds (z.B. Anleihe), so ist trotz der definitionsgemäß kurzen Laufzeit solcher Titel ein Bewertungsgewinn oder -verlust nicht gänzlich auszuschließen: Steigt der am Markt zu beobachtende Zins, so sinkt der Kurs einer festverzinslichen Anleihe (und umgekehrt). Damit nimmt der Finanzmittelfonds ab (zu), ohne dass eine Zahlung vorliegt. Hierbei handelt es sich um eine **bewertungsbedingte Änderung** des Finanzmittelfonds, die auch als solche auszuweisen ist oder mit den wechselkursbedingten Fondsänderungen zusammengefasst wird.

47.41

Schließlich sind gelegentlich konsolidierungskreisbedingte Änderungen des Finanzmittelfonds zu beobachten: Fallen Erstkonsolidierung und Kaufpreiszahlung für ein Tochterunternehmen nicht in dieselbe Periode (Kaufpreisstundung, eine in Vorperioden unwesentliche Tochtergesellschaft wird erstmals konsolidiert), nimmt der Finanzmittelfonds des Konzerns in Höhe der „erstkonsolidierten" flüssigen Mittel des Tochterunternehmens zu. Dieser Betrag ist in der Überleitung des Finanzmittelfonds am Ende der Kapitalflussrechnung gesondert aufzuführen. Die gedankliche Alternative des Ausweises im Investitionshaushalt als „Mittel*zu*fluss durch erstmals konsolidierte Tochtergesellschaften" ist keine zahlungswirksame Transaktion mit Dritten und wäre daher irreführend.[12]

47.42

Beispiel: Eine Tochtergesellschaft wird in 01 erworben, aber (wegen Unwesentlichkeit) nicht konsolidiert. Der Finanzmittelfonds der Tochter ist dann keiner des Konzerns; eine Saldierung mit den Ausgaben für die Tochter findet nicht statt. Die Auszahlung für den Erwerb des Tochterunternehmens ist im Investitionsbereich zu zeigen.

Wird die Tochter später (z.B. in 05) wesentlich und ist daher zu konsolidieren, fließt ihr Finanzmittelfonds dem Konzern zu. Dieser ist außerhalb der drei Bereiche der zahlungswirksamen Veränderung als konsolidierungskreisbedingte Änderung oder als „Veränderung des Konsolidierungskreises" auszuweisen. Die Stellung ist daher *nach* den zahlungswirksamen Fondsveränderungen, obwohl man den Vorgang als zahlungswirksam bezeichnen muss; allerdings handelt es sich nicht um eine Einzahlung von Dritten. Verfügt TU im Zeitpunkt der Erstkonsolidierung z.B. über einen Finanzmittelfonds von 30, gestaltet sich die Kapitalflussrechnung in 05 beispielsweise wie folgt:

---

12 Vgl. *Busse v. Colbe* u.a., Konzernabschlüsse[9], 584, die deshalb generell den Ausweis der flüssigen Mittel des erstkonsolidierten Tochterunternehmens in der Überleitungsrechnung fordern und nicht, wie von IAS 7.42 vorgesehen, als Abzug von den Auszahlungen für das Tochterunternehmen.

a. Cashflow aus operativer Tätigkeit	+ 2.000
b. Cashflow aus Investitionstätigkeit	- 1.400
c. Cashflow aus Finanzierungstätigkeit	- 400
d. Zahlungswirksame Änderungen	+ 200
e. **Veränderung Konsolidierungskreis**	30
f. Finanzmittelfonds Jahresanfang	50
g. Finanzmittelfonds Jahresende	**280**

VII. Saldierung

47.43 IAS 7.18, 7.21 postulieren zwar ein grundsätzliches **Saldierungsverbot** von Mittelzu- und -abflüssen (Bruttoprinzip). Tatsächlich ist die Saldierung aber häufig die Regel: Die bedeutendste Ausnahme vom Saldierungsverbot ist die Anwendung der indirekten Methode bei der Ermittlung bzw. Darstellung des Cashflows aus laufender Geschäftstätigkeit, die bereits eine umfassende Saldierung von korrespondierenden Erträgen und Aufwendungen beinhaltet (Rz. 47.51). Ein weiteres Beispiel ist die gängige Saldierung von Umsatz- und Vorsteuerzahlungen (Rz. 47.36).

47.44 Eine explizite **Ausnahme vom Saldierungsverbot** betrifft Ein- und Auszahlungen für Posten mit großer Umschlaghäufigkeit, großen Beträgen und kurzen Laufzeiten (IAS 7.22b). Hiermit ist bei Produktionsunternehmen insbesondere der Finanzierungsbereich angesprochen, etwa die Ausreichung und Rückzahlung von Krediten mit einer Laufzeit von bis zu drei Monaten: Daher sind bei **Kontokorrentkrediten oder Sichteinlagen** die Veränderungen im Jahresvergleich und nicht etwa die Jahresverkehrszahlen anzugeben. Ein anderes Beispiel für zulässige Saldierungen von Ausgaben und Einnahmen ist der **Eigenhandel mit Finanzinvestitionen**.

47.45–47.49 Frei

C. Ermittlung der Zahlungsströme

I. Zusammenhang von Ermittlung und Darstellung der Zahlungsströme

47.50 Die Kapitalflussrechnung kann entweder

- **originär** aus den Zahlungsströmen der Buchhaltung (IAS 7.19a) oder
- **derivativ** durch eine Bereinigung der Erfolgsrechnungen und Bilanzen

ermittelt werden (IAS 7.19b, 7.20). In der Praxis überwiegt die derivative Methode, da die Unternehmen nicht die für die originäre Methode erforderlichen Daten bereitstellen können bzw. die erforderliche Konzernbuchführung überhaupt nicht vorliegt:[13] Schon bei der Buchung müsste jeder Vorgang, der den Finanzmittelfonds anspricht, entsprechend der Bereiche der Kapitalflussrechnung kontiert worden sein.

Von der **Ermittlung** der Zahlungsströme ist deren *direkte* oder *indirekte* **Darstellung**[14] zu unterscheiden. Ein Darstellungswahlrecht (direkt oder indirekt) besteht nur beim Mittelfluss aus laufender Geschäftstätigkeit. Das folgende Tableau zeigt die in der Praxis anzutreffende Handhabung:

		Ermittlung	
		Derivativ	originär
Darstellung	Indirekt	Cashflow aus laufender Geschäftstätigkeit	nicht anzutreffen
	Direkt	Cashflow aus Investitionstätigkeit	Cashflow aus Finanzierungstätigkeit

Abb. 47.4: Ermittlung und Darstellung der Mittelflüsse

Oft werden derivative Ermittlung und indirekte Darstellung gleichgesetzt. Das ist aber, wie die Abb. 47.2 zeigt, schon beim Cashflow aus Investitionstätigkeit unzutreffend: Er wird zwar i.d.R. derivativ ermittelt, muss aber direkt dargestellt werden. Auch der Cashflow aus laufender Geschäftstätigkeit, der derivativ ermittelt wird, könnte direkt dargestellt werden (siehe Rz. 47.26)

II. Cashflow aus laufender Geschäftstätigkeit

1. Struktur und Korrekturmechanismus

In Bezug auf die laufende Geschäftstätigkeit wird der Geldfluss bei der **derivativen Ermittlung** und **indirekten Darstellung** durch Rückrechnung zahlungsunwirksamer Posten (z.B. Abschreibungen), durch Korrektur der Bestandsänderungen der kurzfristigen Vermögenswerte und Schulden (**Veränderung des Nettoumlaufvermögens**, siehe Rz. 7743) und durch Umgliederungen ausgehend vom Periodenergebnis ermittelt (IAS 7.18b, 7.20): 47.51

	Rz.
Jahresüberschuss/-fehlbetrag (inkl. nicht beherrschende Anteile)	47.52
+/- nicht zahlungswirksame Aufwendungen/Erträge	47.53
+/- Veränderungen des Nettoumlaufvermögens	47.55
+/- Umgliederungen zu den Bereichen Investition oder Finanzierung	47.57
= **Cashflow aus laufender Geschäftstätigkeit**	

---

13 Vgl. *v. Wysocki/Harzheim* in Baetge-IFRS, IAS 7 Rz. 81.
14 Oft wird auch von *direkter* und *indirekter Ermittlung* gesprochen.

Die Ratio dieser Vorgehensweise ist wie folgt: Im ersten Aufschlag werden alle Posten der Gewinn- und Verlustrechnung als zahlungswirksam angesehen und als der laufenden Geschäftstätigkeit zugehörig angesehen. Wäre das wahr und gäbe es darüber hinaus keine weiteren Veränderungen, wäre man mit dem Cashflow aus laufender Geschäftstätigkeit schon fertig, denn der Cashflow wäre identisch mit dem Jahresüberschuss (Mittelzufluss) oder Jahresfehlbetrag (Mittelabfluss).

Indes ist diese Unterstellung bekanntlich unwahr: Jahresüberschuss/Fehlbetrag sind um die genannten Punkte zu korrigieren, um den Cashflow aus laufender Geschäftstätigkeit zu erhalten.

2. Startpunkt, Zins und Steuerzahlungen

47.52 Der Jahresüberschuss bzw. -fehlbetrag ist das GuV-Ergebnis (Periodenergebnis) *nach* Zinsen und Steuern. Weil die Zins- und Steuer*zahlungen* jedoch separat anzugeben, bei dieser Variante aber nicht erkennbar sind,

(1) müssen nach dem Periodenergebnis die Zins- und Steueraufwendungen bzw. -erträge als Korrektur aufgeführt werden, um sodann die Zins- und Steuerzahlungen angeben zu können.[15]

(2) Einfacher als diese Möglichkeit erscheint, von vornherein das Ergebnis vor Zinsen und Steuern (EBIT) als Startpunkt zugrunde zu legen. In diesem Fall können die Zins- und Steuerzahlungen separat ausgewiesen werden.[16]

(3) Alternativ, das heißt ohne Korrektur, müssen die Zins- und Steuerzahlungen im Anhang genannt werden (IAS 7.31, 7.35).

Für den Ort des Ausweises der Zins- und Steuerzahlungen – operativer Bereich, Investitions- oder Finanzierungsbereich – bestehen Wahlrechte (Rz. 47.31).

Beispiel: Ein Unternehmen erziele in 02 ein Ergebnis vor EE-Steuern von 100, der Steueraufwand (30 % Steuersatz) beträgt dann 30. Gezahlte Steuern in 02 lassen sich wie folgt derivativ ermitteln:

Steuerschulden (Rückstellungen und Verbindlichkeiten) 02	10
- Steuerschulden (Rückstellungen und Verbindlichkeiten) 01	0
- tatsächlicher Steueraufwand 02	- 30
= **Steuerzahlung 02**	20

---

15 Siehe auch Beispiel BMW, Rz. 47.26. Lt. Einer empirischen Studie verwenden 95 von 159 Unternehmen diese Ausgangsgröße, vgl. *Bösser/Pilhofer/Lessel*, PiR 2013, 362.

16 Vom Startpunkt EBIT machen 17 von 159 Unternehmen, vom Startpunkt EBT 38 von 159 Unternehmen Gebrauch, vgl. *Bösser/Pilhofer/Lessel*, PiR 2013, 362.

Das Unternehmen zeige folgende Bilanzen:

	01	02		01	02
Liquide Mittel	200	280	GezKap/Rücklagen	200	200
			Jahresergebnis		70
			Steuerrückstellungen		10
Bilanzsumme	**200**	**280**	**Bilanzsumme**	**200**	**280**

Für die Kapitalflussrechnung ergeben sich nun drei Möglichkeiten. Bei Variante (2) ist der Startpunkt das Ergebnis vor Steuern (EBT), und bei Variante (3) wird die Steuerzahlung im Anhang genannt. Nur in Variante (1) und (2) können die Steuerzahlungen unmittelbar in der Kapitalflussrechnung abgelesen werden:

Variante 1		Variante 2		Variante 3	
Jahresergebnis	70	EBT	100	Jahresergebnis	70
+ Steueraufwand	+ 30			+ Zunahme Steuerrückstellung	+ 10
- Steuerzahlung	- 20	- Steuerzahlung	- 20		
Cashflow aus laufender Geschäftstätigkeit 80					

3. Nicht zahlungswirksame Erträge und Aufwendungen, Wechselkursergebnisse

Die Korrektur **zahlungsunwirksamer Erträge und Aufwendungen** betrifft z.B. folgende Sachverhalte (IAS 7.20b): 47.53

+ Abschreibungen/- Zuschreibungen auf immaterielle und materielle Vermögenswerte
+ Abschreibungen/- Zuschreibungen auf Finanzanlagen
+ Fair Value-Abwertungen/- Fair Value-Aufwertungen
+ latente Steueraufwendungen/- latente Steuererträge
+ Zunahme/- Abnahme langfristiger Rückstellungen (insb. Pensionsrückstellungen)
+ Verluste (- Gewinne) + vereinnahmte Dividenden aus assoziierten Unternehmen (*at equity*)
+ Verluste (-Gewinne) aus Währungsumrechnung, unrealisiert

Bei den **Abschreibungen** handelt es sich um planmäßige und außerplanmäßige Beträge auf materielle und immaterielle Vermögenswerte inkl. Goodwill. Diese werden – ausgehend vom Jahresergebnis, EBT oder EBIT – addiert, da sie nicht zahlungswirksam sind. Auch erfolgswirksam gebuchte Abschreibungen auf Finanzanlagen fallen darunter.

Korrespondierend zu Abschreibungen sind erfolgswirksam gebuchte **Zuschreibungen** mit umgekehrtem Vorzeichen zu korrigieren, d.h. abzuziehen, da sie nicht zu Einzahlungen geführt haben.

Die mangels Geldfluss zu korrigierenden erfolgswirksamen Fair Value-Bewertungen betreffen z.B. Anlageimmobilien oder Wertpapiere der Kategorie FVPL. Bei latenten Steuererträgen und -aufwendungen fehlt es naturgemäß ebenfalls an einem Zahlungsfluss, übrigens auch dann, wenn die bilanzielle Veränderung von Steuerlatenzen im OCI gegengebucht worden ist (erfolgsneutral). Da ausgehend vom GuV-Ergebnis korrigiert wird, ist für diese allerdings keine Korrektur erforderlich.

Ein vergleichbares Problem stellt sich bei Pensionsrückstellungen. Sie werden hier separat genannt, weil sie einerseits nicht zum Nettoumlaufvermögen gehören und andererseits in ihren Veränderungen auch im OCI erfolgsneutral gegengebuchte Schätzungsänderungen enthalten sind. Da die Schätzungsänderungen nicht GuV-wirksam waren, sind sie nicht zu korrigieren. Der Korrekturmechanismus für den erfolgswirksamen Dienstzeitaufwand ist jedoch identisch mit sonstigen Rückstellungen. Zu achten ist darauf, dass der Aufzinsungsaufwand *nicht* doppelt erfasst wird (als Zinsaufwandskorrektur, Rz. 47.52 und ein zweites Mal als Rückstellungsveränderung).

47.54 Bei erfolgswirksam erfassten Ergebnissen aus Währungsumrechnung (Wechselkursänderungen) ist zu unterscheiden, ob sie auf Fondsposten (also Fremdwährungsvaluten oder -Konten) oder auf sonstige Posten (i.d.R. des Nettoumlaufvermögens, z.B. Fremdwährungsforderungen) entfallen.

Beispiel: Ein Unternehmen weist in 01 eine Forderung L+L über 1.200 US-$ aus und verfügt über liquide Mittel i.H.v. 1.000 US-$. Ein Jahr später hat sich an diesen Werten nichts geändert, der Cashflow ist demnach 0. Der Wechselkurs allerdings hat sich von 1,5 US-$/€ in 01 auf 1 US-$/€ in 02 geändert. Sowohl die Forderung als auch die liquiden Mittel sind zum Stichtagskurs umzurechnen; der Wechselkurseffekt ist erfolgswirksam zu erfassen (Rz. 9.23) und beträgt hier 733. Die umgerechnete Bilanz des Unternehmens sieht wie folgt aus:

	01	02		01	02
Forderung L+L	800	1.200	GezKap/Rücklagen	1.467	1.467
Liquide Mittel	667	1.000	Jahresergebnis		733
Bilanzsumme	**1.467**	**2.200**	**Bilanzsumme**	**1.467**	**2.200**

Die 733 sind in voller Höhe nicht zahlungswirksam, aber 333 davon entfallen auf den Finanzmittelfond, erhöhen diesen also als Wechselkurseffekt. Als Korrektur wird nun entweder der Anstieg der Forderung (400) erfasst und nur der auf den Fonds entfallende Wechselkursertrag (Variante 1) oder der Anstieg der Forderung findet keinen Eingang in den Korrekturmechanismus, weil der volle Ertrag aus der Währungsumrechnung korrigiert wird (Variante 2). Eine doppelte Korrektur darf nicht erfolgen, und es muss der Betrag von 333 ermittelbar sein. Es ist zu empfehlen, mit entsprechenden Unterkonten für Aufwendungen/ Erträge aus Währungsumrechnung zu arbeiten.

Variante 1		Variante 2	
Jahresergebnis	733	Jahresergebnis	733
- Anstieg Forderung L+L	- 400		
- Ertrag WK-Diff	- 333	- Ertrag WK-Diff	- 733
Cashflow aus laufender Geschäftstätigkeit			0
Wechselkursbedingte Fondsänderung			333
Finanzmittelfonds Jahresanfang			667
Finanzmittelfonds Jahresende			1.000

Von diesem Fall zu unterscheiden ist der Korrekturmechanismus aus der Umrechnung von Abschlüssen von Tochterunternehmen in fremder Währung nach der modifizierten Stichtagskursmethode. Siehe hierzu Rz. 47.72.

4. Veränderung des Nettoumlaufvermögens

Unter **Nettoumlaufvermögen** werden Vorräte, Kundenforderungen, Lieferantenverbindlichkeiten, sonstige Forderungen und Vermögenswerte und sonstige Verbindlichkeiten sowie (kurzfristige) Rückstellungen subsumiert.[17] Ein bilanzieller Anstieg von Aktiva gegenüber der Vorperiode ist in der Kapitalflussrechnung abzuziehen, ein bilanzieller Rückgang zu addieren. Bei einer Veränderung von Passivposten ist hingegen das Vorzeichen beizubehalten. 47.55

Bei der Korrektur um bestimmte erfolgswirksame Aufwendungen/Erträge einerseits (Rz. 47.53) und dem Nettoumlaufvermögen (Rz. 47.55) andererseits ergeben sich **Überschneidungen**: 47.56

Beispiel: Der einzige Geschäftsvorfall sei die Bildung einer Wertberichtigung auf Forderungen L+L i.H.v. 1.000. Dann beträgt das Jahresergebnis: - 1.000 und der Cashflow: 0, da es sich um einen nicht zahlungswirksamen Aufwand handelt. Zugleich nimmt aber auch das Nettoumlaufvermögen (hier nur Forderungen L + L) um 1.000 ab.

Der Sachverhalt kann in der Kapitalflussrechnung entweder

(a) durch Korrektur der nicht zahlungswirksamen Wertberichtigung beim Brutto Cashflow oder

(b) durch Erfassung der Zunahme der Forderungen beim Nettoumlaufvermögen

berücksichtigt werden (die zweifache Berücksichtigung lt. rechter Spalte wäre hingegen unzutreffend):

Alternative	(a)	(b)	*unzutreffend*
Jahresergebnis	- 1.000	- 1.000	*- 1.000*
Zuführung zu Wertberichtigungen auf Forderungen	1.000	–	*1.000*
Brutto-Cashflow	0	- 1.000	*0*
Zuzgl. Abnahme Forderungen L+L	–	1.000	*1.000*
Veränderung (Zunahme) Nettoumlaufvermögen	–	1.000	*1.000*
Cashflow aus laufender Geschäftstätigkeit	0	0	*1.000*

Bei Alternative (a) werden um Bewertungseffekte bereinigte Veränderungen des Nettoumlaufvermögens ausgewiesen. Da die Veränderung des Nettoumlaufvermögens jedoch im weitesten Sinne ebenfalls eine Korrektur um nicht zahlungswirksame Erträge/Aufwendungen darstellt und beide Vorgehensweisen zum selben Ergebnis beim Cashflow aus laufender Ge-

---

17 Zu beachten ist, dass in diesen Bilanzposten ggf. enthaltene Änderungen von *Finanz*forderungen oder -schulden nicht hier, sondern im Investitions- oder Finanzierungshaushalt auszuweisen sind.

schäftstätigkeit führen, wird eine derartige Korrektur in der Praxis nur bei wesentlichen Beträgen vorgenommen.

5. Umgliederungen in andere Bereiche

47.57 **Umgliederungen** betreffen insbesondere die in der GuV enthaltenen **Gewinne und Verluste aus Anlagenabgängen**, da die entsprechenden Zahlungsströme dem Investitionshaushalt zuzuordnen sind. Aber auch zugehörige Forderungen müssen umgegliedert werden.

Beispiel: Ein Unternehmen verkauft in 02 eine Sachanlage mit einem Buchwert von 10 zum Preis von 14. Der Kunde zahlt 9 sofort und den Rest von 5 im Jahr 03. Die drei Bilanzen sehen wie folgt aus:

	01	02	03		01	02	03
Sachanlagen	100	90	90	GezKap/Rücklagen	100	100	104
Forderung		5		Jahresergebnis		4	
Liquide Mittel		9	14				
Bilanzsumme	**100**	**104**	**104**	**Bilanzsumme**	**100**	**104**	**104**

Der Cashflow aus der Veräußerung von Anlagenabgängen lässt sich wie folgt derivativ ermitteln:

Ermittlungsschema/Geschäftsjahr	02	03
+/- Gewinn/Verlust aus Veräußerung AV	4	0
+ Buchwert zum Veräußerungszeitpunkt	10	0
-/+ Anstieg/Rückgang Forderungen	- 5	+ 5
= Einzahlung aus Anlagenabgängen	9	5

Daraus lassen sich die beiden Kapitalflussrechnungen für die Jahre 02 und 03 erstellen:

Geschäftsjahr	02	03
Jahresergebnis	4	0
-/+ Gewinn/Verlust aus Veräußerung AV	- 4	0
Cashflow aus operativer Tätigkeit	0	0
Einzahlungen aus Anlagenabgängen	9	5
Cashflow aus Investitionstätigkeit	9	5
Zahlungswirksame Veränderung des Finanzmittelfonds	9	5

Wichtig ist, dass die Veränderung der Forderungen aus Anlagenabgängen nicht bei der laufenden Geschäftstätigkeit berücksichtigt wird: *Diese* Forderungen sind der Investitionstätigkeit zuzuordnen. Unterlässt man dies, verschieben sich die Zahlungsströme zwischen laufender Geschäftstätigkeit und Investitionstätigkeit. Das zeigen folgende, *falsche* Kapitalflussrechnungen:

Geschäftsjahr	02	03
Jahresergebnis	4	0
-/+ Gewinn/Verlust aus Veräußerung AV	- 4	0
-/+ Anstieg/Rückgang Forderungen	- 5	+ 5
Cashflow aus operativer Tätigkeit	**- 5**	**+ 5**
Einzahlungen aus Anlagenabgängen	14	0
Cashflow aus Investitionstätigkeit	**14**	**0**
Zahlungswirksame Veränderung des Finanzmittelfonds	**9**	**5**

III. Cashflow aus Investitionstätigkeit

Investitionsauszahlungen sind immer direkt darzustellen (IAS 7.21). Man möchte vermuten, dass zumindest diese auch originär ermittelt werden. Das ist jedoch nicht der Fall.

Beispiel: Im Dezember 01 wird eine Maschine zu einem Preis von 1.190 (inkl. 19 % Umsatzsteuer) geliefert. 80 % davon werden noch im Dezember 01 gezahlt, der Rest in 02. Die Vorsteuer wird im Januar 02 geltend gemacht. Wie hoch sind die Investitionsauszahlungen für diese Maschine in 01 und 02?

47.58

	Total	01	02
Zahlung an Lieferanten	1.190	952	238
Vorsteuererstattung	- 190	0	- 190
Tatsächlicher Zahlungsabfluss, netto, originär ermittelt	**1.000**	**952**	**48**
Häufige Praxis: Anlagenzugang[18]	1.000	1.000	0
Abweichung	**0**	**- 48**	**48**

Die originäre Ermittlung wäre theoretisch möglich. Dann müssten aber auch die Vorsteuererstattungen den drei Bereichen zugeordnet werden, was umfangreiche Vorkehrungen in der Buchhaltung bedarf und unter Kosten/Nutzen-Erwägungen kaum zu rechtfertigen ist. Daher werden die Investitionsauszahlungen netto, d.h. ohne Vorsteuern angesetzt (Rz. 47.36).

Häufig werden nur die Zugänge laut Anlagenspiegel[19] als Investitionsauszahlung ausgewiesen. Sollten ggf. entstandene Verbindlichkeiten aus dem Erwerb des Anlagevermögens nicht zutreffend dem Investitionshaushalt zugeordnet worden sein, verschieben sich die Cashflows zwischen laufender Geschäftstätigkeit und Investitionstätigkeit (zu einem analogen Beispiel

---

[18] Immerhin 48 von 160 Unternehmen weisen diese Übereinstimmung auf, vgl. *Bösser/Pilhofer/Lessel*, PiR 2013, 363. Nicht ersichtlich ist, ob es sich um eine zufällige Übereinstimmung handelt.

[19] Vgl. z.B. Merck KGaA, Geschäftsbericht 2010: Die Investitionsausgaben für immaterielle und materielle Vermögenswerte stimmen dort mit den Anlagenzugängen überein.

bei Anlagenabgängen siehe Rz. 47.57). Die hieraus resultierende Ungenauigkeit ist unter Kosten- und Nutzen- bzw. Wesentlichkeitsaspekten zu würdigen. In folgenden Fällen ist jedoch eine Korrektur der Anlagenzugänge lt. Anlagenspiegel zwingend:

(a) **Nicht zahlungswirksame Transaktionen**, z.B. Finanzierungsleasing, Tausch etc. (Rz. 47.23) sind immer abzugrenzen.

(b) Handelt es sich um wesentliche **Zielkäufe**, insbesondere bei **Beteiligungserwerben** und umfangreichen Anlagenzugängen, müssen die Anlagenzugänge um die Veränderung von Kaufpreisverbindlichkeiten korrigiert werden.

IV. Cashflow aus Finanzierungstätigkeit

47.59 Als Anwendungsfall für die direkte Ermittlung bleibt nur der Finanzierungsbereich, z.B. Dividendenzahlungen, Aufnahme langfristiger Darlehen etc. (IAS 7.21). Bei kurzfristigen Kontokorrentkrediten werden die Zahlungsflüsse dagegen wiederum durch Veränderung der Kontostände im Geschäftsjahr ermittelt. Insoweit liegt eine Ausnahme vom grundsätzlichen **Saldierungsverbot** vor.

V. Fallbeispiel zur derivativen Ermittlung sowie indirekten und direkten Darstellung

47.60 Die nachfolgende Abbildung zeigt den Cashflow aus laufender Geschäftstätigkeit einmal in indirekter, einmal in direkter Darstellung. Die Ermittlung der Zahlungsströme wird anschließend erläutert

Darstellung	Indirekt		direkt
Verbreitung	Regelfall		selten
Ermittlung	derivativ		derivativ
Jahresüberschuss	10.000	Umsatzeinnahmen	90.000
Abschreibungen Sachanlagen	4.000	– Materialausgaben	- 44.000
Brutto-„Cashflow"	**14.000**	– Personalausgaben	- 19.000
Zunahme Forderungen L+L	- 3.000	– sonstige operative Ausgaben	- 11.000
Abnahme Verbindlichkeiten	**5.000**		
Cashflow aus laufender Geschäftstätigkeit	**16.000**	**Cashflow aus laufender Geschäftstätigkeit**	**16.000**

Abb. 47.5: Indirekte und direkte Darstellung des Cashflow aus laufender Geschäftstätigkeit

47.61 Häufig wird mit direkter Darstellung auch eine originäre Ermittlung assoziiert, und zwar durch Ablesen einzelner Zahlungsarten aus Bankkonten (IAS 7.19a). Dem würde es entsprechen,

(a) sämtliche Zahlungen zwecks Zuordnung mit Zahlungskennziffern zu versehen („Zahlung von Material", Zahlung von Zinsen" etc.) oder

(b) sämtliche Bilanzposten wie nachfolgend in 47.4 Form eines Spiegels aufzugliedern und die Cashflow-relevanten Bewegungen auszusondern (Zeilen 8–11):

		Anlagevermögen	Vorräte	Forderungen	Verb.	Eigenkapital	Bankguthaben	Kategorie
		1	2	3	4	5	6	
1	1.1.	20.000	60.000	20.000	60.000	40.000	0	
2	Investitionen		50.000		50.000			weder GuV noch Cashflow-wirksam
3	Umsatzerlöse			93.000		93.000		GuV-wirksam
4	Materialaufwand		- 50.000			- 50.000		GuV-wirksam
5	Personalaufwand				20.000	- 20.000		GuV-wirksam
6	s.b.A.				9.000	- 9.000		GuV-wirksam
7	Abschreibungen	- 4.000				- 4.000		GuV-wirksam
8	Umsatzeinnahmen			-90.000			90.000	Cashflow-wirksam
9	Materialausgaben				- 44.000		- 44.000	Cashflow-wirksam
10	Personalausgaben				- 19.000		- 19.000	Cashflow-wirksam
11	sonstige operative Ausgaben				- 11.000		- 11.000	Cashflow-wirksam
12	JÜ/Operativer Cashflow					10.000	16.000	Cashflow-wirksam
13	31.12.	16.000	60.000	23.000	65.000	50.000	16.000	

Abb. 47.6: Bilanzpostenspiegel

Die Bewegungen sämtlicher Bilanzposten lassen sich in drei Kategorien unterteilen:

(1) Transaktionen, die nur die Bilanz, aber nicht die GuV und die Kapitalflussrechnung berühren (Zeile 2: „Investitionen", hier nur Materialeinkäufe, 50.000 lt. Spalte 2). Dies gilt jedenfalls, soweit Investitionen zunächst gegen Verbindlichkeiten gebucht werden, d.h. keine Barkäufe vorliegen.

(2) GuV-wirksame Transaktionen (Zeilen 3–7): Die Gegenbuchung über die GuV verändert letztlich das Eigenkapital (Spalte 5).

(3) Cashflow-wirksame Transaktionen (Zeile 8–11). Die Gegenbuchungen erfolgen bei Bankguthaben (Spalte 6).

Bei der originären Ermittlung einzelner Ausgabenarten wäre in der Praxis jedoch die umfassende Einführung von Zahlungskennziffern und damit tiefgreifende **Anpassungen von Buchführungsprogrammen** unumgänglich. Da diese Möglichkeiten in aller Regel nicht bestehen (in internationalen Konzernen überdies nicht konzernweit), hat die originäre Ermittlung in der Praxis keine Bedeutung.

47.62 Aus den vorerwähnten Gründen werden selbst bei indirekter *Darstellung* einzelne Zahlungsarten *derivativ* ermittelt. Dann lässt sich aber auch eine direkte Darstellung verwirklichen, wie folgende Abb. 47.5 anhand der bereits bekannten Zahlen verdeutlicht:

	GuV	Abschreibungen	Zunahme (-) Abnahme (+) Forderungen	Zunahme (+) Abnahme (-) Verbindlichkeiten	Cashflow aus laufender Geschäftstätigkeit, direkt
Umsatzerlöse/-einzahlungen	93.000		- 3.000		90.000
Materialaufwand/-auszahlungen	- 50.000			6.000	- 44.000
Personalaufwand/-auszahlungen	- 20.000			1.000	- 19.000
Sonstige betriebliche Aufwendungen/Auszahlungen	- 9.000			- 2.000	- 11.000
Abschreibungen Sachanlagen	- 4.000	4.000			0
Jahresüberschuss (GuV)/Cashflow aus laufender Geschäftstätigkeit, indirekt	10.000	4.000	- 3.000	5.000	16.000

Abb. 47.7: Überleitung von der GuV zur direkten Darstellung des Mittelflusses aus operativer Tätigkeit

Die Vorgehensweise besteht darin, *einzelne GuV-Posten* zu den korrespondierenden Zahlungsgrößen überzuleiten (IAS 7.19b. Der *Korrekturmechanismus* ist dabei wie folgt:

– Die *Zunahme* von Aktivposten (z.B. Forderungen von 3.000) bedeutet einen im Vergleich zum Umsatz lt. GuV niedrigeren *Geldzufluss* und wird daher von den Umsatzerlösen abgezogen, um auf den Geldzufluss überzuleiten. In Höhe der Zunahme der Forderungen hat Umsatz lt. GuV (93.000) noch nicht zu einem

Geldzufluss geführt. Die Umsatzeinzahlungen betragen somit lediglich 90.000 (93.000 - 3.000).

– Eine *Zunahme von Passiva* (hier z.B. Verbindlichkeiten um 5.000) bedeutet dagegen einen im Vergleich zu den Ergebnisgrößen niedrigeren *Geldabfluss*: Materialaufwand, Personalaufwand bzw. sonstiger betrieblicher Aufwand lt. GuV ist i.H.d. Zunahme der Verbindlichkeiten noch nicht liquiditätsmäßig abgeflossen.

Die vorigen Ausführungen haben verdeutlicht, dass in der Praxis nicht nur bei indirekter Darstellung, sondern auch bei direkter Darstellung des operativen Cashflows eine *derivative Ermittlung* der Zahlungen erfolgt. Der Unterschied besteht lediglich darin, dass bei der indirekten Darstellung vom Jahresüberschuss lt. GuV (10.000) ausgegangen wird und dieser um nicht zahlungswirksame Beträge korrigiert wird, während bei der direkten Darstellung einzelne GuV-Posten zum jeweiligen Zahlungsfluss übergeleitet werden.[20] In der Überleitungsrechnung wird in Abb. 47.5 der Cashflow aus laufender Geschäftstätigkeit in indirekter Darstellung in der letzten Zeile, der in direkter Darstellung hingegen in der letzten Spalte gezeigt. Beide sind derivativ ermittelt.[21]

47.63

Die **indirekte Darstellung** wird – zumindest in Deutschland – in veröffentlichten Abschlüssen praktisch ausschließlich angewendet[22] und ist uneingeschränkt zu bevorzugen[23], da sie den Zusammenhang zwischen Ergebnis und Cashflow zeigt und in Verbindung mit künftigen Gewinnprognosen und Annahmen über die Veränderung des Nettoumlaufvermögens die in IAS 7.19 geforderte bessere Abschätzung *künftiger* Cashflows ermöglicht.

frei

47.64–47.69

D. Besonderheiten im Konzernabschluss

I. Übersicht

Entsprechend der **Einheitstheorie** dürfen im Konzernabschluss lediglich die Zahlungsströme mit Konzernfremden abgebildet werden, während konzerninterne Zahlungsströme zu eliminieren sind. Im Einzelnen:

47.70

– Zahlungsströme zu **nicht konsolidierten Beteiligungen** (inkl. at equity bilanzierter Unternehmen) sind dabei zu behandeln wie solche mit fremden Dritten (Leis-

---

20 Die derivative Ermittlung bei direkter Darstellung des operativen Mittelzuflusses wird in IAS 7.19b explizit angesprochen.
21 Zu einem weiteren, komplexeren Beispiel siehe *Theile*, BBK 2015, 38.
22 Vgl. *von Keitz*, Praxis der IASB-Rechnungslegung², 224. Eine jüngere Studie bestätigt das, vgl. *Bösser/Pilhofer/Lessel*, PiR 2013, 362.
23 Wie hier: *Löw*, Kapitalflussrechnung, in Löw (Hrsg.), Rechnungslegung für Banken nach IFRS², 239 ff.; die direkte Darstellung kann jedoch bei der kurzfristigen Liquiditätsplanung sinnvoll sein, insbesondere in Sanierungsfällen, vgl. *Pawelzik*, WPg 2011, 510 (516).

tungsaustausch, Dividenden, Kredite, Kapitaleinzahlungen und -rückzahlungen, IAS 7.37 f.).

– **Joint Operations (IFRS 11)**, die quotal konsolidiert werden, sind mit ihrem konsolidierten Anteil als Teil des Konzern-Cashflows zu berücksichtigen; im Übrigen werden Cashflows wie mit Fremden unterstellt.

– Aus **Fair Value-Bewertungen** resultierende zahlungsunwirksame Erträge/Aufwendungen sowie Abweichungen zwischen einem ertragsmäßig vereinnahmten Ergebnis und der zahlungsmäßig geflossenen Dividende bei **assoziierten Unternehmen** sind als „zahlungsunwirksame Erträge bzw. Aufwendungen" zu korrigieren (Rz. 47.53).

II. Technik der Erstellung von Konzernkapitalflussrechnungen

47.71 Bezüglich der **Technik** der Erstellung einer Konzernkapitalflussrechnung existieren die folgenden Alternativen:

(1) Bei der sog. „*originären Methode*" werden die Kapitalflussrechnungen jeder Konzerneinheit (Tochterunternehmen, Joint Operation)

 (a) aufgestellt,

 (b) zu einer Summen-Kapitalflussrechnung addiert und anschließend

 (c) konsolidiert.

 Bei (c) müssen sämtliche Transaktionen, die bei der Aufwands- und Ertragskonsolidierung sowie der Schuldenkonsolidierung betrachtet werden, zusätzlich auch in Bezug auf die Kapitalflussrechnungen „angefasst" werden, inklusive Bereinigung von dabei auftauchenden Abstimmungsdifferenzen.

(2) Alternativ kann die Konzernkapitalflussrechnung aus zwei *Konzernbilanzen* und der *Konzern-GuV* abgeleitet werden („**derivative Methode**").

Beide Varianten werden in der Praxis angewendet, Variante (2) gefühlt häufiger.

Unabhängig von der Erstellungstechnik ergeben sich in Konzernen einige Besonderheiten bei Änderungen von Wechselkursen und des Konsolidierungskreises.

III. Fremdwährungstransaktionen

1. Erfolgsneutrale Währungsumrechnungsdifferenzen

47.72 Die Erstellung einer Konzernkapitalflussrechnung soll grundsätzlich durch Umrechnung von Fremdwährungs-Cashflows der einzelnen Konzerneinheiten in die Berichtswährung mit den am Zahlungstag maßgebenden Umrechnungskursen erfolgen (IAS 7.25). Dabei folgt die Währungsumrechnung in der Konzernkapitalflussrechnung den Grundprinzipien der **Zeitbezugsmethode** (Rz. 35.50) und zwar auch dann, wenn die Bilanz einer Tochtergesellschaft, wie in der Praxis üblich, nach der modifizierten Stichtagskursmethode (Rz. 35.30 ff.) umgerechnet wird[24].

Beispiel[25]: Die folgende Bilanz zeigt eine Tochter TU in den USA, deren funktionale Währung (US-$) von der Berichtswährung (Euro) abweicht („*selbstständige Tochter*"): Am 1.1.01 bestehe die Bilanz lediglich aus Forderungen (Zeile 1) sowie aus Eigenkapital (Zeile 14) von je 1.000 TUS-$. Im Laufe des Jahres 01 verändere sich der Kurs des US-$ stetig von 1,5 US-$/Euro (1.1.) auf 1,0 US-$/Euro (31.12). In 01 finden die folgenden Transaktionen statt:
– Geldeingang auf Forderungen L+L i.H.v. TUS-$ 200 am 30.4. (Kurs 1,4 US-$/Euro).
– Realisierung von Umsatzerlösen i.H.v. TUS-$ 300 am 31.8. (Kurs 1,3 US-$/Euro)[26].
– Dividendenzahlung an MU i.H.v. TUS-$ 200 am 30.11. (Kurs 1,1 US-$/Euro).

In Landeswährung (US-$) hat TU somit ein Ergebnis i.H.d. Umsatzerlöse von TUS-$ 300 erzielt (Zeilen 15, 16). Die Bankguthaben betragen unverändert „0", weil sich der Geldeingang auf Forderungen und die Dividendenzahlung (jeweils 200 TUS-$) ausgleichen (Zeile 7-10):

	Bilanz TU	TUS-$	Kurs	TEuro
1	*Forderungen L+L 1.1.*	*1.000*	*1,5*	*667*
2	*Zahlungseingang 30.4.*	*- 200*	*1,4*	*- 143*
3	*Umsatzerlöse 31.8.*	*300*	*1,3*	*231*
4	**Forderungen L+L 31.12.**	**1.100**		**755**
5	Währungsdifferenz, erfolgsneutral			345
6	**Forderungen L+L 31.12.**	**1.100**	**1,0**	**1.100**
7	*Bankguthaben 1.1*	*0*	*1,5*	*0*
8	*Zahlungseingang Forderungen 30.4.*	*200*	*1,4*	*143*
9	*Dividende 30.11.*	*- 200*	*1,1*	*- 182*
10	**Bankguthaben 31.12.**	**0**		**-39**
11	Währungsdifferenz, erfolgsneutral			39
12	**Bankguthaben 31.12.**	**0**	**1,0**	**0**
13	**Aktiva 31.12.**	**1.100**		**1.100**
14	Eigenkapital 1.1.	1.000	1,5	667
15	*Umsatzerlöse 31.8.*	*300*	*1,3*	*231*

---

24 Vgl. *Meyer* in T/vK/B, IAS 7 Rz. 167.
25 Das Beispiel ist entnommen aus *Pawelzik*, PiR 2011, 74 ff.
26 Aus Vereinfachungsgründen sei angenommen, dass hierfür keine Aufwendungen erforderlich sind (z.B. Verkauf von bisher nicht aktiviertem Know How o.Ä.). Außerdem wird von Umsatzsteuer abstrahiert.

	Bilanz TU	TUS-$	Kurs	TEuro
16	Jahresüberschuss lt. GuV	300		231
17	Dividende 30.11.	- 200	1,1	- 182
18	**Eigenkapital 31.12.**	1.100		716
19	Währungsdifferenz, erfolgsneutral			384
20	**Eigenkapital 31.12. (= Passiva)**	1.100	1,0	1.100

Bei der Umrechnung dieses Abschlusses in Euro ist nun folgendes zu beachten:

– Sämtliche Transaktionen in GuV (hier: Buchung der Umsatzerlöse, Zeile 3) sowie Zahlungen (Geldeingang auf Forderungen, Zeile 2, Dividendenzahlung, Zeile 17) werden im 1. Schritt gemäß der **Zeitbezugsmethode** mit ihren jeweiligen Transaktionskursen von US-$ in Euro umgerechnet. Unter Einbeziehung des jeweiligen Anfangsstands ergeben sich bei allen Bilanzposten Zwischenstände vor erfolgsneutraler Währungsdifferenz, bei Forderungen L+L z.B. ein Zwischenstand von TEuro 755 (Zeile 4).

– Im 2. Schritt werden sämtliche Bilanzposten mit dem **Stichtagskurs** (1,0 US-$/Euro) in Euro umgerechnet. Bei allen Bilanzposten resultieren daraus Währungsdifferenzen aus dem so umgerechneten Endstand 31.12. abzgl. des vorläufigen Stands (Zeilen 5, 11, 19). Es überrascht, dass auch beim Bankguthaben eine Währungsdifferenz ausgewiesen wird (+ 39, Zeile 11), obwohl am 1.1. und am 31.12. jeweils kein Bankguthaben vorhanden ist und wechselkursbedingte Wertänderungen insoweit unplausibel erscheinen. Diese Differenzen resultieren jedoch daraus, dass Cashflows mit Transaktionskursen und nicht zum Stichtagskurs umgerechnet wurden (IAS 7.28 a.E):

– Der zum Transaktionskurs (1,4) umgerechnete Geldzufluss bei Forderungen beträgt TEuro 143 (Zeile 2). Bei Umrechnung zum Stichtagskurs (1,0) hätte sich hingegen ein Wert von TEuro 200 ergeben (TUS-$ 200/1,0). Der Unterschied beträgt somit TEuro 57.

– Die zum Transaktionskurs (1,1) umgerechnete Dividendenzahlung beträgt - TEuro 182 (Zeile 17). Bei Umrechnung zum Stichtagskurs (1,0) hätte sich hingegen ein Wert von TEuro 200 (TUS-$ 200/1,0) ergeben. Daraus resultiert eine Differenz von - TEuro 18.

– Somit entsteht bei Bankguthaben „aufgrund der Umrechnung von Cashflows zum Transaktionskurs anstatt zum Stichtagskurs" eine erfolgsneutrale Währungsdifferenz von 39 (= 57 - 18), siehe Zeile 11.

47.73 Damit wird zugleich die **Verzahnung der Zeitbezugsmethode mit der Stichtagskursmethode** bei der Kapitalflussrechnung deutlich: Während GuV und Cashflow-Größen zu Transaktionskosten umgerechnet in die GuV bzw. die Kapitalflussrechnung übernommen werden, bewerkstelligen die erfolgsneutralen Währungsdifferenzen lediglich *in der Bilanz* den Übergang der Bewertung von Transaktionskursen zum Stichtagskurs. Daraus folgt konsequenterweise, dass die erfolgsneutralen Währungsdifferenzen keine Cashflows darstellen (IAS 7.28).

Beispiel (Fortführung von Rz. 47.72): Die Ziffern in der linken Spalte der nachfolgenden Kapitalflussrechnungen verweisen auf die Zeilen in der Bilanz lt. Rz. 47.72: Die **direkte Darstellung** zeigt den Geldeingang auf Forderungen und die Dividendenzahlung, umgerechnet zu den tatsächlichen Transaktionskursen (+ TEuro 143 bzw. - TEuro 182). Der Mittelabfluss beträgt somit TEuro 39. Die kompensierende erfolgsneutrale Währungsdifferenz des „Finanzmittelfonds" (Bankguthaben) von + TEuro 39 ist dagegen separat von den Cashflows als „wechselkursbedingte Fondsveränderung" auszuweisen. Sie leitet zugleich zum Endstand 31.12. von „0" über.

	Kapitalflussrechnung (direkte Darstellung)			
		TUS-$	Kurs	TEuro
8	Umsatzeinnahmen (Geldeingang Forderungen)	200	1,4	143
0	**Cashflow aus laufender Geschäftstätigkeit**	200	1,4	143
	Dividendenzahlung (Cashflow aus Finanzierungstätigkeit)	- 200	1,1	- 182
	Zahlungswirksame Fondsveränderung	0		- 39
11	Wechselkursbedingte Fondsveränderung			39
12–7	**Veränderung Bankguthaben (Fondsveränderung)**	0		0
	Kapitalflussrechnung (indirekte Darstellung)			
		TUS-$	Kurs	TEuro
16	a) Jahresüberschuss	300	1,3	231
6–1	*Abnahme Forderungen L+L (mit *)*	*- 100*		*- 433*
5	*Wechselkursdifferenz Forderungen L+L **			*345*
	b) Abnahme Forderungen L+L (ohne *)	- 100		- 88
	Cashflow aus laufender Geschäftstätigkeit	200	1,4	143
9/17	Dividendenzahlung (Cashflow aus Finanzierungstätigkeit)	- 200	1,1	- 182
	Zahlungswirksame Fondsveränderung	0		- 39
11	Wechselkursbedingte Fondsveränderung			39
12–7	**Veränderung Bankguthaben (Fondsveränderung)**	0		0

Die **indirekte Darstellung** führt zum selben Ergebnis. Das Jahresergebnis wird um die Zunahme der Forderungen L+L korrigiert. Dabei ist die Veränderung im Geschäftsjahr (- TEuro 433 = - 1.100 + 667) um den darin erhaltenen erfolgsneutralen Währungsgewinn (TEuro 345) zu bereinigen, weil dieser keinen Cashflow darstellt und die Zunahme insoweit überzeichnet.

Die hier beispielhaft vorgenommene Korrektur der Forderungen um den Währungsgewinn (TEuro 345) und beim Bankguthaben (TEuro 39) ist in der Praxis bei allen Vermögens- und Schuldposten einer nicht in Euro bilanzierenden, nach der modifizierten Stichtagskursmethode umgerechneten Tochter vorzunehmen. Auf diese Weise wird die **Veränderung der bilanziellen Währungsdifferenz** (im Beispiel TEuro 384) aufgelöst: Die Veränderung der bilanziellen Währungsdifferenz ist nicht zahlungswirksam. Nur ihr Anteil an der Fondsveränderung (TEuro 39) darf und muss in der Kapitalflussrechnung erscheinen.

47.74 Praktisch ist es jedoch ohne parallel geführte Währungsbuchhaltung unmöglich, jede Transaktion mit ihrem jeweiligen Transaktionskurs umzurechnen. Wegen der erheblichen praktischen Schwierigkeiten gewährt der Standard daher Erleichterungen, indem er die Umrechnung von Cashflows zu **durchschnittlichen Transaktionskursen** zulässt (IAS 7.27). Für dessen Genauigkeitsgrad gelten die gleichen Grundsätze wie bei der Währungsumrechnung der GuV (Rz. 35.41), d.h. bei starken Währungsschwankungen bzw. saisonalem Anfall von Cashflows sind ggf. Gewichtungen vorzunehmen.

47.75 In der Praxis werden die Währungsdifferenzen oft nach folgender „**Lehrbuchformel**" berechnet[27] (hier für Forderungen aus Lieferungen aus Leistungen):

Lehrbuchformel	Wechselkursdifferenz = Anfangsstand (1.1.) in Währung × (Durchschnittkurs − Anfangskurs) + Endstand (31.12.) × (Stichtagskurs 31.12. − Durchschnittskurs). Bei dieser Formel ist darauf zu achten, dass die Kurse nicht in der gewohnten Notierung („der US-$ notiert bei 1,25 Euro"), sondern mit dem Kehrwert ausgedrückt werden[28]: 1.000 TUS-$ × (0,8−0,67) + 1.100 TUS-$ × (1,0−0,8) = 1.000 × 0,13 + 1.100 × 0,2 = TEuro 130 + TEuro 220 = TEuro 350

Die Lehrbuchformel impliziert, dass alle Veränderungen der jeweiligen Bilanzposten mit denselben Durchschnittskursen umgerechnet werden. Soweit dies nicht der Fall ist, weicht die nach der Lehrbuchformel ermittelte Währungsumrechnungsdifferenz (TEuro 350) von der tatsächlichen ab (TEuro 345 lt. Rz. 47.72) ab.

Die **Lehrbuchformel** wird meist im Kontext mit der Bestimmung der Wechselkursdifferenz des Finanzmittelfonds genannt. Tatsächlich sind Wechselkursdifferenzen jedoch *für alle Bilanzposten* zu ermitteln, um durch Rückrechnung die zutreffenden Zahlungsflüsse zu bestimmen.

2. Erfolgswirksame Währungsumrechnungsdifferenzen

47.76 In Bezug auf **erfolgswirksame Währungsdifferenzen** haben *realisierte* Erfolge zu entsprechenden Cashzu- und -abflüssen geführt (z.B. als Kursdifferenzen bei Zahlung von Forderungen und Verbindlichkeiten), so dass das Periodenergebnis bei der derivativen Ermittlung des Cashflow nicht zu korrigieren ist.

47.77 *Unrealisierte* **Erfolge**, z.B. *ergebniswirksame* Anpassungen von Forderungen und Verbindlichkeiten bei der Stichtagsbewertung, haben dagegen *nicht* zu Geldflüssen geführt. Dies kann in der Kapitalflussrechnung *alternativ* wie folgt berücksichtigt werden:

---

27 Vgl. *Mansch/Stolberg/v. Wysocki*, WPg 1995, 185 (202).
28 Die Lehrbuchformel basiert auf der Preisnotierung. Seit Einführung des Euro ist jedoch die Mengennotierung üblich. Um die Formel weiterhin verwenden zu können, muss daher der Kehrwert des Kurses gebildet werden.

– Korrektur des Jahresergebnisses um das darin enthaltene unrealisierte Währungsergebnis *oder*
– die notwendige Korrektur erfolgt indirekt durch Berücksichtigung der Änderungen des Nettoumlaufvermögens.

Eine zweifache Berücksichtigung wäre dagegen unzutreffend. Zu einem Beispiel siehe bereits Rz. 47.54.

3. Behandlung von Währungsumrechnungsdifferenzen auf Konzernforderungen

Unabhängig von der Technik der Konzern-Kapitalflusserstellung (originär vs. derivativ, Rz. 47.71) stellt sich die Frage, wie erfolgsneutrale Währungsumrechnungsdifferenzen, die auf konzerninterne Forderungen und Verbindlichkeiten entfallen, zu behandeln sind. Z.T. wird die Ansicht vertreten, dass lediglich die auf konzernfremde Salden entfallenden Währungsdifferenzen zu berücksichtigen seien.[29] Dagegen spricht jedoch, dass *alle* – auch die aus konzerninternen Salden resultierenden – Währungsdifferenzen aus der Summenbilanz ungekürzt in das Konzerneigenkapital einfließen: 47.78

Beispiel: MU habe eine Euro-Forderung (TEuro 1.000) gegenüber TU. TU bilanziert aus seiner Sicht somit eine Fremdwährungsverbindlichkeit und passt diese erfolgswirksam an den jeweiligen Stichtagskurs an Bei einem Kurs von 1,5 US-$/Euro am 1.1. war die Verbindlichkeit bei TU i.H.v. 1.500 TUS-$ passiviert (Spalte 2, Zeile 6).

		1	2	3	4	5	6	7
		MU	TU			Σ-Bilanz	Kons.	KA
			TUS-$	Kurs	TEuro	(1+4)		
1	Forderungen 1.1. = 31.12. (= **Aktiva**)	1.000	0		0	1.000	- 1.000	0
2	EK 1.1.	1.000	- 1.500	1,5	- 1.000	0		0
3	Ergebnis		500	1,25	400	400		400
4	Wk-Differenz	0			- 400	- 400		- 400
5	**EK 31.12.**	1.000	- 1.000	1,0	- 1.000	0	0	0
6	Verbindlichkeiten 1.1.		1.500	1,5	1.000	1.000	- 1.000	0
7	Abwertung		- 500	1,25	- 400	- 400		- 400
8	Wk-Differenz	0			400	400		400
9	**Verbindlichkeiten 31.12.**	0	1.000	1,0	1.000	1.000	- 1.000	0
10	**Passiva**	1.000	0		0	1.000	- 1.000	0

---

29 Vgl. *ADS International*, Abschn. 23 Rz. 106.

		1	2	3	4	5	6	7
		MU	TU			Σ-Bilanz	Kons.	KA
		TUS-$	TUS-$	Kurs	TEuro	(1+4)		
	Alternative 1: Korrektur der Veränderung der Verbindlichkeit um Wk-Differenz							
3	a) Jahresüberschuss = Brutto Cashflow	0	500		400	400		400
9-6	*Abnahme Verbindlichkeiten lt. Bilanz*	0	- 500		0	0		0
8	*Abzgl. Wk-Differenz Verbindlichkeiten*	0	0		- 400	- 400		- 400
	b) Veränderung Nettoumlaufvermögen	0	- 500		- 400	- 400		- 400
	Mittelzufluss	**0**	**0**		**0**	**0**	**0**	**0**
	Alternative 2: Korrektur des erfolgswirksamen Währungsergebnisses beim Brutto-Cashflow							
3	Jahresüberschuss	0	500		400	400		400
3/7	Korrektur um Währungsergebnis	0	- 500		- 400	- 400		- 400
	Brutto Cashflow = Mittelzufluss	**0**	**0**		**0**	**0**	**0**	**0**

Da der Kurs bis am 31.12. auf 1 US-$/Euro gesunken ist, wertet TU die Verbindlichkeit um TUS-$ 500 ab. Falls TU diesen Ertrag in ihrem Einzelabschluss nicht erfassen sollte, wäre diese Buchung zumindest bei der Schuldenkonsolidierung nachzuholen. Der Ertrag wird trotz Eliminierung der zugehörigen Konzernsalden auch in der Konzern-GuV ausgewiesen, weil TU bei Bezahlung TUS-$ 500 weniger Cash überweisen muss als am 1.1.

Nach der Währungsumrechnung wird die Verbindlichkeit bei TU unverändert mit TEuro 1.000 bewertet (Spalte 4). Da auch die Währungsabwertung von TEuro 400 übernommen wird (Zeile 7) steht dieser mit umgekehrtem Vorzeichen eine vom Betrag her gleich hohe erfolgsneutrale Währungsumrechnungsdifferenz gegenüber (-TEuro 400, Zeile 8).

Bei dieser Konstellation kann der **zutreffende Mittelfluss** gemäß Rz. 47.77 *alternativ* wie folgt ermittelt werden:

– Bei **Alternative 1** wird (a) ein Brutto Cashflow i.H.d. Ergebnisses (+ 400 TEuro) ausgewiesen und dieser (b) durch die Zunahme des Nettoumlaufvermögens von - 400 TEuro korrigiert. (b) ergibt sich aus der Veränderung des Bilanzpostens (hier nur Verbindlichkeiten: „0" TEuro) unter Korrektur um die erfolgsneutrale Währungsumrechnungsdifferenz (- TEuro 400). Dies führt zwar zum zutreffenden Mittelzufluss („0"), ist aber insofern uneben, als die Korrektur um die Währungsumrechnungsdifferenz mangels konzerninterner Verbindlichkeiten nur bei Verbindlichkeiten gegenüber Konzernfremden vorgenommen werden kann.

– Sachgerecht ist hingegen **Alternative 2**: Hierbei wird das in der Konzern-GuV ausgewiesene Ergebnis bereits bei der Ermittlung des Brutto Cashflows um das Währungsergebnis aus der Anpassung der Konzernsalden als nicht zahlungswirksamer Ertrag (Rz. 47.53) korrigiert. Die erfolgsneutrale Währungsdifferenz darf dann nicht noch einmal bei den Verbindlichkeiten korrigiert werden (Rz. 47.77).

Eine **Variante** ergibt sich, wenn es sich bei der Konzernforderung bzw. -verbindlichkeit um ein „*net investment in a foreign operation*" handelt, weil sie langfristig und damit eigenkapitalähnlich zur Verfügung gestellt wird (Rz. 35.36). Damit sind erfolgswirksame Anpassungen ausgeschlossen. In der umgerechneten HB II von TU bzw. spätestens bei der Schuldenkonsolidierung wäre der Ertrag zu stornieren: 47.79

		5	6a	7a
		Σ-Bilanz	Kons.	KA
1	**Forderungen 1.1. = 31.12. (= Aktiva)**	1.000	- 1.000	0
2	EK 1.1.	0	0	0
3	Ergebnis	400	- 400	0
4	Wk-Differenz	- 400	400	0
5	**EK 31.12.**	0	0	0
6	Verbindlichkeiten 1.1.	1.000	- 1.000	0
7	Abwertung	- 400	400	0
8	Wk-Differenz	400	- 400	0
9	**Verbindlichkeiten 31.12.**	1.000	- 1.000	0
10	**Passiva**	1.000	- 1.000	0

Diese Stornierungsbuchung (Spalte 6a) gleicht die vorläufige Eigenkapitalbewegung (Zeilen 3 und 4 bzw. 7 und 8) vollständig aus. Nach Eliminierung von Forderung und Verbindlichkeit hinterließe dieser konzerninterne Vorgang im Konzernabschluss keinerlei Spuren, so dass nichts Weiteres zu veranlassen ist.

IV. Erwerb und Veräußerung von Tochtergesellschaften

Bei der **Änderung des Konsolidierungskreises** sind folgende Konstellationen zu unterscheiden (zu einer weiteren siehe bereits Rz. 47.42): 47.80

(1) Cashflows aus **Unternehmenserwerben** sind jeweils separat im Investitionshaushalt darzustellen (IAS 7.39 ff.) In Bezug auf Erwerbe von vollkonsolidierten **Tochtergesellschaften** gilt dabei die Besonderheit, dass das erworbene Nettovermögen en bloc mit der im Geschäftsjahr abgeflossenen Kaufpreiszahlung, saldiert mit den bei TU zum Zeitpunkt der Erstkonsolidierung vorhandenen liquiden Mitteln, als *Investitionsauszahlung* anzusetzen ist. Dies ist trotz Einzelerwerbsfiktion sachgerecht, da i.H.d. übernommenen Schulden eine nicht

abzubildende zahlungsunwirksame Transaktion vorliegt und willkürliche Zuordnungen der verbleibenden Kaufpreis*zahlung* zu einzelnen Vermögenswerten vermieden werden.

(2) Bareinlagen bei **Neugründungen** sind hingegen als konzerninterne Verlagerung flüssiger Mittel zu eliminieren (IFRS 10.B86c).[30]

(3) Bei **sukzessivem Beteiligungserwerb** (Rz. 39.30 ff.) sind nur die Auszahlungen für die im Jahr der Erstkonsolidierung erworbenen Tranchen als Investitionsauszahlung anzusetzen. Die in den Vorjahren für die bislang noch nicht konsolidierten Alttranchen geflossenen Zahlungen haben bereits zu Investitionsauszahlungen geführt und können daher bei Erstkonsolidierung nicht noch einmal als Auszahlung angesetzt werden. Konsequenterweise führt dann auch der im Anlagespiegel ausgewiesene Abgang der Alttranchen bei „Beteiligungen" nicht zu Investitionseinzahlungen. Ergebnisse aus einer Fair Value Bewertung der Alttranchen sind mangels Zahlungswirksamkeit zu korrigieren.

(4) Bei **vollständiger Anteilsveräußerung** gelten die Grundsätze gemäß (1) mit umgekehrtem Vorzeichen, d.h. der erhaltene Kaufpreis ist als Einzahlung im Investitionshaushalt anzusetzen, saldiert um die beim Tochterunternehmen vorhandenen, aus dem Konzern jetzt abgegangenen liquiden Mittel.

(5) Bei **Entkonsolidierung aufgrund einer teilweisen Anteilsveräußerung mit Kontrollverlust** (Rz. 39.40 ff.) gilt (4) entsprechend. Zusätzlich sind Ergebnisse aus einer Fair Value-Bewertung der Restanteile mangels Zahlungswirksamkeit zu korrigieren. Bei der Erstellung der Kapitalflussrechnung ist außerdem darauf zu achten, dass der im Anlagespiegel ausgewiesene Zugang der Restanteile als Beteiligung oder assoziiertes Unternehmen nicht als Investitionsauszahlung erscheint.

(6) **Kaufpreiszahlungen an bzw. von nicht beherrschenden Anteilen an die Konzernmutter** aus **Ab- oder Aufstockungen von Mehrheitsbeteiligungen** (Rz. 39.50, 39.55) gelten als Transaktionen zwischen Anteilseignern. Vom Konzern gezahlte bzw. erhaltene Kaufpreise sind daher jeweils innerhalb des Finanzierungshaushalts zu zeigen (IAS 7.42A,B). Das Nettovermögen der betreffenden Tochtergesellschaft wird unverändert im Konzernabschluss ausgewiesen, so dass sich ansonsten keine Auswirkungen auf die Konzernkapitalflussrechnung ergeben.

47.81 **Zahlungsflüsse aus Erwerb** dürfen nicht mit solchen aus Veräußerungen bzw. Kontrollverlust saldiert werden (IAS 7.41).

47.82 Die **nach Erstkonsolidierung** bei der erworbenen Tochter/Einheit entstandenen Cashflows fließen wie diejenigen anderer Einheiten in die Konzernkapitalflussrechnung ein.

47.83 Die Summe der im Geschäftsjahr als Kauf- oder Verkaufspreis gezahlten oder erhaltenen Mittel wird in der Kapitalflussrechnung in allen Fällen der Rz. 47.80 **abzüg-**

---

30 Vgl. *v. Wysocki/Harzheim* in Baetge-IFRS, IAS 7 Rz. 125.

lich der erworbenen oder zuzüglich der veräußerten Zahlungsmittel oder Zahlungsmitteläquivalente (Finanzmittelfonds) angesetzt (IAS 7.42). Diese Saldierung kommt in Betracht, wenn Erstkonsolidierung und Kaufpreiszahlung in **eine Periode** fallen.

Frei   47.84–47.89

E. Wesentliche Anhangangaben

I. Überleitungsrechnung für Verbindlichkeiten aus Finanzierungstätigkeiten

Finanzanalysten hatten im Jahr 2013 gegenüber dem IASB gefordert, Abschlussaufsteller sollten die Ursachen für bilanzielle Veränderungen insbesondere der Verbindlichkeiten aus Finanzierungstätigkeiten transparent darstellen. Immerhin wird die Veränderung nicht nur getrieben durch Einzahlungen aus Kreditaufnahmen und Auszahlungen für Tilgungen, sondern auch durch Wechselkursänderungen, Zu- und Abgänge in Folge von Konsolidierungskreisänderungen, ggf. auch Fair Value-Änderungen u.a. Der IASB hat reagiert und IAS 7.44A-E entsprechende Regelungen mit Wirkung ab 2017 erlassen. 47.90

Es bietet sich eine Überleitungsrechnung vom bilanziellen Vorjahreswert der Finanzverbindlichkeiten zum Buchwert der Berichtsperiode an. 47.91

Beispiel: Nachfolgend ist das Beispiel einer im Anhang anzugebenden Überleitungsrechnung abgebildet. Die Finanzschulden im laufenden Jahr betragen insgesamt 795 und im Vorjahr 650; die Beträge sind bilanziell aufzuteilen in langfristige und kurzfristige Verbindlichkeiten (Rz. 43.20). Üblicherweise werden sie weiter aufgegliedert, z.B. auch im Hinblick auf Leasingverbindlichkeiten.

Zahlungswirksam sind von der Veränderung per Saldo nur 70 gewesen. Der größte Teil der Veränderung resultiert aus einem Zugang zum Konsolidierungskreis. Die Spalte „Sonstige" enthält hier eine Umgliederung der Verbindlichkeiten von lang- zu kurzfristig. Diese Spalte würde entfallen, wenn in der Überleitungsrechnung nicht nach der Fristigkeit differenziert wird. Eine solche Differenzierung wie auch die (hier nicht vorgenommene) weitere Aufteilung der Verbindlichkeiten dient der Transparenz, ist aber nicht vorgeschrieben.

Posten	31.12.01	Cash-flows	Wechsel-kurseffekte	Zugang Konskreis	Sonstige	31.12.02
Langfristige Finanzverbindlichkeiten	450	+ 100	– 20	+230	– 40	720
Kurzfristige Finanzverbindlichkeiten	200	– 170	– 5	+ 10	+ 40	75
Summe	650	– 70	– 25	+ 240	–	795

Der zugehörige Ausschnitt aus der Kapitalflussrechnung könnte wie folgt aussehen:

Cashflow aus Finanzierungstätigkeit	02
Einzahlungen aus dem Zugang von Finanzverbindlichkeiten	180
Auszahlungen aus der Tilgung von Finanzverbindlichkeiten	250

Erkennbar wird hier, dass die Cashflows in der Überleitungsrechnung nur eine Saldogröße aus Ein- und Auszahlungen darstellen, wohingegen in der Kapitalflussrechnung der Zahlungsstrom unsaldiert auszuweisen ist. Im vorliegenden Fall könnte es neben dem zahlungswirksamen Zugang bei langfristigen Finanzverbindlichkeiten von 100 auch einen Zugang bei den kurzfristigen von 80 gegeben haben, denen Auszahlungen von 250 gegenüber stehen, saldiert also 170.

II. Konsolidierungskreisänderungen

47.92   IAS 7.40 verlangt Angaben zu Kaufpreisen, Kaufpreisaufteilungen etc. bei Erwerb/Veräußerung von Tochtergesellschaften und sonstigen Geschäftseinheiten. Unter Einbeziehung der nach IFRS 3.B64i, 3.B67dii notwendigen Angaben könnte die Anhangangabe wie folgt lauten:[31]

Goodwill (aus Konsolidierung)	1 000
Sonstiges langfristiges Vermögen	4 650
Kurzfristiges Vermögen (ohne flüssige Mittel)	3 180
Latente Steuern	20
Vermögenswerte	**8 850**
Latente Steuerverbindlichkeiten	- 250
Finanzverbindlichkeiten	- 3 500
Andere Verbindlichkeiten	- 3 250
Verbindlichkeiten	**- 7 000**
Saldo	**1 850**
davon auf nicht beherrschende Anteile entfallend	400
davon Kaufpreis (1 600) abzgl. übernommene flüssige Mittel (150)	1 450
– *in 02 abgeflossen*	*- 1 150*
– *Kaufpreisverbindlichkeit 31.12.02*	*- 300*

Für Investmentgesellschaften beachte die Erleichterung nach IAS 7.40A.

---

[31] In der Praxis finden sich diese Angaben typischerweise in den „Erläuterungen zur Änderung des Konsolidierungskreises".

Kapitel 48
Anhang (IAS 1)

A. Übersicht und Wegweiser	48.1	1. Ausnahmefall 1: Übereinstimmungserklärung bei Abweichen von einzelnen Standards unter Berufung auf die Generalnorm	48.27
I. Management Zusammenfassung	48.1		
II. Standards und Anwendungsbereich	48.2		
III. Wesentliche Abweichungen zum HGB	48.4	2. Ausnahmefall 2: Übereinstimmungserklärung bei Anwendung von durch die EU-Kommission nicht genehmigten Standards	48.29
IV. Neuere Entwicklungen	48.5		
B. Aufbau/Gliederung des Anhangs	48.20	D. Wesentliche Rechnungslegungsmethoden	48.30
C. Übereinstimmungserklärung und neue Standards	48.22	I. Angabe der Rechnungslegungsmethoden	48.30
I. Generalnorm	48.22	II. Wahlrechtsausübung	48.31
II. Übereinstimmungserklärung	48.23	III. Angaben zu Schätzungsunsicherheiten	48.33
III. Zusätzlich: Nennung neuer Standards und deren Auswirkungen	48.25	E. Einzelerläuterungen	48.36
		F. Andere Angaben	48.37
IV. Ausnahmefälle	48.27	G. HGB-Angaben im IFRS-Konzernabschluss	48.40

Literatur: *Cheetham*, Anhangangaben in IFRS, IRZ 2013, 257; *Herold*, Weniger ist mehr: die Disclosure Initiative in der praktischen Umsetzung, WPg 2017, 634; *Hoffmann*, Rund um den Geschäftsbericht bei Kapitalmarktorientierung, StuB 2016, 445; *Kirsch*, Offenlegung von Einschätzungen und Prognosen des Managements nach IAS 1 (revised 2003) für das langfristige Vermögen, StuB 2004, 481; *Küting/Strauß*, Die Intensität und Komplexität der Anhangangaben nach HGB und IFRS im Vergleich – Ziel der Informationsvermittlung erfüllt?, StuB 2011, 439; *Müller*, Die Nadel im Heuhaufen oder ein unvollständiges Bild – Wie umfangreich müssen der Anhang und der Lagebericht sein?, BC 2017, 394; *Pellens u.a.*, Die Zukunft der Unternehmensberichterstattung in Börsig/Wagenhofer (Hrsg.), IFRS in Rechnungswesen und Controlling, Stuttgart 2006, S. 19; *Pilhofer/Herr*, Zur empirischen Belegbarkeit einer „Entschlackungswelle" im Geschäftsjahr 2016 – Auswirkungen der Disclosure Initiative auf die IFRS-Finanzberichterstattung der im DAX 30, MDAX, SDAX und TecDAX gelisteten Unternehmen, PiR 2017, 365.

A. Übersicht und Wegweiser

I. Management Zusammenfassung

Da der IFRS-Abschluss ausschließlich darauf abzielt, einen wertorientierten Einblick in die Vermögens-, Finanz- und Ertragslage zu vermitteln und Veränderungen im Zeitablauf aufzuzeigen, kommt dem Anhang („*notes*") unter dem Aspekt der In- 48.1

formationsfunktion eine **herausragende Bedeutung** zu. Dem Abschlussadressaten soll ermöglicht werden, durch die im Anhang genannten Bilanzierungs- und Bewertungsmethoden sowie den Einzel- und sonstigen Erläuterungen allgemeine wirtschaftliche und speziell anlageorientierte Entscheidungen zu treffen und unternehmensübergreifende Vergleiche durchzuführen. Einer empirischen Analyse zufolge wird der Anhang jedoch selbst bei institutionellen Anlegern vergleichsweise selten genutzt; insgesamt sei die geringe Nutzungsintensität des Anhangs „als dramatisch zu bezeichnen."[1] Die Nutzungsintensität des Anhangs verhält sich offensichtlich umgekehrt proportional zum Umfang, zaghaften Versuchen in der Praxis zum Trotz, den Anhangumfang zu reduzieren.[2]

II. Standards und Anwendungsbereich

48.2 Die formalen Anforderungen (Struktur) an den Anhang und auch z.T. die inhaltlichen Anforderungen enthält IAS 1.112 ff. Darüber hinaus bestimmen jedoch die einzelnen Standards (z.B. IAS 16 zu Sachanlagen, IFRS 10 zu Verträgen mit Kunden usw.) unter dem **Vorbehalt der Wesentlichkeit** der Information, welche Angaben des jeweiligen Bilanzierungs- und Berichterstattungsgegenstands in den Anhang aufzunehmen sind (IAS 1.31). Durch IAS 1 werden insoweit nur einige Mindestangaben verlangt und eine Grobstruktur empfohlen. Drei Standards befassen sich allerdings ausschließlich mit Anhangangaben:

– IFRS 7 zu Finanzinstrumenten und Risikoberichterstattung (siehe Rz. 22.240 ff., Rz. 25.78 ff.),

– IFRS 12 zu Anteilen an anderen Unternehmen (siehe Rz. 41.1 ff.) sowie

– IAS 24 zu Angaben über Beziehungen zu nahestehenden Unternehmen und Personen (siehe Rz. 51.1 ff.).

48.3 Nicht Anhangbestandteile, sondern **eigenständige Berichtsinstrumente** des IFRS-Abschlusses sind neben Bilanz und GuV:

– Die **Gesamtergebnisrechnung** (Rz. 45.1 ff.),

– der **Eigenkapitalspiegel** (Rz. 46.1 ff.) und

– die **Kapitalflussrechnung** (Rz. 47.1 ff.).

Demgegenüber gehört die **Segmentberichterstattung** (Rz. 49.1) zum Anhang, wird aber gelegentlich wie ein eigenständiges Berichtsinstrument vor dem Anhang dargestellt. Schließlich legt IAS 33 Ergebnis je Aktie (Rz. 50.1 ff.) nicht nur die Berechnungsmethodik fest, sondern auch den Ort des Ausweises: i.d.R. GuV-Ebene, für manche Ergebnisse je Aktie auch als Anhangangabe möglich.

---

1 *Pellens* u.a., Die Zukunft der Unternehmensberichterstattung, in Börsig/Wagenhofer (Hrsg.), IFRS in Rechnungswesen und Controlling, 19 (22).
2 Zur Entwicklung des Anhangumfangs in der Praxis siehe *Pilhofer/Herr*, PiR 2017, 365.

III. Wesentliche Abweichungen zum HGB

Die HGB-Anhangangabevorschriften für den Konzernabschluss finden sich an drei Stellen: 48.4

– In den mit „Konzernanhang" überschriebenen §§ 313, 314 HGB,
– über die Verweisvorschrift des § 298 Abs. 1 HGB auf die §§ 264 ff. HGB sowie
– an verschiedenen Stellen der Vorschriften zur Konzernrechnungslegung ab §§ 290 ff. HGB.

Besonders klar strukturiert ist das nicht und insoweit eine Gemeinsamkeit zu den IFRS-Vorschriften. Darüber hinaus finden sich weitere Vorschriften in den Spezialgesetzen (GmbHG, AktG usw.) und in den als GoB geltenden Standards des DRSC. Es ist daher unverzichtbar, mit zusammenfassenden Checklisten zu arbeiten, was ebenso für die IFRS-Abschlusserstellung gilt. Insgesamt aber erreichen die Pflichtvorschriften über die Anhangangaben im HGB-Abschluss bei weitem nicht den Umfang dessen, was in den IFRS gefordert ist, wenn auch immer unter dem Vorbehalt der Wesentlichkeit.

IV. Neuere Entwicklungen

Das IASB beschäftigt sich seit einiger Zeit mit grundsätzlichen Überlegungen einer Reform der Anhangangaben (siehe hierzu bereits Rz. 42.7). Mit weiteren Ergebnissen, möglicherweise mit einer Entschlackung von Anhangangaben, ist in den nächsten Monaten und Jahren zu rechnen. 48.5

frei 48.6–48.19

B. Aufbau/Gliederung des Anhangs

IAS 1.114c empfiehlt für den Anhang folgenden Aufbau: 48.20

a) Angabe der Übereinstimmungserklärung (*statement of compliance*),

b) Darstellung der wesentlichen angewendeten Rechnungslegungsmethoden (*accounting policies*),

c) Einzelerläuterungen zu den Posten der Bilanz, GuV/Gesamtergebnisrechnung, Eigenkapitalspiegel und Kapitalflussrechnung. Die Erläuterungen müssen sich über Verweise in den Berichtsinstrumenten zum Anhang auffinden lassen (*cross-reference*, IAS 1.113) und sollen möglichst systematisch dargestellt werden und

d) andere Angaben.

Außerdem sind in einem IFRS-Abschluss auch einige HGB-Angaben aus § 315e HGB erforderlich.

Die Praxis folgt dem empfohlenen Aufbau. Zusätzlich sind gem. IAS 8.28 ff. erstmals angewandte neue Standards bzw. Regelungen und noch nicht in Kraft getretene neue Standards mit ihren möglichen Konsequenzen anzugeben (Rz. 48.25 f.). Diese Angaben werden üblicherweise und sinnvoll recht weit vorne im Anhang, oftmals nach der Übereinstimmungserklärung platziert.

Im Zusammenhang mit der Darstellung der Rechnungslegungsmethoden (b) erfolgen regelmäßig auch komprimierte Angaben zum Konsolidierungskreis und dessen Veränderung sowie Angaben zur Währungsumrechnung.

Schließlich werden bei wesentlichen Posten der Einzelerläuterungen (c) in unterschiedlichem Umfang auch Schätzunsicherheiten angegeben (Rz. 48.33 ff.).

48.21 Für den gesamten IFRS-Abschluss gilt: Die **Abschlussbestandteile** sind eindeutig zu bezeichnen (IAS 1.51), und insgesamt muss der Abschluss von anderen Informationen des Geschäftsberichts unterschieden werden können (IAS 1.49). Neben dem Namen des berichtenden Unternehmens ist gem. IAS 1.51 anzugeben, ob es sich um den **Einzel- oder Konzernabschluss** handelt. Anzugeben sind ferner **Bilanzstichtag bzw. Berichtsperiode** sowie die **Berichtswährung** in ihrem jeweiligen Präzisionsgrad (z.B. Mio. Euro oder TEuro).

C. Übereinstimmungserklärung und neue Standards

I. Generalnorm

48.22 In vergleichbaren Formulierungen der unterschiedlichen Standardsetter bzw. Rechtsetzungsorgane und Normen (IASB, FASB, DRSC, EU-Richtlinien, HGB) findet sich jeweils eine **Generalnorm**, wonach Abschlüsse die Vermögens-, Finanz- und Ertragslage sowie die Mittelzu- und -abflüsse eines Unternehmens den tatsächlichen Verhältnissen entsprechend darzustellen haben („True and fair view-Grundsatz" bzw. nach IASB *„fair presentation"*). Gem. IAS 1.15 dominiert die Vermutung, dass ein Abschluss unter Berücksichtigung der Definitionen und Ansatzkriterien für Vermögen, Schulden, Aufwendungen und Erträge im Conceptual Framework (siehe Kapitel 6 f.) und bei korrekter Anwendung der IFRS auch zur *fair presentation* führt. Die Generalnorm ist aus *dieser* Perspektive kein *overriding principle*; zur Einschränkung siehe aber Rz. 48.27.

II. Übereinstimmungserklärung

48.23 Um u.a. *fair presentation* zum Ausdruck zu bringen, hat das Management (der nach nationalem Recht für die Abschlussaufstellung Verantwortliche, also z.B. Vorstand oder Geschäftsführung) in einem IFRS-Abschluss im Anhang anzugeben, dass der Abschluss uneingeschränkt mit den **IFRS im Einklang** steht („**Übereinstimmungserklärung**", IAS 1.16). Innerhalb der EU bezieht sich die Übereinstimmungserklärung freilich nur auf jene IFRS, die **von der EU-Kommission freigeschaltet** worden sind (Rz. 3.5). Daher könnte eine Formulierung lauten:

„Der Abschluss steht in Übereinstimmung mit allen International Financial Reporting Standards, die von der EU-Kommission genehmigt worden sind und im Berichtszeitraum anzuwenden waren."

Ein Abschluss darf umgekehrt *nicht* als mit den IFRS übereinstimmend bezeichnet werden, solange er nicht sämtliche Anforderungen jedes einzelnen (übernommenen) Standards und jeder anzuwendenden (und übernommenen) Interpretation des SIC/IFRIC erfüllt (IAS 1.16). Auch diese Aussage steht unter dem **Vorbehalt der Wesentlichkeit**; bei unwesentlichen Auswirkungen – etwa bei Verzicht auf Erläuterungen im Anhang bei unwesentlichen Sachverhalten (IAS 1.31) – darf demnach von den Standards abgewichen werden, ohne dass dies ein Verstoß gegen IAS 1 und den Grundsatz der *fair presentation* bedeuten würde.

Die Übereinstimmungserklärung hat auch vor dem Hintergrund des **IFRS 1 zur erstmaligen Anwendung der Standards** große praktische Bedeutung: Ein Abschluss, der die Übereinstimmungserklärung erstmals enthält, gilt als erster IFRS-Abschluss mit der Folge, dass auf diesen Abschluss IFRS 1 anzuwenden ist (IFRS 1.3). Zu Einzelheiten zu diesem Problemkreis siehe Rz. 56.20 ff.

48.24

III. Zusätzlich: Nennung neuer Standards und deren Auswirkungen

In Bezug auf die **Auswirkungen neuer Standards** ist zu unterscheiden:

48.25

Es sind die erstmalig (verpflichtend oder freiwillig vorzeitig) **angewendeten neuen oder veränderten EU-IFRS-Standards** zu *nennen* (IAS 8.28). Dabei ist auch über den Umgang mit ggf. enthaltenen Übergangsvorschriften zu informieren.

IAS 8.30 f. fordert eine Angabe über die **Nichtanwendung schon vom IASB veröffentlichter, aber noch nicht pflichtgemäß anzuwendender Standards** und Interpretationen. Nach unserer Rechtsauffassung kann sich die Angabe aus EU-rechtsperspektive nur auf solche Standards und Interpretationen beziehen, die von der **EU-Kommission** bereits genehmigt worden sind, aber erst später in Kraft treten.[3] Vor einer Freischaltung durch die EU-Kommission sind die Standards noch gar nicht rechtsrelevant, d.h. insoweit noch gar nicht existent.

48.26

Allerdings ist diese Auffassung, soweit ersichtlich, eine Mindermeinung. Insbesondere wird sie offensichtlich nicht von der Enforcement-Stelle DPR und auf europäischer Ebene ESMA geteilt. So hat ESMA am 28.10.2016 als Prüfungsschwerpunkte u.a. die Angaben im Anhang über IFRS 16 gem. IAS 8.30 bekannt gegeben.[4] IFRS 16

---

3 Zur vorzeitigen Anwendung noch nicht genehmigter Standards s. Rz. 48.29.
4 Siehe ESMA/2016/1528, Public Statement: European common enforcement priorities for 2016 financial statements (www.esma.europa.eu/sites/default/files/library/esma-2016-1528_european_common_enforcement_priorities_for_2016.pdf, abgerufen am 12.1.2019).

ist jedoch erst am 9.11.2017 im Amtsblatt veröffentlicht worden, also rund ein Jahr später.

Die Praxis verfährt regelmäßig so, dass die vom IASB herausgegebenen Standards genannt werden, i.d.R. ungeachtet dessen, ob sie schon in EU-Recht übernommen worden sind oder nicht.

Neben der bloßen Standardnennung sollen auch die potenziellen Auswirkungen angegeben werden, wenn der jeweils neue Standard angewendet worden *wäre*. Gerade in einem frühen Stadium des Bekanntwerdens eines komplexen Standards oder einer umfangreichen Standardänderung erfolgt oft eine Negativerklärung, wonach die Auswirkungen noch nicht abschließend ermittelt werden konnten. Das ist zulässig (IAS 8.31eii) und in der Kürze der Zeit wohl auch nicht anders zu erwarten. Je näher aber der Zeitpunkt der tatsächlichen erstmaligen Anwendung rückt, desto eher dürfen Abschlussadressaten belastbare Aussagen über die Auswirkungen des neuen Standards auf die Berichterstattung des Unternehmens erwarten.

IV. Ausnahmefälle

1. Ausnahmefall 1: Übereinstimmungserklärung bei Abweichen von einzelnen Standards unter Berufung auf die Generalnorm

48.27 Der IASB schließt allerdings in *extrem seltenen Fällen* nicht aus, dass die Beachtung der Regelungen in den IFRS zu einem Konflikt mit der Zielsetzung im Conceptual Framework, nämlich der Bereitstellung entscheidungsnützlicher Informationen, führen könnte. In diesem Fall ist zu prüfen, ob der (nationale oder internationale) Rechtsrahmen, in dem das Unternehmen tätig ist und der die Anwendung der IFRS vorschreibt bzw. zulässt, eine Abweichung von einer bestimmten, in den IFRS vorgesehenen Vorgehensweise (Generalnorm als *overriding principle*) ermöglicht (IAS 1.19). Mit dieser Regelung erkennt der IASB an, dass es Rechtsrahmen geben mag, die in die Interpretation der IFRS-Generalnorm eingreifen.

Da die in IAS 1 enthaltene Generalnorm einer *fair presentation* in keiner Weise von EU-Recht eingeschränkt wird[5] und die Generalnorm nach Art. 4 Abs. 3 der Bilanzrichtlinie selbst als *overriding principle* formuliert ist, ist ein Abweichen von Einzelregelungen der IFRS jedenfalls grundsätzlich möglich.

48.28 Abschlussaufsteller von IFRS anwendenden EU-Unternehmen dürfen daher bei festgestellten Konflikten der IFRS-Regelungen mit dem Ziel einer *fair presentation* die Abweichung von den IFRS-Standards vornehmen. Dies setzt aber voraus, dass zusätzlich die Angaben gem. IAS 1.20 erfüllt werden. Zu diesen Angaben gehört insbesondere, im Anhang darzustellen, welche zahlenmäßigen Konsequenzen sich ergeben hätten, wenn die offensichtlich nicht zu entscheidungsnützlichen Informationen führenden IFRS-Standards beachtet worden wären. Die Abweichung wird also nach IAS 1.20 unmittelbar im Abschluss vorgenommen unter Angabe der entsprechenden alternativen Behandlung gem. IFRS im Anhang.

---

5 Speziell aus der IAS-Verordnung von 2002 lässt sich keine Einschränkung entnehmen.

(Nur) unter der Bedingung, dass diese Anhangangaben erfolgen, besteht demnach Übereinstimmung zwischen EU-Recht und den IFRS, so dass die Übereinstimmungserklärung wie im Normalfall erfolgen könnte.

Einer missbräuchlichen Verwendung der *fair presentation* bei Abweichungen von Detailnormen wird durch die dann erforderlichen Anhangangaben „ein relativ stabiler Riegel vorgeschoben."[6]

2. Ausnahmefall 2: Übereinstimmungserklärung bei Anwendung von durch die EU-Kommission nicht genehmigten Standards

In seltenen Fällen, und zwar zur Ausfüllung von Regelungslücken, dürfen auch IFRS angewendet werden, obwohl sie (noch) nicht von der EU-Kommission freigeschaltet worden sind (Rz. 3.13 ff.). Dann scheint eine Ergänzung der Übereinstimmungserklärung erforderlich, die inhaltlich etwa Folgendes ausdrückt: „Obwohl IFRS xy von der EU-Kommission nicht genehmigt worden ist, haben wir den Standard inhaltlich angewandt, da er aus unserer Sicht mit den übrigen von der EU-Kommission genehmigten Standards in Übereinstimmung steht und den Anforderungen des IAS 8.10 genügt." Zum Umgang mit Regelungslücken siehe auch Rz. 12.33.

48.29

D. Wesentliche Rechnungslegungsmethoden

I. Angabe der Rechnungslegungsmethoden

Zu den Rechnungslegungsmethoden (*accounting policies*), die in der Zusammenfassung anzugeben sind, zählen gem. IAS 1.117 die Bewertungsgrundlagen und die sonstigen Rechnungslegungsmethoden. Der Abschlussadressat soll mit den Angaben in der Zusammenfassung verstehen können, auf welche Art und Weise wesentliche Geschäftsvorfälle und Ereignisse im Abschluss wiedergegeben werden. Dabei kann eine Rechnungslegungsmethode auch dann bedeutsam sein, wenn die ausgewiesenen Beträge nicht wesentlich sind, beispielsweise wenn eine vermietete Gewerbeimmobilie nach den Vorschriften zu Anlageimmobilien bilanziert wird. Außerdem soll auch über solche Methoden berichtet werden, die das Unternehmen anwendet, weil nach den Standards noch eine **Regelungslücke** besteht (IAS 1.121 i.V.m. IAS 8.10, siehe Rz. 12.33).

48.30

II. Wahlrechtsausübung

Zu den **Bewertungsgrundlagen** gehören die Anschaffungs- und Herstellungskosten, Fair Values, Nettoveräußerungswert usw. Es muss deutlich werden, welcher Bilanzposten wie bewertet worden ist. Bei den **sonstigen Rechnungslegungsmetho-**

48.31

---

6 Haufe IFRS-Komm[16], § 1 Rz. 73.

den ist insbesondere auf die Frage der **Wahlrechtsausübung** einzugehen, z.B., ob die Full Goodwill-Methode oder die Neubewertungsmethode bei der Kapitalkonsolidierung angewandt wurde (IAS 1.119; zur Wahlrechtsausübung bei den Rechnungslegungsmethoden siehe Rz. 12.28 ff., 12.37).

48.32 IFRS kennen nur wenige *explizite* Bewertungswahlrechte (siehe die Liste in Rz. 12.37).[7] In vielen Fällen setzt aber eine bestimmte Bilanzierungsweise die Erfüllung von Bedingungen voraus, die einer **Einschätzung** (*judgement*, IAS 1.123) des Abschlusserstellers bedarf (**verdeckte Wahlrechte**). Dies betrifft etwa

— die Klassifizierung der finanziellen Vermögenswerte,

— die Beurteilungen als Voraussetzung zur Anwendung der modifizierten Stichtagskursmethode oder der Zeitbezugsmethode bei der Währungsumrechnung von Tochterunternehmen außerhalb des EURO-Raumes oder

— Ermessen bei der **Aktivierung von Entwicklungskosten**.

Über solche und andere Einschätzungen ist zwingend zu berichten. In der Darstellung ist das oft ein fließender Übergang von Wahlrechten zu Schätzunsicherheiten. Auch der Standard legt sich nicht fest: Über die Einschätzungen ist bei der Zusammenfassung der Rechnungslegungsmethoden oder an anderer Stelle zu berichten (IAS 1.122), z.B. bei der Erörterung der Schätzunsicherheiten oder auch bei den Einzelerläuterungen:

Beispiel: Merk zeigt im Geschäftsbericht 2018, S. 209, eine übersichtliche Tabelle mit einer Listung der Bilanzierungsbereiche, dem selbst eingeschätzten Grad an Ermessensspielraum/Schätzunsicherheiten (hoch/mittel), dem jeweiligen Buchwert und ob eine Sensitivitätsanalyse durchgeführt worden ist. Referenziert wird auf die jeweilige Anhangstelle, in der sich die weiteren Erläuterungen finden, und auf die zugrundeliegenden IFRS. Im Bereich der immateriellen Vermögenswerte wird der Grad an Ermessensspielräumen als mittel gekennzeichnet und auf folgende Textpassage (Auszug) verwiesen:

„Merck ist regelmäßig Partner in Forschungs- und Entwicklungskooperationen mit Forschungseinrichtungen, Biotechnologie-Unternehmen oder sonstigen Vertragsparteien mit dem Ziel, vermarktungsfähige Produkte zu entwickeln. Merck schließt daneben Einlizenzierungsvereinbarungen über geistiges Eigentum von Vertragsparteien ab. Typisch für diese Formen von Vereinbarungen ist die Entrichtung von Einstandszahlungen („Upfront-Zahlungen") und von Zahlungen bei Erreichen bestimmter Entwicklungs- und Vermarktungsmeilensteine. Merck hat in diesem Zusammenhang zu beurteilen, inwieweit die geleisteten Einstands- und Meilensteinzahlungen eine Vergütung für bezogene Dienstleistungen (Forschungs- und Entwicklungsaufwand) darstellen oder ob durch die Zahlung ein aktivierungspflichtiger immaterieller Vermögenswert einlizenziert wird. Diese Einschätzung ist regelmäßig ermessensbehaftet."[8]

---

7 Die Liste ist nicht vollständig. Ein Bewertungswahlrecht liegt z.B. auch vor bei der Full Goodwill-Methode, und zwar für die Bewertung der nicht beherrschenden Anteile bei der Kapitalkonsolidierung.

8 Merck KGaA, Geschäftsbericht 2018, 236.

III. Angaben zu Schätzungsunsicherheiten

Erforderlich sind Angaben zu Schlüsselannahmen und wesentliche Unsicherheitsfaktoren in Schätzungen zur Bestimmung der Buchwerte der bilanzierten **Vermögenswerte** und **Schulden**, wenn und soweit durch die getroffenen Schätzungen

– ein Risiko der Buchwertanpassung für die Vermögenswerte und Schulden
– innerhalb des nächsten Geschäftsjahres

48.33

besteht (IAS 1.125). Hiervon können z.B. Forderungen aus Lieferungen und Leistungen (Forderungsausfälle), das Anlagevermögen (außerplanmäßige Abschreibungen), Rückstellungen oder latente Steuern (Steuersatzänderungen) betroffen sein. Damit werden entsprechende Vorschriften komplettiert, die bereits in den Einzelstandards bestehen, bspw. Angaben nach IAS 36 zum Goodwill-Impairment-Test oder Angaben zu bilanzierten oder mangels wahrscheinlicher Inanspruchnahme nicht bilanzierten Rückstellungen (IAS 37.86 bzw. IAS 37.89). IAS 1.125 dient somit als Auffang- und Generalnorm, falls Einzelstandards keine entsprechenden Vorschriften enthalten. Dem Abschlussadressaten ist das Risiko letztlich transparent zu machen:

Beispiel: „Die Beurteilung der Ansatzpflicht war ebenso wie die Bewertung von Rückstellungen für Rechtsstreitigkeiten in besonderem Maße mit Schätzungsunsicherheiten behaftet. Wesentliche Faktoren bei der Beurteilung der Ansatzpflicht von Rückstellungen für Rechtsstreitigkeiten waren
– die Validität der vorgebrachten Argumente der gegnerischen Partei sowie
– die Rechtslage und laufende Rechtsprechung in vergleichbaren Verfahren in der betreffenden Jurisdiktion.
– Wesentliche Parameter bei der Bestimmung der Rückstellungshöhe bildeten
– die Verfahrensdauer der anhängigen Rechtsstreitigkeit,
– die Wahrscheinlichkeit der für möglich erachteten Verfahrensausgänge,
– die anzusetzende Lizenzrate (bei Patentstreitigkeiten) sowie
– der zu verwendende Diskontierungsfaktor.
Merck griff bei der Beurteilung einer Ansatzpflicht von Rückstellungen für Rechtsstreitigkeiten und bei der Quantifizierung drohender Ressourcenabflüsse auf Erkenntnisse der Rechtsabteilung sowie mandatierter Rechtsanwälte zurück. Ungeachtet dessen waren sowohl die Beurteilung der Existenz einer gegenwärtigen Verpflichtung als auch die Einschätzung der Wahrscheinlichkeit eines zukünftigen Ressourcenabflusses in hohem Maße unsicherheitsbehaftet."[9]

Nicht anzugeben sind Unsicherheiten über Vermögenswerte und Schulden, die zum Fair Value bewertet werden, wenn die Bewertung auf beobachtbaren Marktpreisen fußt (IAS 1.128). Auch die Beschränkung des Zeithorizonts auf ein Jahr verringert die Angabepflichten und dient der Praktikabilität (IAS 1.BC79).

---

9 Merck KGaA, Geschäftsbericht 2018, 249.

48.34 Die Angabepflicht des IAS 1.125 soll letztlich in der Art einer **Sensitivitätsanalyse** über die Schätzungsinputs erfolgen (IAS 1.129). Dies geschieht in der Praxis punktuell abhängig von Sachverhalt und Wesentlichkeit. Allerdings empfiehlt auch DRS 20 Konzernlagebericht bei der Risikoberichterstattung die Verwendung von Sensitivitätsanalysen. Eine doppelte Berichterstattung ist u.E. nicht erforderlich; es empfiehlt sich aber ein Verweis.

Beispiel: Die Heidelberger Druckmaschinen AG berichtet im Lagebericht Geschäftsjahr 2016/17 (Geschäftsbericht S. 48) über ihre wahrscheinliche Einschätzung einer Senkung des US-amerikanischen Ertragsteuersatzes um 10 % und führt aus: „Die Absenkung des maßgeblichen Steuersatzes um 10 Prozentpunkte würde eine nicht zahlungswirksame Wertberichtigung der aktiven Steuerlatenzen in Höhe von rund 15 Mio. € verursachen."

Nicht erforderlich ist hingegen die Veröffentlichung von Prognose- und Planungsrechnungen (IAS 1.130); das dürfte Schutzklauselcharakter haben.[10] Darüber hinaus räumt IAS 1.131 ein, dass die Durchführung einer Sensitivitätsanalyse unpraktikabel sein könnte. Dann genügt ein Hinweis, dass aufgrund anderer (dann realistischerer) Annahmen innerhalb des nächsten Geschäftsjahres die Buchwerte möglicherweise anzupassen sind. Dabei sind bei unterschiedlichen Unsicherheitsgraden die jeweiligen Buchwerte anzugeben. Es dürfte aber ausreichen, die wesentlichen Unsicherheitsbereiche anzugeben.

Beispiel: Die Deutsche Bank (Geschäftsbericht 2016, S. 451) berichtet im Konzernanhang wie folgt über die angedachte amerikanische Steuerreform:

„Der Ausgang der Präsidentenwahl in den USA kann wesentliche Änderungen in der Steuerpolitik zur Folge haben. Die derzeit diskutierten Vorschläge zur Reform des Steuersystems in den USA beinhalten unter anderem eine erhebliche Steuersenkung für Unternehmen sowie signifikante Änderungen der gesamten Steuergesetzgebung. Umfang und Anwendungsbereich dieser geplanten Maßnahmen sind im Hinblick auf den Finanzsektor derzeit noch unklar. Eine Senkung des Unternehmenssteuersatzes könnte Auswirkungen auf die effektive Steuerquote des Konzerns in künftigen Perioden haben. Darüber hinaus ist eine entsprechende Neubewertung unserer aktiven latenten Steuerforderungen nicht auszuschließen. Zum jetzigen Zeitpunkt kann keine quantitative Aussage zu den finanziellen Auswirkungen auf den Konzern getroffen werden."

Zur Berichterstattung der Deutschen Bank *nach* der Reform siehe Rz. 29.60.

48.35 Über die Risiken kann in der Zusammenfassung der Bilanzierungs- und Bewertungsgrundsätze berichtet werden; ebenso zulässig ist die Nennung bei den Einzelerläuterungen,[11] wie sie etwa von Merck vorgenommen wird (Rz. 48.32 f.). U.E. ist darüber hinaus bei einer entsprechenden Berichterstattung im Lagebericht eine Doppelung nicht erforderlich, aber ein Verweis wünschenswert.

---

10 Vgl. Haufe IFRS-Komm[16], § 5 Rz. 61.
11 So auch Haufe IFRS-Komm[16], § 5 Rz. 61.

E. Einzelerläuterungen

Hierbei handelt es sich um die ergänzenden Informationen zu den in den Abschlussbestandteilen dargestellten Posten, und zwar in der Reihenfolge, in der jeder Posten und jeder Abschlussbestandteil dargestellt wird. Auch die Aufgliederungen zu den in den Berichtsinstrumenten genannten Posten sind hier vorzunehmen, also jene Angaben, die wahlweise auch im Anhang gemacht werden können. 48.36

Welche ergänzenden Informationen das jeweils sind, ergibt sich aus den einzelnen Standards. Dabei ist es ausdrücklich zulässig, zusammengehörige Angaben etwa zur Bilanz und zur Gewinn- und Verlustrechnung zusammenzufassen (IAS 1.115).

F. Andere Angaben

Zu den anderen Angaben gehören nach IAS 1.138 ausdrücklich die folgenden, falls sie nicht an anderer Stelle zusammen mit dem Abschluss veröffentlicht werden. Bei der „anderen Stelle" kann es sich nur um den Lagebericht handeln (z.B. beim Risikobericht, Rz. 25.79). 48.37

(a) Sitz und Rechtsform des Mutterunternehmens einschließlich Adresse,

(b) Beschreibung der Art der Geschäftstätigkeit des Konzerns und seiner Hauptaktivitäten,

(c) ggf. Name des Mutterunternehmens und des obersten Mutterunternehmens des Konzerns (im Falle von Teilkonzernabschlüssen).

Insbesondere (b) ist regelmäßig Bestandteil des Lageberichts.

Ferner ist der **Gewinnverwendungsvorschlag** oder **-beschluss** anzugeben und bei Aktiengesellschaften zusätzlich der Betrag der Dividende je Aktie. Im Fall von rückständigen Dividendenzahlungen an Vorzugsaktionäre ist der kumulierte Betrag anzugeben (IAS 1.137). 48.38

Daneben sehen manche Standards Angabepflichten vor, die an dieser Stelle erfüllt werden können, etwa die Angaben zu Eventualforderungen oder -verbindlichkeiten und Angaben zur Risikopolitik des Unternehmens. Denkbar ist aber auch, diese Angaben bei den Einzelerläuterungen vorzunehmen. 48.39

G. HGB-Angaben im IFRS-Konzernabschluss

Es bleiben wegen § 315e Abs. 1 HGB auch bei Aufstellung eines Konzernabschlusses nach IFRS folgende nationalen Vorschriften anwendbar:[12] 48.40

---

[12] Zur europarechtlichen Zulässigkeit dieser Vorschriften s. Regierungsbegründung zum Gesetzentwurf des Bilanzrechtsreformgesetzes, BR-Drs. 326/04 v. 30.4.2004, 71 ff.

- § 294 Abs. 3 HGB: Mitwirkungspflichten der Tochtergesellschaften bei der Aufstellung des Konzernabschlusses.

- § 297 Abs. 1a, 2 Satz 4 HGB: Bilanzeid (nur bei kapitalmarktorientierten Mutterunternehmen).

- § 298 Abs. 1 HGB i.V.m. §§ 244 HGB: Aufstellung in deutscher Sprache und in Euro und 245 HGB: Unterzeichnung.

- § 313 Abs. 2 bis 3 HGB: Angabepflichten zum Beteiligungsbesitz. Die Angabepflicht ergänzt die Standards, weil diese selbst keine entsprechende Angabe vorsehen. Es bleibt ferner dabei, dass kapitalmarktorientierte Konzerne von der Ausnahmeregelung des § 313 Abs. 3 Satz 1 HGB (Schutzklausel) keinen Gebrauch machen dürfen (§ 313 Abs. 3 HGB).

- § 314 Abs. 1 Nr. 4 HGB: durchschnittliche Zahl der Arbeitnehmer, Personalaufwand.

- § 314 Abs. 1 Nr. 6 HGB: Organbezüge; hier ergeben sich Überschneidungen nach IAS 24.16 (Rz. 51.42). Auf die an sich bei börsennotierten Aktiengesellschaften obligatorische Angabe der Bezüge jedes einzelnen Vorstandsmitglieds kann jedoch nach einem entsprechenden HV Beschluss verzichtet werden (§ 314 Abs. 3 i.V.m. § 286 Abs. 5 HGB).

- § 314 Abs. 1 Nr. 8 HGB: Entsprechenserklärung zum Corporate Governance Kodex gem. § 161 AktG.

- § 314 Abs. 1 Nr. 9 HGB: Honorar für den Abschlussprüfer.

- § 314 Abs. 3: Verweis auf § 286 Abs. 4, 5.

- § 315 HGB: Aufstellung eines Konzernlageberichtes.

48.41 Sollte für ein Tochterunternehmen die Befreiung von kapitalgesellschaftlichen Jahresabschlusspflichten in Anspruch genommen werden, dann erfordert das im Konzernabschluss die Angabe der befreiten Tochterunternehmen (§ 264 Abs. 3 Nr. 4 HGB sowie § 264b Nr. 3 HGB).

48.42 Auch die Vorschriften zum **Konzernlagebericht** bleiben unberührt (§ 315e Abs. 1 HGB).

Kapitel 49
Segmentberichterstattung (IFRS 8)

A. Überblick und Wegweiser 49.1	3. Zusammenfassung unwesentlicher Segmente 49.30
I. Management Zusammenfassung . 49.1	**C. Segmentangaben** 49.41
II. Standard und Anwendungsbereich 49.4	I. Anzuwendende Bilanzierungs- und Bewertungsmethoden 49.41
III. Wesentliche Abweichungen zum HGB 49.9	II. Zuordnungskriterien 49.42
IV. Neuere Entwicklungen 49.10	III. Ergebnis, Vermögen und Schulden 49.43
B. Segmentabgrenzung 49.21	1. Ergebnis 49.44
I. Grundsatz 49.21	2. Vermögen 49.45
II. Definition der Geschäftssegmente 49.22	3. Schulden 49.46
III. Berichtspflichtige Segmente 49.26	IV. Überleitung zu Konzerngesamtwerten 49.47
1. Möglichkeiten zur Zusammenfassung von Geschäftssegmenten . 49.26	V. Beispiel 49.48
2. Zusammenfassung ähnlicher Segmente 49.27	VI. Sonstige Angaben 49.49

Literatur: *Alvarez/Büttner*, ED Operating Segments, KoR 2006, 307; *Blase/Müller/Reinke*, Paradigmenwechsel in der Segmentberichterstattung? – Empirische Analyse der Anwendung von IFRS 8, PiR 2012, 69; *Böcking/Benecke*, Der Entwurf des DRSC zur Segmentberichterstattung „E-DRS 3", WPg 1999, 839; *Fink/Ulbrich*, Segmentberichterstattung nach ED 8 – Operating Segments, KoR 2006, 233; *Grote/Pilhofer/Herr*, Zur erstmalig verpflichtenden Anwendung von IAS 33 und IFRS 8 -Erstanwendung im Rahmen eines Börsengangs, PiR 2016, 1; *Grottke/Krammer*, Was bringt der management approach des IFRS 8 den Jahresabschlussadressaten? – Eine kritische Analyse, KoR 2008, 670; *Haller*, Segmentberichterstattung, in Haller/Raffournier/Walton, Unternehmenspublizität im internationalen Wettbewerb, Stuttgart 2000, 755; *Heintges/Urbanczik/Wulbrand*, Regelungen, Fallstricke und Überraschungen der Segmentberichterstattung nach IFRS 8, DB 2008, 2773; *Hinz/Tettenborn/Nell*, Die Segmentberichterstattung nach IFRS und DRS – Entscheidungsnützlichkeit für Adressaten sowie Gestaltungsmöglichkeiten auf Unternehmensseite, PiR 2016, 137; *Kirsch*, Segmentberichterstattung nach IFRS 8 und Segmentabschlussanalyse (Teil 1) – Segmentberichterstattung nach IFRS 8 –, KoR 2017, 36; *Kirsch*, Segmentberichterstattung nach IFRS 8 und Segmentabschlussanalyse (Teil 2) – Segmentberichterstattung nach IFRS 8 –, KoR 2017, 86; *Lüdenbach/Lukat*, Anwendungsprobleme bei der Segmentabgrenzung nach IFRS 8 – Erläuterung ausgewählter Fragestellungen, PiR 2013, 181; *Rinker*, IASB veröffentlicht Entwurf zu Änderungen an IFRS 8 und IAS 34 – Betrachtung der IASB-Erläuterungen zur Verbesserung der beiden Standards, PiR 2017, 216; *Wenk/Jagosch*, Konzeptionelle Neugestaltung der Segmentberichterstattung nach IFRS 8 – Was ändert sich tatsächlich, KoR 2008, 661; *Zülch*, Die Segmentberichterstattung als zentrale Informationsquelle einer effektiven Kapitalmarktkommunikation, KoR 2016, 378.

A. Überblick und Wegweiser

I. Management Zusammenfassung

49.1 IFRS 8 verpflichtet Unternehmen, deren Wertpapiere an einer Börse gehandelt werden oder die den Handel beantragt haben, zur Segmentberichterstattung nach dem sog. *management approach*. Danach ist über solche Geschäftseinheiten zu berichten, die Erträge erwirtschaften und Aufwendungen verursachen und deren Ergebnis Grundlage der **regelmäßigen Geschäftssteuerung durch das Management** ist (Geschäftssegmente). Unter bestimmten Voraussetzungen können Geschäftssegmente zusammengefasst werden.

49.2 Auch der Inhalt der Segmentberichterstattung wird durch die **unternehmensinterne Berichterstattung** an das Management bestimmt. Die anzugebenden Größen – im Wesentlichen Ergebnis und dessen Bestandteile, ggf. auch Vermögen und Schulden – müssen daher nicht nach IFRS ermittelt werden. Die Bewertungsmaßstäbe sind aber im Anhang zu erläutern und die Daten der Segmentberichterstattung auf die entsprechenden Größen des IFRS-Abschlusses überzuleiten.

49.3 Ergänzende Angaben sind für geografische Gebiete sowie für Kundengruppen gefordert. Diese Angaben müssen nach IFRS ermittelt werden.

II. Standard und Anwendungsbereich

49.4 Mit der Bilanz, der Gewinn- und Verlustrechnung (Gesamtergebnisrechnung) und der Kapitalflussrechnung wird eine hochaggregierte Darstellung der Vermögens- und Ertragslage und der Cashflow des Gesamtunternehmens (Konzern oder Einzelunternehmen) geboten. Diese Art der Darstellung lässt nicht mehr erkennen, in welchen Bereichen das Unternehmen seine Stärken und Schwächen hat und wo Risiken und Chancen bestehen. Abhilfe schafft hier die Segmentberichterstattung.[1] Durch die Disaggregation ausgewählter Abschlussdaten nach Geschäftssegmenten sowie zusätzliche Angaben für geografische Gebiete soll der Abschlussadressat in die Lage versetzt werden, die finanziellen Auswirkungen der verschiedenen Geschäftstätigkeiten eines Unternehmens sowie das ökonomische Umfeld, in dem das Unternehmen operiert, zu erkennen (IFRS 8.1).[2] Die entsprechenden **Regelungen** hierzu enthält IFRS 8.

49.5 Zentrales Prinzip des IFRS 8 ist der sog. *management approach*. Danach werden die in der externen Berichterstattung dargestellten Informationen über Segmente

---

[1] Zur Bedeutung der Segmentberichterstattung im Rahmen kapitalmarktorientierter Rechnungslegung vgl. *Haller*, Segmentberichterstattung, in Haller/Raffournier/Walton, Unternehmenspublizität im internationalen Wettbewerb, 755 (757 ff.); *Grottke/Krammer*, KoR 2008, 670 (670 f.); *Zülch*, KoR 2016, 378.
[2] Vgl. auch *Haller* in Baetge-IFRS, IFRS 8 Rz. 2.

unmittelbar dem internen Rechnungswesen des Unternehmens entnommen, um die Steuerungs- und Entscheidungsstrukturen eines Unternehmens extern transparent zu machen.³ Das bedeutet zum einen, dass Angaben über jene Segmente zu machen sind, die das Unternehmen zu **internen Berichts- und Steuerungszwecken** eingerichtet hat. Zum anderen sind für die Segmentangaben nicht zwingend die auf den Jahres- oder Konzernabschluss angewendeten Bilanzierungs- und Bewertungsregeln maßgebend; vielmehr sind davon abweichende Methoden anzuwenden, wenn diese für die interne Steuerung verwendet werden (IFRS 8.25), etwa Ergebnisgrößen unter Erfassung kalkulatorischer Kosten⁴ oder auch HGB-Zahlen.⁵ In diesem Fall ist die Brücke zum Jahres- oder Konzernabschluss durch **Überleitungsrechnungen** zu schlagen (IFRS 8.28b-d). Der *management approach* bestimmt daher nicht nur die Abgrenzung der Segmente, sondern auch die anzugebenden Segmentdaten.⁶

Die Segmentberichterstattung ist – rechtsformunabhängig – für Unternehmen vorgeschrieben, deren Aktien oder schuldrechtliche Wertpapiere an einer **Wertpapierbörse** (einschließlich OTC-Markt) gehandelt werden oder die den Handel in die Wege geleitet (beantragt) haben und für diese Zwecke einen IFRS-konformen Abschluss einreichen müssen (IFRS 8.2).⁷ Dies ist i.d.R. der Konzernabschluss.⁸ Sollte im Übrigen ein nach IFRS bilanzierendes Unternehmen in seinen Abschluss freiwillig eine Segmentberichterstattung aufnehmen, so hat diese den Anforderungen des IFRS 8 zu entsprechen; ansonsten dürfen die Informationen nicht als „Segmentinformationen" bezeichnet werden (IFRS 8.3). Hiervon unberührt bleiben segmentierte Zusatzinformationen im sonstigen Teil eines Geschäftsberichts.

49.6

Die Segmentberichterstattung ist kein eigener IFRS-Berichtsbestandteil und daher **Teil des Anhangs**.⁹

49.7

IFRS 8 regelt nicht die Segmentberichterstattung in **Zwischenberichten**. Die Notwendigkeit hierzu ergibt sich aus IAS 34.16A(g), der auf IFRS 8 verweist (Rz. 54.11).

Die Vorschriften zur Segmentberichterstattung haben darüber hinaus **eine erhebliche Bedeutung** für die **Goodwillzuordnung** im Rahmen des **Impairment-Tests**:

49.8

---

3 Vgl. *Haller* in Baetge-IFRS, IFRS 8 Rz. 5 ff.
4 Vgl. *Alvarez/Büttner*, KoR 2006, 307 (313).
5 Vgl. IFRS 8.BC9.
6 Zu den bilanzpolitischen Spielräumen, die mit der Anwendung des management approach verbunden sind, vgl. *Kirsch*, KoR 2017, 36 ff. und 86 ff.
7 Zum Anwendungsbereich des IFRS 8 vgl. auch *Alvarez* in T/vK/B, IFRS 8 Rz. 106 ff.; *Haller* in Baetge-IFRS, IFRS 8 Rz. 21 ff.
8 IFRS 8.2 ist allerdings auch für die Einzelabschlüsse solcher Unternehmen relevant, deren Anteile im Prime Standard der Frankfurter Wertpapierbörse gehandelt werden und die nicht zur Konzernrechnungslegung verpflichtet sind, vgl. *Fink/Ulbrich*, KoR 2006, 233 (235) m.w.N. Der Nutzen einer Segmentberichterstattung für Einzelabschlüsse dürfte jedoch überschaubar sein. Als Erleichterung sieht IFRS 8.4 vor, dass sich die Segmentberichterstattung bei einer gemeinsamen Veröffentlichung von Einzel- und Konzernabschluss auf die konsolidierte Segmentberichterstattung beschränken darf.
9 Vgl. *Haller* in Baetge-IFRS, IFRS 8, Rz. 18.

Ein Goodwill darf maximal einer zahlungsmittelgenerierenden Einheit (cash generating unit, CGU) oder einer Gruppe von CGU zugeordnet werden, die nicht größer als ein Geschäftssegment i.S.v. IFRS 8 ist (IAS 36.80, Rz. 19.27).

III. Wesentliche Abweichungen zum HGB

49.9 Nach HGB besteht keine Verpflichtung zur Segmentberichterstattung. Für Aufsteller von HGB-Konzernabschlüssen empfiehlt § 297 Abs. 1 Satz 2 HGB, den Konzernabschluss um eine Segmentberichterstattung zu erweitern. Gleiches gilt für den **Jahresabschluss** kapitalmarktorientierter Unternehmen, die nicht zur Erstellung eines Konzernabschlusses verpflichtet sind (§ 264 Abs. 1 Satz 2 HGB), sowie für Unternehmen, die in den Geltungsbereich des PublG fallen und nach § 264d HGB kapitalmarktorientiert sind (§ 5 Abs. 2a PublG).

DRS 3 Segmentberichterstattung ergänzt die Wahlrechtsvorgaben des HGB.

IV. Neuere Entwicklungen

49.10 Das IASB veröffentlichte am 29.3.2017 den Entwurf ED/2017/2 „Improvements to IFRS 8 Operating Segments (Proposed amendments to IFRS 8 and IAS 34)".[10] Die Änderungsvorschläge wurden im weiteren Verlauf allerdings als ein zu geringer Fortschritt im Hinblick auf die Entscheidungsnützlichkeit beurteilt, so dass das IASB im März 2018 entschieden hat, den Entwurf nicht weiter zu verfolgen und das Projekt einzustellen. Im Februar 2019 hat das IASB die Project Summary dazu veröffentlicht.[11]

49.11 Änderungen an IFRS 8 sind derzeit nicht zu erwarten.

49.12–49.20 frei

B. Segmentabgrenzung

I. Grundsatz

49.21 Die Segmentabgrenzung erfolgt in zwei Schritten:
- Zuerst ist zu prüfen, welche Einheiten eines Unternehmens die Definition eines *Geschäftssegments* i.S.d. IFRS 8.5 erfüllen.

---

10 Siehe hierzu *Rinker*, PiR 2017, 216.
11 Siehe https://www.ifrs.org/-/media/project/improvements-to-ifrs-8-operating-segments/published-documents/improvements-to-ifrs-8-project-summary.pdf?la=en (abgerufen am 2.4.2019).

– Anschließend ist festzulegen, welche der Geschäftssegmente *berichtspflichtige Segmente* darstellen (IFRS 8.12 ff.).[12]

II. Definition der Geschäftssegmente

Geschäftssegmente (*operating segments*) sind als Unternehmensteile definiert (IFRS 8.5), 49.22

– deren Geschäftsaktivitäten zu konzerninternen oder konzernexternen Erträgen und Aufwendungen führen,
– deren operatives Ergebnis vom Hauptentscheidungsträger des Unternehmens (*chief operating decision maker [CODM]*) regelmäßig zur Erfolgsbeurteilung und zur Ressourcenallokation herangezogen wird *und*
– für die Finanzinformationen verfügbar sind.

IFRS 8 gibt wegen des **Vorrangs der Managemententscheidung** nur punktuelle Hinweise zur Abgrenzung der Segmente. Gemäß IFRS 8.5 können z.B. auch startups mit erst *in der Zukunft* anfallenden Erträgen und Aufwendungen Geschäftssegmente sein, wobei eine Berichtspflicht in diesem Fall aufgrund von Unwesentlichkeit (Rz. 49.30) häufig nicht gegeben sein dürfte.[13] Unternehmenszentralen erfüllen die Voraussetzungen für Geschäftssegmente i.d.R. nicht. Auch Pensionsfonds sind keine Geschäftssegmente (IFRS 8.6).

Vertikal integrierte Segmente, die ihre Leistungen (fast) ausschließlich an andere Segmente des Unternehmens abgeben, sind unter den allgemeinen Voraussetzungen des IFRS 8.5 ff. Geschäftssegmente (IFRS 8.BCA79 f.); sie genießen demnach keine Sonderbehandlung.

Der Begriff „**Hauptentscheidungsträger**" *(CODM)* bezeichnet eine Funktion, die ein Manager innerhalb des Unternehmens ausübt, unabhängig von der Bezeichnung der Funktion des Managers im Unternehmen. Entscheidend ist die Verantwortlichkeit des Managers für die Ressourcenallokation und die Beurteilung der Ertragskraft der Segmente.[14] Dabei kann es sich um eine einzelne Person (z.B. CEO, COO) oder um ein Gremium (Vorstand, Geschäftsführung) handeln (IFRS 8.7).[15] In einem Konzern ist der Hauptentscheidungsträger beispielsweise das Leitungsgremium des Mutterunternehmens, der Vorsitzende oder ein anderes Mitglied des Leitungsgremiums, bei deutschen Aktiengesellschaften i.d.R. der (Gesamt-)Vorstand.[16] 49.23

Für Unternehmen, die zu Steuerungszwecken relativ stark in Verantwortungsbereiche untergliedert sind, bis etwa hinab zu Maschinenkostenstellen, können sich aus 49.24

---

12 Vgl. *Grottke/Krammer*, KoR 2008, 670 (671).
13 Vgl. Haufe IFRS-Komm, § 36 Rz. 20.
14 Vgl. *PwC*, IFRS Manual of Accounting, Rz. 8.9.
15 Vgl. auch *Heintges/Urbanczik/Wulbrand*, DB 2008, 2773 (2773 f.); *Wenk/Jagosch*, KoR 2008, 661 (662).
16 Vgl. *Haller* in Baetge-IFRS, IFRS 8, Rz. 41; Haufe IFRS-Komm, § 36 Rz. 20f.

den Regelungen des IFRS 8 zahlreiche Geschäftssegmente ergeben (vgl. aber die Empfehlung des IFRS 8.19 zur Beschränkung der Anzahl der Segmente, Rz. 49.26):

Beispiel: Eine Einzelhandelskette habe für jedes Geschäft einen für Personalführung, Werbung etc. und damit für die Ergebnisse verantwortlichen lokalen Manager. Die Unternehmensleitung lässt sich zur Überwachung dieser Manager monatlich die Ergebnisse jedes einzelnen Geschäfts berichten und entscheidet daraufhin über Schließung, Erweiterung, Investitionen etc.

Jedes Geschäft erfüllt die Merkmale eines Geschäftssegments i.S.v. IFRS 8.5 (IFRS 8BCA73).

Gleiches gilt, wenn sich die Unternehmensleitung die Ergebnisse von rechtlichen Einheiten berichten lässt, um die Leistung der jeweiligen Geschäftsführung zu messen und die Konzernressourcen in Form von Investitionen und Kapitalzuführungen aufzuteilen. Dann handelt es sich bei jeder rechtlichen Einheit um ein Geschäftssegment i.S.v. IFRS 8.[17]

49.25 Bei einer **Matrixorganisation**, z.B. unternehmensinterner Segmentierung nach Produkten und Regionen, wird nach dem *core principle* (IFRS 8.1) beurteilt, was für Zwecke des IFRS 8 als Geschäftssegment angesehen wird, d.h. es ist die Segmentabgrenzung zu wählen, welche die externe Informationsvermittlung am besten gewährleistet (IFRS 8.10). Insoweit liegt faktisch ein Wahlrecht für die Segmentabgrenzung vor.[18]

III. Berichtspflichtige Segmente

1. Möglichkeiten zur Zusammenfassung von Geschäftssegmenten

49.26 Sind Geschäftssegmente identifiziert, heißt dies noch nicht, dass auch über jedes einzelne Segment zu berichten ist. Vielmehr dürfen Geschäftssegmente zu berichtspflichtigen Segmenten (Berichtssegmenten) zusammengefasst werden, wenn sie

– nach den Kriterien des IFRS 8.12 ähnlich sind oder

– die Wesentlichkeitsgrenzen des IFRS 8.13 nicht überschreiten.

Diesen Möglichkeiten zur Zusammenfassung von Geschäftssegmenten liegt die Idee zugrunde, dass eine atomisierte Segmentberichterstattung gerade *keine* entscheidungsnützlichen Informationen liefert.[19] IFRS 8.19 empfiehlt eine praktische Höchstanzahl von zehn Berichtssegmenten. Diese Zahl ist zwar nur eine unverbindliche Vorgabe; eine Überschreitung sollte aber Anlass sein, eine Zusammenfassung von Geschäftssegmenten nach IFRS 8.12 oder IFRS 8.13 zu prüfen.

Werden Geschäftssegmente nach IFRS 8.12 zusammengefasst, ist im Anhang anzugeben, nach welchen Kriterien (Rz. 49.27, Rz. 39.30) die Zusammenfassung erfolgt ist und welche Einschätzungen das Management dabei vorgenommen hat (IFRS 8.22(aa), Rz. 49.52).

---

17 Vgl. *Fink/Ulbrich*, KoR 2006, 233 (236).
18 Vgl. auch *Grottke/Krammer*, KoR 2008, 670 (671); *Wenk/Jagosch*, KoR 2008, 661 (662 f.).
19 Ein *information overload* soll verhindert werden, vgl. *Böcking/Benecke*, WPg 1999, 839 (842).

2. Zusammenfassung ähnlicher Segmente

Geschäftssegmente dürfen zusammengefasst werden, wenn sie vergleichbare **wirtschaftliche Merkmale** aufweisen, die Zusammenfassung mit dem Grundprinzip des IFRS 8.1 im Einklang steht, nämlich Informationen über die spezifischen Geschäftsaktivitäten des Unternehmens zu geben (*similar economic characteristics*), *und* in *sämtlichen* der folgenden Merkmale ähnlich sind (IFRS 8.12): 49.27

Kriterien nach IFRS 8.12	Wesentliche Aspekte
(a) Art der Produkte und Dienstleistungen	– Ähnlichkeit des Bestimmungszwecks – Substitute/Komplementärgüter
(b) Art der Produktionsprozesse	– Gemeinsame Nutzung von Produktionsanlagen – Ähnliche Qualifikation der Arbeitskräfte – Einsatz gleicher/ähnlicher Rohstoffe
(c) Kundengruppen	– Privatkunden, gewerbliche Kunden, staatliche Institutionen – Abhängigkeit von Großkunden
(d) Vertriebsmethoden	– Ähnlichkeit der Vertriebsmethoden – Gemeinsame Vertriebsorganisation – Gemeinsame Vertriebskanäle
(e) Art des regulatorischen Regelungsumfeldes	– Ähnliche zivilrechtliche Bestimmungen (z.B. für bestimmte Branchen) – Ähnliche steuerliche Rahmenbedingungen – Regulierte/nicht-regulierte Tätigkeiten

Abb. 49.1: Ähnliche wirtschaftliche Kriterien

Entscheidend ist die Ähnlichkeit hinsichtlich *aller* Merkmale. Nicht ausreichend ist eine identische wirtschaftliche Entwicklung (z.B. Margentrend, Umsatzrendite) bei unterschiedlichen Merkmalen (IFRS 8.BCA74).

Allerdings schließt IFRS 8.12 von der Ähnlichkeit der vorgenannten Merkmale auf eine ähnliche langfristige wirtschaftliche Entwicklung (Margen) und nicht umgekehrt. Daraus folgt, dass eine *gegenwärtig* identische Profitabilität nicht gegeben sein muss, um Geschäftssegmente, z.B. verschiedene rechtliche Einheiten eines Bereichs, zusammenfassen zu können.[20] 49.28

Im Übrigen ist die genaue Abgrenzung vor dem Hintergrund des Hauptprinzips (*core principle*) des IFRS 8.1 zu würdigen. Dieses ist bewusst global ausgestaltet, getreu dem Motto: „Im Grundsatz gilt das als relevant für den Abschlussnutzer, was das Management selbst für seine Entscheidungsfundierung, die Abgrenzung der Geschäftstätigkeit im Rahmen der Segmentierung und die inhaltliche Ausgestaltung der Segmentberichte zugrunde legt".[21] 49.29

---

20 So auch *Alvarez/Büttner*, KoR 2006, 307 (311, dort Fn. 39).
21 *Alvarez/Büttner*, KoR 2006, 307 (311, dort Fn. 39).

Beispiel: Ein mittelständischer Konzern mit *einer* **Kernkompetenz** habe seine **Funktionen** in jeweils verschiedene rechtliche Einheiten aufgeteilt (Entwicklung, Produktion mit verschiedenen Fertigungsstufen und Standorten, Vertriebsgesellschaften in verschiedenen Regionen), ohne dass eine Matrixorganisation vorliegt (Rz. 49.25). Weil das Management sich die Ergebnisse jeder rechtlichen Einheit berichten lässt und Investitionen entsprechend steuert, liegen Geschäftssegmente i.S.v. IFRS 8.5 vor. Die Aufrechterhaltung jeder Funktion und damit jeder rechtlichen Einheit wird vom Management zur Erfüllung der Kernkompetenz als notwendig angesehen.

In diesem Fall liegt u.E. bereits außerhalb der Wesentlichkeitskriterien (Rz. 49.30) eine Ähnlichkeit der Merkmale i.S.v. IFRS 8.12 vor. Die Ähnlichkeit i.S.v. IFRS beruht auf dem **übergeordneten gemeinsamen Geschäftszweck, dem alle Einheiten trotz der Funktionsteilung dienen.** Ein wirtschaftlich vergleichbares Regelungsumfeld (Kriterium (e) in Rz. 49.27) ergibt sich selbst bei Tätigkeit in mehreren Regionen aus der globalen Vernetzung der Weltwirtschaft. Das Hauptprinzip (*core principle*) des IFRS 8.1 hat u.E. Vorrang vor einer engen Auslegung des IFRS 8.12. Berichtssegmente i.S.v. IFRS 8.5 i.V.m. IFRS 8.11a beziehen sich daher u.E. auf **Kernkompetenzen.**

3. Zusammenfassung unwesentlicher Segmente

49.30 Ein Segment ist nur dann berichtspflichtig, wenn seine **Umsatzerlöse** *oder* sein **Ergebnis** *oder* sein **Vermögen** jeweils mehr als *10 %* der entsprechenden Gesamtwerte aller Segmente ausmachen (IFRS 8.13):

– Die Werte sind somit *nicht* kumulativ zu erfüllen, es reicht die Überschreitung bereits eines Merkmals, um Berichtspflicht auszulösen.

– Bei den Umsatzerlösen handelt es sich um Innen- *und* Außenumsätze.

– Die *Vergleichsgesamtwerte* umfassen auch die Beiträge der nicht einzeln berichteten Segmente.[22]

– Beim Wesentlichkeitstest für das **Ergebnis** sind jeweils die positiven und negativen Ergebnisse aller Segmente zu addieren. Der größere der beiden Beträge dient als Maßstab für die 10 %-Grenze.

Beispiel: Es bestehen zehn Segmente, davon sieben mit positiven Ergebnissen (Summe 75), drei mit Verlusten (Summe -20).

Segmente mit einem Ergebnis > 7,5 (10 % des größeren *Betrags*, hier 75) sind berichtspflichtig, unabhängig davon, ob ein Segmentverlust oder ein Segmentgewinn vorliegt.

49.31 Für Geschäftssegmente, welche die Kriterien des IFRS 8.13 nicht überschreiten, bestehen drei Möglichkeiten der Darstellung:

– Sie können freiwillig berichtet werden, wenn dadurch nützliche Informationen vermittelt werden (IFRS 8.13).

– Sie können mit anderen unwesentlichen Segmenten zusammengefasst werden, wenn die Geschäftssegmente hinsichtlich der *meisten* Kriterien des IFRS 8.12 ähn-

---

[22] Vgl. *Alvarez/Büttner*, KoR 2006, 307 (311).

lich sind (IFRS 8.14, Rz. 49.27). Sollen wesentliche und unwesentliche Segmente zusammengefasst werden, müssen *sämtliche* Kriterien des IFRS 8.12 erfüllt sein.[23]

– Sie können zusammen mit Geschäftstätigkeiten, die keine Geschäftssegmente darstellen, in einer Kategorie „Sonstige Segmente" zusammengefasst werden, die getrennt von der Überleitung der Daten der berichtspflichtigen Segmente zu den Konzerndaten darzustellen ist (IFRS 8.16).

Um zu verhindern, dass die als unwesentlich eingestuften Segmente zusammen einen wesentlichen Teil des Unternehmens ausmachen, ist geregelt, dass die *Außenumsätze* der berichtspflichtigen Segmente zusammen **mindestens 75 % der** (konsolidierten) Gesamtumsätze ausmachen müssen (IFRS 8.15). Ggf. sind weitere, zunächst als unwesentlich eingestufte Segmente ebenfalls in die Berichterstattung aufzunehmen, bis die 75 %-Grenze überschritten wird. Vorrangig sollten die größten der kleinen Segmente zusätzlich ausgewiesen werden. 49.32

Die Größenkriterien sind in *jeder Periode neu zu berechnen*. Allerdings kann es vorkommen, dass ein in der laufenden Periode unwesentliches Segment in der Vorperiode noch wesentlich war. In diesem Fall darf das nun unwesentliche Segment weiterhin gesondert ausgewiesen werden, wenn ihm vom Management eine andauernde Bedeutung beigemessen wird (IFRS 8.17), z.B. bei einem voraussichtlich nur vorübergehenden Absinken unter die 10 %-Grenzen aus konjunkturellen oder wechselkursbedingten Gründen. 49.33

Im umgekehrten Fall (erstmaliges Überschreiten der Wesentlichkeitsgrenze in der laufenden Periode) sind die Vorjahreswerte anzupassen, es sei denn, die Anpassung ist, z.B. mangels entsprechender interner Berichterstattung, nicht durchführbar (IFRS 8.18).

frei 49.34–49.40

C. Segmentangaben

I. Anzuwendende Bilanzierungs- und Bewertungsmethoden

Entsprechend dem *management approach* sind grundsätzlich nicht die im IFRS-Abschluss angewendeten Bilanzierungs- und Bewertungsgrundsätze maßgebend, sondern die im **internen Berichtswesen** verwendeten Methoden (IFRS 8.25). Somit können bei entsprechendem Berichtswesen z.B. auch kalkulatorische oder gar HGB-Zahlen verwendet werden. Abweichungen von den IFRS-Methoden sind dann in die Überleitung aufzunehmen und zu erläutern (IFRS 8.27b-d). Für einzelne Segmente können unterschiedliche Bilanzierungs- und Bewertungsmethoden zur Anwendung kommen.[24] Eine Ausnahme gilt, wenn ggf. mehrere, auf unterschiedlichen 49.41

---

23 Vgl. *Haller* in Baetge-IFRS, IFRS 8 Rz. 65.
24 Vgl. *Grottke/Krammer*, KoR 2008, 670 (672).

Methoden beruhende Werte berichtet werden. Dann ist die Methode zu verwenden, die den IFRS am nächsten kommt (IFRS 8.26).

II. Zuordnungskriterien

49.42 Nach IFRS 8 sind mögliche Zuordnungen von Komponenten, die mehrere Segmente betreffen, zu Ergebnis und Vermögen, etwa bei Zentralbereichen, sachgerecht vorzunehmen (IFRS 8.25).

Damit sind auch asymmetrische Zuordnungen zugelassen (z.B. Zuordnung von Abschreibungen zu einem anderen Segment als die zugehörigen Vermögenswerte). Diese müssen aber erläutert werden (IFRS 8.27 f.). Alternativ kann auf eine Zuordnung gemeinschaftlicher Komponenten verzichtet werden; in diesem Fall werden die Komponenten im Rahmen der Überleitungsrechnungen berücksichtigt.[25]

Sind Erträge und Aufwendungen einem Segment direkt zuordenbar, geht das IASB davon aus, dass das Management auch für die Segmentberichterstattung eine sachgerechte Zuordnung vornehmen wird. Eine explizite Vorgabe zur Allokation sieht es daher als entbehrlich an (IFRS 8.BCA89).

III. Ergebnis, Vermögen und Schulden

49.43 IFRS 8 enthält wegen des Vorrangs des *management approach* nur wenige Vorgaben zur genauen Ausgestaltung der Segmentberichterstattung. Es sind grundsätzlich die dem Hauptentscheidungsträger zur Verfügung gestellten Daten anzugeben. Grundsätzlich anzugeben ist eine Ergebnisgröße (IFRS 8.23). Eine Vermögensgröße ist nur dann anzugeben ist, wenn sie unternehmensintern an den Hauptentscheidungsträger berichtet wird. Gleiches gilt für Segmentschulden (IFRS 8.23).

1. Ergebnis

49.44 Nach IFRS 8.23 sind die intern berichteten Ergebnisgrößen anzugeben, ohne dass eine Ergebnisgröße selbst definiert wird. In der Praxis werden das (ggf. bereinigte) Ergebnis vor Abschreibungen, Zinsen und Steuern (EBITDA), Ergebnis vor Zinsen und Steuern (EBIT), seltener das Ergebnis vor Steuern (EBT) oder das Jahresergebnis verwendet. In Betracht kommen auch cashnahe „Ergebnisgrößen"[26], beispielsweise ein Cashflow nach Investitionen[27] (Free Cashflow). Ein Segment-Cashflow ist aber ansonsten nicht anzugeben (IFRS 8.BCA94).

---

25 Zu den Zuordnungskriterien vgl. auch Haufe IFRS-Komm, § 36 Rz. 63 ff.
26 Vgl. *Alvarez/Büttner*, KoR 2006, 307 (315).
27 Vgl. *Siemens*, Geschäftsbericht 2017, 109; Siemens berichtet den Free Cashflow zusätzlich zu einer Ergebnisgröße.

Dabei sind die folgenden Ergebniskomponenten anzugeben, wenn sie in der jeweiligen Ergebnisgröße enthalten sind *oder* dem Hauptentscheidungsträger *zusätzlich* zur Ergebnisgröße mitgeteilt werden (IFRS 8.23):

(a) Außenumsätze[28]

(b) Innenumsätze

(c) Zinserträge und -aufwendungen (saldiert, falls unternehmensintern saldiert berichtet)

(d) Planmäßige Abschreibungen

(e) Wesentliche Ertrags- und Aufwandspositionen i.S.v. IAS 1.97, z.B. Restrukturierungen, Rechtsstreitigkeiten, Rückstellungsauflösungen etc.

(f) Equity-Ergebnis

(g) Ertragsteuern

(h) Wesentliche zahlungsunwirksame Posten (außer planmäßigen Abschreibungen) und sofern nicht bereits unter (e) genannt

Je enger die Ergebnisgröße, umso geringer ist grundsätzlich der Berichtsumfang. Wird bspw. das EBITDA berichtet, entfallen insoweit Angaben zu (c), (d), (g), es sei denn, dass diese dem Management zusätzlich zum EBITDA mitgeteilt werden. Davon unabhängig sind wesentliche Komponenten bei der Überleitung zum Gesamtkonzernwert (Rz. 49.47) zu erläutern.

Nach IAS 36.129 sind zusätzlich außerplanmäßige Abschreibungen und Zuschreibungen für jedes berichtspflichtige Segment anzugeben.

2. Vermögen

Eine Vermögensgröße ist ebenso wenig vorgegeben und nur angabepflichtig, wenn auch intern berichtet. In der Praxis werden Bruttovermögensgrößen (mit und ohne Goodwill, mit und ohne Umlaufvermögen), aber auch Nettovermögensgrößen (*capital employed*) verwendet.[29]

49.45

Dabei sind die folgenden Vermögenskomponenten anzugeben, wenn sie in der jeweiligen Vermögensgröße enthalten sind *oder* dem Hauptentscheidungsträger *zusätzlich* zur Vermögensgröße mitgeteilt werden (IFRS 8.24):

---

[28] IFRS 8.23 spricht allgemein von *revenues*, also Erträgen aus gewöhnlicher Tätigkeit (im Unterschied zu aperiodischen oder außergewöhnlichen *gains*, wie Erträge aus Anlagenabgängen, Rückstellungsauflösungen etc. Die Praxis subsumiert unter revenues ausschließlich Umsatzerlöse, nicht dagegen sonstige betriebliche Erträge und Zinserträge. Letzteres zählt allenfalls bei Finanzsegmenten (z.B. Konzernfinanzierung, Absatzfinanzierung) zu *revenues*, vgl. IFRS 8.IG3.

[29] Vgl. *Haller* in Baetge-IFRS, IFRS 8, Rz. 87.

- Equity-Beteiligungen
- Investitionen in langfristige Vermögenswerte[30]

3. Schulden

49.46 Die Angabe von Schulden ist nur vorgeschrieben, wenn sie der Unternehmensleitung regelmäßig zur Verfügung gestellt werden (IFRS 8.23). Werden bestimmte Schulden in eine Nettovermögensgröße einbezogen, also mit Vermögen saldiert (Rz. 49.45), sind u.E. die verbleibenden, d.h. nicht saldierten Schulden anzugeben, soweit unternehmensintern berichtet.

IV. Überleitung zu Konzerngesamtwerten

49.47 Die folgenden Segmentangaben sind zu den Konzerngesamtwerten überzuleiten (IFRS 8.28), wobei die Überleitung nur für die Summe der Daten aller Segmente, nicht für die einzelnen Segmente erfolgen muss:

(a) Umsatzerlöse

(b) Segmentergebnisse zum Konzernergebnis vor Steuern[31] und Ergebnis aufgegebener Geschäftsbereiche

(c) Vermögen, soweit angabepflichtig

(d) Schulden, soweit angabepflichtig

(e) Jede andere angabepflichtige, weil im Segmentergebnis bzw. Segmentvermögen enthaltene Größe

Die Überleitung geschieht unter Berücksichtigung der nicht separat, z.B. wegen Unwesentlichkeit berichteten Sammelsegmente (Rz. 49.26 ff.) und unter Erfassung von Konsolidierungsmaßnahmen sowie abweichenden Bilanzierungs- und Bewertungsmethoden (Rz. 49.41).

V. Beispiel

49.48 Das folgende Tableau zeigt eine beispielhafte Darstellung der Segmentangaben (in grober Anlehnung an IFRS 8.IG3 ff.) inklusive der nach IFRS 8.27 f. im Anhang vorzunehmenden Erläuterungen:

Beispiel:

(1) Das **Ergebnis** der operativen Bereiche umfasst das Ergebnis vor Zinsen und Ertragsteuern.

---

30 Außer Finanzinstrumente, latente Steuern, Vermögenswerte aus Pensionsplänen, bestimmte Vermögenswerte aus Versicherungen (IFRS 8.24).

31 Es sei denn, dass das Segmentergebnis Ertragsteuern umfasst. Dann wird zum Nach-Steuer-Ergebnis übergeleitet (IFRS 8.27b).

(2) **„Sonstige"** betreffen im Wesentlichen die Holding-Funktionen, d.h. zentrale Abteilungen wie Konstruktion, Finanzen, Rechnungswesen, sowie bestimmte Equity-Beteiligungen, die von der Konzernzentrale gehalten werden. Es handelt sich dabei nicht um ein Geschäftssegment i.S.d. IFRS 8.5. Vielmehr ist diese Zeile Teil der Überleitung auf die Konzernwerte.

(3) **Abschreibungen** beinhalten alle planmäßigen Abschreibungen auf immaterielle Vermögenswerte und Sachanlagen.

(4) **Investitionen** umfassen Investitionen in immaterielle Vermögenswerte und Sachanlagen.

(5) Das **Vermögen** der operativen Bereiche ist definiert als Gesamtvermögen abzgl. Steuerforderungen, Rückstellungen und zinsloser Verbindlichkeiten (ohne Steuerverbindlichkeiten). Demgegenüber entspricht das Konzernvermögen der Summe aller Aktiva, d.h. der Bilanzsumme. Bei der Überleitung vom Nettovermögen der Bereiche zum Konzernwert waren daher die bei den Bereichen abgezogenen unverzinslichen Schulden zu addieren (6) und außerdem konzerninterne Salden zu konsolidieren (7).

(8) Die **Effekte aus abweichenden Bilanzierungs- und Bewertungsmethoden** betreffen beim Ergebnis im Wesentlichen die im Konzernabschluss erfolgsneutrale Behandlung von versicherungsmathematischen Verlusten bei Pensionsrückstellungen und beim Vermögen im Wesentlichen die erfolgsneutrale Bewertung von Finanzinstrumenten.

(9) Von der **außerplanmäßigen Wertminderung nach IAS 36** (insgesamt 1.000) entfallen 300 auf das operative Segment „Baumaschinen" und 700 auf das Segment „Druckmaschinen".[32]

	Außen-umsätze	Innen-umsatz	Planmäßige Abschreibungen (3)	Ergebnis (1)	Investitionen (4)	Vermögen (5)
Baumaschinen	25.000	2.000	1.000	2.000	1.300	1.000
Landmaschinen	20.000	3.000	1.500	1.400	1.100	8.000
Druckmaschinen	15.000	1.000	1.200	300	1.500	7.000
Holzbearbeitungsmaschinen	35.000	500	3.000	3.500	4.000	15.000
Sonstige (2)	3.100	4.000	350	- 2.850	350	13.000
Storno der Saldierung von unverzinslichen Verbindlichkeiten (6)						58.000
Konsolidierung (7)		- 10.500		- 550		- 4.000
Abweichende Bilanzierungsmethoden (8)				300		2.000
Wertminderung nach IAS 36 (9)				- 1.000		
Konzernwerte	**98.100**	**0**	**7.050**	**3.100**	**8.250**	**100.000**

---

[32] Es handelt sich um die Angabe wesentlicher zahlungsunwirksamer Posten nach IFRS 8.23i, die auch von IAS 36.129 gefordert wird.

In der Praxis werden die Überleitungsposten (Konsolidierung und abweichende Bilanzierungsmethoden) i.d.R. gemeinsam ausgewiesen. Sie dürfen jedoch nicht mit unwesentlichen Segmenten oder sonstigen Geschäftsaktivitäten, die keine Geschäftssegmente darstellen zusammengefasst werden (IFRS 8.16, Rz. 49.31).

VI. Sonstige Angaben

49.49 IFRS 8.31–34 verlangt eine Reihe von Informationen, die unabhängig von der internen Berichtsstruktur anzugeben sind (sog. **entity-wide disclosures**), auch von Unternehmen, die lediglich über ein Segment verfügen (Ein-Segment-Unternehmen[33]):

(a) Außenumsatzerlöse (Rz. 49.44) **nach Produktgruppen** (IFRS 8.32),

(b) Außenumsatzerlöse und langfristiges Vermögen[34] **nach Regionen**, mindestens Inland (= Herkunftsland des Unternehmens) und Ausland mit Unterteilung nach wesentlichen Ländern. Dabei sind – anders als bei den Angaben für die Geschäftssegmente und abweichend vom *management approach* – die im Jahres- oder Konzernabschluss verwendeten Daten anzugeben, d.h. es sind die gleichen Bilanzierungs- und Bewertungsmethoden wie in der externen Rechnungslegung zugrunde zu legen (IFRS 8.33).

Die vorgenannten Angaben sind naturgemäß nur dann anzugeben, wenn sie sich nicht bereits aus den normalen Berichtspflichten ergeben, die regionale Untergliederung somit bei Segmentierung nach Produkten und Dienstleistungen (IFRS 8.31). Auf die Angabe kann bei unverhältnismäßigem Ermittlungsaufwand verzichtet werden, wobei diese Tatsache anzugeben ist (IFRS 8.32 f.).

49.50 (c) Angabe der Außenumsätze mit Kunden, die 10 % der (konsolidierten[35]) Umsatzerlöse überschreiten, inklusive Angabe der betreffenden Geschäftssegmente (IFRS 8.34). Die Identität der Kunden muss *nicht* genannt werden.

Nach IFRS 8.27a sind die Bilanzierungs- und Bewertungsgrundlagen von Transaktionen, die zwischen den Segmenten stattfinden, anzugeben, insbesondere die vom Konzern verwendete **Verrechnungspreisfindung**.

Zusätzlich verlangt IFRS 15 die Aufgliederung der Umsatzerlöse in Kategorien, die deutlich machen, durch welche wirtschaftlichen Faktoren Art, Höhe, Sicherheit und zeitliche Verteilung der Erlöse beeinflusst werden. Dabei ist außerdem der Zusammenhang zwischen diesen Kategorien und der Verteilung der Umsatzerlöse auf die Geschäftssegmente deutlich zu machen (IFRS 15.114 f.).

49.51 IFRS 8.27e verlangt Angaben über Art und Ergebnisauswirkung im Falle der **Änderung der Bilanzierungs- und Bewertungsmethoden**.

---

33 Vorausgesetzt, dass kapitalmarktorientiert, Rz. 49.6.
34 Außer Finanzinstrumente, latente Steuern, Vermögenswerte aus Pensionsplänen, bestimmte Vermögenswerte aus Versicherungen. (IFRS 8.33b).
35 Vgl. *Fink/Ulbrich*, KoR 2006, 233 (238).

Schließlich sind die Kriterien für die **Zusammensetzung der Segmente** inklusive Organisationsstruktur sowie Produkte und Dienstleistungen der Segmente zu beschreiben. Dabei ist auch auf die Zusammenfassung von Geschäftssegmenten, insbesondere auf die zugrunde liegenden Einschätzungen des Managements hinsichtlich der Kriterien des IFRS 8.12, einzugehen (IFRS 8.22).

49.52

Kapitel 50
Ergebnis je Aktie (IAS 33)

A. Überblick und Wegweiser	50.1	1. Berechnungsschema	50.13
I. Management Zusammenfassung	50.1	2. Ermittlung des Periodenergebnisses	50.14
II. Standards und Anwendungsbereich	50.3	3. Ermittlung der Aktienanzahl	50.15
III. Wesentliche Abweichungen zum HGB	50.6	III. Verwässertes Ergebnis je Aktie	50.20
B. Definition des Ergebnisses je Aktie	50.8	1. Berechnungsschema	50.20
I. Überblick	50.8	2. Ermittlung des Periodenergebnisses	50.21
II. Unverwässertes Ergebnis je Aktie	50.13	3. Ermittlung der Aktienanzahl	50.22
		C. Ausweis und Anhangangaben	50.26

Literatur: *Institut der Wirtschaftsprüfer* (Hrsg.), IDW Stellungnahmen zur Rechnungslegung (IDW RS); *Pawelzik*, Die Konsolidierung von Minderheiten nach IAS/IFRS der Phase II („business combinations"), WPg 2004, 677; *Pellens/Gronewold/Strzyz*, Geplante Neuerungen für das Ergebnis je Aktie nach IAS 33 – eine kritische Würdigung unter Berücksichtigung der eingegangenen Stellungnahmen, WPg 2010, 145; *Prechtl/Schmidt*, Earnings per Share nach IAS 33, IRZ 2012, 415; *Prechtl/Schmidt*, Ausgewählte Problemstellungen bei der Ermittlung der Earnings per Share, IRZ 2013, 407.

A. Überblick und Wegweiser

I. Management Zusammenfassung

[1]Unternehmen, deren Eigenkapitalinstrumente **öffentlich gehandelt** werden oder die eine diesbezügliche Zulassung zu einem öffentlichen Markt beantragt haben, sind verpflichtet, die nach Maßgabe von IAS 33 ermittelten **Ergebnisse je Aktie** (*earnings per share, EPS*) anzugeben. 50.1

Das EPS ist die einzige finanzwirtschaftliche Kennzahl, die durch die IFRS reguliert wird. Dem Ergebnis je Aktie wird eine hohe Signalkraft für den **Kapitalmarkt** zugeschrieben. Dem Adressaten respektive dem Aktionär soll die Beurteilung der Ertragskraft des Unternehmens im Zeitablauf sowie im Vergleich zu anderen Unternehmen ermöglicht werden (IAS 33.1).

Kritisch anzumerken ist dabei, dass bei der Ermittlung der EPS eine Bereinigung um **außerordentliche und einmalige Ergebnisse** nicht stattfindet. Eine Ausnahme besteht nur bei **aufgegebenen Bereichen** (IFRS 5). Das Ergebnis kann aber auch 50.2

---

1 Die Verfasser danken Herrn Dennis *Dudek* für seine Mitarbeit an diesem Kapitel.

durch eine Vielzahl anderer Sondereinflüsse verzerrt sein, die die Aussagekraft der Angabe erheblich einschränken.

Auf der anderen Seite wird das direkt ins Eigenkapital gebuchte *other comprehensive income (OCI)*, z.B. versicherungsmathematische Gewinne und Verluste aus Erwartungsänderungen im Zusammenhang mit Pensionsrückstellungen und vor allem Fair Value-Änderungen von Finanzinstrumenten der Kategorie *available-for-sale*, wie selbstverständlich nicht einbezogen; es ist auch keine EPS-Ziffer inklusive des *other comprehensive income* zusätzlich anzugeben. Hierin kann ein Wertungswiderspruch gesehen werden (Rz. 45.30).

II. Standards und Anwendungsbereich

50.3 Das Ergebnis je Aktie ist Gegenstand des IAS 33, der bereits in 1997 herausgegeben und seitdem zumeist als Folgeänderung anderer Standards angepasst wurde.

50.4 IAS 33 ist dabei für Unternehmen relevant, deren **Eigenkapitalinstrumente öffentlich gehandelt** werden oder eine diesbezügliche Zulassung zu einem öffentlichen Markt beantragt haben (IAS 33.2). Die Angabe eines „Ergebnisses je Anteilsschein" oder „je Geschäftsanteil" bei einer GmbH ist nicht erforderlich.[2]

50.5 Stellt ein Unternehmen sowohl den Konzernabschluss als auch einen Einzelabschluss nach den IFRS auf, fordert IAS 33 allein die Angabe der EPS nur auf Basis der konsolidierten Zahlen (IAS 33.4). Gefordert ist darüber hinaus auch die Angabe der EPS in Zwischenabschlüssen (IAS 34.11). Unternehmen, die nicht im vorgenannten Sinne am Kapitalmarkt notiert sind, fallen nicht in den Anwendungsbereich von IAS 33. Sollten solche Unternehmen, die einen Abschluss nach IFRS aufstellen, freiwillig ein Ergebnis je Aktie veröffentlichen, so ist IAS 33 analog anzuwenden (IAS 33.3).

III. Wesentliche Abweichungen zum HGB

50.6 Mangels gesetzlicher Verpflichtung zur Veröffentlichung eines Ergebnisses je Aktie hatte sich die Praxis an den Grundsätzen der Deutschen Vereinigung für Finanzanalyse (**DVFA**) orientiert. Diese waren bis auf Bereinigungen des Periodenergebnisses mit IAS 33 vergleichbar. Mit IFRS-Pflichtanwendung für kapitalmarktorientierte Unternehmen ist deren Anwendungsbereich praktisch weggefallen.

50.7 frei

---

[2] Wird aber – selten – freiwillig vorgenommen, zu einem Beispiel s. RENA 2010, 20.

B. Definition des Ergebnisses je Aktie

I. Überblick

IAS 33 unterscheidet zwischen einem 50.8
- **unverwässerten Ergebnis** je emittierter Aktie (*basic earnings per share*) und
- einem **verwässerten Ergebnis** je Aktie (*diluted earnings per share*).

Das verwässerte Ergebnis je Aktie ist relevant, wenn Finanzinstrumente ausgegeben werden, die potentiell zu einer Ausgabe neuer Stammaktien führen (z.B. Aktienoptionen oder Wandelschuldverschreibungen). In diesem Fall ist es auszuweisen.

Für das Ergebnis je Aktie sind allein **Stammaktien** (*ordinary shares*) zu berücksichtigen. Stammaktien sind Eigenkapitalinstrumente, die zu allen anderen Eigenkapitalinstrumenten nachrangig sind (IAS 33.5). **Stimmrechtslose Vorzugsaktien** gem. § 139 AktG sind keine Stammaktien i.S.v. IAS 33.5 f., da die geforderte Nachrangigkeit gegenüber allen anderen Eigenkapitalinstrumenten in Bezug auf die Ausschüttung des Bilanzgewinns nicht gegeben ist. Es ist insoweit unerheblich, dass Vorzugsaktien bei der Verteilung des Vermögens nach § 271 AktG gleichberechtigt sind. Somit besteht kein Unterschied zu *preference shares* im US-amerikanischen Recht (s. auch IAS 32.18), die ebenfalls keine Stammaktien i.S.v. IAS 33.5 sind. Anders zu beurteilen ist der Fall, wenn der Vorzug lediglich in einem Zuschlag auf die Dividende und nicht in einem Vorrang bei der Auszahlung besteht: Hier liegt eine eigene Klasse von Stammaktien i.S.v. IAS 33.5 vor.[3] Für unterschiedliche Klassen von Stammaktien ist jeweils das Ergebnis je Aktie zu bestimmen (IAS 33.66). 50.9

Im Einzelnen sieht IAS 33 die Angabe der EPS-Kennzahlen wie folgt vor: 50.10
- Das EPS ist **einschließlich Vorjahreszahlen** für das Ergebnis aus fortzuführenden Geschäftsbereichen (*profit or loss from continuing operations*) und für das Periodenergebnis (*profit or loss for the period*) anzugeben (IAS 33.66).
- Auch ein **negativer Wert** ist auszuweisen (IAS 33.69).
- Darüber hinaus sind die Kennzahlen im Falle der **Aufgabe eines Geschäftsbereiches** für diesen aufgegebenen Bereich zu machen (IAS 33.68). Nicht gefordert ist dagegen eine Angabe, die auch das *other comprehensive income* einbezieht.

Das EPS wird grundsätzlich in der Gesamtergebnisrechnung für jede Aktiengattung mit unterschiedlichem Recht auf Teilnahme am Ergebnis differenziert ausgewiesen (IAS 33.68). Werden dabei die Ergebnisbestandteile in einer GuV im Rahmen des sog. *two statements approach* nach IAS 1.81 dargestellt, so muss das EPS in der GuV angegeben werden (IAS 33.67A). 50.11

Für aufgegebene Geschäftsbereiche erfolgt die Angabe entweder in der Gesamtergebnisrechnung (GER) bzw. GuV oder im Anhang (IAS 33.68A). Die nachfolgende Tabelle fasst die Angabepflichten zusammen:

---
3 Vgl. IDW RS HFA 2 n.F., Rz. 6, IDW-Fn. 2017, 633.

Ergebniskategorie (je Aktie)	unverwässert	verwässert	Ort
Ergebnis aus fortzuführender Tätigkeit	X (ggf.)	X (ggf.)	GuV bzw. GER
Ergebnis aus aufgegebenen Geschäftsbereichen	X (ggf.)	X (ggf.)	GuV bzw. GER oder Anhang
(Jahres)-Ergebnis	X	X	GuV bzw. GER
Gesamtergebnis inklusive other comprehensive income	*nicht verlangt*	*nicht verlangt*	*entfällt*

50.12 Das Ergebnis je Aktie bezieht sich allein auf den **Anteil der Konzernmutter** (IAS 33.9, 33.66). Hierin liegt kein Widerspruch zur Einheitstheorie, da die Anteilseigner der Konzernmutter ansonsten nicht „ihr" Ergebnis je Aktie erfahren würden.[4]

II. Unverwässertes Ergebnis je Aktie

1. Berechnungsschema

50.13 Die **Kennzahl** für das unverwässerte Ergebnis je Aktie (*basic earnings per share*) ergibt sich wie folgt (IAS 33.10):

$$\text{Ergebnis je Aktie (Earnings per share, EPS)} = \frac{\text{Den Stammaktionären zustehendes Periodenergebnis}}{\text{Gewichteter Durchschnitt der Anzahl umlaufender Stammaktien}}$$

2. Ermittlung des Periodenergebnisses

50.14 Der Ermittlung des den Stammaktionären zustehenden **Periodenergebnisses** ist der in der Gesamtergebnisrechnung ausgewiesene Jahresüberschuss bzw. Jahresfehlbetrag – nach Abzug des auf Minderheitsgesellschafter in Tochterunternehmen entfallenden Ergebnisses – zugrunde zu legen. Eine Bereinigung um Steuern, Zinsen oder außerordentliche Ergebnisbestandteile kommt nicht in Betracht.

Abzusetzen sind jedoch **Nachsteuerbeträge von Vorzugsdividenden**, Differenzen bei der Erfüllung bzw. Tilgung von Vorzugsaktien sowie ähnliche Auswirkungen von als Eigenkapital klassifizierten Vorzugsaktien (IAS 32.12). Zu unterscheiden ist jedoch wie folgt:

– Wenn für die Dividendenzahlungen auf Vorzugsaktien ein Beschluss der Gesellschafter erforderlich ist, erfolgt der Abzug von Jahresergebnis in der Periode der entsprechenden Beschlussfassung.

– Entsteht der Dividendenanspruch der Vorzugsaktionäre ohne einen derartigen Beschluss, z.B. bei kumulierenden Vorzugsdividenden, wird der Abzug der Di-

---

[4] Vgl. *Pawelzik*, WPg 2004, 677 (680).

videndenzahlungen unmittelbar in der betreffenden Periode vorgenommen (IAS 33.14).

Bei **Vorzugsaktien mit steigender Gewinnberechtigung**, die entweder

- mit einer niedrigen Ausgangsdividende ausgestattet sind, um das Unternehmen für die Veräußerung der Vorzugsaktien mit einem Disagio zu entschädigen oder
- die mit einer hohen Dividende für bestimmte Folgeperioden ausgestattet sind, um den Aktionär für den Erwerb der Vorzugsaktien mit einem Agio zu entschädigen,

wird das Disagio bzw. Agio nach der Effektivzinsmethode fortgeschrieben (IAS 33.15). Im Einzelnen wird der Aufschlag bzw. Abschlag bei Erstemission unter Anwendung der Effektivzinsmethode den Gewinnrücklagen zugeführt.

3. Ermittlung der Aktienanzahl

Für jede Klasse von Aktien ist die **gewichtete durchschnittliche Anzahl** der im Umlauf befindlichen Aktien zu bestimmen, da unterjährig die Anzahl an Stammaktien im Umlauf schwanken kann.[5] Als eigene Aktien gehaltene Stücke sind nicht in die Berechnung einzubeziehen.

50.15

Vom Periodenbeginn an sind Veränderungen durch Emission, Aktienrück- und Aktienverkauf zu berücksichtigen. Die Anzahl der bis zur nächsten Veränderung ausstehenden Aktien ist mit der entsprechenden Anzahl der Tage zu multiplizieren; das Ergebnis ist durch die Gesamttage der betrachteten Periode (= 365 Tage im Jahr bzw. 91 oder 92 Tage im Quartal) zu dividieren. Näherungslösungen sind zulässig (IAS 33.20). Die folgende Tabelle enthält ein Beispiel zur Berechnung:

Datum	Sachverhalt	Ausgegebene Aktien	Eigene Aktien	Umlaufende Aktien	Tage	Gewichteter Durchschnitt
1.1.01		2.500.000	–	2.500.000	151/365	1.034.247
1.6.01	Aktienrückkauf		90.000	2.410.000	107/365	706.493
15.9.01	Aktienverkauf		30.000	2.440.000	107/365	715.288
				2.440.000		2.456.028

Junge Aktien aus einer **Kapitalerhöhung gegen Bareinlage** sind für die Berechnung ab dem Zeitpunkt zu berücksichtigen, zu dem die Gegenleistung eingefordert werden kann (IAS 33.21a). Im Fall einer **Kapitalerhöhung gegen Sacheinlage** ist der Tag des Zugangs des Vermögenswertes maßgeblich (IAS 33.21 f.).

50.16

---

5 Vgl. *Prechtl/Schmidt*, IRZ 2013, 407 (407).

Sollte bei der Ausgabe junger Aktien das **Bezugsrecht** nicht ausgeschlossen sein (§ 186 Abs. 1 und 3 AktG) und der Ausgabekurs der jungen Aktien unter dem Marktwert der alten Aktien liegen, so weist das Bezugsrecht einen positiven Wert auf. Unterstellt man eine Konstanz der Eigenkapitalrendite vor und nach der Kapitalerhöhung, so kann mit dem geringeren Emissionserlös die EPS-Größe des Vorjahres nicht erreicht werden.[6] Daher ist die Anzahl der alten Aktien mit dem Quotienten aus Marktwert je Aktie vor Kapitalerhöhung und rechnerischer Marktwert je Aktie nach Kapitalerhöhung zu multiplizieren. Das entsprechende korrigierte Ergebnis je Aktie ist für alle dargestellten Perioden anzugeben (IAS 33.A2, 33.IE4, dort auch mit Berechnungsbeispiel).

Werden zur Finanzierung eines **Unternehmenserwerbs** neue Aktien ausgegeben, zählen diese ab dem Erwerbszeitpunkt (IAS 33.22).

Nicht voll eingezahlte Aktien sind anteilig gemäß ihrer Dividendenberechnung zu erfassen (IAS 33.A15). Soweit überhaupt keine Dividendenberechnung besteht, werden diese Anteile erst bei der Ermittlung des verwässerten Ergebnisses je Aktie berücksichtigt (IAS 33.A16).

50.17 Da bei einer **Kapitalerhöhung aus Gesellschaftsmitteln** dem Unternehmen keine neuen Mittel zufließen, ist die *neue* Aktienzahl für jede im Abschluss dargestellte Periode zu Vergleichszwecken maßgeblich (IAS 33.26; 33.28). Kapitalerhöhungen aus Gesellschaftsmitteln, **Aktiensplits** und ähnliche „unechte" Kapitalmaßnahmen sind rückwirkend auch dann zu berücksichtigen, wenn sich die Maßnahme erst nach dem Bilanzstichtag ereignet hat (IAS 33.64).

50.18 Als Ergebnisgröße ist das den Gesellschaftern des **Mutterunternehmens** zustehende Jahres- bzw. Periodenergebnis zu verwenden (IAS 33.12). Sollten mehrere Klassen von Stammaktien vorhanden sein – etwa die oben in Rz. 50.14 genannten Vorzugsaktien –, ist die entsprechende Mehrdividende vorab vom Konzernergebnis zu kürzen und nur den Vorzugsaktien zuzuordnen.[7] Das verbleibende Ergebnis ist über alle Aktien – Stamm- und Vorzugsaktien – zu verteilen.

50.19 Gemäß IAS 33.66 ist neben dem Ergebnis je Aktie zusätzlich das Ergebnis je Aktie aus **fortzuführender Geschäftstätigkeit** anzugeben. Das zu bereinigende Ergebnis aus aufgegebenen Geschäftsbereichen entspricht dem gem. IFRS 5 auszuweisenden Ergebnis (Rz. 30.39). Auch für das Ergebnis aus aufgegebenen Geschäftsbereichen ist ein Ergebnis je Aktie anzugeben (IAS 33.68); vgl. Rz. 50.10.

III. Verwässertes Ergebnis je Aktie

1. Berechnungsschema

50.20 Bei Vorliegen potentieller zukünftiger Stammaktien hat das Unternehmen auch ein verwässertes Ergebnis je Aktie (*diluted earnings per share*) anzugeben. Dies ist der

---

6 Vgl. *Pellens/Gassen/Barekzai* in Baetge-IFRS, IAS 33 Rz. 20 mit Beispiel.
7 Vgl. IDW RS HFA 2, Rz. 5, IDW-Fn. 2017, 633.

Fall, wenn Finanzinstrumente ausgegeben oder sonstige Vereinbarungen getroffen wurden, die zur Ausgabe neuer Stammaktien führen können. Typische Beispiele sind Wandelschuldverschreibungen, wandelbare Vorzugsaktien oder Optionen,[8] **nicht aber** eine **genehmigte Kapitalerhöhung** (genehmigtes Kapital), da sich daraus noch keine Rechte Dritter auf Aktienbezug ergeben.[9] Durch einseitige Willenserklärung der Optionsberechtigten kann sich die Anzahl der ausgegebenen Aktien erhöhen und der Vermögensanspruch der bisherigen Stammaktionäre verwässert werden.

Die **Kennzahl** für das verwässerte Ergebnis je Aktie ergibt sich durch folgende Division (IAS 33.30):

$$\text{Verwässertes Ergebnis je Aktie (diluted Earnings per share, dEPS)} = \frac{\text{Den Stammaktionären zustehendes Periodenergebnis + Dividenden und Zinsen potentieller Stammaktien}}{\text{Gewichteter Durchschnitt der Anzahl umlaufender sowie potentieller Stammaktien}}$$

2. Ermittlung des Periodenergebnisses

Das den Stammaktionären zustehende Periodenergebnis ist auch maßgebliche Ausgangsgröße für das verwässerte Ergebnis je Aktie. Das Periodenergebnis wird ergänzend um solche Effekte modifiziert, die aus einer möglichen Umwandlung potentieller Aktien in Stammaktien folgen würden. Dies betrifft beispielsweise wegfallenden Zinsaufwand unter Berücksichtigung vom Unternehmen zu tragender Steuereffekte (IAS 33.33). Generell sind auch indirekte Ergebniseffekte zu berücksichtigen (IAS 33.35).

50.21

Beispiel Wandelanleihe:			
Wandelanleihen	Nominalwert	Zinssatz	Steuersatz
40.000 Stück	100 €	6 %	30 %
Jahresüberschuss			450.000
Zinsersparnis bei Umwandlung der Wandelanleihen		240.000	
Steuerbelastung auf Zinsersparnis		- 72.000	
Nettoeffekt bei Wandelung			168.000
verwässertes Jahresergebnis			**618.000**

3. Ermittlung der Aktienanzahl

Aufbauend auf der gewichteten Anzahl umlaufender Stammaktien werden für die Ermittlung des verwässerten Ergebnisses je Aktie die Auswirkungen aus der hypothetischen Umwandlung der potentiellen Aktien in umlaufende Stammaktien berücksichtigt (IAS 33.36).

50.22

---

8 Vgl. *Prechtl/Schmidt*, IRZ 2012, 415 (415).
9 Vgl. IDW RS HFA 2, Rz. 12, IDW-Fn. 2017, 634.

Die Berechnungsgrundsätze des verwässerten Ergebnisses je Aktie folgen insoweit jenen für das unverwässerte Ergebnis je Aktie (IAS 33.31). Auch für potentielle Stammaktien ist somit der **gewichtete Durchschnitt** des Jahres zu ermitteln. Standen die Instrumente, aus denen die potentiellen Stammaktien resultieren, bereits zu Beginn des Geschäftsjahres aus, wird die sich hiernach ergebende potentielle Anzahl zusätzlicher umlaufender Stammaktien für das ganze Geschäftsjahr einbezogen. Bei Ausgabe der Instrumente innerhalb des Geschäftsjahres erfolgt eine zeitanteilige Berücksichtigung. Falls im Geschäftsjahr potentielle Stammaktien verfallen sind, erfolgt eine Einbeziehung zeitanteilig bis zum Zeitpunkt des Verfalls. Wurden während des Geschäftsjahres potentielle Stammaktien tatsächlich in Stammaktien gewandelt, ist eine gewichtete Berücksichtigung bis zum Zeitpunkt der Wandlung geboten (IAS 33.38). Sollte das Umtauschrecht von bestimmten Bedingungen abhängig sein (z.B. Erreichen eines bestimmten Jahresergebnisses), so tritt der Verwässerungseffekt ab Bedingungseintritt ein (IAS 33.52, vgl. zur Anwendung auf Mitarbeiteroptionen Rz. 50.25).

Die Anzahl der in die Ermittlung des verwässerten Ergebnisses je Aktie eingehenden **potentiellen Stammaktien** hängt von der Art des Instruments ab, das der Entstehung potentieller Stammaktien zugrunde liegt. Bei mehreren Arten potentieller Stammaktien (z.B. bei Emission mehrerer Wandel- und Optionsanleihen) ist der maximale Verwässerungseffekt zu ermitteln (IAS 33.41).[10] Würde eine Umwandlung der Verwässerung entgegenwirken, ist sie demnach *nicht* zu berücksichtigen.

50.23 Der Eintritt eines **Verwässerungseffekts** wird *nicht* angenommen, wenn bei einem Umtausch dem Unternehmen Mittel zufließen, die dem durchschnittlichen Fair Value der Stammaktien entsprechen (IAS 33.46a). Dies ist z.B. der Fall, wenn der Basispreis von Optionen über dem durchschnittlichen Börsenkurs liegt. Hier unterstellt der Standard, dass aus der Verwendung der Mittel im Unternehmen ein Ergebnis erzielt werden kann, das dem bisherigen Ergebnis je Aktie entspricht.[11]

Diese Überlegungen spiegeln sich auch in den Anforderungen des IAS 33.45 ff. für die Berechnung im Falle **nicht ausgeübter Optionen**. Hier unterstellt der Standard zunächst die Ausübung sämtlicher Optionen. Ein Verwässerungseffekt liegt aber nicht nur dann vor, wenn der Ausübungspreis unter dem Marktwert der Aktien (Wochen-, Monats- oder Jahresdurchschnitt der Börsenschlusskurse) liegt. Die Anzahl zu berücksichtigender potentieller Stammaktien berechnet sich wie folgt:

$$\frac{\text{Durchschnittskurs der Aktie} - \text{Ausübung der Option}}{\text{Durchschnittskurs der Aktie}} \times \text{Anzahl der Optionen}$$

---

10 Vgl. *Wiechmann/Scharfenberg* in Beck IFRS-HB[5], § 16 Rz. 33 ff.
11 Vgl. *Pellens/Gassen/Barekzai* in Baetge-IFRS, IAS 33 Rz. 27.

Die Überlegungen seien an nachfolgendem zusammenfassendem Zahlenbeispiel dargestellt:

Im Geschäftsjahr befanden sich ganzjährig 100.000 Stück Stammaktien in Umlauf. In den Vorjahren wurden insgesamt 4.000 Stück Optionen ausgegeben, die das Recht auf den Erwerb je einer Aktie mit einem Ausübungspreis von 9 € je Option verbriefen. Der durchschnittliche Börsenkurs betrug Euro 15,00. Der Jahresüberschuss beläuft sich auf 500.000 €.		
unverwässertes Ergebnis je Aktie:	500.000/100.000 €/Stück	= 5 €/Aktie
Der Ausübungspreis der Optionen liegt unter dem Marktpreis der Aktien. Die Ausübung der Option wäre vorteilhaft. Es kommt zu einer Verwässerung durch die potentielle Optionsausübung.		
Anzahl der zu berücksichtigenden Aktien	((15 € - 9,00 €)/€ 15,00) × 4.000 Stück = 1.600 Stück	
verwässertes Ergebnis je Aktie	500.000 €/(100.000 Stück + 1.600 Stück)	= 4,92 €/Aktie

Gemäß IAS 33.58 sind Verträge, die vom Unternehmen sowohl durch die Lieferung von Stammaktien als auch von Zahlungsmitteln erfüllt werden können, als verwässernd zu berücksichtigen, da insoweit eine Erfüllung in Aktien unterstellt wird. Steht das Wahlrecht dem Inhaber zu, ist der größere Verwässerungseffekt der beiden Alternativen zu erfassen (IAS 33.60). Ferner können geschriebene **Verkaufsoptionen** auf eigene Aktien verwässernd wirken (IAS 33.63). 50.24

Bei **Mitarbeiteroptionsprogrammen** (Rz. 28.1 ff.) ist zu unterscheiden: Zu einem Verwässerungseffekt kann es nur kommen, wenn der vom Management zu zahlende Basispreis unter dem durchschnittlichen Aktienkurs liegt (IAS 33.46b, 33.47 f.; Rz. 50.22). Außerdem sind die Ausübungsbedingungen daraufhin zu würdigen, ob die Voraussetzungen für eine Einbeziehung (Rz. 50.23) erfüllt sind. In Bezug auf die Wartefrist wird unterstellt, dass diese am Stichtag bereits abgelaufen sei (IAS 33.56). 50.25

Sind außerdem auch *performance conditions* (s. zum Begriff Rz. 28.19) vereinbart worden, etwa eine *durchschnittliche* Gewinnsteigerung von 15 % p.a., kann diese Bedingung am Stichtag u.U. noch nicht *vollständig* erfüllt sein. Für Zwecke der EPS-Berechnung wird aber die bis zum Stichtag erzielte Einhaltung oder Nichteinhaltung fortgeschrieben (IAS 33.53 f.): Ist bspw. bei einer dreijährigen Wartefrist das Ergebnis im ersten Jahr um 17 % gestiegen, wird die Erfüllung auch während der restlichen zwei Jahre angenommen. Die potentiellen Stammaktien, sind (sofern überhaupt verwässernd, d.h. Basispreis (Durchschnittskurs)) in die Berechnung eines verwässerten EPS einzubeziehen.[12] Werden die Bedingungen später tatsächlich verfehlt, erfolgt keine rückwirkende Anpassung des Vorjahres EPS-Wertes (IAS 33.52

---

12 Wie hier *Lüdenbach/Hoffmann/Freiberg* in Haufe IFRS-Komm[16], § 35 Rz. 43 und im Ergebnis *Wiechmann/Scharfenberg* in Beck IFRS-HB[5], § 16 Rz. 32 sowie IDW RS HFA 2, Rz. 11, IDW-Fn. 2017, 634.

a.E.). Handelt es sich um ein Mitarbeiterprogramm mit virtuellen Optionen („*Cash Settled*"; Rz. 28.22), bleibt das Eigenkapital unberührt. Für die Berechnung des EPS ergibt sich hieraus keine direkte Relevanz.[13]

C. Ausweis und Anhangangaben

50.26 Unverwässerte und verwässerte Ergebnisse je Aktie (ggf. inkl. Ergebnis je Aktie aus weiterzuführender Tätigkeit) sind für jede Klasse von Aktien gleichrangig in der Gewinn- und Verlustrechnung anzugeben, sofern diese separat von der Gesamtergebnisrechnung dargestellt wird, bei Veröffentlichung einer „verlängerten GuV" nur in dieser. Die Angabepflicht gilt auch, wenn das Ergebnis negativ sein sollte (IAS 33.69). Entspricht das unverwässerte Ergebnis dem verwässerten, kann ein zusammengefasster Ausweis erfolgen (IAS 33.67).

Mindestens im Anhang ist auch das Ergebnis je Aktie aus einzustellenden Geschäftsbereichen anzugeben (IAS 33.68), s. Rz. 50.10.

50.27 Konkret hat ein Unternehmen beim Ausweis des unverwässerten und verwässerten Ergebnisses jeweils folgende Angaben zu machen (IAS 33.70):

– den Stammaktionären zustehendes Periodenergebnis (**Zählergröße**) sowie eine Überleitungsrechnung der Ergebnisgröße auf das dem Mutterunternehmen zurechenbare Periodenergebnis,

– gewichteter Durchschnitt der Stammaktien (**Nennergröße**) sowie eine Überleitungsrechnung zwischen unverwässertem und verwässertem Nenner,

– potentielle Instrumente, die das unverwässerte Ergebnis zukünftig verändern könnten, aber noch nicht haben

– nach dem Bilanzstichtag erfolgte Transaktionen wie z.B. die Ausgabe oder die Rücknahme von Aktien oder die Ausgabe von Optionen (IAS 33.71), die die aktuelle oder zukünftige Anzahl an Stammaktien beeinflussen.

50.28 Insbesondere Finanzinstrumente können zu einer Veränderung der zukünftigen Anzahl an Stammaktien führen. Vor diesem Hintergrund – soweit nicht schon durch IFRS 7 vorgeschrieben – wird empfohlen Vertragsbedingungen, die einen potentiellen Einfluss auf das unverwässerte und verwässerte Ergebnis haben könnten, anzugeben (IAS 33.72).

50.29 Werden neben dem unverwässerten und verwässerten Ergebnis zusätzliche Beträge je Aktie wie z.B. ein Gesamtergebnis je Aktie angegeben, ist die Ermittlung der Nennergröße im Sinne von IAS 33 vorzunehmen und der Ausweis hat ausschließlich im Anhang zu erfolgen. Sofern die herangezogene Zählergröße kein eigenständiger Posten der Gesamtergebnisrechnung ist, ist eine entsprechende Überleitungsrechnung vorzunehmen (IAS 33.73).

---

13 Vgl. *Niehus* in HdJ, IV/2 Rz. 111.

Kapitel 51
Angaben über Beziehungen zu nahe stehenden Unternehmen und Personen (IAS 24)

A. Überblick und Wegweiser	51.1	1. Unternehmen aus dem Konsolidierungskreis	51.22
I. Management Zusammenfassung	51.1	2. Andere Unternehmen	51.25
II. Standards und Anwendungsbereich	51.4	III. Natürliche Personen und Konzern	51.26
III. Wesentliche Unterschiede zum HGB	51.6	IV. Negativabgrenzung: Nicht nahe stehende Unternehmen und Personen	51.29
1. Angabepflichten im Jahres- und Konzernabschluss	51.6	C. Anhangangaben	51.36
2. Angabepflichten im Zwischenabschluss	51.12	I. Beteiligungsverhältnis, Nahestehen	51.36
IV. Neuere Entwicklungen	51.13	II. Geschäftsvorfälle	51.37
B. Abgrenzung nahe stehender Unternehmen und Personen zum Konzern	51.20	III. Managementvergütung	51.41
I. Nahe stehend: Begriff	51.20	IV. Erleichterungen für Unternehmen der öffentlichen Hand	51.43
II. Nahe stehende Unternehmen und Konzern	51.22	D. Praxishinweise	51.51

Literatur: *Engelen/Drefahl*, Berichterstattung und Determinanten der Geschäfte mit nahe stehenden Personen nach IAS 24. Empirischer Befund der HDAX- und SDAX-Unternehmen, KoR 2013, 460; *Fink/Theile*, Anhang und Lagebericht nach dem RegE zum Bilanzrichtlinie-Umsetzungsgesetz, in: DB 2015, 753; *Niehus*, „Related Party Transactions" – Anmerkungen zu einem (künftig auch für deutsche Unternehmen geltenden?) internationalen Bilanzierungsgrundsatz, in Forster u.a. (Hrsg.), FS Kropff, Düsseldorf 1997, 533; *Niehus*, IAS 24: Related Party Disclosures – „Nahe Familienangehörige" als Gegenstand der Rechnungslegung und Abschlussprüfung, WPg 2003, 521.

A. Überblick und Wegweiser

I. Management Zusammenfassung

Nach IAS 24 sind im IFRS-Konzern- und Einzelabschluss Angaben zu Beziehungen und Geschäften mit nahe stehenden Unternehmen und Personen zu machen. Solche Geschäfte sind gängige Praxis, können aber Einfluss auf die Vermögens-, Finanz- und Ertragslage haben, da sie mit fremden Dritten ggf. nicht oder zu anderen Konditionen abgeschlossen werden. Der Umfang solcher Geschäfte soll daher durch Anhangangaben transparent gemacht werden.[1]   51.1

---

[1] Vgl. auch *Engelen/Drefahl*, KoR 2013, 460 f.

51.2 Nahe stehende Unternehmen und Personen sind solche, die das Bericht erstattende Unternehmen beherrschen, gemeinsam mit anderen Unternehmen beherrschen oder über dieses maßgeblichen Einfluss ausüben. Ebenso gelten Tochter-, Gemeinschafts- und assoziierte Unternehmen als nahe stehend zum Bericht erstattenden Unternehmen sowie – bei Tochter- und Gemeinschaftsunternehmen – auch im Verhältnis zueinander. Nahe stehend ist darüber hinaus das Management in Schlüsselpositionen, dessen nahe Familienangehörige sowie Unternehmen, die von dieser Personengruppe beherrscht, gemeinsam beherrscht oder maßgeblich beeinflusst werden. Zudem gelten Unternehmen, die für das Unternehmen Managementdienstleistungen erbringen, als nahe stehend.

51.3 Anzugeben sind Beziehungen des Bericht erstattenden Unternehmens mit nahe stehenden Unternehmen und Personen, Geschäftsvorfälle sowie Forderungen, Verbindlichkeiten und sonstige Verpflichtungen zwischen diesen Unternehmen und Personen, soweit sie nicht bei der Aufstellung des Konzernabschlusses eliminiert werden. Außerdem schreibt IAS 24 Angaben zur Vergütung des Managements in Schlüsselpositionen vor.

II. Standards und Anwendungsbereich

51.4 Regelungen zur Identifikation nahe stehender Unternehmen und Personen sowie über erforderliche Angaben über die Geschäftsbeziehungen zu solchen Unternehmen und Personen enthält IAS 24. Der Standard ist grundsätzlich auf den Einzel- und Konzernabschluss anzuwenden. Wir stellen in unseren Erläuterungen, wenn nicht anders vermerkt, auf den **Konzernabschluss** ab.

51.5 Bei der Anwendung von IAS 24 sollte wie folgt vorgegangen werden:

(1) Wer ist Bericht erstattendes Unternehmen (Einzelunternehmen/Konzern)? Die Frage ist u.a. deshalb von Belang, weil konzerninterne Transaktionen sachlogisch keine Berichtspflicht auslösen können.

(2) Wer gehört aus Sicht des Bericht erstattenden Unternehmens zu den nahe stehenden Unternehmen und Personen?

(3) Bestanden und bestehen Geschäftsbeziehungen zwischen (1) und (2)?

(4) Welche Angabepflichten sind im Hinblick auf die Geschäftsbeziehungen (3) zu beachten?

III. Wesentliche Unterschiede zum HGB

1. Angabepflichten im Jahres- und Konzernabschluss

51.6 Im **Jahresabschluss** nach HGB sind in der Bilanz und GuV verschiedene Salden gegenüber verbundenen Unternehmen und Unternehmen, mit denen ein Beteiligungsverhältnis besteht, anzugeben. Ferner bestehen Angabepflichten über Organbezüge (§ 285 Nr. 9 HGB) und über den Beteiligungsbesitz (§ 285 Nr. 11 HGB); *diese* gehen weit über IAS 24 hinaus, sind aber wegen § 325 Abs. 2a HGB **auch für den IFRS-Einzelabschluss** einschlägig.

Im **Jahresabschluss** von großen Kapitalgesellschaften sowie (leicht eingeschränkt, § 288 Abs. 2 HGB) von mittelgroßen AG sind zudem zumindest die wesentlichen, *nicht* zu marktüblichen Bedingungen zustande gekommenen Geschäfte mit nahe stehenden Unternehmen und Personen anzugeben; ausgenommen sind Geschäfte mit und zwischen mittel- oder unmittelbar in hundertprozentigem Anteilsbesitz stehenden in einen Konzernabschluss einbezogenen Unternehmen (§ 285 Nr. 21 i.V.m. 288 Abs. 1 HGB). Diese Freistellung bewirkt für Muttergesellschaften von hochintegrierten Konzernen mit umfangreichem internen Leistungsverkehr eine erhebliche Entlastung von sonst wahrscheinlich umfangreichen Angabepflichten.[2] Die Freistellung ist auch insoweit begründbar, als es bei hundertprozentigem Anteilsbesitz ein möglicherweise schutzwürdiges Interesse von Minderheitsgesellschaftern der Tochterunternehmen gar nicht gibt.

Statt nur die markt*un*üblichen Geschäfte anzugeben, kann auch über **alle** Geschäfte mit diesem Personenkreis berichtet werden.

Im **Konzernabschluss** nach HGB sind ebenfalls Angaben über den Beteiligungsbesitz erforderlich (§ 313 Abs. 2 HGB), ebenso wie die Angabe der Organbezüge (§ 314 Abs. 1 Nr. 6 HGB). Über den Verweis des § 315e Abs. 1 HGB sind diese Angabepflichten **auch für den IFRS-Konzernabschluss maßgeblich**, s. Rz. 48.40. Die Angabepflichten zu den Organbezügen werden durch DRS 17 konkretisiert. 51.7

Die Angabepflicht zu wesentlichen, nicht zu marktüblichen Bedingungen zustande gekommenen Geschäften mit nahe stehenden Unternehmen und Personen (Rz. 51.6) gilt auch für den Konzernabschluss (§ 314 Abs. 1 Nr. 13 HGB). 51.8

Die Vorschrift ist mit dem BilMoG 2009 in das HGB eingeführt worden. Der Gesetzgeber hatte sie damals praktisch wortgleich zu § 285 Nr. 21 HGB formuliert. Allerdings war das eine in Bezug auf die Konzernbesonderheiten nicht richtlinienkonforme Umsetzung. Nach der ursprünglichen Formulierung in Nr. 13 sind aus der Angabepflicht (nur) ausgenommen „Geschäfte mit und zwischen mittel- oder unmittelbar in 100-prozentigem Anteilsbesitz stehenden in einen Konzernabschluss einbezogenen Unternehmen". Nach dem Wortlaut der Vorschrift wäre aus Sicht des Konzerns ein Tochterunternehmen, das z.B. in 80-prozentigem Anteilsbesitz der Konzernmutter steht, ein nahestehendes Unternehmen, so dass über die Geschäfte mit diesem Unternehmen berichtet werden müsste, obwohl diese Geschäfte bekanntlich konsolidiert werden.[3] Der zitierte Passus wurde mit dem BilRUG 2015 gestrichen. Es muss zutreffend nicht mehr berichtet werden über Geschäfte „zwi-

---

[2] Vgl. Begründung Regierungsentwurf zum BilMoG (§ 285 Nr. 21 HGB i.d.F. BilMoG), 159.
[3] Vgl. *Theile*, Bilanzrechtsmodernisierungsgesetz, 2011, § 314 Rz. 5.

schen in eine Konsolidierung einbezogenen nahestehenden Unternehmen, wenn diese Geschäfte bei der Konsolidierung weggelassen werden".

51.9 Ein weiteres, ebenfalls seit BilMoG bestehendes Umsetzungsproblem ist jedoch nach wie vor nicht gelöst worden. Es besteht nämlich nach dem Wortlaut die Berichtspflicht des Mutterunternehmens *und seiner Tochterunternehmen* unabhängig von deren Einbeziehung mit nahe stehenden Unternehmen und Personen. Mit anderen Worten: Es ergibt sich die Berichtspflicht im Konzernabschluss auch dann, wenn ein *nicht* vollkonsolidiertes Tochterunternehmen mit *seinen* nahestehenden Unternehmen und Personen Geschäfte tätigt. Für Zwecke der Angabe würde so eine den anderen Berichtsinstrumenten widersprechende Abgrenzung der Berichtseinheit „Konzern" zugrunde gelegt. Bezugspunkt für alle Berichtspflichten muss aber der Konzern als wirtschaftliche Einheit sein. Nur wenn *dieser* Geschäfte mit *seinen* nahestehenden Unternehmen und Personen tätigt, worunter auch die nicht vollkonsolidierten Tochterunternehmen zu zählen sind, besteht ggf. Angabepflicht.[4] Eine Angabepflicht des Mutterunternehmens über Geschäfte nicht vollkonsolidierter Tochterunternehmen mit *deren* nahestehenden Unternehmen und Personen würde zutreffend entfallen. Im Übrigen besteht eine Unschärfe in der Abgrenzung von Gemeinschaftsunternehmen. Auch hier werden Berichtspflichten nach dem Wortlaut ausgelöst, selbst wenn Gemeinschaftsunternehmen quotal konsolidiert werden. Wir meinen, hier ist eine Auslegung gegen den Wortlaut angezeigt.

51.10 Weil die §§ 285 Nr. 21, 314 Abs. 1 Nr. 13 HGB auf EU-Recht basieren und dieses wiederum für den Begriff der nahe stehenden Unternehmen und Personen explizit auf IAS 24 verweist (Rz. 51.21), ist auch nach HGB so vorzugehen. Damit wird explizit festgelegt, dass **nationales Recht unter Rückgriff auf die IFRS auszulegen** ist (siehe Rz. 5.9).

51.11 Die Unterschiede und Gemeinsamkeiten der Berichtspflicht über Beziehungen zu nahe stehenden Unternehmen und Personen enthält folgende Tabelle:

Gegenstand	HGB			IFRS
Vorschriften	Allgemein: § 285 Nr. 21, § 288 Abs. 1, 2 § 314 Abs. 1 Nr. 13 Auslegung: Abänderungsrichtlinie, IAS 24 Zusätzlich wenn börsennotiert: § 161 AktG (DCGK)			IAS 24
Abgrenzung Personenkreis	verbundene Unternehmen (§ 271 Abs. 2)	nahe stehende Unternehmen und Personen (IAS 24.9)		nahe stehende Unternehmen und Personen (IAS 24.9)

---

4 Vgl. *Fink/Theile*, DB 2015, 762 m.w.N.

Gegenstand	HGB		IFRS
Angaben	**Beziehungen** zu verbundenen Unternehmen – Gliederungsvorschriften (§§ 266, 268, 275) – finanzielle Verpflichtungen (§ 285 Nr. 3) – Konzernabschluss Mutterunternehmen (§ 285 Nr. 14) – Mitglieder Geschäftsführung und Aufsichtsrat (§ 285 Nr. 9, Nr. 10) – Anteilsbesitz (§ 285 Nr. 11) – Einbezogene Konzernunternehmen (§§ 313, 314 HGB)	**Geschäfte** (§ 285 Nr. 21, § 314 Abs. 1 Nr. 13) weite Auslegung: auch Maßnahmen z.B. – Stilllegung von Betriebsteilen – Produktionsverlagerungen – Nutzungsüberlassung von VG – Finanzierungen *Pflicht:* nicht zu marktüblichen Bedingungen abgeschlossene Geschäfte *Freiwillig:* zu marktüblichen Bedingungen abgeschlossene Geschäfte	**Geschäfte** (IAS 24.21) weite Auslegung: auch Maßnahmen z.B. – Stilllegung von Betriebsteilen – Produktionsverlagerungen – Nutzungsüberlassung von VG – Finanzierungen *Pflicht:* alle Geschäfte Hinweis auf zu marktüblichen Bedingungen abgeschlossene Geschäfte nur bei Nachweis (IAS 24.23)
Ausnahmen von Berichtspflichten im Konzern:			
Geschäfte mit		– und zwischen (in den Konzernabschluss einbezogenen) Tochterunternehmen sind **nicht** berichtspflichtig (beachte aber Rz. 51.9) – Gemeinschaftsunternehmen (beachte Rz. 51.9) und assoziierte Unternehmen sind berichtspflichtig im Konzernabschluss	– konsolidierten Tochterunternehmen sind **nicht** berichtspflichtig (IAS 24.4) – Gemeinschaftsunternehmen und assoziierte Unternehmen (at equity bilanziert) sind berichtspflichtig im Konzernabschluss

2. Angabepflichten im Zwischenabschluss

Nach § 115 Abs. 4 Satz 2 WpHG sind Angaben über Geschäfte mit nahe stehenden Personen für Unternehmen, die als Inlandsemittenten Aktien begeben und konzernrechnungslegungspflichtig sind, auch für den Halbjahresfinanzbericht erforderlich. Diese Angaben können wahlweise im Zwischenlagebericht oder im Anhang gemacht werden. Dabei sind die für den Jahresabschluss geltenden Rechnungslegungsgrundsätze anzuwenden, d.h. ein nach IFRS bilanzierendes Unternehmen muss im Halbjahresfinanzbericht Angaben nach IAS 24 machen. Die Regelungen des WpHG werden durch DRS 16 ergänzt, wobei zu beachten ist, dass nach DRS 16.8 die Unternehmen,

51.12

die einen IFRS-Konzernabschluss erstellen (§ 117 Nr. 2 WpHG), statt der Regeln des DRS 16.15-16.33 die Regeln des IAS 34 (Zwischenberichterstattung) einzuhalten haben.

Unternehmen, die zwar als Inlandsemittenten Aktien begeben, aber *nicht* zur Aufstellung eines Konzernabschlusses und Konzernlageberichts verpflichtet sind, müssen gemäß TranspRLDV im Zwischenlagebericht zumindest Angaben zu Geschäften mit nahe stehenden Unternehmen und Personen machen, wenn im Berichtszeitraum wesentliche Geschäfte zu marktunüblichen Bedingungen abgeschlossen wurden (§ 115 Abs. 4 Satz 2 WpHG).

IV. Neuere Entwicklungen

51.13 IAS 24 wurde zuletzt durch den Annual Improvement Cycle 2010–2012 geändert. IAS 24.18A schreibt nun vor, dass auch Aufwendungen anzugeben sind, die für den Erhalt von Managementleistungen anfallen.

51.14 Änderungen an IAS 24 sind derzeit nicht geplant.

51.15–51.19 frei

B. Abgrenzung nahe stehender Unternehmen und Personen zum Konzern

I. Nahe stehend: Begriff

51.20 Unternehmen und Personen gelten in Bezug auf das Bericht erstattende Unternehmen nur dann als nahe stehend, wenn zwischen dem Bericht erstattenden Unternehmen und den anderen Unternehmen und Personen

– ein Beherrschungsverhältnis,

– gemeinsame Beherrschung oder

– maßgeblicher Einfluss

besteht. Die Begriffsbestimmungen von Beherrschung, gemeinsamer Beherrschung und maßgeblichem Einfluss entsprechen jenen aus IFRS 10, 11 und IAS 28, s. Rz. 31.1 ff.

51.21 Für die Abgrenzung nahe stehender Unternehmen und Personen im Hinblick auf Berichtspflichten in HGB-Abschlüssen ist ebenfalls IAS 24 einschlägig (Art. 2 Nr. 3 Bilanzrichtlinie 2013/34/EU).

II. Nahe stehende Unternehmen und Konzern

1. Unternehmen aus dem Konsolidierungskreis

Wegen des Rückgriffs auf die einschlägigen Beherrschungsdefinitionen zählen Tochter- und Gemeinschaftsunternehmen sowie assoziierte Unternehmen zu den nahe stehenden Unternehmen einer den Konzernabschluss aufstellenden Muttergesellschaft. Sofern freilich IAS 24 auf den Konzernabschluss angewendet wird, sind Angabepflichten über die *Geschäftsbeziehungen* zwischen voll konsolidierten Gesellschaften entbehrlich („*Intragroup related party transactions and outstanding balances are eliminated*", IAS 24.4).

51.22

Im Konzernabschluss verbleiben daher mögliche Angabepflichten zu nichtkonsolidierten Tochterunternehmen sowie assoziierten Unternehmen und Joint Ventures, auf die die Equity-Methode angewendet wird (Unternehmen (2) in Abb. 51.1). Indes ist die Nichtkonsolidierung nur möglich bei

51.23

– Unwesentlichkeit des Tochterunternehmens oder

– wenn über diese Einheiten Weiterveräußerungsabsicht besteht (Anwendung von IFRS 5, s. Rz. 30.64).

Im Falle einer Nichtkonsolidierung wegen Unwesentlichkeit wird man allerdings auch davon ausgehen können, dass die Geschäftsbeziehungen dieser Gesellschaft zum Konzern insgesamt sich nur unwesentlich auf die Lage des Konzerns auswirken können, so dass nach IAS 24 nicht zu berichten ist. Lediglich also bei der **Nichtkonsolidierung wegen Weiterveräußerungsabsicht** sind Angaben im Hinblick auf Tochter- und Gemeinschaftsunternehmen in einem Konzernabschluss in Betracht zu ziehen.

Die Abb. 51.1 fasst in den Ziffern (2) bis (8) die möglichen weiteren nahe stehenden Unternehmen und Personen zusammen.

51.24

In der Abbildung ist das Bericht erstattende Unternehmen der Konzern, der aus dem Mutterunternehmen sowie seinen **vollkonsolidierten Tochterunternehmen** (1) besteht. Transaktionen *zwischen diesen Unternehmen* lösen keine Berichtspflichten nach IAS 24 aus, da sie im Konzernabschluss konsolidiert sind.

Berichtspflichtig sind Transaktionen des Konzerns *mit* seinen at equity-bilanzierten Unternehmen – Gemeinschaftsunternehmen und assoziierte Unternehmen (2).

Assoziierte Unternehmen des Konzerns *untereinander* gelten nicht als nahe stehend. Sofern von diesen Unternehmen auch der Einzelabschluss nach IFRS aufgestellt wird, ergibt sich zu den jeweiligen assoziierten Unternehmen keine Berichtspflicht.

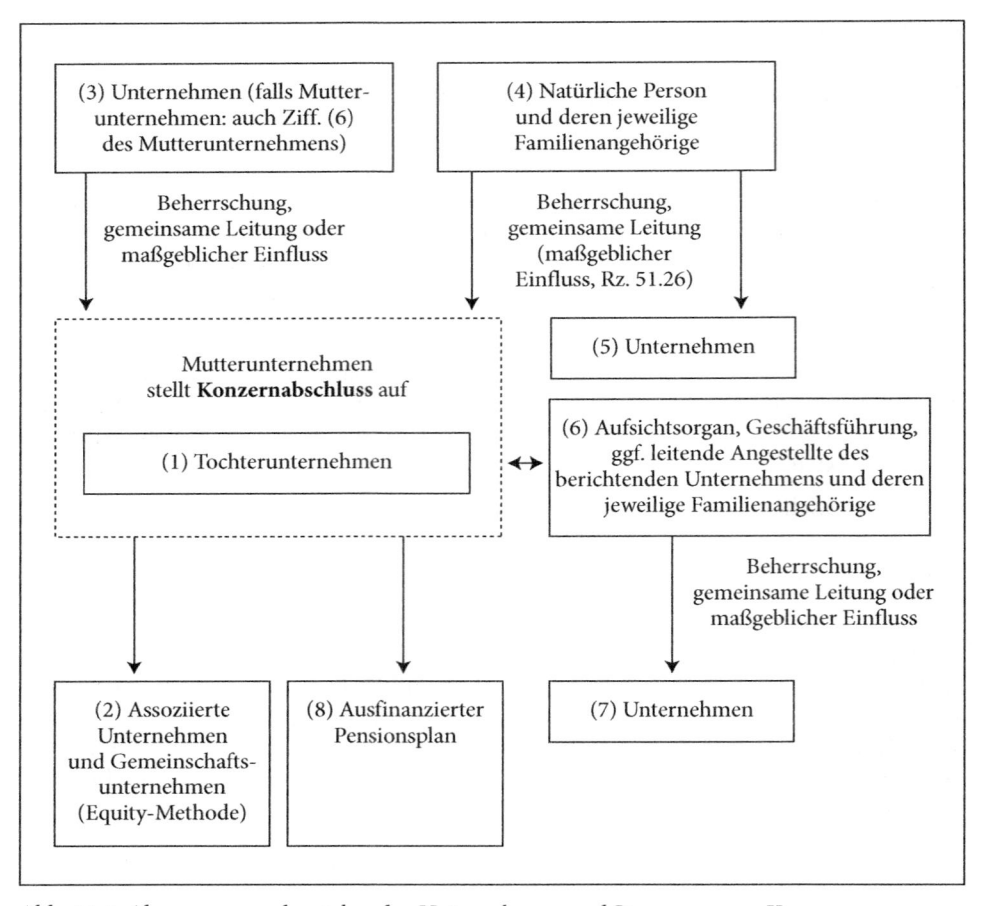

```
                    ┌─────────────────────────┐   ┌─────────────────────────┐
                    │ (3) Unternehmen (falls  │   │ (4) Natürliche Person   │
                    │ Mutterunternehmen:      │   │ und deren jeweilige     │
                    │ auch Ziff. (6) des      │   │ Familienangehörige      │
                    │ Mutterunternehmens)     │   │                         │
                    └─────────────────────────┘   └─────────────────────────┘
                              │                               │
                    Beherrschung,                  Beherrschung,
                    gemeinsame Leitung oder        gemeinsame Leitung
                    maßgeblicher Einfluss          (maßgeblicher
                                                   Einfluss, Rz. 51.26)
                              ↓                               ↓
                    ┌─────────────────────────┐   ┌─────────────────────────┐
                    │  Mutterunternehmen      │   │ (5) Unternehmen         │
                    │  stellt Konzernabschluss│   └─────────────────────────┘
                    │  auf                    │   ┌─────────────────────────┐
                    │ ┌─────────────────────┐ │   │ (6) Aufsichtsorgan,     │
                    │ │ (1) Tochter-        │ │←→ │ Geschäftsführung, ggf.  │
                    │ │ unternehmen         │ │   │ leitende Angestellte    │
                    │ └─────────────────────┘ │   │ des berichtenden        │
                    └─────────────────────────┘   │ Unternehmens und deren  │
                                                  │ jeweilige               │
                                                  │ Familienangehörige      │
                                                  └─────────────────────────┘
                                                              │
                                                   Beherrschung,
                                                   gemeinsame Leitung oder
                                                   maßgeblicher Einfluss
                              ↓              ↓               ↓
                    ┌──────────────┐  ┌──────────────┐  ┌──────────────┐
                    │ (2) Assoziierte│ │ (8) Ausfinan-│  │ (7) Unter-   │
                    │ Unternehmen    │ │ zierter      │  │ nehmen       │
                    │ und Gemein-    │ │ Pensionsplan │  │              │
                    │ schafts-       │ │              │  │              │
                    │ unternehmen    │ │              │  │              │
                    │ (Equity-       │ │              │  │              │
                    │  Methode)      │ │              │  │              │
                    └──────────────┘  └──────────────┘  └──────────────┘
```

Abb. 51.1: Abgrenzung nahe stehender Unternehmen und Personen zum Konzern

2. Andere Unternehmen

51.25 **Andere Unternehmen (3)**, die die Möglichkeit der Ausübung beherrschenden oder maßgeblichen Einflusses haben bzw. das Mutterunternehmen gemeinsam mit anderen Unternehmen beherrschen, gelten als zum Konzern nahe stehend. Solange das Bericht erstattende Mutterunternehmen einen Abschluss aufstellt (der aus der Perspektive des anderen Unternehmens (3) ggf. ein Teilkonzernabschluss ist), kommt es für die Angabepflichten in *diesem* Abschluss nicht darauf an, ob der Konzern selbst in den Abschluss des anderen Unternehmens einbezogen wird.

Falls es sich beim anderen Unternehmen (3) um das Mutterunternehmen des (Teil-)Konzerns handelt, gehören auch das oberste Management und die jeweiligen nahen Familienangehörigen (6) zu den nahe stehenden Personen (IAS 24.9aiii).

III. Natürliche Personen und Konzern

Die vorstehenden Ausführungen gelten auch, wenn **natürliche Personen (4)** einen mindestens maßgeblichen Einfluss auf den Konzern ausüben. Darüber hinaus zählen auch **nahe Familienangehörige** dieser natürlichen Personen zu den nahe stehenden Personen des Bericht erstattenden Mutterunternehmens.

51.26

Sollten diese natürlichen Personen und/oder deren nahe Familienangehörige ihrerseits andere Unternehmen beherrschen, gemeinsam führen oder maßgeblich beeinflussen, so gelten diese **Unternehmen (5)** ebenfalls als nahe stehende Unternehmen des Konzerns. Haben dagegen die natürlichen Personen (4) nur maßgeblichen Einfluss *sowohl* auf den Konzern als auch auf die andere Unternehmen (5), handelt es sich wechselseitig zwischen dem Konzern und den Unternehmen (5) nicht mehr um nahe stehende Unternehmen.

Niehus hat schon sehr früh auf die **Informationsprobleme** hingewiesen, die sich aus den Angabepflichten zu vorstehend genannten natürlichen Personen ergeben, da dem Konzern die Namen der Familienangehörigen und damit auch die (möglichen) Transaktionen mit diesen häufig unbekannt sein dürften.[5]

Die Mitglieder des **Aufsichtsrats**, des **Vorstands** bzw. der **Geschäftsführung** sowie ggf. **leitende Angestellte** des berichtenden Unternehmens (**Personen mit Schlüsselfunktionen im Management**[6]) und **die jeweiligen nahen Familienangehörigen (6)** dieser Personen (IAS 24.9aiii) sowie **andere Unternehmen (7)**, die von diesen natürlichen Personen beherrscht oder gemeinschaftlich geführt werden (IAS 24.9bvi), sind nahe stehende Unternehmen und Personen aus der Perspektive des Bericht erstattenden Mutterunternehmens. Schließlich gehören auch **ausfinanzierte Pensionspläne (8)** zu den nahe stehenden Unternehmen (IAS 24.9bv).

51.27

Beispiel: Eine Eigentümerfamilie (4) übt auf das Mutterunternehmen eines Konzerns einen beherrschenden Einfluss aus. Die Familie hält darüber hinaus alle Anteile an einer Beratungsgesellschaft (5), die den Konzern bei der Durchführung von Projekten berät. Diese Beratungsleistungen sind nach IAS 24.18 f. im Anhang anzugeben (Rz. 51.37 ff.). Gleiches gilt, wenn eine Person mit Schlüsselfunktionen im Management (6) die Anteile an der Beratungsgesellschaft hält.

Klärungsbedürftig ist der Begriff der **nahen Familienangehörigen** (*close members of the family*) einer dem Bericht erstattenden Unternehmen nahe stehenden Person. Es soll sich um Familienangehörige handeln, die diese Person in ihren Geschäftsbeziehungen zum Unternehmen beeinflussen können, oder umgekehrt von dieser Person beeinflusst werden. Der Begriff der Familie selbst wird nicht definiert, sondern umschrieben als Ehegatten, Lebenspartner und Kinder sowie abhängige

51.28

---

5 Vgl. *Niehus* in FS Kropff, 533 (550 f.).
6 Die Abgrenzung der Führungsebene unterhalb von Vorstand/Geschäftsführung und Aufsichtsrat in den Kreis der Personen mit Schlüsselfunktionen im Management ist unklar und bietet Ermessensspielräume, vgl. auch *Hoffmann* in Haufe IFRS-Komm[16], § 30 Rz. 36.

Angehörige der nahe stehenden Person oder des Ehegatten oder Lebenspartners (IAS 24.9).[7]

IV. Negativabgrenzung: Nicht nahe stehende Unternehmen und Personen

51.29 Nicht nahe stehende Unternehmen und Personen sind üblicherweise die in IAS 24.11 genannten Unternehmen und Personen, also z.B. ein anderes Unternehmen, in dessen Aufsichtsrat ein Mitglied des Vorstands oder Aufsichtsrats des Bericht erstattenden Unternehmens sitzt, Kapitalgeber, Gewerkschaften, das andere Partnerunternehmen eines *Joint Ventures*, Kunden und Lieferanten mit wesentlichem Geschäftsvolumen mit dem Bericht erstattenden Unternehmen usw.

51.30–51.35 frei

C. Anhangangaben

I. Beteiligungsverhältnis, Nahestehen

51.36 Nachfolgende Angaben sind im Anhang eines Konzernabschlusses erforderlich, unabhängig davon, ob sich Geschäftsvorfälle ereignet haben:
– Beziehung zwischen dem **Mutter- und seinen Tochterunternehmen** (nicht: Gemeinschaftsunternehmen oder assoziierte Unternehmen). U.E. ist nicht Gegenstand der Angabe, welcher Art die Beziehung ist, was also zur Qualifikation als Tochterunternehmen geführt hat. Die reine Namensnennung ist ausreichend.[8]
– Im Falle des **Teilkonzernabschlusses** (oder eines Einzelabschlusses) ist der Name des Mutterunternehmens und, falls davon abweichend, der Name des obersten Mutterunternehmens anzugeben. Diese Angabepflicht ergibt sich sowohl aus IAS 24.13 als auch aus IAS 1.138c. IAS 24.13 ergänzt: Sollte das jeweilige Mutterunternehmen nicht abschlusspflichtig sein, ist zusätzlich der Name der nächsten Gesellschaft aus dem Gesamtkonzern anzugeben, die einen Abschluss erstellt, der den Teilkonzernabschluss (Einzelabschluss) umfasst.

Indes reicht diese Angabe nicht aus: Deutsche Unternehmen, die EU-IFRS-Konzernabschlüsse aufstellen müssen oder dies freiwillig tun, müssen auch die Angabe-

---

7 Die Frage, wer zu den nahen Familienangehörigen gehört, hat auch das IFRS IC beschäftigt. Konkret ging es um die Frage, ob auch Eltern als nahe Familienangehörige i.S.d. IAS 24 anzusehen sind. Das IFRS IC hat auf eine Beantwortung dieser Frage verzichtet und stattdessen darauf hingewiesen, dass die Auflistung in IAS 24 9 nicht abschließend sei. Vielmehr liege es im Ermessen des Bilanzierenden, im Einzelfall über die Zusammensetzung dieses Personenkreises zu entscheiden; vgl. IFRIC Update, Mai 2015.
8 Vgl. auch *Bömelburg/Luce* in T/vK/B, IAS 24 Rz. 161.

pflicht des § 313 Abs. 2 und 3 HGB erfüllen (Rz. 48.40). Diese gehen weit über IAS 24.13 hinaus.

Zusätzlich sind die Angabepflichten des IFRS 12 zu beachten, Rz. 41.1. Hier ergeben sich auch bewusst in Kauf genommene Überschneidungen mit IAS 24 (Rz. 41.43).

II. Geschäftsvorfälle

Falls sich Geschäftsvorfälle zwischen dem Konzern (Mutterunternehmen einschließlich vollkonsolidierte Tochterunternehmen) und nahe stehenden Unternehmen und Personen ereignet haben, ist die Art der Beziehung zu den nahe stehenden Unternehmen und Personen offen zu legen und zu beschreiben. Ferner sind die Geschäftsvorfälle und ausstehende Beträge in einer Art zu nennen und zu beschreiben, dass der Effekt der Geschäftsbeziehung auf den Abschluss nachvollzogen werden kann. Bei der Beschreibung der Geschäftsvorfälle darf die Gesellschaft nur dann die Formulierung verwenden, dass diese unter marktüblichen Bedingungen stattgefunden haben (*Arm's length*-Prinzip), wenn diese Bedingungen nachgewiesen werden können (IAS 24.23). Andernfalls bleibt es bei der rein deskriptiven Berichterstattung über die Geschäftsvorfälle ohne Wertung durch die Gesellschaft.[9]

51.37

Die eher allgemeine Anforderung des IAS 24.18 wird weiter konkretisiert durch geforderte **Minimumangaben** über

51.38

– den Betrag der Transaktion,

– die Angabe von Forderungen und Verbindlichkeiten sowie von sonstigen Verpflichtungen (*commitments*) inklusive einer Angabe über die (Zahlungs-)Bedingungen, Besicherung, gegebene oder erhaltene Garantien und

– getroffene Vorkehrungen für zweifelhafte Forderungen, insbesondere Angabe des Abschreibungsbetrages.

Zudem sind die Beträge anzugeben, die das Unternehmen für den Erhalt von Managementdienstleistungen – im Bereich des Managements in Schlüsselpositionen – aufgewendet hat (IAS 24.18A).

Diese Angaben sind in einem **Konzernabschluss** separat für folgende Gruppen von nahe stehenden Unternehmen und Personen zu machen (IAS 24.19):

51.39

– Im Falle der Aufstellung eines **Teilkonzernabschlusses** die Angaben über Transaktionen mit dem Mutterunternehmen oder ggf. den Partnerunternehmen, falls der Teilkonzern gemeinschaftlich geführt wird,

– Unternehmen mit maßgeblichem Einfluss auf den Konzern,

– assoziierte Unternehmen des Konzerns,

– Gemeinschaftsunternehmen des Konzerns,

---

9 So auch *Hoffmann* in Haufe IFRS-Komm[16], § 30 Rz. 5.

– Personen mit Schlüsselfunktionen im Management des Konzerns oder seines Mutterunternehmens (im Falle des Teilkonzernabschlusses) und

– andere nahe stehende Unternehmen und Personen.

Angaben zu Forderungen, Verbindlichkeiten und sonstigen Verpflichtungen sind nicht erforderlich für Unternehmen und Personen, die zwar während des Geschäftsjahres als nahe stehend zu klassifizieren waren, dies aber am Abschlussstichtag nicht mehr sind. Angaben zu Transaktionen sind dagegen für den Zeitraum erforderlich, in dem das Unternehmen oder die Person als nahe stehend zu klassifizieren war.[10]

51.40 Die jeweils gesonderte Angabe ausstehender Beträge von Forderungen und Verbindlichkeiten gegenüber vorgenannten Gruppen kann in Erweiterung der Grundgliederung entweder unmittelbar in der Bilanz oder im Anhang vorgenommen werden (IAS 24.20). Das ist aus dem HGB vertraut, z.B. Forderungen gegenüber verbundenen Unternehmen (im Einzelabschluss). Üblich ist allein die **Anhangangabe**.

III. Managementvergütung

51.41 Es sind **sämtliche Bezüge** der Personen in Schlüsselfunktionen im Management anzugeben, und zwar getrennt nach folgender Aufstellung (IAS 24.17):

– kurzfristige Bezüge,

– Leistungen nach Beendigung des Arbeitsverhältnisses,

– andere langfristige Leistungen,

– Leistungen aus Anlass der Beendigung des Arbeitsverhältnisses, z.B. Abfindungen,

– Kapitalbeteiligungsleistungen (Aktienoptionsprogramme).

Die Angaben müssen nach IAS 24 nur für das Management in Summe, nicht individualisiert gemacht werden.[11] Für Manager mit Schlüsselfunktionen, die während des Geschäftsjahres aus dem Unternehmen ausgeschieden sind, besteht zum Bilanzstichtag keine Berichtspflicht mehr.[12]

51.42 Angaben über **Organbezüge** sind auch nach § 314 Abs. 1 Nr. 6 HGB erforderlich, der auch für den IFRS-Konzernabschluss einschlägig ist (Rz. 48.40). Dabei verlangt § 314 Abs. 1 Nr. 6 HGB grundsätzlich nur die Angabe von Gesamtbezügen der genannten Personengruppen. Auf Grund des Vorstandsvergütungs-Offenlegungsgesetzes[13] ist im Falle von börsennotierten Mutterunternehmen zusätzlich die Tätigkeitsvergütung **personen-individuell** offen zu legen (§ 314 Abs. 1 Nr. 6a Satz 5–9

---

10 Vgl. *Bömelburg/Luce* in T/vK/B, IAS 24 Rz. 176 f.; *PwC*, IFRS Manual of Accounting, Rz. 29A.183 ff.
11 Vgl. *Hoffmann* in Haufe IFRS-Komm[16], § 30 Rz. 36 f.
12 Vgl. *Hoffmann*, in Haufe IFRS-Komm[16], § 30 Rz. 35.
13 V. 3.8.2005, BGBl. I 2005, 2267.

HGB). Diese Angabepflichten werden weiter durch DRS 17 konkretisiert. Zudem enthält der Deutsche Corporate Governance Kodex für börsennotierte Unternehmen Vorgaben für Angaben zur Vergütung von Vorstand und Aufsichtsrat.

Die nach deutschem Recht erforderlichen Angaben gehen über IAS 24 hinaus, insbesondere durch das Erfordernis einer individualisierten Angabe der Tätigkeitsvergütung des Vorstandes börsennotierter Aktiengesellschaften (vgl. Ziff. 4.2.4f. DCGK).

Die von der IFRS-Rechnungslegung unabhängige individualisierte Angabe der Bezüge kann unterbleiben, wenn die **Hauptversammlung** dies mit 3/4-Mehrheit des vertretenen Grundkapitals beschließt (§§ 314 Abs. 3 Satz 2 i.V.m. 286 Abs. 5 HGB).

IV. Erleichterungen für Unternehmen der öffentlichen Hand

Unternehmen, auf die die öffentliche Hand *(a government)* einen mindestens maßgeblichen Einfluss hat, sind untereinander zwar nahe stehend, aber von der Angabepflicht des IAS 24.18 (Rz. 51.38) befreit. Solche Unternehmen müssen nur ihre Beziehung zur öffentlichen Hand sowie wesentliche Transaktionen mit der öffentlichen Hand und anderen Unternehmen unter der (gemeinschaftlichen) Kontrolle oder dem maßgeblichen Einfluss der öffentlichen Hand angeben (IAS 24.25 ff.).   51.43

In der deutschen Übersetzung von *a government* heißt es *öffentliche Stelle*; wir haben den gängigeren Ausdruck **öffentliche Hand** verwendet. Wichtig: Es ist eine „bestimmte" öffentliche Hand – die Stadt Bochum ist etwas anderes als die Stadt Düsseldorf. Im Übrigen ist nach dem Willen des IASB der Begriff der öffentlichen Hand in IAS 24 genauso abzugrenzen wie nach IAS 20 (IAS 24.BC41). Zur Abgrenzung s. daher Rz. 16.6.

Beispiel: Die Gebietskörperschaft S kontrolliert Unternehmen 1 mit den Tochterunternehmen A und B sowie Unternehmen 2 mit den Tochterunternehmen C und D. S sowie alle direkten und indirekten Tochterunternehmen gelten zwar als nahe stehend, Unternehmen A muss aber über Transaktionen mit S sowie Unternehmen 1, 2, B, C und D nur eingeschränkt berichten. Beziehungen zu anderen nahe stehenden Unternehmen und Personen, z.B. dem Management in Schlüsselpositionen, sind aber vollumfänglich anzugeben.

frei   51.44–51.50

D. Praxishinweise

Die Praxis verfährt im Umgang mit IAS 24 uneinheitlich. Zumeist findet sich im Anhang zwar ein separater Abschnitt, der häufig mit „Beziehungen zu nahe stehenden Unternehmen und Personen" überschrieben ist. Die hier zu findenden Angaben differieren aber stark in der Art der Darstellung und im Detaillierungsgrad. Aufgrund der Erfordernisse des HGB und des Deutschen Corporate Governance Kodex stellen deutsche börsennotierte Unternehmen umfangreiche Angaben zur Managementvergütung häufig in einem gesonderten Vergütungsbericht (vgl. Ziff. 4.2.5   51.51

DCGK) dar, der Bestandteil des Lageberichts ist. Im Anhang findet sich dann eine Kurzfassung zur Erfüllung der Angabepflichten nach IAS 24 mit Verweis auf die umfangreichen Angaben im Vergütungsbericht.[14]

51.52 IAS 24 beschreibt einen weit gezogenen Kreis nahe stehender Unternehmen und Personen und fordert für diese umfangreiche Angaben im Hinblick auf vorhandene Geschäftsbeziehungen. Insbesondere soweit es sich um Beziehungen zu natürlichen Personen handelt, die nicht Mitglieder in Schlüsselpositionen des Managements sind, waren solche Angaben der Rechnungslegung nach HGB vor Verabschiedung des BilMoG praktisch unbekannt.

51.53 Die größten Probleme in der praktischen Anwendung des IAS 24 im Hinblick auf die Beziehungen des Unternehmens zu nahe stehenden natürlichen Personen dürften darin liegen zu erfahren, ob es solche Beziehungen überhaupt gibt und wie diese ausgestaltet sind.

51.54 Darüber hinaus bestehen im **deutschen Steuerrecht** – in § 1 AStG – gewisse Ähnlichkeiten zu den Angabepflichten nach IAS 24, wenn mit nahe stehenden natürlichen Personen Geschäfte unter Bedingungen getätigt werden, die mit fremden Dritten nicht unter diesen Bedingungen getätigt worden wären. Zwar haben die IFRS keine unmittelbaren Auswirkungen auf die Besteuerung, und doch mag bei der Anwendung des IAS 24 ein steuerliches Problem erwachsen, wie *Niehus* formuliert: „Bewusst verallgemeinernd lässt sich sagen, dass nahe Angehörige von Mehrheitsgesellschaftern immer im Visier einer verdeckten Gewinnausschüttung stehen ... Man wird sagen dürfen, dass die Angabe des Bestehens von *Related-party*-Beziehungen geradezu eine Einladung an den **Betriebsprüfer** darstellt, sich dieses Umstands besonders anzunehmen (wenn diese im Ausland angesiedelt sind). Die IAS-Regel wird schon aus diesem Grund nicht auf eine hohe Aufgeschlossenheit bei den Aufstellern stoßen."[15]

51.55 Im Hinblick auf den Aussagegehalt der Angaben nach IAS 24 für den **Abschlussadressaten** ist zu beachten: IAS 24 verlangt **keine Angaben** darüber, wie der Abschluss **ausgesehen hätte**, wenn es ggf. verzerrende Geschäftsbeziehungen zu nahe stehenden Unternehmen und Personen nicht gegeben hätte, wenn sie also zu Bedingungen abgeschlossen worden wären, wie sie unter fremden Dritten üblich sind.

---

14 Vgl. z.B. E.ON Geschäftsbericht 2017, 84 ff., 207; RWE Geschäftsbericht 2017, 63 ff., 149; ThyssenKrupp Geschäftsbericht 2017/2018, 16 ff., 203 f.; Siemens Finanzbericht 2018, 47 ff.,116.
15 *Niehus*, WPg 2003, 521 (530).

Teil 6
Zwischenberichterstattung (IAS 34)

Kapitel 52
Pflicht zur Zwischenberichterstattung

A. Management Zusammenfassung . 52.1
B. Standards und Anwendungsbereich 52.4
C. Wesentliche Abweichungen zum HGB 52.9
D. Neuere Entwicklungen 52.10

Literatur: *Ahr/Loitz/Seidel*, Informationsvermittlung durch Quartalsberichterstattung – wachsender Trend zur Quartalsmitteilung, BB 2017, 1451; *Ammedick/Strieder*, Zwischenberichterstattung börsennotierter Gesellschaften, München 2002; *Beiersdorf/Rahe*, Verabschiedung des Gesetzes zur Umsetzung der EU-Transparenzrichtlinie (TUG) – Update zu BB 2006, BB 2007, 99; *Berninger/Schiereck*, Die Transparenzrichtlinie-Änderungsrichtlinie und ihre Konsequenzen auf die quartalsweise Berichterstattung in Deutschland, KoR 2016, 554; *Pellens/Knappstein/Muschallik/Schmidt*, Quartalsfinanzbericht oder Quartalsmitteilung? – Empirische Analyse der quartalsweisen Berichterstattungspraxis der DAX30 – und MDAX-Unternehmen –, DB 2017, 2; *Tausch-Nebel/Weber/Vaagt*, Praxis und Determinanten der novellierten Quartalsberichterstattung im DAX, MDAX, SDAX und TecDAX, KoR 2017, 164.

A. Management Zusammenfassung

IAS 34 regelt den Mindestinhalt und die Bilanzierungsgrundsätze für Zwischenberichte, aber keine Aufstellungspflichten. Diese ergeben sich aus **gesetzlichen Vorschriften** – für kapitalmarktorientierte Unternehmen in Deutschland ist insbesondere das WpHG relevant – und Vorgaben der Börsen oder Börsenaufsichtsbehörden. Seit November 2015 ist die Verpflichtung zur Erstellung von Berichten zum ersten und dritten Quartal nach dem WpHG entfallen mit der Folge, dass kapitalmarktorientierte Unternehmen gem. WpHG nur noch Halbjahresfinanzberichte erstellen müssen. Die Pflicht zur Quartalsberichterstattung kann sich aber weiterhin aus Vorgaben der Börsen ergeben (vgl. Rz. 52.4). 52.1

IFRS-Anwender haben auch die Halbjahresfinanzberichte gem. WpHG nach IFRS aufzustellen. Die Aufstellungspflicht bezieht sich grundsätzlich auf den Einzel- und Konzernabschluss; konzernabschlusspflichtige Mutterunternehmen erstellen Zwischenberichte aber nur auf Konzernebene. Eine Prüfungspflicht besteht nicht.

IAS 34 ist auch anzuwenden, wenn ein Unternehmen freiwillig Zwischenberichte nach IFRS aufstellt (IAS 34.1).

Zwischenberichte enthalten die gleichen Berichtsinstrumente wie Einzel- bzw. Konzernabschlüsse; sie können jedoch durch Zusammenfassung von Posten verkürzt 52.2

werden. Für Unternehmen, die unter das WpHG fallen, umfasst der Halbjahresfinanzbericht neben dem Zwischenabschluss einen Zwischenlagebericht sowie die Versicherung der gesetzlichen Vertreter (sog. „Bilanzeid").

52.3 Der Zwischenabschluss ist nach den **gleichen Bilanzierungs- und Bewertungsmethoden** wie der Einzel- bzw. Konzernabschluss aufzustellen. Er soll eine Teilperiode des Geschäftsjahres darstellen, dabei aber nicht Hochrechnungen auf das Jahresergebnis ermöglichen. Ergebnisglättungen sind daher nicht zulässig, es sei denn, sie werden in IAS 34 ausdrücklich erlaubt oder vorgeschrieben. IAS 34 schreibt zudem Anhangangaben vor, mit denen insbesondere wesentliche Veränderungen zum letzten Jahresabschluss erläutert werden sollen.

B. Standards und Anwendungsbereich

52.4 IAS 34 regelt den Mindestinhalt von Zwischenberichten sowie die in Zwischenberichten anzuwendenden Ansatz- und Bewertungsgrundsätze. Die Verpflichtung zur Aufstellung von Zwischenberichten wird vom IASB nicht geregelt. Sie ergibt sich vielmehr aus gesetzlichen Vorschriften sowie Vorgaben der Börsen oder Börsenaufsichtsbehörden.[1] Die gesetzlichen Regelungen in Deutschland setzen die von der EU verabschiedete **Transparenzrichtlinie**[2] um; dies erfolgte 2007 durch das **Transparenzrichtlinie-Umsetzungsgesetz**.[3] Seitdem finden sich die Vorschriften zur Zwischenberichterstattung für Unternehmen, die in Deutschland Wertpapiere begeben (kapitalmarktorientierte Unternehmen), im **WpHG**. Eine Änderung ergab sich im Jahr 2015 durch die Transparenzrichtlinie-Änderungsrichtlinie und deren Umsetzung in deutsches Recht.[4] Durch die Streichung des § 37x WpHG besteht nunmehr keine gesetzliche Pflicht mehr zur Erstellung von Zwischenmitteilungen zum ersten und dritten Quartal. Die Pflicht zur Veröffentlichung von Quartalsfinanzberichten oder -mitteilungen kann sich aber weiterhin aus den Vorgaben der Börsen oder Börsenaufsichtsbehörden ergeben.[5] Für nicht kapitalmarktorientierte Unternehmen besteht in Deutschland keine gesetzliche oder sonstige Verpflichtung zur Zwischenberichterstattung.

---

1 Die Deutsche Börse AG koppelt die Verpflichtung zur Zwischenberichterstattung an die Segment- oder Indexzugehörigkeit. Demnach sind Quartalsfinanzberichte oder Quartalsmitteilungen nur im Segment „Prime Standard" erforderlich; vgl. Börsenordnung für die Frankfurter Wertpapierbörse, Stand: 5.12.2018, § 53. Im Segment „General Standard" muss dagegen nur die gesetzliche Mindestanforderung des Halbjahresfinanzberichts erfüllt werden. Zu den Anforderungen der Frankfurter Wertpapierbörse und deren Umsetzung in der Praxis vgl. *Tausch-Nebel/Weber/Vaagt*, KoR 2017, 164 ff.; *Berninger/Schiereck*, KoR 2016, 554 ff.; *Ahr/Loitz/Seidel*, BB 2017, 1451 ff. Zum Unterschied zwischen Quartalsfinanzbericht und Quartalsmitteilung vgl. *Pellens/Knappstein/Muschallik/Schmidt*, DB 2017, 2.
2 Richtlinie 2004/109/EG des Europäischen Parlaments und des Rates v. 15.12.2004, ABl. Nr. L 390/38 v. 31.12.2004.
3 Zum TUG s. *Beiersdorf/Rahe*, BB 2007, 99.
4 Vgl. Gesetz zur Umsetzung der Transparenzrichtlinie-Änderungrichtlinie vom 20.11.2015.
5 Vgl. z.B. § 53 der Börsenordnung für die Frankfurter Wertpapierbörse, Stand: 5.12.2018.

Neben der Verpflichtung zur Aufstellung von Halbjahresfinanzberichten regelt das WpHG Mindestanforderungen an den **Inhalt** der Berichte. Darüber hinaus verweist § 115 Abs. 3 WpHG auf die für den Jahresabschluss geltenden Rechnungslegungsgrundsätze. IFRS-Anwender haben daher auch die Zwischenberichte nach IFRS aufzustellen und IAS 34 zu beachten.

Nach WpHG besteht die Pflicht zur Aufstellung von Halbjahresfinanzberichten für **Inlandsemittenten** von **Aktien oder Schuldtiteln**. Der **Halbjahresfinanzbericht** besteht aus verkürztem Abschluss, Zwischenlagebericht und Versicherung der gesetzlichen Vertreter (Rz. 53.1) (§ 115 Abs. 1 f. WpHG). §§ 115 Abs. 1, 118 Abs. 1–3 WpHG befreien Unternehmen unter bestimmten Voraussetzungen von der Aufstellungspflicht. 52.5

Ist der zur Halbjahresberichterstattung verpflichtete Inlandsemittent als Mutterunternehmen konzernabschlusspflichtig (= kapitalmarktorientiertes Mutterunternehmen), so ist statt auf Einzelabschlussebene ein **Halbjahresfinanzbericht auf konsolidierter Basis** nach IFRS aufzustellen und zu veröffentlichen (§ 117 Nr. 2 WpHG).

Der verkürzte Abschluss und der Zwischenlagebericht können, müssen aber nicht einer **prüferischen Durchsicht** durch einen Abschlussprüfer unterzogen werden. Erfolgt eine solche Durchsicht, hat der Abschlussprüfer das Ergebnis der prüferischen Durchsicht in einer Bescheinigung zum Halbjahresfinanzbericht zusammenzufassen, die mit dem Halbjahresfinanzbericht zu veröffentlichen ist. Auch eine Vollprüfung nach § 317 HGB ist zulässig mit entsprechenden Offenlegungsfolgen für den dann erforderlichen Bestätigungs- bzw. Versagungsvermerk (§ 115 Abs. 5 WpHG). 52.6

Der zuletzt veröffentlichte verkürzte Abschluss und der zugehörige Zwischenlagebericht können gem. § 342b Abs. 2 HGB Gegenstand einer **Prüfung durch die Deutsche Prüfstelle für Rechnungslegung** sein (Rz. 4.45), allerdings nicht im Wege der stichprobenartigen Prüfung.

Für die **Veröffentlichungsfrist** des Zwischenberichts ist § 115 Abs. 1 WpHG maßgebend (spätestens **drei Monate** nach Abschluss der Zwischenberichtsperiode). IAS 34.1 empfiehlt eine Veröffentlichung innerhalb von 60 Tagen nach Abschluss der Berichtsperiode. Diese Frist ist aber rechtlich nicht bindend. Für börsennotierte Unternehmen empfiehlt der DCGK eine Veröffentlichung innerhalb von **45 Tagen** nach Ende des Berichtszeitraums.[6] Die Veröffentlichung kann durch Einstellung auf einer öffentlich zugänglichen Unternehmenshomepage erfolgen.[7] Vor Veröffentlichung des Zwischenberichts ist ein Hinweis zu veröffentlichen, ab wann und unter welcher Internetadresse der Bericht verfügbar ist. Dieser Hinweis ist auch der BaFin und dem Unternehmensregister zu übermitteln (§ 115 Abs. 1 Satz 2 f.). Außerdem ist der Zwischenbericht dem elektronischen Unternehmensregister zu übermitteln (§ 115 Abs. 1 Satz 4 WpHG). 52.7

---

6 Vgl. Deutscher Corporate Governance Kodex v. 7.2.2017, Abs. 7.1.2.
7 Vgl. *Hönsch* in Assmann/Schneider[5], § 37w WpHG Rz. 10.

52.8 IAS 34 wird durch IFRIC 10 Zwischenberichterstattung und Wertminderung ergänzt. Hiernach dürfen in einem Zwischenbericht vorgenommene **außerplanmäßige Abschreibungen** auf **Goodwill** im nächsten Jahresabschluss nicht rückgängig gemacht werden (Rz. 55.4).

Für deutsche Unternehmen, die nach WpHG zur Halbjahresberichterstattung verpflichtet sind, werden die Vorschriften des WpHG durch DRS 16 „Zwischenberichterstattung" konkretisiert. Für konzernabschlusspflichtige IFRS-Anwender sind dabei nur die Vorschriften zum Zwischenlagebericht relevant (DRS 16.8, 14). Da kapitalmarktorientierte Mutterunternehmen gemäß EU-Verordnung ihren Konzernabschluss nach IFRS aufstellen müssen, kommen die sonstigen Vorschriften des DRS 16 nur dann zur Anwendung, wenn ein kapitalmarktorientiertes Unternehmen nicht konzernabschlusspflichtig ist.[8]

C. Wesentliche Abweichungen zum HGB

52.9 Das HGB enthält keine Vorschriften zur Zwischenberichterstattung.

D. Neuere Entwicklungen

52.10 IAS 34 ist in den letzten Jahren mehrfach in kleinerem Umfang geändert worden. Dabei handelt es sich im Wesentlichen um Klarstellungen oder Folgeänderungen aus anderen neuen Standards oder Standardänderungen. Unter anderem wurde im Rahmen des Annual Improvement 2012–2014 Cycle klargestellt, welche Anforderungen zu erfüllen sind, wenn Informationen nicht im Zwischenbericht nach IAS 34, sondern in anderen Dokumenten, z.B. im Lagebericht dargestellt werden.

52.11 Das IASB veröffentlichte am 29.3.2017 den Entwurf ED/2017/2 „Improvements to IFRS 8 Operating Segments (Proposed amendments to IFRS 8 and IAS 34)". Die Änderungsvorschläge hätten auch zu Anpassungen der Zwischenberichterstattung nach IAS 34 im Zusammenhang mit der Anpassung von Vergleichsperioden geführt. Das IASB hat aber im März 2018 entschieden, den Entwurf nicht weiter zu verfolgen und das Projekt einzustellen.

Im Übrigen ist eine Überarbeitung des IAS 34 derzeit nicht geplant. Mittelfristig können sich aber aus Projekten zu Struktur und Umfang der Finanzberichterstattung (*„Disclosure Initiative"*, „Primary Financial Statements") ggf. größere Auswirkungen auf die Zwischenberichterstattung ergeben.

---

8 Vgl. *Hönsch* in Assmann/Schneider[5], § 37w WpHG Rz. 23.

Kapitel 53
Berichtsinstrumente im Zwischenbericht

A. Überblick	53.1	D. Ergebnis je Aktie	53.7
B. Verkürzte Bilanz	53.3	E. Verkürzter Eigenkapitalspiegel . . .	53.8
C. Verkürzte Gesamtergebnisrechnung	53.5	F. Verkürzte Kapitalflussrechnung . . .	53.10

Literatur: Siehe zu Kap. 52.

A. Überblick

Für IFRS-Anwender gelten hinsichtlich der Berichtsinstrumente im Zwischenbericht die Mindestanforderungen des WpHG sowie die Vorschriften von IAS 34 (s. Kap. 52). 53.1

Der Halbjahresfinanzbericht umfasst mindestens (§ 115 Abs. 2 WpHG)

— einen **verkürzten Abschluss**, der mindestens aus jeweils verkürzter Bilanz, GuV und Anhang bestehen muss (§ 115 Abs. 3 Satz 1 WpHG),

— einen **Zwischenlagebericht** mit Angaben nach § 115 Abs. 4 WpHG, u.a. (beschränkt auf Aktienemittenten) die wesentlichen Geschäfte mit **nahe stehenden Unternehmen** (wahlweise auch im Anhang, Rz. 51.12) und

— für den verkürzten Abschluss und den Zwischenlagebericht den sog. **Bilanzeid** nach § 264 Abs. 2 Satz 3 und § 289 Abs. 1 Satz 5 HGB.

Ein Zwischenbericht enthält gem. IAS 34.8 mindestens

— eine verkürzte Bilanz,

— eine verkürzte Gesamtergebnisrechnung, entweder als eine Gesamt-Rechnung oder als gesonderte Gewinn- und Verlustrechnung und zusätzliche Gesamtergebnisrechnung,

— einen verkürzten Eigenkapitalspiegel,

— eine verkürzte Kapitalflussrechnung und

— ausgewählte erläuternde Anhangangaben.

Diese Anforderungen gelten gem. §§ 115 Abs. 3 und 117 Abs. 2 WpHG für Einzel- und Konzernabschlüsse nach IFRS.

Die vorgenannten Berichtsinstrumente (statt eines vollständigen Abschlusses) müssen mindestens die im letzten jährlichen Abschluss aufgenommenen **Überschriften** und **Zwischensummen** enthalten (IAS 34.10). IAS 34 verlangt damit nicht den Ausweis aller nach IAS 1 geforderten Posten in Zwischenabschlüssen mit verkürzten Berichtselementen. In der Praxis ist es aber üblich, (mindestens) diese Posten in den Berichtsinstrumenten zu zeigen. In den Rz. 53.3 ff. finden sich Vorschläge für den jeweiligen Mindestinhalt der Berichtsinstrumente.

Wird statt eines verkürzten Zwischenberichts ein vollständiger Abschluss erstellt, muss dieser hinsichtlich Form und Inhalt alle Anforderungen des IAS 1 an vollständige Abschlüsse erfüllen (IAS 34.9). Das bedeutet auch, dass ein vollständiger Anhang zu erstellen ist.[1]

53.2 Im Zwischenbericht ist anzugeben, dass er in **Übereinstimmung mit IAS 34** aufgestellt worden ist (IAS 34.19). Ein Zwischenbericht darf als mit dem IFRS übereinstimmend bezeichnet werden, wenn er den Anforderungen *aller* anzuwendenden Standards und Interpretationen entspricht (IAS 34.3, 19).

B. Verkürzte Bilanz

53.3 Für den Stichtag der aktuellen Zwischenberichtsperiode sind die entsprechenden **Vergleichswerte des letzten Geschäftsjahres** anzugeben. Vergleichszahlen für den jeweiligen Quartalsstichtag des Vorjahres sind nicht erforderlich. Bei rückwirkenden Änderungen von Bilanzierungs- und Bewertungsmethoden oder rückwirkenden Umgliederungen von Abschlussposten muss im Jahresabschluss gemäß IAS 1.40A zusätzlich die Eröffnungsbilanz der Vorperiode dargestellt werden. In verkürzten Zwischenabschlüssen ist dies nicht erforderlich (IAS 1.BC 33).[2]

Aufbauend auf unseren Vorschlag zur Gliederung der Konzernbilanz in Rz. 43.41, könnte der Inhalt der verkürzten Bilanz gemäß IAS 34.10 auf folgende Posten beschränkt werden (im Beispiel für die Zwischenberichtsperiode 1.1. bis 30.9.02):[3]

Aktiva	30.9.02	31.12.01	Passiva	30.9.02	31.12.01
Langfristige Vermögenswerte			Eigenkapital		
Kurzfristige Vermögenswerte			Langfristige Schulden		
			Kurzfristige Schulden		
Bilanzsumme			**Bilanzsumme**		

Abb. 53.1: Inhalt verkürzte Bilanz

53.4 Es ist aber zu empfehlen, die Gliederung mindestens um die nach IAS 1.54 geforderten Posten zu erweitern, insbesondere im Eigenkapital die nicht beherrschenden An-

---

1 Vgl. *Kraus/Rahe* in T/vK/B, IAS 34 Rz. 115, 120, 132.
2 Bei Zwischenabschlüssen mit vollständigen Berichtsinstrumenten gilt diese Erleichterung nach h.M. nicht; vgl. *Hoffmann* in Haufe IFRS-Komm[15], § 37 Rz. 13; *PwC*, IFRS Manual of Accounting, Rz. 31.86.2.
3 Vgl. *PwC*, IFRS Manual of Accounting, Rz. 31.86.

teile („Minderheiten") gesondert auszuweisen. Eine Erweiterung des Gliederungsschemas ist in der Praxis – bei im Einzelnen sehr unterschiedlichen Vorgehensweisen – üblich bis hin zur vollständig aufgegliederten Bilanz, wie sie sich auch im Jahresgeschäftsbericht findet.[4]

Sollten unterjährig Bereichseinstellungen beschlossen werden und die Bedingungen des IFRS 5 erfüllt sein, so ist mindestens zu empfehlen, die Kategorie *held for sale* gesondert zu zeigen (Rz. 30.45).

C. Verkürzte Gesamtergebnisrechnung

Für die Gesamtergebnisrechnung (in einem oder zwei Statements, Rz. 44.2) sind die kumulierten Werte seit Beginn des neuen Geschäftsjahres sowie die Quartalswerte darzustellen, jeweils mit den entsprechenden Vergleichsangaben aus der Vorperiode (IAS 34.20b). Für einen Zwischenbericht zum 30.9.02 (Geschäftsjahr = Kalenderjahr) ergibt sich, aufbauend auf unseren Vorschlag in Rz. 44.21 folgender **Mindestinhalt**: 53.5

	9 Monate 02	9 Monate 01	**3. Quartal 02**	3. Quartal 01
Umsatzerlöse				
Betriebsergebnis (operatives Ergebnis)				
Finanzergebnis				
Ergebnis vor Ertragsteuern				
Ertragsteuern				
Periodenergebnis				
Nicht beherrschenden Anteilen zustehendes Ergebnis				
Konzernergebnis				
Sonstiges Ergebnis				
Gesamtergebnis				
Ergebnis je Aktie/unverwässert				
Ergebnis je Aktie/verwässert				

Abb. 53.2: Inhalt verkürzte Gesamtergebnisrechnung (eine Rechnung), Gesamtkostenverfahren

---

[4] Vgl. z.B. E.ON, Zwischenbericht III 2016.

	9 Monate 02	9 Monate 01	**3. Quartal 02**	3. Quartal 01
Umsatzerlöse				
Umsatzkosten				
Bruttoergebnis				
Betriebsergebnis (operatives Ergebnis)				
Finanzergebnis				
Ergebnis vor Ertragsteuern				
Ertragsteuern				
Periodenergebnis				
Nicht beherrschenden Anteilen zustehendes Ergebnis				
Konzernergebnis				
Sonstiges Ergebnis				
Gesamtergebnis				
Ergebnis je Aktie/unverwässert				
Ergebnis je Aktie/verwässert				

Abb. 53.3: Inhalt verkürzte Gesamtergebnisrechnung (eine Rechnung), Umsatzkostenverfahren

53.6 Wie für den Jahresabschluss vorgeschrieben (IAS 1.10A), sollte u.E. auch im Zwischenabschluss bei Aufstellung von zwei Rechnungen die Gesamtergebnisrechnung unmittelbar nach der Gewinn- und Verlustrechnung abgedruckt werden.

Eine so stark verkürzte Gesamtergebnisrechnung wie vorstehend angegeben ist in der Praxis nicht der Regelfall. Häufig – das ist aus unserer Sicht zu begrüßen – findet sich die Angabe wichtiger Aufwandskategorien bis hin zur vollständigen Gesamtergebnisrechnung. Zu empfehlen ist mindestens die Aufnahme der nach IAS 1.82 f. geforderten Posten.

D. Ergebnis je Aktie

53.7 Unternehmen, die in den Anwendungsbereich von IAS 33, Ergebnis je Aktie, fallen (Rz. 50.4), haben das **unverwässerte und das verwässerte Ergebnis je Aktie** in der Gesamtergebnisrechnung auch für die Zwischenberichtsperiode anzugeben (IAS 34.11). Wird die Gesamtergebnisrechnung in zwei einzelnen Rechnungen dargestellt, ist das Ergebnis je Aktie in der Gewinn- und Verlustrechnung anzugeben (IAS 34.11A). Eine Differenzierung nach fortgeführten und nicht fortgeführten Geschäftsbereichen ist – anders als im Jahresabschluss – nicht erforderlich.

E. Verkürzter Eigenkapitalspiegel

Die Eigenkapitalveränderungsrechnung wird regelmäßig in der Form des Eigenkapitalspiegels dargestellt. Er hat die Daten vom Ende des letzten Geschäftsjahres bis zum Stichtag der Zwischenberichtsperiode zu enthalten, mit den entsprechenden Vergleichsangaben des Vorjahreszeitraums (IAS 34.20c). 53.8

Im **verkürzten Eigenkapitalspiegel** sind nach IAS 34.8c i.V.m. IAS 1.106 neben dem Gesamtergebnis alle Veränderungen des Eigenkapitals aufzunehmen, die aus Kapitaltransaktionen mit den Gesellschaftern resultieren. Zusätzlich ist nach IAS 34.16Ae über Emissionen, Rückkäufe und Rückzahlungen von Eigenkapitaltiteln und nach IAS 34.16Af über gezahlte Dividenden ohnehin zu berichten. Diese Informationen können problemlos in den Eigenkapitalspiegel integriert werden, so dass nicht noch zusätzlich im Anhang hierüber berichtet werden muss. Damit verringern sich aber auch die Möglichkeiten einer Verkürzung.[5] Ein verkürzter Eigenkapitalspiegel könnte daher, in Anlehnung an unseren Vorschlag in Rz. 46.24, für die Zwischenberichtsperiode vom 1.1. bis 30.9.02 (die Vergleichsangaben für die entsprechende Vorjahresperiode wären analog darzustellen) wie folgt aussehen:

	Gezeichnetes Kapital	Kapitalrücklage	Gewinnrücklage	Sonstiges Ergebnis	Bilanzgewinn	Anteil der Konzernmutter	Fremdanteile	Gesamt
Stand 1.1.02								
Dividendenzahlungen								
Gesamtergebnis								
Kapitalerhöhung/ Verminderung								
Stand 30.9.02								

Abb. 53.4: Verkürzter Eigenkapitalspiegel

Zur Erweiterung des Eigenkapitalspiegels bei Änderungen der Bilanzierungs- und Bewertungsmethoden s. Rz. 54.5. 53.9

F. Verkürzte Kapitalflussrechnung

Die verkürzte Kapitalflussrechnung hat die Daten vom Ende des letzten Geschäftsjahres bis zum Stichtag der Zwischenberichtsperiode zu enthalten, mit den entsprechenden Vergleichsangaben des Vorjahreszeitraums (IAS 34.20d). Die Minimalan- 53.10

---

5 *Ammedick/Strieder*, Zwischenberichterstattung, 53, sprechen sich für einen vollständigen Eigenkapitalspiegel aus.

forderung an die verkürzte Kapitalflussrechnung wäre dann für die Berichtsperiode 1.1.–30.9.02 wie folgt:

Kapitalflussrechnung	1.1.–30.9.02	1.1.–30.9.01
Brutto-Cashflow		
Veränderung Netto-Umlaufvermögen		
Mittelveränderung aus laufender Geschäftstätigkeit		
Mittelveränderung aus der Investitionstätigkeit		
Mittelveränderung aus der Finanzierungstätigkeit		
Laufende Veränderung der liquiden Mittel		
Wechselkurs- und konzernkreisbedingte Änderungen		
Veränderung der liquiden Mittel gesamt		
Liquide Mittel Jahresanfang		
Liquide Mittel 30.9.		

Abb. 53.5: Verkürzte Kapitalflussrechnung

53.11 In der Praxis findet sich eine solchermaßen verkürzte Kapitalflussrechnung regelmäßig *nicht*. Stattdessen werden, im Vergleich zur ausführlichen Kapitalflussrechnung im Geschäftsbericht, kaum Informationen zusammengefasst. Ein solches Vorgehen ist sehr zu begrüßen.

Kapitel 54
Angabepflichten

A. Wesentliche Ereignisse und Transaktionen 54.1	VI. Segmentangaben 54.11
B. Sonstige Angaben 54.3	VII. Änderungen der Unternehmensstruktur 54.12
I. Bilanzierungs- und Bewertungsmethoden 54.3	VIII. Wesentliche Ereignisse nach Ende der Zwischenberichtsperiode 54.13
II. Saison- oder Konjunktureinflüsse 54.7	IX. Finanzinstrumente 54.14
III. Ungewöhnliche Ereignisse 54.8	X. Investmentgesellschaften 54.15
IV. Änderungen von Schätzungen.. 54.9	XI. Umsatzerlöse 54.16
V. Kapitalveränderungen 54.10	

Literatur: Siehe. zu Kap. 52.

A. Wesentliche Ereignisse und Transaktionen

IAS 34.15 ff. fordern Angaben zu Ereignissen und Transaktionen sowie andere Mindestanhangangaben, wenn diese Informationen für den Adressaten wesentlich sind und nicht bereits an anderer Stelle des Zwischenberichts gegeben werden. Der Fokus liegt dabei auf „**wesentliche (erhebliche) Veränderungen**" zum letzten Jahresabschluss. Informationen aus dem letzten Jahres- oder Konzernabschluss brauchen, soweit sie sich nicht verändert haben, nicht noch einmal aufgenommen zu werden (IAS 34.15A). IAS 34.15B enthält eine (nicht abschließende) und beispielhafte Liste von Transaktionen, die berichtspflichtig sein könnten, etwa An- und Verkauf von Sachanlagen, Beendigung von Rechtsstreitigkeiten usw. 54.1

In der Praxis fallen diese Anhangangaben regelmäßig sehr kurz aus. Eine Fehlanzeige bei den einzelnen Angabepflichten ist nicht erforderlich, wird aber gelegentlich freiwillig vorgenommen.

Die Liste verweist auch auf **Geschäfte mit nahe stehenden Personen und Unternehmen** (IAS 34.15Bj, Rz. 51.1). Inlandsemittenten von Aktien haben in diesem Zusammenhang auch § 115 Abs. 4 WpHG zu beachten. Danach sind im Anhang oder Lagebericht zum Halbjahresfinanzbericht wesentliche Geschäfte mit nahe stehenden Personen zu erläutern. Der Umfang dieser Angaben wird weder in IAS 34 noch im WpHG weiter konkretisiert. Quantitative Angaben scheinen aber nicht erforderlich zu sein, sofern sich keine wesentlichen Veränderungen gegenüber dem letzten Jahresabschluss ergeben haben.[1] 54.2

---

[1] Vgl. *Hoffmann* in Haufe IFRS-Komm[15], § 37 Rz. 40; *Rahe* in T/vK/B, IAS 34 Rz. 146.

B. Sonstige Angaben

I. Bilanzierungs- und Bewertungsmethoden

54.3 Anzugeben ist eine Erklärung, dass dieselben **Bilanzierungs- und Bewertungsmethoden** sowie Berechnungsmethoden im Zwischenabschluss befolgt werden wie im letzten jährlichen Abschluss oder, wenn die Methoden geändert worden sind, eine Beschreibung der Art und Auswirkung der Änderung (IAS 34.16Aa). Auf diese Methoden sind explizit die Bilanzierungsgrundsätze des IAS 1 (Rz. 6.1 ff.) anzuwenden (IAS 1.2).

Beispiel (Volkswagen AG, Konzern-Zwischenabschluss 30.9.2017, 38): „Im Übrigen werden bei der Aufstellung des Konzern-Zwischenabschlusses und der Ermittlung der Vergleichszahlen für das Vorjahr grundsätzlich dieselben Bilanzierungs- und Bewertungsmethoden sowie Konsolidierungsgrundsätze wie im Konzernabschluss 2016 angewandt. Eine detaillierte Beschreibung dieser Methoden ist im Anhang des Konzernabschlusses 2016 unter der Angabe „Bilanzierungs- und Bewertungsgrundsätze" veröffentlicht. Darüber hinaus sind die Auswirkungen neuer Standards unter der Angabe „Nicht angewendete neue beziehungsweise geänderte IFRS" näher beschrieben. Der Konzernabschluss 2016 ist auch im Internet unter www.volkswagenag.com/ir abrufbar."

54.4 Werden im Verlaufe eines Jahres die Bilanzierungs- und Bewertungsmethoden geändert, so ist die Änderung gem. IAS 34.43 retrospektiv vorzunehmen und

(a) entweder so durchzuführen, als sei schon immer nach den neuen Methoden bilanziert worden oder,

(b) falls (a) nicht möglich ist (weil die Daten z.B. nicht vorliegen), jener Zeitpunkt zu bestimmen, bis zu dem rückwirkende Anpassung möglich ist, sodann prospektive Anpassung.

Das Vorgehen entspricht der Regelung des IAS 8; s. hierzu ausführlich Rz. 12.40.

Bei rückwirkender Änderung sind sowohl sämtliche Zwischenabschlüsse des laufenden Geschäftsjahres als auch die des Vorjahres anzupassen. Die Darstellung einer Eröffnungsbilanz für das Vorjahr ist i.d.R. nicht erforderlich (Rz. 53.3).

54.5 Die im Falle einer Änderung der Bilanzierungs- und Bewertungsmethoden ggf. erforderliche Anpassung der Gewinnrücklagen sollte im Eigenkapitalspiegel des Zwischenberichts transparent gemacht werden. Der Eigenkapitalspiegel würde sich dann gegenüber unserem Vorschlag in Rz. 53.8 um eine bzw. – mit Zwischensumme – zwei weitere Zeilen erweitern.

54.6 Sollte während einer Zwischenberichtsperiode ein **neuer** oder **überarbeiteter IFRS** angewendet werden, der *keine* Übergangsvorschriften im Hinblick auf eine nur prospektive Anwendung enthält, so erfolgt die Anpassung ebenfalls gem. Rz. 54.4. Nicht geregelt ist, wie mit in der Zwischenberichtsperiode entdeckten **wesentlichen Fehlern** zu verfahren ist (Rz. 12.58). Auch hier schlagen wir vor, die Korrektur unmittelbar vorzunehmen und gem. Rz. 54.4 zu verfahren.

II. Saison- oder Konjunktureinflüsse

Die nach IAS 34.16Ab geforderten Angaben über Saison- oder Konjunktureinflüsse auf die Geschäftstätigkeit werden üblicherweise nicht in den Anhang, sondern im gesonderten Berichtsteil des Zwischenberichts über die allgemeine Geschäftsentwicklung aufgenommen. Sie sollen zum Verständnis der Zahlen der einzelnen Zwischenberichtsperioden im Verhältnis zum Jahresergebnis beitragen, da IAS 34 i.d.R. eine Glättung von Erträgen und Aufwendungen über die Quartale verbietet (Rz. 55.2 f.). 54.7

Beispiel (Lufthansa AG, Konzern-Zwischenbericht 30.9.2017, 18): „Die Geschäftstätigkeit des Konzerns ist vor allem durch die Geschäftsfelder Netzwerk-Airlines und Point-to-Point saisonalen Einflüssen ausgesetzt. So sind die Umsätze im ersten und vierten Quartal wegen des schwächeren Reiseverkehrs in der Regel niedriger, während im zweiten und dritten Quartal regelmäßig höhere Umsatzerlöse und operative Gewinne erzielt werden."

III. Ungewöhnliche Ereignisse

Art und Umfang von Sachverhalten, die Vermögenswerte, Schulden, Eigenkapital, Periodenergebnis oder Cashflow beeinflussen und auf Grund ihrer Art, ihres Ausmaßes oder ihrer Häufigkeit ungewöhnlich sind, sind anzugeben (IAS 34.16Ac). Hierunter kann beispielsweise eine bedeutende **Kapitalerhöhung** oder eine hohe außerplanmäßige **Goodwillabschreibung** fallen. 54.8

IV. Änderungen von Schätzungen

Für viele Abschlussposten sind auch bei unterjähriger Berichterstattung Schätzungen erforderlich (IAS 34.41). Auswirkungen der Änderungen von Schätzungen werden in der Periode der Änderung, d.h. prospektiv, erfolgswirksam erfasst (Rz. 12.54). Sollten sich Schätzungen im Vergleich zum vorangegangenen Zwischenabschluss oder zum Jahresabschluss verändert haben, ist bei wesentlichen Auswirkungen hierüber zu berichten (IAS 34.16Ad). 54.9

V. Kapitalveränderungen

Sämtliche Eigenkapitalveränderungen – Emissionen, Erwerb eigener Anteile, gezahlte Dividenden usw. – werden zweckmäßigerweise in den Eigenkapitalspiegel aufgenommen (Rz. 53.8), so dass gesonderte Anhangangaben nicht erforderlich sind. Zu berichten ist jedoch über Emissionen oder Rückzahlungen von **Schuldverschreibungen** (IAS 34.16Ae). 54.10

VI. Segmentangaben

54.11 Sofern ein Unternehmen im jährlichen Abschluss zur Segmentberichterstattung verpflichtet ist (Rz. 49.6), sind für die Geschäftssegmente

– Außen- und Innenumsätze (sofern Bestandteil des Segmentergebnisses oder der Berichterstattung an den Hauptentscheidungsträger) sowie

– das Segmentergebnis

anzugeben. Segmentvermögenswerte und -schulden sind nur anzugeben, wenn sich wesentliche Änderungen im Vergleich zum letzten Jahresabschluss ergeben haben; gleiches gilt für Änderungen in der Zusammensetzung der Segmente oder der Ermittlung des Segmentergebnisses. Zusätzlich ist das Segmentergebnis auf das Konzernergebnis vor Steuern und aufgegebenen Geschäftsbereichen überzuleiten (IAS 34.16Ag). In der Praxis werden über diese Mindestangaben hinaus regelmäßig deutlich mehr Angaben zu den Segmenten gemacht.

VII. Änderungen der Unternehmensstruktur

54.12 Über Änderungen in der Zusammensetzung eines Unternehmens und deren Auswirkungen ist zu berichten. Hierzu zählen Unternehmenszusammenschlüsse, Erwerb oder Veräußerung von Tochtergesellschaften mit und ohne Statuswechsel oder langfristigen Finanzinvestitionen, Restrukturierungsmaßnahmen und Aufgabe von Geschäftsbereichen (IAS 34.16Ai). Für **Unternehmenszusammenschlüsse** verweist IAS 34.16Ai explizit auf IFRS 3, d.h. die dort vorgeschriebenen Anhangangaben sind auch in Zwischenberichten vollständig zu machen.[2]

VIII. Wesentliche Ereignisse nach Ende der Zwischenberichtsperiode

54.13 Es ist über wesentliche Ereignisse nach dem Stichtag der Zwischenberichtsperiode zu berichten (IAS 34.16Ah). Anhaltspunkte hierfür bietet IAS 10.22: Zu solchen wesentlichen Ereignissen gehören Unternehmenszusammenschlüsse oder die geplante Einstellung von Unternehmensbereichen.

Im Gegensatz zum Geschäftsjahresabschluss (IAS 10.17) ist für den Zwischenbericht nicht explizit die Angabe des **Datums der Freigabe zur Veröffentlichung** gefordert. Da Ereignisse nach diesem Zeitpunkt nicht mehr im Abschluss berücksichtigt oder erläutert werden, ist u.E. die Angabe des Datums auch für Zwischenberichte empfehlenswert.[3]

---

[2] Ein Beispiel für diese Angaben findet sich in der Zwischenmitteilung der innogy SE zum 30.9.2017, 24 ff.
[3] Gl.A. *Kraus/Rahe* in T/vK/B, IAS 34 Rz. 161.

IX. Finanzinstrumente

Für Finanzinstrumente, die zum Fair Value bewertet werden, sind ausgewählte Angaben nach IFRS 13 und IFRS 7 zu machen. Neben einigen allgemeinen Erläuterungen zu Bewertungsmethoden sind insbesondere die Fair Values zum Stichtag der Zwischenberichtsperiode sowie die Fair Value-Levels einschließlich Überleitungen, Bewegungen zwischen den Leveln und Sensitivitäten anzugeben (IAS 34.16Aj). 54.14

X. Investmentgesellschaften

Wenn ein Unternehmen in der Zwischenberichtsperiode den Status einer Investmentgesellschaft erwirbt oder verliert, sind die Angaben nach IFRS 12.9B zu machen (IAS 34.16Ak). 54.15

XI. Umsatzerlöse

Im Zwischenbericht sind Aufgliederungen der Umsatzerlöse nach IFRS 15.114 f. z.B. nach Produktarten, Regionen oder Vertragslaufzeiten erforderlich (IAS 34.16Al). 54.16

Kapitel 55
Bilanzierung und Bewertung im Zwischenbericht

A. Theoretische Ansätze 55.1
B. Der eigenständige Ansatz nach IAS 34 .... 55.2

Literatur: *Alvarez*, Unterjährige Erfolgsermittlung nach IFRS, PiR 2006, 220; *Alvarez/Wotschofsky*, Zwischenberichterstattung nach Börsenrecht, IAS und US-GAAP, Bielefeld 2000; *Busse von Colbe/Reinhard* (Hrsg.), Zwischenberichterstattung nach neuem Recht für börsennotierte Unternehmen, Stuttgart 1989; *Loitz*, Erfassung von Steuersatzänderungen in der Zwischenberichterstattung nach IAS 34, DB 2007, 2048; *Pilhofer/Suermann/Müller*, Die Ertragsteuerermittlung in der Zwischenberichterstattung nach IAS 34, KoR 2015, 397; *Schindler/Schurbohm/Böckem*, Praktische Fragestellungen der Rechnungslegung und Prüfung von Zwischenberichten, KoR 2002, 88.

A. Theoretische Ansätze

Die Aufstellung von Zwischenberichten führt im Hinblick auf Ansatz- und Bewertungsfragen zu einer Fülle von Abgrenzungsproblemen. Zu deren Lösung werden in der Literatur drei Ansätze diskutiert: 55.1

– der sog. **integrative Ansatz**: Aufgabe des Zwischenabschlusses ist es, eine Hochrechnung auf das Jahresergebnis zu ermöglichen; zu diesem Zweck werden die Ergebnisse über die Zwischenberichtsperioden geglättet;

– der **eigenständige Ansatz**: Aufgabe des Zwischenabschlusses ist die Darstellung einer Teilperiode des Geschäftsjahres; auf Glättungen wird verzichtet mit der Folge (im Vergleich zum integrativen Ansatz) höherer Ergebnisvolatilität;

– eine **Kombination** aus beiden Ansätzen.[1]

B. Der eigenständige Ansatz nach IAS 34

IAS 34 folgt im Wesentlichen dem **eigenständigen Ansatz** (IAS 34.28). Danach wird der Zwischenabschluss als „eigenständiger" Abschluss angesehen, auf den dieselben Periodisierungs- und Abgrenzungsgrundsätze wie für den Geschäftsjahresabschluss stetig anzuwenden sind. IAS 34 lässt als Ausnahme hiervon nur die Änderungen von Bilanzierungs- und Bewertungsmethoden zu, die wir in Rz. 54.4 erläutert haben (IAS 34.28), sowie die Ermittlung des Ertragsteueraufwands (Rz. 55.5). Eine *Glättung der Ergebnisse* der Zwischenberichte durch die Bildung von Abgrenzungsposten ist nach diesem Ansatz *nicht* möglich: Fällt im ersten Quartal ein Verlust an,   55.2

---

[1] Vgl. *Schindler/Schurbohm/Böckem*, KoR 2002, 88 (92); *Alvarez/Wotschofsky*, Zwischenberichterstattung 2000, 65–84; *Busse von Colbe/Reinhard* (Hrsg.), Zwischenberichterstattung 1989, 3 f.

ist dieser auch als solcher auszuweisen, selbst wenn für die übrigen Quartale und für das gesamte Geschäftsjahr Gewinne erwartet werden.

55.3 Der eigenständige Ansatz impliziert auch:
- **Saisonalen Schwankungen** oder **konjunkturellen Einflüssen** unterliegende Erträge dürfen im Zwischenabschluss nicht vorgezogen oder abgegrenzt werden, es sei denn, derartige Abgrenzungen sind auch am Ende des Geschäftsjahres angemessen (IAS 34.37).
- Unregelmäßig während des Geschäftsjahres anfallende Aufwendungen dürfen nicht abgegrenzt werden, es sei denn, diese Abgrenzungen wären auch am Ende des Geschäftsjahres angemessen (IAS 34.39 und IAS 34.32).

Für Zwischenberichtperioden gelten daher die gleichen Ansatz- und Bewertungsregeln wie für den Geschäftsjahresabschluss. Das bedeutet z.B., dass

- **Kosten für umfangreiche Instandhaltungs- oder Wartungsarbeiten**, die im letzten Quartal des Jahres erwartet werden, nicht vorzeitig oder über das Jahr verteilt als Aufwand erfasst werden dürfen. Ein Ansatz ist erst dann geboten, wenn eine rechtliche oder faktische Verpflichtung zur Durchführung dieser Arbeiten besteht, die zum Ansatz einer Rückstellung führt (IAS 34.B2). Gleiches gilt für andere Ausgaben, die für einen bestimmten Zeitpunkt während des Geschäftsjahres geplant sind (IAS 34.B11),
- **Bonuszahlungen an Mitarbeiter** nicht über das Jahr verteilt als Aufwand erfasst werden dürfen und ein vorzeitiger Ansatz nur dann zulässig ist, wenn eine rechtliche oder faktische Verpflichtung zur Zahlung entstanden ist und diese auch verlässlich geschätzt werden kann (IAS 34.B5 f.),
- **Ausgaben für immaterielle Vermögenswerte** erst dann aktiviert werden dürfen, wenn die Ansatzkriterien erfüllt sind. Dagegen ist es nicht zulässig, die Ausgaben in einer Zwischenberichtsperiode vorzeitig anzusetzen in der Erwartung, dass die Ansatzkriterien zu einem späteren Zeitpunkt im Geschäftsjahr erfüllt sein werden (IAS 34.B8);
- die Regelungen zur Vornahme **außerplanmäßiger Abschreibungen** grundsätzlich auch für Zwischenberichtsperioden gelten. Allerdings ist nicht zu jedem Stichtag eine detaillierte Rechnung durchzuführen; vielmehr ist zu prüfen, ob Indikatoren für eine Wertminderung vorliegen, die eine Kalkulation erforderlich machen (IAS 34.B35 f.).

Weitere Anwendungshinweise zur Anwendung der Ansatz- und Bewertungsvorschriften enthält Anhang B von IAS 34.

55.4 In diesen Ansatz reiht sich IFRIC 10 (Rz. 52.8) problemlos ein. Danach darf eine in einem Zwischenbericht vorgenommene **außerplanmäßige Abschreibung** auf den **Goodwill** im nächsten Geschäftsjahresabschluss nicht rückgängig gemacht werden. Konsequenz dieser Regelung kann aber sein, dass ein Unternehmen, das Zwischenberichte erstellt und in diesen eine außerplanmäßige Abschreibung auf Goodwill vornimmt, im Geschäftsjahresabschluss ein anderes Ergebnis ausweist als ein Unternehmen, das keine Zwischenberichte aufstellt (und demnach auch – sofern sich der Wert eines Goodwill bis zum Jahresende wieder erholt hat – keine Abschreibung vornimmt).[2] Dies widerspricht allerdings der Regelung des IAS 34.28, dass die Häufigkeit der Berichterstattung die Höhe des Jahresergebnisses nicht beeinflussen darf; diesen Konflikt konnte das IFRS IC nicht lösen.

Der **Ertragsteueraufwand einer Zwischenperiode** wird auf Basis des Steuersatzes abgegrenzt, der auf das gesamte Jahresergebnis angewendet würde; d.h. der geschätzte jährliche Effektivsteuersatz wird auf das Vorsteuerergebnis der Zwischenberichtsperiode angewendet (IAS 34, Anhang B.12). Diese Regelung stellt eine Abweichung vom eigenständigen Ansatz dar, der analog zum Jahresabschluss eine stichtagsorientierte Betrachtung erfordern würde; sie ist vielmehr Ausfluss einer integrativen Sicht.[3] 55.5

Für Ansatz-, Bewertungs- und Ausweisfragen sowie für die Anhangangaben gilt auch in Zwischenabschlüssen der Wesentlichkeitsgrundsatz, wobei bei quantitativen Wesentlichkeitsbeurteilungen die Bezugsgrößen der jeweiligen Zwischenperiode zu verwenden sind (IAS 34.23). Zugleich wird durch IAS 34.23 anerkannt, dass bei der Erstellung von Zwischenabschlüssen dem **Aspekt der Wesentlichkeit** (Rz. 6.28 ff.) in zahlreichen Bewertungsfragen besondere Bedeutung zukommt. 55.6

Ähnliches gilt für **Schätzungen** (IAS 34.41). Anhang C von IAS 34 enthält Hinweise für den Umgang mit Schätzungen in Zwischenabschlüssen.[4] 55.7

---

2 Vgl. *Riedel/Leippe* in Wiley, IFRS-Änderungskommentar, 80 f.
3 Vgl. *Loitz*, DB 2007, 2048 f.; *Pilhofer/Suermann/Müller*, KoR 2015, 398 ff.
4 Zu Einzelheiten s. *Alvarez*, PiR 2006, 220.

Teil 7
Erstmalige Anwendung von IFRS (IFRS 1)

Kapitel 56
Identifikation des IFRS-Erstanwenders

A. Überblick und Wegweiser 56.1	2. Bisherige unvollständige IFRS-Anwendung mit Übereinstimmungserklärung 56.23
I. Management Zusammenfassung . 56.1	
II. Standards und Anwendungsbereich 56.7	3. Bisherige IFRS-Anwendung nur für interne bzw. Konzernzwecke 56.24
B. Persönlicher Anwendungsbereich des IFRS 1 .... 56.20	
I. Übereinstimmungserklärung: Dokumentation des Erstanwenderstatus 56.20	4. Erstmalige (Konzern-)Abschlussaufstellung 56.26
	5. Wiederaufnahme der IFRS-Berichterstattung 56.27
II. Abgrenzung und Grenzfälle 56.22	III. Zeitlicher Anwendungsbereich bei Zwischenabschlüssen 56.30
1. Bisherige vollständige IFRS-Anwendung ohne Übereinstimmungserklärung 56.22	

Literatur: *Antonakopoulos/Fink*, Die Neuerungen des IASB aus den Annual Improvements to IFRSs des 2014-2016 Cycle – Änderungen an IAS 28, IFRS 1 und IFRS 12, PiR 2017, 35; *Brüggemann/Hitz/Sellhorn*, Ökonomische Konsequenzen der verpflichtenden IFRS-Einführung in der EU, DB 2015, 1789 (Teil 1) und 1849 (Teil 2); *Focken/Schaefer*, Umstellung der Bilanzierung des Sachanlagevermögens auf IAS/IFRS – ein Praxisbeispiel, BB 2004, 2343; *Haller/Froschhammer/Denk*, Umstellung der Rechnungslegung von HGB auf IFRS, KoR 2010, 554; *Hayn/Bösser/Pilhofer*, Erstmalige Anwendung von International Financial Reporting Standards (IFRS 1), BB 2003, 1607; *Pellens/Detert*, IFRS 1 „First-time Adoption of International Financial Reporting Standards", KoR 2003, 369; *Theile*, Erstmalige Anwendung der IAS/IFRS, DB 2003, 1745; *Theile*, Wahlrechte und Ermessensspielräume nach IAS/IFRS, StuB 2003, 957; *Zeimes*, Zur erstmaligen Anwendung der International Financial Reporting Standards gemäß IFRS 1, WPg 2003, 982.

A. Überblick und Wegweiser

I. Management Zusammenfassung

Die erstmalige Anwendung von IFRS bezeichnet den Übergang von der nationalen Rechnungslegung (z.B. HGB) zur Rechnungslegung nach IFRS. Dieser Übergang ist aus deutscher Sicht vor allem bedeutsam für den **Konzernabschluss**, da 56.1

- seit 2005 alle kapitalmarktorientierten Mutterunternehmen nach der EU-Verordnung ihren Konzernabschluss nach den IFRS aufzustellen haben (§ 315e Abs. 1 HGB, Rz. 4.15 ff.) und
- nichtkapitalmarktorientierten Mutterunternehmen ein befreiendes Wahlrecht zur IFRS-Anwendung auf den Konzernabschluss eingeräumt worden ist (§ 315e Abs. 3 HGB, Rz. 4.26 f.).

Wenn ein Konzern auf die IFRS-Rechnungslegung umstellt, sind davon aber nicht nur die Konzernmutter, sondern alle in den Konzernabschluss einbezogenen Unternehmen im Rahmen der jeweils konzernintern zu erstellenden HB II betroffen. Wie der Übergang zu vollziehen ist, fällt in den Regelungsbereich des IFRS 1.

56.2 Für das erste Berichtsjahr nach IFRS sind entsprechende Vergleichsangaben des Vorjahres zu veröffentlichen. Ist der erste IFRS-Stichtag beispielsweise der 31.12.2021, so ist nicht nur das Geschäftsjahr 2021, sondern auch 2020 nach IFRS abzubilden. Damit für 2020 eine Gewinn- und Verlustrechnung, eine Kapitalflussrechnung, ein Eigenkapitalspiegel usw. abgebildet werden können, ist eine **IFRS-Eröffnungsbilanz** zum 1.1.2020 unter grundsätzlich retrospektiver Anwendung der IFRS erforderlich.

56.3 Kernpunkt der Umstellung von nationalem Recht auf IFRS ist daher die Aufstellung der IFRS-Eröffnungsbilanz. Das ist gewissermaßen der Zeitpunkt des Eintritts in die IFRS-Welt. *Wie* die Eröffnungsbilanz aufzustellen ist, regelt IFRS 1. Der Standard wird von einem Anwender also nur ein einziges Mal benötigt, und zwar bei Aufstellung der IFRS-Eröffnungsbilanz.

56.4 Die **Eckpunkte des IFRS 1** sind:
- Es sind in der IFRS-Eröffnungsbilanz grundsätzlich alle Sachverhalte so abzubilden, als sei schon immer nach IFRS bilanziert worden (**retrospektiver Übergang**).
- Die hierfür einschlägigen Standards und Interpretationen sind jene, die **am ersten IFRS-Stichtag** (*Reporting Date*), im Beispiel lt. Rz. 56.2 somit am 31.12.2021, in Kraft sind. Aus europäischer Perspektive muss man ergänzen: und die von der EU-Kommission bereits in das EU-Recht übernommen worden sind, s. Rz. 3.5. Zur Beurteilung länger zurückliegender Sachverhalte wegen des retrospektiven Übergangs sind die zu den vormaligen Zeiten gültigen Standards und Interpretationen für den Erstanwender also irrelevant.
- Weil ein vollständiger retrospektiver Übergang sehr komplex sein kann, legt IFRS 1 typisierend zahlreiche Ausnahmebereiche fest, die von den Unternehmen in Anspruch genommen werden können, aber nicht müssen. Zugleich legt IFRS 1 dann fest, wie statt des retrospektiven Übergangs vorzugehen ist.
- Ferner enthält IFRS 1 einen knappen Katalog von Tatbeständen, bei denen der retrospektive Übergang unzulässig ist. Bei Lichte besehen handelt es sich hierbei jedoch ebenfalls häufig um Rückwirkungswahlrechte.

Die nachfolgende Abbildung fasst die zeitlichen Rahmenvorgaben und Regelungen des IFRS 1 zusammen:

```
        1.1.2011              31.12.2011           31.12.2012
        ────┬──────────────────────┬──────────────────────┬────────► Zeit

    Übergangszeitpunkt                        Bilanzstichtag erster IFRS-Abschluss
    (date of transition)                      (reporting date)
    IFRS-Eröffnungsbilanz                     Grundsatz: rückwirkende Anwendung
    (opening IFRS balance                     der am reporting date in Kraft befind-
    sheet)                                    lichen IFRS.
                                              Ausnahmen: Von genau spezifizierten
                                              Ausnahmen kann Gebrauch gemacht
                                              werden.
                                              Verbot: Genau spezifizierte Verbote
                                              der rückwirkenden Anwendung.

          ╰─── Vergleichsvorjahr ───╯  ╰─── Berichtsjahr ───╯
```

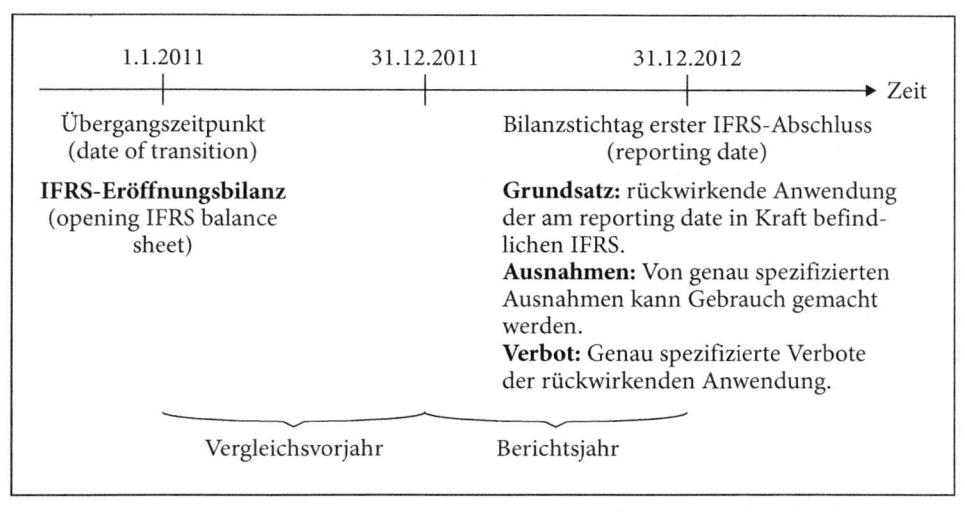

Abb. 56.1: Zeitliche Rahmenvorgaben der Umstellung und Übersicht zu IFRS 1

Im hier vorliegenden 56. Kapitel erläutern wir den Aufbau des IFRS 1 (s. nachfolgend) und zeigen auf, *wer genau* IFRS-Erstanwender ist (Rz. 56.20 ff.). Im nachfolgenden Kap. 57 erläutern wir den Grundsatz der retrospektiven Umstellung auf IFRS. Nicht alle in IFRS 1 enthaltenen Ausnahmen von diesem Grundsatz werden kommentiert, sondern nur die Ausnahme des Umgangs mit vormaligen Unternehmenszusammenschlüssen; diese Ausnahme ist die wichtigste, wenn ein deutscher Konzern von HGB auf IFRS umstellt.

56.5

frei

56.6

II. Standards und Anwendungsbereich

IFRS 1, zuletzt neu gefasst im November 2008, ist kein statischer Standard: Werden andere neue oder überarbeitete Standards veröffentlicht, prüft der IASB in jedem Einzelfall, ob der IFRS-Erstanwender diese rückwirkend anwenden soll, wie es der Grundnorm des IFRS 1 entspricht. Ist der IASB der Auffassung, dass Erleichterungen für den IFRS-Erstanwender geschaffen werden sollen – also etwa nicht die retrospektive, sondern prospektive Anwendung einer Neuregelung eines Standards –, so werden diese Erleichterungen in den IFRS 1 eingepflegt. Daher finden sich sämtliche Erleichterungen von der rückwirkenden Standardanwendung gebündelt in IFRS 1. Demzufolge wird der Standard oft geändert. Der Vorteil ist: Übergangsvorschriften anderer Standards sind für den IFRS-Erstanwender gegenstandslos, wenn sie nicht explizit in IFRS 1 aufgeführt sind. Der IFRS-Erstanwender findet gewisser-

56.7

maßen alle Regelungen, die für ihn relevant sind, in einem Standard zusammengefasst.

Der Standard wird ergänzt um mehrere integrale Anhänge, die u.a. die Ausnahmen von der rückwirkenden Anwendung der IFRS enthalten:

Anhang A Definitionen

Anhang B Ausnahmen zur retrospektiven Anwendung anderer IFRS

Anhang C Befreiungen für Unternehmenszusammenschlüsse (s. Kap. 57.1)

Anhang D Befreiungen von anderen IFRS

Anhang E Kurzfristige Befreiungen von IFRS

56.8–56.19 frei

B. Persönlicher Anwendungsbereich des IFRS 1

I. Übereinstimmungserklärung: Dokumentation des Erstanwenderstatus

56.20 IFRS 1 ist anzuwenden von Unternehmen, die erstmals einen IFRS-Abschluss aufstellen und offenlegen – unabhängig davon, ob es sich um einen Einzel- oder Konzernabschluss handelt. Der erste IFRS-Abschluss ist jener, in dem der Abschlussaufsteller *erstmals* eine **ausdrückliche und uneingeschränkte Erklärung der Übereinstimmung mit den IFRS** abgibt (IFRS 1.3), wie sie im Übrigen auch nach IAS 1.16 in jedem nachfolgenden IFRS-Abschluss erforderlich ist. Da die Unternehmen EU-IFRS anzuwenden haben, bezieht sich auch im Erstanwenderfall die Übereinstimmungserklärung auf EU-IFRS. Wer also bisher HGB angewendet hat und nunmehr auf EU-IFRS umstellt, hat genau hierüber eine ausdrückliche und uneingeschränkte Übereinstimmungserklärung abzugeben (Rz. 48.23).

56.21 Für einen bisherigen (reinen) HGB-Anwender ist die Frage, ob er nun bei der Umstellung auf IFRS Erstanwender der neuen Vorschriften ist, oftmals eindeutig zu beantworten und unproblematisch. Eher seltener sind die nachfolgend diskutierten Grenzfälle.

II. Abgrenzung und Grenzfälle

1. Bisherige vollständige IFRS-Anwendung ohne Übereinstimmungserklärung

56.22 Wurden die EU-IFRS in der Vergangenheit vollständig angewendet, es fehlte jedoch die **Übereinstimmungserklärung**, so gelten die bisherigen Abschlüsse nicht als IFRS-Abschlüsse. Jener Abschluss, der dann erstmals die Übereinstimmungserklärung enthält, ist folglich der erste IFRS-Abschluss, auf den IFRS 1 anzuwenden ist (IFRS 1.3aii).

2. Bisherige unvollständige IFRS-Anwendung mit Übereinstimmungserklärung

Anders ist jedoch der Fall zu sehen, in dem schon früher *unvollständig* nach IFRS bilanziert, die Übereinstimmungserklärung aber dennoch abgegeben worden ist: Es handelt sich **nicht um einen Erstanwenderfall**, im Übrigen unabhängig davon, ob der Abschlussprüfer auf die Abweichung von den IFRS im Testat hingewiesen hat (IFRS 1.4c).[1] In diesem Fall sind im nächsten IFRS-Abschluss Fehlerkorrekturen gem. IAS 8 notwendig.

56.23

Deutlich ist hervorzuheben: Gibt die Geschäftsführung eine Übereinstimmungserklärung ab, stellt der Abschlussprüfer jedoch eine Abweichung von den IFRS fest, die zur **Testatseinschränkung** führt, liegt **kein Erstanwenderfall** vor.

3. Bisherige IFRS-Anwendung nur für interne bzw. Konzernzwecke

Wenn bisher IFRS-Abschlüsse nur für **interne Zwecke** erstellt worden sind, nunmehr die Abschlüsse aber veröffentlicht werden sollen, dann liegt ein Erstanwenderfall vor (IFRS 1.3b). Interne Zwecke sind solche, bei denen der Abschluss nicht der allgemeinen Öffentlichkeit zur Verfügung gestellt worden ist.

56.24

Ähnlich ist der Fall zu würdigen, wenn eine Tochtergesellschaft oder ein Teilkonzern bislang für **Konsolidierungszwecke** an eine Muttergesellschaft nach IFRS berichtet hat durch Übermittlung eines Reporting Package, ohne jedoch selbst Abschlüsse nach IFRS zu publizieren (IFRS 1.3c). Dieser Fall ist durchaus praxisrelevant, etwa, wenn eine bisherige Teilkonzernabschlussbefreiung (§§ 291, 292 HGB) wegfällt. Da es den eigenständigen Abschluss des Teilkonzerns bislang nicht gab, liegt ein Abschluss mit Übereinstimmungserklärung schlicht noch nicht vor. Der nun erstmals nach IFRS bilanzierende bisherige Teilkonzern ist ein Erstanwenderfall. Er kann die umfangreichen Ausnahmen des IFRS 1 in Anspruch nehmen. Er hat aber auch die Möglichkeit, den IFRS 1-Grundsatz der retrospektiven Anwendung zu wählen, was vermutlich dazu führt, die bisherigen Buchwerte im Wesentlichen fortzuführen, da ja zuvor schon konzernintern nach IFRS berichtet worden ist.

56.25

4. Erstmalige (Konzern-)Abschlussaufstellung

Erwirbt ein bisher nicht zur Konzernrechnungslegung verpflichtetes Unternehmen ein anderes Unternehmen und fällt auf Grund einer Börsennotierung in die Konzernrechnungslegungspflicht nach IFRS, liegt ein Erstanwendungsfall i.S.d. IFRS 1 vor. Gleiches gilt, wenn ein z.B. wegen der größenabhängigen Befreiung des § 293 HGB bislang nicht konzernrechnungslegungspflichtiges Unternehmen aufgrund des Wegfalls der Befreiung erstmals einen Konzernabschluss aufstellen muss und hierfür IFRS wählt. Auch die erstmals freiwillige Aufstellung und Offenlegung eines IFRS-Konzernabschlusses – ohne überhaupt zur Konzernrechnungslegung verpflichtet zu sein – ist ein Erstanwendungsfall (IFRS 1.3d).

56.26

---

1 Zu Einzelheiten und zur Kritik s. *Theile*, DB 2003, 1745 (1746).

5. Wiederaufnahme der IFRS-Berichterstattung

56.27 Bei unterbrochener, aber später (auch nach Jahren) wiederaufgenommener IFRS-Berichterstattung (jeweils mit Übereinstimmungserklärung) besteht bei der Wiederaufnahme das Wahlrecht,

- IFRS 1 anzuwenden oder
- für die Perioden dazwischen IAS 8 so anzuwenden, als hätte das Unternehmen nicht aufgehört, nach IFRS zu berichten (IFRS 1.4A).

Beispiel: Der bislang nach IFRS bilanzierende börsennotierte Konzern A nimmt 2015 ein Delisting vor und stellt in diesem Zusammenhang wieder auf HGB um. In 2021 will der Konzern Anleihen am geregelten Markt platzieren. Dann muss der Konzernabschluss wieder nach IFRS aufgestellt werden, und für die Umstellung hat der Konzern die Wahl der Anwendung des IFRS 1 oder IAS 8.

56.28–56.29 frei

III. Zeitlicher Anwendungsbereich bei Zwischenabschlüssen

56.30 Wenn im ersten IFRS-Berichtsjahr bereits Zwischenabschlüsse (Quartals-[2] oder Halbjahresfinanzberichte) nach IAS 34 erstellt werden, ist auch auf die dann notwendige Eröffnungsbilanz IFRS 1 anzuwenden (IFRS 1.2b). Das verkürzt für jeden Umsteller die Umstellungsfrist: Der erste Quartalsabschluss eines Geschäftsjahres (= Kalenderjahr) ist z.B. spätestens Ende Mai zu publizieren. Da er Vergleichsinformationen der Vorperiode enthält, ist die IFRS-Eröffnungsbilanz entsprechend früher aufzustellen.

56.31 Dabei entsteht folgendes Problem: Sachlogisch können zur Aufstellung der IFRS-Eröffnungsbilanz für Zwecke der Quartalsberichterstattung nur jene Standards und Interpretationen angewendet werden, die zum Zeitpunkt der Aufstellung des Quartalsabschlusses bekannt und zwingend anzuwenden sind. Für den ersten *vollständigen* IFRS-Abschluss des Berichtsjahrs haben die Erstanwender jedoch jene Standards und Interpretationen auf die IFRS-Eröffnungsbilanz anzuwenden, die am *reporting date* in Kraft sind. Werden in der Zwischenzeit neue Regelungen veröffentlicht und von der EU-Kommission genehmigt, kann es noch einmal zu Änderungen an der IFRS-Eröffnungsbilanz, wie sie für den Quartalsabschluss gebraucht worden ist, kommen. Solche Änderungen sind im ersten IFRS-(Konzern-)Jahresabschluss zu erläutern, ggf. mit Anpassung von Überleitungsrechnungen (IFRS 1.27A).

---

[2] Eine gesetzliche Pflicht für Quartalsabschlüsse besteht nicht mehr. Das privatrechtliche Erfordernis zur Quartalsberichterstattung kann aber durch Indexzugehörigkeit hervorgerufen werden.

Kapitel 57
Aufstellung der IFRS-Eröffnungsbilanz

A. Grundsatz der rückwirkenden Normanwendung 57.1	1. Klassifikation von Unternehmenszusammenschlüssen 57.15
I. Verfahrensweise 57.1	2. Goodwill 57.17
II. Mengengerüst in der IFRS-Eröffnungsbilanz 57.5	3. Ansatz der übrigen Vermögenswerte und Schulden 57.21
III. Praktische Grenzen der Rückwirkung 57.6	4. Bewertung der übrigen Vermögenswerte und Schulden 57.24
B. Verbot der Berücksichtigung später zugegangener Informationen 57.9	5. Umrechnungsdifferenzen im vormaligen HGB-Konzernabschluss 57.32
C. Unternehmenszusammenschlüsse 57.11	6. Kein vormaliger Konzernabschluss 57.34
	D. Beurteilung 57.39
I. Wahlrecht: Zeitpunkt rückwirkender Anwendung von IFRS 3 und IFRS 10 .... 57.11	**E. Anhangangaben** 57.40
	I. Allgemeine Angaben 57.40
II. Konsequenzen des Verzichts auf rückwirkende Anwendung von IFRS 10 und IFRS 3 .... 57.15	II. Überleitungsrechnungen 57.41

Literatur: Siehe zu Kap. 56.

A. Grundsatz der rückwirkenden Normanwendung

I. Verfahrensweise

Als grundlegendes Umstellungsprinzip fordert IFRS 1.7 die rückwirkende Anwendung der am Bilanzstichtag des ersten IFRS-Abschlusses *(reporting date)* in Kraft befindlichen IFRS. Diese Standards und Interpretationen sind auf das Berichtsjahr, auf das Vergleichsvorjahr und auf die IFRS-Eröffnungsbilanz anzuwenden (s. Abb. 56.1 in Rz. 56.4). **Übergangsvorschriften** in diesen Standards haben für den Erstanwender **keine Bedeutung**, es sei denn, dies ist ausdrücklich in IFRS 1 vermerkt (IFRS 1.9).

57.1

Materiell sind daher nach IFRS 1.10 in die Eröffnungsbilanz alle Vermögenswerte und Schulden so aufzunehmen, wie es nach den IFRS erforderlich ist, unabhängig davon, wie Vermögenswerte und Schulden nach den bisherigen Rechnungslegungsnormen behandelt worden sind. Es ist auch die zutreffende Klassifikation von Eigen- und Fremdkapital zu prüfen, etwa, wenn das Eigenkapital einer Personenhandelsgesellschaft unter IFRS als Schuld auszuweisen ist.

57.2

57.3 Die rückwirkende Anwendung der Vorschriften endet aber nicht zum Zeitpunkt der IFRS-Eröffnungsbilanz. Tatsächlich sind über die IFRS-Eröffnungsbilanz hinaus für Zwecke der Bewertung genau jene Sachverhalte noch weiter zurückzuverfolgen, die in der IFRS-Eröffnungsbilanz abgebildet sind. Für alle IFRS-Buchwerte ist durch einen Vergleich mit ihrem jeweiligen Steuerwert (Steuerbilanz-Ansatz) der Ansatz **latenter Steuern** zu prüfen (IFRS 1.IG5).

57.4 Als Residualgröße der so nach IFRS angesetzten und bewerteten Vermögenswerte und Schulden ergibt sich in der Eröffnungsbilanz das Eigenkapital nach IFRS. Dieses weicht vom Eigenkapital nach z.B. HGB ab. Will man aber gezeichnetes Kapital und Kapitalrücklage unverändert lassen, bietet sich die – selbstverständlich erfolgsneutrale – Verrechnung mit den **Gewinnrücklagen** an. Dies entspricht auch der Empfehlung in IFRS 1.11. Eine gesonderte „Umstellungsrücklage" oder ähnliches ist nicht erforderlich. Das nachfolgende Beispiel zeigt die rückwirkende Umstellung exemplarisch:

Beispiel: Am 1.1.01 wird eine in Vorperioden durchgeführte Produktneuentwicklung erstmals genutzt, d.h. das Produkt wird produziert und verkauft. Das Unternehmen geht von einem Produktlebenszyklus von 10 Jahren aus. Die Entwicklungskosten beliefen sich auf 1.000 TEuro und sind weder in der Steuerbilanz (Aktivierungsverbot, § 5 Abs. 2 EStG) noch in der Handelsbilanz (Aktivierungswahlrecht, § 248 Abs. 2 Satz 1 HGB) aktiviert worden. Der Ertragsteuersatz betrage 30 %. Der Konzern will zum 31.12.05 auf IFRS umstellen und muss daher eine IFRS-Eröffnungsbilanz zum 1.1.04 aufstellen. Zu diesem Zeitpunkt ist die Produktneuentwicklung als immaterieller Vermögenswert so zu bewerten, als sei schon immer IAS 38 in der am 31.12.05 gültigen Fassung angewendet worden. Nach dem vorliegenden Sachverhalt erfordert dies die rückwirkende Aktivierung der Entwicklungskosten und eine lineare Abschreibung insgesamt über 10 Jahre, so dass sich zum 1.1.04 bei bislang 300 TEuro Abschreibungen in Vorperioden ein IFRS-Buchwert von 700 TEuro und damit eine gleichhohe Differenz zum HGB und zur Steuerbilanz ergibt. Da sich die Differenz zur Steuerbilanz in künftigen Perioden umkehrt, sind latente Steuern – und zwar erfolgsneutral – anzusetzen. Die Überleitungsbuchung zur Eröffnungsbilanz nach IFRS lautet:

Immaterieller Vermögenswert	700	an	Gewinnrücklagen	490
			passive latente Steuern	210

II. Mengengerüst in der IFRS-Eröffnungsbilanz

57.5 Zur Aufstellung der IFRS-Eröffnungsbilanz ist zu empfehlen, auf das **Inventar** nach HGB aufzusetzen. Im Allgemeinen ist das Mengengerüst der Vermögensgegenstände, Schulden und Rechnungsabgrenzungsposten nach HGB auch in einem IFRS-Abschluss als Vermögenswerte und Schulden anzusetzen (Rz. 7.2). Das gilt aber nicht vollumfänglich. Insgesamt sind regelmäßig u.a. folgende Besonderheiten zu beachten:

– Die **Eigenkapitaldefinition** des HGB weicht von jener nach IAS 32 ab. Es ist nicht ausgeschlossen, dass nach HGB als Eigenkapital qualifizierte Sachverhalte (z.B. stille Beteiligung, Mezzanine-Kapital, s. Rz. 23.80) im IFRS-Abschluss als Schulden ausgewiesen werden müssen.

– Der Aktivierungsumfang der immateriellen Vermögenswerte ist nach IAS 38 weiter gezogen als nach HGB, es müssen grundsätzlich auch **Entwicklungskosten** aktiviert werden (Rz. 13.46 ff.). Im HGB besteht seit 2010 ein Aktivierungswahlrecht für selbsterstellte immaterielle Vermögensgegenstände des Anlagevermögens. Abhängig von der Wahlrechtsausübung ist zu ermitteln, inwiefern es zu Unterschieden kommt (s. Beispiel in Rz. 57.4).

– Die **Leasing-Zuordnung** folgt nach HGB im Allgemeinen den steuerlichen Leasing-Erlassen. Hier kann es insbesondere bei nach HGB als operate lease qualifizierten Verträgen zu Abweichungen zu IFRS 16 kommen, da nach dem Standard grundsätzlich alle Leasingverträge bilanzwirksam werden (Rz. 17.1 ff.). Daher sind alle Leasing- und Mietverträge usw. zu prüfen.

– Die nach § 249 Abs. 1 HGB passivierungspflichtigen Aufwandsrückstellungen sind im IFRS-Abschluss unzulässig.

– Die **Gliederungsvorschriften** nach IAS 1 sind zu beachten. Beispielsweise sind aktive und passive Rechnungsabgrenzungsposten im IFRS-Abschluss i.d.R. als sonstige Vermögenswerte und Schulden auszuweisen. Aus den Grundstücken und Gebäuden nach HGB sind Anlageimmobilien *(investment properties)* zu bestimmen und auszusondern, um sie gesondert auszuweisen. Auch in anderen Posten kann es zu Umgliederungen der einzelnen Vermögenswerte und Schulden kommen, insbesondere bei Finanzinstrumenten.

III. Praktische Grenzen der Rückwirkung

Die Bilanzierung von Unternehmenszusammenschlüssen nach IFRS 3 weicht nach wie vor erheblich von jener nach HGB ab. Das betrifft nicht nur die nach HGB notwendige planmäßige Abschreibung des Geschäfts- oder Firmenwerts, denen im IFRS-Abschluss nur der jährliche *impairment-test* mit ggf. nachfolgender außerplanmäßiger Abschreibung gegenübersteht. Will man eine vollständige rückwirkende Anwendung von IFRS 3 durchführen, müsste die bilanzielle Abbildung aller vergangenen **Unternehmenszusammenschlüsse** wieder aufgemacht werden. 57.6

Eine vollständige rückwirkende Anwendung der am ersten IFRS-Bilanzstichtag in Kraft befindlichen Standards und Interpretationen ist daher tatsächlich kaum praktikabel. Rein technisch begrenzen bereits die **Aufbewahrungsfristen** von Abschlussunterlagen die Möglichkeit der Rückwirkung.

Der IASB erkennt das Problem an und lässt **Ausnahmen von rückwirkender Normanwendung** zu oder verbietet diese sogar. Von den zugelassenen Durchbrechungen vollständiger rückwirkender Umstellung **kann**, muss aber nicht Gebrauch gemacht werden (sog. optionale Ausnahmen). Die Durchbrechungen können **einzeln** in Anspruch genommen werden. Die Regelungen zu den Durchbrechungen finden sich in den Anhängen zu IFRS 1 (s. Rz. 56.7). 57.7

Die wichtigste Ausnahme von rückwirkender Normanwendung betrifft den Umgang mit **Unternehmenszusammenschlüssen** (IFRS 1 Anhang C). Mehrere unab- 57.8

hängig voneinander durchgeführte Studien haben gezeigt, dass mehr als 80 % der Unternehmen (Konzerne), die von HGB auf IFRS umgestiegen sind, diese Ausnahme in Anspruch genommen haben.[1] Wir gehen auf diese Ausnahme ab Rz. 57.11 ausführlich ein.

B. Verbot der Berücksichtigung später zugegangener Informationen

57.9 Werden Sachverhalte in späteren Zeitpunkten rückwirkend beurteilt, ermöglichen die in der Zwischenzeit zugegangenen Informationen in der Regel eine bessere Würdigung. Gleichwohl würde eine rückwirkende Berücksichtigung später zugegangener Informationen auf Sachverhalte, die in der IFRS-Eröffnungsbilanz dargestellt werden, die Vergleichbarkeit von Abschlüssen stören. Daher sind für die Eröffnungsbilanz nur jene Schätzungen heranzuziehen, die zum Zeitpunkt des jeweiligen Bilanzstichtags bzw. bis zum Ablauf des Wertaufhellungszeitraums bekannt waren und insoweit nach vormals angewandtem Recht ebenfalls berücksichtigt worden sind (IFRS 1.14). Nach IFRS erforderliche zusätzliche Schätzungen – z.B. über Zinssätze oder Gehaltstrends – sollen ebenfalls die Bedingungen widerspiegeln, die zu den jeweiligen Bilanzstichtagen gegolten haben (IFRS 1.16).

Beispiel (Fortsetzung von Rz. 57.4): Im HGB-Abschluss per 31.12.03 sind Pensionsrückstellungen unter Verwendung einer bestimmten Richttafel (Sterbetafel) ermittelt worden. Im November 05 wird eine neue Richttafel veröffentlicht. Diese darf weder für die IFRS-Eröffnungsbilanz zum 1.1.04 noch für den Stichtag 31.12.04 verwendet werden.

57.10 Das Verbot der Berücksichtigung später zugegangener Informationen ist nicht auf die IFRS-Eröffnungsbilanz beschränkt. Es greift auch – s. obiges Beispiel – für den Stichtag des Vergleichsvorjahres (IFRS 1.17).

C. Unternehmenszusammenschlüsse

I. Wahlrecht: Zeitpunkt rückwirkender Anwendung von IFRS 3 und IFRS 10

57.11 Beim Umstieg eines Konzerns auf IFRS dürfte die Frage der Bilanzierung vergangener Unternehmenszusammenschlüsse die größte Bedeutung einnehmen. Hier gewährt IFRS 1.C1 ein umfangreiches **Wahlrecht**: Der Konzern bestimmt selbst, ob und wenn ja, ggf. ab wann IFRS 10 und IFRS 3 retrospektiv anzuwenden ist; s. hierzu auch IFRS 1.B7 a.E.

Beispiel: (1) Wird die IFRS-Eröffnungsbilanz auf den 1.1.2020 aufgestellt (reporting date 31.12.2021), so kann auf die Anwendung von IFRS 10 und IFRS 3 auf alle Unternehmenszusammenschlüsse vor diesem Datum verzichtet werden.

---

1 Vgl. *Haller/Froschhammer/Denk*, KoR 2010, 554 ff. mit eigener empirischer Untersuchung und Zusammenfassungen der Studien von Müller (2007) und Detert (2008).

(2) Es kann aber auch ein beliebiges Datum herausgegriffen werden, beispielsweise der 1.1.2004. Dann kann vor diesem Datum auf die Anwendung von IFRS 10 und IFRS 3 verzichtet werden; nach diesem Datum wären jedoch alle Unternehmenszusammenschlüsse retrospektiv nach IFRS 10 und IFRS 3 zu beurteilen. Maßgeblich sind dabei die Standardfassungen per 31.12.2021.

Diese Regelung gilt nicht nur für Unternehmenszusammenschlüsse (also Tochterunternehmen), sondern ist auch für Akquisitionen von assoziierten Unternehmen sowie Gemeinschaftsunternehmen einschlägig (IFRS 1.C5). Das bedeutet die entsprechende Anwendung von IAS 28 und IFRS 11. Dabei gilt das gleiche vom Konzern ggf. bestimmte Rückwirkungsdatum.

Das Wahlrecht zur rückwirkenden Anwendung von IFRS 3 steht insbesondere unter dem Vorbehalt der Informationslage. Sollten beispielsweise die zur Neubewertung erforderlichen Informationen über Fair Values von vergangenen Unternehmenszusammenschlüssen nicht erfasst worden sein oder nicht mehr vorliegen, ist die rückwirkende Anwendung des IFRS 3 unserer Ansicht nach von vornherein ausgeschlossen (IFRS 1.BC34).[2]   57.12

Aus einer retrospektiven Anwendung von IFRS 10 und IFRS 3 beispielweise ab 1.1.2004 (bei späterer IFRS-Eröffnungsbilanz, z.B. per 1.1.2020) folgt für alle nachfolgenden und bereits nach HGB abgebildeten Unternehmenserwerbe: 57.13

– Es muss nicht nur ein Mutter-Tochter-Verhältnis geprüft werden, sondern auch, ob es sich bei dem Erwerb um ein business handelte,
– als Konsolidierungsmethode sind einzig die Neubewertungsmethode und die Full Goodwill Methode zulässig,
– entstandene Goodwills werden nicht mehr planmäßig abgeschrieben,
– eine Goodwillzuordnung ist auf CGU vorzunehmen und
– für diese CGU sind jährliche Impairment-Tests unter Verwendung der jeweils damaligen Informationslage durchzuführen.

Aus Rz. 57.13 ist ersichtlich, dass die retrospektive Anwendung von IFRS 10 und IFRS 3 extrem arbeitsintensiv und aufwendig ist. Gleichwohl eröffnet sie bilanzpolitische Möglichkeiten und kann angesichts der einmaligen Umstellungschancen interessant sein. Allerdings kann der Umgang mit dem Wahlrecht der rückwirkenden Anwendung des IFRS 10 und IFRS 3 nur unter Berücksichtigung der Umstände des Einzelfalls entschieden werden. Hierzu zwei Beispiele: 57.14

Beispiel 1: In den bisherigen HGB-Konzernabschlüssen eines Konzerns sind bei Unternehmenserwerben entstandene Goodwills bis 2009 immer mit den Rücklagen verrechnet worden. Das hat die Eigenkapitalquote empfindlich gemindert. Die rückwirkende Anwendung von IFRS 3 auch vor diesem Zeitpunkt kann zum Anlass genommen werden, die Eigenkapitalquote wieder zu erhöhen, freilich unter dem Vorbehalt, dass eine außerplanmäßige Goodwill-Abschreibung weder in der Vergangenheit noch auf absehbare Zeit erforderlich war bzw. ist.

---

2 A.A. möglicherweise Haufe IFRS-Komm[16], § 6 Rz. 61.

Beispiel 2: Ein Mutterunternehmen MU will für den Konzernabschluss auf IFRS umstellen und die IFRS-Eröffnungsbilanz zum 1.1.2020 aufstellen. In 2016 hat MU 60 % der Anteile an einem neuen Tochterunternehmen TU erworben und dieses nach der Neubewertungsmethode nach HGB konsolidiert. Entstanden ist ein sehr hoher Geschäfts- oder Firmenwert. MU plant, in 2022 die restlichen 40 % der Anteile an TU zu übernehmen. Der Kaufpreis wird vermutlich das anteilige Nettovermögen von TU deutlich übersteigen. Die Aufstockung der Mehrheitsbeteiligung ohne Statuswechsel ist im IFRS-Konzernabschluss als Kapitaltransaktion darzustellen. Dabei ist der Kaufpreis, der den Betrag der herauszukaufenden nicht beherrschender Anteile im Konzernabschluss übersteigt, als Minderung des Eigenkapitals, welches auf die Gesellschafter von MU fällt, auszuweisen (Rz. 39.50 ff.). Diese Minderung fällt also umso geringer aus, je höher der Betrag der nbA ausgewiesen ist. Würde nun IFRS 3 rückwirkend auf den Erwerb von TU angewandt (und dann aber auch auf alle folgenden Unternehmenszusammenschlüsse), könnte die Full Goodwill-Methode in Anspruch genommen werden (Rz. 36.220). Das würde zu einem höheren Goodwill und zu einem höheren Betrag der nbA führen. Bei Kauf der weiteren 40 % an TU würde insoweit das Mehrheitenkapital im Konzernabschluss „geschont".

Alle folgenden Ausführungen gelten für den Fall, dass IFRS 3 (und IFRS 10) *nicht* rückwirkend angewendet wird. Hierzu hält u.a. IFRS 1.C4 umfangreiche Regelungen bereit.

II. Konsequenzen des Verzichts auf rückwirkende Anwendung von IFRS 10 und IFRS 3

1. Klassifikation von Unternehmenszusammenschlüssen

57.15 Wird IFRS 3 nicht rückwirkend angewendet, bleibt die bisherige Bilanzierung von Unternehmenszusammenschlüssen unverändert. Es muss insbesondere nicht geprüft werden, ob es sich bei dem vormaligen Erwerb und Konsolidierung eines Unternehmens überhaupt um ein business (hierzu 36.16 ff.) gehandelt hat. Ferner bleibt die nach vormaligem Recht ggf. durchgeführte Einordnung des Unternehmenszusammenschlusses als Unternehmenserwerb, umgekehrter Unternehmenserwerb oder Interessenzusammenschluss unberührt (IFRS 1.C4a). Das schließt auch die Art der Bilanzierung des Goodwill – aktiviert oder mit den Rücklagen verrechnet – ein. Ferner sind dann auch die Regelungen über

– die Ergebniszuordnung auf nicht beherrschende Anteile (IFRS 10.B94, Rz. 36.265),
– Auf- und Abstockungen von Mehrheitsbeteiligungen (IAS 10.23, B93, Rz. 39.50) sowie
– Entkonsolidierungen (IFRS 10.B97-99, IFRS 5.8A, Rz. 36.280)

prospektiv anzuwenden (IFRS 1.B7).

57.16 In der Praxis ist daher auf den **letzten HGB-Konzernabschluss** aufzusetzen. Aus diesem ist die IFRS-Eröffnungsbilanz zu entwickeln. Dabei sind ggf. die im Folgenden erörterten Anpassungen erforderlich:

2. Goodwill

§ 309 Abs. 1 HGB i.d.F. *vor* BilMoG ermöglichte (bis einschließlich 2009 bei kalendergleichem Geschäftsjahr), einen Goodwill entweder erfolgswirksam abzuschreiben oder erfolgsneutral mit den Rücklagen zu verrechnen.[3]

57.17

In der IFRS-Eröffnungsbilanz bleibt ein vormals mit den Rücklagen verrechneter Goodwill verrechnet. Auch bei späterem Abgang des Tochterunternehmens vermindert der so verrechnete Goodwill *nicht* den Entkonsolidierungserfolg, eine sog. *reclassification* ist also nicht zulässig (Rz. 36.285).

Ggf. sind noch Anpassungen an ausstehende bedingte Kaufpreiszahlungsverpflichtungen, falls ihr Betrag zuverlässig schätzbar ist, mit den Rücklagen zu verrechnen (IFRS 1.C4i, ii).

Sollte im bisherigen HGB-Konzernabschluss ein Goodwill aktiviert worden sein, kann dieser in der IFRS-Eröffnungsbilanz folglich grundsätzlich unverändert fortgeführt werden. Anpassungen sind abschließend nur aus zwei Gründen erforderlich (IFRS 1.C4gi):

57.18

– Vom Goodwill sind jene **immateriellen Vermögenswerte** abzusetzen, die bereits im *Einzelabschluss* (HB II) des erworbenen Tochterunternehmens nach IAS 38 hätten angesetzt werden müssen, ggf. unter Berücksichtigung latenter Steuern und nbA. Hier kommen in erster Linie bislang nicht aktivierte Entwicklungskosten oder selbst erstellte Software in Betracht. Irrelevant sind die (umfangreicheren) Aktivierungszwänge des IFRS 3 (z.B. günstige schwebende Verträge, Kundenlisten), da für diese die Perspektive des *hypothetischen Erwerbers* eingenommen werden müsste und daher ein Ansatz im Einzelabschluss nicht in Betracht gekommen wäre (Rz. 36.100 ff.).

– Bisher einzeln aktivierte immaterielle Vermögenswerte, die die Ansatzkriterien des IAS 38 *nicht* erfüllen, sind umgekehrt dem Goodwill wieder hinzuzurechnen. Dieser Fall ist zumindest bei Umstellung von HGB auf IFRS nicht praxisrelevant.[4]

Ein insoweit aus dem HGB-Abschluss übernommener und ggf. angepasster Goodwill ist unter Anwendung des IAS 36 zum Zeitpunkt der IFRS-Eröffnungsbilanz einem **Impairment-Test** zu unterziehen (IFRS 1.C4.gii), um die Werthaltigkeit zu überprüfen und sicherzustellen. Daher ist eine Goodwillzuordnung zu den CGUs erforderlich (Rz. 19.26 ff.). Sollte ein niedrigerer Wert als der bisherige Buchwert nach HGB das Ergebnis sein, ist dieser niedrigere Wert in der IFRS-Eröffnungsbilanz anzusetzen.

57.19

Zur Bilanzierung eines möglichen vormaligen passiven Unterschiedsbetrags enthält IFRS 1 keine Aussage. Mangels spezieller Vorschriften ist u.E. zunächst prüfen, ob ein **passiver Unterschiedsbetrag** die IFRS-Ansatzkriterien einer Rückstellung nach

57.20

---

3 Nach dem damaligen DRS 4.28 war die erfolgsneutrale Verrechnung unzulässig.
4 Vgl. *Theile*, DB 2003, 1745 (1748); *Hayn/Bösser/Pilhöfer*, BB 2003, 1607 (1611).

IAS 37 erfüllt. Ist das nicht der Fall, kommt nur die erfolgsneutrale Verrechnung mit den Gewinnrücklagen in Betracht.[5]

3. Ansatz der übrigen Vermögenswerte und Schulden

57.21 Alle übrigen Vermögenswerte und Schulden aus einem Unternehmenserwerb sollen, unabhängig von ihrer Behandlung nach vormaligem Recht, nach IFRS-Kriterien **angesetzt** werden (IFRS 1.C4b). Hiervon gibt es zwei Ausnahmen:

(i) Wenn nicht derivative finanzielle Vermögenswerte und Schulden vor dem Übergangsstichtag ausgebucht worden sind, müssen sie ausgebucht bleiben, selbst wenn sie nach IFRS 9 nicht hätten ausgebucht werden dürfen. Betroffen sind beispielsweise finanzielle Vermögenswerte beim Factoring oder bei Pensionsgeschäften, die nach HGB ausgebucht worden sind.

(ii) Im vormaligen Konzernabschluss wurden aus einem Unternehmenszusammenschluss stammende Vermögenswerte und Schulden *nicht* angesetzt. Sie werden auch in der IFRS-Eröffnungsbilanz *nicht* angesetzt, es sei denn, sie hätten bereits *im Einzelabschluss* (HB II) des erworbenen Unternehmens (nach IFRS-Kriterien) angesetzt werden müssen.

57.22 Die Anwendung von IFRS 1.C4b wird häufig bereits zu einer Übernahme der vormals in der HGB-Konzernbilanz erfassten Vermögensgegenstände, Schulden und Rechnungsabgrenzungsposten in die IFRS-Eröffnungsbilanz führen. Gleichwohl ist eine Einzelanalyse der Ansatzkriterien nicht entbehrlich. Zwei Sachverhalte,[6] die schon in einem IFRS-Einzelabschluss hätten angesetzt werden müssen, sind in der Anwendung des IFRS 1.C4bii besonders praxisrelevant:

– Immaterielle Vermögenswerte (s. bereits Rz. 57.18; hier erfolgt die Anpassung über den Goodwill).

– Sämtliche **Leasingverträge** des Konzerns[7] sind nach IFRS 16 zu beurteilen. Ein nach vormaligem Recht als operate lease qualifizierter Vertrag wird so i.d.R. bilanzwirksam (IFRS 1.C4f). Anpassungen sind mit den Gewinnrücklagen zu verrechnen.

57.23 Unabhängig davon, ob in einem Unternehmenserwerb erworben oder nicht, sind alle Sachverhalte, die den Ansatzkriterien der IFRS nicht genügen, *nicht* zu übernehmen (IFRS 1.C4c). Dies wird vor allem **Aufwands-**[8], aber auch ggf. **Restrukturierungsrückstellungen** betreffen. Die Änderungen sind ebenfalls mit den Gewinnrücklagen zu verrechnen.

---

5 So auch *ADS International*, Abschn. 3a, Rz. 83.
6 Der Fall der in IFRS 1.C4f noch genannten Eventualverbindlichkeiten, die nach vormaligem Recht nicht angesetzt worden sind, dürfte für den HGB-Bereich angesichts des Vorsichtsprinzips eher unwahrscheinlich sein.
7 Für Leasingverträge des MU gilt IFRS 1.D9 ff. analog.
8 Nur noch bei unterlassener Instandhaltung bei Nachholung im ersten Quartal des Folgejahres oder bei unterlassener Abraumbeseitigung bei Nachholung im Folgenden Geschäftsjahr, § 249 Abs. 1 HGB.

4. Bewertung der übrigen Vermögenswerte und Schulden

Die Bewertung der im vormaligen HGB-Konzernabschluss *nicht* angesetzten Posten soll so erfolgen, wie es die IFRS im *Einzelabschluss* des Tochterunternehmens erfordern würden.[9] Sämtliche Anpassungen, die sich hieraus ergeben, sind – mit Ausnahme der Korrekturen im Verhältnis immaterieller Vermögenswerte und Goodwill (Rz. 57.18) – in der Eröffnungsbilanz erfolgsneutral mit dem Eigenkapital zu verrechnen.

57.24

Hinsichtlich der Bewertung der schon nach HGB angesetzten und auch nach IFRS anzusetzenden Vermögenswerte und Schulden ist zwischen Fair Value-Ansatz und fortgeführten Kosten zu unterscheiden. Bei Posten, die zu **fortgeführten Anschaffungs- und Herstellungskosten** anzusetzen sind, gelten die Werte unmittelbar nach dem jeweiligen Unternehmenszusammenschluss als Ausgangswerte nach IFRS (*deemed cost*, IFRS 1.C4e). Bei vormaliger Kapitalkonsolidierung nach der Neubewertungsmethode handelt es sich demzufolge um die HB II/HB III-Werte und bei der Buchwertmethode um die Werte nach Verteilung eines ggf. aktivischen Unterschiedsbetrags (Aufdeckung der stillen Reserven), jeweils zum Erstkonsolidierungszeitpunkt. Sachlogisch können die folgenden Bewertungsgrundsätze nur auf solche Sachverhalte angewendet werden, die sowohl zum Erstkonsolidierungszeitpunkt als auch zum Zeitpunkt der IFRS-Eröffnungsbilanz im Konzernbestand waren bzw. sind, da es für Zugänge *nach* Konzernzugehörigkeit keine *deemed cost* auf den Zeitpunkt unmittelbar *nach* dem Unternehmenszusammenschluss gibt.

57.25

Abnutzbare **Sachanlagen und immaterielle Vermögenswerte des Anlagevermögens** sind ab dem Erstkonsolidierungszeitpunkt um Abschreibungen zu mindern. Sind die bisherigen Abschreibungen nach HGB mit jenen nach IAS 16 und IAS 38 kompatibel, können insoweit die letzten Buchwerte des Sachanlagevermögens und der immateriellen Vermögensgegenstände des Anlagevermögens in die IFRS-Eröffnungsbilanz **unverändert übernommen** werden. Bei Nichtkompatibilität – z.B. bei Verwendung von (nur) nach Steuerrecht zulässigen Abschreibungen[10] – ist eine Korrektur der kumulierten Abschreibungen zugunsten des Buchwertes der Vermögenswerte unter Berücksichtigung von Steuerlatenzen in der Eröffnungsbilanz erforderlich (IFRS 1.C4d).[11] Wurden in der Vergangenheit außerplanmäßige Abschreibungen nach HGB vorgenommen, so ist auf den Stichtag der IFRS-Eröffnungsbilanz (unter Berücksichtigung nur der Verhältnisse zu diesem Tag) zu prüfen, ob auch nach IAS 36 eine Wertminderung existiert oder ggf. zurückgenommen werden muss. Diese Prüfung ist im Übrigen für alle Vermögenswerte der IFRS-Eröffnungsbilanz, die in den Anwendungsbereich von IAS 36 fallen, erforderlich.[12]

57.26

Sachanlagen und immaterielle Vermögenswerte des Anlagevermögens des Mutterunternehmens und die Zugänge dieser Posten bei Tochterunternehmen können in

---

9 Vgl. IFRS 1 C4f; IFRS 1 BC37c.
10 Im HGB durch Aufhebung des § 254 HGB a.F. nicht mehr zulässig.
11 So IFRS 1.IG7 (Sachanlagen) und .IG51 (immaterielle Vermögenswerte). Siehe auch IFRS 1.IG22 (Example 2).
12 Vgl. IFRS 1.IG39 ff.

der Eröffnungsbilanz wahlweise und nach Einzelentscheidung (keine sachliche Stetigkeit) zum **Fair Value** angesetzt werden (IFRS 1.D5). Dies ist u.E. auch zulässig für eben diese Vermögenswerte, wenn sie im Rahmen eines Unternehmenszusammenschlusses erworben worden sind. Es käme ansonsten zu einer unsachgemäßen und auch unpraktikablen Ungleichbehandlung.

Für **Anlageimmobilien** (*investment properties*) gelten die obigen Ausführungen bei Verwendung des *Cost model* entsprechend (IFRS 1.D7a).

57.27 Auch für **Finanzinstrumente**, die unter IFRS zu **fortgeführten Kosten** zu bewerten sind (Kategorie AC), gelten die Werte unmittelbar nach dem Unternehmenszusammenschluss als Ausgangswerte (*deemed cost*) nach IFRS. Um festzustellen, dass es sich um AC-Finanzinstrumente handelt, ist zum Zeitpunkt der IFRS-Eröffnungsbilanz die Zuordnung in die Kategorien AC, FVOCI und FVPL erforderlich. Dabei ist auch eine Designation von finanziellen Aktiva und Passiva in die Kategorie FVPL wahlweise möglich; der Erstansatz in der IFRS-Eröffnungsbilanz wäre für diese Titel der Fair Value (IFRS 1.29 f.). Das Designationswahlrecht ist einzeln ausübbar.

Für die **Folgebewertung** der zu fortgeführten Kosten klassifizierten und anzusetzenden Finanzinstrumente ist die Kenntnis des Effektivzinssatzes (interner Zinsfuß) erforderlich. Da die Folgebewertung der *deemed cost* zum Zeitpunkt unmittelbar nach dem jeweiligen Unternehmenszusammenschluss beginnt, ist eben dieser Zeitpunkt zur Festlegung des Effektivzinssatzes maßgeblich. Es ist also nicht etwa ein neuer Effektivzins zum Zeitpunkt der IFRS-Eröffnungsbilanz zu bestimmen.[13]

57.28 Insbesondere in Konzernen, in denen für die Vorratsbewertung die Lifo-Methode angewendet wird, können zum Zeitpunkt der IFRS-Eröffnungsbilanz noch **Vorräte** aus vergangenen Unternehmenszusammenschlüssen im Bestand sein. Diese Werte gelten als *deemed cost* und können, falls nicht in der Zwischenzeit Ab- oder Zuschreibungen nach IAS 2 erforderlich gewesen waren, unverändert in die Eröffnungsbilanz übernommen werden. Für Zugänge bei den Vorräten *nach* dem Unternehmenszusammenschluss ist allerdings IAS 2 vollumfänglich rückwirkend anzuwenden. Wurden Vorräte bisher nur zu Einzelkosten angesetzt[14], erfordert dies insoweit eine Anpassung zu Vollkosten. Die Trennung innerhalb der Vorräte erscheint jedoch unpraktikabel. Vor allem mit dem Standard-Grundsatz der rückwirkenden Umstellung dürfte der Vollkostenansatz *aller* Vorräte des Konzerns begründet werden können.[15]

Soweit die Verbrauchsfolge nicht nachgewiesen werden kann, ist die Lifo-Fiktion ab IFRS-Eröffnungsbilanz *nicht* mehr zulässig.

57.29 Vergleichbare Fragestellungen können sich bei **langfristigen Rückstellungen**, die bereits im Zeitpunkt des Unternehmenszusammenschlusses vorhanden waren, er-

---

13 So wohl auch IFRS 1.IG57. Diese Sichtweise wird ferner gestützt durch die Ablehnung einer Sonderregelung für nach der Effektivzinsmethode zu verteilende Anschaffungsnebenkosten (transaction costs) durch den Board, vgl. IFRS 1.BC72 f.
14 Im HGB i.d.F. BilMoG nicht mehr zulässig.
15 So wohl auch das Beispiel in IFRS 1.IG36 Example 11, Note 4.

geben. Hier wäre eine einheitliche Bewertung aller Rückstellungen unabhängig vom Entstehungszeitpunkt nach den Kriterien des IAS 37 zum Zeitpunkt der IFRS-Eröffnungsbilanz die adäquate Vorgehensweise. Da zur Diskontierung langfristiger Rückstellungen *aktuelle* Marktzinssätze heranzuziehen sind, sind die Zinssätze zum Zeitpunkt der IFRS-Eröffnungsbilanz maßgeblich.

Verlangen die IFRS eine **Folgebewertung** von Vermögenswerten und Schulden zum **Fair Value**, ist dieser Wert zum Zeitpunkt der IFRS Eröffnungsbilanz zu ermitteln, unabhängig davon, ob die Vermögenswerte und Schulden aus einem Unternehmenszusammenschluss stammen oder nicht (IFRS 1.C4d). Dies betrifft insbesondere

– Finanzinstrumente der Kategorien FVOCI und FVPL sowie
– Anlageimmobilien (investment property), für die das Fair Value-Modell gewählt worden ist.[16]

57.30

Der Unterschiedsbetrag zwischen bisheriger HGB-Bewertung und Fair Value von finanziellen Vermögenswerten der Kategorie FVOCI ist jedoch abweichend von den üblichen Regelungen des IFRS 1 nicht mit den Gewinnrücklagen zu verrechnen, sondern gesondert als **Eröffnungswert der Neubewertungsrücklage für Finanzinstrumente** innerhalb des *other comprehensive income* aufzunehmen.[17] Die Neubewertungsrücklage wird dann nach den üblichen Bestimmungen des IFRS 9 fortgeführt, d.h. bei Ausbuchung von Fremdkapitaltiteln erfolgswirksame Reklassifizierung über die GuV.

Die vorbezeichnete Regelung ist jedoch insoweit unvollständig, als sie keine Aussage über die Ermittlung der *erfolgswirksamen Komponente* von zinstragenden Finanzinstrumenten der Kategorie FVOCI enthält, die bekanntlich nach der Effektivzinsmethode (interner Zinsfuß) zu bestimmen ist. Es liegt nahe, den Effektivzins auf Basis des Fair Value zum Zeitpunkt der IFRS-Eröffnungsbilanz zu bestimmen. Allerdings bedeutet das eine Abweichung zu solchen Fremdkapitaltiteln der Kategorie AC, für die ebenfalls der Effektivzins zu bestimmen ist. Dieser ergibt sich historisch zum Zeitpunkt der Feststellung der *deemed cost*, also zum Zeitpunkt der Erstkonsolidierung nach altem Recht (Rz. 57.27).

57.31

Beispiel (ohne Steuerabgrenzung): Im Rahmen eines Unternehmenserwerbs werde ein festverzinsliches Wertpapier (Anleihe) erworben, Nominalwert 100, Kupon 6 %, Restlaufzeit 8 Jahre. Der Erst- und Folgeansatz im HGB-Konzernabschluss beläuft sich auf 88,51. Der Effektivzins beträgt 8 % und entspricht zu diesem Zeitpunkt dem Marktzins.

Zwei Jahre später werde die IFRS-Eröffnungsbilanz aufgestellt. Wegen einer Marktzinsänderung auf 4 % steigt der Kurs (Fair Value) der Anleihe auf 110,48.

(1) Wenn die Anleihe nun der Kategorie FVOCI zugeordnet wird, ist nach dem in Rz. 57.30 beschriebenen Verfahren die Gesamtdifferenz von 110,48 abzgl. 88,51 = 21,97 in der Neubewertungsrücklage zu erfassen. Das hat zur Folge, dass der Effektivzins aus den noch künftig

---

16 Vgl. IFRS 1.IG61. Branchenabhängig wäre auch IAS 41 Landwirtschaft in Betracht zu ziehen.
17 Vgl. IFRS 1.IG59.

zu erwartenden Zahlungen, der Laufzeit und dem Fair Value von 110,48 bestimmt werden müsste (das wären 4 %), damit eine Folgebewertung entsprechend FVOCI stattfinden kann.

(2) Wird die Anleihe hingegen der Kategorie AC zugeordnet, dann betragen bei Verwendung des ursprünglichen Effektivzinses die fortgeführten Anschaffungskosten zum Zeitpunkt der IFRS-Eröffnungsbilanz 90,76, so dass die Differenz von 90,76 und 88,51 = 2,25 mit den Gewinnrücklagen zu verrechnen ist.

U.E. ist es sachgerecht, auch im Fall von (1) den Betrag von 2,25 mit den Gewinnrücklagen zu verrechnen und die Neubewertungsrücklage nur mit 19,72 (= 21,97 - 2,25) zu dotieren. Der Effektivzins bleibt dann bei 8 %. Nur diese Lösung entspricht dem Grundsatz der retrospektiven Umstellung und führt zu gleichen Ergebniseffekten, wie sie sich auch bei einer normalen IFRS 9 Anwendung zwischen den beiden Kategorien ergibt.

5. Umrechnungsdifferenzen im vormaligen HGB-Konzernabschluss

57.32 In HGB-Konzernabschlüssen mit vollkonsolidierten Tochterunternehmen außerhalb des Euro-Raumes finden sich regelmäßig Währungsumrechnungsdifferenzen, die innerhalb des Eigenkapitals auszuweisen sind (§ 308a HGB). Auch nach IAS 21 führt die Umrechnung von Fremdwährungsabschlüssen selbständiger ausländischer Teileinheiten in die Berichtswährung regelmäßig zu Währungsdifferenzen, die erfolgsneutral im *other comprehensive income* auszuweisen und erst bei Realisation – z.B. dem Abgang des Tochterunternehmens – erfolgswirksam zu erfassen sind (Rz. 35.39).

Im Rahmen der IFRS-Eröffnungsbilanz braucht IAS 21 allerdings nicht retrospektiv angewandt zu werden. Die bisher im HGB-Konzernabschluss erfasste Währungsumrechnungsdifferenz wird stattdessen mit den Gewinnrücklagen verrechnet, so dass sie „0" beträgt (sog. *fresh start*, IFRS 1.D13). Folglich ist auch bei späterem Abgang der Tochtergesellschaften eine Realisation der – in der IFRS-Eröffnungsbilanz nicht gesondert vorhandenen – Währungsdifferenzen nicht möglich. Währungsdifferenzen ab dem Zeitpunkt der IFRS-Eröffnungsbilanz sind jedoch wieder gesondert zu erfassen und nach IAS 21 zu bilanzieren.

57.33 IAS 21.47 sieht vor, dass Goodwill und Fair Value-Anpassungen (HB II/HB III) in der jeweiligen Währung der ausländischen Tochterunternehmen geführt werden. Damit sind sie zum Stichtagskurs umzurechnen, wobei Währungsdifferenzen entstehen können. Nach IAS 21 (1993) bestand diesbezüglich ein Wahlrecht; Goodwill und die Anpassungen konnten auch zum Kurs im Erwerbszeitpunkt eingefroren werden, so dass in Folgeperioden keine Umrechnungsdifferenzen entstanden. IAS 21.59 (2003) erlaubt innerhalb der retrospektiven Anwendung des IAS 21 die prospektive Anwendung des IAS 21.47 (2003), und IFRS 1.C2 gibt dieses Wahlrecht an den IFRS-Erstanwender weiter. Es ist aber auch erlaubt, IAS 21 (2003) insgesamt retrospektiv anzuwenden (IFRS 1.C3).

Allerdings ist dieses Wahlrecht nur für jene IFRS-Erstanwender interessant, die IFRS 3 rückwirkend anwenden. Bei der in diesem Kapitel beschriebenen prospektiven Anwendung von IFRS 10 und IFRS 3 auf Unternehmenszusammenschlüsse ab dem Zeitpunkt der IFRS-Eröffnungsbilanz empfiehlt sich der *fresh start* nach Rz. 57.32.

6. Kein vormaliger Konzernabschluss

57.34 Falls die Erstanwendung von IFRS mit der erstmaligen Aufstellung eines Konzernabschlusses zusammenfällt[18], haben unter Inanspruchnahme der Ausnahmeregelung in IFRS 1.C4j das oder die Tochterunternehmen auf den Zeitpunkt der IFRS-Eröffnungsbilanz eine HB II nach IFRS zu erstellen. Das auf dieser Basis ermittelte Eigenkapital ist mit dem Buchwert der Beteiligung beim Mutterunternehmen zu konsolidieren, wobei jedoch weitere Anpassungen, wie sie nach IFRS 3 vorgesehen sind, unterbleiben: Ein im Rahmen dieser Erstkonsolidierung ermittelter Goodwill ist zu übernehmen.

Das Verfahren ist einfach und hinsichtlich des Erstkonsolidierungszeitpunktes aus § 301 Abs. 2 Satz 3, 4 HGB bekannt (Rz. 39.26), widerspricht jedoch IFRS 3 und somit den Grundprinzipien der Erwerbsmethode:[19] Es erfolgt eine Verrechnung von üblicherweise historischen Anschaffungskosten mit aktuellem (allerdings entgegen der HGB-Lösung nicht neubewertetem) Eigenkapital auf Basis der HB II. Hat das Tochterunternehmen seit Konzernzugehörigkeit nennenswert Gewinne thesauriert, so wird es bei dieser Methode oft nicht zum Ausweis eines Goodwill, sondern eines passiven Unterschiedsbetrages kommen (sog. technischer passiver Unterschiedsbetrag). Es ist u.E. sachgerecht, diesen analog DRS 23.148 auch unter IFRS unmittelbar mit den Gewinnrücklagen zu verrechnen,[20] da es sich **nicht** um einen unter IFRS 3 erfolgswirksam zu erfassenden **Erwerbsgewinn** *(bargain purchase)* handelt.

Beispiel: Das börsennotierte Unternehmen M hat in 2011 mit einer Einlage von 100 das Tochterunternehmen T gegründet und wegen Unwesentlichkeit nie konsolidiert. Wegen des Gründungsfalls konnte kein Goodwill oder passiver Unterschiedsbetrag vorliegen. In 2020 wird T als wesentlich eingestuft, so dass M einen Konzernabschluss nach IFRS aufstellen muss. T hat unter Anwendung des IFRS 1 einen IFRS-Einzelabschluss für Konsolidierungszwecke aufzustellen; es wird aber nicht ein Erwerbsfall fingiert, der zu einer Fair Value-Bewertung der Vermögenswerte und Schulden geführt hätte. Gleichwohl komme es zu einem Eigenkapital von 160. Bei der Konsolidierung entsteht nun ein „passiver Unterschiedsbetrag". Wir halten es für sachgerecht, diesen entgegen IFRS 3 nicht als *bargain purchase* erfolgswirksam zu erfassen, sondern erfolgsneutral mit den Gewinnrücklagen zu verrechnen.

frei 57.35–57.38

D. Beurteilung

57.39 Die Ausnahmen von der retrospektiven Anwendung, wie sie in IFRS 1 formuliert sind, führen in der Praxis zu einer **erheblichen Vereinfachung** der Umstellung. Die Regeln atmen die Idee des IASB, möglichst viele Unternehmen zur IFRS-Anwendung einzuladen.

---

18 In Deutschland vor allem denkbar, wenn zum selben Zeitpunkt die Kapitalmarktinanspruchnahme beginnt oder ein IFRS wahlweise anwendender Konzern die Größenkriterien des § 293 HGB erstmals überschreitet.
19 Vgl. *Busse von Colbe* u.a., Konzernabschlüsse[9], 325 f.
20 Vgl. *Baetge*, FS Kropff, 1997, 349 (358).

Im Vergleich zur vollständigen retrospektiven Anpassung leidet bei Inanspruchnahme der Ausnahmeregelungen des IFRS 1 die Vergleichbarkeit von Unternehmen, die erstmals einen IFRS-Abschluss aufstellen, mit solchen, die schon über einen längeren Zeitraum nach IFRS berichten. Manche der Ausnahmeregelungen des IFRS 1 wirken auch sehr lange nach (z.B. die vor Umstellung durchgeführte Abschreibung des Geschäfts- oder Firmenwerts oder der *fresh start* bei Währungsumrechnungsdifferenzen), so dass selbst Jahre nach der Umstellung die Vergleichbarkeit gestört ist. Das IASB hat sich gleichwohl zu Lasten der zwischenbetrieblichen Vergleichbarkeit und zugunsten des einfacheren und praktikableren Übergangs entschieden: Im Vordergrund steht nun die Herstellung der Vergleichbarkeit der i.d.R. zwei präsentierten Geschäftsjahre des erstmaligen Anwenders. Wegen des Stetigkeitsgebots sollte dieses Ziel erreicht werden können.

Die weitere Zielsetzung, nämlich die Vergleichbarkeit von Abschlüssen jener Unternehmen, die zum selben Zeitpunkt umstellen (IFRS 1.BC10), dürfte jedoch angesichts der wahlweise zulässigen Abweichungen von der retrospektiven Umstellung verfehlt werden.[21] Daher steht insgesamt zu befürchten, dass Abschlüsse nach IFRS erst über einen längeren Zeitraum wieder miteinander vergleichbar sind, unabhängig davon, wann die einzelnen Unternehmen auf IFRS umgestellt haben.

E. Anhangangaben

I. Allgemeine Angaben

57.40 Im ersten Abschluss nach IFRS ist zu erläutern, wie der Übergang von HGB (oder anderen Rechnungslegungsnormen) auf IFRS, die Bilanz, GuV und Cashflows beeinflusst hat (IFRS 1.23). Eine Wirkung auf die Zahlungsströme kann sich freilich nicht ergeben; sollte aber nach bisherigem Recht eine Kapitalflussrechnung veröffentlicht worden sein, die in ihrer Entwicklung und in der Zusammensetzung des Finanzmittelfonds von IAS 7 abweicht, sollen die Abweichungen erläutert werden (IFRS 1.25). Der Aufsteller muss zudem für mindestens eine Periode Vergleichszahlen in Übereinstimmung mit den IFRS darstellen.

IFRS 1 enthält keine Befreiungsvorschriften für Anhangangaben. Sämtliche nach den IFRS geforderten Anhangangaben müssen demnach im ersten IFRS-Abschluss enthalten sein, freilich unter dem allgemeinen Wesentlichkeitsvorbehalt.

II. Überleitungsrechnungen

57.41 Die Erläuterungen der Abweichungen von Bilanz und GuV sind mit Überleitungsrechnungen darzustellen (IFRS 1.24a,b). Damit ergeben sich für den ersten IFRS-Abschluss beispielsweise zum 31.12.2021 folgende Berichtserfordernisse:

---

21 So auch *Theile*, DB 2003, 1745 (1752); *Hayn/Bösser/Pilhöfer*, BB 2003, 1607 (1612 f.); *Pellens/Detert*, KoR 2003, 369 (376); *Zeimes*, WPg 2003, 982 (990).

	1.1.2020	31.12.2020	31.12.2021
Bilanz	X	X	X
GUV bzw. Gesamtergebnisrechnung		X	X
Kapitalflussrechnung		X	X
Eigenkapitalveränderungsrechnung		X	X
Anhang (inkl. ggf. Segmentberichterstattung, Ergebnis je Aktie)		X	X
Überleitungsrechnung Eigenkapital	X	X	
Überleitungsrechnung Jahresergebnis		X	

Abb. 57.1: Berichtsumfang des ersten IFRS-Abschlusses

Der Übergang zur IFRS-Rechnungslegung erfordert die Aufstellung einer IFRS-Eröffnungsbilanz im Übergangszeitpunkt zu den IFRS, welche zeitlich in das Vorjahr des Reporting Dates fällt. Damit die Werte der retrospektiven Anwendung und der durch die Anwendung der IFRS entstehenden Unterschiede zur Schlussbilanz nachvollzogen werden können, ist dabei eine Überleitungsrechnung zu erstellen. Die IFRS-Eröffnungsbilanz ist zudem die Voraussetzung für die Aufstellung einer GuV für das Vergleichsjahr und ist zwingend zu veröffentlichen (Rz. 42.22). Im Rahmen der **Überleitungsrechnung zum Eigenkapital** werden außerdem die wesentlichen Bilanzposten gesondert dargestellt und im Anhang erläutert. Das gilt auch für wesentliche GuV-Posten bei der Überleitung des letzten HGB-Jahresergebnisses.[22]

Ist für die IFRS-Eröffnungsbilanz etwa wegen der Übernahme bisher aktivierter Goodwills ein Impairment-Test durchgeführt worden, der zu einer Wertminderung geführt hat, so sind die Offenlegungserfordernisse des IAS 36 analog so zu erfüllen, als wäre ein Aufwand erfasst worden. Die Regelung gilt für alle Wertminderungen und auch Wertaufholungen (IFRS 1.24c).

---

22 Zu einem ausführlichen Beispiel s. IFRS 1.IG Example 11.

Stichwortverzeichnis

Bearbeiterin: Ruth Sterzinger, Magdeburg

Abschlussgrundsätze
– IAS 1 **6** 1 ff.; *s.a. Conceptual Framework*
Abschlussprüfung
– Konzernabschluss **4** 39
– maßgebl. Rechnungslegungsgrundsätze **4** 41
– Wirtschaftsprüfer/WP-Gesellschaften **4** 39
Abschreibung
– außerplanmäßige **55** 3 f.
– auf Sachanlagen/imm. Vermögenswerte **20** 39 f.
Abstockung von Equity-Beteiligung
– Übergangskonsolidierung **39** 59
Abstockung von Mehrheitsbeteiligung
– Übergangskonsolidierung **39** 55 ff.
Aktie
– Ergebnis je Aktie **50** 1 ff.; *s.a. Ergebnis je Aktie*
Aktienoption
– anteilsbasierte Vergütung **28** 26 ff.
– Ausgabe durch bedingte Kapitalerhöhung **28** 28
– Bedeutung von Wert- und Mengengerüst **28** 31 ff.
– Bedienung durch eigene Anteile **28** 37 f.
– Beendigung von Optionsplan **28** 43
– Bewertung zum inneren Wert **28** 36
– equity settled **28** 26 ff.
– Herabsetzung des Ausübungspreises **28** 40
– Kombinationsmodelle **28** 47 ff.
– Option mit anderen Bedingungen **28** 35
– variable Sperrfrist **28** 34
– Veränderung der Optionsmenge **28** 39
– Wechsel der Vergütungsform **28** 44 ff.
– Widerruf von Optionen **28** 43
Aktivierung
– Vermögensgegenstand/Schulden **7** 21 ff.
Aktivierung von Fremdkapitalkosten
– Anhangangaben **15** 46
– Anschaffungs-/Herstellungsvorgang von Vermögenswert **15** 2
– Aufwendung für Schulden **15** 30 ff.
– Beginn **15** 40
– Beispiel zur Übersicht **15** 45

– Bemessungsgrundlage **15** 41
– direkte Zurechnung **15** 36 ff.
– Eigenkapital **15** 4
– Einzelunternehmensbetrachtung **15** 39
– Ende **15** 44
– Fair Value **15** 7
– IAS 23 **15** 1 ff., 5 ff.
– Konzernbetrachtung **15** 39
– qualifizierter Vermögenswert **15** 3, 20 ff.
– Umfang **15** 36 ff.
– Unterbrechung **15** 42 f.
– Vergleich zum HGB **15** 10 ff.
– Vorräte in Massenfertigung **15** 8
– Zinsaufwendung **15** 2
– Zinsaufwendung aus Leasingverbindlichkeit **15** 30 ff.
Aktivierungsverbot
– Vorräte **20** 37
Aktivierungswahlrechte nach HGB
– Abbildung in IFRS **7** 35
Angabepflichten 54 1 ff.
– Änderung Unternehmensstruktur **54** 12
– Änderung von Schätzungen **54** 9
– Bilanzierungs- und Bewertungsmethoden **54** 3
– Ereignisse nach Zwischenberichtsperiode **54** 13
– Finanzinstrumente **54** 14
– Geschäfte mit nahestehenden Personen/Unternehmen **54** 2
– Investmentgesellschaft **54** 15
– Kapitalveränderung **54** 10
– Konjunktureinflüsse **54** 7
– Saisoneinflüsse **54** 7
– Segmentberichterstattung **54** 11
– Umsatzerlös **54** 16
– ungewöhnliche Ereignisse **54** 8
– wesentliche Ereignisse/Transaktionen **54** 1 ff.
Anhangangaben
– Abschlussstichtag **11** 35
– Abweichung zum HGB **48** 4
– Aggregation **41** 22
– Aktivierung von Fremdkapitalkosten **15** 46
– andere Angaben **48** 37 ff.

1383

- Anlageimmobilie **18** 69 ff.
- anteilsbasierte Vergütung **28** 57 ff.
- assoziiertes Unternehmen **41** 40 ff.
- Aufbau **48** 20
- Ausnahmefälle **48** 27 ff.
- keine Befreiungsvorschrift **57** 40
- Begründung der Kategorisierung **41** 23
- Berichtsperiode **11** 35
- besondere Wesentlichkeit **22** 240 ff.
- Beteiligung an anderen Gesellschaften **41** 20 ff.
- Eigenkaptial **23** 110
- Einzelerläuterungen **48** 36
- Ergebnis je Aktie **50** 26 ff.
- Ertrag **10** 211 ff.
- Fehlerkorrektur **12** 66
- finanzielle Vermögenswerte **22** 240 ff.
- formale Anforderungen **41** 20 ff.
- Funktion **41** 1
- Geschäfte mit nahestehenden Personen/Unternehmen **51** 36 ff.
- Gewinnverwendungsvorschlag /-beschluss **48** 38
- Hedge-Accounting **25** 78
- HGB-Angaben im IFRS Konzernabschluss **48** 40 ff.
- HGB-Konzernabschluss **41** 4 f.
- IAS 1 **48** 1 ff.
- immaterieller Vermögenswert **13** 121
- Informationsfunktion **48** 1
- Investment-Muttergesellschaft **41** 70 ff.
- Investmentgesellschaft **41** 70 ff.
- Joint Operation **41** 40 ff.
- Joint Venture **41** 40 ff.
- Kategorisierung **41** 22 ff.
- Konsolidierungskreisänderung **47** 92
- zum Konzernabschluss **41** 1 ff.
- Land- und Forstwirtschaft **21** 64 ff.
- latente Steuern **29** 93 ff.
- Leistungen an Arbeitnehmer **27** 77
- Managementvergütung **51** 41 ff.
- nahe stehende Unternehmen/Personen **51** 1 ff., 36 ff.; *s.a. Nahe stehende Unternehmen/Personen*
- neue Standards **48** 25 ff.
- nicht konsolidierte strukturierte Gesellschaft **41** 50 ff.
- notes **48** 1
- Pensionsverpflichtungen **27** 63 ff.
- Rechnungslegungsmethoden **12** 63; **48** 30 ff.
- Rückstellung **26** 83 ff.
- Rückstellungsspiegel **26** 83
- Sachanlage **14** 93 f.
- Schätzungsänderung **12** 65
- Schätzungsunsicherheiten **48** 33 ff.
- Stichtag **11** 35
- strukturierte Unternehmen **41** 21
- zu Tochterunternehmenen **41** 30 ff.; *s.a. Tochterunternehmen*
- Übereinstimmungserklärung **48** 22 ff.
- Überleitungsrechnung f. Verbindlichkeit aus Finanzierungstätigkeit **47** 90 f.
- Überleitungsrechnungen **57** 41
- Unternehmenszusammenschluss **41** 60 ff.
- Vorräte **20** 62
- vs. Lagebericht **48** 37
- wertbegründendes Ereignis **11** 34
- Wertminderungen im Anlagevermögen **19** 128 ff.
- Wesentlichkeitsgrundsatz **41** 26

Anlageimmobilie
- Anhangangaben **18** 69 ff.
- Ansatzkriterien **18** 20 ff.
- Anschaffungs-/Herstellungskosten **18** 44 ff.
- Ausbuchung **18** 63 f.
- Ausstattungsgegenstände **18** 31
- Ausweis **18** 68
- Beispiele **18** 23
- Bewertungswahlrecht **18** 5
- Bilanzierung zu fortgeführten Kosten **18** 5
- cashflow-Erzielung **18** 22
- Cost Modell **18** 5; *s.a. Cost Modell*
- Definition **18** 21 ff.
- nicht eigenbetriebl. genutzte Immobilie **18** 4
- Fair Value **18** 53 ff.
- wie Finanzinvestition **18** 1
- Folgebewertung **18** 50
- fortgeführte Anschaffungs-/Herstellungskosten **18** 52 ff.
- Gebäude **18** 22
- IAS 40 **18** 1 ff.
- Immobilie im Bau **18** 25
- Immobiliengesellschaft **18** 5
- Leasing **18** 24
- Mischnutzung **18** 26 ff.
- Nutzungsänderung **18** 65 ff.
- REIT AG **18** 10
- Selbstnutzung **18** 26 ff.

- noch unbestimmte Nutzung **18** 32
- Verhältnis zum HGB **18** 9 f.
- Verkauf iR der gewöhnlichen Geschäftstätigkeit **18** 25
- nicht Vorratsimmobilie **18** 4
- Wechsel der Bilanzierungsmethode **18** 61 ff.
- wirtschaftl. Eigentum **18** 24
- Zugangsarten **18** 40 ff.
- Zugangsbewertung **18** 40 ff.

Anschaffungskosten
- Bewertung **8** 18 ff.
- Vorräte **20** 31 ff.

Anteilsbasierte Vergütung
- Aktienoptionsprogramm **28** 1
- Aktienoptionsprogramm (Equity settled) **28** 26 ff.; *s.a. Aktienoption*
- Anhangangaben **28** 57 ff.
- Ausübungsfrist **28** 13
- Ausweis **28** 57 ff.
- Barvergütung **28** 1
- Barvergütung (cash settled) **28** 22 ff.
- Begriffsdefinitionen **28** 12
- Belegschaftsaktien **28** 52
- Bilanzierung **28** 3
- Einräumungszeitpunkt **28** 13
- Gesamtwert der Option **28** 14
- IFRS 2 **28** 1 ff.
- innerer Wert der Option **28** 14
- Kombinationsmodelle **28** 47 ff.
- Konzernverbund **28** 53 f.
- latente Steuern **28** 55 f.
- Laufzeit von Optionen **28** 13
- Optionspreisbestimmung **28** 15 ff.; *s.a. Optionspreismodell*
- Rechtsform des Unternehmens unerheblich **28** 6
- Sperrfrist **28** 13
- Verhältnis zum HGB **28** 8 f.
- Wahlrecht Arbeitnehmer bei Kombinationsmodell **28** 48 f.
- Wahlrecht Unternehmen bei Kombinationsmodell **28** 50 f.
- Zeitwert der Option **28** 14

Anwendungsleitlinien
- Ausnahme v. Übernahme **3** 6
- Guidance on Implementing (IG) **2** 24

assets hold for sale *s. Veräußerung langfristiger Vermögenswerte*

Assoziiertes Unternehmen
- Abgrenzung **33** 20 ff.
- Anhangangaben **41** 40 ff.; **43** 64
- Assoziierungsvermutung **33** 22 f.
- Beendigung des Assoziierungsverhältnisses **33** 29 f.
- Beteiligungsunternehmen iSd § 271 Abs. 1 HGB **33** 3
- Definition **33** 3
- Equity-Methode **37** 35
- IAS 28 **33** 1 ff.
- latente Steuern **29** 47
- maßgebl. Einfluss **33** 3, 20
- maßgebl. Einfluss bei Stimmrechtsquote unter 20% **33** 28
- potenzielle Stimmrechte **33** 24
- Risikobericht **41** 44
- Sacheinlage **40** 56 ff.
- Statusverlust/-wechsel **39** 48 f.
- Stimmrechtsquote von 20% und mehr **33** 22 ff.
- Transaktion mit Konzern **40** 50 ff.
- Übergangskonsolidierung **39** 48
- mit Weiterveräußerungsabsicht erworbene Anteile **30** 62 f.
- Widerlegung der Assoziierungsvermutung **33** 25 ff.
- Zwischenergebniseliminierung **40** 50 ff.

Aufgegebener Geschäftsbereich 30 1 ff.
- discontinued operation **30** 1
- wesentl. Geschäftszweig/geografischer Bereich **30** 18

Aufsichtsrat
- Vorlage IFRS-Abschluss **4** 41

Aufstockung von Mehrheitsbeteiligung
- Übergangskonsolidierung **39** 50 ff.

Aufwandskonsolidierung 40 30, 61 ff.; *s.a. Konsolidierung*

Aufwandsrückstellung
- nach HGB **7** 50; **57** 5

Aufwandszuschuss
- Bilanzierung **16** 28 f.
- Zuwendung der öffentl. Hand **16** 5

Ausbuchung
- bei Abschreibung **22** 180
- Auslaufen vertraglicher Rechte **22** 171
- finanzielle Verbindlichkeit **24** 50 f.
- finanzielle Vermögenswerte **22** 167 ff.
- Übertragung vertragl. Rechte **22** 172 ff.

Auslegungshilfe des HGB 5 11 ff.
Ausschüttungsbemessung 5 2

Bank
- Standard **6** 68

Barkapitalerhöhung
- Eigenkapital **23** 93 f.

Befreiung
- von Jahresabschlusspflichten **4** 32 ff.

Begründungserwägungen des Boards
- Ausnahme v. Übernahme **3** 6 f.
- Basis for conclusions (BC) **2** 23

Beihilfe
- der öffentl. Hand **16** 7

Belegschaftsaktie
- anteilsbasierte Vergütung **28** 52

Berichterstattung
- einheitl. Vorschriften **1** 5 ff.

Berichtsinstrument
- im Zwischenbericht **53** 1 ff.

Beteiligungsbuchwert
- Equity-Methode **37** 1
- Ermittlung **37** 1
- Folgebilanzierung **37** 2
- Folgekonsolidierung **37** 27 ff.

Betriebsergebnis
- operatives Ergebnis **44** 28

Bewertung
- Anschaffungskosten **8** 18 ff.
- Bewertungshierarchie **8** 42 ff.
- Einzel-/vs. Gruppenbewertung **8** 8 f.
- erfolgsneutrale **8** 1
- erfolgswirksame **8** 1
- fair value Bewertung **8** 1, 26 ff.; *s.a. fair value*; *s.a. fair value*
- finanzielle Verbindlichkeiten **24** 2
- fortgeführte Anschaffungs-/Herstellungskosten **8** 1
- Herstellungskosten **8** 22 ff.
- IFRS 13 **8** 1 ff.
- mehrere Standards **8** 4 ff.
- Schulden **8** 14 ff.
- Unterschiede zum HGB **8** 7
- Vermögenswerte **8** 11 ff.; *s.a. Vermögenswert*
- Zugangs- und Folgebewertung **8** 10 ff.
- Zusammenhang v. fair value, Anschaffungskosten, Nettoveräußerungs- und Nutzungswert **8** 71 ff.

Bewertungsmethode
- Änderung **54** 5
- Angabepflicht **54** 3 ff.

Bilanz
- Abweichungen zum HGB **43** 4 f.
- Aktiva **43** 42 ff.
- Anhangangaben **43** 62 ff.
- Eigenkapital **43** 55 ff.
- Gliederung nach Fristigkeit **43** 20 ff.
- Gliederungsschema für IFR-Bilanz **43** 40 ff.
- Gliederungsvorgaben **43** 3
- IAS 1 **43** 1 ff.
- Kontoform **43** 20
- kurzfristige Posten **43** 21 ff.
- kurzfristige Schulden **43** 59
- kurzfristiger Vermögenswert **43** 48 ff.
- langfristige Schulden **43** 58
- langfristiger Vermögenswert **43** 42 ff.
- Passiva **43** 55 ff.

Bilanzansatz **7** 1 ff.

Bilanzierungsmethode
- Änderung **54** 5
- Angabepflicht **54** 3 ff.

Billigung
- Konzernabschluss **4** 41

Bodenschätze
- Exploration und Evaluierung **6** 66

Bonuszahlung an Mitarbeiter
- Ansatz **55** 3

Bruttomethode
- Konzernabschluss **4** 9

Bundesanzeiger
- Offenlegung IFRS-Einzelabschluss **4** 28 ff.

Cashflow
- derivative Ermittlung **47** 60 ff.
- aus Finanzierungstätigkeit **47** 59
- aus Investitionstätigkeit **47** 58
- aus laufender Geschäftstätigkeit **47** 51 ff.
- Umrechnung **9** 3

Cashflow-Hedge
- Bilanzierung **25** 73 ff.
- Sicherungsbeziehung **25** 32

Classification of Liabilities
- IASB-Projekt **43** 6

common control
- Unternehmenszusammenschluss **36** 340 ff.

Conceptual Framework **2** 17
- Abschlussgrundsätze **6** 1 ff.
- Ansatzkriterien **7** 28 f.
- Aufbau **6** 6
- Auslegungsfunktion **6** 4
- Ausnahme v. Übernahme **3** 6

- Basisannahmen im IFRS-Abschluss **6** 50 ff.
- Berichtsinstrumente im IFRS-Abschluss **6** 62 f.
- Bilanzansatz **7** 1 ff.
- branchenspezifische Besonderheiten **6** 65 ff.
- Definitionsmerkmale **3** 7
- Einschränkung der qualitativen Anforderung **6** 46 ff.
- Einzel- und Konzernabschluss **6** 60 f.
- Ertrag **10** 4
- glaubwürdige Darstellung **6** 35 ff.
- IAS 1 **6** 7
- IFRS für kl. und mittlere Unternehmen **6** 70 ff.
- Informationsfunktion **6** 27 ff.; *s.a. Informationsfunktion*
- Lückenfüllungsfunktion **6** 4
- matching principle **6** 53 ff.
- Nachprüfbarkeit **6** 43
- Periodenabgrenzung **6** 52
- periodengerechte Aufwands- und Ertragszuordnung **6** 52 ff.
- Prinzipal-Agent-Problem **6** 24 ff.
- qualitative Merkmale nützlicher Finanzinformationen **6** 27 ff.
- Referenzrahmen zur Entwicklung von Standards **6** 3
- Relevanz **6** 28
- Schulden **7** 3, 41
- kein Standard **6** 5
- vs. Standard **6** 73 ff.
- Stetigkeit **6** 41
- Unternehmensfortführung **6** 50 f.; *s.a. Unternehmensfortführung*
- Vergleich zum HGB **6** 8 f.
- Vermögenswerte **7** 3, 22 ff.
- Verständlichkeit **6** 45
- vollständige Anwendung der IFRS **6** 64
- Wesentlichkeit **6** 29 ff.
- Zeitnähe **6** 44
- Zeitvergleich **6** 41
- Ziel/Gegenstand **2** 25 ff.
- Zielkonflikte **6** 46 ff.

Cost Modell
- Anlageimmobilie **18** 71
- Bilanzierung zu fortgeführten Kosten **18** 5
- fortgeführte Anschaffungs-/Herstellungskosten **18** 50
- Immobilie im Bau **18** 25
- Wechsel der Bilanzierungsmethode **18** 61 ff.

Darlehen
- erlassbares **16** 30
- zinsgünstiges **16** 31
- Zuwendung der öffentl. Hand **16** 5

Darstellungsstetigkeit
- Gliederungsgrundsatz **42** 4, 20
- Rechnungslegungsmethode **12** 50 ff.
- Wahlrechte **12** 50

Debt-Equity-Swaps
- IFRIC 19 **24** 64

Divergenz
- verweigerte EU-Freischaltung **3** 16 ff.
- zeitliche **3** 12 ff.

Dividende
- Eigenkapital **23** 98 ff.

downstream-Transaktion
- Zwischenergebniseliminierung **40** 51

Drohverlustrückstellung 26 45 f.

due process
- Diskussionspapier **2** 31
- Herstellung der Öffentlichkeit **2** 29 f.
- Interpretationen **2** 34
- Projektgruppe **2** 31
- Standardentwurf **2** 32
- Verabschiedung e. Standards **2** 33

Earings per share (EPS) *s. Ergebnis je Aktie*

EEZP
- elektron. Zugangsportal **1** 11

Eigenkapital
- ABC des Eigenkapitals **23** 80
- Anhangangaben **23** 110
- ausstehende Einlagen **23** 89
- Ausweis **23** 86
- Barkapitalerhöhung **23** 93
- Beschaffungskosten **23** 88
- Definition **23** 21 ff.; **57** 5
- Dividende **23** 98 ff.
- eigene Anteile **23** 87
- IAS 32 **23** 1 ff.
- Kapitalausweis **23** 86
- Kapitalgesellschaft **23** 22
- bei Personengesellschaft *s.a. Personengesellschaft*
- Personengesellschaft **23** 22
- bei Personengesellschaft **23** 31 ff.

Stichwortverzeichnis

- Sacheinlage **23** 95 ff.
- Standards (Übersicht) **23** 5
- Verhältnis zum HGB **23** 8

Eigenkapitalbeschaffungskosten 23 88; s.a. *Eigenkapital*

Eigenkapitalinstrument
- finanzielle Vermögenswerte **22** 22, 59 ff.
- Folgebewertung **22** 81 ff.

Eigenkapitalkosten
- Bilanzierung **19** 85 ff.
- keine Fremdkapitalkosten **15** 34

Eigenkapitalspiegel
- Änderung Konsolidierungskreis **46** 30
- Beispiel **46** 23 ff.
- Definition **46** 1
- Eigenkapitalveränderungsrechnung **46** 3
- eigenständiges Berichtsinstrument **48** 3
- Ergebnisverwendung **46** 27
- Gesamtergebnis **46** 26
- HGB Konzernabschluss **46** 4
- IAS 1 **46** 1 ff.
- Inhalt **46** 20 ff.
- Jahresabschluss kapitalmarktorientierter Gesellschaften **46** 4
- Kapitalerhöhung **46** 29
- Kapitalveränderungen **46** 29
- Schätzungsänderungen v. Pensionsverpflichtungen/Planvermögen **46** 25
- Unterteilung der Rücklagen **46** 24
- verkürzter **53** 8

Einheitstheorie
- Konsolidierung **40** 1
- einheitliche Währung **35** 1

Einlage
- ausstehende **23** 89

Einzelabschluss
- Equity-Methode **37** 4

Einzelerläuterung
- Anhangangabe **48** 20

Einzelverwertbarkeit
- Verkehrsfähigkeit **7** 33

Endorsement
- IAS/IFRS **3** 5 ff.

Enforcement
- Prüfstelle für Rechnungslegung **4** 45

Entkonsolidierung
- Auswirkung auf Konzerneigenkapital **36** 290
- Ermittlung des Erfolgs **36** 282 f.
- Notwendigkeit **36** 280
- Reklassifikation **36** 284 ff.
- Zeitpunkt **36** 281

Entwicklungskosten
- Aktivierung **57** 5

Equity-Methode
- Abschlussstichtag **37** 20
- Ausweis der Beteiligungen **37** 55
- Beteiligungsbuchwert **37** 1
- Bilanzierungs- und Bewertungsmethoden **37** 22 ff.
- Definition **37** 1
- Durchführung **37** 25 f.
- Einbeziehungsverbot **37** 50
- Entkonsolidierung **37** 46
- Erstkonsolidierung **37** 25 f.
- Folgekonsolidierung **37** 27 ff.
- HGB/IFRS **37** 10
- IAS 28 **37** 1 ff.
- Konzernabschluss **37** 20
- neuere Entwicklungen **37** 11 ff.
- Veräußerung der Anteile **37** 46 ff.
- Veräußerungsabsicht über Anteile **37** 8
- Vorbereitung **37** 20 ff.

Ereignis der Vergangenheit 7 25
Ergebnis je Aktie 53 7
- Aktienanzahl **50** 15, 22
- Anhangangaben **50** 26 ff.
- Ausweis **50** 26
- Berechnungsschema unverwässertes Ergebnis **50** 13
- Berechnungsschema verwässertes Ergebnis **50** 20 ff.
- Definition **50** 8
- earnings per share (EPS) **50** 1
- Eigenkapitalinstrumente öffentlich gehandelt **50** 4
- Gesamtergebnisrechnung **45** 30
- Gewinn- und Verlustrechnung **44** 41
- IAS 33 **50** 1 ff.
- Mitarbeiteroptionsprogramm **50** 25
- Periodenergebnis **50** 14, 21
- Stammaktien (ordinary shares) **50** 9
- stimmrechtslose Vorzugsaktien **50** 9
- unverwässertes Ergebnis **50** 8, 13 ff.
- Veräußerung langfristiger Vermögenswerte **30** 47
- verwässertes Ergebnis **50** 8, 20 ff.
- Verwässerungseffekt **50** 23

Ergebnisgröße
- Segmentberichterstattung **49** 44

Ergebnisverwendung
- Eigenkapitalspiegel **46** 27 f.

Eröffnungsbilanz
- Aufstellung **57** 1 ff.
- Bewertung Vermögenswert/Schulden **57** 24 ff.
- erstmaliger Konzernabschluss **57** 34
- Gliederungsvorschriften **57** 5
- Goodwill **57** 17 ff.
- IFRS 1 **56** 4 f.
- Inventar nach HGB **57** 5 ff.
- restrospektiver Übergang **56** 4
- Rückwirkung IFRS **57** 1 ff.
- Schulden **57** 21 ff.
- Verbot Berücksichtigung später zugegangener Informationen **57** 9 f.
- Vermögenswerte **57** 2
- übrige Vermögenswerte **57** 21 ff.
- Währungsumrechnungsdifferenz **57** 32 f.

Erstanwendung
- Eröffnungsbilanz **56** 3
- IFRS Abschluss nur für interne Zwecke **56** 24 f.
- Konzernrechnungslegung **56** 26
- Übereinstimmungserklärung **56** 20 f., 22 ff.
- Übergang v. nationaler Rechnungslegung **56** 1; *s.a. Eröffnungsbilanz*
- von IFRS **56** 1 ff.
- Wiederaufnahme d. IFRS-Berichterstattung **56** 27
- bei Zwischenabschluss **56** 30 f.

Erstkonsoldierung
- Auswirkung auf Konzerneigenkapital **36** 253
- Equity-Methode **37** 25 f.
- Goodwill **36** 252
- Vermögenswerte/Schulden **36** 250 ff.

Ertrag
- Ablaufschema zur Erfassung **10** 24
- Aktivierung von Vertragskosten **10** 181 ff.
- Angaben zu aktivierten Vertragskosten **10** 221 f.
- Angaben zu Umsatzerlösen **10** 211 ff.
- Angaben zu Verträgen mit Kunden **10** 214 ff.
- Angaben zu wesentl. Ermessensentscheidungen **10** 220 ff.
- Anhangangaben **10** 211 ff.
- Ausweis **10** 191 ff.
- Bedeutung des Vertragsmanagements **10** 48 ff.
- Bilanzierung **10** 3

- Conceptual Framework **10** 4
- Erfassung nach IFRS 15 **10** 21 ff.
- Identifizierung der Verträge mit Kunden **10** 31 ff.
- IFRS 15 **10** 4 ff.
- Leistungserfüllung d. Übertragung Vermögenswert auf Kunden **10** 141 ff.
- Leistungserfüllung während eines Zeitraums **10** 146 ff.
- Leistungserfüllung zu einem Zeitpunkt **10** 159 ff.
- Leistungsfortschritt **10** 152 ff.
- Leistungsverpflichtung, Abgrenzbarkeit **10** 67 ff.
- Leistungsverpflichtung, Beispiele **10** 64
- Leistungsverpflichtung, Definition **10** 62
- separate Leistungsverpflichtungen in Verträgen mit Kunden **10** 61 ff.
- Modell zur Erfassung **10** 2
- Transaktionspreis **10** 81 ff.; *s.a. Transaktionspreis*
- Übergangsvorschriften **10** 231 f.
- Umsatzerfassung bei Leistungserfüllung **10** 141 ff.
- Umsatzerfassung bei Verlustvertrag **10** 161 ff.
- Verhältnis zum HGB **10** 8 ff.
- Vertragsänderung **10** 44 ff.
- Wahlrecht retrospektive Anwendung **10** 231
- zeitliche Abgrenzung von Verträgen mit Kunden **10** 38 ff.
- Zusammenfassung von Verträgen **10** 42 f.

Ertragskonsolidierung 40 30, 61 ff.; *s.a. Konsolidierung*

Ertragsteueraufwand
- Zwischenperiode **55** 5

Ertragszuschuss
- Bilanzierung **16** 28 f.
- Zuwendung der öffentl. Hand **16** 5

Erwerber
- hypothetischer **36** 100 ff.
- Identifikation **36** 40 f.
- Kapitalkonsolidierung **36** 40 ff.; *s.a. Kapitalkonsolidierung*

Erwerbszeitpunkt
- Kapitalkonsolidierung **36** 50 ff.

ESEF
- European Single Electronic Format (ESEF) **1** 11 ff.

ESMA
- Europ. Wertpapier- und Marktaufsichtsbehörde **1** 11 ff.

EU-IFRS
- Auslegung **3** 19 ff.
- Pflichten **4** 1
- richterl. Überprüfung **3** 19 ff.
- rückwirkende Anwendung **3** 12
- Verhältnis Original IFRS **3** 10 ff.
- vorzeitige Anwendung bei noch ausstehender Freischaltung **3** 13 ff.
- Wahlrechte **4** 1
- zeitl. Divergenzen **3** 12 ff.

EuGH
- Überprüfung EU-IFRS **3** 19

Eventualverbindlichkeit
- Anhangangaben **26** 84
- nicht bilanzierungsfähig **26** 9
- statt Rückstellung **26** 32 f.

fair value
- aktienorientierte Vergütungen **8** 69
- der Aktive Markt **8** 42
- Anlageimmobilien **8** 63; **18** 5 ff., 50 ff.
- Anwendungsbereich **8** 26
- beizulegender Zeitwert **8** 26 ff.
- Beteiligungen und Aktien **8** 64
- Bewertung **8** 1 ff.; *s.a. Bewertung*
- Bewertungshierarchie **8** 42 ff.
- Bewertungsobjekt **8** 31
- Bewertungsverfahren **8** 49
- Definition **8** 27
- Derivate **8** 68
- Ermittlung **18** 54
- Ermittlungsgrundsätze **8** 29 ff.
- finanzielle Vermögenswerte **22** 62 ff., 245
- Hedge Accounting **25** 26 f.
- hypothet. beste Verwendung **8** 36 ff.
- Impairmenttest nach IAS 36 **8** 67
- Kapitalkonsolidierung **8** 65 ff.
- kapitalwertorientiertes Verfahren **8** 54
- kostenorientiertes Verfahren **8** 53
- Level 1-3 **8** 42 ff.
- Level 1 inputs **8** 46
- Level 2 inputs **8** 47
- Level 3 inputs **8** 48
- liquidester Markt **8** 32
- marktpreisorientierte Verfahren **8** 50 ff.
- im Mittelstand **8** 70
- Modell **18** 53
- Neubewertung v. Sachanlagen **8** 61 f.
- nicht bestimmbar **18** 59
- objektivierter Marktwert **8** 3
- Option Sicherungsbeziehung **25** 25 ff.
- praktische Relevanz **8** 60
- Sicherungsgeschäfte **8** 68
- sinkende Marktaktivität **8** 58
- Stetigkeit **8** 57
- Stichtagsprinzip **8** 30
- Transaktionskosten **8** 33
- Transportkosten **8** 33
- Übersicht über Ermittlungsverfahren **8** 59
- Übertragung einer Verbindlichkeit **8** 28
- Unternehmenserwerb **8** 65 ff.
- Unternehmensfortführung **8** 29
- Unternehmenszusammenschluss **13** 90
- Verfahrenswahl **8** 55
- vorteilhaftester Markt **8** 32

fair value-hedge
- Bilanzierung **25** 64 ff.
- Sicherungsbeziehung **25** 32

Fehler
- Abbildung **12** 58 ff.
- IAS 8 **12** 58

Finanzanlage in Immobilien *s. Anlageimmobilie*

Finanzberichterstattung
- digitale **1** 11 ff.
- entscheidungsnützliche Informationen **6** 20 ff.
- Ziel **6** 20 ff.

Finanzgarantie
- Bürgschaft **24** 73

Finanzielle Verbindlichkeiten
- Anhangangaben **24** 100 ff.
- Aufwands- und Ertragserfassung **24** 104 ff.
- Ausbuchung **24** 50 f.
- Bewertung **24** 2
- Bilanz **24** 90
- Bilanzierung **24** 3
- Debt-Equity-Swaps (IFRIC 19) **24** 64
- Definition **24** 15
- ergebniswirksam zum beizulegenden Zeitwert bewertet **24** 20, 22
- Finanzgarantien/Bürgschaften **24** 73 ff.
- Folgebewertung **24** 40 ff.
- Forderungsverzicht mit Besserungsschein **24** 63
- fortgeführte Anschaffungskosten **24** 20 ff., 40 ff.

- Fremdwährungsverbindlichkeiten **24** 44
- Gewinn- und Verlustrechnung **24** 91
- hybrid contracts **24** 77 ff.
- IFRS 7, IFRS 9, IAS 32 **24** 1 ff.
- Kapitalflussrechnung **24** 92
- Kategorien **24** 20 ff.
- Kreditzusagen **24** 65 ff.
- kurzfristige **24** 42
- aus Lieferungen und Leistungen **24** 60 f.
- Optionsanleihe **24** 76
- Rechnungslegungsmethoden **24** 101
- schwebende Geschäfte **24** 16
- sonstige Angaben **24** 106
- nicht Steuern **24** 4
- strukturierte Produkte **24** 77 ff.
- Transaktionskosten **24** 30
- Transaktionspreis **24** 30
- Überleitungsrechnung **24** 102
- übrige Erträge/Aufwendungen **24** 105
- Umschuldung **24** 62
- Verbindlichkeitenspiegel **24** 103
- Vertragsverhältnis **24** 15
- Wandelanleihe **24** 76
- Wesentlichkeit **24** 100
- zum Zeitwert bewertete Verbindlichkeiten **24** 45
- Zinsaufwand **24** 104
- Zugangsbewertung **24** 30
- Zuordnung in Kategorien bei erstmaliger Erfassung **24** 23

Finanzielle Vermögenswerte
- Anhangangaben **22** 240 ff.
- Ansatz **22** 26 ff.
- Ansatz zum Handels-/Erfüllungstag **22** 67 ff.
- Anteil an anderem Unternehmen **22** 223 ff.
- Asset Backed Securities **22** 211 ff.
- Aufwands- und Ertragserfassung **22** 248 ff.
- Ausbuchung **22** 167 ff.; *s.a. Ausbuchung*
- Ausweis **22** 235 ff.
- beeinträchtigte Bonität **22** 132 f.
- keine beeinträchtigte Bonität mehr **22** 134 f.
- besondere Wesentlichkeit **22** 240 ff.
- Bilanzausweis **22** 235 ff.
- Bilanzierung **22** 1 ff.
- Buchwerte der Kategorien **22** 245 ff.
- Derivate **22** 59 ff.
- Dividenden **22** 229 ff.

- Eigenkapitalinstrument **22** 59 ff.
- Eigenkapitalinstrument eines anderen Unternehmens **22** 22; *s.a. Eigenkapitalinstrument*
- Eigenkapitalinstrument, Folgebewertung **22** 81 ff.
- Eigenkapitalveränderung **22** 237
- eingebettete Derivate **22** 231 ff.
- Erfassung von Kreditverlust **22** 143 ff.
- Erträge und Aufwendungen **22** 250
- Factoring **22** 211 ff.
- fair value **22** 245 ff.
- Fair Value Option **22** 62 ff.
- finanzielle Schulden **22** 23 ff.
- Flüssige Mittel **22** 22
- Folgebewertung **22** 80 ff.
- Forderung aus Lieferung/Leistung **22** 206 ff.
- Fremdkapitalinstrument **22** 30; *s.a. Fremdkapitalinstrument*
- Fremdkapitalinstrument, Folgebewertung **22** 86 ff.
- Gewinn- und Verlustrechnung **22** 236
- IFRS 7, IFRS 9, IAS 32 **22** 9 ff.
- Kapitalflussrechnung **22** 238
- Kategorisierung **22** 29 ff.
- Kreditrisiko **22** 113 ff.
- Kreditrisiko, Erhöhung **22** 118 ff.
- Kreditrisiko, Signifikanz **22** 124 ff.
- Kreditrisiko, Verbesserung **22** 134 f.
- Kreditverluste, erwartete **22** 136 ff.
- Leasingforderung **22** 206 ff.
- Pensionsgeschäfte **22** 219 ff.
- Rechnungslegungsmethoden **22** 243 ff.
- Reklassifizierung **22** 160 ff.
- sonstige Angaben **22** 251
- Stückzinsen **22** 229 ff.
- veränderte Zahlungsströme **22** 200 ff.
- Verhältnis zum HGB **22** 18
- Vermögenswerte **22** 22
- vertragl. verknüpfte Wertpapiere **22** 233 ff.
- Vertragsvermögenswert **22** 206 ff.
- Wertminderung **22** 108 ff.
- Wertminderung, -aufholung **22** 249
- Wertminderungsmodell **22** 146 ff.
- Wertpapierleihe **22** 219 ff.
- Zinsertrag **22** 248
- Zugangsbewertung **22** 65 ff.

Finanzinstrument
- Angabepflicht **54** 14

– Bilanzierung **22** 1
– Definition **22** 1, 22; **24** 1
– IFRS 9 **24** 1
– Verwendung **22** 9
Finanzmittelfonds
– Änderung **47** 40 ff.
– bewertungsbedingte Änderung **47** 41
– Kapitalflussrechnung **47** 22; *s.a. Kapitalflussrechnung*
– konsolidierungsbedingte Änderung **47** 42
– wechselkursbedingte Änderung **47** 40
Folgekonsolidierung
– Ausschüttungen **37** 30
– Auswirkung auf Konzerneigenkapital **36** 273
– Beispiel zur Übersicht **36** 270 ff.
– Beteiligungsbuchwert **37** 27; *s.a. Beteiligungsbuchwert*
– Equity-Methode **37** 27 ff.
– Eventualschulden **36** 263
– finanzielle Vermögenswerte/Verbindlichkeiten **36** 262
– Forschungs- und Entwicklungskosten **36** 261
– Goodwill **36** 264
– langfristige Investitionen **37** 29
– negativer Equity-Wert **37** 43 ff.
– nicht beherrschende Anteile **36** 265
– Umrechnungsdifferenz **36** 264
– Wertaufholung **37** 41 f.
– Wertfortschreibung **36** 260
– Wertminderung **37** 36 ff.
Fonds
– Wahlrecht bei Erstbewertung **37** 5 f.
Fondsgebundene Lebensversicherung
– Wahlrecht bei Erstbewertung **37** 5 f.
Forderungsverzicht gegen Besserungsschein
– finanzielle Verbindlichkeit **24** 63
Forschungs- und Entwicklungsprojekt
– immaterieller Vermögenswert **13** 40 ff., 112
Forstwirtschaft *s. Land- und Forstwirtschaft*
Foschungs- und Entwicklungsprojekte
– immaterieller Vermögenswert **13** 35 f.
Free Cashflow
– Definition **47** 2
Freischaltung
– Anwendung IFRS vor - **3** 13 ff.
– IAS/IFRS **3** 5 ff.

– Verweigerung **3** 16 ff.
Freiverkehr
– Definition **4** 22
Fremdkapitalinstrument
– Anaylse der Zahlungsströme **22** 39 ff.
– Bilanzierung **22** 3 ff.
– Effektivzinsmethode **22** 93 ff.
– Folgebewertung **22** 86 ff.
– Fortschreibung in der Kategorie FVOCI **22** 104 ff.
– Geschäftsmodell **22** 31 ff.
– Kategorisierung **22** 31 ff.
Fremdkapitalkosten
– Bilanzierung **19** 92 f.
– IAS 23 **15** 1 ff.; *s.a. Aktivierung von Fremdkapitalkosten*
– Vorräte **20** 36
– Währungsdifferenz aus Fremdwährungskredit **15** 31
Fremdwährungsderivat **9** 3
Fremdwährungsposition
– Ersterfassung **9** 20 f.
– Folgebewertung **9** 22 ff.
Fremdwährungsrisiko
– Absicherung **9** 3
Fremdwährungstransaktion
– Konzernkaptialflussrechnung **47** 72 ff.
Full Goodwill Methode
– bargain purchase **36** 224
– Beurteilung **36** 222 f.
– Definition **36** 200
– Schema zur Berechnung **36** 220
– Unternehmensgesamtwert, Ermittlung **36** 221

Gemeinkosten
– Bewertung **8** 25
– Vorräte **20** 41
Gemeinsame Beherrschung
– Definition **32** 1
Gemeinsame Vereinbarungen
– IFRS 11 **32** 1 ff.; *s. Joint Arrangements*
Generalnorm
– Anhangangaben **48** 22
Geregelter Markt
– Definition **4** 19
– organisierter Markt **4** 19
Gesamtergebnisrechnung
– nicht Änderungen v. Bilanzierungs-/Bewertungsmethoden **45** 21
– Beispiel **45** 29

- nicht Berichtigung wesentl. Fehler **45** 21
- Darstellung im Anschluss an die GuV **45** 3 f.
- Darstellungsalternativen **45** 25 ff.
- Eigenkapitalspiegel **46** 26
- eigenständiges Berichtsinstrument **48** 3
- erfolgsneutral zu erfassende Aufwendungen/Erträge **45** 20 ff.
- Ergebnis je Aktie **53** 7
- Ersetzen erfolgsneutraler durch -wirksame Ergebnisse **22** ff.
- Gesamtergebnis je Aktie fehlt **45** 30
- IAS 1 **45** 1 ff.
- Kongruenz-Prinzip **45** 2
- latente Steuern **45** 24
- Reklassifizierung **45** 22 ff.
- Tabelle **45** 20
- Verhältnis zum HGB **45** 5
- verkürzte **53** 5
- Wahlrecht **45** 25

Gesamtkostenverfahren
- immaterieller Vermögenswert **13** 116

Geschäftszyklus
- Definition **43** 22

Gesellschaft
- Definition **4** 17
- Konzernabschluss **4** 18

Gewinn- und Verlustrechnung (GuV)
- Abweichungen zum HGB **44** 3
- Anhangangaben **44** 43 f.
- außerordentliches Ergebnis **44** 37
- Darstellungsalternativen **44** 2
- EBITDA **44** 32
- Einstellung aufgegebener Bereiche **44** 39
- einzelne Posten **44** 22 ff.
- Ergebnis aufgegebener Geschäftsbereiche **44** 39
- Ergebnis je Aktie **44** 41
- Ergebnis vor Ertragsteuern **44** 38
- Ergebnisverwendungsrechnung **44** 42
- Ertrag **10** 199
- Ertragsteueraufwand **44** 38
- finanzeille Vermögenswerte **22** 236
- Finanzergebnis **44** 33
- finanzielle Verbindlichkeiten **24** 91
- Gesamtergebnisrechnung **44** 2
- Gesamtkostenverfahren **44** 20 ff., 24 ff.
- Gliederungsvorschläge **44** 21
- IAS 1 **44** 1 ff.
- IFRS **44** 4
- Jahresergebnis **44** 40

- latente Steuern **29** 92
- operative Aufwendungen **44** 23 ff.
- operatives Ergebnis (EBIT) **44** 28 ff.
- Rückstellung **26** 82
- Sonderergebnis **44** 37
- Staffelform **44** 20
- Umsatzerlöse **44** 22
- Umsatzkostenverfahren **44** 20 ff., 26, 43

Gliederungsgrundsätze
- Abweichungen zum HGB **42** 4 f.
- Darstellungsstetigkeit **42** 1, 20
- IAS 1 **42** 1 ff.
- Saldierung **42** 1
- Vergleichswerte der Vorperiode **42** 1, 21
- Wesentlichkeit in der Aufgliederung **42** 1

Goodwill 57 17 ff.
- Abgang bei Veräußerung von Teilbereichen **19** 32 f.
- Abgang von **39** 44 f.
- Ansatz nicht beherrschender Anteile, die nicht anteilig am Nettovermögen beteiligt sind **36** 230 ff.
- außerplanmäßige Abschreibung **52** 8
- außerplanmäßige Wertminderung **19** 2
- Beispiel zur Zuordnung **19** 29
- Besonderheiten bei der Full Goodwill-Methode nach IFRS 3 **19** 34 ff.
- Bilanzierung **36** 200 ff.
- Full Goodwill **36** 200 ff.; *s.a. Full Goodwill Methode*
- immaterieller Vermögenswert des Anlagevermögens **13** 37 f.
- Impairment-only-Approach **19** 2
- Impairmenttest für eine CGU **19** 120
- jährlicher Wertminderungstest **19** 45 f.
- Kapitalkonsolidierung **29** 35 ff.; **36** 1 ff.
- Neuorganisation **19** 31
- Obergrenze Segmente **19** 27
- Praxishinweise zur Zuordnung **19** 37 f.
- Stetigkeit der Zuordnung **19** 31
- Untergrenze Berichtswesen **19** 28
- Wahlrecht Neubewertungsmethode oder Full Goodwill Methode **36** 200 ff.; *s.a. Full Goodwill Methode; Neubewertungsmethode*
- Währungsumrechnung **35** 34
- Wertminderung von Anlagevermögen **19** 26 ff.
- Zeitpunkt der Zuordnung **19** 30
- Zuordnung nach Synergieeffekten **19** 26

- Zuordnung zu zahlungsmittelgenerierenden Einheiten 19 26 ff.

Halbjahresfinanzbericht 53 1
- Berichtspflicht 52 3
- Bilanzeid 52 2; 53 1
- verkürzter Abschluss 53 1
- WpHG 52 5
- Zwischenlagenbericht 52 2; 53 1

Handelsabsicht
- Finanzinstrumente 43 31

Handelsbilanz I 1 1

Handelsbilanz II 1 1 ff.

Hedge Accounting
- Sicherungsbeziehungen 25 31 ff.; s.a. Sicherungsbeziehung
- Voraussetzungen 25 44 ff.; s.a. Sicherungsbeziehung

Hedge Ratio
- Absicherungsverhältnis 25 55

Herstellungskosten
- Bewertung 8 22 ff.
- keine 8 23
- Vorräte 20 35 ff.

HGB Rechnungslegung 5 1 ff.
- Auslegung d. HGB nach IFRS 5 6 ff.
- EU-rechtl. Grundlage 5 4 f.
- Funktionen 5 1 ff.
- IFRS als Auslegungshilfe 5 11
- Jahresabschluss 4 1
- mittelbare Wirkung der IFRS 5 10
- unmittelbare Wirkung der IFRS auf HGB 5 9

Hochseefischerei 21 21

Holding
- Neugründung 36 370 ff.

Hyperinflation
- IAS 29 35 60
- Inflationsbereinigung 35 62
- Kriterien 35 61
- Methodenwechsel 35 64

IAS
- Auslegungshinweis 2 16
- IASB 2 15

IAS 1
- Abschlussdarstellung 42 2
- Abschlussgrundsätze 6 1 ff.
- Anhang 48 1 ff.; s.a. Anhangangaben
- Bilanz 43 1 ff.
- Conceptual Framework 6 1 ff.

- Eigenkapitalspiegel 46 1 ff.; s.a. Eigenkapitalspiegel
- Gesamtergebnisrechnung 45 1 ff.
- Gewinn- und Verlustrechnung 44 1 ff.; s.a. Gewinn- und Verlustrechnung (GuV)
- Gliederung Berichtsinstrumente 42 2
- Gliederungsgrundsätze 42 1 ff.

IAS 2
- Vorräte 20 1 ff.; s.a. Vorräte

IAS 7
- Kapitalflussrechnung 47 1 ff.; s.a. Kapitalflussrechnung

IAS 8
- Rechnungslegungsmethoden 12 1 ff.; s.a. Rechnungslegungsmethode

IAS 10
- Bilanzierung/Ereignisse nach Abschlussstichtag 11 3
- Stichtagsprinzip 11 1 ff.

IAS 12
- latente Steuern 29 1 ff.; s.a. Latente Steuern

IAS 16
- Sachanlage 14 1 ff.; s.a. Sachanlage

IAS 19
- Leistungen an Arbeitnehmer 27 1 ff.; s.a. Leistungen an Arbeitnehmer
- Pensionsverpflichtungen 27 1 ff.; s.a. Pensionsverpflichtung

IAS 20
- Zuwendungen der öffentlichen Hand 16 1 ff.; s.a. Investitionszuschuss

IAS 21
- Währungsumrechnung 35 1 ff.; s.a. Währungsumrechnung

IAS 23
- Aktivierung von Fremdkapitalkosten 15 1 ff.; s.a. Aktivierung von Fremdkapitalkosten

IAS 24
- Anhangangaben 48 2
- Beziehungen zu nahe stehenden Unternehmen/Personen 51 1 ff.; s.a. Nahestehende Unternehmen und Personen

IAS 28
- assoziierte Unternehmen 33 1 ff.
- Equity-Methode 37 1 ff.

IAS 29
- Währungsumrechnung 35 1 ff.; s.a. Währungsumrechnung

IAS 32
- Eigenkapital 23 1 ff.; s.a. *Eigenkapital*
- finanzielle Verbindlichkeiten 24 1 ff.; s.a. *Finanzielle Verbindlichkeiten*
- finanzielle Vermögenswerte 22 9 ff.; s.a. *Finanzielle Vermögenswerte*

IAS 33
- Ergebnis je Aktie 50 1 ff.

IAS 34
- Zwischenberichterstattung 52 1 ff.; s.a. *Zwischenbericht*

IAS 36
- Wertminderung im Anlagevermögen 19 3 ff.

IAS 37
- Rückstellungen 26 1 ff.; s.a. *Rückstellung*

IAS 38
- immaterieller Vermögenswert des Anlagevermögens 13 1 ff.; s.a. *Immaterieller Vermögenswert*

IAS 40
- Anlageimmobilie 18 1 ff.; s.a. *Anlageimmobilie*

IAS 41
- landwirtschaftliche Erzeugnisse 21 1 ff.; s.a. *Landwirtschaft*

IAS Verordnung 3 1 ff.

IASB
- Aufgaben 2 1 ff.
- fachliche Arbeit 2 9
- IAS 2 15
- IFRIC Interpretationen 2 15
- IFRS 2 15
- SIC Interpretationen 2 15
- Standardsetter 1 4; 2 1
- Verlautbarungen 2 15 ff.; 3 6

IASC
- International Accounting Standards Committee 2 3 f.

IFRIC Interpretation
- Begründung/Anwendungsleitlinie 2 16
- IASB 2 15

IFRS
- Abweichungen z. dt. Recht 2 2
- Anwendung 1 3 ff.
- Anwendung in der EU 3 2
- Auslegungshinweis 2 17
- Begriff 2 2
- endorsement 3 5
- erstmalige Anwendung s. *Erstanwendung*
- der EU s.a. *EU-IFRS*

- Freischaltung 3 5
- IASB 2 15
- Mitgliedstaatenwahlrecht 3 3
- Pflichtanwendung 1 15; 3 2
- richtlinienkonforme Auslegungshilfe des HGB 5 11 ff.
- Übernahme in EU-Recht 3 5
- Verhältnis Original- zu EU-IFRS 3 10 ff.
- Wahl der Einführung 1 15
- Wirkung auf dt. HGB 5 9 ff.

IFRS 1
- Eröffnungsbilanz 56 4 f.
- persönl. Anwendungsbereich 56 20 ff.
- zeitl. Rahmenvorgaben 56 4

IFRS 2
- anteilsbasierte Vergütungen 28 1 ff.; s.a. *Anteilsbasierte Vergütung*

IFRS 3
- Kapitalkonsolidierung 36 1 ff.; s.a. *Kapitalkonsolidierung*
- Übergangskonsolidierung 39 1 ff.; s.a. *Übergangskonsolidierung*
- Unternehmenserwerb 36 1 ff.; s.a. *Unternehmenserwerb*

IFRS 5
- aufgegebene Geschäftsbereiche 30 1 ff.; s.a. *aufgegebene Geschäftsbereiche*
- zur Veräußerung gehaltene langfristige Vermögenswerte 30 1 ff.; s.a. *Veräußerung langfristiger Vermögenswerte*

IFRS 7
- Anhangangaben 48 2
- Finanzielle Verbindlichkeiten 24 1 ff.
- Finanzielle Vermögenswerte 22 9 ff.; s.a. *Finanzielle Vermögenswerte*

IFRS 8
- Segmentberichterstattung 49 1 ff.

IFRS 9
- Finanzielle Verbindlichkeiten 24 1 ff.; s.a. *Finanzielle Verbindlichkeiten*
- Finanzielle Vermögenswerte 22 9 ff.; s.a. *Finanzielle Vermögenswerte*

IFRS 10
- Konsolidierung 40 2
- Tochterunternehmen 31 1 ff.; s.a. *Tochterunternehmen*
- Übergangskonsolidierung 39 1 ff.; s.a. *Übergangskonsolidierung*

IFRS 11
- Joint Arrangements 32 1 ff.

IFRS 12
- Anhangangaben 48 2
- Anhangangaben zum Konzernabschluss 41 1 ff.; *s.a. Anhangangaben*
- Anwendbarkeit 41 2 f.
- Assoziierte Unternehmen 41 2
- Informationsvermittlung 41 20
- Joint Arrangements 41 2
- Konzernabschluss 41 2
- nichtkonsolidierte strukturierte Unternehmen/Gesellschaften 41 2
- Tochterunternehmen 41 2

IFRS 13
- Bewertung 8 1 ff.; *s.a. Bewertung*

IFRS 15
- Ertrag 10 1 ff.; *s.a. Ertrag*

IFRS 16
- Leasing 17 1 ff.

IFRS AC
- Advisoriy Council 2 13

IFRS Foundation 2 1 ff.
- Aufgaben 2 5 ff.
- Constitution (Verfassung) 2 5
- historischer Hintergrund 2 3 f.
- Organisationsstruktur 2 5 ff.
- privatrechtl. Trägerorganisation 2 1
- Trustees (Treuhänder) 2 6 ff.

IFRS für kleine und mittlere Unternehmen
- ohne öffentliche Rechenschaftspflicht 6 70 ff.

IFRS IC
- Interpretations Committee 2 12

Immaterieller Vermögenswert
- ABC der Aktivierung 13 70
- Abgrenzung vom Goodwill 36 110 f.
- Aktivierung 13 2
- Aktivierung von Entwicklungsausgaben 13 46 ff.
- Aktivierung von Entwicklungsausgaben, Praxis 13 51 ff.
- Aktivierungsverbot 13 53 ff.
- Aktivierungsverbote (Übersicht) 13 61
- Anhangangaben 13 121
- Anlagespiegel 13 121 ff.
- des Anlagevermögens 13 1 ff.
- Ansatzvoraussetzung für bisher nicht bilanzierten - 36 115
- Anschaffung 13 34
- Anschaffungskosten 13 81 ff.
- Ausbuchung 13 113
- außerplanmäßige Abschreibung 13 111
- Ausweis 13 120
- Begriff 13 21
- Bewertbarkeit 36 126
- Bewertung nach DCF-Verfahren 36 160 ff.
- Bilanzansatz 13 20 ff.
- Cashflow-Planung/Nutzungsdauerbestimmung 36 177 ff.
- Checkliste für den Ansatz 36 116 ff.
- Definition 13 20
- Drucktitel 13 56
- Einzelerwerb 13 35 f.
- Entwicklungskosten 13 93
- Erfassung des abschreibungsbedingten Steuervorteils 36 175 ff.
- Ergebniskennzahlen 13 116 ff.
- Erwerb iRv Unternehmenszusammenschluss 13 35 f.
- Fair Value bei Unternehmenszusammenschluss 13 90
- Folgebewertung 13 3, 100 ff.
- Forschung/Entwicklung 13 40 ff., 112
- erworbene Forschungsprojekte 13 35 f.
- fortgeführte Kosten 13 100 ff.
- Goodwill 13 37 f.
- Herstellung 13 34
- Herstellungskosten 13 93
- IAS 38 13 1 ff.
- Identifizierbarkeit 13 22
- Investition in Sachwerte 13 1
- Kundenbeziehung 13 31
- Kundenliste 13 58
- Leasing 17 6
- Leasingvertrag 36 128 f.
- Marke 13 55
- Mehrgewinnmethode 36 164
- unmittelbare Methode der Cashflow-Prognose 36 162
- Methode der Lizenzpreisanalogie 36 163
- nachträgliche Anschaffungs-/Herstellungskosten 13 95 f.
- Neubewertungsmethode 13 100
- Nutzenzufluss 13 32 f.
- Nutzungsdauer 13 101 ff.
- keine physische Substanz 13 25
- planmäßige Abschreibung 13 106 ff.
- Prüfungsschema 13 20
- Residualwertmethode 36 165 ff.
- schwebende Verträge 36 127
- selbst geschaffener 13 40 ff., 116

- Software **13** 26
- Stilllegung **13** 113 ff.
- Tausch **13** 92
- überschneidungsfreie Abgrenzung **36** 125
- Umbuchung **13** 113
- Unternehmenserwerb **36** 110 ff.
- Verfügungsmacht **13** 28 ff.
- Verhältnis zum HGB **13** 10
- Verlagsrecht **13** 57
- bedingtes Wahlrecht **13** 100
- Weiterentwicklungskosten **13** 95 ff.
- Werthaltigkeit **13** 32 f.
- Wertminderungstest **13** 111
- Zugangsarten **13** 80
- Zugangsbewertung **13** 80 ff.
- Zuschreibung **13** 111
- Zuwendung der öffentlichen Hand **13** 91

Immobiliengesellschaft
- Bilanzierung **6** 67

Informationsfunktion
- Anhang **48** 1
- entscheidungsnützliche Information **6** 20 ff.
- Fehlerfreiheit **6** 39
- Informationsmittel **6** 23
- Neutralität **6** 37
- der Rechnungslegungsregeln **1** 8; **6** 2
- Relevanz **6** 28
- Stetigkeitsgebot **6** 41
- substance over form **6** 40
- Vollständigkeit **6** 36
- Vorsichtsprinzip **6** 38
- Wesentlichkeit **6** 29 ff.
- Zeitvergleich **6** 41

Informationsvermittlung
- über Einzel-/Konzernabschlüsse **42** 1

Instandhaltungsarbeiten
- Kosten **55** 3

Interessenzusammenführung
- Unternehmenserwerb **36** 375 f.

Interpretation
- Begründungserwägungen des Boards **2** 23
- due process **2** 34
- SIC/IFRIC **2** 9 ff., 21 f.

Investitionszuschuss /-zulage 16 1 ff.
- Abweichung zum HGB **16** 10
- Anhangangaben **16** 35
- Art der Erfassung **16** 23
- Bilanzierung **16** 1, 24
- Erfassung der Zuwendungen **16** 20 ff.
- IAS 20 **16** 1

- latente Steuern **16** 33 f.
- Rückzahlungsverpflichtung **16** 32

Investmentgesellschaft
- Angabepflicht **54** 15
- Anhangangaben **41** 70 ff.
- Ausnahme von Konsolidierung der Tochterunternehmen **31** 100 ff.
- Definition **31** 101
- Fair Value-Bewertung **41** 70
- Konsolidierungsverbot **31** 102
- als Mutterunternehmen **31** 100 ff.
- als Zwischenholding **31** 106

Jahresabschluss
- nach HGB **5** 1
- Vollständigkeitsgebot **7** 20

Joint Arrangements
- Abbildung in Bilanz **32** 2
- anteilige Konsolidierung **32** 2
- Definition **32** 20
- Equity Bilanzierung **32** 2
- gemeinsame Beherrschung des Investitionsobjekts **32** 20, 23 ff.
- IFRS 11 **32** 1 ff.
- Joint Operation **32** 5
- Joint Venture **32** 5
- Prüfschritte **32** 4
- Rechtsfolgen der Bilanzierung **32** 40 f.
- Unterscheidung Joint Ventures/Operations **32** 30 ff.
- Verhältnis zum HGB **32** 6
- vertragliche Vereinbarung **32** 20, 21 f.

Joint Operation
- Anhangangaben **41** 40 ff.
- anteilige Konsolidierung **38** 2
- Bilanzierung gemeinschaftl. Tätigkeiten **38** 20 ff.
- Bilanzierung nach IFRS **32** 41
- Joint Arrangements **32** 5
- Unterschied zu Joint Ventures **32** 30 ff.

Joint Venture
- Anhangangaben **41** 40 ff.
- Equity-Methode **32** 40
- Joint Arrangements **32** 5
- Risikobericht **41** 44
- Unterschied zu Joint Operations **32** 30 ff.

Kapitalerhaltung 5 2, 13
Kapitalerhöhung
- disproportionale **39** 60 ff.

Kapitalflussrechnung
- Änderung des Finanzmittelfonds 47 40 ff.; s.a. *Finanzmittelfonds*
- Anhangangaben 47 90 ff.
- aufgegebene Geschäftsbereiche 47 39
- cashflow aus Finanzierungtätigkeit 47 29 f.
- cashflow aus Investitionstätigkeit 47 27 f.
- cashflow aus laufender Geschäftstätigkeit 47 25 f., 51 ff.
- Darstellung der Zahlungsströme 47 50
- Definition 47 1
- Derivate 47 37
- Dividenden 47 31 ff.
- eigenständiges Berichtsinstrument 48 3
- Ermittlung der Zahlungsströme 47 50
- Ertragsteuern 47 31 ff.
- Erwerb/Veräußerung von Tochterunternehmen 47 80 ff.
- finanzielle Verbindlichkeiten 24 92
- finanzielle Vermögenswerte 22 238
- Finanzmittelfonds 47 22
- Free Cashflow 47 2
- Fremdwährungstransaktion 47 72
- Gliederung/Inhalt 47 20 ff.
- IAS 7 47 1 ff.
- Investitionszuschuss 47 38
- Konzernabschluss 47 70 ff.
- Konzernkapitalflussrechnung 47 71
- Leasing 17 63
- nicht zahlungswirksame Transaktionen 47 23 f.
- Saldierung 47 43 f.
- Sicherungsgeschäft (Hedging) 47 37
- Umsatz-/Vorsteuerzahlungen 47 36
- Veräußerung langfristiger Vermögenswerte 30 43 f.
- Verhältnis zum HGB 47 4 f.
- verkürzte 53 10
- Zinsen 47 31 ff.
- Zuordnungswahlrechte 47 31 ff.

Kapitalkonsolidierung
- Bedeutung der Bilanzebenen HB II und HB III 36 32 f.
- Begriff 36 1 ff.
- Entkonsolidierung 36 280 ff.; s.a. *Entkonsolidierung*
- Erstkonsolidierung 36 250 ff.; s.a. *Erstkonsolidierung*
- Erwerb eines Teilkonzerns 36 335 ff.
- Erwerber 36 31, 40 ff.; s.a. *Erwerber*
- Fiktion des Einzelerwerbs 36 30
- Folgekonsolidierung 36 260 ff.; s.a. *Folgekonsolidierung*
- Gegenleistung des Unternehmenserwerbs 36 60 ff.; s.a. *Unternehmenserwerb*
- Grundlagen nach Erwerbsmethode 36 30 ff.
- Interessenzusammenführung 36 375 f.
- Konsolidierung von Tochtergesellschaften 36 320 ff.
- Konsolidierungsschritte 36 31
- konzerninterne Transaktionen 36 350 ff.
- im mehrstufigen Konzern 36 330 ff.
- Neugründung von Holdings 36 370 ff.
- Transaktionen unter gemeinsamer Kontrolle 36 340 ff.
- Transaktionen vor Konzernzugehörigkeit 36 300 ff.
- umgekehrter Unternehmenserwerb 36 360 ff.
- Verkaufsoptionen über Anteile nicht beherrschender Anteilseigner 36 326 ff.
- vorläufiges Nettovermögen 36 240 ff.

Kapitalmarktfunktion 1 6

Kapitalmarktkonzern
- Begriff 3 2
- Pflichtanwendung IFRS 3 2

Kapitalmarktorientiertes Mutterunternehmen
- Erstanwendung IFRS 56.1
- Tatbestandsmerkmale 4 15

Kommissionsverordnung 3 5

Kongruenz-Prinzip
- Summe der Periodengewinne=Totalgewinn 45 2

Konsolidierung
- Änderung des Konsolidierungskreises 47 80 ff.
- Anhangangaben bei Änderung 47 92
- anteilige 38 1 ff.
- Aufwand 40 2
- Aufwands-/Ertragskonsolidierung 40 30, 61 ff.
- Bilanzierung v. Transaktionen zw. assoziierten Unternehmen 40 3
- Durchführung der anteiligen 38 20 ff.
- Einheitstheorie 40 1
- Ertrag 40 2
- Erwerb/Veräußerung von Tochterunternehmen 47 80 ff.
- IFRS 10 40 2

- Interessentheorie **38** 1
- Joint Operations **38** 20 ff.
- latente Steuern **40** 45
- nahe stehendes Unternehmen **51** 22 ff.
- nicht beherrschende Anteile (nbA) **40** 47
- quotale **38** 1 ff.
- Schulden **40** 20 ff., 60
- Tochterpersonengesellschaft **36** 320 ff.; s.a. *Erstkonsolidierung, Folgekonsolidierung, Entkonsolidierung, Kapitalkonsolidierung*
- Übergangskonsolidierungen **39** 1 ff.; s.a. *Übergangskonsolidierung*
- unterschiedl. Bewertungskonzeptionen **40** 46
- Vollkonsolidierung **40** 20 ff.
- Zwischenergebniseliminierung **40** 2, 40 ff., 50 ff.

Konzern
- mehrstufiger, Kapitalkonsolidierung **36** 330 ff.
- Teilkonzern **36** 335 ff.
- Transaktion innerhalb Gesamtkonzern **36** 350
- Transaktion zw. berichtendem Teilkonzern und Gesamtkonzern **36** 351
- Transaktionen vor Konzernzugehörigkeit **36** 300 ff.

Konzernabschluss
- Abschlussprüfung **4** 39
- Angaben nach HGB **48** 40 ff.
- Aufstellungspflicht **4** 2 ff.
- beantragter Wertpapierhandel im Inland **4** 23 ff.
- Befreiung von Aufstellungspflicht **4** 4 ff.
- Berichtigung **34** 21
- Bilanzstichtag **34** 20 ff.
- Billigung **4** 41
- Einheitlichkeit von Ansatz und Bewertung **34** 23 ff.
- Einheitstheorie **47** 70
- Equity-Methode **37** 3 ff.
- größenabhängige Befreiung **4** 9 f.
- HGB **4** 1
- Kapitalflussrechnung **47** 70 ff.
- kapitalmarktorientiertes Mutterunternehmen **4** 1, 4, 15 ff.
- latente Steuern auf Währungsumrechnungsdifferenzen **29** 49 ff.
- Mutter-Tochter-Verhältnis **4** 2 f.
- Mutterunternehmen, das Wertpapierhandel an inländ. organisierten Markt beantragt hat **4** 1
- Pflichtanwendung IFRS **4** 15 ff., 23 ff.
- Prüfschema **4** 13
- Rechnungslegungspflicht nach PublG **4** 11 f.
- Rechtswirkung **4** 32 ff.
- Stichtag **34** 1 ff.
- Teilkonzernabschlussbefreiung **4** 6 ff.
- übrige Mutterunternehmen **4** 1
- Wahlrecht nichtkapitalmarktorientiertes Mutterunternehmen **4** 26 ff.

Konzernbilanzierungsrichtlinien 34 25
Konzerneigenkapital
- Erstkonsolidierung **36** 290

Konzerngesamtwert
- Segmentberichterstattung **49** 47

Konzernkapitalflussrechnung
- Technik der Erstellung **47** 71; s.a. *Kapitalflussrechnung*

Konzernlagebericht
- Anhangangaben **48** 42

Konzernverbund
- latente Steuern **29** 40 ff.

Kreditrisiko
- Auswirkung **25** 52 ff.

Kreditzusage
- Definition **24** 65

Lagebericht
- gem. § 289 / § 315 HGB **6** 75 ff.
- management commentary **6** 75 ff.
- vs. Anhangangaben **48** 37

Land- und Forstwirtschaft
- Anhangangaben **21** 64 ff.
- Ausweis **21** 26 ff.
- Besonderheiten **21** 3
- Bewertung **21** 31 ff.
- Bewertung Forstwirtschaft **21** 40 ff.
- Bewertung Masttierhaltung **21** 50 ff.
- Bewertung Tierzucht **21** 46 ff.
- Bilanzansatz **21** 26 ff.
- IAS 41 **21** 1 ff.
- landwirtschaftliche Tätigkeit **21** 20 ff.
- Spezialregelungen in IAS 21 **21** 2
- Subventionen **21** 61 ff., 70
- Übersicht über Produktionsarten **21** 21
- Verhältnis zum HGB/dt. Steuerrecht **21** 53 ff.
- Vermögenswerte **21** 4

- Vermögenswerte und Erzeugnisse **21** 22 ff.

Latente Steuern
- Abschreibung auf Beteiligung **29** 52
- Abstimmung **29** 84 ff.
- keine Abzinsung **29** 67
- aktive **29** 22
- Änderung des Steuerstatus **29** 69
- Anhangangaben **29** 93 ff.
- Anpassung der IFRS-Bilanz **29** 82 f.
- Ansatzpflicht/bedingtes Ansatzverbot für Outside-Differenzen **29** 44 ff.
- Ansatzverbote **29** 35 ff.
- Ansatzvoraussetzungen **29** 20 ff.
- steuerfreie Anschaffungskostenminderung **29** 39
- anteilsbasierte Vergütung **28** 55 f.
- keine auf permanente Differenzen **29** 23 f.
- Aufgliederung temporärer Differenzen **29** 101
- Bewertung **29** 60 ff.
- Bilanzausweis **29** 88 ff.
- auf eigene Anteile **29** 81
- erfolgsneutraler Ansatz **29** 54 f.
- erfolgswirksame Bildung **29** 53
- Erstansatz von Vermögenswert/Schulden **29** 39
- Erstbewertung - aktueller Steuersatz **29** 60 f.
- Folgebewertung **29** 68 ff.
- Gewinn- und Verlustrechnung **29** 92
- Goodwill aus Kapitalkonsolidierung **29** 35 ff.
- IAS 12 **29** 4 ff.
- Inside-/Outside-Differenzen **29** 40 ff.
- Konsolidierung **40** 45
- im Konzernverbund **29** 40 ff.
- Körperschaftsteuererhöhung, -minderung **29** 66
- künftiges zu versteuerndes Ergebnis **29** 22
- latente Steueransprüche, -schulden **29** 90 f.
- Maßgeblichkeit beabsichtigte Verwendung **29** 62 f.
- Nachaktivierung **29** 70
- Organschaft **29** 75
- Personengesellschaft **29** 76 ff.; *s.a. Personengesellschaft*
- Rechtsformwechsel **29** 69
- Saldierung **29** 88 ff.
- Steuerguschriften **29** 34
- steuerl. Überleitungsrechnung **29** 94 ff.
- steuerliche Betriebsprüfung **29** 82 f.
- Steuersatz bei Zwischengewinnen **29** 65
- Steuersatzänderung **29** 64, 68
- tatsächl. Steueransprüche, -schulden **29** 88 ff.
- temporäre Differenzen **29** 1, 20 f.
- Thesaurierungssatz **29** 66
- Unsicherheit (IFRIC 23) **29** 56 f.
- Ursachen **29** 1
- Verhältnis zum HGB **29** 9 f.
- Verlustrückträge **29** 25
- Verlustvorträge **29** 26 f.
- Währungsumrechnung **35** 43
- Werthaltigkeitsprüfung **29** 70
- Zinsvorträge nach § 4h EStG **29** 26 ff.

Leasing
- Abschreibung auf Nutzungsrecht **17** 62
- Anhangangaben Leasinggeber **17** 88 ff.
- Anhangangaben Leasingnehmer **17** 82 ff.
- Anpassung von Nutzungsrecht und Verbindlichkeit **17** 64
- Ausnahme von der Definition **17** 32 f.
- Ausweis **17** 61 ff.
- Bestimmung der Vorteile **17** 27 f.
- Bilanz **17** 61
- Bilanzierung **17** 2 ff.
- Bilanzierung beim Leasinggeber **17** 72 ff.
- Bilanzierung beim Leasingnehmer **17** 53 ff.
- Entscheidungskompetenz **17** 29 ff.
- Erstansatz beim Leasingnehmer **17** 53 ff.
- Finanzierungsleasing **17** 73 ff.
- Folgebewertung beim Leasingnehmer **17** 57 ff.
- IFRS 16 **17** 5 ff.
- Immobilienleasing **17** 47 ff.
- indirektes Nutzungsrecht **17** 7
- Kapitalflussrechnung **17** 63
- Klassifikation eines Leasingverhältnisses **17** 20 ff.
- einzelne Komponenten **17** 34 ff.
- Kontrolle **17** 23 ff.
- Laufzeit von Verträgen **17** 40 ff.
- Leasingobjektgesellschaft **17** 51
- materieller/immaterieller Vermögenswert **17** 6
- Nutzungsrecht **17** 23 ff., 59 ff.
- Operate-Leasing **17** 79 ff.

- Sale and lease back **17** 67 ff.; *s.a. Sale and lease back*
- Schema **17** 3
- spezifizierter Vermögenswert **17** 20
- Übergangsvorschriften **17** 93 ff.
- Umstellung, Darstellung beim Leasinggeber **17** 105 ff.
- Umstellung, Darstellung beim Leasingnehmer **17** 97 ff.
- Umstellungsvorschriften **17** 107 ff.
- Untermietverhältnis **17** 50
- Verbindlichkeit **15** 30; **17** 57 ff.
- Verhältnis zum HGB **17** 10
- Vorteilhaftigkeit **17** 25 f.
- Zahlungen **17** 46
- Zinsaufwendung **15** 30
- interner Zinssatz des Leasingverhältnisses **17** 44 f.
- Zuordnung **57** 5
- Zusammenfassung von Verträgen **17** 38 f.

Leasingobjektgesellschaft **17** 8

Leistungen an Arbeitnehmer
- Abfindung **27** 73 ff.
- Altersvorsorgeverpflichtungen **27** 3
- Anhangangaben **27** 77
- Blockmodell **27** 72
- externe Träger **27** 7
- Gleichverteilungsmodell **27** 72
- IAS 19 **27** 1 ff.
- IAS 19 (Übersicht) **27** 5
- kurzfristig fällig Leistungen **27** 70
- langfristig fällig Leistungen **27** 71
- Pensionsrückstellung **27** 3 f.; *s.a. Pensionsverpflichtung*
- Verhältnis zum HGB **27** 10 f.
- Versorgungsverpflichtungen **27** 20 f.

Management approach **49** 5; *s.a. Segmentberichterstattung*

Managementvergütung
- Anhangangaben **51** 41 ff.

Marktaktivität
- rückläufige/sinkende **8** 58

matching principle
- Wirkungsweise **6** 53 ff.

Minderheitenanteil
- Wertminderung **19** 121 ff.

Mitgliedstaat
- Wahlrecht **3** 3 f.

Monetärer Posten
- Definition **9** 22
- Umrechnung von fremder Währung **9** 23

Monitoring Board
- Aufgaben **2** 8
- Organisationsstruktur **2** 8

Mutterunternehmen
- Bilanzstichtag **34** 20
- Gesellschaft **4** 17 ff.
- kapitalmarktorientiertes **4** 15 ff.
- nichtkapitalmarktorientiert **4** 26 ff.

Nahe stehende Unternehmen/Personen
- Abgrenzung zum Konzern **51** 20 ff.
- andere Unternehmen **51** 25
- Angabepflicht im Jahresabschluss **51** 6 ff.
- Angabepflicht im Konzernabschluss **51** 7 ff.
- Anhangangaben **51** 1 ff., 36 ff.
- Begriff: nahe stehend **51** 20
- Berichtspflicht, Übersicht **51** 11
- Beteiligungsverhältnis **51** 36
- Definition **51** 2
- Familienangehöriger **51** 26 ff.
- Geschäftsvorfälle **51** 37 ff.
- IAS 24 **51** 1 ff.
- natürliche Person **51** 26 ff.
- Negativabgrenzung **51** 29
- Praxistipps **51** 51 ff.
- Unternehmen aus Konsolidierungskreis **51** 22 ff.
- Verhältnis zum HGB **51** 6 ff.
- Zwischenabschluss **51** 12

Net Investment Hedge
- Sicherungsbeziehung **25** 32; *s.a. Sicherungsbeziehung*

Nettomethode
- Konzernabschluss **4** 9

Nettoveräußerungspreis
- Anhanganbaben **19** 129
- Berechnungsbeispiel **19** 105 ff.
- DCF-Ermittlung: Cashflow-Planung **19** 66 ff.
- DCF-Ermittlung: Kapitalisierungszinssatz **19** 82 ff.
- Eigenkapitalkosten **19** 85 ff.
- Fremdkapitalkosten **19** 92 ff.
- Kenntnistand des Markts **19** 51
- Methodenhierarchie bei Fair Value-Ermittlung **19** 59
- Perspektive des Markts **19** 48 ff.
- Plausibilisierung der Bewertungsergebnisse **19** 100 ff.

- Unzulässigkeit v. kostenorientierten Verfahren **19** 60
- vs. Nutzungswert **19** 47 ff.
- Weighted Average Cost of Capital **19** 96 ff.
- Wertermittlung **19** 78 ff.
- Wertkonzept **19** 47
- Zulässigkeit der bei Erstkonsolidierung angewendeten Verfahren **19** 61 f.

Nettoveräußerungswert
- von Vorräten **20** 51 ff.

Neubewertungsmethode
- bargain purchase **36** 212 ff.
- Definition **36** 200 ff.
- Folgebewertung des Goodwill **36** 211
- Schema Berechnung Goodwill/bargain purchase **36** 210

Nicht konsolidierte strukturierte Gesellschaft
- Anhangangaben **41** 50 ff.
- Berichterstattung **41** 52
- Beschreibung **41** 51
- beabsichtigte Unterstützungsmaßnahme **41** 55

Nichtkapitalmarktorientiertes Mutterunternehmen
- Erstanwendung IFRS **56** 1
- Wahlrecht **4** 26; **56** 1

Nichtmonetärer Posten
- Umrechnung von fremder Währung **9** 25 ff.

Niederstwertprinzip
- strenges **20** 50

Nutzenabfluss
- Wahrscheinlichkeitskriterium **7** 46

Nutzungswert
- Anhangangaben **19** 129
- Berechnungsbeispiel **19** 105 ff.
- DCF-Ermittlung: Cashflow Planung **19** 66 ff.
- DCF-Ermittlung: Kapitalisierungszinssatz **19** 82 ff.
- Definition **19** 58
- Eigenkapitalkosten **19** 85 ff.
- Fremdkapitalkosten **19** 92 ff.
- gegenwärtiger Zustand **19** 54 ff.
- Perspektive des Unternehmens **19** 52 f.
- Plausibilisierung der Bewertungsergebnisse **19** 100 ff.
- Weighted Average Cost of Capital **19** 96 ff.

- Wertermittlung **19** 67 ff.
- Wertkonzept **19** 47
- Zulässigkeit von DCF-Verfahren zur Fair Value Ermittlung **19** 64 f.

Offenlegung
- Befreiung von der Pflicht **4** 31
- HGB/IFRS **4** 40
- IFRS-Einzelabschluss **4** 28 ff., 40

Öffentliche Hand
- Zuwendung **16** 6

Ökonomische Ressource
- Conceptual Framework **7** 27

Optionsanleihe
- finanzielle Verbindlichkeit **24** 76

Optionspreismodell
- anteilsbasierte Vergütung **28** 15 ff.
- Ausübungsbedingung **28** 19
- Bewertungsparameter **28** 16 ff.
- Preis-/Mengengerüst der Bewertung **28** 19 ff.

Organisierter Markt
- Definition **4** 19 f.

Organschaft
- latente Steuern **29** 75

Passivierung
- Schuld **7** 40 ff.
- Verbot **7** 48
- Voraussetzungen **7** 48
- Wahlrecht nach HGB **7** 51

Pensionsverpflichtung
- Abgrenzung v. beitrags- und leistungsorientierten Plänen **27** 22 ff.
- Anhangangaben **27** 63 ff.
- Anwartschaftsbarwertverfahren **27** 28 ff.
- Arten von Versorgungsverpflichtungen **27** 20 f.
- Ausweis **27** 62
- Berechnung des tatsächlichen Planvermögens **27** 32 f.
- Bilanzierung v. beitragsorientierten Pensionsplänen **27** 27
- Bilanzierung von leistungsorientierten Pensionsplänen **27** 28 ff.
- gemeinschaftl. Versorgungseinrichtungen **27** 26 ff.
- IAS **19** 20 ff.; *s.a. Leistungen an Arbeitnehmer*
- keine Konsolidierung von Pensionsfonds-/Unterstützungskassen **27** 61

- Pensionsaufwand 27 36 ff.
- Pensionsgutachten 27 45
- Pensionsrückstellungsspiegel 27 42 ff.
- Planabgeltung 27 50 f.
- Planänderung 27 46 ff.
- Plankürzung 27 46 ff.
- Planvermögen 27 52 ff.; s.a. *Planvermögen*
- Schätzungsänderungen 27 39 ff.
- tatsächliche Pensionsverpflichtung 27 28 ff.
- Turnus der Wertermittlung 27 34
- Übertragung 27 50 f.
- versicherungsmathematische Annahmen 27 31
- keine Zusammenfassung verschiedener Versorgungspläne 27 35

Periodisierungsprinzip
- Rechnungslegungsgrundsätze 6 2

Personengesellschaft
- Abfindungsklausel 23 45 ff.
- Anhangangabe 23 45 ff.
- Ausnahmeregel f. Eigenkapitalausweis 23 37 ff.
- Ausweis in Gewinn- und Verlustrechnung 23 57
- Bilanzauswels 23 56
- Bilanzierung bei Nichtanwendung der Ausnahmeregelung 23 56 ff.
- Eigenkapital 23 31
- Eigenkapitalvorschriften (Übersicht) 23 66
- Ergänzungsbilanz 29 76
- Ergebnisthesaurierung 29 78
- gesellschaftsrechtl. Grundlagen 23 31
- latente Steuern 29 76 ff.
- Sonderbetriebsvermögen 29 79
- Steuersatz 29 77
- Umgliederung zw. Eigenkapital und Verbindlichkeiten 23 43 f.
- Umklassifizierung von Kapital in Verbindlichkeiten (IAS 32) 29 80

Planvermögen
- Anforderungen 27 52 ff.
- Bilanzierung von Überdotierung 27 58 ff.
- Rückdeckungsversicherungen 27 56
- Treuhandgestaltungen 27 55
- Unterstützungskassen 27 54
- Vermögenswerte 27 57

Practice Statements
- Making Materiality Judgement 2 28

- Management Commentary 2 28

Principle of Disclosure
- Angabeprinzipien 42 7

Prüfstelle für Rechnungslegung
- Deutschland 3 19
- Enforcement 4 45

Publizitätsgesetz
- Konzernrechnungslegungspflicht 4 11 f.

Quartalsberichterstattung 52 1

Rechnungsabgrenzungsposten 7 34
- passive, nach HGB 7 49

Rechnungslegung
- Güte des Systems 1 7
- nach HGB 5 1 ff.
- einheitl. Vorschriften 1 5 ff.

Rechnungslegungsmethode
- Änderung 12 34 ff.
- Angabe 48 30
- Anhangangabe 12 63 ff.; 48 20
- Auswahl 12 28 ff.
- Beurteilungsspielraum12 12 23
- Darstellungsstetigkeit 12 50 ff.; s.a. *Darstellungsstetigkeit*
- Definition 12 22
- Durchführung der Änderung 12 40 ff.
- finanzielle Verbindlichkeiten 24 101
- finanzielle Vermögenswerte 22 243
- IAS 8 12 1 ff.
- IFRS-Wahlrechte 12 37
- neue Standards/Interpretationen 12 35
- prospektive 12 43 ff.
- Regelungslücken 12 33
- retrospektive 12 40 ff.
- Schätzung 12 22 ff.
- Stetigkeitsprinzip 12 20 f.
- Verfahrenswahlrecht 12 26
- Verhältnis zum HGB, Übersicht 12 4; s.a. *Stetigkeitsgrundsatz*
- Wahlrechtsausübung 48 31
- Zulässigkeit der Stetigkeitsdurchbrechung 12 34

Rechtsvorschriften
- anwendbare 1 1

Rechtswirkung
- IFRS-Abschluss 4 32

Renditeimmobilie s. *Anlageimmobilie*
Renditeliegenschaft s. *Anlageimmobilie*

Restrukturierung
- Rückstellung 7 48

Rückstellung
- ABC der Rückstellungen **26** 80
- Abgrenzung v. Verbindlichkeit **26** 1
- Abzinsung **26** 67 f.
- Anhangangaben **26** 83
- Ansatzkriterien **26** 20
- Außenverpflichtung **26** 24 f.
- Ausweis **26** 81
- Bewertung **26** 60 ff.
- Bewertungseinheiten **26** 65
- Drohverlustrückstellung **26** 45 f.
- Erlös aus Abgängen **26** 66
- Erstbewertung **26** 60 ff.
- Eventualverbindlichkeit, -forderung **26** 5; s.a. *Eventualverbindlichkeit*
- faktische Verpflichtung **26** 26 f.
- Folgebewertung **26** 70 f.
- Gemeinkosten, Einbeziehung **26** 64
- Gewinn- und Verlustrechnung **26** 82
- IAS 37 **26** 5 ff.
- künftiges Kostenniveau **26** 63
- Passivierungspflicht **26** 7
- Prüfschema **26** 20
- Restrukturierungsrückstellung **26** 47 ff.
- Rückgriffsansprüche **26** 65
- Rückstellungsspiegel **26** 83
- bestmögliche Schätzung **26** 60
- Schätzung möglich **26** 35
- Überwiegen der Gründe für Inanspruchnahme **26** 29
- Unentziehbarkeit **26** 21 ff.
- Unterlassen v. Angaben weg. Schutzklausel **26** 85
- Verhältnis zum HGB **26** 10
- Verpflichtung aus vergangenem Ereignis **26** 21 ff.
- Wahrscheinlichkeit der Inanspruchnahme **26** 28

Rückstellungsspiegel **42** 21

Rückwirkung
- Ausnahmen **57** 7 ff.
- Grundsatz **57** 1
- praktische Grenzen **57** 6 ff.
- Standard **3** 12
- Verfahrensweise **57** 1 ff.

Sachanlage
- Abgang **14** 90 f.
- Aktivierungsvoraussetzung **14** 21
- Anhangangaben **14** 93 ff.
- Anlagenspiegel **14** 93
- Anschaffungskosten **14** 41 ff.
- Anschaffungsnebenkosten **14** 45 f.
- Anschaffungspreis **14** 43 f.
- Ausbuchung **14** 90 f.
- Ausweis **14** 92
- Definition **14** 20
- einzelne Komponenten vs. Einheitlicher Nutzungs-/Funktionszusammenhang **14** 25 ff.
- Entsorgungsverpflichtung **14** 2
- Erhaltungsausgaben **14** 33
- Ersatzteil **14** 23
- Erstbewertung **14** 1
- Festwertansatz **14** 87
- Folgebewertung **14** 1, 70 ff.
- fortgeführte Kosten **14** 73 ff.
- Generalüberholung **14** 30 f.
- geringwertige **14** 24
- Herstellungskosten **14** 55 f.
- IAS 16 **14** 1 ff., 5 f.
- mehrere Komponenten **14** 3
- Komponentenansatz **14** 25 ff., 78 ff.
- künftiger Nutzenzufluss **14** 22
- nachträgliche Anschaffungs-/Herstellungskosten **14** 32
- Neubewertungsmethode **14** 70 ff.
- Rückstellung für Entsorgungsverpflichtung **14** 47 ff., 83 ff.
- Stilllegung **14** 91 f.
- Tausch **14** 60 f.
- Übersicht Komponentensansatz **14** 34 ff.
- Umbuchung **14** 90 f.
- Umweltschutz-/Sicherheitsanlage **14** 22
- Verhältnis zum HGB **14** 10
- Wahlrecht Folgebewertung **14** 70 ff.
- Wesentlichkeitsgrundsatz **14** 24
- zeitanteilig entstehende Entsorgungsverpflichtung **14** 50 f.
- Zugangsbewertung **14** 40 ff.
- Zugangsformen **14** 40 ff.

Sacheinlage
- in assoziierte Unternehmen/Gemeinschaftsunternehmen **40** 56 f.
- Eigenkapital **23** 95 ff.

Saldierung
- allgem. Verrechnungsverbot **42** 6
- Verbot **6** 2; **42** 27 f.
- Zulässigkeit **42** 27

Sale and lease back
- kein Verkaufsfall **17** 70 f.
- Übergangsvorschriften **17** 106

- Verkaufsfall **17** 68 ff.
Schätzung
- Änderung **12** 27, 53 ff.
- Änderung v. Pensionsverpflichtung u. Planvermögen **46** 25
- Rechnungslegungsmethode, Verhältnis **12** 22 ff.
- Unsicherheiten **48** 33 ff.
- Zwischenabschluss **55** 7
Schulden
- Ansatz in Handelsbilanz III **36** 140 ff.
- Aufwendung **15** 30 ff.
- Bewertung **57** 24 ff.
- Bewertung in Handelsbilanz III **36** 150 ff.
- Bilanzansatz **7** 3
- Definition **7** 6
- Eröffnungsbilanz **57** 21 ff.
- Erstbewertung **8** 14
- Eventualschulden **36** 141
- Folgebewertung **8** 17
- aktivierungsfähige Fremdkapitalkosten **15** 30 ff.
- kurzfristige **43** 59 ff.
- langfristige **43** 58
- Passivierung **7** 40 ff.
- Restrukturierungsrückstellung **36** 143 ff.
- Saldierung **42** 28
- Segmentberichterstattung **49** 46
- Unternehmenserwerb **36** 140 ff.
- Veräußerung langfristiger Vermögenswerte **30** 6
- Vollkonsolidierung **40** 20 ff.
Schuldenkonsolidierung
- einlageähnl. Forderungen/Verbindlichkeiten **35** 36 f.
- Equity-Unternehmen **40** 60
- kurfristige Forderungen/Verbindlichkeiten **35** 35
- unechte/echte Aufrechnungsdifferenzen **40** 20 ff.
- Währungsumrechnung **35** 35 ff.
Segmentberichterstattung
- Abgrenzung **49** 21 ff.
- Änderung Bilanzierungs-/Bewertungsmethoden **49** 50
- Angabepflicht **54** 11
- Anhang **48** 3
- Beispiel zur Übersicht **49** 48
- berichtspflichtige Segmente **49** 26 ff.
- Bilanzierungs- und Bewertungsmethoden **49** 41

- Ein-Segment-Unternehmen **49** 49
- entity-wide disclosures **49** 49
- Ergebnis **49** 43 f.
- Geschäftssegment **49** 1, 22 ff.
- Hauptentscheidungsträger **49** 23
- HGB **49** 9
- IFRS 8 **49** 1 ff.
- management approach **49** 1
- Matrixorganisation **49** 25
- Schulden **49** 46
- Segmentangaben **49** 41 ff.
- sonstige Angaben **49** 49 ff.
- Überleitung zu Konzerngesamtwerten **49** 47
- unternehmensintern **49** 2
- Vermögen **49** 45
- Zuordnungskriterien **49** 42
- Zusammenfassung ähnlicher Segmente **49** 27
- Zusammenfassung unwesentl. Segmente **49** 30 ff.
- Zusammenfassung von Geschäftssegmenten **49** 26
- Zusammensetzung der Segmente **49** 52
SIC Interpretation
- Begründung/Anwendungsleitlinie **2** 16
- IASB **2** 15
Sicherungsbeziehung
- Absicherung bilanzieller Vermögenswerte/Schulden **25** 20 ff.
- Absicherung erwarteter Transaktion **25** 24
- Absicherung schwebender Geschäfte **25** 23
- Absicherung von Zahlungszu- /abflüssen gegen Risiken **25** 1
- Anhangangaben zum Hedge-Accounting **25** 78
- Auswirkung des Kreditrisikos **25** 52
- Beendigung von Sicherungsgeschäft **25** 61 ff.
- Bilanzierung eines Cashflow-Hedges **25** 73 ff.
- Bilanzierung eines Fair Value-Hedges **25** 64 ff.
- Bilanzierung v. Kosten der Absicherung **25** 62 ff.
- Cashflow Hedge **25** 31 ff.
- Definition **25** 1
- Designation **25** 44
- Dokumentation **25** 47

1405

- Effektivitätsanforderungen **25** 48 ff.
- Effektivitätsbeurteilung **25** 56
- Fair Value Hedge **25** 31 ff.
- Fair Value Option **25** 25 ff.; s.a. Fair Value
- Festlegung des Absicherungsverhältnisses (Hedge Ratio) **25** 55
- Grundgeschäfte **25** 33 ff.
- Hedge Accounting **25** 31 ff.
- Hedge Accounting nach IFRS 9 **25** 2 ff.
- Hedge of a Net Investment in a Foreign Operation **25** 31 ff.
- IFRS 9 als Nachfolger des IAS 39 **25** 4 ff.
- IFRS 7, IFRS 9 **25** 1 ff.
- Rebalancing **25** 59 ff.
- Risiken **25** 20 ff.
- Risikoberichterstattung **25** 79 ff.
- Risikomanagementstrategie **25** 45
- Risikomanagementziel **25** 46
- Sicherungsinstrumente **25** 41 ff.
- Strategien **25** 20 ff.
- Verhältnis zum HGB **25** 11 ff.
- Vorauss. für das Hedge Accounting **25** 44 ff.
- wirtschaftl. Zusammenhang **25** 51

Sicherungsstrategie **25** 20 ff.; s.a. Sicherungsbeziehung

Standards
- Begründungserwägungen des Boards **2** 23
- Darlegungsfragen **2** 19
- IAS/IFRS **2** 9 ff., 18 ff.
- Rechnungslegungsfragen **2** 19
- typischer Aufbau **2** 20

Stetigkeitsgrundsatz **8** 57
- Darstellungsstetigkeit **12** 50 ff.; s.a. Darstellungsstetigkeit
- Durchbrechung **12** 34 ff.
- bei neuen Geschäftsvorfällen **12** 38
- Rechnungslegung **12** 20 f.
- bei verdeckten Wahlrechten **12** 38

Steuerbemessung **5** 2
- Zinsschrankenregelung **4** 44

Steuerbilanz **1** 2

Stichtagskursmethode
- modifizierte **35** 30 ff.; **37** 24
- Währungsumrechnung **35** 59

Stichtagsprinzip
- IAS 10 **11** 1 ff.
- Verhältnis zum HGB **11** 4

Stilllegung
- Geschäftsbereich **30** 77

- immaterieller Vermögenswert **13** 113
- langfristiger Vermögenswerte **30** 76 f.
- Sachanlage **14** 90 f.

Strukturierte Produkte
- finanzielle Verbindlichkeit **24** 77 f.
- hyprid contracts **24** 77 f.

Subvention
- Land- und Forstwirtschaft **21** 61 ff.

Sukzessiver Beteiligungserwerb
- Equity-Bewertung **39** 36 f.
- nach HGB **39** 25 ff.
- nach IFRS 3 **39** 30 ff., 33 f.
- Kontrollerlangung ohne zusätz. Anteile **39** 35
- Übergangskonsolidierung **39** 1, 20 ff.

Teilkonzernabschlussbefreiung **4** 6

Tochterunternehmen
- Abgrenzung des Investitionsobjekts **31** 41 ff.
- Abgrenzung z. Gemeinschaftsunternehmen **31** 47
- Aktivität des Investitonsobjekts **31** 44 ff.
- Anhangangaben **41** 30 ff.
- nicht beherrschende Anteile **41** 34
- Ausscheiden aus Konsolidierungskreis **39** 40 ff.
- Ausübung von Lenkungsmacht **31** 55 ff.
- Beginn/Ende der Beherrschung **31** 24
- Begriff **31** 2
- Beherrschung **31** 20
- Beherrschung (Definition) **31** 44
- Beherrschungskriterien **31** 40 ff.
- Berechnung der Stimmrechtsmehrheit **31** 62
- de facto Vertreter **31** 85 ff.
- defizitäre **39** 47
- Einbeziehungsverbot **31** 110 ff.
- Einbeziehungswahlrecht **31** 110 ff.
- mit Einbeziehungswahlrechten **4** 4 f.
- Erwerb mit Weiterveräußerungsabsicht **31** 111
- faktische Beherrschung **31** 63 ff.
- fehlende Lenkungsmacht trotz Stimmrechtsmehrheit **31** 53
- gegenwärtige Möglichkeit zur Lenkungsmacht **31** 58 ff.
- Geschäftsverteilungsplan **31** 47
- IFRS 10 **31** 5 ff.

- Investmentgesellschaft als Mutterunternehmen 31 100 ff.; s.a. Investmentgesellschaft
- Investmentgesellschaft, Definition 31 101
- Investor/Investee 31 22
- Kapitalverkehrsrestriktion 31 117
- konsolidierte strukturierte Gesellschaft 41 36
- Konsolidierung 36 320 ff.
- Konsolidierungskreis 41 30
- Kontrolle durch ähnliche Rechte 31 28
- Kontrolle unteilbar 31 23
- Lenkungsmacht 31 20, 50
- Lenkungsmacht durch enge geschäftl. Beziehung 31 74 ff.
- Normalfall/Spezialfall 31 21
- potenzielle Stimmrechte 31 66 ff.
- Präsenzmehrheit 31 63
- Prototypen der Beherrschung 31 25 ff.
- Prüfschema 31 90
- Schutzrechte 31 61
- Silostruktur 31 41 ff.
- abweichende Stichtage 41 33
- Stimmrechte 31 50
- stimmrechtsähnliche Rechte 31 27
- Stimmrechtsgesellschaft 31 26
- uneindeutige Stimmrechtsgesellschaft 31 28
- strukturierte Gesellschaft 31 30 ff.
- nur substanzielle Rechte 31 51 f.
- regelmäßige Überprüfung der Beherrschungslage 31 88 f.
- unwesentliches 31 113 ff.
- variable Rückflüsse 31 77 ff.
- variable Rückflüsse statt risk and rewards 31 80 f.
- Veräußerungsabsicht 31 112
- Verhältnis zum HGB 31 10 ff.
- Verkauf 30 67 ff.
- vertragl. Vereinbarungen 31 50, 54
- Vertreterhandeln 31 82 ff.
- Verzicht auf Einbeziehung 31 116
- Vollkonsolidierung 31 1
- Vollständigkeitsgebot 31 110
- mit Weiterveräußerungsabsicht erworben 30 64 ff.
- Weltabschlussprinzip 31 5
- Zusammenhang der Beherrschungselemente 31 40
- Zusammenhang zw. Lenkungsmacht und variablen Rückflüssen 31 80 ff.

- Zweckgesellschaft 31 30 ff.

Transaktionspreis
- Änderung 10 108
- Änderung, Zuordnung 10 130 ff.
- Aufteilung auf Leistungsverpflichtungen eines Vertrages 10 121 ff.
- Bestandteile 10 83 ff.
- variable Bestandteile 10 129
- Bündelrabatte 10 126 ff.
- Definition 10 81
- Einzelveräußerungspreis 10 134
- Ertrag 10 81 ff.
- Finanzierungskomponenten 10 92 ff.
- nichtzahlungswirksame Gegenleistung 10 101 ff.
- Rückfluss an Kunden 10 105 ff.
- Standardisierung 10 134
- Tauschgeschäft 10 101 ff.

Trustee
- Aufgaben 2 7
- IFRS Foundation 2 6 f.
- Treuhänder 2 6 f.

Übereinstimmungserklärung 3 10
- Abweichen v. einzelnen Standards 48 27 f.
- Anhangangabe 48 20
- Anwendung v. durch die EU-Kommission nicht genehmigten Standards 48 29
- Definition 48 23
- Formulierungsbeispiel 48 23

Übergangskonsolidierung
- assoziiertes Unternehmen 39 48
- Auf-/Abstockung ohne Statuswechsel 39 50 ff.
- Ausscheiden aus Vollkonsolidierung 39 1
- Ausscheiden von Tochterunternehmen 39 40 ff.
- defizitäre Tochterunternehmen 39 47
- Gemeinschaftsunternehmen 39 48
- Gestaltungsmöglichkeiten 39 80 ff.
- Goodwill 39 44 f.
- IFRS 3, IFRS 10 39 1 ff.
- disproportionale Kapitalerhöhung 39 60 ff.
- Missbrauchsvorschriften 39 80 ff.
- Schuldenkonsolidierung 39 46
- Split von Anteilskäufen 39 82 f.
- Split von Anteilsverkäufen 39 80 f.
- Statusverlust von assoziierten-/Gemeinschaftsunternehmen 39 48

- Statuswechsel von assoziiertem - und Gemeinschaftsunternehmen **39** 49
- sukzessiver Beteiligungserwerb **39** 1, 20 ff.; s.a. *Sukzessiver Beteiligungserwerb*
- konzerninterne Umstrukturierung **39** 70 ff.
- Veränderung von Mehrheitsbeteiligungen **39** 1
- Verhältnis zum HGB **39** 10
- Zwischengewinneliminierung **39** 46

Übergangsvorschrift 57 1

Überleitungsrechnung
- Berichtsumfang **57** 41
- Eigenkapital **57** 41
- finanzielle Verbindlichkeiten **24** 102
- latente Steuern **29** 94 ff.

Übernahme
- Ausnahme **3** 6
- Gegenstand **3** 6
- Regelungsverfahren mit Kontrolle **3** 9
- Verfahren **3** 9

Umsatzerlös
- Angabepflicht **54** 16
- Zwischenbericht **54** 16

Umsatzkostenverfahren
- immaterieller Vermögenswert **13** 116

Umschuldung
- finanzielle Verbindlichkeiten **24** 62

Umstrukturierung
- konzernintern **39** 70 ff.

Unternehmen der öffentlichen Hand
- Anhangangaben **51** 43

Unternehmenserwerb 36 1 ff.
- Abgrenzung **36** 20 ff.
- aktive latente Steuern auf Verlustvorträge **36** 105 ff.
- Ansatz nicht beherrschender Anteile **36** 200 ff.
- Ausweisänderung **36** 180 f.
- bedingte Kaufpreiszahlung **36** 70 ff.
- Bewertung in der Handelsbilanz III **36** 150 ff.
- verschiedene Bewertungsverfahren (Übersicht) **36** 155 ff.
- Bilanzgarantie **36** 76 f., 130 f.
- Bilanzierung eines Goodwill **36** 200 ff.
- Earn-out-Klausel **36** 70 ff.
- Eigenkapitalgarantie **36** 76 f.
- Ersatzanspruch für anteilsbasierte Vergütung **36** 80 ff.
- Erstattungsanspruch aus Bilanzgarantie **36** 130 f.
- Erwerb eines business vs. Kauf einzelner Vermögenswerte **36** 20 ff.
- Eventualforderung **36** 135
- Fair Value Bewertung **36** 150 f.
- Gegenleistung **36** 60 ff.
- Gegenleistung (Übersicht) **36** 90
- Handelsbilanz III, Ansatz **36** 100 ff.
- IFRS 3 **36** 5 ff.
- immaterieller Vermögenswert **36** 110 ff., 160 ff.; s.a. *immaterieller Vermögenswert*
- Klassifizierungsänderung **36** 180 f.
- Leistungsvergütungen an Mitarbeiter/Verkäufer nach Erwerb **36** 78 f.
- replacement award **36** 80 ff.
- reverse acquisition **36** 360 ff.
- Schulden **36** 140; s.a. *Schulden*
- Sicht des hypothetischen Erwerbers **36** 100 ff.
- umgekehrter **36** 360 ff.
- Unternehmenszusammenschluss **36** 5
- Verhältnis zum HGB **36** 10
- Verlustvorträge des Erwerbers **36** 107
- Verlustvorträge des Tochterunternehmens **36** 105 f.
- Vermögenswerte/Schulden des Erwerbsobjekts **36** 100 ff.
- vs. andere Transaktionen **36** 25 f.
- Wahlrecht Neubewertungsmethode oder Full Goodwill-Methode **36** 200 ff.
- Wertsicherungsklausel **36** 75 ff.

Unternehmensfortführung
- Going concern **6** 50 f.
- Rechnungslegungsgrundsätze **6** 2

Unternehmenszusammenschluss
- Anhangangaben **41** 60
- Berichtigung **41** 61
- sukzessiver Anteilserwerb **41** 63
- Verzicht auf rückwirkende Anwendung von IFRS 10/IFRS 3 **57** 15 f.
- Wahlrecht Rückwirkung von IFRS 3/IFRS 10 **57** 11 ff.

upstream-Transaktion
- Zwischenergebniseliminierung **40** 53

Veräußerung langfristiger Vermögenswerte 30 1 ff.
- Abgrenzung der Vermögensmassen **30** 17 ff.
- Anhangangaben **30** 38

- assets held for sale **30** 1
- Ausweis **30** 38
- Bewertung **30** 5
- Bilanz **30** 45
- Bilanzierung **30** 30 ff.
- Definition langfristiger Vermögenswert **30** 21 f.
- Ergebnis je Aktie **30** 47
- Gewinn- und Verlustrechnung/Gesamtergebnisrechnung **30** 38 ff.
- höchstwahrscheinlicher Verkauf **30** 25 ff.
- Kapitalflussrechnung **30** 43
- Klassifizierungskriterien **30** 23
- Objektivierung der Verkaufsabsicht **30** 23 ff.
- Rückklassifizierung **30** 51
- Schulden **30** 5
- sonstige Angaben **30** 48 ff.
- Übersicht des Regelungsumfangs IFRS 5 **30** 16
- Verhältnis zum HGB **30** 6 f.
- verkaufsfähiger Zustand **30** 24

Veräußerungsgruppe
- Definition **30** 5, 20

Verbindlichkeit aus Lieferung und Leistung
- finanzielle Verbindlichkeiten **24** 60 f.

Verbindlichkeitenspiegel
- finanzielle Verbindlichkeiten **24** 103

Verbreitung
- der IFRS **1** 1

Verfügungsmacht
- des Unternehmens **7** 24

Vergleichswerte der Vorperiode
- Gliederungsgrundsätze **42** 1, 4, 21 ff.

Verlautbarung des IASB
- Elemente **3** 6

Vermögen
- Segmentberichterstattung **49** 45

Vermögensgegenstand
- Abgrenzung Vermögenswert **7** 31 ff.
- Aktivierungsverbote **7** 30
- Aktivierungsvoraussetzungen **7** 30
- Bilanzansatz **7** 1
- Definition **7** 5
- Einzelverwertbarkeit **7** 31 ff.

Vermögenswert
- zur Veräußerung vorgesehen **30** 1 ff.; *s.a. Veräußerung langfristiger Vermögenswerte*

- Abgrenzung Anlage- und Umlaufvermögen **43** 21
- Abgrenzung Vermögensgegenstand **7** 31 ff.
- Aktivierung von Fremdkapitalkosten **15** 20 ff.
- des Anlagevermögens **42** 27; *s.a. Immaterieller Vermögenswert*
- Ansatz in der Handelsbilanz III **36** 100 ff.
- Bewertung **8** 11 ff.; **57** 24 ff.
- Bewerung in Handelsbilanz III **36** 150 ff.
- Eröffnungsbilanz **57** 21 ff.
- erstmalige Bewertung **8** 11 ff.
- Fair Value Bewertung **36** 150 ff.
- finanzieller **42** 28
- Folgebewertung **8** 12 ff.
- immaterieller **13** 1 ff.; **55** 3; *s.a. Immaterieller Vermögenswert*; *s.a. Immaterieller Vermögenswert*
- Klassifizierung nach Verwendung **43** 34
- kurzfristiger **43** 48 ff.
- Land- und Forstwirtschaft **21** 4; *s.a. Land- und Forstwirtschaft*
- lang- und kurzfristiger **43** 21
- langfristiger **43** 42 ff.
- qualifizierter **15** 20 ff.

Verpflichtung aus vergangenen Ereignissen
- Passivierung **7** 43 ff.

Versicherungsvertrag
- Bilanzierung **6** 69

Vollständigkeitsgebot 7 20

Vorräte
- aktivierungspflichtige sonstige Kosten **20** 37 ff.
- Anhangangaben **20** 62
- Ansatzregel **20** 20
- Anschaffungskosten **20** 31 ff.
- Ausbuchung **20** 60
- bilanzieller Ausweis **20** 61
- Bilanzierung nach IAS 2 **20** 1
- Definition **20** 5
- Einzelbewertung **20** 43 ff.
- Festwertansatz **20** 46
- Folgebewertung **20** 50 ff.
- Fremdkapitalkosten **20** 36
- Herstellungskosten **20** 35 ff.
- IAS 2 **20** 1 ff.
- Kalkulation von Gemeinkosten **20** 41
- Kostenkategorien **20** 30
- Kuppelprodukte **20** 47

- landwirtschaftliche Erzeugnisse **20** 13
- Makler **20** 14
- Mineralien **20** 13
- Nettoveräußerungswert **20** 51 ff.
- Rohstoffhändler **20** 14
- strenges Niederstwertprinzip **20** 22, 50
- Verbrauchsfolgeverfahren **20** 43 ff.
- Verhältnis zum HGB **20** 15 ff.
- Verrechnung von Abschreibung **20** 39 f.
- Zugangsbewertung **20** 30 ff.
- Zuschreibung **20** 56

Wagniskapitalgesellschaft
- Wahlrecht bei Erstbewertung **37** 5 f.

Wahlrecht
- Aktivierung **7** 35
- Gesamtergebnisrechnung **45** 25 ff.
- zw. HGB/IFRS **4** 1
- immaterieller Vermögenswert **13** 100 ff.
- Offenlegung IFRS-Einzelabschluss **4** 28
- Passivierung **7** 51
- Rechnungslegungsmethode **12** 37; **48** 31 f.
- Unternehmenszusammenschlüsse **57** 11 ff.
- verdecktes **48** 32

Währungsumrechnung 9 1 ff.
- Abweichung zum HGB **9** 5 ff.
- Anhangangaben **9** 30
- Auflösung erfolgsneutraler Umrechnungsdifferenzen **35** 38 ff.
- Berichtswährung **35** 20
- Bestimmung funktionale Währung **35** 21 ff.
- Beteiligungsbuchwerte **35** 33
- Bilanzierung **35** 38 ff.
- Differenzen **57** 32 ff.
- Einheitstheorie **35** 1
- Einzelabschluss **9** 2
- Einzelabschluss/Konzernabschluss **35** 5
- Equity-Methode **37** 24
- erfolgswirksame Differenzen **47** 76 ff.
- Fremdwährungskredit **15** 31
- funktionale Währung **35** 2
- Goodwill **35** 34
- HGB-Konzernabschluss **57** 32
- Hyperinflation **35** 60; *s.a. Hyperinflation*
- IAS 21, IAS 29 **35** 1 ff.
- Konzept der funktionalen Währung **35** 20 ff., 27 ff.
- Konzernabschluss **9** 2

- Konzernforderung **47** 78
- Konzernkapitalflussrechnung **47** 72
- latente Steuern **29** 49 ff.; **35** 43
- Methodenwechsel **35** 59
- modifizierte Stichtagskursmethode **35** 30 ff.
- Schuldenkonsolidierung **35** 35 ff.; *s.a. Schuldenkonsolidierung*
- Stetigkeit **35** 59
- Stichtagskursmethode **35** 59
- Umrechnungsdifferenz **9** 29
- Verhältnis zum HGB **35** 9
- Zeitbezugsmethode **35** 50 ff., 59
- Zurechnung erfolgsneutraler Umrechnungsdifferenzen im mehrstufigen Konzern **35** 40 ff.
- Zwischenholding **35** 24

Wandelanleihe
- Bilanz **43** 33
- finanzielle Verbindlichkeit **24** 76

Wartungsarbeiten
- Kosten **55** 3

Weighted Average Cost of Capital
- Kapitalkosten des Unternehmens **19** 96 ff.

Weiterentwicklungskosten
- immaterieller Vermögenswert **13** 95 ff.

Weiterveräußerungsabsicht
- Anteile an anderen Unternehmen **30** 61 ff.
- assoziierte Unternehmen/Gemeinschaftsunternehmen **30** 62 ff.
- Beteiligungshöhe unterhalb Assoziierungsschwelle **30** 61
- langfristiger Vermögenswerte **30** 22

Wertaufhellendes Ereignis
- ABC der Abgrenzung **11** 33
- Abgrenzung wertbegründendes Ereignis **11** 27 ff.
- Definition **11** 20
- IAS 10 **11** 1 ff.
- Verhältnis zum HGB **11** 4
- Zeitraum **3** 12; **11** 1, 23 ff.

Wertaufholung
- finanzielle Vermögenswerte **22** 249
- Wertminderungsaufwand **19** 125 f.

Wertbegründendes Ereignis
- Abgrenzung zur Wertaufhellung **11** 1, 27 ff.
- Anhangangaben **11** 34
- Definition **11** 21

Stichwortverzeichnis

Wertminderung
- finanzielle Vermögenswerte **22** 249

Wertminderung im Anlagevermögen
- Abgrenzung von zahlungsmittelgenerierenden Einheiten (CGU) **19** 16 ff.
- Abgrenzung Wertkonzepte **19** 47
- Abschreibungsplan **19** 44
- Anhangangaben **19** 128 ff.
- außerplanmäßige Abschreibung **19** 2
- Berücksichtigung im Abschluss **19** 113 ff.
- Buchwert von CGU: Zuordnung von Vermögenswerten und Schulden **19** 39 ff.
- CGU-Abgrenzung bei vertikal integrierten Unternehmen **19** 22 f.
- Definition **19** 9
- Erfassung bei CGU **19** 116 ff.
- Erfassung bei einzelnen Vermögenswerten **19** 113 ff.
- Ermittlung des erzielbaren Betrags **19** 47 ff.
- Ermittlung eines Wertminderungsbedarfs **19** 9
- IAS 36 **19** 3 ff.
- Impairment Test für eine CGU mit Goodwill **19** 120
- Impairment Test für eine CGU ohne Goodwill **19** 119
- jährlicher Wertminderungstest **19** 45 f.
- Minderheitenanteile **19** 121 ff.
- Nettoveräußerungspreis **19** 48; *s.a. Nettoveräußerungspreis*
- Nettoveräußerungspreis vs. Nutzungswert **19** 47 ff.
- Nutzungswert **19** 47 ff.; *s.a. Nutzungswert*
- Obergrenze Segmente **19** 17
- Praxishinweise **19** 25
- Stetigkeit der CGU-Abgrenzung **19** 24
- Untergrenze **19** 18
- Verhältnis zum HGB **19** 6 f.
- zu prüfende Vermögenswerte **19** 11 ff.
- einzelne Vermögenswerte **19** 12 f., 42 ff.
- Gruppe von Vermögenswerten **19** 14 f.
- Wertaufholung **19** 125 ff.
- Wertminderungsindikatoren **19** 42 ff.
- Zahlungsströme unabhängig v. anderen Unternehmenseinheiten **19** 16 ff.
- Zuordnung von Goodwill zu zahlungsmittelgenerierenden Einheiten (CGU) **19** 26 ff.; *s.a. Goodwill*

Wertminderungstest
- immaterieller Vermögenswert **13** 111

Wertpapierhandel
- Markt in der EU **4** 19 ff.

Wertpapierhandelsgesetz
- Mindestanforderungen **53** 1 ff.

Wesentlichkeitsgrundsatz 42 5
- Anhangangaben **41** 26
- finanzielle Verbindlichkeiten **24** 100
- Gliederungsgrundsätze **42** 24 ff.
- Rechnungslegungsgrundsätze **6** 2
- Sachanlage **14** 24

Zeitbezugsmethode
- Währungsumrechnung **35** 50 ff., 59

Zinsaufwand
- finanzielle Verbindlichkeiten **24** 104

Zinsertrag
- finanzielle Vermögenswerte **22** 248

Zinsschrankenregelung 3 21; **4** 44

Zukünftiger wirtschaftlicher Nutzen 7 26

Zustandekommen von Standards/Interpretationen 2 29 ff.; *s.a. due process*

Zuwendung der öffentlichen Hand 16 1 ff.; *s.a. Investitionszuschuss*
- immaterieller Vermögenswert **13** 91

Zwischenbericht
- Angabepflicht für Ereignisse nach **54** 13
- außerplanm. Abschreibung **55** 3 f.
- Berichtsinstrumente **52** 2; **53** 1
- Bewertung **55** 1 ff.
- Bilanzierung **55** 1 ff.
- Bilanzierungs- und Bewertungsmethoden **52** 3
- Bonuszahlung **55** 3
- eigenständiger Ansatz nach IAS 34 **55** 2 ff.
- Ergebnis je Aktie **53** 7
- Eröffnungsbilanz **56** 30 f.
- Ertragsteueraufwand **55** 5
- Finanzinstrument **54** 14
- nicht nach HGB **52** 9
- IAS 34 **52** 1 ff.
- IFRIC 10 **52** 8
- immaterielle Vermögenswerte **55** 3
- Instandhaltungs-/Wartungsarbeiten **55** 3
- integrativer Ansatz **55** 1
- Investmentgesellschaft **54** 15
- Mindestinhalt **52** 4; **53** 1
- nahe stehende Unternehmen/Personen **51** 12
- neuere Entwicklungen **52** 10 f.
- Schätzung **55** 7

Stichwortverzeichnis

- Übereinstimmung mit IAS 34 **53** 2
- Umsatzerlös **54** 16
- Vergleichswert d. letzten Geschäftsjahrs **53** 3
- verkürzte Bilanz **53** 3
- Veröffentlichungsfrist **52** 7
- Wertminderung **52** 8
- WpHG **52** 4

Zwischenergebniseliminierung
- at equity bewertete Beteiligung **40** 50 ff.
- downstream-Transaktion **40** 51 ff.
- Konsolidierung **40** 40 ff.
- sidestream/crossstream-Lieferung **40** 54
- upstream-Transaktion **40** 53 ff.

Zwischenholding
- Beteiligungsbuchwert, Umrechnung **35** 33
- Investmentgesellschaft **31** 106
- Währungsumrechnung **35** 24

Zwölf-Monats-Regel
- Bilanz **43** 26